❖ CONTENTS

1995 C.I.B. Membership .... I-II

Acknowledgments III

Introduction .... IV-VI

Turn to CIB for Answers to Your Toughest
Questions About Collectibles .... VII-VIII

How to Read the Price Index 1

Collectors' Information Bureau Price Index

- ❖ Bells 2-3
- ❖ Christmas Ornaments 3-39
- ❖ Dolls 39-56
- ❖ Figurines/Cottages 56-151
- ❖ Graphics 151-163
- ❖ Plates 163-191
- ❖ Steins 191-193

❖ 1995 C.I.B. MEMBERSHIP ❖

The Collectors' Information Bureau (CIB) was established in 1982 by 14 limited edition collectibles manufacturers with a mission to use their collective resources for the purpose of educating collectors and generating further interest in collecting as a hobby. Today, 13 years later, CIB has grown to include 79 member companies and is one of the industry's leading trade organizations.

Kurt S. Adler, Inc.
1107 Broadway
New York, NY 10010

Anheuser-Busch, Inc.
Retail Sales Department
2700 South Broadway
St. Louis, MO 63118

Annalee Mobilitee Dolls, Inc.
P. O. Box 708 Reservoir Road
Meredith, NH 03253

ANRI
963 Hancock #1A
Quincy, MA 02170

Giuseppe Armani Society
Miller Import Corp.
300 Mac Lane
Keasbey, NJ 08832

The Ashton-Drake Galleries
9200 N. Maryland Avenue
Niles, IL 60714

Attic Babies
P.O. Box 912
Drumright, OK 74030

Band Creations
28427 N. Ballard
Lake Forest, IL 60045

The Boyds Collection Ltd.
P.O. Box 4385
Gettysburg, PA 17325

The Bradford Exchange
9333 Milwaukee Avenue
Niles, IL 60714

Brandywine Collectibles
104 Greene Dr.
Yorktown, VA 23692

Byers' Choice Ltd.
P.O. Box 158
Chalfont, PA 18914

Rick Cain Studios
619 S. Main Street
Gainesville, FL 32601

Calabar Creations
1941 S. Vineyard Avenue
Ontario, CA 91761

Cast Art Industries, Inc.
1120 California Avenue
Corona, CA 91719

Cavanagh Group International
1000 Holcomb Woods Pkwy. #440-B
Roswell, GA 30078

Christopher Radko
P.O. Box 238
Dobbs Ferry, NY 10522

Classic Collectables
by Uniquely Yours
P.O. Box 16861
Philadelphia, PA 19142

Creart
209 E. Ben White, Suite 103
Austin, TX 78704

Department 56, Inc.
P.O. Box 44456
Eden Prairie, MN 55344-1456

The Walt Disney Company
500 South Buena Vista Street
Burbank, CA 91521-6876

eggspressions! inc.
1635 Deadwood Avenue
Rapid City, SD 57702

Enesco Corporation
225 Windsor Dr.
Itasca, Il 60143

FJ Designs, Inc.
Makers of the Cat's Meow Village
2163 Great Trails Drive
Wooster, OH 44691-3738

The Fenton Art Glass Company
700 Elizabeth Street
Williamstown, WV 26187

Flambro Imports
1530 Ellsworth Industrial Drive
Atlanta, GA 30318

Forma Vitrum
20414 N. Main Street
Cornelius, NC 28031

The Franklin Mint
Franklin Center, PA 19091

Fraser International
5990 N. Belt East, Unit 606
Humble, TX 77396

Margaret Furlong Designs
210 State Street
Salem, OR 97301

GANZ
908 Niagara Falls Blvd.
North Tonawanda, NY 14120-2060

Georgetown Collection
866 Spring Street
Westbrook, ME 04092

Goebel of North America
Goebel Plaza
P.O. Box 10, Rte. 31
Pennington, NJ 08534-0010

Great American Taylor
Collectibles Corp.
Dept BIC
P.O. Box 428
Aberdeen, NC 28315

The Greenwich Workshop
One Greenwich Place
Shelton, CT 06484

Hallmark Cards, Inc.
Hallmark Keepsake Ornament
Collectors' Club #161
P.O. Box 412734
Kansas City, MO 64141-2734

Collectors' Information Bureau

COLLECTIBLES
PRICE GUIDE
Fifth Edition
1995

More Than
40,000
Collectibles
Listed

YOUR GUIDE TO CURRENT PRICES
FOR LIMITED EDITION

Plates ❖ Figurines ❖ Cottages ❖ Bells ❖ Graphics
Christmas Ornaments ❖ Dolls ❖ Steins

Collectors' Information Bureau
5065 Shoreline Road, Suite 200
Barrington, Illinois 60010
(708) 842-2200

Copyright 1995 © by the Collectors' Information Bureau
Library of Congress Catalog Number: 95-069099. All
rights reserved. No part of this work may be reproduced or
used in any form or by any means — graphics, electronic or
mechanical, including photocopying or information storage
and retrieval systems — without written permission from
the copyright holder.

Printed in the United States of America.

ISBN: 0-930785-19-3 Collectors' Information Bureau

ISBN: 0-87069-739-0 Wallace-Homestead Book Company

The Hamilton Collection*
4810 Executive Park Court
Jacksonville, FL 32216-6069

Hand & Hammer Silversmiths
Hand & Hammer Collectors' Club
2610 Morse Lane
Woodbridge, VA 22192

Harbour Lights
8130 La Mesa Blvd.
La Mesa, CA 91941

Hawthorne Architectural Register
9210 N. Maryland Avenue
Niles, IL 60714

M.I. Hummel Club*
Division of Goebel Art GmbH
Goebel Plaza
P.O. Box 11
Pennington, NJ 08534-0011

Ladie and Friends, Inc.
220 North Main Street
Sellersville, PA 18960

The Lance Corporation
321 Central Street
Hudson, MA 01749

The Lawton Doll Company
548 North First
Turlock, CA 95380

Ron Lee's World of Clowns
330 Carousel Pkwy.
Henderson, NV 89014

George Z. Lefton Co.
3622 S. Morgan St.
Chicago, IL 60609

LEGENDS
2665D Park Center Drive
Simi Valley, CA 93065

Lenox Collections
1170 Wheeler Way
Langhorne, PA 19047

Lilliput Lane
P.O. Box 665
Elk Grove Village, IL 60009-0665

Lladro Collectors Society
43 W. 57th Street
New York, NY 10019

Seymour Mann, Inc.
225 Fifth Avenue,
Showroom #102
New York, NY 10010

Maruri U.S.A.
7541 Woodman Place
Van Nuys, CA 91405

June McKenna Collectibles Inc.
P.O. Box 846
Ashland, VA 23005

Media Arts Group
Ten Almaden Blvd. 9th Floor
San Jose, CA 95113

Michael's Limited
P.O. Box 217
Redmond, WA 98078-0217

Midwest of Cannon Falls
32057 64th Avenue, P.O. Box 20
Cannon Falls, MN 55009-0020

Miss Martha Originals, Inc.
P.O. Box 5038
Glencoe, AL 35905

My Friends and Me
P.O. Box 2274
Hudson, OH 44236

Old World Christmas
P.O. Box 8000
Spokane, WA 99203

Pacific Rim Import Corp.
5930 4th Avenue South
Seattle, WA 98108

PenDelfin Sales Inc.
750 Ensminger Road #108
Box 884
Tonawanda, NY 14150

Possible Dreams
6 Perry Drive
Foxboro, MA 02035

Precious Art/Panton
110 E. Ellsworth Road
Ann Arbor, MI 48108

R.R. Creations
P.O. Box 8707
Pratt, KS 67124

Rawcliffe Corporation
155 Public Street
Providence, RI 02903

Reco International Corp.*
150 Haven Avenue
Port Washington, NY 11050

Roman, Inc.*
555 Lawrence Avenue
Roselle, IL 60172-1599

Royal Copenhagen/Bing & Grondahl
27 Holland Avenue
White Plains, NY 10603

Royal Doulton
700 Cottontail Lane
Somerset, NJ 08873

Sarah's Attic
126-1/2 West Broad
P.O. Box 448
Chesaning, MI 48616

Schmid
55 Pacella Park Dr.
Randolph, MA 02368-1795

Shelia's Inc.
P.O. Box 31028
Charleston, SC 29417

Swarovski America Ltd.
2 Slater Road
Cranston, RI 02920

Today's Creations, Inc.
167 Main Street
Lodi, NJ 07644

The Tudor Mint
P.O. Box 431729
Houston, TX 77243-1729

United Design Corporation
P.O. Box 1200
Noble, OK 73068

VickiLane
3233 NE Cadet
Portland, OR 97220

WACO Products Corp.
1 North Corporate Drive
P.O. Box 160
Riverdale, NJ 07457-0160

The Wimbledon Collection
P.O. Box 21948
Lexington, KY 40522

*Charter Member

ACKNOWLEDGMENTS

The staff of the Collectors' Information Bureau would like to express our deep appreciation to our distinguished panel of limited edition retailers and secondary market experts, whose knowledge and dedication to the collectibles industry have helped make this book possible. Although we would like to recognize them by name, they have agreed that to be singled out in this manner may hinder their ability to maintain an unbiased view of the marketplace.

STAFF

Administrative and Editorial Management
Peggy Veltri
Cindy Zagumny

Research and Development
Carol Van Elderen
Susan Knappen
Deb Wojtysiak
Rose Schwager
Michelle Malwitz

Design and Graphics
Kristin Wiley - Wright Design

Printing
William C. Brown Communications

❖ INTRODUCTION ❖

Welcome to the fifth edition of the *Collectibles Price Guide!* This comprehensive, up-to-date index is published each spring by the Collectors' Information Bureau and reports on current primary and secondary market retail prices for limited edition figurines, cottages, plates, dolls, bells, Christmas ornaments, graphics and steins.

The Guide is considered one of the most authoritative and comprehensive price guides available today, listing over 44,000 current market prices. It is an ideal resource for collectors to use in establishing the value of their collections for insurance purposes. It is also a useful guide for those collectors who decide to buy or sell a retired collectible on the secondary market.

HOW WE OBTAIN OUR PRICES

The *Collectibles Price Guide* is the result of an extensive cooperative effort between the Collectors' Information Bureau's in-house research and development staff and our national panel of limited edition retailers and secondary market dealers. A very systematic procedure for gathering and reporting prices has been developed and refined over the years in order to provide collectors with the most accurate and timely information possible.

The process begins with the C.I.B. research and development staff gathering up-to-date information from collectibles manufacturers on new items as well as those which have been "retired." This information is entered into a computer and copies are mailed to the C.I.B.'s panel of retailers and exchanges across the United States.

Members of this panel are carefully screened by C.I.B. management for their in-depth knowledge of the marketplace, their stature within the collectibles field, and their dedication to meeting the information needs of collectors everywhere. Through mail and telephone surveys, the panel works with our in-house researchers as a cooperative team to report and analyze actual sales transactions.

Based on these findings, which are checked and rechecked, a price is determined for each entry in which there has been trading activity. Where prices for some items may vary throughout the country, we provide a price range showing a "low" and a "high." All prices are for items in mint condition.

The secondary market in collectibles is a vast, ever-changing market. Some collectibles maintain a steady value for years, while prices for others go up and down so quickly it would be impossible to provide a completely up-to-date price in a printed book. That's why it's very important for anyone who uses the *Collectibles Price Guide* — or any of the other price indexes on the market — to think of it as a general guideline only. Also remember that prices quoted are retail prices, which means that they are the prices which these retail stores or secondary market exchanges have confirmed in a sales transaction, including their profit.

The Secondary Market — What It Is And How It Works

When a collectible is introduced by a manufacturer and made available to collectors, it is first sold on the "primary" market. This means that the item is sold at its original retail price through limited edition retailers or directly through the manufacturer by direct mail or other means.

Eventually, the collectible may be "sold out," meaning that the manufacturers and retailers no longer have the item available to sell to collectors at the original retail price. In these cases, collectors who still wish to buy the piece have only one option: to purchase it from someone who already owns it and to pay the price the current market will bear. In other words, the collectible must be purchased on the "secondary" market.

The price of a collectible on the secondary market is determined solely by supply and demand. There may be many new buyers who wish to acquire a "sold out" piece that is in short supply, in which case the secondary market price for that particular collectible will rise. Likewise, if there is little or no demand for a particular piece, the price will decrease accordingly.

Collectors should also be aware that prices can — and do — fluctuate on the secondary market, sometimes quite dramatically. For example, when collectors feel that a particular item has reached its highest value, the demand for that piece may decrease — and so will the price. When this happens, the demand may again increase as collectors take advantage of the lower price.

Buying And Selling On The Secondary Market

Collectors often ask if they should buy multiples of collectible items in the hope of selling them — and making a profit — if the piece rises on the secondary market. In fact, very few collectibles experts encourage people to purchase collectibles for investment purposes. No one can predict which "sold out" collectibles will increase in value on the secondary market. Some collectibles may go up in value, and others may go down.

In addition, there are those collectibles which sell out, but never generate enough demand to increase their value over their original primary market price. Other collectibles peak quickly after being sold out. And still others rise in value slowly over a long period of time.

When purchasing collectibles, the best strategy is to simply buy what you love — for the joy of acquiring a beautiful piece of artwork that will warm your heart whenever you look at it...to enhance the beauty of your home...or to create a special family tradition that can be passed along from generation to generation. If your favorite collectibles rise in value over time, so much the better. But most experts agree that it should never be your primary motivation for buying.

Still, many collectors enjoy buying and selling on the secondary market — and you can, too, if you approach it with some knowledge of how it operates. That way, you can be sure of participating in a fair and equitable transaction, whether you're buying or selling a piece.

The first step in becoming familiar with the secondary market is to study the market dynamics and trends, and to consult price guides, such as this one. That way, you can get a good "feel" for what's happening in the market. In fact, many collectors keep a reference library of past editions of our *Collectibles Price Guides* so that they can follow secondary market trends over a period of time.

Once you have decided to buy or sell a retired collectible on the secondary market, there are several ways you can go about it. You may wish to work with a collectible retailer who specializes in the secondary market or a collector "exchange." Or, you may want to participate in a "swap and sell" meet or auction.

A collectibles retailer who specializes in the secondary market will act as a broker and handle secondary market transactions by taking items on consignment or purchasing them outright. Others will match up buyers and sellers — often using a computer database or filing system. In most cases, a commission or brokerage fee will be charged to a seller, which can range from 10% to 50%.

Collector "exchanges" are businesses exclusively dedicated to matching up buyers and sellers on the secondary market. Acting as a "middleman" in a collectible transaction, the exchange guarantees that the buyer will receive an item that is in mint condition. The seller is assured of prompt payment for the collectible that is sold.

Each exchange operates differently, with most adding a brokerage fee — usually 10% to 35% — to the asking price. Some exchanges may also charge a membership fee or listing fee, so it is a good idea to ask about commission rates before listing with a particular exchange.

Collectors also have an opportunity to buy and sell collectibles directly to each other at "swap and sell" meets and auctions. National collector conventions and local collector clubs and retailers often organize swap meets, where collectors can rent table space to sell retired collectibles. Many of these gatherings are advertised in publications dedicated to collecting.

BUYER — AND SELLER — BEWARE!

Collectors who decide to jump into the secondary market often find to their surprise that it can take quite a while to sell a particular collectible — or to locate a collectible that they wish to purchase. Perhaps a particular collectible they want to buy is in great demand, or the one they wish to sell is too readily available.

Even in the best of circumstances, buying or selling a retired collectible takes some time. Several weeks can go by for the process to be completed. Prospective buyers and sellers must be contacted, the item for sale must be examined to confirm its authenticity and condition, and money must be exchanged.

Collectors who want to sell large collections must be equally, if not more, patient. Selling a large collection in its entirety can be especially challenging, simply because there are not many individuals, retailers, and exchanges who can afford to buy a whole collection at once. Sometimes dealers will take a large collection on consignment and pay collectors, taking a sales commission, as individual items are sold.

As you can see, there are many factors to consider as you get more involved in the secondary market. The Collectors' Information Bureau offers a variety of publications that will help you learn more about your collecting hobby and this dynamic, ever-changing market, including the *Collectibles Market Guide and Price Index*, the *Directory to Limited Edition Collectible Stores*, and the *Directory to Secondary Market Retailers*.

You may also wish to subscribe to the "C.I.B. Report & Showcase," our quarterly newsletter filled with news and information on the latest collectibles. You'll find these publications described in greater detail in the following pages.

• Plates • Figurines • Cottages • Ornaments • Dolls • Graphics • Bells • Steins

Turn to CIB for answers to your toughest questions about collectibles.

1 Q. "WHO'S WHO" AND "WHAT'S WHAT" IN COLLECTIBLES?
A. COLLECTIBLES MARKET GUIDE & PRICE INDEX

Novice and experienced collectors alike turn to the pages of this "encyclopedia" of collectibles for the information they need on the fun and fascinating world of collectibles. Arguably the most comprehensive guide to Limited Edition Collectibles, this book features:

- **700 PAGES** of the most authoritative advice and news about the key aspects of collecting
- New 220 PAGE **PRICE INDEX** listing over 35,000 values for secondary market plates, figurines, cottages, ornaments, dolls, graphics, bells and steins.
- Complete listing of **COLLECTOR CLUBS**

PLUS

- **Over 80 feature articles** showcasing top collectible companies
- How to insure your collection
- 220 manufacturer profiles
- 225 artist biographies
- 36 pages of full color photography
- Glossary of terms, reading suggestions and highlights of special events
- Details on collectible museums and tours

---

2 Q. WHERE CAN I BUY OR SELL A RETIRED PIECE?
A. DIRECTORY TO SECONDARY MARKET RETAILERS

Here is a comprehensive, up-to-date guide to buying and selling limited edition collectibles that are only available on the secondary market. This fact-filled directory features **150** of today's most respected **secondary market dealers, exchanges and locator services nationwide.**

This handy, paperback directory is filled with "need-to-know" information such as:

- "Specialists" in individual collectible lines and series
- Hours of operation
- Methods of conducting transactions (i.e. buy outright, consignment, etc.)
- Terms and business history
- Fax numbers and "800" phone numbers where available
- Easy-to-use index that helps you find dealers by state or by area of specialization

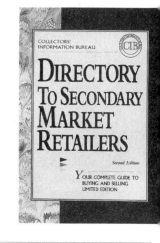

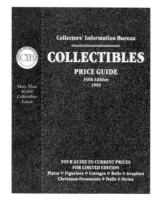

3 Q. WHAT'S THE VALUE OF MY FAVORITE COLLECTIBLE?
A. COLLECTIBLES PRICE GUIDE

Find out the recent secondary market value of more than 35,000 collectibles in the latest edition of the **COLLECTIBLES PRICE GUIDE**. This book is a "must" for collectors who want to...

- Insure a collection against theft and breakage
- Research the current market value of a piece or collection that you want to buy or sell on the secondary market
- Track the changes in value of your collection for your own enjoyment
- Uncover the history of your collectibles by reading about the...
  Original Issue Price
  Issue Date
  Status (retired, closed, open, etc.)
  Edition Limit

• Plates • Figurines • Cottages • Ornaments • Dolls • Graphics • Bells • Steins

Plates • Figurines • Cottages • Ornaments • Dolls • Graphics • Bells • Steins

4. Q. WHAT'S THE LATEST NEWS IN THE WORLD OF COLLECTIBLES?
A. THE CIB REPORT & SHOWCASE

Read all about the latest news on the everchanging world of collectibles with the CIB REPORT & SHOWCASE. This quarterly news letter keeps you in touch with the fast-paced world of limited edition collectibles. Each issue brings you the information you need to help make collecting even more fun and exciting.

You'll enjoy page after page of news about...

- **New Product Introductions, some complete with color photography**
- **Collector Club Activities**
- **Artist Signings and Open Houses**
- **Convention News**

5. Q. HOW DO I FIND RECENT ISSUES THAT ARE NOT AVAILABLE TO ME LOCALLY?
A. DIRECTORY TO LIMITED EDITION COLLECTIBLE STORES.

This directory features over 1,000 collectible stores from coast to coast and in Canada. It's a must for collectors who wish to purchase collectibles by phone, mail or in person. Retailers are listed by state for easy reference, making it an ideal travel companion for collectors. A comprehensive, easy-to-use index lets you find the information you need about individual collectible lines instantly.

COLLECTORS' INFORMATION BUREAU
Publications are filled with information about...

KURT S. ADLER, INC. • ANHEUSER-BUSCH, INC. • ANNALEE MOBILITEE DOLLS, INC. • ARMANI/MILLER IMPORTS • ANRI WOODSCULPTURES • THE ASHTON-DRAKE GALLERIES • ATTIC BABIES • BAND CREATIONS • THE BRADFORD EXCHANGE • BRANDYWINE COLLECTIBLES • THE BOYD'S COLLECTION LTD. • BYERS' CHOICE LTD. • RICK CAIN STUDIOS • CALABAR CREATIONS • CAST ART INDUSTRIES, INC. • CAVANAUGH GROUP INTERNATIONAL • CHRISTOPHER RADKO • CLASSIC COLLECTABLES BY UNIQUELY YOURS • CREART • DEPARTMENT 56, INC. • THE WALT DISNEY COMPANY • eggspressions! inc. • ENESCO CORP. • THE FENTON ART GLASS CO. • F.J. DESIGNS/THE CAT'S MEOW • FLAMBRO IMPORTS • FORMA VITRUM • THE FRANKLIN MINT • FRASER INTERNATIONAL • MARGARET FURLONG DESIGNS • GANZ • GEORGETOWN COLLECTION • GOEBEL OF NORTH AMERICA • THE GREAT AMERICAN TAYLOR COLLECTIBLES CORP. • THE GREENWICH WORKSHOP • HALLMARK KEEPSAKE ORNAMENTS COLLECTORS' CLUB • THE HAMILTON COLLECTION • HAND & HAMMER SILVERSMITHS • HARBOUR LIGHTS • HAWTHORNE ARCHITECTURAL REGISTER • M.I. HUMMEL CLUB • LADIE AND FRIENDS, INC. • THE LANCE CORPORATION • THE LAWTON DOLL COMPANY • RON LEE'S WORLD OF CLOWNS • GEORGE Z. LEFTON CO. • LEGENDS • LENOX COLLECTIONS • LILLIPUT LANE • LLADRO COLLECTOR SOCIETY • SEYMOUR MANN, INC. • MARURI U.S.A. • JUNE MCKENNA COLLECTIBLES, INC. • MEDIA ARTS GROUP • MICHAEL'S LIMITED • MIDWEST OF CANNON FALLS • MISS MARTHA ORIGINALS, INC. • MY FRIENDS & ME • OLD WORLD CHRISTMAS • PACIFIC RIM IMPORT CORP. • PENDELFIN SALES, INC. • POSSIBLE DREAMS • PRECIOUS ART/PANTON • R.R. CREATIONS • RAWCLIFFE CORP. • RECO INTERNATIONAL CORP. • ROMAN, INC. • ROYAL COPENHAGEN/BING & GRONDAHL • ROYAL DOULTON • SARAH'S ATTIC • SCHMID • SHELIA'S, INC. • SWAROVSKI AMERICA LTD. • TODAY'S CREATIONS, INC. • THE TUDOR MINT • UNITED DESIGN CORP. • VICKILANE • WACO PRODUCTS CORP. • THE WIMBLEDON COLLECTION •

USE THIS FORM FOR EASY ORDERING!

YES! Please send me the books I've indicated below.

Description	Quantity	Price Each	Total
Market Guide & Price Index		$22.95	
Collectibles Price Guide		$10.95	
Directory to Secondary Market Retailers		$11.95	
CIB Report & Showcase 1-year Subscription		$15.00	
Directory to Limited Edition Collectible Stores		$14.95	
Shipping (see chart at left)			
Handling charge (per order)			$1.00
Illinois residents add 7.75% sales tax Michigan residents add 6% sales tax			
GRAND TOTAL			

Shipping Charges
Up to $14.95 — $2.00
$15.00 - $22.95 — $3.00
$23.00 - $61.00 — $5.00
$62.00 and up — 10% of total order
All orders must be prepaid.
Please allow 2 weeks for delivery.
Prices subject to change without notice.

Send To:

Name _____
Please print clearly.

Address _____

City _____ State _____ Zip _____

☐ My check or money order, payable to the Collectors' Information Bureau, is enclosed.
☐ Please charge my credit card. ☐ VISA ☐ MasterCard

Account Number _____

Expiration Date _____

Signature _____

Telephone number ( ) _____
Please write us for our Canadian price list.   R & S 595
Detach at perforation and mail to: **Order Dept., Collectors' Information Bureau,** 5065 Shoreline Road, Suite 200, Barrington, IL 60010.

❖ Collectors' Information Bureau ❖

PRICE INDEX 1995

Limited Edition
Plates ❖ Figurines ❖ Cottages ❖ Bells ❖ Graphics ❖ Christmas Ornaments ❖ Dolls ❖ Steins

This index includes thousands of the most widely traded limited editions in today's collectibles market. It is based on surveys and interviews with several hundred of the most experienced and informed limited edition dealers in the United States, as well as many independent market advisors.

HOW TO USE THIS INDEX

Listings are set up using the following format:

❶ Enesco Corporation

❷ Precious Moments Figurines — **❸** S. Butcher

❹ 1979 **❺** Praise the Lord Anyhow-E1374B **❻** Retrd. **❼** 1982 **❽** 8.00 **❾** 65-115

---

❶ Enesco Corporation = Company Name

❷ Precious Moments Figurines = Series Name

❸ S. Butcher = Artist's Name. The word "Various" may also be indicated meaning that several artists have created pieces within the series. The artist's name then appears after the title of the collectible.

❹ 1979 = Year of Issue

❺ Praise the Lord Anyhow-E1374B = Title of the collectible. Many titles also include the model number for further identification purposes.

❻ Retrd. = Edition Limit. In this case, the collectible is no longer available. The edition limit category generally refers to the number of items created with the same name and decoration. Edition limits may indicate a specific number (i.e. 10,000) or the number of firing days for plates (i.e. 100-day, the capacity of the manufacturer to produce collectibles during a given firing period). Refer to "Open," "Suspd.," "Annual," and "Yr. Iss." under "Terms and Abbreviations" below.

❼ 1982 = Year of Retirement. May also indicate the year the manufacturer ceased production of the collectible. If N/A appears in this column, it indicates the information is not available at this time, but research is continuing.
Note: In the plate section, the year of retirement may not be indicated because many plates are limited to firing days and not years.

❽ 8.00 = Issue Price in U.S. Dollars

❾ 65-115 = Current Quote Price reflected may show a price or price range. Quotes are based on interviews with retailers across the country, who provide their actual sales transactions. Quotes have been rounded up to the nearest dollar.

A Special Note to Beatrix Potter, Boyds Bears, Cherished Teddies, Disney Classics, Goebel Miniatures, M.I. Hummel and Precious Moments Collectors: *These collectibles are engraved with a special annual mark. This emblem changes with each production year. The secondary market value for each piece varies because of these distinctive yearly markings. Our pricing reflects an average for all years.*
A Special Note to Hallmark Keepsake Ornament Collectors: *All quotes in this section are for ornaments in mint condition in their original box.*
A Special Note to Department 56 Collectors: *Year of Introduction indicates the year in which the piece was designed, sculpted and copyrighted. It is possible these pieces may not be available to the collectors until the following calendar year.*

TERMS AND ABBREVIATIONS

Annual = Issued once a year.
Closed = An item or series no longer in production.
N/A = Not available at this time.
Open = Not limited by number or time, available until manufacturer stops production, "retires" or "closes" the item or series.

Retrd. = Retired.
S/O = Sold Out.
Set = Refers to two or more items issued together for a single price.
Suspd. = Suspended (not currently being produced: may be produced in the future).

Unkn. = Unknown.
Yr. Iss. = Year of issue (limited to a calendar year).
28-day, 10-day, etc. = Limited to this number of production (or firing) days, usually not consecutive.

Copyright 1995 © by Collectors' Information Bureau. All rights reserved. No part of this work may be reproduced in any forms or by any means — graphics, electronic or mechanical, including photocopying or information storage and retrieval systems — without written permission from the copyright holder.

BELLS

ANRI

Juan Ferrandiz Musical Christmas Bells - J. Ferrandiz

Year	Issue	Edition Limit	Year Retd.	Issue Price	Quote U.S.$
1976	Christmas	Yr.Iss.	1976	25.00	80
1977	Christmas	Yr.Iss.	1977	25.00	80
1978	Christmas	Yr.Iss.	1978	35.00	75
1979	Christmas	Yr.Iss.	1979	48.00	60
1980	Little Drummer Boy	Yr.Iss.	1980	60.00	63
1981	The Good Shepherd Boy	Yr.Iss.	1981	63.00	63
1982	Spreading the Word	Yr.Iss.	1982	63.00	63
1983	Companions	Yr.Iss.	1983	63.00	63
1984	With Love	Yr.Iss.	1984	55.00	55

Wooden Christmas Bells - J. Ferrandiz

Year	Issue	Edition Limit	Year Retd.	Issue Price	Quote U.S.$
1976	Christmas	Yr.Iss.	1976	6.00	50
1977	Christmas	Yr.Iss.	1977	7.00	40
1978	Christmas	Yr.Iss.	1978	10.00	40
1979	Christmas	Yr.Iss.	1979	13.00	25-30
1980	The Christmas King	Yr.Iss.	1980	18.00	19
1981	Lighting The Way	Yr.Iss.	1981	19.00	19
1982	Caring	Yr.Iss.	1982	19.00	19
1983	Behold	Yr.Iss.	1983	19.00	19
1985	Nature's Dream	Yr.Iss.	1985	19.00	19

Artists of the World

DeGrazia Bells - T. DeGrazia

Year	Issue	Edition Limit	Year Retd.	Issue Price	Quote U.S.$
1980	Festival of Lights	5,000	N/A	40.00	85
1980	Los Ninos	7,500	N/A	40.00	125
1980	Los Ninos (signed)	500	N/A	80.00	200-300

Belleek

Belleek Bells - Belleek

Year	Issue	Edition Limit	Year Retd.	Issue Price	Quote U.S.$
1988	Bell, 1st Edition	Yr.Iss.		38.00	38
1989	Tower, 2nd Edition	Yr.Iss.		35.00	35
1990	Leprechaun, 3rd Edition	Yr.Iss.		30.00	30
1991	Church, 4th Edition	Yr.Iss.		32.00	32
1992	Cottage, 5th Edition	Yr.Iss.		30.00	30
1993	Pub, 6th Edition	Yr.Iss.		30.00	30
1994	Castle, 7th Edition	Yr.Iss.		30.00	30

Twelve Days of Christmas - Belleek

Year	Issue	Edition Limit	Year Retd.	Issue Price	Quote U.S.$
1991	A Partridge in a Pear Tree	Yr.Iss.		30.00	30
1992	Two Turtle Doves	Yr.Iss.		30.00	30
1993	Three French Hens	Yr.Iss.		30.00	30
1994	Four Calling Birds	Yr.Iss.		30.00	30
1995	Five Golden Rings	Yr.Iss.		30.00	30

Dave Grossman Designs

Norman Rockwell Collection - Rockwell-Inspired

Year	Issue	Edition Limit	Year Retd.	Issue Price	Quote U.S.$
1975	Faces of Christmas NRB-75	Retrd.	N/A	12.50	35
1976	Drum for Tommy NRB-76	Retrd.	N/A	12.00	30
1976	Ben Franklin (Bicentennial)	Retrd.	N/A	12.50	25
1980	Leapfrog NRB-80	Retrd.	N/A	50.00	60

Enesco Corporation

Bells - M. Humphrey

Year	Issue	Edition Limit	Year Retd.	Issue Price	Quote U.S.$
1992	Susanna 999377	Open		22.50	23
1992	Sarah 999385	Open		22.50	23
1992	Hollies For You 996095	Open		22.50	23

Cherished Teddies - P. Hillman

Year	Issue	Edition Limit	Year Retd.	Issue Price	Quote U.S.$
1992	906530-Angel Bell	Suspd.		20.00	40-50

Memories of Yesterday Bell - M. Attwell

Year	Issue	Edition Limit	Year Retd.	Issue Price	Quote U.S.$
1990	Here Comes the Bride-God Bless Her-523100	Suspd.		25.00	25
1994	Time For Bed-525243	Open		25.00	25

Precious Moments Annual Bells - S. Butcher

Year	Issue	Edition Limit	Year Retd.	Issue Price	Quote U.S.$
1981	Let the Heavens Rejoice-E-5622-	Retrd.	1981	15.00	235-250
1982	I'll Play My Drum for Him-E-2358	Retrd.	1982	17.00	75-80
1983	Surrounded With Joy-E-0522	Retrd.	1983	18.00	70-75
1984	Wishing You a Merry Christmas-E-5393	Retrd.	1984	19.00	45-50
1985	God Sent His Love-15873	Retrd.	1985	19.00	45-50
1986	Wishing You a Cozy Christmas-102318	Retrd.	1986	20.00	50
1987	Love is the Best Gift of All-109835	Retrd.	1987	22.50	38-45
1988	Time To Wish You a Merry Christmas-115304	Retrd.	1988	25.00	40-45
1989	Oh Holy Night-522821	Retrd.	1989	25.00	35-40
1990	Once Upon A Holy Night-523828	Retrd.	1990	25.00	40
1991	May Your Christmas Be Merry-524182	Retrd.	1991	25.00	40
1992	But The Greatest Of These Is Love-527726	Retrd.	1992	25.00	42-50
1993	Wishing You The Sweetest Christmas-530174	Retrd.	1993	25.00	42-50
1994	Your're As Pretty as a Christmas Tree-604216	Yr.Iss.	1994	27.50	37

Precious Moments Various Bells - S. Butcher

Year	Issue	Edition Limit	Year Retd.	Issue Price	Quote U.S.$
1981	Jesus Loves Me (B)-E-5208	Suspd.		15.00	50
1981	Jesus Loves Me (G)-E-5209	Suspd.		15.00	55-60
1981	Prayer Changes Things-E-5210	Suspd.		15.00	55-60
1981	God Understands-E-5211	Retrd.	N/A	15.00	35-60
1981	We Have Seen His Star-E-5620	Suspd.		15.00	50-60
1981	Jesus Is Born-E-5623	Suspd.		15.00	50-65
1982	The Lord Bless You and Keep You-E-7175	Suspd.		17.00	55-85
1982	The Lord Bless You and Keep You-E-7176	Suspd.		17.00	55-65
1982	The Lord Bless You and Keep You-E-7179	Suspd.		22.50	55-85
1982	Mother Sew Dear-E-7181	Suspd.		17.00	40-55
1982	The Purr-fect Grandma-E-7183	Suspd.		17.00	45-60

Fenton Art Glass Company

Christmas Star - F. Burton

Year	Issue	Edition Limit	Year Retd.	Issue Price	Quote U.S.$
1994	"Silent Night" Bell	2,500	1994	45.00	55

Connoisseur Bell - Fenton

Year	Issue	Edition Limit	Year Retd.	Issue Price	Quote U.S.$
1983	Burmese Handpainted	Closed	1984	50.00	95
1983	Craftsman, White Satin Carnival	Closed	1984	25.00	50
1984	Famous Women's Ruby Satin Irid.	Closed	1984	25.00	50
1985	6 1/2" Burmese, Handpainted	Closed	1986	55.00	95
1986	Burmese-Shells	Closed	1987	60.00	100
1988	7" Wisteria	Closed	1989	45.00	85
1989	Handpainted Rosalene Satin	Closed	1990	50.00	75
1991	7" Roses on Rosalene	Closed	1992	50.00	60

Fenton Christmas Bells - M. Reynolds

Year	Issue	Edition Limit	Year Retd.	Issue Price	Quote U.S.$
1994	Magnolia on Gold Bell	1,000	1994	35.00	35
1994	Angel on Ivory Satin Bell	1,000	1994	39.50	40
1994	Partridge on Ruby Musical Bell	1,000	1994	48.50	49

Goebel/M.I. Hummel

M.I. Hummel Collectibles Annual Bells - M. I. Hummel

Year	Issue	Edition Limit	Year Retd.	Issue Price	Quote U.S.$
1978	Let's Sing 700	Closed	N/A	50.00	50
1979	Farewell 701	Closed	N/A	70.00	70
1980	Thoughtful 702	Closed	N/A	85.00	85
1981	In Tune 703	Closed	N/A	85.00	85
1982	She Loves Me, She Loves Me Not 704	Closed	N/A	90.00	90
1983	Knit One 705	Closed	N/A	90.00	90
1984	Mountaineer 706	Closed	N/A	90.00	90
1985	Sweet Song 707	Closed	N/A	90.00	90
1986	Sing Along 708	Closed	N/A	100.00	100
1987	With Loving Greetings 709	Closed	N/A	110.00	132
1988	Busy Student 710	Closed	N/A	120.00	120
1989	Latest News 711	Closed	N/A	135.00	135-150
1990	What's New? 712	Closed	N/A	140.00	140-200
1991	Favorite Pet 713	Closed	N/A	150.00	165-200
1992	Whistler's Duet 714	Closed	N/A	160.00	160

Gorham

Currier & Ives - Mini Bells - Currier & Ives

Year	Issue	Edition Limit	Year Retd.	Issue Price	Quote U.S.$
1976	Christmas Sleigh Ride	Annual		9.95	35
1977	American Homestead	Annual		9.95	25
1978	Yule Logs	Annual		12.95	20
1979	Sleigh Ride	Annual		14.95	20
1980	Christmas in the Country	Annual		14.95	20
1981	Christmas Tree	Annual		14.95	18
1982	Christmas Visitation	Annual		16.50	18
1983	Winter Wonderland	Annual		16.50	18
1984	Hitching Up	Annual		16.50	18
1985	Skaters Holiday	Annual		17.50	18
1986	Central Park in Winter	Annual		17.50	18
1987	Early Winter	Annual		19.00	19

Mini Bells - N. Rockwell

Year	Issue	Edition Limit	Year Retd.	Issue Price	Quote U.S.$
1981	Tiny Tim	Annual		19.75	20
1982	Planning Christmas Visit	Annual		20.00	20

Various - N. Rockwell

Year	Issue	Edition Limit	Year Retd.	Issue Price	Quote U.S.$
1975	Sweet Song So Young	Annual		19.50	50
1975	Santa's Helpers	Annual		19.50	30
1975	Tavern Sign Painter	Annual		19.50	30
1976	Flowers in Tender Bloom	Annual		19.50	40
1976	Snow Sculpture	Annual		19.50	45
1977	Fondly Do We Remember	Annual		19.50	55
1977	Chilling Chore (Christmas)	Annual		19.50	35
1978	Gaily Sharing Vintage Times	Annual		22.50	23
1978	Gay Blades (Christmas)	Annual		22.50	23
1979	Beguiling Buttercup	Annual		24.50	27
1979	A Boy Meets His Dog (Christmas)	Annual		24.50	30
1980	Flying High	Annual		27.50	28
1980	Chilly Reception (Christmas)	Annual		27.50	28
1981	Sweet Serenade	Annual		27.50	28
1981	Ski Skills (Christmas)	Annual		27.50	28
1982	Young Mans Fancy	Annual		29.50	30
1982	Coal Season's Coming	Annual		29.50	30
1983	Christmas Medley	Annual		29.50	30
1983	The Milkmaid	Annual		29.50	30
1984	Tiny Tim	Annual		29.50	30
1984	Young Love	Annual		29.50	30
1984	Marriage License	Annual		32.50	33
1984	Yarn Spinner	5,000		32.50	33
1985	Yuletide Reflections	5,000		32.50	33
1986	Home For The Holidays	5,000		32.50	33
1986	On Top of the World	5,000		32.50	33
1987	Merry Christmas Grandma	5,000		32.50	33
1987	The Artist	5,000		32.50	33
1988	The Homecoming	15,000		37.50	38

Hallmark Galleries

Enchanted Garden - E. Richardson

Year	Issue	Edition Limit	Year Retd.	Issue Price	Quote U.S.$
1992	Fairy Bunny (porcelain) 3500QHG3012	Retrd.	1994	35.00	35

Kirk Stieff

Bell - Kirk Stieff

Year	Issue	Edition Limit	Year Retd.	Issue Price	Quote U.S.$
1992	Santa's Workshop Bell	3,000		40.00	40
1993	Santa's Reindeer Bell	Closed	N/A	30.00	30

Musical Bells - Kirk Stieff

Year	Issue	Edition Limit	Year Retd.	Issue Price	Quote U.S.$
1977	Annual Bell 1977	Closed	N/A	17.95	40-120
1978	Annual Bell 1978	Closed	N/A	17.95	80
1979	Annual Bell 1979	Closed	N/A	17.95	50
1980	Annual Bell 1980	Closed	N/A	19.95	50
1981	Annual Bell 1981	Closed	N/A	19.95	75
1982	Annual Bell 1982	Closed	N/A	19.95	60-120
1983	Annual Bell 1983	Closed	N/A	19.95	50-60
1984	Annual Bell 1984	Closed	N/A	19.95	40
1985	Annual Bell 1985	Closed	N/A	19.95	40
1986	Annual Bell 1986	Closed	N/A	19.95	55
1987	Annual Bell 1987	Closed	N/A	19.95	30
1988	Annual Bell 1988	Closed	N/A	22.50	35-45
1989	Annual Bell 1989	Closed	N/A	25.00	25
1990	Annual Bell 1990	Closed	N/A	27.00	27
1991	Annual Bell 1991	Closed	N/A	28.00	28
1992	Annual Bell 1992	Closed	N/A	30.00	30
1993	Annual Bell 1993	Closed	N/A	30.00	30
1994	Annual Bell 1994	Open	N/A	30.00	30

Lance Corporation

Hudson Pewter Bicentennial Bells - P.W. Baston

Year	Issue	Edition Limit	Year Retd.	Issue Price	Quote U.S.$
1974	Benjamin Franklin	Closed	1977	Unkn.	75-100
1974	George Washington	Closed	1977	Unkn.	75-100
1974	James Madison	Closed	1977	Unkn.	75-100
1974	John Adams	Closed	1977	Unkn.	75-100
1974	Thomas Jefferson	Closed	1977	Unkn.	75-100

Lenox China

Songs of Christmas - Unknown

Year	Issue	Edition Limit	Year Retd.	Issue Price	Quote U.S.$
1991	We Wish You a Merry Christmas	Yr.Iss.		49.00	49
1992	Deck the Halls	Yr.Iss.		53.00	53
1993	Jingle Bells	Yr.Iss.		57.00	57
1994	Silver Bells	Yr.Iss.		62.00	62

Lenox Collections

Bird Bells - Unknown

Year	Issue	Edition Limit	Year Retd.	Issue Price	Quote U.S.$
1991	Bluebird	Open		57.00	57
1991	Chickadee	Open		57.00	57
1991	Hummingbird	Open		57.00	57
1992	Robin Bell	Open		57.00	57

Carousel Bell - Unknown

Year	Issue	Edition Limit	Year Retd.	Issue Price	Quote U.S.$
1992	Carousel Horse	Open		45.00	45

Crystal Christmas Bell - Lenox

Year	Issue	Edition Limit	Year Retd.	Issue Price	Quote U.S.$
1981	Partridge in a Pear Tree	15,000	1981	55.00	55
1982	Holy Family Bell	15,000	1982	55.00	55
1983	Three Wise Men	15,000	1983	55.00	55
1984	Dove Bell	15,000	1984	57.00	57
1985	Santa Claus Bell	15,000	1985	57.00	57
1986	Dashing Through the Snow Bell	15,000	1986	64.00	64
1987	Heralding Angel Bell	15,000	1987	76.00	76
1991	Celestial Harpist	15,000	1991	75.00	75

Lladro

Lladro Christmas Bell - Lladro

Year	Issue	Edition Limit	Year Retd.	Issue Price	Quote U.S.$
1987	Christmas Bell - L5458M	Annual	1987	29.50	50-60
1988	Christmas Bell - L5525M	Annual	1988	32.50	33-55
1989	Christmas Bell - L5616M	Annual	1989	32.50	90-150
1990	Christmas Bell - L5641M	Annual	1990	34.50	45-65
1991	Christmas Bell - L5803M	Annual	1991	37.50	40
1992	Christmas Bell - L5913M	Annual	1992	37.50	45-75
1993	Christmas Bell - L6010M	Annual	1993	37.50	45
1994	Christmas Bell - L6139M	Annual	1994	39.50	40
1995	Christmas Bell - L6206M	Annual		39.50	40

Lladro Limited Edition Bell - Lladro

Year	Issue	Edition Limit	Year Retd.	Issue Price	Quote U.S.$
1994	Eternal Love 7542M	Annual		95.00	95

Midwest of Cannon Falls

The Littlest Angel Collection - Midwest

Year	Issue	Edition Limit	Year Retd.	Issue Price	Quote U.S.$
1994	Angel with Wreath Bell 11632-6	Retrd.	1994	12.50	13

Old World Christmas

Porcelain Christmas - E.M. Merck

Year	Issue	Edition Limit	Year Retd.	Issue Price	Quote U.S.$
1988	1st Edition Santa Bell	Retrd.	1988	10.00	10
1989	2nd Edition Santa Bell	Retrd.	1989	10.00	10

Reco International

Special Occasions - S. Kuck

Year	Issue	Edition Limit	Year Retd.	Issue Price	Quote U.S.$
1989	The Wedding	Retrd.	1992	15.00	15

Special Occasions-Wedding - C. Micarelli

YEAR	ISSUE	EDITION LIMIT	YEAR RETD.	ISSUE PRICE	QUOTE U.S.$
1991	From This Day Forward	Open		15.00	15
1991	To Have And To Hold	Open		15.00	15

Reed & Barton

Noel Musical Bells - Reed & Barton

YEAR	ISSUE	EDITION LIMIT	YEAR RETD.	ISSUE PRICE	QUOTE U.S.$
1980	Bell 1980	Closed	1980	20.00	50
1981	Bell 1981	Closed	1981	22.50	45
1982	Bell 1982	Closed	1982	22.50	40
1983	Bell 1983	Closed	1983	22.50	50
1984	Bell 1984	Closed	1984	22.50	50
1985	Bell 1985	Closed	1985	25.00	40
1986	Bell 1986	Closed	1986	25.00	50
1987	Bell 1987	Closed	1987	25.00	50
1988	Bell 1988	Closed	1988	25.00	28-40
1989	Bell 1989	Closed	1989	25.00	40
1990	Bell 1990	Closed	1990	27.50	30
1991	Bell 1991	Closed	1991	30.00	30
1992	Bell 1992	Closed	1992	30.00	35
1993	Bell 1993	Yr.Iss.	1993	30.00	30
1994	Bell 1994	Yr.Iss.	1994	30.00	30
1995	Bell 1995	Yr.Iss.		30.00	30

Yuletide Bell - Reed & Barton

YEAR	ISSUE	EDITION LIMIT	YEAR RETD.	ISSUE PRICE	QUOTE U.S.$
1981	Yuletide Holiday	Closed	1981	14.00	14
1982	Little Shepherd	Closed	1982	14.00	14
1983	Perfect Angel	Closed	1983	15.00	15
1984	Drummer Boy	Closed	1984	15.00	15
1985	Caroler	Closed	1985	16.50	17
1986	Night Before Christmas	Closed	1986	16.50	17
1987	Jolly St. Nick	Closed	1987	16.50	17
1988	Christmas Morning	Closed	1988	16.50	17
1989	The Bell Ringer	Closed	1989	16.50	17
1990	The Wreath Bearer	Closed	1990	18.50	19
1991	A Special Gift	Closed	1991	22.50	23
1992	My Special Friend	Closed	1992	22.50	23
1993	My Christmas Present	Yr.Iss.	1993	22.50	23
1994	Holiday Wishes	Yr.Iss.	1994	22.50	23
1995	Yuletide Bell	Yr.Iss.		22.50	23

River Shore

Norman Rockwell Single Issues - N. Rockwell

YEAR	ISSUE	EDITION LIMIT	YEAR RETD.	ISSUE PRICE	QUOTE U.S.$
1981	Grandpa's Guardian	7,000		45.00	45
1981	Looking Out to Sea	7,000		45.00	95
1981	Spring Flowers	347		175.00	175

Rockwell Children Series I - N. Rockwell

YEAR	ISSUE	EDITION LIMIT	YEAR RETD.	ISSUE PRICE	QUOTE U.S.$
1977	First Day of School	7,500		30.00	75
1977	Flowers for Mother	7,500		30.00	60
1977	Football Hero	7,500		30.00	75
1977	School Play	7,500		30.00	75

Rockwell Children Series II - N. Rockwell

YEAR	ISSUE	EDITION LIMIT	YEAR RETD.	ISSUE PRICE	QUOTE U.S.$
1978	Dressing Up	15,000		35.00	50
1978	Five Cents A Glass	15,000		35.00	40
1978	Future All American	15,000		35.00	52
1978	Garden Girl	15,000		35.00	40

Roman, Inc.

Annual Fontanini Christmas Crystal Bell - E. Simonetti

YEAR	ISSUE	EDITION LIMIT	YEAR RETD.	ISSUE PRICE	QUOTE U.S.$
1991	Bell 1991	Closed	1991	30.00	30
1992	Bell 1992	Closed	1992	30.00	30
1993	Bell 1993	Closed	1993	30.00	30

Annual Nativity Bell - I. Spencer

YEAR	ISSUE	EDITION LIMIT	YEAR RETD.	ISSUE PRICE	QUOTE U.S.$
1990	Nativity	Closed	N/A	15.00	15
1991	Flight Into Egypt	Closed	N/A	15.00	15
1992	Gloria in Excelsis Deo	Closed	N/A	15.00	15
1993	Three Kings of Orient	Closed	N/A	15.00	15

F. Hook Bells - F. Hook

YEAR	ISSUE	EDITION LIMIT	YEAR RETD.	ISSUE PRICE	QUOTE U.S.$
1985	Beach Buddies	15,000		25.00	28
1986	Sounds of the Sea	15,000		25.00	28
1987	Bear Hug	15,000		25.00	28

The Masterpiece Collection - Various

YEAR	ISSUE	EDITION LIMIT	YEAR RETD.	ISSUE PRICE	QUOTE U.S.$
1979	Adoration - F. Lippe	Open		20.00	20
1980	Madonna with Grapes - P. Mignard	Open		25.00	25
1981	The Holy Family - G. Notti	Open		25.00	25
1982	Madonna of the Streets - R. Ferruzzi	Open		25.00	25

Schmid

Berta Hummel Christmas Bells - B. Hummel

YEAR	ISSUE	EDITION LIMIT	YEAR RETD.	ISSUE PRICE	QUOTE U.S.$
1972	Angel with Flute	Yr.Iss.	1972	20.00	75
1973	Nativity	Yr.Iss.	1973	15.00	80
1974	The Guardian Angel	Yr.Iss.	1974	17.50	45
1975	The Christmas Child	Yr.Iss.	1975	22.50	45
1976	Sacred Journey	Yr.Iss.	1976	22.50	25
1977	Herald Angel	Yr.Iss.	1977	22.50	50
1978	Heavenly Trio	Yr.Iss.	1978	27.50	40
1979	Starlight Angel	Yr.Iss.	1979	38.00	45
1980	Parade into Toyland	Yr.Iss.	1980	45.00	55
1981	A Time to Remember	Yr.Iss.	1981	45.00	55
1982	Angelic Procession	Yr.Iss.	1982	45.00	50
1983	Angelic Messenger	Yr.Iss.	1983	45.00	55
1984	A Gift from Heaven	Yr.Iss.	1984	45.00	75
1985	Heavenly Light	Yr.Iss.	1985	45.00	75
1986	Tell the Heavens	Yr.Iss.	1986	45.00	45
1987	Angelic Gifts	Yr.Iss.	1987	47.50	48
1988	Cheerful Cherubs	Yr.Iss.	1988	52.50	55
1989	Angelic Musician	Yr.Iss.	1989	53.00	55
1990	Angel's Light	Yr.Iss.	1990	53.00	53
1991	Message From Above	5,000	1991	58.00	58
1992	Sweet Blessings	5,000	1992	65.00	65
1993	Silent Wonder	5,000	1993	58.00	58

Berta Hummel Mother's Day Bells - B. Hummel

YEAR	ISSUE	EDITION LIMIT	YEAR RETD.	ISSUE PRICE	QUOTE U.S.$
1976	Devotion for Mothers	Yr.Iss.	1976	22.50	55
1977	Moonlight Return	Yr.Iss.	1977	22.50	45
1978	Afternoon Stroll	Yr.Iss.	1978	27.50	45
1979	Cherub's Gift	Yr.Iss.	1979	38.00	45
1980	Mother's Little Helper	Yr.Iss.	1980	45.00	45
1981	Playtime	Yr.Iss.	1981	45.00	45
1982	The Flower Basket	Yr.Iss.	1982	45.00	45
1983	Spring Bouquet	Yr.Iss.	1983	45.00	45
1984	A Joy to Share	Yr.Iss.	1984	45.00	45

Disney Annuals - Disney Studios

YEAR	ISSUE	EDITION LIMIT	YEAR RETD.	ISSUE PRICE	QUOTE U.S.$
1985	Snow Biz	10,000	1985	16.50	17
1986	Tree for Two	10,000	1986	16.50	17
1987	Merry Mouse Medley	10,000	1987	17.50	18
1988	Warm Winter Ride	10,000	1988	19.50	20
1989	Merry Mickey Claus	10,000	1989	23.00	23
1990	Holly Jolly Christmas	10,000	1990	26.50	27
1991	Mickey & Minnie's Rockin' Christmas	10,000	1991	26.50	27

RFD Bell - L. Davis

YEAR	ISSUE	EDITION LIMIT	YEAR RETD.	ISSUE PRICE	QUOTE U.S.$
1979	Blossom	Closed	N/A	65.00	300-400
1979	Kate	Closed	N/A	65.00	300-400
1979	Willy	Closed	N/A	65.00	400
1979	Caruso	Closed	N/A	65.00	300
1979	Wilbur	Closed	N/A	65.00	300-350
1979	Old Blue Lead	Closed	N/A	65.00	275-300
1980	Cow Bell "Blossom"	Closed	N/A	65.00	65
1980	Mule Bell "Kate"	Closed	N/A	65.00	65
1980	Goat Bell "Willy"	Closed	N/A	65.00	65
1980	Rooster Bell "Caruso"	Closed	N/A	65.00	65
1980	Pig Bell "Wilbur"	Closed	N/A	65.00	65
1980	Dog Bell "Old Blue and Lead"	Closed	N/A	65.00	65

CHRISTMAS ORNAMENTS

All God's Children

Angel Dumpling - M. Holcombe

YEAR	ISSUE	EDITION LIMIT	YEAR RETD.	ISSUE PRICE	QUOTE U.S.$
1993	Eric-1570	Retrd.	1994	22.50	23
1994	Erica-1578	Retrd.	1995	22.50	23

Christmas Ornaments - M. Holcombe

YEAR	ISSUE	EDITION LIMIT	YEAR RETD.	ISSUE PRICE	QUOTE U.S.$
1987	Cameo Ornaments (set of 12)-D1912	Retrd.	1988	144.00	2000
1987	Doll Ornaments (set of 24) - D1924	Retrd.	1988	336.00	3000
1993	Santa with Scooty-1571	Retrd.	1994	22.50	23

Anheuser-Busch, Inc.

A & Eagle Collector Ornament Series - A.-Busch, Inc.

YEAR	ISSUE	EDITION LIMIT	YEAR RETD.	ISSUE PRICE	QUOTE U.S.$
1991	Budweiser Girl-Circa 1890's N3178	Open		15.00	15
1992	1893 Columbian Exposition N3649	Open		15.00	15
1993	Greatest Triumph N4089	Open		15.00	15

Christmas Ornaments - Various

YEAR	ISSUE	EDITION LIMIT	YEAR RETD.	ISSUE PRICE	QUOTE U.S.$
1992	Clydesdales Mini Plate Ornaments N3650 - S. Sampson	Open		23.00	23
1993	Budweiser Six-Pack Mini Plate Ornaments N4220 - M. Urdahl	Retrd.	N/A	10.00	10

Annalee Mobilitee Dolls, Inc.

Christmas Ornaments - A. Thorndike

YEAR	ISSUE	EDITION LIMIT	YEAR RETD.	ISSUE PRICE	QUOTE U.S.$
1985	Clown Head	5,701	N/A	6.95	175
1992	3" Skier	8,332	N/A	14.45	175
1993	Pepi Herman Crystal Ornament (artist proof)	1	N/A	N/A	750
1993	Tree Top Star w/ 3" Angel (artist proof)	1	N/A	N/A	300
1994	Annalee Crystal Ornament (prototype)	1	N/A	N/A	200

ANRI

Disney Four Star Collection - Disney Studios

YEAR	ISSUE	EDITION LIMIT	YEAR RETD.	ISSUE PRICE	QUOTE U.S.$
1989	Maestro Mickey	Yr.Iss.	1989	25.00	25
1990	Minnie Mouse	Yr.Iss.	1990	25.00	25

Ferrandiz Message Collection - J. Ferrandiz

YEAR	ISSUE	EDITION LIMIT	YEAR RETD.	ISSUE PRICE	QUOTE U.S.$
1989	Let the Heavens Ring	1,000	1992	215.00	215
1990	Hear The Angels Sing	1,000	1992	225.00	225

Ferrandiz Woodcarvings - J. Ferrandiz

YEAR	ISSUE	EDITION LIMIT	YEAR RETD.	ISSUE PRICE	QUOTE U.S.$
1988	Heavenly Drummer	1,000	1992	175.00	225
1989	Heavenly Strings	1,000	1992	190.00	190

Sarah Kay's First Christmas - S. Kay

YEAR	ISSUE	EDITION LIMIT	YEAR RETD.	ISSUE PRICE	QUOTE U.S.$
1994	Sarah Kay's First Christmas	500		140.00	140
1995	First Xmas Stocking 57502	500		99.00	99

Armani

Christmas - G. Armani

YEAR	ISSUE	EDITION LIMIT	YEAR RETD.	ISSUE PRICE	QUOTE U.S.$
1991	Christmas Ornament 799A	Retrd.	1991	11.50	12
1992	Christmas Ornament 788F	Retrd.	1992	23.50	24
1993	Christmas Ornament 892P	Retrd.	1993	25.00	25
1994	Christmas Ornament 801P	Retrd.	1994	25.00	25
1995	Christmas Ornament 640P	Yr.Iss.		30.00	30

Artaffects

Annual Bell Ornaments - G. Perillo

YEAR	ISSUE	EDITION LIMIT	YEAR RETD.	ISSUE PRICE	QUOTE U.S.$
1985	Home Sweet Wigwam	Yr.Iss.		14.00	25
1986	Peek-A-Boo	Yr.Iss.		15.00	25
1987	Annual Bell Ornament	Yr.Iss.		15.00	15
1988	Annual Bell Ornament	Yr.Iss.		17.50	18
1989	Annual Bell Ornament	Yr.Iss.		17.50	18
1990	Annual Bell Ornament	Yr.Iss.		17.50	25
1991	Annual Bell Ornament	Yr.Iss.		19.50	25

Annual Christmas Ornaments - G. Perillo

YEAR	ISSUE	EDITION LIMIT	YEAR RETD.	ISSUE PRICE	QUOTE U.S.$
1985	Papoose Ornament	Unkn.		14.00	65
1986	Christmas Cactus	Unkn.		15.00	50
1987	Annual Ornament	Unkn.		15.00	35
1988	Annual Ornament	Yr.Iss.		18.00	25
1989	Annual Ornament	Yr.Iss.		18.00	25
1990	Annual Ornament	Yr.Iss.		19.50	25
1991	Annual Ornament	Yr.Iss.		19.50	25

Artists of the World

De Grazia Annual Ornaments - T. De Grazia

YEAR	ISSUE	EDITION LIMIT	YEAR RETD.	ISSUE PRICE	QUOTE U.S.$
1986	Pima. Indian Drummer Boy	Yr.Iss.	1986	28.00	400-500
1987	White Dove	Yr.Iss.	1987	30.00	75-140
1988	Flower Girl	Yr.Iss.	1988	33.00	65-110
1989	Flower Boy	Yr.Iss.	1989	35.00	65-100
1990	Pink Papoose	Yr.Iss.	1990	35.00	70-130
1990	Merry Little Indian	10,000	1990	88.00	95-125
1991	Christmas Prayer	Yr.Iss.	1991	50.00	65-95
1992	Bearing Gift	Yr.Iss.	1992	55.00	65-75
1993	Lighting the Way	Yr.Iss.	1993	58.00	65-75
1994	Warm Wishes	Yr.Iss.	1994	65.00	65-75
1995	Little Prayer	Yr.Iss.		49.50	50
1995	Heavenly Flowers	Yr.Iss.		65.00	65
1995	My Beautiful Rocking Horse	1,995		125.00	125

Attic Babies

Christmas Decorations- M. Maschino

YEAR	ISSUE	EDITION LIMIT	YEAR RETD.	ISSUE PRICE	QUOTE U.S.$
1993	Raggedy Santa Wreath	Retrd.	1994	101.95	102
1992	Stocking	Retrd.	1994	55.95	56

Wooden Ornaments - M. Maschino

YEAR	ISSUE	EDITION LIMIT	YEAR RETD.	ISSUE PRICE	QUOTE U.S.$
1993	Angel	Retrd.	1994	21.95	22
1993	Snowman	Retrd.	1994	17.95	18
1993	Stocking	Retrd.	1994	25.95	26

Band Creations, Inc.

Best Friends - Richards/Penfield

YEAR	ISSUE	EDITION LIMIT	YEAR RETD.	ISSUE PRICE	QUOTE U.S.$
1995	Double Angels	Open		8.00	8

Best Friends-A Star is Born - Richards/Penfield

YEAR	ISSUE	EDITION LIMIT	YEAR RETD.	ISSUE PRICE	QUOTE U.S.$
1995	Baseball Boy	Open		6.00	6
1995	Baseball Girl	Open		6.00	6
1995	Basketball Boy	Open		6.00	6
1995	Basketball Girl	Open		6.00	6
1995	Cheerleader Girl	Open		6.00	6
1995	Football Boy	Open		6.00	6
1995	Golfer Boy	Open		6.00	6
1995	Golfer Girl	Open		6.00	6
1995	Hockey Boy	Open		6.00	6
1995	Soccer Boy	Open		6.00	6
1995	Soccer Girl	Open		6.00	6
1995	Swimmer Boy	Open		6.00	6
1995	Swimmer Girl	Open		6.00	6

Best Friends-Winter Wonderland - Richards/Penfield

YEAR	ISSUE	EDITION LIMIT	YEAR RETD.	ISSUE PRICE	QUOTE U.S.$
1994	4 Assorted Angel Ornaments	Open		5.00	5

Bing & Grondahl

Christmas - Various

YEAR	ISSUE	EDITION LIMIT	YEAR RETD.	ISSUE PRICE	QUOTE U.S.$
1985	Christmas Eve at the Farmhouse - E. Jensen	Closed	1985	19.50	20
1986	Silent Night, Holy Night - E. Jensen	Closed	1986	19.50	30
1987	The Snowman's Christmas Eve - E. Jensen	Closed	1987	22.50	23
1988	In the King's Garden - E. Jensen	Closed	1988	25.00	25
1989	Christmas Anchorage - E. Jensen	Closed	1989	27.00	27
1990	Changing of the Guards - E. Jensen	Closed	1990	32.50	35
1991	Copenhagen Stock Exchange - E. Jensen	Closed	1991	34.50	35
1992	Christmas at the Rectory - J. Steensen	Closed	1992	36.50	37
1993	Father Christmas in Copenhagen - J. Nielson	Closed	1993	36.50	37
1994	A Day at the Deer Park - J. Nielson	Closed	1994	36.50	37
1995	The Towers of Copenhagen - J. Nielson	Closed	1995	37.50	38

Bing & Grondahl
to Christopher Radko

CHRISTMAS ORNAMENTS

Christmas In America - J. Woodson

YEAR ISSUE		EDITION LIMIT	YEAR RETD.	ISSUE PRICE	QUOTE U.S.$
1986	Christmas Eve in Williamsburg	Closed	1986	12.50	40-90
1987	Christmas Eve at the White House	Closed	1987	15.00	25-60
1988	Christmas Eve at Rockefeller Center	Closed	1988	18.50	19
1989	Christmas in New England	Closed	1989	20.00	20
1990	Christmas Eve at the Capitol	Closed	1990	20.00	35
1991	Independence Hall	Closed	1991	23.50	24
1992	Christmas in San Francisco	Closed	1992	25.00	35
1993	Coming Home For Christmas	Closed	1993	25.00	30
1994	Christmas Eve in Alaska	Closed	1994	25.00	45
1995	Christmas Eve in Mississippi	Yr.Iss.		25.00	25

Santa Claus

YEAR ISSUE		EDITION LIMIT	YEAR RETD.	ISSUE PRICE	QUOTE U.S.$
1989	Santa's Workshop	Yr.Iss.	1989	20.00	60
1990	Santa's Sleigh	Yr.Iss.	1990	20.00	48
1991	The Journey	Yr.Iss.	1991	24.00	45
1992	Santa's Arrival	Yr.Iss.	1992	25.00	36
1993	Santa's Gifts	Yr.Iss.	1993	25.00	36
1994	Christmas Stories	Yr.Iss.	1994	25.00	25

Boyds Collection Ltd.

The Bearstone Collection™ - G. M. Lowenthal

YEAR ISSUE		EDITION LIMIT	YEAR RETD.	ISSUE PRICE	QUOTE U.S.$
1994	Charity'-Angel Bear with Star 2502	Open		9.45	10
1994	Faith'-Angel Bear with Trumpet 2500	Open		9.45	10
1994	Hope'-Angel Bear with Wreath 2501	Open		9.45	10

Brandywine Collectibles

Custom Collection - M. Whiting

YEAR ISSUE		EDITION LIMIT	YEAR RETD.	ISSUE PRICE	QUOTE U.S.$
1989	Lorain Lighthouse	Closed	1992	9.00	9
1994	Smithfield Clerk's Office	Open		9.00	9
1991	Smithfield VA. Courthouse	Closed	1992	9.00	9

Williamsburg Ornaments - M. Whiting

YEAR ISSUE		EDITION LIMIT	YEAR RETD.	ISSUE PRICE	QUOTE U.S.$
1988	Apothocary	Closed	1991	9.00	9
1988	Bootmaker	Closed	1991	9.00	9
1989	Cole Shop	Closed	1991	9.00	9
1988	Finnie Quarter	Closed	1991	9.00	9
1989	Gunsmith	Closed	1991	9.00	9
1994	Gunsmith	360	1994	9.50	10
1989	Music Teacher	Closed	1991	9.00	9
1988	Nicolson Shop	Closed	1991	9.00	9
1988	Tarpley's Store	Closed	1991	9.00	9
1988	Wigmaker	Closed	1991	9.00	9
1989	Windmill	Closed	1991	9.00	9

Cast Art Industries

Dreamsicles Ornaments - K. Haynes

YEAR ISSUE		EDITION LIMIT	YEAR RETD.	ISSUE PRICE	QUOTE U.S.$
1992	Bear-DX274	Retrd.	1994	6.00	6
1992	Bunny-DX270	Retrd.	1994	6.00	6
1992	Cherub On Cloud-DX263	Retrd.	1994	6.00	6
1992	Cherub With Moon-DX260	Retrd.	1994	6.00	6
1992	Cherub With Star-DX262	Retrd.	1994	6.00	6
1992	Lamb-DX275	Retrd.	1994	6.00	6
1992	Piggy-DX271	Retrd.	1994	6.00	6
1992	Praying Cherub-DX261	Retrd.	1994	6.00	6
1992	Raccoon-DX272	Retrd.	1994	6.00	6
1992	Squirrel-DX273	Retrd.	1994	6.00	6

The Cat's Meow

1985 Christmas Ornaments - F. Jones

YEAR ISSUE		EDITION LIMIT	YEAR RETD.	ISSUE PRICE	QUOTE U.S.$
1985	Rutledge House	Retrd.	1986	4.00	75
1985	Bancroft House	Retrd.	1986	4.00	40
1985	Grayling House	Retrd.	1986	4.00	40
1985	School	Retrd.	1986	4.00	N/A
1985	Chapel	Retrd.	1986	4.00	N/A
1985	Morton House	Retrd.	1986	4.00	N/A

1987 Christmas Ornaments - F. Jones

YEAR ISSUE		EDITION LIMIT	YEAR RETD.	ISSUE PRICE	QUOTE U.S.$
1987	Globe Corner Bookstore	Retrd.	1988	5.00	60
1987	District #17 School	Retrd.	1988	5.00	50
1987	Kennedy Birthplace	Retrd.	1988	5.00	26-75
1987	Blacksmith Shop	Retrd.	1988	5.00	60
1987	Set/4	Retrd.	1988	20.00	175-200

1995 Christmas Ornaments - F. Jones

YEAR ISSUE		EDITION LIMIT	YEAR RETD.	ISSUE PRICE	QUOTE U.S.$
1995	Yaquina Bay Light	12/95		8.75	9
1995	Holly Hill Farmhouse	12/95		8.75	9
1995	Carnegie Library	12/95		8.75	9
1995	Unitarian Church	12/95		8.75	9
1995	St. James General Store	12/95		8.75	9
1995	North Central School	12/95		8.75	9

Cavanagh Group Intl.

Coca-Cola Christmas Collectors Society Members' Only - Sundblom

YEAR ISSUE		EDITION LIMIT	YEAR RETD.	ISSUE PRICE	QUOTE U.S.$
1993	Ho Ho Ho	Closed	1993	Gift	N/A
1994	Fishing Bear	Closed	1994	Gift	N/A
1995	Hospitality	12/95		Gift	N/A

Coca-Cola Brand Heritage Collection - Sundblom

YEAR ISSUE		EDITION LIMIT	YEAR RETD.	ISSUE PRICE	QUOTE U.S.$
1995	Christmas Is Love	Open		10.00	10
1995	Santa at the Mantle	Open		10.00	10
1995	Ssshhh!	Open		10.00	10

Coca-Cola Brand Historical Building - CGI

YEAR ISSUE		EDITION LIMIT	YEAR RETD.	ISSUE PRICE	QUOTE U.S.$
1991	1930's Service Station	Closed	1995	9.99	10
1991	Early Coca-Cola Bottling Company	Closed	1995	9.99	10
1991	Jacob's Pharmacy	Closed	1995	9.99	10
1991	The Pemberton House	Closed	1995	9.99	10

Coca-Cola Brand North Pole Bottling Works - CGI

YEAR ISSUE		EDITION LIMIT	YEAR RETD.	ISSUE PRICE	QUOTE U.S.$
1995	Barrel of Bears	Open		8.99	9
1993	Blast Off	Open		8.99	9
1993	Delivery for Santa	Open		8.99	9
1993	Fill 'er Up	Closed	1995	8.99	9
1995	Fountain Glass Follies	Open		8.99	9
1993	Ice Sculpting	Open		8.99	9
1993	Long Winter's Nap	Open		8.99	9
1993	North Pole Express	Closed	1995	8.99	9
1995	North Pole Flying School	Open		8.99	9
1994	Power Drive	Open		8.99	9
1994	Santa's Refreshment	Open		8.99	9
1994	Seltzer Surprise	Open		8.99	9
1993	Thirsting for Adventure	Closed	1995	8.99	9
1994	Tops Off Refreshment	Open		8.99	9
1993	Tops on Refreshment	Open		8.99	9

Coca-Cola Brand Polar Bear - CGI

YEAR ISSUE		EDITION LIMIT	YEAR RETD.	ISSUE PRICE	QUOTE U.S.$
1994	Downhill Sledder	Open		8.99	9
1994	North Pole Delivery	Open		8.99	9
1995	Polar Bear in Bottle Opener	Open		8.99	9
1994	Skating Coca-Cola Polar Bear	Open		8.99	9
1995	Snowboardin' Bear	Open		8.99	9
1994	Vending Machine Mischief	Open		8.99	9

Coca-Cola Brand Trim A Tree Collection - Sundblom

YEAR ISSUE		EDITION LIMIT	YEAR RETD.	ISSUE PRICE	QUOTE U.S.$
1994	Busy Man's Pause	Open		9.99	10
1991	Christmas Is Love	Closed	1993	9.99	13
1993	Decorating the Tree	Closed	1995	9.99	10
1993	Extra Bright Refreshment	Closed	1995	9.99	10
1994	For Sparkling Holidays	Open		9.99	10
1990	Happy Holidays	Closed	1993	9.99	20
1992	Happy Holidays	Closed	1994	9.99	10
1995	It Will Refresh You Too	Open		9.99	10
1990	Merry Christmas and a Happy New Year	Closed	1992	9.99	20-40
1995	Please Pause Here	Open		9.99	10
1990	Santa on Stool	Closed	1994	9.99	13
1990	Season's Greetings	Closed	1992	9.99	13
1992	Sshhh!	Closed	1993	9.99	15
1994	Things Go Better with Coke	Open		9.99	10
1991	A Time to Share	Closed	1994	9.99	13
1994	Travel Refreshed	Open		9.99	10

Cazenovia Abroad

Carousel - Various

YEAR ISSUE		EDITION LIMIT	YEAR RETD.	ISSUE PRICE	QUOTE U.S.$
1991	Flag Horse-A301CFH - Herschell-Spillman	2,649		75.00	75
1991	Fishing Cat-A302CFH - Cernigliaro	2,649		75.00	75
1991	Flirting Rabbit-A303CFH - Cernigliaro	2,649		75.00	75
1992	Sneaky Tiger-A304LST - C.Looff	2,649		82.50	83
1992	Spillman Polar Bear-A305HPB - Herschell-Spillman	2,649		82.50	83
1992	Rose Horse-A306PRH - C.W. Parker	2,649		82.50	83
1994	Flying Mane Jumping-A307LFM - Illions	2,649		82.50	83
1994	Pig-A308DP - Cernigliaro	2,649		82.50	83
1994	Zebra-A309DZ - Cernigliaro	2,649		82.50	83

Christmas Ornaments - Unknown

YEAR ISSUE		EDITION LIMIT	YEAR RETD.	ISSUE PRICE	QUOTE U.S.$
1968	Teddy Bear-P101TB	Unkn.		9.00	60
1968	Elephant-P102E	Unkn.		9.00	60
1968	Duck-P103D	Unkn.		9.00	60
1968	Bunny-P104B	Unkn.		9.00	60
1968	Cat-P105C	Unkn.		9.00	60
1968	Rooster-P106R	Unkn.		10.00	60
1968	Standing Angel-P107SA	Unkn.		9.00	70
1968	Tiptoe Angel-P108TTA	Unkn.		10.00	60
1969	Fawn-P109F	Unkn.		12.00	65
1970	Snow Man-P110SM	Unkn.		12.00	60
1970	Peace-P111P	Unkn.		12.00	60
1970	Porky-P112PK	Unkn.		15.00	60
1971	Kneeling Angel-P113KA	Unkn.		15.00	80
1972	Rocking Horse-P114RH	Unkn.		15.00	80
1973	Treetop Angel-P115TOP	Unkn.		10.00	65
1974	Owl-P116O	Unkn.		15.00	60
1975	Star-P117ST	Unkn.		15.00	60
1976	Hatching Chick-P118CH	Unkn.		15.00	60
1977	Raggedy Ann-P119RA	Unkn.		18.00	65
1978	Shell-P120SH	Unkn.		20.00	65
1979	Toy Soldier-P121TS	Unkn.		20.00	60
1980	Burro-P122BU	Unkn.		20.00	60
1981	Clown-P123CL	Unkn.		25.00	60
1982	Rebecca-P124RE	Unkn.		25.00	60
1983	Raggedy Andy-P125AND	Unkn.		28.00	65
1983	Mouse-P126MO	Unkn.		28.00	70
1984	Cherub-P127CB	Unkn.		30.00	70
1985	Shaggy Dog-P132SD	Unkn.		45.00	60
1986	Peter Rabbit-P133PR	Unkn.		50.00	60
1986	Big Sister-P134BS	Unkn.		60.00	70
1986	Little Brother-P135LB	Unkn.		55.00	70
1987	Lamb-P136LA	Unkn.		60.00	70
1987	Sea Horse-P137SE	Unkn.		35.00	50
1988	Partridge-P138PA	Unkn.		70.00	80
1988	Squirrel-P139SQ	Unkn.		70.00	80
1984	Reindeer & Sleigh-H100	Unkn.		1250.00	1500
1989	Swan-P140SW	Open		45.00	60
1990	Moravian Star-P141PS	Open		65.00	60
1991	Hedgehog-P142HH	Open		65.00	70
1991	Bunny Rabbit-P143BR	Open		65.00	70
1991	Angel-P144A	Open		63.00	70
1992	Humpty Dumpty-P145HD	Open		70.00	70
1994	Father Christmas-P146FC	Open		70.00	70

Twelve Days of Christmas - J. Kall

YEAR ISSUE		EDITION LIMIT	YEAR RETD.	ISSUE PRICE	QUOTE U.S.$
1994	Partridge in a Pear Tree A401PP	Open		85.00	85
1994	Two Turtle Doves A402TT	Open		85.00	85
1994	Three French Hens A403TF	Open		85.00	85
1994	Four Calling Birds A404FC	Open		85.00	85
1994	Five Golden Rings A405FG	Open		85.00	85

Christopher Radko

Christopher Radko Family of Collectors - C. Radko

YEAR ISSUE		EDITION LIMIT	YEAR RETD.	ISSUE PRICE	QUOTE U.S.$
1993	Angels We Have Heard on High SP1	Retrd.	1993	50.00	250-475
1994	Starbuck Santa SP3	Retrd.	1994	75.00	75
1995	Dash Away All SP7	Yr.Iss.		34.00	34
1995	Purrfect Present SP8	Yr.Iss.		Gift	N/A

10 Year Anniversary - C. Radko

YEAR ISSUE		EDITION LIMIT	YEAR RETD.	ISSUE PRICE	QUOTE U.S.$
1995	On Top of the World SP6	Yr.Iss.		32.00	32

1987 Holiday Collection - C. Radko

YEAR ISSUE		EDITION LIMIT	YEAR RETD.	ISSUE PRICE	QUOTE U.S.$
1987	Baby Balloon 8832	Retrd.	N/A	7.95	45
1987	Birdhouse 8873	Retrd.	1987	10.00	45
1987	Buds in Bloom (pink) 8824	Retrd.	N/A	16.00	100
1987	Circle of Santas 8811	Retrd.	N/A	16.95	48
1987	Double Royal Drop 8856	Retrd.	1991	25.00	70
1987	Grecian Column 8842	Retrd.	1990	9.95	30
1987	Hot Air Balloon 885	Retrd.	N/A	15.00	100
1987	Lilac Sparkle 1814	Retrd.	N/A	15.00	100
1987	Mushroom in Winter 8862	Retrd.	1993	12.00	75
1987	Ripples on Oval 8844	Retrd.	1987	6.00	15
1987	Royal Diadem 8860	Retrd.	1987	25.00	70
1987	Royal Porcelain 8812	Retrd.	N/A	16.95	48
1987	Satin Scepter 8847	Retrd.	1987	8.95	30
1987	Simply Cartiere 8817	Retrd.	N/A	16.95	48
1987	Striped Balloon 8877	Retrd.	N/A	16.95	60
1987	Twin Finial 8857	Retrd.	N/A	23.50	100

1988 Holiday Collection - C. Radko

YEAR ISSUE		EDITION LIMIT	YEAR RETD.	ISSUE PRICE	QUOTE U.S.$
1988	Alpine Flowers 22	Retrd.	N/A	16.00	30
1988	Celestial 4	Retrd.	N/A	15.00	35
1988	Christmas Fanfare 50	Retrd.	1988	15.00	35
1988	Crown Jewels 74	Retrd.	1993	15.00	30
1988	Double Royal Star 56	Retrd.	1991	23.00	60
1988	Faberge Oval 3	Retrd.	N/A	15.00	30
1988	Gilded Leaves 13	Retrd.	N/A	16.00	45
1988	Mushroom Winter 62	Retrd.	1993	10.00	30
1988	Royal Porcelain 12	Retrd.	1991	16.00	35
1988	Stained Glass 16	Retrd.	1990	16.00	32
1988	Zebra - Tiger 886	Retrd.	N/A	15.00	60

1989 Holiday Collection - C. Radko

YEAR ISSUE		EDITION LIMIT	YEAR RETD.	ISSUE PRICE	QUOTE U.S.$
1989	Alpine Flowers 9-43	Retrd.	N/A	17.00	30
1989	Baroque Angel 9-11	Retrd.	1989	17.00	45
1989	Charlie Chaplin 9-55	Retrd.	1990	8.50	45
1989	Double Top 9-71	Retrd.	1989	7.00	40
1989	Elf on Ball (matte) 9-62	Retrd.	1990	9.50	45
1989	Fisher Frog 9-65	Retrd.	1991	7.00	40
1989	Grecian Urn 9-69	Retrd.	1989	9.00	35
1989	Hurricane Lamp 9-67	Retrd.	1989	7.00	45
1989	Joey Clown (light pink) 9-58	Retrd.	1992	9.00	60
1989	Kim Ono 9-57	Retrd.	1990	6.50	30
1989	King Arthur (Lt. Blue) 9-103	Retrd.	1991	12.00	45
1989	Lilac Sparkle 9-7	Retrd.	1989	17.00	30
1989	Lucky Fish 9-73	Retrd.	1989	6.50	30
1989	Parachute 9-68	Retrd.	1989	6.50	20
1989	Royal Rooster 9-18	Retrd.	1993	17.00	20
1989	Seahorse 9-54	Retrd.	1992	10.00	60
1989	Serpent 9-72	Retrd.	N/A	7.00	18
1989	Shy Kitten 9-66	Retrd.	N/A	7.00	45
1989	Shy Rabbit 9-61	Retrd.	N/A	7.00	50
1989	Small Reflector 9-76	Retrd.	N/A	7.50	32
1989	Smiling Sun 9-59	Retrd.	N/A	7.00	45
1989	Walrus 9-63	Retrd.	1990	8.00	45
1989	Zebra 9-10	Retrd.	1991	17.50	60

1990 Holiday Collection - C. Radko

YEAR ISSUE		EDITION LIMIT	YEAR RETD.	ISSUE PRICE	QUOTE U.S.$
1990	Angel on Harp 46	Retrd.	1990	9.00	35
1990	Ballooning Santa 85	Retrd.	1991	20.00	60
1990	Calla Lilly 38	Retrd.	N/A	7.00	50
1990	Carmen Miranda 18	Retrd.	1991	19.00	50
1990	Christmas Cardinals 16	Retrd.	1992	18.00	50-60
1990	Conch Shell 65	Retrd.	1991	9.00	25
1990	Crowned Prince 56	Retrd.	1990	14.00	45
1990	Dublin Pipe 40	Retrd.	1990	14.00	50
1990	Eagle Medallion 67	Retrd.	1990	9.00	45
1990	Early Winter 24	Retrd.	1990	10.00	30
1990	Emerald City 92	Retrd.	1990	7.50	45
1990	Fat Lady 35	Retrd.	N/A	7.00	20
1990	Father Christmas 76	Retrd.	N/A	7.00	15
1990	Frog Under Balloon 58	Retrd.	1991	14.00	45
1990	Goggle Eyes 44	Retrd.	1990	9.00	45

YEAR ISSUE		EDITION LIMIT	YEAR RETD.	ISSUE PRICE	QUOTE U.S.$
1990	Golden Puppy 53	Retrd.	1990	8.00	45
1990	Happy Gnome 77	Retrd.	1991	8.00	40
1990	Holly Ball 4	Retrd.	N/A	19.00	60
1990	Joey Clown (red striped) 55	Retrd.	N/A	14.00	35
1990	Kim Ono 79	Retrd.	1990	6.00	25
1990	King Arthur (Red) 72	Retrd.	N/A	16.00	N/A
1990	Lullaby 4 /	Retrd.	1990	9.00	35
1990	Maracca 94	Retrd.	1990	9.00	45
1990	Mother Goose (blue bonnet/pink shawl) 52	Retrd.	N/A	10.00	45
1990	Nativity 36	Retrd.	1990	6.00	25
1990	Peacock (on snowball) 74	Retrd.	N/A	18.00	50
1990	Pierre Le Berry	Retrd.	N/A	10.00	45
1990	Polish Folk Dance 13	Retrd.	N/A	19.00	50
1990	Roly Poly Santa (Red bottom) 69	Retrd.	N/A	13.00	45
1990	Rose Lamp 96	Retrd.	1990	14.00	50
1990	Santa on Ball 80	Retrd.	1991	16.00	45
1990	Silent Movie (black hat) 75	Retrd.	1990	8.50	45
1990	Small Nautilus Shell 78	Retrd.	N/A	7.00	22
1990	Smiling Kite 63	Retrd.	1990	14.00	45
1990	Snowball Tree 71	Retrd.	1990	17.00	45
1990	Snowman on Ball 45	Retrd.	1990	14.00	24
1990	Spin Top 90	Retrd.	N/A	11.00	35
1990	Sunburst Fish (green/yellow) 68	Retrd.	N/A	13.00	28
1990	Tuxedo Penquin 57	Retrd.	1990	8.00	N/A
1990	Walrus 59	Retrd.	1990	8.50	45
1990	Yarn Fight 23	Retrd.	N/A	17.00	35

1991 Holiday Collection - C. Radko

YEAR ISSUE		EDITION LIMIT	YEAR RETD.	ISSUE PRICE	QUOTE U.S.$
1991	All Weather Santa 137	Retrd.	1992	32.00	70
1991	Altar Boy 18	Retrd.	1992	16.00	31
1991	Anchor America 65	Retrd.	1992	21.50	38
1991	Apache 42	Retrd.	N/A	8.50	40
1991	Aspen 76	Retrd.	1992	20.50	60
1991	Aztec 141	Retrd.	1991	21.50	60
1991	Aztec Bird 41	Retrd.	1992	20.00	60
1991	Ballooning Santa 110	Retrd.	1991	23.00	60
1991	Barnum Clown 56	Retrd.	1991	15.00	32-45
1991	Blue Rainbow 136	Retrd.	1992	21.50	40
1991	Bowery Kid 50	Retrd.	1991	14.50	25
1991	By the Nile 124	Retrd.	1992	21.50	40
1991	Chance Encounter 104	Retrd.	1992	13.50	N/A
1991	Chimney Santa 12	Retrd.	N/A	14.50	35
1991	Clown Drum 33	Retrd.	1991	14.00	40
1991	Comet 62	Retrd.	1991	9.00	35
1991	Cosette 16	Retrd.	1991	16.00	40
1991	Dapper Shoe 89	Retrd.	1991	10.00	23-35
1991	Dawn & Dust 34	Retrd.	N/A	14.00	25
1991	Deco Floral 133	Retrd.	1991	22.00	60
1991	DecoSparkle 134	Retrd.	1992	21.00	50
1991	Dutch Boy 27	Retrd.	1991	11.00	30
1991	Dutch Girl 28	Retrd.	1991	11.00	30
1991	Edwardian Lace 82	Retrd.	1991	21.50	60
1991	Einstein Kite 98	Retrd.	N/A	20.00	32
1991	Elf Reflector 135	Retrd.	1992	23.00	50
1991	Fanfare 126	Retrd.	1992	21.50	50
1991	Fisher Frog 44	Retrd.	1991	11.00	45
1991	Florentine 83	Retrd.	N/A	22.00	40
1991	Flower Child 90	Retrd.	1991	13.00	40
1991	Fruit in Balloon 40	Retrd.	N/A	22.00	60
1991	Fu Manchu 11	Retrd.	N/A	15.00	68
1991	Galaxy 120	Retrd.	1991	21.50	50
1991	Grapefruit Tree 113	Retrd.	N/A	23.00	75
1991	Harvest 3	Retrd.	N/A	13.50	25
1991	Hatching Duck 35	Retrd.	1991	14.00	50
1991	Hearts & Flowers Finial 158	Retrd.	1993	53.00	95
1991	Her Majesty 39	Retrd.	1991	21.00	45
1991	Her Purse 88	Retrd.	N/A	10.00	27
1991	Holly Ball 156	Retrd.	N/A	22.00	60
1991	Irish Laddie 10	Retrd.	1991	12.00	45
1991	Jemima's Child 111	Retrd.	1991	16.00	35-45
1991	King Arthur (Blue) 95	Retrd.	N/A	18.50	N/A
1991	Lion's Head 31	Retrd.	N/A	16.00	35
1991	Madonna & Child 103	Retrd.	N/A	15.00	45
1991	Melon Slice 99	Retrd.	N/A	18.00	31
1991	Mother Goose 57	Retrd.	N/A	11.00	35
1991	Olympiad 125	Retrd.	1992	22.00	40
1991	Peruvian 74	Retrd.	1991	21.50	60
1991	Pierre Le Berry 2	Retrd.	1993	14.00	45
1991	Pipe Smoking Monkey 54	Retrd.	1991	11.00	32-45
1991	Polish Folk Art 116	Retrd.	N/A	20.50	45
1991	Prince on Ball (pink/blue/green) 51	Retrd.	1991	15.00	45
1991	Prince Umbrella 21	Retrd.	1991	15.00	40
1991	Proud Peacock 37	Retrd.	N/A	23.00	37
1991	Rainbow Bird 92	Retrd.	1991	16.00	45
1991	Raspberry & Lime 96	Retrd.	1991	12.00	50
1991	Red Star 129	Retrd.	1992	21.50	40
1991	Sally Ann 43	Retrd.	1991	8.00	35
1991	Santa Bootie 55	Retrd.	1993	10.00	35
1991	Shirley 15	Retrd.	1991	16.00	50
1991	Shy Elf 1	Retrd.	1991	10.00	40
1991	Sitting Bull 107	Retrd.	1992	16.00	45
1991	Sleepy Time Santa 52	Retrd.	N/A	15.00	50
1991	Star Quilt 139	Retrd.	1991	21.50	40
1991	Sunburst Fish 108	Retrd.	N/A	15.00	28
1991	Sunshine 67	Retrd.	N/A	22.00	40
1991	Tabby 46	Retrd.	1991	8.00	30-50
1991	Tiffany 68	Retrd.	1991	22.00	50
1991	Tiger 5	Retrd.	N/A	15.00	35
1991	Trigger 114	Retrd.	1991	15.00	50
1991	Trumpet Man 100	Retrd.	1992	21.00	35
1991	Tulip Fairy 63	Retrd.	1992	16.00	N/A
1991	Vienna 1901 127	Retrd.	1992	21.50	N/A
1991	Villandry 87	Retrd.	1991	21.00	45
1991	Woodland Santa 38	Retrd.	N/A	14.00	55
1991	Zebra (glittered) 79	Retrd.	1991	22.00	60

1992 Holiday Collection - C. Radko

YEAR ISSUE		EDITION LIMIT	YEAR RETD.	ISSUE PRICE	QUOTE U.S.$
1992	Alpine Flowers 162	Retrd.	1992	28.00	36
1992	Aspen 120	Retrd.	1992	26.00	33
1992	Barbie's Mom 69	Retrd.	1992	18.00	45
1992	Butterfly Bouquet 119	Retrd.	1992	26.50	33
1992	By the Nile 139	Retrd.	1992	27.00	33-40
1992	Cabaret (see-through) 159	Retrd.	1993	28.00	60
1992	Candy Trumpet man (red) 98	Retrd.	1992	27.00	75
1992	Celestial 129	Retrd.	N/A	26.00	40
1992	Cheerful Sun 50	Retrd.	N/A	18.00	25
1992	Chevron 160	Retrd.	1992	28.00	35
1992	Choir Boy 114	Retrd.	1992	24.00	30
1992	Christmas Cardinals 123	Retrd.	1992	26.00	60
1992	Christmas Rose 143	Retrd.	1992	25.50	60
1992	Circus lady 54	Retrd.	1992	12.00	15
1992	Clown Snake 62	Retrd.	N/A	22.00	27
1992	Cowboy Santa 94	Retrd.	N/A	24.00	N/A
1992	Delft Design 124	Retrd.	1992	26.50	35
1992	Diva 73	Retrd.	1992	17.00	20-50
1992	Dolly Madison 115	Retrd.	1992	17.00	21
1992	Downhill Racer 76	Retrd.	1992	34.00	42
1992	Elephant on Parade 141	Retrd.	1992	26.00	75
1992	Elephant Reflector 181	Retrd.	N/A	17.00	25
1992	Elf Reflectors 136	Retrd.	1992	28.00	36
1992	Faberge 148	Retrd.	N/A	26.50	55
1992	Faith, Hope & Love 183	Retrd.	1992	12.00	N/A
1992	Floral Cascade Tier Drop 175	Retrd.	1992	32.00	41-45
1992	Florentine 131	Retrd.	N/A	27.00	40
1992	Folk Art Set 95	Retrd.	1992	10.00	13
1992	Forest Friends 103	Retrd.	1992	14.00	18
1992	Fruit in Balloon 83	Retrd.	N/A	28.00	60-125
1992	Gabriel's Trumpets 188	Retrd.	N/A	20.00	25
1992	Harlequin Tier Drop 74	Retrd.	1992	36.00	65
1992	Harold Lloyd Reflector 218	Retrd.	1992	70.00	100
1992	Her Slipper 56	Retrd.	1992	17.00	22
1992	Holly Finial 200	Retrd.	N/A	70.00	83
1992	Ice Pear 241	Retrd.	N/A	20.00	26
1992	Ice Poppies 127	Retrd.	1992	26.00	60
1992	Jumbo 99	Retrd.	N/A	31.00	36
1992	King of Prussia 149	Retrd.	1992	27.00	33-35
1992	Kitty Rattle 166	Retrd.	1993	18.00	95
1992	Little League 53	Retrd.	1992	20.00	25-35
1992	Merry Christmas Maiden 137	Retrd.	1992	26.00	N/A
1992	Mother Goose 37	Retrd.	N/A	15.00	25
1992	Neopolitan Angels 152	Retrd.	1992	27.00	55
1992	Norweigian Princess 170	Retrd.	1992	15.00	22
1992	Pierre Winterberry 64	Retrd.	1993	17.00	45
1992	Pink Lace 158	Retrd.	1992	28.00	36
1992	Primary Colors 108	Retrd.	1992	30.00	43
1992	Rainbow Parasol 90	Retrd.	1992	30.00	30
1992	Royal Scepter 77	Retrd.	1992	36.00	50-95
1992	Russian Imperial 112	Retrd.	1992	25.00	32
1992	Russian Star 130	Retrd.	1992	26.00	32-40
1992	Santa in Winter White 106	Retrd.	N/A	28.00	60
1992	Seahorse 92	Retrd.	1992	20.00	60
1992	Serpents of Paradise 97	Retrd.	N/A	13.00	16-19
1992	Siberian Sleighride (pink) 154	Retrd.	N/A	27.00	50
1992	Sitting Bull 93	Retrd.	1992	26.00	75
1992	Sleepytime Santa (pink) 81	Retrd.	N/A	18.00	40
1992	Sputniks 134	Retrd.	1992	25.50	32
1992	St. Nickcicle 107	Retrd.	N/A	26.00	33
1992	Star of Wonder 177	Retrd.	1992	27.00	35
1992	Stardust Joey 110	Retrd.	1992	16.00	45
1992	Talking Pipe (black stem) 104	Retrd.	N/A	26.00	48
1992	Thunderbolt 178	Retrd.	1993	60.00	60
1992	Tiffany Bright 161	Retrd.	1992	28.00	N/A
1992	To Grandma's House 239	Retrd.	N/A	20.00	N/A
1992	Topiary 117	Retrd.	N/A	30.00	75
1992	Tropical Fish 109	Retrd.	N/A	17.00	60
1992	Tulip Fairy 57	Retrd.	1992	18.00	23-30
1992	Tuxedo Santa 88	Retrd.	1993	22.00	45
1992	Two Sided Santa Reflector 102	Retrd.	1992	28.00	35
1992	Victorian Santa & Angel Balloon 122	Retrd.	1992	68.00	91
1992	Vienna 1901 128	Retrd.	1992	27.00	40
1992	Virgin Mary 46	Retrd.	1992	20.00	29
1992	Wacko's Brother, Doofus 55	Retrd.	N/A	20.00	28-65
1992	Water Lilies 133	Retrd.	1992	26.00	45
1992	Winter Wonderland 156	Retrd.	1992	26.00	33
1992	Woodland Santa 111	Retrd.	N/A	20.00	29
1992	Ziegfeld Follies 126	Retrd.	1992	27.00	56

1993 Holiday Collection - C. Radko

YEAR ISSUE		EDITION LIMIT	YEAR RETD.	ISSUE PRICE	QUOTE U.S.$
1993	Aladdin's Lamp 237	Retrd.	N/A	20.00	27
1993	Alpine Village 420	Retrd.	1993	23.80	35
1993	Angel of Peace 132	Retrd.	1993	17.00	24
1993	Apache 357	Retrd.	1993	13.90	14-21
1993	Auld Lang Syne 246	Retrd.	N/A	15.00	40
1993	Bell House Boy 291	Retrd.	1993	21.00	28
1993	Beyond the Stars 108	Retrd.	1993	18.50	20
1993	Bishop of Myra 327	Retrd.	1993	19.90	50
1993	Blue Top 114	Retrd.	1993	16.00	16
1993	Calla Lilly 314	Retrd.	N/A	12.90	20
1993	Center Ring (Exclusive) 192	Retrd.	1993	30.80	38
1993	Centurian 224	Retrd.	1993	25.50	31
1993	Chimney Sweep Bell 294	Retrd.	1993	26.00	28
1993	Christmas Express 394 (Garland)	Retrd.	N/A	58.00	150
1993	Christmas Stars 342	Retrd.	N/A	14.00	21
1993	Cinderella's Bluebirds 145	Retrd.	1993	25.90	26
1993	Circus Seal 249	Retrd.	1993	28.00	35
1993	Confucius 363	Retrd.	1993	19.00	28
1993	Copenhagen 166	Retrd.	1993	26.80	55
1993	Crowned Passion 299	Retrd.	1993	23.00	50
1993	Crystal Rainbow 308	Retrd.	N/A	29.90	75
1993	Deco Snowfall 147	Retrd.	1993	26.80	33
1993	Deer Drop 304	Retrd.	N/A	34.00	85
1993	Downhill Racer 195	Retrd.	1993	30.00	36
1993	Emperor's Pet 253	Retrd.	1993	22.00	29
1993	Enchanted Gardens 341	Retrd.	1993	5.50	13
1993	English Kitchen 234	Retrd.	1993	26.00	28
1993	Evening Star Santa 409	Retrd.	1993	59.00	85
1993	Forest Friends 250	Retrd.	1993	28.00	35
1993	French Rose 152	Retrd.	1993	26.60	27-33
1993	Geisha Girls 261	Retrd.	1993	11.90	12-19
1993	Gold Fish 158	Retrd.	1993	25.80	26
1993	Grandpa Bear 260	Retrd.	1993	12.80	13-20
1993	Grecian Urn 231	Retrd.	1993	23.00	23
1993	Gypsy Girl 371	Retrd.	1993	16.00	35
1993	Holiday Spice 422	Retrd.	1993	24.00	24
1993	Honey Bear 352	Retrd.	1993	13.90	40
1993	Ice Star Santa 405	Retrd.	1993	38.00	100-200
1993	Jack Frost (blue) 333	Retrd.	N/A	23.00	30
1993	Just Like Grandma Lg. 200	Retrd.	N/A	7.20	15
1993	Just Like Grandmas Sm. 200	Retrd.	N/A	7.20	20
1993	Kitty Rattle 374	Retrd.	1993	17.80	25
1993	Light in the Windows 229	Retrd.	1994	24.50	30
1993	Little Doggie 180	Retrd.	1993	7.00	15
1993	Little Eskimo 355	Retrd.	N/A	13.90	21
1993	Majestic Reflector 312	Retrd.	1993	70.00	70
1993	Midas Touch 162	Retrd.	N/A	27.80	70
1993	Monkey Man 97	Retrd.	1993	16.00	35
1993	Monterey 290	Retrd.	1993	15.00	40
1993	Mr. & Mrs. Claus 121	Retrd.	1993	17.90	18
1993	Mushroom Elf 267	Retrd.	N/A	17.90	25
1993	Nellie (Italian ornament) 225	Retrd.	1993	27.50	65
1993	North Woods 317	Retrd.	1993	26.80	40-60
1993	One Small Leap 222	Retrd.	N/A	26.00	50
1993	Pagoda 258	Retrd.	1993	8.00	15
1993	Pennsylvania Dutch 146	Retrd.	1993	26.80	33
1993	Polar Bears 112A	Retrd.	1993	15.50	15
1993	Pompadour 344	Retrd.	1993	8.80	11
1993	Purse 389	Retrd.	1993	15.60	16
1993	Quartet 392	Retrd.	1993	3.60	11
1993	Rainbow Reflector 154	Retrd.	1993	26.60	35
1993	Rainbow Shark 277	Retrd.	N/A	18.00	40
1993	Rainy Day Friend 206	Retrd.	N/A	22.00	40
1993	Rose Pointe Finial 323	Retrd.	1993	34.00	34
1993	Sail by Starlight 339	Retrd.	1993	11.80	14-19
1993	Santa Tree 320	Retrd.	N/A	66.00	125-300
1993	Saraband 140	Retrd.	1993	27.80	35
1993	Serenade Pink 157	Retrd.	1993	26.80	55
1993	Shy Rabbit 280	Retrd.	N/A	14.00	40
1993	The Skating Bettinas 242	Retrd.	N/A	29.00	60
1993	Sloopy Snowman 328	Retrd.	1993	19.90	55
1993	Smitty 378	Retrd.	N/A	17.90	25
1993	SnowDance 247	Retrd.	N/A	29.00	75
1993	Snowday Santa 98	Retrd.	1993	20.00	27
1993	Spider & the Fly 393	Retrd.	1993	6.40	14
1993	St. Nick's Pipe 330	Retrd.	N/A	4.40	25
1993	Star Children 208	Retrd.	1993	18.00	50
1993	Starlight Santa 348	Retrd.	N/A	11.90	19
1993	Stocking Stuffers 236	Retrd.	1993	16.00	23
1993	Sweetheart 202	Retrd.	1993	16.00	18
1993	Texas Star 338	Retrd.	1993	7.50	8
1993	Tuxedo Santa 117	Retrd.	1993	21.90	29
1993	Tweeter 94	Retrd.	1993	3.20	6
1993	U-Boat 353	Retrd.	1993	15.50	23
1993	V.I.P. 230	Retrd.	1993	23.00	23
1993	Waddles 95	Retrd.	1993	3.80	11
1993	Winterbirds 164	Retrd.	1993	26.80	27

1994 Holiday Collection - C. Radko

YEAR ISSUE		EDITION LIMIT	YEAR RETD.	ISSUE PRICE	QUOTE U.S.$
1994	Leader of the Band 94-915D (wh pants) - signed	Retrd.	1994	25.00	360
1994	Leader of the Band 94-915D (wh pants) - unsigned	Retrd.	1994	25.00	85

Aids Awareness - C. Radko

YEAR ISSUE		EDITION LIMIT	YEAR RETD.	ISSUE PRICE	QUOTE U.S.$
1993	A Shy Rabbit's Heart 462	Retrd.	1993	15.00	65-250
1994	Frosty Cares SP5	Retrd.	1994	25.00	50
1995	On Wings of Hope SP10	Yr.Iss.		30.00	30

Event Only - C. Radko

YEAR ISSUE		EDITION LIMIT	YEAR RETD.	ISSUE PRICE	QUOTE U.S.$
1993	Littlest Snowman 347S	Retrd.	1993	15.00	22
1994	Roly Poly 94125E	Retrd.	1994	22.00	65
1995	Forever Lucy 91075E	Yr.Iss.		32.00	32

Limited Edition Ornaments - C. Radko

YEAR ISSUE		EDITION LIMIT	YEAR RETD.	ISSUE PRICE	QUOTE U.S.$
1995	And Snowy Makes Eight 169 (set of 8)	15,000		125.00	125

Nativity Series - C. Radko

YEAR ISSUE		EDITION LIMIT	YEAR RETD.	ISSUE PRICE	QUOTE U.S.$
1995	Three Wise Men WM (set of 3)	15,000		90.00	90

Nutcracker Series - C. Radko

YEAR ISSUE		EDITION LIMIT	YEAR RETD.	ISSUE PRICE	QUOTE U.S.$
1995	Nutcracker Suite 1 NC1 (set of 3)	15,000		90.00	90

Pediatrics Cancer Research - C. Radko

YEAR ISSUE		EDITION LIMIT	YEAR RETD.	ISSUE PRICE	QUOTE U.S.$
1994	A Gifted Santa 70	Retrd.	1994	25.00	75

YEAR ISSUE		EDITION LIMIT	YEAR RETD.	ISSUE PRICE	QUOTE U.S.$
1995	Christmas Puppy Love SP11	Yr.Iss.		30.00	30

Twelve Days of Christmas - C. Radko

YEAR ISSUE		EDITION LIMIT	YEAR RETD.	ISSUE PRICE	QUOTE U.S.$
1993	Partridge in a Pear Tree SP2	5,000	1993	35.00	600-1000
1994	Two Turtle Doves SP4	10,000	1994	28.00	175-275
1995	Three French Hens SP9	10,000		34.00	34

Cybis

Christmas Collection - Cybis

YEAR ISSUE		EDITION LIMIT	YEAR RETD.	ISSUE PRICE	QUOTE U.S.$
1983	1983 Holiday Bell	Yr.Iss.		145.00	1000
1984	1984 Holiday Ball	Yr.Iss.		145.00	700
1985	1985 Holiday Angel	Yr.Iss.		75.00	500
1986	1986 Holiday Cherub Ornament	Yr.Iss.		75.00	500
1987	1987 Heavenly Angels	Yr.Iss.		95.00	400
1988	1988 Holiday Ornament	Yr.Iss.		95.00	375

Dave Grossman Creations

Gone With the Wind Ornaments - Various

YEAR ISSUE		EDITION LIMIT	YEAR RETD.	ISSUE PRICE	QUOTE U.S.$
1987	Ashley - D. Geenty	Closed	N/A	15.00	45
1994	Gold Plated GWO-00 - Unknown	Open		13.00	13
1994	Limited Edition GWO-94 - Unknown	Yr.Iss.		25.00	25
1989	Mammy - D. Geenty	Closed	N/A	20.00	20
1991	Prissy - Unknown	Closed	N/A	20.00	20
1993	Rhett (White Suit) GWO-93 - Unknown	Closed	N/A	20.00	20
1987	Rhett - D. Geenty	Closed	N/A	15.00	45
1988	Rhett and Scarlett - D. Geenty	Closed	N/A	20.00	40
1992	Scarlett (Green Dress) - Unknown	Closed	N/A	20.00	20
1990	Scarlett (Red Dress) - D. Geenty	Closed	N/A	20.00	20
1987	Scarlett - D. Geenty	Closed	N/A	15.00	45
1994	Scarlett GWO-94 - Unknown	Yr.Iss.		20.00	20
1987	Tara - D. Geenty	Closed	N/A	15.00	45

Rockwell Collection-Annual Rockwell Ball Ornaments - Rockwell-Inspired

YEAR ISSUE		EDITION LIMIT	YEAR RETD.	ISSUE PRICE	QUOTE U.S.$
1975	Santa with Feather Quill NRO-01	Retrd.	N/A	3.50	25
1976	Santa at Globe NRO-02	Retrd.	N/A	4.00	25
1977	Grandpa on Rocking Horse NRO-03	Retrd.	N/A	4.00	12
1978	Santa with Map NRO-04	Retrd.	N/A	4.50	12
1979	Santa at Desk with Mail Bag NRO-05	Retrd.	N/A	5.00	12
1980	Santa Asleep with Toys NRO-06	Retrd.	N/A	5.00	10
1981	Santa with Boy on Finger NRO-07	Retrd.	N/A	5.00	10
1982	Santa Face on Winter Scene NRO-08	Retrd.	N/A	5.00	10
1983	Coachman with Whip NRO-9	Retrd.	N/A	5.00	10
1984	Christmas Bounty Man NRO-10	Retrd.	N/A	5.00	10
1985	Old English Trio NRO-11	Retrd.	N/A	5.00	10
1986	Tiny Tim on Shoulder NRO-12	Retrd.	N/A	5.00	10
1987	Skating Lesson NRO-13	Retrd.	N/A	5.00	10
1988	Big Moment NRO-14	Retrd.	N/A	5.50	6
1989	Discovery NRO-15	Retrd.	N/A	6.00	6
1990	Bringing Home The Tree NRO-16	Retrd.	N/A	6.00	6
1991	Downhill Daring NRO-17	Retrd.	N/A	6.00	6
1992	On The Ice NRO-18	Retrd.	N/A	6.00	6
1993	Granps NRO-19	Retrd.	N/A	6.00	6
1994	Triple Self Portrait-Commemorative NRO-20	Yr.Iss.		6.00	6

Rockwell Collection-Annual Rockwell Figurine Ornaments - Rockwell-Inspired

YEAR ISSUE		EDITION LIMIT	YEAR RETD.	ISSUE PRICE	QUOTE U.S.$
1978	Caroler NRX-03	Retrd.	N/A	15.00	45
1979	Drum for Tommy NRX-24	Retrd.	N/A	20.00	30
1980	Santa's Good Boys NRX-37	Retrd.	N/A	20.00	30
1981	Letters to Santa NRX-39	Retrd.	N/A	20.00	30
1982	Cornettist NRX-32	Retrd.	N/A	20.00	30
1983	Fiddler NRX-83	Retrd.	N/A	20.00	30
1984	Christmas Bounty NRX-84	Retrd.	N/A	20.00	30
1985	Jolly Coachman NRX-85	Retrd.	N/A	20.00	30
1986	Grandpa on Rocking Horse NRX-86	Retrd.	N/A	20.00	30
1987	Skating Lesson NRX-87	Retrd.	N/A	20.00	30
1988	Big Moment NRX-88	Retrd.	N/A	20.00	25
1989	Discovery NRX-89	Retrd.	N/A	20.00	20
1990	Bringing Home The Tree NRX-90	Retrd.	N/A	20.00	20
1991	Downhill Daring B NRX-91	Retrd.	N/A	20.00	20
1992	On The Ice	Retrd.	N/A	20.00	20
1993	Granps NRX-93	Retrd.	N/A	24.00	24
1993	Marriage License First Christmas Together NRX-m1	Retrd.	N/A	30.00	30
1994	Merry Christmas NRX-94	Yr.Iss.		24.00	24

Department 56

CCP Ornaments-Flat -Department 56

YEAR ISSUE		EDITION LIMIT	YEAR RETD.	ISSUE PRICE	QUOTE U.S.$
1986	Christmas Carol Houses, set of 3 (6504-8)	Closed	1989	13.00	40-45
1986	• The Cottage of Bob Cratchit & Tiny Tim	Closed	1989	4.35	N/A
1986	• Fezziwig's Warehouse	Closed	1989	4.35	N/A
1986	• Scrooge and Marley Countinghouse	Closed	1989	4.35	N/A
1986	New England Village, set of 7 (6536-6)	Closed	1989	25.00	300
1986	• Apothecary Shop	Closed	1989	3.50	15-25
1986	• Brick Town Hall	Closed	1989	3.50	40
1986	• General Store	Closed	1989	3.50	45
1986	• Livery Stable & Boot Shop	Closed	1989	3.50	18-30
1986	• Nathaniel Bingham Fabrics	Closed	1989	3.50	18-30
1986	• Red Schoolhouse	Closed	1989	3.50	80
1986	• Steeple Church	Closed	1989	3.50	110

Christmas Carol Character Ornaments-Flat -Department 56

YEAR ISSUE		EDITION LIMIT	YEAR RETD.	ISSUE PRICE	QUOTE U.S.$
1986	Christmas Carol Characters, set of 3 (6505-6)	Closed	1987	13.00	42
1986	• Bob Cratchit & Tiny Tim	Closed	1987	4.35	30-75
1986	• Poulterer	Closed	1987	4.35	30
1986	• Scrooge	Closed	1987	4.35	30

Miscellaneous Ornaments - Department 56

YEAR ISSUE		EDITION LIMIT	YEAR RETD.	ISSUE PRICE	QUOTE U.S.$
1988	Balsam Bell Brass Dickens' Candlestick, 6244-8	Closed	1989	3.00	15
1986	Cherub on Brass Ribbon, 8248-1	Closed	1988	8.00	66
1988	Christmas Carol- Bob & Mrs. Cratchit, 5914-5	Closed	1989	18.00	36-45
1988	Christmas Carol- Scrooge's Head, 5912-9	Closed	1989	13.00	30-35
1988	Christmas Carol- Tiny Tim's Head, 5913-7	Closed	1989	10.00	25-35
1984	Dickens 2-sided Tin Ornaments, set of 6, 6522-6	Closed	1985	12.00	330-375
1984	• Abel Beesley Butcher	Closed	1985	2.00	45-60
1984	• Bean and Son Smithy Shop	Closed	1985	2.00	45-60
1984	• Crowntree Inn	Closed	1985	2.00	45-60
1984	• Golden Swan Baker	Closed	1985	2.00	45-60
1984	• Green Grocer	Closed	1985	2.00	45-60
1984	• Jones & Co. Brush & Basket Shop	Closed	1985	2.00	45-60
1994	Dickens Village Dedlock Arms Ornament, 9872-8, (porcelain, gift boxed)	Closed	1994	12.50	20
1983	Snow Village Wood Ornaments, set of 6, 5099-7	Closed	1984	30.00	N/A
1983	• Carriage House	Closed	1984	5.00	50
1983	• Centennial House	Closed	1984	5.00	50-150
1983	• Countryside Church	Closed	1984	5.00	50-150
1983	• Gabled House	Closed	1984	5.00	50-75
1983	• Pioneer Church	Closed	1984	5.00	50
1983	• Swiss Chalet	Closed	1984	5.00	50
1986	Teddy Bear on Brass Ribbon, 8263-5	Closed	1988	7.00	77

Snowbabies Ornaments - Department 56

YEAR ISSUE		EDITION LIMIT	YEAR RETD.	ISSUE PRICE	QUOTE U.S.$
1994	Be My Baby 6866-7	Open		15.00	15
1986	Crawling, Lite-Up, Clip-On, 7953-7	Closed	1992	7.00	30
1994	First Star Jinglebaby, 6858-6	Open		10.00	10
1994	Gathering Stars in the Sky, 6855-1	Open		12.50	13
1994	Juggling Stars in the Sky 6867-5	Open		15.00	15
1994	Just For You Jinglebaby 6869-1	Open		11.00	11
1994	Little Drummer Jinglebaby, 6859-4	Open		10.00	10
1987	Mini, Winged Pair, Lite-Up, Clip-On, 7976-6	Open		9.00	9
1987	Moon Beams, 7951-0	Open		7.50	8
1991	My First Star, 6811-0	Open		7.00	7
1989	Noel, 7988-0	Open		7.50	8
1990	Penguin, Lite-Up, Clip-On, 7940-5	Closed	1992	5.00	15-25
1990	Polar Bear, Lite-Up, Clip-On, 7941-3	Closed	1992	5.00	15-25
1990	Rock-A-Bye Baby, 7939-1	Open		7.00	7
1986	Sitting, Lite-Up, Clip-On, 7952-9	Closed	1990	7.00	25-43
1992	Snowbabies Icicle With Star, 6825-0	Open		16.00	16
1987	Snowbaby Adrift Lite-Up, Clip-On, 7969-3	Closed	1990	8.50	85-125
1986	Snowbaby on Brass Ribbon, 7961-8	Closed	1989	8.00	100-140
1993	Sprinkling Stars in the Sky, 6848-9	Open		12.50	13
1989	Star Bright, 7990-1	Open		7.50	8
1992	Starry, Starry Night, 6830-6	Open		12.50	13
1994	Stars in My Stocking Jinglebaby 6868-3	Open		11.00	11
1989	Surprise, 7989-8	Closed	1994	12.00	12
1991	Swinging On a Star, 6810-1	Open		9.50	10
1988	Twinkle Little Star, 7980-4	Closed	1990	7.00	75-115
1993	Wee...This is Fun!, 6847-0	Open		13.50	14
1986	Winged, Lite-Up, Clip-On, 7954-5	Closed	1990	7.00	25-45

Village Light-Up Ornaments - Department 56

YEAR ISSUE		EDITION LIMIT	YEAR RETD.	ISSUE PRICE	QUOTE U.S.$
1987	Christmas Carol Cottages, set of 3 (6513-7)	Closed	1989	17.00	40-80
1987	• The Cottage of Bob Cratchit & Tiny Tim	Closed	1989	6.00	15-25
1987	• Fezziwig's Warehouse	Closed	1989	6.00	25-30
1987	• Scrooge & Marley Countinghouse	Closed	1989	6.00	15-25
1987	Dickens' Village, set of 14 (6521-8, 6520-0)	Closed	1989	84.00	325-350
1987	Dickens' Village, set of 6 (6520-0)	Closed	1989	36.00	100-165
1987	• Barley Bree Farmhouse	Closed	1989	6.00	20-30
1987	• Blythe Pond Mill House	Closed	1989	6.00	40-55
1987	• Brick Abbey	Closed	1989	6.00	80-110
1987	• Chesterton Manor House	Closed	1989	6.00	40-60
1987	• Kenilworth Castle	Closed	1989	6.00	56-82
1987	• The Old Curiosity Shop	Closed	1989	6.00	35-42
1985	Dickens' Village, set of 8 (6521-8)	Closed	1989	48.00	175-190
1985	• Abel Beesley Butcher	Closed	1989	6.00	17-25
1985	• Bean and Son Smithy Shop	Closed	1989	6.00	15-25
1985	• Candle Shop	Closed	1989	6.00	15-25
1985	• Crowntree Inn	Closed	1989	6.00	140
1985	• Dickens' Village Church	Closed	1989	6.00	48
1985	• Golden Swan Baker	Closed	1989	6.00	17-30
1985	Green Grocer	Closed	1989	6.00	25-35
1985	• Jones & Co. Brush & Basket Shop	Closed	1989	6.00	30-40
1987	New England Village, set of 13 (6533-1, 6534-0)	Closed	1989	78.00	495-775
1987	New England Village, set of 6 (6534-0)	Closed	1989	36.00	200-275
1987	• Craggy Cove Lighthouse	Closed	1989	6.00	100-140
1987	• Jacob Adams Barn	Closed	1989	6.00	55-78
1987	• Jacob Adams Farmhouse	Closed	1989	6.00	58
1987	• Smythe Woolen Mill	Closed	1989	6.00	150-168
1987	• Timber Knoll Log Cabin	Closed	1989	6.00	108-135
1987	• Weston Train Station	Closed	1989	6.00	50
1986	New England Village, set of 7 (6533-1)	Closed	1989	42.00	325
1986	• Apothecary Shop	Closed	1989	6.00	18-25
1986	• Brick Town Hall	Closed	1989	6.00	35-50
1986	• General Store	Closed	1989	6.00	35-60
1986	• Livery Stable & Boot Shop	Closed	1989	6.00	20-35
1986	• Nathaniel Bingham Fabrics	Closed	1989	6.00	30-40
1986	• Red Schoolhouse	Closed	1989	6.00	65-78
1986	• Steeple Church	Closed	1989	6.00	125-150

Duncan Royale

History Of Santa Claus - Duncan Royale

YEAR ISSUE		EDITION LIMIT	YEAR RETD.	ISSUE PRICE	QUOTE U.S.$
1992	Santa I (set of 12)	Open		144.00	144
1992	Santa II (set of 12)	Open		144.00	144

Enesco Corporation

Cherished Teddies - P. Hillman

YEAR ISSUE		EDITION LIMIT	YEAR RETD.	ISSUE PRICE	QUOTE U.S.$
1995	Cupid Bear Flying - 103608	Suspd.		13.00	13
1995	Girl Flying Cupid - 103616	Suspd.		13.00	13
1995	Teddy with Ice Skates dated 95 - 141232	Open		12.50	13
1995	Baby Angel on Cloud - 141240	Open		13.50	14
1995	Boy/Girl with Banner - 141259	Open		13.50	14
1994	Bundled Up For The Holidays -617229	Open		15.00	15
1994	Beary Christmas dated 1994 -617253	Yr.Iss.		15.00	15
1995	Mrs Claus Xmas dated 95 - 625426	Open		12.50	13
1995	Elf Bear W/Doll - 625434	Open		12.50	13
1995	Elf Bear W/Stuffed Reindeer - 625442	Open		12.50	13
1995	Teddies Santa Bear - 651370	Open		12.50	13
1995	Elf Bears/Candy Cane - 651389	Open		12.50	13
1993	Girl w/Muff (Alice) dated 1993 - 912832	Yr.Iss.		13.50	25-40
1994	I'll Play My Drum For You dated 1994 - 912891	Yr.Iss.		10.00	10
1993	3 Asst. Angel - 912980	Open		12.50	13
1993	Baby Girl dated 1993 - 913006	Yr.Iss.		12.50	27
1993	Baby Boy dated 1993 - 913014	Yr.Iss.		12.50	27
1993	Jointed Teddy Bear -914894	Suspd.		12.50	13
1992	Bear In Stocking, dated 1992-950653	Yr.Iss.		16.00	25-50
1992	Angel - 950777	Suspd.		12.50	13
1992	Beth On Rocking Reindeer - 950793	Suspd.		20.00	30-40
1992	3 Asst. Christmas Sister Bears - 951226	Suspd.		12.50	13

Enesco Treasury of Christmas Ornaments - Various

YEAR ISSUE		EDITION LIMIT	YEAR RETD.	ISSUE PRICE	QUOTE U.S.$
1983	Wide Open Throttle-E-0242 - Enesco	3-Yr.	1985	12.00	35
1983	Baby's First Christmas-E-0271 - Enesco	Yr.Iss.	1983	6.00	N/A
1983	Grandchild's First Christmas-E-0272 - Enesco	Yr.Iss.	1983	5.00	N/A
1983	Baby's First Christmas-E-0273 - Enesco	3-Yr.	1985	9.00	N/A
1983	Toy Drum Teddy-E-0274 - Enesco	4-Yr.	1986	9.00	N/A
1983	Watching At The Window-E-0275 - Enesco	3-Yr.	1985	13.00	N/A
1983	To A Special Teacher-E-0276 - Enesco	7-Yr.	1989	5.00	15
1983	Toy Shop-E-0277 - Enesco	7-Yr.	1989	8.00	50
1983	Carousel Horse-E-0278 - Enesco	7-Yr.	1989	9.00	20
1981	Look Out Below-E-6135 - Enesco	2-Yr.	1982	6.00	N/A
1982	Flyin' Santa Christmas Special 1982-E-6136 - Enesco	Yr.Iss.	1982	9.00	75
1981	Flyin' Santa Christmas Special 1981-E-6136 - Enesco	Yr.Iss.	1981	9.00	N/A
1981	Sawin' Elf Helper-E-6138 - Enesco	2-Yr.	1982	6.00	40
1981	Snow Shoe-In Santa-E-6139 - Enesco	2-Yr.	1982	6.00	35
1981	Baby's First Christmas 1981-E-6145 - Enesco	Yr.Iss.	1981	6.00	N/A
1981	Our Hero-E-6146 - Enesco	2-Yr.	1982	4.00	N/A
1981	Whoops-E-6147 - Enesco	2-Yr.	1982	3.50	N/A
1981	Whoops, It's 1981-E-6148 - Enesco	Yr.Iss.	1981	7.50	75
1981	Not A Creature Was Stirring-E-6149 - Enesco	2-Yr.	1982	4.00	25
1984	Joy To The World-E-6209 - Enesco	2-Yr.	1985	9.00	35
1984	Letter To Santa-E-6210 - Enesco	2-Yr.	1985	5.00	30
1984	Lucy & Me Photo Frames-E-6211 - Enesco	3-Yr.	1986	5.00	N/A
1984	Lucy & Me Photo Frames-E-6211 - Enesco	3-Yr.	1986	5.00	N/A
1984	Lucy & Me Photo Frames-E-6211 - Enesco	3-Yr.	1986	5.00	N/A

CHRISTMAS ORNAMENTS

Enesco Corporation
to Enesco Corporation

YEAR ISSUE		EDITION LIMIT	YEAR RETD.	ISSUE PRICE	QUOTE U.S.$
1984	Lucy & Me Photo Frames-E-6211 - Enesco	3-Yr.	1986	5.00	N/A
1984	Lucy & Me Photo Frames-E-6211 - Enesco	3-Yr.	1986	5.00	N/A
1984	Lucy & Me Photo Frames-E-6211 - Enesco	3-Yr.	1986	5.00	N/A
1984	Baby's First Christmas 1984-E-6212 - Gilmore - Enesco	Yr.Iss.	1984	10.00	30
1984	Merry Christmas Mother-E-6213 - Enesco	3-Yr.	1986	10.00	30
1984	Baby's First Christmas 1984-E-6215 - Enesco	Yr.Iss.	1984	6.00	N/A
1984	Ferris Wheel Mice-E-6216 - Enesco	2-Yr.	1985	9.00	30
1984	Cuckoo Clock-E-6217 - Enesco	2-Yr.	1985	8.00	40
1984	Muppet Babies Baby's First Christmas-E6222 - J. Henson	Yr.Iss.	1984	10.00	45
1984	Muppet Babies Baby's First Christmas-E6223 -J. Henson	Yr.Iss.	1984	10.00	45
1984	Garfield Hark! The Herald Angel-E-6224 - J. Davis	2-Yr.	1985	7.50	35
1984	Fun in Santa's Sleigh-E-6225 - J. Davis	2-Yr.	1985	12.00	35
1984	Deer! Odie-E-6226 -J. Davis	2-Yr.	1985	6.00	30
1984	Garfield The Snow Cat-E-6227 - J. Davis	2-Yr.	1985	12.00	35
1984	Peek-A-Bear Baby's First Christmas-E-6228 - Enesco	3-Yr.	1986	10.00	N/A
1984	Peek-A-Bear Baby's First Christmas-E-6229 - Enesco	3-Yr.	1986	9.00	N/A
1984	Owl Be Home For Christmas-E-6230 - Enesco	2-Yr.	1985	10.00	23
1984	Santa's Trolley-E-6231 - Enesco	3-Yr.	1986	11.00	50
1984	Holiday Penguin-E-6240 - Enesco	3-Yr.	1986	1.50	15-20
1984	Little Drummer-E-6241- Enesco	5-Yr.	1988	2.00	N/A
1984	Happy Holidays-E-6248 - Enesco	2-Yr.	1985	2.00	N/A
1984	Christmas Nest-E-6249 - Enesco	2-Yr.	1985	3.00	25
1984	Bunny's Christmas Stocking-E-6251 - Enesco	Yr.Iss.	1984	2.00	15
1984	Santa On Ice-E-6252 - Enesco	3-Yr.	1986	2.50	25
1984	Treasured Memories The New Sled-E-6256 - Enesco	2-Yr.	1985	7.00	N/A
1984	Up On The House Top-E-6280 - Enesco	6-Yr.	1989	9.00	N/A
1984	Penguins On Ice-E-6280 - Enesco	2-Yr.	1985	7.50	N/A
1984	Grandchild's First Christmas 1984-E-6286 - Enesco	Yr.Iss.	1984	5.00	N/A
1984	Grandchild's First Christmas1984-E-6286 - Enesco	Yr.Iss.	1984	5.00	N/A
1984	Godchild's First Christmas-E-6287 - Enesco	3-Yr.	1986	7.00	N/A
1984	Santa In The Box-E-6292 - Enesco	2-Yr.	1985	6.00	N/A
1984	Carousel Horse-E-6913 - Enesco	2-Yr.	1985	1.50	N/A
1983	Arctic Charmer-E-6945 - Enesco	2-Yr.	1984	7.00	N/A
1982	Victorian Sleigh-E-6946 - Enesco	4-Yr.	1985	9.00	15
1983	Wing-A-Ding Angel-E-6948 - Enesco	3-Yr.	1985	7.00	50
1982	A Saviour Is Born This Day-E-6949 - Enesco	8-Yr.	1989	4.00	18
1982	Crescent Santa-E-6950 - Gilmore	4-Yr.	1985	10.00	50
1982	Baby's First Christmas 1982-E-6952 - Enesco	Yr.Iss.	1982	10.00	N/A
1982	Polar Bear Fun Whoops, It's 1982-E-6953 - Enesco	Yr.Iss.	1982	10.00	75
1982	Holiday Skier-E-6954 - J. Davis	5-Yr.	1986	7.00	N/A
1982	Toy Soldier 1982-E-6957 - Enesco	Yr.Iss.	1982	6.50	N/A
1982	Merry Christmas Grandma-E-6975 - Enesco	3-Yr.	1984	5.00	N/A
1982	Carousel Horses-E-6958 - Enesco	3-Yr.	1984	8.00	20-40
1982	Dear Santa-E-6959 - Gilmore - Gilmore	8-Yr.	1989	10.00	25
1982	Penguin Power-E-6977 - Enesco	2-Yr.	1983	6.00	15
1982	Bunny Winter Playground 1982-E-6978 - Enesco	Yr.Iss.	1982	10.00	N/A
1982	Baby's First Christmas 1982-E-6979 - Enesco	Yr.Iss.	1982	10.00	N/A
1983	Carousel Horses-E-6980 - Enesco	4-Yr.	1986	8.00	N/A
1982	Grandchild's First Christmas 1982-E-6983 - Enesco	Yr.Iss.	1982	5.00	73
1982	Merry Christmas Teacher-E-6984 - Enesco	4-Yr.	1985	7.00	N/A
1983	Garfield Cuts The Ice-E-8771 - J. Davis	3-Yr.	1985	6.00	45
1984	A Stocking Full For 1984-E-8773 - J. Davis	Yr.Iss.	1984	6.00	N/A
1983	Stocking Full For 1983-E-8773 - J. Davis	Yr.Iss.	1983	6.00	N/A
1985	Santa Claus Balloon-55794 - Enesco	Yr.Iss.	1985	8.50	20
1985	Carousel Reindeer-55808 - Enesco	4-Yr.	1988	12.00	33
1985	Angel In Flight-55816 - Enesco	4-Yr.	1988	8.00	23
1985	Christmas Penguin-55824 - Enesco	4-Yr.	1988	7.50	43
1985	Merry Christmas Godchild-55832 - Gilmore	5-Yr.	1989	8.00	N/A
1985	Baby's First Christmas-55840 - Enesco	2-Yr.	1986	15.00	N/A
1985	Old Fashioned Rocking Horse-55859 - Enesco	2-Yr.	1986	10.00	15
1985	Child's Second Christmas-55867 - Enesco	5-Yr.	1989	11.00	N/A
1985	Fishing For Stars-55875 - Enesco	5-Yr.	1989	9.00	25
1985	Baby Blocks-55883 - Enesco	2-Yr.	1986	12.00	N/A
1985	Christmas Toy Chest-55891 - Enesco	5-Yr.	1989	10.00	N/A
1985	Grandchild's First Ornament-55921 - Enesco	5-Yr.	1989	7.00	30
1985	Joy Photo Frame-55956 - Enesco	Yr.Iss.	1985	6.00	N/A
1985	We Three Kings-55964 - Enesco	Yr.Iss.	1985	4.50	20
1985	The Night Before Christmas-55972 - Enesco	2-Yr.	1986	5.00	N/A
1985	Baby's First Christmas 1985-55980 - Enesco	Yr.Iss.	1985	6.00	N/A
1985	Baby Rattle Photo Frame-56006 - Enesco	2-Yr.	1986	5.00	N/A
1985	Baby's First Christmas 1985-56014 - Gilmore	Yr.Iss.	1985	10.00	N/A
1985	Christmas Plane Ride-56049 - L. Rigg	6-Yr.	1990	10.00	N/A
1985	Scottie Celebrating Christmas-56065 - Enesco	5-Yr.	1989	7.50	25
1985	North Pole Native-56073 - Enesco	2-Yr.	1986	9.00	N/A
1985	Skating Walrus-56081 - Enesco	2-Yr.	1986	9.00	20
1985	Ski Time-56111 - J. Davis	Yr.Iss.	1985	13.00	N/A
1985	North Pole Express-56138 - J. Davis	Yr.Iss.	1985	12.00	N/A
1985	Merry Christmas Mother-56146 - J. Davis	Yr.Iss.	1985	8.50	N/A
1985	Hoppy Christmas-56154 - J. Davis	Yr.Iss.	1985	8.50	N/A
1985	Merry Christmas Teacher-56170 - J. Davis	Yr.Iss.	1985	6.00	N/A
1985	Garfield-In-The-Box-56189 - J. Davis	Yr.Iss.	1985	6.50	25
1985	Merry Christmas Grandma-56197 - Enesco	Yr.Iss.	1985	7.00	N/A
1985	Christmas Lights-56200 - Enesco	2-Yr.	1986	8.00	N/A
1985	Victorian Doll House-56251 - Enesco	Yr.Iss.	1985	13.00	40
1985	Tobaoggan Ride-56286 - Enesco	4-Yr.	1988	6.00	15
1985	Look Out Below-56375 - Enesco	Yr.Iss.	1985	8.50	40
1985	Flying Santa Christmas Special-56383 - Enesco	2-Yr.	1986	10.00	N/A
1985	Sawin Elf Helper-56391 - Enesco	Yr.Iss.	1985	8.00	N/A
1985	Snow Shoe-In Santa-56405 - Enesco	Yr.Iss.	1985	8.00	50
1985	Our Hero-56413 - Enesco	Yr.Iss.	1985	5.50	N/A
1985	Not A Creaturxe Was Stirring-56421 - Enesco	2-Yr.	1986	4.00	N/A
1985	Merry Christmas Teacher-56448 - Enesco	Yr.Iss.	1985	9.00	N/A
1985	A Stocking Full For 1985-56464 - J. Davis	Yr.Iss.	1985	6.00	25
1985	St. Nicholas Circa 1910-56659 - Enesco	5-Yr.	1989	6.00	15
1985	Christmas Tree Photo Frame-56871 - Enesco	4-Yr.	1988	10.00	N/A
1990	Deck The Halls-566063 - Enesco	3-Yr.	1992	12.50	N/A
1988	Making A Point-489212 - G.G. Santiago	3-Yr.	1990	10.00	N/A
1988	Mouse Upon A Pipe-489220 - G.G. Santiago	2-Yr.	1989	10.00	12
1988	North Pole Deadline-489387 - Enesco	3-Yr.	1990	13.50	25
1988	Christmas Pin-Up-489409 - Enesco	2-Yr.	1989	11.00	30
1988	Airmail For Teacher-489425 - Gilmore	3-Yr.	1990	13.50	N/A
1986	1st Christmas Together 1986-551171 - Enesco	Yr.Iss.	1986	9.00	15-35
1986	Elf Stringing Popcorn-551198 - Enesco	4-Yr.	1989	10.00	20-30
1986	Christmas Scottie-551201 - Enesco	4-Yr.	1989	7.00	15-30
1986	Santa and Child-551236 - Enesco	4-Yr.	1989	13.50	25-50
1986	The Christmas Angel-551244 - Enesco	4-Yr.	1989	22.50	75
1986	Carousel Unicorn-551252 - Gilmore	4-Yr.	1989	12.00	38
1986	Have a Heavenly Holiday-551260 - Enesco	4-Yr.	1989	9.00	N/A
1986	Siamese Kitten-551279 - Enesco	4-Yr.	1989	9.00	36
1986	Old Fashioned Doll House-551287 - Enesco	4-Yr.	1989	15.00	N/A
1986	Holiday Fisherman-551309 - Enesco	3-Yr.	1988	8.00	40
1986	Antique Toy-551317 - Enesco	3-Yr.	1988	9.00	N/A
1986	Time For Christmas-551325 - Gilmore	4-Yr.	1989	13.00	N/A
1986	Christmas Calendar-551333 - Enesco	2-Yr.	1987	7.00	N/A
1986	Merry Christmas-551341 - Gilmore	3-Yr.	1988	8.00	98
1986	The Santa Claus Shoppe Circa 1905-551562 - J. Grossman	4-Yr.	1989	8.00	15
1986	Baby Bear Sleigh-551651 - Gilmore	3-Yr.	1988	9.00	30
1986	Baby's First Christmas 1986-551678 - Gilmore	Yr.Iss.	1986	10.00	20
1986	First Christmas Together-551708 - Enesco	3-Yr.	1988	6.00	10
1986	Baby's First Christmas-551716 - Enesco	3-Yr.	1988	5.50	10
1986	Baby's First Christmas 1986-551724 - Enesco	Yr.Iss.	1986	6.50	30
1986	Peek-A-Bear Grandchild's First Christmas- - Enesco	Yr.Iss.	1986	6.00	23
1986	Peek-A-Bear Present-552089 - Enesco	4-Yr.	1989	2.50	N/A
1986	Peek-A-Bear Present-552089 - Enesco	4-Yr.	1989	2.50	N/A
1986	Peek-A-Bear Present-552089 - Enesco	4-Yr.	1989	2.50	N/A
1986	Peek-A-Bear Present-552089 - Enesco	4-Yr.	1989	2.50	N/A
1986	Merry Christmas 1986-552186 - L. Rigg	Yr.Iss.	1986	8.00	N/A
1986	Merry Christmas 1986-552534 - L. Rigg	Yr.Iss.	1986	8.00	N/A
1986	Lucy & Me Christmas Tree-552542 - L. Rigg	3-Yr.	1988	7.00	25
1986	Santa's Helpers-552607 - Enesco	3-Yr.	1988	2.50	N/A
1986	My Special Friend-552615 - Enesco	3-Yr.	1988	6.00	N/A
1986	Christmas Wishes From Panda-552623 - Enesco	3-Yr.	1988	6.00	N/A
1986	Lucy & Me Ski Time-552658 - L. Rigg	2-Yr.	1987	6.50	30
1986	Merry Christmas Teacher-552666 - Enesco	3-Yr.	1988	6.50	N/A
1986	Country Cousins Merry Christmas, Mom- - Enesco	3-Yr.	1988	7.00	23
1986	Country Cousins Merry Christmas, Dad- - Enesco	3-Yr.	1988	7.00	23
1986	Country Cousins Merry Christmas, Mom-552712 - Enesco	4-Yr.	1989	7.00	23
1986	Country Cousins Merry Christmas, Dad-552712 - Enesco	4-Yr.	1989	7.00	25
1986	Grandmother's Little Angel-552747 - Enesco	4-Yr.	1989	8.00	N/A
1987	Puppy's 1st Christmas-552909 - Enesco	2-Yr.	1988	4.00	N/A
1987	Kitty's 1st Christmas-552917 - Enesco	2-Yr.	1988	4.00	25
1987	Merry Christmas Puppy-552925 - Enesco	2-Yr.	1988	3.50	N/A
1987	Merry Christmas Kitty-552933 - Enesco	2-Yr.	1988	3.50	N/A
1986	I Love My Grandparents-553263 - Enesco	Yr.Iss.	1986	6.00	N/A
1986	Merry Christmas Mom & Dad-553271 - Enesco	Yr.Iss.	1986	6.00	N/A
1986	S. Claus Hollycopter-553344 - Enesco	4-Yr.	1989	13.50	35
1986	From Our House To Your House-553360 - Enesco	3-Yr.	1988	15.00	40
1986	Christmas Rattle-553379 - Enesco	3-Yr.	1988	8.00	35
1986	Bah, Humbug!-553387 - Enesco	4-Yr.	1989	9.00	N/A
1986	God Bless Us Everyone-553395 - Enesco	4-Yr.	1989	10.00	15
1987	Carousel Mobile-553409 - Enesco	3-Yr.	1989	15.00	50
1986	Holiday Train-553417 - Enesco	4-Yr.	1989	10.00	N/A
1986	Lighten Up!-553603 - J. Davis	5-Yr.	1990	10.00	N/A
1986	Gift Wrap Odie-553611 - J. Davis	Yr.Iss.	1986	7.00	20
1986	Merry Christmas-553646 - Enesco	4-Yr.	1989	8.00	N/A
1987	M.V.B. (Most Valuable Bear)-554219 - Enesco	2-Yr.	1988	3.00	N/A
1987	M.V.B. (Most Valuable Bear)-554219 - Enesco	2-Yr.	1988	3.00	N/A
1987	M.V.B. (Most Valuable Bear)-554219 - Enesco	2-Yr.	1988	3.00	N/A
1987	M.V.B. (Most Valuable Bear)-554219 - Enesco	2-Yr.	1988	3.00	N/A
1988	1st Christmas Together-554537 - Gilmore	3-Yr.	1990	15.00	N/A
1988	An Eye On Christmas-554545 - Gilmore	3-Yr.	1990	22.50	60
1988	A Mouse Check-554553 - Gilmore	3-Yr.	1990	13.50	45
1988	Merry Christmas Engine-554561 - Enesco	2-Yr.	1989	22.50	35
1989	Sardine Express-554588 - Gilmore	2-Yr.	1990	17.50	30
1988	1st Christmas Together 1988-554596 - Enesco	Yr.Iss.	1988	10.00	N/A
1988	Forever Friends-554626 - Gilmore	2-Yr.	1989	12.00	27
1988	Santa's Survey-554642 - Enesco	2-Yr.	1989	35.00	75-100
1989	Old Town's Church-554871 - Gilmore	2-Yr.	1990	17.50	20
1988	A Chipmunk Holiday-554898 - Gilmore	3-Yr.	1990	11.00	25
1988	Christmas Is Coming-554901 - Enesco	3-Yr.	1990	12.00	12
1988	Baby's First Christmas 1988-554928 - Enesco	Yr.Iss.	1988	7.50	N/A
1988	Baby's First Christmas 1988-554936 - Gilmore	Yr.Iss.	1988	10.00	25
1988	The Christmas Train-554944 - Enesco	3-Yr.	1990	15.00	N/A
1988	Li'l Drummer Bear-554952 - Gilmore	3-Yr.	1990	12.00	12
1987	Baby's First Christmas-555061 - Enesco	3-Yr.	1989	12.00	N/A
1987	Baby's First Christmas-555088 - Enesco	3-Yr.	1989	7.50	N/A
1987	Baby's First Christmas-555118 - Enesco	3-Yr.	1989	6.00	N/A
1987	Sugar Plum Bearies-555193 - Enesco	2-Yr.	1988	4.50	N/A
1987	Garfield Merry Kissmas-555215 - J. Davis	3-Yr.	1989	8.50	30
1987	Sleigh Away-555401 - Enesco	3-Yr.	1989	12.00	N/A
1987	Merry Christmas 1987-555428 - L. Rigg	Yr.Iss.	1987	8.00	N/A
1987	Merry Christmas 1987-555436 - L. Rigg	Yr.Iss.	1987	8.00	N/A
1987	Lucy & Me Storybook Bear-555444 - L. Rigg	3-Yr.	1989	6.50	N/A
1987	Time For Christmas-555452 - L. Rigg	3-Yr.	1989	12.00	20
1987	Lucy & Me Angel On A Cloud-555487 - L. Rigg	3-Yr.	1989	8.00	35
1987	Teddy's Stocking-555940 - Gilmore	3-Yr.	1989	10.00	N/A

YEAR ISSUE		EDITION LIMIT	YEAR RETD.	ISSUE PRICE	QUOTE U.S.$
1987	Kitty's Jack-In-The-Box-555959 - Enesco	3-Yr.	1989	11.00	30
1987	Merry Christmas Teacher-555967 - Enesco	3-Yr.	1989	7.50	N/A
1987	Mouse In A Mitten-555975 - Enesco	3-Yr.	1989	7.50	N/A
1987	Boy On A Rocking Horse-555983 - Enesco	3-Yr.	1989	12.00	18
1987	Peek-A-Bear Letter To Santa-555991 - Enesco	2-Yr.	1988	8.00	30
1987	Garfield Sugar Plum Fairy-556009 - J. Davis	3-Yr.	1989	8.50	20
1987	Garfield The Nutcracker-556017 - J. Davis	4-Yr.	1990	8.50	35
1987	Home Sweet Home-556033 - Gilmore	3-Yr.	1989	15.00	40
1987	Baby's First Christmas-556041 - Enesco	4-Yr.	1990	10.00	20
1987	Little Sailor Elf-556068 - Enesco	3-Yr.	1989	10.00	28
1987	Carousel Goose-556076 - Enesco	3-Yr.	1989	17.00	40
1987	Night Caps-556084 - Enesco	2-Yr.	1988	5.50	N/A
1987	Night Caps-556084 - Enesco	2-Yr.	1988	5.50	N/A
1987	Night Caps-556084 - Enesco	2-Yr.	1988	5.50	N/A
1987	Night Caps-556084 - Enesco	2-Yr.	1988	5.50	N/A
1987	Rocking Horse Past Joys-556157 - Enesco	3-Yr.	1989	10.00	20
1987	Partridge In A Pear Tree-556173 - Gilmore	3-Yr.	1989	9.00	35
1987	Carousel Lion-556025 - Gilmore	3-Yr.	1989	12.00	25
1987	Skating Santa 1987-556211 - Enesco	Yr.Iss.	1987	13.50	75
1987	Baby's First Christmas 1987-556238 - Gilmore	Yr.Iss.	1987	10.00	25
1987	Baby's First Christmas 1987-556254 - Enesco	Yr.Iss.	1987	7.00	25
1987	Teddy's Suspenders-556262 - Enesco	4-Yr.	1990	8.50	22
1987	Baby's First Christmas 1987-556297 - Enesco	Yr.Iss.	1987	2.00	N/A
1987	Baby's First Christmas 1987-556297 - Enesco	Yr.Iss.	1987	2.00	N/A
1987	Beary Christmas Family-556300 - Enesco	2-Yr.	1988	2.00	N/A
1987	Beary Christmas Family-556300 - Enesco	2-Yr.	1988	2.00	N/A
1987	Beary Christmas Family-556300 - Enesco	2-Yr.	1988	2.00	N/A
1987	Beary Christmas Family-556300 - Enesco	2-Yr.	1988	2.00	N/A
1987	Beary Christmas Family-556300 - Enesco	2-Yr.	1988	2.00	N/A
1987	Beary Christmas Family-556300 - Enesco	2-Yr.	1988	2.00	N/A
1987	Merry ChristmasTeacher-556319 - Enesco	2-Yr.	1988	2.00	N/A
1987	Merry ChristmasTeacher-556319 - Enesco	2-Yr.	1988	2.00	N/A
1987	Merry ChristmasTeacher-556319 - Enesco	2-Yr.	1988	2.00	N/A
1987	Merry ChristmasTeacher-556319 - Enesco	2-Yr.	1988	2.00	N/A
1987	1st ChristmasTogether 1987-556335 - Enesco	Yr.Iss.	1987	9.00	18
1987	Country Cousins Katie Goes Ice Skating- - Enesco	3-Yr.	1989	8.00	30
1987	Country Cousins Scooter Snowman-556386 - Enesco	3-Yr.	1989	8.00	30
1987	Santa's List-556394 - Enesco	3-Yr.	1989	7.00	23
1987	Kitty's Bed-556408 - Enesco	3-Yr.	1989	12.00	30
1987	Grandchild's First Christmas-556416 - Enesco	3-Yr.	1989	10.00	N/A
1987	Two Turtledoves-556432 - Gilmore	3-Yr.	1989	9.00	30
1987	Three French Hens-556440 - Gilmore	3-Yr.	1989	9.00	30
1988	Four Calling Birds-556459 - Gilmore	3-Yr.	1990	11.00	30
1987	Teddy Takes A Spin-556467 - Enesco	4-Yr.	1990	13.00	35
1987	Tiny Toy Thimble Mobile-556475 - Enesco	2-Yr.	1988	12.00	35
1987	Bucket O'Love-556491 - Enesco	2-Yr.	1988	2.50	N/A
1987	Bucket O'Love-556491 - Enesco	2-Yr.	1988	2.50	N/A
1987	Puppy Love-556505 - Enesco	3-Yr.	1989	6.00	N/A
1987	Peek-A-Bear My Special Friend-556513 - Enesco	4-Yr.	1990	6.00	30
1987	Our First Christmas Together-556548 - Enesco	3-Yr.	1989	13.00	20
1987	Three Little Bears-556556 - Enesco	3-Yr.	1989	7.50	15
1987	Lucy & Me Mailbox Bear-556564 - L. Rigg	4-Yr.	1990	3.00	N/A
1987	Twinkle Bear-556572 - Gilmore	3-Yr.	1989	8.00	N/A
1987	I'm Dreaming Of A Bright Christmas-556602 - Enesco	2-Yr.	1988	2.50	N/A
1987	I'm Dreaming Of A Bright Christmas-556602 - Enesco	2-Yr.	1988	2.50	N/A
1987	Christmas Train-557196 - Enesco	3-Yr.	1989	10.00	N/A
1988	Dairy Christmas-557501 - M. Cook	2-Yr.	1989	10.00	30
1988	Merry Christmas 1988-557595 - L. Rigg	Yr.Iss.	1988	10.00	N/A
1988	Merry Christmas 1988-557609 - L. Rigg	Yr.Iss.	1988	10.00	N/A
1988	Toy Chest Keepsake-558206 - L. Rigg	3-Yr.	1990	12.50	30
1988	Teddy Bear Greetings-558214 - L. Rigg	3-Yr.	1990	8.00	30
1988	Jester Bear-558222 - L. Rigg	2-Yr.	1989	8.00	N/A
1988	Night-Watch Cat-558362 - J. Davis	3-Yr.	1990	13.00	35
1988	Christmas Thim-bell-558389 - Enesco	Yr.Iss.	1988	4.00	30
1988	Christmas Thim-bell-558389 - Enesco	Yr.Iss.	1988	4.00	N/A
1988	Christmas Thim-bell-558389 - Enesco	Yr.Iss.	1988	4.00	N/A
1988	Christmas Thim-bell-558389 - Enesco	Yr.Iss.	1988	4.00	N/A
1988	Baby's First Christmas-558397 - D. Parker	3-Yr.	1990	16.00	30
1988	Christmas Tradition-558400 - Gilmore	2-Yr.	1989	10.00	25
1988	Stocking Story-558419 - G.G. Santiago	3-Yr.	1990	10.00	23
1988	Winter Tale-558427 - G.G. Santiago	2-Yr.	1989	6.00	N/A
1988	Party Mouse-558435 - G.G. Santiago	3-Yr.	1990	12.00	30
1988	Christmas Watch-558443 - G.G. Santiago	2-Yr.	1989	11.00	32
1988	Christmas Vacation-558451 - G.G. Santiago	3-Yr.	1990	8.00	23
1988	Sweet Cherub-558478 - G.G. Santiago	3-Yr.	1990	7.00	8
1988	Time Out-558486 - G.G. Santiago	2-Yr.	1989	11.00	N/A
1988	The Ice Fairy-558516 - G.G. Santiago	3-Yr.	1990	23.00	45-55
1988	Santa Turtle-558559 - Enesco	2-Yr.	1989	10.00	35
1988	The Teddy Bear Ball-558567 - Enesco	3-Yr.	1990	10.00	25
1988	Turtle Greetings-558583 - Enesco	2-Yr.	1989	8.50	25
1988	Happy Howladays-558605 - Enesco	Yr.Iss.	1988	7.00	15
1988	Special Delivery-558699 - J. Davis	3-Yr.	1990	9.00	30
1988	Deer Garfield-558702 - J. Davis	3-Yr.	1990	12.00	30
1988	Garfield Bags O' Fun-558761 - J. Davis	Yr.Iss.	1988	3.30	N/A
1988	Gramophone Keepsake-558818 - Enesco	2-Yr.	1989	13.00	20
1988	North Pole Lineman-558834 - Gilmore	2-Yr.	1989	10.00	50
1988	Five Golden Rings-559121 - Gilmore	3-Yr.	1990	11.00	25
1988	Six Geese A-Laying-559148 - Gilmore	3-Yr.	1990	11.00	25
1988	Pretty Baby-559156 - R. Morehead	3-Yr.	1990	12.50	25
1988	Old Fashioned Angel-559164 - R. Morehead	3-Yr.	1990	12.50	20
1988	Two For Tea-559776 - Gilmore	3-Yr.	1990	20.00	35-40
1988	Merry Christmas Grandpa-560065 - Enesco	3-Yr.	1990	8.00	N/A
1990	Reeling In The Holidays-560405 - M. Cook	2-Yr.	1991	8.00	15
1991	Walkin' With My Baby-561029 - M. Cook	2-Yr.	1992	10.00	N/A
1989	Scrub-A-Dub Chipmunk-561037 - M. Cook	2-Yr.	1990	8.00	20
1989	Christmas Cook-Out-561045 - M. Cook	2-Yr.	1990	9.00	20
1989	Sparkles-561843 - S. Zimnicki	3-Yr.	1991	17.50	25-28
1989	Bunkie-561835 - S. Zimnicki	3-Yr.	1991	22.50	30
1989	Popper-561878 - S. Zimnicki	3-Yr.	1991	12.00	25
1989	Seven Swans A-Swimming-562742 - Gilmore	3-Yr.	1991	12.00	23
1989	Eight Maids A-Milking-562750 - Gilmore	3-Yr.	1991	12.00	23
1989	Nine Dancers Dancing-562769 - Gilmore	3-Yr.	1991	15.00	23
1989	Baby's First Christmas 1989-562807 - Enesco	Yr.Iss.	1989	8.00	20
1989	Baby's First Christmas 1989-562815 - Gilmore	Yr.Iss.	1989	10.00	N/A
1989	First Christmas Together 1989-562823 - Enesco	Yr.Iss.	1989	11.00	N/A
1989	Travelin' Trike-562882 - Gilmore	3-Yr.	1991	15.00	15
1989	Victorian Sleigh Ride-562890 - Enesco	3-Yr.	1991	22.50	23
1991	Santa Delivers Love-562904 - Gilmore	2-Yr.	1992	17.50	18
1989	Chestnut Roastin'-562912 - Gilmore	2-Yr.	1990	13.00	13
1990	Th-Ink-In' Of You-562920 - Gilmore	2-Yr.	1991	20.00	30
1989	Ye Olde Puppet Show-562939 - Enesco	2-Yr.	1990	17.50	34
1989	Static In The Attic-562947 - Enesco	2-Yr.	1990	13.00	25
1989	Mistle-Toast 1989-562963 - Gilmore	Yr.Iss.	1989	15.00	25
1989	Merry Christmas Pops-562971 - Gilmore	3-Yr.	1991	12.00	12
1990	North Pole Or Bust-562998 - Gilmore	2-Yr.	1991	25.00	25
1989	By The Light Of The Moon-563005 - Gilmore	3-Yr.	1991	12.00	24
1989	Stickin' To It-563013 - Gilmore	2-Yr.	1990	10.00	12
1989	Christmas Cookin'-563048 - Gilmore	3-Yr.	1991	22.50	25
1989	All Set For Santa-563080 -Gilmore	3-Yr.	1991	17.50	25
1990	Santa's Sweets-563196 - Gilmore	2-Yr.	1991	20.00	20
1990	Purr-Fect Pals-563218 - Enesco	2-Yr.	1991	8.00	8
1989	The Pause That Refreshes-563226 - Enesco	3-Yr.	1991	15.00	35
1989	Ho-Ho Holiday Scrooge-563234 - J. Davis	3-Yr.	1991	13.50	30
1989	God Bless Us Everyone-563242 - J. Davis	3-Yr.	1991	13.50	30
1989	Scrooge With The Spirit-563250 - J. Davis	3-Yr.	1991	13.50	30
1989	A Chains Of Pace For Odie-563269 - J. Davis	3-Yr.	1991	12.00	25
1990	Jingle Bell Rock 1990-563390 - G. Armgardt	Yr.Iss.	1990	13.50	30
1989	Joy Ridin'-563463 - J. Davis	2-Yr.	1990	15.00	30
1989	Just What I Wanted-563668 - M. Peters	3-Yr.	1991	13.50	14
1990	Pucker Up!-563676 - M. Peters	3-Yr.	1992	11.00	11
1989	What's The Bright Idea-563684 - M. Peters	3-Yr.	1991	13.50	14
1990	Fleas Navidad-563978 - M. Peters	3-Yr.	1992	13.50	25
1990	Tweet Greetings-564044 - J. Davis	2-Yr.	1991	15.00	30
1990	Trouble On 3 Wheels-564052 - J. Davis	3-Yr.	1992	20.00	35
1989	Mine, All Mine!-564079 - J. Davis	Yr.Iss.	1989	15.00	40
1989	Star of Stars-564389 - J. Jonik	3-Yr.	1991	9.00	15
1990	Hang Onto Your Hat-564397 - J. Jonik	3-Yr.	1992	8.00	15
1990	Fireplace Frolic-564435 - N. Teiber	2-Yr.	1991	25.00	32
1989	Hoe! Hoe! Hoe!-564761 - Enesco	Yr.Iss.	1989	20.00	35
1991	Double Scoop Snowmouse-564796 - M. Cook	3-Yr.	1993	13.50	14
1990	Christmas Is Magic-564826 - M. Cook	2-Yr.	1991	10.00	10
1990	Lighting Up Christmas-564834 - M. Cook	2-Yr.	1991	10.00	10
1989	Feliz Navidad! 1989-564842 - M. Cook	Yr.Iss.	1989	11.00	40
1989	Spreading Christmas Joy-564850 - M. Cook	3-Yr.	1991	10.00	10
1989	Yuletide Tree House-564915 - J. Jonik	3-Yr.	1991	20.00	20
1990	Brewnig Warm Wishes-564974 - Enesco	2-Yr.	1991	10.00	10
1990	Yippie-I-Yuletide-564982 - K. Hahn	3-Yr.	1992	15.00	15
1990	Coffee Break-564990 - K. Hahn	3-Yr.	1992	15.00	15
1990	You're Sew Special-565008 - K. Hahn	Yr.Iss.	1990	20.00	35
1989	Full House Mouse-565016 - K. Hahn	2-Yr.	1990	13.50	25
1989	I Feel Pretty-565024 - K. Hahn	3-Yr.	1991	20.00	30
1990	Warmest Wishes-565032 - K. Hahn	3-Yr.	1992	15.00	15
1990	Baby's Christmas Feast-565040 - K. Hahn	3-Yr.	1992	13.50	14
1990	Bumper Car Santa-565083 - G.G. Santiago	Yr.Iss.	1990	20.00	40
1989	Special Delivery(Proof Ed.)-565091 - G.G. Santiago	Yr.Iss.	1989	12.00	15
1990	Ho! Ho! Yo-Yo!(Proof Ed.)-565105 - G.G. Santiago	Yr.Iss.	1990	12.00	15
1989	Weightin' For Santa-565148 - G.G. Santiago	3-Yr.	1991	7.50	8
1989	Holly Fairy-565199 - C.M. Baker	Yr.Iss.	1989	15.00	45
1990	The Christmas Tree Fairy-565202 - C.M. Baker	Yr.Iss.	1990	15.00	40
1989	Christmas 1989-565210 - L. Rigg	Yr.Iss.	1989	12.00	38
1989	Top Of The Class-565237 - L. Rigg	3-Yr.	1991	11.00	11
1989	Deck The Hogs-565490 - M. Cook	2-Yr.	1990	12.00	14
1989	Pinata Ridin'-565504 - M. Cook	2-Yr.	1990	11.00	N/A
1989	Hangin' In There 1989-565598 - K. Wise	Yr.Iss.	1989	10.00	20
1990	Meow-y Christmas 1990-565601 - K. Wise	Yr.Iss.	1990	10.00	25
1990	Seaman's Greetings-566047 - Enesco	2-Yr.	1991	11.00	24
1990	Hang In There-566055 - Enesco	3-Yr.	1992	13.50	14
1991	Pedal Pushin' Santa-566071 - Enesco	Yr.Iss.	1991	20.00	30
1990	Merry Christmas Teacher-566098 - Enesco	2-Yr.	1991	11.00	11
1990	Festive Flight-566101 - Enesco	2-Yr.	1991	11.00	11
1990	Santa's Suitcase-566160 - Enesco	3-Yr.	1992	25.00	25
1989	The Purr-Fect Fit!-566462 - Enesco	3-Yr.	1991	15.00	35
1990	Tumbles 1990-566519 - S. Zimnicki	Yr.Iss.	1990	16.00	25
1990	Twiddles-566551 - S. Zimnicki	3-Yr.	1992	15.00	30
1991	Snuffy-566578 - S. Zimnicki	3-Yr.	1993	17.50	18
1990	All Aboard-567671 - Gilmore	2-Yr.	1991	17.50	18
1989	Gone With The Wind-567698 - Enesco	Yr.Iss.	1989	13.50	30
1989	Dorothy-567760 - Enesco	Yr.Iss.	1989	12.00	35
1989	The Tin Man-567779 - Enesco	Yr.Iss.	1989	12.00	25
1989	The Cowardly Lion-567787 - Enesco	Yr.Iss.	1989	12.00	25
1989	The Scarecrow-567795 - Enesco	Yr.Iss.	1989	12.00	25
1990	Happy Holiday Readings-568104 - Enesco	2-Yr.	1991	8.00	8
1989	Christmas 1989-568325 - L. Rigg	Yr.Iss.	1989	12.00	N/A
1991	Holiday Ahoy-568368 - Enesco	2-Yr.	1992	12.50	13
1991	Christmas Countdown-568376 - Enesco	3-Yr.	1993	20.00	20
1989	Clara-568406 - Enesco	Yr.Iss.	1989	12.50	20
1990	The Nutcracker-568414 - Enesco	Yr.Iss.	1990	12.50	30
1991	Clara's Prince-568422 - Enesco	Yr.Iss.	1991	12.50	18
1989	Santa's Little Reindear-568430 - Enesco	2-Yr.	1990	15.00	25
1991	Tuba Totin' Teddy-568449 - Enesco	3-Yr.	1993	15.00	15
1990	A Calling Home At Christmas-568457 - Enesco	2-Yr.	1991	15.00	15
1991	Love Is The Secret Ingredient-568562 - L. Rigg	2-Yr.	1992	15.00	15

CHRISTMAS ORNAMENTS

YEAR ISSUE		EDITION LIMIT	YEAR RETD.	ISSUE PRICE	QUOTE U.S.$
1990	A Spoonful of Love-568570 - L. Rigg	2-Yr.	1991	10.00	10
1990	Christmas Swingtime 1990-568597 - L. Rigg	Yr.Iss.	1990	13.00	N/A
1990	Christmas Swingtime 1990-568600 - L. Rigg	Yr.Iss.	1990	13.00	N/A
1990	Bearing Holiday Wishes-568619 - L. Rigg	3-Yr.	1992	22.50	23
1990	Smitch-570184 - S. Zimnicki	3-Yr.	1992	22.50	23
1991	Twinkle & Sprinkle-570206 - S. Zimnicki	3-Yr.	1993	22.50	23
1990	Blinkie-570214 - S. Zimnicki	3-Yr.	1992	15.00	15
1990	Have A Coke And A Smile!-571512 - Enesco	3-Yr.	1992	15.00	25
1990	Fleece Navidad-571903 - M. Cook	2-Yr.	1991	13.50	25
1990	Have a Navaho-Ho-Ho 1990-571970 - M. Cook	Yr.Iss.	1990	15.00	35
1990	Cheers 1990-572411 - T. Wilson	Yr.Iss.	1990	13.50	22
1990	A Night Before Christmas-572438 - T. Wilson	2-Yr.	1991	17.50	18
1990	Merry Kissmas-572446 - T. Wilson	2-Yr.	1991	10.00	30
1991	Here Comes Santa Paws-572535 - J. Davis	3-Yr.	1993	20.00	20
1990	Frosty Garfield 1990-572551 - J. Davis	Yr.Iss.	1990	13.50	35
1990	Pop Goes The Odie-572578 - J. Davis	2-Yr.	1991	15.00	30
1991	Sweet Beams-572586 - J. Davis	2-Yr.	1992	13.50	14
1990	An Apple A Day-572594 - J. Davis	2-Yr.	1991	12.00	12
1990	Dear Santa-572608 - J. Davis	3-Yr.	1992	17.00	17
1991	Have A Ball This Christmas-572616 - J. Davis	Yr.Iss.	1991	15.00	15
1990	Oh Shoosh!-572624 - J. Davis	3-Yr.	1992	17.00	17
1990	Little Red Riding Cat-572632 - J. Davis	Yr.Iss.	1990	13.50	33
1991	All Decked Out-572659 - J. Davis	2-Yr.	1992	13.50	14
1990	Over The Rooftops-572721 - J. Davis	2-Yr.	1991	17.50	28-35
1990	Garfield NFL Los Angeles Rams-572764 - J. Davis	2-Yr.	1991	12.50	13
1990	Garfield NFLCincinnati Bengals-573,000 - J. Davis	2-Yr.	1991	12.50	13
1990	Garfield NFLCleveland Browns-573019 - J. Davis	2-Yr.	1991	12.50	13
1990	Garfield NFL Houston Oiliers-573027 - J. Davis	2-Yr.	1991	12.50	13
1990	Garfield NFL Pittsburg Steelers-573035 - J. Davis	2-Yr.	1991	12.50	13
1990	Garfield NFL Denver Broncos-573043 - J. Davis	2-Yr.	1991	12.50	13
1990	Garfield NFLKansas City Chiefs-573051 - J. Davis	2-Yr.	1991	12.50	13
1990	Garfield NFL Los Angeles Raiders-573078 - J. Davis	2-Yr.	1991	12.50	13
1990	Garfield NFL San Diego Chargers-573086 - J. Davis	2-Yr.	1991	12.50	13
1990	Garfield NFL Seattle Seahawks-573094 - J. Davis	2-Yr.	1991	12.50	13
1990	Garfield NFL Buffalo Bills-573108 - J. Davis	2-Yr.	1991	12.50	13
1990	Garfield NFL Indianapolis Colts-573116 - J. Davis	2-Yr.	1991	12.50	13
1990	Garfield NFL Miami Dolphins-573124 - J. Davis	2-Yr.	1991	12.50	13
1990	Garfield NFL New England Patriots-573132 - J. Davis	2-Yr.	1991	12.50	13
1990	Garfield NFL New York Jets-573140 - J. Davis	2-Yr.	1991	12.50	13
1990	Garfield NFL Atlanta Falcons-573159 - J. Davis	2-Yr.	1991	12.50	13
1990	Garfield NFL New Orleans Saints-573167 - J. Davis	2-Yr.	1991	12.50	13
1990	Garfield NFL San Francisco 49ers-573175 - J. Davis	2-Yr.	1991	12.50	13
1990	Garfield NFL Dallas Cowboys-573183 - J. Davis	2-Yr.	1991	12.50	13
1990	Garfield NFL New York Giants-573191 - J. Davis	2-Yr.	1991	12.50	13
1990	Garfield NFL Philadelphia Eagles-573205 - J. Davis	2-Yr.	1991	12.50	13
1990	Garfield NFL Phoenix Cardinals-573213 - J. Davis	2-Yr.	1991	12.50	13
1990	Garfield NFL Washington Redskins-573221 - J. Davis	2-Yr.	1991	12.50	13
1990	Garfield NFL Chicago Bears-573248 - J. Davis	2-Yr.	1991	12.50	13
1990	Garfield NFL Detroit Lions-573256 - J. Davis	2-Yr.	1991	12.50	13
1990	Garfield NFL Green Bay Packers-573264 - J. Davis	2-Yr.	1991	12.50	13
1990	Garfield NFLMinnesota Vikings-573272 - J. Davis	2-Yr.	1991	12.50	13
1990	Garfield NFL Tampa Bay Buccaneers-573280 - J. Davis	2-Yr.	1991	12.50	13
1991	Tea For Two-573299 - K. Hahn	3-Yr.	1993	30.00	50
1991	Hot Stuff Santa-573523 - Enesco	Yr.Iss.	1991	25.00	30
1990	Merry Moustronauts-573558 - M. Cook	3-Yr.	1992	20.00	40
1991	Santa Wings It-573612 - J. Jonik	3-Yr.	1993	13.00	13
1990	All Eye Want For Christmas-573647 - Gilmore	3-Yr.	1992	27.50	32
1990	Stuck On You-573655 - Gilmore	2-Yr.	1991	12.50	13
1990	Professor Michael Bear, The One Bear Band-573663 - Gilmore	3-Yr.	1992	22.50	28
1990	A Caroling Wee Go-573671 - Gilmore	3-Yr.	1992	12.00	12
1990	Merry Mailman-573698 - Gilmore	2-Yr.	1991	15.00	30
1990	Deck The Halls-573701 - Gilmore	3-Yr.	1992	22.50	30
1990	You're Wheel Special-573728 - Gilmore	3-Yr.	1992	15.00	15
1991	Come Let Us Adore Him-573736 - Gilmore	2-Yr.	1992	9.00	9
1991	Moon Beam Dreams-573760 - Gilmore	3-Yr.	1993	12.00	12
1991	A Song For Santa-573779 - Gilmore	3-Yr.	1993	25.00	25
1990	Warmest Wishes-573825 - Gilmore	Yr.Iss.	1990	17.50	25
1991	Kurious Kitty-573868 - Gilmore	3-Yr.	1993	17.50	18
1990	Old Mother Mouse-573922 - Gilmore	2-Yr.	1991	17.50	20-32
1990	Railroad Repairs-573930 - Gilmore	2-Yr.	1991	12.50	25
1990	Ten Lords A-Leaping-573949 - Gilmore	3-Yr.	1992	15.00	25
1990	Eleven Drummers Drumming-573957 - Gilmore	3-Yr.	1992	15.00	25
1990	Twelve Pipers Piping-573965 - Gilmore	3-Yr.	1992	15.00	25
1990	Baby's First Christmas 1990-573973 - Gilmore	Yr.Iss.	1990	10.00	N/A
1990	Baby's First Christmas 1990-573981 - Gilmore	Yr.Iss.	1990	12.00	N/A
1991	Peter, Peter Pumpkin Eater-574015 - Gilmore	2-Yr.	1992	20.00	30
1990	Little Jack Horner-574058 - Gilmore	2-Yr.	1991	17.50	35
1991	Mary, Mary Quite Contrary-574066 - Gilmore	2-Yr.	1992	22.50	33
1991	Through The Years-574252 - Gilmore	Yr.Iss.	1991	17.50	18
1991	Holiday Wing Ding-574333 - Enesco	3-Yr.	1993	22.50	23
1991	North Pole Here I Come-574597 - Enesco	3-Yr.	1993	10.00	10
1991	Christmas Caboose-574856 - Gilmore	2-Yr.	1992	25.00	30
1990	Bubble Trouble-575038 - K. Hahn	3-Yr	1992	20.00	35
1991	Merry Mother-To-Be-575046 - K. Hahn	3-Yr.	1993	13.50	14
1990	A Holiday 'Scent' Sation-575054 - K. Hahn	3-Yr.	1992	15.00	30
1990	Catch Of The Day-575070 - K. Hahn	3-Yr.	1992	25.00	25
1990	Don't Open 'Til Christmas-575089 - K. Hahn	3-Yr.	1992	17.50	18
1990	I Can't Weight 'Til Christmas-575119 - K. Hahn	3-Yr.	1992	16.50	30
1991	Deck The Halls-575127 - K. Hahn	2-Yr.	1992	15.00	25
1990	Mouse House-575186 - Enesco	3-Yr.	1992	16.00	16
1991	Dream A Little Dream-575593 - Enesco	2-Yr.	1992	17.50	18
1991	Christmas Two-gether-575615 - L. Rigg	3-Yr.	1993	22.50	23
1991	Christmas Trimmings-575631 - Enesco	2-Yr.	1992	17.00	17
1991	Gumball Wizard-575658 - Gilmore	2-Yr.	1992	13.00	13
1991	Crystal Ball Christmas-575666 - Gilmore	2-Yr.	1992	22.50	23
1990	Old King Cole-575682 - Gilmore	2-Yr.	1991	20.00	29
1991	Tom, Tom The Piper's Son-575690 - Gilmore	2-Yr.	1992	15.00	33
1991	Tire-d Little Bear-575852 - L. Rigg	Yr.Iss.	1991	12.50	13
1990	Baby Bear Christmas 1990-575860 - L. Rigg	Yr.Iss.	1990	12.00	28
1991	Crank Up The Carols-575887 - L. Rigg	2-Yr.	1992	17.50	18
1990	Beary Christmas 1990-576158 - L. Rigg	Yr.Iss.	1990	12.00	12
1991	Christmas Swingtime 1991-576166 - L. Rigg	Yr.Iss.	1991	13.00	13
1991	Christmas Swingtime 1991-576174 - L. Rigg	Yr.Iss.	1991	13.00	13
1991	Christmas Cutie-576182 - Enesco	3-Yr.	1993	13.50	14
1991	Meow Mates-576220 - Enesco	3-Yr.	1993	12.00	12
1991	Frosty The Snowmant-576425 - Enesco	3-Yr.	1993	15.00	15
1991	Ris-ski Business-576719 - T. Wilson	2-Yr.	1992	10.00	10
1991	Pinocchio-577391 - J. Davis	3-Yr.	1993	15.00	15
1990	Yuletide Ride 1990-577502 - Gilmore	Yr.Iss.	1990	13.50	50
1990	Tons of Toys-577510 - Enesco	Yr.Iss.	1990	13.00	30
1990	McHappy Holidays-577529 - Enesco	2-Yr.	1991	17.50	25
1990	Heading For Happy Holidays-577537 - Enesco	3-Yr.	1992	17.50	18
1990	'Twas The Night Before Christmas-577545 - Enesco	3-Yr.	1992	17.50	18
1990	Over One Million Holiday Wishes!-577553 - Enesco	Yr.Iss.	1990	17.50	30
1990	You Malt My Heart-577596 - Enesco	2-Yr.	1991	25.00	25
1991	All I Want For Christmas-577618 - Enesco	2-Yr.	1992	20.00	20
1991	Things Go Better With Coke!-580597 - Enesco	3-Yr.	1993	17.00	17
1991	Christmas To Go-580600 - M. Cook	Yr.Iss.	1991	22.50	23
1991	Have A Mariachi Christmas-580619 - M. Cook	2-Yr.	1992	13.50	14
1991	Christmas Is In The Air-581453 - Enesco	Yr.Iss.	1991	15.00	15
1991	Holiday Treats-581542 - Enesco	Yr.Iss.	1991	17.50	18
1991	Christmas Is My Goal-581550 - Enesco	2-Yr.	1992	17.50	18
1991	A Quarter Pounder With Cheer!-581569 - Enesco	3-Yr.	1993	20.00	20
1991	From The Same Mold-581798 - Gilmore	3-Yr.	1993	17.00	17
1991	The Glow Of Christmas-581801 - Enesco	2-Yr.	1992	20.00	20
1991	All Caught Up In Christmas-583537 - Enesco	2-Yr.	1992	10.00	10
1991	Lights..Camera..Kissmas!-583626 - Gilmore	Yr.Iss.	1991	15.00	35
1991	Sweet Steed-583634 - Gilmore	3-Yr.	1993	15.00	15
1991	Dreamin' Of A White Christmas-583669 - Gilmore	2-Yr.	1992	15.00	15
1991	Merry Millimeters-583677 - Gilmore	3-Yr.	1993	17.00	17
1991	Here's The Scoop-583693 - Enesco	2-Yr.	1992	13.50	20
1991	Happy Mealr On Wheels-583715 - Enesco	3-Yr.	1993	22.50	23
1991	Christmas Kayak-583723 - Enesco	2-Yr.	1992	13.50	14
1991	Marilyn Monroe-583774 - Enesco	Yr.Iss.	1991	20.00	20
1991	A Christmas Carol-583928 - Gilmore	3-Yr.	1993	22.50	23
1991	Checking It Twice-583936 - Enesco	2-Yr.	1992	25.00	25
1991	Merry Christmas Go-Round-585203 - J. Davis	3-Yr.	1993	20.00	20
1991	Holiday Hideout-585270 - J. Davis	2-Yr.	1992	15.00	15
1991	Our Most Precious Gift-585726 - Enesco	Yr.Iss.	1991	17.50	18
1991	Christmas Cheer-585769 - Enesco	2-Yr.	1992	13.50	14
1991	Fired Up For Christmas-586587 - Gilmore	2-Yr.	1992	32.50	33
1991	One Foggy Christmas Eve-586625 - Gilmore	3-Yr.	1993	30.00	30
1991	For A Purr-fect Mom-586641 - Gilmore	Yr.Iss.	1991	12.00	12
1991	For A Special Dad-586668 - Gilmore	Yr.Iss.	1991	17.50	18
1991	With Love-586676 - Gilmore	Yr.Iss.	1991	13.00	13
1991	For A Purr-fect Aunt-586692 - Gilmore	Yr.Iss.	1991	12.00	12
1991	For A Dog-Gone Great Uncle-586706 - Gilmore	Yr.Iss.	1991	12.00	12
1991	Peddling Fun-586714 - Gilmore	Yr.Iss.	1991	16.00	16
1991	Special Keepsakes-586722 - Gilmore	Yr.Iss.	1991	13.50	14
1991	Hats Off To Christmas-586757 - K. Hahn	Yr.Iss.	1991	22.50	23
1991	Baby's First Christmas 1991-586935 - Enesco	Yr.Iss.	1991	12.50	13
1991	Jugglin' The Holidays-587028 - Enesco	2-Yr.	1992	13.00	13
1991	Santa's Steed-587044 - Enesco	Yr.Iss.	1991	15.00	15
1991	A Decade of Treasures-587052 - Gilmore	Yr.Iss.	1991	37.50	75
1991	Mr. Mailmouse-587109 - Gilmore	2-Yr.	1992	17.00	17
1991	Starry Eyed Santa-587176 - Enesco	2-Yr.	1992	15.00	15
1991	Lighting The Way-588776 - Enesco	2-Yr.	1992	20.00	20
1991	Rudolph-588784 - Enesco	2-Yr.	1992	17.50	18
1989	Tea For Two-693758 - N. Teiber	2-Yr.	1990	12.50	30
1990	Holiday Tea Toast-694770 - N. Teiber	2-Yr.	1991	13.50	14
1991	It's Tea-lightful-694789 - Enesco	2-Yr.	1992	13.50	14
1989	Tea Time-694797 - N. Teiber	2-Yr.	1990	12.50	30
1989	Bottom's Up 1989-830003 - Enesco	Yr.Iss.	1989	11.00	32
1990	Sweetest Greetings 1990-830011 - Gilmore	Yr.Iss.	1990	10.00	27
1990	First Class Christmas-830038 - Gilmore	3-Yr.	1992	10.00	10
1989	Caught In The Act-830046 - Gilmore	3-Yr.	1991	12.50	13
1989	Readin' & Ridin'-830054 - Gilmore	3-Yr.	1991	13.50	34
1991	Beary Merry Mailman-830151 - L. Rigg	3-Yr.	1993	13.50	14
1990	Here's Looking at You!-830259 - Gilmore	2-Yr.	1991	17.50	18
1991	Stamper-830267 - S. Zimnicki	Yr.Iss.	1991	13.50	14
1991	Santa's Key Man-830461 - Gilmore	2-Yr.	1992	11.00	11
1991	Tie-dings Of Joy-830488 - Gilmore	Yr.Iss.	1991	12.00	12
1990	Have a Cool Yule-830496 - Gilmore	3-Yr.	1992	12.00	27
1990	Slots of Luck-830518 - K. Hahn	2-Yr.	1991	13.50	45-60
1991	Straight To Santa-830534 - J. Davis	2-Yr.	1992	13.50	14
1991	Letters To Santa-830925 - Gilmore	2-Yr.	1992	15.00	15
1991	Sneaking Santa's Snack-830933 - Gilmore	3-Yr.	1993	13.00	13
1991	Aiming For The Holidays-830941 - Gilmore	2-Yr.	1992	12.00	12
1991	Ode To Joy-830968 - Gilmore	3-Yr.	1993	10.00	10
1991	Fittin' Mittens-830976 - Gilmore	3-Yr.	1993	12.00	12
1991	The Finishing Touch-831530 - Gilmore	Yr.Iss.	1991	10.00	10
1991	A Real Classic-831603 - Gilmore	Yr.Iss.	1991	10.00	10
1991	Christmas Fills The Air-831921 - Gilmore	3-Yr.	1993	12.00	12
1991	Deck The Halls-860573 - M. Peters	3-Yr.	1993	12.00	12
1991	Bathing Beauty-860581 - K. Hahn	3-Yr.	1993	13.50	35
1992	Sparky & Buffer-561851 - S. Zimnicki	3-Yr.	1994	25.00	25
1992	Moonlight Swing-568627 - L. Rigg	3-Yr.	1994	15.00	15
1992	Carver-570192 - S. Zimnicki	Yr.Iss.	1992	17.50	18
1992	A Rockin' GARFIELD Christmas-572527 - J. Davis	2-Yr.	1993	17.50	18

Enesco Corporation
to Enesco Corporation

CHRISTMAS ORNAMENTS

YEAR ISSUE		EDITION LIMIT	YEAR RETD.	ISSUE PRICE	QUOTE U.S.$
1992	The Nutcracker-574023 - Gilmore	3-Yr.	1994	25.00	25
1992	Humpty Dumpty-574244 - Gilmore	2-Yr.	1993	25.00	25
1992	Music Mice-Tro!-575143 - Enesco	2-Yr.	1993	12.00	12
1992	On Target Two-Gether-575623 - Enesco	Yr.Iss.	1992	17.00	17
1992	Rock-A-Bye Baby-575704 - Gilmore	2-Yr.	1993	13.50	14
1992	Queen of Hearts-575712 - Gilmore	2-Yr.	1992	17.50	18
1992	Tasty Tidings-575836 - L. Rigg	Yr.Iss.	1992	13.50	14
1992	Bearly Sleepy-578029 - Gilmore	Yr.Iss.	1992	17.50	18
1992	Spreading Sweet Joy-580465 - Enesco	Yr.Iss.	1992	13.50	14
1992	Ring My Bell-580740 - J. Davis	Yr.Iss.	1992	13.50	14
1992	4 x 4 Holiday Fun-580783 - J. Davis	2-Yr.	1993	20.00	20
1992	The Holidays Are A Hit-581577 - Enesco	2-Yr.	1993	17.50	18
1992	Tip Top Tidings-581828 - Enesco	2-Yr.	1993	13.00	13
1992	Christmas Lifts The Spirits-582018 - Enesco	2-Yr.	1993	25.00	25
1992	A Pound Of Good Cheers-582034 - Enesco	2-Yr.	1993	17.50	18
1992	Sweet as Cane Be-583642 - Gilmore	3-Yr.	1994	15.00	15
1992	Sundae Ride-583707 - Enesco	2-Yr.	1993	20.00	20
1992	The Cold, Crisp Taste Of Coke-583766 - Enesco	3-Yr.	1994	17.00	17
1992	Sew Christmasy-583820 - Enesco	3-Yr.	1994	25.00	25
1992	Catch A Falling Star-583944 - Gilmore	2-Yr.	1993	15.00	15
1992	Swingin' Christmas-584096 - Enesco	2-Yr.	1993	15.00	15
1992	Mc Ho, Ho, Ho-585181 - Enesco	3-Yr.	1994	22.50	23
1992	Holiday On Ice-585254 - J. Davis	3-Yr.	1994	17.50	18
1992	Fast Track Cat-585289 - J. Davis	3-Yr.	1994	17.50	18
1992	Holiday Cat Napping-585319 - J. Davis	2-Yr.	1993	20.00	20
1992	The Finishing Touches-585610 - T. Wilson	2-Yr.	1993	17.50	18
1992	Jolly Ol' Gent-585645 - J. Jonik	3-Yr.	1994	13.50	14
1992	A Child's Christmas-586358 - Enesco	3-Yr.	1994	25.00	25
1992	Festive Fiddlers-586501 - Enesco	Yr.Iss.	1992	20.00	25
1992	La Luminaria-586579 - M. Cook	2-Yr.	1993	13.50	14
1992	Cozy Chrismas Carriage-586730 - Gilmore	2-Yr.	1993	22.50	23
1992	Small Fry's First Christmas-586749 - Enesco	2-Yr.	1993	17.00	17
1992	Friendships Preserved-586765 - K. Hahn	Yr.Iss.	1992	22.50	23
1992	Window Wish List-586854 - Gilmore	2-Yr.	1993	30.00	30
1992	Through The Years-586862 - Gilmore	Yr.Iss.	1992	17.50	18
1992	Baby's First Christmas 1992-586943 - Enesco	Yr.Iss.	1992	12.50	13
1992	Firehouse Friends-586951 - Gilmore	Yr.Iss.	1992	22.50	23
1992	Bubble Buddy-586978 - Gilmore	2-Yr	1993	13.50	14
1992	The Warmth Of The Season-586994 - Enesco	2-Yr.	1993	20.00	20
1992	It's A Go For Christmas-587095 - Gilmore	2-Yr.	1993	15.00	15
1992	Post-Mouster General-587117 - Gilmore	2-Yr.	1993	20.00	20
1992	To A Deer Baby-587168 - Enesco	Yr.Iss.	1992	18.50	19
1992	Moon Watch-587184 - Enesco	2-Yr.	1993	20.00	20
1992	Guten Cheers-587192 - Enesco	Yr.Iss.	1992	22.50	23
1992	Put On A Happy Face-588237 - Enesco	2-Yr.	1993	15.00	15
1992	Beginning To Look A Lot Like Christmas-588253 - Enesco	2-Yr.	1993	15.00	15
1992	A Christmas Toast-588261 - Enesco	2-Yr.	1993	20.00	20
1992	Merry Mistle-Toad-588288 - Enesco	2-Yr.	1993	15.00	15
1992	Tic-Tac-Mistle-Toe-588296 - Enesco	3-Yr.	1994	23.00	23
1992	Heaven Sent-588423 - J. Penchoff	2-Yr.	1993	12.50	13
1992	Holiday Happenings-588555 - Gilmore	3-Yr.	1994	30.00	30
1992	Seed-son's Greetings-588571 - Gilmore	3-Yr.	1994	27.00	27
1992	Santa's Midnight Snack-588598 - Gilmore	2-Yr.	1993	20.00	20
1992	Trunk Of Treasures-588636 - Enesco	Yr.Iss.	1992	30.00	30
1992	Festive Newsflash-588792 - Enesco	2-Yr.	1993	17.50	18
1992	A-B-C-Son's Greetings-588806 - Enesco	2-Yr.	1993	16.50	17
1992	Hoppy Holidays-588814 - Enesco	Yr.Iss.	1992	13.50	14
1992	Fireside Friends-588830 - Enesco	2-Yr.	1993	20.00	20
1992	Christmas Eve-mergency-588849 - Enesco	2-Yr.	1993	27.00	27
1992	A Sure Sign Of Christmas-588857 - Enesco	2-Yr.	1993	22.50	23
1992	Holidays Give Me A Lift-588865 - Enesco	2-Yr.	1993	30.00	30
1992	Yule Tide Together-588903 - Enesco	2-Yr.	1993	20.00	20
1992	Have A Soup-er Christmas-588911 - Enesco	2-Yr.	1993	17.50	18
1992	Christmas Cure-Alls-588938 - Enesco	2-Yr.	1993	20.00	20
1992	Dial 'S' For Santa-589373 - Enesco	2-Yr.	1993	25.00	25
1992	Joy To The Whirled-589551 - K. Hahn	2-Yr.	1993	20.00	20
1992	Merry Make-Over-589586 - K. Hahn	3-Yr.	1994	20.00	20
1992	Campin' Companions-590282 - K. Hahn	3-Yr.	1994	20.00	20
1992	Fur-Ever Friends-590797 - Gilmore	2-Yr.	1993	13.50	14
1992	Tee-rific Holidays-590827 - Enesco	3-Yr.	1994	25.00	25
1992	Spinning Christmas Dreams-590908 - K. Hahn	3-Yr.	1994	22.50	23
1992	Christmas Trimmin'-590932 - Enesco	3-Yr.	1994	17.00	17
1992	Wrappin' Up Warm Wishes-593141 - Enesco	Yr.Iss.	1992	17.50	18
1992	Christmas Biz-593168 - Enesco	2-Yr.	1993	22.50	23
1992	Holiday Take-Out-593508 - Enesco	Yr.Iss.	1992	17.50	18
1992	A Christmas Yarn-593516 - Gilmore	Yr.Iss.	1992	20.00	20
1992	Treasure The Earth-593826 - K. Hahn	2-Yr.	1993	25.00	25
1992	Toyful' Rudolph-593982 - Enesco	2-Yr.	1993	22.50	23
1992	Take A Chance On The Holidays-594075 - Enesco	3-Yr.	1994	20.00	20
1992	Lights..Camera..Christmas!-594369 - Enesco	3-Yr.	1994	20.00	20
1992	Spirited Stallion-594407 - Enesco	Yr.Iss.	1992	15.00	15
1992	A Watchful Eye-595713 - Enesco	Yr.Iss.	1992	15.00	15
1992	Good Catch-595721 - Enesco	Yr.Iss.	1992	12.50	13
1992	Squirrelin' It Away-595748 - K. Hahn	Yr.Iss.	1992	12.00	12
1992	Checkin' His List-595756 - Enesco	Yr.Iss.	1992	12.50	13
1992	Christmas Cat Nappin' - Enesco	Yr.Iss.	1992	12.00	12
1992	Bless Our Home-595772 - Enesco	Yr.Iss.	1992	12.00	12
1992	Salute the Season-595780 - K. Hahn	Yr.Iss.	1992	12.00	12
1992	Fired Up For Christmas-595799 - Enesco	Yr.Iss.	1992	12.00	12
1992	Speedin' Mr. Snowman-595802 - M. Rhyner	Yr.Iss.	1992	12.00	12
1992	Merry Christmas Mother Earth-595810 - K. Hahn	Yr.Iss.	1992	11.00	11
1992	Wear The Season With A Smile-595829 - Enesco	Yr.Iss.	1992	10.00	10
1992	Jesus Loves Me-595837 - K. Hahn	Yr.Iss.	1992	10.00	10
1992	Merry Kisses-831166 - Enesco	2-Yr.	1993	17.50	18
1992	Christmas Is In The Air-831174 - Enesco	2-Yr.	1993	25.00	25
1992	To The Point-831182 - Enesco	2-Yr.	1993	13.50	14
1992	Poppin' Hoppin' Holidays-831263 - Gilmore	Yr.Iss.	1992	25.00	25
1992	Tankful Tidings-831271 - Gilmore	2-Yr.	1993	30.00	30
1992	Ginger-Bred Greetings-831581 - Gilmore	Yr.Iss.	1992	12.00	12
1992	A Gold Star For Teacher-831948 - Gilmore	3-Yr.	1994	15.00	15
1992	A Tall Order-832758 - Gilmore	3-Yr.	1994	12.00	12
1992	Candlelight Serenade-832766 - Gilmore	2-Yr.	1993	12.00	12
1992	Holiday Glow Puppet Show-832774 - Gilmore	3-Yr.	1994	15.00	15
1992	Christopher Columouse-832782 - Gilmore	Yr.Iss.	1992	12.00	12
1992	Cartin' Home Holiday Treats-832790 - Enesco	2-Yr.	1993	13.50	14
1992	Making Tracks To Santa-832804 - Gilmore	2-Yr.	1993	15.00	15
1992	Special Delivery-832812 - Enesco	2-Yr.	1993	12.00	12
1992	A Mug Full Of Love-832928 - Gilmore	Yr.Iss.	1992	13.50	14
1992	Have A Cool Christmas-832944 - Gilmore	Yr.Iss.	1992	13.50	14
1992	Knitten' Kittens-832952 - Gilmore	Yr.Iss.	1992	17.50	18
1992	Holiday Honors-833029 - Gilmore	Yr.Iss.	1992	15.00	15
1992	Christmas Nite Cap-834424 - Gilmore	3-Yr.	1994	13.50	14
1992	North Pole Peppermint Patrol-840157 - Gilmore	2-Yr.	1993	25.00	25
1992	A Boot-iful Christmas-840165 - Gilmore	Yr.Iss.	1992	20.00	20
1992	Watching For Santa-840432 - Enesco	2-Yr.	1993	25.00	25
1992	Special Delivery-840440 - Enesco	Yr.Iss.	1992	22.50	23
1993	I'm Dreaming of a White-Out Christmas-566144 - Enesco	2-Yr.	1994	22.50	23
1993	Born To Shop-572942 - Enesco	Yr.Iss.	1993	26.50	35
1993	Toy To The World-575763 - Enesco	2-Yr.	1994	25.00	25
1993	Bearly Balanced-580724 - Enesco	Yr.Iss.	1993	15.00	15
1993	Joyeux Noel-582026 - Enesco	2-Yr.	1994	24.50	25
1993	Holiday Mew-Sic-582107 - Enesco	2-Yr.	1994	20.00	20
1993	Santa's Magic Ride-582115 - Enesco	2-Yr.	1994	24.00	24
1993	Warm And Hearty Wishes-582344 - Enesco	Yr.Iss.	1993	17.50	18
1993	Cool Yule-582352 - Enesco	Yr.Iss.	1993	12.00	12
1993	Have A Holly Jell-O Christmas-582387 - Enesco	Yr.Iss.	1993	45.00	45
1993	Festive Firemen-582565 - Gilmore	2-Yr.	1994	17.00	17
1993	Light Up Your Holidays With Coke-583758 - Enesco	Yr.Iss.	1993	27.50	28
1993	Pool Hall-idays-584851 - Enesco	2-Yr.	1994	19.90	20
1993	Bah Humbug-585394 - Davis	Yr.Iss.	1993	15.00	15
1993	Chimer-585777 - Zimnicki	Yr.Iss.	1993	25.00	25
1993	Sweet Whiskered Wishes-585807 - Enesco	Yr.Iss.	1993	17.00	17
1993	Grade "A" Wishes From Garfield -585823 - Davis	2-Yr.	1994	20.00	20
1993	Tree For Two-586781 - Gilmore	2-Yr.	1994	17.50	18
1993	A Bright Idea-586803 - Gilmore	2-Yr.	1994	22.50	23
1993	Baby's First Christmas 1993-585823 - Gilmore	Yr.Iss.	1993	17.50	18
1993	My Special Christmas-586900 - Gilmore	Yr.Iss.	1993	17.50	18
1993	Baby's First Christmas Dinner-587001 - Enesco	Yr.Iss.	1993	12.00	12
1993	A Pause For Claus-588318 - Enesco	2-Yr.	1994	22.50	23
1993	Not A Creature Was Stirring...-588663 - Gilmore	2-Yr.	1994	27.50	28
1993	Terrific Toys-588644 - Enesco	Yr.Iss.	1993	20.00	20
1993	Christmas Dancer-588652 - Enesco	Yr.Iss.	1993	15.00	15
1993	Countin' On A Merry Christmas-588954 - Enesco	2-Yr.	1994	22.50	23
1993	To My Gem-589004 - Enesco	Yr.Iss.	1993	27.50	28
1993	Christmas Mall Call-589012 - Enesco	2-Yr.	1994	20.00	20
1993	Spreading Joy-589047 - Enesco	2-Yr.	1994	27.50	28
1993	Pitter-Patter Post Office-589055 - Enesco	2-Yr.	1994	20.00	20
1993	Happy Haul-idays-589098 - Enesco	2-Yr.	1994	30.00	30
1993	Hot Off ThePress-589292 - Enesco	2-Yr.	1994	27.50	28
1993	Designed With You In Mind-589306 - Enesco	2-Yr.	1994	16.00	16
1993	Seeing Is Believing-589381 - Gilmore	2-Yr.	1994	20.00	20
1993	Houndin' Up Christmas Together-590800 - Enesco	Yr.Iss.	1993	25.00	25
1993	Toasty Tidings-590940 - Enesco	2-Yr.	1994	20.00	20
1993	Focusing On Christmas-590983 - Gilmore	2-Yr.	1994	27.50	28
1993	Dunk The Halls-591009 - Enesco	2-Yr.	1994	18.50	19
1993	Mice Capades-591386 - Hahn	2-Yr.	1994	26.50	27
1993	25 Points For Christmas-591750 - Enesco	Yr.Iss.	1993	25.00	25
1993	Carving Christmas Wishes-592625 - Gilmore	2-Yr.	1994	25.00	25
1993	Celebrating With A Splash-592692 - Enesco	Yr.Iss.	1993	17.00	17
1993	Slimmin' Santa-592722 - Enesco	Yr.Iss.	1993	18.50	24
1993	Plane Ol' Holiday Fun-592773 - Enesco	Yr.Iss.	1993	27.50	28
1993	Smooth Move, Mom-593176 - Enesco	Yr.Iss.	1993	20.00	20
1993	Tool Time, Yule Time-593192 - Enesco	Yr.Iss.	1993	18.50	19
1993	Speedy-593370 - Zimnicki	2-Yr.	1994	25.00	25
1993	On Your Mark, Set, Is That To Go?-593524 - Enesco	Yr.Iss.	1993	13.50	14
1993	Do Not Open 'Til Christmas-593737 - Hahn	2-Yr.	1994	15.00	15
1993	Greetings In Stereo-593745 - Hahn	Yr.Iss.	1993	19.50	20
1993	Tangled Up For Christmas-593974 - Enesco	2-Yr.	1994	14.50	15
1993	Sweet Season's Eatings-594202 - Enesco	Yr.Iss.	1993	22.50	23
1993	Have A Darn Good Christmas-594229 - Gilmore	2-Yr.	1994	21.00	21
1993	The Sweetest Ride-594253 - Gilmore	2-Yr.	1994	18.50	19
1993	Lights...Camera...Christmas-594369 - Enesco	Yr.Iss.	1993	20.00	20
1993	Have A Cheery Christmas, Sister-594687 - Enesco	Yr.Iss.	1993	13.50	14
1993	Say Cheese-594962 - Gilmore	2-Yr.	1994	13.50	14
1993	Christmas Kicks-594989 - Enesco	Yr.Iss.	1993	17.50	18
1993	Time For Santa-594997 - Gilmore	2-Yr.	1994	17.50	18
1993	Holiday Orders-595004 - Enesco	Yr.Iss.	1993	20.00	20
1993	T'Was The Night Before Christmas-595012 - Enesco	Yr.Iss.	1993	22.50	23
1993	Sugar Chef Shoppe-595055 - Gilmore	2-Yr.	1994	23.50	24
1993	Merry Mc-Choo-Choo-595063 - Enesco	Yr.Iss.	1993	30.00	30
1993	Basketful Of Friendship-595098 - Enesco	Yr.Iss.	1993	20.00	20
1993	Rockin' With Santa-595195 - Enesco	2-Yr.	1994	13.50	14
1993	Christmas-To-Go-595217 - Enesco	Yr.Iss.	1993	25.50	26
1993	Sleddin' Mr. Snowman-595275 - Enesco	2-Yr.	1994	13.00	13
1993	A Kick Out Of Christmas-595373 - Enesco	2-Yr.	1994	10.00	10
1993	Friends Through Thick And Thin-595381 - Enesco	2-Yr.	1994	10.00	10
1993	See-Saw Sweethearts-595403 - Enesco	2-Yr.	1994	10.00	10
1993	Special Delivery For Santa-595411 - Enesco	2-Yr.	1994	10.00	10
1993	Top Marks For Teacher-595438 - Enesco	2-Yr.	1994	10.00	10
1993	Home Tweet Home-595446 - Enesco	2-Yr.	1994	10.00	10
1993	Clownin' Around-595454 - Enesco	2-Yr.	1994	10.00	10
1993	Heart Filled Dreams-595462 - Enesco	2-Yr.	1994	10.00	10

CHRISTMAS ORNAMENTS

YEAR ISSUE		EDITION LIMIT	YEAR RETD.	ISSUE PRICE	QUOTE U.S.$
1993	Merry Christmas Baby-595470 - Enesco	2-Yr.	1994	10.00	10
1993	Your A Hit With Me, Brother-595535 - Hahn	Yr.Iss.	1993	10.00	10
1993	For A Sharp Uncle-595543 - Enesco	Yr.Iss.	1993	10.00	10
1993	Paint Your Holidays Bright-595551 - Hahn	2-Yr.	1994	10.00	10
1993	You Got To Treasure The Holidays, Man'-596051 - Enesco	Yr.Iss.	1993	22.50	23
1993	Ariel's Under-The-Sea Tree-596078 - Enesco	Yr.Iss.	1993	20.00	20
1993	Here Comes Santa Claws-596086 - Enesco	Yr.Iss.	1993	22.50	35
1993	You're Tea-Lighting, Mom!-596094 - Enesco	Yr.Iss.	1993	17.50	18
1993	Hearts A Glow-596108 - Enesco	Yr.Iss.	1993	18.50	35
1993	Love's Sweet Dance-596116 - Enesco	Yr.Iss.	1993	25.00	25
1993	Holiday Wishes-596124 - Enesco	Yr.Iss.	1993	15.00	15
1993	Hangin Out For The Holidays-596132 - Enesco	Yr.Iss.	1993	15.00	35
1993	Magic Carpet Ride-596140 - Enesco	Yr.Iss.	1993	20.00	20
1993	Holiday Treasures-596159 - Enesco	Yr.Iss.	1993	18.50	35
1993	Happily Ever After-596167 - Enesco	Yr.Iss.	1993	22.50	23
1993	The Fairest Of Them All-596175 - Enesco	Yr.Iss.	1993	18.50	19
1993	December 25...Dear Diary-596809 - Hahn	2-Yr.	1994	10.00	10
1993	Wheel Merry Wishes-596930 - Hahn	2-Yr.	1994	15.00	15
1993	Good Grounds For Christmas-596957 - Hahn	Yr.Iss.	1993	24.50	25
1993	Ducking The Season's Rush-597597 - Enesco	Yr.Iss.	1993	17.50	18
1993	Here Comes Rudolphr-597686 Enesco	2-Yr.	1994	17.50	18
1993	It's Beginning To Look A Lot Like Christmas-597694 - Enesco	Yr.Iss.	1993	22.50	23
1993	Christmas In The Making-597716 - Enesco	Yr.Iss.	1993	20.00	20
1993	Mickey's Holiday Treasure-597759 - Enesco	Yr.Iss.	1993	12.00	12
1993	Dream Wheels-597856 - Enesco	Yr.Iss.	1993	29.50	50-75
1993	All You Add Is Love-598429 - Enesco	Yr.Iss.	1993	18.50	19
1993	Goofy About Skiing-598631 - Enesco	Yr.Iss.	1993	22.50	23
1993	A Toast Ladled With Love-830828 - Hahn	2-Yr.	1994	15.00	15
1993	Christmas Is In The Air-831174 - Enesco	2-Yr.	1994	25.00	35
1993	Delivered to The Nick In Time-831808 - Gilmore	2-Yr.	1994	13.50	14
1993	Sneaking A Peek-831840 - Gilmore	2-Yr.	1994	10.00	10
1993	Jewel Box Ballet-831859 - Hahn	2-Yr.	1994	20.00	20
1993	A Mistle-Tow-831867 - Gilmore	2-Yr.	1994	15.00	15
1993	Grandma's Liddle Griddle-832936 - Gilmore	Yr.Iss.	1993	10.00	10
1993	To A Grade "A" Teacher-833037 - Gilmore	2-Yr.	1994	10.00	10
1993	Have A Cool Christmas-834467 - Gilmore	2-Yr.	1994	10.00	10
1993	For A Star Aunt-834556 - Gilmore	Yr.Iss.	1993	12.00	12
1993	Watching For Santa-840432 - Enesco	2-Yr.	1994	25.00	30
1994	Sending You A Season's Greetings - 550140 - Butcher	Yr.Iss.	1994	25.00	25
1994	Goofy Delivery - 550639 - Enesco	Yr.Iss.	1994	22.50	23
1994	Happy Howl-idays - 550647 - Enesco	Yr.Iss.	1994	22.50	23
1994	Christmas Crusin' - 550655 - Enesco	Yr.Iss.	1994	22.50	23
1994	Holiday Honeys - 550663 - Enesco	Yr.Iss.	1994	20.00	20
1994	May Your Holiday Be Brightened With Love - 550698 - Butcher	Yr.Iss.	1994	15.00	15
1994	May All Your Wishes Come True - 550701 - Butcher	Yr.Iss.	1994	20.00	20
1994	Baby's First Christmas - 550728 - Butcher	Yr.Iss.	1994	20.00	20
1994	Baby's First Christmas- 550736 - Butcher	Yr.Iss.	1994	20.00	20
1994	Our First Christmas Together - 550744 - Butcher	Yr.Iss.	1994	25.00	25
1994	Drumming Up A Season Of Joy- 550752 - Butcher	Yr.Iss.	1994	18.50	19
1994	Friendships Warm The Holidays - 550760 - Butcher	Yr.Iss.	1994	20.00	20
1994	Dropping In For The Holidays - 550779 - Butcher	Yr.Iss.	1994	20.00	20
1994	Ringing Up Holiday Wishes - 550787 - Butcher	Yr.Iss.	1994	18.50	19
1994	A Child Is Born - 550795 - Butcher	2-Yr.		25.00	25
1994	Tis The Season To Go Shopping - 550817 - Butcher	Yr.Iss.	1994	22.50	23
1994	The Way To A Mouse's Heart - 550922 - Enesco	Yr.Iss.	1994	15.00	15
1994	Teed-Off Donald - 550930 - Enesco	Yr.Iss.	1994	15.00	15
1994	Holiday Show-Stopper - 550949 - Enesco	2-Yr.		15.00	15
1994	Answering Christmas Wishes - 551023 - Enesco	Yr.Iss.	1994	17.50	18
1994	Pure Christmas Pleasure - 551066 - Enesco	2-Yr.		20.00	20
1994	Good Tidings, Tidings, Tidings, Tidings - 551333 - Enesco	2-Yr.		20.00	20
1994	From Our House To Yours - 551384 - Gilmore	Yr.Iss.	1994	25.00	25
1994	Sugar 'N' Spice For Someone Nice - 551406 - Gilmore	Yr.Iss.	1994	30.00	30
1994	Picture Perfect Christmas - 551465 - Enesco	Yr.Iss.	1994	15.00	15
1994	Toodles - 551503 - Zimnicki	Yr.Iss.	1994	25.00	25
1994	A Bough For Belle! - 551554 - Enesco	2-Yr.		18.50	19
1994	Ariel's Christmas Surprise! - 551570 - Enesco	Yr.Iss.	1994	20.00	20
1994	Merry Little Two-Step - 551589 - Enesco	2-Yr.		12.50	13
1994	Sweets For My Sweetie - 551600 - Enesco	Yr.Iss.	1994	15.00	15
1994	Friends Are The Spice of Life - 551619 - Hahn	2-Yr.		20.00	20
1994	Cool Cruise - 551635 - Enesco	19,640		20.00	20
1994	A Christmas Tail - 551759 - Enesco	2-Yr.		20.00	20
1994	Merry Mischief- 551767 - Enesco	Yr.Iss.	1994	15.00	15
1994	L'il Stocking Stuffer - 551791 - Enesco	Yr.Iss.	1994	17.50	18
1994	Once Upon A Time - 551805 - Enesco	Yr.Iss.	1994	15.00	15
1994	Wishing Upon A Star - 551813 - Enesco	Yr.Iss.	1994	18.50	19
1994	A Real Boy For Christmas - 551821 - Enesco	2-Yr.		15.00	15
1994	Minnie's Holiday Treasure - 552216 - Enesco	Yr.Iss.	1994	12.00	12
1994	Sweet Holidays - 552259 - Butcher	Yr.Iss.	1994	11.00	11
1994	Special Delivery - 561657 - Enesco	Yr.Iss.	1994	20.00	20
1994	Merry Miss Merry - 564508 - Hahn	Yr.Iss.	1994	12.00	12
1994	Santa Delivers - 564567 - Enesco	Yr.Iss.	1994	12.00	12
1994	Buttons 'N' Bow Boutique - 578363 - Gilmore	2-Yr.		22.50	23
1994	A Sign of Peace - 581992 - Enesco	Yr.Iss.	1994	18.50	19
1994	Wishing You Well At Christmas - 582050 - Enesco	Yr.Iss.	1994	25.00	25
1994	Ahoy Joy! - 582085 - Enesco	Yr.Iss.	1994	20.00	20
1994	Santa...Phone Home - 582166 - Enesco	Yr.Iss.	1994	25.00	25
1994	Christmas Swishes - 582379 - Enesco	Yr.Iss.	1994	17.50	18
1994	The Latest Scoop From Santa - 582395 - Gilmore	Yr.Iss.	1994	18.50	19
1994	Chiminy Cheer - 582409 - Gilmore	Yr.Iss.	1994	22.50	23
1994	Cozy Candlelight Dinner - 582417 - Gilmore	Yr.Iss.	1994	25.00	25
1994	Fine Feathered Festivities - 582425 - Gilmore	Yr.Iss.	1994	22.50	23
1994	Joy From Head To Hose - 582433 - Gilmore	Yr.Iss.	1994	15.00	15
1994	Yuletide Yummies - 584835 - Gilmore	Yr.Iss.	1994	20.00	20
1994	Merry Christmas Tool You, Dad - 584886 - Enesco	Yr.Iss.	1994	22.50	23
1994	Exercising Good Taste - 584967 - Enesco	Yr.Iss.	1994	17.50	18
1994	Holiday Chew-Chew - 584983 - Gilmore	Yr.Iss.	1994	22.50	23
1994	Mine, Mine, Mine - 585815 - Davis	Yr.Iss.	1994	20.00	20
1994	To The Sweetest Baby - 588725 - Gilmore	Yr.Iss.	1994	18.50	19
1994	Rockin' Ranger - 588970 - Enesco	Yr.Iss.	1994	25.00	25
1994	Peace On Earthworm - 588989 - Enesco	Yr.Iss.	1994	20.00	20
1994	Good Things Crop Up At Christmas - 589071 - Enesco	Yr.Iss.	1994	25.00	25
1994	Christmas Crossroads - 589128 - Enesco	Yr.Iss.	1994	20.00	20
1994	Have A Ball At Christmas - 590673 - Enesco	Yr.Iss.	1994	15.00	15
1994	Have A Totem-ly Terrific Christmas - 590819 - Enesco	Yr.Iss.	1994	30.00	30
1994	Cocoa 'N' Kisses For Santa- 591939 - Enesco	2-Yr.		22.50	23
1994	On The Road With CokeÕ - 592528 - Enesco	2-Yr.		25.00	25
1994	What's Shakin' For Christmas - 592668 - Enesco	Yr.Iss.	1994	18.50	19
1994	"A" For Santa - 592676 - Enesco	Yr.Iss.	1994	17.50	18
1994	Christmas Fly-By - 592714 - Enesco	Yr.Iss.	1994	15.00	15
1994	Santa...You're The Pops! - 593761 - Enesco	Yr.Iss.	1994	22.50	23
1994	Purdy Packages, Pardner! - 593834 - Enesco	Yr.Iss.	1994	20.00	20
1994	Handle With Care - 593842 - Enesco	Yr.Iss.	1994	20.00	20
1994	To Coin A Phrase, Merry Christmas - 593877 - Enesco	Yr.Iss.	1994	20.00	20
1994	Featured Presentation - 593885 - Enesco	Yr.Iss.	1994	20.00	20
1994	Christmas Fishes From Santa Paws - 593893 - Enesco	Yr.Iss.	1994	18.50	19
1994	Melted My Heart - 594237 - Gilmore	Yr.Iss.	1994	15.00	15
1994	Finishing First - 594342 - Gilmore	Yr.Iss.	1994	20.00	20
1994	Yule Fuel - 594385 - Enesco	Yr.Iss.	1994	20.00	20
1994	Toy Tinker Topper - 595047 - Gilmore	Yr.Iss.	1994	20.00	20
1994	Santa Claus Is Comin' - 595209 - Enesco	Yr.Iss.	1994	20.00	20
1994	Seasoned With Love - 595268 - Enesco	Yr.Iss.	1994	22.50	23
1994	Sweet Dreams - 595489 - Enesco	Yr.Iss.	1994	12.50	13
1994	Peace On Earth - 595497 - Enesco	Yr.Iss.	1994	12.50	13
1994	Christmas Two-gether - 595500 - Enesco	Yr.Iss.	1994	12.50	13
1994	Santa's L'il Helper - 595519 - Enesco	Yr.Iss.	1994	12.50	13
1994	Expecting Joy - 595527 - Hahn	Yr.Iss.	1994	12.50	13
1994	Sweet Greetings - 595578 - Enesco	Yr.Iss.	1994	12.50	13
1994	Ring In The Holidays - 595586 - Hahn	Yr.Iss.	1994	12.50	13
1994	Grandmas Are Sew Special - 595594 - Enesco	Yr.Iss.	1994	12.50	13
1994	Holiday Catch - 595608 - Hahn	Yr.Iss.	1994	12.50	13
1994	Bubblin' with Joy - 595616 - Enesco	Yr.Iss.	1994	12.50	13
1994	Good Friends Are Forever - 595950 - Gilmore	Yr.Iss.	1994	13.50	14
1994	Christmas Tee Time - 596256 - Enesco	2-Yr.		25.00	25
1994	Have a Merry Dairy Christmas - 596264 - Enesco	Yr.Iss.	1994	22.50	23
1994	Happy Holi-date - 596272 - Hahn	2-Yr.		22.50	23
1994	O' Come All Ye Faithful - 596280 - Hahn	Yr.Iss.	1994	15.00	15
1994	One Small Step... - 596299 - Hahn	19,690		30.00	30
1994	To My Favorite V.I.P. - 596698 - Enesco	Yr.Iss.	1994	20.00	20
1994	Building Memories - 596876 - Hahn	Yr.Iss.	1994	25.00	25
1994	Open For Business - 596906 - Hahn	Yr.Iss.	1994	17.50	18
1994	Twas The Nite Before Christmas - 597643 - Gilmore	Yr.Iss.	1994	18.50	19
1994	I Can Bear-ly Wait For A CokeÕ - 597724 - Enesco	2-Yr.		18.50	19
1994	Gallant Greeting- 598313 - Enesco	Yr.Iss.	1994	20.00	20
1994	Merry Menage - 598321 - Enesco	Yr.Iss.	1994	20.00	20
1994	Bundle Of Joy - 598992 - Enesco	Yr.Iss.	1994	10.00	10
1994	Bundle Of Joy - 599018 - Enesco	Yr.Iss.	1994	10.00	10
1994	Have A Dino-mite Christmas - 599026 - Hahn	Yr.Iss.	1994	18.50	19
1994	Good Fortune To You - 599034 - Enesco	Yr.Iss.	1994	25.00	25
1994	Building a Sew-man - 599042 - Enesco	Yr.Iss.	1994	18.50	19
1994	Merry Memo-ries - 599050 - Enesco	Yr.Iss.	1994	22.50	23
1994	Ski-son's Greetings - 599069 - Enesco	Yr.Iss.	1994	20.00	20
1994	Holiday Freezer Teaser - 599085 - Gilmore	Yr.Iss.	1994	25.00	25
1994	Almost Time For Santa - 599093 - Gilmore	Yr.Iss.	1994	25.00	25
1994	Santa's Secret Test Drive - 599107 - Gilmore	Yr.Iss.	1994	20.00	20
1994	You're A Wheel Cool Brother - 599115 - Gilmore	Yr.Iss.	1994	22.50	23
1994	Hand-Tossed Tidings - 599166 - Enesco	Yr.Iss.	1994	17.50	18
1994	Tasty Take Off - 599174 - Enesco	Yr.Iss.	1994	20.00	20
1994	Formula For Love - 599530 - Olsen	Yr.Iss.	1994	10.00	10
1994	Santa's Ginger-bred Doe - 599697 - Gilmore	Yr.Iss.	1994	15.00	15
1994	Nutcracker Sweetheart - 599700 - Enesco	Yr.Iss.	1994	15.00	15
1994	Merry Reindeer Ride - 599719 - Enesco	Yr.Iss.	1994	20.00	20
1994	Santa's Sing-A-Long - 599727 - Gilmore	Yr.Iss.	1994	20.00	20
1994	A Holiday Opportunity - 599735 - Enesco	2-Yr.		20.00	20
1994	Holiday Stars - 599743 - Enesco	Yr.Iss.	1994	20.00	20
1994	The Latest Mews From Home - 653977 - Enesco	Yr.Iss.	1994	16.00	16
1994	You're A Winner Son! - 834564 - Gilmore	Yr.Iss.	1994	18.50	19
1994	Especially For You - 834580 - Gilmore	Yr.Iss.	1994	27.50	28
1995	How...Do I Love Thee - 104949 - Enesco	Yr.Iss.		22.50	23
1995	Swishing You Sweet Greetings - 105201 - Enesco	Yr.Iss.		20.00	20
1995	Planely Delicious - 109665 - Enesco	Yr.Iss.		20.00	20
1995	Home For The Howl-i-days - 111732 - Enesco	Yr.Iss.		20.00	20
1995	Time For Refreshment - 111872 - Enesco	Yr.Iss.		20.00	20
1995	Holiday Bike Hike 111937 - Enesco	Yr.Iss.		20.00	20
1995	Ho, Ho, Hole in One! - 111953 - Enesco	Yr.Iss.		20.00	20
1995	No Time To Spare at Christmas - 111961 - Enesco	Yr.Iss.		20.00	20
1995	Hustling Up Some Cheer - 112038 - Enesco	Yr.Iss.		20.00	20
1995	Scoring Big at Christmas - 112046 - Enesco	Yr.Iss.		20.00	20
1995	Serving Up the Best 112054 - Enesco	Yr.Iss.		17.50	18
1995	Sea-sons Greetings, Teacher 112070 - Gilmore	Yr.Iss.		17.50	18
1995	Siesta Santa - 112089 - Gilmore	Yr.Iss.		25.00	25
1995	We've Shared Sew Much - 112097 Gilmore	Yr.Iss.		25.00	25
1995	Toys To Treasure - 112119 - Enesco	Yr.Iss.		20.00	20

CHRISTMAS ORNAMENTS

YEAR ISSUE		EDITION LIMIT	YEAR RETD.	ISSUE PRICE	QUOTE U.S.$
1995	To Santa, Post Haste - 112151-Gilmore	Yr.Iss.		15.00	15
1995	Yule Logon For Christmas - 122513 - Enesco	Yr.Iss.		20.00	20
1995	Pretty Up For The Holidays - 125830 - Butcher	Yr.Iss.		20.00	20
1995	You Bring The Love to Christmas - 125849 - Butcher	Yr.Iss.		15.00	15
1995	Happy Birthday Jesus 125857 - Butcher	Yr.Iss.		15.00	15
1995	Let's Struggle Together For Christmas - 125865 - Butcher	Yr.Iss.		15.00	15
1995	I'm In A Spin Over You - 125873 - Butcher	Yr.Iss.		15.00	15
1995	Our First Christmas Together - 125881 - Butcher	Yr.Iss.		22.50	23
1995	Twinkle, Twinkle Christmas Star - 125903 - Butcher	Yr.Iss.		17.50	18
1995	Bringing Holiday Wishes To You - 125911 - Butcher	Yr.Iss.		22.50	23
1995	You Pull The Strings To My Heart - 125938 - Butcher	Yr.Iss.		20.00	20
1995	Baby's First Christmas - 125946 - Butcher	Yr.Iss.		15.00	15
1995	Baby's First Christmas - 125954 - Butcher	Yr.Iss.		15.00	15
1995	Friends Are The Greatest Treasure - 125962 - Butcher	20,000		25.00	25
1995	4-Alarm Christmas - 128767 - Gilmore	Yr.Iss.		17.50	18
1995	Truckin' - 128813 - Enesco	Yr.Iss.		25.00	25
1995	T-Bird - 128821 - Enesco	19,550		20.00	20
1995	57 HVN - 128848 - Enesco	Yr.Iss.		20.00	20
1995	Corvette - 128856 - Enesco	Yr.Iss.		20.00	20
1995	Mom's Taxi - 128872 - Enesco	Yr.Iss.		25.00	25
1995	Choc Full of Wishes - 128945 - Enesco	Yr.Iss.		20.00	20
1995	Have a Coke and a Smile™ - 128953 - Enesco	Yr.Iss.		22.50	23
1995	Trunk Full of Treasures - 128961 - Enesco	20,000		25.00	25
1995	Make Mine a Coke - 128988 - Enesco	Yr.Iss.		25.00	25
1995	Dashing Through the Snow - 128996 - Enesco	Yr.Iss.		20.00	20
1995	Happy Yuleglide - 129003 - Enesco	Yr.Iss.		17.50	18
1995	Santa's Speedway - 129011 - Enesco	Yr.Iss.		20.00	20
1995	You're My Cup of Tea - 129038 - Enesco	Yr.Iss.		20.00	20
1995	Crackin' a Smile - 129046 - Enesco	Yr.Iss.		17.50	18
1995	Rx:Mas Greetings - 129054 - Enesco	Yr.Iss.		17.50	18
1995	Merry McMeal - 129070 - Enesco	Yr.Iss.		17.50	18
1995	Above the Crowd - 129089 - Enesco	Yr.Iss.		20.00	20
1995	Mickey at the Helm - 132063 - Enesco	Yr.Iss.		17.50	18
1995	Caddy - 132705 - Enesco	Yr.Iss.		20.00	20
1995	Jackpot Joy! - 132896 - Hahn	Yr.Iss.		17.50	18
1995	Get in the Spirit...Recycle - 132918 - Hahn	Yr.Iss.		17.50	18
1995	Miss Merry's Secret - 132934 - Hahn	Yr.Iss.		20.00	20
1995	...Good Will Toward Men - 132942 - Hahn	19,450		25.00	25
1995	Friendships Bloom Through All Seasons - 132950 - Hahn	Yr.Iss.		22.50	23
1995	Merry Monopoly - 132969 - Enesco	Yr.Iss.		22.50	23
1995	The Night B 4 Christmas - 134848 - Hahn	Yr.Iss.		20.00	20
1995	Bubblin' With Joy - 136581 - Enesco	Yr.Iss.		15.00	15
1995	Minnie's Merry Christmas - 136611 - Enesco	Yr.Iss.		20.00	20
1995	Makin' Tracks With Mickey - 136662 - Enesco	Yr.Iss.		20.00	20
1995	Mickey's Airmail - 136670 - Enesco	Yr.Iss.		20.00	20
1995	Holiday Bound - 136689 - Enesco	Yr.Iss.		20.00	20
1995	Goofed-Up - 136697 - Enesco	Yr.Iss.		20.00	20
1995	On The Ball At Christmas - 136700 - Enesco	Yr.Iss.		15.00	15
1995	Sweet on You - 136719 - Enesco	Yr.Iss.		22.50	23
1995	Nutty About Christmas - 137030 - Enesco	Yr.Iss.		22.50	23
1995	Tinkertoy Joy - 137049 - Enesco	Yr.Iss.		20.00	20
1995	Starring Roll At Christmas - 137057 - Enesco	Yr.Iss.		17.50	18
1995	A Thimble of the Season - 137243 - Gilmore	Yr.Iss.		22.50	23
1995	A Little Something Extra...Extra - 137251 - Enesco	10,000		25.00	25
1995	The Maze of Our Lives - 139599 - Enesco	Yr.Iss.		17.50	18
1995	A Sip For Good Measure - 139610 - Enesco	Yr.Iss.		17.50	18
1995	Christmas Fishes, Dad - 139629 - Enesco	Yr.Iss.		17.50	18
1995	Puppy Love - 139645 - Enesco	Yr.Iss.		17.50	18
1995	Gotta Have a Clue - 139653 - Enesco	Yr.Iss.		20.00	20
1995	Fun In Hand - 139661 - Enesco	Yr.Iss.		20.00	20
1995	Friends Fur-Ever - 139688 - Enesco	Yr.Iss.		20.00	20
1995	Dreamin of the One I Love - 139696 - Enesco	Yr.Iss.		25.00	25
1995	Sneaking a Peek - 139718 - Enesco	Yr.Iss.		22.50	23
1995	Snack That Hits The Spot - 139726 - Enesco	Yr.Iss.		15.00	15
1995	All Tucked In - 139734 - Enesco	Yr.Iss.		15.00	15
1995	Merry Christmas to Me - 139742 - Enesco	Yr.Iss.		20.00	20
1995	Looking Our Holiday Best - 139750 - Enesco	Yr.Iss.		25.00	25
1995	Christmas Vacation - 142158 - Enesco	Yr.Iss.		20.00	20
1995	Just Fore Christmas - 142174 - Enesco	Yr.Iss.		15.00	15
1995	Christmas Belle - 142182 - Enesco	Yr.Iss.		20.00	20
1995	Tail Waggin' Wishes - 142190 - Enesco	Yr.Iss.		17.50	18
1995	Holiday Toy Ride - 142204 - Enesco	Yr.Iss.		17.50	18
1995	A Carousel For Ariel - 142212 - Enesco	Yr.Iss.		17.50	18
1995	On The Move At Christmas - 142220 - Hahn	Yr.Iss.		17.50	18
1995	T-Bird - 146838 - Enesco	Yr.Iss.		20.00	20
1995	Sweet Harmony - 586773 - Gilmore	Yr.Iss.		17.50	18
1995	Yule Tide Prancer - 588660 - Enesco	Yr.Iss.		15.00	15
1995	Baby's Sweet Feast - 588733 - Enesco	Yr.Iss.		17.50	18
1995	A Well Balanced Meal For Santa - 592633 - Enesco	Yr.Iss.		17.50	18
1995	Salute - 593133 - Enesco	Yr.Iss.		22.50	23
1995	Filled To The Brim - 595039 - Gilmore	Yr.Iss.		25.00	25

Enesco Treasury of Christmas Ornaments Collectors' Club- Various

YEAR ISSUE		EDITION LIMIT	YEAR RETD.	ISSUE PRICE	QUOTE U.S.$
1993	The Treasury Card - T0001 - Gilmore	Yr.Iss.	1993	20.00	20
1993	Together We Can Shoot For The Stars - TR931 - Hahn	Yr.Iss.	1993	17.50	18
1993	Can't Weights For The Holidays - TR932 - Enesco	Yr.Iss.	1993	18.50	19
1994	Seedlings Greetings - TR933 - Hahn	Yr.Iss.	1994	22.50	23
1994	Spry Fry - TR934 - Enesco	Yr.Iss.	1994	15.00	15
1995	You're the Perfect Fit - T0002 - Hahn	Yr.Iss.		Gift	N/A
1995	You're the Perfect Fit - T0102 (Charter Members) - Hahn	Yr.Iss.		Gift	N/A
1995	Things Go Better With Coke- TR951 - Enesco	Yr.Iss.		15.00	15
1995	Buttoning Up Our Holiday Best- TR952 - Gilmore	Yr.Iss.		22.50	23
1995	Holiday High-Ligh- TR953 - Gilmore	Yr.Iss.		15.00	15
1995	First Class Christmas- TR954 - Gilmore	Yr.Iss.		22.50	23

Maud Humphrey Bogart Ornaments - M. Humphrey

YEAR ISSUE		EDITION LIMIT	YEAR RETD.	ISSUE PRICE	QUOTE U.S.$
1989	Sarah H1367	19,500		35.00	38
1990	Victoria H1365	19,500		35.00	38
1990	Michelle H1370	19,500		35.00	38
1990	Catherine H1366	19,500		35.00	38
1990	Gretchen H1369	19,500		35.00	38
1990	Rebecca H5513	19,500		35.00	38
1991	Cleaning House-915084	Open		24.00	24
1991	Gift of Love-915092	Open		24.00	24
1991	My First Dance-915106	Open		24.00	24
1991	Special Friends-915114	Open		24.00	24
1991	Susanna-915122	Open		24.00	24
1991	Sarah-915165	Open		24.00	24
1992	Hollies For You-915726	Closed	N/A	24.00	24
1993	Tidings of Joy-915483	Open		27.50	28

Memories of Yesterday - M. Attwell

YEAR ISSUE		EDITION LIMIT	YEAR RETD.	ISSUE PRICE	QUOTE U.S.$
1988	Baby's First Christmas 1988-520373	Yr.Iss.		13.50	25
1988	Special Delivery! 1988-520381	Yr.Iss.		13.50	25-38
1989	Baby's First Christmas-522465	Open		15.00	15-20
1989	Christmas Together-522562	Open		15.00	15-25
1989	A Surprise for Santa-522473 (1989)	Yr.Iss.		13.50	20-30
1990	Time For Bed-524638	Yr.Iss.		15.00	15-30
1990	New Moon-524646	Suspd.		15.00	15-25
1990	Moonstruck-524794	Retrd.	1992	15.00	15-25
1991	Just Watchin' Over You-525421	Retrd.	N/A	17.50	18
1991	Lucky Me-525448	Retrd.	1993	16.00	20
1991	Lucky You-525847	Retrd.	1993	16.00	20
1991	Star Fishin'-525820	Open		16.00	16
1991	S'no Use Lookin' Back Now!-527181(dated)	Yr.Iss.		17.50	28
1992	Merry Christmas, Little Boo-Boo-528803	Open		37.50	38
1992	I'll Fly Along To See You Soon-525804 (1992 Dated Bisque)	Yr.Iss.		16.00	18
1992	Mommy, I Teared It -527041 (5 Year Anniversary Limited Ed.)	Yr.Iss.		15.00	20
1992	Star Light, Star Bright-528838	Open		16.00	16
1992	Swinging Together -580481(1992 Dated Artplas)	Yr.Iss.		17.50	22
1992	Sailin' With My Friends-587575 (Artplas)	Open		25.00	25
1993	Wish I Could Fly To You-525790 (dated)	Yr.Iss.		16.00	16
1993	May All Your Finest Dreams Come True-528811	Open		16.00	16
1993	Bringing Good Wishes Your Way-592846 (Artplas)	Open		25.00	25
1994	Give Yourself a Hug From Me!-529109 ('94 Dated)	Yr. Iss.		17.50	18
1994	Just Dreaming of You-524786	Open		16.00	16
1994	Bout Time I Came Along to See You-592854 (Artplas)	Open		17.50	18
1995	Happy Landings (Dated 1995) 522619	Yr.Iss.		16.00	16
1995	Now I Lay Me Down to Sleep 527009	Open		15.00	15
1995	I Pray the Lord My Soul to Keep 527017	Open		15.00	15

Memories of Yesterday Event Item Only - Enesco

YEAR ISSUE		EDITION LIMIT	YEAR RETD.	ISSUE PRICE	QUOTE U.S.$
1993	How 'Bout A Little Kiss?-527068	Yr.Iss.		16.50	50

Memories of Yesterday Society Member's Only - M. Attwell

YEAR ISSUE		EDITION LIMIT	YEAR RETD.	ISSUE PRICE	QUOTE U.S.$
1992	With Luck And A Friend, I's In Heaven-MY922	Yr.Iss.		16.00	20
1993	I'm Bringing Good Luck -Wherever You Are	Yr.Iss.		16.00	22

Miss Martha's Collection - M. Holcombe

YEAR ISSUE		EDITION LIMIT	YEAR RETD.	ISSUE PRICE	QUOTE U.S.$
1993	Caroline - Always Someone Watching Over Me - 350532	Closed	1994	25.00	50
1993	Arianna - Heavenly Sounds H/O - 350567	Closed	1994	25.00	50
1992	Baby in Basket - 369454	Closed	1994	25.00	25
1992	Baby In Swing - 421480	Retrd.	1993	25.00	50
1992	Girl Holding Stocking DTD 1992 - 421499	Closed	1994	25.00	30-50
1992	Girl/Bell In Hand - 421502	Retrd.	1993	25.00	50

Precious Moments - S. Butcher

YEAR ISSUE		EDITION LIMIT	YEAR RETD.	ISSUE PRICE	QUOTE U.S.$
1983	Surround Us With Joy-E-0513	Yr.Iss.		9.00	50-60
1983	Mother Sew Dear-E-0514	Open		9.00	16-32
1983	To A Special Dad-E-0515	Suspd.		9.00	30-54
1983	The Purr-fect Grandma-E-0516	Open		9.00	16-32
1983	The Perfect Grandpa-E-0517	Suspd.		9.00	30-39
1983	Blessed Are The Pure In Heart -E-0518	Yr.Iss.		9.00	45
1983	O Come All Ye Faithful-E-0531	Suspd.		10.00	55
1983	Let Heaven And Nature Sing-E-0532	Retrd.	1986	9.00	24-35
1983	Tell Me The Story Of Jesus-E-0533	Suspd.		9.00	36-57
1983	To Thee With Love-E-0534	Retrd.	1989	9.00	25-55
1983	Love Is Patient-E-0535	Suspd.		9.00	46-52
1983	Love Is Patient-E-0536	Suspd.		9.00	60
1983	Jesus Is The Light That Shines-E-0537	Suspd.		9.00	60-70
1982	Joy To The World-E-2343	Suspd.		9.00	40-66
1982	I'll Play My Drum For Him-E-2359	Yr.Iss.		9.00	100
1982	Baby's First Christmas-E-2362	Suspd.		9.00	33-70
1982	The First Noel-E-2367	Suspd.		9.00	66
1982	The First Noel-E-2368	Retrd.	1984	9.00	36-68
1982	Dropping In For Christmas-E-2369	Retrd.	1986	9.00	36-55
1982	Unicorn-E-2371	Retrd.	1988	10.00	40-60
1982	Baby's First Christmas-E-2372	Suspd.		9.00	35-45
1982	Dropping Over For Christmas-E-2376	Retrd.	1985	9.00	29-60
1982	Mouse With Cheese-E-2381	Suspd.		9.00	98-115
1982	Our First Christmas Together-E-2385	Suspd.		10.00	26-55
1982	Camel, Donkey & Cow (3 pc. set)-E2386	Suspd.		25.00	55-90
1984	Wishing You A Merry Christmas-E-5387	Yr.Iss.		10.00	35
1984	Joy To The World-E-5388	Retrd.	1987	10.00	30-50
1984	Peace On Earth-E-5389	Suspd.		10.00	30-45
1984	May God Bless You With A Perfect Holiday Season-E-5390	Suspd.		10.00	22-30
1984	Love Is Kind-E-5391	Suspd.		10.00	24-35
1984	Blessed Are The Pure In Heart-E-5392	Yr.Iss.		10.00	40
1981	But Love Goes On Forever-E-5627	Suspd.		6.00	78-115
1981	But Love Goes On Forever-E-5628	Suspd.		6.00	80-125
1981	Let The Heavens Rejoice-E-5629	Yr.Iss.		6.00	200
1981	Unto Us A Child Is Born-E-5630	Suspd.		6.00	40-70
1981	Baby's First Christmas-E-5631	Suspd.		6.00	45-60
1981	Baby's First Christmas-E-5632	Suspd.		6.00	45-85
1981	Come Let Us Adore Him (4pc. set)-E-5633	Suspd.		22.00	115-150
1981	Wee Three Kings (3pc. set)-E-5634	Suspd.		19.00	100-129
1981	We Have Seen His Star-E-6120	Retrd.	1984	6.00	40-60
1985	Have A Heavenly Christmas-12416	Open		12.00	18-30
1985	God Sent His Love-15768	Yr.Iss.		10.00	35
1985	May Your Christmas Be Happy-15822	Suspd.		10.00	30-48
1985	Happiness Is The Lord-15830	Suspd.		10.00	20-37
1985	May Your Christmas Be Delightful-15849	Suspd.		10.00	15-35
1985	Honk If You Love Jesus-15857	Suspd.		10.00	23-35
1985	Baby's First Christmas-15903	Yr.Iss.		10.00	42
1985	Baby's First Christmas-15911	Yr.Iss.		10.00	30-45
1986	Shepherd of Love-102288	Suspd.		10.00	35
1986	Wishing You A Cozy Christmas-102326	Yr.Iss.		10.00	40
1986	Our First Christmas Together-102350	Yr.Iss.		10.00	15-39
1986	Trust And Obey-102377	Open		10.00	16-30
1986	Love Rescued Me-102385	Open		10.00	16-23
1986	Angel Of Mercy-102407	Open		10.00	15-30
1986	It's A Perfect Boy-102415	Suspd.		10.00	30
1986	Lord Keep Me On My Toes-102423	Retrd.	1990	10.00	30-50

YEAR ISSUE		EDITION LIMIT	YEAR RETD.	ISSUE PRICE	QUOTE U.S.$
1986	Serve With A Smile-102431	Suspd.		10.00	20-30
1986	Serve With A Smile-102458	Suspd.		10.00	30
1986	Reindeer-102466	Yr.Iss.		11.00	145-200
1986	Rocking Horse-102474	Suspd.		10.00	25
1986	Baby's First Christmas-102504	Yr.Iss.		10.00	25
1986	Baby's First Christmas-102512	Yr.Iss.		10.00	25
1987	Bear The Good News Of Christmas-104515	Yr.Iss.		12.50	20
1987	Baby's First Christmas-109401	Yr.Iss.		12.00	40
1987	Baby's First Christmas-109428	Yr.Iss.		12.00	40
1987	Love Is The Best Gift Of All-109770	Yr.Iss.		11.00	35
1987	I'm A Possibility-111120	Suspd.		11.00	12-25
1987	You Have Touched So Many Hearts-112356	Open		11.00	16-30
1987	Waddle I Do Without You-112364	Open		11.00	16-30
1987	I'm Sending You A White Christmas-112372	Suspd.		11.00	20-25
1987	He Cleansed My Soul-112380	Open		12.00	16-25
1987	Our First Christmas Together-112399	Yr.Iss.		11.00	25-35
1988	To My Forever Friend-113956	Open		16.00	20-35
1988	Smile Along The Way-113964	Suspd.		15.00	30
1988	God Sent You Just In Time-113972	Suspd.		13.50	30
1988	Rejoice O Earth-113980	Retrd.	1991	13.50	28-38
1988	Cheers To The Leader-113999	Suspd.		13.50	28-35
1988	My Love Will Never Let You Go-114006	Suspd.		13.50	32
1988	Baby's First Christmas-115282	Yr.Iss.		15.00	17-25
1988	Time To Wish You A Merry Christmas-115320	Yr.Iss.		13.00	42
1988	Our First Christmas Together-520233	Yr.Iss.		13.00	21
1988	Baby's First Christmas-520241	Yr.Iss.		15.00	22
1988	You Are My Gift Come True-520276	Yr.Iss.		12.50	20
1988	Hang On For The Holly Days-520292	Yr.Iss.		13.00	15-25
1991	Sno-Bunny Falls For You Like I Do-520438	Yr.Iss.		15.00	15
1989	Christmas is Ruff Without You-520462	Yr.Iss.		13.00	13-30
1989	May All Your Christmases Be White-521302 (dated)	Suspd.		15.00	25-35
1990	Glide Through the Holidays-521566	Retrd.	1992	13.50	25-40
1990	Dashing Through the Snow-521574	Suspd.		15.00	30
1989	Our First Christmas Together-521558	Yr.Iss.		17.50	30
1990	Don't Let the Holidays Get You Down-521590	Retrd.	1994	15.00	29-45
1989	Oh Holy Night-522848	Yr.Iss.		13.50	14-30
1989	Make A Joyful Noise-522910	Open		15.00	16
1989	Love One Another-522929	Open		17.50	18-25
1989	I Believe In The Old Rugged Cross-522953	Suspd.		15.00	30
1989	Peace On Earth-523062	Yr.Iss.		25.00	60-70
1989	Baby's First Christmas-523194	Yr.Iss.		15.00	25
1989	Baby's First Christmas-523208	Yr.Iss.		15.00	30
1990	Dashing Through The Snow-521574	Suspd.		15.00	15-30
1990	Baby's First Christmas-523798	Yr.Iss.		15.00	20
1990	Baby's First Christmas-523771	Yr.Iss.		15.00	20
1990	Once Upon A Holy Night-523852	Yr.Iss.		15.00	25
1990	Wishing You A Purr-fect Holiday-520497	Yr.Iss.		15.00	20-35
1990	Friends Never Drift Apart-522937	Open		17.50	18-27
1990	Bundles of Joy-525057	Yr.Iss.		15.00	25-35
1990	Our First Christmas Together-525324	Yr.Iss.		17.50	18-25
1990	May Your Christmas Be A Happy Home-523704	Yr.Iss.		27.50	35
1991	Our First Christmas Together-522945	Yr.Iss.		17.50	18-25
1991	Happy Trails Is Trusting Jesus-523224	Suspd.		15.00	16-30
1991	Baby's First Christmas (Girl)-527092	Yr.Iss.		15.00	25
1991	Baby's First Christmas (Boy)-527084	Yr.Iss.		15.00	25
1991	May Your Christmas Be Merry (on Base)-526940	Yr.Iss.		30.00	35
1991	May Your Christmas Be Merry-524174	Yr.Iss.		15.00	25
1991	The Good Lord Always Delivers-527165	Suspd.		15.00	25
1992	Baby's First Christmas-527475	Yr.Iss.		15.00	17
1992	Baby's First Christmas-527483	Yr.Iss.		15.00	17
1992	But The Greatest of These Is Love-527696	Yr.Iss.		15.00	20-30
1992	Our First Christmas-528870	Yr.Iss.		17.50	18-25
1992	But The Greatest of These Is Love-527734 (Ornament on Base)	Yr.Iss.		30.00	35
1992	Good Friends Are For Always-524131	Open		15.00	16
1992	Lord, Keep Me On My Toes-525332	Open		15.00	16-18
1992	I'm Nuts About You-520411	Yr.Iss.		15.00	15-25
1993	Wishing You the Sweetest Christmas-530190	Yr.Iss.		30.00	30-45
1993	Wishing You the Sweetest Christmas-530212	Yr.Iss.		15.00	15-28
1993	Loving, Caring And Sharing Along The Way-PM040 (Club Appreciation Members Only)	Yr.Iss.		12.50	13
1993	15 Years Tweet Music Together-530840 (15th Anniversary Commemorative Ornament)	Yr.Iss.		15.00	18-50
1993	Our First Christmas Together-530506	Yr.Iss.		17.50	18
1993	Share in The Warmth of Christmas-527211	Open		15.00	16
1993	It's So Uplifting to Have a Friend Like You-528846	Open		16.00	16
1993	Slow Down & Enjoy The Holidays-520489	Yr.Iss.		16.00	16
1993	Baby's First Christmas-530859	Yr.Iss.		15.00	15
1993	Baby's First Christmas-530867	Yr.Iss.		15.00	15
1993	Sugartown Chapel Ornament-530484	Yr.Iss.		17.50	18
1994	Sam's House - 530468	Yr.Iss.		17.50	18
1994	Our 1st Christmas Together - 529206	Yr.Iss.		18.50	19-27
1994	Baby's 1st Christmas - 530263	Yr.Iss.		16.00	16
1994	Baby's 1st Christmas - 530255	Yr.Iss.		16.00	16
1994	Bringing You A Merry Christmas - 528226	Open		16.00	16
1994	Onward Christmas Soldiers - 527327	Open		16.00	16
1994	Sending You A White Christmas - 528218	Open		16.00	16
1994	You're As Pretty As A Christmas Tree - 530387	Yr.Iss.		30.00	30
1994	You're As Pretty As A Christmas Tree - 530395	Yr.Iss.		16.00	16
1994	You Are Always In My Heart - 530972	Yr.Iss.		16.00	16-28

Precious Moments DSR Open House Weekend Ornaments - S. Butcher

1992	1992 -The Magic Starts With You-529648	Yr.Iss.		16.00	30
1993	1993 -An Event For All Seasons-529974	Yr.Iss.		15.00	20
1994	Take A Bow Cuz You're My Christmas Star - 520470	Yr.Iss.	1994	16.00	22

Precious Moments Easter Seal Commemorative Ornaments - S. Butcher

1994	It's No Secret What God Can Do-244570	Yr.Iss.		6.50	7
1995	Take Time To Smell The Flowers - 128899	Yr.Iss.		7.50	8

Flambro Imports

Emmett Kelly Jr. Christmas Ornaments - Undis.

1989	1989 65th Birthday	Yr.Iss.	1989	24.00	85-135
1990	1990 30 Years Of Clowning	Yr.Iss.	1990	30.00	125-160
1991	1991 EKJ With Stocking And Toys	Yr.Iss.	1991	30.00	30
1992	1992 Home For Christmas	Yr.Iss.	1992	24.00	50
1993	1993 Christmas Mail	Yr.Iss.	1993	25.00	50
1994	1994 '70 Birthday Commemorative	Yr.Iss.	1994	24.00	24
1995	1995 20th Anniversary All Star Circus	Yr.Iss.		25.00	25

Little Emmett Ornaments - M. Wu

1995	Little Emmett Christmas Wrap	Open		11.50	12
1995	Little Emmett Deck the Neck	Open		11.50	12

Ganz

Cowtown/The Christmas Collection - C. Thammavongsa

1995	Bells on Cowtail Ring	Open		11.50	12
1994	Bronco Bully	Open		13.00	13
1994	Calf-in-the Box	Open		12.50	13
1994	Christmoos Eve	Open		12.00	12
1994	Downhill Dare Debull	Open		12.00	12
1994	Hallemooah	Open		12.00	12
1995	Holy Cow	Open		12.00	12
1994	Jingle Bull	Open		15.50	16
1994	Li'l Red Gliding Hoof	Open		12.00	12
1994	Little Drummer Calf	Open		12.00	12

Little Cheesers/The Christmas Collection - Various

1992	Abner Appleton Ornament - GDA/Thammavongsa	Open		15.00	15
1994	All I Want For Christmas - C. Thammavongsa	Closed	1994	13.50	14
1994	Angel - C. Thammavongsa	Open		8.00	8
1995	Annual Angel 1994 - C.Thammavongsa	Open		10.50	11
1993	Baby's First X'mas Ornament - C. Thammavongsa	Open		12.50	13
1994	Candy Cane Caper - C. Thammavongsa	Open		9.00	9
1994	Cheeser Showman - C. Thammavongsa	Closed	1994	5.00	5
1994	Chelsea's Stocking Bell - C. Thammavongsa	Open		15.50	16
1994	Cousin Woody Playing Flute - C. Thammavongsa	Closed	1994	10.00	10
1993	Dashing Through the Snow Ornament - C. Thammavongsa	Open		11.00	11
1994	Grandpa Blowing Horn - C. Thammavongsa	Closed	1994	10.00	10
1994	Hickory Playing Cello - C. Thammavongsa	Closed	1994	10.00	10
1992	Jenny Butterfield Ornament - GDA/Thammavongsa	Open		17.00	17
1992	Jeremy With Teddy Bear Ornament - GDA/Thammavongsa	Open		13.00	13
1995	Light of the World Bell - C.Thammavongsa	Open		16.00	16
1993	Little Stocking Stuffer Ornament - C. Thammavongsa	Open		10.50	11
1992	Little Truffle Ornament - GDA/Thammavongsa	Open		9.50	10
1995	Mama Claus' Special Recipe - C.Thammavongsa	Open		11.50	12
1993	Medley Meadowmouse X'mas Bell Ornament - C. Thammavongsa	Open		17.00	17
1994	Medley Playing Drum - C. Thammavongsa	Closed	1994	5.50	6
1992	Myrtle Meadowmouse Ornament - GDA/Thammavongsa	Open		15.00	15
1995	Noel - C.Thammavongsa	Open		10.50	11
1993	Our First Christmas Together Ornament - C. Thammavongsa	Open		18.50	19
1994	Peace on Earth - C. Thammavongsa	Open		8.00	8
1992	Santa Cheeser Ornament - GDA/Thammavongsa	Open		14.00	14
1993	Santa's Little Helper Ornament - C. Thammavongsa	Open		11.00	11
1994	Santa's Workshop - C. Thammavongsa	Open		10.00	10
1993	Skating Into Your Heart Ornament - C. Thammavongsa	Open		10.00	10
1995	Skiing Santa - C.Thammavongsa	Open		10.00	10
1994	Sleigh Ride - C. Thammavongsa	Closed	1994	9.00	9
1995	Snow Chaser II - C.Thammavongsa	Open		6.50	7
1994	Swinging Into the Season - C. Thammavongsa	Open		11.00	11
1994	Violet With Snowball - C. Thammavongsa	Closed	1994	5.50	6

Little Cheesers/The Silverwoods - C. Thammavongsa

1995	Angel Above	Open		8.50	9
1994	Christmas Surprise	Open		8.50	9
1994	Comfort and Joy	Open		6.00	6
1994	Deck the Halls	Open		9.50	10
1994	Giddy Up!	Open		8.50	9
1995	Harps of Gold	Open		8.50	9
1994	Hickory Dickory Dock	Open		9.50	10
1995	Joyful Sounds	Open		8.50	9
1994	Mrs. Claus	Open		9.00	9
1995	Over The Hills	Open		8.50	9
1994	Santa Silverwood	Open		9.00	9
1994	Xmas Express	Open		8.50	9

Pigsville/The Christmas Collection - C. Thammavongsa

1994	Caroler	Open		10.00	10
1994	Christmas Treats	Open		9.00	9
1994	Drummer Pig	Open		10.00	10
1995	Fa-La-La-La-La	Open		9.50	10
1995	Heaven Sent	Open		10.50	11
1994	Joy to the World	Open		10.00	10
1994	Lovestruck	Open		10.50	11
1994	Santa Pig	Open		11.00	11
1994	Wheeeeee! Piggy	Open		9.00	9

The Precious Steeples Collection - Ganz/L. Sunarth

1995	Florence Cathedral	Open		11.00	11
1995	Notre-Dame Cathedral	Open		11.00	11
1995	St. Patrick's Cathedral	Open		11.00	11
1995	St. Paul's Cathedral	Open		11.00	11
1995	St. Peter's Basilica	Open		11.00	11
1995	Westminster Abbey	Open		11.00	11

Goebel of North America

Annual Ornaments - Goebel

1978	Santa (white)	Closed	N/A	7.50	12
1978	Santa (color)	Closed	N/A	15.00	60
1979	Angel/Tree (white)	Closed	N/A	8.00	26
1979	Angel/Tree (color)	Closed	N/A	16.00	55
1980	Mrs. Santa (white)	Closed	N/A	9.00	14
1980	Mrs. Santa (color)	Closed	N/A	17.00	17-40
1981	The Nutcracker (white)	Closed	N/A	10.00	10
1981	The Nutcracker (color)	Closed	N/A	18.00	18-35
1982	Santa in Chimney (white)	Closed	N/A	10.00	10
1982	Santa in Chimney (color)	Closed	N/A	18.00	18
1983	Clown (white)	Closed	N/A	10.00	10
1983	Clown (color)	Closed	N/A	18.00	18-35
1984	Snowman (white)	Closed	N/A	10.00	10
1984	Snowman (color)	Closed	N/A	18.00	18-35
1985	Angel (white)	Closed	N/A	9.00	9
1985	Angel (color)	Closed	N/A	18.00	18-35
1986	Drummer Boy (white)	Closed	N/A	9.00	9
1986	Drummer Boy (color)	Closed	N/A	18.00	18
1987	Rocking Horse (white)	Closed	N/A	10.00	10
1987	Rocking Horse (color)	Closed	N/A	20.00	20
1988	Doll (white)	Closed	N/A	13.00	13
1988	Doll (color)	Closed	N/A	23.00	23
1989	Dove (white)	Closed	N/A	13.00	13
1989	Dove (color)	Closed	N/A	20.00	20
1990	Girl In Sleigh	Closed	N/A	30.00	30
1991	Baby On Moon	Closed	N/A	35.00	35

Charlot Byj Annual Ornaments - Charlot Byj

1986	Santa Lucia Angel	Closed	N/A	18.00	25
1987	Christmas Pageant	Closed	N/A	20.00	20

YEAR ISSUE		EDITION LIMIT	YEAR RETD.	ISSUE PRICE	QUOTE U.S.$
1988	Angel with Sheet Music	Closed	N/A	22.00	22

Charlot Byj Baby Ornaments - Charlot Byj

1986	Baby Ornament	Closed	N/A	18.00	18
1987	Baby Snow	Closed	N/A	20.00	20
1988	Baby's 1st Stocking	Closed	N/A	27.50	28

Christmas Ornaments - Goebel

1987	Three Angels with Toys-(Set)	Open		30.00	30-40
1987	Three Angels with Instruments-(Set)	Open		30.00	30
1988	Snowman	Open		10.00	10-15
1988	Santa's Boot	Open		7.50	8
1988	Saint Nick	Open		15.00	15-25
1988	Nutcracker	Open		15.00	15
1986	Teddy Bear - Red Hat	Open		5.00	5
1986	Teddy Bear - Red Scarf	Open		5.00	5
1986	Teddy Bear - Red Boots	Open		5.00	5
1986	Angel - Red with Song	Open		6.00	6
1986	Angel - Red with Book	Open		6.00	6
1986	Angel - Red with Bell	Open		6.00	6
1986	Angel with Lantern (color)	Open		8.00	8
1986	Angel with Lantern (white)	Open		6.00	6
1986	Angel with Horn (color)	Open		8.00	8
1986	Angel with Horn (white)	Open		6.00	6
1986	Angel with Lute (color)	Open		8.00	8
1986	Angel with Lute (white)	Open		6.00	6
1988	Angel with Toy Teddy Bear	Open		10.00	10
1988	Angel with Toy Rocking Horse	Open		10.00	10
1988	Angel with Toy Train	Open		10.00	10
1988	Angel with Toys-(Set of three)	Open		30.00	30
1988	Angel with Banjo	Open		10.00	10
1988	Angel with Accordian	Open		10.00	10
1988	Angel with Violin	Open		10.00	10
1988	Angel with Music Set	Open		30.00	30

Co-Boy Annual Ornaments - G. Skrobek

1986	Coboy with Wreath	Closed	N/A	18.00	25
1987	Coboy with Candy Cane	Closed	N/A	25.00	25
1988	Coboy with Tree	Closed	N/A	30.00	30

Goebel/M.I. Hummel

M.I. Hummel Annual Figurine Ornaments - M.I. Hummel

1988	Flying High 452	Closed	N/A	75.00	150
1989	Love From Above 481	Closed	N/A	75.00	135
1990	Peace on Earth 484	Closed	N/A	80.00	85-105
1991	Angelic Guide 571	Closed	N/A	95.00	95-195
1992	Light Up The Night 622	Closed	N/A	100.00	100
1993	Herald on High 623	Closed	N/A	155.00	155

M.I. Hummel Collectibles Christmas Bell Ornaments - M.I. Hummel

1989	Ride Into Christmas 775	Closed	N/A	35.00	67
1990	Letter to Santa Claus 776	Closed	N/A	37.50	38-50
1991	Hear Ye, Hear Ye 777	Closed	N/A	40.00	50
1992	Harmony in Four Parts 778	Closed	N/A	50.00	50
1993	Celestial Musician 779	Closed	N/A	50.00	50
1994	Festival Harmony w/Mandolin 780	Closed	N/A	50.00	50
1995	Festival Harmony w/Flute 781	Yr. Iss.		55.00	55

M.I. Hummel Collectibles Miniature Ornaments - M.I. Hummel

1993	Celestial Musician 646	Open		90.00	90
1994	Festival Harmony w/Mandolin 647	Open		95.00	95
1995	Festival Harmony w/Flute 648	Yr. Iss.		100.00	100

Gorham

Annual Crystal Ornaments - Gorham

1985	Crystal Ornament	Closed	1985	22.00	22
1986	Crystal Ornament	Closed	1986	25.00	25
1987	Crystal Ornament	Closed	1987	25.00	25
1988	Crystal Ornament	Closed	1988	28.00	28
1989	Crystal Ornament	Closed	1989	28.00	28
1990	Crystal Ornament	Closed	1990	30.00	30
1991	Crystal Ornament	Closed	1991	35.00	35
1992	Crystal Ornament	Closed	1992	32.50	33
1993	Crystal Ornament	Closed	1993	32.50	33

Annual Snowflake Ornaments - Gorham

1970	Sterling Snowflake	Closed	1970	10.00	300-600
1971	Sterling Snowflake	Closed	1971	10.00	125
1972	Sterling Snowflake	Closed	1972	10.00	110-125
1973	Sterling Snowflake	Closed	1973	11.00	75-130
1974	Sterling Snowflake	Closed	1974	18.00	75-110
1975	Sterling Snowflake	Closed	1975	18.00	40-85
1976	Sterling Snowflake	Closed	1976	20.00	45-110
1977	Sterling Snowflake	Closed	1977	23.00	40-85
1978	Sterling Snowflake	Closed	1978	23.00	50-85
1979	Sterling Snowflake	Closed	1979	33.00	50-85
1980	Silverplated Snowflake	Closed	1980	15.00	100-200
1981	Sterling Snowflake	Closed	1981	50.00	125-300
1982	Sterling Snowflake	Closed	1982	38.00	55-130
1983	Sterling Snowflake	Closed	1983	45.00	60-130
1984	Sterling Snowflake	Closed	1984	45.00	55-130
1985	Sterling Snowflake	Closed	1985	45.00	55-130
1986	Sterling Snowflake	Closed	1986	45.00	55-100
1987	Sterling Snowflake	Closed	1987	50.00	55-130
1988	Sterling Snowflake	Closed	1988	50.00	60
1989	Sterling Snowflake	Closed	1989	50.00	60
1990	Sterling Snowflake	Closed	1990	50.00	60
1991	Sterling Snowflake	Closed	1991	55.00	60
1992	Sterling Snowflake	Closed	1992	50.00	60
1993	Sterling Snowflake	Closed	1993	50.00	50

Archive Collectible - Gorham

1988	Victorian Heart	Closed	1988	50.00	75
1989	Victorian Wreath	Closed	1989	50.00	65
1990	Elizabethan Cupid	Closed	1990	60.00	60
1991	Baroque Angels	Closed	1991	55.00	70
1992	Madonna and Child	Closed	1992	50.00	50
1993	Angel With Mandolin	Closed	1993	50.00	50

Baby's First Christmas Crystal - Gorham

1991	Baby's First Rocking Horse	Closed	1994	35.00	35

Hadley House

Annual Christmas Series - T. Redlin

1994	Almost Home	Yr.Iss.		19.95	20

Hallmark Galleries

Enchanted Garden - E. Richardson

1992	Neighborhood Dreamer 1500QHG3014	19,500	1994	15.00	15

Hallmark Keepsake Ornaments

1973 Hallmark Keepsake Collection - Keepsake

1973	Betsey Clark 250XHD100-2	Yr.Iss.	1973	2.50	85
1973	Betsey Clark-First Edition 250XHD 110-2	Yr.Iss.	1973	2.50	125
1973	Christmas Is Love 250XHD106-2	Yr.Iss.	1973	2.50	80
1973	Elves 250XHD103-5	Yr.Iss.	1973	2.50	80
1973	Manger Scene 250XHD102-2	Yr.Iss.	1973	2.50	75
1973	Santa with Elves 250XHD101-5	Yr.Iss.	1973	2.50	75-85

1973 Keepsake Yarn Ornaments - Keepsake

1973	Angel 125XHD78-5	Yr.Iss.	1973	1.25	23
1973	Blue Girl 125XHD85-2	Yr.Iss.	1973	1.25	23
1973	Boy Caroler 125XHD83-2	Yr.Iss.	1973	1.25	30
1973	Choir Boy 125XHD80-5	Yr.Iss.	1973	1.25	28
1973	Elf 125XHD79-2	Yr.Iss.	1973	1.25	25
1973	Green Girl 125XHD84-5	Yr.Iss.	1973	1.25	25
1973	Little Girl 125XHD82-5	Yr.Iss.	1973	1.25	20
1973	Mr. Santa 125XHD74-5	Yr.Iss.	1973	1.25	25
1973	Mr. Snowman 125XHD76-5	Yr.Iss.	1973	1.25	25
1973	Mrs. Santa 125XHD75-2	Yr.Iss.	1973	1.25	23
1973	Mrs. Snowman 125XHD77-2	Yr.Iss.	1973	1.25	23
1973	Soldier 100XHD81-2	Yr.Iss.	1973	1.00	22

1974 Hallmark Keepsake Collection - Keepsake

1974	Angel 250QX110-1	Yr.Iss.	1974	2.50	75
1974	Betsey Clark-Second Edition 250QX 108-1	Yr.Iss.	1974	2.50	45-85
1974	Buttons & Bo (Set of 2) 350QX113-1	Yr.Iss.	1974	3.50	50
1974	Charmers 250QX109-1	Yr.Iss.	1974	2.50	25-45
1974	Currier & Ives (Set of 2) 350QX112-1	Yr.Iss.	1974	3.50	42-55
1974	Little Miracles (Set of 4) 450QX115-1	Yr.Iss.	1974	4.50	55
1974	Norman Rockwell 250QX106-1	Yr.Iss.	1974	2.50	45-95
1974	Norman Rockwell 250QX111-1	Yr.Iss.	1974	2.50	85
1974	Raggedy Ann and Andy(4/set) 450QX114-1	Yr.Iss.	1974	4.50	75
1974	Snowgoose 250QX107-1	Yr.Iss.	1974	2.50	75

1974 Keepsake Yarn Ornaments - Keepsake

1974	Angel 150QX103-1	Yr.Iss.	1974	1.50	28
1974	Elf 150QX101-1	Yr.Iss.	1974	1.50	23
1974	Mrs. Santa 150QX100-1	Yr.Iss.	1974	1.50	23
1974	Santa 150QX105-1	Yr.Iss.	1974	1.50	25
1974	Snowman 150QX104-1	Yr.Iss.	1974	1.50	23
1974	Soldier 150QX102-1	Yr.Iss.	1974	1.50	23

1975 Handcrafted Ornaments: Adorable - Keepsake

1975	Betsey Clark 250QX157-1	Yr.Iss.	1975	2.50	225
1975	Drummer Boy 250QX161-1	Yr.Iss.	1975	2.50	325
1975	Mrs. Santa 250QX156-1	Yr.Iss.	1975	2.50	275
1975	Raggedy Andy 250QX160-1	Yr.Iss.	1975	2.50	375
1975	Raggedy Ann 250QX159-1	Yr.Iss.	1975	2.50	295
1975	Santa 250QX155-1	Yr.Iss.	1975	2.50	250

1975 Handcrafted Ornaments: Nostalgia - Keepsake

1975	Drummer Boy 350QX130-1	Yr.Iss.	1975	3.50	175
1975	Joy 350QX132-1	Yr.Iss.	1975	3.50	175
1975	Locomotive (dated) 350QX127-1	Yr.Iss.	1975	3.50	175
1975	Peace on Earth (dated) 350QX131-1	Yr.Iss.	1975	3.50	165
1975	Rocking Horse 350QX128-1	Yr.Iss.	1975	3.50	125
1975	Santa & Sleigh 350QX129-1	Yr.Iss.	1975	3.50	200

1975 Keepsake Property Ornaments - Keepsake

1975	Betsey Clark (Set of 2) 350QX167-1	Yr.Iss.	1975	3.50	25-45
1975	Betsey Clark (Set of 4) 450QX168-1	Yr.Iss.	1975	4.50	50
1975	Betsey Clark 250QX163-1	Yr.Iss.	1975	2.50	40
1975	Betsey Clark-Third Ed. 300QX133-1	Yr.Iss.	1975	3.00	30-75
1975	Buttons & Bo (Set of 4) 500QX139-1	Yr.Iss.	1975	5.00	50
1975	Charmers 300QX135-1	Yr.Iss.	1975	3.00	30-45
1975	Currier & Ives (Set of 2) 250QX164-1	Yr.Iss.	1975	2.50	40
1975	Currier & Ives (Set of 2) 400QX137-1	Yr.Iss.	1975	4.00	35-40
1975	Little Miracles (Set of 4) 500QX140-1	Yr.Iss.	1975	5.00	25-40
1975	Marty Links 300QX136-1	Yr.Iss.	1975	3.00	50
1975	Norman Rockwell 250QX166-1	Yr.Iss.	1975	2.50	55
1975	Norman Rockwell 300QX134-1	Yr.Iss.	1975	3.00	37
1975	Raggedy Ann 250QX165-1	Yr.Iss.	1975	2.50	50
1975	Raggedy Ann and Andy(2/set) 400QX138-1	Yr.Iss.	1975	4.00	65

1975 Keepsake Yarn Ornaments - Keepsake

1975	Drummer Boy 175QX123-1	Yr.Iss.	1975	1.75	25
1975	Little Girl 175QX126-1	Yr.Iss.	1975	1.75	20
1975	Mrs. Santa 175QX125-1	Yr.Iss.	1975	1.75	22
1975	Raggedy Andy 175QX122-1	Yr.Iss.	1975	1.75	40
1975	Raggedy Ann 175QX121-1	Yr.Iss.	1975	1.75	35
1975	Santa 175QX124-1	Yr.Iss.	1975	1.75	22

1976 Bicentennial Commemoratives - Keepsake

1976	Bicentennial '76 Commemorative 250QX211-1	Yr.Iss.	1976	2.50	60
1976	Bicentennial Charmers 300QX198-1	Yr.Iss.	1976	3.00	60
1976	Colonial Children (Set of 2) 4 400QX208-1	Yr.Iss.	1976	4.00	40-65

1976 Decorative Ball Ornaments - Keepsake

1976	Cardinals 225QX205-1	Yr.Iss.	1976	2.30	55
1976	Chickadees 225QX204-1	Yr.Iss.	1976	2.30	50

1976 First Commemorative Ornament - Keepsake

1976	Baby's First Christmas 250QX211-1	Yr.Iss.	1976	2.50	85

1976 Handcrafted Ornaments: Nostalgia - Keepsake

1976	Drummer Boy 400QX130-1	Yr.Iss.	1976	3.50	155
1976	Locomotive 400QX222-1	Yr.Iss.	1976	3.50	165
1976	Peace on Earth 400QX223-1	Yr.Iss.	1976	3.50	195
1976	Rocking Horse 400QX128-1	Yr.Iss.	1976	3.50	165

1976 Handcrafted Ornaments: Tree Treats - Keepsake

1976	Angel 300QX176-1	Yr.Iss.	1976	3.00	140-195
1976	Reindeer 300QX 178-1	Yr.Iss.	1976	3.00	105-115
1976	Santa 300QX177-1	Yr.Iss.	1976	3.00	120-225
1976	Shepherd 300QX175-1	Yr.Iss.	1976	3.00	115

1976 Handcrafted Ornaments: Twirl-Abouts - Keepsake

1976	Angel 450QX171-1	Yr.Iss.	1976	4.50	130-165
1976	Partridge 450QX174-1	Yr.Iss.	1976	4.50	195
1976	Santa 450QX172-1	Yr.Iss.	1976	4.50	100-125
1976	Soldier 450QX173-1	Yr.Iss.	1976	4.50	75-95

1976 Handcrafted Ornaments: Yesteryears - Keepsake

1976	Drummer Boy 500QX184-1	Yr.Iss.	1976	5.00	120-150
1976	Partridge 500QX183-1	Yr.Iss.	1976	5.00	115
1976	Santa 500QX182-1	Yr.Iss.	1976	5.00	165
1976	Train 500QX181-1	Yr.Iss.	1976	5.00	135-160

1976 Property Ornaments - Keepsake

1976	Betsey Clark (Set of 3) 450QX218-1	Yr.Iss.	1976	4.50	50
1976	Betsey Clark 250QX210-1	Yr.Iss.	1976	2.50	38-42
1976	Betsey Clark-Fourth Ed.300QX 195-1	Yr.Iss.	1976	3.00	175
1976	Charmers (Set of 2) 350QX215-1	Yr.Iss.	1976	3.50	55
1976	Currier & Ives 250QX209-1	Yr.Iss.	1976	2.50	40
1976	Currier & Ives 300QX197-1	Yr.Iss.	1976	3.00	50
1976	Happy the Snowman (Set of 2) 350QX216-1	Yr.Iss.	1976	3.50	55
1976	Marty Links (Set of 2) 400QX207-1	Yr.Iss.	1976	4.00	45
1976	Norman Rockwell 300QX196-1	Yr.Iss.	1976	3.00	80
1976	Raggedy Ann 250QX212-1	Yr.Iss.	1976	2.50	65
1976	Rudolph and Santa 250QX213-1	Yr.Iss.	1976	2.50	75

1976 Yarn Ornaments - Keepsake

1976	Caroler 175QX126-1	Yr.Iss.	1976	1.75	28
1976	Drummer Boy 175QX123-1	Yr.Iss.	1976	1.75	23
1976	Mrs. Santa 175QX125-1	Yr.Iss.	1976	1.75	22
1976	Raggedy Andy 175QX122-1	Yr.Iss.	1976	1.75	40
1976	Raggedy Ann 175QX121-1	Yr.Iss.	1976	1.75	35
1976	Santa 175QX124-1	Yr.Iss.	1976	1.75	24

1977 Christmas Expressions Collection - Keepsake

1977	Bell 350QX154-2	Yr.Iss.	1977	3.50	35-65
1977	Mandolin 350QX157-5	Yr.Iss.	1977	3.50	65
1977	Ornaments 350QX155-5	Yr.Iss.	1977	3.50	65
1977	Wreath 350QX156-2	Yr.Iss.	1977	3.50	65

1977 Cloth Doll Ornaments - Keepsake

1977	Angel 175QX220-2	Yr.Iss.	1977	1.75	40-50
1977	Santa 175QX221-5	Yr.Iss.	1977	1.75	55-80

1977 Colors of Christmas - Keepsake

1977	Bell 350QX200-2	Yr.Iss.	1977	3.50	35-45
1977	Candle 350QX203-5	Yr.Iss.	1977	3.50	55
1977	Joy 350QX201-5	Yr.Iss.	1977	3.50	45
1977	Wreath 350QX202-2	Yr.Iss.	1977	3.50	25-45

CHRISTMAS ORNAMENTS

1977 Commemoratives - Keepsake

YEAR ISSUE		EDITION LIMIT	YEAR RETD.	ISSUE PRICE	QUOTE U.S.$
1977	Baby's First Christmas 350QX131-5	Yr.Iss.	1977	3.50	60-75
1977	First Christmas Together 350QX132-2	Yr.Iss.	1977	3.50	65
1977	For Your New Home 350QX263-5	Yr.Iss.	1977	3.50	120
1977	Granddaughter 350QX208-2	Yr.Iss.	1977	3.50	150
1977	Grandmother 350QX260-2	Yr.Iss.	1977	3.50	150
1977	Grandson 350QX209-5	Yr.Iss.	1977	3.50	150
1977	Love 350QX262-2	Yr.Iss.	1977	3.50	95
1977	Mother 350QX261-5	Yr.Iss.	1977	3.50	75

1977 Decorative Ball Ornaments - Keepsake

YEAR ISSUE		EDITION LIMIT	YEAR RETD.	ISSUE PRICE	QUOTE U.S.$
1977	Christmas Mouse 250QX134-2	Yr.Iss.	1977	3.50	65
1977	Rabbit 250QX139-5	Yr.Iss.	1977	2.50	95
1977	Squirrel 250QX138-2	Yr.Iss.	1977	2.50	115
1977	Stained Glass 250QX152-2	Yr.Iss.	1977	3.50	65

1977 Holiday Highlights - Keepsake

YEAR ISSUE		EDITION LIMIT	YEAR RETD.	ISSUE PRICE	QUOTE U.S.$
1977	Drummer Boy 350QX312-2	Yr.Iss.	1977	3.50	40-65
1977	Joy 350QX310-2	Yr.Iss.	1977	3.50	45
1977	Peace on Earth 350QX311-5	Yr.Iss.	1977	3.50	65
1977	Star 350QX313-5	Yr.Iss.	1977	3.50	50

1977 Metal Ornaments - Keepsake

YEAR ISSUE		EDITION LIMIT	YEAR RETD.	ISSUE PRICE	QUOTE U.S.$
1977	Snowflake Collection (Set of 4) 500QX 210-2	Yr.Iss.	1977	5.00	95

1977 Nostalgia Collection - Keepsake

YEAR ISSUE		EDITION LIMIT	YEAR RETD.	ISSUE PRICE	QUOTE U.S.$
1977	Angel 500QX182-2	Yr.Iss.	1977	5.00	90-125
1977	Antique Car 500QX180-2	Yr.Iss.	1977	5.00	50-65
1977	Nativity 500QX181-5	Yr.Iss.	1977	5.00	135
1977	Toys 500QX183-5	Yr.Iss.	1977	5.00	155

1977 Peanuts Collection - Keepsake

YEAR ISSUE		EDITION LIMIT	YEAR RETD.	ISSUE PRICE	QUOTE U.S.$
1977	Peanuts (Set of 2) 400QX163-5	Yr.Iss.	1977	4.00	75
1977	Peanuts 250QX162-2	Yr.Iss.	1977	2.50	55
1977	Peanuts 350QX135-5	Yr.Iss.	1977	3.50	55

1977 Property Ornaments - Keepsake

YEAR ISSUE		EDITION LIMIT	YEAR RETD.	ISSUE PRICE	QUOTE U.S.$
1977	Betsey Clark -Fifth Ed. 350QX264-2	Yr.Iss.	1977	3.50	485
1977	Charmers 350QX153-5	Yr.Iss.	1977	3.50	50
1977	Currier & Ives 350QX130-2	Yr.Iss.	1977	3.50	55
1977	Disney (Set of 2) 400QX137-5	Yr.Iss.	1977	4.00	75
1977	Disney 350QX133-5	Yr.Iss.	1977	3.50	45
1977	Grandma Moses 350QX150-2	Yr.Iss.	1977	3.50	175
1977	Norman Rockwell 350QX151-5	Yr.Iss.	1977	3.50	70

1977 The Beauty of America Collection - Keepsake

YEAR ISSUE		EDITION LIMIT	YEAR RETD.	ISSUE PRICE	QUOTE U.S.$
1977	Desert 250QX159-5	Yr.Iss.	1977	2.50	25
1977	Mountains 250QX158-2	Yr.Iss.	1977	2.50	15
1977	Seashore 250QX160-2	Yr.Iss.	1977	2.50	50
1977	Wharf 250QX161-5	Yr.Iss.	1977	2.50	30-50

1977 Twirl-About Collection - Keepsake

YEAR ISSUE		EDITION LIMIT	YEAR RETD.	ISSUE PRICE	QUOTE U.S.$
1977	Bellringer 600QX192-2	Yr.Iss.	1977	6.00	45-55
1977	Della Robia Wreath 450QX193-5	Yr.Iss.	1977	4.50	90-115
1977	Snowman 450QX190-2	Yr.Iss.	1977	4.50	55-75
1977	Weather House 600QX191-5	Yr.Iss.	1977	6.00	85-95

1977 Yesteryears Collection - Keepsake

YEAR ISSUE		EDITION LIMIT	YEAR RETD.	ISSUE PRICE	QUOTE U.S.$
1977	Angel 600QX172-2	Yr.Iss.	1977	6.00	85
1977	House 600QX170-2	Yr.Iss.	1977	6.00	100-125
1977	Jack-in-the-Box 600QX171-5	Yr.Iss.	1977	6.00	100-120
1977	Reindeer 600QX173-5	Yr.Iss.	1977	6.00	105-140

1978 Colors of Christmas - Keepsake

YEAR ISSUE		EDITION LIMIT	YEAR RETD.	ISSUE PRICE	QUOTE U.S.$
1978	Angel 350QX354-3	Yr.Iss.	1978	3.50	40
1978	Candle 350QX357-6	Yr.Iss.	1978	3.50	85
1978	Locomotive 350QX356-3	Yr.Iss.	1978	3.50	50
1978	Merry Christmas 350QX355-6	Yr.Iss.	1978	3.50	50

1978 Commemoratives - Keepsake

YEAR ISSUE		EDITION LIMIT	YEAR RETD.	ISSUE PRICE	QUOTE U.S.$
1978	25th Christmas Together 350QX269-3	Yr.Iss.	1978	3.50	35
1978	Baby's First Christmas 350QX200-3	Yr.Iss.	1978	3.50	75
1978	First Christmas Together 350QX218-3	Yr.Iss.	1978	3.50	45
1978	For Your New Home 350QX217-6	Yr.Iss.	1978	3.50	75
1978	Granddaughter 350QX216-3	Yr.Iss.	1978	3.50	55
1978	Grandmother 350QX267-6	Yr.Iss.	1978	3.50	45
1978	Grandson 350QX215-6	Yr.Iss.	1978	3.50	45
1978	Love 350QX268-3	Yr.Iss.	1978	3.50	50
1978	Mother 350QX266-3	Yr.Iss.	1978	3.50	25-40

1978 Decorative Ball Ornaments - Keepsake

YEAR ISSUE		EDITION LIMIT	YEAR RETD.	ISSUE PRICE	QUOTE U.S.$
1978	Drummer Boy 350QX252-3	Yr.Iss.	1978	3.50	55
1978	Hallmark's Antique Card Collection Design 350QX220-3	Yr.Iss.	1978	3.50	40
1978	Joy 350QX254-3	Yr.Iss.	1978	3.50	45
1978	Merry Christmas (Santa) 350QX202-3	Yr.Iss.	1978	3.50	45-55
1978	Nativity 350QX253-6	Yr.Iss.	1978	3.50	150
1978	The Quail 350QX251-6	Yr.Iss.	1978	3.50	45
1978	Yesterday's Toys 350QX250-3	Yr.Iss.	1978	3.50	55

1978 Handcrafted Ornaments - Keepsake

YEAR ISSUE		EDITION LIMIT	YEAR RETD.	ISSUE PRICE	QUOTE U.S.$
1978	Angel 400QX139-6	Yr.Iss.	1981	4.50	85-95
1978	Angels 800QX150-3	Yr.Iss.	1978	8.00	345
1978	Animal Home 600QX149-6	Yr.Iss.	1978	6.00	125-175
1978	Calico Mouse 450QX137-6	Yr.Iss.	1978	4.50	145-175
1978	Carrousel Series-First Edition 600QX146-3	Yr.Iss.	1978	6.00	400
1978	Dough Angel 400QX139-6	Yr.Iss.	1981	5.50	80
1978	Dove 450QX190-3	Yr.Iss.	1978	4.50	85
1978	Holly and Poinsettia Ball 600QX147-6	Yr.Iss.	1978	6.00	85
1978	Joy 450QX138-3	Yr.Iss.	1978	4.50	70-85
1978	Panorama Ball 600QX145-6	Yr.Iss.	1978	6.00	135
1978	Red Cardinal 450QX144-3	Yr.Iss.	1978	4.50	150-175
1978	Rocking Horse 600QX148-3	Yr.Iss.	1978	6.00	85
1978	Schneeberg Bell 800QX152-3	Yr.Iss.	1978	8.00	190
1978	Skating Raccoon 600QX142-3	Yr.Iss.	1978	6.00	85-95

1978 Holiday Chimes - Keepsake

YEAR ISSUE		EDITION LIMIT	YEAR RETD.	ISSUE PRICE	QUOTE U.S.$
1978	Reindeer Chimes 450QX320-3	Yr.Iss.	1980	4.50	60

1978 Holiday Highlights - Keepsake

YEAR ISSUE		EDITION LIMIT	YEAR RETD.	ISSUE PRICE	QUOTE U.S.$
1978	Dove 350QX310-3	Yr.Iss.	1978	3.50	125
1978	Nativity 350QX309-6	Yr.Iss.	1978	3.50	80
1978	Santa 350QX307-6	Yr.Iss.	1978	3.50	95
1978	Snowflake 350QX308-3	Yr.Iss.	1978	3.50	65

1978 Little Trimmers - Keepsake

YEAR ISSUE		EDITION LIMIT	YEAR RETD.	ISSUE PRICE	QUOTE U.S.$
1978	Drummer Boy 250QX136-3	Yr.Iss.	1978	2.50	55-75
1978	Praying Angel 250QX134-3	Yr.Iss.	1978	2.50	90
1978	Santa 250QX135-6	Yr.Iss.	1978	2.50	60
1978	Set of 4 - 250QX355-6	Yr.Iss.	1978	10.00	400-425
1978	Thimble Series (Mouse)-First Ed. 250QX133-6	Yr.Iss.	1978	2.50	250-300

1978 Peanuts Collection - Keepsake

YEAR ISSUE		EDITION LIMIT	YEAR RETD.	ISSUE PRICE	QUOTE U.S.$
1978	Peanuts 250QX203-6	Yr.Iss.	1978	2.50	50
1978	Peanuts 250QX204-3	Yr.Iss.	1978	2.50	60
1978	Peanuts 350QX205-6	Yr.Iss.	1978	3.50	65
1978	Peanuts 350QX206-3	Yr.Iss.	1978	3.50	50

1978 Property Ornaments - Keepsake

YEAR ISSUE		EDITION LIMIT	YEAR RETD.	ISSUE PRICE	QUOTE U.S.$
1978	Betsey Clark-Sixth Edition 350QX 201-6	Yr.Iss.	1978	3.50	60
1978	Disney 350QX207-6	Yr.Iss.	1978	3.50	75
1978	Joan Walsh Anglund 350QX221-6	Yr.Iss.	1978	3.50	75
1978	Spencer Sparrow 350QX219-6	Yr.Iss.	1978	3.50	50

1978 Yarn Collection - Keepsake

YEAR ISSUE		EDITION LIMIT	YEAR RETD.	ISSUE PRICE	QUOTE U.S.$
1978	Green Boy 200QX123-1	Yr.Iss.	1979	2.00	25
1978	Green Girl 200QX126-1	Yr.Iss.	1979	2.00	20
1978	Mr. Claus 200QX340-3	Yr.Iss.	1979	2.00	23
1978	Mrs. Claus 200QX125-1	Yr.Iss.	1979	2.00	22

1979 Collectible Series - Keepsake

YEAR ISSUE		EDITION LIMIT	YEAR RETD.	ISSUE PRICE	QUOTE U.S.$
1979	Bellringer-First Edition 10QX147-9	Yr.Iss.	1979	10.00	400
1979	Carousel-Second Edition 650QX146-7	Yr.Iss.	1979	6.50	165-185
1979	Here Comes Santa-First Edition 900QX155-9	Yr.Iss.	1979	9.00	400-500
1979	Snoopy and Friends 800QX141-9	Yr.Iss.	1979	8.00	115
1979	Thimble-Second Edition 300QX131-9	Yr.Iss.	1980	3.00	145-175

1979 Colors of Christmas - Keepsake

YEAR ISSUE		EDITION LIMIT	YEAR RETD.	ISSUE PRICE	QUOTE U.S.$
1979	Holiday Wreath 350QX353-9	Yr.Iss.	1979	3.50	35-45
1979	Partridge in a Pear Tree 350QX351-9	Yr.Iss.	1979	3.50	35-45
1979	Star Over Bethlehem 350QX352-7	Yr.Iss.	1979	3.50	75
1979	Words of Christmas 350QX350-7	Yr.Iss.	1979	3.50	85

1979 Commemoratives - Keepsake

YEAR ISSUE		EDITION LIMIT	YEAR RETD.	ISSUE PRICE	QUOTE U.S.$
1979	Baby's First Christmas 350QX208-7	Yr.Iss.	1979	3.50	22-30
1979	Baby's First Christmas 800QX154-7	Yr.Iss.	1979	8.00	175
1979	Friendship 350QX203-9	Yr.Iss.	1979	3.50	18
1979	Granddaughter 350QX211-9	Yr.Iss.	1979	3.50	23-35
1979	Grandmother 350QX252-7	Yr.Iss.	1979	3.50	10
1979	Grandson 350QX210-7	Yr.Iss.	1979	3.50	20-35
1979	Love 350QX258-7	Yr.Iss.	1979	3.50	17-30
1979	Mother 350QX251-9	Yr.Iss.	1979	3.50	10-23
1979	New Home 350QX212-7	Yr.Iss.	1979	3.50	45
1979	Our First Christmas Together 350QX209-9	Yr.Iss.	1979	3.50	45
1979	Our Twenty-Fifth Anniversary350QX 250-7	Yr.Iss.	1979	3.50	17-28
1979	Teacher 350QX213-9	Yr.Iss.	1979	3.50	12

1979 Decorative Ball Ornaments - Keepsake

YEAR ISSUE		EDITION LIMIT	YEAR RETD.	ISSUE PRICE	QUOTE U.S.$
1979	Behold the Star 350QX255-9	Yr.Iss.	1979	3.50	40
1979	Black Angel 350QX207-9	Yr.Iss.	1979	3.50	25
1979	Christmas Chickadees 350QX204-7	Yr.Iss.	1979	3.50	30
1979	Christmas Collage 350QX257-9	Yr.Iss.	1979	3.50	16-28
1979	Christmas Traditions 350QX253-9	Yr.Iss.	1979	3.50	35
1979	The Light of Christmas 350QX256-7	Yr.Iss.	1979	3.50	18-28
1979	Night Before Christmas 350QX214-7	Yr.Iss.	1979	3.50	40

1979 Handcrafted Ornaments - Keepsake

YEAR ISSUE		EDITION LIMIT	YEAR RETD.	ISSUE PRICE	QUOTE U.S.$
1979	Christmas Eve Surprise 650QX157-9	Yr.Iss.	1979	6.50	65
1979	Christmas Heart 650QX140-7	Yr.Iss.	1979	6.50	104-115
1979	Christmas is for Children 500QX135-9	Yr.Iss.	1980	5.00	80-95
1979	A Christmas Treat 500QX134-7	Yr.Iss.	1980	5.00	85
1979	The Downhill Run 650QX145-9	Yr.Iss.	1979	6.50	135-175
1979	The Drummer Boy 800QX143-9	Yr.Iss.	1979	8.00	90-125
1979	Holiday Scrimshaw 400QX152-7	Yr.Iss.	1979	4.00	205-225
1979	Outdoor Fun 800QX150-7	Yr.Iss.	1979	8.00	135-150
1979	Raccoon 650QX142-3	Yr.Iss.	1979	6.50	85
1979	Ready for Christmas 650QX133-9	Yr.Iss.	1979	6.50	95-150
1979	Santa's Here 500QX138-7	Yr.Iss.	1979	5.00	55-75
1979	The Skating Snowman 500QX139-9	Yr.Iss.	1980	5.00	65-80

1979 Holiday Chimes - Keepsake

YEAR ISSUE		EDITION LIMIT	YEAR RETD.	ISSUE PRICE	QUOTE U.S.$
1979	Reindeer Chimes 450QX320-3	Yr.Iss.	1980	4.50	75
1979	Star Chimes 450QX137-9	Yr.Iss.	1979	4.50	75-85

1979 Holiday Highlights - Keepsake

YEAR ISSUE		EDITION LIMIT	YEAR RETD.	ISSUE PRICE	QUOTE U.S.$
1979	Christmas Angel 350QX300-7	Yr.Iss.	1979	3.50	95
1979	Christmas Cheer 350QX303-9	Yr.Iss.	1979	3.50	95
1979	Christmas Tree 350QX302-7	Yr.Iss.	1979	3.50	75
1979	Love 350QX304-7	Yr.Iss.	1979	3.50	85
1979	Snowflake 350QX301-9	Yr.Iss.	1979	3.50	40

1979 Little Trimmer Collection - Keepsake

YEAR ISSUE		EDITION LIMIT	YEAR RETD.	ISSUE PRICE	QUOTE U.S.$
1979	Angel Delight 300QX130-7	Yr.Iss.	1979	3.00	80-95
1979	A Matchless Christmas 400QX132-7	Yr.Iss.	1979	4.00	65-75
1979	Santa 300QX135-6	Yr.Iss.	1979	3.00	55
1979	Thimble Series-Mouse 300QX133-6	Yr.Iss.	1979	3.00	150-225

1979 Property Ornaments - Keepsake

YEAR ISSUE		EDITION LIMIT	YEAR RETD.	ISSUE PRICE	QUOTE U.S.$
1979	Betsey Clark-Seventh Edition 350QX 201-9	Yr.Iss.	1979	3.50	35
1979	Joan Walsh Anglund 350QX205-9	Yr.Iss.	1979	3.50	25-35
1979	Mary Hamilton 350QX254-7	Yr.Iss.	1979	3.50	15-25
1979	Peanuts (Time to Trim) 350QX202-7	Yr.Iss.	1979	3.50	40
1979	Spencer Sparrow 350QX200-7	Yr.Iss.	1979	3.50	25-30
1979	Winnie-the-Pooh 350QX206-7	Yr.Iss.	1979	3.50	35

1979 Sewn Trimmers - Keepsake

YEAR ISSUE		EDITION LIMIT	YEAR RETD.	ISSUE PRICE	QUOTE U.S.$
1979	Angel Music 200QX343-9	Yr.Iss.	1980	2.00	20
1979	Merry Santa 200QX342-7	Yr.Iss.	1980	2.00	20
1979	The Rocking Horse 200QX340-7	Yr.Iss.	1980	2.00	23
1979	Stuffed Full Stocking 200QX341-9	Yr.Iss.	1980	2.00	20

1979 Yarn Collection - Keepsake

YEAR ISSUE		EDITION LIMIT	YEAR RETD.	ISSUE PRICE	QUOTE U.S.$
1979	Green Boy 200QX123-1	Yr.Iss.	1979	2.00	20
1979	Green Girl 200QX126-1	Yr.Iss.	1979	2.00	18
1979	Mr. Claus 200QX340-3	Yr.Iss.	1979	2.00	20
1979	Mrs. Claus 200QX125-1	Yr.Iss.	1979	2.00	20

1980 Collectible Series - Keepsake

YEAR ISSUE		EDITION LIMIT	YEAR RETD.	ISSUE PRICE	QUOTE U.S.$
1980	The Bellringers-Second Edition15QX157-4	Yr.Iss.	1980	15.00	60-85
1980	Carrousel-Third Edition 750QX141-4	Yr.Iss.	1980	7.50	140-165
1980	Frosty Friends-First Edition650QX 137-4	Yr.Iss.	1980	6.50	600
1980	Here Comes Santa-Second Ed.12QX 143-4	Yr.Iss.	1980	12.00	170-225
1980	Norman Rockwell-First Edition 650QX306-1	Yr.Iss.	1980	6.50	250
1980	Snoopy & Friends-Second Edition 900QX154-1	Yr.Iss.	1980	9.00	100
1980	Thimble-Third Edition 400QX132-1	Yr.Iss.	1980	4.00	175

1980 Colors of Christmas - Keepsake

YEAR ISSUE		EDITION LIMIT	YEAR RETD.	ISSUE PRICE	QUOTE U.S.$
1980	Joy 400QX350-1	Yr.Iss.	1980	4.00	23

1980 Commemoratives - Keepsake

YEAR ISSUE		EDITION LIMIT	YEAR RETD.	ISSUE PRICE	QUOTE U.S.$
1980	25th Christmas Together 400QX206-1	Yr.Iss.	1980	4.00	7-16
1980	Baby's First Christmas 12QX156-1	Yr.Iss.	1980	12.00	50
1980	Baby's First Christmas 400QX200-1	Yr.Iss.	1980	4.00	25
1980	Beauty of Friendship 400QX303-4	Yr.Iss.	1980	4.00	60
1980	Black Baby's First Christmas 400QX 229-4	Yr.Iss.	1980	4.00	30
1980	Christmas at Home 400QX210-1	Yr.Iss.	1980	4.00	35
1980	Christmas Love 400QX207-4	Yr.Iss.	1980	4.00	32
1980	Dad 400QX214-1	Yr.Iss.	1980	4.00	9-18
1980	Daughter 400QX212-1	Yr.Iss.	1980	4.00	40
1980	First Christmas Together 400QX205-4	Yr.Iss.	1980	4.00	40
1980	First Christmas Together 400QX305-4	Yr.Iss.	1980	4.00	30-55
1980	Friendship 400QX208-1	Yr.Iss.	1980	4.00	10-20
1980	Granddaughter 400QX202-1	Yr.Iss.	1980	4.00	35
1980	Grandfather 400QX231-4	Yr.Iss.	1980	4.00	10-20
1980	Grandmother 400QX204-1	Yr.Iss.	1980	4.00	20
1980	Grandparents 400QX213-4	Yr.Iss.	1980	4.00	40
1980	Grandson 400QX201-4	Yr.Iss.	1980	4.00	20-35
1980	Love 400QX302-1	Yr.Iss.	1980	4.00	65
1980	Mother 400QX203-4	Yr.Iss.	1980	4.00	11-23
1980	Mother 400QX304-1	Yr.Iss.	1980	4.00	35
1980	Mother and Dad 400QX230-1	Yr.Iss.	1980	4.00	11-23
1980	Son 400QX211-4	Yr.Iss.	1980	4.00	25-35

CHRISTMAS ORNAMENTS

YEAR ISSUE		EDITION LIMIT	YEAR RETD.	ISSUE PRICE	QUOTE U.S.$
1980	Teacher 400QX209-4	Yr.Iss.	1980	4.00	10-20

1980 Decorative Ball Ornaments - Keepsake

YEAR ISSUE		EDITION LIMIT	YEAR RETD.	ISSUE PRICE	QUOTE U.S.$
1980	Christmas Cardinals 400QX224-1	Yr.Iss.	1980	4.00	35
1980	Christmas Choir 400QX228-1	Yr.Iss.	1980	4.00	150
1980	Christmas Time 400QX226-1	Yr.Iss.	1980	4.00	30
1980	Happy Christmas 400QX222-1	Yr.Iss.	1980	4.00	30
1980	Jolly Santa 400QX227-4	Yr.Iss.	1980	4.00	30
1980	Nativity 400QX225-4	Yr.Iss.	1980	4.00	125
1980	Santa's Workshop 400QX223-4	Yr.Iss.	1980	4.00	15-30

1980 Frosted Images - Keepsake

YEAR ISSUE		EDITION LIMIT	YEAR RETD.	ISSUE PRICE	QUOTE U.S.$
1980	Dove 400QX308-1	Yr.Iss.	1980	4.00	25-40
1980	Drummer Boy 400QX309-4	Yr.Iss.	1980	4.00	25
1980	Santa 400QX310-1	Yr.Iss.	1980	4.00	20

1980 Handcrafted Ornaments - Keepsake

YEAR ISSUE		EDITION LIMIT	YEAR RETD.	ISSUE PRICE	QUOTE U.S.$
1980	The Animals' Christmas 800QX150-1	Yr.Iss.	1980	8.00	40-65
1980	Caroling Bear 750QX140-1	Yr.Iss.	1980	7.50	105-150
1980	Christmas is for Children 550QX135-9	Yr.Iss.	1980	5.50	95
1980	A Christmas Treat 550QX134-7	Yr.Iss.	1980	5.50	75
1980	A Christmas Vigil 900QX144-1	Yr.Iss.	1980	9.00	185
1980	Drummer Boy 550QX147-4	Yr.Iss.	1980	5.50	60-95
1980	Elfin Antics 900QX142-1	Yr.Iss.	1980	9.00	225
1980	A Heavenly Nap 650QX139-4	Yr.Iss.	1981	6.50	45-55
1980	Heavenly Sounds 750QX152-1	Yr.Iss.	1980	7.50	70-95
1980	Santa 1980 550QX146-1	Yr.Iss.	1980	5.50	90
1980	Santa's Flight 550QX138-1	Yr.Iss.	1980	5.50	95-115
1980	Skating Snowman 550QX139-9	Yr.Iss.	1980	5.50	75
1980	The Snowflake Swing 400QX133-4	Yr.Iss.	1980	4.00	45
1980	A Spot of Christmas Cheer 800QX153-4	Yr.Iss.	1980	8.00	145

1980 Holiday Chimes - Keepsake

YEAR ISSUE		EDITION LIMIT	YEAR RETD.	ISSUE PRICE	QUOTE U.S.$
1980	Reindeer Chimes 550QX320-3	Yr.Iss.	1980	5.50	25
1980	Santa Mobile 550QX136-1	Yr.Iss.	1981	5.50	25-50
1980	Snowflake Chimes 550QX165-4	Yr.Iss.	1981	5.50	35

1980 Holiday Highlights - Keepsake

YEAR ISSUE		EDITION LIMIT	YEAR RETD.	ISSUE PRICE	QUOTE U.S.$
1980	Three Wise Men 400QX300-1	Yr.Iss.	1980	4.00	30
1980	Wreath 400QX301-4	Yr.Iss.	1980	4.00	85

1980 Little Trimmers - Keepsake

YEAR ISSUE		EDITION LIMIT	YEAR RETD.	ISSUE PRICE	QUOTE U.S.$
1980	Christmas Owl 400QX131-4	Yr.Iss.	1982	4.00	45
1980	Christmas Teddy 250QX135-4	Yr.Iss.	1980	2.50	80-135
1980	Clothespin Soldier 350QX134-1	Yr.Iss.	1980	3.50	40
1980	Merry Redbird 350QX160-1	Yr.Iss.	1980	3.50	50-65
1980	Swingin' on a Star 400QX130-1	Yr.Iss.	1980	4.00	65-85
1980	Thimble Series-A Christmas Salute 400QX131-9	Yr.Iss.	1980	4.00	150

1980 Old-Fashioned Christmas Collection - Keepsake

YEAR ISSUE		EDITION LIMIT	YEAR RETD.	ISSUE PRICE	QUOTE U.S.$
1988	In a Nutshell 550QX469-7	Yr.Iss.	1988	5.50	24-33

1980 Property Ornaments - Keepsake

YEAR ISSUE		EDITION LIMIT	YEAR RETD.	ISSUE PRICE	QUOTE U.S.$
1980	Betsey Clark 650QX307-4	Yr.Iss.	1980	6.50	57
1980	Betsey Clark's Christmas 750QX194-4	Yr.Iss.	1980	7.50	35
1980	Betsey Clark-Eighth Edition 400QX 215-4	Yr.Iss.	1980	4.00	28
1980	Disney 400QX218-1	Yr.Iss.	1980	4.00	30
1980	Joan Walsh Anglund 400QX217-4	Yr.Iss.	1980	4.00	13-25
1980	Marty Links 400QX221-4	Yr.Iss.	1980	4.00	11-23
1980	Mary Hamilton 400QX219-4	Yr.Iss.	1980	4.00	20
1980	Muppets 400QX220-1	Yr.Iss.	1980	4.00	40
1980	Peanuts 400QX216-1	Yr.Iss.	1980	4.00	30

1980 Sewn Trimmers - Keepsake

YEAR ISSUE		EDITION LIMIT	YEAR RETD.	ISSUE PRICE	QUOTE U.S.$
1980	Angel Music 200QX343-9	Yr.Iss.	1980	2.00	20
1980	Merry Santa 200QX342-7	Yr.Iss.	1980	2.00	20
1980	The Rocking Horse 200QX340-7	Yr.Iss.	1980	2.00	20
1980	Stuffed Full Stocking 200QX341-9	Yr.Iss.	1980	2.00	20

1980 Special Editions - Keepsake

YEAR ISSUE		EDITION LIMIT	YEAR RETD.	ISSUE PRICE	QUOTE U.S.$
1980	Checking it Twice 20QX158-4	Yr.Iss.	1981	20.00	175-195
1980	Heavenly Minstrel 15QX156-7	Yr.Iss.	1980	15.00	345-450

1980 Yarn Ornaments - Keepsake

YEAR ISSUE		EDITION LIMIT	YEAR RETD.	ISSUE PRICE	QUOTE U.S.$
1980	Angel 300QX162-1	Yr.Iss.	1981	3.00	10
1980	Santa 300QX161-4	Yr.Iss.	1981	3.00	9
1980	Snowman 300QX163-4	Yr.Iss.	1981	3.00	9
1980	Soldier 300QX164-1	Yr.Iss.	1981	3.00	9

1981 Collectible Series - Keepsake

YEAR ISSUE		EDITION LIMIT	YEAR RETD.	ISSUE PRICE	QUOTE U.S.$
1981	Bellringer - 3rd Edition 1500QX441-5	Yr.Iss.	1981	15.00	70-95
1981	Carrousel - 4th Edition 900QX427-5	Yr.Iss.	1981	9.00	60-95
1981	Frosty Friends - 2nd Edition 800QX433-5	Yr.Iss.	1981	8.00	375-495
1981	Here Comes Santa - 3rd Ed.1300QX438-2	Yr.Iss.	1981	13.00	200-275
1981	Norman Rockwell - 2nd Edition 850QX 511-5	Yr.Iss.	1981	8.50	30-45
1981	Rocking Horse - 1st Edition 900QX 422-2	Yr.Iss.	1981	9.00	575-650
1981	Snoopy and Friends - 3rd Ed. 1200QX436-2	Yr.Iss.	1981	12.00	95
1981	Thimble - 4th Edition 450QX413-5	Yr.Iss.	1981	4.50	150

1981 Commemoratives - Keepsake

YEAR ISSUE		EDITION LIMIT	YEAR RETD.	ISSUE PRICE	QUOTE U.S.$
1981	25th Christmas Together 450QX707-5	Yr.Iss.	1981	4.50	10-23
1981	25th Christmas Together 550QX504-2	Yr.Iss.	1981	5.50	22
1981	50th Christmas 450QX708-2	Yr.Iss.	1981	4.50	6-20
1981	Baby's First Christmas 1300QX440-2	Yr.Iss.	1981	13.00	38-50
1981	Baby's First Christmas 550QX516-2	Yr.Iss.	1981	5.50	30
1981	Baby's First Christmas 850QX513-5	Yr.Iss.	1981	8.50	11-20
1981	Baby's First Christmas-Black 450QX602-2	Yr.Iss.	1981	4.50	25
1981	Baby's First Christmas-Boy 450QX 601-5	Yr.Iss.	1981	4.50	19-25
1981	Baby's First Christmas-Girl 450QX 600-2	Yr.Iss.	1981	4.50	17-25
1981	Daughter 450QX607-5	Yr.Iss.	1981	4.50	40
1981	Father 450QX609-5	Yr.Iss.	1981	4.50	8-20
1981	First Christmas Together 450QX706-2	Yr.Iss.	1981	4.50	30
1981	First Christmas Together 550QX505-5	Yr.Iss.	1981	5.50	12-25
1981	Friendship 450QX704-2	Yr.Iss.	1981	4.50	30
1981	Friendship 550QX503-5	Yr.Iss.	1981	5.50	17-30
1981	The Gift of Love 450QX705-5	Yr.Iss.	1981	4.50	14-25
1981	Godchild 450QX603-5	Yr.Iss.	1981	4.50	10-20
1981	Granddaughter 450QX605-5	Yr.Iss.	1981	4.50	13-30
1981	Grandfather 450QX701-5	Yr.Iss.	1981	4.50	20
1981	Grandmother 450QX702-2	Yr.Iss.	1981	4.50	8-20
1981	Grandparents 450QX703-5	Yr.Iss.	1981	4.50	11-20
1981	Grandson 450QX604-2	Yr.Iss.	1981	4.50	13-30
1981	Home 450QX709-5	Yr.Iss.	1981	4.50	20
1981	Love 550QX502-2	Yr.Iss.	1981	5.50	45
1981	Mother 450QX608-2	Yr.Iss.	1981	4.50	6-18
1981	Mother and Dad 450QX700-2	Yr.Iss.	1981	4.50	11-18
1981	Son 450QX606-2	Yr.Iss.	1981	4.50	13-30
1981	Teacher 450QX800-2	Yr.Iss.	1981	4.50	7-15

1981 Crown Classics - Keepsake

YEAR ISSUE		EDITION LIMIT	YEAR RETD.	ISSUE PRICE	QUOTE U.S.$
1981	Angel 450QX507-5	Yr.Iss.	1981	4.50	11-25
1981	Tree Photoholder 550QX515-5	Yr.Iss.	1981	5.50	17-30
1981	Unicorn 850QX516-5	Yr.Iss.	1981	8.50	15-25

1981 Decorative Ball Ornaments - Keepsake

YEAR ISSUE		EDITION LIMIT	YEAR RETD.	ISSUE PRICE	QUOTE U.S.$
1981	Christmas 1981 450QX809-5	Yr.Iss.	1981	4.50	11-25
1981	Christmas in the Forest 450QX813-5	Yr.Iss.	1981	4.50	145
1981	Christmas Magic 450QX810-2	Yr.Iss.	1981	4.50	15-25
1981	Let Us Adore Him 450QX811-5	Yr.Iss.	1981	4.50	28-65
1981	Merry Christmas 450QX814-2	Yr.Iss.	1981	4.50	10-23
1981	Santa's Coming 450QX812-2	Yr.Iss.	1981	4.50	12-28
1981	Santa's Surprise 450QX815-5	Yr.Iss.	1981	4.50	25
1981	Traditional (Black Santa) 450QX801-5	Yr.Iss.	1981	4.50	42-98

1981 Fabric Ornaments - Keepsake

YEAR ISSUE		EDITION LIMIT	YEAR RETD.	ISSUE PRICE	QUOTE U.S.$
1981	Calico Kitty 300QX403-5	Yr.Iss.	1981	3.00	20
1981	Cardinal Cutie 300QX400-2	Yr.Iss.	1981	3.00	9-23
1981	Gingham Dog 300QX402-2	Yr.Iss.	1981	3.00	11-20
1981	Peppermint Mouse 300QX401-5	Yr.Iss.	1981	3.00	35

1981 Frosted Images - Keepsake

YEAR ISSUE		EDITION LIMIT	YEAR RETD.	ISSUE PRICE	QUOTE U.S.$
1981	Angel 400QX509-5	Yr.Iss.	1981	4.00	33
1981	Mouse 400QX508-2	Yr.Iss.	1981	4.00	25
1981	Snowman 400QX510-2	Yr.Iss.	1981	4.00	25

1981 Hand Crafted Ornaments - Keepsake

YEAR ISSUE		EDITION LIMIT	YEAR RETD.	ISSUE PRICE	QUOTE U.S.$
1981	Candyville Express 750QX418-2	Yr.Iss.	1981	7.50	83-95
1981	Checking It Twice 2250QX158-4	Yr.Iss.	1981	23.00	195
1981	Christmas Dreams 1200QX437-5	Yr.Iss.	1981	12.00	200-225
1981	Christmas Fantasy 1300QX155-4	Yr.Iss.	1982	13.00	68-85
1981	Dough Angel 550QX139-6	Yr.Iss.	1981	5.50	80
1981	Drummer Boy 250QX148-1	Yr.Iss.	1981	2.50	45
1981	The Friendly Fiddler 800QX434-2	Yr.Iss.	1981	8.00	75
1981	A Heavenly Nap 650QX139-4	Yr.Iss.	1981	6.50	50
1981	Ice Fairy 650QX431-5	Yr.Iss.	1981	6.50	85-95
1981	The Ice Sculptor 800QX432-2	Yr.Iss.	1982	8.00	85-100
1981	Love and Joy 900QX425-2	Yr.Iss.	1981	9.00	95
1981	Mr. & Mrs. Claus 1200QX448-5	Yr.Iss.	1981	12.00	115-125
1981	Sailing Santa 1300QX439-5	Yr.Iss.	1981	13.00	175-225
1981	Space Santa 650QX430-2	Yr.Iss.	1981	6.50	65-110
1981	St. Nicholas 550QX446-2	Yr.Iss.	1981	5.50	40-50
1981	Star Swing 550QX421-5	Yr.Iss.	1981	5.50	60
1981	Topsy-Turvy Tunes 750QX429-5	Yr.Iss.	1981	7.50	66-80
1981	A Well-Stocked Stocking 900QX154-7	Yr.Iss.	1981	9.00	85

1981 Holiday Chimes - Keepsake

YEAR ISSUE		EDITION LIMIT	YEAR RETD.	ISSUE PRICE	QUOTE U.S.$
1981	Santa Mobile 550QX136-1	Yr.Iss.	1981	5.50	40
1981	Snowflake Chimes 550QX165-4	Yr.Iss.	1981	5.50	25
1981	Snowman Chimes 550QX445-5	Yr.Iss.	1981	5.50	23-30

1981 Holiday Highlights - Keepsake

YEAR ISSUE		EDITION LIMIT	YEAR RETD.	ISSUE PRICE	QUOTE U.S.$
1981	Christmas Star 550QX501-5	Yr.Iss.	1981	5.50	14-30
1981	Shepherd Scene 550QX500-2	Yr.Iss.	1981	5.50	27

1981 Little Trimmers - Keepsake

YEAR ISSUE		EDITION LIMIT	YEAR RETD.	ISSUE PRICE	QUOTE U.S.$
1981	Clothespin Drummer Boy 450QX408-2	Yr.Iss.	1981	4.50	25-45
1981	Jolly Snowman 350QX407-5	Yr.Iss.	1981	3.50	36-60
1981	Perky Penguin 350QX409-5	Yr.Iss.	1982	3.50	45-60
1981	Puppy Love 350QX406-2	Yr.Iss.	1981	3.50	25-40
1981	The Stocking Mouse 450QX412-2	Yr.Iss.	1981	4.50	82-115

1981 Plush Animals - Keepsake

YEAR ISSUE		EDITION LIMIT	YEAR RETD.	ISSUE PRICE	QUOTE U.S.$
1981	Christmas Teddy 500QX404-2	Yr.Iss.	1981	5.50	22
1981	Raccoon Tunes 550QX405-5	Yr.Iss.	1981	5.50	15-23

1981 Property Ornaments - Keepsake

YEAR ISSUE		EDITION LIMIT	YEAR RETD.	ISSUE PRICE	QUOTE U.S.$
1981	Betsey Clark 900QX423-5	Yr.Iss.	1981	9.00	50-75
1981	Betsey Clark Cameo 850QX512-2	Yr.Iss.	1981	8.50	20-30
1981	Betsey Clark-Ninth Edition450QX 802-2	Yr.Iss.	1981	4.50	23-33
1981	Disney 450QX805-5	Yr.Iss.	1981	4.50	13-30
1981	The Divine Miss Piggy 1200QX425-5	Yr.Iss.	1982	12.00	80-95
1981	Joan Walsh Anglund 450QX804-2	Yr.Iss.	1981	4.50	10-23
1981	Kermit the Frog 900QX424-2	Yr.Iss.	1981	9.00	80-95
1981	Marty Links 450QX808-2	Yr.Iss.	1981	4.50	7-20
1981	Mary Hamilton 450QX806-2	Yr.Iss.	1981	4.50	10-20
1981	Muppets 450QX807-5	Yr.Iss.	1981	4.50	15-35
1981	Peanuts 450QX803-5	Yr.Iss.	1981	4.50	14-33

1982 Brass Ornaments - Keepsake

YEAR ISSUE		EDITION LIMIT	YEAR RETD.	ISSUE PRICE	QUOTE U.S.$
1982	Brass Bell 1200QX460-6	Yr.Iss.	1982	12.00	20
1982	Santa and Reindeer 900QX467-6	Yr.Iss.	1982	9.00	40-50
1982	Santa's Sleigh 900QX478-6	Yr.Iss.	1982	9.00	14-35

1982 Collectible Series - Keepsake

YEAR ISSUE		EDITION LIMIT	YEAR RETD.	ISSUE PRICE	QUOTE U.S.$
1982	The Bellringer-4th Ed. 1500QX455-6	Yr.Iss.	1982	15.00	80-100
1982	Carrousel Series-5th Ed. 1000QX478-3	Yr.Iss.	1982	10.00	90-100
1982	Clothespin Soldier-1st Ed 500QX458-3	Yr.Iss.	1982	5.00	105-125
1982	Frosty Friends-3rd Ed. 800QX452-3	Yr.Iss.	1982	8.00	270-300
1982	Here Comes Santa-4th Edition 1500QX464-3	Yr.Iss.	1982	15.00	72-125
1982	Holiday Wildlife-1st Ed. 700QX313-3	Yr.Iss.	1982	7.00	340-375
1982	Rocking Horse-2nd Ed. 1000QX 502-3	Yr.Iss.	1982	10.00	375-425
1982	Snoopy and Friends-4th Ed. 1000QX478-3	Yr.Iss.	1982	13.00	75-85
1982	Thimble-5th Edition 500QX451-3	Yr.Iss.	1982	5.00	60-75
1982	Tin Locomotive-1st Ed. 1300QX460-3	Yr.Iss.	1982	13.00	400-600

1982 Colors of Christmas - Keepsake

YEAR ISSUE		EDITION LIMIT	YEAR RETD.	ISSUE PRICE	QUOTE U.S.$
1982	Nativity 450QX308-3	Yr.Iss.	1982	4.50	37-50
1982	Santa's Flight 450QX308-6	Yr.Iss.	1982	4.50	45

1982 Commemoratives - Keepsake

YEAR ISSUE		EDITION LIMIT	YEAR RETD.	ISSUE PRICE	QUOTE U.S.$
1982	25th Christmas Together 450QX211-6	Yr.Iss.	1982	4.50	6-20
1982	50th Christmas Together 450QX212-3	Yr.Iss.	1982	4.50	6-20
1982	Baby's First Christmas (Boy)450QX 216-3	Yr.Iss.	1982	4.50	19-25
1982	Baby's First Christmas (Girl)450QX 207-3	Yr.Iss.	1982	4.50	20
1982	Baby's First Christmas 1300QX455-3	Yr.Iss.	1982	13.00	50
1982	Baby's First Christmas 550QX302-3	Yr.Iss.	1982	5.50	19-40
1982	Baby's First Christmas -Photoholder 650QX312-6	Yr.Iss.	1982	6.50	22
1982	Christmas Memories 650QX311-6	Yr.Iss.	1982	6.50	20
1982	Daughter 450QX204-6	Yr.Iss.	1982	4.50	21-35
1982	Father 450QX205-6	Yr.Iss.	1982	4.50	20
1982	First Christmas Together 450QX211-3	Yr.Iss.	1982	4.50	35
1982	First Christmas Together 550QX302-6	Yr.Iss.	1982	5.50	8-20
1982	First Christmas Together 850QX306-6	Yr.Iss.	1982	8.50	14-35
1982	First Christmas Together-Locket 1500QX456-3	Yr.Iss.	1982	15.00	25-40
1982	Friendship 450QX208-6	Yr.Iss.	1982	4.50	8-20
1982	Friendship 550QX304-6	Yr.Iss.	1982	5.50	15-25
1982	Godchild 450QX222-6	Yr.Iss.	1982	4.50	10-20
1982	Granddaughter 450QX224-3	Yr.Iss.	1982	4.50	12-30
1982	Grandfather 450QX207-6	Yr.Iss.	1982	4.50	8-20
1982	Grandmother 450QX200-3	Yr.Iss.	1982	4.50	7-18
1982	Grandparents 450QX214-6	Yr.Iss.	1982	4.50	12-18
1982	Grandson 450QX224-6	Yr.Iss.	1982	4.50	11-30
1982	Love 450QX209-6	Yr.Iss.	1982	4.50	8-20
1982	Love 550QX304-3	Yr.Iss.	1982	5.50	30
1982	Moments of Love 450QX209-3	Yr.Iss.	1982	4.50	7-18
1982	Mother 450QX205-3	Yr.Iss.	1982	4.50	8-20
1982	Mother and Dad 450QX222-3	Yr.Iss.	1982	4.50	7-18
1982	New Home 450QX212-6	Yr.Iss.	1982	4.50	8-20
1982	Sister 450QX208-3	Yr.Iss.	1982	4.50	13-30
1982	Son 450QX204-3	Yr.Iss.	1982	4.50	10-30
1982	Teacher 450QX214-3	Yr.Iss.	1982	4.50	6-15
1982	Teacher 650QX312-3	Yr.Iss.	1982	6.50	18
1982	Teacher-Apple 550QX301-6	Yr.Iss.	1982	5.50	8-15

1982 Decorative Ball Ornaments - Keepsake

YEAR ISSUE		EDITION LIMIT	YEAR RETD.	ISSUE PRICE	QUOTE U.S.$
1982	Christmas Angel 450QX220-6	Yr.Iss.	1982	4.50	25
1982	Currier & Ives 450QX201-3	Yr.Iss.	1982	4.50	10-23
1982	Santa 450QX221-6	Yr.Iss.	1982	4.50	12-20
1982	Season for Caring 450QX221-3	Yr.Iss.	1982	4.50	23

1982 Designer Keepsakes - Keepsake

YEAR ISSUE		EDITION LIMIT	YEAR RETD.	ISSUE PRICE	QUOTE U.S.$
1982	Merry Christmas 450QX225-6	Yr.Iss.	1982	4.50	7-19
1982	Old Fashioned Christmas 450QX227-6	Yr.Iss.	1982	4.50	40
1982	Old World Angels 450QX226-3	Yr.Iss.	1982	4.50	22
1982	Patterns of Christmas 450QX226-6	Yr.Iss.	1982	4.50	14-23
1982	Stained Glass 450QX228-3	Yr.Iss.	1982	4.50	12-22
1982	Twelve Days of Christmas 450QX203-6	Yr.Iss.	1982	4.50	30

1982 Handcrafted Ornaments - Keepsake

YEAR ISSUE		EDITION LIMIT	YEAR RETD.	ISSUE PRICE	QUOTE U.S.$
1982	Baroque Angel 1500QX456-6	Yr.Iss.	1982	15.00	175
1982	Christmas Fantasy 1300QX155-4	Yr.Iss.	1982	13.00	59
1982	Cloisonne Angel 1200QX145-4	Yr.Iss.	1982	12.00	95
1982	Cowboy Snowman 800QX480-6	Yr.Iss.	1982	8.00	50
1982	Cycling Santa 2000QX435-5	Yr.Iss.	1983	20.00	110-150
1982	Elfin Artist 900QX457-3	Yr.Iss.	1982	9.00	42-50
1982	Embroidered Tree - 650QX494-6	Yr.Iss.	1982	6.50	40
1982	Ice Sculptor 800QX432-2	Yr.Iss.	1982	8.00	75
1982	The Ice Sculptor 800QX432-2	Yr.Iss.	1982	8.00	85-95
1982	Jogging Santa 800QX457-6	Yr.Iss.	1982	8.00	32-50
1982	Jolly Christmas Tree 650QX465-3	Yr.Iss.	1982	6.50	78-100
1982	Peeking Elf 650QX419-5	Yr.Iss.	1982	6.50	25-40
1982	Pinecone Home 800QX461-3	Yr.Iss.	1982	8.00	110-175
1982	Raccoon Surprises 900QX479-3	Yr.Iss.	1982	9.00	125-145
1982	Santa Bell 1500QX148-7	Yr.Iss.	1982	15.00	40-60
1982	Santa's Workshop 1000QX450-3	Yr.Iss.	1983	10.00	75-85
1982	The Spirit of Christmas 1000QX452-6	Yr.Iss.	1982	10.00	105-125
1982	Three Kings 850QX307-3	Yr.Iss.	1982	8.50	17-25
1982	Tin Soldier 650QX483-6	Yr.Iss.	1982	6.50	27-45

1982 Holiday Chimes - Keepsake

YEAR ISSUE		EDITION LIMIT	YEAR RETD.	ISSUE PRICE	QUOTE U.S.$
1982	Bell Chimes 550QX494-3	Yr.Iss.	1982	5.50	30
1982	Tree Chimes 550QX484-6	Yr.Iss.	1982	5.50	50

1982 Holiday Highlights - Keepsake

YEAR ISSUE		EDITION LIMIT	YEAR RETD.	ISSUE PRICE	QUOTE U.S.$
1982	Angel 550QX309-6	Yr.Iss.	1982	5.50	15-30
1982	Christmas Magic 550QX311-3	Yr.Iss.	1982	5.50	22-29
1982	Christmas Sleigh 550QX309-3	Yr.Iss.	1982	5.50	75

1982 Ice Sculptures - Keepsake

YEAR ISSUE		EDITION LIMIT	YEAR RETD.	ISSUE PRICE	QUOTE U.S.$
1982	Arctic Penguin 400QX300-3	Yr.Iss.	1982	4.00	7-19
1982	Snowy Seal 400QX300-6	Yr.Iss.	1982	4.00	12-19

1982 Little Trimmers - Keepsake

YEAR ISSUE		EDITION LIMIT	YEAR RETD.	ISSUE PRICE	QUOTE U.S.$
1982	Christmas Kitten 400QX454-3	Yr.Iss.	1983	4.00	38
1982	Christmas Owl 450QX131-4	Yr.Iss.	1982	4.50	35
1982	Cookie Mouse 450QX454-6	Yr.Iss.	1982	4.50	48-60
1982	Dove Love 450QX462-3	Yr.Iss.	1982	4.50	32-55
1982	Jingling Teddy 400QX477-6	Yr.Iss.	1982	4.00	23-40
1982	Merry Moose 550QX415-5	Yr.Iss.	1982	5.50	38-60
1982	Musical Angel 550QX459-6	Yr.Iss.	1982	5.50	112-125
1982	Perky Penguin 400QX409-5	Yr.Iss.	1982	4.00	35

1982 Property Ornaments - Keepsake

YEAR ISSUE		EDITION LIMIT	YEAR RETD.	ISSUE PRICE	QUOTE U.S.$
1982	Betsey Clark 850QX305-6	Yr.Iss.	1982	8.50	25
1982	Betsey Clark-10th edition 450QX215-6	Yr.Iss.	1982	4.50	22-33
1982	Disney 450QX217-3	Yr.Iss.	1982	4.50	20-35
1982	The Divine Miss Piggy 1200QX425-5	Yr.Iss.	1982	12.00	125
1982	Joan Walsh Anglund 450QX219-3	Yr.Iss.	1982	4.50	8-20
1982	Kermit the Frog 1100QX495-6	Yr.Iss.	1982	11.00	61-95
1982	Mary Hamilton 450QX217-6	Yr.Iss.	1982	4.50	10-20
1982	Miss Piggy and Kermit 450QX218-3	Yr.Iss.	1982	4.50	28-40
1982	Muppets Party 450QX218-6	Yr.Iss.	1982	4.50	31-40
1982	Norman Rockwell 450QX202-3	Yr.Iss.	1982	4.50	10-28
1982	Norman Rockwell-3rd ed.850QX305-3	Yr.Iss.	1982	8.50	10-30
1982	Peanuts 450QX200-6	Yr.Iss.	1982	4.50	13-33

1983 Collectible Series - Keepsake

YEAR ISSUE		EDITION LIMIT	YEAR RETD.	ISSUE PRICE	QUOTE U.S.$
1983	The Bellringer-5th Edition1500QX 403-9	Yr.Iss.	1983	15.00	85-135
1983	Carrousel-6th Edition 1100QX401-9	Yr.Iss.	1983	11.00	50
1983	Clothespin Soldier-2nd Edition 500QX402-9	Yr.Iss.	1983	5.00	34-50
1983	Frosty Friends-4th Edition 800QX400-7	Yr.Iss.	1983	8.00	215-275
1983	Here Comes Santa-5th Edition 1300QX 403-7	Yr.Iss.	1983	13.00	250-295
1983	Holiday Wildlife-2nd Edition 700QX 309-9	Yr.Iss.	1983	7.00	51-75
1983	Porcelain Bear-1st Edition 700QX428-9	Yr.Iss.	1983	7.00	73-85
1983	Rocking Horse-3rd Edition 1000QX417-7	Yr.Iss.	1983	10.00	250-295
1983	Snoopy and Friends-5th Ed.1300QX416-9	Yr.Iss.	1983	13.00	85
1983	Thimble - 6th Edition 500QX401-7	Yr.Iss.	1983	5.00	29-40
1983	Tin Locomotive - 2nd Edition 1300QX404-9	Yr.Iss.	1983	13.00	295

1983 Commemoratives - Keepsake

YEAR ISSUE		EDITION LIMIT	YEAR RETD.	ISSUE PRICE	QUOTE U.S.$
1983	25th Christmas Together 450QX224-7	Yr.Iss.	1983	4.50	18
1983	Baby's First Christmas 1400QX402-7	Yr.Iss.	1983	14.00	30-40
1983	Baby's First Christmas 450QX200-7	Yr.Iss.	1983	4.50	23-30
1983	Baby's First Christmas 450QX200-9	Yr.Iss.	1983	4.50	21-29
1983	Baby's First Christmas 700QX302-9	Yr.Iss.	1983	7.00	25
1983	Baby's First Christmas 750QX301-9	Yr.Iss.	1983	7.50	9-18
1983	Baby's Second Christmas 450QX226-7	Yr.Iss.	1983	4.50	27 35
1983	Child's Third Christmas 450QX226-9	Yr.Iss.	1983	4.50	25
1983	Daughter 450QX203-7	Yr.Iss.	1983	4.50	26-43
1983	First Christmas Together 450QX208-9	Yr.Iss.	1983	4.50	30
1983	First Christmas Together 600QX306-9	Yr.Iss.	1983	6.00	12-25
1983	First Christmas Together 600QX310-7	Yr.Iss.	1983	6.00	15-40
1983	First Christmas Together 750QX301-7	Yr.Iss.	1983	7.50	12-25
1983	First Christmas Together-Brass Locket 1500QX 432-9	Yr.Iss.	1983	15.00	20-40
1983	Friendship 450QX207-7	Yr.Iss.	1983	4.50	20
1983	Friendship 600QX305-9	Yr.Iss.	1983	6.00	8-20
1983	Godchild 450QX201-7	Yr.Iss.	1983	4.50	12-18
1983	Grandchild's First Christmas 400QX430-9	Yr.Iss.	1983	14.00	20-38
1983	Grandchild's First Christmas 600QX 312-9	Yr.Iss.	1983	6.00	10-23
1983	Granddaughter 450QX202-7	Yr.Iss.	1983	4.50	30
1983	Grandmother 450QX205-7	Yr.Iss.	1983	4.50	10-20
1983	Grandparents 650QX429-9	Yr.Iss.	1983	6.50	10-22
1983	Grandson 450QX201-9	Yr.Iss.	1983	4.50	12-30
1983	Love 1300QX422-7	Yr.Iss.	1983	13.00	16-40
1983	Love 450QX207-9	Yr.Iss.	1983	4.50	43
1983	Love 600QX305-7	Yr.Iss.	1983	6.00	9-20
1983	Love 600QX310-9	Yr.Iss.	1983	6.00	40
1983	Love Is a Song 450QX223-9	Yr.Iss.	1983	4.50	30
1983	Mom and Dad 650QX429-7	Yr.Iss.	1983	6.50	14-25
1983	Mother 600QX306-7	Yr.Iss.	1983	6.00	20
1983	New Home 450QX210-7	Yr.Iss.	1983	4.50	8-32
1983	Sister 450QX206-9	Yr.Iss.	1983	4.50	23
1983	Son 450QX202-9	Yr.Iss.	1983	4.50	27-35
1983	Teacher 450QX224-9	Yr.Iss.	1983	4.50	15
1983	Teacher 600QX304-9	Yr.Iss.	1983	6.00	13
1983	Tenth Christmas Together 650QX430-7	Yr.Iss.	1983	6.50	12-25

1983 Crown Classics - Keepsake

YEAR ISSUE		EDITION LIMIT	YEAR RETD.	ISSUE PRICE	QUOTE U.S.$
1983	Enameled Christmas Wreath 900QX 311-9	Yr.Iss.	1983	9.00	7-15
1983	Memories to Treasure 700QX303-7	Yr.Iss.	1983	7.00	25
1983	Mother and Child 750QX302-7	Yr.Iss.	1983	7.50	20-40

1983 Decorative Ball Ornaments - Keepsake

YEAR ISSUE		EDITION LIMIT	YEAR RETD.	ISSUE PRICE	QUOTE U.S.$
1983	1983 450QX220-9	Yr.Iss.	1983	4.50	20
1983	Angels 500QX219-7	Yr.Iss.	1983	5.00	24
1983	The Annunciation 450QX216-7	Yr.Iss.	1983	4.50	30
1983	Christmas Joy 450QX216-9	Yr.Iss.	1983	4.50	12-30
1983	Christmas Wonderland 450QX221-9	Yr.Iss.	1983	4.50	95
1983	Currier & Ives 450QX215-9	Yr.Iss.	1983	4.50	8-19
1983	Here Comes Santa 450QX217-7	Yr.Iss.	1983	4.50	40
1983	An Old Fashioned Christmas 450QX2217-9	Yr.Iss.	1983	4.50	30
1983	Oriental Butterflies 450QX218-7	Yr.Iss.	1983	4.50	30
1983	Season's Greeting 450QX219-9	Yr.Iss.	1983	4.50	10-22
1983	The Wise Men 450QX220-7	Yr.Iss.	1983	4.50	30-40

1983 Handcrafted Ornaments - Keepsake

YEAR ISSUE		EDITION LIMIT	YEAR RETD.	ISSUE PRICE	QUOTE U.S.$
1983	Angel Messenger 650QX408-7	Yr.Iss.	1983	6.50	85-95
1983	Baroque Angels 1300QX422-9	Yr.Iss.	1983	13.00	130
1983	Bell Wreath 650QX420-9	Yr.Iss.	1983	6.50	35
1983	Brass Santa 900QX423-9	Yr.Iss.	1983	9.00	23
1983	Caroling Owl 450QX411-7	Yr.Iss.	1983	4.50	35-40
1983	Christmas Kitten 400QX454-3	Yr.Iss.	1983	4.00	35
1983	Christmas Koala 400QX419-9	Yr.Iss.	1983	4.00	20-32
1983	Cycling Santa 2000QX435-5	Yr.Iss.	1983	20.00	195
1983	Embroidered Heart 650QX421-7	Yr.Iss.	1983	6.50	25
1983	Embroidered Stocking 650QX479-6	Yr.Iss.	1983	6.50	10 22
1983	Hitchhiking Santa 800QX424-7	Yr.Iss.	1983	8.00	40
1983	Holiday Puppy 350QX412-7	Yr.Iss.	1983	3.50	15-30
1983	Jack Frost 900QX407-9	Yr.Iss.	1983	9.00	60
1983	Jolly Santa 350QX425-9	Yr.Iss.	1983	3.50	20-35
1983	Madonna and Child 1200QX428-7	Yr.Iss.	1983	12.00	26-45
1983	Mailbox Kitten 650QX415-7	Yr.Iss.	1983	6.50	40-60
1983	Mountain Climbing Santa 650QX407-7	Yr.Iss.	1984	6.50	21-40
1983	Mouse in Bell 1000QX419-7	Yr.Iss.	1983	10.00	65
1983	Mouse on Cheese 650QX413-7	Yr.Iss.	1983	6.50	30-50
1983	Old-Fashioned Santa 1100QX409-9	Yr.Iss.	1983	11.00	54-65
1983	Peppermint Penguin 650QX408-9	Yr.Iss.	1983	6.50	28-50
1983	Porcelain Doll, Diana 900QX423-7	Yr.Iss.	1983	9.00	16-33
1983	Rainbow Angel 550QX416-7	Yr.Iss.	1983	5.50	112-125
1983	Santa's Many Faces 600QX311-6	Yr.Iss.	1983	6.00	30
1983	Santa's on His Way 1000QX426-9	Yr.Iss.	1983	10.00	35
1983	Santa's Workshop 1000QX450-3	Yr.Iss.	1983	10.00	60
1983	Scrimshaw Reindeer 800QX424-9	Yr.Iss.	1983	8.00	16-35
1983	Skating Rabbit 800QX409-7	Yr.Iss.	1983	8.00	55
1983	Ski Lift Santa 800QX418-7	Yr.Iss.	1983	8.00	50-75
1983	Skiing Fox 800QX420-7	Yr.Iss.	1983	8.00	30-38
1983	Sneaker Mouse 450QX400-9	Yr.Iss.	1983	4.50	25-40
1983	Tin Rocking Horse 650QX414-9	Yr.Iss.	1983	6.50	50
1983	Unicorn 1000QX426-7	Yr.Iss.	1983	10.00	35-65

1983 Holiday Highlights - Keepsake

YEAR ISSUE		EDITION LIMIT	YEAR RETD.	ISSUE PRICE	QUOTE U.S.$
1983	Christmas Stocking 600Qx303-9	Yr.Iss.	1983	6.00	15-40
1983	Star of Peace 600QX304-7	Yr.Iss.	1983	6.00	20
1983	Time for Sharing 600QX307-7	Yr.Iss.	1983	6.00	40

1983 Holiday Sculptures - Keepsake

YEAR ISSUE		EDITION LIMIT	YEAR RETD.	ISSUE PRICE	QUOTE U.S.$
1983	Heart 400QX307-9	Yr.Iss.	1983	4.00	50
1983	Santa 400QX308-7	Yr.Iss.	1983	4.00	17-35

1983 Property Ornaments - Keepsake

YEAR ISSUE		EDITION LIMIT	YEAR RETD.	ISSUE PRICE	QUOTE U.S.$
1983	Betsey Clark 650QX404-7	Yr.Iss.	1983	6.50	35
1983	Betsey Clark 900QX440-1	Yr.Iss.	1983	9.00	32
1983	Betsey Clark-11th Edition 450QX211-9	Yr.Iss.	1983	4.50	30
1983	Disney 450QX212-9	Yr.Iss.	1983	4.50	50
1983	Kermit the Frog 1100QX495-6	Yr.Iss.	1983	11.00	35
1983	Mary Hamilton 450QX213-7	Yr.Iss.	1983	4.50	40
1983	Miss Piggy 1300QX405-7	Yr.Iss.	1983	13.00	225
1983	The Muppets 450QX214-7	Yr.Iss.	1983	4.50	40-50
1983	Norman Rockwell 450QX215-7	Yr.Iss.	1983	4.50	50
1983	Norman Rockwell-4th Ed. 750QX 300-7	Yr.Iss.	1983	7.50	35
1983	Peanuts 450QX212-7	Yr.Iss.	1983	4.50	13-30
1983	Shirt Tales 450QX214-9	Yr.Iss.	1983	4.50	25

1984 Collectible Series - Keepsake

YEAR ISSUE		EDITION LIMIT	YEAR RETD.	ISSUE PRICE	QUOTE U.S.$
1984	Art Masterpiece - 1st Edition 650QX349-4	Yr.Iss.	1984	6.50	18
1984	The Bellringer - 6th & Final Edition 1500QX438-4	Yr.Iss.	1984	15.00	30-45
1984	Betsey Clark - 12th Edition 500QX249-4	Yr.Iss.	1984	5.00	25-35
1984	Clothespin Soldier -3rd Edition 500QX447-1	Yr.Iss.	1984	5.00	20-30
1984	Frosty Friends -5th Edition 800QX437-1	Yr.Iss.	1984	8.00	55-85
1984	Here Comes Santa -6th Edition 1300QX438-4	Yr.Iss.	1984	13.00	60-90
1984	Holiday Wildlife - 3rd Edition 725QX 347-4	Yr.Iss.	1984	7.25	20-30
1984	Norman Rockwell - 5th Edition 750QX341-1	Yr.Iss.	1984	7.50	24-35
1984	Nostalgic Houses and Shops-1st Edition 1300QX 448-1	Yr.Iss.	1984	13.00	160-200
1984	Porcelain Bear- 2nd Edition 700QX454-1	Yr.Iss.	1984	7.00	34-50
1984	Rocking Horse - 4th Edition 1000QX435-4	Yr.Iss.	1984	10.00	54-80
1984	Thimble - 7th Edition 500QX430-4	Yr.Iss.	1984	5.00	40-60
1984	Tin Locomotive- 3rd Edition 1400QX440-4	Yr.Iss.	1984	14.00	62-90
1984	The Twelve Days of Christmas- 1st Edition 600QX 3484	Yr.Iss.	1984	6.00	240-450
1984	Wood Childhood Ornaments- 1st Edition 650QX 439-4	Yr.Iss.	1984	6.50	40-50

1984 Commemoratives - Keepsake

YEAR ISSUE		EDITION LIMIT	YEAR RETD.	ISSUE PRICE	QUOTE U.S.$
1984	Baby's First Christmas 1400QX438-1	Yr.Iss.	1984	14.00	38-50
1984	Baby's First Christmas 1600QX904-1	Yr.Iss.	1984	16.00	50
1984	Baby's First Christmas 600QX340-1	Yr.Iss.	1984	6.00	10-40
1984	Baby's First Christmas 700QX300-1	Yr.Iss.	1984	7.00	10-20
1984	Baby's First Christmas-Boy 450QX240-4	Yr.Iss.	1984	4.50	21-28
1984	Baby's First Christmas-Girl 450QX340-1	Yr.Iss.	1984	4.50	21-28
1984	Baby's Second Christmas 450QX241-1	Yr.Iss.	1984	4.50	20-40
1984	Baby-sitter 450QX253-1	Yr.Iss.	1984	4.50	6-14
1984	Child's Third Christmas 450QX261-1	Yr.Iss.	1984	4.50	20
1984	Daughter 450QX244-4	Yr.Iss.	1984	4.50	22-30
1984	Father 600QX257-1	Yr.Iss.	1984	6.00	20
1984	First Christmas Together 1500QX436-4	Yr.Iss.	1984	15.00	12-40
1984	First Christmas Together 1600QX904-4	Yr.Iss.	1984	16.00	40
1984	First Christmas Together 450QX245-1	Yr.Iss.	1984	4.50	11-25
1984	First Christmas Together 600QX342-1	Yr.Iss.	1984	6.00	7-22
1984	First Christmas Together 750QX340-4	Yr.Iss.	1984	7.50	11-25
1984	Friendship 450QX248-1	Yr.Iss.	1984	4.50	15
1984	From Our Home to Yours 450QX248-4	Yr.Iss.	1984	4.50	50
1984	The Fun of Friendship 600QX343-1	Yr.Iss.	1984	6.00	10-34
1984	A Gift of Friendship 450QX260-4	Yr.Iss.	1984	4.50	25
1984	Godchild 450QX242-1	Yr.Iss.	1984	4.50	20
1984	Grandchild's First Christmas110QX460-1	Yr.Iss.	1984	11.00	30
1984	Grandchild's First Christmas450QX257-4	Yr.Iss.	1984	4.50	7-17
1984	Granddaughter 450QX243-1	Yr.Iss.	1984	4.50	30
1984	Grandmother 450QX244-1	Yr.Iss.	1984	4.50	13-18
1984	Grandparents 450QX256-1	Yr.Iss.	1984	4.50	18
1984	Grandson 450QX242-4	Yr.Iss.	1984	4.50	18-30
1984	Gratitude 600QX344-4	Yr.Iss.	1984	6.00	12
1984	Heartful of Love 1000QX443-4	Yr.Iss.	1984	10.00	45
1984	Love 450QX255-4	Yr.Iss.	1984	4.50	13-25

CHRISTMAS ORNAMENTS

YEAR ISSUE		EDITION LIMIT	YEAR RETD.	ISSUE PRICE	QUOTE U.S.$
1984	Love...the Spirit of Christmas450QX247-4	Yr.Iss.	1984	4.50	8-32
1984	The Miracle of Love 600QX342-4	Yr.Iss.	1984	6.00	33
1984	Mother 600QX343-4	Yr.Iss.	1984	6.00	18
1984	Mother and Dad 650QX258-1	Yr.Iss.	1984	6.50	12-25
1984	New Home 450QX245-4	Yr.Iss.	1984	4.50	95
1984	Sister 650QX259-4	Yr.Iss.	1984	6.50	20-32
1984	Son 450QX243-4	Yr.Iss.	1984	4.50	10-30
1984	Teacher 450QX249-1	Yr.Iss.	1984	4.50	5-15
1984	Ten Years Together 650QX258-4	Yr.Iss.	1984	6.50	11-25
1984	Twenty-Five Years Together650QX259-1	Yr.Iss.	1984	6.50	20

1984 Holiday Humor - Keepsake

YEAR ISSUE		EDITION LIMIT	YEAR RETD.	ISSUE PRICE	QUOTE U.S.$
1984	Bell Ringer Squirrel 1000QX443-1	Yr.Iss.	1984	10.00	20-40
1984	Christmas Owl 600QX444-1	Yr.Iss.	1984	6.00	20-32
1984	A Christmas Prayer 450QX246-1	Yr.Iss.	1984	4.50	10-23
1984	Flights of Fantasy 450QX256-4	Yr.Iss.	1984	4.50	20
1984	Fortune Cookie Elf 450QX452-4	Yr.Iss.	1984	4.50	35-40
1984	Frisbee Puppy 500QX444-4	Yr.Iss.	1984	5.00	40-50
1984	Marathon Santa 800QX456-4	Yr.Iss.	1984	8.00	40
1984	Mountain Climbing Santa 650QX407-7	Yr.Iss.	1984	6.50	35
1984	Musical Angel 550QX434-4	Yr.Iss.	1984	5.50	70
1984	Napping Mouse 550QX435-1	Yr.Iss.	1984	5.50	38-50
1984	Peppermint 1984 450Q452-1	Yr.Iss.	1984	4.50	50-65
1984	Polar Bear Drummer 450QX430-1	Yr.Iss.	1984	4.50	30
1984	Raccoon's Christmas 900QX447-7	Yr.Iss.	1984	9.00	34-55
1984	Reindeer Racetrack 450QX254-4	Yr.Iss.	1984	4.50	10-23
1984	Roller Skating Rabbit 500QX457-1	Yr.Iss.	1985	5.00	18-35
1984	Santa Mouse 450QX433-4	Yr.Iss.	1984	4.50	50
1984	Santa Star 550QX450-4	Yr.Iss.	1984	5.50	33-40
1984	Snowmobile Santa 650QX431-4	Yr.Iss.	1984	6.50	35-40
1984	Snowshoe Penguin 650QX453-1	Yr.Iss.	1984	6.50	50-60
1984	Snowy Seal 400QX450-1	Yr.Iss.	1985	4.00	12-24
1984	Three Kittens in a Mitten 800QX431-1	Yr.Iss.	1985	8.00	30-50

1984 Keepsake Magic Ornaments - Keepsake

YEAR ISSUE		EDITION LIMIT	YEAR RETD.	ISSUE PRICE	QUOTE U.S.$
1984	All Are Precious 800QLX704-1	Yr.Iss.	1985	8.00	25
1984	Brass Carrousel 900QLX707-1	Yr.Iss.	1984	9.00	95
1984	Christmas in the Forest 800QLX703-4	Yr.Iss.	1984	8.00	14-20
1984	City Lights 1000QLX701-4	Yr.Iss.	1984	10.00	50
1984	Nativity 1200 QLX700-1	Yr.Iss.	1985	12.00	18-30
1984	Santa's Arrival 1300QLX702-4	Yr.Iss.	1984	13.00	45-65
1984	Santa's Workshop 1300QLX700-4	Yr.Iss.	1985	13.00	45-63
1984	Stained Glass 800QLX703-1	Yr.Iss.	1984	8.00	20
1984	Sugarplum Cottage 1100QLX701-1	Yr.Iss.	1986	11.00	45
1984	Village Church 1500QLX702-1	Yr.Iss.	1985	15.00	35-50

1984 Limited Edition - Keepsake

YEAR ISSUE		EDITION LIMIT	YEAR RETD.	ISSUE PRICE	QUOTE U.S.$
1984	Classical Angel 2750QX459-1	Yr.Iss.	1984	28.00	105

1984 Property Ornaments - Keepsake

YEAR ISSUE		EDITION LIMIT	YEAR RETD.	ISSUE PRICE	QUOTE U.S.$
1984	Betsey Clark Angel 900QX462-4	Yr.Iss.	1984	9.00	18-35
1984	Currier & Ives 450QX250-1	Yr.Iss.	1984	4.50	23
1984	Disney 450QX250-4	Yr.Iss.	1984	4.50	23-38
1984	Katybeth 900QX463-1	Yr.Iss.	1984	9.00	17-33
1984	Kit 550QX453-4	Yr.Iss.	1984	5.50	28
1984	Muffin 550QX442-1	Yr.Iss.	1984	5.50	25-33
1984	The Muppets 450QX251-4	Yr.Iss.	1984	4.50	12-35
1984	Norman Rockwell 450QX251-4	Yr.Iss.	1984	4.50	25
1984	Peanuts 450QX252-1	Yr.Iss.	1984	4.50	13-33
1984	Shirt Tales 450QX252-4	Yr.Iss.	1984	4.50	20
1984	Snoopy and Woodstock 750QX439-1	Yr.Iss.	1984	7.50	90

1984 Traditional Ornaments - Keepsake

YEAR ISSUE		EDITION LIMIT	YEAR RETD.	ISSUE PRICE	QUOTE U.S.$
1984	Alpine Elf 600QX452-1	Yr.Iss.	1984	6.00	32-40
1984	Amanda 900QX432-1	Yr.Iss.	1984	9.00	10-30
1984	Chickadee 600QX451-4	Yr.Iss.	1984	6.00	33-40
1984	Christmas Memories Photoholder 650QX300-4	Yr.Iss.	1984	6.50	25
1984	Cuckoo Clock 1000QX455-1	Yr.Iss.	1984	10.00	47
1984	Gift of Music 1500QX451-1	Yr.Iss.	1984	15.00	62-95
1984	Holiday Friendship 1300QX445-1	Yr.Iss.	1984	13.00	30
1984	Holiday Jester 1100QX437-4	Yr.Iss.	1984	11.00	20-35
1984	Holiday Starburst 500QX253-4	Yr.Iss.	1984	5.00	20
1984	Madonna and Child 600QX344-1	Yr.Iss.	1984	6.00	40
1984	Needlepoint Wreath 650QX459-4	Yr.Iss.	1984	6.50	7-15
1984	Nostalgic Sled 600QX442-4	Yr.Iss.	1984	6.00	12-30
1984	Old Fashioned Rocking Horse 750QX346-4	Yr.Iss.	1984	7.50	10-20
1984	Peace on Earth 750QX341-4	Yr.Iss.	1984	7.50	30
1984	Santa 750QX458-4	Yr.Iss.	1984	7.50	9-19
1984	Santa Sulky Driver 900QX436-1	Yr.Iss.	1984	9.00	18-35
1984	A Savior is Born 450X254-1	Yr.Iss.	1984	4.50	33
1984	Twelve Days of Christmas1500QX 415-9	Yr.Iss.	1984	15.00	95
1984	Uncle Sam 600QX449-1	Yr.Iss.	1984	6.00	50
1984	White Christmas 1600QX905-1	Yr.Iss.	1984	16.00	70-95

1985 Collectible Series - Keepsake

YEAR ISSUE		EDITION LIMIT	YEAR RETD.	ISSUE PRICE	QUOTE U.S.$
1985	Art Masterpiece-2nd Ed.675QX377-2	Yr.Iss.	1985	6.75	12-18
1985	Betsey Clark-13th & final Ed.500QX263-2	Yr.Iss.	1985	5.00	24-35
1985	Clothespin Soldier-4th Ed.550QX471-5	Yr.Iss.	1985	5.50	20-30
1985	Frosty Friends-6th Ed.850QX482-2	Yr.Iss.	1985	8.50	45-65
1985	Here Comes Santa-7th Ed.1400QX496-5	Yr.Iss.	1985	14.00	42-63
1985	Holiday Wildlife-4th Ed.750QX376-5	Yr.Iss.	1985	7.50	20-30
1985	Miniature Creche-1st Ed.875QX482-5	Yr.Iss.	1985	8.75	30-40
1985	Norman Rockwell-6th Ed.750QX374-5	Yr.Iss.	1985	7.50	22-33
1985	Nostalgic Houses and Shops-Second Ed.-1375QX497-5	Yr.Iss.	1985	13.75	70-110
1985	Porcelain Bear-3rd Ed.750QX479-2	Yr.Iss.	1985	7.50	36-60
1985	Rocking Horse-5th Ed.1075QX493-2	Yr.Iss.	1985	10.75	50-65
1985	Thimble-8th Ed.550QX472-5	Yr.Iss.	1985	5.50	24-35
1985	Tin Locomotive-4th Ed.1475QX497-2	Yr.Iss.	1985	14.75	54-80
1985	Twelve Days of Christmas-2nd Ed. 650QX371-2	Yr.Iss.	1985	6.50	47-70
1985	Windows of the World-1st Ed.975QX490-2	Yr.Iss.	1985	9.75	82-100
1985	Wood Childhood Ornaments-2nd Ed. 700QX472-2	Yr.Iss.	1985	7.00	33-50

1985 Commemoratives - Keepsake

YEAR ISSUE		EDITION LIMIT	YEAR RETD.	ISSUE PRICE	QUOTE U.S.$
1985	Baby Locket 1600QX401-2	Yr.Iss.	1985	16.00	35-38
1985	Baby's First Christmas 1500QX499-2	Yr.Iss.	1985	15.00	50
1985	Baby's First Christmas 1600QX499-5	Yr.Iss.	1985	16.00	22-45
1985	Baby's First Christmas 500QX260-2	Yr.Iss.	1985	5.00	19-25
1985	Baby's First Christmas 575QX370-2	Yr.Iss.	1985	5.75	22
1985	Baby's First Christmas 700QX478-2	Yr.Iss.	1985	7.00	18
1985	Baby's Second Christmas 600QX478-5	Yr.Iss.	1985	6.00	35
1985	Baby-sitter 475QX264-2	Yr.Iss.	1985	4.75	5-13
1985	Child's Third Christmas 600QX475-5	Yr.Iss.	1985	6.00	25-33
1985	Daughter 550QX503-2	Yr.Iss.	1985	5.50	15
1985	Father 650QX376-2	Yr.Iss.	1985	6.50	7-10
1985	First Christmas Together 1300QX493-5	Yr.Iss.	1985	13.00	17
1985	First Christmas Together 1675QX400-5	Yr.Iss.	1985	16.75	30
1985	First Christmas Together 475QX261-2	Yr.Iss.	1985	4.75	10-23
1985	First Christmas Together 675QX370-5	Yr.Iss.	1985	6.75	26
1985	First Christmas Together 800QX507-2	Yr.Iss.	1985	8.00	8-18
1985	Friendship 675QX378-5	Yr.Iss.	1985	6.75	12-20
1985	Friendship 775QX506-2	Yr.Iss.	1985	7.75	8-15
1985	From Our House to Yours 775QX520-2	Yr.Iss.	1985	7.75	8-15
1985	Godchild 675QX380-2	Yr.Iss.	1985	6.75	15
1985	Good Friends 475QX265-2	Yr.Iss.	1985	4.75	13-30
1985	Grandchild's First Christmas 1100QX495-5	Yr.Iss.	1985	11.00	11-24
1985	Grandchild's First Christmas 500QX260-5	Yr.Iss.	1985	5.00	15
1985	Granddaughter 475QX263-5	Yr.Iss.	1985	4.75	30
1985	Grandmother 475QX262-5	Yr.Iss.	1985	4.75	14
1985	Grandparents 700QX380-5	Yr.Iss.	1985	7.00	10
1985	Grandson 475QX262-2	Yr.Iss.	1985	4.75	30
1985	Heart Full of Love 675QX378-2	Yr.Iss.	1985	6.75	10-20
1985	Holiday Heart 800QX498-2	Yr.Iss.	1985	8.00	18-30
1985	Love at Christmas 575QX371-5	Yr.Iss.	1985	5.75	40
1985	Mother 675QX372-2	Yr.Iss.	1985	6.75	7-15
1985	Mother and Dad 775QX509-2	Yr.Iss.	1985	7.75	8-23
1985	New Home 475QX269-5	Yr.Iss.	1985	4.75	30
1985	Niece 575QX520-5	Yr.Iss.	1985	5.75	11
1985	Sister 725QX506-5	Yr.Iss.	1985	7.25	10-25
1985	Son 550QX502-5	Yr.Iss.	1985	5.50	45
1985	Special Friends 575QX372-5	Yr.Iss.	1985	5.75	10
1985	Teacher 600QX505-2	Yr.Iss.	1985	6.00	8-20
1985	Twenty-Five Years Together800QX500-5	Yr.Iss.	1985	8.00	20
1985	With Appreciation 675QX375-2	Yr.Iss.	1985	6.75	10

1985 Country Christmas Collection - Keepsake

YEAR ISSUE		EDITION LIMIT	YEAR RETD.	ISSUE PRICE	QUOTE U.S.$
1985	Country Goose 775QX518-5	Yr.Iss.	1985	7.75	8-16
1985	Old-Fashioned Doll 1450QX519-5	Yr.Iss.	1985	15.00	40
1985	Rocking Horse Memories 1000QX518-2	Yr.Iss.	1985	10.00	10-15
1985	Sheep at Christmas 825QX517-5	Yr.Iss.	1985	8.25	30
1985	Whirligig Santa 1250QX519-2	Yr.Iss.	1985	13.00	13-27

1985 Heirloom Christmas Collection - Keepsake

YEAR ISSUE		EDITION LIMIT	YEAR RETD.	ISSUE PRICE	QUOTE U.S.$
1985	Charming Angel 975QX512-5	Yr.Iss.	1985	9.75	10-25
1985	Keepsake Basket 1500QX514-5	Yr.Iss.	1985	15.00	15-20
1985	Lacy Heart 875QX511-2	Yr.Iss.	1985	8.75	10-30
1985	Snowflake 650QX510-5	Yr.Iss.	1985	6.50	10-23
1985	Victorian Lady 950QX513-2	Yr.Iss.	1985	9.50	25

1985 Holiday Humor - Keepsake

YEAR ISSUE		EDITION LIMIT	YEAR RETD.	ISSUE PRICE	QUOTE U.S.$
1985	Baker Elf 575QX491-2	Yr.Iss.	1985	5.75	20-30
1985	Beary Smooth Ride 650QX480-5	Yr.Iss.	1986	6.50	15-25
1985	Bottlecap Fun Bunnies 775QX481-5	Yr.Iss.	1985	7.75	30-35
1985	Candy Apple Mouse 750QX470-5	Yr.Iss.	1985	6.50	45-60
1985	Children in the Shoe 950QX490-5	Yr.Iss.	1985	9.50	30-50
1985	Dapper Penguin 500QX477-2	Yr.Iss.	1985	5.00	30
1985	Do Not Disturb Bear 775QX481-2	Yr.Iss.	1986	7.75	16-33
1985	Doggy in a Stocking 550QX474-2	Yr.Iss.	1985	5.50	25-40
1985	Engineering Mouse 550QX473-5	Yr.Iss.	1985	5.50	15-25
1985	Ice-Skating Owl 500QX476-5	Yr.Iss.	1985	5.00	15-25
1985	Kitty Mischief 500QX474-5	Yr.Iss.	1986	5.00	15-25
1985	Lamb in Legwarmers 700QX480-2	Yr.Iss.	1985	7.00	14-24
1985	Merry Mouse 450QX403-2	Yr.Iss.	1986	4.50	20-30
1985	Mouse Wagon 575QX476-2	Yr.Iss.	1985	5.75	37-60
1985	Nativity Scene 475QX264-5	Yr.Iss.	1985	4.75	30
1985	Night Before Christmas 1300QX449-4	Yr.Iss.	1985	13.00	15-45
1985	Roller Skating Rabbit 500QX457-1	Yr.Iss.	1985	5.00	19
1985	Santa's Ski Trip 1200QX496-2	Yr.Iss.	1985	12.00	40-60
1985	Skateboard Raccoon 650QX473-2	Yr.Iss.	1986	6.50	23-40
1985	Snow-Pitching Snowman 450QX470-2	Yr.Iss.	1986	4.50	25
1985	Snowy Seal 400QX450-1	Yr.Iss.	1985	4.00	16
1985	Soccer Beaver 650QX477-5	Yr.Iss.	1986	6.50	15-25
1985	Stardust Angel 575QX475-2	Yr.Iss.	1985	5.75	23-36
1985	Sun and Fun Santa 775QX492-2	Yr.Iss.	1985	7.75	40
1985	Swinging Angel Bell 1100QX492-5	Yr.Iss.	1985	11.00	40
1985	Three Kittens in a Mitten 800QX431-1	Yr.Iss.	1985	8.00	35
1985	Trumpet Panda 450QX471-2	Yr.Iss.	1985	4.50	15-25

1985 Keepsake Magic Ornaments - Keepsake

YEAR ISSUE		EDITION LIMIT	YEAR RETD.	ISSUE PRICE	QUOTE U.S.$
1985	All Are Precious 800QLX704-1	Yr.Iss.	1985	8.00	12-25
1985	Baby's First Christmas 1650QLX700-5	Yr.Iss.	1985	17.00	30-40
1985	Chris Mouse-1st edition1250QLX703-2	Yr.Iss.	1985	13.00	70-88
1985	Christmas Eve Visit 1200QLX710-5	Yr.Iss.	1985	12.00	33
1985	Katybeth 1075QLX710-2	Yr.Iss.	1985	10.75	30-43
1985	Little Red Schoolhouse 1575QLX711-2	Yr.Iss.	1985	15.75	70-95
1985	Love Wreath 850QLX702-5	Yr.Iss.	1985	8.50	19-30
1985	Mr. and Mrs. Santa 1450QLX705-2	Yr.Iss.	1986	15.00	73-90
1985	Nativity 1200 QLX700-1	Yr.Iss.	1985	12.00	18-28
1985	Santa's Workshop 1300QLX700-4	Yr.Iss.	1985	13.00	45-63
1985	Season of Beauty 800QLX712-2	Yr.Iss.	1985	8.00	20-30
1985	Sugarplum Cottage 1100QLX701-1	Yr.Iss.	1985	11.00	45
1985	Swiss Cheese Lane 1300QLX706-5	Yr.Iss.	1985	13.00	34-50
1985	Village Church 1500QLX702-1	Yr.Iss.	1985	15.00	35-50

1985 Limited Edition - Keepsake

YEAR ISSUE		EDITION LIMIT	YEAR RETD.	ISSUE PRICE	QUOTE U.S.$
1985	Heavenly Trumpeter 2750QX405-2	Yr.Iss.	1985	28.00	70-100

1985 Property Ornaments - Keepsake

YEAR ISSUE		EDITION LIMIT	YEAR RETD.	ISSUE PRICE	QUOTE U.S.$
1985	Betsey Clark 850QX508-5	Yr.Iss.	1985	8.50	30
1985	A Disney Christmas 475QX271-2	Yr.Iss.	1985	4.75	30
1985	Fraggle Rock Holiday 475QX265-5	Yr.Iss.	1985	4.75	23
1985	Hugga Bunch 500QX271-5	Yr.Iss.	1985	5.00	30
1985	Kit the Shepherd 575QX484-5	Yr.Iss.	1985	5.75	24
1985	Merry Shirt Tales 475QX267-2	Yr.Iss.	1985	4.75	20
1985	Muffin the Angel 575QX483-5	Yr.Iss.	1985	5.75	24
1985	Norman Rockwell 475QX266-2	Yr.Iss.	1985	4.75	28
1985	Peanuts 475QX266-5	Yr.Iss.	1985	4.75	30
1985	Rainbow Brite and Friends 475QX 268-2	Yr.Iss.	1985	4.75	25
1985	Snoopy and Woodstock 750QX491-5	Yr.Iss.	1985	7.50	65

1985 Traditional Ornaments - Keepsake

YEAR ISSUE		EDITION LIMIT	YEAR RETD.	ISSUE PRICE	QUOTE U.S.$
1985	Candle Cameo 675QX374-2	Yr.Iss.	1985	6.75	15
1985	Christmas Treats 550QX507-5	Yr.Iss.	1985	5.50	18
1985	Nostalgic Sled 600QX442-4	Yr.Iss.	1985	6.00	20
1985	Old-Fashioned Wreath 750QX373-5	Yr.Iss.	1985	7.50	22
1985	Peaceful Kingdom 575QX373-2	Yr.Iss.	1985	5.75	30
1985	Porcelain Bird 650QX479-5	Yr.Iss.	1985	6.50	30-40
1985	Santa Pipe 950QX494-2	Yr.Iss.	1985	9.50	10-25
1985	Sewn Photoholder 700QX379-5	Yr.Iss.	1985	7.00	35
1985	The Spirit of Santa Claus -Special Ed. 2250QX 498-5	Yr.Iss.	1985	23.00	75-95

1986 Christmas Medley Collection - Keepsake

YEAR ISSUE		EDITION LIMIT	YEAR RETD.	ISSUE PRICE	QUOTE U.S.$
1986	Christmas Guitar 700QX512-6	Yr.Iss.	1986	7.00	13-25
1986	Favorite Tin Drum 850QX514-3	Yr.Iss.	1986	8.50	30
1986	Festive Treble Clef 875QX513-3	Yr.Iss.	1986	8.75	10-28
1986	Holiday Horn 800QX514-6	Yr.Iss.	1986	8.00	17-33
1986	Joyful Carolers 975QX513-6	Yr.Iss.	1986	9.75	35-40

1986 Collectible Series - Keepsake

YEAR ISSUE		EDITION LIMIT	YEAR RETD.	ISSUE PRICE	QUOTE U.S.$
1986	Art Masterpiece-3rd & Final Ed. 675QX350-6	Yr.Iss.	1986	6.75	20-33
1986	Betsey Clark: Home for Christmas-1st Edition 500QX277-6	Yr.Iss.	1986	5.00	35
1986	Clothespin Soldier-5th Edition 550QX406-3	Yr.Iss.	1986	5.50	20-30
1986	Frosty Friends-7th Edition 850QX405-3	Yr.Iss.	1986	8.50	60-70
1986	Here Comes Santa-8th Edition 1400QX404-3	Yr.Iss.	1986	14.00	45-75
1986	Holiday Wildlife-5th Edition 750QX321-6	Yr.Iss.	1986	7.50	20-30

YEAR ISSUE		EDITION LIMIT	YEAR RETD.	ISSUE PRICE	QUOTE U.S.$
1986	Miniature Creche-2nd Edition 900QX407-6	Yr.Iss.	1986	9.00	45-60
1986	Mr. and Mrs. Claus-1st Edition 1300QX402-6	Yr.Iss.	1986	13.00	85-135
1986	Norman Rockwell-7th Edition 775QX321-3	Yr.Iss.	1986	7.75	20-30
1986	Nostalgic Houses and Shops-3rd Edition 1375QX403-3	Yr.Iss.	1986	13.75	200-260
1986	Porcelain Bear-4th Edition 775QX405-6	Yr.Iss.	1986	7.75	28-45
1986	Reindeer Champs-1st Edition 750QX422-3	Yr.Iss.	1986	7.50	125-150
1986	Rocking Horse-6th Edition 1075QX401-6	Yr.Iss.	1986	10.75	57-65
1986	Thimble-9th Edition 575QX406-6	Yr.Iss.	1986	5.75	20-30
1986	Tin Locomotive-5th Edition 1475QX403-6	Yr.Iss.	1986	14.75	50-75
1986	Twelve Days of Christmas-3rd Edition 650QX378-6	Yr.Iss.	1986	6.50	33-44
1986	Windows of the World-2nd Edition 1000QX408-3	Yr.Iss.	1986	10.00	40-65
1986	Wood Childhood Ornaments-3rd Edition 750QX407-3	Yr.Iss.	1986	7.50	21-33

1986 Commemoratives - Keepsake

1986	Baby Locket 1600QX412-3	Yr.Iss.	1986	16.00	19-27
1986	Baby's First Christmas 550QX271-3	Yr.Iss.	1986	5.50	25
1986	Baby's First Christmas 600QX380-3	Yr.Iss.	1986	6.00	11-25
1986	Baby's First Christmas 900QX412-6	Yr.Iss.	1986	9.00	32-38
1986	Baby's First Christmas Photoholder 800QX379-2	Yr.Iss.	1986	8.00	17
1986	Baby's Second Christmas 650QX413-3	Yr.Iss.	1986	6.50	22-30
1986	Baby-Sitter 475QX275-6	Yr.Iss.	1986	4.75	7-12
1986	Child's Third Christmas 650QX413-6	Yr.Iss.	1986	6.50	20-27
1986	Daughter 575QX430-6	Yr.Iss.	1986	5.75	32-40
1986	Father 650QX431-3	Yr.Iss.	1986	6.50	7-14
1986	Fifty Years Together 1000QX400-6	Yr.Iss.	1986	10.00	20
1986	First Christmas Together 1200QX409-6	Yr.Iss.	1986	12.00	30
1986	First Christmas Together 1600QX400-3	Yr.Iss.	1986	16.00	28
1986	First Christmas Together 475QX270-3	Yr.Iss.	1986	4.75	10-20
1986	First Christmas Together 7000QX379-3	Yr.Iss.	1986	7.00	7-20
1986	Friends Are Fun 475QX272-3	Yr.Iss.	1986	4.75	40
1986	Friendship Greeting 800QX427-3	Yr.Iss.	1986	8.00	8-15
1986	Friendship's Gift 600QX381-6	Yr.Iss.	1986	6.00	15
1986	From Our Home to Yours 600QX383-3	Yr.Iss.	1986	6.00	15
1986	Godchild 475QX271-6	Yr.Iss.	1986	4.75	15
1986	Grandchild's First Christmas 1000QX411-6	Yr.Iss.	1986	10.00	10-16
1986	Granddaughter 475QX273-6	Yr.Iss.	1986	4.75	25
1986	Grandmother 475QX274-3	Yr.Iss.	1986	4.75	8-16
1986	Grandparents 750QX432-3	Yr.Iss.	1986	7.50	10-23
1986	Grandson 475QX273-3	Yr.Iss.	1986	4.75	25
1986	Gratitude 600QX432-6	Yr.Iss.	1986	6.00	10
1986	Husband 800QX383-6	Yr.Iss.	1986	8.00	15
1986	Joy of Friends 675QX382-3	Yr.Iss.	1986	6.75	18
1986	Loving Memories 900QX409-3	Yr.Iss.	1986	9.00	35
1986	Mother 700QX382-6	Yr.Iss.	1986	7.00	10-20
1986	Mother and Dad 750QX431-6	Yr.Iss.	1986	7.50	10-20
1986	Nephew 675QX381-3	Yr.Iss.	1986	6.25	7-12
1986	New Home 475QX274-6	Yr.Iss.	1986	4.75	65
1986	Niece 600QX426-6	Yr.Iss.	1986	6.00	10
1986	Season of the Heart 4750QX270-6	Yr.Iss.	1986	4.75	10-18
1986	Sister 675QX380-6	Yr.Iss.	1986	6.75	14
1986	Son 575QX430-3	Yr.Iss.	1986	5.75	29-35
1986	Sweetheart 1100QX408-6	Yr.Iss.	1986	11.00	50-70
1986	Teacher 475QX275-3	Yr.Iss.	1986	4.75	5-12
1986	Ten Years Together 750QX401-3	Yr.Iss.	1986	7.50	25
1986	Timeless Love 600QX379-6	Yr.Iss.	1986	6.00	30
1986	Twenty-Five Years Together800QX410-3	Yr.Iss.	1986	8.00	25

1986 Country Treasures Collection - Keepsake

1986	Country Sleigh 1000QX511-3	Yr.Iss.	1986	10.00	30
1986	Little Drummers 1250QX511-6	Yr.Iss.	1986	12.50	17-34
1986	Nutcracker Santa 1000QX512-3	Yr.Iss.	1986	10.00	50
1986	Remembering Christmas 865QX510-6	Yr.Iss.	1986	8.75	30
1986	Welcome, Christmas 825QX510-3	Yr.Iss.	1986	8.25	35

1986 Holiday Humor - Keepsake

1986	Acorn Inn 850QX424-3	Yr.Iss.	1986	8.50	25-30
1986	Beary Smooth Ride 650QX480-5	Yr.Iss.	1986	6.50	20
1986	Chatty Penguin 575QX417-6	Yr.Iss.	1986	5.75	13-23
1986	Cookies for Santa 450QX414-6	Yr.Iss.	1986	4.50	17-30
1986	Do Not Disturb Bear 775QX481-2	Yr.Iss.	1986	7.75	15-25
1986	Happy Christmas to Owl 600QX418-3	Yr.Iss.	1986	6.00	14-25
1986	Heavenly Dreamer 575QX417-3	Yr.Iss.	1986	5.75	21-35
1986	Jolly Hiker 500QX483-2	Yr.Iss.	1987	5.00	17-30
1986	Kitty Mischief 500QX474-5	Yr.Iss.	1986	5.00	25
1986	Li'l Jingler 675QX419-3	Yr.Iss.	1987	6.75	22-40
1986	Merry Koala 500QX415-3	Yr.Iss.	1987	5.00	23
1986	Merry Mouse 450QX403-2	Yr.Iss.	1986	4.50	22
1986	Mouse in the Moon 550QX416-6	Yr.Iss.	1987	5.50	28
1986	Open Me First 725QX422-6	Yr.Iss.	1986	7.25	33
1986	Playful Possum 1100QX425-3	Yr.Iss.	1986	11.00	30-35
1986	Popcorn Mouse 675QX421-3	Yr.Iss.	1986	6.75	35-45
1986	Puppy's Best Friend 650QX420-3	Yr.Iss.	1986	6.50	17-30
1986	Rah Rah Rabbit 700QX421-6	Yr.Iss.	1986	7.00	40
1986	Santa's Hot Tub 1200QX426-3	Yr.Iss.	1986	12.00	55-60
1986	Skateboard Raccoon 650QX473-2	Yr.Iss.	1986	6.50	40
1986	Ski Tripper 675QX420-6	Yr.Iss.	1986	6.75	12-22
1986	Snow Buddies 800QX423-6	Yr.Iss.	1986	8.00	38
1986	Snow-Pitching Snowman 450QX470-2	Yr.Iss.	1986	4.50	23
1986	Soccer Beaver 650QX477-5	Yr.Iss.	1986	6.50	25
1986	Special Delivery 500QX415-6	Yr.Iss.	1986	5.00	17-30
1986	Tipping the Scales 675QX418-6	Yr.Iss.	1986	6.75	15-30
1986	Touchdown Santa 800QX423-3	Yr.Iss.	1986	8.00	42
1986	Treetop Trio 975QX424-6	Yr.Iss.	1987	11.00	32
1986	Walnut Shell Rider 600QX419-6	Yr.Iss.	1987	6.00	15-26
1986	Wynken, Blynken and Nod 975QX424-6	Yr.Iss.	1986	9.75	42

1986 Lighted Ornament Collection - Keepsake

1986	Baby's First Christmas1950QLX710-3	Yr.Iss.	1986	19.50	45
1986	Chris Mouse-2nd Edition1300QLX705-6	Yr.Iss.	1986	13.00	75
1986	Christmas Classics-1st Edition 1750QLX704-3	Yr.Iss.	1986	17.50	85
1986	Christmas Sleigh Ride 2450QLX701-2	Yr.Iss.	1986	24.50	115-145
1986	First Christmas Together2200QLX707-3	Yr.Iss.	1986	14.00	43
1986	General Store 1575QLX705-3	Yr.Iss.	1986	15.75	43-60
1986	Gentle Blessings 1500QLX708-3	Yr.Iss.	1986	15.00	110-175
1986	Keep on Glowin' 1000QLX707-6	Yr.Iss.	1987	10.00	37-50
1986	Merry Christmas Bell 850QLX709-3	Yr.Iss.	1986	8.50	15-25
1986	Mr. and Mrs. Santa 1450QLX705-2	Yr.Iss.	1986	14.50	65-95
1986	Santa and Sparky-1st Edition 2200QLX703-3	Yr.Iss.	1986	22.00	95
1986	Santa's On His Way 1500QLX711-5	Yr.Iss.	1986	15.00	63-70
1986	Santa's Snack 100QLX706-6	Yr.Iss.	1986	10.00	58
1986	Sharing Friendship 850QLX706-3	Yr.Iss.	1986	8.50	15-25
1986	Sugarplum Cottage 1100QLX701-1	Yr.Iss.	1986	11.00	45
1986	Village Express 2450QLX707-2	Yr.Iss.	1987	24.50	87-120

1986 Limited Edition - Keepsake

1986	Magical Unicorn 2750QX429-3	Yr.Iss.	1986	27.50	85-105

1986 Property Ornaments - Keepsake

1986	Heathcliff 750QX436-3	Yr.Iss.	1986	7.50	20-33
1986	Katybeth 700QX435-3	Yr.Iss.	1986	7.00	25
1986	Norman Rockwell 475QX276-3	Yr.Iss.	1986	4.75	20-30
1986	Paddington Bear 600QX435-6	Yr.Iss.	1986	6.00	35-40
1986	Peanuts 475QX276-6	Yr.Iss.	1986	4.75	30
1986	Shirt Tales Parade 475QX277-3	Yr.Iss.	1986	4.75	18
1986	Snoopy and Woodstock 800QX434-6	Yr.Iss.	1986	8.00	45
1986	The Statue of Liberty 600QX384-3	Yr.Iss.	1986	6.00	10-25

1986 Special Edition - Keepsake

1986	Jolly St. Nick 2250QX429-6	Yr.Iss.	1986	22.50	50-75

1986 Traditional Ornaments - Keepsake

1986	Bluebird 725QX428-3	Yr.Iss.	1986	7.25	40-50
1986	Christmas Beauty 600QX322-3	Yr.Iss.	1986	6.00	10
1986	Glowing Christmas Tree 700QX428-6	Yr.Iss.	1986	7.00	15
1986	Heirloom Snowflake 675QX515-3	Yr.Iss.	1986	6.75	10-22
1986	Holiday Jingle Bell 1600QX404-6	Yr.Iss.	1986	16.00	25-43
1986	The Magi 475QX272-6	Yr.Iss.	1986	4.75	20
1986	Mary Emmerling: American Country Collection 795QX275-2	Yr.Iss.	1986	7.95	25
1986	Memories to Cherish 750QX427-6	Yr.Iss.	1986	7.50	25
1986	Star Brighteners 600QX322-6	Yr.Iss.	1986	6.00	17

1987 Artists' Favorites - Keepsake

1987	Beary Special 475QX455-7	Yr.Iss.	1987	4.75	15-30
1987	December Showers 550QX448-7	Yr.Iss.	1987	5.50	22-38
1987	Three Men in a Tub 800QX454-7	Yr.Iss.	1987	8.00	17-30
1987	Wee Chimney Sweep 625QX451-9	Yr.Iss.	1987	6.25	15-30

1987 Christmas Pizzazz Collection - Keepsake

1987	Christmas Fun Puzzle 800QX467-9	Yr.Iss.	1987	8.00	16-30
1987	Doc Holiday 800QX467-7	Yr.Iss.	1987	8.00	43
1987	Happy Holidata 650QX471-7	Yr.Iss.	1988	6.50	15-30
1987	Holiday Hourglass 800QX470-7	Yr.Iss.	1987	8.00	25
1987	Jolly Follies 850QX466-9	Yr.Iss.	1987	8.50	40
1987	Mistletoad 700QX468-7	Yr.Iss.	1988	7.00	30-35
1987	St. Louie Nick 775QX453-9	Yr.Iss.	1988	7.75	16-33

1987 Collectible Series - Keepsake

1987	Betsey Clark: Home for Christmas-2nd Edition 500QX272-7	Yr.Iss.	1987	5.00	15-25
1987	Clothespin Soldier-6th & Final Ed. 550QX480-7	Yr.Iss.	1987	5.50	20-30
1987	Collector's Plate-1st Edition 800QX481-7	Yr.Iss.	1987	8.00	50-75
1987	Frosty Friends -8th Edition 850QX440-9	Yr.Iss.	1987	8.50	40-60
1987	Here Comes Santa-9th Edition 1400QX484-7	Yr.Iss.	1987	14.00	40-65
1987	Holiday Heirloom-1st Ed./limited ed. 2500QX485-7	Yr.Iss.	1987	25.00	48
1987	Holiday Wildlife -6th Edition 750QX371-7	Yr.Iss.	1987	7.50	15-25
1987	Miniature Creche -3rd Edition 900QX481-9	Yr.Iss.	1987	9.00	24-38
1987	Mr. and Mrs. Claus-2nd Edition 2nd Edition 132QX483-7	Yr.Iss.	1987	13.25	40-60
1987	Norman Rockwell-8th Edition775QX370-7	Yr.Iss.	1987	7.75	15-25
1987	Nostalgic Houses and Shops-4th Edition 483QX483-9	Yr.Iss.	1987	14.00	65-75
1987	Porcelain Bear-5th Edition 775QX442-7	Yr.Iss.	1987	7.75	25-40
1987	Reindeer Champs-2nd Edition 750QX480-9	Yr.Iss.	1987	7.50	35-55
1987	Rocking Horse-7th Edition1075QX482-9	Yr.Iss.	1987	10.75	40-60
1987	Thimble-10th Edition 575QX441-9	Yr.Iss.	1987	5.75	20-30
1987	Tin Locomotive-6th Edition 1475QX484-9	Yr.Iss.	1987	14.75	60
1987	Twelve Days of Christmas-4th Edition 650QX370-9	Yr.Iss.	1987	6.50	25-40
1987	Windows of the World-3rd Edition 1000QX482-7	Yr.Iss.	1987	10.00	25-40
1987	Wood Childhood Ornaments-4th Edition 750QX441-7	Yr.Iss.	1987	7.50	17-27

1987 Commemoratives - Keepsake

1987	Baby Locket 1500QX461-7	Yr.Iss.	1987	15.00	10-30
1987	Baby's First Christmas 600QX372-9	Yr.Iss.	1987	6.00	20
1987	Baby's First Christmas 975QX411-3	Yr.Iss.	1987	9.75	22-30
1987	Baby's First Christmas Photoholder 750QX4661-9	Yr.Iss.	1987	7.50	30
1987	Baby's First Christmas-Baby Boy475QX274-9	Yr.Iss.	1987	4.75	17-27
1987	Baby's First Christmas-Baby Girl 475QX274-7	Yr.Iss.	1987	4.75	23
1987	Baby's Second Christmas 575QX460-7	Yr.Iss.	1987	5.75	32
1987	Babysitter 475QX279-7	Yr.Iss.	1987	4.75	10-20
1987	Child's Third Christmas 575QX459-9	Yr.Iss.	1987	5.75	30
1987	Dad 600QX462-9	Yr.Iss.	1987	6.00	40
1987	Daughter 575QX463-7	Yr.Iss.	1987	5.75	26-36
1987	Fifty Years Together 800QX443-7	Yr.Iss.	1987	8.00	25
1987	First Christmas Together 1500QX446-9	Yr.Iss.	1987	15.00	30
1987	First Christmas Together 475QX272-9	Yr.Iss.	1987	4.75	10-22
1987	First Christmas Together 650QX371-9	Yr.Iss.	1987	6.50	7-20
1987	First Christmas Together 800QX445-9	Yr.Iss.	1987	8.00	18-38
1987	First Christmas Together 950QX446-7	Yr.Iss.	1987	9.50	16-30
1987	From Our Home to Yours 475QX279-9	Yr.Iss.	1987	4.75	50
1987	Godchild 475QX276-7	Yr.Iss.	1987	4.75	20
1987	Grandchild's First Christmas900QX460-9	Yr.Iss.	1987	9.00	24
1987	Granddaughter 600QX374-7	Yr.Iss.	1987	6.00	18-25
1987	Grandmother 475QX277-9	Yr.Iss.	1987	4.75	15
1987	Grandparents 475QX277-7	Yr.Iss.	1987	4.75	18
1987	Grandson 475QX276-9	Yr.Iss.	1987	4.75	27
1987	Heart in Blossom 600QX372-7	Yr.Iss.	1987	6.00	25
1987	Holiday Greetings 600QX375-7	Yr.Iss.	1987	6.00	13
1987	Husband 700QX373-9	Yr.Iss.	1987	7.00	12
1987	Love is Everywhere 475QX278-7	Yr.Iss.	1987	4.75	25
1987	Mother 650QX373-7	Yr.Iss.	1987	6.50	20
1987	Mother and Dad 700QX462-7	Yr.Iss.	1987	7.00	22
1987	New Home 600QX376-7	Yr.Iss.	1987	6.00	30
1987	Niece 475QX275-9	Yr.Iss.	1987	4.75	13
1987	Sister 600QX474-7	Yr.Iss.	1987	6.00	15
1987	Son 575QX463-9	Yr.Iss.	1987	5.75	45
1987	Sweetheart 1100QX447-9	Yr.Iss.	1987	11.00	16-30
1987	Teacher 575QX466-7	Yr.Iss.	1987	5.75	21
1987	Ten Years Together 700QX444-7	Yr.Iss.	1987	7.00	25
1987	Time for Friends 475QX280-7	Yr.Iss.	1987	4.75	22
1987	Twenty-Five Years Together750QX443-9	Yr.Iss.	1987	7.50	10-30
1987	Warmth of Friendship 600QX375-9	Yr.Iss.	1987	6.00	12
1987	Word of Love 800QX447-7	Yr.Iss.	1987	8.00	10-30

1987 Holiday Humor - Keepsake

1987	Bright Christmas Dreams 725QX440-7	Yr.Iss.	1987	7.25	75-85
1987	Chocolate Chipmunk 600QX456-7	Yr.Iss.	1987	6.00	45-55
1987	Christmas Cuddle 575QX453-7	Yr.Iss.	1987	5.75	20-35
1987	Dr. Seuss: The Grinch's Christmas 475QX278-3	Yr.Iss.	1987	4.75	45-60
1987	Fudge Forever 500QX449-7	Yr.Iss.	1987	5.00	22-40
1987	Happy Santa 475QX456-9	Yr.Iss.	1987	4.75	28
1987	Hot Dogger 650QX471-9	Yr.Iss.	1987	6.50	22-30
1987	Icy Treat 450QX450-9	Yr.Iss.	1987	4.50	20-30
1987	Jack Frosting 700QX449-9	Yr.Iss.	1987	7.00	30-50
1987	Jammie Pies 475QX283-9	Yr.Iss.	1987	4.75	18
1987	Jogging Through the Snow725QX457-7	Yr.Iss.	1987	7.25	22-40
1987	Jolly Hiker 500QX483-2	Yr.Iss.	1987	5.00	18
1987	Joy Ride 1150QX440-7	Yr.Iss.	1987	11.50	42-50

YEAR ISSUE		EDITION LIMIT	YEAR RETD.	ISSUE PRICE	QUOTE U.S.$
1987	L'il Jingler 675QX419-3	Yr.Iss.	1987	6.75	28
1987	Let It Snow 650QX458-9	Yr.Iss.	1987	6.50	12-24
1987	Li'l Jingler 675QX419-3	Yr.Iss.	1987	6.75	22-36
1987	Merry Koala 500QX415-3	Yr.Iss.	1987	5.00	17
1987	Mouse in the Moon 550QX416-6	Yr.Iss.	1987	5.50	21
1987	Nature's Decorations 475QX273-9	Yr.Iss.	1987	4.75	35
1987	Night Before Christmas 650QX451-7	Yr.Iss.	1988	6.50	19-33
1987	Owliday Wish 650QX455-9	Yr.Iss.	1988	6.50	14-25
1987	Paddington Bear 550QX472-7	Yr.Iss.	1987	5.50	20-35
1987	Peanuts 475QX281-9	Yr.Iss.	1987	4.75	33
1987	Pretty Kitten 1100QX448-9	Yr.Iss.	1987	11.00	35
1987	Raccoon Biker 700QX458-7	Yr.Iss.	1987	7.00	15-30
1987	Reindoggy 575QX452-7	Yr.Iss.	1988	5.75	20-40
1987	Santa at the Bat 775QX457-9	Yr.Iss.	1987	7.75	18-30
1987	Seasoned Greetings 625QX454-9	Yr.Iss.	1987	6.25	15-30
1987	Sleepy Santa 625QX450-7	Yr.Iss.	1987	6.25	35-40
1987	Snoopy and Woodstock 725QX472-9	Yr.Iss.	1987	7.25	40-50
1987	Spots 'n Stripes 550QX452-9	Yr.Iss.	1987	5.50	13-25
1987	Treetop Dreams 675QX459-7	Yr.Iss.	1988	6.75	15-30
1987	Treetop Trio 1100QX425-6	Yr.Iss.	1987	11.00	25
1987	Walnut Shell Rider 600QX419-6	Yr.Iss.	1987	6.00	18

1987 Keepsake Collector's Club - Keepsake

YEAR ISSUE		EDITION LIMIT	YEAR RETD.	ISSUE PRICE	QUOTE U.S.$
1987	Carrousel Reindeer QXC580-7	Yr.Iss.	1987	Unkn.	55-65
1987	Wreath of Memories QXC580-9	Yr.Iss.	1988	Unkn.	48-75

1987 Keepsake Magic Ornaments - Keepsake

YEAR ISSUE		EDITION LIMIT	YEAR RETD.	ISSUE PRICE	QUOTE U.S.$
1987	Angelic Messengers 1875QLX711-3	Yr.Iss.	1987	18.75	53-60
1987	Baby's First Christmas 1350QLX704-9	Yr.Iss.	1987	13.50	38
1987	Bright Noel 700QLX705-9	Yr.Iss.	1987	7.00	18-33
1987	Chris Mouse-3rd Edition1100QLX705-7	Yr.Iss.	1987	11.00	60
1987	Christmas Classics-2nd Ed.1600ZLX702-9	Yr.Iss.	1987	16.00	50-75
1987	Christmas Morning 2450QLX701-3	Yr.Iss.	1988	24.50	33-50
1987	First Christmas Together 1150QLX708-7	Yr.Iss.	1987	11.50	46
1987	Good Cheer Blimp 1600QLX704-6	Yr.Iss.	1987	16.00	37-60
1987	Keeping Cozy 1175QLX704-7	Yr.Iss.	1987	11.75	35
1987	Lacy Brass Snowflake 1150QLX709-7	Yr.Iss.	1987	11.50	16-30
1987	Loving Holiday 2200QLX701-6	Yr.Iss.	1987	22.00	38-55
1987	Memories are Forever Photoholder 850QLX706-7	Yr.Iss.	1987	8.50	33
1987	Meowy Christmas 1000QLX708-9	Yr.Iss.	1987	10.00	45-63
1987	Santa and Sparky-2nd Edition1950QLX701-9	Yr.Iss.	1987	19.50	65-75
1987	Season for Friendship 850QLX706-9	Yr.Iss.	1987	8.50	11-20
1987	Train Station 1275QLX703-9	Yr.Iss.	1987	12.75	50

1987 Lighted Ornament Collection - Keepsake

YEAR ISSUE		EDITION LIMIT	YEAR RETD.	ISSUE PRICE	QUOTE U.S.$
1987	Keep on Glowin' 1000QLX707-6	Yr.Iss.	1987	10.00	37-50
1987	Village Express 2450QLX707-2	Yr.Iss.	1987	24.50	87-120

1987 Limited Edition - Keepsake

YEAR ISSUE		EDITION LIMIT	YEAR RETD.	ISSUE PRICE	QUOTE U.S.$
1987	Christmas is Gentle 1750QX444-9	Yr.Iss.	1987	17.50	58-85
1987	Christmas Time Mime 2750QX442-9	Yr.Iss.	1987	27.50	46-65

1987 Old-Fashioned Christmas Collection - Keepsake

YEAR ISSUE		EDITION LIMIT	YEAR RETD.	ISSUE PRICE	QUOTE U.S.$
1987	Country Wreath 575QX470-9	Yr.Iss.	1987	5.75	30
1987	Folk Art Santa 525QX474-9	Yr.Iss.	1987	5.25	20-33
1987	In a Nutshell 550QX469-7	Yr.Iss.	1988	5.50	24-34
1987	Little Whittler 600QX469-9	Yr.Iss.	1987	6.00	25-33
1987	Nostalgic Rocker 650QX468-9	Yr.Iss.	1987	6.50	26-33

1987 Special Edition - Keepsake

YEAR ISSUE		EDITION LIMIT	YEAR RETD.	ISSUE PRICE	QUOTE U.S.$
1987	Favorite Santa 2250QX445-7	Yr.Iss.	1987	22.50	32-45

1987 Traditional Ornaments - Keepsake

YEAR ISSUE		EDITION LIMIT	YEAR RETD.	ISSUE PRICE	QUOTE U.S.$
1987	Christmas Keys 575QX473-9	Yr.Iss.	1987	5.75	20-33
1987	Currier & Ives: American Farm Scene 475QX282-9	Yr.Iss.	1987	4.75	30
1987	Goldfinch 700QX464-9	Yr.Iss.	1987	7.00	50-85
1987	Heavenly Harmony 1500QX465-9	Yr.Iss.	1987	15.00	20-35
1987	I Remember Santa 475QX278-9	Yr.Iss.	1987	4.75	33
1987	Joyous Angels 775QX465-7	Yr.Iss.	1987	7.75	15-25
1987	Norman Rockwell: Christmas Scenes 475QX282-7	Yr.Iss.	1987	4.75	30
1987	Promise of Peace 650QX374-9	Yr.Iss.	1987	6.50	17-25
1987	Special Memories Photoholder 675QX464-7	Yr.Iss.	1987	6.75	15-27

1988 Artist Favorites - Keepsake

YEAR ISSUE		EDITION LIMIT	YEAR RETD.	ISSUE PRICE	QUOTE U.S.$
1988	Baby Redbird 500QX410-1	Yr.Iss.	1988	5.00	15-20
1988	Cymbals of Christmas 550QX411-1	Yr.Iss.	1988	5.50	20-30
1988	Little Jack Horner 800QX408-1	Yr.Iss.	1988	8.00	14-28
1988	Merry-Mint Unicorn 850QX423-4	Yr.Iss.	1988	8.50	12-22
1988	Midnight Snack 600QX410-4	Yr.Iss.	1988	6.00	21
1988	Very Strawbeary 475QX409-1	Yr.Iss.	1988	4.75	14-25

1988 Christmas Pizzazz Collection - Keepsake

YEAR ISSUE		EDITION LIMIT	YEAR RETD.	ISSUE PRICE	QUOTE U.S.$
1988	Happy Holidata 650QX471-7	Yr.Iss.	1988	6.50	15-30
1988	Mistletoad 700QX468-7	Yr.Iss.	1988	7.00	20-30
1988	St. Louie Nick 775QX453-9	Yr.Iss.	1988	7.75	15-22

1988 Collectible Series - Keepsake

YEAR ISSUE		EDITION LIMIT	YEAR RETD.	ISSUE PRICE	QUOTE U.S.$
1988	Betsey Clark: Home for Christmas-Third Edition 500QX271-4	Yr.Iss.	1988	5.00	25
1988	Collector's Plate-Second Ed.800QX406-1	Yr.Iss.	1988	8.00	45-50
1988	Five Golden Rings-Fifth Ed.650QX371-4	Yr.Iss.	1988	6.50	18-28
1988	Frosty Friends-Ninth Ed.875QX403-1	Yr.Iss.	1988	8.75	43-65
1988	Here Comes Santa-Tenth Ed.1400QX400-1	Yr.Iss.	1988	14.00	31-48
1988	Holiday Heirloom-Second Ed. 2500QX406-4	Yr.Iss.	1988	25.00	24
1988	Holiday Wildlife-Seventh Ed.775QX371-1	Yr.Iss.	1988	7.75	16-25
1988	Mary's Angels-First Ed.500QX407-4	Yr.Iss.	1988	5.00	43-65
1988	Miniature Creche-Fourth Ed.850QX403-4	Yr.Iss.	1988	8.50	21-34
1988	Mr. and Mrs. Claus-Third Ed.1300QX401-1	Yr.Iss.	1988	13.00	35-55
1988	Norman Rockwell-Ninth Ed.775QX370-4	Yr.Iss.	1988	7.75	14-23
1988	Nostalgic Houses and Shops-Fifth Edition 1450QX401-4	Yr.Iss.	1988	14.50	50-60
1988	Porcelain Bear-Sixth Ed.800QX404-4	Yr.Iss.	1988	8.00	25-40
1988	Reindeer Champs-Third Ed.750QX405-1	Yr.Iss.	1988	7.50	25-37
1988	Rocking Horse-Eighth Ed.1075QX402-4	Yr.Iss.	1988	10.75	35-55
1988	Thimble-Eleventh Ed.575QX405-4	Yr.Iss.	1988	5.75	15-25
1988	Tin Locomotive-Seventh Ed.1475QX400-4	Yr.Iss.	1988	14.75	53-60
1988	Windows of the World-Fourth Edition 1000QX402-1	Yr.Iss.	1988	10.00	22-35
1988	Wood Childhood-Fifth Ed.750QX404-1	Yr.Iss.	1988	7.50	25

1988 Commemoratives - Keepsake

YEAR ISSUE		EDITION LIMIT	YEAR RETD.	ISSUE PRICE	QUOTE U.S.$
1988	Baby's First Christmas (Boy)475QX272-1	Yr.Iss.	1988	4.75	20
1988	Baby's First Christmas (Girl)475QX272-4	Yr.Iss.	1988	4.75	23
1988	Baby's First Christmas 600QX372-1	Yr.Iss.	1988	6.00	20
1988	Baby's First Christmas 750QX470-4	Yr.Iss.	1988	7.50	28
1988	Baby's First Christmas 975QX470-1	Yr.Iss.	1988	9.75	30-40
1988	Baby's Second Christmas 600QX471-1	Yr.Iss.	1988	6.00	33
1988	Babysitter 475QX279-1	Yr.Iss.	1988	4.75	5-11
1988	Child's Third Christmas 600QX471-4	Yr.Iss.	1988	6.00	23-30
1988	Dad 700QX414-1	Yr.Iss.	1988	7.00	25
1988	Daughter 575QX415-1	Yr.Iss.	1988	5.75	50
1988	Fifty Years Together 675QX374-1	Yr.Iss.	1988	6.75	10-20
1988	First Christmas Together 475QX274-1	Yr.Iss.	1988	4.75	23
1988	First Christmas Together 675QX373-1	Yr.Iss.	1988	6.75	16-30
1988	First Christmas Together 900QX489-4	Yr.Iss.	1988	9.00	25
1988	Five Years Together 475QX274-4	Yr.Iss.	1988	4.75	10-20
1988	From Our Home to Yours 475QX279-4	Yr.Iss.	1988	4.75	17
1988	Godchild 475QX278-4	Yr.Iss.	1988	4.75	10-20
1988	Granddaughter 475QX277-4	Yr.Iss.	1988	4.75	10-25
1988	Grandmother 475QX276-4	Yr.Iss.	1988	4.75	20
1988	Grandparents 475QX277-1	Yr.Iss.	1988	4.75	20
1988	Grandson 475QX278-1	Yr.Iss.	1988	4.75	15-25
1988	Gratitude 600QX375-4	Yr.Iss.	1988	6.00	12
1988	Love Fills the Heart 600QX374-4	Yr.Iss.	1988	6.00	25
1988	Love Grows 475QX275-4	Yr.Iss.	1988	4.75	30
1988	Mother 650QX375-1	Yr.Iss.	1988	6.50	20
1988	Mother and Dad 800QX414-4	Yr.Iss.	1988	8.00	20
1988	New Home 600QX376-1	Yr.Iss.	1988	6.00	25
1988	Sister 800QX499-4	Yr.Iss.	1988	8.00	33
1988	Son 575QX415-4	Yr.Iss.	1988	5.75	31-40
1988	Spirit of Christmas 475QX276-1	Yr.Iss.	1988	4.75	20
1988	Sweetheart 975QX490-1	Yr.Iss.	1988	9.75	11-22
1988	Teacher 625QX417-1	Yr.Iss.	1988	6.25	20
1988	Ten Years Together 475QX275-1	Yr.Iss.	1988	4.75	10-20
1988	Twenty-Five Years Together 675QX373-4	Yr.Iss.	1988	6.75	10-20
1988	Year to Remember 700QX416-4	Yr.Iss.	1988	7.00	25

1988 Hallmark Handcrafted Ornaments - Keepsake

YEAR ISSUE		EDITION LIMIT	YEAR RETD.	ISSUE PRICE	QUOTE U.S.$
1988	Americana Drum 775QX488-1	Yr.Iss.	1988	7.75	15-30
1988	Arctic Tenor 400QX472-1	Yr.Iss.	1988	4.00	10-20
1988	Christmas Cardinal 475QX494-1	Yr.Iss.	1988	4.75	10-20
1988	Christmas Cuckoo 800QX480-1	Yr.Iss.	1988	8.00	30
1988	Christmas Memories 650QX372-4	Yr.Iss.	1988	6.50	25
1988	Christmas Scenes 475QX273-1	Yr.Iss.	1988	4.75	18
1988	Cool Juggler 650QX487-4	Yr.Iss.	1988	6.50	20
1988	Feliz Navidad 675QX416-1	Yr.Iss.	1988	6.75	18-33
1988	Filled with Fudge 475QX419-1	Yr.Iss.	1988	4.75	16-33
1988	Glowing Wreath 600QX492-1	Yr.Iss.	1988	6.00	15
1988	Go For The Gold 800QX417-4	Yr.Iss.	1988	8.00	16-30
1988	Goin' Cross-Country 850QX476-4	Yr.Iss.	1988	8.50	26
1988	Gone Fishing 500QX479-4	Yr.Iss.	1989	5.00	16
1988	Hoe-Hoe-Hoe! 500QX422-1	Yr.Iss.	1988	5.00	11-20
1988	Holiday Hero 500QX423-1	Yr.Iss.	1988	5.00	20
1988	Jingle Bell Clown 1500QX477-4	Yr.Iss.	1988	15.00	18-35
1988	Jolly Walrus 450QX473-1	Yr.Iss.	1988	4.50	18-25
1988	Kiss from Santa 450QX482-1	Yr.Iss.	1989	4.50	23
1988	Kiss the Claus 500QX486-1	Yr.Iss.	1988	5.00	10-18
1988	Kringle Moon 550QX495-1	Yr.Iss.	1988	5.00	35
1988	Kringle Portrait 750QX496-1	Yr.Iss.	1988	7.50	22-35
1988	Kringle Tree 650QX495-4	Yr.Iss.	1988	6.50	20-40
1988	Love Santa 500QX486-4	Yr.Iss.	1988	5.00	20
1988	Loving Bear 475QX493-4	Yr.Iss.	1988	4.75	10-20
1988	Nick the Kick 500QX422-4	Yr.Iss.	1988	5.00	23
1988	Noah's Ark 850QX490-4	Yr.Iss.	1988	8.50	20
1988	Old-Fashioned Church 400QX498-1	Yr.Iss.	1988	4.00	23
1988	Old-Fashioned School House 400QX497-1	Yr.Iss.	1988	4.00	23
1988	Oreo 400QX481-4	Yr.Iss.	1989	4.00	11-20
1988	Par for Santa 500QX479-1	Yr.Iss.	1988	5.00	20
1988	Party Line 875QX476-1	Yr.Iss.	1989	8.75	20-30
1988	Peanuts 475QX280-1	Yr.Iss.	1988	4.75	30
1988	Peek-a-boo Kittens 750QX487-1	Yr.Iss.	1989	7.50	21
1988	Polar Bowler 500QX478-4	Yr.Iss.	1989	5.00	10-20
1988	Purrfect Snuggle 625QX474-4	Yr.Iss.	1988	6.25	15-30
1988	Sailing! Sailing! 850QX491-1	Yr.Iss.	1988	8.50	30
1988	Santa Flamingo 475QX483-4	Yr.Iss.	1988	4.75	16-33
1988	Shiny Sleigh 575QX492-4	Yr.Iss.	1988	5.75	20
1988	Slipper Spaniel 450QX472-4	Yr.Iss.	1988	4.50	10-20
1988	Snoopy and Woodstock 600QX474-1	Yr.Iss.	1988	6.00	35-43
1988	Soft Landing 700QX475-1	Yr.Iss.	1988	7.00	13-25
1988	Sparkling Tree 600QX483-1	Yr.Iss.	1988	6.00	19
1988	Squeaky Clean 675QX475-4	Yr.Iss.	1988	6.75	13-25
1988	Starry Angel 475494-4	Yr.Iss.	1988	4.75	20
1988	Sweet Star 500QX418-4	Yr.Iss.	1988	5.00	18-33
1988	Teeny Taster 475QX418-1	Yr.Iss.	1989	4.75	23-24
1988	The Town Crier 550QX473-4	Yr.Iss.	1988	5.50	14-24
1988	Travels with Santa 1000QX477-1	Yr.Iss.	1988	10.00	26-40
1988	Uncle Sam Nutcracker 700QX488-4	Yr.Iss.	1988	7.00	21-40
1988	Winter Fun 850QX478-1	Yr.Iss.	1988	8.50	17-27

1988 Hallmark Keepsake Ornament Collector's Club - Keepsake

YEAR ISSUE		EDITION LIMIT	YEAR RETD.	ISSUE PRICE	QUOTE U.S.$
1988	Angelic Minstrel 2750QXC408-4	Yr.Iss.	1988	27.50	40
1988	Christmas is Sharing 1750QXC407-1	Yr.Iss.	1988	17.50	31
1988	Hold on Tight QXC570-4	Yr.Iss.	1988	Unkn.	65-80
1988	Holiday Heirloom-Second Edition 2500QXC406-4	Yr.Iss.	1988	25.00	24
1988	Our Clubhouse QXC580-4	Yr.Iss.	1988	Unkn.	33
1988	Sleighful of Dreams 800QC580-1	Yr.Iss.	1988	8.00	48

1988 Holiday Humor - Keepsake

YEAR ISSUE		EDITION LIMIT	YEAR RETD.	ISSUE PRICE	QUOTE U.S.$
1988	Night Before Christmas 650QX451-7	Yr.Iss.	1988	6.50	18-33
1988	Owliday Wish 650QX455-9	Yr.Iss.	1988	6.50	14-25
1988	Reindoggy 575QX452-7	Yr.Iss.	1988	5.75	20-25
1988	Treetop Dreams 675QX459-7	Yr.Iss.	1988	6.75	15-25

1988 Keepsake Magic Ornaments - Keepsake

YEAR ISSUE		EDITION LIMIT	YEAR RETD.	ISSUE PRICE	QUOTE U.S.$
1988	Baby's First Christmas 2400QLX718-4	Yr.Iss.	1988	24.00	43-60
1988	Bearly Reaching 950QLX715-1	Yr.Iss.	1988	9.50	25-40
1988	Chris Mouse-Fourth Ed.875QLX715-4	Yr.Iss.	1988	8.75	60
1988	Christmas Classics-Third Edition 1500QLX716-1	Yr.Iss.	1988	15.00	30
1988	Christmas is Magic 1200QLX717-1	Yr.Iss.	1988	12.00	35-55
1988	Christmas Morning 2450QLX701-3	Yr.Iss.	1988	24.50	33-50
1988	Circling the Globe 1050QLX712-4	Yr.Iss.	1988	10.50	45
1988	Country Express 2450QLX721-1	Yr.Iss.	1988	24.50	67-75
1988	Festive Feeder 1150QLX720-4	Yr.Iss.	1988	11.50	45
1988	First Christmas Together 1200QLX702-7	Yr.Iss.	1988	12.00	35-40
1988	Heavenly Glow 1175QLX711-4	Yr.Iss.	1988	11.75	19-29
1988	Kitty Capers 1300QLX716-4	Yr.Iss.	1988	13.00	45
1988	Kringle's Toy Shop 2450QLX701-7	Yr.Iss.	1988	25.00	35-60
1988	Last-Minute Hug 1950QLX718-1	Yr.Iss.	1988	19.50	42-50
1988	Moonlit Nap 875QLX713-4	Yr.Iss.	1988	8.75	20-30
1988	Parade of the Toys 2200QLX719-4	Yr.Iss.	1988	22.00	35-55
1988	Radiant Tree 1175QLX712-1	Yr.Iss.	1988	11.75	24
1988	Santa and Sparky-Third Ed.1950QLX719-1	Yr.Iss.	1988	19.50	43
1988	Skater's Waltz 1950QLX720-1	Yr.Iss.	1988	19.50	36-62
1988	Song of Christmas 850QLX711-1	Yr.Iss.	1988	8.50	15-30
1988	Tree of Friendship 850QLX710-4	Yr.Iss.	1988	8.50	25

1988 Keepsake Miniature Ornaments - Keepsake

YEAR ISSUE		EDITION LIMIT	YEAR RETD.	ISSUE PRICE	QUOTE U.S.$
1988	Baby's First Christmas	Yr.Iss.	1988	6.00	12
1988	Brass Angel	Yr.Iss.	1988	1.50	20
1988	Brass Star	Yr.Iss.	1988	1.50	20
1988	Brass Tree	Yr.Iss.	1988	1.50	20
1988	Candy Cane Elf	Yr.Iss.	1988	3.00	22
1988	Country Wreath	Yr.Iss.	1988	4.00	12
1988	Family Home-First Edition	Yr.Iss.	1988	8.50	45-60
1988	First Christmas Together	Yr.Iss.	1988	4.00	11
1988	Folk Art Lamb	Yr.Iss.	1988	2.50	14-23
1988	Folk Art Reindeer	Yr.Iss.	1988	2.50	13-20
1988	Friends Share Joy	Yr.Iss.	1988	2.00	15
1988	Gentle Angel	Yr.Iss.	1988	2.00	15-20

YEAR ISSUE		EDITION LIMIT	YEAR RETD.	ISSUE PRICE	QUOTE U.S.$
1988	Happy Santa	Yr.Iss.	1988	4.50	19
1988	Holy Family	Yr.Iss.	1988	8.50	13
1988	Jolly St. Nick	Yr.Iss.	1988	8.00	25-37
1988	Joyous Heart	Yr.Iss.	1988	3.50	22-30
1988	Kittens in Toyland-First Edition	Yr.Iss.	1988	5.00	25-30
1988	Little Drummer Boy	Yr.Iss.	1988	4.50	20-27
1988	Love is Forever	Yr.Iss.	1988	2.00	15
1988	Mother	Yr.Iss.	1988	3.00	12
1988	Penguin Pal-First Edition	Yr.Iss.	1988	3.75	27
1988	Rocking Horse-First Edition	Yr.Iss.	1988	4.50	38-50
1988	Skater's Waltz	Yr.Iss.	1988	7.00	14-22
1988	Sneaker Mouse	Yr.Iss.	1988	4.00	14-20
1988	Snuggly Skater	Yr.Iss.	1988	4.50	27
1988	Sweet Dreams	Yr.Iss.	1988	7.00	16-23
1988	Three Little Kitties	Yr.Iss.	1988	6.00	13-19

1988 Old Fashioned Christmas Collection - Keepsake

YEAR ISSUE		EDITION LIMIT	YEAR RETD.	ISSUE PRICE	QUOTE U.S.$
1988	In A Nutshell 550QX469-7	Yr.Iss.	1988	5.50	24-33

1988 Special Edition - Keepsake

YEAR ISSUE		EDITION LIMIT	YEAR RETD.	ISSUE PRICE	QUOTE U.S.$
1988	The Wonderful Santacycle 2250QX411-4	Yr.Iss.	1988	22.50	34-45

1989 Artists' Favorites - Keepsake

YEAR ISSUE		EDITION LIMIT	YEAR RETD.	ISSUE PRICE	QUOTE U.S.$
1989	Baby Partridge 675QX452-5	Yr.Iss.	1989	6.75	10-15
1989	Bear-i-Tone 475QX454-2	Yr.Iss.	1989	4.75	10-20
1989	Carousel Zebra 925QX451-5	Yr.Iss.	1989	9.25	15-20
1989	Cherry Jubilee 500QX453-2	Yr.Iss.	1989	5.00	15-25
1989	Mail Call 875QX452-2	Yr.Iss.	1989	8.75	15-20
1989	Merry-Go-Round Unicorn 1075QX447-2	Yr.Iss.	1989	10.75	16-20
1989	Playful Angel 675QX453-5	Yr.Iss.	1989	6.75	15-25

1989 Collectible Series - Keepsake

YEAR ISSUE		EDITION LIMIT	YEAR RETD.	ISSUE PRICE	QUOTE U.S.$
1989	Betsey Clark: Home for Christmas-Fourth Edition 500QX230-2	Yr.Iss.	1989	5.00	17-27
1989	Christmas Kitty-First Ed. 1475QX544-5	Yr.Iss.	1989	14.75	26-33
1989	Collector's Plate-Third Ed. 825QX461-2	Yr.Iss.	1989	8.25	20-33
1989	Crayola Crayon-First Ed. 875QX435-2	Yr.Iss.	1989	8.75	40-50
1989	Frosty Friends-Tenth Ed. 925QX457-2	Yr.Iss.	1989	9.25	27-50
1989	The Gift Bringers-First Ed. 500QX279-5	Yr.Iss.	1989	5.00	20
1989	Hark! It's Herald-First Ed. 675QX455-5	Yr.Iss.	1989	6.75	24-30
1989	Here Comes Santa Eleventh Ed 1475QX458-5	Yr.Iss.	1989	14.75	44-50
1989	Mary's Angels-Second Ed. 575QX454-5	Yr.Iss.	1989	5.75	43-50
1989	Miniature Creche-Fifth Ed. 925QX459-2	Yr.Iss.	1989	9.25	15-25
1989	Mr. and Mrs. Claus-Fourth Ed. 1325QX 457-5	Yr.Iss.	1989	13.25	30-50
1989	Nostalgic Houses and Shops-Sixth Edition 1425QX458-2	Yr.Iss.	1989	14.25	45-65
1989	Porcelain Bear-Seventh Ed. 875QX461-5	Yr.Iss.	1989	8.75	20-33
1989	Reindeer Champs-Fourth Ed. 775QX456-2	Yr.Iss.	1989	7.75	16-26
1989	Rocking Horse-Ninth Ed. 1075QX462-2	Yr.Iss.	1989	10.75	31-43
1989	Thimble-Twelfth Edition 575QX455-2	Yr.Iss.	1989	5.75	18-25
1989	Tin Locomotive-Eighth Ed. 1475QX460-2	Yr.Iss.	1989	14.75	52-60
1989	Twelve Days of Christmas-Sixth Ed. 675QX381-2	Yr.Iss.	1989	6.75	15-20
1989	Windows of the World-Fifth Ed. 1075QX462-5	Yr.Iss.	1989	10.75	20-30
1989	Winter Surprise-First Ed. 1075QX427-2	Yr.Iss.	1989	10.75	25
1989	Wood Childhood Ornaments-Sixth Edition 775QX459-5	Yr.Iss.	1989	7.75	15-25

1989 Commemoratives - Keepsake

YEAR ISSUE		EDITION LIMIT	YEAR RETD.	ISSUE PRICE	QUOTE U.S.$
1989	Baby's Fifth Christmas 675QX543-5	Yr.Iss.	1989	6.75	18
1989	Baby's First Christmas 675QX381-5	Yr.Iss.	1989	6.75	10-20
1989	Baby's First Christmas 725QX449-2	Yr.Iss.	1989	7.25	65
1989	Baby's First Christmas Photoholder 625QX468-2	Yr.Iss.	1989	6.25	50
1989	Baby's First Christmas-Baby Boy 475QX272-5	Yr.Iss.	1989	4.75	18
1989	Baby's First Christmas-Baby Girl 475QX272-2	Yr.Iss.	1989	4.75	13-20
1989	Baby's Fourth Christmas 675QX543-2	Yr.Iss.	1989	6.75	18
1989	Baby's Second Christmas 675QX449-5	Yr.Iss.	1989	6.75	25-30
1989	Baby's Third Christmas 675QX469-5	Yr.Iss.	1989	6.75	23
1989	Brother 625QX445-2	Yr.Iss.	1989	6.25	18
1989	Dad 725QX442-5	Yr.Iss.	1989	7.25	13
1989	Daughter 625QX443-2	Yr.Iss.	1989	6.25	15-30
1989	Festive Year 775QX384-2	Yr.Iss.	1989	7.75	10-20
1989	Fifty Years Together Photoholder 875QX486-2	Yr.Iss.	1989	8.75	12-20
1989	First Christmas Together 475QX273-2	Yr.Iss.	1989	4.75	25
1989	First Christmas Together 675QX383-2	Yr.Iss.	1989	6.75	14-25
1989	First Christmas Together 975QX485-2	Yr.Iss.	1989	9.75	15-25
1989	Five Years Together 475QX273-5	Yr.Iss.	1989	4.75	14-23
1989	FortyYears Together Photoholder 875QX545-2	Yr.Iss.	1989	8.75	15
1989	Friendship Time 975QX413-2	Yr.Iss.	1989	9.75	27
1989	From Our Home to Yours 625QX384-5	Yr.Iss.	1989	6.25	15
1989	Godchild 625QX311-2	Yr.Iss.	1989	6.25	14
1989	Granddaughter 475QX278	Yr.Iss.	1989	4.75	23
1989	Granddaughter's First Christmas 675QX382-2	Yr.Iss.	1989	6.75	10-23
1989	Grandmother 475QX277-5	Yr.Iss.	1989	4.75	18
1989	Grandparents 475QX277-2	Yr.Iss.	1989	4.75	18
1989	Grandson 475QX278-5	Yr.Iss.	1989	4.75	14-23
1989	Grandson's First Christmas 675QX382-5	Yr.Iss.	1989	6.75	10-18
1989	Gratitude 675QX385-2	Yr.Iss.	1989	6.75	14
1989	Language of Love 625QX383-5	Yr.Iss.	1989	6.25	22
1989	Mom and Dad 975QX442-5	Yr.Iss.	1989	9.75	20
1989	Mother 975QX440-5	Yr.Iss.	1989	9.75	30
1989	New Home 475QX275-5	Yr.Iss.	1989	4.75	15
1989	Sister 475QX279-2	Yr.Iss.	1989	4.75	10-20
1989	Son 625QX444-5	Yr.Iss.	1989	6.25	19-34
1989	Sweetheart 975QX486-5	Yr.Iss.	1989	9.75	33
1989	Teacher 575QX412-5	Yr.Iss.	1989	5.75	14-24
1989	Ten Years Together 475QX274-2	Yr.Iss.	1989	4.75	30
1989	Twenty-five Years Together Photoholder 875QX485-5	Yr.Iss.	1989	8.75	15
1989	World of Love 475QX274-5	Yr.Iss.	1989	4.75	35

1989 Hallmark Handcrafted Ornaments - Keepsake

YEAR ISSUE		EDITION LIMIT	YEAR RETD.	ISSUE PRICE	QUOTE U.S.$
1989	Peek-a-boo Kittens 750QX487-1	Yr.Iss.	1989	7.50	21

1989 Hallmark Keepsake Ornament Collector's Club - Keepsake

YEAR ISSUE		EDITION LIMIT	YEAR RETD.	ISSUE PRICE	QUOTE U.S.$
1989	Christmas is Peaceful 1850QXC451-2	Yr.Iss.	1989	18.50	30
1989	Collect a Dream 900QXC428-5	Yr.Iss.	1989	9.00	43
1989	Holiday Heirloom-Third Ed.2500QXC460-5	Yr.Iss.	1989	25.00	30
1989	Noelle 1975QXC448-3	Yr.Iss.	1989	19.75	50
1989	Sitting Purrty QXC581-2	Yr.Iss.	1989	Unkn.	45
1989	Visit from Santa QXC580-2	Yr.Iss.	1989	Unkn.	39

1989 Holiday Traditions - Keepsake

YEAR ISSUE		EDITION LIMIT	YEAR RETD.	ISSUE PRICE	QUOTE U.S.$
1989	Camera Claus 575QX546-5	Yr.Iss.	1989	5.75	12-23
1989	A Charlie Brown Christmas 475QX276-5	Yr.Iss.	1989	4.75	30-40
1989	Cranberry Bunny 575QX426-2	Yr.Iss.	1989	5.75	11-18
1989	Deer Disguise 575QX426-5	Yr.Iss.	1989	5.75	17-25
1989	Feliz Navidad 675QX439-2	Yr.Iss.	1989	6.75	18-30
1989	The First Christmas 775QX547-5	Yr.Iss.	1989	7.75	14-16
1989	Gentle Fawn 775QX548-5	Yr.Iss.	1989	7.75	13-20
1989	George Washington Bicentennial 625QX386-2	Yr.Iss.	1989	6.75	10-20
1989	Gone Fishing 500QX479-4	Yr.Iss.	1989	5.75	17
1989	Gym Dandy 575QX418-5	Yr.Iss.	1989	5.75	10-18
1989	Hang in There 525QX430-5	Yr.Iss.	1989	5.25	27-35
1989	Here's the Pitch 575QX545-5	Yr.Iss.	1989	5.75	12-20
1989	Hoppy Holidays 775QX469-2	Yr.Iss.	1989	7.75	13-24
1989	Joyful Trio 975QX437-2	Yr.Iss.	1989	9.75	15
1989	A Kiss™ From Santa 450QX482-1	Yr.Iss.	1989	4.50	20
1989	Kristy Claus 575QX424-5	Yr.Iss.	1989	5.75	10-15
1989	Norman Rockwell 475QX276-2	Yr.Iss.	1989	4.75	20
1989	North Pole Jogger 575QX546-2	Yr.Iss.	1989	5.75	12-23
1989	Old-World Gnome 775QX434-5	Yr.Iss.	1989	7.75	15-30
1989	On the Links 575QX419-2	Yr.Iss.	1989	5.75	16-23
1989	Oreo® Chocolate Sandwich Cookies 400QX481-4	Yr.Iss.	1989	4.00	15
1989	Owliday Greetings 400QX436-5	Yr.Iss.	1989	4.00	13-20
1989	Paddington Bear 575QX429-2	Yr.Iss.	1989	5.75	15-30
1989	Party Line 875QX476-1	Yr.Iss.	1989	8.75	27
1989	Peek-a-Boo Kitties 750QX487-1	Yr.Iss.	1989	7.50	16-22
1989	Polar Bowler 500QX478-4	Yr.Iss.	1989	5.75	17
1989	Sea Santa 575QX415-2	Yr.Iss.	1989	5.75	13-25
1989	Snoopy and Woodstock 675QX433-2	Yr.Iss.	1989	6.75	20-35
1989	Snowplow Santa 575QX420-5	Yr.Iss.	1989	5.75	12-22
1989	Special Delivery 525QX432-5	Yr.Iss.	1989	5.25	12-25
1989	Spencer Sparrow, Esq. 675QX431-2	Yr.Iss.	1990	6.75	14-23
1989	Stocking Kitten 675QX456-5	Yr.Iss.	1990	6.75	15
1989	Sweet Memories Photoholder 675QX438-5	Yr.Iss.	1989	6.75	25
1989	Teeny Taster 475QX418-1	Yr.Iss.	1989	4.75	17

1989 Keepsake Magic Collection - Keepsake

YEAR ISSUE		EDITION LIMIT	YEAR RETD.	ISSUE PRICE	QUOTE U.S.$
1989	Angel Melody 950QLX720-2	Yr.Iss.	1989	9.50	25
1989	The Animals Speak 1350QLX723-2	Yr.Iss.	1989	13.50	78-125
1989	Baby's First Christmas 3000QLX727-2	Yr.Iss.	1989	30.00	47-65
1989	Backstage Bear 1350QLX721-5	Yr.Iss.	1989	13.50	27-35
1989	Busy Beaver 1750QLX724-5	Yr.Iss.	1989	17.50	35-50
1989	Chris Mouse-Fifth Edition 950QLX722-5	Yr.Iss.	1989	9.50	50-60
1989	Christmas Classics-Fourth Edition 1350QLX724-2	Yr.Iss.	1989	13.50	26-43
1989	First Christmas Together1750QLX734-2	Yr.Iss.	1989	17.50	33-45
1989	Forest Frolics-First Edition2450QLX728-2	Yr.Iss.	1989	24.50	85
1989	Holiday Bell 1750QLX722-2	Yr.Iss.	1989	17.50	29-35
1989	Joyous Carolers 3000QLX729-5	Yr.Iss.	1989	30.00	47-70
1989	Kringle's Toy Shop 2450QLX701-7	Yr.Iss.	1989	24.50	40-60
1989	Loving Spoonful 1950QLX726-2	Yr.Iss.	1989	19.50	35
1989	Metro Express 2800QLX727-5	Yr.Iss.	1989	28.00	75
1989	Moonlit Nap 875QLX713-4	Yr.Iss.	1989	8.75	23
1989	Rudolph the Red-Nosed Reindeer 1950QLX725-2	Yr.Iss.	1989	19.50	50-70
1989	Spirit of St. Nick 2450QLX728-5	Yr.Iss.	1989	24.50	70
1989	Tiny Tinker 1950QLX717-4	Yr.Iss.	1989	19.50	50-65
1989	Unicorn Fantasy 950QLX723-5	Yr.Iss.	1989	9.50	17

1989 Keepsake Miniature Ornaments - Keepsake

YEAR ISSUE		EDITION LIMIT	YEAR RETD.	ISSUE PRICE	QUOTE U.S.$
1989	Acorn Squirrel 450QXM568-2	Yr.Iss.	1989	4.50	9
1989	Baby's First Christmas 600QXM573-2	Yr.Iss.	1989	6.00	13
1989	Brass Partridge 300QXM572-5	Yr.Iss.	1989	3.00	10
1989	Brass Snowflake 450QXM570-2	Yr.Iss.	1989	4.50	13
1989	Bunny Hug 300QXM577-5	Yr.Iss.	1989	3.00	7-11
1989	Country Wreath 450QXM573-1	Yr.Iss.	1989	4.50	12
1989	Cozy Skater 450QXM573-5	Yr.Iss.	1989	4.50	11
1989	First Christmas Together 850QXM564-2	Yr.Iss.	1989	8.50	10
1989	Folk Art Bunny 450QXM569-2	Yr.Iss.	1989	4.50	10
1989	Happy Bluebird 450QXM566-2	Yr.Iss.	1989	4.50	13
1989	Holiday Deer 300QXM577-2	Yr.Iss.	1989	3.00	12
1989	Holy Family 850QXM561-1	Yr.Iss.	1989	8.50	15
1989	Kittens in Toyland-Second Edition 450QXM561-2	Yr.Iss.	1989	4.50	15-20
1989	Kitty Cart 300QXM572-2	Yr.Iss.	1989	3.00	7
1989	The Kringles-First Edition600QXM562-2	Yr.Iss.	1989	6.00	30-45
1989	Little Soldier 450QXM567-5	Yr.Iss.	1989	4.50	10-24
1989	Little Star Bringer 600QXM562-2	Yr.Iss.	1989	6.00	20
1989	Load of Cheer 600QXM574-5	Yr.Iss.	1989	6.00	12-20
1989	Lovebirds 600QXM563-5	Yr.Iss.	1989	6.00	9-15
1989	Merry Seal 600QXM575-5	Yr.Iss.	1989	6.00	11-15
1989	Mother 600QXM564-5	Yr.Iss.	1989	6.00	10-15
1989	Noel R.R.-First Edition 850QXM576-2	Yr.Iss.	1989	8.50	35-60
1989	Old English Village-Second Edition 850QXM561-5	Yr.Iss.	1989	8.50	25-50
1989	Old-World Santa 300QXM569-5	Yr.Iss.	1989	3.00	8
1989	Penguin Pal-Second Ed.450QXM560-2	Yr.Iss.	1989	4.50	18
1989	Pinecone Basket 450QXM573-4	Yr.Iss.	1989	4.50	8
1989	Puppy Cart 300QXM571-5	Yr.Iss.	1989	3.00	8
1989	Rejoice 300QXM578-2	Yr.Iss.	1989	3.00	10
1989	Rocking Horse-Second Ed. 450QXM560-5	Yr.Iss.	1989	4.50	22-40
1989	Roly-Poly Pig 300QXM571-2	Yr.Iss.	1989	3.00	14
1989	Roly-Poly Ram 300QXM570-5	Yr.Iss.	1989	3.00	13
1989	Santa's Magic Ride 850QXM563-2	Yr.Iss.	1989	8.50	15-20
1989	Santa's Roadster 600QXM566-5	Yr.Iss.	1989	6.00	15-20
1989	Scrimshaw Reindeer 450QXM568-5	Yr.Iss.	1989	4.50	8
1989	Sharing a Ride 850QXM576-5	Yr.Iss.	1989	8.50	10-15
1989	Slow Motion 600QXM575-2	Yr.Iss.	1989	6.00	11-17
1989	Special Friend 450QXM565-2	Yr.Iss.	1989	4.50	11-14
1989	Starlit Mouse 450QXM565-5	Yr.Iss.	1989	4.50	15
1989	Stocking Pal 450QXM567-2	Yr.Iss.	1989	4.50	10
1989	Strollin' Snowman 450QXM574-2	Yr.Iss.	1989	4.50	14
1989	Three Little Kitties 600QXM569-4	Yr.Iss.	1989	6.00	19

1989 New Attractions - Keepsake

YEAR ISSUE		EDITION LIMIT	YEAR RETD.	ISSUE PRICE	QUOTE U.S.$
1989	Balancing Elf 675QX489-5	Yr.Iss.	1989	6.75	23
1989	Cactus Cowboy 675QX411-2	Yr.Iss.	1989	6.75	33-44
1989	Claus Construction 775QX488-5	Yr.Iss.	1990	7.75	18-35
1989	Cool Swing 625QX487-5	Yr.Iss.	1989	6.25	30-35
1989	Country Cat 625QX467-2	Yr.Iss.	1989	6.25	16
1989	Festive Angel 675QX463-5	Yr.Iss.	1989	6.75	20
1989	Goin' South 425QX410-5	Yr.Iss.	1989	4.25	18-25
1989	Graceful Swan 675QX464-2	Yr.Iss.	1989	6.75	20
1989	Horse Weathervane 575QX463-2	Yr.Iss.	1989	5.75	15
1989	Let's Play 725QX488-2	Yr.Iss.	1989	7.25	25-35
1989	Nostalgic Lamb 675QX466-5	Yr.Iss.	1989	6.75	10-15
1989	Nutshell Dreams 575QX465-5	Yr.Iss.	1989	5.75	14-23
1989	Nutshell Holiday 575QX465-2	Yr.Iss.	1990	5.75	17-27
1989	Nutshell Workshop 575QX487-2	Yr.Iss.	1989	5.75	15-22
1989	Peppermint Clown 2475QX450-5	Yr.Iss.	1989	24.75	25-50
1989	Rodney Reindeer 675QX407-2	Yr.Iss.	1989	6.75	10-15
1989	Rooster Weathervane 575QX467-5	Yr.Iss.	1989	5.75	15-25
1989	Sparkling Snowflake 775QX547-2	Yr.Iss.	1989	7.75	25
1989	TV Break 625QX409-2	Yr.Iss.	1989	6.25	15-20
1989	Wiggly Snowman 675QX489-2	Yr.Iss.	1989	6.75	20-35

1989 Special Edition - Keepsake

YEAR ISSUE		EDITION LIMIT	YEAR RETD.	ISSUE PRICE	QUOTE U.S.$
1989	The Ornament Express 2200QX580-5	Yr.Iss.	1989	22.00	35-50

1990 Artists' Favorites - Keepsake

YEAR ISSUE		EDITION LIMIT	YEAR RETD.	ISSUE PRICE	QUOTE U.S.$
1990	Angel Kitty 875QX4746	Yr.Iss.	1990	8.75	14-24
1990	Donder's Diner 1375QX4823	Yr.Iss.	1990	13.75	22
1990	Gentle Dreamers 875QX4756	Yr.Iss.	1990	8.75	17-27
1990	Happy Woodcutter 975QX4763	Yr.Iss.	1990	9.75	17-25
1990	Mouseboat 775QX4753	Yr.Iss.	1990	7.75	15
1990	Welcome, Santa 1175QX4773	Yr.Iss.	1990	11.75	20-30

1990 Collectible Series - Keepsake

YEAR ISSUE		EDITION LIMIT	YEAR RETD.	ISSUE PRICE	QUOTE U.S.$
1990	Betsey Clark: Home for Christmas-Fifth Edition 500QX2033	Yr.Iss.	1990	5.00	15-25
1990	Christmas Kitty-Second Edition 1475QX4506	Yr.Iss.	1990	14.75	20-33
1990	Cinnamon Bear-Eighth Edition 875QX4426	Yr.Iss.	1990	8.75	20-32

YEAR ISSUE		EDITION LIMIT	YEAR RETD.	ISSUE PRICE	QUOTE U.S.$
1990	Cookies for Santa-Fourth Edition 875QX4436	Yr.Iss.	1990	8.75	35
1990	CRAYOLA Crayon-Bright Moving Colors-Second Edition 875QX4586	Yr.Iss.	1990	8.75	37-52
1990	Fabulous Decade-First Edition 775QX4466	Yr.Iss.	1990	7.75	20-45
1990	Festive Surrey-Twelfth Edition 1475QX4923	Yr.Iss.	1990	14.75	29-43
1990	Frosty Friends-Eleventh Edition 975QX4396	Yr.Iss.	1990	9.75	20-33
1990	The Gift Bringers-St. Lucia-Second Edition 500QX2803	Yr.Iss.	1990	5.00	13-23
1990	Greatest Story-First Edition 1275QX4656	Yr.Iss.	1990	12.75	30
1990	Hark! It's Herald-Second Edition 675QX4463	Yr.Iss.	1990	6.75	17-27
1990	Heart of Christmas-First Edition 1375QX4726	Yr.Iss.	1990	13.75	50-80
1990	Holiday Home-Seventh Edition 1475QX4696	Yr.Iss.	1990	14.75	50-60
1990	Irish-Sixth Edition 1075QX4636	Yr.Iss.	1990	10.75	20-32
1990	Mary's Angels-Rosebud-Third Edition 575QX4423	Yr.Iss.	1990	5.75	30-45
1990	Merry Olde Santa-First Edition 1475QX4736	Yr.Iss.	1990	14.75	65-75
1990	Popcorn Party-Fifth Edition 1375QX4393	Yr.Iss.	1990	13.75	40-50
1990	Reindeer Champs-Comet-Fifth Edition 775QX4433	Yr.Iss.	1990	7.75	19-29
1990	Rocking Horse-Tenth Edition 1075QX4646	Yr.Iss.	1990	10.75	55-65
1990	Seven Swans A-Swimming-7th Edition 675QX3033	Yr.Iss.	1990	6.75	19-29
1990	Winter Surprise-Second Edition 1075QX4443	Yr.Iss.	1990	10.75	19-33

1990 Commemoratives - Keepsake

YEAR ISSUE		EDITION LIMIT	YEAR RETD.	ISSUE PRICE	QUOTE U.S.$
1990	Across The Miles 675QX3173	Yr.Iss.	1990	6.75	15
1990	Baby's First Christmas 675QX3036	Yr.Iss.	1990	6.75	11-22
1990	Baby's First Christmas 775QX4856	Yr.Iss.	1990	7.75	26-35
1990	Baby's First Christmas 975QX4853	Yr.Iss.	1990	9.75	17-23
1990	Baby's First Christmas-Baby Boy 475QX2063	Yr.Iss.	1990	4.75	17-22
1990	Baby's First Christmas-Baby Girl 475QX2066	Yr.Iss.	1990	4.75	15-23
1990	Baby's First Christmas-Photo Holder 775QX4843	Yr.Iss.	1990	7.75	23-30
1990	Baby's Second Christmas 675QX4683	Yr.Iss.	1990	6.75	34
1990	Brother 575QX4493	Yr.Iss.	1990	5.75	13
1990	Child Care Giver 675QX3166	Yr.Iss.	1990	6.75	13
1990	Child's Fifth Christmas 675QX4876	Yr.Iss.	1990	6.75	18
1990	Child's Fourth Christmas 675QX4873	Yr.Iss.	1990	6.75	18
1990	Child's Third Christmas 675QX4866	Yr.Iss.	1990	6.75	20
1990	Copy of Cheer 775QX4486	Yr.Iss.	1990	7.75	17
1990	Dad 675QX4533	Yr.Iss.	1990	6.75	12-18
1990	Dad-to-Be 575QX4913	Yr.Iss.	1990	5.75	17-22
1990	Daughter 575QX4496	Yr.Iss.	1990	5.75	18
1990	Fifty Years Together 975QX4906	Yr.Iss.	1990	9.75	18
1990	Five Years Together 475QX2103	Yr.Iss.	1990	4.75	18
1990	Forty Years Together 975QX4903	Yr.Iss.	1990	9.75	20-27
1990	Friendship Kitten 675QX4142	Yr.Iss.	1990	6.75	16-25
1990	From Our Home to Yours 475QX2166	Yr.Iss.	1990	4.75	20
1990	Godchild 675QX3167	Yr.Iss.	1990	6.75	11-20
1990	Granddaughter 475QX2286	Yr.Iss.	1990	4.75	23
1990	Granddaughter's First Christmas 675QX3106	Yr.Iss.	1990	6.75	20
1990	Grandmother 475QX2236	Yr.Iss.	1990	4.75	15
1990	Grandparents 475QX2253	Yr.Iss.	1990	4.75	16
1990	Grandson 475QX2293	Yr.Iss.	1990	4.75	20
1990	Grandson's First Christmas 675QX3063	Yr.Iss.	1990	6.75	16-23
1990	Jesus Loves Me 675QX3156	Yr.Iss.	1990	6.75	14
1990	Mom and Dad 875QX4593	Yr.Iss.	1990	8.75	16-25
1990	Mom-to-Be 575QX4916	Yr.Iss.	1990	5.75	25-33
1990	Mother 875QX4536	Yr.Iss.	1990	8.75	30
1990	New Home 675QX4343	Yr.Iss.	1990	6.75	28
1990	Our First Christmas Together 475QX2136	Yr.Iss.	1990	4.75	20
1990	Our First Christmas Together 675QX3146	Yr.Iss.	1990	6.75	13-23
1990	Our First Christmas Together 975QX4883	Yr.Iss.	1990	9.75	18
1990	Our First Christmas Together-Photo Holder Ornament 775QX4886	Yr.Iss.	1990	7.75	20
1990	Peaceful Kingdom 475QX2106	Yr.Iss.	1990	4.75	20
1990	Sister 475QX2273	Yr.Iss.	1990	4.75	15
1990	Son 575QX4516	Yr.Iss.	1990	5.75	18
1990	Sweetheart 1175QX4893	Yr.Iss.	1990	11.75	18-30
1990	Teacher 775QX4483	Yr.Iss.	1990	7.75	15
1990	Ten Years Together 475QX2153	Yr.Iss.	1990	4.75	18
1990	Time for Love 475QX2133	Yr.Iss.	1990	4.75	10-22
1990	Twenty-Five Years Together 975QX4896	Yr.Iss.	1990	9.75	18

1990 Holiday Traditions - Keepsake

YEAR ISSUE		EDITION LIMIT	YEAR RETD.	ISSUE PRICE	QUOTE U.S.$
1990	Spencer Sparrow, Esq. 675QX431-2	Yr.Iss.	1990	6.75	15
1990	Stocking Kitten 675QX456-5	Yr.Iss.	1990	6.75	11-15

1990 Keepsake Collector's Club - Keepsake

YEAR ISSUE		EDITION LIMIT	YEAR RETD.	ISSUE PRICE	QUOTE U.S.$
1990	Armful of Joy 800QXC445-3	Yr.Iss.	1990	8.00	40
1990	Club Hollow QXC445-6	Yr.Iss.	1990	Unkn.	36
1990	Crown Prince QXC560-3	Yr.Iss.	1990	Unkn.	40

1990 Keepsake Magic Ornaments - Keepsake

YEAR ISSUE		EDITION LIMIT	YEAR RETD.	ISSUE PRICE	QUOTE U.S.$
1990	Baby's First Christmas 2800QLX7246	Yr.Iss.	1990	28.00	50-60
1990	Beary Short Nap 1000QLX7326	Yr.Iss.	1990	10.00	24-30
1990	Blessings of Love 1400QLX7363	Yr.Iss.	1990	14.00	45-50
1990	Children's Express 2800QLX7243	Yr.Iss.	1990	28.00	65-75
1990	Chris Mouse Wreath 1000QLX7296	Yr.Iss.	1990	10.00	28-45
1990	Christmas Memories 2500QLX7276	Yr.Iss.	1990	25.00	47
1990	Deer Crossing 1800QLX7213	Yr.Iss.	1990	18.00	40-50
1990	Elf of the Year 1000QLX7356	Yr.Iss.	1990	10.00	16-25
1990	Elfin Whittler 2000QLX7265	Yr.Iss.	1990	20.00	40-55
1990	Forest Frolics 2500QLX7236	Yr.Iss.	1990	25.00	75
1990	Holiday Flash 1800QLX7333	Yr.Iss.	1990	18.00	25-40
1990	Hop 'N Pop Popper 2000QLX7353	Yr.Iss.	1990	20.00	85-95
1990	Letter to Santa 1400QLX7226	Yr.Iss.	1990	14.00	28-35
1990	The Littlest Angel 1400QLX7303	Yr.Iss.	1990	14.00	27-45
1990	Mrs. Santa's Kitchen 2500QLX7263	Yr.Iss.	1990	25.00	50-80
1990	Our First Christmas Together 1800QLX7255	Yr.Iss.	1990	18.00	26-46
1990	Partridges in a Pear 1400QLX7212	Yr.Iss.	1990	14.00	35
1990	Santa's Ho-Ho-Hoedown 2500QLX7256	Yr.Iss.	1990	25.00	90
1990	Song and Dance 2000QLX7253	Yr.Iss.	1990	20.00	60-95
1990	Starlight Angel 1400QLX7306	Yr.Iss.	1990	14.00	27-37
1990	Starship Christmas 1800QLX7336	Yr.Iss.	1990	18.00	35-55

1990 Keepsake Miniature Ornaments - Keepsake

YEAR ISSUE		EDITION LIMIT	YEAR RETD.	ISSUE PRICE	QUOTE U.S.$
1990	Acorn Wreath 600QXM5686	Yr.Iss.	1990	6.00	10
1990	Air Santa 450QXM5656	Yr.Iss.	1990	4.50	10
1990	Baby's First Christmas 850QXM5703	Yr.Iss.	1990	8.50	15
1990	Basket Buddy 600QXM5696	Yr.Iss.	1990	6.00	10
1990	Bear Hug 600QXM5633	Yr.Iss.	1990	6.00	12
1990	Brass Bouquet 600QMX5776	Yr.Iss.	1990	6.00	6
1990	Brass Horn 300QXM5793	Yr.Iss.	1990	3.00	9-12
1990	Brass Peace 300QXM5796	Yr.Iss.	1990	3.00	8
1990	Brass Santa 300QXM5786	Yr.Iss.	1990	3.00	7
1990	Brass Year 300QXM5833	Yr.Iss.	1990	3.00	8
1990	Busy Carver 450QXM5673	Yr.Iss.	1990	4.50	9
1990	Christmas Dove 450QXM5636	Yr.Iss.	1990	4.50	12
1990	Cloisonne Poinsettia 1050QMX5533	Yr.Iss.	1990	10.75	22-35
1990	Coal Car 850QXM5756	Yr.Iss.	1990	8.50	20-50
1990	Country Heart 450QXM5693	Yr.Iss.	1990	4.50	9
1990	First Christmas Together 600QXM5536	Yr.Iss.	1990	6.00	12
1990	Going Sledding 450QXM5683	Yr.Iss.	1990	4.50	12
1990	Grandchild's First Christmas 600QXM5723	Yr.Iss.	1990	6.00	11
1990	Holiday Cardinal 300QXM5526	Yr.Iss.	1990	3.00	10
1990	Kittens in Toyland 450QXM5736	Yr.Iss.	1990	4.50	18
1990	The Kringles 600QXM5753	Yr.Iss.	1990	6.00	25-40
1990	Lion and Lamb 450QXM5676	Yr.Iss.	1990	4.50	8
1990	Loving Hearts 300QXM5523	Yr.Iss.	1990	3.00	8
1990	Madonna and Child 600QXM5643	Yr.Iss.	1990	6.00	10
1990	Mother 450QXM5716	Yr.Iss.	1990	4.50	15
1990	Nativity 450QXM5706	Yr.Iss.	1990	4.50	15
1990	Nature's Angels 450QMX5733	Yr.Iss.	1990	4.50	25-30
1990	Panda's Surprise 450QXM5616	Yr.Iss.	1990	4.50	12
1990	Penguin Pal 450QXM5746	Yr.Iss.	1990	4.50	14-20
1990	Perfect Fit 450QXM5516	Yr.Iss.	1990	4.50	10
1990	Puppy Love 600QXM5666	Yr.Iss.	1990	6.00	12
1990	Rocking Horse 450QXM5743	Yr.Iss.	1990	4.50	17-30
1990	Ruby Reindeer 600QXM5816	Yr.Iss.	1990	6.00	11
1990	Santa's Journey 850QXM5826	Yr.Iss.	1990	8.50	18
1990	Santa's Streetcar 850QQXM5766	Yr.Iss.	1990	8.50	15
1990	School 850QXM5763	Yr.Iss.	1990	8.50	20-40
1990	Snow Angel 600QXM5773	Yr.Iss.	1990	6.00	13
1990	Special Friends 600QXM5726	Yr.Iss.	1990	6.00	12
1990	Stamp Collector 450QXM5623	Yr.Iss.	1990	4.50	9
1990	Stringing Along 850QXM5606	Yr.Iss.	1990	8.50	16
1990	Sweet Slumber 450QXM5663	Yr.Iss.	1990	4.50	10
1990	Teacher 450QXM5653	Yr.Iss.	1990	4.50	8
1990	Thimble Bells 600QXM5543	Yr.Iss.	1990	6.00	20-30
1990	Type of Joy 450QXM5646	Yr.Iss.	1990	4.50	8
1990	Warm Memories 450QXM5713	Yr.Iss.	1990	4.50	10
1990	Wee Nutcracker 850QXM5843	Yr.Iss.	1990	8.50	14

1990 Limited Edition - Keepsake

YEAR ISSUE		EDITION LIMIT	YEAR RETD.	ISSUE PRICE	QUOTE U.S.$
1990	Christmas Limited1975 QXC476-6	38700	1990	19.75	78
1990	Dove of Peace 2475QXC447-6	25400	1990	24.75	50
1990	Sugar Plum Fairy 2775QXC447-3	25400	1990	27.75	50

1990 New Attractions - Keepsake

YEAR ISSUE		EDITION LIMIT	YEAR RETD.	ISSUE PRICE	QUOTE U.S.$
1990	Baby Unicorn 975QX5486	Yr.Iss.	1990	9.75	10-25
1990	Bearback Rider 975QX5483	Yr.Iss.	1990	9.75	20-32
1990	Beary Good Deal 675QX4733	Yr.Iss.	1990	6.75	13
1990	Billboard Bunny 775QX5196	Yr.Iss.	1990	7.75	13-20
1990	Born to Dance 775QX5043	Yr.Iss.	1990	7.75	15-25
1990	Chiming In 975QX4366	Yr.Iss.	1990	9.75	22
1990	Christmas Croc 775QX4373	Yr.Iss.	1990	7.75	13-25
1990	Christmas Partridge 775QX5246	Yr.Iss.	1990	7.75	13-23
1990	Claus Construction 775QX4885	Yr.Iss.	1990	7.75	15-20
1990	Country Angel 675QX5046	Yr.Iss.	1990	6.75	195
1990	Coyote Carols 875QX4993	Yr.Iss.	1990	8.75	17-25
1990	Cozy Goose 575QX4966	Yr.Iss.	1990	5.75	14
1990	Feliz Navidad 675QX5173	Yr.Iss.	1990	6.75	17-30
1990	Garfield 475QX2303	Yr.Iss.	1990	4.75	10-20
1990	Gingerbread Elf 575QX5033	Yr.Iss.	1990	5.75	14-25
1990	Goose Cart 775QX5236	Yr.Iss.	1990	7.75	14
1990	Hang in There 675QX4713	Yr.Iss.	1990	6.75	15-23
1990	Happy Voices 675QX4645	Yr.Iss.	1990	6.75	14
1990	Holiday Cardinals 775QX5243	Yr.Iss.	1990	7.75	14-23
1990	Home for the Owlidays 675QX5183	Yr.Iss.	1990	6.75	13
1990	Hot Dogger 775QX4976	Yr.Iss.	1990	7.75	14-20
1990	Jolly Dolphin 675QX4683	Yr.Iss.	1990	6.75	20-30
1990	Joy is in the Air 775QX5503	Yr.Iss.	1990	7.75	20-25
1990	King Klaus 775QX4106	Yr.Iss.	1990	7.75	13-20
1990	Kitty's Best Pal 675QX4716	Yr.Iss.	1990	6.75	15-23
1990	Little Drummer Boy 775QX5233	Yr.Iss.	1990	7.75	19
1990	Long Winter's Nap 675QX4703	Yr.Iss.	1990	6.75	14-24
1990	Lovable Dears 875QX5476	Yr.Iss.	1990	8.75	15
1990	Meow Mart 775QX4446	Yr.Iss.	1990	7.75	18
1990	Mooy Christmas 675QX4933	Yr.Iss.	1990	6.75	25
1990	Norman Rockwell Art 475QX2296	Yr.Iss.	1990	4.75	12-25
1990	Nutshell Chat 675QX5193	Yr.Iss.	1990	6.75	14-28
1990	Nutshell Holiday 575QX465-2	Yr.Iss.	1990	5.75	17-28
1990	Peanuts 475QX2233	Yr.Iss.	1990	4.75	12-28
1990	Pepperoni Mouse 675QX4973	Yr.Iss.	1990	6.75	14-20
1990	Perfect Catch 775QX4693	Yr.Iss.	1990	7.75	11-18
1990	Polar Jogger 575QX4666	Yr.Iss.	1990	5.75	9
1990	Polar Pair 575QX4626	Yr.Iss.	1990	5.75	15
1990	Polar Sport 775QX5156	Yr.Iss.	1990	7.75	12
1990	Polar TV 775QX5166	Yr.Iss.	1990	7.75	12
1990	Polar V.I.P. 575QX4663	Yr.Iss.	1990	5.75	12
1990	Polar Video 575QX4633	Yr.Iss.	1990	5.75	9
1990	Poolside Walrus 775QX4986	Yr.Iss.	1990	7.75	13-23
1990	S. Claus Taxi 1175QX4686	Yr.Iss.	1990	11.75	25-30
1990	Santa Schnoz 675QX4983	Yr.Iss.	1990	6.75	30
1990	SNOOPY and WOODSTOCK 675QX4723	Yr.Iss.	1990	6.75	30
1990	Spoon Rider 975QX5496	Yr.Iss.	1990	9.75	15
1990	Stitches of Joy 775QX5186	Yr.Iss.	1990	7.75	13-27
1990	Stocking Kitten 675QX456-5	Yr.Iss.	1990	6.75	7
1990	Stocking Pals 1075QX5493	Yr.Iss.	1990	10.75	20-25
1990	Three Little Piggies 775QX4996	Yr.Iss.	1990	7.75	14-24
1990	Two Peas in a Pod 475QX4926	Yr.Iss.	1990	4.75	20-33

1990 Special Edition - Keepsake

YEAR ISSUE		EDITION LIMIT	YEAR RETD.	ISSUE PRICE	QUOTE U.S.$
1990	Dickens Caroler Bell-Mr. Ashbourne 2175QX5056	Yr.Iss.	1990	21.75	40-53

1991 Artists' Favorites - Keepsake

YEAR ISSUE		EDITION LIMIT	YEAR RETD.	ISSUE PRICE	QUOTE U.S.$
1991	Fiddlin' Around 775QX4387	Yr.Iss.	1991	7.75	18
1991	Hooked on Santa 775QX4109	Yr.Iss.	1991	7.75	21
1991	Noah's Ark 1375QX4867	Yr.Iss.	1991	13.75	27-50
1991	Polar Circus Wagon 1375QX4399	Yr.Iss.	1991	13.75	25-30
1991	Santa Sailor 975QX4389	Yr.Iss.	1991	9.75	18-25
1991	Tramp and Laddie 775QX4397	Yr.Iss.	1991	7.75	20-40

1991 Club Limited Editions - Keepsake

YEAR ISSUE		EDITION LIMIT	YEAR RETD.	ISSUE PRICE	QUOTE U.S.$
1991	Galloping Into Christmas 1975QXC4779	28,400	1991	19.75	60-70
1991	Secrets for Santa 2375QXC4797	28,700	1991	23.75	48

1991 Collectible Series - Keepsake

YEAR ISSUE		EDITION LIMIT	YEAR RETD.	ISSUE PRICE	QUOTE U.S.$
1991	1957 Corvette-First Edition1275QX4319	Yr.Iss.	1991	12.75	175-195
1991	Betsey Clark: Home for Christmas Sixth Edition 500QX2109	Yr.Iss.	1991	5.00	19-29
1991	Checking His List Sixth Edition 1375QX4339	Yr.Iss.	1991	13.75	26
1991	Christmas Kitty-Third Edition 1475QX4377	Yr.Iss.	1991	14.75	25-33
1991	CRAYOLA CRAYON-Bright Vibrant Carols-Third Edition 975QX4219	Yr.Iss.	1991	9.75	25-40
1991	Eight Maids A-Milking-Eigth Ed. 675QX3089	Yr.Iss.	1991	6.75	20-30
1991	Fabulous Decade-Second Ed. 775QX4119	Yr.Iss.	1991	7.75	20-40
1991	Fire Station-Eigth Edition 1475QX4139	Yr.Iss.	1991	14.75	35-55
1991	Frosty Friends-Twelfth Edition 975QX4327	Yr.Iss.	1991	9.75	30-50
1991	The Gift Bringers-Christkind Third Edition 500QX2117	Yr.Iss.	1991	5.00	16
1991	Greatest Story-Second Edition 1275QX4129	Yr.Iss.	1991	12.75	25-30
1991	Hark! It's Herald Third Edition 675QX4379	Yr.Iss.	1991	6.75	20-30
1991	Heart of Christmas-Second Ed. 1375QX4357	Yr.Iss.	1991	13.75	30-50
1991	Heavenly Angels-First Edition 775QX4367	Yr.Iss.	1991	7.75	30-38
1991	Let It Snow! Fifth Ediiton 875QX4369	Yr.Iss.	1991	8.75	20
1991	Mary's Angels-Iris Fourth Ed. 675QX4279	Yr.Iss.	1991	6.75	23-38
1991	Merry Olde Santa-Second Ed. 1475QX4359	Yr.Iss.	1991	14.75	60-80
1991	Peace on Earth-Italy First Ed.1175QX5129	Yr.Iss.	1991	11.75	26-35

CHRISTMAS ORNAMENTS

Hallmark Keepsake Ornaments to Hallmark Keepsake Ornaments

YEAR ISSUE		EDITION LIMIT	YEAR RETD.	ISSUE PRICE	QUOTE U.S.$
1991	Puppy Love-First Edition 775QX5379	Yr.Iss.	1991	7.75	35-48
1991	Reindeer Champ-Cupid Sixth Ed. 775QX4347	Yr.Iss.	1991	7.75	20-30
1991	Rocking Horse-11th Ed. 1075QX4147	Yr.Iss.	1991	10.75	23-35
1991	Santa's Antique Car-13th Ed. 1475QX4349	Yr.Iss.	1991	14.75	30-50
1991	Winter Surprise-Third Ed. 1075QX4277	Yr.Iss.	1991	10.75	35

1991 Commemoratives - Keepsake

YEAR	ITEM	EDITION	RETD.	PRICE	QUOTE
1991	Across the Miles 675QX3157	Yr.Iss.	1991	6.75	14
1991	Baby's First Christmas 1775QX5107	Yr.Iss.	1991	17.75	33-43
1991	Baby's First Christmas 775QX4889	Yr.Iss.	1991	7.75	25
1991	Baby's First Christmas-Baby Boy 475QX2217	Yr.Iss.	1991	4.75	15-20
1991	Baby's First Christmas-Baby Girl 475QX2227	Yr.Iss.	1991	4.75	15-20
1991	Baby's First Christmas-Photo Holder 775QX4869	Yr.Iss.	1991	7.75	22-30
1991	Baby's Second Christmas 675QX4897	Yr.Iss.	1991	6.75	22-30
1991	The Big Cheese 675QX5327	Yr.Iss.	1991	6.75	18
1991	Brother 675QX5479	Yr.Iss.	1991	6.75	18
1991	A Child's Christmas 975QX4887	Yr.Iss.	1991	9.75	16
1991	Child's 5th Christmas 675QX4909	Yr.Iss.	1991	6.75	18
1991	Child's 4th Christmas 675QX4907	Yr.Iss.	1991	6.75	17
1991	Child's 3rd Christmas 675QX4899	Yr.Iss.	1991	6.75	24
1991	Dad 775QX5127	Yr.Iss.	1991	7.75	19
1991	Dad-to-Be 575QX4879	Yr.Iss.	1991	5.75	15
1991	Daughter 575QX5477	Yr.Iss.	1991	5.75	15-30
1991	Extra-Special Friends 475QX2279	Yr.Iss.	1991	4.75	15
1991	Fifty Years Together 875QX4947	Yr.Iss.	1991	8.75	20
1991	Five Years Together 775QX4927	Yr.Iss.	1991	7.75	18
1991	Forty Years Together 775QX4939	Yr.Iss.	1991	7.75	18
1991	Friends Are Fun 975QX5289	Yr.Iss.	1991	9.75	20-32
1991	From Our Home to Yours 475QX2287	Yr.Iss.	1991	4.75	14-23
1991	Gift of Joy 875QX5319	Yr.Iss.	1991	8.75	18-25
1991	Godchild 675QX5489	Yr.Iss.	1991	6.75	18
1991	Granddaughter 475QX2299	Yr.Iss.	1991	4.75	20
1991	Granddaughter's First Christmas 675QX5119	Yr.Iss.	1991	6.75	12-24
1991	Grandmother 475QX2307	Yr.Iss.	1991	4.75	20
1991	Grandparents 475QX2309	Yr.Iss.	1991	4.75	15
1991	Grandson 475QX2297	Yr.Iss.	1991	4.75	14-22
1991	Grandson's First Christmas 675QX5117	Yr.Iss.	1991	6.75	12-24
1991	Jesus Loves Me 775QX3147	Yr.Iss.	1991	7.75	16
1991	Mom and Dad 975QX5467	Yr.Iss.	1991	9.75	22
1991	Mom-to-Be 575QX4877	Yr.Iss.	1991	5.75	19
1991	Mother 975QX5457	Yr.Iss.	1991	9.75	35
1991	New Home 675QX5449	Yr.Iss.	1991	6.75	16-28
1991	Our First Christmas Together 475QX2229	Yr.Iss.	1991	4.75	18
1991	Our First Christmas Together 675QX3139	Yr.Iss.	1991	6.75	25
1991	Our First Christmas Together 875QX4919	Yr.Iss.	1991	8.75	17-27
1991	Our First Christmas Together-Photo Holder 875QX4917	Yr.Iss.	1991	8.75	30
1991	Sister 675QX5487	Yr.Iss.	1991	6.75	18
1991	Son 575QX5469	Yr.Iss.	1991	5.75	17
1991	Sweetheart 975QX4957	Yr.Iss.	1991	9.75	18-25
1991	Teacher 475QX2289	Yr.Iss.	1991	4.75	12
1991	Ten Years Together 775QX4929	Yr.Iss.	1991	7.75	17
1991	Terrific Teacher 675QX5309	Yr.Iss.	1991	6.75	17
1991	Twenty-Five Years Together 875QX4937	Yr.Iss.	1991	8.75	20
1991	Under the Mistletoe 875QX4949	Yr.Iss.	1991	8.75	19

1991 Keepsake Collector's Club - Keepsake

YEAR	ITEM	EDITION	RETD.	PRICE	QUOTE
1991	Beary Artistic 1000QXC7259	Yr.Iss.	1991	10.00	31
1991	Hidden Treasure/Li'l Keeper 1500QXC4769	Yr.Iss.	1991	15.00	36

1991 Keepsake Magic Ornaments - Keepsake

YEAR	ITEM	EDITION	RETD.	PRICE	QUOTE
1991	Angel of Light 3000QLT7239	Yr.Iss.	1991	30.00	60
1991	Arctic Dome 2500QLX7117	Yr.Iss.	1991	25.00	45-55
1991	Baby's First Christmas 3000QLX7247	Yr.Iss.	1991	30.00	90
1991	Bringing Home the Tree-2800QLX7249	Yr.Iss.	1991	28.00	51-65
1991	Chris Mouse Mail 1000QLX7207	Yr.Iss.	1991	10.00	25-40
1991	Elfin Engineer 1000QLX7209	Yr.Iss.	1991	10.00	23
1991	Father Christmas 1400QLX7147	Yr.Iss.	1991	14.00	29-39
1991	Festive Brass Church 1400QLX7179	Yr.Iss.	1991	14.00	21-33
1991	Forest Frolics 2500QLX7219	Yr.Iss.	1991	25.00	68
1991	Friendship Tree 1000QLX7169	Yr.Iss.	1991	10.00	24
1991	Holiday Glow 1400QLX7177	Yr.Iss.	1991	14.00	30
1991	It's A Wonderful Life 2000QLX7237	Yr.Iss.	1991	20.00	50-75
1991	Jingle Bears 2500QLX7323	Yr.Iss.	1991	25.00	45-58
1991	Kringles's Bumper Cars-2500QLX7119	Yr.Iss.	1991	25.00	46-55
1991	Mole Family Home 2000QLX7149	Yr.Iss.	1991	20.00	36-50
1991	Our First Christmas Together-1400QLX7137	Yr.Iss.	1991	25.00	50-60
1991	PEANUTS 1800QLX7229	Yr.Iss.	1991	18.00	70-75
1991	Salvation Army Band 3000QLX7273	Yr.Iss.	1991	30.00	55-78
1991	Santa Special 4000QLX7167	Yr.Iss.	1992	40.00	55-80
1991	Santa's Hot Line 1800QLX7159	Yr.Iss.	1991	18.00	32-42
1991	Ski Trip 2800QLX7266	Yr.Iss.	1991	28.00	50-60
1991	Sparkling Angel 1800QLX7157	Yr.Iss.	1991	18.00	27-37
1991	Starship Enterprise 2000QLX7199	Yr.Iss.	1991	20.00	200-500
1991	Toyland Tower 2000QLX7129	Yr.Iss.	1991	20.00	37-45

1991 Keepsake Miniature Ornaments - Keepsake

YEAR	ITEM	EDITION	RETD.	PRICE	QUOTE
1991	All Aboard 450QXM5869	Yr.Iss.	1991	4.50	17
1991	Baby's First Christmas 600QXM5799	Yr.Iss.	1991	6.00	20
1991	Brass Church 300QXM5979	Yr.Iss.	1991	3.00	9
1991	Brass Soldier 300QXM5987	Yr.Iss.	1991	3.00	9
1991	Bright Boxers 450QXM5877	Yr.Iss.	1991	4.50	17
1991	Busy Bear 450QXM5939	Yr.Iss.	1991	4.50	12
1991	Cardinal Cameo 600QXM5957	Yr.Iss.	1991	6.00	17
1991	Caring Shepherd 600QXM5949	Yr.Iss.	1991	6.00	17
1991	Cool 'n' Sweet 450QXM5867	Yr.Iss.	1991	4.50	20
1991	Country Sleigh 450QXM5999	Yr.Iss.	1991	4.50	14
1991	Courier Turtle 450QXM5857	Yr.Iss.	1991	4.50	14
1991	Fancy Wreath 450QXM5917	Yr.Iss.	1991	4.50	14
1991	Feliz Navidad 600QXM5887	Yr.Iss.	1991	6.00	15
1991	Fly By 450QXM5859	Yr.Iss.	1991	4.50	17
1991	Friendly Fawn 600QXM5947	Yr.Iss.	1991	6.00	17
1991	Grandchild's First Christmas 450QXM5697	Yr.Iss.	1991	4.50	14
1991	Heavenly Minstrel 975QXM5687	Yr.Iss.	1991	9.75	21-30
1991	Holiday Snowflake 300QXM5997	Yr.Iss.	1991	3.00	12
1991	Inn-Fourth Edition 850QXM5627	Yr.Iss.	1991	8.50	21-30
1991	Key to Love 450QXM5689	Yr.Iss.	1991	4.50	16
1991	Kittens in Toyland-Fourth Ed. 450QXM5639	Yr.Iss.	1991	4.50	14-20
1991	Kitty in a Mitty 450QXM5879	Yr.Iss.	1991	4.50	13
1991	The Kringles-Third Edition 600QQXM5647	Yr.Iss.	1991	6.00	20-25
1991	Li'l Popper 450QXM5897	Yr.Iss.	1991	4.50	16
1991	Love Is Born 600QXM5959	Yr.Iss.	1991	6.00	18
1991	Lulu & Family 600QXM5677	Yr.Iss.	1991	6.00	20
1991	Mom 600QXM5699	Yr.Iss.	1991	6.00	17
1991	N. Pole Buddy 450QXM5927	Yr.Iss.	1991	4.50	18
1991	Nature's Angels-Second Ed. 450QXM5657	Yr.Iss.	1991	4.50	19-25
1991	Noel 300QXM5989	Yr.Iss.	1991	3.00	12
1991	Our First Christmas Together 600QXM5819	Yr.Iss.	1991	6.00	17
1991	Passenger Car-Third Ed. 850QXM5649	Yr.Iss.	1991	8.50	22-40
1991	Penguin Pal-Fourth Ed. 450QXM5629	Yr.Iss.	1991	4.50	17
1991	Ring-A-Ding Elf 850QXM5669	Yr.Iss.	1991	8.50	18
1991	Rocking Horse-Fourth Ed. 450QXM5637	Yr.Iss.	1991	4.50	20-30
1991	Seaside Otter 450QXM5909	Yr.Iss.	1991	4.50	13
1991	Silvery Santa 975QXM5679	Yr.Iss.	1991	9.75	22
1991	Special Friends 850QXM5797	Yr.Iss.	1991	8.50	18
1991	Thimble Bells-Second Edition 600QXM5659	Yr.Iss.	1991	6.00	19-25
1991	Tiny Tea Party Set of 6 2900QXM5827	Yr.Iss.	1991	29.00	140-175
1991	Top Hatter 600QXM5889	Yr.Iss.	1991	6.00	17
1991	Treeland Trio 850QXM5899	Yr.Iss.	1991	8.50	17
1991	Upbeat Bear 600QXM5907	Yr.Iss.	1991	6.00	16
1991	Vision of Santa 450QXM5937	Yr.Iss.	1991	4.50	14
1991	Wee Toymaker 850QXM5967	Yr.Iss.	1991	8.50	15
1991	Woodland Babies 600QXM5667	Yr.Iss.	1991	6.00	23

1991 New Attractions - Keepsake

YEAR	ITEM	EDITION	RETD.	PRICE	QUOTE
1991	All-Star 675QX5329	Yr.Iss.	1991	6.75	19
1991	Basket Bell Players 775QX5377	Yr.Iss.	1991	7.75	21
1991	Bob Cratchit 1375QX4997	Yr.Iss.	1991	13.75	22-33
1991	Chilly Chap 675QX5339	Yr.Iss.	1991	6.75	17
1991	Christmas Welcome 975QX5299	Yr.Iss.	1991	9.75	22
1991	Christopher Robin 975QX5579	Yr.Iss.	1991	9.75	35-50
1991	Cuddly Lamb 675QX5199	Yr.Iss.	1991	6.75	20
1991	Dinoclaus 775QX5277	Yr.Iss.	1991	7.75	20
1991	Ebenezer Scrooge 1375QX4989	Yr.Iss.	1991	13.75	27-43
1991	Evergreen Inn 875QX5389	Yr.Iss.	1991	8.75	16
1991	Fanfare Bear 875QX5337	Yr.Iss.	1991	8.75	19
1991	Feliz Navidad 675QX5279	Yr.Iss.	1991	6.75	13-25
1991	Folk Art Reindeer 875QX5359	Yr.Iss.	1991	8.75	16
1991	GARFIELD 775QX5177	Yr.Iss.	1991	7.75	22-28
1991	Glee Club Bears 87566QX4969	Yr.Iss.	1991	8.75	18
1991	Holiday Cafe 875QX5399	Yr.Iss.	1991	8.75	15
1991	Jolly Wolly Santa 775QX5419	Yr.Iss.	1991	7.75	25
1991	Jolly Wolly Snowman 775QX5427	Yr.Iss.	1991	7.75	25
1991	Jolly Wolly Soldier 775QX5429	Yr.Iss.	1991	7.75	17-25
1991	Joyous Memories-Photoholder 675QX5369	Yr.Iss.	1991	6.75	16-25
1991	Kanga and Roo 975QX5617	Yr.Iss.	1991	9.75	50
1991	Look Out Below 875QX4959	Yr.Iss.	1991	8.75	18
1991	Loving Stitches 875QX4987	Yr.Iss.	1991	8.75	30
1991	Mary Engelbreit 475QX2237	Yr.Iss.	1991	4.75	28
1991	Merry Carolers 2975QX4799	Yr.Iss.	1991	29.75	95
1991	Mrs. Cratchit 1375QX4999	Yr.Iss.	1991	13.75	30
1991	Night Before Christmas 975QX5307	Yr.Iss.	1991	9.75	22
1991	Norman Rockwell Art 500QX2259	Yr.Iss.	1991	5.00	23
1991	Notes of Cheer 575QX5357	Yr.Iss.	1991	5.75	14
1991	Nutshell Nativity 675QX5176	Yr.Iss.	1991	6.75	21
1991	Nutty Squirrel 575QX4833	Yr.Iss.	1991	5.75	14
1991	Old-Fashioned Sled 875QX431/	Yr.Iss.	1991	0.75	18
1991	On a Roll 675QX5347	Yr.Iss.	1991	6.75	19
1991	Partridge in a Pear Tree 975QX5297	Yr.Iss.	1991	9.75	19
1991	PEANUTS 500QX2257	Yr.Iss.	1991	5.00	16-23
1991	Piglet and Eeyore 975QX5577	Yr.Iss.	1991	9.75	48
1991	Plum Delightful 875QX4977	Yr.Iss.	1991	8.75	19
1991	Polar Classic 675QX5287	Yr.Iss.	1991	6.75	18
1991	Rabbit 975QX5607	Yr.Iss.	1991	9.75	30
1991	Santa's Studio 875QX5397	Yr.Iss.	1991	8.75	16
1991	Ski Lift Bunny 675QX5447	Yr.Iss.	1991	6.75	14-20
1991	SNOOPY and WOODSTOCK 675QX5197	Yr.Iss.	1991	6.75	33
1991	Snow Twins 875QX4979	Yr.Iss.	1991	8.75	20
1991	Snowy Owl 775QX5269	Yr.Iss.	1991	7.75	19
1991	Sweet Talk 875QX5367	Yr.Iss.	1991	8.75	20
1991	Tigger 975QX5609	Yr.Iss.	1991	9.75	95
1991	Tiny Tim 1075QX5037	Yr.Iss.	1991	10.75	24-40
1991	Up 'N' Down Journey 975QX5047	Yr.Iss.	1991	9.75	27
1991	Winnie-the-Pooh 975QX5569	Yr.Iss.	1991	9.75	58
1991	Yule Logger 875QX4967	Yr.Iss.	1991	8.75	17-27

1991 Special Edition - Keepsake

YEAR	ITEM	EDITION	RETD.	PRICE	QUOTE
1991	Dickens Caroler Bell-Mrs. Beaumont-2175QX5039	Yr.Iss.	1991	21.75	40-50

1992 Artists' Favorites - Keepsake

YEAR	ITEM	EDITION	RETD.	PRICE	QUOTE
1992	Elfin Marionette 1175QX5931	Yr.Iss.	1992	11.75	23
1992	Mother Goose 1375QX4984	Yr.Iss.	1992	13.75	25-30
1992	Polar Post 875QX4914	Yr.Iss.	1992	8.75	19
1992	Stocked With Joy 775QX5934	Yr.Iss.	1992	7.75	24
1992	Turtle Dreams 875QX4991	Yr.Iss.	1992	8.75	20-28
1992	Uncle Art's Ice Cream 875QX5001	Yr.Iss.	1992	8.75	23

1992 Collectible Series - Keepsake

YEAR	ITEM	EDITION	RETD.	PRICE	QUOTE
1992	1966 Mustang-Second Ed. 1275QX4284	Yr.Iss.	1992	12.75	40-60
1992	Betsey's Country Christmas-First Ed. 500QX2104	Yr.Iss.	1992	5.00	23
1992	CRAYOLA CRAYON-Bright Colors Fourth Ed. 975QX4264	Yr.Iss.	1992	9.75	28-35
1992	Fabulous Decade-Third Ed. 775QX4244	Yr.Iss.	1992	7.75	37
1992	Five-and-Ten-Cent Store Ninth Ed. 1475QX4254	Yr.Iss.	1992	14.75	27-43
1992	Frosty Friends Thirteenth Ed. 975QX4291	Yr.Iss.	1992	9.75	22-40
1992	The Gift Bringers-Kolyada Fourth Ed. 500QX2124	Yr.Iss.	1992	5.00	13-23
1992	Gift Exchange Seventh Ed. 1475QX4294	Yr.Iss.	1992	14.75	30-40
1992	Greatest Story Third Ed. 1275QX4251	Yr.Iss.	1992	12.75	24
1992	Hark! It's Herald Fourth Ed. 775QX4464	Yr.Iss.	1992	7.75	18-25
1992	Heart of Christmas-Third Ed. 1375QX4411	Yr.Iss.	1992	13.75	30
1992	Heavenly Angels-Second Ed. 775QX4454	Yr.Iss.	1992	7.75	19-30
1992	Kringle Tours Fourteenth Ed. 1475QX4341	Yr.Iss.	1992	14.75	27-40
1992	Mary's Angels-Lily Fifth Ed. 675QX4274	Yr.Iss.	1992	6.75	50
1992	Merry Olde Santa-Third Ed. 1475QX4414	Yr.Iss.	1992	14.75	38
1992	Nine Ladies Dancing Ninth Ed. 675QX3031	Yr.Iss.	1992	6.75	20
1992	Owliver-First Ed. 775QX4544	Yr.Iss.	1992	7.75	20
1992	Peace On Earth-Spain Second Ed. 1175QX5174	Yr.Iss.	1992	11.75	21-28
1992	Puppy Love-Second Ed. 775QX4484	Yr.Iss.	1992	7.75	42
1992	Reindeer Champs-Donder Seventh Ed. 875QX5284	Yr.Iss.	1992	8.75	26-33
1992	Rocking Horse Twelfth Ed. 1075QX4261	Yr.Iss.	1992	10.75	23-40
1992	Sweet Holiday Harmony Sixth Ed. 875QX4461	Yr.Iss.	1992	8.75	19
1992	Tobin Fraley Carousel-First Ed. 2800QX4891	Yr.Iss.	1992	28.00	50-75
1992	Winter Surprise Fourth Ed. 1175QX4271	Yr.Iss.	1992	11.75	27-33

1992 Collectors' Club - Keepsake

YEAR	ITEM	EDITION	RETD.	PRICE	QUOTE
1992	Chipmunk Parcel Service 675QXC5194	Yr.Iss.	1992	6.75	21
1992	Rodney Takes Flight 975QXC5081	Yr.Iss.	1992	9.75	22
1992	Santa's Club List 1500QXC7291	Yr.Iss.	1992	15.00	36

1992 Commemoratives - Keepsake

YEAR	ITEM	EDITION	RETD.	PRICE	QUOTE
1992	Across the Miles 675QX3044	Yr.Iss.	1992	6.75	14
1992	Anniversary Year 975QX4851	Yr.Iss.	1992	9.75	18-25
1992	Baby's First Christmas 775QX4641	Yr.Iss.	1992	7.75	19
1992	Baby's First Christmas 775QX4644	Yr.Iss.	1992	7.75	19-25
1992	Baby's First Christmas-Baby Boy 475QX2191	Yr.Iss.	1992	4.75	14
1992	Baby's First Christmas-Baby Girl 475QX2204	Yr.Iss.	1992	4.75	16
1992	Baby's First Christmas 1875QX4581	Yr.Iss.	1992	18.75	39
1992	Baby's Second Christmas 675QX4651	Yr.Iss.	1992	6.75	19
1992	Brother 675QX4684	Yr.Iss.	1992	6.75	14
1992	A Child's Christmas 975QX4574	Yr.Iss.	1992	9.75	19
1992	Child's 5th Christmas 675QX4664	Yr.Iss.	1992	6.75	15
1992	Child's 4th Christmas 675QX4661	Yr.Iss.	1992	6.75	20
1992	Child's 3rd Christmas 675QX4654	Yr.Iss.	1992	6.75	20
1992	Dad 775QX4674	Yr.Iss.	1992	7.75	18

YEAR ISSUE		EDITION LIMIT	YEAR RETD.	ISSUE PRICE	QUOTE U.S.$
1992	Dad-to-Be 675QX4611	Yr.Iss.	1992	6.75	17
1992	Daughter 675QX5031	Yr.Iss.	1992	6.75	18
1992	For My Grandma 775QX5184	Yr.Iss.	1992	7.75	14
1992	For The One I Love 975QX4884	Yr.Iss.	1992	9.75	20
1992	Friendly Greetings 775QX5041	Yr.Iss.	1992	7.75	16
1992	Friendship Line 975QX5034	Yr.Iss.	1992	9.75	28
1992	From Our Home To Yours 475QX2131	Yr.Iss.	1992	4.75	15
1992	Godchild 675QX5941	Yr.Iss.	1992	6.75	19
1992	Grandaughter 675QX5604	Yr.Iss.	1992	6.75	17
1992	Grandaughter's First Christmas 675QX4634	Yr.Iss.	1992	6.75	15
1992	Grandmother 475QX2011	Yr.Iss.	1992	4.75	18
1992	Grandparents 475QX2004	Yr.Iss.	1992	4.75	17
1992	Grandson 675QX5611	Yr.Iss.	1992	6.75	17
1992	Grandson's First Christmas 675QX4621	Yr.Iss.	1992	6.75	20
1992	Holiday Memo 775QX5044	Yr.Iss.	1992	7.75	16
1992	Love To Skate 875QX4841	Yr.Iss.	1992	8.75	18
1992	Mom 775QX5164	Yr.Iss.	1992	7.75	18
1992	Mom and Dad 975QX4671	Yr.Iss.	1992	9.75	35
1992	Mom-to-Be 675QX4614	Yr.Iss.	1992	6.75	17
1992	New Home 875QX5191	Yr.Iss.	1992	8.75	20
1992	Our First Christmas Together 675QX3011	Yr.Iss.	1992	6.75	19
1992	Our First Christmas Together 975QX5061	Yr.Iss.	1992	9.75	20
1992	Our First Christmas Together 875QX4694	Yr.Iss.	1992	8.75	23
1992	Secret Pal 775QX5424	Yr.Iss.	1992	7.75	15
1992	Sister 675QX4681	Yr.Iss.	1992	6.75	15
1992	Son 675QX5024	Yr.Iss.	1992	6.75	18
1992	Special Cat 775QX5414	Yr.Iss.	1992	7.75	17
1992	Special Dog 775QX5421	Yr.Iss.	1992	7.75	30
1992	Teacher 475QX2264	Yr.Iss.	1992	4.75	17
1992	V. P. of Important Stuff 675QX5051	Yr.Iss.	1992	6.75	14
1992	World-Class Teacher 775QX5054	Yr.Iss.	1992	7.75	20

1992 Easter Ornaments - Keepsake

1992	Easter Parade-First Ed. 675QEO8301	Yr.Iss.	1992	6.75	24
1992	Egg in Sports-First Ed. 675QEO9341	Yr.Iss.	1992	6.75	29

1992 Limited Edition Ornaments - Keepsake

1992	Christmas Treasures 2200QXC5464	15,500	1992	22.00	22
1992	Victorian Skater (w/ base) 2500QXC4067	14,700	1992	25.00	35

1992 Magic Ornaments - Keepsake

1992	Angel Of Light 3000QLT7239	Yr.Iss.	1992	30.00	30
1992	Baby's First Christmas 2200QLX7281	Yr.Iss.	1992	22.00	90
1992	Chris Mouse Tales-Eighth Ed. 1200QLX7074	Yr.Iss.	1992	12.00	28
1992	Christmas Parade 3000QLX7271	Yr.Iss.	1992	30.00	56
1992	Continental Express 3200QLX7264	Yr.Iss.	1992	32.00	60-70
1992	The Dancing Nutcracker 3000QLX7261	Yr.Iss.	1992	30.00	45-60
1992	Enchanted Clock 3000QLX7274	Yr.Iss.	1992	30.00	57
1992	Feathered Friends 1400QLX7091	Yr.Iss.	1992	14.00	29
1992	Forest Frolics-Fourth Ed. 2800QLX7254	Yr.Iss.	1992	28.00	55
1992	Good Sledding Ahead 2800QLX7244	Yr.Iss.	1992	28.00	55
1992	Lighting the Way 1800QLX7231	Yr.Iss.	1992	18.00	39
1992	Look! It's Santa 1400QLX7094	Yr.Iss.	1992	14.00	30-40
1992	Nut Sweet Nut 1000QLX7081	Yr.Iss.	1992	10.00	22
1992	Out First Christmas Together 2000QLX7221	Yr.Iss.	1992	20.00	40
1992	PEANUTS-Second Ed. 1800QLX7214	Yr.Iss.	1992	18.00	51-65
1992	Santa Special 4000QLX7167	Yr.Iss.	1992	40.00	80
1992	Santa Sub 1800QLX7321	Yr.Iss.	1992	18.00	34-40
1992	Santa's Answering Machine 2200QLX7241	Yr.Iss.	1992	22.00	45
1992	Shuttlecraft Galileo 2400QLX733-1	Yr.Iss.	1992	24.00	41-65
1992	Under Construction 1800QLX7324	Yr.Iss.	1992	18.00	36-42
1992	Watch Owls 1200QLX7084	Yr.Iss.	1992	12.00	26
1992	Yuletide Rider 2800QLX7314	Yr.Iss.	1992	28.00	56

1992 Miniature Ornaments - Keepsake

1992	A+ Teacher 375QXM5511	Yr.Iss.	1992	3.75	8
1992	Angelic Harpist 450QXM5524	Yr.Iss.	1992	4.50	13
1992	Baby's First Christmas 450QXM5494	Yr.Iss.	1992	4.50	18
1992	The Bearymores-First Ed. 575QXM5544	Yr.Iss.	1992	5.75	20
1992	Black-Capped Chickadee 300QXM5484	Yr.Iss.	1992	3.00	15
1992	Box Car-Fourth Ed/Noel R.R. 700QXM5441	Yr.Iss.	1992	7.00	18-30
1992	Bright Stringers 375QXM5841	Yr.Iss.	1992	3.75	14
1992	Buck-A-Roo 450QXM5814	Yr.Iss.	1992	4.50	14
1992	Christmas Bonus 300QXM5811	Yr.Iss.	1992	3.00	8
1992	Christmas Copter 575QXM5844	Yr.Iss.	1992	5.75	15
1992	Church-Fifth Ed./Old English V. 700QXM5384	Yr.Iss.	1992	7.00	20-30
1992	Coca-Cola Santa 575QXM5884	Yr.Iss.	1992	5.75	17
1992	Cool Uncle Sam 300QXM5561	Yr.Iss.	1992	3.00	14
1992	Cozy Kayak 375QXM5551	Yr.Iss.	1992	3.75	12
1992	Fast Finish 375QXM5301	Yr.Iss.	1992	3.75	12
1992	Feeding Time 575QXM5481	Yr.Iss.	1992	5.75	16
1992	Friendly Tin Soldier 450QXM5874	Yr.Iss.	1992	4.50	15
1992	Friends Are Tops 450QXM5521	Yr.Iss.	1992	4.50	10
1992	Gerbil Inc. 375QXM5924	Yr.Iss.	1992	3.75	11
1992	Going Places 375QXM5871	Yr.Iss.	1992	3.75	10
1992	Grandchild's First Christmas 575QXM5501	Yr.Iss.	1992	5.75	14
1992	Grandma 450QXM5514	Yr.Iss.	1992	4.50	15
1992	Harmony Trio-Set of Three 1175QXM5471	Yr.Iss.	1992	11.75	20
1992	Hickory, Dickory, Dock 375QXM5861	Yr.Iss.	1992	3.75	13
1992	Holiday Holly 975QXM5364	Yr.Iss.	1992	9.75	20
1992	Holiday Splash 575QXM5834	Yr.Iss.	1992	5.75	12
1992	Hoop It Up 450QXM5831	Yr.Iss.	1992	4.50	13
1992	Inside Story 725QXM5881	Yr.Iss.	1992	7.25	17
1992	Kittens in Toyland-Fifth Ed. 450QXM5391	Yr.Iss.	1992	4.50	15
1992	The Kringles-Fourth Ed. 600QXM5381	Yr.Iss.	1992	6.00	20
1992	Little Town of Bethlehem 300QXM5864	Yr.Iss.	1992	3.00	18
1992	Minted For Santa 375QXM5854	Yr.Iss.	1992	3.75	14
1992	Mom 450QXM5504	Yr.Iss.	1992	4.50	14
1992	Nature's Angels-Third Ed. 450QXM5451	Yr.Iss.	1992	4.50	20
1992	The Night Before Christmas 1375QXM5541	Yr.Iss.	1992	13.75	27-35
1992	Perfect Balance 300QXM5571	Yr.Iss.	1992	3.00	13
1992	Polar Polka 450QXM5534	Yr.Iss.	1992	4.50	14
1992	Puppet Show 300QXM5574	Yr.Iss.	1992	3.00	13
1992	Rocking Horse-Fifth Ed. 450QXM5454	Yr.Iss.	1992	4.50	20
1992	Sew Sew Tiny (set of 6) 2900QXM5794	Yr.Iss.	1992	29.00	50
1992	Ski For Two 450QXM5821	Yr.Iss.	1992	4.50	14
1992	Snowshoe Bunny 375QXM5564	Yr.Iss.	1992	3.75	13
1992	Snug Kitty 375QXM5554	Yr.Iss.	1992	3.75	13
1992	Spunky Monkey 300QXM5921	Yr.Iss.	1992	3.00	14
1992	Thimble Bells-Third Ed. 600QXM5461	Yr.Iss.	1992	6.00	20
1992	Visions Of Acorns 450QXM5851	Yr.Iss.	1992	4.50	15
1992	Wee Three Kings 575QXM5531	Yr.Iss.	1992	5.75	18
1992	Woodland Babies-Second Ed. 600QXM5444	Yr.Iss.	1992	6.00	14

1992 New Attractions - Keepsake

1992	Bear Bell Champ 775QX5071	Yr.Iss.	1992	7.75	16
1992	Caboose 975QX5321	Yr.Iss.	1992	9.75	22
1992	Cheerful Santa 975QX5154	Yr.Iss.	1992	9.75	30
1992	Coal Car 975QX5401	Yr.Iss.	1992	9.75	19
1992	Cool Fliers 1075QX5474	Yr.Iss.	1992	10.75	22
1992	Deck the Hogs 875QX5204	Yr.Iss.	1992	8.75	22
1992	Down-Under Holiday 775QX5144	Yr.Iss.	1992	7.75	18
1992	Egg Nog Nest 775QX5121	Yr.Iss.	1992	7.75	16
1992	Elvis 1495QX562-4	Yr.Iss.	1992	14.95	32
1992	Eric the Baker 875QX5244	Yr.Iss.	1992	8.75	18
1992	Feliz Navidad 675QX5181	Yr.Iss.	1992	6.75	18
1992	Franz the Artist 875QX5261	Yr.Iss.	1992	8.75	22
1992	Freida the Animals' Friend 875QX5264	Yr.Iss.	1992	8.75	22
1992	Fun on a Big Scale 1075QX5134	Yr.Iss.	1992	10.75	22
1992	GARFIELD 775QX5374	Yr.Iss.	1992	7.75	18
1992	Genius at Work 1075QX5371	Yr.Iss.	1992	10.75	20
1992	Golf's a Ball 675QX5984	Yr.Iss.	1992	6.75	28
1992	Gone Wishin' 875QX5171	Yr.Iss.	1992	8.75	19
1992	Green Thumb Santa 775QX5101	Yr.Iss.	1992	7.75	17
1992	Hello-Ho-Ho 975QX5141	Yr.Iss.	1992	9.75	20
1992	Holiday Teatime 1475QX5431	Yr.Iss.	1992	14.75	30
1992	Holiday Wishes 775QX5131	Yr.Iss.	1992	7.75	17
1992	Honest George 775QX5064	Yr.Iss.	1992	7.75	18
1992	Jesus Loves Me 775QX3024	Yr.Iss.	1992	7.75	15
1992	Locomotive 975QX5311	Yr.Iss.	1992	9.75	43-60
1992	Loving Shepherd 775QX5151	Yr.Iss.	1992	7.75	15
1992	Ludwig the Musician 875QX5281	Yr.Iss.	1992	8.75	20
1992	Mary Engelbreit Santa Jolly Wolly 775QX5224	Yr.Iss.	1992	7.75	8
1992	Max the Tailor 875QX5251	Yr.Iss.	1992	8.75	20
1992	Memories to Cherish 1075QX5161	Yr.Iss.	1992	10.75	20
1992	Merry "Swiss" Mouse 775QX5114	Yr.Iss.	1992	7.75	15
1992	Norman Rockwell Art 500QX2224	Yr.Iss.	1992	5.00	18
1992	North Pole Fire Fighter 975QX5104	Yr.Iss.	1992	9.75	21
1992	Otto the Carpenter 875QX5254	Yr.Iss.	1992	8.75	20
1992	Owl 975QX5614	Yr.Iss.	1992	9.75	20-30
1992	Partridge In a Pear Tree 875QX5234	Yr.Iss.	1992	8.75	19
1992	PEANUTS® 500QX2244	Yr.Iss.	1992	5.00	15-23
1992	Please Pause Here 1475QX5291	Yr.Iss.	1992	14.75	35
1992	Rapid Delivery 875QX5094	Yr.Iss.	1992	8.75	21
1992	Santa Maria 1275QX5074	Yr.Iss.	1992	12.75	20-30
1992	Santa's Hook Shot 1275QX5434	Yr.Iss.	1992	12.75	30
1992	Santa's Roundup 875QX5084	Yr.Iss.	1992	8.75	22
1992	A Santa-Full! 975QX5991	Yr.Iss.	1992	9.75	28-40
1992	Silver Star 2800QX5324	Yr.Iss.	1992	28.00	50-60
1992	Skiing 'Round 875QX5214	Yr.Iss.	1992	8.75	19
1992	SNOOPYr® and WOODSTOCK 875QX5954	Yr.Iss.	1992	8.75	20-35
1992	Spirit of Christmas Stress 875QX5231	Yr.Iss.	1992	8.75	20
1992	Stock Car 975QX5314	Yr.Iss.	1992	9.75	19
1992	Tasty Christmas 975QX5994	Yr.Iss.	1992	9.75	22
1992	Toboggan Tail 775QX5459	Yr.Iss.	1992	7.75	15
1992	Tread Bear 875QX5091	Yr.Iss.	1992	8.75	22

1992 Special Edition - Keepsake

1992	Dickens Caroler Bell-Lord Chadwick Third Ed. 2175QX4554	Yr.Iss.	1992	21.75	38-50

1993 Anniversary Edition - Keepsake

1993	Frosty Friends 2000QX5682	Yr.Iss.	1993	20.00	48
1993	Glowing Pewter Wreath 1875QX5302	Yr.Iss.	1993	18.75	38
1993	Shopping With Santa 2400QX5675	Yr.Iss.	1993	24.00	15-50
1993	Tannenbaum's Dept. Store 2600QX5612	Yr.Iss.	1993	26.00	54-60

1993 Artists' Favorites - Keepsake

1993	Bird Watcher 975QX5252	Yr.Iss.	1993	9.75	18
1993	Howling Good Time 975QX5255	Yr.Iss.	1993	9.75	17
1993	On Her Toes 875QX5265	Yr.Iss.	1993	8.75	19
1993	Peek-a-Boo Tree 1075QX5245	Yr.Iss.	1993	10.75	20-30
1993	Wake-Up Call 875QX5262	Yr.Iss.	1993	8.75	18

1993 Collectible Series - Keepsake

1993	1956 Ford Thunderbird-Third Ed. 1275QX5275	Yr.Iss.	1993	12.75	25-40
1993	Barbie 1475QX5725	Yr.Iss.	1993	14.75	70-150
1993	Betsey's Country Christmas -Second Ed. 500QX2062	Yr.Iss.	1993	5.00	20
1993	Cozy Home-Tenth Ed. 1475QX4175	Yr.Iss.	1993	14.75	25-35
1993	CRAYOLA CRAYON-Bright Shining Castle 5th Ed. 1075QX4422	Yr.Iss.	1993	11.00	25-35
1993	Fabulous Decade-Fouth Ed. 775QX4475	Yr.Iss.	1993	7.75	15-23
1993	A Fitting Moment-Eighth Ed. 1475QX4202	Yr.Iss.	1993	14.75	27
1993	Frosty Friends-14th Ed. 975QX4142	Yr.Iss.	1993	9.75	22-40
1993	The Gift Bringers-The Magi-Fifth Ed. 500QX2065	Yr.Iss.	1993	5.00	18
1993	Happy Haul-idays-15th Ed. 1475QX4102	Yr.Iss.	1993	14.75	28-45
1993	Heart Of Christmas-Fourth Ed. 1475QX4482	Yr.Iss.	1993	14.75	20-30
1993	Heavenly Angels-Third Ed. 775QX4945	Yr.Iss.	1993	7.75	18
1993	Humpty-Dumpty-First Ed. 1375QX5282	Yr.Iss.	1993	13.75	25-43
1993	Mary's Angels-Ivy-Sixth Ed. 675QX4282	Yr.Iss.	1993	6.75	13-24
1993	Merry Olde Santa-Fourth Ed. 1475QX4842	Yr.Iss.	1993	14.75	27-35
1993	Owliver-Second Ed. 775QX5425	Yr.Iss.	1993	7.75	17
1993	Peace On Earth-Poland-Third Ed. 1175QX5242	Yr.Iss.	1993	11.75	23
1993	Peanuts-First Ed. 975QX5315	Yr.Iss.	1993	9.75	35-50
1993	Puppy Love-3rd Ed. 775QX5045	Yr.Iss.	1993	7.75	15-25
1993	Reindeer Champs-Blitzen -Eighth Ed. 875QX4331	Yr.Iss.	1993	8.75	21
1993	Rocking Horse-13th Ed. 1075QX4162	Yr.Iss.	1993	10.75	27-35
1993	Ten Lords A-Leaping-Tenth Ed. 675QX3012	Yr.Iss.	1993	6.75	18
1993	Tobin Fraley Carousel-Second Ed. 2800QX5502	Yr.Iss.	1993	28.00	45-55
1993	U.S. Christmas Stamps-First Ed. 1075QX5292	Yr.Iss.	1993	10.75	20-40

1993 Commemoratives - Keepsake

1993	Across the Miles 875QX5912	Yr.Iss.	1993	8.75	18
1993	Anniversary Year 975QX5972	Yr.Iss.	1993	9.75	18
1993	Apple for Teacher 775QX5902	Yr.Iss.	1993	7.75	16
1993	Baby's First Christmas 1075QX5515	Yr.Iss.	1993	10.75	21
1993	Baby's First Christmas 1875QX5512	Yr.Iss.	1993	18.75	38
1993	Baby's First Christmas 775QX5522	Yr.Iss.	1993	7.75	20
1993	Baby's First Christmas 775QX5525	Yr.Iss.	1993	7.75	20-30
1993	Baby's First Christmas-Baby Boy 475QX2105	Yr.Iss.	1993	4.75	13
1993	Baby's First Christmas-Baby Girl 475QX2092	Yr.Iss.	1993	4.75	12
1993	Baby's Second Christmas 675QX5992	Yr.Iss.	1993	6.75	14-20
1993	Brother 675QX5542	Yr.Iss.	1993	6.75	14
1993	A Child's Christmas 975QX5882	Yr.Iss.	1993	9.75	21
1993	Child's Fifth Christmas 675QX5222	Yr.Iss.	1993	6.75	17
1993	Child's Fourth Christmas 675QX5215	Yr.Iss.	1993	6.75	15
1993	Child's Third Christmas 675QX5995	Yr.Iss.	1993	6.75	15
1993	Coach 675QX5935	Yr.Iss.	1993	6.75	15
1993	Dad 775QX5855	Yr.Iss.	1993	7.75	17
1993	Dad-to-Be 675QX5532	Yr.Iss.	1993	6.75	15
1993	Daughter 675QX5872	Yr.Iss.	1993	6.75	13-20
1993	Godchild 875QX5875	Yr.Iss.	1993	8.75	18
1993	Grandchild's First Christmas 675QX5552	Yr.Iss.	1993	6.75	13
1993	Granddaughter 675QX5635	Yr.Iss.	1993	6.75	14
1993	Grandmother 675QX5665	Yr.Iss.	1993	6.75	13
1993	Grandparents 475QX2085	Yr.Iss.	1993	4.75	13
1993	Grandson 675QX5632	Yr.Iss.	1993	6.75	13
1993	Mom 775QX5852	Yr.Iss.	1993	7.75	17
1993	Mom and Dad 975QX5845	Yr.Iss.	1993	9.75	18
1993	Mom-to-Be 675QX5535	Yr.Iss.	1993	6.75	14
1993	Nephew 675QX5735	Yr.Iss.	1993	6.75	14

YEAR ISSUE		EDITION LIMIT	YEAR RETD.	ISSUE PRICE	QUOTE U.S.$
1993	New Home 775QX5905	Yr.Iss.	1993	7.75	35-40
1993	Niece 675QX5732	Yr.Iss.	1993	6.75	14
1993	Our Christmas Together 1075QX5942	Yr.Iss.	1993	10.75	22
1993	Our Family 775QX5892	Yr.Iss.	1993	7.75	17
1993	Our First Christmas Together 1875QX5955	Yr.Iss.	1993	18.75	38
1993	Our First Christmas Together 675QX3015	Yr.Iss.	1993	6.75	15
1993	Our First Christmas Together 875QX5952	Yr.Iss.	1993	8.75	17
1993	Our First Christmas Together 975QX5642	Yr.Iss.	1993	9.75	15
1993	People Friendly 875QX5932	Yr.Iss.	1993	8.75	17
1993	Sister 675QX5545	Yr.Iss.	1993	6.75	16-23
1993	Sister to Sister 975QX5885	Yr.Iss.	1993	9.75	48
1993	Son 675QX5865	Yr.Iss.	1993	6.75	14
1993	Special Cat 775QX5235	Yr.Iss.	1993	7.75	15
1993	Special Dog 775QX5962	Yr.Iss.	1993	7.75	15
1993	Star Teacher 575QX5645	Yr.Iss.	1993	5.75	14
1993	Strange and Wonderful Love 875QX5965	Yr.Iss.	1993	8.75	17
1993	To My Grandma 775QX5555	Yr.Iss.	1993	7.75	17
1993	Top Banana 775QX5925	Yr.Iss.	1993	7.75	18
1993	Warm and Special Friends 1075QX5895	Yr.Iss.	1993	10.75	22

1993 Easter Ornaments - Keepsake

1993	Easter Parade-Second Ed. 675QEO8325	Yr.Iss.	1993	6.75	16
1993	Egg in Sports-Second Ed. 675QEO8332	Yr.Iss.	1993	6.75	17
1993	Springtime Bonnets-First Ed. 775QEO8322	Yr.Iss.	1993	7.75	22

1993 Keepsake Collector's Club - Keepsake

1993	It's In The Mail 1000QXC5272	Yr.Iss.	1993	10.00	20
1993	Trimmed With Memories 1200QXC5432	Yr.Iss.	1993	12.00	36

1993 Keepsake Magic Ornaments - Keepsake

1993	Baby's First Christmas 2200QLX7365	Yr.Iss.	1993	22.00	43
1993	Bells Are Ringing 2800QLX7402	Yr.Iss.	1993	28.00	54-60
1993	Chris Mouse Flight-Ninth Ed. 1200QLX7152	Yr.Iss.	1993	12.00	28
1993	Dog's Best Friend 1200QLX7172	Yr.Iss.	1993	12.00	23
1993	Dollhouse Dreams 2200QLX7372	Yr.Iss.	1993	22.00	47
1993	Forest Frolics-Fifth Ed. 2500QLX7165	Yr.Iss.	1993	25.00	48-53
1993	Home On The Range 3200QLX7395	Yr.Iss.	1993	32.00	67
1993	The Lamplighter 1800QLX7192	Yr.Iss.	1993	18.00	38
1993	Last-Minute Shopping 2800QLX7385	Yr.Iss.	1993	28.00	58
1993	North Pole Merrython 2500QLX7392	Yr.Iss.	1993	25.00	45-50
1993	Our First Christmas Together 2000QLX7355	Yr.Iss.	1993	20.00	41
1993	PEANUTS® -Third Ed. 1800QLX7155	Yr.Iss.	1993	18.00	35-53
1993	Radio News Flash 2200QLX7362	Yr.Iss.	1993	22.00	43
1993	Raiding The Fridge1600QLX7185	Yr.Iss.	1993	16.00	38
1993	Road Runner and Wile E. Coyote 3000QLX7415	Yr.Iss.	1993	30.00	65-75
1993	Santa's Snow-Getter 1800QLX7352	Yr.Iss.	1993	18.00	39
1993	Santa's Workshop 2800QLX7375	Yr.Iss.	1993	28.00	60
1993	Song Of The Chimes 2500QLX7405	Yr.Iss.	1993	25.00	50-55
1993	Winnie The Pooh 2400QLX7422	Yr.Iss.	1993	24.00	50

1993 Limited Edition Ornaments - Keepsake

1993	Gentle Tidings 2500QXC5442	17,500	1993	25.00	45
1993	Sharing Christmas 2000QXC5435	16,500	1993	20.00	40-50

1993 Miniature Ornaments - Keepsake

1993	'Round The Mountain 725QXM4025	Yr.Iss.	1993	7.25	17
1993	Baby's First Christmas 575QXM5145	Yr.Iss.	1993	5.75	15
1993	The Bearymores-Second Ed. 575QXM5125	Yr.Iss.	1993	5.75	17
1993	Cheese Please 375QXM4072	Yr.Iss.	1993	3.75	7
1993	Christmas Castle 575QXM4085	Yr.Iss.	1993	5.75	13
1993	Cloisonne Snowflake 975QXM4012	Yr.Iss.	1993	9.75	18
1993	Country Fiddling 375QXM4062	Yr.Iss.	1993	3.75	9
1993	Crystal Angel 975QXM4015	Yr.Iss.	1993	9.75	53-75
1993	Ears To Pals 375QXM4075	Yr.Iss.	1993	3.75	8
1993	Flatbed Car-Fifth Ed.700QXM5105	Yr.Iss.	1993	7.00	15-30
1993	Grandma 450QXM5162	Yr.Iss.	1993	4.50	12
1993	I Dream Of Santa 375QXM4055	Yr.Iss.	1993	3.75	11
1993	Into The Woods 375QXM4045	Yr.Iss.	1993	3.75	8
1993	The Kringles-Fifth Ed. 575QXM5135	Yr.Iss.	1993	5.75	14
1993	Learning To Skate 300QXM4122	Yr.Iss.	1993	3.00	8
1993	Lighting A Path 300QXM4115	Yr.Iss.	1993	3.00	8
1993	March Of The Teddy Bears-First Ed. 500QX2403	Yr.Iss.	1993	4.50	13-20
1993	Merry Mascot 375QXM4042	Yr.Iss.	1993	3.75	9
1993	Mom 450QXM5155	Yr.Iss.	1993	4.50	10
1993	Monkey Melody 575QXM4092	Yr.Iss.	1993	5.75	13
1993	Nature's Angels-Fourth Ed. 450QXM5122	Yr.Iss.	1993	4.50	13
1993	The Night Before Christmas-Second Ed. 4505QXM5115	Yr.Iss.	1993	4.50	16
1993	North Pole Fire Truck 475QXM4105	Yr.Iss.	1993	4.75	10
1993	On The Hoad-First Ed. 575QXM4002	Yr.Iss.	1993	5.75	13-25
1993	Pear-Shaped Tones 375QXM4052	Yr.Iss.	1993	3.75	7
1993	Pull Out A Plum 575QXM4095	Yr.Iss.	1993	5.75	12
1993	Refreshing Flight 575QXM4112	Yr.Iss.	1993	5.75	13-20
1993	Rocking Horse-Sixth Ed. 450QXM5112	Yr.Iss.	1993	4.50	12
1993	Secret Pals 375QXM5172	Yr.Iss.	1993	3.75	10
1993	Snuggle Birds 575QXM5182	Yr.Iss.	1993	5.75	14
1993	Special Friends 450QXM5165	Yr.Iss.	1993	4.50	9
1993	Thimble Bells-Fourth Ed. 575QXM5142	Yr.Iss.	1993	5.75	14
1993	Tiny Green Thumbs, Set of 6, 2900QXM4032	Yr.Iss.	1993	29.00	38
1993	Toy Shop-Sixth Ed. 700QXM5132	Yr.Iss.	1993	7.00	16
1993	Visions Of Sugarplums 725QXM4022	Yr.Iss.	1993	7.25	15
1993	Woodland Babies-Third Ed. 575QXM5102	Yr.Iss.	1993	5.75	14

1993 New Attractions - Keepsake

1993	Beary Gifted 775QX5762	Yr.Iss.	1993	7.75	18
1993	Big on Gardening 975QX5842	Yr.Iss.	1993	9.75	18
1993	Big Roller 875QX5352	Yr.Iss.	1993	8.75	17
1993	Bowling For ZZZ's 775QX5565	Yr.Iss.	1993	7.75	18
1993	Bugs Bunny 875QX5412	Yr.Iss.	1993	8.75	24
1993	Caring Nurse 675QX5785	Yr.Iss.	1993	6.75	19
1993	Christmas Break 775QX5825	Yr.Iss.	1993	7.75	18
1993	Clever Cookie 775QX5662	Yr.Iss.	1993	7.75	19
1993	Curly 'n' Kingly 1075QX5285	Yr.Iss.	1993	10.75	21
1993	Dunkin' Roo 775QX5575	Yr.Iss.	1993	7.75	15
1993	Eeyore 975QX5712	Yr.Iss.	1993	9.75	15-30
1993	Elmer Fudd 875QX5495	Yr.Iss.	1993	8.75	18-25
1993	Faithful Fire Fighter 775QX5782	Yr.Iss.	1993	7.75	19
1993	Feliz Navidad 875QX5365	Yr.Iss.	1993	9.75	18
1993	Fills the Bill 875QX5572	Yr.Iss.	1993	8.75	16
1993	Great Connections 1075QX5402	Yr.Iss.	1993	10.75	23
1993	He Is Born 975QX5362	Yr.Iss.	1993	9.75	38
1993	High Top-Purr 875QX5332	Yr.Iss.	1993	8.75	24
1993	Home For Christmas 775QX5562	Yr.Iss.	1993	7.75	15
1993	Icicle Bicycle 975QX5835	Yr.Iss.	1993	9.75	19
1993	Kanga and Roo 975QX5672	Yr.Iss.	1993	9.75	20-30
1993	Little Drummer Boy 875QX5372	Yr.Iss.	1993	8.75	20
1993	Look For Wonder 1275QX5685	Yr.Iss.	1993	12.75	26
1993	Lou Rankin Polar Bear 975QX5745	Yr.Iss.	1993	9.75	21-28
1993	Makin' Music 975QX5325	Yr.Iss.	1993	9.75	18
1993	Making Waves 975QX5775	Yr.Iss.	1993	9.75	23
1993	Mary Engelbreit 500QX2075	Yr.Iss.	1993	5.00	14
1993	Maxine 875QX5385	Yr.Iss.	1993	8.75	14-23
1993	One-Elf Marching Band 1275QX5342	Yr.Iss.	1993	12.75	26
1993	Owl 975QX5695	Yr.Iss.	1993	9.75	18-25
1993	PEANUTS 500QX2072	Yr.Iss.	1993	5.00	17
1993	Peep Inside 1375QX5322	Yr.Iss.	1993	13.75	25
1993	Perfect Match 875QX5772	Yr.Iss.	1993	8.75	19
1993	The Pink Panther 1275QX5755	Yr.Iss.	1993	12.75	26
1993	Playful Pals 1475QX5742	Yr.Iss.	1993	14.75	28
1993	Popping Good Times 1475QX5392	Yr.Iss.	1993	14.75	28
1993	Porky Pig 875QX5652	Yr.Iss.	1993	8.75	22
1993	Putt-Putt Penguin 975QX5795	Yr.Iss.	1993	9.75	19
1993	Quick As A Fox 875QX5792	Yr.Iss.	1993	8.75	16
1993	Rabbit 975QX5702	Yr.Iss.	1993	9.75	18-25
1993	Ready For Fun 775QX5124	Yr.Iss.	1993	7.75	17
1993	Room For One More 875QX5382	Yr.Iss.	1993	8.75	48
1993	Silvery Noel 1275QX5305	Yr.Iss.	1993	12.75	20-30
1993	Smile! It's Christmas 975QX5335	Yr.Iss.	1993	9.75	18
1993	Snow Bear Angel 775QX5355	Yr.Iss.	1993	7.75	16
1993	Snowbird 775QX5765	Yr.Iss.	1993	7.75	16
1993	Snowy Hideaway 975QX5312	Yr.Iss.	1993	9.75	17
1993	Star Of Wonder 675QX5982	Yr.Iss.	1993	6.75	35
1993	Superman 1275QX5752	Yr.Iss.	1993	12.75	50
1993	The Swat Team 1275QX5395	Yr.Iss.	1993	12.75	25-30
1993	Sylvester and Tweety 975QX5405	Yr.Iss.	1993	9.75	30-45
1993	That's Entertainment 875QX5345	Yr.Iss.	1993	8.75	18
1993	Tigger and Piglet 975QX5705	Yr.Iss.	1993	9.75	40-50
1993	Tin Airplane 775QX5622	Yr.Iss.	1993	7.75	28
1993	Tin Blimp 775QX5625	Yr.Iss.	1993	7.75	16
1993	Tin Hot Air Balloon 775QX5615	Yr.Iss.	1993	7.75	16
1993	Water Bed Snooze 975QX5375	Yr.Iss.	1993	9.75	21
1993	Winnie the Pooh 975QX5715	Yr.Iss.	1993	9.75	28-40

1993 Showcase Folk Art Americana - Keepsake

1993	Angel in Flight 1575QK1052	Yr.Iss.	1993	15.75	37
1993	Polar Bear Adventure 1500QK1055	Yr.Iss.	1993	15.00	55
1993	Riding in the Woods 1575QK1065	Yr.Iss.	1993	15.75	55
1993	Riding the Wind 1575QK1045	Yr.Iss.	1993	15.75	55
1993	Santa Claus 1675QK1072	Yr.Iss.	1993	16.75	225

1993 Showcase Holiday Enchantment - Keepsake

1993	Angelic Messengers 1375QK1032	Yr.Iss.	1993	13.75	40
1993	Bringing Home the Tree 1375QK1042	Yr.Iss.	1993	13.75	35
1993	Journey to the Forest 1375QK1012	Yr.Iss.	1993	13.75	32
1993	The Magi 1375QK1025	Yr.Iss.	1993	13.75	37
1993	Visions of Sugarplums 1375QK1005	Yr.Iss.	1993	13.75	35

1993 Showcase Old-World Silver - Keepsake

1993	Silver Dove of Peace 2475QK1075	Yr.Iss.	1993	24.75	35
1993	Silver Santa 2475QK1092	Yr.Iss.	1993	24.75	34
1993	Silver Sleigh 2475QK1082	Yr.Iss.	1993	24.75	34
1993	Silver Stars and Holly 2475QK1085	Yr.Iss.	1993	24.75	55

1993 Showcase Portraits in Bisque - Keepsake

1993	Christmas Feast 1575QK1152	Yr.Iss.	1993	15.75	33
1993	Joy of Sharing1575QK1142	Yr.Iss.	1993	15.75	32
1993	Mistletoe Kiss1575QK1145	Yr.Iss.	1993	15.75	31
1993	Norman Rockwell-Filling the Stockings 1575QK1155	Yr.Iss.	1993	15.75	36
1993	Norman Rockwell-Jolly Postman 1575QK1142	Yr.Iss.	1993	15.75	35

1993 Special Editions - Keepsake

1993	Dickens Caroler Bell-Lady Daphne-Fourth Ed. 2175QX5505	Yr.Iss.	1993	21.75	50
1993	Julianne and Teddy 2175QX5295	Yr.Iss.	1993	21.75	35-48

1994 Artists' Favorites - Keepsake

1994	Cock-a-Doodle Christmas 895QX5396	Yr.Iss.	1994	8.95	30
1994	Happy Birthday Jesus 1295QX5423	Yr.Iss.	1994	12.95	28
1994	Keep on Mowin' 895QX5413	Yr.Iss.	1994	8.95	20
1994	Kitty's Catamaran 1095QX5416	Yr.Iss.	1994	10.95	22
1994	Making It Bright 895QX5403	Yr.Iss.	1994	8.95	20

1994 Collectible Series - Keepsake

1994	1957 Chevy-Fourth Ed. 1295QX5422	Yr.Iss.	1994	12.95	18-30
1994	Baseball Heroes-Babe Ruth-First Ed. 1295QX5323	Yr.Iss.	1994	12.95	30-50
1994	Betsey's Country Christmas -Third Ed. 500QX2403	Yr.Iss.	1994	5.00	15
1994	Cat Naps-First Ed. 795QX5313	Yr.Iss.	1994	7.95	22
1994	CRAYOLA CRAYON-Bright Playful Colors-Sixth Ed. 1095QX5273	Yr.Iss.	1994	10.95	23
1994	Fabulous Decade-Fifth Ed. 795QX5263	Yr.Iss.	1994	7.95	12-24
1994	Frosty Friends-Fifteenth Ed. 995QX5293	Yr.Iss.	1994	9.95	25
1994	Handwarming Present-Ninth Ed. 1495QX5283	Yr.Iss.	1994	14.95	15
1994	Heart of Christmas-Fifth Ed. 1495QX5266	Yr.Iss.	1994	14.95	30
1994	Hey Diddle Diddle-Second Ed. 1395QX5213	Yr.Iss.	1994	13.95	25-40
1994	Kiddie Car Classics-First Ed. 1395QX5426	Yr.Iss.	1994	13.95	45-65
1994	Makin' Tractor Tracks-Sixteenth Ed. 1495QX5296	Yr.Iss.	1994	14.95	50
1994	Mary's Angels-Jasmine -Seventh Ed. 695QX5276	Yr.Iss.	1994	6.95	16
1994	Merry Olde Santa-Fifth Ed. 1495QX5256	Yr.Iss.	1994	14.95	25-33
1994	Neighborhood Drugstore-Eleventh Ed. 1495QX5286	Yr.Iss.	1994	14.95	32
1994	Owliver-Third Ed. 795QX5226	Yr.Iss.	1994	7.95	20
1994	PEANUTS-Lucy-Second Ed. 995QX5203	Yr.Iss.	1994	9.95	30
1994	Pipers Piping-Eleventh Ed. 695QX3183	Yr.Iss.	1994	6.95	18
1994	Puppy Love-Fourth Ed. 795QX5253	Yr.Iss.	1994	7.95	17
1994	Rocking Horse-Fourteenth Ed. 1095QX5016	Yr.Iss.	1994	10.95	23
1994	Tobin Fraley Carousel-Third Ed. 2800QX5223	Yr.Iss.	1994	28.00	60
1994	Xmas Stamp-Second Ed. 1095QX5206	Yr.Iss.	1994	10.95	11
1994	Yuletide Central-First Ed. 1895QX5316	Yr.Iss.	1994	18.95	40-50

1994 Commemoratives - Keepsake

1994	Across the Miles 895QX5656	Yr.Iss.	1994	8.95	18
1994	Anniversary Year 1095QX5683	Yr.Iss.	1994	10.95	22
1994	Baby's First Christmas 1295QX5743	Yr.Iss.	1994	12.95	27
1994	Baby's First Christmas 1895QX5633	Yr.Iss.	1994	18.95	25-40
1994	Baby's First Christmas 795QX5713	Yr.Iss.	1994	7.95	20
1994	Baby's First Christmas Photo 795QX5636	Yr.Iss.	1994	7.95	15
1994	Baby's First Christmas-Baby Boy 500QX2436	Yr.Iss.	1994	5.00	13
1994	Baby's First Christmas-Baby Girl 500QX2433	Yr.Iss.	1994	5.00	12
1994	Baby's Second Christmas 795QX5716	Yr.Iss.	1994	7.95	20
1994	Brother 695QX5516	Yr.Iss.	1994	6.95	17
1994	Child's 5th Christmas 695QX5733	Yr.Iss.	1994	6.95	15
1994	Child's 4th Christmas 695QX5726	Yr.Iss.	1994	6.95	15
1994	Child's 3rd Christmas 695QX5723	Yr.Iss.	1994	6.95	15
1994	Dad 795QX5463	Yr.Iss.	1994	7.95	17
1994	Dad-To-Be 795QX5473	Yr.Iss.	1994	7.95	17
1994	Daughter 695QX5623	Yr.Iss.	1994	6.95	15
1994	Friendly Push 895QX5686	Yr.Iss.	1994	8.95	20

YEAR ISSUE		EDITION LIMIT	YEAR RETD.	ISSUE PRICE	QUOTE U.S.$
1994	Godchild 895QX4453	Yr.Iss.	1994	8.95	22
1994	Godparents 500QX2423	Yr.Iss.	1994	5.00	17
1994	Grandchild's First Christmas 795QX5676	Yr.Iss.	1994	7.95	18
1994	Granddaughter 695QX5523	Yr.Iss.	1994	6.95	17
1994	Grandma Photo 695QX5613	Yr.Iss.	1994	6.95	7
1994	Grandmother 795QX5673	Yr.Iss.	1994	7.95	20
1994	Grandpa 795QX5616	Yr.Iss.	1994	7.95	18
1994	Grandparents 500QX2426	Yr.Iss.	1994	5.00	15
1994	Grandson 695QX5526	Yr.Iss.	1994	6.95	17
1994	Mom 795QX5466	Yr.Iss.	1994	7.95	17
1994	Mom and Dad 995QX5666	Yr.Iss.	1994	9.95	22
1994	Mom-To-Be 795QX5506	Yr.Iss.	1994	7.95	17
1994	Nephew 795QX5546	Yr.Iss.	1994	7.95	17
1994	New Home 895QX5663	Yr.Iss.	1994	8.95	20
1994	Niece 795QX5543	Yr.Iss.	1994	7.95	17
1994	Our Family 795QX5576	Yr.Iss.	1994	7.95	17
1994	Our First Christmas Together 1895QX5706	Yr.Iss.	1994	18.95	40
1994	Our First Christmas Together 695QX3186	Yr.Iss.	1994	6.95	15
1994	Our First Christmas Together 995QX4816	Yr.Iss.	1994	9.95	20
1994	Our First Christmas Together 995QX5643	Yr.Iss.	1994	9.95	20
1994	Our First Christmas Together Photo 895QX5653	Yr.Iss.	1994	8.95	20
1994	Secret Santa 795QX5736	Yr.Iss.	1994	7.95	18
1994	Sister 695QX5513	Yr.Iss.	1994	6.95	17
1994	Sister to Sister 995QX5533	Yr.Iss.	1994	9.95	22
1994	Son 695QX5626	Yr.Iss.	1994	6.95	15
1994	Special Cat 795QX5606	Yr.Iss.	1994	7.95	17
1994	Special Dog 795QX5603	Yr.Iss.	1994	7.95	17
1994	Thick 'N' Thin 1095QX5693	Yr.Iss.	1994	10.95	23
1994	Tou Can Love 895QX5646	Yr.Iss.	1994	8.95	20

1994 Easter Ornaments - Keepsake

YEAR ISSUE		EDITION LIMIT	YEAR RETD.	ISSUE PRICE	QUOTE U.S.$
1994	Baby's First Easter 675QEO8153	Yr.Iss.	1994	6.75	18
1994	Carrot Trimmers 500QEO8226	Yr.Iss.	1994	5.00	5
1994	CRAYOLA CRAYON-Colorful Spring 775QEO8166	Yr.Iss.	1994	7.75	23
1994	Daughter 575QEO8156	Yr.Iss.	1994	5.75	14
1994	Divine Duet 675QEO8183	Yr.Iss.	1994	6.75	15
1994	Easter Art Show 775QEO8193	Yr.Iss.	1994	7.75	16
1994	Egg Car-First Ed. 775QEO8093	Yr.Iss.	1994	7.75	25
1994	Golf-Third Ed. 675QEO8133	Yr.Iss.	1994	6.75	17
1994	Horn-Third Ed. 675QEO8136	Yr.Iss.	1994	6.75	17
1994	Joyful Lamb 575QEO8206	Yr.Iss.	1994	5.75	14
1994	PEANUTS 775QEO8176	Yr.Iss.	1994	7.75	23
1994	Peeping Out 675QEO8203	Yr.Iss.	1994	6.75	14
1994	Riding a Breeze 575QEO8213	Yr.Iss.	1994	5.75	14
1994	Son 575QEO8163	Yr.Iss.	1994	5.75	14
1994	Springtime Bonnets-Second Ed. 775QEO8096	Yr.Iss.	1994	7.75	21
1994	Sunny Bunny Garden, set/3 1500QEO8146	Yr.Iss.	1994	15.00	27
1994	Sweet as Sugar 875QEO8086	Yr.Iss.	1994	8.75	18
1994	Sweet Easter Wishes Tender Touches 875QEO8196	Yr.Iss.	1994	8.75	22
1994	Treetop Cottage 975QEO8186	Yr.Iss.	1994	9.75	18
1994	Yummy Recipe 775QEO8143	Yr.Iss.	1994	7.75	18

1994 Keepsake Collector's Club - Keepsake

YEAR ISSUE		EDITION LIMIT	YEAR RETD.	ISSUE PRICE	QUOTE U.S.$
1994	First Hello 500QXC4846	Yr.Iss.	1994	5.00	5
1994	Happy Collecting 300QXC4803	Yr.Iss.	1994	3.00	3
1994	Holiday Pursuit 1175QXC4823	Yr.Iss.	1994	11.75	12
1994	Mrs. Claus' Cupboard 5500QXC4843	Yr.Iss.	1994	55.00	55
1994	On Cloud Nine 1200QXC4853	Yr.Iss.	1994	12.00	12
1994	Sweet Bouquet 850QXC4806	Yr.Iss.	1994	8.50	9
1994	Tilling Time 500QXC8256	Yr.Iss.	1994	5.00	5

1994 Keepsake Magic Ornaments - Keepsake

YEAR ISSUE		EDITION LIMIT	YEAR RETD.	ISSUE PRICE	QUOTE U.S.$
1994	Away in a Manager 1600QLX7383	Yr.Iss.	1994	16.00	40
1994	Baby's First Christmas 2000QLX7466	Yr.Iss.	1994	20.00	43
1994	Candy Cane Lookout 1800QLX7376	Yr.Iss.	1994	18.00	35-45
1994	Chris Mouse Jelly-Tenth Ed. 1200QLX7393	Yr.Iss.	1994	12.00	30
1994	Conversations With Santa 2800QLX7426	Yr.Iss.	1994	28.00	55
1994	Country Showtime 2200QLX7416	Yr.Iss.	1994	22.00	45
1994	The Eagle Has Landed 2400QLX7486	Yr.Iss.	1994	24.00	30-50
1994	Feliz Navidad 2800QLX7433	Yr.Iss.	1994	28.00	55
1994	Forest Frolics-6th Ed. 2800QLX7436	Yr.Iss.	1994	28.00	60
1994	Gingerbread Fantasy-Special Edition 4400QLX7382	Yr.Iss.	1994	44.00	75-100
1994	Kringle Trolley 2000QLX7413	Yr.Iss.	1994	20.00	40
1994	Maxine 2000QLX7503	Yr.Iss.	1994	20.00	41
1994	PEANUTS-Fourth Ed. 2000QLX7406	Yr.Iss.	1994	20.00	30-43
1994	Peekaboo Pup 2000QLX7423	Yr.Iss.	1994	20.00	42
1994	Rock Candy Miner 2000QLX7403	Yr.Iss.	1994	20.00	40
1994	Santa's Sing-Along 2400QLX7473	Yr.Iss.	1994	24.00	55
1994	Tobin Fraley-First Ed. 3200QLX7496	Yr.Iss.	1994	32.00	75
1994	Very Merry Minutes 2400QLX7443	Yr.Iss.	1994	24.00	48
1994	White Christmas 2800QLX7463	Yr.Iss.	1994	28.00	60
1994	Winnie the Pooh Parade 3200QLX7493	Yr.Iss.	1994	32.00	65

1994 Limited Editions - Keepsake

YEAR ISSUE		EDITION LIMIT	YEAR RETD.	ISSUE PRICE	QUOTE U.S.$
1994	Jolly Holly Santa 2200QXC4833	N/A	1994	22.00	22
1994	Majestic Deer 2500QXC4836	N/A	1994	25.00	25

1994 Miniature Ornaments - Keepsake

YEAR ISSUE		EDITION LIMIT	YEAR RETD.	ISSUE PRICE	QUOTE U.S.$
1994	Babs Bunny 575QXM4116	Yr.Iss.	1994	5.75	12
1994	Baby's First Christmas 575QXM4003	Yr.Iss.	1994	5.75	13
1994	Baking Tiny Treats, set/6 2900QXM4033	Yr.Iss.	1994	29.00	40-60
1994	Beary Perfect Tree 475QXM4076	Yr.Iss.	1994	4.75	10
1994	The Bearymores-Third Ed. 575QXM5133	Yr.Iss.	1994	5.75	15
1994	Buster Bunny 575QXM5163	Yr.Iss.	1994	5.75	13
1994	Centuries of Santa-First Ed. 600QXM5153	Yr.Iss.	1994	6.00	15-25
1994	Corny Elf 450QXM4063	Yr.Iss.	1994	4.50	10
1994	Cute as a Button 375QXM4103	Yr.Iss.	1994	3.75	10
1994	Dazzling Reindeer-Pr. Ed. 975QXM4026	Yr.Iss.	1994	9.75	23
1994	Dizzy Devil 575QXM4133	Yr.Iss.	1994	5.75	13
1994	Friends Need Hugs 450QXM4016	Yr.Iss.	1994	4.50	12
1994	Graceful Carousel 75QXM4056	Yr.Iss.	1994	7.75	17
1994	Hamton 575QXM4126	Yr.Iss.	1994	5.75	12
1994	Hat Shop-Seventh Ed. 700QXM5143	Yr.Iss.	1994	7.00	17
1994	Have a Cookie 575QXM5166	Yr.Iss.	1994	5.75	15
1994	Hearts A-Sail 575QXM4006	Yr.Iss.	1994	5.75	12
1994	Jolly Visitor 575QXM4053	Yr.Iss.	1994	5.75	14
1994	Jolly Wolly Snowman 375QXM4093	Yr.Iss.	1994	3.75	10
1994	Journey to Bethlehem 575QXM4036	Yr.Iss.	1994	5.75	12
1994	Just My Size 375QXM4086	Yr.Iss.	1994	3.75	9
1994	Love Was Born 450QXM4043	Yr.Iss.	1994	4.50	12
1994	March of the Teddy Bears-Second Ed. 450QXM5106	Yr.Iss.	1994	4.50	13
1994	Melodic Cherub 375QXM4066	Yr.Iss.	1994	3.75	10
1994	A Merry Flight 575QXM4073	Yr.Iss.	1994	5.75	12
1994	Mom 450QXM4013	Yr.Iss.	1994	4.50	10
1994	Nature's Angels-Fifth Ed. 450QXM5126	Yr.Iss.	1994	4.50	13
1994	Night Before Christmas-Third Ed. 450QXM5123	Yr.Iss.	1994	4.50	13
1994	Noah's Ark (special edition) 2450QXM4106	Yr.Iss.	1994	24.50	35-75
1994	Nutcracker Guild-First Ed. 575QXM5146	Yr.Iss.	1994	5.75	13
1994	On the Road-Second Ed. 575QXM5103	Yr.Iss.	1994	5.75	13-20
1994	Plucky Duck 575QXM4123	Yr.Iss.	1994	5.75	12
1994	Pour Some More 575QXM5156	Yr.Iss.	1994	5.75	13
1994	Rocking Horse-Seventh Ed. 450QXM5116	Yr.Iss.	1994	4.50	12
1994	Scooting Along 675QXM5173	Yr.Iss.	1994	6.75	15
1994	Stock Car-Sixth Ed. 700QXM5113	Yr.Iss.	1994	7.00	16
1994	Sweet Dreams 300QXM4096	Yr.Iss.	1994	3.00	11
1994	Tea With Teddy 725QXM4046	Yr.Iss.	1994	7.25	16

1994 New Attractions - Keepsake

YEAR ISSUE		EDITION LIMIT	YEAR RETD.	ISSUE PRICE	QUOTE U.S.$
1994	All Pumped Up 895QX5923	Yr.Iss.	1994	8.95	20
1994	Angel Hare 895QX5896	Yr.Iss.	1994	8.95	20
1994	Batman 1295QX5853	Yr.Iss.	1994	12.95	33
1994	Beatles Gift Set 4800QX5373	Yr.Iss.	1994	48.00	75-100
1994	BEATRIX POTTER The Tale of Peter Rabbit 500QX2443	Yr.Iss.	1994	5.00	15
1994	Big Shot 795QX5873	Yr.Iss.	1994	7.95	18
1994	Busy Batter 795QX5876	Yr.Iss.	1994	7.95	18
1994	Candy Caper 895QX5776	Yr.Iss.	1994	8.95	19
1994	Caring Doctor 895QX5823	Yr.Iss.	1994	8.95	20
1994	Champion Teacher 695QX5836	Yr.Iss.	1994	6.95	16
1994	Cheers to You! 1095QX5796	Yr.Iss.	1994	10.95	25
1994	Cheery Cyclists 1295QX5786	Yr.Iss.	1994	12.95	28
1994	Child Care Giver 795QX5906	Yr.Iss.	1994	7.95	16
1994	Coach 795QX5933	Yr.Iss.	1994	7.95	18
1994	Colors of Joy 795QX5893	Yr.Iss.	1994	7.95	18
1994	Cowardly Lion 995QX5446	Yr.Iss.	1994	9.95	25-40
1994	Daffy Duck 895QX5415	Yr.Iss.	1994	8.95	20
1994	Daisy Days 995QX5986	Yr.Iss.	1994	9.95	10
1994	Deer Santa Mouse (2) 1495QX5806	Yr.Iss.	1994	14.95	30
1994	Dorothy and Toto 1095QX5433	Yr.Iss.	1994	10.95	45-50
1994	Extra-Special Delivery 795QX5833	Yr.Iss.	1994	7.95	18
1994	Feelin' Groovy 795QX5953	Yr.Iss.	1994	7.95	22
1994	A Feline of Christmas 895QX5816	Yr.Iss.	1994	8.95	25
1994	Feliz Navidad 895QX5793	Yr.Iss.	1994	8.95	20
1994	Follow the Sun 895QX5846	Yr.Iss.	1994	8.95	20
1994	Fred and Barney 1495QX5003	Yr.Iss.	1994	14.95	30
1994	Friendship Sundae 1095QX4766	Yr.Iss.	1994	10.95	25
1994	GARFIELD 1295QX5753	Yr.Iss.	1994	12.95	28
1994	Gentle Nurse 695QX5973	Yr.Iss.	1994	6.95	20
1994	Harvest Joy 995QX5993	Yr.Iss.	1994	9.95	10
1994	Hearts in Harmony 1095QX4406	Yr.Iss.	1994	10.95	22
1994	Helpful Shepherd 895QX5536	Yr.Iss.	1994	8.95	20
1994	Holiday Patrol 895QX5826	Yr.Iss.	1994	8.95	20
1994	Ice Show 795QX5946	Yr.Iss.	1994	7.95	18
1994	In the Pink 995QX5763	Yr.Iss.	1994	9.95	22
1994	It's a Strike 895QX5856	Yr.Iss.	1994	8.95	20
1994	Jingle Bell Band 1095QX5783	Yr.Iss.	1994	10.95	26-35
1994	Joyous Song 895QX4473	Yr.Iss.	1994	8.95	18
1994	Jump-along Jackalope 895QX5756	Yr.Iss.	1994	8.95	19
1994	Kickin' Roo 795QX5916	Yr.Iss.	1994	7.95	18
1994	Kringle's Kayak 795QX5886	Yr.Iss.	1994	7.95	18
1994	LEGO'S 1095QX5453	Yr.Iss.	1994	10.95	11
1994	Lou Rankin Seal 995QX5456	Yr.Iss.	1994	9.95	20
1994	Magic Carpet Ride 795QX5883	Yr.Iss.	1994	7.95	25
1994	Mary Engelbreit 500QX2416	Yr.Iss.	1994	5.00	15
1994	Merry Fishmas 895QX5913	Yr.Iss.	1994	8.95	18
1994	Mistletoe Surprise (2)1295QX5996	Yr.Iss.	1994	12.95	27
1994	Norman Rockwell 500QX2413	Yr.Iss.	1994	5.00	15
1994	Open-and-Shut Holiday 995QX5696	Yr.Iss.	1994	9.95	22
1994	Out of This World Teacher 795QX5766	Yr.Iss.	1994	7.95	20
1994	Practice Makes Perfect 795QX5863	Yr.Iss.	1994	7.95	18
1994	Red Hot Holiday 795QX5843	Yr.Iss.	1994	7.95	18
1994	Reindeer Pro 795QX5926	Yr.Iss.	1994	7.95	18
1994	Relaxing Moment 1495QX5356	Yr.Iss.	1994	14.95	32
1994	Road Runner and Wile E. Coyote 1295QX5602	Yr.Iss.	1994	12.95	28
1994	Scarecrow 995QX5436	Yr.Iss.	1994	9.95	30-50
1994	A Sharp Flat 1095QX5773	Yr.Iss.	1994	10.95	23
1994	Speedy Gonzales 895QX5343	Yr.Iss.	1994	8.95	20
1994	Stamp of Approval 795QX5703	Yr.Iss.	1994	7.95	18
1994	Sweet Greeting (2) 1095QX5803	Yr.Iss.	1994	10.95	22
1994	Tasmanian Devil 895QX5605	Yr.Iss.	1994	8.95	40-60
1994	Thrill a Minute 895QX5866	Yr.Iss.	1994	8.95	20
1994	Time of Peace 795QX5813	Yr.Iss.	1994	7.95	16
1994	Tin Man 995QX5443	Yr.Iss.	1994	9.95	30-40
1994	Tulip Time 995QX5983	Yr.Iss.	1994	9.95	10
1994	Winnie the Pooh/Tigger 1295QX5746	Yr.Iss.	1994	12.95	33
1994	Yosemite Sam 895QX5346	Yr.Iss.	1994	8.95	20
1994	Yuletide Cheer 995QX5976	Yr.Iss.	1994	9.95	10

1994 Personalized Ornaments - Keepsake

YEAR ISSUE		EDITION LIMIT	YEAR RETD.	ISSUE PRICE	QUOTE U.S.$
1994	Baby Block 1495QP6035	Yr.Iss.	1994	14.95	15
1994	Computer Cat 'N' Mouse 1295QP6046	Yr.Iss.	1994	12.95	13
1994	Cookie Time 1295QP6073	Yr.Iss.	1994	12.95	13
1994	Etch-A-Sketch 1295QP6006	Yr.Iss.	1994	12.95	13
1994	Festive Album 1295QP6025	Yr.Iss.	1994	12.95	13
1994	From the Heart 1495QP6036	Yr.Iss.	1994	14.95	15
1994	Goin' Fishin' 1495QP6023	Yr.Iss.	1994	14.95	15
1994	Goin' Golfin' 1295QP6012	Yr.Iss.	1994	12.95	13
1994	Holiday Hello 2495QXR6116	Yr.Iss.	1994	24.95	25
1994	Mailbox Delivery 1495QP6015	Yr.Iss.	1994	14.95	15
1994	Novel Idea 1295QP6066	Yr.Iss.	1994	12.95	13
1994	On the Billboard 1295QP6022	Yr.Iss.	1994	12.95	13
1994	Playing Ball 1295QP6032	Yr.Iss.	1994	12.95	13
1994	Reindeer Rooters 1295QP6056	Yr.Iss.	1994	12.95	13
1994	Santa Says 1495QP6005	Yr.Iss.	1994	14.95	15

1994 Premiere Event - Keepsake

YEAR ISSUE		EDITION LIMIT	YEAR RETD.	ISSUE PRICE	QUOTE U.S.$
1994	Eager for Christmas 1500QX5336	Yr.Iss.	1994	15.00	15

1994 Showcase Christmas Lights - Keepsake

YEAR ISSUE		EDITION LIMIT	YEAR RETD.	ISSUE PRICE	QUOTE U.S.$
1994	Home for the Holidays 1575QK1123	Yr.Iss.	1994	15.75	16
1994	Moonbeams 1575QK1116	Yr.Iss.	1994	15.75	16
1994	Mother and Child 1575QK1126	Yr.Iss.	1994	15.75	16
1994	Peaceful Village 1575QK1106	Yr.Iss.	1994	15.75	16

1994 Showcase Folk Art Americana Collection - Keepsake

YEAR ISSUE		EDITION LIMIT	YEAR RETD.	ISSUE PRICE	QUOTE U.S.$
1994	Catching 40 Winks 1675QK1183	Yr.Iss.	1994	16.75	40
1994	Going to Town 1575QK1166	Yr.Iss.	1994	15.75	35
1994	Racing Through the Snow 1575QK1173	Yr.Iss.	1994	15.75	40
1994	Rarin' to Go 1575QK1193	Yr.Iss.	1994	15.75	35
1994	Roundup Time 1675QK1176	Yr.Iss.	1994	16.75	35

1994 Showcase Holiday Favorites - Keepsake

YEAR ISSUE		EDITION LIMIT	YEAR RETD.	ISSUE PRICE	QUOTE U.S.$
1994	Dapper Snowman 1375QK1053	Yr.Iss.	1994	13.75	14
1994	Graceful Fawn 1175QK1033	Yr.Iss.	1994	11.75	12
1994	Jolly Santa 1375QK1046	Yr.Iss.	1994	13.75	14
1994	Joyful Lamb 1175QK1036	Yr.Iss.	1994	11.75	12
1994	Peaceful Dove 1175QK1043	Yr.Iss.	1994	11.75	12

1994 Showcase Old World Silver Collection - Keepsake

YEAR ISSUE		EDITION LIMIT	YEAR RETD.	ISSUE PRICE	QUOTE U.S.$
1994	Silver Bells 2475QK1026	Yr.Iss.	1994	24.75	25
1994	Silver Bows 2475QK1023	Yr.Iss.	1994	24.75	25
1994	Silver Poinsettias 2475QK1006	Yr.Iss.	1994	24.75	25
1994	Silver Snowflakes 2475QK1016	Yr.Iss.	1994	24.75	25

1994 Special Edition - Keepsake

YEAR ISSUE		EDITION LIMIT	YEAR RETD.	ISSUE PRICE	QUOTE U.S.$
1994	Lucinda and Teddy 2175QX4813	Yr.Iss.	1994	21.75	42

1994 Special Issues - Keepsake

YEAR ISSUE		EDITION LIMIT	YEAR RETD.	ISSUE PRICE	QUOTE U.S.$
1994	Barney 2400QLX7506	Yr.Iss.	1994	24.00	50
1994	Barney 995QX5966	Yr.Iss.	1994	9.95	10
1994	Holiday Barbie™ -Second Ed. 1495QX5216	Yr.Iss.	1994	14.95	35
1994	Klingon Bird of Prey™ 2400QLX7386	Yr.Iss.	1994	24.00	48
1994	Mufasa/Simba-Lion King 1495QX5406	Yr.Iss.	1994	14.95	35
1994	Nostalgic-Barbie™ -First Ed. 1495QX5006	Yr.Iss.	1994	14.95	35
1994	Simba/Nala-Lion King (2) 1295QX5303	Yr.Iss.	1994	12.95	30
1994	Simba/Sarabi/Mufasa the Lion King 2000QLX7513	Yr.Iss.	1994	20.00	50-100
1994	Simba/Sarabi/Mufasa the Lion King 3200QLX7513	Yr.Iss.	1994	32.00	50-100

CHRISTMAS ORNAMENTS

Hallmark Keepsake Ornaments to Hallmark Keepsake Ornaments

YEAR ISSUE	EDITION LIMIT	YEAR RETD.	ISSUE PRICE	QUOTE U.S. $
1994 Timon/Pumbaa-Lion King 895QX5366	Yr.lss.	1994	8.95	30
1995 Anniversary Edition - Keepsake				
1995 Pewter Rocking Horse 2000QXC1C7	Yr.lss.		20.00	20
1995 Artists' Favorite - Keepsake				
1995 Barrel-Back Rider 995QX5189	Yr.lss.		9.95	10
1995 Our Little Blessings 1295QX5209	Yr.lss.		12.95	13
1995 Collectible Series - Keepsake				
1995 1956 Ford Truck -First Ed. 1395QX5527	Yr.lss.		13.95	14
1995 1969 Chevrolet Camaro -Fifth Ed. 1295QX5239	Yr.lss.		12.95	13
1995 Bright 'n' Sunny Tepee -Seventh Ed. 1095QX5247	Yr.lss.		10.95	11
1995 Camellia - Mary's Angels -Eighth Ed. 695QX5149	Yr.lss.		6.95	7
1995 Cat Naps -Second Ed. 795QX5097	Yr.lss.		7.95	8
1995 A Celebration of Angels -First Ed. 1295QX5077	Yr.lss.		12.95	13
1995 Christmas Eve Kiss -Tenth Ed. 1495QX5157	Yr.lss.		14.95	15
1995 Fabulous Decade -Sixth Ed. 795QX5147	Yr.lss.		7.95	8
1995 Frosty Friends -Sixteenth Ed. 1095QX5169	Yr.lss.		10.95	11
1995 Jack and Jill -Third Ed. 1395QX5099	Yr.lss.		13.95	14
1995 Lou Gehrig -2nd Ed. 1295QX5029	Yr.lss.		12.95	13
1995 Merry Olde Santa -Sixth Ed. 1495QX5139	Yr.lss.		14.95	15
1995 Murray® Fire Truck -Second Ed. 1395QX5027	Yr.lss.		13.95	14
1995 The PEANUTS® Gang -Third Ed. 995QX5059	Yr.lss.		9.95	10
1995 Puppy Love -5th Ed. 795QX5137	Yr.lss.		7.95	8
1995 Rocking Horse -Fifteenth Ed. 1095QX5167	Yr.lss.		10.95	11
1995 Santa's Roadster -Seventeenth Ed. 1495QX5179	Yr.lss.		14.95	15
1995 St. Nicholas -First Ed. 1495QX5087	Yr.lss.		14.95	15
1995 Tobin Fraley Carousel Fourth Ed. 2800QX5069	Yr.lss.		28.00	28
1995 Town Church -Twelfth Ed. 1495QX5159	Yr.lss.		14.95	15
1995 Twelve Drummers Drumming -Twelfth Ed. 695QX3009	Yr.lss.		6.95	7
1995 U.S. Christmas Stamps Third Ed. 1095QX5067	Yr.lss.		10.95	11
1995 Yuletide Central-Second Ed. 1895QX5079	Yr.lss.		18.95	19
1995 Commemoratives - Keepsake				
1995 Across the Miles 895QX5847	Yr.lss.		8.95	9
1995 Air Express 795QX5977	Yr.lss.		7.95	8
1995 Anniversary Year 895QX5819	Yr.lss.		8.95	9
1995 Baby's First Christmas 1895QX5547	Yr.lss.		18.95	19
1995 Baby's First Christmas 795QX5549	Yr.lss.		7.95	8
1995 Baby's First Christmas 795QX5559	Yr.lss.		7.95	8
1995 Baby's First Christmas 995QX5557	Yr.lss.		9.95	10
1995 Baby's First Christmas-Baby Boy 500QX2319	Yr.lss.		5.00	5
1995 Baby's First Christmas-Baby Girl 500QX2317	Yr.lss.		5.00	5
1995 Baby's 2nd Christmas 795QX5567	Yr.lss.		7.95	8
1995 Brother 695QX5679	Yr.lss.		6.95	7
1995 Child's 5th Christmas 695QX5637	Yr.lss.		6.95	7
1995 Child's 4th Christmas 695QX5629	Yr.lss.		6.95	7
1995 Child's 3rd Christmas 795QX5627	Yr.lss.		7.95	8
1995 Christmas Fever 795QX5967	Yr.lss.		7.95	8
1995 Christmas Patrol 795QX5959	Yr.lss.		7.95	8
1995 Dad 795QX5649	Yr.lss.		7.95	8
1995 Dad-to-Be 795QX5667	Yr.lss.		7.95	8
1995 Daughter 695QX5677	Yr.lss.		6.95	7
1995 For My Grandma 695QX5729	Yr.lss.		6.95	7
1995 Friendly Boost 895QX5827	Yr.lss.		8.95	9
1995 Godchild 795QX5707	Yr.lss.		7.95	8
1995 Godparent 500QX2417	Yr.lss.		5.00	5
1995 Grandchild's First Christmas 795QX5777	Yr.lss.		7.95	8
1995 Granddaughter 695QX5779	Yr.lss.		6.95	7
1995 Grandmother 795QX5767	Yr.lss.		7.95	8
1995 Grandpa 895QX5769	Yr.lss.		8.95	9
1995 Grandparents 500QX2419	Yr.lss.		5.00	5
1995 Grandson 695QX5787	Yr.lss.		6.95	7
1995 Important Memo 895QX5947	Yr.lss.		8.95	9
1995 In a Heartbeat 895QX5817	Yr.lss.		8.95	9
1995 Mom 795QX5647	Yr.lss.		7.95	8
1995 Mom and Dad 995QX5657	Yr.lss.		9.95	10
1995 Mom-to-Be 795QX5659	Yr.lss.		7.95	8
1995 New Home 895QX5839	Yr.lss.		8.95	9
1995 North Pole 911 1095QX5957	Yr.lss.		10.95	11
1995 Number One Teacher 795QX5949	Yr.lss.		7.95	8
1995 Our Christmas Together 995QX5809	Yr.lss.		9.95	10
1995 Our Family 795QX5709	Yr.lss.		7.95	8
1995 Our First Christmas Together 1695QX5797	Yr.lss.		16.95	17
1995 Our First Christmas Together 695QX3177	Yr.lss.		6.95	7
1995 Our First Christmas Together 895QX5799	Yr.lss.		8.95	9
1995 Our First Christmas Together 895QX5807	Yr.lss.		8.95	9
1995 Packed With Memories 795QX5639	Yr.lss.		7.95	8
1995 Sister 695QX5687	Yr.lss.		6.95	7
1995 Sister to Sister 895QX5689	Yr.lss.		8.95	9
1995 Son 695QX5669	Yr.lss.		6.95	7
1995 Special Cat 795QX5717	Yr.lss.		7.95	8
1995 Special Dog 795QX5719	Yr.lss.		7.95	8
1995 Two for Tea 995QX5829	Yr.lss.		9.95	10
1995 Easter Ornaments - Keepsake				
1995 3 Flowerpot Friends 1495QEO8229	Yr.lss.		14.95	15
1995 Baby's First Easter 795QEO8237	Yr.lss.		7.95	8
1995 Bugs Bunny (Looney Tunes) 895QEO8279	Yr.lss.		8.95	9
1995 Bunny w/Crayons (Crayola) 795QEO8249	Yr.lss.		7.95	8
1995 Bunny w/Seed Packets (Tender Touches) 895QEO8259	Yr.lss.		8.95	9
1995 Bunny w/Water Bucket 695QEO8253	Yr.lss.		6.95	7
1995 Collector's Plate -Second Ed. 795QEO8217	Yr.lss.		7.95	8
1995 Daughter Duck 595QEO8239	Yr.lss.		5.95	6
1995 Easter Beagle (Peanuts) 795QEO8257	Yr.lss.		7.95	8
1995 Easter Egg Cottages -First Ed. 895QEO8207	Yr.lss.		8.95	9
1995 Garden Club -First Ed. 795QEO8209	Yr.lss.		7.95	8
1995 Ham n Eggs 795QEO8277	Yr.lss.		7.95	8
1995 Here Comes Easter -Second Ed. 795QEO8217	Yr.lss.		7.95	8
1995 Lily (Religious) 695QEO8267	Yr.lss.		6.95	7
1995 Miniature Train 495QEO8269	Yr.lss.		4.95	5
1995 Son Duck 595QEO8247	Yr.lss.		5.95	6
1995 Springtime Barbie - First Ed. 1295QEO8069	Yr.lss.		12.95	13
1995 Springtime Bonnets -Third Ed. 795QEO8227	Yr.lss.		7.95	8
1995 Keepsake Collector's Club - Keepsake				
1995 1958 Ford Edsel Citation Convertible 1295QXC4167	Yr.lss.		12.95	13
1995 Brunette Debut - 1959 1495QXC5397	Yr.lss.		14.95	15
1995 Christmas Eve Bake-Off 5500QXC4049	Yr.lss.		55.00	55
1995 Cinderella's Stepsisters 375QXC4159	Yr.lss.		3.75	4
1995 Collecting Memories 1200QXC4117	Yr.lss.		12.00	12
1995 Cool Santa 575QXC4457	Yr.lss.		5.75	6
1995 Cozy Christmas 850QXC4119	Yr.lss.		8.50	9
1995 Fishing for Fun 1095QXC5207	Yr.lss.		10.95	11
1995 A Gift From Rodney 500QXC4129	Yr.lss.		5.00	5
1995 Home From the Woods 1595QXC1059	Yr.lss.		15.95	16
1995 May Flower 495QXC8246	Yr.lss.		4.95	5
1995 Keepsake Magic Ornaments - Keepsake				
1995 Baby's First Christmas 2200QLX7317	Yr.lss.		22.00	22
1995 Chris Mouse Tree- Eleventh Ed. 1250QLX7307	Yr.lss.		12.50	13
1995 Coming to See Santa 3200QLX7369	Yr.lss.		32.00	32
1995 Forest Frolics- Seventh Ed. 2800QLX7299	Yr.lss.		28.00	28
1995 Fred and Dino 2800QLX7289	Yr.lss.		28.00	28
1995 Friends Share Fun 1650QLX7349	Yr.lss.		16.50	17
1995 Goody Gumballs! 1250QLX7367	Yr.lss.		12.50	13
1995 Headin' Home 2200QLX7327	Yr.lss.		22.00	22
1995 Holiday Swim 1850QLX7319	Yr.lss.		18.50	19
1995 Jukebox Party 2450QLX7339	Yr.lss.		24.50	25
1995 Jumping for Joy 2800QLX7347	Yr.lss.		28.00	28
1995 My First HOT WHEELS™ 2800QLX7279	Yr.lss.		28.00	28
1995 PEANUTS® - Fifth Ed. 2450QLX7277	Yr.lss.		24.50	25
1995 Santa's Diner 2450QLX7337	Yr.lss.		24.50	25
1995 Space Shuttle 2450QLX7396	Yr.lss.		24.50	25
1995 Superman™ 2800QLX7309	Yr.lss.		28.00	28
1995 Tobin Fraley Holiday Carousel -Second Ed. 3200QLX7269	Yr.lss.		32.00	32
1995 Victorian Toy Box -Special Ed. 4200QLX7329	Yr.lss.		42.00	42
1995 Wee Little Christmas 2200QLX7329	Yr.lss.		22.00	22
1995 Winnie the Pooh Too Much Hunny 2450QLX7297	Yr.lss.		24.50	25
1995 Miniature Ornaments - Keepsake				
1995 Alice in Wonderland- First Ed. 675QXM4777	Yr.lss.		6.75	7
1995 Baby's First Christmas 475QXM4027	Yr.lss.		4.75	5
1995 Calamity Coyote 675QXM4467	Yr.lss.		6.75	7
1995 Centuries of Santa- Second Ed. 575QXM4789	Yr.lss.		5.75	6
1995 Christmas Bells- First Ed. 475QXM4007	Yr.lss.		4.75	5
1995 Christmas Wishes 375QXM4087	Yr.lss.		3.75	4
1995 Cloisonne Partridge 975QXM4017	Yr.lss.		9.75	10
1995 Downhill Double 475QXM4837	Yr.lss.		4.75	5
1995 Friendship Duet 475QXM4019	Yr.lss.		4.75	5
1995 Furrball 575QXM4459	Yr.lss.		5.75	6
1995 Grandpa's Gift 575QXM4829	Yr.lss.		5.75	6
1995 Heavenly Praises 575QXM4037	Yr.lss.		5.75	6
1995 Joyful Santa 475QXM4089	Yr.lss.		4.75	5
1995 Little Beeper 575QXM4469	Yr.lss.		5.75	6
1995 March of the Teddy Bears -Third Ed. 475QXM4799	Yr.lss.		4.75	5
1995 Merry Walruses 575QXM4057	Yr.lss.		5.75	6
1995 Milk Tank Car -Seventh Ed. 675QXM4817	Yr.lss.		6.75	7
1995 Miniature Clothespin Soldier -First Ed. 375QXM4097	Yr.lss.		3.75	4
1995 A Moustershire Christmas 2450QXM4839	Yr.lss.		24.50	25
1995 Murray® "Champion" -First Ed. 575QXM4079	Yr.lss.		5.75	6
1995 Nature's Angels -Sixth Ed. 475QXM4809	Yr.lss.		4.75	5
1995 The Night Before Christmas- Fourth Ed. 475QXM4807	Yr.lss.		4.75	5
1995 Nutcracker Guild -Second Ed. 575QXM4787	Yr.lss.		5.75	6
1995 On the Road -Third Ed. 575QXM4797	Yr.lss.		5.75	6
1995 Pebbles and Bamm-Bamm 975QXM4757	Yr.lss.		9.75	10
1995 Playful Penguins 575QXM4059	Yr.lss.		5.75	6
1995 Precious Creations 975QXM4017	Yr.lss.		9.75	10
1995 Rocking Horse - Eighth Ed. 475QXM4827	Yr.lss.		4.75	5
1995 Santa's Little Big Top- First Ed. 675QXM4779	Yr.lss.		6.75	7
1995 Santa's Visit 775QXM4047	Yr.lss.		7.75	8
1995 Starlit Nativity 775QXM4039	Yr.lss.		7.75	8
1995 Sugarplum Dreams 475QXM4099	Yr.lss.		4.75	5
1995 Tiny Treasures (set of 6) 2900QXM4009	Yr.lss.		29.00	29
1995 Tudor House- Eighth Ed. 675QXM4819	Yr.lss.		6.75	7
1995 Tunnel of Love 475QXM4029	Yr.lss.		4.75	5
1995 New Attractions - Keepsake				
1995 Acorn 500 1095QX5929	Yr.lss.		10.95	11
1995 Batmobile 1495QX5739	Yr.lss.		14.95	15
1995 Betty and Wilma 1495QX5417	Yr.lss.		14.95	15
1995 Bingo Bear 795QX5919	Yr.lss.		7.95	8
1995 Bobbin' Along 895QX5879	Yr.lss.		8.95	9
1995 Bugs Bunny 895QX5019	Yr.lss.		8.95	9
1995 Catch the Spirit 795QX5899	Yr.lss.		7.95	8
1995 Christmas Morning 1095QX5997	Yr.lss.		10.95	11
1995 Colorful World 1095QX5519	Yr.lss.		10.95	11
1995 Cows of Bali 895QX5999	Yr.lss.		8.95	9
1995 Delivering Kisses 1095QX4107	Yr.lss.		10.95	11
1995 Dream On 1095QX6007	Yr.lss.		10.95	11
1995 Dudley the Dragon 1095QX6209	Yr.lss.		10.95	11
1995 Faithful Fan 895QX5897	Yr.lss.		8.95	9
1995 Feliz Navidad 795QX5869	Yr.lss.		7.95	8
1995 Forever Friends Bear 895QX5258	Yr.lss.		8.95	9
1995 GARFIELD 1095QX5007	Yr.lss.		10.95	11
1995 Glinda, Witch of the North 1395QX5749	Yr.lss.		13.95	14
1995 Gopher Fun 995QX5887	Yr.lss.		9.95	10
1995 Happy Wrappers 1095QX6037	Yr.lss.		10.95	11
1995 Heaven's Gift 2000QX6057	Yr.lss.		20.00	20
1995 Hockey Pup 995QX5917	Yr.lss.		9.95	10
1995 In Time With Christmas 1295QX6049	Yr.lss.		12.95	13
1995 Joy to the World 895QX5867	Yr.lss.		8.95	9
1995 LEGO® Fireplace With Santa 1095QX4769	Yr.lss.		10.95	11
1995 Lou Rankin Bear 995QX4069	Yr.lss.		9.95	10
1995 The Magic School Bus™ 1095QX5849	Yr.lss.		10.95	11
1995 Mary Engelbreit 500QX2409	Yr.lss.		5.00	5
1995 Merry RV 1295QX6027	Yr.lss.		12.95	13
1995 Muletide Greetings 795QX6009	Yr.lss.		7.95	8
1995 The Olympic Spirit 795QX3169	Yr.lss.		7.95	8
1995 On the Ice 795QX6047	Yr.lss.		7.95	8
1995 Perfect Balance 795QX5927	Yr.lss.		7.95	8
1995 PEZ® Santa 795QX5267	Yr.lss.		7.95	8
1995 Polar Coaster 895QX6117	Yr.lss.		8.95	9
1995 Popeye® 1095QX5257	Yr.lss.		10.95	11
1995 Refreshing Gift 1495QX4067	Yr.lss.		14.95	15
1995 Rejoice! 1095QX5987	Yr.lss.		10.95	11
1995 Roller Whiz 795QX5937	Yr.lss.		7.95	8
1995 Santa in Paris 895QX5877	Yr.lss.		8.95	9
1995 Santa's Serenade 895QX6017	Yr.lss.		8.95	9
1995 Santa's Visitors 500QX2407	Yr.lss.		5.00	5
1995 Simba, Pumbaa and Timon 1295QX6159	Yr.lss.		12.95	13
1995 Ski Hound 895QX5909	Yr.lss.		8.95	9
1995 Surfin' Santa 995QX6019	Yr.lss.		9.95	10
1995 Sylvester and Tweety 1395QX5017	Yr.lss.		13.95	14
1995 Takin' a Hike 795QX6029	Yr.lss.		7.95	8
1995 Tennis, Anyone? 795QX5907	Yr.lss.		7.95	8
1995 Thomas the Tank Engine-No. 1 995QX5857	Yr.lss.		9.95	10
1995 Three Wishes 795QX5979	Yr.lss.		7.95	8
1995 Vera the Mouse 895QX5537	Yr.lss.		8.95	9
1995 Waiting Up for Santa 895QX6106	Yr.lss.		8.95	9

CHRISTMAS ORNAMENTS

YEAR ISSUE		EDITION LIMIT	YEAR RETD.	ISSUE PRICE	QUOTE U.S.$
1995	Water Sports 1495QX6039	Yr.Iss.		14.95	15
1995	Wheel of Fortune® 1295QX6187	Yr.Iss.		12.95	13
1995	Winnie the Pooh and Tigger 1295QX5009	Yr.Iss.		12.95	13
1995	The Winning Play 795QX5889	Yr.Iss.		7.95	8

1995 Personalized Ornaments - Keepsake

YEAR ISSUE		EDITION LIMIT	YEAR RETD.	ISSUE PRICE	QUOTE U.S.$
1995	Baby Bear 1295QP6157	Yr.Iss.		12.95	13
1995	The Champ 1295QP6127	Yr.Iss.		12.95	13
1995	Computer Cat 'n' Mouse 1295QP6046	Yr.Iss.		12.95	13
1995	Cookie Time 1295QP6073	Yr.Iss.		12.95	13
1995	Etch-A-Sketch® 1295QP6006	Yr.Iss.		12.95	13
1995	From the Heart 1495QP6036	Yr.Iss.		14.95	15
1995	Key Note 1295QP6149	Yr.Iss.		12.95	13
1995	Mailbox Delivery 1495QP6015	Yr.Iss.		12.95	13
1995	Novel Idea 1295QP6066	Yr.Iss.		12.95	13
1995	On the Billboard 1295QP6022	Yr.Iss.		12.95	13
1995	Playing Ball 1295QP6032	Yr.Iss.		12.95	13
1995	Reindeer Rooters 1295QP6056	Yr.Iss.		14.95	15

1995 Premiere Event - Keepsake

YEAR ISSUE		EDITION LIMIT	YEAR RETD.	ISSUE PRICE	QUOTE U.S.$
1995	Wish List 1500QX5859	Yr.Iss.		15.00	15

1995 Showcase All Is Bright Collection - Keepsake

YEAR ISSUE		EDITION LIMIT	YEAR RETD.	ISSUE PRICE	QUOTE U.S.$
1995	Angel of Light 1195QK1159	Yr.Iss.		11.95	12
1995	Gentle Lullaby 1195QK1157	Yr.Iss.		11.95	12

1995 Showcase Angel Bells Collection - Keepsake

YEAR ISSUE		EDITION LIMIT	YEAR RETD.	ISSUE PRICE	QUOTE U.S.$
1995	Carole 1295QK1147	Yr.Iss.		12.95	13
1995	Joy 1295QK1137	Yr.Iss.		12.95	13
1995	Noelle 1295QK1139	Yr.Iss.		12.95	13

1995 Showcase Folk Art Americana Collection - Keepsake

YEAR ISSUE		EDITION LIMIT	YEAR RETD.	ISSUE PRICE	QUOTE U.S.$
1995	Fetching the Firewood 1595QK1057	Yr.Iss.		15.95	16
1995	Fishing Party 1595QK1039	Yr.Iss.		15.95	16
1995	Guiding Santa 1895QK1037	Yr.Iss.		18.95	19
1995	Learning to Skate 1495QK1047	Yr.Iss.		14.95	15

1995 Showcase Holiday Enchantment Collection - Keepsake

YEAR ISSUE		EDITION LIMIT	YEAR RETD.	ISSUE PRICE	QUOTE U.S.$
1995	Away in a Manger 1395QK1097	Yr.Iss.		13.95	14
1995	Following the Star 1395QK1099	Yr.Iss.		13.95	14

1995 Showcase Invitation to Tea Collection - Keepsake

YEAR ISSUE		EDITION LIMIT	YEAR RETD.	ISSUE PRICE	QUOTE U.S.$
1995	Cozy Cottage Teapot 1595QK1127	Yr.Iss.		15.95	16
1995	European Castle Teapot 1595QK1129	Yr.Iss.		15.95	16
1995	Victorian Home Teapot 1595QK1119	Yr.Iss.		15.95	16

1995 Showcase Nature's Sketchbook Collection - Keepsake

YEAR ISSUE		EDITION LIMIT	YEAR RETD.	ISSUE PRICE	QUOTE U.S.$
1995	Backyard Orchard 1895QK1069	Yr.Iss.		18.95	19
1995	Christmas Cardinal 1895QK1077	Yr.Iss.		18.95	19
1995	Raising a Family 1895QK1067	Yr.Iss.		18.95	19
1995	Violets and Butterflies 1695QK1079	Yr.Iss.		16.95	17

1995 Showcase Symbols of Christmas Collection - Keepsake

YEAR ISSUE		EDITION LIMIT	YEAR RETD.	ISSUE PRICE	QUOTE U.S.$
1995	Jolly Santa 1595QK1087	Yr.Iss.		15.95	16
1995	Sweet Song 1595QK1089	Yr.Iss.		15.95	16

1995 Showcase Turn-of-the-Century Parade - Keepsake

YEAR ISSUE		EDITION LIMIT	YEAR RETD.	ISSUE PRICE	QUOTE U.S.$
1995	The Fireman 1695QK1027	Yr.Iss.		16.95	17

1995 Special Edition - Keepsake

YEAR ISSUE		EDITION LIMIT	YEAR RETD.	ISSUE PRICE	QUOTE U.S.$
1995	Beverly and Teddy 2175QX5259	Yr.Iss.		21.75	22

1995 Special Issues - Keepsake

YEAR ISSUE		EDITION LIMIT	YEAR RETD.	ISSUE PRICE	QUOTE U.S.$
1995	Captain Jean-Luc Picard 1395QXI5737	Yr.Iss.		13.95	14
1995	Captain James T. Kirk 1395QXI5539	Yr.Iss.		13.95	14
1995	Captain John Smith and Meeko 1295QXI6169	Yr.Iss.		12.95	13
1995	Football Legends -First Ed. 1495QXI5759	Yr.Iss.		14.95	15
1995	Holiday Barbie™ -Third Ed. 1495QXI5057	Yr.Iss.		14.95	15
1995	Hoop Stars -First Ed. 1495QXI5517	Yr.Iss.		14.95	15
1995	Percy, Flit and Meeko 995QXI6179	Yr.Iss.		9.95	10
1995	Pocahontas 1295QXI6177	Yr.Iss.		12.95	13
1995	Pocahontas and Captain John Smith 1495QXI6197	Yr.Iss.		14.95	15
1995	Romulan Warbird™ 2400QXI7267	Yr.Iss.		24.00	24
1995	The Ships of Star Trek® 1995QXI4109	Yr.Iss.		19.95	20
1995	Solo in the Spotlight-Barbie™-Second Ed.1495QXI5049	Yr.Iss.		14.95	15
1995	Springtime Barbie™- -First Ed. QEO8069	Yr.Iss.		12.95	13

1995 Special Offer - Keepsake

YEAR ISSUE		EDITION LIMIT	YEAR RETD.	ISSUE PRICE	QUOTE U.S.$
1995	Charlie Brown 395QRP4207	Yr.Iss.		3.95	4
1995	Linus 395QRP4217	Yr.Iss.		3.95	4
1995	Lucy 395QRP4209	Yr.Iss.		3.95	4
1995	SNOOPY 395QRP4219	Yr.Iss.		3.95	4
1995	Snow Scene 395QRP4227	Yr.Iss.		3.95	4

Hamilton Collection

Christmas Angels - S. Kuck

YEAR ISSUE		EDITION LIMIT	YEAR RETD.	ISSUE PRICE	QUOTE U.S.$
1994	Angel of Charity	Open		19.50	20
1995	Angel of Joy	Open		19.50	20
1995	Angel of Grace	Open		19.50	20
1995	Angel of Faith	Open		19.50	20

Derek Darlings - N/A

YEAR ISSUE		EDITION LIMIT	YEAR RETD.	ISSUE PRICE	QUOTE U.S.$
1995	Jessica, Sara, Chelsea (set)	Open		29.85	30

Hand & Hammer

Annual Ornaments - De Matteo

YEAR ISSUE		EDITION LIMIT	YEAR RETD.	ISSUE PRICE	QUOTE U.S.$
1987	Silver Bells 737	2,700	1987	38.00	66
1988	Silver Bells 792	3,150	1988	39.50	60
1989	Silver Bells 843	3,150	1989	39.50	63
1990	Silver Bells 865	3,615	1990	39.00	50
1990	Silver Bells Rev. 964	4,490	1990	39.00	40
1991	Silver Bells 1080	4,100	1991	39.50	40
1992	Silver Bells 1148	4,100	1992	39.50	40
1993	Silver Bells 1311	Retrd.	1993	39.50	40
1994	Silver Bells 1463	Retrd.	1994	39.50	40
1995	Silver Bells 1597	Yr.Iss.		39.50	40

Hand & Hammer Ornaments - De Matteo

YEAR ISSUE		EDITION LIMIT	YEAR RETD.	ISSUE PRICE	QUOTE U.S.$
1985	Abigail 613	Suspd.		32.00	50
1991	Alice 1119	Open		39.00	39
1991	Alice in Wonderland 1159	Open		140.00	140
1992	America At Peace 1245	2,000		85.00	100
1992	Andrea 1163	Retrd.	1994	36.00	40
1992	Angel 1213	2,000		39.00	50
1993	Angel 1342	Suspd.		38.00	38
1993	Angel 1993 1405	Suspd.		45.00	50
1985	Angel 607	225	1989	36.00	50
1985	Angel 612	217	1989	32.00	75
1988	Angel 797	Unkn.		13.00	13
1988	Angel 818	Suspd.		32.00	45
1993	Angel Bell 1312	Retrd.	1994	38.00	40
1992	Angel W/ Double Horn 1212	2,000		39.00	50
1991	Angel With Horn 1026	Open		32.00	40
1987	Angel with Lyre 750	Retrd.	1991	32.00	44
1994	Angel With Star 1480	Open		38.00	40
1990	Angel with Star 871	Suspd.		38.00	38
1990	Angel With Violin 1024	Suspd.		39.00	60
1990	Angels 1039	Retrd.	1992	36.00	47
1991	Appley Dapply 1091	Open		39.50	40
1986	Archangel 684	Retrd.	1990	29.00	60
1987	Art Deco Angel 765	Retrd.	1992	38.00	56
1985	Art Deco Deer 620	Suspd.		34.00	55
1985	Audubon Bluebird 615	Suspd.		48.00	125
1985	Audubon Swallow 614	Suspd.		48.00	125
1995	Augusta Golf 1653	Open		39.00	39
1988	Bank 812	400	1989	40.00	100
1989	Barnesville Buggy 1989 950	Unkn.		13.00	13
1993	Beantown 1344	Suspd.		38.00	50
1986	Bear Claus 692	Unkn.		13.00	13
1990	Beardsley Angel 1040	Retrd.	1991	34.00	70
1984	Beardsley Angel 398	Open		28.00	48
1994	Beatrix Potter Noel 1438	Open		39.50	40
1985	Bicycle 669	Unkn.		13.00	30
1984	Bird & Cherub 588	Unkn.		13.00	30
1995	Bird Swirl 1502	Open		39.00	39
1990	Blake Angel 961	Suspd.		36.00	40
1992	Bob & Tiny Tim 1242	Open		36.00	40
1990	The Boston Light 1032	Suspd.		39.50	50
1988	Boston State House 819	Open		34.00	40
1987	Buffalo 777	Suspd.		36.00	48
1988	Buggy 817	Unkn.		13.00	13
1989	Bugle Bear 935	Unkn.		12.00	12
1984	Bunny 582	Unkn.		13.00	30
1985	Butterfly 646	Suspd.		39.00	56
1988	Cable Car 848	Suspd.		38.00	75
1993	Cable Car to the Stars 1363	Suspd.		39.00	50
1983	Calligraphic Deer 511	Suspd.		25.00	38
1985	Camel 655	Unkn.		13.00	30
1994	Canterbury Star 1441	Suspd.		35.00	35
1994	Cardinal & Holly 1445	Open		38.00	40
1990	Cardinals 870	Retrd.	1994	39.00	40
1990	Carousel Horse 866	1,915	1992	38.00	40
1991	Carousel Horse 1025	Retrd.	1993	38.00	40
1993	Carousel Horse 1993 1321	Retrd.	1993	38.00	40
1989	Carousel Horse 811	2,150	1990	34.00	43
1985	Carousel Pony 618	Unkn.		13.00	13
1990	Carriage 960	Unkn.		13.00	13
1982	Carved Heart 425	Suspd.		29.00	70
1987	Cat 754	Suspd.		37.00	37
1990	Cat on Pillow 915	Unkn.		13.00	13
1993	Celebrate America 1352	Retrd.	1994	38.00	38
1993	Cheer Mouse 1359	Retrd.	1994	39.00	39
1983	Cherub 528	295	1987	29.00	56
1985	Cherub 642	815	1989	37.00	60
1992	Chocolate Pot 1208	Retrd.	1994	49.50	75
1990	Christmas Seal 931	Unkn.		25.00	25
1986	Christmas Tree 708	Unkn.		13.00	13
1988	Christmas Tree 798	Unkn.		13.00	13
1990	Church 921	Retrd.	1994	37.00	40
1993	Clara with Nutcracker 1316	Suspd.		38.00	50
1987	Clipper Ship 756	Suspd.		35.00	55
1990	Clown w/Dog 958	Unkn.		13.00	13
1990	Cockatoo 969	Unkn.		13.00	13
1990	Colonial Capitol 965	Suspd.		39.00	75
1991	Columbus 1140	1,500	1993	39.00	50
1990	Conestoga Wagon 1027	Suspd.		38.00	45
1988	Conn. State House 833	Open		38.00	38
1988	Coronado 864	Suspd.		38.00	75
1990	Covered Bridge 920	Retrd.	1994	37.00	40
1991	Cow Jumped Over The Moon 1055	Suspd.		38.00	38
1992	Cowardly Lion 1287	Retrd.	1993	36.00	50
1985	Crane 606	Suspd.		38.00	65
1993	Creche 1351	Open		38.00	40
1984	Crescent Angel 559	Suspd.		30.00	60
1995	Cross 1622	Open		39.00	40
1990	Currier & Ives Set -Victorian Village 923	2,000	1994	140.00	160
1995	Degas Dancer 1650	Open		39.00	39
1992	Della Robbia Ornament 1219	Retrd.	1994	39.00	44
1992	Dorothy 1284	Retrd.	1993	36.00	50
1983	Dove 522	Unkn.		13.00	13
1987	Dove 747	Unkn.		13.00	13
1988	Dove 786	112	1991	36.00	60
1988	Drummer Bear 773	Unkn.		13.00	13
1990	Ducklings 1114	Suspd.		38.00	50
1985	Eagle 652	375	1989	30.00	125
1983	Egyptian Cat 521	Unkn.		13.00	13
1988	Eiffel Tower 861	225	1989	38.00	100
1990	Elk 1023	Unkn.		13.00	13
1990	Ember 1124	120		N/A	350
1994	Emperor 1439	Retrd.	1995	38.00	50
1994	Esplanade 1523	Open		39.00	39
1995	Faberge Egg 1618	Open		39.00	40
1992	Fairy Tale Angel 1222	Open		36.00	36
1985	Family 659	915	1989	32.00	53
1993	Faneuil Hall 1399	Suspd.		39.00	50
1993	Faneuil Hall 1412	Open		39.50	40
1990	Farmhouse 919	Retrd.	1994	37.00	40
1990	Father Christmas 970	Open		36.00	40
1990	Ferrel's Angel 1990 1084	Unkn.		15.00	15
1991	Fir Tree 1145	Retrd.	1995	39.00	50
1983	Fire Angel 473	315	1985	25.00	53
1990	First Baptist Angel 997	200	1992	35.00	75
1987	First Christmas 771	Unkn.		13.00	13
1989	First Christmas 842	Unkn.		13.00	13
1990	First Christmas Bear 940	Suspd.		35.00	40
1982	Fleur de Lys Angel 343	320	1985	28.00	75
1990	Flopsy Bunnies 995	Suspd.		39.50	40
1990	Florida State Capitol 1044	2,000		39.50	40
1984	Freer Star 553	Unkn.		13.00	30
1985	French Quarter Heart 647	Open		37.00	38
1981	Gabriel 320	Suspd.		25.00	60
1981	Gabriel with Liberty Cap 301	275	1986	25.00	60
1985	George Washington 629	Suspd.		35.00	50
1990	Georgia State Capitol 1042	2,000		39.50	40
1994	Golden Gate Bridge 1429	Suspd.		39.50	50
1990	Goose & Wreath 868	Retrd.	1993	37.00	40
1989	Goose 857	650	1993	37.00	55
1990	Governor's Palace 966	Suspd.		39.00	75
1985	Grasshopper 634	Suspd.		32.00	50
1985	Guardian Angel 616	Suspd.		35.00	48
1993	Gurgling Cod 1397	Open		50.00	50
1991	Gus 1195	200		N/A	150
1986	Hallelujah 686	Suspd.		38.00	56
1985	Halley's Comet 621	432	1990	35.00	75
1995	Hart 1501	Open		38.00	38
1990	Heart Angel 959	Suspd.		39.00	39
1992	Heart of Christmas 1301	500		39.00	60
1994	Heart of Christmas 1440	500		39.00	50
1994	Heart of Christmas 1537	500		39.00	39-50
1985	Herald Angel 641	Retrd.	1989	36.00	60
1994	Heralding Angel 1481	Open		39.00	40
1994	Holly 1472	Open		38.00	40
1985	Hosanna 635	715	1988	32.00	64
1995	Hummingbird 1631	Open		39.00	40
1987	Hunting Horn 738	Suspd.		37.00	40
1991	I Love Santa 998	Open		36.00	40
1984	Ibex 584	400	1988	29.00	75
1980	Icicle 009	490	1985	25.00	60
1989	Independence Hall 908	Suspd.		38.00	45
1983	Indian 494	190	1985	29.00	58
1988	Jack in the Box 789	Retrd.	1991	39.50	60
1989	Jack in the Box Bear 936	Unkn.		12.00	12
1983	Japanese Snowflake 534	350	1989	29.00	60
1994	Jefferson Hotel 1594	Open		39.00	39
1990	Jemima Puddleduck 1020	Unkn.		30.00	30
1992	Jemima Puddleduck 1992 1167	Retrd.	1992	39.50	40
1990	Jeremy Fisher 992	Open		39.50	40
1990	Joy 1047	Retrd.	1992	39.00	55
1992	Joy 1164	Open		39.50	40
1990	Joy 867	1,140	1993	36.00	40
1995	Kate Greenaway Joy 1651	Open		39.00	39
1995	Kate Greenaway Noel 1515	Open		39.00	39
1995	Kermit Joy 1596	Open		36.00	40
1990	Koala San Diego Zoo 1095	Suspd.		36.00	40
1986	Kringle Bear 723	Unkn.		13.00	30
1989	L&T Ugly Duckling 917	Retrd.	1995	38.00	75
1985	Lafarge Angel 658	Suspd.		32.00	45
1986	Lafarge Angel 710	Suspd.		31.00	45
1990	Landing Duck 1021	Unkn.		13.00	13
1991	Large Jemima Puddleduck 1083	Open		49.50	50
1991	Large Peter Rabbit 1116	Open		49.50	50
1991	Large Tailor of Gloucester 1117	Open		49.50	50

YEAR ISSUE		EDITION LIMIT	YEAR RETD.	ISSUE PRICE	QUOTE U.S.$
1990	Liberty Bell 1028	Suspd.		38.00	45
1985	Liberty Bell 611	Suspd.		32.00	50
1993	Lion and Lamb 1322	Open		38.00	40
1989	Locket Bear 844	Unkn.		25.00	25
1990	Locomotive 1100	Suspd.		39.00	50
1994	Loudoun County C.H. 1611	Open		39.00	39
1994	Lyre 1505	Open		39.00	39
1991	Mad Tea Party 1120	Open		39.00	39
1982	Madonna & Child 388	175	1985	28.00	75
1985	Madonna 666	227	1990	35.00	75
1988	Madonna 787	600	1992	35.00	60
1988	Madonna 809	Suspd.		39.00	50
1988	Madonna 815	Suspd.		39.00	75
1988	Magi 788	Suspd.		39.50	50
1994	Mandoline 1506	Open		39.00	39
1994	Manger 601	Retrd.	1988	29.00	48
1994	Marengo 1482	Open		39.00	39
1992	Marley's Ghost 1243	Open		36.00	40
1994	Marmion Angels 1443	Suspd.		50.00	75
1994	Mass State House 1540	Open		39.00	39
1985	Mermaid 622	Retrd.	1995	35.00	75
1990	Merry Christmas Locket 948	Unkn.		25.00	25
1989	MFA Angel w/Tree 906	Suspd.		36.00	55
1989	MFA Durer Snowflake 907	Suspd.		36.00	44
1989	MFA LaFarge Angel set 937	Suspd.		98.00	110
1989	MFA Noel 905	Suspd.		36.00	44
1992	MFA Snowflake 1246	Retrd.	1993	39.00	44
1991	MFA Snowflake 1991 1143	Retrd.	1991	36.00	44
1985	Militiaman 608	Suspd.		25.00	38
1990	Mill 922	Retrd.	1994	37.00	40
1987	Minuteman 776	Suspd.		35.00	100
1985	Model A Ford 604	Unkn.		13.00	30
1990	Mole & Rat Wind in Will 944	Suspd.		36.00	40
1991	Mommy & Baby Kangaroo 1078	Retrd.	1993	36.00	36
1991	Mommy & Baby Koala Bear 1077	Retrd.	1993	36.00	36
1991	Mommy & Baby Panda Bear 1079	Retrd.	1993	36.00	40
1991	Mommy & Baby Seal 1075	Retrd.	1993	36.00	36
1991	Mommy & Baby Wolves 1076	Retrd.	1993	36.00	36
1990	Montpelier 1113	Suspd.		36.00	75
1984	Moravian Star 595	Suspd.		38.00	100
1986	Mother Goose 719	Open		34.00	40
1993	Mouse King 1398	Suspd.		38.00	50
1990	Mouse w/Candy Cane 916	Unkn.		13.00	13
1992	Mrs. Cratchit 1244	Open		36.00	40
1992	Mrs. Rabbit 1181	Open		39.50	40
1991	Mrs. Rabbit 1991 1086	Retrd.	1991	39.50	40
1993	Mrs. Rabbit 1993 1325	Retrd.	1993	39.50	40
1990	Mrs. Rabbit 991	Open		39.50	40
1984	Mt. Vernon Weathervane 602	Suspd.		32.00	50
1990	N. Carolina State Capitol 1043	2,000		39.50	40
1987	Naptime 732	Retrd.	1991	32.00	48
1991	Nativity 1118	Open		38.00	40
1986	Nativity 679	Retrd.	1991	36.00	55
1988	Nativity 821	Suspd.		32.00	75
1995	Night Before Christmas 1600	Open		160.00	160
1988	Night Before Xmas Col. 841	10,000		160.00	275
1986	Nightingale 716	Retrd.	1995	35.00	75
1984	Nine Hearts 572	275	1985	34.00	66
1992	Noah's Ark 1166	Open		36.00	40
1994	Noel 1477	Open		38.00	40
1987	Noel 731	Suspd.		38.00	40
1991	Nutcracker 1151	Open		49.50	50
1991	Nutcracker 1183	Open		38.00	38
1989	Nutcracker 1989 872	1,790	1990	38.00	75
1985	Nutcracker 609	510	1989	30.00	55
1986	Nutcracker 681	1,356	1988	37.00	61
1991	Nutrcracker Suite 1184	Suspd.		38.00	100
1990	Old Fashioned Santa 971	Suspd.		36.00	40
1987	Old Ironsides 767	Suspd.		35.00	45
1988	Old King Cole 824	Retrd.	1990	34.00	43
1985	Old North Church 661	Open		35.00	39
1991	Olivers Rocking Horse 1085	Retrd.	1993	37.00	40
1994	Palace of Fine Arts 1522	Open		39.50	40
1992	Parrot 1233	Open		37.00	37
1993	Partridge & Pear 1328	Open		38.00	40
1990	Patriotic Santa 972	Suspd.		36.00	40
1991	Paul Revere 1158	Open		39.00	39
1994	Paul Revere Lantern 1541	Open		39.00	39
1993	Peace 1327	Suspd.		36.00	36
1995	Peace on Earth 1503	Open		36.00	36
1994	Peachtree Swan 1612	Open		39.00	39
1985	Peacock 603	470	1989	34.00	65
1990	Pegasus 1037	Retrd.	1991	35.00	40
1987	Pegasus 745	Unkn.		13.00	13
1995	Peter Rabbit & B Bunny 1492	Open		39.50	40
1990	Peter Rabbit 1990 1018	4,315	1990	39.50	40
1994	Peter Rabbit 1994 1444	Retrd.	1994	39.50	40
1995	Peter Rabbit 1995 1598	Yr.Iss.		39.50	40
1990	Peter Rabbit 993	Open		39.50	40
1990	Peter Rabbit Locket Ornament 1019	Unkn.		30.00	30
1991	Peter Rabbit With Book 1093	Open		39.50	40
1993	Peter Rabit 100th 1383	Retrd.	1993	39.50	45
1990	Peter's First Christmas 994	Suspd.		39.50	40
1986	Phaeton 683	Unkn.		13.00	13
1985	Piazza 653	Suspd.		32.00	55
1991	Pig Robinson 1090	Open		39.50	40
1984	Pineapple 558	Suspd.		30.00	53
1983	Pollock Angel 502	Suspd.		35.00	75
1986	Prancer 698	Open		38.00	40
1984	Praying Angel 576	Suspd.		29.00	45
1991	Precious Planet 1142	2,000		120.00	200
1990	Presidential Homes 990	Suspd.		350.00	400
1989	Presidential Seal 858	Suspd.		39.00	150
1992	Princess & The Pea 1247	Retrd.	1995	39.00	50
1993	Public Garden 1370	Suspd.		38.00	50
1993	Puss In Boots 1390	Suspd.		40.00	44
1994	Quatrefoil 1542	Open		50.00	50
1991	Queen of Hearts 1122	Open		39.00	39
1994	R.E. Lee Monument 1446	Open		39.00	39
1988	Rabbit 816	Unkn.		13.00	13
1985	Reindeer 656	Unkn.		13.00	30
1987	Reindeer 752	Retrd.	1991	38.00	45
1992	Revere Teapot 1207	Retrd.	1994	49.50	75
1987	Ride a Cock Horse 757	Retrd.	1991	34.00	43
1984	Rocking Horse 581	Unkn.		13.00	13
1984	Rosette 571	220	1988	32.00	65
1992	Round Teapot 1206	Retrd.	1994	49.50	55
1981	Roundel 109	220	1985	25.00	60
1990	S. Carolina State Capitol 1045	2,000		39.50	40
1986	Salem Lamb 712	Retrd.	1989	32.00	75
1985	Samantha 648	Suspd.		35.00	46
1991	San Francisco Heart 1196	Open		39.00	39
1990	San Francisco Row House 1071	Suspd.		39.50	50
1990	Santa & Reindeer 929	395	1991	39.00	50
1989	Santa 1989 856	1,715	1989	35.00	60
1990	Santa 1990 869	2,250	1990	38.00	42
1991	Santa 1991 1056	3,750	1992	38.00	40
1987	Santa 741	Unkn.		13.00	13
1987	Santa and Sleigh 751	Retrd.	1989	32.00	100
1990	Santa in Balloon 973	Open		36.00	40
1990	Santa in the Moon 941	Suspd.		38.00	40
1990	Santa on Reindeer 974	Suspd.		36.00	100
1986	Santa Skates 715	Suspd.		36.00	45
1987	Santa Star 739	Retrd.	1991	32.00	48
1990	Santa UpTo Date 975	Suspd.		36.00	40
1988	Santa with Scroll 814	250	1991	34.00	44
1983	Sargent Angel 523	690	1987	29.00	56
1992	Scarecrow 1286	Retrd.	1993	36.00	50
1992	Scrooge 1241	Open		36.00	40
1985	Shepherd 617	1,770	1990	35.00	60
1994	Shepherdstown House 1630	Open		39.00	39
1988	Skaters 790	Retrd.	1991	39.50	50
1994	Skaters in the Park 1617	Open		39.00	40
1988	Sleigh 834	Open		34.00	40
1994	Smithsonian Angel 1534	Retrd.	1994	39.00	39
1987	Snow Queen 746	Retrd.	1995	35.00	75
1995	Snowflake 1574	Open		38.00	38
1990	Snowflake 1990 1033	1,415	1990	36.00	45
1993	Snowflake 1993 1394	Retrd.	1993	40.00	44
1994	Snowflake 1994 1486	Retrd.	1994	39.00	39
1995	Snowflake 1995 1652	Yr.Iss.		39.00	40
1986	Snowflake 713	Retrd.	1990	36.00	55
1994	Snowman 1572	Retrd.	1995	39.00	50
1987	Snowman 753	825	1991	38.00	56
1992	St. John Angel 1236	10,000		39.00	50
1992	St. John Lion 1235	10,000		39.00	50
1985	St. Nicholas 670	Unkn.		13.00	30
1995	Star 1591	Open		40.00	40
1994	Star 1994 1462	Retrd.	1994	39.50	40
1988	Star 806	311	1990	50.00	200
1988	Star 854	275	1990	32.00	75
1988	Star of the East 785	Retrd.	1992	35.00	48
1990	Steadfast Tin Soldier 1050	Retrd.	1995	36.00	75
1987	Stocking 772	Unkn.		13.00	13
1988	Stocking 774	Unkn.		13.00	13
1988	Stocking 827	Unkn.		13.00	13
1989	Stocking Bear 835	Unkn.		13.00	13
1989	Stocking Bear 955	Unkn.		12.00	12
1989	Stocking w/Toys 956	Unkn.		12.00	12
1982	Straw Star 448	590	1986	25.00	50
1983	Sunburst 543	Unkn.		13.00	50
1989	Swan Boat 904	Suspd.		38.00	50
1987	Sweetheart Star 740	Retrd.	1991	39.50	58
1991	Tailor of Gloucester 1087	Open		39.50	40
1985	Teddy 637	Suspd.		37.00	47
1986	Teddy 707	Unkn.		13.00	30
1986	Teddy Bear 685	Retrd.	1991	38.00	58
1990	Teddy Bear Locket 949	Unkn.		25.00	25
1990	Teddy Bear w/Heart 957	Unkn.		13.00	13
1995	Three French Hens 1621	Open		39.00	40
1988	Thumbelina 803	Retrd.	1995	35.00	75
1992	Tin Man 1285	Retrd.	1993	36.00	50
1990	Toad Wind in Willows 945	Suspd.		38.00	38
1994	Trumpet 1504	Open		39.00	39
1994	Two Turtle Doves 1478	Open		38.00	40
1992	Unicorn 1165	Retrd.	1994	36.00	36
1985	Unicorn 660	Retrd.	1990	37.00	55
1988	US Capitol 820	Open		38.00	40
1984	USHS 1984 Angel 574	Suspd.		35.00	75
1989	USHS Angel 1989 901	Suspd.		38.00	75
1990	USHS Angel 1990 1061	Suspd.		39.00	39
1991	USHS Angel 1991 1139	Suspd.		38.00	50
1986	USHS Angel 703	Suspd.		35.00	75
1985	USHS Bluebird 631	Suspd.		29.00	38
1994	USHS Dove 1521	Open		39.00	39
1987	USHS Gloria Angel 748	Suspd.		39.00	75
1985	USHS Madonna 630	Suspd.		35.00	75
1985	USHS Swallow 632	Suspd.		29.00	38
1989	Victorian Heart 954	Unkn.		13.00	13
1986	Victorian Santa 724	250	1988	32.00	45
1993	Violin 1340	Unkn.	1993	38.00	90
1991	The Voyages Of Columbus 1141	1,500	1993	39.00	50
1991	Waiting For Santa 1123	Retrd.	1993	38.00	38
1994	Weld Boathouse 1447	Open		39.00	39
1991	White Rabbit 1121	Open		39.00	39
1990	White Tail Deer 1022	Unkn.		13.00	13
1984	Wild Swan 592	Retrd.	1995	35.00	75
1993	Window 1360	Retrd.	1994	38.00	38
1986	Winged Dove 680	Retrd.	1993	35.00	54
1983	Wise Man 549	Retrd.	1988	29.00	56
1984	Wreath 575	Unkn.		13.00	30
1986	Wreath 714	Suspd.		36.00	38
1992	Xmas Tree & Heart 1162	Retrd.	1994	36.00	36
1993	Xmas Tree 1395	Suspd.		40.00	44
1993	Zig Zag Tree 1343	Suspd.		39.00	39

Iris Arc Crystal

Christmas Ornaments - Various

YEAR ISSUE		EDITION LIMIT	YEAR RETD.	ISSUE PRICE	QUOTE U.S.$
1984	Merry Christmas - P. Hale	Retrd.	N/A	28.00	28
1985	Noel Ornament - P. Hale	Retrd.	N/A	28.00	28
1986	Noel Christmas - P. Hale	Retrd.	N/A	30.00	30
1987	Angel Christmas - P. Hale	Retrd.	N/A	30.00	00
1988	Merry Christmas - P. Hale	Retrd.	N/A	30.00	30
1989	Christmas - P. Hale	Retrd.	N/A	30.00	30
1990	Reindeer Christmas - M. Goena	Retrd.	N/A	30.00	30
1991	Santa Christmas - M. Goena	Retrd.	N/A	35.00	35
1992	Angel Christmas - M. Goena	Retrd.	N/A	30.00	30
1993	Dove Christmas - M. Goena	Retrd.	N/A	35.00	35

John Hine N.A. Ltd.

David Winter Ornaments - Various

YEAR ISSUE		EDITION LIMIT	YEAR RETD.	ISSUE PRICE	QUOTE U.S.$
1991	A Christmas Carol - D. Winter	Closed	1991	15.00	15
1991	Hogmanay - D. Winter	Closed	1991	15.00	15
1991	Mister Fezziwig's Emporium - D. Winter	Closed	1991	15.00	15
1991	Scrooge's Counting House - D. Winter	Closed	1991	15.00	15
1991	Set - D. Winter	Closed	1991	60.00	50-66
1992	Fairytale Castle - D. Winter	Closed	1993	15.00	15
1992	Fred's Home - D. Winter	Closed	1993	15.00	15
1992	Suffolk House - D. Winter	Closed	1993	15.00	15
1992	Tudor Manor - D. Winter	Closed	1993	15.00	15
1992	Set - D. Winter	Closed	1993	60.00	40-60
1993	The Grange - J. Hine Studios	Closed	1993	15.00	15
1993	Scrooge's School - J. Hine Studios	Closed	1993	15.00	15
1993	Tom Fool's - J. Hine Studios	Closed	1993	15.00	15
1993	Will O The Wisp - J. Hine Studios	Closed	1993	15.00	15
1993	Set - J. Hine Studios	Closed	1993	60.00	40-60
1994	Old Joe's - J. Hine Studios	Closed	1994	17.50	18
1994	Scrooge's Family Home - J. Hine Studios	Closed	1994	17.50	18
1994	What Cottage - J. Hine Studios	Closed	1994	17.50	18

June McKenna Collectibles, Inc.

Flatback Ornaments - J. McKenna

YEAR ISSUE		EDITION LIMIT	YEAR RETD.	ISSUE PRICE	QUOTE U.S.$
1988	1776 Santa	Closed	1991	17.00	45
1986	Amish Boy, blue	Closed	1989	13.00	65-275
1986	Amish Boy, pink	Closed	1986	13.00	360
1986	Amish Girl, blue	Closed	1989	13.00	275-360
1986	Amish Girl, pink	Closed	1986	13.00	360
1985	Amish Man	Closed	1989	13.00	50-275
1985	Amish Woman	Closed	1989	13.00	50-275
1993	Angel of Peace- white or pink	Closed	1994	30.00	30
1984	Angel with Horn	Closed	1988	14.00	150
1995	Angel with Teddy	Open		30.00	30
1982	Angel With Toys	Closed	1988	14.00	110
1995	Angel with Wreath	Open		30.00	30
1994	Angel, Guiding Light-green, pink & white	Open		30.00	30
1983	Baby Bear in Vest, in 5 colors	Closed	1988	11.00	83
1982	Baby Bear, Teeshirt	Closed	1984	11.00	85
1985	Baby Pig	Closed	1988	11.00	100
1983	Baby, blue trim	Closed	1988	11.00	85
1983	Baby, pink trim	Closed	1988	11.00	60-75
1991	Boy Angel	Closed	1992	20.00	20
1982	Candy Cane	Closed	1984	10.00	400
1993	Christmas Treat	Open		30.00	30
1982	Colonial Man, in 3 colors	Closed	1984	12.00	75
1982	Colonial Woman, in 3 colors	Closed	1984	12.00	65
1984	Country Boy, in 2 colors	Closed	1988	12.00	65
1984	Country Girl, in 2 colors	Closed	1988	12.00	60
1995	Country Santa	Open		30.00	30
1993	Elf Bernie	Closed	1994	30.00	30
1990	Elf Jeffrey	Closed	1992	17.00	40
1991	Elf Joey	Closed	1993	20.00	20
1992	Elf Scotty	Closed	1993	25.00	30
1995	Elf-Danny	Open		30.00	30
1994	Elf-Ricky	Open		30.00	30
1994	Elf-Tammy	Open		30.00	30
1988	Elizabeth, sill sitter	Closed	1989	20.00	200-300
1983	Father Bear in Suit, in 3 colors	Closed	1988	12.00	70-85
1985	Father Pig	Closed	1988	12.00	50
1993	Final Notes	Closed	1994	30.00	30
1991	Girl Angel	Closed	1993	20.00	30
1983	Gloria Angel	Closed	1984	14.00	350-550
1989	Glorious Angel	Closed	1992	17.00	17
1983	Grandma, in 4 colors	Closed	1988	12.00	60
1983	Grandpa, in 4 colors	Closed	1988	12.00	60
1988	Guardian Angel	Closed	1991	16.00	40
1990	Harvest Santa	Closed	1992	17.00	40
1990	Ho Ho Ho	Closed	1992	17.00	40
1982	Kate Greenaway Boy, in 3 colors	Closed	1983	12.00	155

Collectors' Information Bureau

29

YEAR ISSUE		EDITION LIMIT	YEAR RETD.	ISSUE PRICE	QUOTE U.S.$
1982	Kate Greenaway Girl, in 3 colors	Closed	1983	12.00	150
1982	Mama Bear, Blue Cape	Closed	1984	12.00	75
1983	Mother Bear in Dress, in 3 colors	Closed	1988	12.00	73
1985	Mother Pig	Closed	1988	12.00	70
1984	Mr. Claus	Closed	1988	14.00	120
1984	Mrs. Claus	Closed	1988	14.00	80
1994	Mrs. Klaus	Open		30.00	30
1992	Northpole News	Closed	1993	25.00	30
1994	Nutcracker	Open		30.00	30
1993	Old Lamplighter	Closed	1994	30.00	30
1984	Old World Santa, in 3 colors	Closed	1989	14.00	75
1984	Old World Santa, gold	Closed	1986	14.00	225
1982	Papa Bear, Red Cape	Closed	1984	12.00	85
1992	Praying Angel	Closed	1993	25.00	30
1985	Primitive Santa	Closed	1989	17.00	100-200
1983	Raggedy Andy, in 2 colors	Closed	1983	12.00	100
1983	Raggedy Ann, in 2 colors	Closed	1983	12.00	315
1994	Ringing in Christmas	Open		30.00	30
1995	Santa and His Lil' Helper	Open		40.00	40
1995	Santa Nutcracker	Open		30.00	30
1986	Santa with Bag	Closed	1989	16.00	45
1991	Santa With Banner	Closed	1992	20.00	20
1992	Santa With Basket	Closed	1993	25.00	30
1986	Santa with Bear	Closed	1991	14.00	40
1986	Santa with Bells, blue	Closed	1989	14.00	75
1986	Santa with Bells, green	Closed	1987	14.00	425
1988	Santa With Book (blue & red)	Closed	1988	17.00	175
1991	Santa With Lights, black or white	Closed	1992	20.00	45
1994	Santa with Pipe	Open		30.00	30
1992	Santa With Sack	Closed	1993	25.00	30
1994	Santa with Skis	Open		30.00	30
1989	Santa with Staff	Closed	1991	17.00	40
1982	Santa With Toys	Closed	1988	14.00	110
1988	Santa With Toys	Closed	1991	17.00	40
1989	Santa With Tree	Closed	1991	17.00	40
1988	Santa With Wreath	Closed	1991	17.00	40
1996	Santa-Teacher	Open		30.00	30
1994	Snow Showers	Open		30.00	30
1983	St. Nick With Lantern	Closed	1988	14.00	75
1995	Who's This Frosty?	Open		30.00	30
1989	Winking Santa	Closed	1991	17.00	40

Santa Head Ornament - J. McKenna

1995	Moon Shape Santa	Open		17.00	17
1994	Primative	Open		16.00	16
1994	Quick as a Wink	Open		16.00	16
1995	Santa with Holly	Open		17.00	17
1995	Santa with Pipe	Open		17.00	17
1994	Whispering	Open		16.00	16

Kirk Stieff

Colonial Williamsburg - D. Bacorn

1992	Court House	Open		10.00	10
1989	Doll ornament, silverplate	Closed		22.00	22
1993	Governors Palace	Open		10.00	10
1988	Lamb, silverplate	Closed		20.00	22
1992	Prentis Store	Open		10.00	10
1987	Rocking Horse, silverplate	Closed		20.00	30
1987	Tin Drum, silverplate	Closed		20.00	30
1983	Tree Top Star, silverplate	Closed		29.50	30
1988	Unicorn, silverplate	Closed		22.00	22
1992	Wythe House	Open		10.00	10

Kirk Stieff Ornaments - Various

1994	Angel with Star - J. Ferraioli	Open		8.00	8
1993	Baby's Christmas - D. Bacorn	Open		12.00	12
1993	Bell with Ribbon - D. Bacorn	Open		12.00	12
1992	Cat and Ornament - D. Bacorn	Closed		10.00	10
1993	Cat with Ribbon - D. Bacorn	Open		12.00	12
1983	Charleston Locomotive - D. Bacorn	Closed		18.00	20
1993	First Christmas Together - D. Bacorn	Closed		10.00	10
1993	French Horn - D. Bacorn	Closed		12.00	12
1992	Guardian Angel - J. Ferraioli	Closed		13.00	13
1986	Icicle, sterling silver - D. Bacorn	Closed		35.00	65
1994	Kitten with Tassel - J. Ferraioli	Open		12.00	12
1993	Mouse and Ornament - D. Bacorn	Closed		10.00	10
1992	Repoussé Angel - J. Ferraioli	Open		13.00	13
1992	Repoussé Wreath - J. Ferraioli	Open		13.00	13
1994	Santa with Tassel - J. Ferraioli	Open		12.00	12
1989	Smithsonian Carousel Horse - Kirk Stieff	Closed		50.00	50
1989	Smithsonian Carousel Seahorse - Kirk Stieff	Closed		50.00	50
1994	Teddy Bear - D. Bacorn	Open		8.00	8
1990	Toy Ship - Kirk Stieff	Closed		23.00	23
1984	Unicorn - D. Bacorn	Closed		18.00	20
1994	Unicorn - D. Bacorn	Open		8.00	8
1994	Victorian Skaters - D. Bacorn	Open		8.00	8
1994	Williamsburg Wreath - D. Bacorn	Open		15.00	15
1993	Wreath with Ribbon - D. Bacorn	Open		12.00	12

Kurt S. Adler, Inc.

Children's Hour - J. Mostrom

1995	Alice in Wonderland J5751	Open		22.50	23
1995	Bow Peep J5753	Open		27.00	27
1995	Cinderella J5752	Open		28.00	28
1995	Little Boy Blue J5755	Open		18.00	18
1995	Miss Muffet J5753	Open		27.00	27
1995	Mother Goose J5754	Open		27.00	27
1995	Red Riding Hood J5751	Open		22.50	23

Christmas in Chelsea Collection - J. Mostrom

1994	Alice, Marguerite W2973	Open		28.00	28
1992	Allison Sitting in Chair W2812	Open	1994	25.50	26
1992	Allison W2729	Retrd.	1993	21.00	21
1992	Amanda W2709	Retrd.	1994	21.00	21
1992	Amy W2729	Retrd.	1993	21.00	21
1992	Christina W2812	Open	1994	25.50	26
1992	Christopher W2709	Retrd.	1994	21.00	21
1992	Delphinium W2728	Open		20.00	20
1995	Edmond With Violin W3078	Open		32.00	32
1994	Guardian Angel With Baby W2974	Open		31.00	31
1992	Holly Hock W2728	Open		20.00	20
1992	Holly W2709	Retrd.	1994	21.00	21
1995	Jose With Violin W3078	Open		32.00	32
1995	Pauline With Violin W3078	Open		32.00	32
1992	Peony W2728	Open		20.00	20
1992	Rose W2728	Open		20.00	20

Cornhusk Mice Ornament Series - M. Rothenberg

1994	3" Father Christmas W2976	Open		18.00	18
1994	9" Father Christmas W2982	Open		25.00	25
1995	Angel Mice W3088	Open		10.00	10
1995	Baby's First Mouse W3087	Open		10.00	10
1993	Ballerina Cornhusk Mice W2700	Retrd.	1994	13.50	14
1994	Clara, Prince W2948	Open		16.00	16
1994	Cowboy W2951	Open		18.00	18
1994	Drosselmeir Fairy, Mouse King W2949	Open		16.00	16
1994	Little Pocahontas, Indian Brave W2950	Open		18.00	18
1995	Miss Tammie Mouse W3086	Open		17.00	17
1995	Mr. Jamie Mouse W3086	Open		17.00	17
1995	Mrs. Molly Mouse W3086	Open		17.00	17
1993	Nutcracker Suite Fantasy Cornhusk Mice W2885	Retrd.	1994	15.50	16

Fabriché™ Ornament Series - Various

1994	All Star Santa W1665 - KS. Adler	Open		27.00	27
1992	An Apron Full of Love W1594 - M. Rothenberg	Open		27.00	27
1995	Captain Claus W1711 - KS. Adler	Open		25.00	25
1994	Checking His List W1634 - KS. Adler	Open		23.50	24
1992	Christmas in the Air W1593 - KS. Adler	Open		35.50	36
1994	Cookies For Santa W1639 - KS. Adler	Open		28.00	28
1994	Firefighting Friends W1668 - KS. Adler	Open		28.00	28
1992	Hello Little One! W1561 - KS. Adler	Open		22.00	22
1994	Holiday Flight W1637 - Smithsonian	Open		40.00	40
1993	Homeward Bound W1596 - KS. Adler	Open		27.00	27
1992	Hugs And Kisses W1560 - KS. Adler	Open		22.00	22
1993	Master Toymaker W1595 - KS. Adler	Open		27.00	27
1992	Merry Chrismouse W1565 - KS. Adler	Retrd.	1994	10.00	10
1992	Not a Creature Was Stirring W1563 - KS. Adler	Open		22.00	22
1993	Par For the Claus W1625 - KS. Adler	Open		27.00	27
1993	Santa With List W1510 - KS. Adler	Open		20.00	20
1994	Santa's Fishtales W1666 - KS. Adler	Open		29.00	29
1995	Strike Up The Band W1710 - KS. Adler	Open		25.00	25

International Christmas - J. Mostrom

1994	Cathy, Johnny	Open		24.00	24
1994	Eskimo-Atom, Ukpik W2967	Open		28.00	28
1994	Germany-Katerina, Hans W2969	Open		27.00	27
1994	Native American-White Dove, Little Wolf W2970	Retrd.	1994	28.00	28
1994	Poland-Marissa, Hedwig W2965	Open		27.00	27
1994	Scotland-Bonnie, Douglas W2966	Open		27.00	27
1994	Spain-Maria, Miguel W2968	Open		27.00	27

Little Dickens - J. Mostrom

1994	Little Bob Crachit W2961	Open		30.00	30
1994	Little Marley's Ghost W2964	Open		33.50	34
1994	Little Mrs. Crachit W2962	Open		27.00	27
1994	Little Scrooge in Bathrobe W2959	Open		30.00	30
1994	Little Scrooge in Overcoat W2960	Open		30.00	30
1994	Little Tiny Tim W2963	Open		22.50	23

Polonaise™ by Komozja - Various

1995	3 pc. Holy Family GP504 - KSA/Komozja	Open		84.00	84
1995	4 pc. boxed Egyptian set GP500/4 - KSA/Komozja	Open		110.00	110
1995	4 pc. boxed Fish GP506 - KSA/Komozja	Open		110.00	110
1995	4 pc. boxed Nutcracker Suite GP507 - KSA/Komozja	Open		110.00	110
1995	4 pc. boxed Roman set GP402/4 - KSA/Komozja	Open		110.00	110
1995	4 pc. boxed Wizard of Oz GP505 - KSA/Komozja	5,000		124.00	124
1995	4 pc. Peter Pan boxed set GP503 - KSA/Komozja	Open		124.00	124
1994	4" Glass Clown GP301 - KSA/Komozja	Open		13.50	14
1994	4" Rocking Horse GP355 - KSA/Komozja	Open		22.50	23
1994	4" Santa Head GP315 - KSA/Komozja	Open		13.50	14
1995	4.5" Clown Head GP460 - KSA/Komozja	Open		25.00	25
1994	4.5" Santa Head GP374 - KSA/Komozja	Open		18.00	18
1994	5" Peacock GP324 - KSA/Komozja	Open		18.00	18
1994	5" Rocking Horse GP356 - KSA/Komozja	Open		22.50	23
1995	6 pc. boxed Wizard of Oz GP508 - KSA/Komozja	5,000		170.00	170
1994	6" Glass Clown GP303 - KSA/Komozja	Open		22.50	23
1994	6.5" Glass Clown GP302 - KSA/Komozja	Open		22.50	23
1995	7 pc. boxed Roman set GP402 - KSA/Komozja	Open		164.00	164
1994	7.5" Peacock GP323 - KSA/Komozja	Open		28.00	28
1995	Alarm Clock GP452 - KSA/Komozja	Open		25.00	25
1994	Angel Head GP372 - KSA/Komozja	Open		18.00	18
1994	Angel w/Bell GP396 - KSA/Komozja	Open		20.20	21
1994	Beer Glass GP366 - KSA/Komozja	Open		18.00	18
1995	Blessed Mother GP413 - KSA/Komozja	Open		22.50	23
1994	Cardinal GP420 - KSA/Komozja	Open		18.00	18
1995	Cat in Boot GP478 - Rothenberg	Open		28.00	28
1994	Cat w/Ball GP390 - KSA/Komozja	Open		23.00	23
1995	Cat w/Bow GP446 - KSA/Komozja	Open		22.50	23
1995	Ceasar GP422 - KSA/Komozja	Open		25.00	25
1995	Christ Child GP414 - KSA/Komozja	Open		20.00	20
1995	Christmas Tree GP461 - KSA/Komozja	Open		22.50	23
1995	Clara GP408 - KSA/Komozja	Open		20.00	20
1995	Cowboy Head GP462 - KSA/Komozja	Open		30.00	30
1995	Creche GP458 - Stefan	Open		28.00	28
1995	Crocodile GP468 - KSA/Komozja	Open		28.00	28
1994	Dinosaurs GP397 - KSA/Komozja	Open		22.50	23
1995	Dove on Ball GP472 - Stefan	Open		30.00	30
1995	Eagle GP453 - KSA/Komozja	Open		28.00	28
1994	Egyptian (12 pc boxed set) GP500 - KSA/Komozja	Open		200.00	200
1995	Elephant GP - KSA/Komozja	Open		28.00	28
1994	Glass Acorn GP342 - KSA/Komozja	Open		11.00	11
1994	Glass Angel GP309 - KSA/Komozja	Open		18.00	18
1994	Glass Apple GP339 - KSA/Komozja	Open		11.00	11
1994	Glass Church GP369 - KSA/Komozja	Open		18.00	18
1994	Glass Dice GP363 - KSA/Komozja	Open		18.00	18
1994	Glass Doll GP377 - KSA/Komozja	Open		13.50	14
1994	Glass Gnome GP347 - KSA/Komozja	Open		18.00	18
1994	Glass Knight GP304 - KSA/Komozja	Open		18.00	18
1994	Glass Owl GP328 - KSA/Komozja	Open		20.00	20
1994	Glass Top GP359 - KSA/Komozja	Open		9.00	9
1994	Glass Turkey GP326 - KSA/Komozja	Open		20.00	20
1995	Goose w/Wreath GP475 - Stefan	Open		30.00	30
1994	Guardman GP407 - KSA/Komozja	Open		15.50	16
1995	Herr Drosselmeir GP465 - Rothenberg	Open		30.00	30
1994	Holy Family GP371 - KSA/Komozja	Open		28.00	28
1995	Humpty Dumpty GP477 - Stefan	Open		30.00	30
1995	Icicle Santa GP474 - Stefan	Open		25.00	25
1995	Indian GP463 - KSA/Komozja	Open		30.00	30
1994	Locomotive GP353 - KSA/Komozja	Open		22.50	23
1995	Locomotive GP447 - KSA/Komozja	Open		28.00	28
1994	Madonna w/Child GP370 - KSA/Komozja	Open		22.50	23
1994	Merlin GP373 - KSA/Komozja	Open		20.00	20
1994	Moose King GP406 - KSA/Komozja	Open		20.00	20
1994	Nefertiti GP349 - KSA/Komozja	Open		25.00	25
1994	Night & Day GP307 - KSA/Komozja	Open		22.50	23
1995	Noah's Ark GP469 - KSA/Komozja	Open		28.00	28
1994	Nutcracker GP404 - KSA/Komozja	Open		20.00	20
1994	Old Fashion Car GP380 - KSA/Komozja	Open		13.50	14
1994	Parrott GP332 - KSA/Komozja	Open		15.50	16
1995	Partridge GP467 - Stefan	Open		33.50	34
1995	Peter Pan GP419 - KSA/Komozja	Open		22.50	23

YEAR ISSUE		EDITION LIMIT	YEAR RETD.	ISSUE PRICE	QUOTE U.S.$
1994	Pierrot Clown GP405 - KSA/Komozja	Open		18.00	18
1995	Polonaise Afro-American Santa GP389/1 - KSA/Komozja	Open		25.00	25
1995	Polonaise Cardinal GP473 - Stefan	Open		30.00	30
1995	Polonaise House GP455 - KSA/Komozja	Open		25.00	25
1995	Polonaise Santa GP389 - KSA/Komozja	Open		25.00	25
1994	Puppy GP333 - KSA/Komozja	Open		15.50	16
1994	Pyramid GP352 - KSA/Komozja	Open		22.50	23
1995	Roman Centurian GP427 - KSA/Komozja	Open		22.50	23
1995	Sailing Ship GP415 - KSA/Komozja	Open		30.00	30
1994	Saint Nick GP316 - KSA/Komozja	Open		28.00	28
1994	Santa Boot GP375 - KSA/Komozja	Open		20.00	20
1994	Santa GP317 - KSA/Komozja	Open		22.50	23
1995	Santa GP442 - KSA/Komozja	Open		25.00	25
1995	Santa Moon GP454 - Stefan	Open		28.00	28
1995	Santa on Goose on Sled GP479 - KSA/Komozja	Open		30.00	30
1995	Shark GP417 - KSA/Komozja	Open		18.00	18
1994	Snowman w/Parcel GP313 - KSA/Komozja	Open		22.50	23
1994	Snowman w/Specs GP312 - KSA/Komozja	Open		20.00	20
1994	Sparrow GP 329 - KSA/Komozja	Open		15.50	16
1994	Sphinx GP350 - KSA/Komozja	Open		22.50	23
1995	St. Joseph GP412 - KSA/Komozja	Open		22.50	23
1995	Star Santa GP470 - Stefan	Open		25.00	25
1994	Swan GP325 - KSA/Komozja	Open		20.00	20
1994	Teddy Bear GP338 - KSA/Komozja	Open		15.50	16
1995	Telephone GP448 - KSA/Komozja	Open		25.00	25
1994	Train Coaches GP354 - KSA/Komozja	Open		15.50	16
1994	Train Set (boxed) GP501 - KSA/Komozja	Open		90.00	90
1995	Treasure Chest GP416 - KSA/Komozja	Open		20.00	20
1994	Tropical Fish GP409 - KSA/Komozja	Open		22.50	23
1995	Turtle Doves GP471 - Stefan	Open		25.00	25
1994	Tutenkhamen GP348 - KSA/Komozja	Open		25.00	25
1995	Wizard of Oz Dorothy GP434 - KSA/Komozja	Open		25.00	25
1995	Wizard of Oz Lion GP433 - KSA/Komozja	Open		22.50	23
1995	Wizard of Oz Scarecrow GP435 - KSA/Komozja	Open		25.00	25
1995	Wizard of Oz Tinman GP436 - KSA/Komozja	Open		25.00	25
1994	Zodiac Sun GP381 - KSA/Komozja	Open		22.50	23

Royal Heritage Collection - J. Mostrom

1993	Anastasia W2922	Retrd.	1994	28.00	28
1995	Benjamin J5756	Open		24.50	25
1995	Blythe J5756	Open		24.50	25
1993	Caroline W2924	Open		25.50	26
1993	Charles W2924	Open		25.50	26
1993	Elizabeth W2924	Open		25.50	26
1994	Ice Fairy, Winter Fairy W2972	Open		25.50	26
1993	Joella W2979	Retrd.	1993	27.00	27
1993	Kelly W2979	Retrd.	1993	27.00	27
1993	Nicholas W2923	Open		25.50	26
1993	Patina W2923	Open		25.50	26
1993	Sasha W2923	Open		25.50	26
1994	Snow Princess W2971	Open		28.00	28

Smithsonian Museum Carousel - KSA/Smithsonian

1987	Antique Bunny S3027/2	Retrd.	1992	14.50	15
1992	Antique Camel S3027/12	Open		15.00	15
1989	Antique Cat S3027/6	Retrd.	1995	14.50	15
1992	Antique Elephant S3027/11	Open		14.50	15
1988	Antique Giraffe S3027/4	Retrd.	1993	14.50	15
1987	Antique Goat S3027/1	Retrd.	1992	14.50	15
1991	Antique Horse S3027/10	Open		14.50	15
1993	Antique Horse S3027/14	Open		15.00	15
1988	Antique Horse S3027/3	Retrd.	1993	14.50	15
1989	Antique Lion S3027/5	Retrd.	1994	14.50	15
1994	Antique Pig S3027/16	Open		15.50	16
1994	Antique Reindeer S3027/15	Open		15.50	16
1991	Antique Rooster S3027/9	Retrd.	1994	14.50	15
1990	Antique Seahorse S3027/8	Open		14.50	15
1993	Antique Tiger S3027/13	Open		15.00	15
1990	Antique Zebra S3027/7	Open		14.50	15
1995	Antique Frog S32027/18	Open		15.50	16
1995	Armored Horse S3027/17	Open		15.50	16

Smithsonian Museum Fabriché™ - KSA/Smithsonian

1992	Holiday Drive W1580	Open		38.00	38
1992	Santa On a Bicycle W1547	Open		31.00	31

Steinbach Ornament Series - KS. Adler

1992	The King's Guards ES300	Open		27.00	27

Lance Corporation

Sebastian Christmas Ornaments - Various

1943	Madonna of the Chair - P.W. Baston	Closed	1943	2.00	150-200
1981	Santa Claus - P.W. Baston	Closed	1981	28.50	30
1982	Madonna of the Chair (Reissue of '43) - P.W. Baston	Closed	1982	15.00	30-45
1985	Home for the Holidays - P.W. Baston Jr.	Closed	1993	10.00	13
1986	Holiday Sleigh Ride - P.W. Baston Jr.	Closed	1993	10.00	13
1987	Santa - P.W. Baston Jr.	Closed	1993	10.00	13
1988	Decorating the Tree - P.W. Baston Jr.	Closed	1993	12.50	13
1989	Final Preparations for Christmas - P.W. Baston Jr.	Closed	1993	13.90	14
1990	Stuffing the Stockings - P.W. Baston Jr.	Closed	1993	14.00	14
1991	Merry Christmas - P.W. Baston Jr.	Closed	1993	14.50	15
1992	Final Check - P.W. Baston Jr.	Closed	1993	14.50	15
1993	Ethnic Santa - P.W. Baston Jr.	Closed	1993	12.50	13
1993	Caroling With Santa - P.W. Baston Jr.	Closed	1993	15.00	15
1994	Victorian Christmas Skaters - P.W. Baston Jr.	Annual	1994	17.00	17

Lenox China

Annual Ornaments - Lenox

1982	1982 Ornament	Yr.Iss.		30.00	50-90
1983	1983 Ornament	Yr.Iss.		35.00	75
1984	1984 Ornament	Yr.Iss.		38.00	65
1985	1985 Ornament	Yr.Iss.		37.50	60
1986	1986 Ornament	Yr.Iss.		38.50	50
1987	1987 Ornament	Yr.Iss.		39.00	45
1988	1988 Ornament	Yr.Iss.		39.00	45
1989	1989 Ornament	Yr.Iss.		39.00	39
1990	1990 Ornament	Yr.Iss.		42.00	42
1991	1991 Ornament	Yr.Iss.		39.00	39
1992	1992 Ornament	Yr.Iss.		42.00	42
1993	1993 Ornament	Yr.Iss.		45.00	45
1994	1994 Ornament	Yr.Iss.		39.00	39

Days of Christmas - Lenox

1987	Partridge	Open		22.50	23
1988	Two Turtle Doves	Open		22.50	23
1989	Three French Hens	Open		22.50	23
1990	Four Calling Birds	Open		25.00	25
1991	Five Golden Rings	Open		25.00	25
1992	Six Geese a-Laying	Open		25.00	25
1993	Seven Swans	Open		26.00	26
1994	Eight Maids Milking	Open		26.00	26

Holiday Homecoming - Lenox

1988	Hearth	Closed		22.50	23
1989	Door (Dated)	Closed		22.50	23
1990	Hutch	Open		25.00	25
1991	Window (Dated)	Yr.Iss.		25.00	25
1992	Stove (Dated)	Yr.Iss.		25.00	25
1993	Clock	Yr.Iss.		26.00	26
1994	Lamp	Yr.Iss.		26.00	26

Yuletide - Lenox

1985	Teddy Bear	Closed		18.00	18
1985	Christmas Tree	Open		18.00	18
1989	Santa with Tree	Closed		18.00	18
1989	Angel with Horn	Open		18.00	18
1990	Dove	Open		19.50	20
1991	Snowman	Open		19.50	20
1992	Goose	Open		19.50	20
1993	Cardinal	Open		19.50	20
1994	Cat	Open		19.50	20

Lenox Collections

The Christmas Carousel - Lenox

1989	Cat	Open		19.50	20
1989	Elephant	Open		19.50	20
1989	Goat	Open		19.50	20
1989	Hare	Open		19.50	20
1989	Lion	Open		19.50	20
1989	Palomino	Open		19.50	20
1989	Pinto	Open		19.50	20
1989	Polar Bear	Open		19.50	20
1989	Reindeer	Open		19.50	20
1989	Sea Horse	Open		19.50	20
1989	Swan	Open		19.50	20
1989	Tiger	Open		19.50	20
1989	Unicorn	Open		19.50	20
1989	White Horse	Open		19.50	20
1989	Zebra	Open		19.50	20
1989	Black Horse	Open		19.50	20
1990	Camel	Open		19.50	20
1990	Frog	Open		19.50	20
1990	Giraffe	Open		19.50	20
1990	Medieval Horse	Open		19.50	20
1990	Panda	Open		19.50	20
1990	Pig	Open		19.50	20
1990	Rooster	Open		19.50	20
1990	St. Bernard	Open		19.50	20
1990	Set of 24	Open		468.00	468

Lenox Crystal

Annual Bell Series - Lenox

1987	Partridge Bell	Yr.Iss.		45.00	45
1988	Angel Bell	Open		45.00	45
1989	St. Nicholas Bell	Open		45.00	45
1990	Christmas Tree Bell	Open		49.00	49
1991	Teddy Bear Bell	Yr.Iss.		49.00	49
1992	Snowman Bell	Yr.Iss.		49.00	49
1993	Nutcracker Bell	Yr.Iss.		49.00	49
1994	Candle Bell	Yr.Iss.		49.00	49

Lilliput Lane Ltd.

Christmas Ornaments - Lilliput Lane

1992	Mistletoe Cottage	Closed	1992	27.50	35-45
1993	Robin Cottage	Closed	1993	35.00	40
1994	Ivy House	Closed	1994	35.00	40
1995	Plum Cottage	Yr.Iss.		40.00	40

Lladro

Angel Orchestra - Lladro

1991	Heavenly Harpist-15830	Yr.Iss.	N/A	135.00	140-175
1992	Angelic Cymbalist-5876	Yr.Iss.	1992	140.00	140-175
1993	Angelic Melody-L5963G	Yr.Iss.	N/A	145.00	145-175
1994	Angelic Violinist-L6126G	Yr.Iss.		150.00	175-250

Angels - Lladro

1994	Joyful Offering L6125G	Yr.Iss.		245.00	245
1995	Angel of the Stars L6132G	Yr.Iss.		195.00	195

Annual Ornaments - Lladro

1988	Christmas Ball-L1603M	Yr.Iss.	1988	60.00	80
1989	Christmas Ball-L5656M	Yr.Iss.	1989	65.00	75
1990	Christmas Ball-L5730M	Yr.Iss.	1990	70.00	75-90
1991	Christmas Ball-L5829M	Yr.Iss.	1991	52.00	68
1992	Christmas Ball-L5914M	Yr.Iss.	1992	52.00	50-66
1993	Christmas Ball-L6009M	Yr.Iss.	1993	54.00	54-73
1994	Christmas Ball-L6105M	Yr.Iss.	1994	55.00	55
1995	Christmas Ball-L6207M	Yr.Iss.		55.00	55

Miniature Ornaments - Lladro

1988	Miniature Angels-L1604G (Set of 3)	Yr.Iss.	1988	75.00	150-200
1989	Holy Family-L5657G (Set of 3)	Yr.Iss.	1990	79.50	100
1990	Three Kings-L5729G (Set of 3)	Yr.Iss.	1991	87.50	110-118
1991	Holy Shepherds-L5809G	Yr.Iss.	1991	97.50	100
1993	Nativity Trio-L6095G	Yr.Iss.		115.00	115

Ornaments - Lladro

1992	Snowman-L5841G	Yr.Iss.		50.00	52
1992	Santa-L5842G	Yr.Iss.		55.00	57
1992	Baby's First-1992-L5922G	Yr.Iss.	1992	55.00	55
1992	Our First-1992-L5923G	Yr.Iss.	1992	50.00	50
1992	Elf Ornament-L5938G	Yr.Iss.		50.00	50
1992	Mrs. Claus-L5939G	Yr.Iss.		55.00	57
1992	Christmas Morning-L5940G	Yr.Iss.		97.50	108
1993	Nativity Lamb-L5969G	Yr.Iss.		85.00	85
1993	Baby's First 1993-L6037G	Yr.Iss.		57.00	57
1993	Our First-L6038G	Yr.Iss.		52.00	52

Tree Topper Ornaments - Lladro

1990	Angel Tree Topper -L5719G-Blue	Yr.Iss.	1990	115.00	200-350
1991	Angel Tree Topper -L5831G-Pink	Yr.Iss.	1991	115.00	200
1992	Angel Tree Topper -L5875G -Green	Yr.Iss.	1992	120.00	120-200
1993	Angel Tree Topper -L5962G -Lavender	Yr.Iss.	1993	125.00	200

Margaret Furlong Designs

Annual Ornaments - M. Furlong

1980	1980 3" Trumpeter Angel	Closed	1994	12.00	12
1980	1980 4" Trumpeter Angel	Closed	1994	21.00	21
1982	1982 3" Star Angel	Closed	1994	12.00	12
1982	1982 4" Star Angel	Closed	1994	21.00	21
1984	1984 3" Dove Angel	Closed	1995	12.00	12
1984	1984 4" Dove Angel	Closed	1995	21.00	21

Flora Angelica - M. Furlong

1995	Faith Angel	10,000		45.00	45

Gifts from God - M. Furlong

1985	1985 The Charis Angel	3,000	1985	45.00	250
1986	1986 The Hallelujah Angel	3,000	1986	45.00	500-700
1987	1987 The Angel of Light	3,000	1987	45.00	100
1988	1988 The Celestial Angel	3,000	1988	45.00	100-150
1989	1989 Coronation Angel	3,000	1989	45.00	100-125

Joyeux Noel - M. Furlong

1990	1990 Celebration Angel	10,000	1994	45.00	100
1991	1991 Thanksgiving Angel	10,000	1994	45.00	100
1992	1992 Joyeux Noel Angel	10,000	1994	45.00	100
1993	1993 Star of Bethlehem Angel	10,000	1994	45.00	100
1994	1994 Messiah Angel	10,000	1994	45.00	45

Musical Series - M. Furlong

1980	1980 The Caroler	3,000	1980	50.00	100-125
1981	1981 The Lyrist	3,000	1981	45.00	75-100
1982	1982 The Lutist	3,000	1982	45.00	75-100
1983	1983 The Concertinist	3,000	1983	45.00	75-100

Margaret Furlong Designs
to Old World Christmas

CHRISTMAS ORNAMENTS

YEAR ISSUE		EDITION LIMIT	YEAR RETD.	ISSUE PRICE	QUOTE U.S.$
1984	1984 The Herald Angel	3,000	1984	45.00	75-100

Midwest of Cannon Falls

Folk Art Gallery Collection - Various

YEAR ISSUE		EDITION LIMIT	YEAR RETD.	ISSUE PRICE	QUOTE U.S.$
1995	Animal Jester, 2 asst. 13498-6 - P. Herrick	Open		20.00	20
1995	Ballerina Bunny Pull Toy 13500-6 - P. Herrick	Open		23.00	23
1995	Frog and Turtle, 2 asst. 13781-9 - P. Herrick	Open		20.00	20
1995	Jingle Claus Icicle 13491-7 - R. Jones	Open		11.00	11
1995	Jointed Dutch Santa 13494-8 - R. Jones	Open		27.00	27
1995	Maypole Dancer, 3 asst. 13616-4 - P. Herrick	Open		15.00	15
1995	Once in a Blue Moon 13497-9 - P. Herrick	Open		15.00	15
1995	Playtime, 2 asst. 13499-3 - P. Herrick	Open		17.00	17
1995	Uncle Sam 13493-1 - R. Jones	Open		22.50	23

Heritage Santa Collection Ornaments - Midwest

YEAR ISSUE		EDITION LIMIT	YEAR RETD.	ISSUE PRICE	QUOTE U.S.$
1991	Father Christmas Dimensional 02945-9	Retrd.	1994	11.50	12
1991	Herr Kristmas Dimensional 02942-8	Retrd.	1993	11.50	12
1990	Herr Kristmas Fabric Mache 05216	Retrd.	1992	18.00	18
1991	MacNicholas Dimensional 02930-5	Retrd.	1994	11.50	12
1990	MacNicholas Fabric Mache 05224	Retrd.	1992	18.00	18
1991	Papa Frost Dimensional 02944-2	Retrd.	1992	11.50	12
1990	Papa Frost Fabric Mache 05232	Retrd.	1992	18.00	18
1992	Pere Noel Dimensional 06773-4	Retrd.	1994	11.50	12
1993	Santa España Dimensional 07376-6	Retrd.	1994	11.50	12
1991	Santa Niccolo Dimensional 02946-6	Retrd.	1993	11.50	12
1992	Santa Nykolai Dimensional 06774-1	Retrd.	1994	11.50	12
1993	Santa O'Nicholas Dimensional 07377-3	Retrd.	1994	11.50	12
1991	Scanda Klaus Dimensional 02941-1	Retrd.	1993	11.50	12
1990	Scanda Klaus Fabric Mache 05208	Retrd.	1992	18.00	18

Leo R. Smith III Collection - L.R. Smith

YEAR ISSUE		EDITION LIMIT	YEAR RETD.	ISSUE PRICE	QUOTE U.S.$
1994	Flying Woodsman Santa 11921-1	Retrd.	1994	35.00	100
1995	Partridge Angel 13994-3	3,500		30.00	30
1995	Santa on Reindeer 13780-2	3,500		35.00	35

Wendt und Kuhn Ornaments - Wendt/Kuhn

YEAR ISSUE		EDITION LIMIT	YEAR RETD.	ISSUE PRICE	QUOTE U.S.$
1978	Angel Clip-on Ornament 00729-7	Open		20.00	24
1991	Angel in Ring Ornament 01208-6	Open		12.00	15
1994	Angel on Moon, Star, 12 asst. 12945-6	Open		20.00	22
1989	Trumpeting Angel Ornament,2 asst. 09402-0	Open		14.00	17

Old World Christmas

Collector Club - Various

YEAR ISSUE		EDITION LIMIT	YEAR RETD.	ISSUE PRICE	QUOTE U.S.$
1993	Mr. & Mrs. Claus set 1490 - E.M. Merck	Retrd.	1993	Gift	75-150
1993	Glass Christmas Maidens, set of 4, 1491 - E.M. Merck	Retrd.	1993	35.00	45-60
1993	Dresdener Drummer Nutcracker 7258 - E.M. Merck	Retrd.	1993	110.00	132-175
1994	Santa in Moon 1492 - E.M. Merck	Retrd.	1994	Gift	N/A
1994	Large Santa in Chimney 1493 - E.M. Merck	Retrd.	1994	42.50	50
1995	Large Christmas Carousel 1587 - Inge-Glas	Yr.Iss.		79.50	80
1995	The Konigsee Nutcracker 7284 - E.M. Merck	Yr.Iss.		125.00	125
1995	Cherub on Reflector 1545 - Inge-Glas	Open		Gift	N/A

Angel & Female - Various

YEAR ISSUE		EDITION LIMIT	YEAR RETD.	ISSUE PRICE	QUOTE U.S.$
1993	Angel Above Celestial Ball 1060 - E.M. Merck	Open		41.00	41
1990	Angel Holding Star 1023 - E.M. Merck	Open		7.80	8
1991	Angel of Peace 1033 - E.M. Merck	Open		9.25	10
1990	Angel on Disc 1028 - E.M. Merck	Retrd.	1993	11.70	13
1992	Angel on Form 1044 - E.M. Merck	Open		9.70	10
1995	Angel with Wings 2306 - E.M. Merck	Open		8.95	9
1990	Antique Style Doll Head 1026 - E.M. Merck	Open		8.45	9
1988	Baby in Bunting 1015 - E.M. Merck	Retrd.	1990	7.70	16
1991	Baby Jesus 1036 - E.M. Merck	Open		9.25	10
1993	Ballerina 1061 - E.M. Merck	Open		14.50	15
1991	Baroque Angel 1031 - E.M. Merck	Open		12.95	13
1991	Blue Praying Angel With Wings 1035 - E.M. Merck	Open		8.25	9
1985	Caroling Girl 101062 - E.M. Merck	Retrd.	1990	6.65	7
1991	Cherub 1034 - E.M. Merck	Open		8.80	9
1994	Christmas Cutie 1069 - E.M. Merck	Open		6.50	7
1993	Christmas Girl 1054 - E.M. Merck	Open		6.55	7
1993	Chubby Mushroom Girl 1057 - E.M. Merck	Open		8.00	8
1986	Clip-on Angel with Wings 1004 - E.M. Merck	Open		10.00	11
1995	Clip-on Golden Angel 1075 - E.M. Merck	Open		9.95	10
1985	Doll Head 103209 - E.M. Merck	Retrd.	1989	6.40	8
1994	Double-Sided Egg Baby 1070 - E.M. Merck	Open		7.25	8
1995	Fairytale Princess 1072 - E.M. Merck	Open		10.95	11
1993	Frau Schneemann 1059 - E.M. Merck	Open		16.90	17
1992	Garden Girl 1040 - E.M. Merck	Open		8.25	9
1985	Girl in Blue Dress 1042227 - E.M. Merck	Open		7.00	7
1987	Girl in Grapes 1010 - E.M. Merck	Retrd.	1989	8.45	15
1990	Girl in Polka Dot Dress 1030 - E.M. Merck	Open		12.60	13
1993	Girl on Bell 1055 - E.M. Merck	Open		8.75	9
1987	Girl on Snowball with Teddy 1007 - E.M. Merck	Open		9.25	10
1988	Girl Under Tree 1014 - E.M. Merck	Open		7.80	8
1990	Girl with Black Cat 1024 - E.M. Merck	Open		9.25	10
1985	Girl with Flowers 101069 - E.M. Merck	Retrd.	1993	7.50	9
1992	Girl with White Kitty 1045 - E.M. Merck	Open		9.25	10
1985	Gold Girl with Tree 1010306 - E.M. Merck	Open		8.25	9
1995	Grandma 2308 - E.M. Merck	Open		11.95	12
1992	Guardian Angel 1043 - E.M. Merck	Open		8.25	9
1994	Heavenly Angel 1068 - E.M. Merck	Open		11.00	11
1995	Heavenly Splendor 1074 - Inge-Glas	Open		32.50	33
1994	Heidi 1071 - E.M. Merck	Open		9.50	10
1994	Heidi and Peter 1064 - E.M. Merck	Open		11.90	12
1990	Heralding Angel 1029 - E.M. Merck	Open		7.80	8
1992	Honey Child 1042 - E.M. Merck	Open		7.45	8
1989	Irish Lassie 1021 - E.M. Merck	Open		8.35	9
1995	Large Angel Head 2301 - E.M. Merck	Open		9.95	10
1988	Large Blue Angel 1012 - E.M. Merck	Retrd.	1994	13.40	14
1987	Large Burgundy Angel with Wings 1005 - E.M. Merck	Open		13.00	13
1988	Large Doll Head 1013 - E.M. Merck	Open		11.60	12
1985	Light Blue Angel with Wings 101052 - E.M. Merck	Retrd.	1994	9.25	10
1986	Little Red Riding Hood 1001 - E.M. Merck	Retrd.	1993	9.90	15
1991	Little Tyrolean Girl 1037 - E.M. Merck	Open		7.00	7
1988	Little Witch 1020 - E.M. Merck	Open		8.35	9
1993	Madonna & Child on Form 1056 - E.M. Merck	Open		9.80	10
1992	Madonna 1038 - E.M. Merck	Open		7.55	8
1988	Madonna with Child 1016 - E.M. Merck	Open		12.75	13
1994	Mary 1066 - E.M. Merck	Open		8.25	9
1994	Mermaid 1062 - E.M. Merck	Open		38.90	39
1990	Miniature Mrs. Claus 1027 - E.M. Merck	Open		4.95	5
1988	Miss Liberty 1011 - E.M. Merck	Open		10.35	11
1986	Mrs. Santa Claus 1003 - E.M. Merck	Retrd.	1989	8.90	11
1987	Mushroom Girl 1006 - E.M. Merck	Retrd.	1994	9.25	10
1988	Nativity 1017 - E.M. Merck	Open		10.50	11
1994	Nuremberg Angel 1065 - E.M. Merck	Open		8.25	9
1994	Oma 1067 - E.M. Merck	Open		11.45	12
1987	Pastel Angel with Horn (A) 1008 - E.M. Merck	Open		7.00	7
1988	Pilgrim Girl 1019 - E.M. Merck	Open		9.25	10
1986	Pink Angel with Wings 1002 - E.M. Merck	Retrd.	1988	8.90	11
1991	Praying Angel with Wings 1032 - E.M. Merck	Open		8.55	9
1990	Praying Girl 1025 - E.M. Merck	Retrd.	1993	7.80	8
1993	Purple Angel with Star 1058 - E.M. Merck	Open		8.70	9
1985	Red Girl with Tree 1010309 - E.M. Merck	Open		8.25	9
1993	Red Riding Hood 1053 - E.M. Merck	Open		7.55	8
1992	Shy Girl 1039 - E.M. Merck	Open		9.90	10
1993	Small Blue Angel 1046 - E.M. Merck	Open		6.65	7
1990	Small Girl Head 1022 - E.M. Merck	Open		7.00	7
1985	Small Girl with Tree 101029 - E.M. Merck	Open		5.85	6
1992	Thumbelina 1041 - E.M. Merck	Open		10.25	11
1993	Triplets in Bed 1051 - E.M. Merck	Open		6.65	7
1988	Victorian Angel 1018 - E.M. Merck	Open		8.35	9
1985	Victorian Girl 101035 - E.M. Merck	Retrd.	1989	5.30	8
1994	Water Baby 1063 - E.M. Merck	Open		8.25	9

Animals - Various

YEAR ISSUE		EDITION LIMIT	YEAR RETD.	ISSUE PRICE	QUOTE U.S.$
1990	Assorted Tropical Fish 1229 - E.M. Merck	Open		6.75	7
1990	Baby Bear with Milk Bottle 1235 - E.M. Merck	Open		4.95	5
1993	Bear Above Reflector 1279 - E.M. Merck	Open		33.75	34
1986	Bear in Crib 1203 - E.M. Merck	Retrd.	1994	9.00	9
1995	Bessie 1104 - Inge-Glas	Open		28.50	29
1995	Big Bad Wolf 1103 - Inge-Glas	Open		28.50	29
1984	Black Cat 121016 - E.M. Merck	Open		9.00	9
1993	Brilliant Butterfly 1267 - E.M. Merck	Open		10.70	11
1993	Brilliant Butterfly on Form 1271 - E.M. Merck	Open		7.25	8
1995	Buddy in Basket 1296 - E.M. Merck	Open		23.50	24
1993	Buster 1266 - E.M. Merck	Open		8.35	9
1985	Butterfly on Form 1237447 - E.M. Merck	Open		7.80	8
1989	Calico Kitten 1217 - E.M. Merck	Open		9.90	10
1989	Cat and the Fiddle 1221 - E.M. Merck	Retrd.	1994	7.80	8
1986	Cat in Bag 1204 - E.M. Merck	Open		9.00	9
1993	Cat in House 1260 - E.M. Merck	Open		7.65	8
1985	Cat in Show 121103 - E.M. Merck	Retrd.	1994	7.80	8
1991	Christmas Butterfly 1247 - E.M. Merck	Retrd.	1994	7.00	7
1991	Christmas Carp 1248 - E.M. Merck	Open		7.00	7
1986	Cinnamon Bear 1209 - E.M. Merck	Open		5.20	6
1984	Circus Dog 121021 - E.M. Merck	Retrd.	1994	9.00	9
1993	Circus Dog On Ball 1278 - E.M. Merck	Open		13.20	14
1993	Circus Elephant on Ball 1277 - E.M. Merck	Open		12.00	12
1995	Clip-on Bunny 1297 - E.M. Merck	Open		4.50	5
1994	Cow Jumping Over the Moon 1284 - E.M. Merck	Open		27.75	28
1991	Crocodile 1243 - E.M. Merck	Open		7.35	8
1992	Dog with Trumpet 1253 - E.M. Merck	Open		9.25	10
1989	Fat Fish 1223 - E.M. Merck	Open		5.85	6
1985	Frog 121068 - E.M. Merck	Open		5.85	6
1992	Frog on Lily Pad 1252 - E.M. Merck	Open		6.65	7
1994	Frog Prince 1288 - E.M. Merck	Open		8.10	9
1993	Frog with Banjo on Ball 1274 - E.M. Merck	Open		18.50	19
1991	Goldfish 1249 - E.M. Merck	Open		7.00	7
1994	Grasshopper 1289 - E.M. Merck	Open		10.00	10
1985	Grey Elephant 123420 - E.M. Merck	Open		7.00	7
1993	Grizzly Bear 1265 - E.M. Merck	Open		8.35	9
1986	Honey Bear (A) 1208 - E.M. Merck	Open		5.20	6
1986	Hungry Rabbit 1201 - E.M. Merck	Open		8.55	9
1988	Jumbo Elephant 1213 - E.M. Merck	Open		9.25	10
1989	King Charles Spaniel 1222 - E.M. Merck	Open		9.90	10
1984	Kitten 121004 - E.M. Merck	Open		7.00	7
1991	Kitten in Slipper 1240 - E.M. Merck	Open		9.25	10
1989	Lady Bug 1215 - E.M. Merck	Open		7.65	8
1994	Large Christmas Bear 1287 - E.M. Merck	Open		44.40	45
1994	Large Christmas Mouse 1286 - E.M. Merck	Open		44.40	45
1989	Large Fish 1214 - E.M. Merck	Retrd.	1993	6.70	9
1993	Large Frog 1262 - E.M. Merck	Open		7.90	8
1992	Large Lady Bug 1254 - E.M. Merck	Open		9.25	10
1994	Large Lion 1285 - E.M. Merck	Open		19.85	20
1991	Large Puppy with Basket 1241 - E.M. Merck	Retrd.	1993	13.25	15-26
1995	Large Santa Bear 1102 - Inge-Glas	Open		25.00	25
1985	Large Teddy Bear 121089 - E.M. Merck	Retrd.	1988	13.00	17
1993	Large Teddy Bear 1261 - E.M. Merck	Open		15.65	16
1985	Large Three-Sided Head 121088 - E.M. Merck	Retrd.	1994	12.95	13
1995	Large Tropical Fish 1294 - Inge-Glas	Open		32.50	33
1995	Large Turtle 1105 - Inge-Glas	Open		32.50	33
1992	Lion 1251 - E.M. Merck	Open		6.45	7
1991	Lobster 1245 - E.M. Merck	Open		7.35	8
1988	Lucky Pig 1212 - E.M. Merck	Open		8.80	9
1990	Mama Bear 1236 - E.M. Merck	Open		9.90	10
1985	Matte Gold Bear with Heart 1234356 - E.M. Merck	Open		7.00	7
1993	Miniature Frog 1259 - E.M. Merck	Open		3.50	4
1986	Monkey 1205 - E.M. Merck	Retrd.	1994	5.85	6
1993	Monkey with Apple 1258 - E.M. Merck	Open		8.80	9
1987	Mouse 1211 - E.M. Merck	Open		9.90	10
1993	My Darling 1276 - E.M. Merck	Open		6.30	7
1991	Panda Bear 1242 - E.M. Merck	Open		9.25	10
1990	Papa Bear 1237 - E.M. Merck	Open		10.35	11
1993	Pastel Butterfly 1268 - E.M. Merck	Open		8.45	9
1990	Pastel Fish 1234 - E.M. Merck	Open		6.65	7
1985	Pink Pig 121042 - E.M. Merck	Open		7.80	8
1990	Pink Poodle 1227 - E.M. Merck	Retrd.	1994	8.80	9
1986	Playing Cat 1202 - E.M. Merck	Retrd.	1994	8.80	9
1993	Polar Bear on Icicle 1275 - E.M. Merck	Open		18.50	19
1995	Prize Catch 1299 - E.M. Merck	Open		7.50	8
1992	Proud Pug 1250 - E.M. Merck	Open		9.25	10
1984	Puppy 121010 - E.M. Merck	Retrd.	1994	7.00	7
1989	Rabbit in Tree 1219 - E.M. Merck	Open		8.35	9

YEAR ISSUE		EDITION LIMIT	YEAR RETD.	ISSUE PRICE	QUOTE U.S.$
1991	Rabbit on Heart 1244 - E.M. Merck	Open		8.00	8
1985	Rainbow Trout 121070 - E.M. Merck	Open		6.75	7
1990	Red Butterfly on Form 1231 - E.M. Merck	Retrd.	1994	8.55	9
1992	Salmon with Tail 1255 - E.M. Merck	Open		9.25	10
1995	Santa Bear 1106 - Inge-Glas	Open		6.50	7
1994	Sea Horse 1282 - E.M. Merck	Open		14.50	15
1993	Sea Serpent 1273 - E.M. Merck	Open		14.65	15
1994	Seal on Ball 1283 - E.M. Merck	Open		24.50	25
1990	Sitting Black Cat 1228 - E.M. Merck	Open		7.00	7
1986	Sitting Dog with Pipe 1206 - E.M. Merck	Open		7.80	8
1991	Sitting Puppy 1246 - E.M. Merck	Retrd.	1994	6.75	7
1985	Small Bunny 121090 - E.M. Merck	Retrd.	1994	5.20	6
1989	Small Goldfish 1224 - E.M. Merck	Open		2.25	3
1990	Small Squirrel 1225 - E.M. Merck	Open		5.75	6
1986	Smiling Dog 1207 - E.M. Merck	Retrd.	1994	7.80	8
1985	Snail 121041 - E.M. Merck	Retrd.	1993	6.70	12
1994	Spark Plug 1292 - E.M. Merck	Open		14.00	14
1993	Specked Trout 1272 - E.M. Merck	Open		7.00	7
1993	Sugar Bear 1257 - E.M. Merck	Open		8.25	9
1994	Ted 1290 - E.M. Merck	Open		7.65	8
1989	Teddy Bear with Bow 1218 - E.M. Merck	Retrd.	1990	6.65	8
1990	Teddy Bear with Bow 1226 - E.M. Merck	Open		5.75	6
1984	Three-Sided: Owl, Dog, Cat 121009 - E.M. Merck	Retrd.	1994	8.55	9
1995	Toby 1298 - E.M. Merck	Open		8.50	9
1994	Tony 1293 - E.M. Merck	Open		17.65	18
1990	Two Kittens in Basket 1230 - E.M. Merck	Open		8.10	9
1993	Velveteen Rabbit 1256 - E.M. Merck	Open		5.75	6
1993	Very Large Christmas Bear 1281 - E.M. Merck	Open		72.50	73
1993	Very Large Christmas Mouse 1280 - E.M. Merck	Open		72.50	73
1990	Weather Frog 1233 - E.M. Merck	Open		8.80	9
1990	West Highland Terrier 1232 - E.M. Merck	Retrd.	1993	7.45	15
1989	White Kitty 1220 - E.M. Merck	Retrd.	1990	7.45	8
1994	Woodland Squirrel 1291 - E.M. Merck	Open		21.00	21

Assortment Ornaments - E.M. Merck

YEAR ISSUE		EDITION LIMIT	YEAR RETD.	ISSUE PRICE	QUOTE U.S.$
1985	6 pc Display set, Santa 141039	Open		32.50	33
1992	Assorted Floral Miniatures 1406	Open		55.00	55
1990	Assorted Miniature Figurals 1405	Open		60.00	60
1990	Assorted Shiny Miniature Forms 1404	Open		37.50	38
1986	Replica of Antique Mold 1411	Open		40.00	40
1989	Set of 12 Assorted Small Forms 1403	Open		42.50	43
1989	Set of 12 Assorted Miniature Forms 1402	Open		37.00	37

Bead Garlands - E.M. Merck

YEAR ISSUE		EDITION LIMIT	YEAR RETD.	ISSUE PRICE	QUOTE U.S.$
1993	Angel Garland 1306	Retrd.	1993	55.00	55
1995	Candy & Clowns Garland 1315	Open		69.50	70
1993	Celestial Garland 1303	Retrd.	1993	55.00	55
1994	Christmas Train 1310	Open		45.00	45
1993	Clown & Drum Garland 1301	Retrd.	1993	55.00	55
1994	Floral Garland 1312	Open		65.00	65
1993	Frog and Fish Garland 1305	Yr.Iss.		55.00	80-110
1995	Frosty's Snowball Garland 1314	Open		69.50	70
1993	Fruit Garland 1302	Retrd.	1993	55.00	55
1994	North Pole Garland 1313	Open		65.00	65
1995	Old World Rose Garland 1316	Open		69.50	70
1993	Pickle Garland 1304	Retrd.	1993	55.00	55
1993	Santa Garland 1308	Yr.Iss.		55.00	80-110
1994	Stars and Stripes Garland 1309	Open		55.00	55
1993	Teddy Bear & Heart Garland 1307	Retrd.	1993	55.00	55
1994	Woodland Christmas Garland 1311	Open		65.00	65

Butterflies - E.M. Merck

YEAR ISSUE		EDITION LIMIT	YEAR RETD.	ISSUE PRICE	QUOTE U.S.$
1987	Butterfly, Blue w/Blue 1905	Retrd.	1991	20.95	25
1987	Butterfly, Gold w/Gold 1906	Retrd.	1991	20.95	25
1987	Butterfly, Orange w/Orange 1904	Retrd.	1991	20.95	27
1987	Butterfly, Red w/Cream 1903	Retrd.	1991	20.95	27
1987	Butterfly, White w/Blue 1902	Retrd.	1991	20.95	25
1987	Butterfly, White w/Red 1901	Retrd.	1991	20.95	27

Celestial Figures - E.M. Merck

YEAR ISSUE		EDITION LIMIT	YEAR RETD.	ISSUE PRICE	QUOTE U.S.$
1994	Assorted Shiny Stars 2212	Open		4.85	5
1987	Blue Man in the Moon 2203	Open		8.45	9
1992	Blue Moon 2206	Open		7.00	7
1993	Brilliant Star on Form 2210	Open		8.70	9
1993	Comet on Form 2209	Open		7.65	8
1992	Confetti Star 2208	Open		8.00	8
1995	Golden Sun 2214	Open		5.95	6
1993	High Noon 2211	Open		5.65	6
1985	Large Gold Star w/Glitter 2237139	Retrd.	1993	7.00	7
1985	Man in the Moon 221062	Open		7.00	7
1994	Midnight Moon 2213	Open		8.25	9
1992	Old Sol 2207	Open		7.55	8
1991	Shining Star (A) 2205	Open		7.00	7
1990	Shining Sun 2204	Open		7.00	7
1986	Shooting Star on Ball 2201	Retrd.	1993	6.65	11
1985	Sun/Moon 221027	Retrd.	1993	7.00	7

Churches & Houses - E.M. Merck

YEAR ISSUE		EDITION LIMIT	YEAR RETD.	ISSUE PRICE	QUOTE U.S.$
1993	Barn 2033	Open		9.80	10
1985	Bavarian House 201059	Retrd.	1994	8.00	8
1993	Bunny House 2032	Open		8.45	9
1993	Castle Tower 2029	Open		9.45	10
1990	Christmas Chalet 2014	Open		8.00	8
1991	Christmas Shop 2020	Open		9.45	10
1993	Church on Bell 2030	Open		11.00	11
1990	Church on Disc 2018	Open		12.50	13
1988	Church/Tree on Form 2008	Open		8.35	9
1991	Country Cottage 2025	Open		8.80	9
1990	Fairy Tale House 2016	Open		9.25	10
1991	Farm Cottage 2022	Open		8.55	9
1986	Farm House 2003	Open		8.45	9
1990	Garden House with Gnome 2011	Retrd.	1993	7.80	10
1986	Gingerbread House (A) 2001	Retrd.	1989	6.55	10
1988	Gingerbread House 2009	Open		9.00	9
1986	House with Blue Roof 2005	Open		7.65	8
1986	House with Peacock 2004	Retrd.	1987	7.45	8
1988	Large Cathedral 2007	Open		9.80	10
1995	Large Gingerbread House 2037	Open		16.95	17
1991	Large Lighthouse/Mill 2023	Open		11.00	11
1993	Large Windmill 2034	Open		13.20	14
1990	Lighthouse 2013	Open		7.90	8
1990	Matte Cream Church 2017	Open		8.00	8
1985	Matte Cream Church 206790-2	Retrd.	1993	6.45	7
1988	Matte White Church 203010	Open		7.80	8
1985	Mill 201094	Retrd.	1990	9.45	16
1992	Mill House 2026	Open		8.35	9
1990	Miniature House 2012	Open		4.95	5
1991	Mission with Sea Gull 2024	Open		9.45	10
1991	Old Town Scene 2021	Open		9.25	10
1985	Rathaus 201051	Retrd.	1989	7.00	7
1992	Rose Cottage 2028	Open		7.00	7
1988	Santa's House 2010	Open		8.00	8
1990	Small Cathedral 2015	Open		8.00	8
1985	Square House 201040	Open		7.80	8
1991	Thatched Cottage 2019	Open		7.35	8
1993	Turkish Tea House 2031	Open		6.75	7
1994	Victorian Windmill 2035	Open		12.25	13
1992	Watch Tower 2027	Open		9.25	10
1986	Windmill on Form 2006	Retrd.	1988	7.45	15

Clip-On Birds - E.M. Merck

YEAR ISSUE		EDITION LIMIT	YEAR RETD.	ISSUE PRICE	QUOTE U.S.$
1991	Advent Bird 1837	Open		8.00	8
1991	Alpine Bird 1839	Open		7.35	8
1995	American Songbird 1861	Open		6.50	7
1994	Assorted Miniature Songbird 1859	Open		4.00	4
1990	Barn Owl 1829	Open		9.00	9
1995	Baronial Peacock 1872	Open		13.95	14
1991	Bavarian Finch 1835	Open		9.25	10
1986	Bird in Nest 1801	Open		10.35	11
1985	Bird of Pradise 181101	Retrd.	1994	7.80	8
1985	Blue Bird 181078	Open		6.65	7
1992	Blue Bird with Topnotch 1845	Open		9.45	10
1991	Brilliant Snowbird 1836	Open		12.95	13
1992	Brilliant Songbird 1841	Open		7.35	8
1991	Canary 1834	Retrd.	1994	7.35	8
1990	Cardinal 1822	Open		9.90	10
1993	Carnival Canary 1852	Open		9.45	10
1990	Christmas Bird 1824	Open		7.00	7
1992	Christmas Finch 1843	Open		7.65	8
1995	Christmas Parrot 1865	Open		9.50	10
1986	Clip-On Rooster 1802	Retrd.	1989	8.00	30
1991	Cockatiel 1838	Open		9.25	10
1985	Cockatoo 181077	Open		8.55	9
1995	Cranberry Peacock 1870	Open		13.95	14
1985	Fancy Peacock 181073	Retrd.	1993	13.50	14
1985	Fancy Pink Peacock 181096	Retrd.	1995	13.95	14
1985	Fantasy Bird w/Tinsel Tail 181075	Open		8.00	8
1987	Fat Burgundy Bird 1813	Open		7.80	8
1985	Fat Songbird 181074	Open		7.80	8
1991	Festive Bird 1832	Open		7.00	7
1993	Festive Sparrow 1853	Open		6.00	6
1992	Forest Finch 1840	Open		8.00	8
1995	Forest Finch 1871	Open		7.50	8
1986	Gold Bird w/Tinsel Tail 1803	Retrd.	1994	7.45	8
1985	Gold Peacock w/Tinsel Tail 1872016	Open		8.25	9
1995	Golden Songbird 1864	Open		3.95	4
1995	Golden Swan 1866	Open		9.95	10
1987	Goldfinch 1808	Open		8.55	9
1995	Harvest Bird 1868	Open		7.50	8
1993	Holiday Finch 1849	Open		10.60	11
1993	King Fisher 1850	Open		10.00	10
1984	Large Cockatoo 181025	Retrd.	1994	13.95	14
1985	Large Goldfinch 181085	Retrd.	1994	9.25	10
1992	Large Nightingale 1842	Open		8.00	8
1990	Large Pastel Bird 1827	Open		10.70	11
1985	Large Peacock 187206	Open		10.35	11
1991	Large Peacock with Crown 1830	Retrd.	1994	13.95	14
1990	Large Robin 1821	Open		10.35	11
1992	Large Woodpecker 1846	Open		11.15	12
1987	Lilac Bird 1811	Open		8.70	9
1993	Love Birds 1856	Open		10.25	11
1995	Magical Frost Bird 1863	Open		12.50	13
1994	Magnificent Peacock 1860	Open		17.75	18
1985	Magnificent Songbird 181086	Retrd.	1994	13.95	14
1985	Medium Peacock with Tinsel Tail 187215	Open		9.00	9
1992	Merry Songbird 1848	Open		7.90	8
1990	Miniature Parrot 1828	Open		8.45	9
1990	Miniature Peacock 1825	Retrd.	1994	8.35	9
1995	Miniture Love Bird 1862	Open		3.95	4
1985	Nightingale 181083	Open		5.55	6
1985	Nuthatch 181076	Open		7.00	7
1995	Old World Songbird 1869	Open		8.50	9
1986	Parrot 1804	Open		8.35	9
1987	Partridge 1814	Retrd.	1994	8.80	9
1992	Pastel Canary 1847	Open		7.65	8
1985	Pink Bird w/Blue Wings 181082	Retrd.	1994	5.55	6
1989	Rainbow Parrot 1820	Open		12.60	13
1987	Red Bird with Medallion 1806	Open		7.80	8
1987	Red Breasted Songbird 1812	Open		9.25	10
1987	Red Snowbird 1810	Retrd.	1993	8.70	18
1994	Regal Peacock 1857	Open		17.75	18
1987	Robin 1819	Retrd.	1993	8.80	11
1991	Rooster 1831	Open		10.50	11
1987	Royal Songbird 1815	Open		12.75	13
1987	Shiny Gold Bird 1807	Open		5.55	6
1985	Shiny Red Songbird 181081	Open		5.75	6
1991	Silly Bird 1833	Retrd.	1994	6.75	7
1992	Small Gull 1844	Open		4.95	5
1987	Small Purple Bird 1809	Open		7.00	7
1990	Small Red-Headed Songbird 1823	Open		7.00	7
1987	Snow Owl 1816	Retrd.	1994	9.90	10
1985	Snowbird 181080	Retrd.	1993	8.00	9
1985	Songbird with Topnotch 181099	Open		10.35	11
1990	Tropical Parrot 1826	Retrd.	1994	10.35	11
1993	Tropical Songbird 1854	Open		7.55	8
1995	Turtle Dove 1867	Open		5.95	6
1987	White Cockatoo 1805	Open		7.80	8
1993	Woodland Finch 1851	Open		7.55	8
1994	Woodland Peacock 1858	Open		12.00	12
1993	Woodland Songbird 1855	Open		7.55	8

Clowns & Male Figures - Various

YEAR ISSUE		EDITION LIMIT	YEAR RETD.	ISSUE PRICE	QUOTE U.S.$
1984	'Shorty Clown' 241011 - E.M. Merck	Retrd.	1988	5.65	8
1984	'Stop' Keystone Cop 241019 - E.M. Merck	Retrd.	1989	6.65	18
1986	500,000 Clown 2403 - E.M. Merck	Open		10.80	11
1986	Aviator 2402 - E.M. Merck	Retrd.	1994	7.80	8
1986	Baby 2405 - E.M. Merck	Retrd.	1989	6.75	9
1993	Bacchus 2458 - E.M. Merck	Open		6.65	7
1992	Baker 2449 - E.M. Merck	Open		8.35	9
1992	Bavarian 2450 - E.M. Merck	Open		9.25	10
1987	Bavarian with Hat 2428 - E.M. Merck	Open		12.60	13
1990	Black Boy 2439 - E.M. Merck	Retrd.	1995	9.00	9
1995	Blessings 2491 - E.M. Merck	Open		10.95	11
1993	Boxer 2454 - E.M. Merck	Open		7.20	8
1986	Boy Head with Stocking Cap 2411 - E.M. Merck	Retrd.	1993	5.30	8
1985	Boy in Yellow Sweater 241032 - E.M. Merck	Retrd.	1988	7.00	10
1985	Boy on Toy Car 241031 - E.M. Merck	Open		8.45	9
1995	The Champ 2307 - E.M. Merck	Open		7.50	8
1995	Charlie Chaplin 2487 - Inge-Glas	Open		25.00	25
1994	Child in Manger 2472 - E.M. Merck	Open		7.75	8
1995	Child on Snowball 2304 - E.M. Merck	Open		8.95	9
1993	Chimney Sweep 2455 - E.M. Merck	Open		7.55	8
1992	Circus Clown 2452 - E.M. Merck	Open		7.90	8
1986	Clip-on Boy Head 2416 - E.M. Merck	Retrd.	1989	6.45	9
1993	Clown Above Ball 2470 - E.M. Merck	Retrd.	1994	42.00	42
1986	Clown Head in Drum 2412 - E.M. Merck	Open		10.25	11
1986	Clown Head with Burgundy Hat 2418 - E.M. Merck	Retrd.	1994	7.00	7
1987	Clown in Red Stocking 2423 - E.M. Merck	Open		8.00	8
1984	Clown in Stocking 241006 - E.M. Merck	Retrd.	1988	6.65	9
1990	Clown on Ball 2444 - E.M. Merck	Open		8.25	9
1984	Clown Playing Bass Fiddle 241005 - E.M. Merck	Open		7.80	8
1986	Clown with Accordion 2409 - E.M. Merck	Open		10.35	11
1986	Clown with Banjo 2407 - E.M. Merck	Open		7.00	7
1986	Clown with Drum 2408 - E.M. Merck	Open		10.35	11
1986	Clown with Saxophone 2410 - E.M. Merck	Open		10.35	11
1990	Devil Head 2438 - E.M. Merck	Open		8.80	9
1995	Devil with Horns 2485 - Inge-Glas	Open		10.95	11
1985	Dutch Boy 243321 - E.M. Merck	Retrd.	1993	7.55	13
1990	Dwarf 2441 - E.M. Merck	Open		7.00	7
1989	Dwarf with Shovel 2433 - E.M. Merck	Open		7.00	7
1990	English Bobby 2442 - E.M. Merck	Retrd.	1994	8.80	9
1986	Farm Boy 2414 - E.M. Merck	Retrd.	1989	4.95	8
1985	Fat Boy with Sweater & Cap 2442265 - E.M. Merck	Retrd.	1994	5.85	6
1985	Fat Standing Clown 246852 - E.M. Merck	Open		6.55	7
1989	Frosty 2434 - E.M. Merck	Open		7.00	7

Old World Christmas
to Old World Christmas

CHRISTMAS ORNAMENTS

YEAR ISSUE		EDITION LIMIT	YEAR RETD.	ISSUE PRICE	QUOTE U.S.$
1992	Garden Gnome 2448 - E.M. Merck	Open		10.50	11
1988	Gnome in Tree 2431 - E.M. Merck	Open		7.80	8
1986	Gnome Under Mushroom 2417 - E.M. Merck	Retrd.	1993	7.00	10
1988	Harpo 2432 - E.M. Merck	Retrd.	1991	6.20	19
1994	Hot Shot 2473 - E.M. Merck	Open		11.00	11
1993	Humpty Dumpty 2465 - E.M. Merck	Open		8.55	9
1984	Indian Chief with Peace Pipe 241008 - E.M. Merck	Open		7.45	8
1986	Indian in Canoe 2401 - E.M. Merck	Open		10.95	11
1994	Jack Horner 2471 - E.M. Merck	Open		6.50	7
1986	Jester 2419 - E.M. Merck	Open		7.45	8
1995	Jester on Spiral 2493 - Inge-Glas	Open		32.50	33
1993	Jesus 2460 - E.M. Merck	Open		7.65	8
1994	Jesus on Form 2475 - E.M. Merck	Open		17.65	18
1994	John Bull 2481 - E.M. Merck	Open		9.35	10
1990	Jolly Accordion Player 2443 - E.M. Merck	Open		8.25	9
1987	Jolly Clown Head 2429 - E.M. Merck	Retrd.	1994	12.95	13
1987	Jolly Snowman 2420 - E.M. Merck	Open		8.00	8
1994	Joseph 2477 - E.M. Merck	Open		8.25	9
1984	Keystone Cop 241003 - E.M. Merck	Retrd.	1994	9.90	10
1987	King 2421 - E.M. Merck	Open		10.60	11
1994	King Ludwig 2482 - E.M. Merck	Open		12.75	13
1984	Large Roly-Poly Clown 241024 - E.M. Merck	Open		10.95	11
1993	Large Sad Clown 2466 - E.M. Merck	Open		13.40	14
1989	Leprechaun 2435 - E.M. Merck	Retrd.	1994	7.65	8
1994	Marley 2483 - E.M. Merck	Open		7.75	8
1994	Merlin 2476 - E.M. Merck	Open		17.65	18
1990	Merry Wanderer 2446 - E.M. Merck	Open		12.30	13
1993	Miniature Clown 2464 - E.M. Merck	Open		6.00	6
1993	Monk 2467 - E.M. Merck	Retrd.	1994	7.90	8
1987	Mr. Big Nose 2426 - E.M. Merck	Retrd.	1993	8.00	14
1995	Mr. Sci-Fi 2492 - Inge-Glas	Open		29.50	30
1988	Mushroom Gnome 2430 - E.M. Merck	Retrd.	1989	6.20	8
1994	My Buddy 2474 - E.M. Merck	Open		7.75	8
1995	Pilot with Legs 2484 - Inge-Glas	Open		22.50	23
1993	Pinocchio 2459 - E.M. Merck	Open		9.90	10
1992	Pirate 2451 - E.M. Merck	Open		7.45	8
1986	Pixie with Accordion 2406 - E.M. Merck	Retrd.	1989	4.95	7
1987	Punch 2424 - E.M. Merck	Open		8.70	9
1995	Punch with Legs 2489 - Inge-Glas	Open		22.95	23
1994	Razzle-Dazzle 2479 - E.M. Merck	Open		17.65	18
1994	Roly-Poly 2478 - E.M. Merck	Open		24.00	24
1984	Roly-Poly Keystone Cop 241015 - E.M. Merck	Retrd.	1988	9.90	17
1995	Rosen Cavalier 2490 - Inge-Glas	Open		28.95	29
1993	Sailor 2457 - E.M. Merck	Open		7.55	8
1995	Sailor Boy 2488 - Inge-Glas	Open		7.95	8
1986	Sailor Head 2404 - E.M. Merck	Retrd.	1990	7.45	18
1993	Santa's Helper 2456 - E.M. Merck	Open		6.00	6
1986	School Boy 2415 - E.M. Merck	Retrd.	1989	4.95	8
1984	Scotsman 241017 - E.M. Merck	Retrd.	1988	6.20	16
1990	Scout 2440 - E.M. Merck	Open		9.25	10
1987	Scrooge 2427 - E.M. Merck	Retrd.	1995	8.55	9
1994	Show Time 2480 - E.M. Merck	Open		18.90	19
1989	Small Clown Head 2436 - E.M. Merck	Retrd.	1993	6.65	7
1985	Small Fat Boy 241028 - E.M. Merck	Open		5.55	6
1993	Small Jester 2463 - E.M. Merck	Open		7.35	8
1993	Small Snowman 2462 - E.M. Merck	Open		6.00	6
1992	Snowman in Chimney 2447 - E.M. Merck	Open		10.50	11
1993	Snowman on Icicle 2469 - E.M. Merck	Open		15.45	16
1990	Snowman on Reflector 2445 - E.M. Merck	Retrd.	1993	10.35	14
1989	Snowman with Broom 2437 - E.M. Merck	Open		6.45	7
1993	Turquoise Clown 2461 - E.M. Merck	Open		6.45	7
1986	Uncle Sam 2413 - E.M. Merck	Open		10.80	11
1985	Waiter in Tuxedo 241047 - E.M. Merck	Retrd.	1989	7.00	18
1993	Winking Leprechaun 2453 - E.M. Merck	Open		6.55	7

Collector's Editions - Various

YEAR ISSUE		EDITION LIMIT	YEAR RETD.	ISSUE PRICE	QUOTE U.S.$
1995	Admiral Perry 1581 - Inge-Glas	Open		25.00	25
1992	Angel on Balloon 1527 - E.M. Merck	Open		22.50	23
1992	Angel on Swan with Tinsel Wire 1526 - E.M. Merck	Open		21.50	22
1992	Angel with Tinsel Wire 1522 - E.M. Merck	Retrd.	1993	55.00	65
1993	Angel with Wings 1556 - E.M. Merck	Retrd.	1993	12.50	24
1995	Antique Style Airplane 1549 - Inge-Glas	Open		27.50	28
1995	Antique Style Zeppelin 1546 - E.M. Merck	Open		19.95	20
1994	Assorted Pumpkin People 1580 - E.M. Merck	Open		19.75	20
1992	Brilliant Peacock with Wings 1552 - E.M. Merck	Open		23.00	23
1992	Cherub Above Ball 1528 - E.M. Merck	Open		23.65	24
1995	Christmas Eve 1596 - E.M. Merck	Open		12.50	13
1993	Christmas Heart 1593 - E.M. Merck	Retrd.	1993	10.00	14
1995	Christmas Time 1543 - Inge-Glas	Open		39.50	40
1992	Dresden Santa with Tinsel Wire 1525 - E.M. Merck	Open		21.50	22
1992	Father Christmas on Balloon 1529 - E.M. Merck	Open		22.50	23
1992	Flying Peacock with Wings 1550 - E.M. Merck	Open		22.50	23
1992	Flying Songbird with Wings 1551 - E.M. Merck	Open		21.75	22
1993	Guardian Angel with Wire 1562 - E.M. Merck	Open		20.00	20
1993	Hansel and Gretal 1511 - E.M. Merck	2,400		45.00	50
1993	Heavenly Angel 1563 - E.M. Merck	Open		20.00	20
1995	Ho-Ho-Ho 1597 - Inge-Glas	Open		32.50	33
1995	Lg. Christmas Carousel 1585 - E.M. Merck	Open		79.50	80
1990	Night Before Christmas Ball 1501 - E.M. Merck	500	1993	72.50	85
1992	Nightingale with Wings 1553 - E.M. Merck	Open		21.00	21
1992	Nutcracker Ornament 1510 - E.M. Merck	Retrd.	1993	33.75	55-93
1995	Parachuting Santa 1547 - E.M. Merck	Open		59.50	60
1995	Sailing Santa 1598 - Inge-Glas	Open		39.50	40
1993	Santa with Hot Air Balloon 1570 - E.M. Merck	Open		38.85	39
1992	Santa with Tinsel Wire 1521 - E.M. Merck	Retrd.	1993	55.00	65
1992	Santa's Departure 1503 - E.M. Merck	500	1994	72.50	73
1991	Santa's Visit 1502 - E.M. Merck	500	1994	72.50	80
1993	Scrap Victorian Angel on Balloon 1566 - E.M. Merck	Open		50.00	50
1993	Scrap Victorian Santa on Balloon 1565 - E.M. Merck	Open		50.00	50
1992	Snowman with Tinsel Wire 1523 - E.M. Merck	Retrd.	1993	32.50	40
1992	Very Large Ball with Icicle Drop 1532 - E.M. Merck	Open		59.50	60
1992	Very Large Ball with Reflectors 1531 - E.M. Merck	Open		59.50	60
1992	Very Large Drop with Reflectors 1533 - E.M. Merck	Open		59.50	60
1987	Very Large Icicle 1534 - E.M. Merck	Open		59.50	60
1992	Very Large Mushroom with Flower 1530 - E.M. Merck	Open		59.50	60
1995	Very large Wizard w/ Owl 1586 - E.M. Merck	Open		95.00	95
1995	Victorian Child in Manger 1544 - Inge-Glas	Open		27.50	28
1995	Victorian Parosol 1548 - E.M. Merck	Open		25.00	25
1993	Victorian Santa on Heart 1564 - E.M. Merck	Open		12.95	13

Easter - E.M. Merck

YEAR ISSUE		EDITION LIMIT	YEAR RETD.	ISSUE PRICE	QUOTE U.S.$
1988	Gentleman Chick 9311	Retrd.	1993	22.50	23
1988	Gentleman Rabbit 9301	Retrd.	1993	25.00	25
1988	Lady Chick 9312	Retrd.	1993	22.50	23

Easter Light Covers - E.M. Merck

YEAR ISSUE		EDITION LIMIT	YEAR RETD.	ISSUE PRICE	QUOTE U.S.$
1988	Assorted Easter Egg 9331-1	Retrd.	1993	3.95	7
1988	Assorted Pastel Egg 9335-1	Retrd.	1994	2.95	3
1988	Bunny 9333-4	Retrd.	1994	4.20	5
1988	Bunny in Basket 9333-6	Retrd.	1994	4.20	5
1988	Chick 9333-3	Retrd.	1994	4.20	5
1988	Chick in Egg 9333-5	Retrd.	1994	4.20	5
1988	Hen in Basket 9333-1	Retrd.	1994	4.20	5
1988	Rabbit in Egg 9333-2	Retrd.	1994	4.20	5

Fruits & Vegetables - Various

YEAR ISSUE		EDITION LIMIT	YEAR RETD.	ISSUE PRICE	QUOTE U.S.$
1994	Apple Slice 2884 - E.M. Merck	Open		9.45	10
1993	Apple Tree 2874 - E.M. Merck	Open		8.90	9
1995	Apple Tree 2888 - E.M. Merck	Open		9.95	10
1990	Apples on Form 2837 - E.M. Merck	Open		9.00	9
1990	Apricot 2831 - E.M. Merck	Open		6.55	7
1993	Asparagus 2876 - E.M. Merck	Open		10.60	11
1984	Banana 281020 - E.M. Merck	Open		8.00	8
1989	Berry 2822 - E.M. Merck	Open		2.70	3
1992	Candied Apple 2860 - E.M. Merck	Open		8.70	9
1986	Carrot with Leaf 2802 - E.M. Merck	Open		7.35	8
1990	Cherries on Form 2825 - E.M. Merck	Retrd.	1993	9.00	10
1993	Chestnut 2869 - E.M. Merck	Open		6.00	6
1989	Cucumber 2820 - E.M. Merck	Retrd.	1989	6.65	9
1991	Double Mushroom 2850 - E.M. Merck	Open		6.65	7
1990	Fancy Strawberry 2845 - E.M. Merck	Open		5.55	6
1994	French Carrot 2886 - E.M. Merck	Open		4.45	5
1990	Fruit Basket 2838 - E.M. Merck	Open		7.80	8
1992	Fruit Basket on Form 2859 - E.M. Merck	Open		9.25	10
1995	Fruit Centerpiece 2893 - E.M. Merck	Open		8.50	9
1990	Fruits on Form 2842 - E.M. Merck	Open		10.35	11
1993	Garlic 2878 - E.M. Merck	Open		7.00	7
1990	Gold Grapes 2840 - E.M. Merck	Open		6.75	7
1988	Gold Walnut 2817 - E.M. Merck	Open		2.00	2
1985	Grapes on Form 281038 - E.M. Merck	Retrd.	1987	7.00	7
1994	Grapes with Butterfly 2887 - E.M. Merck	Open		9.50	10
1986	Grapes with Green Glitter 2807 - E.M. Merck	Open		4.75	5
1987	Green Pepper 2812 - E.M. Merck	Open		8.00	8
1989	Gurken 2823 - E.M. Merck	Open		2.70	3
1991	Harvest Grapes 2854 - E.M. Merck	Open		9.25	10
1995	Indian Corn 2892 - E.M. Merck	Open		10.95	11
1986	Large Acorn 2803 - E.M. Merck	Open		6.65	7
1985	Large Basket of Grapes 281053 - E.M. Merck	Open		10.35	11
1993	Large Candied Apple 2882 - E.M. Merck	Open		12.95	13
1995	Large Concord Grapes 2889 - E.M. Merck	Open		10.95	11
1993	Large Cornucopia 2877 - E.M. Merck	Open		25.00	25
1995	Large Frosted Grapes 2895 - Inge-Glas	Open		27.50	28
1989	Large Frosted Strawberry 2821 - E.M. Merck	Open		6.00	6
1991	Large Fruit Basket 2849 - E.M. Merck	Open		12.50	13
1990	Large Golden Apple 2829 - E.M. Merck	Open		8.55	9
1984	Large Matte Corn 281033 - E.M. Merck	Open		9.25	10
1985	Large Pear with Leaf 281072 - E.M. Merck	Open		7.35	8
1991	Large Purple Grapes with Leaves 2852 - E.M. Merck	Open		6.75	/
1991	Large Raspberry 2855 - E.M. Merck	Open		7.90	8
1990	Large Red Apple 2828 - E.M. Merck	Open		8.55	9
1985	Large Strawberry 2841432 - E.M. Merck	Retrd.	1993	4.20	7
1990	Large Strawberry with Flower 2841 - E.M. Merck	Retrd.	1993	10.50	16
1985	Large Strawberry with Glitter 287282 - E.M. Merck	Open		6.45	7
1993	Large Sugar Pear 2881 - E.M. Merck	Open		12.95	13
1992	Large Tomato 2858 - E.M. Merck	Open		7.45	8
1986	Large Walnut 2804 - E.M. Merck	Open		3.60	4
1990	Lime 2839 - E.M. Merck	Open		3.50	4
1988	Miniature Grapes 2816 - E.M. Merck	Open		3.00	3
1993	Miniature Mushrooms 2880 - E.M. Merck	Open		4.00	4
1985	Mr. Apple 281071 - E.M. Merck	Retrd.	1988	6.20	14
1984	Mr. Pear 281023 - E.M. Merck	Retrd.	1993	6.75	7
1993	Mushroom Face 2873 - E.M. Merck	Open		5.85	6
1994	New Potato 2883 - E.M. Merck	Open		5.80	6
1987	Onion 2810 - E.M. Merck	Retrd.	1989	8.25	45
1992	Orange 2857 - E.M. Merck	Open		7.00	7
1994	Orange Slice 2885 - E.M. Merck	Open		9.45	10
1993	Pea Pod 2875 - E.M. Merck	Open		9.60	10
1990	Peach 2846 - E.M. Merck	Open		7.65	8
1993	Pear Face 2871 - E.M. Merck	Open		8.35	9
1986	Pear with Face 2805 - E.M. Merck	Open		7.00	7
1986	Pear with Leaf 2809 - E.M. Merck	Open		5.55	6
1984	Pickle 281018 - E.M. Merck	Open		7.00	7
1987	Plum With Leaf 2813 - E.M. Merck	Open		7.35	8
1987	Potato 2811 - E.M. Merck	Open		8.45	9
1986	Pumpkin Head 2801 - E.M. Merck	Open		7.35	8
1985	Purple Grapes 283765 - E.M. Merck	Open		5.75	6
1990	Raspberry 2835 - E.M. Merck	Retrd.	1993	6.20	7
1995	Red Onion 2896 - E.M. Merck	Open		8.95	9
1991	Red Pepper 2853 - E.M. Merck	Open		9.45	10
1989	Shiny Corn 2818 - E.M. Merck	Open		5.50	6
1992	Shiny Red Apple 2856 - E.M. Merck	Open		6.55	7
1987	Small Apple With Leaf 2814 - E.M. Merck	Open		5.75	6
1989	Small Matte Corn 2819 - E.M. Merck	Open		4.50	5
1986	Small Pear with Leaf 2808 - E.M. Merck	Open		4.75	5
1995	Small Plum 2891 - E.M. Merck	Open		4.50	5
1985	Small Purple Grapes 2841047 - E.M. Merck	Open		4.00	4
1995	Small Rasberry 2890 - E.M. Merck	Open		3.75	4
1988	Small Tomato 2815 - E.M. Merck	Open		4.00	4
1991	Strawberries/Flower on Form 2851 - E.M. Merck	Retrd.	1994	8.55	9
1986	Strawberry 2806 - E.M. Merck	Open		4.75	5
1990	Strawberry Cluster 2836 - E.M. Merck	Open		5.20	6
1992	Sugar Grapes 2865 - E.M. Merck	Open		7.45	8
1993	Sugar Harvest Grapes 2866 - E.M. Merck	Open		9.70	10
1992	Sugar Lemon 2862 - E.M. Merck	Open		7.45	8
1992	Sugar Pear 2863 - E.M. Merck	Open		7.00	7
1992	Sugar Plum 2861 - E.M. Merck	Open		7.55	8
1993	Sugar Raspberry 2867 - E.M. Merck	Open		8.55	9
1992	Sugar Strawberry 2864 - E.M. Merck	Open		7.65	8
1990	Sweet Pickle 2833 - E.M. Merck	Open		4.50	5

CHRISTMAS ORNAMENTS

Old World Christmas to Old World Christmas

YEAR ISSUE		EDITION LIMIT	YEAR RETD.	ISSUE PRICE	QUOTE U.S.$
1993	Translucent Grapes with 18KT Gold 2879 - E.M. Merck	Open		7.25	8
1991	Very Large Apple 2848 - E.M. Merck	Retrd.	1993	10.60	12
1991	Very Large Pear 2847 - E.M. Merck	Retrd.	1993	10.60	12
1985	Very Large Strawberry 281050 - E.M. Merck	Open		9.25	10
1990	Watermelon Slice 2844 - E.M. Merck	Open		11.00	11
1990	White Grapes 2834 - E.M. Merck	Open		6.75	7

Halloween Light Covers - E.M. Merck

YEAR ISSUE		EDITION LIMIT	YEAR RETD.	ISSUE PRICE	QUOTE U.S.$
1989	Dancing Scarecrow 9241-3	Retrd.	1994	7.65	8
1987	Devil 9223-5	Retrd.	1993	3.95	6
1987	Ghost w/Pumpkin 9221-2	Retrd.	1994	3.95	4
1987	Haunted House 9223-1	Retrd.	1994	3.95	4
1987	Jack O'Lantern 9221-1	Retrd.	1993	3.95	6
1989	Man in the Moon 9241-5	Retrd.	1993	7.65	16
1989	Pumpkin Face 9241-6	Retrd.	1994	7.65	8
1987	Pumpkin w/Top Hat 9223-6	Retrd.	1994	3.95	4
1987	Sad Pumpkin 9221-5	Retrd.	1993	3.95	6
1987	Scarecrow 9221-3	Retrd.	1993	3.95	6
1987	Six Halloween Light Covers 9221	Retrd.	1994	25.00	29
1987	Six Halloween Light Covers 9223	Retrd.	1993	25.90	27
1987	Skull 9221-6	Retrd.	1994	3.95	4
1987	Smiling Cat 9223-2	Retrd.	1993	3.95	6
1987	Smiling Ghost 9223-4	Retrd.	1994	3.95	4
1989	Spider 9241-1	Retrd.	1994	7.65	8
1987	Standing Witch 9223-3	Retrd.	1994	3.95	4
1987	Witch Head 9221-4	Retrd.	1993	3.95	6
1989	Witch Head 9241-2	Retrd.	1994	7.65	8
1989	Wizard 9241-4	Retrd.	1993	7.65	16

Hanging Birds - E.M. Merck

YEAR ISSUE		EDITION LIMIT	YEAR RETD.	ISSUE PRICE	QUOTE U.S.$
1988	Bird House 1611	Open		10.35	11
1994	Bird in Nest 1634	Open		19.90	20
1992	Birdie 1620	Open		8.80	9
1985	Blue Bird with Wings 161100	Retrd.	1991	7.65	8
1992	Brilliant Hanging Snowbird 1625	Open		9.80	10
1993	Cardinal on Form 1627	Open		7.55	8
1985	Cardinal with Wings 161098	Retrd.	1994	10.95	11
1984	Chick in Egg 161013	Open		8.25	9
1991	Chick on Form 1619	Retrd.	1993	8.00	9
1984	Cock Robin 161012	Retrd.	1995	7.00	7
1990	Duck 1613	Open		6.20	7
1992	Exotic Bird 1623	Open		10.35	11
1985	Fancy Peacock 161066	Open		9.25	10
1987	Fat Rooster 1610	Open		10.35	11
1992	Gentleman Chick 1621	Open		7.65	8
1995	Golden Pheasant 1635	Open		11.95	12
1993	Hanging Parrot 1631	Open		9.60	10
1993	Hanging Pastel Bird 1630	Open		10.50	11
1992	Large German Songbird 1624	Open		11.25	12
1986	Large Owl with Stein 1604	Retrd.	1989	10.00	24
1991	Large Parrot on Ball 1617	Open		11.00	11
1992	Messenger Bird 1626	Open		6.75	7
1986	Owl on Form 1601	Open		11.00	11
1986	Parrot in Cage 1606	Open		7.45	8
1993	Parrot on Reflector 1632	Open		12.25	13
1993	Rooster at Hen House 1629	Open		10.25	11
1986	Rooster on Form 1603	Retrd.	1989	6.65	7
1994	Royal Swan 1633	Open		27.75	28
1986	Small Owl 1607	Open		5.75	6
1992	Snowy Owl 1622	Open		6.00	6
1990	Songbird on Form 1614	Retrd.	1994	8.80	9
1991	Songbird on Heart (A) 1618	Retrd.	1993	8.25	9
1986	Songbirds on Ball 1602	Retrd.	1994	9.25	10
1986	Standing Owl 1608	Open		8.90	9
1993	Stork with Baby 1628	Open		9.60	10
1986	Swan on Form 1605	Open		8.35	9
1988	Swans on Lake 1612	Open		7.80	8
1985	Turkey 161058	Retrd.	1989	8.00	8
1990	Turkey 1615	Open		9.00	9
1990	Wise Owl 1616	Open		8.35	9

Hearts - E.M. Merck

YEAR ISSUE		EDITION LIMIT	YEAR RETD.	ISSUE PRICE	QUOTE U.S.$
1987	Burgundy Heart with Glitter 3004	Open		6.75	7
1989	Double Heart 3008	Open		3.00	3
1993	Frost Red Translucent Heart 3012	Open		6.45	7
1992	Heart with Flowers 3010	Retrd.	1993	9.50	11
1987	Heart with Ribbon 3003	Open		8.45	9
1995	Holly Heart 3014	Open		9.50	10
1985	Large Matte Red Heart 306925	Open		5.30	6
1988	Large Red Glitter Heart 3006	Open		8.45	9
1993	Merry Christmas Heart 3013	Open		7.20	8
1985	Pink Heart with Glitter 306767	Open		6.75	7
1992	Scrap Angel on Heart (A) 3011	Open		8.35	9
1986	Small Gold Heart with Star 3001	Retrd.	1993	2.85	5
1986	Small Red Heart with Star 3002	Open		2.95	3
1989	Smooth Heart 3009	Open		2.25	3
1989	Strawberry Heart 3007	Open		3.00	3
1988	Valentine 3005	Open		5.75	6

Household Items - E.M. Merck

YEAR ISSUE		EDITION LIMIT	YEAR RETD.	ISSUE PRICE	QUOTE U.S.$
1988	Baby's Shoe 3205	Open		7.35	8
1993	Beer Stein 3214	Open		10.95	11
1986	Black Stocking 3203	Retrd.	1993	9.45	23
1995	Cheers 3222	Open		6.95	7
1993	Christmas Shoe 3212	Open		8.25	9
1985	Clip-On Candle 321063	Open		12.95	13
1986	Cuckoo Clock 3202	Open		9.25	10
1993	Elegant Chocolate Pot 3216	Open		12.85	13
1985	Fancy Coffee Pot 321092	Open		13.95	14
1993	Fancy Purse 3215	Open		6.00	6
1993	Fancy Teapot 3213	Open		8.75	9
1992	Flapper Purse 3211	Open		9.25	10
1985	Lady's Fan 321093	Open		6.65	7
1985	Large Purse 321095	Open		7.00	7
1991	Money Bag 3206	Retrd.	1994	7.00	7
1985	Pastel Umbrella (A) 321091	Retrd.	1993	11.00	13
1991	Pipe (A) 3207	Open		9.00	9
1985	Pocket Watch 326729	Open		5.85	6
1986	Red Stocking 3201	Retrd.	1987	9.00	16
1995	Ruby Slipper 3223	Open		6.95	7
1991	Small Cuckoo Clock 3209	Open		7.00	7
1991	Small Wine Barrel 3210	Retrd.	1993	6.30	7
1985	Very Large Pink Umbrella 321103	Retrd.	1986	29.50	40
1985	Wall Clock 321060	Open		11.00	11
1988	Wine Barrel 3204	Retrd.	1990	7.00	10

Icicles - E.M. Merck

YEAR ISSUE		EDITION LIMIT	YEAR RETD.	ISSUE PRICE	QUOTE U.S.$
1988	Long Champagne Icicle 3401	Retrd.	1988	7.25	10
1985	Long Silver Icicle 3450380	Open		7.00	7

Light Covers - E.M. Merck

YEAR ISSUE		EDITION LIMIT	YEAR RETD.	ISSUE PRICE	QUOTE U.S.$
1984	3 Men in a Tub 529007-1	Retrd.	1986	1.60	7
1986	Angel on Bell 529023-5	Retrd.	1991	3.95	7
1995	Angel with Star 5288	Open		3.95	4
1985	Apple 529011-5	Retrd.	1989	3.00	7
1986	Assorted Alphabet Blocks 529043-1	Retrd.	1991	4.50	7
1984	Assorted Animals, set of 6 529003	Retrd.	1987	10.35	39
1986	Assorted Bells, set of 6 529023	Retrd.	1993	22.50	39
1988	Assorted Birds 529057-1	Retrd.	1990	3.95	7
1986	Assorted Easter Eggs 529031-1	Retrd.	1993	3.00	7
1988	Assorted Fast Food 529055-1	Retrd.	1991	3.95	7
1984	Assorted Figurals, set of 6 529005	Retrd.	1987	10.35	39
1989	Assorted Fir Cone 529209-1	Retrd.	1991	2.85	7
1993	Assorted Frosty Bell 5275	Retrd.	1993	5.65	6
1985	Assorted Fruit, set of 6 529011	Retrd.	1989	20.00	39
1985	Assorted Heads, set of 6 529009	Retrd.	1988	10.35	39
1986	Assorted Peach Roses 529045-4	Retrd.	1990	3.95	7
1986	Assorted Pink Roses 529045-3	Open		3.95	7
1986	Assorted Red Roses 529045-1	Open		3.95	7
1986	Assorted Roses, set of 6 529045	Retrd.	1991	22.50	39
1985	Assorted Santas, set of 6 529015	Retrd.	1992	20.00	39
1989	Assorted Sea Shells 529301-4	Retrd.	1992	3.50	7
1991	Assorted Snowmen 529305-1	Retrd.	1993	5.55	8
1995	Assorted Snowmen 5301	Open		3.95	4
1995	Assorted Snowmen 5301	Open		5.00	5
1991	Assorted Spun Glass Globe 529213-1	Open		3.50	7
1995	Assorted Tropical Fish 5280	Open		3.95	4
1986	Assorted Yellow Roses 529045-2	Retrd.	1990	3.95	7
1985	Automobile 529019-3	Retrd.	1988	2.70	7
1985	Balloon 529019-2	Retrd.	1988	2.70	7
1984	Bear 519003-3	Retrd.	1987	2.50	7
1986	Blue Father Christmas 529047-3	Retrd.	1992	3.95	7
1986	Bunny 529033-4	Retrd.	1993	3.60	7
1995	Bunny 5293	Open		3.95	4
1986	Bunny in Basket 529033-6	Retrd.	1993	3.60	7
1995	Butterfly on Form 5284	Open		3.95	4
1985	Cable Car 529019-5	Retrd.	1988	2.70	7
1984	Carousel 529005-3	Retrd.	1987	2.70	7
1986	Chick 529033-3	Retrd.	1993	3.60	7
1986	Chick in Egg 529033-5	Retrd.	1993	3.60	7
1986	Christmas Carol 529053	Retrd.	1991	25.00	39
1988	Christmas Tree 529051-4	Retrd.	1992	3.95	7
1984	Church on Ball 529005-6	Retrd.	1987	2.50	7
1995	Circus Clown 5286	Open		3.95	4
1985	Clara-The Doll 529017-1	Retrd.	1989	2.70	7
1985	Clear Icicle 529205-1	Open		3.50	7
1995	Clear Icicle 5298	Open		3.95	4
1985	Clear Icicles, set of 6 529205	Retrd.	1989	20.00	39
1984	Clown 529001-5	Retrd.	1986	1.60	7
1988	Clown 529051-6	Retrd.	1991	3.95	7
1985	Clown Head 529009-1	Retrd.	1988	1.60	7
1995	Clown on Ball 5297	Open		3.95	4
1995	Cone with Face 5291	Open		3.95	4
1988	Cornucopia 529049-1	Retrd.	1992	3.95	7
1988	Doll 529051-2	Retrd.	1993	3.95	4
1993	Doll Head 5202	Retrd.	1993	5.65	6
1985	Doll Head 529009-4	Retrd.	1988	1.60	7
1988	Drum 529051-1	Retrd.	1992	3.95	7
1988	Ear of Corn 529049-6	Retrd.	1992	3.95	7
1984	Elephant 529003-4	Retrd.	1987	1.60	7
1985	Father Christmas 529009-5	Retrd.	1990	3.00	7
1986	Father Christmas Set 529047	Retrd.	1992	25.00	39
1984	Flower Basket 529005-1	Retrd.	1987	1.60	7
1989	Frog 529303-6	Retrd.	1993	6.45	9
1995	Frog 5296	Open		3.95	4
1993	Frosty Acorn 5276	Retrd.	1994	5.65	6
1993	Frosty Cone 5271	Retrd.	1994	5.65	6
1993	Frosty Icicle 5272	Retrd.	1993	5.65	6
1993	Frosty Red Rose 5277	Retrd.	1993	5.65	6
1993	Frosty Snowman 5270	Retrd.	1993	5.65	6
1993	Frosty Tree 5273	Retrd.	1993	5.65	6
1984	Gnome 529001-1	Retrd.	1986	1.60	7
1985	Grapes 529011-3	Retrd.	1989	3.00	7
1995	Grapes with Leaves 5282	Open		3.95	4
1986	Green Father Christmas 529047-2	Retrd.	1992	3.95	7
1984	Hedgehog 529003-5	Retrd.	1987	1.60	7
1986	Hen in Basket 529033-1	Retrd.	1993	3.60	7
1995	Horse Head 5290	Open		3.95	4
1984	House 529005-2	Retrd.	1987	1.60	7
1995	Humpty Dumpty 5281	Open		3.95	4
1988	Indian 529049-5	Retrd.	1992	3.95	7
1985	King 529013-3	Retrd.	1988	2.70	7
1989	Kitten 529303-3	Retrd.	1993	6.45	8
1984	Lil' Boy Blue 529007-5	Retrd.	1986	1.60	7
1985	Lil' Rascal Head 529009-6	Retrd.	1988	1.60	7
1985	Locomotive 529019-4	Retrd.	1988	2.70	7
1985	Marie-The Girl 529017-3	Retrd.	1989	2.70	7
1985	Mouse King 529017-5	Retrd.	1989	2.70	7
1984	Mrs. Claus 529001-4	Retrd.	1986	1.60	7
1985	Nutcracker 529017-4	Retrd.	1989	2.70	7
1995	Nutcracker King 5294	Open		3.95	4
1986	Nutcracker on Bell 529023-6	Retrd.	1993	3.95	7
1985	Nutcracker Suite Figures, set of 6 529017	Retrd.	1989	19.00	39
1985	Orange 529011-6	Retrd.	1989	3.00	3
1984	Owl 529003-2	Retrd.	1987	1.60	7
1989	Panda 529303-1	Retrd.	1994	6.45	7
1985	Pastel Icicles 529207	Retrd.	1989	N/A	N/A
1984	Peacock 519003-6	Retrd.	1987	2.70	7
1993	Peacock 5203	Retrd.	1993	5.65	6
1985	Pear 529011-1	Retrd.	1989	3.00	7
1988	Pilgrim Boy 529049-3	Retrd.	1992	3.95	7
1988	Pilgrim Girl 529049-4	Retrd.	1992	3.95	7
1985	Pineapple 529011-4	Retrd.	1989	3.00	7
1985	Pink Heart 529201-3	Retrd.	1989	2.85	7
1989	Puppy 529303-4	Retrd.	1994	6.45	8
1986	Purple Father Christmas 529047-6	Retrd.	1992	3.95	7
1984	Queen of Heart 529007-3	Retrd.	1986	2.70	7
1986	Rabbit in Egg 529033-2	Retrd.	1993	3.60	7
1986	Red Father Christmas 529047-1	Retrd.	1992	3.95	7
1986	Red Father Christmas 529047-4	Retrd.	1992	3.95	7
1985	Red Heart 529201-1	Retrd.	1990	2.85	7
1985	Red Riding Hood 529009-2	Retrd.	1988	1.60	7
1986	Rocking Horse on Bell 529023-4	Retrd.	1990	3.95	7
1985	Roly-Poly Santa 529015-6	Retrd.	1989	3.00	7
1995	Round Santa Head 5295	Open		3.95	4
1984	Santa Head 529005-4	Retrd.	1987	2.70	7
1985	Santa Head 529009-3	Retrd.	1988	3.00	7
1995	Santa in Chimney 5292	Open		3.95	4
1986	Santa on Bell 529023-3	Retrd.	1990	3.95	7
1984	Santa on Heart 529005-5	Retrd.	1987	3.00	7
1985	Santa with Tree 529015-3	Retrd.	1992	3.00	7
1985	School Bus 529019-6	Retrd.	1991	2.70	7
1985	Six Red & White Hearts 529201	Retrd.	1989	15.00	15
1992	Six Snowmen 529305	Retrd.	1993	29.00	42
1984	Snowman 519001-2	Retrd.	1986	2.50	7
1995	Snowman 5289	Open		3.95	4
1995	Snowy House 5287	Open		3.95	4
1985	Soldier with Drum 529013-1	Retrd.	1988	2.70	7
1985	Soldier with Gun 529013-2	Retrd.	1988	2.70	7
1985	Soldiers, set of 6 529013	Retrd.	1988	17.95	39
1989	Squirrel 529303-2	Retrd.	1994	6.45	7
1984	Standing Santa 529001-3	Retrd.	1987	3.00	7
1988	Stocking 529051-3	Retrd.	1992	3.95	7
1985	Strawberry 529011-2	Retrd.	1989	3.00	7
1993	Sugar Fruit Basket 5256	Retrd.	1994	5.65	6
1993	Sugar Plum 5253	Retrd.	1993	5.65	6
1985	Sugar Plum Fairy 529017-6	Retrd.	1989	2.70	7
1993	Sugar Strawberry 5251	Retrd.	1993	5.65	6
1989	Swan 529303-5	Retrd.	1994	6.45	8
1986	Teddy Bear 529023-2	Retrd.	1990	3.95	7
1988	Teddy Bear 529051-5	Retrd.	1992	3.95	7
1995	Teddy Bear w/Vest 5283	Open		3.95	4
1986	Teddy Bear with Ball 529041-5	Retrd.	1994	3.95	4
1986	Teddy Bear with Candy Cane 529041-1	Retrd.	1992	3.95	7
1986	Teddy Bear with Nightshirt 529041-4	Retrd.	1994	3.95	4
1986	Teddy Bear with Red Heart 529041-2	Retrd.	1992	3.95	7
1986	Teddy Bear with Tree 529041-3	Retrd.	1992	3.95	7
1986	Teddy Bear with Vest 529041-6	Open	1992	3.95	4
1986	Teddy Bears, set of 6 529041	Retrd.	1991	25.00	39
1988	Thanksgiving, set of 6 529049	Retrd.	1992	25.00	39
1988	Toy, set of 6 529051	Retrd.	1992	25.00	39
1985	Transportation Set 529019	Retrd.	1988	17.90	39
1986	Tree on Bell 529023-1	Retrd.	1991	3.95	7
1985	Tug Boat 529019-1	Retrd.	1988	2.70	7
1988	Turkey 529049-2	Retrd.	1992	3.95	7
1986	White Father Christmas 529047-5	Retrd.	1992	3.95	7
1985	White Heart 529201-2	Retrd.	1989	2.85	7
1995	Wise Owl 5285	Open		3.95	4

Miscellaneous Forms - Various

YEAR ISSUE		EDITION LIMIT	YEAR RETD.	ISSUE PRICE	QUOTE U.S.$
1995	Assorted Apricot Tulips 3676 - E.M. Merck	Open		6.95	7
1990	Assorted Christmas Flowers 3626 - E.M. Merck	Retrd.	1994	8.00	8
1990	Assorted Christmas Stars 3620 - E.M. Merck	Open		7.00	7
1993	Assorted Fantasy Form with Wire 3650 - E.M. Merck	Retrd.	1994	20.00	20
1992	Assorted Northern Stars 3640 - E.M. Merck	Open		6.20	7
1990	Assorted Pastel Fantasy Forms 3627 - E.M. Merck	Open		6.25	7

YEAR ISSUE		EDITION LIMIT	YEAR RETD.	ISSUE PRICE	QUOTE U.S.$
1995	Assorted Red Tulips 3673 - E.M. Merck	Open		6.95	7
1992	Assorted Spirals 3636 - E.M. Merck	Open		8.25	9
1992	Basket of Roses 3638 - E.M. Merck	Open		11.00	11
1992	Christmas Ball with Roses 3634 - E.M. Merck	Open		9.45	10
1995	Christmas Cactus 3679 - E.M. Merck	Open		32.50	33
1989	Christmas Lantern 3611 - E.M. Merck	Open		7.80	8
1992	Christmas Shamrock 3632 - E.M. Merck	Open		9.25	10
1990	Clip-On Pink Rose 3628 - E.M. Merck	Open		9.25	10
1988	Clip-On Tulip (A) 3605 - E.M. Merck	Open		8.70	9
1993	Crown 3642 - E.M. Merck	Open		8.90	9
1989	Edelweiss 3614 - E.M. Merck	Open		3.00	3
1990	Edelweiss on Form 3618 - E.M. Merck	Open		8.25	9
1992	Fantasy Christmas Form 3635 - E.M. Merck	Open		9.00	9
1995	Firecracker 3663 - E.M. Merck	Open		6.95	7
1995	Flag on Ball 3661 - E.M. Merck	Open		8.50	9
1986	Flower Basket 3601 - E.M. Merck	Open		10.25	11
1989	Flower Bouquet in Basket 3610 - E.M. Merck	Open		9.45	10
1989	Flower with Butterfly 3609 - E.M. Merck	Retrd.	1993	9.75	11
1992	Garden Flowers 3639 - E.M. Merck	Open		9.00	9
1995	Golden Conical Shell 3675 - E.M. Merck	Open		6.95	7
1995	Golden Sea Shell 3674 - E.M. Merck	Open		6.95	7
1995	Harvest Basket 3670 - E.M. Merck	Open		11.50	12
1985	Ice Cream Cone 3637164 - E.M. Merck	Retrd.	1988	14.60	18
1988	Ice Cream Cone with Glitter 3604 - E.M. Merck	Open		13.40	14
1990	Large Conical Shell 3629 - E.M. Merck	Retrd.	1993	8.70	10
1993	Large Conical Shell 3646 - E.M. Merck	Open		7.35	8
1995	Large Peace Rose 3677 - E.M. Merck	Open		9.95	10
1992	Large Ribbed Ball with Roses 3633 - E.M. Merck	Open		7.00	7
1990	Large Sea Shell 3625 - E.M. Merck	Open		8.35	9
1990	Large Snowflake 3622 - E.M. Merck	Open		13.00	13
1995	Lucky Penny 3664 - Inge-Glas	Open		11.95	12
1993	Lucky Shamrock 3643 - E.M. Merck	Retrd.	1993	7.80	15
1993	Merry Christmas Ball 3645 - E.M. Merck	Open		7.45	8
1989	Morning Glories 3608 - E.M. Merck	Open		8.90	9
1989	Mr. Sunflower 3612 - E.M. Merck	Open		7.80	8
1995	Olympic Torch 3678 - E.M. Merck	Open		32.50	33
1992	Pansy 3637 - E.M. Merck	Open		7.35	8
1995	Patriotic Ball 3666 - E.M. Merck	Open		11.50	12
1995	Patriotic Star 3665 - E.M. Merck	Open		6.95	7
1985	Pink Rose with Glitter 366828 - E.M. Merck	Open		4.95	5
1990	Pink Sea Shell 3623 - E.M. Merck	Open		7.00	7
1990	Poinsettia Blossom 3630 - E.M. Merck	Open		11.60	12
1992	Poinsettia on Form 3631 - E.M. Merck	Open		7.35	8
1990	Poinsettias 3619 - E.M. Merck	Open		9.90	10
1989	Red Rose on Form 3607 - E.M. Merck	Open		5.85	6
1989	Ribbed Ball with Roses 3615 - E.M. Merck	Open		3.00	3
1989	Rose 3616 - E.M. Merck	Open		2.40	3
1990	Shamrock on Form 3621 - E.M. Merck	Open		5.55	6
1989	Shiny Red Clip-On Tulip 3617 - E.M. Merck	Retrd.	1990	7.45	8
1988	Skull 3606 - E.M. Merck	Open		7.35	8
1992	Snowflake on Form 3641 - E.M. Merck	Open		6.75	7
1987	Stars on Form (A) 3602 - E.M. Merck	Open		12.95	13
1995	Street Lamp 3672 - E.M. Merck	Open		11.95	12
1990	Sunburst 3624 - E.M. Merck	Retrd.	1993	8.00	8
1989	Victorian Keepsake 3613 - E.M. Merck	Open		9.25	10

Musical Instruments - E.M. Merck

YEAR ISSUE		EDITION LIMIT	YEAR RETD.	ISSUE PRICE	QUOTE U.S.$
1990	Accordion 3814	Open		8.35	9
1990	Assorted Snow Bells 3816	Open		6.65	7
1989	Bell with Flowers 3805	Open		5.85	6
1986	Cello 3801	Open		6.65	7
1989	Christmas Bells on From 3806	Open		8.35	9
1988	Clip-On Drum 383534	Retrd.	1994	8.00	8
1987	Guitar 3802	Open		6.65	7
1990	Large Banjo 3812	Open		8.35	9
1988	Large Bell with Acorns 3804	Retrd.	1994	9.00	9
1993	Large Bell with Holly 3819	Open		50.00	50
1990	Large Cello 3811	Open		8.35	9
1990	Large Christmas Bell 3808	Retrd.	1995	10.35	11
1988	Large Drum 3803	Open		10.35	11
1990	Large Mandolin 3813	Open		8.35	9
1995	Liberty Bell 3821	Open		5.50	6
1990	Lyre 3809	Open		8.35	9
1995	Patriotic Bell 3823	Open		10.95	11
1990	Small Fancy Drum 3815	Open		7.80	8
1990	Toy Drum 3817	Open		9.25	10
1990	Zither 3810	Open		8.35	9

Porcelain Christmas - E.M. Merck

YEAR ISSUE		EDITION LIMIT	YEAR RETD.	ISSUE PRICE	QUOTE U.S.$
1989	Angel 9435	Retrd.	1994	6.65	7
1988	Bear on Skates 9495	Retrd.	1988	10.00	16
1988	Bunnies on Skies 9494	Retrd.	1988	10.00	16
1987	Father Christmas (A) 9404	Retrd.	1988	11.00	11
1987	Father Christmas w/Cape 9405	Retrd.	1988	11.00	11
1987	Father Christmas w/Toys 9406	Retrd.	1988	11.00	11
1989	Hummingbird 9433	Retrd.	1994	6.65	7
1987	Lighted Angel Tree Top 9420	Retrd.	1992	29.50	30
1989	Nutcracker 9436	Retrd.	1994	6.65	7
1988	Penguin w/Gifts 9496	Retrd.	1988	10.00	14
1989	Rocking Horse 9431	Retrd.	1994	6.65	7
1987	Roly-Poly Santa 9441	Retrd.	1988	6.75	9
1989	Santa 9432	Retrd.	1994	6.65	7
1987	Santa Head 9410	Retrd.	1988	6.55	7
1989	Teddy Bear 9434	Retrd.	1994	6.65	7

Reflectors - Various

YEAR ISSUE		EDITION LIMIT	YEAR RETD.	ISSUE PRICE	QUOTE U.S.$
1990	Assorted 6 cm Reflectors 4207 - E.M. Merck	Open		7.00	7
1990	Assorted Reflectors with Diamonds 4206 - E.M. Merck	Open		9.95	10
1992	Flower in Reflector 4212 - E.M. Merck	Open		9.25	10
1986	Horseshoe Reflector 4203 - E.M. Merck	Retrd.	1989	7.80	9
1987	Large Drop with Indents (A) 4204 - E.M. Merck	Retrd.	1994	12.85	13
1992	Mushrooms in Reflector (A) 4213 - E.M. Merck	Open		9.90	10
1995	Patriotic Reflector 4218 - Inge-Glas	Open		8.95	9
1991	Peacock in Reflector 4208 - E.M. Merck	Open		9.25	10
1991	Pears in Reflector 4209 - E.M. Merck	Open		9.25	10
1986	Pink Reflector 4202 - E.M. Merck	Open		9.50	10
1992	Poinsettia in Reflector 4211 - E.M. Merck	Open		9.00	9
1994	Reflector on Icicle 4217 - E.M. Merck	Open		27.75	28
1993	Reflector with Tinsel Wire 4215 - E.M. Merck	Open		20.00	20
1992	Scrap Santa in Reflector 4214 - E.M. Merck	Retrd.	1993	8.80	13
1992	Shining Sun Reflector 4210 - E.M. Merck	Open		9.00	9
1994	Small Fantasy Form 4216 - E.M. Merck	Open		22.00	22
1986	Star Pattern Reflector (A) 4201 - E.M. Merck	Retrd.	1994	9.25	10
1990	Strawberry in Reflector 4205 - E.M. Merck	Open		9.25	10

Santas - Various

YEAR ISSUE		EDITION LIMIT	YEAR RETD.	ISSUE PRICE	QUOTE U.S.$
1995	All American Santa 4087 - Inge-Glas	Open		89.50	90
1991	Alpine Santa 4047 - E.M. Merck	Open		7.00	7
1992	Belznickel 4055 - E.M. Merck	Open		12.50	13
1985	Blue Father Christmas 4010498 - E.M. Merck	Open		8.00	8
1993	Blue St. Nick 4067 - E.M. Merck	Open		10.00	10
1990	Blue Victorian St. Nick 4028 - E.M. Merck	Retrd.	1993	9.95	11
1987	Burgundy Father Christmas 4013 - E.M. Merck	Open		7.80	8
1987	Burgundy Santa Claus 4014 - E.M. Merck	Retrd.	1994	13.95	14
1990	Clip-On Victorian St. Nick 4030 - E.M. Merck	Open		11.00	11
1994	Double-Sided Santa Head 4075 - E.M. Merck	Open		8.00	8
1989	Father Christmas 4024 - E.M. Merck	Open		4.25	5
1986	Father Christmas Head 4006 - E.M. Merck	Open		7.80	8
1985	Father Christmas Head 403223 - E.M. Merck	Retrd.	1994	7.80	8
1990	Father Christmas on Form 4046 - E.M. Merck	Open		11.00	11
1985	Father Christmas with Basket 403224 - E.M. Merck	Retrd.	1994	7.80	8
1994	Father Christmas with Chenile 4080 - E.M. Merck	Open		10.80	11
1990	Father Christmas with Toys 4036 - E.M. Merck	Open		13.95	14
1985	Father Christmas with Tree 401039 - E.M. Merck	Retrd.	1995	8.00	8
1990	Festive Santa Head 4039 - E.M. Merck	Open		11.00	11
1992	Frontier Santa with Tree 4051 - E.M. Merck	Open		11.00	11
1993	Frosty Santa 4061 - E.M. Merck	Open		10.25	11
1985	Gold Father Christmas 401045 - E.M. Merck	Open		7.45	8
1992	Gold Weihnachtsmann 4052 - E.M. Merck	Open		9.80	10
1986	Green Clip-On Santa 4007 - E.M. Merck	Retrd.	1995	7.80	8
1985	Jolly Father Christmas 401043 - E.M. Merck	Open		7.00	7
1995	Jolly Santa Head 2302 - E.M. Merck	Open		7.50	8
1987	Jolly Santa Head 4016 - E.M. Merck	Open		8.80	9
1993	Large Father Christmas Head 4066 - E.M. Merck	Open		22.50	23
1995	Large Santa Head 2305 - E.M. Merck	Open		13.95	14
1984	Large Santa In Basket 401001 - E.M. Merck	Open		12.95	13
1985	Large Santa with Tree 401055 - E.M. Merck	Open		12.60	13
1990	Large Weihnachtsmann 4042 - E.M. Merck	Open		10.25	11
1990	Light Blue St. Nicholas 4029 - E.M. Merck	Retrd.	1994	6.45	7
1987	Matte Red Roly-Poly Santa 4012 - E.M. Merck	Open		7.90	8
1985	Matte Santa Head 401087 - E.M. Merck	Open		8.00	8
1990	Miniature Santa 4032 - E.M. Merck	Open		4.95	5
1990	Old Bavarian Santa 4044 - E.M. Merck	Open		12.50	13
1984	Old Father Christmas Head 401007 - E.M. Merck	Retrd.	1994	7.00	7
1990	Old St. Nick with Toys 4041 - E.M. Merck	Open		13.95	14
1992	Old Swiss Santa 4053 - E.M. Merck	Open		12.50	13
1995	Old World Clip-on Santa 4085 - E.M. Merck	Open		9.95	10
1993	Old World Santa 4068 - E.M. Merck	Open		11.00	11
1994	Old World Santa Head 4074 - E.M. Merck	Open		6.50	7
1989	Old-Fashioned Santa (A) 4019 - E.M. Merck	Open		5.75	6
1990	Old-Fashioned St. Nicholas 4040 - E.M. Merck	Open		11.00	11
1994	Old-Fashioned St. Nick 4077 - E.M. Merck	Open		9.25	10
1985	Parachuting Santa 401056 - E.M. Merck	Open		8.00	8
1995	Patriotic Santa 4086 - E.M. Merck	Open		12.50	13
1986	Pink Clip-On Santa 4011 - E.M. Merck	Retrd.	1994	8.35	9
1985	Pink Father Christmas 4010499 - E.M. Merck	Open		8.00	8
1993	Purple Belznickel 4060 - E.M. Merck	Open		12.50	13
1993	Purple Father Christmas 4063 - E.M. Merck	Open		8.35	9
1995	Regal Father Christmas 4081 - E.M. Merck	Open		15.95	16
1992	Roaring 20s Santa 4050 - E.M. Merck	Open		10.00	10
1984	Roly-Poly Santa 401002 - E.M. Merck	Retrd.	1994	7.90	8
1990	Round Jolly Santa Head 4035 - E.M. Merck	Open		11.00	11
1992	Round Santa Head 4054 - E.M. Merck	Open		9.00	9
1995	Salsburger Santa 4084 - E.M. Merck	Open		13.50	14
1989	Santa 4025 - E.M. Merck	Open		4.50	5
1987	Santa Above Ball 4018 - E.M. Merck	Open		13.95	14
1993	Santa Above Bell 4072 - E.M. Merck	Open		36.00	36
1993	Santa Above Reflector 4069 - E.M. Merck	Open		40.00	40
1985	Santa and Tree on Form 401026 - E.M. Merck	Open		9.25	10
1995	Santa Face on Cone 4083 - E.M. Merck	Open		7.50	8
1989	Santa Hiding in Tree 4023 - E.M. Merck	Open		11.00	11
1987	Santa in Airplane 4017 - E.M. Merck	Open		13.95	14
1986	Santa In Chimney 4005 - E.M. Merck	Open		8.70	9
1993	Santa in Chimney 4059 - E.M. Merck	Open		12.50	13
1985	Santa in Chimney 406912 - E.M. Merck	Retrd.	1989	11.00	14
1991	Santa in Mushroom 4048 - E.M. Merck	Open		8.70	9
1993	Santa in Sleigh 4057 - E.M. Merck	Open		14.65	15
1985	Santa in Tree 401054 - E.M. Merck	Open		7.45	8
1993	Santa in Walnut 4058 - E.M. Merck	Open		7.00	7
1986	Santa On Carriage 4003 - E.M. Merck	Retrd.	1988	10.00	20
1986	Santa On Cone 4002 - E.M. Merck	Retrd.	1993	7.90	14
1986	Santa Under Tree 4001 - E.M. Merck	Open		10.35	11
1995	Santa with Chenille Legs 4088 - Inge-Glas	Open		22.50	23
1986	Santa with Glued-On Tree 4009 - E.M. Merck	Open		9.00	9
1993	Santa with Staff 4070 - E.M. Merck	Open		10.95	11
1994	Santa's Shop 4079 - E.M. Merck	Open		13.25	14
1995	Shimmering Santa 4082 - Inge-Glas	Open		7.95	8
1986	Small Blue Santa 4010 - E.M. Merck	Open		5.40	6
1984	Small Old-Fashioned Santa 401022 - E.M. Merck	Retrd.	1994	6.65	7
1985	Small Santa in Basket 401105 - E.M. Merck	Open		9.25	10
1992	Small Santa on Form 4049 - E.M. Merck	Open		8.00	8
1985	Small Santa with Pack 401065 - E.M. Merck	Open		5.40	6

YEAR ISSUE		EDITION LIMIT	YEAR RETD.	ISSUE PRICE	QUOTE U.S.$
1990	Small Victorian Santa Head 4027 - E.M. Merck	Open		7.35	8
1993	Snowy Purple Santa 4056 - E.M. Merck	Open		7.35	8
1990	Snowy Santa 4033 - E.M. Merck	Open		10.95	11
1989	St Nicholas 4020 - E.M. Merck	Open		10.00	10
1986	St. Nicholas Head 4008 - E.M. Merck	Open		6.65	7
1985	St. Nicholas on Horse 401064 - E.M. Merck	Open		13.95	14
1995	Standing Santa 2303 - E.M. Merck	Open		13.95	14
1985	Standing Santa 401057 - E.M. Merck	Open		11.00	11
1990	Very Large Belznickel 4037 - E.M. Merck	Open		22.50	23
1993	Very Large Roly-Poly Santa 4071 - E.M. Merck	Open		50.00	50
1987	Very Large Santa Head 4015 - E.M. Merck	Open		13.95	14
1990	Very Large St. Nick Head 4038 - E.M. Merck	Open		22.50	23
1994	Very Merry Santa 4076 - E.M. Merck	Open		7.35	8
1990	Victorian Father Christmas 4045 - E.M. Merck	Open		10.00	10
1994	Victorian Father Christmas 4078 - E.M. Merck	Open		7.35	8
1989	Victorian Santa 4021 - E.M. Merck	Open		8.45	9
1989	Victorian Santa Head 4022 - E.M. Merck	Open		8.35	9
1990	Victorian Scrap Santa 4043 - E.M. Merck	Retrd.	1993	9.70	12
1990	Weihnachtsmann 4034 - E.M. Merck	Open		9.00	9
1990	Weihnachtsmann with Tree 4031 - E.M. Merck	Open		10.50	11
1990	White Clip-On Santa 4026 - E.M. Merck	Open		7.35	8
1993	Woodland Santa 4062 - E.M. Merck	Open		9.35	10

Toys - E.M. Merck

YEAR ISSUE		EDITION LIMIT	YEAR RETD.	ISSUE PRICE	QUOTE U.S.$
1993	Cornucopia of Toys 4411	Open		9.50	10
1985	Doll Buggy with Doll 4437138	Retrd.	1994	7.00	7
1986	Dumb-Dumb 4403	Retrd.	1988	6.45	18
1995	King of the Nutcrackers 4415	Open		65.00	65
1990	Large Doll Buggy with Doll 4409	Open		11.50	12
1990	Large Fancy Carousel 4407	Open		12.75	13
1986	Large Nutcracker 4401	Open		13.50	14
1990	Lucky Dice 4406	Open		7.00	7
1988	Nutcracker Guard 4405	Retrd.	1995	8.50	9
1990	Rocking Horse/Tree on Form 4408	Open		12.95	13
1985	Small Carousel 446836	Open		7.00	7
1986	Small Nutcracker 4402	Open		10.00	10
1986	Soccer Ball 4404	Open		7.00	7
1993	Stocking with Toys 4410	Open		13.50	14

Transportation - Various

YEAR ISSUE		EDITION LIMIT	YEAR RETD.	ISSUE PRICE	QUOTE U.S.$
1988	Cable Car 4602 - E.M. Merck	Retrd.	1989	8.45	19
1985	Cable Car 461067 - E.M. Merck	Retrd.	1988	14.95	19
1992	Commemorative Airship 4607 - E.M. Merck	Open		9.25	10
1990	Fancy Steam Locomotive 4606 - E.M. Merck	Open		10.35	11
1990	Fire Truck 4603 - E.M. Merck	Open		8.25	9
1995	Full Sail 4614 - Inge-Glas	Open		27.50	28
1993	Gold Car 4610 - E.M. Merck	Open		9.80	10
1993	Gray Zeppelin 4613 - E.M. Merck	Open		6.75	7
1990	Large Zeppelin 4605 - E.M. Merck	Open		8.25	9
1985	Locomotive 461069 - E.M. Merck	Retrd.	1993	7.00	16
1992	Locomotive/Tree on Form 4608 - E.M. Merck	Open		12.95	13
1993	Ocean Liner 4611 - E.M. Merck	Open		9.45	10
1985	Old-Fashioned Car 463747 - E.M. Merck	Retrd.	1989	6.25	12
1990	Old-Time Limousine 4604 - E.M. Merck	Open		9.00	9
1992	Race Car 4609 - E.M. Merck	Open		7.00	7
1986	Rolls Royce 4601 - E.M. Merck	Retrd.	1989	7.90	17
1993	Small Locomotive 4612 - E.M. Merck	Open		9.80	10
1985	Zeppelin 467265 - E.M. Merck	Open		7.00	7

Tree Tops - Various

YEAR ISSUE		EDITION LIMIT	YEAR RETD.	ISSUE PRICE	QUOTE U.S.$
1987	Angel w/Crown 5007 - E.M. Merck	Retrd.	1993	50.00	65
1986	Blue Angel 5004 - E.M. Merck	Open		47.50	48
1986	Blue Santa 5002 - E.M. Merck	Open		37.50	38
1986	Burgundy Angel 5003 - E.M. Merck	Open		47.50	48
1985	Fancy Gold Spire w/Bells 506266 - E.M. Merck	Retrd.	1993	32.00	40
1985	Fancy Red Spire w/Bells 506269 - E.M. Merck	Retrd.	1993	32.00	40
1992	Fancy Spiral Tree Top 5016 - E.M. Merck	Open		47.50	48
1987	Heart Reflector 5011 - E.M. Merck	Open		25.00	25
1992	Large Spire w/Reflectors 5014 - E.M. Merck	Open		69.50	70
1992	Large Tree Top w/Cherubs 5012 - E.M. Merck	Open		57.50	58
1992	Large Tree Top w/Roses 5015 - E.M. Merck	Open		47.50	48
1992	Miniature Reflector 5013 - E.M. Merck	Open		15.00	15
1995	North Pole Santa Tree Top 5019 - E.M. Merck	Open		45.00	45
1995	Patriotic Tree Top 5020 - Inge-Glas	Open		20.95	21
1986	Red Santa 5001 - E.M. Merck	Open		37.50	38
1985	Santa Head Tree Top 506345 - E.M. Merck	Open		19.35	20
1987	Santa in Indent 5008 - E.M. Merck	Open		25.00	25
1987	Star Reflector 5010 - E.M. Merck	Open		25.00	25
1995	Teddy Bear Tree Top 5021 - E.M. Merck	Open		45.00	45
1986	Two Angels 5005 - E.M. Merck	Open		47.50	48
1993	Very Large Reflector 5017 - E.M. Merck	Open		65.00	65

Trees & Cones - Various

YEAR ISSUE		EDITION LIMIT	YEAR RETD.	ISSUE PRICE	QUOTE U.S.$
1989	Assorted Pearl Cones 4804 - E.M. Merck	Open		3.85	4
1990	Assorted Pine Cones with Leaves 4809 - E.M. Merck	Open		6.75	7
1990	Assorted Shiny Cones 4807 - E.M. Merck	Open		6.55	7
1985	Fir Cone With Glitter 481046 - E.M. Merck	Open		6.45	7
1990	Fir Tree 4813 - E.M. Merck	Open		7.00	7
1985	Green Tree with Glitter 481044 - E.M. Merck	Open		4.50	5
1990	Large Christmas Tree 4815 - E.M. Merck	Open		8.00	8
1995	Large Frosted Jewel Cone 4820 - Inge-Glas	Open		11.50	12
1988	Large Mauve & Champagne Cone 4802 - E.M. Merck	Retrd.	1993	11.85	12
1994	Matte Gold Cone with Snow 486866 - E.M. Merck	Open		4.85	5
1985	Medium Gold Cone w/Glitter 486712-5 - E.M. Merck	Open		3.85	4
1990	Multi-Colored Cone 4810 - E.M. Merck	Open		7.00	7
1990	Multi-Colored Tree 4812 - E.M. Merck	Retrd.	1994	5.55	6
1990	Pine Cone Man 4811 - E.M. Merck	Open		8.25	9
1989	Pine Cone Santa 4805 - E.M. Merck	Open		4.75	5
1988	Smal Fir Cone (A) 4803 - E.M. Merck	Open		4.50	5
1990	Small Christmas Tree 4814 - E.M. Merck	Open		4.95	5
1990	Small Pine Cones with Leaves (A) 4806 - E.M. Merck	Open		5.25	6
1986	Small Red & Gold Cones (A) 4801 - E.M. Merck	Open		3.75	4
1993	Sugar Cone 4817 - E.M. Merck	Open		7.55	8
1992	Tree With Eagle 4816 - E.M. Merck	Open		7.00	7
1985	Very Large Red & Gold Cones 483612 - E.M. Merck	Open		7.00	7

Orrefors

Christmas Ornaments - O. Alberius

YEAR ISSUE		EDITION LIMIT	YEAR RETD.	ISSUE PRICE	QUOTE U.S.$
1984	Dove	Yr.Iss.		30.00	45
1985	Angel	Yr.Iss.		30.00	40
1986	Reindeer	Yr.Iss.		30.00	40
1987	Snowman	Yr.Iss.		30.00	40
1988	Sleigh	Yr.Iss.		30.00	40
1989	Christmas Tree "1989"	Yr.Iss.		35.00	40
1990	Holly Leaves And Berries	Yr.Iss.		35.00	40
1991	Stocking	Yr.Iss.		40.00	40
1992	Star	Yr.Iss.		35.00	40
1993	Bell	Yr.Iss.		35.00	40
1993	Baby's1st Christmas	Yr.Iss.		40.00	40
1994	Rocking Horse	Yr.Iss.		40.00	40

Rawcliffe Corporation

Bubble Fairy™ Ornaments - J. deStefano

YEAR ISSUE		EDITION LIMIT	YEAR RETD.	ISSUE PRICE	QUOTE U.S.$
1993	Blessing Hanging Baby Bubble Fairy	Open		40.00	40
1992	Holly Hanging Baby Bubble Fairy	Open		40.00	40
1993	Joy Hanging Baby Bubble Fairy	Open		40.00	40
1993	Sweetness Hanging Baby Bubble Fairy	Open		40.00	40
1993	Wonder Hanging Baby Bubble Fairy	Open		40.00	40

Reco International

The Reco Angel Collection Hang-Ups - J. McClelland

YEAR ISSUE		EDITION LIMIT	YEAR RETD.	ISSUE PRICE	QUOTE U.S.$
1987	Adoration	Retrd.	1994	10.00	10
1987	Devotion	Retrd.	1994	7.50	8
1987	Gloria	Retrd.	1994	7.50	8
1987	Harmony	Retrd.	1994	7.50	8
1987	Hope	Retrd.	1994	10.00	10
1987	Innocence	Retrd.	1994	7.50	8
1987	Joy	Retrd.	1994	7.50	8
1987	Love	Retrd.	1994	7.50	8
1987	Peace	Retrd.	1994	10.00	10
1987	Serenity	Retrd.	1994	10.00	10

The Reco Ornament Collection - S. Kuck

YEAR ISSUE		EDITION LIMIT	YEAR RETD.	ISSUE PRICE	QUOTE U.S.$
1990	Amy	Yr.Iss.		15.00	15
1988	Billy	Yr.Iss.		15.00	15
1989	Heather	Yr.Iss.		15.00	15
1990	Johnny	Yr.Iss.		15.00	15
1988	Lisa	Yr.Iss.		15.00	15
1990	Peace On Earth	17,500		17.50	18
1989	Timothy	Yr.Iss.		15.00	15

Reed & Barton

12 Days of Christmas Sterling and Lead Crystal - Reed & Barton

YEAR ISSUE		EDITION LIMIT	YEAR RETD.	ISSUE PRICE	QUOTE U.S.$
1988	Partridge in a Pear Tree	Yr.Iss.		25.00	40
1989	Two Turtle Doves	Yr.Iss.		25.00	40
1990	Three French Hens	Yr.Iss.		27.50	40
1991	Four Colly birds	Yr.Iss.		27.50	40
1992	Five Golden Rings	Yr.Iss.		27.50	28
1993	Six Geese A Laying	Yr.Iss.		27.50	28
1994	Seven Swans A 'Swimming	Yr.Iss.		27.50	28
1994	Eight Maids A Milking	Yr.Iss.		27.50	28

Carousel Horse - Reed & Barton

YEAR ISSUE		EDITION LIMIT	YEAR RETD.	ISSUE PRICE	QUOTE U.S.$
1988	Silverplate-1988	Closed	1988	13.50	14
1988	Gold-covered-1988	Closed	1988	15.00	15
1989	Silverplate-1989	Closed	1989	13.50	14
1989	Gold-covered-1989	Closed	1989	15.00	15
1990	Silverplate-1990	Closed	1990	13.50	14
1990	Gold-covered-1990	Closed	1990	15.00	15
1991	Silverplate-1991	Closed	1991	13.50	14
1991	Gold-covered-1991	Closed	1991	15.00	15
1992	Silverplate-1992	Closed	1992	13.50	14
1992	Gold-covered-1992	Closed	1992	15.00	15
1993	Silverplate-1993	Closed	1993	13.50	14
1993	Gold-covered-1993	Closed	1993	15.00	15
1994	Silverplate-1994	Yr.Iss.	1994	13.50	14
1994	Gold-covered-1994	Yr.Iss.	1994	15.00	15
1995	Silverplate-1995	Yr.Iss.		13.50	14
1995	Gold-covered-1995	Yr.Iss.		15.00	15

Christmas Cross - Reed & Barton

YEAR ISSUE		EDITION LIMIT	YEAR RETD.	ISSUE PRICE	QUOTE U.S.$
1971	Sterling Silver-1971	Closed	1971	10.00	300
1971	24Kt. Gold over Sterling-V1971	Closed	1971	17.50	300
1972	Sterling Silver-1972	Closed	1972	10.00	150
1972	24Kt. Gold over Sterling-V1972	Closed	1972	17.50	65-105
1973	Sterling Silver-1973	Closed	1973	10.00	60-75
1973	24Kt. Gold over Sterling-V1973	Closed	1973	17.50	55-65
1974	Sterling Silver-1974	Closed	1974	12.95	40-90
1974	24Kt. Gold over Sterling-V1974	Closed	1974	20.00	50-60
1975	Sterling Silver-1975	Closed	1975	12.95	35-90
1975	24Kt. Gold over Sterling-V1975	Closed	1975	20.00	45-50
1976	Sterling Silver-1976	Closed	1976	13.95	45-63
1976	24Kt. Gold over Sterling-V1976	Closed	1976	19.95	45-50
1977	Sterling Silver-1977	Closed	1977	15.00	35-63
1977	24Kt. Gold over Sterling-V1977	Closed	1977	18.50	45-50
1978	Sterling Silver-1978	Closed	1978	16.00	45-90
1978	24Kt. Gold over Sterling-V1978	Closed	1978	20.00	45-55
1979	Sterling Silver-1979	Closed	1979	20.00	45-90
1979	24Kt. Gold over Sterling-V1979	Closed	1979	24.00	32-57
1980	Sterling Silver-1980	Closed	1980	35.00	100-200
1980	24Kt. Gold over Sterling-V1980	Closed	1980	40.00	45-50
1981	Sterling Silver-1981	Closed	1981	35.00	75-150
1981	24Kt. Gold over Sterling-V1981	Closed	1981	40.00	45
1982	Sterling Silver-1982	Closed	1982	35.00	75-175
1982	24Kt. Gold over Sterling-V1982	Closed	1982	40.00	45
1983	Sterling Silver-1983	Closed	1983	35.00	60-100
1983	24Kt. Gold over Sterling-V1983	Closed	1983	40.00	40-45
1984	Sterling Silver-1984	Closed	1984	35.00	45-63
1984	24Kt. Gold over Sterling-V1984	Closed	1984	45.00	45
1985	Sterling Silver-1985	Closed	1985	35.00	45-63
1985	24Kt. Gold over Sterling-V1985	Closed	1985	40.00	40
1986	Sterling Silver-1986	Closed	1986	38.50	45-63
1986	24Kt. Gold over Sterling-V1986	Closed	1986	40.00	40
1987	Sterling Silver-1987	Closed	1987	35.00	42-90
1987	24Kt. Gold over Sterling-V1987	Closed	1987	40.00	40
1988	Sterling Silver-1988	Closed	1988	35.00	40-110
1988	24Kt. Gold over Sterling-V1988	Closed	1988	40.00	40
1989	Sterling Silver-1989	Closed	1989	35.00	40-90
1989	24Kt. Gold over Sterling-V1989	Closed	1989	40.00	40
1990	Sterling Silver-1990	Closed	1990	40.00	45-63
1990	24Kt. Gold over Sterling-1990	Closed	1990	45.00	45
1991	Sterling Silver-1991	Closed	1991	40.00	40-63
1991	24Kt. Gold over Sterling-1991	Closed	1991	45.00	45
1992	Sterling Silver-1992	Closed	1992	40.00	40-63
1992	24Kt. Gold over Sterling-1992	Closed	1992	45.00	45
1993	Sterling Silver-1993	Closed	1993	40.00	40
1993	24Kt. Gold over Sterling-1993	Closed	1993	45.00	45
1994	Sterling Silver-1994	Closed	1994	40.00	40
1994	24Kt. Gold over Sterling-1994	Closed	1994	45.00	45
1995	Sterling Silver-1995	Yr.Iss.		40.00	40
1995	24Kt. Gold over Sterling-1995	Yr.Iss.		45.00	45

Holly Ball - Reed & Barton

YEAR ISSUE		EDITION LIMIT	YEAR RETD.	ISSUE PRICE	QUOTE U.S.$
1976	1976 Silver plated	Closed	1976	14.00	50
1977	1977 Silver plated	Closed	1977	15.00	35
1978	1978 Silver plated	Closed	1978	15.00	40
1979	1979 Silver plated	Closed	1979	15.00	35

Holly Bell - Reed & Barton

YEAR ISSUE		EDITION LIMIT	YEAR RETD.	ISSUE PRICE	QUOTE U.S.$
1980	1980 Bell	Closed	1980	22.50	40
1980	Bell, gold plate, V1980	Closed	1980	25.00	45
1981	1981 Bell	Closed	1981	22.50	35
1981	Bell, gold plate, V1981	Closed	1981	27.50	35
1982	1982 Bell	Closed	1982	22.50	50
1982	Bell, gold plate, V1982	Closed	1982	27.50	50
1983	1983 Bell	Closed	1983	23.50	50
1983	Bell, gold plate, V1983	Closed	1983	30.00	50
1984	1984 Bell	Closed	1984	25.00	50
1984	Bell, gold plate, V1984	Closed	1984	28.50	50

Reed & Barton
to Towle Silversmiths

CHRISTMAS ORNAMENTS

YEAR ISSUE		EDITION LIMIT	YEAR RETD.	ISSUE PRICE	QUOTE U.S.$
1985	1985 Bell	Closed	1985	25.00	50
1985	Bell, gold plate, V1985	Closed	1985	28.50	50
1986	1986 Bell	Closed	1986	25.00	50
1986	Bell, gold plate, V1986	Closed	1986	28.50	50
1987	1987 Bell	Closed	1987	27.50	50
1987	Bell, gold plate, V1987	Closed	1987	30.00	50
1988	1988 Bell	Closed	1988	27.50	50
1988	Bell, gold plate, V1988	Closed	1988	30.00	30
1989	1989 Bell	Closed	1989	27.50	35
1989	Bell, gold plate, V1989	Closed	1989	30.00	30
1990	Bell, gold plate, V1990	Closed	1990	30.00	30
1990	1990 Bell	Closed	1990	27.50	45
1991	Bell, gold plate, V1991	Closed	1991	30.00	30
1991	1991 Bell	Closed	1991	27.50	45
1992	Bell, gold plate, V1992	Closed	1992	30.00	30
1992	Bell, silver plate, 1992	Closed	1992	27.50	45
1993	Bell, gold plate, V1993	Closed	1993	27.50	28
1993	Bell, silver plate, 1993	Closed	1993	30.00	40
1994	Bell, gold plate, 1994	Closed	1994	30.00	30
1994	Bell, silver plate, 1994	Closed	1994	27.50	28
1995	Bell, gold plate, 1995	Closed		30.00	30
1995	Bell, silver plate, 1995	Closed		27.50	28

Roman, Inc.

Catnippers - I. Spencer

1989	Bow Brummel	Open		15.00	15
1991	Christmas Knight	Open		15.00	15
1988	Christmas Mourning	Open		15.00	15
1991	Faux Paw	Open		15.00	15
1990	Felix Navidad	Open		15.00	15
1989	Happy Holidaze	Open		15.00	15
1991	Holly Days Are Happy Days	Open		15.00	15
1991	Meowy Christmas	Open		15.00	15
1991	Pawtridge in a Purr Tree	Open		15.00	15
1988	Puss in Berries	Open		15.00	15
1988	Ring A Ding Ding	Open		15.00	15
1989	Sandy Claws	Open		15.00	15
1991	Snow Biz	Open		15.00	15
1990	Sock It to Me Santa	Open		15.00	15
1990	Stuck on Christmas	Open		15.00	15

The Discovery of America - I. Spencer

1991	Kitstopher Kolumbus	1,992		15.00	15
1991	Queen Kitsabella	1,992		15.00	15

Fontanini Annual Christmas Ornaments - E. Simonetti

1991	1991 Annual (Girl)	Yr.Iss.	1991	8.50	9
1991	1991 Annual (Boy)	Yr.Iss.	1991	8.50	9
1992	1992 Annual (Girl)	Yr.Iss.	1992	8.50	9
1992	1992 Annual (Boy)	Yr.Iss.	1992	8.50	9
1993	1993 Annual (Girl)	Yr.Iss.	1993	8.50	9
1993	1993 Annual (Boy)	Yr.Iss.	1993	8.50	9

Millenium Ornament - M. Lucchesi

1993	The Annunciation	20,000		20.00	20
1995	Cause of Our Joy	20,000		20.00	20
1993	Peace On Earth	20,000		20.00	20
1993	Silent Night	20,000	1994	20.00	20

Museum Collection of Angela Tripi - A. Tripi

1994	1994 Annual Angel Ornament	2,500	1994	49.50	50
1995	1995 Annual Angel Ornament	2,500		49.50	50

Sepaphim Collection by Faro - Faro

1995	Heaven's Herald	20,000		25.00	25
1995	Rarest of Heaven	20,000		25.00	25

Royal Doulton

Bunnykins - Unknown

1992	Caroling	N/A		19.00	19
1991	Santa Bunny	N/A		19.00	19

Christmas Ornaments - Unknown

1993	Together for Christmas	Yr.Iss.		20.00	20
1994	Home For Christmas	Yr.Iss.		20.00	20

Sarah's Attic, Inc.

Holiday Ornaments - Sarah's Attic

1990	Abner Rabbit 3285	Closed	1990	17.00	17
1994	America 4166	Closed	1994	14.50	15
1987	Angel Head Hands 3017	Closed	1988	8.00	8
1987	Angel Head/Wings 3016	Closed	1988	8.00	8
1994	Angelle (Gold) 4183	Closed	1994	14.50	15
1994	Angelle 4172	Closed	1994	14.50	15
1994	Bear 4168	Closed	1994	14.50	15
1990	Blessed Christmas 3286	Closed	1990	23.00	23
1987	Boy Angel with Fur/Muff 3015	Closed	1988	8.00	8
1989	Brown Cow 2222	Closed	1989	10.00	10
1988	Bunny w/Wreath 6262	Closed	1989	8.00	8
1990	Burr Snowman 3284	Closed	1990	18.00	18
1994	Chilly 4176	Closed	1994	14.50	15
1989	Christmas Wonder 3207	Closed	1989	20.00	20
1988	Cow w/Wreath 3057	Closed	1989	10.00	10
1988	Daisy Angel 3066	Closed	1989	8.00	8
1990	Gala Angel w/Wreath 3283	Closed	1990	25.00	25
1987	Girl Angel with Fur/Muff 3014	Closed	1988	8.00	8
1987	Goose w/Wreath 3010	Closed	1988	8.00	8
1990	Heavenly Family 3282	Closed	1990	32.00	32
1988	Hooded Santa 3064	Closed	1989	8.00	8
1989	Jolly 3206	Closed	1989	15.00	15
1994	Jolly Santa 4165	Closed	1994	14.50	15
1994	Kiah (Gold) 4182	Closed	1994	14.50	15
1994	Kiah 4175	Closed	1994	14.50	15
1994	Love 4170	Closed	1994	14.50	15
1988	Maggie w/Bunny 3056	Closed	1990	12.00	12
1988	Matt w/Puppy 3055	Closed	1990	12.00	12
1994	Merry Santa 4171	Closed	1994	14.50	15
1990	Nutmeg Skates 3289	Closed	1990	17.00	17
1990	Packy-Bear on Package 3281	Closed	1990	20.00	20
1993	Peace-Christmas '93 3851	Closed	1993	12.00	12
1990	Peter Angel 3288	Closed	1990	25.00	25
1988	Pig 3058	Closed	1989	12.00	12
1987	Rayburn Rabbit w/Carrot 3012	Closed	1989	8.00	8
1987	Reba Rabbit w/Bonnet 3011	Closed	1989	8.00	8
1987	Reggie Rabbit w/Scarf 3013	Closed	1989	8.00	8
1990	Rosalee 3290	Closed	1990	27.00	27
1987	Ruthie Rabbit 3021	Closed	1988	8.00	8
1987	Santa Head 3/4 View 3018	Closed	1989	8.00	8
1987	Santa Head Full View 3019	Closed	1988	8.00	8
1988	Santa Mouse 3062	Closed	1989	10.00	10
1988	Santa w/Pouch 3065	Closed	1989	8.00	8
1987	Santa with Basket 3020	Closed	1989	9.00	9
1994	School Days 4173	Closed	1994	14.50	15
1988	Sheep 6263	Closed	1989	8.00	8
1994	Snowball Rabbit 4169	Closed	1994	14.50	15
1990	Spirit of Christmas 3287	Closed	1990	21.00	21
1990	Star of Christmas 3280	Closed	1990	20.00	20
1987	Stocking 5800	Closed	1989	8.00	8
1994	Tillie 4167	Closed	1994	14.50	15
1990	Toby-Christmas 3279	Closed	1992	20.00	20
1988	Victorian Angel 3067	Closed	1989	7.00	7
1994	Willie 4174	Closed	1994	14.50	15

Schmid

Disney Annual - Disney Studios

1985	Snow Biz	Yr.Iss.	1985	8.50	20
1986	Tree for Two	Yr.Iss.	1986	8.50	15
1987	Merry Mouse Medley	Yr.Iss.	1987	8.50	10
1988	Warm Winter Ride	Yr.Iss.	1988	11.00	45
1989	Merry Mickey Claus	Yr.Iss.	1989	11.00	11
1990	Holly Jolly Christmas	Yr.Iss.	1990	14.00	30
1991	Mickey & Minnie's Rockin' Christmas	Yr.Iss.	1991	14.00	14

Lowell Davis Country Christmas - L. Davis

1983	Mailbox	Yr.Iss.	1983	17.50	45-75
1984	Cat in Boot	Yr.Iss.	1984	17.50	60-65
1985	Pig in Trough	Yr.Iss.	1985	17.50	50-75
1986	Church	Yr.Iss.	1986	17.50	35-55
1987	Blossom	Yr.Iss.	1987	19.50	36
1988	Wisteria	Yr.Iss.	1988	19.50	25
1989	Wren	Yr.Iss.	1989	19.50	30-48
1990	Wintering Deer	Yr.Iss.	1990	19.50	30
1991	Church at Red Oak II	Yr.Iss.	1991	25.00	25
1992	Born On A Starry Night	Yr.Iss.	1992	25.00	25
1993	Waiting for Mr. Lowell	Yr.Iss.	1993	20.00	20
1994	Visions of Sugarplums	Yr.Iss.	1994	25.00	25
1995	Bah Humbug	Yr.Iss.	N/A	25.00	25

Seymour Mann, Inc.

Christmas Collection - Various

1985	Angel Wall XMAS-523 - J. White	Closed	1988	12.00	12
1989	Christmas Cat in Teacup XMAS-660 - J. White	Closed	1992	13.50	14
1990	Cupid CPD-5 - J. White	Closed	1993	13.50	14
1990	Cupid CPD-6 - J. White	Closed	1993	13.50	14
1986	Cupid Head XMAS-53 - J. White	Closed	1988	25.00	25
1990	Doll Tree Topper OM-124 - J. White	Closed	1993	85.00	85
1991	Elf w/ Reindeer CJ-422 - Jaimy	Closed	1993	9.00	9
1991	Elves w/ Mail CJ-464 - J. White	Closed	1993	30.00	30
1991	Flat Red Santa CJ-115R - Jaimy	Closed	1993	2.88	3
1991	Flat Santa CJ-115 - Jaimy	Closed	1993	7.50	8
1991	Floral Plaque XMAS-911 - J. White	Closed	1993	10.00	10
1991	Flower Basket XMAS-912 - J. White	Closed	1993	10.00	10
1990	Hat w/ Streamers OM-116 - J. White	Closed	1993	20.00	20
1990	Heartlace OM-119 - J. White	Closed	1993	12.00	12
1990	Lace Ball OM-120 - J. White	Closed	1993	10.00	10
1994	Santa w/ Candle CBU-300 - J. White	Open		40.00	40
1994	Santa w/ Child CBU-305 - J. White	Open		40.00	40
1994	Santa w/ Children CBU-304 - J. White	Open		40.00	40
1994	Santa w/ Lamb CBU-301 - J. White	Open		40.00	40
1994	Santa w/ Lantern CBU-303 - J. White	Open		40.00	40
1994	Santa w/ List CBU-307 - J. White	Open		40.00	40
1994	Santa w/ Sled CBU-306 - J. White	Open		40.00	40
1994	Santa w/ Stick CBU-302 - J. White	Open		40.00	40
1986	Santa XMAS-384 - J. White	Closed	1989	7.50	8
1991	Santas, set of 6 CJ-12 - Jaimy	Closed	1993	60.00	60
1990	Tassel OM-118 - J. White	Closed	1993	7.50	8

Christmas Lite-Up Houses - L. Sciola

1994	Lite-up Church XMR-21	Open		30.00	30
1994	Lite-up Country House	Open		30.00	30
1994	Lite-up Library XMR-24	Open		30.00	30
1994	Lite-up Mansion XMR-23	Open		30.00	30
1994	Lite-up Restaurant XMR-20	Open		30.00	30
1994	Set/10 Lite-up Houses XMR-10	Open		95.00	95
1994	Set/10 Lite-up Houses XMR-11	Open		95.00	95

Gingerbread Christmas - J. Sauerbrey

1991	Gingerbread Angel CJ-411	Closed	1992	7.50	8
1991	Gingerbread House CJ-416	Closed	1992	7.50	8
1991	Gingerbread Man CJ-415	Closed	1992	7.50	8
1991	Gingerbread Mouse/Boot CJ-409	Closed	1992	7.50	8
1991	Gingerbread Mrs. Claus CJ-414	Closed	1992	7.50	8
1991	Gingerbread Reindeer CJ-410	Closed	1992	7.50	8
1991	Gingerbread Santa CJ-408	Closed	1992	7.50	8
1991	Gingerbread Sleigh CJ-406	Closed	1992	7.50	8
1991	Gingerbread Snowman CJ-412	Closed	1992	7.50	8
1991	Gingerbread Tree CJ-407	Closed	1992	7.50	8

Victorian Christmas Collection - Jaimy

1991	Couple Against Wind CJ-420	Closed	1993	15.00	15

Swarovski America Ltd.

Holiday Ornaments - Swarovski

1987	1987 Holiday Etching-Candle	Yr.Iss.		20.00	100-240
1988	1988 Holiday Etching-Wreath	Yr.Iss.		25.00	45-75
1989	1989 Holiday Etching-Dove	Yr.Iss.		35.00	150-240
1990	1990 Holiday Etching	Yr.Iss.		25.00	100-135
1991	1991 Holiday Ornament-Star	Yr.Iss.		35.00	45-75
1992	1992 Holiday Ornament-Star	Yr.Iss.		37.50	40-75
1993	1993 Holiday Ornament-Star	Yr.Iss.		37.50	40-65
1994	1994 Holiday Ornament-Star	Yr.Iss.		37.50	60-65

Towle Silversmiths

Christmas Angel Medallions - Towle

1991	1991 Angel	Closed	1991	45.00	45-63
1992	1992 Angel	Closed	1992	45.00	45-63
1993	1993 Angel	Closed	1993	45.00	45
1994	1994 Angel	Closed	1994	50.00	50

Remembrance Collection - Towle

1990	1990 - Old Master Snowflake	Closed	1990	40.00	62
1991	1991 - Old Master Snowflake	Closed	1991	40.00	62
1992	1992 - Old Master Snowflake	Closed	1992	40.00	62
1993	1993 - Old Master Snowflake	Closed	1993	40.00	45
1994	1994 - Old Master Snowflake	Closed	1994	50.00	50

Songs of Christmas Medallions - Towle

1978	Silent Night Medallion	Closed	1978	35.00	65-80
1979	Deck The Halls	Closed	1979	Unkn.	55-80
1980	Jingle Bells	Closed	1980	53.00	60-80
1981	Hark the Hearld Angels Sing	Closed	1981	53.00	150
1982	O Christmas Tree	Closed	1982	35.00	50-80
1983	Silver Bells	Closed	1983	40.00	60-80
1984	Let It Snow	Closed	1984	30.00	55-80
1985	Chestnuts Roasting on Open Fire	Closed	1985	35.00	55-80
1986	It Came Upon a Midnight Clear	Closed	1986	35.00	45-80
1987	White Christmas	Closed	1987	35.00	45-80

Sterling Cross - Towle

1994	Sterling Cross	Closed	1994	50.00	50

Sterling Floral Medallions - Towle

1983	Christmas Rose	Closed	1983	40.00	50
1984	Hawthorne/Glastonbury Thorn	Closed	1984	40.00	50
1985	Poinsettia	Closed	1985	35.00	50-70
1986	Laurel Bay	Closed	1986	35.00	50-80
1987	Mistletoe	Closed	1987	35.00	55-95
1988	Holly	Closed	1988	40.00	55-70
1989	Ivy	Closed	1989	35.00	50-65
1990	Christmas Cactus	Closed	1990	40.00	50
1991	Chrysanthemum	Closed	1991	40.00	50
1992	Star of Bethlehem	Closed	1992	40.00	40

Sterling Nativity Medallions - Towle

1988	Angel Gabriel	Closed	1988	40.00	80-135
1989	The Journey	Closed	1989	40.00	55-100
1990	No Room at the Inn	Closed	1990	40.00	45-75
1991	Tidings of Joy	Closed	1991	40.00	45-70
1992	Star of Bethlehem	Closed	1992	40.00	45-70
1993	Mother and Child	Closed	1993	40.00	40
1994	Three Wisemen	Closed	1994	40.00	40

Sterling Twelve Days of Christmas Medallions - Towle

1971	Partridge in Pear Tree	Closed	1971	20.00	300-600
1972	Two Turtle Doves	Closed	1972	20.00	100-200
1973	Three French Hens	Closed	1973	20.00	100-125
1974	Four Mockingbirds	Closed	1974	30.00	100-200
1975	Five Golden Rings	Closed	1975	30.00	75-150
1976	Six Geese-a-Laying	Closed	1976	30.00	90-150
1977	Seven Swans-a-Swimming	Closed	1977	35.00	50-100
1978	Eight Maids-a-Milking	Closed	1978	37.00	50-100
1979	Nine Ladies Dancing	Closed	1979	Unkn.	50-100
1980	Ten Lords-a-Leaping	Closed	1980	76.00	65-100
1981	Eleven Pipers Piping	Closed	1981	50.00	65-100
1982	Twelve Drummers Drumming	Closed	1982	35.00	60-100

CHRISTMAS ORNAMENTS/DOLLS

United Design Corp.

Angels Collection-Tree Ornaments™ - Various

YEAR ISSUE		EDITION LIMIT	YEAR RETD.	ISSUE PRICE	QUOTE U.S.$
1992	Angel and Tambourine IBO-422 - S. Bradford	Open		20.00	20
1992	Angel and Tambourine, ivory IBO-425 - S. Bradford	Open		20.00	20
1993	Angel Baby w/ Bunny IBO-426 - D. Newburn	Open		23.00	24
1991	Angel Waif, ivory IBO-411 - P.J. Jonas	Open		15.00	20
1993	Angle Waif, plum IBO-437 - P.J. Jonas	Open		20.00	20
1990	Crystal Angel IBO-401 - P.J. Jonas	Retrd.	1993	20.00	20
1993	Crystal Angel, emerald IBO-446 - P.J. Jonas	Open		20.00	20
1990	Crystal Angel, ivory IBO-405 - P.J. Jonas	Open		20.00	20
1991	Fra Angelico Drummer, blue IBO-414 - S. Bradford	Open		20.00	20
1991	Fra Angelico Drummer, ivory IBO-420 - S. Bradford	Open		20.00	20
1991	Girl Cupid w/Rose, ivory IBO-413 - S. Bradford	Open		15.00	20
1993	Heavenly Harmony IBO-428 - P.J. Jonas	Open		25.00	30
1993	Heavenly Harmony, crimson IBO-433 - P.J. Jonas	Open		22.00	30
1993	Little Angel IBO-430 - D. Newburn	Open		18.00	20
1993	Little Angel, crimson IBO-445 - D. Newburn	Open		18.00	20
1992	Mary and Dove IBO-424 - S. Bradford	Open		20.00	20
1994	Music and Grace IBO-448 - P.J. Jonas	Open		12.00	12
1994	Music and Grace, crimson IBO-449 - P.J. Jonas	Open		12.00	12
1994	Musical Flight IBO-450 - P.J. Jonas	Open		14.00	14
1994	Musical Flight, crimson IBO-451 - P.J. Jonas	Open		14.00	14
1991	Peace Descending, ivory IBO-412 - P.J. Jonas	Open		20.00	20
1993	Peace Descending, crimson IBO-436 - P.J. Jonas	Open		20.00	20
1993	Renaissance Angel IBO-429 - P.J. Jonas	Open		24.00	24
1993	Renaissance Angel, crimson IBO-431 - P.J. Jonas	Open		24.00	24
1990	Rose of Sharon IBO-402 - P.J. Jonas	Retrd.	1993	20.00	20
1993	Rose of Sharon, crimson IBO-439 - P.J. Jonas	Open		20.00	20
1990	Rose of Sharon, ivory IBO-406 - P.J. Jonas	Open		20.00	20
1993	Rosetti Angel, crimson IBO-434 - P.J. Jonas	Open		20.00	24
1991	Rosetti Angel, ivory IBO-410 - P.J. Jonas	Open		20.00	24
1992	St. Francis and Critters IBO-423 - S. Bradford	Open		20.00	20
1994	Star Flight IBO-447 - P.J. Jonas	Open		10.00	10
1990	Star Glory IBO-403 - P.J. Jonas	Retrd.	1993	15.00	15
1993	Star Glory, crimson IBO-438 - P.J. Jonas	Open		20.00	20
1990	Star Glory, ivory IBO-407 - P.J. Jonas	Open		15.00	20
1993	Stars & Lace IBO-427 - P.J. Jonas	Open		18.00	20
1993	Stars & Lace, Emerald IBO-432 - P.J. Jonas	Open		18.00	20
1990	Victorian Angel IBO-404 - P.J. Jonas	Retrd.	1993	15.00	15
1990	Victorian Angel, ivory IBO-408 - P.J. Jonas	Open		15.00	20
1993	Victorian Angel, plum IBO-435 - P.J. Jonas	Open		18.00	20
1993	Victorian Cupid, crimson IBO-440 - P.J. Jonas	Open		15.00	20
1991	Victorian Cupid, ivory IBO-409 - P.J. Jonas	Open		15.00	20

VickiLane

Sweet Thumpins - V. Anderson

1994	Secrets Out	Yr.Iss.		15.00	15

Wallace Silversmiths

24K Goldplate Sculptures - Wallace

1988	Angel	Closed	1988	15.99	16
1988	Candy Cane	Closed	1988	15.99	16
1993	Carousel	Closed	1993	10.00	10
1988	Christmas Tree	Closed	1988	15.99	16
1993	Dove	Closed	1993	10.00	10
1988	Dove	Closed	1988	15.99	16
1994	Mother & Child	Closed	1994	16.00	16
1988	Nativity Scene	Closed	1988	15.99	16
1994	Peace Dove	Closed	1994	16.00	16
1993	Ringing Bells	Closed	1993	10.00	10
1988	Snowflake	Closed	1988	15.99	16
1993	Stocking	Closed	1993	10.00	10
1993	Tree	Closed	1993	10.00	10
1993	Wreath	Closed	1993	10.00	10

Annual Pewter Bells - Wallace

1992	Angel	Closed	1992	25.00	25
1993	Santa Holding List	Closed	1993	25.00	25
1994	Large Santa Bell	Yr.Iss.		20.00	20

Annual Silverplated Bells - Wallace

1971	1st Edition Sleigh Bell	Closed	1971	12.95	500-800
1972	2nd Edition Sleigh Bell	Closed	1972	12.95	200-400
1973	3rd Edition Sleigh Bell	Closed	1973	12.95	200-400
1974	4th Edition Sleigh Bell	Closed	1974	13.95	100-200
1975	5th Edition Sleigh Bell	Closed	1975	13.95	100-250
1976	6th Edition Sleigh Bell	Closed	1976	13.95	100-250
1977	7th Edition Sleigh Bell	Closed	1977	14.95	50-100
1978	8th Edition Sleigh Bell	Closed	1978	14.95	40-85
1979	9th Edition Sleigh Bell	Closed	1979	15.95	50-110
1980	10th Edition Sleigh Bell	Closed	1980	18.95	30-50
1981	11th Edition Sleigh Bell	Closed	1981	18.95	30-60
1982	12th Edition Sleigh Bell	Closed	1982	19.95	40-90
1983	13th Edition Sleigh Bell	Closed	1983	19.95	40-90
1984	14th Edition Sleigh Bell	Closed	1984	21.95	35-75
1985	15th Edition Sleigh Bell	Closed	1985	21.95	45-90
1986	16th Edition Sleigh Bell	Closed	1986	21.95	35
1987	17th Edition Sleigh Bell	Closed	1987	21.99	30
1988	18th Edition Sleigh Bell	Closed	1988	21.99	30
1989	19th Edition Sleigh Bell	Closed	1989	24.99	25
1990	20th Edition Sleigh Bell	Closed	1990	25.00	25
1990	Special Edition Sleigh Bell, gold	Closed	1990	35.00	35-50
1992	22th Edition Sleigh Bell	Closed	1992	25.00	25
1993	23rd Edition Sleigh Bell	Closed	1993	25.00	25
1993	Santa Bell	Closed	1993	25.00	25
1994	24th Edition Sleigh Bell	Closed	1994	25.00	25
1994	Sleigh Bell, gold	Closed	1994	35.00	35
1994	Santa Bell (Holding Toy Sack)	Closed	1994	25.00	25
1995	Santa Bell	Yr.Iss.		25.00	25
1995	25th Edition Sleigh Bell	Yr.Iss.		30.00	30
1995	Sleigh Bell, gold	Yr.Iss.		40.00	40

Candy Canes - Wallace

1981	Peppermint	Closed	1981	8.95	100-225
1982	Wintergreen	Closed	1982	9.95	30-60
1983	Cinnamon	Closed	1983	10.95	30-50
1984	Clove	Closed	1984	10.95	30-50
1985	Dove Motif	Closed	1985	11.95	30-50
1986	Bell Motif	Closed	1986	11.95	30-80
1987	Teddy Bear Motif	Closed	1987	12.95	30-50
1988	Christmas Rose	Closed	1988	13.99	30-45
1989	Christmas Candle	Closed	1989	14.99	35
1990	Reindeer	Closed	1990	16.00	20
1991	Christmas Goose	Closed	1991	16.00	20
1992	Angel	Closed	1992	16.00	20
1993	Snowmen	Closed	1993	16.00	16
1994	Canes	Closed	1994	17.00	17
1995	Santa	Open		17.00	17

Cathedral Ornaments - Wallace

1988	1988-1st Edition	Closed	1988	24.99	30-60
1989	1989-2nd Edition	Closed	1989	24.99	25-55
1990	1990-3rd Edition	Closed	1990	25.00	25-50

Grande Baroque 12 Day Series - Wallace

1988	Partridge	Closed	1988	39.99	60-100
1989	Two Turtle Doves	Closed	1989	39.99	60-150
1990	Three French Hens	Closed	1990	40.00	50-100
1991	Four Colly Birds	Closed	1991	40.00	60-125
1992	Five Golden Rings	Closed	1992	40.00	40-60
1993	Six Geese-A-Laying	Closed	1993	40.00	40
1994	Seven Swans A Swimming	Open	1994	40.00	40

Pewter Ornaments - Wallace

1989	Angel with Candles	Closed	1989	9.99	10
XX	Candy Cane	Closed	N/A	9.99	10
1989	Cherub with Horn	Closed	1989	9.99	10
1993	Christmas Tree	Closed	1993	10.00	10
XX	Dove	Closed	N/A	9.99	10
XX	Gingerbread House	Closed	N/A	9.99	10
XX	Rocking Horse	Closed	N/A	9.99	10
1994	Santa	Closed	1994	10.00	10
1989	Santa	Closed	1989	9.99	10
1994	Snowman	Closed	1994	10.00	10
1993	Stocking	Closed	1993	10.00	10
1989	Teddy Bear	Closed	1989	9.99	10
XX	Teddy Bear	Closed	N/A	9.99	10
1994	Teddy Bear	Closed	1994	10.00	10
1994	Toy Soldier	Closed	1994	10.00	10
XX	Toy Soldier	Closed	N/A	9.99	10
1994	Train	Closed	1994	10.00	10
1989	Wreath	Closed	1989	9.99	10
1993	Wreath	Closed	1993	10.00	10

Walt Disney

Symphony Hour - Disney Studios

1994	Clara Cluck	Open		185.00	185

Waterford Wedgwood USA

Waterford Crystal Christmas Ornaments - Waterford

1978	1978 Ornament	Annual		25.00	105
1979	1979 Ornament	Annual		28.00	80
1980	1980 Ornament	Annual		28.00	60
1981	1981 Ornament	Annual		28.00	45
1982	1982 Ornament	Annual		28.00	50
1983	1983 Ornament	Annual		28.00	50
1984	1984 Ornament	Annual		28.00	50
1985	1985 Ornament	Annual		28.00	80
1986	1986 Ornament	Annual		28.00	50
1987	1987 Ornament	Annual		29.00	40
1988	1988 Ornament	Annual		30.00	40
1989	1989 Ornament	Annual		32.00	40

DOLLS

Annalee Mobilitee Dolls, Inc.

Doll Society-Animals - A. Thorndike

1985	10" Penguin and Chick	3,000	N/A	29.95	225
1986	10" Unicorn	3,000	N/A	36.95	350
1987	7" Kangaroo	3,000	N/A	37.45	450
1988	5" Owl	3,000	N/A	37.45	300
1989	7" Polar Bear	3,000	N/A	37.50	300
1990	10" Thorndike Chicken	3,000	N/A	37.50	275

Doll Society-Folk Heroes - A. Thorndike

1984	10" Johnny Appleseed	1,500	N/A	80.00	1000
1984	10" Robin Hood	1,500	N/A	90.00	850
1985	10" Annie Oakley	1,500	N/A	90.00	700
1986	10" Mark Twain	2,500	N/A	117.50	500
1987	10" Ben Franklin	2,500	N/A	119.50	525
1988	10" Sherlock Holmes	2,500	N/A	119.50	500
1989	10" Abraham Lincoln	2,500	N/A	119.50	500
1990	10" Betsy Ross	2,500	N/A	119.50	450
1991	10" Christopher Columbus	1,132	N/A	119.50	300
1992	10" Uncle Sam	1,034	N/A	87.50	N/A
1993	10" Pony Express Rider	Yr.Iss.	N/A	97.50	N/A
1994	10" Bean Nose Santa	Yr.Iss.		119.50	N/A

Doll Society-Logo Kids - A. Thorndike

1985	Christmas Logo w/Cookie	3,562	1986	N/A	675
1986	Sweetheart Logo	6,271	1987	N/A	275
1987	Naughty Logo	1,100	1988	N/A	425
1988	Raincoat Logo	13,646	1989	N/A	200
1989	Christmas Morning Logo	16,641	1990	N/A	150
1990	Clown	20,049	1991	N/A	150
1991	Reading Logo	26,516	1992	N/A	125
1992	Back to School Logo	17,524	1993	N/A	90
1993	Ice Cream Logo	Yr.Iss.	1994	N/A	N/A
1994	Dress Up Santa Logo	Yr.Iss		N/A	N/A

Assorted Dolls - A. Thorndike

1987	3" Baby Witch	3,645	1987	13.95	275
1987	3" Bride and Groom	1,053	1987	38.95	375
1983	3" PJ Kid (designer series)	2,360	1983	10.95	200
1971	3" Reindeer Head	N/A	1976	1.00	200
1991	3" Water Baby in Pond Lily	3,720	1991	14.95	175
1994	5" Butterfly Kid (design reject)	1	1994	N/A	475
1984	5" E.P. Boy Bunny	2,583	1984	11.95	200
1984	5" E.P. Girl Bunny	2,790	1984	11.95	200
1983	5" Easter Parade Girl Bunny w/ Music Box	1,167	1983	29.95	400
1963	5" Elf (Lilac)	N/A	1963	2.50	325
1993	5" Old World Caroler Boy (A/P)	1	1993	N/A	350-400
1993	5" Old World Caroler Girl (A/P)	1	1993	N/A	350-400
1960	5" Wee Skis	N/A	N/A	3.95	325
1994	7" "Tall Ships" Duck (A/P)	1	1994	N/A	450
1993	7" Airplane Boy (one of a kind)	1	1993	N/A	900
1978	7" Airplane Pilot Mouse	2,308	1981	6.95	425
1964	7" Angel in a Blanket	N/A	1964	2.45	325
1984	7" Angel on Star	772	1984	32.95	475
1983	7" Angel w/ Musical Instrument on Music Box	N/A	1983	29.95	425
1960	7" Angel w/ Paper Wings	N/A	1966	N/A	400
1970	7" Artist Mouse	298	1974	3.95	400
1994	7" Auction Mouse (A/P)	1	1994	N/A	750
1960	7" Baby Angel (yellow feather hair)	N/A	1962	N/A	350
1962	7" Baby Angel on Cloud	N/A	1963	2.45	400-675
1993	7" Baby Bunny w/ Baby Bottle (A/P)	1	1993	N/A	450
1968	7" Baby in Christmas Bag	N/A	1968	2.95	350
1971	7" Baby w/ Bottle	N/A	1971	N/A	300
1979	7" Ballerina	4,700	1979	7.45	275
1967	7" Ballerina Mouse	N/A	1968	3.95	450
1970	7" Bartender Mouse	289	1973	3.95	400
1987	7" BBQ Mouse	1,798	1987	17.95	300
1994	7" Beach Bunny (design reject)	1	1994	N/A	700
1974	7" Black Santa w/Oversized Bag	1,638	1975	5.45	550
1977	7" Boating Mouse	1,186	1977	5.95	175
1964	7" Boudoir Puff Baby Angel	N/A	1965	3.95	400
1993	7" Boy Cutting His Hair	1	1993	N/A	1000
1984	7" Boy w/ Firecracker	1,893	1984	19.95	400
1966	7" Bride & Groom Mice	N/A	1966	3.95	600
1993	7" Bride Mouse (A/P)	1	1993	N/A	400
1970	7" Bunny (yellow)	3,215	1973	3.95	375
1987	7" Bunny in 10" Carrot Balloon	624	1987	49.95	375
1994	7" Bunny Kid (A/P)	1	1994	N/A	500
1974	7" Camper in Tent Mouse	468	1974	5.45	325
1994	7" Candy Kiss Kid	1	1994	N/A	2250
1968	7" Caroller Boy Mouse w/ Music	N/A	1969	4.45	400
1974	7" Carpenter Mouse	2,687	1978	5.45	275
1978	7" Carpenter Mouse	1,494	1978	6.95	350
1994	7" Cheerleader Girl (A/P)	1	1994	N/A	650
1970	7" Christmas Baby on Hat Box	1,894	1971	2.95	350
1965	7" Christmas Dumb Bunny	N/A	1965	3.95	775
1975	7" Christmas Mouse in Santa Mitten	3,959	1976	5.45	375
1977	7" Christmas Mouse in Santa's Mitten	15,916	1979	7.95	175
1994	7" Clown Mouse	1	1994	N/A	1050
1994	7" Cocktail Mouse	1	1994	N/A	1100
1975	7" Colonial Boy Mouse	12,739	1976	5.45	350

Annalee Mobilitee Dolls, Inc.
to Annalee Mobilitee Dolls, Inc.

DOLLS

YEAR ISSUE		EDITION LIMIT	YEAR RETD.	ISSUE PRICE	QUOTE U.S.$
1975	7" Colonial Girl Mouse	9,338	1976	5.45	350
1965	7" Colored Mouse (Peek)	N/A	1965	3.95	550
1982	7" Cowboy Mouse	3,776	1983	12.95	300
1982	7" Cowgirl Mouse	3,116	1983	12.95	300
1984	7" Cupid in Hanging Heart	2,445	1985	32.95	375
1984	7" Dentist Mouse	2,362	1985	14.95	400
1992	7" Disney Kid	300	1992	59.95	400
1994	7" Dress Up Santa Logo (A/P)	1	1994	N/A	775
1985	7" Dress-Up Boy	1,174	1985	18.95	225
1985	7" Dress-Up Girl	1,536	1985	18.95	225
1993	7" Eric & Shane Boating in Hawaii	100	1993	105.00	750
1993	7" Flying Angel (A/P)	1	1993	N/A	400
1972	7" Football Mouse	744	1974	3.95	300
1994	7" Football Mouse (A/P)	1	1994	N/A	750
1990	7" Friar Tuck Mouse (A/P)	1	1990	N/A	350
1991	7" Fun in the Sun Kid	300	1991	80.00	300
1962	7" Furcapped Baby	N/A	1962	2.45	400
1967	7" Garden Club Baby	N/A	1969	2.95	575
1974	7" Gardener Mouse	485	1980	5.45	400
1979	7" Gardener Mouse	1,939	1980	7.95	325
1993	7" Girl Building Snowman (A/P)	1	1993	N/A	500
1994	7" Girl w/ Teddy Bear (A/P)	1	1994	N/A	650
1965	7" Gnome w/ Vest	N/A	1965	2.45	675
1967	7" Gnome w/Pajama Suit	N/A	1970	2.95	375
1993	7" Groom Mouse (A/P)	1	1993	N/A	400
1994	7" Gypsy Girl (A/P)	1	1994	N/A	500
1993	7" Habitat Mouse (A/P)	1	1993	N/A	500
1965	7" Hangover Mouse	N/A	1987	3.95	375
1987	7" Hangover Mouse	1,548	1987	13.95	175
1993	7" Hershey Kid (A/P)	1	1993	N/A	1000
1977	7" Hobo Mouse	1,004	1977	5.95	275
1994	7" Hockey Kid (A/P)	1	1994	N/A	1300
1980	7" Hockey Mouse	2,477	1981	9.95	300
1985	7" Hockey Player Kid	1,578	1985	18.95	400
1994	7" Hot Shot Business Girl (A/P)	1	1994	N/A	700
1993	7" Hot Shot Business Girl (A/P)	1	1993	N/A	450
1992	7" Hot Shot Businessman Kid (A/P)	1	1992	N/A	800
1994	7" House Wife Mouse (A/P)	1	1994	N/A	650
1974	7" Hunter Mouse w/ Bird	690	1975	5.45	325
1981	7" I'm Late Bunny	100	1981	N/A	475
1993	7" Ice Cream Logo Kid (wh. A/P)	1	1993	N/A	650
1993	7" Ice Cream Logo Kid (yellow, A/P)	1	1993	N/A	750
1994	7" Jail House Mouse (A/P)	1	1994	N/A	650
1994	7" Joseph Child (A/P)	1	1994	N/A	500
1985	7" Kid w/ Kite	1,084	1985	17.95	300
1965	7" M/M Indoor Santa	N/A	1966	5.95	500
1970	7" M/M Santa on Ski Bob	N/A	1970	5.95	600
1990	7" Maid Marion Mouse (A/P)	1	1990	N/A	350
1994	7" Marbles Kid (A/P)	1	1994	N/A	500
1991	7" Marine Mouse	1	1991	N/A	500
1994	7" Mary Child w/ Doll(A/P)	1	1994	N/A	500
1993	7" Mississippi Levee Mouse (A/P)	341	1993	N/A	400
1994	7" Motorcycle Mouse (A/P)	1	1994	N/A	750
1982	7" Mouse w/ Strawberry	10,267	1985	12.95	175
1970	7" Mr. Holly Mouse	1,726	1970	3.95	225
1993	7" Mr. Old World Santa (A/P)	1	1993	N/A	425
1967	7" Mrs. Holly Mouse	N/A	1976	3.95	350
1993	7" Mrs. Old World Santa (A/P)	1	1993	N/A	425
1967	7" Mrs. Santa w/Fur-Trimmed Cape	N/A	1973	2.95	450
1994	7" Nashville Boy (A/P)	1	1994	N/A	650
1994	7" Nashville Girl (A/P)	1	1994	N/A	650
1971	7" Naughty Angel	12,359	1971	10.95	275
1993	7" Naughty Angel w/ Black Eye (A/P)	1	1993	N/A	500
1976	7" Needlework Mouse	3,566	1978	6.95	400
1968	7" Patches Pam	N/A	1968	2.95	850
1989	7" Polar Bear Cub (A/P)	1	1989	N/A	350
1994	7" Policeman Mouse (A/P)	1	1994	N/A	750
1979	7" Quilting Mouse	213	1979	N/A	375
1989	7" Robin Hood Mouse (A/P)	1	1989	N/A	350
1991	7" Santa in Tub w/ Rubber Duckie	5,373	1991	33.95	200
1971	7" Santa Mailman	8,296	1974	5.50	375
1972	7" Santa on Ski-Bob w/ Oversized Bag	7,590	1974	7.95	400
1978	7" Santa w/ 10" Reindeer Trimming Christmas Tree	1,621	1978	18.45	425
1994	7" Santa w/ Dove (one of a kind)	1	1994	N/A	1250
1963	7" Santa w/ Fur Trimmed Suit	N/A	1967	2.95	400
1969	7" Santa w/ Oversized Bag	N/A	1970	3.95	350
1971	7" Santa w/ Skis and Poles	N/A	1978	5.45	300
1989	7" Science Center Mouse	500	1989	75.00	525
1994	7" Scottish Lad (A/P)	1	1994	N/A	675
1993	7" Scuba Diving Mouse	1	1993	N/A	1000
1972	7" Secretary Mouse	727	1974	3.95	500
1994	7" Sheppard Child w/ Lamb (A/P)	1	1994	N/A	500
1991	7" Sheriff Mouse (A/P)	1	1991	N/A	650
1970	7" Sherriff Mouse	11	1970	3.95	650
1965	7" Singing Mouse	N/A	1965	3.95	450
1979	7" Skateboard Mouse	1,821	1979	7.95	275
1976	7" Ski Mouse	10,375	1981	6.95	225
1974	7" Sloppy Painter Mouse	349	1974	5.45	550
1993	7" Snowboard Kid (A/P)	1	1993	N/A	450
1994	7" South American Girl (A/P)	1	1994	N/A	500
1971	7" Swimmer Mouse w/ Inner Tube	267	1971	3.95	325
1994	7" Swiss Alps Boy .	1	1994	N/A	450
1994	7" Teacher Mouse (design reject)	1	1994	N/A	700
1993	7" Thanksgiving Boy (A/P)	1	1993	N/A	650
1967	7" Tuckered Mr. & Mrs. Santa Water Bottle	N/A	1969	5.95	400
1994	7" Valentine Girl w/ Card (A/P)	1	1994	N/A	750
1986	7" Witch Mouse w/ Pumpkin Balloon	868	1987	59.95	300
1982	7" Wood Chopper Mouse	1,910	1982	11.95	375
1968	8" Elephant (Tubby)	N/A	1969	4.95	450
1980	8" Girl BBQ Pig	3,854	1981	9.95	175
1975	8" Lamb	234	1975	8.95	450
1977	8" Rooster	1,642	1977	5.95	350
1971	10" Clown w/ Mushroom	45	1971	7.95	850
1991	10" Tennesee Mt. Man (design reject)	1	1991	N/A	625
1959	10" 4th of July Doll	N/A	1959	N/A	1525
1989	10" Abraham Lincoln (A/P)	1	1989	N/A	1200
1991	10" Aviator Frog WW II (A/P)	1	1991	N/A	350
1957	10" Baby Angel	N/A	1958	8.95	525
1963	10" Ballerina	N/A	1963	5.95	1350
1994	10" Ballerina Bear (one of a kind)	1	1994	N/A	1100
1980	10" Balloon w/ Two 10" Frogs	837	1980	49.95	850
1993	10" Baseball Catcher (A/P)	1	1993	N/A	425
1992	10" Baseball Pitcher (A/P)	1	1992	N/A	425
1992	10" Baseball Player (A/P)	1	1992	N/A	425
1994	10" Basketball Player (bl. A/P)	1	1994	N/A	550
1994	10" Basketball Player (wh. A/P)	1	1994	N/A	550
1966	10" Bathersome Chick w/Flippers	N/A	1966	5.95	650
1959	10" Bathing Girl	N/A	1959	7.95	850
1989	10" BBQ Pig	2,471	1989	27.95	325
1964	10" Black (Monk)	N/A	1965	2.95	375
1966	10" Boy & Girl on Tandem Bike	N/A	1966	20.95	1350
1956	10" Boy Building Boat	N/A	1969	N/A	1550
1950	10" Boy Building Boat	N/A		9.95	1200
1976	10" Boy in Tire Swing	358	1976	6.95	350
1965	10" Boy on Bike	N/A	1965	N/A	600
1980	10" Boy on Raft	1,087	1981	28.95	325
1967	10" Brown Nun	N/A	1967	2.95	375
1994	10" Canadian Mountie (A/P)	1	1994	N/A	900
1967	10" Carnaby Street Boy	N/A	1967	3.95	400
1970	10" Casualty Ski Elf w/ Crutch & Leg in Cast	2,818	1972	4.50	600
1967	10" Choir Boy (set of 3)	N/A	1967	2.95	725
1993	10" Christa McAuliffe Skier (A/P)	1	1993	N/A	625
1950	10" Christmas Girl	N/A	1957	N/A	2350
1971	10" Clown (black & white)	N/A	1971	2.00	300
1969	10" Clown (bright stripes)	N/A	1971	3.95	350
1969	10" Clown (pink w/green polka dots)	N/A	1969	3.95	525
1994	10" Collector "Old Salty" (A/P)	1	1994	N/A	750
1994	10" Collector Mr. Nashville (A/P)	1	1994	N/A	350
1994	10" Collector Mr. Santa w/ 3 10" Elves (A/P)	1	1994	N/A	650
1994	10" Collector Mrs. Nashville (A/P)	1	1994	N/A	350
1975	10" Colonial Drummer Boy	1,846	1976	5.95	375
1989	10" Country Boy Pig	2,566	1989	25.95	175
1994	10" Country Girl Bear	1	1994	N/A	925
1989	10" Country Girl Pig	2,367	1989	25.95	175
1982	10" Cyrano de Bergerac	35	1982	N/A	2300
1972	10" Democratic Donkey	861	1972	3.95	450
1993	10" E.P. Shopping Ostrich (A/P)	1	1993	N/A	450
1960	10" Elf	N/A	1966	N/A	400
1963	10" Elf	N/A	1963	N/A	350
1950	10" Elf	N/A	N/A	N/A	900
1954	10" Elf w/ Cap	N/A	1954	N/A	1150
1978	10" Elf w/ Planter	1,978	1978	6.95	275
1967	10" Elf w/ Skis and Poles	48	1971	2.95	425-900
1993	10" Farmer w/ Rooster (A/P)	1	1993	N/A	1000
1959	10" Fisherman & Girl in Boat	N/A	1959	N/A	2550
1963	10" Friar	N/A	1963	2.95	500
1959	10" Girl and Boy on Tandem Bike	N/A	1959	20.95	2200
1965	10" Girl on Bike	N/A	1965	N/A	600
1966	10" Go-Go Boy	N/A	1966	3.95	350
1967	10" Golfer Boy	N/A	1968	5.95	925
1965	10" Golfer Boy Doll	N/A	1965	9.95	700
1966	10" Golfer-Girl Putter	N/A	1968	5.95	925
1957	10" Halloween Girl	N/A	1959	9.95	3200
1965	10" Hiking Doll	N/A	1965	9.95	750
1993	10" Hobo Clown (A/P)	1	1993	N/A	550
1987	10" Huck Finn (#62)	800	1988	102.95	700
1960	10" Impski	N/A	1966	3.95	500
1960	10" Impski (red)	N/A	1966	3.95	325
1960	10" Impski (white)	N/A	1966	3.95	350
1981	10" Jack Frost Elf w/ 5" Snowflake (A/P)	5,950	1981	31.95	325
1974	10" Leprechaun w/ Sack	8,834	1974	5.45	350
1994	10" M/M Santa Skating Music Box (A/P)	1	1994	N/A	900
1965	10" Monk w/ Christmas Tree Planting	N/A	1967	2.95	450
1970	10" Monk w/ Skis and Poles	1,386	1972	3.95	350
1994	10" Mrs. Santa "Last Minute Mending" (A/P)	1	1994	N/A	650
1970	10" Mushroom w/7" Santa	1,535	1971	7.95	250
1990	10" Nativity Set (A/P)	1	1990	N/A	700
1993	10" Nun	1	1993	N/A	900
1994	10" Old World Santa w/ Skis (A/P)	1	1994	N/A	800
1974	10" Polly Frog Spring Cleaning	580	1974	5.50	325
1993	10" Pony Express (A/P)	1	1993	N/A	1800
1994	10" Red Coat w/ Cannon (A/P)	1	1994	N/A	1100
1965	10" Reindeer	N/A	1965	4.95	425
1988	10" Scrooge Head	N/A	1988	N/A	325
1984	10" Shriner (special order)	1,000	1984	N/A	875
1987	10" Ski Elf	N/A	1987	19.95	350
1971	10" Ski Elf	1,262	1971	3.95	275
1993	10" Soccer Player (A/P)	1	1993	N/A	500
1990	10" Spirit of '76	1,080	1990	175.00	550
1954	10" Spring Girl	N/A	1954	N/A	2350
1957	10" Square Dancer (Girl)	N/A	1959	9.95	900
1950	10" Square Dancers (Boy and Girl)	N/A	1959	9.95	2100
1956	10" Square Dancers (set of 8)	N/A	1956	59.95	5200
1987	10" State Trooper (#642)	511	1988	134.00	500
1991	10" Summer Santa #1663	1,926	1991	59.95	425
1967	10" Surfer Boy	N/A	1968	5.95	525
1967	10" Surfer Girl	N/A	1968	5.95	625
1989	10" Three Bunnies w/ Maypole	647	1989	190.00	600
1976	10" Uncle Sam	1,095	1976	5.95	500
1957	10" Valentine Doll	N/A	1957	9.95	1800
1991	10" Victory Ski Doll	1,192	1991	49.50	350
1994	10" White St. Nicholas (A/P)	1	1994	N/A	650
1993	10" Window Shopper Ostrich (A/P)	1	1993	N/A	500
1991	10" Wise Men (A/P)	1	1991	N/A	550
1990	10" Wise Men w/ Camel (A/P)	1	1990	N/A	600
1959	10" Wood Sprite	N/A	1967	N/A	750
1966	10" Workshop Elf	N/A	1966	N/A	425
1976	12" Angel	13,338	1979	10.95	350
1960	12" Baby in Green	N/A	1960	N/A	550
1994	12" Bean Nose Santa Folk Hero	1	1994	N/A	1150
1994	12" Carousel Horse (A/P)	1	1994	N/A	1200
1965	12" Christmas Bonnet Lady Mouse	N/A	1965	9.95	400
1990	12" Easter Parade Duck w/ Watering Can	2,891	1990	49.95	300
1993	12" Girl Scarecrow (A/P)	1	1993	N/A	650
1968	12" Gnome w/ Gay Apron	N/A	1968	5.95	900
1968	12" Laura May Cat	N/A	1971	7.95	900
1981	12" Monkey Boy w/ Banana	N/A	1971	23.95	225
1968	12" Myrtle Turtle	N/A	1969	6.95	2600
1969	12" Nightshirt Boy Mouse	N/A	1976	9.95	550
1994	12" Old World Saint Nick (A/P)	1	1994	N/A	700
1954	12" Santa (Bean Nose)	N/A	1957	19.95	1000
1990	12" Santa Duck	506	1991	49.95	300
1950	12" Santa on Water Skis	1	N/A	N/A	3050
1967	12" Sneaky Peaky Boy Cat	N/A	1967	6.95	375
1993	12" Witch Kid	1	1993	N/A	900
1967	12" Yum-Yum Bunny	N/A	1968	9.95	850
1980	14" Dragon w/Bush Boy	2,130	1982	32.95	300
1955	14" Fireman	N/A	1955	N/A	4750
1990	15" Christmas Dragon	448	1990	49.95	400
1970	16" Christmas Wreath w/ Santa Head	1,662	1974	9.95	375
1972	16" Democratic Donkey	219	1972	12.95	1600
1972	16" Elephant (Republican)	230	1972	12.95	800
1984	18" Aerobic Girl	622	1984	35.95	375
1988	18" Americana Couple #82	7,258	1988	169.95	700
1990	18" Angel w/ Instrument	398	1990	51.95	325
1985	18" Ballerina Bear	918	1985	39.95	275
1980	18" Ballerina Bunny	7,069	1982	27.95	425
1979	18" Ballerina Bunny	2,315	1982	15.95	450
1985	18" Bear w/ Honey Pot & Bee	2,032	1986	41.50	600
1977	18" Boy Bunny w/Carrot	1,159	1977	13.50	250
1979	18" Boy Frog	3,524	1981	22.95	175
1970	18" Bride and Groom Frogs	1	1970	23.95	1400
1981	18" Butterfly w/ 10" Elf	2,507	1982	27.95	500
1972	18" Candy Kid Boy	4,350	1973	11.95	775
1972	18" Candy Kid Girl	4,350	1973	11.95	775
1973	18" Christmas Panda	437	1973	10.50	600
1994	18" Christmas Panda (design reject)	1	1994	N/A	825
1984	18" E.P. Girl Bunny	2,952	1984	35.95	350
1976	18" Elephant "Vote '76"	806	1976	8.50	500
1984	18" Fawn w/ Wreath	2,080	1984	32.95	375
1979	18" Girl Frog	3,677	1981	22.95	175
1979	18" Gnome	15,851	1980	19.95	200
1975	18" Horse	221	1976	16.95	375
1990	18" Leopard Kid (design reject)	1	1990	N/A	950
1968	18" Mrs. Santa w/Boudoir Cap & Apron	N/A	1968	7.45	250
1990	18" Naughty Kid	1,454	1991	69.95	525
1993	18" Old World Reindeer w/ Bells (A/P)	1	1993	N/A	450
1978	18" Pilgrim Boy	1,213	1978	14.95	275
1971	18" Santa Fur Kid	1,191	1972	7.45	250
1964	18" Santa Kid	N/A	1965	6.95	450
1990	18" Santa Playing w/Electric Train	168	1990	119.00	350
1987	18" Special Mrs. Santa (special order)	341	1987	N/A	400
1976	18" Uncle Sam	345	1976	16.95	500
1987	18" Workshop Santa (special order)	1,001	1987	N/A	450
1975	18" Yankee Doodle Dandy w/ 18" Horse	437	1976	28.95	900
1981	22" Christmas Giraffe w/ 10" Elf	1,377	1982	36.95	500
1974	22" Christmas Stocking	8,536	1974	4.95	150
1974	22" Leprchaun	199	1974	11.45	650
1970	22" Monkey (chartreuse)	70	1970	10.95	725
1981	22" Sun Mobile	3,003	1985	36.95	475
1954	26" Elf	N/A	1956	9.95	550
1963	26" Friar	N/A	1963	14.95	2500
1979	29" Artist Bunny w/Brush & Palette	179	1979	42.95	350
1974	29" Bell Hop (special order)	3	1974	29.00	1200
1978	29" Caroller Mouse	658	1978	49.95	775
1976	29" Clown (blue w/white polka dots)	466	1976	29.95	925

DOLLS

Annalee Mobilitee Dolls, Inc. to Ashton-Drake Galleries

YEAR	ISSUE	EDITION LIMIT	YEAR RETD.	ISSUE PRICE	QUOTE U.S.$
1981	29" Dragon w/ 12 Bush Boy	151	1982	69.95	700
1960	29" Fur Trim Santa	N/A	1979	N/A	1000
1974	29" Motorized See-Saw Bunny Set	43	1975	250.00	1600
1977	29" Mr. Santa Mouse w/Sack	704	1977	49.95	800
1968	29" Mrs. Indoor Santa	N/A	1968	16.95	475
1977	29" Mrs. Santa Mouse w/Muff	571	1977	49.95	800
1972	29" Mrs. Snow Woman w/ Cardholder Skirt	331	1972	19.95	700
1994	30" Country Boy Bunny w/Apples (A/P)	1	1994	N/A	400
1993	30" Country Girl Bunny w/ Basket (A/P)	1	1993	N/A	700
1984	30" Santa in Chair w/2 18" Kids	940	1984	169.95	1200
1990	30" Clown	530	1990	99.95	350
1959	33" Boy & Girl on Tandem Bike	N/A	1959	N/A	4500
1960	36" PJ Kid	N/A	1960	N/A	1200
1980	42" Clown	224	1980	74.95	700
1977	42" Scarecrow	365	1978	61.95	2050
1986	48" Velour Santa	410	1988	269.95	750
1963	Baby Angel Head w/ Santa Hat	N/A	1963	1.00	350
1994	Bang Hat (A/P)	1	1994	N/A	200
1963	Bath Puff (yellow)	N/A	1965	1.95	325
1960	Boy Head	1	N/A	N/A	650-800
1950	Cellist	N/A	N/A	N/A	5250
1976	Colonial Boy Head Pin On	N/A	1976	1.50	275
1976	Colonial Girl Head Pin On	N/A	1976	1.50	275
1960	Girl Head	1	N/A	N/A	700-2400
1960	Head Pin	N/A	N/A	N/A	200
1968	Hippy Head (Boy)	N/A	1969	1.00	350
1968	Hippy Head (Girl)	N/A	1969	1.00	350
1960	Man Head Pin-on	N/A	N/A	N/A	800
1970	Monkey Head Pin-on (boy)	153	1973	1.00	275
1970	Monkey Head Pin-on (girl)	153	1973	1.00	275
1971	Monkey Head Pin-on (hot pink)	N/A	1971	1.00	450
1994	Moon (A/P)	1	1994	22.95	875
1960	Mouse Head Pin-On	N/A	1976	1.00	250
1994	Musical Ballooning 3" Kids (A/P)	1	1994	N/A	450
1971	Snowman Head Pin-on	4,040	1972	1.00	200
1971	Snowman Kid	1,374	1971	3.95	450
1985	Tree Skirt	1,332	1985	24.95	350
1989	Two Bunnies on Flexible Flyer Sled	4,104	1990	52.95	325

ANRI

Disney Dolls - Disney Studios

1990	Daisy Duck, 14"	Closed	1991	895.00	895
1990	Donald Duck, 14"	Closed	1991	895.00	895
1989	Mickey Mouse, 14"	Closed	1991	850.00	895
1989	Minnie Mouse, 14"	Closed	1991	850.00	895
1989	Pinocchio, 14"	Closed	1991	850.00	895

Ferrandiz Dolls - J. Ferrandiz

1991	Carmen, 14"	Closed	1992	730.00	730
1991	Fernando, 14"	Closed	1992	730.00	730
1989	Gabriel, 14"	Closed	1991	550.00	575
1991	Juanita, 7"	Closed	1992	300.00	300
1990	Margarite, 14"	Closed	1992	575.00	730
1989	Maria, 14"	Closed	1991	550.00	575
1991	Miguel, 7"	Closed	1992	300.00	300
1990	Philipe, 14"	Closed	1992	575.00	680

Sarah Kay Dolls - S. Kay

1991	Annie, 7"	Closed	1993	300.00	300
1989	Bride to Love And To Cherish	Closed	1992	750.00	790
1989	Charlotte (Blue)	Closed	1991	550.00	575
1990	Christina, 14"	Closed	1993	575.00	730
1989	Eleanor (Floral)	Closed	1991	550.00	575
1989	Elizabeth (Patchwork)	Closed	1991	550.00	575
1988	Emily, 14"	Closed	1989	500.00	500
1990	Faith, 14"	Closed	1993	575.00	685
1989	Groom With This Ring Doll	Closed	1992	550.00	730
1989	Helen (Brown)	Closed	1991	550.00	575
1989	Henry	Closed	1991	550.00	575
1991	Janine, 14"	Closed	1993	750.00	750
1988	Jennifer, 14"	Closed	1989	500.00	500
1991	Jessica, 7"	Closed	1993	300.00	300
1991	Julie, 7"	Closed	1993	300.00	300
1988	Katherine, 14"	Closed	1989	500.00	500
1988	Martha, 14"	Closed	1989	500.00	500
1989	Mary (Red)	Closed	1991	550.00	575
1991	Michelle, 7"	Closed	1993	300.00	300
1991	Patricia, 14"	Closed	1993	730.00	730
1991	Peggy, 7"	Closed	1993	300.00	300
1990	Polly, 14"	Closed	1993	575.00	680
1988	Rachael, 14"	Closed	1989	500.00	500
1988	Rebecca, 14"	Closed	1989	500.00	500
1988	Sarah, 14"	Closed	1989	500.00	500
1990	Sophie, 14"	Closed	1993	575.00	660
1991	Susan, 7"	Closed	1993	300.00	300
1988	Victoria, 14"	Closed	1989	500.00	500

Artaffects

Art Doll Collection - G. Perillo

1990	Little Dove (12")	5000		175.00	175
1990	Straight Arrow (12")	5000		175.00	175

Children of the Plains - G. Perillo

1993	Bird Song (13" standing)	Open		111.00	111
1992	Brave and Free (10" seated)	Open		111.00	111
1994	Cactus Flower	Open		111.00	111
1993	Gentle Shepherd (13" standing)	Open		111.00	111
1994	Little Friend	Open		111.00	111
1994	Pathfinder	Open		111.00	111
1994	Princess of the Sun	Open		111.00	111
1993	Song of Sioux (10" seated)	Open		111.00	111

Country Musicians Collection - Artaffects Studio

1994	Danny	Open		118.00	118

Perillo Doll Collection - G. Perillo

1986	Morning Star (17-1/2")	1000		250.00	250
1988	Sunflower (12")	2500		175.00	175

Ruffles and Rhymes Doll Collection - Artaffects Studio

1994	Little Bo Peep	Open		106.80	107
1993	Little Bo Peep (15" High)	Open		89.00	89

Single Issue - G. Perillo

1994	Little Breeze	Open		114.00	114

Ashton-Drake Galleries

1993 Special Edition Tour - Y. Bello

1993	Miguel	Closed	1993	69.95	70
1993	Rosa	Closed	1993	69.95	70

All I Wish For You - Good-Kruger

1994	I Wish You Love	12/95		79.95	80

The American Dream - J. Kovacik

1994	Patience	12/95		79.95	80
1994	Hope	12/95		79.95	80

Amish Blessings - J. Good-Kruger

1990	Rebeccah	Closed	1993	68.00	100-125
1991	Rachel	Closed	1993	69.00	125-175
1991	Adam	Closed	1993	75.00	100-200
1992	Ruth	Closed	1993	75.00	100-145
1992	Eli	Closed	1993	79.95	100-125
1993	Sarah	Closed	1994	79.95	100-125

Amish Inspirations - J. Ibarolle

1994	Ethan	12/95		69.95	70
1994	Mary	12/95		69.95	70

As Cute As Can Be - D. Effner

1993	Sugar Plum	Closed	1994	49.95	80
1994	Puppy Love	12/95		49.95	50
1994	Angel Face	12/95		49.95	50

Baby Book Treasures - K. Hippensteel

1990	Elizabeth's Homecoming	Closed	1993	58.00	75-110
1991	Catherine's Christening	Closed	1994	58.00	58-75
1991	Christopher's First Smile	Closed	1992	63.00	70-100

Baby Talk - Good-Kruger

1994	All Gone	12/95		49.95	50
1994	Bye-Bye	12/95		49.95	50
1994	Night, Night	12/95		49.95	50

Barely Yours - T. Tomescu

1994	Cute as a Button	Closed	1994	69.95	70
1994	Snug as a Bug in a Rug	12/95		75.00	75

Beautiful Dreamers - G. Rademann

1992	Katrina	Closed	1993	89.00	115-150
1992	Nicolette	Closed	1994	89.95	90-100
1993	Brigitte	Closed	1994	94.00	100
1993	Isabella	Closed	1994	94.00	100
1993	Gabrielle	Closed	1994	94.00	100

Born To Be Famous - K. Hippensteel

1989	Little Sherlock	Closed	1991	87.00	70-125
1990	Little Florence Nightingale	Closed	1991	87.00	87-100
1991	Little Davey Crockett	Closed	1994	92.00	92-125
1992	Little Christopher Columbus	Closed	1993	95.00	125

Boys Will Be Boys - J. Singer

1993	Fire's Out	Closed	1993	69.95	70
1993	Say Ah!	Closed	1994	69.95	70

Caught In The Act - M. Tretter

1992	Stevie, Catch Me If You Can	Closed	1994	49.95	125-165
1993	Kelly, Don't I Look Pretty?	Closed	1994	49.95	65-95
1994	Mikey (Look It Floats)	Closed	1994	55.00	75
1994	Nickie (Cookie Jar)	12/95		59.95	60
1994	Becky (Kleenex Box)	12/95		59.95	60
1994	Sandy	12/95		59.95	60

A Child's Garden of Verses - J. Singer

1991	Nathan (The Land of Nod)	Closed	1993	79.00	79
1993	My Toy Soldiers	Closed	1993	79.95	90
1993	Picture Books in Winter	Closed	1993	85.00	85
1993	My Ship & I	Closed	1994	85.00	85

Children of Christmas - M. Sirko

1994	The Little Drummer Boy	12/95		79.95	80
1994	The Littlest Angel	12/95		79.95	80

Children of Mother Goose - Y. Bello

1987	Little Bo Peep	Closed	1988	58.00	150-300
1987	Mary Had a Little Lamb	Closed	1989	58.00	120-150
1988	Little Jack Horner	Closed	1989	63.00	63-115
1989	Miss Muffet	Closed	1991	63.00	63

Children Of The Sun - M. Severino

1993	Little Flower	Closed	1994	69.95	70
1993	Desert Star	12/95		69.95	70

A Children's Circus - J. McClelland

1990	Tommy The Clown	Closed	1993	78.00	78
1991	Katie The Tightrope Walker	Closed	1993	78.00	78
1991	Johnnie The Strongman	Closed	1994	83.00	83
1992	Maggie The Animal Trainer	Closed	1994	83.00	83

Christmas Memories - Y. Bello

1994	Christopher	12/95		59.95	60
1994	Joshua	12/95		59.95	60
1994	Stephanie	12/95		59.95	60

Cindy's Playhouse Pals - C. McClure

1989	Meagan	Closed	1990	87.00	100
1989	Shelly	Closed	1993	87.00	87
1990	Ryan	Closed	1993	89.00	89
1991	Samantha	Closed	1993	89.00	89-100

Classic Brides of The Century - E. Williams

1990	Flora, The 1900s Bride	Closed	1993	145.00	145
1991	Jennifer, The 1980s Bride	Closed	1992	149.00	149
1993	Kathleen, The 1930s Bride	Closed	1993	149.95	150

Days of the Week - K. Barry-Hippensteel

1994	Monday	12/95		49.95	50

Dianna Effner's Mother Goose - D. Effner

1990	Mary, Mary, Quite Contrary	Closed	1992	78.00	175-275
1991	The Little Girl With The Curl (Horrid)	Closed	1992	79.00	150-250
1991	The Little Girl With The Curl (Good)	Closed	1993	79.00	100-125
1992	Little Boy Blue	Closed	1993	85.00	85
1993	Snips & Snails	Closed	1994	85.00	100-150
1993	Sugar & Spice	Closed	1994	89.95	125
1993	Curly Locks	12/95		89.95	90

Down The Garden Path - P. Coffer

1991	Rosemary	Closed	1994	79.00	79-99
1991	Angelica	Closed	1994	85.00	85
1993	Amanda by the Shore	Closed	1994	89.95	90

Elvis: Lifetime Of A Legend - L. Di Leo

1992	'68 Comeback Special	Closed	1994	99.95	100
1994	King of Las Vegas	Closed	1994	99.95	100

European Fairytales - G. Rademann

1994	Little Red Riding Hood	12/95		79.95	80

Family Ties - M. Tretter

1994	Welcome Home Baby Brother	12/95		79.95	80

Father's Touch - L. Di Leo

1993	2 A.M. Feeding	Closed	1994	99.95	100

Father's Touch - W. Hanson

1994	Come To Daddy	12/95		99.95	100

From The Heart - T. Menzenbach

1992	Carolin	Closed	1994	79.95	115-125
1992	Erik	Closed	1994	79.95	100-125

From This Day Forward - P. Tumminio

1994	Elizabeth	12/95		89.95	90

Garden of Inspirations - B. Hanson

1994	Gathering Violets	12/95		69.95	70
1994	Daisy Chain	12/95		69.95	70

Growing Young Minds - K. Hippensteel

1991	Alex	Closed	1992	79.00	79

Gustafson's Fairy Tales - S. Gustafson

1993	Goldilocks and Three Bears	Closed	1994	130.00	130

Happiness Is... - K. Hippensteel

1991	Patricia (My First Tooth)	Closed	1993	69.00	105-150
1992	Crystal (Feeding Myself)	Closed	1994	69.95	100
1993	Brittany (Blowing Kisses)	Closed	1993	69.95	100
1993	Joy (My First Christmas)	Closed		69.95	100
1994	Candy Cane (Holly)	Closed	1993	69.95	125
1994	Patrick (My First Playmate)	Closed	1994	69.95	100-125

Happy Thoughts - K. Hippensteel

1994	Laughter is the Best Medicine	12/95		59.95	60

Heavenly Inspirations - C. McClure

1992	Every Cloud Has a Silver Lining	Closed	1994	59.95	70-95
1993	Wish Upon A Star	Closed	1994	59.95	85-125
1994	Sweet Dreams	Closed	1994	65.00	65
1994	Luck at the End of Rainbow	Closed	1994	65.00	65
1994	Sunshine	Closed	1994	69.95	70
1994	Pennies From Heaven	12/95		69.95	70

Ashton-Drake Galleries
to Ashton-Drake Galleries

DOLLS

Heritage of American Quilting - J. Lundy

YEAR ISSUE		EDITION LIMIT	YEAR RETD.	ISSUE PRICE	QUOTE U.S.$
1994	Eleanor	12/95		79.95	80

Heroines from the Fairy Tale Forests - D. Effner

YEAR ISSUE		EDITION LIMIT	YEAR RETD.	ISSUE PRICE	QUOTE U.S.$
1988	Little Red Riding Hood	Closed	1990	68.00	200-300
1989	Goldilocks	Closed	1991	68.00	80-125
1990	Snow White	Closed	1992	73.00	150-175
1991	Rapunzel	Closed	1993	79.00	115-175
1992	Cinderella	Closed	1993	79.00	150-195
1993	Cinderella (Ballgown)	Closed	1994	79.95	150-250

Holy Hunt's Bonnet Babies - H. Hunt

YEAR ISSUE		EDITION LIMIT	YEAR RETD.	ISSUE PRICE	QUOTE U.S.$
1991	Missy (Grandma's Little Girl)	Closed	1992	69.00	69
1992	Susie (Somebody Loves Me)	Closed	1993	69.00	95

I Want Mommy - K. Hippensteel

YEAR ISSUE		EDITION LIMIT	YEAR RETD.	ISSUE PRICE	QUOTE U.S.$
1993	Timmy (Mommy I'm Sleepy)	Closed	1994	59.95	145-195
1993	Tommy (Mommy I'm Sorry)	Closed	1994	59.95	65-100
1994	Up Mommy (Tammy)	Closed	1994	65.00	65-90

In the Good 'Ol Summertime - W. Lawton

YEAR ISSUE		EDITION LIMIT	YEAR RETD.	ISSUE PRICE	QUOTE U.S.$
1994	Along the Boardwalk (Ella)	12/95		69.95	70
1994	Meet Me at the Fair	12/95		69.95	70

International Festival of Toys and Tots - K. Hippensteel

YEAR ISSUE		EDITION LIMIT	YEAR RETD.	ISSUE PRICE	QUOTE U.S.$
1989	Chen, a Little Boy of China	Closed	1990	78.00	100-200
1989	Natasha	Closed	1992	78.00	54-78
1990	Molly	Closed	1993	83.00	83
1991	Hans	Closed	1993	88.00	61-88
1992	Miki, Eskimo	Closed	1994	88.00	88

International Spirit Of Christmas - F. Wick

YEAR ISSUE		EDITION LIMIT	YEAR RETD.	ISSUE PRICE	QUOTE U.S.$
1989	American Santa	Closed	1993	125.00	125

Joys of Summer - K. Hippensteel

YEAR ISSUE		EDITION LIMIT	YEAR RETD.	ISSUE PRICE	QUOTE U.S.$
1993	Tickles	Closed	1994	49.95	50-90
1993	Little Squirt	Closed	1994	49.95	50-80
1994	Yummy	Closed	1994	55.00	55
1994	Havin' A Ball	Closed	1994	55.00	55
1994	Lil' Scoop	Closed	1994	55.00	55

The King & I - P. Ryan Brooks

YEAR ISSUE		EDITION LIMIT	YEAR RETD.	ISSUE PRICE	QUOTE U.S.$
1991	Shall We Dance?	Closed	1992	175.00	275-375

Lasting Traditions - W. Hanson

YEAR ISSUE		EDITION LIMIT	YEAR RETD.	ISSUE PRICE	QUOTE U.S.$
1993	Something Old	Closed	1993	69.95	70
1994	Finishing Touch	Closed	1994	69.95	70
1994	Mother's Pearls	Closed	1994	85.00	85
1994	Her Traditional Garter	12/95		85.00	85

Lawton's Nursery Rhymes - W. Lawton

YEAR ISSUE		EDITION LIMIT	YEAR RETD.	ISSUE PRICE	QUOTE U.S.$
1994	Little Bo Peep	12/95		79.95	80
1994	Little Miss Muffet	12/95		79.95	80
1994	Mary, Mary	12/95		85.00	85
1994	Mary/Lamb	12/95		85.00	85

The Legends of Baseball - T. Tomescu

YEAR ISSUE		EDITION LIMIT	YEAR RETD.	ISSUE PRICE	QUOTE U.S.$
1994	Babe Ruth	12/95		79.95	80
1994	Lou Gehrig	12/95		79.95	80

Let's Play Mother Goose - K. Hippensteel

YEAR ISSUE		EDITION LIMIT	YEAR RETD.	ISSUE PRICE	QUOTE U.S.$
1994	Cow Jumped Over the Moon	12/95		69.95	70
1994	Hickory, Dickory, Dock	12/95		69.95	70

Little Bits - G. Rademan

YEAR ISSUE		EDITION LIMIT	YEAR RETD.	ISSUE PRICE	QUOTE U.S.$
1993	Lil Bit of Sunshine	Closed	1993	39.95	40
1993	Lil Bit of Love	Closed	1994	39.95	40
1994	Lil Bit of Tenderness	Closed	1994	39.95	40
1994	Lil Bit of Innocence	Closed	1994	39.95	40

Little Handfuls - M. Severino

YEAR ISSUE		EDITION LIMIT	YEAR RETD.	ISSUE PRICE	QUOTE U.S.$
1993	Ricky	Closed	1994	39.95	40
1993	Abby	12/95		39.95	40
1993	Josie	12/95		39.95	40

Little House On The Prairie - J. Ibarolle

YEAR ISSUE		EDITION LIMIT	YEAR RETD.	ISSUE PRICE	QUOTE U.S.$
1992	Laura	Closed	1993	79.95	80-100
1993	Mary Ingalls	Closed	1993	79.95	100-200
1993	Nellie Olson	Closed	1994	85.00	100
1993	Almanzo	Closed	1994	85.00	85
1994	Carrie	Closed	1994	85.00	85
1994	Ma Ingalls	12/95		90.00	90
1994	Pa Ingalls	12/95		90.00	90

Little Women - W. Lawton

YEAR ISSUE		EDITION LIMIT	YEAR RETD.	ISSUE PRICE	QUOTE U.S.$
1994	Jo	12/95		59.95	60
1994	Meg	12/95		59.95	60
1994	Beth	12/96		59.95	60
1994	Amy	12/96		59.95	60

The Littlest Clowns - M. Tretter

YEAR ISSUE		EDITION LIMIT	YEAR RETD.	ISSUE PRICE	QUOTE U.S.$
1991	Sparkles	Closed	1992	63.00	80-100
1991	Bubbles	Closed	1992	65.00	65-125
1991	Smooch	Closed	1992	69.00	69-125
1992	Daisy	Closed	1993	69.95	70

Look At Me - L. Di Leo

YEAR ISSUE		EDITION LIMIT	YEAR RETD.	ISSUE PRICE	QUOTE U.S.$
1993	Rose Marie	Closed	1994	49.95	50
1994	Ann Marie	Closed	1994	49.95	50
1994	Lisa Marie	12/95		55.00	55

Lots Of Love - T. Menzenbach

YEAR ISSUE		EDITION LIMIT	YEAR RETD.	ISSUE PRICE	QUOTE U.S.$
1993	Hannah Needs A Hug	Closed	1994	49.95	50-100
1993	Kaitlyn	Closed	1994	49.95	50-80
1994	Nicole	12/95		49.95	50

Mainstreet Saturday Morning - M. Tretter

YEAR ISSUE		EDITION LIMIT	YEAR RETD.	ISSUE PRICE	QUOTE U.S.$
1994	Kenny	12/95		69.95	70

Maude Fangel's Cover Babies - Fangel-Inspired

YEAR ISSUE		EDITION LIMIT	YEAR RETD.	ISSUE PRICE	QUOTE U.S.$
1991	Peek-A-Boo Peter	Closed	1993	73.00	73
1991	Benjamin's Ball	Closed	1994	73.00	73

Memories of Yesterday - M. Attwell

YEAR ISSUE		EDITION LIMIT	YEAR RETD.	ISSUE PRICE	QUOTE U.S.$
1994	A Friend in Need	12/95		59.95	60
1994	Tomorrow is Another Day	12/95		59.95	60

Messages of Hope - T. Tomescu

YEAR ISSUE		EDITION LIMIT	YEAR RETD.	ISSUE PRICE	QUOTE U.S.$
1994	Let the Little Children Come to Me	12/95		129.95	130

Moments To Remember - Y. Bello

YEAR ISSUE		EDITION LIMIT	YEAR RETD.	ISSUE PRICE	QUOTE U.S.$
1991	Justin	Closed	1994	75.00	55-75
1992	Jill	Closed	1993	75.00	75-100
1993	Brandon (Ring Bearer)	Closed	1994	79.95	90
1993	Suzanne (Flower Girl)	Closed	1994	79.95	80

My Closest Friend - J. Goodyear

YEAR ISSUE		EDITION LIMIT	YEAR RETD.	ISSUE PRICE	QUOTE U.S.$
1991	Boo Bear 'N Me	Closed	1992	78.00	150-200
1991	Me and My Blankie	Closed	1993	79.00	100-150
1992	My Secret Pal (Robbie)	Closed	1993	85.00	100
1992	My Beary Best Friend	Closed	1993	79.95	80

My Fair Lady - P. Ryan Brooks

YEAR ISSUE		EDITION LIMIT	YEAR RETD.	ISSUE PRICE	QUOTE U.S.$
1991	Eliza at Ascot	Closed	1992	125.00	200-350

My Heart Belongs To Daddy - J. Singer

YEAR ISSUE		EDITION LIMIT	YEAR RETD.	ISSUE PRICE	QUOTE U.S.$
1992	Peanut	Closed	1994	49.95	100-150
1992	Pumpkin	Closed	1994	49.95	50-95
1994	Princess	Closed	1994	59.95	70

My Little Ballerina - K. Barry-Hippensteel

YEAR ISSUE		EDITION LIMIT	YEAR RETD.	ISSUE PRICE	QUOTE U.S.$
1994	My Little Ballerina	12/95		59.95	60

Nursery Newborns - J. Wolf

YEAR ISSUE		EDITION LIMIT	YEAR RETD.	ISSUE PRICE	QUOTE U.S.$
1994	It's A Boy	12/95		79.95	80
1994	It's A Girl	12/95		79.95	80

Oh Holy Night - Good-Krueger

YEAR ISSUE		EDITION LIMIT	YEAR RETD.	ISSUE PRICE	QUOTE U.S.$
1994	The Holy Family (Jesus, Mary, Joseph)	12/95		129.95	130

Parade of American Fashion - Stevens/Siegel

YEAR ISSUE		EDITION LIMIT	YEAR RETD.	ISSUE PRICE	QUOTE U.S.$
1987	The Glamour of the Gibson Girl	Closed	1989	77.00	150-200
1988	The Southern Belle	Closed	1989	77.00	200-250
1990	Victorian Lady	Closed	1993	82.00	82
1991	Romantic Lady	Closed	1993	85.00	85

Peek A Boo - J. Goodyear

YEAR ISSUE		EDITION LIMIT	YEAR RETD.	ISSUE PRICE	QUOTE U.S.$
1993	Where's Jamie?	Closed	1993	69.95	70

Polly's Tea Party - S. Krey

YEAR ISSUE		EDITION LIMIT	YEAR RETD.	ISSUE PRICE	QUOTE U.S.$
1990	Polly	Closed	1992	78.00	125
1991	Lizzie	Closed	1992	79.00	79
1992	Annie	Closed	1993	83.00	100

Precious Memories of Motherhood - S. Kuck

YEAR ISSUE		EDITION LIMIT	YEAR RETD.	ISSUE PRICE	QUOTE U.S.$
1989	Loving Steps	Closed	1991	125.00	100-150
1990	Lullaby	Closed	1993	125.00	125-160
1991	Expectant Moments	Closed	1993	149.00	195-245
1992	Bedtime	Closed	1993	150.00	150-175

Pretty in Pastels - J. Goodyear

YEAR ISSUE		EDITION LIMIT	YEAR RETD.	ISSUE PRICE	QUOTE U.S.$
1994	Precious in Pink	12/95		79.95	80

Rainbow of Love - Y. Bello

YEAR ISSUE		EDITION LIMIT	YEAR RETD.	ISSUE PRICE	QUOTE U.S.$
1994	Blue Sky	12/95		59.95	60
1994	Yellow Sunshine	12/95		59.95	60
1994	Green Earth	12/95		59.95	60
1994	Pink Flower	12/96		59.95	60
1994	Purple Mountain	12/96		59.95	60
1994	Orange Sunset	12/96		59.95	60

Rockwell Christmas - Rockwell-Inspired

YEAR ISSUE		EDITION LIMIT	YEAR RETD.	ISSUE PRICE	QUOTE U.S.$
1990	Scotty Plays Santa	Closed	1991	48.00	48
1991	Scotty Gets His Tree	Closed	1992	59.00	59
1993	Merry Christmas Grandma	Closed	1993	59.95	60

Rockwell Friend For Life - N. Rockwell

YEAR ISSUE		EDITION LIMIT	YEAR RETD.	ISSUE PRICE	QUOTE U.S.$
1994	Wrapped Up in Xmas	12/95		69.95	70

Romantic Flower Maidens - M. Roderick

YEAR ISSUE		EDITION LIMIT	YEAR RETD.	ISSUE PRICE	QUOTE U.S.$
1988	Rose, Who is Love	Closed	1990	87.00	110-150
1989	Daisy	Closed	1993	87.00	90-125
1990	Violet	Closed	1993	92.00	95-125
1990	Lily	Closed	1991	92.00	150

Season of Dreams - G. Rademann

YEAR ISSUE		EDITION LIMIT	YEAR RETD.	ISSUE PRICE	QUOTE U.S.$
1994	Autumn Breeze	12/95		79.95	80

Secret Garden - J. Kovacik

YEAR ISSUE		EDITION LIMIT	YEAR RETD.	ISSUE PRICE	QUOTE U.S.$
1994	Mary	12/95		69.95	70

A Sense of Discovery - K. Hippensteel

YEAR ISSUE		EDITION LIMIT	YEAR RETD.	ISSUE PRICE	QUOTE U.S.$
1993	Sweetie (Sense of Discovery)	Closed	1994	59.95	75

Sharing Secrets - P. Bomar

YEAR ISSUE		EDITION LIMIT	YEAR RETD.	ISSUE PRICE	QUOTE U.S.$
1994	Julie Anne	12/95		69.95	70

Snow Babies - T. Tomescu

YEAR ISSUE		EDITION LIMIT	YEAR RETD.	ISSUE PRICE	QUOTE U.S.$
1995	Beneath the Mistletoe	12/95		69.95	70

Someone to Watch Over Me - K. Barry-Hippensteel

YEAR ISSUE		EDITION LIMIT	YEAR RETD.	ISSUE PRICE	QUOTE U.S.$
1994	Sweet Dreams	12/95		69.95	70

Sooo Big - M. Tretter

YEAR ISSUE		EDITION LIMIT	YEAR RETD.	ISSUE PRICE	QUOTE U.S.$
1993	Jimmy	Closed	1994	59.95	60
1994	Kimmy	12/95		59.95	60

Stepping Out - Akers/Girardi

YEAR ISSUE		EDITION LIMIT	YEAR RETD.	ISSUE PRICE	QUOTE U.S.$
1991	Millie	Closed	1992	99.00	125

Together Forever - S. Krey

YEAR ISSUE		EDITION LIMIT	YEAR RETD.	ISSUE PRICE	QUOTE U.S.$
1994	Kirsten	12/95		59.95	60
1994	Courtney	12/95		59.95	60
1994	Kim	12/95		59.95	60

Treasured Togetherness - M. Tretter

YEAR ISSUE		EDITION LIMIT	YEAR RETD.	ISSUE PRICE	QUOTE U.S.$
1994	Tender Touch	12/95		99.95	100
1994	Touch of Love	12/95		99.95	100

Tumbling Tots - K. Hippensteel

YEAR ISSUE		EDITION LIMIT	YEAR RETD.	ISSUE PRICE	QUOTE U.S.$
1993	Roly Poly Polly	Closed	1994	69.95	90
1994	Handstand Harry	12/95		69.95	70

Two Much To Handle - K. Hippensteel

YEAR ISSUE		EDITION LIMIT	YEAR RETD.	ISSUE PRICE	QUOTE U.S.$
1993	Julie (Flowers For Mommy)	Closed	1994	59.95	60-90
1993	Kevin (Clean Hands)	12/95		59.95	60

Victorian Lace - C. Layton

YEAR ISSUE		EDITION LIMIT	YEAR RETD.	ISSUE PRICE	QUOTE U.S.$
1993	Alicia	Closed	1994	79.95	125-195
1994	Colleen	12/95		79.95	80
1994	Olivia	12/95		79.95	80

Victorian Nursery Heirloom - C. McClure

YEAR ISSUE		EDITION LIMIT	YEAR RETD.	ISSUE PRICE	QUOTE U.S.$
1994	Victorian Lullaby	12/95		79.95	80

What Little Girls Are Made Of - D. Effner

YEAR ISSUE		EDITION LIMIT	YEAR RETD.	ISSUE PRICE	QUOTE U.S.$
1994	Peaches and Cream	12/95		69.95	70

Winter Wonderland - K. Barry-Hippensteel

YEAR ISSUE		EDITION LIMIT	YEAR RETD.	ISSUE PRICE	QUOTE U.S.$
1994	Annie	12/95		59.95	60
1994	Bobby	12/95		59.95	60

Winterfest - S. Sherwood

YEAR ISSUE		EDITION LIMIT	YEAR RETD.	ISSUE PRICE	QUOTE U.S.$
1991	Brian	Closed	1992	89.00	125
1992	Michelle	Closed	1993	89.95	125-195
1993	Bradley	Closed	1993	89.95	90-105

Wishful Thinking - M. Tretter

YEAR ISSUE		EDITION LIMIT	YEAR RETD.	ISSUE PRICE	QUOTE U.S.$
1993	Danny (Pet Shop)	Closed	1994	79.95	80

The Wonderful Wizard of Oz - M. Tretter

YEAR ISSUE		EDITION LIMIT	YEAR RETD.	ISSUE PRICE	QUOTE U.S.$
1994	Dorothy	12/95		79.95	80
1994	Scarecrow	12/95		79.95	80
1994	Tin Man	12/95		79.95	80
1994	The Cowardly Lion	12/96		79.95	80

Year Book Memories - Akers/Girardi

YEAR ISSUE		EDITION LIMIT	YEAR RETD.	ISSUE PRICE	QUOTE U.S.$
1991	Peggy Sue	Closed	1992	87.00	90-125
1993	Going Steady (Patty Jo)	Closed	1994	89.95	90
1993	Prom Queen (Betty Jean)	Closed	1993	92.00	92

Yesterday's Dreams - M. Oldenburg

YEAR ISSUE		EDITION LIMIT	YEAR RETD.	ISSUE PRICE	QUOTE U.S.$
1990	Andy	Closed	1993	68.00	68-85
1991	Janey	Closed	1993	69.00	69

Yolanda's Heaven Scent Babies - Y. Bello

YEAR ISSUE		EDITION LIMIT	YEAR RETD.	ISSUE PRICE	QUOTE U.S.$
1993	Meagan Rose	Closed	1994	49.95	50-100
1993	Daisy Anne	Closed	1994	49.95	50-90
1993	Morning Glory	12/95		49.95	50
1993	Sweet Carnation	12/95		54.95	55
1993	Lily	12/95		54.95	55
1993	Cherry Blossom	12/95		54.95	55

Yolanda's Lullaby Babies - Y. Bello

YEAR ISSUE		EDITION LIMIT	YEAR RETD.	ISSUE PRICE	QUOTE U.S.$
1991	Christy (Rock-a-Bye)	Closed	1993	69.00	100
1992	Joey (Twinkle, Twinkle)	Closed	1994	69.00	95
1993	Amy (Brahms Lullaby)	Closed	1994	75.00	75
1993	Eddie (Teddy Bear Lullaby)	Closed	1994	75.00	85
1993	Jacob (Silent Night)	Closed	1994	75.00	75
1994	Bonnie (You Are My Sunshine)	Closed	1994	80.00	80

Yolanda's Picture - Perfect Babies - Y. Bello

YEAR ISSUE		EDITION LIMIT	YEAR RETD.	ISSUE PRICE	QUOTE U.S.$
1985	Jason	Closed	1988	48.00	650-950
1986	Heather	Closed	1988	48.00	300-400
1987	Jennifer	Closed	1989	58.00	245-325
1987	Matthew	Closed	1990	58.00	175-300
1987	Sarah	Closed	1990	58.00	95-175
1988	Amanda	Closed	1990	63.00	150-210
1989	Jessica	Closed	1993	63.00	75-125
1990	Michael	Closed	1992	63.00	125-200
1990	Lisa	Closed	1992	63.00	110-135
1991	Emily	Closed	1992	63.00	100-135

DOLLS

Ashton-Drake Galleries to Dolls by Jerri

YEAR ISSUE	EDITION LIMIT	YEAR RETD.	ISSUE PRICE	QUOTE U.S.$
1991 Danielle	Closed	1993	69.00	125

Yolanda's Playtime Babies - Y. Bello

YEAR ISSUE	EDITION LIMIT	YEAR RETD.	ISSUE PRICE	QUOTE U.S.$
1993 Todd	Closed	1994	59.95	60
1993 Lindsey	Closed	1994	59.95	60
1993 Shawna	Closed	1994	59.95	60

Yolanda's Precious Playmates - Y. Bello

YEAR ISSUE	EDITION LIMIT	YEAR RETD.	ISSUE PRICE	QUOTE U.S.$
1992 David	Closed	1994	69.95	100-145
1993 Paul	Closed	1994	69.95	125-145
1994 Johnny	Closed	1994	69.95	70

Young Love - J.W. Smith

YEAR ISSUE	EDITION LIMIT	YEAR RETD.	ISSUE PRICE	QUOTE U.S.$
1993 First Kiss	Closed	1993	118.00	118
1993 Buttercups	Closed	1994	Set	Set

Your Heart's Desire - M. Stauber

YEAR ISSUE	EDITION LIMIT	YEAR RETD.	ISSUE PRICE	QUOTE U.S.$
1991 Julia	Closed	1992	99.00	125

Attic Babies

Attic Babies' Collector Club - M. Maschino

YEAR ISSUE	EDITION LIMIT	YEAR RETD.	ISSUE PRICE	QUOTE U.S.$
1992 Burtie Buzbee, SNL	Retrd.	1992	40.00	40
1993 Izzie B. Ruebottom, SNL	277	1993	35.00	35
1994 Sunflower Flossie, SNL	Retrd.	1994	42.00	42
1995 Trisca Kay Yum-Yum, SNL	12/95		40.00	40

Baggie Collection - M. Maschino

YEAR ISSUE	EDITION LIMIT	YEAR RETD.	ISSUE PRICE	QUOTE U.S.$
1991 Americana Baggie Bear	Retrd.	1994	19.95	22
1991 Americana Baggie Girl	Retrd.	1994	19.95	22
1991 Americana Baggie Rabbit	Retrd.	1994	19.95	22
1991 Americana Baggie Santa	Retrd.	1994	19.95	22
1991 Christmas Baggie Bear	Retrd.	1994	19.95	22
1991 Christmas Baggie Girl	Retrd.	1994	19.95	22
1991 Christmas Baggie Rabbit	Retrd.	1994	19.95	22
1991 Christmas Baggie Santa	Retrd.	1994	19.95	22
1991 Country Baggie Bear	Retrd.	1994	19.95	22
1991 Country Baggie Girl	Retrd.	1994	19.95	22
1991 Country Baggie Rabbit	Retrd.	1994	19.95	22

Mother's Day Angels - M. Maschino

YEAR ISSUE	EDITION LIMIT	YEAR RETD.	ISSUE PRICE	QUOTE U.S.$
1994 Nattie Fae Tucker, SNL	757	1994	64.95	65

Retired Dolls - M. Maschino

YEAR ISSUE	EDITION LIMIT	YEAR RETD.	ISSUE PRICE	QUOTE U.S.$
1992 Americana Raggedy Santa 1st edition, SNL	Retrd.	1992	85.95	150
1992 Americana Raggedy Santa 2nd edition, SNL	Retrd.	1992	89.95	90
1989 Annie Fannie	Retrd.	1992	43.95	70-110
1987 Bessie Jo	Retrd.	1989	31.95	98
1987 Beth Sue	Retrd.	1991	27.95	75
1988 Bunnifer	Retrd.	1990	39.95	82
1988 Buttons	Retrd.	1991	27.95	28
1992 Candy Applebee	Retrd.	1994	15.95	18
1992 Christopher Columbus SNL	Retrd.	1992	79.95	80
1989 Cotton Pickin' Ninny	Retrd.	1992	47.95	100
1987 Country Clyde	Retrd.	1988	27.95	28
1992 Daddy's Lil Punkin Patty, SNL	Retrd.	1993	79.95	80
1987 Dirty Harry	Retrd.	1991	27.95	55-100
1994 Dollie Boots	Retrd.	1994	79.95	80
1990 Duckie Dinkle	Retrd.	1991	95.95	96
1988 Fester Chester	Retrd.	1994	39.95	50
1990 Frannie Farkle	Retrd.	1991	129.95	130
1990 Frizzy Lizzy	Retrd.	1992	95.95	250
1988 Hannah Lou	Retrd.	1994	39.95	50
1990 Happy Huck	Retrd.	1992	47.95	102
1993 Happy Pappy Claus SNL	805	1994	73.95	74
1987 Harold	Retrd.	1990	27.95	80
1989 Heavenly Heather	Retrd.	1992	59.95	100
1988 Heffy Cheffy	Retrd.	1994	75.95	125
1993 Itty Bitty Santa	Retrd.	1993	5.95	6
1990 Ivan Ivie	Retrd.	1991	129.95	230
1987 Jacob	Retrd.	1988	27.95	100
1993 Jammy Mammy Claus SNL	653	1994	67.95	68
1987 Jenny Lou	Retrd.	1992	35.95	36
1989 Jolly Jim	Retrd.	1992	31.95	32
1990 Jumpin Pumkin Jill	Retrd.	1994	55.95	56
1990 Lampsie Divie Ivie	Retrd.	1991	129.95	230
1988 Lazy Daisy	Retrd.	1992	39.95	60
1988 Lazy Liza Jane	Retrd.	1991	47.95	48
1988 Little Dove	Retrd.	1988	39.95	40
1994 Lollie Ann	Retrd.	1994	39.95	40
1987 Maggie Mae	Retrd.	1991	25.95	28
1991 Maizie Mae	Retrd.	1994	51.95	52
1991 Mandi Mae	Retrd.	1994	51.95	52
1991 Memsie Mae	Retrd.	1994	51.95	52
1994 Merry Ole Farley Fagan Dooberry, SNL	Retrd.	1994	131.95	132
1993 Millie Wilset	2,000	1994	39.95	40
1987 Miss Pitty Pat	Retrd.	1988	27.95	100
1988 Molly Bea	Retrd.	1990	39.95	45-80
1988 Moosey Matilda	Retrd.	1990	39.95	150-300
1993 Mr. Kno Mo Sno, SNL	1,800	1994	51.95	52
1991 Mr. Raggedy Claus, SNL	Retrd.	1992	69.95	120
1991 Mrs. Raggedy Claus, SNL	Retrd.	1992	69.95	120
1989 Ms. Waddles	Retrd.	1990	47.95	48
1987 Muslin Bunny	Retrd.	1993	7.95	8
1987 Muslin Teddy	Retrd.	1993	7.95	8
1988 Naughty Nellie	Retrd.	1990	31.95	85
1993 Old St. Knickerbocker, SNL	Retrd.	1993	79.95	80
1992 Old St. Nick, SNL	Retrd.	1993	95.95	130
1989 Old Tyme Santy	Retrd.	1989	79.95	80
1990 Phylbert Farkle	Retrd.	1991	129.95	225
1991 Pippy Pat	Retrd.	1994	47.95	52
1988 Prissy Missy	Retrd.	1990	31.95	32
1987 Rachel	Retrd.	1988	29.95	85
1987 Raggedy Kitty	Retrd.	1988	29.95	30
1990 Raggedy Ole Chris Cringle 1st ed.	Retrd.	1990	189.95	262
1990 Raggedy Ole Chris Cringle 2nd ed.	Retrd.	1991	189.95	190
1988 Raggedy Sam	Retrd.	1991	55.95	115
1987 Raggedy Santy 1st edition	Retrd.	1988	75.95	200
1990 Raggedy Santy 2nd edition	Retrd.	1991	89.95	90
1989 Rammy Sammy	Retrd.	1990	43.95	44
1987 Rose Ann	Retrd.	1991	39.95	40
1988 Rotten Wilber	Retrd.	1990	35.95	140
1988 Rufus	Retrd.	1992	35.95	70-80
1990 Salie Ollie Otis	Retrd.	1991	129.95	130
1987 Sally Francis	Retrd.	1993	35.95	62
1987 Sara	Retrd.	1992	39.95	86
1992 Scary Larry Scarecrow, SNL	Retrd.	1994	79.95	80
1988 Silly Willie	Retrd.	1990	39.95	76
1989 Skitty Kitty	Retrd.	1991	43.95	140
1988 Spring Santy	Retrd.	1989	47.95	48
1988 Sweet William	Retrd.	1989	35.95	152
1992 Teeny Weenie Christmas Angel	Retrd.	1994	9.95	12
1992 Teeny Weenie Country Angel	Retrd.	1994	9.95	12
1987 Toddy Sue	Retrd.	1990	27.95	87
1988 Wacky Jackie	Retrd.	1990	39.95	40
1991 Winkie Binkie	Retrd.	1993	53.95	54
1992 Witchy Wanda, SNL	Retrd.	1994	79.95	80
1989 Wood Doll, black-large	Retrd.	1991	36.00	36
1989 Wood Doll, white-large	Retrd.	1991	36.00	36
1989 Wood Doll-medium	Retrd.	1991	31.95	32
1989 Wood Doll-small	Retrd.	1991	23.95	24
1990 Yankee Doodle Debbie	Retrd.	1993	95.95	150
1990 Zitty Zelda, SNL	Retrd.	1993	89.95	176

Tour Babies - M. Maschino

YEAR ISSUE	EDITION LIMIT	YEAR RETD.	ISSUE PRICE	QUOTE U.S.$
1993 Tour Baby 1993	Retrd.	1993	19.95	22
1994 Tour Baby 1994	Retrd.	1994	24.95	25

Valentine Collection - M. Maschino

YEAR ISSUE	EDITION LIMIT	YEAR RETD.	ISSUE PRICE	QUOTE U.S.$
1993 Valentine Bear-Girl	Retrd.	1993	39.95	40
1993 Valentine Bear-Boy	Retrd.	1993	39.95	40
1994 Herwin Heaps-O Hugs	613	1994	39.95	40
1994 Lottie Lots-A Hugs	825	1994	39.95	40
1995 Ruthie Claire	Retrd.	1995	39.95	40

The Collectables Inc.

Collector's Club Doll - P. Parkins

YEAR ISSUE	EDITION LIMIT	YEAR RETD.	ISSUE PRICE	QUOTE U.S.$
1991 Mandy	Closed	1991	360.00	360
1992 Kallie	Closed	1992	410.00	410
1993 Mommy and Me	Closed	1993	810.00	810
1994 Krystal	Closed	1994	380.00	380

Angel Series - P. Parkins

YEAR ISSUE	EDITION LIMIT	YEAR RETD.	ISSUE PRICE	QUOTE U.S.$
1992 Angel on My Shoulder	Closed	1993	530.00	530
1994 Guarding the Way	500	1995	950.00	950
1993 My Guardian Angel	500	1993	590.00	590

Butterfly Babies - P. Parkins

YEAR ISSUE	EDITION LIMIT	YEAR RETD.	ISSUE PRICE	QUOTE U.S.$
1989 Belinda - P. Parkins	S/O	1990	270.00	375
1992 Laticia - P. Parkins	Closed	1993	320.00	320
1990 Willow - P. Parkins	Closed	1991	240.00	375

Cherished Memories - Various

YEAR ISSUE	EDITION LIMIT	YEAR RETD.	ISSUE PRICE	QUOTE U.S.$
1986 Amy and Andrew -P. Parkins	S/O	1986	220.00	325
1988 Brittany - P. Parkins	Closed	1988	240.00	300
1990 Cassandra - P. Parkins	Closed	1990	500.00	550
1989 Generations - P. Parkins	Closed	1989	480.00	500
1988 Heather - P. Parkins	Closed	1988	280.00	300-350
1988 Jennifer - P. Parkins	Closed	1988	380.00	500-600
1988 Leigh Ann And Leland - P. Parkins	Closed	1988	250.00	250-300
1988 Tea Time - D. Effner	S/O	1986	380.00	450
1990 Twinkles - P. Parkins	Closed	1991	170.00	275

The Collectibles Inc. Dolls - Various

YEAR ISSUE	EDITION LIMIT	YEAR RETD.	ISSUE PRICE	QUOTE U.S.$
1991 Adrianna - P. Parkins	Closed	1992	1350.00	1350
1994 Afternoon Delight - P. Parkins	500		410.00	410
1993 Amber - P. Parkins	500	1994	330.00	330
1994 Amber Hispanic - P. Parkins	500	1994	340.00	340
1992 Angel on My Shoulder (Lillianne w/CeCe) - P. Parkins	500	1993	530.00	530
1990 Bassinet Baby - P. Parkins	2,000	1990	130.00	375-425
1991 Bethany - P. Parkins	Closed	1992	450.00	450
1990 Danielle - P. Parkins	1,000	1990	400.00	475
1994 Earth Angel - P. Parkins	500		195.00	195
1993 Haley - P. Parkins	500	1994	330.00	330
1990 In Your Easter Bonnet - P. Parkins	1,000	1990	350.00	350
1992 Karlie - P. Parkins	500	1992	380.00	380
1991 Kelsie - P. Parkins	500	1991	320.00	320
1991 Lauren - P. Parkins	S/O	1991	490.00	490
1993 Little Dumpling (black) - P. Parkins	500	1994	190.00	190
1993 Little Dumpling (white) - P. Parkins	500	1994	190.00	190
1990 Lizbeth Ann - D. Effner	1,000	1990	420.00	420
1994 Madison - P. Parkins	250		350.00	350
1994 Madison Sailor - P. Parkins	250		370.00	370
1993 Maggie - P. Parkins	500	1994	330.00	330
1992 Marissa - P. Parkins	300	1992	350.00	350
1992 Marty - P. Parkins	250	1992	190.00	190
1992 Matia - P. Parkins	250	1992	190.00	190
1989 Michelle - P. Parkins	250	1990	270.00	400-450
1992 Missy - P. Parkins	Open		59.00	59
1992 Molly - P. Parkins	450	1993	350.00	350
1994 Morgan - P. Parkins	250	1995	390.00	390
1994 Morgan in Red - P. Parkins	250		390.00	390
1991 Natasha - P. Parkins	Closed	1992	510.00	510
1992 Shelley - P. Parkins	300	1992	450.00	450
1987 Storytime By Sarah Jane -P. Parkins	S/O	1990	330.00	475-525
1994 Sugar Plum Fairy - P. Parkins	500		250.00	250
1987 Tasha - P. Parkins	S/O	1987	290.00	1400
1986 Tatiana - P. Parkins	S/O	1986	270.00	1000
1989 Welcome Home - D. Effner	1,000	1990	330.00	475-675
1991 Yvette - P. Parkins	300	1992	580.00	580

Enchanted Children - P. Parkins

YEAR ISSUE	EDITION LIMIT	YEAR RETD.	ISSUE PRICE	QUOTE U.S.$
1990 Kara	Closed	1991	550.00	550
1990 Katlin	Closed	1991	550.00	550
1990 Kristin	S/O	1991	550.00	650
1990 Tiffy	S/O	1991	370.00	500

Fairy - P. Parkins

YEAR ISSUE	EDITION LIMIT	YEAR RETD.	ISSUE PRICE	QUOTE U.S.$
1988 Tabatha	1,500	1989	370.00	400-450

Mother's Little Treasures - D. Effner

YEAR ISSUE	EDITION LIMIT	YEAR RETD.	ISSUE PRICE	QUOTE U.S.$
1985 1st Edition	S/O	1985	380.00	1000
1990 2nd Edition	S/O	1990	440.00	475-595

Yesterday's Child - Various

YEAR ISSUE	EDITION LIMIT	YEAR RETD.	ISSUE PRICE	QUOTE U.S.$
1986 Ashley - P. Parkins	Closed	1987	220.00	275
1983 Chad And Charity - D. Effner	Closed	1984	190.00	190
1982 Cleo - D. Effner	Closed	1983	180.00	250
1982 Columbine - D. Effner	Closed	1983	180.00	250
1982 Jason And Jessica - D. Effner	Closed	1983	150.00	300
1984 Kevin And Karissa - D. Effner	Closed	1985	190.00	250-300
1983 Noel - D. Effner	Closed	1984	190.00	240
1984 Rebecca - D. Effner	Closed	1985	250.00	250-300
1986 Todd And Tiffany - D. Effner	Closed	1987	220.00	250

Department 56

Heritage Village Doll Collection - Department 56

YEAR ISSUE	EDITION LIMIT	YEAR RETD.	ISSUE PRICE	QUOTE U.S.$
1987 Christmas Carol Dolls 1000-6 4/set (Tiny Tim, Bob Crachet, Mrs. Crachet, Scrooge)	250	1988	1500.00	1500
1987 Christmas Carol Dolls 5907-2 4/set (Tiny Tim, Bob Crachet, Mrs. Crachet, Scrooge)	Closed	1993	250.00	250
1988 Christmas Carol Dolls 1001-4 4/set (Tiny Tim, Bob Crachet, Mrs. Crachet, Scrooge)	350	1989	1600.00	1600
1988 Mr. & Mrs. Fezziwig 5594-8-Set/2	Open		172.00	172

Snowbabies Dolls - Department 56

YEAR ISSUE	EDITION LIMIT	YEAR RETD.	ISSUE PRICE	QUOTE U.S.$
1988 Allison & Duncan-Set of 2, 7730-5	Closed	1989	200.00	600-750

Dolls by Jerri

Dolls by Jerri - J. McCloud

YEAR ISSUE	EDITION LIMIT	YEAR RETD.	ISSUE PRICE	QUOTE U.S.$
1986 Alfalfa	1,000		350.00	350
1986 Allison	1,000		350.00	450
1986 Amber	1,000		350.00	850
1986 Annabelle	300		600.00	600
1986 Ashley	1,000		350.00	500
1986 Audrey	300		550.00	550
1982 Baby David	538		290.00	2000
XX Boy	1,000		350.00	425
1985 Bride	1,000		350.00	400
1986 Bridgette	300		500.00	500
1985 Candy	1,000		340.00	2000
1986 Cane	1,000		350.00	1200
1986 Charlotte	1,000		330.00	450
1984 Clara	1,000		320.00	1200-1500
1986 Clown-David 3 Yrs. Old	1,000		340.00	450
1986 Danielle	1,000		350.00	500
1986 David-2 Years Old	1,000		330.00	550
1986 David-Magician	1,000		350.00	450
XX Denise	1,000		380.00	550
1986 Elizabeth	1,000		340.00	350
1984 Emily	1,000		330.00	2500
1986 The Fool	1,000		350.00	350
XX Gina	1,000		350.00	475
XX Goldilocks	1,000		370.00	600-750
1989 Goose Girl, Guild	Closed		300.00	700
1986 Helenjean	1,000		350.00	500-650
1988 Holly	1,000		370.00	825
1986 Jacqueline	300		500.00	500
XX Jamie	800		380.00	450
1986 Joy	1,000		350.00	350
XX Laura	1,000		350.00	500
1989 Laura Lee	1,000		370.00	575
XX Little Bo Peep	1,000		340.00	450
XX Little Miss Muffet	1,000		340.00	450
1986 Lucianna	300		500.00	500
1986 Mary Beth	1,000		350.00	350
XX Megan	750		420.00	550
XX Meredith	750		430.00	600
1985 Miss Nanny	1,000		160.00	275
1986 Nobody	1,000		350.00	550-650
1986 Princess and the Unicorn	1,000		370.00	400
1986 Samantha	1,000		350.00	550
1985 Scotty	1,000		340.00	1800

YEAR ISSUE		EDITION LIMIT	YEAR RETD.	ISSUE PRICE	QUOTE U.S.$
1986	Somebody	1,000		350.00	550-750
1986	Tammy	1,000		350.00	900
1985	Uncle Joe	1,000		160.00	250-300
XX	Uncle Remus	500		290.00	450
1986	Yvonne	300		500.00	500

Dynasty Doll

Annual - Various

YEAR ISSUE		EDITION LIMIT	YEAR RETD.	ISSUE PRICE	QUOTE U.S.$
1989	Amber - Unknown	Retrd.		90.00	90
1990	Marcella - Unknown	Retrd.		90.00	90
1991	Butterfly Princess - Unknown	Retrd.		110.00	110
1993	Annual Bride - H. Tertsakian	Retrd.		190.00	190
1993	Ariel - Unknown	Retrd.		120.00	120
1994	Annual Bride - H. Tertsakian	Yr.Iss.		200.00	200
1994	Janie '94 - Unknown	Yr.Iss.		120.00	120

Christmas - Unknown

YEAR ISSUE		EDITION LIMIT	YEAR RETD.	ISSUE PRICE	QUOTE U.S.$
1987	Merrie	Retrd.		60.00	60
1988	Noel	Retrd.		80.00	80
1990	Faith	Retrd.		110.00	110
1991	Joy	Retrd.		125.00	125
1993	Genevieve	Retrd.		164.00	164
1994	Gloria '94	5,000		170.00	170

Dynasty Collection - Various

YEAR ISSUE		EDITION LIMIT	YEAR RETD.	ISSUE PRICE	QUOTE U.S.$
1993	Amanda - Unknown	3,000		195.00	195
1994	Amelia - G. Hoyt	1,500		170.00	170
1994	Amy - Unknown	1,500		175.00	175
1993	Angela - Unknown	1,500		195.00	195
1993	Antoinette - H. Tertsakian	5,000		190.00	190
1993	Carley - G. Hoyt	Open		120.00	120
1993	Catherine - H. Tertsakian	5,000		190.00	190
1994	Christina - Unknown	3,500		200.00	200
1994	Gabrielle - S. Kelsey	1,500		180.00	180
1993	Heather - G. Tepper	Retrd.		160.00	160
1993	Julie - K. Henderson	Retrd.		175.00	175
1993	Juliet - G. Tepper	Retrd.		160.00	160
1993	Kadyrose - M. Cohen	Open		145.00	145
1993	Katy - M. Cohen	Retrd.		135.00	135
1994	Kelsey - S. Kelsey	1,500		225.00	225
1991	Lana - Unknown	Open		85.00	85
1994	Laurelyn - Unknown	2,000		180.00	180
1993	Megan - Unknown	3,500		150.00	150
1993	Nicole - Unknown	Retrd.		135.00	135
1993	Patricia - Unknown	Open		160.00	160
1994	Rebecca - Unknown	1,500		175.00	175
1994	Shannon - Unknown	1,500		195.00	195
1993	Tami - M. Cohen	7,500		190.00	190
1993	Tory - M. Cohen	7,500		190.00	190

Elke's Originals, Ltd.

Elke Hutchens - E. Hutchens

YEAR ISSUE		EDITION LIMIT	YEAR RETD.	ISSUE PRICE	QUOTE U.S.$
1991	Alicia	250		595.00	700-995
1989	Annabelle	250		575.00	1300-1600
1990	Aubra	250		575.00	850-995
1990	Aurora	250		595.00	850-995
1991	Bellinda	400		595.00	800-895
1992	Bethany	400		595.00	700-895
1991	Braelyn	400		595.00	1300-1700
1991	Brianna	400		595.00	895
1992	Cecilia	435		635.00	750-895
1992	Charles	435		635.00	450-800
1992	Cherie	435		635.00	900
1992	Clarissa	435		635.00	800-895
1993	Daphne	435		675.00	500-800
1993	Deidre	435		675.00	500-800
1993	Desirée	435		675.00	550-800
1990	Kricket	500		575.00	400
1992	Laurakaye	435		550.00	550
1990	Little Liebchen	250		475.00	1000
1990	Victoria	500		645.00	645

Enesco Corporation

Maud Humphrey Bogart Porcelain Dolls - M. Humphrey

YEAR ISSUE		EDITION LIMIT	YEAR RETD.	ISSUE PRICE	QUOTE U.S.$
1991	Sarah H5617	Open		37.00	37
1991	Susanna H5648	Open		37.00	37
1991	My First Party H5686	Open		135.00	135
1991	Playing Bride H5618	Open		135.00	135

Precious Moments Dolls - S. Butcher

YEAR ISSUE		EDITION LIMIT	YEAR RETD.	ISSUE PRICE	QUOTE U.S.$
1981	Mikey, 18"- E-6214B	Suspd.		150.00	175-200
1981	Debbie, 18"- E-6214G	Suspd.		150.00	205-235
1982	Cubby, 18"- E-7267B	5,000		200.00	350-450
1982	Tammy, 18"- E-7267G	5,000		300.00	500-600
1983	Katie Lynne, 16"- E-0539	Suspd.		165.00	175
1984	Mother Sew Dear, 18"- E-2850	Retrd.	1985	350.00	300
1984	Kristy, 12"- E-2851	Suspd.		150.00	130
1984	Timmy, 12"- E-5397	Open		125.00	85
1985	Aaron, 12"- 12424	Suspd.		135.00	135
1985	Bethany, 12"- 12432	Suspd.		135.00	135
1985	P.D., 7"- 12475	Suspd.		50.00	80
1985	Trish, 7" - 12483	Suspd.		50.00	100
1986	Bong Bong, 13" - 100455	12,000		150.00	250
1986	Candy, 13" - 100463	12,000		150.00	285
1986	Connie, 12" - 102253	7,500		160.00	240
1987	Angie, The Angel of Mercy - 12491	12,500		160.00	275
1990	The Voice of Spring - 408786	2-Yr.		150.00	150
1990	Summer's Joy - 408794	2-Yr.		150.00	150
1990	Autumn's Praise - 408808	2-Yr.		150.00	150
1990	Winter's Song - 408816	2-Yr.		150.00	170
1991	You Have Touched So Many Hearts- 427527	2-Yr.		90.00	90
1991	May You Have An Old Fashioned Christmas - 417785	2-Yr.		150.00	175
1991	The Eyes Of The Lord Are Upon You (Boy Action Musical) - 429570	Suspd.		65.00	65
1991	The Eyes Of The Lord Are Upon You (Girl Action Musical) - 429589	Suspd.		65.00	65

Precious Moments-Jack-In-The-Boxes - S. Butcher

YEAR ISSUE		EDITION LIMIT	YEAR RETD.	ISSUE PRICE	QUOTE U.S.$
1991	You Have Touched So Many Hearts-422282	2-Yr.		175.00	175
1991	May You Have An Old Fashioned Christmas-417777	2-Yr.		200.00	200

Precious Moments-Jack-In-The-Boxes-4 Seasons - S. Butcher

YEAR ISSUE		EDITION LIMIT	YEAR RETD.	ISSUE PRICE	QUOTE U.S.$
1990	Voice of Spring-408735	2-Yr.		200.00	200
1990	Summer's Joy-408743	2-Yr.		200.00	200
1990	Autumn's Praise-408751	2-Yr.		200.00	200
1990	Winter's Song-408778	2-Yr.		200.00	200

Ganz

Cowtown - C. Thammavongsa

YEAR ISSUE		EDITION LIMIT	YEAR RETD.	ISSUE PRICE	QUOTE U.S.$
1994	Buffalo Bull Cody	Open		20.00	20
1994	Old MooDonald	Open		20.00	20
1994	Santa Cows	Open		25.00	25

Little Cheesers/Cheeserville Picnic Collection - G.D.A. Group

YEAR ISSUE		EDITION LIMIT	YEAR RETD.	ISSUE PRICE	QUOTE U.S.$
1992	Sweet Cicely Musical Doll In Basket	Open		85.00	85

Georgetown Collection, Inc.

Age of Romance - J. Reavey

YEAR ISSUE		EDITION LIMIT	YEAR RETD.	ISSUE PRICE	QUOTE U.S.$
1994	Catherine	100-day		150.00	150

American Diary Dolls - L. Mason

YEAR ISSUE		EDITION LIMIT	YEAR RETD.	ISSUE PRICE	QUOTE U.S.$
1991	Bridget Quinn	100-day		129.25	130
1991	Christina Merovina	100-day		129.25	130
1990	Jennie Cooper	100-day		129.25	130-155
1994	Lian Ying	100-day		130.00	130
1991	Many Stars	100-day		129.25	130
1992	Rachel Williams	100-day		129.25	130
1993	Sarah Turner	100-day		130.00	130
1992	Tulu	100-day		129.25	130

Baby Kisses - T. DeHetre

YEAR ISSUE		EDITION LIMIT	YEAR RETD.	ISSUE PRICE	QUOTE U.S.$
1992	Michelle	100-day		118.60	119

Blessed Are The Children - J. Reavey

YEAR ISSUE		EDITION LIMIT	YEAR RETD.	ISSUE PRICE	QUOTE U.S.$
1994	Faith	100-day		83.00	83

Boys Will Be Boys - J. Reavey

YEAR ISSUE		EDITION LIMIT	YEAR RETD.	ISSUE PRICE	QUOTE U.S.$
1994	Mr. Mischief	100-day		96.00	96

Children of the Great Spirit - C. Theroux

YEAR ISSUE		EDITION LIMIT	YEAR RETD.	ISSUE PRICE	QUOTE U.S.$
1993	Buffalo Child	100-day		140.00	140
1994	Golden Flower	100-day		130.00	130
1994	Little Fawn	100-day		114.00	114
1993	Winter Baby	100-day		160.00	160

Faerie Princess - B. Deval

YEAR ISSUE		EDITION LIMIT	YEAR RETD.	ISSUE PRICE	QUOTE U.S.$
1989	Faerie Princess	Closed	N/A	248.00	248

Faraway Friends - S. Skille

YEAR ISSUE		EDITION LIMIT	YEAR RETD.	ISSUE PRICE	QUOTE U.S.$
1994	Dara	100-day		140.00	140
1993	Kristin	100-day		140.00	140
1994	Mariama	100-day		140.00	140

Georgetown Collection - L. Mason

YEAR ISSUE		EDITION LIMIT	YEAR RETD.	ISSUE PRICE	QUOTE U.S.$
1993	Quick Fox	100-day		138.95	139

Gifts From Heaven - B. Prusseit

YEAR ISSUE		EDITION LIMIT	YEAR RETD.	ISSUE PRICE	QUOTE U.S.$
1994	Good as Gold	100-day		88.00	88

Hearts in Song - J. Galperin

YEAR ISSUE		EDITION LIMIT	YEAR RETD.	ISSUE PRICE	QUOTE U.S.$
1994	Angelique	100-day		150.00	150
1992	Grace	100-day		149.60	150
1993	Michael	100-day		150.00	150

Kindergarten Kids - V. Walker

YEAR ISSUE		EDITION LIMIT	YEAR RETD.	ISSUE PRICE	QUOTE U.S.$
1992	Nikki	100-day		129.60	130

Let's Play - T. DeHetre

YEAR ISSUE		EDITION LIMIT	YEAR RETD.	ISSUE PRICE	QUOTE U.S.$
1992	Eentsy Weentsy Willie	100-day		118.60	119
1992	Peek-A-Boo Beckie	100-day		118.60	119

Linda's Little Ladies - L. Mason

YEAR ISSUE		EDITION LIMIT	YEAR RETD.	ISSUE PRICE	QUOTE U.S.$
1993	Shannon's Holiday	100-day		169.95	170

Little Bit of Heaven - A. Timmerman

YEAR ISSUE		EDITION LIMIT	YEAR RETD.	ISSUE PRICE	QUOTE U.S.$
1994	Arielle	100-day		130.00	130
1995	Noelle	100-day		130.00	130

Little Dreamers - Various

YEAR ISSUE		EDITION LIMIT	YEAR RETD.	ISSUE PRICE	QUOTE U.S.$
1994	Beautiful Buttercup - A. DiMartino	100-day		130.00	130
1995	Buffalo Boy - C. Theroux	100-day		130.00	130
1995	Julie - A. DiMartino	100-day		130.00	130

Little Loves - B. Deval

YEAR ISSUE		EDITION LIMIT	YEAR RETD.	ISSUE PRICE	QUOTE U.S.$
1988	Emma	Closed	N/A	139.20	140
1989	Katie	Closed	N/A	139.20	140
1990	Laura	Closed	N/A	139.20	140
1989	Megan	Closed	N/A	138.00	160

Messengers of the Great Spirit - Various

YEAR ISSUE		EDITION LIMIT	YEAR RETD.	ISSUE PRICE	QUOTE U.S.$
1994	Noatak - L. Mason	100-day		150.00	150
1994	Prayer for the Buffalo - C. Theroux	100-day		120.00	120

Miss Ashley - P. Thompson

YEAR ISSUE		EDITION LIMIT	YEAR RETD.	ISSUE PRICE	QUOTE U.S.$
1989	Miss Ashley	Closed	N/A	228.00	228

Nursery Babies - T. DeHetre

YEAR ISSUE		EDITION LIMIT	YEAR RETD.	ISSUE PRICE	QUOTE U.S.$
1990	Baby Bunting	Closed	N/A	118.20	150
1991	Diddle, Diddle	Closed	N/A	118.20	119
1991	Little Girl	100-day		118.20	119
1990	Patty Cake	Closed	N/A	118.20	119
1991	Rock-A-Bye Baby	100-day		118.20	119
1991	This Little Piggy	100-day		118.20	119

Pictures of Innocence - Various

YEAR ISSUE		EDITION LIMIT	YEAR RETD.	ISSUE PRICE	QUOTE U.S.$
1994	Clarissa - J. Reavey	100-day		137.50	138
1994	Silver Moon - L. Mason	100-day		140.00	140

Portraits of Perfection - A. Timmerman

YEAR ISSUE		EDITION LIMIT	YEAR RETD.	ISSUE PRICE	QUOTE U.S.$
1993	Apple Dumpling	100-day		149.60	150
1994	Blackberry Blossom	100-day		149.60	150
1993	Peaches & Cream	100-day		149.60	150
1993	Sweet Strawberry	100-day		149.60	150

Russian Fairy Tales Dolls - B. Deval

YEAR ISSUE		EDITION LIMIT	YEAR RETD.	ISSUE PRICE	QUOTE U.S.$
1993	Vasilisa	100-day		190.00	190

Small Wonders - B. Deval

YEAR ISSUE		EDITION LIMIT	YEAR RETD.	ISSUE PRICE	QUOTE U.S.$
1991	Abbey	100-day		97.60	98
1990	Corey	100-day		97.60	98
1992	Sarah	100-day		97.60	98

Sugar & Spice - L. Mason

YEAR ISSUE		EDITION LIMIT	YEAR RETD.	ISSUE PRICE	QUOTE U.S.$
1992	Little Sunshine	100-day		141.10	142
1991	Little Sweetheart	100-day		118.25	119
1991	Red Hot Pepper	100-day		118.25	119

Sweethearts of Summer - P. Phillips

YEAR ISSUE		EDITION LIMIT	YEAR RETD.	ISSUE PRICE	QUOTE U.S.$
1994	Caroline	100-day		140.00	140

Tansie - P. Coffer

YEAR ISSUE		EDITION LIMIT	YEAR RETD.	ISSUE PRICE	QUOTE U.S.$
1988	Tansie	Closed	N/A	81.00	81

Victorian Innocence - L. Mason

YEAR ISSUE		EDITION LIMIT	YEAR RETD.	ISSUE PRICE	QUOTE U.S.$
1994	Annabelle	100-day		130.00	130

Victorian Splendor - J. Reavey

YEAR ISSUE		EDITION LIMIT	YEAR RETD.	ISSUE PRICE	QUOTE U.S.$
1994	Emily	100-day		130.00	130

Yesterday's Dreams - P. Phillips

YEAR ISSUE		EDITION LIMIT	YEAR RETD.	ISSUE PRICE	QUOTE U.S.$
1994	Mary Elizabeth	100-day		130.00	130

Goebel of North America

Victoria Ashlea® Birthstone Dolls - K. Kennedy

YEAR ISSUE		EDITION LIMIT	YEAR RETD.	ISSUE PRICE	QUOTE U.S.$
1990	January Birthstone-912250	Closed	1992	25.00	25
1990	February Birthstone-912251	Closed	1992	25.00	25
1990	March Birthstone-912252	Closed	1992	25.00	25
1990	April Birthstone-912253	Closed	1992	25.00	25
1990	May Birthstone-912254	Closed	1992	25.00	25
1990	June Birthstone-912255	Closed	1992	25.00	25
1990	July Birthstone-912256	Closed	1992	25.00	25
1990	August Birthstone-912257	Closed	1992	25.00	25
1990	September Birthstone-912258	Closed	1992	25.00	25
1990	October Birthstone-912259	Closed	1992	25.00	25
1990	November Birthstone-912260	Closed	1992	25.00	25
1990	December Birthstone-912261	Closed	1992	25.00	25
1993	January-Garnet-912394	2,500		29.50	30
1993	February-Amethyst-912395	2,500		29.50	30
1993	March-Aquamarine-912396	2,500		29.50	30
1993	April-Diamond-912397	2,500		29.50	30
1993	May-Emerald-912398	2,500		29.50	30
1993	June-Lt. Amethyst-912399	2,500		29.50	30
1993	July-Ruby-912400	2,500		29.50	30
1993	August-Peridot-912401	2,500		29.50	30
1993	September-Sapphire-912402	2,500		29.50	30
1993	October-Rose Stone-912403	2,500		29.50	30
1993	November-Topaz-912404	2,500		29.50	30
1993	December-Zircon-912405	2,500		29.50	30
1995	January-Garnet-912471	2,500		29.50	30
1995	February-Amethyst-912472	2,500		29.50	30
1995	March-Aquamarine-912473	2,500		29.50	30
1995	April-Diamond-912474	2,500		29.50	30
1995	May-Emerald-912475	2,500		29.50	30
1995	June -Lt. Amethyst-912476	2,500		29.50	30
1995	July-Ruby-912477	2,500		29.50	30
1995	August-Peridot-912478	2,500		29.50	30
1995	September-Sapphire-912479	2,500		29.50	30
1995	October-Rosestone-912480	2,500		29.50	30
1995	November-Topaz-912481	2,500		29.50	30
1995	December-Zircon-912482	2,500		29.50	30

Goebel of North America to Goebel/M.I. Hummel

DOLLS

Victoria Ashlea® Originals - Various

YEAR ISSUE		EDITION LIMIT	YEAR RETD.	ISSUE PRICE	QUOTE U.S.$
1985	Adele-901172 - B. Ball	Closed	1989	145.00	275
1989	Alexa-912214 - B. Ball	Closed	1991	195.00	105
1989	Alexandria-912273 - B. Ball	Closed	1991	275.00	275
1987	Alice-901212 - B. Ball	Closed	1991	95.00	135
1990	Alice-912296 - K. Kennedy	Closed	1992	65.00	65
1992	Alicia-912388 - B. Ball	500	1994	135.00	135
1992	Allison-912358 - B. Ball	Closed	1993	160.00	165
1987	Amanda Pouty-901209 - B. Ball	Closed	1991	150.00	215
1988	Amanda-912246 - B. Ball	Closed	1991	180.00	180
1993	Amanda-912409 - B. Ball	2,000		40.00	40
1984	Amelia-933006 - B. Ball	Closed	1988	100.00	100
1990	Amie-912313 - K. Kennedy	Closed	1991	150.00	150
1990	Amy-901262 - B. Ball	Closed	1993	110.00	110
1990	Angela-912324 - K. Kennedy	Closed	1994	130.00	135
1988	Angelica-912204 - B. Ball	Closed	1991	150.00	150
1992	Angelica-912339 - B. Ball	1,000		145.00	145
1990	Annabelle-912278 - B. Ball	Closed	1992	200.00	200
1988	Anne-912213 - B. Ball	Closed	1991	130.00	150
1990	Annette-912333 - K. Kennedy	Closed	1993	85.00	85
1988	April-901239 - B. Ball	Closed	1992	225.00	225
1989	Ashlea-901250 - B. Ball	Closed	1992	550.00	550
1988	Ashley-901235 - B. Ball	Closed	1991	110.00	110
1992	Ashley-911004 - B. Ball	Closed	1994	99.00	105
1986	Ashley-912147 - B. Ball	Closed	1989	125.00	125
1986	Baby Brook Beige Dress-912103 - B. Ball	Closed	1989	60.00	60
1986	Baby Courtney-912124 - B. Ball	Closed	1990	120.00	120
1988	Baby Daryl-912200 - B. Ball	Closed	1991	85.00	85
1987	Baby Doll-912184 - B. Ball	Closed	1990	75.00	75
1988	Baby Jennifer-912210 - B. Ball	Closed	1992	75.00	75
1988	Baby Katie-912222 - B. Ball	Closed	1993	70.00	70
1986	Baby Lauren Pink-912086 - B. Ball	Closed	1991	120.00	120
1987	Baby Lindsay-912190 - B. Ball	Closed	1990	80.00	80
1984	Barbara-901108 - B. Ball	Closed	1987	57.00	110
1990	Baryshnicat-912298 - K. Kennedy	Closed	1991	25.00	25
1988	Bernice-901245 - B. Ball	Closed	1991	90.00	90
1993	Beth-912430 - K. Kennedy	2,000		45.00	45
1992	Betsy-912390 - B. Ball	500	1994	150.00	150
1990	Bettina-912310 - B. Ball	Closed	1993	100.00	105
1988	Betty Doll-912220 - B. Ball	Closed	1993	90.00	90
1987	Bonnie Pouty-901207 - B. Ball	Closed	1992	100.00	100
1988	Brandon-912234 - B. Ball	Closed	1992	90.00	90
1990	Brandy-912304 - K. Kennedy	Closed	1992	150.00	150
1987	Bride Allison-901218 - B. Ball	Closed	1993	180.00	180
1988	Brittany-912207 - B. Ball	Closed	1990	130.00	145
1992	Brittany-912365 - K. Kennedy	Closed	1993	140.00	145
1987	Caitlin-901228 - B. Ball	Closed	1991	260.00	260
1988	Campbell Kid-Boy-758701 - B. Ball	Closed	1988	13.80	14
1988	Campbell Kid-Girl-758700 - B. Ball	Closed	1988	13.80	14
1989	Candace-912288 - K. Kennedy	Closed	1992	70.00	70
1992	Carol-912387 - K. Kennedy	1,000		140.00	140
1987	Caroline-912191 - B. Ball	Closed	1990	80.00	80
1990	Carolyn-901261 - K. Kennedy	Closed	1993	200.00	200
1992	Cassandra-912355 - K. Kennedy	1,000		165.00	165
1988	Cat Maude-901247 - B. Ball	Closed	1993	85.00	85
1986	Cat/Kitty Cheerful Gr Dr-901179 - B. Ball	Closed	1990	60.00	60
1987	Catanova-901227 - B. Ball	Closed	1991	75.00	75
1988	Catherine-901242 - B. Ball	Closed	1992	240.00	240
XX	Charity-912244 - B. Ball	Closed	1990	70.00	70
1982	Charleen-912094 - B. Ball	Closed	1986	65.00	65
1985	Chauncey-912085 - B. Ball	Closed	1988	75.00	110
1988	Christina-901229 - B. Ball	Closed	1991	350.00	400
1987	Christine-912168 - B. Ball	Closed	1989	75.00	75
1992	Cindy-912384 - B. Ball	1,000		185.00	190
1985	Claire-901158 - B. Ball	Closed	1988	115.00	160
1984	Claude-901032 - B. Ball	Closed	1987	110.00	225
1984	Claudette-901033 - B. Ball	Closed	1987	110.00	225
1989	Claudia-901257 - K. Kennedy	Closed	1993	225.00	225
1987	Clementine-901226 - B. Ball	Closed	1991	75.00	75
1986	Clown Calypso-912104 - B. Ball	Closed	1990	70.00	70
1985	Clown Casey-912078 - B. Ball	Closed	1988	40.00	40
1986	Clown Cat Cadwalader-912132 - B. Ball	Closed	1988	55.00	55
1987	Clown Champagne-912180 - B. Ball	Closed	1989	95.00	95
1986	Clown Christabel-912095 - B. Ball	Closed	1988	100.00	150
1985	Clown Christie-912084 - B. Ball	Closed	1988	60.00	90
1986	Clown Clarabella-912096 - B. Ball	Closed	1989	80.00	80
1986	Clown Clarissa-912123 - B. Ball	Closed	1990	75.00	110
1988	Clown Cotton Candy-912199 - B. Ball	Closed	1990	67.00	67
1986	Clown Cyd-912093 - B. Ball	Closed	1988	70.00	70
1985	Clown Jody-912079 - B. Ball	Closed	1988	100.00	150
1982	Clown Jolly-912181 - B. Ball	Closed	1991	70.00	70
1986	Clown Kitten-Cleo-912133 - B. Ball	Closed	1989	50.00	50
1986	Clown Lollipop-912127 - B. Ball	Closed	1989	125.00	225
1984	Clown-901136 - B. Ball	Closed	1988	90.00	120
1988	Crystal-912226 - B. Ball	Closed	1992	75.00	75
1983	Deborah-901107 - B. Ball	Closed	1987	220.00	400
1990	Debra-912319 - K. Kennedy	Closed	1992	120.00	120
1992	Denise-912362 - K. Kennedy	1,000	1994	145.00	150
1989	Diana Bride-912277 - B. Ball	Closed	1992	180.00	180
1984	Diana-901119 - B. Ball	Closed	1987	55.00	135
1988	Diana-912218 - B. Ball	Closed	1992	270.00	270
1987	Dominique-901219 - B. Ball	Closed	1991	170.00	225
1987	Doreen-912198 - B. Ball	Closed	1990	75.00	75
1985	Dorothy-901157 - B. Ball	Closed	1988	130.00	275
1992	Dottie-912393 - K. Kennedy	1,000		160.00	160
1988	Elizabeth 901214 - B. Ball	Closed	1991	90.00	90
1988	Ellen-901246 - B. Ball	Closed	1991	100.00	100
1990	Emily-912303 - B. Ball	Closed	1992	150.00	150
1988	Erin-901241 - B. Ball	Closed	1991	170.00	170
1990	Fluffer-912293 - B. Ball	Closed	1994	135.00	140
1985	Garnet-901183 - B. Ball	Closed	1988	160.00	295
1990	Gigi-912306 - K. Kennedy	Closed	1994	150.00	150
1986	Gina-901176 - B. Ball	Closed	1989	300.00	300
1989	Ginny-912287 - K. Kennedy	Closed	1993	140.00	140
1986	Girl Frog Freda-912105 - B. Ball	Closed	1989	20.00	20
1988	Goldilocks-912234 - K. Kennedy	Closed	1992	65.00	65
1986	Googley German Astrid-912109 - B. Ball	Closed	1989	60.00	60
1988	Heather-912247 - B. Ball	Closed	1990	135.00	150
1990	Heather-912322 - B. Ball	Closed	1992	150.00	150
1990	Heidi-901266 - B. Ball	2,000		150.00	150
1990	Helene-901249 - K. Kennedy	Closed	1991	160.00	160
1990	Helga-912337 - B. Ball	Closed	1994	325.00	325
1984	Henri-901035 - B. Ball	Closed	1986	100.00	200
1984	Henrietta-901036 - B. Ball	Closed	1986	100.00	200
1992	Hilary-912353 - B. Ball	Closed	1993	130.00	135
1992	Holly Belle-912380 - B. Ball	500		125.00	125
1982	Holly-901233 - B. Ball	Closed	1985	160.00	200
1989	Holly-901254 - B. Ball	Closed	1992	180.00	180
1989	Hope Baby w/ Pillow-912292 - B. Ball	Closed	1992	110.00	110
1992	Iris-912389 - K. Kennedy	500		165.00	165
1987	Jacqueline-912192 - B. Ball	Closed	1990	80.00	80
1990	Jacqueline-912329 - K. Kennedy	Closed	1993	136.00	140
1984	Jamie-912061 - B. Ball	Closed	1987	65.00	100
1984	Jeannie-901062 - B. Ball	Closed	1987	200.00	550
1988	Jennifer-901248 - B. Ball	Closed	1991	150.00	150
1988	Jennifer-912221 - B. Ball	Closed	1990	80.00	80
1992	Jenny-912374 - K. Kennedy	Closed	1993	150.00	150
1988	Jesse-912231 - B. Ball	Closed	1994	110.00	115
1987	Jessica-912195 - B. Ball	Closed	1990	120.00	135
1993	Jessica-912410 - B. Ball	2,000		40.00	40
1990	Jillian-912323 - B. Ball	Closed	1993	150.00	150
1989	Jimmy Baby w/ Pillow-912291 - K. Kennedy	Closed	1992	165.00	165
1989	Jingles-912271 - B. Ball	Closed	1991	60.00	60
1990	Joanne-912307 - K. Kennedy	Closed	1991	165.00	165
1987	Joy-912155 - B. Ball	Closed	1989	50.00	50
1989	Joy-912289 - K. Kennedy	Closed	1992	110.00	110
1987	Julia-912174 - B. Ball	Closed	1989	80.00	80
1990	Julia-912334 - K. Kennedy	Closed	1993	85.00	85
1993	Julie-912435 - K. Kennedy	2,000		45.00	45
1990	Justine-901256 - B. Ball	Closed	1992	200.00	200
1988	Karen-912205 - B. Ball	Closed	1991	200.00	250
1993	Katie-912412 - B. Ball	2,000		40.00	40
1993	Kaylee-912433 - K. Kennedy	2,000		45.00	45
1992	Kelli-912361 - B. Ball	1,000		160.00	165
1990	Kelly-912331 - B. Ball	Closed	1991	95.00	95
1990	Kimberly-912341 - B. Ball	1,000		140.00	145
1987	Kittle Cat-912167 - B. Ball	Closed	1989	55.00	55
1987	Kitty Cuddles-901201 - B. Ball	Closed	1990	65.00	65
1992	Kris-912345 - K. Kennedy	Closed	1992	160.00	160
1989	Kristin-912285 - K. Kennedy	Closed	1994	90.00	95
1984	Laura-901106 - B. Ball	Closed	1987	300.00	575
1988	Laura-912225 - B. Ball	Closed	1991	135.00	135
1988	Lauren-912212 - B. Ball	Closed	1991	110.00	110
1992	Lauren-912363 - K. Kennedy	1,000		190.00	195
1993	Lauren-912413 - B. Ball	2,000		40.00	40
1993	Leslie-912432 - K. Kennedy	2,000		45.00	45
1989	Licorice-912290 - B. Ball	Closed	1991	75.00	75
1987	Lillian-901199 - B. Ball	Closed	1990	85.00	100
1989	Lindsey-901263 - B. Ball	Closed	1991	100.00	100
1989	Lisa-912275 - B. Ball	Closed	1991	160.00	160
1989	Loni-912276 - B. Ball	Closed	1993	125.00	130
1985	Lynn-912144 - B. Ball	Closed	1988	90.00	135
1992	Margaret-912354 - K. Kennedy	1,000	1994	150.00	150
1989	Margot-912269 - B. Ball	Closed	1991	110.00	110
1989	Maria-912265 - B. Ball	Closed	1990	90.00	90
1982	Marie-901231 - B. Ball	Closed	1985	95.00	95
1989	Marissa-901252 - K. Kennedy	Closed	1993	225.00	225
1988	Maritta Spanish-912224 - B. Ball	Closed	1990	140.00	140
1992	Marjorie-912357 - B. Ball	Closed	1993	135.00	135
1990	Marshmallow-912294 - K. Kennedy	Closed	1992	75.00	75
1985	Mary-912126 - B. Ball	Closed	1988	60.00	90
1990	Matthew-901251 - B. Ball	Closed	1993	100.00	100
1989	Megan-901260 - B. Ball	Closed	1993	120.00	120
1987	Megan-912148 - B. Ball	Closed	1989	70.00	70
1989	Melanie-912284 - K. Kennedy	Closed	1992	135.00	135
1990	Melinda-912309 - K. Kennedy	Closed	1991	70.00	70
1988	Melissa-901230 - B. Ball	Closed	1991	110.00	110
1988	Melissa-912208 - B. Ball	Closed	1990	125.00	125
1989	Merry-912249 - B. Ball	Closed	1990	200.00	200
1987	Michelle-901222 - B. Ball	Closed	1991	90.00	90
1985	Michelle-912066 - B. Ball	Closed	1989	100.00	225
1992	Michelle-912381 - K. Kennedy	Closed	1992	175.00	175
1985	Millie-912135 - B. Ball	Closed	1988	70.00	125
1989	Missy-912283 - B. Ball	Closed	1993	110.00	115
1988	Molly-912211 - K. Kennedy	Closed	1992	75.00	75
1990	Monica-912336 - K. Kennedy	Closed	1993	100.00	105
1990	Monique-912335 - K. Kennedy	Closed	1993	85.00	85
1988	Morgan-912239 - K. Kennedy	Closed	1992	75.00	75
1990	Mrs. Katz-912301 - B. Ball	Closed	1993	140.00	145
1993	Nadine-912431 - K. Kennedy	2,000		45.00	45
1989	Nancy-912266 - B. Ball	Closed	1990	110.00	110
1987	Nicole-901225 - B. Ball	Closed	1991	575.00	575
1993	Nicole-912411 - B. Ball	2,000		40.00	40
1987	Noel-912170 - B. Ball	Closed	1989	125.00	125
1992	Noelle-912360 - K. Kennedy	1,000		165.00	170
1990	Pamela-912302 - B. Ball	Closed	1991	95.00	95
1986	Patty Artic Flower Print-901185 - B. Ball	Closed	1990	140.00	140
1990	Paula-912316 - B. Ball	Closed	1992	100.00	100
1988	Paulette-901244 - B. Ball	Closed	1991	90.00	90
1990	Penny-912325 - K. Kennedy	Closed	1993	130.00	130
1986	Pepper Rust Dr/Appr-901184 - B. Ball	Closed	1990	125.00	200
1985	Phyllis-912067 - B. Ball	Closed	1989	60.00	60
1989	Pinky Clown-912268 - K. Kennedy	Closed	1993	70.00	75
1988	Polly-912206 - B. Ball	Closed	1990	100.00	125
1990	Priscilla-912300 - B. Ball	Closed	1993	185.00	190
1990	Rebecca-912258 - B. Ball	Closed	1992	250.00	250
1988	Renae-912245 - B. Ball	Closed	1990	120.00	120
1990	Robin-912321 - B. Ball	Closed	1993	160.00	165
1985	Rosalind-912087 - B. Ball	Closed	1988	145.00	225
1985	Roxanne-901174 - B. Ball	Closed	1988	155.00	275
1984	Sabina-901155 - B. Ball	Closed	1988	75.00	N/A
1990	Samantha-912314 - B. Ball	Closed	1993	185.00	190
1988	Sandy-901240 - K. Kennedy	Closed	1993	115.00	115
1989	Sara-912279 - B. Ball	Closed	1991	175.00	175
1988	Sarah w/Pillow-912219 - B. Ball	Closed	1991	105.00	105
1987	Sarah-901220 - B. Ball	Closed	1992	350.00	350
1993	Sarah-912408 - B. Ball	2,000		40.00	40
1993	Shannon-912434 - K. Kennedy	2,000		45.00	45
1990	Sheena-912338 - B. Ball	Closed	1992	115.00	115
1984	Sheila-912060 - B. Ball	Closed	1988	75.00	135
1990	Sheri-912305 - K. Kennedy	Closed	1992	115.00	115
1992	Sherise-912383 - K. Kennedy	Closed	1992	145.00	145
1989	Sigrid-912282 - B. Ball	Closed	1992	145.00	145
1988	Snow White-912235 - K. Kennedy	Closed	1992	65.00	65
1987	Sophia-912173 - B. Ball	Closed	1989	40.00	40
1988	Stephanie-912238 - B. Ball	Closed	1992	200.00	200
1990	Stephanie-912312 - B. Ball	Closed	1993	150.00	150
1984	Stephanie-933012 - B. Ball	Closed	1988	115.00	115
1988	Susan-901243 - B. Ball	Closed	1991	100.00	100
1990	Susie-912328 - B. Ball	Closed	1993	115.00	120
1987	Suzanne-901200 - B. Ball	Closed	1990	85.00	100
1989	Suzanne-912286 - B. Ball	Closed	1992	120.00	120
1989	Suzy-912295 - B. Ball	Closed	1991	110.00	110
1992	Tamika-912382 - B. Ball	500	1994	185.00	185
1989	Tammy-912264 - B. Ball	Closed	1990	110.00	110
1987	Tasha-901221 - B. Ball	Closed	1990	115.00	130
1990	Tasha-912299 - K. Kennedy	Closed	1992	25.00	25
1989	Terry-912281 - B. Ball	Closed	1994	125.00	130
1987	Tiffany Pouty-901211 - B. Ball	Closed	1991	120.00	160
1990	Tiffany-912326 - K. Kennedy	Closed	1992	180.00	180
1984	Tobie-912023 - B. Ball	Closed	1987	30.00	30
1992	Toni-912367 - K. Kennedy	Closed	1993	120.00	120
1990	Tracie-912315 - B. Ball	Closed	1993	125.00	125
1992	Trudie-912391 - B. Ball	500		135.00	135
1982	Trudy-901232 - B. Ball	Closed	1985	100.00	100
1992	Tulip-912385 - K. Kennedy	500		145.00	145
1989	Valerie-901255 - B. Ball	Closed	1994	175.00	175
1989	Vanessa-912272 - B. Ball	Closed	1991	110.00	110
1984	Victoria-901068 - B. Ball	Closed	1987	200.00	1500
1992	Wendy-912330 - K. Kennedy	1,000		125.00	130
1988	Whitney Blk-912232 - B. Ball	Closed	1994	62.50	65

Victoria Ashlea® Originals-Tiny Tot Clowns - K. Kennedy

YEAR ISSUE		EDITION LIMIT	YEAR RETD.	ISSUE PRICE	QUOTE U.S.$
1994	Danielle	2,000		45.00	45
1994	Lindsey	2,000		45.00	45
1994	Lisa	2,000		45.00	45
1994	Marie	2,000		45.00	45
1994	Megan	2,000		45.00	45
1994	Stacy	2,000		45.00	45

Victoria Ashlea® Originals-Tiny Tot School Girls - K. Kennedy

YEAR ISSUE		EDITION LIMIT	YEAR RETD.	ISSUE PRICE	QUOTE U.S.$
1994	Andrea- 912456	2,000		47.50	48
1994	Christine- 912450	2,000		47.50	48
1994	Monique- 912455	2,000		47.50	48
1994	Patricia- 912453	2,000		47.50	48
1994	Shawna- 912449	2,000		47.50	48
1994	Susan- 912457	2,000		47.50	48

Goebel/M.I. Hummel

M. I. Hummel Collectible Dolls - M. I. Hummel

YEAR ISSUE		EDITION LIMIT	YEAR RETD.	ISSUE PRICE	QUOTE U.S.$
1964	Chimney Sweep 1908	Closed	N/A	55.00	110
1964	For Father 1917	Closed	N/A	55.00	90
1964	Goose Girl 1914	Closed	N/A	55.00	80
1964	Gretel 1901	Closed	N/A	55.00	125
1964	Hansel 1902	Closed	N/A	55.00	110
1964	Little Knitter 1905	Closed	N/A	55.00	75
1964	Lost Stocking 1926	Closed	N/A	55.00	75
1964	Merry Wanderer 1906	Closed	N/A	55.00	90
1964	Merry Wanderer 1925	Closed	N/A	55.00	110
1964	On Secret Path 1928	Closed	N/A	55.00	80
1964	Rosa-Blue Baby 1904/B	Closed	N/A	45.00	85
1964	Rosa-Pink Baby 1904/P	Closed	N/A	45.00	75
1964	School Boy 1910	Closed	N/A	55.00	80
1964	School Girl 1909	Closed	N/A	55.00	75
1964	Visiting and Invalid 1927	Closed	N/A	55.00	75

DOLLS

M. I. Hummel Porcelain Dolls - M. I. Hummel

Year Issue		Edition Limit	Year Retd.	Issue Price	Quote U.S.$
1984	Birthday Serenade/Boy	Closed	N/A	225.00	250-300
1984	Birthday Serenade/Girl	Closed	N/A	225.00	250-300
1985	Carnival	Closed	N/A	225.00	250-300
1985	Easter Greetings	Closed	N/A	225.00	250-300
1985	Lost Sheep	Closed	N/A	225.00	250-300
1984	On Holiday	Closed	N/A	225.00	250-300
1984	Postman	Closed	N/A	225.00	250-300
1985	Signs of Spring	Closed	N/A	225.00	250-300

Good-Krüger

Limited Edition - J. Good-Krüger

Year Issue		Edition Limit	Year Retd.	Issue Price	Quote U.S.$
1990	Alice	Retrd.	1991	250.00	250
1992	Anne	Retrd.	1992	240.00	500
1990	Annie-Rose	Retrd.	1990	219.00	450
1990	Christmas Cookie	Retrd.	1993	199.00	199
1990	Cozy	Retrd.	1992	179.00	275-375
1990	Daydream	Retrd.	1990	199.00	350
1992	Jeepers Creepers (Porcelain)	Retrd.	1992	725.00	800
1991	Johnny-Lynn	Retrd.	1991	240.00	500
1991	Moppett	Retrd.	1991	179.00	275
1990	Sue-Lynn	Retrd.	1990	240.00	300
1991	Teachers Pet	Retrd.	1991	199.00	250
1991	Victorian Christmas	Retrd.	1992	219.00	275

Gorham

Beverly Port Designer Collection - B. Port

Year Issue		Edition Limit	Year Retd.	Issue Price	Quote U.S.$
1988	The Amazing Calliope Merriweather 17"	Closed	1990	275.00	1200
1988	Baery Mab 9-1/2"	Closed	1990	110.00	300
1987	Christopher Paul Bearkin 10"	Closed	1990	95.00	250-300
1988	Hollybeary Kringle 15"	Closed	1990	350.00	450
1987	Kristobear Kringle 17"	Closed	1990	200.00	450
1988	Miss Emily 18"	Closed	1990	350.00	700
1987	Molly Melinda Bearkin 10"	Closed	1990	95.00	200-300
1987	Silver Bell 17"	Closed	1990	175.00	400-800
1988	T.R. 28-1/2"	Closed	1990	400.00	550-650
1987	Tedward Jonathan Bearkin 10"	Closed	1990	95.00	200-300
1987	Tedwina Kimelina Bearkin 10"	Closed	1990	95.00	200-300
1988	Theodore B. Bear 14"	Closed	1990	175.00	500-550

Bonnet Babies - M. Sirko

Year Issue		Edition Limit	Year Retd.	Issue Price	Quote U.S.$
1993	Chelsea's Bonnet	Closed	1994	95.00	95

Bonnets & Bows - B. Gerardi

Year Issue		Edition Limit	Year Retd.	Issue Price	Quote U.S.$
1988	Belinda	Closed	1990	195.00	450
1988	Annemarie	Closed	1990	195.00	450
1988	Allessandra	Closed	1990	195.00	350-395
1988	Lisette	Closed	1990	285.00	495
1988	Bettina	Closed	1994	285.00	495
1988	Ellie	Closed	1994	285.00	495
1988	Alicia	Closed	1994	385.00	700
1988	Bethany	Closed	1994	385.00	1350
1988	Jesse	Closed	1994	525.00	700
1988	Francie	Closed	1994	625.00	800

Bride Dolls - D. Valenza

Year Issue		Edition Limit	Year Retd.	Issue Price	Quote U.S.$
1993	Susannah's Wedding Day	9,500	1994	295.00	295

Carousel Dolls - C. Shafer

Year Issue		Edition Limit	Year Retd.	Issue Price	Quote U.S.$
1993	Ribbons And Roses	Closed	1994	119.00	119

Celebrations Of Childhood - L. Di Leo

Year Issue		Edition Limit	Year Retd.	Issue Price	Quote U.S.$
1992	Happy Birthday Amy	Closed	1994	160.00	225

Childhood Memories - D. Valenza

Year Issue		Edition Limit	Year Retd.	Issue Price	Quote U.S.$
1991	Amanda	Closed	1994	98.00	98
1991	Jennifer	Closed	1994	98.00	98
1991	Jessica Anne's Playtime	Closed	1994	98.00	98
1991	Kimberly	Closed	1994	98.00	98

Children Of Christmas - S. Stone Aiken

Year Issue		Edition Limit	Year Retd.	Issue Price	Quote U.S.$
1989	Clara, 16"	Closed	1994	325.00	650
1990	Natalie, 16"	1,500	1994	350.00	500
1991	Emily	1,500	1994	375.00	375
1992	Virginia	1,500	1994	375.00	375

Christmas Traditions - S. Stone Aiken

Year Issue		Edition Limit	Year Retd.	Issue Price	Quote U.S.$
1993	Trimming the Tree	2,500	1994	295.00	295
1993	Chrissy	Closed	1994	150.00	150

Daydreamer Dolls - S. Stone Aiken

Year Issue		Edition Limit	Year Retd.	Issue Price	Quote U.S.$
1992	Heather's Daydream	Closed	1994	119.00	119

Days Of The Week - R./L. Schrubbe

Year Issue		Edition Limit	Year Retd.	Issue Price	Quote U.S.$
1992	Monday's Child	Closed	1994	98.00	98
1992	Tuesday's Child	Closed	1994	98.00	98
1992	Wednesday's Child	Closed	1994	98.00	98
1992	Thurday's Child	Closed	1994	98.00	98
1992	Friday's Child	Closed	1994	98.00	98
1992	Saturday's Child	Closed	1994	98.00	98
1992	Sunday's Child	Closed	1994	98.00	98

Dollie And Me - J. Pilallis

Year Issue		Edition Limit	Year Retd.	Issue Price	Quote U.S.$
1991	Dollie's First Steps	Closed	1994	160.00	225

Dolls of the Month - Gorham

Year Issue		Edition Limit	Year Retd.	Issue Price	Quote U.S.$
1991	Miss January	Closed	1994	79.00	80-125
1991	Miss February	Closed	1994	79.00	80-125
1991	Miss March	Closed	1994	79.00	80-125
1991	Miss April	Closed	1994	79.00	80-125
1991	Miss May	Closed	1994	79.00	80-125
1991	Miss June	Closed	1994	79.00	80-125
1991	Miss July	Closed	1994	79.00	80-125
1991	Miss August	Closed	1994	79.00	80-125
1991	Miss September	Closed	1994	79.00	80-125
1991	Miss October	Closed	1994	79.00	80-125
1991	Miss November	Closed	1994	79.00	80-125
1991	Miss December	Closed	1994	79.00	80-125

The Friendship Dolls - Various

Year Issue		Edition Limit	Year Retd.	Issue Price	Quote U.S.$
1991	Angela-The Italian Traveler - S. Nappo	Closed	1994	98.00	98
1991	Kinuko-The Japanese Traveler - S. Ueki	Closed	1994	98.00	98
1991	Meagan-The Irish Traveler - L. O'Connor	Closed	1994	98.00	98
1991	Peggy-The American Traveler - P. Seaman	Closed	1994	98.00	98

Gift of Dreams - Young/Gerardi

Year Issue		Edition Limit	Year Retd.	Issue Price	Quote U.S.$
1991	Christina (Christmas)	Closed	1994	695.00	695
1991	Elizabeth	Closed	1994	495.00	495
1991	Katherine	Closed	1994	495.00	495
1991	Melissa	Closed	1994	495.00	495
1991	Samantha	Closed	1994	495.00	495

Gifts of the Garden - S. Stone Aiken

Year Issue		Edition Limit	Year Retd.	Issue Price	Quote U.S.$
1991	Alisa	Closed	1994	125.00	250
1991	Deborah	Closed	1994	125.00	250
1991	Holly (Christmas)	Closed	1994	150.00	250
1991	Irene	Closed	1994	125.00	250
1991	Joelle (Christmas)	Closed	1994	150.00	250
1991	Lauren	Closed	1994	125.00	250
1991	Mana	Closed	1994	125.00	250
1991	Priscilla	Closed	1994	125.00	250
1991	Valerie	Closed	1994	125.00	250

Gorham Baby Doll Collection - Aiken/Matthews

Year Issue		Edition Limit	Year Retd.	Issue Price	Quote U.S.$
1987	Christening Day	Closed	1990	245.00	350
1987	Leslie	Closed	1990	245.00	350
1987	Matthew	Closed	1990	245.00	350

Gorham Dolls - Various

Year Issue		Edition Limit	Year Retd.	Issue Price	Quote U.S.$
1985	Alexander, 19" - S. Stone Aiken	Closed	1990	275.00	400
1981	Alexandria, 18" - S. Stone Aiken	Closed	1990	250.00	500
1986	Alissa - S. Stone Aiken	Closed	1990	245.00	300
1985	Amelia, 19" - S. Stone Aiken	Closed	1990	275.00	325
1982	Baby in Apricot Dress, 16" - S. Stone Aiken	Closed	1990	175.00	375
1982	Baby in Blue Dress, 12" - S. Stone Aiken	Closed	1990	150.00	350
1982	Baby in White Dress, 18" - Gorham	Closed	1990	250.00	395
1982	Benjamin, 18" - S. Stone Aiken	Closed	1990	200.00	600
1981	Cecile, 16" - S. Stone Aiken	Closed	1990	200.00	600
1981	Christina, 16" - S. Stone Aiken	Closed	1990	200.00	400
1981	Christopher, 19" - S. Stone Aiken	Closed	1990	250.00	500
1982	Corrine, 21" - S. Stone Aiken	Closed	1990	250.00	450
1981	Danielle, 14" - S. Stone Aiken	Closed	1990	150.00	300
1981	Elena, 14" - S. Stone Aiken	Closed	1990	150.00	650
1982	Ellice, 18" - S. Stone Aiken	Closed	1990	200.00	500
1986	Emily, 14" - S. Stone Aiken	Closed	1990	175.00	350
1986	Fleur, 19" - S. Stone Aiken	Closed	1990	300.00	450
1985	Gabrielle, 19" - S. Stone Aiken	Closed	1990	225.00	350
1983	Jennifer, 19" Bridal Doll - S. Stone Aiken	Closed	1990	325.00	750
1982	Jeremy, 23" - S. Stone Aiken	Closed	1990	300.00	700
1986	Jessica - S. Stone Aiken	Closed	1990	195.00	275
1981	Jillian, 16" - S. Stone Aiken	Closed	1990	200.00	400
1986	Julia, 16" - S. Stone Aiken	Closed	1990	225.00	350
1987	Juliet - S. Stone Aiken	Closed	1990	325.00	400
1982	Kristin, 23" - S. Stone Aiken	Closed	1990	300.00	575
1986	Lauren, 14" - S. Stone Aiken	Closed	1990	175.00	350
1985	Linda, 19" - S. Stone Aiken	Closed	1990	275.00	600
1982	M. Anton, 12" - Unknown	Closed	1990	125.00	175
1982	Melanie, 23" - S. Stone Aiken	Closed	1990	300.00	600
1981	Melinda, 14" - S. Stone Aiken	Closed	1990	150.00	300
1986	Meredith - S. Stone Aiken	Closed	1990	295.00	350
1982	Mlle. Jeanette, 12" - S. Stone Aiken	Closed	1990	125.00	175
1982	Mlle. Lucille, 12" - S. Stone Aiken	Closed	1990	125.00	375
1982	Mlle. Marsella, 12" - Unknown	Closed	1990	125.00	275
1982	Mlle. Monique, 12" - S. Stone Aiken	Closed	1990	125.00	275
1982	Mlle. Yvonne, 12" - Unknown	Closed	1990	125.00	375
1985	Nanette, 19" - S. Stone Aiken	Closed	1990	275.00	325
1985	Odette, 19" - S. Stone Aiken	Closed	1990	250.00	500
1981	Rosemond, 18" - S. Stone Aiken	Closed	1990	250.00	750
1981	Stephanie, 18" - S. Stone Aiken	Closed	1990	250.00	1900

Gorham Holly Hobbie Childhood Memories - Holly Hobbie

Year Issue		Edition Limit	Year Retd.	Issue Price	Quote U.S.$
1985	Mother's Helper	Closed	1990	45.00	175
1985	Best Friends	Closed	1994	45.00	175
1985	First Day of School	Closed	1994	45.00	175
1985	Christmas Wishes	Closed	1994	45.00	175

Gorham Holly Hobbie For All Seasons - Holly Hobbie

Year Issue		Edition Limit	Year Retd.	Issue Price	Quote U.S.$
1984	Summer Holly 12"	Closed	1994	42.50	195
1984	Fall Holly 12"	Closed	1994	42.50	195
1984	Winter Holly 12"	Closed	1994	42.50	195
1984	Spring Holly 12"	Closed	1994	42.50	195

Holly Hobbie - Holly Hobbie

Year Issue		Edition Limit	Year Retd.	Issue Price	Quote U.S.$
1983	Blue Girl, 14"	Closed	1994	80.00	245
1983	Blue Girl, 18"	Closed	1994	115.00	325
1983	Christmas Morning, 14"	Closed	1994	80.00	245
1983	Heather, 14"	Closed	1994	80.00	275
1983	Little Amy, 14"	Closed	1994	80.00	275
1983	Robbie, 14"	Closed	1994	80.00	275
1983	Sunday Best, 18"	Closed	1994	115.00	300
1983	Sweet Valentine, 16"	Closed	1994	100.00	300
1983	Yesterday's Memories, 18"	Closed	1994	125.00	325

Imaginary People - R. Tonner

Year Issue		Edition Limit	Year Retd.	Issue Price	Quote U.S.$
1993	Melinda, The Tooth Fairy	2,900	1994	95.00	95

International Babies - R. Tonner

Year Issue		Edition Limit	Year Retd.	Issue Price	Quote U.S.$
1993	Natalia's Matrioshka	Closed	1994	95.00	95

Joyful Years - B. Gerardi

Year Issue		Edition Limit	Year Retd.	Issue Price	Quote U.S.$
1989	Katrina	Closed	1994	295.00	375
1989	William	Closed	1994	295.00	375

Kezi Doll For All Seasons - Kezi

Year Issue		Edition Limit	Year Retd.	Issue Price	Quote U.S.$
1985	Ariel 16"	Closed	1994	135.00	500
1985	Aubrey 16"	Closed	1994	135.00	500
1985	Amber 16"	Closed	1994	135.00	500
1985	Adrienne 16"	Closed	1994	135.00	500

Kezi Golden Gifts - Kezi

Year Issue		Edition Limit	Year Retd.	Issue Price	Quote U.S.$
1984	Charity 16"	Closed	1990	85.00	175
1984	Faith 18"	Closed	1990	95.00	195
1984	Felicity 18"	Closed	1990	95.00	195
1984	Grace 16"	Closed	1990	85.00	175
1984	Hope 16"	Closed	1990	85.00	175
1984	Merrie 16"	Closed	1990	85.00	175
1984	Patience 18"	Closed	1990	95.00	195
1984	Prudence 18"	Closed	1990	85.00	195

Legendary Heroines - S. Stone Aiken

Year Issue		Edition Limit	Year Retd.	Issue Price	Quote U.S.$
1991	Guinevere	1,500	1994	245.00	245
1991	Jane Eyre	1,500	1994	245.00	245
1991	Juliet	1,500	1994	245.00	245
1991	Lara	1,500	1994	245.00	245

Les Belles Bebes Collection - S. Stone Aiken

Year Issue		Edition Limit	Year Retd.	Issue Price	Quote U.S.$
1993	Camille	1,500	1994	375.00	395
1991	Cherie	Closed	1994	375.00	475
1991	Desiree	1,500	1994	375.00	395

Limited Edition Dolls - S. Stone Aiken

Year Issue		Edition Limit	Year Retd.	Issue Price	Quote U.S.$
1982	Allison, 19"	Closed	1990	300.00	4500
1983	Ashley, 19"	Closed	1990	350.00	1200
1984	Nicole, 19"	Closed	1990	350.00	875
1984	Holly (Christmas), 19"	Closed	1990	300.00	850
1985	Lydia, 19"	Closed	1990	550.00	1800
1985	Joy (Christmas), 19"	Closed	1990	350.00	695
1986	Noel (Christmas), 19"	Closed	1990	400.00	750
1987	Jacqueline, 19"	Closed	1994	500.00	700
1987	Merrie (Christmas), 19"	Closed	1994	500.00	750
1988	Andrew, 19"	Closed	1994	475.00	750
1988	Christa (Christmas), 19"	Closed	1994	550.00	1500
1990	Amey (10th Anniversary Edition)	Closed	1994	650.00	1100

Limited Edition Sister Set - S. Stone Aiken

Year Issue		Edition Limit	Year Retd.	Issue Price	Quote U.S.$
1988	Kathleen	Closed	1994	550.00	750
1988	Katelin	Set	1994	Set	Set

Little Women - S. Stone Aiken

Year Issue		Edition Limit	Year Retd.	Issue Price	Quote U.S.$
1983	Amy, 16"	Closed	1994	225.00	500
1983	Beth, 16"	Closed	1994	225.00	500
1983	Jo, 19"	Closed	1994	275.00	575
1983	Meg, 19"	Closed	1994	275.00	650

Littlest Angel Dolls - L. Di Leo

Year Issue		Edition Limit	Year Retd.	Issue Price	Quote U.S.$
1992	Merriel	Closed	1994	49.50	50

Nature's Bounty - R. Tonner

Year Issue		Edition Limit	Year Retd.	Issue Price	Quote U.S.$
1993	Jamie's Fruitful Harvest	Closed	1994	95.00	95

Pillow Baby Dolls - L. Gordon

Year Issue		Edition Limit	Year Retd.	Issue Price	Quote U.S.$
1993	On the Move	Closed	1994	39.00	39
1993	Sitting Pretty	Closed	1994	39.00	39
1993	Tickling Toes	Closed	1994	39.00	39

Portrait Perfect Victorian Dolls - R. Tonner

Year Issue		Edition Limit	Year Retd.	Issue Price	Quote U.S.$
1993	Pretty in Peach	2,900	1994	119.00	119

Precious as Pearls - S. Stone Aiken

Year Issue		Edition Limit	Year Retd.	Issue Price	Quote U.S.$
1986	Colette	Closed	1994	400.00	1500
1987	Charlotte	Closed	1994	425.00	800
1988	Chloe	Closed	1994	525.00	900
1989	Cassandra	Closed	1994	525.00	1200
XX	Set	Closed	1994	1875.00	4000

Puppy Love Dolls - R./ L. Schrubbe

Year Issue		Edition Limit	Year Retd.	Issue Price	Quote U.S.$
1992	Katie And Kyle	Closed	1994	119.00	119

Small Wonders - B. Gerardi

Year Issue		Edition Limit	Year Retd.	Issue Price	Quote U.S.$
1988	Madeline	Closed	1990	365.00	365
1988	Marguerite	Closed	1990	425.00	425
1988	Patina	Closed	1990	265.00	265

DOLLS

Gorham

Southern Belles - S. Stone Aiken
Year Issue		Edition Limit	Year Retd.	Issue Price	Quote U.S. $
1985	Amanda, 19"		Closed	1990	300.00	1400
1986	Veronica, 19"		Closed	1990	325.00	750
1987	Rachel, 19"		Closed	1990	375.00	800
1988	Cassie, 19"		Closed	1990	500.00	675

Special Moments - E. Worrell
| 1991 | Baby's First Christmas | Closed | 1994 | 135.00 | 235 |
| 1992 | Baby's First Steps | Closed | 1994 | 135.00 | 135 |

Sporting Kids - R. Schrubbe
| 1993 | Up At Bat | Closed | 1994 | 49.50 | 80 |

Tender Hearts - M. Murphy
| 1993 | Saying Grace | Closed | 1994 | 119.00 | 119 |

Times To Treasure - L. Di Leo
1991	Bedtime	Closed	1994	195.00	250
1993	Playtime	Closed	1994	195.00	250
1990	Storytime	Closed	1994	195.00	250

Valentine Ladies - P. Valentine
1987	Anabella	Closed	1994	145.00	395
1987	Elizabeth	Closed	1994	145.00	450
1988	Felicia	Closed	1994	225.00	325
1987	Jane	Closed	1994	145.00	350
1988	Judith Anne	Closed	1994	195.00	325
1989	Julianna	Closed	1994	225.00	275
1987	Lee Ann	Closed	1994	145.00	325
1988	Maria Theresa	Closed	1994	225.00	350
1987	Marianna	Closed	1994	160.00	400
1987	Patrice	Closed	1994	145.00	325
1988	Priscilla	Closed	1994	195.00	325
1987	Rebecca	Closed	1994	145.00	325
1987	Rosanne	Closed	1994	145.00	325
1989	Rose	Closed	1994	225.00	275
1987	Sylvia	Closed	1994	160.00	350

Victorian Cameo Collection - B. Gerardi
| 1990 | Victoria | 1,500 | 1994 | 375.00 | 375 |
| 1991 | Alexandra | Closed | 1994 | 375.00 | 375 |

Victorian Children - S. Stone Aiken
| 1992 | Sara's Tea Time | 1,000 | 1994 | 495.00 | 750 |
| 1993 | Catching Butterflies | 1,000 | 1994 | 495.00 | 495 |

The Victorian Collection - E. Woodhouse
| 1992 | Victoria's Jubilee | Yr.Iss. | 1994 | 295.00 | 295 |

Victorian Flower Girls - J. Pillalis
| 1993 | Rose | Closed | 1994 | 95.00 | 95 |

H & G Studios

Brenda Burke Dolls - B. Burke
1989	Adelaine	25		1795.00	3600
1989	Alexandra	125		995.00	2000
1989	Alicia	125		895.00	1800
1989	Amanda	25		1995.00	6000
1989	Angelica	50		1495.00	3000
1989	Arabelle	500		695.00	1400
1989	Beatrice	85		2395.00	2395
1990	Belinda	12		3695.00	3695
1989	Bethany	45		2995.00	2995
1989	Brittany	75		2695.00	2695
1991	Charlotte	20		2395.00	2395
1991	Clarissa	15		3595.00	3595
1992	Dorothea	500		395.00	395
1993	Giovanna	1		7800.00	7800
1993	Melissa	1		7750.00	7750
1991	Sleigh Ride	20		3695.00	3695
1991	Tender Love	25		3295.00	3295

Hallmark

Special Edition Hallmark Barbie Dolls
| 1994 | Victorian Elegance Barbie | Retrd. | 1994 | 40.00 | 85-120 |
| 1995 | Holiday Memories Barbie | Yr.Iss. | | 45.00 | 45 |

Hallmark Galleries

Mary Engelbreit's Friendship Garden - M. Engelbreit
1993	Porcelain Doll-Josephine 6000QHG5003	12,500	1995	60.00	60
1993	Porcelain Doll-Louisa 6500QHG5002	12,500	1995	65.00	65
1993	Porcelain Doll-Margaret 6000QHG5001	12,500	1995	60.00	60

Victorian Memories - J. Greene
1992	Abigail 1QHG1019	4,500	1995	125.00	125
1992	Abner 1QHG1018	4,500	1995	110.00	110
1992	Alice 1QHG1020	4,500	1995	125.00	125
1993	Baby Doll Beatrice 2000QHG1029	Retrd.	1994	20.00	20
1992	Bear-plush bear 3500QHG1011	9,500	1995	35.00	35
1992	Bunny B-plush rabbit 3500QHG1012	9,500	1995	35.00	35
1992	Daisy -plush bear 8500QHG1009	2,500	1995	85.00	85
1992	Emma/miniature doll 2500QHG1016	9,500	1995	25.00	25
1993	Hannah 1QHG1030	2,500	1995	130.00	130
1992	Katherine 1QHG1017	1,200	1995	150.00	150
1994	Mini Jointed Bear Jesse 1200QHG1037	9,500	1995	12.00	12
1992	Olivia 1QHG1021	4,500	1995	125.00	125
1992	Seth-plush bear 4000QHG1007	9,500	1995	40.00	40
1992	Teddy -plush bear 4500QHG1008	9,500	1995	45.00	45

Hamilton Collection

Abbie Williams Doll Collection - A. Williams
| 1992 | Molly | Closed | N/A | 155.00 | 200 |

Annual Connossieur Doll - N/A
| 1992 | Lara | 7,450 | | 295.00 | 295 |

The Antique Doll Collection - Unknown
1989	Nicole	Closed	N/A	195.00	195
1990	Colette	Open		195.00	195
1991	Lisette	Open		195.00	225
1991	Katrina	Open		195.00	195

Baby Portrait Dolls - B. Parker
1991	Melissa	Closed	1993	135.00	150-185
1992	Jenna	Closed	N/A	135.00	195
1992	Bethany	Open		135.00	135
1993	Mindy	Open		135.00	135

Belles of the Countryside - C. Heath Orange
1992	Erin	Open		135.00	135
1992	Rose	Open		135.00	135
1993	Lorna	Open		135.00	135
1994	Gwyn	Open		135.00	135

The Bessie Pease Gutmann Doll Collection - B.P. Gutmann
1989	Love is Blind	Closed	N/A	135.00	135-225
1989	He Won't Bite	Closed	N/A	135.00	135
1991	Virginia	Open		135.00	135
1991	First Dancing Lesson	Open		195.00	195
1991	Good Morning	Open		195.00	195
1991	Love At First Sight	Open		195.00	195

Best Buddies - C.M. Rolfe
1994	Jodie	Open		69.00	69
1994	Brandy	Open		69.00	69
1995	Joey	Open		69.00	69

Boehm Christening - Boehm Studio
| 1994 | Elena's First Portrait | Open | | 155.00 | 155 |

Boehm Dolls - N/A
| 1994 | Elena | Open | | 155.00 | 155 |

Bridal Elegance - Boehm
| 1994 | Camille | Open | | 195.00 | 195 |

Bride Dolls - Unknown
| 1991 | Portrait of Innocence | Open | | 195.00 | 195 |
| 1992 | Portrait of Loveliness | Open | | 195.00 | 195 |

Brooks Wooden Dolls - P. Ryan Brooks
1993	Waiting For Santa	15,000	1994	135.00	135
1993	Are You the Easter Bunny?	15,000		135.00	135
1994	Be My Valentine	Open		135.00	135

Catherine Mather Dolls - C. Mather
| 1993 | Justine | 15,000 | | 155.00 | 155 |

Central Park Skaters - Unknown
| 1991 | Central Park Skaters | Open | | 245.00 | 245 |

A Child's Menagerie - B. Van Boxel
1993	Becky	Open		69.00	69
1993	Carrie	Open		69.00	69
1994	Mandy	Open		69.00	69
1994	Terry	Open		69.00	69

Children To Cherish - N/A
| 1991 | A Gift of Innocence | Yr.Iss. | | 135.00 | 135 |
| 1991 | A Gift of Beauty | Open | | 135.00 | 135 |

Cindy Marschner Rolfe Dolls - C. M. Rolfe
1993	Shannon	Open		95.00	95
1993	Julie	Open		95.00	95
1993	Kayla	Open		95.00	95
1994	Janey	Open		95.00	95
1995	Shelby & Sydney	Open		190.00	190

Cobabe Indians - L. Cobabe
| 1994 | Snowbird | Open | | 135.00 | 135 |

Connie Walser Derek Baby Dolls - C.W. Derek
1990	Jessica	Closed	1993	155.00	255-320
1991	Sara	Closed	N/A	155.00	155-180
1991	Andrew	Open		155.00	155
1991	Amanda	Open		155.00	155
1992	Samantha	Open		155.00	155

Connie Walser Derek Baby Dolls II - C. W. Derek
| 1992 | Stephanie | Open | | 95.00 | 95 |
| 1992 | Beth | Open | | 95.00 | 95 |

Connie Walser Derek Baby Dolls III - C. W. Derek
| 1994 | Chelsea | Open | | 79.00 | 79 |

Connie Walser Derek Dolls - C. W. Derek
| 1992 | Baby Jessica | Open | | 75.00 | 75 |
| 1993 | Baby Sara | Open | | 75.00 | 75 |

Connie Walser Derek Toddlers - C. W. Derek
| 1994 | Jessie | Open | | 79.00 | 79 |
| 1994 | Casey | Open | | 79.00 | 79 |

Daddy's Little Girls - M. Snyder
1992	Lindsay	Open		95.00	95
1993	Cassie	Open		95.00	95
1993	Dana	Open		95.00	95

Dolls by Autumn Berwick - A. Berwick
| 1993 | Laura | Open | | 135.00 | 135 |

Dolls By Kay McKee - K. McKee
1992	Shy Violet	Closed	1993	135.00	200-260
1992	Robin	Open		135.00	135
1993	Katie Did It!	Open		135.00	135
1993	Ryan	Open		135.00	135

Dolls of America's Colonial Heritage - A. Elekfy
1986	Katrina	Open		55.00	55
1986	Nicole	Open		55.00	55
1987	Maria	Open		55.00	55
1987	Priscilla	Open		55.00	55
1987	Colleen	Open		55.00	55
1988	Gretchen	Open		55.00	55

Elaine Campbell Dolls - E. Campbell
| 1994 | Emma | Open | | 95.00 | 95 |
| 1995 | Abby | Open | | 95.00 | 95 |

First Recital - N/A
| 1993 | Hillary | Open | | 135.00 | 135 |
| 1994 | Olivia | Open | | 135.00 | 135 |

Grobben Ethnic Babies - J. Grobben
| 1994 | Jasmine | Open | | 135.00 | 135 |

Grothedde Dolls - N. Grothedde
| 1993 | Cindy | Open | | 69.00 | 69 |

Hargrave Dolls - M. Hargrave
| 1994 | Angela | Open | | 79.00 | 79 |

Helen Carr Dolls - H. Carr
| 1994 | Claudia | Open | | 135.00 | 135 |

Helen Kish II Dolls - H. Kish
| 1992 | Vanessa | Open | | 135.00 | 135 |
| 1994 | Jordan | Open | | 95.00 | 95 |

Holiday Carollers - U. Lepp
| 1992 | Joy | Open | | 155.00 | 155 |
| 1993 | Noel | Open | | 155.00 | 155 |

Huckleberry Hill Kids - B. Parker
| 1994 | Gabrielle | Open | | 95.00 | 95 |
| 1994 | Alexandra | Open | | 95.00 | 95 |

I Love Lucy (Porcelain) - Unknown
1990	Lucy	Closed	N/A	95.00	200-320
1991	Ricky	Closed	N/A	95.00	350
1992	Queen of the Gypsies	Closed	N/A	95.00	245
1992	Vitameatavegamin	Closed	N/A	95.00	200-300

I Love Lucy (Vinyl) - Unknown
1988	Ethel	Closed	N/A	40.00	100-160
1988	Fred	Closed	N/A	40.00	139
1990	Lucy	Closed	N/A	40.00	100-125
1991	Ricky	Closed	N/A	40.00	135
1992	Queen of the Gypsies	Open		40.00	40
1992	Vitameatavegamin	Open		40.00	40

I'm So Proud Doll Collection - L. Cobabe
1992	Christina	Open		95.00	95
1993	Jill	Open		95.00	95
1994	Tammy	Open		95.00	95
1994	Shelly	Open		95.00	95

Inga Manders - I. Manders
| 1995 | Miss Priss | Open | | 79.00 | 79 |

International Children - C. Woodie
1991	Miko	Closed	N/A	49.50	80
1991	Anastasia	Open		49.50	50
1991	Angelina	Open		49.50	50
1992	Lian	Open		49.50	50
1992	Monique	Open		49.50	50
1992	Lisa	Open		49.50	50

Jane Zidjunas Party Dolls - J. Zidjunas
| 1991 | Kelly | Open | | 135.00 | 135 |
| 1992 | Katie | Open | | 135.00 | 135 |

DOLLS

YEAR ISSUE		EDITION LIMIT	YEAR RETD.	ISSUE PRICE	QUOTE U.S.$
1993	Meredith	Open		135.00	135

Jane Zidjunas Toddler Dolls - J. Zidjunas

1991	Jennifer	Open		135.00	135
1991	Megan	Open		135.00	160
1992	Kimberly	Open		135.00	135
1992	Amy	Open		135.00	135

Jeanne Wilson Dolls - J. Wilson

1994	Priscilla	Open		155.00	155

Johnston Cowgirls - C. Johnston

1994	Savannah	Open		79.00	79
1994	Skyler	Open		79.00	79

Join The Parade - N/A

1992	Betsy	Open		49.50	50
1994	Peggy	Open		55.00	55
1994	Sandy	Open		55.00	55

Joke Grobben Dolls - J. Grobben

1992	Heather	Open		69.00	69
1993	Kathleen	Open		69.00	69
1993	Brianna	Open		69.00	69
1994	Bridget	Open		69.00	69

Just Like Mom - H. Kish

1991	Ashley	Closed	1993	135.00	225-260
1992	Elizabeth	Open		135.00	135
1992	Hannah	Open		135.00	135
1993	Margaret	Open		135.00	135

Kay McKee Klowns - K. McKee

1993	The Dreamer	15,000		155.00	155

Kuck Fairy - S. Kuck

1994	Tooth Fairy	Open		135.00	135

Laura Cobabe Dolls - L. Cobabe

1992	Amber	Open		195.00	195
1992	Brooke	Open		195.00	195

Laura Cobabe Dolls II - L. Cobabe

1993	Kristen	Open		75.00	75

Laura Cobabe Tall Dolls - L. Cobabe

1994	Cassandra	Open		195.00	195
1994	Taylor	Open		195.00	195

Laura Cobabe's Costume Kids - L. Cobabe

1994	Lil' Punkin	Open		79.00	79
1994	Little Ladybug	Open		79.00	79
1995	Miss Dinomite	Open		79.00	79

Little Rascals™ - S./J. Hoffman

1992	Spanky	Open		75.00	75
1993	Alfalfa	Open		75.00	75
1994	Darla	Open		75.00	75
1994	Buckwheat	Open		75.00	75
1994	Stymie	Open		75.00	75

Littlest Members of the Wedding - J. Esteban

1993	Matthew & Melanie	Open		195.00	195

Maud Humphrey Bogart Dolls - Unknown

1992	Playing Bridesmaid	Closed	N/A	195.00	225

Maud Humphrey Bogart Doll Collection - M.H. Bogart

1989	Playing Bride	Closed	N/A	135.00	175-225
1990	First Party	Closed	N/A	135.00	135
1990	The First Lesson	Closed	N/A	135.00	149
1991	Seamstress	Closed	N/A	135.00	149
1991	Little Captive	Open		135.00	135
1992	Kitty's Bath	Open		135.00	135

Mavis Snyder Dolls - M. Snyder

1994	Tara	Open		95.00	95

Parker-Levi Toddlers - B. Parker

1992	Courtney	Open		135.00	135
1992	Melody	Open		135.00	135

Parkins Connisseur - S. Kuck

1993	Faith	Open		135.00	135

Parkins Portraits - P. Parkins

1993	Lauren	Open		79.00	79
1993	Kelsey	Open		79.00	79
1994	Morgan	Open		79.00	79
1994	Cassidy	Open		79.00	79

Parkins Treasures - P. Parkins

1992	Tiffany	Closed	1994	55.00	80
1992	Dorothy	Closed	N/A	55.00	55
1993	Charlotte	Open		55.00	55
1993	Cynthia	Open		55.00	55

Phyllis Parkins Dolls - P. Parkins

1992	Swan Princess	9,850		195.00	220-250

Picnic In The Park - J. Esteban

1991	Rebecca	Open		155.00	155
1992	Emily	Open		155.00	155
1992	Victoria	Open		155.00	155
1993	Benjamin	Open		155.00	155

Precious Moments - S. Butcher

1994	Tell Me the Story of Jesus	Open		79.00	79

Proud Indian Nation - N/A

1992	Navajo Little One	Closed	1993	95.00	180
1993	Dressed Up For The Pow Wow	Open		95.00	95
1993	Autumn Treat	Open		95.00	95
1994	Out with Mama's Flock	Open		95.00	95

The Royal Beauty Dolls - Unknown

1991	Chen Mai	Open		195.00	195

Russian Czarra Dolls - Unknown

1991	Alexandra	Closed	N/A	295.00	350

Sandra Kuck Dolls - S. Kuck

1993	A Kiss Goodnight	Open		79.00	79
1994	Teaching Teddy	Open		79.00	79

Santa's Little Helpers - C.W. Derek

1992	Nicholas	Open		155.00	155
1993	Hope	Open		155.00	155

Schmidt Dolls - J. Schmidt

1994	Kaitlyn	Open		79.00	79

Schrubbe Santa Dolls - R. Schrubbe

1994	Jolly Old St. Nick	Open		135.00	135

Simon Indians - S. Simon

1994	Meadowlark	Open		95.00	95

Songs of the Seasons Hakata Doll Collection - T. Murakami

1985	Winter Song Maiden	9,800		75.00	75
1985	Spring Song Maiden	9,800		75.00	75
1985	Summer Song Maiden	9,800		75.00	75
1985	Autumn Song Maiden	9,800		75.00	75

Star Trek Doll Collection - E. Daub

1988	Mr. Spock	Closed	N/A	75.00	150
1988	Captain Kirk	Closed	N/A	75.00	120
1989	Dr. Mc Coy	Closed	N/A	75.00	120
1989	Scotty	Closed	N/A	75.00	120
1990	Sulu	Closed	N/A	75.00	120
1990	Chekov	Closed	N/A	75.00	120
1991	Uhura	Closed	N/A	75.00	120

Storybook Dolls - L. Di Leo

1991	Alice in Wonderland	Open		75.00	75

Through The Eyes of Virginia Turner - V. Turner

1992	Michelle	Closed	1993	95.00	125
1992	Danielle	Open		95.00	95
1993	Wendy	Open		95.00	95
1994	Dawn	Open		95.00	95

Toddler Days Doll Collection - D. Schurig

1992	Erica	Open		95.00	95
1993	Darlene	Open		95.00	95
1994	Karen	Open		95.00	95
1995	Penny	Open		95.00	95

Treasured Toddlers - V. Turner

1992	Whitney	Open		95.00	95
1993	Natalie	Open		95.00	95

Vickie Walker 1st's - V. Walker

1995	Leah	Open		79.00	79

Victorian Treasures - C.W. Derek

1992	Katherine	Open		155.00	155
1993	Madeline	Open		155.00	155

Wooden Dolls - N/A

1991	Gretchen	9,850		225.00	280
1991	Heidi	9,850		225.00	200-250

Wright Indian Dolls - D. Wright

1994	Sacajawea	Open		135.00	135

Year Round Fun - D. Schurig

1992	Allison	Open		95.00	95
1993	Christy	Open		95.00	95
1993	Paula	Open		95.00	95
1994	Kaylie	Open		95.00	95

Zolan Dolls - D. Zolan

1991	A Christmas Prayer	Closed	1993	95.00	130-150
1992	Winter Angel	Open		95.00	95
1992	Rainy Day Pals	Open		95.00	95
1992	Quiet Time	Open		95.00	95
1993	For You	Open		95.00	95
1993	The Thinker	Open		95.00	95

Zolan Double Dolls - D. Zolan

1993	First Kiss	Open		135.00	135
1994	New Shoes	Open		155.00	155

Jan McLean Originals

Flowers of the Heart Collection - J. McLean

1991	Marigold	100		2400.00	3000
1990	Pansy	100		2200.00	2500
1990	Poppy	100		2200.00	2500-2900
1991	Primrose	100		2500.00	2500

Jan McLean Originals - J. McLean

1991	Lucrezia	15		6000.00	6000
1990	Phoebe I	25		2700.00	2500-3200

Kurt S. Adler, Inc.

Royal Heritage Collection - J. Mostrom

1993	Anastasia J5746	3,000		125.00	125
1993	Good King Wenceslas W2928	2,000		130.00	130
1993	Medieval King of Christmas W2981	2,000	1994	390.00	390
1994	Nicholas on Skates J5750	3,000		120.00	120
1994	Sasha on Skates J5749	3,000		130.00	130

Small Wonders - J. Mostrom

1995	America-Hollie Blue W3162	Open		30.00	30
1995	America-Texas Tyler W3162	Open		30.00	30
1995	Ireland-Cathleen W3082	Open		28.00	28
1995	Ireland-Michael W3082	Open		28.00	28
1995	Kwanza-Mufaro W3161	Open		28.00	28
1995	Kwanza-Shani W3161	Open		28.00	28

When I Grow Up - J. Mostrom

1995	Dr. Brown W3079	Open		27.00	27
1995	Freddy the Fireman W3163	Open		28.00	28
1995	Melissa the Teacher W3081	Open		28.00	28
1995	Nurse Nancy W3079	Open		27.00	27
1995	Scott the Golfer W3080	Open		28.00	28

Ladie and Friends

Lizzie High Society™ Members-Only Dolls - B.K. Wisber

1993	Audrey High-1301	Closed	1992	59.00	175
1993	Becky High-1330	Closed	1994	96.00	150
1994	Chloe Valentine-1351	12/95		79.00	79

The Christmas Concert - B.K. Wisber

1990	Claire Valentine-1262	Open		56.00	58
1993	James Valentine-1310	Open		60.00	61
1992	Judith High-1292	Open		70.00	72
1993	Stephanie Bowman-1309	Open		74.00	75

The Christmas Pageant™ - B.K. Wisber

1985	"Earth" Angel-1122	Closed	1989	30.00	100
1985	"Noel" Angel (First Edition)-1126	Closed	1989	30.00	100
1989	"Noel" Angel (Second Edition)-1126	Open		48.00	51
1985	"On" Angel-1121	Closed	1989	30.00	100
1985	"Peace" Angel (First Edition)-1120	Closed	1989	30.00	100
1989	"Peace" Angel (Second Edition)-1120	Open		48.00	51
1985	Christmas Wooly Lamb-1133	Closed	1991	11.00	35
1985	Joseph and Donkey-1119	Open		30.00	38
1985	Mary and Baby Jesus-1118	Open		30.00	38
1986	Shepherd-1193	Open		32.00	38
1985	Wiseman #1-1123	Open		30.00	38
1985	Wiseman #2-1124	Open		30.00	38
1985	Wiseman #3-1125	Open		30.00	38
1985	Wooden Creche-1132	Open		28.00	32

The Family and Friends of Lizzie High®- B.K. Wisber

1987	Abigail Bowman-1199	Closed	1994	40.00	90
1987	Addie High-1202	Open		37.00	42
1990	Albert Valentine-1260	Open		42.00	45
1986	Alice Valentine (First Edition)-1148	Closed	1987	32.00	100
1995	Alice Valentine (Second Edition)-1148	Open		56.00	56
1988	Allison Bowman-1229	Open		56.00	60
1985	Amanda High (First Edition)-1111	Closed	1988	30.00	100
1990	Amanda High (Second Edition)-1111	Open		54.00	58
1989	Amelia High-1248	Open		45.00	49
1987	Amy Bowman-1201	Closed	1994	37.00	82
1986	Andrew Brown-1157	Closed	1988	45.00	125
1991	Annabelle Bowman-1267	Open		68.00	70
1986	Annie Bowman (First Edition)-1150	Closed	1989	32.00	100
1993	Annie Bowman (Second Edition)-1150	Open		68.00	69
1993	Ashley Bowman-1304	Open		48.00	49
1992	Barbara Helen-1274	Open		58.00	60
1985	Benjamin Bowman (Santa)-1134	Open		34.00	41
1985	Benjamin Bowman-1129	Closed	1987	30.00	100
1988	Bess High-1241	Open		45.00	49
1988	Betsy Valentine-1245	Open		42.00	45
1994	Bonnie Valentine-1323	Open		35.00	36
1987	Bridget Bowman-1222	Closed	1994	40.00	95
1992	Carol Anne Bowman-1282	Closed	1994	70.00	71
1986	Carrie High (First Edition)-1190	Closed	1989	45.00	100

DOLLS

Ladie and Friends
to Ladie and Friends

YEAR ISSUE		EDITION LIMIT	YEAR RETD.	ISSUE PRICE	QUOTE U.S.$
1989	Carrie High (Second Edition)-1190	Open		46.00	49
1986	Cassie Yocum (First Edition)-1179	Closed	1988	36.00	100
1993	Cassie Yocum (Second Edition)-1179	Open		80.00	81
1987	Cat on Chair-1217	Closed	1991	16.00	35
1987	Charles Bowman (First Edition)-1221	Closed	1990	34.00	100
1992	Charles Bowman (Second Edition)-1221	Open		46.00	48
1985	Christian Bowman-1110	Closed	1987	30.00	100
1994	Christine Bowman-1332	Open		62.00	63
1993	Christmas Tree w/Cats-1293A	Open		42.00	43
1986	Christopher High-1182	Closed	1992	34.00	70
1985	Cora High-1115	Closed	1987	30.00	100
1991	Cynthia High-1127A	Open		60.00	62
1988	Daphne Bowman-1235	Closed	1994	38.00	40
1986	David Yocum-1195	Open		33.00	37
1986	Delia Valentine-1153	Closed	1988	32.00	100
1991	The Department Store Santa-1270	Open		76.00	78
1986	Dora Valentine (First Edition)-1152	Closed	1989	30.00	100
1992	Dora Valentine (Second Edition)-1152	Open		48.00	50
1986	Edward Bowman (First Edition)-1158	Closed	1988	45.00	125
1994	Edward Bowman (Second Edition)-1158	Open		76.00	77
1992	Edwin Bowman-1281	Closed	1994	70.00	71
1995	Edwina High-1343	Open		56.00	57
1985	Elizabeth Sweetland (First Edition)-1109	Closed	1987	30.00	100
1991	Elizabeth Sweetland (Second Edition)-1109	Open		56.00	58
1994	Elsie Bowman-1325	Open		64.00	65
1986	Emily Bowman (First Edition)-1185	Closed	1990	34.00	100
1990	Emily Bowman (Second Edition)-1185	Open		48.00	50
1985	Emma High-1103	Closed	1988	30.00	100
1989	Emmy Lou Valentine-1251	Open		45.00	48
1985	Esther Dunn (First Edition)-1127	Closed	1987	45.00	N/A
1991	Esther Dunn (SecondEdition)-1127	Open		60.00	62
1988	Eunice High-1240	Closed	1994	56.00	58
1985	Flossie High (First Edition)-1128	Closed	1988	45.00	100-125
1989	Flossie High (Second Edition)-1128	Open		54.00	57
1987	The Flower Girl-1204	Open		17.00	24
1993	Francis Bowman-1305	Open		48.00	49
1994	Gilbert High-1335	Open		65.00	66
1986	Grace Valentine (First Edition)-1146	Closed	1989	32.00	100
1991	Grace Valentine (Second Edition)-1146	Open		48.00	50
1987	Gretchen High-1216	Closed	1994	40.00	44
1994	Gwendolyn High-1342	Open		56.00	57
1985	Hannah Brown-1131	Closed	1988	45.00	125
1988	Hattie Bowman-1239	Open		40.00	45
1985	Ida Valentine-1116	Closed	1988	30.00	100
1987	Imogene Bowman-1206	Closed	1994	37.00	40
1988	Jacob High-1230	Closed	1994	44.00	46
1994	Jamie Bowman-1324	Open		35.00	36
1988	Janie Valentine-1231	Open		37.00	42
1989	Jason High (alone)-1254A	Open		20.00	24
1989	Jason High (with Mother)-1254	Open		58.00	61
1986	Jenny Valentine-1181	Closed	1989	34.00	110
1986	Jeremy Bowman-1192	Closed	1991	36.00	44
1989	Jessica High (alone)-1253A	Open		20.00	24
1989	Jessica High (with Mother)-1253	Open		58.00	61
1986	Jillian Bowman-1180	Closed	1990	34.00	110
1992	Joanie Valentine-1295	Open		48.00	50
1989	Johann Bowman-1250	Open		40.00	43
1987	Johanna Valentine-1198	Closed	1988	37.00	100
1992	Joseph Valentine-1283	Open		62.00	64
1994	Josie Valentine-1322	Open		76.00	77
1986	Juliet Valentine (First Edition)-1147	Closed	1988	32.00	100
1990	Juliet Valentine (Second Edition)-1147	Open		48.00	51
1993	Justine Valentine-1302	Open		84.00	85
1986	Karl Valentine (First Ed.)-1161	Closed	1988	30.00	100
1994	Karl Valentine (2nd Ed.)-1161	Open		54.00	55
1987	Katie and Barney-1219	Open		38.00	42
1986	Katie Bowman-1178	Closed	1994	36.00	82
1985	Katrina Valentine-1135	Closed	1989	30.00	100
1988	Kinch Bowman-1237	Open		47.00	50
1987	Laura Valentine-1223	Closed	1994	36.00	39
1986	Little Ghosts-1197	Open		15.00	18
1987	Little Witch-1225	Open		17.00	23
1985	Lizzie High®-1100	Open		30.00	38
1985	Louella Valentine-1112	Closed	1991	30.00	100
1989	Lucy Bowman-1255	Open		45.00	48
1985	Luther Bowman (First Ed.)-1108	Closed	1987	30.00	100
1993	Luther Bowman (2nd Ed.)-1108	Open		60.00	61
1995	Lydia Bowman-1347	Open		54.00	54
1986	Madaleine Valentine (First Edition)-1187	Closed	1989	34.00	90
1989	Madaleine Valentine (Second Edition)-1187	Open		37.00	40
1986	Maggie High-1160	Closed	1988	30.00	100
1987	Margaret Bowman-1213	Open		35.00	42
1986	Marie Valentine (First Ed.)-1184	Closed	1990	47.00	125
1992	Marie Valentine (2nd Ed.)-1184	Open		68.00	70
1986	Marisa Valentine (alone)-1194A	Open		33.00	39
1986	Marisa Valentine (w/ Brother Petey)-1194	Open		45.00	50
1994	Marisa Valentine-1333	Open		58.00	59
1986	Marland Valentine-1183	Closed	1990	33.00	100
1990	Marlene Valentine-1259	Open		48.00	51
1986	Martha High-1151	Closed	1989	32.00	100
1985	Martin Bowman-1117	Closed	1992	30.00	43-85
1988	Mary Ellen Valentine-1236	Open		40.00	44
1985	Mary Valentine-1105	Closed	1988	30.00	88-100
1986	Matthew Yocum-1186	Closed	1988	33.00	100
1995	Mattie Dunn-1344	Open		56.00	57
1988	Megan Valentine-1227	Closed	1994	44.00	94
1987	Melanie Bowman (1st Ed.)-1220	Closed	1990	36.00	125
1992	Melanie Bowman (2nd Ed.)-1220	Open		46.00	48
1991	Michael Bowman-1268	Open		52.00	54
1994	Minnie Valentine-1336	Open		64.00	65
1989	Miriam High-1256	Open		46.00	49
1986	Molly Yocum (First Edition)-1189	Closed	1989	34.00	80-100
1989	Molly Yocum (Second Ed.)-1189	Open		39.00	42
1993	Mommy-1312	Open		48.00	49
1989	Mrs. Claus-1258	Open		42.00	45
1990	Nancy Bowman-1261	Open		48.00	51
1987	Naomi Valentine-1200	Closed	1993	40.00	88
1992	Natalie Valentine-1284	Open		62.00	64
1985	Nettie Brown (Christmas)-1114	Closed	1987	30.00	100
1985	Nettie Brown (First Edition)-1102	Closed	1987	30.00	100
1988	Nettie Brown (Second Ed.)-1102	Open		36.00	39
1987	Olivia High-1205	Open		37.00	42
1987	Patsy Bowman-1214	Open		50.00	53
1988	Pauline Bowman-1228	Open		44.00	49
1993	Pearl Bowman-1303	Open		56.00	57
1989	Peggy Bowman-1252	Open		58.00	61
1987	Penelope High-1208	Closed	1991	40.00	100
1993	Penny Valentine-1308	Open		60.00	61
1985	Peter Valentine-1113	Closed	1991	30.00	75-85
1988	Phoebe High-1246	Closed	1992	48.00	90
1987	Priscilla High-1226	Open		56.00	62
1986	Rachel Bowman (First Ed.)-1188	Closed	1989	34.00	100
1989	Rachel Bowman (2nd Ed.)-1188	Open		34.00	38
1987	Ramona Brown-1215	Closed	1989	40.00	50
1985	Rebecca Bowman (1st Ed.)-1104	Closed	1988	30.00	100
1989	Rebecca Bowman (2nd Ed.)-1104	Open		56.00	60
1987	Rebecca's Mother-1207	Open		37.00	44
1995	Robert Bowman-1348	Open		64.00	64
1985	Russell Dunn-1107	Closed	1987	30.00	100
1988	Ruth Anne Bowman-1232	Closed	1994	44.00	46
1985	Sabina Valentine (First Ed.)-1101	Closed	1987	30.00	100
1988	Sabina Valentine (2nd Ed.)-1101	Open		40.00	43
1986	Sadie Valentine-1163	Open		45.00	49
1986	Sally Bowman-1155	Closed	1991	32.00	110
1988	Samantha Bowman-1238	Open		47.00	50
1989	Santa (with Tub)-1257	Open		58.00	62
1987	Santa Claus (sitting)-1224	Closed	1991	50.00	61
1993	Santa Claus-1311	Open		48.00	49
1991	Santa's Helper-1271	Open		52.00	54
1986	Sara Valentine-1154	Closed	1994	32.00	38-76
1994	Shirley Bowman-1334	Open		63.00	64
1986	Sophie Valentine-1164	Closed	1991	45.00	125
1986	Susanna Bowman-1149	Closed	1988	45.00	125
1986	Thomas Bowman-1159	Closed	1987	30.00	100
1986	Tillie Brown-1156	Closed	1988	32.00	100
1992	Timothy Bowman-1294	Open		56.00	58
1991	Trudy Valentine-1269	Open		64.00	66
1989	Vanessa High-1247	Open		45.00	49
1989	Victoria Bowman-1249	Open		40.00	43
1987	The Wedding (Bride)-1203	Open		37.00	41
1987	The Wedding (Groom)-1203A	Open		34.00	37
1985	Wendel Bowman (First Edition)-1106	Closed	1987	30.00	100
1992	Wendel Bowman (Second Edition)-1106	Open		60.00	62
1992	Wendy Bowman-1293	Open		78.00	80
1986	William Valentine-1191	Closed	1992	36.00	80
1986	Willie Bowman-1162	Closed	1992	30.00	41

The Grummels of Log Hollow™ - B.K. Wisber

YEAR ISSUE		EDITION LIMIT	YEAR RETD.	ISSUE PRICE	QUOTE U.S.$
1986	Aunt Gertie Grummel™ -1171	Closed	1988	34.00	70-110
1986	Aunt Hilda Grummel™ -1174	Closed	1988	34.00	70-110
1986	Aunt Polly Grummel™ -1169	Closed	1988	34.00	70-110
1986	Cousin Lottie Grummel™ -1170	Closed	1988	36.00	70-110
1986	Cousin Miranda Grummel™ -1165	Closed	1988	47.00	70-110
1986	Grandma Grummel™ -1173	Closed	1988	45.00	70-110
1986	Grandpa Grummel™ -1176	Closed	1988	36.00	180
1986	The Little Ones-Grummels™ (boy/girl)-1196	Closed	1988	15.00	40
1986	Ma Grummel™ -1167	Closed	1988	36.00	70-110
1986	Pa Grummel™ -1172	Closed	1988	34.00	70-110
1986	Sister Nora Grummel™-1177	Closed	1988	34.00	70-110
1986	Teddy Bear Bed-1168	Closed	1988	15.00	70-100
1986	Uncle Hollis Grummel™-1166	Closed	1988	34.00	70-110
1986	Washline-1175	Closed	1988	15.00	70-100

The Little Ones at Christmas™ - B.K. Wisber

YEAR ISSUE		EDITION LIMIT	YEAR RETD.	ISSUE PRICE	QUOTE U.S.$
1990	Girl (bl.) w/Basket of Greens-1263	Open		22.00	26
1990	Girl (white) w/Cookie-1264	Open		22.00	26
1990	Girl (white) w/Gift-1266	Open		22.00	26
1990	Girl (white) w/Tree Garland-1265	Open		22.00	26
1991	Boy (bl.) w/Santa Photo-1273A	Open		24.00	28
1991	Boy (white) w/Santa Photo-1273	Open		24.00	28
1991	Girl (bl.) w/Santa Photo-1272A	Open		24.00	28
1991	Girl (white) w/Santa Photo-1272	Open		24.00	28
1993	Boy Peeking (Alone)-1314	Open		22.00	23
1993	Boy Peeking w/Tree-1313	Open		60.00	61
1993	Girl w/Baking Table-1317	Open		38.00	39
1994	Girl w/Greens on Table-1337	Open		46.00	47
1993	Girl w/Note for Santa-1318	Open		36.00	37
1993	Girl Peeking (Alone)-1316	Open		22.00	23
1993	Girl Peeking w/Tree 1315	Open		60.00	61

The Little Ones™ - B.K. Wisber

YEAR ISSUE		EDITION LIMIT	YEAR RETD.	ISSUE PRICE	QUOTE U.S.$
1985	Boy (black) (First Edition)-1130	Closed	1989	15.00	45-65
1985	Boy (white) (First Edition)-1130	Closed	1989	15.00	45-65
1985	Girl (black) (First Edition)-1130	Closed	1989	15.00	45-65
1985	Girl (white) (First Edition)-1130	Closed	1989	15.00	45-65
1989	Boy (black) (Second Ed.)-1130I	Closed	1994	20.00	23
1989	Boy (white) (Second Ed.)-1130H	Closed	1994	20.00	23
1989	Girl (black)-country color(2nd Ed.)-1130G	Closed	1994	20.00	23
1989	Girl (black)-pastels (2nd Ed.)-1130E	Closed	1994	20.00	23
1989	Girl (white)-country color (2nd Edition)-1130F	Closed	1994	20.00	23
1989	Girl (white)-pastels (2nd Ed.)-1130H	Closed	1994	20.00	23
1992	Boy w/Sled-1289	Open		30.00	32
1992	Clown-1290	Open		32.00	34
1992	Girl Reading-1286	Open		36.00	38
1992	Girl w/Apples-1277	Open		26.00	28
1992	Girl w/Beach Bucket-1275	Open		26.00	28
1992	Girl w/Birthday Gift-1279	Open		26.00	28
1992	Girl w/Christmas Lights-1287	Open		34.00	36
1992	Girl w/Easter Eggs-1276	Open		26.00	28
1992	Girl w/Kitten and Milk-1280	Open		32.00	34
1992	Girl w/Kitten and Yarn-1278	Open		34.00	36
1992	Girl w/Snowman-1288	Open		36.00	38
1992	Girl w/Valentine-1291	Open		30.00	32
1993	4th of July Boy-1307	Open		28.00	29
1993	Ballerina-1321	Open		40.00	41
1993	Boy w/Easter Flowers-1306	Open		30.00	31
1993	Bunny-1297	Open		36.00	37
1993	Girl Picnicking w/ Teddy Bear-1320	Open		34.00	35
1993	Girl w/Easter Flowers-1296	Open		34.00	35
1993	Girl w/Mop-1300	Open		36.00	37
1993	Girl w/Spinning Wheel-1299	Open		36.00	37
1993	Girl w/Violin-1319	Open		28.00	29
1994	Girl w/Puppy in Tub-1339	Open		43.00	44
1993	4th of July Girl-1298	Open		30.00	31
1994	Boy Dyeing Eggs-1327	Open		30.00	31
1994	Boy w/Pumpkin-1341	Open		29.00	30
1994	Girl Dyeing Eggs-1326	Open		30.00	31
1994	Girl w/Laundry Basket-1338	Open		38.00	39
1994	Girl w/Wagon-1340	Open		42.00	43
1994	Nurse-1328	Open		40.00	41
1994	Teacher-1329	Open		38.00	39

The Pawtuckets of Sweet Briar Lane™ - B.K. Wisber

YEAR ISSUE		EDITION LIMIT	YEAR RETD.	ISSUE PRICE	QUOTE U.S.$
1994	Aunt Lillian Pawtucket™ (Second Edition)-1141	Open		58.00	59
1986	Aunt Lillian Pawtucket™ (First Edition)-1141	Closed	1989	32.00	110
1987	Aunt Mabel Pawtucket™ -212	Closed	1989	45.00	130
1986	Aunt Minnie Pawtucket™ (First Edition)-1136	Closed	1989	45.00	110
1994	Aunt Minnie Pawtucket™ Second Edition)-1136	Open		72.00	73
1986	Brother Noah Pawtucket™ -1140	Closed	1989	32.00	110
1987	Bunny Bed-1218	Closed	1989	16.00	110
1987	Cousin Alberta Pawtucket™ -1210	Closed	1989	36.00	110
1986	Cousin Clara Pawtucket™ (First Edition)-1144	Closed	1989	32.00	110
1987	Cousin Isabel Pawtucket™ -1209	Closed	1989	36.00	110
1988	Cousin Jed Pawtucket™ -1234	Closed	1990	34.00	110
1988	Cousin Winnie Pawtucket™ -1233	Closed	1990	49.00	110
1994	Flossie Pawtucket™ -1136A	Open		33.00	34
1986	Grammy Pawtucket™ (First Edition)-1137	Closed	1989	32.00	110
1994	Grammy Pawtucket™ Second Edition)-1137	Open		68.00	69
1995	The Little One Bunnies (1995)-female w/ laundry basket-1211A	Open		33.00	34
1986	The Little One Bunnies-boy (First Edition)-1145	Closed	1989	15.00	20
1994	The Little One Bunnies-boy (Second Edition)-1145A	Open		33.00	34
1986	The Little One Bunnies-girl (First Edition)-1145	Closed	1989	15.00	50
1994	The Little One Bunnies-girl (Second Edition)-1145	Open		33.00	34
1986	Mama Pawtucket™ (First Edition)-1142	Closed	1989	34.00	110
1994	Mama Pawtucket™ (Second Edition)-1142	Open		86.00	87
1986	Pappy Pawtucket™ (First Edition)-1143	Closed	1989	32.00	110
1995	Pappy Pawtucket™ (Second Edition)-1143	Open		56.00	56
1994	Pawtucket™ Bunny Hutch-1141A	Open		38.00	39
1995	Pawtucket™ Wash Line-1211B	Open		20.00	20
1987	Sister Clemmie Pawtucket™ (First Edition)-1211	Closed	1989	34.00	110
1995	Sister Clemmie Pawtucket™ (Second Edition)-1211	Open		60.00	60
1986	Sister Flora Pawtucket™ -1139	Closed	1989	32.00	110
1986	Uncle Harley Pawtucket™ (First Edition)-1138	Closed	1989	32.00	110

Collectors' Information Bureau 49

YEAR ISSUE		EDITION LIMIT	YEAR RETD.	ISSUE PRICE	QUOTE U.S.$
1994	Uncle Harley Pawtucket™ (Second Edition)-1138	Open		74.00	75

Special Editions - B.K. Wisber

YEAR ISSUE		EDITION LIMIT	YEAR RETD.	ISSUE PRICE	QUOTE U.S.$
1995	Little Lizzie High-Anniversary Special Event Edition	Yr.Iss.		40.00	40
1992	Kathryn Bowman (Limited Edition)-1285	3,000	1992	140.00	300-500
1994	Prudence Valentine-1331	4,000	1994	180.00	180
1995	Little Lizzie High®-Anniversay Special Event Edition	Yr.Iss.		40.00	40
1995	Lizzie High®-10th Anniversary Signature Edition-1100A	Yr.Iss.		90.00	90

The Thanksgiving Play - B.K. Wisber

YEAR ISSUE		EDITION LIMIT	YEAR RETD.	ISSUE PRICE	QUOTE U.S.$
1988	Indian Squaw-1244	Open		36.00	39
1988	Pilgrim Boy-1242	Open		40.00	43
1988	Pilgrim Girl-1243	Open		48.00	51

Lawtons

Guild Dolls - W. Lawton

YEAR ISSUE		EDITION LIMIT	YEAR RETD.	ISSUE PRICE	QUOTE U.S.$
1989	Baa Baa Black Sheep	1,003	1989	395.00	650
1990	Lavender Blue	781	1990	395.00	450-600
1991	To Market, To Market	683	1991	495.00	495
1992	Little Boy Blue	510	1992	395.00	395
1993	Lawton Logo Doll	575	1993	350.00	350
1994	Wee Handful	540	1994	250.00	250
1995	Uniquely Yours	Yr.Iss.		395.00	395

Centerpieces - W. Lawton

YEAR ISSUE		EDITION LIMIT	YEAR RETD.	ISSUE PRICE	QUOTE U.S.$
1992	Lotta On Stage (First Lawton Collectors Guild Convention)	12	1992	N/A	N/A
1993	Little Colonel II (Dolly Dears, Birmingham, AL)	20	1993	N/A	N/A

Cherished Customs - W. Lawton

YEAR ISSUE		EDITION LIMIT	YEAR RETD.	ISSUE PRICE	QUOTE U.S.$
1990	The Blessing/Mexico	500	1990	395.00	1000
1992	Carnival/Brazil	750	1992	425.00	425
1992	Cradleboard/Navajo	750	1993	425.00	425
1991	Frolic/Amish	500	1991	395.00	395
1990	Girl's Day/Japan	500	1990	395.00	395
1990	High Tea/Great Britain	500	1990	395.00	450-550
1994	Kwanzaa/Africa	500	1994	425.00	425
1990	Midsommar/Sweden	500	1990	395.00	395
1993	Nalauqataq-Eskimo	500	1993	395.00	395
1991	Ndeko/Zaire	500	1991	395.00	550
1992	Pascha/Ukraine	750	1992	495.00	495
1995	Piping the Haggis	350		495.00	495
1993	Topeng Klana-Java	250	1993	495.00	495

Childhood Classics II® - W. Lawton

YEAR ISSUE		EDITION LIMIT	YEAR RETD.	ISSUE PRICE	QUOTE U.S.$
1994	Girl of the Limberlost	500	1994	425.00	425
1995	Little Lord Fauntleroy	350		450.00	450
1992	Marigold Garden	750	1992	450.00	450
1992	Oliver Twist	750	1992	450.00	450
1992	Peter And The Wolf	750	1992	495.00	495
1993	Tom Sawyer	500	1993	395.00	395
1993	The Velveteen Rabbit	750	1993	395.00	395

Childhood Classics®- W. Lawton

YEAR ISSUE		EDITION LIMIT	YEAR RETD.	ISSUE PRICE	QUOTE U.S.$
1983	Alice In Wonderland	100	1983	225.00	2000
1986	Anne Of Green Gables	250	1986	325.00	1600-2400
1991	The Bobbsey Twins: Flossie	350	1991	364.50	500
1991	The Bobbsey Twins: Freddie	350	1991	364.50	500
1985	Hans Brinker	250	1985	325.00	1800
1984	Heidi	250	1984	325.00	650
1991	Hiawatha	500	1991	395.00	500
1989	Honey Bunch	250	1989	350.00	550
1987	Just David	250	1987	325.00	700
1986	Laura Ingalls	250	1986	325.00	500
1991	Little Black Sambo	500	1991	395.00	650
1988	Little Eva	250	1988	350.00	500-1000
1989	Little Princess	250	1989	395.00	600
1990	Mary Frances	350	1990	350.00	350
1987	Mary Lennox	250	1987	325.00	500
1987	Polly Pepper	250	1987	325.00	450
1986	Pollyanna	250	1986	325.00	1600
1990	Poor Little Match Girl	350	1990	350.00	500
1988	Rebecca	250	1988	350.00	450
1988	Topsy	250	1988	350.00	750-1200

The Children's Hour - W. Lawton

YEAR ISSUE		EDITION LIMIT	YEAR RETD.	ISSUE PRICE	QUOTE U.S.$
1991	Edith With Golden Hair	500	1991	395.00	475
1991	Grave Alice	500	1991	395.00	475
1991	Laughing Allegra	500	1991	395.00	475

Christmas Dolls - W. Lawton

YEAR ISSUE		EDITION LIMIT	YEAR RETD.	ISSUE PRICE	QUOTE U.S.$
1988	Christmas Joy	500	1988	325.00	750-1200
1989	Noel	500	1989	325.00	500
1990	Christmas Angel	500	1990	325.00	325
1991	Yuletide Carole	500	1991	395.00	395

Christmas Legends™ - W. Lawton

YEAR ISSUE		EDITION LIMIT	YEAR RETD.	ISSUE PRICE	QUOTE U.S.$
1992	The Legend Of The Poinsettia	750	1992	395.00	395
1993	The Little Drummer Boy	500	1993	595.00	595
1994	Santa Lucia	350	1994	425.00	425
1995	The Nutcracker	500		595.00	595

Classic Playthings™ - W. Lawton

YEAR ISSUE		EDITION LIMIT	YEAR RETD.	ISSUE PRICE	QUOTE U.S.$
1995	Bessie and Her Bye Lo Baby	750		595.00	595
1994	Katie and Her Kewpie	750	1994	595.00	595
1993	Patricia and Her Patsyr	750	1993	595.00	595

Early American Portrait - W. Lawton

YEAR ISSUE		EDITION LIMIT	YEAR RETD.	ISSUE PRICE	QUOTE U.S.$
1994	Abigail and Jane Augusta	250	1994	995.00	995
1995	Carrie and Sophia Grace	350		1250.00	1250

Folk Tales And Fairy Stories - W. Lawton

YEAR ISSUE		EDITION LIMIT	YEAR RETD.	ISSUE PRICE	QUOTE U.S.$
1993	Goldilocks And Baby Bear	350	1993	595.00	595
1992	The Little Emperor's Nightingale	750	1992	425.00	495
1994	Little Gretel	500	1994	395.00	395
1992	Little Red Riding Hood	750	1992	450.00	450
1995	Rapunzel	350		450.00	450
1993	Snow White	500	1993	395.00	395
1992	Swan Princess	750	1992	495.00	495
1992	William Tell, The Younger	750	1992	395.00	395

Gentle Pursuits - W. Lawton

YEAR ISSUE		EDITION LIMIT	YEAR RETD.	ISSUE PRICE	QUOTE U.S.$
1994	Emily and Her Diary	350	1994	795.00	795
1995	Eugenia's Literary Salon	350		795.00	795

Grand Tour™ - W. Lawton

YEAR ISSUE		EDITION LIMIT	YEAR RETD.	ISSUE PRICE	QUOTE U.S.$
1995	African Safari	350		995.00	995
1994	Springtime in Paris	250	1994	895.00	895

Memories And Melodies™ - W. Lawton

YEAR ISSUE		EDITION LIMIT	YEAR RETD.	ISSUE PRICE	QUOTE U.S.$
1993	Apple Blossom Time	500	1993	295.00	295
1995	Easter Parade	250		295.00	295
1993	In The Good Ol' Summertime	500	1993	295.00	295
1994	Let Me Call You Sweetheart	250	1994	295.00	295
1993	Lyda Rose	500	1993	295.00	295
1993	Scarlet Ribbons	500	1993	295.00	295

Newcomer Collection - W. Lawton

YEAR ISSUE		EDITION LIMIT	YEAR RETD.	ISSUE PRICE	QUOTE U.S.$
1987	Ellin Elizabeth, Eyes Closed	49	1987	335.00	750-1000
1987	Ellin Elizabeth, Eyes Open	19	1987	335.00	900-1200

Once Upon A Rhyme™ - W. Lawton

YEAR ISSUE		EDITION LIMIT	YEAR RETD.	ISSUE PRICE	QUOTE U.S.$
1994	At Aunty's House	350	1994	795.00	795
1995	Lucy Gray	350		795.00	795

One-Of-A Kind Issues - W. Lawton

YEAR ISSUE		EDITION LIMIT	YEAR RETD.	ISSUE PRICE	QUOTE U.S.$
1989	Amelia	1	1989	1400.00	N/A
1993	Curly Locks, Curly Locks	1	1993	5700.00	5700
1991	Felicity Minds The Quints	1	1991	N/A	N/A
1990	Goldilocks And Baby Bear	1	1990	N/A	4250
1993	Jack And The Beanstalk	1	1993	2500.00	2500
1992	Little Miss Muffet	1	1992	3900.00	3900
1994	Sara Crewe Arrives at Miss Minchin's	1	1994	11000.00	N/A

Playthings Past - W. Lawton

YEAR ISSUE		EDITION LIMIT	YEAR RETD.	ISSUE PRICE	QUOTE U.S.$
1989	Edward And Dobbin	500	1989	395.00	495-600
1989	Elizabeth And Baby	500	1989	395.00	495-650
1989	Victoria And Teddy	500	1989	395.00	395

Seasons - W. Lawton

YEAR ISSUE		EDITION LIMIT	YEAR RETD.	ISSUE PRICE	QUOTE U.S.$
1988	Amber Autumn	500	1988	325.00	300
1990	Crystal Winter	500	1990	325.00	325
1991	Spring Blossom	500	1991	350.00	350
1989	Summer Rose	500	1989	325.00	375-475

Small Wonders - W. Lawton

YEAR ISSUE		EDITION LIMIT	YEAR RETD.	ISSUE PRICE	QUOTE U.S.$
1993	Jafry	500	1993	149.95	150
1993	Jamilla	500	1993	149.95	150
1993	Meghan	500	1993	149.95	150
1993	Michael	500	1993	149.95	150

Special Edition - W. Lawton

YEAR ISSUE		EDITION LIMIT	YEAR RETD.	ISSUE PRICE	QUOTE U.S.$
1993	Flora McFlimsey	250	1993	895.00	1000
1988	Marcella And Raggedy Ann	2,500	1988	395.00	700-750
1994	Mary Chilton	350	1994	395.00	395

Special Occasion - W. Lawton

YEAR ISSUE		EDITION LIMIT	YEAR RETD.	ISSUE PRICE	QUOTE U.S.$
1990	First Birthday	500	1990	295.00	350
1989	First Day Of School	500	1989	325.00	525
1988	Nanthy	500	1988	325.00	525

Store Exclusives - W. Lawton

YEAR ISSUE		EDITION LIMIT	YEAR RETD.	ISSUE PRICE	QUOTE U.S.$
1993	Brita/Tea Party (Toy Village, Lansing, MI)	100	1993	395.00	395
1990	Garden Song Marta (Toy Village, Lansing, MI)	250	1990	335.00	335
1993	A Goofy Little Kid (Disney World, Lake Buena Vista, FL)	100	1993	395.00	395
1992	Karen (Disney World, Lake Buena Vista, FL)	50	1992	395.00	395
1993	Kellyn (Disneyland, Anaheim, CA)	50	1993	395.00	395
1990	Liberty Square (Disney World, Lake Buena Vista, FL)	250	1990	350.00	395
1990	Little Colonel (Dolly Dears, Birmingham, AL)	250	1990	395.00	395
1989	Main Street, USA (Disney World, Lake Buena Vista, FL)	250	1989	350.00	350
1994	Melissa and her Mickey (Disney World, Lake Buena Vista, FL)	100	1994	495.00	495
1994	Morgan (Toy Village, Lansing MI)	100	1994	425.00	425
1991	Tish (Disney World, Lake Buena Vista, FL)	250	1991	395.00	395

Sugar 'n' Spice - W. Lawton

YEAR ISSUE		EDITION LIMIT	YEAR RETD.	ISSUE PRICE	QUOTE U.S.$
1987	Ginger	454	1987	275.00	395-550
1986	Jason	27	1986	250.00	800-1700
1986	Jessica	30	1986	250.00	800-1700
1986	Kersten	103	1986	250.00	550-800
1986	Kimberly	87	1986	250.00	550-800
1987	Marie	208	1987	275.00	450

Timeless Ballads® - W. Lawton

YEAR ISSUE		EDITION LIMIT	YEAR RETD.	ISSUE PRICE	QUOTE U.S.$
1987	Annabel Lee	250	1987	550.00	600-695
1987	Highland Mary	250	1987	550.00	600-875
1988	She Walks In Beauty	250	1988	550.00	600-800
1987	Young Charlotte	250	1987	550.00	850-900

Treasured Tales - W. Lawton

YEAR ISSUE		EDITION LIMIT	YEAR RETD.	ISSUE PRICE	QUOTE U.S.$
1994	The Dreamer	500	1994	395.00	395

Wee Bits - W. Lawton

YEAR ISSUE		EDITION LIMIT	YEAR RETD.	ISSUE PRICE	QUOTE U.S.$
1989	Wee Bit O'Bliss	250	1989	295.00	350
1988	Wee Bit O'Heaven	250	1988	295.00	350
1988	Wee Bit O'Sunshine	250	1988	295.00	350
1988	Wee Bit O'Woe	250	1988	295.00	350
1989	Wee Bit O'Wonder	250	1989	295.00	350

Lenox Collections

Bolshoi Nutcracker Dolls - Unknown

YEAR ISSUE		EDITION LIMIT	YEAR RETD.	ISSUE PRICE	QUOTE U.S.$
1991	Clara	Open		195.00	195

Children of the World - Unknown

YEAR ISSUE		EDITION LIMIT	YEAR RETD.	ISSUE PRICE	QUOTE U.S.$
1991	Amma-The African Girl	Open		119.00	119
1992	Gretchen, German Doll	Open		119.00	119
1989	Hannah, The Little Dutch Maiden	Open		119.00	119
1990	Heather, Little Highlander	Open		119.00	119
1991	Sakura-The Japanese Girl	Open		119.00	119

Children With Toys Dolls - Unknown

YEAR ISSUE		EDITION LIMIT	YEAR RETD.	ISSUE PRICE	QUOTE U.S.$
1991	Tea For Teddy	Open		136.00	136

China Dolls - Cloth Bodies - J. Grammer

YEAR ISSUE		EDITION LIMIT	YEAR RETD.	ISSUE PRICE	QUOTE U.S.$
1985	Amy, 14"	Closed	1990	250.00	N/A
1985	Annabelle, 14"	Closed	1990	250.00	N/A
1985	Elizabeth, 14"	Closed	1990	250.00	N/A
1985	Jennifer, 14"	Closed	1990	250.00	N/A
1985	Miranda, 14"	Closed	1990	250.00	N/A
1985	Sarah, 14"	Closed	1990	250.00	N/A

Country Decor Dolls - Unknown

YEAR ISSUE		EDITION LIMIT	YEAR RETD.	ISSUE PRICE	QUOTE U.S.$
1991	Molly	Open	1994	150.00	150

Ellis Island Dolls - P. Thompson

YEAR ISSUE		EDITION LIMIT	YEAR RETD.	ISSUE PRICE	QUOTE U.S.$
1992	Angelina	Closed	1994	150.00	150
1992	Anna	Closed	1994	152.00	152
1992	Catherine	Closed	1994	152.00	152
1991	Megan	Closed	1994	150.00	150
1991	Stefan	Closed	1994	150.00	150

First Collector Doll - Unknown

YEAR ISSUE		EDITION LIMIT	YEAR RETD.	ISSUE PRICE	QUOTE U.S.$
1992	Lauren	Open		152.00	152

Inspirational Doll - Unknown

YEAR ISSUE		EDITION LIMIT	YEAR RETD.	ISSUE PRICE	QUOTE U.S.$
1992	Blessed Are The Peacemakers	Open		119.00	119

International Baby Doll - Unknown

YEAR ISSUE		EDITION LIMIT	YEAR RETD.	ISSUE PRICE	QUOTE U.S.$
1992	Natalia, Russian Baby	Open		119.00	119

Lenox China Dolls - J. Grammer

YEAR ISSUE		EDITION LIMIT	YEAR RETD.	ISSUE PRICE	QUOTE U.S.$
1984	Abigail, 20"	Closed	1990	425.00	N/A
1984	Amanda, 16"	Closed	1990	385.00	N/A
1984	Jessica, 20"	Closed	1990	450.00	N/A
1984	Maggie, 16"	Closed	1990	375.00	N/A
1984	Maryanne, 20"	Closed	1990	425.00	N/A
1984	Melissa, 16"	Closed	1990	450.00	N/A
1984	Rebecca, 16"	Closed	1990	375.00	N/A
1984	Samantha, 16"	Closed	1990	500.00	N/A

Lenox Victorian Dolls - Unknown

YEAR ISSUE		EDITION LIMIT	YEAR RETD.	ISSUE PRICE	QUOTE U.S.$
1990	Christmas Doll, Elizabeth	Open		195.00	195
1992	Lady at Gala	Open		295.00	295
1989	The Victorian Bride	Open		295.00	295
1991	Victorian Christening Doll	Open		295.00	295

Little Women - Unknown

YEAR ISSUE		EDITION LIMIT	YEAR RETD.	ISSUE PRICE	QUOTE U.S.$
1992	Amy, The Inspiring Artist	Open		152.00	152

Musical Baby Dolls - Unknown

YEAR ISSUE		EDITION LIMIT	YEAR RETD.	ISSUE PRICE	QUOTE U.S.$
1991	Patrick's Lullabye	Open		95.00	95

Nutcracker Dolls - Unknown

YEAR ISSUE		EDITION LIMIT	YEAR RETD.	ISSUE PRICE	QUOTE U.S.$
1993	Nutcracker	Open		195.00	195
1992	Sugarplum	Open		195.00	195

Prima Ballerina Collection - Unknown

YEAR ISSUE		EDITION LIMIT	YEAR RETD.	ISSUE PRICE	QUOTE U.S.$
1992	Odette, Queen of the Swans	Closed	1992	195.00	195

Sibling Dolls - A. Lester

YEAR ISSUE		EDITION LIMIT	YEAR RETD.	ISSUE PRICE	QUOTE U.S.$
1991	Skating Lesson	Open		195.00	195

Mattel

35th Anniversary Dolls by Mattel - Mattel

YEAR ISSUE		EDITION LIMIT	YEAR RETD.	ISSUE PRICE	QUOTE U.S.$
1994	Blonde	Retrd.	N/A	39.99	45-70
1994	Brunette	Retrd.	N/A	39.99	75-125
1994	Gift Pack	Retrd.	N/A	79.97	150-250

Annual Holiday (white) Barbie Dolls - Mattel

YEAR ISSUE		EDITION LIMIT	YEAR RETD.	ISSUE PRICE	QUOTE U.S.$
1988	Holiday Barbie	Retrd.	N/A	24.95	600-800

Year Issue		Edition Limit	Year Retd.	Issue Price	Quote U.S.$
1989	Holiday Barbie	Retrd.	N/A	N/A	250
1990	Holiday Barbie	Retrd.	N/A	N/A	150-225
1991	Holiday Barbie	Retrd.	N/A	N/A	200
1992	Holiday Barbie	Retrd.	N/A	N/A	100-200
1993	Holiday Barbie	Retrd.	N/A	N/A	100-150
1994	Holiday Barbie	Retrd.	N/A	44.95	150-225

Bob Mackie Barbie Dolls - B. Mackie

Year Issue		Edition Limit	Year Retd.	Issue Price	Quote U.S.$
1992	Empress Bride Barbie 4247	Retrd.	N/A	232.00	600-850
1990	Gold Barbie 5405	Retrd.	N/A	144.00	600-850
1993	Masquerade	Retrd.	N/A	N/A	300-450
1992	Neptune Fantasy Barbie 4248	Retrd.	N/A	160.00	650-850
1991	Platinum Barbie 2703	Retrd.	N/A	153.00	500-800
1991	Starlight Splendor Barbie 2704	Retrd.	N/A	135.00	550-750

Golden Jubilee - C. Spencer

Year Issue		Edition Limit	Year Retd.	Issue Price	Quote U.S.$
1994	Golden Jubliee	Retrd.	N/A	325.00	1200-1800

Nostalgic Porcelain Barbie Dolls - Mattel

Year Issue		Edition Limit	Year Retd.	Issue Price	Quote U.S.$
1990	Solo in the Spotlight 7613	Retrd.	N/A	198.00	250-300
1990	Sophisticated Lady 5313	Retrd.	N/A	198.00	200-300
1989	Wedding Day Barbie 2641	Retrd.	N/A	198.00	500-800

The Winter Princess Collection - Mattel

Year Issue		Edition Limit	Year Retd.	Issue Price	Quote U.S.$
1994	Evergreen Princess	Retrd.	N/A	59.95	150
1993	Winter Princess	Retrd.	N/A	59.95	350-550

Middleton Doll Company

Christmas Angel Collection - L. Middleton

Year Issue		Edition Limit	Year Retd.	Issue Price	Quote U.S.$
1987	Christmas Angel 1987	Retrd.	1987	130.00	400-500
1988	Christmas Angel 1988	Retrd.	1988	130.00	200-250
1989	Christmas Angel 1989	Retrd.	1991	150.00	190
1990	Christmas Angel 1990	Retrd.	1991	150.00	190
1991	Christmas Angel 1991	Retrd.	1992	180.00	200
1992	Christmas Angel 1992	5,000	1995	190.00	190
1993	Christmas Angel 1993-Girl	4,000		190.00	190
1993	Christmas Angel 1993 (set)	Retrd.	1993	390.00	500
1994	Christmas Angel 1994	5,000		190.00	190

First Moments Series - L. Middleton

Year Issue		Edition Limit	Year Retd.	Issue Price	Quote U.S.$
1984	First Moments (Sleeping)	Retrd.	1990	69.00	200
1992	First Moments Awake in Blue	Retrd.	1994	170.00	170
1992	First Moments Awake in Pink	Retrd.	1994	170.00	170
1986	First Moments Blue Eyes	Retrd.	1990	120.00	150
1987	First Moments Boy	Retrd.	1989	130.00	160
1986	First Moments Brown Eyes	Retrd.	1989	120.00	150
1987	First Moments Christening (Asleep)	Retrd.	1992	160.00	250
1987	First Moments Christening (Awake)	Retrd.	1992	160.00	180
1993	First Moments Heirloom	Retrd.	1995	190.00	190
1991	First Moments Sweetness	Retrd.	1995	180.00	180
1994	Sweetness-Newborn	Retrd.	1995	190.00	190

Limited Edition Vinyl - L. Middleton

Year Issue		Edition Limit	Year Retd.	Issue Price	Quote U.S.$
1993	Amanda Springtime	2,000	1994	180.00	180
1989	Angel Fancy	Retrd.	1992	120.00	150
1990	Angel Locks	Retrd.	1992	140.00	150
1991	Baby Grace	Retrd.	1991	190.00	250
1994	Beloved-Happy Birthday (Blue)	1,000		220.00	220
1994	Beloved-Happy Birthday (Pink)	1,000		220.00	220
1994	The Bride	1,000	1995	250.00	250
1991	Bubba Batboy	Retrd.	1994	190.00	190
1992	Cottontop Cherish	Retrd.	1994	180.00	180
1991	Dear One-Sunday Best	Retrd.	1994	140.00	140
1991	Devan Delightful	Retrd.	1994	170.00	170
1990	First Moments-Twin Boy	Retrd.	1991	180.00	180
1990	First Moments-Twin Girl	Retrd.	1991	180.00	180
1990	Forever Cherish	Retrd.	1991	170.00	200
1992	Gracie Mae (Blond Hair)	Retrd.	1995	250.00	250
1992	Gracie Mae (Brown Hair)	Retrd.	1994	250.00	250
1993	Gracie Mae (Red Velvet)	5,000	1993	250.00	250
1994	Joey-Newborn	1,000	1995	180.00	180
1991	Johanna	Retrd.	1994	190.00	200
1994	Johanna-Newborn	2,000		180.00	180
1985	Little Angel-King-2 (Hand Painted)	Retrd.	1985	40.00	200
1981	Little Angel-Kingdom (Hand Painted)	Retrd.	1981	40.00	300
1991	Missy- Buttercup	5,000	1994	160.00	180
1992	Molly Rose	5,000	1994	196.00	196
1991	My Lee Candy Cane	Retrd.	1994	170.00	170
1992	Serenity Berries & Bows	Retrd.	1993	250.00	250
1992	Sincerity Petals & Plums	Retrd.	1993	250.00	250
1991	Sincerity-Apples n' Spice	Retrd.	1993	250.00	250
1991	Sincerity-Apricots n' Cream	Retrd.	1993	250.00	250

Porcelain Collector Series - L. Middleton

Year Issue		Edition Limit	Year Retd.	Issue Price	Quote U.S.$
1992	Beloved & Bé Bé	Retrd.	1994	590.00	590
1993	Cherish - Lilac & Lace	Retrd.	1994	500.00	500
1992	Sencerity II Country Fair	Retrd.	1994	500.00	500

Porcelain Limited Edition Series - L. Middleton

Year Issue		Edition Limit	Year Retd.	Issue Price	Quote U.S.$
1990	Baby Grace	Retrd.	1990	500.00	500
1994	Blossom	250	1995	500.00	500
1994	Bride	Retrd.	1994	1390.00	1390
1988	Cherish-1st Edition	Retrd.	1988	350.00	500
1989	Devan	Retrd.	1991	500.00	500
1991	Johanna	Retrd.	1992	500.00	500
1991	Molly Rose	Retrd.	1991	500.00	500
1989	My Lee	Retrd.	1991	500.00	500
1988	Sincerity -1st Edition -Nettie/Simplicity	Retrd.	1988	330.00	350-600
1994	Tenderness-Petite Pierrot	Retrd.	1994	500.00	500

Vinyl Collectors Series - L. Middleton

Year Issue		Edition Limit	Year Retd.	Issue Price	Quote U.S.$
1987	Amanda - 1st Edition	Retrd.	1989	140.00	160
1985	Angel Face	Retrd.	1989	90.00	150
1994	Angel Kisses Boy	Open		98.00	98
1994	Angel Kisses Girl	Open		98.00	98
1992	Beth	Retrd.	1994	160.00	160
1986	Bubba Chubbs	Retrd.	1988	100.00	150-200
1988	Bubba Chubbs Railroader	Retrd.	1994	140.00	170
1988	Cherish	Retrd.	1992	160.00	250
1994	Country Boy	Open		118.00	118
1994	Country Boy (Dark Flesh)	Open		118.00	118
1994	Country Girl	Open		118.00	118
1994	Country Girl (Dark Flesh)	Open		118.00	118
1986	Dear One - 1st Edition	Retrd.	1988	90.00	250
1989	Devan	Retrd.	1991	170.00	170
1993	Echo	Open		180.00	180
1986	Little Angel - 3rd Edition	Retrd.	1992	90.00	110
1992	Little Angel Boy	Open		130.00	130
1992	Little Angel Girl	Open		130.00	130
1987	Missy	Retrd.	1991	100.00	120
1989	My Lee	Retrd.	1991	170.00	170
1992	Polly Esther	Retrd.	1994	160.00	160
1988	Sincerity - Limited 1st Ed. - Nettie/Simplicity	Retrd.	1989	160.00	200-250
1989	Sincerity-Schoolgirl	Retrd.	1992	180.00	200
1994	Town Boy	Open		118.00	118
1994	Town Boy (Dark Flesh)	Open		118.00	118
1994	Town Girl	Open		118.00	118
1994	Town Girl (Dark Flesh)	Open		118.00	118

Midwest of Cannon Falls

Folk Art Gallery Collection - S. Hale

Year Issue		Edition Limit	Year Retd.	Issue Price	Quote U.S.$
1994	Bewitching Belinda 11425-4	Closed	1994	40.00	40
1994	Gardening Girl 11426-1	Closed	1994	45.00	45
1994	Heartfelt Angel 11422-3	Closed	1994	37.00	37
1994	Heartfelt Angel 11423-0	Closed	1994	20.00	20
1994	Santa Gone Fishing 12029-3	Closed	1994	65.00	65
1994	Santa of Christmas Past 12057-6	Closed	1994	130.00	130
1994	Sitting Santa 11424-7	Closed	1994	30.00	30

Original Appalachian Artworks

Collectors Club Editions - X. Roberts

Year Issue		Edition Limit	Year Retd.	Issue Price	Quote U.S.$
1987	Baby Otis	Closed	1987	250.00	550
1989	Anna Ruby	Closed	1989	250.00	350-550
1990	Lee Ann	Closed	1990	250.00	350
1991	Richard Russell	Closed	1991	250.00	350-500
1992	Baby Dodd	Closed	1992	250.00	250-450
1993	Patti w/ Cabbage Bud Boutonnier	Closed	1993	280.00	280
1994	Mother Cabbage	Closed	1995	150.00	150

Cabbage Patch Kids - X. Roberts

Year Issue		Edition Limit	Year Retd.	Issue Price	Quote U.S.$
1982	Amy	Closed	1982	125.00	500-700
1983	Andre/Madeira	Closed	1982	250.00	1200
1982	Billie	Closed	1982	125.00	450-700
1982	Bobbie	Closed	1982	125.00	450-700
1984	Daddy's Darlins' Kitten	Closed	1984	300.00	400-500
1984	Daddy's Darlins' Princess	Closed	1984	300.00	400-500
1984	Daddy's Darlins' Pun'kin	Closed	1983	300.00	400-500
1984	Daddy's Darlins' Tootsie	Closed	1984	300.00	400-500
1984	Daddy's Darlins', set of 4	Closed	1984	1600.00	1000-2000
1982	Dorothy	Closed	1982	125.00	700
1982	Gilda	Closed	1982	125.00	700-2500
1994	Little People 27" (Boy)	Closed	1994	325.00	425-700
1993	Little People 27" (Girl)	Closed	1993	325.00	600-1000
1982	Marilyn	Closed	1982	125.00	700-800
1982	Otis	Closed	1982	125.00	700
1982	Rebecca	Closed	1982	125.00	700
1982	Sybil	Closed	1982	125.00	450-700
1989	Tiger's Eye-Mother's Day	Closed	1989	150.00	150-300
1988	Tiger's Eye-Valentine's Day	Closed	1984	150.00	150-300
1982	Tyler	Closed	1982	125.00	2000-3000
1993	Unicoi Edition	Closed	1993	210.00	210

Cabbage Patch Kids Circus Parade - X. Roberts

Year Issue		Edition Limit	Year Retd.	Issue Price	Quote U.S.$
1987	Big Top Clown-Baby Cakes	2,000	1987	180.00	200-400
1989	Happy Hobo-Bashful Billy	1,000	1989	180.00	350-450
1991	Mitzi	1,000	1991	220.00	220-250

Cabbage Patch Kids International - X. Roberts

Year Issue		Edition Limit	Year Retd.	Issue Price	Quote U.S.$
1983	American Indian/Pair	Closed	1983	300.00	1200
1984	Bavarian/Pair	Closed	1984	300.00	450-800
1983	Hispanic/Pair	Closed	1983	300.00	400
1983	Irish/Pair	Closed	1985	320.00	320
1983	Oriental/Pair	Closed	1983	300.00	1000

Christmas Collection - X. Roberts

Year Issue		Edition Limit	Year Retd.	Issue Price	Quote U.S.$
1979	X Christmas/Pair	Closed	1979	300.00	5500
1980	Christmas-Nicholas/Noel	Closed	1980	400.00	2600
1982	Christmas-Baby Rudy/Christy Nicole	Closed	1982	400.00	1600
1983	Christmas-Holly/Berry	Closed	1983	400.00	800
1984	Christmas-Carole/Chris	Closed	1984	400.00	600
1985	Christmas-Baby Sandy/Claude	Closed	1985	400.00	400
1986	Christmas-Hilliary/Nigel	Closed	1986	400.00	400
1987	Christmas-Katrina/Misha	Closed	1987	500.00	500
1988	Christmas-Kelly/Kane	Closed	1988	500.00	500
1989	Christmas-Joy	Closed	1989	250.00	600
1990	Christmas-Krystina	Closed	1990	250.00	250
1991	Christmas-Nick	Closed	1991	275.00	275
1992	Christmas-Christy Claus	Closed	1992	285.00	285
1993	Christmas-Rudolph	Closed	1993	275.00	275
1994	Christmas-Natalie	500	1994	275.00	275

Convention Baby - X. Roberts

Year Issue		Edition Limit	Year Retd.	Issue Price	Quote U.S.$
1989	Ashley	Closed	1989	150.00	500
1990	Bradley	Closed	1990	175.00	350-500
1991	Caroline	Closed	1991	200.00	300
1992	Duke	Closed	1992	225.00	300-400
1993	Ellen	Closed	1993	225.00	225
1994	Justin	Closed	1994	238.50	240-275

Happily Ever After - X. Roberts

Year Issue		Edition Limit	Year Retd.	Issue Price	Quote U.S.$
1993	Bride	Closed	1993	230.00	275
1993	Groom	Closed	1993	230.00	275

Little People - X. Roberts

Year Issue		Edition Limit	Year Retd.	Issue Price	Quote U.S.$
1978	"A" Blue	Closed	1978	125.00	5000-6000
1978	"B" Red	Closed	1978	100.00	3000-4200
1978	"C" Burgundy	Closed	1978	100.00	1500-1800
1979	"D" Purple	Closed	1979	100.00	800-1000
1979	"E" Bronze	Closed	1979	125.00	500-800
1982	"PE" New 'Ears Preemie	Closed	1982	140.00	300
1981	"PR II" Preemie	Closed	1981	130.00	250
1980	"SP" Preemie	Closed	1980	100.00	400-700
1982	"U" Unsigned	Closed	1982	125.00	300-400
1980	"U" Unsigned	Closed	1981	125.00	300-400
1980	Celebrity	Closed	1980	200.00	350-650
1980	Grand Edition	Closed	1986	1000.00	1000
1978	Helen Blue	Closed	1978	150.00	5500-6500
1981	New 'Ears	Closed	1981	125.00	125
1981	Standing Edition	Closed	1986	300.00	300-350

Princeton Gallery

Best Friend Dolls -Unknown

Year Issue		Edition Limit	Year Retd.	Issue Price	Quote U.S.$
1991	Sharing Secrets	Open		78.00	78

Childhood Songs Dolls - Unknown

Year Issue		Edition Limit	Year Retd.	Issue Price	Quote U.S.$
1991	It's Raining, It's Pouring	Open		78.00	78

Dress Up Dolls - Unknown

Year Issue		Edition Limit	Year Retd.	Issue Price	Quote U.S.$
1991	Grandma's Attic	Open		95.00	95

Fabrique Santa - Unknown

Year Issue		Edition Limit	Year Retd.	Issue Price	Quote U.S.$
1991	Christmas Dream	Open		76.00	76

Imaginary People - Unknown

Year Issue		Edition Limit	Year Retd.	Issue Price	Quote U.S.$
1992	Melinda, Tooth Fairy	Open		95.00	95

Little Ladies of Victorian England - Unknown

Year Issue		Edition Limit	Year Retd.	Issue Price	Quote U.S.$
1991	Abigail	Open		59.00	59
1993	Beverly	Open		58.50	59
1992	Caroline	Open		58.50	59
1992	Heather	Open		58.50	59
1991	Valerie	Open		58.50	59
1990	Victoria Anne	Open		59.00	59

Rock-N-Roll Dolls - Various

Year Issue		Edition Limit	Year Retd.	Issue Price	Quote U.S.$
1992	Chantilly Lace - M. Sirko	Open		95.00	95
1991	Cindy at the Hop - M. Sirko	Open		95.00	95
1993	Yellow Dot Bikini - Unknown	Open		95.00	95

Santa Doll - Unknown

Year Issue		Edition Limit	Year Retd.	Issue Price	Quote U.S.$
1991	Checking His List	Open		119.00	119

Terrible Twos Dolls - M. Sirko

Year Issue		Edition Limit	Year Retd.	Issue Price	Quote U.S.$
1991	One Man Band	Open		95.00	95

Reco International

Childhood Doll Collection - S. Kuck

Year Issue		Edition Limit	Year Retd.	Issue Price	Quote U.S.$
1994	A Kiss Goodnight	Open		79.00	79
1995	Reading With Teddy	Open		79.00	79
1994	Teaching Teddy His Prayers	Open		79.00	79

Children's Circus Doll Collection - J. McClelland

Year Issue		Edition Limit	Year Retd.	Issue Price	Quote U.S.$
1991	Johnny The Strongman	Yr.Iss.		83.00	83
1991	Katie The Tightrope Walker	Yr.Iss.		78.00	78
1992	Maggie The Animal Trainer	Yr.Iss.		83.00	83
1991	Tommy The Clown	Yr.Iss.		78.00	78

Precious Memories of Motherhood - S. Kuck

Year Issue		Edition Limit	Year Retd.	Issue Price	Quote U.S.$
1993	Bedtime	Retrd.	1994	149.00	149
1992	Expectant Moments	Retrd.	1993	149.00	149
1990	Loving Steps	Retrd.	1992	125.00	150-195
1991	Lullaby	Yr.Iss.		125.00	125

Roman, Inc.

Abbie Williams Collection - E. Williams

Year Issue		Edition Limit	Year Retd.	Issue Price	Quote U.S.$
1991	Molly	5,000		155.00	155

A Christmas Dream - E. Williams

Year Issue		Edition Limit	Year Retd.	Issue Price	Quote U.S.$
1990	Carole	5,000		125.00	125
1990	Chelsea	5,000		125.00	125

Classic Brides of the Century - E. Williams

YEAR ISSUE		EDITION LIMIT	YEAR RETD.	ISSUE PRICE	QUOTE U.S.$
1991	Flora-The 1900's Bride	Yr.Iss.		145.00	145
1992	Jennifer-The 1980's Bride	Yr.Iss.		149.00	149
1993	Kathleen-The 1930's Bride	Yr.Iss.		149.00	149

Ellen Williams Doll - E. Williams

YEAR ISSUE		EDITION LIMIT	YEAR RETD.	ISSUE PRICE	QUOTE U.S.$
1989	Noelle	5,000		125.00	125
1989	Rebecca 999	7,500		195.00	195

Tyrolean Treasures: Wood Body, Moveable Joint - Unknown

YEAR ISSUE		EDITION LIMIT	YEAR RETD.	ISSUE PRICE	QUOTE U.S.$
1990	Andrew	2,000		575.00	575
1990	Ann	2,000		650.00	650
1990	David	2,000		650.00	650
1990	Ellan	2,000		575.00	575
1990	Erika	2,000		575.00	575
1990	Karin	2,000		650.00	650
1990	Lisa	2,000		650.00	650
1990	Marisa	2,000		575.00	575
1990	Matthew	2,000		575.00	575
1990	Melissa	2,000		650.00	650
1990	Monica	2,000		650.00	650
1990	Nadia	2,000		650.00	650
1990	Sarah	2,000		575.00	575
1990	Susie	2,000		650.00	650
1990	Tina	2,000		650.00	650
1990	Verena	2,000		650.00	650

Sarah's Attic, Inc.

Heirlooms from the Attic - Sarah's Attic

YEAR ISSUE		EDITION LIMIT	YEAR RETD.	ISSUE PRICE	QUOTE U.S.$
1991	Adora 1823	Closed	1991	90.00	200
1988	Albert Doll 1194	Closed	1988	20.00	20
1991	All Cloth Muffin Black Doll 1820	Closed	1991	90.00	200
1991	All Cloth Opie White Doll 1818	Closed	1991	90.00	90
1991	All Cloth Polly White Doll 1819	Closed	1991	90.00	90
1991	All Cloth Puffin Black Doll 1821	Closed	1991	90.00	200
1986	Amie Amish Doll 0002	Closed	1986	40.00	40
1992	Angelle Guardian Angel 3569	Closed	1993	170.00	170
1988	Ashlee Doll 1193	Closed	1988	20.00	20
1995	Baby Doll 4341	150		300.00	300
1989	Becky Doll 1461	Closed	1991	120.00	120
1987	Benji Bear 0089	Closed	1987	25.00	25
1986	Betsy Boo Doll 0005	Closed	1986	40.00	40
1990	Betty Bear-Christmas 1815	Closed	1992	160.00	160
1992	Betty Bear-Springtime 1826	Closed	1992	160.00	160
1990	Betty Bear-Sunday's Best 1772	Closed	1992	160.00	160
1989	Beverly Jane-Black Dress 1496	Closed	1992	160.00	160
1989	Beverly Jane-Green Dress 1693	Closed	1992	160.00	160
1989	Beverly Jane-Red Dress 1694	Closed	1992	160.00	160
1989	Beverly Jane-Sunday's Best 1666	Closed	1992	160.00	160
1986	Billy Bear 0004	Closed	1986	80.00	80
1989	Bobby Doll 1462	Closed	1991	120.00	120
1986	Brownie Bear 0001	Closed	1988	36.00	36
1986	Buffy Bear 0003	Closed	1986	80.00	80
1986	Charity White Angel 0008	Closed	1986	34.00	34
1988	Country Girl Doll 1190	Closed	1988	26.00	26
1986	Cupcake Doll 0039B	Closed	1986	32.00	32
1988	Daisy Doll 1195	Closed	1988	20.00	20
1988	David Doll 1196	Closed	1988	20.00	20
1992	Edie-Country 1834	Closed	1993	170.00	170
1992	Edie-Playtime 1835	Closed	1993	170.00	170
1992	Edie-Victorian 1833	Closed	1993	170.00	170
1992	Emily-Country 1830	Closed	1993	250.00	250
1992	Emily-Victorian 1829	Closed	1993	250.00	250
1992	Emma-Country 1837	Closed	1993	160.00	160
1992	Emma-Playtime 1838	Closed	1993	160.00	160
1992	Emma-Victorian 1836	Closed	1993	160.00	160
1991	Enos 1822	Closed	1991	90.00	200
1989	Freedom-Americana Clown 1472	Closed	1992	120.00	120
1989	Glory Angel 1471	Closed	1991	50.00	55
1993	Granny Quilting Lady Doll 3576	Closed	1993	130.00	130
1989	Harmony-Victorian Clown 1464	Closed	1992	120.00	120
1992	Harpster w/Banjo 3591	Closed	1992	250.00	250
1990	Hickory-Americana 1771	Closed	1993	150.00	150-175
1990	Hickory-Beachtime 1769	Closed	1993	140.00	150-175
1991	Hickory-Christmas 1810	Closed	1993	150.00	150-175
1990	Hickory-Playtime 1768	Closed	1993	140.00	175
1990	Hickory-School Days 1766	Closed	1993	140.00	175
1991	Hickory-Springtime 1814	Closed	1993	150.00	195
1990	Hickory-Sunday's Best 1770	Closed	1993	150.00	195
1990	Hickory-Sweet Dreams 1767	Closed	1993	140.00	175
1992	Hilary-Country 1832	Closed	1993	200.00	200
1992	Hilary-Victorian 1831	Closed	1993	200.00	200
1989	Holly Angel 1460	Closed	1991	50.00	55
1986	Holly Black Angel 0410	Closed	1986	34.00	34
1989	Hope Angel 1466	Closed	1991	50.00	55
1986	Hope Black Angel 0007	Closed	1986	34.00	34
1993	Jack Boy Doll 3893	500		130.00	130
1986	Jennie White Angel Doll 0074	Closed	1986	52.00	52
1986	Jennie White Doll 0006	Closed	1986	44.00	44
1989	Joy Angel 1459	Closed	1991	50.00	55
1986	Judith Ann Black Doll 0010	Closed	1986	34.00	34
1986	Katie Doll 0039F	Closed	1986	32.00	32
1992	Kiah Guardian Angel 3570	Closed	1993	170.00	170
1995	Labor of Love Black Doll 4338	150		300.00	300
1995	Labor of Love White Doll 4339	150		300.00	300
1987	Leroy Black Rag Doll 0105	Closed	1987	54.00	54
1989	Liberty Angel 1470	Closed	1991	50.00	55
1993	Lilla Quilting Lady Doll 3581	Closed	1993	130.00	130
1988	Lily-Black Doll 2221	Closed	1988	90.00	90
1986	Louisa May Black Cloth Doll 0018	Closed	1986	120.00	120
1987	Lucy Black Rag Doll 0106	Closed	1987	54.00	54
1986	Maggie Cloth Doll 0012	Closed	1989	70.00	120
1986	Maggie Cloth Doll 0039 D	Closed	1986	32.00	32
1986	Matt Cloth Doll 0011	Closed	1989	70.00	120
1986	Matt Cloth Doll 0039 C	Closed	1986	32.00	32
1988	Maybelle Cloth Bunny 1105	Closed	1988	46.00	46
1989	Megan Doll 1752	Closed	1990	70.00	70
1988	Melville Cloth Bunny 1104	Closed	1988	46.00	46
1988	Michael Doll 4015	Closed	1988	44.00	44
1993	Millie Quilting Lady Doll 3586	Closed	1993	130.00	130
1987	Molly Doll 2053	Closed	1988	44.00	44
1988	Mrs. Claus Doll 6284	Closed	1989	120.00	120
1986	Nellie Doll 0039H	Closed	1986	32.00	32
1989	Noel-Christmas Clown 1469	Closed	1992	120.00	120
1995	Olivia Doll 4340	150		300.00	300
1987	Patches White Rag Doll 0110	Closed	1987	54.00	54
1989	Peace Angel 1465	Closed	1991	50.00	55
1992	Peace on Earth Santa 3564	Closed	1992	175.00	350
1986	Peter Doll 0031	Closed	1989	140.00	140
1987	Polly White Rag Doll 0111	Closed	1987	54.00	54
1986	Priscilla Doll 0030	Closed	1989	140.00	300
1987	Roxie Rabbit Doll 0084	Closed	1988	32.00	32
1986	Sadie Black Doll 0014	Closed	1986	90.00	90
1993	Sally Booba Doll 3890	500		130.00	130
1988	Santa Claus Doll 6337	Closed	1989	120.00	120
1990	Sassafras-Americana 1685	Closed	1993	150.00	175
1990	Sassafras-Beachtime 1683	Closed	1993	140.00	175
1991	Sassafras-Christmas 1809	Closed	1993	150.00	150-175
1990	Sassafras-Playtime 1682	Closed	1993	140.00	175
1989	Sassafras-School Days 1680	Closed	1993	140.00	175
1991	Sassafras-Springtime 1813	Closed	1993	150.00	195
1990	Sassafras-Sunday's Best 1684	Closed	1993	150.00	175
1990	Sassafras-Sweet Dreams 1681	Closed	1993	140.00	195
1989	Scott Doll 1753	Closed	1990	70.00	70
1988	Smiley Clown Doll 3050	Closed	1988	126.00	126
1986	Spike Doll 0039G	Closed	1986	32.00	32
1989	Spirit of America Santa 1476	Closed	1993	150.00	200
1994	Star Black Angel 4107	500		120.00	120
1987	Sunshine Doll 3003	Closed	1988	118.00	118
1990	Teddy Bear-Americana 1775	Closed	1992	160.00	175
1990	Teddy Bear-Christmas 1816	Closed	1992	160.00	160
1990	Teddy Bear-School Days 1774	Closed	1992	160.00	160
1992	Teddy Bear-Springtime 1827	Closed	1992	160.00	160
1990	Teddy Bear-Sunday's Best 1773	Closed	1992	160.00	175
1987	Tess Rag Doll 0083	Closed	1987	140.00	140
1986	Tillie Doll 0039J	Closed	1986	32.00	32
1995	Tillie Doll 4337	150		300.00	300
1987	Tillie Rag Doll 0344	Closed	1987	32.00	32
1994	Tillie-Clown 9601	1,000		120.00	120
1986	Trapp the Cat Doll 0740	Closed	1986	36.00	36
1986	Twinkie Doll 0039A	Closed	1986	32.00	32
1994	Twinkle-White Angel 4108	500		120.00	120
1989	Victor Doll 1468	Closed	1990	120.00	120
1989	Victoria Doll 1467	Closed	1990	120.00	120
1988	Victorian Boy Doll 1192	Closed	1988	24.00	24
1988	Victorian Girl Doll 1191	Closed	1988	24.00	24
1986	Whimpy Doll 0039E	Closed	1986	32.00	32
1992	Whoopie 3597	Closed	1992	200.00	200
1986	Willie Doll 0039I	Closed	1986	32.00	32
1995	Willie Doll 433	150		300.00	300
1987	Willie Rag Doll 0343	Closed	1987	32.00	32
1994	Willie-Clown Doll 9601	1,000		120.00	120
1992	Wooster 3602	Closed	1992	160.00	160

Seymour Mann, Inc.

Connossieur Doll Collection - E. Mann

YEAR ISSUE		EDITION LIMIT	YEAR RETD.	ISSUE PRICE	QUOTE U.S.$
1991	Abby 16" Pink Dress-C3145	Closed	1993	100.00	100
1995	Abby C-3229	2,500		30.00	30
1994	Abby YK-4533	3,500		135.00	135
1991	Abigail-EP-3	Closed	1993	100.00	100
1991	Abigal-WB-72WM	Closed	1993	75.00	75
1994	Adak PS-412	2,500		150.00	150
1993	Adrienne C-3162	Closed	1994	135.00	135
1995	Aggie PS-435	2,500		80.00	80
1991	Alexis 24" Beige Lace-EP32	Closed	1993	220.00	220
1994	Alice GU-32	2,500		150.00	150
1994	Alice IND-508	2,500		115.00	115
1992	Alice-JNC-4013	Open	1993	90.00	90
1995	Alicia C-3235	2,500		65.00	65
1991	Alicia-YK-4215	Closed	1993	90.00	90
1995	Allison CD-18183	2,500		35.00	35
1995	Allison TR-92	2,500		125.00	125
1994	Ally FH-556	2,500		115.00	115
1994	Alyssa C-3201	2,500		110.00	110
1994	Alyssa PP-1	2,500		275.00	275
1991	Amanda Toast-OM-182	Closed	1993	260.00	260
1995	Amanda TR-96	2,500		135.00	135
1989	Amber-DOM-281A	Closed	1993	85.00	85
1991	Amelia-TR-47	Closed	1993	105.00	105
1995	Amy GU-300A	2,500		30.00	30
1994	Amy OC-43M	2,500		115.00	115
1991	Amy-C-3147	Closed	1993	135.00	135
1992	Amy-OM-06	2,500	1993	150.00	150
1990	Anabelle-C-3080	Closed	1992	85.00	85
1995	Angel FH-291DP	2,500		70.00	70
1994	Angel LL-956	2,500		90.00	90
1994	Angel SP-460	2,500		140.00	140
1990	Angel-DOM-335	Closed	1992	105.00	105
1995	Angela Doll 556	2,500		35.00	35
1995	Angela FH-511	2,500		85.00	85
1995	Angela OM-87	2,500		150.00	150
1990	Angela-C-3084	Closed	1992	105.00	105
1990	Angela-C-3084M	Closed	1992	115.00	115
1995	Angelica FH-291B	2,500		70.00	70
1994	Angelica FH-291E	2,500		85.00	85
1995	Angelica FH-511B	2,500		85.00	85
1994	Angelina FH-291S	2,500		85.00	85
1995	Angelina FH-291S	2,500		70.00	70
1995	Angeline FH-291WG	2,500		75.00	75
1994	Angeline FH-291WG	2,500		85.00	85
1995	Angeline OM-84	2,500		100.00	100
1995	Angelique	2,500		150.00	150
1994	Angelita FH-291G	2,500		85.00	85
1995	Angelita FH-291G	2,500		70.00	70
1994	Angelo OC-57	2,500		135.00	135
1990	Anita-FH-277G	Closed	1992	65.00	65
1991	Ann-TR-52	Closed	1993	135.00	135
1995	Anna Doll 550	2,500		60.00	60
1995	Annette FH-635	2,500		110.00	110
1991	Annette-TR-59	Closed	1993	130.00	130
1991	Annie-YK-4214	Closed	1993	145.00	145
1991	Antoinette-FH-452	Closed	1993	100.00	100
1993	Antonia OM-227	2,500	1993	350.00	350
1994	Antonia OM-42	2,500		150.00	150
1995	April CD-2212B	2,500		50.00	50
1991	Arabella-C-3163	Closed	1993	135.00	135
1991	Ariel 34" Blue/White-EP-33	Closed	1993	175.00	175
1995	Ariel OM-81	2,500		185.00	185
1994	Arilene LL-940	2,500	1994	90.00	90
1993	Arlene SP-421	Closed	1993	100.00	100
1995	Ashley OC-76	2,500		40.00	40
1995	Ashley PS-433	2,500		110.00	110
1988	Ashley-C-278	Closed	1990	80.00	80
1989	Ashley-C-278	Closed	1993	80.00	80
1990	Ashley-FH-325	Closed	1993	75.00	75
1994	Atanak PS-414	2,500	1994	150.00	150
1991	Audrey-FH-455	2,500	1993	125.00	125
1990	Audrey-YK-4089	Closed	1992	125.00	125
1987	Audrina-YK-200	Closed	1986	85.00	140
1991	Aurora Gold 22"-OM-181	2,500	1993	260.00	260
1991	Azure-AM-15	2,500	1993	175.00	175
1994	Baby Belle C-3193	2,500	1994	150.00	150
1991	Baby Beth-DOLL-406P	2,500	1993	27.50	28
1995	Baby Betsy Doll 336	2,500		75.00	75
1990	Baby Betty-YK-4087	Closed	1991	125.00	125
1991	Baby Bonnie w/Walker Music-DOLL-409	2,500	1993	40.00	40
1990	Baby Bonnie-SP-341	Closed	1991	55.00	55
1991	Baby Bonnie-SP-341	Closed	1993	55.00	55
1990	Baby Brent-EP-15	Closed	1991	85.00	85
1991	Baby Brent-EP-15	Closed	1993	85.00	85
1991	Baby Carrie-DOLL-402P	2,500	1993	27.50	28
1990	Baby Ecru-WB-17	Closed	1991	65.00	65
1991	Baby Ecru-WB-17	Closed	1993	65.00	65
1991	Baby Ellie Ecru Musical-DOLL-402E	2,500	1993	27.50	28
1991	Baby Gloria Black Baby-PS-289	Closed	1993	75.00	75
1991	Baby John-PS-49B	Closed	1993	85.00	85
1989	Baby John-PS-49B	Closed	1991	85.00	85
1990	Baby Kate-WB-19	Closed	1991	85.00	85
1991	Baby Linda-DOLL-406E	2,500	1993	27.50	28
1990	Baby Nelly-PS-163	Closed	1991	95.00	95
1994	Baby Scarlet C-3194	2,500	1994	115.00	115
1990	Baby Sue-DOLL-402B	Closed	1992	27.50	28
1991	Baby Sue-DOLL-402B	2,500	1993	27.50	28
1990	Baby Sunshine-C-3055	Closed	1992	90.00	90
1995	Barbara PS-439	2,500		65.00	65
1995	Beige Angel FH-291E	2,500		70.00	70
1991	Belinda-C-3164	Closed	1993	150.00	150
1991	Bernetta-EP-40	Closed	1993	115.00	115
1995	Beth OC-74	2,500		40.00	40
1992	Beth-OM-05	Closed	1993	135.00	135
1990	Beth-YK-4099A/B	Closed	1992	125.00	125
1995	Betsy C-3224	2,500		45.00	45
1995	Betsy OM-89B	2,500		125.00	125
1995	Betsy RDK-230	2,500		35.00	35
1991	Betsy-AM-6	Closed	1993	105.00	105
1992	Bette-OM-01	2,500	1993	115.00	115
1990	Bettina-TR-4	Closed	1991	125.00	125
1991	Bettina-YK-4144	Closed	1993	105.00	105
1995	Betty LL-996	2,500		115.00	115
1989	Betty-PS27G	Closed	1993	65.00	125
1990	Beverly-DOLL-335	Closed	1992	110.00	110
1995	Bianca CD-1450C	2,500		35.00	35
1990	Billie-YK-4056V	Closed	1992	65.00	65
1993	Blaine C-3167	Closed	1993	100.00	100
1991	Blaine-TR-61	Closed	1993	115.00	115
1994	Blair YK-4532	3,500	1994	150.00	150
1991	Blythe-CH-15V	Closed	1993	135.00	135
1991	Bo-Peep w/Lamb-C-3128	Closed	1993	105.00	105
1994	Bobbi NM-30	2,500	1994	135.00	135
1994	Brandy YK-4537	3,500	1994	165.00	165
1995	Brenda Doll 551	2,500		60.00	60
1989	Brett-PS27B	Closed	1992	65.00	125
1995	Brianna GU-300B	2,500		30.00	30
1991	Bridget-SP-379	2,500	1993	105.00	105
1995	Brie C-3230	2,500		30.00	30
1995	Brie CD-16310C	2,500		30.00	30
1995	Brie OM-89W	2,500		125.00	125
1995	Britt OC-77	2,500		40.00	40
1995	Brittany Doll 558	2,500		35.00	35
1989	Brittany-TK-4	Closed	1990	150.00	150
1988	Brittany-TK-5	Closed	1990	120.00	120
1994	Bronwyn IND-517	2,500	1994	140.00	140
1991	Brooke-FH-461	2,500	1993	115.00	115

Seymour Mann, Inc.
to Seymour Mann, Inc.

DOLLS

YEAR ISSUE		EDITION LIMIT	YEAR RETD.	ISSUE PRICE	QUOTE U.S.$
1995	Bryna Doll 555	2,500		35.00	35
1991	Bryna-AM-100B	2,500	1993	70.00	70
1995	Bunny TR-97	2,500		85.00	85
1995	Burgundy Angel FH-291D	2,500		75.00	75
1994	Cactus Flower Indian LL-944	2,500	1994	105.00	105
1990	Caillin-DOLL-11PH	Closed	1992	60.00	60
1995	Caitlin LL-997	2,500		115.00	115
1990	Caitlin-YK-4051V	Closed	1992	90.00	90
1994	Callie TR-76	2,500	1994	140.00	140
1994	Calypso LL-942	2,500	1994	150.00	150
1991	Camellia-FH-457	2,500	1993	100.00	100
1986	Camelot Fairy-C-84	Closed	1988	75.00	225
1993	Camille OM-230	2,500	1994	250.00	250
1995	Candice TR-94	2,500		135.00	135
1995	Carmel TR-93	2,500		125.00	125
1994	Carmen PS-408	2,500	1994	150.00	150
1990	Carole-YK-4085W	Closed	1992	125.00	125
1991	Caroline-LL-838	2,500	1993	110.00	110
1991	Caroline-LL-905	2,500	1993	110.00	110
1995	Carolotta OM-80	2,500		175.00	175
1995	Carrie C-3231	2,500		30.00	30
1994	Casey C-3197	2,500		140.00	140
1995	Catherine RDK-231	2,500		30.00	30
1994	Cathy GU-41	2,500	1994	140.00	140
1995	Cecily Doll 552	2,500		60.00	60
1995	Celene FH-618	2,500		120.00	120
1995	Celestine LL-982	2,500		100.00	100
1990	Charlene-YK-4112	Closed	1992	90.00	90
1992	Charlotte-FH-484	2,500	1993	115.00	115
1995	Chelsea Doll 560	2,500		35.00	35
1992	Chelsea-IND-397	Open	1993	85.00	85
1995	Cherry FH-616	2,500		100.00	100
1991	Cheryl-TR-49	2,500	1993	120.00	120
1991	Chin Chin-YK-4211	Closed	1993	85.00	85
1990	Chin Fa-C-3061	Closed	1992	95.00	95
1990	Chinook-WB-24	Closed	1992	85.00	85
1994	Chris FH-561	2,500	1994	85.00	85
1994	Chrissie FH-562	2,500	1994	85.00	85
1990	Chrissie-WB-2	Closed	1992	75.00	75
1991	Christina-PS-261	Closed	1993	115.00	115
1985	Christmas Cheer-125	Closed	1988	40.00	100
1995	Christmas Kitten IND-530	2,500		100.00	100
1991	Cindy Lou-FH-464	2,500	1993	85.00	85
1994	Cindy OC-58	2,500	1994	140.00	140
1993	Cinnamon JNC-4014	Closed	1993	90.00	90
1988	Cissie-DOM263	Closed	1990	65.00	135
1991	Cissy-EP-56	2,500	1993	95.00	95
1995	Clancy GU-54	2,500		80.00	80
1994	Clara IND-518	2,500	1994	140.00	140
1994	Clara IND-524	2,500	1994	150.00	150
1993	Clare FH-497	2,500	1993	100.00	100
1991	Clare-DOLL-465	Open	1993	100.00	100
1994	Claudette TR-81	2,500		150.00	150
1991	Claudine-C-3146	Closed	1993	95.00	95
1993	Clothilde FH-469	2,500	1993	125.00	125
1995	Cody FH-629	2,500		120.00	120
1991	Colette-WB-7	Closed	1993	65.00	65
1991	Colleen-YK-4163	Closed	1993	120.00	120
1991	Cookie-GU-6	2,500	1993	110.00	110
1994	Copper YK-4546C	3,500		150.00	150
1994	Cora FH-565	2,500		140.00	140
1992	Cordelia-OM-009	2,500	1993	250.00	250
1992	Cordelia-OM-09	2,500	1993	250.00	250
1994	Cory FH-564	2,500	1994	115.00	115
1991	Courtney-LL-859	2,500	1993	150.00	150
1991	Creole-AM-17	2,500	1993	160.00	160
1989	Crying Courtney-PS-75	Closed	1992	115.00	115
1988	Crying Courtney-PS75	Closed	1990	115.00	115
1991	Crystal-YK-4237	3,500	1993	125.00	125
1995	Cynthia GU-300C	2,500		30.00	30
1988	Cynthia-DOM-211	3,500	1990	85.00	85
1987	Cynthia-DOM-211	Closed	1986	85.00	85
1990	Daisy-EP-6	Closed	1992	90.00	90
1994	Dallas PS-403	2,500	1994	150.00	150
1995	Danielle MER-808	2,500		65.00	65
1995	Danielle PS-432	2,500		100.00	100
1991	Danielle-AM-5	Closed	1993	125.00	125
1990	Daphne Ecru-C-3025	Closed	1992	85.00	85
1989	Daphne Ecru/Mint Green-C3025	Closed	1990	85.00	85
1995	Darcy FH-636	2,500		80.00	80
1995	Darcy LL-986	2,500		110.00	110
1991	Darcy-EP-47	Closed	1993	110.00	110
1991	Darcy-FH-451	2,500	1993	105.00	105
1991	Daria-C-3122	Closed	1993	110.00	110
1995	Darla LL-988	2,500		100.00	100
1991	Darlene-DOLL-444	2,500	1993	75.00	75
1994	Daryl LL-947	2,500		150.00	150
1991	Dawn-C-3135	Closed	1993	130.00	130
1987	Dawn-C185	Closed	1986	75.00	175
1992	Debbie-JNC-4006	Open	1993	90.00	90
1994	Dee LL-948	2,500	1994	110.00	110
1992	Deidre-FH-473	2,500	1993	115.00	115
1992	Deidre-YK-4083	Closed	1993	95.00	95
1994	Delilah C-3195	2,500	1994	150.00	150
1995	Denise LL-994	2,500		105.00	105
1991	Denise-LL-852	2,500	1993	105.00	105
1991	Dephine-SP-308	Closed	1993	135.00	135
1991	Desiree-LL-898	2,500	1993	120.00	120
1995	Diana RDK-221A	2,500		35.00	35
1995	Diane PS-444	2,500		110.00	110
1990	Diane-FH-275	Closed	1992	90.00	90
1990	Dianna-TK-31	Closed	1992	175.00	175
1995	Dinah OC-79	2,500		40.00	40
1988	Doll Oliver-FH392	Closed	1990	100.00	100
1990	Domino-C-3050	Closed	1992	145.00	200
1992	Dona-FH 494	2,500	1993	100.00	100
1993	Donna DOLL-447	2,500	1993	85.00	85
1995	Donna GU-300D	2,500		30.00	30
1990	Dorothy-TR-10	Closed	1992	135.00	150
1990	Dorri-DOLL-16PH	Closed	1992	85.00	85
1991	Duanane-SP-366	Closed	1993	85.00	85
1995	Dulcie FH-622	2,500		110.00	110
1991	Dulcie-YK-4131V	Closed	1993	100.00	100
1991	Dwayne-C-3123	Closed	1993	120.00	120
1991	Edie -YK-4177	Closed	1993	115.00	115
1990	Eileen-FH-367	Closed	1992	100.00	100
1995	Elaine CD-02210	2,500		50.00	50
1995	Eleanor C16669	2,500		35.00	35
1991	Elisabeth and Lisa-C-3095	2,500	1993	195.00	195
1989	Elisabeth-OM-32	Closed	1990	120.00	120
1991	Elise -PS-259	Closed	1993	105.00	105
1995	Elizabeth Doll 553	2,500		35.00	35
1991	Elizabeth-AM-32	2,500	1993	105.00	105
1989	Elizabeth-C-246P	Closed	1990	150.00	200
1993	Ellen YK-4223	3,500	1994	150.00	150
1995	Ellie FH-621	2,500		125.00	125
1989	Emily-PS-48	Closed	1990	110.00	110
1988	Emily-YK-243V	Closed	1990	70.00	70
1995	Emma Doll 559	2,500		35.00	35
1995	Emma GU-300E	2,500		30.00	30
1991	Emmaline Beige/Lilac-OM-197	Closed	1993	300.00	300
1991	Emmaline-OM-191	2,500	1993	300.00	300
1995	Emmy IND-533	2,500		85.00	85
1991	Emmy-C-3099	Closed	1993	125.00	125
1995	Erin RDK-223	2,500		30.00	30
1991	Erin-DOLL-4PH	Closed	1993	60.00	60
1992	Eugenie-OM-225	2,500	1993	300.00	300
1991	Evalina-C-3124	Closed	1993	135.00	135
1994	Faith IND-522	2,500	1994	135.00	135
1994	Faith OC-60	2,500	1994	115.00	115
1995	Fawn C-3228	2,500		55.00	55
1995	Felicia GU-300F	2,500		30.00	30
1990	Felicia-TR-9	Closed	1992	115.00	115
1991	Fifi-AM-100F	Closed	1993	70.00	70
1995	Fleur C16415	2,500		30.00	30
1991	Fleurette-PS-286	2,500	1993	75.00	75
1994	Flora FH-583	2,500	1994	115.00	115
1991	Flora-TR-46	Closed	1993	125.00	125
1994	Florette IND-519	2,500	1994	140.00	140
1988	Frances-C-233	Closed	1990	80.00	125
1989	Frances-C233	Closed	1990	80.00	125
1991	Francesca-AM-14	2,500	1993	175.00	175
1990	Francesca-C-3021	Closed	1992	100.00	175
1994	Gardiner PS-405	2,500		150.00	150
1993	Gena OM-229	Closed	1994	250.00	250
1994	Georgia IND-510	2,500		220.00	220
1995	Georgia IND-528	2,500		125.00	125
1994	Georgia SP-456	2,500		115.00	115
1991	Georgia-YK-4131	Closed	1993	100.00	100
1991	Georgia-YK-4143	Closed	1993	150.00	150
1990	Gerri Beige-YK4094	Closed	1992	95.00	140
1991	Gigi-C-3107	Closed	1993	135.00	135
1991	Ginger-LL-907	Closed	1993	115.00	115
1995	Ginnie FH-619	2,500		110.00	110
1990	Ginny-YK-4119	Closed	1992	100.00	100
1988	Giselle on Goose-FH176	Closed	1990	105.00	225
1992	Giselle-OM-02	Closed	1993	90.00	90
1991	Gloria-AM-100G	2,500	1993	70.00	70
1991	Gloria-YK-4166	Closed	1993	105.00	105
1995	Gold Angel FH-511G	2,500		85.00	85
1995	Green Angel FH-511C	2,500		85.00	85
1995	Gretchen FH-620	2,500		120.00	120
1991	Gretchen-DOLL-446	Open	1993	45.00	45
1991	Gretel-DOLL-434	Closed	1993	60.00	60
1995	Guardian Angel TR-98	2,500		85.00	85
1995	Guardian Angel OM-91	2,500		200.00	200
1991	Hansel and Gretel-DOLL-448V	Closed	1993	60.00	60
1989	Happy Birthday-C3012	Closed	1990	80.00	125
1993	Happy FH-479	2,500	1994	105.00	105
1995	Happy RDK-238	2,500		25.00	25
1994	Hatty/Matty IND-514	2,500		165.00	165
1995	Heather LL-991	2,500		115.00	115
1995	Heather PS-436	2,500		115.00	115
1994	Heather YK-4531	3,500		165.00	165
1993	Hedy FH-449	Closed	1994	95.00	95
1989	Heidi-260	Closed	1990	50.00	95
1991	Helene-AM-29	2,500	1993	150.00	150
1995	Holly CD-16526	2,500		30.00	30
1991	Holly-CH-6	Closed	1993	100.00	100
1991	Honey Bunny-WB-9	Closed	1993	70.00	70
1994	Honey LL-945	2,500		150.00	150
1991	Honey-FH-401	Closed	1993	100.00	100
1991	Hope-FH-434	2,500	1993	90.00	90
1990	Hope-YK-4118	Closed	1992	90.00	90
1995	Hyacinth C-3227	2,500		130.00	130
1994	Hyacinth LL-941	2,500		90.00	90
1990	Hyacinth-DOLL-15PH	Closed	1992	85.00	85
1990	Indian Doll-FH-295	Closed	1992	60.00	60
1994	Indian IND-520	2,500		115.00	115
1991	Indira-AM-4	2,500	1993	125.00	125
1995	Irene GU-56	2,500		85.00	85
1995	Irina RDK-237	2,500		35.00	35
1993	Iris FH-483	2,500	1994	95.00	95
1991	Iris-TR-58	Closed	1993	120.00	120
1995	Ivana RDK-233	2,500		35.00	35
1994	Ivy C-3203	2,500		85.00	85
1991	Ivy-PS-307	Closed	1993	75.00	75
1994	Jacqueline C-3202	2,500		150.00	150
1995	Jamaica LL-989	2,500		75.00	75
1993	Jan Dress-Up OM-12	2,500	1994	135.00	135
1994	Jan FH-584R	2,500		115.00	115
1992	Jan-OM-012	9,200	1993	135.00	135
1991	Jane-PS-243L	Closed	1993	115.00	115
1992	Janet-FH-496	2,500	1993	120.00	120
1990	Janette-DOLL-385	Closed	1992	85.00	85
1991	Janice-OM-194	2,500	1993	300.00	300
1994	Janis FH-584B	2,500		115.00	115
1989	Jaqueline-DOLL-254M	Closed	1990	85.00	85
1995	Jennifer PS-446	2,500		145.00	145
1995	Jenny CD-16673B	2,500		35.00	35
1994	Jenny OC-36M	2,500		115.00	115
1995	Jerri PS-434	2,500		100.00	100
1995	Jessica RDK-225	2,500		30.00	30
1988	Jessica-DOM-267	Closed	1990	90.00	90
1991	Jessica-FH-423	2,500	1993	95.00	95
1992	Jet-FH-478	2,500	1993	115.00	115
1995	Jewel TR-100	2,500		110.00	110
1994	Jillian C-3196	2,500		150.00	150
1993	Jillian SP-428	Closed	1994	165.00	165
1990	Jillian-DOLL-41PH	Closed	1992	90.00	90
1994	Jo YK-4539	3,500		150.00	150
1988	Joanne Cry Baby-PS-50	Closed	1990	100.00	100
1989	Joanne Cry Baby-PS-50	2,500	1991	100.00	100
1990	Joanne-TR-12	Closed	1992	175.00	175
1992	Jodie-FH-495	2,500	1993	115.00	115
1995	Joella CD-16779	2,500		35.00	35
1988	Jolie-C231	Closed	1990	65.00	150
1994	Jordan SP-455	2,500		150.00	150
1995	Joy CD-1450A	2,500		35.00	35
1995	Joy TR-99	2,500		85.00	135
1991	Joy-EP-23V	Closed	1993	130.00	130
1991	Joyce-AM-100J	2,500	1993	35.00	35
1995	Julia C-3234	2,500		100.00	100
1995	Julia RDK-222	2,500		35.00	35
1991	Julia-C-3102	Closed	1993	135.00	135
1988	Julie-C245A	Closed	1990	65.00	160
1990	Julie-WB-35	Closed	1992	70.00	70
1988	Juliette Bride Musical-C246LTM	Closed	1990	150.00	200
1993	Juliette OM-8	2,500	1994	175.00	175
1992	Juliette-OM-08	2,500	1993	175.00	175
1991	Juliette-OM-192	2,500	1993	300.00	300
1995	June CD-2212	2,500		50.00	50
1991	Karen-EP-24	Closed	1993	115.00	115
1990	Karen-PS-198	Closed	1992	150.00	150
1991	Karmela-EP-57	2,500	1993	120.00	120
1995	Karyn RDK-224	2,500		35.00	35
1994	Kate OC-55	2,500		150.00	150
1990	Kate-C-3060	Closed	1992	95.00	95
1990	Kathy w/Bear-TE1	Closed	1992	70.00	70
1994	Katie IND-511	2,500		110.00	110
1989	Kayoko-PS-24	Closed	1991	75.00	175
1994	Kelly YK-4536	3,500		150.00	150
1991	Kelly-AM-8	Closed	1993	125.00	125
1995	Kelsey Doll 561	2,500		35.00	35
1993	Kendra FH-481	2,500	1994	115.00	115
1991	Kerry-FH-396	Closed	1993	100.00	100
1994	Kevin MS-25	2,500		150.00	150
1994	Kevin YK-4543	3,500		140.00	140
1990	Kiku-EP-4	Closed	1992	100.00	100
1991	Kim-AM-100K	2,500	1993	70.00	70
1995	Kimmie CD-15816	2,500		30.00	30
1991	Kinesha-SP-402	2,500	1993	110.00	110
1988	Kirsten-PS-40G	Closed	1990	70.00	70
1989	Kirsten-PS-40G	Closed	1991	70.00	70
1993	Kit SP-426	Closed	1994	55.00	55
1994	Kit YK-4547	3,500		115.00	115
1994	Kitten IND-512	2,500		110.00	110
1995	Kitty IND-527	2,500		40.00	40
1991	Kristi-FH-402	Closed	1993	100.00	100
1991	Kyla-YK-4137	Closed	1993	95.00	95
1994	Lady Caroline LL-938	2,500		120.00	120
1994	Lady Caroline LL-939	2,500		120.00	120
1994	Laughing Waters PS-410	2,500		150.00	150
1990	Laura-DOLL-25PH	Closed	1992	55.00	55
1992	Laura-OM-010	2,500	1993	250.00	250
1991	Laura-WB-110P	Closed	1993	85.00	85
1994	Lauren SP-458	2,500		125.00	125
1990	Lauren-SP-300	Closed	1992	85.00	85
1992	Laurie-JNC-4004	Open	1993	90.00	90
1990	Lavender Blue-YK-4024	Closed	1992	95.00	135
1991	Leigh-DOLL-457	2,500	1993	95.00	95
1991	Leila-AM-2	Closed	1993	125.00	125
1995	Lenore FH-617	2,500		120.00	120
1995	Lenore RDK-229	2,500		50.00	50
1991	Lenore-LL-911	2,500	1993	105.00	105
1991	Lenore-YK-4218	3,500	1993	135.00	135
1995	Leslie LL-983	2,500		105.00	105
1995	Leslie MER-809	2,500		65.00	65
1991	Libby-EP-18	Closed	1993	85.00	85
1990	Lien Wha-YK-4092	Closed	1992	100.00	100
1995	Lila GU-55	2,500		55.00	55
1991	Lila-AM-10	2,500	1993	125.00	125
1991	Lila FH 404	2,500	1993	100.00	100
1995	Lili CD-16888	2,500		30.00	30
1995	Lily FH-630	2,500		120.00	120
1993	Linda SP-435	Closed	1994	95.00	95

Seymour Mann, Inc.
to Seymour Mann, Inc.

DOLLS

YEAR ISSUE		EDITION LIMIT	YEAR RETD.	ISSUE PRICE	QUOTE U.S.$
1987	Linda-C190	Closed	1986	60.00	120
1995	Lindsay PS-442	2,500		175.00	175
1994	Lindsay SP-462	2,500		150.00	150
1991	Lindsey-C-3127	Closed	1993	135.00	135
1991	Linetta-C-3166	Closed	1993	135.00	135
1990	Ling-Ling-DOLL	Closed	1992	50.00	50
1989	Ling-Ling-PS-87G	Closed	1991	90.00	90
1988	Lionel-FH206B	Closed	1990	50.00	120
1990	Lisa Beige Accordion Pleat-YK4093	Closed	1992	125.00	125
1991	Lisa-AM-100L	2,500	1993	70.00	70
1990	Lisa-FH-379	Closed	1992	100.00	100
1995	Lisette LL-993	2,500		105.00	105
1995	Little Bobby RDK-235	2,500		25.00	25
1991	Little Boy Blue-C-3159	Closed	1993	100.00	100
1995	Little Lisa OM-86	2,500		125.00	125
1995	Little Lori RDK-228	2,500		20.00	20
1995	Little Lou RDK-227	2,500		20.00	20
1995	Little Mary RDK-234	2,500		25.00	25
1995	Little Patty PS-429	2,500		50.00	50
1994	Little Red Riding Hood FH-557	2,500		140.00	140
1989	Liz -YK-269	Closed	1991	70.00	100
1991	Liz-C-3150	2,500	1993	100.00	100
1990	Liza-C-3053	Closed	1992	100.00	100
1991	Liza-YK-4226	3,500	1993	35.00	35
1991	Lola-SP-363	2,500	1993	90.00	90
1990	Lola-SP-79	Closed	1992	105.00	105
1991	Loni-FH-448	2,500	1993	100.00	100
1994	Loretta SP-457	2,500		140.00	140
1990	Loretta-FH-321	Closed	1992	90.00	90
1991	Lori-EP-52	2,500	1993	95.00	95
1990	Lori-WB-72BM	Closed	1992	75.00	75
1991	Louise-LL-908	2,500	1993	105.00	105
1995	Lucie MER-607	2,500		65.00	65
1989	Lucinda -DOM-293	Closed	1990	90.00	90
1994	Lucinda PS-406	2,500		150.00	150
1988	Lucinda-DOM-293	Closed	1990	90.00	90
1991	Lucy-LL-853	Closed	1993	80.00	80
1992	Lydia-OM-226	2,500	1993	250.00	250
1993	Lynn FH-498	2,500	1994	120.00	120
1995	Lynn LL-995	2,500		105.00	105
1990	Madame De Pompadour-C-3088	Closed	1992	250.00	250
1991	Madeleine-C-3106	Closed	1993	95.00	95
1995	Mae PS-431	2,500		70.00	70
1995	Maggie IND-532	2,500		80.00	80
1992	Maggie-FH-505	Closed	1993	125.00	125
1990	Maggie-PS-151P	Closed	1992	90.00	90
1990	Maggie-WB-51	Closed	1992	105.00	105
1994	Magnolia FH-558	2,500		150.00	150
1989	Mai-Ling-PS-79	2,500	1991	100.00	100
1994	Maiden PS-409	2,500		150.00	150
1994	Mandy YK-4548	3,500		115.00	115
1989	Marcey-YK-4005	3,500	1992	90.00	90
1991	Marcy-TR-55	Closed	1993	135.00	135
1987	Marcy-YK122	Closed	1986	55.00	100
1994	Margaret C-3204	2,500		150.00	150
1989	Margaret-245	Closed	1991	100.00	150
1994	Maria GU-35	2,500		115.00	115
1990	Maria-YK-4116	Closed	1992	85.00	85
1993	Mariah LL-909	Closed	1993	135.00	135
1991	Mariel 18" Ivory-C-3119	Closed	1993	125.00	125
1995	Marielle PS-443	2,500		175.00	175
1995	Marla PS-437	2,500		125.00	125
1995	Martina RDK-232	2,500		35.00	35
1995	Mary Ann FH-633	2,500		110.00	110
1994	Mary Ann TR-79	2,500		125.00	125
1995	Mary Elizabeth OC-51	2,500		50.00	50
1994	Mary Jo FH-552	2,500		150.00	150
1994	Mary Lou FH-565	2,500		135.00	135
1994	Mary OC-56	2,500		135.00	135
1991	Maude-AM-100M	2,500	1993	70.00	70
1989	Maureen-PS-84	Closed	1990	90.00	90
1995	Maxine C-3225	2,500		125.00	125
1995	Mc Kenzie LL-987	2,500		100.00	100
1994	Megan C-3192	2,500		150.00	150
1995	Megan RDK-220	2,500		30.00	30
1989	Meimei-PS22	Closed	1990	75.00	225
1990	Melanie-YK-4115	Closed	1992	80.00	80
1991	Melissa-AM-9	Closed	1993	120.00	120
1991	Melissa-CH-3	Closed	1993	110.00	110
1990	Melissa-DOLL-390	Closed	1992	75.00	75
1989	Melissa-LL-794	Closed	1990	95.00	95
1991	Melissa-LL-901	Closed	1993	135.00	135
1992	Melissa-OM-03	2,500	1993	135.00	135
1995	Meredith MER-806	2,500		65.00	65
1991	Meredith-FH-391-P	Closed	1993	95.00	95
1995	Merri MER-810	2,500		65.00	65
1990	Merry Widow 20"-C-3040M	Closed	1992	140.00	140
1990	Merry Widow-C-3040	Closed	1992	145.00	145
1991	Meryl-FH-463	2,500	1993	95.00	95
1991	Michael w/School Books-FH-439B	2,500	1993	95.00	95
1988	Michelle & Marcel-YK176	Closed	1990	70.00	150
1991	Michelle Lilac/Green-EP36	Closed	1993	95.00	95
1991	Michelle w/School Books-FH-439G	Closed	1993	95.00	95
1995	Mindi PS-441	2,500		125.00	125
1995	Mindy LL-990	2,500		75.00	75
1995	Miranda C16456B	2,500		30.00	30
1995	Miranda TR-91	2,500		135.00	135
1991	Miranda-DOLL-9PH	Closed	1993	75.00	75
1984	Miss Debutante Debi	Closed	1987	75.00	180
1994	Miss Elizabeth SP-459	2,500		150.00	150
1989	Miss Kim-PS-25	Closed	1990	75.00	175
1994	Missy FH-567	2,500		140.00	140
1991	Missy-DOLL-464	Closed	1993	70.00	70
1991	Missy-PS-258	Closed	1993	90.00	90
1991	Mon Yun w/Parasol-TR33	2,500	1993	115.00	115
1995	Monica TR-95	2,500		135.00	135
1994	Morning Dew Indian PS-404	2,500		150.00	150
1994	Musical Doll OC-45M	2,500		140.00	140
1991	Nancy -WB-73	2,500	1993	65.00	65
1991	Nancy 21" Pink w/Rabbit-EP-31	Closed	1993	165.00	165
1995	Nancy FH-615	2,500		100.00	100
1992	Nancy-JNC-4001	Open	1993	90.00	90
1990	Nanook-WB-23	Closed	1992	75.00	75
1994	Natalie PP-2	2,500		275.00	275
1995	Natasha TR-90	2,500		125.00	125
1990	Natasha-PS-102	Closed	1992	100.00	100
1991	Nellie-EP-1B	Closed	1993	75.00	75
1991	Nicole-AM-12	Closed	1993	135.00	135
1994	Nikki PS-401	2,500		150.00	150
1994	Nikki SP-461	2,500		150.00	150
1993	Nina YK-4232	3,500	1993	135.00	135
1987	Nirmala-YK-210	Closed	1986	50.00	50
1994	Noel MS-27	2,500		150.00	150
1994	Noelle C-3199	2,500		195.00	195
1994	Noelle MS-28	2,500		150.00	150
1991	Noelle-PS-239V	Closed	1993	95.00	95
1995	Norma C-3226	2,500		135.00	135
1990	Odessa-FH-362	Closed	1992	65.00	65
1994	Odetta IND-521	2,500		140.00	140
1993	Oona TR-57	Closed	1993	135.00	135
1994	Oriana IND-515	2,500		140.00	140
1995	Our First Skates RDK-226/BG	2,500		50.00	50
1994	Paige GU-33	2,500		150.00	150
1995	Paige IND-529	2,500		80.00	80
1994	Pamela LL-949	2,500		115.00	115
1995	Pan Pan GU-52	2,500		60.00	60
1994	Panama OM-43	2,500		195.00	195
1989	Patricia/Patrick-215GBB	Closed	1990	105.00	135
1991	Patti-DOLL-440	2,500	1993	65.00	65
1995	Patty C-3220	2,500		60.00	60
1994	Patty GU-34	2,500		115.00	115
1991	Patty-YK-4221	3,500	1993	125.00	125
1989	Paula-PS-56	Closed	1990	75.00	75
1995	Paulette PS-430	2,500		80.00	80
1989	Pauline Bonaparte-OM68	Closed	1990	120.00	120
1995	Pauline PS-440	2,500		65.00	65
1988	Pauline-YK-230	Closed	1990	90.00	90
1994	Payson YK-4541	3,500		135.00	135
1994	Payton PS-407	2,500		150.00	150
1995	Peaches IND-531	2,500		80.00	80
1994	Pearl IND-523	2,500		275.00	275
1994	Pegeen C-3205	2,500		150.00	150
1994	Peggy TR-75	2,500		185.00	185
1991	Pepper-PS-277	Closed	1993	130.00	130
1994	Petula C-3191	2,500		140.00	140
1991	Pia-PS-246L	Closed	1993	115.00	115
1990	Ping-Ling-DOLL-363RV	Closed	1992	50.00	50
1990	Polly-DOLL-22PH	Closed	1992	90.00	90
1990	Princess Fair Skies-FH-268B	Closed	1992	75.00	75
1994	Princess Foxfire PS-411	2,500		150.00	150
1994	Princess Moonrise YK-4542	3,500		140.00	140
1990	Princess Red Feather-PS-189	Closed	1992	90.00	90
1994	Princess Snow Flower PS-402	2,500		150.00	150
1991	Princess Summer Winds-FH-427	2,500	1993	120.00	120
1994	Priscilla YK-4538	3,500		135.00	135
1990	Priscilla-WB-50	Closed	1992	105.00	105
1991	Prissy White/Blue-C-3140	Closed	1993	100.00	100
1995	Rainie LL-984	2,500		125.00	125
1989	Ramona-PS-31B	Closed	1992	80.00	80
1991	Rapunzel-C-3157	2,500	1993	150.00	150
1987	Rapunzel-C158	Closed	1986	95.00	165
1994	Rebecca C-3177	2,500		135.00	135
1993	Rebecca C-3177	2,500	1993	135.00	135
1989	Rebecca-PS-34V	Closed	1992	45.00	45
1991	Red Wing-AM-30	2,500	1993	165.00	165
1994	Regina OM-41	2,500		150.00	150
1994	Rita FH-553	2,500		115.00	115
1994	Robby NM-29	2,500		135.00	135
1995	Robin C-3236	2,500		60.00	60
1991	Robin-AM-22	Closed	1993	120.00	120
1991	Rosalind-C-3090	Closed	1992	150.00	150
1989	Rosie-290M	Closed	1992	55.00	85
1995	Rusty CD-1450B	2,500		35.00	35
1988	Sabrina -C-208	Closed	1990	65.00	95
1987	Sabrina-C208	Closed	1986	65.00	95
1990	Sabrina-C3050	Closed	1992	105.00	105
1987	Sailorette-DOM217	Closed	1986	70.00	150
1992	Sally-FH-492	2,500	1993	105.00	105
1990	Sally-WB-20	Closed	1992	95.00	95
1991	Samantha-GU-3	Closed	1992	100.00	100
1995	San San GU-53	2,500		60.00	60
1991	Sandra-DOLL-6-PHE	2,500	1992	65.00	65
1992	Sapphires-OM-223	2,500	1993	250.00	250
1992	Sara Ann-FH-474	2,500	1993	115.00	115
1995	Sarah C-3214	2,500		110.00	110
1994	Saretta SP-423	2,500		100.00	100
1993	Saretta SP-423	2,500	1993	100.00	100
1995	Sasha GU-57	2,500		75.00	75
1991	Scarlett-FH-399	2,500	1992	100.00	100
1991	Scarlett-FH-436	2,500	1992	135.00	135
1992	Scarlett-FH-471	2,500	1993	120.00	120
1994	Shaka TR-45	2,500		100.00	100
1993	Shaka TR-45	2,500	1993	100.00	100
1991	Shaka-SP-401	2,500	1992	110.00	110
1991	Sharon 21" Blue-EP-34	Closed	1992	120.00	120
1995	Sharon C-3237	2,500		95.00	95
1991	Shau Chen-GU-2	2,500	1992	85.00	85
1991	Shelley-CH-1	2,500	1992	110.00	110
1995	Shimmering Caroline LL-992	2,500		115.00	115
1990	Shirley-WB-37	Closed	1992	65.00	65
1988	Sister Agnes 14"-C250	Closed	1990	75.00	75
1988	Sister Ignatius Notre Dame-FH184	Closed	1990	75.00	75
1989	Sister Mary-C-249	Closed	1992	75.00	125
1990	Sister Mary-WB-15	Closed	1992	70.00	70
1994	Sister Suzie IND-509	2,500		95.00	95
1988	Sister Teresa-FH187	Closed	1990	80.00	80
1995	Sleeping Beauty OM-88	2,500		115.00	115
1992	Sonja-FH-486	2,500	1994	125.00	125
1995	Sophia PS-445	2,500		125.00	125
1990	Sophie-OM-1	Closed	1992	65.00	65
1991	Sophie-TR-53	2,500	1992	135.00	135
1995	Southern Belle Bride FH-637	2,500		160.00	160
1994	Southern Belle FH-570	2,500		140.00	140
1994	Sparkle OM-40	2,500		150.00	150
1995	Stacy FH-634	2,500		110.00	110
1995	Stacy OC-75	2,500		40.00	40
1991	Stacy-DOLL-6PH	Closed	1992	65.00	65
1990	Stacy-TR-5	Closed	1992	105.00	105
1991	Stephanie Pink & White-OM-196	Closed	1992	300.00	300
1991	Stephanie-AM-11	Closed	1992	105.00	105
1991	Stephanie-FH-467	Closed	1992	95.00	95
1994	Stephie OC-41M	2,500		115.00	115
1990	Sue Chuen-C-3061G	Closed	1992	95.00	95
1994	Sue Kwei TR-73	2,500		110.00	110
1992	Sue-JNC-4003	Closed	1994	90.00	90
1994	Sugar Plum Fairy OM-39	2,500		150.00	150
1991	Summer-AM-33	Closed	1992	200.00	200
1990	Sunny-FH-331	Closed	1992	70.00	70
1989	Sunny-PS-59V	Closed	1992	71.00	71
1990	Susan-DOLL-364MC	Closed	1992	75.00	75
1995	Suzanna Doll 554	2,500		35.00	35
1994	Suzanne LL-943	2,500		105.00	105
1994	Suzie GU-38	2,500		135.00	135
1995	Suzie OC-80	2,500		50.00	50
1993	Suzie SP-422	2,500	1993	164.00	164
1994	Suzie SP-422	2,500		164.00	164
1989	Suzie-PS-32	Closed	1992	80.00	80
1995	Sweet Pea LL-981	2,500		90.00	90
1991	Sybil 20" Beige-C-3131	Closed	1992	135.00	135
1991	Sybil Pink-DOLL-12PHMC	2,500	1992	75.00	75
1995	Sylvie CD-16634B	2,500		35.00	35
1995	Tabitha C-3233	2,500		50.00	50
1994	Taffey TR-80	2,500		150.00	150
1994	Tallulah OM-44	2,500		275.00	275
1991	Tamara-OM-187	Closed	1992	135.00	135
1990	Tania-DOLL-376P	Closed	1992	65.00	65
1989	Tatiana Pink Ballerina-OM-60	Closed	1991	120.00	175
1994	Teresa C-3198	2,500		110.00	110
1995	Terri OM-78	2,500		150.00	150
1989	Terri-PS-104	Closed	1991	85.00	85
1991	Terri-TR-62	Closed	1992	75.00	75
1991	Tessa-AM-19	Closed	1992	135.00	135
1994	Tiffany OC-44M	2,500		140.00	140
1992	Tiffany-OM-014	2,500	1994	150.00	150
1995	Tina OM-79	2,500		150.00	150
1991	Tina-AM-16	Closed	1992	130.00	130
1990	Tina-DOLL-371	Closed	1992	85.00	85
1990	Tina-WB-32	Closed	1992	65.00	65
1994	Tippi LL-946	2,500		110.00	110
1995	Tobey C-3232	2,500		50.00	50
1994	Todd YK-4540	3,500		45.00	45
1990	Tommy-C-3064	Closed	1992	75.00	75
1994	Topaz TR-74	2,500		195.00	195
1988	Tracy-C-3006	Closed	1990	95.00	150
1992	Trina-OM-011	Closed	1994	165.00	165
1994	Trixie TR-77	2,500		110.00	110
1991	Vanessa-AM-34	Closed	1992	90.00	90
1991	Vicki-C-3101	Closed	1992	200.00	200
1991	Violet-EP-41	Closed	1992	135.00	135
1991	Violet-OM-186	2,500	1992	270.00	270
1992	Violette-FH-503	2,500	1994	120.00	120
1994	Virginia TR-78	2,500		195.00	195
1991	Virginia-SP-359	Closed	1992	120.00	120
1987	Vivian-C-201P	Closed	1986	80.00	80
1988	Vivian-C201P	Closed	1990	80.00	80
1991	Wah-Ching Watching Oriental Toddler YK-4175	Closed	1992	110.00	110
1995	Wei Lin GU-44	2,500		70.00	70
1995	Wendy FH-626	2,500		200.00	200
1994	Wendy MS-26	2,500		150.00	150
1985	Wendy-C120	Closed	1987	45.00	150
1989	Wendy-PS-51	Closed	1991	105.00	105
1990	Wendy-TE-3	Closed	1992	75.00	75
1990	Wilma-PS-174	Closed	1992	75.00	75
1995	Winnie LL-985	2,500		75.00	75
1995	Winter Wonderland RDK-301	2,500		35.00	35
1995	Woodland Sprite OM-90	2,500		100.00	100
1995	Yelena RDK-236	2,500		35.00	35
1990	Yen Yen-YK-4091	Closed	1992	95.00	95
1992	Yvette-OM-015	2,500	1994	150.00	150

Signature Doll Series - Various

YEAR ISSUE		EDITION LIMIT	YEAR RETD.	ISSUE PRICE	QUOTE U.S.$
1992	Abigail-MS-11 - M. Severino	5,000	1994	125.00	125
1995	Adak PPA-21 - P. Phillips	5,000		110.00	110
1992	Adora-MS-14 - M. Severino	5,000	1994	185.00	185

YEAR ISSUE	EDITION LIMIT	YEAR RETD.	ISSUE PRICE	QUOTE U.S.$
1995 Alain PPA-19 - P. Phillips	2,500		100.00	100
1992 Alexandria-PAC-19 - P. Aprile	5,000		300.00	300
1991 Alice-MS-7 - M. Severino	5,000		120.00	120
1995 Amanda KSFA-1 - K. Fitzpatrick	5,000		175.00	175
1991 Amber-MS-1 - M. Severino	Closed	1994	95.00	95
1995 Amelia PAC-28 - P. Aprile	5,000		130.00	130
1995 Amy Rose HKHF-200 - H.K. Hyland	5,000		125.00	125
1992 Baby Cakes Crumbs -PK-CRUMBS - P. Kolesar	5,000		17.50	18
1992 Baby Cakes Crumbs/Black -PK-CRUMBS/B - P. Kolesar	5,000		17.50	18
1991 Becky-MS-2 - M. Severino	5,000	1994	95.00	95
1991 Bianca-PK-101 - P. Kolesar	Closed	1994	120.00	120
1993 Bonnett Baby MS-17W - M. Severino	5,000		175.00	175
1995 Brad HKH-15 - H.K. Hyland	5,000		85.00	85
1992 Bride & Flower Girl-PAC-6 - P. Aprile	5,000		600.00	600
1991 Bridgette-PK-104 - P. Kolesar	Closed	1994	120.00	120
1995 Brie PPA-26 - P. Aprile	5,000		180.00	180
1995 Cara DALI-1 - E. Dali	5,000		400.00	400
1995 Casey PPA-23 - P. Phillips	5,000		85.00	85
1992 Cassandra-PAC-8 - P. Aprile	Closed	N/A	450.00	450
1992 Cassie Flower Girl-PAC-9 - P. Aprile	Closed	N/A	175.00	175
1992 Celine-PAC-11 - P. Aprile	5,000		165.00	165
1991 Clair-Ann-PK-252 - P. Kolesar	5,000		100.00	100
1992 Clarissa-PAC-3 - P. Aprile	5,000		165.00	165
1992 Cody-MS-19 - M. Severino	Closed	1993	120.00	120
1992 Creole Black-HP-202 - H. Payne	Closed	1993	250.00	250
1992 Cynthia-PAC-10 - P. Aprile	Closed	1993	165.00	165
1991 Daddy's Little Darling-MS-8 - M. Severino	5,000		165.00	165
1992 Darla-HP-204 - H. Payne	5,000		250.00	250
1991 Dozy Elf w/ Featherbed -MAB-100 - M.A. Byerly	Closed	1991	110.00	110
1991 Duby Elf w/ Featherbed-MAB-103 - M.A. Byerly	Closed	1991	110.00	110
1991 Dudley Elf w/ Featherbed -MAB-101 - M.A. Byerly	Closed	1991	110.00	110
1991 Duffy Elf w/ Featherbed -MAB-102 - M.A. Byerly	Closed	1991	110.00	110
1992 Dulcie-HP-200 - H. Payne	Closed	1993	250.00	250
1992 Dustin-HP-201 - H. Payne	5,000	1993	250.00	250
1995 Eleanore GMNA-100 - G. McNeil	5,000		225.00	225
1991 Enoc-PK-100 - P. Kolesar	5,000		100.00	100
1992 Eugenie Bride-PAC-1 - P. Aprile	5,000		165.00	165
1992 Evening Star-PAC-5 - P. Aprile	Closed	1993	500.00	500
1995 Ginny LR-2 - L. Randolph	5,000		360.00	360
1993 Grace HKH-2 - H. Kahl-Hyland	5,000		250.00	250
1995 Happy JFC-100 - K. Fitzpatrick	5,000		120.00	120
1993 Helene HKH-1 - H. Kahl-Hyland	5,000		250.00	250
1995 Holly GMN-202 - G. McNeil	5,000		150.00	150
1995 Iman PPA-24 - P. Aprile	5,000		110.00	110
1992 Kate-MS-15 - M. Severino	Closed	1993	190.00	190
1995 Latisha PPA-25 - P. Phillips	5,000		110.00	110
1995 Laurel HKH-17R - H.K. Hyland	5,000		110.00	110
1995 Lauren HKH-202 - H.K. Hyland	5,000		150.00	150
1995 Lena PPA-20 - P. Phillips	5,000		120.00	120
1995 Lenore LRC-100 - L. Randolph	5,000		140.00	140
1992 Little Match Girl-HP-205 - H. Payne	Closed	1994	150.00	150
1992 Little Turtle Indian-PK-110 - P. Kolesar	Closed	1993	150.00	150
1995 Lucy HKH-14 - H.K. Hyland	5,000		105.00	105
1992 Megan-MS-12 - M. Severino	5,000		125.00	125
1992 Melanie-PAC-14 - P. Aprile	Closed	1993	300.00	300
1995 Meredith LR-3 - L. Randolph	5,000		375.00	375
1991 Mikey-MS-3 - M. Severino	5,000	1994	95.00	95
1991 Mommy's Rays of Sunshine-MS-9 - M. Severino	5,000		165.00	165
1992 Nadia-PAC-18 - P. Aprile	Closed	1993	175.00	175
1995 Natasha HKH-17P - H.K. Hyland	5,000		110.00	110
1995 Nikki HKHF-20 - H.K. Hyland	5,000		125.00	125
1992 Olivia-PAC-12 - P. Aprile	Closed	1993	300.00	300
1995 Patricia DALI-3 - E. Dali	5,000		280.00	280
1991 Paulette-PAC-2 - P. Aprile	5,000		250.00	250
1991 Paulette-PAC-4 - P. Aprile	5,000		250.00	250
1992 Pavlova-PAC-17 - P. Aprile	5,000	1994	145.00	145
1992 Polly-HP-206 - H. Payne	5,000		120.00	120
1991 Precious Baby-SB-100 - S. Bilotto	5,000		250.00	250
1991 Precious Pary Time-SB-102 - S. Bilotto	5,000		250.00	250
1991 Precious Spring Time-SB-104 - S. Bilotto	Closed	N/A	250.00	250
1992 Raven Eskimo-PK-106 - P. Kolesar	Closed	1993	130.00	130
1992 Rebecca Beige Bonnet-MS-17B - M. Severino	5,000		175.00	175
1993 Reilly HKH-3 - H. Kahl-Hyland	5,000		260.00	260
1992 Ruby-MS-18 - M. Severino	5,000		135.00	135
1992 Sally-MS-25 - M. Severino	5,000	1993	110.00	110
1995 Shao Ling PPA-22 - P. Phillips	5,000		110.00	110
1991 Shun Lee-PK-102 - P. Kolesar	Closed	N/A	120.00	120
1994 Sis JAG-110 - J. Grammer	5,000	1994	110.00	110
1992 Spanky-HP-25 - H. Payne	5,000	1994	250.00	250
1991 Sparkle-PK-250 - P. Kolesar	5,000		100.00	100
1995 Stacy DALI-2 - E. Dali	5,000		360.00	360
1992 Stacy-MS-24 - M. Severino	Closed	1993	110.00	110
1991 Stephie-MS-6 - M. Severino	Closed	1994	125.00	125
1991 Su Lin-MS-5 - M. Severino	5,000	1994	105.00	105
1991 Susan Marie-PK-103 - P. Kolesar	Closed	1991	120.00	120
1995 Suzie HKH-16 - H.K. Hyland	5,000		100.00	100
1991 Sweet Pea-PK-251 - P. Kolesar	Closed		100.00	100
1995 Tammy LR-4 - L. Randolph	5,000		325.00	325
1994 Tex JAG-114 - J. Grammer	5,000		110.00	110
1995 Tiffany LR-1 - L. Randolph	5,000		370.00	370
1994 Tracy JAG-111 - J. Grammer	5,000		150.00	150
1994 Trevor JAG-112 - J. Grammer	5,000		115.00	115
1992 Vanessa-PAC-15 - P. Aprile	Closed	1993	300.00	300
1992 Victoria w/Blanket-MS-10 - M. Severino	Closed	1993	110.00	110
1992 Violetta-PAC-16 - P. Aprile	5,000	1994	165.00	165
1991 Yawning Kate-MS-4 - M. Severino	Closed	1994	105.00	105

Susan Wakeen Doll Co. Inc.

The Littlest Ballet Company - S. Wakeen

YEAR ISSUE	EDITION LIMIT	YEAR RETD.	ISSUE PRICE	QUOTE U.S.$
1985 Cynthia	375		198.00	350
1987 Elizabeth	250		425.00	1000
1985 Jeanne	375		198.00	800
1985 Jennifer	250		750.00	750
1987 Marie Ann	50		1000.00	1000
1985 Patty	375		198.00	400-500

Timeless Creations

Barefoot Children - A. Himstedt

YEAR ISSUE	EDITION LIMIT	YEAR RETD.	ISSUE PRICE	QUOTE U.S.$
1987 Bastian	Closed		329.00	625-700
1987 Beckus	Closed		329.00	1100-1200
1987 Ellen	Closed		329.00	700-900
1987 Fatou	Closed		329.00	900-1000
1987 Fatou (Cornroll)	Closed		329.00	1200-1400
1987 Kathe	Closed		329.00	700-825
1987 Lisa	Closed		329.00	700-825
1987 Paula	Closed		329.00	650-800

Blessed Are The Children - A. Himstedt

YEAR ISSUE	EDITION LIMIT	YEAR RETD.	ISSUE PRICE	QUOTE U.S.$
1988 Friederike	Closed		499.00	1400-1800
1988 Kasimir	Closed		499.00	1300-1600
1988 Makimura	Closed		499.00	1500-2000
1988 Malin	Closed		499.00	1400-1800
1988 Michiko	Closed		499.00	1000-1200

Faces of Friendship - A. Himstedt

YEAR ISSUE	EDITION LIMIT	YEAR RETD.	ISSUE PRICE	QUOTE U.S.$
1991 Liliane (Netherlands)	2-Yr.		598.00	600-750
1991 Neblina (Switzerland)	2-Yr.		598.00	500-700
1991 Shireem (Bali)	2-Yr.		598.00	500

Fiene And The Barefoot Babies - A. Himstedt

YEAR ISSUE	EDITION LIMIT	YEAR RETD.	ISSUE PRICE	QUOTE U.S.$
1990 Annchen-German Baby Girl	2-Yr.		498.00	550-725
1990 Fiene-Belgian Girl	2-Yr.		598.00	700-800
1990 Mo-American Baby Boy	2-Yr.		498.00	500-600
1990 Taki-Japanese Baby Girl	2-Yr.		498.00	700-900

Heartland Series - A. Himstedt

YEAR ISSUE	EDITION LIMIT	YEAR RETD.	ISSUE PRICE	QUOTE U.S.$
1988 Timi	Closed		329.00	500
1988 Toni	Closed		329.00	500

Images of Childhood - A. Himstedt

YEAR ISSUE	EDITION LIMIT	YEAR RETD.	ISSUE PRICE	QUOTE U.S.$
1993 Kima (Greenland)	2-Yr.		599.00	599
1993 Lona (California)	2-Yr.		599.00	599
1993 Tara (Germany)	2-Yr.		599.00	599

Reflection of Youth - A. Himstedt

YEAR ISSUE	EDITION LIMIT	YEAR RETD.	ISSUE PRICE	QUOTE U.S.$
1989 Adrienne (France)	Closed		558.00	750-800
1989 Ayoka (Africa)	Closed		558.00	950
1989 Janka (Hungry)	Closed		558.00	700-800
1989 Kai (German)	Closed		558.00	750-800

Summer Dreams - A. Himstedt

YEAR ISSUE	EDITION LIMIT	YEAR RETD.	ISSUE PRICE	QUOTE U.S.$
1992 Enzo	2-Yr.		599.00	500-600
1992 Jule	2-Yr.		599.00	500-600
1992 Pemba	2-Yr.		599.00	500-600
1992 Sanga	2-Yr.		599.00	500-600

The Wimbledon Collection

Hobby Horse Set - G.&G. Wolfe

YEAR ISSUE	EDITION LIMIT	YEAR RETD.	ISSUE PRICE	QUOTE U.S.$
1991 Cheryl A-083	360	1991	90.00	90
1991 Dixie A-081	360	1991	90.00	90
1991 Donna A-082	360	1991	90.00	90
1991 Linda A-084	360	1991	90.00	90
1991 Patty A-079	360	1991	90.00	90
1991 Polly A-080	360	1991	90.00	90

Platinum Edition, Signed Only - Various

YEAR ISSUE	EDITION LIMIT	YEAR RETD.	ISSUE PRICE	QUOTE U.S.$
1993 Conner A-2002 - G.F. Wolfe	600	1993	200.00	200
1993 Melanie A-2001 - Gr. M. Wolfe	600	1993	200.00	200

Pocket Dolls - Various

YEAR ISSUE	EDITION LIMIT	YEAR RETD.	ISSUE PRICE	QUOTE U.S.$
1994 Abbi A-5006 - Gr. M. Wolfe	600		80.00	80
1994 Amelia A-5007 - Gr. M. Wolfe	600		80.00	80
1994 Desi A-5004 - Gr. M. Wolfe	600		80.00	80
1994 Karmen A-5003 - G.F. Wolfe	600		80.00	80
1994 Kendell A-5000 - G.F. Wolfe	600		80.00	80
1994 Krystal A-5002 - G.F. Wolfe	600		80.00	80
1994 Madison A-5005 - Gr. M. Wolfe	600		80.00	80
1994 Mikal A-5001 - G.F. Wolfe	600		80.00	80

Teddy Bear Series - G.&G. Wolfe

YEAR ISSUE	EDITION LIMIT	YEAR RETD.	ISSUE PRICE	QUOTE U.S.$
1994 Callie A-3018	360		70.00	70
1994 Lindy A-3016	360		70.00	70
1994 Parrie A-3019	360		70.00	70
1994 Piper A-3017	360		70.00	70
1994 Randi A-3014	360		70.00	70
1994 Riley A-3015	360		70.00	70

The Wimbledon Collection - Various

YEAR ISSUE	EDITION LIMIT	YEAR RETD.	ISSUE PRICE	QUOTE U.S.$
1992 Abigail (signed) A-104-S - G.F. Wolfe	600	1994	200.00	200
1992 Abigail A-104 - G.F. Wolfe	Retrd.	1994	170.00	170
1992 Alexandra (signed) A-118-S - G.F. Wolfe	600	1994	254.00	254
1992 Alexandra A-118 - G.F. Wolfe	Retrd.	1994	224.00	224
1990 Alexis A-048 - Gr. M. Wolfe	1,200	1991	200.00	200
1989 Alicia A-4089 - G.&G. Wolfe	1,000	1991	65.00	65
1993 Alliston A-3002 - G.&G. Wolfe	360	1994	120.00	120
1989 Alyson A-047 - G.&G. Wolfe	1,000	1991	80.00	80
1990 Amanda A-051 - Gr. M. Wolfe	1,000	1991	200.00	200
1989 Amber A-5014 - G.&G. Wolfe	1,000	1991	77.00	77
1992 American Beauty (signed) A-111-S - G.F. Wolfe	600	1992	255.00	255
1992 American Beauty A-111 - G.F. Wolfe	Retrd.	1994	224.00	224
1989 Amy A-4070 - G.&G. Wolfe	1,000	1990	45.00	45
1989 Anastasia A-011 - G.&G. Wolfe	1,000	1993	150.00	150
1989 Andrea A-4092 - G.&G. Wolfe	1,000	1990	65.00	65
1989 Angela A-5016 - G.&G. Wolfe	1,000	1990	115.00	115
1989 Annessa A-019 - G.&G. Wolfe	1,000	1992	85.00	85
1994 April A-098 - G.&G. Wolfe	360	1994	80.00	80
1989 Ashley A-4039 - G.&G. Wolfe	1,000	1990	48.00	48
1994 Austin (signed) A-132-S - Gr. M. Wolfe	600		200.00	200
1994 Austin A-132 - Gr. M. Wolfe	Open		170.00	170
1991 Autumn A-065 - G.&G. Wolfe	1,000	1993	140.00	140
1989 Becky A-4057 - G.&G. Wolfe	1,000	1990	48.00	48
1989 Belinda A-029 - G.&G. Wolfe	1,000	1992	55.00	55
1992 Berkeley (signed) A-112-S - G.F. Wolfe	600	1994	360.00	360
1992 Berkeley A-112 - G.F. Wolfe	Retrd.	1994	330.00	330
1989 Bethany A-5013 - G.&G. Wolfe	1,000	1991	75.00	75
1994 Blackhawk (signed) A-136-S - G.F. Wolfe	600		254.00	254
1994 Blackhawk A-136 - G.F. Wolfe	Open		224.00	224
1989 Bo Peep A-003 - G.&G. Wolfe	1,000	1991	95.00	95
1989 Bobbie A-4083 - G.&G. Wolfe	1,000	1991	40.00	40
1989 Bonnie A-031 - G.&G. Wolfe	1,000	1992	50.00	50
1993 Bradley A-3003 - G.&G. Wolfe	Open		134.00	134
1991 Brandi A-078 - G.&G. Wolfe	1,000	1994	130.00	130
1989 Brenda A-027 - G.&G. Wolfe	1,000	1991	55.00	55
1994 Brianna A-3012 - G.&G. Wolfe	360	1994	120.00	120
1989 Brittany A-5011 - G.&G. Wolfe	1,000	1991	70.00	70
1994 Brooke (signed) A-139-S - G.F. Wolfe	600		230.00	230
1994 Brooke A-139 - G.F. Wolfe	Open		200.00	200
1989 Brooke A-5002 - G.&G. Wolfe	1,000	1990	46.00	46
1989 Caitlin A-4088 - G.&G. Wolfe	1,000	1991	75.00	75
1989 Camille A-038 - G.&G. Wolfe	1,000	1992	100.00	100
1991 Candi A-090 - G.&G. Wolfe	1,000	1992	90.00	90
1994 Candice A-3023 - G.&G. Wolfe	360		150.00	150
1989 Carla A-5023 - G.&G. Wolfe	1,000	1990	89.00	89
1989 Carole A-015 - G.&G. Wolfe	1,000	1991	21.00	21
1989 Caroline A-002 - G.&G. Wolfe	1,000	1992	90.00	90
1993 Cassidy (signed) A-122-S - Gr. M. Wolfe	600		254.00	254
1993 Cassidy A-122 - Gr. M. Wolfe	Open		224.00	224
1989 Cassie A-016 - G.&G. Wolfe	1,000	1992	130.00	130
1989 Cecilia A-006 - G.&G. Wolfe	1,000	1991	70.00	70
1989 Charlotte A-039 - G.&G. Wolfe	1,000	1993	100.00	100
1992 Chelsey (signed) A-110-S - G.F. Wolfe	600	1993	255.00	255
1992 Chelsey A-110 - G.F. Wolfe	Retrd.	1994	224.00	224
1991 Christa A-091 - G.&G. Wolfe	1,000	1992	230.00	230
1989 Christina A-4086 - G.&G. Wolfe	1,000	1991	65.00	65
1989 Christmas Doll A-046 - G.&G. Wolfe	1,000	1990	N/A	N/A
1994 Christmas Past & Present (signed) A-134-S - G.F. Wolfe	600		254.00	254
1994 Christmas Past & Present A-134 - G.F. Wolfe	Open		224.00	224
1989 Christopher A-4087 - G.&G. Wolfe	1,000	1990	65.00	65
1989 Cindy A-4085 - G.&G. Wolfe	1,000	1990	43.00	43
1989 Colleen (blue) A-4030-B - G.&G. Wolfe	1,000	1991	40.00	40
1989 Colleen (pink) A-4030-P - G.&G. Wolfe	1,000	1991	40.00	40
1989 Corey A-004 - G.&G. Wolfe	1,000	1991	72.00	72
1991 Cricket A-066 - G.&G. Wolfe	1,000	1992	100.00	100
1992 Crissie (signed) A-102-S - Gr. M. Wolfe	600	1993	170.00	170
1992 Crissie A-102 - Gr. M. Wolfe	Retrd.	1994	140.00	140
1989 Dana A-035 - G.&G. Wolfe	1,000	1991	98.00	98
1989 Dee A-5007 - G.&G. Wolfe	1,000	1991	60.00	60
1991 Denise A-087 - G.&G. Wolfe	1,000	1992	90.00	90
1994 Devon A-3020 - G.&G. Wolfe	360	1994	120.00	120
1989 Diane A-045 - G.&G. Wolfe	1,000	1992	75.00	75
1992 Don't Cry Over Spilt Milk (signed) A-101-S - G.F. Wolfe	600	1992	190.00	190
1992 Don't Cry Over Spilt Milk A-101 - G.F. Wolfe	Open		160.00	160
1991 Elise A-077 - G.&G. Wolfe	1,000	1993	100.00	100
1989 Elizabeth A-5015 - G.&G. Wolfe	1,000	1991	80.00	80
1991 Emma A-073 - G.&G. Wolfe	1,000	1992	100.00	100
1992 Erika (signed) A-105-S - Gr. M. Wolfe	600	1993	200.00	200
1992 Erika A-105 - Gr. M. Wolfe	Retrd.	1994	170.00	170
1989 Erika A-4090 - G.&G. Wolfe	1,000	1990	65.00	65
1989 Erin A-4033 - G.&G. Wolfe	1,000	1991	40.00	40
1989 Faith A-014 - G.&G. Wolfe	1,000	1991	50.00	50

Collectors' Information Bureau

55

YEAR ISSUE		EDITION LIMIT	YEAR RETD.	ISSUE PRICE	QUOTE U.S.$
1992	Flora (signed) A-120-S - G.F. Wolfe	600		280.00	280
1992	Flora A-120 - G.F. Wolfe	Open		250.00	250
1991	Fran A-064 - G.&G. Wolfe	1,000	1992	150.00	150
1990	Franz A-053 - G. F. Wolfe	1,000	1992	200.00	200
1990	Grandma's Attic A-052 - Gr. M. Wolfe	1,000	1991	170.00	170
1989	Gretchen A-4032 - G.&G. Wolfe	1,000	1991	37.00	37
1991	Hannah A-076 - G.&G. Wolfe	1,000	1992	150.00	150
1989	Heather A-5003 - G.&G. Wolfe	1,000	1990	53.00	53
1989	Heidi A-010 - G.&G. Wolfe	1,000	1991	80.00	80
1989	Hillary A-5021 - G.&G. Wolfe	1,000	1991	90.00	90
1993	Hollis (signed) A-126-S - Gr. M. Wolfe	600		170.00	170
1993	Hollis A-126 - Gr. M. Wolfe	Open		140.00	140
1989	Holly A-4080 - G.&G. Wolfe	1,000	1990	36.00	36
1994	Hunter A-3011 - G.&G. Wolfe	360	1994	100.00	100
1994	I Just Found Great-Grandma's Babies (signed) A-135-S - G.F. Wolfe	600		200.00	200
1994	I Just Found Great-Grandma's Babies A-135 - G.F. Wolfe	Open		170.00	170
1989	Jackie A-022 - G.&G. Wolfe	1,000	1991	80.00	80
1989	Jamie (lavender) A-4088-L - G.&G. Wolfe	1,000	1991	38.00	38
1989	Jamie (pink) A-4088-P - G.&G. Wolfe	1,000	1990	37.00	37
1993	Jamison (signed) A-129-S - G.F. Wolfe	600		170.00	170
1993	Jamison A-129 - G.F. Wolfe	Open		140.00	140
1991	Jeanine A-070 - G.&G. Wolfe	1,000	1993	110.00	110
1989	Jennifer A-4058 - G.&G. Wolfe	1,000	1991	40.00	40
1991	Jill A-056 - G.&G. Wolfe	1,000	1991	90.00	90
1994	Jill A-094 - G.&G. Wolfe	360	1994	70.00	70
1989	Jill A-4031 - G.&G. Wolfe	1,000	1991	38.00	38
1989	Joanne A-4037 - G.&G. Wolfe	1,000	1990	43.00	43
1989	Jodi A-4055 - G.&G. Wolfe	1,000	1990	27.00	27
1992	Johnny (signed) A-117-S - G.F. Wolfe	600	1994	254.00	254
1992	Johnny A-117 - G.F. Wolfe	Open		224.00	224
1993	Jordan A-3006 - G.&G. Wolfe	Open		160.00	160
1994	Joy A-092 - G.&G. Wolfe	600		80.00	80
1989	Julie A-4081 - G.&G. Wolfe	1,000	1990	35.00	35
1993	Kariss (signed) A-125-S - Gr. M. Wolfe	600	1994	329.00	329
1993	Kariss A-125 - Gr. M. Wolfe	Retrd.	1994	300.00	300
1989	Kate A-5001 - G.&G. Wolfe	1,000	1990	46.00	46
1989	Kathy A-036 - G.&G. Wolfe	1,000	1993	95.00	95
1989	Katrina A-017 - G.&G. Wolfe	1,000	1992	77.00	77
1992	Kayla (signed) A-107-S - Gr. M. Wolfe	600	1993	200.00	200
1992	Kayla A-107 - Gr. M. Wolfe	Retrd.	1994	170.00	170
1993	Keightley (signed) A-123-S - Gr. M. Wolfe	600	1993	254.00	254
1993	Keightley A-123 - Gr. M. Wolfe	Retrd.	1993	224.00	224
1989	Kelly A-5018 - G.&G. Wolfe	1,000	1990	56.00	56
1993	Kessler (signed) A-127-S - G.F. Wolfe	600		180.00	180
1993	Kessler A-127 - G.F. Wolfe	Open		150.00	150
1989	Kimberly A-5006 - G.&G. Wolfe	1,000	1991	64.00	64
1993	Krista (signed) A-124-S - G.F. Wolfe	600	1994	276.00	276
1993	Krista A-124 - G.F. Wolfe	Open		246.00	246
1989	Kristin (blue) A-4040-B - G.&G. Wolfe	1,000	1990	45.00	45
1989	Kristin (pink) A-4040-P - G.&G. Wolfe	1,000	1990	45.00	45
1989	Kristy A-001 - G.&G. Wolfe	1,000	1992	90.00	90
1989	Kyle A-018 - G.&G. Wolfe	1,000	1992	77.00	77
1992	Lacey (signed) A-113-S - Gr. M. Wolfe	600		330.00	330
1992	Lacey A-113 - Gr. M. Wolfe	Open		300.00	300
1994	Larkin (signed) A-130-S - G.F. Wolfe	600	1994	254.00	254
1990	Laurel A-049 - Gr. M. Wolfe	1,200	1991	200.00	200
1994	Lauren A-3022 - G.&G. Wolfe	360		150.00	150
1989	Laurie A-030 - G.&G. Wolfe	1,000	1992	55.00	55
1992	Leigh Ann (signed) A-108-S - Gr. M. Wolfe	600		255.00	255
1992	Leigh Ann A-108 - Gr. M. Wolfe	Open		224.00	224
1989	Leslie A-007 - G.&G. Wolfe	1,000	1991	80.00	80
1989	Libby A-008 - G.&G. Wolfe	1,000	1991	70.00	70
1989	Lindsey A-4093 - G.&G. Wolfe	1,000	1991	65.00	65
1994	Lloyd A-3013 - G.&G. Wolfe	360	1994	120.00	120
1994	Logan A-3010 - G.&G. Wolfe	360		100.00	100
1989	Loving Care A-009 - G.&G. Wolfe	1,000	1991	150.00	150
1989	Lucy A-5017 - G.&G. Wolfe	1,000	1991	70.00	70
1989	Lydia A-043 - Gr. M. Wolfe	3,000	1992	120.00	120
1993	Macy A-3005 - G.&G. Wolfe	Open		144.00	144
1991	Maggie A-071 - G.&G. Wolfe	1,000	1993	100.00	100
1989	Mandy A-4082 - G.&G. Wolfe	1,000	1991	40.00	40
1989	Marcy A-021 - G.&G. Wolfe	1,000	1991	150.00	150
1989	Marla A-5012 - G.&G. Wolfe	1,000	1991	75.00	75
1991	Martina A-069 - G.&G. Wolfe	1,000	1992	130.00	130
1989	Mary A-020 - G.&G. Wolfe	1,000	1991	85.00	85
1989	Mattie A-026 - G.&G. Wolfe	1,000	1992	50.00	50
1992	McKenzie (signed) A-106-S - G.F. Wolfe	600	1992	220.00	220
1992	McKenzie A-106 - G.F. Wolfe	Retrd.	1994	190.00	190
1989	Megan A-032 - G.&G. Wolfe	1,000	1992	100.00	100
1989	Melissa A-042 - G.&G. Wolfe	1,000	1992	150.00	150
1989	Michelle A-037 - G.&G. Wolfe	1,000	1992	90.00	90
1994	Miller A-3009 - G.&G. Wolfe	360		110.00	110
1989	Mindy A-5005 - G.&G. Wolfe	1,000	1991	60.00	60
1994	Mirria A-093 - G.&G. Wolfe	360		70.00	70
1989	Missy A-5010 - G.&G. Wolfe	1,000	1990	70.00	70
1992	Morgan (signed) A-10S - Gr. M. Wolfe	600	1992	200.00	200
1992	Morgan A-100 - Gr. M. Wolfe	Retrd.	1993	170.00	170
1989	Nancy A-4084 - G.&G. Wolfe	1,000	1991	45.00	45
1989	Natalie A-023 - G.&G. Wolfe	1,000	1991	95.00	95
1989	Natasha A-005 - G.&G. Wolfe	1,000	1991	60.00	60
1993	Noel A-096 - G.&G. Wolfe	600	1993	80.00	80
1994	Paige (signed) A-133-S - G.F. Wolfe	600		254.00	254
1994	Paige A-133 - G.F. Wolfe	Open		224.00	224
1993	Palmer A-3007 - G.&G. Wolfe	360	1994	150.00	150
1993	Parker A-3001 - G.&G. Wolfe	700	1994	120.00	120
1989	Paula A-4068 - G.&G. Wolfe	1,000	1990	35.00	35
1991	Penny A-063 - G.&G. Wolfe	1,000	1992	150.00	150
1992	Peyton (signed) A-115-S - G.F. Wolfe	600	1994	255.00	255
1992	Peyton A-115 - G.F. Wolfe	Retrd.	1994	224.00	224
1994	Princess Nakoma (signed) A-135-S - G.F. Wolfe	600		200.00	200
1994	Princess Nakoma A-135 - G.F. Wolfe	Open		170.00	170
1991	Rachel A-085 - G.&G. Wolfe	1,000	1992	90.00	90
1993	Ramsey A-3004 - G.&G. Wolfe	Open		134.00	134
1989	Rebecca (blue) A-4051-B - G.&G. Wolfe	1,000	1991	37.00	37
1989	Rebecca (pink) A-4051-P - G.&G. Wolfe	1,000	1991	37.00	37
1989	Robin A5004 - G.&G. Wolfe	1,000	1991	60.00	60
1989	Rose A-033 - G.&G. Wolfe	1,000	1991	45.00	45
1991	Roxanne A-088 - G.&G. Wolfe	1,000	1992	90.00	90
1994	Royce Ann A-3021 - G.&G. Wolfe	360		150.00	150
1989	Ryan A-034 - G.&G. Wolfe	1,000	1991	45.00	45
1989	Sabrina A-4015 - G.&G. Wolfe	1,000	1990	75.00	75
1991	Samantha A-062 - G.&G. Wolfe	1,000	1992	150.00	150
1989	Samuel A-4014 - G.&G. Wolfe	1,000	1991	75.00	75
1989	Sandy A-4056 - G.&G. Wolfe	1,000	1991	42.00	42
1991	Sarah A-075 - G.&G. Wolfe	1,000	1992	200.00	200
1990	Savannah A-050 - G.F. Wolfe	1,200	1991	200.00	200
1992	Shelby (signed) A-109-S - Gr. M. Wolfe	600		255.00	255
1992	Shelby A-109 - Gr. M. Wolfe	Open		224.00	224
1990	Shelly A-054 - G.&G. Wolfe	1,000	1991	90.00	90
1991	Snow Queen A-074 - G.&G. Wolfe	1,000	1992	250.00	250
1989	Sondra A-4054 - G.&G. Wolfe	1,000	1990	54.00	54
1989	Sophia A-044 - G.&G. Wolfe	1,000	1991	80.00	80
1990	Stacey A-055 - G.&G. Wolfe	1,000	1990	80.00	80
1989	Stephanie A-028 - G.&G. Wolfe	1,000	1991	55.00	55
1989	Susan A-4052 - G.&G. Wolfe	1,000	1991	25.00	25
1992	Susie (signed) A-103-S - G.F. Wolfe	600	1992	200.00	200
1992	Susie A-103 - G.F. Wolfe	Open		170.00	170
1989	Suzanne A-012 - G.&G. Wolfe	1,000	1993	100.00	100
1992	Sydney (signed) A-114-S - Gr. M. Wolfe	600	1994	255.00	255
1992	Sydney A-114 - Gr. M. Wolfe	Retrd.	1994	224.00	224
1992	Sylvia (signed) A-119-S - Gr. M. Wolfe	600	1993	254.00	254
1992	Sylvia A-119 - Gr. M. Wolfe	Retrd.	1994	224.00	224
1989	Tamara A-025 - Gr. M. Wolfe	1,000	1991	200.00	200
1989	Tara A-041 - G.&G. Wolfe	1,000	1991	105.00	105
1992	Tatum (signed) A-116-S - G.F. Wolfe	600		254.00	254
1992	Tatum A-116 - G.F. Wolfe	Open		224.00	224
1991	Taylor A-094 - G.&G. Wolfe	1,000	1992	150.00	150
1989	Terri A-013 - G.&G. Wolfe	1,000	1991	80.00	80
1989	Tessa A-5020 - G.&G. Wolfe	1,000	1991	90.00	90
1989	Tiffany A-040 - G.&G. Wolfe	1,000	1991	150.00	150
1994	Tina A-097 - G.&G. Wolfe	360	1994	70.00	70
1991	Tonya A-089 - G.&G. Wolfe	1,000	1992	90.00	90
1989	Tracy A-024 - G.&G. Wolfe	1,000	1992	70.00	70
1991	Tricia A-086 - G.&G. Wolfe	1,000	1992	90.00	90
1989	Tricia A-5022 - G.&G. Wolfe	1,000	1990	89.00	89
1994	Tyler (signed) A-131-S - Gr. M. Wolfe	600		254.00	254
1994	Tyler A-131 - Gr. M. Wolfe	Open		224.00	224
1994	Victoria (signed) A-138-S - G.F. Wolfe	600		200.00	200
1991	Victoria A-061 - G.&G. Wolfe	1,000	1992	200.00	200
1994	Victoria A-138 - G.F. Wolfe	Open		170.00	170
1991	Wendy A-068 - G.&G. Wolfe	1,000	1992	130.00	130
1994	Wesley A-3008 - G.&G. Wolfe	360		90.00	90
1989	Whitney A-5009 - G.&G. Wolfe	1,000	1990	60.00	60

FIGURINES/COTTAGES

All God's Children

Collectors' Club - M. Holcombe

YEAR ISSUE		EDITION LIMIT	YEAR RETD.	ISSUE PRICE	QUOTE U.S.$
1989	Molly -1524	Retrd.	1990	38.00	300-525
1990	Joey -1539	Retrd.	1991	32.00	375
1991	Mandy -1540	Retrd.	1992	36.00	230
1992	Olivia -1562	Retrd.	1993	36.00	100-150
1993	Garrett -1567	Retrd.	1994	36.00	75-150
1993	Peek-a-Boo	Retrd.	1994	Gift	30-75
1994	Alexandria -1575	Retrd.	1995	36.00	36
1994	Lindy	Retrd.	1995	Gift	N/A

All God's Children - M. Holcombe

YEAR ISSUE		EDITION LIMIT	YEAR RETD.	ISSUE PRICE	QUOTE U.S.$
1985	Abe -1357	Retrd.	1988	25.00	1300
1989	Adam - 1526	Open		36.00	37
1987	Amy - 1405W	Open		22.00	27
1987	Angel - 1401W	Open		20.00	26
1986	Annie Mae 6" -1311	Retrd.	1989	19.00	100-130
1986	Annie Mae 8 1/2" -1310	Retrd.	1989	27.00	125-200
1987	Aunt Sarah - blue -1440	Retrd.	1989	45.00	125-225
1987	Aunt Sarah - red-1440	Retrd.	1989	45.00	250-380
1992	Barney - 1557	Retrd.	1995	32.00	33
1988	Bean (Clear Water)-1521	Retrd.	1992	36.00	270
1992	Bean (Painted Water)-1521	Retrd.	1993	36.00	115
1987	Becky - 1402W	Open		22.00	27
1987	Becky with Patch - 1402W	Retrd.	N/A	19.00	200
1987	Ben - 1504	Retrd.	1988	22.00	300-380
1991	Bessie & Corkie - 1547	Open		70.00	70
1992	Beth - 1558	Retrd.	1995	32.00	33
1988	Betsy (Clear Water)- 1513	Retrd.	1992	36.00	250-275
1992	Betsy (Painted Water)- 1513	Retrd.	1993	36.00	115
1989	Beverly (sm.)- 1525	Retrd.	1990	50.00	350-525
1991	Billy (lg. stars raised)- 1545	Retrd.	1993	36.00	85-120
1991	Billy (stars imprinted)- 1545	Retrd.	1993	36.00	100-125
1987	Blossom - blue - 1500	Retrd.	1989	60.00	150-325
1987	Blossom - red - 1500	Retrd.	1989	60.00	700-750
1989	Bo - 1530	Retrd.	1994	22.00	50
1987	Bonnie & Buttons - 150	Retrd.	1992	24.00	70-115
1985	Booker T - 1320	Retrd.	1988	19.00	1300
1987	Boone - 1510	Retrd.	1989	16.00	85-125
1989	Bootsie - 1529	Retrd.	1994	22.00	50
1992	Caitlin - 1554	Retrd.	1994	36.00	50-70
1985	Callie 2 1/4" - 1362	Retrd.	1988	12.00	245
1985	Callie 4 1/2" - 1361	Retrd.	1988	19.00	450
1988	Calvin - 777	Retrd.	1988	200.00	1900
1987	Cassie - 1503	Retrd.	1989	22.00	125-135
1994	Chantel 1573	Open		39.00	39
1987	Charity - 1408	Retrd.	1994	28.00	60
1994	Cheri 1574	Open		38.00	38
1989	David - 1528	Open		28.00	30
1991	Dori (green dress) - 1544	Retrd.	N/A	30.00	275-360
1991	Dori (peach dress) - 1544	Open		28.00	30
1987	Eli - 1403W	Open		26.00	28
1985	Emma - 1322	Retrd.	1994	27.00	1850
1992	Faith - 1555	Retrd.	1993	32.00	60-85
1995	Gina - 1579	Open		38.00	38
1987	Ginnie - 1508	Retrd.	1988	22.00	375-400
1986	Grandma - 1323	Retrd.	1987	30.00	3575
1988	Hannah - 1515	Open		36.00	37
1988	Hope - 1519	Open		36.00	37
1987	Jacob - 1407W	Open		26.00	28
1989	Jeremy - 1523	800	1993	195.00	N/A
1989	Jerome - 1532	Open		30.00	32
1989	Jessica - 1522	800	1993	195.00	N/A
1989	Jessica and Jeremy -1522-1523	Retrd.	1993	390.00	1500-1750
1987	Jessie (no base) -1501W	Retrd.	1989	19.00	400
1989	Jessie - 1501	Open		30.00	32
1988	John -1514	Retrd.	1990	30.00	180
1989	Joseph - 1537	Open		30.00	30
1991	Joy - 1548	Open		30.00	30
1994	Justin - 1576	Open		37.00	37
1989	Kacie - 1533	Open		38.00	38
1988	Kezia - 1518	Open		36.00	37
1986	Lil' Emmie 3 1/2"-1345	Retrd.	1989	14.00	90-120
1986	Lil' Emmie 4 1/2" -1344	Retrd.	1989	18.00	100-140
1988	Lisa-1512	Retrd.	1991	36.00	185
1989	Mary - 1536	Open		30.00	30
1988	Maya - 1520	Retrd.	1993	36.00	100
1987	Meg (beige dress) -1505	Retrd.	1988	21.00	1075
1988	Meg (blue dress, long hair) -1505	Retrd.	1988	21.00	385
1988	Meg (blue dress, short hair) -1505	Retrd.	1988	21.00	885
1992	Melissa - 1556	Retrd.	1995	32.00	32
1992	Merci - 1559	Open		36.00	37
1986	Michael & Kim - 1517	Open		36.00	38
1988	Moe & Pokey - 1552	Retrd.	1993	16.00	35-50
1987	Moses - 1506	Retrd.	1992	30.00	95-120
1993	Nathaniel-11569	Open		36.00	36
1991	Nellie - 1546	Retrd.	1993	36.00	110
1994	Niambi- 1577	Open		34.00	34
1987	Paddy Paw & Lucy - 1553	Open		24.00	26
1987	Paddy Paw & Luke - 1551	Open		24.00	26
1988	Peanut -1509	Retrd.	1990	16.00	100-140
1989	Preshus - 1538	Open		24.00	24
1987	Primas Jones (w/base) -1377	Retrd.	1988	40.00	775
1987	Primas Jones -1377	Retrd.	1988	40.00	750
1986	Prissy (Bear) - 1558	Open		18.00	25
1986	Prissy (Moon Pie) - 1557	Open		20.00	32
1986	Prissy with Basket -1346	Retrd.	1989	16.00	95-130
1986	Prissy with Yarn Hair (6 strands) -1343	Retrd.	1989	19.00	115-225
1986	Prissy with Yarn Hair (9 strands) -1343	Retrd.	1989	19.00	500
1987	Pud - 1550	Retrd.	1988	11.00	1300
1987	Rachel - 1404W	Open		20.00	28
1992	Rakiya - 1561	Open		36.00	36
1988	Sally -1507	Retrd.	1989	19.00	100-150
1991	Samantha - 1542	Retrd.	1994	38.00	75
1991	Samuel - 1541	Retrd.	1994	32.00	65
1989	Sasha - 1531	Open		30.00	32
1986	Selina Jane (6 strands) -1338	Retrd.	1989	21.95	200-240
1986	Selina Jane (9 strands) -1338	Retrd.	1989	21.95	600
1993	Simon & Andrew - 1565	Open		45.00	45
1986	St. Nicholas-B -1316	Retrd.	1990	30.00	100-140
1986	St. Nicholas-W -1315	Retrd.	1990	30.00	125-140
1992	Stephen (Nativity Shepherd) - 1563	Open		36.00	36
1988	Sunshine - 1535	Open		38.00	38
1993	Sylvia - 1564	Open		36.00	37
1988	Tansi & Tedi (green socks, collar, cuffs)-1516	Retrd.	N/A	30.00	270
1988	Tansy & Tedi - 1516	Open		N/A	37
1989	Tara - 1527	Open		36.00	37
1989	Tess - 1534	Open		30.00	32
1990	Thaliyah- 778	Retrd.	1990	200.00	1700-1800

FIGURINES/COTTAGES

All God's Children
to ANRI

YEAR ISSUE		EDITION LIMIT	YEAR RETD.	ISSUE PRICE	QUOTE U.S.$
1991	Thomas - 1549	Open		30.00	30
1987	Tiffany - 1511	Open		32.00	32
1994	Tish 1572	Open		38.00	38
1986	Toby 3 1/2"- 1332	Retrd.	1989	13.00	120
1986	Toby 4 1/2"- 1331	Retrd.	1989	16.00	115-140
1985	Tom- 1353	Retrd.	1988	16.00	375
1986	Uncle Bud 6"- 1304	Retrd.	1991	19.00	135
1986	Uncle Bud 8 1/2"- 1303	Retrd.	1991	27.00	200-300
1992	Valerie - 1560	Open		36.00	37
1995	William - 1580	Open		38.00	38
1987	Willie - 1406W	Open		22.00	28
1993	Zack - 1566	Open		34.00	34

Angelic Messengers - M. Holcombe

1994	Cieara 2500	Open		38.00	38
1994	Mariah 2501	Open		38.00	38
1995	Sabrina - 2502	Open		38.00	38

Christmas - M. Holcombe

1987	1987 Father Christmas-W -1750	Retrd.	N/A	145.00	600-685
1987	1987 Father Christmas-B -1751	Retrd.	N/A	145.00	675
1988	1988 Father Christmas-W -1757	Retrd.	N/A	195.00	550
1988	1988 Father Christmas-B -1758	Retrd.	N/A	195.00	560
1988	Santa Claus-W -1767	Retrd.	N/A	185.00	550-590
1988	Santa Claus-B -1768	Retrd.	N/A	185.00	550-590
1989	1989 Father Christmas-W -1769	Retrd.	N/A	195.00	600-650
1989	1989 Father Christmas-B -1770	Retrd.	N/A	195.00	600-650
1990	1990-91 Father Christmas-W -1771	Retrd.	N/A	195.00	550
1990	1990-91 Father Christmas-B -1772	Retrd.	N/A	195.00	560
1991	1991-92 Father Christmas-W -1773	Retrd.	N/A	195.00	300-400
1991	1991-92 Father Christmas-B -1774	Retrd.	N/A	195.00	300-400
1992	Father Christmas Bust-W -1775	Retrd.	N/A	145.00	300
1992	Father Christmas Bust-B -1776	Retrd.	N/A	145.00	300

Event Piece - M. Holcombe

1994	Uriel 2000	Yr.Iss.	1994	45.00	90
1995	Jane - 2001 (10 year anniversary)	Yr.Iss.		45.00	45

Historical Series - M. Holcombe

1994	Augustus Walley (Buffalo Soldier) - 1908	Retrd.	1995	95.00	95
1994	Bessie Smith- 1909	Open		70.00	70
1992	Dr. Daniel Williams - 1903	Open		70.00	70
1992	Frances Harper - 1905	Open		70.00	70
1991	Frederick Douglass - 1902	Open		70.00	70
1992	George Washington Carver - 1907	Open		70.00	70
1989	Harriet Tubman - 1900	Retrd.	1994	65.00	130-150
1992	Ida B. Wells - 1906	Open		70.00	70
1992	Mary Bethune (misspelled) - 1904	Retrd.	1992	70.00	210
1992	Mary Bethune - 1904	Open		70.00	70
1995	Richard Allen - 1910	Open		70.00	70
1990	Sojourner Truth - 1901	Open		65.00	65

International Series - M. Holcombe

1987	Juan - 1807	Retrd.	1993	26.00	75-100
1987	Kameko - 1802	Open.		26.00	28
1987	Karl - 1808	Open.		26.00	28
1987	Katrina - 1803	Retrd.	1993	26.00	75-100
1987	Kelli - 1805	Open		30.00	30
1987	Little Chief - 1804	Open		32.00	32
1993	Minnie - 1568	Open		36.00	36
1987	Pike - 1806	Open		30.00	32
1987	Tat - 1801	Open		30.00	32

Little Missionary Series - M. Holcombe

1994	Nakia 3500	9/95		40.00	40

Sugar And Spice - M. Holcombe

1987	Blessed are the Peacemakers (Eli) -1403	Retrd.	1988	22.00	520
1987	Friend Show Love (Becky) -1402	Retrd.	1988	22.00	520
1987	Friendship Warms the Heart (Jacob) -1407	Retrd.	1988	22.00	520
1987	God is Love (Angel) -1401	Retrd.	1988	22.00	520
1987	Jesus Loves Me (Amy) -1405	Retrd.	1989	22.00	520
1987	Old Friends are Best (Rachel) -1404	Retrd.	1988	22.00	520
1987	Sharing with Friends (Willie) -1406	Retrd.	1988	22.00	520

American Artists

Fred Stone Figurines - F. Stone

1986	Arab Mare & Foal	2,500		150.00	225
1985	The Black Stallion, bronze	1,500		150.00	175
1985	The Black Stallion, porcelain	2,500		125.00	260
1987	Rearing Black Stallion (Bronze)	1,250		175.00	195
1987	Rearing Black Stallion (Porcelain)	3,500		150.00	175
1986	Tranquility	2,500		175.00	275

Anheuser-Busch, Inc.

Anheuser-Busch Collectible Figurines - Various

1994	Buddies N4575 - M. Urdahl	7,500		65.00	65
1995	Horseplay F1 - P. Radtke	7,500		65.00	65

ANRI

Bernardi Reflections - U. Bernardi

1994	Master Carver, 4"	500		350.00	350
1994	Master Carver, 6"	250		600.00	600

Christmas Firsts - S. Kay

1994	Sarah Kay's First Christmas, 4"	500		350.00	350
1994	Sarah Kay's First Christmas, 6"	250		600.00	600

Club ANRI - Various

1983	Welcome, 4" - J. Ferrandiz	Closed	1984	110.00	395
1984	My Friend, 4" - J. Ferrandiz	Closed	1985	110.00	400
1984	Apple of My Eye, 4 1/2" - S. Kay	Closed	1985	135.00	385
1985	Harvest Time, 4" - J. Ferrandiz	Closed	1986	125.00	175-385
1985	Dad's Helper, 4 1/2" - S. Kay	Closed	1986	135.00	150-375
1986	Harvest's Helper, 4" - J. Ferrandiz	Closed	1987	135.00	175-335
1986	Romantic Notions, 4" - S. Kay	Closed	1987	135.00	175-310
1986	Celebration March, 5" - J. Ferrandiz	Closed	1987	165.00	225-295
1987	Will You Be Mine, 4" - J. Ferrandiz	Closed	1988	135.00	175-310
1987	Make A Wish, 4" - S. Kay	Closed	1988	165.00	215-325
1987	A Young Man's Fancy, 4" - S. Kay	Closed	1988	135.00	165-265
1988	Forever Yours, 4" - J. Ferrandiz	Closed	1989	170.00	250
1988	I've Got a Secret, 4" - S. Kay	Closed	1989	170.00	205
1988	Maestro Mickey, 4 1/2" - Disney Studio	Closed	1989	170.00	175
1989	Diva Minnie, 4 1/2" - Disney Studio	Closed	1990	190.00	190
1989	I'll Never Tell, 4" - S. Kay	Closed	1990	190.00	190
1989	Twenty Years of Love, 4" - J. Ferrandiz	Closed	1990	190.00	190
1990	You Are My Sunshine, 4" - J. Ferrandiz	Yr.Iss.	1991	220.00	220
1990	A Little Bashful, 4" - S. Kay	Yr.Iss.	1991	220.00	220
1990	Dapper Donald, 4" - Disney Studio	Closed	1991	199.00	199
1991	With All My Heart, 4" - J. Ferrandiz	N/A	1992	250.00	250
1991	Kiss Me, 4" - S. Kay	N/A	1992	250.00	250
1991	Daisy Duck, 4 1/2" - Disney Studio	N/A	1992	250.00	250
1992	You Are My All, 4" - J. Ferrandiz	N/A	1993	260.00	260
1992	My Present For You, 4" - S. Kay	N/A	1993	270.00	270
1995	On My Own, 4" - S. Kay	Yr.Iss.		175.00	175

Disney Studios Mickey Mouse Thru The Ages - Disney Studios

1991	The Mad Dog, 4"	Closed	1991	500.00	350-500
1990	Steam Boat Willie, 4"	Closed	1990	295.00	400-500

Disney Woodcarving - Disney Studio

1991	Bell Boy Donald, 4" 656029	Closed	1991	250.00	250
1991	Bell Boy Donald, 6" 656110	Closed	1991	400.00	400
1990	Chef Goofy, 2 1/2" 656222	Closed	1991	125.00	125
1990	Chef Goofy, 5" 656227	Closed	1991	265.00	265
1989	Daisy, 4" 656021	Closed	1991	190.00	205
1990	Donald & Daisy, 6" 656108	Closed	1991	700.00	700
1988	Donald Duck, 1 3/4" 656209	Closed	1990	80.00	80
1988	Donald Duck, 2" 656204	Closed	1990	85.00	85
1987	Donald Duck, 4" 656004	Closed	1989	150.00	165
1988	Donald Duck, 4" 656014	Closed	1990	180.00	180
1988	Donald Duck, 6" 656102	Closed	1988	350.00	500
1989	Donald, 4" 656020	Closed	1991	190.00	205
1988	Goofy, 1 3/4" 656210	Closed	1990	80.00	85
1988	Goofy, 2" 656205	Closed	1990	85.00	85
1987	Goofy, 4" 656005	Closed	1989	150.00	200
1988	Goofy, 4" 656015	Closed	1990	180.00	200
1989	Goofy, 4" 656022	Closed	1991	190.00	205
1988	Goofy, 6" 656103	Closed	1988	380.00	550
1988	Goofy, 6" 656105	Closed	1991	350.00	350
1989	Mickey & Minnie Set, 6" 656106	Closed	1991	700.00	700
1989	Mickey & Minnie, 20" matched set	Closed	1991	7000.00	7000
1987	Mickey & Minnie, 6" 656101	Closed	1987	625.00	700
1988	Mickey Mouse, 1 3/4" 656206	Closed	1990	80.00	180
1988	Mickey Mouse, 2" 656201	Closed	1990	85.00	85
1990	Mickey Mouse, 2" 656220	Closed	1991	100.00	100
1987	Mickey Mouse, 4" 656001	Closed	1989	150.00	200
1988	Mickey Mouse, 4" 656011	Closed	1990	180.00	200
1990	Mickey Mouse, 4" 656025	Closed	1991	199.00	205
1991	Mickey Skating, 2" 656224	Closed	1991	120.00	160
1991	Mickey Skating, 4" 656030	Closed	1991	250.00	350
1988	Mickey Sorcerer's Apprentice, 2" 656211	Closed	1991	80.00	100
1988	Mickey Sorcerer's Apprentice, 4" 656016	Closed	1991	180.00	199
1988	Mickey Sorcerer's Apprentice, 6" 656109	Closed	1991	350.00	500
1989	Mickey, 10" 656800	Closed	1991	700.00	750
1989	Mickey, 20" 656850	Closed	1991	3500.00	3500
1989	Mickey, 4" 656018	Closed	1991	190.00	205
1988	Mini Donald, 1 3/4" 656204	Closed	1991	85.00	100
1989	Mini Donald, 2" 656215	Closed	1991	85.00	100
1988	Mini Goofy, 1 3/4" 656205	Closed	1991	85.00	100
1989	Mini Goofy, 2" 656217	Closed	1991	85.00	100
1988	Mini Mickey, 1 3/4" 656201	Closed	1991	85.00	100
1989	Mini Mickey, 2" 656213	Closed	1991	85.00	100
1988	Mini Minnie, 1 3/4" 656202	Closed	1991	85.00	100
1989	Mini Minnie, 2" 656214	Closed	1991	85.00	100
1989	Mini Pluto, 2" 656218	Closed	1991	85.00	100
1989	Minnie Daisy, 2" 656216	Closed	1991	85.00	100
1988	Minnie Mouse, 2" 656202	Closed	1990	85.00	85
1990	Minnie Mouse, 2" 656221	Closed	1991	100.00	100
1987	Minnie Mouse, 4" 656002	Closed	1989	150.00	200
1990	Minnie Mouse, 4" 656026	Closed	1991	199.00	205
1988	Minnie Pinocchio, 1 3/4" 656203	Closed	1990	85.00	100
1991	Minnie Skating, 2" 656225	Closed	1991	120.00	120
1991	Minnie Skating, 4" 656031	Closed	1991	250.00	350
1989	Minnie, 10" 656801	Closed	1991	700.00	750
1989	Minnie, 20" 656851	Closed	1991	3500.00	3500
1989	Minnie, 4" 656019	Closed	1991	190.00	205
1988	Pinocchio, 1 3/4" 656208	Closed	1990	80.00	140
1989	Pinocchio, 10" 656802	Closed	1991	700.00	700
1988	Pinocchio, 2" 656203	Closed	1990	85.00	85
1989	Pinocchio, 2" 656219	Closed	1991	85.00	100
1989	Pinocchio, 20" 656851	Closed	1991	3500.00	3500
1987	Pinocchio, 4" 656003	Closed	1989	150.00	195
1988	Pinocchio, 4" 656013	Closed	1990	180.00	199
1989	Pinocchio, 4" 656024	Closed	1991	190.00	199
1989	Pinocchio, 6" 656107	Closed	1991	350.00	350
1988	Pluto, 1 3/4" 656207	Closed	1990	80.00	85
1988	Pluto, 4" 656012	Closed	1990	180.00	180
1989	Pluto, 4" 656023	Closed	1991	190.00	190
1988	Pluto, 6" 656104	Closed	1991	350.00	350

Ferrandiz Boy and Girl - J. Ferrandiz

1983	Admiration, 6"	Closed	1983	220.00	295
1990	Alpine Friend, 3"	1,500	1990	225.00	365
1990	Alpine Friend, 6"	1,500	1990	450.00	610
1990	Alpine Music, 3"	Closed	1990	225.00	225
1990	Alpine Music, 6"	1,500	1990	450.00	580
1989	Baker Boy, 3"	Closed	1989	170.00	170
1989	Baker Boy, 6"	Closed	1989	340.00	340
1978	Basket of Joy, 6"	Closed	1978	140.00	350-450
1983	Bewildered, 6"	Closed	1983	196.00	295
1991	Catalonian Boy, 3"	Closed	1993	227.50	228
1991	Catalonian Boy, 6"	Closed	1993	500.00	500
1991	Catalonian Girl, 3"	Closed	1993	227.50	228
1991	Catalonian Girl, 6"	Closed	1993	500.00	500
1976	Cowboy, 6"	Closed	1976	75.00	500-600
1987	Dear Sweetheart, 3"	Closed	1989	130.00	130
1987	Dear Sweetheart, 6"	Closed	1989	250.00	250
1988	Extra, Extra!, 3"	Closed	1988	145.00	145
1988	Extra, Extra!, 6"	Closed	1988	320.00	320
1979	First Blossom, 6"	Closed	1979	135.00	345-375
1987	For My Sweetheart, 3"	Closed	1989	130.00	130
1987	For My Sweetheart, 6"	Closed	1989	250.00	250
1984	Friendly Faces, 3"	Closed	1984	93.00	110
1984	Friendly Faces, 6"	Closed	1984	210.00	225-295
1980	Friends, 6"	Closed	1980	200.00	300-350
1986	Golden Sheaves, 3"	Closed	1986	125.00	125
1986	Golden Sheaves, 6"	Closed	1986	245.00	245
1982	Guiding Light, 6"	Closed	1982	225.00	275-350
1979	Happy Strummer, 6"	Closed	1979	160.00	395
1976	Harvest Girl, 6"	Closed	1976	75.00	400-800
1977	Leading the Way, 6"	Closed	1977	100.00	300-375
1992	Madonna With Child, 3"	1,000	1994	190.00	190
1992	Madonna With Child, 6"	1,000	1994	370.00	370
1992	May I, Too?, 3"	1,000	1993	230.00	230
1992	May I, Too?, 6"	1,000	1993	440.00	440
1980	Melody for Two, 6"	Closed	1980	200.00	350
1981	Merry Melody, 6"	Closed	1981	210.00	300-350
1992	Pascal Lamb, 3"	1,000	1993	210.00	210
1992	Pascal Lamb, 6"	1,000	1993	460.00	460
1989	Pastry Girl, 3"	Closed	1989	170.00	170
1989	Pastry Girl, 6"	Closed	1989	340.00	340
1978	Peace Pipe, 6"	Closed	1978	140.00	325-450
1985	Peaceful Friends, 3"	Closed	1985	120.00	120
1985	Peaceful Friends, 6"	Closed	1985	250.00	295
1986	Season's Bounty, 3"	Closed	1986	125.00	125
1986	Season's Bounty, 6"	Closed	1986	245.00	245
1988	Sunny Skies, 3"	Closed	1988	145.00	145
1988	Sunny Skies, 6"	Closed	1988	320.00	320
1989	Swiss Boy, 3"	Closed	1993	180.00	180
1989	Swiss Boy, 6"	Closed	1993	380.00	380
1989	Swiss Girl, 3"	Closed	1993	200.00	200
1989	Swiss Girl, 6"	Closed	1993	470.00	470
1985	Tender Love, 3"	Closed	1985	100.00	125
1985	Tender Love, 6"	Closed	1985	225.00	250
1981	Tiny Sounds, 6"	Closed	1981	210.00	300-350
1982	To Market, 6"	Closed	1982	220.00	295
1977	Tracker, 6"	Closed	1977	100.00	400
1984	Wanderer's Return, 3"	Closed	1984	93.00	135
1984	Wanderer's Return, 6"	Closed	1984	196.00	250
1992	Waste Not, Want Not, 3"	1,000	1993	190.00	200
1992	Waste Not, Want Not, 6"	1,000	1993	430.00	430

Ferrandiz Matching Number Woodcarvings - J. Ferrandiz

1990	Alpine Music / Friend, 3"	Closed	1992	450.00	450
1990	Alpine Music / Friend, 6"	Closed	1992	900.00	900
1989	Baker / Pastry, 3"	Closed	1992	340.00	340
1989	Baker / Pastry, 6"	Closed	1992	680.00	680
1991	Catalonian Boy/Girl, 3"	Closed	1992	455.00	455
1991	Catalonian Boy/Girl, 6"	Closed	1992	1000.00	1000
1988	Dear Sweetheart, 3"/For My Sweetheart, 3"	Closed	1989	285.00	495
1988	Dear Sweetheart, 6"/For My Sweetheart, 6"	Closed	1989	525.00	900
1988	Extra, Extra!, 3"/Sunny Skies, 3"	Closed	1992	315.00	315
1988	Extra, Extra!, 6"/Sunny Skies, 6"	Closed	1988	665.00	665
1988	Picnic for Two, 3"/Bon Appetit, 3"	Closed	1991	390.00	390
1988	Picnic for Two, 6"/Bon Appetit, 6"	Closed	1992	845.00	845

ANRI
to ANRI

FIGURINES/COTTAGES

Ferrandiz Message Collection - J. Ferrandiz

YEAR ISSUE		EDITION LIMIT	YEAR RETD.	ISSUE PRICE	QUOTE U.S.$
1990	Christmas Carillon, 4 1/2"	Closed	1992	299.00	299
1990	Count Your Blessings, 4 1/2"	Closed	1992	300.00	300
1990	God's Creation, 4 1/2"	Closed	1992	300.00	300
1989	God's Miracle, 4 1/2"	Closed	1991	300.00	300
1989	God's Precious Gift, 4 1/2"	Closed	1991	300.00	300
1989	He Guides Us, 4 1/2"	Closed	1991	300.00	300
1989	He is the Light, 4 1/2"	Closed	1991	300.00	300
1989	He is the Light, 9"	Closed	1991	600.00	600
1989	Heaven Sent, 4 1/2"	Closed	1991	300.00	300
1989	Light From Within, 4 1/2"	Closed	1991	300.00	300
1989	Love Knows No Bounds, 4 1/2"	Closed	1991	300.00	300
1989	Love So Powerful, 4 1/2"	Closed	1991	300.00	300

Ferrandiz Mini Nativity Set - J. Ferrandiz

YEAR ISSUE		EDITION LIMIT	YEAR RETD.	ISSUE PRICE	QUOTE U.S.$
1985	Baby Camel, 1 1/2"	Closed	1993	45.00	53
1985	Camel Guide, 1 1/2"	Closed	1993	45.00	53
1985	Camel, 1 1/2"	Closed	1993	45.00	53
1988	Devotion, 1 1/2"	Closed	1993	53.00	53
1985	Harmony, 1 1/2"	Closed	1993	45.00	53
1984	Infant, 1 1/2"	Closed	1993	Set	Set
1988	Jolly Gift, 1 1/2"	Closed	1992	53.00	53
1984	Joseph, 1 1/2"	Closed	1993	Set	Set
1984	Leading the Way, 1 1/2"	Closed	1993	Set	Set
1988	Long Journey, 1 1/2"	Closed	1993	53.00	53
1984	Mary, 1 1/2"	Closed	1993	300.00	540
1986	Mini Angel, 1 1/2"	Closed	1993	45.00	53
1986	Mini Balthasar, 1 1/2"	Closed	1993	45.00	53
1986	Mini Caspar, 1 1/2"	Closed	1993	45.00	53
1986	Mini Free Ride, plus Mini Lamb, 1 1/2"	Closed	1993	45.00	53
1986	Mini Melchoir, 1 1/2"	Closed	1993	45.00	53
1986	Mini Star Struck, 1 1/2"	Closed	1993	45.00	53
1986	Mini The Hiker, 1 1/2"	Closed	1993	45.00	53
1986	Mini The Stray, 1 1/2"	Closed	1993	45.00	53
1986	Mini Weary Traveller, 1 1/2"	Closed	1993	45.00	53
1984	Ox Donkey, 1 1/2"	Closed	1993	Set	Set
1985	Rest, 1 1/2"	Closed	1993	45.00	53
1985	Reverence, 1 1/2"	Closed	1993	45.00	53
1984	Sheep Kneeling, 1 1/2"	Closed	1993	Set	Set
1984	Sheep Standing, 1 1/2"	Closed	1993	Set	Set
1985	Small Talk, 1 1/2"	Closed	1993	45.00	53
1988	Sweet Dreams, 1 1/2"	Closed	1993	53.00	53
1988	Sweet Inspiration, 1 1/2"	Closed	1992	53.00	53
1985	Thanksgiving, 1 1/2"	Closed	1993	45.00	53

Ferrandiz Shepherds of the Year - J. Ferrandiz

YEAR ISSUE		EDITION LIMIT	YEAR RETD.	ISSUE PRICE	QUOTE U.S.$
1982	Companions, 6"	Closed	1982	220.00	275-300
1984	Devotion, 3"	Closed	1984	82.50	125
1984	Devotion, 6"	Closed	1984	180.00	200-250
1979	Drummer Boy, 3"	Annual	1979	80.00	250
1979	Drummer Boy, 6"	Annual	1979	220.00	400-425
1980	Freedom Bound, 3"	Annual	1980	90.00	225
1980	Freedom Bound, 6"	Annual	1980	225.00	400
1977	Friendship, 3"	Annual	1977	53.50	330
1977	Friendship, 6"	Annual	1977	110.00	500-675
1983	Good Samaritan, 6"	Closed	1983	220.00	300-320
1981	Jolly Piper, 6"	Closed	1981	225.00	375
1978	Spreading the Word, 3"	Annual	1978	115.00	250-275
1978	Spreading the Word, 6"	Annual	1978	270.50	500

Ferrandiz Woodcarvings - J. Ferrandiz

YEAR ISSUE		EDITION LIMIT	YEAR RETD.	ISSUE PRICE	QUOTE U.S.$
1988	Abracadabra, 3"	Closed	1991	145.00	165
1988	Abracadabra, 6"	Closed	1991	315.00	345
1987	Among Friends, 3"	Closed	1990	125.00	151
1987	Among Friends, 6"	Closed	1990	245.00	291
1969	Angel Sugar Heart, 6"	Closed	1973	25.00	2500
1974	Artist, 3"	Closed	1981	30.00	195
1970	Artist, 6"	Closed	1981	25.00	350
1982	Bagpipe, 3"	Closed	1983	80.00	95
1982	Bagpipe, 6"	Closed	1983	175.00	190
1978	Basket of Joy, 3"	Closed	1984	65.00	120
1984	Bird's Eye View, 3"	Closed	1989	88.00	129
1984	Bird's Eye View, 6"	Closed	1989	216.00	700
1987	Black Forest Boy, 3"	Closed	1990	125.00	151
1987	Black Forest Boy, 6"	Closed	1990	250.00	301
1987	Black Forest Girl, 3"	Closed	1990	125.00	151
1987	Black Forest Girl, 6"	Closed	1990	250.00	300-350
1977	The Blessing, 3"	Closed	1982	45.00	150
1977	The Blessing, 6"	Closed	1982	125.00	250
1988	Bon Appetit, 3"	Closed	1991	175.00	195
1988	Bon Appetit, 6"	Closed	1991	395.00	440
1974	The Bouquet, 3"	Closed	1981	35.00	175
1974	The Bouquet, 6"	Closed	1981	75.00	325
1982	Bundle of Joy, 3"	Closed	1990	100.00	300
1982	Bundle of Joy, 6"	Closed	1990	225.00	323
1985	Butterfly Boy, 3"	Closed	1990	95.00	140
1985	Butterfly Boy, 6"	Closed	1990	220.00	322
1976	Catch a Falling Star, 3"	Closed	1983	35.00	150
1976	Catch a Falling Star, 6"	Closed	1983	75.00	250
1982	The Champion, 3"	Closed	1985	98.00	110
1982	The Champion, 6"	Closed	1985	225.00	250
1975	Cherub, 2"	Open		32.00	90
1975	Cherub, 4"	Open		32.00	275
1993	Christmas Time, 5"	750		360.00	380
1982	Circus Serenade, 3"	Closed	1988	100.00	160
1982	Circus Serenade, 6"	Closed	1988	220.00	220
1982	Clarinet, 3"	Closed	1983	80.00	100
1982	Clarinet, 6"	Closed	1983	175.00	200
1982	Companions, 3"	Closed	1984	95.00	115
1975	Courting, 3"	Closed	1982	70.00	235
1975	Courting, 6"	Closed	1982	150.00	450
1984	Cowboy, 10"	Closed	1989	370.00	500
1983	Cowboy, 20"	Closed	1989	2100.00	2100
1976	Cowboy, 3"	Closed	1989	35.00	140-160
1994	Donkey Driver, 3"	Open		160.00	160
1994	Donkey Driver, 6"	Open		360.00	360
1994	Donkey, 3"	Open		200.00	200
1994	Donkey, 6"	Open		450.00	450
1980	Drummer Boy, 3"	Closed	1988	130.00	200
1980	Drummer Boy, 6"	Closed	1988	300.00	400
1970	Duet, 3"	Closed	1991	36.00	165
1970	Duet, 6"	Closed	1991	Unkn.	355
1986	Edelweiss, 10"	Open		500.00	1000
1986	Edelweiss, 20"	250		3300.00	5420
1983	Edelweiss, 3"	Open		95.00	190
1983	Edelweiss, 6"	Open		220.00	450
1982	Encore, 3"	Closed	1984	100.00	115
1982	Encore, 6"	Closed	1984	225.00	235
1979	First Blossom, 3"	Closed	1985	70.00	110
1974	Flight Into Egypt, 3"	Closed	1986	35.00	125
1974	Flight Into Egypt, 6"	Closed	1986	70.00	500
1976	Flower Girl, 3"	Closed	1988	40.00	40
1976	Flower Girl, 6"	Closed	1988	90.00	310
1982	Flute, 3"	Closed	1983	80.00	95
1982	Flute, 6"	Closed	1983	175.00	190
1976	Gardener, 3"	Closed	1984	32.00	195
1976	Gardener, 6"	Closed	1985	65.00	275-350
1975	The Gift, 3"	Closed	1982	40.00	195
1975	The Gift, 6"	Closed	1982	70.00	295
1973	Girl in the Egg, 3"	Closed	1988	30.00	127
1973	Girl in the Egg, 6"	Closed	1988	60.00	272
1973	Girl with Dove, 3"	Closed	1984	30.00	110
1973	Girl with Dove, 6"	Closed	1984	50.00	175-200
1976	Girl with Rooster, 3"	Closed	1982	32.50	175
1976	Girl with Rooster, 6"	Closed	1982	60.00	275
1986	God's Little Helper, 2"	Closed	1991	170.00	255
1986	God's Little Helper, 4"	Closed	1991	425.00	550
1975	Going Home, 3"	Closed	1988	40.00	110
1975	Going Home, 6"	Closed	1988	70.00	240
1986	Golden Blossom, 10"	Open		500.00	1000
1986	Golden Blossom, 20"	250		3300.00	5420
1983	Golden Blossom, 3"	Open		95.00	190
1986	Golden Blossom, 40"	Open		8300.00	12950
1983	Golden Blossom, 6"	Open		220.00	450
1982	The Good Life, 3"	Closed	1984	100.00	200
1982	The Good Life, 6"	Closed	1984	225.00	295
1969	The Good Sheperd, 3"	Closed	1988	12.50	121
1971	The Good Shepherd, 10"	Closed	1988	90.00	90
1969	The Good Shepherd, 6"	Closed	1988	25.00	237
1974	Greetings, 3"	Closed	1976	30.00	300
1974	Greetings, 6"	Closed	1976	55.00	475
1982	Guiding Light, 3"	Closed	1984	100.00	115-140
1982	Guitar, 3"	Closed	1983	80.00	95
1982	Guitar, 6"	Closed	1983	175.00	190
1979	Happy Strummer, 3"	Closed	1986	75.00	110
1973	Happy Wanderer, 10"	Closed	1985	120.00	500
1974	Happy Wanderer, 3"	Closed	1986	40.00	105
1974	Happy Wanderer, 6"	Closed	1986	70.00	200
1982	Harmonica, 3"	Closed	1983	80.00	95
1982	Harmonica, 3"	Closed	1983	80.00	95
1982	Harmonica, 6"	Closed	1983	175.00	190
1978	Harvest Girl, 3"	Closed	1986	75.00	110-140
1979	He's My Brother, 3"	Closed	1984	70.00	130
1979	He's My Brother, 6"	Closed	1984	155.00	240
1987	Heavenly Concert, 2"	Closed	1991	200.00	200
1987	Heavenly Concert, 4"	Closed	1991	450.00	550
1969	Heavenly Gardener, 6"	Closed	1973	25.00	2000
1969	Heavenly Quintet, 6"	Closed	1973	25.00	2000
1974	Helping Hands, 3"	Closed	1976	30.00	350
1974	Helping Hands, 6"	Closed	1976	55.00	700
1984	High Hopes, 3"	Closed	1986	81.00	81-100
1984	High Hopes, 6"	Closed	1986	170.00	255
1979	High Riding, 3"	Closed	1984	145.00	200
1979	High Riding, 6"	Closed	1984	340.00	475
1982	Hitchhiker, 3"	Closed	1986	98.00	85-110
1982	Hitchhiker, 6"	Closed	1986	125.00	230
1993	Holiday Greetings, 3"	1,000	1993	200.00	200
1993	Holiday Greetings, 6"	1,000	1993	450.00	450
1975	Holy Family, 3"	Closed	1988	75.00	250
1975	Holy Family, 6"	Closed	1988	200.00	670
1977	Hurdy Gurdy, 3"	Closed	1988	53.00	150
1977	Hurdy Gurdy, 6"	Closed	1988	112.00	390
1975	Inspector, 3"	Closed	1981	40.00	250
1975	Inspector, 6"	Closed	1981	80.00	395
1981	Jolly Piper, 3"	Closed	1984	100.00	120
1977	Journey, 3"	Closed	1983	67.50	175
1977	Journey, 6"	Closed	1983	120.00	400
1977	Leading the Way, 3"	Closed	1984	62.50	120
1976	The Letter, 3"	Closed	1988	40.00	40
1976	The Letter, 6"	Closed	1988	90.00	600
1982	Lighting the Way, 3"	Closed	1984	105.00	150
1982	Lighting the Way, 6"	Closed	1984	225.00	295
1974	Little Mother, 3"	Closed	1981	136.00	290
1974	Little Mother, 6"	Closed	1981	85.00	285
1993	Lots of Gifts, 3"	1,000	1993	200.00	200
1993	Lots of Gifts, 6"	1,000	1993	450.00	450
1975	Love Gift, 3"	Closed	1982	40.00	175
1975	Love Gift, 6"	Closed	1982	70.00	295
1969	Love Letter, 3"	Closed	1982	12.50	150
1969	Love Letter, 6"	Closed	1982	25.00	250
1983	Love Message, 3"	Closed	1990	105.00	151
1983	Love Message, 6"	Closed	1990	240.00	366
1969	Love's Messenger, 6"	Closed	1973	25.00	2000
1981	Merry Melody, 3"	Closed	1984	90.00	115
1989	Mexican Boy, 3"	Closed	1993	170.00	175
1989	Mexican Boy, 6"	Closed	1993	340.00	350
1989	Mexican Girl, 3"	Closed	1993	170.00	175
1989	Mexican Girl, 6"	Closed	1993	340.00	350
1975	Mother and Child, 3"	Closed	1983	45.00	150
1975	Mother and Child, 6"	Closed	1983	90.00	295
1981	Musical Basket, 3"	Closed	1984	90.00	115
1981	Musical Basket, 6"	Closed	1984	200.00	225
1986	A Musical Ride, 4"	Closed	1990	165.00	237
1986	A Musical Ride, 8"	Closed	1990	395.00	559
1973	Nature Girl, 3"	Closed	1988	30.00	30
1973	Nature Girl, 6"	Closed	1988	60.00	272
1987	Nature's Wonder, 3"	Closed	1990	125.00	151
1987	Nature's Wonder, 6"	Closed	1990	245.00	291
1974	New Friends, 3"	Closed	1976	30.00	275
1974	New Friends, 6"	Closed	1976	55.00	550
1977	Night Night, 3"	Closed	1983	45.00	120
1977	Night Night, 6"	Closed	1983	67.50	250-315
1988	Peace Maker, 3"	Closed	1991	180.00	200
1988	Peace Maker, 6"	Closed	1991	360.00	395
1983	Peace Pipe, 10"	Closed	1986	460.00	495
1984	Peace Pipe, 20"	Closed	1986	2200.00	3500
1979	Peace Pipe, 3"	Closed	1986	85.00	120
1988	Picnic for Two, 3"	Closed	1991	190.00	210
1988	Picnic for Two, 6"	Closed	1991	425.00	465
1982	Play It Again, 3"	Closed	1984	100.00	120
1982	Play It Again, 6"	Closed	1984	250.00	255
1977	Poor Boy, 3"	Closed	1986	50.00	110
1977	Poor Boy, 6"	Closed	1986	125.00	215
1977	Proud Mother, 3"	Closed	1988	52.50	150
1977	Proud Mother, 6"	Closed	1988	130.00	350
1971	The Quintet, 10"	Closed	1990	100.00	675
1971	The Quintet, 20"	Closed	1990	Unkn.	3000
1969	The Quintet, 3"	Closed	1990	12.50	140
1969	The Quintet, 6"	Closed	1990	25.00	340
1977	Riding Thru the Rain, 10"	Open		400.00	1150
1977	Riding Thru the Rain, 5"	Open		145.00	450
1974	Romeo, 3"	Closed	1981	50.00	250
1974	Romeo, 6"	Closed	1981	85.00	395
1993	Santa and Teddy, 5"	750		360.00	380
1994	Santa Resting on Bag, 5"	Open		400.00	400
1987	Serenity, 3"	Closed	1989	125.00	151
1987	Serenity, 6"	Closed	1989	245.00	291
1976	Sharing, 3"	Closed	1983	32.50	130
1976	Sharing, 6"	Closed	1983	32.50	225-275
1984	Shipmates, 3"	Closed	1989	81.00	119
1984	Shipmates, 6"	Closed	1989	170.00	248
1978	Spreading the Word, 3"	Closed	1989	115.00	194
1978	Spreading the Word, 6"	Closed	1989	270.00	495
1980	Spring Arrivals, 10"	Open		435.00	770
1980	Spring Arrivals, 20"	250		2000.00	3360
1973	Spring Arrivals, 3"	Open		30.00	160
1973	Spring Arrivals, 6"	Open		50.00	350
1978	Spring Dance, 12"	Closed	1984	950.00	1750
1978	Spring Dance, 24"	Closed	1984	4750.00	6200
1974	Spring Outing, 3"	Closed	1976	30.00	625
1974	Spring Outing, 6"	Closed	1976	55.00	900
1982	Star Bright, 3"	Closed	1984	110.00	125
1982	Star Bright, 6"	Closed	1984	250.00	295
1981	Stepping Out, 3"	Closed	1984	95.00	110-145
1981	Stepping Out, 6"	Closed	1984	220.00	275
1979	Stitch in Time, 3"	Closed	1984	75.00	125
1979	Stitch in Time, 6"	Closed	1984	150.00	235
1969	Sugar Heart, 3"	Closed	1973	12.50	450
1969	Sugar Heart, 6"	Closed	1973	25.00	525
1975	Summertime, 3"	Closed	1989	35.00	35
1975	Summertime, 6"	Closed	1989	70.00	258
1982	Surprise, 3"	Closed	1988	100.00	150
1982	Surprise, 6"	Closed	1988	225.00	325
1973	Sweeper, 3"	Closed	1981	35.00	130
1973	Sweeper, 6"	Closed	1981	75.00	425
1981	Sweet Arrival Blue, 3"	Closed	1985	105.00	110
1981	Sweet Arrival Blue, 6"	Closed	1985	225.00	255
1981	Sweet Arrival Pink, 3"	Closed	1985	105.00	110
1981	Sweet Arrival Pink, 6"	Closed	1985	225.00	225
1981	Sweet Dreams, 3"	Closed	1990	100.00	140
1982	Sweet Dreams, 6"	Closed	1990	225.00	330
1982	Sweet Melody, 3"	Closed	1985	80.00	90
1982	Sweet Melody, 6"	Closed	1985	198.00	210
1986	Swiss Boy, 3"	Closed	1993	122.00	162
1986	Swiss Boy, 6"	Closed	1993	245.00	324
1986	Swiss Girl, 3"	Closed	1993	122.00	122
1986	Swiss Girl, 6"	Closed	1993	245.00	304
1971	Talking to Animals, 20"	Closed	1989	Unkn.	3000
1971	Talking to the Animals, 10"	Closed	1989	90.00	600
1969	Talking to the Animals, 3"	Closed	1989	12.50	125
1969	Talking to the Animals, 6"	Closed	1989	45.00	45
1995	Tender Care, 3" 55700/52	Open		125.00	125
1974	Tender Moments, 3"	Closed	1976	30.00	375
1974	Tender Moments, 6"	Closed	1976	55.00	575
1981	Tiny Sounds, 3"	Closed	1984	90.00	105
1982	To Market, 3"	Closed	1984	95.00	115
1977	Tracker, 3"	Closed	1984	70.00	120-200
1980	Trumpeter, 10"	Closed	1986	500.00	500
1984	Trumpeter, 20"	Closed	1986	2350.00	3050
1973	Trumpeter, 3"	Closed	1986	69.00	115
1973	Trumpeter, 6"	Closed	1986	120.00	240
1980	Umpapa, 4"	Closed	1984	125.00	140
1982	Violin, 3"	Closed	1983	80.00	95
1982	Violin, 6"	Closed	1983	175.00	195
1976	Wanderlust, 3"	Closed	1983	32.50	125
1975	Wanderlust, 6"	Closed	1983	70.00	450
1988	Winter Memories, 3"	Closed	1991	180.00	195

ANRI
to Armani

FIGURINES/COTTAGES

YEAR	ISSUE	EDITION LIMIT	YEAR RETD.	ISSUE PRICE	QUOTE U.S.$
1988	Winter Memories, 6"	Closed	1991	398.00	440

Limited Edition Couples - J. Ferrandiz

YEAR	ISSUE	EDITION LIMIT	YEAR RETD.	ISSUE PRICE	QUOTE U.S.$
1985	First Kiss, 8"	Closed	1985	590.00	950
1987	Heart to Heart, 8"	Closed	1991	590.00	850
1988	A Loving Hand, 8"	Closed	1991	795.00	850
1986	My Heart Is Yours, 8"	Closed	1991	590.00	850
1985	Springtime Stroll, 8"	Closed	1990	590.00	950
1986	A Tender Touch, 8"	Closed	1990	590.00	850

Sarah Kay Figurines - S. Kay

YEAR	ISSUE	EDITION LIMIT	YEAR RETD.	ISSUE PRICE	QUOTE U.S.$
1985	'Tis the Season, 4"	Closed	1993	95.00	250
1985	'Tis the Season, 6"	Closed	1985	210.00	425
1985	Afternoon Tea, 11"	Closed	1993	650.00	770
1985	Afternoon Tea, 20"	Closed	1993	3100.00	3500
1985	Afternoon Tea, 4"	Closed	1990	95.00	185
1985	Afternoon Tea, 6"	Closed	1990	195.00	325-365
1987	All Aboard, 1 1/2"	Closed	1990	50.00	90
1987	All Aboard, 4"	Closed	1990	130.00	185
1987	All Aboard, 6"	Closed	1990	265.00	355
1987	All Mine, 1 1/2"	Closed	1988	49.50	95
1987	All Mine, 4"	Closed	1988	130.00	225
1987	All Mine, 6"	Closed	1988	245.00	465
1986	Always By My Side, 1 1/2"	Closed	1988	45.00	95
1986	Always By My Side, 4"	Closed	1988	95.00	195
1986	Always By My Side, 6"	Closed	1988	195.00	375
1990	Batter Up, 1 1/2"	Closed	1991	90.00	95
1990	Batter Up, 4"	2,000		220.00	265
1990	Batter Up, 6"	2,000		440.00	505
1983	Bedtime, 1 1/2"	Closed	1984	45.00	110
1983	Bedtime, 4"	Closed	1987	95.00	230
1983	Bedtime, 6"	Closed	1987	195.00	435
1994	Bubbles & Bows, 4"	1,000		300.00	300
1994	Bubbles & Bows, 6"	1,000		600.00	600
1986	Bunny Hug, 1 1/2"	Closed	1989	45.00	85
1986	Bunny Hug, 4"	Closed	1989	95.00	172
1986	Bunny Hug, 6"	Closed	1989	210.00	395
1989	Cherish, 1 1/2"	Closed	1991	80.00	95
1989	Cherish, 4"	2,000	1994	199.00	290
1989	Cherish, 6"	2,000	1994	398.00	560
1993	Christmas Basket, 4"	1,000		310.00	290
1993	Christmas Basket, 6"	1,000		600.00	580
1994	Christmas Wonder, 4"	1,000		370.00	370
1994	Christmas Wonder, 6"	1,000		700.00	700
1994	Clowning Around, 4"	1,000		300.00	300
1994	Clowning Around, 6"	1,000		550.00	550
1987	Cuddles, 1 1/2"	Closed	1988	49.50	95
1987	Cuddles, 4"	Closed	1988	130.00	225
1987	Cuddles, 6"	Closed	1988	245.00	465
1984	Daydreaming, 1 1/2"	Closed	1984	45.00	125
1984	Daydreaming, 4"	Closed	1988	95.00	235
1984	Daydreaming, 6"	Closed	1988	195.00	445
1991	Dress Up, 1 1/2"	3,750	1991	110.00	110
1991	Dress Up, 4"	2,000	1993	270.00	270
1991	Dress Up, 6"	2,000	1993	550.00	550
1983	Feeding the Chickens, 1 1/2"	Closed	1984	45.00	110
1983	Feeding the Chickens, 4"	Closed	1987	95.00	250
1983	Feeding the Chickens, 6"	Closed	1987	195.00	450
1991	Figure Eight, 1 1/2"	3,750	1991	110.00	110
1991	Figure Eight, 4"	2,000		270.00	365
1991	Figure Eight, 6"	2,000		550.00	660
1984	Finding R Way, 1 1/2"	Closed	1984	45.00	135
1984	Finding R Way, 4"	Closed	1988	95.00	245
1984	Finding R Way, 6"	Closed	1984	210.00	495
1986	Finishing Touch, 1 1/2"	Closed	1989	45.00	85
1986	Finishing Touch, 4"	Closed	1989	95.00	172
1986	Finishing Touch, 6"	Closed	1989	195.00	312
1989	First School Day, 1 1/2"	Closed	1991	85.00	95
1989	First School Day, 4"	2,000	1993	290.00	350
1989	First School Day, 6"	2,000	1993	550.00	650
1995	First Xmas Stocking, 4" 57553	500		250.00	250
1995	First Xmas Stocking, 6" 57554	250		395.00	395
1989	Fisherboy, 1 1/2"	Closed	1991	85.00	95
1989	Fisherboy, 4"	2,000	1994	220.00	240
1989	Fisherboy, 6"	Closed	1994	440.00	475
1984	Flowers for You, 1 1/2"	Closed	1984	45.00	125
1984	Flowers for You, 4"	Closed	1988	95.00	250
1984	Flowers for You, 6"	Closed	1988	195.00	450
1991	Fore!!, 1 1/2"	3,750	1991	110.00	115
1991	Fore!!, 4"	2,000		270.00	325
1991	Fore!!, 6"	2,000		550.00	580
1992	Free Skating, 4"	1,000		310.00	325
1992	Free Skating, 6"	1,000		590.00	620
1983	From the Garden, 1 1/2"	Closed	1984	45.00	110
1983	From the Garden, 4"	Closed	1987	95.00	235
1983	From the Garden, 6"	Closed	1987	195.00	450
1989	Garden Party, 1 1/2"	Closed	1991	85.00	95
1989	Garden Party, 4"	2,000	1993	220.00	240
1989	Garden Party, 6"	Closed	1993	440.00	475
1985	Giddyap!, 4"	Closed	1990	95.00	250
1985	Giddyap!, 6"	Closed	1990	195.00	325
1988	Ginger Snap, 1 1/2"	Closed	1990	70.00	90
1988	Ginger Snap, 4"	Closed	1990	150.00	185
1988	Ginger Snap, 6"	Closed	1990	300.00	355
1986	Good As New, 1 1/2"	Closed	1991	45.00	90
1986	Good As New, 4"	4,000	1994	95.00	200
1986	Good As New, 6"	4,000	1994	195.00	500
1983	Helping Mother, 1 1/2"	Closed	1983	45.00	110
1983	Helping Mother, 4"	Closed	1983	95.00	300
1983	Helping Mother, 6"	Closed	1983	210.00	495
1988	Hidden Treasures, 1 1/2"	Closed	1990	70.00	90
1988	Hidden Treasures, 4"	Closed	1990	150.00	185
1988	Hidden Treasures, 6"	Closed	1990	300.00	355
1990	Holiday Cheer, 1 1/2"	Closed	1991	90.00	95
1990	Holiday Cheer, 4"	2,000		225.00	305
1990	Holiday Cheer, 6"	1,000		450.00	610
1989	House Call, 1 1/2"	Closed	1991	85.00	95
1989	House Call, 4"	Closed	1991	190.00	195
1989	House Call, 6"	Closed	1991	390.00	390
1995	I Know, I Know, 4" 57701	500		250.00	250
1995	I Know, I Know, 6" 57702	250		395.00	395
1993	Innocence, 4"	1,000		345.00	315
1993	Innocence, 6"	1,000		630.00	630
1994	Jolly Pair, 4"	1,000		350.00	350
1994	Jolly Pair, 6"	1,000		650.00	650
1993	Joy to the World, 4"	1,000		310.00	290
1993	Joy to the World, 6"	1,000		600.00	580
1987	Let's Play, 1 1/2"	Closed	1990	49.50	90
1987	Let's Play, 4"	Closed	1990	130.00	185
1987	Let's Play, 6"	Closed	1990	265.00	355
1994	Little Chimney Sweep, 4"	1,000		300.00	300
1994	Little Chimney Sweep, 6"	1,000		600.00	600
1987	Little Nanny, 1 1/2"	Closed	1990	49.50	90
1987	Little Nanny, 4"	Closed	1990	150.00	200
1987	Little Nanny, 6"	Closed	1990	295.00	400
1987	A Loving Spoonful, 1 1/2"	Closed	1991	49.50	90
1987	A Loving Spoonful, 4"	4,000	1994	150.00	290
1987	A Loving Spoonful, 6"	4,000	1994	295.00	550
1992	Merry Christmas, 1 1/2"	3,750	1994	110.00	115
1992	Merry Christmas, 4"	1,000	1994	350.00	350
1992	Merry Christmas, 6"	1,000	1994	580.00	580
1995	Mom's Joy, 5" 57902	250		297.00	297
1983	Morning Chores, 1 1/2"	Closed	1983	45.00	110
1983	Morning Chores, 4"	Closed	1983	95.00	300
1983	Morning Chores, 6"	Closed	1983	210.00	550
1993	Mr. Santa, 4"	750		375.00	390
1993	Mr. Santa, 6"	750		695.00	730
1993	Mrs. Santa, 4"	750		375.00	390
1993	Mrs. Santa, 6"	750		695.00	730
1993	My Favorite Doll, 4"	1,000		315.00	315
1993	My Favorite Doll, 6"	1,000		630.00	630
1988	My Little Brother, 1 1/2"	Closed	1991	70.00	90
1988	My Little Brother, 4"	Closed	1991	195.00	225
1988	My Little Brother, 6"	Closed	1991	375.00	450
1988	New Home, 1 1/2"	Closed	1991	70.00	90
1988	New Home, 4"	Closed	1991	185.00	240
1988	New Home, 6"	Closed	1991	365.00	500
1985	Nightie Night, 4"	Closed	1990	95.00	185
1985	Nightie Night, 6"	Closed	1990	195.00	325
1984	Off to School, 1 1/2"	Closed	1984	45.00	125
1984	Off to School, 11"	750		590.00	880
1984	Off to School, 20"	100		2900.00	4200
1984	Off to School, 4"	4,000		95.00	240
1984	Off to School, 6"	4,000		195.00	450
1986	Our Puppy, 1 1/2"	Closed	1990	45.00	90
1986	Our Puppy, 4"	Closed	1990	95.00	185
1986	Our Puppy, 6"	Closed	1990	210.00	355
1988	Penny for Your Thoughts, 1 1/2"	Closed	1991	70.00	90
1988	Penny for Your Thoughts, 4"	2,000		185.00	215
1988	Penny for Your Thoughts, 6"	2,000		365.00	455
1983	Playtime, 1 1/2"	Closed	1984	45.00	110
1983	Playtime, 4"	Closed	1987	95.00	250
1983	Playtime, 6"	Closed	1987	195.00	495
1988	Purrfect Day, 4"	Closed	1991	184.00	215
1988	Purrfect Day, 1 1/2"	Closed	1991	70.00	90
1988	Purrfect Day, 6"	Closed	1991	265.00	455
1992	Raindrops, 1 1/2"	3,750	1994	110.00	110
1992	Raindrops, 4"	1,000	1994	350.00	350
1992	Raindrops, 6"	1,000	1994	640.00	640
1991	Season's Joy, 1 1/2"	3,750	1991	110.00	115
1991	Season's Joy, 4"	2,000		270.00	305
1991	Season's Joy, 6"	1,000		550.00	620
1990	Seasons Greetings, 1 1/2"	Closed	1991	90.00	95
1990	Seasons Greetings, 4"	2,000		225.00	305
1990	Seasons Greetings, 6"	1,000		450.00	610
1990	Shootin' Hoops, 4"	2,000	1993	220.00	225
1990	Shootin' Hoops, 6"	2,000	1993	440.00	450
1990	Shootin' Hoops, 1 1/2"	Closed	1991	90.00	95
1985	A Special Day, 4"	Closed	1990	95.00	195
1985	A Special Day, 6"	Closed	1990	195.00	325
1984	Special Delivery, 1 1/2"	Closed	1984	45.00	125
1984	Special Delivery, 4"	Closed	1989	95.00	187
1984	Special Delivery, 6"	Closed	1989	195.00	312-350
1990	Spring Fever, 1 1/2"	Closed	1991	90.00	95
1990	Spring Fever, 4"	2,000		225.00	305
1990	Spring Fever, 6"	2,000		450.00	610
1983	Sweeping, 1 1/2"	Closed	1984	45.00	110
1983	Sweeping, 4"	Closed	1987	95.00	230
1983	Sweeping, 6"	Closed	1987	195.00	435
1986	Sweet Treat, 1 1/2"	Closed	1989	45.00	85
1986	Sweet Treat, 4"	Closed	1989	95.00	172
1986	Sweet Treat, 6"	Closed	1989	195.00	312
1984	Tag Along, 4"	Closed	1988	95.00	225
1984	Tag Along, 6"	Closed	1988	195.00	290
1984	Tag Along, 1 1/2"	Closed	1984	45.00	130
1989	Take Me Along, 1 1/2"	Closed	1991	85.00	95
1989	Take Me Along, 4"	2,000		220.00	285
1989	Take Me Along, 6"	1,000		440.00	525
1990	Tender Loving Care, 1 1/2"	Closed	1991	90.00	95
1990	Tender Loving Care, 4"	Closed	1993	220.00	240
1990	Tender Loving Care, 6"	Closed	1993	440.00	475
1986	To Love And To Cherish, 1 1/2"	Closed	1989	45.00	85
1986	To Love and To Cherish, 11"	Closed	1989	Unkn.	667
1986	To Love and To Cherish, 20"	Closed	1989	Unkn.	3600
1986	To Love And To Cherish, 4"	Closed	1989	95.00	172
1986	To Love And To Cherish, 6"	Closed	1989	195.00	312
1991	Touch Down, 1 1/2"	3,750	1994	110.00	110
1991	Touch Down, 4"	2,000	1994	270.00	270
1991	Touch Down, 6"	2,000	1994	550.00	550
1992	Tulips For Mother, 4"	1,000		310.00	325
1992	Tulips For Mother, 6"	1,000		590.00	620
1983	Waiting for Mother, 1 1/2"	Closed	1984	45.00	110
1983	Waiting for Mother, 11"	Closed	1987	495.00	795
1983	Waiting for Mother, 4"	Closed	1987	95.00	230
1983	Waiting for Mother, 6"	Closed	1987	195.00	445
1984	Wake Up Kiss, 1 1/2"	Closed	1984	45.00	550
1984	Wake Up Kiss, 4"	Closed	1993	95.00	195
1983	Wake Up Kiss, 6"	Closed	1984	210.00	550
1984	Watchful Eye, 4"	Closed	1988	95.00	235
1984	Watchful Eye, 6"	Closed	1988	195.00	445
1984	Watchful Eye, 1 1/2"	Closed	1984	45.00	125
1992	Winter Cheer, 4"	2,000	1993	300.00	300
1992	Winter Cheer, 6"	1,000	1993	580.00	580
1991	Winter Surprise, 1 1/2"	3,750	1994	110.00	110
1991	Winter Surprise, 4"	2,000	1994	270.00	270
1991	Winter Surprise, 6"	1,000	1994	550.00	550
1986	With This Ring, 1 1/2"	Closed	1989	45.00	85
1986	With This Ring, 11"	Closed	1989	Unkn.	668
1986	With This Ring, 20"	Closed	1989	Unkn.	3600
1986	With This Ring, 4"	Closed	1989	95.00	172
1986	With This Ring, 6"	Closed	1989	195.00	312
1989	Yearly Check-Up, 1 1/2"	Closed	1991	85.00	95
1989	Yearly Check-Up, 4"	Closed	1991	190.00	195
1989	Yearly Check-Up, 6"	Closed	1991	390.00	390
1985	Yuletide Cheer, 4"	Closed	1993	95.00	250
1985	Yuletide Cheer, 6"	Closed	1985	210.00	435

Sarah Kay Mini Santas - S. Kay

YEAR	ISSUE	EDITION LIMIT	YEAR RETD.	ISSUE PRICE	QUOTE U.S.$
1991	Jolly Santa, 1 1/2"	Closed	1993	110.00	110
1991	Jolly St. Nick, 1 1/2"	Closed	1993	110.00	110
1991	Kris Kringle, 1 1/2"	Closed	1993	110.00	110
1991	Sarah Kay Santa, 1 1/2"	Closed	1993	110.00	110

Sarah Kay Santas - S. Kay

YEAR	ISSUE	EDITION LIMIT	YEAR RETD.	ISSUE PRICE	QUOTE U.S.$
1995	Checking It Twice, 4" 57709	500		250.00	250
1995	Checking It Twice, 6" 57710	250		395.00	395
1992	Father Christmas, 4"	750	1994	350.00	350
1992	Father Christmas, 6"	750	1994	590.00	590
1991	A Friend To All, 4"	750	1994	300.00	300
1991	A Friend To All, 6"	750	1994	590.00	590
1989	Jolly Santa, 12"	Closed	1990	1300.00	1300
1988	Jolly Santa, 4"	Closed	1989	235.00	300-350
1988	Jolly Santa, 6"	Closed	1989	480.00	600
1988	Jolly St. Nick, 4"	Closed	1989	199.00	300-550
1988	Jolly St. Nick, 6"	Closed	1989	398.00	850
1990	Kris Kringle Santa, 4"	Closed	1990	275.00	350
1990	Kris Kringle Santa, 6"	Closed	1990	550.00	550
1989	Santa, 4"	Closed	1990	235.00	350
1989	Santa, 6"	Closed	1990	480.00	480

Armani

G. Armani Society Members Only Figurine - G. Armani

YEAR	ISSUE	EDITION LIMIT	YEAR RETD.	ISSUE PRICE	QUOTE U.S.$
1990	Awakening 591C	Closed	1990	137.50	800-1350
1991	Ruffles 745E	Closed	1991	139.00	400
1992	Ascent 866C	Closed	1992	195.00	350-400
1993	Venus 881C	Closed	1993	225.00	325-450
1993	Lady Rose (Bonus) 197C	Closed	1993	125.00	150-200
1993	Julie (Bonus) 293P	Closed	1993	90.00	225
1993	Juliette (Bonus) 294P	Closed	1994	90.00	125
1994	Flora 212C	Closed	1994	225.00	225-265
1994	Aquarius (Bonus) 248C	Closed	1994	125.00	125
1994	Harlequin (Bonus) 490C	Closed	1994	300.00	300
1995	Melody 656C	Yr.Iss.		250.00	250

G. Armani Society Members Only Event - G. Armani

YEAR	ISSUE	EDITION LIMIT	YEAR RETD.	ISSUE PRICE	QUOTE U.S.$
1990	My Fine Feathered Friends (Bonus)122S	Closed	1991	175.00	300
1991	Peace & Harmony (Bonus) 824C	Closed	1992	300.00	250-400
1992	Springtime 961C	Closed	1992	250.00	500
1992	Boy with Dog (Bonus) 407S	Closed	1992	200.00	200
1993	Loving Arms 880E	Closed	1993	250.00	500
1994	Daisy 202E	Closed	1994	250.00	250
1995	Iris 628E	Yr. Iss.		250.00	250

Can-Can Dancers - G. Armani

YEAR	ISSUE	EDITION LIMIT	YEAR RETD.	ISSUE PRICE	QUOTE U.S.$
1989	Two Can-Can Dancers 516C	Closed	1994	820.00	975

Clown Series - G. Armani

YEAR	ISSUE	EDITION LIMIT	YEAR RETD.	ISSUE PRICE	QUOTE U.S.$
1991	Bust of Clown 725E	5,000		500.00	500
1995	Charlie 644C	Open		175.00	175
1994	The Happy Fiddler 478C	Open		360.00	360
1995	Jerry 643C	Open		200.00	200
1994	Sound the Trumpet 476C	Open		300.00	300

Country Series - G. Armani

YEAR	ISSUE	EDITION LIMIT	YEAR RETD.	ISSUE PRICE	QUOTE U.S.$
1994	Back From the Fields 473F	Open		360.00	360
1993	Boy With Accordion 177C	Open		170.00	170
1993	Boy With Accordion 177F	Open		75.00	75
1993	Boy With Flute 890C	Open		175.00	175
1993	Boy With Flute 890F	Open		90.00	90
1994	Country Girl with Grapes 215C	Open		230.00	230
1994	Country Girl with Grapes 215F	Open		120.00	120
1994	Fresh Fruits 471F	Open		250.00	250
1993	Girl Tending Flowers 466C	Open		210.00	210
1993	Girl With Chicks 889C	Open		155.00	155

FIGURINES/COTTAGES

YEAR ISSUE		EDITION LIMIT	YEAR RETD.	ISSUE PRICE	QUOTE U.S.$
1993	Girl With Chicks 889F	Open		75.00	75
1993	Girl With Sheep 178C	Open		150.00	150
1993	Girl With Sheep 178F	Open		65.00	65
1993	Girl With Wheelbarrow /Flowers 468C	Open		240.00	240
1994	Laundry Girl 214C	Open		230.00	230
1994	Laundry Girl 214F	Open		120.00	120

Florentine Garden - G. Armani

YEAR ISSUE		EDITION LIMIT	YEAR RETD.	ISSUE PRICE	QUOTE U.S.$
1995	Wisteria 626C	Open		350.00	350
1995	Wisteria 626F	Open		275.00	275

Four Seasons - G. Armani

YEAR ISSUE		EDITION LIMIT	YEAR RETD.	ISSUE PRICE	QUOTE U.S.$
1990	Lady on Seashore (Summer) 540C	Open		440.00	440
1990	Lady With Bicycle (Spring) 539C	Open		550.00	550
1992	Lady With Fruit (Summer) 182B	Open		135.00	135
1992	Lady With Fruit (Summer) 182C	Open		275.00	275
1992	Lady With Grapes (Fall) 183C	Open		275.00	275
1992	Lady With Grapes (Fall)182B	Open		135.00	135
1990	Lady w/Ice Skates (Winter) 542C	Open		400.00	400
1992	Lady With Roses (Spring)181B	Open		135.00	135
1992	Lady With Roses (Spring)181C	Open		275.00	275
1990	Lady With Umbrella (Fall) 541C	Open		475.00	475
1992	Lady w/Vegetables (Winter)183B	Open		135.00	135
1992	Lady w/Vegetables (Winter)183C	Open		275.00	275

Galleria Collection: Distinguished Dealers - G. Armani

YEAR ISSUE		EDITION LIMIT	YEAR RETD.	ISSUE PRICE	QUOTE U.S.$
1994	The Falconer 224S	3,000		1000.00	1000
1994	Leda & The Swan 1012T	1,500		500.00	500
1993	The Sea Wave 1006T	1,500	1994	500.00	500
1993	Spring Herald 1009T	1,500	1994	500.00	500
1993	Spring Water 1007T	1,500	1994	500.00	500
1993	Zephyr 1010T	1,500	1994	500.00	500

Garden Series - G. Armani

YEAR ISSUE		EDITION LIMIT	YEAR RETD.	ISSUE PRICE	QUOTE U.S.$
1994	Lady At Well 222C	Open		275.00	275
1994	Lady At Well 222F	Open		150.00	150
1991	Lady with Cornucopie 870C	10,000		600.00	600
1991	Lady with Harp 874C	10,000		500.00	500
1991	Lady with Peacock 871C	10,000		585.00	585
1991	Lady with Violin 872C	10,000		560.00	560

Golden Age - G. Armani

YEAR ISSUE		EDITION LIMIT	YEAR RETD.	ISSUE PRICE	QUOTE U.S.$
1995	Claire 654C	Open		250.00	250
1995	Claire 654F	Open		100.00	100
1995	Dear Friends 532F	Open		100.00	100
1995	Florence 535C	Open		250.00	250
1995	Florence 535F	Open		155.00	155
1995	Gloria 655C	Open		250.00	250
1995	Gloria 655F	Open		100.00	100
1995	Love and Peace 538C	Open		125.00	125
1995	Stormy Weather 533C	Open		260.00	260
1995	Stormy Weather 533F	Open		135.00	135
1995	Sunday Drive 531C	Open		275.00	275
1995	Sunday Drive 531F	Open		140.00	140
1995	Sunshine Dream 529C	Open		165.00	165
1995	Sunshine Dream 529F	Open		90.00	90
1995	Sweet Dreams 536C	Open		225.00	225
1995	Sweet Dreams 536F	Open		135.00	135

Gulliver's World - G. Armani

YEAR ISSUE		EDITION LIMIT	YEAR RETD.	ISSUE PRICE	QUOTE U.S.$
1994	The Barrel 659T	1,000		225.00	225
1994	Cowboy 657T	1,000		125.00	125
1994	Getting Clean 661T	1,000		130.00	130
1994	Ray of Moon 658T	1,000		100.00	100
1994	Seranade 660T	1,000		200.00	200

Gypsy Series - G. Armani

YEAR ISSUE		EDITION LIMIT	YEAR RETD.	ISSUE PRICE	QUOTE U.S.$
1994	Esmeralda-Gypsy Girl 198C	Open		400.00	400
1994	Esmeralda-Gypsy Girl 198F	Open		215.00	215

Little Treasures - G. Armani

YEAR ISSUE		EDITION LIMIT	YEAR RETD.	ISSUE PRICE	QUOTE U.S.$
1994	Bathtime 357T	Open		50.00	50
1994	Clean Sweep 373T	Open		50.00	50
1994	Girl at the Telephone 364T	Open		50.00	50
1994	Girl with Ice Cream 365T	Open		50.00	50
1994	Little Fisher Boy 362T	Open		37.00	37
1994	Playing the Piano 376T	Open		50.00	50
1994	Sweet Dreams 360T	Open		35.00	35
1994	A Woman's Work 363T	Open		50.00	50

Moonlight Masquerade - G. Armani

YEAR ISSUE		EDITION LIMIT	YEAR RETD.	ISSUE PRICE	QUOTE U.S.$
1990	Harlequin Lady 740C	Retrd.	1994	450.00	450
1990	Lady Clown with Cane 742C	Retrd.	1994	390.00	390
1990	Lady Clown with Doll 743C	Retrd.	1994	410.00	410
1990	Lady Pierrot 741C	Retrd.	1994	390.00	390
1990	Queen of Hearts 744C	Retrd.	1994	450.00	450

Motherhood - G. Armani

YEAR ISSUE		EDITION LIMIT	YEAR RETD.	ISSUE PRICE	QUOTE U.S.$
1994	Black Maternity 502C	5,000		500.00	500
1994	Black Maternity 502F	Open		335.00	335
1993	Garden Maternity 188C	Open		210.00	210
1993	Garden Maternity 188F	Open		115.00	115
1994	Kneeling Maternity 216C	Open		275.00	275
1994	Kneeling Maternity 216F	Open		135.00	135
1993	Maternity Embracing 190C	Open		250.00	250
1993	Maternity Embracing 190F	Open		160.00	160
1994	Mother & Child 470F	Open		150.00	150
1992	Mother With Child (Mother's Day) 185B	Open		235.00	235
1992	Mother With Child (Mother's Day) 185C	Open		400.00	400
1994	Mother's Hand 479F	Open		215.00	215
1993	Mother/Child 792C	Open		385.00	385
1993	Mother/Child 792F	Open		250.00	250
1995	Perfect Love 652C	5,000		1200.00	1200
1995	Perfect Love 652F	Open		800.00	800

My Fair Ladies™ - G. Armani

YEAR ISSUE		EDITION LIMIT	YEAR RETD.	ISSUE PRICE	QUOTE U.S.$
1995	At Ease 634C	5,000		650.00	650
1995	At Ease 634F	Open		400.00	400
1995	Awaiting 631C	Open		170.00	170
1995	Awaiting 631F	Open		90.00	90
1993	Elegance 195C	5,000		525.00	525
1993	Elegance 195F	Open		300.00	300
1993	Fascination 192C	5,000		500.00	500
1993	Fascination 192F	Open		250.00	250
1987	Flamenco Dancer 389C	5,000		400.00	500
1995	Isadora 633C	3,000		920.00	920
1995	Isadora 633F	Open		500.00	500
1994	Lady w/Umbrella 196C	5,000		335.00	335
1994	Lady w/Umbrella 196F	Open		200.00	200
1987	Lady With Book 384C	5,000		300.00	450
1987	Lady with Compact 386C	Retrd.	1993	300.00	500
1987	Lady With Fan 387C	5,000		300.00	400
1987	Lady With Great Dane 429C	5,000		365.00	475
1987	Lady with Muff 388C	5,000		250.00	450
1989	Lady With Parrot 616C	5,000		400.00	500
1987	Lady With Peacock 385C	Retrd.	1992	380.00	1700-2300
1993	Mahogany 194C	5,000		500.00	500
1993	Mahogany 194F	Open		360.00	360
1993	Morning Rose 193C	5,000		450.00	450
1993	Morning Rose 193F	Open		225.00	225
1987	Mother & Child 405C	5,000		410.00	550
1995	Promenade 630C	Open		185.00	185
1995	Promenade 630F	Open		90.00	90
1995	Starry Night 632C	Open		185.00	185
1995	Starry Night 632F	Open		90.00	90

Pearls Of The Orient - G. Armani

YEAR ISSUE		EDITION LIMIT	YEAR RETD.	ISSUE PRICE	QUOTE U.S.$
1989	Chu Chu San 612C	Retrd.	1994	500.00	550
1989	Lotus Blossom 613C	Retrd.	1994	450.00	475
1989	Madame Butterfly 610C	Retrd.	1994	450.00	500
1989	Turnadot 611C	Retrd.	1994	475.00	500

Premiere Ballerina - G. Armani

YEAR ISSUE		EDITION LIMIT	YEAR RETD.	ISSUE PRICE	QUOTE U.S.$
1988	Ballerina 508C	Retrd.	1994	430.00	530
1988	Ballerina 517C	Retrd.	1994	325.00	530
1988	Ballerina Group in Flight 518C	Retrd.	1994	810.00	900
1988	Ballerina in Flight 503C	Retrd.	1994	420.00	500
1988	Ballerina with Drape 504C	Retrd.	1994	450.00	550
1990	Fly Dancer 585F	Retrd.	1993	190.00	210
1988	Two Ballerinas 515C	Retrd.	1994	620.00	775

Religious - G. Armani

YEAR ISSUE		EDITION LIMIT	YEAR RETD.	ISSUE PRICE	QUOTE U.S.$
1994	Baby Jesus 1020C	1,000		175.00	175
1987	Choir Boys 900	5,000		350.00	620
1990	Crucifix Plaque 711C	15,000		265.00	265
1988	Crucifix 1158C	10,000	1990	155.00	480
1993	Crucifix 786C	7,500		250.00	250
1991	Crucifix 790C	15,000		180.00	180
1994	Donkey 1027C	1,000		185.00	185
1994	Joseph 1021C	1,000		500.00	500
1994	La Pieta 802C	5,000		950.00	950
1994	La Pieta 802F	Open		550.00	550
1992	Madonna With Child 787B	Open		260.00	260
1992	Madonna With Child 787C	Open		425.00	425
1992	Madonna With Child 787F	Open		265.00	265
1994	Magi King Gold 1023C	1,000		600.00	600
1994	Magi King Incense 1024C	1,000		600.00	600
1994	Magi King Myrrh 1025C	1,000		450.00	450
1994	Mary 1022C	1,000		365.00	365
1994	Moses 812C	Open		220.00	220
1994	Moses 812F	Open		115.00	115
1994	Ox 1026C	1,000		300.00	300
1994	Renaissance Crucifix 1017T	5,000		250.00	250

Renaissance - G. Armani

YEAR ISSUE		EDITION LIMIT	YEAR RETD.	ISSUE PRICE	QUOTE U.S.$
1992	Abundance 870C	5,000		600.00	600
1994	Ambrosia 482C	5,000		435.00	435
1994	Angelica 484C	5,000		575.00	575
1992	Aurora-Girl With Doves 884B	Open		220.00	220
1992	Aurora-Girl With Doves 884C	7,500		370.00	370
1991	Bust of Eve 590T	Closed	1991	250.00	600-1100
1992	Dawn 874C	5,000		500.00	500
1993	Freedom-Man And Horse 906C	3,000		850.00	850
1992	Liberty-Girl On Horse 903B	Open		450.00	450
1992	Liberty-Girl On Horse 903C	5,000		750.00	750
1992	Lilac & Roses-Girl w/Flowers 882B	Open		220.00	220
1992	Lilac & Roses-Girl w/Flowers 882C	7,500		410.00	410
1992	Twilight 872C	5,000		560.00	560
1992	Vanity 871C	5,000		585.00	585
1993	Wind Song-Girl With Sail 904C	5,000		520.00	520

Romantic - G. Armani

YEAR ISSUE		EDITION LIMIT	YEAR RETD.	ISSUE PRICE	QUOTE U.S.$
1994	The Embrace 480C	3,000		1450.00	1450
1993	Girl w/Dog At Fence 886C	Open		350.00	350
1993	Girl w/Dog At Fence 886F	Open		175.00	175
1993	Girl With Ducks 887C	Open		320.00	320
1993	Girl With Ducks 887F	Open		160.00	160
1992	Lady with Doves 858E	Retrd.	1993	250.00	450
1993	Lovers 191C	3,000		450.00	450
1993	Lovers 879C	3,000		570.00	570
1993	Lovers 879F	Open		325.00	325
1993	Lovers On A Swing 942C	Open		410.00	410
1993	Lovers On A Swing 942F	Open		265.00	265
1993	Lovers With Roses 888C	Open		300.00	300
1993	Lovers With Roses 888F	Open		155.00	155
1993	Lovers With Wheelbarrow 891C	Open		370.00	370
1993	Lovers With Wheelbarrow 891F	Open		190.00	190

Romantic Motherhood - G. Armani

YEAR ISSUE		EDITION LIMIT	YEAR RETD.	ISSUE PRICE	QUOTE U.S.$
1993	Maternity On Swing 941C	Open		360.00	360
1993	Maternity On Swing 941F	Open		220.00	220

Siena Collection - G. Armani

YEAR ISSUE		EDITION LIMIT	YEAR RETD.	ISSUE PRICE	QUOTE U.S.$
1993	Back From The Fields 1002T	1,000		400.00	400
1994	Country Boy 1014T	2,500		135.00	135
1993	Encountering 1003T	1,000		350.00	350
1993	Fresh Fruit 1001T	2,500		155.00	155
1993	Happy Fiddler 1005T	1,000		225.00	225
1993	Mother's Hand 1008T	2,500		250.00	250
1993	Soft Kiss 1000T	2,500		155.00	155
1993	Sound The Trumpet 1004T	1,000		225.00	225

Special Issues - G. Armani

YEAR ISSUE		EDITION LIMIT	YEAR RETD.	ISSUE PRICE	QUOTE U.S.$
1991	Discovery of America Plaque 867C	Closed	1994	400.00	400
1993	Mother's Day Plaque 899C	Closed	1993	100.00	100
1995	Mother's Day Plaque-Love/Peace 538C	Yr.Iss.		125.00	125
1994	Mother's Day Plaque-The Swing 254C	Closed	1994	120.00	120

Special Times - G. Armani

YEAR ISSUE		EDITION LIMIT	YEAR RETD.	ISSUE PRICE	QUOTE U.S.$
1982	Card Players (Cheaters) 3280	Open		400.00	1200
1991	Couple in Car 862C	5,000		1000.00	1000
1991	Doctor in Car 848C	2,000		800.00	800
1994	The Encounter 472F	Open		315.00	315
1994	The Fairy Tale 219C	Open		335.00	335
1994	The Fairy Tale 219F	Open		175.00	175
1982	Girl with Chicks 5122E	Suspd.		95.00	165
1982	Girl with Sheep Dog 5117E	Retrd.	1992	100.00	210
1994	Grandpa's Nap 251C	Open		225.00	225
1994	Lady Doctor 249C	Open		200.00	200
1994	Lady Doctor 249F	Open		105.00	105
1994	Lady Graduate-Lawyer 253C	Open		225.00	225
1994	Lady Graduate-Lawyer 253F	Open		120.00	120
1991	Lady with Car 861C	3,000		900.00	900
1994	Old Acquaintance 252C	Open		275.00	275
1982	Shy Kiss 5138E	Retrd.	1992	125.00	285
1982	Sledding 5111E	Retrd.	1992	115.00	250
1982	Soccer Boy 5109	Open		75.00	180
1994	Story Time 250C	Open		275.00	275

Special Walt Disney Production - G. Armani

YEAR ISSUE		EDITION LIMIT	YEAR RETD.	ISSUE PRICE	QUOTE U.S.$
1994	Ariel (Little Mermaid) 505C	1,500	1994	750.00	1200-1500
1992	Cinderella	Retrd.	1992	500.00	3200-4000
1993	Dopey	Open		125.00	180-250
1993	Snow White 199C	Retrd.	1993	750.00	1000-1300

Sports - G. Armani

YEAR ISSUE		EDITION LIMIT	YEAR RETD.	ISSUE PRICE	QUOTE U.S.$
1992	Lady Equestrian 910C	Open		315.00	315
1992	Lady Equestrian 910F	Open		155.00	155
1992	Lady Golfer 911C	Open		325.00	325
1992	Lady Golfer 911F	Open		170.00	170
1992	Lady Skater 913C	Open		300.00	300
1992	Lady Skater 913F	Open		170.00	170
1992	Lady Tennis 912C	Open		275.00	275
1992	Lady Tennis 912F	Open		175.00	175

Terra Cotta - G. Armani

YEAR ISSUE		EDITION LIMIT	YEAR RETD.	ISSUE PRICE	QUOTE U.S.$
1994	Ambrosia 1013T	Open		275.00	275
1994	Angelica 1016T	Open		450.00	450
1994	Country Boy With Mushrooms 1014T	2,500		135.00	135
1994	The Embrace 1011T	Open		930.00	930
1994	La Pieta 1015T	Open		550.00	550

Wedding - G. Armani

YEAR ISSUE		EDITION LIMIT	YEAR RETD.	ISSUE PRICE	QUOTE U.S.$
1994	Black Bride 500C	Open		170.00	170
1994	Black Bride 500F	Open		115.00	115
1994	Black Wedding Waltz 501C	3,000		750.00	750
1994	Black Wedding Waltz 501F	Open		450.00	450
1988	Bride & Groom Wedding 475P	Open		270.00	285
1994	Bride With Column & Vase 488C	Open		260.00	260
1994	Bride With Column & Vase 488F	Open		200.00	200
1992	Bride With Doves 885C	Open		280.00	280
1992	Bride With Doves 885F	Open		220.00	220
1994	Bride With Flower Vase 489C	Open		135.00	135
1994	Bride With Flower Vase 489F	Open		90.00	90
1993	Carriage Wedding 902F	Open		500.00	500
1993	Carriage Wedding902C	2,500		1000.00	1000
1993	Garden Wedding 189C	Open		225.00	225
1993	Garden Wedding 189F	Open		120.00	120
1989	Just Married 827C	5,000		950.00	1000
1987	Wedding Couple 407C	Open		525.00	550
1982	Wedding Couple 5132	Open		110.00	190
1991	Wedding Couple At Threshold 813C	7,500		400.00	400
1993	Wedding Couple At Wall 201C	Open		225.00	225
1993	Wedding Couple At Wall 201F	Open		115.00	115
1993	Wedding Couple Forever 791F	Open		250.00	250
1991	Wedding Couple Kissing 815C	7,500		500.00	500
1991	Wedding Couple w/Bicycle 814C	7,500		600.00	600
1993	Wedding Flowers To Mary 187C	Open		225.00	225

YEAR ISSUE		EDITION LIMIT	YEAR RETD.	ISSUE PRICE	QUOTE U.S.$
1993	Wedding Flowers To Mary 187F	Open		115.00	115
1994	Wedding Waltz 493C	3,000		750.00	750
1994	Wedding Waltz 493F	Open		450.00	450

Wildlife - G. Armani

YEAR ISSUE		EDITION LIMIT	YEAR RETD.	ISSUE PRICE	QUOTE U.S.$
1988	Bird Of Paradise 454S	5,000		475.00	500
1990	Bird of Paradise 718S	5,000		550.00	575
1993	Doves With Vase 204S	3,000		375.00	375
1983	Eagle Bird of Prey 3213	Open		210.00	425
1991	Flamingo 713S	5,000		420.00	420
1991	Flying Duck 839S	5,000		470.00	470
1993	Galloping Horse 905S	7,500		465.00	465
1991	Great Argus Pheasant 717S	3,000		600.00	600
1993	Horse Head 205S	Open		140.00	140
1991	Large Owl 842S	5,000		520.00	520
1993	Parrot With Vase 736S	3,000		460.00	460
1988	Peacock 455S	5,000		600.00	675
1988	Peacock 458S	5,000		630.00	700
1993	Peacock With Vase 735S	3,000		375.00	375
1993	Rearing Horse 909S	7,500		515.00	515
1983	Royal Eagle with Babies 3553	Open		215.00	400
1993	Show Horse 907S	7,500		550.00	550
1982	Snow Bird 5548	Open		100.00	180
1990	Soaring Eagle 970S	5,000		620.00	700
1991	Swan 714S	5,000		550.00	550
1990	Three Doves 996S	5,000		670.00	750

Yesteryears - G. Armani

YEAR ISSUE		EDITION LIMIT	YEAR RETD.	ISSUE PRICE	QUOTE U.S.$
1993	Country Doctor In Car 848C	2,000		800.00	800
1994	Summertime-Lady on Swing 485C	5,000		650.00	650
1994	Summertime-Lady on Swing 485F	Open		450.00	450

Armstrong's

Armstrong's/Ron Lee - R. Skelton

YEAR ISSUE		EDITION LIMIT	YEAR RETD.	ISSUE PRICE	QUOTE U.S.$
1984	Captain Freddie	7,500		85.00	425
1984	Freddie the Torchbearer	7,500		110.00	450

Happy Art - W. Lantz

YEAR ISSUE		EDITION LIMIT	YEAR RETD.	ISSUE PRICE	QUOTE U.S.$
1982	Woody's Triple Self-Portrait	5,000		95.00	300

Pro Autographed Ceramic Baseball Card Plaque - Unknown

YEAR ISSUE		EDITION LIMIT	YEAR RETD.	ISSUE PRICE	QUOTE U.S.$
1985	Brett, Garvey, Jackson, Rose, Seaver, auto, 3-1/4X5	1,000		150.00	300

The Red Skelton Collection - R. Skelton

YEAR ISSUE		EDITION LIMIT	YEAR RETD.	ISSUE PRICE	QUOTE U.S.$
1981	Clem Kadiddlehopper	7,500		75.00	150
1981	Freddie in the Bathtub	7,500		80.00	100
1981	Freddie on the Green	7,500		80.00	125
1981	Freddie the Freeloader	7,500		70.00	150
1981	Jr., The Mean Widdle Kid	7,500		75.00	150
1981	San Fernando Red	7,500		75.00	150
1981	Sheriff Deadeye	7,500		75.00	150

The Red Skelton Porcelain Plaque - R. Skelton

YEAR ISSUE		EDITION LIMIT	YEAR RETD.	ISSUE PRICE	QUOTE U.S.$
1991	All American	1,500		495.00	1200-2000
1994	Another Day	1,994		675.00	675
1992	Independance Day?	1,500		525.00	575-750
1993	Red & Freddie Both Turned 80	1,993		595.00	1000-1500

Artaffects

Members Only Limited Edition Redemption Offerings - G. Perillo

YEAR ISSUE		EDITION LIMIT	YEAR RETD.	ISSUE PRICE	QUOTE U.S.$
1983	Apache Brave (Bust)	Open		50.00	150
1986	Painted Pony	Open		125.00	125
1991	Chief Crazy Horse	Open		195.00	195

Limited Edition Free Gifts to Members - G. Perillo

YEAR ISSUE		EDITION LIMIT	YEAR RETD.	ISSUE PRICE	QUOTE U.S.$
1986	Dolls	Open		Gift	N/A
1991	Sunbeam	Open		Gift	N/A
1992	Little Shadow	Open		Gift	N/A

The Chieftains - G. Perillo

YEAR ISSUE		EDITION LIMIT	YEAR RETD.	ISSUE PRICE	QUOTE U.S.$
1983	Crazy Horse	5,000		65.00	200
1983	Geronimo	5,000		65.00	135
1983	Joseph	5,000		65.00	250
1983	Red Cloud	5,000		65.00	275
1983	Sitting Bull	5,000		65.00	500

Child Life - G. Perillo

YEAR ISSUE		EDITION LIMIT	YEAR RETD.	ISSUE PRICE	QUOTE U.S.$
1983	Siesta	2,500		65.00	75
1983	Sweet Dreams	1,500		65.00	75

The Great Chieftains - G. Perillo

YEAR ISSUE		EDITION LIMIT	YEAR RETD.	ISSUE PRICE	QUOTE U.S.$
1991	Chief Joseph	S/O	N/A	195.00	195
1991	Cochise	S/O	N/A	195.00	195
1991	Crazy Horse (Club Piece)	S/O	N/A	195.00	195
1991	Geronimo	S/O	N/A	195.00	195
1991	Red Cloud	S/O	N/A	195.00	195
1991	Sitting Bull	S/O	N/A	195.00	195

The Little Indians - G. Perillo

YEAR ISSUE		EDITION LIMIT	YEAR RETD.	ISSUE PRICE	QUOTE U.S.$
1990	Babysitter	10,000		65.00	65
1982	Blue Spruce	10,000		50.00	75
1982	Tender Love	10,000		65.00	65
1982	White Rabbit	10,000		50.00	75

Perillo Limited Edition Porcelain Figurines - G. Perillo

YEAR ISSUE		EDITION LIMIT	YEAR RETD.	ISSUE PRICE	QUOTE U.S.$
1991	Angel of the Plains	5,000		75.00	75
1991	The Cheyenne Carousel Horse	5,000		95.00	95
1991	One Nation Under God	5,000		195.00	195
1991	Out Of The Rain (Umbrella Girl)	5,000		95.00	95
1991	Safe And Dry (Umbrella Boy)	5,000		95.00	95
1991	The Sioux Carousel Horse	5,000		95.00	95

Pride of America's Indians - G. Perillo

YEAR ISSUE		EDITION LIMIT	YEAR RETD.	ISSUE PRICE	QUOTE U.S.$
1988	Brave and Free	10-day		50.00	150
1989	Dark Eyed Friends	10-day		45.00	75
1989	Kindred Spirits	10-day		45.00	50
1989	Loyal Alliance	10-day		45.00	75
1989	Noble Companions	10-day		45.00	50
1989	Peaceful Comrades	10-day		45.00	50
1989	Small & Wise	10-day		45.00	50
1989	Winter Scouts	10-day		45.00	50

The Princesses - G. Perillo

YEAR ISSUE		EDITION LIMIT	YEAR RETD.	ISSUE PRICE	QUOTE U.S.$
1984	Lily of the Mohawks	1,500		65.00	100-125
1984	Minnehaha	1,500		65.00	100-125
1984	Pocahontas	1,500		65.00	100-125
1984	Sacajawea	1,500		65.00	100-125

The Professionals - G. Perillo

YEAR ISSUE		EDITION LIMIT	YEAR RETD.	ISSUE PRICE	QUOTE U.S.$
1980	Ballerina's Dilemma	10,000		65.00	75
1980	The Big Leaguer	10,000		65.00	150
1983	Hockey Player	10,000		65.00	125
1982	Major Leaguer	10,000		65.00	175
1981	The Quarterback	10,000		65.00	75
1982	Rodeo Joe	10,000		80.00	80

Sagebrush Kids - G. Perillo

YEAR ISSUE		EDITION LIMIT	YEAR RETD.	ISSUE PRICE	QUOTE U.S.$
1991	Baby Bronc	Closed	N/A	27.50	80
1985	Blue Bird	Closed	N/A	19.50	52
1985	Boots	Closed	N/A	19.50	52
1986	Country Music	Closed	N/A	19.50	52
1986	Deputies	Closed	N/A	19.50	52
1985	Dressing Up	Closed	N/A	19.50	52
1990	Easter Offering	Closed	N/A	27.50	50
1985	Favorite Kachina	Closed	N/A	19.50	52
1986	Finishing Touches	Closed	N/A	19.50	52
1985	Hail to the Chief	Closed	N/A	19.50	52
1986	The Hiding Place	Closed	N/A	19.50	52
1990	How! Do I Love Thee?	Closed	N/A	39.50	50
1991	Just Baked	Closed	N/A	27.50	35
1990	Just Married	Closed	N/A	45.00	45
1987	Just Picked	Closed	N/A	19.50	52
1991	Little Warriors	Closed	N/A	27.50	35
1986	The Long Wait	Closed	N/A	19.50	52
1991	Lovin Spoonful	Closed	N/A	27.50	35
1985	Message of Joy	Closed	N/A	19.50	52
1987	My Papoose	Closed	N/A	19.50	52
1985	Ouch!	Closed	N/A	19.50	52
1987	Playing House	Closed	N/A	19.50	52
1986	Practice Makes Perfect	Closed	N/A	19.50	52
1986	Prarie Prayers	Closed	N/A	19.50	52
1985	Room for Two?	Closed	N/A	19.50	52
1987	Row, Row	Closed	N/A	19.50	52
1987	Small Talk	Closed	N/A	19.50	52
1985	Stay Awhile	Closed	N/A	19.50	52
1985	Take One	Closed	N/A	19.50	52
1991	Teddy Too??	Closed	N/A	27.50	35
1991	Toy Totem	Closed	N/A	27.50	35
1987	Wagon Train	Closed	N/A	19.50	52
1986	Westward Ho!	Closed	N/A	19.50	52

Single Issue - G. Perillo

YEAR ISSUE		EDITION LIMIT	YEAR RETD.	ISSUE PRICE	QUOTE U.S.$
1982	Babysitter Musical	2,500		65.00	90

Special Issue - G. Perillo

YEAR ISSUE		EDITION LIMIT	YEAR RETD.	ISSUE PRICE	QUOTE U.S.$
1984	Apache Boy Bust	Closed	N/A	40.00	75
1984	Apache Girl Bust	Closed	N/A	40.00	75
1985	Lovers	Closed	N/A	70.00	125
1984	Papoose	325		500.00	500
1982	The Peaceable Kingdom	950		750.00	750

The Storybook Collection - G. Perillo

YEAR ISSUE		EDITION LIMIT	YEAR RETD.	ISSUE PRICE	QUOTE U.S.$
1981	Cinderella	10,000		65.00	95
1982	Goldilocks & 3 Bears	10,000		80.00	110
1982	Hansel and Gretel	10,000		80.00	110
1980	Little Red Ridinghood	10,000		65.00	95

The Tribal Ponies - G. Perillo

YEAR ISSUE		EDITION LIMIT	YEAR RETD.	ISSUE PRICE	QUOTE U.S.$
1984	Arapaho	1,500		65.00	175-200
1984	Comanche	1,500		65.00	175-200
1984	Crow	1,500		65.00	175-200

Village of the Sun - G. Perillo

YEAR ISSUE		EDITION LIMIT	YEAR RETD.	ISSUE PRICE	QUOTE U.S.$
1992	Bright Sky (Cook)	Open		27.50	28
1992	Cactus Flower (Weaver)	Open		39.50	40
1992	Cloud Catcher (Boy with Dog)	Open		24.00	24
1992	Dancing Waters (Tortilla Maker)	Open		27.50	28
1992	Hogan	Open		59.00	59
1992	Lambs	Open		10.00	10
1992	Large Cactus	Open		15.00	15
1992	Little Shadow (Club Renewal Only)	Open		Gift	N/A
1992	Many Bears (Farmer)	Open		27.50	28
1992	Medium Cactus	Open		10.00	10
1992	Noble Guardian (Horse)	Open		39.50	40
1992	Red Bird (Jewelry Maker)	Open		27.50	28
1992	Rolling Thunder (Medicine Man)	Open		24.00	24
1992	Small Cactus (Pink Flowers)	Open		7.50	8
1992	Small Cactus (Yellow Flowers)	Open		7.50	8
1992	Smiling Eyes (Baby with Lamb)	Open		19.50	20
1992	Standing Deer (Brave)	Open		27.50	28
1992	Summer Breeze (Maiden)	Open		24.00	24
1991	Sunbeam (Club Only)	Open		Gift	N/A

The War Pony - G. Perillo

YEAR ISSUE		EDITION LIMIT	YEAR RETD.	ISSUE PRICE	QUOTE U.S.$
1983	Apache War Pony	495		150.00	175-200
1983	Nez Perce War Pony	495		150.00	175-200
1983	Sioux War Pony	495		150.00	175-200

Artists of the World

DeGrazia Annual Christmas Collection - T. DeGrazia

YEAR ISSUE		EDITION LIMIT	YEAR RETD.	ISSUE PRICE	QUOTE U.S.$
1995	Bethlehem Bound	1,995		195.00	195
1992	Feliz Navidad	1,992		195.00	225
1993	Fiesta Angels	1,993		295.00	295
1994	Littlest Angel	1,994		165.00	165

DeGrazia Figurine - T. DeGrazia

YEAR ISSUE		EDITION LIMIT	YEAR RETD.	ISSUE PRICE	QUOTE U.S.$
1990	Alone	S/O	N/A	395.00	495
1995	Apache Mother	3,500		165.00	165
1994	Bearing Gifts	Open		145.00	145
1988	Beautiful Burden	Closed	1990	175.00	195-295
1990	Biggest Drum	Closed	N/A	110.00	145
1986	The Blue Boy	Susp.		70.00	110
1992	Coming Home	3,500		165.00	175
1990	Crucifixion	Open		295.00	295
1990	Desert Harvest	S/O	N/A	135.00	145-195
1986	Festival Lights	Susp.		75.00	110-150
1994	Fiesta Flowers	3,500		197.50	198
1995	Floral Harvest	Open		175.00	175
1984	Flower Boy	Closed	1992	65.00	175-295
1988	Flower Boy Plaque	Closed	1990	80.00	85
1984	Flower Girl	Susp.		65.00	175
1984	Flower Girl Plaque	Closed	1985	45.00	85-100
1993	Flowers For Mother	Open		145.00	145
1995	Little Farm Boy	Open		145.00	145
1995	Little Helper	3,500		165.00	165
1995	Little Hopi Girl	Open		97.50	98
1985	Little Madonna	Closed	1993	80.00	200
1993	Little Medicine Man	Open		175.00	185
1988	Los Ninos	S/O	N/A	595.00	800-1200
1989	Los Ninos (Artist's Edition)	S/O	N/A	695.00	1600-2000
1987	Love Me	Closed	1992	95.00	165-395
1988	Merrily, Merrily, Merrily	Closed	1991	95.00	200-295
1986	Merry Little Indian	S/O	N/A	175.00	275-325
1993	Mother Silently Prays	3,500		345.00	345
1989	My Beautiful Rocking Horse	Open		225.00	275
1995	My Blue Balloon	Open		110.00	110
1989	My First Arrow	Closed	1992	95.00	250-395
1984	My First Horse	Closed	1990	65.00	165-300
1990	Navajo Boy	Closed	N/A	110.00	140-150
1992	Navajo Madonna	Closed	1993	135.00	200-295
1991	Navajo Mother	3,500		295.00	325
1994	Pedro	Open		145.00	145
1985	Pima Drummer Boy	Closed	1991	65.00	200-395
1994	Rio Grande Dance	Open		97.50	98
1993	Saddle Up	5,000		195.00	215
1994	Saguaro Dance	5,000		495.00	495
1992	Sun Showers	5,000		195.00	225
1984	Sunflower Boy	Closed	1985	65.00	200-300
1990	Sunflower Girl	Closed	1993	95.00	135-245
1993	Water Wagon	Open		295.00	295
1995	Wedding Party	Open		175.00	175
1995	Wedding Party Children	Open		75.00	75
1987	Wee Three	Closed	1990	180.00	195-250
1984	White Dove	Closed	1992	45.00	110-145
1984	Wondering	Closed	1987	85.00	175-300

DeGrazia Nativity Collection - T. DeGrazia

YEAR ISSUE		EDITION LIMIT	YEAR RETD.	ISSUE PRICE	QUOTE U.S.$
1993	Balthasar	Open		135.00	135
1988	Christmas Prayer Angel (red)	Closed	1991	70.00	200-295
1990	El Burrito	Closed	N/A	60.00	90
1993	El Toro	Open		95.00	98
1993	Gaspar	Open		135.00	135
1985	Jesus	Open		55.00	65
1985	Joseph	Open		100.00	110
1990	Little Prayer	Closed	1992	85.00	250-395
1985	Mary	Open		90.00	100
1993	Melchoir	Open		135.00	135
1985	Nativity Set-3 pc. (Mary, Joseph, Jesus)	Open		275.00	275
1991	Shepherd's Boy	Open		95.00	125
1989	Two Little Lambs	Closed	1992	70.00	175-225

DeGrazia Pendants - R. Olszewski

YEAR ISSUE		EDITION LIMIT	YEAR RETD.	ISSUE PRICE	QUOTE U.S.$
1987	Festival of Lights 562-P	Suspd.		90.00	275-315
1985	Flower Girl Pendant 561-P	Suspd.		125.00	150-205

DeGrazia Platinum Figurine - T. DeGrazia

YEAR ISSUE		EDITION LIMIT	YEAR RETD.	ISSUE PRICE	QUOTE U.S.$
1995	Little Music Man	950		165.00	165

DeGrazia Village Collection - T. DeGrazia

YEAR ISSUE		EDITION LIMIT	YEAR RETD.	ISSUE PRICE	QUOTE U.S.$
1993	Let's Compromise	Open		65.00	65
1992	The Listener	Closed	1992	48.00	48-75
1993	Peace Pipe	Open		65.00	65
1992	Telling Tales	Closed	1992	48.00	48-75
1993	Three Feathers	Open		65.00	65

Artists of the World
to Boehm Studios

FIGURINES/COTTAGES

Goebel Miniatures: DeGrazia - R. Olszewski

YEAR ISSUE		EDITION LIMIT	YEAR RETD.	ISSUE PRICE	QUOTE U.S.$
1988	Adobe Display 948D	Suspd.		45.00	50-100
1990	Adobe Hacienda (large) Display 958-D	Suspd.		85.00	95-125
1989	Beautiful Burden 554-P	Suspd.		110.00	140-200
1990	Chapel Display 971-D	Suspd.		95.00	100-125
1986	Festival of Lights 507-P	Suspd.		85.00	150-400
1985	Flower Boy 502-P	Suspd.		85.00	100-200
1985	Flower Girl 501-P	Suspd.		85.00	100-200
1986	Little Madonna 552-P	Suspd.		93.00	115-200
1989	Merry Little Indian 508-P (new style)	Suspd.		110.00	110-200
1987	Merry Little Indian 508-P (old style)	Closed		95.00	300
1991	My Beautiful Rocking Horse 555-P	Suspd.		110.00	150-200
1985	My First Horse 503-P	Suspd.		85.00	100-165
1986	Pima Drummer Boy 506-P	Suspd.		85.00	200-445
1985	Sunflower Boy 551- P	Suspd.		93.00	120-175
1985	White Dove 504-P	Suspd.		80.00	90-150
1985	Wondering 505-P	Suspd.		93.00	100-175

Band Creations, Inc.

America's Covered Bridges - Band Creations

YEAR ISSUE		EDITION LIMIT	YEAR RETD.	ISSUE PRICE	QUOTE U.S.$
1995	Bridge at the Green, Bennington County, VT	Open		29.95	30
1995	Cedar Creek Bridge, Ozaukee County, WI	Open		29.95	30
1995	Chiselville Bridge, Bennington County, VT	Open		29.95	30
1995	Elizabethton Bridge, Carter County, TN	Open		29.95	30
1995	Humpback Bridge, Allegheny County, VA	Open		29.95	30
1995	Knox Bridge, Chester County, PA	Open		29.95	30
1995	Narrows Bridge, Parke County, IN	Open		29.95	30
1995	Roberts Bridge, Preble County, OH	Open		29.95	30
1995	Robyville Bridge, Penobscot County, ME	Open		29.95	30
1995	Roseman Bridge, Madison County, IA	Open		29.95	30
1995	Shimenak Bridge, Linn County, OR	Open		29.95	30
1995	Thompson Mill Bridge, Shelly County, IL	Open		29.95	30
1995	Wawona Bridge, Mariposa County, CA	Open		29.95	30

Best Friends - Richards/Penfield

YEAR ISSUE		EDITION LIMIT	YEAR RETD.	ISSUE PRICE	QUOTE U.S.$
1995	Best Friends Banner	Open		13.00	13
1993	Castles In The Sand 300434	Open		16.00	16
1993	Checking It Twice 300440	Open		15.00	15
1993	Dad's Best Pal 300432	Open		15.00	15
1993	Feathered Friends 300431	Open		13.00	13
1993	Fishing Friends 300430	Open		18.00	18
1993	Grandma's Favorite 300427	Open		15.00	15
1993	My Beary Best Friend 300433	Open		12.00	12
1993	My Best Friend 300437	Open		24.00	24
1993	Oh So Pretty 300426	Open		14.00	14
1993	Purr-Fit Friends 300429	Open		12.00	12
1993	Quiet Time 300428	Open		15.00	15
1993	Rainbow Of Friends 300436	Open		24.00	24
1993	Santa's First Visit 300438	Open		15.00	15
1993	Santa's Surprise 300439	Open		14.00	14
1993	Sharing Is Caring 300425	Open		12.00	12
1993	A Wagon Full Of Fun 300435	Open		15.00	15

Best Friends Angel Pins - Richards/Penfield

YEAR ISSUE		EDITION LIMIT	YEAR RETD.	ISSUE PRICE	QUOTE U.S.$
1995	Daughter	Open		5.00	5
1995	Friend	Open		5.00	5
1995	Grandmother	Open		5.00	5
1995	Mother	Open		5.00	5
1995	Nurse	Open		5.00	5
1995	Sister	Open		5.00	5
1995	Teacher	Open		5.00	5
1995	Teammate	Open		5.00	5

Best Friends-Angels Of The Month - Richards/Penfield

YEAR ISSUE		EDITION LIMIT	YEAR RETD.	ISSUE PRICE	QUOTE U.S.$
1993	January	Open		10.00	10
1993	February	Open		10.00	10
1993	March	Open		10.00	10
1993	April	Open		10.00	10
1993	May	Open		10.00	10
1993	June	Open		10.00	10
1993	Julu	Open		10.00	10
1993	August	Open		10.00	10
1993	September	Open		10.00	10
1993	October	Open		10.00	10
1993	November	Open		10.00	10
1993	December	Open		10.00	10
1993	5pc. Carolers Set UF14 (3 carolers, 1 lamp post, 1 dog)	Open		30.00	30

Best Friends-Noah's Ark - Richards/Penfield

YEAR ISSUE		EDITION LIMIT	YEAR RETD.	ISSUE PRICE	QUOTE U.S.$
1995	Animals (set of 10)	Open		20.00	20
1995	Noah's Ark & Raft	Open		42.00	42

Best Friends-O Joyful Night Nativity - Richards/Penfield

YEAR ISSUE		EDITION LIMIT	YEAR RETD.	ISSUE PRICE	QUOTE U.S.$
1994	3 Kings (set of 3)	Open		24.00	24
1994	Angel on Stable (wall)	Open		16.00	16
1994	Camel and Donkey (set of 2)	Open		8.00	8
1995	Camel Standing	Open		6.00	6
1994	Holy Family (Joseph, Mary & Jesus)	Open		16.00	16
1994	Shepard Boy	Open		8.00	8
1995	Shepherd with Sheep (set of 7)	Open		8.00	8

Best Friends-P.S. I Love You Angels - Richards/Penfield

YEAR ISSUE		EDITION LIMIT	YEAR RETD.	ISSUE PRICE	QUOTE U.S.$
1994	Anniversary	Open		12.00	12
1994	Best Wishes	Open		12.00	12
1994	Bride and Groom	Open		12.00	12
1994	Congratulations	Open		12.00	12
1994	Customize Your own message	Open		12.00	12
1994	Get Well	Open		12.00	12
1994	Good Luck	Open		12.00	12
1994	Happy Birthday	Open		12.00	12
1994	Inspirational	Open		12.00	12
1994	New Baby	Open		12.00	12

Best Friends-RiverSong - Richards/Penfield

YEAR ISSUE		EDITION LIMIT	YEAR RETD.	ISSUE PRICE	QUOTE U.S.$
1995	Brick House	Open		19.95	20
1995	Church	Open		19.95	20
1995	Double Angels	Open		8.00	8
1995	Gingerbread House	Open		19.95	20
1995	Skaters Sitting (set of 2)	Open		12.00	12
1995	Skaters Standing (set of 2)	Open		12.00	12
1995	Snowball Fight (set of 3)	Open		15.00	15
1995	Snowmen (set of 3)	Open		12.95	13
1995	Stucco House	Open		19.95	20
1995	Wood House	Open		19.95	20

Best Friends-Winter Wonderland - Richards/Penfield

YEAR ISSUE		EDITION LIMIT	YEAR RETD.	ISSUE PRICE	QUOTE U.S.$
1994	3 Assorted Carolers	Open		22.00	22
1994	3 Assorted White Trees & 3 presents	Open		18.00	18
1994	Green Tree	Open		7.00	7
1994	Mr. & Mrs. Santa	Open		9.00	9
1994	Reindeer (1 standing, 1 sitting)	Open		10.00	10

Bing & Grondahl

Centennial Anniversary Commemoratives - F.A. Hallin

YEAR ISSUE		EDITION LIMIT	YEAR RETD.	ISSUE PRICE	QUOTE U.S.$
1995	Centennial Vase: Behind the Frozen Window	1,250		295.00	295

Boehm Studios

Animal Sculptures - Boehm

YEAR ISSUE		EDITION LIMIT	YEAR RETD.	ISSUE PRICE	QUOTE U.S.$
1969	Adios 400-05	130		1500.00	1900
1977	African Elephant 5006	50		9500.00	14630
1976	American Mustangs 5005	75		3700.00	5665
1981	Appaloosa Horse 40193	75		975.00	1070
1980	Arabian Oryx, pair 50015	60		3800.00	4135
1983	Arabian Stallion (Prancing) 55007	200		1500.00	1565
1983	Arabian Stallion (Rearing) 55006	200		1500.00	1565
1980	Asian Lion 50017	100		1500.00	1645
1979	Bengel Tiger 500-13	12		25000.00	26540
1978	Black Rhinoceros 500-11	50		9500.00	9920
1971	Bobcats 4001	200		1600.00	1990
1982	Buffalo 50022	100		1625.00	1625
1978	Camel & Calf 5009	50		3500.00	3700
1980	Cheetah 50016	100		2700.00	3000
1985	Elephant (white bisque) 200-44B	200		495.00	575
1979	Fallow Deer 500-12	30		7500.00	7500
1971	Foxes 4003	200		1800.00	2360
1975	Giant Panda 5003	100		3800.00	6890
1978	Gorilla 5008	50		3800.00	4550
1982	Greater Kudu 50023	75		7500.00	7500
1952	Hunter 203	250		600.00	1400
1979	Hunter Chase 55001	20		4000.00	4085
1981	Jaguar 50020	100		2900.00	3310
1973	Nyala Antelope 5001	100		4700.00	6560
1976	Otter 5004	75		1100.00	1505
1981	Polar Bear with Cubs 40188	65		1800.00	1875
1957	Polo Player 206	100		850.00	4610
1982	Polo Player on Pinto 55005	50		3500.00	3500
1975	Puma 5002	50		5700.00	6560
1971	Raccoons 4002	200		1600.00	2105
1972	Red Squirrels 4004	100		2600.00	2770
1978	Snow Leopard 5007	75		3500.00	4670
1978	Thoroughbred with Jockey 400-85	25		2600.00	2785
1984	White-tailed Buck 50026	200		1375.00	1660
1979	Young & Free Fawns 50014	160		1875.00	2055

Bird Sculptures - Boehm

YEAR ISSUE		EDITION LIMIT	YEAR RETD.	ISSUE PRICE	QUOTE U.S.$
1980	American Avocet 40134	300		1400.00	1655
1981	American Bald Eagle 40185	655		1200.00	1330
1982	American Eagle (Commemorative) 40215	250		950.00	1150
1982	American Eagle (Symbol of Freedom) 40200	35		16500.00	18560
1957	American Eagle, large 428A	31		225.00	11200
1957	American Eagle, small 428B	76		225.00	9200
1980	American Redstart 40138	225		850.00	1090
1958	American Redstarts 447	500		350.00	2010
1980	American Wild Turkey (life-size) 40115	25		15000.00	16940
1980	American Wild Turkey 40154	75		1800.00	2020
1983	Anna's Hummingbird 10048	300		1100.00	1940
1980	Arctic Tern 40135	350		1400.00	2060
1979	Avocet 100-27	175		1200.00	1345
1972	Barn Owl 1005	350		3600.00	5400
1972	Black Grouse 1006	175		2800.00	3100
1982	Black-eared Bushtit (female) 10038	100		975.00	1045
1982	Black-eared Bushtit (male) 10039	100		975.00	1045
1969	Black-headed Grosbeak 400-03	675		1250.00	1535
1956	Black-tailed Bantams, pair 423	57		350.00	4800
1976	Black-throated Blue Warbler 400-60	200		900.00	1165
1958	Black-throated Blue Warbler 441	500		400.00	1780
1973	Blackbirds, pair 100-13	75		5400.00	6470
1984	Blackburnian Warbler 40253	125		925.00	965
1967	Blue Grosbeak 489	750		1050.00	1530
1982	Blue Jay (w/Morning Glories) 40218	300		975.00	1190
1981	Blue Jay (w/Wild Raspberries) 40190	350		1950.00	2405
1962	Blue Jays, pair 466	250		2000.00	12300
1973	Blue Tits 1008	300		3000.00	3250
1982	Blue-throated Hummingbird 10040	300		1100.00	1440
1953	Bob White Quail, pair 407	750		400.00	2500
1964	Bobolink 475	500		550.00	1520
1981	Boreal Owl 40172	200		1750.00	1875
1972	Brown Pelican 400-22	100		10500.00	14400
1980	Brown Pelican 40161	90		2800.00	2860
1973	Brown Thrasher 400-26	260		1850.00	1930
1972	Cactus Wren 400-17	225		3000.00	3410
1957	California Quail, pair 433	500		400.00	2730
1979	Calliope Hummingbird 40104	200		900.00	1115
1987	Calliope Hummingbird 40319	500		575.00	595
1978	Canada Geese, pair 400-71	100		4200.00	4200
1977	Cape May Warbler 400-45	400		825.00	990
1977	Cardinals 400-53	200		3500.00	4095
1955	Cardinals, pair 415	500		550.00	3650
1957	Carolina Wrens 422	100		750.00	5400
1983	Catbird 40246	111		1250.00	1250
1965	Catbird 483	500		900.00	2080
1980	Cedar Waxwing 40117	325		950.00	1040
1956	Cedar Waxwings, pair 418	100		600.00	7835
1957	Cerulean Warblers 424	100		800.00	4935
1974	Chaffinch 100-20	125		2000.00	2525
1976	Chickadees 400-61	400		1450.00	1550
1968	Common Tern 497	500		1400.00	6040
1985	Condor 10057	2		75000.00	87710
1979	Costa's Hummingbird 40103	200		1050.00	1200
1967	Crested Flycatcher 488	500		1650.00	3005
1974	Crested Tit 100-18	400		1150.00	1310
1980	Crimson Topaz Hummingbird 40113	310		1400.00	1640
1983	Dove of Peace 40236	709		750.00	1480
1983	Doves with Cherry Blossoms, pair 10049	150		7500.00	10600
1979	Downy Woodpecker 40116	300		950.00	1000
1957	Downy Woodpeckers 427	500		450.00	1760
1976	Eagle of Freedom I 400-50	15		35000.00	51375
1976	Eagle of Freedom II 400-70	200		7200.00	7370
1977	Eastern Bluebird 400-51	300		2300.00	2625
1959	Eastern Bluebirds, pair 451	100		1800.00	12210
1975	Eastern Kingbird 400-42	100		3500.00	4275
1983	Egret (National Audubon Society) 40221	1,029		1200.00	1580
1975	European Goldfinch 100-22	250		1150.00	1400
1973	Everglades Kites 400-24	50		5800.00	7340
1987	Flamingo w/ Young (National Audubon Society) 40316	225		1500.00	1525
1977	Fledgling Brown Thrashers 400-72A	400		500.00	680
1967	Fledgling Canada Warbler 491	750		550.00	2205
1965	Fledgling Great Horned Owl 479	750		350.00	1590
1971	Flicker 400-16	250		2400.00	2770
1983	Forster's Tern (Cresting) 40224	300		1850.00	2080
1983	Forster's Tern (on the Wing) 40223	300		1850.00	2080
1986	Gannet 40287	30		4300.00	4300
1972	Goldcrest 1004	500		650.00	1210
1983	Golden Eagle 10046	25		32000.00	36085
1954	Golden Pheasant, bisque 414B	7		200.00	11375
1954	Golden Pheasant, decorated 414A	7		350.00	19235
1956	Golden-crowned Kinglets 419	500		400.00	2320
1983	Goldfinch 40245	136		1200.00	1200
1961	Goldfinches 457	500		400.00	1830
1982	Great White Egret 40214	50		11500.00	15055
1982	Green Jays, pair 40198	65		3900.00	3900
1966	Green Jays, pair 486	400		1850.00	4120
1973	Green Woodpeckers 100-15	50		4200.00	4890
1979	Grey Wagtail 100-26	150		1050.00	1385
1974	Hooded Warbler 400-30	100		2400.00	3020
1973	Horned Larks 400-25	200		3800.00	4435
1964	Ivory-billed Woodpeckers 474	4		N/A	N/A
1968	Kestrels, pair 492	460		2300.00	3160
1982	Killdeer 40213	125		1075.00	1090
1964	Killdeer, pair 473	300		1750.00	5160
1976	Kingfishers 100-24	200		1900.00	2205
1980	Kirtland's Warble 40169	130		750.00	890
1973	Lapwing 100-14	100		2600.00	3000
1974	Lark Sparrow 400-35	150		2100.00	2340
1973	Lazuli Buntings 400-23	250		1800.00	2455
1981	Least Sandpipers 40136	350		2100.00	2540
1979	Least Tern 40102	350		1275.00	3045
1962	Lesser Prairie Chickens, pair 464	300		1200.00	2390
1971	Little Owl 1002	350		700.00	1390
1973	Long Tail Tits 100-11	200		2600.00	3000
1984	Long-eared Owl 10052	12		6000.00	6260
1984	Magnolia Warbler 40258	246		1100.00	1100
1952	Mallards, pair 406	500		650.00	1745
1957	Meadowlark 435	750		350.00	3180
1963	Mearn's Quail, pair 467	350		950.00	3635
1968	Mergansers, pair 496	440		2200.00	2985

FIGURINES/COTTAGES

YEAR ISSUE		EDITION LIMIT	YEAR RETD.	ISSUE PRICE	QUOTE U.S.$
1981	Mockingbird's Nest with Bluebonnet 10033	55		1300.00	1365
1978	Mockingbirds 400-52	350		2200.00	3045
1961	Mockingbirds, pair 459	500		650.00	3970
1963	Mountain Bluebirds 470	300		1900.00	5480
1981	Mourning Dove 40189	300		2200.00	2325
1958	Mourning Doves 443	500		550.00	1490
1971	Mute Swans, life-size, pair 400-14A	3		N/A	N/A
1982	Mute Swans, pair 40219	115		5800.00	6350
1971	Mute Swans, small size, pair 400-14B	400		4000.00	7820
1974	Myrtle Warblers 400-28	210		1850.00	2105
1958	Nonpareil Buntings 446	750		250.00	1165
1981	Northern Oriole 40194	100		1750.00	1900
1967	Northern Water Thrush 490	500		800.00	1420
1971	Nuthatch 1001	350		650.00	1130
1970	Orchard Orioles 400-11	550		1750.00	2305
1981	Osprey 10031	25		17000.00	21070
1981	Osprey 10037	100		4350.00	4710
1970	Oven-bird 400-04	450		1400.00	1790
1985	Parula Warblers 40270	100		2450.00	2465
1965	Parula Warblers 484	400		1500.00	3370
1975	Pekin Robins 400-37	100		7000.00	9680
1984	Pelican 40259	93		1200.00	1235
1973	Peregrine Falcon 100-12	350		4400.00	5470
1981	Peregrine Falcon with Young 40171	105		1850.00	2020
1980	Pheasant 40133	100		2100.00	2175
1984	Pileated Woodpeckers 40250	50		2900.00	2925
1979	Prince Rudolph's Blue Bird of Paradise 40101	10		35000.00	37200
1962	Ptarmigans, pair 463	350		800.00	3465
1974	Purple Martins 400-32	50		6700.00	9150
1979	Racquet-tail Hummingbird 40105	310		1500.00	1965
1985	Racquet-tailed Hummingbird 10053	350		2100.00	2500
1975	Red-billed Blue Magpie 400-44	100		4600.00	6230
1979	Red-breasted Nuthatch 40118	200		800.00	925
1957	Red-winged Blackbirds, pair 426	100		700.00	5590
1954	Ringed-necked Pheasants, pair 409	500		650.00	1810
1976	Rivoli's Hummingbird 100-23	350		950.00	1535
1982	Roadrunner 40199	150		2100.00	2325
1968	Roadrunner 493	500		2600.00	3680
1964	Robin (Daffodils) 472	500		600.00	5650
1977	Robin (Nest) 400-65	350		1650.00	2080
1981	Robin's Nest w/Wild Rose 10030	90		1300.00	1380
1981	Rose-breasted Grosbeak 10032	165		1850.00	1880
1983	Royal Terns 10047	75		4300.00	4845
1974	Ruby-throated Hummingbird 100-21	200		1900.00	2825
1977	Ruffed Grouse, pair 400-65	100		4400.00	4485
1960	Ruffed Grouse, pair 456	250		950.00	5080
1966	Rufous Hummingbirds 487	500		850.00	2360
1986	Sandhill Crane 40286 (National Audubon Society)	205		1650.00	1665
1977	Scarlet Tanager 400-41	4		1800.00	4275
1985	Scarlet Tanager 40267	125		2100.00	2125
1977	Scissor-tailed Flycatcher 400-48	100		3200.00	3650
1979	Scops Owl 40114	300		975.00	1415
1973	Screech Owl 100-10	500		850.00	1495
1980	Screech Owl 40132	350		2100.00	3125
1978	Siskens 100-25	250		2100.00	2405
1970	Slate-colored Junco 400-12	500		1600.00	2240
1972	Snow Buntings 400-21	350		2400.00	2700
1985	Soaring Eagle (bisque) 40276B	304		950.00	960
1985	Soaring Eagle (gilded) 40276G	35		5000.00	5290
1956	Song Sparrows, pair 421	50		2000.00	38450
1974	Song Thrushes 100-16	100		2800.00	3590
1974	Stonechats 100-17	150		2200.00	2560
1961	Sugarbirds 460	100		2500.00	14910
1974	Swallows 100-19	125		3400.00	4320
1983	Towhee 40244	75		975.00	1045
1963	Towhee 471	500		350.00	2430
1972	Tree Creepers 1007	200		3200.00	3200
1985	Trumpeter Swan 40266 (National Audubon Society)	500		1500.00	1625
1965	Tufted Titmice 482	500		600.00	2040
1965	Varied Buntings 481	300		2200.00	4935
1974	Varied Thrush 400-29	300		2500.00	3115
1969	Verdins 400-02	575		1150.00	1565
1969	Western Bluebirds 400-01	300		5500.00	7020
1971	Western Meadowlark 400-15	350		1425.00	1735
1984	Whooping Crane 40254 (National Audubon Society)	647		1800.00	2025
1971	Winter Robin 1003	225		1150.00	1420
1981	Wood Ducks 40192	90		3400.00	3560
1951	Wood Thrush 400	2		375.00	N/A
1966	Wood Thrushes, pair 485	400		4200.00	8285
1954	Woodcock 413	500		300.00	2060
1982	Wren 10036	50		1700.00	1950
1980	Yellow Warbler 40137	200		950.00	1070
1972	Yellow-bellied Sapsucker 400-18	250		2700.00	3200
1974	Yellow-billed Cuckoo 400-31	150		2800.00	3055
1974	Yellow-headed Blackbird 400-34	75		3200.00	3600
1982	Yellow-shafted Flicker 40220	175		1450.00	1500
1973	Yellowhammers 1009	350		3300.00	4180
1975	Young & Spirited 1976 400-49	1,121		950.00	1610
1969	Young American Eagle 498B	850		700.00	1520
1973	Young American Eagle, Inaugural 498A	100		1500.00	2125

Figurines - Boehm

YEAR ISSUE		EDITION LIMIT	YEAR RETD.	ISSUE PRICE	QUOTE U.S.$
1986	Amanda with Parasol 10269	27		750.00	750
1986	Aria 67003	100		875.00	875
1986	Aurora 67001	100		875.00	875
1977	Beverly Sills 7006	100		950.00	1010
1986	Celeste 67002	100		875.00	875
1986	Devina 67000	100		875.00	875
1977	Jerome Hines 7007	12		825.00	1000
1986	Jo, Skating 10267	26		750.00	750
1986	Mattina 67004	100		875.00	875
1986	Meg with Basket 10268	26		625.00	625

Floral Sculptures - Boehm

YEAR ISSUE		EDITION LIMIT	YEAR RETD.	ISSUE PRICE	QUOTE U.S.$
1980	Begonia (pink) 30041	500		1250.00	1470
1980	Bluebonnets 30050	160		650.00	775
1979	Cactus Dahlia 300-33	300		800.00	970
1980	Caprice Iris (pink) 30049	235		650.00	725
1986	Cherries Jubilee Camellia 10388	250		625.00	625
1983	Chrysanthemum 30105	75		1250.00	1464
1985	Chrysanthemum Petal Camellia 30125	500		575.00	600
1972	Chrysanthemums 3005	350		1100.00	2030
1971	Daisies 3002	350		600.00	1045
1981	Daisy (white) 30056	75		975.00	995
1974	Debutante Camellia 3008	500		625.00	865
1973	Dogwood 3003	250		625.00	1035
1981	Dogwood 30045	510		875.00	955
1978	Double Clematis Centerpiece 300-27	150		1500.00	1780
1974	Double Peony 3007	275		575.00	995
1982	Double Peony 30078	110		1525.00	1640
1978	Edward Boehm Camellia 300-23	500		850.00	960
1975	Emmett Barnes Camellia 300-11	425		550.00	770
1985	Emmett Barnes Camellia 30120	275		625.00	630
1983	Empress Camellia (white) 30109	350		1025.00	1050
1974	Gentians 3009	350		425.00	730
1986	Globe of Light Peony 10372	125		475.00	505
1979	Grand Floral Centerpiece 300-35	15		7500.00	8755
1978	Helen Boehm Camellia 300-25	500		600.00	1110
1978	Helen Boehm Daylily 300-20	175		975.00	1140
1978	Helen Boehm Iris 300-19	175		975.00	1190
1979	Honeysuckle 300-34	200		900.00	1055
1986	Icarian Peony Centerpiece 30119	33		2800.00	2865
1981	Julia Hamiter Camellia 30061	300		675.00	745
1985	Kama Pua Hibiscus (orange) 30128	122		1600.00	1615
1984	Lady's Slipper Orchid 30112	76		575.00	575
1982	Magnolia Centerpiece 30101	15		6800.00	6985
1975	Magnolia Grandiflora 300-12	750		650.00	1525
1980	Magnolia Grandiflora 300-47	350		1650.00	1935
1982	Marigolds 30072	150		1275.00	1275
1984	Mary Heatley Begonia 30111	200		1100.00	1125
1980	Miss Indiana Iris (blue) 30049	235		650.00	710
1981	Nancy Reagan Camellia 30076	600		650.00	830
1980	Orchid (pink) 30036	175		725.00	780
1980	Orchid (yellow) 30037	130		725.00	780
1976	Orchid Cactus 300-15	100		650.00	1030
1984	Orchid Centerpiece (assorted) 30016	150		2600.00	2650
1984	Orchid Centerpiece (pink) 30115	350		2100.00	2490
1984	Orchid, Cymbidium 30114	160		575.00	625
1984	Orchid, Odontoglossum 30113	100		575.00	610
1980	Parrot Tulips 30042	300		850.00	1000
1985	Peonies (white) 30118	100		1650.00	1650
1978	Pink Lotus 300-21	175		975.00	1055
1981	Poinsettia 30055	200		1100.00	1230
1982	Pontiff Iris 30097	200		3000.00	3830
1981	Poppies 30058	325		1150.00	1265
1976	Queen of the Night Cactus 300-14	125		650.00	895
1985	Rhododendron (pink, yellow) 30122	125		1850.00	1895
1981	Rhododendron 30064	275		825.00	825
1978	Rhododendron Centerpiece 300-30	350		1150.00	1900
1981	Rose (yellow in shell) 30059	300		1100.00	1160
1986	Rose Centerpiece (yellow) 10370	25		5500.00	5625
1981	Rose Grace de Monaco 30071	350		1650.00	1940
1980	Rose, Alec's Red 30039	500		1050.00	1390
1981	Rose, Annenberg 30051	200		1450.00	1495
1978	Rose, Blue Moon 300-28	500		650.00	915
1985	Rose, Duet 30130	200		1525.00	1550
1980	Rose, Elizabeth of Glamis 30046	500		1650.00	1970
1981	Rose, Grandpa Dickson 30069	225		1200.00	1430
1985	Rose, Helen Boehm 30121	360		1475.00	1480
1982	Rose, Jehan Sadat 30080	200		875.00	1030
1981	Rose, Just Joey 30052	240		1050.00	1050
1981	Rose, Lady Helen 30070	325		1350.00	1520
1982	Rose, Mountbatten 30094	50		1525.00	1665
1981	Rose, Nancy Reagan 35027	1,200		800.00	920
1978	Rose, Pascali 300-24	500		950.00	1520
1982	Rose, Pascali 30093	250		1500.00	1710
1980	Rose, Peach 30038	350		1800.00	2070
1981	Rose, Prince Charles & Lady Diana Centerpiece 30065/6	100		4800.00	6330
1981	Rose, Prince Charles & Lady Diana Floral 30068	600		750.00	850
1982	Rose, Princess Margaret 30095	350		950.00	1170
1982	Rose, Queen Elizabeth 30091	350		1450.00	1790
1982	Rose, Royal Blessing 30099	500		1350.00	1715
1976	Rose, Supreme Peace 300-16	250		850.00	1745
1976	Rose, Supreme Yellow 300-17	250		850.00	1735
1978	Rose, Tropicana 300-22	500		475.00	1075
1981	Rose, Tropicana in Conch Shell 30060	150		1100.00	1100
1983	Rose, Yankee Doodle 30108	450		650.00	700
1982	Royal Bouquet 30092	125		1500.00	1690
1982	Scabious with Japonica 30090	50		1550.00	1575
1985	Seminole Hibiscus (pink) 30129	100		1800.00	1815
1978	Spanish Iris 300-29	500		600.00	760
1983	Spring Centerpiece 30110	100		1125.00	1200
1982	Stewart's Supreme Camellia 30084	350		675.00	710
1973	Streptocalyx Poeppigii 3006	50		3400.00	4485
1971	Swan Centerpiece 3001	135		1950.00	2930
1976	Swan Lake Camellia 300-13	750		825.00	1790
1971	Sweet Viburnum 3004	35		650.00	1395
1982	Tiger Lilies (orange) 30077	350		1225.00	1270
1980	Tree Peony 30043	325		1400.00	1485
1982	Tulips 30089	180		1050.00	1090
1974	Waterlily 300-10	350		400.00	725
1978	Watsonii Magnolia 300-31	250		575.00	680

Boyds Collection Ltd.

The Bearstone Collection™ - G.M. Lowenthal

YEAR ISSUE		EDITION LIMIT	YEAR RETD.	ISSUE PRICE	QUOTE U.S.$
1994	'Grenville the Santabear' Musical Waterball 2700	Open		35.75	36
1994	Agatha & Shelly-'Scardy Cat' 2246	Open		16.25	17-45
1995	Amelia's Enterprise 'Carrot Juice' 2258	Open		16.25	17
1993	Arthur...with Red Scarf 2003-03	Retrd.	1994	10.50	20-40
1994	Bailey & Emily...'Forever Friends'	Open		34.00	34
1994	Bailey & Wixie 'To Have and To Hold' 2017	Open		15.75	16
1994	Bailey at the Beach 2020-09	12/95		15.75	16
1993	Bailey Bear with Suitcase (old version) 2000	Retrd.	1993	14.20	50-75
1993	Bailey Bear with Suitcase (revised version) 2000	Open		14.20	14-45
1994	Bailey's Birthday 2014	Open		15.95	16-46
1995	Bailey...'The Baker with Sweetie Pie' 2254	Open		12.50	13
1995	Bailey...'The Honeybear' 2260	Open		15.75	16
1993	Bailey...in the Orchard 2006	Open		14.20	14-49
1994	Bessie the Santa Cow 2239	Open		15.75	16-50
1993	Byron & Chedda w/Catmint 2010	Retrd.	1994	14.20	14-45
1994	Celeste...'The Angel Rabbit' 2230	Open		16.25	17-60
1994	Charlotte & Bebe...'The Gardeners' 2229	12/95		15.75	16-80
1993	Christian by the Sea 2012	Open		14.20	15-45
1994	Clara...'The Nurse' 2231	Open		16.25	17-70
1994	Clarence Angel Bear (rust) 2029-11	12/95		12.60	13-36
1995	Cookie Catberg...'Knittin' Kitten' 2250	Open		18.75	19
1994	Cookie the Santa Cat 2237	12/95		15.25	16-80
1995	Daphne and Eloise...'Women's Work' 2251	Open		18.00	18
1993	Daphne Hare & Maisey Ewe 2011	12/95		14.20	14-45
1994	Daphne...The Reader Hare 2226	Open		14.20	15
1994	Edmond & Bailey...'Gathering Holly' 2240	Open		24.25	25-84
1994	Elgin the Elf Bear 2236	Open		14.20	15-45
1994	Elliot & Snowbeary 2242	Open		15.25	16-50
1994	Elliot & The Tree 2241	Open		16.25	17-75
1993	Father Chrisbear and Son 2008 (old version)	Retrd.	1993	15.00	125-250
1993	Father Chrisbear and Son 2008-02 (revised version)	Retrd.	1994	15.00	15
1994	Grenville & Beatrice...'Best Friends' 2016	Open		26.25	27
1993	Grenville & Neville...'The Sign' (prototype) 2099	Retrd.	1993	15.75	65-90
1993	Grenville & Neville...'The Sign' 2099	Open		15.75	16
1994	Grenville the Santabear 2030	Open		14.20	15-50
1994	Grenville...'The Graduate' 2233	Open		16.25	17-50
1993	Grenville...with Green Scarf 2003-04	Retrd.	1994	10.50	125-200
1993	Grenville...with Red Scarf 2003-08	12/95		10.50	11
1994	Homer on the Plate 2225	Open		15.75	16-36
1995	Hop-a-Long...'The Deputy' 2247	Open		14.00	14
1994	Juliette Angel Bear (ivory) 2029-10	12/95		12.60	13-36
1994	Justina & M. Harrison...'Sweetie Pie' 2015	Open		26.25	27-55
1994	Knute & The Gridiron 2245	Open		16.25	17-50
1994	Kringle & Bailey with List 2235	Open		14.20	15-45
1995	Lefty...'On the Mound' 2253	Open		15.00	15
1994	Manheim the 'Eco-Moose' 2243	Open		15.25	16-50
1994	Maynard the Santa Moose 2238	Open		15.25	16-50
1995	Miss Bruin & Bailey 'The Lesson' 2259	Open		18.45	19
1993	Moriarty-'The Bear in the Cat Suit' 2005	12/95		13.75	14-44
1993	Neville...The 'Bedtime Bear' 2002	Open		14.20	15-46
1995	Otis...'Taxtime' 2262	Open		18.75	19
1995	Otis...'The Fisherman' 2249-06	Open		15.75	16
1994	Sebastian's Prayer 2227	Open		16.25	17-52
1994	Sherlock & Watson-In Disguise 2019	Open		15.75	16
1993	Simone De Bearvoire and Her Mom 2001	Open		14.20	15-47
1995	The Storyteller 2265	12/95		50.00	50
1994	Ted & Teddy 2223	Open		15.75	16-36
1993	Victoria...'The Lady' 2004	Open		18.40	19-50
1994	Wilson at the Beach 2020-06	Open		15.75	16
1994	Wilson the "Perfesser" 2222	Open		16.25	17
1993	Wilson with Love Sonnets 2007	Open		12.60	13-60

Collectors' Information Bureau

63

Boyds Collection Ltd. to Byers' Choice Ltd. — FIGURINES/COTTAGES

YEAR ISSUE		EDITION LIMIT	YEAR RETD.	ISSUE PRICE	QUOTE U.S.$
The Folkstone Collection™ - G.M. Lowenthal					
1994	Angel of Freedom 2820	Open		16.75	17
1994	Angel of Love 2821	Open		16.75	17
1994	Angel of Peace 2822	Open		16.75	17
1994	Beatrice-Birthday Angel 2825	Open		20.00	20
1994	Chilly & Son with Dove 2811	Open		17.75	18-25
1994	Elmer-Cow on Haystacks 2851	Open		19.00	19
1994	Florence-Kitchen Angel 2824	Open		20.00	20
1994	Ida & Bessie-The Gardeners 2852	Open		19.00	19
1994	Jill-Language of Love 2842	Open		19.00	19
1994	Jingle Moose 2830	Open		17.75	18
1994	Jingles & Son with Wreath 2812	Open		17.75	18
1994	Lizzie Shopping Angel 2827	Open		20.00	20
1994	Minerva-Baseball Angel 2826	Open		20.00	20
1994	Myrtle-Believe 2840	Open		20.00	20
1994	Nicholai with Tree 2800	Open		17.75	18-25
1994	Nicholas with Book 2802	Open		17.75	18
1994	Nikki with Candle 2801	Open		17.75	18-25
1994	Oceana-Ocean Angel 2823	Open		16.75	17
1994	Peter-The Whopper 2841	Open		19.00	19
1994	Rufus-Hoedown 2850	Open		19.00	19
1994	Windy with Book 2810	Open		17.75	18-25
Brandywine Collectibles					
Accessories - M. Whiting					
1992	Apple Tree/Tire Swing	Open		10.00	10
1991	Baggage Cart	Open		10.50	11
1990	Bandstand	Closed	1992	10.50	11
1994	Elm Tree with Benches	Open		16.00	16
1988	Flag	Open		10.00	10
1990	Flower Cart	Open		13.00	13
1990	Gate & Arbor	Closed	1992	9.00	9
1990	Gooseneck Lamp	Open		7.50	8
1989	Horse & Carriage	Open		13.00	13
1994	Lamp with Barber Pole	Open		10.50	11
1988	Lampost, Wall & Fence	Open		11.00	11
1989	Mailbox, Tree & Fence	Open		10.00	10
1989	Pumpkin Wagon	Open		11.50	12
1991	Street Sign	Open		8.00	8
1987	Summer Tree with Fence	Open		7.00	7
1991	Town Clock	Open		7.50	8
1992	Tree with Birdhouse	Open		10.00	10
1989	Victorian Gas Light	Open		6.50	7
1990	Wishing Well	Open		10.00	10
Barnsville Collection - M. Whiting					
1991	B & O Station	Open		28.00	28
1992	Barnesville Church	Open		44.00	44
1991	Bradfield House	Open		32.00	32
1990	Candace Bruce House	Open		30.00	30
1990	Gay 90's Mansion	Open		32.00	32
1992	Plumtree Bed & Breakfast	Open		44.00	44
1990	Thompson House	Open		32.00	32
1990	Treat-Smith House	Open		32.00	32
1991	Whiteley House	Open		32.00	32
Country Lane - M. Whiting					
1995	Berry Farm	Open		30.00	30
1995	Country School	Open		30.00	30
1995	Dairy Farm	Open		30.00	30
1995	Farm House	Open		30.00	30
1995	The General Store	Open		30.00	30
Custom Collection - M. Whiting					
1988	Burgess Museum	Open		15.50	16
1992	Cumberland County Courthouse	Open		15.00	15
1990	Doylestown Public School	Open		32.00	32
1991	Jamestown Tower	Closed	1991	9.00	9
1990	Jared Coffin House	Open		32.00	32
1989	Lorain Lighthouse	Closed	1992	11.00	11
1992	Loudon County Courthouse	Open		15.00	15
1988	Princetown Monument	Closed	1989	9.70	10
1991	Smithfield VA. Courthouse	Closed	1992	12.00	12
1989	Yankee Candle Co.	Open		13.50	14
Hilton Village - M. Whiting					
1987	Dutch House	Closed	1991	8.50	9
1987	English House	Closed	1991	8.50	9
1987	Georgian House	Closed	1991	8.50	9
1987	Gwen's House	Closed	1991	8.50	9
1987	Hilton Firehouse	Closed	1991	8.50	9
Hometown I - M. Whiting					
1990	Barber Shop	Closed	1992	14.00	14
1990	General Store	Closed	1992	14.00	14
1990	School	Closed	1992	14.00	14
1990	Toy Store	Closed	1992	14.00	14
Hometown II - M. Whiting					
1991	Church	Closed	1993	14.00	14
1991	Dentist	Closed	1993	14.00	14
1991	Ice Cream Shop	Closed	1993	14.00	14
1991	Stitch-N-Sew	Closed	1993	14.00	14
Hometown III - M. Whiting					
1991	Basket Shop	Closed	1993	15.50	16
1991	Dairy	Closed	1993	15.50	16
1991	Firehouse	Closed	1993	15.50	16
1991	Library	Closed	1993	15.50	16
Hometown IV - M. Whiting					
1992	Bakery	Closed	1994	21.00	21
1992	Country Inn	Closed	1994	21.50	22
1992	Courtnhouse	Closed	1994	21.50	22
1992	Gas Station	Closed	1994	21.00	21
Hometown V - M. Whiting					
1992	Antiques Shop	Closed	1995	22.00	22
1992	Gift Shop	Closed	1995	22.00	22
1992	Pharmacy	Closed	1995	22.00	22
1992	Sporting Goods	Closed	1995	22.00	22
1992	Tea Room	Closed	1995	22.00	22
Hometown VI - M. Whiting					
1993	Church	Open		24.00	24
1993	Diner	Open		24.00	24
1993	General Store	Open		24.00	24
1993	School	Open		24.00	24
1993	Train Station	Open		24.00	24
Hometown VII - M. Whiting					
1993	Candy Shop	Open		24.00	24
1993	Dress Shop	Open		24.00	24
1993	Flower Shop	Open		24.00	24
1993	Pet Shop	Open		24.00	24
1993	Post Office	Open		24.00	24
1993	Quilt Shop	Open		24.00	24
Hometown VIII - M. Whiting					
1994	Barber Shop	Open		28.00	28
1994	Country Store	Open		28.00	28
1994	Fire Company	Open		28.00	20
1994	Professional Building	Open		28.00	28
1994	Sewing Shop	Open		26.00	26
Hometown IX - M. Whiting					
1994	Bed & Breakfast	Open		29.00	29
1994	Cafe/Deli	Open		29.00	29
1994	Hometown Bank	Open		29.00	29
1994	Hometown Gazette	Open		29.00	29
1994	Teddys & Toys	Open		29.00	29
Hometown X - M. Whiting					
1995	Brick Church	Open		29.00	29
1995	The Doll Shoppe	Open		29.00	29
1995	General Hospital	Open		29.00	29
1995	The Gift Box	Open		29.00	29
1995	Police Station	Open		29.00	29
North Pole Collection - Various					
1992	3 Winter Trees - D. Whiting	Open		10.50	11
1993	Candy Cane Factory - M. Whiting	Open		24.00	24
1991	Claus House - M. Whiting	Open		24.00	24
1993	Elf Club - M. Whiting	Open		24.00	24
1992	Elves Workshop - M. Whiting	Open		24.00	24
1991	Gingerbread House - D. Whiting	Open		24.00	24
1994	Post Office - M. Whiting	Open		25.00	25
1991	Reindeer Barn - M. Whiting	Open		24.00	24
1992	Snowflake Lodge - M. Whiting	Open		24.00	24
1992	Snowman with St. Sign - M. Whiting	Open		11.50	12
1992	Sugarplum Bakery - M. Whiting	Open		24.00	24
1993	Teddybear Factory - M. Whiting	Open		24.00	24
1993	Town Christmas Tree - M. Whiting	Open		20.00	20
1994	Town Hall - M. Whiting	Open		25.00	25
Old Salem Collection - M. Whiting					
1987	Boys School	Open		18.50	19
1987	First House	Open		12.80	13
1987	Home Moravian Church	Open		18.50	19
1987	Miksch Tobacco Shop	Closed	1993	12.00	12
1987	Salem Tavern	Open		20.50	21
1987	Schultz Shoemaker	Open		10.50	11
1987	Vogler House	Open		20.50	21
1987	Winkler Bakery	Open		20.50	21
Patriots Collection - M. Whiting					
1992	Betsy Ross House	Open		17.50	18
1992	Washingtons Headquarters	Open		24.00	24
Seymour Collection - M. Whiting					
1991	Anderson House	Open		20.00	20
1991	Blish Home	Open		20.00	20
1992	Majestic Theater	Open		22.00	22
1991	Seymour Church	Open		19.00	19
1991	Seymour Library	Open		20.00	20
Treasured Times - M. Whiting					
1994	Birthday House	750		32.00	32
1994	Halloween House	750		32.00	32
1994	Mother's Day House	750		32.00	32
1994	New Baby Boy House	750		32.00	32
1994	New Baby Girl House	750		32.00	32
1994	Valentine House	750		32.00	32
Victorian Collection - M. Whiting					
1989	Broadway House	Closed	1994	22.00	22
1989	Elm House	Closed	1994	25.00	25
1989	Fairplay Church	Closed	1994	19.50	20
1989	Hearts Ease Cottage	Closed	1994	15.30	16
1989	Old Star Hook & Ladder	Closed	1994	23.00	23
1989	Peachtree House	Closed	1994	22.50	23
1989	Seabreeze Cottage	Closed	1994	15.30	16
1989	Serenity Cottage	Closed	1994	15.30	16
1989	Skippack School	Closed	1994	22.50	23
Williamsburg Collection - M. Whiting					
1993	Campbell's Tavern	Open		28.00	28
1988	Colonial Capitol	Open		43.50	44
1988	Court House of 1770	Open		26.50	27
1988	Governor's Palace	Open		37.50	38
1993	Kings Arms Tavern	Open		25.00	25
1988	The Magazine	Open		23.50	24
1988	Wythe House	Open		25.00	25
Yorktown Collection - M. Whiting					
1987	Custom House	Open		17.50	18
1993	Digges House	Open		22.00	22
1987	Grace Church	Open		19.00	19
1987	Medical Shop	Open		13.00	13
1987	Moore House	Open		22.00	22
1987	Nelson House	Open		22.00	22
1987	Pate House	Open		19.00	19
1987	Swan Tavern	Open		22.00	22
Byers' Choice Ltd.					
Accessories - J. Byers					
1995	Cat in Hat	Open		10.00	10
1995	Dog with Sausages	Open		18.00	18
Carolers - J. Byers					
1988	Children with Skates	Open		40.00	47
1988	Singing Cats	Open		13.50	15
1986	Singing Dogs	Open		13.00	15
1978	Traditional Colonial Lady Caroler (w/ hands)	Closed	1978	N/A	1500
1986	Traditional Grandparents	Open		35.00	42
1982	Victorian Adult Caroler (1st Version)	Closed	1982	32.00	300-375
1983	Victorian Adult Caroler (assorted) (2nd Version)	Open		35.00	46
1982	Victorian Child (assorted) Caroler (1st Version)	Closed	1982	32.00	300-375
1983	Victorian Child Caroler (2nd Version)	Open		33.00	46
1988	Victorian Grand Parent Carolers	Open		40.00	45
1978	Traditional Man Caroler	Closed	1978	N/A	300-375
Children of The World - J. Byers					
1993	Bavarian Boy	Closed	1993	50.00	150-275
1992	Dutch Boy	Closed	1992	50.00	175-300
1992	Dutch Girl	Closed	1992	50.00	175-300
1994	Irish Girl	Closed	1994	50.00	100-225
Country Christmas Store Exclusive - J. Byers					
1988	Toymaker	600	1988	59.00	750-975
Cries Of London - J. Byers					
1991	Apple Lady (red legs)	Closed	1991	80.00	700-1000
1991	Apple Lady (red/wh. striped legs)	Closed	1991	80.00	1200
1992	Baker	Closed	1992	62.00	100-200
1993	Chestnut Roaster	Closed	1993	64.00	150-250
1994	Flower Vendor	Closed	1994	64.00	100-150
1995	Dollmaker	Yr.Iss.		64.00	64
1995	Girl Holding Doll	Yr.Iss.		48.00	48
Dickens Series - J. Byers					
1990	Bob Cratchit & Tiny Tim (1st Ed.)	Closed	1990	84.00	150-250
1991	Bob Cratchit & Tiny Tim (2nd Ed.)	Open		86.00	86
1991	Happy Scrooge (1st Edition)	Closed	1991	50.00	150-275
1992	Happy Scrooge (2nd Edition)	Closed	1992	50.00	150-225
1986	Marley's Ghost (1st Edition)	Closed	1986	40.00	275-425
1987	Marley's Ghost (2nd Edition)	Closed	1992	42.00	175-300
1985	Mr. Fezziwig (1st Edition)	Closed	1985	43.00	500-750
1986	Mr. Fezziwig (2nd Edition)	Closed	1991	43.00	300-600
1984	Mrs. Cratchit (1st Edition)	Closed	1984	38.00	700-1000
1985	Mrs. Cratchit (2nd Edition)	Open		39.00	39
1985	Mrs. Fezziwig (1st Edition)	Closed	1985	43.00	500-750
1986	Mrs. Fezziwig (2nd Edition)	Closed	1991	43.00	300-600
1983	Scrooge (1st Edition)	Closed	1983	36.00	1400-2000
1984	Scrooge (2nd Edition)	Open		38.00	38
1989	Spirit of Christmas Future (1st Ed.)	Closed	1989	46.00	250-370
1990	Spirit of Christmas Future (2nd Ed.)	Closed	1991	48.00	250-350
1987	Spirit of Christmas Past (1st Ed.)	Closed	1987	42.00	325-450
1988	Spirit of Christmas Past (2nd Ed.)	Closed	1991	46.00	250-350
1988	Spirit of Christmas Present (1st Ed.)	Closed	1988	44.00	300-360
1989	Spirit of Christmas Present (2nd Ed.)	Closed	1991	48.00	250-350
Display Figures - J. Byers					
1986	Display Adults	Closed	1987	170.00	400-500
1983	Display Carolers	Closed	1983	200.00	500
1985	Display Children (Boy & Girl)	Closed	1987	140.00	500
1982	Display Drummer Boy-1st	Closed	1983	96.00	600-800
1985	Display Drummer Boy-2nd	Closed	1986	160.00	300-600
1981	Display Lady	Closed	1981	N/A	2000
1981	Display Man	Closed	1981	N/A	2000
1985	Display Old World Santa	Closed	1985	260.00	500
1982	Display Santa	Closed	1983	96.00	600
1990	Display Santa-bayberry	Closed	1990	250.00	440
1990	Display Santa-red	Closed	1990	250.00	425
1984	Display Working Santa	Closed	1985	260.00	500

YEAR ISSUE		EDITION LIMIT	YEAR RETD.	ISSUE PRICE	QUOTE U.S.$
1987	Mechanical Boy with Drum	Closed	1987	N/A	475
1987	Mechanical Girl with Bell	Closed	1987	N/A	475

Musicians - J. Byers

YEAR ISSUE		EDITION LIMIT	YEAR RETD.	ISSUE PRICE	QUOTE U.S.$
1991	Boy with Mandolin	Closed	1991	48.00	200-275
1985	Horn Player	Closed	1985	38.00	700
1985	Horn Player, chubby face	Closed	1985	37.00	900-1200
1991	Musician with Accordian	Closed	1991	48.00	200-275
1989	Musician with Clarinet	Closed	1989	44.00	500-650
1992	Musician with French Horn	Closed	1992	52.00	175-225
1990	Musician with Mandolin	Closed	1990	46.00	200-275
1986	Victorian Girl with Violin	Closed	1986	39.00	300
1983	Violin Player Man (1st Version)	Closed	1983	38.00	1500
1984	Violin Player Man (2nd Version)	Closed	1984	38.00	1500

Nativity - J. Byers

YEAR ISSUE		EDITION LIMIT	YEAR RETD.	ISSUE PRICE	QUOTE U.S.$
1989	Angel Gabriel	Closed	1991	37.00	115
1987	Angel-Great Star (Blonde)	Closed	1991	40.00	200
1987	Angel-Great Star (Brunette)	Closed	1991	40.00	200
1987	Angel-Great Star (Red Head)	Closed	1991	40.00	225
1987	Black Angel	Closed	1987	36.00	150-225
1990	Holy Family with stable	Closed	1991	119.00	200-350
1989	King Balthasar	Closed	1991	40.00	80-120
1989	King Gaspar	Closed	1991	40.00	95
1989	King Melchior	Closed	1991	40.00	80-120
1988	Shepherds	Closed	1991	37.00	95

The Nutcracker - J. Byers

YEAR ISSUE		EDITION LIMIT	YEAR RETD.	ISSUE PRICE	QUOTE U.S.$
1994	Fritz (1st Edition)	Closed	1994	56.00	125
1995	Louise Playing Piano	Yr.Iss.		82.00	82
1993	Marie (1st Edition)	Closed	1993	52.00	125-225
1994	Marie (2nd Edition)	Yr.Iss.		53.00	53

Port-O-Call Exclusives - J. Byers

YEAR ISSUE		EDITION LIMIT	YEAR RETD.	ISSUE PRICE	QUOTE U.S.$
1986	Cherub Angel-blue	Closed	1987	N/A	250
1986	Cherub Angel-cream	Closed	1987	N/A	400
1986	Cherub Angel-pink	Closed	1987	N/A	250
1987	Cherub Angel-rose	Closed	1987	N/A	250

Salvation Army Band - J. Byers

YEAR ISSUE		EDITION LIMIT	YEAR RETD.	ISSUE PRICE	QUOTE U.S.$
1995	Girl	Open		55.00	55
1993	Man with Cornet	Open		54.00	54
1992	Woman with Kettle	Open		64.00	64
1992	Woman with Kettle (1st yr. issue)	Closed	1992	64.00	125
1993	Woman with Tambourine	Open		58.00	58

Santas - J. Byers

YEAR ISSUE		EDITION LIMIT	YEAR RETD.	ISSUE PRICE	QUOTE U.S.$
1991	Father Christmas	Closed	1992	48.00	150
1988	Knecht Ruprecht (Black Peter)	Closed	1989	38.00	150
1984	Mrs. Claus	Closed	1991	38.00	250-325
1992	Mrs. Claus (2nd Version)	Closed	1993	50.00	150
1986	Mrs. Claus on Rocker	Closed	1986	73.00	500-650
1994	Old Befana	Open		53.00	53
1978	Old World Santa	Closed	1986	33.00	350
1989	Russian Santa	Closed	1989	85.00	400-600
1988	Saint Nicholas	Closed	1992	44.00	150
1982	Santa in a Sleigh (1st Version)	Closed	1983	46.00	800
1984	Santa in Sleigh (2nd Version)	Closed	1985	70.00	600-800
1993	Skating Santa	Closed	1993	60.00	125
1987	Velvet Mrs. Claus	Open		44.00	44
1987	Velvet Mrs. Claus (1st yr. issue)	Closed	1987	44.00	115
1978	Velvet Santa	Closed	1993	Unkn.	300
1994	Velvet Santa with Stocking (2nd Version)	Open		47.00	50
1986	Victorian Santa	Closed	1989	39.00	200-300
1990	Weihnachtsmann (German Santa)	Closed	1990	56.00	150-200
1983	Working Santa (1st Version)	Closed	1991	38.00	150-250
1992	Working Santa (1st yr. issue)	Closed	1992	52.00	95
1992	Working Santa (2nd Version)	Open		52.00	52

Skaters - J. Byers

YEAR ISSUE		EDITION LIMIT	YEAR RETD.	ISSUE PRICE	QUOTE U.S.$
1991	Adult Skaters	Closed	1994	50.00	50
1991	Adult Skaters (1991 version)	Closed	1991	50.00	130
1993	Boy Skater on Log	Closed	1993	55.00	100-125
1992	Children Skaters	Closed	1994	50.00	50
1992	Children Skaters (1992 version)	Closed	1992	50.00	130
1993	Grandparent Skaters	Open		50.00	50
1993	Grandparent Skaters (1993 version)	Closed	1993	50.00	145
1995	Man Holding Skates	Open		52.00	52
1995	Woman Holding Skates	Open		52.00	52

Snow Goose Exclusive - J. Byers

YEAR ISSUE		EDITION LIMIT	YEAR RETD.	ISSUE PRICE	QUOTE U.S.$
1988	Man with Goose	600	1988	60.00	300-400

Special Characters - J. Byers

YEAR ISSUE		EDITION LIMIT	YEAR RETD.	ISSUE PRICE	QUOTE U.S.$
1988	Angel Tree Top	100	1988	Unkn.	375
1994	Baby in Basket	Closed	1994	7.50	8
1983	Boy on Rocking Horse	300	1983	85.00	1500
1987	Boy on Sled	Closed	1987	50.00	275-395
1991	Boy with Apple	Closed	1991	41.00	125
1994	Boy with Goose	Open		49.50	50
1995	Boy with Skis	Open		49.50	50
1991	Boy with Tree	Closed	1994	49.00	125
1995	Butcher	Open		54.00	54
1987	Caroler with Lamp	Closed	1987	40.00	175-225
1984	Chimney Sweep (Adult)	Closed	1984	36.00	1200-1500
1991	Chimney Sweep- Child	Closed	1994	50.00	125
1982	Choir Children, boy and girl set	Closed	1986	32.00	300
1993	Choir Director	Open		56.00	56
1993	Choir Director (1st yr. issue)	Closed	1993	56.00	125
1982	Conductor	Closed	1992	32.00	120-250
1994	Constable	Open		53.00	53
1995	Couple in Sleigh	Open		110.00	110
1982	Drummer Boy	Closed	1992	34.00	125-210
1982	Easter Boy	Closed	1983	32.00	450-550
1982	Easter Girl	Closed	1983	32.00	450-550
1991	Girl with Apple	Closed	1991	41.00	150-275
1989	Girl with Hoop	Closed	1990	44.00	150-175
1995	Girl with Skis	Open		49.50	50
1982	Icabod	Closed	1982	32.00	1150
1993	Lamplighter	Open		48.00	48
1993	Lamplighter (1st yr. issue)	Closed	1993	48.00	80-125
1982	Leprechauns	Closed	1982	34.00	1200-2000
1988	Mother Holding Baby	Closed	1993	40.00	100-125
1987	Mother's Day	225	1987	125.00	350
1988	Mother's Day (Daughter)	Closed	1988	125.00	450
1988	Mother's Day (Son)	Closed	1988	125.00	450
1989	Mother's Day (with Carriage)	3,000	1989	75.00	300-425
1994	Nanny	Open		66.00	66
1989	Newsboy with Bike	Closed	1992	78.00	175
1985	Pajama Children (painted flannel)	Closed	1989	35.00	300-400
1985	Pajama Children (red flannel)	Closed	1989	35.00	200-280
1990	Parson	Closed	1993	44.00	75-110
1990	Postman	Closed	1993	45.00	75-150
1994	Sandwich Board Man	Open		52.00	52
1993	School Kids	Closed	1994	48.00	125
1992	Schoolteacher	Closed	1994	48.00	125
1995	Shopper-Man	Open		56.00	56
1995	Shopper-Woman	Open		56.00	56
1981	Thanksgiving Lady (Clay Hands)	Closed	1981	Unkn.	2000
1981	Thanksgiving Man (Clay Hands)	Closed	1981	Unkn.	2000
1994	Treetop Angel	Open		50.00	50
1982	Valentine Boy	Closed	1983	32.00	450-550
1982	Valentine Girl	Closed	1983	32.00	450-550
1990	Victorian Girl On Rocking Horse (blonde)	Closed	1991	70.00	175-275
1990	Victorian Girl On Rocking Horse (brunette)	Closed	1991	70.00	175-275
1992	Victorian Mother with Toddler (Fall/Win-green)	Closed	1993	60.00	125-150
1993	Victorian Mother with Toddler (Spr/Sum-blue)	Closed	1993	61.00	125-150
1992	Victorian Mother with Toddler (Spr/Sum-white)	Closed	1993	60.00	125-150

Stacy's Gifts & Collectibles Exclusives - J. Byers

YEAR ISSUE		EDITION LIMIT	YEAR RETD.	ISSUE PRICE	QUOTE U.S.$
1987	Santa in Rocking Chair with Boy	100	1987	130.00	450-675
1987	Santa in Rocking Chair with Girl	100	1987	130.00	450-650

Toddlers - J. Byers

YEAR ISSUE		EDITION LIMIT	YEAR RETD.	ISSUE PRICE	QUOTE U.S.$
1993	Gingerbread Boy	Closed	1994	18.50	19
1993	Package	Closed	1993	18.50	35
1992	Shovel	Closed	1993	17.00	35
1994	Skis	Open		19.00	19
1994	Sled (black toddler)	Closed	1994	19.00	19
1992	Sled (white toddler)	Closed	1993	17.00	17
1995	Sled (white toddler-2nd version)	Open		19.00	19
1991	Sled with Dog	Closed	1991	30.00	100-175
1992	Snowball	Closed	1994	17.00	25
1994	Snowflake	Closed	1994	18.00	18
1993	Teddy Bear	Closed	1993	18.50	40
1995	Toddler with Wagon	Open		19.50	20
1994	Tree	Open		18.00	18
1995	Victorian Boy Toddler	Open		19.50	20
1995	Victorian Girl Toddler	Open		19.50	20

Wayside Country Store Exclusives - J. Byers

YEAR ISSUE		EDITION LIMIT	YEAR RETD.	ISSUE PRICE	QUOTE U.S.$
1988	Colonial Lady s/n	600	1988	49.00	350
1986	Colonial Lamplighter s/n	600	1986	46.00	650-750
1987	Colonial Watchman s/n	600	1987	49.00	600-750

Woodstock Inn Exclusives - J. Byers

YEAR ISSUE		EDITION LIMIT	YEAR RETD.	ISSUE PRICE	QUOTE U.S.$
1987	Skier Boy	200	1987	40.00	250-350
1987	Skier Girl	200	1987	40.00	250-350
1991	Sugarin Kids (Woodstock)	Closed	1991	41.00	300
1988	Woodstock Lady	Closed	1988	41.00	350
1988	Woodstock Man	Closed	1988	41.00	350

Calabar Creations

Angelic Pigasus - P. Apsit

YEAR ISSUE		EDITION LIMIT	YEAR RETD.	ISSUE PRICE	QUOTE U.S.$
1995	Adagio AP75364	Open		18.00	18
1994	Alba AP75353	Open		12.00	12
1995	Ambrose AP75374	Open		22.00	22
1995	Andante AP75384	Open		18.00	18
1994	Angelica AP75315	Open		24.00	24
1994	Angelo AP75335	Open		24.00	24
1994	Anna AP75324	Open		22.00	22
1994	Aria AP75343	Open		12.00	12

Daddy's Girl - P. Apsit

YEAR ISSUE		EDITION LIMIT	YEAR RETD.	ISSUE PRICE	QUOTE U.S.$
1994	All Aboard! DA74804	5,000		20.00	20
1994	Discovery DA74816	5,000		28.00	28
1994	Moil DA74834	5,000		20.00	20
1994	Peek-A-Boo DA74843	5,000		20.00	20
1994	Spring Harvest DA74856	5,000		28.00	28
1995	Summer DA74866	5,000		34.00	34
1994	Teddy Talks DA74826	5,000		40.00	40

Days of Innocence - P. Apsit

YEAR ISSUE		EDITION LIMIT	YEAR RETD.	ISSUE PRICE	QUOTE U.S.$
1995	Dear God DI74975	5,000		28.00	28
1995	A Letter From Grandma DI74966	5,000		40.00	40
1995	To Grandma's DI74956	5,000		28.00	28

Junior Murphy's Law - P. Apsit

YEAR ISSUE		EDITION LIMIT	YEAR RETD.	ISSUE PRICE	QUOTE U.S.$
1995	Extra Topping JM75216	5,000		40.00	40
1995	Fast Food JM75196	5,000		46.00	46
1995	Lucky Me! JM75176	5,000		40.00	40
1995	Milk Fan JM75205	5,000		44.00	44
1995	Robin Tell JM75226	5,000		40.00	40

Little Farmers - P. Apsit

YEAR ISSUE		EDITION LIMIT	YEAR RETD.	ISSUE PRICE	QUOTE U.S.$
1994	Apple Delivery LF73127	5,000		54.00	54
1993	Between Chores LF73105	5,000		40.00	40
1993	Caring Friend LF73066	5,000		57.00	57
1993	Going Home LF73027	5,000		64.00	64
1993	It's Not For You LF73038	5,000		64.00	64
1994	LF Signature Piece LF73147	Open		40.00	40
1993	Little Lumber Joe LF73077	5,000		64.00	64
1994	Lunch Express LF73117	5,000		76.00	76
1993	Oops! LF73058	5,000		64.00	64
1993	Piggy Ride LF73097	5,000		45.00	45
1993	Playful Kittens LF73016	5,000		64.00	64
1993	Surprise! LF73046	5,000		60.00	60
1993	True Love LF73087	5,000		45.00	45
1994	Vita-Veggie Vendor LF73137	5,000		62.00	62

Little Professionals - P. Apsit

YEAR ISSUE		EDITION LIMIT	YEAR RETD.	ISSUE PRICE	QUOTE U.S.$
1994	Little Angelo LP75057	5,000		38.00	38
1994	Little Florence LP75065	5,000		44.00	44
1994	Little Miss Market LP75046	5,000		40.00	40
1995	Little Red LP75075	5,000		38.00	38

Pig Hollow - P. Apsit

YEAR ISSUE		EDITION LIMIT	YEAR RETD.	ISSUE PRICE	QUOTE U.S.$
1994	The After Picture PH75544	Open		12.00	12
1995	Armchair/buttons PH75752	Open		7.00	7
1994	Barn Fun PH75474	Open		15.00	15
1995	Bathroom Vanity PH75703	Open		6.00	6
1995	Double Bed PH75722	Open		9.00	9
1995	Dresser/2-drawer PH75714	Open		8.00	8
1994	Going South PH75533	Open		11.00	11
1994	Just Cute PH75442	Open		9.00	9
1995	Kitchen Counter PH75684	Open		19.00	19
1995	Large Armchair PH75742	Open		8.00	8
1994	Mary Pig PH75524	Open		11.00	11
1994	Move Please PH75462	Open		11.00	11
1994	Nap Time PH75492	Open		11.00	11
1994	Old McPig PH75513	Open		11.00	11
1995	Par PH75674	Open		15.00	15
1995	Pauline PH75873	Open		9.00	9
1995	Pelota PH75612	Open		8.00	8
1995	Pendleton PH75822	Open		10.00	10
1995	Pepin PH75842	Open		9.00	9
1995	Pieball PH75633	Open		9.00	9
1995	Pig Kahuna PH75602	Open		9.00	9
1995	Pigmobile PH75853	Open		34.00	34
1995	Pilar PH75832	Open		9.00	9
1994	Pillow Talk PH75453	Open		12.00	12
1995	Plopsy PH75642	Open		8.00	8
1995	Pluckster PH75812	Open		9.00	9
1995	Poirot PH75622	Open		8.00	8
1995	Poof PH75592	Open		8.00	8
1995	Pot Belly PH75883	Open		12.00	12
1995	Pristine Pig PH75573	Open		10.00	10
1995	Prof PH75583	Open		9.00	9
1995	Proof PH75862	Open		12.00	12
1995	Prude Jr. PH75652	Open		8.00	8
1995	Prude PH75663	Open		9.00	9
1994	Reddie PH75554	Open		12.00	12
1995	Sidetable/1 book PH75773	Open		8.00	8
1995	Sidetable/2 doors PH75782	Open		6.00	6
1994	Signature Piece PH75565	Open		19.00	19
1995	Sofa PH75762	Open		14.00	14
1995	Stove/Oven PH75693	Open		7.00	7
1994	Sweet Corn PH75503	Open		9.00	9
1994	Time For School PH75484	Open		15.00	15
1995	TV Console PH75793	Open		7.00	7
1995	Twin Bed PH75732	Open		9.00	9

Red Moon Children - R. Myer

YEAR ISSUE		EDITION LIMIT	YEAR RETD.	ISSUE PRICE	QUOTE U.S.$
1993	Bashful Brave RM67415	5,000		35.00	35
1993	Big Sister RM67535	5,000		35.00	35
1993	Deer Talk RM67516	5,000		30.00	30
1993	I Said Forward! RM67438	5,000		35.00	35
1993	I Saw It First RM67496	5,000		35.00	35
1993	Practice Makes Perfect RM67465	5,000		30.00	30
1993	Puzzled RM67525	5,000		35.00	35
1993	Reputable Rainmakers RM67486	5,000		30.00	30
1993	Sunset Duet RM67445	5,000		35.00	35
1993	Temptations RM67426	5,000		40.00	40
1993	Tickle My Fancy RM67475	5,000		37.00	37
1993	Tying the Knot RM67506	5,000		35.00	35

Santaventure - P. Apsit

YEAR ISSUE		EDITION LIMIT	YEAR RETD.	ISSUE PRICE	QUOTE U.S.$
1994	Almost Done SV73836	5,000		50.00	50
1993	Cart O' Plenty SV73737	5,000		66.00	66
1993	Hooray For Santa SV73757	5,000		59.00	59
1994	In His Dream SV73816	5,000		78.00	78
1994	The Last Mile SV73806	5,000		54.00	54
1993	Nuts For You SV73787	5,000		59.00	59
1993	Pilgrim Santa SV73748	5,000		59.00	59
1993	A Pinch of Advice SV73768	5,000		68.00	68
1994	Reindeer's Strike SV73827	5,000		54.00	54
1993	Santa Tested SV73778	5,000		68.00	68

Calabar Creations to The Cat's Meow

FIGURINES/COTTAGES

YEAR ISSUE	EDITION LIMIT	YEAR RETD.	ISSUE PRICE	QUOTE U.S.$
1993 Santa's Sack Attack SV73796	5,000		60.00	60
1994 Signature Piece SV73577	5,000		60.00	60
1994 Viola! SV73847	5,000		50.00	50
Southern Nostalgia - E. Arambula				
1995 Beware of Dog SN73544	5,000		38.00	38
1995 Brandy's New Home SN73516	5,000		50.00	50
1995 My Puppy SN73528	5,000		48.00	48
1995 No Problem SN73554	5,000		38.00	38
1995 Science Project SN73536	5,000		38.00	38
1995 A Tweet And A Toot SN73507	5,000		56.00	56
Tee Club - P. Apsit				
1993 Certain-Tee TC73898	5,000		100.00	100
1993 Naugh-Tee TC73908	5,000		56.00	56
1993 Old Tee-Mer TC73887	5,000		78.00	78
1993 Prac-Tees TC73858	5,000		66.00	66
1993 Putt-Teeing TC73868	5,000		66.00	66
1993 Teed-Off TC73877	5,000		60.00	60
Under the Rainbow - B. Reichmeier				
1995 Can't Win 'Em All BK77055	5,000		40.00	40
1995 Nip & Tuck BK77015	5,000		40.00	40
1995 Puppy Love BK77044	5,000		40.00	40
1995 Sharing BK77066	5,000		46.00	46
1995 Steepin' Out BK77036	5,000		36.00	36
1995 Wiggles BK77025	5,000		40.00	40
Yesterday's Friends - P. Apsit				
1993 Bayou Boys RW74456	3,500		80.00	80
1993 Bluester RW74446	7,500		44.00	44
1993 Buddies RW74466	7,500		50.00	50
1994 Caddle Chris RW74527	7,500		34.00	34
1994 Cornered RW74707	7,500		54.00	54
1993 Dinner For Two RW74496	7,500		38.00	38
1994 Equipment Manager RW74596	7,500		34.00	34
1994 Excess RW74726	7,500		50.00	50
1993 Freewheeling RW74436	7,500		48.00	48
1994 Funny Frog RW74745	7,500		44.00	44
1994 Goose Loose RW74635	7,500		40.00	40
1995 High Fly RW74795	7,500		28.00	28
1993 Hop-a-Long Pete RW74539	3,500		80.00	80
1993 Interference RW74506	7,500		42.00	42
1993 Jazzy Bubble RW74486	7,500		37.00	37
1993 Me Big Chief RW74548	7,500		56.00	56
1993 Mike's Magic RW74475	7,500		37.00	37
1995 Out! RW74766	7,500		34.00	34
1994 Parade RW74716	7,500		60.00	60
1995 Pop Up! RW74755	7,500		34.00	34
1994 Read All About It RW74616	7,500		70.00	70
1994 Read-A-Thon RW74694	7,500		40.00	40
1994 Scrub-a-Swine RW74606	7,500		48.00	48
1994 Signature Piece RW74737	Open		54.00	54
1993 Strike So Sweet RW74517	7,500		42.00	42
1994 Tuba Notes RW74688	7,500		54.00	54
1993 Tug-a-Leg RW74557	7,500		56.00	56
1994 What A Smile RW74626	7,500		40.00	40

Cast Art Industries

Dreamsicles Collectors Club - K. Haynes

YEAR ISSUE	EDITION LIMIT	YEAR RETD.	ISSUE PRICE	QUOTE U.S.$
1993 A Star is Born-CD001		Retrd. 1993	Gift	N/A
1994 Daydream Believer-CD100		Retrd. 1994	29.95	30
1994 Join The Fun-CD002		Retrd. 1994	Gift	N/A
1994 Makin' A List-CD101		Retrd. 1994	47.95	48
1995 Three Cheers-CD003	Yr.Iss.		Gift	N/A

Animal Attractions - S.&G. Hackett

1993 Cat Dancing-AA026	Suspd.	21.00	21
1993 Feeding Time-AA016	Suspd.	10.00	10
1993 Udderly Ridiculous-AA002	Suspd.	28.00	28
1993 Undelivered Mail-AA015	Suspd.	15.00	15

Cuckoo Corners - K. Haynes

1993 Beth Friend-CC063	Suspd.	22.00	22
1993 Dolly House-CC061	Suspd.	22.00	22
1993 Faith Flower Power-CC062	Suspd.	27.00	27
1993 Heidi Hoedown-CC064	Suspd.	27.00	27

Dreamsicles - K. Haynes

1991 "You're Special" Box-5802	Suspd.		28.75	29
1991 Best Pals-DC103		Retrd. 1994	15.00	30
1992 Bunny Wall Plaque-5018	Suspd.		22.00	22
1992 Bunny Wall Plaque-5019	Suspd.		22.00	22
1993 By the Silvery Moon-Limited Edition DC253		Retrd. 1994	100.00	175
1991 Cherub and Child-DC100		Retrd. 1995	15.00	30
1991 Cherub Wall Plaque-5130	Suspd.		15.00	15
1991 Cherub Wall Plaque-5131	Suspd.		15.00	15
1992 Cupid's Bow-DC202	Suspd.		27.00	27
1992 Flying Lesson Limited Edition-DC251		Retrd. 1993	80.00	150-300
1991 Forever Friends-DC102		Retrd. 1994	15.00	30
1991 King Heart "I Love You" Box-5850	Suspd.		37.50	38
1991 King Oval Cow Box-5860	Suspd.		55.00	55
1993 Lg. Candle Holder Boy-DC138	Suspd.		20.00	20
1993 Lg. Candle Holder Girl-DC139	Suspd.		20.00	20
1992 Limited Edition Cherub-DC112		Retrd. 1993	50.00	50
1992 Limited Edtion Cherub-DC111		Retrd. 1992	50.00	50
1991 Medium Heart Cherub Box-5751	Suspd.		14.00	14
1991 Musician w/Cymbals-5154	Suspd.		22.00	22
1991 Musician w/Drums-5152	Suspd.		22.00	22
1991 Musician w/Flute-5153	Suspd.		22.00	22
1991 Musician w/Trumpet-5151	Suspd.		22.00	22
1992 My Funny Valentine-DC201	Suspd.		17.00	22
1991 Octagonal Ballerina Box-5700	Suspd.		9.00	9
1991 Queen Octagonal Cherub Box-5804	Suspd.		26.00	26
1991 Queen Rectangle Cat Box-5800	Suspd.		28.75	29
1991 Queen Round Bears Box-5801	Suspd.		28.75	29
1994 The Recital-Limited Editon DC254		Retrd. 1994	135.00	150
1991 Small Cherub with Hanging Ribbon-5104	Suspd.		10.00	10
1991 Small Heart "I Love You" Box-5701	Suspd.		9.00	9
1991 Small Rectangle "Dicky Duck" Box 6703	Suspd		9.00	9
1991 Small Square Dinosaur Box-5702	Suspd.		9.00	9
1991 Speed Racer Box-5750	Suspd.		14.00	14
1993 Teeter Tots Limited Edition-DC252		Retrd. 1993	100.00	175-200
1991 Train Box-5803	Suspd.		28.75	29

Dreamsicles Animals - K. Haynes

1991 Armadillo-5176	Suspd.	14.00	14
1992 Beach Baby-DA615	Suspd.	26.00	26
1992 Blowfish-DA608	Suspd.	10.00	10
1991 Buddy Bear-DA451	Suspd.	7.50	8
1992 Crabby-DA607	Suspd.	8.00	8
1992 Dino-DA480	Suspd.	14.00	14
1992 Dodo-DA482	Suspd.	9.00	9
1992 Double fish-DA611	Suspd.	8.00	8
1992 Fat Cat-DA555	Suspd.	26.00	26
1991 Hippity Hop- DA106	Suspd.	31.00	31
1991 Hound Dog-DA568	Suspd.	11.00	11
1991 King Rabbit-DA124	Suspd.	66.00	66
1991 Lambie Pie-DA328	Suspd.	9.00	9
1992 Largemouth-DA609	Suspd.	8.00	8
1992 Lazy Bones-DA605	Suspd.	14.00	14
1991 Mama Bear-DA452	Suspd.	9.00	9
1991 Man's Best Friend-DA560	Suspd.	11.00	11
1991 Mother Mouse-DA477	Suspd.	10.00	10
1991 Mouse on Skis-DA475	Suspd.	17.00	17
1991 Mr. Bunny- DA107	Suspd.	27.00	27
1991 Mrs. Bunny- DA108	Suspd.	27.00	27
1991 Mutton Chops-DA326	Suspd.	7.50	8
1992 Needlenose-DA610	Suspd.	8.00	8
1992 Octopus' Garden-DA606	Suspd.	10.00	10
1991 P.J. Mouse-DA476	Suspd.	10.00	10
1992 Papa Pelican-DA602	Suspd.	22.00	22
1992 Pumpkin Harvest-DA322	Suspd.	19.00	19
1992 Puppy Love-DA562	Suspd.	12.00	12
1991 Red Rover-DA566	Suspd.	17.00	17
1992 Rhino-DA481	Suspd.	14.00	14
1991 Ricky Raccoon-5170	Suspd.	27.00	27
1992 Scooter-DA567	Suspd.	11.00	11
1991 Socrates the Sheep-5029	Suspd.	18.00	18
1992 Splash-DA616	Suspd.	26.00	26
1992 St. Peter Rabbit-DA243	Suspd.	29.00	29
1992 Winter's Comin'-DA471	Suspd.	10.00	10
1991 Wooly Bully-DA327	Suspd.	9.00	9

Dreamsicles Christmas - K. Haynes

1993 The Finishing Touches-DX248	Retrd. 1994	85.00	88
1994 Holiday on Ice-DX249	Retrd. 1995	85.00	100
1991 Santa Bunny-DX203	Retrd. 1994	32.00	32
1992 Santa In Dreamsicle Land-DX247	Retrd. 1993	85.00	100-200

Dreamsicles Day Event- K. Haynes

1995 1995 Dreamsicles Event Figurine DC075	Yr. Iss.	20.00	20

The Cat's Meow

Collector Club Gift - Houses - F. Jones

1989 1989 Betsy Ross House	Retrd. 1989	Gift	150
1990 1990 Amelia Earhart	Retrd. 1990	Gift	60-150
1991 1991 Limberlost Cabin	Retrd. 1991	Gift	40
1992 1992 Abigail Adams Birthplace	Retrd. 1992	Gift	N/A
1993 1993 Pearl S. Buck House	Retrd. 1993	Gift	50
1993 Set of '89-'93	Retrd. 1993	Gift	450
1994 1994 Lillian Gish	Retrd. 1994	Gift	N/A
1995 1995 Eleanor Roosevelt	Yr.Iss.	Gift	N/A

Collector Club Famous Authors - F. Jones

1989 Harriet Beecher Stowe	Retrd. 1989	8.75	N/A
1989 Orchard House	Retrd. 1989	8.75	N/A
1989 Longfellow House	Retrd. 1989	8.75	N/A
1989 Herman Melville's Arrowhead	Retrd. 1989	8.75	N/A
1989 Set	Retrd. 1989	35.00	750-850

Collector Club - Great Inventors - F. Jones

1990 Thomas Edison	Retrd. 1990	9.25	N/A
1990 Ford Motor Co.	Retrd. 1990	9.25	N/A
1990 Seth Thomas Clock Co.	Retrd. 1990	9.25	75
1990 Wright Cycle Co.	Retrd. 1990	9.25	N/A
1990 Set	Retrd. 1990	37.00	275-500

Collector Club - American Songwriters - F. Jones

1991 Benjamin R. Hanby House	Retrd. 1991	9.25	N/A
1991 Anna Warner House	Retrd. 1991	9.25	N/A
1991 Stephen Foster Home	Retrd. 1991	9.25	22
1991 Oscar Hammerstein House	Retrd. 1991	9.25	22
1991 Set	Retrd. 1991	37.00	150-250

Collector Club Signers of the Declaration - F. Jones

1992 Josiah Bartlett Home	Retrd. 1992	9.75	N/A
1992 George Clymer Home	Retrd. 1992	9.75	N/A
1992 Stephen Hopkins Home	Retrd. 1992	9.75	N/A
1992 John Witherspoon Home	Retrd. 1992	9.75	N/A
1992 Set	Retrd. 1992	39.00	250

Collector Club -19th Century Master Builders - F. Jones

1993 Henry Hobson Richardson	Retrd. 1993	10.25	N/A
1993 Samuel Sloan	Retrd. 1993	10.25	N/A
1993 Alexander Jackson Davis	Retrd. 1993	10.25	N/A
1993 Andrew Jackson Downing	Retrd. 1993	10.25	N/A
1993 Set	Retrd. 1993	41.00	60-100

Collector Club Williamsburg Merchants - F. Jones

1994 East Carlton Wigmaker	Retrd. 1994	11.15	12
1994 J. Geddy Silversmith	Retrd. 1994	11.15	12
1994 Craig Jeweler	Retrd. 1994	11.15	12
1994 M. Hunter Millinery	Retrd. 1994	11.15	12
1994 Set	Retrd. 1994	44.60	75

Accessories - F. Jones

1990 1909 Franklin Limousine	5-Yr.	4.00	5
1990 1913 Peerless Touring Car	5-Yr.	4.00	5
1990 1914 Fire Pumper	5-Yr.	4.00	5
1983 5" Hedge	Retrd. 1988	3.00	30-55
1983 5" Iron Fence	Retrd. 1988	3.00	50
1987 5" Picket Fence	Retrd. 1992	3.00	10
1990 5" Wrought Iron Fence	5-Yr.	3.00	5
1983 8" Hedge	Retrd. 1988	3.25	40-50
1983 8" Iron Fence	Retrd. 1988	3.25	50
1983 8" Picket Fence	Retrd. 1988	3.25	40-50
1989 Ada Belle	Retrd. 1994	4.00	7
1990 Amish Buggy	5-Yr.	4.00	5
1991 Amish Garden	5-Yr.	4.50	5
1994 Amish Milk Wagon	5-Yr.	4.50	5
1994 Amish Produce Wagon	5-Yr.	4.50	5
1991 Apple Tree	5-Yr.	4.50	5
1987 Band Stand	Retrd. 1992	6.50	13
1991 Barnyard	5-Yr.	4.50	5
1995 Beech & Cherry Tree Row	5-Yr.	4.50	5
1995 Bennington Flag	5-Yr.	4.50	5
1994 Berries & Sheep	5-Yr.	4.50	5
1990 Blue Spruce	5-Yr.	4.00	5
1994 Booker T. Washington Monument	5-Yr.	4.50	5
1995 Burma-Shave Signs	5-Yr.	4.50	5
1990 Bus Stop	5-Yr.	4.00	5
1987 Butch & T.J.	Retrd. 1992	4.00	6-15
1986 Cable Car	Retrd. 1991	4.00	11
1993 Cannonball Express	5-Yr.	4.00	5
1986 Carolers	Retrd. 1991	4.00	10
1994 Cat & The Fiddle S/2	5-Yr.	4.50	5
1995 Central Park Skaters	5-Yr.	4.50	5
1995 Charles & Lady	5-Yr.	4.50	5
1987 Charlie & Co.	Retrd. 1992	4.00	7-15
1985 Cherry Tree	Retrd. 1990	4.00	50
1991 Chessie Hopper Car	5-Yr.	4.00	5
1986 Chickens	Retrd. 1991	3.25	10
1993 Chippewa Lake Billboard	5-Yr.	4.00	5
1990 Christmas Tree Lot	5-Yr.	4.00	8
1989 Clothesline	Retrd. 1994	4.00	8
1988 Colonial Bread Wagon	Retrd. 1993	4.00	7-13
1991 Concert in the Park	5-Yr.	4.00	5
1994 Cornstalks & Turkeys	5-Yr.	4.50	5
1986 Cows	Retrd. 1991	4.00	12
1994 Daily Business (wlbg. people)	5-Yr.	4.50	5
1986 Dairy Wagon	Retrd. 1991	4.00	12
1995 Dancing Cat & Clipper Ship	5-Yr.	9.00	9
1994 Deer	5-Yr.	4.50	5
1992 Delivery Truck	5-Yr.	4.00	5
1986 Ducks	Retrd. 1991	3.25	10
1990 Eugene	5-Yr.	4.00	5
1985 Fall Tree	Retrd. 1990	4.00	25-40
1995 Father Serra & Indians	5-Yr.	4.50	5
1987 FJ Express	Retrd. 1992	4.00	11
1986 FJ Real Estate Sign	Retrd. 1991	3.00	12
1988 Flower Pots	Retrd. 1993	4.00	6-14
1992 Forsythia Bush	5-Yr.	4.00	5
1993 Garden House	5-Yr.	3.25	5
1994 Garden Wall	5-Yr.	4.50	5
1988 Gas Light	Retrd. 1993	4.00	8
1990 Gerstenslager Buggy	5-Yr.	4.00	7
1993 Getting Directions	5-Yr.	4.00	5
1994 Good Humor Man	5-Yr.	4.50	5
1994 Gracie (in carriage)	5-Yr.	4.50	5
1993 Grape Arbor	5-Yr.	4.00	5
1989 Harry's Hotdogs	Retrd. 1994	4.00	6
1995 Hearse	5-Yr.	4.50	5
1986 Horse & Carriage	Retrd. 1991	4.00	9-19
1987 Horse & Sleigh	Retrd. 1992	4.00	9
1995 Humpty Dumpty	5-Yr.	9.00	9
1986 Ice Wagon	Retrd. 1991	4.00	9-19
1983 Iron Gate	Retrd. 1988	3.00	65-85
1991 Jack The Postman	5-Yr.	3.25	5
1994 Jacob, Atlee & Noah	5-Yr.	4.50	5
1993 Jennie & George's Wedding	5-Yr.	4.00	5
1993 Johnny Appleseed Statue	5-Yr.	4.00	5
1994 Kearsarge Fire Pumper	5-Yr.	4.50	5
1995 Knickerbockers Ball Team	5-Yr.	4.50	5
1994 Lemonade Stand	5-Yr.	4.50	5
1986 Liberty St. Sign	Retrd. 1991	3.25	9-19

FIGURINES/COTTAGES

The Cat's Meow
to The Cat's Meow

YEAR ISSUE		EDITION LIMIT	YEAR RETD.	ISSUE PRICE	QUOTE U.S.$
1994	Light Ship	5-Yr.		4.50	5
1983	Lilac Bushes	Retrd.	1988	3.00	125-175
1995	Lion Circus Wagon	5-Yr.		4.50	5
1993	Little Marine	5-Yr.		4.00	5
1990	Little Red Caboose	5-Yr.		4.00	5
1994	Lunch Wagon	5-Yr.		4.50	5
1995	Magnolia Tree	5-Yr.		4.50	5
1988	Mail Wagon	Retrd.	1993	4.00	9
1988	Main St. Sign	Retrd.	1993	3.25	6-11
1991	Marble Game	5-Yr.		4.00	5
1986	Market St. Sign	Retrd.	1991	3.25	10
1993	Market Wagon	5-Yr.		4.00	5
1991	Martin House	5-Yr.		3.25	5
1994	Moving Truck	5-Yr.		4.50	5
1994	Moving Truck	5-Yr.		4.50	5
1992	Mr. Softee Truck	5-Yr.		4.00	5
1995	Mt. Rushmore	5-Yr.		9.00	9
1987	Nanny	Retrd.	1992	4.00	6-12
1994	Nativity	5-Yr.		15.00	17
1994	Nativity Visitors Trio Set	5-Yr.		19.00	19
1995	Noah's Ark Trio Set	5-Yr.		21.00	21
1992	Nutcracker Billboard	5-Yr.		4.00	5
1991	On Vacation	5-Yr.		4.00	5
1995	Palm Trees	5-Yr.		9.00	9
1989	Passenger Train Car	Retrd.	1994	4.00	8
1985	Pine Tree	Retrd.	1990	4.00	25-40
1992	Police Car	5-Yr.		4.00	5
1988	Pony Express Rider	Retrd.	1993	4.00	8
1991	Popcorn Wagon	5-Yr.		4.00	5
1985	Poplar Tree	Retrd.	1990	4.00	20-45
1989	Pumpkin Wagon	Retrd.	1994	3.25	7
1989	Quaker Oats Train Car	Retrd.	1994	4.00	7
1987	Railroad Sign	Retrd.	1992	3.00	5
1990	Red Maple Tree	5-Yr.		4.00	5
1995	Rose Arbor	5-Yr.		4.50	5
1989	Rose Trellis	Retrd.	1994	3.25	7
1995	Rubbermaid Train Car	5-Yr.		4.50	5
1989	Rudy & Aldine	Retrd.	1994	4.00	7
1993	Rustic Fence	5-Yr.		4.00	5
1994	Salvation Army Band	5-Yr.		4.50	5
1995	San Juan Capistrano Bells	5-Yr.		9.00	9
1990	Santa & Reindeer	5-Yr.		4.00	5
1991	Scarey Harry (Scarecrow)	5-Yr.		4.00	5
1991	School Bus	5-Yr.		4.00	5
1992	School Crossing	5-Yr.		4.00	5
1992	Silo	5-Yr.		4.00	5
1991	Ski Party	5-Yr.		4.00	5
1988	Skipjack	Retrd.	1993	6.50	10
1989	Snowmen	Retrd.	1994	4.00	7
1992	Springhouse	5-Yr.		3.25	5
1994	Stock Train Car	5-Yr.		4.50	5
1988	Street Clock	Retrd.	1993	4.00	8
1994	Street Lamp	5-Yr.		4.50	5
1985	Summer Tree	Retrd.	1990	4.00	25-40
1989	Tad & Toni	Retrd.	1994	4.00	7
1988	Telephone Booth	Retrd.	1993	4.00	6-11
1986	Touring Car	Retrd.	1991	4.00	9-19
1994	Trick or Treat	5-Yr.		4.50	5
1990	Tulip Tree	5-Yr.		4.00	5
1988	U.S. Flag	Retrd.	1993	4.00	8
1994	U.S. Flag	5-Yr.		4.50	5
1991	USMC War Memorial	5-Yr.		6.50	7
1990	Veterinary Wagon	5-Yr.		4.00	5
1990	Victorian Outhouse	5-Yr.		4.00	5
1991	Village Entrance Sigh	5-Yr.		6.50	7
1995	Vineyard Fence	5-Yr.		4.50	5
1995	Watermelon Wagon	5-Yr.		4.50	5
1990	Watkins Wagon	5-Yr.		4.00	5
1994	Weeping Willow Tree	5-Yr.		4.50	5
1986	Wells, Fargo Wagon	Retrd.	1991	4.00	12
1994	Wharf	5-Yr.		4.50	5
1987	Windmill	Retrd.	1992	3.25	10
1995	Winter Tree	5-Yr.		4.50	5
1986	Wishing Well	Retrd.	1991	3.25	10
1987	Wooden Gate (two-sided)	Retrd.	1992	3.00	12
1985	Xmas Pine Tree	Retrd.	1990	4.00	25-40
1985	Xmas Pine Tree w/Red Bows	Retrd.	1990	3.00	175-220
1990	Xmas Spruce	5-Yr.		4.00	5
1994	Yule Tree S/2	5-Yr.		4.50	5

American Barns - F. Jones

1992	Bank Barn	5-Yr.		8.50	10
1992	Crib Barn	5-Yr.		8.50	10
1992	Ohio Barn	5-Yr.		8.50	10
1992	Vermont Barn	5-Yr.		8.50	10

Bed & Breakfast Series - F. Jones

1995	Glen Iris	5-Yr.		10.00	10
1995	Kinter House Inn	5-Yr.		10.00	10
1995	Southmoreland	5-Yr.		10.00	10
1995	Victorian Mansion	5-Yr.		10.00	10

California Mission Series - F. Jones

1995	Mission Dolores	5-Yr.		10.00	10
1995	Mission San Buenaventura	5-Yr.		10.00	10
1995	Mission San Juan Bautista	5-Yr.		10.00	10
1995	Mission San Luis Rey	5-Yr.		10.00	10

Chippewa Amusement Park - F. Jones

1993	Ballroom	5-Yr.		9.00	10
1993	Bath House	5-Yr.		9.00	10
1993	Midway	5-Yr.		9.00	10

YEAR ISSUE		EDITION LIMIT	YEAR RETD.	ISSUE PRICE	QUOTE U.S.$
1993	Pavilion	5-Yr.		9.00	10

Christmas '83-Williamsburg - F. Jones

1983	Christmas Church	Retrd.	1983	6.00	N/A
1983	Federal House	Retrd.	1983	6.00	N/A
1983	Garrison House	Retrd.	1983	6.00	N/A
1983	Georgian House	Retrd.	1983	6.00	450
1983	Set	Retrd.	1983	24.00	N/A

Christmas '84-Nantucket - F. Jones

1984	Christmas Shop	Retrd.	1984	6.50	N/A
1984	Powell House	Retrd.	1984	6.50	350
1984	Shaw House	Retrd.	1984	6.50	350
1984	Wintrop House	Retrd.	1984	6.50	N/A
1984	Set	Retrd.	1984	26.00	1500

Christmas '85-Ohio Western Reserve - F. Jones

1985	Bellevue House	Retrd.	1985	7.00	175
1985	Gates Mills Church	Retrd.	1985	7.00	175
1985	Olmstead House	Retrd.	1985	7.00	175
1985	Western Reserve Academy	Retrd.	1985	7.00	175
1985	Set	Retrd.	1985	27.00	750-900

Christmas '86-Savannah - F. Jones

1986	J.J. Dale Row House	Retrd.	1986	7.25	150
1986	Lafayette Square House	Retrd.	1986	7.25	140-150
1986	Liberty Inn	Retrd.	1986	7.25	200
1986	Simon Mirault Cottage	Retrd.	1986	7.25	200
1986	Set	Retrd.	1986	29.00	750

Christmas '87-Maine - F. Jones

1987	Cappy's Chowder House	Retrd.	1987	7.75	250
1987	Captain's House	Retrd.	1987	7.75	150-250
1987	Damariscotta Church	Retrd.	1987	7.75	150-300
1987	Portland Head Lighthouse	Retrd.	1987	7.75	200-250
1987	Set	Retrd.	1987	31.00	1100

Christmas '88-Philadelphia - F. Jones

1988	Elfreth's Alley	Retrd.	1988	7.75	95-200
1988	Graff House	Retrd.	1988	7.75	100-200
1988	The Head House	Retrd.	1988	7.75	90-200
1988	Hill-Physick-Keith House	Retrd.	1988	7.75	95-200
1988	Set	Retrd.	1988	31.00	450-700

Christmas '89-In New England - F. Jones

1989	Hunter House	Retrd.	1989	8.00	80
1989	The Old South Meeting House	Retrd.	1989	8.00	86-100
1989	Sheldon's Tavern	Retrd.	1989	8.00	120-150
1989	The Vermont Country Store	Retrd.	1989	8.00	75-86
1989	Set	Retrd.	1989	32.00	275-350

Christmas '90-Colonial Virginia - F. Jones

1990	Dulany House	Retrd.	1990	8.00	50
1990	Rising Sun Tavern	Retrd.	1990	8.00	70
1990	Shirley Plantation	Retrd.	1990	8.00	30-70
1990	St. John's Church	Retrd.	1990	8.00	150
1990	St. John's Church (blue)	Retrd.	1990	8.00	250
1990	Set	Retrd.	1990	32.00	250

Christmas '91-Rocky Mountain - F. Jones

1991	First Presbyterian Church	Retrd.	1991	8.20	28-40
1991	Tabor House	Retrd.	1991	8.20	40-55
1991	Western Hotel	Retrd.	1991	8.20	28-60
1991	Wheller-Stallard House	Retrd.	1991	8.20	28-40
1991	Set	Retrd.	1991	32.80	140-260

Christmas '92-Hometown - F. Jones

1992	August Imgard House	Retrd.	1992	8.50	22
1992	Howey House	Retrd.	1992	8.50	22
1992	Overholt House	Retrd.	1992	8.50	22
1992	Wayne Co. Courthouse	Retrd.	1992	8.50	22
1992	Set	Retrd.	1992	34.00	40-80

Christmas '93-St. Charles - F. Jones

1993	Lewis & Clark Center	Retrd.	1993	9.00	12-18
1993	Newbill-McElhiney House	Retrd.	1993	9.00	12-18
1993	St. Peter's Catholic Church	Retrd.	1993	9.00	12-18
1993	Stone Row	Retrd.	1993	9.00	12-18
1993	Set	Retrd.	1993	36.00	75-125

Christmas '94-New Orleans Series - F. Jones

1994	Beauregard-Keyes House	Retrd.	1994	10.00	14
1994	Gallier House	Retrd.	1994	10.00	14
1994	Hermann-Grima House	Retrd.	1994	10.00	14
1994	St. Patrick's Church	Retrd.	1994	10.00	14

Christmas '95-New York Series - F. Jones

1995	Clement C. Moore House	12/95		10.00	10
1995	Fraunces Taver	12/95		10.00	10
1995	Fulton Market	12/95		10.00	10
1995	St. Marks-In-the Bowery	12/95		10.00	10

Circus Series - F. Jones

1995	Sideshow	12/95		10.00	10

Covered Bridge Series - F. Jones

1995	Creamery Bridge	12/95		10.00	10

Daughters of the Painted Lady Series - F. Jones

1995	Barber Cottage	5-Yr.		10.00	10
1995	The Fan House	5-Yr.		10.00	10

YEAR ISSUE		EDITION LIMIT	YEAR RETD.	ISSUE PRICE	QUOTE U.S.$
1995	Hall Cottage	5-Yr.		10.00	10
1995	The Painted Lady	5-Yr.		10.00	10

Duke of Gloucester Series - F. Jones

1994	Cole Shop	5-Yr.		10.00	10
1994	Nicolson Store	5-Yr.		10.00	10
1994	Pasteur & Galt Apothecary	5-Yr.		10.00	10
1994	Prentis Shop	5-Yr.		10.00	10

Elm Street Series - F. Jones

1994	Blumenthal's	5-Yr.		10.00	10
1994	Clyde's Shoe Repair	5-Yr.		10.00	10
1994	First Congregational Church	5-Yr.		10.00	10
1994	Jim's Hunting & Fishing	5-Yr.		10.00	10

Fall - F. Jones

1986	Golden Lamb Buttery	Retrd.	1991	8.00	30-65
1986	Grimm's Farmhouse	Retrd.	1991	8.00	30-65
1986	Mail Pouch Barn	Retrd.	1991	8.00	45-65
1986	Vollant Mills	Retrd.	1991	8.00	30-65
1986	Set	Retrd.	1991	32.00	160-175

Firehouse Series - F. Jones

1994	David Crockett No. 1	5-Yr.		10.00	10
1994	Denver No. 1	5-Yr.		10.00	10
1994	Toledo No. 18	5-Yr.		10.00	10
1994	Vigilant 1891	5-Yr.		10.00	10

General Store Series - F. Jones

1993	Calef's Country Store	5-Yr.		10.00	10
1993	Davoll's General Store	5-Yr.		10.00	10
1993	Peltier's Market	5-Yr.		10.00	10
1993	S. Woodstock Country Store	5-Yr.		10.00	10

Hagerstown - F. Jones

1988	J Hager House	Retrd.	1993	8.00	13-22
1988	Miller House	Retrd.	1993	8.00	13-22
1988	Woman's Club	Retrd.	1993	8.00	13-22
1988	The Yule Cupboard	Retrd.	1993	8.00	13-22
1988	Set	Retrd.	1993	32.00	50-60

Historic Nauvoo Series - F. Jones

1995	Cultural Hall	5-Yr.		10.00	10
1995	J. Browning Gunsmith	5-Yr.		10.00	10
1995	Printing Office	5-Yr.		10.00	10
1995	Stoddard Home & Tinsmith	5-Yr.		10.00	10

Liberty St. - F. Jones

1988	County Courthouse	Retrd.	1993	8.00	13-23
1988	Graf Printing Co.	Retrd.	1993	8.00	13-23
1988	Wilton Railway Depot	Retrd.	1993	8.00	13-23
1988	Z. Jones Basketmaker	Retrd.	1993	8.00	13-23

Lighthouse - F. Jones

1990	Admiralty Head	5-Yr.		8.00	10
1990	Cape Hatteras Lighthouse	5-Yr.		8.00	10
1990	Sandy Hook Lighthouse	5-Yr.		8.00	10
1990	Split Rock Lighthouse	5-Yr.		8.00	10

Limited Edition Promotional Items - F. Jones

1993	Convention Museum	Retrd.	1993	12.95	13
1993	F.J. Factory	Open		12.95	13
1993	F.J. Factory/Gold Cat Edition	Retrd.	1993	12.95	490
1990	Frycrest Farm Homestead	Retrd.	1991	10.00	125
1992	Glen Pine	Retrd.	1993	10.00	27
1993	Nativity Cat on the Fence	Retrd.	1993	19.95	20

Main St. - F. Jones

1987	Franklin Library	Retrd.	1992	8.00	20-45
1987	Garden Theatre	Retrd.	1992	8.00	20-45
1987	Historical Museum	Retrd.	1992	8.00	20-45
1987	Telegraph/Post Office	Retrd.	1992	8.00	20-45
1987	Set	Retrd.	1992	32.00	70-80

Mark Twain's Hannibal Series - F. Jones

1995	Becky Thatcher House	12/95		10.00	10

Market St. - F. Jones

1989	Schumacher Mills	Retrd.	1993	8.00	12-23
1989	Seville Hardware Store	Retrd.	1993	8.00	12-23
1989	West India Goods Store	Retrd.	1993	8.00	12-23
1989	Yankee Candle Company	Retrd.	1993	8.00	15-23

Martha's Vineyard Series - F. Jones

1995	John Coffin House	12/95		10.00	10

Miscellaneous - F. Jones

1985	Pencil Holder	Retrd.	1988	3.95	210
1985	Recipe Holder	Retrd.	1988	3.95	250

Mt. Rushmore Presidential Series - F. Jones

1995	George Washington Birthplace	12/95		12.00	12
1995	Metamora Courthouse	12/95		12.00	12
1995	Theodore Roosevelt Birthplace	12/95		12.00	12
1995	Tuckahoe Plantation	12/95		12.00	12
1995	Set	12/95		48.00	48

Nantucket - F. Jones

1987	Jared Coffin House	Retrd.	1992	8.00	18-45
1987	Maria Mitchell House	Retrd.	1992	8.00	18-45
1987	Nantucket Atheneum	Retrd.	1992	8.00	18-45

The Cat's Meow
to Cavanagh Group Intl.

FIGURINES/COTTAGES

YEAR	ISSUE	EDITION LIMIT	YEAR RETD.	ISSUE PRICE	QUOTE U.S.$
1987	Unitarian Church	Retrd.	1992	8.00	20-45
1987	Set	Retrd.	1992	32.00	70

Nautical - F. Jones

YEAR	ISSUE	EDITION LIMIT	YEAR RETD.	ISSUE PRICE	QUOTE U.S.$
1987	H & E Ships Chandlery	Retrd.	1992	8.00	15-45
1987	Lorain Lighthouse	Retrd.	1992	8.00	15-45
1987	Monhegan Boat Landing	Retrd.	1992	8.00	15-45
1987	Yacht Club	Retrd.	1992	8.00	20-45
1987	Set	Retrd.	1992	32.00	70-75

Nursery Rhyme Series - F. Jones

YEAR	ISSUE	EDITION LIMIT	YEAR RETD.	ISSUE PRICE	QUOTE U.S.$
1994	Crooked House	5-Yr.		10.00	10
1994	House That Jack Built	5-Yr.		10.00	10
1994	Old Woman in the Shoe	5-Yr.		10.00	10
1994	Peter, Peter Pumpkin Eater	5-Yr.		10.00	10

Ohio Amish - F. Jones

YEAR	ISSUE	EDITION LIMIT	YEAR RETD.	ISSUE PRICE	QUOTE U.S.$
1991	Ada Mae's Quilt Barn	5-Yr.		8.00	10
1991	Brown School	5-Yr.		8.00	10
1991	Eli's Harness Shop	5-Yr.		8.00	10
1991	Jonas Troyer Home	5-Yr.		8.00	10

Painted Ladies - F. Jones

YEAR	ISSUE	EDITION LIMIT	YEAR RETD.	ISSUE PRICE	QUOTE U.S.$
1988	Andrews Hotel	Retrd.	1993	8.00	12-23
1988	Lady Amanda	Retrd.	1993	8.00	12-23
1988	Lady Elizabeth	Retrd.	1993	8.00	12-23
1988	Lady Iris	Retrd.	1993	8.00	14-23
1988	Set	Retrd.	1993	32.00	60

Roscoe Village - F. Jones

YEAR	ISSUE	EDITION LIMIT	YEAR RETD.	ISSUE PRICE	QUOTE U.S.$
1986	Canal Company	Retrd.	1991	8.00	28-65
1986	Jackson Twp. Hall	Retrd.	1991	8.00	28-65
1986	Old Warehouse Rest.	Retrd.	1991	8.00	28-65
1986	Roscoe General Store	Retrd.	1991	8.00	28-65
1986	Set	Retrd.	1991	32.00	90-135

Series I - F. Jones

YEAR	ISSUE	EDITION LIMIT	YEAR RETD.	ISSUE PRICE	QUOTE U.S.$
1983	Antique Shop	Retrd.	1988	8.00	60-150
1983	Apothecary	Retrd.	1988	8.00	110-125
1983	Barbershop	Retrd.	1988	8.00	60-135
1983	Book Store	Retrd.	1988	8.00	60-100
1983	Federal House	Retrd.	1988	8.00	60-135
1983	Florist Shop	Retrd.	1988	8.00	60-150
1983	Garrison House	Retrd.	1988	8.00	60-100
1983	Inn	Retrd.	1988	8.00	450
1983	School	Retrd.	1988	8.00	60-110
1983	Sweetshop	Retrd.	1988	8.00	110-135
1983	Toy Shoppe	Retrd.	1988	8.00	110
1983	Victorian House	Retrd.	1988	8.00	60-110
1983	Set	Retrd.	1988	96.00	1450
1983	Set w/ 3 Inns	Retrd.	1988	112.00	1800

Series II - F. Jones

YEAR	ISSUE	EDITION LIMIT	YEAR RETD.	ISSUE PRICE	QUOTE U.S.$
1984	Attorney/Bank	Retrd.	1989	8.00	40-60
1984	Brocke House	Retrd.	1989	8.00	35-95
1984	Church	Retrd.	1989	8.00	35-100
1984	Eaton House	Retrd.	1989	8.00	35-100
1984	Grandinere House	Retrd.	1989	8.00	35-80
1984	Millinery/Quilt	Retrd.	1989	8.00	35-95
1984	Music Shop	Retrd.	1989	8.00	35-100
1984	S&T Clothiers	Retrd.	1989	8.00	60
1984	Tobacconist/Shoemaker	Retrd.	1989	8.00	35-90
1984	Town Hall	Retrd.	1989	8.00	150
1984	Set	Retrd.	1989	96.00	475-750

Series III - F. Jones

YEAR	ISSUE	EDITION LIMIT	YEAR RETD.	ISSUE PRICE	QUOTE U.S.$
1985	Allen-Coe House	Retrd.	1990	8.00	30-75
1985	Connecticut Ave. FireHouse	Retrd.	1990	8.00	30-75
1985	Dry Goods Store	Retrd.	1990	8.00	30-75
1985	Edinburgh Times	Retrd.	1990	8.00	30-75
1985	Fine Jewelers	Retrd.	1990	8.00	30-75
1985	Hobart-Harley House	Retrd.	1990	8.00	30-75
1985	Kalorama Guest House	Retrd.	1990	8.00	30-75
1985	Main St. Carriage Shop	Retrd.	1990	8.00	30-75
1985	Opera House	Retrd.	1990	8.00	30-75
1985	Ristorante	Retrd.	1990	8.00	30-75
1985	Set	Retrd.	1990	80.00	350-700

Series IV - F. Jones

YEAR	ISSUE	EDITION LIMIT	YEAR RETD.	ISSUE PRICE	QUOTE U.S.$
1986	Bennington-Hull House	Retrd.	1991	8.00	23-65
1986	Chagrin Falls Popcorn Shop	Retrd.	1991	8.00	23-65
1986	Chepachet Union Church	Retrd.	1991	8.00	23-65
1986	John Belville House	Retrd.	1991	8.00	23-65
1986	Jones Bros. Tea Co.	Retrd.	1991	8.00	35-65
1986	The Little House Giftables	Retrd.	1991	8.00	23-65
1986	O'Malley's Livery Stable	Retrd.	1991	8.00	23-65
1986	Vandenberg House	Retrd.	1991	8.00	23-65
1986	Village Clock Shop	Retrd.	1991	8.00	35-65
1986	Westbrook House	Retrd.	1991	8.00	23-65
1986	Set	Retrd.	1991	80.00	200-550

SeriesV - F. Jones

YEAR	ISSUE	EDITION LIMIT	YEAR RETD.	ISSUE PRICE	QUOTE U.S.$
1987	Amish Oak/Dixie Shoe	Retrd.	1992	8.00	15-40
1987	Architect/Tailor	Retrd.	1992	8.00	15-40
1987	Congruity Tavern	Retrd.	1992	8.00	15-40
1987	Creole House	Retrd.	1992	8.00	15-40
1987	Dentist/Physician	Retrd.	1992	8.00	15-40
1987	M. Washington House	Retrd.	1992	8.00	15-40
1987	Markethouse	Retrd.	1992	8.00	15-40
1987	Murray Hotel	Retrd.	1992	8.00	15-40
1987	Police Department	Retrd.	1992	8.00	15-40
1987	Southport Bank	Retrd.	1992	8.00	15-40
1987	Set	Retrd.	1992	80.00	125-300

Series VI - F. Jones

YEAR	ISSUE	EDITION LIMIT	YEAR RETD.	ISSUE PRICE	QUOTE U.S.$
1988	Burton Lancaster House	Retrd.	1993	8.00	12-25
1988	City Hospital	Retrd.	1993	8.00	12-25
1988	First Baptist Church	Retrd.	1993	8.00	12-25
1988	Fish/Meat Market	Retrd.	1993	8.00	12-25
1988	Lincoln School	Retrd.	1993	8.00	12-25
1988	New Masters Gallery	Retrd.	1993	8.00	12-25
1988	Ohliger House	Retrd.	1993	8.00	12-25
1988	Pruyn House	Retrd.	1993	8.00	12-25
1988	Stiffenbody Funeral Home	Retrd.	1993	8.00	12-25
1988	Williams & Sons	Retrd.	1993	8.00	12-25
1988	Set	Retrd.	1993	80.00	110-200

Series VII - F. Jones

YEAR	ISSUE	EDITION LIMIT	YEAR RETD.	ISSUE PRICE	QUOTE U.S.$
1989	Black Cat Antiques	Retrd.	1994	8.00	12-25
1989	Hairdressing Parlor	Retrd.	1994	8.00	12-25
1989	Handcrafted Toys	Retrd.	1994	8.00	12-25
1989	Justice of the Peace	Retrd.	1994	8.00	12-25
1989	Octagonal School	Retrd.	1994	8.00	12-25
1989	Old Franklin Book Shop	Retrd.	1994	8.00	12-25
1989	Thorpe House Bed & Breakfast	Retrd.	1994	8.00	12-25
1989	Village Tinsmith	Retrd.	1994	8.00	12-25
1989	Williams Apothecary	Retrd.	1994	8.00	12-25
1989	Winkler Bakery	Retrd.	1994	8.00	12-25

Series VIII - F. Jones

YEAR	ISSUE	EDITION LIMIT	YEAR RETD.	ISSUE PRICE	QUOTE U.S.$
1990	F.J. Realty Company	5-Yr.		8.00	10
1990	Globe Corner Bookstore	5-Yr.		8.00	10
1990	Haberdashers	5-Yr.		8.00	10
1990	Medina Fire Department	5-Yr.		8.00	10
1990	Nell's Stems & Stitches	5-Yr.		8.00	10
1990	Noah's Ark Veterinary	5-Yr.		8.00	10
1990	Piccadilli Pipe & Tobacco	5-Yr.		8.00	10
1990	Puritan House	5-Yr.		8.00	10
1990	Victoria's Parlour	5-Yr.		8.00	10
1990	Walldorff Furniture	5-Yr.		8.00	10

Series IX - F. Jones

YEAR	ISSUE	EDITION LIMIT	YEAR RETD.	ISSUE PRICE	QUOTE U.S.$
1991	All Saints Chapel	5-Yr.		8.00	10
1991	American Red Cross	5-Yr.		8.00	10
1991	Central City Opera House	5-Yr.		8.00	10
1991	City Hall	5-Yr.		8.00	10
1991	CPA/Law Office	5-Yr.		8.00	10
1991	Gov. Snyder Mansion	5-Yr.		8.00	10
1991	Jeweler/Optometrist	5-Yr.		8.00	10
1991	Osbahr's Upholstery	5-Yr.		8.00	10
1991	Spanky's Hardware Co.	5-Yr.		8.00	10
1991	The Treble Clef	5-Yr.		8.00	10

Series X - F. Jones

YEAR	ISSUE	EDITION LIMIT	YEAR RETD.	ISSUE PRICE	QUOTE U.S.$
1992	City News	5-Yr.		8.50	10
1992	Fudge Kitchen	5-Yr.		8.50	10
1992	Grand Haven	5-Yr.		8.50	10
1992	Henyan's Athletic Shop	5-Yr.		8.50	10
1992	Leppert's 5 &10	5-Yr.		8.50	10
1992	Madeline's Dress Shop	5-Yr.		8.50	10
1992	Owl And The Pussycat	5-Yr.		8.50	10
1992	Pickles Pub	5-Yr.		8.50	10
1992	Pure Gas Station	5-Yr.		8.50	10
1993	Shrimplin & Jones Produce	5-Yr.		9.00	10
1992	United Church of Acworth	5-Yr.		8.50	10

Series XI - F. Jones

YEAR	ISSUE	EDITION LIMIT	YEAR RETD.	ISSUE PRICE	QUOTE U.S.$
1993	Barbershop/Gallery	5-Yr.		9.00	10
1993	Haddonfield Bank	5-Yr.		9.00	10
1993	Immanuel Church	5-Yr.		9.00	10
1993	Johann Singer Boots & Shoes	5-Yr.		9.00	10
1993	Pet Shop/Gift Shop	5-Yr.		9.00	10
1993	Police-Troop C	5-Yr.		9.00	10
1993	Stone's Restaurant	5-Yr.		9.00	10
1993	U.S. Armed Forces	5-Yr.		9.00	10
1993	U.S. Post Office	5-Yr.		9.00	10

Series XII - F. Jones

YEAR	ISSUE	EDITION LIMIT	YEAR RETD.	ISSUE PRICE	QUOTE U.S.$
1994	Arnold-Lynch Funeral Home	5-Yr.		10.00	10
1994	Bedford County Courthouse	5-Yr.		10.00	10
1994	Boyd's Drug Strore	5-Yr.		10.00	10
1994	Christmas Tree Hill Gifts	5-Yr.		10.00	10
1994	Foorman-Morrison House	5-Yr.		10.00	10
1994	Haddon Hts. Train Depot	5-Yr.		10.00	10
1994	Historical Society	5-Yr.		10.00	10
1994	Masonic Temple	5-Yr.		10.00	10
1994	Ritz Theater	5-Yr.		10.00	10
1994	Spread Eagle Tavern	5-Yr.		10.00	10

Series XIII - F. Jones

YEAR	ISSUE	EDITION LIMIT	YEAR RETD.	ISSUE PRICE	QUOTE U.S.$
1995	Alvanas & Coe Barbers	5-Yr.		10.00	10
1995	Cedar School	5-Yr.		10.00	10
1995	Hospital	5-Yr.		10.00	10
1995	Needleworker	5-Yr.		10.00	10
1995	Public Library	5-Yr.		10.00	10
1995	Schneider's Bakery	5-Yr.		10.00	10
1995	Susquehanna Antiques	5-Yr.		10.00	10
1995	YMCA	5-Yr.		10.00	10

Shaker Village Series - F. Jones

YEAR	ISSUE	EDITION LIMIT	YEAR RETD.	ISSUE PRICE	QUOTE U.S.$
1995	Great Stone Dwelling	5-Yr.		10.00	10
1995	Meetinghouse	5-Yr.		10.00	10
1995	Round Barn	5-Yr.		10.00	10
1995	Trustees Office	5-Yr.		10.00	10

Special Item - F. Jones

YEAR	ISSUE	EDITION LIMIT	YEAR RETD.	ISSUE PRICE	QUOTE U.S.$
1995	Smokey Bear	8/95		8.95	9
1994	Smokey Bear w/ 50th stamp	Retrd.	1994	8.95	14

Tradesman - F. Jones

YEAR	ISSUE	EDITION LIMIT	YEAR RETD.	ISSUE PRICE	QUOTE U.S.$
1988	Buckeye Candy & Tobacco	Retrd.	1993	8.00	17-23
1988	C.O. Wheel Company	Retrd.	1993	8.00	17-23
1988	Hermannhof Winery	Retrd.	1993	8.00	17-23
1988	Jenney Grist Mill	Retrd.	1993	8.00	17-23

Washington - F. Jones

YEAR	ISSUE	EDITION LIMIT	YEAR RETD.	ISSUE PRICE	QUOTE U.S.$
1991	National Archives	5-Yr		8.00	10
1991	U.S. Capitol	5-Yr.		8.00	10
1991	U.S. Supreme Court	5-Yr.		8.00	10
1991	White House	5-Yr.		8.00	10

Waterfront Series - F. Jones

YEAR	ISSUE	EDITION LIMIT	YEAR RETD.	ISSUE PRICE	QUOTE U.S.$
1994	Arnold Transit Company	5-Yr.		10.00	10
1994	Lowell's Boat Shop	5-Yr.		10.00	10
1994	Sand Island Lighthouse	5-Yr.		10.00	10
1994	Seaside Market	5-Yr.		10.00	10

West Coast Lighthouse Series - F. Jones

YEAR	ISSUE	EDITION LIMIT	YEAR RETD.	ISSUE PRICE	QUOTE U.S.$
1994	East Brother Lighthouse	5-Yr.		10.00	10
1994	Heceta Head Light	5-Yr.		10.00	10
1994	Mukilteo Light	5-Yr.		10.00	10
1994	Point Pinos Light	5-Yr.		10.00	10

Wild West - F. Jones

YEAR	ISSUE	EDITION LIMIT	YEAR RETD.	ISSUE PRICE	QUOTE U.S.$
1989	Drink 'em up Saloon	Retrd.	1993	8.00	13-23
1989	F.C. Zimmermann's Gun Shop	Retrd.	1993	8.00	13-23
1989	Marshal's Office	Retrd.	1993	8.00	13-23
1989	Wells, Fargo & Co.	Retrd.	1993	8.00	13-23

Williamsburg Series - F. Jones

YEAR	ISSUE	EDITION LIMIT	YEAR RETD.	ISSUE PRICE	QUOTE U.S.$
1993	Bruton Parish	5-Yr.		10.00	10
1993	Governor's Palace	5-Yr.		10.00	10
1993	Grissell Hay Lodging House	5-Yr.		10.00	10
1993	Raleigh Tavern	5-Yr.		10.00	10

Cavanagh Group Intl.

Coca-Cola Brand Heritage Collection - Various

YEAR	ISSUE	EDITION LIMIT	YEAR RETD.	ISSUE PRICE	QUOTE U.S.$
1995	Always - CGI	Open		30.00	30
1995	Always-Musical - CGI	Open		50.00	50
1995	Boy at Well - N. Rockwell	10,000		60.00	60
1995	Boy Fishing - N. Rockwell	10,000		60.00	60
1994	Calendar Girl 1916-Music Box - CGI	Open		60.00	60
1994	Eight Polar Bears on Wood-Musical - CGI	10,000		150.00	150
1995	Elaine - CGI	10,000		100.00	100
1995	Girl on Swing - CGI	10,000		80.00	80
1994	Hilda Clark 1901-Music Box - CGI	Open		60.00	60
1994	Hilda Clark 1903-Music Box - CGI	Open		60.00	60
1995	Hospitality - Sundblom	5,000		35.00	35
1994	Santa at His Desk - Sundblom	5,000		80.00	80
1994	Santa at His Desk-Musical - Sundblom	5,000		100.00	100
1994	Santa at His Desk-Snowglobe - Sundblom	Open		45.00	45
1994	Santa at the Fireplace - Sundblom	5,000		80.00	80
1994	Santa at the Fireplace-Musical - Sundblom	5,000		100.00	100
1994	Santa at the Lamppost-Snowglobe - Sundblom	Open		50.00	50
1994	Single Polar Bear on Ice-Snowglobe - CGI	Open		40.00	40
1995	They Remember Me-Musical - Sundblom	5,000		50.00	50
1994	Two Polar Bears on Ice - CGI	Open		25.00	25
1994	Two Polar Bears on Ice-Musical -CGI	Open		45.00	45

Coca-Cola Brand Musical - Various

YEAR	ISSUE	EDITION LIMIT	YEAR RETD.	ISSUE PRICE	QUOTE U.S.$
1993	Dear Santa, Please Pause Here - Sundblom	Open		50.00	50
1994	Santa's Soda Shop - CGI	Open		50.00	50

Coca-Cola Brand North Pole Bottling Works - CGI

YEAR	ISSUE	EDITION LIMIT	YEAR RETD.	ISSUE PRICE	QUOTE U.S.$
1995	Filling Operations	Open		45.00	45
1995	The Kitchen Corner	Open		55.00	55
1995	Making the Secret Syrup	Open		30.00	30
1995	Pipe Maintenance	Open		20.00	20
1995	Quality Control	Open		25.00	25
1995	Restocking the Vending Machine	Open		30.00	30
1995	Santa at His Desk	Open		30.00	30
1995	Santa's Office	Open		50.00	50
1995	Taking a Break	Open		20.00	20
1995	The Vault	Open		25.00	25

Coca-Cola Brand Santa Animations - Sundblom

YEAR	ISSUE	EDITION LIMIT	YEAR RETD.	ISSUE PRICE	QUOTE U.S.$
1995	Santa at the Lamppost (Fourth Edition)	Open		110.00	110
1992	Santa's Pause for Refreshment (Second Edition)	Closed	1994	99.99	130-250
1991	Ssshh! (First Edition)	Closed	1993	99.99	150-285
1993	Trimming the Tree (Third Edition)	Closed	1995	99.99	130-225

Coca-Cola Brand Town Square Collection - CGI

YEAR	ISSUE	EDITION LIMIT	YEAR RETD.	ISSUE PRICE	QUOTE U.S.$
1992	Candler's Drugs	Closed	1994	39.99	40-60

FIGURINES/COTTAGES

Cavanagh Group Intl. to Crystal World

YEAR ISSUE		EDITION LIMIT	YEAR RETD.	ISSUE PRICE	QUOTE U.S.$
1993	City Hall	Closed	1995	39.99	40-60
1995	Coca-Cola Bottling Works	Open		39.99	40
1992	Dee's Boarding House	Closed	1994	39.99	150-250
1992	Dick's Luncheonette	Closed	1994	39.99	40-60
1994	Flying "A" Service Station	Open		39.99	40
1992	Gilbert's Grocery	Closed	1994	39.99	60
1995	Grist Mill	Open		39.99	40
1992	Howard Oil	Closed	1994	39.99	100-135
1993	Jacob's Pharmacy	5,000	1993	25.00	100-250
1995	Jenny's Sweet Shoppe	Open		39.99	40
1995	Lighthouse Point Snack Bar	Open		39.99	40
1994	McMahon's General Store	Open		39.99	40
1993	Mooney's Antique Barn	Closed	1995	39.99	40-50
1994	Plaza Drugs	Open		39.99	40
1993	Route 93 Covered Bridge	Open		19.99	20
1994	Station #14 Firehouse	Open		39.99	40
1994	Strand Theatre	Open		39.99	40
1993	T. Taylor's Emporium	Closed	1995	39.99	40-50
1993	The Tick Tock Diner	Open		39.99	40
1994	Town Gazebo	Open		19.99	20
1992	Train Depot	Closed	1994	39.99	40

Coca-Cola Brand Town Square Collection Accessories - CGI

YEAR ISSUE		EDITION LIMIT	YEAR RETD.	ISSUE PRICE	QUOTE U.S.$
1992	"Coca-Cola" Ad Car	Closed	1994	9.00	25
1992	"Coca-Cola" Delivery Truck	Closed	1994	15.00	24
1992	"Gil" the Grocer	Closed	1994	8.00	10
1992	After Skating	Closed	1994	8.00	10
1992	Bringing It Home	Closed	1994	8.00	13
1992	Delivery Man	Closed	1994	8.00	10
1992	Horse-Drawn Wagon	Closed	1994	12.00	25
1992	Thirsty the Snowman	Closed	1994	9.00	14

Classic Collectibles by Uniquely Yours

Additional Santas - E. Tisa

YEAR ISSUE		EDITION LIMIT	YEAR RETD.	ISSUE PRICE	QUOTE U.S.$
1991	Mrs. Claus	Open		36.00	68
1993	Olde English Santa	Open		66.00	94
1993	Russian Santa	Open		72.00	102
1989	Santa at Work	Open		68.00	139
1990	St. Nicholas	Open		76.00	139

Dicken's-A Christmas Carol (Miniatures) - E. Tisa

YEAR ISSUE		EDITION LIMIT	YEAR RETD.	ISSUE PRICE	QUOTE U.S.$
1987	Belle	Closed	1989	40.00	40
1987	Christmas Past	Closed	1989	40.00	40
1987	Christmas Present	Closed	1989	40.00	40
1987	Christmas Yet to Be	Closed	1989	32.00	32
1987	Father Christmas	Closed	1989	40.00	40
1987	Marley's Ghost	Closed	1989	40.00	40
1987	Mr. Fezzziwig	Closed	1989	40.00	40
1987	Mrs. Cratchit	Closed	1989	42.00	42
1987	Mrs. Fezziwig	Closed	1989	40.00	40
1987	Scrooge	Closed	1989	40.00	40
1987	Tiny Tim & Bob	Closed	1989	60.00	60

Dicken's-A Christmas Carol - E. Tisa

YEAR ISSUE		EDITION LIMIT	YEAR RETD.	ISSUE PRICE	QUOTE U.S.$
1989	Adult Carolers	Open		78.00	125
1988	Bob Cratchit and Tiny Tim	Open		68.00	122
1988	Boy on Sled	Open		32.00	63
1989	Children Carolers	Open		68.00	119
1989	Christmas Present (vingette w/feast)	Closed	1990	90.00	90
1988	Ghost of Christmas Past	Open		36.00	68
1988	Ghost of Christmas Present	Open		68.00	122
1988	Ghost of Christmas Yet To Be	Open		48.00	102
1988	Girl in a Sleigh	Open		36.00	74
1990	Lighting the Menorrah	Closed	1990	96.00	96
1988	Marley's Ghost	Open		36.00	77
1988	Match Girl w/ Lamppost	Closed	1992	68.00	68
1988	Mr. & Mrs. Fezziwig	Open		78.00	125
1988	Mrs. Crachit	Open		36.00	68
1988	Scrooge	Open		36.00	68
1989	Scrooge & Marley	Closed	1991	78.00	78
1989	Senior Carolers	Open		78.00	125
1986	Single Boy Caroler	Closed	1989	N/A	N/A
1986	Single Girl Caroler	Closed	1989	N/A	N/A
1986	Single Man Caroler	Closed	1989	N/A	N/A
1986	Single Woman Caroler	Closed	1989	N/A	N/A
1989	Victorian Band	Closed	1989	144.00	144

Easter - E. Tisa

YEAR ISSUE		EDITION LIMIT	YEAR RETD.	ISSUE PRICE	QUOTE U.S.$
1989	Boy w/Easter Basket	Closed	1991	36.00	36
1989	Girl w/Bunnies	Closed	1991	36.00	36

Halloween - E. Tisa

YEAR ISSUE		EDITION LIMIT	YEAR RETD.	ISSUE PRICE	QUOTE U.S.$
1989	Ghoul	Closed	1991	38.00	38
1989	Trick or Treat-Devil	Closed	1991	36.00	36
1989	Trick or Treat-Witch	Closed	1991	32.00	32

Limited Edition Santas - E. Tisa

YEAR ISSUE		EDITION LIMIT	YEAR RETD.	ISSUE PRICE	QUOTE U.S.$
1994	Black Santa on Tricycle	600		160.00	228
1995	Countryside Santa	300		396.00	396
1991	European Santa w/Little Girl	1,000		118.00	205
1989	Father Christmas	Closed	1992	138.00	190
1989	Father Christmas-sm.	Closed	1992	48.00	56
1990	Jolly St. Nick	250		104.00	184
1989	Kris Kringle	Closed	1992	178.00	230
1989	Olde World Santa	Closed	1992	48.00	56
1993	Olde World Santa	300		270.00	383
1993	Pere Noel	500		350.00	496
1993	Renaissance Santa	450		210.00	326
1994	Santa on Tricycle	600		160.00	228

YEAR ISSUE		EDITION LIMIT	YEAR RETD.	ISSUE PRICE	QUOTE U.S.$
1993	Traditional Santa in Sleigh	400		160.00	241
1991	Victorian Santa	1,500		196.00	326

Miscellaneous - E. Tisa

YEAR ISSUE		EDITION LIMIT	YEAR RETD.	ISSUE PRICE	QUOTE U.S.$
1989	African Man	Closed	1990	40.00	40
1989	African Woman	Closed	1990	36.00	36
1988	Bride	Closed	1991	40.00	40
1989	Christmas Child	Closed	1991	22.00	22
1989	Christmas Shopper	Closed	1992	26.00	26
1988	Groom	Closed	1991	40.00	40
1989	Mother & Daughter	Closed	1990	68.00	68

Thanksgiving - E. Tisa

YEAR ISSUE		EDITION LIMIT	YEAR RETD.	ISSUE PRICE	QUOTE U.S.$
1988	Pilgrim-Man	Closed	1990	40.00	40
1988	Pilgrim-Woman	Closed	1990	38.00	38

Valentine's Day - E. Tisa

YEAR ISSUE		EDITION LIMIT	YEAR RETD.	ISSUE PRICE	QUOTE U.S.$
1990	Valentine-Boy	Closed	1990	36.00	36
1990	Valentine-Girl	Closed	1990	36.00	36

Victorian - E. Tisa

YEAR ISSUE		EDITION LIMIT	YEAR RETD.	ISSUE PRICE	QUOTE U.S.$
1989	Victorian Boy w/Hoop	Closed	1991	36.00	36
1989	Victorian Girl	Closed	1991	36.00	36
1989	Victorian Man	Closed	1991	40.00	40
1989	Victorian Treetop Angel	Open		80.00	114
1989	Victorian Woman	Closed	1991	36.00	30

Creart

African Wildlife - Various

YEAR ISSUE		EDITION LIMIT	YEAR RETD.	ISSUE PRICE	QUOTE U.S.$
1987	African Elephant -10 - Perez	S/O	1993	410.00	575
1987	African Elephant With Leaf -22 - Martinez	2,500		230.00	298
1987	African Lion -61 - Martinez	2,500		260.00	338
1994	Ambushing Puma-508 - Nelson	1,950		150.00	150
1986	American Bison- 121 - Perez	Susp.		400.00	490
1986	Bald Eagle- 70 - Martinez	Susp.		730.00	900
1991	Breaking Away Gazelles -256 - Quesada	1,500		650.00	698
1994	Briefly Rest Pumas-526 - Nelson	1,950		250.00	250
1993	Buenos Dias Jack Rabbit-229 - Martinez	1,500		218.00	218
1992	California Grizzly- 238 - Perez	2,500		270.00	278
1993	Cape Buffalo-412 - Contreras	1,500		418.00	418
1994	Catamountain-505 - Estevez	2,500		118.00	118
1990	The Challenge, Rams- 82 - Gonzalez	1,500		698.00	738
1987	Cob Antelope -46 - Perez	2,500		310.00	398
1990	Dolphin, Back- 148 - Perez	2,500		210.00	250
1990	Dolphin, Front- 142 - Perez	2,500		210.00	250
1990	Dolphin, Middle- 145 - Perez	2,500		210.00	250
1995	Elephant Tracks-472 - Perez	2,500		240.00	240
1988	Flamingo Flapping-175 - Perez	2,500		230.00	298
1988	Flamingo Head Down-172 - Perez	2,500		230.00	298
1988	Flamingo Upright-169 - Perez	2,500		230.00	298
1994	Freedom Eagle-430 - Martinez	1,500		500.00	500
1987	Giraffe -43 - Perez	2,500		250.00	338
1990	Gray Wolf- 88 - Quesada	2,500		365.00	378
1987	Grizzley Bear- 31 - Perez	2,500		210.00	278
1994	Grumbler Cape Buffalo-451 - Martinez	1,500		498.00	498
1990	Hippopotamus -55 - Quesada	2,500		420.00	438
1993	Howling Coyote- 217 - Martinez	1,500		199.00	218
1989	Jaguar- 79 - Gonzalez	500		700.00	750
1988	Mammoth-112 - Martinez	2,500		450.00	578
1991	Mischievous Raccoon- 262 - Quesada	2,500		370.00	318
1994	Numa Lion's Head-433 - Contreras	2,500		418.00	418
1994	Out of the Den Puma-523 - Estevez	1,500		130.00	130
1990	Over the Clouds Falcon- 85 - Martinez	2,500		520.00	538
1994	Over the Top Puma-445 - Perez	1,500		398.00	398
1989	Penguins- R76 - Del Valle	Closed	1992	175.00	175
1985	Pigeons- 64 - Perez	Closed	1991	265.00	265
1991	Playmates Sparrows- 265 - Martinez	2,500		500.00	518
1986	Polar Bear- 58 - Martinez	2,500		200.00	258
1994	Puffins-511 - Estevez	1,500		258.00	258
1987	Puma- 130 - Perez	S/O	1994	370.00	470
1993	The Red Fox- 220 - Contreras	1,500		199.00	218
1994	Red Tail Hawk-520 - Nelson	1,950		130.00	130
1989	Rooster- R40 - Martinez	Closed	1990	290.00	290
1991	Royal Eagle With Snake- 259 - Martinez	2,500		700.00	738
1987	Royal Eagle- 49 - Martinez	Closed	1992	545.00	598
1986	Running Elephant -73 - Perez	2,500		260.00	338
1993	Scent of Honey Bear-223 - Perez	1,500		398.00	398
1994	Singing to the Moon I Wolf-439 - Perez	1,500		398.00	398
1994	Singing to the Moon II Wolf-442 - Perez	1,500		358.00	358
1992	Small African Elephant- 271 - Perez	Closed	1993	320.00	320
1992	Soaring Royal Eagle- 52 - Martinez	2,500		580.00	598
1991	Sound of Warning Elephant -268 - Perez	2,500		500.00	518
1992	Standing Whitetail Deer- 109 - Martinez	2,500		364.00	378
1990	Symbol of Power Lion -40 - Quesada	2,500		450.00	478
1993	Travieso-358 - Perez	1,500		198.00	218
1991	White Hunter Polar Bear- 250 - Gonzalez	2,500		380.00	398

YEAR ISSUE		EDITION LIMIT	YEAR RETD.	ISSUE PRICE	QUOTE U.S.$
1987	White Rhinoceros -136 - Perez	2,500		330.00	438
1990	White Tail Deer- 151 - Martinez	2,500		380.00	478
1990	White Tail Doe- 154 - Martinez	2,500		330.00	418
1990	White Tail Fawn- 157 - Martinez	2,500		220.00	290
1987	Zebra -67 - Perez	2,500		305.00	398

American Wildlife - Various

YEAR ISSUE		EDITION LIMIT	YEAR RETD.	ISSUE PRICE	QUOTE U.S.$
1995	Moose-478 - Contreras	1,500		298.00	298
1995	Mourning Dove-535 - Nelson	1,500		130.00	130

Birds of Prey - Robison

YEAR ISSUE		EDITION LIMIT	YEAR RETD.	ISSUE PRICE	QUOTE U.S.$
1994	Gyrfalcon-502	450		1300.00	1300
1994	Urban Release Peregrine Falcon-514	650		N/A	N/A
1994	Vigilant Eagle-517	650		780.00	780

From Asia & Europe - Various

YEAR ISSUE		EDITION LIMIT	YEAR RETD.	ISSUE PRICE	QUOTE U.S.$
1988	Bengal Tiger- 115 - Perez	Suspd.		440.00	520
1986	Deer- 4 - Martinez	Closed	1992	560.00	600
1987	Drover of Camels- 124 - Martinez	2,500		650.00	718
1990	Giant Panda- 244 - Martinez	2,500		280.00	298
1986	Indian Elephant Baby- 16 - Perez	Suspd.		200.00	200
1985	Indian Elephant Mother- 25 - Perez	Suspd.		485.00	490
1985	Marco Polo Sheep- 37 - Martinez	2,500		270.00	318
1987	Royal Owl- 133 - Perez	Closed	1992	340.00	370
1985	Tiger- R55 - Martinez	Closed	1990	200.00	200

Horses And Cattle - Various

YEAR ISSUE		EDITION LIMIT	YEAR RETD.	ISSUE PRICE	QUOTE U.S.$
1989	Apaloosa Horse- 100 - Martinez	2,500		260.00	278
1995	Arabian at Folly-475 - Martinez	2,500		298.00	298
1985	Arabian Horse- 34 - Martinez	2,500		230.00	298
1989	Arabian Horse- 91 - Perez	2,500		260.00	278
1989	Brahma Bull- 13 - Gonzalez	2,500		420.00	498
1985	Bull- 28 - Martinez	Susp.		285.00	285
1988	Horse Head- 139 - Martinez	2,500		440.00	498
1987	Horse In Passage- 127 - Martinez	2,500		500.00	558
1989	Lippizzan Horse- 94 - Perez	2,500		260.00	278
1992	Pegasus- 106 - Perez	2,500		420.00	438
1989	Quarter Horse II- 103 - Perez	2,500		260.00	278
1989	Quarter Horse Recoil- 1 - Gonzalez	Closed	1993	310.00	310
1993	Rosie Bella-421 - Martinez	950		758.00	758
1985	Running Horse- 7 - Martinez	2,500		360.00	458
1989	Thoroughbred Horse-97 - Perez	2,500		260.00	278

Nature's Care Collection - Various

YEAR ISSUE		EDITION LIMIT	YEAR RETD.	ISSUE PRICE	QUOTE U.S.$
1993	Doe and Fawns- 355 - Contreras	2,500		99.00	138
1993	Eagle and Eaglets-352 - Contreras	2,500		120.00	130
1993	Gorilla and Baby- 394 - Contreras	2,500		99.00	110
1993	Grizzly and Cubs- 340 - Perez	2,500		99.00	118
1993	Jack Rabbit and Young- 343 - Martinez	2,500		99.95	100
1995	Koala Family-367 - Contreras	2,500		79.50	80
1993	Lioness and Cubs- 346 - Contreras	2,500		99.00	118
1995	Mother's Love-376 - Contreras	2,500		72.00	72
1995	Nap Time-370 - Contreras	2,500		67.00	67
1993	Otters- 325 - Estevez	2,500		99.95	100
1993	Penguin and Chicks- 76 - Perez	2,500		99.00	132
1995	Tender Care-373 - Contreras	2,500		72.00	72
1993	Wolf and Pups- 349 - Contreras	2,500		99.00	150

Pets - Various

YEAR ISSUE		EDITION LIMIT	YEAR RETD.	ISSUE PRICE	QUOTE U.S.$
1989	Boxer- 187 - Martinez	Suspd.		135.00	135
1989	Cocker Spaniel American- 184 - Martinez	Suspd.		100.00	100
1991	German Shepherd Dog- 253 - Martinez	2,500		360.00	388
1989	Great Dane, Brown- 193 - Martinez	Suspd.		140.00	140
1989	Great Dane, Harlequi- 196 - Martinez	Suspd.		140.00	140
1987	Labrador Retriever- 19 - Martinez	2,500		300.00	378
1989	Labrador, Black- 214 - Martinez	Suspd.		130.00	130
1989	Labrador, Golden- 211 - Martinez	Suspd.		130.00	130
1989	Pointer, Black- 202 - Perez	Suspd.		132.00	132
1989	Pointer, Brown- 199 - Perez	Suspd.		132.00	132
1989	Poodle- 205 - Perez	Suspd.		120.00	120
1989	Saint Bernard- 208 - Perez	Suspd.		130.00	130
1989	Schnauzer Miniature- 190 - Perez	Suspd.		110.00	110

Wild America Edition - Various

YEAR ISSUE		EDITION LIMIT	YEAR RETD.	ISSUE PRICE	QUOTE U.S.$
1993	American Symbol- 328 - Contreras	1,500		246.00	258
1992	Puma Head- 334 - Perez	900		320.00	338
1992	Twelve Pointer Deer- 337 - Perez	900		472.00	490
1993	White Blizzard- 331 - Perez	1,500		275.00	278
1993	Wild America Bison-409 - Contreras	1,500		338.00	338

Crystal World

Bird Collection - Various

YEAR ISSUE		EDITION LIMIT	YEAR RETD.	ISSUE PRICE	QUOTE U.S.$
1986	Bird Bath - N. Mulargia	Closed	1989	54.00	75
1984	Bird Family - R. Nakai	Closed	1990	22.00	35
1984	Love Bird - R. Nakai	Closed	1988	44.00	65
1986	Love Birds - N. Mulargia	Closed	1992	54.00	75
1990	Ollie Owl - T. Suzuki	Closed	1993	32.00	40
1983	Owl Standing - R. Nakai	Closed	1987	40.00	70
1983	Owl-Large - R. Nakai	Closed	1987	44.00	75

Crystal World
to Cybis

FIGURINES/COTTAGES

YEAR ISSUE		EDITION LIMIT	YEAR RETD.	ISSUE PRICE	QUOTE U.S.$
1983	Owl-Small - R. Nakai	Closed	1987	22.00	36
1990	Owl-Small Wise - T. Suzuki	Closed	1993	40.00	45
1991	Parrot Couple - R. Nakai	Closed	1992	90.00	100
1985	Parrot-Extra Large - R. Nakai	Closed	1988	300.00	450
1985	Parrot-Large - R. Nakai	Closed	1989	100.00	150
1987	Parrot-Large - R. Nakai	Closed	1993	130.00	170
1985	Parrot-Small - R. Nakai	Closed	1989	30.00	45
1987	Parrot-Small - R. Nakai	Closed	1989	96.00	110
1990	Tree Top Owls - T. Suzuki	Closed	1993	55.00	75
1990	Wise Owl - T. Suzuki	Closed	1993	55.00	65

Limited Edition Series - Various

1986	Airplane - T. Suzuki	Closed	1992	400.00	500
1993	Country Gristmill - T. Suzuki	1,250		320.00	320
1986	Crucifix - N. Mulargia	Closed	1992	300.00	400
1991	Cruise Ship - T. Suzuki	1,000		2000.00	2100
1989	Dream Castle - R. Nakai	500		9000.00	10000
1986	The Eiffel Tower - T. Suzuki	2,000		1000.00	1300
1991	Ellis Island - R. Nakai	Closed	1992	450.00	500
1993	Enchanted Castle - R. Nakai	750		800.00	800
1985	Extra Large-Empire State Building - R. Nakai	Closed	1992	1000.00	1300
1989	Grand Castle - R. Nakai	1,500		2500.00	2500
1987	Large Empire State - R. Nakai	2,000		650.00	700
1987	Large US Capitol Building - T. Suzuki	Closed	1992	1000.00	1100
1987	Manhattanscape - G. Veith	Closed	1992	1000.00	1100
1993	Riverboat - N. Mulargia	350		570.00	570
1992	Santa Maria - N. Mulargia	Closed	1993	1000.00	1050
1988	Small Eiffel Tower - T. Suzuki	2,000		500.00	600
1989	Space Shuttle Launch - T. Suzuki	Closed	1992	900.00	1000
1987	Taj Mahal - T. Suzuki	2,000		2000.00	2100
1990	Tower Bridge - T. Suzuki	Closed	1992	600.00	650
1993	Victorian House - N. Mulargia	2,000		190.00	190
1992	The White House - R. Nakai	Closed		3000.00	3000

CUI/Carolina Collection/Dram Tree

Legends of Santa Claus - Christjohn

1991	Checkin' it Twice	Retrd.	N/A	60.00	60
1991	Have You Been a Good Little Boy	Retrd.	N/A	60.00	60
1991	Have You Been a Good Little Girl	Retrd.	N/A	60.00	60
1991	Mrs. Claus	Retrd.	N/A	60.00	60
1991	With A Finger Aside His Nose	Retrd.	N/A	60.00	60
1991	Won't You Guide My Sleigh Tonight	Retrd.	N/A	60.00	60

Cybis

Animal Kingdom - Cybis

1971	American Bullfrog	Closed	N/A	250.00	600
1975	American White Buffalo	250		1250.00	4000
1971	Appaloosa Colt	Closed	N/A	150.00	300
1980	Arctic White Fox	100		4500.00	4700
1984	Australian Greater Sulpher Crested Cockatoo	25		9850.00	9850
1985	Baxter and Doyle	400		450.00	450
1985	Beagles, Branigan and Clancy	Open		375.00	625
1968	Bear	Closed	N/A	85.00	400
1981	Beavers, Egbert and Brewster	400		285.00	335
1968	Buffalo	Closed	N/A	115.00	185
XX	Bull	100		150.00	4500
1977	Bunny Pat-a-Cake	Closed	N/A	90.00	150
1976	Bunny, Muffet	Closed	N/A	85.00	150
1985	Bunny, Snowflake	Open		65.00	75
1984	Chantilly, Kitten	Open		175.00	210
1976	Chipmunk w/Bloodroot	225		625.00	675
1969	Colts, Darby and Joan	Closed	N/A	295.00	475
1982	Dall Sheep	50		Unkn.	4250
1986	Dapple Grey Foal	Open		195.00	250
1970	Deer Mouse in Clover	Closed	N/A	65.00	160
1978	Dormouse, Maximillian	Closed	N/A	250.00	285
1978	Dormouse, Maxine	Closed	N/A	195.00	225
1968	Elephant	100		600.00	5000
1985	Elephant, Willoughby	Open		195.00	245
1961	Horse	100		150.00	2000
1986	Huey, the Harmonious Hare	Open		175.00	275
1967	Kitten, Blue Ribbon	Closed	N/A	95.00	500
1975	Kitten, Tabitha	Closed	N/A	90.00	150
1975	Kitten, Topaz	Closed	N/A	90.00	150
1986	Mick, The Melodious Mutt	Open		175.00	275
1985	Monday, Rhinoceros	Open		85.00	150
1971	Nashua	100		2000.00	3000
1978	Pinky Bunny/Carrot	200		200.00	265
1972	Pinto Colt	Closed	N/A	175.00	250
1976	Prairie Dog	Closed	N/A	245.00	345
1965	Raccoon, Raffles	Closed	N/A	110.00	365
1968	Snail, Sir Escargot	Closed	N/A	50.00	300
1980	Squirrel, Highrise	400		475.00	525
1965	Squirrel, Mr. Fluffy Tail	Closed	N/A	90.00	350
1968	Stallion	350		475.00	850
1966	Thoroughbred	350		425.00	1500
1986	White Tailed Deer	50		9500.00	11500

Biblical - Cybis

1984	Christ Child with Lamb	Open		Unkn.	290
1960	Exodus	50		350.00	2600
1960	Flight Into Egypt	50		175.00	2500
1956	Holy Child of Prague	10		1500.00	N/A
XX	Holywater Font "Holy Ghost"	Closed	N/A	15.00	145
1960	Madonna Lace & Rose	Open		15.00	295
1957	Madonna, House of Gold	8		125.00	4000
1963	Moses, The Great Lawgiver	750		250.00	5500
1984	Nativity, Angel, Color	Open		395.00	575
1984	Nativity, Camel, Color	Open		625.00	825
1985	Nativity, Cow, Color	Open		175.00	195
1985	Nativity, Cow, White	Open		125.00	225
1985	Nativity, Donkey, Color	Open		195.00	225
1985	Nativity, Donkey, White	Open		130.00	150
1984	Nativity, Joseph	Open		Unkn.	325
1985	Nativity, Lamb, Color	Open		150.00	195
1985	Nativity, Lamb, White	Open		115.00	125
1984	Nativity, Mary	Open		Unkn.	325
1984	Nativity, Shepherd, Color	Open		395.00	475
1976	Noah	500		975.00	2800
1960	The Prophet	50		250.00	3500
1964	St. Peter	500		Unkn.	1250

Birds & Flowers - Cybis

1985	American Bald Eagle	300		2900.00	3595
1972	American Crested Iris	400		975.00	1150
1976	American White Turkey	75		1450.00	1600
1976	American Wild Turkey	75		1950.00	2200
1977	Apple Blossoms	400		350.00	550
1972	Autumn Dogwood w/Chickadees	350		1100.00	1200
XX	Birds & Flowers	250		500.00	4500
1960	Blue Headed Virio Building Nest	Closed	N/A	60.00	1100
1960	Blue Headed Virio with Lilac	275		1200.00	2200
1961	Blue-Grey Gnatcatchers, pair	200		400.00	2500
XX	Butterfly w/Dogwood	200		Unkn.	350
1968	Calla Lily	500		750.00	1750
1965	Christmas Rose	500		250.00	750
1977	Clematis	Closed	N/A	210.00	315
1969	Clematis with House Wren	350		1300.00	1400
1976	Colonial Basket	100		2750.00	5500
1976	Constancy Flower Basket	Closed	N/A	345.00	400
1964	Dahlia, Yellow	350		450.00	1800
1976	Devotion Flower Basket	Closed	N/A	345.00	400
1962	Duckling "Baby Brother"	Closed	N/A	35.00	140
1977	Duckling "Buttercup & Daffodil"	Closed	N/A	165.00	295
1970	Dutch Crocus	350		550.00	750
1976	Felicity Flower Basket	Closed	N/A	325.00	345
1961	Golden Clarion Lily	100		250.00	4500
1974	Golden Winged Warbler	200		1075.00	1150
1975	Great Horned Owl, Color	50		3250.00	7500
1975	Great Horned Owl, White	150		1950.00	4500
1964	Great White Heron	350		850.00	3750
1977	Hermit Thrush	150		1450.00	1450
1959	Hummingbird	Closed	N/A	95.00	950
1963	Iris	250		500.00	4500
1978	Kinglets on Pyracantha	175		900.00	1100
1977	Krestrel	175		1875.00	1925
1971	Little Blue Heron	500		425.00	1500
1963	Magnolia	Closed	N/A	350.00	450-1500
1976	Majesty Flower Basket	Closed	N/A	345.00	400
1970	Mushroom with Butterfly	Closed	N/A	225.00	450
1968	Narcissus	500		350.00	550
1978	Nestling Bluebirds	Closed	N/A	235.00	250
1972	Pansies, China Maid	1,000		275.00	350
1975	Pansies, Chinolina Lady	750		295.00	400
1960	Pheasant	150		750.00	5000
XX	Sandpipers	400		700.00	1500
1985	Screech Owl & Siblings	100		3250.00	3925
XX	Skylarks	350		330.00	1800
1962	Sparrow on a Log	Closed	N/A	35.00	450
1982	Spring Bouquet	200		750.00	750
1957	Turtle Doves	500		350.00	5000
1968	Wood Duck	500		325.00	800
1980	Yellow Condesa Rose	Closed	N/A	Unkn.	255
1980	Yellow Rose	Closed	N/A	80.00	450

Carousel-Circus - Cybis

1975	Barnaby Bear	Closed	N/A	165.00	325
1981	Bear, "Bernhard"	325		1125.00	1150
1975	Bicentennial Horse Ticonderoga	350		925.00	4000
1975	Bosun Monkey	Closed	N/A	195.00	425
1981	Bull, Plutus	325		1125.00	2050
1973	Carousel Goat	325		875.00	1750
1973	Carousel Horse	325		925.00	7500
1985	Carousel Unicorn	325		1275.00	2750
1979	Circus Rider "Equestrienne Extraordinaire"	150		2275.00	3500
1977	Dandy Dancing Dog	Closed	N/A	145.00	295
1981	Frollo	1,000		750.00	825
1976	Funny Face Child Head/Holly	Closed	N/A	325.00	750
1982	Giraffe	750		Unkn.	1750
1985	Jumbles and Friend	750		675.00	725
1974	Lion	325		1025.00	1350
1976	Performing Pony "Poppy"	1,000		325.00	1200
1984	Phineas, Circus Elephant	Open		325.00	425
1986	Pierre, the Performing Poodle	Open		225.00	275
1981	Pony	750		975.00	975
1976	Sebastian Seal	Closed	N/A	195.00	200
1974	Tiger	325		925.00	1500
1985	Valentine	Open		335.00	375

Children of the World - Cybis

1972	Eskimo Child Head	Closed	N/A	165.00	400
1975	Indian Boy Head	Closed	N/A	425.00	900
1975	Indian Girl Head	Closed	N/A	325.00	900
1978	Jason	Closed	N/A	285.00	375
1978	Jennifer	Closed	N/A	325.00	375
1977	Jeremy	Closed	N/A	315.00	475
1979	Jessica	Closed	N/A	325.00	475

Children to Cherish - Cybis

1978	Alice (Seated)	Closed	N/A	350.00	550
1964	Alice in Wonderland	Closed	N/A	50.00	850
1978	Allegra	Closed	N/A	310.00	350
1968	Baby Bust	239		375.00	1000
1963	Ballerina on Cue	Closed	N/A	150.00	700
1960	Ballerina Red Shoes	Closed	N/A	75.00	1200
1968	Ballerina, Little Princess	Closed	N/A	125.00	750
1985	Ballerina, Recital	Open		275.00	275
1985	Ballerina, Swanilda	Open		450.00	725
1985	Beth	Open		235.00	275
1977	Boys Playing Marbles	Closed	N/A	285.00	425
1984	The Choirboy	Open		325.00	345
1985	Clara	Open		395.00	395
1986	Clarissa	Open		165.00	195
1978	Edith	Closed	N/A	310.00	325
1976	Elizabeth Ann	Closed	N/A	195.00	275
1986	Encore Figure Skater	750		625.00	675
1985	Felicia	Open		425.00	525
1985	Figure Eight	750		625.00	750
XX	First Bouquet	250		150.00	300
1966	First Flight	Closed	N/A	50.00	475
1981	Fleurette	1,000		725.00	1075
1973	Goldilocks	Closed	N/A	145.00	525
1974	Gretel	Closed	N/A	260.00	425
1974	Hansel	Closed	N/A	270.00	550
1962	Heide, Color	Closed	N/A	165.00	550
1962	Heide, White	Closed	N/A	165.00	550
1984	Jack in the Beanstalk	750		575.00	575
1985	Jody	Open		235.00	275
1986	Kitri	Open		450.00	550
1978	Lisa and Lynette	Closed	N/A	395.00	475
1978	Little Boy Blue	Closed	N/A	425.00	500
1984	Little Champ	Open		325.00	375
1980	Little Miss Muffet	Closed	N/A	335.00	365
1973	Little Red Riding Hood	Closed	N/A	110.00	475
1986	Lullaby, Blue	Open		125.00	160
1986	Lullaby, Ivory	Open		125.00	160
1986	Lullaby, Pink	Open		125.00	160
1985	Marguerite	Open		425.00	525
1974	Mary, Mary	500		475.00	750
1976	Melissa	Closed	N/A	285.00	425
1984	Michael	Open		235.00	350
1967	Pandora Blue	Closed	N/A	265.00	325
1958	Peter Pan	Closed	N/A	80.00	1000
1971	Polyanna	Closed	N/A	195.00	550
1975	Rapunzel, Apricot	1,500		475.00	1200
1978	Rapunzel, Lilac	1,000		675.00	1000
1972	Rapunzel, Pink	1,000		425.00	1100
1964	Rebecca	Closed	N/A	110.00	360
1985	Recital	Open		275.00	275
1982	Robin	1,000		475.00	850
1982	Sleeping Beauty	750		695.00	1475
1963	Springtime	Closed	N/A	45.00	775
1957	Thumbelina	Closed	N/A	45.00	525
1959	Tinkerbell	Closed	N/A	95.00	1500
1985	Vanessa	Open		425.00	525
1975	Wendy with Flowers	Unkn.		250.00	450
1975	Yankee Doodle Dandy	Closed	N/A	275.00	325

Commemoratives - Cybis

1984	1984 Cybis Holiday	Open		145.00	145
1986	1986 Commemorative Egg	Open		365.00	365
1969	Apollo II Moon Mission	111		1500.00	2500
1981	Arion, Dolphin Rider	1,000		575.00	1150
1980	The Bride	100		6500.00	10500
1972	Chess Set	10		30000.00	60000
1967	Columbia	200		1000.00	2500
1967	Conductor's Hands	250		250.00	1500
1971	Cree Indian	100		2500.00	5500
1984	Cree Indian "Magic Boy"	200		4250.00	4995
1975	George Washington Bust	Closed	N/A	275.00	350
1985	Holiday Ornament	Open		75.00	75
1981	Kateri Takakwitha	100		2875.00	2975
1985	Liberty	100		1875.00	4000
1986	Little Miss Liberty	Open		295.00	350
1977	Oceania	200		1250.00	975-1550
1981	Phoenix	100		950.00	950

Everyone's Fun Time (Limnettes) - Cybis

1972	Country Fair	500		125.00	200
1972	The Pond	500		125.00	200
1972	The Seashore	500		125.00	200
1972	Windy Day	500		125.00	200

Fantasia - Cybis

1974	Cybele	500		675.00	800
1981	Desiree, White Deer	400		575.00	595
1985	Dore'	1,000		575.00	1075
1984	Flight and Fancy	1,000		975.00	1175
1980	Pegasus	500		1450.00	750
1980	Pegaus, Free Spirit	1,000		675.00	775
1981	Prince Brocade Unicorn	500		2200.00	2600
1978	Satin Horse Head	500		1100.00	2800
1977	Sea King's Steed "Oceania"	200		1250.00	1450
1978	Sharmaine Sea Nymph	250		1450.00	1650
1982	Theron	350		675.00	850
1969	Unicorn	500		1250.00	3750
1977	Unicorns, Gambol and Frolic	1,000		425.00	2300

Land of Chemeric - Cybis

1977	Marigold	Closed	N/A	185.00	550

YEAR ISSUE	EDITION LIMIT	YEAR RETD.	ISSUE PRICE	QUOTE U.S.$
1981 Melody	1,000		725.00	800
1985 Oberon	750		825.00	825
1979 Pip, Elfin Player	1,000		450.00	665
1977 Queen Titania	750		725.00	2500
1977 Tiffin	Closed	N/A	175.00	550

North American Indian - Cybis

1974 Apache, "Chato"	350		1950.00	3300
1969 Blackfeet "Beaverhead Medicine Man"	500		2000.00	2775
1982 Choctaw "Tasculusa"	200		2475.00	4050
1977 Crow Dancer	200		3875.00	8500
1969 Dakota "Minnehaha Laughing Water"	500		1500.00	2500
1973 Eskimo Mother	200		1875.00	2650
1979 Great Spirit "Wankan Tanka"	200		3500.00	4150
1973 Iriquois "At the Council Fire"	500		4250.00	4975
1969 Onondaga "Haiwatha"	500		1500.00	2450
1971 Shoshone "Sacajawea"	500		2250.00	2775
1985 Yaqui "Deer Dancer"	200		2095.00	2850

Portraits in Porcelain - Cybis

1976 Abigail Adams	600		875.00	1300
1973 Ballet-Prince Florimond	200		975.00	1100
1973 Ballet-Princess Aurora	200		1125.00	1500
1984 Bathsheba	500		1975.00	3250
1965 Beatrice	700		225.00	1800
1979 Berengaria	500		1450.00	2-4700
1986 Carmen	500		1675.00	1975
1982 Desdemona	500		1850.00	4000
1971 Eleanor of Aquitaine	750		875.00	4250
1967 Folk Singer	283		300.00	850
1978 Good Queen Anne	350		975.00	1500
1967 Guinevere	800		250.00	2400
1968 Hamlet	500		350.00	2000
1981 Jane Eyre	500		975.00	1500
1965 Juliet	800		175.00	4000
1985 King Arthur	350		2350.00	3450
1985 King David	350		1475.00	2175
1972 Kwan Yin	350		1250.00	2000
1982 Lady Godiva	200		1875.00	3250
1975 Lady Macbeth	750		850.00	1350
1979 Nefertiti	500		2100.00	3000
1969 Ophelia	800		750.00	4500
1985 Pagliacci	Open		325.00	325
1982 Persephone	200		3250.00	5250
1973 Portia	750		825.00	3750
1976 Priscilla	500		825.00	1500
1974 Queen Esther	750		925.00	1800
1985 Romeo and Juliet	500		2200.00	3400
1968 Scarlett	500		450.00	32-3500
1985 Tristan and Isolde	200		2200.00	2200

Sport Scenes - Cybis

1980 Jogger, Female	Closed	N/A	345.00	425
1980 Jogger, Male	Closed	N/A	395.00	475

Theatre of Porcelain - Cybis

1981 Columbine	250		2250.00	2250
1978 Court Jester	250		1450.00	1750
1980 Harlequin	250		1575.00	1875
1981 Puck	250		2300.00	2450

When Bells are Ringing (Limnettes) - Cybis

1972 Easter Egg Hunt	500		125.00	200
1972 Independence Celebration	500		125.00	200
1972 Merry Christmas	500		125.00	200
1972 Sabbath Morning	500		125.00	200

The Wonderful Seasons (Limnettes) - Cybis

1972 Autumn	500		125.00	200
1972 Spring	500		125.00	200
1972 Summer	500		125.00	200
1972 Winter	500		125.00	200

Dave Grossman Creations

6" Gone With The Wind Series - Unknown

1994 Ashley GWW-102	Open		40.00	40
1994 Rhett GW-104	Open		40.00	40
1994 Scarlett GWW-101	Open		40.00	40

Gone With The Wind Series - Unknown

1993 Belle Waiting GWW-10	Open		70.00	70
1994 Gerald O'Hara GWW-15	Open		70.00	70
1988 Mammy GWW-6	Retrd.		70.00	70
1991 Prissy GWW-8	Open		50.00	50
1993 Rhett & Bonnie GWW-11	Open		80.00	80
1993 Rhett in White Suit GWW-12	Open		70.00	70
1994 Scarlett in Bar B Que Dress GWW-14	Open		70.00	70
1992 Scarlett in Green Dress GWW-9	Open		70.00	70
1987 Tara GWW-5	Retrd.	N/A	70.00	70

Norman Rockwell America Collection - Rockwell-Inspired

1993 After The Prom NRP-916	7,500		75.00	75
1989 Bottom of the Sixth NRC-607	Retrd.	N/A	140.00	140
1989 Doctor and Doll NRP-600	Retrd.	N/A	90.00	60
1989 First Day Home NRC-606	Retrd.	N/A	80.00	60
1989 First Haircut NRC-604	Retrd.	N/A	75.00	75
1989 First Visit NRC-605	Retrd.	N/A	110.00	110
1993 Gone Fishing NRP-915	7,500		65.00	65
1989 Locomotive NRC-603	Retrd.	N/A	110.00	110
1993 Missed NRP-914	7,500		110.00	110
1989 Runaway NRC-610	Retrd.	N/A	140.00	140
1989 Weigh-In NRC-611	Retrd.	N/A	120.00	120

Norman Rockwell America Collection-Lg. Ltd. Edition - Rockwell-Inspired

1989 Bottom of the Sixth NRP-307	Retrd.	N/A	190.00	190
1989 Doctor and Doll NRP-300	Retrd.	N/A	150.00	150
1989 Runaway NRP-310	Retrd.	N/A	190.00	190
1989 Weigh-In NRP-311	Retrd.	N/A	160.00	175

Norman Rockwell America Collection-Miniatures - Rockwell-Inspired

1989 First Day Home MRC-906	Retrd.	N/A	45.00	45
1989 First Haircut MRC-904	Retrd.	N/A	45.00	45

Saturday Evening Post - Rockwell-Inspired

1992 After the Prom NRP-916	Open		75.00	75
1994 Almost Grown Up NRC-609	Open		75.00	75
1993 Baby's First Step NRC-604	Open		100.00	100
1993 Bed Time NRC-606	Open		100.00	100
1990 Bedside Manner NRP-904	Open		65.00	65
1990 Big Moment NRP-906	Retrd.	N/A	100.00	135
1990 Bottom of the Sixth NRP-908	Open		165.00	165
1993 Bride &<222>Groom NRC-605	Open		100.00	100
1991 Catching The Big One NRP-909	Open		75.00	75
1992 Choosin Up NRP-912	Retrd.	N/A	110.00	140-150
1990 Daydreamer NRP-902	Open		55.00	55
1990 Doctor and Doll NRP-907	Retrd.	N/A	110.00	150
1994 For A Good Boy NRC-608	Open		100.00	100
1992 Gone Fishing NRP-915	Open		65.00	65
1991 Gramps NRP-910	Open		85.00	85
1994 Little Mother NRC-607	Open		75.00	75
1992 Locomotive NRC-603	Open		110.00	110
1992 Missed NRP-914	Open		110.00	110
1990 No Swimming NRP-901	Retrd.	N/A	50.00	50
1991 The Pharmacist NRP-911	Open		70.00	70
1990 Prom Dress NRP-903	Retrd.	N/A	60.00	60
1990 Runaway NRP-905	Open		130.00	130
1994 A Visit with Rockwell (100th Aniversary)-NRP-100	1,994		100.00	100

Saturday Evening Post-Miniatures - Rockwell-Inspired

1991 A Boy Meets His Dog BMR-01	Retrd.	N/A	35.00	35
1991 Downhill Daring BMR-02	Retrd.	N/A	40.00	40
1991 Flowers in Tender Bloom BMR-03	Retrd.	N/A	32.00	32
1991 Fondly Do We Remember BMR-04	Retrd.	N/A	30.00	30
1991 In His Spirit BMR-05	Retrd.	N/A	30.00	30
1991 Pride of Parenthood BMR-06	Retrd.	N/A	35.00	35
1991 Sweet Serenade BMR-07	Retrd.	N/A	32.00	32
1991 Sweet Song So Young BMR-08	Retrd.	N/A	30.00	30

Dave Grossman Designs

Norman Rockwell Collection - Rockwell-Inspired

1982 American Mother NRG-42	Retrd.	N/A	100.00	125
1978 At the Doctor NR-29	Retrd.	N/A	108.00	150-275
1979 Back From Camp NR-33	Retrd.	N/A	96.00	120
1973 Back To School NR-02	Retrd.	N/A	20.00	40-45
1975 Barbershop Quartet NR-23	Retrd.	N/A	100.00	15-1700
1974 Baseball NR-16	Retrd.	N/A	45.00	160
1975 Big Moment NR-21	Retrd.	N/A	60.00	125
1973 Caroller NR-03	Retrd.	N/A	22.50	75
1975 Circus NR-22	Retrd.	N/A	55.00	145
1983 Country Critic NR-43	Retrd.	N/A	75.00	125
1982 Croquet NR-41	Retrd.	N/A	100.00	135
1973 Daydreamer NR-04	Retrd.	N/A	22.50	60
1975 Discovery NR-20	Retrd.	N/A	55.00	175
1973 Doctor & Doll NR-12	Retrd.	N/A	65.00	150-285
1979 Dreams of Long Ago NR-31	Retrd.	N/A	100.00	125
1976 Drum For Tommy NRC-24	Retrd.	N/A	40.00	95
1980 Exasperated Nanny NR-35	Retrd.	N/A	96.00	100
1978 First Day of School NR-27	Retrd.	N/A	100.00	150
1974 Friends In Need NR-13	Retrd.	N/A	45.00	100
1983 Graduate NR-44	Retrd.	N/A	30.00	50
1979 Grandpa's Ballerina NR-32	Retrd.	N/A	100.00	110
1980 Hankerchief NR-36	Retrd.	N/A	110.00	100-110
1973 Lazybones NR-08	Retrd.	N/A	30.00	250
1973 Leapfrog NR-09	Retrd.	N/A	50.00	600-700
1973 Love Letter NR-06	Retrd.	N/A	25.00	60
1973 Lovers NR-07	Retrd.	N/A	45.00	70
1978 Magic Potion NR-28	Retrd.	N/A	84.00	235
1973 Marble Players NR-11	Retrd.	N/A	60.00	400-450
1973 No Swimming NR-05	Retrd.	N/A	25.00	65-145
1977 Pals NR-25	Retrd.	N/A	60.00	120
1986 Red Cross NR-47	Retrd.	N/A	67.00	100
1973 Redhead NR-01	Retrd.	N/A	20.00	210
1980 Santa's Good Boys NR-37	Retrd.	N/A	90.00	100
1973 Schoolmaster NR-10	Retrd.	N/A	55.00	375
1984 Scotty's Home Plate NR-46	Retrd.	N/A	30.00	60
1983 Scotty's Surprise NRS-20	Retrd.	N/A	25.00	50-60
1974 See America First NR-17	Retrd.	N/A	50.00	125
1981 Spirit of Education NR-38	Retrd.	N/A	96.00	110
1974 Springtime '33 NR-14	Retrd.	N/A	30.00	65
1977 Springtime '35 NR-19	Retrd.	N/A	50.00	65
1974 Summertime '33 NR-15	Retrd.	N/A	45.00	50-60
1974 Take Your Medicine NR-18	Retrd.	N/A	50.00	100
1979 Teacher's Pet NRA-30	Retrd.	N/A	35.00	50
1980 The Toss NR-34	Retrd.	N/A	110.00	150-225
1982 A Visit With Rockwell NR-40	Retrd.	N/A	120.00	100-120
1988 Wedding March NR-49	Retrd.	N/A	110.00	150
1978 Young Doctor NRD-26	Retrd.	N/A	100.00	120
1987 Young Love NR-48	Retrd.	N/A	70.00	120

Norman Rockwell Collection-American Rockwell Series - Rockwell-Inspired

1981 Breaking Home Ties NRV-300	Retrd.	N/A	2000.00	2300
1982 Lincoln NRV-301	Retrd.	N/A	300.00	375
1982 Thanksgiving NRV-302	Retrd.	N/A	2500.00	2650

Norman Rockwell Collection-Boy Scout Series - Rockwell-Inspired

1981 Can't Wait BSA-01	Retrd.	N/A	30.00	50
1981 Good Friends BSA-04	Retrd.	N/A	58.00	65
1981 Good Turn BSA-05	Retrd.	N/A	65.00	100
1982 Guiding Hand BSA-07	Retrd.	N/A	58.00	60
1981 Physically Strong BSA-03	Retrd.	N/A	56.00	60
1981 Scout Is Helpful BSA-02	Retrd.	N/A	38.00	45
1981 Scout Memories BSA-06	Retrd.	N/A	65.00	70
1983 Tomorrow's Leader BSA-08	Retrd.	N/A	45.00	55

Norman Rockwell Collection-Country Gentlemen Series - Rockwell-Inspired

1982 Bringing Home the Tree CG-02	Retrd.	N/A	60.00	75
1982 The Catch CG-04	Retrd.	N/A	50.00	60
1982 On the Ice CG-05	Retrd.	N/A	50.00	60
1982 Pals CG-03	Retrd.	N/A	36.00	45
1982 Thin Ice CG-06	Retrd.	N/A	50.00	60
1982 Turkey Dinner CG-01	Retrd.	N/A	85.00	90

Norman Rockwell Collection-Huck Finn Series - Rockwell-Inspired

1980 Listening HF-02	Retrd.	N/A	110.00	120
1980 No Kings HF-03	Retrd.	N/A	110.00	110
1979 The Secret HF-01	Retrd.	N/A	110.00	130
1980 Snake Escapes HF-04	Retrd.	N/A	110.00	120

Norman Rockwell Collection-Large Limited Editions - Rockwell-Inspired

1975 Baseball NR-102	Retrd.	N/A	125.00	450
1982 Circus NR-106	Retrd.	N/A	500.00	500
1974 Doctor and Doll NR-100	Retrd.	N/A	300.00	1400
1981 Dreams of Long Ago NR-105	Retrd.	N/A	500.00	750
1979 Leapfrog NR-104	Retrd.	N/A	440.00	750
1984 Marble Players NR-107	Retrd.	N/A	500.00	750
1975 No Swimming NR-101	Retrd.	N/A	150.00	550-600
1974 See America First NR-103	Retrd.	N/A	100.00	500-550

Norman Rockwell Collection-Lladro Series - Rockwell-Inspired

1982 Court Jester RL-405	Retrd.	N/A	600.00	15-1600
1982 Daydreamer RL-404	Retrd.	N/A	450.00	1200
1982 Lladro Love Letter RL-400	Retrd.	N/A	650.00	700-800
1982 Practice Makes Perfect RL-402	Retrd.	N/A	725.00	700-800
1982 Springtime RL-406	Retrd.	N/A	450.00	1600
1982 Summer Stock RL-401	Retrd.	N/A	750.00	700-800
1982 Young Love RL-403	Retrd.	N/A	450.00	700-800

Norman Rockwell Collection-Miniatures - Rockwell-Inspired

1984 At the Doctor's NR-229	Retrd.	N/A	35.00	35
1979 Back To School NR-202	Retrd.	N/A	18.00	25
1982 Barbershop Quartet NR-223	Retrd.	N/A	40.00	50
1980 Baseball NR-216	Retrd.	N/A	40.00	50
1982 Big Moment NR-221	Retrd.	N/A	36.00	40
1979 Caroller NR-203	Retrd.	N/A	20.00	25
1982 Circus NR-222	Retrd.	N/A	35.00	40
1979 Daydreamer NR-204	Retrd.	N/A	20.00	30
1982 Discovery NR-220	Retrd.	N/A	35.00	45
1979 Doctor and Doll NR-212	Retrd.	N/A	40.00	40
1984 Dreams of Long Ago NR-231	Retrd.	N/A	30.00	30
1982 Drum For Tommy NRC-224	Retrd.	N/A	25.00	30
1984 First Day of School NR-227	Retrd.	N/A	35.00	35
1980 Friends In Need NR-213	Retrd.	N/A	30.00	40
1979 Lazybones NR-208	Retrd.	N/A	22.00	30
1979 Leapfrog NR-209	Retrd.	N/A	32.00	32
1979 Love Letter NR-206	Retrd.	N/A	26.00	30
1979 Lovers NR-207	Retrd.	N/A	28.00	30
1984 Magic Potion NR-228	Retrd.	N/A	30.00	40
1979 Marble Players NR-211	Retrd.	N/A	36.00	38
1979 No Swimming NR-205	Retrd.	N/A	22.00	30
1984 Pals NR-225	Retrd.	N/A	25.00	25
1979 Redhead NR-201	Retrd.	N/A	18.00	50
1983 Santa On the Train NR-245	Retrd.	N/A	35.00	55
1979 Schoolmaster NR-210	Retrd.	N/A	34.00	40
1980 See America First NR-217	Retrd.	N/A	28.00	40
1980 Springtime '33 NR-214	Retrd.	N/A	24.00	80
1982 Springtime '35 NR-219	Retrd.	N/A	24.00	30
1980 Summertime '33 NR-215	Retrd.	N/A	22.00	25
1980 Take Your Medicine NR-218	Retrd.	N/A	36.00	40
1984 Young Doctor NRD-226	Retrd.	N/A	30.00	50

Norman Rockwell Collection-Pewter Figurines - Rockwell-Inspired

1980 Back to School FP-02	Retrd.	N/A	25.00	25
1980 Barbershop Quartet FP-23	Retrd.	N/A	25.00	25
1980 Big Moment FP-21	Retrd.	N/A	25.00	25
1980 Caroller FP-03	Retrd.	N/A	25.00	25

Dave Grossman Designs
to Department 56

FIGURINES/COTTAGES

YEAR ISSUE		EDITION LIMIT	YEAR RETD.	ISSUE PRICE	QUOTE U.S.$
1980	Circus FP-22	Retrd.	N/A	25.00	25
1980	Doctor and Doll FP-12	Retrd.	N/A	25.00	25
1980	Figurine Display Rack FDR-01	Retrd.	N/A	60.00	60
1980	Grandpa's Ballerina FP-32	Retrd.	N/A	25.00	25
1980	Lovers FP-07	Retrd.	N/A	25.00	25
1980	Magic Potion FP-28	Retrd.	N/A	25.00	25
1980	No Swimming FP-05	Retrd.	N/A	25.00	25
1980	See America First FP-17	Retrd.	N/A	25.00	25
1980	Take Your Medicine FP-18	Retrd.	N/A	25.00	25

Norman Rockwell Collection-Rockwell Club Series - Rockwell-Inspired

1982	Diary RCC-02	Retrd.	N/A	35.00	50
1984	Gone Fishing RCC-04	Retrd.	N/A	30.00	55
1983	Runaway Pants RCC-03	Retrd.	N/A	65.00	75
1981	Young Artist RCC-01	Retrd.	N/A	96.00	105

Norman Rockwell Collection-Select Collection, Ltd. - Rockwell-Inspired

1982	Boy & Mother With Puppies SC-1001	Retrd.	N/A	27.50	28
1982	Father With Child SC-1005	Retrd.	N/A	22.00	22
1982	Football Player SC-1004	Retrd.	N/A	22.00	22
1982	Girl Bathing Dog SC-1006	Retrd.	N/A	26.50	27
1982	Girl With Dolls In Crib SC-1002	Retrd.	N/A	26.50	27
1982	Helping Hand SC-1007	Retrd.	N/A	32.00	32
1982	Lemonade Stand SC-1008	Retrd.	N/A	32.00	32
1982	Save Me SC-1010	Retrd.	N/A	35.00	35
1982	Shaving Lesson SC-1009	Retrd.	N/A	30.00	30
1982	Young Couple SC-1003	Retrd.	N/A	27.50	28

Norman Rockwell Collection-Tom Sawyer Miniatures - Rockwell-Inspired

1983	First Smoke TSM-02	Retrd.	N/A	40.00	45
1983	Lost In Cave TSM-05	Retrd.	N/A	40.00	50
1983	Take Your Medicine TSM-04	Retrd.	N/A	40.00	45
1983	Whitewashing the Fence TSM-01	Retrd.	N/A	40.00	50

Norman Rockwell Collection-Tom Sawyer Series - Rockwell-Inspired

1976	First Smoke TS-02	Retrd.	N/A	60.00	235
1978	Lost In Cave TS-04	Retrd.	N/A	70.00	175
1977	Take Your Medicine TS-03	Retrd.	N/A	63.00	235
1975	Whitewashing the Fence TS-01	Retrd.	N/A	60.00	235

Department 56

Alpine Village Series - Department 56

1987	Alpine Church 6541-2	Closed	1991	32.00	150-200
1992	Alpine Shops 5618-9,2/set (Metterniche Wurst, Kukuck Uhren)	Open		75.00	75
1986	Alpine Village 6540-4, 5/set (Bessor Bierkeller, Gasthof Eisl, Apotheke, E. Staubr Backer, Milch-Kase)	Open		150.00	185
1990	Bahnhof 5615-4	Closed	1993	42.00	60-80
1994	Bakery & Chocolate Shop 5614-6	Open		37.50	38
1988	Grist Mill 5953-6	Open		42.00	44
1987	Josef Engel Farmhouse 5952-8	Closed	1989	33.00	800-950
1993	Sport Laden, 5612-0	Open		50.00	50
1991	St. Nikolaus Kirche 5617-0	Open		37.50	38

Christmas In the City Series - Department 56

1989	5607 Park Avenue Townhouse 5977-3	Closed	1992	48.00	60-90
1989	5609 Park Avenue Townhouse 5978-1	Closed	1992	48.00	60-90
1991	All Saints Corner Church 5542-5	Open		96.00	96
1991	Arts Academy 5543-3	Closed	1993	45.00	60-80
1994	Brokerage House, 5881-5	Open		48.00	48
1987	The Cathedral 5962-5	Closed	1990	60.00	275-350
1992	Cathedral Church of St. Mark 5549-2	3,024	1993	120.00	1500-2400
1988	Chocolate Shoppe 5968-4	Closed	1991	40.00	95-120
1987	Christmas In The City 6512-9, Set of 3	Closed	1990	112.00	350-450
1987	• Bakery 6512-9	Closed	1990	37.50	75-125
1987	• Tower Restaurant 6512-9	Closed	1990	37.50	150-210
1987	• Toy Shop and Pet Store 6512-9	Closed	1990	37.50	150-220
1988	City Hall (small) 5969-2	Closed	1991	65.00	125-165
1988	City Hall (standard) 5969-2	Closed	1991	65.00	130-175
1991	The Doctor's Office 5544-1	Closed	1994	60.00	75-90
1989	Dorothy's Dress Shop 5974-9	12,500	1991	70.00	325-400
1994	First Metropolitan Bank 5882-3	Open		60.00	60
1988	Hank's Market 5970-6	Closed	1992	40.00	60-120
1994	Heritage Museum of Art 5883-1	Open		96.00	96
1991	Hollydale's Department Store 5534-4	Open		75.00	75
1991	Little Italy Ristorante 5538-7	Open		50.00	50
1987	Palace Theatre 5963-3	Closed	1989	45.00	850-1200
1990	Red Brick Fire Station 5536-0	Open		55.00	55
1989	Ritz Hotel 5973-0	Closed	1994	55.00	60-80
1987	Sutton Place Brownstones 5961-7	Closed	1989	80.00	750-1000
1992	Uptown Shoppes 5531-0, Set of 3 (Haberdashery, City Clockworks, Music Emporium)	Open		150.00	150
1988	Variety Store 5972-2	Closed	1990	45.00	125-175
1993	West Village Shops 5880-7, set of 2 (Potters' Tea Seller, Spring St. Coffee House)	Open		90.00	90
1990	Wong's In Chinatown 5537-9	Closed	1994	55.00	65-85

Dickens' Village Series - Department 56

1991	Ashbury Inn 5555-7	Open		55.00	55
1987	Barley Bree 5900-5, Set of 2 (Farmhouse, Barn)	Closed	1989	60.00	375-425
1990	Bishops Oast House 5567-0	Closed	1992	45.00	60-100
1986	Blythe Pond Mill House 6508-0	Closed	1990	37.00	260-300
1986	By The Pond Mill House 6508-0	Closed	1990	37.00	115-145
1994	Boarding & Lodging School, 5810-6	Open		48.00	48
1993	Boarding and Lodging School, 5809-2 (Christmas Carol Commemorative Piece)	Yr.Iss.	1993	48.00	170-230
1987	Brick Abbey 6549-8	Closed	1989	33.00	350-425
1988	C. Fletcher Public House 5904-8	12,500	1989	35.00	500-675
1986	Chadbury Station and Train 6528-5	Closed	1989	65.00	350-450
1987	Chesterton Manor House 6568-4	7,500	1988	45.00	1400-1800
1986	Christmas Carol Cottages 6500-5, Set of 3 (Fezziwig's Warehouse, Scrooge and Marley Counting House, The Cottage of Bob Cratchit & Tiny Tim)	Open		75.00	90
1988	Cobblestone Shops 5924-2, Set/3	Closed	1990	95.00	325-360
1988	• Booter and Cobbler 5924-2	Closed	1990	32.00	90-125
1988	• T. Wells Fruit & Spice Shop 5924-2	Closed	1990	32.00	83-110
1988	• The Wool Shop 5924-2	Closed	1990	32.00	170-200
1989	Cobles Police Station 5583-2	Closed	1991	37.50	105-125
1988	Counting House & Silas Thimbleton Barrister 5902-1	Closed	1990	32.00	80-120
1992	Crown & Cricket Inn (Charles Dickens' Signature Series), 5750-9	Yr.Iss.	1992	100.00	150-200
1989	David Copperfield 5550-6, Set of 3	Closed	1992	125.00	150-200
1989	• Betsy Trotwood's Cottage 5550-6	Closed	1992	42.50	50-75
1989	• Peggotty's Seaside Cottage 5550-6 (green boat)	Closed	1992	42.50	45-60
1989	• Mr. Wickfield Solicitor 5550-6	Closed	1992	42.50	80-115
1989	David Copperfield 5550-6, Set of 3 with tan boat	Closed	1992	125.00	240
1989	Peggotty's Seaside Cottage 5550-6 (tan boat)	Closed	1992	42.50	120-150
1994	Dedlock Arms, 5752-5 (Charles Dickens' Signature Series)	Yr.Iss.	1994	100.00	145-170
1985	Dickens' Cottages 6518-8 Set/3	Closed	1988	75.00	900-1100
1985	• Stone Cottage 6518-8	Closed	1988	25.00	400-425
1985	• Thatched Cottage 6518-8	Closed	1988	25.00	175-225
1985	• Tudor Cottage 6518-8	Closed	1988	25.00	375-425
1986	Dickens' Lane Shops 6507-2, Set of 3	Closed	1989	80.00	500-600
1986	• Cottage Toy Shop 6507-2	Closed	1989	27.00	200-275
1986	• Thomas Kersey Coffee House 6507-2	Closed	1989	27.00	140-200
1986	• Tuttle's Pub 6507-2	Closed	1989	27.00	210-275
1984	Dickens' Village Church (cream) 6516-1	Closed	1989	35.00	225-450
1985	Dickens' Village Church(dark) 6516-1	Closed	1989	35.00	145-165
1985	Dickens' Village Church(green) 6516-1	Closed	1989	35.00	325-450
1985	Dickens' Village Church(tan) 6516-1	Closed	1989	35.00	160-180
1985	Dickens' Village Mill 6519-6	2,500	1986	35.00	38-52
1991	Fagin's Hide-A-Way 5552-2	Open		68.00	68
1989	The Flat of Ebenezer Scrooge 5587-5	Open		37.50	38
1994	Giggelswick Mutton & Ham, 5822-0	Open		48.00	48
1993	Great Denton Mill, 5812-2	Open		50.00	50
1989	Green Gate Cottage 5586-7	22,500	1990	65.00	250-350
1994	Hather Harness 5823-8	Open		48.00	48
1992	Hembleton Pewterer, 5800-9	Open		72.00	72
1988	Ivy Glen Church 5927-7	Closed	1991	35.00	80-130
1987	Kenilworth Castle 5916-1	Closed	1988	70.00	500-600
1992	King's Road Post Office, 5801-7	Open		45.00	45
1993	Kingford's Brewhouse, 5811-4	Open		45.00	45
1990	Kings Road 5568-9, Set of 2 (Tutbury Printer, C.H. Watt Physician)	Open		72.00	72
1989	Knottinghill Church 5582-4	Open		50.00	50
1988	Merchant Shops 5926-9, 5/set,	Closed	1993	150.00	200-300
1988	• Geo. Weeton Watchmaker 5926-9	Closed	1993	30.00	40-70
1988	• The Mermaid Fish Shoppe 5926-9	Closed	1993	30.00	60-85
1988	• Poulterer 5926-9	Closed	1993	30.00	55-75
1988	• Walpole Tailors 5926-9	Closed	1993	30.00	45-65
1988	• White Horse Bakery 5926-9	Closed	1993	30.00	50-70
1991	Nephew Fred's Flat 5557-3	Closed	1994	35.00	55-75
1988	Nicholas Nickleby 5925-0, Set/2	Closed	1991	72.00	145-175
1988	• Nicholas Nickleby Cottage 5925-0	Closed	1991	36.00	70-85
1988	• Wackford Squeers Boarding School 5925-0	Closed	1991	36.00	70-100
1988	Nickolas Nickleby Cottage 5925-0-misspelled	Closed	1991	36.00	90-120
1988	Nickolas Nickleby set of 2, 5925-0-misspelled	Closed	1991	36.00	200-260
1986	Norman Church 6502-1	3,500	1987	40.00	2800-3500
1987	The Old Curiosity Shop 5905-6	Open		32.00	38
1992	Old Michaelchurch, 5562-0	Open		42.00	42
1991	Brownlow House 5553-0	Closed	1993	38.00	55-85
1991	Maylie Cottage 5553-0	Closed	1993	38.00	50-85
1991	Oliver Twist 5553-0 Set of 2	Closed	1993	75.00	125
1984	The Original Shops of Dickens' Village, 6515-3, Set of 7	Closed	1988	175.00	1225-1500
1984	• Abel Beesley Butcher 6515-3	Closed	1988	25.00	100-145
1984	• Bean And Son Smithy Shop 6515-3	Closed	1988	25.00	175-250
1984	• Candle Shop 6515-3	Closed	1988	25.00	175-210
1984	• Crowntree Inn 6515-3	Closed	1988	25.00	225-350
1984	• Golden Swan Baker 6515-3	Closed	1988	25.00	160-195
1984	• Green Grocer 6515-3	Closed	1988	25.00	165-250
1984	• Jones & Co. Brush & Basket Shop 6515-3	Closed	1988	25.00	275-350
1993	The Pied Bull Inn (Charles Dickens' Signature Series), 5751-7	Closed	1993	100.00	140-200
1994	Portobello Road Thatched Cottages 5824-6, set of 3 (Mr. & Mrs. Pickle, Cobb Cottage, Browning Cottage)	Open		120.00	120
1993	Pump Lane Shoppes,5808-4 set of 3 (Bumpstead Nye Cloaks & Canes, Lomas Ltd. Molasses, W.M. Wheat Cakes & Puddings)	Open		112.00	112
1989	Ruth Marion Scotch Woolens 5585-9	17,500	1990	65.00	350-400
1995	Sir John Falstaff Inn 5753-3(Charles Dickens' Signature Series)	Yr.Iss.		100.00	100
1989	Theatre Royal 5584-0	Closed	1992	45.00	65-100
1989	Victoria Station 5574-3	Open		100.00	100
1994	Whittlesbourne Church, 5821-1	Open		85.00	85

Disney Parks Village Series - Department 56

1994	Disney Parks Family (Accessory), set of 3 5354-6	Open		32.50	33
1994	Fire Station 5352-0 Disneyland, CA	Open		45.00	45
1994	Mickey and Minnie (Accessory), set of 2 5353-8	Open		22.50	23
1994	Mickey's Christmas Shop, set of 2 5350-3 Disney World, FL	Open		144.00	144
1994	Olde World Antiques Gate 5355-4	Open		15.00	15
1994	Olde World Antiques, set of 2 5351-1 Disney World, FL	Open		90.00	90

Easter Collectibles - Department 56

1995	Bisque Chick, Large 2464-3	Open		8.50	9
1995	Bisque Chick, Small, 2465-1	Open		6.50	7
1993	Bisque Duckling, set	Closed	1993	15.00	36
1993	Bisque Duckling, Large 3.5" 7282-6	Closed	1993	8.50	17
1993	Bisque Duckling, Small 2.75" 7281-8	Closed	1993	6.50	15
1994	Bisque Fledgling in Nest, Large 2.75" 2400-7	Closed	1994	6.00	6
1994	Bisque Fledgling in Nest, Small 2.5" 2401-5	Closed	1994	5.00	5
1991	Bisque Lamb, set	Closed	1991	12.50	40-75
1991	Bisque Lamb, Large 4" 7392-0	Closed	1991	7.50	40
1991	Bisque Lamb, Small 2.5" 7393-8	Closed	1991	5.00	23
1992	Bisque Rabbit, set	Closed	1992	14.00	43
1992	Bisque Rabbit, Large 5" 7498-5	Closed	1992	8.00	25
1992	Bisque Rabbit, Small 4" 7499-3	Closed	1992	6.00	20

Event Piece - Heritage Village Collection Accessory - Department 56

1992	Gate House 5530-1	Closed	1992	22.50	50-90

Little Town of Bethlehem Series - Department 56

1987	Little Town of Bethlehem 5975-7, Set of 12	Open		150.00	150

New England Village Series - Department 56

1993	A. Bieler Farm 5648-0, set of 2 (Pennsylvania Dutch Farmhouse, Pennsylvania Dutch Barn)	Open		92.00	92
1988	Ada's Bed and Boarding House (lemon yellow) 5940-4	Closed	1991	36.00	300
1988	Ada's Bed and Boarding House (pale yellow) 5940-4	Closed	1991	36.00	125
1994	Arlington Falls Church, 5651-0	Open		40.00	40
1989	Berkshire House (medium blue) 5942-0	Closed	1991	40.00	150
1989	Berkshire House (teal) 5942-0	Closed	1991	40.00	95
1993	Blue Star Ice Co., 5647-2	Open		45.00	45
1992	Bluebird Seed and Bulb, 5642-1	Open		48.00	48
1994	Cape Keag Cannery 5652-9	Open		48.00	48
1990	Captain's Cottage 5947-1	Open		40.00	40
1988	Cherry Lane Shops 5939-0, Set/3	Closed	1990	80.00	250-300
1988	• Anne Shaw Toys 5939-0	Closed	1990	27.00	140-160
1988	• Ben's Barbershop 5939-0	Closed	1990	27.00	85
1988	• Otis Hayes Butcher Shop 5939-0	Closed	1990	27.00	70-90
1987	Craggy Cove Lighthouse 5930-7	Closed	1994	35.00	65-75
1986	Jacob Adams Farmhouse and Barn 6538-2	Closed	1989	65.00	500-600
1989	Jannes Mullet Amish Barn 5944-7	Closed	1992	48.00	95
1989	Jannes Mullet Amish Farm House 5943-9	Closed	1992	32.00	95
1991	McGrebe-Cutters & Sleighs 5640-5	Open		45.00	45
1986	New England Village 6530-7, Set of 7	Closed	1989	170.00	1100-1200
1986	• Apothecary Shop 6530-7	Closed	1989	25.00	100
1986	• Brick Town Hall 6530-7	Closed	1989	25.00	200-250
1986	• General Store 6530-7	Closed	1989	25.00	300-350
1986	• Livery Stable & Boot Shop 6530-7	Closed	1989	25.00	135-150
1986	• Nathaniel Bingham Fabrics 6530-7	Closed	1989	25.00	150-175
1986	• Red Schoolhouse 6530-7	Closed	1989	25.00	250-300

YEAR ISSUE		EDITION LIMIT	YEAR RETD.	ISSUE PRICE	QUOTE U.S.$
1986	• Steeple Church (Original) 6530-7	Closed	1989	25.00	125-175
1988	Old North Church 5932-3	Open		40.00	42
1994	Pigeonhead Lighthouse 5653-7	Open		50.00	50
1990	Shingle Creek House 5946-3	Closed	1994	37.50	50-65
1990	Sleepy Hollow 5954-4, Set of 3	Closed	1993	96.00	165
1990	Ichabod Crane's Cottage 5954-4	Closed	1993	32.00	50-70
1990	Sleepy Hollow School 5954-4	Closed	1993	32.00	65-85
1990	Van Tassel Manor 5954-4	Closed	1993	32.00	50-70
1990	Sleepy Hollow Church 5955-2	Closed	1993	36.00	50-70
1987	Smythe Woolen Mill 6543-9	7,500	1988	42.00	1100-1200
1986	Steeple Church (Second Version) 6539-0	Closed	1990	30.00	95-120
1992	Stoney Brook Town Hall 5644-8	Open		42.00	42
1987	Timber Knoll Log Cabin 6544-7	Closed	1990	28.00	130-150
1987	Weston Train Station 5931-5	Closed	1989	42.00	240-285
1992	Yankee Jud Bell Casting 5643-0	Open		44.00	44

North Pole Series - Department 56

YEAR ISSUE		EDITION LIMIT	YEAR RETD.	ISSUE PRICE	QUOTE U.S.$
1994	Beard Barber Shop 5634-0	Open		27.50	28
1992	Elfie's Sleds & Skates 5625-1	Open		48.00	48
1994	Elfin Snow Cone Works 5633-2	Open		40.00	40
1993	Express Depot 5627-8	Open		48.00	48
1991	Neenee's Dolls & Toys 5620-0	Open		37.50	36
1990	North Pole 5601-4 Set of 2 (Reindeer Barn, Elf Bunkhouse)	Open		70.00	70
1993	North Pole Chapel 5626-0	Open		45.00	45
1994	North Pole Dolls & Santa's Bear Works 5635-9, set of 3 (North Pole Dolls, Santa's Bear Works, Entrance)	Open		110.00	110
1992	North Pole Post Office 5623-5	Open		45.00	45
1991	North Pole Shops, Set of 2 5621-9 (Orly's Bell & Harness Supply, Rimpy's Bakery)	Open		75.00	75
1992	Obbie's Books & Letrinka's Candy 5624-3	Open		70.00	70
1993	Santa's Lookout Tower 5629-4	Open		45.00	45
1993	Santa's Woodworks 5628-6	Open		42.00	42
1990	Santa's Workshop 5600-6	Closed	1993	72.00	200-250
1991	Tassy's Mittens & Hassel's Woolies 5622-7	Open		50.00	50

The Original Snow Village Collection - Department 56

YEAR ISSUE		EDITION LIMIT	YEAR RETD.	ISSUE PRICE	QUOTE U.S.$
1986	2101 Maple 5043-1	Closed	1986	32.00	275-385
1990	56 Flavors Ice Cream Parlor 5151-9	Closed	1992	42.00	75-100
1979	Adobe House 5066-6	Closed	1980	18.00	2000-2700
1992	Airport 5439-9	Open		60.00	60
1992	Al's TV Shop 5423-2	Open		40.00	40
1986	All Saints Church 5070-9	Open		38.00	45
1986	Apothecary 5076-8	Closed	1990	34.00	100
1981	Bakery 5077-6	Closed	1983	30.00	220
1986	Bakery 5077-6	Closed	1991	35.00	75-105
1982	Bank 5024-5	Closed	1983	32.00	500-625
1981	Barn 5074-1	Closed	1984	32.00	375-475
1984	Bayport 5015-6	Closed	1986	30.00	210-310
1986	Beacon Hill House 5065-2	Closed	1988	31.00	100-200
1979	Brownstone 5056-7	Closed	1981	36.00	600
1978	Cape Cod 5013-8	Closed	1980	20.00	250-450
1994	Carmel Cottage 5466-6	Open		48.00	48
1982	Carriage House 5021-0	Closed	1984	28.00	240-300
1986	Carriage House 5071-7	Closed	1988	29.00	105-155
1987	Cathedral Church 5019-9	Closed	1990	50.00	100-125
1980	Cathedral Church 5067-4	Closed	1981	36.00	1900-2600
1982	Centennial House 5020-2	Closed	1984	32.00	325-400
1983	Chateau 5084-9	Closed	1984	35.00	450
1991	The Christmas Shop 5097-0	Open		37.50	38
1985	Church of the Open Door 5048-2	Closed	1988	34.00	130-165
1988	Cobblestone Antique Shop 5123-3	Closed	1992	36.00	55-90
1994	Coca-Cola Bottling Plant 5469-0	Open		65.00	65
1989	Colonial Church 5119-5	Closed	1992	60.00	60-95
1980	Colonial Farm House 5070-9	Closed	1982	30.00	250-360
1984	Congregational Church 5034-2	Closed	1985	28.00	500-600
1988	Corner Cafe 5124-1	Closed	1991	37.00	60-90
1981	Corner Store 5076-8	Closed	1983	30.00	230-260
1976	Country Church 5004-7	Closed	1979	18.00	240-340
1979	Countryside Church 5051-8 Meadowland Series	Closed	1980	25.00	700
1979	Countryside Church 5058-3	Closed	1984	27.50	260-360
1989	Courthouse 5144-6	Closed	1993	65.00	110-175
1992	Craftsman Cottage (American Architecture Series), 5437-2	Open		55.00	55
1987	Cumberland House 5024-5	Open		42.00	44
1993	Dairy Barn, 5446-1	Open		55.00	55
1984	Delta House 5012-1	Closed	1986	32.00	265-450
1985	Depot and Train with 2 Train Cars 5051-2	Closed	1988	65.00	120
1993	Dinah's Drive-In, 5447-0	Open		45.00	45
1989	Doctor's House 5143-8	Closed	1992	56.00	90-125
1991	Double Bungalow, 5407-0	Closed	1994	45.00	60
1985	Duplex 5050-4	Closed	1987	35.00	120-145
1981	English Church 5078-4	Closed	1982	30.00	300-370
1981	English Cottage 5073-3	Closed	1982	25.00	300
1983	English Tudor 5033-4	Closed	1985	30.00	300-340
1987	Farm House 5089-0	Closed	1992	40.00	75-90
1994	Federal House (American Architecture Series), 5465-8	Open		50.00	50
1991	Finklea's Finery: Costume Shop 5405-4	Closed	1993	45.00	65
1983	Fire Station 5032-6	Closed	1984	32.00	575-650
1987	Fire Station No. 2 5091-1	Closed	1989	40.00	145-180
1994	Fisherman's Nook Cabins, set of 2, 5461-5, (Fisherman's Nook Bass Cabin, Fisherman's Nook Trout Cabin)	Open		50.00	50
1994	Fisherman's Nook Resort, 5460-7	Open		75.00	75
1982	Flower Shop 5082-2	Closed	1983	25.00	415
1976	Gabled Cottage 5002-1	Closed	1979	20.00	240-340
1982	Gabled House 5081-4	Closed	1983	30.00	250-350
1984	Galena House 5009-1	Closed	1985	32.00	275-340
1978	General Store (tan) 5012-0	Closed	1980	25.00	660
1978	General Store (white) 5012-0	Closed	1980	25.00	435
1979	Giant Trees 5065-8	Closed	1982	20.00	250-300
1983	Gingerbread HouseBank (Non-lighted) 5025-3	Closed	1984	24.00	250-360
1994	Glenhaven House 5468-2	Open		45.00	45
1992	Good Shepherd Chapel & Church School Set of 2 5424-0	Open		72.00	72
1983	Gothic Church 5028-8	Closed	1986	36.00	270
1991	Gothic Farmhouse (American Architecture Series), 5404-6	Open		48.00	48
1983	Governor's Mansion 5003-2	Closed	1985	32.00	200-300
1992	Grandma's Cottage 5420-8	Open		42.00	42
1983	Grocery 5001-6	Closed	1985	35.00	300-375
1992	Hartford House 5426-7	Open		55.00	55
1984	Haversham House 5008-3	Closed	1987	37.00	240-375
1986	Highland Park House 5063-6	Closed	1988	35.00	125-140
1988	Home Sweet Home/House & Windmill 5126-8	Closed	1991	60.00	100-140
1978	Homestead 5011-2	Closed	1984	30.00	225
1991	Honeymooner Motel 5401-1	Closed	1993	42.00	55-95
1993	Hunting Lodge, 5445-3	Open		50.00	50
1976	The Inn 5003-9	Closed	1979	20.00	400-475
1989	J. Young's Granary 5149-7	Closed	1992	45.00	60-95
1991	Jack's Corner Barber Shop 5406-2	Closed	1994	42.00	50-65
1987	Jefferson School 5082-2	Closed	1991	36.00	100-175
1989	Jingle Belle Houseboat 5114-4	Closed	1991	42.00	95-115
1988	Kenwood House 5054-7	Closed	1990	50.00	115-140
1979	Knob Hill (gold) 5055-9	Closed	1981	30.00	380
1979	Knob Hill 5055-9	Closed	1981	30.00	300
1981	Large Single Tree 5080-6	Closed	1989	17.00	35-60
1987	Lighthouse 5030-0	Closed	1988	36.00	500-600
1986	Lincoln Park Duplex 5060-1	Closed	1988	33.00	100-150
1979	Log Cabin 5057-5	Closed	1981	22.00	440
1984	Main Street House 5005-9	Closed	1986	27.00	220-275
1990	Mainstreet Hardware Store 5153-5	Closed	1993	42.00	55-75
1977	Mansion 5008-8	Closed	1979	30.00	500
1988	Maple Ridge Inn 5121-7	Closed	1990	55.00	75-135
1994	Marvel's Beauty Salon 5470-4	Open		37.50	38
1986	Mickey's Diner 5078-4	Closed	1987	22.00	400-550
1979	Mission Church 5062-5	Closed	1980	30.00	900-1200
1979	Mobile Home 5063-3	Closed	1980	18.00	1800
1990	Morningside House 5152-7	Closed	1992	45.00	40-95
1993	Mount Olivet Church, 5442-9	Open		65.00	65
1976	Mountain Lodge 5001-3	Closed	1979	20.00	300-475
1978	Nantucket 5014-6	Closed	1986	25.00	235-270
1993	Nantucket Renovation 5441-0	Closed	1993	55.00	80-100
1984	New School House 5037-7	Closed	1986	35.00	220-275
1982	New Stone Church 5083-0	Closed	1984	32.00	325-375
1989	North Creek Cottage 5120-9	Closed	1992	45.00	60-80
1991	Oak Grove Tudor 5400-3	Closed	1994	42.00	55-65
1994	The Original Snow Village Starter Set, 5462-3 (Shady Oak Church, Sunday School Serenade Accessory, 3 assorted Sisal Trees, 1.5 oz. bag of real plastic snow)	Open		50.00	50
1986	Pacific Heights House 5066-0	Closed	1988	33.00	90-125
1988	Palos Verdes 5141-1	Closed	1990	37.50	50-85
1989	Paramount Theater 5142-0	Closed	1993	42.00	75-95
1984	Parish Church 5039-3	Closed	1986	32.00	300-430
1983	Parsonage 5029-6	Closed	1985	35.00	330-375
1989	Pinewood Log Cabin 5150-0	Open		37.50	38
1982	Pioneer Church 5022-9	Closed	1984	30.00	300
1985	Plantation House 5047-4	Closed	1987	37.00	100-115
1992	Post Office 5422-4	Open		35.00	35
1990	Prairie House (American Architecture Series), 5156-0	Closed	1993	42.00	45-75
1992	Print Shop & Village News 5425-9	Closed	1994	37.50	55
1990	Queen Anne Victorian (American Architecture Series), 5157-8	Open		48.00	48
1986	Ramsey Hill House 5067-9	Closed	1989	36.00	75-150
1987	Red Barn 5081-4	Closed	1992	38.00	75-100
1988	Redeemer Church 5127-6	Closed	1992	42.00	55-95
1985	Ridgewood 5052-0	Closed	1987	35.00	165
1984	River Road House 5010-5	Closed	1987	36.00	200-250
1986	Saint James Church 5068-7	Closed	1988	37.00	180
1979	School House 5060-9	Closed	1982	30.00	225-375
1988	Service Station 5128-4	Closed	1991	37.50	175-195
1988	Single Car Garage 5125-0	Closed	1990	22.00	40-100
1994	Skate & Ski Shop 5467-4	Open		50.00	50
1982	Skating Pond 5017-2	Closed	1984	25.00	250-350
1978	Skating Rink, Duck Pond (Set) 5015-3	Closed	1979	16.00	1350
1976	Small Chalet 5006-2	Closed	1979	15.00	325
1978	Small Double Trees w/ blue birds 5016-1	Closed	1989	13.50	150-165
1978	Small Double Trees w/ red birds 5016-1	Closed	1989	13.50	40-69
1987	Snow Village Factory 5013-0	Closed	1989	45.00	125
1987	Snow Village Resort Lodge 5092-0	Closed	1989	55.00	125-150
1993	Snowy Hills Hospital, 5448-8	Open		48.00	48
1986	Sonoma House 5062-8	Closed	1988	33.00	100-140
1991	Southern Colonial (American Architecture Series), 5403-8	Closed	1994	48.00	85-95
1990	Spanish Mission Church 5155-1	Closed	1992	42.00	45-85
1987	Springfield House 5027-0	Closed	1990	40.00	60-115
1985	Spruce Place 5049-0	Closed	1087	33.00	250-320
1987	St. Anthony Hotel & Post Office 5006-7	Closed	1989	40.00	100-125
1992	St. Luke's Church 5421-6	Closed	1994	45.00	60
1976	Steepled Church 5005-4	Closed	1979	25.00	450-550
1977	Stone Church (10") 5009-6	Closed	1979	35.00	600
1979	Stone Church (8") 5059-1	Closed	1980	32.00	990
1980	Stone Mill House 5068-2	Closed	1982	30.00	475-675
1988	Stonehurst House 5140-3	Closed	1994	37.50	50-70
1984	Stratford House 5007-5	Closed	1986	28.00	180-230
1982	Street Car 5019-9	Closed	1984	16.00	320-375
1985	Stucco Bungalow 5045-8	Closed	1986	30.00	335-380
1984	Summit House 5036-9	Closed	1985	28.00	350-400
1982	Swiss Chalet 5023-7	Closed	1984	28.00	400-440
1979	Thatched Cottage 5050-0 Meadowland Series	Closed	1980	30.00	600
1980	Town Church 5071-7	Closed	1982	33.00	410-450
1983	Town Hall 5000-8	Closed	1984	32.00	300
1986	Toy Shop 5073-3	Closed	1990	36.00	75-100
1980	Train Station with 3 Train Cars 5085-6	Closed	1985	100.00	350-475
1984	Trinity Church 5035-0	Closed	1986	32.00	250-300
1979	Tudor House 5061-7	Closed	1981	25.00	330-415
1983	Turn of the Century 5004-0	Closed	1986	36.00	220-260
1986	Twin Peaks 5042-3	Closed	1986	32.00	320-460
1979	Victorian 5054-2	Closed	1982	30.00	325-475
1983	Victorian Cottage 5002-4	Closed	1984	35.00	330
1977	Victorian House 5007-0	Closed	1979	30.00	450
1983	Village Church 5026-1	Closed	1984	30.00	385
1991	Village Greenhouse 5402-0	Open		35.00	35
1988	Village Market 5044-0	Closed	1991	39.00	65-125
1993	Village Public Library, 5443-7	Open		55.00	55
1990	Village Realty 5154-3	Closed	1993	42.00	50-65
1992	Village Station 5438-0	Open		65.00	65
1988	Village Station and Train 5122-5	Closed	1992	65.00	85-105
1992	Village Vet and Pet Shop 5427-5	Open		32.00	32
1989	Village Warming House 5145-4	Closed	1992	42.00	60-80
1986	Waverly Place 5041-5	Closed	1986	35.00	265-350
1994	Wedding Chapel 5464-0	Open		55.00	55
1985	Williamsburg House 5046-6	Closed	1988	37.00	130-175
1993	Woodbury House, 5444-5	Open		45.00	45
1983	Wooden Church 5031-8	Closed	1985	30.00	330
1981	Wooden Clapboard 5072-5	Closed	1984	32.00	220-280

The Original Snow Village Collection Accessories Retired - Department 56

YEAR ISSUE		EDITION LIMIT	YEAR RETD.	ISSUE PRICE	QUOTE U.S.$
1987	3 Nuns With Songbooks 5102-0	Closed	1988	6.00	115
1988	Apple Girl/Newspaper Boy 5129-2, set of 2	Closed	1990	11.00	15-25
1979	Aspen Trees 5052-6, Meadowland Series	Closed	1980	16.00	450
1989	Bringing Home The Tree 5169-1	Closed	1992	15.00	25
1989	Calling All Cars 5174-8, set of 2	Closed	1991	15.00	30-50
1979	Carolers 5064-1	Closed	1986	12.00	100-132
1987	Caroling Family 5105-5, set of 3	Closed	1990	20.00	22-29
1980	Ceramic Car 5069-0	Closed	1986	5.00	53
1981	Ceramic Sleigh 5079-2	Closed	1986	5.00	45-55
1987	Children In Band 5104-7	Closed	1989	15.00	20-38
1989	Choir Kids 5147-0	Closed	1992	15.00	15-25
1991	Christmas Cadillac 5413-5	Closed	1994	9.00	20
1987	Christmas Children 5107-1, set/4	Closed	1990	20.00	25
1991	Cold Weather Sports 5410-0, set of 4	Closed	1994	27.50	33
1991	Come Join The Parade 5411-9	Closed	1992	13.00	10-25
1991	Country Harvest, 5415-1	Closed	1993	13.00	20-35
1988	Doghouse/Cat In Garbage Can,set/2 5131-4	Closed	1992	15.00	22-30
1990	Down the Chimney He Goes, 5158-6	Closed	1993	6.50	12
1985	Family Mom/Kids, Goose/Girl 5057-1	Closed	1988	11.00	25-45
1987	For Sale Sign 5108-0	Closed	1989	3.50	5
1990	Fresh Frozen Fish 5163-2, set/2	Closed	1993	20.00	35
1986	Girl/Snowman, Boy 5095-4	Closed	1987	11.00	55-65
1988	Hayride 5117-9	Closed	1990	30.00	60
1990	Here We Come A Caroling, set/3 5161-6	Closed	1992	18.00	20-35
1990	Home Delivery, set of 2 5162-4	Closed	1992	16.00	25-45
1986	Kids Around The Tree (large) 5094-6	Closed	1990	15.00	75
1986	Kids Around The Tree (small) 5094-6	Closed	1990	15.00	30-50
1990	Kids Decorating the Village Sign, 5134-9	Closed	1993	13.00	10-20
1989	Kids Tree House 5168-3	Closed	1991	25.00	45-70
1988	Man On Ladder Hanging Garland 5116-0	Closed	1992	7.50	17
1984	Monks-A-Caroling (brown) 5040-7	Closed	1988	6.00	22-45
1983	Monks-A-Caroling (butterscotch) 6459-9	Closed	1984	6.00	60-72
1992	Nanny and the Preschoolers 5430-5, set of 2	Closed	1994	27.50	28
1987	Park Bench (green) 5109-8	Closed	1993	3.00	6
1987	Praying Monks 5103-9	Closed	1988	6.00	35-50
1985	Santa/Mailbox 5059-8	Closed	1988	11.00	40-55
1988	School Bus, Snow Plow 5137-3, set of 2	Closed	1991	16.00	35-45
1988	School Children 5118-7, set of 3	Closed	1990	15.00	15-30
1984	Scottie With Tree 5038-5	Closed	1985	3.00	125-133
1979	Sheep, 9 White, 3 Black 5053-4 Meadowland Series	Closed	1980	12.00	N/A

YEAR ISSUE		EDITION LIMIT	YEAR RETD.	ISSUE PRICE	QUOTE U.S.$
1986	Shopping Girls w/Packages (large) 5096-2	Closed	1988	11.00	30-40
1986	Shopping Girls w/Packages (small) 5096-2	Closed	1988	11.00	35-55
1985	Singing Nuns 5053-9	Closed	1987	6.00	100-130
1988	Sisal Tree Lot 8183-3	Closed	1991	45.00	70-85
1989	Skate Faster Mom 5170-5	Closed	1991	13.00	18-40
1990	Sleighride 5160-8	Closed	1992	30.00	45-60
1990	Sno-Jet Snowmobile, 5159-4	Closed	1993	15.00	15-25
1987	Snow Kids 5113-6, set of 4	Closed	1990	20.00	47
1985	Snow Kids Sled, Skis 5056-3	Closed	1987	11.00	25-45
1991	Snowball Fort 5414-3, set of 3	Closed	1993	28.00	35
1982	Snowman With Broom 5018-0	Closed	1990	3.00	10-18
1989	Statue of Mark Twain 5173-0	Closed	1991	15.00	20-37
1990	SV Special Delivery, set/2 5197-7	Closed	1992	16.00	22-40
1989	Through the Woods, set/2 5172-1	Closed	1991	18.00	20-40
1989	US Mailbox 5179-9	Closed	1990	3.50	10-20
1989	US Special Delivery. set/2 5148-9	Closed	1990	16.00	37
1989	Village Birds, set of 6 5180-2	Closed	1994	3.50	34
1991	Village Greetings, set/3 5418-6	Closed	1994	5.00	7
1991	Village Marching Band, set/3 5412-7	Closed	1992	30.00	40-55
1988	Water Tower 5133-0	Closed	1991	20.00	50-75
1989	Water Tower-John Deer 568-0	Closed	1991	20.00	400-650
1992	We're Going to a Christmas Pageant 5435-6	Closed	1994	15.00	15
1991	Winter Fountain, 5409-7	Closed	1993	25.00	40-50
1988	Woodsman and Boy, set/2 5130-6	Closed	1991	13.00	20-30
1988	Woody Station Wagon 5136-5	Closed	1990	6.50	20-30
1991	Wreaths For Sale, set/4 5408-9	Closed	1994	27.50	28

Retired Heritage Village Collection Accessories - Department 56

YEAR ISSUE		EDITION LIMIT	YEAR RETD.	ISSUE PRICE	QUOTE U.S.$
1991	All Around the Town, set of 2 5545-0	Closed	1993	18.00	35
1987	Alpine Village Sign 6571-4	Closed	1993	6.00	20
1986	Alpine Villagers, set of 3 6542-0	Closed	1992	13.00	35
1990	Amish Buggy 5949-8	Closed	1992	22.00	50
1990	Amish Family, set of 3 5948-0	Closed	1992	20.00	25-40
1990	Amish Family, set of 3 5948-0 w/Moustache	Closed	1992	20.00	50
1987	Blacksmith, set of 3 5934-0	Closed	1990	20.00	60-75
1990	Busy Sidewalks, set of 4 5535-2	Closed	1992	28.00	43
1984	Carolers, set of 3 w/ Lamppost(bl) 6526-9	Closed	1990	10.00	25-40
1984	Carolers, set/3 w/Lamppost (wh) 6526-9	Closed	1990	10.00	90-120
1990	Carolers on the Doorstep, set/4 5570-0	Closed	1993	25.00	42
1988	Childe Pond and Skaters, set of 4 5903-0	Closed	1991	30.00	75-85
1986	Christmas Carol Figures, set of 3 6501-3	Closed	1990	12.50	60-80
1987	Christmas in the City Sign, 5960-9	Closed	1993	6.00	12-20
1992	Churchyard Gate and Fence, set of 3 5563-8	Closed	1992	15.00	40
1988	City Bus & Milk Truck, set of 2 5983-8	Closed	1991	15.00	25-35
1988	City Newsstand, set of 4 5971-4	Closed	1991	25.00	40-50
1987	City People, set of 5 5965-0	Closed	1990	27.50	50
1987	City Workers, set of 4 5967-6	Closed	1988	15.00	30-45
1991	Come into the Inn, 5560-3	Closed	1994	22.00	35
1989	Constables, set of 3 5579-4	Closed	1991	17.50	50-70
1986	Covered Wooden Bridge 6531-5	Closed	1990	10.00	30-40
1989	David Copperfield Characters, set of 5 5551-4	Closed	1992	32.50	35-45
1994	Dickens' Postern, 9871-0, (Dickens' Village Ten Year Accessory Anniversary Piece)	Closed	1994	17.50	35
1987	Dickens' Village Sign 6569-2	Closed	1993	6.00	18
1987	Dover Coach 6590-0	Closed	1990	18.00	65-75
1987	Dover Coach w/o Mustache 6590-0	Closed	1990	18.00	105
1993	Express Van (black), 9951-1	Closed	1993	25.00	125
1993	Express Van (gold), 9977-5 (promotional)	Closed	1993	N/A	1000-1600
1989	Farm Animals, set of 4 5945-5	Closed	1991	15.00	30-40
1987	Farm People And Animals, set of 5 5901-3	Closed	1989	24.00	75-85
1988	Fezziwig and Friends, set of 3 5928-5	Closed	1990	12.50	45-65
1989	Heritage Village Sign, 9953-8	Closed	1989	10.00	20
1992	Letters for Santa, set of 3 5604-9	Closed	1994	30.00	45-55
1986	Lighted Tree With Children & Ladder 6510-2	Closed	1989	35.00	325
1987	Maple Sugaring Shed, set of 3 6589-7	Closed	1989	19.00	225
1991	Market Day, set of 3 5641-3	Closed	1993	35.00	45
1987	New England Village Sign 6570-6	Closed	1993	6.00	15
1986	New England Winter Set, set of 5 6532-3	Closed	1990	18.00	35-50
1988	Nicholas Nickleby Characters, set of 4 5929-3	Closed	1991	20.00	25-45
1991	Oliver Twist Characters, set of 3 5554-9	Closed	1993	35.00	35-50
1988	One Horse Open Sleigh 5982-0	Closed	1993	20.00	30-40
1989	Organ Grinder, set of 3 5957-9	Closed	1991	21.00	37
1987	Ox Sled (blue pants) 5951-0	Closed	1989	20.00	120-150
1987	Ox Sled (tan pants) 5951-0	Closed	1989	20.00	150-225
1989	Popcorn Vendor, set of 3 5958-7	Closed	1992	22.00	35
1986	Porcelain Trees, set of 2 6537-4	Closed	1992	14.00	33
1988	Red Covered Bridge, 5987-0	Closed	1994	17.00	30
1989	River Street Ice House Cart 5959-5	Closed	1991	20.00	45
1989	Royal Coach 5578-6	Closed	1992	55.00	60-80
1988	Salvation Army Band, set of 6 5985-4	Closed	1991	24.00	50-60
1990	Santa's Little Helpers, set of 3 5610-3	Closed	1993	28.00	45-55
1987	Shopkeepers, set of 4 5966-8	Closed	1988	15.00	35
1987	Silo And Hay Shed 5950-1	Closed	1989	18.00	140-150
1987	Skating Pond 6545-5	Closed	1990	24.00	65-85
1990	Sleepy Hollow Characters, set/3 5956-0	Closed	1992	27.50	35-45
1986	Sleighride 6511-0	Closed	1990	19.50	45-60
1988	Snow Children, 5938-2	Closed	1994	17.00	25
1987	Stone Bridge 6546-3	Closed	1990	12.00	75-85
1990	Tis the Season, 5539-5	Closed	1994	12.95	20
1990	Trimming the North Pole 5608-1	Closed	1993	10.00	25
1989	U.S. Mail Box and Fire Hydrant, 5517-4	Closed	1990	5.00	20
1989	Village Blvd., Set of 14 5516-6	Closed	1993	25.00	45
1987	Village Express Train (electric, black),5997-8	Closed	1988	89.95	300
1988	Village Harvest People, set of 4 5941-2	Closed	1991	27.50	40-50
1989	Village Sign with Snowman, 5572-7	Closed	1994	10.00	20
1992	Village Street Peddlers, set of 2 5804-1	Closed	1994	16.00	25
1985	Village Train Brighton, set of 3 6527-7	Closed	1986	12.00	400-500
1988	Village Train Trestle 5981-1	Closed	1990	17.00	60-75
1987	Village Well And Holy Cross, set of 2 6547-1	Closed	1989	13.00	125-145
1989	Violet Vendor/Carolers/Chestnut Vendor set of 3 5580-8	Closed	1992	23.00	30-45
1988	Woodcutter And Son, set of 2 5986-2	Closed	1990	10.00	35-45

Snowbabies - Department 56

YEAR ISSUE		EDITION LIMIT	YEAR RETD.	ISSUE PRICE	QUOTE U.S.$
1989	All Fall Down, set of 4 7984-7	Closed	1991	36.00	50-65
1990	All Tired Out, waterglobe 7937-5	Closed	1992	55.00	65-95
1988	Are All These Mine? 7977-4	Open		10.00	10
1986	Best Friends 7958-8	Closed	1989	12.00	110-125
1994	Bringing Starry Pines 6862-4	Open		35.00	35
1992	Can I Help, Too? 6806-3	18,500	1992	48.00	90-135
1993	Can I Open it Now? 6838-1 (Event Piece)	Closed	1993	15.00	30-60
1986	Catch a Falling Star, waterglobe 7967-7	Closed	1987	18.00	540
1986	Climbing on Snowball, Bisque Votive w/Candle 7965-0	Closed	1989	15.00	70-120
1987	Climbing On Tree, set of 2 7971-5	Closed	1989	25.00	550-650
1993	Crossing Starry Skies 6834-9	Open		35.00	35
1991	Dancing To a Tune, set of 3 6808-0	Open		30.00	30
1987	Don't Fall Off 7968-5	Closed	1990	12.50	70-85
1987	Down The Hill We Go 7960-0	Open		20.00	20
1989	Finding Fallen Stars 7985-5	6,000	1989	32.50	155-175
1991	Fishing For Dreams 6809-8	Closed	1994	28.00	37
1992	Fishing For Dreams, waterglobe 6832-2	Closed	1994	32.50	35
1986	Forest Accessory "Frosty Forest", set of 2 7963-4	Open		15.00	15
1988	Frosty Frolic 7981-2	4,800	1989	35.00	700-800
1989	Frosty Fun 7983-9	Closed	1991	27.50	40-75
1986	Give Me A Push 7955-3	Closed	1990	12.00	45-65
1986	Hanging Pair 7966-9	Closed	1989	15.00	115
1992	Help Me, I'm Stuck 6817-9	Closed	1994	32.50	40
1989	Helpful Friends 7982-0	Closed	1993	30.00	35-65
1986	Hold On Tight 7956-1	Open		12.00	12
1993	I Found Your Mittens, Set of 2, 6836-5	Open		30.00	30
1991	I Made This Just For You 6802-0	Open		15.00	15
1992	I Need A Hug 6813-6	Open		20.00	20
1991	I'll Put Up The Tree 6800-4	Open		24.00	24
1993	I'll Teach You A Trick 6835-7	Open		24.00	24
1993	I'm Making an Ice Sculpture 6842-0	Open		30.00	30
1986	I'm Making Snowballs 7962-6	Closed	1992	12.00	25-40
1994	I'm Right Behind You!, 6852-7	Open		60.00	60
1989	Icy Igloo 7987-1	Open		37.50	38
1991	Is That For Me 6803-9, set of 2	Closed	1993	32.50	45
1994	Jack Frost...A Touch of Winter's Magic, 6854-3	Open		90.00	90
1992	Join The Parade 6824-1	Closed	1994	37.50	40
1992	Just One Little Candle 6823-3	Open		15.00	15
1989	Let It Snow, waterglobe 7992-8	Closed	1993	25.00	40
1993	Let's All Chime In! 6845-4, set/2	Open		37.50	38
1994	Let's Go Skating 6860-8	Open		16.50	17
1992	Let's Go Skiing 6815-2	Closed	1994	15.00	15
1994	Lift Me Higher, I Can't Reach 6863-2	Open		75.00	75
1992	Look What I Can Do! 6819-5	Open		16.50	17
1993	Look What I Found 6833-0	Open		45.00	45
1994	Look What I Found, waterglobe 6872-1	Open		32.50	33
1993	Now I Lay Me Down to Sleep 6839-0	Open		13.50	14
1992	Over the Milky Way 6828-4	Open		32.00	32
1991	Peek-A-Boo, waterglobe 7938-3	Closed	1993	50.00	70
1989	Penguin Parade 7986-3	Closed	1992	25.00	40-60
1994	Pennies From Heaven 6864-0	Open		17.50	18
1994	Planting Starry Pines, waterglobe 6870-5	Open		37.50	38
1991	Play Me a Tune, waterglobe 7936-7	Closed	1993	50.00	65
1990	Playing Games Is Fun 7947-2	Closed	1993	30.00	40-55
1988	Polar Express 7978-2	Closed	1992	22.00	50-65
1990	Read Me a Story 7945-6	Open		25.00	25
1992	Read Me a Story, waterglobe 6831-4	Open		32.50	33
1992	Shall I Play For You? 6820-9	Open		16.50	17
1993	Snowbabies Picture Frame, Baby's First Smile 6846-2	Open		30.00	30
1987	Snowbabies Riding Sleds, waterglobe 7975-8	Closed	1988	40.00	880
1986	Snowbaby Holding Picture Frame, set of 2 7970-7	Closed	1987	15.00	500-600
1986	Snowbaby Nite-Lite 7959-6	Closed	1989	15.00	250-350
1991	Snowbaby Polar Sign 6804-7	Open		20.00	20
1986	Snowbaby Standing, waterglobe 7964-2	Closed	1987	7.50	440
1987	Snowbaby with Wings, waterglobe 7973-1	Closed	1988	20.00	440
1993	So Much Work To Do 6837-3	Open		18.00	10
1993	Somewhere in Dreamland 6840-3	Open		85.00	85
1990	A Special Delivery 7948-0	Closed	1994	15.00	15
1992	Starry Pines 6829-2, set of 2	Open		17.50	18
1992	Stars-In-A-Row, Tic-Tac-Toe 6822-5	Open		32.50	33
1994	Stringing Fallen Stars 6861-6	Open		25.00	25
1994	There's Another One!, 6853-5	Open		24.00	24
1991	This Is Where We Live 6805-5	Closed	1994	60.00	74
1992	This Willl Cheer You Up 6816-0	Closed	1994	30.00	50
1988	Tiny Trio, set of 3 7979-0	Closed	1990	20.00	120-135
1987	Tumbling In the Snow, set of 5 7957-0	Closed	1993	35.00	65
1990	Twinkle Little Stars 7942-1, set/2	Closed	1993	37.50	50-60
1992	Wait For Me 6812-8	Closed	1994	48.00	55
1991	Waiting For Christmas 6807-1	Closed	1993	27.50	38
1993	We Make a Great Pair 6843-8	Open		30.00	30
1990	We Will Make it Shine 7946-4	Closed	1992	45.00	55-95
1994	We'll Plant the Starry Pines, set of 2 6865-9	Open		37.50	38
1987	When You Wish Upon a Star, music box 7972-3	Closed	1993	30.00	42
1993	Where Did He Go? 6841-1	Open		35.00	35
1994	Where Did You Come From?, 6856-0	Open		40.00	40
1990	Who Are You? 7949-9	12,500	1991	32.50	110-125
1991	Why Don't You Talk To Me 6801-2	Open		24.00	24
1993	Will it Snow Today? 6844-6	Open		45.00	45
1992	Winken, Blinken, and Nod 6814-4	Open		60.00	60
1987	Winter Surprise 7974-0	Closed	1992	15.00	35-45
1990	Wishing on a Star 7943-0	Closed	1994	22.00	27
1992	You Can't Find Me! 6818-7	Open		45.00	45
1992	You Didn't Forget Me 6821-7	Open		32.50	33

Snowbabies Pewter Miniatures - Department 56

YEAR ISSUE		EDITION LIMIT	YEAR RETD.	ISSUE PRICE	QUOTE U.S.$
1989	All Fall Down, set of 4, 7617-1	Closed	1993	25.00	35-50
1989	Are All These Mine? 7605-8	Closed	1992	7.00	12-20
1989	Best Friends. 7604-0	Closed	1994	10.00	15
1991	Dancing to a Tune, set of 3, 7630-9	Closed	1993	18.00	25
1989	Don't Fall Off!, 7603-1	Closed	1994	7.00	10
1989	Finding Fallen Stars, set of 2, 7618-0	Closed	1992	12.50	25-35
1989	Frosty Frolic, set of 4, 7613-9	Closed	1993	24.00	30
1989	Give Me a Push!, 7601-5	Closed	1994	7.00	10
1989	Helpful Friends, set of 4 7608-2	Closed	1992	13.50	25
1991	I Made This Just for You!, 7628-7	Closed	1994	7.00	10
1989	Icy Igloo, w/tree, set of 2 7610-4	Closed	1992	7.50	15-25
1991	Is That For Me?, set of 2, 7631-7	Closed	1993	12.50	23
1989	Penguin Parade, set of 4, 7616-3	Closed	1993	12.50	25
1990	Playing Games is Fun!, set of 2, 7623-6	Closed	1993	13.50	22
1989	Polar Express, set of 2, 7609-0	Closed	1992	13.50	25-35
1990	A Special Delivery 7624-4	Closed	1993	7.00	17
1989	Tiny Trio, set of 3, 7615-5	Closed	1993	18.00	20-30
1989	Tumbling in the Snow!, set of 5, 7614-7	Closed	1992	30.00	55-70
1990	Twinkle Little Stars, set of 2, 7621-0	Closed	1993	15.00	28
1991	Waiting for Christmas, 7629-5	Closed	1993	13.00	25
1989	Winter Surprise!, 7607-4	Closed	1994	13.50	15-25

Village CCP Miniatures - Department 56

YEAR ISSUE		EDITION LIMIT	YEAR RETD.	ISSUE PRICE	QUOTE U.S.$
1987	Christmas Carol Cottages, set of 3 6561-7	Closed	1989	30.00	85
1987	• The Cottage of Bob Cratchit & Tiny Tim 6561-7	Closed	1989	10.00	28-36
1987	• Fezziwig's Warehouse 6561-7	Closed	1989	10.00	22
1987	• Scrooge/ Marley Counting-house 6561-7	Closed	1989	10.00	24-33
1987	Dickens' Chadbury Station & Train 6592-7	Closed	1989	27.50	65-93
1987	Dickens' Cottages, set of 3 6559-5	Closed	1989	30.00	150-200
1987	• Stone Cottage 6559-5	Closed	1989	10.00	100
1987	• Thatched Cottage 6559-5	Closed	1989	10.00	98
1987	• Tudor Cottage 6559-5	Closed	1989	10.00	85-105
1988	Dickens' Kenilworth Castle 6565-0	Closed	1989	30.00	85
1987	Dickens' Lane Shops, set of 3 6591-9	Closed	1989	30.00	100-150
1987	• Cottage Toy Shop 6591-9	Closed	1989	10.00	42-60
1987	• Thomas Kersey Coffee House 6591-9	Closed	1989	10.00	65
1987	• Tuttle's Pub 6591-9	Closed	1989	10.00	35-60
1987	Dickens' Village Assorted, set of 3 6560-9	Closed	1989	48.00	N/A
1987	• Blythe Pond Mill House 6560-9	Closed	1989	16.00	42
1987	• Dickens Village Church 6560-9	Closed	1989	16.00	48-78
1987	• Norman Church 6560-9	Closed	1989	16.00	65
1987	Dickens' Village Assorted, set of 4 6562-5	Closed	1989	60.00	N/A
1987	• Barley Bree Farmhouse 6562-5	Closed	1989	15.00	35-37
1987	• Brick Abbey 6562-5	Closed	1989	15.00	95

FIGURINES/COTTAGES

Department 56
to Duncan Royale

YEAR ISSUE		EDITION LIMIT	YEAR RETD.	ISSUE PRICE	QUOTE U.S.$
1987	• Chesterton Manor House 6562-5	Closed	1989	15.00	84
1907	• The Old Curiosity Shop 6562-5	Closed	1989	15.00	48
1987	Dickens' Village Original, set of 7 6558-7	Closed	1989	72.00	210
1987	• Abel Beesley Butcher 6558-7	Closed	1989	12.00	22-30
1987	• Bean and Son Smithy Shop 6558-7	Closed	1989	12.00	37
1987	• Candle Shop 6558-7	Closed	1989	12.00	27-40
1987	• Crowntree Inn 6558-7	Closed	1989	12.00	42-50
1987	• Golden Swan Baker 6558-7	Closed	1989	12.00	30-49
1987	Green Grocer 6558-7	Closed	1989	12.00	42
1987	• Jones & Co Brush & Basket Shop 6558-7	Closed	1989	12.00	48
1987	Little Town of Bethlehem, set/12 5976-5	Closed	1989	85.00	168-175
1988	New England Village Assorted, set of 6 5937-4	Closed	1989	85.00	225
1988	• Craggy Cove Lighthouse 5937-4	Closed	1989	14.50	110-120
1988	• Jacob Adams Barn 5937-4	Closed	1989	14.50	40
1988	• Jacob Adams Farmhouse 5937-4	Closed	1989	14.50	40
1988	• Maple Sugaring Shed 5937-4	Closed	1989	14.50	43
1988	• Smythe Wollen Mill 5937-4	Closed	1989	14.50	85
1988	• Timber Knoll Log Cabin 5937-4	Closed	1989	14.50	45
1988	New England Village Original, set of 7 5935-8	Closed	1989	72.00	250-425
1988	• Apothecary Shop 5935-8	Closed	1989	10.50	35
1988	• Brick Town Hall 5935-8	Closed	1989	10.50	48
1988	• General Store 5935-8	Closed	1989	10.50	50-60
1988	• Livery Stable & Boot Shop 5935-8	Closed	1989	10.50	30-50
1988	• Nathaniel Bingham Fabrics 5935-8	Closed	1989	10.50	45
1988	• Red Schoolhouse 5935-8	Closed	1989	10.50	65-67
1988	• Village Steeple Church 5935-8	Closed	1989	10.50	138-300
1986	Victorian Miniatures, set/2 6564-1	Closed	1987	45.00	300
1986	• Church 6564-1	Closed	1987	22.50	N/A
1986	• Estate 6564-1	Closed	1987	22.50	N/A
1986	Victorian Miniatures, set/5 6563-3	Closed	1987	65.00	N/A
1986	Williamsburg Snowhouse Series, set of 6 6566-8	Closed	1987	60.00	500-575
1986	• Williamsburg Church, White 6566-8	Closed	1987	10.00	40
1986	• Williamsburg House Brown Brick 6566-8	Closed	1987	10.00	40
1986	• Williamsburg House, Blue 6566-8	Closed	1987	10.00	60
1986	• Williamsburg House, Brown Clapboard	Closed	1987	10.00	40
1986	• Williamsburg House, Red 6566-8	Closed	1987	10.00	60
1986	• Williamsburg House, White 6566-8	Closed	1987	10.00	75

Disney: see Walt Disney

Disneyana

Disneyana Conventions - Various

YEAR ISSUE		EDITION LIMIT	YEAR RETD.	ISSUE PRICE	QUOTE U.S.$
1992	1947 Mickey Mouse Plush J20967 - Gund	1,000		50.00	100-150
1992	Big Thunder Mountain A26648 - R. Lee	100		1650.00	2000-3000
1992	Carousel Horse 022482 - PJ's	250		125.00	265
1992	Carousel Horse Poster (Lithograph)-A26318 - R. Souders	2,000		25.00	50
1992	Cinderella 022076 - Armani	500		500.00	3200-4000
1992	Cinderella Castle 022077 - John Hine Studio	500		250.00	850-1200
1992	Cruella DeVill Doll-porcelain 22554 - J. Wolf	25		3000.00	3500
1992	Nifty-Nineties Mickey & Minnie 022503 - House of Laurenz	250		650.00	670-725
1992	Pinocchio - R. Wright	250		750.00	1800
1992	Serigraph Diptych Collage (set of 2)-22073 - M. Graves	1,000		900.00	N/A
1992	Tinker Bell 022075 - Lladro	1,500		350.00	2100-3000
1992	Two Merry Wanderers 022074 - Goebel	1,500		250.00	800-1200
1992	Walt's Convertible (Cel) - Disney Art Ed.	500		950.00	3300
1993	1947 Minnie Mouse Plush - Gund	1,000		50.00	100-400
1993	Alice in Wonderland - Malvern	10		8000.00	N/A
1993	Annette Doll - Alexander Doll	1,000		400.00	400-750
1993	The Band Concert "Maestro Mickey" - Disney Art Ed.	275		2950.00	N/A
1993	The Band Concert-Bronze - B. Toma	25		650.00	3100-4400
1993	Barbershop Quartet (Lithograph) - C. Boyer	1,000		350.00	600
1993	Disneyland Bandstand Poster - R. Souders	2,000		25.00	25
1993	Dopey - Armani	Retrd.		125.00	180-250
1993	Family Dinner Figurine - C. Boyer	1,000		600.00	800-1500
1993	Jumper from King Arthur Carousel - PJ's	250		125.00	650
1993	Mickey Mouse, the Bandleader - Arribas Brothers	25		700.00	2500-5000
1993	Mickey's Dreams - R. Lee	250		400.00	850
1993	Peter Pan - Lladro	2,000		400.00	1200-1800
1993	Sleeping Beauty Castle - John Hine Studio	500		250.00	525-950
1993	Snow White - Armani	2,000		750.00	1000-1300
1993	Two Little Drummers - Goebel	1,500		325.00	450-650
1993	Walt's Train Celebration - Disney Art Ed.	950		950.00	1800
1994	Ariel - Armani	1,500		750.00	1200-1500
1994	Cinderella/Godmother - Lladro	2,500		875.00	900-1500
1994	Cinderella's Slipper - Waterford	1,200		250.00	450-750
1994	Euro Disney Castle - John Hine Studio	750		250.00	450-700
1994	Mickey Self Portrait - Goebel Miniatures	500		295.00	750-950
1994	Minnie Be Patient - Goebel	1,500		395.00	425-480
1994	MM/MN w/House Kinetic - F. Prescott	10		4000.00	N/A
1994	MM/MN/Goofy Limo (Stepin' Out) - Ron Lee	500		500.00	600
1994	Scrooge in Money Bin/Bronze - Carl Barks	100		1800.00	2800-4500
1994	Sleeping Beauty - Malvern	10		5500.00	N/A
1994	Sorcerer Mickey-Bronze - B. Toma	100		1000.00	1800-2500
1994	Sorcerer Mickey-Crystal - Arribas Brothers	50		1700.00	3300-3500
1994	Studio Poster - R. Souders	1,000		25.00	25
1995	Ah, Venice - M. Pierson	100		2600.00	2600
1995	Ariel's Dolphin Ride - Wyland	250		2500.00	2500
1995	Brave Little Tailor Charger - White/Rhodes	18	1995	2000.00	3000
1995	Donald Duck Mini-Charger - White/Rhodes	1,000	1995	75.00	275
1995	Engine No. One - R. Lee	500		650.00	650
1995	For Father - Goebel	1,500		450.00	450
1995	Mad Minnie Charger - White/Rhodes	10	1995	2000.00	2000
1995	Memories - B. Toma	200	1995	1200.00	1650
1995	Plane Crazy - Arribas	50	1995	1750.00	2200
1995	Sheriff of Bullet Valley - Barks/Vought	200	1995	1800.00	1800
1995	Simba - Bolae	200		1500.00	1500
1995	Sleeping Beauty Castle Mirror - Gordon	250		1200.00	1200
1995	Snow White's Apple - Waterford	1,500		225.00	225

Duncan Royale

Collector Club - Duncan Royale

YEAR ISSUE		EDITION LIMIT	YEAR RETD.	ISSUE PRICE	QUOTE U.S.$
1991	Today's Nast	Retrd.	1993	80.00	100-125
1994	Winter Santa	Retrd.	1994	125.00	125
1995	Santa's Gift	Yr. Iss.		100.00	100

1990 & 1991 Special Event Piece - Duncan Royale

YEAR ISSUE		EDITION LIMIT	YEAR RETD.	ISSUE PRICE	QUOTE U.S.$
XX	Nast & Music	Retrd.	1993	79.95	80

Ebony Collection - Duncan Royale

YEAR ISSUE		EDITION LIMIT	YEAR RETD.	ISSUE PRICE	QUOTE U.S.$
1990	Banjo Man	5,000		80.00	80
1993	Ebony Angel	5,000		170.00	170
1991	Female Gospel Singer	5,000		90.00	90
1990	The Fiddler	5,000		90.00	90
1990	Harmonica Man	5,000		80.00	80
1991	Jug Man	5,000		90.00	90
1992	Jug Tooter	5,000		90.00	90
1992	A Little Magic	5,000		80.00	80
1991	Male Gospel Singer	5,000		90.00	90
1991	Preacher	5,000		90.00	90
1991	Spoons	5,000		90.00	90

Ebony Collection-Buckwheat - Duncan Royale

YEAR ISSUE		EDITION LIMIT	YEAR RETD.	ISSUE PRICE	QUOTE U.S.$
1992	O'Tay	5,000		70.00	90
1992	Painter	5,000		80.00	90
1992	Petee & Friend	5,000		90.00	90
1992	Smile For The Camera	5,000		80.00	90

Ebony Collection-Friends & Family - Duncan Royale

YEAR ISSUE		EDITION LIMIT	YEAR RETD.	ISSUE PRICE	QUOTE U.S.$
1994	Agnes	5,000		100.00	100
1994	Daddy	5,000		120.00	120
1994	Lunchtime	5,000		100.00	100
1994	Millie	5,000		100.00	100
1994	Mommie & Me	5,000		125.00	125

Ebony Collection-Jazzman - Duncan Royale

YEAR ISSUE		EDITION LIMIT	YEAR RETD.	ISSUE PRICE	QUOTE U.S.$
1992	Bass	5,000		90.00	90
1992	Bongo	5,000		90.00	90
1992	Jazz Man Set	5,000		500.00	500
1992	Piano	5,000		130.00	130
1992	Sax	5,000		90.00	90
1992	Trumpet	5,000		90.00	90

Ebony Collection-Jubilee Dancers - Duncan Royale

YEAR ISSUE		EDITION LIMIT	YEAR RETD.	ISSUE PRICE	QUOTE U.S.$
1993	Bliss	5,000		200.00	200
1993	Fallana	5,000		100.00	100
1993	Keshia	5,000		100.00	100
1993	Lamar	5,000		100.00	100
1993	Lottie	5,000		125.00	125
1993	Wilfred	5,000		100.00	100

Ebony Collection-Special Releases - Duncan Royale

YEAR ISSUE		EDITION LIMIT	YEAR RETD.	ISSUE PRICE	QUOTE U.S.$
1991	Signature Piece	Open		50.00	50

History of Classic Entertainers - P. Apsit

YEAR ISSUE		EDITION LIMIT	YEAR RETD.	ISSUE PRICE	QUOTE U.S.$
1987	American	Retrd.	1995	160.00	350
1987	Auguste	Retrd.	1995	220.00	350
1987	Greco-Roman	Retrd.	1995	180.00	350
1987	Grotesque	Retrd.	1995	230.00	350
1987	Harlequin	Retrd.	1995	250.00	350
1987	Jester	Retrd.	1995	410.00	600-850
1987	Pantalone	Retrd.	1995	270.00	350
1987	Pierrot	Retrd.	1995	180.00	180-350
1987	Pulcinella	Retrd.	1995	220.00	350
1987	Russian	Retrd.	1995	190.00	350
1987	Slapstick	Retrd.	1995	250.00	350
1987	Uncle Sam	Retrd.	1995	160.00	250-350

History of Classic Entertainers II - P. Apsit

YEAR ISSUE		EDITION LIMIT	YEAR RETD.	ISSUE PRICE	QUOTE U.S.$
1988	Bob Hope	Retrd.	1995	250.00	200-350
1988	Feste	Retrd.	1995	250.00	200-350
1988	Goliard	Retrd.	1995	200.00	200-350
1988	Mime	Retrd.	1995	200.00	200-350
1988	Mountebank	Retrd.	1995	270.00	200-350
1988	Pedrolino	Retrd.	1995	200.00	200-350
1988	Tartaglia	Retrd.	1995	200.00	200-350
1988	Thomassi	Retrd.	1995	200.00	200-350
1988	Touchstone	Retrd.	1995	200.00	200-350
1988	Tramp	Retrd.	1995	200.00	200-350
1988	White Face	Retrd.	1995	250.00	200-350
1988	Zanni	Retrd.	1995	200.00	200-350

History of Classic Entertainers-Special Releases - P. Apsit

YEAR ISSUE		EDITION LIMIT	YEAR RETD.	ISSUE PRICE	QUOTE U.S.$
1990	Bob Hope-18"	Retrd.	1995	1500.00	15-2000
1990	Bob Hope-6" porcelain	6,000/yr		130.00	130
1990	Mime-18"	Retrd.	1995	1500.00	1500
1988	Signature Piece	Retrd.	1995	50.00	50

History of Santa Claus (18") - P. Apsit

YEAR ISSUE		EDITION LIMIT	YEAR RETD.	ISSUE PRICE	QUOTE U.S.$
1989	Kris Kringle-18"	1,000		1500.00	1500
1989	Medieval-18"	1,000		1500.00	1500
1989	Nast-18"	1,000		1500.00	1500
1989	Russian-18"	1,000		1500.00	1500
1989	Soda Pop-18"	1,000		1500.00	1500
1989	St. Nicholas-18"	1,000		1500.00	1500

History of Santa Claus I (6") - P. Apsit

YEAR ISSUE		EDITION LIMIT	YEAR RETD.	ISSUE PRICE	QUOTE U.S.$
1988	Black Peter-6" porcelain	6,000/yr		40.00	80
1988	Civil War-6" porcelain	6,000/yr		40.00	80
1988	Dedt Moroz -6" porcelain	6,000/yr		40.00	80
1988	Kris Kringle-6" porcelain	6,000/yr		40.00	80
1988	Medieval-6" porcelain	6,000/yr		40.00	80
1988	Nast-6" porcelain	6,000/yr		40.00	80
1988	Pioneer-6" porcelain	6,000/yr		40.00	80
1988	Russian-6" porcelain	6,000/yr		40.00	80
1988	Soda Pop-6" porcelain	6,000/yr		40.00	80
1988	St. Nicholas-6" porcelain	6,000/yr		40.00	80
1988	Victorian-6" porcelain	6,000/yr		40.00	80
1988	Wassail-6" porcelain	6,000/yr		40.00	80

History of Santa Claus I -Wood - P. Apsit

YEAR ISSUE		EDITION LIMIT	YEAR RETD.	ISSUE PRICE	QUOTE U.S.$
1987	Black Peter-8" wood	Retrd.	1993	450.00	450
1987	Civil War-8" wood	500		450.00	450
1987	Dedt Moroz-8" wood	Retrd.	1993	450.00	450
1987	Kris Kringle-8" wood	500		450.00	450
1987	Medieval-8" wood	500		450.00	450
1987	Nast-8" wood	Retrd.	1993	450.00	450
1987	Pioneer-8" wood	Retrd.	1993	450.00	450
1987	Russian-8" wood	Retrd.	1993	450.00	450
1987	Soda Pop-8" wood	Retrd.	1993	450.00	450
1987	St. Nicholas-8" wood	500		450.00	450
1987	Victorian-8" wood	Retrd.		450.00	450
1987	Wassail-8" wood	Retrd.	1993	450.00	450

History of Santa Claus II (6") - P. Apsit

YEAR ISSUE		EDITION LIMIT	YEAR RETD.	ISSUE PRICE	QUOTE U.S.$
1988	Alsace Angel-6" porcelain	6,000/yr		80.00	90
1988	Babouska-6" porcelain	6,000/yr		70.00	80
1988	Bavarian-6" porcelain	6,000/yr		90.00	100
1988	Befana-6" porcelain	6,000/yr		70.00	80
1988	Frau Holda-6" porcelain	6,000/yr		50.00	80
1988	Lord of Misrule-6" porcelain	6,000/yr		60.00	80
1988	Magi-6" porcelain	6,000/yr		130.00	150
1988	Mongolian/Asian-6" porcelain	6,000/yr		80.00	90
1988	Odin-6" porcelain	6,000/yr		80.00	90
1988	Pixie-6" porcelain	6,000/yr		50.00	80
1988	Sir Christmas-6" porcelain	6,000/yr		60.00	80
1988	St. Lucia-6" porcelain	6,000/yr		70.00	80

History of Santa Claus III - Duncan Royale

YEAR ISSUE		EDITION LIMIT	YEAR RETD.	ISSUE PRICE	QUOTE U.S.$
1990	Druid	10,000		250.00	250
1991	Grandfather Frost & Snow Maiden	10,000		400.00	400
1991	Hoteisho	10,000		200.00	200
1991	Judah Maccabee	10,000		300.00	300
1990	Julenisse	10,000		200.00	200
1991	King Wenceslas	10,000		300.00	300
1991	Knickerbocker	10,000		300.00	300
1991	Samichlaus	10,000		350.00	350
1991	Saturnalia King	10,000		200.00	200
1990	St. Basil	10,000		300.00	300
1990	Star Man	10,000		300.00	300
1990	Ukko	10,000		250.00	250

History of Santa Claus I - P. Apsit

YEAR ISSUE		EDITION LIMIT	YEAR RETD.	ISSUE PRICE	QUOTE U.S.$
1983	Black Peter	Retrd.	1991	145.00	350
1983	Civil War	10,000		145.00	150-350
1983	Dedt Moroz	Retrd.	1989	145.00	450-600
1983	Kris Kringle	Retrd.	1988	165.00	1000-1250
1983	Medieval	Retrd.	1988	220.00	1000-1250
1983	Nast	Retrd.	1987	90.00	2200-2500
1983	Pioneer	Retrd.	1989	145.00	225-425
1983	Russian	Retrd.	1989	145.00	500-700
1983	Soda Pop	Retrd.	1988	145.00	1200-1500
1983	St. Nicholas	Retrd.	1989	175.00	800-1250
1983	Victorian	Retrd.	1990	120.00	300-400
1983	Wassail	Retrd.	1991	90.00	200-400

Duncan Royale
to Enchantica

FIGURINES/COTTAGES

History of Santa Claus II - P. Apsit

YEAR ISSUE		EDITION LIMIT	YEAR RETD.	ISSUE PRICE	QUOTE U.S.$
1986	Alsace Angel	10,000		250.00	300
1986	Babouska	10,000		170.00	200
1986	Bavarian	10,000		250.00	300
1986	Befana	10,000		200.00	250
1986	Frau Holda	10,000		160.00	180
1986	Lord of Misrule	10,000		160.00	200
1986	The Magi	10,000		350.00	400
1986	Mongolian/Asian	10,000		240.00	300
1986	Odin	10,000		200.00	250
1986	The Pixie	10,000		140.00	175
1986	Sir Christmas	10,000		150.00	175
1986	St. Lucia	10,000		180.00	225

History Of Santa Claus-Special Releases - Duncan Royale

YEAR ISSUE		EDITION LIMIT	YEAR RETD.	ISSUE PRICE	QUOTE U.S.$
1992	Nast & Sleigh	5,000		500.00	500
1991	Signature Piece	Open		50.00	50

Painted Pewter Miniatures-Santa 1st Series - Duncan Royale

YEAR ISSUE		EDITION LIMIT	YEAR RETD.	ISSUE PRICE	QUOTE U.S.$
1986	Black Peter	500		30.00	30
1986	Civil War	500		30.00	30
1986	Dedt Moroz	500		30.00	30
1986	Kris Kringle	500		30.00	30
1986	Medieval	500		30.00	30
1986	Nast	500		30.00	30
1986	Pioneer	500		30.00	30
1986	Russian	500		30.00	30
1986	Soda Pop	500		30.00	30
1986	St. Nicholas	500		30.00	30
1986	Victorian	500		30.00	30
1986	Wassail	500		30.00	30
1986	Set of 12	500		360.00	360-495

Painted Pewter Miniatures-Santa 2nd Series - Duncan Royale

YEAR ISSUE		EDITION LIMIT	YEAR RETD.	ISSUE PRICE	QUOTE U.S.$
1988	Alsace Angel	500		30.00	30
1988	Babouska	500		30.00	30
1988	Bavarian	500		30.00	30
1988	Befana	500		30.00	30
1988	Frau Holda	500		30.00	30
1988	Lord of Misrule	500		30.00	30
1988	Magi	500		30.00	30
1988	Mongolian	500		30.00	30
1988	Odin	500		30.00	30
1988	Pixie	500		30.00	30
1988	Sir Christmas	500		30.00	30
1988	St. Lucia	500		30.00	30
1988	Set of 12	500		360.00	360-495

Woodland Fairies - Duncan Royale

YEAR ISSUE		EDITION LIMIT	YEAR RETD.	ISSUE PRICE	QUOTE U.S.$
1988	Almond Blossom	Retrd.	1993	70.00	70
1988	Apple	Retrd.	1994	70.00	70
1988	Calla Lily	Retrd.	1994	70.00	70
1988	Cherry	10,000		70.00	70
1988	Chestnut	10,000		70.00	70
1988	Christmas Tree	Retrd.	1993	70.00	70
1988	Elm	10,000		70.00	70
1988	Guilder Rose	Retrd.	1994	70.00	70
1988	Lime Tree	Retrd.	1993	70.00	70
1988	Mulberry	10,000		70.00	70
1988	Pear Blossom	Retrd.	1993	70.00	70
1988	Pine Tree	10,000		70.00	70
1988	Poplar	10,000		70.00	70
1988	Sycamore	Retrd.	1993	70.00	70

eggspressions! inc.

Childrens Collection - eggspressions

YEAR ISSUE		EDITION LIMIT	YEAR RETD.	ISSUE PRICE	QUOTE U.S.$
1994	Jessica	125		240.00	240
1994	Purr-fect Hug	250	1994	150.00	150
1994	Skip A Long	250		118.00	118
1994	Teddy Bear Sing Along	250		114.00	114

Christmas Collection - eggspressions

YEAR ISSUE		EDITION LIMIT	YEAR RETD.	ISSUE PRICE	QUOTE U.S.$
1994	Angel of Hope	250		130.00	130
1994	Angel of Love	250		110.00	110
1994	Beary Blue Christmas	250		98.00	98
1994	Beary Pink Christmas	250		98.00	98
1994	Caroling Mice	250		120.00	120
1994	Christmas Joy	250		104.00	104
1994	Frosty's Cheer	500		64.00	64
1994	O' Holy Night	250		160.00	160
1994	Old St. Nicholas	500		64.00	64
1994	Santas Little Elves	250		130.00	130
1994	Santas Little Sweetheart	100		98.00	98

Clown Collection - eggspressions

YEAR ISSUE		EDITION LIMIT	YEAR RETD.	ISSUE PRICE	QUOTE U.S.$
1994	Happy Thoughts	Open		78.00	78
1994	Spring Frolic	Open		64.00	64

Curio Collection - eggspressions

YEAR ISSUE		EDITION LIMIT	YEAR RETD.	ISSUE PRICE	QUOTE U.S.$
1995	Cabbage Patch	250		105.00	105
1992	Winter Colt (Stand)	Open		104.00	104
1992	Winter Song	Open		99.00	115

Easter Collection - eggspressions

YEAR ISSUE		EDITION LIMIT	YEAR RETD.	ISSUE PRICE	QUOTE U.S.$
1994	Chicks & Bunnies	Open		88.00	88
1994	Dinner for Six	Open		98.00	98
1994	Easter Preparation	Open		84.00	84
1994	Grandmas Goodies	Open		99.00	99
1994	Grandpas Tricks	Open		90.00	90
1994	Home Sweet Home	Open		120.00	120
1994	Playing Grown-Up	Open		84.00	84
1994	Pre-School Play	Open		108.00	108
1994	Sweet Dreams	Open		99.00	99

Hand Carved - eggspressions

YEAR ISSUE		EDITION LIMIT	YEAR RETD.	ISSUE PRICE	QUOTE U.S.$
1992	Angelica	Open		50.00	50
1992	Bells	Open		60.00	60
1992	Birth Day! - April	Open		48.00	48
1992	Birth Day! - August	Open		48.00	48
1992	Birth Day! - December	Open		48.00	48
1992	Birth Day! - February	Open		48.00	48
1992	Birth Day! - January	Open		48.00	48
1992	Birth Day! - July	Open		48.00	48
1992	Birth Day! - June	Open		48.00	48
1992	Birth Day! - March	Open		48.00	48
1992	Birth Day! - May	Open		48.00	48
1992	Birth Day! - November	Open		48.00	48
1992	Birth Day! - October	Open		48.00	48
1992	Birth Day! - September	Open		48.00	48
1992	Butterfly Wings	Open		59.00	59
1992	Dogwood	Open		56.00	56
1992	Fantasia	Open		55.00	55
1992	Gabriela	Open		48.00	48
1992	Misty Rose	Open		50.00	50
1992	Poinsettia	Open		65.00	65
1992	Snowflake	Open		54.00	54
1992	Summer Rose	Open		51.00	51
1992	Tabitha	Open		48.00	48
1992	Tannenbaum	Open		62.00	62
1992	Welcome Candle	Open		64.00	64

Hand Painted - eggspressions

YEAR ISSUE		EDITION LIMIT	YEAR RETD.	ISSUE PRICE	QUOTE U.S.$
1992	America's Pride	Open		139.00	139
1992	Brrr Rabbit	Open		139.00	139
1992	Buttercup	Open		85.00	85
1992	Lobo	Open		85.00	85
1992	Serena	Open		139.00	139
1992	Slumbering Steggy	Open		85.00	85
1992	Star Prancer	Open		139.00	139
1992	Tryke	Open		90.00	90
1992	Warrior's Pride	Open		85.00	85

Hanging Christmas - eggspressions

YEAR ISSUE		EDITION LIMIT	YEAR RETD.	ISSUE PRICE	QUOTE U.S.$
1992	Bill & Coo	Open		53.00	55
1992	Candyland	Open		94.00	100
1992	Cardinals	Open		58.00	70
1992	Choo Choo Christmas	Open		124.00	130
1992	Christmas Curiosity	Open		104.00	110
1992	Drummer Bear	Open		97.00	100
1992	In Tune	Open		120.00	130
1992	Santa's Workshop	125		150.00	150
1992	Tiny Treasures	Open		100.00	110
1992	Waiting	Open		92.00	100
1992	Winter Haven	Open		98.00	105
1992	Winter Wonderland	Open		98.00	105

Hanging Collectibles - eggspressions

YEAR ISSUE		EDITION LIMIT	YEAR RETD.	ISSUE PRICE	QUOTE U.S.$
1995	Angel Divine	250		120.00	120
1992	Apple Blossom Bouquet	Open		62.00	62
1992	Blue Birds of Happiness	Open		79.00	79
1995	Coo	250		115.00	115
1992	Golden Crystal	Open		145.00	145
1995	Harvest Fairy	Open		95.00	95
1992	Isadora	Open		110.00	130
1992	Kewpie Doll	Open		99.00	110
1992	Love Duet	Open		125.00	140
1992	Love in Flight	Open		95.00	100
1992	McGregor's Garden	Open		98.00	105
1992	Romantique	Open		66.00	75
1992	Winter Colt	Open		104.00	104

Jeweled Baskets - eggspressions

YEAR ISSUE		EDITION LIMIT	YEAR RETD.	ISSUE PRICE	QUOTE U.S.$
1994	Absolutely Amethyst	Open		98.00	98
1994	Black Tie	Open		178.00	178
1994	Jaded Jealousy	Open		158.00	158
1994	Pastels & Pearls	Open		112.00	112
1994	Pristine Pearls	Open		118.00	118
1994	Rose Marie	Open		98.00	98

Keepsake Collection - eggspressions

YEAR ISSUE		EDITION LIMIT	YEAR RETD.	ISSUE PRICE	QUOTE U.S.$
1994	Eternity	250		170.00	170
1994	Golden Harmony	250		160.00	160
1994	Passion	25		500.00	500

Music Boxes - eggspressions

YEAR ISSUE		EDITION LIMIT	YEAR RETD.	ISSUE PRICE	QUOTE U.S.$
1995	Angel Bunny	250		220.00	220
1994	Holiday Memories	250		190.00	190
1994	Making Spirits Bright	25		300.00	300

Musical Treasure Chests - eggspressions

YEAR ISSUE		EDITION LIMIT	YEAR RETD.	ISSUE PRICE	QUOTE U.S.$
1992	Laura	Open		115.00	115
1992	Maria	Open		115.00	115

Natures Collection - eggspressions

YEAR ISSUE		EDITION LIMIT	YEAR RETD.	ISSUE PRICE	QUOTE U.S.$
1994	Love Birds	250		118.00	118
1994	Mother's Pride	250		120.00	120
1994	Spring Melody	250		130.00	130

Romance Collection - eggspressions

YEAR ISSUE		EDITION LIMIT	YEAR RETD.	ISSUE PRICE	QUOTE U.S.$
1994	Lavender Love	250		130.00	130
1994	Serenade	250		120.00	120
1994	Serenity	250		114.00	114
1994	Wedding in White	250		160.00	160

Southwesten Collection - eggspressions

YEAR ISSUE		EDITION LIMIT	YEAR RETD.	ISSUE PRICE	QUOTE U.S.$
1992	Kachina	Open		112.00	130
1992	Storyteller	Open		112.00	130

Treasure Chests - eggspressions

YEAR ISSUE		EDITION LIMIT	YEAR RETD.	ISSUE PRICE	QUOTE U.S.$
1992	Blush	Open		105.00	105
1992	Ebony	Open		105.00	105
1992	Elegant Choice	Open		167.00	167
1992	Midas	Open		105.00	105
1992	Mint Julep	Open		98.00	98
1992	Pearl	Open		98.00	98
1992	Secret Garden	Open		158.00	158
1992	Silver Jewels	Open		105.00	105
1992	Skye	Open		98.00	98
1992	Velvet Princess	Open		170.00	170
1992	Yellow Rose	Open		105.00	105

Whimsical - eggspressions

YEAR ISSUE		EDITION LIMIT	YEAR RETD.	ISSUE PRICE	QUOTE U.S.$
1992	Colours	Open		45.00	55
1992	Kris Kringle	Open		38.00	45
1992	Marcella	Open		38.00	45
1992	Miss Ellie	Open		38.00	45
1992	Peter	Open		38.00	45
1992	Petunia	Open		38.00	45

Wilderness Collection - eggspressions

YEAR ISSUE		EDITION LIMIT	YEAR RETD.	ISSUE PRICE	QUOTE U.S.$
1992	Daytime Den	Open		124.00	124
1992	Dear One	Open		98.00	100
1992	Family Outing	Open		98.00	100
1992	Oh, Nuts	Open		98.00	98
1992	Togetherness	Open		95.00	100

Enchantica

Enchantica Collectors Club - Various

YEAR ISSUE		EDITION LIMIT	YEAR RETD.	ISSUE PRICE	QUOTE U.S.$
1991	Snappa on Mushroom-2101 - A. Bill	Retrd.	1991	Gift	100
1991	Rattajack with Snail-2102 - A. Bill	Retrd.	1991	60.00	60-105
1992	Jonquil-2103 - A. Hull	Retrd.	1992	Gift	60
1992	Ice Demon-2104 - K. Fallon	Retrd.	1992	85.00	125
1992	Sea Dragon-2106 - A. Bill	Retrd.	1993	99.00	200
1993	White Dragon-2107 - A. Bill	Retrd.	1993	Gift	175
1993	Jonquil's Flight-2108 - A. Bill	Retrd.	1993	140.00	300
1994	Verratus-2111 - A. Bill	Retrd.	1994	Gift	50
1994	Mimmer-Spring Fairy-2112 - A. Bill	Retrd.	1994	100.00	100
1994	Gorgoyle Cameo piece-2113 - K. Fallon	Retrd.	1994	Gift	N/A
1995	Destroyer-2116 - A. Hull	Yr.Iss.		100.00	100
1995	Cloudbreaker-2115 - J. Oliver	Yr.Iss.		Gift	N/A

Retired Enchantica Collection - Various

YEAR ISSUE		EDITION LIMIT	YEAR RETD.	ISSUE PRICE	QUOTE U.S.$
1990	Arangast - Summer Dragon-2026 - K. Fallon	Retrd.	1992	165.00	250
1991	Bledderag, Goblin Twin-2048 - K. Fallon	Retrd.	1993	115.00	140
1988	Blick Scoops Crystals-2015 - A. Bill	Retrd.	1991	47.00	60
1992	Breen - Carrier Dragon-2053 - K. Fallon	Retrd.	1993	156.00	155-160
1990	Cellandia-Summer Fairy-2029 - K. Fallon	Retrd.	1992	115.00	150
1989	Chuckwalla-2021 - A. Bill	Retrd.	1994	43.00	60
1992	Desert Dragon-2064 - A. Bill	Retrd.	1994	175.00	175
1994	Escape (5th Anniversary)-2110 - A. Bill	Retrd.	1994	250.00	320
1988	Fantazar- Spring Wizard-2016 - A. Bill	Retrd.	1991	132.50	400
1991	Flight to Danger-2044 - K. Fallon	Retrd.	1991	3000.00	6000
1990	Fossfex - Autumn Fairy-2030 - K. Fallon	Retrd.	1992	115.00	150
1991	Furza - Carrier Dragon-2050 - K. Fallon	Retrd.	1993	137.50	165-170
1988	Gorgoyle - Spring Dragon-2017 - A. Bill	Retrd.	1991	132.50	375
1991	Grawlfang '91 Winter Dragon-2046 - A. Bill	Retrd.	1994	295.00	295
1989	Grawlfang - Winter Dragon-2019 - A. Bill	Retrd.	1991	132.50	425
1988	Hepna Pushes Truck-2014 - A. Bill	Retrd.	1994	47.00	60
1988	Hest Checks Crystals-2013 - A. Bill	Retrd.	1994	47.00	60
1989	Hobba, Hellbenders Twin Son-2023 - A. Bill	Retrd.	1992	69.00	105
1993	Ice Dragon-2109 - A. Bill	Retrd.	1994	95.00	95
1988	Jonquil- Dragons Footprint-2004 - A. Bill	Retrd.	1991	55.00	85-110
1992	Manu Manu-Peeper-2105 - A. Bill	Retrd.	1993	40.00	50
1991	Ogrod-Ice Troll-2032 - A. Bill	Retrd.	1994	235.00	235
1991	Okra, Goblin Princess-2031 - K. Fallon	Retrd.	1994	105.00	105
1989	Old Yargle-2020 - A. Bill	Retrd.	1994	55.00	75-200
1992	Olm & Sylphen, Mer-King & Queen-2059 - A. Bill	Retrd.	1994	350.00	N/A
1990	Orolan-Summer Wizard-2025 - A. Bill	Retrd.	1992	165.00	250
1991	Quillion-Autumn Witch-2045 - A. Bill	Retrd.	1994	205.00	205
1988	Rattajack - Circles-2003 - A. Bill	Retrd.	1993	40.00	60-75
1988	Rattajack - My Ball-2001 - A. Bill	Retrd.	1993	40.00	60-75

FIGURINES/COTTAGES

Enchantica to Enesco Corporation

YEAR ISSUE		EDITION LIMIT	YEAR RETD.	ISSUE PRICE	QUOTE U.S.$
1988	Rattajack - Please-2000 - A. Bill	Retrd.	1993	40.00	60-75
1988	Rattajack - Terragon Dreams-2002 - A. Bill	Retrd.	1993	40.00	60-75
1991	Rattajack-Up & Under-2038 - A. Bill	Retrd.	1994	65.00	65
1991	Samphire-Carrier Dragon-2049 - A. Bill	Retrd.	1994	137.50	138
1988	Snappa Climbs High-2008 - A. Bill	Retrd.	1993	25.00	60
1988	Snappa Finds a Collar-2009 - A. Bill	Retrd.	1992	25.00	60
1988	Snappa Dozes Off-2011 - A. Bill	Retrd.	1993	25.00	60
1988	Snappa Hatches Out-2006 - A. Bill	Retrd.	1991	25.00	55
1991	Snappa Nods Off-2043 - A. Hull	Retrd.	1994	30.00	30
1988	Snappa Plays Ball-2010 - A. Bill	Retrd.	1993	25.00	60
1991	Snappa Posing-2042 - A. Hull	Retrd.	1994	30.00	30
1991	Snappa Tumbles-2047 - A. Hull	Retrd.	1994	30.00	30
1988	Snappa's First Feast-2007 - A. Bill	Retrd.	1993	25.00	60
1991	Snappa-Snowdrift-2041 - A. Hull	Retrd.	1994	30.00	30
1991	Snarlgard - Autumn Dragon-2034 - K. Fallon	Retrd.	1992	337.00	350
1992	Sorren & Gart-2054 - K. Fallon	Retrd.	1994	220.00	N/A
1992	Spring Wizard and Yim-2060 - A. Bill	Retrd.	1993	410.00	425
1990	The Swamp Demon-2028 - K. Fallon	Retrd.	1992	69.00	90
1988	Tarbet with Sack-2012 - A. Bill	Retrd.	1991	47.00	50-60
1992	Thrace-Gladiator-2061 - K. Fallon	Retrd.	1993	280.00	375
1992	The Throne Citadel-2063 - J. Woodward	Retrd.	1994	2000.00	2000
1990	Tuatara-Evil Witch-2027 - A. Bill	Retrd.	1994	174.00	174
1989	Vrorst - The Ice Sorcerer-2018 - A. Bill	Retrd.	1991	155.00	550
1991	Waxifrade - Autumn Wizard-2033 - K. Fallon	Retrd.	1992	265.00	300-350

Enesco Corporation

Cherished Teddies - P. Hillman

YEAR ISSUE		EDITION LIMIT	YEAR RETD.	ISSUE PRICE	QUOTE U.S.$
1993	Baby Blocks Displayer- CRT004	Open		40.00	40
1994	Nursery Rhyme Books - CRT013	Open		40.00	40
1995	Boy Bear Cupid - 103551	Suspd.		17.50	18
1995	Girl Bear Cupid - 103586	Suspd.		15.00	15
1995	Cupid Boy/Girl Double - 103594	Suspd.		25.00	25
1995	Boy Bear Flying Cupid - 103608	Open		13.00	13
1995	Girl Bear Flying Cupid - 103616	Open		13.00	13
1995	Bear Cupid Girl 2AT - 103640	Suspd.		15.00	15
1995	Cupid Baby on Pillow 2 Asst - 103659	Suspd.		13.50	14
1995	Margaret Bear in Green Teacup - 103667	Open		20.00	20
1995	Hope Girl Bear W/Tulip - 103764	Suspd.		20.00	20
1995	Gail Girl Bear W/Daisies - 103772	Suspd.		20.00	20
1995	Lisa Girl Bear W/Purse - 103780	Suspd.		20.00	20
1995	Donald Boy Bear W/Pull-Toy Bunny - 103799	Suspd.		20.00	20
1995	Bunny Baby Bear in Egg - 103802	Suspd.		13.50	14
1995	Jennifer Girl Bear in Wheelbarrow - 103810	Suspd.		22.50	23
1995	Melissa Girl Bear W/Pull Toy Bunny - 103829	Suspd.		20.00	20
1995	Christian Boy Bear W/Puppy Communion - 103837	Open		18.50	19
1995	Christine Girl Bear W/Doll Communion - 103845	Open		18.50	19
1995	Kevin Irish Boy Holding Shamrock - 103896	Suspd.		12.50	13
1995	Peter Boy Bear W/Bunny Ears - 104973	Suspd.		17.50	18
1995	Sculpted Irish Plaque - 110981	Suspd.		13.50	14
1995	Boy Graduation Bear - 127949	Open		12.50	13
1995	Girl Graduation Bear - 127957	Open		12.50	13
1995	Bear W/Robe/Hot Water Bttle - 127965	Open		15.00	15
1995	Tucker & Travis Bear Boys W/Toys - 127973	Open		25.00	25
1995	Allison & Alexandria Girl Bears W/Toy Bears - 127981	Open		25.00	25
1995	Seth & Sarabeth Girl/Boy Hugging Dbl - 128015	Open		25.00	25
1995	Dorothy, Millie, Christy Girl W/Bonnet 3 Asst - 128023	Open		12.50	13
1995	Priscilla & Greta St/3 Girl Bears/Chair - 128031	19950		50.00	50
1995	Girl Bear on Ottoman Musical - 128058	Open		55.00	55
1995	Earl Bear Dressed as Snowman - 131873	Open		17.50	18
1995	Madeline Bear in Blue Teacup - 135593	Open		20.00	20
1995	Marilyn Bear in Pink Teacup - 135682	Open		20.00	20
1995	Maureen Irish Girl Holding Shamrock - 135690	Suspd.		20.00	20
1995	Nickolas Santa Claus Ltd - 141100	Yr.Iss.		20.00	20
1995	Holly Mrs. Claus - 141119	Open		18.50	19
1995	Ginger Elf Painting Rocking Horse - 141127	Open		22.50	23
1995	Meri Elf Sewing Bear - 141135	Open		20.00	20
1995	Yule Elf Building Boat - 141143	Open		22.50	23
1995	Amanda Grl Hldg Tray/Cookies Dtd95 - 141186	Open		17.50	18
1995	Kristen Sitting with Penguins - 141194	Open		20.00	20
1995	Celeste Angel W/Camel Pull Toy - 141267	Open		20.00	20
1995	Pat Girl in Barrel W/Pinwheel - 141313	Open		22.50	23
1995	Carrie Girl Gypsy with Bear - 141321	Open		18.50	19
1995	Bea Bumblebee W/Pot of Honey - 141348	Open		15.00	15
1995	Santa's Workshop Nightlight - 141925	Open		75.00	75
1995	Beary Scary Halloween House - 152382	Open		20.00	20
1994	Tiny Ted-Bear "God Bless Us Every One" - 614777	Open		10.00	10
1994	Jacob Bearly "You Will Be Haunted By Three Spirits" - 614785	Open		17.50	18
1994	Gloria "Ghost of Christmas Past," Garland "Ghost Of Christmas Present", Gabriel "Ghost of Christmas Yet To Come" - 614807	Open		55.00	55
1994	Thanksgiving Quilt -617075	Open		12.00	12
1994	Jedediah "Giving Thanks For Friends" - 617091	Open		17.50	18
1994	Patience "Happiness Is Homemade" - 617105	Open		17.50	18
1994	Phoebe "A Little Friendship Is A Big Blessing" - 617113	Open		13.50	14
1994	Wylie "I'm Called Little Friend" - 617121	Open		15.00	15
1994	Stacie "You Lift My Spirit" - 617148	Open		18.50	19
1994	Taylor "Sail The Seas With Me" - 617156	Open		15.00	15
1994	Willie "Bears Of A Feather Stay Together" -617164	Open		15.00	15
1994	Winona "Fair Feather Friends" - 617172	Open		15.00	15
1994	Breanna "Pumpkin Patch Pals" - 617180	Open		15.00	15
1994	Ingrid "Bundled Up With Warm Wishes" Dated 1994 - 617237	Yr.Iss.		20.00	20
1994	Nils "Near And Dear For Christmas" - 617245	Open		22.50	23
1994	Ebearneezer Scrooge "Bah Humbug!" - 617296	Open		17.50	18
1994	Mrs. Cratchit "A Beary Christmas And Happy New Year!" - 617318	Open		18.50	19
1994	Bear Cratchit "And A Very Merry Christmas To You Mr. Scrooge" - 617326	Open		17.50	18
1994	Counting House - 622788	Open		75.00	75
1994	Eric "Bear Tidings Of Joy" - 622796	Open		22.50	23
1994	Sonja "Holiday Cuddles" - 622818	Open		20.00	20
1994	Jack & Jill "Our Friendship Will Never Tumble" - 624772	Open		30.00	30
1994	Little Jack Horner "I'm Plum Happy You're My Friend" - 624780	Open		20.00	20
1994	Little Miss Muffet "I'm Never Afraid With You At My Side" - 624799	Open		20.00	20
1994	Little Bo Peep "Looking For A Friend Like You" - 624802	Open		22.50	23
1994	Tom, Tom The Piper's Son "Wherever You Go I'll Follow" - 624810	Open		20.00	20
1994	Older Son "Child Of Pride" - 624829	Open		10.00	10
1994	Young Son "Child of Hope" - 624837	Open		9.00	9
1994	Older Daughter "Child Of Love" - 624845	Open		10.00	10
1994	Young Daughter "Child Of Kindness" - 624853	Open		9.00	9
1994	Mother "A Mother's Love Bears All Things" - 624861	Open		20.00	20
1994	Father "A Father Is The Bearer Of Strength" - 624888	Open		13.50	14
1994	Billy "Everyone Needs A Cuddle", Betsey "First Step To Love" Bobbie "A Little Friendship To Share" - 624896	Open		12.50	13
1994	"Smooth Sailing" (Musical) - 624926	Open		60.00	60
1994	"Some Bunny Loves You" (Musical) - 625302	Open		60.00	60
1995	Bear as Bunny Jointd Actn Muscl - 625302	Open		12.50	13
1994	Betty "Bubblin' Over With Love" - 626066	Open		18.50	19
1994	Mary, Mary Quite Contrary "Friendship Blooms With Loving Care" - 626074	Open		22.50	23
1994	Katie "A Friend Always Knows When You Need A Hug" (Musical) -627445	Open		45.00	45
1994	Christopher "Old Friends Are The Best Friends" (Musical) - 627453	Open		60.00	60
1994	"My Favorite Things - A Cuddle And You" - 628565	Open		150.00	150
1994	"Tis The Season For Deer Friends" (Musical) - 629618	Open		165.00	165
1994	Wyatt "I'm Called Little Runnig Bear" - 629707	Open		15.00	15
1994	Cow "That's What Friends Are For" - 651095	Open		22.50	23
1994	Cratchit's House - 651362	Open		75.00	75
1994	"Bundled Up For The Holidays" (Musical) - 651435	Open		100.00	100
1994	"A Playful Friend" (Musical) - 699314	Open		60.00	60
1994	"Cuddle Me With Love" (Musical) - 699322	Open		60.00	60
1994	Robbie & Rachel "Love Bears All Things" (Musical) - 699349	Open		50.00	50
1995	Cupid Boy Sitting 2 Asst - 869074	Suspd.		13.50	14
1995	Cupid Boy/Girl Double 2 Asst - 869082	Suspd.		18.50	19
1993	Abigail "Inside We're All The Same" - 900362	Suspd.		16.00	16
1993	Theadore, Samantha & Tyler, "Our Friendship Weathers All Storms" (Musical) - 903337	Suspd.		60.00	60
1993	Alice "Cozy Warm Wishes Coming Your Way" (9") - 903620	Suspd.		100.00	35-50
1993	"Friends Like You Are Precious And Few" - 904309	Open		30.00	30
1993	Theadore, Samantha & Tyler "Friendship Weathers All Storms" (musical) - 904546	Suspd.		170.00	170
1993	Daisy "Friendship Blossoms With Love" - 910651	Suspd.		15.00	100-200
1993	Charity "I Found A Friend In Ewe" - 910678	Suspd.		20.00	40-65
1993	Henrietta "A Basketful of Wings" - 910686	Suspd.		22.50	40-65
1993	Chelsea "Good Friends Are A Blessing" -910694	Retrd.	1995	15.00	40-100
1993	Heidi & David "Special Friends" - 910708	Suspd.		25.00	25
1993	Priscilla "Love Surrounds Our Friendship" - 910724	Open		15.00	15
1993	Amy "Hearts Quilted With Love" - 910732	Open		13.50	14
1993	Timothy "A Friend Is Forever" - 910740	Suspd.		15.00	15
1993	Molly "Friendship Softens A Bumpy Ride" - 910759	Suspd.		30.00	30
1993	Marie "Friendship Is A Special Treat" - 910767	Open		20.00	20
1993	Michael & Michelle "Friendship Is A Cozy Feeling" - 910775	Suspd.		30.00	30
1993	"Chalking Up Six Wishes" Age 6 - 911283	Open		16.50	17
1993	"Color Me Five" Age 5 - 911291	Open		15.00	15
1993	"Unfolding Happy Wishes Four You" Age 4 - 911305	Open		15.00	15
1993	"Three Cheers For You" Age 3 - 911313	Open		15.00	15
1993	"Two Sweet Two Bear" Age 2 - 911321	Open		13.50	14
1993	"Beary Special One" Age 1 - 911348	Open		13.50	14
1993	"Cradled With Love" Baby - 911356	Open		16.50	17
1993	Tracie & Nicole "Side By Side With Friends" - 911372	Open		35.00	35
1993	Robbie & Rachel "Love Bears All Things" - 911402	Open		27.50	28
1993	Patrick "Thank You For A Friend That's True" - 911410	Open		18.50	19
1993	Patrice "Thank You For The Sky So Blue" - 911429	Open		18.50	19
1993	Thomas "Chuggin' Along", Jonathon "Sail With Me", Harrison "We're Going Places" - 911739	Open		15.00	15
1993	Freda & Tina "Our Friendship Is A Perfect Blend" - 911747	Open		35.00	35
1993	Miles "I'm Thankful For A Friend Like You" - 912751	Open		17.00	17
1993	Gretel "We Make Magic, Me And You" - 912778	Open		18.50	19
1993	Gary "True Friendships Are Scarce" - 912786	Open		18.50	19
1993	Connie "You're A Sweet Treat" - 912794	Open		15.00	15
1993	Prudence "A Friend To Be Thankful For" - 912808	Open		17.00	17
1993	Buckey & Brenda "How I Love Being Friends With You" - 912816	Suspd.		15.00	15
1993	Mary "A Special Friend Warms The Season" - 912840	Open		25.00	25
1993	"Cherish The King" (Musical) - 912859	Suspd.		60.00	60
1993	"Friendship Pulls Us Through" & "Ewe Make Being Friends Special" - 912867	Open		13.50	14
1993	Alice "Cozy Warm Wishes Coming Your Way" Dated 1993 - 912875	Yr.Iss.		17.50	26-45
1993	Theadore, Samantha & Tyler "Friendship Weathers All Storms" (9") - 912883	Suspd.		160.00	160
1994	Ronnie "I'll Play My Drum For You" - 912905	Open		13.50	14
1993	Carolyn "Wishing You All Good Things" - 912921	Open		22.50	23
1993	Hans "Friends In Toyland" - 912956	Suspd.		20.00	20
1993	"Sharing The Season Together" (Musical) - 912964	Open		40.00	40
1993	"Thank You For A Friend That's True" ((Musical) - 914304	Open		37.50	38
1993	"Thank You For The Sky So Blue" (Musical) - 914312	Open		37.50	38
1993	"Cradled With Love" (Musical) - 914320	Open		60.00	60
1995	Jack January Monthly - 914754	Open		15.00	15
1995	Phoebe February Monthly - 914762	Open		15.00	15
1995	Mark March Monthly - 914770	Open		15.00	15
1995	Alan April Monthly - 914789	Open		15.00	15
1995	May May Monthly - 914797	Open		15.00	15

FIGURINES/COTTAGES

YEAR ISSUE		EDITION LIMIT	YEAR RETD.	ISSUE PRICE	QUOTE U.S.$
1995	June June Monthly - 914800	Open		15.00	15
1995	Julie July Monthly - 914819	Open		15.00	15
1995	Arthur August Monthly - 914827	Open		15.00	15
1995	Seth September Monthly - 914835	Open		15.00	15
1995	Oscar October Monthly - 914843	Open		15.00	15
1995	Nichole November Monthly - 914851	Open		15.00	15
1995	Denise December Monthly - 914878	Open		15.00	15
1994	Elizabeth & Ashley "My Beary Best Friend" - 916277	Suspd.		25.00	25
1994	Victoria "From My Heart To Yours" - 916293	Suspd.		16.50	35-60
1994	Kelly "You're My One And Only" -916307	Suspd.		15.00	15
1994	Nancy "Your Friendship Makes My Heart Sing" - 916315	Suspd.		15.00	15
1994	"Friendship Is Love That Lasts" (Musical) - 916323	Open		45.00	45
1994	Becky "Springtime Happiness" - 916331	Suspd.		20.00	20
1994	Courtney "Springtime Is A Blessing From Above" - 916390	Suspd.		15.00	40
1994	Bessie "Some Bunny Loves You" - 916404	Suspd.		15.00	40-55
1994	Faith "There's No Bunny Like You" - 916412	Suspd.		20.00	45
1994	Henry "Celebrating Spring With You" - 916420	Suspd.		20.00	33
1994	Sean "Luck Found Me A Friend In You" - 916439	Suspd.		12.50	13
1994	Kathleen "Luck Found Me A Friend In You" - 916447	Suspd.		12.50	13
1994	Oliver & Olivia "Will You Be Mine?" - 916641	Suspd.		25.00	25
1992	Camille "I'd Be Lost Without You" - 950424	Open		20.00	20
1992	Sara "Lov Ya" Jacki Hugs & Kisses", Karen "Best Buddy" - 950432	Open		10.00	10
1992	Katie "A Friend Always Knows When You Need A Hug" - 950440	Open		20.00	20
1992	Anna "Hooray For You" - 950459	Open		22.50	23
1992	Jasmine "You Have Touched My Heart" - 950475	Suspd.		22.50	23
1992	Christopher "Old Friends Are The Best Friends" 950483	Open		50.00	50
1992	Zachary "Yesterday's Memories Are Today's Treasures" - 950491	Open		30.00	30
1992	Theadore, Samantha & Tyler "Friends Come In All Sizes" - 950505	Open		20.00	20
1992	Nathaniel & Nellie "It's Twice As Nice With You" - 950513	Open		30.00	30
1992	Jeremy "Friends Like You Are Precious And Few" - 950521	Retrd.	1995	15.00	24
1992	Benji "Life Is Sweet, Enjoy" - 950548	Retrd.	1995	13.50	30
1992	Joshua "Love Repairs All" - 950556	Open		20.00	20
1992	Blossom & Beth "Friends Are Never Far Apart" - 950564	Open		50.00	50
1992	Mandy "I Love You Just The Way You Are" - 950572	Retrd.	1995	15.00	30
1992	Beth "Bear Hugs" - 950637	Retrd.	1995	17.50	27
1992	Blossom & Beth "Friends Are Never Far Apart" Musical - 950645	Open		60.00	60
1992	Douglas "Let's Be Friends" - 950661	Retrd.	1995	20.00	30
1992	Maria, Baby & Josh "A Baby Is God's Gift of Love" "Everyone Needs a Daddy"- 950688	Open		35.00	35
1992	Richard "My Gift Is Loving", Edward "My Gift Is Caring", Wilbur"My Gift Is Sharing" - 950718	Open		55.00	55
1992	Sammy "Little Lambs Are In My Care" - 950726	Open		17.50	18
1992	Jacob "Wishing For Love" - 950734	Open		22.50	23
1992	Theadore, Samantha & Tyler "Friendship Weathers All Storms" - 950769	Open		20.00	20
1992	Beth "Happy Holidays, Deer Friend" - 950807	Suspd.		22.50	23
1992	Beth "Happy Holidays, Deer Friend" (Musical) - 950815	Suspd.		60.00	60
1992	Charlie "The Spirit of Friendshiip Warms The Heart" - 950815	Open		22.50	23
1992	Signage Plaque - 951005	Open		15.00	15
1992	Steven "A Season Filled With Sweetness" - 951129	Open		20.00	20
1992	Angie "I Brought The Star" - 951137	Open		15.00	15
1992	Theadore, Samantha & Tyler (9") "Friends Come In All Sizes" - 951196	Open		130.00	130
1992	Creche & Quilt - 951218	Open		50.00	50

Cherished Teddies Club - P. Hillman

1995	Cub E. Bear CT001	Yr.Iss.		Gift	N/A
1995	Mayor Wilson T.Beary CT951	Yr.Iss.		20.00	20
1995	Hilary Hugabear CT952	Yr.Iss.		17.50	18

Cherished Teddies Special Limited Edition - P. Hillman

1993	Teddy & Roosevelt "The Book of Teddies 1903-1993" - 624918	Yr.Iss.		20.00	55-85
1993	Holding On To Someone Special-Collector Appreciation Fig.-916285	Yr.Iss.		20.00	100-150
1994	Priscilla Ann "There's No One Like Hue" Collectible Exposition Exclusive available only at Secaucus and South Bend in 1994 and at Long Beach in 1995	Yr.Iss.		24.00	65-125

Cherished Teddies-Enesco/Hamilton Monthly Friends to Cherish - P. Hillman

1993	January-Jack-A New Year With Old Friends 914754	Open		19.50	20
1993	February-Phoebe-Be Mine 914762	Open		19.50	20
1993	March-Mark-Friendship is in the Air 914770	Open		19.50	20
1993	April-Alan-Showers of Friendship 914789	Open		19.50	20
1993	May-May-Friendship is in Bloom 914797	Open		19.50	20
1993	June-June-Planting the Seed of Friendship 914800	Open		19.50	20
1993	July-Julie-A Day in the Park 914819	Open		19.50	20
1993	August-Arthur-Smooth Sailing 914827	Open		19.50	20
1993	September-Seth-School Days 914835	Open		19.50	20
1993	October-Oscar-Sweet Treats 914843	Open		19.50	20
1993	November-Nichole-Thanks For Friends 914851	Open		19.50	20
1993	December-Denise-Happy Holidays, Friend 914878	Open		19.50	20

Maud Humphrey Bogart - M. Humphrey

1988	Tea And Gossip H1301	Retrd.	N/A	65.00	75
1988	Cleaning House H1303	Retrd.	N/A	60.00	57-175
1988	Susanna H 1305	Retrd.	N/A	60.00	100
1988	Little Chickadees H1306	Retrd.	N/A	65.00	57-108
1988	The Magic Kitten H1308	Retrd.	N/A	66.00	53-120
1988	Seamstress H1309	Retrd.	N/A	66.00	90-150
1988	A Pleasure To Meet You H1310	Retrd.	N/A	65.00	60-178
1988	My First Dance H1311	Retrd.	N/A	60.00	143-176
1988	Sarah H1312	Retrd.	N/A	60.00	185-240
1988	The Bride H1313	19,500		90.00	65-90
1988	Sealed With A Kiss H1316	Retrd.	N/A	45.00	65
1988	Special Friends H1317	Retrd.	N/A	66.00	40-160
1988	School Days H1318	Retrd.	N/A	42.50	48-85
1988	Gift Of Love H1319	Retrd.	N/A	65.00	40-60
1988	My 1st Birthday H1320	Retrd.	N/A	47.00	47
1990	A Little Robin H1347	19,500		55.00	55
1990	Autumn Days H1348	24,500		45.00	45
1990	Little Playmates H1349	19,500		48.00	48
1989	No More Tears H1351	24,500		44.00	44
1989	Winter Fun H1354	Retrd.	N/A	46.00	72-92
1989	Kitty's Lunch H1355	19,500		60.00	48-60
1990	School Lesson H1356	19,500		77.00	70-77
1989	In The Orchard H1373	24,500		33.00	33
1989	The Little Captive H1374	19,500		55.00	55
1989	Little Red Riding Hood H1381	24,500		42.50	43
1989	Little Bo Peep H1382	24,500		45.00	45
1990	Playtime H1383	19,500		60.00	66
1990	Kitty's Bath H1384	19,500		103.00	103
1989	Springtime Gathering H1385	7,500		295.00	295
1989	A Sunday Outing H1386	15,000		135.00	135
1989	Spring Beauties H1387	15,000		135.00	135
1989	The Bride-Porcelain H1388	15,000		125.00	128
1989	Little Chickadees-Porcelain H1389	15,000		125.00	125
1989	Special Friends-Porcelain H1390	15,000		125.00	128
1989	Playing Bridesmaid H5500	19,500		125.00	125
1989	The Magic Kitten-Porcelain H5543	15,000		125.00	125
1990	A Special Gift H5550	19,500		70.00	90
1990	Holiday Surprise H5551	24,500		50.00	50
1990	Winter Friends H5552	19,500		64.00	64
1990	Winter Days H5553	24,500		50.00	50
1990	My Winter Hat H5554	24,500		40.00	40
1991	The Graduate H5559	19,500		75.00	75
1990	A Chance Acquaintance H5589	19,500		70.00	135
1991	Spring Frolic H5590	15,000		170.00	170
1990	Sarah (Waterball) H5594	19,500		75.00	79
1990	Susanna (Waterball) H5595	19,500		75.00	79
1991	Spring Bouquet H5598	24,500		44.00	44
1991	The Pinwheel H5600	24,500		45.00	45
1991	Little Boy Blue H5612	19,500		55.00	55
1991	Little Miss Muffet H5621	24,500		75.00	75
1991	My First Dance-Porcelain H5650	15,000		110.00	110
1991	Sarah-Porcelain H5651	15,000		110.00	110
1991	Susanna-Porcelain H5652	15,000		110.00	110
1991	Tea And Gossip-Porcelain H5653	15,000		132.00	132
1991	Cleaning House (Waterball) H5654	19,500		75.00	75
1991	My First Dance (Waterball) H5655	19,500		75.00	75
1991	Hush A Bye Baby H5695	19,500		62.00	62
1991	All Bundled Up -910015	19,500		85.00	85
1991	Doubles -910023	19,500		70.00	70
1991	Melissa -910031	24,500		55.00	55
1991	My Snow Shovel -910058	19,500		70.00	70
1991	Winter Ride -910066	19,500		60.00	60
1991	Melissa (Waterball) -910074	19,500		40.00	40
1991	Winter Days (Waterball) -915130	19,500		75.00	75
1991	Winter Friends (Waterball) -915149	19,500		75.00	75
1991	My Winter Hat -921017	15,000		80.00	80
1991	Winter Fun -921025	15,000		90.00	90
1992	Spring's Child 910244	24,500		50.00	50
1992	Summer's Child 910252	24,500		50.00	50
1992	Autumn's Child 910260	24,500		50.00	50
1992	Winter's Child 910279	24,500		50.00	50
1992	Jack and Jill 910155	19,500		75.00	75
1992	The Young Artist 910228	19,500		75.00	75
1992	Stars and Stripes Forever 910201	Closed	N/A	75.00	150
1992	New Friends 910171	15,000		125.00	125
1992	Under The Mistletoe 910309	19,500		75.00	75
1992	Hollies For You 910317	24,500		55.00	55
1992	Hush! Santa's Coming 915378	19,500		50.00	50
1992	A Melody For You 915432	Open		60.00	60
1992	The Christmas Carol 915823	24,500		75.00	50-75
1992	Susanna (Musical) 921084	7,500		125.00	125
1992	Sarah (Musical) 921076	7,500		125.00	125
1992	Hollies For You (Musical) 921092	5,000		125.00	125
1993	Tee Time 915386	10,000		50.00	50
1993	The Entertainer 910562	19,500		60.00	60
1993	A Basket Full of Blessings 910147	15,000		55.00	55
1993	Love's First Bloom 910120	15,000		50.00	50
1993	Bedtime Blessings 910236	10,000		60.00	60
1993	Flying Lessons 910139	15,000		50.00	50
1993	Playing Mama 5th Anniv. Figurine 915963	Retrd.	N/A	80.00	80
1993	Playing Mama Event Figurine 915963R	Retrd.	N/A	80.00	80
1994	Marie-Childhood Memories 869619	5,000		35.00	35
1994	Good As New 914924	5,000		100.00	100
1994	Poetry Recital 914959	5,000		80.00	80
1994	Loving Care 914932	5,000		60.00	60
1994	Love To Last A Lifetime - 655627	5,000		45.00	45
1994	Love To Last A Lifetime (Event Only Fig.) - 655627E	2,500		45.00	45
1994	Care To Accompany Me? - 655619	5,000		50.00	50
1994	A Hidden Treasure - 914940	5,000		60.00	60
1994	Gifts Of Happiness - 771015	5,000		50.00	50

Maud Humphrey Bogart Collectors' Club Members Only - M. Humphrey

1991	Friends For Life MH911	Closed	N/A	60.00	85-110
1992	Nature's Little Helper MH921	Closed	N/A	65.00	65
1993	Sitting Pretty MH931	Yr.Iss.		60.00	60

Maud Humphrey Bogart Symbol Of Membership Figurines - M. Humphrey

1991	A Flower For You H5596	Closed	N/A	Unkn.	36
1992	Sunday Best M0002	Closed	N/A	Unkn.	53-60
1993	Playful Companions M0003	Yr.Iss.		Unkn.	Unkn.

Maud Humphrey Bogart Gallery Figurines - M. Humphrey

1991	Mother's Treasures H5619	15,000		118.00	118
1991	Sharing Secrets-910007	15,000		120.00	120
1992	New Friends-910171	15,000		125.00	125
1992	A Little Bird Told Me So-910570	7,500		120.00	120
1993	May I Have This Dance?-915750	Yr.Iss.		110.00	110

Maud Humphrey Bogart Linen and Lace - M. Humphrey

1994	Capture the Moment 912654	2,500		125.00	125
1994	A Dream Come True 916048	2,500		65.00	65
1994	Artist of Her Time 916722	2,500		60.00	60
1994	We Shall Come Rejoicing - 770981	2,500		60.00	60

Maud Humphrey Bogart Victorian Village - M. Humphrey

1993	No.5 Greenwood-9 11569	18,840		50.00	50
1993	Village Sign-911542	Open		12.00	12
1993	No.5 Greenwood Accessories-911534	Open		20.00	20
1993	A.J. Warner-911518	Open		12.00	12
1993	Maud Humphrey-911496	Open		12.00	12
1993	Mabel Humphrey-911933	Open		12.00	12
1993	No.5 Greenwood Collectors' Proof Set-913804	1,868		120.00	120
1994	Country School - 911585	18,740		50.00	50
1994	Humphrey - 911461	Open		12.00	12
1994	Catherine - 911925	Open		12.00	12
1994	Francis 911488	Open		12.00	12
1994	School Accessories - 914223	Open		25.00	25
1994	Country School Collectors Proof Set - 913790	1,868		125.00	125
1994	Amazing Grace Church - 911577	18,360		55.00	55
1994	James - 911445	Open		12.00	12
1994	Sarah - 911437	Open		12.00	12
1994	Elizabeth - 911453	Open		12.00	12
1994	Church Accessories - 914231	Open		18.50	19
1994	Amazing Grace Collectors Proof Set- 913782	1,868		125.00	125
1994	Maud - 654892	Open		12.00	12
1994	Mabel - 654884	Open		12.00	12
1994	A.J. - 654906	Open		12.00	12
1994	Christmas Accesssories - 654914	Open		20.00	20
1994	Christmas Scene Collectors Proof Set - 654876	Open		120.00	120
1994	Christmas Scene - 655457	Open		50.00	50

Memories of Yesterday - M. Attwell

1990	Collection Sign-513156	Retrd.	1993	7.00	7
1989	Blow Wind, Blow-520012	Open		40.00	40

FIGURINES/COTTAGES

Enesco Corporation
to Enesco Corporation

YEAR ISSUE		EDITION LIMIT	YEAR RETD.	ISSUE PRICE	QUOTE U.S.$
1990	Hold It! You're Just Swell-520020	Suspd.		50.00	50
1990	Kiss The Place And Make It Well-520039	Suspd.		50.00	50
1989	Let's Be Nice Like We Was Before-520047	Suspd.		50.00	50
1989	I'se Spoken For-520071	Retrd.	1991	30.00	30-50
1990	Where's Muvver?-520101	Retrd.	1994	30.00	30
1990	Here Comes The Bride And Groom God Bless 'Em!-520136 (musical)	Suspd.		80.00	80
1989	Daddy, I Can Never Fill Your Shoes-520187	Open		30.00	30
1989	This One's For You, Dear-520195	Suspd.		50.00	50
1989	Should I . . . ?-520209	Suspd.		50.00	50
1990	Luck At Last! He Loves Me-520217	Retrd.	1992	35.00	36-58
1989	Here Comes The Bride-God Bless Her! -9"-520527	Retrd.	1990	95.00	95-100
1989	We's Happy! How's Yourself?-520616	Retrd.	1991	70.00	85-150
1989	Here Comes The Bride & Groom (musical) God Bless 'Em-520896	Open		50.00	50
1989	The Long and Short of It-522384	Retrd.	1994	32.50	33
1989	As Good As His Mother Ever Made-522392	Open		32.50	32-40
1989	Must Feed Them Over Christmas-522406	Open		38.50	39
1989	Knitting You A Warm & Cozy Winter-522414	Open		37.50	38
1989	Joy To You At Christmas-522449	Open		45.00	45
1989	For Fido And Me-522457	Open		70.00	70
1990	I'm Not As Backwards As I Looks-523240	Open		32.50	33
1990	I Pray The Lord My Soul To Keep-523259	Open		25.00	25
1990	He Hasn't Forgotten Me-523267	Suspd.		30.00	30
1990	Time For Bed 9"-523275	Retrd.	1991	95.00	125
1990	Got To Get Home For The Holidays-524751(musical)	Retrd.	1994	100.00	100
1990	Hush-A-Bye Baby-524778	Open		80.00	80
1990	Let Me Be Your Guardian Angel-524670	Open		32.50	33
1990	A Dash of Something With Something For the Pot-524727	Open		55.00	55
1990	A Lapful Of Luck-524689	Open		15.00	15
1990	Not A Creature Was Stirrin'-524697	Suspd.		45.00	45
1990	I'se Been Painting-524700	Suspd.		37.50	38
1990	The Greatest Treasure The World Can Hold-524808	Open		50.00	50
1990	Hoping To See You Soon-524824	Suspd.		30.00	30
1991	He Loves Me -9" -525022	Retrd.	1992	100.00	100
1991	Give It Your Best Shot-525561	Open		35.00	35
1991	Wishful Thinking-522597	Open		45.00	45
1991	Them Dishes Nearly Done-524611	Open		50.00	50
1991	Just Thinking 'bout You-523461 (musical)	Suspd.		70.00	70
1991	Who Ever Told Mother To Order Twins?-520063	Open		33.50	34
1991	Tying The Knot-522678	Open		60.00	60
1991	Pull Yourselves Together Girls, Waists Are In-522783	Open		30.00	30
1991	I Must Be Somebody's Darling-524832	Retrd.	1993	30.00	30
1991	We All Loves A Cuddle-524832	Retrd.	1992	30.00	35
1991	Sitting Pretty-522708	Retrd.	1993	40.00	50
1991	Why Don't You Sing Along?-522600	Open		55.00	55
1991	Wherever I Am, I'm Dreaming of You-	Suspd.		40.00	40
1991	Opening Presents Is Much Fun!-524735	Suspd.		37.50	38
1991	I'm As Comfy As Can Be-525480	Suspd.		50.00	50
1991	Friendship Has No Boundaries (Special Understamp)-525545	Yr.Iss.	1991	30.00	30-50
1991	Could You Love Me For Myself Alone?-525618	Retrd.	1994	30.00	30
1991	Good Morning, Little Boo-Boo-525766	Open		40.00	40
1991	S'no Use Lookin' Back Now!-527203	Open		75.00	75
1992	I Pray the Lord My Soul To Keep (musical)-525596	Suspd.		65.00	65
1992	Time For Bed-527076	Open		30.00	30
1992	Now Be A Good Dog Fido-524581	Open		45.00	45
1992	A Kiss From Fido-523119	Suspd.		35.00	35
1992	I'se Such A Good Little Girl Sometimes-522759	Suspd.		30.00	30
1992	Send All Life's Little Worries Skipping-527505	Open		30.00	30
1992	A Whole Bunch of Love For You-522732	Open		40.00	40
1992	Hurry Up For the Last Train to Fairyland-525863	Suspd.		40.00	40
1992	I'se So Happy You Called-526401	Retrd.	1993	100.00	100
1992	I'm Hopin' You're Missing Me Too-525499	Suspd.		55.00	55
1992	You'll Always Be My Hero-524743	Open		50.00	50
1992	Things Are Rather Upside Down-522775	Suspd.		30.00	30
1992	The Future-God Bless 'Em!-524719	Open		37.50	38
1992	Making Something Special For You-525472	Open		45.00	45
1992	Home's A Grand Place To Get Back To Musical-525553	Open		100.00	100
1992	Five Years Of Memories-525669 (Five Year Anniversary Figurine)	Yr.Iss.	1992	50.00	65
1992	Good Night and God Bless You In Every Way!-525634	Suspd.		50.00	50
1992	Collection Sign-527300	Open		30.00	30
1992	Merry Christmas, Little Boo-Boo-528803	Open		37.50	38
1992	Five Years Of Memories Celebrating Our Five Years1992-525669A	500		N/A	N/A
1993	You Do Make Me Happy-520098	Open		27.50	28
1993	Will You Be Mine?-522694	Open		30.00	30
1993	Here's A Little Song From Me To You Musical-522716	Open		70.00	70
1993	Bringing Good Luck To You-522791	Open		30.00	30
1993	With A Heart That's True, I'll Wait For You-524816	Open		50.00	50
1993	Now I Lay Me Down To Sleep-525413 (musical)	Suspd.		65.00	65
1993	The Jolly Ole Sun Will Shine Again-525502	Retrd.	1994	55.00	55
1993	May Your Flowers Be Even Better Than The Pictures On The Packets-525685	Open		37.50	38
1993	You Won't Catch Me Being A Golf Widow-525715	Open		30.00	30
1993	Having A Wash And Brush Up-527424	Open		35.00	35
1993	A Bit Tied Up Just Now-But Cheerio-527467	Open		45.00	45
1993	Hullo! Did You Come By Underground?-527653	Yr.Iss.	1993	40.00	40
1993	Hullo! Did You Come By Underground? Commemorative Issue: 1913-1993 -527653A	500		N/A	N/A
1993	Look Out-Something Good Is Coming Your Way!-528781	Suspd.		37.50	38
1993	Strikes Me, I'm Your Match-529656	Open		27.50	28
1993	Wot's All This Talk About Love?-529737	Retrd.	1994	100.00	100
1993	Do You Know The Way To Fairyland?-530379	Open		50.00	50
1994	Too Shy For Words-525758	Open		50.00	50
1994	Pleasant Dreams and Sweet Repose-(musical)-526592	Open		80.00	80
1994	Bless 'Em!-523127	Open		35.00	35
1994	Bless 'Em!-523232	Open		35.00	35
1994	Don't Wait For Wishes to Come True-Go Get Them!-527645	Open		37.50	38
1994	Making the Right Connection-529907	Yr.Iss.	1994	30.00	30
1994	The Nativity Pageant-602949	Open		90.00	90
1994	Taking After Mother-525731	Open		40.00	40
1994	Bobbed-526991	Open		32.50	33
1994	Having a Good Ole Laugh-527432	Open		50.00	50
1994	Do Be Friends With Me-529117	Open		40.00	40
1994	Good Morning From One Cheery Soul To Another-529141	Open		30.00	30
1994	May Your Birthday Be Bright And Happy-529575	Open		35.00	35
1994	Thank God For Fido-529753	2-Yr.		100.00	100
1994	Still Going Strong-530344	Open		27.50	28
1994	Comforting Thoughts-531367	Open		32.50	33
1994	With A Heart That's True, I'll Wait For You 524816	Open		50.00	50
1995	Love Begins With Friendship - 602914	Open		50.00	50
1995	A Helping Hand For You - 101192	Open		40.00	40
1995	Wherever You Go, I'll Keep In Touch - 602760	Open		30.00	30
1995	Good Friends Are Great Gifts - 525723	Open		50.00	50
1995	Let's Sail Away Together - 525707	Open		32.50	33
1995	A Friend Like You Is Hard To Find - 101176	Open		45.00	45
1995	You Brighten My Day With A Smile - 522627	Open		30.00	30
1995	Love To You Always - 602752	Open		30.00	30
1995	May You Have A Big Smile For A Long While - 602965	Open		30.00	30
1995	Love To You Today - 602973	Open		30.00	30
1995	Bedtime Tales-set 153400	2,000		60.00	60
1995	Won't You Skate With Me? 134864	5,000		35.00	35
1995	Dear Old Dear, Wish You Were Here 134872	5,000		37.50	38
1995	Boo-Boo's Band Set/5 137758	Open		25.00	25
1995	You're My Sunshine On A Rainy Day 137626	Open		37.50	38
1995	I Comfort Fido And Fido Comforts Me 522813	5,000		50.00	50
1995	Join Me For A Little Song 524654	5,000		37.50	38

Memories of Yesterday Society Figurines - M. Attwell

YEAR ISSUE		EDITION LIMIT	YEAR RETD.	ISSUE PRICE	QUOTE U.S.$
1991	Welcome To Your New Home-MY911	Yr.Iss.		30.00	46-85
1991	I Love My Friends-MY921	Yr.Iss.		32.50	35
1993	Now I'm The Fairest Of Them All-MY931	Yr.Iss.		35.00	35
1993	A Little Love Song for You-MY941	Yr.Iss.		35.00	35
1994	Wot's All This Talk About Love-MY942	Yr.Iss.		27.50	28
1995	Sharing the Common Thread of Love- MY951	Yr.Iss.		100.00	100

Memories of Yesterday Exclusive Membership Figurine - M. Attwell

YEAR ISSUE		EDITION LIMIT	YEAR RETD.	ISSUE PRICE	QUOTE U.S.$
1991	We Belong Together-S0001	Yr.Iss.		Gift	35
1992	Waiting For The Sunshine-S0002	Yr.Iss.		Gift	35
1993	I'm The Girl For You-S0003	Yr.Iss.		Gift	40
1994	Blowing a Kiss to a Dear I Miss-S0004	Yr.Iss.		Gift	N/A
1995	Time to Celebrate-S0005	Yr.Iss.		Gift	N/A

Memories of Yesterday Exclusive Charter Membership Figurine - M. Attwell

YEAR ISSUE		EDITION LIMIT	YEAR RETD.	ISSUE PRICE	QUOTE U.S.$
1992	Waiting For The Sunshine-S0102	Yr.Iss.		Gift	N/A
1993	I'm The Girl For You-S0103	Yr.Iss.		Gift	N/A
1994	Blowing a Kiss to a Dear I Miss-S0104	Yr.Iss.		Gift	N/A
1995	Time to Celebrate-S0105	Yr.Iss.		Gift	N/A

Memories of Yesterday A Loving Wish For You - M. Attwell

YEAR ISSUE		EDITION LIMIT	YEAR RETD.	ISSUE PRICE	QUOTE U.S.$
1995	Happiness Is Our Wedding Wish - 135178	Open		25.00	25
1995	A Blessed Day For You - 135186	Open		25.00	25
1995	Wishing You A Bright Future - 135194	Open		25.00	25
1995	An Anniversary Is Love - 135208	Open		25.00	25
1995	A Birthday Wish For You - 135216	Open		25.00	25
1995	Bless You, Little One - 135224	Open		25.00	25

Memories of Yesterday Charter 1988 - M. Attwell

YEAR ISSUE		EDITION LIMIT	YEAR RETD.	ISSUE PRICE	QUOTE U.S.$
1988	Mommy, I Teared It-114480	Open		25.00	40-143
1988	Now I Lay Me Down To Sleep-114499	Open		20.00	25-65
1988	We's Happy! How's Yourself?-114502	Open		40.00	45-60
1988	Hang On To Your Luck!-114510	Open		25.00	27-70
1988	How Do You Spell S-O-R-R-Y?-114529	Retrd.	1990	25.00	50-95
1988	What Will I Grow Up To Be?-114537	Suspd.		40.00	45-72
1988	Can I Keep Her Mommy?-114545	Open		25.00	27-70
1988	Hush!-114553	Retrd.	1990	45.00	75-125
1988	It Hurts When Fido Hurts-114561	Retrd.	1992	30.00	32-75
1988	Anyway, Fido Loves Me-114588	Suspd.		30.00	32-75
1988	If You Can't Be Good, Be Careful-114596	Retrd.	1993	50.00	55-90
1988	Mommy, I Teared It, 9"-115924	Retrd.	1990	85.00	140-195
1988	Welcome Santa-114960	Open		45.00	50-100
1988	Special Delivery-114979	Retrd.	1991	30.00	32-70
1988	How 'bout A Little Kiss?-114987	Open		25.00	27-85
1988	Waiting For Santa-114995	Open		40.00	40-50
1988	Dear Santa. . .-115002	Suspd.		50.00	55-65
1988	I Hope Santa Is Home . . .-115010	Open		30.00	33-45
1988	It's The Thought That Counts-115029	Suspd.		25.00	29-75
1988	Is It Really Santa?-115347	Open		50.00	55-60
1988	He Knows IF You've Been Bad Or Good-115355	Open		40.00	45-75
1988	Now He Can Be Your Friend, Too!-115363	Open		45.00	50-70
1988	We Wish You A Merry Christmas-115371 (musical)	Suspd.		70.00	70-125
1988	Good Morning Mr. Snowman-115401	Retrd.	1992	75.00	80-170

Memories of Yesterday Event Item Only - M. Attwell

YEAR ISSUE		EDITION LIMIT	YEAR RETD.	ISSUE PRICE	QUOTE U.S.$
1994	I'll Always Be Your Truly Friend-525693	Yr.Iss.		30.00	30
1995	Wrapped In Love And Happiness 602930	Yr.Iss.		35.00	35

Memories of Yesterday Exclusive Heritage Dealer Figurine - M. Attwell

YEAR ISSUE		EDITION LIMIT	YEAR RETD.	ISSUE PRICE	QUOTE U.S.$
1991	A Friendly Chat and a Cup of Tea-525510	Yr.Iss.		50.00	100
1993	I'm Always Looking Out For You-527440	Yr.Iss.		55.00	55
1994	Loving Each Other Is The Nicest Thing We've Got- 522430	Yr.Iss.		60.00	60
1995	A Little Help From Fairyland 529133	1,995		55.00	55

Memories of Yesterday Holiday Snapshots - M. Attwell

YEAR ISSUE		EDITION LIMIT	YEAR RETD.	ISSUE PRICE	QUOTE U.S.$
1995	I'll Help You Mommy 144673	Open		25.00	25
1995	Isn't She Pretty? 144681	Open		25.00	25
1995	I Didn't Mean To Do It 144703	Open		25.00	25
1995	Can I Open Just One? 144711	Open		25.00	25

Memories of Yesterday Memories Of A Special Day - M. Attwell

YEAR ISSUE		EDITION LIMIT	YEAR RETD.	ISSUE PRICE	QUOTE U.S.$
1994	Monday's Child...-531421	Open		35.00	35
1994	Tuesday's Child...-531448	Open		35.00	35
1994	Wednesday's Child...-531405	Open		35.00	35
1994	Thursday's Child...-531413	Open		35.00	35
1994	Friday's Child...-531391	Open		35.00	35
1994	Saturday's Child...-531383	Open		35.00	35
1994	Sunday's Child...-531480	Open		35.00	35
1994	Collector's Commemorative Edition Set of 7, Hand-numbered-528056	1,994		250.00	250

Memories of Yesterday Nativity - M. Attwell

YEAR ISSUE		EDITION LIMIT	YEAR RETD.	ISSUE PRICE	QUOTE U.S.$
1994	Nativity Set of 4 602949	Open		90.00	90
1995	Innkeeper 602892	Open		27.50	28

Enesco Corporation
to Enesco Corporation

FIGURINES/COTTAGES

Memories of Yesterday Once Upon A Fairy Tale™... - M. Attwell

YEAR ISSUE		EDITION LIMIT	YEAR RETD.	ISSUE PRICE	QUOTE U.S.$
1992	Mother Goose-526428	18,000		50.00	50
1992	Mary Had A Little Lamb-526479	18,000		45.00	45
1992	Simple Simon-526452	18,000		35.00	35
1993	Mary, Mary Quite Contrary-526436	18,000		45.00	45
1993	Little Miss Muffett-526444	18,000		50.00	50
1994	Tweedle Dum & Tweedle Dee-526460	10,000		50.00	50

Memories of Yesterday Special Edition - M. Attwell

YEAR ISSUE		EDITION LIMIT	YEAR RETD.	ISSUE PRICE	QUOTE U.S.$
1989	As Good As His Mother Ever Made-522392	9,600		32.50	114-150
1988	Mommy, I Teared It-523488	10,000		25.00	175-325
1990	A Lapful of Luck -525014	5,000		30.00	114-180
1990	Set of Three	N/A		87.50	735

Memories of Yesterday When I Grow Up - M. Attwell

YEAR ISSUE		EDITION LIMIT	YEAR RETD.	ISSUE PRICE	QUOTE U.S.$
1995	When I Grow Up, I Want To Be A Doctor - 102997	Open		25.00	25
1995	When I Grow Up, I Want To Be A Mother - 103195	Open		25.00	25
1995	When I Grow Up, I Want To Be A Ballerina-103209	Open		25.00	25
1995	When I Grow Up, I Want To Be A Teacher - 103357	Open		25.00	25
1995	When I Grow Up, I Want To Be A Fireman - 103462	Open		25.00	25
1995	When I Grow Up, I Want To Be A Nurse - 103535	Open		25.00	25

Miss Martha's Collection - M. Holcombe

YEAR ISSUE		EDITION LIMIT	YEAR RETD.	ISSUE PRICE	QUOTE U.S.$
1993	Erin - Don't Worry Santa Won't Forget Us - 307246	Retrd.	1994	55.00	110
1993	Amber - Mr. Snowman! (waterglobe) - 310476	Closed	1994	50.00	100
1993	Kekisha - Heavenly Peace Musical - 310484	Closed	1994	60.00	120
1993	Whitney - Let's Have Another Party - 321559	Closed	1994	45.00	90
1993	Megan - My Birthday Cake! - 321567	Closed	1994	60.00	120
1993	Doug - I'm Not Showin' Off - 321575	Closed	1994	40.00	80
1993	Francie - Such A Precious Gift! - 321583	Closed	1994	50.00	100
1993	Alicia - A Blessing From God - 321591	Closed	1994	40.00	160
1993	Anita - It's For You, Mama! - 321605	Closed	1994	45.00	60-90
1994	Jeffrey - Bein' A Fireman Sure Is Hot & Thirsty Work - 350206	Closed	1994	40.00	80
1993	Jess - I Can Fly - 350516	Retrd.	1994	45.00	90
1993	Ruth - Littlest Angel Figurine - 350524	Closed	1994	40.00	80
1993	Stephen - I'll Be The Best Shep-herd In The World! - 350540	Closed	1994	40.00	80
1993	Jonathon - Maybe I Can Be Like Santa - 350559	Closed	1994	45.00	90
1994	Charlotte - You Can Be Whatever You Dream - 353191	Closed	1994	40.00	80
1992	Lillie - Christmas Dinner! - 369373	Retrd.	1993	55.00	110
1992	Eddie - What A Nice Surprise! - 369381	Retrd.	1994	50.00	100
1992	Kekisha - Heavenly Peace - 421456	Closed	1994	40.00	80
1992	Angela - I Have Wings - 421464	Closed	1994	45.00	160
1992	Amber - Mr. Snowman - 421472	Retrd.	1993	60.00	100
1992	Mar/Jsh/Christopher - Hush Baby! It's Your B-day! Musical - 431362	Closed	1994	80.00	160
1992	Carrie - God Bless America - 440035	Closed	1994	45.00	90
1993	Hallie - Sing Praises To The Lord - 443166	Retrd.	1993	60.00	75-120
1991	Jana - Plant With Love - 443174	Closed	1994	40.00	55-80
1991	Hallie - Sing Praises To The Lord - 443182	Closed	1994	37.50	50-75
1992	Belle/Maize - Not Now, Muffin - 443204	Retrd.	1993	50.00	100
1991	Sammy/Leisha - Sister's First Day Of School - 443190	Retrd.	1993	55.00	60-110
1991	Nate - Hope You Hear My Prayer, Lord - 443212	Closed	1994	17.50	30-75
1991	Sadie - They Can't Find Us Here - 443220	Retrd.	1993	45.00	80-90
1992	Patsy - Clean Clothes For Dolly - 443239	Retrd.	1993	50.00	100
1991	Dawn - Pretty Please, Mama - 443247	Closed	1994	40.00	50-80
1991	Tonya - Hush, Puppy Dear - 443255	Closed	1994	50.00	60-100
1991	Jenny/Jeremiah - Birthday Biscuits, With Love... - 443263	Retrd.	1993	60.00	75-120
1991	Suzi - Mama, Watch Me! - 443271	Retrd.	1993	35.00	45-70
1992	Mattie - Sweet Child - 443298	Retrd.	1993	30.00	60
1992	Sara Lou - Here, Lammie - 443301	Retrd.	1993	50.00	100
1992	Angel Tree Topper - 446521	Closed	1994	80.00	160
1992	Mar/Jsh/Christopher - Hush, Baby! It's Your B-day Figurine - 448354	Closed	1994	55.00	110

Precious Moments - S. Butcher

YEAR ISSUE		EDITION LIMIT	YEAR RETD.	ISSUE PRICE	QUOTE U.S.$
1983	Sharing Our Season Together-E-0501	Suspd.		50.00	110-150
1983	Jesus is the Light that Shines-E-0502	Suspd.		23.00	49-60
1983	Blessings from My House to Yours-E-0503	Suspd.		27.00	60-80
1983	Christmastime Is for Sharing-E-0504	Retrd.	1990	37.00	76-92
1983	Surrounded with Joy-E-0506	Retrd.	1989	21.00	50-85
1983	God Sent His Son-E-0507	Suspd.		32.50	65-90
1983	Prepare Ye the Way of the Lord-E-0508	Suspd.		75.00	100-130
1983	Bringing God's Blessing to You-E-0509	Suspd.		35.00	70-100
1983	Tubby's First Christmas-E-0511	Suspd.		12.00	32-43
1983	It's a Perfect Boy-E-0512	Suspd.		18.50	42-62
1983	Onward Christian Soldiers-E-0523	Open		24.00	35-59
1983	You Can't Run Away from God-E-0525	Retrd.	1989	28.50	80-110
1983	He Upholdeth Those Who Fall-E-0526	Suspd.		35.00	65-95
1987	His Eye Is On The Sparrow-E-0530	Retrd.	1987	28.50	98-125
1979	Jesus Loves Me-E-1372B	Open		7.00	28-125
1979	Jesus Loves Me-E-1372G	Open		7.00	25-130
1979	Smile, God Loves You-E-1373B	Retrd.	1984	7.00	52-110
1979	Jesus is the Light-E-1373G	Retrd.	1988	7.00	50-125
1979	Praise the Lord Anyhow-E-1374B	Retrd.	1982	8.00	65-115
1979	Make a Joyful Noise-E-1374G	Open		8.00	28-125
1979	Love Lifted Me-E-1375A	Retrd.	1993	11.00	65-158
1979	Prayer Changes Things-E-1375B	Suspd.		11.00	135-215
1979	Love One Another-E-1376	Open		10.00	48-120
1979	He Leadeth Me-E-1377A	Suspd.		9.00	76-120
1979	He Careth For You-E-1377B	Suspd.		9.00	90-105
1979	God Loveth a Cheerful Giver-E-1378	Retrd.	1981	11.00	850-1000
1979	Love is Kind-E-1379A	Suspd.		8.00	82-120
1979	God Understands-E-1379B	Suspd.		8.00	85-130
1979	O, How I Love Jesus-E-1380B	Retrd.	1984	8.00	75-150
1979	His Burden Is Light-E-1380G	Retrd.	1984	8.00	80-150
1979	Jesus is the Answer-E-1381	Suspd.		11.50	120-150
1979	We Have Seen His Star-E-2010	Suspd.		8.00	66-144
1979	Come Let Us Adore Him-E-2011	Retrd.	1981	10.00	165-260
1979	Jesus is Born-E-2012	Suspd.		12.00	90-110
1979	Unto Us a Child is Born-E-2013	Suspd.		12.00	88-105
1982	May Your Christmas Be Cozy-E-2345	Suspd.		23.00	67-83
1982	May Your Christmas Be Warm-E-2348	Suspd.		30.00	100-140
1982	Tell Me the Story of Jesus-E-2349	Suspd.		30.00	95-112
1982	Dropping in for Christmas-E-2350	Suspd.		18.00	60-75
1987	Holy Smokes-E-2351	Retrd.	1987	27.00	80-135
1982	O Come All Ye Faithful-E-2353	Retrd.	1986	27.50	75-110
1982	I'll Play My Drum for Him-E-2356	Suspd.		30.00	55-77
1982	I'll Play My Drum for Him-E-2360	Open		16.00	30-40
1982	Christmas Joy from Head to Toe-E-2361	Suspd.		25.00	55-80
1982	Camel Figurine-E-2363	Open		20.00	33-50
1982	Goat Figurine-E-2364	Suspd.		10.00	45-70
1982	The First Noel-E-2365	Suspd.		16.00	55-70
1982	The First Noel-E-2366	Suspd.		16.00	60-70
1982	Bundles of Joy-E-2374	Retrd.	1993	27.50	68-105
1982	Dropping Over for Christmas-E-2375	Retrd.	1991	30.00	70-82
1982	Our First Christmas Together-E-2377	Suspd.		35.00	60-95
1982	3 Mini Nativity Houses & Palm Tree-E-2387	Open		45.00	75-110
1982	Come Let Us Adore Him-E-2395(11pc. set)	Open		80.00	120-175
1980	Come Let Us Adore Him-E2800(9 pc. set)	Open		70.00	125-175
1980	Jesus is Born-E-2801	Suspd.		37.00	100-240
1980	Christmas is a Time to Share-E-2802	Suspd.		20.00	60-90
1980	Crown Him Lord of All-E-2803	Suspd.		20.00	60-95
1980	Peace on Earth-E-2804	Suspd.		20.00	118-135
1980	Wishing You a Season Filled w/ Joy-E-2805	Retrd.	1985	20.00	72-100
1984	You Have Touched So Many Hearts-E-2821	Open		25.00	38-52
1984	This is Your Day to Shine-E-2822	Retrd.	1988	37.50	81-100
1984	To God Be the Glory-E-2823	Suspd.		40.00	75-85
1984	To a Very Special Mom-E-2824	Open		27.50	38-57
1984	To a Very Special Sister-E-2825	Open		37.50	55-65
1984	May Your Birthday Be a Blessing-E-2826	Suspd.		37.50	70-99
1984	I Get a Kick Out of You-E-2827	Suspd.		50.00	175-250
1984	Precious Memories-E-2828	Open		45.00	45-70
1984	I'm Sending You a White Christmas-E-2829	Open		37.50	50-70
1984	God Bless the Bride-E-2832	Open		35.00	50-60
1986	Sharing Our Joy Together-E-2834	Suspd.		30.00	52-60
1984	Baby Figurines (set of 6)-E-2852	Open		12.00	105-168
1980	Blessed Are the Pure in Heart-E-3104	Suspd.		9.00	35-50
1980	He Watches Over Us All-E-3105	Suspd.		11.00	52-95
1980	Mother Sew Dear-E-3106	Open		13.00	28-80
1980	Blessed are the Peacemakers-E-3107	Retrd.	1985	13.00	65-125
1980	The Hand that Rocks the Future-E-3108	Suspd.		13.00	60-95
1980	The Purr-fect Grandma-E-3109	Open		13.00	28-75
1980	Loving is Sharing-E-3110B	Retrd.	1993	13.00	74-131
1980	Loving is Sharing-E-3110G	Open		13.00	30-100
1980	Be Not Weary In Well Doing-E-3111	Retrd.	1985	14.00	82-120
1980	God's Speed-E-3112	Retrd.	1983	14.00	65-100
1980	Thou Art Mine-E-3113	Open		16.00	35-65
1980	The Lord Bless You and Keep You-E-3114	Open		16.00	38-65
1980	But Love Goes on Forever-E-3115	Open		16.50	35-77
1980	Thee I Love-E-3116	Retrd.	1983	16.50	49-149
1980	Walking By Faith-E-3117	Open		35.00	70-125
1980	Eggs Over Easy-E-3118	Retrd.	1983	12.00	68-115
1980	It's What's Inside that Counts-E-3119	Suspd.		13.00	87-130
1980	To Thee With Love-E-3120	Suspd.		13.00	55-95
1981	The Lord Bless You and Keep You-E-4720	Suspd.		14.00	32-48
1981	The Lord Bless You and Keep You-E-4721	Open		14.00	30-80
1981	Love Cannot Break a True Friendship E-4722	Suspd.		22.50	90-142
1981	Peace Amid the Storm-E-4723	Suspd.		22.50	65-105
1981	Rejoicing with You-E-4724	Open		25.00	45-99
1981	Peace on Earth-E-4725	Suspd.		25.00	60-90
1981	Bear Ye One Another's Burdens-E-5200	Suspd.		20.00	60-105
1981	Love Lifted Me-E-5201	Suspd.		25.00	69-98
1981	Thank You for Coming to My Ade-E-5202	Suspd.		22.50	100-142
1981	Let Not the Sun Go Down Upon Your Wrath-E-5203	Suspd.		22.50	125-145
1981	To A Special Dad-E-5212	Open		20.00	35-79
1981	God is Love-E-5213	Suspd.		17.00	55-104
1981	Prayer Changes Things-E-5214	Suspd.		35.00	100-150
1984	May Your Christmas Be Blessed-E-5376	Suspd.		37.50	67-75
1987	Love is Kind-E-5377	Retrd.	1987	27.50	70-100
1984	Joy to the World-E-5378	Suspd.		18.00	37-46
1984	Isn't He Precious?-E-5379	Open		20.00	30-48
1984	A Monarch is Born-E-5380	Suspd.		33.00	60-75
1984	His Name is Jesus-E-5381	Suspd.		45.00	95-120
1984	For God So Loved the World-E-5382	Suspd.		70.00	115-120
1984	Wishing You a Merry Christmas-E-5383	Yr.Iss.		17.00	42
1984	I'll Play My Drum for Him-E-5384	Open		10.00	16-30
1984	Oh Worship the Lord (B)-E-5385	Suspd.		10.00	50-60
1984	Oh Worship the Lord (G)-E-5386	Suspd.		10.00	55-70
1981	Come Let Us Adore Him-E-5619	Suspd.		10.00	30-45
1981	Donkey Figurine-E-5621	Open		6.00	15-30
1981	They Followed the Star-E-5624	Open		130.00	200-270
1981	Wee Three Kings-E-5635	Open		40.00	75-125
1981	Rejoice O Earth-E-5636	Open		15.00	30-70
1981	The Heavenly Light-E-5637	Open		15.00	28-60
1981	Cow with Bell Figurine-E-5638	Open		16.00	30-50
1981	Isn't He Wonderful (B)-E-5639	Suspd.		12.00	50-75
1981	Isn't He Wonderful (G)-E-5640	Suspd.		12.00	65-80
1981	They Followed the Star-E-5641	Suspd.		75.00	175-230
1981	Nativity Wall (2 pc. set)-E-5644	Open		60.00	120-145
1984	God Sends the Gift of His Love-E-6613	Suspd.		22.50	60
1982	God is Love, Dear Valentine-E-7153	Suspd.		16.00	22-40
1982	God is Love, Dear Valentine-E-7154	Suspd.		16.00	22-40
1982	Thanking Him for You-E-7155	Suspd.		16.00	60
1982	I Believe in Miracles-E-7156	Suspd.		17.00	85-115
1987	I Believe In Miracles-E-7156R	Retrd.	1992	22.50	65-75
1982	There is Joy in Serving Jesus -E-7157	Retrd.	1986	17.00	36-60
1982	Love Beareth All Things-E-7158	Open		25.00	38-70
1982	Lord Give Me Patience-E-7159	Suspd.		25.00	43-57
1982	The Perfect Grandpa-E-7160	Suspd.		25.00	63-75
1982	His Sheep Am I-E-7161	Suspd.		25.00	55-70
1982	Love is Sharing-E-7162	Suspd.		25.00	150-190
1982	God is Watching Over You-E-7163	Suspd.		27.50	90-120
1982	Bless This House-E-7164	Suspd.		45.00	180-240
1982	Let the Whole World Know-E-7165	Suspd.		45.00	75-120
1983	If God Be for Us, Who Can Be Against Us-E-9285	Suspd.		27.50	55-70
1983	Love is Patient-E-9251	Suspd.		35.00	60-85
1983	Forgiving is Forgetting-E-9252	Suspd.		37.50	74-86
1983	The End is in Sight-E-9253	Suspd.		25.00	60-85
1983	Praise the Lord Anyhow-E-9254	Retrd.	1994	35.00	69-115
1983	Bless You Two-E-9255	Open		21.00	38-50
1983	We are God's Workmanship -E-9258	Open		19.00	30-50
1983	We're In It Together-E-9259	Suspd.		24.00	48-65
1983	God's Promises are Sure-E-9260	Suspd.		30.00	64-75
1983	Seek Ye the Lord-E-9261	Suspd.		21.00	37-50
1983	Seek Ye the Lord-E-9262	Suspd.		21.00	50
1983	How Can Two Walk Together Except They Agree-E-9263	Suspd.		35.00	125-175
1963	Press On-E-9265	Open		40.00	55-100
1973	Animal Collection, Teddy Bear-E-9267A	Suspd.		6.50	21-30
1983	Animal Collection, Dog W/ Slippers-E-9267B	Suspd.		6.50	18-25
1983	Animal Collection, Bunny W/ Carrot-E-9267C	Suspd.		6.50	18-31
1983	Animal Collection, Kitty With Bow-E-9267D	Suspd.		6.50	18-22
1983	Animal Collection, Lamb With Bird-E-9267E	Suspd.		6.50	19-25
1983	Animal Collection, Pig W/ Patches-E-9267F	Suspd.		6.50	18-25
1983	Nobody's Perfect-E-9268	Retrd.	1990	21.00	50-85
1987	Let Love Reign-E-9273	Retrd.	1987	27.50	52-65
1983	Taste and See that the Lord is Good-E-9274	Retrd.	1986	22.50	45-80
1983	Jesus Loves Me-E-9278	Open		9.00	16-34
1983	Jesus Loves Me-E-9279	Open		9.00	16-32

FIGURINES/COTTAGES

Enesco Corporation
to Enesco Corporation

YEAR ISSUE		EDITION LIMIT	YEAR RETD.	ISSUE PRICE	QUOTE U.S.$
1983	To Some Bunny Special-E-9282A	Suspd.		8.00	18-35
1983	You're Worth Your Weight In Gold-E-9282B	Suspd.		8.00	30
1983	Especially For Ewe-E-9282C	Suspd.		8.00	20-37
1983	Peace on Earth-E-9287	Suspd.		37.50	85-125
1983	Sending You a Rainbow-E-9288	Suspd.		22.50	55-90
1983	Trust in the Lord-E-9289	Suspd.		21.00	62-75
1985	Love Covers All-12009	Suspd.		27.50	48-65
1985	Part of Me Wants to be Good-12149	Suspd.		19.00	55-65
1987	This Is The Day Which The Lord Has Made-12157	Suspd.		20.00	52-75
1985	Get into the Habit of Prayer-12203	Suspd.		19.00	35-45
1985	Miniature Clown-12238A	Open		13.50	19-32
1985	Miniature Clown-12238B	Open		13.50	19-32
1985	Miniature Clown-12238C	Open		13.50	19-32
1985	Miniature Clown-12238D	Open		13.50	19-32
1985	It is Better to Give than to Receive-12297	Suspd.		19.00	120-175
1985	Love Never Fails-12300	Open		25.00	35-57
1985	God Bless Our Home-12319	Open		40.00	55-65
1986	You Can Fly-12335	Suspd.		25.00	55-80
1985	Jesus is Coming Soon-12343	Suspd.		22.50	40-70
1985	Halo, and Merry Christmas-12351	Suspd.		40.00	160-200
1985	May Your Christmas Be Delightful-15482	Suspd.		25.00	35-52
1985	Honk if You Love Jesus-15490	Open		13.00	20-35
1985	Baby's First Christmas-15539	Yr.Iss.		13.00	42-45
1985	Baby's First Christmas-15547	Yr.Iss.		13.00	45
1985	God Sent His Love-15881	Yr.Iss.		17.00	30-39
1986	To My Favorite Paw-100021	Suspd.		22.50	50-65
1987	To My Deer Friend-100048	Open		33.00	50-92
1986	Sending My Love-100056	Suspd.		22.50	40-60
1986	O Worship the Lord-100064	Open		24.00	35-49
1986	To My Forever Friend-100072	Open		33.00	44-80
1987	He's The Healer Of Broken Hearts-100080	Open		33.00	50-59
1987	Make Me A Blessing-100102	Retrd.	1990	35.00	70-85
1986	Lord I'm Coming Home-100110	Open		22.50	33-55
1986	Lord, Keep Me On My Toes-100129	Retrd.	1988	22.50	75-100
1986	The Joy of the Lord is My Strength-100137	Open		35.00	50-89
1986	God Bless the Day We Found You-100145	Suspd.		37.50	85-125
1995	God Bless the Day We Found You(Girl)-100145R	Open		60.00	60
1986	God Bless the Day We Found You-100153	Suspd.		37.50	45-85
1995	God Bless the Day We Found You(Boy)-100153R	Open		60.00	60
1986	Serving the Lord-100161	Suspd.		19.00	65-75
1986	I'm a Possibility-100188	Retrd.	1993	21.00	55-70
1987	The Spirit Is Willing But The Flesh Is Weak-100196	Retrd.	1991	19.00	65
1987	The Lord Giveth & the Lord Taketh Away-100226	Open		33.50	40-55
1986	Friends Never Drift Apart-100250	Open		35.00	55-75
1986	Help, Lord, I'm In a Spot-100269	Retrd.	1989	18.50	65
1986	He Cleansed My Soul-100277	Open		24.00	38-60
1986	Serving the Lord-100293	Suspd.		19.00	30-55
1987	Scent From Above-100528	Retrd.	1991	19.00	60-80
1986	Brotherly Love-100544	Suspd.		37.00	65-95
1987	No Tears Past The Gate-101826	Open		40.00	60-85
1987	Smile Along The Way-101842	Retrd.	1991	30.00	150
1987	Lord, Help Us Keep Our Act Together-101850	Retrd.	1992	35.00	105-125
1986	O Worship the Lord-102229	Open		24.00	35-42
1986	Shepherd of Love-102261	Open		10.00	16-24
1986	Three Mini Animals-102296	Suspd.		13.50	19-30
1986	Wishing You a Cozy Christmas-102342	Yr.Iss.		17.00	39-45
1986	Love Rescued Me-102393	Open		21.00	21-40
1986	Angel of Mercy-102482	Open		19.00	19-40
1986	Sharing our Christmas Together-102490	Suspd.		35.00	65-70
1987	We Are All Precious In His Sight-102903	Yr.Iss.		30.00	65-125
1986	God Bless America-102938	Yr.Iss.		30.00	65-70
1986	It's the Birthday of a King-102962	Suspd.		18.50	35-50
1987	I Would Be Sunk Without You-102970	Open		15.00	19-30
1987	My Love Will Never Let You Go-103497	Open		25.00	35-45
1986	I Believe in the Old Rugged Cross-103632	Open		25.00	35-47
1986	Come Let Us Adore Him-104000 (9 pc. set w/cassette)	Open		95.00	125
1987	With this Ring I...-104019	Open		40.00	55-65
1987	Love Is The Glue That Mends-104027	Suspd.		33.50	50-70
1987	Cheers To The Leader-104035	Open		22.50	30-39
1987	Happy Days Are Here Again-104396	Suspd.		25.00	57-70
1987	A Tub Full of Love-104817	Open		22.50	30-42
1987	Sitting Pretty-104825	Suspd.		22.50	43-60
1987	Have I Got News For You-105635	Suspd.		22.50	30-60
1988	Something's Missing When You're Not Around -105643	Suspd.		32.50	40-75
1987	To Tell The Tooth You're Special-105813	Suspd.		38.50	110-140
1988	Hallelujah Country-105821	Open		35.00	45-65
1987	We're Pulling For You-106151	Suspd.		40.00	60-75
1987	God Bless You Graduate-106194	Open		20.00	30-35
1987	Congratulations Princess-106208	Open		20.00	30-35

YEAR ISSUE		EDITION LIMIT	YEAR RETD.	ISSUE PRICE	QUOTE U.S.$
1987	Lord Help Me Make the Grade-106216	Suspd.		25.00	49-65
1988	Heaven Bless Your Togetherness-106755	Open		65.00	80-87
1988	Precious Memories-106763	Open		37.50	50-55
1988	Puppy Love Is From Above-106798	Open		45.00	55-63
1988	Happy Birthday Poppy-106836	Suspd.		27.50	39-49
1988	Sew In Love-106844	Open		45.00	55-80
1987	They Followed The Star-108243	Open		75.00	100-115
1987	The Greatest Gift Is A Friend-109231	Open		30.00	38-55
1988	Believe the Impossible-109487	Suspd.		35.00	50-110
1988	Happiness Divine-109584	Retrd.	1992	25.00	50-75
1987	Wishing You A Yummy Christmas-109754	Suspd.		35.00	50-70
1987	We Gather Together To Ask The Lord's Blessing-109762	Open		130.00	150-169
1988	Meowie Christmas-109800	Open		30.00	40-50
1987	Oh What Fun It Is To Ride-109819	Open		85.00	110-135
1988	Wishing You A Happy Easter-109886	Open		23.00	28-34
1988	Wishing You A Basket Full Of Blessings-109924	Open		23.00	28-33
1988	Sending You My Love-109967	Open		35.00	45-60
1988	Mommy, I Love You-109975	Open		22.50	28-34
1987	Love Is The Best Gift of All-110930	Yr.Iss.		22.50	45-39
1988	Faith Takes The Plunge-111155	Open		27.50	34-125
1988	Tis the Season-111163	Open		27.50	35-45
1987	O Come Let Us Adore Him (4 pc. 9" Nativity)-111333	Suspd.		200.00	225-275
1988	Mommy, I Love You-112143	Open		22.50	28-36
1987	A Tub Full of Love-112313	Open		22.50	30-36
1988	This Too Shall Pass-114014	Open		23.00	28-37
1988	Some Bunny's Sleeping-115274	Open		15.00	25-35
1988	Our First Christmas Together-115290	Suspd.		50.00	60-80
1988	Time to Wish You a Merry Christmas-115339	Yr.Iss.		24.00	35-48
1995	Love Blooms Eternal - 127019	Yr.Iss.		35.00	35
1995	Dreams Really Do Come True - 128309	Open		37.50	38
1995	Another Year More Grey Hares - 128686	Open		17.50	18
1995	I Give You My Love Forever True - 129100	Open		70.00	70
1988	Rejoice O Earth-520268	Open		13.00	16-27
1988	Jesus the Savior Is Born-520357	Suspd.		25.00	33-55
1992	The Lord Turned My Life Around-520535	Open		35.00	35
1991	In The Spotlight Of His Grace-520543	Open		35.00	35
1990	Lord, Turn My Life Around-520551	Open		35.00	35-52
1992	You Deserve An Ovation-520578	Open		35.00	35
1989	My Heart Is Exposed With Love-520624	Open		45.00	50-60
1989	A Friend Is Someone Who Cares-520632	Open		30.00	35-55
1989	I'm So Glad You Fluttered Into My Life-520640	Retrd.	1991	40.00	255-350
1989	Eggspecially For You-520667	Open		45.00	50-60
1989	Your Love Is So Uplifting-520675	Open		60.00	65-79
1989	Sending You Showers Of Blessings-520683	Retrd.	1992	32.50	52-70
1989	Just A LineTo Wish You A Happy Day-520721	Open		65.00	70-79
1989	Friendship Hits The Spot-520748	Open		55.00	60-68
1989	Jesus Is The Only Way-520756	Suspd.		40.00	57-70
1989	Puppy Love-520764	Open		12.50	16-25
1989	Many Moons In Same Canoe, Blessum You-520772	Retrd.	1990	50.00	215-275
1989	Wishing You Roads Of Happiness-520780	Open		60.00	75
1989	Someday My Love-520799	Retrd.	1992	40.00	65-90
1989	My Days Are Blue Without You-520802	Suspd.		65.00	75-120
1989	We Need A Good Friend Through The Ruff Times-520810	Suspd.		35.00	50-60
1989	You Are My Number One-520829	Open		25.00	28-42
1989	The Lord Is Your Light To Happiness-520837	Open		50.00	55-62
1989	Wishing You A Perfect Choice-520845	Open		55.00	60-67
1989	I Belong To The Lord-520853	Suspd.		25.00	35-50
1990	Heaven Bless You-520934	Open		35.00	30-150
1993	There Is No Greater Treasure Than To Have A Friend Like You -521000	Open		30.00	30
1989	Hello World-521175	Open		15.00	16
1990	That's What Friends Are For-521183	Open		45.00	45-49
1990	Hope You're Up And OnThe Trail Again-521205	Suspd.		35.00	35-45
1993	The Fruit of the Spirit is Love-521213	Yr.Iss.		30.00	30
1991	Take Heed When You Stand-521272	Suspd.		55.00	55-70
1990	Happy Trip-521280	Suspd.		35.00	35-70
1991	Hug One Another-521299	Open		45.00	55
1990	Yield Not To Temptation-521310	Suspd.		27.50	28-45
1990	Faith Is A Victory-521396	Retrd.	1993	25.00	115-185
1990	I'll Never Stop Loving You-521418	Open		37.50	38-53
1991	To A Very Special Mom & Dad-521434	Suspd.		35.00	35-45
1990	Lord, Help Me Stick To My Job-521450	Open		30.00	30-48
1989	Tell It To Jesus-521477	Open		35.00	38-58

YEAR ISSUE		EDITION LIMIT	YEAR RETD.	ISSUE PRICE	QUOTE U.S.$
1991	There's A Light At The End Of The Tunnel-521485	Open		55.00	55
1991	A Special Delivery-521493	Open		30.00	30
1991	Thumb-body Loves You-521698	Open		55.00	50-65
1990	Sweep All Your Worries Away-521779	Open		40.00	40-130
1990	Good Friends Are Forever-521817	Open		50.00	50-62
1990	Love Is From Above-521841	Open		45.00	45-59
1989	The Greatest of These Is Love-521868	Suspd.		27.50	40-50
1990	Easter's On Its Way-521892	Open		60.00	65-75
1994	Hoppy Easter Friend-521906	Open		40.00	40-43
1991	Perfect Harmony - 521914	Open		55.00	55
1993	Safe In The Arms Of Jesus-521922	Open		30.00	30
1989	Wishing You A Cozy Season-521949	Suspd.		42.50	45-62
1990	High Hopes-521957	Suspd.		30.00	35-50
1991	To A Special Mum-521965	Open		30.00	30-33
1993	To The Apple Of God's Eye-522015	Yr.Iss.		32.50	33
1979	May Your Life Be Blessed With Touchdowns-522023	Open		45.00	50-62
1989	Thank You Lord For Everything-522031	Suspd.		55.00	65-85
1994	Now I Lay Me Down To Sleep - 522058	Open		30.00	30
1991	May Your World Be Trimmed With Joy-522082	Open		55.00	55-62
1990	There Shall Be Showers Of Blessings-522090	Open		60.00	70
1992	It's No Yolk When I Say I Love You-522104	Suspd.		60.00	65-80
1989	Don't Let the Holidays Get You Down-522112	Retrd.	1993	42.50	75-100
1989	Wishing You A Very Successful Season-522120	Open		60.00	65-70
1989	Bon Voyage!-522201	Open		75.00	80-105
1989	He Is The Star Of The Morning-522252	Suspd.		55.00	60-75
1989	To Be With You Is Uplifting-522260	Retrd.	1994	20.00	22-46
1991	A Reflection Of His Love-522279	Open		50.00	50
1990	Thinking Of You Is What I Really Like To Do-522287	Open		30.00	30-42
1989	Merry Christmas Deer-522317	Open		50.00	55-70
1995	Just A Line To Say You're Special - 522864	Open		50.00	50
1989	Isn't He Precious-522988	Suspd.		15.00	17-29
1990	Some Bunny's Sleeping-522996	Suspd.		12.00	12-28
1989	Jesus Is The Sweetest Name I Know-523097	Suspd.		22.50	25-36
1991	Joy On Arrival-523178	Open		50.00	50-60
1990	The Good Lord Always Delivers-523453	Open		27.50	28-35
1990	This Day Has Been Made In Heaven-523496	Open		30.00	30-45
1990	God Is Love Dear Valentine-523518	Open		27.50	28-45
1991	I Will Cherish The Old Rugged Cross-523534	Yr.Iss.		27.50	40-45
1992	You Are The Type I Love-523542	Open		40.00	40
1993	The Lord Will Provide-523593	Yr.Iss.		40.00	40
1991	Good News Is So Uplifting-523615	Open		60.00	65
1994	I Will Always Be Thinking Of You-523631	Open		45.00	45
1990	Time Heals-523739	Open		37.50	38
1990	Blessings From Above-523747	Retrd.	1994	45.00	60-105
1994	Just Poppin' In To Say Halo - 523755	Open		45.00	45
1991	I Can't Spell Success Without You-523763	Suspd.		40.00	45-60
1990	Once Upon A Holy Night-523836	Yr.Iss.		25.00	45
1992	My Warmest Thoughts Are You-524085	Open		55.00	60
1991	Good Friends Are For Always-524123	Open		27.50	28
1994	Lord Teach Us to Pray-524158	Yr.Iss.		35.00	35
1991	May Your Christmas Be Merry-524166	Yr.Iss.		27.50	30-40
1995	Walk In The Sonshine - 524212	Open		35.00	35
1991	He Loves Me -524263	Yr.Iss.		35.00	35-65
1992	Friendship Grows When You Plant A Seed-524271	Retrd.	1994	40.00	100-145
1993	May Your Every Wish Come True-524298	Open		50.00	50-60
1991	May Your Birthday Be A Blessing-524301	Open		30.00	30-48
1992	What The World Needs Now-524352	Open		50.00	50
1991	May Only Good Things Come Your Way-524425	Open		30.00	30-35
1993	Sealed With A Kiss-524441	Open		50.00	50
1993	A Special Chime For Jesus-524468	Yr.Iss.		32.50	33
1994	God Cared Enough To Send His Best - 524476	Open		50.00	50
1990	Happy Birthday Dear Jesus-524875	Suspd.		13.50	14-27
1992	It's So Uplifting To Have A Friend Like You-524905	Open		40.00	40
1990	We're Going To Miss You-524913	Open		50.00	50-65
1991	Angels We Have Heard On High-524921	Open		60.00	60
1992	Tubby's First Christmas-525278	Open		10.00	10
1991	It's A Perfect Boy-525286	Open		16.50	17
1993	May Your Future Be Blessed-525316	Open		35.00	35
1992	Going Home-525979	Open		60.00	60-70

Enesco Corporation
to Enesco Corporation

FIGURINES/COTTAGES

YEAR ISSUE		EDITION LIMIT	YEAR RETD.	ISSUE PRICE	QUOTE U.S.$
1992	I Would Be Lost Without You-526142	Open		27.50	28
1994	Friends 'Til The Very End-526150	Open		40.00	40
1992	You Are My Happiness-526185	Yr.Iss.		37.50	45-75
1994	You Suit Me to a Tee-526193	Open		35.00	35
1994	Sharing Sweet Moments Together-526487	Open		45.00	45
1991	How Could I Ever Forget You-526924	Open		15.00	16
1991	We Have Come From Afar-526959	Suspd.		17.50	18
1992	Let's Be Friends 527270	Open		15.00	16
1993	Bless-Um You-527335	Open		35.00	35
1992	You Are My Favorite Star-527378	Open		55.00	55
1992	Bring The Little Ones To Jesus-527556	Open		90.00	90-110
1992	God Bless The U.S.A.-527564	Yr.Iss.		32.50	35-40
1993	Tied Up For The Holidays-527580	Yr.Iss.		40.00	40
1993	Bringing You A Merry Christmas-527599	Yr.Iss.		45.00	45
1992	Wishing You A Ho Ho Ho-527629	Open		40.00	40
1992	But The Greatest of These Is Love-527688	Yr.Iss.		27.50	28
1992	Wishing You A Comfy Christmas-527750	Open		30.00	30
1993	I Only Have Arms For You-527769	Open		15.00	16
1992	This Land Is Our Land-527777	Yr.Iss.		35.00	40
1994	Nativity Cart - 528072	Open		16.00	16
1994	Have I Got News For You - 528137	Open		16.00	16
1994	To a Very Special Sister-528633	Open		60.00	60
1993	America You're Beautiful-528862	Yr.Iss.		35.00	35
1993	Ring Out The Good News-529966	Yr.Iss.		27.50	28
1995	What The World Needs Is Love - 531065	Open		45.00	45
1993	Wishing You the Sweetest Christmas-530166	Yr.Iss.		27.50	28
1994	You're As Pretty As A Christmas Tree - 530425	Yr.Iss.		27.50	28
1994	Serenity Prayer Girl-530697	Open		35.00	35
1994	Serenity Prayer Boy-530700	Open		35.00	35
1994	Money Isn't The Only Green Thing Worth Saving - 531073	Open		50.00	50
1995	Vaya Con Dios (To Go With God) - 531146	Open		32.50	33
1995	Bless Your Sole - 531162	Open		25.00	25
1994	The Lord is Counting on You-531707	Open		32.50	33
1994	Dropping In For The Holidays - 531952	Open		40.00	40
1995	Hallelujah For The Cross - 532002	Open		35.00	35
1995	Sending You Oceans Of Love - 532010	Open		35.00	35
1995	I Can't Bear To Let You Go - 532037	Open		50.00	50
1995	Lord Help Me To Stay On Course - 532096	Open		35.00	35
1994	The Lord Bless You and Keep You-532118	Open		40.00	40
1994	The Lord Bless You and Keep You-532126	Open		30.00	30
1994	The Lord Bless You and Keep You-532134	Open		30.00	30
1994	Luke 2:10-11 - 532916	Open		35.00	35
1994	Nothing Can Dampen The Spirit of Caring-603864	Open		35.00	35
1995	A Poppy For You - 604208	Open		35.00	35

Precious Moments Collectors Club Welcome Gift - S. Butcher

YEAR ISSUE		EDITION LIMIT	YEAR RETD.	ISSUE PRICE	QUOTE U.S.$
1982	But Love Goes On Forever-Plaque-E-0202	Yr.Iss.		Unkn.	65-100
1983	Let Us Call the Club to Order-E-0303	Yr.Iss.		Unkn.	50-60
1984	Join in on the Blessings-E-0404	Yr.Iss.		Unkn.	45-55
1985	Seek and Ye Shall Find-E-0005	Yr.Iss.		Unkn.	40
1986	Birds of a Feather Collect Together-E-0006	Yr.Iss.		Unkn.	40
1987	Sharing Is Universal-E-0007	Yr.Iss.		Unkn.	35
1988	A Growing Love-E-0008	Yr.Iss.		Unkn.	35
1989	Always Room For One More-C-0009	Yr.Iss.		Unkn.	35-45
1990	My Happiness-C-0010	Yr.Iss.		Unkn.	25-45
1991	Sharing the Good News Together-C-0011	Yr.Iss.		Unkn.	35-55
1992	The Club That's Out Of This World-C-0012	Yr.Iss.		Unkn.	35-55
1993	Loving, Caring, and Sharing Along the Way-C-0013	Yr.Iss.		Unkn.	30
1994	You Are the End of My Rainbow-C-0014	Yr.Iss.		Unkn.	Unkn.
1995	You're The Sweetest Cookie In The Batch-C-0015	Yr.Iss.		Unkn.	Unkn.

Precious Moments Inscribed Charter Member Renewal Gift - S. Butcher

YEAR ISSUE		EDITION LIMIT	YEAR RETD.	ISSUE PRICE	QUOTE U.S.$
1981	But Love Goes on Forever -E-0001	Yr.Iss.		Unkn.	130-175
1982	But Love Goes on Forever -Plaque-E-0102	Yr.Iss.		Unkn.	55-100
1983	Let Us Call the Club to Order-E-0103	Yr.Iss.		25.00	55
1984	Join in on the Blessings-E-0104	Yr.Iss.		25.00	50
1985	Seek and Ye Shall Find-E-0105	Yr.Iss.		25.00	45-55
1986	Birds of a Feather Collect Together-E-0106	Yr.Iss.		25.00	30-50
1987	Sharing Is Universal -E-0107	Yr.Iss.		25.00	30-50
1988	A Growing Love-E-0108	Yr.Iss.		25.00	30-50
1989	Always Room For One More-C-0109	Yr.Iss.		35.00	40-50
1990	My Happiness-C-0110	Yr.Iss.		Unkn.	35
1991	Sharing The Good News Together-C-0111	Yr.Iss.		Unkn.	25-45
1992	The Club That's Out Of This World-C-0112	Yr.Iss.		Unkn.	30-45
1993	Loving, Caring, and Sharing Along the Way-C-0113	Yr.Iss.		Unkn.	35-50
1994	You Are the End of My Rainbow -C-0114	Yr.Iss.		Unkn.	35
1995	You're The Sweetest Cookie In The Batch-C-0115	Yr.Iss.		Unkn.	Unkn.

Precious Moments Anniversary Figurines - S. Butcher

YEAR ISSUE		EDITION LIMIT	YEAR RETD.	ISSUE PRICE	QUOTE U.S.$
1984	God Blessed Our Years Together With So Much Love And Happiness-E-2853	Open		35.00	50-60
1984	God Blessed Our Year Together With So Much Love And Happiness (1st)-E-2854	Open		35.00	50-60
1984	God Blessed Our Years Together With So Much Love And Happiness (5th)-E-2855	Open		35.00	50-55
1984	God Blessed Our Years Together With So Much Love And Happiness (10th)-E-2856	Open		35.00	50-55
1984	God Blessed Our Years Together With So Much Love And Happiness (25th)-E-2857	Open		35.00	50-65
1984	God Blessed Our Years Together With So Much Love And Happiness (40th)-E-2859	Open		35.00	50-65
1984	God Blessed Our Years Together With So Much Love And Happiness (50th)-E-2860	Open		35.00	50-65
1994	I Still Do-530999	Open		30.00	30
1994	I Still Do-531006	Open		30.00	30

Precious Moments Baby's First - S. Butcher

YEAR ISSUE		EDITION LIMIT	YEAR RETD.	ISSUE PRICE	QUOTE U.S.$
1984	Baby's First Step-E-2840	Suspd.		35.00	70-95
1984	Baby's First Picture-E-2841	Retrd.	1986	45.00	155-190
1985	Baby's First Haircut-12211	Suspd.		32.50	150-200
1986	Baby's First Trip-16012	Suspd.		32.50	210-300
1989	Baby's First Pet-520705	Suspd.		45.00	60-80
1990	Baby's First Meal-524077	Open		35.00	35-45
1990	Baby's First Word-527238	Open		24.00	24-28
1993	Baby's First Birthday-524069	Open		25.00	25

Precious Moments Birthday Club Figurines - S. Butcher

YEAR ISSUE		EDITION LIMIT	YEAR RETD.	ISSUE PRICE	QUOTE U.S.$
1986	Fishing For Friends-BC-861	Yr.Iss.		10.00	115-135
1987	Hi Sugar-BC-871	Yr.Iss.		11.00	95
1988	Somebunny Cares-BC-881	Yr.Iss.		13.50	45-65
1989	Can't Bee Hive Myself Without You-BC-891	Yr.Iss.		13.50	40-65
1990	Collecting Makes Good Scents-BC-901	Yr.Iss.		15.00	30-60
1990	I'm Nuts Over My Collection-BC-902	Yr.Iss.		15.00	35
1991	Love Pacifies-BC-911	Yr.Iss.		15.00	28-40
1991	True Blue Friends-BC-912	Yr.Iss.		15.00	29-40
1992	Every Man's House Is His Castle-BC-921	Yr.Iss.		16.50	35
1993	I Got You Under My Skin-BC-922	Yr.Iss.		16.00	35
1994	Put a Little Punch In Your Birthday-BC-931	Yr.Iss.		15.00	25
1994	Owl Always Be Your Friend-BC-932	Yr.Iss.		16.00	25
1994	God Bless Our Home-BC-941	Yr.Iss.		16.00	25
1995	Yer A Pel-I-Can Count On-BC-942	Yr.Iss.		16.00	20

Precious Moments Birthday Club Inscribed Charter Member Renewal Gift - S. Butcher

YEAR ISSUE		EDITION LIMIT	YEAR RETD.	ISSUE PRICE	QUOTE U.S.$
1987	A Smile's the Cymbal of Joy -B-0102	Yr.Iss.		Unkn.	62-80
1988	The Sweetest Club Around -B-0103	Yr.Iss.		Unkn.	45-60
1989	Have A Beary Special Birthday -B-0104	Yr.Iss.		Unkn.	30-50
1990	Our Club Is A Tough Act To Follow-B-0105	Yr.Iss.		Unkn.	30-40
1991	Jest To Let You Know You're Tops-B-0106	Yr.Iss.		Unkn.	25-35
1992	All Aboard For Birthday Club Fun-B-0107	Yr.Iss.		Unkn.	28-40
1994	Happiness is Belonging-B-0108	Yr.Iss.		Unkn.	30
1994	Can't Get Enough of Our Club -B-0109	Yr.Iss.		Unkn.	Unkn.
1995	Hoppy Birthday-B-0110	Yr.Iss.		Unkn.	Unkn.

Precious Moments Birthday Club Welcome Gift - S. Butcher

YEAR ISSUE		EDITION LIMIT	YEAR RETD.	ISSUE PRICE	QUOTE U.S.$
1986	Our Club Can't Be Beat-B-0001	Yr.Iss.		Unkn.	70-80
1987	A Smile's The Cymbal of Joy -B-0002	Yr.Iss.		Unkn.	50-65
1988	The Sweetest Club Around -B-0003	Yr.Iss.		Unkn.	45
1989	Have A Beary Special Birthday -B-0004	Yr.Iss.		Unkn.	30-45
1990	Our Club Is A Tough Act To Follow-B-0005	Yr.Iss.		Unkn.	35
1991	Jest To Let You Know You're Tops-B-0006	Yr.Iss.		Unkn.	25-35
1992	All Aboard For Birthday Club Fun-B-0007	Yr.Iss.		Unkn.	20-30
1994	Happiness Is Belonging-B-0008	Yr.Iss.		Unkn.	20
1994	Can't Get Enough of Our Club-B-0009	Yr.Iss.		Unkn.	Unkn.
1995	Hoppy Birthday-B-0010	Yr.Iss.		Unkn.	Unkn.

Precious Moments Beauty of Christmas - S. Butcher

YEAR ISSUE		EDITION LIMIT	YEAR RETD.	ISSUE PRICE	QUOTE U.S.$
1994	You're As Pretty As A Christmas Tree	Yr.Iss.		50.00	50

Precious Moments Birthday Series - S. Butcher

YEAR ISSUE		EDITION LIMIT	YEAR RETD.	ISSUE PRICE	QUOTE U.S.$
1988	Friends To The End-104418	Suspd.		15.00	20-35
1987	Showers Of Blessings-105945	Retrd.	1993	16.00	40-60
1988	Brighten Someone's Day-105953	Suspd.		12.50	26-28
1990	To My Favorite Fan-521043	Suspd.		16.00	30-50
1989	Hello World!-521175	Open		13.50	15-25
1993	Hope You're Over The Hump-521671	Open		16.00	16
1990	Not A Creature Was Stirring-524484	Suspd.		17.00	26-35
1991	Can't Be Without You-524492	Open		16.00	16-29
1991	How Can I Ever Forget You-526924	Open		15.00	15
1992	Let's Be Friends-527270	Open		15.00	15-20
1992	Happy Birdie-527343	Open		8.00	8-17
1993	Happy Birthday Jesus-530492	Open		20.00	20
1994	Oinky Birthday-524506	Open		13.50	14
1995	Wishing You A Happy Bear Hug - 520659	Open		27.50	28

Precious Moments Birthday Train Figurines - S. Butcher

YEAR ISSUE		EDITION LIMIT	YEAR RETD.	ISSUE PRICE	QUOTE U.S.$
1988	Isn't Eight Just Great-109460	Open		18.50	23
1988	Wishing You Grr-eatness -109479	Open		18.50	23-38
1986	May Your Birthday Be Warm -15938	Open		10.00	16-35
1986	Happy Birthday Little Lamb -15946	Open		10.00	15-39
1986	Heaven Bless Your Special Day -15954	Open		11.00	17-23
1986	God Bless You On Your Birthday-15962	Open		11.00	17-37
1986	May Your Birthday Be Gigantic -15970	Open		12.50	19-38
1986	This Day Is Something To Roar About-15989	Open		13.50	20-40
1986	Keep Looking Up-15997	Open		13.50	22-35
1986	Bless The Days Of Our Youth -16004	Open		15.00	23-38
1992	May Your Birthday Be Mammoth -521825	Open		25.00	25-40
1992	Being Nine Is Just Divine-521833	Open		25.00	25-40

Precious Moments Bless Those Who Serve Their Country - S. Butcher

YEAR ISSUE		EDITION LIMIT	YEAR RETD.	ISSUE PRICE	QUOTE U.S.$
1991	Bless Those Who Serve Their Country (Navy) 526568	Suspd.		32.50	50-90
1991	Bless Those Who Serve Their Country (Army) 526576	Suspd.		32.50	33
1991	Bless Those Who Serve Their Country (Air Force) 526584	Suspd.		32.50	42
1991	Bless Those Who Serve Their Country (Girl Soldier) 527289	Suspd.		32.50	35
1991	Bless Those Who Serve Their Country (Soldier) 527297	Suspd.		32.50	33
1991	Bless Those Who Serve Their Country (Marine) 527521	Suspd.		32.50	45
1995	You Will Always Be Our Hero 136271	Yr.Iss.		40.00	40

Precious Moments Bridal Party - S. Butcher

YEAR ISSUE		EDITION LIMIT	YEAR RETD.	ISSUE PRICE	QUOTE U.S.$
1984	Bridesmaid-E-2831	Open		13.50	22-30
1985	Ringbearer-E-2833	Open		11.00	17-30
1985	Flower Girl-E-2835	Open		11.00	17-25
1984	Groomsman-E-2836	Open		13.50	22-30
1986	Groom-E-2837	Open		13.50	20-40
1985	Junior Bridesmaid-E-2845	Open		12.50	20-30
1987	Bride-E-2846	Open		18.00	25-30
1987	God Bless Our Family (Parents of the Groom)-100498	Open		35.00	50-55
1987	God Bless Our Family (Parents of the Bride)-100501	Open		35.00	50-60
1987	Wedding Arch-102369	Suspd.		22.50	45-65

Precious Moments Calendar Girl - S. Butcher

YEAR ISSUE		EDITION LIMIT	YEAR RETD.	ISSUE PRICE	QUOTE U.S.$
1988	January-109983	Open		37.50	40-67
1988	February-109991	Open		27.50	34-67
1988	March-110019	Open		27.50	34-50
1988	April-110027	Open		30.00	35-100
1988	May -110035	Open		25.00	30-225
1988	June-110043	Open		40.00	50-112
1988	July-110051	Open		35.00	45-58
1988	August-110078	Open		40.00	50-60
1988	September-110086	Open		27.50	34-40
1988	October-110094	Open		35.00	45-59
1988	November-110108	Open		32.50	38-50
1988	December-110116	Open		27.50	35-75

Precious Moments Clown - S. Butcher

YEAR ISSUE		EDITION LIMIT	YEAR RETD.	ISSUE PRICE	QUOTE U.S.$
XX	I Get a Bang Out of You-12262	Open		30.00	45-55
1986	Lord Keep Me On the Ball-12270	Open		30.00	45-55
1985	Waddle I Do Without You-12459	Retrd.	1989	30.00	75-110
1986	The Lord Will Carry You Through-12467	Retrd.	1988	30.00	78-110

Precious Moments Club 10th Anniversity Commemorative Edition - S. Butcher

YEAR ISSUE		EDITION LIMIT	YEAR RETD.	ISSUE PRICE	QUOTE U.S.$
1988	The Good Lord has Blessed Us Tenfold-114022	Yr.Iss.		90.00	135-235

Precious Moments Club 15th Anniversary Commemorative Edition - S. Butcher

YEAR ISSUE		EDITION LIMIT	YEAR RETD.	ISSUE PRICE	QUOTE U.S.$
1993	15 Happy Years Together: What A Tweet-530786	Yr.Iss.		100.00	100-115
1995	A Perfect Display of 15 Happy Years -127817	Yr.Iss.		100.00	100

Precious Moments Club 5th Anniversary Commemorative Edition - S. Butcher

YEAR ISSUE		EDITION LIMIT	YEAR RETD.	ISSUE PRICE	QUOTE U.S.$
1985	God Bless Our Years Together-12440	Yr.Iss.		175.00	240-300

Precious Moments Commemorative 500th Columbus Anniversary - S. Butcher

YEAR ISSUE		EDITION LIMIT	YEAR RETD.	ISSUE PRICE	QUOTE U.S.$
1992	This Land Is Our Land-527386	Yr.Iss.		350.00	400-500

Precious Moments Commemorative Easter Seal - S. Butcher

YEAR ISSUE		EDITION LIMIT	YEAR RETD.	ISSUE PRICE	QUOTE U.S.$
1988	Jesus Loves Me-9" Fig.-104531	1,000		N/A	18-2000
1987	He Walks With Me-107999	Yr.Iss.		25.00	45-75
1988	Blessed Are They That Overcome-115479	Yr.Iss.		27.50	38-75
1989	Make A Joyful Noise-9" Fig. -520322	1,500		N/A	900-950
1989	His Love Will Shine On You-522376	Yr.Iss.		30.00	45-55
1990	You Have Touched So Many Hearts-9" fig.-523283	2,000		N/A	675-775
1991	We Are God's Workmanship-9" fig.-523879	2,000		N/A	650-725
1990	Always In His Care-524522	Yr.Iss.		30.00	35-45
1992	You Are Such A Purr-fect Friend 9" fig.-526010	2,000		N/A	600-700
1991	Sharing A Gift Of Love-527114	Yr.Iss.		30.00	35-65
1992	A Universal Love-527173	Yr.Iss.		32.50	35-55
1993	Gather Your Dreams-9" fig.-529680	2,000		N/A	N/A
1993	You're My Number One Friend-530026	Yr.Iss.		30.00	30
1994	It's No Secret What God Can Do-531111	Yr.Iss.		30.00	30
1994	You Are The Rose of His Creation-9" fig.-531243	Yr.Iss.		N/A	N/A
1995	Take Time To Smell the Flowers-524387	Yr.Iss.		30.00	30
1995	He's Got The Whole World In His Hands-9" fig.-526886	Yr.Iss.		N/A	N/A

Precious Moments Events Figurines - S. Butcher

YEAR ISSUE		EDITION LIMIT	YEAR RETD.	ISSUE PRICE	QUOTE U.S.$
1988	You Are My Main Event-115231	Yr.Iss.		30.00	45-55
1989	Sharing Begins In The Heart -520861	Yr.Iss.		25.00	45
1990	I'm A Precious Moments Fan -523526	Yr.Iss.		25.00	40-50
1990	Good Friends Are Forever -525049	Yr.Iss.		25.00	N/A
1991	You Can Always Bring A Friend -527122	Yr.Iss.		27.50	40-55
1992	An Event Worth Wading For -527319	Yr.Iss.		32.50	45
1993	An Event For All Seasons -530158	Yr.Iss.		30.00	50
1994	Memories Are Made of This -529982	Yr.Iss.		30.00	40
1995	Follow Your Heart-528080	Yr.Iss.		30.00	30

Precious Moments Family Christmas Scene - S. Butcher

YEAR ISSUE		EDITION LIMIT	YEAR RETD.	ISSUE PRICE	QUOTE U.S.$
1985	May You Have the Sweetest Christmas-15776	Suspd.		17.00	40-50
1985	The Story of God's Love-15784	Suspd.		22.50	40-59
1985	Tell Me a Story-15792	Suspd.		10.00	25-40
1985	God Gave His Best-15806	Suspd.		13.00	30-45
1985	Silent Night-15814	Suspd.		37.50	75-120
1986	Sharing Our Christmas Together-102490	Suspd.		40.00	70-80
1989	Have A Beary Merry Christmas-522856	Suspd.		15.00	25-40
1990	Christmas Fireplace-524883	Suspd.		37.50	60-85

Precious Moments Growing In Grace - S. Butcher

YEAR ISSUE		EDITION LIMIT	YEAR RETD.	ISSUE PRICE	QUOTE U.S.$
1995	Infant Angel With Newspaper -13604	Open		22.50	23
1995	Age 1 Baby With Cake-136190	Open		25.00	25
1995	Age 2 Girl With Blocks-136212	Open		25.00	25
1995	Age 3 Girl With Flowers-136220	Open		25.00	25
1995	Age 4 Girl With Doll-136239	Open		27.50	28
1995	Age 5 Girl With Lunch Box-136247	Open		27.50	28
1995	Age 6 Girl On Bicycle-136255	Open		30.00	30
1995	Age 16 Sweet Sixteen Girl Holding Sixteen Roses-136263	Open		45.00	45

Precious Moments Musical Figurines - S. Butcher

YEAR ISSUE		EDITION LIMIT	YEAR RETD.	ISSUE PRICE	QUOTE U.S.$
1983	Sharing Our Season Together -E-0519	Retrd.	1986	70.00	117-145
1983	Wee Three Kings-E-0520	Suspd.		60.00	105-130
1983	Let Heaven And Nature Sing -E-2346	Suspd.		55.00	115-130
1982	O Come All Ye Faithful-E-2352	Suspd.		50.00	140-200
1982	I'll Play My Drum For Him -E-2355	Suspd.		45.00	175-225
1979	Christmas Is A Time To Share -E-2806	Retrd.	1984	35.00	140-170
1979	Crown Him Lord Of All-E-2807	Suspd.		35.00	93-110
1979	Unto Us A Child Is Born-E-2808	Suspd.		35.00	95-125
1980	Jesus Is Born-E-2809	Suspd.		35.00	105-135
1980	Come Let Us Adore Him-E-2810	Suspd.		45.00	108-125
1980	Peace On Earth-E-4726	Suspd.		45.00	122-132
1980	The Hand That Rocks The Future-E-5204	Open		30.00	55-85
1980	My Guardian Angel-E-5205	Suspd.		22.50	70-100
1981	My Guardian Angel-E-5206	Suspd.		22.50	80-95
1984	Wishing You A Merry Christmas -E-5394	Suspd.		55.00	80-120
1980	Silent Knight-E-5642	Suspd.		45.00	225-300
1981	Rejoice O Earth-E-5645	Retrd.	1988	35.00	80-125
1981	The Lord Bless You And Keep You-E-7180	Open		55.00	80-100
1981	Mother Sew Dear-E-7182	Open		35.00	55-95
1981	The Purr-fect Grandma-E-7184	Suspd.		35.00	70-100
1981	Love Is Sharing-E-7185	Retrd.	1985	40.00	152-189
1981	Let the Whole World Know -E-7186	Suspd.		60.00	125-190
1985	Lord Keep My Life In Tune (G) (2/set)-12165	Suspd.		50.00	115-150
1984	We Saw A Star-12408	Suspd.		50.00	65-100
1987	Lord Keep My Life In Tune (B) (2/set)-12580	Suspd.		50.00	200-300
1993	God Sent You Just In Time-15504	Retrd.	1989	60.00	90-110
1993	Silent Night-15814	Open		55.00	55-89
1985	Heaven Bless You-100285	Suspd.		45.00	70-78
1986	Our 1st Christmas Together -101702	Retrd.	1992	50.00	97-125
1993	Let's Keep In Touch-102520	Open		85.00	85-115
1993	Peace On Earth-109746	Suspd.		120.00	130
1987	I'm Sending You A White Christmas-112402	Retrd.	1993	55.00	110-135
1987	You Have Touched So Many Hearts-112577	Open		50.00	50-60
1991	Lord Keep My Life In Balance -520691	Suspd.		60.00	68-80
1993	The Light Of The World Is Jesus -521507	Open		65.00	65-87
1992	Do Not Open Till Christmas -522244	Suspd.		75.00	75-90
1992	This Day Has Been Made In Heaven-523682	Open		60.00	60
1993	Wishing You Were Here-526916	Open		100.00	100

Precious Moments Rejoice in the Lord - S. Butcher

YEAR ISSUE		EDITION LIMIT	YEAR RETD.	ISSUE PRICE	QUOTE U.S.$
1987	Lord Keep My Life In Tune - 12165	Suspd.		37.50	80-100
1985	There's a Song in My Heart-12173	Suspd.		11.00	25-48
1985	Happiness is the Lord-12378	Suspd.		15.00	28-34
1985	Lord Give Me a Song-12386	Suspd.		15.00	33-44
1985	He is My Song-12394	Suspd.		17.50	37-45

Precious Moments Sammy's Circus - S. Butcher

YEAR ISSUE		EDITION LIMIT	YEAR RETD.	ISSUE PRICE	QUOTE U.S.$
1994	Markie-528099	Open		18.50	19
1994	Dusty-529176	Open		22.50	23
1994	Katie-529184	Open		17.00	17
1994	Tippy-529192	Open		12.00	12
1994	Collin-529214	Open		20.00	20
1994	Sammy-529222	Yr.Iss.		20.00	45
1994	Circus Ten-528196 (Nite-Lite)	Open		90.00	90
1994	Jordan-529168	Open		20.00	20

Precious Moments Special Edition - S. Butcher

YEAR ISSUE		EDITION LIMIT	YEAR RETD.	ISSUE PRICE	QUOTE U.S.$
1981	Hello, Lord, It's Me Again-PM-811	Yr.Iss.		25.00	375-450
1982	Smile, God Loves You-PM-821	Yr.Iss.		25.00	150-260
1983	Put on a Happy Face-PM-822	Yr.Iss.		25.00	165-210
1983	Dawn's Early Light-PM-831	Yr.Iss.		27.50	65-95
1984	God's Ray of Mercy-PM-841	Yr.Iss.		25.00	40-85
1984	Trust in the Lord to the Finish -PM-842	Yr.Iss.		25.00	52-75
1985	The Lord is My Shepherd -PM-851	Yr.Iss.		25.00	70-100
1985	I Love to Tell the Story-PM-852	Yr.Iss.		27.50	55-70
1986	Grandma's Prayer-PM-861	Yr.Iss.		25.00	65-95
1986	I'm Following Jesus-PM-862	Yr.Iss.		25.00	65-90
1987	Feed My Sheep-PM-871	Yr.Iss.		25.00	50-70
1987	In His Time-PM-872	Yr.Iss.		25.00	68-75
1987	Loving You Dear Valentine -PM-873	Yr.Iss.		25.00	35-55
1987	Loving You Dear Valentine -PM-874	Yr.Iss.		25.00	35-65
1988	God Bless You for Touching My Life-PM-881	Yr.Iss.		27.50	40-85
1988	You Just Can't Chuck A Good Friendship-PM-882	Yr.Iss.		27.50	39-50
1989	You Will Always Be My Choice- PM-891	Yr.Iss.		27.50	35-55
1989	Mow Power To Ya-PM-892	Yr.Iss.		27.50	42-55
1990	Ten Years And Still Going Strong-PM-901	Yr.Iss.		30.00	37-50
1990	You Are A Blessing To Me-PM-902	Yr.Iss.		30.00	48-60
1991	One Step At A Time-PM-911	Yr.Iss.		33.00	44-60
1991	Lord, Keep Me In TeePee Top Shape-PM-912	Yr.Iss.		33.00	40-65
1992	Only Love Can Make A Home -PM-921	Yr.Iss.		30.00	42-55
1992	Sowing The Seeds of Love -PM-922	Yr.Iss.		30.00	30-45
1993	His Little Treasure-PM-931	Yr.Iss.		30.00	40
1993	Loving PM-932	Yr.Iss.		30.00	35-60
1994	Caring PM-941	Yr.Iss.		35.00	45
1994	Sharing PM-942	Yr.Iss.		35.00	35
1995	Loving PM-932	Yr.Iss.		35.00	35

Precious Moments Spring Catalog - S. Butcher

YEAR ISSUE		EDITION LIMIT	YEAR RETD.	ISSUE PRICE	QUOTE U.S.$
1993	Happiness Is At Our Fingertips -529931	Yr.Iss.		35.00	45-90
1994	So Glad I Picked You As A Friend-524379	Yr.Iss.		40.00	40
1995	Sending My Love Your Way -528609	Yr.Iss.		40.00	40

Precious Moments Sugartown - S. Butcher

YEAR ISSUE		EDITION LIMIT	YEAR RETD.	ISSUE PRICE	QUOTE U.S.$
1994	Free Christmas Puppies-528064	Open		18.50	19
1993	Sammy-528668	Open		17.00	17
1992	Christmas Tree-528684	Retrd.	1994	15.00	30
1994	Doctor's Office Collectors Set/7 - 529281	Yr.Iss.		189.00	189
1993	Dusty-529435	Open		17.00	17
1993	Car-529443	Open		22.50	23
1992	Aunt Ruth & Aunt Dorothy-529486	Retrd.	1994	20.00	40
1992	Philip-529494	Retrd.	1994	17.00	30
1992	Nativity-529508	Retrd.	1994	20.00	35
1992	Grandfather-529516	Retrd.	1994	15.00	15
1993	Katy Lynne-529524	Open		20.00	20
1992	Sam Butcher-529567	Yr.Iss.		22.50	100-250
1993	House Night Light 529605	Open		80.00	80
1992	Chapel-529621	Retrd.	1994	85.00	150
1994	Stork With Baby Sam - 529788	Yr.Iss.		22.50	23
1993	Fence-529796	Open		10.00	10
1994	Leon & Evelyn Mae - 529818	Open		20.00	20
1994	Jan - 529826	Open		17.00	17
1993	Sam Butcher-529842	Yr.Iss.		22.50	40-60
1994	Dr. Sam Sugar - 530850	Open		17.00	17
1993	Collector's Set/7-531774	Open		189.00	189
1994	Sugar & Her Dog House 533165	Open		20.00	20

Precious Moments Sugartown Enhancements - S. Butcher

YEAR ISSUE		EDITION LIMIT	YEAR RETD.	ISSUE PRICE	QUOTE U.S.$
1994	Lamp Post - 529559	Open		8.00	8
1994	Mailbox - 531847	Open		5.00	5
1994	Curved Road - 533149	Open		10.00	10
1994	Straight Sidewalk - 533157	Open		10.00	10
1994	Single Tree - 533173	Open		10.00	10
1994	Double Tree - 533181	Open		10.00	10
1994	Cobble Stone Bridge - 533203	Open		17.00	17

Precious Moments The Four Seasons - S. Butcher

YEAR ISSUE		EDITION LIMIT	YEAR RETD.	ISSUE PRICE	QUOTE U.S.$
1985	The Voice of Spring-12068	Yr.Iss.		30.00	220-270
1985	Summer's Joy-12076	Yr.Iss.		30.00	105-115
1986	Autumn's Praise-12084	Yr.Iss.		30.00	42-75
1986	Winter's Song-12092	Yr.Iss.		30.00	100-140
1986	Set	Yr.Iss.		120.00	550

Precious Moments Two By Two - S. Butcher

YEAR ISSUE		EDITION LIMIT	YEAR RETD.	ISSUE PRICE	QUOTE U.S.$
1993	Noah, Noah's Wife, & Noah's Ark (lighted)-530042	Open		125.00	125-195
1993	Sheep (mini double fig.) -530077	Open		10.00	10
1993	Pigs (mini double fig.) -530085	Open		12.00	12
1993	Giraffes (mini double fig.) -530115	Open		16.00	16
1993	Bunnies (mini double fig.) -530123	Open		9.00	9
1993	Elephants (mini double fig.) -530131	Open		18.00	18
1993	Collector's Set/8 -530948	Open		190.00	190
1994	Llamas-531375	Open		15.00	15
1995	Congratulations You Earned Your Stripes-127809	Open		15.00	15

Fenton Art Glass Company

Collectors Club - Fenton

YEAR ISSUE		EDITION LIMIT	YEAR RETD.	ISSUE PRICE	QUOTE U.S.$
1978	Cranberry Opalescent Baskets w/variety of spot moulds	Closed	1979	20.00	75-125
1979	Vasa Murrhina Vases (Variety of colors)	Closed	1980	25.00	50-95
1980	Velva Rose Bubble Optic "Melon" Vases	Closed	1981	30.00	50-95
1981	Amethyst w/White Hanging Hearts Vases	Closed	1982	37.50	125-150
1982	Overlay Baskets in pastel shades (Swirl Optic)	Closed	1983	40.00	60-95
1983	Cranberry Opalescent 1 pc. Fairy Lights	Closed	1984	40.00	125-295
1984	Blue Burmese w/peloton Treatment Vases	Closed	1985	25.00	65-125
1985	Overlay Vases in Dusty Rose w/Mica Flecks	Closed	1986	25.00	85
1986	Ruby Iridized Art Glass Vase	Closed	1987	30.00	50-150
1987	Dusty Rose Overlay/Peach Blow Interior w/dark blue Crest Vase	Closed	1988	38.00	65-95
1988	Teal Green and Milk marble Basket	Closed	1989	30.00	55-95
1989	Mulberry Opalescent Basket w/Coin Dot Optic	Closed	1990	37.50	75-195
1990	Sea Mist Green Opalescent Fern Optic Basket	Closed	1991	40.00	45-75
1991	Rosalene Leaf Basket and Peacock & Dahlia Basket	Closed	1992	65.00	90
1992	Blue Bubble Optic Vases	Closed	1992	35.00	45-75
1993	Cranberry Opalescent "Jonquil" Basket	Closed	1994	35.00	65-95
1994	Cranberry Opalescent Jacqueline Pitcher	Closed	1994	55.00	65-125
1994	Rosalene Tulip Vase-1994 Convention Pc.	Yr.Iss.	1994	45.00	95

1983 Connoisseur Collection - Fenton

YEAR ISSUE		EDITION LIMIT	YEAR RETD.	ISSUE PRICE	QUOTE U.S.$
1983	5 pc. Burmese Epergne Set	Closed	1983	200.00	450-795
1983	Basket, 9" Vasa Murrhina	Closed	1984	75.00	110-125
1983	Craftsman Stein, White Satin Carnival	Closed	1984	35.00	50
1983	Cruet/Stopper Vasa Murrhina	Closed	1984	75.00	135-195

Fenton Art Glass Company
to Flambro Imports

FIGURINES/COTTAGES

YEAR ISSUE		EDITION LIMIT	YEAR RETD.	ISSUE PRICE	QUOTE U.S.$
1983	Vase, 4 1/2" Sculptured Rose Quartz	Closed	1984	32.50	50-95
1983	Vase, 7" Sculptured Rose Quartz	Closed	1984	50.00	75-125
1983	Vase, 9" Sculptured Rose Quartz	Closed	1983	75.00	125-225

1984 Connoisseur Collection - Fenton

1984	3 pc. Covered Candy Box, Blue Burmese	Closed	1985	75.00	150-225
1984	Basket, 10" Plated Amberina Velvet	Closed	1985	85.00	125-150
1984	Cane, 18" Plated Amerina Velvet	Closed	1985	35.00	95
1984	Top Hat, 8" Plated Amberina Velvet	Closed	1985	65.00	100-195
1984	Vase, 9" Rose Velvet-Floral	Closed	1985	75.00	100-175
1984	Vase, 9" Rose Velvet-Mother/Child	Closed	1985	125.00	150-225
1984	Vase, Swan, 8" Gold Azure	Closed	1985	65.00	150-195

1985 Connoisseur Collection - Fenton

1985	14 pc. Punch Set Green Opalescent	Closed	1986	250.00	375
1985	4 pc. Diamond Lace Epergne, Green Opal.	Closed	1986	95.00	125-195
1985	Basket, 8 1/2" Buremese, Handpainted	Closed	1986	95.00	150-195
1985	Lamp, 22" Burmese-Butterfly/Branch	Closed	1986	300.00	550-595
1985	Vase, 12" "Garielle" Scul. French Blue	Closed	1986	150.00	185
1985	Vase, 7 1/2" Burmese-Shell	Closed	1985	135.00	225-300
1985	Vase, 7 1/2" Chrysanthemums & Circlet	Closed	1985	125.00	135-195

1986 Connoisseur Collection - Fenton

1986	4 pc. Vanity Set, Blue Ridge	Closed	1987	125.00	195-295
1986	Basket, Top hat Wild Rose/Teal Overlay	Closed	1987	49.00	60-95
1986	Boudoir Lamp Cranberry Pearl	Closed	1987	145.00	200-295
1986	Cruet/Stopper Cranberry Pearl	Closed	1987	75.00	200
1986	Handled Urn, 13" Cranberry Satin	Closed	1987	185.00	300
1986	Handled Vase, 7" French Royale	Closed	1987	100.00	150-195
1986	Lamp, 20" Burmese-Shells	Closed	1987	350.00	600
1986	Vase 7 1/2", "Danielle" Sandcarved	Closed	1987	95.00	100-150
1986	Vase, 10 1/2" "Misty Morn", Handpainted	Closed	1987	95.00	100-150

1987 Connoisseur Collection - Fenton

1987	Pitcher, 8" Enameled Azure	Closed	1988	85.00	100-125
1987	Vase, 7 1/4" Blossom/Bows on Cranberry	Closed	1988	95.00	95-150

1988 Connoisseur Collection - Fenton

1988	Basket, Irid. Teal Cased Vasa Murrhina	Closed	1989	65.00	100-125
1988	Candy, Wave Crest, Cranberry	Closed	1988	95.00	125-195
1988	Pitcher, Cased Cranberry/ Opal Teal Ring	Closed	1989	60.00	100-125
1988	Vase, 6" Cased Cranberry/Opal Teal/Irid.	Closed	1989	50.00	85-125

1989 Connoisseur Collection - Fenton

1989	5 pc. Epergne, Rosalene	Closed	1990	250.00	350-495
1989	Basket, 7" Cranberry w/Crystal Ring	Closed	1990	85.00	100-150
1989	Covered candy, Cranberry, Handpainted	Closed	1990	85.00	100-195
1989	Lamp, 21" Handpainted Rosalene Satin	Closed	1990	250.00	300-395
1989	Pitcher, Diamond Optic, Rosalene	Closed	1990	55.00	85
1989	Vase, Basketweave, Rosalene	Closed	1990	45.00	60-95
1989	Vase, Pinch, 8" Vasa Murrhina	Closed	1990	65.00	100

1990-85th Anniversary Collection - Fenton

1990	2 pc. Epergne Petite Floral on Burmese	Closed	1990	125.00	185
1990	7 pc. Water Set Raspberry on Burmese	Closed	1991	275.00	400-450
1990	Basket, 5 1/2" Trees on Burmese	Closed	1991	57.50	100
1990	Basket, 7" Raspberry on Burmese	Closed	1993	75.00	95-125
1990	Cruet/Stopper Petite Floral on Burmese	Closed	1990	85.00	125
1990	Lamp, 20" Rose Burmese	Closed	1990	250.00	325-395
1990	Lamp, 21" Raspberry on Burmese	Closed	1992	295.00	395
1990	Vase, 6 1/2" Rose Burmese	Closed	1990	45.00	75
1990	Vase, 9" Trees on Burmese	Closed	1991	75.00	120-200
1990	Vase, Fan, 6" Rose Burmese	Closed	1990	49.50	85

1991 Connoisseur Collection - Fenton

1991	3 pc. Candy Box, Favrene	Closed	1993	90.00	150-195
1991	Basket, Floral on Rosalene	Closed	1992	64.00	75
1991	Fish, Paperweight, Rosalene	Closed	1992	30.00	35
1991	Lamp, 20" Roses on Burmese	Closed	1992	275.00	420
1991	Vase, 7 1/2" Raspberry Burmese	Closed	1992	65.00	95
1991	Vase, Floral on Favrene	Closed	1991	125.00	295-395
1991	Vase, Fruit on Favrene	Closed	1991	125.00	295-395

1992 Connoisseur Collection - Fenton

1992	Covered Box "Poppy and Daisy"	Closed	1992	95.00	125
1992	Pitcher, 4 1/2" Berries/Leaves Burmese	Closed	1993	65.00	95-125
1992	Pitcher, 9" Empire on Cranberry	Closed	1993	110.00	125-195
1992	Vase, "Twining Floral" Rosalene Satin	Closed	1993	110.00	150
1992	Vase, 6 1/2" Rasberry Burmese	Closed	1993	45.00	80
1992	Vase, 8" "Seascape"	Closed	1992	150.00	185

1993 Connoisseur Collection - Fenton

1993	Amphora w/Stand Favrene	Closed	1993	285.00	325-395
1993	Bowl, Ruby Stretch w/Gold Scrolls	Closed	1994	95.00	100
1993	Lamp, "Spring Woods" Reverse Painted	Closed	1994	590.00	590
1993	Owl Figurine, 6" Favrene	Closed	1994	95.00	125
1993	Perfume/Stopper "Rose Trellis" Rosalene	Closed	1994	95.00	100
1993	Vase "Victorian Roses" Persian Blue Opal.	Closed	1994	125.00	130
1993	Vase, 9" "Leaves of Gold" Plum Irid.	Closed	1994	175.00	200

1993 Family Signature Collection - Various

1993	Basket, "Lilacs" - B. Fenton	Closed	1993	65.00	75
1993	Vase, "Cottage Scene" - S. Fenton	Closed	1993	90.00	100
1993	Vase, "Vintage" on Plum - D. Fenton	Closed	1993	80.00	90
1993	Vase, 11" Cranberry Dec. - G. Fenton	Closed	1993	110.00	110
1993	Vase, Al. Thistle/Ruby Carnival - F. Fenton	Closed	1993	105.00	125

1994 Connoisseur Collection - Various

1994	"Lattice Rose" Burmese Pitcher - F. Burton	750	1994	165.00	225
1994	Cameo Cranberry Bowl - M. Reynolds	500		390.00	390
1994	Favrene 7" Vase - M. Reynolds	850		185.00	185
1994	Favrene Clock - F. Burton	850		150.00	150
1994	Gold Amberina Vase - M. Reynolds	750		175.00	175
1994	Plum Opalescent Vase - M. Reynolds	750		165.00	165
1994	Reverse Painted Lamp, Hummingbirds - F. Burton	300	1994	590.00	750

1994 Family Signature Collection - Various

1994	"Gold Pansies" on Cranberry Pitcher - F. Burton	Closed	1994	85.00	100-125
1994	"Windflowers" on Stiegel Green Stretch Basket - M. Reynolds	Closed	1994	65.00	75
1994	Basket "Lilacs" - S. Fenton	Closed	1994	65.00	65
1994	Basket, Autumn Gold Opal - F. Fenton	Closed	1994	70.00	75
1994	Basket, Ruby Carnival - T. Fenton	Closed	1994	65.00	80
1994	Covered Candy "Autumn Leaves - D. Fenton"	Closed	1994	60.00	60
1994	Vase "Pansies" on Cranberry - B. Fenton	Closed	1994	95.00	110-150
1994	Vase, Fuschia - G. Fenton	Closed	1994	95.00	125

1995 Family Signature Collection - Various

1995	"Coralene" on Celeste Blue Stretch Basket - F. /W. Fenton	6/95		75.00	75
1995	"Golden Flax" on Cobalt Vase - S. Fenton	6/95		95.00	95
1995	"Trellis" on French Opalscent Basket - L. Fenton	6/95		85.00	85
1995	"Vining Garden" on Thistle Pitcher - D. Fenton	6/95		125.00	125
1995	Fleur de lis Candy box w/cover in Red Carnival - M. Fenton	6/95		65.00	65

Christmas Limited Edition Eggs - M. Reynolds

1994	Magnolia on Gold Egg on Stand	1,500		35.00	35
1994	Partridge on Ruby Egg on Stand	1,500		35.00	35

Christmas Star Series - F. Burton

1994	"Silent Night" Egg on Stand	1,500		45.00	45
1994	"Silent Night" Fairy Light	1,500		45.00	45
1994	"Silent Night" Lamp Light	500		275.00	275

Fitz And Floyd, Inc.

Holiday Hamlet®-Accessories - V. Balcou

1993	Blizzard Express Train	Open		95.00	95
1993	Carols in the Snow	Open		30.00	30
1993	Christmas Tree, large	Open		45.00	45
1993	Christmas Tree, small	Open		30.00	30
1994	Hand Car	Open		35.00	35
1993	Silent Night Singers	Open		30.00	30
1993	Village Sign	Open		40.00	40
1993	Village Square Clock	Open		50.00	50

Holiday Hamlet®-Figurines - V. Balcou

1993	Baby Squirrel	Open		15.00	15
1993	Bell Choir Bunny	Open		15.00	15
1993	Bell Choir Fox	Open		10.00	10
1994	Blessed Mother/Joseph Players	Open		25.00	25
1993	Christmas Carolers	Open		20.00	20
1993	Christmas Carolers, waterglobe	Open		45.00	45
1993	Christmas Treats	Open		15.00	15
1993	The Conductor	Open		10.00	10
1993	Delivering Gifts	Open		20.00	20
1993	Dollmaker	Open		15.00	15
1993	Dollmaker's Apprentice	Open		15.00	15
1993	Dr. B. Well	Open		15.00	15
1993	Dr. Quack & Patient	Open		15.00	15
1993	Gathering Apples	Open		15.00	15
1993	Gathering Pine Boughs	Open		10.00	10
1994	Holiday Hamlet, waterglobe	Open		75.00	75
1994	Little Angels	Open		30.00	30
1993	Mr. Grizzly	Open		20.00	20
1994	Mr. Winterberry, Pie Vendor	2,500		25.00	25
1993	Mrs. Grizzly	Open		20.00	20
1993	Nanny Rabbit & Bunnies	Open		20.00	20
1993	Old Royal Elf	Open		20.00	20
1993	The Parson	Open		10.00	10
1993	Pastry Vendor	Open		10.00	10
1994	Poor Shepherds	Open		15.00	15
1994	The Porter	Open		25.00	25
1994	Proud Mother/Father	Open		20.00	20
1993	Santa Claus	Open		25.00	25
1993	Skaters	Open		20.00	20
1993	Squirrel Family	Open		15.00	15
1994	Three Wisemen	Open		20.00	20
1993	Tying the Christmas Garland	Open		20.00	20
1993	Waving Elf	Open		10.00	10
1993	Welcome Banner	Open		20.00	20
1993	Welcoming Elf	Open		10.00	10

Holiday Hamlet®-Lighted Houses - V. Balcou

1994	Christmas Pageant Stage	Open		75.00	75
1993	Doctor's Office	Open		75.00	75
1993	Dollmaker's Cottage	Open		125.00	125
1993	Holiday Hamlet Chapel	Open		75.00	150
1993	Holiday Manor	Open		75.00	75
1994	Mr. Winterberry's Pie Shop	2,500		100.00	100
1993	Railroad Station	Closed	N/A	125.00	250
1994	Snowman Supply Hut	Open		65.00	65
1993	Stocking Stuffer's Workshop	Open		45.00	45
1993	Tavern in the Woods	Open		125.00	125
1993	Toymaker's Workshop	Open		45.00	45
1994	Whistlestop Junction Train Stop	Open		65.00	65
1994	World's Best Snowman	Open		55.00	55

Flambro Imports

Circus World Museum Clowns - Undis.

1987	Abe Goldstein, Keystone Kop	7,500		90.00	90
1985	Felix Adler (Grotesque)	9,500		80.00	80-110
1987	Felix Adler with Balloon	7,500		90.00	90
1985	Paul Jerome (Hobo)	9,500		80.00	80-150
1987	Paul Jerome with Dog	7,500		90.00	90
1985	Paul Jung (Neat)	9,500		80.00	110-120
1987	Paul Jung, Sitting	7,500		90.00	90

EKJ Professionals - Undis.

1987	Accountant	Retrd.	1994	50.00	50
1991	Barber	Open		50.00	50
1988	Bowler	Retrd.	1994	50.00	50
1991	Carpenter	Open		50.00	50
1991	The Chef	Retrd.	1994	50.00	50
1995	Coach	Open		55.00	55
1990	Computer Whiz	Open		50.00	50
1987	Dentist	Open		50.00	50
1987	Doctor	Open		50.00	50
1995	Doctor	Open		55.00	55
1987	Engineer	Open		50.00	50
1987	Executive	Open		50.00	50
1988	Fireman	Retrd.	1994	50.00	50
1995	Fireman	Open		55.00	55
1990	Fisherman	Open		50.00	50
1988	Golfer	Open		50.00	50
1995	Golfer	Open		55.00	55
1990	Hunter	Open		50.00	50
1987	Lawyer	Open		50.00	50
1995	Lawyer	Open		55.00	55
1988	Mailman	Open		50.00	50
1993	On Maneuvers	Open		50.00	50
1991	Painter	Open		50.00	50
1991	Pharmacist	Open		50.00	50
1990	Photographer	Open		50.00	50
1993	Pilot	Open		50.00	50
1991	Plumber	Retrd.	1994	50.00	50
1988	Policeman	Retrd.	1994	50.00	50
1995	Policeman	Open		55.00	55
1990	The Putt	Open		50.00	50
1993	Realtor	Open		50.00	50
1988	Skier	Retrd.		50.00	50
1987	Stockbrocker	Open		50.00	50
1987	Teacher	Open		50.00	50
1993	Veterinarian	Open		50.00	50

Emmett Kelly Jr. Members Only Figurine - Undis.

1990	Merry-Go-Round	Closed	1990	125.00	250-500
1991	10 Years Of Collecting	Closed	1991	100.00	180
1992	All Aboard	Closed	1992	75.00	125
1993	Ringmaster	Closed	1993	125.00	125
1994	Birthday Mail	Closed	1994	100.00	100
1995	Salute To Our Vets	Yr.Iss.		75.00	75

Emmett Kelly Jr. - Undis.

1995	20th Anniversay of All Star Circus	5,000		240.00	240
1995	35 Years of Clowning	5,000		240.00	240
1989	65th Birthday Commemorative	1,989	1989	275.00	1000-2700
1993	After The Parade	7,500		190.00	190
1988	Amen	12,000	1991	120.00	300-400
1991	Artist At Work	7,500		295.00	295
1983	The Balancing Act	10,000	1985	75.00	600
1983	Balloons For Sale	10,000	1985	75.00	600
1990	Balloons for Sale II	7,500		250.00	250-300
1986	Bedtime	12,000	1991	98.00	265
1984	Big Business	9,500	1987	110.00	900

FIGURINES/COTTAGES

Flambro Imports
to Flambro Imports

YEAR ISSUE		EDITION LIMIT	YEAR RETD.	ISSUE PRICE	QUOTE U.S.$
1990	Convention-Bound	7,500		225.00	230
1986	Cotton Candy	12,000	1987	98.00	300-350
1988	Dining Out	12,000	1991	120.00	350
1984	Eating Cabbage	12,000	1986	75.00	450
1985	Emmett's Fan	12,000	1986	80.00	400-475
1986	The Entertainers	12,000	1991	120.00	150-200
1986	Fair Game	2,500	1987	450.00	1650
1991	Finishing Touch	7,500		245.00	245
1991	Follow The Leader	7,500		200.00	200
1994	Forest Friends	7,500		190.00	190
1983	Hole In The Sole	10,000	1986	75.00	300-700
1989	Hurdy-Gurdy Man	9,500	1991	150.00	175-250
1985	In The Spotlight	12,000	1989	103.00	275-375
1993	Kittens For Sale	7,500		190.00	190
1994	Let Him Eat Cake	Retrd.		300.00	425-600
1994	The Lion Tamer	7,500		190.00	190
1981	Looking Out To See	12,000	1982	75.00	2100-2900
1986	Making New Friends	9,500	1988	140.00	280-325
1989	Making Up	7,500		200.00	275
1985	Man's Best Friend	9,500	1989	98.00	550
1990	Misfortune?	3,500	1989	200.00	400
1987	My Favorite Things	9,500	1988	109.00	350-700
1989	No Loitering	7,500	1994	200.00	264
1985	No Strings Attached	9,500	1991	98.00	220-375
1992	No Use Crying	7,500		200.00	200
1987	On The Road Again	9,500	1991	109.00	400
1988	Over a Barrel	9,500	1991	130.00	350
1992	Peanut Butter?	7,500		200.00	200
1984	Piano Player	9,500	1988	160.00	500-550
1992	Ready-Set-Go	7,500		200.00	200
1987	Saturday Night	7,500	1988	153.00	450-625
1983	Spirit of Christmas I	3,500	1984	125.00	2000-3200
1984	Spirit of Christmas II	3,500	1985	270.00	320-700
1985	Spirit of Christmas III	3,500	1989	220.00	240-700
1986	Spirit of Christmas IV	3,500	1989	150.00	300-400
1987	Spirit of Christmas V	2,400	1989	170.00	300-550
1988	Spirit of Christmas VI	2,400	1989	194.00	400-600
1990	Spirit Of Christmas VII	3,500	1990	275.00	375
1991	Spirit Of Christmas VIII	3,500	1992	250.00	250
1993	Spirit of Christmas IX	3,500		200.00	200
1993	Spirit of Christmas X	3,500		200.00	200
1994	Spirit of Christmas XI	3,500		200.00	200
1995	Spirit of Christmas XII	3,500		200.00	200
1981	Sweeping Up	12,000	1982	75.00	1000-1800
1982	The Thinker	15,000	1986	60.00	900-1800
1987	Toothache	12,000		98.00	98
1990	Watch the Birdie	9,500		200.00	225
1982	Wet Paint	15,000	1983	80.00	750
1988	Wheeler Dealer	7,500	1990	160.00	200
1982	Why Me?	15,000	1984	65.00	425-600
1983	Wishful Thinking	10,000	1985	65.00	500-700
1993	World Traveler	7,500		190.00	190

Emmett Kelly Jr. A Day At The Fair - Undis.

1990	75 Please	Retrd.	1994	65.00	65
1991	Coin Toss	Retrd.	1994	65.00	65
1990	Look At You	Retrd.	1994	65.00	65
1991	Popcorn!	Retrd.	1994	65.00	65
1990	Ride The Wild Mouse	Retrd.	1994	65.00	65
1990	Step Right Up	Retrd.	1994	65.00	65
1990	The Stilt Man	Retrd.	1994	65.00	65
1992	Stilt Man	Retrd.	1994	65.00	65
1990	Thanks Emmett	Retrd.	1994	65.00	65
1990	Three For A Dime	Retrd.	1994	65.00	65
1991	The Trouble With Hot Dogs	Retrd.	1994	65.00	65
1990	You Can Do It, Emmett	Retrd.	1994	65.00	65
1990	You Go First, Emmett	Retrd.	1994	65.00	65

Emmett Kelly Jr. Annual Nutcracker -Undis.

1990	1990 Nutcracker	Retrd.	N/A	50.00	100

Emmett Kelly Jr. Appearance Figurine - Undis.

1992	Now Appearing	Open		100.00	100
1993	The Vigilante	Open		75.00	75

Emmett Kelly Jr. Metal Sculptures - Undis.

1991	Balancing Act, Too	5,000		125.00	125
1991	Carousel Rider	5,000		125.00	125
1991	Emmett's Pooches	5,000		125.00	125
1991	The Magician	5,000		125.00	125

Emmett Kelly Jr. Miniatures - Undis.

1994	65th Birthday	Open		70.00	70
1986	Balancing Act	Retrd.	1992	25.00	105
1986	Balloons for Sale	Retrd.	1993	25.00	85
1995	Bedtime	Open		35.00	35
1988	Big Business	Numbrd		35.00	39
1989	Cotton Candy	Retrd.	1991	30.00	50
1995	Dining Out	Open		35.00	35
1987	Eating Cabbage	Retrd.	1990	30.00	75-90
1987	Emmett's Fan	Retrd.	1994	30.00	50-75
1995	The Entertainers	Open		45.00	45
1994	Fair Game	Open		75.00	75
1986	Hole in the Sole	Retrd.	1989	25.00	100
1995	Hurdy Gurdy Man	Open		40.00	40
1991	In The Spotlight	Numbrd		35.00	135-185
1986	Looking Out To See	Retrd.	1987	25.00	60-175
1992	Making New Friends	Numbrd		40.00	40
1989	Man's Best Friend?	Numbrd		35.00	35
1990	My Favorite Things	Numbrd		45.00	45
1995	No Loitering	Open		50.00	50
1991	No Strings Attached	Numbrd		35.00	35
1992	On the Road Again	Numbrd		35.00	35
1994	Over a Barrel	Open		30.00	30
1992	Piano Player	Numbrd		50.00	50
1990	Saturday Night	Numbrd		50.00	50
1988	Spirit of Christmas I	Retrd.	1990	40.00	130
1992	Spirit of Christmas II	Numbrd		50.00	50
1990	Spirit Of Christmas III	Retrd.	1993	50.00	90
1993	Spirit of Christmas IV	Numbrd		40.00	40
1994	Spirit of Christmas V	Open		50.00	50
1986	Sweeping Up	Retrd.	1987	25.00	125-175
1986	The Thinker	Retrd.	1991	25.00	100
1986	Wet Paint	Retrd.	1993	25.00	90
1986	Why Me?	Retrd.	1989	25.00	45-85
1986	Wishful Thinking	Retrd.	1988	25.00	50-85

Emmett Kelly Jr. Real Rags Collection - Undis.

1995	Balloons For Sale 2	Open		120.00	120
1993	Big Business II	Open		140.00	140
1993	Checking His List	Closed	N/A	100.00	115
1994	Eating Cabbage 2	3,000		100.00	100
1994	A Good Likeness	3,000		120.00	120
1995	I've Got Rhythm	Open		140.00	140
1993	Looking Out To See II	Open		100.00	100
1995	No Strings Attached 2	Open		120.00	120
1994	On in Two	3,000		100.00	100
1994	Rudolph Has A Red Nose, Too	3,000		135.00	135
1993	Sweeping Up II	Open		100.00	100
1993	Thinker II	Open		120.00	120
1995	Watch Out Below	Open		120.00	120

Little Emmetts - M. Wu

1994	Birthday Haul	Open		30.00	30
1995	Dance Lessons	Open		50.00	50
1994	Little Artist Picture Frame	Open		22.00	22
1994	Little Emmett Fishing	Open		35.00	35
1995	Little Emmett Noel, Noel	Open		40.00	40
1994	Little Emmett Shadow Show	Open		40.00	40
1995	Little Emmett Someday	Open		50.00	50
1994	Little Emmett w/Blackboard	Open		30.00	30
1994	Little Emmett, Counting Lession (Musical)	Open		30.00	30
1994	Little Emmett, Country Road (Musical)	Open		35.00	35
1994	Little Emmett, Raindrops (Musical)	Open		35.00	35
1994	Little Emmett, You've Got a Friend (Musical)	Open		33.00	33
1995	Looking Back Musical Waterglobe	Open		75.00	75
1995	Looking Forward Musical Waterglobe	Open		75.00	75
1994	Playful Bookends	Open		40.00	40
1994	EKJ, Age 1	Open		9.00	9
1994	EKJ, Age2	Open		9.50	10
1994	EKJ, Age 3	Open		12.00	12
1994	EKJ, Age 4	Open		12.00	12
1994	EKJ, Age 5	Open		15.00	15
1994	EKJ, Age 6	Open		15.00	15
1994	EKJ, Age 7	Open		17.00	17
1994	EKJ, Age 8	Open		21.00	21
1994	EKJ, Age 9	Open		22.00	22
1994	EKJ, Age 10	Open		25.00	25

Pleasantville 1893 - J. Berg Victor

1990	1st Church Of Pleasantville	Retrd.	1994	35.00	35
1992	Apothecary/Ice Cream Shop	Open		36.00	36
1992	Ashbey House	Open		40.00	40
1993	Balcomb's Barn	Open		40.00	40
1993	Balcomb's Farm (out buildings)	Open		40.00	40
1993	Balcomb's Farmhouse	Open		40.00	40
1990	The Band Stand	Retrd.	1992	12.00	15
1992	Bank/Real Estate Office	Open		36.00	36
1993	Blacksmith Shop	Open		40.00	40
1991	Court House	Open		36.00	36
1992	Covered Bridge	Open		36.00	36
1990	Department Store	Retrd.	1993	25.00	25
1991	Fire House	Open		40.00	40
1994	Gazebo/Bandstand	Open		25.00	25
1990	The Gerber House	Retrd.	1993	30.00	30
1992	Library	Open		32.00	32
1993	Livery Stable and Residence	Open		40.00	40
1990	Mason's Hotel and Saloon	Open		35.00	35
1991	Methodist Church	Open		40.00	40
1992	Miss Fountains Boarding House	Open		48.00	48
1990	Pleasantville Library	Open		32.00	32
1992	Post Office	Open		40.00	40
1992	Railroad Station	Open		40.00	40
1990	Reverend Littlefield's House	Open		34.00	34
1994	Sacred Heart Catholic Church	Open		40.00	40
1994	Sacred Heart Rectory	Open		40.00	40
1991	School Houe	Open		36.00	36
1990	Sweet Shoppe & Bakery	Open		40.00	40
1990	Toy Store	Retrd.	1992	30.00	45
1992	Tubbs, Jr. House	Open		40.00	40

Pleasantville 1893 Members Only - J. Berg Victor

1992	Pleasantville Gazette Building	Open		30.00	30

Pocket Dragon Collector Club - R. Musgrave

1991	Collecting Butterflies	Retrd.	1992	Gift	75-90
1992	The Key to My Heart	Retrd.	1993	Gift	40-95
1993	Want A Bite?	Retrd.	1994	Gift	55
1993	Bitsy	Retrd.	1994	Gift	N/A
1994	Friendship Pin	5/95		Gift	N/A
1994	Blue Ribbon Dragon	5/95		Gift	N/A

Pocket Dragon Members Only Pieces - R. Musgrave

1991	A Spot of Tea Won't You Join Us (set)	Retrd.	1992	75.00	225
1991	Wizard's House Print	Retrd.	1993	39.95	65
1992	Book Nook	Retrd.	1993	140.00	175-200
1993	Pen Pals	Retrd.	1994	90.00	100-150
1994	The Best Seat in the House	5/95		75.00	75

Pocket Dragon Appearance Figurines - R. Musgrave

1993	A Big Hug	Retrd.	1994	35.00	35-60
1994	Packed and Ready	Open		47.00	47

Pocket Dragon Christmas Editions - R. Musgrave

1992	A Pocket-Sized Tree	Retrd.	1992	18.95	65-90
1993	Christmas Angel	Retrd.	1993	45.00	50-65
1991	I've Been Very Good	Retrd.	1991	37.50	65-90
1989	Putting Me on the Tree	Retrd.	1994	52.50	65-100
1994	Dear Santa	Retrd.	1995	50.00	50-65
1995	Chasing Snowflakes	Yr.Iss.		35.00	35

Pocket Dragons - R. Musgrave

1990	The Apprentice	Retrd.	1994	22.50	35-40
1989	Attack	Retrd.	1992	45.00	65-90
1989	Baby Brother	Retrd.	1992	19.50	35
1993	Bath Time	Open		90.00	90
1993	The Book End	Open		90.00	90
1994	A Book My Size	Open		30.00	30
1992	Bubbles	Open		55.00	55
1995	But I am Too Little!	Open		14.50	15
1994	Butterfly Kissess	Open		29.50	30
1994	Candy Cane	Open		55.00	55
1995	Classical Dragon	Open		80.00	80
1994	Coffee Please	Open		24.00	24
1994	Dance Partner	Open		23.00	23
1992	A Different Drummer	Retrd.	1994	32.50	45
1989	Do I Have To?	Open		45.00	45
1991	Dragons in the Attic	Open		120.00	120
1989	Drowsy Dragon	Open		27.50	28
1995	Elementary My Dear	Open		35.00	35
1989	Flowers For You	Retrd.	1992	42.50	65-145
1991	Friends	Open		55.00	55
1993	Fuzzy Ears	Open		16.50	17
1989	The Gallant Defender	Retrd.	1992	36.50	75-95
1989	Gargoyle Hoping For Raspberry Teacakes	Retrd.	1990	139.50	425-485
1994	Gargoyles Just Wanna Have Fun	Open		30.00	30
1989	A Good Egg	Retrd.	1991	36.50	100-155
1995	Hedgehog's Joke	Open		27.00	27
1993	I Ate the Whole Thing	Open		32.50	33
1991	I Didn't Mean To	Open		32.50	33
1991	I'm A Kitty	Retrd.	1993	37.50	40-55
1994	In Trouble Again	Open		35.00	35
1995	It's a Present	Open		21.00	21
1994	It's Dark Out There	Open		45.00	45
1994	It's Magic	Open		31.00	31
1991	A Joyful Noise	Open		16.50	17
1992	The Juggler	Open		32.50	33
1993	Let's Make Cookies	Open		90.00	90
1992	The Library Cat	Retrd.	1994	38.50	40-57
1993	Little Bit (lapel pin)	Open		16.50	17
1993	Little Jewel (brooch)	Retrd.	1994	19.50	30
1994	A Little Security	Open		20.00	20
1989	Look at Me	Retrd.	1990	42.50	125-175
1992	Mitten Toes	Open		16.50	17
1994	My Big Cookie	Open		35.00	35
1992	Nap Time	Open		15.00	15
1989	New Bunny Shoes	Retrd.	1992	28.50	45-65
1989	No Ugly Monsters Allowed	Retrd.	1992	47.50	80
1993	Oh Goody!	Open		16.50	17
1990	One-Size-Fits-All	Retrd.	1993	16.50	35
1992	Oops!	Open		16.50	17
1989	Opera Gargoyle	Retrd.	1991	85.00	150-195
1992	Percy	Retrd.	1994	70.00	105
1991	Pick Me Up	Open		16.50	17
1989	Pink 'n' Pretty	Retrd.	1992	23.90	40-55
1994	Playing Dress Up	Open		30.00	30
1991	Playing Footsie	Retrd.	1994	16.50	25
1989	Pocket Dragon Countersign	Retrd.	1991	50.00	195
1989	The Pocket Minstrel	Retrd.	1991	36.50	95-145
1992	Pocket Posey	Open		16.50	17
1993	Pocket Rider (brooch)	Open		19.50	20
1991	Practice Makes Perfect	Retrd.	1993	32.50	40-55
1991	Putt Putt	Retrd.	1993	37.50	40-55
1994	Raiding the Cookie Jar	3,500		200.00	200
1993	Reading the Good Parts	Open		70.00	70
1991	Scales of Injustice	Open		45.00	45
1989	Scribbles	Retrd.	1994	32.50	45
1989	Sea Dragon	Retrd.	1991	45.00	75-165
1995	Sees All, Knows All	Open		35.00	35
1989	Sir Nigel Smythebe-Smoke	Retrd.	1993	120.00	145-195
1991	Sleepy Head	Open		37.50	38
1994	Snuggles	Open		35.00	35
1989	Stalking the Cookie Jar	Open		27.50	28
1989	Storytime at Wizard's House	Retrd.	1993	375.00	375-475
1990	Tag-A-Long	Retrd.	1993	15.00	35
1989	Teddy Magic	Retrd.	1991	85.00	125-145
1995	Telling Secrets	Open		48.00	48
1991	Thimble Foot	Retrd.	1994	38.50	39
1991	Tickle	Open		27.50	28

Collectors' Information Bureau 85

Flambro Imports
to Fraser International

FIGURINES/COTTAGES

YEAR ISSUE		EDITION LIMIT	YEAR RETD.	ISSUE PRICE	QUOTE U.S.$
1989	Toady Goldtrayler	Retrd.	1993	55.00	90
1993	Treasure	Open		90.00	90
1995	Tumbly	Open		21.00	21
1991	Twinkle Toes	Open		16.50	17
1992	Under the Bed	2,500		450.00	475
1989	Walkies	Retrd.	1992	65.00	100-165
1995	Watson	Open		22.50	23
1993	We're Very Brave	Open		37.50	38
1989	What Cookie?	Open		38.50	39
1989	Wizardry for Fun and Profit	Retrd.	1992	375.00	475
1993	You Can't Make Me	Open		15.00	15
1989	Your Paint is Stirred	Retrd.	1991	42.50	90-105
1992	Zoom Zoom	Open		37.50	38

Forma Vitrum

Coastal Classics - B. Job

YEAR ISSUE		EDITION LIMIT	YEAR RETD.	ISSUE PRICE	QUOTE U.S.$
1993	Carolina Lighthouse 21003	Open		65.00	65
1994	Lookout Point Lighthouse 21012	Open		60.00	60
1993	Maine Lighthouse 21002	Open		50.00	50
1993	Michigan Lighthouse 21001	Open		50.00	50
1994	Patriot's Point 29010	Open		70.00	70
1994	Sailor's Knoll Lighthouse 21011	Open		65.00	65

Special Production - B. Job

YEAR ISSUE		EDITION LIMIT	YEAR RETD.	ISSUE PRICE	QUOTE U.S.$
1993	The Bavarian Church 11503	Retrd.	1994	90.00	90
1994	Gingerbread House 19111	1,020	1994	100.00	100
1993	Pillars of Faith Church 11504	Retrd.	1994	90.00	90

Vitreville™ - B. Job

YEAR ISSUE		EDITION LIMIT	YEAR RETD.	ISSUE PRICE	QUOTE U.S.$
1994	"Trinity Church" 11511	7,000		130.00	130
1994	"Vitreville" Post Office 11402	Open		90.00	90
1993	Breadman's Bakery 11301	Open		70.00	70
1993	Candlemaker's Delight 11801	Open		60.00	60
1993	Candymaker's Cottage 11102	Open		65.00	65
1994	Community Church 19510	Open		95.00	95
1993	Country Church 11502	12,500		100.00	100
1993	Doctor's Domain 11201	Open		70.00	70
1994	Maplewood Elementary School 11401	Open		100.00	100
1993	Painter's Place 11202	Open		70.00	70
1993	Pastor's Place 11101	Open		65.00	65
1993	Roofer's Roost 11203	Retrd.	1994	70.00	70
1993	Tailor's Townhouse 11204	Open		70.00	70
1994	Thompson's Drug 11302	5,000		140.00	140
1993	Tiny Town Church 11501	Open		95.00	95

Woodland Village™ - B. Job

YEAR ISSUE		EDITION LIMIT	YEAR RETD.	ISSUE PRICE	QUOTE U.S.$
1993	Badger House 31003	Open		80.00	80
1993	Chipmunk House 31005	Open		80.00	80
1993	Owl House 31004	Open		80.00	80
1993	Rabbit House 31001	Open		90.00	90
1993	Racoon House 31002	Open		80.00	80

Franklin Mint

Joys of Childhood - N. Rockwell

YEAR ISSUE		EDITION LIMIT	YEAR RETD.	ISSUE PRICE	QUOTE U.S.$
1976	Coasting Along	3,700		120.00	175
1976	Dressing Up	3,700		120.00	175
1976	The Fishing Hole	3,700		120.00	175
1976	Hopscotch	3,700		120.00	175
1976	The Marble Champ	3,700		120.00	175
1976	The Nurse	3,700		120.00	175
1976	Ride 'Em Cowboy	3,700		120.00	175
1976	The Stilt Walker	3,700		120.00	175
1976	Time Out	3,700		120.00	175
1976	Trick or Treat	3,700		120.00	175

Fraser International

Collectors' Society - I. Fraser

YEAR ISSUE		EDITION LIMIT	YEAR RETD.	ISSUE PRICE	QUOTE U.S.$
1993	Peace Haven	Retrd.	1993	39.95	40
1993	Granny Smith's Cottage	Retrd.	1994	25.00	25
1993	St. Stephen's Church	Retrd.	1994	59.50	60
1994	Granny Mac Gregor's Cottage	7/95		29.95	30
1994	Summer Retreat	Yr.Iss.		34.75	35

The British Heritage Collection - I. Fraser

YEAR ISSUE		EDITION LIMIT	YEAR RETD.	ISSUE PRICE	QUOTE U.S.$
1988	Anne Hathaway's Cottage 32 mold #1	Retrd.	N/A	53.00	53
1994	Anne Hathaway's Cottage 32 mold #2	Open		53.00	65
1991	Balmoral Castle 128	Open		115.00	135
1992	Big Ben 154	Open		57.50	70
1991	Buckingham Palace 132	Open		159.50	185
1991	Caernarfon Castle 125	Open		85.00	100
1992	Canterbury Cathedral 153	Open		149.50	175
1991	Cardiff Castle Keep 152	Open		49.50	60
1992	The Cenotaph 172	Open		35.00	40
1989	Cliffords Tower 109	Open		31.50	40
1988	Craigievar Castle 94	Open		59.50	75
1990	Culzean Castle 124	Open		115.00	135
1988	Dove Cottage 99	Open		45.00	55
1987	Edinburgh Castle 43	Open		85.00	99
1987	Eilean Donan Castle 93	Open		85.00	99
1987	The Giant's Causway 75	Open		19.50	25
1987	Holyrood Palace 42	Open		85.00	99
1987	John Knox House 28	Open		39.50	50
1991	Kings College Chapel 133	Open		115.00	135
1991	Leeds Castle 126	Open		85.00	100
1989	Micklegate Bar 111	Open		39.50	50
1991	Nelson's Column 156	Open		39.50	50
1987	Old Leonach Cottage 178	Open		35.00	40
1987	Robert Burn's Cottage 02	Open		23.50	30
1992	The Round Tower 158	Open		59.50	75
1987	Royal & Ancient Clubhouse 44	Open		85.00	99
1992	The Royal Albert Hall 174	Open		59.50	75
1987	The Scott Monument 76	Open		49.50	60
1988	Shakespeare's Birthplace 33 mold #1	Retrd.	N/A	53.00	53
1994	Shakespeare's Birthplace 33 mold #2	Open		53.00	70
1991	St. Margaret's Church 157	Open		59.50	75
1992	St. Pauls Cathedral 134	Open		149.50	175
1990	Stirling Castle 127	Open		115.00	135
1988	The Tower of London 78	Open		99.50	125
1991	Warwick Castle 131	Open		99.50	125
1992	Westminster Abbey 135	Open		149.50	175
1992	The White Tower 151	Open		59.50	75
1989	Windsor Castle 120	Open		99.50	125
1989	York Minster 103	Open		99.50	125

The British Heritage Miniature Collection - I. Fraser

YEAR ISSUE		EDITION LIMIT	YEAR RETD.	ISSUE PRICE	QUOTE U.S.$
1992	Balmoral Castle 165	Open		42.00	50
1995	Beaulieu 214	Open		79.50	80
1995	Blair Castle 217	Open		59.50	60
1992	Braemar Castle 184	Open		48.00	60
1995	Buccleuch Street Tennament 200	Open		59.50	60
1992	Buckingham Palace 169	Open		48.00	60
1992	Castle Fraser 183	Open		48.00	60
1992	Cawdor Castle 186	Open		54.00	70
1993	Claypotts 194	Open		48.00	55
1992	Crathes Castle 187	Open		42.00	50
1992	Drum Castle 180	Open		45.00	55
1995	Duart Castle 215	Open		59.50	60
1995	Dunvegan Castle 218	Open		59.50	60
1992	Durham Cathedral 176	Open		59.50	70
1992	Edinburgh Castle 159	Open		39.00	50
1992	Ely Cathedral 175	Open		51.00	60
1995	Falkland Palace 208	Open		59.50	60
1992	Fyvie Castle 182	Open		48.00	60
1993	Glamis Castle 193	Open		57.50	70
1995	Harlech Castle 219	Open		59.50	60
1992	Holyrood Palace 168	Open		42.00	50
1995	Inverary Castle 220	Open		59.50	60
1995	Iona Abbey 221	Open		59.50	60
1995	Leed's Town Hall 206	Open		69.50	70
1992	Leeds Castle 170	Open		42.00	50
1992	Norwich Cathedral 177	Open		48.00	60
1995	Provand's Lordship 199	Open		55.00	55
1995	Provost Skeng's House 195	Open		69.50	70
1995	The Roman Baths 202	Open		49.50	50
1995	Salsbury Cathedral 207	Open		59.50	60
1995	Scone Palace 216	Open		59.50	60
1992	St. Pauls Cathedral 163	Open		45.00	55
1992	Stirling Castle 161	Open		45.00	55
1993	Stonehenge 189	Open		39.50	45
1992	The Tower of London 166	Open		42.00	50
1992	Urquhart Castle 185	Open		48.00	60
1992	Warwick Castle 167	Open		42.00	50
1992	Westminister Abbey 162	Open		45.00	55
1992	Windsor Castle 164	Open		42.00	50
1995	Woburn Abbey 209	Open		59.50	60
1992	York Minster 160	Open		48.00	60

Classic Cottage Collection - I. Fraser

YEAR ISSUE		EDITION LIMIT	YEAR RETD.	ISSUE PRICE	QUOTE U.S.$
1994	Benmore Croft C24	Open		49.50	50
1994	Birch Cottage C18	Open		39.50	40
1995	Bluebell Cottage C64	Open		22.50	23
1995	The Book Store C57	Open		119.50	120
1994	Buttermere Tearooms C05	Open		29.50	30
1994	Carbis View C54	Open		22.50	23
1995	The Cat & Fiddle Inn C61	Open		75.00	75
1994	Cheddar View C14	Open		34.50	35
1994	Clover Cottage C03	Open		29.50	30
1994	Coniston House C36	Open		59.50	60
1994	Coombe Cottage C55	Open		49.50	50
1994	Crail Cottage C21	Open		49.50	50
1994	Crathie Church C39	Open		75.00	75
1994	Cullin Croft C25	Open		49.50	50
1994	Daisy Cottage C51	Open		22.50	23
1994	Dale Farm C43	Open		99.00	99
1994	Duck Cottage C20	Open		39.50	40
1994	Ennerdale Farm C07	Open		34.50	35
1994	Follyfoot Farm C29	Open		55.00	55
1994	Foxglove Cottage C19	Open		39.50	40
1995	The Fruit Seller C56	Open		69.50	70
1994	Fyne View C02	Open		22.50	23
1994	Gamekeepers Lodge C37	Open		75.00	75
1994	Glengarry Homestead C45	Open		135.00	135
1994	Grannie's Hieland Hame C15	Open		39.50	40
1995	Granny O' Reilly's C66	Open		39.95	40
1995	Hawkhurst Mill C65	Open		375.00	375
1994	Heatherlea Cottage C13	Open		34.50	35
1994	Honey Cottage C50	Open		39.50	40
1994	Honeymoon Hideaway C16	Open		39.50	40
1994	Horseshoe Inn C34	Open		59.50	60
1994	Inverbeg Gatehouse C23	Open		49.50	50
1994	Ivy Cottage C12	Open		34.50	35
1994	Kilrea Cottage C31	Open		55.00	55
1994	The Kings Arms C27	Open		49.50	50
1994	Langdale Farm C26	Open		49.50	50
1994	Laurel Bank C38	Open		75.00	75
1994	Lavender Lane C40	Open		75.00	75
1995	The Lifeboat Station C60	Open		59.50	60
1994	Lomond View C35	Open		59.50	60
1994	Merchant's Manor C53	Open		39.50	40
1994	Northborough Manor C46	Open		175.00	175
1994	The Old Anchor Inn C22	Open		49.50	50
1994	The Old Curiosity Shop C08	Open		34.50	35
1995	The Old Rectory C62	Open		55.00	55
1994	Perriwinkle Cottage C01	Open		22.50	23
1994	Polperro Cottage C28	Open		55.00	55
1994	Puffin Lighthouse C30	Open		55.00	55
1994	Ranworth View C10	Open		34.50	35
1994	The Red Lion Tavern C48	Open		375.00	375
1994	Rock Cliff C06	Open		29.50	30
1994	The Rose & Crown C17	Open		39.50	40
1995	Rose Cottage C63	Open		22.50	23
1994	Rosebank C11	Open		34.50	35
1994	Saxmund Smithy C04	Open		29.50	30
1994	Smugglers Hideaway C32	Open		55.00	55
1994	St. Andrews Kirk C47	Open		49.50	50
1995	St. David's Church C59	Open		59.50	60
1994	St. Mary's Chapel C09	Open		34.50	35
1994	Strathmore Loged C44	Open		99.00	99
1994	Swallow Mill C52	Open		39.50	40
1995	The Tall Ships Tavern C58	Open		85.00	85
1994	The Village Post Office C49	Open		55.00	55
1994	Whitesand Lighthouse C33	Open		59.50	60
1994	Windrush Lane C41	Open		75.00	75
1994	The Wine Merchant C42	Open		75.00	75

Countryside in Miniature Collection - I. Fraser

YEAR ISSUE		EDITION LIMIT	YEAR RETD.	ISSUE PRICE	QUOTE U.S.$
1988	Acorn Cottage 15	Retrd.	1993	34.00	25
1988	The Barge's Base 58	Retrd.	1993	270.00	270
1991	Belle Cottage 106	Retrd.	1993	17.00	17
1988	Black Isle Cottage 121	Retrd.	1993	32.00	32
1988	The Blacksmith 09	Retrd.	1993	28.00	28
1988	Bluebell Cottage 04	Retrd.	1991	27.00	27
1988	Boatman's House 91	Retrd.	1993	39.00	39
1988	Bridge House 67	Retrd.	1993	27.00	27
1990	Bull & Bush 100	Retrd.	1993	54.00	54
1991	But 'N' Ben 104	Retrd.	1993	17.00	17
1988	Camelot 23 (beige)	Retrd.	1990	44.75	45
1988	Camelot 23 (gray)	Retrd.	1990	44.75	45
1988	Camelot 23 (white)	Retrd.	1990	44.75	45
1990	Castle of Monte Crisco 101	Retrd.	1993	149.75	150
1988	The Chandlery 31 mold #1	Retrd.	1989	54.00	54
1989	The Chandlery 31 mold #2	Retrd.	1993	54.00	54
1988	Chester House 84	Retrd.	1993	75.00	75
1988	Cornish Cottage 35	Retrd.	1990	57.00	57
1988	Cornish-Tin-Mine 18	Retrd.	1990	35.75	36
1988	Cotswold Cottage 20	Retrd.	1990	39.00	39
1988	Cove Cottage 82	Retrd.	1993	32.00	32
1988	Creel Cottage 83	Retrd.	1993	37.00	37
1988	Crooked House 171	Retrd.	1993	37.00	37
1988	Devon Cottage 64	Retrd.	1993	34.00	34
1988	Drover Cottage 85	Retrd.	1991	22.50	23
1988	Fern Cottage 70	Retrd.	1993	21.00	21
1989	Fisherman's Cottage 30	Retrd.	1993	49.50	50
1988	Fisherman's Wharf 66	Retrd.	1991	89.75	90
1991	Fishers Wynd 110	Retrd.	1993	32.00	32
1991	Follyfoot 112	Retrd.	1993	37.00	37
1988	The Forge 47 mold #1	Retrd.	1988	115.00	115
1988	The Forge 47 mold #2	Retrd.	1993	115.00	115
1988	The Forge on Plinth 48	Retrd.	1993	135.00	135
1991	Grannie's Heiland Home 108	Retrd.	1993	21.00	21
1988	Green Gables 19	Retrd.	1990	39.00	39
1988	Greystone Manor 92	Retrd.	1993	54.00	54
1988	Harbor Base 57	Retrd.	1993	140.00	140
1988	Hawthorn Cottage 01	Retrd.	1993	21.00	21
1990	Heather Lea 97	Retrd.	1993	21.00	21
1988	Highbury House 59	Retrd.	1990	101.75	102
1988	Highland Croft 12 mold #1	Retrd.	1990	32.00	32
1990	Highland Croft mold #2	Retrd.	1990	32.00	32
1988	Highland House 81	Retrd.	1993	63.50	64
1988	Hillview Base 56	Retrd.	1993	137.80	138
1988	The Homestead 34	Retrd.	1993	57.00	57
1988	Honeymoon Cottage 87	Retrd.	1993	25.00	25
1991	Horseshoe Inn 115	Retrd.	1993	39.00	39
1988	Irish Cottage 03	Retrd.	1993	25.00	25
1988	Ivy Mews 60	Retrd.	1993	45.00	45
1991	Kent Oast House 123	Retrd.	1993	37.00	37
1988	Kent Oast House 41	Retrd.	1990	75.00	75
1990	Killarney Cottage 96	Retrd.	1993	63.50	64
1988	Lake View 11	Retrd.	1992	28.00	28
1988	Lavender Lane 24	Retrd.	1993	42.00	42
1991	Lifeboat House 118	Retrd.	1993	54.00	54
1988	Lighthouse 17	Retrd.	1993	32.00	32
1988	Lilac Cottage 13	Retrd.	1990	34.00	34
1990	Linden Lea 98	Retrd.	1993	32.00	32
1991	Meadowsweet Farm 116	Retrd.	1993	39.00	39
1988	Merchant's Court 95	Retrd.	1993	291.00	291
1988	The Mill 06	Retrd.	1993	25.00	25
1988	The Millers 49	Retrd.	1991	129.00	129
1988	The Millers on Plinth 50	Retrd.	1991	159.00	159
1988	Milton Manor 36	Retrd.	1991	57.00	57
1988	Morningside 80	Retrd.	1993	300.00	300
1988	Myrtle Cottage 08	Retrd.	1993	28.00	28
1988	Oak Tree Inn 39	Retrd.	1993	69.50	70
1988	Old Antique Shop 61	Retrd.	1993	42.00	42
1988	Old Brig Inn 79	Retrd.	1993	63.50	64
1988	Old Leonach Cottage 90	Retrd.	1990	41.75	42
1988	Old Market 21	Retrd.	1993	39.00	39
1991	The Parsonage 119	Retrd.	1993	63.50	64
1991	Pebble Cottage 105	Retrd.	1993	17.00	17
1988	Ploughman's Cottage 72	Retrd.	1993	99.50	100

FIGURINES/COTTAGES

YEAR ISSUE		EDITION LIMIT	YEAR RETD.	ISSUE PRICE	QUOTE U.S.$
988	Ploughman's Cottage on Plinth 74	Retrd.	1993	119.50	200
988	Preston Mill 27	Retrd.	1990	45.00	45
988	Primrose Cottage 68	Retrd.	1991	33.00	33
988	Riverside 25	Retrd.	1993	42.00	42
988	Robert Burns Cottage 26	Retrd.	1990	45.00	45
991	Rock Cliff 107	Retrd.	1993	17.00	17
988	Rose Cottage 14	Retrd.	1991	35.75	36
988	Rowan Cottage 69	Retrd.	1993	21.00	21
989	Sea View 29	Retrd.	1993	49.50	50
988	Sheep Farm 16	Retrd.	1993	34.00	34
988	Shepherd's Cottage 71	Retrd.	1993	99.50	100
988	Shepherd's Cottage on Plinth 73	Retrd.	1993	119.50	120
988	Smugglers Cove 05	Retrd.	1993	25.00	25
988	Snow Church 37	Retrd.	1990	59.75	60
988	Somerset Cottage 88	Retrd.	1992	32.75	33
988	Springbank 65	Retrd.	1990	41.75	42
988	St. Andrews Church 10 mold #1	Retrd.	1990	32.00	32
990	St. Andrews Church mold #2	Retrd.	1990	32.00	32
991	St. David's Church 117	Retrd.	1993	42.00	42
990	St. Georges Church 102	Retrd.	1993	32.00	32
988	Staging Post 55	Retrd.	1992	389.75	390
988	Summerside 62	Retrd.	1991	45.00	45
988	Swan Inn 22	Retrd.	1993	39.00	39
988	Sweet Hope 07	Retrd.	1993	32.00	32
988	The Thatchers 51 mold #1	Retrd.	1988	124.00	124
988	The Thatchers 51 mold #2	Retrd.	1993	124.00	300
988	The Thatchers on Plinth 52	Retrd.	1993	149.50	150
991	Tintagel Post Office 122	Retrd.	1993	42.00	42
988	Tudor Court 53 mold #1	Retrd.	1988	129.00	129
988	Tudor Court 53 mold #2	Retrd.	1990	129.00	129
988	Tudor Court on Plinth 54 mold #1	Retrd.	1988	149.50	150
988	Tudor Court on Plinth 54 mold #2	Retrd.	1990	149.50	250
988	Tweedale Cottage 89	Retrd.	1991	38.75	39
991	Village Post Office 114	Retrd.	1993	37.00	37
988	The Wedding 45 mold #1	Retrd.	1990	115.00	115
990	The Wedding 45 mold #2	Retrd.	1993	115.00	115
988	The Wedding on Plinth 46 mold #1	Retrd.	1990	135.00	135
990	The Wedding on Plinth 46 mold #2	Retrd.	1993	135.00	350
988	Woodcutters Cottage 63	Retrd.	1991	45.00	45
988	Yeoman's Cottage 86	Retrd.	1993	25.00	25

German Collection - I. Fraser

1992	Altstadter Town Hall 140	Open		79.50	90
1992	Holstein Town Gates 141	Open		119.50	130
1992	Mayor Toppler's Little House 143	Open		39.50	45
1990	Schless Neuschwanstein 113	Open		145.00	165
1992	Schloss Badinghagen 142	Open		79.50	90
1992	Schloss Heidelberg 136	Open		155.00	175
1992	Schloss Heidelburg (w/snow) 188	Open		165.00	185
1991	Schloss Linderhof 129	Open		155.00	175
1992	St. Coloman Chapel 138	Open		39.50	45
1992	St. Wilhelm Chapel 139	Open		39.50	45

The Miniature Collection - I. Fraser

1995	Balmoral Castle M105	Open		19.90	20
1995	Edinburgh Castle M101	Open		19.90	20
1995	Stirling Castle M102	Open		19.90	20
1995	The Tower of London M106	Open		19.90	20
1995	Warwick Castle M104	Open		19.90	20
1995	Windsor Castle M103	Open		19.90	20

Washington D.C. Collection - I. Fraser

1994	Jefferson Memorial A03	Open		49.50	50
1994	Lincoln Memorial A02	Open		49.50	50
1994	White House A01	Open		49.50	50
1994	White House on Base A06	Open		225.00	225

Ganz

Cowtown Collection - C.Thammavongsa

1994	Amoolia Steerheart	Open		25.00	25
1995	Bedtime Dairy Tales	Open		19.00	19
1993	Buffalo Bull Cody	Open		15.00	15
1993	Bull Masterson	Open		15.00	15
1993	Bull Rogers	Open		17.00	17
1993	Bull Ruth	Retrd.	1994	13.00	13
1995	Buster Cowtown	Open		15.00	15
1993	Buttermilk & Buttercup	Open		16.00	16
1995	A Calf's Best Friend	Open		12.00	12
1993	Cowlamity Jane	Open		15.00	15
1994	Cowsey Jones & The Cannonbull Express	Open		26.50	27
1993	Daisy Moo	Open		11.00	11
1995	Dracowla	Open		15.00	15
1995	Francowstein	Open		12.50	13
1994	Geronimoo	Open		17.00	17
1993	Gloria Bovine & Rudolph Bullentino	Open		20.00	20
1995	Grandma Mooses	Open		15.00	15
1994	Heiferella	Open		16.50	17
1995	Holy Mootrimoony	Open		20.00	20
1995	Jack-Cow-Lantern	Open		11.00	11
1993	Jethro Bovine	Retrd.	1994	15.00	15
1994	King Cowmooamooa	Open		16.50	17
1993	Lil' Orphan Angus	Open		11.00	11
1994	Ma & Pa Cattle	Open		23.50	24
1993	Moo West	Open		15.00	15
1995	Moother's Li'l Rascow	Open		20.00	20
1993	Old MooDonald	Open		13.50	14
1994	Pocowhantis	Open		16.50	17
1995	Scarecow	Open		11.50	12
1994	Set of Three Cacti	Open		17.00	17
1995	Supercow	Open		15.00	15
1994	Tchaicowsky	Open		19.00	19
1994	Texas Lonesteer	10,000		50.00	50
1995	Yellowsteer National Park	Open		20.00	20

Cowtown/Christmas Collection - C.Thammavongsa

1994	Billy the Calf	Open		14.00	14
1994	Christmas Cactus	Open		13.50	14
1995	Ellie-Moo's Angel	Open		11.00	11
1995	John Steere	Open		11.00	11
1995	Moo Claus	Open		17.00	17
1994	Saint Nicowlas	Open		16.00	16
1994	Santa Cows	Open		18.00	18
1994	Santa's Little Heifer	Open		12.50	13
1995	Twinkle Twinkle Little Steer	Open		12.00	12

Cowtown/Valentine Collection - C.Thammavongsa

1994	I Love Moo	Open		15.00	15
1994	Robin Hoof & Maid Mooian	Open		23.00	23
1994	Romecow & Mooliet	Open		22.00	22
1994	Wanted: A Sweetheart	Open		16.00	16

Grandma's Attic Collection - C.Thammavongsa

1995	Balderdash	Open		25.00	25
1995	Bumblebeary	Open		10.00	10
1995	Coco & Jiffy	Open		11.00	11
1995	Crumples & Creampuff	Open		13.50	14
1995	Dilly-Dally	Open		13.50	14
1995	Dumblekin	Open		19.00	19
1995	Jelly-Belly	Open		12.00	12
1995	Molly-Coddle	Open		16.00	16
1995	Prince Fuddle-Duddle & Princess Dazzle	Open		17.00	17
1995	Sprinkles	Open		15.00	15
1995	Tootoo	Open		10.00	10

Just Around the Corner Collection - Ganz/L. Sunarth

1995	Beaux Arts Facade	Open		23.00	23
1995	Clarendon Hall	Open		17.50	18
1995	Display Sign	Open		13.50	14
1995	Fairfield Place	Open		17.50	18
1995	Haydon Press	Open		17.50	18
1995	Jacob Wirth's Co.	Open		19.50	20
1995	Macullar Parker & Co.	Open		15.00	15
1995	Malborough Bank	Open		17.50	18
1995	Melrose Cottage	Open		19.50	20
1995	New England Cutlery & Hardware Shop	Open		17.50	18
1995	State Building	Open		15.00	15
1995	Winthrop & Assoc.	Open		17.50	18
1995	Wm. G. Bell & Co.	Open		22.00	22

Little Cheesers/Cheeserville Fall - C.Thammavongsa

1995	Bewitched	Open		8.50	9
1995	Candy Bandit	Open		8.50	9
1995	Cornucopia	Open		10.00	10
1995	Peace Offering	Open		8.50	9
1995	Pilgrims	Open		15.50	16
1995	Pumpkin Patch	Open		8.00	8

Little Cheesers/Cheeserville Picnic Collection - Various

1991	Auntie Marigold Eating Cookie - G.D.A. Group	Open		13.00	13
1991	Baby Cicely - G.D.A. Group	Open		8.00	8
1991	Baby Truffle - G.D.A. Group	Open		8.00	8
1991	Blossom & Hickory In Love - G.D.A. Group	Open		19.00	19
1995	Cheeserville Tales - C.Thammavongsa	Open		7.50	8
1993	Chuckles The Clown - C.Thammavongsa	Open		16.00	16
1993	Clownin' Around - C.Thammavongsa	Open		10.50	11
1991	Cousin Woody With Bread and Fruit - G.D.A. Group	Open		14.00	14
1991	Fellow With Picnic Hamper - G.D.A. Group	Retrd.	1991	13.00	13
1991	Fellow With Plate Of Cookies - G.D.A. Group	Retrd.	1991	13.00	13
1994	Fiddle-Dee-Dee - C.Thammavongsa	Open		13.00	13
1993	For Someone Special - C.Thammavongsa	Open		13.50	14
1991	Grandmama Thistledown Holding Bread - G.D.A. Group	Open		14.00	14
1991	Grandpapa Thistledown Carrying Basket - G.D.A. Group	Open		13.00	13
1991	Harley Harvestmouse Waving - G.D.A. Group	Open		13.00	13
1991	Harriet Harvestmouse - G.D.A. Group	Retrd.	1993	13.00	13
1995	Hush-A-Bye Baby - C.Thammavongsa	Open		14.00	14
1991	Jenny Butterfield Kneeling - G.D.A. Group	Open		13.00	13
1991	Jeremy Butterfield - G.D.A. Group	Open		13.00	13
1995	Joyful Beginnings - C.Thammavongsa	Open		15.00	15
1991	Lady w/Grapes - G.D.A. Group	Retrd.	1991	14.00	14
1993	Little Cheesers Display Plaque - C.Thammavongsa	Open		25.00	25
1991	Little Truffle Eating Grapes - G.D.A. Group	Open		8.00	8
1991	Little Truffle Smelling Flowers - G.D.A. Group	Open		16.50	17
1991	Mama Fixing Sweet Cicely's Hair - G.D.A. Group	Retrd.	1993	16.50	17
1991	Mama w/Rolling Pin - G.D.A. Group	Open		13.00	13
1991	Mama Woodsworth w/Crate - G.D.A. Group	Retrd.	1992	14.00	14
1991	Marigold Thistledown Picking Up Jar - G.D.A. Group	Open		14.00	14
1991	Medley Meadowmouse w/ Bouquet - G.D.A. Group	Open		13.00	13
1994	Melody Maker - C.Thammavongsa	Open		17.00	17
1994	Ooom-Pah-Pah - C.Thammavongsa	Open		13.00	13
1991	Papa Woodsworth - G.D.A. Group	Open		13.00	13
1991	Picnic Buddies - G.D.A. Group	Open		19.00	19
1995	Picnic with Papa - C.Thammavongsa	Open		14.00	14
1995	Playtime - C.Thammavongsa	Open		14.00	14
1995	Read Me A Story - C.Thammavongsa	Open		15.00	15
1993	The Storyteller - C.Thammavongsa	10,000		25.00	25
1994	Strummin' Away - C.Thammavongsa	Open		13.00	13
1993	Sunday Drive - C.Thammavongsa	Open		40.00	40
1993	Sweet Dreams - C.Thammavongsa	Open		27.50	28
1994	Swingin' Sax - C.Thammavongsa	Open		13.00	13
1991	Violet With Peaches - G.D.A. Group	Open		13.00	13
1994	Washboard Blues - C.Thammavongsa	Open		13.00	13
1994	What a Hoot! - C.Thammavongsa	Open		13.00	13
1993	Willy's Toe-Tappin' Tunes - C.Thammavongsa	Open		15.00	15
1993	Words Of Wisdom - C.Thammavongsa	Open		14.00	14

Little Cheesers/Cheeserville Picnic Collection Accessories - G.D.A. Group

1994	Mayflower Meadow Base	Open		50.00	50

Little Cheesers/Cheeserville Picnic Mini-Food Accessories - G.D.A. Group

1991	Basket Of Apples	Open		2.25	3
1991	Basket Of Peaches	Open		2.00	2
1991	Blueberry Cake	Retrd.	1994	2.50	3
1991	Bread Basket	Open		2.50	3
1991	Candy	Open		2.00	2
1991	Cherry Mousse	Open		2.00	2
1991	Cherry Pie	Retrd.	1991	2.00	2
1991	Chocolate Cake	Open		2.50	3
1991	Chocolate Cheesecake	Open		2.00	2
1991	Doughnut Basket	Open		2.50	3
1991	Egg Tart	Open		1.00	1
1991	Food Basket With Blue Cloth	Retrd.	1994	6.50	7
1991	Food Basket With Green Cloth	Open		7.50	8
1991	Food Basket With Pink Cloth	Retrd.	1994	6.00	6
1991	Food Basket With Purple Cloth	Open		6.00	6
1991	Food Trolley	Retrd.	1991	12.00	12
1991	Hazelnut Roll	Retrd.	1991	2.00	2
1991	Honey Jar	Retrd.	1991	2.00	2
1991	Hot Dog	Open		2.25	3
1991	Ice Cream Cup	Open		2.00	2
1991	Lemon Cake	Retrd.	1991	2.00	2
1991	Napkin In Can	Retrd.	1991	2.00	2
1991	Set Of Four Bottles	Retrd.	1991	10.00	10
1991	Strawberry Cake	Open		2.00	2
1991	Sundae	Open		2.00	2
1991	Wine Glass	Open		1.25	2

Little Cheesers/Cheeserville Picnic Musicals - G.D.A. Group

1994	The Bandstand Base	Open		48.50	49
1991	Blossom & Hickory Musical Jewelry Box	Retrd.	1992	65.00	65
1991	Mama & Sweet Cicely Waterglobe	Retrd.	1992	55.00	55
1991	Medley Meadowmouse Waterglobe	Open		47.00	47
1993	Musical "Secret Treasures" Trinket Box	Open		36.00	36
1991	Musical Basket Trinket Box	Open		30.00	30
1991	Musical Floral Trinket Box	Open		32.00	32
1991	Musical Medley Meadowmouse Cookie Jar	Retrd.	1992	75.00	75
1991	Musical Picnic Base	Open		60.00	60
1991	Musical Sunflower Base	Retrd.	1993	65.00	65
1991	Musical Violet Woodsworth Cookie Jar	Retrd.	1992	75.00	75
1992	Sweet Cicely Musical Doll Basket	Open		85.00	85
1993	Wishing Well Musical	Open		50.00	50

Little Cheesers/Christmas Collection - Various

1991	Abner Appleton Ringing Bell - G.D.A. Group	Retrd.	1993	14.00	14
1993	All I Want For Christmas - C.Thammavongsa	Open		18.00	18
1994	Angel - C.Thammavongsa	Open		8.00	8
1991	Auntie Blossom With Ornaments - G.D.A. Group	Open		14.00	14
1994	Baby Jesus - C.Thammavongsa	Open		6.50	7
1991	Cheeser Snowman - G.D.A. Group	Open		7.50	8

Ganz
to Gartlan USA

FIGURINES/COTTAGES

YEAR ISSUE		EDITION LIMIT	YEAR RETD.	ISSUE PRICE	QUOTE U.S.$
1993	Christmas Greetings - C.Thammavongsa	Open		16.50	17
1991	Cousin Woody Playing Flute - G.D.A. Group	Open		14.00	14
1994	First Wiseman - C.Thammavongsa	Open		11.00	11
1991	Frowzy Roquefort III Skating - G.D.A. Group	Retrd.	1993	14.00	14
1991	Grandmama & Little Truffle - G.D.A. Group	Retrd.	1993	19.00	19
1991	Grandpapa & Sweet Cicely - G.D.A. Group	Open		19.00	19
1991	Grandpapa Blowing Horn - G.D.A. Group	Open		14.00	14
1991	Great Aunt Rose With Tray - G.D.A. Group	Open		14.00	14
1991	Harley & Harriet Dancing - G.D.A. Group	Retrd.	1993	19.00	19
1991	Hickory Playing Cello - G.D.A. Group	Open		14.00	14
1991	Jenny On Sleigh - G.D.A. Group	Open		16.00	16
1991	Jeremy With Teddy Bear - G.D.A. Group	Open		12.00	12
1994	Joseph - C.Thammavongsa	Open		10.00	10
1994	Joy to the World - C.Thammavongsa	Open		8.00	8
1991	Little Truffle With Stocking - G.D.A. Group	Open		8.00	8
1991	Mama Pouring Tea - G.D.A. Group	Retrd.	1993	14.00	14
1991	Marigold&Oscar Stealing A Christmas Kiss - G.D.A. Group	Open		19.00	19
1994	Mary - C.Thammavongsa	Open		10.00	10
1991	Medley Playing Drum - G.D.A. Group	Open		8.00	8
1991	Myrtle Meadowmouse With Book - G.D.A. Group	Retrd.	1993	14.00	14
1991	Santa Cheeser - G.D.A. Group	Open		13.00	13
1994	Santa's Sleigh - C.Thammavongsa	10,000		22.00	22
1994	Second Wiseman - C.Thammavongsa	Open		11.00	11
1994	Shepherd - C.Thammavongsa	Open		8.50	9
1993	Sleigh Ride - C.Thammavongsa	Open		11.00	11
1994	Tending The Flocks - C.Thammavongsa	Open		9.00	9
1994	Third Wiseman - C.Thammavongsa	Open		10.50	11
1991	Violet With Snowball - G.D.A. Group	Open		8.00	8

Little Cheesers/Christmas Collection Acc. - Various

YEAR ISSUE		EDITION LIMIT	YEAR RETD.	ISSUE PRICE	QUOTE U.S.$
1993	Candleholder-Santa Cheeser - C.Thammavongsa	Open		19.00	19
1993	Candy Cane - C.Thammavongsa	Open		2.00	2
1994	Christmas Collection Base - C.Thammavongsa	Open		50.00	50
1993	Christmas Gift - C.Thammavongsa	Open		3.00	3
1993	Christmas Stocking - C.Thammavongsa	Open		3.00	3
1991	Christmas Tree - G.D.A. Group	Open		9.00	9
1994	Creche Base - C.Thammavongsa	Open		28.50	29
1993	Gingerbread House - C.Thammavongsa	Open		3.00	3
1993	Ice Pond Base - C.Thammavongsa	Open		5.50	6
1991	Lamp Post - G.D.A. Group	Open		8.50	9
1991	Outdoor Scene Base - G.D.A. Group	Retrd.	1993	35.00	35
1991	Parlor Scene Base - G.D.A. Group	Open		37.50	38
1993	Toy Soldier - C.Thammavongsa	Open		3.00	3
1993	Toy Train - C.Thammavongsa	Open		3.00	3

Little Cheesers/Christmas Collection Musicals - Various

YEAR ISSUE		EDITION LIMIT	YEAR RETD.	ISSUE PRICE	QUOTE U.S.$
1992	Jenny Butterfield Christmas Waterglobe - GDA/Thammavongsa	Retrd.	1992	55.00	55
1992	Little Truffle Christmas Waterglobe - G.D.A. Group	Open		45.00	45
1992	Musical Santa Cheeser Roly-Poly - G.D.A. Group	Suspd.	1993	55.00	55
1993	Rotating Round Wood Base "I'll be Home for X'mas" - C.Thammavongs	Open		30.00	30
1993	Round Wood Base "We Wish You a Merry X'mas" - C.Thammavongs	Open		25.00	25

Little Cheesers/Little Hoppers Collection - C.Thammavongsa

YEAR ISSUE		EDITION LIMIT	YEAR RETD.	ISSUE PRICE	QUOTE U.S.$
1994	Bubble Bath	Open		7.50	8
1994	Let's Play Ball	Open		7.00	7
1994	Somebunny Loves You	Open		7.50	8
1994	Sweet Nothings	Open		15.00	15
1994	Tender Loving Care	Open		10.00	10
1994	Tricycle Built for Two	Open		16.00	16

Little Cheesers/Springtime In Cheeserville Accessories - C.Thammavongsa

YEAR ISSUE		EDITION LIMIT	YEAR RETD.	ISSUE PRICE	QUOTE U.S.$
1992	April Showers Bring May Flowers	Open		7.50	8
1992	Decorated With Love	Open		7.50	8
1992	For Somebunny Special	Open		7.50	8

Little Cheesers/Springtime In Cheeserville Musicals - GDA/Thammavongsa

YEAR ISSUE		EDITION LIMIT	YEAR RETD.	ISSUE PRICE	QUOTE U.S.$
1992	Tulips & Ribbons Musical Trinket Box	Suspd.		28.00	28

Little Cheesers/Springtime In Cheeserville Collection - C.Thammavongsa

YEAR ISSUE		EDITION LIMIT	YEAR RETD.	ISSUE PRICE	QUOTE U.S.$
1993	Ballerina Sweetheart	Open		10.00	10
1992	A Basket Full Of Joy	Open		16.00	16
1994	Birthday Party	Open		22.00	22
1993	Blossom Has A Little lamb	Open		16.50	17
1993	First Kiss	Open		24.00	24
1993	For My Sweatheart	Open		22.00	22
1993	Friends Forever	Open		22.00	22
1993	Gently Down The Stream	10,000		27.00	27
1994	Get Well	Open		22.00	22
1993	Gift From Heaven	Open		10.00	10
1994	Hip Hip Hooray	Open		22.00	22
1992	Hippity-Hop. It's Eastertime!	Open		16.00	16
1993	Hugs & Kisses	Open		11.00	11
1993	I Love You	Open		22.00	22
1993	Playing Cupid	Open		10.00	10
1992	Springtime Delights	Open		12.00	12
1993	Sugar & Spice	Open		24.00	24
1993	Sunday Stroll	Open		22.00	22
1992	A Wheelbarrow Of Sunshine	Open		17.00	17

Little Cheesers/Wedding Collection - Various

YEAR ISSUE		EDITION LIMIT	YEAR RETD.	ISSUE PRICE	QUOTE U.S.$
1993	The Big Day - C. Thammavongsa	Open		20.00	20
1992	Blossom Thistledown (bride) - GDA/Thammavongsa	Open		16.00	16
1992	Cousin Woody & Little Truffle - GDA/Thammavongsa	Open		20.00	20
1992	Frowzy Roquefort III With Gramophone - GDA/Thammavongsa	Open		20.00	20
1992	Grandmama & Grandpapa Thistledown - GDA/Thammavongsa	Retrd.	1994	20.00	20
1992	Great Aunt Rose Beside Table - GDA/Thammavongsa	Open		20.00	20
1992	Harley & Harriet Harvestmouse - GDA/Thammavongsa	Open		20.00	20
1992	Hickory Harvestmouse (groom) - GDA/Thammavongsa	Open		16.00	16
1992	Jenny Butterfield/Sweet Cicely (bridesmaids) - GDA/Thammavongsa	Open		20.00	20
1992	Little Truffle (ringbearer) - GDA/Thammavongsa	Open		10.00	10
1992	Mama & Papa Woodsworth Dancing - GDA/Thammavongsa	Open		20.00	20
1992	Marigold Thistledown & Oscar Bobbins - GDA/Thammavongsa	Open		20.00	20
1992	Myrtle Meadowmouse With Medley - GDA/Thammavongsa	Retrd.	1992	20.00	20
1992	Pastor Smallwood - GDA/Thammavongsa	Open		16.00	16
1992	Wedding Procession - GDA/Thammavongsa	Open		40.00	40

Little Cheesers/Wedding Collection Accesories - C. Thammavongsa

YEAR ISSUE		EDITION LIMIT	YEAR RETD.	ISSUE PRICE	QUOTE U.S.$
1993	Banquet Table	Open		14.00	14
1993	Gazebo Base	Open		42.00	42

Little Cheesers/Wedding Collection Mini-Food Acc. - Various

YEAR ISSUE		EDITION LIMIT	YEAR RETD.	ISSUE PRICE	QUOTE U.S.$
1992	Bible Trinket Box - GDA/Thammavongsa	Open		16.50	17
1992	Big Chocolate Cake - G.D.A. Group	Retrd.	1994	4.50	5
1992	Bride Candleholder - GDA/Thammavongsa	Open		20.00	20
1992	Cake Trinket Box - GDA/Thammavongsa	Open		14.00	14
1992	Candles - G.D.A. Group	Open		3.00	3
1992	Cherry Jello - G.D.A. Group	Open		3.00	3
1992	Chocolate Pastry - G.D.A. Group	Retrd.	1992	2.00	2
1992	Chocolate Pudding - G.D.A. Group	Open		2.50	3
1992	Flour Bag - G.D.A. Group	Retrd.	1992	2.00	2
1992	Flower Vase - G.D.A. Group	Retrd.	1994	3.00	3
1992	Fruit Salad - G.D.A. Group	Open		3.00	3
1993	Gooseberry Champagne - C. Thammavongsa	Open		3.00	3
1992	Grass Base - GDA/Thammavongsa	Retrd.	1994	3.50	4
1992	Groom Candleholder - GDA/Thammavongsa	Open		20.00	20
1992	Honey Pot - G.D.A. Group	Open		2.00	2
1992	Ring Cake - G.D.A. Group	Open		3.00	3
1992	Salt Can - G.D.A. Group	Retrd.	1992	2.00	2
1992	Souffle - G.D.A. Group	Retrd.	1992	2.50	3
1992	Soup Pot - G.D.A. Group	Open		3.00	3
1992	Tea Pot Set - G.D.A. Group	Retrd.	1994	3.00	3
1992	Teddy Mouse - G.D.A. Group	Retrd.	1994	2.00	2
1993	Wedding Cake - C. Thammavongsa	Open		4.50	5

Little Cheesers/Wedding Collection Musicals - Various

YEAR ISSUE		EDITION LIMIT	YEAR RETD.	ISSUE PRICE	QUOTE U.S.$
1993	Blossom & Hickory Musical - C. Thammavongsa	Retrd.	1994	50.00	50
1992	Musical Blossom & Hickory Wedding Waterglobe - GDA/Thammavongsa	Open		55.00	55
1992	Musical Wedding Base - GDA/Thammavongsa	Open		32.00	32
1992	Musical Wooden Base For Wedding Processional - G.D.A. Group	Open		25.00	25
1993	White Musical Wood Base For Gazebo Base "Evergreen" - C. Thammavongsa	Open		25.00	25

Pigsville Accessories - C.Thammavongsa

YEAR ISSUE		EDITION LIMIT	YEAR RETD.	ISSUE PRICE	QUOTE U.S.$
1994	Barn	Open		35.00	35
1994	Silo	Open		15.00	15

Pigsville Collection - Various

YEAR ISSUE		EDITION LIMIT	YEAR RETD.	ISSUE PRICE	QUOTE U.S.$
1995	Apple Bobbing - C.Thammavongsa	Open		10.00	10
1993	Bakin' at the Beach - C.Thammavongsa	Open		11.00	11
1994	Bedtime - C.Thammavongsa	Open		9.50	10
1994	Birthday Surprise - C.Thammavongsa	Open		9.50	10
1995	Giving Thanks - C.Thammavongsa	Open		11.00	11
1993	Ice Cream Anyone? - G.D.A. Group	Retrd.	1994	9.00	9
1993	Me & My Ice Cream - G.D.A. Group	Retrd.	1994	17.00	17
1993	Mother Love - G.D.A. Group	Open		13.00	13
1995	Mr. Fix It - C.Thammavongsa	Open		14.00	14
1993	Nap Time - G.D.A. Group	Open		11.00	11
1994	Ole Fishing Hole - C.Thammavongsa	Open		16.00	16
1993	P.O.P Display Sign - C.Thammavongsa	Open		8.00	8
1993	Pig at the Beach - G.D.A. Group	Open		9.00	9
1995	Piggy Back - C.Thammavongsa	Open		10.50	11
1994	Play Ball - C.Thammavongsa	Open		11.50	12
1994	Pretty Piglet - C.Thammavongsa	Open		8.00	8
1993	Prima Ballerina - C.Thammavongsa	Retrd.	1994	11.00	11
1995	Pumpkin Pig - C.Thammavongsa	Open		10.00	10
1994	Sandcastle - C.Thammavongsa	Open		12.00	12
1995	Scarecrow - C.Thammavongsa	Open		11.00	11
1995	Scrub-A-Dub-Dub - C.Thammavongsa	Open		13.50	14
1995	Seeds of Love - C.Thammavongsa	Open		14.50	15
1994	Snacktime - C.Thammavongsa	Open		11.50	12
1993	Soap Suds - G.D.A. Group	Open		12.00	12
1994	Special Treat - C.Thammavongsa	Open		11.50	12
1993	Squeaky Clean - G.D.A. Group	Open		11.00	11
1994	Storytime - C.Thammavongsa	Open		13.00	13
1993	Tipsy - G.D.A. Group	Open		9.00	9
1993	True Love - C.Thammavongsa	Open		12.00	12
1994	Wedded Bliss - C.Thammavongsa	Open		16.00	16
1993	Wee Little Piggy - C.Thammavongsa	Open		8.00	8

Pigsville/Christmas Collection - C.Thammavongsa

YEAR ISSUE		EDITION LIMIT	YEAR RETD.	ISSUE PRICE	QUOTE U.S.$
1994	Christmas Trimmings	10,000		24.00	24
1995	Dear Santa	Open		10.00	10
1994	Joy to the World	Open		10.00	10
1994	Let It Snow	Open		12.00	12
1994	Mistletoe Magic	Open		14.00	14
1995	Mrs. Claus	Open		11.00	11
1995	Oh Christmas Tree	Open		10.50	11
1994	Santa Pig	Open		11.00	11
1995	Tucked into Bed	Open		12.00	12
1994	Yuletide Carols	Open		19.00	19

Pigsville/Valentine Collection - C.Thammavongsa

YEAR ISSUE		EDITION LIMIT	YEAR RETD.	ISSUE PRICE	QUOTE U.S.$
1994	Champagne & Roses	Open		14.00	14
1994	I Love You	Open		9.50	10
1994	I'm All Yours	Open		11.50	12
1994	Lovestruck	Open		10.00	10
1994	Sweetheart Pig	Open		8.00	8
1994	Together Forever	Open		15.00	15

Trains Gone By Collection - Ganz

YEAR ISSUE		EDITION LIMIT	YEAR RETD.	ISSUE PRICE	QUOTE U.S.$
1995	Display Sign	Open		24.00	24
1995	The General train	4,000		70.00	70
1995	The General train with sound	1,000		85.00	85
1995	Pennsylvania train	4,000		70.00	70
1995	Pennsylvania train with sound	1,000		85.00	85
1995	Santa Fe train	4,000		70.00	70
1995	Santa Fe train with sound	1,000		85.00	85

Gartlan USA

Members Only Figurine

YEAR ISSUE		EDITION LIMIT	YEAR RETD.	ISSUE PRICE	QUOTE U.S.$
1990	Wayne Gretzky-Home Uniform - L. Heyda	N/A		75.00	225-295
1991	Joe Montana-Road Uniform - F. Barnum	N/A		75.00	175
1991	Kareem Abdul-Jabbar - L. Heyda	N/A		75.00	125-175
1992	Mike Schmidt - J. Slockbower	N/A		79.00	100-150
1993	Hank Aaron - J. Slockbower	N/A		79.00	100
1994	Shaquille O'Neal - L. Cella	N/A		39.95	40

Club Gift

YEAR ISSUE		EDITION LIMIT	YEAR RETD.	ISSUE PRICE	QUOTE U.S.$
1989	Pete Rose, Plate (8 1/2") - B. Forbes	Closed	N/A	Gift	100
1990	Al Barlick, Plate (8 1/2") - M. Taylor	Closed	N/A	Gift	49
1991	Joe Montana (8 1/2") - M. Taylor	Closed	N/A	Gift	85
1992	Ken Griffey Jr., Plate (8 1/2") - M. Taylor	Closed	N/A	30.00	70
1993	Gordie Howe, Plate (8 1/2") - M. Taylor	Closed	N/A	30.00	50
1994	Shaquille O'Neal, Plate (8 1/2") - M. Taylor	Closed	N/A	30.00	30

YEAR ISSUE		EDITION LIMIT	YEAR RETD.	ISSUE PRICE	QUOTE U.S.$
1995	Troy Aikman, Plate (8 1/2") - M. Taylor	Yr.Iss.		30.00	30

Kareem Abdul-Jabbar Sky-Hook Collection - L. Heyda

YEAR ISSUE		EDITION LIMIT	YEAR RETD.	ISSUE PRICE	QUOTE U.S.$
1989	Kareem Abdul-Jabbar "The Captain-signed	1,989		175.00	375
1989	Kareem Abdul-Jabbar, A/P	100		200.00	550
1989	Kareem Abdul-Jabbar, Commemorative	33		275.00	4000-4500

Magic Johnson Gold Rim Collection - Roger

YEAR ISSUE		EDITION LIMIT	YEAR RETD.	ISSUE PRICE	QUOTE U.S.$
1988	Magic Johnson Artist Proof-"Magic in Motion", signed	250		175.00	2500
1988	Magic Johnson Commemorative	32		275.00	4500-6000
1988	Magic Johnson-"Magic in Motion"	1,737		125.00	200-500

Mike Schmidt "500th" Home Run Edition - Various

YEAR ISSUE		EDITION LIMIT	YEAR RETD.	ISSUE PRICE	QUOTE U.S.$
1987	Figurine-signed - Roger	1,987		150.00	600-825
1987	Figurine-signed, A/P- Roger	20		275.00	1200-1700
1987	Plaque-"Only Perfect", A/P-Paluso	20		200.00	550
1987	Plaque-"Only Perfect", signed - Paluso	500		150.00	225

Plaques - Various

YEAR ISSUE		EDITION LIMIT	YEAR RETD.	ISSUE PRICE	QUOTE U.S.$
1986	George Brett-"Royalty in Motion", signed - J. Martin	2,000		85.00	250-275
1985	Pete Rose-"Desire to Win", signed - T. Sizemore	4,192		75.00	300
1986	Reggie Jackson Artist Proof-The Roundtripper, signed - J. Martin	44		175.00	250-475
1986	Reggie Jackson-"The Roundtripper" signed - J. Martin	500		150.00	325
1987	Roger Staubach, signed - C. Soileau	1,979		85.00	250

Signed Figurines - Various

YEAR ISSUE		EDITION LIMIT	YEAR RETD.	ISSUE PRICE	QUOTE U.S.$
1991	Al Barlick - V. Bova	1,989		125.00	125
1993	Bob Cousy - L. Heyda	950		150.00	150
1991	Bobby Hull - The Golden Jet - L. Heyda	1,983		150.00	150
1992	Bobby Hull, Artist Proof - L. Heyda	300		350.00	350
1991	Brett Hull - The Golden Brett - L. Heyda	1,986		150.00	150
1992	Brett Hull, Artist Proof - L. Heyda	300		350.00	350
1989	Carl Yastrzemski-"Yaz", Artist Proof - L. Heyda	250		150.00	450-495
1989	Carl Yastrzemski-"Yaz" - L. Heyda	1,989		150.00	225-375
1992	Carlton Fisk - J. Slockbower	1,972		150.00	150
1992	Carlton Fisk, Artist Proof - J. Slockbower	300		350.00	350
1995	Dale Earnhardt - L. Hanna	1,994		225.00	225
1990	Darryl Strawberry - L. Heyda	2,500		100.00	100
1994	Eddie Matthews - R. Sun	950		195.00	195
1994	Frank Thomas - D. Carroll	1,993		225.00	225
1990	George Brett - F. Barnum	2,250		225.00	225
1992	Gordie Howe - L. Heyda	2,358		150.00	150
1992	Gordie Howe, Artist Proof - L. Heyda	250		295.00	295
1994	Gordie Howe, signed artist proof - L. Heyda	300		395.00	395
1992	Hank Aaron - F. Barnum	1,982		150.00	150
1992	Hank Aaron Commemorative w/displ. case - F. Barnum	755		275.00	275
1992	Hank Aaron, Artist Proof - F. Barnum	300		325.00	350
1991	Hull Matched Figurines - L. Heyda	950		500.00	500
1992	Isiah Thomas - J. Slockbower	1,990		225.00	225
1989	Joe DiMaggio - L. Heyda	2,214		275.00	800-1400
1990	Joe DiMaggio- Pinstripe Yankee Clipper - L. Heyda	325		695.00	1800-2250
1991	Joe Montana - F. Barnum	2,250		325.00	325-375
1991	Joe Montana, Artist Proof - F. Barnum	250		500.00	650
1989	John Wooden-Coaching Classics - L. Heyda	1,975		175.00	175
1989	John Wooden-Coaching Classics, Artist Proof - L. Heyda	250		350.00	350
1989	Johnny Bench - L. Heyda	1,989		150.00	200-400
1989	Johnny Bench, Artist Proof - L. Heyda	250		150.00	425-495
1994	Ken Griffey Jr., signed artist proof - J. Slockbower	300		395.00	395
1991	Ken Griffey, Jr - J. Slockbower	1,989		200.00	200
1993	Kristi Yamaguchi - K. Ling Sun	950		125.00	125
1990	Luis Aparicio - J. Slockbower	1,984		125.00	125
1991	Monte Irvin - V. Bova	1,973		100.00	100
1995	Patrick Ewing - L. Hanna	1,994		225.00	225
1985	Pete Rose-"For the Record", signed - H. Reed	4,192		125.00	900-1100
1992	Ralph Kiner - J. Slockbower	1,975		100.00	100
1991	Rod Carew - Hitting Splendor - J. Slockbower	1,991		125.00	125
1994	Sam Snead - L. Cella	950		150.00	150
1994	Shaquille O'Neal - R. Sun	1,992		225.00	225
1992	Stan Musial - J. Slockbower	1,969		200.00	200
1992	Stan Musial, Artist Proof - J. Slockbower	300		300.00	300
1989	Steve Carlton - L. Heyda	3,290		175.00	175-225
1989	Steve Carlton, Artist Proof - L. Heyda	300		350.00	350
1989	Ted Williams - L. Heyda	2,654		295.00	350-600
1989	Ted Williams, Artist Proof - L. Heyda	250		650.00	650
1992	Tom Seaver - J. Slockbower	1,992		125.00	125
1994	Troy Aikman - V. Davila	1,993		225.00	225
1991	Warren Spahn - J. Slockbower	1,973		125.00	125
1989	Wayne Gretzky - L. Heyda	1,851		225.00	450-700
1989	Wayne Gretzky, Artist Proof - L. Heyda	300		695.00	1700
1990	Whitey Ford - S. Barnum	2,360		125.00	125
1990	Whitey Ford, Artist Proof - S. Barnum	250		350.00	350
1989	Yogi Berra - F. Barnum	2,150		225.00	225
1989	Yogi Berra, Artist Proof - F. Barnum	250		350.00	350

Genesis

Aquatics Collection - K. Cantrell

YEAR ISSUE		EDITION LIMIT	YEAR RETD.	ISSUE PRICE	QUOTE U.S.$
1994	Ancient Mariner (Sea Turtles)	950		950.00	990
1994	Bringing Up Baby (Humpback Whales)	950		950.00	990
1994	Old Men of the Sea (Sea Otters)	950		990.00	990
1994	Sea Wolves (Killer Whales)	950		950.00	990
1994	Splish Splash (Dolphins)	950		950.00	990

Birds of Prey - K. Cantrell

YEAR ISSUE		EDITION LIMIT	YEAR RETD.	ISSUE PRICE	QUOTE U.S.$
1994	Bald Eagle	1,250		700.00	700
1994	Great Horned Owl	1,250		700.00	700

Ocean Realm - K. Cantrell

YEAR ISSUE		EDITION LIMIT	YEAR RETD.	ISSUE PRICE	QUOTE U.S.$
1994	Dophins (Dolphins in Lucite)	1,250		240.00	250
1994	Humpback Whales	1,250		240.00	250
1994	Manta Ray	1,250		240.00	250
1994	Marlins	1,250		240.00	250
1994	Otters	1,250		240.00	250

River Dwellers - K. Cantrell

YEAR ISSUE		EDITION LIMIT	YEAR RETD.	ISSUE PRICE	QUOTE U.S.$
1994	Construction Crew (Beavers)	950		990.00	990
1994	Ice Follies	950		890.00	950
1994	Salmon Supper	950		990.00	990

Special Commission - K. Cantrell

YEAR ISSUE		EDITION LIMIT	YEAR RETD.	ISSUE PRICE	QUOTE U.S.$
1994	Fragile Planet	950		350.00	350

Geo. Zoltan Lefton Company

Colonial Village - Lefton

YEAR ISSUE		EDITION LIMIT	YEAR RETD.	ISSUE PRICE	QUOTE U.S.$
1993	Antiques & Curiosities 00723	Open		50.00	50
1990	The Ardmore House 07338	Closed	1995	45.00	90
1993	Baldwin's Fine Jewelry 00722	Open		50.00	50
1991	Belle-Union Saloon 07482	Closed	1994	45.00	100
1989	Bijou Theatre 06897	Closed	1990	40.00	200-300
1994	Black Sheep Tavern 01003	Open		50.00	50
1993	Blacksmith 00720	Open		47.00	47
1992	Brenner's Apothecary 07961	Open		45.00	50
1994	Brown's Book Shop 01001	Open		50.00	50
1993	Burnside 00717	Open		50.00	50
1989	Capper's Millinery 06904	Suspd.		40.00	75-130
1988	City Hall 06340	Suspd.		40.00	75-300
1989	Cobb's Bootery 06903	Suspd.		40.00	75-130
1990	Coffee & Tea Shoppe 07342	Open		45.00	47
1989	Cole's Barn 06750	Closed	1994	40.00	85
1995	Colonial Savings and Loan 01321	Open		50.00	50
1995	Colonial Village News 01002	Open		50.00	50
1990	Country Post Office 07341	Closed	1994	45.00	65-150
1992	County Courthouse 00233	Open		45.00	50
1991	Daisy's Flower Shop 07478	Open		45.00	47
1993	Dentist's Office 00724	Open		50.00	50
1993	Doctor's Office 00721	Open		50.00	50
1992	Elegant Lady Dress Shop 00232	Open		45.00	50
1988	Engine Co. No. 5 Firehouse 06342	Open		40.00	50
1988	Faith Church 06333	Closed	1991	40.00	115
1990	Fellowship Church 07334	Open		45.00	47
1990	The First Church 07333	Open		45.00	47
1988	First Post Office 06343	Open		40.00	50
1988	Friendship Chapel 06334	Closed	1994	40.00	65-150
1993	Green's Grocery 00725	Open		50.00	50
1988	Greystone House 06339	Closed	1995	40.00	47
1989	Gull's Nest Lighthouse 06747	Open		40.00	47
1990	Hampshire House 07336	Open		45.00	50
1990	Hillside Church 11991	Closed	1991	60.00	250-400
1988	House of Blue Gables 06337	Closed	1995	40.00	47
1988	Johnson's Antiques 06346	Closed	1993	40.00	85-200
1993	Joseph House 00718	Open		50.00	50
1993	Kirby House-CVRA Exclusive 00716	Closed	1994	50.00	75-150
1992	Lakehurst House 11992	Closed	1992	55.00	250-350
1992	Main St. Church 00230	Open		45.00	50
1989	The Major's Manor 06902	Open		40.00	47
1989	Maple St. Church 06748	Closed	1993	40.00	75-250
1993	Mark Hall 00719	Open		50.00	50
1989	Miller Bros. Silversmiths 06905	Suspd.		40.00	90
1994	Mt. Zion Church 11994	Closed	1994	70.00	70
1990	Mulberry Station 07344	Open		50.00	65
1995	Mundt Manor 01008	Open		50.00	50
1988	New Hope Church (Musical) 06470	Closed	N/A	40.00	75-88
1990	The Nob Hill 07337	Closed	1995	45.00	100
1992	Northpoint School 07960	Open		45.00	50
1994	Notfel Cabin 01320	Open		50.00	50
1995	O'Doul's Ice House 01324	Open		50.00	50
1988	Old Time Station 06335	Open		40.00	50
1986	Original Set of 6	Unkn.		210.00	N/A
1986	• Charity Chapel 05895	Closed	1989	35.00	650
1986	• King's Cottage 05890	Open		35.00	50
1986	• McCauley House 05892	Closed	1988	35.00	220-345
1986	• Nelson House 05891	Closed	1989	35.00	300-470
1986	• Old Stone Church 05825	Open		35.00	47
1986	• The Welcome Home 05824	Open		35.00	47
1986	Original Set of 6	Unkn.		210.00	N/A
1986	• Church of the Golden Rule 05820	Open		35.00	50
1986	• General Store 05823	Closed	1988	35.00	400-725
1986	• Lil Red School House 05821	Open		35.00	50
1986	• Penny House 05893	Closed	1988	35.00	300-480
1986	• Ritter House 05894	Closed	1989	35.00	300-400
1986	• Train Station 05822	Closed	1989	35.00	300-350
1995	Patriot Bridge 01325	Open		50.00	50
1990	Pierpont-Smithe's Curios 07343	Closed	1993	45.00	75-200
1995	Queensgate 01329	Open		50.00	50
1989	Quincy's Clock Shop 06899	Open		40.00	47
1995	Rainy Days Barn 01323	Open		50.00	50
1994	Real Estate Office -CVRA Exclusive 01006	Open		50.00	50
1988	The Ritz Hotel 06341	Suspd.		40.00	100-200
1994	Rosamond 00988	Open		50.00	50
1990	Ryman Auditorium-Special Edition 08010	Open		50.00	55
1992	San Sebastian Mission 00231	Closed	1995	45.00	50
1991	Sanderson's Mill 07927	Open		45.00	47
1990	Ship's Chandler's Shop 07339	Suspd.		45.00	47
1994	Smith & Jones Drug Store 01007	Open		50.00	50
1991	Smith's Smithy 07476	Closed	1991	45.00	150-200
1994	Springfield 00989	Open		50.00	50
1993	St. James Cathedral 11993	Closed	1993	75.00	100-200
1993	St. Peter's Church w/Speaker 00715	Open		60.00	60
1988	The State Bank 06345	Open		40.00	50
1992	Stearn's Stable 00228	Open		45.00	50
1988	The Stone House 06338	Open		40.00	47
1991	Sweet Shop 07481	Open		45.00	47
1989	Sweetheart's Bridge 06751	Open		40.00	47
1991	The Toy Maker's Shop 07477	Open		45.00	47
1988	Trader Tom's Gen'l Store 06336	Open		40.00	47
1990	The Victoria House 07335	Closed	1993	45.00	100
1989	Victorian Apothecary 06900	Closed	1991	40.00	110-150
1991	Victorian Gazebo 07925	Open		45.00	45
1989	The Village Bakery 06898	Open		40.00	47
1989	Village Barber Shop 06901	Open		40.00	47
1986	Village Express 05826	Closed	N/A	27.00	145
1992	Village Green Gazebo 00227	Open		22.00	22
1990	Village Hardware 07340	Open		45.00	50
1994	Village Hospital 01004	Open		50.00	50
1992	The Village Inn 07962	Open		45.00	50
1989	Village Library 06752	Open		40.00	47
1988	Village Police Station 06344	Open		40.00	50
1989	Village School 06749	Closed	1991	40.00	120
1991	Watt's Candle Shop 07479	Closed	1994	45.00	65-150
1994	White's Butcher Shop 01005	Open		50.00	50
1991	Wig Shop 07480	Suspd.		45.00	75
1992	Windmilll 00229	Open		45.00	47
1995	Wycoff Manor 11995	5,500		75.00	75
1995	Zachary Peters Cabinet Maker 01322	Open		50.00	50

Goebel of North America

Betsey Clark Figurines - G. Bochmann

YEAR ISSUE		EDITION LIMIT	YEAR RETD.	ISSUE PRICE	QUOTE U.S.$
1972	Bless You	Closed	N/A	18.00	275
1972	Friends	Closed	N/A	21.00	400
1972	Little Miracle	Closed	N/A	25.00	350
1972	So Much Beauty	Closed	N/A	25.00	350

Co-Boy - G. Skrobek

YEAR ISSUE		EDITION LIMIT	YEAR RETD.	ISSUE PRICE	QUOTE U.S.$
1981	Al the Trumpet Player	Closed	N/A	45.00	50-75
1987	Bank-Pete the Pirate	Closed	N/A	80.00	125-150
1987	Bank-Utz the Money Bags	Closed	N/A	80.00	100-125
1981	Ben the Blacksmith	Closed	N/A	45.00	50-75
XX	Bert the Soccer Star	Closed	N/A	Unkn.	50-75
1971	Bit the Bachelor	Closed	N/A	16.00	50-75
1972	Bob the Bookworm	Closed	N/A	20.00	50-75
1984	Brad the Clockmaker	Closed	N/A	75.00	125-150
1972	Brum the Lawyer	Closed	N/A	20.00	50-75
XX	Candy the Baker's Delight	Closed	N/A	Unkn.	50-75
1980	Carl the Chef	Closed	N/A	49.00	50-75
1984	Chris the Shoemaker	Closed	N/A	45.00	50-75
1987	Chuck on His Pig	Closed	N/A	75.00	75
1984	Chuck the Chimney Sweep	Closed	N/A	45.00	50-75
1987	Clock-Cony the Watchman	Closed	N/A	125.00	125-150
1987	Clock-Sepp and the Beer Keg	Closed	N/A	125.00	125-150
1972	Co-Boy Plaque	Closed	N/A	20.00	50-125
XX	Conny the Night Watchman	Closed	N/A	Unkn.	125-150
1980	Doc the Doctor	Closed	N/A	49.00	50-100
XX	Ed the Wine Cellar Steward	Closed	N/A	Unkn.	50-75
1984	Felix the Baker	Closed	N/A	45.00	50-75
1971	Fips the Foxy Fisherman	Closed	N/A	16.00	50-75
1971	Fritz the Happy Boozer	Closed	N/A	16.00	50-75
1981	George the Gourmand	Closed	N/A	45.00	50-75
1980	Gerd the Diver	Closed	N/A	49.00	125-175
1978	Gil the Goalie	Closed	N/A	34.00	50-85
1981	Greg the Gourmet	Closed	N/A	45.00	50-95
1981	Greta the Happy Housewife	Closed	N/A	45.00	50-75
1980	Herb the Horseman	Closed	N/A	49.00	50-100
1984	Herman the Butcher	Closed	N/A	45.00	50-75
1984	Homer the Driver	Closed	N/A	45.00	50-75
XX	Jack the Village Pharmacist	Closed	N/A	Unkn.	50-75
XX	Jim the Bowler	Closed	N/A	Unkn.	50-75
XX	John the Hawkeye Hunter	Closed	N/A	Unkn.	50-75
1972	Kuni the Big Dipper	Closed	N/A	20.00	50-75
XX	Mark-Safety First	Closed	N/A	Unkn.	50-75
1984	Marthe the Nurse	Closed	N/A	45.00	50-75

Collectors' Information Bureau

89

FIGURINES/COTTAGES

YEAR ISSUE		EDITION LIMIT	YEAR RETD.	ISSUE PRICE	QUOTE U.S.$
XX	Max the Boxing Champ	Closed	N/A	Unkn.	50-75
1971	Mike the Jam Maker	Closed	N/A	16.00	50-75
1980	Monty the Mountain Climber	Closed	N/A	49.00	50-75
1981	Nick the Nightclub Singer	Closed	N/A	45.00	50-75
1981	Niels the Strummer	Closed	N/A	45.00	50-75
1978	Pat the Pitcher	Closed	N/A	34.00	50-75
1984	Paul the Dentist	Closed	N/A	45.00	50-75
1981	Peter the Accordionist	Closed	N/A	45.00	50-75
XX	Petrl the Village Angler	Closed	N/A	Unkn.	50-75
1971	Plum the Pastry Chef	Closed	N/A	16.00	50-75
1972	Porz the Mushroom Muncher	Closed	N/A	20.00	50-75
1984	Rick the Fireman	Closed	N/A	45.00	50-75
1971	Robby the Vegetarian	Closed	N/A	16.00	50-75
1984	Rudy the World Traveler	Closed	N/A	45.00	50-75
1971	Sam the Gourmet	Closed	N/A	16.00	50-75
1972	Sepp the Beer Buddy	Closed	N/A	20.00	50-75
1984	Sid the Vintner	Closed	N/A	45.00	50-75
1980	Ted the Tennis Player	Closed	N/A	49.00	50-85
1971	Tom the Honey Lover	Closed	N/A	16.00	50-75
1978	Tommy Touchdown	Closed	N/A	34.00	50-75
XX	Toni the Skier	Closed	N/A	Unkn.	50-75
1972	Utz the Banker	Closed	N/A	20.00	50-75
1981	Walter the Jogger	Closed	N/A	45.00	50-75
1971	Wim the Court Supplier	Closed	N/A	16.00	50-75

Co-Boys-Culinary - Welling/Skrobek

1994	Mike the Jam Maker 301050	Open		30.00	30
1994	Plum the Sweets Maker 301052	Open		30.00	30
1994	Robby the Vegetarian 301054	Open		30.00	30
1994	Sepp the Drunkard 301051	Open		30.00	30
1994	Tom the Sweet Tooth 301053	Open		30.00	30

Co-Boys-Professionals - Welling/Skrobek

1994	Brum the Lawyer 301060	Open		30.00	30
1994	Conny the Nightwatchman 301062	Open		30.00	30
1994	Doc the Doctor 301064	Open		30.00	30
1994	John the Hunter 301063	Open		30.00	30
1994	Utz the Banker 301061	Open		30.00	30

Co-Boys-Sports - Welling/Skrobek

1994	Bert the Soccer Player 301059	Open		30.00	30
1994	Jim the Bowler 301057	Open		30.00	30
1994	Petri the Fisherman 301055	Open		30.00	30
1994	Ted the Tennis Player 301058	Open		30.00	30
1994	Toni the Skier 301056	Open		30.00	30

Goebel Figurines - N. Rockwell

1963	Advertising Plaque 212	Closed	N/A	Unkn.	N/A
1963	Boyhood Dreams (Adventurers between Adventures) 202	Closed	N/A	12.00	350-400
1963	Buttercup Test (Beguiling Buttercup) 209	Closed	N/A	10.00	350-400
1963	First Love (A Scholarly Pace) 210	Closed	N/A	30.00	350-400
1963	His First Smoke 204	Closed	N/A	9.00	350-400
1963	Home Cure 206	Closed	N/A	16.00	350-400
1963	Little Veterinarian (Mysterious Malady)201	Closed	N/A	15.00	350-400
1963	Mother's Helper (Pride of Parenthood) 203	Closed	N/A	15.00	350-400
1963	My New Pal (A Boy Meets His Dog) 205	Closed	N/A	12.00	350-400
1963	Patient Anglers (Fisherman's Paradise)211	Closed	N/A	18.00	350-400
1963	She Loves Me (Day Dreamer) 208	Closed	N/A	8.00	350-400
1963	Timely Assistance (Love Aid) 207	Closed	N/A	16.00	350-400

Miniatures-Americana Series - R. Olszewski

1982	American Bald Eagle 661-B	Closed	1989	45.00	250-355
1986	Americana Display 951-D	Open		80.00	105
1989	Blacksmith 667-P	Closed	1989	55.00	135-175
1986	Carrousel Ride 665-B	Open		45.00	70
1985	Central Park Sunday 664-B	Open		45.00	70
1984	Eyes on the Horizon 663-B	Open		45.00	70
1981	The Plainsman 660-B	Closed	1989	45.00	175-295
1983	She Sounds the Deep 662-B	Open		45.00	70
1987	To The Bandstand 666-B	Open		45.00	70

Miniatures-Children's Series - R. Olszewski

1983	Backyard Frolic 633-P	Open		65.00	100
1980	Blumenkinder-Courting 630-P	Closed	1989	55.00	400-450
1990	Building Blocks Castle (large) 968-D	Open		75.00	100
1987	Carrousel Days (plain base) 637-P	Closed	1989	85.00	750-815
1987	Carrousel Days 637-P	Closed	1989	85.00	175-270
1988	Children's Display (small)	Open		45.00	60
1989	Clowning Around 636-P (new style)	Open		85.00	105
1986	Clowning Around 636-P (old style)	Closed	N/A	85.00	195-220
1984	Grandpa 634-P	Open		75.00	100
1988	Little Ballerina 638-P	Open		85.00	100
1982	Out and About 632-P	Closed	1989	85.00	385-445
1985	Snow Holiday 635-P	Open		75.00	100
1981	Summer Days 631-P	Closed	1989	65.00	315-370

Miniatures-Classic Clocks - Larsen

1995	Alexis	2,500		200.00	200
1995	Blinking Admiral	2,500		200.00	200
1995	Play	2,500		250.00	250

Miniatures-Disney-Cinderella - Disney

1991	Anastasia 172-P	Suspd.		85.00	95-115
1991	Cinderella 176-P	Suspd.		85.00	85-150
1991	Cinderella's Coach Display 978-D	Suspd.		95.00	110-150
1991	Cinderella's Dream Castle 976-D	Suspd.		95.00	110-135
1991	Drizella 174-P	Suspd.		85.00	95-115
1991	Fairy Godmother 180-P	Suspd.		85.00	95-125
1991	Footman 181-P	Suspd.		85.00	100
1991	Gus 177-P	Suspd.		80.00	85-110
1991	Jaq 173-P	Suspd.		80.00	85-110
1991	Lucifer 175-P	Suspd.		80.00	85-135
1991	Prince Charming 179-P	Suspd.		85.00	95-150
1991	Stepmother 178-P	Suspd.		85.00	95-115

Miniatures-Disney-Peter Pan - Disney

1994	Captain Hook 188-P	Suspd.		160.00	160-200
1992	John 186-P	Suspd.		90.00	110-150
1994	Lost Boy-Fox 191-P	Suspd.		130.00	130
1994	Lost Boy-Rabbit 192-P	Suspd.		130.00	130
1992	Michael 187-P	Suspd.		90.00	110
1992	Nana 189-P	Suspd.		95.00	110
1994	Neverland Display 997-D	Suspd.		150.00	150-175
1992	Peter Pan 184-P	Suspd.		90.00	115-200
1992	Peter Pan's London 986-D	Suspd.		125.00	135
1994	Smee 190-P	Suspd.		140.00	140-165
1992	Wendy 185-P	Suspd.		90.00	110-150

Miniatures-Disney-Pinocchio - Disney

1991	Blue Fairy 693-P	Suspd.		95.00	110-140
1990	Geppetto's Toy Shop Display 965-D	Suspd.		95.00	115-150
1990	Geppetto/Figaro 682-P	Suspd.		90.00	105-125
1990	Gideon 683-P	Suspd.		75.00	95-115
1990	J. Worthington Foulfellow 684-P	Suspd.		95.00	105-135
1990	Jiminy Cricket 685-P	Suspd.		75.00	95-125
1991	Little Street Lamp Display 964-D	Suspd.		65.00	75-125
1992	Monstro The Whale 985-D	Suspd.		120.00	150-250
1990	Pinocchio 686-P	Suspd.		75.00	95-175
1991	Stromboli 694-P	Suspd.		95.00	110-150
1991	Stromboli's Street Wagon 979-D	Suspd.		105.00	120-150

Miniatures-Disney-Snow White - Disney

1987	Bashful 165-P	Suspd.		60.00	95-110
1991	Castle Courtyard Display 981-D	Suspd.		105.00	115-225
1987	Cozy Cottage Display 941-D	Suspd.		35.00	200-325
1987	Doc 162-P	Suspd.		60.00	95-110
1987	Dopey 167-P	Suspd.		60.00	125-200
1987	Grumpy 166-P	Suspd.		60.00	95-110
1987	Happy 164-P	Suspd.		60.00	95-110
1988	House In The Woods Display 944-D	Suspd.		60.00	110-135
1992	Path In The Woods 996-D	Suspd.		140.00	140-195
1987	Sleepy 163-P	Suspd.		60.00	95-110
1987	Sneezy 161-P	Suspd.		60.00	95-110
1987	Snow White 168-P	Suspd.		60.00	125-200
1990	Snow White's Prince 170-P	Suspd.		80.00	120-135
1992	Snow White's Queen 182-P	Suspd.		100.00	115-165
1992	Snow White's Witch 183-P	Suspd.		100.00	115-165
1990	The Wishing Well Display 969-D	Suspd.		65.00	80-150

Miniatures-Historical Series - R. Olszewski

1985	Capodimonte 600-P (new style)	Suspd.		90.00	145-195
1980	Capodimonte 600-P (old style)	Closed	1987	90.00	515-565
1983	The Cherry Pickers 602-P	Suspd.		85.00	245-295
1990	English Country Garden 970-D	Open		85.00	110
1989	Farmer w/Doves 607-P	Open		85.00	115
1985	Floral Bouquet Pompadour 604-P	Open		85.00	120
1990	Gentleman Fox Hunt 616-P	Suspd.		145.00	170-190
1988	Historical Display 943-D	Open		45.00	65
1981	Masquerade-St. Petersburg 601-P	Closed	1989	65.00	200-250
1987	Meissen Parrot 605-P	Open		85.00	115
1988	Minton Rooster 606-P	7,500		85.00	115
1984	Moor With Spanish Horse 603-P	Open		85.00	115
1992	Poultry Seller 608-G	1,500		200.00	245

Miniatures-Jack & The Beanstalk - R. Olszewski

1994	Beanseller 742-P	5,000		200.00	210
1994	Jack & The Beanstalk Display 999-D	5,000		225.00	260
1994	Jack and the Cow 743-P	5,000		180.00	195
1994	Jack's Mom 741-P	5,000		145.00	180

Miniatures-Mickey Mouse - Disney

1990	Fantasia Living Brooms 972-D	Suspd.		85.00	185-250
1990	The Sorcerer's Apprentice 171-P	Suspd.		80.00	175-200
1990	Set	Suspd.		165.00	450

Miniatures-Nativity Collection - R. Olszewski

1992	3 Kings Display 987-D	Open		85.00	105
1992	Balthazar 405-P	Open		135.00	200
1994	Camel & Tender 819292	Open		380.00	395
1992	Caspar 406-P	Open		135.00	200
1994	Final Nativity Display 991-D	Open		260.00	275
1994	Guardian Angel 407-P	Open		200.00	225
1991	Holy Family Display 982-D	Open		85.00	95
1991	Joseph 401-P	Open		95.00	130
1991	Joyful Cherubs 403-P	Open		130.00	185
1992	Melchoir 404-P	Open		135.00	200
1991	Mother/Child 440-P	Open		120.00	155
1994	Sheep & Shepherd 819290	Open		230.00	240
1991	The Stable Donkey 402-P	Open		95.00	130

Miniatures-Nature's Moments - Yenawine

1995	Bathing Beauties	Open		95.00	95
1995	Fish Paradise	Open		110.00	11
1995	Gathering Goodies	Open		95.00	9
1995	Hide and Seek	Open		110.00	11
1995	Penguins Plunge	Open		95.00	9
1995	Polar Playground	Open		110.00	11
1995	Preparing for Flight	Open		80.00	8
1995	Robyn Refresher	Open		95.00	9
1995	Summer Surprise	Open		95.00	9
1995	Touch and Go	Open		95.00	9

Miniatures-Night Before Christmas (1st Edition) - R. Olszewski

1990	Eight Tiny Reindeer 691-P	5,000		110.00	135
1990	Mama & Papa 692-P	5,000		110.00	14
1990	St. Nicholas 690-P	5,000		95.00	125
1990	Sugar Plum Boy 687-P	5,000		70.00	100
1990	Sugar Plum Girl 689-P	5,000		70.00	100
1991	Up To The Housetop 966-D	5,000		95.00	115
1990	Yule Tree 688-P	5,000		90.00	110

Miniatures-Oriental Series - R. Olszewski

1986	The Blind Men and the Elephant 643-P	Suspd.		70.00	125-175
1990	Chinese Temple Lion 646-P	Open		90.00	115
1987	Chinese Water Dragon 644-P	Suspd.		70.00	135-165
1990	Empress' Garden Display 967-D	Open		95.00	135
1982	The Geisha 641-P	Suspd.		65.00	195-225
1984	Kuan Yin 640-W (new style)	Suspd.		45.00	155-175
1980	Kuan Yin 640-W (old style)	Closed	1992	40.00	245-295
1987	Oriental Display (small) 945-D	Open		45.00	70
1985	Tang Horse 642-P	Open		65.00	100
1989	Tiger Hunt 645-P	Open		85.00	105

Miniatures-Pendants - R. Olszewski

1986	Camper Bialosky 151-P	Closed	1988	95.00	255-275
1991	Chrysanthemum Pendant 222-P	Open		135.00	155
1991	Daffodil Pendant 221-P	Open		135.00	155
1990	Hummingbird 697-P	Open		125.00	155
1988	Mickey Mouse 169-P	5,000	1989	92.00	225-245
1991	Poinsettia Pendant 223-P	Open		135.00	155
1991	Rose Pendant 220-P	Open		135.00	155

Miniatures-Portrait of America/Saturday Evening Post (Pewter) - N. Rockwell

1989	Bottom Drawer 366-P	7,500		85.00	85
1988	Bottom of the Sixth 365-P	Suspd.		85.00	85-150
1988	Check-Up 363-P	Suspd.		85.00	75-110
1988	The Doctor and the Doll 361-P	Suspd.		85.00	115-150
1991	Home Coming Vignette -Soldier/Mother 990-D	2,000		190.00	200
1988	Marbles Champion 362-P	Suspd.		85.00	75-110
1988	No Swimming 360-P	Suspd.		85.00	75-110
1988	Rockwell Display-952-D	Open		80.00	100
1988	Triple Self-Portrait 364-P	Suspd.		85.00	145-225

Miniatures-Special Release-Alice in Wonderland - R. Olszewski

1982	Alice In the Garden 670-P	Closed	1982	60.00	785-835
1984	The Cheshire Cat 672-P	Closed	1984	75.00	495-535
1983	Down the Rabbit Hole 671-P	Closed	1983	75.00	500-550

Miniatures-Special Release-Wizard of Oz - R. Olszewski

1986	The Cowardly Lion 675-P	Closed	1987	85.00	200-325
1992	Dorothy/Glinda 695-P	Open		135.00	155
1992	Good-Bye to Oz Display 980-D	Open		110.00	160
1988	The Munchkins 677-P	Open		85.00	100
1987	Oz Display 942-D	Closed	1994	45.00	545-590
XX	Oz Display Set	Closed	1994	410.00	1400-1900
1984	Scarecrow 673-P	Closed	1985	75.00	295-495
1985	Tinman 674-P	Closed	1986	80.00	250-290
1987	The Wicked Witch 676-P	Open		85.00	105

Miniatures-Special Releases - R. Olszewski

1994	Dresden Timepiece 450-P	750		1250.00	1300
1991	Portrait Of The Artist (convention) 658-P	Closed	1991	195.00	565-600
1991	Portrait Of The Artist (promotion) 658-P	Open		195.00	210
1992	Summer Days Collector Plaque 659-P	Open		130.00	130-160

Miniatures-The American Frontier Collection - Various

1987	American Frontier Museum Display 947-D - R. Olszewski	Suspd.		80.00	115
1987	The Bronco Buster 350-B - Remington	Suspd.		80.00	165-190
1987	Eight Count 310-B - Pounder	Suspd.		75.00	95
1987	The End of the Trail 340-B - Frazier	Suspd.		80.00	95-150
1987	The First Ride 330-B - Rogers	Suspd.		85.00	105
1987	Grizzly's Last Stand 320-B - Jonas	Suspd.		65.00	85
1987	Indian Scout and Buffalo 300-B - Bonheur	Suspd.		95.00	95-150

Miniatures-Three Little Pigs - R. Olszewski

1991	The Hungry Wolf 681-P	7,500		80.00	110
1991	Little Bricks Pig 680-P	7,500		75.00	110
1989	Little Sticks Pig 678-P	7,500		75.00	110
1990	Little Straw Pig 679-P	7,500		75.00	110
1991	Three Little Pigs House 956-D	7,500		50.00	130

Miniatures-Wildlife Series - R. Olszewski

1985	American Goldfinch 625-P	Open		65.00	100

FIGURINES/COTTAGES

Goebel of North America to Goebel/M.I. Hummel

YEAR ISSUE		EDITION LIMIT	YEAR RETD.	ISSUE PRICE	QUOTE U.S.$
1986	Autumn Blue Jay 626-P	Suspd.		65.00	135-210
1992	Autumn Blue Jay 626-P (Archive release)	Open		125.00	140
1980	Chipping Sparrow 620-P	Open		55.00	90
1987	Country Display (small) 940-D	Open		45.00	70
1990	Country Landscape (large) 957-D	Open		85.00	115
1989	Hooded Oriole 629-P	Open		80.00	105
1990	Hummingbird 696-P	Closed	N/A	85.00	150-180
1987	Mallard Duck 627-P	Open		75.00	110
1981	Owl-Daylight Encounter 621-P	Closed	N/A	65.00	375-410
1983	Red-Winged Blackbird 623-P	Closed	N/A	65.00	150-250
1988	Spring Robin 628-P	Closed	N/A	75.00	150-185
1982	Western Bluebird 622-P	Closed	N/A	65.00	125-180
1984	Winter Cardinal 624-P	Closed	N/A	65.00	200-290

Miniatures-Winter Lights - Norrgard

1995	Once Upon a Winter Day	Open		275.00	275

Miniatures-Women's Series - R. Olszewski

1980	Dresden Dancer 610-P	Closed	1989	55.00	525-575
1985	The Hunt w/Hounds (new style) 611-P	Closed	N/A	75.00	190-210
1981	The Hunt w/Hounds (old style) 611-P	Closed	1984	75.00	375-425
1986	I Do 615-P	Closed	N/A	85.00	225-275
1983	On The Avenue 613-P	Open		65.00	95
1982	Precious Years 612-P	Closed	N/A	65.00	245-280
1984	Roses 614-P	Open		65.00	95
1989	Women's Display (small) 950-D	Open		40.00	65

Goebel/M.I. Hummel

M.I. Hummel Collectors Club Exclusives - Various

1977	Valentine Gift 387 - M.I. Hummel	Closed	N/A	45.00	400-700
1978	Smiling Through Plaque 690 - M.I. Hummel	Closed	N/A	50.00	100-250
1979	Bust of Sister-M.I.Hummel HU-3 - G. Skrobek	Closed	N/A	75.00	200-350
1980	Valentine Joy 399 - M.I. Hummel	Closed	N/A	95.00	200-300
1981	Daisies Don't Tell 380 - M.I. Hummel	Closed	N/A	80.00	200-350
1982	It's Cold 421 - M.I. Hummel	Closed	N/A	80.00	180-350
1983	What Now? 422 - M.I. Hummel	Closed	N/A	90.00	200-350
1983	Valentine Gift Mini Pendant 248-P - R. Olszewski	Closed	N/A	85.00	200-400
1984	Coffee Break 409 - M.I. Hummel	Closed	N/A	90.00	150-300
1985	Smiling Through 408/0 - M.I. Hummel	Closed	N/A	125.00	200-350
1986	Birthday Candle 440 - M.I. Hummel	Closed	N/A	95.00	150-350
1986	What Now? Mini Pendant 249-P - R. Olszewski	Closed	N/A	125.00	175-300
1987	Morning Concert 447 - M.I. Hummel	Closed	N/A	98.00	140-275
1987	Little Cocopah Indian Girl - T. DeGrazia	Closed	N/A	140.00	395
1988	The Surprise 431 - M.I. Hummel	Closed	N/A	125.00	150-300
1989	Mickey and Minnie - H. Fischer	Closed	N/A	275.00	500-700
1989	Hello World 429 - M.I. Hummel	Closed	N/A	130.00	150-300
1990	I Wonder 486 - M.I. Hummel	Closed	N/A	140.00	200-300
1991	Gift From A Friend 485 - M.I. Hummel	Closed	N/A	160.00	160-300
1991	Miniature Morning Concert w/ Display 269-P - R. Olszewski	Closed	N/A	175.00	175-250
1992	My Wish Is Small 463/0 - M.I. Hummel	Closed	N/A	170.00	170-250
1992	Cheeky Fellow 554 - M.I. Hummel	Closed	N/A	120.00	120-130
1993	I Didn't Do It 626 - M.I. Hummel	5/95		175.00	175
1993	Sweet As Can Be 541 - M.I. Hummel	5/95		125.00	125
1994	Little Visitor 563/0 - M.I. Hummel	5/96		180.00	180
1994	Little Troubadour 558 - M.I. Hummel	5/96		130.00	130
1994	Miniature Honey Lover Pendant 247-P - M.I. Hummel	5/96		165.00	165

Special Edition Anniversary Figurines For 5/10/15 Year Membership - M.I. Hummel

1990	Flower Girl 548 (5 year)	Open		105.00	135
1990	The Little Pair 449 (10 year)	Open		170.00	210
1991	Honey Lover 312 (15 year)	Open		190.00	220

M.I. Hummel Collectibles Century Collection - M.I. Hummel

1986	Chapel Time 442	Closed	N/A	500.00	1200-2000
1987	Pleasant Journey 406	Closed	N/A	500.00	1500-2700
1988	Call to Worship 441	Closed	N/A	600.00	700-1200
1989	Harmony in Four Parts 471	Closed	N/A	850.00	1300-2000
1990	Let's Tell the World 487	Closed	N/A	875.00	700-1500
1991	We Wish You The Best 600	Closed	N/A	1300.00	1000-1800
1992	On Our Way 472	Closed	N/A	950.00	950-1200
1993	Welcome Spring 635	Closed	N/A	1085.00	1085-1400
1994	Rock-A-Bye 574	Closed	N/A	1150.00	1150
1995	Strike Up the Band 668	Yr. Iss.		1200.00	1200

M.I. Hummel Collectibles Christmas Angels - M.I. Hummel

1993	Angel in Cloud 585	Open		25.00	30
1993	Angel with Lute 580	Open		25.00	30
1993	Angel with Trumpet 586	Open		25.00	30
1993	Celestial Musician 578	Open		25.00	30
1993	Festival Harmony with Flute 577	Open		25.00	30
1993	Festival Harmony w/Mandolin 576	Open		25.00	30
1993	Gentle Song 582	Open		25.00	30
1993	Heavenly Angel 575	Open		25.00	30
1993	Prayer of Thanks 581	Open		25.00	30
1993	Song of Praise 579	Open		25.00	30

M.I. Hummel Collectibles Figurines - M.I. Hummel

1988	The Accompanist 453	Open		Unkn.	100
XX	Adoration 23/I	Open		Unkn.	345
XX	Adoration 23/III	Open		Unkn.	535
XX	Adventure Bound 347	Open		Unkn.	3600
XX	Angel Duet 261	Open		Unkn.	215
XX	Angel Serenade 214/0/I	Open		Unkn.	90
XX	Angel Serenade with Lamb 83	Open		Unkn.	215
XX	Angel with Accordion 238/B	Open		Unkn.	50
XX	Angel with Lute 238/A	Open		Unkn.	50
XX	Angel With Trumpet 238/C	Open		Unkn.	50
XX	Angelic Song 144	Open		Unkn.	145
1995	The Angler 566	Open		Unkn.	320
1989	An Apple A Day 403	Open		Unkn.	275
XX	Apple Tree Boy 142/3/0	Open		Unkn.	140
XX	Apple Tree Boy 142/I	Open		Unkn.	275
XX	Apple Tree Boy 142/V	Open		Unkn.	1200
XX	Apple Tree Girl 141/3/0	Open		Unkn.	140
XX	Apple Tree Girl 141/I	Open		Unkn.	275
XX	Apple Tree Girl 141/V	Open		Unkn.	1200
1991	Art Critic 318	Open		Unkn.	285
XX	Artist, The 304	Open		Unkn.	245
XX	Auf Wiedersehen 153/0	Open		Unkn.	245
XX	Auf Wiedersehen 153/I	Open		Unkn.	295
XX	Autumn Harvest 355	Open		Unkn.	200
XX	Baker 128	Open		Unkn.	195
XX	Baking Day 330	Open		Unkn.	275
XX	Band Leader 129	Open		Unkn.	200
XX	Band Leader 129/4/0	Open		Unkn.	100
XX	Barnyard Hero 195/2/0	Open		Unkn.	165
XX	Barnyard Hero 195/I	Open		Unkn.	300
XX	Bashful 377	Open		Unkn.	195
1990	Bath Time 412	Open		Unkn.	375
XX	Be Patient 197/2/0	Open		Unkn.	195
XX	Be Patient 197/I	Open		Unkn.	295
XX	Begging His Share 9	Open		Unkn.	250
XX	Big Housecleaning 363	Open		Unkn.	285
XX	Bird Duet 169	Open		Unkn.	140
XX	Bird Watcher 300	Open		Unkn.	215
1989	Birthday Cake 338	Open		Unkn.	140
1994	Birthday Present (Special Event)	Open		140.00	140
XX	Birthday Serenade 218/0	Open		Unkn.	295
XX	Birthday Serenade 218/2/0	Open		Unkn.	170
XX	Blessed Event 333	Open		Unkn.	320
XX	Bookworm 3/I	Open		Unkn.	295
XX	Bookworm 8	Open		Unkn.	215
XX	Boots 143/0	Open		Unkn.	200
XX	Boots 143/I	Open		Unkn.	330
XX	Botanist, The 351	Open		Unkn.	200
XX	Boy with Accordion 390	Open		Unkn.	85
XX	Boy with Horse 239/C	Open		Unkn.	55
XX	Boy with Toothache 217	Open		Unkn.	210
XX	Brother 95	Open		Unkn.	200
1988	A Budding Maestro 477	Open		Unkn.	100
XX	Builder, The 305	Open		Unkn.	245
XX	Busy Student 367	Open		Unkn.	160
XX	Call to Glory 739/I	Open		250.00	250
XX	Carnival 328	Open		Unkn.	215
1993	Celestial Musician (mini) 188/4/0	Open		Unkn.	90
XX	Celestial Musician 188/0	Open		Unkn.	215
XX	Chick Girl 57/0	Open		Unkn.	165
XX	Chick Girl 57/2/0	Open		Unkn.	145
XX	Chick Girl 57/I	Open		Unkn.	275
XX	Chicken-Licken 385	Open		Unkn.	280
XX	Chicken-Licken 385/4/0	Open		Unkn.	100
XX	Chimney Sweep 12/2/0	Open		Unkn.	120
XX	Chimney Sweep 12/I	Open		Unkn.	215
1989	Christmas Angel 301	Open		Unkn.	250
XX	Christmas Song 343	Open		Unkn.	215
XX	Cinderella 337	Open		Unkn.	285
XX	Close Harmony 336	Open		Unkn.	285
1995	Come Back Soon 545	Open		Unkn.	135
XX	Confidentially 314	Open		Unkn.	285
XX	Congratulations 17/0	Open		Unkn.	200
XX	Coquettes 179	Open		Unkn.	285
1990	Crossroad (Commemorative) 331	10,000		360.00	750-1500
XX	Crossroads (Original) 331	Open		Unkn.	400
XX	Culprits 56/A	Open		Unkn.	290
1989	Daddy's Girls 371	Open		Unkn.	225
XX	Doctor 127	Open		Unkn.	155
XX	Doll Bath 319	Open		Unkn.	285
XX	Doll Mother 67	Open		Unkn.	210
XX	Easter Greetings 378	Open		Unkn.	200
XX	Easter Time 384	Open		Unkn.	250
1992	Evening Prayer 495	Open		Unkn.	105
XX	Eventide 99	Open		Unkn.	325
XX	A Fair Measure 345	Open		Unkn.	285
XX	Farm Boy 66	Open		Unkn.	225
XX	Favorite Pet 361	Open		Unkn.	285
XX	Feathered Friends 344	Open		Unkn.	275
XX	Feeding Time 199/0	Open		Unkn.	195
XX	Feeding Time 199/I	Open		Unkn.	275
1995	Festival Harmony 693	Open		Unkn.	125
1994	Festival Harmony, w/Mandolin 172/4/0	Open		95.00	95
XX	Festival Harmony, w/ Flute 173/0	Open		Unkn.	310
XX	Festival Harmony, w Mandolin 172/0	Open		Unkn.	310
XX	Flower Vendor 381	Open		Unkn.	245
XX	Follow the Leader 369	Open		Unkn.	1200
XX	For Father 87	Open		Unkn.	210
XX	For Mother 257	Open		Unkn.	200
XX	For Mother 257/2/0	Open		Unkn.	120
XX	Forest Shrine 183	Open		Unkn.	530
1993	A Free Flight 569	Open		Unkn.	195
1991	Friend Or Foe 434	Open		Unkn.	215
XX	Friends 136/I	Open		Unkn.	200
XX	Friends 136/V	Open		Unkn.	1200
1993	Friends Together 662/0	Open		260.00	275
1993	Friends Together 662/I	25,000		475.00	500
XX	Gay Adventure 356	Open		Unkn.	190
XX	A Gentle Glow 439	Open		Unkn.	200
XX	Girl with Doll 239/B	Open		Unkn.	55
XX	Girl with Nosegay 239/A	Open		Unkn.	55
XX	Girl with Sheet Music 389	Open		Unkn.	85
XX	Girl with Trumpet 391	Open		Unkn.	85
XX	Going Home 383	Open		Unkn.	310
XX	Going to Grandma's 52/0	Open		Unkn.	260
XX	Good Friends 182	Open		Unkn.	195
XX	Good Hunting 307	Open		Unkn.	245
XX	Good Night 214/C/I	Open		Unkn.	90
XX	Good Shepherd 42	Open		Unkn.	250
XX	Goose Girl 47/0	Open		Unkn.	225
XX	Goose Girl 47/3/0	Open		Unkn.	165
XX	Grandma's Girl 561	Open		Unkn.	145
XX	Grandpa's Boy 562	Open		Unkn.	145
1991	The Guardian 455	Open		Unkn.	165
XX	Guiding Angel 357	Open		Unkn.	85
XX	Happiness 86	Open		Unkn.	130
XX	Happy Birthday 176/0	Open		Unkn.	210
XX	Happy Birthday 176/I	Open		Unkn.	295
XX	Happy Days 150/0	Open		Unkn.	300
XX	Happy Days 150/2/0	Open		Unkn.	170
XX	Happy Days 150/I	Open		Unkn.	450
XX	Happy Pastime 69	Open		Unkn.	160
XX	Happy Traveller 109/0	Open		Unkn.	140
XX	Hear Ye! Hear Ye! 15/0	Open		Unkn.	200
XX	Hear Ye! Hear Ye! 15/2/0	Open		Unkn.	145
XX	Hear Ye! Hear Ye! 15/I	Open		Unkn.	250
XX	Heavenly Angel 21/0	Open		Unkn.	120
XX	Heavenly Angel 21/0/1/2	Open		Unkn.	215
XX	Heavenly Angel 21/I	Open		Unkn.	250
XX	Heavenly Lullaby 262	Open		Unkn.	185
XX	Heavenly Protection 88/I	Open		Unkn.	425
XX	Hello 124/0	Open		Unkn.	215
XX	Home from Market 198/2/0	Open		Unkn.	145
XX	Home from Market 198/I	Open		Unkn.	210
XX	Homeward Bound 334	Open		Unkn.	330
1990	Horse Trainer 423	Open		Unkn.	215
1989	Hosanna 480	Open		Unkn.	100
1989	I'll Protect Him 483	Open		Unkn.	85
1994	I'm Carefree 633	Open		365.00	375
1989	I'm Here 478	Open		Unkn.	100
1989	In D Major 430	Open		Unkn.	200
XX	In The Meadow 459	Open		Unkn.	200
XX	In Tune 414	Open		Unkn.	280
XX	Is It Raining? 420	Open		Unkn.	255
XX	Joyful 53	Open		Unkn.	120
XX	Joyous News 27/III	Open		Unkn.	215
1995	Just Dozing 451	Open		Unkn.	220
XX	Just Fishing 373	Open		Unkn.	225
XX	Just Resting 112/3/0	Open		Unkn.	145
XX	Just Resting 112/I	Open		Unkn.	280
XX	Kindergartner 467	Open		Unkn.	200
XX	Kiss Me 311	Open		Unkn.	285
XX	Knit One, Purl One 432	Open		Unkn.	115
XX	Knitting Lesson 256	Open		Unkn.	500
1991	Land in Sight 530	30,000		1600.00	1600
XX	Latest News 184/0	Open		Unkn.	290
XX	Let's Sing 110/0	Open		Unkn.	125
XX	Let's Sing 110/I	Open		Unkn.	165
XX	Letter to Santa Claus 340	Open		Unkn.	330
1993	Little Architect 410/I	Open		Unkn.	300
XX	Little Bookkeeper 306	Open		Unkn.	285
XX	Little Cellist 89/I	Open		Unkn.	210
XX	Little Drummer 240	Open		Unkn.	145
XX	Little Fiddler 2/0	Open		Unkn.	215
XX	Little Fiddler 2/4/0	Open		Unkn.	100
XX	Little Fiddler 4	Open		Unkn.	200
XX	Little Gabriel 32	Open		Unkn.	140
XX	Little Gardener 74	Open		Unkn.	120
XX	Little Goat Herder 200/0	Open		Unkn.	195
XX	Little Goat Herder 200/I	Open		Unkn.	235
XX	Little Guardian 145	Open		Unkn.	145
XX	Little Helper 73	Open		Unkn.	120
XX	Little Hiker 16/2/0	Open		Unkn.	120
XX	Little Hiker 16/I	Open		Unkn.	215
XX	Little Nurse 376	Open		Unkn.	245
XX	Little Pharmacist 322/E	Open		Unkn.	240
XX	Little Scholar 80	Open		Unkn.	210
XX	Little Shopper 96	Open		Unkn.	135
1988	Little Sweeper 171/0	Open		Unkn.	135
XX	Little Sweeper 171/4/0	Open		Unkn.	100
XX	Little Tailor 308	Open		Unkn.	245
XX	Little Thrifty 118	Open		Unkn.	145
XX	Little Tooter 214/H	Open		Unkn.	100
XX	Little Tooter 214/H	Open		Unkn.	125
XX	Lost Stocking 374	Open		Unkn.	140
XX	Mail is Here 226	Open		Unkn.	530
1989	Make A Wish 475	Open		Unkn.	200
XX	March Winds 43	Open		Unkn.	155

YEAR ISSUE		EDITION LIMIT	YEAR RETD.	ISSUE PRICE	QUOTE U.S.$
XX	Max and Moritz 123	Open		Unkn.	215
XX	Meditation 13/0	Open		Unkn.	215
XX	Meditation 13/2/0	Open		Unkn.	140
XX	Merry Wanderer 11/0	Open		Unkn.	195
XX	Merry Wanderer 11/2/0	Open		Unkn.	135
XX	Merry Wanderer 7/0	Open		Unkn.	275
XX	Mischief Maker 342	Open		Unkn.	275
1994	Morning Stroll 375/3/0	Open		170.00	175
XX	Mother's Darling 175	Open		Unkn.	210
XX	Mother's Helper 133	Open		Unkn.	195
XX	Mountaineer 315	Open		Unkn.	210
1991	A Nap 534	Open		Unkn.	120
XX	Not For You 317	Open		Unkn.	240
XX	On Holiday 350	Open		Unkn.	170
XX	On Secret Path 386	Open		Unkn.	245
1989	One For You, One For Me 482	Open		Unkn.	100
1993	One Plus One 556	Open		Unkn.	130
1995	Ooh My Tooth 533 (Special Event)	Open		Unkn.	110
XX	Out of Danger 56/B	Open		Unkn.	290
1993	Parade Of Lights 616	Open		Unkn.	250
XX	Photographer 178	Open		Unkn.	285
1995	Pixie 768	Open		Unkn.	105
XX	Playmates 58/0	Open		Unkn.	165
XX	Playmates 58/2/0	Open		Unkn.	145
XX	Playmates 58/I	Open		Unkn.	275
1994	The Poet 397/I	Open		220.00	225
XX	Postman 119	Open		Unkn.	200
1989	Postman 119/2/0	Open		Unkn.	135
XX	Prayer Before Battle 20	Open		Unkn.	165
1992	The Professor 320	Open		Unkn.	200
1995	Puppy Love 767	Open		Unkn.	240
XX	Retreat to Safety 201/2/0	Open		Unkn.	160
XX	Retreat to Safety 201/I	Open		Unkn.	300
XX	Ride into Christmas 396/2/0	Open		Unkn.	235
XX	Ride into Christmas 396/I	Open		Unkn.	425
XX	Ring Around the Rosie 348	Open		Unkn.	2600
XX	Run-A-Way 327	Open		Unkn.	250
1992	Scamp 553	Open		Unkn.	110
XX	School Boy 82/0	Open		Unkn.	195
XX	School Boy 82/2/0	Open		Unkn.	140
XX	School Boy 82/II	Open		Unkn.	450
XX	School Boys 170/I	Open		Unkn.	1200
XX	School Girl 81/0	Open		Unkn.	195
XX	School Girl 81/2/0	Open		Unkn.	140
XX	School Girls 177/I	Open		Unkn.	1200
XX	Sensitive Hunter 6/0	Open		Unkn.	195
XX	Sensitive Hunter 6/2/0	Open		Unkn.	145
XX	Sensitive Hunter 6/I	Open		Unkn.	250
XX	Serenade 85/0	Open		Unkn.	130
XX	Serenade 85/4/0	Open		Unkn.	100
XX	Serenade 85/II	Open		Unkn.	450
XX	She Loves Me, She Loves Me Not 174	Open		Unkn.	190
XX	Shepherd's Boy 214/G/II	Open		Unkn.	120
XX	Shepherd's Boy 64	Open		Unkn.	225
XX	Shining Light 358	Open		Unkn.	85
XX	Sing Along 433	Open		Unkn.	275
XX	Sing With Me 405	Open		Unkn.	310
XX	Singing Lesson 63	Open		Unkn.	120
XX	Sister 98/0	Open		Unkn.	200
XX	Sister 98/2/0	Open		Unkn.	135
XX	Skier 59	Open		Unkn.	200
1990	Sleep Tight 424	Open		Unkn.	215
XX	Smart Little Sister 346	Open		Unkn.	250
XX	Soldier Boy 332	Open		Unkn.	210
XX	Soloist 135	Open		Unkn.	130
XX	Soloist 135/4/0	Open		Unkn.	100
1988	Song of Praise 454	Open		Unkn.	100
1988	Sound the Trumpet 457	Open		Unkn.	100
1988	Sounds of the Mandolin 438	Open		Unkn.	120
XX	Spring Dance 353/0	Open		Unkn.	310
XX	St. George 55	Open		Unkn.	320
XX	Star Gazer 132	Open		Unkn.	205
XX	Stitch in Time 255/4/0	Open		Unkn.	95
XX	Stitch in Time 255/I	Open		Unkn.	285
XX	Stormy Weather 71/2/0	Open		Unkn.	300
XX	Stormy Weather 71/I	Open		Unkn.	450
1992	Storybook Time 458	Open		Unkn.	380
XX	Street Singer 131	Open		Unkn.	190
XX	Surprise 94/3/0	Open		Unkn.	150
XX	Surprise 94/I	Open		Unkn.	285
XX	Sweet Greetings 352	Open		Unkn.	200
XX	Sweet Music 186	Open		Unkn.	200
XX	Telling Her Secret 196/0	Open		Unkn.	295
XX	Thoughtful 415	Open		Unkn.	215
XX	Timid Little Sister 394	Open		Unkn.	425
1995	To Keep You Warm w/ Wooden Chair 759	Open		Unkn.	195
XX	To Market 49/0	Open		Unkn.	285
XX	To Market 49/3/0	Open		Unkn.	160
XX	Trumpet Boy 97	Open		Unkn.	130
1989	Tuba Player 437	Open		Unkn.	260
XX	Tuneful Angel 359	Open		Unkn.	85
XX	Umbrella Boy 152/0/A	Open		Unkn.	575
XX	Umbrella Boy 152/A/II	Open		Unkn.	1450
XX	Umbrella Girl 152/B/0	Open		Unkn.	575
XX	Umbrella Girl 152/B/II	Open		Unkn.	1450
XX	Village Boy 51/0	Open		Unkn.	250
XX	Village Boy 51/2/0	Open		Unkn.	140
XX	Village Boy 51/3/0	Open		Unkn.	120
XX	Visiting an Invalid 382	Open		Unkn.	200
XX	Volunteers 50/0	Open		Unkn.	295
XX	Volunteers 50/2/0	Open		Unkn.	215
XX	Waiter 154/0	Open		Unkn.	210
XX	Waiter 154/I	Open		Unkn.	285
1989	Wash Day 321/4/0	Open		Unkn.	100
XX	Wash Day 321/I	Open		Unkn.	285
XX	Watchful Angel 194	Open		Unkn.	310
XX	Wayside Devotion 28/II	Open		Unkn.	410
XX	Wayside Devotion 28/III	Open		Unkn.	540
XX	Wayside Harmony 111/3/0	Open		Unkn.	145
XX	Wayside Harmony 111/I	Open		Unkn.	270
XX	We Congratulate 214/E/II	Open		Unkn.	160
XX	We Congratulate 220	Open		Unkn.	150
XX	Weary Wanderer 204	Open		Unkn.	250
1990	What's New? 418	Open		Unkn.	275
XX	Which Hand? 258	Open		Unkn.	195
1992	Whistler's Duet 413	Open		Unkn.	280
XX	Whitsuntide 163	Open		Unkn.	300
1988	Winter Song 476	Open		Unkn.	110
XX	With Loving Greetings 309	Open		Unkn.	190
XX	Worship 84/0	Open		Unkn.	160

M.I. Hummel Collectibles Figurines Retired - M.I. Hummel

YEAR ISSUE		EDITION LIMIT	YEAR RETD.	ISSUE PRICE	QUOTE U.S.$
1947	Accordion Boy 185	Closed	1994	Unkn.	200
1939	Duet 130	Open	1995	Unkn.	280
1937	Farewell 65 TMK1-5	Closed	1993	Unkn.	200-800
1937	Globe Trotter 79 TMK1-7	Closed	1991	Unkn.	175-600
1937	Lost Sheep 68/0 TMK1-7	Closed	1992	Unkn.	150-300
1955	Lost Sheep 68/2/0 TMK2-7	Closed	1992	7.50	100-300
1935	Puppy Love I TMK1-6	Closed	1988	125.00	200-800
1948	Signs Of Spring 203/2/0 TMK2-6	Closed	1990	120.00	190-600
1948	Signs Of Spring 203/I TMK2-6	Closed	1990	155.00	250-600
1935	Strolling Along 5 TMK1-6	Closed	1989	115.00	200-800

M.I. Hummel Collectibles Madonna Figurines - M.I. Hummel

YEAR ISSUE		EDITION LIMIT	YEAR RETD.	ISSUE PRICE	QUOTE U.S.$
XX	Flower Madonna, color 10/I/II	Open		Unkn.	430
XX	Madonna with Halo, color 45/I/6	Open		Unkn.	125

M.I. Hummel Collectibles Nativity Components - Various

YEAR ISSUE		EDITION LIMIT	YEAR RETD.	ISSUE PRICE	QUOTE U.S.$
XX	Ox 214/K/I - M.I. Hummel	Open		Unkn.	70
XX	12-Pc. Set Figs. only, Color, 214/A/M/I, B/I, A/K/I, F/I G/I J/I K/I, L/I, M/I, N/I, O/I, 366/I - M.I. Hummel	Open		Unkn.	1525
XX	Angel Serenade 214/D/I - M.I. Hummel	Open		Unkn.	80
XX	Camel Kneeling - Goebel	Open		Unkn.	250
XX	Camel Lying - Goebel	Open		Unkn.	250
XX	Camel Standing - Goebel	Open		Unkn.	250
XX	Donkey 214/J/0 - M.I. Hummel	Open		Unkn.	50
XX	Donkey 214/J/I - M.I. Hummel	Open		Unkn.	70
XX	Flying Angel 366/0 - M.I. Hummel	Open		Unkn.	95
XX	Flying Angel/color 366/I - M.I. Hummel	Open		Unkn.	115
XX	Good Night 214/C/I - M.I. Hummel	Open		Unkn.	90
XX	Holy Family 3 Pcs., Color 214/A/M/I, B/I, A/K/I - M.I. Hummel	Open		Unkn.	400
XX	Holy Family,3 Pcs., Color 214/A/M/0, B/0, A/K/0 - M.I. Hummel	Open		Unkn.	300
XX	Infant Jesus 214/A/K/0 - M.I. Hummel	Open		Unkn.	40
XX	Infant Jesus 214/A/K/I - M.I. Hummel	Open		Unkn.	65
XX	King, Kneeling 214/M/I - M.I. Hummel	Open		Unkn.	160
XX	King, Kneeling 214M/0 - M.I. Hummel	Open		Unkn.	135
XX	King, Kneeling w/ Box 214/N/0 - M.I. Hummel	Open		Unkn.	135
XX	King, Kneeling w/Box 214/N/I - M.I. Hummel	Open		Unkn.	150
XX	King, Moorish 214/L/0 - M.I. Hummel	Open		Unkn.	150
XX	King, Moorish 214/L/I - M.I. Hummel	Open		Unkn.	170
XX	Lamb 214/O/0 - M.I. Hummel	Open		Unkn.	20
XX	Lamb 214/O/I - M.I. Hummel	Open		Unkn.	20
XX	Little Tooter 214/H/0 - M.I. Hummel	Open		Unkn.	100
XX	Little Tooter 214/H/I - M.I. Hummel	Open		Unkn.	125
XX	Madonna 214/A/M/0 - M.I. Hummel	Open		Unkn.	130
XX	Madonna 214/A/M/I - M.I. Hummel	Open		Unkn.	160
XX	Madonna-260/A - M.I. Hummel	Suspd.		Unkn.	590
XX	Ox 214/K/0 - M.I. Hummel	Open		Unkn.	50
XX	Shepherd Boy 214/G/I - M.I. Hummel	Open		Unkn.	130
XX	Shepherd Kneeling 214/G/0 - M.I. Hummel	Open		Unkn.	120
XX	Shepherd Standing 214/F/0 - M.I. Hummel	Open		Unkn.	150
XX	Shepherd with Sheep-1 piece 214/F/I - M.I. Hummel	Open		Unkn.	175
XX	Small Camel Kneeling - Goebel	Open		Unkn.	200
XX	Small Camel Lying - Goebel	Open		Unkn.	200
XX	Small Camel Standing - Goebel	Open		Unkn.	200
XX	St. Joseph 214/B/0 - M.I. Hummel	Open		Unkn.	130
XX	St. Joseph color 214/B/I - M.I. Hummel	Open		Unkn.	175
XX	Stable only fits12 or 16-pc. HUM214/II Set - M.I. Hummel	Open		Unkn.	100
XX	Stable only, fits 16-piece HUM260 Set - M.I. Hummel	Open		Unkn.	400
XX	Stable only, fits 3-pc. HUM214 Set - M.I. Hummel	Open		Unkn.	45
XX	We Congratulate 214/E/I - M.I. Hummel	Open		Unkn.	160

M.I. Hummel First Edition Miniatures - M.I. Hummel

YEAR ISSUE		EDITION LIMIT	YEAR RETD.	ISSUE PRICE	QUOTE U.S.$
1991	Accordion Boy -37225	Suspd.		105.00	105-135
1989	Apple Tree Boy -37219	Suspd.		115.00	150-250
1990	Baker -37222	Suspd.		100.00	125-150
1992	Bavarian Church (Display) -37370	Closed	N/A	60.00	60-70
1988	Bavarian Cottage (Display) -37355	Closed	N/A	60.00	75-90
1990	Bavarian Marketsquare Bridge(Display) -37358	Closed	N/A	110.00	115-125
1988	Bavarian Village (Display) -37356	Closed	N/A	100.00	105
1991	Busy Student -37226	Suspd.		105.00	105-135
1990	Cinderella -37223	Suspd.		115.00	160-200
1991	Countryside School (Display) -37365	Closed	N/A	100.00	100-110
1989	Doll Bath -37214	Suspd.		95.00	115-135
1995	Festival Harmony 173/4/0	Open		100.00	100
1992	Goose Girl -37238	Suspd.		130.00	165-225
1989	Little Fiddler -37211	Suspd.		90.00	115-135
1989	Little Sweeper -37212	Suspd.		90.00	115-135
1993	The Mail is Here Clock Tower 826504	Open		495.00	550
1990	Marketsquare Flower Stand (Display) -37360	Closed	N/A	35.00	50-80
1990	Marketsquare Hotel (Display)-37359	Closed	N/A	70.00	90-125
1989	Merry Wanderer -37213	Suspd.		95.00	115-135
1991	Merry Wanderer Dealer Plaque -37229	Closed	N/A	130.00	120-145
1989	Postman -37217	Suspd.		95.00	135-175
1991	Roadside Shrine (Display)-37366	Closed	N/A	60.00	60
1992	School Boy -37236	Suspd.		120.00	165-180
1991	Serenade -37228	Suspd.		105.00	105-135
1992	Snow-Covered Mountain (Display)-37371	Closed	N/A	100.00	100
1989	Stormy Weather -37215	Suspd.		115.00	130-180
1992	Trees (Display)-37369	Closed	N/A	40.00	40-50
1989	Visiting an Invalid -37218	Suspd.		105.00	125-155
1990	Waiter -37221	Suspd.		100.00	125-140
1992	Wayside Harmony -37237	Suspd.		140.00	165-195
1991	We Congratulate -37227	Suspd.		130.00	130

M.I. Hummel Tree Toppers - M.I. Hummel

YEAR ISSUE		EDITION LIMIT	YEAR RETD.	ISSUE PRICE	QUOTE U.S.$
1994	Heavenly Angel 755	Open		450.00	450

M.I. Hummel Vingettes w/Solitary Domes - M.I. Hummel

YEAR ISSUE		EDITION LIMIT	YEAR RETD.	ISSUE PRICE	QUOTE U.S.$
1992	Bakery Day w/Baker & Waiter 37726	3,000		225.00	225
1992	The Flower Market w/Cinderella 37729	3,000		135.00	135
1992	Winterfest w/Ride Into Christmas 37728	5,000		195.00	195

M.I. Hummel's Temp. Out of Production - M.I. Hummel

YEAR ISSUE		EDITION LIMIT	YEAR RETD.	ISSUE PRICE	QUOTE U.S.$
XX	16-Pc. Set Figs. only, Color, 214/A/M/I, B/I, A/K/I, C/I, D/I, E/I, F/I, G/I, H/I, J/I, K/I, L/I, M/I, N/I, O/I, 366/I	Suspd.		Unkn.	1990
XX	17-Pc. Set Large Color 16 Figs.& Wooden Stable 260 A-R	Suspd.		Unkn.	4540
XX	Angel Serenade 260/E	Suspd.		Unkn.	345
XX	Angel Serenade 260/E	Suspd.		Unkn.	115
XX	Apple Tree Boy 142/X	Suspd.		Unkn.	17000
XX	Apple Tree Girl 141/X	Suspd.		Unkn.	17000
XX	Blessed Child 78/I/83	Suspd.		Unkn.	35
XX	Blessed Child 78/II/83	Suspd.		Unkn.	40
XX	Blessed Child 78/III/83	Suspd.		Unkn.	50
XX	Bookworm 3/II	Suspd.		Unkn.	900-1200
XX	Bookworm 3/III	Suspd.		Unkn.	975-1300
XX	Celestial Musician 188/I	Suspd.		Unkn.	230
XX	Christ Child 18	Suspd.		Unkn.	120-300
XX	Donkey 260/L	Suspd.		Unkn.	115
XX	Donkey 260/L	Suspd.		Unkn.	115
XX	Festival Harmony, w/Flute 173/II	Suspd.		Unkn.	325-400
XX	Festival Harmony, w/Mandolin 172/II	Suspd.		Unkn.	325-400
XX	Flower Madonna, color 10/III/II	Suspd.		Unkn.	375-475
XX	Flower Madonna, white 10/I/W	Suspd.		Unkn.	165
XX	Flower Madonna, white 10/III/W	Suspd.		Unkn.	250-310
XX	Going to Grandma's 52/I	Suspd.		Unkn.	180-390
XX	Good Night 260/D	Suspd.		Unkn.	120
XX	Good Night 260/D	Suspd.		Unkn.	120
XX	Goose Girl 47/II	Suspd.		Unkn.	380
XX	Happy Traveler 109/II	Suspd.		Unkn.	350-750
XX	Hear Ye! Hear Ye! 15/II	Suspd.		Unkn.	400
XX	Heavenly Angel 21/II	Suspd.		Unkn.	390
XX	Heavenly Protection 88/II	Suspd.		Unkn.	590
XX	Hello 124/I	Suspd.		Unkn.	160-230
XX	Holy Child 70	Suspd.		Unkn.	135-160
XX	Hummel Display Plaque 187	Suspd.		Unkn.	175-1500
XX	Infant Jesus 260/C	Suspd.		Unkn.	120
1985	Jubilee 416 TMK6	Suspd.		200.00	250-400
XX	King, Kneeling 260/P	Suspd.		Unkn.	430-500
XX	King, Kneeling 260/P	Suspd.		Unkn.	430
XX	King, Moorish 260/N	Suspd.		Unkn.	430-500
XX	King, Moorish 260/N	Suspd.		Unkn.	450
XX	King, Standing 260/O	Suspd.		Unkn.	450-500
XX	King, Standing 260/O	Suspd.		Unkn.	450

YEAR ISSUE		EDITION LIMIT	YEAR RETD.	ISSUE PRICE	QUOTE U.S.$
XX	Little Band 392	Suspd.		Unkn.	220-325
XX	Little Cellist 89/II	Suspd.		Unkn.	400-1400
XX	Little Fiddler 2/I	Suspd.		Unkn.	400-1500
XX	Little Fiddler 2/II	Suspd.		Unkn.	1100-3000
XX	Little Fiddler 2/III	Suspd.		Unkn.	1200-4000
XX	Little Tooter 260/K	Suspd.		Unkn.	170-195
XX	Lullaby 24/III	Suspd.		Unkn.	450-1800
XX	Madonna Holding Child, color 151/II	Suspd.		Unkn.	115
XX	Madonna Holding Child, white 151/W	Suspd.		Unkn.	320
XX	Madonna Praying, color 46/III/6	Suspd.		Unkn.	155
XX	Madonna Praying, white 46/0/W	Suspd.		Unkn.	40-175
XX	Madonna Praying, white 46/I/W	Suspd.		Unkn.	75-95
XX	Madonna w/o Halo, color 46/I/6	Suspd.		Unkn.	N/A
XX	Madonna w/o Halo, white 46/I/W	Suspd.		Unkn.	N/A
XX	Madonna with Halo, white 45/I/W	Suspd.		Unkn.	70
XX	Madonna w/o Halo, color 46/I/6	Suspd.		Unkn.	75
XX	Madonna w/o Halo, white 46/I/W	Suspd.		Unkn.	50
XX	Meditation 13/II	Suspd.		Unkn.	350-5000
XX	Meditation 13/V	Suspd.		Unkn.	1200-5000
XX	Merry Wanderer 7/I	Suspd.		Unkn.	400-1600
XX	Merry Wanderer 7/II	Suspd.		Unkn.	1200-3500
XX	Merry Wanderer 7/III	Suspd.		Unkn.	1250-4000
XX	Merry Wanderer 7/X	Suspd.		Unkn.	12000-20000
XX	Ox 260/M	Suspd.		Unkn.	150
XX	Ox 260/M	Suspd.		Unkn.	130
XX	School Boys 170/III	Suspd.		Unkn.	1800-2000
XX	School Girls 177/III	Suspd.		Unkn.	1800-2000
XX	Sensitive Hunter 6/II	Suspd.		Unkn.	250-800
XX	Sheep (Lying) 260/R	Suspd.		Unkn.	50-70
XX	Sheep (Standing) w/ Lamb 260/H	Suspd.		Unkn.	80-115
XX	Shepherd Boy, Kneeling 260/J	Suspd.		Unkn.	300
XX	Shepherd, Standing 260/G	Suspd.		Unkn.	475-575
XX	Spring Cheer 72	Suspd.		Unkn.	150-500
XX	Spring Dance 353/I	Suspd.		Unkn.	500-2000
XX	St. Joseph 260/B	Suspd.		Unkn.	590
1984	Supreme Protection 364 TMK6	Suspd.		150.00	300-450
XX	Telling Her Secret 196/I	Suspd.		Unkn.	375-800
XX	To Market 49/I	Suspd.		Unkn.	425-1700
XX	Village Boy 51/I	Suspd.		Unkn.	250-900
XX	Volunteers 50/I	Suspd.		Unkn.	425-1200
XX	We Congratulate 260/F	Suspd.		Unkn.	350-400
XX	Worship 84/V	Suspd.		Unkn.	1100-3000

Gorham

(Four Seasons) A Boy' And His Dog - N. Rockwell

1972	A Boy Meets His Dog	2,500	1980	200.00	1300
1972	Adventurers Between Adventures	2,500	1980	Set	Set
1972	The Mysterious Malady	2,500	1980	Set	Set
1972	Pride of Parenthood	2,500	1980	Set	Set

(Four Seasons) A Helping Hand - N. Rockwell

1980	Year End Court	2,500	1980	650.00	650-700
1980	Closed For Business	2,500	1980	Set	Set
1980	Swatter's Right	2,500	1980	Set	Set
1980	Coal Seasons Coming	2,500	1980	Set	Set

(Four Seasons) Dad's Boy - N. Rockwell

1981	Ski Skills	2,500	1990	750.00	750-800
1981	In His Spirit	2,500	1990	Set	Set
1981	Trout Dinner	2,500	1990	Set	Set
1981	Careful Aim	2,500	1990	Set	Set

(Four Seasons) Four Ages of Love - N. Rockwell

1974	Gaily Sharing Vintage Times	2,500	1980	300.00	600-1250
1974	Sweet Song So Young	2,500	1980	Set	Set
1974	Flowers In Tender Bloom	2,500	1980	Set	Set
1974	Fondly Do We Remember	2,500	1980	Set	Set

(Four Seasons) Going On Sixteen - N. Rockwell

1978	Chilling Chore	2,500	1980	400.00	650-675
1978	Sweet Serenade	2,500	1980	Set	Set
1978	Shear Agony	2,500	1980	Set	Set
1978	Pilgrimage	2,500	1980	Set	Set

(Four Seasons) Grand Pals - N. Rockwell

1977	Snow Sculpturing	2,500	1980	350.00	650-675
1977	Soaring Spirits	2,500	1980	Set	Set
1977	Fish Finders	2,500	1980	Set	Set
1977	Ghostly Gourds	2,500	1980	Set	Set

(Four Seasons) Grandpa and Me - N. Rockwell

1975	Gay Blades	2,500	1980	300.00	700
1975	Day Dreamers	2,500	1980	Set	Set
1975	Goin' Fishing	2,500	1980	Set	Set
1975	Pensive Pals	2,500	1980	Set	Set

(Four Seasons) Life With Father - N. Rockwell

1983	Big Decision	2,500	1990	250.00	250
1983	Blasting Out	2,500	1990	Set	Set
1983	Cheering The Champs	2,500	1990	Set	Set
1983	A Tough One	2,500	1990	Set	Set

(Four Seasons) Me and My Pal - N. Rockwell

1976	A Licking Good Bath	2,500	1980	300.00	750-800
1976	Young Man's Fancy	2,500	1980	Set	Set
1976	Fisherman's Paradise	2,500	1980	Set	Set
1976	Disastrous Daring	2,500	1980	Set	Set

(Four Seasons) Old Buddies - N. Rockwell

1984	Shared Success	2,500	1990	250.00	250
1984	Hasty Retreat	2,500	1990	Set	Set
1984	Final Speech	2,500	1990	Set	Set
1984	Endless Debate	2,500	1990	Set	Set

(Four Seasons) Old Timers - N. Rockwell

1982	Canine Solo	2,500	1990	250.00	250
1982	Sweet Surprise	2,500	1990	Set	Set
1982	Lazy Days	2,500	1990	Set	Set
1982	Fancy Footwork	2,500	1990	Set	Set

(Four Seasons) Tender Years - N. Rockwell

1979	New Year Look	2,500	1979	500.00	700
1979	Spring Tonic	2,500	1979	Set	Set
1979	Cool Aid	2,500	1979	Set	Set
1979	Chilly Reception	2,500	1979	Set	Set

(Four Seasons) Traveling Salesman - N. Rockwell

1985	Horse Trader	2,500	1985	275.00	250-275
1985	Expert Salesman	2,500	1985	Set	Set
1985	Traveling Salesman	2,500	1985	Set	Set
1985	Country Pedlar	2,500	1985	Set	Set

(Four Seasons) Young Love - N. Rockwell

1973	Downhill Daring	2,500	1973	250.00	1100
1973	Beguiling Buttercup	2,500	1973	Set	Set
1973	Flying High	2,500	1973	Set	Set
1973	A Scholarly Pace	2,500	1973	Set	Set

Miniature Christmas Figurines - Various

1979	Tiny Tim - N. Rockwell	Yr.Iss.	1979	15.00	20
1980	Santa Plans His Trip - N. Rockwell	Yr.Iss.	1980	15.00	15
1981	Yuletide Reckoning - N. Rockwell	Yr.Iss.	1981	20.00	20
1982	Checking Good Deeds - N. Rockwell	Yr.Iss.	1982	20.00	20
1983	Santa's Friend - N. Rockwell	Yr.Iss.	1983	20.00	20
1984	Downhill Daring - N. Rockwell	Yr.Iss.	1984	20.00	20
1985	Christmas Santa - T. Nast	Yr.Iss.	1985	20.00	20
1986	Christmas Santa - T. Nast	Yr.Iss.	1986	25.00	25
1987	Annual Thomas Nast Santa - T. Nast	Yr.Iss.	1987	25.00	25

Miniatures - N. Rockwell

1982	The Annual Visit	Closed	1990	50.00	75
1981	At the Vets	Closed	1990	27.50	40
1987	Babysitter	15,000	1990	75.00	75
1981	Beguiling Buttercup	Closed	1990	45.00	45
1985	Best Friends	Closed	1990	27.50	28
1987	Between The Acts	15,000	1990	60.00	60
1981	Boy Meets His Dog	Closed	1990	37.50	38
1984	Careful Aims	Closed	1990	55.00	55
1987	Cinderella	15,000	1990	70.00	75
1981	Downhill Daring	Closed	1990	45.00	75
1985	Engineer	Closed	1990	55.00	55
1981	Flowers in Tender Bloom	Closed	1990	60.00	60
1986	Football Season	Closed	1990	60.00	60
1981	Gay Blades	Closed	1990	45.00	75
1984	Ghostly Gourds	Closed	1990	60.00	60
1984	Goin Fishing	Closed	1990	60.00	60
1986	The Graduate	Closed	1990	30.00	40
1984	In His Spirit	Closed	1990	60.00	60
1986	Lemonade Stand	Closed	1990	60.00	60
1986	Little Angel	Closed	1990	50.00	60
1985	Little Red Truck	Closed	1990	25.00	25
1982	Marriage License	Closed	1990	60.00	75
1987	The Milkmaid	15,000	1990	80.00	85
1986	Morning Walk	Closed	1990	60.00	60
1985	Muscle Bound	Closed	1990	30.00	30
1985	New Arrival	Closed	1990	32.50	35
1986	The Old Sign Painter	Closed	1990	70.00	80
1984	Pride of Parenthood	Closed	1990	50.00	50
1987	The Prom Dress	15,000	1990	75.00	75
1982	The Runaway	Closed	1990	50.00	50
1984	Shear Agony	Closed	1990	60.00	60
1986	Shoulder Ride	Closed	1990	50.00	65
1981	Snow Sculpture	Closed	1990	45.00	70
1985	Spring Checkup	Closed	1990	60.00	60
1987	Springtime	15,000	1990	65.00	75
1987	Starstruck	15,000	1990	75.00	80
1981	Sweet Serenade	Closed	1990	45.00	45
1981	Sweet Song So Young	Closed	1990	55.00	55
1985	To Love & Cherish	Closed	1990	32.50	35
1982	Triple Self Portrait	Closed	1990	60.00	75-95
1983	Trout Dinner	15,000	1990	60.00	60
1982	Vintage Times	Closed	1990	50.00	50
1986	Welcome Mat	Closed	1990	70.00	75
1984	Years End Court	Closed	1990	60.00	60
1981	Young Man's Fancy	Closed	1990	55.00	55

Parasol Lady - Unknown

1991	On the Boardwalk	Open		95.00	95
1994	Sunday Promenade	Open		95.00	95
1994	At The Fair	Open		95.00	95

Rockwell - N. Rockwell

1983	Antique Dealer	7,500	1990	130.00	200
1982	April Fool's (At The Curiosity Shop)	Closed	1990	55.00	100-110
1974	At The Vets	Closed	1990	25.00	65
1974	Batter Up	Closed	1990	40.00	90-235
1975	Boy And His Dog	Closed	1990	38.00	95
1974	Captain	Closed	1990	45.00	95
1984	Card Tricks	7,500	1990	110.00	180
1981	Christmas Dancers	7,500	1990	130.00	195
1988	Confrontation	15,000	1990	75.00	75
1988	Cramming	15,000	1990	80.00	80
1981	Day in the Life Boy II	Closed	1990	75.00	100
1982	A Day in the Life Boy III	Closed	1990	85.00	95
1982	A Day in the Life Girl III	Closed	1990	85.00	150
1988	The Diary	15,000	1990	80.00	80
1988	Dolores & Eddie	15,000	1990	75.00	75
1986	Drum For Tommy	Annual	1986	90.00	N/A
1983	Facts of Life	7,500	1990	110.00	180
1974	Fishing	Closed	1990	50.00	100-125
1988	Gary Cooper in Hollywood	15,000	1990	90.00	90
1976	God Rest Ye Merry Gentlemen	Closed	1990	50.00	1000-1500
1988	Home for the Holidays	7,500	1990	100.00	100
1976	Independence	Closed	1990	40.00	120
1980	Jolly Coachman	7,500	1990	75.00	145
1982	Marriage License	5,000	1990	110.00	400-500
1976	Marriage License	Closed	1990	50.00	125
1982	Merrie Christmas	7,500	1990	75.00	150
1974	Missing Tooth	Closed	1990	30.00	90
1975	No Swimming	Closed	1990	35.00	95-200
1976	The Occultist	Closed	1990	50.00	125-180
1975	Old Mill Pond	Closed	1990	45.00	95
1985	The Old Sign Painter	7,500	1990	130.00	210
1985	Puppet Maker	7,500	1990	130.00	130-200
1987	Santa Planning His Annual Visit	7,500	1990	95.00	95
1984	Santa's Friend	7,500	1990	75.00	160
1976	Saying Grace	Closed	1990	75.00	150
1982	Saying Grace	5,000	1990	110.00	500-600
1984	Serenade	7,500	1990	95.00	165
1974	Skating	Closed	1990	37.50	85
1976	Tackled (Ad Stand)	Closed	1990	35.00	100
1982	Tackled (Rockwell Name Signed)	Closed	1990	45.00	100
1974	Tiny Tim	Closed	1990	30.00	50
1982	Triple Self Portrait	5,000	1990	300.00	600-650
1974	Weighing In	Closed	1990	40.00	80-90
1981	Wet Sport	Closed	1990	85.00	100

Great American Taylor Collectibles

Great American Collectors' Club - Various

1993	William Claus-USA 700s - L. Smith	Retrd.	1994	35.00	60
1994	Winston-England 716 - L. Smith	12/95		35.00	35
1995	Timothy Claus-Ireland 717 - L. Smith	12/96		35.00	35
1995	Kris Jingle 817 - J. Clement	12/96		70.00	70

Jim Clement Collection - J. Clement

1994	Bearded Shorty Santa 812	Retrd.	1994	13.50	14
1994	Big Santa w/Toys 813	12/96		70.00	70
1994	Day After Christmas 809	12/95		16.50	17
1995	Doe a Deer 818	12/97		29.00	29
1994	Down the Chimny Santa 814	12/95		28.00	28
1994	Golfer Santa 806	12/95		28.00	28
1995	Ho! Ho! Ho! 819	12/97		11.50	12
1995	Mountain Dream 821	12/97		27.00	27
1994	Mr. Egg Santa 802	12/95		19.50	20
1994	Mrs. Clement's Santa 808	Retrd.	1994	17.00	17
1994	Night After Christmas 810	12/96		16.50	17
1994	Noah Santa 805	12/96		28.00	28
1994	Patriotic Santa 807	Retrd.	1994	20.00	20
1994	Santa High Hat 815	Retrd.	1994	30.00	30
1994	Santa w/Rover 811	12/96		20.00	20
1994	Santa w/Tree 804	Retrd.	1994	15.00	15
1995	Silent Night 820	12/97		29.00	29
1994	Sm. Hobby Horse Santa 803	12/95		28.00	28
1994	Tennis Santa 816	12/96		28.00	28
1995	Visions of Sugar Plums 822	12/97		23.00	23

Lamp Collection - J. Clement

1995	Clementine Cat 55LNKS	12/97		70.00	70
1995	Toy Soldier 57LSS	12/97		80.00	80
1995	Uncle Sam 56LRS	12/97		80.00	80

Old World Santas - L. Smith

1988	Jangle Claus-Ireland 335s	Retrd.	1990	20.00	150
1988	Hans Von Claus-Germany 337s	Retrd.	1990	20.00	150
1988	Ching Chang Claus-China 338s	Retrd.	1990	20.00	150
1988	Kris Kringle Claus-Switzerland 339s	Retrd.	1990	20.00	150
1988	Jingle Claus-England 336s	Retrd.	1990	20.00	150
1989	Rudy Claus-Austria 410s	Retrd.	1991	20.00	125
1989	Noel Claus-Belguim 412s	Retrd.	1991	20.00	125
1989	Pierre Claus-France 414s	Retrd.	1991	20.00	125
1989	Nicholai Claus-Russia 413s	Retrd.	1991	20.00	125
1989	Yule Claus-Germany 411s	Retrd.	1991	20.00	125
1990	Matts Claus-Sweden 430s	Retrd.	1992	20.00	65
1990	Vander Claus-Holland 433s	Retrd.	1992	20.00	65
1990	Sven Claus-Norway 432s	Retrd.	1992	20.00	65
1990	Cedric Claus-England 434s	Retrd.	1992	20.00	65
1990	Mario Claus-Italy 431s	Retrd.	1992	20.00	65
1991	Mitch Claus-England 437s	Retrd.	1993	25.00	40-55
1991	Samuel Claus-USA 436s	Retrd.	1993	25.00	40-55
1991	Duncan Claus-Scotland 439s	Retrd.	1993	25.00	40-55
1991	Benjamin Claus-Israel 438s	Retrd.	1993	25.00	40-55
1991	Boris Claus-Russia 435s	Retrd.	1993	25.00	40-55
1992	Mickey Claus-Ireland 701s	Retrd.	1994	25.00	36-50
1992	Jacques Claus-France 702s	Retrd.	1994	25.00	36-50
1992	Terry Claus-Denmark 703s	Retrd.	1994	25.00	50

Great American Taylor Collectibles
to Hallmark Galleries

FIGURINES/COTTAGES

YEAR ISSUE		EDITION LIMIT	YEAR RETD.	ISSUE PRICE	QUOTE U.S.$
1992	José Claus-Spain 704s	Retrd.	1994	25.00	36-50
1992	Stu Claus-Poland 705s	Retrd.	1994	25.00	36-50
1993	Otto Claus-Germany 707s	12/95		27.50	29
1993	Franz Claus-Switzerland 706s	12/95		27.50	29
1993	Bjorn Claus-Sweden 709s	12/95		27.50	29
1993	Ryan Claus-Canada 710s	12/95		27.50	29
1993	Vito Claus-Italy 708s	12/95		27.50	29
1994	Angus Claus-Scotland 713s	12/96		29.00	29
1994	Ivan Claus-Russia 712s	12/96		29.00	29
1994	Desmond Claus-England 715s	12/96		29.00	29
1994	Gord Claus-Canada 714s	12/96		29.00	29
1995	Tomba Claus-South Africa 718s	12/97		29.00	29
1995	Butch Claus-United States 719s	12/97		29.00	29
1995	Lars Claus-Norway 720s	12/97		29.00	29
1995	Stach Claus-Poland 721s	12/97		29.00	29
1995	Raymond Claus-Galapagos Islands 722s	12/97		29.00	29

Hallmark

1994 A North Pole Christmas Merry Miniatures - Hallmark

YEAR ISSUE		EDITION LIMIT	YEAR RETD.	ISSUE PRICE	QUOTE U.S.$
1994	Baby Whale with Hat 350QFM8222	Retrd.	1994	3.50	4
1994	Mrs. Claus 375QFM8286	Retrd.	1994	3.75	4
1994	North Pole Sign 675QFM8333	Retrd.	1994	6.75	7
1994	Penguin Throwing Snowball 275QFM8313	Retrd.	1994	2.75	3
1994	Polar Bear on Skates 375QFM8293	Retrd.	1995	3.75	4
1994	Polar Snuggle Bears 325QFM8323	Retrd.	1995	3.25	4
1994	Seal with Earmuffs 250QFM8272	Retrd.	1994	2.50	3
1994	Sled Dog with Candy Cane 325QFM8306	Retrd.	1994	3.25	4
1994	Snowman 275QFM8316	Retrd.	1994	2.75	3
1994	Tree 275QFM8326	Retrd.	1994	2.75	3
1994	Walrus in Hat with Gifts 300QFM8232	Retrd.	1994	3.00	3
1994	White Arctic Fox on Skates 375QFM8303	Retrd.	1994	3.75	4

1994 At The Beach Merry Miniatures - Hallmark

YEAR ISSUE		EDITION LIMIT	YEAR RETD.	ISSUE PRICE	QUOTE U.S.$
1994	Bear with Surfboard 350QSM8015	Retrd.	1994	3.50	4
1994	Chipmunk on Inflated Horse 350QSM8002	Retrd.	1994	3.50	4
1994	Dock 675QSM8076	Retrd.	1994	6.75	7
1994	Hedgehog Eating Hot Dog 300QSM8026	Retrd.	1994	3.00	3
1994	Hippo in Inner Tube 300QSM8032	Retrd.	1994	3.00	3
1994	Mouse with Sunglasses 250QSM8035	Retrd.	1994	2.50	3
1994	Pail of Seashells 275QSM8052	Retrd.	1994	2.75	3
1994	Rabbit with Ice Cream Cone 275QSM8066	Retrd.	1995	2.75	3
1994	Raccoon with Scuba Gear 375QSM8063	Retrd.	1994	3.75	4

1994 Easter Egg Hunt Miniatures - Hallmark

YEAR ISSUE		EDITION LIMIT	YEAR RETD.	ISSUE PRICE	QUOTE U.S.$
1994	Birds in Nest 375QSM8116	Retrd.	1994	3.75	4
1994	Bunny with Cracked Egg 300QSM8125	Retrd.	1994	3.00	3
1994	Chick in Wagon 375QSM8123	Retrd.	1994	3.75	4
1994	Duck with Egg on Spoon 300QSM8135	Retrd.	1994	3.00	3
1994	Easter Basket 250QSM8145	Retrd.	1995	2.50	3
1994	Egg Wishing Well 675QSM8033	Retrd.	1994	6.75	7
1994	Lamb in Flower Patch 325QSM8132	Retrd.	1995	3.25	4
1994	Mouse with Flower 275QSM8243	Retrd.	1995	2.75	3
1994	Rabbit with Croquet 375QSM8113	Retrd.	1994	3.75	4
1994	Rabbit with Egg-Shaped Watering Can 325QSM8083	Retrd.	1994	3.25	4

1994 Haunted House Party Merry Miniatures - Hallmark

YEAR ISSUE		EDITION LIMIT	YEAR RETD.	ISSUE PRICE	QUOTE U.S.$
1994	Bear Dressed as Bat 300QFM8285	Retrd.	1995	3.00	3
1994	Bunny Alien 375QFM8266	Retrd.	1994	3.75	4
1994	Bunny Super Hero 300QFM8422	Retrd.	1994	3.00	3
1994	Cute Black Kitten 325QFM8273	Retrd.	1994	3.25	4
1994	Fence with Lantern 675QFM8283	Retrd.	1994	6.75	7
1994	Ghost on Tombstone 250QFM8282	Retrd.	1994	2.50	3
1994	Mouse Dressed as Witch 300QFM8292	Retrd.	1994	3.00	3
1994	Pumpkin with Hat 275QFM8276	Retrd.	1994	2.75	3
1994	Squirrel Dressed as Clown 375QFM8263	Retrd.	1994	3.75	4

1994 Heartland Merry Miniatures - Hallmark

YEAR ISSUE		EDITION LIMIT	YEAR RETD.	ISSUE PRICE	QUOTE U.S.$
1994	Bear Mail Man 375QSM8006	Retrd.	1994	3.75	4
1994	Beaver With Card 375QSM8013	Retrd.	1995	3.75	4
1994	Chipmunk With Kite 375QSM8003	Retrd.	1994	3.75	4
1994	Dog With Balloon Heart 250QSM8092	Retrd.	1994	2.50	3
1994	Mailbox 675QSM8023	Retrd.	1994	6.75	7
1994	Owl in Stump 275QSM8085	Retrd.	1994	2.75	3
1994	Rabbit With Heart Cutouts 325QSM8016	Retrd.	1995	3.25	4
1994	Raccoon With Cutout Heart 350QSM8062	Retrd.	1995	3.50	4
1994	Tree Stump and Paint Can 300QSM8075	Retrd.	1994	3.00	3

1994 Patriotic Merry Miniatures - Hallmark

YEAR ISSUE		EDITION LIMIT	YEAR RETD.	ISSUE PRICE	QUOTE U.S.$
1994	Bear with Flag 375QSM8043	Retrd.	1994	3.75	4
1994	Document 275QSM8053	Retrd.	1994	2.75	3
1994	Eagle with Hat 375QSM8036	Retrd.	1994	3.75	4
1994	Flag 675QSM8056	Retrd.	1994	6.75	7
1994	Goat Uncle Sam 300QSM8472	Retrd.	1994	3.00	3
1994	Hedgehog with Fife 350QSM8492	Retrd.	1994	3.50	4
1994	Lamb Betsy Ross with Flag 350QSM8482	Retrd.	1994	3.50	4
1994	Mouse Statue of Liberty 300QSM8475	Retrd.	1994	3.00	3

1994 Thanksgiving Feast Merry Miniatures - Hallmark

YEAR ISSUE		EDITION LIMIT	YEAR RETD.	ISSUE PRICE	QUOTE U.S.$
1994	Basket of Apples 275QFM8356	Retrd.	1995	2.75	3
1994	Beaver with Apple 375QFM8336	Retrd.	1995	3.75	4
1994	Corn Stalk 675QFM8363	Retrd.	1994	6.75	7
1994	Cute Indian Bunny 275QFM8353	Retrd.	1994	2.75	3
1994	Indian Bear with Honey 350QFM8162	Retrd.	1994	3.50	4
1994	Indian Chickadee with Corn 325QFM8346	Retrd.	1994	3.25	4
1994	Indian Squirrel with Pie 300QFM8182	Retrd.	1995	3.00	3
1994	Pilgrim Girl Bunny 375QFM8343	Retrd.	1994	3.75	4
1994	Pilgrim Mouse Praying 300QFM8175	Retrd.	1994	3.00	3

1995 Christmas Merry Miniatures - Hallmark

YEAR ISSUE		EDITION LIMIT	YEAR RETD.	ISSUE PRICE	QUOTE U.S.$
1995	Cameron on Sled 375QFM8199	Open		3.75	4
1995	Caroling Bear 325QFM8307	Open		3.25	4
1995	Caroling Bunny 325QFM8309	Open		3.25	4
1995	Caroling Mouse 300QFM8317	Open		3.00	3
1995	Christmas Tree 675QFM8197	Open		6.75	7
1995	Hamster With Cookie 325QFM8319	Open		3.25	4
1995	Lion and Lamb 400QFM8287	Open		4.00	4
1995	Nutcracker 375QFM8297	Open		3.75	4
1995	Polar Bear on Skates 375QFM8293	Open		3.75	4
1995	Polar Snuggle Bears 325QFM8323	Open		3.25	4
1995	Santa 375QFM8299	Open		3.75	4
1995	Toymaker Beaver 375QFM8289	Open		3.75	4

1995 Easter Merry Miniatures - Hallmark

YEAR ISSUE		EDITION LIMIT	YEAR RETD.	ISSUE PRICE	QUOTE U.S.$
1995	Beauregard 300QSM8047	Open		3.00	3
1995	Cameron Dressed as Bunny 375QSM8029	Open		3.75	4
1995	Cottage Prop 675QSM8027	Open		6.75	7
1995	Duck with Egg on Spoon 300QSM8135	Open		3.00	3
1995	Easter Basket 250QSM8145	Open		2.50	3
1995	Mouse With Flower 275QSM8243	Open		2.75	3
1995	Prince Charming 400QSM8049	Open		4.00	4
1995	Selby 300QSM8039	Open		3.00	3
1995	Stylish Rabbit 375QSM8037	Open		3.75	4

1995 Halloween Merry Miniatures - Hallmark

YEAR ISSUE		EDITION LIMIT	YEAR RETD.	ISSUE PRICE	QUOTE U.S.$
1995	Bear Dressed as Bat 300QFM8285	Open		3.00	3
1995	Cameron in Pumpkin Costume 375QFM8147	Open		3.75	4
1995	Cute Witch 300QFM8157	Open		3.00	3
1995	Friendly Monster 300QFM8159	Open		3.00	3
1995	Haunted House 675QFM8139	Open		6.75	7
1995	Mouse as Witch 300QFM8292	Open		3.00	3
1995	Rhino Mummy 375QFM8149	Open		3.75	4
1995	Stepmother 400QFM8099	Open		4.00	4

1995 St. Patrick's Merry Miniatures - Hallmark

YEAR ISSUE		EDITION LIMIT	YEAR RETD.	ISSUE PRICE	QUOTE U.S.$
1995	Leprechaun 350QSM8119	Open		3.50	4

1995 Summer Merry Miniatures - Hallmark

YEAR ISSUE		EDITION LIMIT	YEAR RETD.	ISSUE PRICE	QUOTE U.S.$
1995	Bear in Clown Costume 375QSM8057	Open		3.75	4
1995	Bride and Groom Bears 375QSM8067	Open		3.75	4
1995	Cameron With Camera 375QSM8077	Open		3.75	4
1995	Fairy Godmother 400QSM8089	Open		4.00	4
1995	Ground Hog 300QSM8079	Open		3.00	3
1995	Rabbit With Ice Cream Cone 275QSM8066	Open		2.75	3
1995	Raccoon and Flower 300QSM8087	Open		3.00	3

1995 Thanksgiving Merry Miniatures - Hallmark

YEAR ISSUE		EDITION LIMIT	YEAR RETD.	ISSUE PRICE	QUOTE U.S.$
1995	Basket of Apples 275QFM8356	Open		2.75	3
1995	Beaver With Apple 375QFM8336	Open		3.75	4
1995	Cameron in Pilgrim Costume 375QFM8169	Open		3.75	4
1995	Chipmunk With Corn 375QFM8179	Open		3.75	4
1995	Indian Squirrel With Pie 300QFM8182	Open		3.00	3
1995	Mouse With Cranberries 300QFM8189	Open		3.00	3
1995	Mouse With Pumpkin 300QFM8187	Open		3.00	3
1995	Pilgrim Turkey 375QFM8177	Open		3.75	4
1995	Pumpkin Carriage 500QFM8127	Open		5.00	5
1995	Thanksgiving Feast 475QFM8167	Open		4.75	5

1995 Valentine Merry Miniatures - Hallmark

YEAR ISSUE		EDITION LIMIT	YEAR RETD.	ISSUE PRICE	QUOTE U.S.$
1995	Bashful Boy With Heart 300QSM8107	Open		3.00	3
1995	Bashful Girl With Heart 300QSM8109	Open		3.00	3
1995	Beaver With Card 375QSM8013	Open		3.75	4
1995	Cameron With Heart 375QSM8009	Open		3.75	4
1995	Christmas Tree 675QFM8197	Open		6.75	7
1995	Cinderella 400QSM8117	Open		4.00	4
1995	Koala Bear With Heart 375QSM8019	Open		3.75	4
1995	Rabbit With Heart Cutouts 325QSM8016	Open		3.25	4
1995	Raccoon With Cutout Heart 350QSM8016	Open		3.50	4
1995	St. Bernard Dog375 QSM8017	Open		3.75	4
1995	Tree With Carved Heart Prop 675QSM8007	Open		6.75	7

Hallmark Galleries

Birds of North America - G.&G. Dooly

YEAR ISSUE		EDITION LIMIT	YEAR RETD.	ISSUE PRICE	QUOTE U.S.$
1992	American Goldfinch 5500QHG9887	Retrd.	1994	85.00	85
1992	American Robins 2QHG9878	Retrd.	1994	175.00	175
1992	Cardinal 7500QHG9897	Retrd.	1994	110.00	110
1992	Cedar Waxwing 8000QHG9889	Retrd.	1994	120.00	120
1992	Dark-eyed Junco 5500QHG9899	Retrd.	1994	85.00	85
1992	House Wren 5500QHG9801	Retrd.	1994	85.00	85
1992	Ovenbird 6500QHG9837	Retrd.	1994	95.00	95
1992	Red-breasted Nuthatch 5500QHG9802	Retrd.	1994	95.00	95

Days to Remember-The Art of Norman Rockwell - D. Unruh

YEAR ISSUE		EDITION LIMIT	YEAR RETD.	ISSUE PRICE	QUOTE U.S.$
1993	A Child's Prayer 7500QHG9722	7,500	1995	75.00	75
1992	The Fiddler 9500QHG9708	4,500	1995	95.00	95
1992	The Fiddler-Musical Jewelry Box 4800QHG9711	Retrd.	1994	48.00	48
1992	Little Spooner-Musical Jewelry Box 4800QHG9712	Retrd.	1994	48.00	48
1992	Little Spooners 7000QHG9705	4,500	1995	70.00	70
1992	Low and Outside 9500QHG9714	4,500	1995	95.00	95
1992	Marbles Champion 7500QHG9704	4,500	1995	75.00	75
1994	No Swimming 7000QHG9725	4,500	1995	70.00	70
1992	Santa and His Helpers 9500QHG9702	7,500	1995	95.00	95
1992	Saying Grace 1QHG9719	1,500	1995	375.00	375
1993	Secrets 7000QHG9721	7,500	1995	70.00	70
1992	Sleeping Children 1QHG9703	7,500	1995	105.00	105
1992	Springtime 1927 9500QHG9706	4,500	1995	95.00	95
1992	Springtime, 1927-Musical Jewelry Box 4800QHG9713	Retrd.	1994	48.00	48
1992	The Truth About Santa 8500QHG9720	7,500	1995	85.00	85

Eileen's Richardson's Enchanted Garden - E. Richardson

YEAR ISSUE		EDITION LIMIT	YEAR RETD.	ISSUE PRICE	QUOTE U.S.$
1992	Baby Bunny Hop (bowl) 8500QHG3004	Retrd.	1994	85.00	85
1992	Bunny Abundance (vase) 7500QHG3005	Retrd.	1994	75.00	75
1992	Enchanted Garden (vase) 1QHG3006	Retrd.	1994	115.00	115
1992	Everybunny Can Fly (vase) 7000QHG3007	Retrd.	1994	70.00	70
1992	Let Them Eat Carrots (pitcher) 7000QHG3013	Retrd.	1994	70.00	70
1992	Milk Bath (vase) 8000QHG3009	Retrd.	1994	80.00	80
1993	Peaceable Kingdom Lidded Box 3800QHG3017	Retrd.	1994	38.00	38
1992	Promenade (bowl) 6500QHG3002	Retrd.	1994	65.00	65

Innocent Wonders - T. Blackshear

YEAR ISSUE		EDITION LIMIT	YEAR RETD.	ISSUE PRICE	QUOTE U.S.$
1992	Bobo Bipps 1QHG4005	2,500	1995	150.00	150
1992	Dinky Toot 1QHG4004	4,500	1995	125.00	125
1992	Pinkie Poo 1QHG4002	2,500	1995	135.00	135
1992	Pippy Lou 1QHG4006	4,500	1995	150.00	150
1992	Pockets 1QHG4018	4,500	1995	125.00	125
1992	Rectangular Music Box 6000QHG4009	9,500	1995	60.00	60
1992	Square Music Box 4500QHG4008	9,500	1995	45.00	45
1993	Twinky Wink 1QHG4021	4,500	1995	115.00	115
1992	Waggletag 1QHG4001	Retrd.	1995	125.00	125
1992	Waterdome-Dinky Toot 3500QHG4020	Retrd.	1994	35.00	35
1992	Wood Base 2000QHG4011	Retrd.	1995	20.00	20
1992	Zip Doodle 1QHG4010	4,500	1995	125.00	125

Kiddie Car Classics - E. Weirick

YEAR ISSUE		EDITION LIMIT	YEAR RETD.	ISSUE PRICE	QUOTE U.S.$
1994	1936 Steelcraft Lincoln Zephyr by Murray 5000QHG9015	19,500		50.00	50
1995	1937 Steelcraft Auburn Luxury Edition QHG9021	24,500		65.00	65
1995	1937 Steelcraft Chrysler Airflow by Murray (R) L.E. QHG9024	24,500		65.00	65
1992	1940 Murray Airplane 5000QHG9003	Retrd.	1993	50.00	100-140
1992	1941 Steelcraft Spitfire Airplane 5000QHG9009	19,500		50.00	50
1995	1948 Murray Pontiac QHG9026	Open		50.00	50
1995	1950 Murray Torpedo QHG9020	Open		50.00	50
1992	1953 Murray Dump Truck 4800QHG9012	Retrd.	1993	48.00	115

FIGURINES/COTTAGES

Hallmark Galleries to Hallmark Galleries

YEAR ISSUE		EDITION LIMIT	YEAR RETD.	ISSUE PRICE	QUOTE U.S.$
1992	1955 Murray Dump Truck 4800QHG9011	19,500		48.00	48
1993	1955 Murray Fire Chief 4500QHG9006	19,500		45.00	45
1992	1955 Murray Fire Truck 5000QHG9001	Retrd.	1993	50.00	120
1992	1955 Murray Fire Truck 5000QHG9010	19,500		50.00	50
1993	1955 Murray Ranch Wagon 4800QHG9007	24,500		48.00	48
1992	1955 Murray Red Champion 4500QHG9002	19,500		45.00	45
1995	1955 Murray Royal Deluxe QHG9025	29,500		55.00	55
1992	1955 Murray Tractor and Trailer 5500QHG9004	Retrd.	1993	55.00	85-115
1992	1955Murray Champion 4500QHG9008	Retrd.	1993	45.00	110-125
1994	1956 Garton Dragnet Police Car 5000QHG9016	24,500		50.00	50
1994	1956 Garton Kiddilac (Special Edition) 5500QHX9094	24,500		50.00	50
1994	1956 GARTON Mark V QHG9022	24,500		45.00	45
1994	1958 Murray Atomic Missile QHG9018	24,500		55.00	55
1995	1959 GARTON Deluxe Kidillac QHG9017	Open		55.00	55
1995	1961 GARTON Casey Jones Locomotive QHG9019	Open		55.00	55
1994	1961 Murray Circus Car 4800QHG9014	24,500		48.00	48
1994	1961 Murray Speedway Pace Car 4500QHG9013	24,500		45.00	45
1995	1962 Murray Super Deluxe Fire Truck QHG9095	Open		55.00	55
1995	1964 GARTON Tin Lizzie QHG9023	Open		50.00	50
1993	1968 Murray Boat Jolly Roger 5000QHG9005	19,500		50.00	50

Little Creations - L. Rankin

YEAR ISSUE		EDITION LIMIT	YEAR RETD.	ISSUE PRICE	QUOTE U.S.$
1993	Basset Hound-Happy Hound 1000QEC1294	Retrd.	1995	10.00	10
1993	Beagle Daydreamin 8500QEC1275	Retrd.	1995	8.50	9
1993	Bear Honey 1200QEC1243	Retrd.	1995	12.00	12
1993	Bulldog-Bone Tired 8500QEC1273	Retrd.	1995	8.50	9
1994	Cat Lookin' for Trouble 1000QEC1227	Retrd.	1995	10.00	10
1993	Frog Ribbett 1000QEC1285	Retrd.	1995	10.00	10
1994	Orangutan Peace & Quiet 1200QEC1228	Retrd.	1995	12.00	12
1993	Otter-Water Sport 1200QEC1245	Retrd.	1995	12.00	12
1993	Pig-Pee Wee Porker 750QEC1263	Retrd.	1995	7.50	8
1994	Polar Bear McKinley 1800QEC1226	Retrd.	1995	18.00	18
1993	Reclining Terrier Dreamer 750QEC1265	Retrd.	1995	7.50	8
1993	Seated Rabbit Bashful 1000QEC1253	Retrd.	1995	10.00	10
1993	Shih Tzu-Daddy's Girl 750QEC1293	Retrd.	1995	7.50	8
1994	Sitting Pig Li'l Piggy 1000QEC1224	Retrd.	1995	10.00	10
1993	Spaniel & Beagle 1500QEC1283	Retrd.	1995	12.00	12
1993	Squirrel-Cheeky 750QEC1223	Retrd.	1995	7.50	8
1993	Turtle-Tenderfoot 1200QEC1225	Retrd.	1995	12.00	12
1993	White Seal Sea Baby 1000QEC1235	Retrd.	1995	10.00	10

Lou Rankin's Creations - L. Rankin

YEAR ISSUE		EDITION LIMIT	YEAR RETD.	ISSUE PRICE	QUOTE U.S.$
1993	Backyard Bandit Raccoon 3000QHG9920	19,500	1995	30.00	30
1992	Basset Hound -Faithful Friend 3800QHG9908	19,500	1995	38.00	38
1994	Bulldog 3800QHG9926	19,500	1995	38.00	38
1992	Bulldog and Beagle -Best Buddies 4800QHG9906	9,500	1995	48.00	48
1994	Cocker Spaniel Pal 3500QHG9924	19,500	1995	35.00	35
1993	Fairbanks Polar Bear 7000QHG9916	19,500	1995	70.00	70
1994	Frog Pucker Up Baby 3500QHG9923	19,500	1995	35.00	35
1992	Happy Frog -Feelin' Fine 3500QHG9918	19,500	1995	35.00	35
1993	Mini Paws Happy-Looking Cat 2500QHG9922	19,500	1995	25.00	25
1992	Orangutan -The Thinker 3800QHG9915	19,500	1995	38.00	38
1992	Pair of Pigs -Pork & Beans 3800QHG9902	19,500	1995	38.00	38
1992	Pig with Head Raised - Fair Lady 3500QHG9903	19,500	1995	35.00	35
1992	Reclining Bear 3500QHG9901	19,500	1995	35.00	35
1992	Reclining Cat -Birdwatcher 3000QHG9912	19,500	1995	30.00	30
1993	Seal Winsome 3200QHG9921	19,500	1995	32.00	32
1992	Seated Bear 3000QHG9905	19,500	1995	30.00	30
1992	Seated Rabbit 3000QHG9911	19,500	1995	30.00	30
1992	Shih Tzu -The Sophisticate 3000QHG9907	19,500	1995	30.00	30
1993	Slowpoke Turtle 3000QHG9917	19,500	1995	30.00	30
1992	Squirrel I -Satisfied 2500QHG9909	19,500	1995	25.00	25
1992	Squirrel II -Sassy 2500QHG9910	19,500	1995	25.00	25
1992	Two Otters -Two's Company 4500QHG9914	9,500	1995	45.00	45
1994	Two Pigs 4500QHG9925	19,500	1995	45.00	45

Majestic Wilderness - M. Newman

YEAR ISSUE		EDITION LIMIT	YEAR RETD.	ISSUE PRICE	QUOTE U.S.$
1992	American Bald Eagle 1QHG2009	Retrd.	1993	195.00	195
1993	American Wilderness Mini Environment Set 1QHG2029	2,500	1995	225.00	225
1992	American Wilderness Mini Environment With Dome 8000QHG2019	Retrd.	1995	80.00	80
1994	Arctic Wolves 13000QHG2031	4,500	1995	130.00	130
1992	Bighorn Sheep 1QHG2005	4,500	1995	125.00	125
1992	Bison 1QHG2016	4,500	1995	120.00	120
1994	Elk in Water 12000QHG2032	4,500	1995	120.00	120
1992	Grizzly Mother with Cub 1QHG2004	2,500	1995	135.00	135
1992	Large Base 3500QHG2028	Retrd.	1995	3.50	4
1992	The Launch 1QHG2025	2,500	1995	165.00	165
1992	Lidded Box/Deer 4000QHG2010	9,500	1995	40.00	40
1992	Lidded Box/Wolves 4000QHG2011	9,500	1995	40.00	40
1992	Male Grizzly 1QHG2001	2,500	1995	145.00	145
1992	Mini Black Bear 2800QHG2020	14,500	1995	28.00	28
1992	Mini Cottontail Rabbits 2000QHG2021	14,500	1995	20.00	20
1994	Mini Deer 2500QHG2036	14,500	1995	25.00	25
1992	Mini Eagle 2800QHG2026	14,500	1995	28.00	28
1992	Mini Mule Deer 2800QHG2024	14,500	1995	28.00	28
1992	Mini Raccoons 2000QHG2022	14,500	1995	20.00	20
1992	Mini Red Fox 2000QHG2023	14,500	1995	20.00	20
1994	Mini Snow Owl 1800QHG2034	14,500	1995	18.00	18
1994	Mini Snowshoe Rabbits 2000QHG2037	14,500	1995	20.00	20
1994	Mini White Tailed Buck 2500QHG2035	14,500	1995	25.00	25
1992	Mountain Lion 7500QHG2006	4,500	1995	75.00	75
1992	Red Fox 7500QHG2017	4,500	1995	75.00	75
1992	Small Base 2500QHG2027	Retrd.	1995	2.50	3
1992	Snowshoe Rabbit 7000QHG2007	4,500	1995	70.00	70
1992	Timber Wolves 1QHG2003	2,500	1995	135.00	135
1992	White-tailed Buck 1QHG2008	2,500	1995	135.00	135
1992	White-tailed Doe with Fawn 1QHG2002	2,500	1995	135.00	135
1994	Winter Environment 7000QHG2033	Retrd.	1995	70.00	70
1994	Winter Environment Set 1QHG2038	2,500	1995	160.00	160

Mary Engelbreit Friendship Garden - M. Engelbreit

YEAR ISSUE		EDITION LIMIT	YEAR RETD.	ISSUE PRICE	QUOTE U.S.$
1993	Birdhouse 4500QHG5013	9,500	1995	45.00	45
1993	Blue Teapot 5000QHG5004	9,500	1995	50.00	50
1993	Cherry Teapot 5000QHG5005	9,500	1995	50.00	50
1993	Cookie Jar 5000QHG5009	9,500	1995	50.00	50
1993	Mini Tea Set 4500QHG5007	9,500	1995	45.00	45
1993	Teatime Table and Chairs 7500QHG5014	12,500	1995	75.00	75
1993	Watering Can 3000QHG5008	Retrd.	1994	30.00	30
1993	Yellow Teapot 5000QHG5006	9,500	1995	50.00	50

Moustershire - D. Rhodus

YEAR ISSUE		EDITION LIMIT	YEAR RETD.	ISSUE PRICE	QUOTE U.S.$
1992	Acorn Inn Customers 2800QHG8020	9,500	1995	28.00	28
1992	Acorn Inn/Timothy Duzmuch 6500QHG8009	9,500	1995	65.00	65
1992	Andrew Allsgood- Honorable Citizen 1000QHG8001	Retrd.	1995	10.00	10
1992	Bakery/Dunne Eaton 5500QHG8010	Retrd.	1994	55.00	55
1992	Bandstand/Cyrus & Cecilia Sunnyside 5000QHG8011	9,500	1995	50.00	50
1992	Chelsea Goforth- Ingenue 1000QHG8002	Retrd.	1995	10.00	10
1992	Claire Lovencare- Nanny 1800QHG8014	19,500	1995	18.00	18
1992	Colin Tuneman- Musician of Note 1000QHG8004	Retrd.	1995	10.00	10
1992	Hattie Chapeau- Milliner 1500QHG8015	19,500	1995	15.00	15
1992	Henrietta Seaworthy 1500QHG8026	19,500	1995	15.00	15
1992	Hillary Hemstitch- Seamstress 1000QHG8006	Retrd.	1995	10.00	10
1992	Hyacinth House 6500QHG8021	9,500	1995	65.00	65
1992	L.E. Hosten- Innkeeper 1000QHG8007	Retrd.	1995	10.00	10
1992	Malcolm Cramwell- Mouserly Scholar 1000QHG8008	Retrd.	1995	10.00	10
1993	Michael McFogg At Lighthouse 5500QHG8025	9,500	1995	55.00	55
1992	Miles Fielding- Farmer 1000QHG8003	Retrd.	1995	10.00	10
1992	Nigel Puffmore- Talented Tubist 1000QHG8012	19,500	1995	10.00	10
1992	Olivia Puddingsby- Baker 1000QHG8005	Retrd.	1994	10.00	10
1992	The Park Gate 6000QHG8019	9,500	1995	60.00	60
1992	Peter Philpott- Gardener 1200QHG8022	19,500	1995	12.00	12
1992	The Picnic/Tree 5000QHG8017	9,500	1995	50.00	50
1992	Robin Ripengood- Grocer 2800QHG8013	19,500	1995	28.00	28
1992	Tess Tellingtale/Well 2800QHG8024	19,500	1995	28.00	28
1992	Trio 2300QHG8016	19,500	1995	23.00	23
1992	Village/Bay Crossroads Sign 1000QHG8023	19,500	1995	10.00	10

Tender Touches - E. Seale

YEAR ISSUE		EDITION LIMIT	YEAR RETD.	ISSUE PRICE	QUOTE U.S.$
1994	"Happy Campers" 2500QHG7092	Retrd.	1995	25.00	25
1990	Baby Bear in Backpack 1600QEC9863	Retrd.	1991	16.00	26
1988	Baby Raccoon 2000QHG7031	Retrd.	1992	20.00	40
1991	Baby's 1st Bear Riding Rocking Bear 1600QEC9349	Retrd.	1991	16.00	16
1989	Bear Decorating Tree 1800QHG7050	Retrd.	1995	18.00	18
1992	Bear Family Christmas 4500QHG7002	9,500	1995	45.00	45
1990	Bear Graduate 1500QHG7043	Retrd.	1995	15.00	15
1988	Bear with Umbrella 1600QHG7029	Retrd.	1994	16.00	16
1990	Bear's Easter Parade 2300QHG7040	Retrd.	1995	23.00	23
1990	Bears Playing Baseball 2000QHG7039	Retrd.	1994	20.00	20
1990	Bears WIth Gift 1800QEC9461	Retrd.	1991	18.00	28
1992	Beaver Growth Chart 2000QHG7007	19,500	1995	20.00	20
1992	Beaver with Double Bass 1800QHG7058	Retrd.	1995	18.00	18
1990	Beavers with Tree 2300QHG7052	Retrd.	1994	23.00	23
1989	Birthday Mouse 1600QHG7010	Retrd.	1993	16.00	16
1992	Breakfast in Bed 1800QHG7059	Retrd.	1995	18.00	18
1989	Bride & Groom 2000QHG7009	Retrd.	1994	20.00	20
1992	Building a Pumpkin Man 1800QHG7061	Retrd.	1995	18.00	18
1990	Bunnies Eating Ice Cream 2000QHG7038	Retrd.	1995	20.00	20
1990	Bunnies with Slide 2000QHG7016	Retrd.	1994	20.00	20
1990	Bunny Cheerleader 1600QHG7018	Retrd.	1994	16.00	16
1992	Bunny Clarinet 1600QHG7063	Retrd.	1994	16.00	16
1990	Bunny Hiding Valentine 1600QHG7035	Retrd.	1995	16.00	16
1990	Bunny in Boat 1800QHG7021	Retrd.	1994	18.00	18
1989	Bunny in Flowers 1600QHG7012	Retrd.	1992	16.00	26
1991	Bunny in High Chair 1600QHG7054	Retrd.	1995	16.00	16
1990	Bunny Pulling Wagon 2300QHG7008	Retrd.	1994	23.00	23
1990	Bunny with Ice Cream 1500QHG7020	Retrd.	1993	15.00	15
1992	Bunny with Kite 1900QHG7006	19,500	1995	19.00	19
1991	Bunny with Large Eggs 1600QHG7056	Retrd.	1995	16.00	16
1990	Bunny With Stocking 1500QEC9416	Retrd.	1990	15.00	25
1992	Chatting Mice 2300QHG7003	19,500	1995	23.00	23
1989	Chipmunk Praying 1800QEC9431	Retrd.	1991	18.00	28
1989	Chipmunk With Roses 1600QHG7023	Retrd.	1992	16.00	26
1992	Chipmunks with Album 2300QHG7057	Retrd.	1995	23.00	23
1991	Christmas Bunny Skiing 1800QHG7046	Retrd.	1995	18.00	18
1990	Dad and Son Bears 2300QHG7015	Retrd.	1992	23.00	33
1992	Delightful Fright 2300QHG7067	19,500	1995	23.00	23
1993	Downhill Dash 2300QHG7080	Retrd.	1995	23.00	23
1990	Easter Egg Hunt 1800QEC9866	Retrd.	1991	18.00	28
1993	Easter Stroll 2100QHG7084	Retrd.	1995	21.00	21
1993	Ensemble Chipmunk Kettledrum 1800QHG7087	Retrd.	1994	18.00	18
1991	Father Bear Barbequing 2300QHG7041	Retrd.	1995	23.00	23
1994	Fireman 2300QHG7090	Retrd.	1995	23.00	23
1991	First Christmas Mice @ Piano 2300QEC9357	Retrd.	1991	23.00	23
1992	Fitting Gift 2300QHG7065	Retrd.	1995	23.00	23
1991	Foxes in Rowboat 2300QHG7053	Retrd.	1995	23.00	23
1992	From Your Valentine 2000QHG7071	Retrd.	1995	20.00	20
1993	Garden Capers 2000QHG7078	Retrd.	1995	20.00	20
1994	Golfing 2300QHG7091	Retrd.	1995	23.00	23
1994	Halloween 2300QHG7093	Retrd.	1995	23.00	23
1989	Halloween Trio 1800QEC9714	Retrd.	1990	18.00	26
1993	Handling a Big Thirst 2100QHG7076	Retrd.	1995	21.00	21
1994	Jesus, Mary, Joseph 2300QHG7094	Retrd.	1995	23.00	23
1993	Love at First Sight 2300QHG7085	Retrd.	1995	23.00	23
1991	Love-American Gothic-Farmer Raccoons 2000QHG7047	Retrd.	1995	20.00	20
1993	Making A Splash 2000QHG7088	Retrd.	1995	20.00	20
1988	Mice at Tea Party 2300QHG7028	Retrd.	1993	23.00	23
1991	Mice Couple Slow Waltzing 2000QEC9437	Retrd.	1991	20.00	20
1990	Mice in Red Car 2100QEC9886	Retrd.	1991	20.00	30
1988	Mice in Rocking Chair 1800QHG7030	Retrd.	1994	18.00	18
1990	Mice With Mistletoe 2000QEC9423	Retrd.	1990	20.00	30
1990	Mice with Quilt 2000QHG7017	Retrd.	1994	20.00	20
1992	Mom's Easter Bonnet 1800QHG7072	Retrd.	1995	18.00	18
1991	Mother Raccoon Reading Bible Stories 2000QHG7042	Retrd.	1994	20.00	20
1989	Mouse at Desk 1800QEC9434	Retrd.	1990	18.00	28
1991	Mouse Couple Sharing Soda 2300QHG7055	Retrd.	1995	23.00	23
1990	Mouse in Pumpkin 1800QEC9473	Retrd.	1991	18.00	28
1992	Mouse Matinee 2200QHG7073	Retrd.	1995	22.00	22
1990	Mouse Nurse 1500QHG7037	Retrd.	1995	15.00	15
1988	Mouse with Heart 1800QHG7024	Retrd.	1993	18.00	18
1989	Mouse with Violin 1600QHG7049	Retrd.	1992	16.00	28
1993	Mr. Repair Bear 1800QHG7075	Retrd.	1995	18.00	18

Hallmark Galleries to Hamilton Collection

FIGURINES/COTTAGES

YEAR ISSUE		EDITION LIMIT	YEAR RETD.	ISSUE PRICE	QUOTE U.S.$
1992	New World, Ahoy! 2500QHG7068	Retrd.	1995	25.00	25
1992	Newsboy Bear 1600QHG7060	Retrd.	1995	16.00	16
1993	The Old Swimming Hole 6000QHG7086	9,500	1995	45.00	60
1990	Pilgrim Bear Praying 1800QEC9466	Retrd.	1991	18.00	28
1989	Pilgrim Mouse 1600QEC9721	Retrd.	1990	16.00	30
1993	Playground Go-Round 2300QHG7089	Retrd.	1995	23.00	23
1989	Rabbit Painting Egg 1800QHG7022	Retrd.	1994	18.00	18
1988	Rabbit with Ribbon 1500QHG7027	Retrd.	1994	15.00	15
1988	Rabbits at Juice Stand 2300QHG7033	Retrd.	1994	23.00	23
1989	Rabbits Ice Skating 1800QEC9391	Retrd.	1991	18.00	28
1988	Rabbits with Cake 2000QHG7025	Retrd.	1992	20.00	40
1992	Raccoon in Bath 1800QHG7069	Retrd.	1993	18.00	18
1990	Raccoon Mail Carrier 1600QHG7013	Retrd.	1995	16.00	16
1990	Raccoon Watering Roses 2000QHG7036	Retrd.	1994	20.00	20
1991	Raccoon Witch 1600QHG7045	Retrd.	1994	16.00	16
1988	Raccoon with Cake 1800QEC9724	Retrd.	1991	18.00	36
1988	Raccoons Fishing 1800QHG7034	Retrd.	1994	18.00	18
1992	Raccoons on Bridge 2500QHG7004	19,500	1995	25.00	25
1988	Raccoons Playing Ball 1800QEC9771	Retrd.	1991	18.00	36
1990	Raccoons with Flag 2300QHG7044	Retrd.	1994	23.00	23
1990	Raccoons with Wagon 2300QHG7014	Retrd.	1993	23.00	23
1990	Romeo and Juliet Mice 2500QEC9903	Retrd.	1991	25.00	35
1990	Santa in Chimney 1800QHG7051	Retrd.	1994	18.00	18
1989	Santa Mouse in Chair 2000QEC9394	Retrd.	1990	20.00	28
1993	Sculpting Santa 2000QHG7083	Retrd.	1995	20.00	20
1992	Soapbox Racer 2300QHG7005	19,500	1995	23.00	23
1988	Squirrels with Bandage 1800QHG7032	Retrd.	1993	18.00	18
1992	Stealing a Kiss 2300QHG7066	19,500	1995	23.00	23
1992	Sweet Sharing 2000QHG7062	Retrd.	1995	20.00	20
1992	Swingtime Love 2100QHG7070	Retrd.	1993	21.00	21
1990	Teacher and Student Chipmunks 2000QHG7019	Retrd.	1992	20.00	30
1988	Teacher with Student 1800QHG7026	Retrd.	1995	18.00	18
1993	Teeter For Two 2300QHG7077	Retrd.	1995	23.00	23
1992	Tender Touches Tree House 5500QHG7001	9,500	1995	55.00	55
1992	Thanksgiving Family Around Table 2500QHG7048	Retrd.	1995	25.00	25
1990	Tucking Baby in Bed 1800QHG7011	Retrd.	1993	18.00	18
1992	Waiting for Santa 2000QHG7064	Retrd.	1995	20.00	20
1993	Woodland Americana-Liberty Mouse 2100QHG7081	Retrd.	1995	21.00	21
1993	Woodland Americana-Patriot George 2500QHG7082	Retrd.	1995	25.00	25
1993	Woodland Americana-Stitching the Stars and Stripes 2100QHG7079	Retrd.	1995	21.00	21
1992	Younger Than Springtime 3500QHG7074	19,500	1995	35.00	35

Times to Cherish - Various

1992	Beautiful Dreamer 6500QHG6010 - T. Andrews	Retrd.	1994	65.00	65
1992	A Child's Prayer 3500QHG6006 - T. Andrews	Retrd.	1994	35.00	35
1992	Daily Devotion 4000QHG6005 - T. Andrews	Retrd.	1994	40.00	40
1992	Dancer's Dream 5000QHG6009 - T. Andrews	Retrd.	1994	50.00	50
1992	The Embrace 6000QHG6002 - T. Andrews	Retrd.	1994	60.00	60
1992	The Joys of Fatherhood 6000QHG6001 - T. Andrews	Retrd.	1994	60.00	60
1992	Mother's Blessing 6500QHG6008 - T. Andrews	Retrd.	1994	65.00	65
1992	A Mother's Touch 6000QHG6007 - T. Andrews	Retrd.	1994	60.00	60
1993	Showing The Way 4500QHG6011 - P. Andrews	Retrd.	1994	45.00	45
1992	Sister Time 5500QHG6003 - T. Andrews	Retrd.	1994	55.00	55
1993	Spring Tulip Lidded Box 2500QHG6012 - P. Andrews	Retrd.	1994	25.00	25

Tobin Fraley Carousels - T. Fraley

1994	Armour 6000QHG25	4,500	1995	60.00	60
1992	C.W. Parker/1922 3000QHG5	4,500	1995	30.00	30
1992	C.W. Parker/1922/musical 4000QHG13	4,500	1995	40.00	40
1992	Charles Carmel, circa 1914/musical 4000QHG16	4,500	1995	40.00	40
1992	Charles Carmel/1914 3000QHG8	4,500	1995	30.00	30
1992	Charles Looff/1915 5000QHG1	4,500	1995	50.00	50
1992	Charles Looff/1915/musical 6000QHG09	2,500	1995	60.00	60
1994	Floral 6000QHG27	4,500	1995	60.00	60
1994	Indian 6000QHG28	4,500	1995	60.00	60
1992	M.C. Illions & Sons/1910 3000QHG6	4,500	1995	30.00	30
1992	M.C. Illions & Sons/1910 5000QHG3	4,500	1995	50.00	50
1992	M.C. Illions & Sons/1910/musical 4000QHG14	4,500	1995	40.00	40
1992	M.C. Illions & Sons/1910/musical 6000QHG11	2,500	1995	60.00	60
1992	Musical Premier Horse 1QHG21	1,200	1995	275.00	275
1994	Patriot 6000QHG26	4,500	1995	60.00	60
1992	Philadelphia Toboggan Co/1910 3000QHG7	4,500	1995	30.00	30
1992	Philadelphia Toboggan Co/1910/musical 4000QHG15	4,500	1995	40.00	40
1992	Philadelphia Toboggan Co/1928 5000QHG2	4,500	1995	50.00	50
1992	Philadelphia Toboggan Co/1928/musical 6000QHG10	Retrd.	1994	60.00	60
1992	Playland Carousel/musical 1QHG17	Retrd.	1993	195.00	195
1992	Revolving Brass/Wood Display 4000QHG19	4,500	1995	40.00	40
1992	Stein & Goldstein/1914 5000QHG4	4,500	1995	50.00	50
1992	Stein & Goldstein/1914/musical 6000QHG12	2,500	1995	60.00	60

Victorian Memories - Various

1992	Doll Trunk IQHG1015 - J. Greene	7,500	1995	125.00	125
1993	Gloria Summer Figurine 6000QHG1032 - Greene/Lyle	Retrd.	1994	60.00	60
1993	Hobby Horse 1800QHG1028 - J. Greene	Retrd.	1994	18.00	18
1992	Lillian-cold cast 5500QHG1001 - J. Lyle	Retrd.	1994	55.00	55
1993	Mini Snow Globe 1800QHG1031 - J. Greene	9,500	1995	18.00	18
1992	Music Box 5000QHG1025 - J. Greene	9,500	1995	50.00	50
1992	Musical Jack-in-the Box 2000QHG9502 - J. Greene	9,500	1995	20.00	20
1992	Rabbit (on wheels) 6500QHG1022 - J. Greene	4,500	1995	65.00	65
1992	Rebecca-cold cast 6000QHG1024 - J. Lyle	Retrd.	1994	60.00	60
1992	Sarah-cold cast 6000QHG1003 - J. Lyle	Retrd.	1994	60.00	60
1993	Shoo-Fly Rocking Horse 1800QHG1036 - J. Greene	9,500	1995	18.00	18
1992	Tea Set 3500QHG1026 - J. Greene	9,500	1995	35.00	35
1993	Toy Cradle 2000QHG1027 - J. Greene	9,500	1995	20.00	20
1993	Victorian Toy Cupboard 7500QHG1038 - J. Greene	7,500	1995	75.00	75
1992	Wicker Rocker 4500QHG9510 - J. Greene	Retrd.	1994	45.00	45
1992	Wooden Doll Carriage-miniature 2000QHG9506 - J. Greene	9,500	1995	20.00	20
1992	Wooden Horse Pull Toy-miniature 2000QHG9504 - J. Greene	9,500	1995	18.00	18
1992	Wooden Jewelry Box 1800QHG9505 - J. Greene	9,500	1995	18.00	18
1992	Wooden Noah's Ark-miniature 1500QHG9503 - J. Greene	9,500	1995	15.00	15
1992	Wooden Rocking Horse 7500QHG9511 - J. Greene	4,500	1995	75.00	75
1992	Wooden Train-miniature 2200QHG9501 - J. Greene	9,500	1995	15.00	15

Hamilton Collection

American Garden Flowers - D. Fryer

1987	Azalea	15,000		75.00	75
1988	Calla Lilly	15,000		75.00	75
1987	Camelia	9,800		55.00	75
1988	Day Lily	15,000		75.00	75
1987	Gardenia	15,000		75.00	75
1989	Pansy	15,000		75.00	75
1988	Petunia	15,000		75.00	75
1987	Rose	15,000		75.00	75

American Wildlife Bronze Collection - H./N. Deaton

1980	Beaver	7,500		60.00	65
1979	Bobcat	7,500		60.00	75
1979	Cougar	7,500		60.00	125
1980	Polar Bear	7,500		60.00	65
1980	Sea Otter	7,500		60.00	65
1979	White-Tailed Deer	7,500		60.00	105

Celebration of Opera - J. Villena

1988	Aida	7,500		95.00	95
1988	Canio	7,500		95.00	95
1986	Carmen	7,500		95.00	95
1986	Cio-Cio-San	7,500		95.00	95
1987	Figaro	7,500		95.00	95
1988	Mimi	7,500		95.00	95

A Celebration of Roses - N/A

1989	Brandy	Open		55.00	55
1989	Color Magic	Open		55.00	55
1989	Honor	Open		55.00	55
1989	Miss All-American Beauty	Open		55.00	55
1991	Ole'	Open		55.00	55
1990	Oregold	Open		55.00	55
1991	Paradise	Open		55.00	55
1989	Tiffany	Open		55.00	55

Coral Kingdom - N/A

1995	Athena	Open		35.00	35

Exotic Birds of the World - Francesco

1984	The Budgerigar	7,500		75.00	105
1984	The Cockatoo	7,500		75.00	115
1984	The Diamond Dove	7,500		75.00	95
1984	The FisherOs Whydah	7,500		75.00	95
1984	The Peach-faced Lovebird	7,500		75.00	95
1984	The Quetzal	7,500		75.00	95
1984	The Red Lorg	7,500		75.00	95
1984	The Rubenio Parakeet	7,500		75.00	95

Freshwater Challenge - M. Wald

1992	Prized Catch	Open		75.00	75
1991	Rainbow Lure	Open		75.00	75
1991	The Strike	Open		75.00	75
1991	Sun Catcher	Open		75.00	75

The Gibson Girls - Unknown

1986	The Actress	Open		75.00	75
1988	The Artist	Open		75.00	75
1987	The Bride	Open		75.00	75
1987	The Career Girl	Open		75.00	75
1987	The College Girl	Open		75.00	75
1988	The Debutante	Open		75.00	75
1988	The Society Girl	Open		75.00	75
1987	The Sportswoman	Open		75.00	75

Great Animals of the American Wilderness - H. Deaton

1983	Bighorn Sheep	7,500		75.00	75
1983	Elk	7,500		75.00	75
1983	Grizzly Bear	7,500		75.00	75
1983	Mountain Lion	7,500		75.00	75
1983	Mustang	7,500		75.00	75
1983	Plains Bison	7,500		75.00	75
1983	Pronghorn Antelope	7,500		75.00	75
1983	Timber Wolf	7,500		75.00	75

Heroes of Baseball-Porcelain Baseball Cards - N/A

1990	Brooks Robinson	Open		19.50	20
1991	Casey Stengel	Open		19.50	20
1990	Duke Snider	Open		19.50	20
1991	Ernie Banks	Open		19.50	20
1991	Gil Hodges	Open		19.50	20
1991	Jackie Robinson	Open		19.50	20
1991	Mickey Mantle	Open		19.50	20
1990	Roberto Clemente	Open		19.50	20
1991	Satchel Page	Open		19.50	20
1991	Whitey Ford	Open		19.50	20
1990	Willie Mays	Open		19.50	20
1991	Yogi Berra	Open		19.50	20

International Santa - N/A

1993	Belsnickel	Open		55.00	55
1992	Father Christmas	Open		55.00	55
1992	Grandfather Frost	Open		55.00	55
1993	Jolly Old St. Nick	Open		55.00	55
1993	Kris Kringle	Open		55.00	55
1994	Pére Nöel	Open		55.00	55
1992	Santa Claus	Open		55.00	55
1994	Yuletide Santa	Open		55.00	55

Legendary Flowers of the Orient - Ito

1985	Cherry Blossom	15,000		55.00	55
1985	Chinese Peony	15,000		55.00	55
1985	Chrysanthemum	15,000		55.00	55
1985	Gold Band Lily	15,000		55.00	55
1985	Iris	15,000		55.00	55
1985	Japanese Orchid	15,000		55.00	55
1985	Lotus	15,000		55.00	55
1985	Wisteria	15,000		55.00	55

Little Night Owls - D.T. Lyttleton

1990	Barn Owl	Open		45.00	45
1991	Barred Owl	Open		45.00	45
1991	Great Grey Owl	Open		45.00	45
1991	Great Horned Owl	Open		45.00	45
1991	Short-Eared Owl	Open		45.00	45
1990	Snowy Owl	Open		45.00	45
1990	Tawny Owl	Open		45.00	45
1991	White-Faced Owl	Open		45.00	45

Magnificent Birds of Paradise - Francesco

1985	Black Sickle-Billed Bird of Paradise	12,500		75.00	95
1985	Blue Bird of Paradise	12,500		75.00	95
1985	Emperor of Germany	12,500		75.00	95
1985	GoldieOs Bird of Paradise	12,500		75.00	95
1985	Greater Bird of Paradise	12,500		75.00	95
1985	Magnificent Bird of Paradise	12,500		75.00	95
1985	Princess Stephanie Bird of Paradise	12,500		75.00	95
1985	Raggiana Bird of Paradise	12,500		75.00	95

Majestic Wildlife of North America - H. Deaton

1985	Alaskan Moose	7,500		75.00	75
1985	Barren Ground Caribou	7,500		75.00	75
1985	Black Bear	7,500		75.00	75
1985	Coyote	7,500		75.00	75
1985	Harbour Seal	7,500		75.00	75
1985	Mountain Goat	7,500		75.00	75
1985	Ocelot	7,500		75.00	75
1985	White-tailed Deer	7,500		75.00	75

Masters of the Evening Wilderness - N/A

Year Issue		Edition Limit	Year Retd.	Issue Price	Quote U.S.$
1995	Autumn Barn Owls	Open		37.50	38
1994	The Great Snowy Owl	Open		37.50	38

Mystic Spirits - S. Douglas

Year Issue		Edition Limit	Year Retd.	Issue Price	Quote U.S.$
1995	Spirit of the Wolf	Open		55.00	55

Noble American Indian Women - N/A

Year Issue		Edition Limit	Year Retd.	Issue Price	Quote U.S.$
1994	Falling Star	Open		55.00	55
1995	Lozen	Open		55.00	55
1994	Minnehaha	Open		55.00	55
1994	Pine Leaf	Open		55.00	55
1993	Sacajawea	Open		55.00	55
1993	White Rose	Open		55.00	55

The Noble Swan - G. Granget

Year Issue		Edition Limit	Year Retd.	Issue Price	Quote U.S.$
1985	The Noble Swan	5,000		295.00	295

Noble Warriors - N/A

Year Issue		Edition Limit	Year Retd.	Issue Price	Quote U.S.$
1993	Deliverance	Open		135.00	135
1994	Spirit of the Plains	Open		135.00	135

The Nolan Ryan Collectors Edition-Porcelain Baseball Cards - N/A

Year Issue		Edition Limit	Year Retd.	Issue Price	Quote U.S.$
1993	Angels 1972-C #595	Open		19.50	20
1993	Astros 1985-C #7	Open		19.50	20
1993	Mets 1968-C #177	Open		19.50	20
1993	Mets 1969-C #533	Open		19.50	20
1993	Rangers 1990-C #1	Open		19.50	20
1993	Rangers 1992-C #1	Open		19.50	20

Ocean Odyssey - W. Youngstrom

Year Issue		Edition Limit	Year Retd.	Issue Price	Quote U.S.$
1995	Breaching the Waters	Open		55.00	55

Princess of the Plains - N/A

Year Issue		Edition Limit	Year Retd.	Issue Price	Quote U.S.$
1995	Nature's Guardian	Open		55.00	55
1994	Noble Guardian	Open		55.00	55
1994	Snow Princess	Open		55.00	55
1994	Wild Flower	Open		55.00	55
1995	Winter's Rose	Open		55.00	55

Puppy Playtime Sculpture Collection - J. Lamb

Year Issue		Edition Limit	Year Retd.	Issue Price	Quote U.S.$
1991	Cabin Fever	Open		29.50	30
1991	Catch of the Day	Open		29.50	30
1990	Double Take	Open		29.50	30
1991	Fun and Games	Open		29.50	30
1991	Getting Acquainted	Open		29.50	30
1991	Hanging Out	Open		29.50	30
1991	A New Leash on Life	Open		29.50	30
1991	Weekend Gardner	Open		29.50	30

Puss in Boots - P. Cooper

Year Issue		Edition Limit	Year Retd.	Issue Price	Quote U.S.$
1993	All Dressed Up	Open		35.00	35
1992	Caught Napping	Open		35.00	35
1994	Daydreamer	Open		35.00	35
1993	Hide'n Go Seek	Open		35.00	35
1993	Sitting Pretty	Open		35.00	35
1992	Sweet Dreams	Open		35.00	35
1994	Tee Time	Open		35.00	35
1993	Tennis Anyone?	Open		35.00	35

Ringling Bros. Circus Animals - P. Cozzolino

Year Issue		Edition Limit	Year Retd.	Issue Price	Quote U.S.$
1983	Acrobatic Seal	9,800		49.50	50
1983	Baby Elephant	9,800		49.50	55
1983	Miniature Show Horse	9,800		49.50	68
1983	Mr. Chimpanzee	9,800		49.50	50
1984	Parade Camel	9,800		49.50	50
1983	Performing Poodles	9,800		49.50	50
1984	Roaring Lion	9,800		49.50	50
1983	Skating Bear	9,800		49.50	50

Rockwell Home of The Brave - N. Rockwell

Year Issue		Edition Limit	Year Retd.	Issue Price	Quote U.S.$
1982	Back to His Old Job	7,500		75.00	52-75
1982	Hero's Welcome	7,500		75.00	52-75
1982	Reminiscing	7,500		75.00	52-75
1982	Taking Mother over the Top	7,500		75.00	52-75
1982	Uncle Sam Takes Wings	7,500		75.00	75
1982	Willie Gillis in Church	7,500		75.00	52-75

The Romance of Flowers - Maruri

Year Issue		Edition Limit	Year Retd.	Issue Price	Quote U.S.$
1988	Autumn Bouquet	15,000		95.00	95
1987	Springtime Bouquet	15,000		95.00	95
1987	Summer Bouquet	15,000		95.00	95
1988	Winter Bouquet	15,000		95.00	95

Santa Clothtique - Possible Dreams

Year Issue		Edition Limit	Year Retd.	Issue Price	Quote U.S.$
1995	Baking Christmas Cheer	Open		95.00	95
1992	Checking His List	Open		95.00	95
1993	Last Minute Details	Open		95.00	95
1994	O Tannenbaum!	Open		95.00	95
1993	Twas the Nap Before Christmas	Open		95.00	95
1994	Upon the Rooftop	Open		95.00	95

Snuggle Babies - Jacqueline B.

Year Issue		Edition Limit	Year Retd.	Issue Price	Quote U.S.$
1988	Baby Bears	Open		35.00	35
1988	Baby Bunnies	Open		35.00	35
1989	Baby Chipmunks	Open		35.00	35
1989	Baby Fawns	Open		35.00	35
1988	Baby Foxes	Open		35.00	35
1989	Baby Raccoons	Open		35.00	35
1988	Baby Skunks	Open		35.00	35
1989	Baby Squirrels	Open		35.00	35

Spirit of the Eagle - T. Sullivan

Year Issue		Edition Limit	Year Retd.	Issue Price	Quote U.S.$
1995	Noble and Free	Open		55.00	55
1994	Spirit of Independence	Open		55.00	55

The Splendor of Ballet - E. Daub

Year Issue		Edition Limit	Year Retd.	Issue Price	Quote U.S.$
1988	Aurora	15,000		95.00	95
1989	Clara	15,000		95.00	95
1989	Firebird	15,000		95.00	95
1987	Giselle	15,000		95.00	95
1987	Juliet	15,000		95.00	95
1987	Kitri	15,000		95.00	95
1987	Odette	15,000		95.00	95
1989	Swanilda	15,000		95.00	95

Tropical Treasures - M. Wald

Year Issue		Edition Limit	Year Retd.	Issue Price	Quote U.S.$
1990	Beaked Coral Butterfly Fish	Open		37.50	38
1990	Blue Girdled Angel Fish	Open		37.50	38
1989	Flag-tail Surgeonfish	Open		37.50	38
1989	Pennant Butterfly Fish	Open		37.50	38
1989	Sail-finned Surgeonfish	Open		37.50	38
1989	Sea Horse	Open		37.50	38
1990	Spotted Angel Fish	Open		37.50	38
1990	Zebra Turkey Fish	Open		37.50	38

Unbridled Spirits - C. DeHaan

Year Issue		Edition Limit	Year Retd.	Issue Price	Quote U.S.$
1994	Wild Fury	Open		135.00	135

Visions of Christmas - M. Griffin

Year Issue		Edition Limit	Year Retd.	Issue Price	Quote U.S.$
1995	Gifts From St. Nick	Open		135.00	135
1994	Mrs. Claus' Kitchen	Open		135.00	135
1993	Santa's Delivery	Open		135.00	135
1993	Toys in Progress	Open		135.00	135

Wild Ducks of North America - C. Burgess

Year Issue		Edition Limit	Year Retd.	Issue Price	Quote U.S.$
1988	American Widgeon	15,000		95.00	95
1988	Bufflehead	15,000		95.00	95
1987	Common Mallard	15,000		95.00	95
1987	Green Winged Teal	15,000		95.00	95
1987	Hooded Merganser	15,000		95.00	95
1988	Northern Pintail	15,000		95.00	95
1988	Ruddy Duck Drake	15,000		95.00	95
1987	Wood Duck	15,000		95.00	95

Wolves of the Wilderness - D. Geenty

Year Issue		Edition Limit	Year Retd.	Issue Price	Quote U.S.$
1995	A Wolf's Pride	Open		55.00	55

Harbour Lights

Great Lakes Region - Harbour Lights

Year Issue		Edition Limit	Year Retd.	Issue Price	Quote U.S.$
1992	Buffalo NY 122	5,500		60.00	62
1992	Cana Island WS 119	5,500		60.00	66
1991	Fort Niagara NY 113	5,500		60.00	64
1992	Grosse Point IL 120	5,500		60.00	62
1993	Holland (Big Red) MI 142	5,500		60.00	68
1992	Marblehead OH 121	5,500		50.00	53
1992	Michigan City IN 123	5,500		60.00	62
1992	Old Mackinac Point MI 118	5,500	1995	65.00	125
1995	Round Island MI 153	9,500		85.00	85
1991	Sand Island WS 112	5,500		60.00	64
1992	Split Rock MI 124	Closed	1992	60.00	425
1992	Split Rock MN 124	5,500		60.00	66
1995	Tawas Pt. MI 152	5,500		75.00	75
1995	Wind Point WS 154	9,500		78.00	78

Great Lighthouses of the World - Harbour Lights

Year Issue		Edition Limit	Year Retd.	Issue Price	Quote U.S.$
1994	Cape Hatteras NC 401	Open		50.00	50

Gulf Coast Region - Harbour Lights

Year Issue		Edition Limit	Year Retd.	Issue Price	Quote U.S.$
1995	Biloxi MS 149	5,500		60.00	60
1995	Bolivar TX 146	5,500		70.00	70
1995	New Canal LA 148	5,500		65.00	65
1995	Pensacola FL 150	9,000		80.00	80
1995	Port Isabel TX 147	5,500		65.00	65

Harbour Lights Collector's Society - Harbour Lights

Year Issue		Edition Limit	Year Retd.	Issue Price	Quote U.S.$
1995	Point Fermin CA 501(Charter Member Piece)	4/96		80.00	80

Northeast Region - Harbour Lights

Year Issue		Edition Limit	Year Retd.	Issue Price	Quote U.S.$
1993	Barnegat NJ 139	5,500	1995	60.00	80-125
1991	Boston Harbor MA 117	5,500	1995	60.00	125
1995	Brant Point MA	9,500		N/A	N/A
1993	Cape Neddick (Nubble) ME 141	5,500	1995	65.00	125
1991	Castle Hill RI 116	5,500		60.00	60
1995	Chatham MA	9,500		N/A	N/A
1991	Gt. Captain's Island CT 114	5,500		60.00	66
1995	Highland MA	9,500		N/A	N/A
1992	Minot's Ledge MA 131	5,500		60.00	60
1994	Montauk NY 143	5,500		85.00	90
1992	Nauset MA 126	5,500	1995	65.00	125
1992	New London Ledge CT 129	5,500	1995	65.00	77
1992	Portland Breakwater ME 130	5,500		60.00	60
1992	Portland Head ME 125	5,500	1994	65.00	125
1991	Sandy Hook NJ 104	Retrd.	1994	60.00	100-150
1992	Southeast Block Island RI 128	5,500	1994	70.00	110-125
1991	West Quoddy Head ME 103	5,500	1995	60.00	60
1992	Whaleback NH 127	5,500		60.00	60

Southeast Region - Harbour Lights

Year Issue		Edition Limit	Year Retd.	Issue Price	Quote U.S.$
1994	Assateague VA 145-1st version	988	1994	69.00	350-700
1994	Assateague VA 145-revised 1st version	5,500	1994	69.00	75
1991	Cape Hatteras NC 102 (with house)	Retrd.	1991	60.00	1300-1900
1992	Cape Hatteras NC 102R	Retrd.	1993	60.00	200
1993	Hilton Head SC 136	5,500	1994	60.00	80-140
1995	Jupiter FL 151	9,500		77.00	77
1993	Key West FL 134	5,500	1995	60.00	125
1993	Ocracoke NC 135	5,500		60.00	62
1993	Ponce de Leon FL 132	5,500	1994	60.00	80-125
1993	St. Augustine FL 138	5,500	1994	70.00	90-125
1993	St. Simons GA 137	5,500	1995	65.00	90-125
1993	Tybee GA 133	5,500		60.00	62

Special Editions - Harbour Lights

Year Issue		Edition Limit	Year Retd.	Issue Price	Quote U.S.$
1995	Legacy Light 601	Open		65.00	65

Western Region - Harbour Lights

Year Issue		Edition Limit	Year Retd.	Issue Price	Quote U.S.$
1991	Admiralty Head WA 101	5,500	1994	60.00	100-150
1991	Burrows Island OR 108	Closed	1991	60.00	140-300
1991	Burrows Island WA 108	Retrd.	1994	60.00	60
1991	Cape Blanco OR 109	5,500		60.00	60
1991	Coquille River OR 111	Retrd.	1993	60.00	1200-2000
1993	Diamond Head HI 140	5,500		60.00	68
1994	Heceta Head OR 144	5,500		65.00	72
1991	North Head WA 106	5,500		60.00	60
1991	Point Loma CA 105	5,500		60.00	60
1995	Pt. Arena CA	9,500		N/A	N/A
1995	Pt. Vicente CA 155	9,500		N/A	N/A
1991	St. George's Reef CA 115	5,500		60.00	60
1991	Umpqua River OR 107	5,500		60.00	60
1991	Yaquina Head WA 110	5,500		60.00	62

Hawthorne Architectural Register

Chestnut Hill Station - K.&H. LeVan

Year Issue		Edition Limit	Year Retd.	Issue Price	Quote U.S.$
1994	Bicycle Shop - K.&H. LeVan	Open		29.90	30
1994	Chestnut Hill Depot	Open		29.90	30
1993	Parkside Cafe	Open		29.90	30
1993	Wishing Well Cottage	Closed	N/A	29.90	30

Concord: The Hometown of American Literature - K.&H. LeVan

Year Issue		Edition Limit	Year Retd.	Issue Price	Quote U.S.$
1993	Alcott's Orchard House	Open		34.90	35
1992	Emerson's Old Manse	Open		34.90	35
1992	Hawthorne's Wayside Retreat	Open		34.90	35

Currier & Ives: The Art of American Literature - C&I Inspired

Year Issue		Edition Limit	Year Retd.	Issue Price	Quote U.S.$
1994	American Homestead Winter	Open		29.90	30
1994	The Snow Storm	Open		29.90	30

England of My Dreams - R. Dowding

Year Issue		Edition Limit	Year Retd.	Issue Price	Quote U.S.$
1994	Mayfair Hill	Closed	1994	59.90	60

The Fairytale Forest - S. Smith

Year Issue		Edition Limit	Year Retd.	Issue Price	Quote U.S.$
1994	Goldilocks and the Three Bears	Open		49.80	50
1994	Little Red Riding Hood	Open		49.80	50

Gone With the Wind (Illuminated) - Unkn.

Year Issue		Edition Limit	Year Retd.	Issue Price	Quote U.S.$
1994	Atlanta Church	Open		39.90	40
1994	Kennedy Store	Open		39.90	40
1994	Red Horse Saloon	Open		39.90	40
1993	Tara	Open		39.90	40
1994	Twelve Oaks	Open		39.90	40

Gone With the WInd Collection - K.&H. LeVan

Year Issue		Edition Limit	Year Retd.	Issue Price	Quote U.S.$
1993	Against Her Will	Open		42.90	43
1994	Alone	Open		45.90	46
1994	Atlanta Examiner	Open		45.90	46
1994	Hope for a New Tomorrow	Open		42.90	43
1994	I Have Done Enough	Open		45.90	46
1994	Kennedy House	Open		45.90	46
1994	Merriweather House	Open		45.90	46
1993	A Message for Captain Butler	Open		42.90	43
1993	Rhett Returns	Open		39.90	40
1994	Swept Away	Open		45.90	46
1994	Take Me to Tara	Open		45.90	46
1992	Tara . . .Scarlett's Pride	Open		39.90	40
1995	TBA	Open		45.90	46
1992	Twelve Oaks: The Romance Begins	Open		39.90	40

Helen Steiner Rice: Windows of Gold - S. Smith

Year Issue		Edition Limit	Year Retd.	Issue Price	Quote U.S.$
1994	Inspiration Point	Open		39.90	40
1994	Peace of Faith	Open		39.90	40
1994	Winter's Warmth	Open		39.90	40

Hometown America - Rockwell Inspired

Year Issue		Edition Limit	Year Retd.	Issue Price	Quote U.S.$
1993	Evergreen Cottage	Open		34.95	35
1994	Evergreen General Store	Open		39.95	40
1994	Evergreen Valley Church	Open		37.95	38
1993	Evergreen Valley School	Open		34.95	35
1993	The Village Bakery	Open		37.95	38
1994	Waiting For Santa	Open		39.95	40
1994	Woodcutter's Rest	Open		37.95	38

Hummel's Bavarian Village - M.I. Hummel Inspired

Year Issue		Edition Limit	Year Retd.	Issue Price	Quote U.S.$
1994	Angel's Duet	Open		49.90	50

Hawthorne Architectural Register
to John Hine N.A. Ltd.

FIGURINES/COTTAGES

YEAR ISSUE		EDITION LIMIT	YEAR RETD.	ISSUE PRICE	QUOTE U.S.$
1994	The Bakery	Open		49.90	50
1994	Company's Coming	Open		49.90	50

Kinkade's Candlelight Cottages (Illuminated) - Kinkade-Inspired

1993	Chandler's Cottage	Closed	1994	29.90	30
1993	Olde Porterfield Tea Room	Closed	1994	29.90	30

Kinkade's Candlelight Cottages - Kinkade-Inspired

1994	Candlelit Cottage	Open		29.90	30
1994	Cedar Nooke Cottage	Open		29.90	30
1993	Chandler's Cottage	Open		24.90	25
1994	Merritt's Cottage	Open		27.90	28
1993	Olde Porterfield Tea Room	Open		24.90	25
1994	Seaside Cottage	Open		27.90	28
1993	Swanbrooke Cottage	Open		24.90	25
1994	Sweatheart Cottage	Open		27.90	28

Kinkade's St. Nicholas Square (Illuminated) - Kinkade-Inspired

1994	Evergreen Apothecary	Open		39.90	40
1994	The Firehouse	Open		39.90	40
1994	Holly House Inn	Open		39.90	40
1994	Kringle Brothers	Open		39.90	40
1994	Mrs. C. Bakery	Open		39.90	40
1994	Noel Chapel	Open		39.90	40
1994	S.C. Toy Maker	Open		39.90	40
1993	Town Hall	Open		39.90	40

Lost Victorians of Old San Francisco - R. Brouillette

1992	The Empress of Russian Hill	Closed	1993	34.90	35
1992	The Grande Dame of Nob Hill	Closed	1994	34.90	35
1992	The Princess of Pacific Heights	Closed	1993	34.90	35

P.O. #1, North Pole Collection (Illuminated) - G. Hoover

1994	Santa's Post Office	Open		39.90	40
1994	Santa's Toy Shoppe	Open		39.90	40

Peaceable Kingdom - K.&H. LeVan

1993	Squire Boone's Homestead	Open		34.90	35
1994	White Horse Inn	Open		34.90	35

Rockwell's Christmas in Stockbridge (Illuminated) - Rockwell-Inspired

1993	The Antique Shop	Open		29.90	30
1993	The Bank	Open		29.90	30
1993	The Country Store	Open		29.90	30
1993	The Library	Open		29.90	30
1993	The Red Lion Inn	Open		29.90	30
1993	Rockwell's Studio	Open		29.90	30
1993	The Town Offices	Open		29.90	30

Rockwell's Home for the Holidays - Rockwell-Inspired

1994	Arlington Town Hall	Open		41.90	42
1992	Bringing Home the Christmas Tree	Closed	1994	34.90	35
1992	Carolers In The Church Yard	Open		37.90	38
1992	Christmas Eve at the Studio	Closed	1994	34.90	35
1994	Firestation	Open		41.90	42
1994	Howard's Store	Open		39.90	40
1994	Late for the Dance	Open		41.90	42
1993	Over the River	Open		37.90	38
1993	A Room at the Inn	Open		39.90	40
1993	School's Out	Open		39.90	40
1993	Three-Day Pass	Open		37.90	38
1994	A White Christmas	Open		41.90	42

Rockwell's Neighborhood Collection - Rockwell-Inspired

1994	Fido's New Home	Open		29.90	30
1994	The Lemonade Stand	Open		29.90	30
1994	Sidewalk Speedster	Open		29.90	30

Stonefield Valley - K.&H. LeVan

1992	Church in the Glen	Closed	1994	37.90	38
1993	Ferryman's Cottage	Open		39.90	40
1993	Hillside Country Store	Open		39.90	40
1992	Meadowbrook School	Closed	1994	34.90	35
1993	Parson's Cottage	Closed	1994	37.90	38
1992	Springbridge Cottage	Closed	1994	34.90	35
1994	Valley View Farm	Open		39.90	40
1992	Weaver's Cottage	Closed	1994	37.90	38

Strolling Through Colonial America - K.&H. LeVan

1992	Captain Lee's Grammar School	Open		39.90	40
1992	Court House on the Green	Open		37.90	38
1992	Eastbrook Church	Open		37.90	38
1993	Everette's Joiner Shop	Closed	1993	39.90	40
1992	Higgins' Grist Mill	Open		37.90	38
1991	Jefferson's Ordinarie	Open		34.90	35
1992	Millrace Store	Open		34.90	35
1992	The Village Smithy	Closed	1993	39.90	40

Tara: The Only Thing Worth Fighting For - K.&H. LeVan

1994	Carriage House	Open		29.90	30
1994	A Dream Remembered	Open		29.90	30
1994	Kitchen & Gateway	Open		29.90	30
1994	Spring House & Hideaway	Open		29.90	30
1994	The Stable	Open		29.90	30
1994	Tara Mill	Open		29.90	30

Thatcher's Crossing - R. Dowding

1994	Chapel Crossing	Open		29.90	30
1993	Midsummer's Cottage	Open		29.90	30
1993	Rose Arbour Cottage	Closed	1994	29.90	30
1994	Woodcutter's Cottage	Open		29.90	30

Victorian Grove Collection - K.&H. LeVan

1993	Cherry Blossom	Closed	1994	34.90	35
1992	Lilac Cottage	Open		34.90	35
1992	Rose Haven	Closed	1994	34.90	35

Watercolor Cottages - K.&H. LeVan

1994	Sunrise Cove	Open		34.90	35

Welcome to Mayberry - Unkn.

1994	The Courthouse	Open		39.90	40
1994	Floyd's Barber Shop	Open		39.90	40

Historical Miniatures

American Heritage: Cape May, N.J. - M. Weisser

1994	The Abbey	Open		39.00	39
1994	The Linda Lee	Open		39.80	40

American Heritage: Charleston - M. Weisser

1994	Citadel's Summerall Chapel	Open		36.00	36
1994	The City Market	Open		39.00	39
1994	The Pink House	Open		36.00	36
1994	Rainbow Row:Blue #1	Open		36.00	36
1994	Rainbow Row:Green #1	Open		36.00	36
1994	Rainbow Row:Pink #1	Open		36.00	36
1994	Rutledge House	Open		50.00	50

American Heritage: Miami Beach: Deco District - M. Weisser

1994	Hotel Carlyle	Open		36.00	36
1994	Hotel Century	Open		31.00	31
1994	Hotel Taft	Open		29.90	30

American Heritage: New Orleans - M. Weisser

1994	Chart House	Open		34.00	34
1994	Royal Cafe	Open		39.00	39

Doors & Gates of America: Charleston - M. Weisser

1994	Bull Street Door:Blue/Beige	Open		15.00	15
1994	The Charleston College Gate	Open		16.00	16
1994	The Harp Gate	Open		15.00	15
1994	The Pineapple Gate	Open		16.00	16

Doors & Gates of America: Miami Beach: Deco District - M. Weisser

1994	The Flamingo Door	Open		15.00	15
1994	Key West Door	Open		15.00	15
1994	The Moon Gate	Open		16.00	16
1994	Residential Door #1	Open		16.00	16
1994	Residential Door #2	Open		15.00	15

Iris Arc Crystal

Collector's Society Edition - C. Hughes

1992	Gramophone	Retrd.	N/A	100.00	180
1993	Classic Telephone	Retrd.	N/A	150.00	250
1994	Antique Clock	Open		150.00	150

Limited Editions - Various

1989	Angel - M. Goena	Retrd.	N/A	180.00	240
1991	Basket of Flowers - M. Goena	Retrd.	N/A	250.00	300
1993	Basket of Violets - M. Goena	750		190.00	190
1993	Birdbath - M. Goena	Retrd.	N/A	190.00	190
1994	Bluebird Basket - M. Goena	1,000		190.00	190
1987	Carousel - T. Holliman	Retrd.	N/A	600.00	720
1986	Classic Car - T. Holliman	Retrd.	N/A	500.00	600
1993	Country Church - M. Goena	350		590.00	590
1991	Country Cottage - M. Goena	300		1500.00	1500
1987	Eagle - P. Hale	Retrd.	N/A	700.00	840
1983	Elephant - P. Hale	Retrd.	N/A	190.00	228
1994	Garden Cottage - C. Hughes	500		390.00	390
1988	Horse and Foal - M. Goena	Retrd.	N/A	1000.00	1200
1994	Hummingbirds - M. Goena	750		290.00	290
1994	Mystic Star Castle - M. Goena	500		390.00	390
1993	Nob Hill Victorian - C. Hughes	250		1000.00	1000
1983	Peacock - P. Hale	Retrd.	N/A	140.00	168
1992	Rainbow Cathedral - M. Goena	150		2500.00	2500
1990	Rainbow Enchanted Castle" - C. Hughes	500		1500.00	1500
1983	Teddy Bear with Heart (Rose) - P. Hale	Retrd.	N/A	170.00	204
1983	Teddy Bear with Heart (Silver) - P. Hale	Retrd.	N/A	170.00	204
1991	Vase of Flowers - P. Hale	750		250.00	250
1992	Victorian House - C. Hughes	750		270.00	290
1992	Water Mill - M. Goena	350		900.00	950

John Hine N.A. Ltd.

Collectors Guild Exclusives - D. Winter

1987	The Village Scene	Closed	1988	Gift	160-325
1987	Robin Hood's Hideaway	Closed	1989	54.00	300-600
1988	Queen Elizabeth Slept Here	Closed	1989	183.00	300-500
1988	Black Bess Inn	Closed	1990	60.00	90-130
1988	The Pavillion	Closed	1990	52.00	100-250
1989	Street Scene	Closed	1989	Gift	100-200
1989	Homeguard	Closed	1991	105.00	105-200
1989	Coal Shed	Closed	1991	112.00	105-150
1990	Plucked Duck	Closed	1990	Gift	75-150
1990	The Cobblers	Closed	1990	40.00	50-100
1990	The Pottery	Closed	1990	40.00	50-150
1990	Cartwrights Cottage	Closed	1990	45.00	75-100
1991	Pershore Mill	Closed	1991	Gift	75-125
1991	Tomfool's Cottage	Closed	1992	100.00	100-150
1991	Will O' The Wisp	Closed	1992	120.00	100-125
1992	Irish Water Mill	Closed	1992	Gift	50-80
1992	Patrick's Water Mill	Closed	1993	Gift	150-225
1992	Candle Maker's	Closed	1993	65.00	65-85
1992	Bee Keeper's	Closed	1993	65.00	65-80
1993	On The River Bank	Closed	1993	Gift	50-75
1993	Thameside	Closed	1994	79.00	85-100
1993	Swan Upping Cottage	Closed	1994	69.00	70-100
1994	15 Lawnside Road	Closed	1994	Gift	50
1994	While Away Cottage	Closed	1994	70.00	75
1994	Ashe Cottage	Closed	1994	62.00	75
1995	Buttercup Cottage	Yr.Iss.		60.00	60
1995	Flower Shop Cottage	Yr.Iss.		150.00	150
1995	Gardener's Cottage	Yr.Iss.		Gift	Gift

David Winter Special Event Pieces - D. Winter

1993	Birthstone Wishing Well	Closed	1993	40.00	40-55
1993	Birthday Cottage	Closed	N/A	55.00	60
1994	Wishing Falls Cottage	6/95	1994	65.00	65

David Winter Tour Special Event Piece - D. Winter

1993	Arches Thrice	Closed	1993	150.00	100-200

American Collection - M. Wideman

1989	Band Stand	Closed	1993	90.00	90
1989	Barber Shop	Closed	1993	40.00	30
1989	The Blockhouse	Closed	1993	25.00	16-55
1989	Cajun Cottage	Closed	1993	50.00	40
1989	California Winery	Closed	1993	180.00	100-360
1989	Cherry Hill School	Closed	1993	45.00	50-75
1991	Church in the Dale	Closed	1993	130.00	90
1989	Colonial Wellhouse	Closed	1993	15.00	18-30
1991	Desert Storm Tent	Closed	1991	75.00	75-120
1989	Dog House	Closed	1993	10.00	10
1991	Fire Station	Closed	1993	160.00	110-320
1989	Forty-Niner Cabin	Closed	1993	50.00	40-60
1989	Garconniere	Closed	1993	25.00	20
1989	The Gingerbread House	Closed	1993	60.00	40-143
1992	Grain Elevator	Closed	1993	110.00	95-150
1989	Hacienda	Closed	1993	51.00	40-80
1989	Haunted House	Closed	1993	100.00	80-210
1989	Hawaiian Grass Hut	Closed	1992	45.00	45
1991	Joe's Service Station	Closed	1993	90.00	75-108
1989	King William Tavern	Closed	1993	99.00	80-150
1989	The Kissing Bridge	Closed	1992	50.00	40
1989	The Log Cabin	Closed	1993	45.00	40-60
1989	The Maple Sugar Shack	Closed	1993	50.00	35-60
1991	Milk House	Closed	1993	20.00	24
1989	The Mission	Closed	1993	99.00	80-100
1991	Mo At Work	Closed	1991	35.00	35-100
1991	Moe's Diner	Closed	1993	100.00	250-600
1989	The New England Church	Closed	1993	79.00	80
1989	New England Lighthouse	Closed	1993	99.00	75-120
1992	News Stand	Closed	1993	30.00	40-72
1989	Octagonal House	Closed	1993	40.00	25-52
1989	The Old Mill	Closed	1993	100.00	65-200
1989	The Opera House	Closed	1992	89.00	70-90
1989	The Out House	Closed	1993	15.00	12-30
1989	Oxbow Saloon	Closed	1993	90.00	65-90
1989	The Pacific Lighthouse	Closed	1993	89.00	80-200
1991	Paul Revere's House	Closed	1992	90.00	65-95
1989	Plantation House	Closed	1993	119.00	70-210
1989	Prairie Forge	Closed	1993	65.00	65-140
1989	Railhead Inn	Closed	1993	250.00	175-250
1989	The River Bell	Closed	1993	99.00	85-120
1989	Seaside Cottage	Closed	1992	225.00	190
1989	Sierra Mine	Closed	1992	120.00	75-120
1989	Sod House	Closed	1992	40.00	25-40
1989	Star Cottage	Closed	1993	30.00	24
1989	Sweetheart Cottage	Closed	1993	45.00	32-45
1992	Telephone Booth	Closed	1993	15.00	30
1989	Tobacconist	Closed	1993	45.00	36
1992	Topper's Drive-In	Closed	1993	120.00	125-144
1989	Town Hall	Closed	1993	129.00	95-150
1989	Tree House	Closed	1993	45.00	45
1992	Village Mercantile	Closed	1993	60.00	50-180
1989	Wisteria	Closed	1993	15.00	20

Animal Antics - J. Herbert

1993	Bird Brain	Closed	1994	32.00	32
1993	Lady Mouse	Closed	1994	20.00	20
1993	Lucky Dragon	Closed	1994	40.00	40
1993	Real Cool Carrot	Closed	1994	30.00	30
1993	Sir Mouse	Closed	1994	20.00	20
1993	Slow Progress	Closed	1994	40.00	40
1993	Snail Place	Closed	1994	37.00	37
1993	Tabby Tabitha	Closed	1994	37.00	37
1993	You're Bone Idle	Closed	1994	30.00	30

Bugaboos - John Hine Studio

1989	Arnold	Closed	N/A	45.00	45
1989	Beryl	Closed	N/A	45.00	45
1989	Edna	Closed	N/A	45.00	45
1989	Enid	Closed	N/A	45.00	45

FIGURINES/COTTAGES

John Hine N.A. Ltd. to John Hine N.A. Ltd.

YEAR ISSUE		EDITION LIMIT	YEAR RETD.	ISSUE PRICE	QUOTE U.S.$
1989	Gerald	Closed	N/A	45.00	45
1989	Lizzie	Closed	N/A	45.00	45
1989	Oscar	Closed	N/A	45.00	45
1989	Wesley	Closed	N/A	45.00	45
1989	Wilbur	Closed	N/A	45.00	45

David Winter British Traditions - D. Winter

YEAR ISSUE		EDITION LIMIT	YEAR RETD.	ISSUE PRICE	QUOTE U.S.$
1990	Blossom Cottage	Open		59.00	65
1990	The Boat House	Open		37.50	65
1990	Bull & Bush	Open		37.50	50
1990	Burns' Reading Room	Open		31.00	50
1990	Grouse Moor Lodge	Open		48.00	70
1990	Guy Fawkes	Open		31.00	50
1990	Harvest Barn	Open		31.00	50
1990	Knight's Castle	Open		59.00	85
1990	Pudding Cottage	Open		78.00	90
1990	St. Anne's Well	Open		48.00	70
1990	Staffordshire Vicarage	Open		48.00	70
1990	Stonecutters Cottage	Open		48.00	65

David Winter Cameos - D. Winter

YEAR ISSUE		EDITION LIMIT	YEAR RETD.	ISSUE PRICE	QUOTE U.S.$
1992	Barley Malt Kilns	Open		12.50	15
1992	Brooklet Bridge	Open		12.50	15
1992	Diorama-Bright	Open		50.00	50
1992	Diorama-Light	Closed	1992	30.00	65
1992	Greenwood Wagon	Open		12.50	15
1992	Lych Gate	Open		12.50	15
1992	Market Day	Open		12.50	15
1992	One Man Jail	Open		12.50	15
1992	Penny Wishing Well	Open		12.50	15
1992	The Potting Shed	Open		12.50	15
1992	Poultry Ark	Open		12.50	15
1992	The Privy	Open		12.50	15
1992	Saddle Steps	Open		12.50	15
1992	Welsh Pig Pen	Open		12.50	15

David Winter Cottages - D. Winter

YEAR ISSUE		EDITION LIMIT	YEAR RETD.	ISSUE PRICE	QUOTE U.S.$
1985	The Apothecary Shop	Open		24.10	50
1983	The Bakehouse	Open		31.40	60
1995	Bishopsgate	Open		175.00	175
1995	Bishopsgate Premier	3,500		225.00	225
1983	The Bothy	Open		31.40	60
1991	Castle in the Air	Open		675.00	710
1994	Castle Wall	Open		65.00	65
1994	Celebration Chapel	Open		75.00	75
1994	Celebration Chapel Premier	3,500		150.00	150
1994	The Christmastime Clocktower	Open		165.00	165
1994	The Christmastime Clocktower Premier	3,500		215.00	215
1994	Clockhouse	Open		165.00	165
1994	Clockhouse Premier	3,500		215.00	215
1988	Coal Miner's Row	Open		90.00	120
1995	Cob's Bakery	Open		125.00	125
1995	Cob's Bakery Premier	3,500		165.00	165
1988	Cornish Engine House	Open		120.00	155
1988	Cornish Harbour	Open		120.00	155
1981	Cotswold Cottage	Open		22.00	35
1985	Craftsmen's Cottages	Open		24.10	40
1987	Devon Creamery	Open		62.90	110
1981	Drover's Cottage	Open		22.00	35
1983	Fisherman's Wharf	Open		31.40	60
1983	The Green Dragon Inn	Open		31.40	60
1994	Guardian Gate	Open		150.00	150
1994	Guardian Gate Premier	3,500		199.00	199
1988	Gunsmiths	Open		78.00	100
1985	The Hogs Head Tavern	Open		24.10	50
1991	Inglenook Cottage	Open		60.00	75
1985	Kent Cottage	Open		48.80	110
1994	Kingmaker	Open		225.00	225
1988	Lacemaker's Cottage	Open		120.00	155
1988	Lock-keepers Cottage	Open		65.00	85
1980	Market Street	Open		48.80	90
1985	Meadowbank Cottages	Open		24.10	40
1991	Moonlight Haven	Open		120.00	155
1995	Mother's Cottage	Open		65.00	65
1995	Mother's Cottage Premier	3,500		89.50	90
1984	The Parsonage	Open		390.00	560
1980	Rose Cottage	Open		28.90	55
1985	The Schoolhouse	Open		24.10	45
1985	Shirehall	Open		24.10	50
1987	Smuggler's Creek	Open		390.00	520
1994	Spring Hollow	Open		65.00	65
1994	Spring Hollow Premier	3,500		125.00	125
1985	St. George's Church	Open		24.10	45
1981	Stratford House	Open		74.80	130
1981	Sussex Cottage	Open		22.00	50
1995	Sweet Dreams	Open		79.00	79
1995	Sweet Dreams Premier	3,500		99.00	99
1994	Sweetheart Haven	Open		60.00	60
1994	Sweetheart Haven Premier	3,500		115.00	115
1987	Tamar Cottage	Open		45.30	75
1995	Tartan Teahouse	Open		99.00	99
1995	Tartan Teahouse Premier	3,500		129.00	129
1987	There was a Crooked House	Open		96.90	155
1994	Toymaker	Open		135.00	135
1994	Toymaker Premier	3,500		175.00	175
1985	The Vicarage	Open		24.10	45
1981	The Village	Open		362.00	580
1981	The Village Shop	Open		22.00	35
1991	The Weaver's Lodgings	Open		65.00	75
1988	Windmill	Open		37.50	50
1985	Yeoman's Farmhouse	Open		24.10	40

David Winter English Village - D. Winter

YEAR ISSUE		EDITION LIMIT	YEAR RETD.	ISSUE PRICE	QUOTE U.S.$
1994	Cat & Pipe	Open		53.00	53
1994	Chandlery	Open		53.00	53
1994	Church & Vestry	Open		57.00	57
1994	Constabulary	Open		60.00	60
1994	Crystal Cottage	Open		53.00	53
1994	The Engine House	Open		55.00	55
1994	Glebe Cottage	Open		53.00	53
1994	Hall	Open		55.00	55
1994	One Acre Cottage	Open		55.00	55
1994	Post Office	Open		53.00	53
1994	Quack's Cottage	Open		57.00	57
1994	Rectory	Open		55.00	55
1994	Seminary	Open		57.00	57
1994	Smithy	Open		50.00	50
1994	Tannery	Open		50.00	50

David Winter Irish Collection - D. Winter

YEAR ISSUE		EDITION LIMIT	YEAR RETD.	ISSUE PRICE	QUOTE U.S.$
1992	Irish Round Tower	Open		65.00	70
1992	Murphys	Open		100.00	110
1992	O'Donovan's Castle	Open		145.00	170

David Winter Retired Cottages - D. Winter

YEAR ISSUE		EDITION LIMIT	YEAR RETD.	ISSUE PRICE	QUOTE U.S.$
1983	The Alms Houses	Closed	1987	59.90	300-400
1992	Audrey's Tea Room	Closed	1992	90.00	100-200
1992	Audrey's Tea Shop	Closed	1992	90.00	125-150
1985	Blackfriars Grange	Closed	1994	24.10	75
1982	Blacksmith's Cottage	Closed	1986	22.00	225-450
1988	Bottle Kilns	Closed	1991	78.00	80-105
1982	Brookside Hamlet	Closed	1991	74.80	75-95
1993	Buckinghamshire Bull Pen	Open	1994	38.00	40
1984	Castle Gate	Closed	1992	155.00	150-275
1981	Castle Keep	Closed	1982	30.00	1500-1900
1984	The Chapel	Closed	1992	48.80	75
1981	Chichester Cross	Closed	1981	50.00	3200-3700
1989	A Christmas Carol (Xmas '89)	Closed	1989	135.00	115-250
1980	The Coaching Inn	Closed	1983	165.00	3200-3800
1985	The Cooper's Cottage	Closed	1993	57.90	65-100
1982	Cornish Cottage	Closed	1986	30.00	750-900
1983	Cornish Tin Mine	Closed	1988	22.00	50-100
1982	Cotswold Village	Closed	1990	59.90	65-125
1983	The Cotton Mill	Closed	1984	41.30	500
1986	Crofter's Cottage	Closed	1989	51.00	60-125
1988	Derbyshire Cotton Mill	Closed	1994	65.00	90-125
1981	Double Oast	Closed	1982	60.00	3300
1980	Dove Cottage	Closed	1983	60.00	1850
1982	The Dower House	Closed	1993	22.00	55
1987	Dvon Combe	Closed	1994	73.00	110
1987	Ebenezer Scrooge's Counting House (Xmas '87)	Closed	1988	96.90	90-235
1982	Fairytale Castle	Closed	1989	115.00	200-275
1986	Falstaff's Manor	Closed	1990	242.00	275-300
1992	Fogartys	Closed	1994	75.00	85
1980	The Forge	Closed	1983	60.00	1900
1991	Fred's Home: "A Merry Christmas, Uncle Ebenezer said Scrooge's Nephew Fred, and a Happy New Year." (Xmas '91)	Closed	1991	145.00	100-145
1988	The Grange	Closed	1989	120.00	800-1200
1994	Guardian Castle	8,490	1994	275.00	350-600
1994	Guardian Castle Premier	1,500	1994	350.00	650-700
1982	The Haybarn	Closed	1987	22.00	250-450
1985	Hermit's Humble Home	Closed	1988	87.00	200-265
1983	Hertford Court	Closed	1992	87.00	75-125
1988	Hogmanay (Xmas '88)	Closed	1988	100.00	100
1993	Horatio Pernickety's Amorous Intent	Closed	1993	375.00	350-375
1984	House of the Master Mason	Closed	1988	74.80	200-300
1989	House on the Loch	Closed	1994	65.00	90
1982	The House on Top	Closed	1988	92.30	275-325
1982	Ivy Cottage	Closed	1992	22.00	45
1988	Jim'll Fixit	Closed	1989	350.00	2850-3250
1988	John Benbow's Farmhouse	Closed	1993	78.00	90-125
1980	Little Forge	Closed	1983	40.00	1650
1980	Little Market	Closed	1993	28.90	30-45
1980	Little Mill	Closed	1983	40.00	1200
1980	Little Mill-remodeled	Closed	N/A	Unkn.	1600
1992	Mad Baron Fourthrite's Folly	Closed	1992	275.00	150-295
1980	Mill House	Closed	1980	50.00	2500
1980	Mill House-remodeled	Closed	1983	Unkn.	1900
1982	Miner's Cottage	Closed	1987	22.00	200-225
1982	Moorland Cottage	Closed	1987	22.00	150-250
1990	Mr. Fezziwig's Emporium (Xmas '90)	Closed	1990	135.00	125-225
1981	The Old Curiosity Shop	Closed	1983	40.00	1300
1982	The Old Distillery	Closed	1993	312.00	500
1991	Old Joe's Beetling Shop A Veritable Den of Iniquity! (Xmas '93)	Closed	1993	175.00	180
1992	Only A Span Apart	Closed	1993	80.00	85
1987	Orchard Cottage	Closed	1991	91.30	80-125
1993	Oxfordshire Goat Yard	Open	1994	32.00	40
1983	Pilgrim's Rest	Closed	1993	48.80	65-85
1994	Plaque, Scrooge's Family Home	3,500	1994	125.00	150
1994	Premier Scrooge's Family Home (Xmas '94)	Closed	1994	230.00	250
1991	The Printers and The Bookbinders	Closed	1994	120.00	140
1980	Quayside	Closed	1985	60.00	900-1800
1994	Quindene Manor	3,000	1994	695.00	700-800
1994	Quindene Manor Premier	1,500	1994	850.00	900-1000
1982	Sabrina's Cottage	Closed	1982	30.00	2000-2350
1994	Scrooge's Family Home (Xmas '94)	Closed	1994	175.00	175
1992	Scrooge's School (Xmas '92)	Closed	1992	160.00	160-180
1992	Secret Shebeen	Closed	1993	70.00	75-120
1981	Single Oast	Closed	1985	22.00	50-75
1984	Snow Cottage	Closed	1992	74.80	110-150
1984	Spinner's Cottage	Closed	1991	28.90	40-95
1985	Squires Hall	Closed	1991	92.30	85-130
1981	St. Paul's Cathedral	Closed	1982	40.00	1800-2000
1985	Suffolk House	Closed	1989	48.80	50-150
1980	Three Ducks Inn	Closed	1981	60.00	1450
1984	Tollkeeper's Cottage	Closed	1992	87.00	120
1981	Triple Oast	Closed	1994	59.90	125-200
1981	Tudor Manor House	Closed	1991	48.80	75
1993	Tyddyn Siriol	Closed	1994	88.00	90
1981	Tythe Barn	Closed	1981	39.30	1600
1982	William Shakespeare's Birthplace (large)	Closed	1984	60.00	1300
1980	The Wine Merchant	Closed	1993	28.90	55
1983	Woodcutter's Cottage	Closed	1988	87.00	225-400
1993	Y Ddraig Goch	Closed	1994	88.00	90

David Winter Retired Cottages -Tiny Series - D. Winter

YEAR ISSUE		EDITION LIMIT	YEAR RETD.	ISSUE PRICE	QUOTE U.S.$
1980	Ann Hathaway's Cottage	Closed	1982	Unkn.	600-700
1980	Cotswold Farmhouse	Closed	1982	Unkn.	450-700
1980	Crown Inn	Closed	1982	Unkn.	600-700
1980	St. Nicholas' Church	Closed	1982	Unkn.	600-900
1980	Sulgrave Manor	Closed	1982	Unkn.	450-700
1980	William Shakespeare's Birthplace	Closed	1982	Unkn.	600-700

David Winter Scenes - Various

YEAR ISSUE		EDITION LIMIT	YEAR RETD.	ISSUE PRICE	QUOTE U.S.$
1992	At Rose cottage Vignette - D. Winter	5,000		39.00	39
1992	At The Bake House Vignette - D. Winter	5,000		35.00	35
1992	At The Bothy Vignette Base - D. Winter	5,000		39.00	39
1993	Bob Cratchit And Tiny Tim - Cameo Guild	5,000		50.00	50
1993	Christmas Snow Vignette - D. Winter	5,000		50.00	50
1992	Daughter - D. Winter	5,000		30.00	30
1993	Ebenezer Scrooge - Cameo Guild	5,000		45.00	45
1992	Farm Hand And Spade - Cameo Guild	5,000		40.00	40
1992	Farmer And Plough - Cameo Guild	5,000		60.00	60
1992	Farmer's Wife - Cameo Guild	5,000		45.00	45
1992	Father - Cameo Guild	5,000		45.00	45
1993	Fred - Cameo Guild	5,000		35.00	35
1992	Girl Selling Eggs - Cameo Guild	5,000		30.00	30
1992	Goose Girl - Cameo Guild	5,000		45.00	45
1992	Hot Cross Bun Seller - Cameo Guild	5,000		60.00	60
1992	Lady Customer - Cameo Guild	5,000		45.00	45
1993	Miss Belle - Cameo Guild	5,000		35.00	35
1992	Mother - Cameo Guild	5,000		50.00	50
1993	Mrs. Fezziwig - Cameo Guild	5,000		35.00	35
1992	Small Boy And Dog - Cameo Guild	5,000		45.00	45
1992	Son - Cameo Guild	5,000		30.00	30
1993	Tom The Street Shoveler - Cameo Guild	5,000		60.00	60
1992	Woman At Pump - Cameo Guild	5,000		45.00	45

David Winter Scottish Collection - D. Winter

YEAR ISSUE		EDITION LIMIT	YEAR RETD.	ISSUE PRICE	QUOTE U.S.$
1989	Gatekeeper's	Open		65.00	85
1989	Gillie's Cottage	Open		65.00	85
1989	MacBeth's Castle	Open		200.00	260
1989	Scottish Crofter	Open		42.00	65

David Winter Shires Collection - D. Winter

YEAR ISSUE		EDITION LIMIT	YEAR RETD.	ISSUE PRICE	QUOTE U.S.$
1993	Berkshire Milking Byre	Open		38.00	40
1993	Cheshire Kennels	Open		36.00	40
1993	Derbyshire Dovecote	Open		36.00	40
1993	Gloucestershire Greenhouse	Open		40.00	40
1993	Hampshire Hutches	Open		34.00	40
1993	Lancashire Donkey Shed	Open		38.00	40
1993	Shropshire Pig Shelter	Open		32.00	40
1993	Staffordshire Stable	Open		36.00	40
1993	Wiltshire Waterwheel	Open		34.00	40
1993	Yorkshire Sheep Fold	Open		38.00	40

David Winter Welsh Collection - D. Winter

YEAR ISSUE		EDITION LIMIT	YEAR RETD.	ISSUE PRICE	QUOTE U.S.$
1993	A Bit of Nonsense	Open		50.00	50
1993	Pen Y Graig	Open		88.00	90

Father Christmas - J. King

YEAR ISSUE		EDITION LIMIT	YEAR RETD.	ISSUE PRICE	QUOTE U.S.$
1988	Falling	Closed	N/A	70.00	70
1988	Feet	Closed	N/A	70.00	70
1988	Standing	Closed	N/A	70.00	70

Father Time Clocks - J. Herbert

YEAR ISSUE		EDITION LIMIT	YEAR RETD.	ISSUE PRICE	QUOTE U.S.$
1992	Castle	Open		110.00	110
1992	Farmhouse	Open		99.00	99
1992	Little Thatched	Open		78.00	78
1992	The Manor	Open		90.00	90
1993	Marshland Castle	Open		99.00	99
1993	Riverside Haven	Open		99.00	99
1992	Treehouse	Open		99.00	99
1993	Tudor Ruin	Open		94.00	94
1992	Watermill	Open		99.00	99
1992	Windmill	Open		120.00	120

Collectors' Information Bureau 99

John Hine N.A. Ltd.
to Kaiser

FIGURINES/COTTAGES

First Nation Collection - M. Wideman

YEAR ISSUE		EDITION LIMIT	YEAR RETD.	ISSUE PRICE	QUOTE U.S.$
1993	Elm Bark Longhouse	Closed	1993	56.00	56
1993	Igloo	Closed	1993	60.00	90
1993	Mandan Earth Lodge	Closed	1993	56.00	300
1993	Plains Teepee	Closed	1993	68.00	300
1993	Stilt House	Closed	1993	60.00	60-90
1993	Sweat Lodge	Closed	1993	34.00	100
1993	West Coast Longhouse	Closed	1993	100.00	100
1993	Wigwam	Closed	1993	65.00	300
1993	The First Nation Collection, set of 8	Closed	1993	500.00	1000

Great British Pubs - M. Cooper

YEAR ISSUE		EDITION LIMIT	YEAR RETD.	ISSUE PRICE	QUOTE U.S.$
1989	The Bell	Closed	N/A	79.50	100-350
1989	Black Swan	Closed	1990	79.50	100-350
1989	Blue Bell	Closed	N/A	57.50	58
1989	Coach & Horses	Closed	N/A	79.50	80
1989	The Crown Inn	Closed	N/A	79.50	80
1989	Dickens Inn	Closed	N/A	100.00	100
1989	The Feathers	Closed	N/A	200.00	200
1989	The George	Closed	N/A	57.50	58
1989	George Somerset	Closed	N/A	100.00	100
1989	Hawkeshead	Closed	N/A	Unkn.	900
1989	Jamaica Inn	Closed	N/A	39.50	40
1989	King's Arms	Closed	N/A	28.00	28
1989	The Lion	Closed	N/A	57.50	58
1989	Montague Arms	Closed	N/A	57.50	58
1989	Old Bridge House	Closed	N/A	37.50	38
1989	Old Bull Inn	Closed	N/A	87.50	88
1989	The Plough	Closed	N/A	28.00	28
1989	Sherlock Holmes	Closed	N/A	100.00	200
1989	Smith's Arms	Closed	N/A	28.00	28
1989	White Horse	Closed	N/A	39.50	40
1989	White Tower	Closed	N/A	35.00	35
1989	Ye Grapes	Closed	N/A	87.50	88
1989	Ye Olde Spotted Horse	Closed	N/A	79.50	80

Great British Pubs -Yard of Pubs - M. Cooper

YEAR ISSUE		EDITION LIMIT	YEAR RETD.	ISSUE PRICE	QUOTE U.S.$
1989	Black Friars	Closed	N/A	25.00	25
1989	Dirty Duck	Closed	N/A	25.00	25
1989	The Eagle	Closed	N/A	35.00	35
1989	Falkland Arms	Closed	N/A	25.00	25
1989	The Falstaff	Closed	N/A	35.00	35
1989	George & Pilgrims	Closed	N/A	25.00	25
1989	The Green Man	Closed	N/A	Unkn.	75
1989	Grenadier	Closed	N/A	25.00	25
1989	Lygon Arms	Closed	N/A	35.00	35
1989	Suffolk Bull	Closed	N/A	35.00	35
1989	The Swan	Closed	N/A	35.00	35
1989	Wheatsheaf	Closed	N/A	35.00	35

Heartstrings - S. Kuck

YEAR ISSUE		EDITION LIMIT	YEAR RETD.	ISSUE PRICE	QUOTE U.S.$
1992	Day Dreaming	Closed	N/A	92.50	93
1992	Hush, It's Sleepytime	Closed	N/A	97.50	98
1992	Taking Tea	Closed	N/A	92.50	93
1992	Watch Me Waltz	Closed	N/A	97.50	98

Mushrooms - C. Lawrence

YEAR ISSUE		EDITION LIMIT	YEAR RETD.	ISSUE PRICE	QUOTE U.S.$
1989	The Cobblers	Closed	N/A	265.00	265
1989	The Constables	Closed	N/A	200.00	200
1989	The Elders Mushroom	Closed	N/A	175.00	175
1989	The Gift Shop	Closed	N/A	350.00	420
1989	The Ministry	Closed	N/A	185.00	185
1989	The Mush Hospital for Malingerers	Closed	N/A	250.00	250
1989	The Princess Palace	Closed	N/A	600.00	730
1989	Royal Bank of Mushland	Closed	N/A	235.00	235

Santa's Big Day - J. King

YEAR ISSUE		EDITION LIMIT	YEAR RETD.	ISSUE PRICE	QUOTE U.S.$
1992	Booting Up	Closed	N/A	40.00	40
1992	Feet First	Closed	N/A	55.00	55
1992	Heave Ho!	Closed	N/A	70.00	70
1992	Home Rudolph	Closed	N/A	50.00	50
1992	Ready Boys?	Closed	N/A	80.00	80
1992	Reindeer Breakfast	Closed	N/A	50.00	50
1992	Rest-a-while	Closed	N/A	60.00	60
1992	Santa's Night Ride	Closed	N/A	55.00	55
1992	Tight Fit!	Closed	N/A	55.00	55
1992	Wakey, Wakey!	Closed	N/A	55.00	55
1992	Whoops!	Closed	N/A	60.00	60
1992	Zzzzz...	Closed	N/A	85.00	85

The Shoemaker's Dream - J. Herbert

YEAR ISSUE		EDITION LIMIT	YEAR RETD.	ISSUE PRICE	QUOTE U.S.$
1991	Baby Booty (blue)	Open		45.00	45
1991	Baby Booty (pink)	Open		45.00	45
1991	Castle Boot	Open		55.00	55
1991	The Chapel	Open		55.00	55
1992	Christmas Boot	Open		55.00	55
1991	The Clocktower Boot	Open		60.00	60
1992	Clown Boot	Open		45.00	45
1991	The Crooked Boot	Open		35.00	35
1991	The Gate Lodge	Open		65.00	65
1992	The Golf Shoe	Open		35.00	40
1991	The Jester Boot	Closed	1994	29.00	29
1991	River Shoe Cottage	Closed	1994	55.00	55
1991	Rosie's Cottage	Closed	1994	40.00	40
1993	Shiver me Timbers	Open		45.00	55
1991	Shoemaker's Palace	Open		50.00	50
1992	The Sports Shoe	Open		35.00	40
1991	Tavern Boot	Open		55.00	55
1992	Upside Down Boot	Open		45.00	45
1991	Watermill Boot	Closed	1994	60.00	60
1993	Wedding Bells	Open		45.00	50
1991	Windmill Boot	Open		65.00	65
1992	Wishing Well Shoe	Open		32.00	35
1993	The Woodcutter's Shoe	Open		40.00	40

Wideman - M. Wideman

YEAR ISSUE		EDITION LIMIT	YEAR RETD.	ISSUE PRICE	QUOTE U.S.$
1992	Moe's Clubhouse	Closed	1993	40.00	200

June McKenna Collectibles, Inc.

7" Limited Edition - J. McKenna

YEAR ISSUE		EDITION LIMIT	YEAR RETD.	ISSUE PRICE	QUOTE U.S.$
1991	Christmas Bishop	Closed	1993	110.00	130
1993	Christmas Cheer 1st ed.	Closed	1993	120.00	200
1993	Christmas Cheer 2nd. ed.	7,500		120.00	120
1990	Christmas Delight	Closed	1992	100.00	100
1995	Christmas Lullaby	7,500		120.00	120
1988	Christmas Memories	Closed	1991	90.00	150
1992	Christmas Wizard	7,500	1994	110.00	130
1990	Ethnic Santa	Closed	1992	100.00	110-150
1988	Joyful Christmas	Closed	1991	90.00	150
1994	Mrs. Claus, Dancing to the Tune	7,500		120.00	120
1989	Old Fashioned Santa	Closed	1991	100.00	150
1989	Santa's Bag of Surprises	Closed	1991	100.00	150
1994	Santa's One Man Band	7,500		120.00	120

Black Folk Art - J. McKenna

YEAR ISSUE		EDITION LIMIT	YEAR RETD.	ISSUE PRICE	QUOTE U.S.$
1987	Aunt Bertha - 3D	Closed	1991	36.00	75-100
1983	Black Boy w/Watermelon, in 3 colors	Closed	1988	12.00	100
1986	Black Butler	Closed	1989	13.00	75
1983	Black Girl w/Watermelon, in 3 colors	Closed	1988	12.00	95
1984	Black Man With Pig, in 3 colors	Closed	1988	13.00	80
1984	Black Woman w/Broom, in 3 colors	Closed	1988	13.00	75-150
1989	Delia	Closed	1991	16.00	50
1992	Fishing John -3D	1,000		160.00	160
1989	Jake	Closed	1991	16.00	50
1985	Kids in a Tub - 3D	Closed	1990	30.00	75-130
1985	Kissing Cousins - sill sitter	Closed	1990	36.00	75-125
1990	Let's Play Ball -3D	Closed	1993	45.00	50
1987	Lil' Willie -3D	Closed	1991	36.00	75
1984	Mammie Cloth Doll	Closed	1988	90.00	350-510
1985	Mammie With Kids - 3D	Closed	1990	90.00	105-130
1985	Mammie With Spoon	Closed	1989	13.00	200
1988	Netty	Closed	1991	16.00	50
1984	Remus Cloth Doll	Closed	1988	90.00	350-540
1988	Renty	Closed	1991	16.00	50
1990	Sunday's Best -3D	Closed	1993	45.00	50
1987	Sweet Prissy -3D	Closed	1991	36.00	75
1992	Sweet Sister Sue -3D	1,000		160.00	160
1990	Tasha	Closed	1991	17.00	40
1985	Toaster Cover	Closed	1988	50.00	275-425
1990	Tyree	Closed	1991	17.00	40
1987	Uncle Jacob- 3D	Closed	1991	36.00	55-70
1985	Watermelon Patch Kids	Closed	1990	24.00	75

Carolers - J. McKenna

YEAR ISSUE		EDITION LIMIT	YEAR RETD.	ISSUE PRICE	QUOTE U.S.$
1985	Boy Caroler	Closed	1989	36.00	50
1992	Carolers, Grandparents	Closed	1994	70.00	70
1991	Carolers, Man With Girl	Closed	1994	50.00	50
1991	Carolers, Woman With Boy	Closed	1994	50.00	50
1994	Children Carolers	Open		90.00	90
1985	Girl Caroler	Closed	1989	36.00	70
1985	Man Caroler	Closed	1989	36.00	80
1995	Santa Caroling	Open		90.00	90
1985	Woman Caroler	Closed	1989	36.00	60

June McKenna Figurines - J. McKenna

YEAR ISSUE		EDITION LIMIT	YEAR RETD.	ISSUE PRICE	QUOTE U.S.$
1989	16th Century Santa - 3D, blue	Closed	1991	60.00	175-290
1989	16th Century Santa - 3D, green	Closed	1989	60.00	250-290
1989	17th Century Santa - 3D, red	Closed	1991	70.00	175
1993	Angel Name Plaque	Closed	1994	70.00	70
1983	Boy Rag Doll	Closed	N/A	12.00	300-450
1985	Bride w/o base-3D	Closed	1985	25.00	100
1985	Bride-3D	Closed	1987	25.00	200
1993	Children Ice Skaters	Closed	1994	60.00	60
1992	Choir of Angels	Closed	1993	60.00	60
1992	Christmas Santa	Closed	1993	60.00	70
1994	Conductor	Open		70.00	70
1987	Country Rag Boy (sitting)	Closed	1990	40.00	150-160
1987	Country Rag Girl (sitting)	Closed	1990	40.00	150-160
1994	Decorating for Christmas	Open		70.00	70
1985	Father Times - 3D	Closed	1991	40.00	110-185
1995	Finishing Touch	Open		70.00	70
1983	Girl Rag Doll	Closed	N/A	12.00	300-450
1993	A Good Night's Sleep	Open		70.00	70
1985	Groom w/o base-3D	Closed	1985	25.00	110-200
1985	Groom-3D	Closed	1987	25.00	200-300
1989	Jolly Ole Santa - 3D	Closed	1991	44.00	90-150
1992	Let It Snow	Open		60.00	60
1986	Little St. Nick	Closed	1990	50.00	130-160
1986	Male Angel	Closed	1986	44.00	1600-2500
1988	Mr. Santa - 3D	Closed	1991	44.00	125-200
1993	Mr. Snowman	Closed	1994	40.00	40
1988	Mrs. Santa - 3D	Closed	1989	50.00	100-200
1987	Name Plaque	Closed	1992	50.00	115
1990	Noel - 3D	Closed	1992	50.00	125
1987	Patriotic Santa	Closed	1989	50.00	255-450
1993	Santa and Friends	Open		70.00	70
1993	Santa Name Plaque	Open		70.00	70
1995	Santa Tree Topper	Open		90.00	90
1993	The Snow Family	Closed	1994	40.00	40
1994	Snowman and Child	Open		70.00	70
1985	Soldier	Closed	1988	40.00	150
1994	Star of Bethlehem-Angel	Open		40.00	40
1995	A Surprise For Joey	Open		70.00	70
1992	Taking A Break	Open		60.00	70
1995	Travel Plans	Open		70.00	70
1984	Tree Topper	Closed	1987	70.00	300-425

Limited Edition - J. McKenna

YEAR ISSUE		EDITION LIMIT	YEAR RETD.	ISSUE PRICE	QUOTE U.S.$
1988	Bringing Home Christmas	Closed	1990	170.00	300-450
1987	Christmas Eve	Closed	1989	170.00	350-650
1992	Christmas Gathering	4,000		220.00	220
1991	Coming to Town	4,000	1994	220.00	220
1983	Father Christmas	Closed	1986	90.00	2900-3100
1987	Kris Kringle	Closed	1990	350.00	750-850
1990	Night Before Christmas	Closed	1993	750.00	750
1984	Old Saint Nick	Closed	1996	100.00	650-1700
1993	The Patriot	4,000		250.00	250
1995	Peaceful Journey	4,000		250.00	250
1988	Remembrance of Christmas Past	4,000	1992	400.00	350
1991	Santa's Hot Air Balloon	Closed	1993	800.00	800
1989	Santa's Wardrobe	Closed	1992	750.00	800-1000
1989	Seasons Greetings	Closed	1992	200.00	350
1994	St. Nicholas	4,000		240.00	240
1986	Victorian	Closed	1988	150.00	500-1400
1990	Wilderness	Closed	1994	200.00	240-300
1985	Woodland	Closed	1987	140.00	750-1500

Limited Edition Flatback - J. McKenna

YEAR ISSUE		EDITION LIMIT	YEAR RETD.	ISSUE PRICE	QUOTE U.S.$
1991	Bag of Stars	Closed	1993	34.00	40
1993	Bells of Christmas	10,000		40.00	40
1989	Blue Christmas	Closed	1991	32.00	100
1995	Christmas Delivery	10,000		40.00	40
1992	Deck The Halls	10,000	1994	34.00	40
1991	Farewell Santa	Closed	1993	34.00	40
1992	Good Tidings	10,000	1994	34.00	40
1995	Light of Christmas	10,000		40.00	40
1990	Medieval Santa	Closed	1992	34.00	60
1988	Mystical Santa	Closed	1991	30.00	75
1994	Not Once But Twice	10,000		40.00	40
1990	Old Time Santa	Closed	1992	34.00	60
1994	Post Marked North Pole	10,000		40.00	40
1993	Santa's Love	10,000		40.00	40
1988	Toys of Joy	Closed	1991	30.00	60-70
1989	Victorian	Closed	1991	32.00	60-85

Nativity Set - J. McKenna

YEAR ISSUE		EDITION LIMIT	YEAR RETD.	ISSUE PRICE	QUOTE U.S.$
1993	Cow	Open		30.00	30
1993	Donkey	Open		30.00	30
1988	Nativity - 6 Pieces	Open		130.00	150
1993	Ram & Ewe	Open		30.00	30
1991	Sheep With Shepherds - 2 Pieces	Open		60.00	60
1989	Three Wise Men	Open		60.00	90

Personal Appearance Figurines - J. McKenna

YEAR ISSUE		EDITION LIMIT	YEAR RETD.	ISSUE PRICE	QUOTE U.S.$
1989	Father Christmas	Closed	1993	30.00	300-350
1990	Old Saint Nick	Closed	1994	30.00	200
1991	Woodland	Open		35.00	35
1992	Victorian	Open		35.00	35
1993	Christmas Eve	Open		35.00	35
1994	Bringing Home Christmas	Open		35.00	35

Registered Edition - J. McKenna

YEAR ISSUE		EDITION LIMIT	YEAR RETD.	ISSUE PRICE	QUOTE U.S.$
1991	Checking His List	Closed	1994	230.00	240
1986	Colonial	Closed	1990	150.00	350-500
1992	Forty Winks	Closed	1994	250.00	250
1988	Jolly Ole St. Nick	Closed	1990	170.00	300
1995	Mrs. Santa Down on the Farm	Open		250.00	250
1995	Santa Down on the Farm	Open		260.00	260
1994	Say Cheese, Please	Open		250.00	250
1993	Tomorrow's Christmas	Open		250.00	250
1990	Toy Maker	Closed	1993	200.00	350
1989	Traditional	Closed	1991	180.00	300
1987	White Christmas	Closed	1987	170.00	1400-2200

Special Limited Edition - J. McKenna

YEAR ISSUE		EDITION LIMIT	YEAR RETD.	ISSUE PRICE	QUOTE U.S.$
1994	All Aboard-North Pole Express	Open		500.00	500
1995	All Aboard-Toy Car	Yr.Iss.		250.00	250
1993	Baking Cookies	2,000		450.00	450
1991	Bedtime Stories	2,000	1994	500.00	500
1990	Christmas Dreams	Closed	1992	280.00	350
1990	Christmas Dreams (Hassock)	Closed	1990	280.00	1400-3000
1989	Last Gentle Nudge	Closed	1991	280.00	350-400
1989	Santa & His Magic Sleigh	Closed	1992	280.00	450
1992	Santa's Arrival	2,000	1994	300.00	300
1990	Santa's Reindeer	Closed	1993	400.00	450-500
1995	Show Me The Way	1,000		500.00	500
1990	Up On The Rooftop	Closed	1991	280.00	400
1994	Welcome to the World	2,000		400.00	400

Victorian Limited Edition - J. McKenna

YEAR ISSUE		EDITION LIMIT	YEAR RETD.	ISSUE PRICE	QUOTE U.S.$
1990	Edward - 3D	Closed	1991	180.00	450
1990	Elizabeth - 3D	Closed	1991	180.00	450
1990	Joseph - 3D	Closed	1991	50.00	50-250
1990	Victoria - 3D	Closed	1991	50.00	50-250

Kaiser

Animals - Various

YEAR ISSUE		EDITION LIMIT	YEAR RETD.	ISSUE PRICE	QUOTE U.S.$
1979	Bear & Cub-521, color bisque - W. Gawantka	900		400.00	1072
1979	Bear & Cub-521, white bisque - W. Gawantka	Closed		125.00	378

YEAR ISSUE		EDITION LIMIT	YEAR RETD.	ISSUE PRICE	QUOTE U.S.$
1980	Bison-630, color bisque - G. Tagliariol	2,000		620.00	1044
1980	Bison-690, white bisque - G. Tagliariol	2,000		350.00	488
1985	Brook Trout-739, color bisque - W. Gawantka	Open		250.00	488
1975	Dolphin Group (4)-508, white bisque - W. Gawantka	Closed		Unkn.	575
1978	Dolphin Group (4)-596/4, white bisque - W. Gawantka	4,500		75.00	956
1975	Dolphin Group (5)-520/5, white bisque - W. Gawantka	800		850.00	3002
1975	German Shepherd-528, color bisque - W. Gawantka	Closed		250.00	652
1975	German Shepherd-528, white bisque - W. Gawantka	Closed		185.00	420
1976	Irish Setter-535, color bisque - W. Gawantka	1,000		290.00	652
1976	Irish Setter-535, white/base - W. Gawantka	1,500		Unkn.	424
1978	Killer Whale-579, color/bisque - W. Gawantka	2,000		420.00	798
1978	Killer Whale-579, white/bisque - W. Gawantka	2,000		85.00	404
1978	Killer Whales (2)-594, color - W. Gawantka	2,000		925.00	2008
1978	Killer Whales (2)-594, white - W. Gawantka	2,000		425.00	1024
1991	Lion-701201, white bisque - W. Gawantka	1,500		650.00	650
1991	Lion-701203, color bisque - W. Gawantka	1,500		1300.00	1300
1985	Pike-737, color bisque - W. Gawantka	Open		350.00	682
1969	Porpoise Group (3)-478, white bisque - W. Gawantka	Closed		85.00	375
1985	Rainbow Trout-739, color bisque - W. Gawantka	Open		250.00	488
1985	Trout-739, color bisque - W. Gawantka	Open		95.00	488
1982	Two wild Boars-664, color bisque - H. Liederly	1,000		650.00	890

Birds of America Collection - Various

YEAR ISSUE		EDITION LIMIT	YEAR RETD.	ISSUE PRICE	QUOTE U.S.$
XX	Baby Titmice-501, color/base - W. Gawantka	Closed	N/A	400.00	500
19XX	Baby Titmice-501, white/base - W. Gawantka	1,200		200.00	754
1978	Baby Titmice-601, color/base - G. Tagliariol	2,000		Unkn.	956
1978	Baby Titmice-601, white/base - G. Tagliariol	2,000		Unkn.	562
1969	Bald Eagle I -464, color - U. Netzsch	Closed	N/A	Unkn.	650
1969	Bald Eagle I -464, white - U. Netzsch	Closed	N/A	Unkn.	250
1973	Bald Eagle II -497, color bisque - G. Tagliariol	Closed	N/A	Unkn.	1300
XX	Bald Eagle II-497, Colored - Kaiser	Closed	N/A	Unkn.	1300
1974	Bald Eagle III -513, color bisque - W. Gawantka	Closed	N/A	Unkn.	850
1974	Bald Eagle III -513,white bisque - W. Gawantka	Closed	N/A	Unkn.	378
1976	Bald Eagle IV-552, color/base - W. Gawantka	1,500		450.00	998
1976	Bald Eagle IV-552, white/base - W. Gawantka	1,500		210.00	572
1984	Bald Eagle IX-714, color/base - W. Gawantka	3,500		500.00	850
1984	Bald Eagle IX-714, white/base - W. Gawantka	4,000		190.00	374
1978	Bald Eagle V-600, color/base - G. Tagliariol	1,500		Unkn.	3848
1980	Bald Eagle VI-634, white/base - W. Gawantka	3,000		Unkn.	672
XX	Bald Eagle VII-637, color/base - G. Tagliariol	200		Unkn.	20694
1982	Bald Eagle VIII-656, color/base - G. Tagliariol	Closed	N/A	800.00	880
1982	Bald Eagle VIII-656, white/base - G. Tagliariol	1,000		400.00	904
1985	Bald Eagle X-746, color/base - W. Gawantka	1,500		Unkn.	1198
1985	Bald Eagle X-746, white/base - W. Gawantka	1,500		375.00	672
1985	Bald Eagle XI-751, color/base - W. Gawantka	1,000		880.00	1422
1985	Bald Eagle XI-751, white/base - W. Gawantka	1,000		Unkn.	902
1976	Baltimore Oriole-536, color/base - G. Tagliariol	1,000		280.00	746
1972	Blue Bird-496, color/base - W. Gawantka	2,500		120.00	480
1973	Blue Jay-503, color/base - W. Gawantka	1,500		475.00	1198
1976	Canadian Geese-550, white/base - G. Tagliariol	1,500		1500.00	3490
1973	Cardinal-504, color/base - W. Gawantka	1,500		60.00	600
1974	Falcon-507, color/base - W. Gawantka	1,500		820.00	1928
XX	Fighting Peacocks -337, color glaze - G. Bochman	Closed	N/A	Unkn.	340
1972	Goshawk-491, color/base - W. Gawantka	1,500		2400.00	4326
1972	Goshawk-491, white/base - W. Gawantka	1,500		850.00	1992
XX	Horned Owl II- 524, color/base - G. Tagliariol	1,000		650.00	2170
XX	Horned Owl II-524, white/base - G. Tagliariol	1,000		Unkn.	918
1982	Hummingbird Group-660, color/base - G. Tagliariol	3,000		650.00	1232
1981	Kingfisher-639, color/base - G. Tagliariol	Closed	N/A	45.00	60
1969	Owl -476, white bisque - W. Gawantka	Closed	N/A	Unkn.	180
1977	Owl IV-559, color/base - G. Tagliariol	1,000		Unkn.	1270
1969	Owl-476, color bisque - W. Gawantka	Closed	N/A	Unkn.	550
1978	Pair of Mallards II-572, color/base - G. Tagliariol	1,500		Unkn.	1156
1978	Pair of Mallards II-572, white/base - G. Tagliariol	1,500		Unkn.	2366
1968	Pair of Mallards-456, color/base - U. Netzsch	Closed	N/A	150.00	500
1968	Pair of Mallards-456, white/base - U. Netzsch	2,000		75.00	518
XX	Paradise Bird-318, white bisque - Kaiser	Closed	N/A	Unkn.	135
1976	Pelican-534, color/base - G. Tagliariol	1,200		925.00	1768
XX	Pelican-534, white/base - G. Tagliariol	Closed	N/A	Unkn.	625
1984	Peregrine Falcon-723, color/base - M. Tandy	1,500		850.00	4946
1976	Pheasant-556, color/base - G. Tagliariol	1,500		3200.00	6020
1984	Pheasant-715, color/base - G. Tagliariol	1,500		1000.00	1962
1968	Pidgeon Group-475, color/base - U. Netzsch	1,500		150.00	812
1968	Pidgeon Group-475, white/base - U. Netzsch	2,000		60.00	412
1985	Pintails-747, color/base - Kaiser	1,500		Unkn.	838
1985	Pintails-747, white/base - Kaiser	1,500		Unkn.	364
1981	Quails-640, color/base - G. Tagliariol	1,500		Unkn.	2366
1972	Roadrunner-492, color bisque - W. Gawantka	1,000		175.00	199
XX	Roadrunner-492, color/base - Kaiser	Closed	N/A	350.00	900
XX	Robin & Worm, color/base - Kaiser	Closed	N/A	60.00	90
XX	Robin II-537, color/base - Kaiser	1,000		260.00	888
1973	Robin-502, color/base - W. Gawantka	1,500		340.00	718
1981	Rooster-642, color/base - G. Tagliariol	1,500		860.00	1304
1981	Rooster-642, white/base - G. Tagliariol	1,500		380.00	688
1970	Scarlet Tanager, color/base - Kaiser	Closed	N/A	60.00	90
1976	Screech Owl-532, color bisque - W. Gawantka	Closed	N/A	Unkn.	175
1976	Screech Owl-532, white/base - W. Gawantka	Closed	N/A	175.00	199
1973	Seagull-498, color bisque - W. Gawantka	Closed	N/A	Unkn.	1150
1972	Seagull-498, color/base - W. Gawantka	Closed	N/A	850.00	1150
1972	Seagull-498, white/base - W. Gawantka	700		550.00	1586
XX	Snowy Owl -776, color/base - Kaiser	1,500		Unkn.	1146
XX	Snowy Owl -776, white/base - Kaiser	1,500		Unkn.	668
XX	Sparrow Hawk-749, color/base - Kaiser	3,000		575.00	906
1986	Sparrow Hawk-777, colored bisque - M. Tandy	10,000		950.00	1336
1986	Sparrow Hawk-777, white bisque - M. Tandy	1,000		440.00	716
1975	Sparrow-516, color/base - G. Tagliariol	1,500		300.00	596
1979	Swan-602, color/base - G. Tagliariol	2,000		Unkn.	1370
XX	Wild Ducks-456, color bisque - Kaiser	Closed	N/A	Unkn.	500
1968	Wild Ducks-456, white bisque - Kaiser	2,000		Unkn.	175
1975	Wood Ducks-514, color/base - G. Tagliariol	800		Unkn.	2804
1975	Woodpeckers-515, color/base - G. Tagliariol	800		900.00	1762

Horse Sculpture - W. Gawantka

YEAR ISSUE		EDITION LIMIT	YEAR RETD.	ISSUE PRICE	QUOTE U.S.$
1969	Arabian Stallion-Comet, color/bisque	Closed	N/A	Unkn.	850
1990	Argos-633101/wht. bisq./base	1,000		578.00	672
1990	Argos-633103/lt. color/base	1,000		1194.00	1388
1990	Argos-633143/color/base	1,000		1194.00	1388
1978	Capitano/Lipizzaner- 597, color	1,500		625.00	1496
1978	Capitano/Lipizzaner- 597, white	Closed	N/A	275.00	574
1976	Hassan/Arabian-553, color/base	1,500		600.00	1100-1200
1976	Hassan/Arabian-553, white/base	Closed	N/A	250.00	600
1975	Lipizzaner/Maestoso-517/color bisque	Closed	N/A	Unkn.	1150
1975	Lipizzaner/Maestoso-517white bisque	Closed	N/A	Unkn.	750
1975	Mare & Foal II-510, color/base	Closed	N/A	650.00	775
1975	Mare & Foal II-510, white/bisque	Closed	N/A	Unkn.	775
1980	Mare & Foal III-636, color/base	1,500		950.00	1632
1980	Mare & Foal III-636, white/base	1,500		300.00	646
1980	Orion/Arabian-629, color/base	2,000		600.00	1038
1980	Orion/Arabian-629, white/base	2,000		250.00	442
1987	Pacer-792, color/base	1,500		1217.00	1350
1987	Pacer-792, white/base	1,500		574.00	652
1971	Pony Group-488, color bisque	Closed	N/A	Unkn.	350
1971	Pony Group-488, color/base	Closed	N/A	Unkn.	350
1971	Pony Group-488, white/base	2,500		50.00	418
1987	Trotter-780, color/base	1,500		1217.00	1350
1987	Trotter-780, white/base	1,500		574.00	652

Human Figures - Various

YEAR ISSUE		EDITION LIMIT	YEAR RETD.	ISSUE PRICE	QUOTE U.S.$
XX	Father & Daughter-752, color - Kaiser	2,500		390.00	710
XX	Father & Daughter-752, white - Kaiser	2,500		175.00	362
1982	Father & Son-659, color/base - W. Gawantka	2,500		400.00	712
1982	Father & Son-659, white/base - W. Gawantka	2,500		100.00	384
1982	Ice Princess-667, color - W. Gawantka	5,000		375.00	732
1982	Ice Princess-667, white - W. Gawantka	5,000		200.00	416
1960	Mother & Child-398, white bisque - G. Bochmann	Open		Unkn.	312
XX	Mother & Child-757, color - Kaiser	3,500		600.00	864
XX	Mother & Child-757, white - Kaiser	4,000		300.00	430
XX	Mother & Child-775, color - Kaiser	3,500		600.00	864
XX	Mother & Child-775, white - Kaiser	4,000		300.00	430
1983	Mother & Child/bust-696, color - W. Gawantka	3,500		500.00	1066
1983	Mother & Child/bust-696, white - W. Gawantka	4,000		225.00	428
1982	Swan Lake Ballet-641, color - W. Gawantka	2,500		650.00	1276
1982	Swan Lake Ballet-641, white - W. Gawantka	2,500		200.00	974

Kurt S. Adler, Inc.

Christmas Legends - P.F. Bolinger

YEAR ISSUE		EDITION LIMIT	YEAR RETD.	ISSUE PRICE	QUOTE U.S.$
1994	Aldwyn of the Greenwood J8196	Open		145.00	145
1994	Berwyn the Grand J8198	Open		175.00	175
1995	Bountiful J8234	Open		164.00	164
1994	Caradoc the Kind J8199	Open		70.00	70
1994	Florian of the Berry Bush J8199	Open		70.00	70
1994	Gustave the Gutsy J8199	Open		70.00	70
1995	Luminatus J8241	Open		136.00	136
1994	Silvanus the Cheerful J8197	Open		165.00	165

The Fabriché™ Bear & Friends Series - K.S. Adler

YEAR ISSUE		EDITION LIMIT	YEAR RETD.	ISSUE PRICE	QUOTE U.S.$
1992	Laughing All The Way J1567	Retrd.	1994	83.00	83
1992	Not A Creature Was Stirring W1534	Open		67.00	67
1993	Teddy Bear Parade W1601	Open		73.00	73

Fabriché™ Angel Series - K.S. Adler

YEAR ISSUE		EDITION LIMIT	YEAR RETD.	ISSUE PRICE	QUOTE U.S.$
1992	Heavenly Messenger W1584	Retrd.	1994	41.00	41

Fabriché™ Camelot Figure Series - P. Mauk

YEAR ISSUE		EDITION LIMIT	YEAR RETD.	ISSUE PRICE	QUOTE U.S.$
1994	King Arthur J3372	7,500		110.00	110
1993	Merlin the Magician J7966	7,500		120.00	120
1993	Young Arthur J7967	7,500		120.00	120

Fabriché™ Holiday Figurines - Various

YEAR ISSUE		EDITION LIMIT	YEAR RETD.	ISSUE PRICE	QUOTE U.S.$
1995	All Aboard For Christmas W1679 - KSA	Open		56.00	56
1994	All Star Santa W1652 - K.S. Adler	Open		56.00	56
1993	All That Jazz W1620 - K.S. Adler	Retrd.	1994	67.00	67
1992	An Apron Full of Love W1582 - M. Rothenberg	Open		75.00	75
1995	Armchair Quarterback W1693 - KSA	Open		90.00	90
1994	Basket of Goodies W1650 - K.S. Adler	Open		60.00	60
1992	Bringin in the Yule Log W1589 - M. Rothenberg	5,000		200.00	200
1993	Bringing the Gifts W1605 - K.S. Adler	Open		60.00	60
1992	Bundles of Joy W1578 - K.S. Adler	Retrd.	1994	78.00	78
1995	Captain Claus W1680 - KSA	Open		56.00	56
1994	Checking His List W1643 - K.S. Adler	Open		60.00	60
1993	Checking It Twice W1604 - K.S. Adler	Open		56.00	56
1992	Christmas is in the Air W1590 - K.S. Adler	Open		110.00	110
1995	Diet Starts Tomorrow W1691 - KSA	Open		60.00	60
1995	Father Christmas W1687 - K.S. Adler	Open		56.00	56
1994	Firefighting Friends W1654 - K.S. Adler	Open		72.00	72
1993	Forever Green W1607 - K.S. Adler	Open	1994	56.00	56
1994	Friendship W1642 - K.S. Adler	Open		65.00	65
1995	Gift From Heaven W1694 - KSA	Open		60.00	60
1992	He Did It Again J7944 - T. Rubel	Open		160.00	160
1993	Here Kitty W1618 - M. Rothenberg	Retrd.	1994	90.00	125
1994	Ho, Ho, Ho Santa W1632 - K.S. Adler	Open		56.00	56
1994	Holiday Express W1636 - K.S. Adler	Open		100.00	100
1992	Homeward Bound W1568 - K.S. Adler	Open		61.00	65
1992	Hugs and Kisses W1531 - K.S. Adler	Retrd.	1994	67.00	67
1992	I'm Late, I'm Late J7947 - T. Rubel	Open		100.00	100
1992	It's Time To Go J7943 - T. Rubel	Retrd.	1994	150.00	150
1995	Kris Kringle W1685 - K.S. Adler	Open		55.00	55
1994	Mail Must Go Through W1667 - KSA/WRG	Open		110.00	110

YEAR ISSUE		EDITION LIMIT	YEAR RETD.	ISSUE PRICE	QUOTE U.S.$
1992	Merry Kissmas W1548 - M. Rothenberg	Retrd.	1993	140.00	140
1995	Merry Memories W1735 - K.S. Adler	Open		56.00	56
1994	Merry St. Nick W1641 - Giordano	Open		100.00	100
1995	Mrs. Santa Caroller W1690 - M. Rothenberg	Open		70.00	70
1995	Night Before Christmas W1692 - Wood River Gallery	Open		60.00	60
1994	Officer Claus W1677 - KSA	Open		56.00	56
1993	Par For The Claus W1603 - K.S. Adler	Open		60.00	60
1994	Peace Santa W1631 - K.S. Adler	Open		60.00	60
1995	Pere Noel W1686 - K.S. Adler	Open		55.00	55
1993	Playtime For Santa W1619 - K.S. Adler	Retrd.	1994	67.00	67
1994	Santa Calls W1678 - W. Joyce	Open		55.00	55
1995	Santa Caroller W1689 - M. Rothenberg	Open		70.00	70
1991	Santa Fiddler W1549 - M. Rothenberg	Retrd.	1992	100.00	100
1992	Santa Steals A Kiss & A Cookie W1581 - M. Rothenberg	Retrd.	1994	150.00	175
1992	Santa's Cat Nap W1504 - M. Rothenberg	Retrd.	1992	98.00	110
1994	Santa's Fishtales W1640 - K.S. Adler	Open		60.00	60
1992	Santa's Ice Capades W1588 - M. Rothenberg	Open		110.00	110
1994	Schussing Claus W1651 - K.S. Adler	Open		78.00	78
1992	St. Nicholas The Bishop W1532 - K.S. Adler	Open		78.00	78
1994	Star Gazing Santa W1656 - M. Rothenberg	Open		120.00	120
1993	Stocking Stuffer W1622 - K.S. Adler	Retrd.	1994	56.00	56
1995	Strike Up The Band W1681 - KSA	Open		55.00	55
1995	Tee Time W1734 - K.S. Adler	Open		60.00	60
1993	Top Brass W1630 - K.S. Adler	Open		67.00	67
1993	With All The Trimmings W1616 - K.S. Adler	Open		76.00	76
1995	Woodland Santa W1731 - R. Volpi	Open		67.00	67

Fabriché™ Santa at Home Series - M. Rothenberg

1995	Baby Burping Santa W1732	Open		80.00	80
1994	The Christmas Waltz 1635	Open		135.00	135
1995	Family Portrait W1727	Open		140.00	140
1993	Grandpa Santa's Piggyback Ride W1621	7,500		84.00	84
1995	Santa's Horsey Ride W1728	Open		80.00	80
1994	Santa's New Friend W1655	Open		110.00	110

Fabriché™ Santa's Helpers Series - M. Rothenberg

1993	Little Olde Clockmaker W1629	5,000		134.00	134
1992	A Stitch in Time W1591	5,000		135.00	135

Fabriché™ Smithsonian Museum Series - KSA/Smithsonian

1992	Holiday Drive W1556	Open		155.00	155
1993	Holiday Flight W1617	Open		144.00	144
1992	Peace on Earth Angel Treetop W1583	Open		52.00	52
1992	Peace on Earth Flying Angel W1585	Open		49.00	49
1991	Santa On A Bicycle W1527	Retrd.	1994	150.00	150
1995	Toys For Good Boys and Girls W1696	Open		75.00	75

Fabriché™ Thomas Nast Figurines - K.S. Adler

1992	Caught in the Act W1577	Retrd.	1993	133.00	133
1992	Christmas Sing-A-Long W1576	12,000		110.00	110
1993	Dear Santa W1602	Retrd.	1993	110.00	110
1991	Hello! Little One W1552	12,000	1994	90.00	90

Gallery of Angels - K.S. Adler

1994	Guardian Angel M1099	2,000		150.00	150
1994	Unspoken Word M1100	2,000		150.00	150

Ho Ho Ho Gang - P.F. Bolinger

1994	Christmas Goose J8201	Open		25.00	25
1995	Cookie Claus J8286	Open		40.00	40
1995	Do Not Disturb J8233	Open		56.00	56
1994	Holy Mackerel J8202	Open		25.00	25
1995	No Hair Day J8287	Open		50.00	50
1995	North Pole (large) J8237	Open		60.00	60
1995	North Pole (small) J8238	Open		48.00	48
1994	Santa Cob J8203	Open		28.00	28
1994	Surprise J8201	Open		25.00	25
1994	Will He Make It? J8203	Open		28.00	28
1995	Will Work For Cookies J8235	Open		40.00	40
1995	Wishful Thinking J8239	Open		39.00	39

Jim Henson's Muppet Nutcrackers - KSA/JHP

1993	Kermit The Frog H1223	Retrd.	1995	90.00	90

Mickey Unlimited - KSA/Disney

1994	Donald Duck Drummer W1671	Open		45.00	45
1993	Donald Duck H1235	Open		90.00	90
1992	Goofy H1216	Open		78.00	78
1994	Mickey Bandleader W1669	Open		45.00	45
1992	Mickey Mouse Soldier H1194	Open		72.00	72
1992	Mickey Mouse Sorcerer H1221	Open		100.00	100
1993	Mickey Mouse With Gift Boxes W1608	Open		78.00	78
1994	Mickey Santa Nutcracker H1237	Open		90.00	90
1994	Minnie Mouse Soldier Nutcrackers H1236	Open		90.00	90
1994	Minnie With Cymbals W1670	Open		45.00	45
1993	Pinnochio H1222	Open		110.00	110

Old World Santa Series - J. Mostrom

1992	Chelsea Garden Santa W2721	Retrd.	1994	33.50	34
1993	Good King Wenceslas W2928	3,000		134.00	134
1992	Large Black Forest Santa W2717	Retrd.	1994	110.00	110
1992	Large Father Christmas W2719	Retrd.	1994	106.00	106
1993	Medieval King of Christmas W2881	3,000	1994	390.00	390
1992	Mrs. Claus W2714	5,000		37.00	37
1992	Patriotic Santa W2720	3,000	1994	128.00	128
1992	Pere Noel W2723	Retrd.	1994	33.50	34
1992	Small Black Forest Santa W2712	Retrd.	1994	40.00	40
1992	Small Father Christmas W2712	Retrd.	1994	33.50	34
1992	Small Father Frost W2716	Retrd.	1994	43.00	43
1992	Small Grandfather Frost W2718	Retrd.	1994	106.00	106
1992	St. Nicholas W2713	Retrd.	1994	30.00	30
1992	Workshop Santa W2715	5,000		43.00	43

Sesame Street Series - KSA/JHP

1993	Big Bird Fabrich, Figurine J7928	Open		60.00	60
1993	Big Bird Nutcracker H1199	Retrd.	1994	60.00	60

Steinbach Camelot Smoking Figure Series - KSA/Steinbach

1993	King Arthur ES832	7,500		175.00	175
1992	Merlin The Magician ES830	7,500		150.00	150

Steinbach Nutcracker American Presidents Series - KSA/Steinbach

1992	Abraham Lincoln ES622	12,000		195.00	225
1993	Ben Franklin ES622	12,000		225.00	225
1992	George Washington ES623	12,000	1994	195.00	500
1993	Teddy Roosevelt ES644	10,000		225.00	225

Steinbach Nutcracker Camelot Series - KSA/Steinbach

1992	King Arthur ES621	Retrd.	1993	195.00	600
1991	Merlin The Magician ES610	Retrd.	1991	185.00	1500-3000
1995	Queen Guenevere ES869	10,000		245.00	245
1994	Sir Galahad ES862	12,000		225.00	225
1993	Sir Lancelot ES638	12,000		225.00	225
1994	Sir Lancelot Smoker ES833	7,500		150.00	150

Steinbach Nutcracker Christmas Legends Series - KSA/Steinbach

1995	1930s Santa Claus ES891	7,500		245.00	245
1993	Father Christmas ES645	7,500		225.00	225
1994	St. Nicholas, The Bishop ES865	7,500		225.00	225

Steinbach Nutcracker Collection - KSA/Steinbach

1991	Columbus ES697	Retrd.	1992	194.00	225
1992	Happy Santa ES601	Open		190.00	220
1984	Oil Sheik	Retrd.	1985	100.00	500

Steinbach Nutcracker Famous Chieftans Series - KSA/Steinbach

1995	Black Hawk ES889	7,500		245.00	245
1993	Chief Sitting Bull ES637	8,500		225.00	225
1994	Chief Sitting Bull Smoker ES834	7,500		150.00	150
1994	Red Cloud ES864	8,500		225.00	225

Steinbach Nutcracker Tales of Sherwood Forest - KSA/Steinbach

1995	Friar Tuck ES890	7,500		245.00	245
1992	Robin Hood ES863	7,500		225.00	225

Visions Of Santa Series - K.S. Adler

1992	Santa Coming Out Of Fireplace J1023	Retrd.	1993	29.00	29
1992	Santa Holding Child J826	Retrd.	1993	24.50	25
1992	Santa Spilling Bag Of Toys J1022	7,500	1994	25.50	26
1992	Santa With Little Girls On Lap J1024	7,500		24.50	25
1992	Santa With Sack Holding Toy J827	7,500	1994	24.50	25
1992	Workshop Santa J825	7,500	1994	27.00	27

Zuber Nutcracker Series - KSA/Zuber

1992	The Annapolis Midshipman EK7	5,000	1994	125.00	125
1992	The Bavarian EK16	5,000	1994	130.00	130
1992	Bronco Billy The Cowboy EK1	5,000	1994	125.00	125
1992	The Chimney Sweep EK6	5,000	1993	125.00	125
1992	The Country Singer EK19	5,000	1993	125.00	125
1992	The Fisherman EK17	5,000		125.00	125
1994	The Gardner EK26	2,500		150.00	150
1992	Gepetto, The Toymaker EK9	5,000	1994	125.00	125
1992	The Gold Prospector EK18	5,000	1994	125.00	125
1992	The Golfer EK5	5,000	1994	125.00	125
1993	Herr Drosselmeir Nutcracker EK21	5,000	1995	150.00	300-450
1993	The Ice Cream Vendor EK24	5,000		150.00	150
1992	The Indian EK15	5,000	1994	135.00	135
1994	Jazz Player EK25	2,500		145.00	145
1994	Kurt the Traveling Salesman EK28	2,500	1994	155.00	155
1994	Mouse King EK31	2,500		150.00	150
1993	Napoleon Bonaparte EK23	5,000	1994	150.00	150
1992	The Nor' Easter Sea Captain EK3	5,000		125.00	125
1992	Paul Bunyan The Lumberjack EK2	5,000	1993	125.00	125
1994	Peter Pan EK28	2,500		145.00	145
1992	The Pilgrim EK14	5,000	1994	125.00	125
1993	The Pizzamaker EK22	5,000		150.00	150
1994	Scuba Diver EK27	2,500		150.00	150
1994	Soccer Player EK30	2,500		145.00	145
1992	The Tyrolean EK4	5,000	1994	125.00	125
1992	The West Point Cadet With Canon EK8	5,000	1994	130.00	13

Lalique Society of America

Lalique Society Annual Series - Various

1989	Degas Box 10585 - R. Lalique	Yr.Iss.		295.00	725
1990	Hestia Medallion 61051 - M.C. Lalique	Yr.Iss.		295.00	700
1991	Lily of Valley (perfume bottle) 61053 - R. Lalique	Yr.Iss.		275.00	450
1992	La Patineuse (paperweight) 61054 - M.C. Lalique	Yr.Iss.		325.00	375
1993	Enchantment (figurine) 61055 - M.C. Lalique	Yr.Iss.		395.00	395
1994	Eclipse (perfume bottle) - M.C. Lalique	Yr.Iss.		395.00	395

Lance Corporation

Chilmark MetalART ™ The Great Chiefs - J. Slockbower

1992	Chief Joseph	S/O	1992	975.00	15-190
1993	Crazy Horse	750		975.00	975
1992	Geronimo	S/O	1992	975.00	975
1993	Sitting Bull	750		1075.00	1075

Chilmark MetalART™ Mickey & Co. On the Road - Staff

1994	Beach Bound	S/O	1994	350.00	700-100
1992	Cruising	S/O	1992	275.00	1500-250
1993	Sunday Drive	S/O	1993	325.00	900-150

Chilmark MetalART™ The Seekers - A. McGrory

1993	Bear Vision	500		1375.00	1375
1992	Buffalo Vision	S/O	1993	1075.00	1075
1993	Eagle Vision	500		1250.00	1250

Chilmark MetalART™ To The Great Spirit - T. Sullivan

1993	Gray Elk	950		775.00	775
1992	Shooting Star	S/O	1994	775.00	775
1994	Thunder Cloud	950		775.00	775
1993	Two Eagles	950		775.00	775

Chilmark Pewter American West Christmas Special - D. Polland

1994	Cowboy Christmas	Annual	1994	250.00	250

Chilmark Pewter American West Redemption Specials - Various

1994	Horse Breaking - D. Polland	Yr.Iss.		395.00	395

Chilmark Pewter American West - Various

1981	Ambushed - D. Polland	Retrd.	1991	2370.00	270
1985	Bear Meet - S. York	Retrd.	1992	500.00	600-80
1982	Blood Brothers - M. Boyett	Retrd.	1991	250.00	610-995
1979	Border Rustlers - D. Polland	S/O	1989	1295.00	1500
1983	Bounty Hunter - D. Polland	S/O	1987	250.00	300-600
1976	Buffalo Hunt - D. Polland	S/O	1980	300.00	1625
1982	Buffalo Prayer - D. Polland	S/O	1989	95.00	225-400
1990	Buffalo Spirit - D. Polland	S/O	1993	110.00	185
1979	Cavalry Officer - D. LaRocca	S/O	1985	125.00	400-650
1974	Cheyenne - D. Polland	S/O	1980	200.00	2700-3000
1976	Cold Saddles, Mean Horses - D. Polland	S/O	1986	200.00	800
1987	Cool Waters - F. Barnum	Suspd.	1993	350.00	395
1974	Counting Coup - D. Polland	S/O	1980	225.00	1600-2000
1979	Cowboy - D. LaRocca	S/O	1984	125.00	500-75
1974	Crow Scout - D. Polland	S/O	1983	250.00	1000-1700
1988	Custer's Last Stand - F. Barnum	Suspd.	1993	350.00	395
1978	Dangerous Encounter - B. Rodden	Retrd.	1977	475.00	600-950
1990	Eagle Dancer (deNatura) - D. Polland	Retrd.	1993	300.00	300
1981	Enemy Tracks - D. Polland	S/O	1988	225.00	700-725
1988	A Father's Farewell - F. Barnum	S/O	1994	150.00	225-240
1984	Flat Out for Red River Station - M. Boyett	S/O	1991	3000.00	45-720
1979	Getting Acquainted - D. Polland	S/O	1988	215.00	800-1100
1985	Horse of A Different Color - S. York	Retrd.	1992	500.00	600-800
1979	Indian Warrior - D. LaRocca	Retrd.	1988	95.00	400
1982	Jemez Eagle Dancer - D. Polland	S/O	1989	95.00	250-450
1991	Kiowa Princess (deNatura) - D. Polland	Retrd.	1993	300.00	300
1982	Last Arrow - D. Polland	S/O	1988	95.00	300-400
1983	Line Rider - D. Polland	S/O	1988	195.00	975
1979	Mandan Hunter - D. Polland	S/O	1985	65.00	780-900
1975	Maverick Calf - D. Polland	S/O	1981	250.00	1300-1700
1976	Monday Morning Wash - D. Polland	S/O	1986	200.00	1000
1979	Mountain Man - D. LaRocca	Retrd.	1988	95.00	500-650
1983	Now or Never - D. Polland	Retrd.	1991	265.00	800
1975	The Outlaws - D. Polland	S/O	1989	450.00	900-1180
1976	Painting the Town - D. Polland	S/O	1983	300.00	1500-1700
1990	Pequot Wars - D. Polland	S/O	1990	395.00	450-800
1981	Plight of the Huntsman - M. Boyett	S/O	1987	495.00	850
1985	Postal Exchange - S. York	Retrd.	1992	300.00	400-600
1990	Red River Wars - D. Polland	S/O	1990	425.00	700-850

FIGURINES/COTTAGES

Lance Corporation
to Lance Corporation

YEAR ISSUE		EDITION LIMIT	YEAR RETD.	ISSUE PRICE	QUOTE U.S.$
1976	Rescue - D. Polland	S/O	1980	275.00	1150
1979	Running Battle - B. Rodden	Retrd.	1987	400.00	750-900
1990	Running Wolf (deNatura) - D. Polland	Retrd.	1993	350.00	350
1982	Sioux War Chief - D. Polland	S/O	1989	95.00	240-480
1990	Tecumseh's Rebellion - D. Polland	S/O	1990	350.00	700
1983	Too Many Aces - D. Polland	Retrd.	1993	400.00	495
1987	Treed - F. Barnum	Suspd.	1993	300.00	345
1981	U.S. Marshal - D. Polland	S/O	1986	95.00	450
1981	War Party - D. Polland	Retrd.	1991	550.00	975-1150
1981	When War Chiefs Meet - D. Polland	S/O	1988	300.00	800
1983	The Wild Bunch - D. Polland	S/O	1987	200.00	225-400
1982	Yakima Salmon Fisherman - D. Polland	S/O	1987	200.00	700
1991	Yellow Boy (deNatura) - D. Polland	Retrd.	1993	350.00	350

Chilmark Pewter American West Christmas Special - D. Polland

1993	Almost Home	Annual	1994	375.00	375
1992	Merry Christmas My Love	Annual	1992	350.00	350-450
1991	Merry Christmas Neighbor	Annual	1991	395.00	690

Chilmark Pewter American West Event Specials - D. Polland

1994	Bacon 'N' Beans Again?	Annual	1994	150.00	150
1992	Irons In The Fire	Annual	1992	125.00	125
1991	Uneasy Truce	Annual	1991	125.00	175-195

Chilmark Pewter American West Redemption Specials - Various

1983	The Chief - D. Polland	Yr.Iss.	1984	275.00	16-2700
1990	Cochise - D. Polland	Yr.Iss.	1991	400.00	600
1991	Crazy Horse - D. Polland	Yr.Iss.	1992	295.00	600-750
1986	Eagle Catcher - M. Boyett	Yr.Iss.	1987	300.00	850-1200
1989	Geronimo - D. Polland	Yr.Iss.	1990	375.00	500
1988	I Will Fight No More Forever (Chief Joseph) - D. Polland	Yr.Iss.	1989	350.00	700-750
1985	Oh Great Spirit - D. Polland	Yr.Iss.	1986	300.00	1000-1300
1993	Sacred Ground Reclaimed - D. Polland	Yr.Iss.	1994	495.00	495
1992	Strong Hearts to the Front - D. Polland	Yr.Iss.	1993	425.00	600
1987	Surprise Encounter - F. Barnum	Yr.Iss.	1988	250.00	600-800
1984	Unit Colors - D. Polland	Yr.Iss.	1985	250.00	1200-1700

Chilmark Pewter Beautiful Women - A. Kann

1984	Adrienne	Suspd.	1993	175.00	195
1984	Clarisse	Suspd.	1993	195.00	200
1984	Desiree	Suspd.	1993	195.00	200
1985	Giselle	Suspd.	1993	225.00	225
1985	Michelle	Suspd.	1993	350.00	365
1984	Sibyl	Suspd.	1993	150.00	165-375

Chilmark Pewter Civil War - F. Barnum

1993	Abraham Lincoln Bust (Bronze)	S/O	1993	2000.00	2250
1988	Johnny Shiloh	S/O	1992	100.00	220
1992	Kennesaw Mountain	S/O	1992	650.00	1300
1992	Parson's Battery	S/O	1993	495.00	500-575
1987	Saving The Colors	Retrd.	1992	350.00	700

Chilmark Pewter Civil War Christmas Specials - F. Barnum

1994	Christmas Truce	Annual	1994	295.00	295
1992	Merry Christmas Yank	Annual	1992	350.00	500
1993	Silent Night	Annual	1993	350.00	475

Chilmark Pewter Civil War Event Specials - F. Barnum

1992	140th NY Zouave	Annual	1992	95.00	150
1994	Billy Yank	Annual	1994	95.00	95
1991	Boots and Saddles	Annual	1991	95.00	200
1993	Johnny Reb	Annual	1993	95.00	125
1995	Seaman, CSS Alabama	Annual		95.00	95

Chilmark Pewter Civil War Redemption Specials - F. Barnum

1994	Angel of Fredericksburg	Yr.Iss.		275.00	275
1990	Lee And Jackson	Yr.Iss.	1991	375.00	525
1989	Lee To The Rear	Yr.Iss.	1990	300.00	600-900
1993	Letter to Sarah	Yr.Iss.	1994	395.00	395
1991	Stonewall Jackson	Yr.Iss.	1992	295.00	500
1992	Zouaves 1st Manassas	Yr.Iss.	1993	375.00	375

Chilmark Pewter Eagles - Various

1991	Cry of Freedom - S. Knight	Suspd.	1993	395.00	395
1981	Freedom Eagle - G. deLodzia	S/O	1983	195.00	750-900
1989	High and Mighty - A. McGrory	Suspd.	1993	185.00	200
1987	Winged Victory - J. Mullican	Suspd.	1993	275.00	315
1982	Wings of Liberty - M. Boyett	S/O	1986	625.00	1200

Chilmark Pewter Horses - Various

1980	Affirmed - M. Jovine	Retrd.	1987	850.00	1275
1980	Born Free - B. Rodden	S/O	1988	250.00	675
1977	The Challenge - B. Rodden	S/O	1977	175.00	250-300
1981	Clydesdale Wheel Horse - C. Keim	Retrd.	1989	120.00	430
1978	Paddock Walk - A. Petitto	Retrd.	1991	85.00	215
1977	Rise and Shine - B. Rodden	S/O	1977	135.00	200
1976	Running Free - B. Rodden	S/O	1977	75.00	300
1976	Stallion - B. Rodden	S/O	1977	75.00	260
1982	Tender Persuasion - J. Mootry	Retrd.	1987	950.00	1250

YEAR ISSUE		EDITION LIMIT	YEAR RETD.	ISSUE PRICE	QUOTE U.S.$
1985	Wild Stallion - D. Polland	Retrd.	1988	145.00	350

Chilmark Pewter Legacy of Courage - M. Boyett

1983	Along the Cherokee Trace	Retrd.	1991	295.00	720
1981	Apache Signals	Retrd.	1987	175.00	550-575
1982	Arapaho Sentinel	Retrd.	1991	195.00	500
1981	Blackfoot Snow Hunter	Retrd.	1988	175.00	650
1981	Buffalo Stalker	Retrd.	1991	175.00	560
1983	Circling the Enemy	Retrd.	1992	295.00	395
1981	Comanche	Retrd.	1991	175.00	530-670
1982	Dance of the Eagles	Retrd.	1992	150.00	215
1983	Forest Watcher	Retrd.	1991	215.00	540
1981	Iroquois Warfare	Retrd.	1991	125.00	600
1982	Kiowa Scout	Retrd.	1987	195.00	525
1982	Listening For Hooves	Retrd.	1991	150.00	400
1982	Mandan Buffalo Dancer	Retrd.	1991	195.00	450-600
1983	Moment of Truth	Retrd.	1991	295.00	550-620
1982	Plains Talk-Pawnee	Retrd.	1987	195.00	625
1983	Rite of the Whitetail	Retrd.	1992	295.00	400
1982	Shoshone Eagle Catcher	S/O	1985	225.00	16-2000
1982	The Tracker Nez Perce	Retrd.	1988	150.00	575
1981	Unconquered Seminole	Retrd.	1991	175.00	540
1981	Victor Cheyenne	Retrd.	1991	175.00	500
1983	A Warrior's Tribute	Retrd.	1992	335.00	635
1983	Winter Hunt	Retrd.	1991	295.00	400

Chilmark Pewter Masters of the American West - Various

1985	Bronco Buster (Large) - C. Rousell	Retrd.	1989	400.00	400
1986	Buffalo Hunt - A. McGrory	Retrd.	1989	550.00	800
1984	Cheyenne (Remington) - C. Rousell	Retrd.	1988	400.00	600
1988	End of the Trail (Mini) - A. McGrory	S/O	1992	225.00	325
1990	Remington Self Portrait - A. McGrory	Suspd.	1993	275.00	275
1989	The Triumph - A. McGrory	Suspd.	1993	275.00	290
1989	Trooper of the Plains - A. McGrory	Suspd.	1993	250.00	265

Chilmark Pewter Mickey & Co. - Staff

1989	"Gold Edition" Hollywood Mickey	Retrd.	1990	200.00	N/A
1989	Hollywood Mickey	Suspd.	1991	165.00	200-350
1994	Lights, Camera, Action (Bronze)	50		3250.00	3250
1994	Lights, Camera, Action (Pewter)	500		1500.00	1500
1994	Mickey on Parade (Bronze)	S/O	1994	950.00	1400
1994	Mickey on Parade (MetalART))	S/O	1994	500.00	500
1994	Mickey on Parade (Pewter)	750		375.00	375
1991	Mickey's Carousel Ride	2,500		150.00	160
1992	Minnie's Carousel Ride	2,500		150.00	160
1994	Mouse in a Million (Bronze)	S/O	1994	1250.00	1400-1500
1994	Mouse in a Million (MetalART))	S/O	1994	650.00	700-950
1994	Mouse in a Million (Pewter)	S/O	1994	500.00	550-750
1994	Puttin' on the Ritz (Bronze)	S/O	1994	2000.00	2600
1994	Puttin' on the Ritz (MetalART))	250		1000.00	1000
1994	Puttin' on the Ritz (Pewter)	350		750.00	750

Chilmark Pewter Mickey & Co. Christmas - Staff

1993	Checking it Twice	Yr.Iss.	1993	195.00	250
1993	Hanging the Stockings	Yr.Iss.	1993	295.00	330-500
1994	Just For You	Yr.Iss.	1994	265.00	265
1994	Trimming the Tree	Yr.Iss.	1994	350.00	350

Chilmark Pewter Mickey & Co. Comic Capers - Staff

1995	Crack the Whip (Bronze)	50		2000.00	2000
1995	Crack the Whip (Pewter)	500		750.00	750
1994	Foursome Follies (Bronze)	S/O	1994	2000.00	2000
1994	Foursome Follies (Pewter)	S/O	1994	750.00	800-1500

Chilmark Pewter Mickey & Co. Generations of Mickey - Staff

1987	Antique Mickey	S/O	1990	95.00	425-750
1990	The Band Concert	2,500		185.00	195
1990	The Band Concert (Painted)	S/O	1993	215.00	375-500
1990	Disneyland Mickey	2,500		150.00	160
1989	Mickey's Gala Premiere	2,500		150.00	160
1991	The Mouse-1935	1,200		185.00	195
1991	Plane Crazy-1928	2,500		175.00	185
1989	Sorcerer's Apprentice	S/O	1993	150.00	225-275
1989	Steamboat Willie	S/O	1993	165.00	200-350

Chilmark Pewter Mickey & Co. Invitation-Only Special - Staff

1994	Bicycle Built For Two	Yr.Iss.		195.00	195

Chilmark Pewter Mickey & Co. Mickey and Friends - Staff

1994	Donald (Bronze)	S/O	1994	325.00	325
1994	Donald (Pewter)	1,500		150.00	150
1994	Goofy (Bronze)	S/O	1994	375.00	375
1994	Goofy (Pewter)	1,500		175.00	175
1994	Mickey (Bronze)	S/O	1994	325.00	325
1994	Mickey (Pewter)	1,500		150.00	150
1994	Minnie (Bronze)	S/O	1994	325.00	325
1994	Minnie (Pewter)	1,500		150.00	150
1994	Pluto (Bronze)	S/O	1994	325.00	325
1994	Pluto (Pewter)	1,500		150.00	150

Chilmark Pewter Mickey & Co. Sweethearts - Staff

1994	Jitterbugging	S/O	1994	450.00	450-700
1995	Mice on Ice	500		425.00	425

YEAR ISSUE		EDITION LIMIT	YEAR RETD.	ISSUE PRICE	QUOTE U.S.$
1994	Rowboat Serenade	S/O	1994	495.00	495-550

Chilmark Pewter Mickey & Co. The Sorcerer's Apprentice - Staff

1990	The Dream	2,500		225.00	240
1990	The Incantation	2,500		150.00	175
1990	The Repentant Apprentice	Retrd.	1994	195.00	215
1990	The Sorcerer's Apprentice	2,500		225.00	240
1990	The Whirlpool	2,500		225.00	260

Chilmark Pewter Mickey & Co. Two Wheeling - Staff

1994	Get Your Motor Runnin' (Bronze)	S/O	1994	1200.00	1200
1994	Get Your Motor Runnin' (MetalART)	S/O	1994	475.00	650-750

Chilmark Pewter OffCanvas™ - A. T. McGrory

1991	Blanket Signal	S/O	1993	750.00	850
1990	Smoke Signal	S/O	1990	345.00	550-700
1990	Vigil	S/O	1990	345.00	500-700
1990	Warrior	S/O	1990	300.00	350-600

Chilmark Pewter Sculptures - Various

1981	Budweiser Wagon - Keim/Hazen	Retrd.	1989	2000.00	3000
1986	Camelot Chess Set - P. Jackson	Retrd.	1991	2250.00	2250
1979	Carousel - R. Sylvan	S/O	1983	115.00	115
1980	Charge of the 7th Cavalry - B. Rodden	Retrd.	1988	600.00	950
1992	Christopher Columbus - D. LaRocca	Retrd.	1993	295.00	295
1983	Dragon Slayer - D. LaRocca	Retrd.	1988	385.00	500
1984	Garden Unicorn - J. Royce	Retrd.	1988	160.00	200
1979	Moses - B. Rodden	S/O	1989	140.00	235
1979	Pegasus - R. Sylvan	Retrd.	1981	95.00	175
1979	Unicorn - R. Sylvan	S/O	1982	115.00	550

Chilmark Pewter The Adversaries - F. Barnum

1991	Robert E. Lee	S/O	1992	350.00	11200
1992	Stonewall Jackson	S/O	1992	375.00	500
1992	Ulysses S. Grant	S/O	1992	350.00	600-750
1993	Wm. Tecumseh Sherman	S/O	1993	375.00	375-750

Chilmark Pewter The Ballet - S. Feldman

1989	Anna	Suspd.	1993	350.00	375
1989	Nadia	Suspd.	1993	250.00	275
1989	The Pair	Suspd.	1993	300.00	315

Chilmark Pewter The Cavalry Generals - F. Barnum

1993	George Armstrong Custer	950		375.00	375
1992	J.E.B. Stuart	S/O	1992	375.00	500
1993	Nathan Bedford Forrest	950		375.00	375
1994	Philip Sheridan	950		375.00	375

Chilmark Pewter Turning Points - F. Barnum

1994	Clashing Sabers	500		600.00	600
1993	The High Tide	S/O	1993	600.00	900

Chilmark Pewter Wildlife - Various

1978	Buffalo - B. Rodden	S/O	1986	170.00	375-400
1980	Duel of the Bighorns - M. Boyett	Retrd.	1987	650.00	1200
1979	Elephant - D. Polland	S/O	1987	315.00	450-550
1988	Fishing Lesson - F. Barnum	Suspd.	1993	325.00	365
1979	Giraffe - D. Polland	S/O	1981	145.00	145
1979	Kudu - D. Polland	S/O	1981	160.00	160
1980	Lead Can't Catch Him - M. Boyett	Retrd.	1987	645.00	845
1988	The Patriarch - F. Barnum	Suspd.	1993	350.00	395
1980	Prairie Sovereign - M. Boyett	Retrd.	1987	550.00	800
1979	Rhino - D. Polland	S/O	1981	135.00	135-550
1980	Ruby-Throated Hummingbird - V. Hayton	S/O	1983	275.00	350
1989	Summit - F. Barnum	Suspd.	1993	250.00	265
1980	Voice of Experience - M. Boyett	Retrd.	1987	645.00	850

Chilmark Pewter World War II - D. LaRocca

1990	Air Corps Hickam Field	Suspd.	1993	200.00	210
1991	Air Corps Tokyo Raid	Suspd.	1993	350.00	350
1990	Army Corregidor	Suspd.	1993	315.00	325
1991	Army North Africa	Suspd.	1993	375.00	375
1991	Marines In Solomons	Suspd.	1993	275.00	275
1990	Marines Wake Island	Suspd.	1993	200.00	210
1991	Navy North Atlantic	Suspd.	1993	375.00	375
1990	Navy Pearl Harbor	Suspd.	1993	425.00	450

Chilmark Pewter/MetalART™ The Medicine Men - D. Polland

1992	False Face (MetalART)	1,000		550.00	550
1992	False Face (pewter)	S/O	1992	375.00	375

Chilmark Pewter/MetalART™ The Warriors - D. Polland

1993	Son of the Morning Star (MetalART)	1,000		495.00	495
1993	Son of the Morning Star (pewter)	S/O	1993	375.00	460
1992	Spirit of the Wolf (MetalART)	1,000		500.00	500
1992	Spirit of the Wolf (pewter)	S/O	1993	350.00	850

cp smithshire™ Annual Santa - C. Smith

1994	Santa and Nicky	Yr.Iss.	1994	90.00	90
1995	Santa's Endless Journey	Yr.Iss.		70.00	70
1993	St. Nicholai	Yr.Iss.	1993	75.00	75

cp smithshire™ Event Figurine - C. Smith

1995	Pied Piper	Yr.Iss.		40.00	40

Lance Corporation to Lance Corporation

FIGURINES/COTTAGES

YEAR ISSUE		EDITION LIMIT	YEAR RETD.	ISSUE PRICE	QUOTE U.S.$
1993	Sap	Yr.Iss.	1993	60.00	60

cp smithshire™ Society Member Only Redemption Specials - C. Smith

1995	Cherni	Yr.Iss.		70.00	70
1993	Dentzel	Yr.Iss.	1994	90.00	90

cp smithshire™ Society Membership Figurines - C. Smith

1995	Corey Place	Yr.Iss.		Gift	N/A
1993	Fellowship Inn	Yr.Iss.	1994	Gift	N/A

cp smithshire™-Gone Home to the Forest - C. Smith

1993	Abraham	Closed	1995	85.00	85
1993	Andrea and Theodora	Closed	1995	80.00	80
1993	Benjamin	Closed	1995	85.00	85
1993	Chipper	Closed	1994	70.00	70
1993	Florence and Lila	Closed	1994	80.00	80
1993	Granny Smith	Closed	1995	60.00	60
1993	Hyde N' Seek	Closed	1994	70.00	70
1994	Pepe	Closed	1995	85.00	85
1993	Rushmore	Closed	1995	85.00	85
1993	Tyrus	Closed	1995	75.00	75

Hudson Pewter Crystals of Zorn - D. Liberty

1990	Asmund's Workshop	950	1991	275.00	275
1988	Battle on the Plains of Xenon	950	1991	250.00	265
1988	Charging the Stone	950	1991	375.00	395
1988	Guarding the Crystal	950	1991	450.00	460
1988	Response of Ornic Force	950	1991	275.00	285
1988	Restoration	950	1991	425.00	435
1990	Struggle For Supremacy	950	1991	395.00	400
1988	USS Strikes Back	500	1991	650.00	675
1990	Vesting The Grail	950	1991	200.00	200

Hudson Pewter Figures - Various

1976	Bald Eagle - H. Wilson	Closed	N/A	100.00	113
1972	Benjamin Franklin - P.W. Baston	Closed	1974	15.00	75-100
1969	Betsy Ross - P.W. Baston	Closed	1971	30.00	100-125
1969	Colonial Blacksmith - P.W. Baston	Closed	1971	30.00	100-125
1975	Declaration Wall Plaque - P.W. Baston	Closed	1975	Unkn.	300-500
1975	The Favored Scholar - P.W. Baston	Closed	1975	Unkn.	600-1000
1969	George Washington (Cannon) - P.W. Baston	Closed	1971	35.00	75-100
1972	George Washington - P.W. Baston	Closed	1974	15.00	75-100
1976	Great Horned Owl - H. Wilson	Closed	N/A	Unkn.	42
1972	James Madison - P.W. Baston	Closed	1974	15.00	50-75
1972	John Adams - P.W. Baston	Closed	1974	15.00	75-100
1969	John Hancock - P.W. Baston	Closed	1971	15.00	100-125
1975	Lee's Ninth General Order - P.W. Baston	Closed	1975	Unkn.	300-400
1975	Lincoln's Gettysburg Address - P.W. Baston	Closed	1975	Unkn.	300-400
1975	Neighboring Pews - P.W. Baston	Closed	1975	Unkn.	600-1000
1975	Spirit of '76 - P.W. Baston	Closed	1975	Unkn.	750-1500
1972	Thomas Jefferson - P.W. Baston	Closed	1974	15.00	75-100
1975	Washington's Letter of Acceptance - P.W. Baston	Closed	1975	Unkn.	300-400
1975	Weighing the Baby - P.W. Baston	Closed	1975	Unkn.	600-1000

Hudson Pewter Mickey & Co. - Staff

1988	Happy Birthday Mickey	Yr.Iss.	1989	60.00	150

Hudson Pewter Mickey & Co. -Registered - Staff

1994	Be My Valentine	Closed	1994	65.00	65-150
1994	Christmas Waltz	Closed	1994	65.00	65

Hudson Pewter Noah's Ark-Retired - Hudson Studios

1991	Aardvark Pair	Retrd.	1994	18.00	18
1987	Bull	Retrd.	1994	16.00	16
1987	Cat Pair	Retrd.	1992	18.00	18
1991	Chipmunk Pair	Retrd.	1994	18.00	18
1987	Cow	Retrd.	1994	16.00	16
1987	Ewe	Retrd.	1992	16.00	16
1989	Female Bear	Retrd.	1993	16.00	16
1984	Female Deer	Retrd.	1990	13.00	13
1987	Female Dog	Retrd.	1992	13.00	13
1991	Female Eagle	Retrd.	1994	16.00	16
1981	Female Hippo	Retrd.	1993	12.00	12
1982	Female Horse	Retrd.	1990	12.00	12
1983	Female Rhino	Retrd.	1990	13.00	13
1984	Female Tiger	Retrd.	1990	13.00	13
1981	Female Turtle	Retrd.	1993	12.00	12
1991	Female Unicorn	Retrd.	1994	18.00	18
1987	Fox Pair	Retrd.	1994	18.00	18
1988	Geese Pair	Retrd.	1992	18.00	18
1981	Kangaroo Pair	Retrd.	1994	19.00	19
1981	Lion Pair	Retrd.	1994	18.00	18
1989	Male Bear	Retrd.	1993	16.00	16
1984	Male Deer	Retrd.	1990	13.00	13
1987	Male Dog	Retrd.	1992	16.00	16
1991	Male Eagle	Retrd.	1994	16.00	16
1981	Male Hippo	Retrd.	1993	12.00	12
1982	Male Horse	Retrd.	1990	12.00	12
1983	Male Rhino	Retrd.	1990	13.00	13
1984	Male Tiger	Retrd.	1990	13.00	13
1981	Male Turtle	Retrd.	1993	12.00	12
1991	Male Unicorn	Retrd.	1994	18.00	18
1984	Mice Pair	Retrd.	1992	14.00	14
1981	Monkey Pair	Retrd.	1993	16.50	17
1983	Panda Pair	Retrd.	1990	18.00	18
1981	Pelican Pair	Retrd.	1993	16.50	17
1984	Raccoon Pair	Retrd.	1992	14.00	14
1987	Ram	Retrd.	1992	16.00	16
1988	Skunk Pair	Retrd.	1994	18.00	18
1982	Toucan Pair	Retrd.	1990	18.00	18

Hudson Pewter Summer Villagers-Limited Editions - Hudson Studios

1994	Ring Around the Rosie	1,500		110.00	110
1995	See Saw Margery Daw	1,500		95.00	95
1994	Woody and Marge	1,500		95.00	95

Hudson Pewter The Villagers-Annual Santa - Hudson Studios

1990	Santa & Holly	Yr.Iss.	1990	32.00	32
1991	Santa and Matthew	Yr.Iss.	1991	35.00	35
1992	Santa with Teddy	Yr.Iss.	1992	32.00	32
1989	Seated Santa	Yr.Iss.	1989	25.00	25
1994	Skating Santa	Yr.Iss.	1994	34.00	34
1993	Special Delivery Santa	Yr.Iss.	1993	32.00	32

Hudson Pewter The Villagers-Limited Editions - Hudson Studios

1994	Building a Snowman	1,500		150.00	150
1992	Crack the Whip	S/O	1993	95.00	95
1993	Family Caroling	1,500		95.00	95
1993	John and Julie	1,500		75.00	75
1993	Toboggan Ride	1,500		110.00	110

Hudson Pewter The Villagers-Retired - Hudson Studios

1991	"Doc" Walker	Retrd.	1994	37.00	37
1991	"Skip" Mc Keever	Retrd.	1994	24.00	24
1991	Alderman Petersen	Retrd.	1994	27.00	27
1991	Andrew	Retrd.	1994	15.00	15
1990	Bakery	Retrd.	1994	95.00	95
1989	Ben Torpey	Retrd.	1992	28.00	28
1991	Billy Mitchell	Retrd.	1994	41.00	41
1988	Bosworth Manor	Retrd.	1992	57.00	57
1991	Cannon	Retrd.	1994	20.00	20
1991	Claff	Retrd.	1994	29.00	29
1990	Cliff	Retrd.	1993	37.00	37
1989	Creche	Retrd.	1992	15.00	15
1989	Danny	Retrd.	1993	19.00	19
1991	Delivery Wagon	Retrd.	1993	39.00	39
1991	Ed Peeble	Retrd.	1994	24.00	24
1987	Emily	Retrd.	1991	23.00	23
1989	Grandma Todd & Sarah	Retrd.	1992	29.00	29
1989	Grandpa Todd	Retrd.	1992	23.00	23
1991	Hudson Depot	Retrd.	1994	58.00	58
1991	Hudson Town Hall	Retrd.	1994	72.00	72
1990	Jay and Jodi	Retrd.	1993	24.00	24
1991	Jeff	Retrd.	1994	25.00	25
1987	Jenny	Retrd.	1991	20.00	20
1990	Johnny Hart	Retrd.	1993	24.00	24
1988	Main Street	Retrd.	1992	47.00	47
1991	Mayor Bower	Retrd.	1994	27.00	27
1988	Melissa	Retrd.	1991	18.00	18
1991	Mr. and Mrs. Howard	Retrd.	1994	37.00	37
1987	Mr. Bosworth	Retrd.	1992	35.00	35
1990	Mr. Hazen	Retrd.	1993	24.00	24
1991	Mr. LeClair	Retrd.	1994	24.00	24
1990	Mr. Morgan	Retrd.	1994	37.00	37
1990	Mr. Whiteaker	Retrd.	1993	24.00	24
1990	Mrs. Bosworth	Retrd.	1993	29.00	29
1989	Mrs. Dillman and Amanda	Retrd.	1994	42.00	42
1990	Mrs. Fearnley	Retrd.	1993	24.00	24
1991	Mrs. McNally	Retrd.	1994	27.00	27
1988	Nellie	Retrd.	1994	41.00	41
1987	Oliver	Retrd.	1991	20.00	20
1991	Peeble's Market	Retrd.	1994	72.00	72
1989	Rascal	Retrd.	1992	25.00	25
1987	Reginald	Retrd.	1991	23.00	23
1988	Santa	Retrd.	1992	28.00	28
1990	Sweet Shop	Retrd.	1993	50.00	50
1987	Thomas	Retrd.	1991	20.00	20
1990	Toy Shop	Retrd.	1993	60.00	60
1988	Tully's Pond	Retrd.	1991	49.00	49
1989	Villagers Plaque	Retrd.	1992	27.00	27

Hudson Pewter World of Mickey - Staff

1991	Mouse Waltz	Retrd.	1994	41.00	41
1988	Sweethearts	Retrd.	1994	45.00	45

Military Commemoratives - D. LaRocca

1991	Desert Liberator (Painted Porcelain)	Retrd.	1992	125.00	125
1991	Desert Liberator (Pewter)	Retrd.	1992	295.00	295

Pere Noel Collection - C. Smith

1994	Checking His List	3,500		75.00	75
1994	Christ Kindle	3,500		95.00	95
1994	Father Christmas	Closed	1994	150.00	150
1994	Grandfather Frost	3,500		75.00	75
1994	Pere Noel	3,500		75.00	75
1994	Santa Claus	3,500		75.00	75
1994	Sinter Klaas	3,500		75.00	75

Sebastian Miniature Figurines - P.W. Baston, Jr.

1991	America Salutes Desert Storm-bronze	Retrd.	1994	26.50	100
1991	America Salutes Desert Storm-painted	S/O	1991	49.50	200-325
1990	America's Hometown	4,750		34.00	34
1994	Boston Light	3,500		45.00	45
1994	Egg Rock Light	3,500		55.00	55
1992	Firefighter	S/O	1992	28.00	5
1991	Happy Hood Holidays	2,000	1991	32.50	85
1983	Harry Hood	S/O	1983	Unkn.	200-250
1992	I Know I Left It Here Somewhere	1,000		28.50	29
1985	It's Hoods (Wagon)	S/O	1985	Unkn.	150-175
1994	A Job Well Done	1,000		27.50	29
1993	The Lamplighter	1,000		28.00	28
1994	Nubble Light	3,500		45.00	45
1993	Pumpkin Island Light	3,500		55.00	55
1993	Soap Box Derby	500		45.00	45
1986	Statue of Liberty (AT & T)	S/O	1986	Unkn.	175-200
1987	White House (Gold, Oval Base)	S/O	1987	17.00	75-100

Sebastian Miniatures America Remembers - P.W. Baston

1983	Family Feast	Yr.Iss.	1983	37.50	100-150
1982	Family Fishing	Yr.Iss.	1982	34.50	35
1980	Family Picnic	Yr.Iss.	1980	29.50	30-60
1981	Family Reads Aloud	Yr.Iss.	1981	34.50	35
1979	Family Sing	Yr.Iss.	1979	29.50	125-150

Sebastian Miniatures Children At Play - P.W. Baston

1979	Building Days Boy	S/O	1980	19.50	20-40
1979	Building Days Girl	S/O	1980	19.50	20-40
1981	Sailing Days Boy	S/O	1981	19.50	50
1981	Sailing Days Girl	S/O	1981	19.50	50
1982	School Days Boy	S/O	1982	19.50	50
1982	School Days Girl	S/O	1982	19.50	20-30
1978	Sidewalk Days Boy	S/O	1980	19.50	35-50
1978	Sidewalk Days Girl	S/O	1980	19.50	30-50
1980	Snow Days Boy	S/O	1980	19.50	20-40
1980	Snow Days Girl	S/O	1980	19.50	20-40

Sebastian Miniatures Christmas - P.W. Baston, Jr.

1993	Caroling With Santa	1,000		29.00	29
1993	Harmonizing With Santa	1,000		27.00	27
1994	Victorian Christmas Skaters	1,000		32.50	33

Sebastian Miniatures Collectors Society - P.W. Baston

1981	S.M.C. Society Plaque	Yr.Iss.	1981	Unkn.	20-30
1982	S.M.C. Society Plaque	Yr.Iss.	1982	Unkn.	20-30
1983	S.M.C. Society Plaque	Yr.Iss.	1983	Unkn.	20-30
1984	S.M.C. Society Plaque	Yr.Iss.	1984	Unkn.	20-30
1980	S.M.C. Society Plaque ('80 Charter)	Yr.Iss.	1980	Unkn.	50-75
1984	Self Portrait	Retrd.	1994	34.50	45

Sebastian Miniatures Exchange Figurines - Various

1984	First Things First - P.W. Baston, Jr.	Yr.Iss.	1985	30.00	45
1987	It's About Time - P.W. Baston, Jr.	Yr.Iss.	1988	25.00	40
1986	News Wagon - P.W. Baston, Jr.	Yr.Iss.	1987	35.00	45
1983	Newspaper Boy - P.W. Baston	Yr.Iss.	1984	28.50	60-95
1985	Newstand - P.W. Baston, Jr.	Yr.Iss.	1986	30.00	45

Sebastian Miniatures Firefighters - P.W. Baston, Jr.

1993	Firefighter No. 1	950		48.00	48
1994	Firefighter No. 2	950		48.00	48
1994	Firefighter No. 3	950		48.00	48

Sebastian Miniatures Holiday Memories-Member Only - P.W. Baston, Jr.

1993	Father Time	Yr.Iss.	1994	27.50	28
1990	Leprechaun	Yr.Iss.	1991	27.50	28
1994	Look What the Easter Bunny Left Me	Yr.Iss.		27.50	28
1993	New Year Baby	Yr.Iss.	1994	27.50	28
1990	Thanksgiving Helper	Yr.Iss.	1991	39.50	40
1991	Trick or Treat	Yr.Iss.	1992	25.50	35

Sebastian Miniatures Jimmy Fund - Various

1993	Boy With Ducks - P.W. Baston, Jr.	500	1993	27.50	28
1984	Catcher - P.W. Baston	Yr.Iss.	1984	24.50	35-75
1987	Football Player - P.W. Baston, Jr.	Yr.Iss.	1988	26.50	27
1994	Girl on Bench - P.W. Baston, Jr.	500	1994	28.00	28
1985	Hockey Player - P.W. Baston, Jr.	Yr.Iss.	1986	24.50	35-50
1988	Santa - P.W. Baston, Jr.	Closed	1988	32.50	33
1983	Schoolboy - P.W. Baston	Yr.Iss.	1983	24.50	35-75
1986	Soccer Player - P.W. Baston, Jr.	Yr.Iss.	1987	25.00	35

Sebastian Miniatures Member Only - P.W. Baston, Jr.

1992	Christopher Columbus	Yr.Iss.	1993	28.50	29
1989	The Collectors	Yr.Iss.	1990	39.50	40

Sebastian Miniatures Shakespearean-Member Only - Various

1984	Anne Boyelyn - P.W. Baston	6-mo.	1984	17.50	18
1988	Audrey - P.W. Baston	6-mo.	1988	22.50	23
1989	Cleopatra - P.W. Baston	6-mo.	1989	27.00	28
1987	Countess Olivia - P.W. Baston	6-mo.	1987	19.50	20
1985	Falstaff - P.W. Baston	6-mo.	1985	19.50	20
1984	Henry VIII - P.W. Baston	6-mo.	1984	19.50	20
1986	Juliet - P.W. Baston	6-mo.	1986	19.50	20
1987	Malvolio - P.W. Baston	6-mo.	1987	21.50	22
1989	Mark Anthony - P.W. Baston	6-mo.	1989	27.00	28
1985	Mistress Ford - P.W. Baston	6-mo.	1985	17.50	18
1986	Romeo - P.W. Baston	Yr.Iss.	1986	19.50	20
1988	Shakespeare - P.W. Baston, Jr.	Yr.Iss.	1989	23.50	24

FIGURINES/COTTAGES

Lance Corporation
to Lenox Collections

Year Issue		Edition Limit	Year Retd.	Issue Price	Quote U.S.$
988	Touchstone - P.W. Baston	Yr.Iss.	1988	22.50	23

Sebastian Miniatures Washington Irving-Member Only - P.W. Baston

Year Issue		Edition Limit	Year Retd.	Issue Price	Quote U.S.$
982	Brom Bones(Headless Horseman)	Closed	1983	22.50	23
981	Dame Van Winkle	Closed	1983	19.50	20
983	Diedrich Knickerbocker	Closed	1983	22.50	23
981	Ichabod Crane	Closed	1983	19.50	20
982	Katrina Van Tassel	Closed	1983	19.50	20
980	Rip Van Winkle	Closed	1983	19.50	20

Lefton: see Geo. Zoltan Lefton Co.

Legends

Annual Collectors Edition - C. Pardell

Year Issue		Edition Limit	Year Retd.	Issue Price	Quote U.S.$
990	The Night Before	S/O	N/A	990.00	1300-1900
991	Medicine Gift of Manhood	S/O	N/A	990.00	1900-2400
992	Spirit of the Wolf	S/O	N/A	950.00	1800-2100
993	Tomorrow's Warrior	S/O	N/A	590.00	700-1400
994	Guiding Hand	S/O	N/A	590.00	700-900

American Heritage - D. Edwards

Year Issue		Edition Limit	Year Retd.	Issue Price	Quote U.S.$
987	Grizz Country (Bronze)	Retrd.	N/A	350.00	350
987	Grizz Country (Pewter)	Retrd.	N/A	370.00	370
987	Winter Provisions (Bronze)	Retrd.	N/A	340.00	340
987	Winter Provisions (Pewter)	Retrd.	N/A	370.00	370
987	Wrangler's Dare (Bronze)	Retrd.	N/A	630.00	630
987	Wrangler's Dare (Pewter)	Retrd.	N/A	660.00	660

American Indian Dance Premier Edition - C. Pardell

Year Issue		Edition Limit	Year Retd.	Issue Price	Quote U.S.$
993	Drum Song	750		2800.00	2950
994	Footprints of the Butterfly	750		1800.00	1800
994	Image of the Eagle	750		1900.00	1990

American West Premier Edition - C. Pardell

Year Issue		Edition Limit	Year Retd.	Issue Price	Quote U.S.$
1992	American Horse	950		1300.00	1300
1992	Defending the People	950		1350.00	1350
1991	First Coup	S/O	N/A	1150.00	1250
1993	Four Bears' Challenge	950		990.00	990
1994	Season of Victory	950		1500.00	1500
1991	Unexpected Rescuer	S/O	1991	990.00	1700-2100

Animal Dreamer - M. Boyett

Year Issue		Edition Limit	Year Retd.	Issue Price	Quote U.S.$
1995	Buffalo Runner	950		550.00	550
1995	He Hunts with the Eagle Medicine	950		490.00	490
1995	In the Path of the Wolf Spirit	950		N/A	N/A

Classic Equestrian Collection - C. Pardell

Year Issue		Edition Limit	Year Retd.	Issue Price	Quote U.S.$
1988	Lippizzaner (Bronze)	Retrd.	N/A	200.00	200

Clear Visions - Various

Year Issue		Edition Limit	Year Retd.	Issue Price	Quote U.S.$
1995	Dry Mouth, Wet Hat - D. Lemon	950		990.00	990
1993	Salmon Falls - W. Whitten	950		950.00	980
1994	Saving Their Skins - C. Pardell	950		1590.00	1630

Collectors Only - Various

Year Issue		Edition Limit	Year Retd.	Issue Price	Quote U.S.$
1994	First Born - C. Pardell	1,250	1994	350.00	550-700
1993	Give Us Peace - C. Pardell	Retrd.	1993	270.00	350-750
1994	River Bandits - K. Cantrell	1,250		350.00	350

Culture Covenant Premier Edition - C. Pardell

Year Issue		Edition Limit	Year Retd.	Issue Price	Quote U.S.$
1995	Each, to the Other	500		N/A	N/A
1994	Our Past, to Our Future	500		1350.00	1350

The Endangered Wildlife Collection - K. Cantrell

Year Issue		Edition Limit	Year Retd.	Issue Price	Quote U.S.$
1993	Big Pine Survivor	950		390.00	390
1990	Forest Spirit	S/O	N/A	290.00	800-1600
1991	Mountain Majesty	950		350.00	370
1991	Old Tusker	950		390.00	390
1992	Plains Monarch	950		350.00	370
1994	Prairie Phantom	950		370.00	370
1990	Savannah Prince	950		290.00	300
1989	Sentinel	S/O	N/A	280.00	500-895
1993	Silvertip	950		370.00	390
1992	Songs of Autumn	950		390.00	390
1992	Spirit Song	S/O	N/A	350.00	350-900
1994	Twilight	950		290.00	290
1992	Unchallenged	950		350.00	370

Endangered Wildlife Eagle Series - K. Cantrell

Year Issue		Edition Limit	Year Retd.	Issue Price	Quote U.S.$
1989	Aquila Libre	2,500		280.00	300
1993	Defiance	2,500		350.00	350
1992	Food Fight	2,500		650.00	690
1989	Outpost	2,500		280.00	300
1993	Spiral Flight	2,500		290.00	290
1992	Sunday Brunch	2,500		550.00	590
1989	Unbounded	S/O	N/A	280.00	300

Gallery Editions - Various

Year Issue		Edition Limit	Year Retd.	Issue Price	Quote U.S.$
1994	Center Fire - W. Whitten	350		2500.00	2500
1994	Mountain Family - D. Lemon	150		8000.00	8000
1993	Over the Rainbow - K. Cantrell	600		2900.00	2900
1992	Resolute - C. Pardell	S/O	N/A	7950.00	800-1400
1993	Visionary - C. Pardell	350		7500.00	7500
1993	The Wanderer - K. Cantrell	350		3500.00	3500

The Great Outdoorsman - C. Pardell

Year Issue		Edition Limit	Year Retd.	Issue Price	Quote U.S.$
1988	Both Are Hooked (Bronze)	Retrd.	N/A	320.00	320
1988	Both Are Hooked (Pewter)	Retrd.	N/A	320.00	320

Happy Trails Collection - W. Whitten

Year Issue		Edition Limit	Year Retd.	Issue Price	Quote U.S.$
1994	Cowboy Soul	750	1994	450.00	450

Hidden Images Collection - D. Lemon

Year Issue		Edition Limit	Year Retd.	Issue Price	Quote U.S.$
1994	In Search of Bear Rock	350		1300.00	1300
1995	Sensed, But Unseen	350		990.00	990

Indian Arts Collection - C. Pardell

Year Issue		Edition Limit	Year Retd.	Issue Price	Quote U.S.$
1990	Chief's Blanket	S/O	N/A	350.00	500-900
1990	Indian Maiden	1,500		240.00	240
1990	Indian Potter	1,500		260.00	260
1990	Kachina Carver	S/O	N/A	270.00	500
1990	Story Teller	S/O	N/A	290.00	500-600

Kachina Dancers Collection - C. Pardell

Year Issue		Edition Limit	Year Retd.	Issue Price	Quote U.S.$
1991	Ahote	2,500		370.00	390
1991	Angakchina	2,500		370.00	390
1994	Deer Kachina	2,500		390.00	390
1994	Eototo	2,500		390.00	390
1991	Hilili	2,500		390.00	390
1993	Koshari	2,500		370.00	390
1991	Koyemsi	2,500		370.00	390
1992	Kwahu	2,500		390.00	390
1993	Mongwa	2,500		390.00	390
1994	Palhik Mana	2,500		390.00	390
1992	Tawa	2,500		390.00	390
1994	Wiharu	2,500		390.00	390

The Legacies Of The West Premier Edition - C. Pardell

Year Issue		Edition Limit	Year Retd.	Issue Price	Quote U.S.$
1991	Defiant Comanche	S/O	N/A	1300.00	1000-2000
1993	Eminent Crow	S/O	N/A	1500.00	1500
1994	Enduring	950		1250.00	1350
1992	Esteemed Warrior	S/O	N/A	1750.00	4000
1990	Mystic Vision	S/O	N/A	990.00	2000-3500
1991	No More, Forever	S/O	N/A	1500.00	1600-2000
1992	Rebellious	950		1500.00	1500-1800
1990	Victorious	S/O	N/A	1275.00	3000-4200

The Legendary West Collection - C. Pardell

Year Issue		Edition Limit	Year Retd.	Issue Price	Quote U.S.$
1992	Beating Bad Odds	2,500		390.00	390
1989	Bustin' A Herd Quitter	2,500		590.00	630
1993	Cliff Hanger	2,500		990.00	990
1992	Crazy Horse	S/O	N/A	390.00	600-1000
1989	Eagle Dancer	2,500		370.00	390
1993	Hunter's Brothers	2,500		590.00	630
1989	Johnson's Last Fight	S/O	N/A	590.00	850-1400
1990	Keeper of Eagles	2,500		370.00	390
1987	Pony Express (Bronze)	S/O	N/A	320.00	320-450
1989	Pony Express (Mixed Media)	2,500		390.00	390
1987	Pony Express (Pewter)	S/O	N/A	320.00	320-450
1989	Sacajawea	S/O	N/A	380.00	380
1990	Shhh	2,500		390.00	390
1990	Stand of the Sash Wearer	2,500		390.00	390
1989	Tables Turned	2,500		680.00	720
1990	Unbridled	2,500		290.00	290
1991	Warning	2,500		390.00	390
1989	White Feather's Vision	S/O	N/A	390.00	800-1800

The Legendary West Premier Edition - C. Pardell

Year Issue		Edition Limit	Year Retd.	Issue Price	Quote U.S.$
1990	Crow Warrior	S/O	N/A	1225.00	2000-3000
1992	The Final Charge	S/O	N/A	1250.00	1500-2000
1989	Pursued	S/O	N/A	750.00	2000-4000
1988	Red Cloud's Coup	S/O	N/A	480.00	2500-5500
1989	Songs of Glory	S/O	N/A	850.00	3300-3500
1991	Triumphant	S/O	N/A	1150.00	1400-1900

Mystical Quest Collection - D. Medina

Year Issue		Edition Limit	Year Retd.	Issue Price	Quote U.S.$
1993	Hunter's Quest	950		990.00	990
1994	Peace Quest	950		1150.00	1150
1992	Vision Quest	950		990.00	990

Native American Spirits - W. Whitten

Year Issue		Edition Limit	Year Retd.	Issue Price	Quote U.S.$
1994	Buffalo Dreamer	1,250		250.00	250
1995	Calling the Buffalo	1,250		N/A	N/A
1994	Cheyenne War Shield	1,250		250.00	250
1995	Flying Shield	1,250		N/A	N/A
1994	Peace Pipe	1,250		250.00	250
1994	War Bonnet	1,250		250.00	250
1995	Wolf Headdress	1,250		N/A	N/A

The North & South Collection - W. Whitten

Year Issue		Edition Limit	Year Retd.	Issue Price	Quote U.S.$
1993	Brother Against Brother	950		550.00	550
1993	The Noble Heart	950		450.00	450
1994	Stonewall	950		450.00	450
1992	Victory at Hand	950		390.00	390

The North American Collection - K. Cantrell

Year Issue		Edition Limit	Year Retd.	Issue Price	Quote U.S.$
1994	Buffalo Spirit	2,500		150.00	160
1994	Eagles Realm	2,500		150.00	160
1994	Elusive	2,500		150.00	160
1994	Northern Express	2,500		150.00	160
1994	Spirit of the Wolf	2,500		150.00	160
1994	Wild Music	2,500		150.00	160

North American Wildlife - Various

Year Issue		Edition Limit	Year Retd.	Issue Price	Quote U.S.$
1994	Artful Dodger - K. Cantrell	2,500		160.00	160
1988	Defenders of Freedom (Bronze) - D. Edwards	Retrd.	N/A	340.00	340
1988	Defenders of Freedom (Pewter) - D. Edwards	Retrd.	N/A	370.00	370
1988	Double Trouble (Bronze) - D. Edwards	Retrd.	N/A	300.00	300
1988	Double Trouble (Pewter) - D. Edwards	Retrd.	N/A	320.00	320
1988	Downhill Run (Bronze) - D. Edwards	Retrd.	N/A	330.00	330
1988	Downhill Run (Pewter) - D. Edwards	Retrd.	N/A	340.00	340
1988	Grizzly Solitude (Bronze) - D. Edwards	Retrd.	N/A	310.00	310
1988	Grizzly Solitude (Pewter) - D. Edwards	Retrd.	N/A	330.00	330
1988	Last Glance (Bronze) - D. Edwards	Retrd.	N/A	300.00	300
1988	Last Glance (Pewter) - D. Edwards	Retrd.	N/A	320.00	320
1988	The Proud American (Bronze) - D. Edwards	Retrd.	N/A	330.00	330
1988	The Proud American (Pewter) - D. Edwards	Retrd.	N/A	340.00	340
1988	Ridge Runners (Bronze) - D. Edwards	Retrd.	N/A	300.00	300
1988	Ridge Runners (Pewter) - D. Edwards	Retrd.	N/A	310.00	310
1988	Sudden Alert (Bronze) - D. Edwards	Retrd.	N/A	300.00	300
1988	Sudden Alert (Pewter) - D. Edwards	Retrd.	N/A	320.00	320
1994	Wind Blown - K. Cantrell	2,500		160.00	160

Oceanic World - D. Medina

Year Issue		Edition Limit	Year Retd.	Issue Price	Quote U.S.$
1989	Freedom's Beauty (Bronze)	Retrd.	N/A	330.00	330
1989	Freedom's Beauty (Pewter)	Retrd.	N/A	130.00	130
1989	Together (Bronze)	Retrd.	N/A	140.00	140
1989	Together (Pewter)	Retrd.	N/A	130.00	130

Relics of the Americas - W. Whitten

Year Issue		Edition Limit	Year Retd.	Issue Price	Quote U.S.$
1993	Dream Medicine	950		1150.00	1210
1994	Flared Glory	950		1350.00	1350

Special Commissions - Various

Year Issue		Edition Limit	Year Retd.	Issue Price	Quote U.S.$
1988	Alpha Pair (Bronze) - C. Pardell	Retrd.	N/A	330.00	330
1988	Alpha Pair (Mixed Media) - C. Pardell	S/O	N/A	390.00	600-995
1988	Alpha Pair (Pewter) - C. Pardell	Retrd.	N/A	330.00	330
1987	Mama's Joy (Bronze) - D. Edwards	Retrd.	N/A	200.00	200
1987	Mama's Joy (Pewter) - D. Edwards	Retrd.	N/A	250.00	250
1995	Rapture - W. Whitten	350		1750.00	1750
1995	Scent in the Air - K. Cantrell	750		990.00	990
1991	Symbols of Freedom - K. Cantrell	2,500		490.00	520
1987	Wild Freedom (Bronze) - D. Edwards	Retrd.	N/A	320.00	320
1987	Wild Freedom (Pewter) - D. Edwards	Retrd.	N/A	330.00	330
1992	Yellowstone Bound - K. Cantrell	S/O	N/A	2500.00	2500

Warriors of the Sacred Circle - Various

Year Issue		Edition Limit	Year Retd.	Issue Price	Quote U.S.$
1993	Coup Feather - K. Cantrell	950		450.00	450
1992	Dog Soldier - K. Cantrell	950		450.00	450
1992	Peace Offering - K. Cantrell	950		550.00	550
1994	Traditional Weapons - W. Whitten	950		550.00	550
1993	Yellow Boy - K. Cantrell	950		450.00	450

Way of the Warrior Collection - C. Pardell

Year Issue		Edition Limit	Year Retd.	Issue Price	Quote U.S.$
1991	Clan Leader	1,600	1994	170.00	200-250
1991	Elder Chief	1,600	1994	170.00	200-295
1991	Medicine Dancer	1,600	1994	170.00	200-250
1991	Rite of Manhood	1,600	1994	170.00	200-250
1991	Seeker of Visions	1,600	1994	170.00	200-250
1991	Tribal Defender	1,600	1994	170.00	200-250

Way of the Wolf Collection - K. Cantrell

Year Issue		Edition Limit	Year Retd.	Issue Price	Quote U.S.$
1993	Courtship	S/O	N/A	590.00	700-1000
1994	Missed by a Hare	S/O	1994	700.00	700
1994	Renewal	S/O	N/A	700.00	900-1000
1995	Stink Bomb	S/O	1995	N/A	N/A

Western Memories Premier Edition - D. Lemon

Year Issue		Edition Limit	Year Retd.	Issue Price	Quote U.S.$
1995	Ole Mossy Horn	500		1450.00	1450
1994	Vacant Thunder	500		1900.00	1900
1995	Winds of Memory	500		1750.00	1750

Wild Realm Collection - C. Pardell

Year Issue		Edition Limit	Year Retd.	Issue Price	Quote U.S.$
1988	Fly Fisher (Bronze)	Retrd.	N/A	330.00	330
1988	Fly Fisher (Pewter)	Retrd.	N/A	330.00	330

Wild Realm Premier Edition - C. Pardell

Year Issue		Edition Limit	Year Retd.	Issue Price	Quote U.S.$
1989	High Spirit	1,600		870.00	920
1991	Speed Incarnate	Retrd.	N/A	790.00	790

Lenox Collections

American Fashion - Unknown

Year Issue		Edition Limit	Year Retd.	Issue Price	Quote U.S.$
1986	Belle of the Ball	Open		95.00	95
1987	Centennial Bride	Open		95.00	95
1984	First Waltz	Open		95.00	95
1987	Gala at the Whitehouse	Open		95.00	95
1985	Governor's Garden Party	Open		95.00	95
1986	Grand Tour	Open		95.00	95
1992	Royal Reception	Open		95.00	95
1983	Springtime Promenade	Open		95.00	95
1984	Tea at the Ritz	Open		95.00	95

Baby Bears - Unknown

Year Issue		Edition Limit	Year Retd.	Issue Price	Quote U.S.$
1991	Polar Bear	Open		45.00	45

Lenox Collections to Lenox Collections — FIGURINES/COTTAGES

YEAR ISSUE		EDITION LIMIT	YEAR RETD.	ISSUE PRICE	QUOTE U.S.$
Baby Bird Pairs - Unknown					
1992	Chickadee	Open		64.00	64
1992	Orioles	Open		64.00	64
1991	Robins	Open		64.00	64
Carousel Animals - Unknown					
1992	Camelot Horse	Open		152.00	152
1990	Carousel Charger	Open		136.00	152
1989	Carousel Circus Horse	Open		136.00	152
1990	Carousel Elephant	Open		136.00	152
1987	Carousel Horse	Open		136.00	152
1990	Carousel Lion	Open		136.00	152
1991	Carousel Polar Bear	Open		152.00	152
1989	Carousel Reindeer	Open		136.00	152
1988	Carousel Unicorn	Open		136.00	152
1992	Christmas Horse 1992	Yr.Iss.	1992	156.00	156
1993	Christmas Horse 1993	Yr.Iss.	1993	156.00	156
1994	Christmas Horse 1994	Yr.Iss.	1994	156.00	156
1994	Midnight Charger	9,500		156.00	156
1993	Nautical Horse	Open		156.00	156
1991	Pride of America	Closed	1991	152.00	152
1993	Rose Prancer	9,500		156.00	156
1993	Statement Horse #1 Victorian Romance	2,500		395.00	395
1994	Statement Horse #2 Ribbons & Roses	2,500		395.00	395
1992	Statement Piece	Open		395.00	395
1992	Tropical Horse	Open		156.00	156
1992	Victorian Romance Horse	Open		156.00	156
1991	Western Horse	Open		152.00	152
Classical Goddesses - Unknown					
1992	Aphrodite	Open		95.00	95
1992	Aphrodite, Painted	Open		136.00	136
Crystal Animal Pairs - Unknown					
1994	Preen & Serene, Cats	Open		76.00	76
1993	Prim & Proper, Cats	Open		76.00	76
1993	Silk & Satin, Rabbits	Open		76.00	76
Crystal Eagles - Unknown					
1994	Soaring Majesty	Open		195.00	195
Doves & Roses - Unknown					
1992	Doves of Honor	Open		119.00	119
1993	Doves of Love	Open		119.00	119
1991	Doves of Peace	Open		95.00	95
1991	Love's Promise	Open		95.00	95
Endangered Baby Animals - Unknown					
1991	Baby Florida Panther	Open		57.00	57
1991	Baby Grey Wolf	Open		57.00	57
1994	Baby Orangatan	Open		58.00	58
1992	Baby Rhinocerous	Open		57.00	57
1994	Bridled Nail-Tailed Wallaby Joey	Open		58.00	58
1991	Elephant	Open		57.00	57
1993	Indian Elephant Calf	Open		57.00	57
1990	Panda	Open		39.00	39
1994	Pigmy Hippo	Open		58.00	58
1994	Sumatra Tiger Cub	Open		58.00	58
Exotic Birds - Unknown					
1993	"Plum Headed" Parakeet	Open		49.50	50
1991	Cockatoo	Open		45.00	45
Floral Sculptures - Unknown					
1987	Iris	Open		119.00	136
1988	Magnolia	Open		119.00	136
1988	Peace Rose	Open		119.00	136
1986	Rubrum Lily	Open		119.00	136
Garden Birds - Unknown					
1987	American Goldfinch	Open		39.00	45
1990	Baltimore Oriole	Open		45.00	45
1993	Barn Swallow	Open		45.00	45
1986	Blue Jay	Open		39.00	45
1991	Broadbilled Hummingbird	Open		45.00	45
1987	Cardinal	Open		39.00	45
1988	Cedar Waxwing	Open		39.00	45
1985	Chickadee	Open		39.00	45
1990	Chipping Sparrow	Open		45.00	45
1993	Chipping Sparrow	Open		45.00	45
1994	Christmas Dove	Yr.Iss.		45.00	45
1991	Dark Eyed Junco	Open		45.00	45
1989	Downy Woodpecker	Open		39.00	45
1986	Eastern Bluebird	Open		39.00	45
1994	Female BlueJay	Open		45.00	45
1993	Female Cardinal	Open		45.00	45
1994	Female Chickadee	Open		45.00	45
1993	Female Kinglet	Open		45.00	45
1991	Golden Crowned Kinglet	Open		45.00	45
1988	Hummingbird	Open		39.00	45
1993	Indigo Bunting	Open		45.00	45
1992	Magnificent Hummingbird	Open		45.00	45
1990	Marsh Wren	Open		45.00	45
1993	Mockingbird	Open		45.00	45
1993	Mountain Bluebird	Open		45.00	45
1991	Purple Finch	Open		45.00	45
1994	Purple Martin	Open		45.00	45
1993	Red Winged Blackbird	Open		45.00	45
1987	Red-Breasted Nuthatch	Open		39.00	45
1989	Robin	Open		39.00	45
1991	Rose Grosbeak	Open		45.00	45
1989	Saw Whet Owl	Open		45.00	45
1992	Scarlet Tanger	Open		45.00	45
1993	Statement Piece	Open		45.00	45
1986	Tufted Titmouse	Open		39.00	45
1987	Turtle Dove	Open		39.00	45
1994	Vermillion Flycatcher	Open		45.00	45
1992	Western Meadowlark	Open		45.00	45
1994	Western Tanager	Open		45.00	45
1990	Wood Duck	Open		45.00	45
1993	Yellow Warbler	Open		45.00	45
Garden Flowers - Unknown					
1991	Calla Lily	Open		45.00	45
1991	Camelia	Open		45.00	45
1990	Carnation	Open		45.00	45
1988	Cattleya Orchid	Open		39.00	45
1990	Daffodil	Open		45.00	45
1990	Day Lily	Open		45.00	45
1989	Iris	Open		45.00	45
1991	Magnolia	Open		45.00	45
1991	Morning Glory	Open		45.00	45
1988	Parrot Tulip	Open		39.00	39
1991	Poinsettia	Open		39.00	39
1993	Red Rose	Open		45.00	45
1988	Tea Rose	Open		39.00	45
Gentle Majesty - Unknown					
1990	Bear Hug Polar Bear	Open		76.00	76
1991	Keeping Warm (Foxes)	Open		76.00	76
1990	Penguins	Open		76.00	76
Hunters of the Sky - Unknown					
1993	Challenge of the Eagles, Double Eagles	Open		275.00	275
1994	Challenge of the Red Tailed Hawks	Open		295.00	295
1994	Golden Conquerors	Open		295.00	295
1994	Masters of the Wind, Peregian Falcons	Open		295.00	295
International Brides - Unknown					
1992	Japanese Bride, Kiyoshi	Open		136.00	136
1990	Russian Bride	Open		136.00	136
International Horse Sculptures - Unknown					
1990	Appaloosa	Open		136.00	136
1988	Arabian Knight	Open		136.00	136
1990	Lippizan	Open		136.00	136
1989	Thoroughbred	Open		136.00	136
International Songbirds - Unknown					
1992	American Goldfinch	Open		152.00	152
1992	European Goldfinch	Open		152.00	152
Jessie Willcox Smith - J.W.Smith					
1991	Feeding Kitty	Open		60.00	60
1991	Rosebuds	Open		60.00	60
Kings of the Sky - Unknown					
1991	Defender of Freedom, American Bald Eagle	Closed		234.00	234
1991	Eagle of Glory, Golden Eagle	Open		234.00	234
1994	Eagle of Splendor, American Bald Eagle	Open		252.00	252
1993	Foundation of Freedom	Open		252.00	252
1989	Lord of Skies, American Bald Eagle	Open		195.00	195
1992	Wings of Majesty, American Bald Eagle	Open		252.00	252
1993	Wings of Power, Golden Eagle	Open		252.00	252
1994	Wings of Pride, Golden Eagle	Open		252.00	252
Legendary Princesses - Unknown					
1988	Cinderella	Open		136.00	136
1990	Cleopatra	Open		136.00	136
1994	Fairy Godmother	9,500		156.00	156
1992	Firebird	Open		156.00	156
1994	Frog Princess	Open		156.00	156
1990	Guinevere	Open		136.00	136
1990	Juliet	Open		136.00	136
1993	Little Mermaid, Princess of the Sea	Open		156.00	156
1994	Maid Marion	Open		156.00	156
1991	Peacock Maiden	Open		136.00	136
1991	Pocohontas	9,500	1992	136.00	165
1993	Princes Beauty	Open		156.00	156
1993	Princess and the Pea	Open		156.00	156
1985	Rapunzel	Open		119.00	136
1992	Sheherezade	Open		156.00	156
1986	Sleeping Beauty	Open		119.00	136
1987	Snow Queen	Open		119.00	136
1989	Snow White	Open		136.00	136
1989	Swan Princess	Open		136.00	136
Lenox Baby Book - Unknown					
1991	Baby's First Christmas	Open		57.00	57
1992	Baby's First Portrait	Open		57.00	57
1990	Baby's First Shoes	Open		57.00	57
1991	Baby's First Steps	Open		57.00	57
Lenox Puppy Collection - Unknown					
1990	Beagle	Open		76.00	76
1991	Cocker Spaniel	Open		76.00	76
1994	German Shepherd	Open		75.00	75
1992	Poodle	Open		76.00	76
Lenox Sea Animals - Unknown					
1994	Adventure of Fur Seals	Open		136.00	136
1991	Dance of the Dolphins	Open		119.00	119
1993	Flight of the Dolphins	Open		119.00	119
1993	Journey of the Whales	Open		136.00	136
1993	Otter Escapade	Open		136.00	136
1994	Penguins at Play	Open		136.00	136
1992	Song of the Whales	Open		136.00	136
1994	Voyage of the Sea Turtles	Open		136.00	136
Life of Christ - Unknown					
1992	A Child's Comfort	Open		95.00	95
1992	A Child's Prayer	Open		95.00	95
1993	Children's Adoration	Open		95.00	95
1990	The Children's Blessing	Open		95.00	95
1992	Childrens's Devotion (Painted)	Open		195.00	195
1990	The Good Shepherd	Open		95.00	95
1993	Jesus, The Carpenter	Open		95.00	95
1991	Jesus, The Teacher	9,500		95.00	95
1990	Madonna And Child	Open		95.00	95
1992	Mary & Christ Child (Painted)	Open		195.00	195
1991	The Savior	Open		95.00	95
Miniature Santas Around the World-8" - Unknown					
1993	Americana Santa	Open		19.50	20
1993	Bavarian Santa	Open		19.50	20
1994	Befona	Open		19.50	20
1994	Christkindle	Open		19.50	20
1993	Father Christmas	Open		19.50	20
1993	Grandfather Frost	Open		19.50	20
1993	Kris Kringle	Open		19.50	20
1994	Patriotic Santa	Open		19.50	20
1993	Pere Noel	Open		19.50	20
1994	Sanct Herr Nikolaus	Open		19.50	20
1994	Santa Lucia	Open		19.50	20
1994	Sinterklaus	Open		19.50	20
1994	St. Mikulase	Open		19.50	20
1993	St. Nick	Open		19.50	20
1994	Victorian Santa	Open		19.50	20
Mother & Child - Unknown					
1991	Afternoon Stroll	7,500		136.00	136
1990	Bedtime Prayers	Open		119.00	119
1986	Cherished Moment	Open		119.00	119
1989	Christening	Open		119.00	119
1991	Evening Lullaby	7,500		136.00	136
1992	Morning Playtime	Open		136.00	136
1988	The Present	Open		119.00	119
1987	Storytime	Open		119.00	119
1986	Sunday in the Park	Open		119.00	119
Nativity - Unknown					
1989	Angels of Adoration	Open		136.00	152
1988	Animals of the Nativity	Open		119.00	152
1990	Children of Bethlehem	Open		136.00	152
1986	Holy Family	Open		119.00	136
1988	Shepherds	Open		119.00	152
1991	Standing Camel & Driver	9,500		152.00	152
1987	Three Kings	Open		119.00	152
1991	Townspeople of Bethlehem	Open		136.00	152
Nature's Beautiful Butterflies - Unknown					
1991	Adonis	Open		45.00	45
1993	American Painted Lady	Open		45.00	45
1993	Black Swallowtail	Open		45.00	45
1989	Blue Temora	Open		39.00	45
1993	Great Orange Wingtip	Open		45.00	45
1991	Malachite	Open		45.00	45
1990	Monarch	Open		39.00	45
1990	Purple Emperor	Open		45.00	45
1994	Rainforest Dazzler	Open		45.00	45
1990	Yellow Swallowtail	Open		39.00	45
North American Bird Pairs - Unknown					
1991	Blue Jay Pairs	Open		119.00	119
1992	Cardinal	Open		119.00	119
1991	Chickadees	Open		119.00	119
1990	Hummingbirds	Open		119.00	119
North American Wildlife - Unknown					
1991	White Tailed Deer	Open		195.00	195
Owls of America - Unknown					
1989	Barn Owl	Open		136.00	136
1991	Great Horned Owl	9,500		136.00	136
1990	Screech Owl	Open		136.00	136
1988	Snowy Owl	Open		136.00	136
Parent & Child Bird Pairs - Unknown					
1992	Blue Jay Pairs	Open		119.00	119
Porcelain Duck Collection - Unknown					
1992	Blue Winged Teal Duck	Open		45.00	45
1991	Mallard Duck	Open		45.00	45
1993	Pintail Duck	Open		45.00	45
1991	Wood Duck	Open		45.00	45
Religious Sculptures - Unknown					
1993	Last Supper	Open		152.00	152

YEAR ISSUE		EDITION LIMIT	YEAR RETD.	ISSUE PRICE	QUOTE U.S.$
1992	Moses	Open		95.00	95
1994	Pieta	Open		152.00	152

Renaissance Nativity - Unknown

YEAR ISSUE		EDITION LIMIT	YEAR RETD.	ISSUE PRICE	QUOTE U.S.$
1991	Angels	Open		195.00	195
1991	Animals of the Nativity	Open		195.00	195
1993	Camel & Driver	9,500		195.00	195
1994	Children of Bethlehem	9,500		195.00	195
1991	Holy Family	Open		195.00	195
1991	Shepherds of Bethlehem	Open		195.00	195
1991	Three Kings	Open		195.00	195

Santa Claus Collection - Unknown

YEAR ISSUE		EDITION LIMIT	YEAR RETD.	ISSUE PRICE	QUOTE U.S.$
1991	Americana Santa	Open		136.00	136
1994	Bavarian Santa	Open		136.00	136
1990	Father Christmas	Open		136.00	136
1992	Grandfather Frost	Open		136.00	136
1991	Kris Kringle	Open		136.00	136
1992	Pere Noel	Open		136.00	136
1993	St. Nick	Open		136.00	136
1994	Victorian Santa	Open		136.00	136

Street Crier Collection - Unknown

YEAR ISSUE		EDITION LIMIT	YEAR RETD.	ISSUE PRICE	QUOTE U.S.$
1991	Belgian Lace Maker	Open		136.00	136
1990	French Flower Maiden	Open		136.00	136

Wildlife of the Seven Continents - Unknown

YEAR ISSUE		EDITION LIMIT	YEAR RETD.	ISSUE PRICE	QUOTE U.S.$
1988	African Lion	Open		136.00	136
1987	Antarctic Seals	Open		136.00	136
1985	Asian Elephant	Open		120.00	120
1985	Australian Koala	Open		120.00	120
1987	European Red Deer	Open		136.00	136
1984	North American Bighorn Sheep	Open		120.00	120
1986	South American Puma	Open		120.00	120

Woodland Animals - Unknown

YEAR ISSUE		EDITION LIMIT	YEAR RETD.	ISSUE PRICE	QUOTE U.S.$
1994	Beaver	Open		45.00	45
1991	Chipmunk	Open		39.00	39
1993	Deer	Open		45.00	45
1993	Fawn	Open		39.00	39
1994	Mouse	Open		45.00	45
1992	Rabbit	Open		39.00	39
1990	Raccoon	Open		39.00	39
1990	Red Squirrel	Open		39.00	39
1993	Skunk	Open		45.00	45

Lilliput Lane Ltd.

Collectors Club Specials - Various

YEAR ISSUE		EDITION LIMIT	YEAR RETD.	ISSUE PRICE	QUOTE U.S.$
1986	Packhorse Bridge - D. Tate	Retrd.	1987	Gift	700
1986	Packhorse Bridge (dealer) - D. Tate	Retrd.	1987	Gift	500-900
1986	Crendon Manor - D. Tate	Retrd.	1989	285.00	850
1986	Gulliver - Unknown	Retrd.	1986	65.00	225-325
1987	Little Lost Dog - D. Tate	Retrd.	1988	Gift	375
1987	Yew Tree Farm - D. Tate	Retrd.	1988	160.00	200
1988	Wishing Well - D. Tate	Retrd.	1989	Gift	105
1989	Dovecot - D. Tate	Retrd.	1990	Gift	60
1989	Wenlock Rise - D. Tate	Retrd.	1989	175.00	150-200
1990	Cosy Corner - D. Tate	Retrd.	1991	Gift	45-90
1990	Lavender Cottage - D. Tate	Retrd.	1991	50.00	75
1990	Bridle Way - D. Tate	Retrd.	1991	100.00	100-180
1991	Puddlebrook - D. Tate	Retrd.	1992	Gift	45-60
1991	Gardeners Cottage - D. Tate	Retrd.	1992	120.00	170
1991	Wren Cottage - D. Tate	Retrd.	1993	13.95	60-100
1992	Pussy Willow - D. Tate	Retrd.	1993	Gift	36-60
1992	Forget-Me-Not - D. Tate	Retrd.	1993	130.00	135-160
1993	The Spinney - Lilliput Lane	Retrd.	1994	Gift	100
1993	Heaven Lea Cottage - Lilliput Lane	Retrd.	1994	150.00	250
1993	Curlew Cottage - Lilliput Lane	Retrd.	1995	18.95	19
1994	Petticoat Cottage - Lilliput Lane	Retrd.	1995	Gift	N/A
1994	Woodman's Retreat - Lilliput Lane	Retrd.	1995	135.00	135
1995	Thimble Cottage - Lilliput Lane	4/96		Gift	N/A
1995	Porlock Down - Lilliput Lane	4/96		135.00	135

Anniversary Special - Lilliput Lane

YEAR ISSUE		EDITION LIMIT	YEAR RETD.	ISSUE PRICE	QUOTE U.S.$
1992	Honeysuckle Cottage	Yr.Iss.	1992	195.00	300
1993	Cotman Cottage	Yr.Iss.	1993	220.00	265-350
1994	Watermeadows	Yr.Iss.	1994	189.00	189
1995	Gertrude's Garden	Yr.Iss.		192.00	192

Special Event Collection - Various

YEAR ISSUE		EDITION LIMIT	YEAR RETD.	ISSUE PRICE	QUOTE U.S.$
1989	1989 South Bend Commemorative Medallion - D. Tate	Retrd.	1989	N/A	130-200
1990	1990 South Bend Rowan Lodge - D. Tate	Retrd.	1990	N/A	370
1991	1991 South Bend Gamekeepers Cottage - D. Tate	Retrd.	1991	N/A	200
1992	1992 South Bend Ashberry Cottage - D. Tate	Retrd.	1992	N/A	200-300
1993	1993 South Bend Magnifying Glass - Lilliput Lane	Retrd.	1993	N/A	N/A

American Collection - D. Tate

YEAR ISSUE		EDITION LIMIT	YEAR RETD.	ISSUE PRICE	QUOTE U.S.$
1984	Adobe Church	Retrd.	1985	22.50	525-1000
1984	Adobe Village	Retrd.	1985	60.00	800-1500
1984	Cape Cod	Retrd.	1985	22.50	570-910
1984	Country Church	Retrd.	1985	22.50	500-800
1984	Covered Bridge	Retrd.	1985	22.50	1000-2000
1984	Forge Barn	Retrd.	1985	22.50	550-660
1984	General Store	Retrd.	1985	22.50	600-1000
1984	Grist Mill	Retrd.	1985	22.50	500-785
1984	Light House	Retrd.	1985	22.50	650-900
1984	Log Cabin	Retrd.	1985	22.50	625-1000
1984	Midwest Barn	Retrd.	1985	22.50	250-325
1984	San Francisco House	Retrd.	1985	22.50	840
1984	Wallace Station	Retrd.	1985	22.50	400

American Landmark Series - R. Day

YEAR ISSUE		EDITION LIMIT	YEAR RETD.	ISSUE PRICE	QUOTE U.S.$
1992	16.9 Cents Per Gallon	Open		150.00	160
1994	Birdsong	Open		120.00	120
1990	Country Church	Retrd.	1992	82.50	110-175
1989	Countryside Barn	Retrd.	1992	75.00	115-180
1990	Covered Memories	Retrd.	1993	110.00	225
1989	Falls Mill	Retrd.	1992	130.00	225
1991	Fire House 1	Open		87.50	110
1994	Fresh Bread	Open		150.00	150
1992	Gold Miners' Claim	Open		110.00	120
1990	Great Point Light	Open		39.50	55
1994	Harvest Mill	3,500		395.00	395
1994	Holy Night	Open		225.00	225
1992	Home Sweet Home	Open		120.00	130
1990	Hometown Depot	Retrd.	1993	68.00	85
1989	Mail Pouch Barn	Retrd.	1993	75.00	130
1990	Pepsi Cola Barn	Retrd.	1991	87.00	150-225
1990	Pioneer Barn	Retrd.	1991	30.00	55-90
1991	Rambling Rose	Open		60.00	65
1990	Riverside Chapel	Retrd.	1993	82.50	90-125
1990	Roadside Coolers	Retrd.	1994	75.00	110-190
1991	School Days	Open		60.00	80
1993	See Rock City	N/A		60.00	60
1993	Shave and A Haircut	N/A		160.00	160
1990	Sign Of The Times	Open		27.50	35
1993	Simply Amish	Open		160.00	160
1992	Small Town Library	Open		130.00	140
1994	Spring Victorian	Open		250.00	250
1991	Victoriana	Retrd.	1992	295.00	330
1992	Winnie's Place	Retrd.	1993	395.00	450-700

Blaise Hamlet Classics - Lilliput Lane

YEAR ISSUE		EDITION LIMIT	YEAR RETD.	ISSUE PRICE	QUOTE U.S.$
1993	Circular Cottage	Retrd.	1995	95.00	95
1993	Dial Cottage	Retrd.	1995	95.00	95
1993	Diamond Cottage	Retrd.	1995	95.00	95
1993	Double Cottage	Retrd.	1995	95.00	95
1993	Jasmine Cottage	Retrd.	1995	95.00	95
1993	Oak Cottage	Retrd.	1995	95.00	95
1993	Rose Cottage	Retrd.	1995	95.00	145
1993	Sweet Briar Cottage	Retrd.	1995	95.00	95
1993	Vine Cottage	Retrd.	1995	95.00	95

Blaise Hamlet Collection - D. Tate

YEAR ISSUE		EDITION LIMIT	YEAR RETD.	ISSUE PRICE	QUOTE U.S.$
1989	Circular Cottage	Retrd.	1993	110.00	135
1990	Dial Cottage	Retrd.	1995	110.00	135
1989	Diamond Cottage	Retrd.	1993	110.00	135
1991	Double Cottage	Open		200.00	220
1991	Jasmine Cottage	Open		140.00	150
1989	Oak Cottage	Retrd.	1993	110.00	135
1991	Rose Cottage	Open		140.00	150
1990	Sweetbriar Cottage	Retrd.	1995	110.00	135
1990	Vine Cottage	Open		110.00	135

Christmas Collection - Various

YEAR ISSUE		EDITION LIMIT	YEAR RETD.	ISSUE PRICE	QUOTE U.S.$
1992	Chestnut Cottage - Lilliput Lane	Open		46.50	50
1992	Cranberry Cottage - Lilliput Lane	Open		46.50	50
1988	Deer Park Hall - D. Tate	Retrd.	1989	120.00	165-250
1993	The Gingerbread Shop - Lilliput Lane	Open		50.00	50
1992	Hollytree House - Lilliput Lane	Open		46.50	50
1991	The Old Vicarage at Christmas - D. Tate	Retrd.	1992	180.00	175-350
1993	Partridge Cottage - Lilliput Lane	Open		50.00	50
1994	Ring O' Bells - Lilliput Lane	Open		50.00	50
1993	St. Joseph's Church - Lilliput Lane	Open		70.00	70
1994	St. Joseph's School - Lilliput Lane	Open		50.00	50
1989	St. Nicholas Church - D. Tate	Retrd.	1990	130.00	130-165
1994	The Vicarage - Lilliput Lane	Open		50.00	50
1990	Yuletide Inn - D. Tate	Retrd.	1991	145.00	120-150

Christmas Lodge Collection - Lilliput Lane

YEAR ISSUE		EDITION LIMIT	YEAR RETD.	ISSUE PRICE	QUOTE U.S.$
1993	Eamont Lodge	Retrd.	1993	185.00	250
1992	Highland Lodge	Retrd.	1992	180.00	120-300
1995	Kerry Lodge	Yr.Iss.		160.00	160
1994	Snowdon Lodge	Retrd.	1994	175.00	175

Countryside Scene Plaques - D. Simpson

YEAR ISSUE		EDITION LIMIT	YEAR RETD.	ISSUE PRICE	QUOTE U.S.$
1989	Bottle Kiln	Retrd.	1991	49.50	50
1989	Cornish Tin Mine	Retrd.	1991	49.50	50
1989	Country Inn	Retrd.	1991	49.50	50
1989	Cumbrian Farmhouse	Retrd.	1991	49.50	50
1989	Lighthouse	Retrd.	1991	49.50	50
1989	Norfolk Windmill	Retrd.	1991	49.50	50
1989	Oasthouse	Retrd.	1991	49.50	50
1989	Old Smithy	Retrd.	1991	49.50	50
1989	Parish Church	Retrd.	1991	49.50	50
1989	Post Office	Retrd.	1991	49.50	50
1989	Village School	Retrd.	1991	49.50	50
1989	Watermill	Retrd.	1991	49.50	50

Dutch Collection - D. Tate

YEAR ISSUE		EDITION LIMIT	YEAR RETD.	ISSUE PRICE	QUOTE U.S.$
1991	Aan de Amstel	Open		79.00	85
1991	Begijnhof	Open		55.00	60
1991	Bloemenmarkt	Open		79.00	85
1991	De Branderij	Open		72.50	80
1991	De Diamantair	Open		79.00	85
1991	De Pepermolen	Open		55.00	60
1991	De Wolhandelaar	Open		72.50	80
1991	De Zijdewever	Open		79.00	85
1991	Rembrant van Rijn	Open		120.00	130
1991	Rozengracht	Open		72.50	80

English Cottages - Various

YEAR ISSUE		EDITION LIMIT	YEAR RETD.	ISSUE PRICE	QUOTE U.S.$
1982	Acorn Cottage-Mold 1 - D. Tate	Retrd.	1983	30.00	125-400
1983	Acorn Cottage-Mold 2 - D. Tate	Retrd.	1987	30.00	65
1982	Anne Hathaway's-Mold 1 - D. Tate	Retrd.	1983	40.00	1400-2650
1983	Anne Hathaway's-Mold 2 - D. Tate	Retrd.	1984	40.00	400-600
1984	Anne Hathaway's-Mold 3 - D. Tate	Retrd.	1988	40.00	375
1989	Anne Hathaway's-Mold 4 - D. Tate	Open		130.00	150
1991	Anne of Cleves - D. Tate	Open		360.00	395
1994	Applejack Cottage - Lilliput Lane	Open		45.00	45
1982	April Cottage-Mold 1 - D. Tate	Retrd.	1984	Unkn.	300
1982	April Cottage-Mold 2 - D. Tate	Retrd.	1989	Unkn.	125
1991	Armada House - D. Tate	Open		175.00	185
1989	Ash Nook - D. Tate	Open		47.50	60
1986	Bay View - D. Tate	Retrd.	1988	39.50	90-125
1987	Beacon Heights - Lilliput Lane	Retrd.	1992	125.00	150
1989	Beehive Cottage - D. Tate	Retrd.	1995	72.50	95
1993	Birdlip Bottom - Lilliput Lane	Open		80.00	80
1992	Bow Cottage - D. Tate	Open		128.00	135
1990	Bramble Cottage - D. Tate	Retrd.	1995	55.00	70
1988	Bredon House - D. Tate	Retrd.	1990	145.00	100-150
1989	The Briary - D. Tate	Open		47.50	60
1982	Bridge House-Mold 1 - D. Tate	Retrd.	N/A	15.95	450
1982	Bridge House-Mold 2 - D. Tate	Retrd.	1990	15.95	175
1991	Bridge House-Mold 3 - D. Tate	Open		25.00	30
1988	Brockbank - D. Tate	Retrd.	1993	58.00	80
1985	Bronte Parsonage - D. Tate	Retrd.	1987	72.00	80
1982	Burnside - D. Tate	Retrd.	1985	30.00	550
1990	Buttercup Cottage - D. Tate	Retrd.	1992	40.00	65
1989	Butterwick - D. Tate	Open		52.50	70
1994	Camomile Lawn - Lilliput Lane	Open		125.00	125
1982	Castle Street - D. Tate	Retrd.	1986	130.00	240-350
1993	Cat's Coombe Cottage - Lilliput Lane	Open		95.00	95
1991	Chatsworth View - D. Tate	Open		250.00	275
1995	Cherry Blossom Cottage - Lilliput Lane	Open		128.00	128
1990	Cherry Cottage - D. Tate	Open		33.50	45
1989	Chiltern Mill - D. Tate	Retrd.	1995	87.50	110
1989	Chine Cot-Mold 1 - D. Tate	Retrd.	1989	36.00	N/A
1989	Chine Cot-Mold 2 - D. Tate	Open		36.00	50
1995	Chipping Combe - Lilliput Lane	3,000		525.00	525
1992	The Chocolate House - Lilliput Lane	Open		130.00	140
1985	Clare Cottage - D. Tate	Retrd.	1993	30.00	63
1993	Cley-next-the-sea - Lilliput Lane	2,500		725.00	725
1987	Clover Cottage - D. Tate	Retrd.	1994	27.50	58
1982	Coach House - D. Tate	Retrd.	1985	100.00	11-1895
1986	Cobblers Cottage - D. Hall	Retrd.	1994	42.00	65
1990	Convent in The Woods - D. Tate	Open		175.00	220
1983	Coopers - D. Tate	Retrd.	1986	15.00	440-825
1994	Creel Cottage - Lilliput Lane	Open		40.00	40
1988	Crown Inn - D. Tate	Retrd.	1992	120.00	120-215
1991	Daisy Cottage - D. Tate	Open		37.50	40
1982	Dale Farm-Mold 1 - D. Tate	Retrd.	1986	30.00	1300
1982	Dale Farm-Mold 2 - D. Tate	Retrd.	1986	30.00	875
1986	Dale Head - D. Tate	Retrd.	1988	75.00	85-200
1982	Dale House - D. Tate	Retrd.	1986	25.00	840
1992	Derwent-le-Dale - Lilliput Lane	Open		75.00	80
1983	Dove Cottage-Mold 1 - D. Tate	Retrd.	1984	35.00	725-1800
1984	Dove Cottage-Mold 2 - D. Tate	Retrd.	1988	35.00	55-85
1991	Dovetails - D. Tate	Open		90.00	95
1982	Drapers-Mold 1 - D. Tate	Retrd.	1983	15.95	5000
1982	Drapers-Mold 2 - D. Tate	Retrd.	1983	15.95	4025
1995	Duckdown Cottage - Lilliput Lane	Open		95.00	95
1994	Elm Cottage - Lilliput Lane	Open		65.00	65
1985	Farriers - D. Tate	Retrd.	1990	40.00	40
1991	Farthing Lodge - D. Tate	Open		37.50	40
1992	Finchingfields - Lilliput Lane	Open		82.50	95
1985	Fisherman's Cottage - D. Tate	Retrd.	1989	30.00	70
1989	Fiveways - D. Tate	Open		42.50	55
1991	The Flower Sellers - D. Tate	Open		110.00	120
1987	Four Seasons - M. Adkinson	Retrd.	1991	70.00	100-140
1993	Foxglove Fields - Lilliput Lane	Open		130.00	130
1987	The Gables - Lilliput Lane	Retrd.	1992	145.00	165
1992	Granny Smiths - D. Tate	Open		60.00	65
1992	Grantchester Meadows - Lilliput Lane	Open		275.00	275
1989	Greensted Church - D. Tate	Open		72.50	95
1994	Gulliver's Gate - Lilliput Lane	Open		45.00	45
1989	Helmere - D. Tate	Open		65.00	80
1992	High Ghyll Farm - Lilliput Lane	Open		360.00	395
1982	Holly Cottage - D. Tate	Retrd.	1988	42.50	65
1987	Holme Dyke - D. Tate	Retrd.	1990	50.00	65
1982	Honeysuckle - D. Tate	Retrd.	1987	45.00	130-200
1991	Hopcroft Cottage - D. Tate	Open		120.00	130
1987	Inglewood - D. Tate	Retrd.	1994	27.50	40
1987	Izaak Waltons Cottage - D. Tate	Retrd.	1989	75.00	80-200
1991	John Barleycorn Cottage - D. Tate	Open		130.00	140
1993	Junk and Disorderly - Lilliput Lane	Open		150.00	150
1987	Keepers Lodge - D. Tate	Retrd.	1988	75.00	75-130
1985	Kentish Oast - D. Tate	Retrd.	1990	55.00	100
1990	The King's Arms - D. Tate	Open		450.00	550
1991	Lace Lane - D. Tate	Open		90.00	95

YEAR ISSUE		EDITION LIMIT	YEAR RETD.	ISSUE PRICE	QUOTE U.S.$
1982	Lakeside House-Mold 1 - D. Tate	Retrd.	1983	40.00	1500
1982	Lakeside House-Mold 2 - D. Tate	Retrd.	1986	40.00	810-940
1991	Lapworth Lock - D. Tate	Retrd.	1993	82.50	85
1994	Lenora's Secret - Lilliput Lane	Retrd.	1994	350.00	450
1987	Magpie Cottage - D. Tate	Retrd.	1990	70.00	85-250
1993	Marigold Meadow - Lilliput Lane	Open		120.00	120
1991	Micklegate Antiques - D. Tate	Open		90.00	95
1983	Millers - D. Tate	Retrd.	1986	15.00	120-200
1983	Miners-Mold 1 - D. Tate	Retrd.	1985	15.00	590
1983	Miners-Mold 2 - D. Tate	Retrd.	1985	15.00	375-455
1991	Moonlight Cove - D. Tate	Open		82.50	85
1985	Moreton Manor - D. Tate	Retrd.	1989	55.00	70
1990	Mrs. Pinkerton's Post Office - D. Tate	Open		72.50	85
1992	The Nutshell - Lilliput Lane	Open		75.00	80
1982	Oak Lodge - D. Tate	Retrd.	1987	40.00	100
1992	Oakwood Smithy - D. Tate	Open		450.00	475
1985	Old Curiosity Shop - D. Tate	Retrd.	1989	62.50	65-90
1982	Old Mine - D. Tate	Retrd.	1983	15.95	6500
1993	Old Mother Hubbard's - Lilliput Lane	Open		185.00	185
1982	The Old Post Office - D. Tate	Retrd.	1986	35.00	475-670
1984	Old School House - D. Tate	Retrd.	1985	25.00	1000-1400
1991	Old Shop at Bignor - D. Tate	Open		215.00	220
1989	Olde York Toll - D. Tate	Retrd.	1991	82.50	83-110
1994	Orchard Farm Cottage - Lilliput Lane	Open		145.00	145
1985	Ostlers Keep - D. Tate	Retrd.	1991	55.00	150
1990	Otter Reach - D. Tate	Open		33.50	45
1991	Paradise Lodge - D. Tate	Open		130.00	140
1988	Pargetters Retreat - D. Tate	Retrd.	1990	75.00	75
1991	Pear Tree House - D. Tate	Open		82.50	85
1990	Periwinkle Cottage - D. Tate	Open		165.00	220
1995	Pipit Toll - Lilliput Lane	Open		64.00	64
1992	Pixie House - D. Tate	Open		55.00	60
1991	The Priest's House - D. Tate	Open		180.00	195
1991	Primrose Hill - D. Tate	Open		46.50	50
1992	Puffin Row D. Tate	Open		128.00	135
1993	Purbeck Stores - Lilliput Lane	Open		55.00	55
1983	Red Lion Inn - D. Tate	Retrd.	1987	125.00	360
1988	Rising Sun - D. Tate	Retrd.	1992	58.00	84-105
1987	Riverview - D. Tate	Retrd.	1994	27.50	40
1990	Robin's Gate - D. Tate	Open		33.50	45
1988	Royal Oak - D. Tate	Retrd.	1991	145.00	100-325
1990	Runswick House - D. Tate	Open		62.50	80
1992	Rustic Root House - D. Tate	Open		110.00	120
1995	The Rustlings - Lilliput Lane	Open		128.00	128
1987	Rydal View - D. Tate	Retrd.	1989	220.00	220
1987	Saddlers Inn - M. Adkinson	Retrd.	1989	50.00	50-70
1994	Saffron House - Lilliput Lane	Open		220.00	220
1985	Sawrey Gill - D. Tate	Retrd.	1992	30.00	175-230
1991	Saxham St. Edmunds - D. Tate	Retrd.	1994	1550.00	1750
1988	Saxon Cottage - D. Tate	Retrd.	1989	245.00	150
1986	Scroll on the Wall - D. Tate	Retrd.	1987	55.00	120
1987	Secret Garden - M. Adkinson	Retrd.	1994	145.00	220
1988	Ship Inn - Lilliput Lane	Retrd.	1992	210.00	228-325
1988	Smallest Inn - D. Tate	Retrd.	1991	42.50	65
1986	Spring Bank - D. Tate	Retrd.	1991	42.00	50-70
1994	Spring Gate Cottage - Lilliput Lane	Open		130.00	130
1989	St. Lawrence Church - D. Tate	Open		110.00	140
1988	St. Marks - D. Tate	Retrd.	1991	75.00	150
1985	St. Mary's Church - D. Tate	Retrd.	1988	40.00	75-125
1989	St. Peter's Cove - D. Tate	Retrd.	1991	1375.00	1400-2200
1993	Stocklebeck Mill - Lilliput Lane	Open		325.00	325
1982	Stone Cottage-Mold 1 - D. Tate	Retrd.	1983	40.00	1500
1982	Stone Cottage-Mold 2 - D. Tate	Retrd.	1986	40.00	170
1986	Stone Cottage-Mold 3 - D. Tate	Retrd.	1986	40.00	N/A
1987	Stoneybeck - D. Tate	Retrd.	1992	45.00	60-75
1993	Stradling Priory - Lilliput Lane	Open		130.00	130
1990	Strawberry Cottage - D. Tate	Open		36.00	45
1987	Street Scene No. 1 - Unknown	Retrd.	1987	40.00	120
1987	Street Scene No. 2 - Unknown	Retrd.	1987	45.00	120
1987	Street Scene No. 3 - Unknown	Retrd.	1987	45.00	120
1987	Street Scene No. 4 - Unknown	Retrd.	1987	45.00	120
1987	Street Scene No. 5 - Unknown	Retrd.	1987	40.00	120
1987	Street Scene No. 6 - Unknown	Retrd.	1987	40.00	120
1987	Street Scene No. 7 - Unknown	Retrd.	1987	40.00	120
1987	Street Scene No. 8 - Unknown	Retrd.	1987	40.00	120
1987	Street Scene No. 9 - Unknown	Retrd.	1987	45.00	120
1987	Street Scene No. 10- Unknown	Retrd.	1987	45.00	120
1987	Street Scene Set - Unknown	Retrd.	1987	425.00	800-1000
1990	Sulgrave Manor - D. Tate	Retrd.	1992	120.00	130-280
1987	Summer Haze - D. Tate	Retrd.	1993	90.00	130
1994	Sunnyside - Lilliput Lane	Open		40.00	40
1982	Sussex Mill - D. Tate	Retrd.	1986	25.00	325-500
1988	Swan Inn - D. Tate	Retrd.	1992	120.00	170-225
1994	Sweet Pea Cottage - Lilliput Lane	Open		40.00	40
1988	Swift Hollow - D. Tate	Retrd.	1990	75.00	60-150
1989	Tanglewood Lodge - D. Tate	Retrd.	1992	97.00	145-185
1987	Tanners Cottage - D. Tate	Retrd.	1992	27.50	45
1994	Teacaddy Cottage - Lilliput Lane	Open		79.00	79
1983	Thatcher's Rest - D. Tate	Retrd.	1988	185.00	250
1986	Three Feathers - D. Tate	Retrd.	1989	115.00	200-250
1991	Tillers Green - D. Tate	Open		60.00	65
1984	Tintagel - D. Tate	Retrd.	1988	39.50	175
1994	Tired Timbers - Lilliput Lane	Open		80.00	80
1989	Titmouse Cottage - D. Tate	Open		92.50	120
1993	Titwillow Cottage - Lilliput Lane	Open		70.00	70
1983	Toll House - D. Tate	Retrd.	1987	15.00	150
1983	Troutbeck Farm - D. Tate	Retrd.	1987	125.00	250
1983	Tuck Shop - D. Tate	Retrd.	1986	35.00	650
1986	Tudor Court - Lilliput Lane	Retrd.	1992	260.00	125-225
1994	Two Hoots - Lilliput Lane	Open		75.00	75
1989	Victoria Cottage - D. Tate	Retrd.	1993	52.50	65
1991	Village School - D. Tate	Open		120.00	130
1983	Warwick Hall-Mold 1 - D. Tate	Retrd.	1983	185.00	3000-4000
1983	Warwick Hall-Mold 2 - D. Tate	Retrd.	1985	185.00	1300-1800
1985	Watermill - D. Tate	Retrd.	1993	40.00	65
1994	Waterside Mill - Lilliput Lane	Open		65.00	65
1987	Wealden House - D. Tate	Retrd.	1990	125.00	140
1992	Wedding Bells - Lilliput Lane	Open		75.00	80
1991	Wellington Lodge - D. Tate	Open		55.00	60
1992	Wheyside Cottage - Lilliput Lane	Open		46.50	50
1989	Wight Cottage - D. Tate	Retrd.	1994	52.50	65
1982	William Shakespeare-Mold 1 - D. Tate	Retrd.	1983	55.00	1500-3000
1983	William Shakespeare-Mold 2 - D. Tate	Retrd.	1986	55.00	240
1986	William Shakespeare-Mold 3 - D. Tate	Retrd.	1989	55.00	215
1989	William Shakespeare-Mold 4 - D. Tate	Retrd.	1992	130.00	150
1991	Witham Delph - D. Tate	Retrd.	1994	110.00	120
1983	Woodcutters - D. Tate	Retrd.	1987	15.00	190

English Tea Room Collection - Lilliput Lane

1995	Bargate Cottage Tea Room	Open		160.00	160
1995	Grandma Batty's Tea Room	Open		120.00	120

Framed English Plaques - D. Tate

1990	Ashdown Hall	Retrd.	1991	59.50	60
1990	Battleview	Retrd.	1991	59.50	60
1990	Cat Slide Cottage	Retrd.	1991	59.50	60
1990	Coombe Cot	Retrd.	1991	59.50	60
1990	Fell View	Retrd.	1991	59.50	60
1990	Flint Fields	Retrd.	1991	59.50	60
1990	Huntingdon House	Retrd.	1991	59.50	60
1990	Jubilee Lodge	Retrd.	1991	59.50	60
1990	Stowside	Retrd.	1991	59.50	60
1990	Trevan Cove	Retrd.	1991	59.50	60

Framed Irish Plaques - D. Tate

1990	Ballyteag House	Retrd.	1991	59.50	60
1990	Crockuna Croft	Retrd.	1991	59.50	60
1990	Pearses Cottages	Retrd.	1991	59.50	60
1990	Shannons Bank	Retrd.	1991	59.50	60

Framed Scottish Plaques - D. Tate

1990	Barra Black House	Retrd.	1991	59.50	60
1990	Fife Ness	Retrd.	1991	59.50	60
1990	Kyle Point	Retrd.	1991	59.50	60
1990	Preston Oat Mill	Retrd.	1991	59.50	60

French Collection - D. Tate

1991	L' Auberge d'Armorique	Open		220.00	250
1991	La Bergerie du Perigord	Open		230.00	250
1991	La Cabane du Gardian	Open		55.00	60
1991	La Chaumiere du Verger	Open		120.00	130
1991	La Maselle de Nadaillac	Open		130.00	140
1991	La Porte Schoenenberg	Open		75.00	85
1991	Le Manoir de Champfleuri	Open		265.00	295
1991	Le Mas du Vigneron	Open		120.00	130
1991	Le Petite Montmartre	Open		130.00	140
1991	Locmaria	Open		65.00	80

German Collection - D. Tate

1992	Alte Schmiede	Open		175.00	185
1987	Das Gebirgskirchlein	Open		120.00	140
1988	Das Rathaus	Open		140.00	160
1992	Der Bücherwurm	Open		140.00	160
1988	Der Familienschrein	Retrd.	1991	52.50	110
1988	Die Kleine Backerei	Retrd.	1994	68.00	80
1987	Haus Im Rheinland	Open		220.00	250
1987	Jaghutte	Open		82.50	95
1987	Meersburger Weinstube	Open		82.50	95
1987	Moselhaus	Open		140.00	160
1987	Nurnberger Burgerhaus	Open		140.00	160
1992	Rosengartenhaus	Open		120.00	130
1987	Schwarzwaldhaus	Open		140.00	160
1992	Strandvogthaus	Open		120.00	130

Historic Castles of England - Lilliput Lane

1994	Bodiam Castle	Open		129.00	129
1994	Castell Coch	Open		149.00	149
1994	Stokesay Castle	Open		99.00	99

Irish Cottages - D. Tate

1989	Ballykerne Croft	Open		75.00	95
1987	Donegal Cottage	Retrd.	1992	29.00	60
1989	Hegarty's Home	Retrd.	1992	68.00	75
1989	Kennedy Homestead	Open		33.50	45
1989	Kilmore Quay	Retrd.	1992	68.00	100
1989	Limerick House	Retrd.	1992	110.00	160-170
1989	Magilligans	Open		33.50	45
1989	O'Lacey's Store	Open		68.00	85
1989	Pat Cohan's Bar	Open		110.00	140
1989	Quiet Cottage	Retrd.	1992	72.50	120
1989	St. Columba's School	Open		47.50	60
1989	St. Kevin's Church	Open		55.00	70
1989	St. Patrick's Church	Retrd.	1993	185.00	185
1989	Thoor Ballylee	Retrd.	1992	105.00	160-170

Lakeland Bridge Plaques - D. Simpson

1989	Aira Force	Retrd.	1991	35.00	35
1989	Ashness Bridge	Retrd.	1991	35.00	35
1989	Birks Bridge	Retrd.	1991	35.00	35
1989	Bridge House	Retrd.	1991	35.00	105-120
1989	Hartsop Packhorse	Retrd.	1991	35.00	35
1989	Stockley Bridge	Retrd.	1991	35.00	35

Lakeland Christmas - Lilliput Lane

1995	Langdale Cottage	Open		48.00	48
1995	Patterdale Cottage	Open		48.00	48
1995	Rydal Cottage	Open		44.75	45

London Plaques - D. Simpson

1989	Big Ben	Retrd.	1991	39.50	40
1989	Buckingham Palace	Retrd.	1991	39.50	40
1989	Piccadilly Circus	Retrd.	1991	39.50	40
1989	Tower Bridge	Retrd.	1991	39.50	40
1989	Tower of London	Retrd.	1991	39.50	40
1989	Trafalgar Square	Retrd.	1991	39.50	40

Scottish Collection - Various

1985	7 St. Andrews Square - A. Yarrington	Retrd.	1986	15.95	110-225
1989	Blair Atholl - D. Tate	Retrd.	1992	275.00	375
1985	Burns Cottage - D. Tate	Retrd.	1988	35.00	95
1989	Carrick House - D. Tate	Open		47.50	60
1990	Cawdor Castle - D. Tate	Retrd.	1992	295.00	400-500
1989	Claypotts Castle - D. Tate	Open		72.50	95
1989	Craigievar Castle - D. Tate	Retrd.	1991	185.00	300-525
1984	The Croft (renovated) - D. Tate	Retrd.	1991	36.00	75-200
1982	The Croft (without sheep) - D. Tate	Retrd.	1984	29.00	800-1250
1989	Culloden Cottage - D. Tate	Open		36.00	45
1992	Culross House - D. Tate	Open		90.00	95
1992	Duart Castle - D. Tate	3,000		450.00	475
1987	East Neuk - D. Tate	Retrd.	1991	29.00	60-75
1993	Edzell Summer House - Lilliput Lane	Open		110.00	110
1990	Eilean Donan - D. Tate	Open		145.00	185
1992	Eriskay Croft - D. Tate	Open		50.00	55
1990	Fishermans Bothy - D. Tate	Open		36.00	45
1990	Glenlochie Lodge - D. Tate	Retrd.	1993	110.00	120
1990	Hebridean Hame - D. Tate	Retrd.	1992	55.00	65-120
1989	Inverlochie Hame - D. Tate	Open		47.50	60
1989	John Knox House - D. Tate	Retrd.	1992	68.00	250
1989	Kenmore Cottage - D. Tate	Retrd.	1993	87.00	110
1990	Kinlochness - D. Tate	Retrd.	1993	79.00	85-125
1990	Kirkbrae Cottage - D. Tate	Retrd.	1993	55.00	70-95
1994	Ladybank Lodge - Lilliput Lane	Open		80.00	80
1992	Mair Haven - D. Tate	Open		46.50	50
1985	Preston Mill-Mold 1 - D. Tate	Retrd.	1986	45.00	175-200
1986	Preston Mill-Mold 2 - D. Tate	Retrd.	1992	62.50	78
1989	Stockwell Tenement - D. Tate	Open		62.50	80

Specials - Various

1993	Aberford Gate - Lilliput Lane	Retrd.	1993	95.00	95
1985	Bermuda Cottage (3 Colors) - D. Tate	Retrd.	1991	29.00	40-50
1985	Bermuda Cottage (3 Colors) - D. Tate-set	Retrd.	1991	87.00	175-345
1983	Bridge House Dealer Sign - D. Tate	Retrd.	1984	N/A	120-170
1988	Chantry Chapel - D. Tate	Retrd.	1991	N/A	220-265
1983	Cliburn School - D. Tate	Retrd.	1984	Gift	6000-7000
1987	Clockmaker's Cottage - D. Tate	Retrd.	1990	40.00	200-235
1993	Counting House Corner - Lilliput Lane	3,093	1993	N/A	N/A
1993	Counting House Corner(mounted) - Lilliput Lane	3,093	1993	N/A	N/A
1991	Gamekeeper's Cottage - Lilliput Lane	Retrd.	1992	75.00	100-140
1987	Guildhall - D. Tate	Retrd.	1989	N/A	145
1994	Leagrave Cottage - Lilliput Lane	Open		75.00	75
1989	Mayflower House - D. Tate	Retrd.	1990	79.50	100-180
1992	Ploughman's Cottage - Lilliput Lane	Retrd.	1993	75.00	75
1991	Rose Cottage Skirsgill-Mold 1 - Lilliput Lane	200	1991	N/A	700
1991	Rose Cottage Skirsgill-Mold 2 - Lilliput Lane	Retrd.	1991	N/A	250-300
1994	Rose Cottage Skirsgill-Mold 3 - Lilliput Lane	Open		N/A	N/A
1990	Rowan Lodge - D. Tate	Retrd.	1991	50.00	120
1986	Seven Dwarf's Cottage - D. Tate	Retrd.	1986	146.80	500-900
1994	Wycombe Toll House - Lilliput Lane	Retrd.	1994	33.00	240-330

Studley Royal Collection - Lilliput Lane

1994	Banqueting House	5,000		65.00	65
1995	Fountains Abbey	3,500		395.00	395
1994	Octagon Tower	5,000		85.00	85
1994	St. Mary's Church	5,000		115.00	115
1994	Temple of Piety	5,000		95.00	95

Unframed Plaques - D. Tate

1989	Large Lower Brockhampton	Retrd.	1991	120.00	120
1989	Large Somerset Springtime	Retrd.	1991	130.00	130
1989	Medium Cobble Combe Cottage	Retrd.	1991	68.00	68
1989	Medium Wishing Well	Retrd.	1991	75.00	75
1989	Small Stoney Wall Lea	Retrd.	1991	47.50	48
1989	Small Woodside Farm	Retrd.	1991	47.50	48

Village Shop Collection - Various

1992	The Greengrocers - D. Tate	Open		120.00	130
1993	Jones The Butcher - Lilliput Lane	Open		120.00	120
1992	Penny Sweets - Lilliput Lane	Open		130.00	130
1993	Toy Shop - Lilliput Lane	Open		120.00	120

Welsh Collection - Various

YEAR ISSUE		EDITION LIMIT	YEAR RETD.	ISSUE PRICE	QUOTE U.S.$
1986	Brecon Bach - D. Tate	Retrd.	1993	42.00	65
1991	Bro Dawel - D. Tate	Open		37.50	40
1985	Hermitage - D. Tate	Retrd.	1986	30.00	250
1987	Hermitage Renovated - D. Tate	Retrd.	1990	42.50	50-90
1992	St. Govan's Chapel - Lilliput Lane	Open		75.00	80
1991	Tudor Merchant - D. Tate	Open		90.00	95
1991	Ugly House - D. Tate	Open		55.00	60

A Year In An English Garden - Lilliput Lane

YEAR ISSUE		EDITION LIMIT	YEAR RETD.	ISSUE PRICE	QUOTE U.S.$
1994	Autumn Hues	Open		120.00	120
1995	Spring Glory	Open		120.00	120
1995	Summer Impressions	Open		120.00	120
1994	Winter's Wonder	Open		120.00	120

Lladro

Lladro Collectors Society - Lladro

YEAR ISSUE		EDITION LIMIT	YEAR RETD.	ISSUE PRICE	QUOTE U.S.$
1985	Little Pals S7600G	Closed	1985	95.00	2500-3800
1986	Little Traveler S7602G	Closed	1986	95.00	1200-2000
1987	Spring Bouquets S7603G	Closed	1987	125.00	550-1250
1988	School Days S7604G	Closed	1988	125.00	450-850
1988	Flower Song S7607G	Closed	1988	175.00	475-750
1989	My Buddy S7609G	Closed	1989	145.00	250-600
1990	Can I Play? S7610G	Closed	1990	150.00	300-425
1991	Summer Stroll S7611G	Closed	1992	195.00	250-600
1991	Picture Perfect S7612G	Closed	1991	350.00	300-650
1992	All Aboard S7619G	Closed	1993	165.00	250-375
1993	Best Friend S7620G	Closed	1993	195.00	300-400
1994	Basket of Love S7622G	Closed	1994	225.00	225-300
1995	10 Year Society Anniversary - Ten and Growing S7635	Yr.Iss.		395.00	395
1995	Afternoon Promenade S2736	Yr.Iss.		240.00	240
1995	Afternoon Promenade S2736	Yr.Iss.		240.00	240

Lladro Event Figurines - Lladro

YEAR ISSUE		EDITION LIMIT	YEAR RETD.	ISSUE PRICE	QUOTE U.S.$
1991	Garden Classic L7617G	Closed	1991	295.00	375-800
1992	Garden Song L7618G	Closed	1992	295.00	400-650
1993	Pick of the Litter L7621G	Closed	1993	350.00	400-600
1994	Little Riders L7623P	Closed	1994	250.00	250-300
1995	Debut Performance L7641	6/95		325.00	325

Capricho - Lladro

YEAR ISSUE		EDITION LIMIT	YEAR RETD.	ISSUE PRICE	QUOTE U.S.$
1988	Bust w/ Black Veil & base C1538	Open		650.00	975
1988	Small Bust w/ Veil & base C1539	Open		225.00	455
1987	Orchid Arrangement C1541	Closed	1990	500.00	1700-2100
1987	Iris Arrangement C1542	Closed	1990	800.00	1000-1500
1987	Fan C1546	Closed	1987	650.00	900-1600
1987	Fan C1546.3	Closed	1987	650.00	900-1600
1987	Iris with Vase C1551	Closed	1991	110.00	375
1987	Flowers Chest C1572	Open		550.00	900
1987	Flat Basket with Flowers C1575	Closed	1991	450.00	750
1989	Romantic Lady / Black Veil w/base C1666	Closed	1993	420.00	520
1969	Frosted Angel w/Guitar C4507	Closed	1985	55.00	425
XX	White Bust w/ Veil & base C5927	Open		550.00	865
XX	Special Museum Flower Basket C7606	Closed	1991	N/A	300

Limited Edition - Lladro

YEAR ISSUE		EDITION LIMIT	YEAR RETD.	ISSUE PRICE	QUOTE U.S.$
1971	Hamlet LL1144	750	1973	125.00	2500
1971	Othello and Desdemona LL1145	750	1973	275.00	3000
1971	Antique Auto LL1146	750	1975	1000.00	16000
1971	Floral LL1184	200	1978	400.00	2200
1971	Floral LL1185	200	1974	475.00	1800
1971	Floral LL1186	200	1976	575.00	2200
1972	Eagles LL1189	750	1978	450.00	3200
1972	Sea Birds with Nest LL1194	500	1975	300.00	2750
1972	Turkey Group LL1196	350	1982	325.00	1800
1972	Peace LL1202	150	1973	550.00	7500
1972	Eagle Owl LL1223	750	1983	225.00	1050
1972	Hansom Carriage LL1225	750	1975	1450.00	10-12000
1973	Hunting Scene LL1238	800	1976	400.00	2000
1973	Turtle Doves LL1240	850	1976	250.00	2300-2500
1973	The Forest LL1243	500	1976	625.00	3300
1974	Soccer Players LL1266	500	1983	1000.00	7500
1974	Man From LaMancha LL1269G	1,500	1977	700.00	3700-4000
1974	Queen Elizabeth II LL1275	250	1985	3650.00	5000
1974	Judge LL1281	1,200	1978	325.00	1200-1400
1974	The Hunt LL1308	750	1984	4750.00	6900
1974	Ducks at Pond LL1317	1,200	1984	4250.00	5700
1976	Impossible Dream LL1318	1,000	1983	1200.00	4400
1976	Comforting Baby LL1329	750	1978	350.00	1050
1976	Mountain Country Lady LL1330M	750	1983	900.00	1700
1976	My Baby LL1331M	1,000	1981	275.00	900
1978	Flight of Gazelles LL1352	1,500	1984	1225.00	3100
1978	Car in Trouble LL1375	1,500	1987	3000.00	3000-7000
1978	Fearful Flight LL1377	750		7000.00	14500
1978	Henry VIII LL 1384	1,200	1993	650.00	995
1981	Venus and Cupid LL1392	750	1993	1100.00	2100
1982	First Date w/base LL1393	1,500		3800.00	5900
1982	Columbus LL1432G	1,200	1988	535.00	1200
1983	Venetian Serenade LL1433	750	1989	2600.00	3750
1985	Festival in Valencia w/base LL1457	3,000	1994	1400.00	2350
1985	Camelot LL1458	3,000	1994	950.00	1650
1985	Napoleon Planning Battle w/base LL1459	1,500		825.00	1450
1985	Youthful Beauty w/base LL1461	5,000		750.00	1200
1985	Flock of Birds w/base LL1462	1,500		1060.00	1750
1985	Classic Spring LL1465	1,500		620.00	975
1985	Classic Fall LL1466	1,500		620.00	975
1985	Valencian Couple on Horse LL1472	3,000		885.00	1550
1985	Coach XVIII Century w/base LL1485	500		14000.00	26000
1986	The New World w/base LL1486	4,000		700.00	1350
1986	Fantasia w/base LL1487	5,000		1500.00	2700
1986	Floral Offering w/base LL1490	3,000		2500.00	4450
1986	Oriental Music w/base LL1491	5,000		1350.00	2445
1986	Three Sisters w/base LL1492	3,000		1850.00	3250
1986	At the Stroke of Twelve w/base LL1493	1,500	N/A	4250.00	6300-7500
1986	Hawaiian Festival w/base LL1496	4,000		1850.00	3200
1987	A Sunday Drive w/base LL1510	1,000		3400.00	5250
1987	Listen to Don Quixote w/base LL1520	750		1800.00	2900
1987	A Happy Encounter LL1523	1,500		2900.00	4900
1988	Garden Party w/base LL1578	500		5500.00	7250
1988	Blessed Lady w/base LL1579	1,000	1991	1150.00	2500
1988	Return to La Mancha w/base LL1580	500		6400.00	8350
1989	Southern Tea LL1597	1,000		1775.00	2300
1989	Kitakami Cruise w/base LL1605	500		5800.00	7350
1989	Mounted Warriors w/base LL1608	500		2850.00	3450
1989	Circus Parade w/base LL1609	1,000		5200.00	6550
1989	"Jesus the Rock" w/base LL1615	1,000		1175.00	1550
1989	Hopeful Group LL1723	1,000	1993	1825.00	1825
1991	Valencian Cruise LL1731	1,000		2700.00	2950
1991	Venice Vows LL1732	1,500		3755.00	4100
1991	Liberty Eagle LL1738	1,500		1000.00	1100
1991	Heavenly Swing LL1739	1,000		1900.00	2050
1991	Columbus, Two Routes LL1740	1,000		1500.00	1650
1991	Columbus Reflecting LL1741	1,000	1994	1850.00	1995
1991	Onward! LL1742	1,000		2500.00	2700
1991	The Prophet LL1743	300		800.00	875
1990	My Only Friend LL1744	200	1991	1400.00	2400
1991	Dawn LL1745	N/A	1993	1200.00	1260
1991	Champion LL1746	300		1800.00	1950
1991	Nesting Doves LL1747	300		800.00	875
1991	Comforting News LL1748	300		1200.00	1325
1991	Baggy Pants LL1749	300		1500.00	1650
1991	Circus Show LL1750	300		1400.00	1525
1991	Maggie LL1751	300		900.00	990
1991	Apple Seller LL1752	300	N/A	900.00	1000-1150
1991	The Student LL1753	300		1300.00	1425
1991	Tree Climbers LL1754	300		1500.00	1650
1991	The Princess And The Unicorn LL1755	1,500	1994	1750.00	2000-3000
1991	Outing In Seville LL1756	500		23000.00	24500
1992	Hawaiian Ceremony LL1757	1,000		9800.00	10250
1992	Circus Time LL1758	2,500		9200.00	9650
1992	Tea In The Garden LL1759	2,000		9500.00	9750
1993	Paella Valenciano w/base LL1762	500		10000.00	10000
1993	Trusting Friends w/base LL1763	350		1200.00	1200
1993	He's My Brother w/base LL1764	350		1500.00	1500
1993	The Course of Adventure LL1765	250		1625.00	1625
1993	Ties That Bind LL1766	250		1700.00	1700
1993	Motherly Love LL1767	250		1330.00	1330
1993	Travellers' Respite w/base LL1768	250		1825.00	1825
1993	Fruitful Harvest LL1769	350		1300.00	1300
1993	Gypsy Dancers LL1770	250		2250.00	2250
1993	Country Doctor w/base LL1771	250		1475.00	1475
1993	Back To Back LL1772	350		1450.00	1450
1993	Mischevous Musician LL1773	350		975.00	975
1993	A Treasured Moment w/base LL1774	350		950.00	950
1993	Oriental Garden w/base LL1775	750		22500.00	22500
1994	Conquered by Love w/base LL1776	2,500		2850.00	2890
1994	Farewell Of The Samurai w/base LL1777	2,500		3950.00	3950
1994	Pegasus w/base LL1778	1,500		1950.00	1950
1994	High Speed w/base LL1779	1,500		3830.00	3830
1994	Indian Princess w/base LL1780	3,000		1630.00	1630
1994	Allegory of Time LL1781	5,000		1290.00	1290
1994	Circus Fanfare w/base LL1783	1,500		14240.00	14240
1994	Flower Wagon w/base LL1784	3,000		3290.00	3290
1994	Cinderella's Arrival w/base LL1785	1,500		25950.00	25950
1994	Floral Figure w/base LL1788	300		2198.00	2198
1994	Natural Beauty LL1795	500		650.00	650
1994	Floral Enchantment w/base LL1796	300		2990.00	2990
1995	Enchanted Outing w/base LL1797	3,000		3950.00	3950
1995	Far Away Thoughts LL1798	1,500		3600.00	3600
1995	Immaculate Virgin w/base LL1799	2,000		2250.00	2250
1995	To the Rim w/base LL1800	1,500		2475.00	2475
1995	Vision of Peace w/base LL1803	1,500		1895.00	1895
1995	Portrait of a Family w/base LL1805	2,500		1750.00	1750
1995	A Family of Love w/base LL1806	2,500		1750.00	1750
1995	A Dream of Peace w/base LL1807	2,000		1160.00	1160
1970	Girl with Guitar LL2016	750	1982	325.00	1800
1970	Madonna with Child LL2018	300	1974	450.00	1750
1971	Oriental Man LL2021	500	1983	500.00	1850
1971	Three Girls LL2028	500	1976	950.00	3500
1971	Eve at Tree LL2029	600	1976	450.00	3000
1971	Oriental Horse LL2030	350	1983	1100.00	35-5000
1971	Lyric Muse LL2031	400	1982	750.00	2100
1971	Madonna and Child LL2043	300	1974	400.00	1500
1973	Peasant Woman LL2049	750	1977	200.00	1300
1973	Passionate Dance LL2051	500	1975	375.00	2750
1977	St. Theresa LL2061	1,200	1987	387.50	1600
1977	Concerto LL2063	1,200	1988	500.00	1235
1977	Flying Partridges LL2064	1,200	1987	1750.00	4300
1987	Christopher Columbus w/base LL2176	1,000	1994	1000.00	1350
1990	Invincible w/base LL2188	300		1100.00	1250
1993	Flight of Fancy w/base LL2243	300		1400.00	1400
1993	The Awakening w/base LL2244	300		1200.00	1200
1993	Inspired Voyage w/base LL2245	1,000		4800.00	4800
1993	Days of Yore w/base LL2248	1,000		1950.00	2050
1993	Holiday Glow w/base LL2249	1,500		750.00	750
1993	Autumn Glow w/base LL2250	1,500		750.00	750
1993	Humble Grace w/base LL2255	2,000		2150.00	2150
1983	Dawn w/base LL3000	300		325.00	550
1983	Monks w/base LL3001	300	1993	1675.00	2550
1983	Waiting w/base LL3002	125	1991	1550.00	1900
1983	Indolence LL3003	150		1465.00	2100
1983	Venus in the Bath LL3005	N/A	1991	1175.00	1450
1987	Classic Beauty w/base LL3012	500		1300.00	1750
1987	Youthful Innocence w/base LL3013	500		1300.00	1750
1987	The Nymph w/base LL3014	250		1000.00	1450
1987	Dignity w/base LL3015	150		1400.00	1900
1988	Passion w/base LL3016	750		865.00	1200
1988	Muse w/base LL3017	300	1993	650.00	875
1988	Cellist w/base LL3018	300	1993	650.00	875
1988	True Affection w/base LL3019	300		750.00	1025
1989	Demureness w/base LL3020	300	1994	400.00	700
1990	Daydreaming w/base LL3022	500		550.00	775
1990	After The Bath w/base LL3023	300	1991	350.00	750-1000
1990	Discoveries w/Base LL3024	100		1500.00	1750
1991	Resting Nude LL3025	200	1992	650.00	725
1991	Unadorned Beauty LL3026	200		1700.00	1850
1994	Ebony w/base LL3027	300		1295.00	1295
1994	Modesty w/base LL3028	300		1295.00	1295
1994	Danae LL3029	300		2880.00	2880
1995	Nude Kneeling LL3030	300		975.00	975
1982	Elk LL3501	500	1987	950.00	1200
1978	Nude with Dove LL3503	1,500	1981	250.00	1400
1981	The Rescue LL3504	1,500	1987	2900.00	5000
1978	St. Michael w/base LL3515	1,500		2200.00	4690
1980	Turtle Dove Nest w/base LL3519	1,200	1994	3600.00	6050
1980	Turtle Dove Group w/base LL3520	750		6800.00	11900
1981	Philippine Folklore LL3522	1,500		1450.00	2400
1981	Nest of Eagles w/base LL3523	300	1994	6900.00	11500
1981	Drum Beats/Watusi Queen w/base LL3524	1,500	1994	1875.00	3050
1982	Togetherness LL3527	75	1987	375.00	900
1982	Wrestling LL3528	50	1987	950.00	1125
1983	Companionship w/base LL3529	65		1000.00	1790
1983	Anxiety w/base LL3530	125	1993	1075.00	1875
1983	Victory LL3531	90	1988	1500.00	1800
1983	Plentitude LL3532	50	1988	1000.00	1375
1983	The Observe w/baser LL3533	115	1993	900.00	1650
1983	In the Distance LL3534	75	1988	525.00	1275
1983	Slave LL3535	50	1988	950.00	1150
1983	Relaxation LL3536	100	1988	525.00	1000
1983	Dreaming w/base LL3537	250	1994	475.00	1475
1983	Youth LL3538	250	1988	525.00	1120
1983	Dantiness LL3539	100	1988	1000.00	1400
1983	Pose LL3540	100	1988	1250.00	1450
1983	Tranquility LL3541	75	1988	1000.00	1400
1983	Yoga LL3542	125	1991	650.00	900
1983	Demure LL3543	100	1988	1250.00	1700
1983	Reflections w/base LL3544	75		650.00	1050
1983	Adoration LL3545	150	1990	1050.00	1600
1983	African Woman LL3546	50	1988	1300.00	2000
1983	Reclining Nude LL3547	75	1988	650.00	875
1983	Serenity w/base LL3548	300	1993	925.00	1550
1983	Reposing LL3549	80		425.00	575
1983	Boxer w/base LL3550	300	1993	850.00	1450
1983	Bather LL3551	300		975.00	1300
1982	Blue God LL3552	1,500	1994	900.00	1575
1982	Fire Bird LL3553	1,500	1994	800.00	1350
1982	Desert People w/base LL3555	750		1680.00	3000
1982	Road to Mandalay LL3556	750	1989	1390.00	2500
1982	Jesus in Tiberias w/base LL3557	1,200		2600.00	4910
1992	The Reader LL3560	200		2650.00	2815
1993	Trail Boss LL3561M	1,500		2450.00	2595
1993	Indian Brave LL3562M	1,500		2250.00	2250
1994	Saint James The Apostle w/base LL3563	1,000		950.00	950
1994	Gentle Moment w/base LL3564	1,000		1795.00	1835
1994	At Peace w/base LL3565	1,000		1650.00	170
1994	Indian Chief w/base LL3566	3,000		1095.00	1095
1994	Trapper w/base LL3567	3,000		950.00	950
1994	American Cowboy w/base LL3568	3,000		950.00	950
1994	A Moment's Pause w/base LL3569	3,500		1495.00	1635
1994	Ethereal Music w/base LL3570	1,000		2450.00	2500
1994	At The Helm w/base LL3571	3,500		1495.00	1495
1995	Proud Warrior w/base LL3572	3,000		995.00	995
1995	Golgotha w/base LL3573	1, 000		1650.00	1650
1980	Successful Hunt LL5098	Closed	1993	5200.00	5200
1985	Napoleon Bonaparte LL 5338	5,000	1994	275.00	495
1985	Beethoven w/base LL 5339	3,000	1993	760.00	1300
1985	Thoroughbred Horse w/base LL5340	1,000		625.00	1050
1985	I Have Found Thee, Dulcinea LL5341	750	1990	1460.00	2000-3000
1985	Pack of Hunting Dogs w/base LL5342	3,000	1994	925.00	1650
1985	Love Boat w/base LL5343	3,000		825.00	1350
1986	Fox Hunt w/base LL5362	1,000		5200.00	8750
1986	Rey De Copas w/base LL5366	2,000	1993	325.00	600
1986	Rey De Oros w/base LL5367	2,000	1993	325.00	600

Lladro
to Lladro

FIGURINES/COTTAGES

YEAR ISSUE		EDITION LIMIT	YEAR RETD.	ISSUE PRICE	QUOTE U.S.$
1986	Rey De Espadas w/base LL5368	2,000	1993	325.00	600
1986	Rey De Bastos w/base LL5369	2,000	1993	325.00	600
1986	Pastoral Scene w/base LL5386	750		1100.00	2290
1987	Inspiration LL5413	500	1993	1200.00	2100
1987	Carnival Time w/base LL5423	1,000	1993	2400.00	3900
1989	"Pious" LL5541	N/A	1991	1075.00	1550
1989	Freedom LL5602	1,500	1989	875.00	950
1990	A Ride In The Park LL5718	N/A	1991	3200.00	3500
1991	Youth LL5800	500	1993	650.00	725
1991	Charm LL5801	500	1994	650.00	725
1991	New World Medallion LL5808	5,000	1994	200.00	215
1992	The Voyage of Columbus LL5847	7,500	1994	1450.00	13-2200
1992	Sorrowful Mother LL5849	1,500		1750.00	1850
1992	Justice Eagle LL5863	1,500		1700.00	1840
1992	Maternal Joy LL5864	1,500		1600.00	1700
1992	Motoring In Style LL5884	1,500		3700.00	3850
1992	The Way Of The Cross LL5890	2,000		975.00	1050
1992	Presenting Credentials LL5911	1,500		19500.00	20500
1992	Young Mozart LL5915	2,500	1994	500.00	1200-1800
1993	Jester's Serenade w/base LL5932	3,000		1995.00	1995
1993	The Blessing w/base LL5942	2,000		1345.00	1345
1993	Our Lady of Rocio w/base LL5951	2,000		3500.00	3500
1993	Where to Sir w/base LL5952	1,500		5250.00	5250
1993	Discovery Mug LL5967	1,992		90.00	90
1993	Graceful Moment w/base LL6033	3,000		1475.00	1475
1993	The Hand of Justice w/base LL6033	1,000		1250.00	1250
1992	Tinkerbell LL7518	1,000		350.00	2100-3000
1993	Peter Pan LL7529	3,000		400.00	1200-1800
1995	Abraham Lincoln w/base LL7554	2,500		2190.00	2190

Lladro - Lladro

YEAR ISSUE		EDITION LIMIT	YEAR RETD.	ISSUE PRICE	QUOTE U.S.$
1966	Poodle 325.13	Closed	N/A	N/A	2300
1970	Girl with Pigtails L357.13G	Closed	N/A	N/A	1100
1969	Shepherdess with Goats L1001G	Closed	1987	80.00	675
1969	Shepherdess with Goats L1001M	Closed	1987	80.00	450
1969	Girl's Head L1003G	Closed	1985	150.00	675
1969	Girl's Head L1003M	Closed	1985	150.00	700-900
1969	Pan with Cymbals L1006	Closed	1975	45.00	575
1969	Girl With Lamb L1010G	Closed	1993	26.00	200-375
1969	Girl With Pig L1011G	Open		13.00	90
1969	Centaur Girl L1012M	Closed	1989	45.00	400-450
1969	Centaur Boy L1013M	Closed	1989	425.00	275-375
1969	Dove L1015 G	Closed	1994	21.00	105
1969	Dove L1016 G	Open		36.00	190
1969	Idyl L1017G	Closed	1991	115.00	615
1969	Idyl L1017M	Closed	1991	115.00	550-615
1969	King Gaspar L1018M	Open		345.00	1895
1969	King Melchior L1019M	Open		345.00	1850
1969	King Baltasar L1020M	Open		345.00	1850
1969	Horse Group L1021G	Closed	1975	950.00	1600
1969	Horse Group/All White L1022M	Open		465.00	2380
1969	Flute Player L1025G	Closed	1978	73.00	700
1969	Clown with Concertina L1027G	Closed	1993	95.00	795
1969	Don Quixote w/Stand L1030G	Open		225.00	1450
1969	Sancho Panza L1031G	Closed	1989	65.00	450-525
1969	Old Folks L1033G	Closed	1985	140.00	1400
1969	Shepherdess with Dog L1034	Closed	1991	30.00	275
1969	Girl with Geese L1035G	Open		37.50	180
1969	Girl With Geese L1035M	Closed	N/A	37.50	165
1969	Horseman L1037G	Closed	1970	170.00	2500
1969	Girl with Turkeys L1038G	Closed	1978	95.00	650
1969	Violinist and Girl L1039G	Closed	1991	120.00	1000-1200
1969	Violinist and Girl L1039M	Closed	1991	120.00	825
1969	Hunters L1048	Closed	1986	115.00	1400
1969	Del Monte (Boy) L1050	Closed	1978	65.00	N/A
1969	Girl with Duck L1052G	Open		30.00	205
1969	Girl with Duck L1052M	Closed	N/A	30.00	190
1969	Bird L1053G	Closed	1985	13.00	100
1969	Bird L1054G	Closed	1985	14.00	100
1969	Duck L1056G	Closed	1978	19.00	275
1969	Girl with Pheasant L1055G	Closed	1978	105.00	N/A
1969	Panchito L1059	Closed	1980	28.00	N/A
1969	Deer L1064	Closed	1986	27.50	275
1969	Fox and Cub L1065G	Closed	1985	17.50	350-450
1969	Basset L1066G	Closed	1981	23.50	450
1969	Old dog L1067G	Closed	1978	40.00	450
1969	Afghan (sitting) L1069G	Closed	1985	36.00	500
1969	Beagle Puppy L1070G	Closed	1991	16.50	180-225
1969	Beagle Puppy L1071G	Closed	N/A	16.50	225
1969	Beagle Puppy L1071M	Closed	N/A	16.50	225
1969	Beagle Puppy L1072G	Closed	1991	16.50	225
1969	Dutch Girl L1077G	Closed	1981	57.50	250-450
1969	Herald 1078	Closed	1970	110.00	1100
1969	Girl With Brush L1081	Closed	1985	14.50	300
1969	Girl Manicuring L1082	Closed	1985	14.50	300
1969	Girl With Doll L1083	Closed	1985	14.50	300
1969	Girl with Mother's Shoe L1084	Closed	1985	14.50	300
1969	Girl Seated with Flowers L1088G	Closed	1989	45.00	700
1971	Lawyer (Face) L1089G	Closed	1973	35.00	700
1971	Girl and Gazelle 1091	Closed	1975	225.00	1200
1971	Satyr with Snail 1092	Closed	1975	30.00	300
1969	Beggar L1094	Closed	1981	65.00	650
1971	Pelusa Clown L1125	Closed	1978	70.00	875-1150
1971	Clown with Violin L1126	Closed	1978	71.00	1200
1971	Puppy Love L1127G	Open		50.00	310
1971	Dog in the Basket L1128G	Closed	1985	17.50	450
1971	Faun L1131G	Closed	1972	155.00	1200
1971	Horse L1133G	Closed	1972	115.00	900
1971	Bull L1134G	Closed	1972	130.00	1500
1971	Dog and Snail L1139G	Closed	1981	40.00	270
1971	Girl with Bonnet L1147G	Closed	1985	20.00	275

YEAR ISSUE		EDITION LIMIT	YEAR RETD.	ISSUE PRICE	QUOTE U.S.$
1971	Dog's Head L1149G	Closed	1981	27.50	350
1971	Elephants (3) L1150G	Open		100.00	795
1971	Elephants (2) L1151G	Open		45.00	420
1971	Dog Playing Guitar L1152	Closed	1978	32.50	600
1971	Dog Playing Guitar L1153	Closed	1978	32.50	525
1971	Dog Playing Bass Fiddle L1154G	Closed	1978	36.50	425
1971	Dog w/Microphone L1155G	Closed	1978	35.00	400
1971	Dog Playing Bongos L1156	Closed	1978	32.50	400
1971	Seated Torero L1162	Closed	1973	35.00	700
1971	Kissing Doves L1169G	Open		32.00	145
1971	Kissing Doves L1169M	Closed	N/A	32.00	150
1971	Kissing Doves L1170G	Closed	1988	25.00	250
1971	Girl With Flowers L1172G	Closed	1993	27.00	295
1971	Girl With Domino L1175G	Closed	1981	34.00	350
1971	Girl With Dice L1176	Closed	1981	25.00	350
1971	Clown on Domino L1179G	Closed	1981	34.00	300
1971	Platero and Marcelino L1181G	Closed	1981	50.00	400
1972	Little Girl with Cat L1187G	Closed	1989	37.00	375
1972	Boy Meets Girl L1188G	Closed	1989	310.00	550
1972	Eskimo L1195G	Open		30.00	135
1972	Horse Resting L1203	Closed	1981	40.00	375
1972	Attentive Bear, brown L1204G	Closed	1989	16.00	100-125
1972	Good Bear, brown L1205G	Closed	1989	16.00	100-125
1972	Bear Seated, brown L1206G	Closed	1989	16.00	100-125
1972	Attentive Polar Bear, white L1207G	Open		16.00	75
1972	Bear, white L1208G	Open		16.00	75
1972	Bear, white L1209G	Open		16.00	75
1972	Round Fish L1210G	Closed	1981	35.00	450
1972	Girl With Doll L1211G	Closed	1993	72.00	440
1972	Woman Carrying Water L1212	Closed	1983	100.00	400
1972	Little Jug Magno L1222.3G	Closed	1979	35.00	300
1972	Young Harlequin L1229G	Open		70.00	520
1972	Friendship L1230G	Closed	1991	68.00	475
1972	Friendship L1230M	Closed	1991	68.00	325
1972	Angel with Lute L1231	Closed	1988	60.00	450
1972	Angel with Clarinet L1232	Closed	1978	60.00	450
1972	Angel with Flute L1233	Closed	1988	60.00	450
1972	Little Jesus of Prag L1234	Closed	1978	70.00	725
1973	Christmas Carols L1239G	Closed	1981	125.00	800-900
1973	Girl with Wheelbarrow L1245	Closed	1981	75.00	500-600
1972	Caress and Rest L1246	Closed	1990	50.00	300
1974	Happy Harlequin L1247M	Closed	1983	220.00	900
1974	Honey Lickers L1248G	Closed	1990	100.00	475
1974	The Race L1249G	Closed	1988	450.00	1800-2250
1974	Lovers from Verona L 1250G	Closed	1990	330.00	900
1974	Pony Ride L1251	Closed	1979	220.00	1200
1974	Shepherd L1252	Closed	1981	100.00	N/A
1974	Sad Chimney Sweep L1253G	Closed	1983	180.00	1200
1974	Hamlet and Yorick L1254G	Closed	1983	325.00	1100-1200
1974	Seesaw L1255G	Closed	1993	110.00	600-850
1974	Mother with Pups L1257	Closed	1981	50.00	700
1974	Playing Poodles L1258	Closed	1981	47.50	650-850
1974	Poodle L1259G	Closed	1985	27.50	450
1974	Flying Duck L1263G	Open		20.00	90
1974	Flying Duck L1264G	Open		20.00	90
1974	Flying Duck L1265G	Open		20.00	90
1974	Girl with Ducks L1267G	Closed	1993	55.00	260
1974	Reminiscing L1270G	Closed	1988	975.00	1375
1974	Thoughts L1272G	Open		87.50	3490
1974	Lovers in the Park L1274G	Closed	1993	450.00	1365
1974	Christmas Seller L1276G	Closed	1981	120.00	750
1974	Feeding Time L1277G	Closed	1993	120.00	350
1974	Feeding Time L1277M	Closed	N/A	120.00	415
1974	Devotion L1278G	Closed	1990	140.00	475
1974	The Wind L1279M	Open		250.00	795
1974	Playtime L1280G	Closed	1983	160.00	475-725
1974	Afghan Standing L1282G	Closed	1985	45.00	400-475
1974	Little Gardener L1283G	Open		250.00	785
1974	"My Flowers" L1284G	Open		200.00	550
1974	"My Goodness" L1285G	Open		190.00	415
1974	Flower Harvest L1286G	Open		200.00	495
1974	Picking Flowers L1287G	Open		170.00	440
1974	Aggressive Duck L1288G	Open		170.00	475
1974	Good Puppy L1289G	Closed	1985	16.60	100
1974	Victorian Girl on Swing L1297G	Closed	1990	520.00	1600-2100
1974	Valencian Lady with Flowers L1304G	Open		200.00	625
1974	"On the Farm" L1306	Closed	1990	130.00	240
1974	Ducklings L1307G	Open		47.50	150
1974	Girl with Cats L1309G	Open		120.00	310
1974	Girl with Puppies in Basket L1311G	Open		120.00	345
1974	Schoolgirl L1313G	Closed	1990	201.00	600
1974	Collie L1316G	Closed	1981	45.00	400
1976	IBIS L1319G	Open		1550.00	2625
1977	Angel with Tamborine L1320G	Closed	1985	125.00	600
1977	Angel with Lyre L1321G	Closed	1985	125.00	450-500
1977	Angel with Song L1322G	Closed	1985	125.00	475
1977	Angel with Accordian L1323	Closed	1985	125.00	400
1977	Angel with Mandolin L1324G	Closed	1985	125.00	400
1976	The Helmsman L1325M	Closed	1988	600.00	900-1200
1976	Playing Cards L1327 M, numbered series	Open		3800.00	6600
1977	Dove Group L1335G	Closed	1990	950.00	1700
1977	Blooming Roses L1339G	Closed	1988	325.00	425
1977	Male Jockey L1341G	Closed	1979	120.00	450
1977	Wrath of Don Quixote L1343G	Closed	1990	250.00	900
1977	Derby L1344G	Closed	1985	1125.00	2500
1978	Sacristan L1345G	Closed	1979	385.00	2300
1978	Under the Willow L1346G	Closed	1990	1600.00	2000-2500
1978	Mermaid on Wave L1347G	Closed	1983	425.00	1600
1978	Nautical Vision L1349G	Closed	1983	Unkn.	3000

YEAR ISSUE		EDITION LIMIT	YEAR RETD.	ISSUE PRICE	QUOTE U.S.$
1978	In the Gondola L1350G, numbered series	Open		1850.00	3250
1978	Lady with Girl L1353G	Closed	1985	175.00	600
1978	Growing Roses L1354G	Closed	1988	485.00	635
1978	Phyllis L1356G	Closed	1993	75.00	175
1978	Shelley L1357G	Closed	1993	75.00	175
1978	Beth L1358G	Closed	1993	75.00	175
1978	Heather L1359G	Closed	1993	75.00	175
1978	Laura L1360G	Closed	1993	75.00	175
1978	Julia L1361G	Closed	1993	75.00	175
1978	Swinging L1366G	Closed	1988	825.00	1375
1978	Playful Dogs L1367	Closed	1982	160.00	650
1978	Spring Birds L1368G	Closed	1990	1600.00	2500
1978	Anniversary Waltz L1372G	Open		260.00	570
1978	Chestnut Seller L1373G	Closed	1981	800.00	750-900
1978	Waiting in the Park L1374G	Closed	1993	235.00	450
1978	Watering Flowers L1376G	Closed	1990	400.00	1150
1978	Suzy and Her Doll L1378G	Closed	1985	215.00	600-800
1978	Debbie and Her Doll L1379G	Closed	1985	215.00	600-825
1978	Cathy and Her Doll L1380G	Closed	1985	215.00	570-950
1978	Medieval Girl L1381G	Closed	1985	11.80	400-600
1978	Medieval Boy L1382G	Closed	1985	235.00	650-700
1978	A Rickshaw Ride L1383G	Open		1500.00	2150
1978	The Brave Knight L1385G	Closed	1988	350.00	750
1981	St. Joseph L1386G	Open		250.00	385
1981	Mary L1387G	Open		240.00	385
1981	Baby Jesus L1388G	Open		85.00	140
1981	Donkey L1389G	Open		95.00	190
1981	Cow L1390G	Open		95.00	190
1982	Holy Mary, L1394G, numbered series	Open		1000.00	1475
1982	Full of Mischief L1395G	Open		420.00	825
1982	Appreciation L1396G	Open		420.00	825
1982	Second Thoughts L1397G	Open		420.00	820
1982	Reverie L1398G	Open		490.00	970
1982	Dutch Woman with Tulips L1399G	Closed	1988	750.00	750
1982	Valencian Boy L1400G	Closed	1988	298.00	400
1982	Sleeping Nymph L1401G	Closed	1988	210.00	600-875
1982	Daydreaming Nymph L1402G	Closed	1988	210.00	525-625
1982	Pondering Nymph L1403G	Closed	1988	210.00	525-625
1982	Matrimony L1404G	Open		320.00	585
1982	Illusion L1413G	Open		115.00	260
1982	Fantasy L1414G	Open		115.00	260
1982	Mirage L1415G	Open		115.00	260
1982	From My Garden L1416G	Open		140.00	295
1982	Nature's Bounty L1417G	Open		160.00	340
1982	Flower Harmony L1418G	Open		130.00	270
1982	A Barrow of Blossoms L1419G	Open		390.00	675
1982	Born Free w/base L1420G	Open		1520.00	3140
1982	Mariko w/base L1421G	Open		860.00	1575
1982	Miss Valencia L1422G	Open		175.00	395
1982	King Melchior L1423G	Open		225.00	440
1982	King Gaspar L1424G	Open		265.00	475
1982	King Balthasar L1425G	Open		315.00	585
1982	Male Tennis Player L1426M	Closed	1988	200.00	275-400
1982	Female Tennis Player L1427M	Closed	1988	200.00	350-425
1982	Afternoon Tea L1428G	Open		115.00	275
1982	Afternoon Tea L1428M	Open		115.00	275
1982	Winter Wonderland w/base L1429G	Open		1025.00	2125
1982	High Society L1430G	Closed	1993	305.00	595-750
1982	The Debutante L1431G	Open		115.00	275
1982	The Debutante L1431M	Open		115.00	275
1983	Vows L1434G	Closed	1991	600.00	950
1983	Blue Moon L1435G	Closed	1988	98.00	550
1983	Moon Glow L1436	Closed	1988	98.00	425
1983	Moon Light L1437	Closed	1988	98.00	425
1983	Full Moon L1438G	Closed	1988	115.00	675
1983	"How Do You Do!" L1439G	Open		185.00	295
1983	Pleasantries L1440G	Closed	1991	960.00	1900
1983	A Litter of Love L1441G	Open		385.00	645
1983	Kitty Confrontation L1442G	Open		155.00	285
1983	Bearly Love L1443G	Open		55.00	120
1983	Purr-Fect L1444G	Open		350.00	615
1983	Springtime in Japan L1445G	Open		965.00	1800
1983	"Here Comes the Bride" L1446G	Open		518.00	995
1983	Michiko L1447G	Open		235.00	460
1983	Yuki L1448G	Open		285.00	550
1983	Mayumi L1449G	Open		235.00	495
1983	Kiyoko L1450G	Open		235.00	495
1983	Teruko L1451G	Open		235.00	495
1983	On the Town L1452G	Closed	1993	220.00	450-500
1983	Golfing Couple L1453G	Open		248.00	530
1983	Flowers of the Season L1454G	Open		1460.00	2550
1983	Reflections of Hamlet L1455G	Closed	1988	1000.00	1400
1983	Cranes w/base L1456G	Open		1000.00	1950
1985	A Boy and His Pony L1460G	Closed	1988	285.00	800
1985	Carefree Angel w/Flute L1463G	Closed	1988	220.00	500
1985	Carefree Angel w/Lyre L1464G	Closed	1988	220.00	575-650
1985	Girl on Carousel Horse L1469G	Open		470.00	935
1985	Boy on Carousel Horse L1470G	Open		470.00	935
1985	Wishing On A Star L1475G	Closed	1988	130.00	600
1985	Star Light Star Bright L1476G	Closed	1988	130.00	350
1985	Star Gazing L1477G	Closed	1988	130.00	375
1985	Hawaiian Dancer/Aloha! L1478G	Open		230.00	440
1985	In a Tropical Garden L1479G	Open		230.00	440
1985	Aroma of the Islands L1480G	Open		260.00	480
1985	Sunning L1481G	Closed	1988	145.00	650
1985	Eve L1482	Closed	1988	145.00	650
1985	Free As a Butterfly L1483G	Closed	1988	145.00	550
1986	Lady of the East w/base L1488G	Closed	1993	625.00	1100
1986	Valencian Children L1489G	Open		700.00	1225
1986	My Wedding Day L1494G	Open		800.00	1495

FIGURINES/COTTAGES

Lladro
to Lladro

YEAR ISSUE		EDITION LIMIT	YEAR RETD.	ISSUE PRICE	QUOTE U.S.$
1986	A Lady of Taste L1495G	Open		575.00	1025
1986	Don Quixote & The Windmill L1497G	Open		1100.00	2050
1986	Tahitian Dancing Girls L1498G	Open		750.00	1325
1986	Blessed Family L1499G	Open		200.00	395
1986	Ragamuffin L1500G	Closed	1991	125.00	300
1986	Ragamuffin L1500M	Closed	1991	125.00	300
1986	Rag Doll L1501G	Closed	1991	125.00	300
1986	Rag Doll L1501M	Closed	1991	125.00	300
1986	Forgotten L1502G	Closed	1991	125.00	300
1986	Forgotten L1502M	Closed	1991	125.00	300
1986	Neglected L1503G	Closed	1991	125.00	300
1986	Neglected L1503M	Closed	1991	125.00	300
1986	The Reception L1504G	Closed	1990	625.00	1050
1986	Nature Boy L1505G	Closed	1991	100.00	250-375
1986	Nature Boy L1505M	Closed	1991	100.00	N/A
1986	A New Friend L1506G	Closed	1991	110.00	225
1986	A New Friend L1506M	Closed	1991	110.00	N/A
1986	Boy & His Bunny L1507G	Closed	1991	90.00	225
1986	Boy & His Bunny L1507M	Closed	1991	90.00	N/A
1986	In the Meadow L1508G	Closed	1991	100.00	225
1986	In the Meadow L1508M	Closed	1991	100.00	N/A
1986	Spring Flowers L1509G	Closed	1991	100.00	225
1986	Spring Flowers L1509M	Closed	1991	100.00	N/A
1987	Cafe De Paris L1511G	Open		1900.00	2950
1987	Hawaiian Beauty L1512G	Closed	1990	575.00	1000
1987	A Flower for My Lady L1513G	Closed	1990	1150.00	1375
1987	Gaspar 's Page L1514G	Closed	1990	275.00	375
1987	Melchior's Page L1515G	Closed	1990	290.00	400-500
1987	Balthasar's Page L1516G	Closed	1990	275.00	850
1987	Circus Train L1517G	Closed	1994	2900.00	4350
1987	Valencian Garden L1518G	Closed	1991	1100.00	1650
1987	Stroll in the Park L1519G	Open		1600.00	2600
1987	The Landau Carriage L1521G	Open		2500.00	3850
1987	I am Don Quixote! L1522G	Open		2600.00	3950
1987	Valencian Bouquet L1524G	Closed	1991	250.00	400
1987	Valencian Dreams L1525G	Closed	1991	240.00	450
1987	Valencian Flowers L1526G	Closed	1991	375.00	550
1987	Tenderness L1527G	Open		260.00	430
1987	I Love You Truly L1528G	Open		375.00	595
1987	Momi L1529G	Closed	1990	275.00	450
1987	Leilani L1530G	Closed	1990	275.00	500
1987	Malia L1531G	Closed	1990	275.00	500
1987	Lehua L1532G	Closed	1990	275.00	575
1987	Not So Fast! L1533G	Open		175.00	265
1988	Little Sister L1534G	Open		180.00	240
1988	Sweet Dreams L1535G	Open		150.00	220
1988	Stepping Out L1537G	Open		230.00	325
1988	Pink Ballet Slippers L1540	Closed	1991	275.00	450
1987	Wild Stallions w/base L1566G	Closed	1993	1100.00	1465
1987	Running Free w/base L1567G	Open		1500.00	1600
1987	Grand Dame L1568G	Open		290.00	425
1989	Fluttering Crane L1598G	Open		115.00	145
1989	Nesting Crane L1599G	Open		95.00	115
1989	Landing Crane L1600G	Open		115.00	145
1989	Rock Nymph L1601G	Open		665.00	795
1989	Spring Nymph L1602G	Open		665.00	825
1989	Latest Addition L1606G	Open		385.00	480
1989	Flight Into Egypt w/base L1610G	Open		885.00	1150
1989	Courting Cranes L1611G	Open		565.00	695
1989	Preening Crane L1612G	Open		385.00	485
1989	Bowing Crane L1613G	Open		385.00	485
1989	Dancing Crane L1614G	Open		385.00	485
1988	Cellist L1700M	Closed	1993	1200.00	1200
1988	Saxophone Player L1701M	Closed	1993	835.00	835
1988	Boy at the Fair (Decorated) L1708M	Closed	1993	650.00	650
1988	Exodus L1709M	Closed	1993	875.00	875
1988	School Boy L1710M	Closed	1993	750.00	750
1988	School Girl L1711M	Closed	1993	950.00	950
1988	On Our Way Home (decorated) L1715M	Closed	1993	2000.00	2000
1988	Nanny L1714M	Closed	1993	700.00	700
1988	Harlequin with Puppy L1716M	Closed	1993	825.00	825
1988	Harlequin with Dove L1717M	Closed	1993	900.00	900
1988	Dress Rehearsal L1718M	Closed	1993	1150.00	1150
1989	Back From the Fair L1719M	Closed	1993	1825.00	1825
1990	Sprite w/base L1720G, numbered series	Open		1200.00	1400
1990	Leprechaun w/base L1721G, numrd series	Open		1200.00	1395
1989	Group Discussion L1722M	Closed	1993	1500.00	1500
1989	Hopeful Group L1723M	Closed	1993	1825.00	1825
1989	Belle Epoque L1724M	Closed	1993	700.00	700
1989	Young Lady w/Parasol L1725M	Closed	1993	950.00	950
1989	Young Lady with Fan L1726M	Closed	1993	750.00	750
1989	Pose L1727M	Closed	1993	725.00	725
1991	Nativity L1730M	Open		725.00	725
1970	Gothic King L2002G	Closed	1975	25.00	450
1970	Gothic Queen L2003G	Closed	1975	25.00	450
1970	Shepherdess with Lamb L2005M	Closed	1981	100.00	710
1970	Water Carrier Girl Lamp L2006	Closed	1975	30.00	600
1971	Girl with Dog L2013M	Closed	1975	300.00	N/A
1971	Little Eagle Owl L2020	Closed	1985	15.00	425
1971	Boy/Girl Eskimo L2038.3M	Closed	N/A	100.00	275-455
1974	Setter's Head L2045M	Closed	1981	42.50	550
1974	Magistrates L2052M	Closed	1981	135.00	950
1974	Oriental L2056M	Open		35.00	105
1974	Oriental L2057M	Open		30.00	100
1974	Thailandia L2058M	Open		650.00	1885
1974	Muskateer L2059M	Closed	1981	900.00	2000-3
1977	Monk L2060M	Open		60.00	145
1977	Dogs-Bust L2067M	Closed	1979	280.00	800
1977	Thai Dancers L2069M	Open		300.00	745
1977	A New Hairdo L2070M	Closed	1991	1060.00	1430
1977	Graceful Duo L2073M	Closed	1994	775.00	1650
1977	Nuns L2075M	Open		90.00	250
1978	Lonely L2076M	Open		72.50	185
1978	Rain in Spain L2077M	Closed	1990	190.00	475-550
1978	Woman L2080M	Closed	1985	625.00	625
1978	Don Quixote Dreaming L2084M	Closed	1985	550.00	2060
1978	The Little Kiss L2086M	Closed	1985	180.00	475
1978	Girl in Rocking Chair L2089	Closed	1981	235.00	600
1978	Saint Francis L2090	Closed	1981	565.00	N/A
1978	Holy Virgin L2092M	Closed	1981	200.00	N/A
1978	Girl Waiting L2093M	Open		90.00	185
1978	Tenderness L2094M	Open		100.00	205
1978	Duck Pulling Pigtail L2095M	Open		110.00	275
1978	Nosy Puppy L2096M	Closed	1993	190.00	410
1978	Laundress L2109M	Closed	1983	325.00	325-650
1980	Marujita with Two Ducks L2113M	Closed	1993	240.00	295
1980	Kissing Father L2114M	Closed	1981	575.00	575
1980	Mother's Kiss L2115M	Closed	1981	575.00	700
1980	The Whaler L2121M	Closed	1988	820.00	1050
1981	Lost in Thought L2125M	Closed	1990	210.00	250
1983	Indian Chief L2127M	Closed	1988	525.00	700
1983	Venus L2128M	Closed	N/A	650.00	1150
1983	Waiting for Santa L2129M	Closed	1985	325.00	600
1983	Egyptian Cat L2130M	Closed	1985	75.00	500
1983	Mother & Son L2131M, numbered series	Open		850.00	1550
1983	Spring Sheperdess L2132M	Closed	1985	450.00	N/A
1983	Autumn Sheperdess L2133M	Closed	1985	285.00	N/A
1984	Nautical Watch L2134M	Closed	1988	450.00	750
1984	Mystical Joseph L2135M	Closed	1988	428.00	700
1984	The King L2136M	Closed	1988	510.00	710
1984	Fairy Ballerina L2137M	Closed	1988	500.00	1250
1984	Friar Juniper L2138M	Closed	1993	160.00	400
1984	Aztec Indian L2139M	Closed	1988	553.00	600
1984	Pepita wth Sombrero L2140M	Open		97.50	200
1984	Pedro with Jug L2141M	Open		100.00	205
1984	Sea Harvest L2142M	Closed	1990	535.00	700
1984	Aztec Dancer L2143M	Closed	1988	463.00	650
1984	Leticia L2144M	Open		100.00	190
1984	Gabriela L2145M	Closed	1994	100.00	170
1984	Desiree L2146M	Open		100.00	190
1984	Alida L2147M	Closed	1994	100.00	170
1984	Head of Congolese Woman L2148M	Closed	1988	55.00	500-700
1985	Young Madonna L2149M	Closed	1988	400.00	675
1985	A Tribute to Peace w/base L2150M	Open		470.00	930
1985	A Bird on Hand L2151M	Open		118.00	255
1985	Chinese Girl L2152M	Closed	1990	90.00	200-250
1985	Chinese Boy L2153	Closed	1990	90.00	200-250
1985	Hawaiian Flower Vendor L2154M	Open		245.00	460
1985	Arctic inter L2156M	Open		75.00	145
1985	Eskimo Girl w/Cold Feet L2157M	Open		140.00	285
1985	Pensive Eskimo Girl L2158M	Open		100.00	210
1985	Pensive Eskimo Boy L2159M	Open		100.00	210
1985	Flower Vendor L2160M	Open		110.00	215
1985	Fruit Vendor L2161M	Closed	1994	120.00	230
1985	Fish Vendor L2162M	Closed	1994	110.00	205
1987	Mountain Shepherd L2163M	Open		120.00	210
1987	My Lost Lamb L2164M	Open		100.00	175
1987	Chiquita L2165M	Closed	1993	100.00	170
1987	Paco L2166M	Closed	1993	100.00	170
1987	Fernando L2167M	Closed	1993	100.00	170
1987	Julio L2168M	Closed	1993	100.00	170
1987	Repose L2169M	Open		120.00	195
1987	Spanish Dancer L2170M	Open		190.00	345
1987	Ahoy Tere L2173M	Open		190.00	325
1987	Andean Flute Player L2174M	Closed	1990	250.00	350
1988	Harvest Helpers L2178M	Open		190.00	265
1988	Sharing the Harvest L2179M	Open		190.00	265
1988	Dreams of Peace w/base L2180M	Open		880.00	1125
1988	Bathing Nymph w/base L2181M	Open		560.00	795
1988	Daydreamer w/base L2182M	Open		560.00	795
1989	Wakeup Kitty L2183M	Closed	1993	225.00	325
1989	Angel and Friend L2184M	Closed	1994	150.00	185
1989	Devoted Reader L2185M	Closed	1994	125.00	160
1989	The Greatest Love L2186M	Open		235.00	320
1989	Jealous Friend L2187M	Open		275.00	365
1990	Mother's Pride L2189M	Open		300.00	375
1980	To The Well L2190M	Open		250.00	295
1990	Forest Born L2191M	Closed	1991	230.00	450
1980	King Of The Forest L2192M	Closed	N/A	290.00	310
1980	Heavenly Strings L2194M	Closed	1993	170.00	195
1990	Heavenly Sounds L2195M	Closed	1993	170.00	195
1990	Heavenly Solo L2196M	Closed	1993	170.00	195
1990	Heavenly Song L2197M	Closed	1993	175.00	185
1990	A King is Born w/base L2198M	Open		750.00	895
1990	Devoted Friends w/base L2199M	Open		700.00	895
1990	A Big Hug! L2200M	Open		250.00	310
1990	Our Daily Bread L2201M	Closed	1994	150.00	185
1990	A Helping Hand L2202M	Closed	1993	150.00	185
1990	Afternoon Chores L2203M	Closed	1994	150.00	185
1990	Farmyard Grace L2204M	Closed	1993	180.00	210
1990	Prayerful Stitch L2205M	Closed	1994	160.00	190
1990	Sisterly Love L2206M	Open		300.00	375
1990	What A Day! L2207M	Open		550.00	640
1990	Let's Rest L2208M	Open		550.00	665
1991	Long Dy L2209M	Open		295.00	340
1991	Lazy Day L2210M	Open		240.00	260
1991	Patrol Leader L2212M	Closed	1993	390.00	420
1991	Nature's Friend L2213M	Closed	1993	390.00	420
1991	Seaside Angel L2214M	Open		150.00	165
1991	Friends in Flight L2215M	Open		165.00	180
1991	Laundry Day L2216M	Open		350.00	400
1991	Gentle Play L2217M	Closed	1993	380.00	415
1991	Costumed Couple L2218M	Closed	1993	680.00	750
1992	Underfoot L2219M	Open		360.00	410
1992	Free Spirit L2220M	Closed	1994	235.00	245
1992	Spring Beauty L2221M	Closed	1994	285.00	295
1992	Tender Moment L2222M	Open		400.00	450
1992	New Lamb L2223M	Open		365.00	385
1992	Cherish L2224M	Open		1750.00	1850
1992	FriendlySparrow L2225M	Open		295.00	325
1992	Boy's Best Friend L2226M	Open		390.00	410
1992	Artic Allies L2227M	Open		585.00	615
1992	Snowy Sunday L2228M	Open		550.00	625
1992	Seasonal Gifts L2229M	Open		450.00	475
1992	Mary's Child L2230M	Closed	1994	525.00	550
1992	Afternoon Verse L2231M	Open		580.00	595
1992	Poor Little Bear L2232M	Open		250.00	265
1992	Guess What I Have L2233M	Open		340.00	375
1992	Playful Push L2234M	Open		850.00	875
1993	Adoring Mother L2235M	Open		405.00	440
1993	Frosty Outing L2236M	Open		375.00	410
1993	The Old Fishing Hole L2237M	Open		625.00	640
1993	Learning Together L2238M	Open		500.00	500
1993	Valencian Courtship L2239M	Open		880.00	895
1993	WingedLove L2240M	Open		285.00	310
1993	Winged Harmony L2241M	Open		285.00	310
1993	Away to School L2242M	Open		465.00	465
1993	Lion Tamer L2246M	Open		375.00	375
1993	Just Us L2247M	Open		650.00	650
1993	Noella L2251M	Open		405.00	420
1993	Waiting For Father L2252M	Open		660.00	660
1993	Noisy Friend L2253M	Open		280.00	280
1993	Step Aside L2254M	Open		280.00	280
1994	Solitude L2256M	Open		398.00	435
1994	Constant Companions L2257M	Open		575.00	625
1994	Family Love L2258M	Open		450.00	485
1994	Little Fisherman L2259M	Open		298.00	330
1994	Artic Friends L2260M	Open		345.00	380
1995	Jesus and Joseph L2294M	Open		550.00	550
1995	Peaceful Rest L2295M	Open		390.00	390
1995	Life's Small Wonders L2296M	Open		370.00	370
1995	Poetic Moment L2299M	Open		465.00	465
1978	Native L3502M	Open		700.00	2450
1978	Letters to Dulcinea L3509M, numbered series	Open		875.00	2175
1978	Horse Heads L3511M	Closed	1990	260.00	700
1978	Girl With Pails L3512M	Open		140.00	285
1978	A Wintry Day L3513M	Closed	1988	525.00	750
1978	Pensive w/ base L3514M	Open		500.00	1050
1978	Jesus Christ L3516M	Closed	1988	1050.00	1450
1978	Nude with Rose w/ base L3517M	Open		225.00	780
1980	Lady Macbeth L3518M	Closed	1981	385.00	425-1000
1980	Mother's Love L3521M	Closed	1990	1000.00	1100
1981	Weary w/ base L3525M	Open		360.00	685
1982	Contemplation w/ base L3526M	Open		265.00	590
1982	Stormy Sea w/base L3554M	Open		675.00	1445
1984	Innocence w/base/green L3558M	Closed	1991	960.00	1650
1984	Innocence w/base/red L3558.3M	Closed	1987	960.00	1200
1985	Peace Offering w/base L3559M	Open		397.00	665
1969	Marketing Day L4502G	Closed	1985	40.00	300
1969	Girl with Lamb L4505G	Open		20.00	125
1969	Boy with Kid L4506M	Closed	1985	22.50	425
1969	Boy with Lambs L4509G	Closed	1981	37.50	275
1969	Girl w/Parasol and Geese L4510G	Closed	1993	40.00	245
1969	Nude L4511M	Closed	1985	45.00	750
1969	Man on Horse L4515G	Closed	1985	180.00	1000
1969	Female Equestrian L4516G	Open		170.00	745
1969	Flamenco Dancers L4519G	Closed	1993	150.00	1200
1970	Boy With Dog L4522M	Closed	N/A	25.00	155
1969	Girl With Slippers L4523G	Closed	1993	17.00	100
1969	Girl With Slippers L4523M	Closed	1993	17.00	100
1969	Donkey in Love L4524G	Closed	1985	15.00	350
1969	Donkey in Love L4524M	Closed	1985	15.00	350
1969	Violinist L4527G	Closed	1985	75.00	500
1969	Joseph L4533G	Open		60.00	110
1969	Joseph L4533M	Open		60.00	110
1969	Mary L4534G	Open		60.00	85
1969	Mary L4534M	Open		60.00	85
1971	Baby Jesus L4535.3G	Open		60.00	70
1969	Baby Jesus L4535.3M	Open		60.00	70
1969	Angel, Chinese L4536G	Open		45.00	90
1969	Angel, Chinese L4536M	Open		45.00	90
1969	Angel, Black L4537G	Open		13.00	90
1969	Angel, Black L4537M	Open		13.00	90
1969	Angel, Praying L4538G	Open		13.00	90
1969	Angel, Praying L4538M	Open		13.00	90
1969	Angel, Thinking L4539G	Open		13.00	90
1969	Angel, Thinking L4539M	Open		13.00	90
1969	Angel with Horn L4540G	Open		13.00	90
1969	Angel with Horn L4540M	Open		13.00	90
1969	Angel Reclining L4541G	Open		13.00	90
1969	Angel Reclining L4541M	Open		13.00	90
1969	Group of Angels L4542G	Open		31.00	195
1969	Group of Angels L4542M	Open		31.00	195
1969	Geese Group L4549G	Open		28.50	230
1969	Geese Group L4549M	Closed	N/A	28.50	230
1969	Flying Dove L4550G	Open		47.50	165
1969	Flying Dove L4550M	Closed	N/A	47.50	165
1969	Ducks, set of 3 asst. L4551-3G	Open		18.00	140
1969	Shepherd L4554	Closed	1972	69.00	N/A

Lladro
to Lladro

FIGURINES/COTTAGES

YEAR ISSUE		EDITION LIMIT	YEAR RETD.	ISSUE PRICE	QUOTE U.S.$
1969	Sad Harlequin L4558G	Closed	1993	110.00	575
1969	Waiting Backstage L4559G	Closed	1993	110.00	440
1969	Couple with Parasol L4563G	Closed	1985	180.00	625
1969	Girl with Geese L4568G	Closed	1993	45.00	220
1969	Girl With Turkey L4569G	Closed	1981	28.50	375
1969	Shepherd Resting L4571G	Closed	1981	60.00	475
1969	Girl with Piglets L4572G	Closed	1985	70.00	400
1969	Girl with Piglets L4572M	Closed	1985	70.00	400
1969	Mother & Child L4575G	Open		50.00	265
1969	New Shepherdess L4576G	Closed	1985	37.50	315
1969	Girl with Sheep L4584G	Closed	1993	27.00	170
1969	Holy Family L4585G	Closed		18.00	135
1969	Holy Family L4585M	Closed		18.00	135
1969	Madonna L4586G	Closed	1979	32.50	350
1969	White Cockeral L4588G	Closed	1979	17.50	300
1969	Girl with Pitcher L4590	Closed	1981	47.50	425
1969	Shepherdess with Basket L4591G	Closed	1993	20.00	275
1969	Lady with Greyhound L4594	Closed	1981	60.00	750
1969	Fairy L4595G	Closed	1994	27.50	140
1969	Playfull Horses L4597	Closed	1990	240.00	925-1000
1969	Doctor L4602.3G	Open		33.00	198
1969	Nurse-L4603.3G	Open		35.00	200
1969	Clown with Girl L4605	Closed	1985	160.00	1000-1200
1969	Accordian Player L4606	Closed	1978	60.00	550
1969	Cupid L4607G	Closed	1980	15.00	150
1969	Cook in Trouble L4608	Closed	1985	27.50	600
1969	Nuns L4611G	Open		37.50	155
1969	Nuns L4611M	Open		37.50	155
1969	Girl Singer L4612G	Closed	1979	14.00	450
1969	Boy With Cymbals L4613G	Closed	1979	14.00	400
1969	Boy With Guitar L4614G	Closed	1979	19.50	400
1969	Boy with Double Bass L4615G	Closed	1979	22.50	400
1969	Boy With Drum L4616G	Closed	1979	16.50	350
1969	Group of Musicians L4617G	Closed	1979	33.00	500
1969	Clown L4618G	Open		70.00	415
1969	Sea Captain L4621G	Closed	1993	45.00	265
1969	Sea Captain L4621M	Closed	N/A	42.50	255
1969	Old Man with Violin L4622G	Closed	1982	45.00	700
1969	Angel with Child L4635G	Open		15.00	110
1969	Honey Peddler L4638G	Closed	1978	60.00	575
1969	Cow With Pig L4640	Closed	1981	42.50	540
1969	Pekinese L4641G	Closed	1985	20.00	400-550
1969	Dog L4642	Closed	1981	22.50	400
1969	Skye Terrier L4643G	Closed	1985	15.00	450-600
1969	Andalucians Group L4647G	Closed	1990	412.00	1400
1969	Valencian Couple on Horseback L4648	Closed	1990	900.00	950
1969	Madonna Head L4649G	Open		25.00	155
1969	Madonna Head L4649M	Open		25.00	155
1969	Girl with Calla Lillies L4650G	Open		18.00	145
1969	Cellist L4651G	Closed	1978	70.00	650
1969	Happy Travelers L4652	Closed	1978	115.00	650
1969	Orchestra Conductor L4653G	Closed	1979	95.00	850
1969	Horses L4655G	Open		110.00	760
1969	Shepherdess L4660G	Closed	1993	21.00	175
1969	Girl with Basket L4665G	Closed	1979	50.00	450
1969	Birds L4667G	Closed	1985	25.00	200
1969	Maja Head L4668G	Closed	1985	50.00	550
1969	Baby Jesus L4670BG	Open		18.00	55
1969	Mary L4671G	Open		33.00	75
1969	St. Joseph L4672G	Open		33.00	90
1969	King Melchior L4673G	Open		35.00	95
1969	King Gaspar L4674G	Open		35.00	95
1969	King Balthasar L4675G	Open		35.00	95
1969	Shepherd with Lamb L4676G	Open		14.00	110
1969	Girl with Rooster L4677G	Open		14.00	90
1969	Shepherdess w/Basket L4678G	Open		13.00	90
1969	Donkey L4679G	Open		36.50	100
1969	Cow L4680G	Open		36.50	90
1970	Girl with Milkpail L4682G	Closed	1991	28.00	325
1970	Hebrew Student L4684G	Closed	1985	33.00	600-750
1970	Troubadour in Love L4699	Closed	1975	60.00	1000
1970	Dressmaker L4700G	Closed	1993	45.00	425
1970	Mother & Child L4701G	Open		45.00	295
1970	Bird Watcher L4730	Closed	1985	35.00	400-600
1971	Small dog L4749	Closed	1985	5.50	125-200
1971	Romeo and Juliet L4750G	Open		150.00	1250
1971	Doncel With Roses L4757G	Closed	1979	35.00	500
1974	Lady with Dog L4761G	Closed	1993	60.00	260
1971	Dentist L4762	Closed	1978	36.00	500-600
1971	Dentist (Reduced) L4762. 3G	Closed	1985	30.00	500-600
1971	Obstetrician L4763G	Closed	1973	47.50	450
1971	Obstetrician L4763.3G	Open		40.00	255
1971	Rabbit L4772G	Open		17.50	135
1971	Rabbit L4773G	Open		17.50	130
1971	Dormouse L4774	Closed	1983	30.00	375
1972	Girl Tennis Player L4778	Closed	1975	50.00	400
1971	Children, Praying L4779G	Open		36.00	195
1971	Children, Praying L4779M	Closed	N/A	36.00	N/A
1971	Boy with Goat L4780	Closed	1978	80.00	600
1972	Gypsy with Brother L4800G	Closed	1979	36.00	400
1972	The Teacher L4801G	Closed	1978	45.00	500
1972	Girl with Dog L4806G	Closed	1981	80.00	550
1972	Geisha L4807G	Closed	1993	190.00	475
1972	Wedding L4808G	Open		50.00	190
1972	Wedding L4808M	Open		50.00	190
1972	Going Fishing L4809G	Open		33.00	160
1972	Young Sailor L4810G	Open		33.00	175
1972	Boy with Pails L4811	Closed	1988	30.00	350
1972	Getting Her Goat L4812G	Closed	1988	55.00	500
1972	Girl with Geese L4815G	Closed	1991	72.00	400
1972	Girl with Geese L4815M	Closed	1991	72.00	295
1972	Little Shepherd w/Goat L4817M	Closed	1981	50.00	475
1974	Peruvian Girl with Baby L4822	Closed	1981	65.00	775
1974	Legionary L4823	Closed	1978	55.00	400-500
1972	Male Golfer L4824G	Open		66.00	295
1972	Veterinarian L4825	Closed	1985	48.00	450
1972	Girl Feeding Rabbit L4826G	Closed	1993	40.00	185
1972	Caressing Calf L4827G	Closed	1981	55.00	475
1972	Cinderella L4828G	Open		47.00	245
1975	Swan L4829G	Closed	1983	16.00	275-500
1972	Shepherdess L4835G	Closed	1991	42.00	350
1973	Clean Up Time L4838G	Closed	1993	36.00	250-300
1973	Clean Up Time L4838M	Closed	N/A	36.00	250
1972	Oriental Flower Arranger/Girl L4840G	Open		90.00	415
1972	Oriental Flower Arranger/Girl L4840M	Open		90.00	515
1974	Girl from Valencia L4841G	Open		35.00	225
1973	Donkey Ride L4843	Closed	1981	86.00	700
1973	Pharmacist L4844G	Closed	1985	70.00	1500-2500
1973	Classic Dance L4847G	Closed	1985	80.00	600
1973	Feeding The Ducks L4849G	Open		60.00	270
1973	Feeding The Ducks L4849M	Closed	N/A	60.00	250
1973	Aesthetic Pose L4850G	Closed	1985	110.00	650
1973	Lady Golfer L4851M	Closed	N/A	70.00	250
1973	Gardner in Trouble L4852	Closed	1981	65.00	500
1974	Cobbler L4853G	Closed	1985	100.00	750
1973	Don Quixote L4854G	Open		40.00	205
1973	Ballerina L4855G	Open		45.00	330
1983	Ballerina, white L4855.3	Closed	1987	110.00	250
1974	Waltz Time L4856G	Closed	1985	65.00	550
1974	Dog L4857G	Closed	1979	40.00	450
1974	Peddler L4859G	Closed	1985	180.00	900
1974	Dutch Girl L4860G	Closed	1985	45.00	250
1974	Horse L4861	Closed	1978	55.00	425
1974	Horse L4862	Closed	1978	55.00	425
1974	Horse L4863	Closed	1978	55.00	400
1974	Embroiderer L4865G	Closed	1994	115.00	645
1974	Girl with Swan and Dog L4866G	Closed	1993	26.00	205
1974	Seesaw L4867G	Open		55.00	350
1974	Girl with Candle L4868G	Open		13.00	90
1974	Girl with Candle L4868M	Closed	N/A	13.00	80
1974	Boy Kissing L4869G	Open		13.00	90
1974	Boy Kissing L4869M	Closed	N/A	13.00	175
1974	Boy Yawning L4870G	Open		13.00	90
1974	Boy Yawning L4870M	Closed	N/A	13.00	175
1974	Girl with Guitar L4871G	Open		13.00	90
1974	Girl with Guitar L4871M	Closed	N/A	13.00	80
1974	Girl Stretching L4872G	Open		13.00	90
1974	Girl Stretching L4872M	Closed	N/A	13.00	80
1974	Girl Kissing L4873G	Open		13.00	90
1974	Girl Kissing L4873M	Closed	N/A	13.00	80
1974	Boy & Girl L4874G	Open		25.00	150
1974	Boy & Girl L4874M	Closed	N/A	25.00	135
1974	Girl with Jugs L4875G	Closed	1985	40.00	300
1974	Boy Thinking L4876G	Closed	1993	20.00	135
1974	Boy Thinking L4876M	Closed	N/A	20.00	120
1974	Lady with Parasol L4879G	Open		48.00	325
1974	Carnival Couple L4882G	Open		60.00	300
1974	Seraph's Head No.1 L4884	Closed	1985	10.00	100
1974	Seraph's Head No.2 L4885	Closed	1985	10.00	100
1974	Seraph's Head No.3 L4886	Closed	1985	10.00	100
1974	The Kiss L4888G	Closed	1983	150.00	700
1979	Spanish Policeman L4889G	Closed	1991	55.00	400
1976	"My Dog" L4893G	Open		85.00	230
1974	Tennis Player Boy L4894	Closed	1980	75.00	450
1974	Ducks L4895G	Open		45.00	95
1974	Ducks L4895M	Closed	N/A	45.00	85
1974	Boy with Snails L4896G	Closed	1979	50.00	400
1974	Boy From Madrid L4898G	Open		55.00	150
1974	Boy From Madrid L4898M	Closed	N/A	55.00	130
1974	Boy with Smoking Jacket L4900	Closed	1983	45.00	200
1974	Barrister L4908G	Closed	1985	100.00	585
1974	Girl With Dove L4909G	Closed	1982	70.00	450
1974	Young Lady in Trouble L4912G	Closed	1985	110.00	450
1975	Lady with Shawl L4914G	Open		220.00	730
1975	Girl with Pigeons L4915	Closed	1990	110.00	215
1976	Chinese Noblewoman L4916G	Closed	1978	300.00	2000
1976	Gypsy Woman L4919G	Closed	1981	165.00	975-1200
1974	A Girl at the Pond L4918G	Closed	1985	85.00	350
1974	Country Lass with Dog L4920G	Open		185.00	495
1974	Country Lass with Dog L4920M	Closed	N/A	185.00	450
1974	Windblown Girl L4922G	Open		150.00	375
1974	Lanquid Clown L4924G	Closed	1983	200.00	1500
1974	Sisters L4930	Closed	1981	250.00	625
1974	Children with Fruits L4931G	Closed	1981	210.00	500
1974	Dainty Lady L4934G	Closed	1985	60.00	400
1974	"Closing Scene" L4935G	Open		180.00	520
1983	"Closing Scene"/white L4935.3M	Closed	1987	213.00	265
1974	Spring Breeze L4936G	Open		145.00	410
1976	Baby's Outing L4938G	Open		250.00	725
1977	Missy L4951M	Closed	1985	300.00	600-850
1977	Meditation L4952M	Closed	1979	200.00	N/A
1977	Tavern Drinkers L4956G	Closed	1985	1125.00	3500
1977	Attentive Dogs L4957G	Closed	1981	350.00	1500-2200
1977	Cherub, Puzzled L4959G	Open		40.00	110
1977	Cherub, Smiling L4960G	Open		40.00	110
1977	Cherub, Dreaming L4961G	Open		40.00	110
1977	Cherub, Wondering L4962G	Open		40.00	110
1977	Cherub, Wondering L4962M	Closed	N/A	40.00	100
1977	Infantile Candour L4963G	Closed	1979	285.00	675
1977	Little Red Riding Hood L4965G	Closed	1983	210.00	550-750
1977	Tennis Player Puppet L4966G	Closed	1985	60.00	500
1977	Soccer Puppet L4967G	Closed	1985	65.00	550
1977	Oympic Puppet L4968	Closed	1983	65.00	800
1977	Cowboy & Sheriff Puppet L4969G	Closed	1985	85.00	625
1977	Skier Puppet L4970G	Closed	1983	85.00	500-900
1977	Hunter Puppet L4971G	Closed	1985	95.00	500
1977	Girl w/Calla Lillies sitting L4972G	Open		65.00	180
1977	Choir Lesson L4973G	Closed	1981	350.00	1450
1977	Augustina of Aragon L4976G	Closed	1979	475.00	1500-1800
1977	Harlequin Serenade L4977	Closed	1979	185.00	675
1977	Milkmaid w/Wheelbarrow L4979G	Closed	1981	220.00	950
1977	Ironing Time L4981G	Closed	1985	80.00	350
1978	Naughty Dog L4982G	Open		130.00	250
1978	Gossip L4984G	Closed	1985	260.00	900
1978	Oriental Spring L4988G	Open		125.00	325
1978	Sayonara L4989G	Open		125.00	300
1978	Chrysanthemum L4990G	Open		125.00	310
1978	Butterfly L4991G	Open		125.00	295
1978	Dancers Resting L4992G	Closed	1983	350.00	850
1978	Gypsy Venders L4993G	Closed	1985	165.00	475
1978	Ready to Go L4996G	Closed	1981	425.00	1400
1978	Don Quixote & Sancho L4998G	Closed	1983	875.00	3300
1978	Reading L5000G	Open		150.00	275
1978	Elk Family L5001G	Closed	1981	550.00	700
1978	Sunny Day L5003G	Closed	1993	193.00	360
1978	Naughty L5006G	Open		55.00	150
1978	Bashful L5007G	Open		55.00	150
1978	Static-Girl w/Straw Hat L5008G	Open		55.00	150
1978	Curious-Girl w/Straw Hat L5009G	Open		55.00	150
1978	Coiffure-Girl w/Straw Hat L5010G	Open		55.00	150
1978	Trying on a Straw Hat L5011G	Open		55.00	150
1978	Daughters L5013G	Closed	1991	425.00	900
1978	Painful Giraffe L5019	Closed	1981	115.00	750
1978	Woman With Scarf L5024G	Closed	1985	141.00	450
1980	A Clean Sweep L5025G	Open	1985	100.00	275
1980	Planning the Day L5026G	Open	1985	90.00	275
1979	Flower Curtsy L5027G	Open		230.00	470
1980	Boy w/Tricycle & Flowers L5029G	Closed	1985	675.00	12-1350
1980	Wildflower L5030G	Closed	1994	360.00	605
1979	Little Friskies L5032G	Open		108.00	220
1979	Avoiding the Goose L5033G	Closed	1993	160.00	350
1979	Goose Trying To Eat L5034G	Open		135.00	310
1980	Act II w/base L5035G	Open		700.00	1425
1979	Jockey with Lass L5036G	Open		950.00	2240
1980	Sleighride w/base L5037G	Open		585.00	1140
1980	Candid L5039G	Closed	1981	145.00	475
1979	Girl Walking L5040G	Closed	1981	150.00	420-450
1980	Ladies Talking L5042G	Closed	1983	385.00	575-1000
1980	Hind and Baby Deer L5043G	Closed	1981	650.00	3600
1980	Girl with Toy Wagon L5044G	Open		115.00	245
1980	Belinda with Doll L5045G	Open		115.00	215
1980	Organ Grinder L5046G	Closed	1981	328.00	1600
1980	Teacher Woman L5048G	Closed	1981	115.00	585-650
1979	Dancer L5050G	Open		85.00	205
1980	Samson and Delilah L5051G	Closed	1981	350.00	1600
1980	Clown and Girl/ At the Circus L5052G	Closed	1985	525.00	1250
1980	Festival Time L5053G	Closed	1985	250.00	450
1980	Little Senorita L5054G	Closed	1985	235.00	600
1980	Ship-Boy with Baskets L5055G	Closed	1985	140.00	400
1980	Boy Clown with Clock L5056G	Closed	1985	290.00	750
1980	Boy Clown w/Violin and Top Hat L5057G	Closed	1985	270.00	850
1980	Boy Clown w/Concertina L5058G	Closed	1985	290.00	500-600
1980	Boy Clown w/Saxaphone L5059G	Closed	1985	320.00	750
1980	Girl Clown with Trumpet L5060G	Closed	1985	290.00	500
1980	Girl Bending/March Wind L5061G	Closed	1983	370.00	325-400
1980	Kristina L5062G	Closed	1985	225.00	400
1980	Dutch Girl With Braids L5063G	Closed	1985	265.00	425-450
1980	Dutch Girl, Hands Akimbo L5064G	Closed	1990	255.00	500
1980	Ingrid L5065G	Closed	1990	370.00	800
1980	Ilsa L5066G	Closed	1990	275.00	600
1981	Snow White with Apple L5067G	Closed	1983	450.00	1250
1980	Fairy Godmother L5068G	Closed	1983	625.00	950-1150
1980	Choir Boy L5070G	Closed	1983	240.00	700
1980	Nostalgia L5071G	Closed	1993	185.00	350
1980	Courtship L5072	Closed	1990	327.00	525
1980	Country Flowers L5073	Closed	1985	315.00	1500
1980	My Hungry Brood L5074G	Open		295.00	415
1980	Little Harlequin "A" L5075G	Closed	1985	217.50	410-500
1980	Little Harlequin "B" L5076G	Closed	1985	185.00	375
1980	Little Harlequin "C" L5077G	Closed	1985	185.00	500
1980	Teasing the Dog L5078G	Closed	1985	300.00	750
1980	Woman Painting Vase L5079G	Closed	1985	300.00	600-750
1980	Boy Pottery Seller L5080G	Closed	1985	320.00	650-700
1980	Girl Pottery Seller L5081G	Closed	1985	300.00	725
1980	Flower Vendor L5082G	Closed	1985	750.00	1850
1980	A Good Book L5084G	Closed	1985	175.00	350-525
1980	Mother Amabilis L5086G	Closed	1983	275.00	400
1980	Roses for My Mom L5088G	Closed	1988	645.00	1150
1980	Scare-Dy Cat/Playful Cat L5091G	Open		65.00	95
1980	After the Dance L5092G	Closed	1983	165.00	350
1980	A Dancing Partner L5093G	Closed	1983	165.00	500
1980	Ballet First Step L5094G	Closed	1983	165.00	400
1980	Ballet Bowing L5095G	Closed	1983	165.00	300
1989	Her Ladyship, L5097G	Closed	1991	5900.00	6700
1982	Playful Tot L5099G	Closed	1985	58.00	N/A
1982	Cry Baby L5100G	Closed	1985	58.00	275-300
1982	Learning to Crawl L5101G	Closed	1985	58.00	275-300
1982	Teething L5102G	Closed	1985	58.00	275-300
1982	Time for a Nap L5103G	Closed	1985	58.00	275
1982	Natalia L5106G	Closed	1985	85.00	350
1982	Little Ballet Girl L5108G	Closed	1985	85.00	400

Lladro
to Lladro

FIGURINES/COTTAGES

YEAR ISSUE		EDITION LIMIT	YEAR RETD.	ISSUE PRICE	QUOTE U.S.$
1982	Little Ballet Girl L5109G	Closed	1985	85.00	400
1982	Dog Sniffing L5110G	Closed	1985	50.00	450-700
1982	Timid Dog L5111G	Closed	1985	44.00	400-500
1982	Play with Me L5112G	Open		40.00	80
1982	Feed Me L5113G	Open		40.00	80
1982	Pet Me L5114G	Open		40.00	80
1982	Little Boy Bullfighter L5115G	Closed	1985	123.00	400
1982	A Victory L5116G	Closed	1985	123.00	400-500
1982	Proud Matador L5117G	Closed	1985	123.00	500
1982	Girl in Green Dress L5118G	Closed	1985	170.00	475
1982	Lilly (Bluish Dress w/ Flowers) L5119G	Closed	1985	170.00	540
1982	August Moon L5122G	Closed	1993	185.00	310
1982	My Precious Bundle L5123G	Open		150.00	235
1982	Dutch Couple w/Tulips L5124G	Closed	1985	310.00	900
1982	Amparo L5125G	Closed	1990	130.00	330-350
1982	Sewing A Trousseau L5126G	Closed	1990	185.00	425
1982	Marcelina L5127G	Closed	1985	255.00	N/A
1982	Lost Love L5128G	Closed	1988	400.00	650-750
1982	Jester w/base L5129G	Open		220.00	445
1982	Pensive Clown w/base L5130G	Open		250.00	445
1982	Cervantes L5132G	Closed	1988	925.00	1175
1982	Trophy with Base L5133G	Closed	1983	250.00	650
1982	Girl Soccer Player L5134G	Closed	1983	140.00	500
1982	Billy Football Player L5135G	Closed	1983	140.00	600-775
1982	Billy Skier L5136G	Closed	1983	140.00	700
1982	Billy Baseball Player L5137G	Closed	1983	140.00	650
1982	A New Doll House L5139G	Closed	1983	185.00	750
1982	Feed Her Son L5140G	Closed	1991	170.00	375
1982	Balloons for Sale L5141G	Open		145.00	250
1982	Comforting Daughter L5142G	Closed	1991	195.00	325
1982	Scooting L5143G	Closed	1988	575.00	850-1000
1982	Amy L5145G	Closed	1985	110.00	1250-1800
1982	Ellen L5146G	Closed	1985	110.00	1200
1982	Ivez L5147G	Closed	1985	100.00	600
1982	Olivia L5148G	Closed	1985	100.00	400
1982	Ursula L5149G	Closed	1985	100.00	450
1982	Girl's Head L5151G	Closed	1983	380.00	575
1982	Girl's Head L5153G	Closed	1983	475.00	575
1982	First Prize L5154G	Closed	1985	90.00	N/A
1982	Monks at Prayer L5155M	Open		130.00	275
1982	Susan and the Doves L5156G	Closed	1991	203.00	325-360
1982	Bongo Beat L5157G	Open		135.00	230
1982	A Step In Time L5158G	Open		90.00	195
1982	Harmony L5159G	Open		270.00	495
1982	Rhumba L5160G	Open		113.00	185
1982	Cycling To A Picnic L5161G	Closed	1985	2000.00	2800
1982	Mouse Girl/Mindy L5162G	Closed	1985	125.00	425-450
1982	Bunny Girl/Bunny L5163G	Closed	1985	125.00	425-450
1982	Cat Girl/Kitty L5164G	Closed	1985	125.00	450
1982	A Toast by Sancho L5165	Closed	1990	100.00	350-500
1982	Sea Fever L5166M	Closed	1993	130.00	235
1982	Sea Fever L5166G	Closed	1993	130.00	375
1982	Jesus L5167G	Open		130.00	265
1982	King Solomon L5168G	Closed	1985	205.00	750
1982	Abraham L5169G	Closed	1985	155.00	750
1982	Moses L5170G	Open		175.00	395
1982	Madonna with Flowers L5171G	Open		173.00	310
1982	Fish A'Plenty L5172G	Closed	1994	190.00	385
1982	Pondering L5173G	Closed	1993	300.00	495
1982	Roaring 20's L5174G	Closed	1993	173.00	295
1982	Flapper L5175G	Open		185.00	365
1982	Rhapsody in Blue L5176G	Closed	1985	325.00	1375
1982	Dante L5177G	Closed	1983	263.00	600
1982	Stubborn Mule L5178G	Closed	1993	250.00	500
1983	Three Pink Roses w/base L5179M	Closed	1990	70.00	110
1983	Dahlia L5180M	Closed	1990	65.00	140
1983	Japanese Camelia w/base L5181M	Closed	1990	60.00	90
1983	White Peony L5182M	Closed	1990	85.00	125
1983	Two Yellow Roses L5183M	Closed	1990	57.50	100
1983	White Carnation L5184M	Closed	1990	65.00	100
1983	Lactiflora Peony L5185M	Closed	1990	65.00	100
1983	Begonia L5186M	Closed	1990	67.50	100
1983	Rhododendrom L5187M	Closed	1990	67.50	100
1983	Miniature Begonia L5188M	Closed	1990	80.00	120
1983	Chrysanthemum L5189M	Closed	1990	100.00	150
1983	California Poppy L5190M	Closed	1990	97.50	180
1985	Predicting the Future L5191G	Closed	1985	135.00	400
1984	Lolita L5192G	Open		80.00	165
1984	Juanita L5193G	Open		80.00	165
1984	Roving Photographer L5194G	Closed	1985	145.00	750
1983	Say "Cheese!" L5195G	Closed	1990	170.00	475
1983	"Maestro, Music Please!" L5196G	Closed	1988	135.00	500
1983	Female Physician L5197	Open		120.00	260
1984	Boy Graduate L5198G	Open		160.00	290
1984	Girl Graduate L5199G	Open		160.00	285
1984	Male Soccer Player L5200G	Closed	1988	155.00	475
1984	Special Male Soccer Player L5200.3G	Closed	1988	150.00	450
1983	Josefa Feeding Duck L5201G	Closed	1991	125.00	250-300
1983	Aracely with Ducks L5202G	Closed	1991	125.00	250-300
1984	Little Jester L5203G	Closed	1993	75.00	200-250
1984	Little Jester L5203M	Closed	N/A	75.00	200-250
1983	Sharpening the Cutlery L5204	Closed	1988	210.00	700-1100
1983	Lamplighter L5205G	Open		170.00	395
1983	Yachtsman L5206G	Closed	1994	110.00	210
1983	A Tall Yarn L5207G	Open		260.00	545
1983	Professor L5208G	Closed	1990	205.00	550-750
1983	School Marm L5209G	Closed	1990	205.00	775-850
1984	Jolie L5210G	Open		105.00	220
1984	Angela L5211G	Open		105.00	220
1984	Evita L5212G	Open		105.00	195
1983	Lawyer L5213G	Open		250.00	570
1983	Architect L5214G	Closed	1990	140.00	400
1983	Fishing with Gramps w/base L5215G	Open		410.00	850
1983	On the Lake L5216G	Closed	1988	660.00	900
1983	Spring L5217G	Open		90.00	185
1983	Spring L5217M	Open		90.00	185
1983	Autumn L5218G	Open		90.00	185
1983	Autumn L5218M	Open		90.00	185
1983	Summer L5219G	Open		90.00	185
1983	Summer L5219M	Open		90.00	185
1983	Winter L5220G	Open		90.00	185
1983	Winter L5220M	Open		90.00	185
1983	Sweet Scent L5221G	Open		80.00	145
1983	Sweet Scent L5221M	Open		80.00	145
1983	Pretty Pickings L5222G	Open		80.00	145
1983	Pretty Pickings L5222M	Open		80.00	145
1983	Spring is Here L5223G	Open		80.00	145
1983	Spring is Here L5223M	Open		80.00	145
1984	The Quest L5224G	Open		125.00	295
1984	Male Candleholder L5226	Closed	1985	660.00	1200
1984	Playful Piglets L5228G	Open		80.00	150
1983	Storytime L5229G	Closed	1990	245.00	800
1984	Graceful Swan L5230G	Open		35.00	90
1984	Swan w/Wings Spread L5231G	Open		50.00	125
1983	Playful Kittens L5232G	Open		130.00	280
1984	Charlie the Tramp L5233G	Closed	1991	150.00	600
1984	Artistic Endeavor L5234G	Closed	1988	225.00	400-750
1984	Ballet Trio L5235G	Open		785.00	1650
1984	Cat and Mouse L5236G	Open		55.00	98
1984	Cat and Mouse L5236M	Closed	N/A	55.00	95
1984	School Chums L5237G	Open		225.00	485
1984	Eskimo Boy with Pet L5238G	Open		55.00	115
1984	Eskimo Boy with Pet L5238M	Closed	N/A	55.00	95
1984	Wine Taster L5239G	Open		190.00	395
1984	Lady from Majorca L5240G	Closed	1990	120.00	400
1984	Best Wishes L5244G	Closed	1986	185.00	275
1984	A Thought for Today L5245	Closed	1986	180.00	300
1984	St. Christopher L5246	Closed	1988	265.00	600
1984	Penguin L5247G	Closed	1988	70.00	200
1984	Penguin L5248G	Closed	1988	70.00	200
1984	Penguin L5249G	Closed	1988	70.00	175
1984	Exam Day L5250G	Closed	1994	115.00	210
1984	Torch Bearer L5251G	Closed	1988	100.00	300
1984	Dancing the Polka L5252G	Closed	1994	205.00	395
1984	Cadet L5253G	Closed	1984	150.00	750
1984	Making Paella L5254G	Closed	1993	215.00	475
1984	Spanish Soldier L5255G	Closed	1988	185.00	650
1984	Folk Dancing L5256	Closed	1990	205.00	300
1984	Vase L5257.30	Closed	1988	55.00	200
1985	Bust of Lady from Elche L5269M	Closed	1988	432.00	750
1985	Racing Motor Cyclist L5270G	Closed	1988	360.00	750
1985	Gazelle L5271G	Closed	1988	205.00	425-550
1985	Biking in the Country L5272G	Closed	1990	295.00	775
1985	Civil Guard at Attention L5273G	Closed	1988	170.00	450
1985	Wedding Day L5274G	Open		240.00	435
1985	Weary Ballerina L5275G	Open		175.00	310
1985	Weary Ballerina L5275M	Closed	N/A	175.00	275
1985	Sailor Serenades His Girl L5276G	Closed	1988	315.00	950
1985	Pierrot with Puppy L5277G	Open		95.00	160
1985	Pierrot w/Puppy and Ball L5278G	Open		95.00	160
1985	Pierrot with Concertina L5279G	Open		95.00	160
1985	Hiker L5280G	Closed	1988	195.00	425
1985	Nativity Scene "Haute Relief" L5281M	Closed	1988	210.00	450
1985	Over the Threshold L5282G	Open		150.00	290
1985	Socialite of the Twenties L5283G	Open		175.00	340
1985	Glorious Spring L5284G	Open		355.00	710
1985	Summer on the Farm L5285G	Open		235.00	455
1985	Fall Clean-up L5286G	Open		295.00	565
1985	Winter Frost L5287G	Open		270.00	520
1985	Mallard Duck L5288G	Closed	1994	310.00	520
1985	Little Leaguer Exercising L5289	Closed	1990	150.00	400
1985	Little Leaguer, Catcher L5290	Closed	1990	150.00	500
1985	Little Leaguer on Bench L5291	Closed	1990	150.00	500-600
1985	Love in Bloom L5292G	Open		225.00	425
1985	Mother/Child/ Lamb L5299G	Closed	1988	180.00	750
1985	Medieval Courtship L5300G	Closed	1990	735.00	850
1985	Antelope Drinking L5302	Closed	1988	215.00	650
1985	Waiting to Tee Off L5301G	Open		145.00	295
1985	Playing w/Ducks at the Pond L5303G	Closed	1990	425.00	875
1985	Children at Play L5304	Closed	1990	220.00	450-550
1985	A Visit with Granny L5305G	Closed	1993	275.00	515
1985	Young Street Musicians L5306G	Closed	1988	300.00	1200-1500
1985	Mini Kitten L5307G	Closed	1993	35.00	100-150
1985	Mini Cat L5308G	Closed	1993	35.00	65
1985	Mini Cocker Spaniel Pup L5309G	Closed	1993	35.00	100
1985	Mini Cocker Spaniel L5310G	Closed	1993	35.00	100
1985	Mini Puppies L5311G	Closed	1990	65.00	200
1985	Mini Bison Resting L5312G	Closed	1990	50.00	163
1985	Mini Bison Attacking L5313G	Closed	1990	57.50	163
1985	Mini Deer L5314G	Closed	1990	40.00	60
1985	Mini Seal Family L5318G	Closed	1990	77.50	275
1985	Wistful Centaur Girl L5319G	Closed	1990	157.00	450
1985	Demure Centaur Girl L5320	Closed	1990	157.00	300
1985	Parisian Lady L5321G	Open		193.00	325
1985	Viennese Lady L5322G	Closed	1994	160.00	295
1985	Milanese Lady L5323G	Closed	1994	180.00	340
1985	English Lady L5324G	Closed	1994	225.00	410
1985	Ice Cream Vendor L5325G	Open		380.00	650
1985	The Tailor L5326G	Closed	1988	335.00	900-1300
1985	Nippon Lady L5327G	Open		325.00	575
1985	Lady Equestrian L5328G	Closed	1988	160.00	400-425
1985	Gentleman Equestrian L5329G	Closed	1988	160.00	525
1985	Concert Violinist L5330G	Closed	1988	220.00	425-500
1985	Gymnast with Ring L5331	Closed	1988	95.00	295
1985	Gymnast Exercising w/Ball L5333G	Closed	1988	95.00	250
1985	Aerobics Push-Up L5334G	Closed	1988	110.00	295
1985	Aerobics Floor Exercies L5335G	Closed	1988	110.00	300
1985	"La Giaconda" L5337	Closed	1988	110.00	400
1985	Napoleon Bonaparte L5338	Closed	N/A	265.00	265
1986	A Stitch in Time L5344G	Open		425.00	795
1986	A New Hat L5345G	Closed	1990	200.00	375
1986	Nature Girl L5346G	Closed	1988	450.00	950
1986	Bedtime L5347G	Open		300.00	545
1986	On The Sweet Scent L5348G	Closed	1990	47.50	175
1986	Relaxing L5349G	Closed	1990	47.50	150
1986	On Guard L5350G	Closed	1990	50.00	200
1986	Woe is Me L5351G	Closed	1990	45.00	200
1986	Hindu Children L5352G	Open		250.00	445
1986	Eskimo Riders L5353G	Open		150.00	250
1986	Eskimo Riders L5353M	Open		150.00	250
1986	A Ride in the Country L5354G	Closed	1993	225.00	415
1986	Consideration L5355M	Closed	1988	100.00	225
1986	Wolf Hound L5356G	Closed	1990	45.00	200-300
1986	Oration L5357G	Open		170.00	295
1986	Little Sculptor L5358G	Closed	1990	160.00	325-400
1986	El Greco L5359G	Closed	1990	300.00	550
1986	Sewing Circle L5360G	Closed	1990	600.00	1200
1986	Try This One L5361G	Open		225.00	385
1986	Still Life L5363G	Open		180.00	395
1986	Litter of Fun L5364G	Open		275.00	465
1986	Sunday in the Park L5365G	Open		375.00	625
1986	Can Can L5370G	Closed	1990	700.00	1100-1400
1986	Family Roots L5371G	Open		575.00	935
1986	Lolita L5372G	Closed	1993	120.00	200
1986	Carmencita L5373G	Closed	1993	120.00	200
1986	Pepita L5374G	Closed	1993	120.00	200
1986	Teresita L5375G	Closed	1993	120.00	200
1986	This One's Mine L5376G	Open		300.00	520
1986	A Touch of Class L5377G	Open		475.00	795
1986	Time for Reflection L5378G	Open		425.00	745
1986	Children's Games L5379G	Closed	1991	325.00	650
1986	Sweet Harvest L5380G	Closed	1990	450.00	915
1986	Serenade L5381	Closed	1990	450.00	625
1986	Lovers Serenade L5382G	Closed	1990	350.00	850
1986	Petite Maiden L5383	Closed	1990	110.00	350
1986	Petite Pair L5384	Closed	1990	225.00	400
1986	Scarecrow & the Lady L5385G	Open		350.00	680
1986	St. Vincent L5387	Closed	1990	190.00	350
1986	Sidewalk Serenade L5388G	Closed	1988	750.00	11-1300
1986	Deep in Thought L5389G	Closed	1990	170.00	325
1986	Spanish Dancer L5390	Closed	1990	170.00	340
1986	A Time to Rest L5391G	Closed	1990	170.00	300-350
1986	Balancing Act L5392G	Closed	1990	35.00	200
1986	Curiosity L5393G	Closed	1990	25.00	150
1986	Poor Puppy L5394G	Closed	1990	25.00	150-175
1986	Valencian Boy L5395G	Closed	1991	200.00	400
1986	The Puppet Painter L5396G	Open		500.00	850
1986	The Poet L5397G	Closed	1988	425.00	900
1986	At the Ball L5398G	Closed	1991	375.00	700
1987	Time To Rest L5399G	Closed	1993	175.00	295
1987	The Wanderer L5400G	Open		150.00	245
1987	My Best Friend L5401G	Closed		150.00	240
1987	Desert Tour L5402G	Closed	1990	950.00	1050
1987	The Drummer Boy L5403G	Closed	1990	225.00	320-550
1987	Cadet Captain L5404G	Closed	1990	175.00	360
1987	The Flag Bearer L5405G	Closed	1990	200.00	450
1987	The Bugler L5406G	Closed	1990	175.00	300-400
1987	At Attention L5407G	Closed	1990	175.00	325
1987	Sunday Stroll L5408G	Closed	1990	250.00	600
1987	Courting Time L5409	Closed	1990	425.00	550
1987	Pilar L5410G	Closed	1990	200.00	375
1987	Teresa L5411G	Closed	1990	225.00	430
1987	Isabel L5412G	Closed	1990	225.00	450
1987	Inspiration L5413G	Closed	N/A	1200.00	1200
1987	Mexican Dancers L5415G	Open		800.00	1195
1987	In the Garden L5416G	Open		200.00	325
1987	Artist's Model L5417	Closed	1990	425.00	475
1987	Short Eared Owl L5418G	Closed	1990	200.00	360
1987	Great Gray Owl L5419G	Closed	1990	190.00	195-225
1987	Horned Owl L5420G	Closed	1990	150.00	300
1987	Barn Owl L5421G	Closed	1990	120.00	175
1987	Hawk Owl L5422G	Closed	1990	120.00	195-225
1987	Intermezzo L5424	Closed	1990	325.00	550
1987	Studying in the Park L5425G	Closed	1991	675.00	950
1987	Studying in the Park L5425M	Closed	N/A	675.00	950
1987	One, Two, Three L5426G	Open		240.00	390
1987	Saint Nicholas L5427G	Closed	1991	425.00	480
1987	Feeding the Pigeons L5428	Closed	1990	490.00	700
1987	Happy Birthday L5429G	Open		100.00	155
1987	Music Time L5430G	Closed	1990	500.00	700
1987	Midwife L5431	Closed	1990	175.00	525
1987	Monkey L5432G	Closed	1990	60.00	150
1987	Kangaroo L5433G	Closed	1990	65.00	150-225
1987	Miniature Polar Bear L5434G	Open		65.00	110
1987	Cougar L5435G	Closed	1990	65.00	300
1987	Lion L5436G	Closed	1990	50.00	150-300
1987	Rhino L5437G	Closed	1990	50.00	150
1987	Elephant L5438G	Closed	1990	50.00	150-250
1987	The Bride L5439G	Open		250.00	425
1987	Poetry of Love L5442G	Open		500.00	865

Lladro
to Lladro

FIGURINES/COTTAGES

YEAR ISSUE		EDITION LIMIT	YEAR RETD.	ISSUE PRICE	QUOTE U.S.$
1987	Sleepy Trio L5443G	Open		190.00	305
1987	Will You Marry Me? L5447G	Closed	1994	750.00	1250
1987	Naptime L5448G	Open		135.00	250
1987	Naptime L5448M	Open		135.00	250
1987	Goodnight L5449	Open		225.00	375
1987	I Hope She Does L5450G	Open		190.00	345
1987	Study Buddies L5451G	Open		225.00	295
1988	Masquerade Ball L5452G	Closed	1993	220.00	290
1988	Masquerade Ball L5452M	Closed	N/A	220.00	265
1988	For You L5453G	Open		450.00	640
1988	For Me? L5454G	Open		290.00	395
1988	Bashful Bather L5455G	Open		150.00	190
1988	Bashful Bather L5455M	Closed	N/A	150.00	180
1988	New Playmates L5456G	Open		160.00	230
1988	New Playmates L5456M	Closed	N/A	160.00	190
1988	Bedtime Story L5457G	Open		275.00	355
1988	Bedtime Story L5457M	Closed	N/A	275.00	330
1988	A Barrow of Fun L5460G	Open		370.00	525
1988	A Barrow of Fun L5460M	Closed	N/A	370.00	450
1988	Koala Love L5461G	Closed	1993	115.00	150-225
1988	Practice Makes Perfect L5462G	Open		375.00	545
1988	Look At Me! L5465G	Open		375.00	495
1988	Look At Me! L5465M	Closed	N/A	375.00	435
1988	"Chit-Chat" L5466G	Open		150.00	198
1988	"Chit-Chat" L5466M	Closed	N/A	150.00	180
1988	May Flowers L5467G	Open		160.00	215
1988	May Flowers L5467M	Closed	N/A	160.00	190
1988	"Who's The Fairest?" L5468G	Open		150.00	200
1988	"Who's The Fairest?" L5468M	Closed	N/A	150.00	180
1988	Lambkins L5469G	Closed	1993	150.00	210
1988	Lambkins L5469M	Closed	N/A	150.00	195
1988	Tea Time L5470G	Open		280.00	385
1988	Sad Sax L5471G	Open		175.00	205
1988	Circus Sam L5472G	Open		175.00	205
1988	How You've Grown! L5474G	Open		180.00	250
1988	How You've Grown! L5474M	Closed	N/A	180.00	215
1988	A Lesson Shared L5475G	Open		150.00	190
1988	A Lesson Shared L5475M	Closed	N/A	150.00	170
1988	St. Joseph L5476G	Open		210.00	270
1988	Mary L5477G	Open		130.00	165
1988	Baby Jesus L5478G	Open		55.00	75
1988	King Melchior L5479G	Open		210.00	265
1988	King Gaspar L5480G	Open		210.00	265
1988	King Balthasar L5481G	Open		210.00	265
1988	Ox L5482G	Open		125.00	175
1988	Donkey L5483G	Open		125.00	175
1988	Lost Lamb L5484G	Open		100.00	140
1988	Shepherd Boy L5485G	Open		140.00	190
1988	Debutantes L5486G	Open		490.00	695
1988	Debutantes L5486M	Closed	N/A	490.00	635
1988	Ingenue L5487G	Open		110.00	145
1988	Ingenue L5487M	Closed	N/A	110.00	130
1988	Sandcastles L5488G	Closed	1993	160.00	220
1988	Sandcastles L5488M	Closed	N/A	160.00	200
1988	Justice L5489G	Closed	1993	675.00	825
1988	Flor Maria L5490G	Open		500.00	635
1988	Heavenly Strings L5491G	Closed	1993	140.00	185
1988	Heavenly Cellist L5492G	Closed	1993	240.00	315
1988	Angel with Lute L5493G	Closed	1993	140.00	185
1988	Angel with Clarinet L5494G	Closed	1993	140.00	185
1988	Angelic Choir L5495G	Closed	1993	300.00	395
1988	Recital L5496G	Open		190.00	285
1988	Dress Rehearsal L5497G	Open		290.00	420
1988	Opening Night L5498G	Open		190.00	285
1988	Pretty Ballerina L5499G	Open		190.00	285
1988	Prayerful Moment (blue) L5500G	Open		90.00	110
1988	Time to Sew (blue) L5501G	Open		90.00	110
1988	Meditation (blue) L5502G	Open		90.00	110
1988	Hurry Now L5503G	Open		180.00	250
1988	Hurry Now L5503M	Closed	N/A	180.00	240
1989	Flowers for Sale L5537G	Open		1200.00	1550
1989	Puppy Dog Tails L5539G	Open		1200.00	1595
1989	An Evening Out L5540G	Closed	1991	350.00	400
1989	Melancholy w/base L5542G	Open		375.00	455
1989	"Hello, Flowers" L5543G	Closed	1993	385.00	485
1989	Reaching the Goal L5546G	Open		215.00	275
1989	Only the Beginning L5547G	Open		215.00	275
1989	Pretty Posies L5548G	Closed	1994	425.00	530
1989	My New Pet L5549G	Open		150.00	185
1989	Serene Moment (blue) L5550G	Closed	1993	115.00	150
1989	Serene Moment (wh.) L5550.3G	Closed	1991	115.00	135
1989	Serene Moment (wh.) L5550.3M	Closed	1991	115.00	135
1989	Call to Prayer (blue) L5551G	Closed	1993	100.00	175
1989	Call to Prayer (white) L5551.3G	Closed	1991	100.00	120
1989	Call to Prayer (white) L5551.3M	Closed	1991	100.00	120
1989	Morning Chores (blue) L5552G	Closed	1993	115.00	140
1989	Wild Goose Chase L5553G	Open		175.00	230
1989	Pretty and Prim L5554G	Open		215.00	270
1989	"Let's Make Up" L5555G	Open		215.00	265
1989	Green Clover Vase L5561G	Closed	1991	130.00	225
1989	Sad Parting L5583G	Closed	1991	375.00	525
1989	Daddy's Girl/Father's Day L5584G	Open		315.00	395
1989	Fine Melody w/base L5585G	Closed	1993	225.00	295
1989	Sad Note w/base L5586G	Closed	1993	185.00	275
1989	Wedding Cake L5587G	Open		595.00	750
1989	Blustery Day L5588G	Closed	1993	185.00	230
1989	Pretty Pose L5589G	Closed	1993	185.00	230
1989	Spring Breeze L5590G	Closed	1993	185.00	230
1989	Garden Treasures L5591G	Closed	1993	185.00	230
1989	Male Siamese Dancer L5592G	Closed	1993	345.00	420
1989	Siamese Dancer L5593G	Closed	1993	345.00	420
1989	Playful Romp L5594G	Open		215.00	270
1989	Joy in a Basket L5595G	Open		215.00	270
1989	A Gift of Love L5596G	Open		400.00	495
1989	Summer Soiree L5597G	Open		150.00	180
1989	Bridesmaid L5598G	Open		150.00	180
1989	Coquette L5599G	Open		150.00	180
1989	The Blues w/base L5600G	Closed	1993	265.00	340
1989	"Ole" L5601G	Open		365.00	460
1989	Close To My Heart L5603G	Open		125.00	165
1989	Spring Token L5604G	Open		175.00	230
1989	Floral Treasures L5605G	Open		195.00	250
1989	Quiet Evening L5606G	Closed	1993	125.00	165
1989	Calling A Friend L5607G	Open		125.00	165
1989	Baby Doll L5608G	Open		150.00	180
1989	Playful Friends L5609G	Open		135.00	170
1989	Star Struck w/base L5610G	Open		335.00	420
1989	Sad Clown w/base L5611G	Open		335.00	420
1989	Reflecting w/base L5612G	Closed	1994	335.00	420
1989	Startled L5614G	Closed	1991	265.00	425
1989	Candleholder L5626	Closed	1990	90.00	125
1990	Water Dreamer Vase L5633G	Closed	1990	150.00	200-500
1990	Cat Nap L5640G	Open		125.00	145
1990	The King's Guard w/base L5642G	Closed	1993	950.00	1100
1990	Cathy L5643G	Open		200.00	235
1990	Susan L5644G	Open		190.00	215
1990	Elizabeth L5645G	Open		190.00	215
1990	Cindy L5646G	Open		190.00	215
1990	Sara L5647G	Open		200.00	230
1990	Courtney L5648G	Open		200.00	230
1990	Nothing To Do L5649G	Open		190.00	220
1990	Anticipation L5650G	Closed	1993	300.00	340
1990	Musical Muse L5651G	Open		375.00	440
1990	Venetian Carnival L5658G	Closed	1993	500.00	575
1990	Barnyard Scene L5659G	Open		200.00	245
1990	Sunning In Ipanema L5660G	Closed	1993	370.00	420
1990	Traveling Artist L5661G	Closed	1994	250.00	290
1990	May Dance L5662G	Open		170.00	210
1990	Spring Dance L5663G	Open		170.00	210
1990	Giddy Up L5664G	Closed	1994	190.00	230
1990	Hang On! L5665G	Open		225.00	285
1990	Trino At The Beach L5666G	Open		390.00	460
1990	Valencian Harvest L5668G	Closed	1993	175.00	205
1990	Valencian FLowers L5669G	Closed	1993	370.00	420
1990	Valencian Beauty L5670G	Closed	1993	175.00	205
1990	Little Dutch Gardener L5671G	Closed	1993	400.00	475
1990	Hi There! L5672G	Open		450.00	520
1990	A Quiet Moment L5673G	Open		450.00	520
1990	A Faun And A Friend L5674G	Open		450.00	520
1990	Tee Time L5675G	Closed	1993	280.00	315
1990	Wandering Minstrel L5676G	Closed	1993	270.00	310
1990	Twilight Years L5677G	Open		370.00	420
1990	I Feel Pretty L5678G	Open		190.00	230
1990	In No Hurry L5679G	Closed	1994	550.00	640
1990	Traveling In Style L5680G	Closed	1994	425.00	495
1990	On The Road L5681G	Closed	1991	320.00	500
1990	Breezy Afternoon L5682G	Open		180.00	195
1990	Breezy Afternoon L5682M	Open		180.00	195
1990	Beautiful Burro L5683G	Closed	1993	280.00	396
1990	Barnyard Reflections L5684G	Closed	1993	460.00	525
1990	Promenade L5685G	Closed	1994	275.00	325
1990	On The Avenue L5686G	Closed	1994	275.00	325
1990	Afternoon Stroll L5687G	Closed	1994	275.00	325
1990	Dog's Best Friend L5688G	Open		250.00	295
1990	Can I Help? L5689G	Open		250.00	325
1990	Marshland Mates w/base L5691G	Open		950.00	1200
1990	Street Harmonies w/base L5692G	Closed	1993	3200.00	3750
1990	Circus Serenade L5694G	Closed	1994	300.00	360
1990	Concertina L5695G	Closed	1994	300.00	360
1990	Mandolin Serenade L5696G	Closed	1994	300.00	360
1990	Over The Clouds L5697G	Open		275.00	310
1990	Don't Look Down L5698G	Open		330.00	395
1990	Sitting Pretty L5699G	Open		300.00	340
1990	Southern Charm L5700G	Open		675.00	1025
1990	Just A Little Kiss L5701G	Open		320.00	375
1990	Back To School L5702G	Closed	1993	350.00	405
1990	Behave! L5703G	Closed	1994	230.00	265
1990	Swan Song L5704G	Open		350.00	410
1990	The Swan And The Princess L5705G	Closed	1994	350.00	410
1990	We Can't Play L5706G	Open		200.00	235
1990	After School L5707G	Closed	1993	280.00	315
1990	My First Class L5708G	Closed	1993	280.00	315
1990	Between Classes L5709G	Closed	1993	280.00	315
1990	Fantasy Friend L5710G	Closed	1993	420.00	495
1990	A Christmas Wish L5711G	Open		350.00	410
1990	Sleepy Kitten L5712G	Open		110.00	130
1990	The Snow Man L5713G	Open		300.00	350
1990	First Ballet L5714G	Open		370.00	420
1990	Mommy, it's Cold! L5715G	Closed	1994	360.00	415
1990	Land of The Giants L5716G	Closed	1994	275.00	315
1990	Rock A Bye Baby L5717G	Open		300.00	365
1990	Sharing Secrets L5720G	Open		290.00	335
1990	Once Upon A Time L5721G	Open		550.00	650
1990	Follow Me L5722G	Open		140.00	160
1990	Heavenly Chimes L5723G	Open		100.00	120
1990	Angelic Voice L5724G	Open		125.00	145
1990	Making A Wish L5725G	Open		125.00	145
1990	Sweep Away The Clouds L5726G	Open		125.00	145
1990	Angel Care L5727G	Open		190.00	210
1990	Heavenly Dreamer L5728G	Open		100.00	120
1991	Carousel Charm L5731G	Closed	1994	1700.00	1850
1991	Carousel Canter L5732G	Closed	1994	1700.00	1850
1991	Horticulturist L5733G	Closed	1993	450.00	495
1991	Pilgrim Couple L5734G	Closed	1993	490.00	525
1991	Big Sister L5735G	Open		650.00	685
1991	Puppet Show L5736G	Open		280.00	295
1991	Little Prince L5737G	Closed	1993	295.00	315
1991	Best Foot Forward L5738G	Closed	1994	280.00	305
1991	Lap Full Of Love L5739G	Open		275.00	295
1991	Alice In Wonderland L5740G	Open		440.00	485
1991	Dancing Class L5741G	Open		340.00	365
1991	Bridal Portrait L5742G	Open		480.00	560
1991	Don't Forget Me L5743G	Open		150.00	160
1991	Bull & Donkey L5744G	Open		250.00	275
1991	Baby Jesus L5745G	Open		170.00	185
1991	St. Joseph L5746G	Open		350.00	375
1991	Mary L5747G	Open		275.00	295
1991	Shepherd Girl L5748G	Open		150.00	165
1991	Shepherd Boy L5749G	Open		225.00	245
1991	Little Lamb L5750G	Open		40.00	42
1991	Walk With Father L5751G	Closed	1994	375.00	410
1991	Little Virgin L5752G	Closed	1994	295.00	325
1991	Hold Her Still L5753G	Closed	1993	650.00	695
1991	Singapore Dancers L5754G	Closed	1993	950.00	1025
1991	Claudette L5755G	Closed	1993	265.00	300-350
1991	Ashley L5756G	Closed	1993	265.00	300-350
1991	Beautiful Tresses L5757G	Closed	1993	725.00	785
1991	Sunday Best L5758G	Open		725.00	785
1991	Presto! L5759G	Closed	1993	275.00	300
1991	Interrupted Nap L5760G	Open		325.00	350
1991	Out For A Romp L5761G	Open		375.00	410
1991	Checking The Time L5762G	Open		560.00	595
1991	Musical Partners L5763G	Open		625.00	675
1991	Seeds Of Laughter L5764G	Open		525.00	575
1991	Hats Off To Fun L5765G	Open		475.00	510
1991	Charming Duet L5766G	Open		575.00	625
1991	First Sampler L5767G	Open		625.00	680
1991	Academy Days L5768G	Closed	1993	280.00	310
1991	Faithful Steed L5769G	Closed	1994	370.00	395
1991	Out For A Spin L5770G	Closed	1994	390.00	420
1991	The Magic Of Laughter L5771G	Open		950.00	1050
1991	Little Dreamers L5772G	Open		230.00	240
1991	Little Dreamers L5772M	Open		230.00	240
1991	Graceful Offering L5773G	Open		850.00	895
1991	Nature's Gifts L5774G	Closed	1994	900.00	975
1991	Gift Of Beauty L5775G	Open		850.00	895
1991	Lover's Paradise L5779G	Open		2250.00	2450
1991	Walking The Fields L5780G	Closed	1993	725.00	795
1991	Not Too Close L5781G	Closed	1994	365.00	395
1991	My Chores L5782G	Open		325.00	355
1991	Special Delivery L5783G	Closed	1994	525.00	550
1991	A Cradle Of Kittens L5784G	Open		360.00	385
1991	Ocean Beauty L5785G	Open		625.00	665
1991	Story Hour L5786G	Open		550.00	625
1991	Sophisticate L5787G	Open		185.00	195
1991	Talk Of The Town L5788G	Open		185.00	195
1991	The Flirt L5789G	Open		185.00	195
1991	Carefree L5790G	Open		300.00	325
1991	Fairy Godmother L5791G	Closed	1994	375.00	410
1991	Reverent Moment L5792G	Closed	1994	295.00	320
1991	Precocious Ballerina L5793G	Open		575.00	625
1991	Precious Cargo L5794G	Closed	1994	460.00	495
1991	Floral Getaway L5795G	Closed	1993	625.00	685
1991	Holy Night L5796G	Closed	1994	330.00	360
1991	Come Out And Play L5797G	Closed	1994	275.00	295
1991	Milkmaid L5798G	Closed	1993	450.00	495
1991	Shall We Dance? L5799G	Closed	1993	600.00	650
1991	Elegant Promenade L5802G	Open		775.00	825
1991	Playing Tag L5804G	Closed	1993	170.00	190
1991	Tumbling L5805G	Closed	1993	130.00	140
1991	Tumbling L5805M	Open		130.00	140
1991	Tickling L5806G	Closed	1993	130.00	145
1991	Tickling L5806M	Open		130.00	145
1991	My Puppies L5807G	Closed	1993	325.00	360
1991	Musically Inclined L5810G	Closed	1993	235.00	250
1991	Littlest Clown L5811G	Open		225.00	240
1991	Tired Friend L5812G	Open		225.00	245
1991	Having A Ball L5813G	Open		225.00	240
1991	Curtain Call L5814G	Closed	1994	490.00	520
1991	Curtain Call L5814M	Closed	1994	490.00	520
1991	In Full Relave L5815G	Closed	1994	490.00	520
1991	In Full Relave L5815M	Closed	1994	490.00	520
1991	Prima Ballerina L5816G	Closed	1994	490.00	520
1991	Prima Ballerina L5816M	Closed	1994	490.00	520
1991	Backstage Preparation L5817G	Closed	1994	490.00	520
1991	Backstage Preparation L5817M	Closed	1994	490.00	520
1991	On Her Toes L5818G	Closed	1994	490.00	520
1991	On Her Toes L5818M	Closed	1994	490.00	520
1991	Allegory Of Liberty L5819G	Open		1950.00	2100
1991	Dance Of Love L5820G	Closed	1993	575.00	625
1991	Minstrel's Love L5821G	Closed	1993	525.00	575
1991	Little Unicorn L5826G	Open		275.00	295
1991	Little Unicorn L5826M	Open		275.00	295
1991	I've Got It L5827G	Open		170.00	180
1991	Next At Bat L5828G	Open		170.00	180
1991	Jazz Horn L5832G	Open		295.00	310
1991	Jazz Sax L5833G	Open		295.00	315
1991	Jazz Bass L5834G	Open		395.00	425
1991	I Do L5835G	Open		165.00	190
1991	Sharing Sweets L5836G	Open		220.00	245
1991	Sing With Me L5837G	Open		240.00	250
1991	On The Move L5838G	Open		340.00	395
1992	A Quiet Afternoon L5843G	Open		1050.00	1125
1992	Flirtatious Jester L5844G	Open		890.00	925
1992	Dressing The Baby L5845G	Open		295.00	295
1992	All Tuckered Out L5846G	Open		220.00	255
1992	All Tuckered Out L5846M	Open		220.00	255

FIGURINES/COTTAGES

YEAR ISSUE		EDITION LIMIT	YEAR RETD.	ISSUE PRICE	QUOTE U.S.$
1992	The Loving Family L5848G	Closed	1994	950.00	985
1992	Inspiring Muse L5850G	Closed	1994	1200.00	1250
1992	Feathered Fantasy L5851G	Open		1200.00	1250
1992	Easter Bonnets L5852G	Closed	1993	265.00	275
1992	Floral Admiration L5853G	Closed	1994	690.00	725
1992	Floral Fantasy L5854G	Open		690.00	710
1992	Afternoon Jaunt L5855G	Closed	1993	420.00	440
1992	Circus Concert L5856G	Open		570.00	585
1992	Grand Entrance L5857G	Closed	1994	265.00	275
1992	Waiting to Dance L5858G	Open		295.00	335
1992	At The Ball L5859G	Open		295.00	330
1992	Fairy Garland L5860G	Open		630.00	650
1992	Fairy Flowers L5861G	Open		630.00	655
1992	Fragrant Bouquet L5862G	Open		350.00	360
1992	Dressing For The Ballet L5865G	Open		395.00	415
1992	Final Touches L5866G	Open		395.00	415
1992	Serene Valenciana L5867G	Closed	1994	365.00	385
1992	Loving Valenciana L5868G	Open		365.00	385
1992	Fallas Queen L5869G	Open		420.00	440
1992	Olympic Torch w/Fantasy Logo L5870G	Closed	1994	165.00	145
1992	Olympic Champion w/Fantasy Logo L5871G	Closed	1994	165.00	145
1992	Olympic Pride w/Fantasy Logo L5872G	Closed	1994	165.00	495
1992	Modern Mother L5873G	Open		325.00	335
1992	Off We Go L5874G	Closed	1994	365.00	385
1992	Guest Of Honor L5877G	Open		195.00	200
1992	Sister's Pride L5878G	Open		595.00	615
1992	Shot On Goal L5879G	Open		1100.00	1150
1992	Playful Unicorn L5880G	Open		295.00	320
1992	Playful Unicorn L5880M	Open		295.00	320
1992	Mischievous Mouse L5881G	Open		285.00	295
1992	Restful Mouse L5882G	Open		285.00	295
1992	Loving Mouse L5883G	Open		285.00	295
1992	From This Day Forward L5885G	Open		265.00	285
1992	Hippity Hop L5886G	Open		95.00	95
1992	Washing Up L5887G	Open		95.00	95
1992	That Tickles! L5888G	Open		95.00	105
1992	Snack Time L5889G	Open		95.00	105
1992	The Aviator L5891G	Open		375.00	415
1992	Circus Magic L5892G	Open		470.00	495
1992	Friendship In Bloom L5893G	Open		650.00	685
1992	Precious Petals L5894G	Open		395.00	415
1992	Bouquet of Blossoms L5895G	Open		295.00	295
1992	The Loaves & Fishes L5896G	Open		695.00	760
1992	Trimming The Tree L5897G	Open		900.00	925
1992	Spring Splendor L5898G	Open		440.00	450
1992	Just One More L5899G	Open		450.00	495
1992	Sleep Tight L5900G	Open		450.00	495
1992	Surprise L5901G	Open		325.00	335
1992	Easter Bunnies L5902G	Open		240.00	250
1992	Down The Aisle L5903G	Open		295.00	295
1992	Sleeping Bunny L5904G	Open		75.00	75
1992	Attentive Bunny L5905G	Open		75.00	75
1992	Preening Bunny L5906G	Open		75.00	80
1992	Sitting Bunny L5907G	Open		75.00	80
1992	Just A Little More L5908G	Open		370.00	380
1992	All Dressed Up L5909G	Open		440.00	450
1992	Making A Wish L5910G	Open		790.00	825
1992	Swans Take Flight L5912G	Open		2850.00	2950
1992	Rose Ballet L5919G	Open		210.00	215
1992	Swan Ballet L5920G	Open		210.00	215
1992	Take Your Medicine L5921G	Open		360.00	370
1992	Jazz Clarinet L5928G	Open		295.00	295
1992	Jazz Drums L5929G	Open		595.00	610
1992	Jazz Duo L5930G	Open		795.00	885
1993	The Ten Commandments w/Base L5933G	Open		930.00	930
1993	The Holy Teacher L5934G	Open		375.00	375
1993	Nutcracker Suite L5935G	Open		620.00	620
1993	Little Skipper L5936G	Open		320.00	320
1993	Riding The Waves L5941G	Open		405.00	405
1993	World of Fantasy L5943G	Open		295.00	295
1993	The Great Adventure L5944G	Closed	1994	325.00	325
1993	A Mother's Way L5946G	Open		1350.00	1350
1993	General Practitioner L5947G	Open		360.00	360
1993	Physician L5948G	Open		360.00	360
1993	Angel Candleholder w/Lyre L5949G	Open		295.00	315
1993	Angel Candleholder w/Tambourine L5950G	Open		295.00	315
1993	Sounds of Summer L5953G	Open		125.00	142
1993	Sounds of Winter L5954G	Open		125.00	142
1993	Sounds of Fall L5955G	Open		125.00	142
1993	Sounds of Spring L5956G	Open		125.00	142
1993	The Glass Slipper L5957G	Open		475.00	475
1993	Country Ride w/base L5958G	Open		2850.00	2875
1993	It's Your Turn L5959G	Open		365.00	365
1993	On Patrol L5960G	Open		395.00	445
1993	The Great Teacher w/base L5961G	Open		850.00	850
1993	The Clipper Ship w/base L5965M	Open		240.00	250
1993	Flowers Forever w/base L5966G	Open		4150.00	4150
1993	The Great Voyage L5964G	Closed	1994	50.00	50
1993	Honeymoon Ride w/base L5968G	Open		2750.00	2750
1993	A Special Toy L5971G	Open		815.00	815
1993	Before the Dance w/base L5972G	Open		3550.00	3550
1993	Before the Dance w/base L5972M	Open		3550.00	3550
1993	Family Outing w/base L5974G	Open		4275.00	4275
1993	Up and Away w/base L5975G	Open		2850.00	2850
1993	The Fireman L5976G	Open		395.00	445
1993	Revelation w/base (wh.) L5977G	Open		310.00	310
1993	Revelation w/base (bl.) L5978M	Open		310.00	310
1993	Revelation w/base (sand) L5979M	Open		310.00	310
1993	The Past w/base (white) L5980G	Open		310.00	310
1993	The Past w/base (black) L5981M	Open		310.00	310
1993	The Past w/base (sand) L5982M	Open		310.00	310
1993	Beauty w/base (white) L5983G	Open		310.00	310
1993	Beauty w/base (black) L5984M	Open		310.00	310
1993	Beauty w/base (sand) L5985M	Open		310.00	310
1993	Sunday Sermon L5986G	Open		425.00	425
1993	Talk to Me L5987G	Open		145.00	165
1993	Taking Time L5988G	Open		145.00	165
1993	A Mother's Touch L5989G	Open		470.00	470
1993	Thoughtful Caress L5990G	Open		225.00	225
1993	Love Story L5991G	Open		2800.00	2800
1993	Unicorn and Friend L5993G	Open		355.00	355
1993	Unicorn and Friend L5993M	Open		355.00	355
1993	Meet My Friend L5994G	Open		695.00	695
1993	Soft Meow L5995G	Open		480.00	515
1993	Bless the Child L5996G	Closed	1994	465.00	465
1993	One More Try L5997G	Open		715.00	715
1993	My Dad L6001G	Open		550.00	550
1993	Down You Go L6002G	Open		815.00	815
1993	Ready To Learn L6003G	Open		650.00	650
1993	Bar Mitzvah Day L6004G	Open		395.00	430
1993	Christening Day w/base L6005G	Open		1425.00	1425
1993	Oriental Colonade w/base L6006G	Open		1875.00	1875
1993	The Goddess & Unicorn w/base L6007G	Open		1675.00	1675
1993	Joyful Event L6008G	Open		825.00	825
1993	Monday's Child (Boy) L6011G	Open		245.00	270
1993	Monday's Child (Girl) L6012G	Open		260.00	290
1993	Tuesday's Child (Boy) L6013G	Open		225.00	250
1993	Tuesday's Child (Girl) L6014G	Open		245.00	270
1993	Wednesday's Child (Boy) L6015G	Open		245.00	270
1993	Wednesday's Child (Girl) L6016G	Open		245.00	270
1993	Thursday's Child (Boy) L6017G	Open		225.00	250
1993	Thursday's Child (Girl) L6018G	Open		245.00	270
1993	Friday's Child (Boy) L6019G	Open		225.00	250
1993	Friday's Child (Girl) L6020G	Open		225.00	250
1993	Saturday's Child (Boy) L6021G	Open		245.00	270
1993	Saturday's Child (Girl) L6022G	Open		245.00	270
1993	Sunday's Child (Boy) L6023G	Open		225.00	250
1993	Sunday's Child (Girl) L6024G	Open		225.00	250
1993	Barnyard See Saw L6025G	Open		500.00	500
1993	My Turn L6026G	Open		515.00	515
1993	Hanukah Lights L6027G	Open		345.00	395
1993	Mazel Tov! L6028G	Open		380.00	395
1993	Hebrew Scholar L6029G	Open		225.00	245
1993	On The Go L6031G	Open		475.00	485
1993	On The Green L6032G	Open		645.00	645
1993	Monkey Business L6034G	Closed	1994	745.00	745
1993	Young Princess L6036G	Open		240.00	240
1994	Saint James L6084G	Open		310.00	310
1994	Angelic Harmony L6085G	Open		495.00	550
1994	Allow Me L6086G	Open		1625.00	1625
1994	Loving Care L6087G	Open		250.00	270
1994	Communion Prayer (Boy) L6088G	Open		194.00	200
1994	Communion Prayer (Girl) L6089G	Open		198.00	210
1994	Baseball Player L6090G	Open		295.00	310
1994	Basketball Player L6091G	Open		295.00	310
1994	The Prince L6092G	Open		325.00	325
1994	Songbird L6093G	Open		395.00	395
1994	The Sportsman L6096G	Open		495.00	540
1994	Sleeping Bunny w/Flowers L6097G	Open		110.00	110
1994	Attentive Bunny w/Flowers L6098G	Open		140.00	140
1994	Preening Bunny w/Flowers L6099G	Open		140.00	140
1994	Sitting Bunny w/Flowers L6100G	Open		110.00	110
1994	Follow Us L6101G	Open		198.00	215
1994	Mother's Little Helper L6102G	Open		275.00	285
1994	Beautiful Ballerina L6103G	Open		250.00	270
1994	Finishing Touches L6104	Open		240.00	250
1994	Spring Joy L6106G	Open		795.00	795
1994	Football Player L6107	Open		295.00	310
1994	Hockey Player L6108G	Open		295.00	310
1994	Meal Time L6109G	Open		495.00	515
1994	Medieval Maiden L6110G	Open		150.00	165
1994	Medieval Soldier L6111G	Open		225.00	245
1994	Medieval Lord L6112G	Open		285.00	300
1994	Medieval Lady L6113G	Open		225.00	225
1994	Medieval Princess L6114G	Open		245.00	245
1994	Medieval Prince L6115G	Open		295.00	315
1994	Medieval Majesty L6116G	Open		315.00	325
1994	Constance L6117G	Open		195.00	205
1994	Musketeer Portos L6118G	Open		220.00	230
1994	Musketeer Aramis L6119G	Open		275.00	295
1994	Musketeer Dartagnan L6120G	Open		245.00	270
1994	Musketeer Athos L6121G	Open		245.00	270
1994	A Great Adventure L6122	Open		198.00	215
1994	Out For a Stroll L6123G	Open		198.00	215
1994	Travelers Rest L6124G	Open		275.00	295
1994	Sweet Dreamers L6127G	Open		280.00	290
1994	Christmas Melodies L6128G	Open		375.00	385
1994	Little Friends L6129G	Open		225.00	235
1994	Angel of Peace L6131G	Open		345.00	370
1994	Angel with Garland L6133G	Open		345.00	370
1994	Birthday Party L6134G	Open		395.00	425
1994	Football Star L6135	Open		295.00	295
1994	Basketball Star L6136G	Open		295.00	295
1994	Baseball Star L6137G	Open		295.00	295
1994	Globe Paperweight L6138M	Open		95.00	95
1994	Springtime Friends L6140G	Open		485.00	485
1994	Kitty Cart L6141G	Open		750.00	795
1994	Indian Pose L6142G	Open		475.00	475
1994	Indian Dancer L6143G	Open		475.00	475
1995	Caribbean Kiss L6144G	Open		340.00	340
1994	Heavenly Prayer L6145	Open		675.00	695
1994	Spring Angel L6146G	Open		250.00	265
1994	Fall Angel L6147G	Open		250.00	265
1994	Summer Angel L6148G	Open		220.00	220
1994	Winter Angel L6149G	Open		250.00	265
1994	Playing The Flute L6150G	Open		175.00	190
1994	Bearing Flowers L6151G	Open		175.00	190
1994	Flower Gazer L6152G	Open		175.00	190
1994	American Love L6153G	Open		225.00	225
1994	African Love L6154G	Open		225.00	225
1994	European Love L6155G	Open		225.00	225
1994	Asian Love L6156G	Open		225.00	225
1994	Polynesian Love L6157G	Open		225.00	225
1995	Fiesta Dancer L6163G	Open		285.00	285
1994	Wedding Bells L6164G	Open		175.00	185
1995	Pretty Cargo L6165G	Open		500.00	500
1995	Dear Santa L6166G	Open		250.00	250
1995	Delicate Bundle L6167G	Open		275.00	275
1994	The Apollo Landing L6168G	Open		450.00	450
1995	Seesaw Friends L6169G	Open		795.00	795
1995	Under My Spell L6170G	Open		195.00	195
1995	Magical Moment L6171G	Open		180.00	180
1995	Coming of Age L6172G	Open		345.00	345
1995	A Moment's Rest L6173G	Open		130.00	130
1995	Graceful Pose L6174G	Open		195.00	195
1995	Graceful Pose L6174M	Open		195.00	195
1995	White Swan L6175G	Open		90.00	90
1995	Communion Bell L6176G	Open		85.00	85
1995	Asian Scholar L6177G	Open		315.00	315
1995	Little Matador L6178G	Open		245.00	245
1995	Peaceful Moment L6179G	Open		385.00	385
1995	Sharia L6180G	Open		235.00	235
1995	Preparing For The Sabbath L6183G	Open		385.00	385
1995	European Boy L6187G	Open		185.00	185
1995	Asian Boy L6188G	Open		225.00	225
1995	African Boy L6189G	Open		195.00	195
1995	Polynesian Boy L6190G	Open		250.00	250
1995	All American L6191G	Open		225.00	225
1995	American Indian Boy L6192G	Open		225.00	225
1995	Summer Serenade L6193G	Open		375.00	375
1995	Summer Serenade L6193M	Open		375.00	375
1995	Carnival Companions L6195G	Open		650.00	650
1995	Seaside Companions L6196G	Open		230.00	230
1995	Seaside Serenade L6197G	Open		275.00	275
1995	Soccer Practice L6198G	Open		195.00	195
1995	In The Procession L6199G	Open		250.00	250
1995	In The Procession L6199M	Open		250.00	250
1995	Bridal Bell L6200G	Open		125.00	125
1995	Daddy's Little Sweetheart L6202G	Open		595.00	595
1995	Gentle Surprise L6210G	Open		125.00	125
1995	New Friend L6211G	Open		120.00	120
1995	Little Hunter L6212G	Open		115.00	115
1995	Lady Of Nice L6213G	Open		198.00	198
1995	Lady Of Nice L6213M	Open		198.00	198
1995	Leo L6214G	Open		198.00	198
1995	Virgo L6215G	Open		198.00	198
1995	Aquarius L6216G	Open		198.00	198
1995	Sagittarius L6217G	Open		198.00	198
1995	Taurus L6218G	Open		198.00	198
1995	Gemini L6219G	Open		198.00	198
1995	Libra L6220G	Open		198.00	198
1995	Aries L6221G	Open		198.00	198
1995	Capricorn L6222G	Open		198.00	198
1995	Pisces L6223G	Open		198.00	198
1995	Cancer L6224G	Open		198.00	198
1995	Scorpio L6225G	Open		198.00	198
1995	Snuggle Up L6226G	Open		170.00	170
1995	Contented Companion L6229G	Open		195.00	195
1995	Oriental Dance L6230G	Open		198.00	198
1995	Oriental Lantern L6231G	Open		198.00	198
1995	Oriental Beauty L6232G	Open		198.00	198
1995	Graceful Ballet L6240G	Open		795.00	795
1995	Graceful Ballet L6240M	Open		795.00	795
1995	Allegory of Spring L6241G	Open		735.00	735
1995	Allegory of Spring L6241M	Open		735.00	735
1985	Lladro Plaque L7116	Open		17.50	18
1985	Lladro Plaque L7118	Closed	N/A	17.00	18
1992	Special Torch L7513G	Open		165.00	165
1992	Special Champion L7514G	Open		165.00	165
1992	Special Pride L7515G	Open		165.00	165
1993	Courage L7522G	Open		195.00	200
1994	Dr. Martin Luther King, Jr. L7528G	Open		345.00	345
1994	Spike L7543G	Open		95.00	105
1994	Brutus L7544G	Open		125.00	140
1994	Rocky L7545G	Open		110.00	120
1994	Stretch L7546G	Open		125.00	140
1994	Rex L7547G	Open		125.00	140
1995	16th Century Globe Paperweight	Open		105.00	105
1985	Lladro Plaque w/ Blue Writing L7601G	Closed	N/A	35.00	50-150
1989	Starting Forward/Lolo L7605G	Closed	1989	125.00	350

Lladro Limited Edition Egg Series - Lladro

YEAR ISSUE		EDITION LIMIT	YEAR RETD.	ISSUE PRICE	QUOTE U.S.$
1993	1993 Limited Edition Egg L6083M	Closed	1993	145.00	200-350
1994	1994 Limited Edition Egg L7532M	Yr.Iss.		150.00	195
1995	1995 Limited Edition Egg L7548M	Yr.Iss.		150.00	195

FIGURINES/COTTAGES

Maruri USA

African Safari Animals - W. Gaither

YEAR ISSUE		EDITION LIMIT	YEAR RETD.	ISSUE PRICE	QUOTE U.S.$
1983	African Elephant	Closed	N/A	3500.00	3500
1983	Black Maned Lion	Closed	N/A	1450.00	1450
1983	Cape Buffalo	Closed	N/A	2200.00	2200
1983	Grant's Zebras, pair	500		1200.00	1200
1981	Nyala	300		1450.00	1450
1983	Sable	Closed	N/A	1200.00	1200
1983	Southern Greater Kudu	Closed	N/A	1800.00	1800
1983	Southern Impala	Closed	N/A	1200.00	1200
1983	Southern Leopard	Closed	1994	1450.00	1450
1983	Southern White Rhino	150		3200.00	3200

American Eagle Gallery - Maruri Studios

YEAR ISSUE		EDITION LIMIT	YEAR RETD.	ISSUE PRICE	QUOTE U.S.$
1985	E-8501	Closed	1989	45.00	75
1985	E-8502	Open		55.00	65
1985	E-8503	Open		60.00	65
1985	E-8504	Open		65.00	75
1985	E-8505	Closed	1989	65.00	150
1985	E-8506	Open		75.00	90
1985	E-8507	Open		75.00	90
1985	E-8508	Closed	1989	75.00	85
1985	E-8509	Closed	1989	85.00	125
1985	E-8510	Open		85.00	95
1985	E-8511	Closed	1989	85.00	125
1985	E-8512	Open		295.00	325
1987	E-8721	Open		40.00	50
1987	E-8722	Open		45.00	55
1987	E-8723	Closed	1989	55.00	60
1987	E-8724	Open		175.00	195
1989	E-8931	Open		55.00	60
1989	E-8932	Open		75.00	80
1989	E-8933	Open		95.00	95
1989	E-8934	Open		135.00	140
1989	E-8935	Open		175.00	185
1989	E-8936	Open		185.00	195
1991	E-9141 Eagle Landing	Open		60.00	60
1991	E-9142 Eagle w/ Totem Pole	Open		75.00	75
1991	E-9143 Pair in Flight	Open		95.00	95
1991	E-9144 Eagle w/Salmon	Open		110.00	110
1991	E-9145 Eagle w/Snow	Open		135.00	135
1991	E-9146 Eagle w/Babies	Open		145.00	145

Americana - W. Gaither

YEAR ISSUE		EDITION LIMIT	YEAR RETD.	ISSUE PRICE	QUOTE U.S.$
1981	Grizzley Bear and Indian	Closed	N/A	650.00	650
1982	Sioux Brave and Bison	Closed	N/A	985.00	985

Baby Animals - W. Gaither

YEAR ISSUE		EDITION LIMIT	YEAR RETD.	ISSUE PRICE	QUOTE U.S.$
1981	African Lion Cubs	1,500		195.00	195
1981	Black Bear Cubs	Closed	N/A	195.00	195
1981	Wolf Cubs	Closed	N/A	195.00	195

Birds of Prey - W. Gaither

YEAR ISSUE		EDITION LIMIT	YEAR RETD.	ISSUE PRICE	QUOTE U.S.$
1981	Screech Owl	300		960.00	960
1981	American Bald Eagle I	Closed	N/A	165.00	1750
1982	American Bald Eagle II	Closed	N/A	245.00	2750
1983	American Bald Eagle III	Closed	N/A	445.00	1750
1984	American Bald Eagle IV	Closed	N/A	360.00	1750
1986	American Bald Eagle V	Closed	N/A	325.00	1250

Eyes Of The Night - Maruri Studios

YEAR ISSUE		EDITION LIMIT	YEAR RETD.	ISSUE PRICE	QUOTE U.S.$
1990	Double Barn Owl O-8807	Closed	1993	125.00	130
1990	Double Snowy Owl-O-8809	Closed	1993	245.00	250
1990	Single Great Horned Owl-O-8803	Closed	1993	60.00	65
1990	Single Great Horned Owl-O-8808	Closed	1993	145.00	150
1990	Single Screech Owl-O-8801	Closed	1993	50.00	55
1990	Single Screech Owl-O-8806	Closed	1993	90.00	95
1990	Single Snowy Owl-O-8802	Closed	1993	50.00	55
1990	Single Snowy Owl-O-8805	Closed	1993	80.00	85
1990	Single Tawny Owl-O-8804	Closed	1993	60.00	65

Gentle Giants - Maruri Studios

YEAR ISSUE		EDITION LIMIT	YEAR RETD.	ISSUE PRICE	QUOTE U.S.$
1992	Baby Elephant Sitting GG-9252	Open		65.00	65
1992	Baby Elephant Standing GG-9251	Open		50.00	50
1992	Elephant Pair GG-9255	Open		220.00	220
1992	Elephant Pair Playing GG-9253	Open		80.00	80
1992	Mother & Baby Elephant GG-9254	Open		160.00	160

Graceful Reflections - Maruri Studios

YEAR ISSUE		EDITION LIMIT	YEAR RETD.	ISSUE PRICE	QUOTE U.S.$
1991	Mute Swan w/Baby SW-9152	Closed	1993	95.00	95
1991	Pair-Mute Swan SW-9153	Closed	1993	145.00	145
1991	Pair-Mute Swan SW-9154	Closed	1993	195.00	195
1991	Single Mute Swan SW-9151	Closed	1993	85.00	85

Horses Of The World - Maruri Studios

YEAR ISSUE		EDITION LIMIT	YEAR RETD.	ISSUE PRICE	QUOTE U.S.$
1993	Arabian HW-9356	Open		175.00	175
1993	Camargue HW-9354	Open		150.00	150
1993	Clydesdale HW-9351	Open		145.00	145
1993	Paint Horse HW-9355	Open		160.00	160
1993	Quarter Horse HW-9353	Open		145.00	145
1993	Thoroughbred HW-9352	Open		145.00	145

Hummingbirds - Maruri Studios

YEAR ISSUE		EDITION LIMIT	YEAR RETD.	ISSUE PRICE	QUOTE U.S.$
1991	Allew's w/Hibiscus H-8906	Open		195.00	195
1991	Anna's w/Lily H-8905	Open		160.00	160
1989	Calliope w/Azalea H-8904	Open		120.00	120
1991	Ruby-Throated w/Azalea H-8911	Open		75.00	75
1991	Ruby-Throated w/Orchid H-8914	Open		150.00	150
1991	Rufous w/Trumpet Creeper H-8901	Open		70.00	75
1989	Violet-crowned w/Gentian H-8903	Open		90.00	90
1991	Violet-Crowned w/Gentian H-8913	Open		75.00	75
1989	White-eared w/Morning Glory H-8902	Open		85.00	85
1991	White-Eared w/Morning Glory H-8912	Open		75.00	75

Legendary Flowers of the Orient - Ito

YEAR ISSUE		EDITION LIMIT	YEAR RETD.	ISSUE PRICE	QUOTE U.S.$
1985	Cherry Blossom	15,000		45.00	55
1985	Chinese Peony	15,000		45.00	55
1985	Chrysanthemum	15,000		45.00	55
1985	Iris	15,000		45.00	55
1985	Lily	15,000		45.00	55
1985	Lotus	15,000		45.00	45
1985	Orchid	15,000		45.00	55
1985	Wisteria	15,000		45.00	55

Majestic Owls of the Night - D. Littleton

YEAR ISSUE		EDITION LIMIT	YEAR RETD.	ISSUE PRICE	QUOTE U.S.$
1988	Barred Owl	15,000		55.00	55
1987	Burrowing Owl	15,000		55.00	55
1988	Elf Owl	15,000		55.00	55

National Parks - Maruri Studios

YEAR ISSUE		EDITION LIMIT	YEAR RETD.	ISSUE PRICE	QUOTE U.S.$
1993	Baby Bear NP-9301	Open		60.00	60
1993	Bear Family NP-9304	Open		160.00	160
1993	Buffalo NP-9306	Open		170.00	170
1993	Cougar Cubs NP-9302	Open		70.00	70
1993	Deer Family NP-9303	Open		120.00	120
1993	Eagle NP-9307	Open		180.00	180
1993	Falcon NP-9308	Open		195.00	195
1993	Howling Wolves NP-9305	Open		165.00	165

North American Game Animals - W. Gaither

YEAR ISSUE		EDITION LIMIT	YEAR RETD.	ISSUE PRICE	QUOTE U.S.$
1984	White Tail Deer	950		285.00	285

North American Game Birds - W. Gaither

YEAR ISSUE		EDITION LIMIT	YEAR RETD.	ISSUE PRICE	QUOTE U.S.$
1983	Bobtail Quail, female	Closed	N/A	375.00	375
1983	Bobtail Quail, male	Closed	N/A	375.00	375
1981	Canadian Geese, pair	Closed	N/A	2000.00	2000
1981	Eastern Wild Turkey	Closed	N/A	300.00	300
1982	Ruffed Grouse	Closed	N/A	1745.00	1745
1983	Wild Turkey Hen with Chicks	Closed	N/A	300.00	300

North American Songbirds - W. Gaither

YEAR ISSUE		EDITION LIMIT	YEAR RETD.	ISSUE PRICE	QUOTE U.S.$
1982	Bluebird	Closed	N/A	95.00	95
1983	Cardinal, female	Closed	N/A	95.00	95
1982	Cardinal, male	Closed	N/A	95.00	95
1982	Carolina Wren	Closed	N/A	95.00	95
1982	Chickadee	Closed	N/A	95.00	95
1982	Mockingbird	Closed	N/A	95.00	95
1983	Robin	Closed	N/A	95.00	95

North American Waterfowl I - W. Gaither

YEAR ISSUE		EDITION LIMIT	YEAR RETD.	ISSUE PRICE	QUOTE U.S.$
1981	Blue Winged Teal	200		980.00	980
1981	Canvasback Ducks	Closed	1994	780.00	780
1981	Flying Wood Ducks	Closed	N/A	880.00	880
1981	Mallard Drake	Closed	N/A	2380.00	2380
1981	Wood Duck, decoy	950		480.00	480

North American Waterfowl II - W. Gaither

YEAR ISSUE		EDITION LIMIT	YEAR RETD.	ISSUE PRICE	QUOTE U.S.$
1982	Bufflehead Ducks Pair	1,500		225.00	225
1982	Goldeneye Ducks Pair	Closed	N/A	225.00	225
1983	Loon	Closed	1989	245.00	245
1981	Mallard Ducks Pair	1,500		225.00	225
1982	Pintail Ducks Pair	Closed	1994	225.00	225
1982	Widgeon, female	Closed	N/A	225.00	225
1982	Widgeon, male	Closed	N/A	225.00	225

Polar Expedition - Maruri Studios

YEAR ISSUE		EDITION LIMIT	YEAR RETD.	ISSUE PRICE	QUOTE U.S.$
1992	Arctic Fox Cubs Playing-P-9223	Open		65.00	65
1990	Baby Arctic Fox-P-9002	Open		50.00	55
1990	Baby Emperor Penguin-P-9001	Open		45.00	50
1992	Baby Harp Seal-P-9221	Open		55.00	55
1990	Baby Harp Seals-P-9005	Open		65.00	70
1992	Emperor Penguins-P-9222	Open		60.00	60
1990	Mother & Baby Emperor Penguins-P-9006	Open		80.00	85
1990	Mother & Baby Harp Seals-P-9007	Open		90.00	95
1990	Mother & Baby Polar Bears-P-9008	Open		125.00	130
1990	Polar Bear Cub Sliding-P-9003	Open		50.00	55
1990	Polar Bear Cubs Playing-P-9004	Open		60.00	65
1992	Polar Bear Family-P-9224	Open		90.00	90
1990	Polar Expedition Sign-PES-001	Open		18.00	18

Precious Panda - Maruri Studios

YEAR ISSUE		EDITION LIMIT	YEAR RETD.	ISSUE PRICE	QUOTE U.S.$
1992	Lazy Lunch PP-9202	Open		60.00	60
1992	Mother's Cuddle-PP-9204	Open		120.00	120
1992	Snack Time PP-9201	Open		60.00	60
1992	Tug Of War PP-9203	Open		70.00	70

Shore Birds - W. Gaither

YEAR ISSUE		EDITION LIMIT	YEAR RETD.	ISSUE PRICE	QUOTE U.S.$
1984	Pelican	Closed	N/A	260.00	260
1984	Sand Piper	Closed	N/A	285.00	285

Signature Collection - W. Gaither

YEAR ISSUE		EDITION LIMIT	YEAR RETD.	ISSUE PRICE	QUOTE U.S.$
1985	American Bald Eagle	Closed	N/A	60.00	60
1985	Canada Goose	Closed	N/A	60.00	60
1985	Hawk	Closed	N/A	60.00	60
1985	Pintail Duck	Closed	N/A	60.00	60
1985	Snow Goose	Closed	N/A	60.00	60
1985	Swallow	Closed	N/A	60.00	60

Songbirds Of Beauty - Maruri Studios

YEAR ISSUE		EDITION LIMIT	YEAR RETD.	ISSUE PRICE	QUOTE U.S.$
1991	Bluebird w/ Apple Blossom SB-9105	Closed	1994	85.00	85
1991	Cardinal w/ Cherry Blossom SB-9103	Closed	1994	85.00	85
1991	Chickadee w/ Roses SB-9101	Closed	1994	85.00	85
1991	Dbl. Bluebird w/ Peach Blossom SB-9107	Closed	1994	145.00	145
1991	Dbl. Cardinal w/ Dogwood SB-9108	Closed	1994	145.00	145
1991	Goldfinch w/ Hawthorne SB-9102	Closed	1994	85.00	85
1991	Robin & Baby w/ Azalea SB-9106	Closed	1994	115.00	115
1991	Robin w/ Lilies SB-9104	Closed	1994	85.00	85

Special Commissions - W. Gaither

YEAR ISSUE		EDITION LIMIT	YEAR RETD.	ISSUE PRICE	QUOTE U.S.$
1982	Cheetah	Closed	N/A	995.00	995
1983	Orange Bengal Tiger	240		340.00	340
1981	White Bengal Tiger	240		340.00	340

Studio Collection - Maruri Studios

YEAR ISSUE		EDITION LIMIT	YEAR RETD.	ISSUE PRICE	QUOTE U.S.$
1991	Delicate Motion-MS-200	3,500		325.00	325
1992	Imperial Panda-MS-300	3,500		350.00	350
1990	Majestlc Eagles-MS-100	Closed	N/A	350.00	800
1994	Waltz of the Dolphins-MS-500	3,500		300.00	300
1993	Wild Wings-MS-400	3,500		395.00	450

Stump Animals - W. Gaither

YEAR ISSUE		EDITION LIMIT	YEAR RETD.	ISSUE PRICE	QUOTE U.S.$
1984	Bobcat	Closed	N/A	175.00	175
1984	Chipmunk	Closed	N/A	175.00	175
1984	Gray Squirrel	1,200		175.00	175
1983	Owl	Closed	N/A	175.00	175
1983	Raccoon	Closed	1989	175.00	175
1982	Red Fox	Closed	N/A	175.00	175

Upland Birds - W. Gaither

YEAR ISSUE		EDITION LIMIT	YEAR RETD.	ISSUE PRICE	QUOTE U.S.$
1981	Mourning Doves	Closed	N/A	780.00	780

Wings of Love Doves - Maruri Studios

YEAR ISSUE		EDITION LIMIT	YEAR RETD.	ISSUE PRICE	QUOTE U.S.$
1987	D-8701 Single Dove w/ Forget-Me-Not	Closed	1994	45.00	55
1987	D-8702 Double Dove w/ Primrose	Open		55.00	65
1987	D-8703 Single Dove w/Buttercup	Closed	1994	65.00	70
1987	D-8704 Double Dove w/Daisy	Open		75.00	85
1987	D-8705 Single Dove w/Blue Flax	Closed	1994	95.00	95
1987	D-8706 Double Dove w/Cherry Blossom	Open		175.00	195
1990	D-9021 Double Dove w/Gentian	Open		50.00	55
1990	D-9022 Double Dove w/Azalea	Open		75.00	75
1990	D-9023 Double Dove w/Apple Blossom	Open		115.00	120
1990	D-9024 Double Dove w/Morning Glory	Open		150.00	160

Wonders of the Sea - Maruri Studios

YEAR ISSUE		EDITION LIMIT	YEAR RETD.	ISSUE PRICE	QUOTE U.S.$
1994	Dolphin WS-9401	Open		70.00	70
1994	Great White Shark WS-9406	Open		90.00	90
1994	Green Sea Turtle WS-9405	Open		85.00	85
1994	Humpback Mother & Baby WS-9409	Open		150.00	150
1994	Manatee & Baby WS-9403	Open		75.00	75
1994	Manta Ray WS-9404	Open		80.00	80
1994	Orca Mother & Baby WS-9410	Open		150.00	150
1994	Sea Otter & Baby WS-9402	Open		75.00	75
1994	Three Dolphins WS-9408	Open		135.00	135
1994	Two Dolphins WS-9407	Open		120.00	120

Michael's Limited

Collectors' Corner - B. Baker

YEAR ISSUE		EDITION LIMIT	YEAR RETD.	ISSUE PRICE	QUOTE U.S.$
1993	City Cottage (Membership House)-rose/grn.1682	Retrd.	1994	35.00	65-75
1993	Brian's House (Redemption House)-red1496	Retrd.	1994	71.00	100-125
1994	Gothic Cottage (Membership Sculpture) 1571	Retrd.	1995	35.00	55
1994	Duke of Gloucester Street (Redemption House) 1459	Retrd.	1995	69.00	69
1995	Marie's Cottage-grey (Membership Sculpture) 1942	Yr.Iss.		35.00	35
1995	Welcome Home-brick (Redemption House) 1599	Yr.Iss.		65.00	65

Brian Baker's Deja Vu Collection - B. Baker

YEAR ISSUE		EDITION LIMIT	YEAR RETD.	ISSUE PRICE	QUOTE U.S.$
1988	Adam Colonial Cottage -blue/white 1515	Retrd.	1993	53.00	53
1993	Admiralty Head Lighthouse -white 1532	Open		62.00	62
1992	Alpine Ski Lodge-br./white 1012	Retrd.	1994	62.00	7[illegible]
1988	Andulusian Village-white 1060	Retrd.	1993	53.00	63
1992	Angel of the Sea-blue/white 1587	Open		67.00	67
1992	Angel of the Sea-mauve/white 1586	Open		67.00	67
1989	Antebellum Mansion-blue/rose 1505	Retrd.	1994	53.00	6[illegible]
1988	Antebellum Mansion-blue/white 1519	Retrd.	1989	49.00	49
1989	Antebellum Mansion-peach 1506	Retrd.	1992	49.00	56
1988	Antebellum Mansion-peach 1517	Retrd.	1989	49.00	49
1988	Antebellum Mansion -white/green 1518	Retrd.	1988	49.00	49
1994	Barber Shop 1164	Open		53.00	53
1987	Bavarian Church-white 1021	Retrd.	1989	38.00	38
1987	Bavarian Church-yellow 1020	Retrd.	1988	38.00	38
1987	The Bernese Guesthouse -golden br. 1010	Retrd.	1991	49.00	49

Year Issue		Edition Limit	Year Retd.	Issue Price	Quote U.S.$
1989	Blumen Shop-white/brown 1023	Retrd.	1994	53.00	60
1994	Cabbagetown 1704	Open		65.00	65
1988	Casa Chiquita-natural 1400	Retrd.	1993	53.00	60
1994	Castle in the Clouds 1090	Open		75.00	75
1993	Charleston Single House-blue/white 1583	Open		60.00	60
1993	Charleston Single House-peach/white 1584	Open		60.00	60
1994	Christmas at Church 1223	Open		63.00	63
1988	Christmas House-blue 1225	Retrd.	1993	51.00	51
1990	Classic Victorian-blue/white 1555	Retrd.	1994	60.00	66
1990	Classic Victorian-peach 1557	Retrd.	1994	60.00	66
1990	Classic Victorian-rose/blue 1556	Retrd.	1994	60.00	66
1991	Colonial Color-brown 1508	Retrd.	1994	62.00	65-71
1991	Colonial Cottage-white/bue 1509	Retrd.	1994	59.00	59
1987	Colonial House-blue 1510	Retrd.	1989	49.00	49
1987	Colonial House-wine 1511	Retrd.	1987	40.00	40
1987	Colonial Store-brick 1512	Retrd.	1994	53.00	60
1993	Corner Grocery-brick 1141	Open		67.00	67
1987	The Cottage House-blue 1531	Retrd.	1988	42.00	42
1987	The Cottage House-white 1530	Retrd.	1994	47.00	54
1989	Country Barn-blue 1528	Retrd.	1992	49.00	63
1989	Country Barn-red 1527	Retrd.	1994	53.00	60-63
1988	Country Church-white/blue 1522	Retrd.	1994	49.00	60
1992	Country Station-blue/rust 1156	Open		64.00	64
1994	Country Store 1435	Open		61.00	61
1994	Covered Bridge 1513	Open		69.00	69
1994	Craftsman Cottage-cream 1478	Open		56.00	56
1994	Craftsman Cottage-grey 1477	Open		56.00	56
1989	Deja Vu Sign-ivory/brown 1600	Retrd.	1991	21.00	24-29
1992	Deja Vu Sign-ivory/brown 1999	Open		21.00	21
1993	Dinard Mansion-beige/brick 1005	Open		67.00	67
1994	Ellis Island 1250	Open		62.00	62
1993	Enchanted Cottage-natural 1205	Open		63.00	63
1988	Fairy Tale Cottage-wh./br. 1200	Retrd.	1993	46.00	46
1987	The Farm House-beige/blue 1525	Retrd.	1992	49.00	49
1987	The Farm House-spiced tan 1526	Retrd.	1991	49.00	49
1992	Firehouse-brick 1140	Open		60.00	60
1992	Flower Store-tan/green 1145	Open		67.00	67
1988	French Colonial Cottage-beige 1516	Retrd.	1991	42.00	65
1988	Georgian Colonial House-white/blue 1514	Retrd.	1993	53.00	53
1990	Gothic Victorian-blue/mauve 1534	Retrd.	1991	47.00	52-54
1988	Gothic Victorian-peach 1536	Retrd.	1993	51.00	60
1988	Gothic Victorian-sea green 1537	Retrd.	1991	47.00	47
1993	Grandpa's Barn-brown 1498	Open		63.00	63
1988	Hampshire House-brick 1040	Retrd.	1989	49.00	60
1989	Hampshire House-brick 1041	Retrd.	1991	49.00	56
1989	Henry VIII Pub-white/brown 1043	Retrd.	1994	56.00	65
1993	Homestead Christmas-red 1224	Open		57.00	57
1987	Hotel Couronne-wh./br. (original) 1000	Retrd.	1989	49.00	49
1989	Hotel Couronne-wh./br. 1003	Retrd.	1993	55.00	55
1987	Italianate Victorian-brown 1543	Retrd.	1991	51.00	51
1987	Italianate Victorian-lavendar 1550	Retrd.	1988	45.00	45
1987	Italianate Victorian-mauve/blue 1545	Retrd.	1992	49.00	49
1989	Italianate Victorian-peach/teal 1552	Retrd.	1992	51.00	62
1989	Italianate Victorian-rose/blue 1551	Retrd.	1992	51.00	55-58
1987	Italianate Victorian-rust/blue 1544	Retrd.	1989	49.00	49
1987	Japanese House-white/brown 1100	Retrd.	1989	47.00	47
1987	The Lighthouse-white 1535	Retrd.	1993	53.00	60
1991	Log Cabin-brown 1501	Retrd.	1994	55.00	62
1992	Looks Like Nantucket-grey 1451	Open		62.00	62
1995	Main Street Cafe-blue 1142	Open		61.00	61
1993	Mansard Lady-blue/rose 1606	Open		64.00	64
1993	Mansard Lady-tan/green 1607	Open		64.00	64
1995	Maple Lane-blue/white 1904	Open		72.00	72
1995	Maple Lane-desert/white 1905	Open		72.00	72
1991	Mayor's Mansion-blue/peach 1585	Retrd.	1994	57.00	65
1994	Mission Dolores (no umbrella) 1435	Retrd.	N/A	47.00	75
1994	Mission Dolores 1435	Open		47.00	47
1993	Monday's Wash-cream/blue 1450	Open		62.00	62
1993	Monday's Wash-white/blue 1449	Open		62.00	62
1995	Mountain Homestead-br. 1401	Open		78.00	78
1994	Mukilteo Lighthouse 1569	Open		55.00	55
1989	Norwegian House-brown 1051	Retrd.	1991	51.00	58
1990	Old Country Cottage-blue 1502	Retrd.	1993	51.00	58
1990	Old Country Cottage-peach 1504	Retrd.	1992	47.00	65
1990	Old Country Cottage-red 1503	Retrd.	1993	51.00	65
1994	The Old School House 1439	Open		61.00	61
1987	Old West General Store-white/grey 1520	Retrd.	1992	50.00	68
1987	Old West General Store-yellow 1521	Retrd.	1988	50.00	50
1993	Old West Hotel-cream 1120	Open		62.00	62
1995	Old West Sheriff-red 1125	Open		56.00	56
1995	Old White Church-white 1424	Open		65.00	65
1988	One Room School House-red 1524	Retrd.	1994	53.00	70
1994	Orleans Cottage-white/blue 1447	Open		63.00	63
1994	Orleans Cottage-white/red 1448	Open		63.00	63
1990	Palm Villa-desert/green 1421	Open		54.00	61
1990	Palm Villa-white/blue 1420	Open		54.00	61
1994	Paris by the Bay 1004	Open		55.00	55
1989	Parisian Apartment-beige/blue 1002	Retrd.	1994	53.00	60
1987	Parisian Apartment-golden brown 1001	Retrd.	1994	53.00	60
1995	Peggy's Cove Light-white 1533	Open		56.00	56
1994	Police Station 1147	Open		55.00	55
1993	Post Office-light green 1146	Open		60.00	60
1987	Queen Ann Victorian -peach/green 1540	Retrd.	1994	53.00	60
1987	Queen Ann Victorian-rose 1541	Retrd.	1994	53.00	60
1987	Queen Ann Victorian-rust/green 1542	Retrd.	1988	40.00	49
1995	Quiet Neighborhood cream/green 1623	Open		71.00	71
1995	Quiet Neighborhood-rose/blue 1622	Open		71.00	71
1995	River Belle-white 1092	Open		70.00	70
1994	Riverside Mill 1507	Open		65.00	65
1988	Roeder Gate, Rothenburg-brown 1022	Retrd.	1991	49.00	49
1992	Rose Cottage-grey 1443	Open		59.00	59
1994	San Francisco Stick-brick/teal 1625	Open		61.00	61
1994	San Francisco Stick-cream/blue 1624	Open		61.00	61
1988	Second Empire House-sea grn./desert 1539	Retrd.	1992	50.00	50
1988	Second Empire House-white/blue 1538	Retrd.	1994	54.00	60
1993	Smuggler's Cove-grey/brown 1529	Open		72.00	72
1987	Snow Cabin-brown/white 1500	Retrd.	1994	51.00	60-70
1995	Southern Exposure-cream/rose 1582	Open		63.00	63
1995	Southern Exposure-tan/green 1581	Open		63.00	63
1995	Southern Mansion-brick 1744	Yr.Iss.	1995	79.00	79
1995	St. Nicholas Church-white/blue 1409	Open		56.00	56
1993	Steiner Street-peach/green 1674	Open		63.00	63
1993	Steiner Street-rose/blue 1675	Open		63.00	63
1993	The Stone House-stone/blue 1453	Open		63.00	63
1988	Stone Victorians-browns 1554	Retrd.	1994	56.00	63
1993	Sunday Afternoon-brick 1523	Open		62.00	62
1989	Swedish House-Swed.red 1050	Retrd.	1991	51.00	58
1991	Teddy's Place-teal/rose 1570	Open		61.00	61
1994	Towered Lady-blue/rose 1688	Open		65.00	65
1994	Towered Lady-rose 1689	Open		65.00	65
1992	Tropical Fantasy-blue/coral 1410	Open		67.00	67
1992	Tropical Fantasy-rose/blue 1411	Open		67.00	67
1992	Tropical Fantasy-yellow/teal 1412	Open		67.00	67
1995	Tudor Christmas-red brick 1221	Open		67.00	67
1995	Tudor Home-tan brick 1222	Open		67.00	67
1987	Turreted Victorian-beige/blue 1546	Retrd.	1993	55.00	55
1987	Turreted Victorian-peach 1547	Retrd.	1993	55.00	57
1987	Ultimate Victorian-lt. blue/rose 1549	Retrd.	1994	60.00	65
1987	Ultimate Victorian-maroon/slate 1548	Retrd.	1994	60.00	65
1989	Ultimate Victorian-peach/green 1553	Retrd.	1994	60.00	65
1992	Victorian Bay View-cream/teal 1564	Open		63.00	63
1992	Victorian Bay View-rose/blue 1563	Open		63.00	63
1992	Victorian Charm-cream 1588	Open		61.00	61
1992	Victorian Charm-mauve 1589	Open		61.00	61
1990	Victorian Country Estate-desert/br. 1560	Retrd.	1994	62.00	68
1990	Victorian Country Estate-peach/blue 1562	Retrd.	1994	62.00	68
1990	Victorian Country Estate-rose/blue 1561	Retrd.	1994	62.00	68
1991	Victorian Farmhouse -goldenbrown 1565	Retrd.	1994	59.00	65
1995	Victorian Living-clay/white 1927	Open		70.00	70
1995	Victorian Living-teal/tan 1926	Open		70.00	70
1992	Victorian Tower House-blue/maroon 1558	Open		63.00	63
1992	Victorian Tower House-peach/blue 1559	Open		63.00	63
1991	Wind and Roses-brick 1470	Open		63.00	63
1989	Windmill on the Dike -beige/green 1034	Retrd.	1994	60.00	65-75

Limited Editions From Brian Baker - B. Baker

Year Issue		Edition Limit	Year Retd.	Issue Price	Quote U.S.$
1993	American Classic-rose, Numbrd.1566	Retrd.	1993	99.00	300-600
1987	Amsterdam Canal-brown, S/N 1030	Retrd.	1993	79.00	100-175
1994	Hill Top Mansion 1598	Retrd.	1994	97.00	97
1993	James River Plantation-brick, Numbrd.1454	Retrd.	1993	108.00	200-500
1994	Painted Ladies 1190	Retrd.	1994	125.00	125
1995	Philadelphia-brick 1441	1,500		110.00	110
1994	White Point 1596	Retrd.	1994	100.00	150

Midwest of Cannon Falls

Belenes Puig Nativity Collection - J.P. Llobera

Year Issue		Edition Limit	Year Retd.	Issue Price	Quote U.S.$
1989	Angel 02087-6	Open		50.00	50
1989	Baby Jesus 02085-2	Open		62.00	62
1989	Donkey 02082-1	Open		26.00	26
1989	Joseph 02086-9	Open		62.00	62
1989	Mother Mary 02084-5	Open		62.00	62
1985	Nativity, set/6: Holy Family, Angel, Animals 6 3/4" 00205-6	Open		250.00	250
1989	Ox 02083-8	Open		26.00	26
1990	Resting Camel 04025-6	Open		115.00	115
1986	Sheep, set/3 00475-3	Open		28.00	28
1987	Shepherd & Angel Scene, set/7 06084-1	Open		305.00	305
1989	Shepherd Carrying Lamb 02092-0	Open		56.00	56
1989	Shepherd with Staff 02091-3	Open		56.00	56
1985	Shepherd, set/2 00458-6	Open		110.00	110
1988	Standing Camel 08792-3	Open		115.00	115
1989	Wise Man with Frankincense 02088-3	Open		66.00	66
1989	Wise Man with Frankincense on Camel 02077-7	Open		155.00	155
1989	Wise Man with Gold 02089-0	Open		66.00	66
1989	Wise Man w/Gold on Camel 02075-3	Open		155.00	155
1989	Wise Man with Myrrh 02090-6	Open		66.00	66
1989	Wise Man with Myrrh on Camel 02076-0	Open		155.00	155
1985	Wise Men, set/3 00459-3	Open		185.00	185

Cannon Valley Figurines and Accessories - Midwest

Year Issue		Edition Limit	Year Retd.	Issue Price	Quote U.S.$
1994	Apple Tree 2 asst. 11484-1	Open		10.00	10
1995	Apple Tree, set/3 12677-6	Open		7.00	7
1994	Cannon Valley Sign 11297-7	Open		5.50	6
1994	Chicken, 3 asst. 11299-1	Open		2.00	2
1995	Chickens, 3 asst. 12657-8	Open		3.00	3
1994	Children, 2 asst. 11461-2	Closed	1994	5.50	6
1995	Cow with Calf, 2 asst. 12673-8	Open		6.50	7
1994	Cow, 3 asst. 11309-7	Open		5.50	6
1995	Dog by Doghouse 12658-5	Open		5.00	5
1995	Farm Cat 12808-4	Open		5.00	5
1995	Farm Children, 4 asst. 12671-4	Open		7.50	8
1994	Farm Couple, 2 asst. 11458-2	Open		5.50	6
1994	Farm Town Windmill 11306-6	Open		9.50	10
1994	Farm Tractor 11305-9	Open		9.50	10
1995	Farmer with Feed Bag 12672-1	Open		7.50	8
1995	Farmyard Light 12683-7	Open		5.00	5
1995	Fire Hydrant 12685-1	Open		3.00	3
1994	Flagpole 11300-4	Closed	1994	5.30	6
1995	Grandparents, 2 asst. 12661-5	Open		6.00	6
1995	Gravel Road 12682-0	Open		9.00	9
1994	Hay Wagon/Horse Set 11303-5	Open		19.00	19
1994	Horse, 2 asst. 11485-8	Open		10.00	10
1994	Mailbox/ Water Pump, 2 asst. 11301-1	Open		4.00	4
1995	Mechanic 12660-8	Open		6.00	6
1995	Minister 12674-5	Open		6.00	6
1995	Outhouse 12668-4	Open		11.00	11
1995	Parking Meter 12686-8	Open		3.00	3
1995	Picket Fence 13260-9	Open		6.00	6
1994	Pickup Truck 11304-2	Open		12.00	12
1994	Pig and Piglets 11302-8	Open		5.30	6
1995	Pine Tree, set/2 12680-6	Open		7.50	8
1995	Silo 12667-7	Open		16.00	16
1995	Split Rail Fence 12676-9	Open		2.00	2
1994	Storekeeper 11459-9	Open		5.50	6
1995	Sunday Best Couple with Children, 2 asst. 12670-7	Open		7.50	8
1994	Teacher and Children, 3 asst. 11460-5	Closed	1994	5.50	6
1995	Telephone Pole 12684-4	Open		5.00	5
1995	Turkey, 2 asst. 12659-2	Open		5.00	5
1995	Water Tower 13116-9	Open		13.00	13
1995	Woody Car 12669-1	Open		12.00	12

Cannon Valley Houses - Midwest

Year Issue		Edition Limit	Year Retd.	Issue Price	Quote U.S.$
1995	Ace's Garage (lighted) 12665-3	Open		45.00	45
1995	Church (lighted) 12664-6	Open		45.00	45
1995	Dairy Barn (lighted) 12666-0	3,500		49.00	4900
1994	Family Farmhouse (lighted) 11292-2	Open		43.00	45
1995	Four Square Farmhouse (lighted) 12662-2	Open		49.00	49
1994	General Store (lighted) 11295-3	Open		43.00	45
1995	Grain Elevator (lighted) 12663-9	Open		45.00	45
1994	Hen House (lighted) 11294-6	Open		33.00	33
1994	Little Red Schoolhouse (lighted) 11293-9	Retrd.	1994	43.00	45
1994	Red Barn (lighted) 11296-0	Open		43.00	45

Christian Ulbricht "A Christmas Carol" Nutcrackers - C. Ulbricht

Year Issue		Edition Limit	Year Retd.	Issue Price	Quote U.S.$
1993	Bob Cratchit &Tiny Tim 09577-5	6,000		240.00	250
1994	Ghost of Christmas Present 12041-5	5,000		190.00	200
1993	Scrooge 09584-3	6,000		210.00	240

Christian Ulbricht "American Folk Hero" Nutcracker Collection - C. Ulbricht

Year Issue		Edition Limit	Year Retd.	Issue Price	Quote U.S.$
1994	Davy Crockett 12960-9	2,500		185.00	200
1994	Johnny Appleseed 12959-3	2,500		196.00	200
1995	Paul Bunyan 12800-8	2,500		220.00	220

Christian Ulbricht "Nutcracker Fantasy" Nutcrackers - C. Ulbricht

Year Issue		Edition Limit	Year Retd.	Issue Price	Quote U.S.$
1991	Clara , 11 1/2" 03657-0	Open		125.00	153
1991	Herr Drosselmeyer , 16 1/4" 03656-3	Open		170.00	200
1991	Mouse King , 13 1/2" 04510-7	Open		170.00	200
1991	Prince , 17" 03665-5	Open		160.00	190
1991	Toy Soldier, 14" 03666-2	Open		160.00	190

Christian Ulbricht "Traditional Santa Series" Nutcracker - C. Ulbricht

Year Issue		Edition Limit	Year Retd.	Issue Price	Quote U.S.$
1992	Father Christmas 07094-9	Retrd.	1992	190.00	500

Midwest of Cannon Falls
to Midwest of Cannon Falls

FIGURINES/COTTAGES

YEAR ISSUE		EDITION LIMIT	YEAR RETD.	ISSUE PRICE	QUOTE U.S.$
1995	King of Christmas 13665-2	2,500		250.00	250
1993	Toymaker 09531-7	2,500	1995	220.00	250
1994	Victorian Santa 12961-1	2,500		220.00	250

Christian Ulbricht Nutcracker Collection - C. Ulbricht

YEAR ISSUE		EDITION LIMIT	YEAR RETD.	ISSUE PRICE	QUOTE U.S.$
1995	Biker 13187-9	Open		220.00	220
1995	Biker 13187-9	Open		220.00	220
1995	Biker 13187-9	Open		220.00	220
1995	Clown 13188-6	Open		200.00	200
1995	Drummer 12792-6	Open		220.00	220
1995	Female Health Care Professional 13189-3	Open		200.00	200
1995	Female Volleyball Player 13986-8	Open		200.00	200
1995	Huck Finn 12788-9	Open		220.00	220
1995	King 13190-9	Open		200.00	200
1993	Leprechaun 09110-4	Open		170.00	190
1995	Moses 13186-2	Open		220.00	220
1995	Mother Goose 13182-4	Open		220.00	220
1993	Mr. Claus 09588-1	5,000		180.00	200
1993	Mrs. Claus 09587-4	5,000		180.00	200
1995	Nature Santa with Birdhouse 12790-2	Open		220.00	220
1986	Pilgrim , 16 1/2" 00393-0	Closed	1994	145.00	155
1995	Pinocchio 13184-8	Open		200.00	200
1994	Prince on Rocking Horse 12964-7	Open		160.00	190
1995	Santa Cookie Baker 13191-6	Open		220.00	220
1995	Santa Riding Rocking Reindeer 12786-5	Open		200.00	200
1995	Santa with Tree 12791-9	Open		200.00	200
1995	Witch 13183-1	Open		220.00	220

Cottontail Lane Figurines and Accessories - Midwest

YEAR ISSUE		EDITION LIMIT	YEAR RETD.	ISSUE PRICE	QUOTE U.S.$
1994	Arbor w/ Fence Set 02188-0	Open		14.00	14
1994	Birdbath, Bench & Mailbox, 02184-2	Closed	1994	4.00	4
1994	Birdhouse, Sundial & Fountain, 3 asst. 00371-8	Open		4.50	5
1994	Bridge & Gazebo, 2 asst. 02182-9	Open		11.50	12
1995	Bunny Chef, 2 asst. 12433-8	Open		5.00	5
1994	Bunny Child Collecting Eggs, 2 asst. 02880-3	Closed	1994	4.20	5
1995	Bunny Couple at Cafe Table 12444-4	Open		7.00	7
1994	Bunny Couple on Bicycle 02978-7	Closed	1994	5.30	6
1995	Bunny Kids at Carrot Juice Stand 12437-6	Open		5.30	6
1994	Bunny Marching Band, 6 asst. 00355-8	Closed	1994	4.20	5
1995	Bunny Minister, Soloist, 2 asst. 12434-8	Open		5.00	5
1995	Bunny Playing Piano 12439-0	Open		5.30	6
1995	Bunny Playing, 2 asst. 12442-0	Open		6.50	7
1995	Bunny Popcorn, Balloon Vendor, 2 asst. 12443-7	Open		6.70	7
1994	Bunny Preparing for Easter, 3 asst. 02971-8	Closed	1994	4.20	5
1994	Bunny Shopping Couple, 2 asst. 10362-3	Closed	1994	4.20	5
1994	Cobblestone Road 10072-1	Open		9.00	9
1994	Cone-Shaped Tree Set 10369-2	Open		7.50	8
1994	Cottontail Lane Sign 10063-9	Open		5.00	5
1994	Easter Bunny Figure, 2 asst. 00356-5	Closed	1994	4.20	5
1994	Egg Stand & Flower Cart, 2 asst. 10354-8	Closed	1994	6.00	6
1995	Electric Street Lamppost, set/4 12461-1	Open		25.00	25
1994	Lamppost, Birdhouse & Mailbox, 3 asst. 02187-3	Closed	1994	4.50	5
1995	Major Bunny and Bunny with Flag Pole, 2 asst. 12441-3	Open		5.50	6
1995	Outdoor Bunny, 3 asst. 12435-2	Open		5.00	5
1994	Policeman, Conductor Bunny, 2 asst.00367-1	Closed	1994	4.20	5
1995	Professional Bunny, 3 asst. 12438-3	Open		5.00	5
1995	Street Sign, 3 asst. 12433-8	Open		4.50	5
1994	Strolling Bunny, 2 asst. 02976-3	Closed	1994	4.20	5
1995	Strolling Bunny, 2 asst. 12440-6	Open		5.50	6
1994	Sweeper & Flower Peddler Bunny Couple, 2 asst. 00359-6	Closed	1994	4.20	5
1994	Topiary Trees, 3 asst. 00346-6	Closed	1994	2.50	3
1994	Train Station Couple, 2 asst. 00357-2	Closed	1994	4.20	5
1994	Tree & Shrub, 2 asst. 00382-4	Open		5.00	5
1994	Trees, 3 asst. 02194-1	Closed	1994	6.20	7
1994	Wedding Bunny Couple, 2 asst. 00347-3	Open		4.20	5

Cottontail Lane Houses - Midwest

YEAR ISSUE		EDITION LIMIT	YEAR RETD.	ISSUE PRICE	QUOTE U.S.$
1993	Bakery (lighted) 01396-0	Open		43.00	45
1993	Bed & Breakfast House (lighted) 00337-4	Open		43.00	45
1995	Boutique and Beauty Shop (lighted) 12301-0	Open		45.00	45
1995	Cafe (lighted) 12303-4	Open		45.00	45
1995	Cathedral (lighted) 12302-7	Open		47.00	47
1993	Chapel (lighted) 00331-2	Retrd.	1993	43.00	45
1993	Church (lighted) 01385-4	Retrd.	1993	42.00	140
1993	Confectionary Shop (lighted) 06335-5	Retrd.	1994	43.00	85
1993	Cottontail Inn (lighted) 01394-6	Open		43.00	45
1993	Flower Shop (lighted) 06333-9	Retrd.	1994	43.00	85
1993	General Store (lighted) 00340-4	Open		43.00	45
1993	Painting Studio (lighted) 01395-5	Retrd.	1994	43.00	45
1993	Rose Cottage (lighted) 01386-1	Retrd.	1994	43.00	45
1995	Rosebud Manor (lighted) 12304-1	3,500		45.00	45
1993	Schoolhouse (lighted) 01378-6	Open		43.00	45
1993	Springtime Cottage (lighted) 06329-8	Retrd.	1994	43.00	85
1995	Town Hall (lighted) 12300-3	Open		45.00	45
1993	Train Station (lighted) 00330-5	Retrd.	1995	43.00	45
1993	Victorian House (lighted) 06332-1	Open		43.00	45

Creepy Hollow Figurines and Accessories - Midwest

YEAR ISSUE		EDITION LIMIT	YEAR RETD.	ISSUE PRICE	QUOTE U.S.$
1994	Black Picket Fence 10685-3	Open		13.50	14
1995	Cemetery Gate 13366-8	Open		16.00	16
1994	Creepy Hollow Sign 10647-1	Open		5.50	6
1995	Flying Witch, Ghost, 2 asst. 13362-0	Open		11.00	11
1994	Ghost, 3 asst. 10652-5	Open		6.00	6
1995	Ghoul Usher 13515-0	Open		6.50	7
1995	Ghoulish Organist Playing Organ 13363-7	Open		13.00	13
1995	Grave Digger, 2 asst. 13360-6	Open		10.00	10
1993	Halloween Sign, 2 asst. 06709-3	Open		6.00	7
1993	Haunted Tree, 2 asst. 05892-3	Open		7.00	7
1995	Hearse with Monsters 13364-4	Open		15.00	15
1993	Hinged Dracula's Coffin 08545-5	Open		11.00	11
1995	Hinged Tomb 13516-7	Open		15.00	15
1995	Hunchback 13359-0	Open		9.00	9
1994	Mad Scientist 10646-4	Open		6.00	7
1994	Outhouse 10648-8	Open		7.00	7
1994	Phantom of the Opera 10645-7	Open		6.00	7
1993	Pumpkin Head Ghost 06661-4	Closed	1994	5.50	6
1993	Pumpkin Patch Sign, 2 asst. 05898-5	Open		6.50	7
1995	Pumpkin Street Lamp, set/4 13365-1	Open		25.00	25
1993	Resin Skeleton 06651-5	Closed	1994	5.50	6
1995	Road of Bones 13371-2	Open		9.00	9
1994	Street Sign, 2 asst. 10644-0	Open		5.70	6
1995	Street Sign, 3 asst. 13357-6	Open		5.50	6
1995	Theatre Goer, set/2 13358-3	Open		9.00	9
1995	Ticket Seller 13361-3	Open		10.00	10
1994	Tombstone Sign, 3 asst. 10642-6	Open		3.50	4
1993	Trick or Treater, 3 asst. 08591-2	Open		5.50	6
1994	Werewolf 10643-4	Open		6.00	7
1993	Witch 06706-2	Open		6.00	6

Creepy Hollow Houses - Midwest

YEAR ISSUE		EDITION LIMIT	YEAR RETD.	ISSUE PRICE	QUOTE U.S.$
1995	Bewitching Belfry (lighted) 13355-2	Open		50.00	50
1993	Blood Bank (lighted) 08548-6	Open		40.00	43
1994	Cauldron Cafe (lighted) 10649-5	Open		40.00	43
1993	Dr. Frankenstein's House (lighted) 01621-3	Open		40.00	43
1993	Dracula's Castle (lighted) 01627-5	Open		40.00	43
1995	Funeral Parlor (lighted) 13356-9	Open		50.00	50
1993	Haunted Hotel (lighted) 08549-3	Open		40.00	43
1994	Medical Ghoul School (lighted) 10651-8	Open		40.00	43
1993	Mummy's Mortuary (lighted) 01641-1	Open		40.00	43
1994	Phantom's Opera (lighted) 10650-1	Open		40.00	43
1993	Shoppe of Horrors (lighted) 08550-9	Open		40.00	43
1995	Skeleton Cinema (lighted) 13354-5	5,000		50.00	50
1993	Witches Cove (lighted) 01665-7	Open		40.00	43

Folk Art Gallery Collection - Various

YEAR ISSUE		EDITION LIMIT	YEAR RETD.	ISSUE PRICE	QUOTE U.S.$
1995	Angel Triptych 13785-7 - L. Schifferl	Open		65.00	65
1995	Bearing Gifts 13878-6 - L. Schifferl	Open		140.00	140
1995	Caught in the Act 13503-7 - R. Tate	Open		19.00	19
1995	Christmas Peace Dove Weathervane 13877-9 - L. Schifferl	Open		60.00	60
1995	Circus Bear 13508-2 - P. Herrick	Open		90.00	90
1995	Dancing Around the Maypole 13784-0 - P. Herrick	Open		150.00	150
1995	Door Arch with Verse 13644-7 - Origin by Sticks	Open		120.00	120
1995	Fisherman's Dilemma Wall Piece 13505-1 - R. Tate	Open		45.00	45
1995	Folk Santa Broom 13504-4 - R. Tate	Open		35.00	35
1995	For All Good Children Reversible Block set/5 13786-4 - L. Schifferl	Open		97.00	97
1995	Frog and Turtle Buddy Bookends 13782-6 - P. Herrick	Open		90.00	90
1995	Frog Prince Butler 13615-7 - P. Herrick	Open		73.00	73
1995	Happy Faces Rack 13510-5 - P. Herrick	Open		112.00	112
1995	Life's Gifts Wall Plaque 13634-8 - Origin by Sticks	Open		65.00	65
1995	Mr. Scared-A-Crows 13496-2 - R. Jones	Open		60.00	60
1995	Nature's Friend Hunter 13506-8 - R. Tate	Open		89.00	89
1995	O Starry Night Mantle Piece 13783-3 - P. Herrick	Open		90.00	90
1995	Pumpkin Man 13509-9 - P. Herrick	Open		90.00	90
1995	Ride a Blue Moon 13507-3 - P. Herrick	Open		50.00	50
1995	Santa Branches, set/3 13635-5 - Origin by Sticks	Open		65.00	65
1995	Santa's Bluebird 13501-3 - P. Herrick	Open		37.00	37
1995	Star Gazing Snowman 13495-5 - R. Jones	Open		60.00	60
1995	Time for a Nap Wall Hanging 13492-4 - R. Jones	Open		20.00	20

Heritage Santa Collection - Midwest

YEAR ISSUE		EDITION LIMIT	YEAR RETD.	ISSUE PRICE	QUOTE U.S.$
1994	American Santa 11622-7	Retrd.	1994	20.00	20
1991	Father Christmas 01798-2	Retrd.	1994	26.50	28
1990	Herr Kristmas 00537-8	Retrd.	1993	26.50	28
1990	MacNicholas 00538-5	Retrd.	1994	26.50	28
1990	Papa Frost 00539-2	Retrd.	1994	26.50	28
1992	Pere Noel 06771-0	Retrd.	1993	26.50	27
1993	Santa España 07368-1	Retrd.	1994	25.00	27
1991	Santa Niccolo 01792-5	Retrd.	1994	26.50	28
1992	Santa Nykolai 06772-7	Retrd.	1993	26.50	27
1993	Santa O'Nicholas 07370-4	Retrd.	1994	25.00	27
1990	Scanda Klaus 00536-1	Retrd.	1994	26.50	28

Heritage Santa Collection Fabric Mache - Midwest

YEAR ISSUE		EDITION LIMIT	YEAR RETD.	ISSUE PRICE	QUOTE U.S.$
1994	American Santa Fabric Mache set 11944-0	Retrd.	1994	180.00	180
1991	Father Christmas Fabric Mache set 01800-2	Retrd.	1994	160.00	180
1990	Herr Kristmas Fabric Mache set 00515-6	Retrd.	1992	160.00	170
1990	MacNicholas Fabric Mache set 00516-3	Retrd.	1994	160.00	180
1990	Papa Frost Fabric Mache set 00517-0	Retrd.	1993	160.00	170
1992	Pere Noel Fabric Mache set 06766-6	Retrd.	1994	160.00	180
1993	Santa España Fabric Mache set 07357-5	Retrd.	1994	170.00	180
1991	Santa Niccolo Fabric Mache set 01799-9	Retrd.	1994	160.00	180
1992	Santa Nykolai Fabric Mache set 06767-3	Retrd.	1994	160.00	180
1993	Santa O'Nicholas Fabric Mache set 07365-0	Retrd.	1994	170.00	180
1990	Scanda Klaus Fabric Mache set 00514-9	Retrd.	1992	160.00	170

Heritage Santa Collection Music Boxes - Midwest

YEAR ISSUE		EDITION LIMIT	YEAR RETD.	ISSUE PRICE	QUOTE U.S.$
1994	American Santa Music Box 11618-0	Retrd.	1994	59.00	59
1991	Father Christmas Music Box 01802-6	Retrd.	1993	53.00	59
1990	Herr Kristmas Music Box 00533-1	Retrd.	1992	53.00	56
1990	MacNicholas Music Box 00534-7	Retrd.	1993	53.00	59
1990	Papa Frost Music Box 00535-4	Retrd.	1994	53.00	59
1992	Pere Noel Music Box 06789-5	Retrd.	1993	53.00	59
1993	Santa España Music Box 07366-7	Retrd.	1994	56.00	59
1991	Santa Niccolo Music Box 01801-9	Retrd.	1993	53.00	56
1992	Santa Nykolai Music Box 06790-1	Retrd.	1993	53.00	59
1993	Santa O'Nicholas Music Box 07367-4	Retrd.	1994	56.00	59
1990	Scanda Klaus Music Box 00532-3	Retrd.	1994	53.00	59

Heritage Santa Collection Snowglobes - Midwest

YEAR ISSUE		EDITION LIMIT	YEAR RETD.	ISSUE PRICE	QUOTE U.S.$
1994	American Santa Snowglobe 11623-4	Retrd.	1994	45.00	45
1991	Father Christmas Snowglobe 01794-4	Retrd.	1994	40.00	45
1990	Herr Kristmas Snowglobe 00525-5	Retrd.	1992	40.00	43
1990	MacNicholas Snowglobe 00526-2	Retrd.	1994	40.00	45
1990	Papa Frost Snowglobe 00527-9	Retrd.	1992	40.00	43
1992	Pere Noel Snowglobe 06778-9	Retrd.	1994	40.00	45
1993	Santa España Snowglobe 07371-1	Retrd.	1994	43.00	45
1991	Santa Niccolo Snowglobe 01793-7	Retrd.	1993	40.00	43
1992	Santa Nykolai Snowglobe 06783-3	Retrd.	1993	40.00	43
1993	Santa O'Nicholas Snowglobe 07372-8	Retrd.	1994	43.00	45
1990	Scanda Klaus Snowglobe 00524-8	Retrd.	1993	40.00	45

Heritage Santa Roly-Polys - Midwest

YEAR ISSUE		EDITION LIMIT	YEAR RETD.	ISSUE PRICE	QUOTE U.S.$
1994	American Santa Roly-Poly 11620-3	Retrd.	1994	17.00	17
1991	Father Christmas Roly-Poly 01796-8	Retrd.	1994	24.00	25
1990	Herr Kristmas Roly-Poly 00529-3	Retrd.	1993	24.00	25
1990	MacNicholas Roly-Poly 00530-9	Retrd.	1994	24.00	25
1990	Papa Frost Roly-Poly 00531-6	Retrd.	1994	24.00	25
1992	Pere Noel Roly-Poly 06768-0	Retrd.	1993	24.00	24
1993	Santa España Roly-Poly 07373-5	Retrd.	1994	20.00	24
1991	Santa Niccolo Roly-Poly 01795-1	Retrd.	1993	24.00	25
1992	Santa Nykolai Roly-Poly 06769-7	Retrd.	1994	24.00	24
1993	Santa O'Nicholas Roly-Poly 07375-9	Retrd.	1994	20.00	24
1990	Scanda Klaus Roly-Poly 00528-6	Retrd.	1993	24.00	25

Leo R. Smith III Collection - Various

YEAR ISSUE		EDITION LIMIT	YEAR RETD.	ISSUE PRICE	QUOTE U.S.$
1995	Angel with Lion and Lamb 13990-5	1,500		125.00	125
1991	Cossack Santa 01092-1 - L.R. Smith	Retrd.	1993	95.00	130
1993	Dancing Santa 09042-8 - L.R. Smith	5,000	1994	170.00	170

YEAR ISSUE		EDITION LIMIT	YEAR RETD.	ISSUE PRICE	QUOTE U.S.$
992	Dreams of Night Buffalo 07999-7 - L.R. Smith	5,000	1995	250.00	270
991	Fisherman Santa 03311-1 - L.R. Smith	5,000	1995	270.00	290
993	Folk Angel 05444-4 - L.R. Smith	2,095		145.00	150
994	Gift Giver Santa 12056-9 - L.R. Smith	1,500		180.00	180
993	Gnome Santa on Deer 05206-8 - L.R. Smith	1,463		270.00	270
992	Great Plains Santa 08049-8 - L.R. Smith	5,000	1994	270.00	293
992	Leo Smith Name Plaque 07881-5 - Midwest	Open		12.00	12
995	Maize Maiden Angel 13992-9	2,500		45.00	45
991	Milkmaker 03541-2 - L.R. Smith	5,000	1994	170.00	184
992	Ms. Liberty 07866-2 - L.R. Smith	5,000	1994	190.00	210
994	Old-World Santa 12053-8 - L.R. Smith	Retrd.	1994	75.00	250
995	Orchard Santa 13989-9	1,500		125.00	125
995	Owl Lady 13988-2	1,000		100.00	100
991	Pilgrim Man 03313-5 - L.R. Smith	5,000	1994	78.00	150
991	Pilgrim Riding Turkey 03312-8 - L.R. Smith	5,000	1994	230.00	250
991	Pilgrim Woman 03315-9 - L.R. Smith	5,000	1995	78.00	150
993	Santa Fisherman 08979-8 - L.R. Smith	1,748		250.00	300
995	Santa in Sleigh 13987-5	1,500		125.00	125
992	Santa of Peace 07328-5 - L.R. Smith	5,000	1994	250.00	270
994	Santa Skier 12054-5 - L.R. Smith	1,500		190.00	190
994	Star of the Roundup Cowboy 11966-1 - L.R. Smith	1,500		100.00	100
991	Stars and Stripes Santa 01743-2 - L.R. Smith	5,000	1994	190.00	200
995	Sunbringer Santa 13991-2	1,500		125.00	125
991	'Tis a Witching Time 03544-3 - L.R. Smith	Retrd.	1991	140.00	1200
991	Toymaker 03540-5 - L.R. Smith	5,000	1994	120.00	130
993	Voyageur 09043-5 - L.R. Smith	788		170.00	170
994	Weatherwise Angel 12055-2 - L.R. Smith	1,500		150.00	150
995	Wee Willie Santa 13993-6	2,500		50.00	50
992	Woodland Brave 07867-9 - L.R. Smith	Retrd.	1993	87.00	250
991	Woodsman Santa 03310-4 - L.R. Smith	5,000	1995	230.00	250

Ore Mountain "A Christmas Carol" Nutcrackers - Midwest

YEAR ISSUE		EDITION LIMIT	YEAR RETD.	ISSUE PRICE	QUOTE U.S.$
993	Bob Cratchit 09421-1	5,000		120.00	130
994	Ghost of Christmas Future 10449-1	4,000		116.00	125
994	Ghost of Christmas Past 10447-7	4,000		116.00	125
993	Ghost of Christmas Present 12041-5	5,000		116.00	200
994	Marley's Ghost 10448-4	4,000		116.00	125
993	Scrooge 05522-9	5,000		104.00	125

Ore Mountain "Nutcracker Fantasy" Nutcrackers - Midwest

YEAR ISSUE		EDITION LIMIT	YEAR RETD.	ISSUE PRICE	QUOTE U.S.$
995	Clara 12801-5	5,000		125.00	125
991	Clara, 8" 01254-3	Open		77.00	100
994	Herr Drosselmeyer 10456-9	5,000		110.00	125
988	Herr Drosselmeyer, 14 1/2" 07506-7	Open		75.00	115
993	The Mouse King 05350-8	5,000		100.00	125
988	The Mouse King, 10" 07509-8	Open		60.00	85
994	Nutcracker Prince 11001-0	5,000		104.00	125
988	The Prince, 12 3/4" 07507-4	Open		75.00	105
995	Toy Soldier 12804-6	5,000		125.00	125
988	The Toy Soldier, 11" 07508-1	Open		70.00	95

Ore Mountain Easter Nutcrackers - Midwest

YEAR ISSUE		EDITION LIMIT	YEAR RETD.	ISSUE PRICE	QUOTE U.S.$
1992	Bunny Painter 06480-1	Closed	1994	77.00	80
1991	Bunny with Egg 00145-5	Closed	1993	77.00	80
1984	March Hare 00312-1	Closed	1994	77.00	80

Ore Mountain Nutcracker Collection - Midwest

YEAR ISSUE		EDITION LIMIT	YEAR RETD.	ISSUE PRICE	QUOTE U.S.$
1995	American Country Santa 13195-4	Open		165.00	165
1994	Annie Oakley 10464-4	Open		128.00	130
1995	August the Strong 13185-5	Open		190.00	190
1995	Barbeque Dad 13193-0	Open		176.00	176
1994	Baseball Player 10459-0	Open		111.00	120
1995	Basketball Player 12784-1	Open		135.00	135
1995	Beefeater 12797-1	Open		175.00	175
1994	Black Santa 10460-6	Closed	1994	74.00	74
1993	Cat Witch 09426-6	Closed	1995	93.00	93
1994	Cavalier 12952-4	Open		80.00	95
1994	Cavalier 12953-1	Open		65.00	77
1994	Cavalier 12958-6	Open		57.00	65
1995	Chimney Sweep 00326-8	Open		70.00	70
1992	Christopher Columbus 00152-3	Closed	1992	80.00	80
1991	Clown 03561-0	Closed	1994	115.00	118
1994	Confederate Soldier 12837-4	Open		93.00	105
1989	Country Santa 09326-9	Open		95.00	150
1992	Cowboy 00298-8	Open		97.00	150
1995	Downhill Santa Skier 13197-8	Open		145.00	145
1990	Elf 04154-3	Closed	1994	70.00	73
1994	Engineer 10454-5	Closed	1995	108.00	108
1992	Farmer 01109-6	Closed	1994	65.00	77
1993	Fireman w/Dog 06592-1	Open		134.00	140
1989	Fisherman 09327-6	Closed	1994	90.00	100
1994	Gardening Lady 10450-7	Open		104.00	112
1993	Gepetto Santa 09417-4	Closed	1995	115.00	115
1989	Golfer 09325-2	Closed	1994	85.00	90
1995	Handyman 12806-0	Open		136.00	136
1995	Hockey Player 12783-4	Open		155.00	155
1995	Hunter Nutcracker 12785-8	Open		136.00	136
1992	Indian 00195-0	Closed	1994	96.00	100
1995	Jack Frost 12803-9	Open		150.00	150
1995	Jolly St. Nick with Toys 13709-3	Open		135.00	135
1995	King Richard the Lionhearted 12798-8	Open		165.00	165
1995	Law Scholar 12789-6	Open		127.00	127
1990	Merlin the Magician 04207-6	Open		67.00	75
1994	Miner 10493-4	Open		110.00	120
1994	Nature Lover 10446-0	Open		112.00	112
1988	Nordic Santa 08872-2	Closed	1995	84.00	110
1991	Nutcracker-Maker 03601-3	Closed	1994	62.00	65
1995	Peddler 12805-3	Open		140.00	140
1995	Pierre Le Chef 12802-2	Open		147.00	147
1992	Pilgrim 00188-2	Closed	1994	96.00	100
1994	Pinecone Santa 10461-3	Closed	1994	92.00	92
1984	Pinocchio 00160-8	Open		60.00	68
1995	Pizza Baker 13194-7	Open		170.00	170
1994	Prince Charming 10457-6	Open		125.00	130
1994	Pumpkin Head Scarecrow 10451-1	Open		127.00	140
1994	Regal Prince 10452-1	Open		140.00	152
1992	Ringmaster 00196-7	Closed	1994	135.00	137
1995	Riverboat Gambler 12787-2	Open		137.00	137
1995	Royal Lion 13985-1	Open		130.00	130
1995	Santa at Workbench 13335-4	Open		130.00	130
1994	Santa in Nightshirt 10462-0	Open		108.00	120
1988	Santa w/Tree & Toys 07666-8	Closed	1994	76.00	87
1993	Santa with Animals 09424-2	Closed	1994	117.00	117
1994	Santa with Basket 10472-9	Open		80.00	100
1992	Santa with Skis 01305-2	Closed	1994	100.00	110
1990	Sea Captain 04157-4	Closed	1994	86.00	95
1994	Snow King 10470-5	Open		108.00	120
1994	Soccer Player 10494-1	Open		97.00	107
1994	Sorcerer 10471-2	Closed	1994	100.00	100
1994	Sultan King 10455-2	Open		130.00	145
1995	Teacher 13196-1	Open		165.00	165
1994	Toy Vendor 11987-7	Open		124.00	135
1990	Uncle Sam 04206-9	Closed	1994	50.00	62
1994	Union Soldier 12836-7	Open		93.00	105
1992	Victorian Santa 00187-5	Closed	1994	130.00	140
1993	White Santa 09533-1	Closed	1995	100.00	100
1990	Windsor Club 04160-4	Closed	1994	85.00	87
1990	Witch 04159-8	Closed	1994	75.00	76
1990	Woodland Santa 04191-8	Open		105.00	150

Wendt and Kuhn Collection - Wendt/Kuhn

YEAR ISSUE		EDITION LIMIT	YEAR RETD.	ISSUE PRICE	QUOTE U.S.$
1989	Angel at Piano 09403-7	Open		31.00	37
1983	Angel Brass Musicians, set/6 00470-8	Open		92.00	110
1983	Angel Conductor on Stand 00469-2	Open		21.00	24
1990	Angel Duet in Celestial Stars 04158-1	Closed	1994	60.00	63
1983	Angel Percussion Musicians set/6 00443-2	Open		110.00	130
1979	Angel Playing Violin 00403-6	Closed	1994	34.00	35
1980	Angel Pulling Wagon 00553-8	Open		43.00	50
1983	Angel String & Woodwind Musicians, set/6 00465-4	Open		108.00	120
1983	Angel String Musicians, set/6 00455-5	Open		105.00	120
1979	Angel Trio, set/3 00471-5	Open		140.00	170
1981	Angel w/Tree & Basket 01190-8	Closed	1994	24.00	25
1976	Angel with Sled 02940-4	Closed	1993	36.50	38
1981	Angels at Cradle, set/4 01193-5	Open		73.00	80
1984	Angels Bearing Toys, set/6 00451-7	Open		97.00	110
1979	Bavarian Moving Van 02854-4	Open		134.00	150
1991	Birdhouse 01209-3	Closed	1994	22.50	23
1991	Boy on Rocking Horse, 2 asst. 01202-4	Closed	1994	35.00	36
1994	Busy Elf, 3 asst. 12856-5	Open		22.00	24
1987	Child on Skis, 2 asst. 06083-4	Closed	1994	28.00	29
1987	Child on Sled 06085-8	Closed	1994	25.50	27
1994	Child with Flowers Set 12947-0	Open		45.00	50
1988	Children Carrying Lanterns Procession, set/6 01213-0	Open		117.00	150
1991	Display Base for Wendt und Kuhn Figures, 12 1/2 x 2" 01214-7	Open		32.00	39
1991	Flower Children, set/6 01213-0	Open		130.00	150
1979	Girl w/Cradle, set/2 01203-1	Closed	1994	37.50	40
1979	Girl w/Porridge Bowl 01198-0	Open		29.00	32
1979	Girl w/Scissors 01197-3	Open		25.00	32
1983	Girl w/Wagon 01196-6	Closed	1994	27.00	29
1991	Girl with Doll 01200-0	Open		31.50	35
1980	Little People Napkin Rings 6 asst. 03504-7	Open		21.00	25
1988	Lucia Parade Figures, set/3 07667-5	Open		75.00	80
1978	Madonna w/Child 01207-9	Open		120.00	135
1979	Magarita Angels, set/6 02938-1	Open		94.00	110
1983	Margarita Birthday Angels, set/3 00480-7	Open		44.00	53
1979	Pied Piper and Children, set/7 02843-8	Closed	1994	120.00	130
1981	Santa w/Angel in Sleigh 01192-8	Open		52.00	60
1976	Santa with Angel 00473-9	Open		50.00	55
1994	Santa with Tree 12942-5	Open		29.00	32
1994	Sun, Moon, Star Set 12943-2	Open		69.00	75
1992	Wendt und Kuhn Display Sign w/ Sitting Angel 07535-7	Open		20.00	23
1991	White Angel with Violin 01205-5	Closed	1993	25.50	27

Wendt and Kuhn Collection Music Boxes - Wendt/Kuhn

YEAR ISSUE		EDITION LIMIT	YEAR RETD.	ISSUE PRICE	QUOTE U.S.$
1978	Angel at Pipe Organ 01929-0	Open		176.00	200
1994	Angel Under Stars Crank Music Box 12974-6	Closed	1994	150.00	190
1991	Angels & Santa Around Tree 01211-6	Open		300.00	330
1976	Girl Rocking Cradle 09215-6	Closed	1994	180.00	190
1978	Rotating Angels 'Round Cradle 01911-5	Open		270.00	300

Wendt and Kuhn Figurine Candleholders - Wendt/Kuhn

YEAR ISSUE		EDITION LIMIT	YEAR RETD.	ISSUE PRICE	QUOTE U.S.$
1976	Angel Candleholder Pair 00472-2	Open		70.00	85
1991	Angel w/Friend Candleholder 01191-1	Closed	1994	33.30	34
1994	Angel w/Wagon Candleholder 12860-2	Open		35.00	38
1980	Large Angel Candleholder Pair 01201-7	Closed	1994	270.00	277
1986	Pair of Angels Candleholder 01204-8	Closed	1994	30.00	32
1987	Santa Candleholder 06082-7	Closed	1993	53.00	54
1991	Small Angel Candleholder Pair 01195-9	Closed	1993	60.00	63
1991	White Angel Candleholder 01206-2	Closed	1994	28.00	29

Museum Collections, Inc.

American Family I - N. Rockwell

YEAR ISSUE		EDITION LIMIT	YEAR RETD.	ISSUE PRICE	QUOTE U.S.$
1979	Baby's First Step	22,500		90.00	175-200
1980	Birthday Party	22,500		110.00	140
1981	Bride and Groom	22,500		110.00	120
1980	First Haircut	22,500		90.00	150
1980	First Prom	22,500		90.00	95
1980	Happy Birthday, Dear Mother	22,500		90.00	135
1980	Little Mother	22,500		110.00	125
1981	Mother's Little Helpers	22,500		110.00	125
1980	The Student	22,500		110.00	140
1980	Sweet Sixteen	22,500		90.00	125
1980	Washing Our Dog	22,500		110.00	125
1980	Wrapping Christmas Presents	22,500		90.00	125

Christmas - N. Rockwell

YEAR ISSUE		EDITION LIMIT	YEAR RETD.	ISSUE PRICE	QUOTE U.S.$
1980	Checking His List	Yr.Iss.		65.00	110
1983	High Hopes	Yr.Iss.		95.00	175
1981	Ringing in Good Cheer	Yr.Iss.		95.00	100
1984	Space Age Santa	Yr.Iss.		65.00	100
1982	Waiting for Santa	Yr.Iss.		95.00	110

Classic - N. Rockwell

YEAR ISSUE		EDITION LIMIT	YEAR RETD.	ISSUE PRICE	QUOTE U.S.$
1984	All Wrapped Up	Closed		65.00	90-95
1980	Bedtime	Closed		65.00	90-95
1984	The Big Race	Closed		65.00	90-95
1983	Bored of Education	Closed		65.00	90-95
1983	Braving the Storm	Closed		65.00	90-95
1980	The Cobbler	Closed		65.00	95
1982	The Country Doctor	Closed		65.00	90-95
1981	A Dollhouse for Sis	Closed		65.00	90-95
1982	Dreams in the Antique Shop	Closed		65.00	90-95
1983	A Final Touch	Closed		65.00	90-95
1980	For A Good Boy	Closed		65.00	90-95
1984	Goin' Fishin'	Closed		65.00	90-95
1983	High Stepping	Closed		65.00	90-95
1982	The Kite Maker	Closed		65.00	100
1980	Lighthouse Keeper's Daughter	Closed		65.00	95-100
1980	Memories	Closed		65.00	90-95
1981	The Music Lesson	Closed		65.00	90-95
1981	Music Master	Closed		65.00	90-95
1981	Off to School	Closed		65.00	90-95
1981	Puppy Love	Closed		65.00	90-95
1984	Saturday's Hero	Closed		65.00	90-95
1983	A Special Treat	Closed		65.00	90-95
1982	Spring Fever	Closed		65.00	90-95
1980	The Toymaker	Closed		65.00	90-95
1981	While The Audience Waits	Closed		65.00	85
1983	Winter Fun	Closed		65.00	90-95
1982	Words of Wisdom	Closed		65.00	90-95

Commemorative - N. Rockwell

YEAR ISSUE		EDITION LIMIT	YEAR RETD.	ISSUE PRICE	QUOTE U.S.$
1985	Another Masterpiece by Norman Rockwell	5,000		125.00	200-250
1981	Norman Rockwell Display	5,000		125.00	200-250
1983	Norman Rockwell, America's Artist	5,000		125.00	200-250
1984	Outward Bound	5,000		125.00	200-250
1986	The Painter and the Pups	5,000		125.00	250
1982	Spirit of America	5,000		125.00	200-250

My Friends and Me

My Chautauqua Friends - My Friends And Me

YEAR ISSUE		EDITION LIMIT	YEAR RETD.	ISSUE PRICE	QUOTE U.S.$
1994	Athenaeum Hotel 0612	Open		25.95	26
1994	The Brown's Bunglow 0614	Open		22.95	23
1994	Janes Gingerbread Cottage 0616	Open		22.95	23
1994	Miller Bell Tower 0613	Open		25.95	26
1994	Morris Cottage 0617	Open		22.95	23
1994	Smith Cottage 0615	Open		25.95	26
1994	Welcome Sign 0611	Open		22.95	23

My Church Friends I - My Friends And Me

YEAR ISSUE		EDITION LIMIT	YEAR RETD.	ISSUE PRICE	QUOTE U.S.$
1994	Western Reserve Chapel 0504	Open		25.95	26

YEAR ISSUE		EDITION LIMIT	YEAR RETD.	ISSUE PRICE	QUOTE U.S.$
My Cleveland Friends - My Friends And Me					
1995	The Arcade CLE003	Open		24.95	25
1995	The Old Stone Church CLE002	Open		24.95	25
1995	Terminal Tower CLE001	Open		24.95	25
1995	West Side Market CLE004	Open		24.95	25
My Country Friends I - My Friends And Me					
1995	Covered Bridge 0418	Open		22.95	23
1994	Post Office 0416	Open		22.95	23
1994	Thompson Bank Barn 0417	Open		25.95	26
1994	Turner's Mill 0415	Open		22.95	23
My East Coast Lighthouse Friends - My Friends And Me					
1995	Harbour Town Lighthouse LH0002	Open		23.95	24
1995	Tybee Island Lighthouse LH0001	Open		23.95	24
My Main Street Friends I - My Friends And Me					
1994	Baker Hardware and Campbell Harness Shop 0321	Open		22.95	23
1994	John's Boots and Shoes 0322	Open		22.95	23
1994	Robert's Frame Shop 0323	Open		22.95	23
1994	Wright Store 0324	Open		22.95	23
My Public Square Friends I - My Friends And Me					
1994	Bandstand 0721	Open		25.95	26
1994	Clock Tower 0719	Open		25.95	26
1994	Engine House 0722	Open		25.95	26
1994	National Bank 0720	Open		22.95	23
My Rainbow Row Friends - My Friends And Me					
1995	89 East Bay Street RR89	Open		25.95	26
1995	91 East Bay Street RR91	Open		25.95	26
1995	93 East Bay Street RR93	Open		25.95	26
1995	95 East Bay Street RR95	Open		25.95	26
1995	97 East Bay Street RR97	Open		25.95	26
1995	99-101 East Bay Street RR99-101	Open		25.95	26
My Savannah Friends - My Friends And Me					
1995	Andrew Low House SAV31404	Open		25.95	26
1995	Cathedral of St. John the Baptist SAV31403	Open		25.95	26
1995	The Herb House SAV31406	Open		25.95	26
1995	Isaiah Davenport House SAV31402	Open		25.95	26
1995	Owens Thomas House SAV31401	Open		25.95	26
1995	The Pink House SAV31405	Open		25.95	26
My South Carolina Friends - My Friends And Me					
1995	Boyleston House SC2923	Open		24.95	25
1995	Governor's Mansion SC2922	Open		24.95	25
1995	Lace House SC2925	Open		24.95	25
1995	Longstreet Theatre SC2924	Open		24.95	25
1995	State Capital SC2921	Open		25.95	26
My Village Friends I - My Friends And Me					
1994	Buss House, Storekeeper 0914	Open		25.95	26
1994	Davis House, Landowner 0915	Open		22.95	23
1994	Miller House, Merchant 0916	Open		22.95	23
1994	Osborn House, Railroad Conductor 0913	Open		22.95	23
My Village Friends II - My Friends And Me					
1994	King House, Dry Goods Store Owner 0917	Open		22.95	23
1994	Pettingell House, Carpenter 0919	Open		22.95	23
1994	Taylor House, Clergyman 0918	Open		22.95	23
New Release - My Friends And Me					
1995	Quaker Sqaure AKR443-01	Open		23.95	24

Old World Christmas

YEAR ISSUE		EDITION LIMIT	YEAR RETD.	ISSUE PRICE	QUOTE U.S.$
Candleholders - E.M. Merck					
1989	Angel 9015	Retrd.	1994	7.50	8
1989	Hummingbird 9013	Retrd.	1994	7.50	8
1989	Nutcracker 9016	Retrd.	1994	7.50	8
1989	Rocking Horse 9011	Retrd.	1994	7.50	8
1989	Santa 9012	Retrd.	1992	7.55	10
1989	Teddy Bear 9014	Retrd.	1994	7.50	8
Collectibles - O.W.C.					
1992	Candle Arch with Church 862	Retrd.	1993	28.50	40
1992	Large Seiffener Candle Arch 8616	Retrd.	1994	450.00	450
1991	Noah's Ark 861	Open		250.00	250
1992	Weather House 86109	Retrd.	1994	31.50	32
Halloween - E.M. Merck					
1988	Black Cat on Wire 9208	Retrd.	1992	8.35	10
1989	Black Cat/Witch with Cart (A) 9251	Retrd.	1994	10.00	10
1989	Cast Iron Scarecrow 9218	Retrd.	1994	32.50	33
1987	Ghost Light 9205	Retrd.	1992	37.00	50
1989	Ghost Votive 9211	Retrd.	1994	8.50	9
1988	Haunted House Waterglobe 9206	Retrd.	1989	22.50	23
1987	Haunted House with Lights 9203	Retrd.	1994	99.50	100
1988	Large Pumpkin Bowl 9273	Retrd.	1994	18.50	19
1987	Lighted Ghost Dish 9204	Retrd.	1994	45.00	45
1988	Pumpkin Head on Wire 9207	Retrd.	1992	7.35	10
1987	Pumpkin Light with Ghosts 9201	Retrd.	1994	39.50	40
1987	Pumpkin Light with Scarecrow 9202	Retrd.	1991	37.00	37
1988	Pumpkin Taper Holder 9272	Retrd.	1992	5.65	7
1988	Pumpkin Votive 9271	Retrd.	1991	8.90	10
1989	Witch on Moon Night Light 9212	Retrd.	1994	37.50	38
1988	Witch Taper Holder 9282	Retrd.	1993	11.00	15
1988	Witch Votive Holder 9281	Retrd.	1994	29.50	30
Night Lights - E.M. Merck					
1986	ABC Block 529713	Retrd.	1994	37.00	37
1986	Angel 529703	Retrd.	1992	18.00	75
1990	Father Christmas 529721	Retrd.	1992	45.00	95
1993	Father Christmas with Toys 529727	12/95		48.50	49
1985	Santa 529701	Retrd.	1987	37.00	250-450
1988	Santa Hugging Tree 529717	Retrd.	1990	42.00	135
1986	Santa in Chimney 529707	Retrd.	1988	37.00	165
1995	Santa in Sleigh 529729	Open		49.50	50
1989	Santa on Locomotive 529719	Retrd.	1991	42.00	110
1992	Santa with Nutcracker 529725	Retrd.	1992	45.00	115
1991	Santa with Stocking 529723	Retrd.	1993	45.00	95
1987	Santa with Tree 529715	Retrd.	1989	39.50	135
1986	Snowman 529709	Retrd.	1988	37.00	75
1986	Teddy Bear 529711	Retrd.	1991	37.00	75
Nutcrackers - Various					
1993	Altenburger Grandma 7266 - E.M. Merck	Open		135.00	135
1993	Altenburger Grandpa 7267 - E.M. Merck	Open		135.00	135
1987	Austrian General 72043 - K.W.O.	Open		57.50	58
1992	Austrian Hussar 72058 - K.W.O.	Open		62.50	63
1987	Austrian Musketeer 72048 - K.W.O.	Open		57.50	58
1993	Berchtesgaden Doctor 7273 - E.M. Merck	Open		110.00	110
1993	Berliner Baker 7253 - E.M. Merck	Open		110.00	110
1994	Black Cat 7298 - E.M. Merck	Open		140.00	140
1993	Bohemian Beekeeper 7264 - E.M. Merck	Open		110.00	110
1993	Brandenburger Guard 7250 - E.M. Merck	Retrd.	1994	110.00	110
1993	Bremer Sea Captain 7269 - E.M. Merck	Open		110.00	110
1987	British General 72042 - K.W.O.	Open		55.00	55
1987	British Guard 72041 - K.W.O.	Open		60.00	60
1989	British Major 72050 - K.W.O.	Open		65.00	65
1992	Carved Hunter 72213 - O.W.C.	Retrd.	1992	150.00	150
1993	Chemnitzer Clown 7255 - E.M. Merck	Open		110.00	110
1987	Chimney Sweep 72014 - K.W.O.	Open		48.50	49
1993	Coburger Chimney Sweep 7265 - E.M. Merck	Open		110.00	110
1987	Dutch Guard 72040 - K.W.O.	Open		55.00	55
1994	Easter Bunny 7297 - E.M. Merck	Open		140.00	140
1993	Exceptional Guard 7231 - K.W.O.	50		995.00	995
1992	Exceptional King 7230 - E.M. Merck	50	1994	950.00	950
1993	Falkensteiner Wizard 7261 - E.M. Merck	Open		110.00	110
1992	Farmer 72064 - K.W.O.	Open		62.50	63
1993	Freitaler Fisherman 7260 - E.M. Merck	Open		110.00	110
1992	French Officer 72053 - K.W.O.	Open		67.50	68
1993	Fuessen Father Christmas 7274 - E.M. Merck	Open		135.00	135
1994	Garmish Groom 7280 - E.M. Merck	Open		110.00	110
1994	Giessener Gardener 7278 - E.M. Merck	Open		110.00	110
1987	Guard 72015 - K.W.O.	Open		52.50	53
1995	Harzburg King of Hearts Nutcraker 7288 - E.M. Merck	Open		65.00	65
1992	Hungarian Hussar 72059 - K.W.O.	Open		62.50	63
1993	Hunter 72070 - K.W.O.	Open		59.50	60
1991	Inlaid Natural King 7214 - O.W.C.	Retrd.	1992	150.00	150
1991	Inlaid Natural Muskateer 7225 - O.W.C.	Retrd.	1992	150.00	150
1987	King 72031 - K.W.O.	Open		50.00	50
1995	Konigsee 7285 - E.M. Merck	Open		125.00	125
1993	Kulmbacher Beer Drinker 7270 - E.M. Merck	Open		110.00	110
1992	Large Austrian King 72243 - K.W.O.	Open		130.00	130
1992	Large Austrian Musketeer 72148 - K.W.O.	Open		87.50	88
1992	Lg. Bavarian Duke 72242 - K.W.O.	Open		130.00	130
1992	Lg. British Guard 72141 - K.W.O.	Retrd.	1994	90.00	90
1991	Lg. Carved Hunter 721 - K.W.O.	Open		175.00	175
1992	Lg. Carved Santa 7223 - K.W.O.	Retrd.	1994	175.00	175
1992	Lg. Dutch Guard 72140 - K.W.O.	Retrd.	1994	90.00	90
1995	Lg. Father Christmas 72403 - E.M. Merck	Open		130.00	130
1992	Large Fireman 72240 - K.W.O.	Open		99.50	100
1995	Lg. Guard 72419 - E.M. Merck	Open		110.00	110
1991	Lg. Hunter 7228 - K.W.O.	Retrd.	1994	97.50	98
1993	Large King 72033 - K.W.O.	Retrd.	1994	79.95	80
1992	Lg. Prussian Hussar 72144 - K.W.O.	Open		90.00	90
1992	Lg. Prussian King 72244 - K.W.O.	Retrd.	1994	130.00	130
1992	Lg. Prussian Sargeant 72145 - K.W.O.	Retrd.	1995	90.00	90
1992	Lg. Saxon Duke 72241 - K.W.O.	Open		130.00	130
1992	Lg. Snow Prince 7277 - E.M. Merck	Retrd.	1992	100.00	100
1992	Lg. Traditional Red King 7237 - K.W.O.	Open		115.00	115
1992	Natural Guard 72915 - K.W.O.	Retrd.	1994	52.50	53
1994	Neuschwanstein Knight 7281 - E.M. Merck	Open		110.00	110
1993	Neustadter Nurse 7272 - E.M. Merck	Open		135.00	135
1994	Nuremberger Nightwatchman 7282 - E.M. Merck	Open		110.00	11
1995	Olbernhau Toy Maker Nutcraker 7285 - E.M. Merck	Open		67.50	68
1994	Partinkirchen Bride 7279 - E.M. Merck	Open		140.00	140
1992	Portuguese Guard 72055 - K.W.O.	Open		65.00	65
1987	Prussian Hussar 72044 - K.W.O.	Open		60.00	60
1993	Prussian King 7251 - E.M. Merck	Open		110.00	110
1992	Prussian Officer 72052 - K.W.O.	Open		65.00	65
1987	Prussian Sergeant 72045 - K.W.O.	Open		60.00	60
1993	Rostocker Pirate 7252 - E.M. Merck	Open		110.00	110
1993	Saalfelder Shepherd 7263 - E.M. Merck	Open		110.00	110
1994	Salzburger St. Nicholas 7275 - E.M. Merck	Open		140.00	140
1987	Saxon Guard 72049 - K.W.O.	Open		65.00	65
1992	Saxonian Officer 72051 - K.W.O.	Open		65.00	65
1993	Schneeberger Skier 7271 - E.M. Merck	Open		135.00	135
1993	Seiffener Santa 7257 - E.M. Merck	Retrd.	1994	110.00	110
1992	Skier 7294 - E.M. Merck	Retrd.	1992	82.50	83
1995	Small Beer Drinker 72018 - E.M. Merck	Open		45.00	45
1994	Sm. Chimney Sweep 72025 - E.M. Merck	Open		42.00	42
1994	Sm.l Cook 72020 - E.M. Merck	Open		42.00	42
1995	Sm. Father Christmas 72003 - E.M. Merck	Open		55.00	55
1995	Sm. Garden Gnome 72016 - E.M. Merck	Open		45.00	45
1994	Sm. Gardener 72023 - E.M. Merck	Open		44.00	44
1995	Sm. Guard 72019 - E.M. Merck	Open		45.00	45
1995	Sm. Hunter 72017 - E.M. Merck	Open		45.00	45
1995	Sm. King 72004 - E.M. Merck	Open		55.00	55
1987	Sm. King 72030 - K.W.O.	Open		40.00	40
1995	Sm. Nightwatchman Elf 72013 - E.M. Merck	Open		45.00	45
1994	Sm. Santa 72024 - E.M. Merck	Open		42.00	42
1995	Sm. Santa's Elf 72012 - E.M. Merck	Open		45.00	45
1994	Sm. Skier 72021 - E.M. Merck	Open		44.00	44
1995	Sm. Sugar Plum Fairy 72002 - E.M. Merck	Open		55.00	55
1994	Sm. Toy Peddler 72022 - E.M. Merck	Open		44.00	44
1995	Sm. Wizard 72005 - E.M. Merck	Open		55.00	55
1993	Snowman 7295 - E.M. Merck	Open		110.00	110
1993	Sonnenberger Toy Peddler 7256 - E.M. Merck	Open		110.00	110
1987	Spanish Guard 72046 - K.W.O.	Open		65.00	65
1993	Stained King with Crown 72034 - K.W.O.	Open		65.00	65
1992	Swedish Officer 72056 - K.W.O.	Open		67.50	68
1993	Teddy Bear 7296 - E.M. Merck	Retrd.	1994	135.00	135
1993	Tegernsee Golfer 7259 - E.M. Merck	Open		135.00	135
1993	Traditional Erzgebirge 72067 - K.W.O.	Open		62.50	63
1993	Waldheimer Hunter 7254 - E.M. Merck	Open		110.00	110
1994	Waldkirchen Father Christmas 7276 - E.M. Merck	Open		140.00	140
1993	Wittlicher Witch 7268 - E.M. Merck	Open		135.00	135
1994	Wyker Viking 7283 - E.M. Merck	Open		110.00	110
Paper Mache - E.M. Merck					
1988	52 cm. Father Christmas 9652	Retrd.	1990	175.00	175
1988	Assorted Father Christmas 9615	Retrd.	1989	44.00	44
1989	Assorted Santas 9691	Retrd.	1991	35.00	35
1988	Blue Father Christmas 9602	Retrd.	1988	19.50	20
1988	Father Christmas (A) 9600	Retrd.	1988	19.50	20
1989	Father Christmas 9612	Retrd.	1989	38.50	39
1988	Father Christmas with Gifts 9610	Retrd.	1988	32.50	33
1989	Father Christmas with Pack 9638	Retrd.	1989	40.00	40
1988	Red Father Christmas 9601	Retrd.	1988	19.50	20
1989	Santa in Sleigh 9672	Retrd.	1989	39.50	40
1988	Small Traditional Belznickel 9662	Retrd.	1994	35.00	35
1988	Traditional Belznickel 9661	Retrd.	1994	40.00	40
1988	White Father Christmas 9603	Retrd.	1988	19.50	20
1988	White Father Christmas 9616	Retrd.	1989	50.00	50
Porcelain Christmas - E.M. Merck					
1987	Angels, set of 3 9421	Retrd.	1987	15.50	16
1988	Bear on Skates Music Box 9492	Retrd.	1988	44.00	44
1988	Bunny on Skies Music Box 9491	Retrd.	1988	44.00	44
1987	Cast Iron Santa 9419	Retrd.	1993	35.00	40
1987	Cast Iron Santa on Horse 9418	Retrd.	1993	37.50	43
1995	Father Christmas 9710	Open		9.50	10
1987	Four Castles of Germany 9450	Retrd.	1988	31.00	40
1995	Frosty Friends 9706	Open		10.50	11
1995	Gifts for You 9709	Open		9.95	10
1995	Mr. C's Roadster 9708	Open		9.95	10
1995	Northern Light 9703	Open		9.95	10

YEAR ISSUE		EDITION LIMIT	YEAR RETD.	ISSUE PRICE	QUOTE U.S.$
988	Penguin with Gifts Music Box 9493	Retrd.	1988	44.00	44
995	Polar Express 9701	Open		8.95	9
995	A Polar Visit 9704	Open		10.50	11
987	Roly-Poly Santa 9440	Retrd.	1987	27.00	27
987	Santa Head Night Light 9412	Retrd.	1989	19.00	26
987	Santa Head Stocking Holder 9414	Retrd.	1987	18.00	22
987	Santa Head Votive 9411	Retrd.	1988	10.00	15
987	Santa in Chimney Music Box 9413	Retrd.	1987	44.00	44
988	Santa in Swing 9473	Retrd.	1988	6.25	7
988	Santa on Polar Bear 9471	Retrd.	1988	6.25	7
988	Santa on Teeter-Totter 9475	Retrd.	1988	6.25	7
988	Santa Visiting Igloo 9476	Retrd.	1988	6.25	7
988	Santa Visiting Lighthouse 9472	Retrd.	1988	6.25	7
988	Santa with Angel 9474	Retrd.	1988	6.25	7
995	Santa's Express 9707	Open		10.50	11
995	Swinging into the Season 9705	Open		10.50	11
995	A Touch of Heaven 9702	Open		8.95	9

Pyramids - Various

YEAR ISSUE		EDITION LIMIT	YEAR RETD.	ISSUE PRICE	QUOTE U.S.$
992	3 Tier Nativity 883 - O.W.C.	Open		250.00	250
992	3-Tier Forest 882 - O.W.C.	Open		225.00	225
991	3-Tier Painted Nativity 8818 - O.W.C.	Retrd.	1993	225.00	225
992	4-Tier White with Music 8837 - K.W.O.	Open		550.00	550
992	5ft Hand-Carved 884007 - O.W.C.	Retrd.	1992	1295.00	1295
992	6ft Hand-Carved 884006 - O.W.C.	Retrd.	1992	4000.00	4000
986	Angel Musicians 88001 - K.W.O.	Open		58.50	59
991	Camel Caravan 8812 - O.W.C.	Open		92.50	93
1991	Deer in Forest 8810 - O.W.C.	Open		97.50	98
1992	Detailed Nativity 8851 - O.W.C.	Retrd.	1993	175.00	175
1992	Fairytale 888 - O.W.C.	Open		175.00	175
1992	Mini Natural Angel 8819 - O.W.C.	Open		42.50	43
1992	Mini Painted Angel 8823 - O.W.C.	Open		47.50	48
1992	Mini-, Santa 8820 - O.W.C.	Retrd.	1994	32.50	33
1992	Miniature Choir 885 - O.W.C.	Open		35.00	35
1992	Miniature Forest 884 - O.W.C.	Retrd.	1994	35.00	35
1992	Miniature Music Band 886 - O.W.C.	Retrd.	1993	30.00	30
1991	Musical 4-Tier 8815 - O.W.C.	Retrd.	1991	775.00	775
1992	Natural with Deer 8821 - O.W.C.	Open		65.00	65
1992	Santa with Angels 887 - O.W.C.	Retrd.	1993	175.00	175
1991	Santa with Train 8817 - O.W.C.	Retrd.	1991	62.50	63
1992	Small Choir 8879 - O.W.C.	Retrd.	1993	68.50	69
1992	Small Nativity 8822 - O.W.C.	Open		110.00	110
1992	Small Nativity 889 - O.W.C.	Retrd.	1993	82.00	82
1992	Traditional 3-Tier 8826 - K.W.O.	Open		175.00	175
1992	Traditional 4-Tier 8836 - K.W.O.	Open		225.00	225
1991	White 3-Tier 8816 - O.W.C.	Retrd.	1992	225.00	225
1992	White with Angels 8824 - O.W.C.	Retrd.	1993	55.00	55

Smoking Men - Various

YEAR ISSUE		EDITION LIMIT	YEAR RETD.	ISSUE PRICE	QUOTE U.S.$
1992	Alpenhorn Player 7058 - O.W.C.	Open		70.00	70
1992	Angler with Crate 7062 - O.W.C.	Open		150.00	150
1988	Antique Style Coachman 70053 - K.W.O.	Retrd.	1988	28.00	28
1988	Antique Style Cook 70052 - K.W.O.	Retrd.	1989	27.50	28
1988	Artist 70047 - K.W.O.	Open		50.00	50
1986	Artist 7020 - E.M. Merck	Retrd.	1993	55.00	55
1991	Baker 7044 - O.W.C.	Retrd.	1992	49.50	50
1993	Basket Peddler 70069 - K.W.O.	Open		58.50	59
1992	Basket Peddler 7040 - O.W.C.	Retrd.	1993	130.00	130
1991	Bavarian Hunter 7032 - O.W.C.	Retrd.	1994	79.50	80
1991	Beer Drinker 7033 - O.W.C.	Retrd.	1994	67.50	68
1988	Bird Seller 70046 - K.W.O.	Open		56.00	56
1991	Bird Seller 7014 - O.W.C.	Retrd.	1992	50.00	50
1987	Blacksmith 70041 - K.W.O.	Open		50.00	50
1991	Butcher 7043 - O.W.C.	Retrd.	1992	49.50	50
1992	Captain 7052 - O.W.C.	Open		80.00	80
1986	Carved Hunter 70100 - O.W.C.	Retrd.	1991	90.00	90
1992	Carved Hunter 7054 - O.W.C.	Retrd.	1993	200.00	200
1992	Carved King 7072 - O.W.C.	Open		68.50	69
1992	Carved Santa 7035 - O.W.C.	Open		67.50	68
1992	Carved Shepherd 7053 - O.W.C.	Retrd.	1993	150.00	150
1992	Carved Woodsman 7015 - O.W.C.	Retrd.	1994	67.50	68
1991	Champion Archer 7041 - O.W.C.	Open		67.50	68
1985	Chimney Sweep 70024 - K.W.O.	Open		47.50	48
1989	Chimney Sweep 7017 - E.M. Merck	Retrd.	1993	55.00	55
1992	Christmas Tree Vendor 709 - O.W.C.	Open		150.00	150
1992	Clock Salesman 7039 - O.W.C.	Retrd.	1992	275.00	275
1992	Coachman 70062 - K.W.O.	Open		50.00	50
1991	Coachman 7057 - O.W.C.	Retrd.	1992	60.00	60
1991	Cook 70061 - K.W.O.	Open		49.00	49
1991	Cook 7025 - O.W.C.	Retrd.	1993	55.00	55
1992	Farmer 7026 - O.W.C.	Retrd.	1993	55.00	55
1992	Farmer with Crate 7023 - O.W.C.	Retrd.	1994	150.00	150
1992	Father Christmas 70113-1 - O.W.C.	Retrd.	1989	45.00	45
1994	Father Christmas 70150 - K.W.O.	Open		110.00	110
1986	Father Christmas 702 - O.W.C.	Retrd.	1994	60.00	60
1991	Father Christmas 7051 - O.W.C.	Open		80.00	80
1993	Father Christmas 7063 - O.W.C.	Retrd.	1993	45.00	45
1986	Father Christmas with Toys 7010 - O.W.C.	Retrd.	1992	60.00	60
1987	Fisherman 70042 - K.W.O.	Open		49.50	50
1991	Fisherman 7029 - O.W.C.	Retrd.	1993	55.00	55
1991	Frosty Snowman 703 - O.W.C.	Retrd.	1993	22.50	23
1985	Gardener 70040 - K.W.O.	Open		57.00	57
1991	Gardener 7045 - O.W.C.	Retrd.	1992	49.50	50
1991	Gardner 7016 - E.M. Merck	Retrd.	1993	55.00	55
1994	Grandma 70077 - K.W.O.	Open		59.50	60
1992	Grandma 702622 - O.W.C.	Retrd.	1993	42.50	43
1985	Grandpa 702615 - O.W.C.	Retrd.	1993	42.50	43
1994	Grandpa at Oven 70073 - K.W.O.	Open		72.00	72
1994	Grandpa with Accordion 70076 - K.W.O.	Open		59.50	60
1993	Highwayman 70070 - K.W.O.	Open		50.00	50
1985	Hunter 70023 - K.W.O.	Open		49.50	50
1986	Hunter 701 - O.W.C.	Retrd.	1992	30.00	30
1991	Hunter 7018 - E.M. Merck	Retrd.	1993	55.00	55
1992	Hunter with Crate 7021 - O.W.C.	Retrd.	1994	150.00	150
1991	Ice Skater 7038 - E.M. Merck	Retrd.	1992	60.00	60
1992	Innkeeper 70268 - O.W.C.	Retrd.	1993	54.00	54
1991	Innkeeper 7037 - O.W.C.	Open		60.00	60
1992	King 70229 - E.M. Merck	Retrd.	1993	95.00	95
1993	Large Clock Peddler 70101 - K.W.O.	Open		120.00	120
1993	Large Flower Peddler 70103 - K.W.O.	Open		120.00	120
1985	Large Hunter 70021-9 - K.W.O.	Open		250.00	250
1986	Large Old World Santa 70203 - O.W.C.	Retrd.	1988	77.50	78
1993	Large Peddler 70066-9 - K.W.O.	Open		295.00	295
1993	Large Pottery Peddler 70104 - K.W.O.	Open		120.00	120
1994	Large Red Santa 70064-9 - K.W.O.	Open		270.00	270
1985	Large Toy Peddler Smoker 70020-9 - K.W.O.	Open		280.00	280
1995	Leprechaun Smoker 70110 - E.M. Merck	Open		115.00	115
1992	Minstrel 7061 - O.W.C.	Retrd.	1994	85.00	85
1991	Mountain Climber 7036 - O.W.C.	Open		67.50	68
1994	Mushroom Collector 70071 - K.W.O.	Open		50.00	50
1991	Natural Father Christmas 7012 - O.W.C.	Retrd.	1992	60.00	60
1991	Natural Santa 706 - O.W.C.	Retrd.	1992	40.00	40
1991	Nightwatchman 7027 - O.W.C.	Retrd.	1993	55.00	55
1985	Nightwatchman 7034 - O.W.C.	Retrd.	1993	32.50	33
1985	Nightwatchman Smoker 70022 - K.W.O.	Open		48.50	49
1986	Old World Santa 70204 - O.W.C.	Retrd.	1988	42.50	43
1992	Peddler 70066 - K.W.O.	Open		59.50	60
1993	Poacher 70068 - K.W.O.	Open		47.50	48
1988	Postman 70048 - K.W.O.	Open		48.50	49
1991	Postman 7028 - O.W.C.	Retrd.	1993	55.00	55
1991	Prussian Soldier 7056 - O.W.C.	Retrd.	1993	60.00	60
1992	Red Santa 70064 - K.W.O.	Open		60.00	60
1992	Robber with Crate 7022 - O.W.C.	Open		150.00	150
1989	Santa 7086 - O.W.C.	Retrd.	1992	55.00	55
1991	Santa Claus 705 - O.W.C.	Retrd.	1993	45.00	45
1992	Santa in Crate 707 - O.W.C.	Retrd.	1994	165.00	165
1986	Santa Smoker/Candleholder 704 - O.W.C.	Retrd.	1994	55.00	55
1991	Santa with Toys 70060 - K.W.O.	Open		57.00	57
1987	Shepherd 70045 - K.W.O.	Open		49.00	49
1994	Sitting Hunter 70082 - K.W.O.	Open		60.00	60
1986	Skier 702616 - O.W.C.	Retrd.	1992	54.00	54
1992	Skier 7059 - O.W.C.	Open		59.50	60
1986	Small Old World Santa 70202 - O.W.C.	Retrd.	1988	37.50	38
1992	Small Santa 7011 - O.W.C.	Open		37.50	38
1985	Snowman 702621 - O.W.C.	Retrd.	1991	30.00	30
1991	Snowman on Skis 7092 - O.W.C.	Retrd.	1992	30.00	30
1988	Snowman with Bird 708 - O.W.C.	Open	1993	26.00	26
1992	St. Peter 70228 - O.W.C.	Retrd.	1993	95.00	95
1987	Tailor 70044 - K.W.O.	Open		50.00	50
1992	Teal Santa 70065 - K.W.O.	Open		60.00	60
1991	Toy Peddler 7030 - O.W.C.	Retrd.	1993	60.00	60
1991	Toy Peddler 7055 - O.W.C.	Retrd.	1993	60.00	60
1992	Toy Peddler 7060 - O.W.C.	Retrd.	1994	110.00	110
1985	Toy Peddler Smoker 70020 - K.W.O.	Open		55.00	55
1992	Tyrolian 702613 - O.W.C.	Retrd.	1993	45.00	45
1992	White Santa 70063 - K.W.O.	Open		60.00	60
1992	Witch 70543 - E.M. Merck	Retrd.	1993	49.50	50
1991	Wood Worker 7031 - O.W.C.	Retrd.	1994	79.50	80
1987	Woodcarver 70043 - K.W.O.	Retrd.	1990	40.00	40
1991	Woodsman 7013 - O.W.C.	Retrd.	1993	60.00	60
1991	Woodsman 7019 - E.M. Merck	Retrd.	1993	55.00	55
1985	Woodsman Smoker 70021 - K.W.O.	Open		50.00	50
1994	Zither Player 70083 - K.W.O.	Open		63.00	63

Olszewski Studios

Olszewski Studios - R. Olszewski

YEAR ISSUE		EDITION LIMIT	YEAR RETD.	ISSUE PRICE	QUOTE U.S.$
1994	The Grand Entrance SM1	1,500		225.00	225
1994	Tinker's Treasure Chest SM2	Closed	1994	235.00	235
1994	To Be (included w/Treasure Chest) SM3	Closed	1994	set	Set
1994	The Little Tinker SM4	750		235.00	235
1995	Special Treat SM5	800		220.00	220

Pacific Rim Import Corp.

Bristol Township - Various

YEAR ISSUE		EDITION LIMIT	YEAR RETD.	ISSUE PRICE	QUOTE U.S.$
1990	Bedford Manor - P. Sebern	Open		30.00	30
1990	Black Swan Millinery - P. Sebern	Open		30.00	30
1991	Bridgestone Church - P. Sebern	Retrd.	1993	30.00	30
1990	Bristol Books - P. Sebern	Open		35.00	35
1995	Bristol Channel Lighthouse - P. Sebern	Open		30.00	30
1990	Bristol Township Sign - P. Sebern	Open		10.00	10
1993	Chesterfield House - P. Sebern	Open		30.00	30
1990	Coventry House - P. Sebern	Open		30.00	30
1991	Elmstone House - P. Sebern	Retrd.	1993	30.00	45
1991	Flower Shop - P. Sebern	Open		30.00	30
1993	Foxdown Manor - P. Sebern	Open		30.00	30
1990	Geo. Straith Grocer - R. S. Benson	Open		25.00	25
1991	Hardwicke House - P. Sebern	Retrd.	1993	30.00	45
1990	High Gate Mill - P. Sebern	Open		40.00	40
1990	Iron Horse Livery - P. Sebern	Retrd.	1993	30.00	30
1991	Kilby Cottage - P. Sebern	Retrd.	1993	30.00	45
1990	Maps & Charts - P. Sebern	Open		25.00	25
1991	Pegglesworth Inn - P. Sebern	Open		40.00	40
1990	Queen's Road Church - P. Sebern	Open		40.00	40
1994	Shotwick Inn/Surgery - P. Sebern	Open		35.00	35
1990	Silversmith - P. Sebern	Open		30.00	30
1990	Southwick Church - P. Sebern	Open		30.00	30
1994	Surrey Road Church - P. Sebern	Open		40.00	40
1990	Trinity Church - P. Sebern	Retrd.	1993	30.00	30
1990	Violin Shop - P. Sebern	Open		30.00	30
1990	Wexford Manor - P. Sebern	Open		25.00	25

Bristol Waterfront - P. Sebern

YEAR ISSUE		EDITION LIMIT	YEAR RETD.	ISSUE PRICE	QUOTE U.S.$
1992	Admiralty Shipping - P. Sebern	Open		30.00	30
1992	Avon Fish Co.	Open		30.00	30
1993	Bristol Point Lighthouse	Open		45.00	45
1994	Bristol Tattler	Open		40.00	40
1992	Chandler	Open		30.00	30
1992	Customs House	Open		40.00	40
1992	Hawke Exports	Open		40.00	40
1993	Lower Quay Chapel	Open		40.00	40
1994	Portshead Lighthouse	Open		30.00	30
1992	Quarter Deck Inn	Open		40.00	40
1992	Regent Warehouse	Open		40.00	40
1993	Rusty Knight Inn	Open		35.00	35

Bunny Toes - Various

YEAR ISSUE		EDITION LIMIT	YEAR RETD.	ISSUE PRICE	QUOTE U.S.$
1995	Bunny Gazebo - Pacific Rim Team	Open		50.00	50
1995	Bunny Toes Sign - P. Sebern	Open		20.00	20
1995	Garden Trellis - Pacific Rim Team	Open		30.00	30
1995	Hannah With Maximillian - Pacific Rim Team	Open		13.00	13
1994	Mazie at Play - Pacific Rim Team	Open		13.00	13
1994	Phoebe Goes Ballooning - Pacific Rim Team	Open		7.00	7
1994	Sophie Pops Out - Pacific Rim Team	Open		7.00	7
1994	Sweethearts (lighted) - Pacific Rim Team	Open		50.00	50
1994	Tillie Making a Wreath - Pacific Rim Team	Open		13.00	13
1995	Tillie With Her Bike - Pacific Rim Team	Open		15.00	15
1995	Timothy With Eggs - Pacific Rim Team	Open		13.00	13
1994	Timothy With Flower Cart - Pacific Rim Team	Open		17.00	17
1994	Timothy With Tulips - Pacific Rim Team	Open		13.00	13
1994	Wendell at the Mail Box - Pacific Rim Team	Open		17.00	17
1994	Wendell With Eggs in Hat - Pacific Rim Team	Open		13.00	13
1995	Wendell With Flowers - Pacific Rim Team	Open		13.00	13
1994	Willis & Skeeter - Pacific Rim Team	Open		17.00	17
1995	Willis & Skeeter Gardening - Pacific Rim Team	Open		15.00	15
1995	Winifred Paints Eggs - Pacific Rim Team	Open		15.00	15
1994	Winifred With Blooms - Pacific Rim Team	Open		13.00	13

Pemberton & Oakes

Zolan's Children - D. Zolan

YEAR ISSUE		EDITION LIMIT	YEAR RETD.	ISSUE PRICE	QUOTE U.S.$
1982	Erik and the Dandelion	17,000		48.00	86
1983	Sabina in the Grass	6,800		48.00	110
1985	Tender Moment	10,000		29.00	75
1984	Winter Angel	8,000		28.00	145

PenDelfin

PenDelfin Family Circle Collectors' Club - J. Heap

YEAR ISSUE		EDITION LIMIT	YEAR RETD.	ISSUE PRICE	QUOTE U.S.$
1993	Herald	Closed	1993	Gift	50
1993	Bosun	Closed	1993	50.00	100
1994	Buttons	Closed	1994	Gift	30
1994	Puffer	Yr.Iss.		85.00	85
1995	Bellman	Yr.Iss.		Gift	N/A
1995	Georgie and the Dragon	Yr.Iss.		125.00	125

40th Anniversary Piece

YEAR ISSUE		EDITION LIMIT	YEAR RETD.	ISSUE PRICE	QUOTE U.S.$
1994	Aunt Ruby	10,000		275.00	275

Band Series - Various

YEAR ISSUE		EDITION LIMIT	YEAR RETD.	ISSUE PRICE	QUOTE U.S.$
XX	Bandstand - J. Heap	Open		70.00	70
XX	Casanova - J. Heap	Open		35.00	35
XX	Clanger - J. Heap	Open		35.00	35

YEAR ISSUE		EDITION LIMIT	YEAR RETD.	ISSUE PRICE	QUOTE U.S.$
1994	Mike - D. Roberts	Open		55.00	55
XX	Piano - D. Roberts	Open		25.00	25
XX	Rocky - J. Heap	Open		32.00	32
XX	Rolly - J. Heap	Open		17.50	18
XX	Rosa - J. Heap	Open		40.00	40
XX	Thumper - J. Heap	Open		25.00	25

Bed Series - Various

YEAR ISSUE		EDITION LIMIT	YEAR RETD.	ISSUE PRICE	QUOTE U.S.$
XX	Dodger - J. Heap	Open		24.00	24
1993	Forty Winks - D. Roberts	Open		57.00	57
XX	Parsley - D. Roberts	Open		25.00	25
XX	Peeps - J. Heap	Open		21.00	21
XX	Poppet - D. Roberts	Open		23.00	23
XX	Snuggles - J. Heap	Open		20.00	20
XX	Snuggles Awake - J. Heap	Open		60.00	60
1992	Sunny - D. Roberts	Open		40.00	40
1995	Teddy - D. Roberts	Open		45.00	45
XX	Twins - J. Heap	Open		25.00	25
XX	Victoria - J. Heap	Open		47.50	48
XX	Wakey - J. Heap	Open		24.00	24

Event Piece - J. Heap

YEAR ISSUE		EDITION LIMIT	YEAR RETD.	ISSUE PRICE	QUOTE U.S.$
1994	Event Piece	3-Yr.		75.00	75

Fisherman Series - Various

YEAR ISSUE		EDITION LIMIT	YEAR RETD.	ISSUE PRICE	QUOTE U.S.$
XX	The Jetty - J. Heap	Open		180.00	180
XX	Little Mo - D. Roberts	Open		35.00	35
XX	The Raft - J. Heap	Open		70.00	70
XX	Shrimp Stand - D. Roberts	Open		70.00	70
XX	Whopper - D. Roberts	Open		35.00	35

Nursery Rhymes - Various

YEAR ISSUE		EDITION LIMIT	YEAR RETD.	ISSUE PRICE	QUOTE U.S.$
1956	Little Bo Peep - J. Heap	Retrd.	1959	2.00	N/A
1956	Little Jack Horner - J. Heap	Retrd.	1959	2.00	N/A
1956	Mary Mary Quite Contrary - J. Heap	Retrd.	1959	2.00	N/A
1956	Miss Muffet - J. Heap	Retrd.	1959	2.00	N/A
1956	Tom Tom the Piper's Son - J. Heap	Retrd.	1959	2.00	N/A
1956	Wee Willie Winkie - J. Heap	Retrd.	1959	2.00	N/A

Picnic Series - Various

YEAR ISSUE		EDITION LIMIT	YEAR RETD.	ISSUE PRICE	QUOTE U.S.$
XX	Barrow Boy - J. Heap	Open		35.00	35
XX	Oliver - D. Roberts	Open		25.00	25
XX	Picnic Island - J. Heap	Open		85.00	85
XX	Picnic Midge - J. Heap	Open		25.00	25
1994	Pipkin - J. Heap	Open		50.00	50
XX	Scrumpy - J. Heap	Open		35.00	35
1993	Vanilla - D. Roberts	Open		41.00	41

Retired Figurines - Various

YEAR ISSUE		EDITION LIMIT	YEAR RETD.	ISSUE PRICE	QUOTE U.S.$
1985	Apple Barrel - J. Heap	Retrd.	1992	N/A	15-25
1963	Aunt Agatha - J. Heap	Retrd.	1965	N/A	1500-2000
1955	Balloon Woman - J. Heap	Retrd.	1956	1.00	N/A
1967	The Bath Tub - J. Heap	Retrd.	1972	4.50	70-100
1955	Bell Man - J. Heap	Retrd.	1956	1.00	N/A
1984	Blossom - D. Roberts	Retrd.	1989	35.00	60-75
1955	Bobbin Woman - J. Heap	Retrd.	1956	N/A	N/A
1964	Bongo - D. Roberts	Retrd.	1987	31.00	75-150
1966	Cakestand - J. Heap	Retrd.	1972	2.00	250-500
1953	Cauldron Witch - J. Heap	Retrd.	1959	3.50	N/A
1959	Cha Cha - J. Heap	Retrd.	1961	N/A	1000-1200
1990	Charlotte - D. Roberts	Retrd.	1992	25.00	75-90
1989	Chirpy - D. Roberts	Retrd.	1992	31.50	60-100
1985	Christmas Set - D. Roberts	2,000	1989	N/A	450-550
1962	Cornish Prayer (Corny) - J. Heap	Retrd.	1965	N/A	500-900
1980	Crocker - D. Roberts	Retrd.	1989	20.00	60-75
1963	Cyril Squirrel - J. Heap	Retrd.	1965	N/A	750-1300
1955	Daisy Duck - J. Heap	Retrd.	1958	N/A	N/A
1956	Desmond Duck - J. Heap	Retrd.	1958	2.50	N/A
1955	Elf - J. Heap	Retrd.	1956	1.00	N/A
1954	Fairy Jardiniere - N/A	Retrd.	1958	N/A	N/A
1953	The Fairy Shop - J. Heap	Retrd.	1958	N/A	N/A
1961	Father Mouse (grey) - J. Heap	Retrd.	1966	N/A	500-750
1955	Flying Witch - J. Heap	Retrd.	1956	1.00	N/A
1969	The Gallery Series: Wakey, Pieface, Poppet, Robert, Dodger - J. Heap	Retrd.	1971	N/A	200-400
1961	Grand Stand (mold 1) - J. Heap	Retrd.	1969	35.00	400-775
1960	Gussie - J. Heap	Retrd.	1968	N/A	400
1989	Honey - D. Roberts	Retrd.	1994	40.00	60
1986	Jim-Lad - D. Roberts	Retrd.	1992	22.50	45-75
1985	Jingle - D. Roberts	Retrd.	1992	11.25	25-45
1961	Lollipop (grey) (Mouse) - J. Heap	Retrd.	1966	N/A	500-700
1960	Lucy Pocket - J. Heap	Retrd.	1967	4.20	300-400
1956	Manx Kitten - J. Heap	Retrd.	1958	2.00	N/A
1955	Margot - J. Heap	Retrd.	1961	2.00	350-550
1967	Maud - J. Heap	Retrd.	1970	N/A	300-550
1961	Megan - J. Heap	Retrd.	1967	3.00	400-500
1956	Midge (Replaced by Picnic Midge) - J. Heap	Retrd.	1965	2.00	300-600
1966	Milk Jug Stand - J. Heap	Retrd.	1972	2.00	250-500
1960	Model Stand - J. Heap	Retrd.	1964	4.00	400-750
1961	Mother Mouse (grey) - J. Heap	Retrd.	1966	N/A	450-800
1965	Mouse House (bronze) - J. Heap	Retrd.	1969	N/A	300-400
1965	Mouse House (stoneware) - J. Heap	Retrd.	N/A	N/A	500-700
1965	Muncher - D. Roberts	Retrd.	1983	26.00	60-100
1981	Nipper - D. Roberts	Retrd.	1989	20.50	75
1955	Old Adam - J. Heap	Retrd.	1956	4.00	N/A
1955	Old Father (remodeled)- J. Heap	Retrd.	1970	50.	700-1000
1957	Old Mother - J. Heap	Retrd.	1978	6.25	550-800
1955	Original Father - J. Heap	Retrd.	1960	50.00	1000-1500
1956	Original Robert - J. Heap	Retrd.	1967	2.50	200-400
1953	Pendle Witch (bronze) - J. Heap	Retrd.	1957	4.00	800-1200
1967	Phumf - J. Heap	Retrd.	1985	24.00	75
1955	Phynnodderee (Commissioned -Exclusive) - J. Heap	Retrd.	N/A	1.00	N/A
1966	Picnic Basket - J. Heap	Retrd.	1968	2.00	350-600
1965	Picnic Stand - J. Heap	Retrd.	1985	62.50	150-175
1967	Picnic Table - J. Heap	Retrd.	1972	N/A	250-600
1966	Pieface - D. Roberts	Retrd.	1987	31.00	60-75
1965	Pixie Bods - J. Heap	Retrd.	1967	N/A	N/A
1953	Pixie House - J. Heap	Retrd.	1958	N/A	N/A
1962	Pooch - D. Roberts	Retrd.	1987	24.50	60-75
1958	Rabbit Book Ends - J. Heap	Retrd.	1965	10.00	1500-2000
1954	Rhinegold Lamp - J. Heap	Retrd.	1956	21.00	N/A
1967	Robert w/lollipop - D. Roberts	Retrd.	1979	12.00	100-250
1957	Romeo & Juliet - J. Heap	Retrd.	1959	11.00	N/A
1960	Shiner w/black eye - J. Heap	Retrd.	1967	2.50	300-500
1985	Solo - D. Roberts	Retrd.	1994	40.00	50-75
1960	Squeezy - J. Heap	Retrd.	1970	2.50	300-550
1957	Tammy - D. Roberts	Retrd.	1987	24.50	75
1956	Timber Stand - J. Heap	Retrd.	1982	35.00	150-200
1953	Tipsy Witch - J. Heap	Retrd.	1959	3.50	N/A
1955	Toper - J. Heap	Retrd.	1956	1.00	N/A
1971	Totty - J. Heap	Retrd.	1981	21.00	150-250
1959	Uncle Soames - J. Heap	Retrd.	1985	105.00	300-400
1991	Wordsworth - D. Roberts	Retrd.	1994	60.00	75

School Series - Various

YEAR ISSUE		EDITION LIMIT	YEAR RETD.	ISSUE PRICE	QUOTE U.S.$
XX	Angelo - J. Heap	Open		90.00	90
XX	Boswell - J. Heap	Open		37.50	38
XX	Digit - D. Roberts	Open		35.00	35
XX	Duffy - J. Heap	Open		50.00	50
XX	Euclid - J. Heap	Open		35.00	35
XX	New Boy - D. Roberts	Open		50.00	50
XX	Old School House - J. Heap	Open		250.00	250

Sport Series - Various

YEAR ISSUE		EDITION LIMIT	YEAR RETD.	ISSUE PRICE	QUOTE U.S.$
XX	Birdie - J. Heap	Open		47.50	48
1993	Campfire - D. Roberts	Open		30.00	30
1995	Dobbin - J. Heap	Open		N/A	N/A
XX	Humphrey Go-Kart - J. Heap	Open		70.00	70
XX	Rambler - D. Roberts	Open		65.00	65
XX	Scout - D. Roberts	Open		N/A	N/A
XX	Tennyson - D. Roberts	Open		35.00	35

Toy Shop Series - Various

YEAR ISSUE		EDITION LIMIT	YEAR RETD.	ISSUE PRICE	QUOTE U.S.$
XX	Jacky - D. Roberts	Open		45.00	45
XX	The Toy Shop - D. Roberts	Open		325.00	325

Various - Various

YEAR ISSUE		EDITION LIMIT	YEAR RETD.	ISSUE PRICE	QUOTE U.S.$
XX	Barney - J. Heap	Open		18.00	18
XX	Butterfingers - D. Roberts	Open		55.00	55
1993	Cousin Beau - D. Roberts	Open		55.00	55
XX	Dandy - D. Roberts	Open		50.00	50
XX	Mother with baby - J. Heap	Open		150.00	150
XX	Scoffer - D. Roberts	Open		55.00	55

Village Series - Various

YEAR ISSUE		EDITION LIMIT	YEAR RETD.	ISSUE PRICE	QUOTE U.S.$
XX	Balcony Scene - D. Roberts	Open		175.00	175
XX	Caravan - D. Roberts	Open		350.00	350
XX	Castle Tavern - D. Roberts	Open		120.00	120
XX	Cobble Cottage - D. Roberts	Open		80.00	80
XX	Curiosity Shop - J. Heap	Open		350.00	350
XX	Fruit Shop - J. Heap	Open		125.00	125
1992	Grand Stand (mold 2)- J. Heap	Open		150.00	150
XX	Large House - J. Heap	Open		275.00	275
1995	Robin's Cave (display piece) - J. Heap	Open		N/A	N/A

Polland Studios

Collector Society - D. Polland

YEAR ISSUE		EDITION LIMIT	YEAR RETD.	ISSUE PRICE	QUOTE U.S.$
1987	I Come In Peace	Closed	1987	35.00	400-600
1987	Silent Trail	Closed	1987	300.00	1300
1987	I Come In Peace, Silent Trail-Matched Numbered Set	Closed	1987	335.00	15-1895
1988	The Hunter	Closed	1988	35.00	545
1988	Disputed Trail	Closed	1988	300.00	700-1045
1988	The Hunter, Disputed Trail-Matched Numbered Set	Closed	1988	335.00	11-1450
1989	Crazy Horse	Closed	1989	35.00	300-470
1989	Apache Birdman	Closed	1989	300.00	700-970
1989	Crazy Horse, Apache Birdman-Matched Numbered Set	Closed	1989	335.00	13-1700
1990	Chief Pontiac	Closed	1990	35.00	420
1990	Buffalo Pony	Closed	1990	300.00	600-800
1990	Chief Pontiac, Buffalo Pony-Matched Numbered Set	Closed	1990	335.00	900-1350
1991	War Drummer	Closed	1991	35.00	330
1991	The Signal	Closed	1991	350.00	730
1991	War Drummer, The Signal-Matched Numbered Set	Closed	1991	385.00	900-1150
1992	Cabinet Sign	Closed	1992	35.00	125
1992	Warrior's Farewell	Closed	1992	350.00	400
1992	Cabinet Sign, Warrior's Farewell-Matched Numbered Set	Closed	1992	385.00	465
1993	Mountain Man	Closed	1993	35.00	125
1993	Blue Bonnets & Yellow Ribbon	Closed	1993	350.00	350-400
1993	Mountain Man, Blue Bonnets & Yellow Ribbon-Matched Numbered Set	Closed	1993	385.00	385
1994	The Wedding Robe	Closed	1995	45.00	45
1994	The Courtship Race	Closed	1995	375.00	375
1994	The Wedding Robe, The Courtside Race-Matched Numbered Set	Closed	1995	385.00	42
1995	Mystic Medicine	Yr.Iss.		45.00	4
1995	Thunderpipe	Yr.Iss.		395.	39
1995	Mystic Medicine, Thunderpipe-Matched Numbered Set	Yr.Iss.		440.	44

Possible Dreams

Santa Claus Network® Collectors Club - Unknown

YEAR ISSUE		EDITION LIMIT	YEAR RETD.	ISSUE PRICE	QUOTE U.S.$
1992	The Gift Giver-805001	Closed	1993	Gift	4
1993	Santa's Special Friend-805050	Closed	1993	59.00	5
1993	Special Delivery-805002	Closed	1994	Gift	N/
1994	On a Winter's Eve-805051	Closed	1994	65.00	6
1994	Jolly St. Nick-805003	7/95		Gift	N/
1995	Marionette Santa-805052	Yr.Iss.		50.00	5

The Citizens of Londonshire® - Unknown

YEAR ISSUE		EDITION LIMIT	YEAR RETD.	ISSUE PRICE	QUOTE U.S.$
1990	Admiral Waldo-713407	Open		65.00	6
1992	Albert-713426	Closed	1994	65.00	6
1991	Bernie-713414	Open		68.00	7
1992	Beth-713417	Open		35.00	3
1992	Christopher-713418	Open		35.00	3
1992	Countess of Hamlett-713419	Open		65.00	6
1992	David-713423	Open		37.50	3
1992	Debbie-713422	Open		37.50	3
1990	Dianne-713413	Open		33.00	3
1990	Dr. Isaac-713409	Closed	1995	65.00	6
1989	Earl of Hamlett-713400	Closed	1994	65.00	6
1992	Jean Claude-713421	Open		35.00	3
1989	Lady Ashley-713405	Open		65.00	6
1989	Lord Nicholas-713402	Open		72.00	7
1989	Lord Winston of Riverside-713403	Closed	1994	65.00	6
1994	Maggie-713428	Closed	1994	57.00	5
1990	Margaret of Foxcroft 713408	Open		65.00	6
1992	Nicole-713420	Open		35.00	3
1993	Nigel As Santa-713427	Open		53.50	5
1990	Officer Kevin-713406	Closed	1994	65.00	6
1990	Phillip-713412	Open		33.00	3
1992	Rebecca-713424	Open		35.00	3
1992	Richard-713425	Open		35.00	3
1989	Rodney-713404	Open		65.00	6
1991	Sir Red-713415	Closed	1994	72.00	7
1989	Sir Robert-713401	Open		65.00	6
1992	Tiffany Sorbet-713416	Open		65.00	6
1990	Walter-713410	Closed	1994	33.00	3
1990	Wendy-713411	Closed	1994	33.00	3

Clothtique® American Artist Collection™ - Various

YEAR ISSUE		EDITION LIMIT	YEAR RETD.	ISSUE PRICE	QUOTE U.S.$
1991	Alpine Christmas-15003 - J. Brett	Closed	1994	129.00	13
1994	And Feathered Friend-15026 - D. Wenzel	Open		84.00	8
1992	An Angel's Kiss-15008 - J. Griffith	Closed	1995	85.00	8
1993	A Beacon of Light-15022 - J. Vaillancourt	Open		60.00	6
1993	A Brighter Day-15024 - J. St. Denis	Open		67.50	7
1994	Captain Claus-15030 - M. Monteiro	Open		77.00	7
1995	Christmas Caller-15035 - J. Vaillancourt	Open		57.50	5
1992	Christmas Company-15011 - T. Browning	Closed	1995	77.00	9
1994	Christmas Surprise-15033 - M. Alvin	Open		88.00	8
1995	Country Sounds-15042 - M. Monteiro	Open		74.00	7
1993	Easy Putt-15018 - T. Browning	Open		110.00	11
1991	Father Christmas-15007 - J. Vaillancourt	Closed	1995	59.50	6
1993	Father Earth-15017 - M. Monteiro	Open		77.00	8
1991	A Friendly Visit-15005 - T. Browning	Closed	1994	99.50	10
1994	The Gentle Craftsman-15031 - J. Griffith	Open		81.00	8
1994	Gifts from the Garden-15032 - J. Griffith	Open		77.00	7
1995	Giving Thanks-15045 - M. Alvin	Open		45.50	4
1995	A Good Round-15041 - T. Browning	Open		73.00	7
1992	Heralding the Way-15014 - J. Griffith	Closed	1995	72.00	7
1993	Ice Capers-15025 - T. Browning	Open		99.50	10
1993	Just Scooting Along-15023 - J. Vaillancourt	Open		79.50	8
1992	Lighting the Way-15012 - L. Bywaters	Open		85.00	8
1991	Magic of Christmas-15001 - L. Bywaters	Closed	1994	132.00	13
1992	Music Makers-15010 - T. Browning	Closed	1995	135.00	14
1993	Nature's Love-15016 - M. Alvin	Open		75.00	7
1992	Out of the Forest-15013 - J. Vaillancourt	Closed	1995	60.00	6
1995	Patchwork Santa-15039 - J. Cleveland	Open		67.50	6
1992	Peace on Earth-15009 - M. Alvin	Closed	1995	87.50	9
1991	A Peaceful Eve-15002 - L. Bywaters	Closed	1994	99.50	10
1995	Riding High-15040 - L. Nilsson	Open		115.00	1
1992	Santa in Rocking Chair-713090 - M. Monteiro	Closed	1994	85.00	8
1991	Santa's Cuisine-15006 - T. Browning	Closed	1994	138.00	14

FIGURINES/COTTAGES

Possible Dreams
to R.R. Creations, Inc.

YEAR ISSUE		EDITION LIMIT	YEAR RETD.	ISSUE PRICE	QUOTE U.S.$
1995	Southwest Santa-15043 - V. Wiseman	Open		65.00	65
1994	Spirit of Christmas Past-15036 - J. Vaillancourt	Open		79.00	79
1994	Spirit of Santa-15028 - T. Browning	Open		68.00	68
1995	The Storyteller-15029 - T. Browning	Open		76.00	76
1990	Strumming the Lute-15015 - M. Alvin	Open		79.00	83
1995	Sunflower Santa-15044 - J. Griffith	Open		71.50	72
1994	Tea Time-15034 - M. Alvin	Open		90.00	90
1994	Teddy Love-15037 - J. Griffith	Open		89.00	89
1994	A Touch of Magic-15027 - T. Browning	Open		95.00	95
1991	Traditions-15004 - T. Blackshear	Closed	1994	50.00	55
1993	The Tree Planter-15020 - J. Griffith	Open		79.50	84
1993	The Workshop-15019 - T. Browning	Closed	1995	140.00	147

Clothtique® Limited Edition Santas - Unknown

1988	Father Christmas-3001	Closed	1993	240.00	240
1988	Kris Kringle-3002	Closed	1992	240.00	240
1988	Patriotic Santa-3000	Closed	1994	240.00	240
1989	Traditional Santa 40's-3003	Closed	1994	240.00	252

Clothtique® Pepsi® Santa Collection - Various

1995	Jolly Traveler-3606 - B. Prata	Open		90.00	90
1990	Pepsi Cola Santa 1940's-3601 - Unknown	Open		68.00	74
1994	Pepsi Holiday Host-3605 - Unknown	Open		62.00	62
1992	Pepsi Santa Sitting-3603 - Unknown	Closed	1994	84.00	95
1991	Rockwell Pepsi Santa 1952-3602 - N. Rockwell	Closed	1994	75.00	82

Clothtique® Santas Collection - Unknown

1992	1940's Traditional Santa-713049	Closed	1994	44.00	65
1992	African American Santa-713056	Closed	1994	65.00	68
1993	Afro Santa & Doll-713102	Open		40.00	42
1989	Baby's First Christmas-713042	Closed	1992	42.00	46
1995	Baby's First Noel-713120	Open		62.00	62
1988	Carpenter Santa-713033	Closed	1992	38.00	44
1994	Christmas Cheer-713109	Open		58.00	58
1994	A Christmas Guest-713112	Open		79.00	79
1994	Christmas is for Children-713115	Open		62.00	62
1987	Christmas Man-713027	Closed	1989	34.50	35
1987	Colonial Santa-713032 - Unknown	Closed	1990	38.00	40
1991	Decorating the Tree-713079	Closed	1992	60.00	60
1995	Down Hill Santa-713123	Open		66.50	67
1992	Engineer Santa-713057	Closed	1995	130.00	137
1993	European Santa-713095	Open		53.00	55
1989	Exhausted Santa-713043	Closed	1992	60.00	65
1991	Father Christmas-713087	Open		43.00	47
1995	Finishing Touch-713121	Open		54.70	55
1993	Fireman & Child-713106	Open		55.00	58
1992	Fireman Santa-713053	Open		60.00	63
1995	A Frisky Friend-713130	Open		45.50	46
1988	Frontier Santa-713034	Closed	1991	40.00	42
1994	Good Tidings-713107	Open		51.00	51
1990	Harlem Santa-713046	Closed	1994	46.00	55
1993	His Favorite Color-713098	Open		48.00	50
1994	Holiday Friend-713110	Open		104.00	104
1995	Home Spun Santa-713128	Open		49.50	50
1995	Hook Line and Santa-713129	Open		49.70	50
1991	Kris Kringle-713088	Closed	1993	43.00	46
1993	A Long Trip-713105	Open		95.00	100
1993	May Your Wishes Come True-713096	Open		59.00	62
1993	The Modern Shopper-713103	Open		40.00	42
1991	Mrs. Claus in Coat -713078	Closed	1995	47.00	52
1989	Mrs. Claus w/doll-713041	Closed	1992	42.00	43
1994	Mrs. Claus-713118	Open		58.00	58
1992	Nicholas-713052	Closed	1994	57.50	60
1994	Our Hero-713116	Open		62.00	62
1989	Pelze Nichol-713039	Closed	1993	40.00	47
1994	Playmates-713111	Open		104.00	104
1994	Puppy Love-713117	Open		62.00	62
1988	Russian St. Nicholas-713036	Open		40.00	43
1990	Santa "Please Stop Here"-713045	Closed	1992	63.00	66
1991	Santa in Bed-713076	Closed	1994	76.00	83
1992	Santa on Motorbike-713054	Closed	1994	115.00	120
1992	Santa on Reindeer-713058	Closed	1995	75.00	83
1992	Santa on Sled-713050	Closed	1994	75.00	79
1992	Santa on Sleigh-713091	Closed	1995	79.00	83
1991	Santa Shelf Sitter-713089	Closed	1994	55.50	60
1990	Santa Skiing-713047	Closed	1993	62.00	65
1993	Santa w/Groceries-713099	Open		47.50	50
1990	Santa With Blue Robe-713048	Closed	1992	46.00	50
1989	Santa with Embroidered Coat-713040	Closed	1991	43.00	43
1987	Santa with Pack-713026	Closed	1989	34.50	35
1991	Siberian Santa-713077	Closed	1993	49.00	52
1995	Sounds of Christmas-713127	Open		57.50	58
1995	Special Treat-713122	Open		50.50	51
1988	St. Nicholas-713035	Closed	1991	40.00	42
1995	Stockings Were Hung-713126	Open		N/A	N/A
1987	Traditional Deluxe Santa-713030	Closed	1990	38.00	38
1987	Traditional Santa-713028	Closed	1989	34.50	35
1989	Traditional Santa-713038	Closed	1992	42.00	43
1991	The True Spirit of Christmas-713075	Closed	1992	97.00	97
1987	Ukko-713031	Closed	1990	38.00	38
1995	Victorian Evergreen-713125	Open		49.00	49
1995	Victorian Puppeteer-713124	Open		54.70	55
1993	Victorian Santa-713097	Open		55.50	58
1990	Weihnachtsmann-713037	Closed	1991	40.00	43
1994	A Welcome Visit-713114	Open		62.00	62
1994	Welcome Visitor-713113	Open		63.00	63
1990	Workbench Santa-713044	Closed	1993	72.00	76
1994	Yuletide Journey-713108	Open		58.00	58

Clothtique® Saturday Evening Post J. C. Leyendecker - J. Leyendecker

1992	Balancing the Budget-3064	Open		120.00	126
1989	Dear Santa-3050	Closed	1992	160.00	180
1991	Doctor and Doll-3055	Closed	1995	196.00	206
1991	The Gift-3057	Open		160.00	168
1991	Gone Fishing-3054	Closed	1995	250.00	263
1991	Gramps at the Reins-3058	Open		290.00	305
1990	Hobo-3052	Open		159.00	167
1991	Hugging Santa-3599	Closed	1994	129.00	150
1990	Love Letters-3053	Open		172.00	180
1991	Man with Geese-3059	Open		120.00	126
1992	Marriage License-3062	Open		195.00	205
1991	Plotting His Course-3060	Open		160.00	168
1992	Santa on Ladder-3598	Closed	1995	135.00	142
1989	Santa with Globe-3051	Closed	1992	154.00	175
1992	Santa's Helpers-3063	Closed	1994	170.00	179
1991	Springtime-3056	Open		130.00	137
1991	Traditional Santa-3600	Closed	1992	100.00	175
1992	Triple Self Portrait-3061	Closed	1995	230.00	250

Clothtique® Signature Series® - Stanley/Chang

1995	Department Store Santa/Circa 1940s-721001	Open		108.00	108
1995	Father Christmas/Circa 1890s-721002	Open		90.00	90

The Thickets at Sweetbriar® - B. Ross

1995	Angel Dear-350123	Open		32.00	32
1993	The Bride-Emily Feathers-350112	Open		30.00	30
1995	Buttercup-350121	Open		32.00	32
1995	Cecily Pickwick-350125	Open		32.00	32
1995	Clem Jingles-350130	Open		37.00	37
1993	Clovis Buttons-350101	Open		24.15	25
1993	The Groom-Oliver Doone-350111	Open		30.00	30
1993	Jewel Blossom-350106	Open		36.75	37
1995	Katy Hollyberry-350124	Open		35.00	35
1995	Kris Krinkle-350414	Open		12.50	13
1994	Lady Slipper-350116	Open		20.00	20
1993	Lily Blossom-350105	Open		36.75	37
1993	Maude Tweedy-350100	Closed	1994	26.25	27
1994	Morning Dew-350113	Open		30.00	30
1993	Morning Glory-350104	Open		30.45	31
1993	Mr. Claws-350109	Open		34.00	34
1993	Mrs. Claws-350110	Open		34.00	34
1993	Orchid Beasley-350103	Open		26.25	27
1995	Parsley Divine-350129	Open		37.00	37
1993	Peablossom Thorndike-350102	Closed	1994	26.25	27
1995	Penny Pringle-350128	Open		32.00	32
1995	Pittypat-350122	Open		32.00	32
1994	Precious Petals-350115	Open		34.00	34
1993	Raindrop-350108	Open		47.25	48
1995	Riley Pickens-350127	Open		32.00	32
1993	Rose Blossom-350107	Open		36.75	37
1994	Sunshine-350118	Open		33.00	33
1994	Sweetie Flowers-350114	Open		33.00	33
1995	Tillie Lilly-350120	Open		32.00	32
1995	Timmy Evergreen-350126	Open		29.00	29
1995	Violet Wiggles-350119	Open		32.00	32

Precious Art/Panton

Krystonia Collector's Club - Panton

1989	Pultzr	Retrd.	1990	55.00	325
1989	Key	Retrd.	1990	Gift	100-130
1991	Dragons Play	Retrd.	1992	65.00	170-200
1991	Kephrens Chest	Retrd.	1992	Gift	130
1992	Vaaston	Retrd.	1993	65.00	155-200
1992	Lantern	Retrd.	1993	Gift	80-100
1993	Sneaking A Peek	Retrd.	1994	Gift	N/A
1993	Spreading His Wings	Retrd.	1994	60.00	100-105
1994	All Tuckered Out	Retrd.	1995	65.00	65
1994	Fill-Er-Up	Retrd.	1995	Gift	N/A
1995	Twingnuk	Yr.Iss.		55.00	55
1995	Kappah Krystal	Yr.Iss.		Gift	N/A

World of Krystonia - Panton

1994	Boll-3912	Retrd.	1994	52.00	52
1989	Caught At Last! -1107	Retrd.	1992	150.00	225
1980	Gateway to Kystonia-3301	Retrd.	1994	35.00	45
1989	Graffyn on Grunch (waterglobe) -9006	Retrd.	1992	42.00	78
1987	Grumblypeg Grunch -1081	Retrd.	1992	52.00	110
1989	Kephren -2702	Retrd.	1994	56.00	65
1989	Krystonia Sign -701	Retrd.	1993	N/A	25
1987	Large Graffyn on Grumblypeg Grunch -1011	Retrd.	1992	52.00	110
1991	Large Grunch's Toothache -1082	Retrd.	1994	76.00	80
1987	Large Haapf -1901	Retrd.	1991	38.00	95
1987	Large Krak N'Borg -3001	Retrd.	1990	240.00	250-500
1987	Large Moplos -1021	Retrd.	1991	90.00	205-400
1987	Large Myzer -1201	Retrd.	1991	50.00	90-130
1987	Large N'Borg -1092	Retrd.	1994	98.00	140
1988	Large N'Grall -2201	Retrd.	1990	108.00	250
1987	Large Rueggan -1701	Retrd.	1989	55.00	175-300
1987	Large Turfen -1601	Retrd.	1991	50.00	100
1987	Large Wodema -1301	Retrd.	1990	50.00	120
1991	Maj-Dron Migration -1108	Retrd.	1994	145.00	155
1988	Medium N'Grall -2202	Retrd.	1994	70.00	80
1988	Medium Rueggan -1702	Retrd.	1993	48.00	70
1987	Medium Stoope -1101	Retrd.	1990	52.00	225
1987	Medium Wodema -1302	Retrd.	1993	44.00	70
1992	N' Leila-3801	Retrd.	1994	60.00	65
1991	N'Borg-Mini -609	Retrd.	1994	29.00	29
1990	N'Chakk-Mini -607	Retrd.	1994	29.00	29
1990	Owhey (waterglobe) -9004	Retrd.	1995	42.00	100
1987	Owhey -1071	Retrd.	1990	32.00	100-176
1990	Shadra -3411	Retrd.	1994	30.00	35
1987	Small Graffyn/Grunch -1012	Retrd.	1989	45.00	155-255
1987	Small Groc -1042B	Retrd.	1987	24.00	4600
1987	Small Krak N' Borg -3003	Retrd.	1993	60.00	175
1987	Small N' Tormett -2602	Retrd.	1993	44.00	65
1987	Small N'Borg -1091	Retrd.	1989	50.00	225
1987	Small Shepf -1152	Retrd.	1990	40.00	100
1988	Small Tulan Captain -2502	Retrd.	1991	44.00	80
1987	Spyke -1061	Retrd.	1993	50.00	80
1989	Stoope (waterglobe) -9003	Retrd.	1991	40.00	156
1988	Tarnhold-Med. -3202	Retrd.	1992	120.00	175
1992	Zanzibar -3431	Retrd.	1994	45.00	50

Princeton Gallery

Baby bird Trios - Unknown

1991	Cardinals	Open		45.00	45
1991	Woodland Symphony (Bluebirds)	Open		45.00	45

Enchanted Nursery - Unknown

1992	Caprice	Open		57.00	57
1993	Pegasus	Open		57.00	57

Garden Capers - Unknown

1990	Any Mail?	Open		29.50	30
1991	Blue Jays	Open		29.50	30
1992	Bluebird, Spring Planting	Open		29.50	30
1992	Goldfinch, Home Sweet Home	Open		29.50	30
1991	Robin	Open		29.50	30

Lady And The Unicorn - Unknown

1992	Love's Innocence	Open		119.00	119

Pegasus - Unknown

1992	Wings of Magic	Open		95.00	95

Playful Pups - Unknown

1990	Beagle	Open		19.50	20
1990	Dalmation-Where's The Fire	Open		19.50	20
1991	Labrador Retriever	Open		19.50	20
1991	St. Bernard	Open		19.50	20
1991	Wrinkles (Shar Pei)	Open		19.50	20

Unicorn Collection - Unknown

1991	Christmas Unicorn	Yr.Iss.		85.00	85
1993	Love's Courtship	Open		95.00	95
1990	Love's Delight	Open		75.00	75
1991	Love's Devotion	Open		119.00	119
1992	Love's Fancy	Open		95.00	95
1991	Love's Majesty	Open		95.00	95
1991	Love's Purity	Open		95.00	95
1990	Love's Sweetness	Open		75.00	75

R.R. Creations, Inc.

Collectors' Club - D. Ross

1994	Cape Cod 9400	Retrd.	1994	9.95	10
1995	Grist Mill 9500	12/95		11.95	12

Accessories - D. Ross

1987	4" Corral Fence 8726	Retrd.	1992	3.60	4
1989	4" Fence 8912	Retrd.	1992	3.25	4
1991	4" Fence w/ Tree 9124	Open		7.20	8
1990	Cactus Set/12 9014	Retrd.	1992	2.80	3
1993	Honey Pine Shelf 9333	Open		9.95	12
1990	Large Flag Pole 9017	Open		2.95	4
1989	Large Lamp Post 8911	Open		2.75	5
1990	Mainstreet Sign 9018	Open		2.75	4
1990	Natural Windmill 9019	Retrd.	1992	3.60	4
1991	Oak Tree 9123	Open		3.50	5
1992	Pine Tree 9250	Open		3.50	5
1989	Pine Tree w/Bow other side 8915	Retrd.	1992	3.25	4
1992	Sisters Sled 9252	Open		5.95	7
1992	Small Flag Pole 9251	Retrd.	1994	2.95	3
1992	Small Lamp Post 9254	Retrd.	1994	2.95	3
1990	Sunflower 9016	Open		2.80	4
1989	Trees 8914	Retrd.	1991	3.25	4
1992	Trolley 9255	Retrd.	1994	5.95	6
1987	Welcome Mat 8717	Retrd.	1994	1.80	2
1993	Welcome R.R. Sign 9332	Retrd.	1994	4.50	5
1987	Windmill 8725	Open		3.60	4

R.R. Creations, Inc.
to Rawcliffe Corporation

FIGURINES/COTTAGES

Amish Collection Series I - D. Ross

YEAR ISSUE		EDITION LIMIT	YEAR RETD.	ISSUE PRICE	QUOTE U.S.$
1991	Amish Barn 9102	Retrd.	1994	8.95	11
1990	Amish Buggy 9013	Open		4.40	7
1991	Amish Family 9120	Open		4.40	7
1991	Amish House 9101	Retrd.	1994	8.95	11
1991	Amish Outhouse 9104	Open		4.25	5
1991	Amish School 9103	Retrd.	1994	8.95	11
1992	Barn Raising 9220	Retrd.	1994	8.95	11
1992	Clothesline 9253	Open		2.95	7
1992	Quilt Shop 9204	Retrd.	1994	8.95	11
1991	Slow Vehicle 9121	Open		2.95	4
1990	Sunflower 9016	Open		2.80	4
1990	Wheat 9015	Open		2.80	4
1987	Windmill 8725	Open		3.60	4

Amish Collection Series II - D. Ross

YEAR ISSUE		EDITION LIMIT	YEAR RETD.	ISSUE PRICE	QUOTE U.S.$
1991	4" Fence w/ Tree 9124	Open		7.20	8
1991	Amish Family 9120	Open		4.40	7
1993	Amish Garden 9330	Open		5.95	7
1993	Blacksmith 9329	12/95		8.95	11
1993	Harness & Buggy 9331	12/95		8.95	11
1992	Pine Tree 9250	Open		3.50	5
1993	Troyer Bakery 9328	12/95		8.95	11

Author Collection Series I - D. Ross

YEAR ISSUE		EDITION LIMIT	YEAR RETD.	ISSUE PRICE	QUOTE U.S.$
1994	Edgar Allan Poe 9403	2,500		11.00	11
1994	Harriet Beecher Stowe 9404	2,500		11.00	11
1994	Mark Twain 9401	2,500		11.00	11

Christmas Memories Series I - D. Ross

YEAR ISSUE		EDITION LIMIT	YEAR RETD.	ISSUE PRICE	QUOTE U.S.$
1992	Christmas Chapel 9216	Retrd.	1994	8.95	11
1992	Christmas F Douglass 9218	Retrd.	1994	8.95	11
1992	Daniel Boone 9219	Retrd.	1994	8.95	11
1989	Lamp Post 8911	Open		2.75	5
1992	Pine Tree 9250	Open		3.50	5
1992	Sister Sled 9252	Open		5.95	7

Christmas Memories Series II - D. Ross

YEAR ISSUE		EDITION LIMIT	YEAR RETD.	ISSUE PRICE	QUOTE U.S.$
1989	4" Picket Fence 8917	Open		3.65	5
1993	Boscobel 9320	12/95		8.95	11
1993	Christmas Church 9318	12/95		8.95	11
1993	Dell House 9321	12/95		8.95	11
1989	Lamp Post 8911	Open		2.75	5
1992	Pine Tree 9250	Open		3.50	5
1992	Sister Sled 9252	Open		5.95	7

Christmas Memories Series III - D. Ross

YEAR ISSUE		EDITION LIMIT	YEAR RETD.	ISSUE PRICE	QUOTE U.S.$
1995	Apothecary 9513	2,500		11.00	11
1995	Butcher 9515	2,500		11.00	11
1995	Cobbler 9514	2,500		11.00	11

Colonial Collection Series I - D. Ross

YEAR ISSUE		EDITION LIMIT	YEAR RETD.	ISSUE PRICE	QUOTE U.S.$
1989	Boot & Shoemaker 8910	Retrd.	1993	8.95	9
1989	Colonial Inn 8903	Retrd.	1993	8.95	9
1989	Easton House 8918	Retrd.	1993	8.95	9
1989	Large Lampost 8911	Open		2.75	5
1992	Pine Tree 9250	Open		3.50	5
1989	Silversmith 8909	Retrd.	1993	8.95	9
1989	Tavern 8908	Retrd.	1993	8.95	9

Colonial Collection Series II - D. Ross

YEAR ISSUE		EDITION LIMIT	YEAR RETD.	ISSUE PRICE	QUOTE U.S.$
1991	4" Fence w/Tree 9124	Open		7.20	8
1989	C.L. Edwards 8901	Retrd.	1994	8.95	11
1989	Dry Good 8904	Retrd.	1994	8.95	11
1989	G. Dressmaker 8920	Retrd.	1994	8.95	11
1989	Kiistner 8902	Retrd.	1994	8.95	11
1992	Pine Tree 9250	Open		3.50	5
1992	Small Lamp Post 9254	Retrd.	1994	2.95	3
1989	Town Hall 8906	Retrd.	1994	8.95	11

Court House Collection - D. Ross

YEAR ISSUE		EDITION LIMIT	YEAR RETD.	ISSUE PRICE	QUOTE U.S.$
1989	Chase Country 8924	Retrd.	1993	8.95	9
1990	Franklin County 9011	Retrd.	1993	8.95	9
1990	Large Flag Pole 9017	Open		2.95	4
1990	Mount Holly 9010	Retrd.	1993	8.95	9
1992	Pine Tree 9250	Open		3.50	5

Grandpa's Farm Coll. Series I (No Open Window Printed Both Sides) - D. Ross

YEAR ISSUE		EDITION LIMIT	YEAR RETD.	ISSUE PRICE	QUOTE U.S.$
1987	Barn 8721	Retrd.	1992	8.95	9
1987	Chicken Coop 8722	Retrd.	1992	6.50	7
1987	Farm House 8720	Retrd.	1992	8.95	9
1987	Outhouse 8724	Retrd.	1992	4.25	5
1987	Wash House 8723	Retrd.	1992	6.00	6

Grandpa's Farm Collection Series II - D. Ross

YEAR ISSUE		EDITION LIMIT	YEAR RETD.	ISSUE PRICE	QUOTE U.S.$
1993	Chicken Coop 9326	12/95		6.50	11
1993	Hofacre House 9323	12/95		8.95	11
1993	New Barn 9324	12/95		8.95	11
1993	Outhouse 9327	Open		4.25	5
1992	Pine Tree 9250	Open		3.50	5
1993	Wash House 9325	12/95		6.50	11
1990	Wheat 9015	Open		2.80	4
1987	Windmill 8725	Open		3.60	4

Historical Collection Series I - D. Ross

YEAR ISSUE		EDITION LIMIT	YEAR RETD.	ISSUE PRICE	QUOTE U.S.$
1991	4" Fence w/ Tree 9124	Open		7.20	8
1992	Canfield 9205	Retrd.	1994	8.95	11
1992	Hexagon 9208	Retrd.	1994	8.95	11
1992	Lincoln 9217	Retrd.	1994	8.95	11
1990	Main Street Sign 9018	Open		2.75	4
1992	Smith-Bly 9201	Retrd.	1994	8.95	11
1992	Susan B. Anthony 9222	Retrd.	1994	8.95	11

Historical Collection Series II - D. Ross

YEAR ISSUE		EDITION LIMIT	YEAR RETD.	ISSUE PRICE	QUOTE U.S.$
1993	Betsy Ross 9305	12/95		8.95	11
1993	Kennedy Home 9308	12/95		8.95	11
1989	Lamp Post 8911	Open		2.75	5
1991	Oak Tree 9123	Open		3.50	5
1992	Pine Tree 9250	Open		3.50	5
1993	Stone House 9319	12/95		8.95	11

In The Country Series I - D. Ross

YEAR ISSUE		EDITION LIMIT	YEAR RETD.	ISSUE PRICE	QUOTE U.S.$
1991	4" Fence w/ Tree 9124	Open		7.20	8
1989	Church 8905	Retrd.	1993	8.95	9
1990	Grist Mill 9001	Retrd.	1993	8.95	9
1990	Large Flag Pole 9017	Open		2.95	4
1991	Oak Tree 9123	Open		3.50	5
1992	Pine Tree 9250	Open		3.50	5
1989	School 8907	Retrd.	1993	8.95	9

In The Country Series II - D. Ross

YEAR ISSUE		EDITION LIMIT	YEAR RETD.	ISSUE PRICE	QUOTE U.S.$
1991	4" Fence w/ Tree 9124	Open		7.20	8
1993	Country Church 9322	12/95		8.95	11
1993	Country Livin' Shop 9307	12/95		8.95	11
1992	Pine Tree 9250	Open		3.50	5
1990	Sunflower 9016	Open		2.80	4
1993	Toll House 9301	12/95		8.95	11

In The Country Series III - D. Ross

YEAR ISSUE		EDITION LIMIT	YEAR RETD.	ISSUE PRICE	QUOTE U.S.$
1995	Depot 9512	2,500		11.00	11
1995	Grist Mill 9510	2,500		11.00	11
1995	School House 9511	2,500		11.00	11

Inn Collection Series I - D. Ross

YEAR ISSUE		EDITION LIMIT	YEAR RETD.	ISSUE PRICE	QUOTE U.S.$
1994	Black Horse Inn 9411	2,500		11.00	11
1994	Herlong Mansion 9412	2,500		11.00	11
1994	Nathaniel Porter Inn 9410	2,500		11.00	11

Landmark Collection Series I - D. Ross

YEAR ISSUE		EDITION LIMIT	YEAR RETD.	ISSUE PRICE	QUOTE U.S.$
1994	Locust Grove 9405	2,500		11.00	11
1994	Longfellow 9408	2,500		11.00	11
1994	Melrose 9409	2,500		11.00	11

Lighthouse Collection Series I - D. Ross

YEAR ISSUE		EDITION LIMIT	YEAR RETD.	ISSUE PRICE	QUOTE U.S.$
1994	Mystic Sea Port 9406	2,500		11.00	11
1994	Old Point Betsie 9402	2,500		11.00	11
1994	Quoddy Head 9407	2,500		11.00	11

Lighthouse Collection Series II - D. Ross

YEAR ISSUE		EDITION LIMIT	YEAR RETD.	ISSUE PRICE	QUOTE U.S.$
1995	Block Island S.E. 9506	2,500		11.00	11
1995	Drum Point Lighthouse 9504	2,500		11.00	11
1995	Old Port Boca 9505	2,500		11.00	11

Main Street Collection Series I - D. Ross

YEAR ISSUE		EDITION LIMIT	YEAR RETD.	ISSUE PRICE	QUOTE U.S.$
1991	4" Fence w/ Tree 9124	Open		7.20	8
1989	Barron Theatre 8922	Retrd.	1993	8.95	9
1989	Gas Station 8923	Retrd.	1993	8.95	9
1989	Kingman Firehouse 8919	Retrd.	1993	8.95	9
1990	Large Flag Pole 9017	Open		2.95	4
1990	Library 9007	Retrd.	1993	8.95	9
1990	Main Street Sign 9018	Open		2.75	4
1989	Myerstown Depot 8921	Retrd.	1993	8.95	9
1991	Oak Tree 9123	Open		3.50	5
1992	Pine Tree 9250	Open		3.50	5
1990	Santa Fe Depot 9006	Retrd.	1993	8.95	9
1991	Telephone Company 9107	Retrd.	1993	8.95	9

Main Street Collection Series II - D. Ross

YEAR ISSUE		EDITION LIMIT	YEAR RETD.	ISSUE PRICE	QUOTE U.S.$
1992	Bakery 9212	Retrd.	1994	8.95	11
1992	Bank 9211	Retrd.	1994	8.95	11
1992	Beauty Shop 9209	Retrd.	1994	8.95	11
1991	Chautaqua Hills Jelly 9105	Retrd.	1994	8.95	11
1989	Harold's Hardware 8925	Retrd.	1994	8.95	11
1992	Oak Brook Fire Co. 9207	Retrd.	1994	8.95	11

Nostalgia Collection Series I - D. Ross

YEAR ISSUE		EDITION LIMIT	YEAR RETD.	ISSUE PRICE	QUOTE U.S.$
1995	Drive In 9507	2,500		11.00	11
1995	Mae's Diner 9508	2,500		11.00	11
1995	Soda Shop 9509	2,500		11.00	11

On the Square I (No Open Window/Printed Both Sides) - D. Ross

YEAR ISSUE		EDITION LIMIT	YEAR RETD.	ISSUE PRICE	QUOTE U.S.$
1987	Antique Shop 8708	Retrd.	1992	8.95	9
1987	Bakery 8710	Retrd.	1992	8.95	9
1987	Book Store 8709	Retrd.	1992	8.95	9
1987	Candle Shop 8712	Retrd.	1992	8.95	9
1987	Craft Shop 8711	Retrd.	1992	8.95	9
1988	Flower Shop 8807	Retrd.	1992	8.95	9
1988	Hardesty House 8808	Retrd.	1992	8.95	9
1988	Ice Cream Parlor 8806	Retrd.	1992	8.95	9

On the Square II - D. Ross

YEAR ISSUE		EDITION LIMIT	YEAR RETD.	ISSUE PRICE	QUOTE U.S.$
1993	Antique Shop 9314	12/95		8.95	11
1993	Book Store 9309	12/95		8.95	11
1993	Candle Shop 9312	12/95		8.95	11
1993	Craft Shop 9313	12/95		8.95	11
1990	Flag Pole 9017	Open		2.95	4
1993	Flower Shop 9311	12/95		9.95	11
1993	Ice Cream Shop 9310	12/95		9.95	11
1991	Oak Tree 9123	Open		3.50	5
1992	Small Lamp Pole 9254	Retrd.	1994	2.95	3

Pre-Open Window Series - D. Ross

YEAR ISSUE		EDITION LIMIT	YEAR RETD.	ISSUE PRICE	QUOTE U.S.$
1990	Adobe House 9005	Retrd.	1992	8.50	9
1991	Faulkner House 9108	Retrd.	1992	8.50	9
1990	Fox Theater 9009	Retrd.	1992	8.50	9
1991	John Hayes House 9109	Retrd.	1992	11.95	12
1991	Memphis Mansion 9110	Retrd.	1992	8.50	9
1990	Mission 9004	Retrd.	1992	8.50	9
1990	Stone Barn 9003	Retrd.	1992	8.50	9
1990	Stone House 9002	Retrd.	1991	8.50	9
1990	Strater Hotel 9008	Retrd.	1992	8.50	9

Victorian Collection - D. Ross

YEAR ISSUE		EDITION LIMIT	YEAR RETD.	ISSUE PRICE	QUOTE U.S.$
1991	4" Fence w/ Tree 9124	Open		7.20	8
1992	Chapline 9206	Retrd.	1994	8.95	11
1990	Main Street Sign 9018	Open		2.75	4
1991	Oak Tree 9123	Open		3.50	5
1992	Queen Anne 9203	Retrd.	1994	8.95	11
1992	Trolley 9255	Retrd.	1994	5.95	6
1991	Victorian Michigan 9106	Retrd.	1994	8.95	11

Williamsburg Collection Series I - D. Ross

YEAR ISSUE		EDITION LIMIT	YEAR RETD.	ISSUE PRICE	QUOTE U.S.$
1992	Davidson Shop 9213	Retrd.	1994	8.95	11
1991	Oak Tree 9123	Open		3.50	5
1992	Orrell House 9214	Retrd.	1994	8.95	11
1992	Pine Tree 9250	Open		3.50	5
1992	Small Lamp Post 9254	Retrd.	1994	2.95	3
1992	Tarpley's Shop 9215	Retrd.	1994	8.95	11

Williamsburg Collection Series II - D. Ross

YEAR ISSUE		EDITION LIMIT	YEAR RETD.	ISSUE PRICE	QUOTE U.S.$
1991	4" Fence w/ Tree 9124	Open		7.20	8
1993	Capitol 9303	12/95		8.95	11
1993	Court House 9302	12/95		8.95	11
1993	Governors Palace 9304	12/95		8.95	11
1992	Pine Tree 9250	Open		3.50	5

Rawcliffe Corporation

Angel Fairies™ of the Seasons - J. deStefano

YEAR ISSUE		EDITION LIMIT	YEAR RETD.	ISSUE PRICE	QUOTE U.S.$
1994	Angel Fairy of the Fall	4,500		95.00	95
1994	Angel Fairy of the Spring	4,500		95.00	95
1994	Angel Fairy of the Summer	4,500		95.00	95
1994	Angel Fairy of the Winter	4,500		95.00	95

Baby Bubble Fairies™ - J. deStefano

YEAR ISSUE		EDITION LIMIT	YEAR RETD.	ISSUE PRICE	QUOTE U.S.$
1992	Turquoise-January	6,700		70.00	70
1992	Magenta-February	6,700		70.00	70
1992	Blush-March	6,700		70.00	70
1992	Chartreuse-April	6,700		70.00	70
1992	Violet-May	6,700		70.00	70
1992	Coral-June	6,700		70.00	70
1992	Saffron-July	6,700		70.00	70
1992	Azure-August	6,700		70.00	70
1992	Lavender-September	6,700		70.00	70
1992	Amber-October	6,700		70.00	70
1992	Vermilion-November	6,700		70.00	70
1992	Emerald-December	6,700		70.00	70

Four Seasons Fairies™ - J. deStefano

YEAR ISSUE		EDITION LIMIT	YEAR RETD.	ISSUE PRICE	QUOTE U.S.$
1991	Snow-Winter	9,500		95.00	95
1991	Petal-Spring	9,500		95.00	95
1991	Aria-Summer	9,500		95.00	95
1991	Harvest-Fall	9,500		95.00	95

Garden Fairies™ - J. deStefano

YEAR ISSUE		EDITION LIMIT	YEAR RETD.	ISSUE PRICE	QUOTE U.S.$
1993	The Dew Fairy	4,500		115.00	115
1993	The Dream Fairy	4,500		115.00	115
1993	The Fairy Slipper	4,500		115.00	115
1993	The Illusive Fairy	4,500		115.00	115

Original Bubble Fairy™ Collection - J. deStefano

YEAR ISSUE		EDITION LIMIT	YEAR RETD.	ISSUE PRICE	QUOTE U.S.$
1988	Bliss	Open		85.00	85
1988	Breeze	Retrd.	1993	85.00	85
1988	Echo	Open		85.00	85
1988	Luna	Open		145.00	145
1988	Meadow	Retrd.	1993	145.00	145
1988	Mist	Retrd.	1993	145.00	145
1988	Nimbus	Retrd.	1993	85.00	85
1988	Sky	Open		145.00	145
1988	Sunbeam	Retrd.	1993	85.00	85
1988	Twilight	Open		85.00	85
1988	Whisper	Open		85.00	85
1988	Wishes	Retrd.	1993	85.00	85

Star Trek™ Starships - M. Schwabe

YEAR ISSUE		EDITION LIMIT	YEAR RETD.	ISSUE PRICE	QUOTE U.S.$
1993	USS Enterprise (The Next Generation)	15,000		100.00	100

Star Wars™ Starships - M. Schwabe

YEAR ISSUE		EDITION LIMIT	YEAR RETD.	ISSUE PRICE	QUOTE U.S.$
1993	Darth Vader Tie Fighter Ship	15,000		135.00	135
1993	Millenium Falcon	15,000		115.00	115
1993	X-Wing Fighter	15,000		95.00	95

Wish Fairy™ Collection - J. deStefano

YEAR ISSUE		EDITION LIMIT	YEAR RETD.	ISSUE PRICE	QUOTE U.S.$
1994	Dreams	Open		30.00	30
1994	Friendship	Open		30.00	30
1994	Fun	Open		30.00	30
1994	Good Fortune	Open		30.00	30
1994	Good Luck	Open		30.00	30
1994	Happiness	Open		30.00	30
1994	Health	Open		30.00	30
1994	Laughter	Open		30.00	30
1994	Love	Open		30.00	30

FIGURINES/COTTAGES

Rawcliffe Corporation to Rick Cain Studios

YEAR ISSUE		EDITION LIMIT	YEAR RETD.	ISSUE PRICE	QUOTE U.S.$
1994	Rainbows	Open		30.00	30
1994	Success	Open		30.00	30
1994	Sunshine	Open		30.00	30

Reco International

Clown Figurines by John McClelland - J. McClelland

YEAR ISSUE		EDITION LIMIT	YEAR RETD.	ISSUE PRICE	QUOTE U.S.$
1988	Mr. Cool	9,500		35.00	35
1987	Mr. Cure-All	9,500		35.00	35
1988	Mr. Heart-Throb	9,500		35.00	35
1987	Mr. Lovable	9,500		35.00	35
1988	Mr. Magic	9,500		35.00	35
1987	Mr. One-Note	9,500		35.00	35
1987	Mr. Tip	9,500		35.00	35

Faces of Love - J. McClelland

YEAR ISSUE		EDITION LIMIT	YEAR RETD.	ISSUE PRICE	QUOTE U.S.$
1988	Cuddles	Open		29.50	33
1988	Sunshine	Open		29.50	33

Granget Crystal Sculpture - G. Granget

YEAR ISSUE		EDITION LIMIT	YEAR RETD.	ISSUE PRICE	QUOTE U.S.$
1973	Long Earred Owl, Asio Otus	Retrd.	1974	2250.00	2250
XX	Ruffed Grouse	Retrd.	1976	1000.00	1000

Laughables - J. Bergsma

YEAR ISSUE		EDITION LIMIT	YEAR RETD.	ISSUE PRICE	QUOTE U.S.$
1995	Annie, Geoge & Harry	Open		17.50	18
1995	Cody & Spot	Open		15.00	15
1995	Daffodil & Prince	Open		13.50	14
1995	Daisy & Jeremiah	Open		15.00	15
1995	Joey & Jumper	Open		15.00	15
1995	Merlin & Gemini	Open		15.00	15
1995	Millie & Mittens	Open		15.00	15
1995	Patches and Pokey	Open		15.00	15
1995	Patty & Petunia	Open		16.50	17
1995	Sunny	Open		13.50	14
1995	Whiskers & Willie	Open		13.50	14

Porcelains in Miniature by John McClelland - J. McClelland

YEAR ISSUE		EDITION LIMIT	YEAR RETD.	ISSUE PRICE	QUOTE U.S.$
XX	Alice	10,000		34.50	35
XX	Autumn Dreams	Open		29.50	30
XX	The Baker	Open		29.50	30
XX	Batter Up	Retrd.	1993	29.50	30
XX	Center Ice	Open		29.50	30
XX	Cheerleader	Open		29.50	30
XX	Chimney Sweep	10,000		34.50	35
XX	The Clown	Open		29.50	30
XX	Club Pro	Open		29.50	30
XX	Country Lass	Open		29.50	30
XX	Cowboy	Open		29.50	30
XX	Cowgirl	Open		29.50	30
XX	Doc	Open		29.50	30
XX	Dressing Up	10,000		34.50	35
XX	The Farmer	Open		29.50	30
XX	Farmer's Wife	Open		29.50	30
XX	The Fireman	Open		29.50	30
XX	First Outing	Open		29.50	30
XX	First Solo	Open		29.50	30
XX	Highland Fling	7,500		34.50	35
XX	John	10,000		34.50	35
XX	Lawyer	Open		29.50	30
XX	Love 40	Open		29.50	30
XX	The Nurse	Open		29.50	30
XX	The Painter	Open		29.50	30
XX	The Policeman	Open		29.50	30
XX	Quiet Moments	Open		29.50	30
XX	Smooth Smailing	Open		29.50	30
XX	Special Delivery	Open		29.50	30
XX	Sudsie Suzie	Open		29.50	30
XX	Tuck-Me-In	Open		29.50	30
XX	Winter Fun	Open		29.50	30

The Reco Angel Collection - J. McClelland

YEAR ISSUE		EDITION LIMIT	YEAR RETD.	ISSUE PRICE	QUOTE U.S.$
1986	Adoration	Open		24.00	24
1986	Devotion	Open		15.00	15
1986	Faith	Open		24.00	24
1986	Gloria	Open		12.00	12
1986	Harmony	Retrd.	1994	12.00	12
1986	Hope	Open		24.00	24
1986	Innocence	Open		12.00	12
1986	Joy	Retrd.	1994	15.00	15
1986	Love	Open		12.00	12
1988	Minstral	Open		12.00	12
1986	Peace	Open		24.00	24
1986	Praise	Open		20.00	20
1988	Reverence	Open		12.00	12
1986	Serenity	Open		24.00	24

The Reco Angel Collection Miniatures - J. McClelland

YEAR ISSUE		EDITION LIMIT	YEAR RETD.	ISSUE PRICE	QUOTE U.S.$
1987	Adoration	Open		10.00	10
1987	Devotion	Retrd.	1994	7.50	8
1987	Faith	Retrd.	1994	10.00	10
1987	Gloria	Retrd.	1994	7.50	8
1987	Harmony	Retrd.	1994	7.50	8
1987	Hope	Open		10.00	10
1987	Innocence	Retrd.	1994	7.50	8
1987	Joy	Retrd.	1994	7.50	8
1987	Love	Retrd.	1994	7.50	8
1987	Peace	Retrd.	1994	10.00	10
1987	Praise	Retrd.	1994	10.00	10
1987	Serenity	Retrd.	1994	10.00	10

The Reco Clown Collection - J. McClelland

YEAR ISSUE		EDITION LIMIT	YEAR RETD.	ISSUE PRICE	QUOTE U.S.$
1985	Arabesque	Open		12.00	13
1985	Bow Jangles	Open		12.00	13
1985	Curly	Open		12.00	13
1987	Disco Dan	Open		12.00	13
1987	Domino	Open		12.00	13
1987	Happy George	Open		12.00	13
1985	Hobo	Open		12.00	13
1987	The Joker	Open		12.00	13
1987	Jolly Joe	Open		12.00	13
1987	Love	Open		12.00	13
1987	Mr. Big	Open		12.00	13
1985	The Professor	Open		12.00	13
1985	Ruffles	Open		12.00	13
1985	Sad Eyes	Open		12.00	13
1985	Scamp	Open		12.00	13
1987	Smiley	Open		12.00	13
1985	Sparkles	Open		12.00	13
1985	Top Hat	Open		12.00	13
1987	Tramp	Open		12.00	13
1987	Twinkle	Open		12.00	13
1985	Whoopie	Open		12.00	13
1985	Winkie	Retrd.	1994	12.00	13
1987	Wistful	Open		12.00	13
1987	Zany Jack	Open		12.00	13

The Reco Collection Clown Busts - J. McClelland

YEAR ISSUE		EDITION LIMIT	YEAR RETD.	ISSUE PRICE	QUOTE U.S.$
1988	Bow Jangles	5,000		40.00	40
1988	Domino	5,000		40.00	40
1988	Hobo	5,000		40.00	40
1988	Love	5,000		40.00	40
1988	Sparkles	5,000		40.00	40

Reco Creche Collection - J. McClelland

YEAR ISSUE		EDITION LIMIT	YEAR RETD.	ISSUE PRICE	QUOTE U.S.$
1988	Cow	Open		15.00	15
1988	Donkey	Open		16.50	17
1987	Holy Family (3 Pieces)	Open		49.00	49
1988	King/Frankincense	Open		22.50	23
1988	King/Gold	Open		22.50	23
1988	King/Myrrh	Open		22.50	23
1987	Lamb	Open		9.50	10
1987	Shepherd-Kneeling	Open		22.50	23
1987	Shepherd-Standing	Open		22.50	23

Sophisticated Ladies Figurines - A. Fazio

YEAR ISSUE		EDITION LIMIT	YEAR RETD.	ISSUE PRICE	QUOTE U.S.$
1987	Bianka	Retrd.	1993	29.50	33
1987	Cerissa	Retrd.	1993	29.50	33
1987	Chelsea	Retrd.	1993	29.50	33
1987	Cleo	Retrd.	1993	29.50	33
1987	Felicia	Retrd.	1993	29.50	33
1987	Natasha	Retrd.	1993	29.50	33
1987	Phoebe	Retrd.	1993	29.50	33
1987	Samantha	Retrd.	1993	29.50	33

Wedding Gifts - J. McClelland

YEAR ISSUE		EDITION LIMIT	YEAR RETD.	ISSUE PRICE	QUOTE U.S.$
1991	Bride & Groom	Open		85.00	85
1991	Bride & Groom- Musical	Open		90.00	90
1991	Bride-Blond	Open		60.00	60
1991	Bride-Blond-Musical	Open		80.00	80
1991	Bride-Brunette	Open		60.00	60
1991	Bride-Brunette-Musical	Open		80.00	80
1991	Cake Topper Bride & Groom	Open		35.00	35

Rhodes Studio

Rockwell's Age of Wonder - Rockwell-Inspired

YEAR ISSUE		EDITION LIMIT	YEAR RETD.	ISSUE PRICE	QUOTE U.S.$
1992	The Birthday Party	Closed	N/A	39.95	40
1991	Hush-A-Bye	Closed	N/A	34.95	35
1991	School Days	Closed	N/A	36.95	37
1991	Splish Splash	Closed	N/A	34.95	35
1991	Stand by Me	Closed	N/A	36.95	37
1991	Summertime	Closed	N/A	39.95	40

Rockwell's Beautiful Dreamers - Rockwell-Inspired

YEAR ISSUE		EDITION LIMIT	YEAR RETD.	ISSUE PRICE	QUOTE U.S.$
1991	Dear Diary	Closed	N/A	37.95	38
1992	Debutante's Dance	Closed	N/A	42.95	43
1991	Secret Sonnets	Closed	N/A	39.95	40
1991	Sitting Pretty	Closed	N/A	37.95	38
1991	Springtime Serenade	Closed	N/A	39.95	40
1992	Walk in the Park	Closed	N/A	42.95	43

Rockwell's Gems of Wisdom - Rockwell-Inspired

YEAR ISSUE		EDITION LIMIT	YEAR RETD.	ISSUE PRICE	QUOTE U.S.$
1991	Love Cures All	Closed	N/A	39.95	40
1991	Practice Makes Perfect	Closed	N/A	39.95	40
1991	A Stitch In Time	Closed	N/A	42.95	43

Rockwell's Heirloom Santa Collection - Rockwell-Inspired

YEAR ISSUE		EDITION LIMIT	YEAR RETD.	ISSUE PRICE	QUOTE U.S.$
1991	Christmas Dream	150-day		49.95	50
1992	Making His List	Closed	N/A	49.95	50
1990	Santa's Workshop	150-day		49.95	50

Rockwell's Hometown - Various

YEAR ISSUE		EDITION LIMIT	YEAR RETD.	ISSUE PRICE	QUOTE U.S.$
1991	Bell Tower - Rockwell-Inspired	Closed	N/A	36.95	37
1992	The Berkshire Playhouse - Rockwell-Inspired	Closed	N/A	42.95	43
1991	Church On The Green - Rockwell-Inspired	Closed	N/A	39.95	40
1992	Citizen's Hall - Rockwell-Inspired	Closed	N/A	42.95	43
1991	Firehouse - Rockwell-Inspired	Closed	N/A	36.95	37
1991	Greystone Church - Rhodes	Closed	N/A	34.95	35
1992	Mission House - Rockwell-Inspired	Closed	N/A	42.95	43
1992	Old Corner House - Rockwell-Inspired	Closed	1994	42.95	43
1991	Rockwell's Residence - Rhodes	Closed	N/A	34.95	35
1992	Town Hall - Rockwell-Inspired	Closed	N/A	39.95	40

Rockwell's Main Street - Rockwell-Inspired

YEAR ISSUE		EDITION LIMIT	YEAR RETD.	ISSUE PRICE	QUOTE U.S.$
1990	The Antique Shop	150-day		28.00	150
1991	The Bank	150-day		36.00	36
1990	The Country Store	150-day		32.00	36
1991	The Library	150-day		36.00	36
1991	Red Lion Inn	150-day		39.00	39
1990	Rockwell's Studio	150-day		28.00	85
1990	The Town Offices	150-day		32.00	36

Rick Cain Studios

Collectors Guild - R. Cain

YEAR ISSUE		EDITION LIMIT	YEAR RETD.	ISSUE PRICE	QUOTE U.S.$
1992	High Point	S/O	1992	82.00	82
1992	Visor	Retrd.	1992	Gift	N/A
1993	Strider	S/O	1993	82.00	82
1993	Star Shadow	Retrd.	1993	Gift	75
1994	Midnight Son	1,225	1994	297.00	325-350
1994	Arctic Moon II	Retrd.	1994	Gift	N/A
1995	Family Tree	Yr.Iss.		260.00	260
1995	Bonsai	Yr.Iss.		Gift	N/A

Birds of Prey (Miniatures) - R. Cain

YEAR ISSUE		EDITION LIMIT	YEAR RETD.	ISSUE PRICE	QUOTE U.S.$
1992	Bald Eagle	3,000		49.50	50
1992	Golden Eagle	3,000		49.50	50
1992	Kestrel Hawk	3,000		49.50	50
1992	Night Owl	3,000		49.50	50
1992	Peregrine Falcon	3,000		49.50	50
1992	Red Tail Hawk	3,000		49.50	50

Eco-Sculpture - R. Cain

YEAR ISSUE		EDITION LIMIT	YEAR RETD.	ISSUE PRICE	QUOTE U.S.$
1991	Highland Voyager	2,000		132.00	132
1991	Orchestration	2,000		132.00	132
1992	Polar Eclipse	2,000		110.00	110

Gallery I - R. Cain

YEAR ISSUE		EDITION LIMIT	YEAR RETD.	ISSUE PRICE	QUOTE U.S.$
1992	American Dream	500		3300.00	3300
1993	Raven Shadow	900		2200.00	2200
1992	Wind Spirit	1,500		1650.00	1650

Master Series - R. Cain

YEAR ISSUE		EDITION LIMIT	YEAR RETD.	ISSUE PRICE	QUOTE U.S.$
1986	Aerial Hunter	S/O	1990	70.40	71
1991	Aerial Victor	2,000		115.00	115
1986	African Youth	5,000		137.00	137
1991	Alpha Sprout	2,000		99.00	99
1990	Aquarian	2,000		203.00	203
1993	Arctic Moon	S/O	1993	231.00	500-1000
1993	Arctic Son	S/O	1993	275.00	350-700
1988	The Balance	Retrd.	1992	374.00	400-515
1992	Bathing Hole	2,000	1994	102.00	150-175
1994	Bear Rising	2,000		180.00	200
1988	Blackberry Summer	300	1994	165.00	190
1991	Blossom	2,000		99.00	99
1985	Box Turtle	5,000		66.00	66
1993	Buffalo's Son	2,000		143.00	143
1991	Cain Sign	Open		55.00	55
1991	Cameo	2,000		154.00	154
1985	Catchmaster	Retrd.	1990	184.80	325-500
1991	Cheetah	2,000		105.00	105
1990	Dark Feather	2,000	1994	86.00	155
1993	Dark Shadow	900		1650.00	1650
1994	Den Meditation	2,000		375.00	375
1989	Domain	Retrd.	1992	187.00	225-350
1986	Dragon Sprout	S/O	1990	92.50	300
1987	Dragon Sprout II	5,000		159.00	159
1994	Dragon's Dream	1,500		240.00	300
1987	Dragonflies Dance	Retrd.	1992	55.00	85
1990	Dual Motion	2,000		185.00	185
1986	Elder	S/O	1993	550.00	700-900
1989	Encompass	5,000		104.00	104
1988	Fair Atlantis	Retrd.	1993	319.00	375
1990	Falcon Lore	S/O	1992	86.00	155-250
1985	Featherview	Retrd.	1993	151.80	152
1995	Feet of Clay	2,000		150.00	150
1995	Fire and Ice	2,000		690.00	690
1994	Flight Feathers	1,500		180.00	200
1994	Forest Nimble	2,000		218.00	218
1993	Fountain of Youth	2,000		132.00	132
1994	Four Bears	2,000		1100.00	1100
1988	Guardian	Retrd.	1994	325.00	370
1987	Habitat	5,000		93.00	93
1989	Hatchling	1,250	1994	85.00	100
1988	Heron Pass	5,000		231.00	231
1987	Innerview	1,500	1994	84.00	100-150
1994	Ivory Hunter	2,500		160.00	160
1991	Jungle Graces	2,000		110.00	110
1991	La Kimono	2,000		176.00	176
1988	Lady Reflecting	5,000		93.00	93
1992	Leading Wolf	S/O	1992	143.00	350-550
1987	Liquid Universe	5,000		540.00	540
1993	Little Bears	2,000		220.00	220
1990	Majestic Cradle	900		440.00	440
1986	Marshkeeper	5,000		231.00	231
1993	Medicine Bowl	2,000		220.00	220
1992	Medicine Hawk	2,000		187.00	187
1995	Mergence	2,000		240.00	240

Rick Cain Studios
to Roman, Inc.

FIGURINES/COTTAGES

YEAR ISSUE		EDITION LIMIT	YEAR RETD.	ISSUE PRICE	QUOTE U.S.$
1994	Moon Walk	S/O	1994	198.00	250-350
1994	Mountain Pass	2,000		180.00	200
1985	Nightmaster	Retrd.	1990	184.80	350
1988	Old Man of the Forest	Retrd.	1992	132.00	225
1988	Orbist	Retrd.	1992	108.00	200-500
1992	The Pack	S/O	1992	105.50	160-275
1988	Paradise Found	575	1994	308.00	425
1990	Pathfinder	S/O	1991	101.00	275
1994	Pathways	2,500		125.00	125
1990	Pondering	2,000		108.00	108
1992	Power of One	2,000		77.00	77
1992	Prairie Thunder	2,000	1994	110.00	165
1991	Pride	2,000		105.00	105
1992	Radiance	2,000		132.00	132
1994	Rebirth	2,000		180.00	180
1990	Rising Shadow	2,000		187.00	187
1993	Rites of Passage	2,000		165.00	165
1986	Sandmaster	5,000		93.00	93
1990	Scarlett Wing	365	1994	101.00	150-185
1985	Sea View	S/O	1993	70.40	112-150
1990	Searchers	2,000	1994	174.00	200-300
1987	Sentinel Crest	5,000	1994	121.00	140-200
1992	Seven Bears	S/O	1993	231.00	400-600
1991	Soft Wave	2,000		121.00	121
1995	Son and Daughters of the Wind	2,000		165.00	165
1993	Speaks to Strangers	2,000		132.00	132
1991	Spirit Dog	S/O	1992	198.00	500-650
1992	Spirit Eagle	S/O	1993	121.00	200
1994	Spirit of the Mountain	2,000		350.00	440
1993	Spirit Totem	S/O	1993	286.00	350-750
1993	Steppin' Wolf	S/O	1993	210.00	250
1987	Teller	Retrd.	1992	308.00	350-400
1992	Three Bears	2,000		187.00	187
1991	Thunderbowl	2,000		242.00	242
1985	Tidemaster	2,500	1994	242.00	275-300
1990	Tropic Array	2,000		100.00	100
1986	Tropical Flame	Retrd.	1992	209.00	275-375
1989	Universes	5,000		115.00	115
1994	Vision Bear	2,000		250.00	250
1994	Waiting Wolf	S/O	1994	198.00	225
1988	Watercourse Way	5,000		99.00	99
1993	Where Bear	2,000		253.00	253
1986	Wind Horse	S/O	1992	70.00	100-150
1987	Winged Fortress	5,000	1994	363.00	415
1993	Wolf Crossing	2,000		715.00	715
1994	Wolf Prince	2,000		325.00	325
1993	Wolf Trail	S/O	1993	121.00	175-250
1990	Wood Flight	S/O	1992	105.50	125-175
1993	Wood Song	S/O	1993	143.00	225-300
1985	Woodland Spirit	5,000		165.00	165
1987	Yore Castle	Retrd.	1992	165.00	200-275

Path of the Sacred Journey - R. Cain

1994	Tales of Old	2,500		315.00	315

Transcendental Wolves - R. Cain

1995	Transcendental Grey Wolf	2,500		315.00	315
1994	Transcendental White Wolf	2,500		315.00	315

Vision Quest - R. Cain

1992	Alphascape	S/O	1993	210.00	350-400
1991	Silver Shadow	2,000		176.00	176
1994	Vision Bear	2,000		315.00	315
1993	White Vision	2,000		242.00	242

Water's Edge - R. Cain

1994	Winged Pass	2,000		115.00	115

Wolf Fragments - R. Cain

1994	Devining Wolf	3,000		110.00	110
1994	Pinnacle	3,000		110.00	110

River Shore

Rockwell Single Issues - N. Rockwell

1982	Grandpa's Guardian	9,500		125.00	125
1981	Looking Out To Sea	9,500		85.00	225

Roman, Inc.

Bill Jauquet Americana Collection - B. Jauquet

1995	Carefree Days	Open		125.00	125
1995	Faithful Voyage	Open		650.00	650
1995	Heading for Home	Open		135.00	135
1995	Heading to Town	Open		150.00	150
1993	Last Train Out	Open		125.00	125
1995	Noah and Friends	Open		350.00	350
1995	Standing Proud	Open		160.00	160
1993	Sunday Driver	Open		395.00	395
1993	Sunrise Ride	Open		175.00	175
1995	Sunrise River	Open		175.00	175

Bristol Falls Carolers Society - E. Simonetti

1994	Albert Sinclair	Open		23.50	25
1993	Amos Eleazor Whipple	Open		23.50	25
1994	Caroline Williams	Open		23.50	30
1993	Catherine Lucy Lancaster	Open		23.50	25
1995	Charity and Charles	Open		29.50	30
1993	Chester Adams	Open		23.50	25
1993	Elizabeth Anne Abbot & Stephen	Open		23.50	25
1995	Emily Adams	Open		24.50	25
1994	Jack O'Halloran	Open		23.50	25
1993	James Fisk Cushing	Open		27.50	30
1994	Margaret Louise Winslow Smith	Open		23.50	25
1994	Mary Beth Lancaster	Open		23.50	25
1994	Mayor Jeremiah Bradshaw Smith	Open		23.50	25
1993	Timothy Palmer	Open		27.50	30

Catnippers - I. Spencer

1985	A Baffling Yarn	15,000		45.00	45
1985	Can't We Be Friends	15,000		45.00	45
1985	A Christmas Mourning	15,000		45.00	50
1985	Flora and Felina	15,000		45.00	50
1985	Flying Tiger-Retired	15,000		45.00	45
1985	The Paw that Refreshes	15,000		45.00	45
1985	Sandy Claws	15,000		45.00	45
1985	A Tail of Two Kitties	15,000		45.00	45

Ceramica Excelsis - Unknown

1978	Assumption Madonna	5,000		56.00	56
1978	Christ Entering Jerusalem	5,000		96.00	96
1978	Christ in the Garden of Gethsemane	5,000		40.00	60
1977	Christ Knocking at the Door	5,000		60.00	60
1980	Daniel in the Lion's Den	5,000		80.00	80
1980	David	5,000		77.00	77
1978	Flight into Egypt	5,000		59.00	90
1983	Good Shepherd	5,000		49.00	49
1978	Guardian Angel with Boy	5,000		69.00	69
1978	Guardian Angel with Girl	5,000		69.00	69
1983	Holy Family	5,000		72.00	72
1978	Holy Family at Work	5,000		96.00	96
1978	Infant of Prague	5,000		37.50	60
1981	Innocence	5,000		95.00	95
1979	Jesus Speaks in Parables	5,000		90.00	90
1983	Jesus with Children	5,000		74.00	74
1981	Journey to Bethlehem	5,000		89.00	89
1983	Kneeling Santa	5,000		95.00	95
1977	Madonna and Child with Angels	5,000		60.00	60
1977	Madonna with Child	5,000		65.00	65
1979	Moses	5,000		77.00	77
1979	Noah	5,000		77.00	77
1981	Sermon on the Mount	5,000		56.00	56
1983	St. Anne	5,000		49.00	49
1983	St. Francis	5,000		59.50	60
1977	St. Francis	5,000		60.00	60
1981	Way of the Cross	5,000		59.00	59
1980	Way to Emmaus	5,000		155.00	155
1977	What Happened to Your Hand?	5,000		60.00	60

A Child's World 1st Edition - F. Hook

1980	Beach Buddies, signed	15,000		29.00	600
1980	Beach Buddies, unsigned	15,000		29.00	450
1980	Helping Hands	Closed	N/A	45.00	85
1980	Kiss Me Good Night	15,000		29.00	40
1980	My Big Brother	Closed	N/A	39.00	200
1980	Nighttime Thoughts	Closed	N/A	25.00	65
1980	Sounds of the Sea	15,000	N/A	45.00	150

A Child's World 2nd Edition - F. Hook

1981	All Dressed Up	15,000		36.00	70
1981	Cat Nap	15,000	N/A	42.00	125
1981	I'll Be Good	15,000	N/A	36.00	80
1981	Making Friends	15,000		42.00	46
1981	The Sea and Me	15,000	N/A	39.00	80
1981	Sunday School	15,000		39.00	70

A Child's World 3rd Edition - F. Hook

1981	Bear Hug	15,000		42.00	45
1981	Pathway to Dreams	15,000		47.00	50
1981	Road to Adventure	15,000		47.00	50
1981	Sisters	15,000	N/A	64.00	75
1981	Spring Breeze	15,000	N/A	37.50	50
1981	Youth	15,000		37.50	40

A Child's World 4th Edition - F. Hook

1982	All Bundled Up	15,000		37.50	40
1982	Bedtime	15,000		35.00	38
1982	Birdie	15,000		37.50	40
1982	Flower Girl	15,000		42.00	45
1982	My Dolly!	15,000		39.00	40
1982	Ring Bearer	15,000		39.00	40

A Child's World 5th Edition - F. Hook

1983	Brothers	15,000		64.00	70
1983	Finish Line	15,000		39.00	42
1983	Handful of Happiness	15,000		36.00	40
1983	He Loves Me...	15,000		49.00	55
1983	Puppy's Pal	15,000		39.00	42
1983	Ring Around the Rosie	15,000		99.00	105

A Child's World 6th Edition - F. Hook

1984	Can I Help?	15,000		37.50	40
1984	Future Artist	15,000		42.00	45
1984	Good Doggie	15,000		47.00	50
1984	Let's Play Catch	15,000		33.00	35
1984	Nature's Wonders	15,000		29.00	31
1984	Sand Castles	15,000		37.50	40

A Child's World 7th Edition - F. Hook

1985	Art Class	15,000		99.00	105
1985	Don't Tell Anyone	15,000		49.00	50
1985	Look at Me!	15,000		42.00	45
1985	Mother's Helper	15,000		45.00	50
1985	Please Hear Me	15,000		29.00	30
1985	Yummm!	15,000		36.00	39

A Child's World 8th Edition - F. Hook

1985	Chance of Showers	15,000		33.00	35
1985	Dress Rehearsal	15,000		33.00	35
1985	Engine	15,000		36.00	40
1985	Just Stopped By	15,000		36.00	40
1985	Private Ocean	15,000		29.00	31
1985	Puzzling	15,000		36.00	40

A Child's World 9th Edition - F. Hook

1987	Hopscotch	15,000		67.50	70
1987	Li'l Brother	15,000		60.00	65

Classic Brides of the Century - E. Williams

1989	1900-Flora	5,000		175.00	175
1989	1910-Elizabeth Grace	5,000		175.00	175
1989	1920-Mary Claire	5,000		175.00	175
1989	1930-Kathleen	5,000		175.00	175
1989	1940-Margaret	5,000		175.00	175
1989	1950-Barbara Ann	5,000		175.00	175
1989	1960-Dianne	5,000		175.00	175
1989	1970-Heather	5,000		175.00	175
1989	1980-Jennifer	5,000		175.00	175
1992	1990-Stephanie Helen	5,000		175.00	175

Divine Servant - M. Greiner Jr.

1993	Divine Servant, pewter sculpture	Open		200.00	200
1993	Divine Servant, porcelain sculpture	Open		59.50	60
1993	Divine Servant, resin sculpture	Open		250.00	250

Dolfi Original-10" Stoneart - L. Martin

1989	Barefoot In Spring	Open		400.00	400
1989	Big Chief Sitting Dog	Open		325.00	325
1989	Birdland Cafe	Open		300.00	300
1989	Dress Rehearsal	Open		495.00	495
1989	Flower Child	Open		300.00	300
1989	Friends & Flowers	Open		400.00	400
1989	Garden Secrets	Open		300.00	300
1989	Have I Been That Good	Open		495.00	495
1989	Holiday Herald	Open		300.00	300
1989	Little Santa	Open		325.00	325
1989	Mary & Joey	Open		495.00	495
1989	Merry Little Light	Open		325.00	325
1989	Mother Hen	Open		300.00	300
1989	Mud Puddles	Open		300.00	300
1989	My Favorite Things	Open		400.00	400
1989	My First Cake	Open		300.00	300
1989	My First Kitten	Open		300.00	300
1989	Pampered Puppies	Open		300.00	300
1989	Puppy Express	Open		300.00	300
1989	A Shoulder to Lean On	Open		400.00	400
1989	Sing a Song of Joy	Open		400.00	400
1989	Sleepyhead	Open		300.00	300
1989	Study Break	Open		325.00	325
1989	Wrapped in Love	Open		300.00	300

Dolfi Original-10" Wood - L. Martin

1989	Barefoot In Spring	2,000		1000.00	1000
1989	Big Chief Sitting Dog	2,000		825.00	825
1989	Birdland Cafe	2,000		750.00	750
1989	Dress Rehearsal	2,000		1250.00	1250
1989	Flower Child	2,000		750.00	750
1989	Friends & Flowers	2,000		1000.00	1000
1989	Garden Secrets	2,000		750.00	750
1989	Have I Been That Good	2,000		1250.00	1250
1989	Holiday Herald	2,000		750.00	750
1989	Little Santa	2,000		825.00	825
1989	Mary & Joey	2,000		1250.00	1250
1989	Merry Little Light	2,000		825.00	825
1989	Mother Hen	2,000		750.00	750
1989	Mud Puddles	2,000		750.00	750
1989	My Favorite Things	2,000		1000.00	1000
1989	My First Cake	2,000		750.00	750
1989	My First Kitten	2,000		750.00	750
1989	Pampered Puppies	2,000		750.00	750
1989	Puppy Express	2,000		750.00	750
1989	A Shoulder to Lean On	2,000		1000.00	1000
1989	Sing a Song of Joy	2,000		1000.00	1000
1989	Sleepyhead	2,000		750.00	750
1989	Study Break	2,000		825.00	825
1989	Wrapped in Love	2,000		750.00	750

Dolfi Original-5" Wood - L. Martin

1989	Barefoot In Spring	5,000		300.00	300
1989	Big Chief Sitting Dog	5,000		250.00	250
1989	Birdland Cafe	5,000		230.00	230
1989	Dress Rehearsal	5,000		375.00	375
1989	Flower Child	5,000		230.00	230
1989	Friends & Flowers	5,000		300.00	300
1989	Garden Secrets	5,000		230.00	230
1989	Have I Been That Good	5,000		375.00	375
1989	Holiday Herald	5,000		230.00	230
1989	Little Santa	5,000		250.00	250
1989	Mary & Joey	5,000		375.00	375
1989	Merry Little Light	5,000		250.00	250
1989	Mother Hen	5,000		230.00	230
1989	Mud Puddles	5,000		230.00	230
1989	My Favorite Things	5,000		300.00	300
1989	My First Cake	5,000		230.00	230

YEAR ISSUE		EDITION LIMIT	YEAR RETD.	ISSUE PRICE	QUOTE U.S.$
1989	My First Kitten	5,000		230.00	230
1989	Pampered Puppies	5,000		230.00	230
1989	Puppy Express	5,000		230.00	230
1989	A Shoulder to Lean On	5,000		300.00	300
1989	Sing a Song of Joy	5,000		300.00	300
1989	Sleepyhead	5,000		230.00	230
1989	Study Break	5,000		250.00	250
1989	Wrapped In Love	5,000		230.00	230

Dolfi Original-7" Stoneart - L. Martin

YEAR ISSUE		EDITION LIMIT	YEAR RETD.	ISSUE PRICE	QUOTE U.S.$
1989	Barefoot In Spring	Open		150.00	150
1989	Big Chief Sitting Dog	Open		120.00	120
1989	Birdland Cafe	Open		110.00	110
1989	Dress Rehearsal	Open		185.00	185
1989	Flower Child	Open		110.00	110
1989	Friends & Flowers	Open		150.00	150
1989	Garden Secrets	Open		110.00	110
1989	Have I Been That Good	Open		185.00	185
1989	Holiday Herald	Open		110.00	110
1989	Little Santa	Open		120.00	120
1989	Mary & Joey	Open		185.00	185
1989	Merry Little Light	Open		120.00	120
1989	Mother Hen	Open		110.00	110
1989	Mud Puddles	Open		110.00	110
1989	My Favorite Things	Open		150.00	150
1989	My First Cake	Open		110.00	110
1989	My First Kitten	Open		110.00	110
1989	Pampered Puppies	Open		110.00	110
1989	Puppy Express	Open		110.00	110
1989	A Shoulder to Lean On	Open		150.00	150
1989	Sleepyhead	Open		110.00	110
1989	Sing a Song of Joy	Open		150.00	150
1989	Study Break	Open		120.00	120
1989	Wrapped In Love	Open		110.00	110

First Year Fontanini Collectors' Club Welcome Gift - E. Simonetti

YEAR ISSUE		EDITION LIMIT	YEAR RETD.	ISSUE PRICE	QUOTE U.S.$
1990	I Found Him	Open		Gift	N/A

Fontanini 5" Collection - E. Simonetti

YEAR ISSUE		EDITION LIMIT	YEAR RETD.	ISSUE PRICE	QUOTE U.S.$
1994	Aaron (Resculptured)	Open		11.50	12
1994	Jeremiah	Open		11.50	12
1994	Josiah (Resculptured)	Open		11.50	12
1995	Kneeling Angel (Resculptured)	Open		11.50	12
1994	Len (Resculptured)	Open		11.50	12
1994	Miriam (Resculptured)	Open		11.50	12
1994	Rachel (Resculptured)	Open		11.50	12
1995	Standing Angel (Resculptured)	Open		11.50	12

Fontanini 7.5" Collection - E. Simonetti

YEAR ISSUE		EDITION LIMIT	YEAR RETD.	ISSUE PRICE	QUOTE U.S.$
1994	Deborah	Open		24.50	25
1994	Eli	Open		24.50	25
1994	Gariel (Resculptured)	Open		24.50	25
1994	Jesus (Resculptured)	Open		24.50	25
1994	Joseph (Resculptured)	Open		24.50	25
1995	King Balthazar (Resculptured)	Open		24.50	25
1995	King Gaspar (Resculptured)	Open		24.50	25
1995	King Melchior (Resculptured)	Open		24.50	25
1994	Mary (Resculptured)	Open		24.50	25
1994	Michael	Open		24.50	25
1994	Miriam	Open		24.50	25
1994	Rachel	Open		24.50	25

Fontanini Collector Club Renewal Gift - E. Simonetti

YEAR ISSUE		EDITION LIMIT	YEAR RETD.	ISSUE PRICE	QUOTE U.S.$
1993	He Comforts Me	Yr.Iss.		12.50	13
1994	I'm Heaven Bound	Yr.Iss.		12.50	13

Fontanini Collectors' Club Member's Only - E. Simonetti

YEAR ISSUE		EDITION LIMIT	YEAR RETD.	ISSUE PRICE	QUOTE U.S.$
1991	The Pilgrimage	Yr.Iss.		24.95	25
1992	She Rescued Me	Yr.Iss.		23.50	24
1993	Christmas Symphony	Yr.Iss.		13.50	14
1994	Sweet Harmony	Yr.Iss.		13.50	14

Fontanini Collectors' Club Special Event Piece - E. Simonetti

YEAR ISSUE		EDITION LIMIT	YEAR RETD.	ISSUE PRICE	QUOTE U.S.$
1990	Gideon	Open		15.00	15

Fontanini Heirloom Nativity - E. Simonetti

YEAR ISSUE		EDITION LIMIT	YEAR RETD.	ISSUE PRICE	QUOTE U.S.$
1979	Balthazar (5")	Retrd.	1993	11.50	12
1979	Gabriel (5")	Retrd.	1993	11.50	12
1979	Gaspar (5")	Retrd.	1993	11.50	12
1974	Jesus (5")	Closed	1991	2.50	10
1974	Joseph (5")	Closed	1991	2.50	10
1974	Mary (5")	Closed	1991	2.50	10
1979	Melchior (5")	Retrd.	1993	11.50	12
1993	New Balthazar (5")	Open		11.50	12
1993	New Gabriel (5")	Open		11.50	12
1993	New Gaspar (5")	Open		11.50	12
1991	New Jesus (5")	Open		11.50	12
1991	New Joseph (5")	Open		11.50	12
1991	New Mary (5")	Open		11.50	12
1993	New Melchior (5")	Open		11.50	12

Fontanini Heirloom Nativity Limited Edition Figurines - E. Simonetti

YEAR ISSUE		EDITION LIMIT	YEAR RETD.	ISSUE PRICE	QUOTE U.S.$
1993	Abigail & Peter	25,000		29.50	30
1992	Ariel	Yr.Iss.		29.50	30
1995	Gabriella	25,000		15.00	15
1993	Jeshua & Adin	Yr.Iss.		29.50	30

Fontanini, The Collectible Creche - E. Simonetti

YEAR ISSUE		EDITION LIMIT	YEAR RETD.	ISSUE PRICE	QUOTE U.S.$
1973	10cm., (15 piece Set)	Closed	1992	63.60	89
1973	12cm., (15 piece Set)	Closed	1992	76.50	102
1979	16cm., (15 piece Set)	Closed	1992	178.50	285
1982	17cm., (15 piece Set)	Closed	1992	189.00	305
1973	19cm., (15 piece Set)	Closed	1992	175.50	280
1980	30cm., (15 piece Set)	Closed	1992	670.00	759

Frances Hook's Four Seasons - F. Hook

YEAR ISSUE		EDITION LIMIT	YEAR RETD.	ISSUE PRICE	QUOTE U.S.$
1984	Winter	12,500		95.00	100
1985	Spring	12,500		95.00	100
1985	Summer	12,500		95.00	100
1985	Fall	12,500		95.00	100

Heartbeats - I. Spencer

YEAR ISSUE		EDITION LIMIT	YEAR RETD.	ISSUE PRICE	QUOTE U.S.$
1986	Miracle	5,000		145.00	145
1987	Storytime	5,000		145.00	145

Hook - F. Hook

YEAR ISSUE		EDITION LIMIT	YEAR RETD.	ISSUE PRICE	QUOTE U.S.$
1986	Carpenter Bust	Yr.Iss.		95.00	95
1986	Carpenter Bust-Heirloom Edition	Yr.Iss.		95.00	95
1987	Little Children, Come to Me	15,000		45.00	45
1987	Madonna and Child	15,000		39.50	40
1982	Sailor Mates	2,000		290.00	315
1982	Sun Shy	2,000		290.00	315

Jam Session - E. Rohn

YEAR ISSUE		EDITION LIMIT	YEAR RETD.	ISSUE PRICE	QUOTE U.S.$
1985	Banjo Player	7,500		145.00	145
1985	Bass Player	7,500		145.00	145
1985	Clarinet Player	7,500		145.00	145
1985	Coronet Player	7,500		145.00	145
1985	Drummer	7,500		145.00	145
1985	Trombone Player	7,500		145.00	145

The Masterpiece Collection - Various

YEAR ISSUE		EDITION LIMIT	YEAR RETD.	ISSUE PRICE	QUOTE U.S.$
1979	Adoration - F. Lippe	5,000		73.00	73
1981	The Holy Family - G. delle Notti	5,000		98.00	98
1982	Madonna of the Streets - R. Ferruzzi	5,000		65.00	65
1980	Madonna with Grapes - P. Mignard	5,000		85.00	85

The Museum Collection by Angela Tripi - A. Tripi

YEAR ISSUE		EDITION LIMIT	YEAR RETD.	ISSUE PRICE	QUOTE U.S.$
1995	The Batter	1,000		95.00	95
1993	Be a Clown	1,000		95.00	95
1994	Blackfoot Woman with Baby	1,000		95.00	95
1991	The Caddie	1,000		135.00	135
1992	Checking It Twice	2,500		95.00	95
1991	Christopher Columbus	1,000		250.00	250
1994	Crow Warrior	1,000		195.00	195
1991	The Fiddler	1,000		175.00	176
1992	Flying Ace	1,000		95.00	95
1993	For My Next Trick	1,000		95.00	95
1992	Fore!	1,000		175.00	175
1992	The Fur Trapper	1,000		175.00	175
1991	A Gentleman's Game	1,000	1994	175.00	175
1992	The Gift Giver	2,500		95.00	95
1994	Iroquois Warrior	1,000		95.00	95
1995	Jesus in Gethsemane	1,000		95.00	95
1993	Jesus, The Good Shepherd	1,000		95.00	95
1992	Justice for All	1,000		95.00	95
1992	Ladies' Day	1,000		175.00	175
1992	Ladies' Tee	1,000		250.00	250
1990	The Mentor	1,000		290.00	291
1994	Native American Chief	1,000		95.00	95
1994	Native American Woman-Cherokee Maiden	1,000		95.00	95
1992	Nativity Set-8 pc.	2,500		425.00	425
1995	Nurse	1,000		95.00	95
1993	One Man Band Clown	1,000		95.00	95
1992	Our Family Doctor	1,000		95.00	95
1995	The Pitcher	1,000		95.00	95
1993	Preacher of Peace	1,000		175.00	175
1992	Prince of the Plains	1,000		175.00	175
1993	Public Protector	1,000		95.00	95
1994	Rhapsody	1,000		95.00	95
1993	Right on Schedule	1,000		95.00	95
1993	Road Show	1,000		95.00	95
1995	The Runner	1,000		95.00	95
1994	Serenade	1,000		95.00	95
1994	Sonata	1,000		95.00	95
1991	St. Francis of Assisi	1,000		175.00	175
1992	The Tannenbaum Santa	2,500		95.00	95
1992	The Tap In	1,000		175.00	175
1995	Teacher	1,000		95.00	95
1991	Tee Time at St. Andrew's	1,000	1993	175.00	175
1992	This Way, Santa	2,500		95.00	95
1992	To Serve and Protect	1,000		95.00	95
1993	Tripi Crucifix-Large	Open		59.00	59
1993	Tripi Crucifix-Medium	Open		35.00	35
1993	Tripi Crucifix-Small	Open		27.50	28

The Richard Judson Zolan Collection - R.J. Zolan

YEAR ISSUE		EDITION LIMIT	YEAR RETD.	ISSUE PRICE	QUOTE U.S.$
1992	Summer at the Seashore	1,200		125.00	125
1994	Terrace Dancing	1,200		175.00	175

Rohn's Clowns - E. Rohn

YEAR ISSUE		EDITION LIMIT	YEAR RETD.	ISSUE PRICE	QUOTE U.S.$
1984	Auguste	7,500		95.00	95
1984	Hobo	7,500		95.00	95
1984	White Face	7,500		95.00	95

Spencer - I. Spencer

YEAR ISSUE		EDITION LIMIT	YEAR RETD.	ISSUE PRICE	QUOTE U.S.$
1985	Flower Princess	5,000		195.00	195
1985	Moon Goddess	5,000		195.00	195

Tender Expressions - B. Sargent

YEAR ISSUE		EDITION LIMIT	YEAR RETD.	ISSUE PRICE	QUOTE U.S.$
1994	Each Day is Special...And So Are You	Open		29.50	30
1992	The Greatest Love Shines From A Mother's Face	Open		27.50	28
1994	Home Is In Mother's Heart	Open		32.50	33
1992	I Count My Blessings...And There You Are!	Open		27.50	28
1992	I Even Love the Rain When You Share My Umbrella	Open		27.50	28
1994	I Saved A Place For You In My Heart	Open		29.50	30
1992	I Tell Everyone How Special You Are	Open		27.50	28
1994	I'm On Top of the World When I'm With You	Open		29.50	30
1994	Know What's Special About You?...Everything	Open		29.50	30
1994	Life Gives Us Precious Moments To Fill Our Hearts With Joy	Open		39.50	40
1994	Magic Happens When You Smile	Open		29.50	30
1994	Safely Rest, By Angels Blessed	Open		32.50	33
1994	Tender Moments Last Forever	Open		29.50	30
1992	Thoughts Of You Are In My Heart	Open		27.50	28
1994	The Tiniest Flower Blossoms With Love	Open		29.50	30
1992	You Are Always in the Thoughts That Fill My Day	Open		27.50	28
1994	You Fill My Days With Tiny Blessings	Open		39.50	40
1994	You're In Every Little Prayer (B)	Open		29.50	30
1994	You're In Every Little Prayer (G)	Open		29.50	30

Ron Lee's World of Clowns

The Ron Lee Collector's Club Gifts - R. Lee

YEAR ISSUE		EDITION LIMIT	YEAR RETD.	ISSUE PRICE	QUOTE U.S.$
1987	Hooping It Up CCG1	Closed	N/A	Gift	N/A
1988	Pudge CCG2	Closed	N/A	Gift	N/A
1989	Pals CCG3	Closed	N/A	Gift	N/A
1990	Potsie CCG4	Closed	N/A	Gift	N/A
1991	Hi! Ya! CCG5	Closed	N/A	Gift	N/A
1992	Bashful Beau CCG6	Closed	N/A	Gift	N/A
1993	Lit'l Mate CCG7	Closed	N/A	Gift	N/A
1994	Chip Off the Old Block CCG8	Yr.Iss.	N/A	Gift	N/A

The Ron Lee Collector's Club Renewal Sculptures - R. Lee

YEAR ISSUE		EDITION LIMIT	YEAR RETD.	ISSUE PRICE	QUOTE U.S.$
1987	Doggin' Along CC1	Yr.Iss.	N/A	75.00	115
1988	Midsummer's Dream CC2	Yr.Iss.	N/A	97.00	140
1989	Peek-A-Boo Charlie CC3	Yr.Iss.	N/A	65.00	100
1990	Get The Message CC4	Yr.Iss.	N/A	65.00	65
1991	I'm So Pretty CC5	Yr.Iss.	N/A	65.00	65
1992	It's For You CC6	Yr.Iss.	N/A	65.00	65
1993	My Son Keven CC7	Yr.Iss.	N/A	70.00	70

Around the World With Hobo Joe - R. Lee

YEAR ISSUE		EDITION LIMIT	YEAR RETD.	ISSUE PRICE	QUOTE U.S.$
1994	Hobo Joe in Caribbean L412	750		110.00	110
1994	Hobo Joe in Egypt L415	750		110.00	110
1994	Hobo Joe in England L411	750		110.00	110
1994	Hobo Joe in France L407	750		110.00	110
1994	Hobo Joe in Italy L406	750		110.00	110
1994	Hobo Joe in Japan L408	750		110.00	110
1994	Hobo Joe in Norway L413	750		110.00	110
1994	Hobo Joe in Spain L414	750		110.00	110
1994	Hobo Joe in Tahiti L410	750		110.00	110
1994	Hobo Joe in the U.S.A L409	750		110.00	110

The Betty Boop Collection - R. Lee

YEAR ISSUE		EDITION LIMIT	YEAR RETD.	ISSUE PRICE	QUOTE U.S.$
1992	Bamboo Isle BB715	1,500		240.00	240
1992	Boop Oop A Doop BB705	1,500		97.00	97
1992	Harvest Moon BB700	1,500		93.00	93
1992	Max's Cafe BB720	1,500		99.00	99
1992	Spicy Dish BB710	1,500		215.00	215

Center Ring - R. Lee

YEAR ISSUE		EDITION LIMIT	YEAR RETD.	ISSUE PRICE	QUOTE U.S.$
1994	According To L-431SE	750		125.00	125
1994	Aristocrat L-424SE	750		125.00	125
1994	Barella L-423SE	750		125.00	125
1994	Belt-a-Loon L-427SE	750		125.00	125
1994	Boo-Boo L-430SE	750		125.00	125
1994	Bubbles L-422SE	750		125.00	125
1994	Carpetbagger L-421SE	750		125.00	125
1994	Daisy L-417SE	750		125.00	125
1994	Forget-Me-Not L-428SE	750		125.00	125
1994	Glamour Boy L-433SE	750		125.00	125
1994	Hoop-De-Doo L-434SE	750		125.00	125
1994	Hot Dog L-418SE	750		125.00	125
1994	Kandy L-419SE	750		125.00	125
1994	Maid in the USA L-432SE	750		125.00	125
1994	Mal-Lett L-426SE	750		125.00	125
1994	Poodles L-420SE	750		125.00	125
1994	Puddles L-416SE	750		125.00	125
1994	Rabbit's Foot L-429SE	750		125.00	125
1994	Ruffles L-435SE	750		125.00	125
1994	Snacks L-425SE	750		125.00	125

The Classics - R. Lee

YEAR ISSUE		EDITION LIMIT	YEAR RETD.	ISSUE PRICE	QUOTE U.S.$
1991	Huckleberry Hound HB815	2,750		90.00	90
1991	Quick Draw McGraw HB805	2,750		90.00	90
1991	Scooby Doo & Shaggy HB810	2,750		114.00	114

Ron Lee's World of Clowns

FIGURINES/COTTAGES

YEAR ISSUE		EDITION LIMIT	YEAR RETD.	ISSUE PRICE	QUOTE U.S.$
1991	Yogi Bear & Boo Boo HB800	2,750		95.00	95

The E.T. Collection - R. Lee

YEAR		LIMIT	RETD.	PRICE	QUOTE
1992	E.T. ET100	1,500		94.00	94
1993	Flight ET115	1,500		325.00	325
1993	Friends ET110	1,500		125.00	125
1992	It's Mee...E.T. ET105	1,500		94.00	94

The Flintstones - R. Lee

1991	Bedrock Serenade HB130	2,750		250.00	250
1991	Bogey Buddies HB150	2,750		143.00	143
1991	Buffalo Brothers HB170	2,750		134.00	134
1991	The Flintstones HB100	2,750		410.00	410
1991	Joyride-A-Saurus HB140	2,750		107.00	107
1991	Saturday Blues HB120	2,750		105.00	105
1991	Vac-A-Saurus HB160	2,750		105.00	110
1991	Yabba-Dabba-Doo HB110	2,750		230.00	230

The Jetsons - R. Lee

1991	4 O'Clock Tea HB550	2,750		203.00	203
1991	Astro: Cosmic Canine HB520	2,750		275.00	275
1991	The Cosmic Couple HB510	2,750		105.00	105
1991	I Rove Roo HB530	2,750		105.00	105
1991	The Jetsons HB500	2,750		500.00	500
1991	Scare-D-Dog HB540	2,750		160.00	160

Musical Clowns in Harmony - R. Lee

1994	Aristocrat L-424	750		175.00	175
1994	Barella L-423	750		175.00	175
1994	Bubbles L-422	750		175.00	175
1994	Carpet Bagger L-421	750		175.00	175
1994	Daisy L-417	750		175.00	175
1994	Hot Dog L-418	750		175.00	175
1994	Kandy L-419	750		175.00	175
1994	Poodles L-420	750		175.00	175
1994	Puddles L-416	750		175.00	175
1994	Snacks L-425	750		175.00	176

The Original Ron Lee Collection-1976 - R. Lee

1976	Alligator Bowling 504	Closed	N/A	15.00	35-78
1976	Bear Fishing 511	Closed	N/A	15.00	35-78
1976	Clown and Dog Act 101	Closed	N/A	48.00	78-140
1976	Clown and Elephant Act 107	Closed	N/A	56.00	85-140
1976	Clown Tightrope Walker 104	Closed	N/A	50.00	82-155
1976	Dog Fishing 512	Closed	N/A	15.00	35-78
1976	Frog Surfing 502	Closed	N/A	15.00	35-78
1976	Hippo on Scooter 505	Closed	N/A	15.00	35-78
1976	Hobo Joe Hitchiking 116	Closed	N/A	55.00	65
1976	Hobo Joe with Balloons 120	Closed	N/A	63.00	90
1976	Hobo Joe with Pal 115	Closed	N/A	63.00	85-170
1976	Hobo Joe with Umbrella 117	Closed	N/A	58.00	65-160
1976	Kangaroos Boxing 508	Closed	N/A	15.00	35-78
1976	Owl With Guitar 500	Closed	N/A	15.00	35-78
1976	Penguin on Snowskis 503	Closed	N/A	15.00	35-78
1976	Pig Playing Violin 510	Closed	N/A	15.00	35-78
1976	Pinky Lying Down 112	Closed	N/A	25.00	150
1976	Pinky Sitting 119	Closed	N/A	25.00	150
1976	Pinky Standing 118	Closed	N/A	25.00	45-130
1976	Pinky Upside Down 111	Closed	N/A	25.00	150
1976	Rabbit Playing Tennis 507	Closed	N/A	15.00	35-78
1976	Turtle On Skateboard 501	Closed	N/A	15.00	35-78

The Original Ron Lee Collection-1977 - R. Lee

1977	Bear On Rock 523	Closed	N/A	18.00	30-80
1977	Koala Bear In Tree 514	Closed	N/A	15.00	35-78
1977	Koala Bear On Log 516	Closed	N/A	15.00	35-78
1977	Koala Bear With Baby 515	Closed	N/A	15.00	35-78
1977	Monkey With Banana 521	Closed	N/A	18.00	30-80
1977	Mouse and Cheese 520	Closed	N/A	18.00	30-80
1977	Mr. Penguin 518	Closed	N/A	18.00	39-85
1977	Owl Graduate 519	Closed	N/A	22.00	44-90
1977	Pelican and Python 522	Closed	N/A	18.00	30-80

The Original Ron Lee Collection-1978 - R. Lee

1978	Bobbi on Unicyle 204	Closed	N/A	45.00	65-98
1978	Bow Tie 222	Closed	N/A	67.50	93-215
1978	Butterfly and Flower 529	Closed	N/A	22.00	40-85
1978	Clancy, the Cop 210	Closed	N/A	55.00	72-130
1978	Clara-Bow 205	Closed	N/A	52.00	70-120
1978	Coco-Hands on Hips 218	Closed	N/A	70.00	85-250
1978	Corky, the Drummer Boy 202	Closed	N/A	53.00	85-130
1978	Cuddles 208	Closed	N/A	37.00	55-110
1978	Dolphins 525	Closed	N/A	22.00	40-85
1978	Driver the Golfer 211	Closed	N/A	55.00	200-225
1978	Elephant on Ball 214	Closed	N/A	26.00	42-80
1978	Elephant on Stand 213	Closed	N/A	26.00	42-80
1978	Elephant Sitting 215	Closed	N/A	26.00	42-80
1978	Fancy Pants 224	Closed	N/A	55.00	90-120
1978	Fireman with Hose 216	Closed	N/A	62.00	85-170
1978	Hey Rube 220	Closed	N/A	35.00	53-92
1978	Hummingbird 528	Closed	N/A	22.00	40-85
1978	Jeri In a Barrel 219	Closed	N/A	75.00	110-180
1978	Jocko with Lollipop 221	Closed	N/A	67.50	93-215
1978	Oscar On Stilts 223	Closed	N/A	55.00	90-120
1978	Pierrot Painting 207	Closed	N/A	50.00	80-170
1978	Polly, the Parrot & Crackers 201	Closed	N/A	63.00	100-170
1978	Poppy with Puppet 209	Closed	N/A	60.00	75-140
1978	Prince Frog 526	Closed	N/A	22.00	40-85
1978	Sad Sack 212	Closed	N/A	48.00	62-210
1978	Sailfish 524	Closed	N/A	18.00	40-95
1978	Sea Otter on Back 531	Closed	N/A	22.00	40-85
1978	Sea Otter on Rock 532	Closed	N/A	22.00	40-85
1978	Seagull 527	Closed	N/A	22.00	40-85
1978	Skippy Swinging 239	Closed	N/A	52.00	65-85
1978	Sparky Skating 206	Closed	N/A	55.00	72-260
1978	Tinker Bowing 203	Closed	N/A	37.00	55-110
1978	Tobi-Hands Outstretched 217	Closed	N/A	70.00	98-260
1978	Turtle on Rock 530	Closed	N/A	22.00	40-85

The Original Ron Lee Collection-1979 - R. Lee

1979	Buttons Bicycling 229	Closed	N/A	75.00	110-150
1979	Carousel Horse 232	Closed	N/A	119.00	130-195
1979	Darby Tipping Hat 238	Closed	N/A	35.00	60-140
1979	Darby with Flower 235	Closed	N/A	35.00	60-140
1979	Darby with Umbrella 236	Closed	N/A	35.00	60-140
1979	Darby With Violin 237	Closed	N/A	35.00	60-140
1979	Doctor Sawbones 228	Closed	N/A	75.00	110-150
1979	Fearless Fred in Cannon 234	Closed	N/A	80.00	105-300
1979	Harry and the Hare 233	Closed	N/A	69.00	102-180
1979	Kelly at the Piano 241	Closed	N/A	185.00	285-510
1979	Kelly in Kar 230	Closed	N/A	164.00	210-380
1979	Kelly's Kar 231	Closed	N/A	90.00	90-280
1979	Lilli 227	Closed	N/A	75.00	105-145
1979	Timmy Tooting 225	Closed	N/A	35.00	52-85
1979	Tubby Tuba 226	Closed	N/A	35.00	55-90

The Original Ron Lee Collection-1980 - R. Lee

1980	Alexander's One Man Band 261	Closed	N/A	N/A	N/A
1980	Banjo Willie 258	Closed	N/A	68.00	85-195
1980	Carousel Horse 248	Closed	N/A	88.00	115-285
1980	Carousel Horse 249	Closed	N/A	88.00	115-285
1980	Chuckles Juggling 244	Closed	N/A	98.00	105-150
1980	Cubby Holding Balloon 240	Closed	N/A	50.00	65-70
1980	Dennis Playing Tennis 252	Closed	N/A	74.00	95-185
1980	Doctor Jawbones 260	Closed	N/A	85.00	110-305
1980	Donkey What 243	Closed	N/A	60.00	92-250
1980	Emile 257	Closed	N/A	43.00	82-190
1980	Happy Waving 255	Closed	N/A	43.00	82-190
1980	Hobo Joe in Tub 259	Closed	N/A	96.00	105-125
1980	Horse Drawn Chariot 263	Closed	N/A	N/A	N/A
1980	Jaque Downhill Racer 253	Closed	N/A	74.00	90-210
1980	Jingles Telling Time 242	Closed	N/A	75.00	90-190
1980	Jo-Jo at Make-up Mirror 250	Closed	N/A	86.00	125-185
1980	The Menagerie 262	Closed	N/A	N/A	N/A
1980	Monkey 251	Closed	N/A	60.00	85-210
1980	P. T. Dinghy 245	Closed	N/A	65.00	80-190
1980	Peanuts Playing Concertina 247	Closed	N/A	65.00	150-285
1980	Roni Riding Horse 246	Closed	N/A	115.00	180-290
1980	Ruford 254	Closed	N/A	43.00	80-190
1980	Zach 256	Closed	N/A	43.00	82-190

The Original Ron Lee Collection-1981 - R. Lee

1981	Al at the Bass 284	Closed	N/A	48.00	52-112
1981	Barbella 273	Closed	N/A	N/A	N/A
1981	Bojangles 276	Closed	N/A	N/A	N/A
1981	Bosom Buddies 299	Closed	N/A	135.00	90-280
1981	Bozo On Unicycle 279	Closed	N/A	28.00	99-185
1981	Bozo Playing Cymbols 277	Closed	N/A	28.00	99-185
1981	Bozo Riding Car 278	Closed	N/A	28.00	99-185
1981	Carney and Seal Act 300	Closed	N/A	63.00	75-290
1981	Carousel Horse 280	Closed	N/A	88.00	125-290
1981	Carousel Horse 281	Closed	N/A	88.00	125-290
1981	Cashew On One Knee 275	Closed	N/A	N/A	N/A
1981	Elephant Reading 271	Closed	N/A	N/A	N/A
1981	Executive Hitchiking 267	Closed	N/A	23.00	45-110
1981	Executive Reading 264	Closed	N/A	23.00	45-110
1981	Executive Resting 266	Closed	N/A	23.00	45-110
1981	Executive with Umbrella 265	Closed	N/A	23.00	45-110
1981	Harpo 296	Closed	N/A	120.00	190-350
1981	Hobo Joe Praying 298	Closed	N/A	57.00	65-85
1981	Kevin at the Drums 283	Closed	N/A	50.00	92-150
1981	Larry and His Hotdogs 274	Closed	N/A	76.00	90-200
1981	Louie Hitching A Ride 269	Closed	N/A	47.00	58-135
1981	Louie on Park Bench 268	Closed	N/A	56.00	85-160
1981	Louie On Railroad Car 270	Closed	N/A	77.00	95-180
1981	Mickey With Umbrella 291	Closed	N/A	50.00	75-140
1981	Mickey Tightrope Walker 292	Closed	N/A	50.00	75-140
1981	Mickey Upside Down 293	Closed	N/A	50.00	75-140
1981	My Son Darren 295	Closed	N/A	57.00	72-140
1981	Nicky Sitting on Ball 289	Closed	N/A	39.00	48-92
1981	Nicky Standing on Ball 290	Closed	N/A	39.00	48-92
1981	Perry Sitting With Balloon 287	Closed	N/A	37.00	50-95
1981	Perry Standing With Balloon 288	Closed	N/A	37.00	50-95
1981	Pickles and Pooch 297	Closed	N/A	90.00	200-240
1981	Pistol Pete 272	Closed	N/A	76.00	85-180
1981	Rocketman 294	Closed	N/A	77.00	92-150
1981	Ron at the Piano 285	Closed	N/A	46.00	55-110
1981	Ron Lee Trio 282	Closed	N/A	144.00	280-435
1981	Timothy In Big Shoes 286	Closed	N/A	37.00	50-95

The Original Ron Lee Collection-1982 - R. Lee

1982	Ali on His Magic Carpet 335	Closed	N/A	105.00	150-210
1982	Barnum Feeding Bacon 315	Closed	N/A	120.00	160-270
1982	Beaver Playing Accordian 807	Closed	N/A	23.00	35-92
1982	Benny Pulling Car 310	Closed	N/A	190.00	235-360
1982	Burrito Bandito 334	Closed	N/A	150.00	190-260
1982	Buster in Barrel 308	Closed	N/A	85.00	90-120
1982	Camel 818	Closed	N/A	57.00	75-150
1982	Captain Cranberry 320	Closed	N/A	115.00	145-285
1982	Captain Mis-Adventure 703	Closed	N/A	250.00	300-550
1982	Carney and Dog Act 301	Closed	N/A	63.00	75-149
1982	Charlie Chaplain 701	Closed	N/A	230.00	285-650
1982	Charlie in the Rain 321	Closed	N/A	80.00	90-160
1982	Chico Playing Guitar 336	Closed	N/A	70.00	95-180
1982	Clancy, the Cop and Dog 333	Closed	N/A	115.00	140-250
1982	Clarence - The Lawyer 331	Closed	N/A	100.00	140-275
1982	Denny Eating Ice Cream 305	Closed	N/A	39.00	50-170
1982	Denny Holding Gift Box 306	Closed	N/A	39.00	50-170
1982	Denny Juggling Ball 307	Closed	N/A	39.00	50-170
1982	Dog Playing Guitar 805	Closed	N/A	23.00	35-92
1982	Dr. Painless and Patient 311	Closed	N/A	195.00	240-385
1982	Fireman Watering House 303	Closed	N/A	99.00	99-180
1982	Fish With Shoe 803	Closed	N/A	23.00	35-92
1982	Fox In An Airplane 806	Closed	N/A	23.00	35-92
1982	Georgie Going Anywhere 302	Closed	N/A	95.00	125-256
1982	Giraffe 816	Closed	N/A	57.00	75-150
1982	Herbie Balancing Hat 327	Closed	N/A	26.00	40-110
1982	Herbie Dancing 325	Closed	N/A	26.00	40-110
1982	Herbie Hands Outstretched 326	Closed	N/A	26.00	40-110
1982	Herbie Legs in Air 329	Closed	N/A	26.00	40-110
1982	Herbie Lying Down 328	Closed	N/A	26.00	40-110
1982	Herbie Touching Ground 330	Closed	N/A	26.00	40-110
1982	Hobo Joe on Cycle 322	Closed	N/A	125.00	170-280
1982	Horse 819	Closed	N/A	57.00	75-150
1982	Kukla and Friend 316	Closed	N/A	100.00	140-275
1982	Laurel & Hardy 700	Closed	N/A	225.00	290-500
1982	Limousine Service 705	Closed	N/A	330.00	375-750
1982	Lion 817	Closed	N/A	57.00	75-150
1982	Marion With Marrionette 317	Closed	N/A	105.00	135-225
1982	Murphy On Unicycle 337	Closed	N/A	115.00	160-290
1982	Nappy Snoozing 346	Closed	N/A	110.00	125-210
1982	Norman Painting Dumbo 314	Closed	N/A	126.00	150-210
1982	Ostrich 813	Closed	N/A	57.00	75-150
1982	Parrot Rollerskating 809	Closed	N/A	23.00	35-92
1982	Pig Brick Layer 800	Closed	N/A	23.00	35-92
1982	Pinball Pal 332	Closed	N/A	150.00	195-287
1982	Quincy Lying Down 304	Closed	N/A	80.00	92-210
1982	Rabbit With Egg 801	Closed	N/A	23.00	35-92
1982	Reindeer 812	Closed	N/A	57.00	75-150
1982	Robin Resting 338	Closed	N/A	110.00	125-210
1982	Ron Lee Carousel	Closed	N/A	1000.00	12500
1982	Rooster 815	Closed	N/A	57.00	75-150
1982	Rooster With Barbell 808	Closed	N/A	23.00	35-92
1982	Sammy Riding Elephant 309	Closed	N/A	90.00	125-256
1982	Seal Blowing His Horns 804	Closed	N/A	23.00	35-92
1982	Self Portrait 702	Closed	N/A	355.00	550-816
1982	Slim Charging Bull 313	Closed	N/A	195.00	265-410
1982	Smokey, the Bear 802	Closed	N/A	23.00	35-92
1982	Steppin' Out 704	Closed	N/A	325.00	390-750
1982	Three Man Valentinos 319	Closed	N/A	55.00	70-120
1982	Tiger 814	Closed	N/A	57.00	75-150
1982	Too Loose-L'Artiste 312	Closed	N/A	150.00	180-290
1982	Tou Tou 323	Closed	N/A	70.00	90-190
1982	Toy Soldier 324	Closed	N/A	95.00	140-270
1982	Turtle With Gun 811	Closed	N/A	57.00	75-150
1982	Two Man Valentinos 318	Closed	N/A	45.00	60-130
1982	Walrus With Umbrella 810	Closed	N/A	23.00	35-92

The Original Ron Lee Collection-1983 - R. Lee

1983	The Bandwagon 707	Closed	N/A	900.00	1527
1983	Beethoven's Fourth Paws 358	Closed	N/A	59.00	110-250
1983	Black Carousel Horse 1001	Closed	N/A	450.00	450-600
1983	Bumbles Selling Balloons 353	Closed	N/A	80.00	170-240
1983	Buster and His Balloons 363	Closed	N/A	47.00	90-125
1983	Captain Freddy 375	Closed	N/A	85.00	200-425
1983	Casey Cruising 351	Closed	N/A	57.00	95-170
1983	Catch the Brass Ring 708	Closed	N/A	510.00	900-1350
1983	Cecil and Sausage 354	Closed	N/A	90.00	200-270
1983	Chef's Cuisine 361	Closed	N/A	57.00	100-110
1983	Chestnut Carousel Horse 1002	Closed	N/A	450.00	700-1100
1983	Cimba the Elephant 706	Closed	N/A	225.00	300-550
1983	Clyde Juggling 339	Closed	N/A	39.00	100-170
1983	Clyde Upside Down 340	Closed	N/A	39.00	100-115
1983	Coco and His Compact 369	Closed	N/A	55.00	145-175
1983	Cotton Candy 377	Closed	N/A	150.00	200-400
1983	Daring Dudley 367	Closed	N/A	65.00	100-200
1983	Door to Door Dabney 373	Closed	N/A	100.00	200-285
1983	Engineer Billie 356	Closed	N/A	190.00	275-550
1983	Flipper Diving 345	Closed	N/A	115.00	200-374
1983	Gazebo 1004	Closed	N/A	750.00	13-1750
1983	Gilbert Tee'd Off 376	Closed	N/A	60.00	100-200
1983	Hobi in His Hammock 344	Closed	N/A	85.00	175-250
1983	I Love You From My Heart 360	Closed	N/A	35.00	95-105
1983	The Jogger 372	Closed	N/A	75.00	120-220
1983	Josephine 370	Closed	N/A	55.00	145-175
1983	Knickers Balancing Feather 366	Closed	N/A	47.00	120-135
1983	The Last Scoop 379	Closed	N/A	175.00	300-370
1983	The Last Scoop 900	Closed	N/A	325.00	300-370
1983	Little Horse - Head Down 342	Closed	N/A	29.00	72
1983	Little Horse - Head Up 341	Closed	N/A	29.00	72
1983	Little Saturday Night 348	Closed	N/A	53.00	200
1983	Lou Proposing 365	Closed	N/A	57.00	120-170
1983	Matinee Jitters 378	Closed	N/A	175.00	200-450
1983	Matinee Jitters 901	Closed	N/A	325.00	350-500
1983	My Daughter Deborah 357	Closed	N/A	63.00	125-250
1983	No Camping or Fishing 902	Closed	N/A	325.00	350-600
1983	On The Road Again 355	Closed	N/A	220.00	300-650
1983	Riches to Rags 374	Closed	N/A	55.00	200-265
1983	Ride 'em Roni 347	Closed	N/A	125.00	200-375
1983	Rufus and His Refuse 343	Closed	N/A	65.00	160
1983	Say It With Flowers 359	Closed	N/A	35.00	95-110
1983	Singin' In The Rain 362	Closed	N/A	105.00	350
1983	Tatters and Balloons 352	Closed	N/A	65.00	125-200
1983	Teeter Tottie Scottie 350	Closed	N/A	55.00	105-165
1983	Tottie Scottie 349	Closed	N/A	39.00	75-115
1983	Up, Up and Away 364	Closed	N/A	50.00	100-150

FIGURINES/COTTAGES

Ron Lee's World of Clowns
to Ron Lee's World of Clowns

YEAR ISSUE		EDITION LIMIT	YEAR RETD.	ISSUE PRICE	QUOTE U.S.$
1983	White Carousel Horse 1003	Closed	N/A	450.00	700-1100
1983	Wilt the Stilt 368	Closed	N/A	49.00	100-155

The Original Ron Lee Collection-1984 - R. Lee

YEAR ISSUE		EDITION LIMIT	YEAR RETD.	ISSUE PRICE	QUOTE U.S.$
1984	Baggy Pants 387	Closed	N/A	98.00	250-300
1984	Black Circus Horse 711A	Closed	N/A	305.00	350-520
1984	A Bozo Lunch 390	Closed	N/A	148.00	250-400
1984	Bozo's Seal of Approval 389	Closed	N/A	138.00	200-350
1984	Chestnut Circus Horse 710A	Closed	N/A	305.00	350-520
1984	Give a Dog a Bone 383	Closed	N/A	95.00	95-182
1984	Just For You 386	Closed	N/A	110.00	150-250
1984	Look at the Birdy 388	Closed	N/A	138.00	200-300
1984	Mortimer Fishing 382	Closed	N/A	N/A	N/A
1984	My Fellow Americans 391	Closed	N/A	138.00	250-425
1984	No Camping or Fishing 380	Closed	N/A	175.00	275-450
1984	No Loitering 392	Closed	N/A	113.00	150-250
1984	The Peppermints 384	Closed	N/A	150.00	180-250
1984	Rudy Holding Balloons 713	Closed	N/A	230.00	300-550
1984	Saturday Night 714	Closed	N/A	250.00	600-825
1984	T.K. and OH!! 385	Closed	N/A	85.00	200-325
1984	Tisket and Tasket 393	Closed	N/A	93.00	150-250
1984	Wheeler Sheila 381	Closed	N/A	75.00	175-225
1984	White Circus Horse 709	Closed	N/A	305.00	350-520

The Original Ron Lee Collection-1985 - R. Lee

YEAR ISSUE		EDITION LIMIT	YEAR RETD.	ISSUE PRICE	QUOTE U.S.$
1985	Bull-Can-Rear-You 422	Closed	N/A	120.00	206
1985	Cannonball 466	Closed	N/A	43.00	83
1985	Catch of the Day 441	Closed	N/A	170.00	305
1985	Clowns of the Caribbean PS101	Closed	N/A	1250.00	2-2800
1985	Dr. Sigmund Fraud 457	Closed	N/A	98.00	190
1985	Dr. Timothy DeCay 459	Closed	N/A	98.00	185
1985	Duster Buster 461	Closed	N/A	43.00	90
1985	The Finishing Touch 409	Closed	N/A	178.00	305
1985	Fred Figures 903	Closed	N/A	175.00	340
1985	From Riches to Rags 374	Closed	N/A	108.00	250
1985	Get the Picture 456	Closed	N/A	70.00	140
1985	Gilbert TeeOd OFF 376	Closed	N/A	63.00	55-63
1985	Giraffe Getting a Bath 428	Closed	N/A	160.00	235-450
1985	Ham Track 451	Closed	N/A	240.00	430
1985	Hi Ho Blinky 462	Closed	N/A	53.00	105
1985	One Wheel Winky 464	Closed	N/A	43.00	83
1985	Pee Wee With Balloons 435	Closed	N/A	50.00	100
1985	Pee Wee With Umbrella 434	Closed	N/A	50.00	100
1985	Policy Paul 904	Closed	N/A	175.00	310
1985	Rosebuds 433	Closed	N/A	155.00	315
1985	Twas the Night Before 408	Closed	N/A	235.00	405
1985	Whiskers Bathing 749	Closed	N/A	305.00	500-800
1985	Whiskers Hitchhiking 745	Closed	N/A	240.00	800
1985	Whiskers Holding Balloons 746	Closed	N/A	265.00	500-800
1985	Whiskers Holding Umbrella 747	Closed	N/A	265.00	500-800
1985	Whiskers On The Bench 750	Closed	N/A	230.00	500
1985	Whiskers Sweeping 744	Closed	N/A	240.00	500-800
1985	Yo Yo Stravinsky-Attoney at Law 458	Closed	N/A	98.00	185

The Original Ron Lee Collection-1986 - R. Lee

YEAR ISSUE		EDITION LIMIT	YEAR RETD.	ISSUE PRICE	QUOTE U.S.$
1986	Bathing Buddies 450	Closed	N/A	145.00	250-375
1986	Bums Day at the Beach L105	Closed	N/A	97.00	N/A
1986	Captain Cranberry 469	Closed	N/A	140.00	175-335
1986	Christmas Morning Magic L107	Closed	N/A	99.00	N/A
1986	Getting Even 485	Closed	N/A	85.00	125-225
1986	Hari and Hare 454	Closed	N/A	57.00	85-135
1986	High Above the Big Top L112	Closed	N/A	162.00	N/A
1986	The Last Stop L106	Closed	N/A	99.00	N/A
1986	Most Requested Toy L108	Closed	N/A	264.00	N/A
1986	Puppy Love's Portrait L113	Closed	N/A	168.00	N/A
1986	Ride 'Em Peanuts 463	Closed	N/A	55.00	70-135
1986	Wet Paint 436	Closed	N/A	80.00	100-200

The Original Ron Lee Collection-1987 - R. Lee

YEAR ISSUE		EDITION LIMIT	YEAR RETD.	ISSUE PRICE	QUOTE U.S.$
1987	First & Main L110	Closed	N/A	368.00	500-775
1987	Happines Is L116	Closed	N/A	155.00	N/A
1987	Heartbroken Harry L101	Closed	N/A	63.00	125-225
1987	Lovable Luke L102	Closed	N/A	70.00	70
1987	Puppy Love L103	Closed	N/A	71.00	71
1987	Show of Shows L115	Closed	N/A	175.00	N/A
1987	Sugarland Express L109	Closed	N/A	342.00	400-600
1987	Would You Like To Ride? L104	Closed	N/A	246.00	300-475

The Original Ron Lee Collection-1988 - R. Lee

YEAR ISSUE		EDITION LIMIT	YEAR RETD.	ISSUE PRICE	QUOTE U.S.$
1988	Anchors-A-Way L120	Closed	N/A	195.00	N/A
1988	Boulder Bay L124	Closed	N/A	700.00	N/A
1988	Bozorina L118	Closed	N/A	95.00	N/A
1988	Cactus Pete L125	Closed	N/A	495.00	N/A
1988	Dinner for Two L119	Closed	N/A	140.00	N/A
1988	The Fifth Wheel L117	Closed	N/A	250.00	375
1988	Fore! L122	Closed	N/A	135.00	150
1988	New Ron Lee Carousel	Closed	N/A	7000.00	9500
1988	Pumpkuns Galore L121	Closed	N/A	135.00	N/A
1988	To The Rescue L127	Closed	N/A	130.00	160-550
1988	Together Again L126	Closed	N/A	130.00	150
1988	Tunnel of Love L123	Closed	N/A	490.00	600-800
1988	When You're Hot, You're Hot! L128	Closed	N/A	221.00	250-800

The Original Ron Lee Collection-1989 - R. Lee

YEAR ISSUE		EDITION LIMIT	YEAR RETD.	ISSUE PRICE	QUOTE U.S.$
1989	The Accountant L173	Closed	N/A	68.00	150-200
1989	The Baseball Player L189	Closed	N/A	72.00	150-200
1989	The Basketball Player L187	Closed	N/A	68.00	150-200
1989	Be Happy L198	Closed	N/A	160.00	N/A
1989	Be It Ever So Humble L111	Closed	N/A	900.00	950-1250
1989	The Beautician L183	Closed	N/A	68.00	150-200
1989	Beauty Is In The Eye Of L140	Closed	N/A	190.00	N/A
1989	Birdbrain L206	Closed	N/A	110.00	N/A
1989	The Bowler L191	Closed	N/A	68.00	150-200
1989	Butt-R-Fly L151	Closed	N/A	47.00	N/A
1989	Butterflies Are Free L204	Closed	N/A	225.00	N/A
1989	Candy Apple L155	Closed	N/A	47.00	N/A
1989	Candy Man L217	Closed	N/A	350.00	360
1989	Catch A Falling Star L148	Closed	N/A	57.00	48-57
1989	The Chef L178	Closed	N/A	65.00	150-200
1989	The Chiropractor L180	Closed	N/A	68.00	150-200
1989	Circus Little L143	Closed	N/A	990.00	1250
1989	Craps L212	Closed	N/A	530.00	N/A
1989	Dang It L200	Closed	N/A	47.00	N/A
1989	The Dentist L175	Closed	N/A	65.00	150-200
1989	The Doctor L170	Closed	N/A	65.00	150-200
1989	Eye Love You L136	Closed	N/A	68.00	N/A
1989	The Fireman L169	Closed	N/A	68.00	150-200
1989	The Fisherman L194	Closed	N/A	72.00	150-200
1989	The Football Player L186	Closed	N/A	65.00	150-200
1989	Get Well L131	Closed	N/A	79.00	N/A
1989	The Golfer L188	Closed	N/A	72.00	150-200
1989	The Greatest Little Shoe On Earth L210	Closed	N/A	165.00	200-300
1989	Happy Chanakah L162	Closed	N/A	106.00	N/A
1989	Hot Diggity Dog L201	Closed	N/A	47.00	N/A
1989	The Housewife L181	Closed	N/A	75.00	150-200
1989	Hughie Mungus L144	Closed	N/A	250.00	300-825
1989	I Ain't Got No Money L195	Closed	N/A	325.00	N/A
1989	I Just Called! L153	Closed	N/A	47.00	N/A
1989	I Pledge Allegiance L134	Closed	N/A	131.00	150-250
1989	I Should've When I Could've L196	Closed	N/A	325.00	340
1989	I-D-D-D-Do! L215	Closed	N/A	180.00	N/A
1989	If I Were A Rich Man L133	Closed	N/A	315.00	400-600
1989	If That's Your Drive How's Your Putts L164	Closed	N/A	260.00	N/A
1989	In Over My Head L135	Closed	N/A	95.00	125-190
1989	Jingles Hitchhiking L209	Closed	N/A	90.00	200
1989	Jingles Holding Balloon L208	Closed	N/A	90.00	200
1989	Jingles With Umbrella L207	Closed	N/A	90.00	200
1989	Just Carried Away L138	Closed	N/A	135.00	N/A
1989	Just Go! L156	Closed	N/A	47.00	N/A
1989	The Lawyer 171	Closed	N/A	68.00	150-200
1989	Maestro L132	Closed	N/A	173.00	N/A
1989	Marcelle L150	Closed	N/A	47.00	N/A
1989	The Mechanic L184	Closed	N/A	68.00	150-200
1989	Memories L197	Closed	N/A	325.00	N/A
1989	Merry Xmas L159	Closed	N/A	94.00	N/A
1989	My Affections L157	Closed	N/A	47.00	N/A
1989	My First Tree L161	Closed	N/A	92.00	125
1989	My Heart Beats For You L137	Closed	N/A	74.00	95
1989	My Last Chip L213	Closed	N/A	550.00	N/A
1989	My Money's OnThe Bull L142	Closed	N/A	187.00	160-187
1989	The New Self Portrait L218	Closed	N/A	800.00	950
1989	No Fishing L130	Closed	N/A	247.00	N/A
1989	Not A Ghost Of A Chance L145	Closed	N/A	195.00	245
1989	The Nurse L168	Closed	N/A	65.00	N/A
1989	O' Solo Mia L139	Closed	N/A	85.00	90-150
1989	The Optometrist L174	Closed	N/A	65.00	150-200
1989	Over 21 L214	Closed	N/A	550.00	N/A
1989	The Pharmacist L166	Closed	N/A	65.00	N/A
1989	The Photographer L172	Closed	N/A	68.00	150-200
1989	The Plumber L176	Closed	N/A	65.00	150-200
1989	The Policeman L165	Closed	N/A	68.00	100-200
1989	Rain Bugs Me L203	Closed	N/A	225.00	N/A
1989	The Real Estate Lady L185	Closed	N/A	70.00	150-200
1989	The Real Estate Man L177	Closed	N/A	65.00	150-200
1989	Rest Stop L149	Closed	N/A	47.00	N/A
1989	The Salesman L167	Closed	N/A	68.00	N/A
1989	Santa's Dilemma L160	Closed	N/A	97.00	N/A
1989	The Secretary L179	Closed	N/A	65.00	150-200
1989	The Serenade L202	Closed	N/A	47.00	N/A
1989	Sh-h-h-h! L146	Closed	N/A	210.00	400-1000
1989	She Loves Me Not L205	Closed	N/A	225.00	N/A
1989	The Skier L193	Closed	N/A	75.00	150-200
1989	Slots Of Luck L211	Closed	N/A	90.00	175
1989	Snowdrifter L163	Closed	N/A	230.00	275-450
1989	Stormy Weathers L152	Closed	N/A	47.00	N/A
1989	Sunflower L154	Closed	N/A	47.00	N/A
1989	The Surfer L192	Closed	N/A	72.00	150-200
1989	Tee for Two L141	Closed	N/A	125.00	150
1989	The Tennis Player L190	Closed	N/A	72.00	150-200
1989	Today's Catch L147	Closed	N/A	230.00	245-325
1989	Two a.m. Blues L199	Closed	N/A	125.00	N/A
1989	The Veterinarian L182	Closed	N/A	72.00	150-200
1989	Wintertime Pals L158	Closed	N/A	90.00	N/A
1989	Wishful Thinking L114	Closed	N/A	230.00	250-500
1989	You Must Be Kidding L216	Closed	N/A	N/A	800

The Original Ron Lee Collection-1990 - R. Lee

YEAR ISSUE		EDITION LIMIT	YEAR RETD.	ISSUE PRICE	QUOTE U.S.$
1990	All Show No Go L238	1,500		285.00	285
1990	The Big Wheel L236	Closed	N/A	240.00	240
1990	Carousel Horse L219	Closed	N/A	150.00	N/A
1990	Carousel Horse L220	Closed	N/A	150.00	N/A
1990	Carousel Horse L221	Closed	N/A	150.00	N/A
1990	Carousel Horse L222	Closed	N/A	150.00	N/A
1990	Fill'er Up L248	Closed	N/A	280.00	300
1990	Flapper Riding Carousel L223	Closed	N/A	190.00	N/A
1990	Heart of My Heart L246	5,500		55.00	55
1990	Heartbroken Hobo L233	Closed	N/A	116.00	160
1990	Henry 8-3/4 L260	Closed	N/A	37.00	50
1990	Horsin' Around L262	Closed	N/A	37.00	37-50
1990	I Love You L242	5,500		55.00	55
1990	I.Q. Two L253	2,750		33.00	33
1990	Jo-Jo Riding Carousel L226	Closed	N/A	190.00	N/A
1990	Kiss! Kiss! L251	Closed	N/A	37.00	37
1990	L-O-V-E L245	5,500		55.00	55
1990	Loving You L244	5,500		55.00	55
1990	Me Too!! L231	Closed	N/A	70.00	70-80
1990	My Heart's on for You L240	5,500		55.00	55
1990	Na! Na! L252	Closed	N/A	33.00	33
1990	New Pinky Lying Down L228	8,500		42.00	42
1990	New Pinky Sitting L230	8,500		42.00	42
1990	New Pinky Standing L229	8,500		42.00	42
1990	New Pinky Upside Down L227	8,500		42.00	42
1990	Paddle L259	2,750		33.00	33
1990	Par Three L232	2,750		144.00	144
1990	Peaches Riding Carousel L224	Closed	N/A	190.00	N/A
1990	Pitch L261	2,750		35.00	35
1990	Push and Pull L249	Closed	N/A	260.00	280
1990	Q.T. Pie L257	2,750		37.00	37
1990	Rascal Riding Carousel L225	Closed	N/A	190.00	N/A
1990	Same To "U" L255	2,750		37.00	37
1990	Scooter L234	Closed	N/A	240.00	275
1990	Skiing My Way L239	2,500		400.00	400
1990	Snowdrifter II L250	Closed	N/A	340.00	280
1990	Squirt L258	2,750		37.00	37
1990	Stuck on Me L243	5,500		55.00	55
1990	Swinging on a Star L241	5,500		55.00	55
1990	Tandem Mania L235	Closed	N/A	360.00	360
1990	Uni-Cycle L237	Closed	N/A	240.00	240
1990	Watch Your Step L247	2,500		78.00	78
1990	Yo Mama L256	2,750		35.00	35
1990	Your Heaviness L254	2,750		37.00	37

The Original Ron Lee Collection-1991 - R. Lee

YEAR ISSUE		EDITION LIMIT	YEAR RETD.	ISSUE PRICE	QUOTE U.S.$
1991	Ain't No Havana L315	500		230.00	230
1991	Anywhere? L269	Closed	N/A	125.00	155
1991	Banjo Willie L293	1,750		90.00	90
1991	Business is Business L266	Closed	N/A	110.00	125
1991	Clarence Clarinet L289	1,750		42.00	42
1991	Cruising L265	Closed	N/A	170.00	170-175
1991	Droopy Drummer L290	1,750		42.00	42
1991	Eight Ball-Corner Pocket L311	1,750		224.00	180-224
1991	Fall L282	1,500		120.00	120-125
1991	Geronimo L304	1,750		127.00	127
1991	Gilbert's Dilemma L270	Closed	N/A	90.00	125
1991	Give Me Liberty L313	Closed	N/A	155.00	155-165
1991	Happy Birthday Puppy Love L278	Closed	N/A	73.00	85
1991	Harley Horn L291	1,750		42.00	42
1991	Hobi Daydreaming L299	1,750		112.00	112
1991	Hook, Line and Sinker L303	1,750		100.00	60-100
1991	Hot Dawg! L316	500		255.00	255
1991	I'm Singin' In The Rain L268	Closed	N/A	135.00	150
1991	IRS or Bust L285	1,500		122.00	122
1991	Lit'l Snowdrifter L298	1,750		70.00	85-115
1991	Makin Tracks L283	1,500		142.00	142
1991	Marcelle I L271	2,250		50.00	50
1991	Marcelle II L272	2,250		50.00	50
1991	Marcelle III L273	2,250		50.00	50
1991	Marcelle IV L274	2,250		50.00	50
1991	New Darby Tipping Hat L310	1,250		57.00	57
1991	New Darby with Flower L307	1,250		57.00	57
1991	New Darby with Umbrella L308	1,250		57.00	57
1991	New Darby with Violin L309	1,250		57.00	57
1991	New Harpo L305	1,250		130.00	130
1991	New Toy Soldier L306	1,250		115.00	115
1991	Our Nation's Pride L312	Closed	N/A	150.00	150
1991	Puppy Love Scootin' L275	Closed	N/A	73.00	73-80
1991	Puppy Love's Free Ride L276	Closed	N/A	73.00	73-80
1991	Puppy Love's Treat L277	Closed	N/A	73.00	73-80
1991	Refugee L267	1,750		88.00	88
1991	Sand Trap L301	1,750		100.00	100
1991	Soap Suds Serenade L284	1,750		85.00	85
1991	Spring L280	1,500		95.00	95-110
1991	Strike!!! L302	1,750		76.00	76
1991	Summer L281	1,500	N/A	95.00	125
1991	Surf's Up L300	1,750		80.00	80
1991	TA DA L294	Closed	N/A	220.00	220-225
1991	Tender-Lee L264	1,750		96.00	96
1991	This Won't Hurt L296	1,750		110.00	110
1991	Tootie Tuba L286	1,750		42.00	42
1991	Trash Can Sam L295	1,750		118.00	118
1991	Truly Trumpet L287	1,750		42.00	42
1991	Trusty Trombone L288	1,750		42.00	42
1991	Two For Fore L297	1,750		120.00	120
1991	United We Stand L314	Closed	N/A	150.00	150
1991	The Visit L263	1,750		100.00	100
1991	Winter L279	1,500		115.00	115-125

The Original Ron Lee Collection-1992 - R. Lee

YEAR ISSUE		EDITION LIMIT	YEAR RETD.	ISSUE PRICE	QUOTE U.S.$
1992	Baloony L350	2,500		26.00	27
1992	Beats Nothin' L357	1,500		145.00	145
1992	Beau Regards L342	2,500		26.00	27
1992	Big Wheel Kop RLC1005	1,750		65.00	65
1992	Birdy The Hard Way L352	1,750		85.00	85
1992	Bo-Bo Balancing RLC1003	1,750		75.00	75
1992	Break Point L335	2,500		26.00	27
1992	Brokenhearted Huey RLC1006	1,750		65.00	65
1992	Buster Too PC100	1,500		65.00	65
1992	Cannonball RLC1009	1,750		95.00	95
1992	Clar-A-Bow L336	2,500		26.00	27
1992	Cyclin' Around L322	2,500		26.00	27
1992	Dreams L332	2,500		26.00	27
1992	Dudley's Dog Act RLC1010	1,750		75.00	75

Ron Lee's World of Clowns
to Ron Lee's World of Clowns

FIGURINES/COTTAGES

YEAR ISSUE		EDITION LIMIT	YEAR RETD.	ISSUE PRICE	QUOTE U.S.$
1992	Dunkin' L328	2,500		26.00	27
1992	Fish in Pail L358	1,500		130.00	130
1992	Flyin' High L340	2,500		26.00	27
1992	Forget Me Not L341	2,500		26.00	27
1992	Gassing Up RLC1004	1,750		70.00	70
1992	Go Man Go L344	2,500		26.00	27
1992	Handy Standy L321	2,500		26.00	27
1992	Heel's Up L329	2,500		26.00	27
1992	Hi-Five L339	2,500		26.00	27
1992	Hippolong Cassidy L320	Closed	N/A	166.00	140
1992	Howdy L325	2,500		26.00	27
1992	Jo-Jo Juggling RLC1002	1,750		70.00	70
1992	Juggles L347	2,500		26.00	27
1992	Little Pard L349	2,500		26.00	27
1992	Lolly L326	2,500		26.00	27
1992	Love Ya' Baby L355	1,250		190.00	190
1992	Miles PC105	1,500		65.00	65
1992	My Pal L334	2,500		26.00	27
1992	My Portrait L354	Closed	N/A	315.00	315
1992	Myak Kyak L337	2,500		26.00	27
1992	On My Way L348	2,500		26.00	27
1992	Penny Saver L333	2,500		26.00	27
1992	Popcorn & Cotton Candy RLC1001	1,750		70.00	70
1992	Scrub-A- Dub-Dub L319	Closed	N/A	185.00	195
1992	Seven's Up L356	1,250		165.00	165
1992	Shake Jake L324	2,500		26.00	27
1992	Ship Ahoy L345	2,500		26.00	27
1992	Shufflin' L343	2,500		26.00	27
1992	Snowdrifter Blowin' In Wind L317	1,750		77.50	78
1992	Snowdrifter's Special Delivery L318	1,750		136.00	136
1992	Steamer L338	2,500		26.00	27
1992	Stop Cop L331	2,500		26.00	27
1992	Strike Out L323	2,500		26.00	27
1992	Struttin' L346	2,500		26.00	27
1992	Sure-Footed Freddie RLC1007	1,750		80.00	80
1992	To-Tee L327	2,500		26.00	27
1992	Topper PC110	1,500		65.00	65
1992	Twirp Chirp L330	2,500		26.00	27
1992	Vincent Van Clown L353	Closed	N/A	160.00	160
1992	Walking A Fine Line RMB7000	1,750		65.00	65
1992	Webb-ster PC115	1,500		65.00	65
1992	Wrong Hole Clown L351	1,750		125.00	125

The Original Ron Lee Collection-1993 - R. Lee

YEAR ISSUE		EDITION LIMIT	YEAR RETD.	ISSUE PRICE	QUOTE U.S.$
1993	Andy Jackson L364	950		87.00	87
1993	Anywhere Warm L398	950		90.00	90
1993	Bellboy L390	950		80.00	80
1993	Blinky Lying Down L384	1,200		45.00	45
1993	Blinky Sitting L383	1,200		45.00	45
1993	Blinky Standing L382	1,200		45.00	45
1993	Blinky Upside Down L385	1,200		45.00	45
1993	Bo-Bo L365	950		95.00	95
1993	Britches L377	750		205.00	205
1993	Bumper Fun L403	750		330.00	330
1993	Buster L368	950		87.00	87
1993	Charkles L381	750		220.00	220
1993	Chattanooga Choo-Choo L374	750		420.00	420
1993	Dave Bomber L360	950		90.00	90
1993	Happy Trails L369	950		90.00	90
1993	Honk Honk L370	950		90.00	90
1993	Hot Buns L376	750		175.00	175
1993	Lollipop L363	950		87.00	87
1993	Merry Go Clown L405	750		375.00	375
1993	Moto Kris L380	750		255.00	255
1993	North Pole L396	950		75.00	75
1993	Piggy Backin' L379	750		205.00	205
1993	Pretzels L372	750		195.00	195
1993	Sailin' L366	950		95.00	95
1993	Scrubs L361	950		87.00	87
1993	Sho-Sho L373	750		115.00	115
1993	Shriner Cop L404	750		175.00	175
1993	Skittles L367	950		95.00	95
1993	Snoozin' L399	950		90.00	90
1993	Soft Shoe L400	750		275.00	275
1993	Sole-Full L375	750		250.00	250
1993	Special Occasion L402	750		280.00	280
1993	Taxi L378	750		470.00	470
1993	Tinker And Toy L359	950		95.00	95
1993	Wagone Hes L371	750		210.00	210
1993	Wanderer L401	750		255.00	255
1993	Yo-Yo L362	950		87.00	87

The Popeye Collection - R. Lee

YEAR ISSUE		EDITION LIMIT	YEAR RETD.	ISSUE PRICE	QUOTE U.S.$
1992	Liberty P001	1,750		184.00	184
1992	Men!!! P002	1,750		230.00	230
1992	Oh Popeye P005	1,750		230.00	230
1992	Par Excellence P006	1,750		220.00	220
1992	Strong to The Finish P003	1,750		95.00	95
1992	That's My Boy P004	1,750		145.00	145

Premier Dealer Collection - R. Lee

YEAR ISSUE		EDITION LIMIT	YEAR RETD.	ISSUE PRICE	QUOTE U.S.$
1992	Dream On PD002	Closed	N/A	125.00	125
1992	Framed Again PD001	Closed	N/A	110.00	110
1993	Jake-A-Juggling Balls PD008	500		85.00	85
1993	Jake-A-Juggling Clubs PD007	500		85.00	85
1993	Jake-A-Juggling Cylinder PD006	500		85.00	85
1992	Moonlighting PD004	Closed	N/A	125.00	125
1992	Nest to Nothing PD003	Closed	N/A	110.00	115
1993	Pockets PD005	500		175.00	175

Rocky & Bullwinkle And Friends Collection - R. Lee

YEAR ISSUE		EDITION LIMIT	YEAR RETD.	ISSUE PRICE	QUOTE U.S.$
1992	Dudley Do-Right RB610	1,750		175.00	175
1992	KA-BOOM! RB620	1,750		175.00	175
1992	My Hero RB615	1,750		275.00	275
1992	Rocky & Bullwinkle RB600	1,750		120.00	120
1992	The Swami RB605	1,750		175.00	175

The Ron Lee Disney Collection Exclusives - R. Lee

YEAR ISSUE		EDITION LIMIT	YEAR RETD.	ISSUE PRICE	QUOTE U.S.$
1993	Aladdin MM560	500		550.00	550
1992	Bambi MM330	2,750		195.00	195
1990	The Bandleader MM100	Closed	N/A	75.00	75
1992	Beauty & The Beast (shadow box) DIS100	500		1650.00	1650
1992	Big Thunder Mountain MM460	250		1650.00	2000-3000
1992	Captain Hook MM320	2,750		175.00	175
1992	Christmas '92 MM420	1,500		145.00	145
1993	Cinderella's Slipper MM510	1,750		115.00	115
1993	Darkwing Duck MM470	1,750		105.00	105
1991	Decorating Donald MM210	2,750		60.00	60
1992	The Dinosaurs MM370	2,750		195.00	195
1991	Dopey MM120	2,750		80.00	80
1990	Dumbo MM600	2,750		110.00	110
1995	Engine No, One	500		650.00	650
1992	Finishing Touch MM440	1,500		85.00	85
1993	Flying With Dumbo MM530	1,000		330.00	330
1992	Genie MM450	2,750		110.00	110
1991	Goofy MM110	2,750		115.00	115
1991	Goofy's Gift MM230	2,750		70.00	70
1991	Jiminy's List MM250	2,750		60.00	60
1991	Lady and the Tramp MM280	1,500		295.00	295
1993	Letters to Santa MM550	1,500		170.00	170
1991	Lion Around MM270	2,750		140.00	140
1992	Litt'l Sorcerer MM340	2,750		57.00	57
1992	Little Mermaid MM310	2,750		230.00	230
1992	Lumiere & Cogsworth MM350	2,750		145.00	145
1991	Mickey & Minnie at the Piano MM180	2,750		195.00	195
1991	Mickey's Adventure MM150	2,750		195.00	195
1990	Mickey's Christmas MM400	2,750		95.00	95
1991	Mickey's Delivery MM220	2,750		70.00	70
1993	Mickey's Dream MM520	250		400.00	850
1991	Minnie Mouse MM170	2,750		80.00	80
1994	MM/MM/Goofy, Limo	500		500	600
1992	Mrs. Potts & Chip MM360	2,750		125.00	125
1991	Mt. Mickey MM900	2,750		175.00	175
1990	Pinocchio MM500	2,750		85.00	85
1991	Pluto's Treat MM240	2,750		60.00	60
1993	Santa's Workshop MM540	1,500		170.00	170
1990	Snow White & Grumpy MM800	2,750		140.00	140
1993	Snow White & The Seven Dwarfs (shadow box) DIS200	250		1800.00	1800
1990	The Sorcerer MM200	Closed	N/A	85.00	120
1992	Sorcerer's Apprentice MM290	2,750		125.00	125
1990	Steamboat Willie MM300	2,750		95.00	95
1992	Stocking Stuffer MM410	1,500		63.00	63
1991	The Tea Cup Ride (Disneyland Exclusive) MM260	1,250		225.00	225
1993	Tinker Bell MM490	1,750		85.00	85
1991	Tugboat Mickey MM160	2,750		180.00	180
1991	Two Gun Mickey MM140	2,750		115.00	115
1990	Uncle Scrooge MM700	2,750		110.00	110
1993	Winnie The Pooh MM480	1,750		125.00	125
1992	Winnie The Pooh & Tigger MM390	2,750		105.00	105
1992	Wish Upon A Star MM430	1,500		80.00	80
1991	The Witch MM130	2,750		115.00	115
1992	Workin' Out MM380	2,750		95.00	95

The Ron Lee Emmett Kelly, Sr. Collection - R. Lee

YEAR ISSUE		EDITION LIMIT	YEAR RETD.	ISSUE PRICE	QUOTE U.S.$
1991	Emmett Kelly, Sr. Sign E208	Closed	N/A	110.00	110
1991	God Bless America EK206	Closed	N/A	130.00	130
1991	Help Yourself EK202	Closed	N/A	145.00	145
1991	Love at First Sight EK204	Closed	N/A	197.00	197
1991	My Protege EK207	Closed	N/A	160.00	160
1991	Spike's Uninvited Guest EK203	Closed	N/A	165.00	165
1991	That-A-Way EK201	Closed	N/A	125.00	125
1991	Time for a Change EK205	Closed	N/A	190.00	400

The Ron Lee Looney Tunes Collection - R. Lee

YEAR ISSUE		EDITION LIMIT	YEAR RETD.	ISSUE PRICE	QUOTE U.S.$
1991	1940 Bugs Bunny LT165	Closed	N/A	85.00	85
1991	Bugs Bunny LT150	Closed	N/A	123.00	125
1991	Daffy Duck LT140	Closed	N/A	80.00	80-85
1991	Elmer Fudd LT125	Closed	N/A	87.00	87-90
1991	Foghorn Leghorn & Henry Hawk LT160	Closed	N/A	115.00	115
1991	Marvin the Martian LT170	Closed	N/A	75.00	75
1991	Michigan J. Frog LT110	Closed	N/A	115.00	115
1991	Mt. Yosemite LT180	850		160.00	160-300
1991	Pepe LePew & Penelope LT145	Closed	N/A	115.00	115
1991	Porky Pig LT115	Closed	N/A	97.00	97-100
1991	Sylvester & Tweety LT135	Closed	N/A	110.00	110-115
1991	Tasmanian Devil LT120	Closed	N/A	105.00	105
1991	Tweety LT155	Closed	N/A	110.00	110-115
1991	Western Daffy Duck LT105	Closed	N/A	87.00	87-90
1991	Wile E. Coyote & Roadrunner LT175	Closed	N/A	165.00	165-175
1991	Yosemite Sam LT130	Closed	N/A	110.00	110

The Ron Lee Looney Tunes II Collection - R. Lee

YEAR ISSUE		EDITION LIMIT	YEAR RETD.	ISSUE PRICE	QUOTE U.S.$
1992	Beep Beep LT220	1,500		115.00	115
1992	Ditty Up LT200	2,750		110.00	110
1992	For Better or Worse LT190	1,500		285.00	285
1992	Leopold & Giovanni LT205	1,500		225.00	225
1992	No Pain No Gain LT210	950		270.00	270
1992	Rackin' Frackin' Varmint LT225	950		260.00	260
1992	Speedy Gonzales LT185	2,750		73.00	73
1992	Van Duck LT230	950		335.00	335
1992	The Virtuosos LT235	950		350.00	350
1992	What The ...? LT195	1,500		240.00	240
1992	What's up Doc? LT215	950		270.00	270

The Ron Lee Looney Tunes III Collection - R. Lee

YEAR ISSUE		EDITION LIMIT	YEAR RETD.	ISSUE PRICE	QUOTE U.S.$
1992	Bugs Bunny w/ Horse LT245	1,500		105.00	105
1992	Cowboy Bugs LT290	1,500		70.00	70
1992	Daffy Duck w/ Horse LT275	1,500		105.00	105
1992	Elmer Fudd w/ Horse LT270	1,500		105.00	105
1992	Pepe Le Pew w/ Horse LT285	1,500		105.00	105
1992	Porky Pig w/ Horse LT260	1,500		105.00	105
1992	Sylvester w/ Horse LT250	1,500		105.00	105
1992	Tasmanian Devil w/ Horse LT255	1,500		105.00	105
1992	Wile E. Coyote w/ Horse LT280	1,500		105.00	105
1992	Yosemite Sam w/ Horse LT265	1,500		105.00	105

The Ron Lee Looney Tunes IV Collection - R. Lee

YEAR ISSUE		EDITION LIMIT	YEAR RETD.	ISSUE PRICE	QUOTE U.S.$
1993	Bugs LT330	1,200		79.00	79
1993	A Christmas Carrot LT320	1,200		175.00	175
1993	The Essence of Love LT310	1,200		145.00	145
1993	Martian's Best Friend LT305	1,200		140.00	140
1993	Me Deliver LT295	1,200		110.00	110
1993	Puttin' on the Glitz LT325	1,200		79.00	79
1993	The Rookie LT315	1,200		75.00	75
1993	Yo-Ho-Ho- LT300	1,200		105.00	105

The Ron Lee Looney Tunes V Collection - R. Lee

YEAR ISSUE		EDITION LIMIT	YEAR RETD.	ISSUE PRICE	QUOTE U.S.$
1994	Bugs LT330	1,200		79.00	79
1994	A Carrot a Day LT350	1,200		85.00	85
1994	Guilty LT345	1,200		80.00	80
1994	Ma Cherie LT340	1,200		185.00	185
1994	No H20 LT355	1,200		160.00	160
1994	Puttin' on the Glitz LT325	1,200		79.00	79
1994	Smashing LT335	1,200		80.00	80
1994	Taz On Ice LT360	1,200		115.00	115

The Ron Lee Looney Tunes VI Collection - R. Lee

YEAR ISSUE		EDITION LIMIT	YEAR RETD.	ISSUE PRICE	QUOTE U.S.$
1994	Bugs Pharoah LT370	500		130.00	130
1994	Cleopatra's Barge LT400	500		550.00	550
1994	Cruising Down the Nile LT385	500		295.00	295
1994	King Bugs and Friends LT395	500		480.00	480
1994	Ramases & Son LT380	500		230.00	230
1994	Tweety Pharoah LT365	500		110.00	110
1994	Warrior Taz LT375	500		140.00	140
1994	Yosemite's Chariot LT390	500		310.00	310

The Ron Lee Warner Bros. Collection - R. Lee

YEAR ISSUE		EDITION LIMIT	YEAR RETD.	ISSUE PRICE	QUOTE U.S.$
1993	Courtly Gent WB003	1,000		102.00	102
1992	Dickens' Christmas WB400	850		198.00	198
1993	Duck Dodgers WB005	1,000		300.00	300
1993	Gridiron Glory WB002	1,000		102.00	102
1993	Hair-Raising Hare WB006	1,000		300.00	300
1993	Hare Under Par WB001	1,000		102.00	102
1993	Home Plate Heroes WB004	1,000		102.00	102
1991	The Maltese Falcon WB100	Closed	N/A	175.00	175
1991	Robin Hood Bugs WB200	1,000		190.00	190
1992	Yankee Doodle Bugs WB300	850		195.00	195

Superman I - R. Lee

YEAR ISSUE		EDITION LIMIT	YEAR RETD.	ISSUE PRICE	QUOTE U.S.$
1993	Help Is On The Way SP100	750		280.00	280
1993	Meteor Moment SP115	750		314.00	314
1993	Metropolis SP110	750		320.00	320
1993	Proudly We Wave SP105	750		185.00	185

Superman II - R. Lee

YEAR ISSUE		EDITION LIMIT	YEAR RETD.	ISSUE PRICE	QUOTE U.S.$
1994	Good and Evil SP135	750		190.00	190
1994	More Powerful SP130	750		420.00	420
1994	Quick Change SP120	750		125.00	125
1994	To The Rescue SP125	750		195.00	195

The Wizard of Oz Collection - R. Lee

YEAR ISSUE		EDITION LIMIT	YEAR RETD.	ISSUE PRICE	QUOTE U.S.$
1992	The Cowardly Lion WZ425	750		620.00	620
1992	Kansas WZ400	750		550.00	550
1992	The Munchkins WZ405	750		620.00	620
1992	The Ruby Slippers WZ410	750		620.00	620
1992	The Scarecrow WZ415	750		510.00	510
1992	The Tin Man WZ420	750		530.00	530

Wizard of Oz II - R. Lee

YEAR ISSUE		EDITION LIMIT	YEAR RETD.	ISSUE PRICE	QUOTE U.S.$
1994	The Cowardly Lion WZ445	500		130.00	130
1994	Dorothy WZ430	500		150.00	150
1994	Glinda WZ455	500		225.00	225
1994	The Scarecrow WZ435	500		130.00	130
1994	The Tinman WZ440	500		110.00	110
1994	The Wicked Witch WZ450	500		125.00	125

The Woody Woodpecker And Friends Collection - R. Lee

YEAR ISSUE		EDITION LIMIT	YEAR RETD.	ISSUE PRICE	QUOTE U.S.$
1992	1940 Woody Woodpecker WL020	1,750		73.00	73
1992	Andy and Miranda Panda WL025	1,750		140.00	140
1992	Birdy for Woody WL005	1,750		117.00	117
1992	Pals WL030	1,750		179.00	179
1992	Peck of My Heart WL010	1,750		370.00	370
1992	Woody Woodpecker WL015	1,750		73.00	73

Royal Doulton

Royal Doulton Collectors' Club - N/A

YEAR ISSUE		EDITION LIMIT	YEAR RETD.	ISSUE PRICE	QUOTE U.S.$
1980	John Doulton Jug (8 O'Clock) D6656	Yr.Iss.		70.00	125
1981	Sleepy Darling Figure HN2953	Yr.Iss.		100.00	195
1982	Dog of Fo-Flambe	Yr.Iss.		50.00	150
1982	Prized Possessions Figure HN2942	Yr.Iss.		125.00	450
1983	Loving Cup	Yr.Iss.		75.00	150
1983	Springtime HN3033	Yr.Iss.		125.00	325
1984	Sir Henry Doulton Jug D6703	Yr.Iss.		50.00	115
1984	Pride & Joy Figure HN2945	Yr.Iss.		125.00	275
1985	Top of the Hill Plate HN2126	Yr.Iss.		35.00	100
1985	Wintertime Figure HN3060	Yr.Iss.		125.00	225
1986	Albert Sagger Toby Jug	Yr.Iss.		35.00	85
1986	Auctioneer Figure HN2988	Yr.Iss.		150.00	200
1987	Collector Bunnykins	Yr.Iss.		40.00	350
1987	Summertime Figurine HN3137	Yr.Iss.		140.00	150
1988	Top of the Hill Miniature Figurine HN2126	Yr.Iss.		95.00	125
1988	Beefeater Tiny Jug	Yr.Iss.		25.00	100
1988	Old Salt Tea Pot	Yr.Iss.		135.00	250
1989	Geisha Flambe Figure HN3229	Yr.Iss.		195.00	200
1989	Flower Sellers Children Plate	Yr.Iss.		65.00	100
1990	Autumntime Figure HN3231	Yr.Iss.		190.00	195
1990	Jester Mini Figure HN3196	Yr.Iss.		115.00	115
1990	Old King Cole Tiny Jug	Yr.Iss.		35.00	125
1991	Bunny's Bedtime Figure HN3370	Yr.Iss.		195.00	195
1991	Charles Dickens Jug D6901	Yr.Iss.		100.00	100
1991	L'Ambiteuse Figure (Tissot Lady)	Yr.Iss.		295.00	300
1991	Christopher Columbus Jug D6911	Yr.Iss.		95.00	95
1992	Discovery Figure HN3428	Yr.Iss.		160.00	100
1992	King Edward Jug D6923	Yr.Iss.		250.00	250
1992	Master Potter Bunnykins DB131	Yr.Iss.		50.00	95
1992	Eliza Farren Prestige Figure HN3442	Yr.Iss.		335.00	200
1993	Barbara Figure	Yr.Iss.		285.00	285
1993	Lord Mountbatten L/S Jug	N/A		225.00	225
1993	Punch & Judy Double Sided Jug	2,500		400.00	400
1993	Flambe Dragon HN3552	N/A		260.00	260
1994	Diane HN3604	N/A		250.00	250

Age of Innocence - N. Pedley

YEAR ISSUE		EDITION LIMIT	YEAR RETD.	ISSUE PRICE	QUOTE U.S.$
1991	Feeding Time HN3373	9,500	1994	245.00	290
1992	First Outing HN3377	9,500	1994	275.00	310
1991	Making Friends HN3372	9,500	1994	270.00	310
1991	Puppy Love HN3371	9,500	1994	270.00	310

Beatrix Potter Figures - Various

YEAR ISSUE		EDITION LIMIT	YEAR RETD.	ISSUE PRICE	QUOTE U.S.$
1992	And This Pig Had None P3319 - M. Alcock	Open		29.95	30
1971	Appley Dapply P2333 - A. Hallam	Open		29.95	30
1970	Aunt Pettitoes P2276 - A. Hallam	Retrd.	1993	29.95	45-75
1989	Babbity Bumble P2971 - W. Platt	Retrd.	1993	29.95	75
1992	Benjamin Ate a Lettuce Leaf P3317 - M. Alcock	Open		29.95	30
1948	Benjamin Bunny P1105 - A. Gredington	Open		29.95	30
1983	Benjamin Bunny Sat on a Bank P2803 - D. Lyttleton	Open		29.95	30
1975	Benjamin Bunny with Peter Rabbit P2509 - A. Musiankowski	Open		39.95	50
1995	Benjamin Bunny-large size P3403 - M. Alcock	Open		65.00	65
1991	Benjamin Wakes Up P3234 - A. Hughes-Lubeck	Open		29.95	30
1965	Cecily Parsley P1941 - A. Gredington	Retrd.	1993	29.95	45-85
1979	Chippy Hackee P2627 - D. Lyttleton	Retrd.	1993	29.95	49-55
1991	Christmas Stocking P3257 - M. Alcock	Retrd.	1994	65.00	65
1985	Cottontail at Lunchtime P2878 - D. Lyttleton	Open		29.95	30
1970	Cousin Ribby P2284 - A. Hallam	Retrd.	1993	29.95	45-65
1982	Diggory Diggory Delvet P2713 - D. Lyttleton	Open		29.95	30
1995	F.W. Gent-large size P3450 - M. Alcock	Open		65.00	65
1977	Fierce Bad Rabbit P2586 - D. Lyttleton	Open		29.95	30
1954	Flopsy Mopsy and Cottontail P1274 - A. Gredington	Open		29.95	30
1990	Foxy Reading Country News P3219 - A. Hughes-Lubeck	Open		49.95	55
1954	Foxy Whiskered Gentleman P1277 - A. Gredington	Open		29.95	30
1990	Gentleman Mouse Made a Bow P3200 - T. Chawner	Open		29.95	30
1986	Goody and Timmy Tiptoes P2957 - D. Lyttleton	Open		49.95	55
1961	Goody Tiptoes P1675 - A. Gredington	Open		29.95	30
1951	Hunca Munca P1198 - A. Gredington	Open		29.95	30
1992	Hunca Munca Spills the Beads P3288 - M. Alcock	Open		29.95	30
1977	Hunca Munca Sweeping P2584 - D. Lyttleton	Open		29.95	30
1990	Jemema Puddleduck-Foxy Whiskered Gentleman P3193 - T. Chawner	Open		49.95	80
1983	Jemima Puddleduck Made a Feather Nest-P2823 - D. Lyttleton	Open		29.95	30
1948	Jemima Puddleduck P1092 - A. Gredington	Open		29.95	30
1993	Jemima Puddleduck-Large size P3373 - M. Alcock	Open		49.95	65
1988	Jeremy Fisher Digging P3090 - T. Chawner	Retrd.	1994	50.00	75
1950	Jeremy Fisher P1157 - A. Gredington	Open		29.95	30
1995	Jeremy Fisher-large size P3372 - M. Alcock	Open		65.00	65
1990	John Joiner P2965 - G. Tongue	Open		29.95	30
1954	Johnny Townmouse P1276 - A. Gredington	Retrd.	1993	29.95	45-55
1988	Johnny Townmouse with Bag P3094 - T. Chawner	Retrd.	1994	50.00	75
1990	Lady Mouse Made a Curtsy P3220 - A. Hughes-Lubeck	Open		29.95	30
1950	Lady Mouse P1183 - A. Gredington	Open		29.95	30
1977	Little Black Rabbit P2585 - D. Lyttleton	Open		29.95	30
1987	Little Pig Robinson Spying P3031 - T. Chawner	Retrd.	1993	29.95	95
1991	Miss Dormouse P3251 - M. Alcock	Open		65.00	65
1990	Mittens & Moppet P3197 - T. Chawner	Retrd.	1994	50.00	50
1989	Mother Ladybird P2966 - W. Platt	Open		29.95	30
1973	Mr. Alderman Ptolemy P2424 - G. Tongue	Open		29.95	30
1965	Mr. Benjamin Bunny P1940 - A. Gredington	Open		29.95	30
1979	Mr. Drake Puddleduck P2628 - D. Lyttleton	Open		29.95	30
1974	Mr. Jackson P2453 - A. Hallam	Open		29.95	30
1988	Mr. Tod P3091 - T. Chawner	Retrd.	1993	29.95	95
1965	Mrs. Flopsy Bunny P1942 - A. Gredington	Open		29.95	30
1992	Mrs. Rabbit Cooking P3278 - M. Alcock	Open		29.95	30
1951	Mrs. Rabbit P1200 - A. Gredington	Open		29.95	30
1976	Mrs. Rabbit with Bunnies P2543 - D. Lyttleton	Open		29.95	30
1995	Mrs. Rabbit-large size P3398 - M. Alcock	Open		65.00	65
1951	Mrs. Ribby P1199 - A. Gredington	Open		29.95	30
1948	Mrs. Tittlemouse P1103 - A. Gredington	Retrd.	1993	29.95	45-55
1992	No More Twist P3325 - M. Alcock	Open		29.95	30
1986	Old Mr. Bouncer P2956 - D. Lyttleton	Open		29.95	30
1963	Old Mr. Brown P1796 - A. Hallam	Open		29.95	30
1983	Old Mr. Pricklepin P2767 - N/A	Retrd.	1982	29.95	115-125
1959	Old Woman Who Lived in a Shoe P1545 - C. Melbourne	Open		29.95	30
1983	Old Woman Who Lived in a Shoe, Knitting P2804 - D. Lyttleton	Open		29.95	30
1991	Peter & The Red Handkerchief P3242 - M. Alcock	Open		39.95	45
1995	Peter in Bed P3473 - M. Alcock	Open		39.95	40
1989	Peter Rabbit in the Gooseberry Net P3157 - D. Lyttleton	Open		39.95	50
1948	Peter Rabbit P1098 - A. Gredington	Open		29.95	30
1993	Peter Rabbit-large size P3356 - M. Alcock	Open		65.00	65
1971	Pickles P2334 - N/A	Retrd.	1982	29.95	375-675
1948	Pig Robinson P1104 - A. Gredington	Open		29.95	30
1955	Pigling Bland P1365 - G. Orwell	Open		29.95	30
1991	Pigling Eats Porridge P3252 - M. Alcock	Retrd.	1994	50.00	50
1976	Poorly Peter Rabbit P2560 - D. Lyttleton	Open		29.95	30
1981	Rebeccah Puddleduck P2647 - D. Lyttleton	Open		29.95	30
1992	Ribby and the Patty Pan P3280 - M. Alcock	Open		29.95	30
1974	Sally Henry Penney P2452 - A. Hallam	Retrd.	1993	29.95	65-75
1948	Samuel Whiskers P1106 - A. Gredington	Open		29.95	30
1948	Squirrel Nutkin P1102 - A. Gredington	Open		29.95	30
1961	Tabitha Twitchitt P1676 - A. Gredington	Open		29.95	30
1976	Tabitha Twitchitt with Miss Moppett P2544 - D. Lyttleton	Retrd.	1993	29.95	75-95
1949	Tailor of Gloucester P1108 - A. Gredington	Open		29.95	30
1995	Tailor of Gloucester-large size P3449 - M. Alcock	Open		65.00	65
1948	Tiggy Winkle P1107 - A. Gredington	Open		29.95	30
1985	Tiggy Winkle Takes Tea P2877 - D. Lyttleton	Open		29.95	30
1948	Timmy Tiptoes P1101 - A. Gredington	Open		29.95	30
1949	Timmy Willie P1109 - A. Gredington	Retrd.	1993	29.95	45-195
1986	Timmy Willie Sleeping P2996 - G. Tongue	Open		29.95	30
1948	Tom Kitten P1100 - A. Gredington	Open		29.95	30
1995	Tom Kitten-large size P3405 - M. Alcock	Open		65.00	65
1987	Tom Kittten and Butterfly P3030 - T. Chawner	Retrd.	1994	50.00	50
1987	Tom Thumb P2989 - W. Platt	Open		29.95	30
1955	Tommy Brock P1348 - G. Orwell	Open		29.95	30

British Sporting Heritage - V. Annand

YEAR ISSUE		EDITION LIMIT	YEAR RETD.	ISSUE PRICE	QUOTE U.S.$
1994	Ascot HN3471	5,000		475.00	475
1993	Henley HN3367	5,000		475.00	475
1995	Wimbledon HN3366	5,000		475.00	475

Bunnykins - Various

YEAR ISSUE		EDITION LIMIT	YEAR RETD.	ISSUE PRICE	QUOTE U.S.$
1995	Bathtime DB148 - M. Alcock	Open		40.00	40
1987	Be Prepared DB56 - D. Lyttleton	Open		40.00	40
1987	Bed Time DB55 - D. Lyttleton	Open		40.00	40
1991	Bride DB101 - A. Hughes	Open		40.00	40
1987	Brownie DB61 - W. Platt	Retrd.	1993	39.00	60
1990	Cook DB85- W. Platt	Retrd.	1994	35.00	45
1995	Easter Greetings - M. Alcock	Open		50.00	50
1988	Father, Mother, Victoria DB68 - M. Alcock	Open		40.00	40
1989	Fireman DB75 - M. Alcock	Open		40.00	40
1990	Fisherman DB84- W. Platt	Retrd.	1993	39.00	60-75
1991	Groom DB102 - M. Alcock	Open		40.00	40
XX	Halloween Bunnykin DB132 - N/A	Open		50.00	50
1983	Happy Birthday DB21 - G. Tongue	Open		40.00	40
1988	Harry DB73 - M. Alcock	Retrd.	1993	34.00	45-60
1972	Helping Mother DB2 - A Hallam	Retrd.	1993	34.00	45-60
1986	Home Run DB43 - D. Lyttleton	Retrd.	1993	39.00	55-70
1990	Ice Cream DB82 - W. Platt	Retrd.	1993	39.00	50-75
1982	Mr. Bunnykin Easter Parade DB18 - G. Tongue	Retrd.	1993	39.00	55
1982	Mrs. Bunnykin Easter Parade DB19 - D. Lyttleton	Open		40.00	40
1989	Nurse DB74 - M. Alcock	Open		35.00	40
1989	Paper Boy DB77 - M. Alcock	Retrd.	1993	39.00	50-65
1972	Playtime DB8 - A Hallam	Retrd.	1993	34.00	55
1988	Policeman DB69 - M. Alcock	Open		40.00	40
1988	Polly DB71 - M. Alcock	Retrd.	1993	34.00	50-65
1995	Rainy Day DB147 - M. Alcock	Open		40.00	40
1981	Santa Bunnykins DB17 - D. Lyttleton	Open		40.00	40
1987	School Days DB57 - D. Lyttleton	Retrd.	1994	40.00	55
1982	School Master DB60 - W. Platt	Open		40.00	40
1974	Sleepytime DB15 - A. Musiankowski	Retrd.	1993	39.00	55-65
1972	Sleigh Ride DB4 - A Hallam	Open		40.00	40
1972	Story Time DB9 - A Hallam	Open		35.00	40
1988	Susan DB70 - M. Alcock	Retrd.	1993	34.00	60
XX	Sweetheart Bunnykin DB130 - N/A	Open		40.00	40
1988	Tom DB72 - M. Alcock	Retrd.	1993	34.00	60
1986	Uncle Sam DB50 - D. Lyttleton	Open		40.00	40
1988	William DB69 - M. Alcock	Retrd.	1993	34.00	60

Character Jug of the Year - Various

YEAR ISSUE		EDITION LIMIT	YEAR RETD.	ISSUE PRICE	QUOTE U.S.$
1991	Fortune Teller D6824 - S. Taylor	Closed	1991	130.00	250
1992	Winston Churchill D6907 - S. Taylor	Closed	1992	195.00	195
1993	Vice-Admiral Lord Nelson D6932 - S. Taylor	Closed	1993	225.00	225
1994	Captain Hook - M. Alcock	Closed	1994	235.00	235
1995	Captain Bligh D6967 - S. Taylor	Yr.Iss.	1994	200.00	200

Character Jugs - Various

YEAR ISSUE		EDITION LIMIT	YEAR RETD.	ISSUE PRICE	QUOTE U.S.$
1993	Abraham Lincoln - M. Alcock	2,500	1994	190.00	190
1991	Airman, sm. - W. Harper	Open		82.50	83
1995	Alfred Hitchcock D6987 - D. Biggs	Open		200.00	200
1990	Angler, sm. - S. Taylor	Open		82.50	83
1947	Beefeater, lg.	Open		150.00	150
1947	Beefeater, sm.	Open		82.50	83
1995	Charles Dickens D6939 - W. Harper	2,500		500.00	500
1989	Clown, lg.- S. Taylor	Open		205.00	205
1991	Columbus, lg.- S. Taylor	Open		160.00	160
1983	D'Artagnan, lg.- S. Taylor	Open		150.00	150
1983	D'Artagnan, sm.- S. Taylor	Open		82.50	83
1991	Equestrian, sm.- S. Taylor	Open		82.50	83
1995	George Washington - M. Alcock	2,500		200.00	200
XX	George Washington, lg.	Retrd.	1994	150.00	150
1994	Glenn Miller - M. Alcock	Open		270.00	270
1971	Golfer, lg. - D. Biggs	Open		150.00	150
1993	Graduate-Male, sm.- S. Taylor	Open		85.00	85
1986	Guardsman, lg.- S. Taylor	Open		150.00	150
1986	Gurardsman, sm.- S. Taylor	Open		82.50	83
1990	Guy Fawkes, lg. - W. Harper	Open		150.00	150
1975	Henry VIII, lg. - E. Griffiths	Open		150.00	150
1975	Henry VIII, sm. - E. Griffiths	Open		82.50	83
1991	Jockey, sm.- S. Taylor	Open		82.50	83
1995	Judge and Thief Toby D6988 - S. Taylor	Open		185.00	185
1959	Lawyer, lg. - M. Henk	Open		150.00	150
1959	Lawyer, sm. - M. Henk	Open		82.50	83
1990	Leprechaun, lg. - W. Harper	Open		205.00	205
1990	Leprechaun, sm. - W. Harper	Open		85.00	85
1986	London Bobby, lg.- S. Taylor	Open		150.00	150
1986	London Bobby, sm.- S. Taylor	Open		82.50	83
1952	Long John Silver, lg. - M. Henk	Open		150.00	150
1952	Long John Silver, sm. - M. Henk	Open		82.50	83
1960	Merlin, lg. - G. Sharpe	Open		150.00	150
1960	Merlin, sm. - G. Sharpe	Open		82.50	83
1990	Modern Golfer, sm.- S. Taylor	Open		82.50	83
1955	Rip Van Winkle, lg. - M. Henk	Open		150.00	150
1955	Rip Van Winkle, sm. - M. Henk	Open		82.50	83
1991	Sailor, sm. - W. Harper	Open		82.50	83
1984	Santa Claus, lg. - M. Abberley	Open		150.00	150
1984	Santa Claus, sm. - M. Abberley	Open		82.50	83
1993	Shakespeare, sm. - W. Harper	Open		99.00	99
1973	The Sleuth, lg.- A. Moore	Open		150.00	150
1973	The Sleuth, sm. - A. Moore	Open		82.50	83

YEAR ISSUE		EDITION LIMIT	YEAR RETD.	ISSUE PRICE	QUOTE U.S.$
1991	Snooker Player, sm.- S. Taylor	Open		82.50	83
1991	Soldier, sm. - W. Harper	Open		82.50	83
1994	Thomas Jefferson - M. Alcock	2,500		200.00	200
XX	Town Crier, lg. - N/A	Retrd.	1994	170.00	170
1993	Winston Churchill, sm.- S. Taylor	Open		99.00	99
1990	Wizard, lg.- S. Taylor- S. Taylor	Open		175.00	175
1990	Wizard, sm.- S. Taylor	Open		85.00	85
1991	Yeoman of the Guard, lg.- S. Taylor	Open		150.00	150

Character Sculptures - Various

YEAR ISSUE		EDITION LIMIT	YEAR RETD.	ISSUE PRICE	QUOTE U.S.$
1993	Captain Hook - R. Tabbenor	Open		250.00	250
1994	D' Artagnan - R. Tabbenor	Open		260.00	260
1993	Dick Turpin - R. Tabbenor	Open		250.00	250
1995	Gulliver - D. Biggs	Open		285.00	285
1993	Long John Silver - A. Maslankowski	Open		250.00	250
1994	Pied Piper - A. Maslankowski	Open		260.00	260
1993	Robin Hood - A. Maslankowski	Open		250.00	250

Diamond Anniversary Tinies - N/A

YEAR ISSUE		EDITION LIMIT	YEAR RETD.	ISSUE PRICE	QUOTE U.S.$
1994	The Cellarer	2,500	94	set	Set
1994	Dick Turpin	2,500	94	set	Set
1994	Granny	2,500	94	set	Set
1994	Jester	2,500	94	set	Set
1994	John Barleycorn	2,500	94	350.00	350
1994	Parson Brown	2,500	94	set	Set

Femmes Fatales - P. Davies

YEAR ISSUE		EDITION LIMIT	YEAR RETD.	ISSUE PRICE	QUOTE U.S.$
1979	Cleopatra HN2868	750		750.00	1350
1984	Eve HN2466	750		1250.00	1250
1981	Helen of Troy HN2387	750	1993	1250.00	13-1400
1985	Lucrezia Borgia HN2342	750	1993	1250.00	1250
1982	Queen of Sheba HN2328	750		1250.00	13-1400
1983	Tz'u-Hsi HN2391	750		1250.00	1250

Figure of the Year - Various

YEAR ISSUE		EDITION LIMIT	YEAR RETD.	ISSUE PRICE	QUOTE U.S.$
1991	Amy HN3316 - P. Gee	Closed	1991	195.00	295
1992	Mary HN3375 - P. Gee	Closed	1992	225.00	300
1993	Patricia HN3365 - V. Annand	Closed	1993	250.00	250
1994	Jennifer HN3447 - P. Gee	Closed	1994	250.00	250
1995	Deborah - HN3644 - N. Pedley	Yr.Iss.		225.00	225

The Four Seasons - V. Annand

YEAR ISSUE		EDITION LIMIT	YEAR RETD.	ISSUE PRICE	QUOTE U.S.$
1993	Springtime HN3477	Open		325.00	325
1994	Summertime HN3478	Open		325.00	325
1993	Autumntime HN3621	Open		325.00	325
1993	Wintertime HN3622	Open		325.00	325

Gainsborough Ladies - P. Gee

YEAR ISSUE		EDITION LIMIT	YEAR RETD.	ISSUE PRICE	QUOTE U.S.$
1991	Countess of Sefton HN3010	5,000	1994	650.00	650-700
1991	Hon Frances Duncombe HN3009	5,000	1994	650.00	650-700
1991	Lady Sheffield HN3008	5,000	1994	650.00	650-700
1990	Mary, Countess Howe HN3007	5,000	1994	650.00	650-700

Great Lovers - R. Jefferson

YEAR ISSUE		EDITION LIMIT	YEAR RETD.	ISSUE PRICE	QUOTE U.S.$
1994	Robin Hood and Maid Marian HN3111	150		5250.00	5250
1993	Romeo and Juliet HN3113	150		5250.00	5250

Images - Various

YEAR ISSUE		EDITION LIMIT	YEAR RETD.	ISSUE PRICE	QUOTE U.S.$
1991	Bride & Groom HN3281 - R. Tabbenor	Open		85.00	85
1991	Bridesmaid HN3280 - R. Tabbenor	Open		85.00	85
1993	Brother & Sister HN3460 - A. Hughes	Retrd.	N/A	52.50	99
1991	Brothers HN3191 - E. Griffiths	Open		90.00	99
1981	Family HN2720 - E. Griffiths	Open		187.50	188
1988	First Love HN2747 - D. Tootle	Open		170.00	188
1991	First Steps HN3282 - R. Tabbenor	Open		142.00	188
1993	Gift of Freedom HN3443 - N/A	Retrd.	N/A	90.00	99
1989	Happy Anniversary HN3254 - D. Tootle	Open		187.50	188
1981	Lovers HN2762 - D. Tootle	Retrd.	N/A	187.50	188
1980	Mother & Daughter HN2841 - E. Griffiths	Open		187.50	188
1993	Our First Christmas HN3452 - N/A	Open		185.00	188
1989	Over the Threshold HN3274 - R. Tabbenor	Open		187.50	188
1983	Sisters HN3018 - P. Parson	Open		90.00	99
1987	Wedding Day HN2748 - D. Tootle	Open		187.50	188

Limited Edition Character Jugs - Various

YEAR ISSUE		EDITION LIMIT	YEAR RETD.	ISSUE PRICE	QUOTE U.S.$
1992	Abraham Lincoln D6936 - S. Taylor	2,500	1994	190.00	190
1994	Aladdin's Genie D6971 - D. Biggs	1,500	1994	335.00	335
1993	Clown Toby - N/A	3,000		175.00	175
1993	Elf Miniature D6942 - N/A	2,500	1994	55.00	55
XX	Father Christmas Toby - N/A	3,500		125.00	125
1990	Henry VIII - N/A	Open		150.00	150
1991	Henry VIII - W. Harper	1,991		395.00	950
1991	Jester - S. Taylor	2,500		125.00	150
1994	King & Queen of Diamonds D6969 - J. Taylor	2,500	1994	260.00	260
1992	King Charles I D6917 - W. Harper	2,500		450.00	450
1994	Leprechaun Toby - N/A	2,500		150.00	150
1992	Mrs. Claus Miniature D6922 - N/A	2,500		50.00	55
1993	Napoleon (Large size) D6941 - S. Taylor	2,000	1994	225.00	225
1994	Oliver Cromwell D6968 - W. Harper	2,500	1994	475.00	475
1991	Santa Claus Miniature D6900 - N/A	5,000		50.00	55
1988	Sir Francis Drake D6805 - P. Gee	Closed	N/A	N/A	100
XX	Snake Charmer - N/A	2,500		210.00	210
1994	Thomas Jefferson - N/A	2,500		200.00	200
1992	Town Crier D6895 - S. Taylor	2,500		175.00	175
1992	William Shakespeare D6933 - W. Harper	2,500	1994	625.00	625

Limited Editions - Various

YEAR ISSUE		EDITION LIMIT	YEAR RETD.	ISSUE PRICE	QUOTE U.S.$
1992	Christopher Columbus HN3392 - A. Maslankowski	1,492		1950.00	1950
1993	Duke of Wellington HN3432 - A. Maslankowski	1,500		1750.00	1750
1994	Field Marshal Montgomery HN3405 - N/A	1,944		1100.00	1100
1993	General Robert E. Lee HN3404 - R. Tabbenor	5,000		1175.00	1175
1993	Lt. General Ulysses S. Grant HN3403 - R. Tabbenor	5,000		1175.00	1175
1992	Napoleon at Waterloo HN3429 - A. Maslankowski	1,500		1900.00	1900
1993	Vice Admiral Lord Nelson HN3489 - A. Maslankowski	950		1750.00	1750
1993	Winston S. Churchill HN3433 - A. Maslankowski	5,000		595.00	595

Myths & Maidens - R. Jefferson

YEAR ISSUE		EDITION LIMIT	YEAR RETD.	ISSUE PRICE	QUOTE U.S.$
1986	Diana The Huntress HN2829	300		2950.00	3000
1985	Europa & Bull HN2828	300		2950.00	3000
1984	Juno & Peacock HN2827	300		2950.00	3000
1982	Lady & Unicorn HN2825	S/O		2500.00	2500
1983	Leda & Swan HN2826	300		2950.00	3000

Prestige Figures - Various

YEAR ISSUE		EDITION LIMIT	YEAR RETD.	ISSUE PRICE	QUOTE U.S.$
1982	Columbine HN2738 - D. Tootle	N/A		1250.00	1350
1982	Harlequin HN2737 - D. Tootle	N/A		1250.00	1350
1964	Indian Brave HN2376 - M. Davis	500		2500.00	5700
1952	Jack Point HN2080 - C.J. Noke	N/A		2900.00	3100
1950	King Charles HN2084 - C.J. Noke	N/A		2500.00	2500
1964	Matador and Bull HN2324 - M. Davis	N/A		21500.00	23000
1952	The Moor HN2082 - C.J. Noke	N/A		2500.00	2700
1964	The Palio HN2428 - M. Davis	500		2500.00	6500
1952	Princess Badoura HN2081 - N/A	N/A		28000.00	30000
1978	St George and Dragon HN2856 - W.K. Harper	N/A		13600.00	14500

Queens of Realm - P. Parsons

YEAR ISSUE		EDITION LIMIT	YEAR RETD.	ISSUE PRICE	QUOTE U.S.$
1989	Mary, Queen of Scots HN3142	S/O		550.00	850-950
1988	Queen Anne HN3141	Retrd.		525.00	550
1986	Queen Elizabeth I HN3099	S/O		495.00	495-650
1987	Queen Victoria HN3125	S/O		495.00	850-1000

Reynolds Collection - P. Gee

YEAR ISSUE		EDITION LIMIT	YEAR RETD.	ISSUE PRICE	QUOTE U.S.$
1992	Countess Harrington HN3317	5,000		550.00	595
1993	Countess Spencer HN3320	5,000		595.00	595
1991	Lady Worsley HN3318	5,000		550.00	595
1992	Mrs. Hugh Bonfoy HN3319	5,000		550.00	595

Royal Doulton Figurines - Various

YEAR ISSUE		EDITION LIMIT	YEAR RETD.	ISSUE PRICE	QUOTE U.S.$
1933	Beethoven - R. Garbe	25	N/A	N/A	6500
1987	Life Boatman HN2764 - W. Harper	Closed	N/A	N/A	300
1975	The Milkmaid HN2057A - L. Harradine	Closed	N/A	N/A	225
1924	Tony Weller HN684 - C. Noke	Closed	N/A	N/A	1800

Royalty - Various

YEAR ISSUE		EDITION LIMIT	YEAR RETD.	ISSUE PRICE	QUOTE U.S.$
1986	Duchess Of York HN3086 - E. Griffiths	1,500		495.00	750
1981	Duke Of Edinburgh HN2386 - P. Davis	750		395.00	450
1982	Lady Diana Spencer HN2885 - E. Griffiths	1,500		395.00	600
1981	Prince Of Wales HN2883 - E. Griffiths	1,500		395.00	750
1981	Prince Of Wales HN2884 - E. Griffiths	1,500		750.00	1000
1982	Princess Of Wales HN2887 - E. Griffiths	1,500		750.00	1200
1973	Queen Elizabeth II HN2502 - P. Davis	750		N/A	1800
1982	Queen Elizabeth II HN2878 - E. Griffiths	2,500		N/A	450
1992	Queen Elizabeth II, 2nd. Version HN3440 - P. Gee	3,500		460.00	460
1989	Queen Elizabeth, the Queen Mother as the Duchess of York HN3230 - P. Parsons	9,500		N/A	450
1990	Queen Elizabeth, the Queen Mother HN3189 - E. Griffiths	2,500		N/A	450
1980	Queen Mother HN2882 - P. Davis	1,500		650.00	1250

Royal Worcester

Bicentennial L.E. Commemoratives - P.W. Baston - P.W. Baston

YEAR ISSUE		EDITION LIMIT	YEAR RETD.	ISSUE PRICE	QUOTE U.S.$
1973	Blacksmith	500		Unkn.	500
1973	Cabinetmaker	500		Unkn.	300-400
1975	Clockmaker	Unkn.		Unkn.	500
1973	Potter	500		Unkn.	300-400

Dorothy Doughty Porcelains - D. Doughty

YEAR ISSUE		EDITION LIMIT	YEAR RETD.	ISSUE PRICE	QUOTE U.S.$
1935	American Redstarts and Hemlock	66		Unkn.	5500
1941	Apple Blossoms	250		400.00	1400-375
1963	Audubon Warblers	500		1350.00	2100-420
1938	Baltimore Orioles	250		350.00	Unkr
1956	Bewick's Wrens & Yellow Jasmine	500		600.00	2100-380
1964	Blue Tits & Pussy Willow	500		250.00	300
1936	Bluebirds	350		500.00	8500-900
1940	Bobwhite Quail	22		275.00	1100
1959	Cactus Wrens	500		1250.00	1700-450
1960	Canyon Wrens	500		750.00	2000-400
1937	Cardinals	500		500.00	2000-900
1968	Carolina Paroquet, Color	350		1200.00	1900-220
1968	Carolina Paroquet, White	75		600.00	Unkr
1965	Cerulean Warblers & Red Maple	500		1350.00	1400-300
1938	Chickadees & Larch	300		350.00	85-890
1965	Chuffchaff	500		1500.00	1300-290
1942	Crabapple Blossom Sprays And A Butterfly	250		Unkn.	80
1940	Crabapples	250		400.00	3700-425
1967	Downy Woodpecker & Pecan, Color	400		1500.00	1000-240
1967	Downy Woodpecker & Pecan, White	75		1000.00	190
1959	Elf Owl	500		875.00	Unkr
1955	Gnatcatchers	500		600.00	2700-490
1972	Goldcrests, Pair	500		4200.00	Unkn
1936	Goldfinches & Thistle	250		350.00	430
1968	Gray Wagtail	500		600.00	Unkn
1961	Hooded Warblers	500		950.00	430
1950	Hummingbirds And Fuchsia	500		Unkn.	280
1942	Indigo Bunting And Plum Twig	5,000		Unkn.	Unkn
1942	Indigo Buntings, Blackberry Sprays	500		375.00	1700-350
1965	Kingfisher Cock & Autumn Beech	500		1250.00	1900-230
1952	Kinglets & Noble Pine	500		450.00	1300-480
1966	Lark Sparrow	500		750.00	Unkn
1962	Lazuli Bunting & Chokecherries, Color	500		1350.00	3000-450
1962	Lazuli Bunting & Chokecherries, White	100		1350.00	2600-300
1964	Lesser Whitethroats	500		350.00	1200-400
1950	Magnolia Warbler	150		1100.00	1900-360
1977	Meadow Pipit	500		1800.00	180
1950	Mexican Feijoa	250		600.00	2600-490
1940	Mockingbirds	500		450.00	7200-775
1942	Mockingbirds and Peach Blossom	500		Unkn.	Unkr
1964	Moorhen Chick	500		1000.00	Unkn
1964	Mountain Bluebirds	500		950.00	1700-230
1955	Myrtle Warblers	500		550.00	1300-400
1971	Nightingale & Honeysuckle	500		2500.00	2500-275
1947	Orange Blossoms & Butterfly	250		500.00	4200-450
1957	Ovenbirds	250		650.00	450
1957	Parula Warblers	500		600.00	1700-360
1958	Phoebes On Flame Vine	500		750.00	2200-350
1952	Red-Eyed Vireos	500		450.00	200
1968	Redstarts & Gorse	500		1900.00	230
1964	Robin	500		750.00	Unkn
1956	Scarlet Tanagers	500		675.00	3000-420
1962	Scissor-Tailed Flycatcher, Color	250		950.00	Unkn
1962	Scissor-Tailed Flycatcher, White	75		950.00	1300-160
1963	Vermillion Flycatchers	500		250.00	1100-340
1964	Wrens & Burnet Rose	500		650.00	100
1952	Yellow-Headed Blackbirds	350		650.00	2000-240
1958	Yellowthroats on Water Hyacinth	350		750.00	1700-400

Equestrians - D. Linder

YEAR ISSUE		EDITION LIMIT	YEAR RETD.	ISSUE PRICE	QUOTE U.S.$
1973	American Saddle Horse	Closed	N/A	1525.00	1525
1969	Appaloosa	Closed	N/A	1350.00	135
1936	At The Meet	Closed	N/A	944.00	944
1936	Cantering to the Post	Closed	N/A	944.00	944
1977	Clydesdale	Closed	N/A	2300.00	230
1968	Duke of Edinburgh	Closed	N/A	2400.00	240
1960	Foxhunter	Closed	N/A	1200.00	120
1974	Galloping in Winter	Closed	N/A	8500.00	850
1974	Galloping Ponies (colored)	Closed	N/A	4600.00	460
1974	Galloping Ponies (white)	Closed	N/A	2900.00	290
1977	Grundy	Closed	N/A	3400.00	340
1976	Hackney Pony	Closed	N/A	2000.00	200
1936	Hog Hunting	Closed	N/A	1277.00	127
1936	Huntsman and Hounds	Closed	N/A	1110.00	111
1965	Hyperion	Closed	N/A	1000.00	100
1972	M Coakes Mould on Stroller	Closed	N/A	1600.00	160
1975	Meade on Laurieston	Closed	N/A	3600.00	360
1963	Merand	Closed	N/A	1550.00	155
1975	Mill Reef	Closed	N/A	2300.00	230
1976	New Born (colored)	Closed	N/A	2700.00	270
1976	New Born (white)	Closed	N/A	1600.00	160
1972	Nijinsky	Closed	N/A	2300.00	230
1961	Officer Royal Horse Guards	Closed	N/A	1400.00	140
1936	Over the Sticks	Closed	N/A	944.00	944
1971	Palomino	Closed	N/A	1350.00	135
1966	Percheron	Closed	N/A	1450.00	145
1936	Polo Player	Closed	N/A	1055.00	1055
1971	Prince's Grace & Foal (colored)	Closed	N/A	2700.00	270
1971	Prince's Grace & Foal (white)	Closed	N/A	2600.00	260
1973	Princess Anne on Doublet	Closed	N/A	8000.00	800
1962	Quarter Horse	Closed	N/A	900.00	90
1976	Red Rum	Closed	N/A	2000.00	200
1966	Royal Canadian Policeman	Closed	N/A	1700.00	170
1964	Shire Stallion	Closed	N/A	1500.00	150
1969	Suffolk Punch	Closed	N/A	1350.00	135
1936	Three Circus Horses Rearing	Closed	N/A	4440.00	444
1950	Two Galloping Horses	Closed	N/A	2553.00	255

FIGURINES/COTTAGES

Royal Worcester to Sarah's Attic, Inc.

YEAR ISSUE		EDITION LIMIT	YEAR RETD.	ISSUE PRICE	QUOTE U.S.$
X	Winner Brown/Bay	Closed	N/A	1721.00	1721
X	Winner Grey/Bay	Closed	N/A	1721.00	1721

Ronald Van Ruyckevelt Porcelains - R. Van Ruyckevelt

X	Alice	500		1875.00	1875
970	American Pintail, Pair	500		Unkn.	3000
969	Argenteuil A-108	338		Unkn.	Unkn.
968	Blue Angel Fich	500		375.00	900
965	Blue Marlin	500		500.00	1000
967	Bluefin Tuna	500		500.00	Unkn.
969	Bobwhite Quail, Pair	500		Unkn.	2000
967	Butterfly Fish	500		375.00	1600
969	Castelneau Pink	429		Unkn.	825-875
969	Castelneau Yellow	163		Unkn.	825-875
X	Cecilia	500		1875.00	1875
968	Dolphin	500		500.00	900
971	Elaine	750		600.00	600-650
962	Flying Fish	300		400.00	450
971	Green-Winged Teal	500		1450.00	1450
962	Hibiscus	500		300.00	350
956	Hogfish & Sergeant Major	500		375.00	650
968	Honfleur A-105	290		Unkn.	600
968	Honfleur A-106	290		Unkn.	600
971	Languedoc	216		Unkn.	1150
968	Mallards	500		Unkn.	2000
968	Mennecy A-101	338		Unkn.	675-725
968	Mennecy A-102	334		Unkn.	675-725
961	Passionflower	500		300.00	400
976	Picnic	250		2850.00	2850
976	Queen Elizabeth I	250		3850.00	3850
977	Queen Elizabeth II	250		Unkn.	Unkn.
976	Queen Mary I	250		4850.00	4850
968	Rainbow Parrot Fish	500		1500.00	1500
958	Red Hind	500		375.00	900
968	Ring-Necked Pheasants	500		Unkn.	32-3400
964	Rock Beauty	500		425.00	850
962	Sailfish	500		400.00	550
969	Saint Denis A-109	500		Unkn.	925-950
961	Squirrelfish	500		400.00	9000
966	Swordfish	500		575.00	650
964	Tarpon	500		500.00	975
972	White Doves	25		3600.00	27850

Ruth Van Ruyckevelt Porcelains - R. Van Ruyckevelt

960	Beatrice	500		125.00	Unkn.
969	Bridget	500		300.00	600-700
960	Caroline	500		125.00	Unkn.
968	Charlotte and Jane	500		1000.00	15-1650
967	Elizabeth	750		300.00	750-800
969	Emily	500		300.00	600
978	Esther	500		Unkn.	Unkn.
971	Felicity	750		600.00	600
1959	Lisette	500		100.00	Unkn.
962	Louisa	500		400.00	975
968	Madeline	500		300.00	750-800
968	Marion	500		275.00	575-625
964	Melanie	500		150.00	Unkn.
1959	Penelope	500		100.00	Unkn.
964	Rosalind	500		150.00	Unkn.
963	Sister of London Hospital	500		Unkn.	475-500
1963	Sister of St. Thomas Hospital	500		Unkn.	475-500
1970	Sister of the Red Cross	750		Unkn.	525-1500
1966	Sister of University College Hospital	500		Unkn.	475-500
964	Tea Party	250		400.00	7000

Salvino Inc.

Collector Club Figurines - Salvino

1993	6" Mario Lemieux-Painted Away Uniform (Unsigned)	Closed	N/A	70.00	90
1993	Joe Montana-"KC" Away Uniform (Hand Signed)	Closed	N/A	275.00	275

Boston Celtic Greats - Salvino

1991	Larry Bird	S/O	N/A	285.00	350
1993	Larry Bird (Special Edition)	S/O	N/A	375.00	400-450

Boxing Greats - Salvino

1990	Muhammed Ali	S/O	N/A	250.00	300-400
1990	Muhammed Ali (Special Edition)	S/O	N/A	375.00	350-700

Brooklyn Dodger - Salvino

1989	Don Drysdale	S/O	N/A	185.00	200-300
1989	Don Drysdale AP	300		200.00	400
1993	Duke Snider	1,000		275.00	275
1990	Roy Campanella	2,000		395.00	350-500
1990	Roy Campanella (Special Edition)	S/O	N/A	550.00	600-900
1989	Sandy Koufax	S/O	N/A	195.00	225-300
1989	Sandy Koufax AP	500		250.00	400

Chicago Bears Greats - Salvino

1992	Gale Sayers	1,000		275.00	275

Collegiate Series - Salvino

1992	Joe Montana	S/O	N/A	275.00	325
1992	OJ Simpson	1,000		275.00	350-400

Dealer Special Series - Salvino

1992	Joe Namath	S/O	N/A	700.00	700
1992	Mickey Mantle #6	S/O	N/A	700.00	700
1992	Mickey Mantle #7	S/O	N/A	700.00	700
1993	Willie Mays	S/O	N/A	700.00	700

Green Bay Packer Legends - Salvino

1992	Bart Starr	500		250.00	250
1992	Jim Taylor	500		250.00	250
1992	Paul Hornung	500		250.00	250

Heroes of the Diamond - Salvino

1993	Brooks Robinson	1,000		275.00	275
1992	Mickey Mantle Batting	S/O	N/A	395.00	450
1992	Mickey Mantle Fielding	S/O	N/A	395.00	450
1991	Rickey Henderson (Away)	600		275.00	275
1991	Rickey Henderson (Home)	S/O	N/A	275.00	275
1991	Rickey Henderson (Special Edition)	550		375.00	375
1992	Willie Mays New York	750		395.00	395
1992	Willie Mays San Francisco	750		395.00	395

Hockey Greats - Salvino

1991	Mario Lemieux	S/O	N/A	275.00	300-600
1992	Mario Lemieux (Special Editon)	S/O	N/A	285.00	400
1994	Wayne Gretzky	S/O	N/A	395.00	400

NBA Laker Legends - Salvino

1991	Elgin Baylor	700		250.00	250
1991	Elgin Baylor (Special Edition)	300		350.00	350
1991	Jerry West	700		250.00	250
1991	Jerry West (Special Edition)	300		350.00	350

NFL Superstar - Salvino

1990	Jim Brown	S/O	N/A	275.00	275-325
1990	Jim Brown (Special Edition)	S/O	N/A	525.00	450-550
1990	Joe Montana	S/O	N/A	275.00	275-325
1990	Joe Montana (Special Edition)	S/O	N/A	395.00	395
1993	Joe Montana 49'er	1,000		275.00	275
1993	Joe Montana Chiefs	450		275.00	400
1990	Joe Namath	2,500		275.00	275
1990	Joe Namath (Special Edition)	500		375.00	375-475
1990	OJ Simpson	1,000		250.00	300-400

Pittsburgh Stealer Greats - Salvino

1992	Terry Bradshaw	S/O	N/A	275.00	275

Racing Legends - Salvino

1991	AJ Foyt	S/O	N/A	250.00	250
1991	Darrell Waltrip	S/O	N/A	250.00	250
1991	Richard Petty	S/O	N/A	250.00	250
1991	Richard Petty (Special Edition)	S/O	N/A	279.00	350-400
1993	Richard Petty Farewell Tour	2,500		275.00	275

Tennis Greats - Salvino

1993	Bjorn Borg	500		275.00	275

Unsigned Collection - Salvino

1993	Mario Lemieux 6" cold-cast pewter	S/O	N/A	43.95	44
1993	Mario Lemieux 6" hand-painted	S/O	N/A	69.95	70
1993	Mario Lemieux 8" cold-cast pewter	S/O	N/A	99.95	100
1993	Mario Lemieux cold-cast pewter plaque	S/O	N/A	24.95	25
1993	Richard Petty 6" cold-cast pewter	5,000		43.95	44
1993	Richard Petty 6" hand-painted	2,500		69.95	70
1993	Richard Petty 8" cold-cast pewter	2,500		99.95	100
1993	Richard Petty cold-cast pewter plaque	5,000		24.95	25
1994	Roberto Clemente	1,750		125.00	125

Sarah's Attic, Inc.

Collector's Club Promotion - Sarah's Attic

1991	Diamond 3497	Closed	1992	36.00	100
1991	Ruby 3498	Closed	1992	42.00	100
1992	Christmas Love Santa 3522	Closed	1992	45.00	45
1992	Forever Frolicking Friends 3523	Closed	1992	Gift	75
1992	Love One Another 3561	Closed	1992	60.00	60
1992	Sharing Dreams 3562	Closed	1993	75.00	100-150
1992	Life Time Friends 3563	Closed	1993	75.00	75
1992	Love Starts With Children 3607	Closed	1993	Gift	75
1993	First Forever Friend Celebration 3903	Closed	1993	50.00	50
1993	Pledge of Allegiance 3749	Closed	1993	45.00	90
1993	I Love America Heart 3832	Closed	1993	Gift	N/A
1993	Love Starts With Children II 3837	Closed	1994	Gift	65
1993	Gem White Girl w/Basket 3842	Closed	1994	33.00	65
1993	Rocky Black Boy w/Marbles 3843	Closed	1994	25.00	65
1994	America Boy 4191	Closed	1994	25.00	25
1994	America Girl 4192	Closed	1994	25.00	25
1994	Saturday Night Round Up 4232	5/95		Gift	25
1994	Billy Bob 4233	7/95		38.00	38
1994	Jimmy Dean 4234	7/95		38.00	38
1994	Sally/Jack 4235	7/95		55.00	55
1994	Ellie/T.J. 4236	7/95		55.00	55
1995	Flags in Heaven	12/95		45.00	45

Angels In The Attic - Sarah's Attic

1989	Abbee-Angel-2336	Closed	1991	10.00	20
1990	Adair-Victorian Boy 3230	Closed	1990	29.00	29
1990	Adora Girl Angel Standing 3276	Closed	1990	35.00	100-165
1994	Adora w/Harp 4137	4,000		26.00	26
1989	Alex-Angel 2335	Closed	1991	10.00	14
1989	Amelia-Angel 2334	Closed	1991	10.00	14
1991	Angel Adora With Bunny 3390	Closed	1993	50.00	65
1990	Angel Bear in Basket 3294	Closed	1990	23.00	23
1994	Angel Bear with Horse 4243	2,050		26.00	26
1994	Angel Bunny with Cage 4241	2,050		20.00	20
1991	Angel Enos With Frog 3391	Closed	1993	50.00	65
1994	Angel Kitty with Basket 4240	2,050		20.00	20
1992	Angel Pup 3519	Closed	1993	14.00	20
1994	Angel Pup with Victrola 4242	2,050		20.00	20
1990	Angel Rabbit in Basket 3293	Closed	1990	25.00	25
1989	Angelica Angel 3201	Closed	1992	25.00	25
1989	Ashbee-Angel 2337	Closed	1991	10.00	20
1989	Ashlee Angel 2354	Closed	1990	14.00	28
1994	Asian Boy-Wings of Love 4207	1,000		36.00	36
1994	Asian Girl-Wings of Love 4206	1,000		36.00	36
1991	Bert Angel 3416	Closed	1992	60.00	60
1989	Bevie-Angel 2361	Closed	1990	10.00	10
1990	Billi-Angel 3295	Closed	1991	18.00	22
1994	Black Boy-Wings of Love 4203	1,000		36.00	36
1994	Black Girl-Wings of Love 4202	1,000		36.00	36
1993	Blessed is He 3952	Closed	1994	48.00	95
1994	Blessed is He II 4189	2,500		66.00	66
1989	Bonnie-Angel 2328	Closed	1991	17.00	20
1990	Buster-Angel 3302	Closed	1991	15.00	15
1994	Casey Angel 4245	2,050		32.00	32
1990	Cindi-Angel 3296	Closed	1991	18.00	22
1989	Clyde-Angel 2329	Closed	1991	17.00	20
1992	Contentment 3500	Closed	1992	100.00	200
1991	Crate of Love-Black 3496	Closed	1993	40.00	40
1991	Crate of Love-White 2403	Closed	1993	40.00	40
1989	Daisy Angel 2352	Closed	1990	14.00	14
1995	Dignity 4330	Open		55.00	55
1991	Donald Angel 3415	Closed	1992	50.00	50
1989	Dusty Angel 2358	Closed	1990	12.00	95
1989	Eddie-Angel 2331	Closed	1990	10.00	10
1989	Emmy Lou Angel 2359	Closed	1990	12.00	12
1992	Enos & Adora-Small 3671	Closed	1993	35.00	45
1990	Enos Boy Angel Sitting 3275	Closed	1990	33.00	100
1994	Enos w/Horn 4138	4,000		26.00	26
1993	Faith-Black Angel 3953	1,994		40.00	40
1989	Floppy-Angel 2330	Closed	1990	10.00	20
1990	Flossy-Angel 3301	Closed	1991	15.00	24
1993	Grace-White Angel 3954	1,994		40.00	40
1989	Gramps Angel 2357	Closed	1990	17.00	95
1989	Grams Angel 2356	Closed	1990	17.00	35
1992	Harmony Angel 3710	3,500	1994	26.00	26
1992	Heavenly Caring 3661	Closed	1993	70.00	90
1992	Heavenly Giving 3663	Closed	1993	70.00	90
1989	Heavenly Guardian 3213	Closed	1990	40.00	40
1992	Heavenly Loving 3664	Closed	1993	70.00	90
1993	Heavenly Peace 3833	2,500	1994	47.00	47
1993	Heavenly Protecting 3795	2,500	1994	40.00	40
1992	Heavenly Sharing 3662	Closed	1993	70.00	90
1993	Heavenly Uniting 3794	2,500	1994	45.00	45
1994	Hispanic Boy-Wings of Love 4209	1,000		36.00	36
1994	Hispanic Girl-Wings of Love 4208	1,000		36.00	36
1992	Hope Angel 3659	Closed	1994	40.00	40
1989	Jeffrey-Angel 2333	Closed	1990	14.00	14
1989	Jessica-Angel 2332	Closed	1990	14.00	14
1994	Jonathon Angel 4253	2,050		32.00	32
1994	Jovae Angel 4252	2,050		32.00	32
1992	Joy Angel 3711	3,500	1994	26.00	26
1995	Labor of Love-Baby Black Girl 4288	Open		25.00	25
1995	Labor of Love -Beach White Boy 4302	Open		29.00	29
1995	Labor of Love -Birthday White Girl 4299	Open		29.00	29
1995	Labor of Love -Birthday Black Boy 4301	Open		29.00	29
1995	Labor of Love - Birthday Black Girl 4290	Open		29.00	29
1995	Labor of Love - Birthday Wh. Boy 4303	Open		29.00	29
1995	Labor of Love -Bottle White Girl 4306	Open		29.00	29
1995	Labor of Love -Campfire White Girl 4293	Open		29.00	29
1995	Labor of Love -Canning White Girl 4297	Open		29.00	29
1995	Labor of Love -Computer Black Boy 4304	Open		29.00	29
1995	Labor of Love - Fishing Black Boy 4300	Open		29.00	29
1995	Labor of Love -Golfing Black Boy 4308	Open		29.00	29
1995	Labor of Love -Growing Black Girl 4305	Open		29.00	29
1995	Labor of Love -Happiness White Girl 4291	Open		29.00	29
1995	Labor of Love - Heals Black Girl 4292	Open		29.00	29
1995	Labor of Love - Ironing White Girl 4289	Open		29.00	29
1995	Labor of Love - Mechanic White Boy 4298	Open		29.00	29
1995	Labor of Love - Mowing Black Boy 4296	Open		29.00	29
1995	Labor of Love - Planting White Girl 4287	Open		29.00	29
1995	Labor of Love - Roller Blading White Boy 4309	Open		29.00	29
1995	Labor of Love - Sending Smiles Black Girl 4307	Open		29.00	29
1995	Labor of Love - Sewing Black Girl 4295	Open		29.00	29
1995	Labor of Love - Studying Black Boy 4294	Open		25.00	25

YEAR ISSUE		EDITION LIMIT	YEAR RETD.	ISSUE PRICE	QUOTE U.S.$
1995	Labor of Love - Tools White Boy 4310	Open		29.00	29
1995	Labor of Love Mini- Black Boy, blue 4383	Open		12.00	12
1995	Labor of Love Mini- Black Boy, gold 4382	Open		12.00	12
1995	Labor of Love Mini- Black Girl, gold 4378	Open		12.00	12
1995	Labor of Love Mini- Black Girl, pink 4379	Open		12.00	12
1995	Labor of Love Mini- White Boy, blue 4385	Open		12.00	12
1995	Labor of Love Mini- White Boy, gold 4384	Open		12.00	12
1995	Labor of Love Mini- White Girl, gold 4380	Open		12.00	12
1995	Labor of Love Mini- White Girl, pink 4381	Open		12.00	12
1994	Lacy Angel 4244	2,050		32.00	32
1990	Lena-Angel 3297	Closed	1991	36.00	40
1990	Louise-Angel 3300	Closed	1991	17.00	24
1992	Love 3501	Closed	1992	80.00	200
1995	Love 4328	Open		40.00	40
1993	Mr. Ward-Happy Me 3971	Closed	1994	40.00	40
1992	Noble Angel 3712	3,500	1994	24.00	24
1989	Patsy Angel 2353	Closed	1990	13.00	13
1992	Priscilla-Angel 3511	Closed	1993	46.00	46
1989	Rayburn-Angel 2338	Closed	1990	12.00	19
1989	Reba-Angel 2340	Closed	1990	12.00	12
1989	Reggie-Angel 2339	Closed	1990	12.00	15
1989	Regina 3208	Closed	1989	24.00	24
1995	Respect 4329	Open		32.00	32
1993	Risen Christ 3931	1,994		48.00	48
1989	Ruthie-Angel 2341	Closed	1990	12.00	12
1989	Saint Willie Bill 2360	Closed	1991	30.00	40
1989	Shooter Angel 2355	Closed	1991	12.00	24
1992	Sincerity Angel 3713	3,500	1994	24.00	24
1988	Small Angel Resin Candle 3071	Closed	1989	9.00	9
1989	St. Anne 2323	Closed	1991	29.00	32
1989	St. Gabbe 2322	Closed	1991	30.00	33
1989	St. George 3211	Closed	1991	60.00	65
1990	Trapper-Angel 3299	Closed	1991	17.00	24
1990	Trudy-Angel 3298	Closed	1991	36.00	36
1989	Wendall-Angel 2324	Closed	1991	10.00	20
1989	Wendy-Angel 2326	Closed	1991	10.00	20
1994	White Boy-Wings of Love 4205	1,000		36.00	36
1994	White Girl-Wings of Love 4204	1,000		36.00	36
1989	Wilbur-Angel 2327	Closed	1991	10.00	20
1989	Winnie-Angel 2325	Closed	1991	10.00	20

Beary Adorables Collection - Sarah's Attic

YEAR ISSUE		EDITION LIMIT	YEAR RETD.	ISSUE PRICE	QUOTE U.S.$
1987	Abbee Bear 2005	Closed	1989	6.00	12
1987	Alex Bear 2003	Closed	1989	10.00	12
1987	Amelia Bear 2004	Closed	1989	8.00	12
1988	Americana Bear 3047	Closed	1990	50.00	50
1988	Americana Bear w/Bow 2072	Closed	1990	10.00	10
1988	Americana Bear w/Jacket 2073	Closed	1990	10.00	10
1988	Americana Collectible Bear 2074	Closed	1989	18.00	18
1992	Andy-Father Bear 3727	3,500	1994	20.00	20
1989	Angel Bear 3105	Closed	1990	24.00	25
1988	Arti Boy Bear 6319	Closed	1990	7.00	15
1987	Ashbee Bear 2006	Closed	1989	6.00	12
1992	Aunt Eunice Bathtime 3924	Open		40.00	40
1992	Aunt Eunice Bear 3917	Open		24.00	24
1990	Bailey 50's Papa Bear 3250	Closed	1991	30.00	30
1995	Bay City Beauty 4334	Open		26.00	26
1995	Bay City Beauty w/Trunk 4335	Open		40.00	40
1988	Bear Clown 6276	Closed	1990	12.00	13
1988	Bear in Basket 4022	Closed	1989	48.00	48
1987	Bear on Cart 5148	Closed	1989	6.00	6
1987	Bear on Heart 5154	Closed	1989	6.00	6
1987	Bear on Trunk 5126	Closed	1989	16.00	20
1986	Bear Resin Candle 2022	Closed	1987	12.00	12
1987	Bear with Bow 5130	Closed	1990	8.00	8
1993	Beary Happy Halloween 3830	Closed	1994	18.00	18
1993	Beary Huggable Bear 3760	Closed	1994	18.00	18
1993	Beary Merry Christmas 3831	Closed	1994	20.00	20
1994	Beary Special Birthday Bear 3962	Closed	1994	20.00	20
1993	Beary Special Brother Bear 3873	Closed	1994	18.00	18
1993	Beary Special Father Bear 3875	Closed	1994	22.00	22
1994	Beary Special Friend Bear 3961	Closed	1994	20.00	20
1993	Beary Special Mother Bear 3874	Closed	1994	18.00	18
1993	Beary Special Sister Bear 3872	Closed	1994	18.00	18
1990	Belinda 50's Girl Bear 3253	Closed	1991	25.00	25
1992	Bellhop & Second-Hand Rose 3920	Open		40.00	40
1992	Bellhop Bear 3914	Open		24.00	24
1988	Benni Bear 6267	Closed	1990	7.00	7
1989	Betsy Bear w/Flag 3097	Closed	1990	22.00	22
1990	Beulah 50's Mama Bear 3251	Closed	1991	30.00	30
1990	Birkey 50's Boy Bear Teddy 3252	Closed	1991	25.00	25
1988	Boy Bear Resin Candle 3070	Closed	1989	12.00	12
1992	Brandy-Baby Bear 3728	3,500	1994	14.00	14
1986	Collectible Bear 2035	Closed	1989	14.00	14
1989	Colonial Bear w/Hat 3098	Closed	1990	22.00	22
1989	Daisy Bear 3101	Closed	1990	48.00	55
1987	Double Bear on Swing 5114	Closed	1987	20.00	20
1987	Double Bears w/Wood Heart 5400	Closed	1989	10.00	10
1992	Dowager Twins Bear 3910	Open		24.00	24
1993	Dowager Twins on Couch 3927	Closed	1994	60.00	60
1991	Dudley Bear 3355	Closed	1990	32.00	32
1993	Eddie Bear 3915	Closed	1994	24.00	24
1992	Eddie w/Trunk 3918	Open		40.00	40
1988	Einstein Bear 6266	Closed	1990	8.00	9
1991	Franny Bear 3358	Closed	1991	32.00	32
1994	Get Well Soon Bear 3992	Closed	1994	20.00	20
1988	Ghost Bear 3028	Closed	1989	9.00	20
1988	Girl Bear Resin Candle 3027	Closed	1989	11.00	11
1989	Griswald Bear 3102	Closed	1990	48.00	55
1988	Honey Ma Bear 6316	Closed	1990	16.00	20
1993	I Love You Bears 3812	Closed	1994	22.00	22
1993	I'm Beary Sorry Bear 3763	Closed	1994	18.00	18
1992	Irish Bear 3908	Open		24.00	24
1992	Irish Bear at Pub 3928	Open		40.00	40
1991	Joey Bear 3357	Closed	1990	32.00	32
1992	Just Ted Bear 3909	Open		24.00	24
1992	Just Ted w/Mirror 3923	Open		40.00	40
1988	Lefty Bear in Stocking 3049	Closed	1990	70.00	70
1993	Librarian Bear 3916	Closed	1994	24.00	24
1992	Librarian w/Desk 3919	Open		40.00	40
1992	Mandy-Mother Bear 3726	3,500	1994	20.00	20
1991	Margie Bear 3356	Closed	1991	32.00	32
1988	Marti Girl Bear 6318	Closed	1990	12.00	20
1992	Me and My Shadow Bear 3911	Open		26.00	26
1993	Me and My Shadow w/Chair 3926	Closed	1994	45.00	45
1992	Michaud Bear Sign 3929	Open		35.00	35
1989	Mikey Bear 3104	Closed	1990	26.00	30
1989	Mini Boy Bear 2316	Closed	1990	5.00	5
1989	Mini Girl Bear 2315	Closed	1990	5.00	5
1989	Mini Sleeping Bear 2317	Closed	1990	5.00	5
1989	Mini Teddy Bear 3110	Closed	1990	5.00	5
1991	Miss Love Bear 3354	Closed	1992	42.00	42
1993	Miss You Beary Much Bear 3761	Closed	1994	18.00	18
1989	Missy Bear 3103	Closed	1990	26.00	30
1991	Oliver Bear 3359	Closed	1990	32.00	32
1993	Professor Bear 3906	Open		24.00	24
1992	Professor w/Board 3925	Open		40.00	40
1995	Proxy Bear 4332	Open		20.00	20
1995	Proxy w/Jewelry Box 4333	Open		33.00	33
1988	Rufus Pa Bear 6317	Closed	1990	15.00	20
1989	Sammy Boy Bear 3111	Closed	1990	12.00	15
1989	Sarah's Bear 3096	Closed	1989	7.25	8
1992	Second Hand-Rose Bear 3912	Open		24.00	24
1989	Sid Papa Bear 3092	Closed	1990	18.00	25
1989	Sophie Mama Bear 3093	Closed	1990	18.00	25
1989	Spice Bear Crawling 3109	Closed	1990	12.00	15
1989	Sugar Bear Sitting 3112	Closed	1990	12.00	12
1992	Tommy w/Dog 3922	Open		40.00	40
1992	Tommy's Bear 3907	Open		24.00	24
1993	Witchie Bear 3913	Closed	1994	24.00	24
1993	Witchie w/Pot 3921	Closed	1994	40.00	40
1993	You're Beary Special Bear 3762	Closed	1994	18.00	18

Black Heritage Collection - Sarah's Attic

YEAR ISSUE		EDITION LIMIT	YEAR RETD.	ISSUE PRICE	QUOTE U.S.$
1995	Bessie Coleman 4313	2,500		50.00	50
1993	Bessie Gospel Singer 3754	2,500		40.00	40
1995	Bill Pickett 4281	2,500		56.00	56
1991	Black Baby Tansy 3388	Closed	1993	40.00	50
1995	Blessed is She 4312	5,000		50.00	50
1995	Book of Wisdom 4315	4,000		52.00	52
1992	Booker T. Washington 3648	Closed	1993	80.00	80
1992	Boys Night Out 3660	Closed	1994	350.00	350
1993	Brewster Clapping Singer 3758	2,500		27.00	27
1990	Brotherly Love 3336	Closed	1991	80.00	80-120
1992	Buffalo Soldier 3524	Closed	1993	80.00	80
1995	Buffalo Soldier 4285	5,000		65.00	65
1991	Caleb w/ Football 3485	Closed	1993	40.00	40
1991	Caleb w/Vegetables 3375	Closed	1991	50.00	50
1990	Caleb-Lying Down 3232	Closed	1994	23.00	23
1995	Calvin 4319	4,000		28.00	28
1992	Calvin Prayer Time 3510	Closed	1993	46.00	46
1993	Carter Woodson 3845	3,000		45.00	45
1995	Charity 4318	4,000		28.00	28
1993	Claudia w/Tamborine Singer 3757	2,500		27.00	27
1994	Coretta Scott King 4178	12/96		60.00	60
1991	Corporal Pervis 3366	Closed	1993	60.00	60
1992	Esther w/Butter Churn 3536	Closed	1994	70.00	70
1993	George Washington Carver 3848	3,000		45.00	45
1987	Gramps 5104	Closed	1988	16.00	16
1987	Grams 5105	Closed	1988	16.00	16
1992	Granny Wynne & Olivia 3535	Closed	1994	85.00	85
1990	Harpster w/Banjo 3257	Closed	1990	60.00	200-375
1991	Harpster w/Harmonica II 3384	Closed	1993	60.00	125
1992	Harriet Tubman 3687	Closed	1993	60.00	60
1994	Harriet Tubman 4110	2,500		50.00	50
1991	Hattie Quilting 3483	Closed	1993	60.00	60
1990	Hattie-Knitting 3233	Closed	1990	40.00	75-100
1995	Hugs 4185	Open		36.00	36
1992	Ida B. Wells & Frederick Douglass 3642	Closed	1993	160.00	160
1993	Jesse Gospel Singer 3755	2,500		40.00	40
1992	Jomo-African Boy 3652	4,000	1994	27.00	27
1992	Kaminda-African Woman 3679	4,000	1994	50.00	50
1995	Kisses 4186	Open		30.00	30
1994	Kitty w/Microphone 4141	2,000		50.00	50
1994	Libby w/Jacks 4139	4,000		26.00	26
1990	Libby w/Overalls 3259	Closed	1990	36.00	100-150
1991	Libby w/Puppy 3386	Closed	1993	50.00	70
1995	Love 4187	Open		50.00	50
1995	Loving Touch 4314	4,000		66.00	66
1991	Lucas w/Dog 3387	Closed	1993	50.00	70
1990	Lucas w/Overalls 3260	Closed	1990	36.00	100-150
1994	Lucas w/Papers 4140	4,000		26.00	26
1993	Madame CJ Walker 3849	3,000		45.00	45
1994	Martin Luther King, Jr. 4179	12/96		65.00	65
1994	Mary Church Terrell 4122	2,500		50.00	50
1993	Mary McLeod Bethune 3847	3,000		45.00	45
1993	Miles Boy Angel 3752	2,500		27.00	2
1992	Miss Lettie-Teacher 3513	Closed	1993	50.00	5
1993	Moriah Girl Angel 3759	2,500	1994	27.00	4
1992	Muffy-Prayer Time 3509	Closed	1993	46.00	4
1994	Music Master III 4142	2,000		80.00	8
1992	Music Masters 3533	Closed	1992	300.00	30
1992	Music Masters II 3621	Closed	1994	250.00	25
1993	Nat Love Cowboy (Isom Dart) 3792	Closed	1993	45.00	35
1994	Nat Love w/Saddle 4121	2,500		60.00	6
1991	Nighttime Pearl 3362	Closed	1993	50.00	6
1991	Nighttime Percy 3363	Closed	1993	50.00	6
1992	Nurturing with Love-3686	Closed	1993	60.00	6
1995	Old Time Tunes 4317	4,000		54.00	5
1993	Otis Redding 3793	Closed	1994	70.00	30
1991	Pappy Jake & Susie Mae 3482	Closed	1993	60.00	6
1989	Pappy Jake 3100	Closed	1990	40.00	10
1994	Peaches-Clown 4135	4,000		29.00	2
1990	Pearl-Black Girl Dancing 3291	Closed	1992	45.00	7
1990	Percy-Black Boy Dancing 3292	Closed	1993	45.00	7
1993	Phillis Wheatley 3846	3,000		45.00	4
1992	Porter 3525	Closed	1993	80.00	8
1991	Portia Quilting 3484	Closed	1993	40.00	4
1990	Portia Reading Book 3256	Closed	1991	30.00	45-6
1991	Portia-Victorian Dress 3373	Closed	1992	35.00	3
1990	Praise the Lord I (Preacher I) 3277	Closed	1991	55.00	135-15
1991	Praise the Lord II w/Kids 3376	5,000	1994	100.00	10
1993	Praise the Lord III 3753	2,500	1994	44.00	5
1995	Praise the Lord IV 4369	5,000		55.00	5
1994	Pug-Clown 4136	4,000		29.00	2
1989	Quilting Ladies 3099	Closed	1991	90.00	200-25
1992	Rhythm & Blues 3620	Closed	1994	80.00	8
1991	Sadie & Osie Mae 3365	Closed	1993	70.00	7
1992	Shamba-African Man 3680	4,000	1994	50.00	5
1992	Sojourner Truth 3629	Closed	1993	80.00	8
1995	Stitch of Love 4316	4,000		60.00	6
1990	Susie Mae 3231	Closed	1994	22.00	2
1991	Uncle Reuben 3389	Closed	1993	70.00	9
1993	Vanessa Gospel Singer 3756	2,500		40.00	4
1994	W.E.B. DuBois 4123	2,500		60.00	6
1991	Webster-Victorian Suit 3374	Closed	1992	35.00	3
1990	Whoopie & Wooster 3255	Closed	1990	50.00	175-27
1991	Whoopie & Wooster II 3385	Closed	1993	70.00	12

Classroom Memories - Sarah's Attic

YEAR ISSUE		EDITION LIMIT	YEAR RETD.	ISSUE PRICE	QUOTE U.S.$
1991	Achieving Our Goals 3417	10,000		80.00	8
1988	Miss Pritchet 6505	Closed	1993	28.00	3

Cotton Tale Collection - Sarah's Attic

YEAR ISSUE		EDITION LIMIT	YEAR RETD.	ISSUE PRICE	QUOTE U.S.$
1988	Americana Bunny 3048	Closed	1990	58.00	5
1988	Amos Hare 3040	Closed	1990	11.00	1
1992	Annabelle Mom Rabbit 3704	Closed	1994	40.00	4
1988	Billi Rabbit 6283	Closed	1990	27.00	3
1987	Bonnie 5727	Closed	1989	30.00	3
1988	Boy Rabbit Resin Candle 3026	Closed	1989	9.00	[illegible]
1993	Bunnies w/Eggs 3946	1,994		15.00	1
1988	Bunny in Basket 4021	Closed	1989	48.00	5
1993	Bunny Love Rabbit 3799	Closed	1994	18.00	1
1991	Chuckles Rabbit 3350	Closed	1993	53.00	5
1988	Cindi Rabbit 6282	Closed	1990	27.00	3
1987	Clyde 5728	Closed	1989	30.00	3
1989	Cookie Rabbit 3078	Closed	1990	29.00	35-4
1991	Cookie Rabbit 3351	Closed	1993	47.00	4
1994	Cookie-Rabbit Quilting 4196	6/96		40.00	4
1994	Corkey-Rabbit Chair 4197	6/96		30.00	3
1989	Crumb Rabbit 3077	Closed	1990	29.00	35-4
1991	Crumb Rabbit 3352	Closed	1993	53.00	5
1994	Crumb-Rabbit w/Book 4195	6/96		40.00	4
1992	Dustin Boy Rabbit 3700	Closed	1993	32.00	3
1987	Floppy 5729	Closed	1989	19.00	1
1992	Flower Girl Rabbit 3699	Closed	1993	32.00	3
1994	Fluff-Angel Bunny 4199	6/96		19.00	1
1995	Giddy-up 4280	Open		38.00	3
1988	Girl Rabbit Resin candle 3025	Closed	1989	9.00	[illegible]
1995	Glimmer 4362	1,000		50.00	5
1995	Glitz 4363	1,000		50.00	5
1990	Hannah Mom Rabbit 3264	Closed	1992	32.00	3
1993	Hannah w/Muff 3733	Closed	1993	30.00	3
1990	Henry Dad Rabbit w/Pipe 3263	Closed	1992	32.00	3
1993	Henry w/Wreath 3734	Closed	1993	30.00	3
1990	Herbie Boy Rabbit 3265	Closed	1992	22.00	2
1993	Herbie Sitting 3736	Closed	1993	25.00	2
1990	Hether Girl Rabbit 3266	Closed	1992	22.00	2
1993	Hether in Sled 3735	Closed	1993	30.00	3
1992	Higgins Dad Rabbit 3703	Closed	1994	40.00	4
1988	Izzy Hare 3038	Closed	1990	8.00	[illegible]
1988	Lizzy Hare 3037	Closed	1990	8.00	[illegible]
1988	Maddy Hare 3039	Closed	1990	11.00	1
1990	Molly Rabbit w/Vest 3240	Closed	1991	75.00	7
1989	Nana Rabbit 3080	Closed	1990	50.00	60-7
1991	Nana Rabbit w/Washboard 3349	Closed	1993	100.00	10
1994	Nana-Rabbit w/Book 4193	6/96		55.00	5
1990	Ollie Rabbit w/Vest 3239	Closed	1991	75.00	9
1989	Papa Rabbit 3079	Closed	1990	50.00	60-7
1991	Papa Rabbit w/Hat 3348	Closed	1993	80.00	8
1994	Papa-Rabbit w/Paper 4194	6/96		55.00	5
1992	Petals Girl Rabbit 3701	Closed	1994	30.00	3
1992	Pockets Boy Rabbit 3702	Closed	1994	30.00	3
1989	Sleepy Rabbit 3088	Closed	1990	16.00	1
1991	Sleepy Rabbit 3353	Closed	1993	35.00	3
1994	Sleepy-Bunny 4198	6/96		23.00	2
1990	Snowball Rabbit 3329	Closed	1993	8.00	

YEAR ISSUE		EDITION LIMIT	YEAR RETD.	ISSUE PRICE	QUOTE U.S.$
1992	Tabitha Christmas 3688	2,500	1993	24.00	24
1993	Tabitha Cowgirl 3738	2,500	1994	30.00	30
1991	Tabitha Victorian Rabbit 3371	Closed	1993	30.00	30
1994	Tabitha-Valentine 4117	Closed	1994	24.00	24
1989	Tessy Rabbit 3086	Closed	1990	15.00	20
1991	Tessy Victorian Rabbit 3370	Closed	1993	20.00	20
1993	Tessy-Easter 3950	1,994		24.00	24
1989	Thelma Rabbit 3084	Closed	1990	33.00	40
1991	Thelma Victorian Rabbit 3368	Closed	1993	60.00	60
1993	Thelma-Easter 3948	1,994		26.00	26
1989	Thomas Rabbit 3085	Closed	1990	33.00	40
1991	Thomas Victorian Rabbit 3367	Closed	1993	60.00	60
1993	Thomas-Easter 3949	1,994		26.00	26
1989	Toby Rabbit 3087	Closed	1990	17.00	20
1991	Toby Victorian Rabbit 3369	Closed	1993	40.00	40
1992	Toby w/Hobby Horse 3689	2,500	1993	32.00	32
1992	Toby w/Train-Small 3673	Closed	1992	35.00	35
1993	Toby with Book/Christmas 3737	2,500	1994	20.00	20
1993	Toby-Easter 3951	1,994		24.00	24
1994	Toby-Valentine 4118	Closed	1994	24.00	24
1991	Tucker Victorian Rabbit 3372	Closed	1993	37.00	37
1988	Wendall Mini Rabbit 6268	Closed	1990	8.00	8
1987	Wendall Rabbit 5285	Closed	1989	14.00	25
1988	Wendy Mini Rabbit 6270	Closed	1990	8.00	8
1987	Wendy Rabbit 5286	Closed	1989	15.00	25
1988	Wilbur Mini Rabbit 6269	Closed	1990	8.00	8
1987	Wilbur Rabbit 5287	Closed	1989	13.00	25
1988	Winnie Mini Rabbit 6271	Closed	1990	8.00	8
1986	Winnie Rabbit 2036	Closed	1989	14.00	14
1990	Zeb Pa Rabbit w/Carrots 3217	Closed	1990	18.00	32
1990	Zeb Sailor Dad 3319	Closed	1992	28.00	28
1990	Zeke Boy Rabbit w/Carrots 3219	Closed	1990	17.00	32
1990	Zeke Sailor Boy 3321	Closed	1992	26.00	26
1990	Zelda Ma Rabbit w/Carrots 3218	Closed	1990	18.00	32
1990	Zelda Sailor Mom 3320	Closed	1992	28.00	28
1987	Zoe Girl Rabbit w/Carrots 3220	Closed	1990	17.00	32
1990	Zoe Sailor Girl 3322	Closed	1992	26.00	26

Cuddly Critters Collection - Sarah's Attic

YEAR ISSUE		EDITION LIMIT	YEAR RETD.	ISSUE PRICE	QUOTE U.S.$
1988	Americana Sparky 2075	Closed	1992	12.00	12
1992	Banjo Dog 3622	Closed	1993	100.00	100
1994	Blaze-Fire Dog 3993	Open		24.00	24
1989	Brown Cow 2113	Closed	1989	18.00	18
1994	Bumbers-Cat Sleeping 3994	Closed	1994	18.00	18
1988	Buster Boy Cat 6275	Closed	1990	14.00	14
1988	Carousel Horse 6332	Closed	1990	31.00	31
1987	Cat on Heart 5138	Closed	1989	6.00	6
1994	Cheri-Mom Cat 3964	Closed	1994	30.00	30
1994	Chester-Dad Cat 3965	Closed	1994	30.00	30
1993	Chicks in Crate 3945	1,994		10.00	10
1988	Clown Puppy 6273	Closed	1990	8.00	8
1988	Cocker with Pup-brown 2278	Closed	1989	8.00	8
1988	Cocker with Pup-white 2277	Closed	1989	8.00	8
1992	Cow 3657	Closed	1993	30.00	30
1988	Cow w/Bell 3023	Closed	1990	28.00	28
1991	Cracker-Dog 3434	Closed	1994	9.00	9
1994	Dixie-Girl Dog 3975	Closed	1994	20.00	20
1992	Donkey 3656	Closed	1993	26.00	26
1994	Dottie-Mom Dog 3973	Closed	1994	30.00	30
1993	Ducks on Base 3944	1,994		12.00	12
1994	Duke-Dad Dog 3974	Closed	1994	30.00	30
1994	Dusty-Boy Dog 3976	Closed	1994	18.00	18
1988	Flossy Girl Cat 6277	Closed	1990	10.00	10
1994	Gizmo-Cat w/Bow 3995	Closed	1994	22.00	22
1987	Goose 2037	Closed	1987	14.00	14
1987	Goose on Heart 5147	Closed	1989	6.00	6
1986	Goose Resin Candle 2021	Closed	1987	12.00	12
1988	Grady Pa Mouse 3075	Closed	1990	13.00	13
1990	Horace & Sissy Dogs 3330	Closed	1991	50.00	50
1990	Jasper Dad Cat 3337	Closed	1991	36.00	36
1992	Jiggs Sleeping Cat 3537	Closed	1994	10.00	10
1991	Kit-Nativity 3421	Closed	1994	15.00	15
1988	Kitten Diaper-brown 2280	Closed	1989	8.00	8
1988	Kitten Diaper-white 2279	Closed	1989	8.00	8
1988	Kitty Cat w/Bonnet 2283	Closed	1990	10.00	10
1994	Lamb-lying down 3982	Closed	1994	4.00	4
1993	Lambs on Base 3947	1,994		16.00	16
1987	Large Long Neck Goose 2008	Closed	1987	8.00	8
1987	Large Sitting Goose 2011	Closed	1987	7.00	7
1988	Lazy-cat On Back 6265	Closed	1990	13.00	13
1988	Lila Mom Mouse 4000	Closed	1990	18.00	27
1994	Look at Me Cat 4134	Closed	1994	25.00	25
1988	Louise Mama Cat 6279	Closed	1990	20.00	25
1988	Lucky Boy Mouse 4001	Closed	1990	13.00	20
1988	Lucy Girl Mouse 4002	Closed	1990	12.00	20
1990	Lulu Girl Cat 3340	Closed	1991	26.00	26
1989	Madam Donna 2321	Closed	1990	36.00	45
1989	Maggie's Puppy 3091	Closed	1993	8.00	8
1994	Meadow-Horses 3991	500	1994	40.00	40
1987	Medium Sitting Goose 2010	Closed	1987	4.00	4
1989	Messieur Pierre 2346	Closed	1990	36.00	45
1988	Mini Chicken 6221	Closed	1990	5.00	5
1988	Mini Cow 6223	Closed	1990	8.00	8
1988	Mini Duck 6218	Closed	1990	5.00	5
1988	Mini Pig 6219	Closed	1990	5.00	5
1988	Mini Rabbit 6222	Closed	1990	5.00	5
1988	Mini Sheep 6220	Closed	1990	6.00	6
1988	Myrtle The Pig 6504	Closed	1990	38.00	45
1988	Old Reindeer 4012	Closed	1989	6.00	6
1989	Otis Pa Cat 3108	Closed	1990	13.00	13
1988	Ox 6310	Closed	1990	13.00	13
1988	Ox-Nativity 2105	Closed	1988	16.00	16
1990	Penny Girl Dog 3332	Closed	1991	35.00	35
1987	Pig on Heart 5161	Closed	1989	6.00	6
1988	Pig on Wheels 6281	Closed	1990	16.00	16
1994	Popper-Dog 3996	Closed	1994	14.00	14
1989	Puddin Girl Cat 3107	Closed	1990	10.00	10
1990	Rebecca Mom Dog 3331	Closed	1991	40.00	40
1988	Red Reindeer 4014	Closed	1989	6.00	6
1988	Rocking Horse 6150	Closed	1990	44.00	44
1988	Santa Mouse 3062	Closed	1989	10.00	10
1990	Sasha Ma Squirrel 3222	Closed	1990	19.00	29
1990	Scooter Boy Dog 3333	Closed	1991	30.00	30
1990	Scuffy Boy Cat 3339	Closed	1991	26.00	26
1992	Sheep 3658	Closed	1993	20.00	20
1988	Sheep 6311	Closed	1990	10.00	10
1988	Sheep on Wheels 6280	Closed	1989	16.00	16
1987	Sheep Sitting 5132	Closed	1987	6.00	6
1987	Sheep Standing 5133	Closed	1987	6.00	6
1988	Sheep-Nativity 2106	Closed	1988	8.00	8
1990	Sherman Pa Squirrel 3221	Closed	1990	19.00	29
1990	Sis Girl Squirrel 3224	Closed	1990	18.00	18
1988	Sleeping Cat 6315	Closed	1990	6.00	6
1987	Small Duck 0062	Closed	1989	2.00	2
1987	Small Long Neck Goose 2007	Closed	1987	5.00	5
1987	Small Sitting Goose 2009	Closed	1987	3.00	3
1987	Snapper-Turtle 5109	Closed	1988	8.00	8
1990	Sonny Boy Squirrel 3223	Closed	1990	18.00	28
1987	Sparky 2012	Closed	1992	10.00	10
1993	Sparky-Winter 3824	2,500	1994	8.00	8
1994	Spot-Fire Dog 4231	Open		10.00	10
1993	Squeaks-Dog 3787	Closed	1993	7.00	7
1994	Stinky-Boy Cat 3966	Closed	1994	22.00	22
1994	Sweetie-Girl Cat 3967	Closed	1994	16.00	16
1988	Trapper Papa Cat 6278	Closed	1990	20.00	25
1990	Waldo Dog 3274	Closed	1992	11.00	11
1993	Waldo Dog-Gospel 3751	2,500		10.00	10
1991	Waldo with Flower 3379	Closed	1992	14.00	14
1991	Waldo-Nativity 3426	Closed	1994	15.00	15
1989	Whiskers Boy Cat 3106	Closed	1990	10.00	10
1989	Wiggley Pig 3205	Closed	1990	17.00	17
1994	Winkie-Cat 3997	Closed	1994	14.00	14
1990	Winnie Mom Cat 3338	Closed	1991	36.00	36
1988	Young Reindeer 4013	Closed	1989	6.00	6

Daisy Collection - Sarah's Attic

YEAR ISSUE		EDITION LIMIT	YEAR RETD.	ISSUE PRICE	QUOTE U.S.$
1990	Bomber-Tom 3309	Closed	1993	52.00	55
1990	Jack Boy Ball & Glove 3249	Closed	1993	40.00	40
1993	Jack Boy w/Broken Arm 3970	2,000	1994	30.00	60
1990	Jewel-Julie 3310	Closed	1993	62.00	62
1989	Sally Booba 2344	Closed	1993	40.00	60
1990	Sparky-Mark 3307	Closed	1993	55.00	60
1990	Spike-Tim 3308	Closed	1993	46.00	50
1990	Stretch-Mike 3311	Closed	1993	52.00	55

Dreams of Tomorrow - Sarah's Attic

YEAR ISSUE		EDITION LIMIT	YEAR RETD.	ISSUE PRICE	QUOTE U.S.$
1994	Annie-Nurse 4128	3,000		33.00	33
1992	Annie-Teacher 3507	Closed	1993	55.00	55
1987	Baseball Player 5802	Closed	1988	24.00	24
1988	Basketball Player 6314	Closed	1988	24.00	24
1991	Benjamin w/Drums 3487	Closed	1993	46.00	58
1994	Bernie-Teacher 4132	3,000		38.00	38
1992	Blossom 3502	Closed	1993	50.00	50
1988	Bowler 6152	Closed	1988	24.00	24
1994	Boyd-Basketball 4279	2,000		36.00	36
1994	Boyd-Teacher 4130	3,000		34.00	34
1992	Bubba-Doctor 3506	Closed	1993	60.00	66
1994	Bubba-Fireman 4229	2,000		37.00	37
1994	Bubba-Football 4272	2,000		36.00	36
1992	Bubba-Policeman 3685	Closed	1993	46.00	51
1992	Bud-Fireman 3668	Closed	1993	50.00	55
1994	Bud-Police (blue) 4260	2,000		45.00	45
1994	Bud-Police (brown) 4261	2,000		45.00	45
1994	Calvin-Black Golfer 4161	3,000		35.00	35
1994	Calvin-Soccer 4275	2,000		36.00	36
1994	Champ-Soccer 4277	2,000		36.00	36
1993	Champ-White Boy Baseball 3776	Open		32.00	32
1991	Charity Sewing Flags 3486	Closed	1993	46.00	51
1992	Chips-Graduate 3532	Closed	1993	46.00	46
1993	Cody-Cowboy 3886	2,000		30.00	30
1994	Cody-Hockey 4271	2,000		38.00	38
1992	Cricket-Graduate 3531	Closed	1993	46.00	46
1992	Cupcake-Ballerina 3683	Closed	1993	46.00	46
1994	Cupcake-Dentist 4116	3,000		33.00	33
1992	Cupcake-Nurse 3514	Closed	1993	46.00	46
1994	Cupcake-Soccer 4276	2,000		36.00	36
1993	Dana-White Waitress 3779	2,000	1994	34.00	34
1994	Dedication-White Doctor 4111	3,000		38.00	38
1994	Devotion-Black Doctor 4112	3,000		33.00	33
1987	Football Player 5803	Closed	1988	24.00	24
1994	Hewett-Police (blue) 4258	2,000		45.00	45
1994	Hewett-Police (brown) 4259	2,000		45.00	45
1994	Jack Boy-Graduate 3984	3,000		30.00	30
1993	Jack-Boy White Pharmacist 3781	2,000		34.00	34
1994	Joe-Farmer w/Basket 4120	3,000		33.00	33
1994	John-Farmer w/Tractor 4119	3,000		36.00	36
1993	Jojo-White Girl Basketball 3777	Open		32.00	32
1994	Josh-Hockey 4270	2,000		38.00	38
1993	Josh-Jogger 3887	2,000		25.00	25
1994	Judy-Teacher 4131	3,000		38.00	38
1994	Juliana-Teacher 4129	3,000		34.00	34
1992	Katie-Executive 3665	Closed	1993	46.00	46
1994	Katie-Nurse 3987	3,000		33.00	33
1993	Katie-Pharmacist 3898	2,000		32.00	32
1993	Logan-White Boy Graduate 3740	Closed	1993	35.00	35
1993	Lottie-White Girl Graduate 3739	Closed	1993	35.00	35
1992	Madge-Farmer 3503	Closed	1993	50.00	50
1987	Man Golfer 5805	Closed	1988	24.00	24
1992	Marty-Farmer 3504	Closed	1993	50.00	50
1994	Moose-Football 4273	2,000		36.00	36
1993	Noah-Black Pharmacist 3780	2,000		34.00	34
1992	Noah-Executive 3508	Closed	1993	46.00	46
1992	Pansy-Ballerina 3682	Closed	1993	46.00	46
1993	Pansy-Black Waitress 3778	2,000	1994	40.00	40
1992	Pansy-Nurse 3505	Closed	1993	46.00	51
1993	Pansy-Pharmacist 3899	2,000		32.00	32
1994	Peaches-Dentist 4113	3,000		33.00	33
1994	Pug-Dentist 4114	3,000		33.00	33
1994	R. C. Mounted Police 4228	2,000		32.00	32
1993	Rachel-Photographer 3871	2,000		27.00	32
1994	Sally Booba-Graduate 3983	3,000		30.00	30
1992	Shelby-Executive 3666	Closed	1993	46.00	46
1994	Shelby-Nurse 4127	3,000		33.00	33
1991	Skip Building Houses 3489	Closed	1993	50.00	50
1994	Spike-Basketball 4278	2,000		36.00	36
1994	Spike-White Golfer 4162	3,000		35.00	35
1991	Susie Painting Train 3488	Closed	1993	46.00	46
1993	Tillie-Girl Basketball 3774	Open		32.00	32
1994	Tillie-Graduate 3985	3,000		30.00	30
1994	Tillie-Nurse 3989	3,000		33.00	33
1993	Tillie-Photographer 3870	2,000		27.00	32
1994	Tillie-Soccer 4274	2,000		36.00	36
1992	Tillie-Teacher 3520	Closed	1993	50.00	50
1992	Twinkie-Doctor 3515	Closed	1993	50.00	50
1993	Twinkie-Pilot 3869	2,000		27.00	35
1992	Twinkie-Policeman 3684	Closed	1993	46.00	46
1994	Twinkie-White Dentist 4115	3,000		33.00	33
1994	Whimpy-Doctor 3988	3,000		33.00	33
1992	Whimpy-Executive 3521	Closed	1993	46.00	46
1994	Whimpy-Fireman 4230	2,000		37.00	37
1993	Willie-Boy Baseball 3775	Open		32.00	32
1994	Willie-Doctor 3990	3,000		33.00	33
1992	Willie-Fireman 3667	Closed	1993	46.00	46
1994	Willie-Graduate 3986	3,000		30.00	30
1993	Willie-Pilot 3868	2,000		27.00	27
1994	Willie-Police (blue) 4256	2,000		32.00	32
1994	Willie-Police (brown) 4257	2,000		32.00	32
1987	Woman Golfer 5804	Closed	1988	24.00	24

Ginger Babies Collection - Sarah's Attic

YEAR ISSUE		EDITION LIMIT	YEAR RETD.	ISSUE PRICE	QUOTE U.S.$
1992	Almond 3613	Closed	1993	18.00	18
1992	Cinnamon & Nutmeg 3614	Closed	1993	36.00	36
1990	Cinnamon 3226	Closed	1990	16.00	16
1989	Ginger 3202	Closed	1990	17.00	17
1989	Ginger Basket 3204	Closed	1990	6.00	6
1992	Ginger Bench 3910	Closed	1993	10.00	10
1992	Ginger Cookie 3909	Closed	1993	50.00	50
1992	Ginger Fence 3611	Closed	1993	13.00	13
1992	Ginger Tree 3615	Closed	1993	20.00	20
1992	Home Sweet Home 3608	Closed	1993	100.00	100
1989	Molasses 3203	Closed	1990	17.00	17
1990	Nutmeg 3227	Closed	1990	16.00	16
1992	Vanilla 3612	Closed	1993	18.00	18

Happy Collection - Sarah's Attic

YEAR ISSUE		EDITION LIMIT	YEAR RETD.	ISSUE PRICE	QUOTE U.S.$
1988	Americana Clown 4025	Closed	1990	80.00	80
1988	Christmas Clown 4026	Closed	1990	88.00	88
1988	Clown Handstand X 6243	Closed	1990	10.00	10
1987	Clown Necklace 5407	Closed	1988	10.00	10
1988	Clown Sitting Y 6244	Closed	1990	10.00	10
1989	Curly Circus Clown 3148	Closed	1989	23.00	23
1990	Encore Clown w/Dog 3306	Closed	1991	100.00	100
1987	Happy w/Balloons 3009	Closed	1990	14.00	14
1988	Lady Clown 6313	Closed	1990	20.00	20
1987	Large Happy Clown 5113	Closed	1990	20.00	20
1987	Mini. Happy Clown 5139	Closed	1990	8.00	8
1988	Sitting Clown Z 6259	Closed	1990	10.00	10
1987	Sitting Happy 3008	Closed	1990	19.00	19

Matt & Maggie - Sarah's Attic

YEAR ISSUE		EDITION LIMIT	YEAR RETD.	ISSUE PRICE	QUOTE U.S.$
1988	Large Matt 3029	Closed	1989	48.00	48
1986	Maggie 2029	Closed	1989	14.00	28
1989	Maggie Bench Sitter 3083	Closed	1990	32.00	32
1986	Maggie Candle Holder 2026	Closed	1987	12.00	12
1987	Maggie on Heart 5145	Closed	1989	9.00	9
1987	Matt & Maggie w/ Bear 5730	Closed	1987	100.00	100
1986	Matt 2030	Closed	1989	14.00	28
1989	Matt Bench Sitter 3082	Closed	1990	32.00	32
1986	Matt Candle Holder 2025	Closed	1987	12.00	12
1987	Matt on Heart 5144	Closed	1989	9.00	9
1989	Mini Maggie 2314	Closed	1989	6.00	12
1989	Mini Matt 2313	Closed	1989	6.00	12
1988	Small Sitting Maggie 5284	Closed	1989	11.50	35
1988	Small Sitting Matt 5283	Closed	1989	11.50	35
1987	Standing Maggie 2014	Closed	1989	11.00	11
1987	Standing Matt 2013	Closed	1989	11.00	11

Memory Lane Collection - Sarah's Attic

YEAR ISSUE		EDITION LIMIT	YEAR RETD.	ISSUE PRICE	QUOTE U.S.$
1988	Bank 6237	Closed	1990	13.00	13
1987	Barber Shop 5735	Closed	1990	13.00	13
1987	Barn 5732	Closed	1990	16.50	17
1989	Bruton Church 3216	Closed	1989	25.00	25
1987	Church 5737	Closed	1990	19.00	19
1987	Cottage 5734	Closed	1990	13.00	13
1987	Drug Store 5740	Closed	1990	13.00	13
1989	Fire Station 3196	Closed	1990	20.00	20

Sarah's Attic, Inc.
to Sarah's Attic, Inc.

FIGURINES/COTTAGES

YEAR ISSUE		EDITION LIMIT	YEAR RETD.	ISSUE PRICE	QUOTE U.S.$
1987	General Store 5739	Closed	1990	13.00	13
1987	Grandma's House 5736	Closed	1990	13.00	13
1987	House w/Dormers 5731	Closed	1990	15.00	15
1987	Mill 5733	Closed	1990	16.50	17
1989	Mini Bank 3199	Closed	1990	6.00	6
1988	Mini Barber Shop 6210	Closed	1990	6.50	7
1988	Mini Barn 6224	Closed	1990	6.00	6
1988	Mini Church 6214	Closed	1990	6.50	7
1989	Mini Depot 3198	Closed	1990	7.00	7
1988	Mini Drug Store 6211	Closed	1990	6.00	6
1988	Mini General Store 6212	Closed	1990	6.00	6
1988	Mini Grandma's House 6225	Closed	1990	7.00	7
1988	Mini Mill 6227	Closed	1990	6.50	7
1988	Mini Salt Box 6213	Closed	1990	6.00	6
1988	Mini School 6215	Closed	1990	6.50	7
1989	Post Office 3197	Closed	1990	25.00	25
1987	School 5738	Closed	1990	14.00	14
1988	Train Depot 6256	Closed	1990	13.50	14
1994	USA Barn 4264	1,000		70.00	70
1994	USA Church 4267	1,000		60.00	60
1994	USA General Store 4266	1,000		60.00	60
1994	USA Out House 4265	1,000		27.00	27
1994	USA Sarah's Home 4269	1,000		70.00	70
1994	USA School 4268	1,000		56.00	56
1994	USA Victorian House 4263	1,000		64.00	64

Santas Of The Month-Series A - Sarah's Attic

YEAR ISSUE		EDITION LIMIT	YEAR RETD.	ISSUE PRICE	QUOTE U.S.$
1988	January White Santa	Closed	1990	50.00	135-150
1988	January Black Santa	Closed	1990	50.00	200-300
1988	February White Santa	Closed	1990	50.00	135-150
1988	February Black Santa	Closed	1990	50.00	200-300
1988	March White Santa	Closed	1990	50.00	135-150
1988	March Black Santa	Closed	1990	50.00	200-300
1988	April White Santa	Closed	1990	50.00	135-150
1988	April Black Santa	Closed	1990	50.00	200-300
1988	May White Santa	Closed	1990	50.00	135-150
1988	May Black Santa	Closed	1990	50.00	200-300
1988	June White Santa	Closed	1990	50.00	135-150
1988	June Black Santa	Closed	1990	50.00	200-300
1988	July White Santa	Closed	1990	50.00	175
1988	July Black Santa	Closed	1990	50.00	200-300
1988	August White Santa	Closed	1990	50.00	135-150
1988	August Black Santa	Closed	1990	50.00	200-300
1988	September White Santa	Closed	1990	50.00	135-150
1988	September Black Santa	Closed	1990	50.00	200-300
1988	October White Santa	Closed	1990	50.00	135-150
1988	October Black Santa	Closed	1990	50.00	200-300
1988	November White Santa	Closed	1990	50.00	135-150
1988	November Black Santa	Closed	1990	50.00	200-300
1988	December White Santa	Closed	1990	50.00	135-150
1988	December Black Santa	Closed	1990	50.00	225-375
1988	Mini January White Santa	Closed	1990	14.00	33-35
1988	Mini January Black Santa	Closed	1990	14.00	35
1988	Mini February White Santa	Closed	1990	14.00	33-35
1988	Mini February Black Santa	Closed	1990	14.00	35
1988	Mini March White Santa	Closed	1990	14.00	33-35
1988	Mini March Black Santa	Closed	1990	14.00	35
1988	Mini April White Santa	Closed	1990	14.00	33-35
1988	Mini April Black Santa	Closed	1990	14.00	35
1988	Mini May White Santa	Closed	1990	14.00	33-35
1988	Mini May Black Santa	Closed	1990	14.00	35
1988	Mini June White Santa	Closed	1990	14.00	33-35
1988	Mini June Black Santa	Closed	1990	14.00	35
1988	Mini July White Santa	Closed	1990	14.00	33-35
1988	Mini July Black Santa	Closed	1990	14.00	35
1988	Mini August White Santa	Closed	1990	14.00	33-35
1988	Mini August Black Santa	Closed	1990	14.00	35
1988	Mini September White Santa	Closed	1990	14.00	33-35
1988	Mini September Black Santa	Closed	1990	14.00	35
1988	Mini October White Santa	Closed	1990	14.00	33-35
1988	Mini October Black Santa	Closed	1990	14.00	35
1988	Mini November White Santa	Closed	1990	14.00	33-35
1988	Mini November Black Santa	Closed	1990	14.00	35
1988	Mini December White Santa	Closed	1990	14.00	33-35
1988	Mini December Black Santa	Closed	1990	14.00	35

Santas Of The Month-Series B - Sarah's Attic

YEAR ISSUE		EDITION LIMIT	YEAR RETD.	ISSUE PRICE	QUOTE U.S.$
1990	Jan. Santa Winter Fun 7135	Closed	1991	80.00	80
1990	Feb. Santa Cupids Help 7136	Closed	1991	120.00	120
1990	Mar. Santa Irish Delight 7137	Closed	1991	120.00	120
1990	Apr. Santa Spring/Joy 7138	Closed	1991	150.00	150
1990	May Santa Par For Course 7139	Closed	1991	100.00	100
1990	June Santa Graduation 7140	Closed	1991	70.00	70
1990	July Santa God Bless 7141	Closed	1991	100.00	100
1990	Aug. Santa Summers Tranquility 7142	Closed	1991	110.00	110
1990	Sep. Santa Touchdown 7143	Closed	1991	90.00	90
1990	Oct. Santa Seasons Plenty 7144	Closed	1991	120.00	120
1990	Nov. Santa Give Thanks 7145	Closed	1991	100.00	100
1990	Dec. Santa Peace 7146	Closed	1991	120.00	120
1990	January Mrs. Winter Fun 7147	Closed	1991	80.00	80
1990	February Mrs. Cupid's Helper 7148	Closed	1991	110.00	110
1990	March Mrs. Irish Delight7149	Closed	1991	80.00	80
1990	April Mrs. Spring Joy 7150	Closed	1991	110.00	110
1990	May Mrs. Par for the Course 7151	Closed	1991	80.00	80
1990	June Mrs. Graduate 7152	Closed	1991	70.00	70
1990	July Mrs. God Bless America 7153	Closed	1991	100.00	100
1990	August Mrs. Summer Tranquility 7154	Closed	1991	90.00	90
1990	September Mrs. Touchdown 7155	Closed	1991	90.00	90
1990	October Mrs. Seasons of Plenty 7156	Closed	1991	90.00	90
1990	November Mrs. Give Thanks 7157	Closed	1991	90.00	90
1990	December Mrs. Peace 7158	Closed	1991	110.00	110

Santas Of The Month-Series C - Sarah's Attic

YEAR ISSUE		EDITION LIMIT	YEAR RETD.	ISSUE PRICE	QUOTE U.S.$
1990	Jan. Fruits of Love 3400	Closed	1993	90.00	90
1990	Feb. From The Heart 3401	Closed	1993	90.00	90
1990	Mar. Irish Love 3402	Closed	1993	100.00	100
1990	Apr. Spring Time 3403	Closed	1993	90.00	90
1990	May Caddy Chatter 3404	Closed	1993	100.00	100
1990	June Homerun 3405	Closed	1993	90.00	90
1990	July Celebrate America 3406	Closed	1993	90.00	90
1990	Aug. Fun In The Sun 3407	Closed	1993	90.00	90
1990	Sept. Lessons In Love 3408	Closed	1993	90.00	90
1990	Oct. Masquerade 3409	Closed	1993	120.00	120
1990	Nov. Harvest Of Love 3410	Closed	1993	120.00	120
1990	Dec. A Gift Of Peace 3411	Closed	1993	90.00	90

Santas Of The Month-Series D - Sarah's Attic

YEAR ISSUE		EDITION LIMIT	YEAR RETD.	ISSUE PRICE	QUOTE U.S.$
1993	Jan. Wh. Wintertime Santa 3881	Closed	1994	35.00	35
1993	Feb. Wh. Valentine Santa 3882	Closed	1994	35.00	35
1993	March Wh. St. Patrick's Santa 3885	Closed	1994	35.00	35
1993	April White Easter Santa 3741	Closed	1994	35.00	35
1993	May Wh. Springtime Santa 3742	Closed	1994	35.00	35
1993	June Wh. Summertime Santa 3743	Closed	1994	35.00	35
1993	July Wh. Americana Santa 3815	Closed	1994	35.00	35
1993	Aug. Wh. Beachtime Santa 3816	Closed	1994	35.00	35
1993	Sept. Wh. Classroom Santa 3817	Closed	1994	35.00	35
1992	Oct. Wh. Halloween Santa 3696	Closed	1994	35.00	35
1992	Nov. Wh. Harvest Santa 3697	Closed	1994	35.00	35
1992	Dec. Wh. Father X-Mas Santa 3698	Closed	1994	35.00	35

Santas Of The Month-Series E - Sarah's Attic

YEAR ISSUE		EDITION LIMIT	YEAR RETD.	ISSUE PRICE	QUOTE U.S.$
1993	Jan. Bl. Wintertime Santa 3880	Closed	1994	35.00	35
1993	Feb. Bl. Valentine Santa 3883	Closed	1994	35.00	35
1993	Mar. Bl. St. Patrick's Santa 3884	Closed	1994	35.00	35
1993	April Bl. Easter Santa 3746	Closed	1994	35.00	35
1993	May Bl. Springtime Santa 3747	Closed	1994	35.00	35
1993	June Bl Summertime Santa 3748	Closed	1994	35.00	35
1993	July Bl. Americana Santa 3818	Closed	1994	35.00	35
1993	Aug. Bl. Beachtime Santa 3819	Closed	1994	35.00	35
1993	Sept. Bl. Classroom Santa 3820	Closed	1994	35.00	35
1992	Oct. Bl. Halloween Santa 3729	Closed	1994	35.00	35
1992	Nov. Bl. Harvest Santa 3730	Closed	1994	35.00	35
1992	Dec. Bl. Father X-Mas Santa 3731	Closed	1994	35.00	35

Sarah's Gang Collection - Sarah's Attic

YEAR ISSUE		EDITION LIMIT	YEAR RETD.	ISSUE PRICE	QUOTE U.S.$
1989	Baby Rachel 2306	Closed	1994	20.00	20
1990	Baby Rachel-Beachtime 3248	Closed	1992	35.00	53
1988	Cupcake 4027	Closed	1994	20.00	20
1995	Cupcake 4346	Open		28.00	28
1989	Cupcake Clown 3144	Closed	1989	21.00	35
1993	Cupcake on Bench 3766	Closed	1994	28.00	28
1987	Cupcake on Heart 5140	Closed	1989	9.00	20
1987	Cupcake w/Rope 5119	Closed	1988	16.00	16
1993	Cupcake w/Snowman 3822	2,500	1994	35.00	35
1989	Cupcake-Americana 2304	Closed	1993	21.00	25
1990	Cupcake-Beachtime 3244	Closed	1992	35.00	53
1990	Cupcake-Devil 3314	Closed	1992	40.00	40
1986	Cupcake-Original 2034	Closed	1988	14.00	20-75
1989	Cupcake-Small School 2309	Closed	1990	11.00	20
1993	Cupcake-Spring 3937	1,994		30.00	30
1993	Katie & Rachel in Chair 3764	Closed	1994	60.00	60
1990	Katie & Whimpy-Beachtime 3243	Closed	1992	60.00	60-75
1988	Katie 4029	Closed	1994	20.00	20
1995	Katie 4344	Open		28.00	28
1987	Katie On Heart 5141	Closed	1989	9.00	20
1992	Katie On Sled 3707	2,500	1994	35.00	35
1987	Katie Sitting 2002	Closed	1987	14.00	20
1989	Katie-Americana 2302	Closed	1993	21.00	25
1991	Katie-Bride 3431	Closed	1994	47.00	52
1986	Katie-Original 2032	Closed	1988	14.00	20
1989	Katie-Small Sailor 2307	Closed	1990	14.00	20
1993	Katie-Spring 3935	1,994		28.00	28
1991	Katie-Thanksgiving 3468	Closed	1993	32.00	32
1990	Katie-Witch 3312	Closed	1992	40.00	50
1991	Peaches-Flower Girl 3438	Closed	1994	40.00	40
1991	Percy-Minister 3440	Closed	1994	50.00	55
1991	Pug-Ringbearer 3439	Closed	1994	40.00	44
1995	Rachel 4348	Open		28.00	28
1993	Rachel in Snowsuit 3823	2,500	1994	25.00	25
1991	Rachel-Americana 3364	Closed	1993	30.00	30
1991	Rachel-Flower Girl 3432	Closed	1994	40.00	40
1990	Rachel-Pumpkin 3318	Closed	1992	40.00	50
1993	Rachel-Spring 3940	1,994		30.00	30
1991	Rachel-Thanksgiving 3474	Closed	1993	32.00	35
1988	Tillie 4032	Closed	1994	20.00	20
1995	Tillie 4342	Open		28.00	28
1991	Tillie Masquerade 3412	Closed	1993	45.00	50
1987	Tillie On Heart 5150	Closed	1989	9.00	20
1992	Tillie On Log 3705	2,500	1994	35.00	35
1986	Tillie Resin Candle 2024	Closed	1987	12.00	12
1993	Tillie w/Bear 3769	Closed	1994	28.00	28
1989	Tillie-Americana 2301	Closed	1993	21.00	25
1990	Tillie-Beachtime 3247	Closed	1992	35.00	35
1991	Tillie-Bride 3436	Closed	1994	47.00	47
1990	Tillie-Clown 3316	Closed	1992	40.00	50
1986	Tillie-Original 2027	Closed	1988	14.00	20
1989	Tillie-Small Country 2312	Closed	1992	18.00	18
1993	Tillie-Spring 3938	1,994		30.00	30
1991	Tillie-Thanksgiving 3472	Closed	1993	32.00	32
1988	Twinkie 4028	Closed	1994	20.00	20
1995	Twinkie 4347	Open		28.00	28
1989	Twinkie Clown 3145	Closed	1989	19.00	35
1987	Twinkie On Heart 5143	Closed	1989	9.00	20
1993	Twinkie w/Football 3765	Closed	1994	28.00	28
1987	Twinkie w/Pole 5107	Closed	1988	20.00	20
1993	Twinkie w/Snowballs 3821	2,500	1994	35.00	35
1989	Twinkie-Americana 2305	Closed	1993	21.00	25
1990	Twinkie-Beachtime 3245	Closed	1992	35.00	53
1990	Twinkie-Devil 3315	Closed	1992	40.00	50
1991	Twinkie-Minister 3435	Closed	1994	50.00	50
1986	Twinkie-Original 2033	Closed	1988	14.00	20
1989	Twinkie-Small School 2310	Closed	1990	11.00	20
1993	Twinkie-Spring 3936	1,994		28.00	28
1991	Tyler-Ring Bearer 3433	Closed	1994	40.00	44
1988	Whimpy 4030	Closed	1994	20.00	20
1995	Whimpy 4345	Open		28.00	28
1987	Whimpy on Heart 5142	Closed	1989	9.00	20
1987	Whimpy Sitting 2001	Closed	1987	14.00	20
1992	Whimpy w/Book 3708	2,500	1994	35.00	35
1993	Whimpy w/Train 3767	Closed	1994	28.00	28
1989	Whimpy-Americana 2303	Closed	1993	21.00	25
1991	Whimpy-Groom 3430	Closed	1994	47.00	52
1986	Whimpy-Original 2031	Closed	1988	14.00	20
1990	Whimpy-Scarecrow 3313	Closed	1992	40.00	40
1989	Whimpy-Small Sailor 2308	Closed	1990	14.00	20
1993	Whimpy-Spring 3934	1,994		28.00	28
1991	Whimpy-Thanksgiving 3469	Closed	1993	32.00	32
1988	Willie 4031	Closed	1994	20.00	20
1995	Willie 4343	Open		28.00	28
1993	Willie Lying w/Pillow 3768	Closed	1994	28.00	28
1987	Willie On Heart 5151	Closed	1989	9.00	20
1986	Willie Resin Candle 2023	Closed	1987	12.00	12
1992	Willie w/Skates 3706	2,500	1994	35.00	35
1989	Willie-Americana 2300	Closed	1993	21.00	25
1990	Willie-Beachtime 3246	Closed	1992	35.00	53
1990	Willie-Clown 3317	Closed	1992	40.00	50
1991	Willie-Groom 3437	Closed	1994	47.00	47
1986	Willie-Original 2028	Closed	1988	14.00	20-75
1989	Willie-Small Country 2311	Closed	1992	18.00	18
1993	Willie-Spring 3939	1,994		28.00	28
1991	Willie-Thanksgiving 3473	Closed	1993	32.00	32

Sarah's Neighborhood Friends - Sarah's Attic

YEAR ISSUE		EDITION LIMIT	YEAR RETD.	ISSUE PRICE	QUOTE U.S.$
1987	Amber-Small Girl standing 5797	Closed	1989	14.00	14
1988	Americana Beau 2076	Closed	1988	25.00	25
1988	Americana Buttons 2077	Closed	1988	25.00	25
1991	Annie Nativity (Mary) 3419	Closed	1994	30.00	30
1991	Annie w/Flower Basket 3380	Closed	1992	56.00	56
1990	Annie w/Violin 3272	Closed	1992	40.00	40
1987	Archie-Small Boy standing 5798	Closed	1989	14.00	14
1987	Ashlee 5726	Closed	1989	44.00	44
1991	Babes-Nativity Jesus 3427	Closed	1994	20.00	20
1989	Baby Doll-mini 2318	Closed	1990	5.00	5
1991	Baby Tansy-white 2402	Closed	1993	40.00	40
1987	Bare Bottom Baby 5799	Closed	1988	8.00	8
1987	Beau-Cupie Boy 5861	Closed	1988	20.00	20
1987	Bevie 5103	Closed	1989	14.00	14
1987	Blondie-Girl doll sitting 5796	Closed	1989	14.00	14
1990	Bubba w/Lantern 3268	Closed	1992	40.00	40
1991	Bubba w/Lemonade Stand 3382	Closed	1992	54.00	108
1991	Bubba-Nativity King 3422	Closed	1994	40.00	40
1991	Bud Nativity (Joseph) 3420	Closed	1994	34.00	34
1990	Bud w/Book 3270	Closed	1992	40.00	40
1991	Bud w/Newspaper 3378	Closed	1992	40.00	40
1987	Butch-Boy Book sitting 5795	Closed	1989	14.00	14
1987	Buttons-Cupie Girl 5862	Closed	1988	20.00	20
1987	Clementine-Girl Sailor Suit 5794	Closed	1989	12.00	12
1990	Cody-Victorian Boy 3229	Closed	1990	46.00	46
1987	Corky-Boy Sailor Suit 5793	Closed	1989	12.00	12
1987	Daisy 3002	Closed	1989	24.00	24
1991	Dolly Nativity (Jesus) 3418	Closed	1994	20.00	20
1987	Dusty 5106	Closed	1988	19.00	19
1987	Eddie 5337	Closed	1989	14.00	14
1993	Ellie-Girl w/Book 3784	Closed	1993	28.00	28
1993	Emily & Gideon-Small 3670	Closed	1993	40.00	40
1987	Emmy Lou 5112	Closed	1988	14.00	14
1993	Evan-Boy w/Bowl 3785	Closed	1993	28.00	28
1987	Gramps-white 5104	Closed	1988	16.00	98
1993	Grams w/Rolling Pin 3782	Closed	1993	50.00	50
1987	Grams-white 5105	Closed	1988	16.00	98
1991	Hewett w/Apples 3377	Closed	1992	40.00	40
1990	Hewett w/Drum 3273	Closed	1992	40.00	40
1991	Hewitt-Nativity King 3424	Closed	1994	40.00	40
1988	Jeffrey Boy w/Clown 6151	Closed	1989	26.00	26
1989	Jennifer & Max 2319	Closed	1990	57.00	57
1988	Jessica 4033	Closed	1989	30.00	30
1988	Lena-w/Doll 3043	Closed	1990	40.00	40
1992	Misty 3616	Closed	1993	60.00	60
1989	Moose Boy Sitting 3215	Closed	1993	20.00	20
1991	Noah-Nativity Jesus 3428	Closed	1994	36.00	36
1991	Pansy Pushing Carriage 3381	Closed	1992	50.00	50
1990	Pansy w/Sled 3269	Closed	1992	35.00	35
1991	Pansy-Nativity Angel 3425	Closed	1994	30.00	30
1987	Patsy-Cheerleader 5120	Closed	1988	19.00	19
1993	Rosie on Crate 3783	Closed	1993	50.00	50
1991	Shelby-Nativity Mary 3429	Closed	1994	30.00	30
1987	Shooter 5110	Closed	1988	20.00	20
1989	Sweet Rose 3214	Closed	1990	50.00	50
1990	Tiffany Victorian Girl 3328	Closed	1992	40.00	60

FIGURINES/COTTAGES

Sarah's Attic, Inc.
to Sarah's Attic, Inc.

YEAR ISSUE		EDITION LIMIT	YEAR RETD.	ISSUE PRICE	QUOTE U.S.$
1988	Trudy-w/Teacup 3042	Closed	1990	34.00	34
1990	Tyler Victorian Boy 3327	Closed	1992	40.00	60
1990	Weasel w/Cap 3271	Closed	1992	40.00	40
1991	Weasel w/Newspaper 3383	Closed	1992	40.00	40
1991	Weasel-Nativity King 3423	Closed	1994	40.00	40
1987	Willie Bill 5108	Closed	1988	20.00	20

Snowflake Collection - Sarah's Attic

YEAR ISSUE		EDITION LIMIT	YEAR RETD.	ISSUE PRICE	QUOTE U.S.$
1993	Blizzard Snowman News 3866	4,000		20.00	20
1989	Boo Mini Snowman 3200	Closed	1993	6.00	12
1993	Bottles Snowman Milkman 3867	4,000		20.00	20
1992	Christmas Love-Small 3674	Closed	1992	30.00	30
1993	Cruiser Snowwman on Bike 3865	4,000		23.00	23
1992	Crystal Mother Snowman 3721	3,500		20.00	20
1989	Flurry 2342	Closed	1993	12.00	20
1990	Old Glory Snowman 3225	Closed	1992	26.00	26
1993	Sparkles & Topper on Log 3840	4,000		28.00	28
1992	Sparkles Baby Snowman 3723	3,500		14.00	14
1992	Topper Father Snowman 3722	3,500		20.00	20
1989	Winter Frolic 3209	Closed	1992	70.00	70

Spirit of America - Sarah's Attic

YEAR ISSUE		EDITION LIMIT	YEAR RETD.	ISSUE PRICE	QUOTE U.S.$
1993	Abraham Lincoln 3876	1,863	1994	60.00	60
1994	Asthon-Mother Indian 3977	1,000	1994	40.00	40
1994	Benjamin Franklin 4124	1,776	1994	70.00	70
1988	Betsy Ross 3024	Closed	1992	40.00	40
1991	Bright Sky Mother Indian 3345	Closed	1992	70.00	90-140
1995	Buffalo Bill 4311	2,500		60.00	60
1995	Chief Joseph 4282	2,500		56.00	56
1994	Daniel Boone 4109	1,769	1994	60.00	60
1993	Democrat Donkey 3955	1,840	1994	40.00	40
1991	Forever in Our Hearts 3413	Closed	1994	90.00	90
1993	George Washington 3878	1,789	1994	60.00	60
1993	George Washington's Birth House 3879	Closed	1994	45.00	45
1992	Gray Wolf Father Indian 3692	2,000	1994	46.00	46
1994	Hogan-Indian House 3981	1,000	1994	40.00	40
1994	Hosteen-Father Indian 3978	1,000	1994	40.00	40
1988	Indian Brave 4007	Closed	1990	10.00	10
1988	Indian Girl 4008	Closed	1990	10.00	10
1991	Iron Hawk Father Indian 3344	Closed	1992	70.00	90-140
1993	Lincoln's Birth House 3877	Closed	1994	34.00	34
1991	Little Dove Girl Indian 3346	Closed	1992	40.00	60-85
1992	Moon Dance Girl Indian 3695	2,000	1994	30.00	30
1992	Morning Flower Indian 3693	2,000	1994	46.00	46
1988	Pilgrim Boy 4009	Closed	1990	12.00	20
1988	Pilgrim Girl 4010	Closed	1990	12.00	20
1992	Red Feather Boy Indian 3694	2,000	1994	30.00	30
1993	Republican Elephant 3956	1,854	1994	40.00	40
1994	Shine-Boy Indian 3980	1,000	1994	25.00	50
1994	Siyah-Girl Indian 3979	1,000	1994	25.00	25
1991	Spotted Eagle Boy Indian 3347	Closed	1992	30.00	45-85
1993	Tallman House 3900	Closed	1994	50.00	50

Spirit of Christmas Collection - Sarah's Attic

YEAR ISSUE		EDITION LIMIT	YEAR RETD.	ISSUE PRICE	QUOTE U.S.$
1988	Baby Jesus-Natural 2082	Closed	1988	7.00	7
1993	Been Good Santa/Boy 3813	2,500	1994	60.00	60
1990	Bells of Christmas 3326	Closed	1994	35.00	35
1989	Blessed Christmas 2350	Closed	1993	100.00	100
1992	Blessed Christmas-Small 3669	Closed	1993	40.00	40
1995	Blessed Family Nativity 4364	5,000		70.00	70
1989	Blinkey Elf Ball 3187	Closed	1990	16.00	16
1994	Christine-Christmas 4149	Closed	1994	24.00	24
1993	Christmas Bear 3853	Closed	1993	23.00	23
1994	Christmas Bear 4157	Closed	1994	23.00	23
1993	Christmas Christine 3855	Closed	1993	30.00	30
1993	Christmas Holly Santa 3859	Closed	1993	50.00	50
1993	Christmas Jaleesa 3856	Closed	1993	25.00	25
1993	Christmas Jeb 3854	Closed	1993	25.00	25
1993	Christmas Jessica 3858	Closed	1993	25.00	25
1989	Christmas Joy 3177	Closed	1990	32.00	32
1995	Christmas Joy 4331	2,000		60.00	60
1993	Christmas Justin 3857	Closed	1993	25.00	25
1990	Christmas Music 3305	Closed	1991	60.00	60
1993	Christmas Proclaim. Love Santa 3860	Closed	1993	50.00	50
1993	Christmas Rabbit 3852	Closed	1993	23.00	23
1994	Christmas Rabbit 4158	Closed	1994	23.00	23
1990	Christmas Wishes 3325	5,000	1994	50.00	50
1990	Christmas Wonder Santa 3278	Closed	1991	50.00	50
1987	Colonel Santa 3007	Closed	1989	30.00	30
1989	Colonel Santa II 3179	Closed	1990	35.00	35
1989	Colonel Santa-Mini 3188	Closed	1990	14.00	14
1994	Deck the Halls-Black Santa 4159	3,000		30.00	30
1988	Elf Grabbing Hat 3041	Closed	1989	8.00	8
1988	Elf w/Gift 6239	Closed	1989	8.00	14
1987	Father Snow 2049	Closed	1990	42.00	42
1989	Father Snow II 2351	Closed	1992	36.00	36
1989	Father Snow-Mini 3191	Closed	1990	16.00	16
1994	Gift of Christmas-Wh. Santa 4146	2,000		60.00	60
1994	Gift of Love-Black Santa 4145	2,000		60.00	60
1992	Gifts of Christmas Santa 3677	Closed	1993	90.00	90
1992	Gifts of Love Santa 3678	Closed	1993	90.00	90
1994	Golden Memories Santa 4254	1,000		70.00	70
1988	Ho Ho Santa w/Elf 3053	Closed	1990	84.00	84
1994	Jalessa-Christmas 4154	Closed	1994	28.00	28
1994	Jeb-Christmas 4155	Closed	1994	28.00	28
1994	Jessica-Christmas 4147	Closed	1994	28.00	28
1987	Jesus 5136	Closed	1987	11.00	11
1988	Jesus 6309	Closed	1990	11.00	11
1987	Jingle Bells 2050	Closed	1989	20.00	20
1989	Jingle Bells II 3178	Closed	1990	26.00	26
1989	Jingle Bells-Mini 3190	Closed	1990	16.00	16
1989	Jolly II 2347	Closed	1993	17.00	17
1989	Jolly-Mini 3193	Closed	1990	10.00	10
1987	Joseph 5135	Closed	1987	12.00	12
1988	Joseph 6308	Closed	1990	19.00	19
1988	Joseph-Natural 2081	Closed	1988	11.00	11
1994	Justin-Christmas 4148	Closed	1994	30.00	30
1987	Kris Kringle 5860	Closed	1990	100.00	100
1994	Labor of Love-Christmas 4151	Closed	1994	30.00	30
1988	Lg. Mrs. Claus Resin Candle 3069	Closed	1989	11.00	11
1988	Large Santa Resin Candle 3068	Closed	1989	11.00	11
1987	Large Santa w/Cane 5124	Closed	1989	27.00	27
1993	Let The Be Peace Santa 3797	2,000	1994	70.00	70
1993	Let There Be Love Santa 3796	2,000	1994	70.00	70
1987	Long Journey 2051	Closed	1989	19.00	25
1989	Long Journey II 3184	Closed	1992	35.00	35
1989	Long Journey-Mini 3192	Closed	1990	11.00	11
1990	Love the Children 3324	5,000	1994	75.00	75
1992	Love the Children-Small 3672	Closed	1993	35.00	35
1989	Mama Santa sitting 3181	Closed	1990	30.00	30
1989	Mama Santa Stocking 3183	Closed	1990	50.00	50
1987	Mary 5134	Closed	1987	12.00	12
1988	Mary 6307	Closed	1990	19.00	19
1988	Mary-Mini 3034	Closed	1989	6.00	6
1988	Mary-Natural 2080	Closed	1988	11.00	11
1988	Mini Jesus 3036	Closed	1989	4.00	4
1988	Mini Joseph-Natural 2088	Closed	1988	5.00	5
1988	Mini Joseph-Natural 3035	Closed	1989	6.00	6
1988	Mini Mary-Natural 2087	Closed	1988	5.00	5
1988	Mini Santa Resin Candle 3074	Closed	1989	7.00	7
1987	Mini Santa w/Cane 5123	Closed	1990	8.00	8
1988	Mini-Jesus 2089	Closed	1988	4.00	4
1987	Mrs. Claus 5289	Closed	1989	26.00	26
1988	Mrs. Claus Small 6272	Closed	1989	11.00	11
1987	Naughty or Nice 2048	Closed	1989	100.00	100
1989	Naughty or Nice-Mini 3210	Closed	1990	20.00	20
1993	Oh My! Santa/Girl 3814	2,500		55.00	55
1989	Papa Santa Sitting 3180	Closed	1990	30.00	30
1989	Papa Santa Stocking 3182	Closed	1990	50.00	50
1994	Rejoice-White Santa 4160	3,000		34.00	34
1987	Santa /wBasket 3020	Closed	1989	9.00	9
1990	Santa Claus Express 3304	Closed	1993	150.00	150
1987	Santa Head-3/4 3018	Closed	1989	8.00	8
1987	Santa Head-Full 3019	Closed	1988	8.00	8
1988	Santa in Chimney 4020	Closed	1990	110.00	110
1988	Santa Kneeling 4011	Closed	1989	22.00	22
1987	Santa Sitting 5122	Closed	1988	18.00	18
1991	Santa Tex 3392	Closed	1990	30.00	75
1987	Santa's Workshop 3006	Closed	1990	50.00	100
1987	Santa-Necklace 5408	Closed	1988	10.00	10
1994	Sarah Elizabeth Christmas 4150	Closed	1994	27.00	27
1991	Sharing Love Santa 3491	Closed	1993	120.00	120
1989	Silent Night 2343	Closed	1991	33.00	33
1988	Sitting Elf 6238	Closed	1989	7.00	14
1988	Sm.Mrs. Claus Resin Candle 3073	Closed	1989	10.00	10
1988	Small Santa Resin Candle 3072	Closed	1989	10.00	10
1987	Small Santa w/Tree 5125	Closed	1989	14.00	14
1988	Small sitting Santa 6258	Closed	1989	11.00	11
1989	Spirit of Christmas Santa 2320	Closed	1993	80.00	80
1987	St. Nick 3005	Closed	1989	28.00	28
1989	St. Nick II 2349	Closed	1990	43.00	43
1989	St. Nick-Mini 3189	Closed	1990	14.00	14
1989	Stinky Elf sitting 3185	Closed	1990	16.00	16
1994	Teapot-Christmas 4156	Closed	1994	4.00	4
1991	Treasures of Love Santa 3490	Closed	1993	140.00	140
1989	Winky Elf Letter 3186	Closed	1990	16.00	16
1989	Woodland Santa 2345	Closed	1990	100.00	150
1989	Yule Tiding II 2348	Closed	1991	23.00	23

Tattered n' Torn Collection - Sarah's Attic

YEAR ISSUE		EDITION LIMIT	YEAR RETD.	ISSUE PRICE	QUOTE U.S.$
1994	Beanie-Boy Rag Doll 4164	2,500		30.00	30
1994	Belle-Girl Rag Doll 4180	2,500		30.00	30
1994	Britches-Boy Rag Doll 4181	2,500		30.00	30
1994	Jellie-Girl Rag Doll 4163	2,500		30.00	30
1991	Muffin & Puffin w/Trunk 3361	Closed	1991	55.00	55
1991	Muffin & Puffin-White 2401	Closed	1991	55.00	55
1990	Muffin Rag Doll 3335	Closed	1991	30.00	30
1990	Opie Boy Rag Doll 3241	Closed	1991	50.00	50
1990	Polly Girl Rag Doll 3242	Closed	1991	50.00	50
1991	Prissy & Peanut 3360	Closed	1991	120.00	120
1991	Prissy & Peanut-White 2400	Closed	1991	120.00	120
1990	Puffin Rag Doll 3343	Closed	1991	30.00	30

Tender Moments - Sarah's Attic

YEAR ISSUE		EDITION LIMIT	YEAR RETD.	ISSUE PRICE	QUOTE U.S.$
1993	Always & Forever White Wedding 3834	4,000		60.00	60
1992	Black Baby Boy 1-2 3518	Closed	1993	50.00	50
1992	Black Baby Boy Birth 3516	Closed	1993	50.00	55
1992	Black Baby Girl 1-2 3517	Closed	1993	50.00	55
1992	Black Baby Girl Birth 3526	Closed	1993	50.00	50
1993	Black Boy 3-4/In Wagon 3745	Open		40.00	40
1994	Bl. Boy w/Hobby Horse 4-5 3958	Open		33.00	33
1993	Black Girl 3-4/Tricycle 3744	Open		40.00	60
1994	Black Girl on Horse 4-5 3957	Open		37.00	37
1994	Black Special Angel-Sign 4224	Open		16.00	16
1993	Bless This Child Wh. Couple 3838	2,500	1994	60.00	60
1993	Catch of Love White Men Fishing 3827	4,000		50.00	50
1993	Days to Remember Black Men Fishing 3828	4,000		50.00	50
1995	Family is Love 4320	4,000		60.00	60
1993	Gentle Touch Black Girls 3825	2,500		40.00	40
1994	Get Well Soon-Sign 4220	Open		16.00	16
1995	Having Fun 4322	4,000		44.00	44
1994	I Love You-Sign 4216	Open		16.00	16
1994	I'm Sorry-Sign 4223	Open		16.00	16
1993	Joy of Motherhood Black Pregnant Woman 3791	1,000	1994	55.00	55
1993	Little Blessing Bl. Couple 3839	2,500	1994	75.00	75
1995	Love & Hugs Girl 4255	Open		38.00	38
1993	Love of Life-Black Couple 3788	Closed	1993	70.00	100-200
1992	Misty 3616	Closed	1993	60.00	60
1993	New Beginning White Pregnant Woman 3790	1,000	1994	55.00	55
1993	Promise of Love Black Wedding 3835	4,000		60.00	60
1995	Refreshments 4326	Open		16.00	16
1992	Small Black Boy 2-3 3676	Closed	1993	50.00	55
1992	Small Black Girl 2-3 3675	Closed	1993	50.00	50
1993	Special Black Boy in Wheelchair 3969	Open		38.00	38
1994	Special Black Girl 4126	Open		38.00	38
1994	Special Father-Sign 4221	Open		16.00	16
1994	Special Mother-Sign 4222	Open		16.00	16
1993	Special Times White Girls 3826	2,500		40.00	40
1994	Special White Boy 4125	Open		38.00	38
1993	Special White Girl in Wheelchair 3968	Open		38.00	38
1995	Squeaks 4327	Open		5.00	5
1995	Study Time 4325	4,000		32.00	32
1994	Thank You-Sign 4219	Open		16.00	16
1994	Thinking of You-Sign 4217	Open		16.00	16
1994	Timeless Knowledge 4323	4,000		47.00	47
1995	Treasured Moments 4321	4,000		70.00	70
1993	True Love-White Couple 3789	1,000	1994	70.00	70
1992	White Baby Boy 1 3527	Closed	1993	60.00	66
1992	White Baby Girl 1 3528	Closed	1993	60.00	60
1992	White Boy 1-2 3530	Closed	1993	60.00	60
1992	White Boy 2-3 3624	Closed	1993	60.00	60
1992	White Boy 3-4 3691	Closed	1993	50.00	50
1994	White Boy w/Fire Truck 4-5 3960	Open		40.00	40
1992	White Girl 1-2 3529	Closed	1993	60.00	60
1992	White Girl 2-3 3623	Closed	1993	60.00	66
1992	White Girl 3-4 3690	Closed	1993	50.00	50
1994	White Girl w/Trunk 4-5 3959	Open		40.00	40
1994	White Special Angel-Sign 4218	Open		16.00	16
1995	Wow! 4324	4,000		36.00	36

United Hearts Collection - Sarah's Attic

YEAR ISSUE		EDITION LIMIT	YEAR RETD.	ISSUE PRICE	QUOTE U.S.$
1992	Adora Angel-May 3632	Closed	1993	50.00	50
1991	Adora Christmas-Dec. 3479	Closed	1992	36.00	36
1991	Annie & Waldo Beach-Aug. 3460	Closed	1992	40.00	40
1991	Barney the Great-October 3466	Closed	1992	40.00	40
1991	Bibi & Biff Clowns-October 3467	Closed	1992	35.00	35
1991	Bibi-Miss Liberty Bear-July 3457	Closed	1992	30.00	30
1991	Bubba Beach-August 3461	Closed	1992	34.00	34
1992	Carrotman-January 3619	Closed	1993	30.00	30
1991	Chilly Snowman-January 3443	Closed	1992	33.00	33
1991	Christmas Tree-December 3481	Closed	1992	40.00	40
1991	Chuckles-September 3464	Closed	1992	26.00	26
1991	Cookie w/Kitten-September 3462	Closed	1992	28.00	28
1992	Cookie-July 3638	Closed	1993	34.00	34
1991	Crumb on Stool-September 3463	Closed	1992	32.00	32
1992	Crumb-July 3639	Closed	1993	34.00	34
1992	Cupcake-November 3649	Closed	1993	35.00	35
1991	Cupcake-Thanksgiving 3470	Closed	1993	36.00	36
1992	December Tree 3655	Closed	1993	40.00	40
1991	Emily-Springtime May 3452	Closed	1992	53.00	53
1992	Enos Angel-May 3633	Closed	1993	50.00	50
1991	Enos Christmas-December 3480	Closed	1992	36.00	36
1992	Ethan Angel-August 3641	Closed	1993	46.00	46
1992	Fluffy Bear-February 3625	Closed	1993	35.00	35
1991	Gideon-Springtime May 3453	Closed	1992	40.00	40
1992	Haystack-November 3651	Closed	1993	23.00	23
1992	Herbie-January 3618	Closed	1993	26.00	26
1992	Hether-January 3617	Closed	1993	26.00	26
1991	Hewett w/Leprechaun-Mar. 3448	Closed	1992	56.00	56
1991	Jack Boy Graduation-June 3455	Closed	1992	40.00	40
1992	Jewels-April 3630	Closed	1993	60.00	60
1992	Katie-September 3643	Closed	1993	35.00	35
1992	Kyu Lee-March 3628	Closed	1993	40.00	40
1992	May Pole 3634	Closed	1993	35.00	35
1992	Mrs. Claus December 3653	Closed	1993	45.00	45
1991	Noah w/Pot of Gold-March 3447	Closed	1992	36.00	36
1991	Pansy Beach-August 3459	Closed	1992	34.00	34
1991	Papa Barney & Biff-July 3458	Closed	1992	64.00	64
1992	Peaches-October 3647	Closed	1993	30.00	30
1991	Peanut-February 3445	Closed	1992	32.00	32
1991	Prissy w/Shaggy-February 3444	Closed	1992	36.00	36
1992	Puffy Bear-February 3626	Closed	1993	35.00	35
1992	Pug-October 3646	Closed	1993	47.00	47
1991	Sally Booba Graduation-June 3454	Closed	1992	45.00	45
1992	Santa-December 3654	Closed	1993	45.00	45
1991	School Desk w/Book 3465	Closed	1992	15.00	15
1992	September Desk 3645	Closed	1993	36.00	36
1991	Shelby w/Shamrock-March 3446	Closed	1992	36.00	36
1991	Sparky Dog Graduation-June 3456	Closed	1992	16.00	16
1992	Stretch-April 3631	Closed	1993	50.00	50
1991	Tabitha April 3449	Closed	1992	32.00	32
1992	Tabitha w/Glove-June 3636	Closed	1993	34.00	34
1992	Tessie w/Ball-June 3637	Closed	1993	34.00	34
1991	Tillie-January 3441	Closed	1992	32.00	32
1991	Toby & Tessie-April 3450	Closed	1992	44.00	44
1992	Toby w/Bat-June 3635	Closed	1993	34.00	34

Sarah's Attic, Inc.
to Schmid

FIGURINES/COTTAGES

YEAR ISSUE		EDITION LIMIT	YEAR RETD.	ISSUE PRICE	QUOTE U.S.$
1992	Twinkie-November 3650	Closed	1993	35.00	35
1991	Twinkie-Thanksgiving 3471	Closed	1993	32.00	32
1991	Willie-January 3442	Closed	1992	32.00	32
1992	Willie-September 3644	Closed	1993	35.00	35
1991	Wooly Lamb-April 3451	Closed	1992	16.00	16
1992	Young Kim-March 3627	Closed	1993	40.00	40
1992	Zena Angel-August 3640	Closed	1993	46.00	46

Schmid

Lowell Davis Farm Club - L. Davis

YEAR ISSUE		EDITION LIMIT	YEAR RETD.	ISSUE PRICE	QUOTE U.S.$
1986	The Bride 221001 / 20993	Closed	1987	45.00	400-450
1987	The Party's Over 221002 / 20994	Closed	1988	50.00	100-190
1988	Chow Time 221003 / 20995	Closed	1989	55.00	150
1989	Can't Wait 221004 / 20996	Closed	1990	75.00	125
1990	Pit Stop 221005 / 20997	Closed	1991	75.00	125-150
1991	Arrival Of Stanley 221006 / 20998	Yr.Iss.	1992	100.00	100
1991	Don't Pick The Flowers 221007 / 21007	Yr.Iss.	1992	100.00	143
1992	Hog Wild	Yr.Iss.	1993	100.00	100
1992	Check's in the Mail	Yr.Iss.	1993	100.00	100
1993	The Survivor 25371	Yr.Iss.	1994	70.00	70
1993	Summer Days	Yr.Iss.		100.00	100
1994	Dutch Treat	Yr.Iss.		100.00	100
1995	Free Kittens	Yr.Iss.		40.00	40

Lowell Davis Farm Club - L. Davis

YEAR ISSUE		EDITION LIMIT	YEAR RETD.	ISSUE PRICE	QUOTE U.S.$
1994	Feathering Her Nest	Yr.Iss.		Gift	N/A
1995	After the Rain	Yr.Iss.		Gift	N/A

Lowell Davis Farm Club Renewal Figurine - L. Davis

YEAR ISSUE		EDITION LIMIT	YEAR RETD.	ISSUE PRICE	QUOTE U.S.$
1986	Thirsty? 892050 / 92050	Yr.Iss.		Gift	40
1987	Cackle Berries 892051 / 92051	Yr.Iss.	1989	Gift	N/A
1988	Ice Cream Churn 892052/92052	Yr.Iss.	1990	Gift	50
1990	Not A Sharing Soul 892053 / 92053	Yr.Iss.	1991	Gift	40
1991	New Arrival 892054 / 92054	Yr.Iss.	1992	Gift	40
1992	Garden Toad 92055	Yr.Iss.	1993	Gift	N/A
1993	Luke 12:6 25372	Yr.Iss.	1994	Gift	N/A

Davis Cat Tales Figurines - L. Davis

YEAR ISSUE		EDITION LIMIT	YEAR RETD.	ISSUE PRICE	QUOTE U.S.$
1982	Company's Coming 25205	Closed	N/A	60.00	225-275
1982	Flew the Coop 25207	Closed	N/A	60.00	300-365
1982	On the Move 25206	Closed	N/A	70.00	550-650
1982	Right Church, Wrong Pew 25204	Closed	N/A	70.00	288-350

Davis Country Christmas Figurines - L. Davis

YEAR ISSUE		EDITION LIMIT	YEAR RETD.	ISSUE PRICE	QUOTE U.S.$
1995	Bah Humbug	2,500		200.00	200
1987	Blossom's Gift 23554	Closed	N/A	150.00	350-500
1992	Born on a Starry Night 23559	2,500		225.00	225
1985	Christmas at Fox Fire Farm 23552	Closed	N/A	80.00	275
1986	Christmas at Red Oak 23553	Closed	N/A	80.00	225
1991	Christmas At Red Oak II 23558	Closed	N/A	250.00	250
1984	Country Christmas 23551	Closed	N/A	80.00	450
1988	Cutting the Family Christmas Tree 23555	Closed	N/A	80.00	350
1983	Hooker at Mailbox with Presents 23550	Closed	N/A	80.00	750
1989	Peter and the Wren 23556	Closed	N/A	165.00	300-450
1994	Visions of Sugar Plums	2,500		250.00	250
1993	Waiting For Mr. Lowell 23606	2,500		250.00	250
1990	Wintering Deer 23557	Closed	N/A	165.00	280

Davis Country Pride - L. Davis

YEAR ISSUE		EDITION LIMIT	YEAR RETD.	ISSUE PRICE	QUOTE U.S.$
1981	Bustin' with Pride 25202	Closed	N/A	100.00	225-250
1981	Duke's Mixture 25203	Closed	N/A	100.00	160-300
1981	Plum Tuckered Out 25201	Closed	N/A	100.00	950
1981	Surprise in the Cellar 25200	Closed	N/A	100.00	930-1000

Davis Dealer Counter Signs - L. Davis

YEAR ISSUE		EDITION LIMIT	YEAR RETD.	ISSUE PRICE	QUOTE U.S.$
1985	Fox Fire Farm 888907	Closed	N/A	30.00	250
1992	Little Critters 25515	Open		50.00	50
1990	Mr. Lowell's Farm 25302	Open		50.00	55-70
1980	RFD America 888902	Closed	N/A	40.00	200
1981	Uncle Remus 888904	Closed	N/A	30.00	300

Davis Farm Set - L. Davis

YEAR ISSUE		EDITION LIMIT	YEAR RETD.	ISSUE PRICE	QUOTE U.S.$
1985	Barn 25352	Closed	N/A	47.50	425
1985	Chicken House 25358	Closed	N/A	19.00	50
1985	Corn Crib and Sheep Pen 25354	Closed	N/A	25.00	65-80
1985	Garden and Wood Shed 25359	Closed	N/A	25.00	65
1985	Goat Yard and Studio 25353	Closed	N/A	32.50	85
1985	Hen House 25356	Closed	N/A	32.50	80
1985	Hog House 25355	Closed	N/A	27.50	85
1985	Main House 25351	Closed	N/A	42.50	100
1985	Privy 25348	Closed	N/A	12.50	35
1985	Remus' Cabin 25350	Closed	N/A	42.50	95
1985	Smoke House 25357	Closed	N/A	12.50	65
1985	Windmill 25349	Closed	N/A	25.00	40

Davis Friends of Mine - L. Davis

YEAR ISSUE		EDITION LIMIT	YEAR RETD.	ISSUE PRICE	QUOTE U.S.$
1992	Cat and Jenny Wren 23633	5,000		170.00	175
1992	Cat and Jenny Wren Mini Figurine 23634	Open		35.00	35
1989	Sun Worshippers 23620	5,000	1993	120.00	134
1989	Sun Worshippers Mini Fig. 23621	5,000	1993	32.50	33
1990	Sunday Afternoon Treat 23625	5,000	1993	120.00	170
1990	Sunday Afternoon Treat Mini Figurine 23626	Closed	1993	32.50	38
1991	Warm Milk 23629	Closed	1993	120.00	200
1991	Warm Milk Mini Figurine 23630	5,000	1993	32.50	38

Davis Little Critters - L. Davis

YEAR ISSUE		EDITION LIMIT	YEAR RETD.	ISSUE PRICE	QUOTE U.S.$
1992	Charivari 25707	950		250.00	250
1991	Christopher Critter 25514	1,192	1993	150.00	150
1992	Double Yolker 25516	Yr.Iss.		70.00	70
1989	Gittin' a Nibble 25294	Closed	N/A	50.00	57
1991	Great American Chicken Race 25500	2,500		225.00	275
1991	Hittin' The Sack 25510	Closed	N/A	70.00	70
1990	Home Squeezins 25504	Closed	1993	90.00	90
1991	Itiskit, Itasket 25511	Open		45.00	45
1991	Milk Mouse 25503	2,500		175.00	228
1992	Miss Private Time 25517	Yr.Iss.		35.00	35
1990	Outing With Grandpa 25502	2,500	1993	200.00	250
1990	Private Time 25506	Closed	1993	18.00	40
1990	Punkin' Pig 25505	2,500	1993	250.00	350
1991	Punkin' Wine 25501	Closed		100.00	150
1991	Toad Strangler 25509	Closed	N/A	57.00	57
1991	When Coffee Never Tasted So Good 25507	1,250		800.00	800
1992	A Wolf in Sheep's Clothing 25518	Yr.Iss.		110.00	110

Davis Pen Pals - L. Davis

YEAR ISSUE		EDITION LIMIT	YEAR RETD.	ISSUE PRICE	QUOTE U.S.$
1993	The Old Home Place 25802	1,200		200.00	200
1993	The Old Home Place Mini Figurine 25801	Open		30.00	30

Davis Promotional Figurine - L. Davis

YEAR ISSUE		EDITION LIMIT	YEAR RETD.	ISSUE PRICE	QUOTE U.S.$
1994	Don't Forget Me 227130	N/A	1994	70.00	70
1992	Hen Scratch Prom 225968	N/A	1992	90.00	95
1993	Leapin' Lizard 225969	N/A	1993	80.00	80
1991	Leavin' The Rat Race 225512	N/A	1991	80.00	200
1995	Nasty Stuff 95103	N/A		40.00	40

Davis Route 66 - L. Davis

YEAR ISSUE		EDITION LIMIT	YEAR RETD.	ISSUE PRICE	QUOTE U.S.$
1992	Fresh Squeezed? (w/ wooden base) 25609	350		600.00	600
1992	Fresh Squeezed? 25608	2,500		450.00	450
1992	Going To Grandma's 25619	Open		80.00	80
1993	Home For Christmas 25621	Open		80.00	80
1991	Just Check The Air 25600	350	1995	700.00	1500
1991	Just Check The Air 25603	2,500		550.00	550
1993	Kickin' Himself 25622	Open		80.00	80
1991	Little Bit Of Shade 25602	Open		100.00	100
1991	Nel's Diner 25601	350	1995	700.00	1700
1991	Nel's Diner 25604	2,500		550.00	550
1992	Quiet Day at Maple Grove 25618	Open		130.00	130
1992	Relief 25605	Open		80.00	80
1993	Summer Days 25607	Yr.Iss.		100.00	100
1992	Welcome Mat (w/ wooden base)25606	1,500		400.00	400-500
1992	What Are Pals For? 25620	Open		100.00	100

Davis Special Edition Figurines - L. Davis

YEAR ISSUE		EDITION LIMIT	YEAR RETD.	ISSUE PRICE	QUOTE U.S.$
1983	The Critics 23600	Closed	N/A	400.00	1700
1989	From A Friend To A Friend 23602	1,200		750.00	1700
1985	Home from Market 23601	Closed	N/A	400.00	1500
1992	Last Laff 23604	1,200		900.00	1000
1990	What Rat Race? 23603	1,200		800.00	1025

Davis Uncle Remus - L. Davis

YEAR ISSUE		EDITION LIMIT	YEAR RETD.	ISSUE PRICE	QUOTE U.S.$
1981	Brer Bear 25251	Closed	N/A	80.00	900-1200
1981	Brer Coyote 25255	Closed	N/A	80.00	500
1981	Brer Fox 25250	Closed	N/A	70.00	900-950
1981	Brer Rabbit 25252	Closed	N/A	85.00	2000
1981	Brer Weasel 25254	Closed	N/A	80.00	700
1981	Brer Wolf 25253	Closed	N/A	85.00	500

Don Polland Figurines I - D. Polland

YEAR ISSUE		EDITION LIMIT	YEAR RETD.	ISSUE PRICE	QUOTE U.S.$
1983	Challenge	2,000	1989	275.00	600
1983	Dangerous Moment	2,000	1989	250.00	350
1986	Down From The High Country	2,250	1989	225.00	295
1983	Downed	2,500	1989	250.00	600
1986	Eagle Dancer	2,500	1989	170.00	295
1983	Escape	2,500	1989	175.00	650
1983	Fighting Bulls	2,500	1989	200.00	600
1983	The Great Hunt	350	1989	3750.00	3750
1983	Hot Pursuit	2,500	1989	225.00	550
1983	The Hunter	2,500	1989	225.00	500
1986	Plains Warrior	1,250	1989	350.00	550
1986	Running Wolf-War Chief	2,500	1989	170.00	295
1983	A Second Chance	2,000	1989	350.00	650
1986	Second Chance	2,000	1989	125.00	650
1986	Shooting the Rapids	2,500	1989	195.00	495
1986	War Trophy	2,250	1989	225.00	500
1983	Young Bull	2,750	1989	125.00	250

Kitty Cucumber Musical Figurine - M. Lillemoe

YEAR ISSUE		EDITION LIMIT	YEAR RETD.	ISSUE PRICE	QUOTE U.S.$
1992	Butterfly 30221	5,000		50.00	50
1992	Dance 'Round the Maypole 30215	5,000		55.00	55

RFD America - L. Davis

YEAR ISSUE		EDITION LIMIT	YEAR RETD.	ISSUE PRICE	QUOTE U.S.$
1984	Anybody Home 25239	Closed	N/A	35.00	100
1994	Attic Antics	Open		100.00	100
1982	Baby Blossom 25227	Closed	N/A	40.00	325
1982	Baby Bobs 25222	Closed	N/A	47.50	200-250
1985	Barn Cats 25257	Open		39.50	80
1993	Be My Valentine 27561	Open		35.00	35
1986	Bit Off More Than He Could Chew 25279	Open		15.00	60
1979	Blossom 25032	Closed	N/A	180.00	1800
1982	Blossom and Calf 25326	Closed	N/A	250.00	700-1000
1995	Blossom's Best	750		300.00	300
1987	Bottoms Up 25270	Open	1992	80.00	105
1989	Boy's Night Out 25339	1,500		190.00	225
1982	Brand New Day 25226	Closed	N/A	23.50	150-175
1979	Broken Dreams 25035	Closed	N/A	165.00	1000-1300
1988	Brothers 25286	Closed	1990	55.00	75-100
1984	Catnapping Too? 25247	Closed	1991	70.00	150
1987	Chicken Thief 25338	Closed	N/A	200.00	300
1983	City Slicker 25329	Closed	N/A	150.00	270
1991	Cock Of The Walk 25347	2,500		300.00	300
1986	Comfy? 25273	Open		40.00	80
1994	Companion pc. Open The Lid	6 mo.	1994	135.00	135
1994	Companion pc. And Down The Hatch	6 mo.	1994	135.00	135
1989	Coon Capers 25291	Open		67.50	90
1990	Corn Crib Mouse 25295	Closed	1993	35.00	45
1983	Counting the Days 25233	Closed	1992	40.00	60
1981	Country Boy 25213	Closed	N/A	37.50	250-375
1985	Country Cousins 25266	Open		42.50	80
1982	Country Crook 25280	Closed	N/A	37.50	350
1985	Country Crooner 25256	Open		25.00	50
1984	Country Kitty 25246	Closed	N/A	52.00	115-125
1979	Country Road 25030	Closed	N/A	100.00	900
1984	Courtin' 25220	Closed	N/A	45.00	125
1980	Creek Bank Bandit 25038	Closed	N/A	37.50	400
1995	Cussin' Up a Storm	Open		45.00	45
1993	Don't Open Till Christmas 27562	Open		35.00	35
1992	Don't Play With Fire 25319	Open		120.00	120
1985	Don't Play with Your Food 25258	Closed	1992	28.50	100
1981	Double Trouble 25211	Closed	N/A	35.00	475
1981	Dry as a Bone 25216	Closed	N/A	45.00	275-325
1993	Dry Hole 25374	Open		30.00	30
1987	Easy Pickins 25269	Closed	1990	45.00	85
1983	Fair Weather Friend 25236	Closed	N/A	25.00	85
1983	False Alarm 25237	Closed	N/A	65.00	150-185
1989	Family Outing 25289	Open		45.00	60
1985	Feelin' His Oats 25275	1,500		150.00	260
1990	Finder's Keepers 25299	Open		39.50	45
1991	First Offense 25304	Closed	1993	70.00	75
1994	First Outing	Open		65.00	65
1988	Fleas 25272	Open		20.00	24
1980	Forbidden Fruit 25022	Closed	N/A	25.00	150
1990	Foreplay 25300	Closed	1993	59.50	80
1979	Fowl Play 25033	Closed	N/A	100.00	275-325
1992	Free Lunch 25321	Open		85.00	85
1993	The Freeloaders 95042	1,250		230.00	230
1985	Furs Gonna Fly 25335	1,500		145.00	240-450
1987	Glutton for Punishment 25268	Closed	1991	95.00	160
1988	Goldie and Her Peeps 25283	Open		25.00	37
1984	Gonna Pay for His Sins 25243	Open		27.50	55
1980	Good, Clean Fun 25020	Closed	1989	40.00	125-150
1984	Gossips 25248	Closed	N/A	110.00	265
1992	The Grass is Always Greener 25367	Open		195.00	195
1991	Gun Shy 25305	Closed	1993	70.00	70
1990	Hanky Panky 25298	Closed	1993	65.00	95
1993	Happy Birthday My Sweet 27560	Open		35.00	35
1988	Happy Hour 25287	Open		57.50	75-100
1983	Happy Hunting Ground 25330	Closed	N/A	160.00	235
1984	Headed Home 25240	Closed	1991	25.00	50
1992	Headed South 25327	Open		45.00	45
1991	Heading For The Persimmon Grove 25306	Closed	1993	80.00	80
1994	Helpin Himself	Open		65.00	65
1983	Hi Girls, The Name's Big Jack 25328	Closed	N/A	200.00	385
1981	Hightailing It 25214	Closed	N/A	50.00	375-500
1983	His Eyes Are Bigger Than His Stomach 25332	Closed	N/A	235.00	350
1984	His Master's Dog 25244	Closed	N/A	45.00	150
1994	Hittin The Trail	1,250		250.00	250
1985	Hog Heaven 25336	1,500		165.00	260-450
1992	The Honeymoon's Over 25370	1,950		300.00	300
1984	Huh? 25242	Closed	1989	40.00	90-160
1993	I'm Thankful For You 27563	Open		35.00	35
1982	Idle Hours 25230	Closed	N/A	37.50	225-300
1993	If You Can't Beat Em Join Em 25379	1,750		250.00	250
1979	Ignorance is Bliss 25031	Closed	N/A	165.00	1300
1988	In a Pickle 25284	Open		40.00	50
1980	Itching Post 25037	Closed	N/A	30.00	75-115
1993	King of The Mountain 25380	750		500.00	500
1991	Kissin' Cousins 25307	Closed	1993	80.00	80
1990	The Last Straw 25301	Open		125.00	180
1989	Left Overs 25290	Open		90.00	100
1983	Licking Good 25234	Closed	N/A	35.00	200-250
1990	Little Black Lamb (Baba) 25297	Closed	1993	30.00	38
1990	Long Days, Cold Nights 25344	2,500	1993	175.00	190
1991	Long, Hot Summer 25343	1,950		250.00	250
1985	Love at First Sight 25267	Closed	1992	70.00	115
1984	Mad As A Wet Hen 25334	Closed	N/A	185.00	700-800
1987	Mail Order Bride 25263	Closed	1991	150.00	185-260
1983	Makin' Tracks 25238	Closed	1989	70.00	125-185
1988	Making a Bee Line 25274	Closed	1990	75.00	125
1994	Mama Can Willie Stay For Supper	1,250		200.00	200
1983	Mama's Prize Leghorn 25235	Closed	N/A	55.00	135
1986	Mama? 25277	Closed	1991	15.00	45
1989	Meeting of Sheldon 25293	Closed	1992	120.00	150
1980	Milking Time 25023	Closed	N/A	20.00	240
1988	Missouri Spring 25278	Closed	1992	115.00	175
1982	Moon Raider 25325	Closed	N/A	190.00	325
1989	Mother Hen 25292	Open		37.50	50
1982	Moving Day 25225	Closed	N/A	43.50	325
1992	My Favorite Chores 25362	1,500		750.00	750
1980	New Day 25025	Closed	N/A	20.00	165

FIGURINES/COTTAGES
Schmid to Sebastian Studios

YEAR ISSUE		EDITION LIMIT	YEAR RETD.	ISSUE PRICE	QUOTE U.S.$
1989	New Friend 25288	Open		45.00	60
1993	No Hunting 25375	1,000		95.00	95
1988	No Private Time 25316	Closed	N/A	200.00	300-355
1994	Not a Happy Camper	Open		75.00	75
1994	Oh Mother What is it?	1,000		250.00	250
1992	OH Sheeeit . . . 25363	Open		120.00	120
1993	Oh Where is He Now 95041	1,250		250.00	250
1984	One for the Road 25241	Open		37.50	60-70
1987	The Orphans 25271	Open		50.00	85
1985	Out-of-Step 25259	Open		45.00	90
1985	Ozark Belle 25264	Closed	1990	35.00	70
1992	Ozark's Vittles 25318	Open		60.00	60
1984	Pasture Pals 25245	Closed	1990	52.00	130
1994	Pecking Order	Open		200.00	200
1993	Peep Show 25376	Open		35.00	35
1988	Perfect Ten 25282	Closed	1990	95.00	180
1990	Piggin' Out 25345	Closed	N/A	190.00	250
1984	Prairie Chorus 25333	Closed	N/A	135.00	1000-1500
1981	Punkin' Seeds 25219	Closed	N/A	225.00	1200-1750
1994	Qu'est - Ceque C'est?	Open		200.00	200
1985	Renoir 25261	Closed	1991	45.00	85
1981	Rooted Out 25217	Closed	1989	45.00	85-115
1992	Safe Haven 25320	Open		95.00	95
1988	Sawin' Logs 25260	Open		85.00	105
1981	Scallawags 25221	Closed	N/A	65.00	125-200
1992	School Yard Dogs 25369	Open		100.00	100
1990	Seein' Red (Gus w/shoes) 25296	Closed	1993	35.00	47
1992	She Lay Low 25364	Open		120.00	120
1993	Sheep Sheerin Time 25388	1,200		500.00	500
1982	A Shoe to Fill 25229	Closed	N/A	37.50	150-175
1979	Slim Pickins 25034	Closed	N/A	165.00	825-850
1992	Snake Doctor 25365	Open		70.00	70
1991	Sooieee 25360	1,500		350.00	350
1981	Split Decision 25210	Closed	N/A	45.00	175-325
1995	Sticks and Stones	Open		30.00	30
1983	Stirring Up Trouble 25331	Closed	N/A	160.00	260
1980	Strawberry Patch 25021	Closed	1989	25.00	95
1982	Stray Dog 25223	Closed	N/A	35.00	75
1981	Studio Mouse 25215	Closed	N/A	60.00	360
1980	Sunday Afternoon 25024	Closed	N/A	22.50	225-250
1993	Sweet Tooth 25373	Open		60.00	60
1982	Thinking Big 25231	Closed	N/A	35.00	70-90
1985	Too Good to Waste on Kids 25262	Open		70.00	130
1982	Treed 25327	Closed	N/A	155.00	320
1989	A Tribute to Hooker 25340	Closed	N/A	180.00	215-300
1993	Trick or Treat 27565	Open		35.00	35
1990	Tricks Of The Trade 25346	Closed	N/A	300.00	300-375
1987	Two in the Bush 25337	Closed	N/A	150.00	320
1994	Two Timer	Open		95.00	95
1982	Two's Company 25224	Closed	N/A	43.50	200
1981	Under the Weather 25212	Closed	1991	25.00	85
1995	Uninvited Caller	Open		35.00	35
1981	Up To No Good 25218	Closed	N/A	200.00	850-950
1982	Waiting for His Master 25281	Closed	N/A	50.00	300
1994	Warmin'	1,250		270.00	270
1991	Washed Ashore 25308	Closed	1993	70.00	75
1982	When Mama Gets Mad 25228	Closed	N/A	37.50	300-375
1987	When the Cat's Away 25276	Open		40.00	60
1988	When Three Foot's a Mile 25315	Closed	N/A	230.00	300
1980	Wilbur 25029	Closed	N/A	100.00	585
1985	Will You Still Respect Me in the Morning 25265	Open		35.00	75
1988	Wintering Lamb 25317	Closed	N/A	200.00	225-275
1988	Wishful Thinking 25285	Open		55.00	70
1983	Woman's Work 25232	Closed	1989	35.00	95-125
1989	Woodscolt 25342	Closed	N/A	300.00	380
1993	You're a Basket Full of Fun 27564	Open		35.00	35

Sebastian Studios

Large Ceramastone Figures - P.W. Baston

YEAR ISSUE		EDITION LIMIT	YEAR RETD.	ISSUE PRICE	QUOTE U.S.$
1963	Abraham Lincoln Toby Jug	Closed	N/A	Unkn.	600-1000
1963	Anne Boleyn	Closed	N/A	Unkn.	600-1000
1940	Basket	Closed	N/A	Unkn.	300-400
1973	Blacksmith	Closed	N/A	Unkn.	300-400
1940	Breton Man	Closed	N/A	Unkn.	1000-1500
1940	Breton Woman	Closed	N/A	Unkn.	1000-1500
1973	Cabinetmaker	Closed	N/A	Unkn.	300-400
1940	Candle Holder	Closed	N/A	Unkn.	300-400
1940	Caroler	Closed	N/A	Unkn.	300-400
1973	Clockmaker	Closed	N/A	Unkn.	600-1000
1964	Colonial Boy	Closed	N/A	Unkn.	600-1000
1964	Colonial Girl	Closed	N/A	Unkn.	600-1000
1964	Colonial Man	Closed	N/A	Unkn.	600-1000
1964	Colonial Woman	Closed	N/A	Unkn.	600-1000
1963	David Copperfield	Closed	N/A	Unkn.	600-1000
1965	The Dentist	Closed	N/A	Unkn.	600-1000
1963	Dora	Closed	N/A	Unkn.	600-1000
1963	George Washington Toby Jug	Closed	N/A	Unkn.	600-1000
1966	Guitarist	Closed	N/A	Unkn.	600-1000
1963	Henry VIII	Closed	N/A	Unkn.	600-1000
1940	Horn of Plenty	Closed	N/A	Unkn.	300-400
1964	IBM Father	Closed	N/A	Unkn.	600-1000
1964	IBM Mother	Closed	N/A	Unkn.	600-1000
1964	IBM Photographer	Closed	N/A	Unkn.	600-1000
1964	IBM Son	Closed	N/A	Unkn.	600-1000
1964	IBM Woman	Closed	N/A	Unkn.	600-1000
1967	Infant of Prague	Closed	N/A	Unkn.	600-1000
1956	Jell-O Cow Milk Pitcher	Closed	N/A	Unkn.	175-225
1940	Jesus	Closed	N/A	Unkn.	300-400
1963	John F. Kennedy Toby Jug	Closed	N/A	Unkn.	600-1000
1940	Lamb	Closed	N/A	Unkn.	300-400
1947	Large Victorian Couple	Closed	N/A	Unkn.	600-1000
1940	Mary	Closed	N/A	Unkn.	600-1000
1963	Mending Time	Closed	N/A	Unkn.	600-1000
1975	Minuteman	Closed	N/A	Unkn.	600-1000
1978	Mt. Rushmore	Closed	N/A	Unkn.	400-500
1965	N.E. Home For Little Wanderers	Closed	N/A	Unkn.	600-1000
1939	Paul Revere Plaque	Closed	N/A	Unkn.	400-500
1973	Potter	Closed	N/A	Unkn.	300-400
XX	Santa Fe...All The Way	Closed	N/A	Unkn.	600-1000
XX	St. Francis (Plaque)	Closed	N/A	Unkn.	600-1000
1965	Stanley Music Box	Closed	N/A	Unkn.	300-500
1958	Swift Instrument Girl	Closed	N/A	Unkn.	500-750
1963	Tom Sawyer	Closed	N/A	Unkn.	600-1000
1959	Wasp Plaque	Closed	N/A	Unkn.	500-750
1948	Woody at Three	Closed	N/A	Unkn.	600-1000

Sebastian Miniatures - P.W. Baston

YEAR ISSUE		EDITION LIMIT	YEAR RETD.	ISSUE PRICE	QUOTE U.S.$
1956	77th Bengal Lancer (Jell-O)	Closed	N/A	Unkn.	600-1000
1942	Accordion	Closed	N/A	Unkn.	325-375
1952	Aerial Tramway	Closed	N/A	Unkn.	300-600
1959	Alcoa Wrap PS	Closed	N/A	Unkn.	350-400
1959	Alexander Smith Weaver	Closed	N/A	Unkn.	350-425
1956	Alike, But Oh So Different	Closed	N/A	Unkn.	300-350
1957	Along the Albany Road PS	Closed	N/A	Unkn.	600-1000
1940	Ann Stvyvesant	Closed	N/A	Unkn.	75-100
1940	Annie Oakley	Closed	N/A	Unkn.	75-100
1956	Arthritic Hands (J & J)	Closed	N/A	Unkn.	600-1000
XX	Babe Ruth	Closed	N/A	Unkn.	600-1000
1952	Baby (Jell-O)	Closed	N/A	Unkn.	525-600
1939	Benjamin Franklin	Closed	N/A	Unkn.	75-100
1962	Big Brother Bob Emery	Closed	N/A	Unkn.	600-1000
1953	Blessed Julie Billart	Closed	N/A	Unkn.	400-500
1962	Blue Belle Highlander	Closed	N/A	Unkn.	200-250
1954	Bluebird Girl	Closed	N/A	Unkn.	400-450
XX	Bob Hope	Closed	N/A	Unkn.	600-1000
1957	Borden's Centennial (Elsie the Cow)	Closed	N/A	Unkn.	600-1000
1971	Boston Gas Tank	Closed	N/A	Unkn.	300-500
1953	Boy Jesus in the Temple	Closed	N/A	Unkn.	350-400
1949	Boy Scout Plaque	Closed	N/A	Unkn.	300-350
1940	Buffalo Bill	Closed	N/A	Unkn.	75-100
1961	Bunky Knudsen	Closed	N/A	Unkn.	600-1000
1954	Campfire Girl	Closed	N/A	Unkn.	400-450
1955	Captain Doliber	Closed	N/A	Unkn.	300-350
1968	Captain John Parker	Closed	N/A	Unkn.	300-350
1951	Carl Moore (WEEI)	Closed	N/A	Unkn.	200-300
1951	Caroline Cabot (WEEI)	Closed	N/A	Unkn.	200-350
1940	Catherine LaFitte	Closed	N/A	Unkn.	75-100
1958	CBS Miss Columbia PS	Closed	N/A	Unkn.	600-1000
1951	Charles Ashley (WEEI)	Closed	N/A	Unkn.	200-350
1951	Chief Pontiac	Closed	N/A	Unkn.	400-700
1951	Chiquita Banana	Closed	N/A	Unkn.	350-400
1951	Christopher Columbus	Closed	N/A	Unkn.	250-300
1958	Cliquot Club Eskimo PS	Closed	N/A	Unkn.	10-2300
1957	Colonial Fund Doorway PS	Closed	N/A	Unkn.	600-1000
1958	Commodore Stephen Decatur	Closed	N/A	Unkn.	125-175
1958	Connecticut Bank & Trust	Closed	N/A	Unkn.	225-275
1939	Coronado	Closed	N/A	Unkn.	75-100
1939	Coronado's Senora	Closed	N/A	Unkn.	75-100
XX	Coronation Crown	Closed	N/A	Unkn.	600-1000
1942	Cymbals	Closed	N/A	Unkn.	325-375
1954	Dachshund (Audiovox)	Closed	N/A	Unkn.	300-350
1947	Dahl's Fisherman	Closed	N/A	Unkn.	150-175
1940	Dan'l Boone	Closed	N/A	Unkn.	75-100
1953	Darned Well He Can	Closed	N/A	Unkn.	300-350
1955	Davy Crockett	Closed	N/A	Unkn.	225-275
1939	Deborah Franklin	Closed	N/A	Unkn.	75-100
1948	Democratic Victory	Closed	N/A	Unkn.	350-500
1963	Dia-Mel Fat Man	Closed	N/A	Unkn.	375-400
1947	Dilemma	Closed	N/A	Unkn.	275-300
1967	Doc Berry of Berwick (yellow shirt)	Closed	N/A	Unkn.	300-350
1941	Doves	Closed	N/A	Unkn.	600-1000
1947	Down East	Closed	N/A	Unkn.	125-150
1942	Drum	Closed	N/A	Unkn.	325-375
1941	Ducklings	Closed	N/A	Unkn.	600-1000
1949	Dutchman's Pipe	Closed	N/A	Unkn.	175-225
1951	E. B. Rideout (WEEI)	Closed	N/A	Unkn.	200-350
XX	Eagle Plaque	Closed	N/A	Unkn.	1000-1500
1956	Eastern Paper Plaque	Closed	N/A	Unkn.	350-400
1940	Elizabeth Monroe	Closed	N/A	Unkn.	150-175
1956	Elsie the Cow Billboard	Closed	N/A	Unkn.	600-1000
1949	Emmett Kelly	Closed	N/A	Unkn.	200-300
1949	Eustace Tilly	Closed	N/A	Unkn.	750-1500
1939	Evangeline	Closed	N/A	Unkn.	100-125
1952	The Fat Man (Jell-O)	Closed	N/A	Unkn.	525-600
1952	The Favored Scholar	Closed	N/A	Unkn.	200-300
1959	Fiorello LaGuardia	Closed	N/A	Unkn.	125-175
1947	First Cookbook Author	Closed	N/A	Unkn.	125-150
1952	The First House, Plimoth Plantation	Closed	N/A	Unkn.	150-195
1947	Fisher Pair PS	Closed	N/A	Unkn.	400-1000
1959	Fleischman's Margarine PS	Closed	N/A	Unkn.	225-325
1939	Gabriel	Closed	N/A	Unkn.	100-125
1966	Gardener Man	Closed	N/A	Unkn.	250-300
1966	Gardener Women	Closed	N/A	Unkn.	250-300
1966	Gardeners (Thermometer)	Closed	N/A	Unkn.	300-400
1949	Gathering Tulips	Closed	N/A	Unkn.	225-250
1972	George & Hatchet	Closed	N/A	Unkn.	400-450
1939	George Washington	Closed	N/A	Unkn.	35-75
1949	Giant Royal Bengal Tiger	Closed	N/A	Unkn.	1000-1500
1959	Giovanni Verrazzano	Closed	N/A	Unkn.	125-175
1955	Giraffe (Jell-O)	Closed	N/A	Unkn.	350-375
1956	Girl on Diving Board	Closed	N/A	Unkn.	400-450
1951	Great Stone Face	Closed	N/A	Unkn.	600-1000
1956	The Green Giant	Closed	N/A	Unkn.	400-500
1959	H.P. Hood Co. Cigar Store Indian	Closed	N/A	Unkn.	600-1000
1958	Hannah Duston PS	Closed	N/A	Unkn.	250-325
1940	Hannah Penn	Closed	N/A	Unkn.	100-150
1959	Harvard Trust Co. Town Crier	Closed	N/A	Unkn.	350-400
1958	Harvard Trust Colonial Man	Closed	N/A	Unkn.	275-325
1948	A Harvey Girl	Closed	N/A	Unkn.	250-300
1959	Henry Hudson	Closed	N/A	Unkn.	125-175
1965	Henry Wadsworth Longfellow	Closed	N/A	Unkn.	275-325
1953	Holgrave the Daguerrotypist	Closed	N/A	Unkn.	200-250
1954	Horizon Girl	Closed	N/A	Unkn.	400-450
1942	Horn	Closed	N/A	Unkn.	325-375
1955	Horse Head PS	Closed	N/A	Unkn.	350-375
1947	Howard Johnson Pieman	Closed	N/A	Unkn.	300-450
1957	IBM 305 Ramac	Closed	N/A	Unkn.	400-450
1939	Indian Maiden	Closed	N/A	Unkn.	100-125
1939	Indian Warrior	Closed	N/A	Unkn.	100-125
1960	The Infantryman	Closed	N/A	Unkn.	600-1000
1951	The Iron Master's House	Closed	N/A	Unkn.	350-500
1958	Jackie Gleason	Closed	N/A	Unkn.	600-1000
1963	Jackie Kennedy Toby Jug	Closed	N/A	Unkn.	600-1000
1940	James Monroe	Closed	N/A	Unkn.	150-175
1957	Jamestown Church	Closed	N/A	Unkn.	400-450
1957	Jamestown Ships	Closed	N/A	Unkn.	350-475
1940	Jean LaFitte	Closed	N/A	Unkn.	75-100
1951	Jesse Buffman (WEEI)	Closed	N/A	Unkn.	200-350
1939	John Alden	Closed	N/A	Unkn.	35-50
1963	John F. Kennedy Toby Jug	Closed	N/A	Unkn.	600-1000
1940	John Harvard	Closed	N/A	Unkn.	125-150
1940	John Smith	Closed	N/A	Unkn.	75-150
1948	Jordan Marsh Observer	Closed	N/A	Unkn.	150-175
1958	Jordan Marsh Observer	Closed	N/A	Unkn.	175-275
1951	Jordon Marsh Observer Rides the A.W. Horse	Closed	N/A	Unkn.	300-325
1951	Judge Pyncheon	Closed	N/A	Unkn.	175-225
1954	Kernel-Fresh Ashtray	Closed	N/A	Unkn.	400-450
XX	The King	Closed	N/A	Unkn.	600-1000
1941	Kitten (Sitting)	Closed	N/A	Unkn.	600-1000
1941	Kitten (Sleeping)	Closed	N/A	Unkn.	600-1000
1953	Lion (Jell-O)	Closed	N/A	Unkn.	350-375
1966	Little George	Closed	N/A	Unkn.	350-450
1952	Lost in the Kitchen (Jell-O)	Closed	N/A	Unkn.	350-375
1942	Majorette	Closed	N/A	Unkn.	325-375
1952	Marblehead High School Plaque	Closed	N/A	Unkn.	200-300
1939	Margaret Houston	Closed	N/A	Unkn.	75-100
1960	Marine Memorial	Closed	N/A	Unkn.	300-400
1949	The Mark Twain Home in Hannibal, MO	Closed	N/A	Unkn.	600-1000
1972	Martha & the Cherry Pie	Closed	N/A	Unkn.	350-400
1939	Martha Washington	Closed	N/A	Unkn.	35-75
1948	Mary Lyon	Closed	N/A	Unkn.	250-300
1960	Masonic Bible	Closed	N/A	Unkn.	300-400
1966	Massachusetts SPCA	Closed	N/A	Unkn.	250-350
1957	Mayflower PS	Closed	N/A	Unkn.	300-325
1949	Menotomy Indian	Closed	N/A	Unkn.	175-250
1961	Merchant's Warren Sea Capt.	Closed	N/A	Unkn.	200-250
1960	Metropolitan Life Tower PS	Closed	N/A	Unkn.	350-400
1956	Michigan Millers PS	Closed	N/A	Unkn.	200-275
1951	Mit Seal	Closed	N/A	Unkn.	350-425
1954	Moose (Jell-O)	Closed	N/A	Unkn.	350-375
1951	Mother Parker (WEEI)	Closed	N/A	Unkn.	200-350
1947	Mr. Beacon Hill	Closed	N/A	Unkn.	50-75
1950	Mr. Obocell	Closed	N/A	Unkn.	75-125
1948	Mr. Rittenhouse Square	Closed	N/A	Unkn.	150-175
1948	Mr. Sheraton	Closed	N/A	Unkn.	400-500
1947	Mrs. Beacon Hill	Closed	N/A	Unkn.	50-75
1940	Mrs. Dan'l Boone	Closed	N/A	Unkn.	75-100
1940	Mrs. Harvard	Closed	N/A	Unkn.	125-150
1956	Mrs. Obocell	Closed	N/A	Unkn.	400-450
1948	Mrs. Rittenhouse Square	Closed	N/A	Unkn.	150-175
1959	Mrs. S.O.S.	Closed	N/A	Unkn.	300-350
1958	Mt. Vernon	Closed	N/A	Unkn.	400-500
1957	Nabisco Buffalo Bee	Closed	N/A	Unkn.	600-1000
1957	Nabisco Spoonmen	Closed	N/A	Unkn.	600-1000
1948	Nathaniel Hawthorne	Closed	N/A	Unkn.	175-200
1950	National Diaper Service	Closed	N/A	Unkn.	250-300
1963	Naumkeag Indian	Closed	N/A	Unkn.	225-275
1952	Neighboring Pews	Closed	N/A	Unkn.	200-300
1956	NYU Grad School of Bus. Admin. Bldg.	Closed	N/A	Unkn.	300-350
1951	The Observer & Dame New England.	Closed	N/A	Unkn.	325-375
1952	Old Powder House	Closed	N/A	Unkn.	250-300
1953	Old Put Enjoys a Licking	Closed	N/A	Unkn.	300-350
1955	Old Woman in the Shoe (Jell-O)	Closed	N/A	Unkn.	500-600
1957	Olde James Fort	Closed	N/A	Unkn.	250-300
XX	Ortho Gynecic	Closed	N/A	Unkn.	600-1000
1967	Ortho-Novum	Closed	N/A	Unkn.	600-1000
1952	Our Lady of Good Voyage	Closed	N/A	Unkn.	200-250
1954	Our Lady of Laleche	Closed	N/A	Unkn.	300-350
1965	Panti-Legs Girl PS	Closed	N/A	Unkn.	250-300
1949	Patrick Henry	Closed	N/A	Unkn.	100-125
1949	Paul Bunyan	Closed	N/A	Unkn.	150-250
1966	Paul Revere Plaque (W.T. Grant)	Closed	N/A	Unkn.	300-350
1941	Peacock	Closed	N/A	Unkn.	600-1000
1956	Permacel Tower of Tape Ashtray	Closed	N/A	Unkn.	600-1000
1940	Peter Stvyvesant	Closed	N/A	Unkn.	75-100
1960	Peter Stvyvesant	Closed	N/A	Unkn.	125-175
1941	Pheasant	Closed	N/A	Unkn.	600-1000
1950	Phoebe, House of 7 Gables	Closed	N/A	Unkn.	150-175

YEAR ISSUE		EDITION LIMIT	YEAR RETD.	ISSUE PRICE	QUOTE U.S.$
1940	Pocohontas	Closed	N/A	Unkn.	75-150
1961	Pope John 23rd	Closed	N/A	Unkn.	400-450
1965	Pope Paul VI	Closed	N/A	Unkn.	400-500
1956	Praying Hands	Closed	N/A	Unkn.	250-300
1947	Prince Philip	Closed	N/A	Unkn.	200-300
1947	Princess Elizabeth	Closed	N/A	Unkn.	200-300
1939	Priscilla	Closed	N/A	Unkn.	35-50
1951	Priscilla Fortesue (WEEI)	Closed	N/A	Unkn.	200-350
1946	Puritan Spinner	Closed	N/A	Unkn.	500-1000
1953	R.H. Stearns Chestnut Hill Mall	Closed	N/A	Unkn.	225-275
1954	Rabbit (Jell-O)	Closed	N/A	Unkn.	350-375
1956	Rarical Blacksmith	Closed	N/A	Unkn.	300-500
1948	Republican Victory	Closed	N/A	Unkn.	600-1000
1954	Resolute Ins. Co. Clipper PS	Closed	N/A	Unkn.	300-325
1956	Robin Hood & Friar Tuck	Closed	N/A	Unkn.	400-500
1956	Robin Hood & Little John	Closed	N/A	Unkn.	400-500
1958	Romeo & Juliet	Closed	N/A	Unkn.	400-500
1941	Rooster	Closed	N/A	Unkn.	600-1000
1958	Salem Savings Bank	Closed	N/A	Unkn.	250-300
1939	Sam Houston	Closed	N/A	Unkn.	75-100
1955	Santa (Jell-O)	Closed	N/A	Unkn.	500-600
1949	Sarah Henry	Closed	N/A	Unkn.	100-125
1946	Satchel-Eye Dyer	Closed	N/A	Unkn.	125-150
1953	The Schoolboy of 1850	Closed	N/A	Unkn.	350-400
1952	Scottish Girl (Jell-O)	Closed	N/A	Unkn.	350-375
1954	Scuba Diver	Closed	N/A	Unkn.	400-450
1962	Seaman's Bank for Savings	Closed	N/A	Unkn.	300-350
1951	Seb. Dealer Plaque (Marblehead)	Closed	N/A	Unkn.	300-350
1955	Second Bank-State St. Trust PS	Closed	N/A	Unkn.	300-325
1941	Secrets	Closed	N/A	Unkn.	600-1000
1938	Shaker Lady	Closed	N/A	Unkn.	50-100
1938	Shaker Man	Closed	N/A	Unkn.	50-100
1959	Siesta Coffee PS	Closed	N/A	Unkn.	600-1000
1951	Sir Frances Drake	Closed	N/A	Unkn.	250-300
1948	Sitzmark	Closed	N/A	Unkn.	175-200
1948	Slalom	Closed	N/A	Unkn.	175-200
1960	Son of the Desert	Closed	N/A	Unkn.	200-275
1957	Speedy Alka Seltzer	Closed	N/A	Unkn.	600-1000
1952	St. Joan d'Arc	Closed	N/A	Unkn.	300-350
1961	St. Jude Thaddeus	Closed	N/A	Unkn.	400-500
1954	St. Pius X	Closed	N/A	Unkn.	400-475
1952	St. Sebastian	Closed	N/A	Unkn.	300-350
1953	St. Teresa of Lisieux	Closed	N/A	Unkn.	225-275
1965	State Street Bank Globe	Closed	N/A	Unkn.	250-300
1954	Stimalose (Men)	Closed	N/A	Unkn.	600-1000
1954	Stimalose (Woman)	Closed	N/A	Unkn.	175-200
1952	Stork (Jell-O)	Closed	N/A	Unkn.	425-525
1960	Supp-Hose Lady	Closed	N/A	Unkn.	300-500
1941	Swan	Closed	N/A	Unkn.	600-1000
1954	Swan Boat Brooch-Enpty Seats	Closed	N/A	Unkn.	600-1000
1954	Swan Boat Brooch-Full Seats	Closed	N/A	Unkn.	600-1000
1948	Swedish Boy	Closed	N/A	Unkn.	250-500
1948	Swedish Girl	Closed	N/A	Unkn.	250-500
XX	Sylvania Electric-Bulb Display	Closed	N/A	Unkn.	600-1000
1952	Tabasco Sauce	Closed	N/A	Unkn.	400-500
1956	Texcel Tape Boy	Closed	N/A	Unkn.	350-425
1949	The Thinker	Closed	N/A	Unkn.	175-250
1956	Three Little Kittens (Jell-O)	Closed	N/A	Unkn.	375-400
1947	Tollhouse Town Crier	Closed	N/A	Unkn.	125-175
1961	Tony Piet	Closed	N/A	Unkn.	600-1000
1966	Town Lyne Indian	Closed	N/A	Unkn.	600-1000
1971	Town Meeting Plaque	Closed	N/A	Unkn.	350-400
1942	Tuba	Closed	N/A	Unkn.	325-375
1949	Uncle Mistletoe	Closed	N/A	Unkn.	250-300
1970	Uncle Sam in Orbit	Closed	N/A	Unkn.	350-400
1968	Watermill Candy Plaque	Closed	N/A	Unkn.	600-1000
1952	Weighing the Baby	Closed	N/A	Unkn.	200-300
1954	Whale (Jell-O)	Closed	N/A	Unkn.	350-375
1940	William Penn	Closed	N/A	Unkn.	100-150
1954	William Penn	Closed	N/A	Unkn.	175-225
1939	Williamsburg Governor	Closed	N/A	Unkn.	75-100
1939	Williamsburg Lady	Closed	N/A	Unkn.	75-100
1962	Yankee Clipper Sulfide	Closed	N/A	Unkn.	600-1000

Seymour Mann, Inc.

Bunny Musical Figurines - Kenji

YEAR ISSUE		EDITION LIMIT	YEAR RETD.	ISSUE PRICE	QUOTE U.S.$
1991	Bunny In Teacup MH-781	Open		25.00	25
1991	Bunny In Teapot MH-780	Open		25.00	25

Cat Musical Figurines - Kenji

YEAR ISSUE		EDITION LIMIT	YEAR RETD.	ISSUE PRICE	QUOTE U.S.$
1990	Bride/Groom Cat MH-738	Closed	1995	37.50	38
1991	Brown Cat in Bag	Closed	1995	30.00	30
1987	Brown Cat in Bag MH-617B/6	Closed	1995	30.00	30
1991	Brown Cat in Hat	Closed	1995	35.00	35
1988	Brown Cat in Hat MH-634B/6	Closed	1995	35.00	35
1991	Brown Cat in Teacup	Closed	1995	30.00	30
1987	Brown Cat in Teacup MH-600VGB16	Closed	1995	30.00	30
1987	Cat in Garbage Can MH-490	Closed	1995	35.00	35
1987	Cat in Rose Teacup MH-600VG	Closed	1995	30.00	30
1990	Cat Asleep MH-735	Closed	1995	17.50	18
1990	Cat Calico in Easy Chair MH-743VG	Closed	1995	27.50	28
1991	Cat in Bag	Closed	1995	30.00	30
1991	Cat in Bag	Closed	1995	30.00	30
1987	Cat in Bag MH-614	Closed	1995	30.00	30
1987	Cat in Bag MH-617	Closed	1995	30.00	30
1989	Cat in Basinet MH-714	Closed	1995	35.00	35
1989	Cat in Basket MH-713B	Closed	1995	35.00	35
1991	Cat in Basket MH-768	Closed	1995	35.00	35
1991	Cat in Bootie	Closed	1995	35.00	35
1990	Cat in Bootie MH-728	Closed	1995	35.00	35
1990	Cat in Dress MH-751VG	Closed	1995	37.50	38
1989	Cat in Flower MH-709	Closed	1995	35.00	35
1991	Cat in Garbage Can	Closed	1995	35.00	35
1989	Cat in Gift Box Musical MH-732	Closed	1995	40.00	40
1991	Cat in Hat	Closed	1995	35.00	35
1991	Cat in Hat Box	Closed	1995	35.00	35
1988	Cat in Hat Box MH-634	Closed	1995	35.00	35
1988	Cat in Hat MH-634B	Closed	1995	35.00	35
1991	Cat in Rose Teacup	Closed	1995	30.00	30
1989	Cat in Shoe MH-718	Closed	1995	30.00	30
1991	Cat in Teacup	Closed	1995	30.00	30
1987	Cat in Teacup MH-600VGG	Closed	1995	30.00	30
1991	Cat in Teapot Brown	Closed	1995	30.00	30
1987	Cat in Teapot Brown MH-600VGB	Closed	1995	30.00	30
1989	Cat in Water Can Musical MH-712	Closed	1995	35.00	35
1991	Cat Momma MH-758	Closed	1995	35.00	35
1989	Cat on Basket MH-713	Closed	1995	35.00	35
1990	Cat on Gift Box Music MH-740	Closed	1995	40.00	40
1990	Cat on Pillow MH-731	Closed	1995	17.50	18
1991	Cat on Tipped Garbage Can	Closed	1995	35.00	35
1987	Cat on Tipped Garbage Can MH-498	Closed	1995	35.00	35
1990	Cat Sailor in Rocking Boat MH-734	Closed	1995	45.00	45
1990	Cat w/Bow on Pink Pillow MH-741P	Closed	1995	33.50	34
1989	Cat w/Coffee Cup Musical MH-706	Closed	1995	35.00	35
1990	Cat w/Parrot MH-730	Closed	1995	37.50	38
1989	Cat w/Swing Musical MH-710	Closed	1995	35.00	35
1991	Cat Watching Butterfly MH-784	Closed	1995	17.50	18
1991	Cat Watching Canary MH-783	Closed	1995	25.00	25
1991	Cat With Bow on Pink Pillow MH-741P	Closed	1995	33.50	34
1991	Cats Ball Shape	Closed	1995	25.00	25
1985	Cats Ball Shape MH-303A/G	Closed	1995	25.00	25
1990	Cats Graduation MH-745	Closed	1995	27.50	28
1989	Cats in Basket XMAS-664 - E. Mann	Closed	1995	7.50	8
1991	Cats w/Ribbon	Closed	1995	30.00	30
1986	Cats w/Ribbon MH-481A/C	Closed	1995	30.00	30
1991	Family Cat MH-770	Closed	1995	35.00	35
1991	Grey Cat in Bootie	Closed	1995	35.00	35
1990	Grey Cat in Bootie MH-728G/6	Closed	1995	35.00	35
1991	Kitten Picking Tulips MH-756	Closed	1995	40.00	40
1990	Kitten Trio in Carriage MH-742	Closed	1995	37.50	38
1991	Kittens w/Balls of Yarn	Closed	1995	30.00	30
1987	Kittens w/Balls of Yarn MH-612	Closed	1995	30.00	30
1991	Musical Bear	Closed	1995	27.50	28
1987	Musical Bear MH-602	Closed	1995	27.50	28
1991	Revolving Cat with Butterfly MH-759	Closed	1995	40.00	40
1991	Teapot Cat	Closed	1995	30.00	30
1987	Teapot Cat MH-631	Closed	1995	30.00	30
1987	Valentine Cat in Bag Musical MH-600	Closed	1995	33.50	34
1987	Valentine Cat in Teacup MH-600VLT	Closed	1995	33.50	34

Christmas Collection - Various

YEAR ISSUE		EDITION LIMIT	YEAR RETD.	ISSUE PRICE	QUOTE U.S.$
1991	2 Tone Stone Church MER-360B - J. White	Closed	1993	35.00	35
1986	Antique Santa Musical XMAS-364 - J. White	Closed	1987	20.00	20
1990	Antique Shop Lite Up House MER-376 - J. White	Closed	1993	27.50	28
1991	Apothecary Lite Up CJ-128 - Jaimy	Closed	1993	33.50	34
1990	Bakery Lite Up House MER-373 - J. White	Closed	1993	27.50	28
1991	Beige Church Lite Up House MER-360A - Jaimy	Closed	1993	35.00	35
1990	Bethlehem Lite Up Set 3 CP-59893 - J. White	Closed	1993	120.00	120
1991	Boy and Girl on Bell CJ-132 - Jaimy	Closed	1993	13.50	14
1991	Boy on Horse CJ-457 - Jaimy	Closed	1993	6.00	6
1990	Brick Church Lite Up House MER-360C - J. White	Closed	1993	35.00	35
1991	Carolers Under Lamppost CJ-114A - Jaimy	Closed	1993	7.50	8
1989	Cat in Teacup Musical XMAS-600 - J. White	Closed	1992	30.00	30
1990	Cathedral Lite Up House MER-362 - J. White	Closed	1993	37.50	38
1991	Church Lite Up MER-410 - J. White	Closed	1993	17.50	18
1990	Church Lite Up House MER-310 - J. White	Closed	1993	27.50	28
1991	Church w/Blue Roof Lite Up House MER-360E - J. White	Closed	1993	35.00	35
1991	Covered Bridge CJ-101 - Jaimy	Closed	1993	27.50	28
1990	Deep Gold Church Lite Up House MER-360D - J. White	Closed	1993	35.00	35
1990	Double Store Lite Up House MER-311 - J. White	Closed	1993	27.50	28
1991	Elf w/Doll House CB-14 - E. Mann	Closed	1993	30.00	30
1991	Elf w/Hammer CB-11 - E. Mann	Closed	1993	30.00	30
1991	Elf w/Reindeer CJ-422 - Jaimy	Closed	1993	9.00	9
1991	Elf w/Rocking Horse CB-10 - E. Mann	Closed	1993	30.00	30
1991	Elf w/Teddy Bear CB-12 - E. Mann	Closed	1993	30.00	30
1991	Emily's Toys CJ-127 - Jaimy	Closed	1993	35.00	35
1991	Father and Mother w/Daughter CJ-133 - Jaimy	Closed	1993	13.50	14
1991	Father Christmas CJ-233	Closed	1993	33.50	34
1991	Father Christmas w/Holly CJ-239 - Jaimy	Closed	1993	35.00	35
1991	Fire Station CJ-129 - Jaimy	Closed	1993	50.00	50
1990	Fire Station Lite Up House XMS-1550C - E.Mann	Closed	1993	25.00	25
1991	Four Men Talking CJ-138 - Jaimy	Closed	1993	27.50	28
1991	Gift Shop Lite Up CJ-125 - Jaimy	Closed	1993	33.50	34
1991	Girls w/Instruments CJ-131 - Jaimy	Closed	1993	13.50	14
1990	Grist Mill Lite Up House MER-372 - J. White	Closed	1993	27.50	28
1991	Horse and Coach CJ-207 - Jaimy	Closed	1993	25.00	25
1990	Inn Lite Up House MER-316 - J. White	Closed	1993	27.50	28
1986	Jumbo Santa/Toys XMAS-38 - J. White	Closed	1987	45.00	45
1991	Kids Building Igloo CJ-137 - Jaimy	Closed	1993	13.50	14
1991	Lady w/Dogs CJ-208 - Jaimy	Closed	1993	13.50	14
1990	Leatherworks Lite Up House MER-371 - J. White	Closed	1993	27.50	28
1990	Library Lite Up House MER-317 - J. White	Closed	1993	27.50	28
1990	Light House Lite Up House MER-370 - J. White	Closed	1993	27.50	28
1991	Man w/Wheelbarrow CJ-134 - Jaimy	Closed	1993	13.50	14
1990	Mansion Lite Up House MER-319 - J. White	Closed	1993	27.50	28
1990	Mr/Mrs Santa Musical CJ-281 - Jaimy	Closed	1993	37.50	38
1990	New England Church Lite Up House MER-375 - J. White	Closed	1993	27.50	28
1990	New England General Store Lite Up House MER-377 - J. White	Closed	1993	27.50	28
1991	Newsboy Under Lamppost CJ-144B - Jaimy	Closed	1993	15.00	15
1991	Old Curiosity Lite Up CJ-201 - Jaimy	Closed	1993	37.50	38
1991	Playhouse Lite Up CJ-122 - Jaimy	Closed	1993	50.00	50
1991	Public Library Lite Up CJ-121 - Jaimy	Closed	1993	46.00	45
1990	Railroad Station Lite Up House MER-374 - J. White	Closed	1993	27.50	28
1991	Reindeer Barn Lite Up House CJ-421 - Jaimy	Closed	1993	55.00	55
1991	Restaurant Lite Up House MER-354 - J. White	Closed	1993	27.50	28
1990	Roly Poly Santa 3 Asst. CJ-253/4/7 - Jaimy	Closed	1993	17.50	18
1991	Santa Cat Roly Poly CJ-252 - Jaimy	Closed	1993	17.50	18
1991	Santa Fixing Sled CJ-237 - Jaimy	Closed	1993	35.00	35
1991	Santa In Barrel Waterball CJ-243 - Jaimy	Closed	1993	33.50	34
1989	Santa in Sled w/Reindeer CJ-3 - Jaimy	Closed	1992	25.00	25
1991	Santa In Toy Shop CJ-441 - Jaimy	Closed	1993	33.50	34
1989	Santa Musicals CJ-1/4 - Jaimy	Closed	1992	27.50	28
1990	Santa on Chimney Musical CJ-212 - Jaimy	Closed	1993	33.50	34
1989	Santa on Horse CJ-33A - Jaimy	Closed	1992	33.50	34
1990	Santa on See Saw TR-14 - E. Mann	Closed	1993	30.00	30
1991	Santa On Train CJ-458 - Jaimy	Closed	1993	6.00	6
1991	Santa On White Horse CJ-338 - E. Mann	Closed	1993	33.50	34
1990	Santa Packing Bag CJ-210 - Jaimy	Closed	1993	33.50	34
1991	Santa Packing Bag CJ-210 - Jaimy	Closed	1993	33.50	34
1991	Santa Packing Bag CJ-236 - Jaimy	Closed	1993	35.00	35
1991	Santa Sleeping Musical CJ-214 - Jaimy	Closed	1993	30.00	30
1991	Santa w/Bag and List CJ-431 - Jaimy	Closed	1993	33.50	34
1991	Santa w/Deer Musical CJ-21R - Jaimy	Closed	1993	33.50	34
1991	Santa w/Girl Waterball CJ-241 - Jaimy	Closed	1993	33.50	34
1991	Santa w/Lantern Musical CJ-211 - Jaimy	Closed	1993	33.50	34
1990	Santa w/List CJ-23 - Jaimy	Closed	1993	27.50	28
1989	Santa w/List CJ-23 - Jaimy	Closed	1992	27.50	28
1991	Santa w/List CJ-23R - Jaimy	Closed	1993	27.50	28
1990	School Lite Up House MER-320 - J. White	Closed	1993	27.50	28
1991	The Skaters CJ-205 - Jaimy	Closed	1993	25.00	25
1991	Snowball Fight CJ-124B - Jaimy	Closed	1993	25.00	25
1991	Soup Seller Waterball CJ-209 - Jaimy	Closed	1993	25.00	25
1991	Stone Cottage Lite Up CJ-100 - Jaimy	Closed	1993	37.50	38
1991	Stone House Lite Up CJ-102 - Jaimy	Closed	1993	45.00	45
1991	The Story Teller CJ-204 - Jaimy	Closed	1993	20.00	20
1991	Teddy Bear On Wheels CB-42 - E. Mann	Closed	1993	25.00	25
1991	Three Ladies w/Food CJ-136 - Jaimy	Closed	1993	13.50	14
1990	Town Hall Lite Up House MER-315 - J. White	Closed	1993	27.50	28
1991	The Toy Seller CJ-206 - Jaimy	Closed	1993	13.50	14
1991	Toy Store Lite Up House MER-355 - J. White	Closed	1993	27.50	28
1991	Trader Santa Musical CJ-442 - Jaimy	Closed	1993	30.00	30
1991	Train Set MER-378 - J. White	Closed	1993	25.00	25
1985	Trumpeting Angel w/Jesus XMAS-527 - J. White	Closed	1987	40.00	40

FIGURINES/COTTAGES

Seymour Mann, Inc. to Shelia's Collectibles

YEAR ISSUE		EDITION LIMIT	YEAR RETD.	ISSUE PRICE	QUOTE U.S.$
1991	Two Old Men Talking CJ-107 - Jaimy	Closed	1993	13.50	14
1991	Village Mill Lite Up CJ-104 - Jaimy	Closed	1993	30.00	30
1991	Village People CJ-116A - Jaimy	Closed	1993	60.00	60
1985	Virgin w/Christ Musical XMAS-528 - J. White	Closed	1987	33.50	34
1991	Woman w/Cow CJ-135 - Jaimy	Closed	1993	15.00	15
1991	Ye Olde Town Tavern CJ-130 - Jaimy	Closed	1993	45.00	45

Christmas In America - Various

YEAR ISSUE		EDITION LIMIT	YEAR RETD.	ISSUE PRICE	QUOTE U.S.$
1990	Cart With People - E. Mann	Closed	1992	25.00	35
1988	Doctor's Office Lite Up - E. Mann	Closed	1990	27.50	28
1991	New England Church Lite Up House MER-375 - J. White	Closed	1992	27.50	28
1991	New England General Store Lite Up House MER-377 - J. White	Closed	1992	27.50	28
1989	Santa in Sleigh - E. Mann	Closed	1990	25.00	45
1988	Set Of 3, Capitol, White House, Mt. Vernon - E. Mann	Closed	1990	75.00	150

Christmas Village - L. Sciola

YEAR ISSUE		EDITION LIMIT	YEAR RETD.	ISSUE PRICE	QUOTE U.S.$
1991	Away, Away	Closed	1993	30.00	30
1991	Counsil House	Closed	1993	60.00	60
1991	Curiosity Shop	Closed	1993	45.00	45
1991	Emily's Toys	Closed	1993	45.00	45
1991	The Fire Station	Closed	1993	60.00	60
1991	On Thin Ice	Closed	1993	30.00	30
1991	The Playhouse	Closed	1993	60.00	60
1991	Public Library	Closed	1993	50.00	50
1991	Scrooge/Marley's Counting House	Closed	1993	45.00	45
1991	Story Teller	Closed	1993	20.00	20
1991	Ye Old Gift Shoppe	Closed	1993	50.00	50

Dickens Collection - Various

YEAR ISSUE		EDITION LIMIT	YEAR RETD.	ISSUE PRICE	QUOTE U.S.$
1990	Black Swan Inn Lite Up XMS-7000E - J. White	Closed	1993	30.00	30
1990	Cratchit Family MER-121 - J. White	Closed	1993	37.50	38
1991	Cratchit's Lite Up House CJ-200 - Jaimy	Closed	1993	37.50	38
1991	Cratchit/Tiny Tim Musical CJ-117 - Jaimy	Closed	1993	33.50	34
1990	Cratchit/Tiny Tim Musical MER-105 - J. White	Closed	1993	33.50	34
1989	Cratchits Lite Up XMS-7000A - J. White	Closed	1991	30.00	30
1989	Fezziwigs Lite Up XMS-7000C - J. White	Closed	1991	30.00	30
1989	Gift Shoppe Lite Up XMS-7000D - J. White	Closed	1991	30.00	30
1990	Hen Poultry Lite Up XMS-7000H - J. White	Closed	1993	30.00	30
1991	Scrooge Musical CJ-118 - Jaimy	Closed	1993	30.00	30
1991	Scrooge/Marley Counting House CJ-202 - Jaimy	Closed	1993	37.50	38
1989	Scrooge/Marley Lite Up XMS-7000B - J. White	Closed	1991	30.00	30
1990	Tea and Spice Lite Up XMS-7000F - J. White	Closed	1993	30.00	30
1990	Waite Fish Store Lite Up XMS-7000G - J. White	Closed	1993	30.00	30

Gingerbread Christmas Collection - J. Sauerbrey

YEAR ISSUE		EDITION LIMIT	YEAR RETD.	ISSUE PRICE	QUOTE U.S.$
1991	Gingerbread Angel CJ-411	Closed	1993	7.50	8
1991	Gingerbread Church Lite Up House CJ-403	Closed	1993	65.00	65
1991	Gingerbread House CJ-416	Closed	1993	7.50	8
1991	Gingerbread House Lite Up CJ-404	Closed	1993	65.00	65
1991	Gingerbread Man CJ-415	Closed	1993	7.50	8
1991	Gingerbread Mansion Lite Up CJ-405	Closed	1993	70.00	70
1991	Gingerbread Mouse/Boot CJ-409	Closed	1993	7.50	8
1991	Gingerbread Mrs. Claus CJ-414	Closed	1993	7.50	8
1991	Gingerbread Reindeer CJ-410	Closed	1993	7.50	8
1991	Gingerbread Rocking Horse Music CJ-460	Closed	1993	33.50	34
1991	Gingerbread Santa CJ-408	Closed	1993	7.50	8
1991	Gingerbread Sleigh CJ-406	Closed	1993	7.50	8
1991	Gingerbread Snowman CJ-412	Closed	1993	7.50	8
1991	Gingerbread Swan Musical CJ-462	Closed	1993	33.50	34
1991	Gingerbread Sweet Shop Lite Up House	Closed	1993	60.00	60
1991	Gingerbread Teddy Bear Music CJ-461	Closed	1993	33.50	34
1991	Gingerbread Toy Shop Lite Up House CJ-402	Closed	1993	60.00	60
1991	Gingerbread Tree CJ-407	Closed	1993	7.50	8
1991	Gingerbread Village Lite Up House CJ-400	Closed	1993	60.00	60

Victorian Christmas Collection - Various

YEAR ISSUE		EDITION LIMIT	YEAR RETD.	ISSUE PRICE	QUOTE U.S.$
1991	Antique Shop Lite Up House MER-353 - J. White	Closed	1993	27.50	28
1991	Beige Church Lite Up House MER-351 - J. White	Closed	1993	35.00	35
1991	Book Store Lite Up House MER-351 - J. White	Closed	1993	27.50	28
1991	Church Lite Up House MER-350 - J. White	Closed	1993	37.50	38
1991	Country Store Lite Up House MER-356 - J. White	Closed	1993	27.50	28
1993	Couple Against Wind CJ-420 - Jaimy	Closed	1994	15.00	15
1991	Inn Lite Up House MER-352 - J. White	Closed	1993	27.50	28
1991	Little Match Girl CJ-419 - Jaimy	Closed	1993	9.00	9
1990	Toy/Doll House Lite Up MER-314 - J. White	Closed	1993	27.50	28
1990	Two Boys w/Snowman CJ-106 - Jaimy	Closed	1993	12.00	12
1990	Victorian House Lite Up House MER-312 - J. White	Closed	1993	27.50	28
1990	Yarn Shop Lite Up House MER-313 - J. White	Closed	1993	27.50	28

Wizard Of Oz - 40th Anniversary - E. Mann

YEAR ISSUE		EDITION LIMIT	YEAR RETD.	ISSUE PRICE	QUOTE U.S.$
1979	Dorothy, Scarecrow, Lion, Tinman	Closed	1981	7.50	45
1979	Dorothy, Scarecrow, Lion, Tinman, Musical	Closed	1981	12.50	75

Shelia's Collectibles

Shelia's Collectors' Society - S. Thompson

YEAR ISSUE		EDITION LIMIT	YEAR RETD.	ISSUE PRICE	QUOTE U.S.$
1993	Susan B. Anthony CGA93	Retrd.	1994	Gift	N/A
1993	Anne Peacock House SOC01	Retrd.	1994	16.00	75
1994	Helen Keller's Birthplace-Ivy Green CGA94	5/95		Gift	N/A
1994	Seaview Cottage SOC02	5/95		17.00	17

Accessories - S. Thompson

YEAR ISSUE		EDITION LIMIT	YEAR RETD.	ISSUE PRICE	QUOTE U.S.$
1994	Amish Quilt Line COL12	Retrd.	1994	18.00	24-30
1993	Apple Tree COL09	Open		12.00	12
1993	Dogwood Tree COL08	Open		12.00	12
1992	Fence 5" COL04	Retrd.	1993	9.00	15
1992	Fence 7" COL05	Retrd.	1995	10.00	10
1995	Flower Garden ACC02	Open		13.00	13
1994	Formal Garden COL13	Retrd.	1994	18.00	24-50
1992	Gazebo With Victorian Lady COL02	Retrd.	1995	11.00	11
1992	Lake With Swan COL06	Retrd.	1993	11.00	20
1992	Oak Bower COL03	Retrd.	1993	11.00	13-18
1995	Real Estate Sign ACC03	Open		12.00	12
1994	Sunrise At 80 Meeting COL10	Retrd.	1994	18.00	24-30
1992	Tree With Bush COL07	Open		10.00	10
1994	Victorian Arbor COL11	Retrd.	1994	18.00	24-30
1995	Wisteria Arbor ACC01	Open		12.00	12
1992	Wrought Iron Gate With Magnolias COL01	Retrd.	1993	11.00	20-40

American Barns - S. Thompson

YEAR ISSUE		EDITION LIMIT	YEAR RETD.	ISSUE PRICE	QUOTE U.S.$
1995	Pennsylvania Dutch Barn AP BAR02	Retrd.	1994	20.00	20
1995	Pennsylvania Dutch Barn BAR02	Open		18.00	18
1994	Rock City Barn AP BAR01	Retrd.	1994	20.00	20
1994	Rock City Barn BAR01	Open		18.00	18

Amish Village - S. Thompson

YEAR ISSUE		EDITION LIMIT	YEAR RETD.	ISSUE PRICE	QUOTE U.S.$
1994	Amish Barn (renovated) AMS04II	Open		17.00	17
1993	Amish Barn AMS04	Open		17.00	17
1993	Amish Barn, AP AMS04	Retrd.	1993	20.00	36
1994	Amish Buggy (renovated) AMS05II	Open		12.00	12
1993	Amish Buggy AMS05	Open		12.00	12
1993	Amish Buggy, AP AMS05	Retrd.	1993	16.00	36
1994	Amish Home (renovated) AMS01II	Open		17.00	17
1993	Amish Home AMS01	Open		17.00	17
1993	Amish Home, AP AMS01	Retrd.	1993	20.00	36
1994	Amish School (renovated) AMS02II	Open		15.00	15
1993	Amish School AMS02	Open		15.00	15
1993	Amish School, AP AMS02	Retrd.	1993	20.00	36
1994	Covered Bridge (renovated) AMS03II	Open		16.00	16
1993	Covered Bridge AMS03	Open		16.00	16
1993	Covered Bridge, AP AMS03	Retrd.	1993	20.00	36
1995	Roadside Stand AMS06	Open		17.00	17

Charleston - S. Thompson

YEAR ISSUE		EDITION LIMIT	YEAR RETD.	ISSUE PRICE	QUOTE U.S.$
1994	#2 Meeting Street (renovated) CHS06II	Open		16.00	16
1991	#2 Meeting Street CHS06	Open		15.00	15
1990	90 Church St. CHS17	Retrd.	1993	12.00	25-50
1994	Ashe House (renovated) CHS51II	Open		16.00	16
1993	Ashe House CHS51	Open		16.00	16
1991	Beth Elohim Temple CHS20	Retrd.	1993	15.00	20-30
1994	The Citadel (renovated) CHS22II	Open		16.00	16
1993	The Citadel CHS22	Open		16.00	16
1993	City Hall CHS21	Retrd.	1993	15.00	45-75
1991	City Market (closed gates) CHS07	Retrd.	1991	15.00	40
1991	City Market (open gates) CHS07	Open		15.00	15
1994	City Market (renovated) CHS07II	Open		15.00	15
1994	College of Charleston (renovated) CHS40II	Open		16.00	16
1993	College of Charleston CHS40	Open		16.00	16
1993	College of Charleston, AP CHS40	Retrd.	1993	20.00	36
1992	Dock Street Theater (chimney) CHS08	Retrd.	1993	15.00	23-50
1991	Dock Street Theater (no chimney) CHS08	Retrd.	1992	15.00	15
1994	Edmonston-Alston (renovated) CHS04II	Retrd.	1995	16.00	16
1991	Edmonston-Alston CHS04	Retrd.	1995	15.00	15
1990	Exchange Building CHS15	Retrd.	1994	15.00	30
1990	Heyward-Washington House CHS02	Retrd.	1993	15.00	23-35
1994	John Rutledge House Inn (renovated) CHS50II	Open		16.00	16
1993	John Rutledge House Inn CHS50	Open		16.00	16
1991	Magnolia Plantation House (beige curtains) CHS03	Open		16.00	16
1994	Magnolia Plantation House (renovated) CHS03II	Open		16.00	16
1991	Magnolia Plantation House (white curtains) CHS03	Open		16.00	16
1990	Manigault House CHS01	Retrd.	1993	15.00	23-35
1990	Middleton Plantation CHS19	Retrd.	1991	9.00	125-155
1990	Pink House CHS18	Retrd.	1993	12.00	16-30
1990	Powder Magazine CHS16	Retrd.	1991	9.00	75-125
1994	Single Side Porch (renovated) CHS30II	Open		16.00	16
1993	Single Side Porch CHS30	Open		16.00	16
1993	Single Side Porch, AP CHS30	Retrd.	1993	20.00	36
1990	St. Michael's Church CHS14	Retrd.	1994	15.00	24-30
1994	St. Philip's Church (renovated) CHS05II	Open		15.00	15
1991	St. Philip's Church CHS05	Open		15.00	15
1991	St. Phillip's Church (misspelling Phillips) CHS05	Open		15.00	15

Charleston Gold Seal - S. Thompson

YEAR ISSUE		EDITION LIMIT	YEAR RETD.	ISSUE PRICE	QUOTE U.S.$
1988	90 Church St. CHS17	Retrd.	1990	9.00	N/A
1988	CHS31 Rainbow Row-rust	Retrd.	1990	9.00	N/A
1988	CHS32 Rainbow Row-tan	Retrd.	1990	9.00	N/A
1988	CHS33 Rainbow Row-cream	Retrd.	1990	9.00	N/A
1988	CHS34 Rainbow Row-green	Retrd.	1990	9.00	N/A
1988	CHS35 Rainbow Row-lavender	Retrd.	1990	9.00	N/A
1988	CHS36 Rainbow Row-pink	Retrd.	1990	9.00	N/A
1988	CHS37 Rainbow Row-blue	Retrd.	1990	9.00	N/A
1988	CHS38 Rainbow Row-lt. yellow	Retrd.	1990	9.00	N/A
1988	CHS39 Rainbow Row-lt. pink	Retrd.	1990	9.00	N/A
1988	Exchange Building CHS15	Retrd.	1990	9.00	N/A
1988	Middleton Plantation CHS19	Retrd.	1990	9.00	100
1988	Pink House CHS18	Retrd.	1990	9.00	N/A
1988	Powder Magazine CHS16	Retrd.	1990	9.00	65-85
1988	St. Michael's Church CHS14	Retrd.	1990	9.00	N/A

Charleston II - S. Thompson

YEAR ISSUE		EDITION LIMIT	YEAR RETD.	ISSUE PRICE	QUOTE U.S.$
1995	Boone Hall Plantation CHS56	Open		18.00	18
1994	Drayton House CHS52	Open		18.00	18
1994	Drayton House, AP CHS52	Closed	1994	24.00	35-75
1995	O'Donnell's Folly CHS55	Open		18.00	18

Charleston Rainbow Row - S. Thompson

YEAR ISSUE		EDITION LIMIT	YEAR RETD.	ISSUE PRICE	QUOTE U.S.$
1990	CHS31 Rainbow Row-rust	Retrd.	1993	9.00	19-25
1990	CHS32 Rainbow Row-cream	Retrd.	1993	9.00	19-35
1990	CHS33 Rainbow Row-tan	Retrd.	1993	9.00	19-25
1990	CHS34 Rainbow Row-green	Retrd.	1993	9.00	25
1990	CHS35 Rainbow Row-lavender	Retrd.	1993	9.00	15-35
1990	CHS36 Rainbow Row-pink	Retrd.	1993	9.00	25
1990	CHS37 Rainbow Row-blue	Retrd.	1993	9.00	15-35
1990	CHS38 Rainbow Row-lt. yellow	Retrd.	1993	9.00	25
1990	CHS39 Rainbow Row-lt. pink	Retrd.	1993	9.00	19-25
1993	CHS41 Rainbow Row-aurora	Open		13.00	13
1994	CHS41II Rainbow Row-aurora (renovated)	Open		13.00	13
1993	CHS42 Rainbow Row-off-white	Open		13.00	13
1994	CHS42II Rainbow Row-off-white (renovated)	Open		13.00	13
1993	CHS43 Rainbow Row-cream	Open		13.00	13
1994	CHS43II Rainbow Row-cream (renovated)	Open		13.00	13
1993	CHS44 Rainbow Row-green	Open		13.00	13
1994	CHS44II Rainbow Row-green (renovated)	Open		13.00	13
1993	CHS45 Rainbow Row-lavender	Open		13.00	13
1994	CHS45II Rainbow Row-lavender (renovated)	Open		13.00	13
1993	CHS46 Rainbow Row-pink	Open		13.00	13
1994	CHS46II Rainbow Row-pink (renovated)	Open		13.00	13
1993	CHS47 Rainbow Row-blue	Open		13.00	13
1994	CHS47II Rainbow Row-blue (renovated)	Open		13.00	13
1993	CHS48 Rainbow Row-yellow	Open		13.00	13
1994	CHS48 Rainbow Row-yellow (renovated)	Open		13.00	13
1993	CHS49 Rainbow Row-gray	Open		13.00	13
1994	CHS49II Rainbow Row-gray (renovated)	Open		13.00	13

Dicken's Village - S. Thompson

YEAR ISSUE		EDITION LIMIT	YEAR RETD.	ISSUE PRICE	QUOTE U.S.$
1991	Butcher Shop XMS03	Retrd.	1993	15.00	30
1991	Evergreen Tree XMS08	Retrd.	1993	11.00	25
1991	Gazebo & Carolers XMS06	Retrd.	1993	12.00	40
1991	Scrooge & Marley's Shop XMS01	Retrd.	1993	15.00	45
1991	Scrooge's Home XMS05	Retrd.	1993	15.00	30
1991	Toy Shoppe XMS04	Retrd.	1993	15.00	30
1991	Victorian Apartment Building XMS02	Retrd.	1993	15.00	30
1992	Victorian Church XMS09	Retrd.	1993	15.00	45
1991	Victorian Skaters XMS07	Retrd.	1993	12.00	35
1992	Set	Retrd.	1993	125.00	305

Ghost House Series - S. Thompson

YEAR ISSUE		EDITION LIMIT	YEAR RETD.	ISSUE PRICE	QUOTE U.S.$
1994	Inside-Outside House GHO01	Open		18.00	18
1994	Inside-Outside House, AP GHO01	Retrd.	1994	20.00	25-50
1994	Pirates' House GHO02	Open		18.00	18
1994	Pirates' House, AP GHO02	Retrd.	1994	20.00	25-75

Inventor Series - S. Thompson

YEAR ISSUE		EDITION LIMIT	YEAR RETD.	ISSUE PRICE	QUOTE U.S.$
1993	Ford Motor Company (green) INV01	Retrd.	1993	17.00	33-45

Shelia's Collectibles
to Shelia's Collectibles

FIGURINES/COTTAGES

YEAR ISSUE		EDITION LIMIT	YEAR RETD.	ISSUE PRICE	QUOTE U.S.$
1993	Ford Motor Company (grey) INV01	Retrd.	1994	17.00	17
1993	Ford Motor Company, AP INV01	Retrd.	1993	20.00	24
1993	Menlo Park Laboratory (cream) INV02	Retrd.	1993	16.00	45
1993	Menlo Park Laboratory (grey) INV02	Retrd.	1994	16.00	16
1993	Menlo Park Laboratory, AP INV02	Retrd.	1993	20.00	24
1993	Noah Webster House INV03	Retrd.	1994	15.00	15
1993	Noah Webster House, AP INV03	Retrd.	1993	20.00	24-35
1993	Wright Cycle Shop INV04	Retrd.	1994	17.00	17
1993	Wright Cycle Shop, AP INV04	Retrd.	1993	20.00	24-35

Jazzy New Orleans Series - S. Thompson

YEAR ISSUE		EDITION LIMIT	YEAR RETD.	ISSUE PRICE	QUOTE U.S.$
1994	Beauregard-Keys House JNO04	Open		18.00	18
1994	Beauregard-Keys House, AP JNO04	Retrd.	1994	20.00	36
1994	Gallier House JNO02	Open		18.00	18
1994	Gallier House, AP JNO02	Retrd.	1994	20.00	36
1994	La Branche Building JNO01	Open		18.00	18
1994	La Branche Building, AP JNO01	Retrd.	1994	20.00	36
1994	LePretre House JNO03	Open		18.00	18
1994	LePretre House, AP JNO03	Retrd.	1994	20.00	36

Lighthouse Series - S. Thompson

YEAR ISSUE		EDITION LIMIT	YEAR RETD.	ISSUE PRICE	QUOTE U.S.$
1991	Anastasia Lighthouse (burgundy) FL103	Retrd.	1991	15.00	25
1991	Anastasia Lighthouse (red) FL103	Retrd.	1994	15.00	25
1993	Assateague Island Light LTS07	Open		17.00	17
1994	Assateague Island Light, AP LTS07	Retrd.	1994	20.00	40
1995	Cape Hatteras Light LTS09	Open		17.00	17
1991	Cape Hatteras Lighthouse NC103	Retrd.	1994	15.00	25
1994	Charleston Light (renovated) LTS01	Retrd.	1995	15.00	15
1993	Charleston Light LTS01	Retrd.	1995	15.00	15
1995	East Brother Light WCL01	Open		19.00	19
1995	Mukilteo Light WCL02	Open		18.00	18
1993	New London Ledge Light LTS08	Open		17.00	17
1994	New London Ledge Light, AP LTS08	Retrd.	1994	20.00	40
1995	Point Fermin Light WCL04	Open		18.00	18
1993	Round Island Light LTS06	Open		17.00	17
1994	Round Island Light, AP LTS06	Retrd.	1994	20.00	20
1990	Stage Harbor Lighthouse NEW06	Retrd.	1993	15.00	30-70
1993	Thomas Point Light LTS05	Open		17.00	17
1994	Thomas Point Light, AP LTS05	Retrd.	1994	20.00	40
1990	Tybee Lighthouse SAV07	Retrd.	1994	15.00	23-35
1995	Yaquina Bay Light WCL03	Open		18.00	18

Limited Edition American Gothic - S. Thompson

YEAR ISSUE		EDITION LIMIT	YEAR RETD.	ISSUE PRICE	QUOTE U.S.$
1993	Gothic Revival Cottage ACL01	Retrd.	1993	20.00	40
1993	Mele House ACL04	Retrd.	1993	20.00	30-40
1993	Perkins House ACL02	Retrd.	1993	20.00	40
1993	Rose Arbor ACL05	Retrd.	1993	14.00	30
1993	Roseland Cottage ACL03	Retrd.	1993	20.00	30-40
1993	Set of 5	Retrd.	1993	94.00	125-170

Limited Edition Mail-Order Victorians - S. Thompson

YEAR ISSUE		EDITION LIMIT	YEAR RETD.	ISSUE PRICE	QUOTE U.S.$
1994	Brehaut House ACL09	3,300	1994	24.00	30
1994	Goeller House ACL08	3,300	1994	24.00	30
1994	Henderson House ACL07	3,300	1994	24.00	30
1994	Titman House ACL06	3,300	1994	24.00	30
1994	Set of 5	3,300	1994	96.00	115

Limited Pieces

YEAR ISSUE		EDITION LIMIT	YEAR RETD.	ISSUE PRICE	QUOTE U.S.$
1991	Bridgetown Library NJ102	Retrd.	N/A	16.00	N/A
1993	Comly-Rich House XXX01	Retrd.	N/A	12.00	N/A
1991	Delphos City Hall OH101	Retrd.	N/A	15.00	N/A
1991	Historic Burlington County Clubhouse NJ101	Retrd.	N/A	16.00	N/A
1991	Mark Twain Boyhood Home MO101	Retrd.	N/A	15.00	N/A
1990	Newton County Court House GA101	Retrd.	N/A	16.00	N/A

Martha's Vineyard - S. Thompson

YEAR ISSUE		EDITION LIMIT	YEAR RETD.	ISSUE PRICE	QUOTE U.S.$
1994	Alice's Wonderland (renovated) MAR08II	Open		16.00	16
1993	Alice's Wonderland MAR08	Open		16.00	16
1993	Alice's Wonderland, AP MAR08	Retrd.	1993	20.00	20
1995	Blue Cottage MAR13	Open		17.00	17
1994	Campground Cottage (renovated) MAR07II	Retrd.	1995	16.00	16
1993	Campground Cottage MAR07	Retrd.	1995	16.00	16
1993	Campground Cottage, AP MAR07	Retrd.	1993	20.00	20
1994	Gingerbread Cottage-grey (renovated) MAR09II	Open		16.00	16
1993	Gingerbread Cottage-grey AP MAR09	Retrd.	1993	20.00	20
1993	Gingerbread Cottage-grey MAR09	Open		16.00	16
1995	Trails End MAR11	Open		17.00	17
1995	White Cottage MAR12	Open		17.00	17
1994	Wood Valentine (renovated) MAR10II	Open		16.00	16
1993	Wood Valentine MAR10	Open		16.00	16
1993	Wood Valentine, AP MAR10	Retrd.	1993	20.00	20

New England - S. Thompson

YEAR ISSUE		EDITION LIMIT	YEAR RETD.	ISSUE PRICE	QUOTE U.S.$
1991	Faneuil Hall NEW09	Retrd.	1993	15.00	25-70
1990	Longfellow's House NEW01	Retrd.	1993	15.00	20-50
1990	Malden Mass. Victorian Inn NEW05	Retrd.	1992	10.00	65-100
1990	Martha's Vineyard Cottage-blue/mauve MAR06	Retrd.	1993	15.00	25-60
1990	Martha's Vineyard Cottage-blue/orange MAR05	Retrd.	1993	15.00	50
1990	Motif #1 Boathouse NEW02	Retrd.	1993	15.00	25-70
1990	Old North Church NEW04	Retrd.	1993	15.00	30-70
1990	Paul Revere's Home NEW03	Retrd.	1993	15.00	30-70
1991	President Bush's Home NEW07	Retrd.	1993	15.00	30-70
1991	Wedding Cake House NEW08	Retrd.	1993	15.00	30-70

North Carolina - S. Thompson

YEAR ISSUE		EDITION LIMIT	YEAR RETD.	ISSUE PRICE	QUOTE U.S.$
1990	Josephus Hall House NC101	Retrd.	1993	15.00	30
1990	Presbyterian Bell Tower NC102	Retrd.	1993	15.00	25-75
1991	The Tryon Palace NC104	Retrd.	1993	15.00	30-75

Old-Fashioned Christmas - S. Thompson

YEAR ISSUE		EDITION LIMIT	YEAR RETD.	ISSUE PRICE	QUOTE U.S.$
1994	Conway Scenic Railroad Station OFC04	Open		18.00	18
1994	Conway Scenic Railroad Station, AP OFC04	Closed		20.00	36
1994	Dwight House OFC02	Open		18.00	18
1994	Dwight House, AP OFC02	Closed		20.00	36
1994	General Merchandise OFC03	Open		18.00	18
1994	General Merchandise, AP OFC03	Closed		20.00	36
1994	Old First Church OFC01	Open		18.00	18
1994	Old First Church, AP OFC01	Closed		20.00	36
1994	Set of 4, AP	Closed		80.00	199

Painted Ladies I - S. Thompson

YEAR ISSUE		EDITION LIMIT	YEAR RETD.	ISSUE PRICE	QUOTE U.S.$
1990	The Abbey LAD08	Retrd.	1992	10.00	115-135
1990	Atlanta Queen Anne LAD07	Retrd.	1992	10.00	50-100
1990	Cincinnati Gothic LAD05	Retrd.	1992	10.00	50-125
1990	Colorado Queen Anne LAD04	Retrd.	1992	10.00	125
1990	Illinois Queen Anne LAD06	Retrd.	1991	10.00	125-200
1990	San Francisco Italianate-yellow LAD03	Retrd.	1992	10.00	110
1990	San Francisco Stick House-blue LAD02	Retrd.	1991	10.00	75-90
1990	San Francisco Stick House-yellow LAD01	Retrd.	1991	10.00	70-125

Painted Ladies II - S. Thompson

YEAR ISSUE		EDITION LIMIT	YEAR RETD.	ISSUE PRICE	QUOTE U.S.$
1994	Cape May Gothic (renovated) LAD13II	Retrd.	1995	16.00	16
1992	Cape May Gothic LAD13	Retrd.	1995	15.00	18
1994	Cape May Victorian Pink House (renovated) LAD16II	Open		16.00	16
1992	Cape May Victorian Pink House LAD16	Open		15.00	15
1994	The Gingerbread Mansion (renovated) LAD09II	Retrd.	1994	16.00	16
1992	The Gingerbread Mansion LAD09	Retrd.	1993	15.00	25
1994	Morningstar Inn (renovated) LAD15II	Retrd.	1994	16.00	25
1992	Morningstar Inn LAD15	Retrd.	1994	15.00	18-25
1994	Pitkin House (renovated) LAD10II	Open		16.00	16
1992	Pitkin House LAD10	Open		15.00	15
1994	Queen Anne Townhouse (renovated) LAD12II	Retrd.	1994	16.00	16
1992	Queen Anne Townhouse LAD12	Retrd.	1994	15.00	20-25
1994	The Victorian Blue Rose (renovated) LAD14II	Open		16.00	16
1992	The Victorian Blue Rose LAD14	Open		15.00	15
1994	The Young-Larson House (renovated) LAD11II	Open		16.00	16
1992	The Young-Larson House LAD11	Open		15.00	15

Painted Ladies III - S. Thompson

YEAR ISSUE		EDITION LIMIT	YEAR RETD.	ISSUE PRICE	QUOTE U.S.$
1994	Cape May Green Stockton Row (renovated) LAD20II	Retrd.	1995	16.00	16
1993	Cape May Green Stockton Row LAD20	Retrd.	1995	16.00	16
1994	Cape May Linda Lee (renovated) LAD17II	Open		16.00	16
1993	Cape May Linda Lee LAD17	Open		16.00	16
1994	Cape May Pink Stockton Row (renovated)LAD19II	Open		16.00	16
1993	Cape May Pink Stockton Row LAD19	Open		16.00	16
1994	Cape May Tan Stockton Row (renovated)LAD18II	Open		16.00	16
1993	Cape May Tan Stockton Row LAD18	Open		16.00	16
1995	Steiner Cottage LAD21	Open		17.00	17

Philadelphia - S. Thompson

YEAR ISSUE		EDITION LIMIT	YEAR RETD.	ISSUE PRICE	QUOTE U.S.$
1990	"Besty" Ross House (misspelling) PHI03	Retrd.	1990	15.00	20-45
1990	Betsy Ross House PHI03	Retrd.	1993	15.00	75
1990	Carpenter's Hall PHI01	Retrd.	1993	15.00	50
1990	Elphreth's Alley PHI05	Retrd.	1993	15.00	30-60
1990	Graff House PHI07	Retrd.	1993	15.00	30-75
1990	Independence Hall PHI04	Retrd.	1993	15.00	30-75
1990	Market St. Post Office PHI02	Retrd.	1993	15.00	35
1990	Old City Hall PHI08	Retrd.	1993	15.00	35
1990	Old Tavern PHI06	Retrd.	1993	15.00	35

Plantations - S. Thompson

YEAR ISSUE		EDITION LIMIT	YEAR RETD.	ISSUE PRICE	QUOTE U.S.$
1995	Farley PLA04	Open		18.00	18
1995	Longwood PLA02	Open		19.00	19
1995	Merry Sherwood PLA03	Open		18.00	18
1995	San Francisco PLA01	Open		19.00	19

Savannah - S. Thompson

YEAR ISSUE		EDITION LIMIT	YEAR RETD.	ISSUE PRICE	QUOTE U.S.$
1990	Andrew Low Mansion SAV02	Retrd.	1994	15.00	30-35
1994	Catherdral of St. John (renovated) SAV09II	Retrd.	1995	16.00	16
1992	Catherdral of St. John SAV09	Retrd.	1995	16.00	16
1994	Chestnut House SAV11	Open		18.00	18
1994	Chestnut House, AP SAV11	Closed	1994	24.00	75
1990	Davenport House SAV03	Retrd.	1994	15.00	23-35
1990	Herb House SAV05	Retrd.	1993	15.00	25-85
1994	Juliette Low House (renovated) SAV04II	Open		15.00	15
1990	Juliette Low House (w/logo) SAV04	Open		15.00	15
1990	Juliette Low House (w/o logo) SAV04	Open		15.00	15
1995	Mercer House SAV12	Open		18.00	18
1990	Mikve Israel Temple SAV06	Retrd.	1994	15.00	23-45
1994	Olde Pink House (renovated) SAV01II	Open		15.00	15
1990	Olde Pink House SAV01	Open		15.00	15
1994	Owens Thomas House (renovated) SAV10II	Open		16.00	16
1993	Owens Thomas House AP SAV10	Retrd.		20.00	75
1993	Owens Thomas House SAV10	Open		16.00	16
1990	Savannah Gingerbread House I SAV08	Retrd.	1990	15.00	170-250
1990	Savannah Gingerbread House II SAV08	Retrd.	1992	15.00	170-250

Signing Only Pieces - S. Thompson

YEAR ISSUE		EDITION LIMIT	YEAR RETD.	ISSUE PRICE	QUOTE U.S.$
1994	Star Barn SOP01	Retrd.	1994	24.00	45
1994	Shelia's Real Estate Office SOP02	Yr.Iss.		N/A	N/A

South Carolina - S. Thompson

YEAR ISSUE		EDITION LIMIT	YEAR RETD.	ISSUE PRICE	QUOTE U.S.$
1991	All Saints' Church SC105	Retrd.	1993	15.00	20-30
1990	The Governer's Mansion (misspelling) SC102	Retrd.	1990	15.00	15
1994	The Governor's Mansion (renovated) SC102II	Open		15.00	15
1990	The Governor's Mansion SC102	Open		15.00	25-30
1994	The Hermitage (renovated) SC101II	Retrd.	1995	15.00	25
1990	The Hermitage SC101	Retrd.	1995	15.00	25
1994	The Lace House (renovated) SC103II	Open		15.00	15
1990	The Lace House SC103	Open		15.00	15
1994	The State Capitol (renovated) SC104II	Retrd.	1994	15.00	35
1991	The State Capitol SC104	Retrd.	1994	15.00	35

St. Augustine - S. Thompson

YEAR ISSUE		EDITION LIMIT	YEAR RETD.	ISSUE PRICE	QUOTE U.S.$
1991	The "Oldest House" FL101	Retrd.	1993	15.00	24-50
1991	Anastasia Lighthousekeeper's House FL104	Retrd.	1993	15.00	25-30
1991	Mission Nombre deDios FL105	Retrd.	1993	15.00	30-50
1991	Old City Gates FL102	Retrd.	1993	15.00	30

Texas - S. Thompson

YEAR ISSUE		EDITION LIMIT	YEAR RETD.	ISSUE PRICE	QUOTE U.S.$
1990	The Alamo TEX01	Retrd.	1993	15.00	50
1990	Mission Concepcion TEX04	Retrd.	1993	15.00	50
1990	Mission San Francisco TEX03	Retrd.	1993	15.00	50
1990	Mission San Jose' TEX02	Retrd.	1993	15.00	50

Victorian Springtime - S. Thompson

YEAR ISSUE		EDITION LIMIT	YEAR RETD.	ISSUE PRICE	QUOTE U.S.$
1993	Heffron House VST03	Open		17.00	17
1993	Heffron House, AP VST03	Retrd.	1993	20.00	36
1993	Jacobsen House VST04	Open		17.00	17
1993	Jacobsen House, AP VST04	Retrd.	1993	20.00	36
1993	Ralston House VST01	Open		17.00	17
1993	Ralston House, AP VST01	Retrd.	1993	20.00	36
1993	Sessions House VST02	Open		17.00	17
1993	Sessions House, AP VST02	Retrd.	1993	20.00	36
1993	Set of 4, AP	Closed		100.00	180

Victorian Springtime II - S. Thompson

YEAR ISSUE		EDITION LIMIT	YEAR RETD.	ISSUE PRICE	QUOTE U.S.$
1995	Dragon House VST07	Open		18.00	18
1995	E.B. Hall House VST08	Open		19.00	19
1995	Gibney Home VST09	Open		18.00	18
1995	Ray Home VST05	Open		18.00	18
1995	Victoria VST06	Open		18.00	18

Washington D.C. - S. Thompson

YEAR ISSUE		EDITION LIMIT	YEAR RETD.	ISSUE PRICE	QUOTE U.S.$
1992	Cherry Trees DC005	Retrd.	1993	12.00	30-50
1992	Library of Congress DC002	Retrd.	1993	16.00	20-50
1991	National Archives DC001	Retrd.	1993	16.00	25-50
1991	Washington Monument DC004	Retrd.	1993	16.00	20-50
1992	White House DC003	Retrd.	1993	16.00	30-95
1992	Set of 5	Retrd.	1993	76.00	350

Williamsburg - S. Thompson

YEAR ISSUE		EDITION LIMIT	YEAR RETD.	ISSUE PRICE	QUOTE U.S.$
1990	Apothecary WIL09	Retrd.	1994	12.00	23-30
1994	Bruton Parish Church (renovated) WIL13II	Open		15.00	15
1992	Bruton Parish Church WIL13	Open		15.00	15
1995	Capitol WIL15	Open		18.00	18
1994	Courthouse (renovated) WIL11II	Retrd.	1995	15.00	15
1990	Courthouse WIL11	Retrd.	1995	15.00	15
1990	The Golden Ball Jeweler WIL07	Retrd.	1994	12.00	23-30
1994	Governor's Palace (renovated) WIL04II	Open		15.00	15
1990	Governor's Palace WIL04	Open		15.00	15
1994	Homesite (renovated) WIL12II	Open		15.00	15
1990	Homesite WIL12	Open		15.00	15
1994	KIng's Arm Tavern (renovated) WIL10II	Retrd.	1995	15.00	15
1990	KIng's Arm Tavern WIL10	Retrd.	1995	15.00	15
1990	Milliner WIL06	Retrd.	1994	12.00	23-30
1990	Nicolson Shop WIL08	Retrd.	1994	12.00	23-30
1990	The Printing Offices WIL05	Retrd.	1993	12.00	20-40

Year	Issue	Edition Limit	Year Retd.	Issue Price	Quote U.S.$
1995	Raleigh Tavern WIL14	Open		18.00	18

Sports Impressions/Enesco

Collectors' Club Members Only - Various

Year	Issue	Edition Limit	Year Retd.	Issue Price	Quote U.S.$
1990	The Mick-Mickey Mantle 5000-1 - S. Impressions	Yr.Iss.	N/A	75.00	85
1991	Rickey Henderson-Born to Run 5001-11 - S. Impressions	Yr.Iss.	N/A	49.95	50
1991	Nolan Ryan-300 Wins 5002-01 - S. Impressions	Yr.Iss.	N/A	125.00	125
1991	Willie, Mickey & Duke plate 5003-04 - S. Impressions	Yr.Iss.	N/A	39.95	40
1992	Babe Ruth 5006-11 - S. Impressions	Yr.Iss.	N/A	40.00	40
1992	Walter Payton 5015-01 - S. Impressions	Yr.Iss.	N/A	50.00	50
1993	The 1927 Yankees plate - R.Tanenbaum	Yr.Iss.	N/A	60.00	75

Collectors' Club Symbol of Membership - S. Impressions

Year	Issue	Edition Limit	Year Retd.	Issue Price	Quote U.S.$
1991	Mick/7 plate 5001-02	Yr.Iss.	N/A	Gift	20
1992	USA Basketball team plate 5008-30	Yr.Iss.	N/A	Gift	N/A
1993	Nolan Ryan porcelain card	Yr.Iss.	N/A	Gift	25

Baseball Superstar Figurines - S. Impressions

Year	Issue	Edition Limit	Year Retd.	Issue Price	Quote U.S.$
1990	Abbott/Costello Double	Closed	N/A	100.00	100
1988	Al Kaline	2,500	N/A	90.00	125-250
1989	Alan Trammell	2,500		90.00	90
1988	Andre Dawson	2,500	N/A	90.00	125-200
1990	Angels Rod Carew	Closed	N/A	100.00	100
1990	Babe Ruth	Closed	N/A	100.00	100
1988	Bob Feller	2,500	N/A	90.00	125-200
1992	Cubs Ryne Sandberg Home 1118-23	975	1993	150.00	195
1987	Don Mattingly	Closed	N/A	90.00	250
1987	Don Mattingly (Franklin glove variation)	Closed	N/A	90.00	750
1989	Duke Snider	2,500	N/A	90.00	125
1989	Frank Viola	2,500		90.00	90
1994	Giants Barry Bonds (signed) 1160-46	975	1995	150.00	150
1990	Giants Willie McCovey	Closed	N/A	100.00	100
1990	Jimmie Foxx	Closed	N/A	100.00	100
1992	Johnny Bench (hand signed) 1126-23	975	1994	150.00	150
1988	Jose Canseco	Closed	N/A	90.00	125-200
1990	Jose Canseco Super	Closed	N/A	250.00	250
1987	Keith Hernandez	2,500	N/A	90.00	125-200
1989	Kirk Gibson	Closed	N/A	90.00	125-200
1990	Lenny Dykstra	Closed	N/A	100.00	100
1990	Mark McGwire	Closed	N/A	90.00	90
1987	Mickey Mantle	Closed	N/A	90.00	175-295
1990	Nolan Ryan	Closed	N/A	50.00	50
1992	Nolan Ryan Figurine/plate/stand 1134-31	500	1994	260.00	260
1990	Nolan Ryan Kings of K	Closed	N/A	125.00	125
1990	Nolan Ryan Mini	Closed	N/A	50.00	50
1990	Nolan Ryan Supersize	Closed	N/A	250.00	250
1993	Oakland A's Reggie Jackson (signed) 1048-46	975	1994	150.00	150
1988	Paul Molitor	2,500		90.00	90
1993	Rangers Nolan Ryan (signed) 1127-46	975	1994	175.00	175
1994	Rangers Nolan Ryan (signed) Farewell 1161-49	975	1994	150.00	150
1989	Reg Jackson (Angels)	Closed	N/A	90.00	125-250
1988	Reg Jackson (Yankees)	Closed	N/A	90.00	250
1990	Rickey Henderson	Closed	N/A	125.00	125
1990	Set of 3 Kings of K artist proof figurines w/bases 1080-10	50	1991	130.00	130
1990	Set of 3 Kings of K figurines 1080-01	500	1991	375.00	375
1990	Ted Williams	Closed	N/A	90.00	200-375
1990	Ted Williams Supersize	Closed	N/A	250.00	250
1990	Twins Harmon Killebrew	Closed	N/A	100.00	100
1990	Twins Kirby Puckett	Closed	N/A	100.00	100
1987	Wade Boggs	Closed	N/A	90.00	150-225
1989	Will Clark	Closed	N/A	90.00	125-250
1993	Yankees Mickey Mantle (signed) 1038-46	975	1993	195.00	195
1990	Yankees Thurman Munson	Closed	N/A	100.00	100

Basketball Superstar Figurines - S. Impressions

Year	Issue	Edition Limit	Year Retd.	Issue Price	Quote U.S.$
1993	Julius Erving 76ers (hand signed) 4102-61	76	1994	295.00	295

Football Superstar Figurines - S. Impressions

Year	Issue	Edition Limit	Year Retd.	Issue Price	Quote U.S.$
1993	Gale Sayers Bears (hand signed) 3029-23	975	1994	150.00	150
1992	John Unitas Colts (hand signed) 3016-23	975	1994	150.00	150
1993	Kenny Stabler Raiders (hand signed) 3026-23	975	1994	150.00	150
1992	Troy Aikman Cowboys Home 3008-23	995	1994	135.00	135
1993	Walter Payton Bears (hand signed) 3028-23	975	1994	150.00	150

Summerhill Crystal

Disney Collection - Summerhill

Year	Issue	Edition Limit	Year Retd.	Issue Price	Quote U.S.$
1993	Aladdin's Lamp A684S	2,500		70.00	75
1993	Cinderella Coach A764S	Open		125.00	125
1993	Cinderella Coach Small A759S	Open		65.00	65
1993	Classic Mickey A676S	Open		325.00	325
1993	Classic Mickey Medium A677S	Open		185.00	185
1993	Classic Minnie A678S	Open		325.00	325
1993	Classic Minnie Medium A679S	Open		185.00	185
1992	Epcot Center, Lg. A687S	Open		245.00	245
1992	Epcot Center, Med. A686S	Open		110.00	110
1992	Epcot Center, Sm. A685S	Open		75.00	75
1992	Mickey Mouse, Lg. A671S	Retrd.	N/A	295.00	425
1992	Mickey Mouse, Med. A672S	Retrd.	N/A	165.00	165
1992	Minnie Mouse, Lg. A673S	Retrd.	N/A	295.00	425
1992	Minnie Mouse, Med. A674S	Retrd.	N/A	165.00	165
1993	Pinocchio A675S	Open		180.00	180
1994	The Sorcerer A668S	N/A		N/A	N/A
1993	Winnie the Pooh A682S	2,500		145.00	145

Warner Brothers Collection - Summerhill

Year	Issue	Edition Limit	Year Retd.	Issue Price	Quote U.S.$
1992	Bugs Bunny "What's Up Doc?" A654S	Open		150.00	150
1992	Bugs Bunny A652S	Retrd.	N/A	203.00	203
1992	Large Porky Pig A635S	Open		273.00	273
1992	Porky Pig-Small A649S	Open		165.00	165
1992	Speedy Gonzales A633S	2,750		164.00	164
1992	Speedy Gonzales-Small A638S	Open		813.00	81
1992	Tasmanian Devi-Small I A639S	Open		125.00	125
1992	Tasmanian Devil A634S	2,750		220.00	220
1992	Tweety Bird A631S	Retrd.	N/A	120.00	120
1992	Tweety on a Perch A653S	Open		90.00	90
1992	Yosemite Sam-Small A641S	Open		123.00	123

Swarovski America Ltd.

Collectors Society Editions - Various

Year	Issue	Edition Limit	Year Retd.	Issue Price	Quote U.S.$
1987	Togetherness-The Lovebirds - Schreck/Stocker	Retrd.	1987	150.00	3100-4000
1988	Sharing-The Woodpeckers - A. Stocker	Retrd.	1988	165.00	1000-1900
1989	Amour-The Turtledoves - A. Stocker	Retrd.	1989	195.00	700-1200
1990	Lead Me-The Dolphins - M. Stamey	Retrd.	1990	225.00	900-1800
1991	Save Me-The Seals - M. Stamey	Retrd.	1991	225.00	400-650
1991	Dolphin Brooch - Team	Retrd.	1991	75.00	150-250
1992	Care For Me - The Whales - M. Stamey	Retrd.	1992	265.00	400-600
1992	5th Anniversary Edition-The Birthday Cake - G. Stamey	Retrd.	1992	85.00	150-250
1993	Inspiration Africa-The Elephant	Retrd.	1993	325.00	600-850
1993	Elephant Brooch - Team	Retrd.	1993	85.00	125
1994	Inspiration Africa-The Kudu - M. Stamey	Retrd.	1994	295.00	350-500
1995	Inspiration Africa-The Lion - A. Stocker	12/95		325.00	325
1995	Centenary Swan Brooch - Team	12/95		125.00	125

African Wildlife - Various

Year	Issue	Edition Limit	Year Retd.	Issue Price	Quote U.S.$
1994	Cheetah - M. Stamey	Open		275.00	275
1988	Elephant-Large - A. Stocker	Open		70.00	95
1989	Elephant-Small - A. Stocker	Open		50.00	65
1989	Hippopotamus-Small - A. Stocker	Open		70.00	75
1990	Rhinoceros-Small - A. Stocker	Open		70.00	75

Among Flowers And Foliage - C. Schneiderbauer

Year	Issue	Edition Limit	Year Retd.	Issue Price	Quote U.S.$
1992	Bumblebee	Open		85.00	85
1994	Butterfly on Leaf	Open		75.00	85
1995	Dragonfly	Open		85.00	85
1992	Hummingbird	Open		195.00	210

Barnyard Friends - Various

Year	Issue	Edition Limit	Year Retd.	Issue Price	Quote U.S.$
1993	Dick Gosling - A. Stocker	Open		37.50	38
1993	Harry Gosling - A. Stocker	Open		37.50	38
1984	Medium Pig - M. Schreck	Open		35.00	55
1988	Mini Chicks (Set/3) - G. Stamey	Open		35.00	45
1987	Mini Hen - G. Stamey	Open		35.00	45
1982	Mini Pig - M. Schreck	Open		16.00	30
1987	Mini Rooster - G. Stamey	Open		35.00	55
1993	Mother Goose - M. Schreck	Open		75.00	75
1993	Tom Gosling - A. Stocker	Open		37.50	38

Beauties of the Lake - Various

Year	Issue	Edition Limit	Year Retd.	Issue Price	Quote U.S.$
1983	Drake-Mini - M. Schreck	Open		20.00	45
1994	Frog - G. Stamey	Open		49.50	50
1989	Mallard-Giant - M. Stamey	Open		2000.00	4500
1986	Standing Duck-Mini - A. Stocker	Open		22.00	38
1977	Swan-Large - M. Schreck	Open		55.00	95
1995	Swan-Maxi - A. Hirzinger	Open		4500.00	4500
1977	Swan-Medium - M. Schreck	Open		44.00	85
1989	Swan-Small - M. Schreck	Open		35.00	50
1986	Swimming Duck-Mini - M. Schreck	Open		16.00	38

Centenary Edition - A. Hirzinger

Year	Issue	Edition Limit	Year Retd.	Issue Price	Quote U.S.$
1995	Centenary Swan	12/95		150.00	150

Commemorative Single Issues - Team

Year	Issue	Edition Limit	Year Retd.	Issue Price	Quote U.S.$
1990	Elephant,(Introduced by Swarovski America as a commemorative item test during Design Celebration/January '90 in Walt Disney World)	Closed	N/A	125.00	1200-2000
1993	Elephant,(Introduced by Swarovski America as a commemorative item during Design Celebration/January '93 in Walt Disney World)	Open		150.00	150

Crystal Melodies - M. Zendron

Year	Issue	Edition Limit	Year Retd.	Issue Price	Quote U.S.$
1993	Grand Piano	Open		250.00	260
1992	Harp	Open		175.00	210
1992	Lute	Open		125.00	140

Decorative Items For The Desk (Paperweights) - M. Schreck

Year	Issue	Edition Limit	Year Retd.	Issue Price	Quote U.S.$
1990	Chaton-Giant 7433NR180000	Open		4500.00	4500
1987	Chaton-Large 7433NR80	Open		190.00	260
1987	Chaton-Small 7433NR50	Open		50.00	65
1987	Pyramid-Small Crystal Cal.7450NR40	Open		100.00	125
1987	Pyramid-Small Vitrail Med.7450NR40	Open		100.00	125

Endangered Species - Various

Year	Issue	Edition Limit	Year Retd.	Issue Price	Quote U.S.$
1993	Baby Panda - A. Stocker	Open		24.50	25
1991	Kiwi - M. Stamey	Open		37.50	45
1987	Koala - A. Stocker	Open		50.00	65
1992	Lying Baby Beaver - A. Stocker	Open		47.50	50
1989	Mini Koala - A. Stocker	Open		35.00	45
1992	Mother Beaver - A. Stocker	Open		110.00	125
1993	Mother Kangaroo with Baby - G. Stamey	Open		95.00	95
1993	Mother Panda - A. Stocker	Open		120.00	125
1992	Sitting Baby Beaver - A. Stocker	Open		47.50	50
1981	Turtle-Giant - M. Schreck	Open		2500.00	4500
1977	Turtle-Large - M. Schreck	Open		48.00	75
1977	Turtle-Small - M. Schreck	Open		35.00	50

Exquisite Accents - Various

Year	Issue	Edition Limit	Year Retd.	Issue Price	Quote U.S.$
1980	Birdbath - M. Schreck	Open		150.00	210
1987	Birds' Nest - Team	Open		90.00	125
1987	Dinner Bell-Med. - M. Schreck	Open		80.00	95
1987	Dinner Bell-Small - M. Schreck	Open		60.00	65
1992	The Rose - M. Stamey	Open		150.00	155

Feathered Friends - A. Hirzinger

Year	Issue	Edition Limit	Year Retd.	Issue Price	Quote U.S.$
1993	Pelican	Open		37.50	38

Game of Kings - M. Schreck

Year	Issue	Edition Limit	Year Retd.	Issue Price	Quote U.S.$
1984	Chess Set	Open		950.00	1375

Horses on Parade - M. Zendron

Year	Issue	Edition Limit	Year Retd.	Issue Price	Quote U.S.$
1993	White Stallion	Open		250.00	260

In A Summer Meadow - Various

Year	Issue	Edition Limit	Year Retd.	Issue Price	Quote U.S.$
1982	Butterfly - Team	Open		44.00	85
1994	Field Mice (set of 3) - A. Stocker	Open		42.50	45
1991	Field Mouse - A. Stocker	Open		47.50	50
1985	Hedgehog-Large - M. Schreck	Open		120.00	140
1985	Hedgehog-Medium - M. Schreck	Open		70.00	85
1987	Hedgehog-Small - M. Schreck	Open		50.00	55
1995	Ladybug - E. Mair	Open		29.50	30
1986	Mini Butterfly - Team	Open		16.00	45
1988	Mini Lying Rabbit - A. Stocker	Open		35.00	45
1988	Mini Sitting Rabbit - A. Stocker	Open		35.00	45
1988	Mother Rabbit - A. Stocker	Open		60.00	75
1976	Mouse-Medium - M. Schreck	Open		48.00	85
1986	Snail - M. Stamey	Open		35.00	55
1992	Sparrow - Schneiderbauer	Open		29.50	30

Kingdom Of Ice And Snow - Various

Year	Issue	Edition Limit	Year Retd.	Issue Price	Quote U.S.$
1984	Large Penguin - M. Schreck	Open		44.00	95
1986	Large Polar Bear - A. Stocker	Open		140.00	210
1985	Large Seal - M. Schreck	Open		44.00	85
1986	Mini Baby Seal - A. Stocker	Open		30.00	45
1984	Mini Penguin - M. Schreck	Open		16.00	38

Our Candleholders - Various

Year	Issue	Edition Limit	Year Retd.	Issue Price	Quote U.S.$
1987	Star-Large 7600NR143 - Team	Open		250.00	375
1989	Star-Medium 7600NR143001 - Team	Open		200.00	260
1985	Water Lily-Large 7600NR125 - M. Schreck	Open		200.00	375
1983	Water Lily-Medium 7600NR123 - M. Schreck	Open		150.00	260
1985	Water Lily-Small 7600NR124 - M. Schreck	Open		100.00	175

Our Woodland Friends - Various

Year	Issue	Edition Limit	Year Retd.	Issue Price	Quote U.S.$
1981	Bear-Large - M. Schreck	Open		75.00	95
1985	Bear-Mini - M. Schreck	Open		16.00	55
1982	Bear-Small - M. Schreck	Open		44.00	85
1987	Fox - A. Stocker	Open		50.00	75
1988	Mini Running Fox - A. Stocker	Open		35.00	45
1988	Mini Sitting Fox - A. Stocker	Open		35.00	45
1989	Mushrooms - A. Stocker	Open		35.00	45
1983	Owl-Giant - M. Schreck	Open		1200.00	2000
1979	Owl-Large - M. Schreck	Open		90.00	125
1979	Owl-Mini - M. Schreck	Open		16.00	30
1979	Owl-Small - M. Schreck	Open		59.00	85
1995	Owlet - A. Hirzinger	Open		45.00	45
1994	Roe Deer Fawn - E. Mair	Open		75.00	75
1985	Squirrel - M. Schreck	Open		35.00	55

Pets' Corner - Various

Year	Issue	Edition Limit	Year Retd.	Issue Price	Quote U.S.$
1993	Beagle Playing - A. Stocker	Open		49.50	50
1990	Beagle Puppy - A. Stocker	Open		40.00	50
1991	Kitten - M. Stamey	Open		47.50	50
1987	Mini Dachshund - A. Stocker	Open		20.00	50
1992	Poodle - A. Stocker	Open		125.00	140

Swarovski America Ltd.
to Swarovski America Ltd.

FIGURINES/COTTAGES

YEAR ISSUE		EDITION LIMIT	YEAR RETD.	ISSUE PRICE	QUOTE U.S.$
1990	Scotch Terrier - A. Stocker	Open		60.00	75
1991	Sitting Cat - M. Stamey	Open		75.00	85
1993	Sitting Poodle - A. Stocker	Open		85.00	85

Retired - Various

YEAR ISSUE		EDITION LIMIT	YEAR RETD.	ISSUE PRICE	QUOTE U.S.$
1992	Angel 6475NR000009 - Team	Retrd.	1994	65.00	75-100
XX	Apple Photo Stand-Kg Sz (Gold) 7504NR060G - Team	Retrd.	1989	120.00	250-400
XX	Apple Photo Stand-Lg. 7504NR050R - Team	Retrd.	1987	80.00	200-350
XX	Apple Photo Stand-Lg. (Gold) 7504NR050G - Team	Retrd.	1991	80.00	175-250
XX	Apple Photo Stand-Sm. 7504NR030R - Team	Retrd.	1987	40.00	150-200
XX	Apple Photo Stand-Sm. (Gold) 7504NR030G - Team	Retrd.	1991	40.00	130-175
XX	Ashtray 7461NR100 - Team	Retrd.	1991	45.00	260
XX	Bear-Giant Size 7637NR112 - M. Schreck	Retrd.	1988	125.00	700-1500
XX	Bear-King Size 7637NR92 - M. Schreck	Retrd.	1987	95.00	550-1200
1984	Bear-Mini 7670NR32 - M. Schreck	Retrd.	1989	16.00	75-135
1985	Bee (Gold) 7553NR100 - Team	Retrd.	1989	200.00	700-1100
1985	Bee (Rhodium) 7553NR200 - Team	Retrd.	1987	200.00	960-1500
XX	Beetle Bottle Opener (Gold) 7505NR76 - Team	Retrd.	1984	80.00	800-1000
XX	Beetle Bottle Opener (Rodium) 7505NR76 - Team	Retrd.	1984	80.00	600-850
1984	Blowfish-Large 7644NR41 - Team	Retrd.	1992	40.00	100-150
1985	Butterfly (Gold) 7551NR100 - Team	Retrd.	1989	200.00	550-700
1985	Butterfly (Rhodium) 7551NR200 - Team	Retrd.	1987	200.00	1500
XX	Butterfly-Mini 7671NR30 - Team	Retrd.	1989	16.00	50-120
XX	Cardholders-Large , Set of 4 -7403NR30095 - Team	Retrd.	1990	45.00	355
XX	Cardholders-Small , Set of 4 -7403NR20095 - Team	Retrd.	1990	25.00	120-200
1977	Cat-Large 7634NR70 - M. Schreck	Retrd.	1992	44.00	55-120
19XX	Cat-Medium 7634NR52 - Team	Retrd.	1987	38.00	125-275
1982	Cat-Mini 7659NR31 - M. Schreck	Retrd.	1992	16.00	40-60
1981	Chess Set/Wooden Board 7550NR432032 - Team	Retrd.	1987	950.00	1500-1800
XX	Chicken-Mini 7651NR20 - Team	Retrd.	1989	16.00	30-80
XX	Cigarette Holder 7463NR062 - Team	Retrd.	1991	85.00	150-175
1991	City Gates 7474NR000023 - G. Stamey	Retrd.	N/A	95.00	95
1991	City Tower 7474NR000022 - G. Stamey	Retrd.	N/A	37.50	43
1982	Cone Crystal Cal 7452NR60095 - M. Schreck	Retrd.	1993	80.00	175-300
1982	Cone Vitrail Medium 7452NR60087 - M. Schreck	Retrd.	1993	80.00	175-300
1984	Dachshund 7641NR75 - M. Schreck	Retrd.	1992	48.00	100
XX	Dachshund-Mini 7672NR42 - A. Stocker	Retrd.	1989	20.00	60-125
1981	Dinner Bell-Large 7467NR071000 - M. Schreck	Retrd.	1992	80.00	175-250
XX	Dog 7635NR70 - Team	Retrd.	1991	44.00	50-90
XX	Duck-Large 7653NR75 - Team	Retrd.	1987	44.00	150-250
XX	Duck-Medium 7653NR55 - Team	Retrd.	1988	38.00	65-110
XX	Duck-Mini 7653NR45 - Team	Retrd.	1989	16.00	50-100
XX	Elephant 7640NR55 - Team	Retrd.	1990	90.00	150-175
1984	Falcon Head-Large 7645NR100 - M. Schreck	Retrd.	1992	600.00	600-1000
1986	Falcon Head-Small 7645NR45 - M. Schreck	Retrd.	1992	60.00	100-125
1984	Frog 7642NR48 - M. Schreck	Retrd.	1992	30.00	60-95
XX	Grapes-Large 7550NR30015 - Team	Retrd.	1989	250.00	600-1000
XX	Hedgehog-Large 7630NR50 - M. Schreck	Retrd.	1987	65.00	250-390
XX	Hedgehog-Medium 7630NR40 - M. Schreck	Retrd.	1987	44.00	100-155
XX	Hedgehog-Small 7630NR30 - M. Schreck	Retrd.	1987	38.00	175-350
1988	Hippopotamus 7626NR65 - A. Stocker	Retrd.	1993	70.00	125-175
1991	Holy Family With Arch 7475NR001 - Team	Retrd.	1994	250.00	275-400
1985	Hummingbird (Gold) 7552NR100 - Team	Retrd.	1989	200.00	650-1000
1985	Hummingbird (Rhodium) 7552NR200 - Team	Retrd.	1987	200.00	1800
XX	King Size Hedgehog 7630NR60 - M. Schreck	Retrd.	1987	98.00	250-500
1990	Kingfisher 7621NR000001 - M. Stamey	Retrd.	1993	75.00	100-150
XX	Lighter 7462NR062 - Team	Retrd.	1991	160.00	165
1986	Mallard 7647NR80 - M. Schreck	Retrd.	N/A	80.00	175
XX	Mouse-King Size 7631NR60 - M. Schreck	Retrd.	1987	95.00	350-600
XX	Mouse-Large 7631NR50 - M. Schreck	Retrd.	1987	69.00	150-250
XX	Mouse-Mini 7655NR23 - Team	Retrd.	1989	16.00	55-70
XX	Mouse-Small 7631NR30 - M. Schreck	Retrd.	1992	35.00	55
1989	Owl 7621NR000003 - M. Stamey	Retrd.	1993	70.00	125-200
1989	Parrot 7621NR000004 - M. Stamey	Retrd.	1993	70.00	100-175
1987	Partridge 7625NR50 - A. Stocker	Retrd.	1991	85.00	120-150
XX	Picture Frame/Oval 7505NR75G - Team	Retrd.	1990	90.00	200-250
XX	Picture Frame/Square 7506NR60G - Team	Retrd.	1990	100.00	200-270
XX	Pig-Large 7638NR65 - M. Schreck	Retrd.	1987	50.00	200-280
1985	Pineapple/Rhodium-Giant 7507NR26002 - M. Schreck	Retrd.	1987	1750.00	3500
1982	Pineapple/Rhodium-Lg. 7507NR105002 - M. Schreck	Retrd.	1987	150.00	275-350
1987	Pineapple/Rhodium-Sm. 7507NR060002 - M. Schreck	Retrd.	1987	55.00	125
XX	Pprwgt-Atomic -Crystal Cal 7454NR60095 - Team	Retrd.	1985	80.00	475
XX	Pprwgt-Atomic -Vitrl Med 7454NR60087 - Team	Retrd.	1985	80.00	450
XX	Pprwgt-Barrel -Crystal Cal 7453NR60095 - Team	Retrd.	1989	80.00	200
XX	Pprwgt-Barrel -Vitrl Med 7453NR60087 - Team	Retrd.	1989	80.00	175
XX	Pprwgt-Carousel -Crystal Cal 7451NR60095 - Team	Retrd.	1985	80.00	750
XX	Pprwgt-Carousel -Vitrl Med 7451NR60087 - Team	Retrd.	1985	80.00	600-900
1981	Pprwgt-Egg 7458NR63069 - M. Schreck	Retrd.	1993	60.00	125-175
XX	Pprwgt-Geometric 7432NR57002n - Team	Retrd.	1991	75.00	100-150
XX	Pprwgt-Octron 7456NR41 - Team	Retrd.	1992	75.00	85-125
XX	Pprwgt-Octron 7456NR1087 - Team	Retrd.	1992	90.00	85-125
XX	Pprwgt-One Ton 7495NR65 - Team	Retrd.	1991	75.00	100-175
XX	Pprwgt-Rd. -Berm Blue 7404NR40 - Team	Retrd.	N/A	20.00	200-400
XX	Pprwgt-Rd. -Berm. Blue 7404NR30 - Team	Retrd.	N/A	15.00	200-400
XX	Pprwgt-Rd. -Berm. Blue 7404NR50 - Team	Retrd.	N/A	40.00	300-500
XX	Pprwgt-Rd. -Crystal Cal 7404NR40095 - Team	Retrd.	1989	20.00	95
XX	Pprwgt-Rd. -Crystal Cal 7404NR50095 - Team	Retrd.	1989	40.00	200
XX	Pprwgt-Rd. -Crystal Cal 7404NR60095 - Team	Retrd.	1989	50.00	300
XX	Pprwgt-Rd.-Gr 7404NR30 - Team	Retrd.	N/A	15.00	200-400
XX	Pprwgt-Rd.-Gr 7404NR40 - Team	Retrd.	N/A	20.00	200-400
XX	Pprwgt-Rd.-Gr 7404NR50 - Team	Retrd.	N/A	40.00	300-500
XX	Pprwgt-Rd. -Sahara 7404NR30 - Team	Retrd.	N/A	15.00	200-400
XX	Pprwgt-Rd. -Sahara 7404NR40 - Team	Retrd.	N/A	20.00	200-400
XX	Pprwgt-Rd. -Sahara 7404NR50 - Team	Retrd.	N/A	40.00	300-500
XX	Pprwgt-Rd. -Vitrl Med 7404NR40087 - Team	Retrd.	1989	20.00	95
XX	Pprwgt-Rd. -Vitrl Med 7404NR50087 - Team	Retrd.	1989	40.00	200
XX	Pprwgt-Rd. -Vitrl Med 7404NR60087 - Team	Retrd.	1989	50.00	250
XX	Pprwgt-Rd.-Crystal Cal 7404NR30095 - Team	Retrd.	1989	15.00	75
XX	Pprwgt-Rd.-Vitrl Med 7404NR30087 - Team	Retrd.	1989	15.00	75
1987	Pyramid-Large Crystal Cal 7450NR50095 - M. Schreck	Retrd.	1994	90.00	150-300
1987	Pyramid-Large Vitrail Medium 7450NR50087 - M. Schreck	Retrd.	1994	90.00	175-300
XX	Rabbit-Large 7652NR45 - Team	Retrd.	1988	38.00	175-200
XX	Rabbit-Mini 7652NR20 - Team	Retrd.	1989	16.00	55-85
1988	Rhinoceros 7622NR70 - A. Stocker	Retrd.	1993	70.00	125-175
XX	Salt and Pepper Shakers 7508NR068034 - Team	Retrd.	1989	80.00	175-225
XX	Schnapps Glasses, Set of 6-7468NR039000 - Team	Retrd.	1991	150.00	225-350
1992	Shepherd 7475NR000007 - Team	Retrd.	1994	65.00	75-125
1990	Silver Crystal City-Cathedral 7474NR000021 - G. Stamey	Retrd.	N/A	95.00	120
1990	Silver Crystal City-Houses I& II (Set of 2) 7474NR100000 - G. Stamey	Retrd.	N/A	75.00	75
1990	Silver Crystal City-Houses III & IV (Set of 2) 7474NR200000 - G. Stamey	Retrd.	N/A	75.00	75
1990	Silver Crystal City-Poplars (Set of 3) 7474NR020003 - G. Stamey	Retrd.	N/A	40.00	50
1991	South Sea Shell 7624NR72000 - M. Stamey	Retrd.	N/A	110.00	140
XX	Sparrow-Large 7650NR32 - Team	Retrd.	1988	38.00	115-150
1979	Sparrow-Mini 7650NR20 - M. Schreck	Retrd.	1992	16.00	35-70
XX	Swan-Mini 7658NR27 - M. Schreck	Retrd.	1989	16.00	60-125
XX	Table Magnifyer 7510NR01 - Team	Retrd.	1984	80.00	500-800
1989	Toucan 7621NR000002 - M. Stamey	Retrd.	1993	70.00	85-125
1993	Town Hall 7474NR000027 - G. Stamey	Retrd.	N/A	135.00	135
XX	Treasure Box (Heart/Butterfly)7465NR52/100 - Team	Retrd.	1991	80.00	175-250
XX	Treasure Box (Heart/Flower) 7465NR52 - Team	Retrd.	1989	80.00	150-200
XX	Treasure Box (Oval/Butterfly) 7466NR063100 - Team	Retrd.	1989	80.00	150-200
XX	Treasure Box (Oval/Flower) 7466NR063000 - Team	Retrd.	1991	80.00	100-200
XX	Treasure Box (Round/Butterfly) 7464NR50/100 - Team	Retrd.	1989	80.00	150-200
XX	Treasure Box (Round/Flower) 7464NR50 - Team	Retrd.	1991	80.00	150-250
XX	Turtle-King Size 7632NR75 - M. Schreck	Retrd.	1988	58.00	150-225
XX	Vase 7511NR70 - Team	Retrd.	1991	50.00	175-250
1989	Walrus 7620NR100000 - M. Stamey	Retrd.	1994	120.00	165-200
1988	Whale 7628NR80 - M. Stamey	Retrd.	1992	70.00	100-165
1992	Wise Men (Set of 3) 7475NR200000 - Team	Retrd.	1994	175.00	185-300

Retired Candleholders - Various

YEAR ISSUE		EDITION LIMIT	YEAR RETD.	ISSUE PRICE	QUOTE U.S.$
XX	Candleholder 7600NR101 - Team	Retrd.	N/A	23.00	100-200
XX	Candleholder 7600NR102 - Team	Retrd.	1987	35.00	100-125
XX	Candleholder 7600NR103 - Team	Retrd.	1988	40.00	110-175
XX	Candleholder 7600NR104 - Team	Retrd.	1988	95.00	200-300
XX	Candleholder 7600NR106 - Team	Retrd.	1986	85.00	265-400
XX	Candleholder 7600NR107 - Team	Retrd.	1986	100.00	270-400
XX	Candleholder 7600NR109 - Team	Retrd.	1986	37.00	110-200
XX	Candleholder 7600NR110 - Team	Retrd.	1987	40.00	120-160
XX	Candleholder 7600NR111 - Team	Retrd.	1986	100.00	275-400
XX	Candleholder 7600NR112 - Team	Retrd.	1986	75.00	300
XX	Candleholder 7600NR114 - Team	Retrd.	1986	37.00	150-225
XX	Candleholder 7600NR115 - Team	Retrd.	1987	185.00	400-450
XX	Candleholder 7600NR116 - Team	Retrd.	1986	350.00	1000-1200
XX	Candleholder 7600NR119 - Team	Retrd.	N/A	N/A	500
XX	Candleholder 7600NR122 - Team	Retrd.	1988	85.00	180
XX	Candleholder 7600NR127 - Team	Retrd.	1987	65.00	270
XX	Candleholder 7600NR128 - Team	Retrd.	1987	100.00	200
XX	Candleholder 7600NR129 - Team	Retrd.	1987	120.00	265-300
XX	Candleholder 7600NR130 - Team	Retrd.	1986	275.00	850-1050
XX	Candleholder 7600NR131 (Set of 6) - Team	Retrd.	N/A	43.00	605-900
XX	Candleholder 7600NR138 - Team	Retrd.	1987	160.00	480-500
XX	Candleholder 7600NR139 - Team	Retrd.	1987	140.00	245-500
XX	Candleholder 7600NR140 - Team	Retrd.	1987	120.00	500-650
XX	Candleholder European Style 7600NR103 - Team	Retrd.	N/A	N/A	750
XX	Candleholder European Style 7600NR108 - Team	Retrd.	N/A	N/A	400-500
XX	Candleholder Baroque 7600NR121 - Team	Retrd.	1987	150.00	350
XX	Candleholder-European Style 7600NR141 - Team	Retrd.	N/A	N/A	750
XX	Candleholder-European Style 7600NR142 - Team	Retrd.	N/A	N/A	550
XX	Candleholder-Kingsize Global 7600NR135 - Team	Retrd.	1989	50.00	200
XX	Candleholder-Large Global 7600NR134 - Team	Retrd.	1991	40.00	75-80
1990	Candleholder-Large Neo-Classic 7600NR144090 - A. Stocker	Retrd.	1993	220.00	400-550
XX	Candleholder-Large w/Flowers 7600NR137 - Team	Retrd.	1991	150.00	400
XX	Candleholder-Med. Global (2) 7600NR133 - Team	Retrd.	1991	40.00	75-100
1990	Candleholder-Med. Neo-Classic 600NR144080 - A. Stocker	Retrd.	1993	190.00	350
XX	Candleholder-Pineapple 7600NR136 - Team	Retrd.	1987	150.00	300
XX	Candleholder-Sm. Global (4) 7600NR132 - Team	Retrd.	1990	60.00	115-250
1990	Candleholder-Sm. Neo-Classic 7600NR144070 - A. Stocker	Retrd.	1993	170.00	300
XX	Candleholder-Sm. w/ Flowers 7600NR120 - Team	Retrd.	1987	60.00	330
XX	Candleholder-Sm. w/ Leaves 7600NR126 - Team	Retrd.	1987	100.00	200-330

South Sea - Various

YEAR ISSUE		EDITION LIMIT	YEAR RETD.	ISSUE PRICE	QUOTE U.S.$
1987	Blowfish-Mini - Team	Open		22.00	30
1986	Blowfish-Small - Team	Open		35.00	55
1991	Butterfly Fish - M. Stamey	Open		150.00	175
1988	Open Shell w/Pearl - M. Stamey	Open		120.00	175
1993	Sea Horse - M. Stamey	Open		85.00	85
1993	Three South Sea Fish - M. Stamey	Open		135.00	140

Sparkling Fruit - Various

YEAR ISSUE		EDITION LIMIT	YEAR RETD.	ISSUE PRICE	QUOTE U.S.$
1991	Apple - M. Stamey	Open		175.00	185
1985	Grapes-Medium - Team	Open		300.00	375
1985	Grapes-Small - Team	Open		200.00	260
1991	Pear - M. Stamey	Open		175.00	185
1981	Pineapple-Giant /Gold - M. Schreck	Open		1750.00	3250
1981	Pineapple-Large /Gold - M. Schreck	Open		150.00	260
1986	Pineapple-Small /Gold - M. Schreck	Open		55.00	85

When We Were Young - Various

YEAR ISSUE		EDITION LIMIT	YEAR RETD.	ISSUE PRICE	QUOTE U.S.$
1990	Airplane - A. Stocker	Open		135.00	155
1993	Kris Bear - M. Zendron	Open		75.00	75
1988	Locomotive - G. Stamey	Open		150.00	155
1989	Old Timer Automobile - G. Stamey	Open		130.00	155
1990	Petrol Wagon - G. Stamey	Open		75.00	95
1994	Replica Cat - Team	Open		37.50	38
1994	Replica Hedgehog - Team	Open		37.50	38
1994	Replica Mouse - Team	Open		37.50	38
1994	Sailboat - G. Stamey	Open		195.00	210
1991	Santa Maria - G. Stamey	Open		375.00	375
1994	Starter Set - Team	Open		112.50	113
1988	Tender - G. Stamey	Open		55.00	55
1993	Tipping Wagon - G. Stamey	Open		95.00	95
1988	Wagon - G. Stamey	Open		85.00	95

Todays' Creations Inc.

Times to Remember - A. Gordon

YEAR ISSUE		EDITION LIMIT	YEAR RETD.	ISSUE PRICE	QUOTE U.S.$
1995	Bride with Bouquet	5,000		85.00	85
1995	Bride with Bouquet-white	5,000		70.00	70
1995	Daddy's Little Girl	5,000		95.00	95
1995	Daddy's Little Girl-musical	5,000		125.00	125
1995	Daddy's Little Girl-white	5,000		75.00	75
1995	Daddy's Little Girl-white-musical	5,000		115.00	115
1995	First Dance	5,000		95.00	95
1995	First Dance-musical	5,000		125.00	125
1995	First Dance-white	5,000		75.00	75
1995	First Dance-white-musical	5,000		115.00	115
1995	Mother and Bride	5,000		95.00	95
1995	Mother and Bride-white	5,000		75.00	75
1995	Slice of Life	5,000		100.00	100
1995	Slice of Life-white	5,000		80.00	80
1995	With This Ring	5,000		95.00	95
1995	With This Ring-white	5,000		75.00	75

The Tudor Mint Inc.

Arthurian Legend - Various

YEAR ISSUE		EDITION LIMIT	YEAR RETD.	ISSUE PRICE	QUOTE U.S.$
1990	3200 Merlin - M. Locker	Open		18.60	34
1990	3201 Into Merlin's Care - M. Locker	Closed	1993	25.40	85
1990	3202 Excaliber - M.L./R.G.	Open		18.60	34
1990	3203 Camelot - M. Locker	Open		25.40	42
1990	3204 King Arthur - M.L./R.G.	Open		18.60	34
1990	3205 Queen Guinevere - M. Locker	Open		18.60	34
1990	3206 Sir Percival & the Grail - A. Slocombe	Closed	1993	18.60	165-200
1990	3207 Morgan Le Fey - M. Locker	Open		25.40	42
1990	3208 Sir Lancelot - M. Locker	Open		25.40	42
1992	3209 Vigil of Sir Galahad - A. Slocombe	Open		31.45	42
1992	3210 Sir Mordred - R. Gibbons	Open		23.70	34
1992	3211 Return of Excalibur - M. Locker	Open		23.70	34
1993	3212 Sir Gawain - A. Slocombe	Open		25.40	34
1993	3213 King Arthur/Sir Bedever - M. Locker	Open		33.90	42

Dark Secrets - Various

YEAR ISSUE		EDITION LIMIT	YEAR RETD.	ISSUE PRICE	QUOTE U.S.$
1994	6201 Dark Secrets - A. Slocombe	Open		84.90	112
1994	6202 Guardian of the Skulls - R. Gibbons	Open		30.18	40
1994	6203 The Skull Gateway - M. Locker	Open		33.90	44
1994	6204 The Tortured Skull - M. Locker	Open		33.90	44
1994	6205 Serpents of the Skulls - S. Darnley	Open		33.90	44
1994	6206 Altar of the Skulls - M. Locker	Open		25.40	36
1994	6207 The Skull Master - R. Gibbons	Open		33.90	44
1994	6208 Vampire of the Skulls - A. Slocombe	Open		25.40	36
1994	6209 Chamber of the Skulls - A. Slocombe	Open		101.90	142
1994	6210 Guardian of the Demons - M. Locker	Open		30.18	40
1994	6211 The Ice Demon - S. Darnley	Open		25.40	36
1994	6212 The Demon of the Pit - S. Darnley	Open		25.40	36
1994	6213 The Demon of the Night - M. Locker	Open		25.40	36
1994	6214 Demon of the Catacombs - R. Gibbons	Open		25.40	36
1994	6215 The Demon Slayer - M. Locker	Open		25.40	36
1994	6216 The Demon Jailer - S. Darnley	Open		25.40	36
1994	6217 Chamber of the Demons - A. Slocombe	Open		101.90	142
1994	6218 Guardian of Skeletons - R. Gibbons	Open		30.51	42
1994	6219 Vigil of the Skeleton - R. Gibbons	Open		25.40	36
1994	6220 The Forgotten Skeleton - R. Gibbons	Open		30.51	42
1994	6221 Prisoners of the Sword - A. Slocombe	Open		30.51	42
1994	6222 The Executioner - M. Locker	Open		30.51	42
1994	6223 Finder of the Treasure - A. Slocombe	Open		25.40	36
1994	6224 The Skeleton Warrior - S. Darnley	Open		30.51	42
1994	6225 Chamber of Skeletons - A. Slocombe	Open		101.90	142

Dinosaur Collection - Various

YEAR ISSUE		EDITION LIMIT	YEAR RETD.	ISSUE PRICE	QUOTE U.S.$
1993	6001 Pteranodon - M. Locker	Closed	1994	25.40	70
1993	6002 Triceratops - A. Slocombe	Closed	1994	25.40	70
1993	6003 Stegosaurus - A. Slocombe	Closed	1994	25.40	70
1993	6004 Brontosaurus - M. Locker	Closed	1994	25.40	70
1993	6005 Tyrannosaurus Rex - A. Slocombe	Closed	1994	25.40	70
1993	6006 Spinosaurus - R. Gibbons	Closed	1994	25.40	70

Hobbit Collection - Various

YEAR ISSUE		EDITION LIMIT	YEAR RETD.	ISSUE PRICE	QUOTE U.S.$
1991	5001 Bilbo Baggins - R. Gibbons	Open		23.70	38
1991	5002 Gandalf - A. Slocombe	Open		42.41	64
1991	5003 Thorn Oakenshield - R. Gibbons	Closed	1992	23.70	87
1991	5004 The Great Goblin - R. Gibbons	Closed	1993	23.70	55
1991	5005 Gollum - A. Slocombe	Open		29.75	46
1991	5006 Beorn - A. Slocombe	Closed	1992	42.41	85
1991	5007 The Elven King - A. Slocombe	Closed	1992	29.75	85
1991	5008 Smaug the Dragon - A. Slocombe	Closed	1993	93.41	135
1991	5009 Bard - M. Locker	Closed	1992	23.70	87
1991	5010 'Good Morn.' at Bag End - R. Gibbons	Closed	1993	67.90	125
1991	5011 Moon Letters - A. Slocombe	Closed	1992	93.41	140-240
1991	5012 Finding the 'Precious' - R. Gibbons	Closed	1992	67.90	165
1991	5013 Capture of Bilbo - A. Slocombe	Closed	1992	67.90	150-200
1991	5014 'Riddles in the Dark' - A. Slocombe	Closed	1992	56.01	125-150
1991	5015 Escape From the Wargs - R. Gibbons	Closed	1992	67.90	150-200
1991	5016 Barrels Out of Bond - M. Locker	Closed	1992	67.90	150-200
1991	5017 'Courage of the Bilbo' - A. Slocombe	Closed	1992	56.01	125-150
1991	5018 Prisoner of Elven King - A. Slocombe	Closed	1992	67.90	125-150
1991	5019 The Enchanted Door - M. Locker	Closed	1992	93.41	260
1991	5020 The Wrath of Beorn - M. Locker	Closed	1992	67.90	185
1991	5021 Journey's End - R. Gibbons	Closed	1993	67.90	150
1991	5022 The Troll's Clearing - R. Gibbons	Closed	1992	251.51	600
1991	5023 Burglar Steals Smaug's - A. Slocombe	Closed	1993	254.91	400
1991	5024 Farewell, King Under Mt. - M. Locker	Closed	1992	254.91	500-600

Lord of the Rings - Various

YEAR ISSUE		EDITION LIMIT	YEAR RETD.	ISSUE PRICE	QUOTE U.S.$
1992	5025 Frodo Baggins - R. Gibbons	Open		25.40	38
1992	5026 Bilbo's Tale - M. Locker	Open		25.40	38
1992	5027 Gimli the Dwarf - M. Locker	Open		25.40	38
1992	5028 Sam Gamgee - R. Gibbons	Open		25.40	38
1992	5029 Aragorn (Strider) - A. Slocombe	Open		25.40	38
1992	5030 An Orc - R. Gibbons	Closed	1994	30.51	55
1992	5031 Legolas the Elf - A. Slocombe	Open		30.51	46
1992	5032 Mirro of Galadriel - R. Gibbons	Open		30.51	46
1992	5033 Saruman - A.S./R.G.	Closed	1994	43.78	75
1992	5034 The Balrog - R. Gibbons	Open		67.90	100
1992	5035 Gandalf & Shadowfax - M. Locker	Open		67.90	100
1992	5036 A Black Rider - A. Slocombe	Open		67.90	100
1992	5037 Pippin (Peregrin Took) - A. Slocombe	Closed	1994	25.40	48
1992	5038 Merry (Meriadoc Brandy) - A. Slocombe	Closed	1994	25.40	48
1992	5039 Boromir - R. Gibbons	Closed	1994	25.40	48
1992	5040 Treebeard (Fangorn) - R. Gibbons	Closed	1994	43.78	70

Myth & Magic Club - Various

YEAR ISSUE		EDITION LIMIT	YEAR RETD.	ISSUE PRICE	QUOTE U.S.$
1990	9001 The Quest For the Truth - R.G./M.L.	Closed	1991	84.90	600
1991	9002 The Game of Strax - R. Gibbons	Closed	1991	25.40	550
1991	9003 The Well of Aspirations - A. Slocombe	Closed	1992	84.90	500
1992	9004 Playmates - R. Gibbons	Closed	1992	28.80	260
1992	9005 Friends - A. Slocombe	Closed	1993	32.20	175
1992	9006 The Enchanted Pool - R. Gibbons	Closed	1993	84.90	260
1993	9007 The Mystical Encounter - A. Slocombe	Closed	1994	33.58	87
1994	9008 Keeper of the Dragons - R. Gibbons	Closed	1994	84.90	125
1994	9009 The Crystal Shield - M. Locker	Open		44.00	44
1994	9010 Battle for the Crystal - A. Slocombe	Open		108.00	108
1990	CC01 The Protector - R. Gibbons	Closed	1991	Gift	425
1991	CC02 The Jovial Wizard - M. Locker	Closed	1992	Gift	270
1992	CC03 Dragon of Destiny - R. Gibbons	Closed	1993	Gift	150-200
1993	CC04 Dragon of Methtintdour - A. Slocombe	Closed	1994	Gift	80-140
1994	CC05 The Dreamy Dragon - M. Locker	Open		Gift	N/A

Myth & Magic Extravaganza Study - Various

YEAR ISSUE		EDITION LIMIT	YEAR RETD.	ISSUE PRICE	QUOTE U.S.$
1992	3600 Sauria - A. Slocombe	Closed	1992	33.90	34
1993	3602 Deinos - R. Gibbons	Closed	1993	33.90	34
1994	3604 Lithia - M. Locker	Closed	1994	31.92	32

Myth & Magic Large - Various

YEAR ISSUE		EDITION LIMIT	YEAR RETD.	ISSUE PRICE	QUOTE U.S.$
1990	3300 The Dragon Master - R. Gibbons	7,500		297.50	404
1990	3301 The Magical Encounter - R. Gibbons	Open		30.50	42
1990	3302 The Keeper of the Magic - R. Gibbons	Open		59.40	86
1990	3303 Summoning the Elements - R.G./M.L.	Closed	1993	59.40	155-225
1990	3304 Sorceror's Apprentice - R. Gibbons	Closed	1991	59.40	350
1990	3305 The Nest of Dragons - R.G./M.L.	Closed	1993	59.40	87
1990	3306 Meeting of the Unicorns - R.G./M.L.	Open		59.40	86
1990	3307 Sentinels at the Portal - R.G./M.L.	Closed	1991	59.40	350
1990	3308 VII Seekers of Knowledge - M. Locker	7,500		297.50	404
1990	3309 Le Morte D'Arthur - A. Slocombe	Open		84.90	122
1990	3310 The Magical Vision - R.G./A.S.	Open		84.90	122
1990	3311 Dance of the Dolphins - R. Gibbons	1,537	1993	297.50	550
1991	3312 Altar of Enlightenment - M. Locker	Open		84.90	122
1991	3313 Power of the Crystal - A. Slocombe	3,500		595.00	595
1992	3314 The Awakening - J. Pickering	Open		64.50	86
1992	3315 The Crystal Dragon - A. Slocombe	Open		101.90	122
1992	3318 Gathering of Unicorns - A.S./R.G.	5,000		314.50	404
1993	3319 The Invocation - M. Locker	Open		84.90	122
1993	3320 The Fighting Dragons - A. Slocombe	Open		67.90	86
1993	3321 The Playful Dolphins - M. Locker	Open		56.95	68
1994	3322 The Dragon of Darkness - A. Slocombe	Open		67.90	90
1994	3323 Destroyer of Crystal - S. Darnley	Open		84.90	114
1994	3324 A Tranquil Moment - M. Locker	Open		84.90	87
1994	3325 Great Earth Dragon - R. Gibbons	Open		101.90	136
1995	3326 The Great Sun Dragon - A. Slocombe	Open		136.00	136
1995	3327 The Great Moon Dragon - R. Gibbons	Open		136.00	136
1995	3328 The Great Sea Dragon - M. Locker	Open		136.00	136

Myth & Magic Miniatures - Various

YEAR ISSUE		EDITION LIMIT	YEAR RETD.	ISSUE PRICE	QUOTE U.S.$
1989	3500 The Incantation - R. Gibbons	Closed	1991	8.42	30-65
1989	3501 The Book of Spells - R.G./M.L.	Open		8.42	12
1989	3502 The Enchanted Castle - R. Gibbons	Closed	1993	8.42	28
1989	3503 The Cauldron of Light - M.L./R.G	Open		8.42	12
1989	3504 The Winged Serpent - R. Gibbons	Open		8.42	12
1989	3505 The White Witch - R.G./M.L.	Closed	1991	8.42	80
1989	3506 The Master Wizard - R. Gibbons	Open		8.42	12
1989	3507 The Guardian Dragon - R. Gibbons	Open		8.42	12
1989	3508 The Unicorn - R. Gibbons	Open		8.42	12
1989	3509 Pegasus - R. Gibbons	Open		8.42	12
1989	3510 The Castle of Dreams - R. Gibbons	Closed	1993	8.42	28
1989	3511 The Light of Knowledge - R.G./M.L.	Closed	1991	8.42	25-80
1990	3512 The Siren - R. Gibbons	Closed	1991	8.42	125
1990	3513 The Crystal Queen - R. Gibbons	Closed	1992	8.76	28-50
1990	3514 The Astronomer - R.G./M.L.	Closed	1991	8.76	50-100
1990	3515 The Alchemist - R.G./M.L.	Closed	1991	8.76	50-100
1990	3516 The Minotaur - R. Gibbons	Closed	1991	8.76	30-85
1990	3517 The Grim Reaper - R.G./M.L.	Open		8.76	12
1990	3518 The Castle of Souls - R. Gibbons	Closed	1993	8.76	30
1990	3519 The Dragon Gateway - R. Gibbons	Open		8.76	12
1990	3520 The Dragon Rider - R.G./M.L.	Closed	1991	8.76	50-120
1990	3521 The Dragon's Kiss - R. Gibbons	Closed	1992	8.76	35
1990	3522 The Witch & Familiar - R. Gibbons	Closed	1991	8.76	150
1990	3523 The Oriental Dragon - R.G./M.L.	Closed	1993	8.76	25
1990	3524 The Reborn Dragon - R. Gibbons	Open		8.76	12
1990	3525 The Fire Dragon - R.G./M.L.	Closed	1994	8.76	14
1990	3526 The Giant Sorceror - R.G./M.L.	Closed	1991	8.76	14
1990	3527 The Wizard of Light - R. Gibbons	Closed	1994	8.76	14
1990	3528 Keeper of the Treasure - R. Gibbons	Closed	1992	8.76	14
1990	3529 The Old Hag - R. Gibbons	Closed	1991	8.76	14
1991	3530 Mother Nature - R. Gibbons	Closed	1994	9.44	14
1991	3531 The Earth Wizard - R.G./M.L.	Closed	1992	9.44	14
1991	3532 The Fire Wizard - R. Gibbons	Closed	1994	9.44	14
1991	3533 The Water Wizard - R. Gibbons	Closed	1992	9.44	14
1991	3534 The Air Wizard - R. Gibbons	Closed	1992	9.44	14
1991	3535 The Dragon of the Lake - R. Gibbons	Closed	1994	9.44	14

The Tudor Mint Inc.
to United Design Corp.

FIGURINES/COTTAGES

YEAR ISSUE		EDITION LIMIT	YEAR RETD.	ISSUE PRICE	QUOTE U.S.$
1991	3536 The Dragon's Spell - R.G./M.L.	Closed	1991	9.44	14
1991	3537 Merlin - M. Locker	Open		9.44	12
1991	3538 Excalibur - M.L./R.G.	Closed	1993	9.44	14
1991	3539 Camelot - M. Locker	Open		9.44	12
1991	3540 King Arthur - M.L./R.G.	Open		9.44	12
1991	3541 Queen Guinevere - M. Locker	Closed	1993	9.44	30
1992	3542 Dragon of the Forest - R. Gibbons	Open		10.11	12
1992	3543 Dragon of the Moon - R. Gibbons	Open		10.11	12
1992	3544 Wizard of Winter - R. Gibbons	Open		10.11	12
1992	3545 Dragon of Wisdom - R. Gibbons	Open		10.11	12
1992	3546 Dragon of the Sun - M. Locker	Open		10.11	12
1992	3547 Dragon of the Clouds - M. Locker	Open		10.11	12
1993	3548 Moon Wizard - A. Slocombe	Open		10.62	12
1993	3549 Unicorn of Light - A. Slocombe	Open		10.62	12
1993	3550 Return of Excalibur - M. Locker	Closed	1994	10.62	25
1993	3551 Magical Encounter - R. Gibbons	Open		10.62	12
1993	3552 Ice Dragon - A. Slocombe	Open		10.62	12
1993	3553 Sleepy Dragon - M. Locker	Open		10.62	12
1994	3554 Keeper of the Skulls - R. Gibbons	Open		10.80	12
1994	3555 The Dark Dragon - A. Slocombe	Open		10.80	12
1994	3556 Protector of the Young - M.L./R.G.	Open		10.80	12
1994	3557 Dragon of Light - R.G./A.S.	Open		10.80	12
1994	3558 Unicorns of Freedom - R. Gibbons	Open		10.80	12
1994	3559 Defender of the Crystal - R. Gibbons	Open		10.80	12
1995	3560 The Loving Dragons - N/A	Open		12.00	12
1995	3561 The Wizard of the Lake - N/A	Open		12.00	12
1995	3562 The Hatch Wings - N/A	Open		12.00	12
1995	3563 The Dragon of the Treasure - N/A	Open		12.00	12
1995	3564 The Armoured Dragon - N/A	Open		12.00	12
1995	3565 The Sword Master - N/A	Open		12.00	12

Myth & Magic One Year Only Piece - Various

YEAR ISSUE		EDITION LIMIT	YEAR RETD.	ISSUE PRICE	QUOTE U.S.$
1993	OY93 The Flying Dragon - A. Slocombe	Closed	1993	67.90	205-250
1994	OY94 Dragon of Underworld - R. Gibbons	Closed	1994	70.55	200
1995	OY95 Guardian of the Crystal - A. Slocombe	Open		84.90	108

Myth & Magic Promotion - Various

YEAR ISSUE		EDITION LIMIT	YEAR RETD.	ISSUE PRICE	QUOTE U.S.$
1993	3601 Dactrius - R.G./M.L./A.S.	Closed	1993	67.90	225-350
1994	3603 Vexius - A. Slocombe	Closed	1994	70.55	71

Myth & Magic Standard - Various

YEAR ISSUE		EDITION LIMIT	YEAR RETD.	ISSUE PRICE	QUOTE U.S.$
1989	3001 The Incantation - R. Gibbons	Open		16.90	34
1989	3002 The Siren - R. Gibbons	Open		16.90	34
1989	3003 The Evil of Greed - R. Gibbons	Closed	1989	16.90	250
1989	3004 The Book of Spells - M. Locker	Open		16.90	34
1989	3005 The Enchanted Castle - R. Gibbons	Closed	1991	16.90	75-125
1989	3006 The Cauldron of Lite - R. Gibbons	Open		16.90	34
1989	3007 The Winged Serpent - R. Gibbons	Closed	1991	16.90	75-125
1989	3008 The White Witch - R. Gibbons	Closed	1991	16.90	75-100
1989	3009 The Master Wizard - R. Gibbons	Closed	1993	16.90	50-75
1989	3010 The Infernal Demon - R. Gibbons	Closed	1989	16.90	220
1989	3011 The Warrior Knight - R. Gibbons	Closed	1990	16.90	175
1989	3012 The Deadly Combat - R. Gibbons	Closed	1989	16.90	300
1989	3013 The Old Hag - R. Gibbons	Closed	1990	16.90	200
1989	3014 The Crystal Queen - R. Gibbons	Closed	1993	16.90	75
1989	3015 The Astronomer - R. Gibbons	Closed	1990	16.90	135
1989	3016 Pipes of Pan - R. Gibbons	Closed	1990	16.90	175
1989	3017 Mischievous Goblin - R. Gibbons	Closed	1990	16.90	70-130
1989	3018 The Gorgon Medusa - R.G./M.L.	Closed	1990	16.90	150
1989	3019 The Alchemist - R.G./M.L.	Closed	1990	16.90	125
1989	3020 The Merman - R.G./M.L.	Closed	1990	16.90	120
1989	3021 The Guardian Dragon - R. Gibbons	Open		16.90	34
1989	3022 The Minotaur - R. Gibbons	Closed	1991	16.90	175
1989	3023 The Grim Reaper - R. Gibbons	Open		16.90	34
1989	3024 The Unicorn - R. Gibbons	Open		16.90	34
1989	3027 The Castle of Souls - R. Gibbons	Open		22.00	42
1989	3028 The Dragon Gateway - R. Gibbons	Open		22.00	42
1989	3029 The Dragon Rider - Gibbons/Locker	Open		16.90	34
1989	3030 The Dragon's Kiss - R.G./M.L.	Closed	1993	16.90	45
1989	3031 Witch and Familiar - R. Gibbons	Closed	1990	16.90	175
1989	3032 The Oriental Dragon - R.G./M.L.	Closed	1993	16.90	50-85
1989	3033 The Reborn Dragon - R. Gibbons	Open		16.90	34
1989	3034 The Fire Dragon - R.G./M.L.	Closed	1993	16.90	50-70
1989	3035 The Giant Sorceror - R.G./M.L.	Closed	1993	16.90	50-70
1989	3036 The Wizard of Light - R. Gibbons	Open		16.90	34
1989	3037 The Light of Knowledge - R.G./M.L.	Closed	1991	16.90	50-70
1989	3038 Pegasus - R. Gibbons	Open		16.90	34
1990	3039 The Earth Wizard - R.G./M.L.	Closed	1991	18.60	70-150
1990	3040 The Fire Wizard - R. Gibbons	Closed	1994	18.60	70
1990	3041 The Water Wizard - R. Gibbons	Closed	1991	18.60	70-150
1990	3042 The Air Wizard - R. Gibbons	Closed	1991	18.60	100-150
1990	3043 Mother Nature - R. Gibbons	Open		18.60	34
1990	3044 Dragon of the Lake - R. Gibbons	Closed	1993	26.10	70-140
1990	3045 The Dragon's Spell - R.G./M.L.	Closed	1992	18.60	70-100
1990	3046 Keeper of the Treasure - R. Gibbons	Open		18.60	34
1990	3047 George & the Dragon - R. Gibbons	Closed	1990	18.60	500
1990	3048 Dragon of the Sea - R. Gibbons	Closed	1993	18.60	50-70
1990	3049 Dragon of the Forest - R. Gibbons	Closed	1994	18.65	70
1990	3050 Dragon of Wisdom - R. Gibbons	Open		18.60	34
1990	3051 Spirits of the Forest - R. Gibbons	Open		18.60	42
1990	3052 Virgin and Unicorn - R. Gibbons	Closed	1993	26.10	75
1991	3053 The Wizard of Autumn - R. Gibbons	Open		22.00	34
1991	3054 The Wizard of Winter - R. Gibbons	Open		22.00	34
1991	3055 The Wizard of Spring - A. Slocombe	Open		22.00	34
1991	3056 The Wizard of Summer - R. Gibbons	Open		22.00	34
1991	3057 The Dragon of the Moon - R. Gibbons	Open		22.00	34
1991	3058 The Dragon of the Sun - M. Locker	Open		22.00	34
1991	3059 Dragon of the Clouds - M. Locker	Open		22.00	34
1991	3060 The Spirited Pegasus - R. Gibbons	Closed	1994	22.00	75
1991	3061 The Castle of Spires - A. Slocombe	Closed	1993	29.75	75
1991	3062 Castle in the Clouds - A. Slocombe	Closed	1992	22.00	75
1991	3063 The Moon Wizard - A. Slocombe	Open		22.00	34
1991	3064 Dragon of the Stars - M. Locker	Open		29.75	34
1991	3065 The Sorceress of Light - M. Locker	Closed	1994	22.00	40
1991	3066 The Jewelled Dragon - A. Slocombe	Open		22.00	34
1991	3067 Old Father Time - M. Locker	Closed	1993	29.75	50
1991	3068 Runelore - R. Gibbons	Open		29.75	42
1992	3069 The Fairy Queen - A. Slocombe	Closed	1993	23.70	50
1992	3070 The Dragon Queen - A. Slocombe	Open		32.20	42
1992	3071 The Ice Dragon - A. Slocombe	Open		23.70	34
1992	3072 The Sleepy Dragon - M. Locker	Open		23.70	34
1992	3073 Unicorn of Light - A. Slocombe	Open		23.70	34
1992	3074 Starspell - M. Locker	Open		23.70	34
1992	3075 The Visionary - R. Gibbons	Open		32.20	42
1992	3076 The Crystal Spell - M. Locker	Open		23.70	34
1992	3077 Unicorn Rider - A. Slocombe	Open		23.70	34
1992	3078 The Loremaker - A. Slocombe	Open		23.70	34
1992	3079 Dragon's Enchantress - A. Slocombe	Closed	1994	32.20	45
1992	3080 The Leaf Spirit - R. Gibbons	Closed	1994	23.70	70
1992	3081 Wizard of the Future - R. Gibbons	Open		23.70	34
1992	3082 The Swamp Dragon - A. Slocombe	Open		23.70	34
1992	3083 Dragon of the Skulls - R. Gibbons	Open		23.70	34
1992	3084 The Dark Dragon - A. Slocombe	Open		23.70	34
1992	3085 The Dragon of Light - R.G./A.S.	Open		23.70	34
1993	3092 The Fountain of Light - A. Slocombe	Open		25.00	34
1993	3093 The Dawn of the Dragon - R.G./M.L.	Open		25.00	34
1993	3094 The Dragon of Prehistory - R. Gibbons	Open		25.00	34
1993	3095 Defender of the Crystal - A. Slocombe	Open		25.00	34
1993	3096 Rising of the Phoenix - M. Locker	Open		25.00	34
1993	3097 The Protector of Young - M.L./R.G.	Open		25.00	34
1993	3098 Unicorns of Freedom - A. Slocombe	Open		25.00	34
1993	3099 Keeper of the Skulls - R. Gibbons	Open		33.60	42
1993	3100 Wizard of the Serpents - M. Locker	Open		25.00	34
1993	3101 The Loving Dragons - M. Locker	Open		25.00	34
1993	3102 The Sword Master - M. L./A.S.	Open		25.00	34
1993	3103 Dragon of Mystery - M. Locker	Open		25.00	34
1994	3104 Wizard of the Skies - M. Locker	Open		25.40	36
1994	3105 The Dragon of the Treasure - A. Slocombe	Open		25.40	36
1994	3106 Wizard of the Lake - R. Gibbons	Open		25.40	36
1994	3107 Banishing the Dragon - S. Darnley	Open		25.40	36
1994	3108 The Dragon's Castle - R. Gibbons	Open		25.40	44
1994	3109 The Mystical Travellers - M. Locker	Open		25.40	36
1994	3110 The Armoured Dragon - S. Darnley	Open		25.40	36
1994	3111 The Hatchlings - S. Darnley	Open		25.40	36
1994	3112 Dragon of Ice Crystals - A. Slocombe	Open		30.50	42
1994	3113 Mischievous Dragon - S. Darnley	Open		25.40	36
1994	3114 The Crystal Unicorn - S. Darnley	Open		30.50	42
1994	3115 Summoner of Light - M. Locker	Open		30.50	42
1994	3116 The Majestic Dragon - A. Slocombe	Open		30.50	42
1994	3117 The Proud Pegasus - R. Gibbons	Open		25.40	36
1995	3118 The Dragon Warrior - S. Darnley	Open		40.00	42
1995	3119 The Crystal Serpent - M. Locker	Open		54.00	54
1995	3120 The Dragon of the Deep - M. Locker	Open		34.00	34
1995	3121 The Celtic Dragon - A. Slocombe	Open		42.00	42
1995	3122 The Unicorn of Justice - A. Slocombe	Open		34.00	34
1995	3123 The Dragon King - M. Locker	Open		64.00	64
1995	3124 The Castle of Light - R. Gibbons	Open		34.00	34
1995	3125 The Dragon's Next - A. Slocombe	Open		42.00	42
1995	3126 The Mischievous Dragonets - R. Gibbons	Open		42.00	42
1995	3127 The Guardian of Light - R. Gibbons	Open		54.00	54
1995	3128 The Dragon Thief - R. Gibbons	Open		42.00	42
1995	3129 The Earth Dragon - R. Gibbons	Open		54.00	54

United Design Corp.

Angels Collection - Various

YEAR ISSUE		EDITION LIMIT	YEAR RETD.	ISSUE PRICE	QUOTE U.S.$
1993	Angel of Flight AA-032 - K. Memoli	10,000		100.00	100
1993	Angel w/ Birds AA-034 - D. Newburn	10,000		75.00	75
1993	Angel w/ Leaves AA-035 - D. Newburn	10,000		70.00	70
1993	Angel w/ Leaves, Emerald AA-041 - D. Newburn	10,000		70.00	70
1993	Angel w/ Lillies-033 - D. Newburn	10,000		80.00	80
1994	Angel w/Book AA-058 - D. Newburn	10,000		84.00	84
1994	Angel w/Christ Child AA-061 - K. Memoli	10,000		84.00	84
1993	Angel w/Lillies, Crimson AA-040 - D. Newburn	10,000		80.00	80
1992	Angel, Lamb & Critters AA-021 - S. Bradford	10,000		90.00	95
1992	Angel, Lion & Lamb AA-020 - K. Memoli	10,000	1994	135.00	150
1994	Angel, Roses and Bluebirds AA-054 - D. Newburn	10,000		65.00	65
1991	Christmas Angel AA-003 - S. Bradford	Retrd.	1994	125.00	125
1991	Classical Angel AA-005 - S. Bradford	10,000		79.00	79
1994	Dreaming of Angels AA-060 - K. Memoli	10,000		120.00	120
1994	Earth Angel AA-059 - S. Bradford	10,000		84.00	84
1992	The Gift '92 AA-018 - S. Bradford	Retrd.	1992	140.00	200
1993	The Gift '93 AA-037 - S. Bradford	3,500	1993	120.00	120
1994	The Gift '94 AA-057 - D. Newburn	5,000	1994	140.00	200
1991	The Gift AA-009 - S. Bradford	Retrd.	1991	135.00	425-575
1994	Harvest Angel AA-063 - S. Bradford	10,000		84.00	84
1991	Heavenly Shepherdess AA-008 - S. Bradford	10,000		99.00	99
1992	Joy To The World AA-016 - D. Newburn	10,000		90.00	95
1993	Madonna AA-031 - K. Memoli	10,000		100.00	100
1991	Messenger of Peace AA-006 - S. Bradford	10,000		75.00	79
1992	Peaceful Encounter AA-017 - D. Newburn	10,000		100.00	100

FIGURINES/COTTAGES

United Design Corp. to United Design Corp.

YEAR ISSUE		EDITION LIMIT	YEAR RETD.	ISSUE PRICE	QUOTE U.S.$
1991	Trumpeter Angel AA-004 - S. Bradford	10,000		99.00	99
1992	Winter Angel AA-019 - D. Newburn	10,000		75.00	75
1991	Winter Rose Angel AA-007 - S. Bradford	Retrd.	1994	65.00	65

Backyard Birds - Various

YEAR ISSUE		EDITION LIMIT	YEAR RETD.	ISSUE PRICE	QUOTE U.S.$
1994	Allen's on Pink Flowers BB-044 - P.J. Jonas	Open		22.00	22
1994	Allen's on Purple Morning Glory BB-051 - P.J. Jonas	Open		22.00	22
1989	Baltimore Oriole BB-024 - S. Bradford	Open		19.50	22
1989	Blue Jay BB-026 - S. Bradford	Open		19.50	22
1989	Blue Jay, Baby BB-027 - S. Bradford	Open		15.00	15
1990	Bluebird (Upright) BB-031 - S. Bradford	Open		20.00	20
1988	Bluebird BB-009 - S. Bradford	Open		15.00	21
1988	Bluebird Hanging BB-017 - S. Bradford	Retrd.	1990	11.00	17
1988	Bluebird, Small BB-001 - S. Bradford	Open		10.00	11
1994	Broadbill on Blue Morning Glory BB-053 - P.J. Jonas	Open		22.00	22
1994	Broadbill on Trumpet Vine BB-043 - P.J. Jonas	Open		22.00	22
1994	Broadbill on Yellow Fuscia BB-055 - P.J. Jonas	Open		22.00	22
1994	Broadbill Pair on Yellow Flowers BB-048 - P.J. Jonas	Open		30.00	30
1988	Cardinal Hanging BB-018 - S. Bradford	Retrd.	1990	11.00	11
1988	Cardinal, Female BB-011 - S. Bradford	Open		15.00	17
1988	Cardinal, Male BB-013 - S. Bradford	Open		15.00	18
1988	Cardinal, Small BB-002 - S. Bradford	Open		10.00	11
1990	Cedar Waxwing Babies BB-033 - S. Bradford	Open		22.00	22
1990	Cedar Waxwing BB-032 - S. Bradford	Open		20.00	20
1988	Chickadee BB-010 - S. Bradford	Open		15.00	18
1988	Chickadee Hanging BB-019 - S. Bradford	Retrd.	1990	11.00	11
1988	Chickadee, Small BB-003 - S. Bradford	Open		10.00	11
1990	Evening Grosbeak BB-034 - S. Bradford	Open		22.00	22
1989	Goldfinch BB-028 - S. Bradford	Open		16.50	20
1989	Hoot Owl BB-025 - S. Bradford	Open		15.00	20
1988	Humingbird BB-012 - S. Bradford	Open		15.00	18
1988	Hummingbird Female, Small BB-005 - S. Bradford	Retrd.	1991	10.00	10
1988	Hummingbird Flying, Small BB-004 - S. Bradford	Open		10.00	11
1988	Hummingbird Sm., Hanging BB-022 - S. Bradford	Retrd.	1990	11.00	11
1988	Hummingbird, Lg., Hanging BB-023 - S. Bradford	Retrd.	1990	15.00	15
1990	Indigo Bunting BB-036 - S. Bradford	Open		20.00	20
1990	Indigo Bunting, Female BB-039 - S. Bradford	Open		20.00	20
1994	Magnificent Pair on Trumpet Vine BB-046 - P.J. Jonas	Open		30.00	30
1990	Nuthatch, White-throated BB-037 - S. Bradford	Open		20.00	20
1990	Painted Bunting BB-040 - S. Bradford	Open		20.00	20
1990	Painted Bunting, Female BB-041 - S. Bradford	Open		20.00	20
1990	Purple Finch BB-038 - S. Bradford	Open		20.00	20
1988	Red-winged Blackbird BB-014 - S. Bradford	Retrd.	1991	15.00	17
1988	Robin Babies BB-008 - S. Bradford	Open		15.00	19
1988	Robin Baby, Small BB-006 - S. Bradford	Open		10.00	11
1988	Robin BB-015 - S. Bradford	Open		15.00	21
1988	Robin Hanging BB-020 - S. Bradford	Retrd.	1990	11.00	11
1990	Rose Breasted Grosbeak BB-042 - S. Bradford	Open		20.00	20
1994	Rubythroat on Pink Fuscia BB-054 - P.J. Jonas	Open		22.00	22
1994	Rubythroat on Red Morning Glory BB-052 - P.J. Jonas	Open		22.00	22
1994	Rubythroat on Thistle BB-049 - P.J. Jonas	Open		16.50	17
1994	Rubythroat on Yellow Flowers BB-045 - P.J. Jonas	Open		22.00	22
1994	Rubythroat Pair on Pink Flowers BB-047 - P.J. Jonas	Open		30.00	30
1989	Saw-Whet Owl BB-029 - S. Bradford	Open		15.00	18
1988	Sparrow BB-016 - S. Bradford	Open		15.00	17
1988	Sparrow Hanging BB-021 - S. Bradford	Retrd.	1990	11.00	11
1988	Sparrow, Small BB-007 - S. Bradford	Open		10.00	11
1989	Woodpecker BB-030 - S. Bradford	Open		16.50	20

Easter Bunny Family - D. Kennicutt

YEAR ISSUE		EDITION LIMIT	YEAR RETD.	ISSUE PRICE	QUOTE U.S.$
1994	All Hidden SEC-045	Open		24.50	25
1989	Auntie Bunny SEC-008	Retrd.	1992	20.00	23
1992	Auntie Bunny w/Cake SEC-033R	Retrd.	1994	20.00	22
1991	Baby in Buggy, Boy SEC-027R	Retrd.	1994	20.00	22
1991	Baby in Buggy, Girl SEC-029R	Retrd.	1994	20.00	22
1994	Babysitter SEC-049	Open		24.50	25
1994	Bath Time SEC-044	Open		24.50	25
1995	Bed Time SEC-057	Open		24.00	24
1992	Boy Bunny w/Large Egg SEC-034R	Retrd.	1994	20.00	22
1991	Bubba In Wheelbarrow SEC-021	Retrd.	1993	20.00	20
1990	Bubba w/Wagon SEC-016	Retrd.	1993	16.50	18
1988	Bunnies, Basket Of SEC-001	Retrd.	1991	13.00	18
1991	Bunny Boy w/Basket SEC-025	Retrd.	1993	20.00	20
1988	Bunny Boy w/Duck SEC-002	Retrd.	1991	13.00	18
1988	Bunny Girl w/Hen SEC-004	Retrd.	1991	13.00	18
1989	Bunny w/Prize Egg SEC-010	Retrd.	1993	19.50	20
1988	Bunny, Easter SEC-003	Retrd.	1991	15.00	18
1993	Christening Day SEC-040	Open		20.00	22
1989	Ducky w/Bonnet, Blue SEC-015	Retrd.	1992	10.00	12
1989	Ducky w/Bonnet, Pink SEC-014	Retrd.	1992	10.00	12
1992	Easter Bunny w/Back Pack SEC-030	Open		20.00	22
1990	Easter Bunny w/Crystal SEC-017	Open		23.00	25
1993	Easter Bunny, Chocolate Egg SEC-041	Open		23.00	25
1995	Easter Cookies SEC-052	Open		24.00	24
1989	Easter Egg Hunt SEC-012	Open		16.50	22
1993	Egg Roll SEC-036	Open		23.00	25
1991	Fancy Find SEC-028	Open		20.00	22
1995	First Outing SEC-054	Open		19.00	19
1994	First Steps SEC-048	Open		24.50	25
1994	Gift Carrot SEC-046	Open		22.00	22
1993	Girl Bunny w/Basket SEC-039	Open		20.00	22
1992	Girl Bunny w/Large Egg SEC-035R	Retrd.	1994	20.00	22
1993	Grandma & Quilt SEC-037	Open		23.00	25
1992	Grandma w/ Bible SEC-031	Open		20.00	22
1992	Grandpa w/Carrots SEC-032R	Retrd.	1994	20.00	22
1990	Hen w/Chick SEC-018	Retrd.	1992	23.00	23
1994	Large Prize Egg SEC-047	Open		22.00	22
1989	Little Sis w/Lolly SEC-009	Retrd.	1992	14.50	18
1993	Lop Ear Dying Eggs SEC-042	Open		23.00	25
1991	Lop-Ear w/Crystal SEC-022	Open		23.00	25
1993	Mom Storytime SEC-043	Open		20.00	22
1990	Momma Making Basket SEC-019	Retrd.	1992	23.00	23
1990	Mother Goose SEC-020	Retrd.	1992	16.50	20
1991	Nest of Bunny Eggs SEC-023	Open		17.50	22
1995	Printing Lessons SEC-053	Open		19.00	19
1995	Quality Inspection SEC-055	Open		19.00	19
1988	Rabbit, Grandma SEC-005	Retrd.	1991	15.00	20
1988	Rabbit, Grandpa SEC-006	Retrd.	1991	15.00	20
1988	Rabbit, Momma w/Bonnet SEC-007	Retrd.	1991	15.00	20
1989	Rock-A-Bye Bunny SEC-013	Open		20.00	25
1993	Rocking Horse SEC-038	Open		20.00	22
1989	Sis & Bubba Sharing SEC-011	Open		22.50	25
1995	Spring Flying SEC-058	Open		19.00	19
1995	Team Work SEC-051	Open		24.00	24
1995	Two in a Basket SEC-056	Open		24.00	24
1991	Victorian Auntie Bunny SEC-026	Retrd.	1993	20.00	20
1991	Victorian Momma SEC-024	Retrd.	1993	20.00	20
1994	Wheelbarrow SEC-050	Open		24.50	25

Easter Bunny Family Babies - D. Kennicutt

YEAR ISSUE		EDITION LIMIT	YEAR RETD.	ISSUE PRICE	QUOTE U.S.$
1995	Baby in Basket SEC-815	Open		8.00	8
1994	Baby on Blanket, Naptime SEC-807	Open		6.50	7
1995	Basket of Carrots SEC-812	Open		8.00	8
1994	Boy Baby with Blocks SEC-805	Open		6.50	7
1995	Boy w/Butterfly SEC-814	Open		8.00	8
1994	Boy with Baseball Bat SEC-801	Open		6.50	7
1994	Boy with Basket and Egg SEC-802	Open		6.50	7
1994	Boy with Stick Horse SEC-803	Open		6.50	7
1995	Gift Egg SEC-808	Open		8.00	8
1994	Girl with Big Egg SEC-806	Open		6.50	7
1994	Girl with Blanket SEC-800	Open		6.50	7
1994	Girl with Toy Rabbit SEC-804	Open		6.50	7
1995	Hostess SEC-810	Open		8.00	8
1995	Lop Ear & Flower Pot SEC-809	Open		8.00	8
1995	Spring Flowers SEC-813	Open		8.00	8
1995	Tea Party SEC-811	Open		8.00	8

Easter Bunny Family Miniatures - Various

YEAR ISSUE		EDITION LIMIT	YEAR RETD.	ISSUE PRICE	QUOTE U.S.$
1994	Auntie Bunny mini SEC-525 - D. Newburn	Open		8.50	9
1993	Baby Boy with Pail SEC-512 - D. Newburn	Open		8.50	9
1993	Baby Girl with Bunny SEC-513 - D. Newburn	Open		7.50	8
1993	Baby in Cradle SEC-515 - P.J. Jonas	Open		7.50	8
1993	Basket of Bunnies mini SEC-504 - P.J. Jonas	Open		7.50	8
1993	Boy Bunny with Blocks SEC-506 - P.J. Jonas	Open		8.50	9
1993	Bubba with Goose mini SEC-505 - D. Newburn	Open		7.50	8
1994	Bunny and Goose Reading SEC-516 - P.J. Jonas	Open		8.50	9
1993	Bunny under Bonnet SEC-500 - P.J. Jonas	Open		7.50	8
1994	Bunny with Toy Cow SEC-527 - P.J. Jonas	Open		7.50	8
1994	Easter Bonnet (Lop Ear) SEC-523 - D. Newburn	Open		7.50	8
1993	Easter Bunny mini SEC-510 - D. Newburn	Open		8.50	9
1993	Girl Bunny with Carrots SEC-501 - P.J. Jonas	Open		8.50	9
1993	Girl Bunny with Hen mini SEC-502 - P.J. Jonas	Open		7.50	8
1993	Grandma Rabbit mini SEC-507 - P.J. Jonas	Open		8.50	9
1993	Grandpa Rabbit mini SEC-508 - P.J. Jonas	Open		8.50	9
1993	Lilly mini SEC-514 - D. Newburn	Open		7.50	8
1994	Little Lop Artist SEC-520 - D. Newburn	Open		8.50	9
1994	Little Sis with Lolly mini SEC-519 - D. Newburn	Open		8.50	9
1993	Lop Ear and Paint Bucket SEC-503 - D. Newburn	Open		8.50	9
1994	Lop Ear Boy with Wagon SEC-526 - D. Newburn	Open		7.50	8
1993	Lop Ear Girl with Egg SEC-509 - D. Newburn	Open		7.50	8
1994	Mini Momma with Basket SEC-517 - P.J. Jonas	Open		8.50	9
1994	Mini Prize Egg SEC-524 - P.J. Jonas	Open		7.50	8
1993	Momma Rabbit mini SEC-511 - D. Newburn	Open		8.50	9
1994	Spring Showers SEC-522 - P.J. Jonas	Open		8.50	9
1994	Victorian Auntie Bunny mini SEC-521 - P.J. Jonas	Open		7.50	8
1994	Victorian Momma Bunny mini SEC-518 - D. Newburn	Open		8.50	9

Legend of Santa Claus - Various

YEAR ISSUE		EDITION LIMIT	YEAR RETD.	ISSUE PRICE	QUOTE U.S.$
1992	Arctic Santa CF-035 - S. Bradford	7,500		90.00	100
1988	Assembly Required CF-017 - L. Miller	Retrd.	1994	79.00	110
1991	Blessed Flight CF-032 - K. Memoli	7,500	1994	159.00	200
1987	Checking His List CF-009 - L. Miller	Retrd.	1994	75.00	100
1989	Christmas Harmony CF-020 - S. Bradford	Retrd.	1992	85.00	130
1992	The Christmas Tree CF-038 - L. Miller	7,500		90.00	90
1993	Dear Santa CF-046 - K. Memoli	7,500		170.00	170
1987	Dreaming Of Santa CF-008 - S. Bradford	Retrd.	1988	65.00	325
1992	Earth Home Santa CF-040 - S. Bradford	7,500		135.00	140
1986	Elf Pair CF-005 - L. Miller	Retrd.	1992	60.00	125
1988	Father Christmas CF-018 - S. Bradford	Retrd.	1993	75.00	100
1991	For Santa CF-029 - L. Miller	7,500		99.00	135
1990	Forest Friends CF-025 - L. Miller	Retrd.	1993	90.00	110
1989	Hitching Up CF-021 - L. Miller	Retrd.	1993	90.00	100
1993	Jolly St. Nick CF-045 - K. Memoli	7,500		130.00	130
1993	Jolly St. Nick, Victorian CF-050 - K. Memoli	7,500		120.00	120
1986	Kris Kringle CF-002 - L. Miller	Retrd.	1991	60.00	175
1992	Letters to Santa CF-036 - L. Miller	7,500		125.00	130
1988	Load 'Em Up CF-016 - S. Bradford	Retrd.	1990	79.00	350
1987	Loading Santa's Sleigh CF-010 - L. Miller	Retrd.	1993	100.00	110
1992	Loads of Happiness CF-041 - K. Memoli	7,500		100.00	110
1994	Long Stocking Dilemma, Victorian CF-055 - K. Memoli	7,500		170.00	170
1994	Longstocking Dilemma CF-052 - K. Memoli	7,500		170.00	170
1987	Mrs. Santa CF-006 - S. Bradford	Retrd.	1991	60.00	195
1993	The Night Before Christmas CF-043 - L. Miller	7,500		100.00	100
1993	Northwoods Santa CF-047 - S. Bradford	7,500		100.00	100
1987	On Santa's Knee-CF007 - S. Bradford	Retrd.	1994	65.00	90
1990	Puppy Love CF-024 - L. Miller	Retrd.	1994	100.00	130
1989	A Purrr-Fect Christmas CF-019 - S. Bradford	Retrd.	1994	95.00	130
1991	Reindeer Walk CF-031 - K. Memoli	7,500		150.00	165
1986	Rooftop Santa CF-004 - S. Bradford	Retrd.	1991	65.00	170
1990	Safe Arrival CF-027 - Memoli/Jonas	7,500		150.00	175
1992	Santa and Comet CF-037 - L. Miller	7,500		110.00	110
1992	Santa and Mrs. Claus CF-039 - K. Memoli	7,500		150.00	150
1992	Santa and Mrs. Claus, Victorian CF-042 - K. Memoli	7,500		135.00	140
1986	Santa At Rest CF-001 - L. Miller	Retrd.	1988	70.00	600
1991	Santa At Work CF-030 - L. Miller	7,500		99.00	110
1987	Santa On Horseback CF-011 - S. Bradford	Retrd.	1990	75.00	295
1994	Santa Riding Dove CF-053 - L. Miller	7,500		120.00	120
1986	Santa With Pups CF-003 - S. Bradford	Retrd.	1988	65.00	570
1993	Santa's Friends CF-044 - L. Miller	7,500		100.00	100
1988	St. Nicholas CF-015 - L. Miller	Retrd.	1992	75.00	135
1994	Star Santa w/ Polar Bear CF-054 - S. Bradford	7,500		130.00	130
1994	The Story of Christmas CF-051 - K. Memoli	7,500		180.00	180
1993	Victorian Lion & Lamb Santa CF-048 - S. Bradford	7,500		100.00	100
1990	Victorian Santa CF-028 - S. Bradford	Retrd.	1992	125.00	200-400
1991	Victorian Santa w/ Teddy CF-033 - S. Bradford	7,500		150.00	160

United Design Corp.
to WACO Products Corp.

FIGURINES/COTTAGES

YEAR ISSUE		EDITION LIMIT	YEAR RETD.	ISSUE PRICE	QUOTE U.S.$
1990	Waiting For Santa CF-026 - S. Bradford	7,500		100.00	130

Legend Of The Little People - L. Miller

YEAR ISSUE		EDITION LIMIT	YEAR RETD.	ISSUE PRICE	QUOTE U.S.$
1989	Adventure Bound LL-002	Retrd.	1994	35.00	50
1989	Caddy's Helper LL-007	Retrd.	1994	35.00	50
1991	The Easter Bunny's Cart LL-020	Retrd.	1994	45.00	50
1991	Fire it Up LL-023	Retrd.	1994	50.00	55
1990	Fishin' Hole LL-012	Retrd.	1994	35.00	50
1989	A Friendly Toast LL-003	Retrd.	1994	35.00	50
1990	Gathering Acorns LL-014	Retrd.	1994	100.00	100
1991	Got It LL-021	Retrd.	1994	45.00	50
1990	Hedgehog In Harness LL-010	Retrd.	1994	45.00	50
1990	Husking Acorns LL-008	Retrd.	1994	60.00	65
1991	It's About Time LL-022	Retrd.	1994	55.00	60
1990	A Little Jig LL-018	Retrd.	1994	45.00	50
1990	A Look Through The Spyglass LL-015	Retrd.	1994	40.00	50
1989	Magical Discovery LL-005	Retrd.	1994	45.00	50
1990	Ministral Magic LL-017	Retrd.	1994	45.00	50
1990	A Proclamation LL-013	Retrd.	1994	45.00	55
1989	Spring Water Scrub LL-006	Retrd.	1994	35.00	50
1990	Traveling Fast LL-009	Retrd.	1994	45.00	50
1989	Treasure Hunt LL-004	Retrd.	1994	45.00	50
1991	Viking LL-019	Retrd.	1994	45.00	50
1989	Woodland Cache LL-001	Retrd.	1994	35.00	50
1990	Woodland Scout LL-011	Retrd.	1994	40.00	50
1990	Writing The Legend LL-016	Retrd.	1994	35.00	65

Lil' Dolls - Various

YEAR ISSUE		EDITION LIMIT	YEAR RETD.	ISSUE PRICE	QUOTE U.S.$
1992	Clara & The Nutcracker LD-017 - D. Newburn	Retrd.	1994	35.00	35
1991	The Nutcracker LD-006 - P.J. Jonas	Retrd.	1994	35.00	35

Music Makers - Various

YEAR ISSUE		EDITION LIMIT	YEAR RETD.	ISSUE PRICE	QUOTE U.S.$
1991	A Christmas Gift MM-015 - D. Kennicutt	Retrd.	1993	59.00	59
1991	Crystal Angel MM-017 - D. Kennicutt	Retrd.	1993	59.00	59
1991	Dashing Through The Snow MM-013 - D. Kennicutt	Retrd.	1993	59.00	59
1989	Evening Carolers MM-005 - D. Kennicutt	Retrd.	1993	69.00	69
1989	Herald Angel MM-011 - S. Bradford	Retrd.	1993	79.00	79
1991	Nutcracker MM-024 - P.J. Jonas	Retrd.	1994	69.00	69
1991	Peace Descending MM-025 - P.J. Jonas	Retrd.	1993	69.00	69
1991	Renaissance Angel MM-028 - P.J. Jonas	Retrd.	1994	69.00	69
1989	Santa's Sleigh MM-004 - L. Miller	Retrd.	1993	69.00	69
1991	Teddy Bear Band #2 MM-023 - D. Kennicutt	Retrd.	1994	90.00	90
1989	Teddy Bear Band MM-012 - S. Bradford	Retrd.	1993	99.00	100
1989	Teddy Drummers MM-009 - D. Kennicutt	Retrd.	1993	69.00	69
1991	Teddy Soldiers MM-018 - D. Kennicutt	Retrd.	1994	69.00	84
1991	Victorian Santa MM-026 - L. Miller	Retrd.	1993	69.00	69

Party Animals™ - Various

YEAR ISSUE		EDITION LIMIT	YEAR RETD.	ISSUE PRICE	QUOTE U.S.$
1992	Democratic Donkey ('92) - K. Memoli	Open		20.00	20
1984	Democratic Donkey ('84) - D. Kennicutt	Retrd.	1986	14.50	16
1986	Democratic Donkey ('86) - L. Miller	Retrd.	1988	14.50	15
1988	Democratic Donkey ('88) - L. Miller	Retrd.	1990	14.50	16
1990	Democratic Donkey ('90) - D. Kennicutt	Retrd.	1992	16.00	16
1984	GOP Elephant ('84) - L. Miller	Retrd.	1986	14.50	16
1986	GOP Elephant ('86) - L. Miller	Retrd.	1988	14.50	15
1988	GOP Elephant ('88) - L. Miller	Retrd.	1990	14.50	16
1990	GOP Elephant ('90) - D. Kennicutt	Retrd.	1992	16.00	16
1992	GOP Elephant ('92) - K. Memoli	Open		20.00	20

PenniBears™ - P.J. Jonas

YEAR ISSUE		EDITION LIMIT	YEAR RETD.	ISSUE PRICE	QUOTE U.S.$
1992	After Every Meal PB-058	Retrd.	1994	22.00	22
1992	Apple For Teacher PB-069	Retrd.	1994	24.00	24
1989	Attic Fun PB-019	Retrd.	1992	20.00	40
1989	Baby Hugs PB-007	Retrd.	1992	20.00	35
1991	Baking Goodies PB-043	Retrd.	1993	26.00	26
1989	Bathtime Buddies PB-023	Retrd.	1992	20.00	22
1992	Batter Up PB-066	Retrd.	1994	22.00	22
1991	Bear Footin' it PB-037	Retrd.	1993	24.00	24
1992	Bear-Capade PB-073	Retrd.	1994	22.00	22
1991	Bearly Awake PB-033	Retrd.	1993	22.00	22
1989	Beautiful Bride PB-004	Retrd.	1992	20.00	45-50
1993	Big Chief Little Bear PB-088	12/95		28.00	28
1989	Birthday Bear PB-018	Retrd.	1992	20.00	40
1991	Boo Hoo Bear PB-050	Retrd.	1994	22.00	22
1990	Boooo Bear PB-025	Retrd.	1993	20.00	22
1991	Bountiful Harvest PB-045	Retrd.	1994	24.00	24
1989	Bouquet Boy PB-003	Retrd.	1992	20.00	45-50
1989	Bouquet Girl PB-001	Retrd.	1992	20.00	45-50
1991	Bump-bear-Crop PB-035	Retrd.	1993	26.00	26
1991	Bunny Buddies PB-042	Retrd.	1993	22.00	22
1989	Butterfly Bear PB-005	Retrd.	1992	20.00	45-50
1990	Buttons & Bows PB-012	Retrd.	1992	20.00	45-50
1992	Christmas Cookies PB-075	Retrd.	1994	22.00	22
1991	Christmas Reinbear PB-046	Retrd.	1994	28.00	28
1992	Cinderella PB-056	Retrd.	1994	22.00	22
1992	Clowning Around PB-065	Retrd.	1994	22.00	22
1989	Cookie Bandit PB-006	Retrd.	1992	20.00	30
1990	Count Bearacula PB-027	Retrd.	1993	22.00	24
1991	Country Lullabye PB-036	Retrd.	1993	24.00	24
1990	Country Quilter PB-030	Retrd.	1993	22.00	26
1990	Country Spring PB-013	Retrd.	1992	20.00	45-50
1991	Curtain Call PB-049	Retrd.	1994	24.00	24
1992	Decorating The Wreath PB-076	Retrd.	1994	22.00	22
1989	Doctor Bear PB-008	Retrd.	1992	20.00	22
1992	Downhill Thrills PB-070	Retrd.	1994	24.00	24
1990	Dress Up Fun PB-028	Retrd.	1993	22.00	24
1992	Dust Bunny Roundup PB-062	Retrd.	1994	22.00	22
1992	First Prom PB-064	Retrd.	1994	22.00	22
1990	Garden Path PB-014	Retrd.	1992	20.00	45-50
1993	Getting 'Round On My Own PB-085	12/95		26.00	26
1990	Giddiap Teddy PB-011	Retrd.	1992	20.00	35
1991	Goodnight Little Prince PB-041	Retrd.	1993	26.00	26
1991	Goodnight Sweet Princess PB-040	Retrd.	1993	26.00	26
1993	Gotta Try Again PB-082	12/95		24.00	24
1989	Handsome Groom PB-015	Retrd.	1992	20.00	45
1993	Happy Birthday PB-084	12/95		26.00	26
1993	A Happy Camper PB-077	12/95		28.00	28
1991	Happy Hobo PB-051	Retrd.	1994	26.00	26
1989	Honey Bear PB-002	Retrd.	1992	20.00	45-50
1992	I Made It Boy PB-061	Retrd.	1994	22.00	22
1992	I Made It Girl PB-060	Retrd.	1994	22.00	22
1989	Lazy Days PB-009	Retrd.	1992	20.00	22
1992	Lil' Devil PB-071	Retrd.	1994	24.00	24
1991	Lil' Mer-teddy PB-034	Retrd.	1993	24.00	24
1992	Lil' Sis Makes Up PB-074	Retrd.	1994	22.00	22
1993	Little Bear Peep PB-083	12/95		24.00	24
1993	Making It Better PB-087	12/95		24.00	24
1993	May Joy Be Yours PB-080	12/95		24.00	24
1993	My Forever Love PB-078	12/95		28.00	28
1989	Nap Time PB-016	Retrd.	1992	20.00	22
1989	Nurse Bear PB-017	Retrd.	1992	20.00	30
1992	On Your Toes PB-068	Retrd.	1994	24.00	24
1989	Petite Mademoiselle PB-010	Retrd.	1992	20.00	45
1991	Pilgrim Provider PB-047	Retrd.	1994	32.00	32
1992	Pot O' Gold PB-059	Retrd.	1994	22.00	22
1992	Puddle Jumper PB-057	Retrd.	1994	24.00	24
1989	Puppy Bath PB-020	Retrd.	1992	20.00	22
1989	Puppy Love PB-021	Retrd.	1992	20.00	22
1993	Rest Stop PB-079	12/95		24.00	24
1992	Sandbox Fun PB-063	Retrd.	1994	22.00	22
1990	Santa Bear-ing Gifts PB-031	Retrd.	1993	24.00	26
1993	Santa's Helper PB-081	12/95		28.00	28
1990	Scarecrow Teddy PB-029	Retrd.	1993	24.00	24
1992	Smokey's Nephew PB-055	Retrd.	1994	22.00	22
1990	Sneaky Snowball PB-026	Retrd.	1993	20.00	22
1989	Southern Belle PB-024	Retrd.	1992	20.00	35
1992	Spanish Rose PB-053	Retrd.	1994	24.00	24
1990	Stocking Surprise PB-032	Retrd.	1993	22.00	26
1993	Summer Belle PB-086	12/95		24.00	24
1991	Summer Sailing PB-039	Retrd.	1993	26.00	30
1991	Sweet Lil 'Sis PB-048	Retrd.	1994	22.00	22
1991	Sweetheart Bears PB-044	Retrd.	1993	28.00	28
1992	Tally Ho! PB-054	Retrd.	1994	22.00	22
1992	Touchdown PB-072	Retrd.	1994	22.00	22
1989	Tubby Teddy PB-022	Retrd.	1992	20.00	22
1991	A Wild Ride PB-052	Retrd.	1994	26.00	26
1992	Will You Be Mine? PB-067	Retrd.	1994	22.00	22
1991	Windy Day PB-038	Retrd.	1993	24.00	24

PenniBears™ Collector's Club Members Only Editions - P.J. Jonas

YEAR ISSUE		EDITION LIMIT	YEAR RETD.	ISSUE PRICE	QUOTE U.S.$
1990	1990 First Collection PB-C90	Retrd.	1990	26.00	125
1991	1991 Collecting Makes Cents PB-C91	Retrd.	1991	26.00	75
1992	1992 Today's Pleasures, Tomorrow's Treasures PB-C92	Retrd.	1992	26.00	100
1993	1993 Chalkin Up Another Year PB-C93	Retrd.	1993	26.00	35
1994	1994 Artist's Touch-Collector's Treasure PB-C94	Retrd.	1994	26.00	26

Storytime Rhymes & Tales - H. Henriksen

YEAR ISSUE		EDITION LIMIT	YEAR RETD.	ISSUE PRICE	QUOTE U.S.$
1991	Humpty Dumpty SL-008	Retrd.	1993	64.00	64
1991	Little Jack Horner SL-007	Retrd.	1993	50.00	50
1991	Little Miss Muffet SL-006	Retrd.	1993	64.00	64
1991	Mistress Mary SL-002	Retrd.	1993	64.00	64
1991	Mother Goose SL-001	Retrd.	1993	64.00	64
1991	Owl & Pussy Cat SL-004	Retrd.	1993	100.00	100
1991	Simple Simon SL-003	Retrd.	1993	90.00	90
1991	Three Little Pigs SL-005	Retrd.	1993	100.00	100

VickiLane

Collector Club Series - V. Anderson

YEAR ISSUE		EDITION LIMIT	YEAR RETD.	ISSUE PRICE	QUOTE U.S.$
1993	Sweet Secrets	Retrd.	1994	30.00	30
1994	Take Me Home-Little Miss April	Retrd.	1995	28.00	28
1995	Hopping Forward	Yr.Iss.		28.00	28

Mice Memories - V. Anderson

YEAR ISSUE		EDITION LIMIT	YEAR RETD.	ISSUE PRICE	QUOTE U.S.$
1990	Happiness Together	1,000		65.00	73
1990	Mouse on the Beach	Retrd.	1993	28.00	28

Sweet Thumpins - V. Anderson

YEAR ISSUE		EDITION LIMIT	YEAR RETD.	ISSUE PRICE	QUOTE U.S.$
1995	"Fore You" Boy Golfer Bunny	Open		22.00	22
1995	"I Gotch Ya" Cowboy Bunny	Open		24.00	24
1995	"Sneaking Up on You" Indian Bunny	Open		24.00	24
1995	"What a Hit" Girl Golfer Bunny	Open		22.00	22
1995	Bride and Groom Bunny	Open		20.00	20
1986	Bunnies in Frilly Dress w/Pillows	Retrd.	1994	22.00	22
1987	Bunny Sleeping in a Basket	Retrd.	1993	18.00	18
1993	Bunny Throwing Snowball	Retrd.	1994	31.00	31
1988	Bunny With Christmas Wreath	Retrd.	1994	19.00	19
1992	Cookie Peddler	750		90.00	90
1988	Farmer Bunny with Carrots	Retrd.	1993	18.00	18
1995	Flower Girl Bunny	Open		16.00	16
1988	Girl Bunny with a Hat and Doll	Retrd.	1993	18.00	18
1990	Just For You, Girl Bunny w/ Carrot	Retrd.	1994	29.00	29
1990	Making Memories	1,000		70.00	73
1995	Minister Bunny	Open		16.00	16
1995	Ring Bearer Bunny	Open		16.00	16
1995	Summer Daze	500		85.00	85
1990	Tea Time	1,000		79.00	82
1990	Venture into Sweet Thumpins	Retrd.	1993	60.00	73
1995	Wedding Family on Pew	Open		24.00	24

Time For Teddy - V. Anderson

YEAR ISSUE		EDITION LIMIT	YEAR RETD.	ISSUE PRICE	QUOTE U.S.$
1983	Bear Holding His Foot	Retrd.	1993	14.00	14
1989	Boy Teddy Building Sandcastles	Retrd.	1993	17.00	17
1989	Girl Teddy Sunbathing	Retrd.	1993	18.00	18
1984	Sailor Bear	Retrd.	1994	17.00	17
1986	Sailor Bear with Duck	Retrd.	1994	16.00	16
1985	Teddy Bear with a Bow	Retrd.	1993	14.00	14
1984	Teddy Bear with Bow & Heart	Retrd.	1993	13.50	14
1986	Teddy Riding Goose	Retrd.	1994	20.50	21
1990	Teddy with Antique Radio	Retrd.	1994	18.00	18
1986	Wedding Pair Bears	Retrd.	1994	19.00	19

WACO Products Corp.

From a Child's Heart - P. Willingham

YEAR ISSUE		EDITION LIMIT	YEAR RETD.	ISSUE PRICE	QUOTE U.S.$
1995	Against the Odds	Open		20.00	20
1995	Our Spirit Is Unshakable	Open		20.00	20
1995	We Can Weather Any Storm	Open		20.00	20
1995	Will This Help?	Open		20.00	20

The Herman Collection - J. Unger

YEAR ISSUE		EDITION LIMIT	YEAR RETD.	ISSUE PRICE	QUOTE U.S.$
1990	Birthday Cake	Open		20.00	20
1990	Bowling/Wife	Open		20.00	20
1990	Doctor/Fat Man	Retrd.	1993	20.00	20
1990	Doctor/High Cost	Open		20.00	20
1990	Fry Pan/Fisherman	Retrd.	1993	20.00	20
1990	Golf/Camel	Retrd.	1993	20.00	20
1990	Husband/Check	Open		20.00	20
1990	Husband/Newspaper	Retrd.	1993	20.00	20
1990	Lawyer/Cabinet	Retrd.	1993	20.00	20
1990	Stop Smoking	Open		20.00	20
1990	Tennis/Wife	Open		20.00	20
1990	Wedding Ring	Retrd.	1993	20.00	20

Melody In Motion/Collector's Society - S. Nakane

YEAR ISSUE		EDITION LIMIT	YEAR RETD.	ISSUE PRICE	QUOTE U.S.$
1992	Amazing Willie-One-Man Band	Retrd.	1994	130.00	250-300
1992	Willie The Conductor	Retrd.	1994	Gift	35
1993	Charmed Bunnies	Yr. Iss.		Gift	45
1994	Willie The Collector	Yr. Iss.		200.00	200
1994	Springtime	Yr. Iss.		Gift	45
1995	Best Friends	Yr. Iss.		Gift	45

Melody In Motion/Madame - S. Nakane

YEAR ISSUE		EDITION LIMIT	YEAR RETD.	ISSUE PRICE	QUOTE U.S.$
1988	Madame Cello Player	Retrd.	1991	130.00	130
1988	Madame Cello Player (glazed)	Retrd.	1993	170.00	170
1988	Madame Flute Player	Retrd.	1992	130.00	130
1988	Madame Flute Player (glazed)	Retrd.	1993	170.00	170
1988	Madame Harp Player	Open		130.00	180
1988	Madame Harp Player (glazed)	Retrd.	1993	190.00	190
1988	Madame Harpsichord Player	Retrd.	1991	130.00	130
1988	Madame Harpsichord Player (glazed)	Retrd.	1993	170.00	170
1988	Madame Lyre Player	Retrd.	1994	130.00	130
1988	Madame Mandolin Player	Retrd.	1994	130.00	130
1988	Madame Violin Player	Retrd.	1991	130.00	130

Melody In Motion/Santa - S. Nakane

YEAR ISSUE		EDITION LIMIT	YEAR RETD.	ISSUE PRICE	QUOTE U.S.$
1986	1986-Santa Claus	Retrd.	1986	100.00	2500
1987	1987-Santa Claus	Retrd.	1987	130.00	700-2000
1988	1989-Santa Claus	Retrd.	1988	130.00	1000
1989	1989-Willie The Santa	Retrd.	1989	130.00	N/A
1990	1990-Santa Claus	Retrd.	1990	150.00	200-225
1991	1991-Santa Claus	Retrd.	1991	150.00	160
1992	1992-Santa Claus	Open		160.00	160
1993	1993-Coca-Cola Santa Claus	Retrd.	1993	180.00	180
1994	1994-Coca-Cola Santa Claus	Retrd.	1994	190.00	225
1995	1995 Santa Claus	6,000		190.00	190

Melody In Motion/Spotlight Clown - S. Nakane

YEAR ISSUE		EDITION LIMIT	YEAR RETD.	ISSUE PRICE	QUOTE U.S.$
1989	Spotlight Clown Banjo	Retrd.	1992	85.00	200
1989	Spotlight Clown Cornet	Retrd.	1992	85.00	125-200
1989	Spotlight Clown Trombone	Retrd.	1992	85.00	200
1989	Spotlight Clown Tuba	Retrd.	1992	85.00	200
1989	Spotlight Clown w/ Bingo The Dog	Open		85.00	85
1989	Spotlight Clown w/ Upright Bass	Retrd.	1994	85.00	85

Melody In Motion/Timepiece - S. Nakane

YEAR ISSUE		EDITION LIMIT	YEAR RETD.	ISSUE PRICE	QUOTE U.S.$
1989	Clockpost Willie	Open		150.00	200
1992	Golden Mountain Clock	Open		250.00	280
1990	Grandfather's Clock	Retrd.	1994	200.00	295
1991	Hunter Timepiece	Retrd.	1994	250.00	320
1989	Lull'aby Willie	Retrd.	1992	170.00	170
1992	Wall Street Willie	Open		180.00	240

FIGURINES/COTTAGES

WACO Products Corp. to Wee Forest Folk

Melody In Motion/Various - Various

Year Issue		Edition Limit	Year Retd.	Issue Price	Quote U.S.$
1990	Accordion Boy - S. Nakane	Retrd.	1992	120.00	200
1987	Accordion Clown - S. Nakane	Retrd.	1991	110.00	250
1987	Balloon Clown - S. Nakane	Open		110.00	145
1990	Blacksmith - S. Nakane	Retrd.	1993	110.00	200
1994	Blue Danube Carousel - S. Nakane	Open		280.00	280
1994	Campfire Cowboy - S. Nakane	Open		180.00	180
1987	The Carousel (1st Edition) - S. Nakane	Retrd.	1993	240.00	260
1991	The Carousel (2nd Edition) - S. Nakane	Retrd.	1995	240.00	350
1986	The Cellist - S. Nakane	Open		130.00	160
1994	Christmas Caroler Boy - S. Nakane	10,000		172.00	172
1994	ChristmasCarolerGirl-S.Nakane	10,000		172.00	172
1987	Clarinet Clown - S. Nakane	Retrd.	1991	110.00	300
1995	Coca-Cola Norman Rockwell "Gone Fishing" - S. Nakane	Open		194.00	194
1994	Day's End - S. Nakane	Open		240.00	240
1986	The Fiddler - S. Nakane	Open		130.00	160
1989	The Grand Carousel - S. Nakane	Open		3000.00	3000
1986	The Guitarist - S. Nakane	Retrd.	1994	130.00	200
1990	Hunter - S. Nakane	Retrd.	1994	110.00	150
1992	King of Clowns Carousel - S. Nakane	Open		740.00	850
1991	Little John - C. Johnson	Retrd.	1992	180.00	300
1994	Low Pressure Job - S. Nakane	Open		240.00	240
1991	Robin Hood - C. Johnson	Retrd.	1991	180.00	350
1985	Salty 'N' Pepper - S. Nakane	Retrd.	1992	176.00	400
1987	Saxophone Clown - S. Nakane	Retrd.	1991	110.00	250
1990	Shoemaker - S. Nakane	Retrd.	1993	110.00	200
1993	South of the Border - S. Nakane	Open		180.00	180
1991	Victoria Park Carousel - S. Nakane	Open		300.00	340
1987	Violin Clown - S. Nakane	Retrd.	1992	110.00	200
1994	When I Grow Up - S. Nakane	Open		200.00	200
1990	Woodchopper - S. Nakane	Retrd.	1993	110.00	200

Melody In Motion/Vendor - S. Nakane

Year Issue		Edition Limit	Year Retd.	Issue Price	Quote U.S.$
1989	Ice Cream Vendor	Retrd.	1994	140.00	200
1987	Organ Grinder	Retrd.	1994	130.00	200
1989	Peanut Vendor	Retrd.	1994	140.00	200

Melody In Motion/Willie - S. Nakane

Year Issue		Edition Limit	Year Retd.	Issue Price	Quote U.S.$
1993	The Artist	Open		240.00	240
1994	Chattanooga Choo Choo	Open		180.00	180
1992	Dockside Willie	Open		160.00	190
1993	Heartbreak Willie	Open		180.00	180
1994	Jackpot Willie	Open		180.00	180
1993	Lamp Light Willie	Open		220.00	220
1987	Lamppost Willie	Open		110.00	140
1994	Longest Drive	Open		150.00	150
1994	Smooth Sailing	Open		200.00	200
1992	Wild West Willie	Open		175.00	200
1995	Willie the Conductor (10th Anniversary)	Open		220.00	220
1991	Willie The Fisherman	Open		150.00	190
1993	Willie The Golfer	Open		240.00	240
1994	Willie the Golfer	Open		240.00	240
1985	Willie The Hobo	Open		130.00	160
1985	Willie The Trumpeter	Open		130.00	160
1985	Willie The Whistler	Open		130.00	160
1995	Willie the Yodeler	Open		158.00	158

Whimsicals - S. Nakane

Year Issue		Edition Limit	Year Retd.	Issue Price	Quote U.S.$
1992	Apple Pickin' Time	Retrd.	1994	60.00	60
1992	Bon Voyage	Retrd.	1994	60.00	60
1992	Cheers	Open		60.00	60
1992	The Entertainer	Open		60.00	60
1992	Happy Endings	Open		60.00	60
1992	Just For You	Open		60.00	60
1992	The Merrymakers	Retrd.	1994	60.00	60
1992	Pals	Open		60.00	60
1992	Pampered Pets	Open		60.00	60
1992	Showtime	Retrd.	1994	60.00	60
1992	Special Delivery	Retrd.	1994	60.00	60
1992	Storytime	Retrd.	1994	60.00	60
1992	Tea Time	Retrd.	1994	60.00	60

Walt Disney

Walt Disney Collectors Society - Disney Studios

Year Issue		Edition Limit	Year Retd.	Issue Price	Quote U.S.$
1993	Jiminy Cricket 4" /wheel	Closed	1993	Gift	180
1993	Jiminy Cricket/clef	Closed	1993	Gift	125-150
1993	Brave Little Tailor 7 1/4"	Closed	1994	160.00	250-350
1994	Cheshire Cat 4 3/4"/clef & flower	Closed	1994	Gift	70-100
1994	Pecos Bill 9 1/2"	Closed	1994	650.00	750
1994	Admiral Duck 6 1/4"	Closed	1995	165.00	165
1995	Dumbo	12/95		Gift	N/A
1995	Cruella De Vil 10 1/4"	12/95		250.00	250

Classics Collection-Special Event - Disney Studios

Year Issue		Edition Limit	Year Retd.	Issue Price	Quote U.S.$
1993	Flight of Fancy 3" 41051	Closed	1994	35.00	60
1994	Mr. Smee 5" 41062	8/95		90.00	90
1995	Lucky 41080	Open		40.00	40

Classics Collection-Bambi - Disney Studios

Year Issue		Edition Limit	Year Retd.	Issue Price	Quote U.S.$
1992	Bambi 6" 41033	Open		195.00	195
1992	Bambi 6" 41033/wheel	Closed	1992	195.00	220-255
1992	Bambi & Flower 6" 41010	10,000	1993	298.00	450-485
1992	Field Mouse-not touching 5 3/5" 41012	7,500	1993	195.00	1200-1700
1992	Field Mouse-touching 5 3/5" 41012	7,500	1993	195.00	1400-1800
1992	Flower 3"41034	Open		78.00	78
1992	Flower 3"41034/wheel	Closed	1992	78.00	125-155
1992	Friend Owl 8 3/5" 41011	Open		195.00	195
1992	Friend Owl 8 3/5" 41011/wheel	Closed	1992	195.00	165-245
1992	Thumper 3" 41013	Open		55.00	55
1992	Thumper 3" 41013/wheel	Closed	1992	55.00	60-80
1992	Thumper's Sisters 3 3/5" 41014	Open		69.00	69
1992	Thumper's Sisters 3 3/5" 41014/wheel	Closed	1992	69.00	85
1992	Bambi-Opening Title 41015	Open		29.00	29
1992	Bambi-Opening Title 41015/wheel	Closed	1992	29.00	35-45

Classics Collection-Cinderella - Disney Studios

Year Issue		Edition Limit	Year Retd.	Issue Price	Quote U.S.$
1993	A Dress For Cinderelly 41030/wheel & clef	5,000	1993	800.00	1800-2100
1992	Birds With Sash 6 2/5" 41005	Closed	1994	149.00	170
1992	Chalk Mouse 3 2/5" 41006	Closed	1994	65.00	75-95
1992	Cinderella 6" 41000/clef	Closed	1993	195.00	300-375
1992	Cinderella 6" 41000/wheel	Closed	1992	195.00	300-375
1992	Cinderella, Lucifer, Bruno, set of 3/wheel & clef	Closed	1993	333.00	475-525
1992	Gus 3 2/5" 41007	Closed	1994	65.00	85
1992	Bruno 4 2/5" 41002/wheel & clef	Closed	1993	69.00	90-125
1992	Jaq 4 1/5" 41008	Closed	1994	65.00	85-100
1992	Lucifer 2 3/5" 41001/wheel & clef	Closed	1993	69.00	90-125
1992	Needle Mouse 5 4/5" 41004	Closed	1994	69.00	85
1992	Sewing Book 41003	Closed	1994	69.00	65-90
1992	Sewing Book 41003/no mark	Closed	1994	69.00	90-110
1992	Cinderella-Opening Title 41009	Open		29.00	29
1992	Cinderella-Opening Title-Technicolor 41009	Closed	1993	29.00	40-50

Classics Collection-Fantasia - Disney Studios

Year Issue		Edition Limit	Year Retd.	Issue Price	Quote U.S.$
1993	Beauty in Bloom-Blue Centaurette 7 1/2" 41041	Open		195.00	215
1992	Broom, 5 4/5" 41017	Closed	1995	75.00	85-100
1992	Broom, w/water spots 5 4/5" 41017/wheel	Closed	1992	75.00	155
1994	Hop Low 2 3/4" 41067	Open		35.00	35
1993	Love's Little Helpers 8"41042	Open		290.00	290
1994	Mushroom Dancer-Medium 4 1/4" 41068	Open		50.00	50
1994	Mushroom Dancer-Large 4 3/4" 41058	Open		60.00	60
1993	Romantic Reflections-Pink Centaurette 7 1/2" 41040	Open		175.00	175
1992	Sorcerer Mickey 5 1/8" 41016	Closed	1995	195.00	195
1992	Fantasia-Opening Title 41018	Open		29.00	29
1992	Fantasia-Opening Title-blank 41018	Closed	1994	29.00	45-85
1992	Fantasia-Opening Title-Technicolor 41018	Closed	1993	29.00	45

Classics Collection-Mr. Duck - Disney Studios

Year Issue		Edition Limit	Year Retd.	Issue Price	Quote U.S.$
1993	Donald & Daisy 6 3/5" 41024/clef	5,000	1993	298.00	550-750
1993	Donald & Daisy 6 3/5" 41024/wheel	5,000	1993	298.00	660-875
1993	Mr. Duck Steps Out-Opening Title 41023	Open		29.00	29
1993	Mr. Duck Steps Out-Opening Title 41023/clef	Closed	1993	29.00	40
1993	Nephew Duck-Dewey 4" 41025	Open		65.00	65
1993	Nephew Duck-Dewey 4" 41025/wheel	Closed	1993	65.00	110
1993	Nephew Duck-Huey 4" 41049	Open		65.00	65
1993	Nephew Duck-Huey 4" 41049/clef	Closed	1993	65.00	65-80
1993	Nephew Duck-Louie 4" 41050	Open		65.00	65
1993	Nephew Duck-Louie 4" 41050/clef	Closed	1993	65.00	65-80
1994	With Love From Daisy 6 1/4" 41060	Open		180.00	180

Classics Collection-Peter Pan - Disney Studios

Year Issue		Edition Limit	Year Retd.	Issue Price	Quote U.S.$
1993	Captain Hook 8" 41044	Open		275.00	275
1993	Captain Hook 8" 41044/clef	Closed	1994	275.00	600-825
1993	The Crocodile 6 1/4" 41054	Open		315.00	315
1993	Peter Pan 7 1/2" 41043	Open		165.00	165
1993	Peter Pan 7 1/2"41043/clef	Closed	1994	165.00	200-250
1993	Tinkerbell 5" 41045/clef	12,500	1994	215.00	600-700
1993	Tinkerbell 5" 41045/flower	12,500	1994	215.00	350-450
1993	Peter Pan-Opening Title 41047	Open		29.00	29
1993	Peter Pan-Opening Title 41047/clef	Closed	1994	29.00	50

Classics Collection-Snow White - Disney Studios

Year Issue		Edition Limit	Year Retd.	Issue Price	Quote U.S.$
1994	Snow White 41063	Open		165.00	165
1994	Sneezy 4 1/2" 41073	Open		90.00	90
1994	Dopey 5" 41074	Open		95.00	95

Classics Collection-Symphony Hour - Disney Studios

Year Issue		Edition Limit	Year Retd.	Issue Price	Quote U.S.$
1993	Clarabelle 6 4/5" 41027/wheel	Closed	1993	198.00	230-275
1993	Clarabelle 6 4/5"41027	Open		198.00	198
1993	Goofy 6 4/5" 41026/clef	Open		198.00	198
1993	Goofy 6 4/5" 41026/wheel	Closed	1993	198.00	1200
1993	Goofy 6 4/5" 41026	Open		198.00	198
1993	Horace 6 4/5" 41028	Open		198.00	198
1993	Horace 6 4/5" 41028/wheel	Closed	1993	198.00	220
1993	Mickey Conductor 7 3/8" 41029	Open		185.00	185
1993	Mickey Conductor 7 3/8" 41029/wheel	Closed	1993	185.00	225
1993	Symphony Hour-Opening Title 41031	Open		29.00	29
1993	Symphony Hour-Opening Title 41031/clef	Closed	1993	29.00	45

Classics Collection-The Delivery Boy - Disney Studios

Year Issue		Edition Limit	Year Retd.	Issue Price	Quote U.S.$
1992	Delivery Boy-Opening Title 41019	Open		29.00	29
1992	Delivery Boy-Opening Title 41019/clef	Closed	1993	29.00	40
1992	Mickey 6" 41020	Open		125.00	135
1992	Mickey 6" 41020/wheel	Closed	1992	125.00	195
1992	Minnie 6" 41021	Open		125.00	135
1992	Minnie 6" 41021/wheel	Closed	1992	125.00	195
1992	Pluto (raised letters) 3 3/5" 41022/wheel	Closed	1992	125.00	280
1992	Pluto 3 3/5" 41022	Open		125.00	125
1992	Pluto 3 3/5" 41022/wheel	Closed	1992	125.00	195

Classics Collection-Three Little Pigs - Disney Studios

Year Issue		Edition Limit	Year Retd.	Issue Price	Quote U.S.$
1993	Big Bad Wolf (short tooth) 41039 1st version	S/O	1994	295.00	935
1993	Big Bad Wolf 41039	7,500	1994	295.00	600-850
1993	Fiddler Pig 4 1/2" 41038	Open		75.00	75
1993	Fifer Pig 4 1/2" 41037	Open		75.00	75
1993	Practical Pig 4 1/2" 41036	Open		75.00	75
1993	Three Little Pigs-Opening Title 41046	Open		29.00	29
1993	Three Little Pigs-Opening Title 41046/clef	Closed	1993	29.00	35

Classics Collection-Tribute Series - Disney Studios

Year Issue		Edition Limit	Year Retd.	Issue Price	Quote U.S.$
1995	Pals Forever 41085	Open		175.00	175

Wee Forest Folk

Animals - Various

Year Issue		Edition Limit	Year Retd.	Issue Price	Quote U.S.$
1974	Baby Hippo H-2 - A. Petersen	Closed	1977	7.00	N/A
1978	Beaver Wood Cutter BV-1 - W. Petersen	Closed	1980	8.00	250-475
1974	Miss and Baby Hippo H-3 - A. Petersen	Closed	1977	15.00	800-1000
1973	Miss Ducky D-1 - A. Petersen	Closed	1977	6.00	N/A
1974	Miss Hippo H-1 - A. Petersen	Closed	1977	8.00	N/A
1977	Nutsy Squirrel SQ-1 - W. Petersen	Closed	1977	3.00	400-500
1979	Turtle Jogger TS-1 - A. Petersen	Closed	1980	4.00	300-400

Bears - A. Petersen

Year Issue		Edition Limit	Year Retd.	Issue Price	Quote U.S.$
1978	Big Lady Bear BR-4	Closed	1980	7.50	N/A
1977	Blueberry Bears BR-1	Closed	1982	8.75	500-700
1977	Boy Blueberry Bear BR-3	Closed	1982	4.50	250-700
1977	Girl Blueberry Bear BR-2	Closed	1982	4.25	250-400
1978	Traveling Bear BR-5	Closed	1980	8.00	250-375

Book / Figurine - W. Petersen

Year Issue		Edition Limit	Year Retd.	Issue Price	Quote U.S.$
1988	Tom & Eon BK-1	Suspd.	1991	45.00	225

Bunnies - Various

Year Issue		Edition Limit	Year Retd.	Issue Price	Quote U.S.$
1977	Batter Bunny B-9 - A. Petersen	Closed	1982	4.50	275
1973	Broom Bunny B-6 - A. Petersen	Closed	1978	9.50	N/A
1972	Double Bunnies B-1 - A. Petersen	Closed	1980	4.25	400
1972	Housekeeping Bunny B-2 - A. Petersen	Closed	1980	4.50	400
1973	Market Bunny B-8 - A. Petersen	Closed	1977	9.00	N/A
1973	Muff Bunny B-7 - A. Petersen	Closed	1977	9.00	N/A
1973	The Professor B-4 - W. Petersen	Closed	1980	4.75	350-400
1980	Professor Rabbit B-11 - A. Petersen	Closed	1981	14.00	400-500
1973	Sir Rabbit B-3 - W. Petersen	Closed	1980	4.50	300-400
1973	Sunday Bunny B-5 - A. Petersen	Closed	1978	4.75	N/A
1977	Tennis Bunny BS-1 - A. Petersen	Closed	1980	3.75	250-350
1985	Tiny Easter Bunny B-12 - A. Petersen	Closed	1992	25.00	80
1978	Wedding Bunnies B-10 - W. Petersen	Closed	1981	12.50	450-600
1992	Windy Day! B-13 - A. Petersen	Open		37.00	38

Christmas Carol Series - A. Petersen

Year Issue		Edition Limit	Year Retd.	Issue Price	Quote U.S.$
1987	Bob Cratchit and Tiny Tim CC-2	Open		36.00	45
1988	The Fezziwigs CC-7	Open		65.00	82
1987	Ghost of Christmas Past CC-4	Open		24.00	31
1987	Ghost of Christmas Present CC-5	Open		54.00	61
1987	Ghost of Christmas Yet to Come CC-6	Open		24.00	30
1987	Marley's Ghost CC-3	Open		24.00	31
1987	Scrooge CC-1	Open		23.00	30

Cinderella Series - A. Petersen

Year Issue		Edition Limit	Year Retd.	Issue Price	Quote U.S.$
1988	Cinderella's Slipper w/Prince C-1	Closed	1989	62.00	200
1989	Cinderella's Slipper C-1a	Closed	1994	32.00	75
1988	Cinderella's Wedding C-5	Closed	1994	62.00	155
1989	The Fairy Godmother C-7	Closed	1994	69.00	83
1988	Flower Girl C-6	Closed	1994	22.00	70
1988	The Flower Girls C-4	Closed	1994	42.00	80
1988	The Mean Stepmother C-3	Closed	1994	32.00	85
1988	The Ugly Stepsisters C-2	Closed	1994	62.00	100-175

Fairy Tale Series - A. Petersen

Year Issue		Edition Limit	Year Retd.	Issue Price	Quote U.S.$
1980	Red Riding Hood & Wolf FT-1	Closed	1982	29.00	1200
1980	Red Riding Hood FT-2	Closed	1982	13.00	620

Forest Scene - Various

Year Issue		Edition Limit	Year Retd.	Issue Price	Quote U.S.$
1989	Hearts and Flowers FS-2 - W. Petersen	Open		110.00	112
1992	Love Letter FS-5 - W. Petersen	Open		98.00	98

Wee Forest Folk
to Wee Forest Folk

FIGURINES/COTTAGES

YEAR ISSUE		EDITION LIMIT	YEAR RETD.	ISSUE PRICE	QUOTE U.S.$
1991	Mountain Stream FS-4 - W. Petersen	Open		128.00	130
1990	Mousie Comes A-Calling FS-3 - W. Petersen	Open		128.00	132
1993	Picnic on the Riverbank FS-6 - A. Petersen	Open		150.00	150
1994	Wayside Chat FS-7 - A. Petersen	Open		170.00	170
1988	Woodland Serenade FS-1 - W. Petersen	Open		125.00	132

Foxes - A. Petersen

YEAR ISSUE		EDITION LIMIT	YEAR RETD.	ISSUE PRICE	QUOTE U.S.$
1978	Barrister Fox FX-3	Closed	1980	7.50	500
1977	Dandy Fox FX-2	Closed	1979	6.00	500
1977	Fancy Fox FX-1	Closed	1979	4.75	500

Frogs - Various

YEAR ISSUE		EDITION LIMIT	YEAR RETD.	ISSUE PRICE	QUOTE U.S.$
1977	Frog Friends F-3 - W. Petersen	Closed	1981	5.75	350-450
1974	Frog on Rock F-2 - A. Petersen	Closed	1977	6.00	N/A
1977	Grampa Frog F-5 - W. Petersen	Closed	1981	6.00	500
1974	Prince Charming F-1 - W. Petersen	Closed	1977	7.50	400-500
1978	Singing Frog F-6 - A. Petersen	Closed	1979	5.50	250-300
1977	Spring Peepers F-4 - A. Petersen	Closed	1979	3.50	N/A

Limited Edition - Various

YEAR ISSUE		EDITION LIMIT	YEAR RETD.	ISSUE PRICE	QUOTE U.S.$
1981	Beauty and the Beast BB-1 - W. Petersen	Closed	1981	89.00	1500-2000
1985	Helping Hand LTD-2 - A. Petersen	Closed	1985	62.00	650-750
1984	Postmouster LTD-1 - W. Petersen	Closed	1984	46.00	630-755
1987	Statue in the Park LTD-3 - W. Petersen	Closed	1987	93.00	750-830
1988	Uncle Sammy LTD-4 - A. Petersen	Closed	1988	85.00	210-300

Mice - Various

YEAR ISSUE		EDITION LIMIT	YEAR RETD.	ISSUE PRICE	QUOTE U.S.$
1992	Adam's Apples M-187 - A. Petersen	Open		148.00	148
1988	Aloha! M-158 - A. Petersen	Closed	1994	32.00	85
1991	April Showers M-180 - A. Petersen	Open		27.00	31
1982	Arty Mouse M-71 - A. Petersen	Closed	1991	19.00	130
1985	Attic Treasure M-126 - A. Petersen	Open		42.00	55
1977	Baby Sitter M-19 - A. Petersen	Closed	1981	5.75	395
1982	Baby Sitter M-66 - A. Petersen	Closed	1993	23.50	95
1981	Barrister Mouse M-57 - A. Petersen	Closed	1982	16.00	400
1987	Bat Mouse M-154 - A. Petersen	Closed	1994	25.00	90
1982	Beach Mousey M-76 - A. Petersen	Closed	1993	19.00	65-80
1982	Beddy-bye Mousey M-69 - A. Petersen	Open		29.00	49
1983	Birthday Girl M-99 - A. Petersen	Open		18.50	30
1981	Blue Devil M-61 - A. Petersen	Closed	N/A	12.50	125
1982	Boy Sweetheart M-81 - A. Petersen	Closed	1982	13.50	500
1975	Bride Mouse M-9 - A. Petersen	Closed	1978	4.00	400-500
1978	Bridge Club Mouse M-20 - A. Petersen	Closed	1979	6.00	300
1978	Bridge Club Mouse Partner M-21 - A. Petersen	Closed	1979	6.00	300
1984	Campfire Mouse M-109 - W. Petersen	Closed	1986	26.00	400-525
1981	The Carolers M-63 - A. Petersen	Closed	1981	29.00	400-600
1980	Carpenter Mouse M-49 - A. Petersen	Closed	1981	15.00	400
1983	Chief Geronimouse M-107a - A. Petersen	Open		21.00	38
1994	Chief Mouse-asoit M-197 - A. Petersen	Open		90.00	90
1978	Chief Nip-a-Way Mouse M-26 - A. Petersen	Closed	1981	7.00	300-600
1987	Choir Mouse M-147 - W. Petersen	Closed	1990	23.00	75-115
1979	Chris-Miss M-32 - A. Petersen	Closed	1982	9.00	175-225
1979	Chris-Mouse M-33 - A. Petersen	Closed	1982	9.00	230
1984	Chris-Mouse Pageant M-117 - A. Petersen	Open		38.00	54
1990	Chris-Mouse Slipper M-166 - A. Petersen	Open		35.00	38
1985	Chris-Mouse Tree M-124 - A. Petersen	Open		28.00	43
1986	Christ-Mouse Stocking M-142 - A. Petersen	Open		34.00	39
1993	Christmas Eve M-191 - A. Petersen	Open		145.00	145
1983	Christmas Morning M-92 - A. Petersen	Closed	1987	35.00	350
1983	Clown Mouse M-98 - A. Petersen	Closed	1984	22.00	350-450
1990	Colleen O'Green M-167 - A. Petersen	Open		40.00	44
1986	Come & Get It! M-141 - A. Petersen	Closed	1988	34.00	125
1985	Come Play! M-131 - A. Petersen	Closed	1991	18.00	85
1989	Commencement Day M-161 - W. Petersen	Open		28.00	32
1980	Commo-Dormouse M-42 - W. Petersen	Closed	1981	14.00	500-900
1978	Cowboy Mouse M-25 - A. Petersen	Closed	1981	6.00	300-600
1983	Cupid Mouse M-94 - W. Petersen	Open		22.00	38
1981	Doc Mouse & Patient M-55 - W. Petersen	Closed	1981	14.00	400-475
1987	Don't Cry! M-149 - A. Petersen	Closed	1990	33.00	75-125
1986	Down the Chimney M-143 - A. Petersen	Closed	1988	48.00	225-295
1987	Drummer M-153b - W. Petersen	Closed	1989	29.00	65
1982	Easter Bunny Mouse M-82 - A. Petersen	Open		18.00	33
1989	Elf Tales M-163 - A. Petersen	Open		48.00	49
1985	Family Portrait M-127 - A. Petersen	Closed	1987	54.00	265-300
1976	Fan Mouse M-10 - A. Petersen	Closed	1979	5.75	450-500
1974	Farmer Mouse M-5 - A. Petersen	Closed	1979	3.75	350-450
1989	Father Chris-Mouse M-164 - A. Petersen	Open		34.00	37
1985	Field Mouse M-133 - W. Petersen	Open		46.00	82
1983	First Christmas M-93 - A. Petersen	Closed	1986	16.00	200-250
1986	First Date M-134 - W. Petersen	Open		60.00	65
1984	First Day of School M-112 - A. Petersen	Closed	1985	27.00	375
1986	First Haircut M-137 - W. Petersen	Closed	1992	58.00	225
1993	First Kiss! M-192 - A. Petersen	Open		65.00	65
1980	Fishermouse M-41 - A. Petersen	Closed	1981	16.00	500-700
1981	Flower Girl M-53 - A. Petersen	Closed	1983	15.00	350
1988	Forty Winks M-159 - W. Petersen	Open		36.00	42
1986	Fun Float M-138 - W. Petersen	Open		34.00	36
1979	Gardener Mouse M-37 - A. Petersen	Closed	1981	12.00	400
1983	Get Well Soon! M-96 - A. Petersen	Closed	1983	15.00	390
1982	Girl Sweetheart M-80 - A. Petersen	Open		13.50	22
1974	Good Knight Mouse M-4 - W. Petersen	Closed	1977	7.50	350-500
1981	Graduate Mouse M-58 - A. Petersen	Closed	1988	15.00	110
1991	Grammy-Phone M-176 - A. Petersen	Open		75.00	80
1992	Greta M-169b - A. Petersen	Closed	1993	35.00	85
1992	Hans M-169a - A. Petersen	Closed	1993	35.00	90
1990	Hans & Greta M-169 - A. Petersen	Closed	1992	64.00	145
1982	Happy Birthday! M-83 - A. Petersen	Open		17.50	31
1983	Harvest Mouse M-104 - W. Petersen	Closed	1984	23.00	375-475
1989	Haunted Mouse House M-165 - D. Petersen	Open		125.00	168
1992	High on the Hog M-186 - A. Petersen	Open		52.00	53
1982	Holly Mouse M-87 - A. Petersen	Open		13.50	28
1976	June Belle M-13 - A. Petersen	Closed	1979	4.25	350-400
1986	Just Checking M-140 - A. Petersen	Open		34.00	39
1977	King "Tut" Mouse TM-1 - A. Petersen	Closed	1979	4.50	N/A
1982	Lamplight Carolers M-86 - A. Petersen	Closed	1987	35.00	180
1981	Little Devil M-61 - A. Petersen	Open		12.50	28
1982	Little Fire Chief M-77 - W. Petersen	Closed	1984	29.00	530-700
1981	Little Ghost M-62 - A. Petersen	Open		8.50	19
1993	Little Mice Who Lived in a Shoe M-189 - D. Petersen	Open		395.00	395
1982	Little Sledders M-85 - A. Petersen	Closed	1985	24.00	250-400
1991	Little Squirt M-181 - W. Petersen	Open		49.00	52
1982	Littlest Angel M-88 - A. Petersen	Closed	1986	15.00	130
1987	Littlest Witch and Skeleton M-155 - A. Petersen	Open		49.00	70
1987	Littlest Witch M-156 - A. Petersen	Closed	1993	24.00	70-120
1981	Lone Caroler M-64 - A. Petersen	Closed	1981	15.50	375-575
1993	Lord & Lady Mousebatten M-195 - A. Petersen	Open		85.00	85
1976	Mama Mouse with Baby M-18 - A. Petersen	Closed	1979	6.00	350-450
1987	Market Mouse M-150 - W. Petersen	Closed	1993	49.00	120
1972	Market Mouse M-1a - A. Petersen	Closed	1978	4.25	175-350
1976	May Belle M-12 - A. Petersen	Closed	1980	4.25	225-375
1982	Me and Raggedy Ann M-70 - A. Petersen	Open		18.50	33
1983	Merry Chris-Miss M-90 - A. Petersen	Closed	1985	17.00	250-310
1983	Merry Chris-Mouse M-91 - A. Petersen	Closed	1985	16.00	200-400
1994	Midnight Snack M-201 - A. Petersen	Open		230.00	310
1980	Miss Bobbin M-40 - A. Petersen	Open		22.00	56
1992	Miss Daisy M-182 - A. Petersen	Open		42.00	43
1972	Miss Mouse M-1 - A. Petersen	Closed	1978	4.25	300-350
1972	Miss Mousey M-2 - A. Petersen	Closed	1978	4.00	250-350
1972	Miss Mousey w/ Bow Hat M-2b - A. Petersen	Closed	1979	4.25	250-350
1972	Miss Mousey w/ Straw Hat M-2a - A. Petersen	Closed	1980	4.25	250-350
1987	Miss Noel M-146 - A. Petersen	Open		32.00	38
1973	Miss Nursey Mouse M-3 - A. Petersen	Closed	1980	4.00	275-400
1980	Miss Polly Mouse M-46 - A. Petersen	Closed	1984	23.00	300-400
1982	Miss Teach & Pupil M-73 - A. Petersen	Closed	1984	29.50	450
1980	Miss Teach M-45 - A. Petersen	Closed	1980	18.00	400-500
1984	Mom & Ginger Baker M-115 - W. Petersen	Open		38.00	59
1981	Mom and Squeaky Clean M-60 - A. Petersen	Open		27.00	52
1982	Moon Mouse M-78 - A. Petersen	Closed	1984	15.50	400-450
1981	Mother's Helper M-52 - A. Petersen	Closed	1983	11.00	300-600
1979	Mouse Artiste M-39 - A. Petersen	Closed	1981	12.50	400-600
1979	Mouse Ballerina M-38 - A. Petersen	Closed	1979	12.50	400-450
1983	Mouse Call M-97 - W. Petersen	Closed	1983	24.00	650
1979	Mouse Duet M-29 - A. Petersen	Closed	1982	25.00	550-700
1986	Mouse on Campus M-139 - W. Petersen	Closed	1988	25.00	125
1979	Mouse Pianist M-30 - A. Petersen	Closed	1984	17.00	475-595
1985	Mouse Talk M-130 - A. Petersen	Closed	1993	44.00	125
1979	Mouse Violinist M-31 - A. Petersen	Closed	1984	9.00	300
1976	Mouse with Muff M-16 - A. Petersen	Closed	1977	9.00	N/A
1979	Mousey Baby, heart book M-34 - A. Petersen	Closed	1982	9.50	250-450
1981	Mousey Express M-65 - A. Petersen	Closed	1993	22.00	150
1983	Mousey Nurse M-95 - A. Petersen	Open		15.00	27
1983	Mousey's Cone M-100 - A. Petersen	Closed	1994	22.00	70-85
1983	Mousey's Dollhouse M-102 - A. Petersen	Closed	1985	30.00	450
1988	Mousey's Easter Basket M-160 - A. Petersen	Closed	N/A	32.00	75
1982	Mousey's Teddy M-75 - A. Petersen	Closed	1985	29.00	350-475
1983	Mousey's Tricycle M-101 - A. Petersen	Open		24.00	44
1991	Mousie's Egg Factory M-175 - A. Petersen	Open		73.00	82
1976	Mrs. Mousey M-15 - A. Petersen	Closed	1978	4.00	N/A
1976	Mrs. Mousey w/ Hat M-15a - A. Petersen	Closed	1979	4.25	N/A
1992	Mrs. Mousey's Studio M-184 - W. Petersen	Open		150.00	150
1980	Mrs. Tidy M-51 - A. Petersen	Closed	1981	19.50	350-500
1980	Mrs. Tidy and Helper M-50 - A. Petersen	Closed	1981	24.00	550
1993	The Mummy M-194 - A. Petersen	Open		34.00	34
1991	Night Prayer M-178 - A. Petersen	Open		52.00	57
1976	Nightie Mouse M-14 - A. Petersen	Closed	1979	4.75	350-500
1981	Nurse Mousey M-54 - A. Petersen	Closed	1982	14.00	410
1991	The Nutcracker M-174 - D. Petersen	Open		49.00	53
1982	Office Mousey M-68 - A. Petersen	Closed	1984	23.00	430-650
1992	The Old Black Stove M-185 - D. Petersen	Open		130.00	132
1993	One-Mouse Band M-196 - A. Petersen	Open		95.00	95
1983	Pack Mouse M-106 - W. Petersen	Closed	1984	19.00	300-375
1987	Pageant Angel M-145 - A. Petersen	Open		19.00	23
1985	Pageant Shepherds M-122 - A. Petersen	Closed	1985	35.00	250
1987	Pageant Stable M-144 - A. Petersen	Open		56.00	66
1985	Pageant Wiseman M-121 - A. Petersen	Closed	1985	58.00	175
1981	Pearl Knit Mouse M-59 - A. Petersen	Closed	1985	20.00	250
1992	Peekaboo! M-183 - D. Petersen	Open		52.00	52
1984	Pen Pal Mousey M-114 - A. Petersen	Closed	1985	26.00	400
1993	Peter Pumpkin Eater M-190 - A. Petersen	Open		98.00	98
1984	Peter's Pumpkin M-118 - A. Petersen	Closed	1992	19.00	80
1980	Photographer Mouse M-48 - W. Petersen	Closed	1981	23.00	400-700
1978	Picnic Mice M-23 - W. Petersen	Closed	1979	7.25	375-500
1985	Piggy-Back Mousey M-129 - W. Petersen	Closed	1986	28.00	400-450
1994	Pilgrim's Welcome M-198 - A. Petersen	Open		55.00	55
1978	Pirate Mouse M-27 - A. Petersen	Closed	1979	6.50	400
1980	Pirate Mouse M-47 - W. Petersen	Closed	1981	16.00	1500
1990	Polly's Parasol M-170 - A. Petersen	Closed	1993	39.00	85
1982	Poorest Angel M-89 - A. Petersen	Closed	1986	15.00	130
1989	Prima Ballerina M-162 - A. Petersen	Open		35.00	39
1984	Prudence Pie Maker M-119 - A. Petersen	Closed	1992	18.50	80
1977	Queen "Tut" Mouse TM-2 - A. Petersen	Closed	1979	4.50	N/A
1985	Quilting Bee M-125 - W. Petersen	Open		30.00	40
1979	Raggedy and Mouse M-36 - A. Petersen	Closed	1981	12.00	350-410
1991	Red Riding Hood at Grand-mother's House - D. Petersen	Open		295.00	295
1987	The Red Wagon M-151 - W. Petersen	Closed	1991	54.00	155
1979	Rock-a-bye Baby Mouse M-35 - A. Petersen	Closed	1981	17.00	350-450
1983	Rocking Tot M-103 - A. Petersen	Closed	1990	19.00	55-70
1983	Rope 'em Mousey M-108 - A. Petersen	Closed	1984	19.00	350-435
1983	Running Doe/Little Deer M-107b - A. Petersen	Open		35.00	40
1980	Santa Mouse M-43 - A. Petersen	Closed	1985	12.00	225-250
1984	Santa's Trainee M-116 - W. Petersen	Closed	1984	36.50	550
1982	Say "Cheese" M-72 - W. Petersen	Closed	1983	15.50	500
1981	School Marm Mouse M-56 - A. Petersen	Closed	1981	19.50	500
1987	Scooter Mouse M-152 - W. Petersen	Open		34.00	39
1991	Sea Sounds M-179 - A. Petersen	Open		34.00	37
1978	Secretary, Miss Spell/Miss Pell M-22 - A. Petersen	Closed	1981	4.50	375-500
1976	Shawl Mouse M-17 - A. Petersen	Closed	1977	9.00	N/A
1985	Shepherd Kneeling M-122a - A. Petersen	Open		20.00	27
1985	Shepherd Standing M-122b - A. Petersen	Open		20.00	27
1991	Silent Night M-173	Open		64.00	69
1987	Skeleton Mousey M-157 - A. Petersen	Closed	1993	27.00	70
1992	Snow Buddies M-188 - D. Petersen	Open		58.00	59
1982	Snowmouse & Friend M-84 - A. Petersen	Closed	1985	23.50	400
1984	Spring Gardener M-111 - A. Petersen	Open		26.00	39

150

Collectors' Information Bureau

YEAR ISSUE		EDITION LIMIT	YEAR RETD.	ISSUE PRICE	QUOTE U.S.$
990	Stars & Stripes M-168 - A. Petersen	Open		34.00	37
985	Strolling with Baby M-128 - A. Petersen	Open		42.00	55
985	Sunday Drivers M-132 - W. Petersen	Closed	1994	58.00	220-275
986	Sweet Dreams M-136 - A. Petersen	Closed	1992	58.00	150-200
982	Sweethearts M-79 - A. Petersen	Closed	1982	26.00	375-500
991	Tea For Three M-177 - D. Petersen	Open		135.00	148
982	Tea for Two M-74 - A. Petersen	Closed	1984	26.00	300-410
976	Tea Mouse M-11 - A. Petersen	Closed	1979	5.75	450-500
984	Tidy Mouse M-113 - A. Petersen	Closed	1985	38.00	350-450
987	Tooth Fairy M-148 - A. Petersen	Open		32.00	37
978	Town Crier Mouse M-28 - A. Petersen	Closed	1979	10.50	500
984	Traveling Mouse M-110 - A. Petersen	Closed	1987	28.00	250-325
987	Trumpeter M-153a - W. Petersen	Closed	1989	29.00	65
987	Tuba Player M-153c - W. Petersen	Closed	1989	29.00	65
992	Tuckered Out! M-136a - A. Petersen	Closed	1993	46.00	95
975	Two Mice with Candle M-7 - A. Petersen	Closed	1979	4.50	350-450
975	Two Tiny Mice M-8 - A. Petersen	Closed	1979	4.50	350-500
985	Under the Chris-Mouse Tree M-123 - A. Petersen	Open		48.00	74
986	Waltzing Matilda M-135 - W. Petersen	Closed	1993	48.00	80
983	Wash Day M-105 - A. Petersen	Closed	1984	23.00	400-650
994	We Gather Together M-199 - A. Petersen	Open		90.00	90
978	Wedding Mice M-24 - W. Petersen	Closed	1981	7.50	375-750
1982	Wedding Mice M-67 - W. Petersen	Closed	1993	29.50	100-140
1994	The Wedding Pair M-200 - A. Petersen	Open		98.00	98
993	Welcome Chick! M-193 - A. Petersen	Open		64.00	64
985	Wise Man in Robe M-121b - A. Petersen	Open		26.00	32
1985	Wise Man Kneeling M-121c - A. Petersen	Open		29.00	35
985	Wise Man with Turban M-121a - A. Petersen	Open		28.00	34
980	Witch Mouse M-44 - A. Petersen	Closed	1983	12.00	150-200
1984	Witchy Boo! M-120 - A. Petersen	Open		21.00	34
1974	Wood Sprite M-6a - A. Petersen	Closed	1978	4.00	350-500
1974	Wood Sprite M-6b - A. Petersen	Closed	1978	4.00	350-500
1974	Wood Sprite M-6c - A. Petersen	Closed	1978	4.00	350-500
1994	The Yard Sale M-202 - A. Petersen	Open		325.00	325
1990	Zelda M-171 - A. Petersen	Open		37.00	42

Minutemice - Various

YEAR ISSUE		EDITION LIMIT	YEAR RETD.	ISSUE PRICE	QUOTE U.S.$
1979	Concord Minute Mouse MM-10 - W. Petersen	Open		14.00	14
1974	Concordian On Drum with Glasses MM-4 - A. Petersen	Closed	1977	9.00	N/A
1974	Concordian Wood Base w/Hat MM-4b - A. Petersen	Closed	1977	8.00	N/A
1974	Concordian Wood Base w/Tan Coat MM-4a - A. Petersen	Closed	1977	7.50	N/A
1974	Little Fifer on Drum MM-5b - A. Petersen	Closed	1977	8.00	N/A
1974	Little Fifer on Drum with Fife MM-5 - A. Petersen	Closed	1977	8.00	N/A
1974	Little Fifer on Wood Base MM-5a - A. Petersen	Closed	1977	8.00	N/A
1979	Minute Mouse and Red Coat MM-9 - W. Petersen	Open		28.00	28
1974	Mouse Carrying Large Drum MM-3 - A. Petersen	Closed	1977	8.00	N/A
1974	Mouse on Drum with Black Hat MM-2 - A. Petersen	Closed	1977	9.00	N/A
1974	Mouse on Drum with Fife MM-1 - A. Petersen	Closed	1977	9.00	N/A
1974	Mouse on Drum with Fife Wood Base MM-1a - A. Petersen	Closed	1977	9.00	N/A
1979	Red Coat Mouse MM-11 - W. Petersen	Open	1977	14.00	14

Moles - A. Petersen

YEAR ISSUE		EDITION LIMIT	YEAR RETD.	ISSUE PRICE	QUOTE U.S.$
1994	Bell Ringer Mole MO-2	Open		44.00	44
1978	Mole Scout MO-1	Closed	1980	4.25	225-400

Mouse Sports - A. Petersen

YEAR ISSUE		EDITION LIMIT	YEAR RETD.	ISSUE PRICE	QUOTE U.S.$
1975	Bobsled Three MS-1 - A. Petersen	Closed	1977	12.00	400-500
1994	Camping Out MS-16 - A. Petersen	Open		75.00	75
1985	Fishin' Chip MS-14 - W. Petersen	Closed	1992	46.00	225-300
1981	Golfer Mouse MS-10 - A. Petersen	Closed	1984	15.50	465-550
1977	Golfer Mouse MS-7 - A. Petersen	Closed	1980	5.25	356
1989	Joe Di'Mousio MS-15 - A. Petersen	Open		39.00	50
1984	Land Ho! MS-12 - A. Petersen	Closed	1987	36.50	300
1976	Mouse Skier MS-3 - A. Petersen	Closed	1979	4.25	300-400
1975	Skater Mouse MS-2 - A. Petersen	Closed	1980	4.50	300-400
1980	Skater Mouse MS-8 - A. Petersen	Closed	1983	16.50	400
1977	Skating Star Mouse MS-6 - A. Petersen	Closed	1979	3.75	250-400
1980	Skier Mouse (Red/Yellow, Red/Green) MS-9 - A. Petersen	N/A	1983	13.00	225-400
1980	Skier Mouse MS-9 - A. Petersen	Open		13.00	40
1984	Tennis Anyone? MS-13 - A. Petersen	Closed	1988	18.00	115-145
1976	Tennis Star MS-4 - A. Petersen	Closed	1978	3.75	150-300
1976	Tennis Star MS-5 - A. Petersen	Closed	1981	3.75	150-300
1982	Two in a Canoe MS-11 - W. Petersen	Open		29.00	62

Owls - A. Petersen

YEAR ISSUE		EDITION LIMIT	YEAR RETD.	ISSUE PRICE	QUOTE U.S.$
1975	Colonial Owls O-4 - A. Petersen	Closed	1977	11.50	350-500
1979	Grad Owl O-5 - W. Petersen	Closed	1979	4.25	350-550
1980	Graduate Owl (On Books) O-6 - W. Petersen	Closed	1980	12.00	330-500
1974	Mr. and Mrs. Owl O-1 - A. Petersen	Closed	1981	6.00	500
1974	Mr. Owl O-3 - A. Petersen	Closed	1981	3.25	150-300
1974	Mrs. Owl O-2 - A. Petersen	Closed	1981	3.00	150-300

Piggies - A. Petersen

YEAR ISSUE		EDITION LIMIT	YEAR RETD.	ISSUE PRICE	QUOTE U.S.$
1978	Boy Piglet/ Picnic Piggy P-6	Closed	1981	4.00	700
1978	Girl Piglet/Picnic Piggy P-5	Closed	1981	4.00	700
1981	Holly Hog P-11	Closed	1981	25.00	350-425
1978	Jolly Tar Piggy P-3	Closed	1979	4.50	200-250
1978	Miss Piggy School Marm P-1	Closed	1979	4.50	225-325
1980	Nurse Piggy P-10	Closed	1981	15.50	200-225
1978	Picnic Piggies P-4	Closed	1981	7.75	200-300
1980	Pig O' My Heart P-9	Closed	1981	12.00	200-275
1978	Piggy Baker P-2	Closed	1981	4.50	225-425
1980	Piggy Ballerina P-7	Closed	1981	15.50	200-275
1978	Piggy Jogger PS-1	Closed	1981	4.50	125-200
1980	Piggy Policeman P-8	Closed	1981	17.50	200-350

Raccoons - A. Petersen

YEAR ISSUE		EDITION LIMIT	YEAR RETD.	ISSUE PRICE	QUOTE U.S.$
1978	Bird Watcher Raccoon RC-3	Closed	1981	6.50	600
1977	Hiker Raccoon RC-2	Closed	1980	4.50	700
1977	Mother Raccoon RC-1	Closed	1980	4.50	300-475
1978	Raccoon Skater RCS-1	Closed	1980	4.75	250-400
1978	Raccoon Skier RCS-2	Closed	1980	6.00	350-450

Rats - Various

YEAR ISSUE		EDITION LIMIT	YEAR RETD.	ISSUE PRICE	QUOTE U.S.$
1975	Doc Rat R-2 - W. Petersen	Closed	1980	5.25	200-400
1975	Seedy Rat R-1 - A. Petersen	Closed	1977	5.25	1200

Robin Hood Series - A. Petersen

YEAR ISSUE		EDITION LIMIT	YEAR RETD.	ISSUE PRICE	QUOTE U.S.$
1990	Friar Tuck RH-3	Closed	1994	32.00	35
1990	Maid Marion RH-2	Closed	1994	32.00	85
1990	Robin Hood RH-1	Closed	1994	37.00	80

Single Issues - Various

YEAR ISSUE		EDITION LIMIT	YEAR RETD.	ISSUE PRICE	QUOTE U.S.$
1980	Cave Mouse - W. Petersen	Closed	N/A	N/A	500-600
1980	Cave Mouse with Baby - W. Petersen	Closed	N/A	26.00	N/A
1979	Ezra Ripley - A. Petersen	Open		40.00	40-95
1972	Party Mouse in Plain Dress - A. Petersen	Closed	N/A	N/A	N/A
1972	Party Mouse in Polka-Dot Dress - A. Petersen	Closed	N/A	N/A	N/A
1972	Party Mouse in Sailor Suit - A. Petersen	Closed	N/A	N/A	N/A
1972	Party Mouse with Bow Tie - A. Petersen	Closed	N/A	N/A	N/A
1979	Sarah Ripley - A. Petersen	Open		48.00	48-110
1980	Screech Owl - W. Petersen	Closed	1982	N/A	N/A
1983	Wee Forest Folk Display Piece - A. Petersen	Open		70.00	70

Tiny Teddies - D. Petersen

YEAR ISSUE		EDITION LIMIT	YEAR RETD.	ISSUE PRICE	QUOTE U.S.$
1984	Boo Bear T-3	Suspd.		20.00	155
1987	Christmas Teddy T-10	Suspd.		26.00	90
1984	Drummer Bear T-4	Suspd.		22.00	80
1988	Hansel & Gretel Bears @ Witch's House T-11	Suspd.		175.00	245
1986	Huggy Bear T-8	Suspd.		26.00	60-95
1984	Little Teddy T-1	Closed	1986	20.00	75
1989	Momma Bear T-12	Suspd.		27.00	100-150
1985	Ride 'em Teddy! T-6	Suspd.		32.00	105
1984	Sailor Teddy T-2	Suspd.		20.00	85
1984	Santa Bear T-5	Suspd.		27.00	100
1985	Seaside Teddy T-7	Suspd.		28.00	95-100
1983	Tiny Teddy TT-1	Closed	1983	16.00	130
1987	Wedding Bears T-9	Suspd.		54.00	125-150

Wind in the Willows - Various

YEAR ISSUE		EDITION LIMIT	YEAR RETD.	ISSUE PRICE	QUOTE U.S.$
1982	Badger WW-2 - A. Petersen	Closed	1983	18.00	495
1982	Mole WW-1 - A. Petersen	Closed	1983	18.00	595
1982	Ratty WW-4 - A. Petersen	Closed	1983	18.00	495
1982	Toad WW-3 - W. Petersen	Closed	1983	18.00	495

GRAPHICS

American Artists

Fred Stone - F. Stone

YEAR ISSUE		EDITION LIMIT	YEAR RETD.	ISSUE PRICE	QUOTE U.S.$
1979	Affirmed, Steve Cauthen Up	750		100.00	600
1988	Alysheba	950		195.00	650
1992	The American Triple Crown I, 1948-1978	1,500		325.00	325
1993	The American Triple Crown II, 1937-1946	1,500		325.00	325
1993	The American Triple Crown III, 1919-1935	1,500		225.00	225
1983	The Andalusian	750		150.00	350
1981	The Arabians	750		115.00	525
1989	Battle For The Triple Crown	950		225.00	650
1980	Belmont-Bold Forbes, The	500		100.00	375
1991	Black Stallion	1,500		225.00	250
1988	Cam-Fella	950		175.00	350
1981	Contentment	750		115.00	525
1992	Dance Smartly-Pat Day Up	950		225.00	325
1983	The Duel	750		150.00	400
1985	Eternal Legacy	950		175.00	950
1980	Exceller-Bill Shoemaker	500		90.00	800
1990	Final Tribute- Secretariat	1,150		265.00	1300
1987	First Day, The	950		175.00	225
1991	Forego	1,150		225.00	250
1986	Forever Friends	950		175.00	725
1985	Fred Stone Paints the Sport of Kings (Book)	750		265.00	750
1980	Genuine Risk	500		100.00	700
1991	Go For Wand-A Candle in the Wind	1,150		225.00	225
1986	Great Match Race-Ruffian & Foolish Pleasure	950		175.00	375
1981	John Henry-Bill Shoemaker Up	595		160.00	1500
1985	John Henry-McCarron Up	750		175.00	500-750
1985	Kelso	950		175.00	750
1980	Kentucky Derby, The	750		100.00	650
1980	Kidnapped Mare-Franfreluche	750		115.00	575
1987	Lady's Secret	950		175.00	425
1982	Man O'War "Final Thunder"	750		175.00	25-3100
1979	Mare and Foal	500		90.00	500
1979	Moment After, The	500		90.00	350
1986	Nijinski II	950		175.00	275
1984	Northern Dancer	950		175.00	625
1982	Off and Running	750		125.00	250-350
1990	Old Warriors Shoemaker-John Henry	1,950		265.00	595
1979	One, Two, Three	500		100.00	1000
1980	Pasture Pest, The	500		100.00	875
1979	Patience	1,000		90.00	1200
1989	Phar Lap	950		195.00	275
1982	Power Horses, The	750		125.00	250
1987	The Rivalry-Alysheba & Bet Twice	950		195.00	550
1979	Rivals-Affirmed & Alydar, The	500		90.00	500
1983	Ruffian-For Only a Moment	750		175.00	1100
1983	Secretariat	950		175.00	995-1200
1989	Shoe Bald Eagle	950		195.00	675
1981	The Shoe-8,000 Wins	395		200.00	7000
1980	Spectacular Bid	500		65.00	350-400
XX	Sunday Silence	950		195.00	425
1981	Thoroughbreds, The	750		115.00	425
1983	Tranquility	750		150.00	525
1984	Turning For Home	750		150.00	425
1982	Water Trough, The	750		125.00	575

Anheuser-Busch, Inc.

Anheuser-Busch - H. Droog

YEAR ISSUE		EDITION LIMIT	YEAR RETD.	ISSUE PRICE	QUOTE U.S.$
1994	Gray Wolf Mirror N4570	2,500		135.00	150

Armani

Wall Art - G. Armani

YEAR ISSUE		EDITION LIMIT	YEAR RETD.	ISSUE PRICE	QUOTE U.S.$
1994	Abiding Love 105A	675		475.00	475
1994	Abiding Love A/P 111A	25		675.00	675
1994	The Embrace 103A	675		475.00	475
1994	The Embrace A/P 109A	25		675.00	675
1994	La Pieta 102A	675		475.00	475
1994	La Pieta A/P 108A	25		675.00	675
1994	Lady w/Mirror 101A	675		475.00	475
1994	Lady w/Mirror A/P 107A	25		675.00	675
1994	Lady w/Peacock 100A	675		475.00	475
1994	Lady w/Peacock A/P 106A	25		675.00	675
1994	Wind Song 104A	675		475.00	475
1994	Wind Song A/P 110A	25		675.00	675

Artaffects

Perillo - G. Perillo

YEAR ISSUE		EDITION LIMIT	YEAR RETD.	ISSUE PRICE	QUOTE U.S.$
1980	Babysitter, S/N	3,000		45.00	125-350
1988	By the Stream, S/N	950		100.00	150
1985	Chief Crazy Horse, S/N	950		125.00	450
1982	Chief Pontiac, S/N	950		75.00	100
1985	Chief Sitting Bull, S/N	500		125.00	350
1982	Hoofbeats, S/N	950		100.00	150
1982	Indian Style, S/N	950		75.00	100
1986	Learning His Ways, S/N	325		150.00	250
1982	Lonesome Cowboy, S/N	950		75.00	100-450
1978	Madonna of the Plains, S/N	500		125.00	200-600
1977	Madre, S/N	500		125.00	250-950
1988	Magnificent Seven, S/N	950		125.00	125
1982	Maria, S/N	550		150.00	350
1985	Marigold, S/N	500		125.00	150-450
1983	The Moment Poster, S/N	495		20.00	60
1984	Navajo Love, S/N	300		125.00	700
1984	Out of the Forest, S/N	Unkn.		Unkn.	450
1990	The Pack, S/N	950		150.00	250
1982	Papoose, S/N	950		125.00	125
1981	Peaceable Kingdom, S/N	950		100.00	375-800
1986	The Pout, S/N	325		150.00	200-450
1980	Puppies, S/N	3,000		45.00	200-450
1986	The Rescue, S/N	325		150.00	200-550
1985	Secretariat, S/N	950		125.00	150
1979	Sioux Scout and Buffalo Hunt, matched set	500		150.00	250-850
1978	Snow Pals, S/N	500		125.00	150-550
1982	Tender Love, S/N	950		75.00	125-450
1982	Tinker, S/N	3,000		45.00	100-350
1986	War Pony, S/N	325		150.00	250
1985	Whirlaway, S/N	950		125.00	150

Circle Fine Art

Rockwell - N. Rockwell

YEAR ISSUE		EDITION LIMIT	YEAR RETD.	ISSUE PRICE	QUOTE U.S.$
XX	American Family Folio	200		Unkn.	17500
XX	The Artist at Work	130		Unkn.	3500

YEAR ISSUE		EDITION LIMIT	YEAR RETD.	ISSUE PRICE	QUOTE U.S.$
XX	At the Barber	200		Unkn.	4900
XX	Autumn	200		Unkn.	3500
XX	Autumn/Japon	25		Unkn.	3600
XX	Aviary	200		Unkn.	4200
XX	Barbershop Quartet	200		Unkn.	4200
XX	Baseball	200		Unkn.	3600
XX	Ben Franklin's Philadelphia	200		Unkn.	3600
XX	Ben's Belles	200		Unkn.	3500
XX	The Big Day	200		Unkn.	3400
XX	The Big Top	148		Unkn.	2800
XX	Blacksmith Shop	200		Unkn.	6300
XX	Bookseller	200		Unkn.	2700
XX	Bookseller/Japon	25		Unkn.	2750
XX	The Bridge	200		Unkn.	3100
XX	Cat	200		Unkn.	3400
XX	Cat/Collotype	200		Unkn.	4000
XX	Cheering	200		Unkn.	3600
XX	Children at Window	200		Unkn.	3600
XX	Church	200		Unkn.	3400
XX	Church/Collotype	200		Unkn.	4000
XX	Circus	200		Unkn.	2650
XX	County Agricultural Agent	200		Unkn.	3900
XX	The Critic	200		Unkn.	4650
XX	Day in the Life of a Boy	200		Unkn.	6200
XX	Day in the Life of a Boy/Japon	25		Unkn.	6500
XX	Debut	200		Unkn.	3600
XX	Discovery	200		Unkn.	5900
XX	Doctor and Boy	200		Unkn.	9400
XX	Doctor and Doll-Signed	200		Unkn.	11900
XX	Dressing Up/Ink	60		Unkn.	4400
XX	Dressing Up/Pencil	200		Unkn.	3700
XX	The Drunkard	200		Unkn.	3600
XX	The Expected and Unexpected	200		Unkn.	3700
XX	Family Tree	200		Unkn.	5900
XX	Fido's House	200		Unkn.	3600
XX	Football Mascot	200		Unkn.	3700
XX	Four Seasons Folio	200		Unkn.	13500
XX	Four Seasons Folio/Japon	25		Unkn.	14000
XX	Freedom from Fear-Signed	200		Unkn.	6400
XX	Freedom from Want-Signed	200		Unkn.	6400
XX	Freedom of Religion-Signed	200		Unkn.	6400
XX	Freedom of Speech-Signed	200		Unkn.	6400
XX	Gaiety Dance Team	200		Unkn.	4300
XX	Girl at Mirror-Signed	200		Unkn.	8400
XX	The Golden Age	200		Unkn.	3500
XX	Golden Rule-Signed	200		Unkn.	4400
XX	Golf	200		Unkn.	3600
XX	Gossips	200		Unkn.	5000
XX	Gossips/Japon	25		Unkn.	5100
XX	Grotto	200		Unkn.	3400
XX	Grotto/Collotype	200		Unkn.	4000
XX	High Dive	200		Unkn.	3400
XX	The Homecoming	200		Unkn.	3700
XX	The House	200		Unkn.	3700
XX	Huck Finn Folio	200		Unkn.	35000
XX	Ichabod Crane	200		Unkn.	6700
XX	The Inventor	200		Unkn.	4100
XX	Jerry	200		Unkn.	4700
XX	Jim Got Down on His Knees	200		Unkn.	4500
XX	Lincoln	200		Unkn.	11400
XX	Lobsterman	200		Unkn.	5500
XX	Lobsterman/Japon	25		Unkn.	5750
XX	Marriage License	200		Unkn.	6900
XX	Medicine	200		Unkn.	3400
XX	Medicine/Color Litho	200		Unkn.	4000
XX	Miss Mary Jane	200		Unkn.	4500
XX	Moving Day	200		Unkn.	3900
XX	Music Hath Charms	200		Unkn.	4200
XX	My Hand Shook	200		Unkn.	4500
XX	Out the Window	200		Unkn.	3400
XX	Out the Window/ Collotype	200		Unkn.	4000
XX	Outward Bound-Signed	200		Unkn.	7900
XX	Poor Richard's Almanac	200		Unkn.	24000
XX	Prescription	200		Unkn.	4900
XX	Prescription/Japon	25		Unkn.	5000
XX	The Problem We All Live With	200		Unkn.	4500
XX	Puppies	200		Unkn.	3700
XX	Raliegh the Dog	200		Unkn.	3900
XX	Rocket Ship	200		Unkn.	3650
XX	The Royal Crown	200		Unkn.	3500
XX	Runaway	200		Unkn.	3800
XX	Runaway/Japon	200		Unkn.	5700
XX	Safe and Sound	200		Unkn.	3800
XX	Saturday People	200		Unkn.	3300
XX	Save Me	200		Unkn.	3600
XX	Saying Grace-Signed	200		Unkn.	7400
XX	School Days Folio	200		Unkn.	14000
XX	Schoolhouse	200		Unkn.	4500
XX	Schoolhouse/Japon	25		Unkn.	4650
XX	See America First	200		Unkn.	5650
XX	See America First/Japon	25		Unkn.	6100
XX	Settling In	200		Unkn.	3600
XX	Shuffelton's Barbershop	200		Unkn.	7400
XX	Smoking	200		Unkn.	3400
XX	Smoking/Collotype	200		Unkn.	4000
XX	Spanking	200		Unkn.	3400
XX	Spanking/ Collotype	200		Unkn.	4000
XX	Spelling Bee	200		Unkn.	6500
XX	Spring	200		Unkn.	3500
XX	Spring Flowers	200		Unkn.	5200
XX	Spring/Japon	25		Unkn.	3600
XX	Study for the Doctor's Office	200		Unkn.	6000
XX	Studying	200		Unkn.	3600
XX	Summer	200		Unkn.	3500
XX	Summer Stock	200		Unkn.	4900
XX	Summer Stock/Japon	25		Unkn.	5000
XX	Summer/Japon	25		Unkn.	3600
XX	The Teacher	200		Unkn.	3400
XX	Teacher's Pet	200		Unkn.	3600
XX	The Teacher/Japon	25		Unkn.	3500
XX	The Texan	200		Unkn.	3700
XX	Then For Three Minutes	200		Unkn.	4500
XX	Then Miss Watson	200		Unkn.	4500
XX	There Warn't No Harm	200		Unkn.	4500
XX	Three Farmers	200		Unkn.	3600
XX	Ticketseller	200		Unkn.	4200
XX	Ticketseller/Japon	25		Unkn.	4400
XX	Tom Sawyer Color Suite	200		Unkn.	30000
XX	Tom Sawyer Folio	200		Unkn.	26500
XX	Top of the World	200		Unkn.	4200
XX	Trumpeter	200		Unkn.	3900
XX	Trumpeter/Japon	25		Unkn.	4100
XX	Two O'Clock Feeding	200		Unkn.	3600
XX	The Village Smithy	200		Unkn.	3500
XX	Welcome	200		Unkn.	3500
XX	Wet Paint	200		Unkn.	3800
XX	When I Lit My Candle	200		Unkn.	4500
XX	White Washing	200		Unkn.	3400
XX	Whitewashing the Fence/Collotype	200		Unkn.	4000
XX	Window Washer	200		Unkn.	4800
XX	Winter	200		Unkn.	3500
XX	Winter/Japon	25		Unkn.	3600
XX	Ye Old Print Shoppe	200		Unkn.	3500
XX	Your Eyes is Lookin'	200		Unkn.	4500

Cross Gallery, Inc.

Bandits & Bounty Hunters - P.A. Cross

YEAR ISSUE		EDITION LIMIT	YEAR RETD.	ISSUE PRICE	QUOTE U.S.$
1995	Bandits	865		225.00	225
1994	Bounty Hunters	865		225.00	225

The Gift - P.A. Cross

YEAR ISSUE		EDITION LIMIT	YEAR RETD.	ISSUE PRICE	QUOTE U.S.$
1989	B' Achua Dlubh-bia Bii Noskiiyahi The Gift, Part II	S/O	1989	225.00	650
1993	The Gift, Part III	S/O	1993	225.00	350-1000

Half Breed Series - P.A. Cross

YEAR ISSUE		EDITION LIMIT	YEAR RETD.	ISSUE PRICE	QUOTE U.S.$
1989	Ach-hua Dlubh: (Body Two), Half Breed	S/O	1989	190.00	1450
1989	Ach-hua Dlubh: (Body Two), Half Breed II	S/O	1989	225.00	800-1100
1990	Ach-hua Dlubh: (Body Two), Half Breed III	S/O	1990	225.00	850
1995	Ach-hua Dlubh: (Body Two), Half Breed IV	S/O	1995	225.00	225

Limited Edition Original Graphics - P.A. Cross

YEAR ISSUE		EDITION LIMIT	YEAR RETD.	ISSUE PRICE	QUOTE U.S.$
1991	Bia-A-Hoosh (A Very Special Woman), Stone Lithograph	S/O	1991	500.00	500
1987	Caroline, Stone Lithograph	S/O	1987	300.00	600
1988	Maidenhood Hopi, Stone Lithograph	S/O	1988	950.00	1150
1990	Nighteyes, I, Serigraph	S/O	1990	225.00	425
1989	The Red Capote, Serigraph	S/O	1989	750.00	1150
1989	Rosapina, Etching	74		1200.00	1200
1991	Wooltalkers, Serigraph	275		750.00	750

Limited Edition Prints - P.A. Cross

YEAR ISSUE		EDITION LIMIT	YEAR RETD.	ISSUE PRICE	QUOTE U.S.$
1991	Ashpahdua Hagay Ashae-Gyoke (My Home & Heart Is Crow)	S/O	1991	225.00	225-350
1983	Ayla-Sah-Xuh-Xah (Pretty Colours, Many Designs)	S/O	1983	150.00	450
1990	Baape Ochia (Night Wind, Turquoise)	S/O	1990	185.00	370
1990	Biaachee-itah Bah-achbeh (Medicine Woman Scout)	S/O	1990	225.00	525
1984	Blue Beaded Hair Ties	S/O	1984	85.00	330
1991	The Blue Shawl	S/O	1991	185.00	275
1987	Caroline	S/O	1987	45.00	145
1989	Chey-ayjeh: Prey	S/O	1989	190.00	325-600
1988	Dance Apache	S/O	1988	190.00	360
1987	Dii-tah-shteh Ee-wihza-ahook (A Coat of much Value)	S/O	1987	90.00	740
1989	The Dreamer	S/O	1989	190.00	600
1987	The Elkskin Robe	S/O	1987	190.00	640
1990	Eshte	S/O	1990	185.00	200
1986	Grand Entry	S/O	1986	85.00	85
1983	Isbaaloo Eetshiileehcheek (Sorting Her Beads)	S/O	1983	150.00	1750
1990	Ishia-Kahda #1 (Quiet One)	S/O	1990	185.00	400
1988	Ma-a-luppis-she-La-dus (She is above everything, nothing can touch her)	S/O	1988	190.00	525
1984	Profile of Caroline	S/O	1984	85.00	185
1986	The Red Capote	S/O	1986	150.00	850
1987	The Red Necklace	S/O	1987	90.00	210
1989	Teesa Waits To Dance	S/O	1989	135.00	180
1984	Thick Lodge Clan Boy: Crow Indian	475		85.00	85
1987	Tina	S/O	1987	45.00	110
1985	The Water Vision	S/O	1985	150.00	325
1984	Whistling Water Clan Girl: Crow Indian	S/O	1984	85.00	85
1993	Winter Girl Bride	1,730		225.00	225
1986	Winter Morning	S/O	1986	185.00	1450
1986	The Winter Shawl	S/O	1986	150.00	1600

Miniature Line - P.A. Cross

YEAR ISSUE		EDITION LIMIT	YEAR RETD.	ISSUE PRICE	QUOTE U.S.$
1991	BJ	S/O	1995	80.00	80
1993	Braids	447		80.00	80
1993	Daybreak	447		80.00	80
1991	The Floral Shawl	S/O	1995	80.00	80
1991	Kendra	S/O	1995	80.00	80
1993	Ponytails	447		80.00	80
1993	Sundown	447		80.00	80
1991	Watercolour Study #2 For Half Breed	S/O	1995	80.00	80

The Painted Ladies' Suite - P.A. Cross

YEAR ISSUE		EDITION LIMIT	YEAR RETD.	ISSUE PRICE	QUOTE U.S.$
1992	Acoria (Crow; Seat of Honor)	S/O	1995	185.00	185
1992	Avisola	S/O	1995	185.00	185
1992	Dah-say (Crow; Heart)	S/O	1995	185.00	185
1992	Itza-chu (Apache; The Eagle)	S/O	1995	185.00	185
1992	Kel'hoya (Hopi; Little Sparrow Hawk)	S/O	1995	185.00	185
1992	The Painted Ladies	S/O	1992	225.00	1200
1995	Sus(h)gah-daydus(h) (Crow; Quick)	447		80.00	80
1995	Tze-go-juni (Chiricahua Apache)	447		80.00	80

Star Quilt Series - P.A. Cross

YEAR ISSUE		EDITION LIMIT	YEAR RETD.	ISSUE PRICE	QUOTE U.S.$
1988	The Quilt Makers	S/O	1988	190.00	1200
1986	Reflections	S/O	1986	185.00	865
1985	Winter Warmth	S/O	1985	150.00	900-1215

Wolf Series - P.A. Cross

YEAR ISSUE		EDITION LIMIT	YEAR RETD.	ISSUE PRICE	QUOTE U.S.$
1990	Agnjnaug Amaguut;Inupiag (Women With Her Wolves)	S/O	1993	325.00	350-750
1993	Ahmah-ghut, Tuhtu-loo; Eelahn -nuht Kah-auhk (Wolves and Caribou; My Furs and My Friends)	1,050		255.00	255
1989	Biagoht Eecuebeh Hehsheesh-Checah: (Red Ridinghood and Her Wolves), Gift I	S/O	1989	225.00	1500-2500
1985	Dii-tah-shteh Bii-wik; Chedah -bah liidah (My Very Own Protective Covering; Walks w/the Wolf Woman)	S/O	1985	185.00	3275
1987	The Morning Star Gives Long Otter His Hoop Medicine Power	S/O	1987	190.00	1800-2500

Flambro Imports

Emmett Kelly Jr. Lithographs - B. Leighton-Jones

YEAR ISSUE		EDITION LIMIT	YEAR RETD.	ISSUE PRICE	QUOTE U.S.$
1995	All Star Circus	2 Yr.		150.00	150
1994	EKJ 70th Birthday Commemorative	1,994		150.00	150
1994	I Love You	2 Yr.		90.00	90
1994	Joyful Noise	2 Yr.		90.00	90
1994	Picture Worth 1,000 Words	2 Yr.		90.00	90

Gartlan USA

Lithograph - Various

YEAR ISSUE		EDITION LIMIT	YEAR RETD.	ISSUE PRICE	QUOTE U.S.$
1990	Darryl Strawberry - M. Taylor	500		295.00	295
1991	Darryl Strawberry, signed Artist Proof - M. Taylor	50		395.00	395
1986	George Brett-"The Swing" - J. Martin	2,000		85.00	150
1991	Joe Montana - M. Taylor	500		495.00	495
1989	Kareem Abdul Jabbar-The Record Setter - M. Taylor	1,989		85.00	175-225
1991	Negro League 1st World Series (print) - Unknown	1,924		109.00	109
1987	Roger Staubach - C. Soileau	1,979		85.00	125

Greenwich Workshop

Bama - J. Bama

YEAR ISSUE		EDITION LIMIT	YEAR RETD.	ISSUE PRICE	QUOTE U.S.$
1993	Art of James Bama Book with Chester Medicine Crow Fathers Flag Print	2,500	N/A	345.00	345
1981	At a Mountain Man Wedding	1,500	N/A	145.00	275
1981	At Burial Gallager and Blind Bill	1,500	N/A	135.00	150
1988	Bittin' Up-Rimrock Ranch	1,250	N/A	195.00	1000
1992	Blackfeet War Robe	1,000		195.00	195
1987	Buck Norris-Crossed Sabres Ranch	1,000	N/A	195.00	850
1990	Buffalo Bill	1,250	N/A	210.00	210
1993	The Buffalo Dance	1,000		195.00	195
1991	Ceremonial Lance	1,250		225.00	225
1994	Cheyenne Dog Soldier	1,000		225.00	225
1991	Chuck Wagon	1,000		225.00	225
1975	Chuck Wagon in the Snow	1,000	N/A	50.00	50
1992	Coming' Round the Bend	1,000		195.00	195
1978	Contemporary Sioux Indian	1,000	N/A	75.00	400
1992	Crow Cavalry Scout	1,000		195.00	195
1977	A Crow Indian	1,000	N/A	65.00	125
1982	Crow Indian Dancer	1,250		150.00	150
1988	Crow Indian From Lodge Grass	1,250		225.00	225
1988	Dan-Mountain Man	1,250	N/A	195.00	195
1983	The Davilla Brothers-Bronc Riders	1,250		145.00	145
1983	Don Walker-Bareback Rider	1,250	N/A	85.00	85
1991	The Drift on Skull Creek Pass	1,500		225.00	225
1979	Heritage	1,500	N/A	75.00	100
1978	Indian at Crow Fair	1,500	N/A	75.00	75
1988	Indian Wearing War Medicine Bonnet	1,000	N/A	225.00	225
1980	Ken Blackbird	1,500	N/A	95.00	95
1974	Ken Hunder, Working Cowboy	1,000	N/A	55.00	55
1989	Little Fawn-Cree Indian Girl	1,250	N/A	195.00	195
1979	Little Star	1,500	N/A	80.00	1000

GRAPHICS

Greenwich Workshop
to Greenwich Workshop

YEAR ISSUE		EDITION LIMIT	YEAR RETD.	ISSUE PRICE	QUOTE U.S.$
1993	Magua-"The Last of the Mohicans"	1,000		225.00	225
1993	Making Horse Medicine	1,000		225.00	225
1978	Mountain Man	1,000	N/A	75.00	430
1980	Mountain Man 1820-1840 Period	1,500	N/A	115.00	150
1979	Mountain Man and His Fox	1,500	N/A	90.00	350
1982	Mountain Man with Rifle	1,250	N/A	135.00	135
1978	A Mountain Ute	1,000	N/A	75.00	75
1990	Newman/Butch Cassidy & Video	1,000		375.00	500
1992	Northern Cheyene Wolf Scout	1,000		195.00	195
1981	Old Arapaho Story-Teller	1,500	N/A	135.00	135
1980	Old Saddle in the Snow	1,500	N/A	75.00	150
1980	Old Sod House	1,500	N/A	80.00	350
1981	Oldest Living Crow Indian	1,500	N/A	135.00	135
1993	On the North Fork of the Shoshoni	1,000		195.00	195
1990	Paul Newman as Butch Cassidy & Video	2,000		250.00	250
1981	Portrait of a Sioux	1,500	N/A	135.00	135
1979	Pre-Columbian Indian with Atlatl	1,500	N/A	75.00	75
1991	Ready to Rendezvous	1,000		225.00	225
1995	Ready to Ride	1,000		185.00	185
1990	Ridin' the Rims	1,250	N/A	210.00	210
1991	Riding the High Country	1,250		225.00	225
1978	Rookie Bronc Rider	1,000	N/A	75.00	100
1976	Sage Grinder	1,000	N/A	65.00	1800
1980	Sheep Skull in Drift	1,500	N/A	75.00	75
1974	Shoshone Chief	1,000	N/A	65.00	65
1982	Sioux Indian with Eagle Feather	1,250	N/A	150.00	150
1992	Sioux Subchief	1,000		195.00	195
1994	Slim Warren, The Old Cowboy	1,000		125.00	125
1983	Southwest Indian Father & Son	1,250		145.00	145
1977	Timber Jack Joe	1,000	N/A	65.00	450
1988	The Volunteer	1,500		225.00	225
1987	Winter on Trout Creek	1,000	N/A	150.00	525
1981	Winter Trapping	1,500	N/A	150.00	300
1980	Young Plains Indian	1,500	N/A	125.00	1300
1990	Young Sheepherder	1,500		225.00	225

Bean - A. Bean

YEAR ISSUE		EDITION LIMIT	YEAR RETD.	ISSUE PRICE	QUOTE U.S.$
1993	Conrad Gordon and Bean:The Fantasy	1,000		385.00	385
1987	Helping Hands	850		150.00	150
1988	How It Felt to Walk on the Moon	850	N/A	150.00	150
1992	In Flight	850		385.00	385
1994	In The Beginning Apollo 25 C/S	1,000	N/A	600.00	900

Blackshear - T. Blackshear

YEAR ISSUE		EDITION LIMIT	YEAR RETD.	ISSUE PRICE	QUOTE U.S.$
1994	Beauty and the Beast	1,000		225.00	225
1993	Hero Frederick Douglass	Open		20.00	20
1993	Hero Harriet Tubman	Open		20.00	20
1993	Hero Martin Luther King, Jr.	Open		20.00	20
1993	Heroes of Our Heritage Portfolio	Open		35.00	35
1995	Night in Day	850		195.00	195
1994	Swansong	1,000		175.00	175

Blake - B. Blake

YEAR ISSUE		EDITION LIMIT	YEAR RETD.	ISSUE PRICE	QUOTE U.S.$
1995	The Old Double Diamond	850		175.00	175
1994	West of the Moon	650		195.00	195

Blossom - C. Blossom

YEAR ISSUE		EDITION LIMIT	YEAR RETD.	ISSUE PRICE	QUOTE U.S.$
1990	Ebb Tide	950		175.00	175
1989	Harbor Light	950		165.00	165
1988	Heading Home	950	N/A	150.00	250
1992	Port of Call	850		175.00	175
1992	Silhouette	850		175.00	175
1994	Traveling in Company	850		175.00	175
1994	Traveling in Company, Remarque	100		415.00	415
1992	Windward	950		175.00	175

Bullas - W. Bullas

YEAR ISSUE		EDITION LIMIT	YEAR RETD.	ISSUE PRICE	QUOTE U.S.$
1993	Billy the Pig	850		95.00	172
1994	Clucks Unlimited	850		95.00	95
1994	Court of Appeals	850		95.00	95
1994	Ductor	850		95.00	95
1995	fowl ball...	1,500		95.00	95
1994	Fridays After Five	850		95.00	95
1993	Mr. Harry Buns	850	N/A	95.00	95
1993	Our Ladies of the Front Lawn	850		95.00	95
1993	The Pale Prince	850		110.00	110
1993	Sand Trap Pro	850		95.00	95
1993	Some Set of Buns	850		95.00	95
1995	tennis, anyone?	1,000		95.00	95
1993	Wine-Oceros	850		95.00	95
1993	You Rang, Madam?	850		95.00	114

Christensen - J. Christensen

YEAR ISSUE		EDITION LIMIT	YEAR RETD.	ISSUE PRICE	QUOTE U.S.$
1989	The Annunciation	850	N/A	175.00	175
1994	Bird Hunters (Bronze)	50	N/A	4500.00	4500
1990	The Burden of the Responsible Man	850	N/A	145.00	800-1200
1991	The Candleman	850	N/A	160.00	260
1990	The Candleman, AP (Bronze)	100	N/A	737.00	4500
1993	College of Magical Knowledge	4,500	N/A	185.00	220-325
1993	College of Magical Knowledge, remarque	500	N/A	252.50	325
1991	Diggery Diggery Dar- Etching	75	N/A	210.00	465
1994	Evening Angels	4,000		195.00	195
1989	The Fish Walker (Bronze)	100	N/A	711.00	4500
1994	Framed Evening Angels	200	N/A	800.00	800
1993	Getting it Right	4,000	N/A	185.00	185
1985	The Gift For Mrs. Claus	3,500	N/A	80.00	415
1991	Jack Be Nimble-Etching	75	N/A	210.00	425
1986	Jonah	850	N/A	95.00	200
1991	Lawrence and a Bear	850	N/A	145.00	250
1987	Low Tech	2,000	N/A	35.00	35
1991	Man in the Moon-Etching	75	N/A	210.00	450-600
1988	The Man Who Minds the Moon	850	N/A	145.00	650
1991	Mother Goose-Etching	75	N/A	210.00	450
1987	Old Man with a Lot on His Mind	850	N/A	85.00	380-560
1986	Olde World Santa	3,500	N/A	80.00	425
1992	The Oldest Angel	850	N/A	125.00	485
1991	Once Upon a Time	1,500	N/A	175.00	1075
1991	Once Upon a Time, remarque	500	N/A	220.00	1150
1991	Pelican King	850	N/A	115.00	245
1991	Peter Peter Pumpkin Eater-Etching	75	N/A	210.00	450-600
1992	The Reponsible Woman	2,500	N/A	175.00	190
1990	Rhymes & Reasons w/Booklet	3,000	N/A	150.00	240
1990	Rhymes & Reasons w/Booklet, remarque	500	N/A	208.00	330
1993	The Royal Music Barque	2,750	N/A	375.00	375
1992	The Royal Processional	1,500	N/A	185.00	340
1992	The Royal Processional, remarque	500	N/A	252.50	650
1993	The Scholar	3,250	N/A	125.00	400
1995	Sisters of the Sea	2,000		195.00	195
1994	Six Bird Hunters-Full Camouflage 3	4,662	N/A	165.00	165
1994	Sometimes the Spirit Touches w/book	3,600	N/A	195.00	300
1991	Three Blind Mice-Etching	75	N/A	210.00	450
1991	Three Wise Men of Gotham-Etching	75	N/A	210.00	450
1991	Tweedle Dee & Tweedle Dum-Etching	75	N/A	210.00	400
1994	Two Angels Discussing Botticelli	2,950		145.00	145
1990	Two Sisters	650	N/A	325.00	325
1987	Voyage of the Basset w/Journal	850	N/A	225.00	1200
1993	Waiting for the Tide	2,250	N/A	150.00	150
1988	The Widows Mite	850	N/A	145.00	2500
1986	Your Place, or Mine?	850	N/A	125.00	125

Combes - S. Combes

YEAR ISSUE		EDITION LIMIT	YEAR RETD.	ISSUE PRICE	QUOTE U.S.$
1992	African Oasis	650	N/A	375.00	500
1981	Alert	1,000	N/A	95.00	95
1987	The Angry One	850		95.00	95
1988	Bushwhacker	850	N/A	145.00	145
1983	Chui	275	N/A	250.00	250
1988	Confrontation	850		145.00	145
1988	The Crossing	1,250	N/A	245.00	245
1994	Disdain	850		110.00	110
1980	Facing the Wind	1,500	N/A	75.00	75
1993	Fearful Symmetry	850	N/A	110.00	110
1995	Golden Silhouette	950		175.00	175
1990	The Guardian (Silverback)	1,000		185.00	185
1992	The Hypnotist	1,250		145.00	145
1994	Indian Summer	950		175.00	175
1980	Interlude	1,500	N/A	85.00	85
1995	Jungle Phantom	950		175.00	175
1991	Kilimanjaro Morning	850		185.00	185
1981	Leopard Cubs	1,000	N/A	95.00	95
1992	Lookout	1,250		95.00	95
1980	Manyara Afternoon	1,500	N/A	75.00	250
1989	Masai-Longonot, Kenya	850		145.00	145
1992	Midday Sun (Lioness & Cubs)	850		125.00	125
1989	Mountain Gorillas	550	N/A	135.00	135
1980	Serengeti Monarch	1,500	N/A	85.00	85
1988	Simba	850		125.00	125
1980	Solitary Hunter	1,500	N/A	75.00	75
1990	Standoff	850	N/A	375.00	375
1991	Study in Concentration	850	N/A	185.00	225
1987	Tall Shadows	850	N/A	150.00	425
1985	Tension at Dawn	825	N/A	145.00	1000
1985	Tension at Dawn, remarque	25	N/A	275.00	1200
1989	The Watering Hole	850		225.00	225
1986	The Wildebeest Migration	450	N/A	350.00	1900

Crowley - D. Crowley

YEAR ISSUE		EDITION LIMIT	YEAR RETD.	ISSUE PRICE	QUOTE U.S.$
1981	Afterglow	1,500	N/A	110.00	110
1992	Anna Thorne	650		160.00	160
1980	Apache in White	1,500	N/A	85.00	85
1979	Arizona Mountain Man	1,500	N/A	85.00	85
1980	Beauty and the Beast	1,500	N/A	85.00	85
1992	Colors of the Sunset	650		175.00	175
1979	Desert Sunset	1,500	N/A	75.00	75
1978	Dorena	1,000	N/A	75.00	75
1994	The Dreamer	650		150.00	150
1981	Eagle Feathers	1,500	N/A	95.00	95
1988	Ermine and Beads	550	N/A	85.00	85
1989	The Gunfighters	3,000	N/A	35.00	35
1981	The Heirloom	1,000	N/A	125.00	125
1982	Hopi Butterfly	275	N/A	350.00	350
1978	Hudson's Bay Blanket	1,000	N/A	75.00	75
1980	The Littlest Apache	275	N/A	325.00	850
1994	Plumes and Ribbons	650		160.00	160
1979	Security Blanket	1,500	N/A	65.00	65
1981	Shannandoah	275	N/A	325.00	325
1978	The Starquilt	1,000	N/A	65.00	300-450
1986	The Trapper	550		75.00	75

Dawson - J. Dawson

YEAR ISSUE		EDITION LIMIT	YEAR RETD.	ISSUE PRICE	QUOTE U.S.$
1992	The Attack (Cougars)	850		175.00	175
1993	Berry Contented	850		150.00	150
1993	Berry Contented (Remarque)	850		235.00	235
1994	The Face Off (Right & Left Panel)	850		150.00	150
1993	Looking Back	850		110.00	110
1993	Otter Wise	850		150.00	150
1993	Taking a Break	850	N/A	150.00	150

Doolittle - B. Doolittle

YEAR ISSUE		EDITION LIMIT	YEAR RETD.	ISSUE PRICE	QUOTE U.S.$
1983	Art of Camouflage, signed	2,000	1983	55.00	300
1980	Bugged Bear	1,000	1980	85.00	3500-4000
1987	Calling the Buffalo	8,500	1987	245.00	1025
1983	Christmas Day, Give or Take a Week	4,581	1983	80.00	1500
1988	Doubled Back	15,000	1988	245.00	1200
1992	Eagle Heart	48,000	1992	285.00	285
1982	Eagle's Flight	1,500	1982	185.00	3000-4000
1983	Escape by a Hare	1,500	1983	80.00	630
1984	Forest Has Eyes, The	8,544	1984	175.00	4200
1980	Good Omen, The	1,000	1980	85.00	2600-4000
1987	Guardian Spirits	13,238	1987	295.00	930
1990	Hide and Seek (Composite & Video)	25,000	1990	300.00	300
1990	Hide and Seek Suite	25,000	1990	1200.00	1200
1984	Let My Spirit Soar	1,500	1984	195.00	4000-4500
1979	Pintos	1,000	1979	65.00	8000-9500
1993	Prayer for the Wild Things	65,000	1993	325.00	350-375
1983	Runs With Thunder	1,500	1983	150.00	1330
1983	Rushing War Eagle	1,500	1983	150.00	1150
1991	Sacred Circle (Print & Video)	40,192	1991	325.00	325
1989	Sacred Ground	69,996	1989	265.00	665
1987	Season of the Eagle	36,548	1987	245.00	625
1991	The Sentinel	35,000	1991	275.00	750
1981	Spirit of the Grizzly	1,500	1981	150.00	3400-4000
1986	Two Bears of the Blackfeet	2,650	1986	225.00	1130
1985	Two Indian Horses	12,253	1985	225.00	3300-4000
1981	Unknown Presence	1,500	1981	150.00	2700-3500
1992	Walk Softly (Chapbook)	40,192	1992	225.00	225
1994	When The Wind Had Wings	57,500	1994	325.00	325
1986	Where Silence Speaks, Doolittle The Art of Bev Doolittle	3,500	1986	650.00	2700
1980	Whoo !?	1,000	1980	75.00	1300
1993	Wilderness? Wilderness!	50,000	1993	65.00	65
1985	Wolves of the Crow	2,650	1985	225.00	1700
1981	Woodland Encounter	1,500	1981	145.00	8100-9500

F. McCarthy - F. McCarthy

YEAR ISSUE		EDITION LIMIT	YEAR RETD.	ISSUE PRICE	QUOTE U.S.$
1984	After the Dust Storm	1,000	N/A	145.00	145
1982	Alert	1,000	N/A	135.00	135
1984	Along the West Fork	1,000	N/A	175.00	200
1978	Ambush, The	1,000	N/A	125.00	300
1982	Apache Scout	1,000	N/A	165.00	165
1988	Apache Trackers (C)	1,000	N/A	95.00	95
1992	The Art of Frank McCarthy	10,418	N/A	60.00	60
1982	Attack on the Wagon Train	1,400	N/A	150.00	150
1977	The Beaver Men	1,000	N/A	75.00	400
1980	Before the Charge	1,000	N/A	115.00	200
1978	Before the Norther	1,000	N/A	90.00	325
1990	Below The Breaking Dawn	1,250	N/A	225.00	225
1994	Beneath the Cliff (Petraglyphs)	1,500		295.00	295
1989	Big Medicine	1,000	N/A	225.00	370
1983	Blackfeet Raiders	1,000	N/A	90.00	300
1992	Breaking the Moonlit Silence	650	N/A	375.00	300-375
1986	The Buffalo Runners	1,000	N/A	195.00	170
1980	Burning the Way Station	1,000	N/A	175.00	250
1993	By the Ancient Trails They Passed	1,000	N/A	245.00	245
1989	Canyon Lands	1,250	N/A	225.00	225
1982	The Challenge	1,000	N/A	175.00	300
1985	Charging the Challenger	1,000	N/A	150.00	550
1991	The Chase	1,000		225.00	225
1986	Children of the Raven	1,000	N/A	185.00	550
1987	Chiricahua Raiders	1,000	N/A	165.00	200
1977	Comanche Moon	1,000	N/A	75.00	250
1992	Comanche Raider-Bronze	100		812.50	813
1986	Comanche War Trail	1,000	N/A	165.00	170
1989	The Coming Of The Iron Horse	1,500	N/A	225.00	225
1989	The Coming Of The Iron Horse (Print/Pewter Train- Special Publ. Ed.ition)	100	N/A	1500.00	1600-2150
1981	The Coup	1,000	N/A	125.00	250
1981	Crossing the Divide (The Old West)	1,500	N/A	850.00	700
1984	The Decoys	450	N/A	325.00	500
1977	Distant Thunder	1,500	N/A	75.00	300
1989	Down From The Mountains	1,500	N/A	245.00	245
1986	The Drive (C)	1,000	N/A	95.00	95-175
1977	Dust Stained Posse	1,000	N/A	75.00	450
1985	The Fireboat	1,000	N/A	175.00	200
1994	Flashes of Lighting (3 Panels)	550		435.00	435
1987	Following the Herds	1,000	N/A	195.00	250
1980	Forbidden Land	1,000	N/A	125.00	125
1978	The Fording	1,000	N/A	75.00	200
1987	From the Rim	1,000	N/A	225.00	225
1981	Headed North	1,000	N/A	150.00	225
1992	Heading Back	1,000		225.00	200-225
1990	Hoka Hey: Sioux War Cry	1,250		225.00	225
1988	The Hostile Land	1,000	N/A	225.00	235
1976	The Hostiles	1,000	N/A	75.00	400
1984	Hostiles, signed	1,000	N/A	55.00	55
1974	The Hunt	1,000	N/A	75.00	620-930
1988	In Pursuit of the White Buffalo	1,500	N/A	225.00	900
1992	In the Land of the Ancient Ones	1,250	N/A	245.00	245
1983	In The Land Of The Sparrow Hawk People	1,000	N/A	165.00	180
1987	In The Land Of The Winter Hawk	1,000	N/A	225.00	225
1978	In The Pass	1,500	N/A	90.00	125
1985	The Last Crossing	550	N/A	350.00	450-500

Greenwich Workshop
to Greenwich Workshop

GRAPHICS

YEAR ISSUE		EDITION LIMIT	YEAR RETD.	ISSUE PRICE	QUOTE U.S.$
1989	The Last Stand: Little Big Horn	2,250	N/A	225.00	225
1984	Leading the Charge, signed	1,000	N/A	55.00	55
1974	Lone Sentinel	1,000	N/A	55.00	1400-1800
1979	The Loner	1,000	N/A	75.00	275
1974	Long Column	1,000	N/A	75.00	400
1985	The Long Knives	1,000	N/A	175.00	400
1989	Los Diablos	1,250	N/A	225.00	225
1983	Moonlit Trail	1,000	N/A	90.00	100
1992	Navajo Ponies Comanchie Warriors	1,000		225.00	225
1978	Night Crossing	1,000	N/A	75.00	200
1974	The Night They Needed a Good Ribbon Man	1,000	N/A	65.00	300
1977	An Old Time Mountain Man	1,000	N/A	65.00	200
1990	On The Old North Trail (Triptych)	650	N/A	550.00	750
1979	On the Warpath	1,000	N/A	75.00	150
1983	Out Of The Mist They Came	1,000	N/A	165.00	175
1990	Out Of The Windswept Ramparts	1,250		225.00	225
1976	Packing In	1,000	N/A	65.00	400
1991	Pony Express	1,000		225.00	225
1991	Pony Express-Bronze	10		934.00	934
1979	The Prayer	1,500	N/A	90.00	550-600
1991	The Pursuit	650	N/A	550.00	550
1981	Race with the Hostiles	1,000	N/A	135.00	135
1986	Red Bull's War Party	1,000	N/A	165.00	165
1979	Retreat to Higher Ground	2,000	N/A	90.00	200
1975	Returning Raiders	1,000	N/A	75.00	300
1980	Roar of the Norther	1,000	N/A	90.00	200
1977	Robe Signal	850	N/A	60.00	400
1988	Saber Charge	2,250		225.00	225-250
1984	The Savage Taunt	1,000	N/A	225.00	225
1985	Scouting The Long Knives	1,400	N/A	195.00	250-300
1993	Shadows of Warriors (3 Print Suite)	1,000		225.00	225
1994	Show of Defiance	1,000		195.00	195
1993	Sighting the Intruders	1,000		225.00	225
1978	Single File	1,000	N/A	75.00	300
1976	Sioux Warriors	650	N/A	55.00	250
1975	Smoke Was Their Ally	1,000	N/A	75.00	425-550
1980	Snow Moon	1,000	N/A	115.00	250
1986	Spooked	1,400	N/A	195.00	200
1981	Surrounded	1,000	N/A	150.00	195-275
1975	The Survivor	1,000	N/A	65.00	250
1994	Thunder of Hooves-Bronze	10		7000.00	7000
1980	A Time Of Decision	1,150	N/A	125.00	175
1978	To Battle	1,000	N/A	75.00	370
1985	The Traders	1,000	N/A	195.00	195
1980	The Trooper	1,000	N/A	90.00	125
1988	Turning The Leaders	1,500	N/A	225.00	225
1983	Under Attack	5,676	N/A	125.00	500
1981	Under Hostile Fire	1,000	N/A	150.00	200
1975	Waiting for the Escort	1,000	N/A	75.00	125
1976	The Warrior	650	N/A	50.00	200
1982	The Warriors	1,000	N/A	150.00	150
1984	Watching the Wagons	1,400	N/A	175.00	440
1994	The Way of the Ancient Migrations	1,250		245.00	245
1987	When Omens Turn Bad	1,000	N/A	165.00	325
1992	When the Land Was Theirs	1,000		225.00	225
1992	Where Ancient Ones Had Hunted	1,000	N/A	245.00	245
1992	Where Others Has Passed	1,000	N/A	245.00	245
1986	Where Tracks Will Be Lost	550	N/A	350.00	350
1982	Whirling He Raced to Meet the Challenge	1,000	N/A	175.00	450
1991	The Wild Ones	1,000	N/A	225.00	225
1990	Winter Trail	1,500	N/A	235.00	235
1993	With Pistols Drawn	1,000		195.00	195

Ferris - K. Ferris

YEAR ISSUE		EDITION LIMIT	YEAR RETD.	ISSUE PRICE	QUOTE U.S.$
1990	The Circus Outbound	1,000		225.00	225
1991	Farmer's Nightmare	850		185.00	185
1991	Linebacker in the Buff	1,000		225.00	225
1983	Little Willie Coming Home	1,000	N/A	145.00	1900-2100
1994	Real Trouble	1,000		195.00	195
1982	Sunrise Encounter	1,000	N/A	145.00	145
1993	A Test of Courage	850		185.00	185
1991	Too Little, Too Late w/Video	1,000		245.00	245

Frederick - R. Frederick

YEAR ISSUE		EDITION LIMIT	YEAR RETD.	ISSUE PRICE	QUOTE U.S.$
1990	Autumn Leaves	1,250	N/A	175.00	175
1989	Barely Spring	1,500		165.00	165
1994	Beeline (C)	1,000		195.00	195
1987	Before the Storm (Diptych)	550	N/A	350.00	950
1991	Breaking the Ice	2,750	N/A	235.00	235
1989	Colors of Home	1,500	N/A	165.00	225
1985	Early Evening Gathering	475	N/A	325.00	355
1992	An Early Light Breakfast	1,750	N/A	235.00	235
1990	Echoes of Sunset	1,750	N/A	235.00	500
1987	Evening Shadows (White-Tail Deer)	1,500	N/A	125.00	125
1992	Fast Break	2,250		235.00	235
1992	Fire and Ice (Suite of 2)	1,750		175.00	175
1984	First Moments of Gold	825	N/A	145.00	170
1984	First Moments of Gold, remarque	25	N/A	172.50	185
1984	From Timber's Edge	850	N/A	125.00	140-165
1989	Gifts of the Land #2	500	N/A	150.00	150
1988	Gifts of the Land w/Wine & Wine Label	500	N/A	150.00	150
1988	Glimmer of Solitude	1,500		145.00	145
1993	Glory Days	1,750		115.00	115
1986	Great Horned Owl	1,250	N/A	115.00	135
1995	High Country Harem	1,000		185.00	185
1985	High Society	950	N/A	115.00	200-400
1991	The Long Run	1,750	N/A	235.00	300-400
1991	The Long Run, AP	200	N/A	167.50	300
1985	Los Colores De Chiapas	950	N/A	85.00	85
1994	The Lost World	1,000		175.00	175
1985	Misty Morning Lookout	950	N/A	145.00	145
1984	Misty Morning Sentinel	850	N/A	125.00	145
1989	Monarch of the North	2,000		150.00	150
1990	Morning Surprise	1,750	N/A	165.00	165
1991	Morning Thunder	1,750	N/A	185.00	250
1988	The Nesting Call	2,500		150.00	150
1988	The Nesting Call, remarque	1,000	N/A	165.00	165
1993	New Heights	1,950		195.00	195
1987	Northern Light	1,500	N/A	165.00	165
1986	Out on a Limb	1,250	N/A	145.00	350
1993	Point of View	1,000		235.00	235
1992	Rain Forest Rendezvous	1,500	N/A	225.00	225
1988	Rim Walk	1,500	N/A	90.00	100
1988	Shadows of Dusk	1,500	N/A	165.00	165
1990	Silent Watch (High Desert Museum)	2,000	N/A	35.00	35
1994	Snow Pack	1,000		175.00	175
1992	Snowstorm	1,750		195.00	195
1990	Snowy Reflections (Snowy Egret)	1,500		150.00	150
1986	Sounds of Twilight	1,500	N/A	135.00	200
1991	Summer's Song (Triptych)	2,500		225.00	225
1993	Temple of the Jaguar	1,500		225.00	225
1988	Timber Ghost w/Mini Wine Label	3,000	N/A	150.00	175
1994	Tropic Moon	850		165.00	165
1987	Tundra Watch (Snowy Owl)	1,500	N/A	145.00	145
1994	Way of the Caribou	1,235		235.00	235
1987	Winter's Brilliance (Cardinal)	1,500	N/A	135.00	140
1986	Winter's Call	1,250	N/A	165.00	450-600
1986	Winter's Call Raptor, AP	100	N/A	165.00	600
1987	Woodland Crossing (Caribou)	1,500	N/A	145.00	145
1988	World of White	2,500	N/A	150.00	150

Gurney - J. Gurney

YEAR ISSUE		EDITION LIMIT	YEAR RETD.	ISSUE PRICE	QUOTE U.S.$
1992	Birthday Pageant	2,500	N/A	60.00	60
1992	Birthday Pageant, remarque	300	N/A	275.00	340
1991	Dinosaur Boulevard	2,000	N/A	125.00	125
1991	Dinosaur Boulevard, remarque	250	N/A	196.00	1500
1990	Dinosaur Parade	1,995		125.00	125
1990	Dinosaur Parade, remarque	150		130.00	1500-2000
1992	Dream Canyon	N/A	N/A	125.00	125
1992	Dream Canyon, remarque	150	N/A	196.00	300
1993	The Excursion	3,500		175.00	175
1993	Garden of Hope	3,500		175.00	175
1990	Morning in Treetown	1,500	N/A	175.00	260
1993	Palace in the Clouds	3,500	N/A	175.00	175
1993	Ring Riders	2,500	N/A	175.00	175
1995	Rumbled Mist	2,500		175.00	175
1990	Seaside Romp	1,000	N/A	175.00	290
1992	Skyback Print w/Dinotopia Book	3,500	N/A	295.00	295
1994	Small Wonder	Open	N/A	75.00	75
1994	Steep Street	3,500		95.00	95
1991	Waterfall City	3,000	N/A	125.00	125
1991	Waterfall City, remarque	250	N/A	186.00	425

Gustafson - S. Gustafson

YEAR ISSUE		EDITION LIMIT	YEAR RETD.	ISSUE PRICE	QUOTE U.S.$
1995	The Alice in Wonderland Suite	4,000		195.00	195
1994	Frog Prince	3,500	1994	125.00	125
1993	Goldilocks and the Three Bears	3,500	1993	125.00	250-400
1993	Humpty Dumpty	3,500	1993	125.00	125
1993	Little Red Riding Hood	3,500	1993	125.00	165
1994	Pat-A-Cake	4,000	1994	125.00	125
1993	Snow White & the Seven Dwarfs	3,500	1993	165.00	250-350

Johnson - J. Johnson

YEAR ISSUE		EDITION LIMIT	YEAR RETD.	ISSUE PRICE	QUOTE U.S.$
1994	Moose River	650		175.00	175
1994	Sea Treasures	650		125.00	125
1994	Winter Thaw	650		150.00	150
1993	Wolf Creek	550	N/A	165.00	200

K. McCarthy - K. McCarthy

YEAR ISSUE		EDITION LIMIT	YEAR RETD.	ISSUE PRICE	QUOTE U.S.$
1991	Comanche Rider-Bronze	100	N/A	812.50	813
1991	Pony Express-Bronze	10	N/A	934.00	934
1992	Thunder of Hooves-Bronze	10	N/A	7000.00	7000

Kennedy - S. Kennedy

YEAR ISSUE		EDITION LIMIT	YEAR RETD.	ISSUE PRICE	QUOTE U.S.$
1988	After Dinner Music	2,500	N/A	175.00	300
1995	Alaskan Malamute	1,000		125.00	125
1992	Aurora	2,250	N/A	195.00	195
1991	A Breed Apart	2,750	N/A	225.00	225
1992	Cabin Fever	2,250		175.00	175
1988	Distant Relations	950	N/A	200.00	500
1988	Eager to Run	950	N/A	200.00	1700
1990	Fish Tales	5,500	N/A	225.00	225
1991	In Training	3,350	N/A	165.00	165
1991	In Training, remarque	150	N/A	215.50	216
1995	The Lesson	1,000		125.00	125
1993	Midnight Eyes	1,750		125.00	125
1993	Never Alone	2,250		225.00	225
1993	Never Alone, remarque	250	N/A	272.50	273
1990	On the Edge	4,000		225.00	225
1994	Quiet Time Companions-Samoyed	1,000		125.00	125
1994	Quiet Time Companions-Siberian Husky	1,000	N/A	125.00	125
1994	Silent Observers	1,250	N/A	165.00	265
1989	Snowshoes	4,000	N/A	185.00	185
1994	Spruce and Fur	1,500		165.00	165
1993	The Touch	1,500		115.00	115
1989	Up a Creek	2,500	N/A	185.00	285

Kodera - C. Kodera

YEAR ISSUE		EDITION LIMIT	YEAR RETD.	ISSUE PRICE	QUOTE U.S.$
1986	The A Team (K10)	850		145.00	145
1995	A.M. Sortie	1,000		225.00	225
1991	Darkness Visible (Stealth)	2,671	N/A	40.00	40
1987	Fifty Years a Lady	550	N/A	150.00	325
1988	The Great Greenwich Balloon Race	1,000		145.00	145
1990	Green Light-Jump!	650	N/A	145.00	200
1992	Halsey's Surprise	850		95.00	95
1994	Last to Fight	1,000		225.00	225
1992	Looking For Nagumo	1,000		225.00	225
1992	Memphis Belle/Dauntless Dotty	1,250		245.00	245
1990	A Moment's Peace	1,250		150.00	150
1988	Moonlight Intruders	1,000		125.00	125
1989	Springtime Flying in the Rockies	550	N/A	95.00	95
1992	Thirty Seconds Over Tokyo	1,000	N/A	275.00	275
1991	This is No Drill w/Video	1,000		225.00	225
1994	This is No Time to Lose an Engine	850		150.00	150
1994	Tiger's Bite	850		150.00	150
1987	Voyager: The Skies Yield	1,500		225.00	225

Landry - P. Landry

YEAR ISSUE		EDITION LIMIT	YEAR RETD.	ISSUE PRICE	QUOTE U.S.$
1993	The Antique Shop	1,250	N/A	125.00	125
1992	Apple Orchard	1,250		150.00	150
1992	Aunt Martha's Country Farm	1,500	N/A	185.00	185
1987	Bluenose Country	550	N/A	115.00	175
1992	Boardwalk Promenade	1,250		175.00	175
1989	A Canadian Christmas	1,250		125.00	125
1989	Cape Cod Welcome	850	N/A	75.00	400
1990	The Captain's Garden	1,000	N/A	165.00	250
1993	Christmas at Mystic Seaport	2,000		125.00	125
1992	Christmas at the Flower Market	2,500		125.00	125
1994	Christmas Carousel Pony	2,000		125.00	125
1990	Christmas Treasures	2,500		165.00	165
1992	Cottage Garden	1,250	N/A	160.00	160
1995	Cottage Reflections	850		135.00	135
1994	An English Cottage	850		150.00	150
1994	Flower Barn	1,500		175.00	175
1988	Flower Boxes	550	N/A	75.00	225
1991	Flower Market	1,500	N/A	185.00	700
1990	Flower Wagon	1,500	N/A	165.00	175
1994	Flowers For Mary Hope	1,250		165.00	165
1993	Hometown Parade	1,250		165.00	165
1990	Morning Papers	1,250	N/A	135.00	200
1994	Morning Walk	850		135.00	135
1991	Nantucket Colors	1,500		150.00	150
1993	Paper Boy	1,500		150.00	150
1993	A Place in the Park	1,500		185.00	185
1984	Regatta	500	N/A	75.00	135
1984	Regatta, remarque	50	N/A	97.50	145
1990	Seaside Carousel	1,500	N/A	165.00	200
1988	Seaside Cottage	550	N/A	125.00	125
1986	Seaside Mist	450	N/A	85.00	300
1985	The Skaters	500		75.00	75
1985	The Skaters, remarque	50	N/A	97.50	98
1995	Spring Song	2,500		145.00	145
1991	Summer Concert	1,500		195.00	195
1989	Summer Garden	850	N/A	125.00	400
1992	Sunflowers	1,250	N/A	125.00	125
1991	The Toymaker	1,500	N/A	165.00	165
1991	Victorian Memories	1,500	N/A	150.00	150

Lyman - S. Lyman

YEAR ISSUE		EDITION LIMIT	YEAR RETD.	ISSUE PRICE	QUOTE U.S.$
1990	Among The Wild Brambles	1,750	1990	185.00	185
1985	Autumn Gathering	850	N/A	115.00	115
1985	Bear & Blossoms (C)	850	N/A	75.00	450
1987	Canadian Autumn	1,500	1987	165.00	175
1989	Color In The Snow (Pheasant)	1,500	N/A	165.00	200-375
1991	Dance of Cloud and Cliff	1,500	1991	225.00	225
1991	Dance of Water and Light	3,000	1991	225.00	225
1983	Early Winter In The Mountains	850	N/A	95.00	300
1987	An Elegant Couple (Wood Ducks)	1,000	N/A	125.00	125
1991	Embers at Dawn	3,500	1991	225.00	975
1983	End Of The Ridge	850	N/A	95.00	450
1990	Evening Light	2,500	1990	225.00	1300
1993	Fire Dance	8,500	1993	235.00	300
1984	Free Flight	850		70.00	70
1987	High Creek Crossing	1,000	N/A	165.00	600-800
1989	High Light	1,250	1989	165.00	255
1986	High Trail At Sunset	1,000	N/A	125.00	420
1988	The Intruder	1,500	N/A	150.00	150
1993	Lake of the Shining Rocks	2,250	1993	235.00	250
1992	Lantern Light Print w Firelight Chapbook	10,000	1993	195.00	195
1989	Last Light of Winter	1,500	1989	175.00	875
1994	Moon Fire	7,500	1994	245.00	525
1987	Moon Shadows	1,500	N/A	135.00	135
1994	Moonlit Flight on Christmas Night	2,750	1994	165.00	245
1986	Morning Solitude	850	N/A	115.00	600
1990	A Mountain Campfire	1,500	1990	195.00	2050
1994	New Kid on the Rock	2,250		185.00	185
1987	New Territory (Grizzly & Cubs)	1,000	N/A	135.00	135
1984	Noisy Neighbors	650	N/A	95.00	600
1984	Noisy Neighbors, remarque	25	N/A	215.00	900
1994	North Country Shores	3,000	1994	225.00	225
1983	The Pass	850	N/A	95.00	600-850
1989	Quiet Rain	1,500	N/A	165.00	400-800
1988	The Raptor's Watch	1,500	N/A	150.00	475
1988	Return Of The Falcon	1,500	N/A	150.00	200
1993	Riparian Riches	2,500	1993	235.00	250
1992	River of Light (Geese)	2,950	N/A	225.00	225

GRAPHICS

Greenwich Workshop to Greenwich Workshop

YEAR ISSUE		EDITION LIMIT	YEAR RETD.	ISSUE PRICE	QUOTE U.S.$
1991	Secret Watch (Lynx)	2,250		150.00	150
1990	Silent Snows	1,750	N/A	210.00	210
1988	Snow Hunter	1,500	N/A	135.00	135
1986	Snowy Throne (C)	850	N/A	85.00	300
1993	The Spirit of Christmas	2,750	1993	165.00	200
1995	Thunderbolt	7,000		235.00	235
1987	Twilight Snow (C)	950	N/A	85.00	150
1988	Uzumati: Great Bear of Yosemite	1,750		150.00	500
1992	Warmed by the View	8,500	1992	235.00	300
1992	Wilderness Welcome	8,500	N/A	235.00	425
1992	Wildflower Suite (Hummingbird)	2,250		175.00	175
1992	Woodland Haven	2,500	N/A	195.00	255

Marris - B. Marris

YEAR ISSUE		EDITION LIMIT	YEAR RETD.	ISSUE PRICE	QUOTE U.S.$
1987	Above the Glacier	850	N/A	145.00	145
1986	Best Friends	850	N/A	85.00	300
1994	Big Gray's Barn and Bistro	1,000		125.00	125
1989	Bittersweet	1,000	N/A	135.00	135
1990	Bugles and Trumpets!	1,000	N/A	175.00	175
1992	The Comeback	1,250		175.00	175
1991	Cops & Robbers	1,000	N/A	165.00	165
1988	Courtship	850	N/A	145.00	145
1995	The Dartmoor Ponies	1,000		165.00	165
1987	Desperados	850	N/A	135.00	135
1991	End of the Season	1,000		165.00	165
1985	The Fishing Lesson	1,000		145.00	145
1987	Honey Creek Whitetales	850	N/A	145.00	145
1985	Kenai Dusk	1,000	N/A	145.00	300
1994	Lady Marmalade's Bed & Breakfast	1,000		125.00	125
1990	Mom's Shadow	1,000		165.00	165
1994	Moonshine	1,000		95.00	95
1989	New Beginnings	1,000	N/A	175.00	300
1990	Of Myth and Magic	1,500	N/A	175.00	175
1986	Other Footsteps	950		75.00	75
1989	The Playgroud Showoff	850	N/A	165.00	165
1992	Security Blanket	1,250		175.00	175
1993	Spring Fever	1,000		165.00	165
1991	The Stillness (Grizzzly & Cubs)	1,000	N/A	165.00	165
1992	Sun Bath	1,000		95.00	95
1992	To Stand and Endure	1,000	N/A	195.00	195
1991	Under the Morning Star	1,500		175.00	175
1988	Waiting For the Freeze	1,000	N/A	125.00	125

Mitchell - D. Mitchell

YEAR ISSUE		EDITION LIMIT	YEAR RETD.	ISSUE PRICE	QUOTE U.S.$
1994	Bonding Years	550		175.00	175
1993	Country Church	550		175.00	175
1993	Psalms 4:1	550	N/A	195.00	195
1992	Rowena	550	N/A	195.00	300

Parker - R. Parker

YEAR ISSUE		EDITION LIMIT	YEAR RETD.	ISSUE PRICE	QUOTE U.S.$
1995	Coastal Morning	850		195.00	195
1994	Forest Flight	850		195.00	195
1994	Grizzlies at the Falls	850		225.00	225

Phillips - W. Phillips

YEAR ISSUE		EDITION LIMIT	YEAR RETD.	ISSUE PRICE	QUOTE U.S.$
1982	Advantage Eagle	1,000	N/A	135.00	250
1992	Alone No More	850		195.00	195
1988	America on the Move	1,500	N/A	185.00	210
1994	Among the Columns of Thor	1,000		295.00	295
1993	And Now the Trap	850		175.00	175
1986	Changing of the Guard	500		100.00	100
1993	Chasing the Daylight	850		185.00	185
1994	Christmas Leave When Dreams Come True	1,500	N/A	185.00	230
1986	Confrontation at Beachy Head	1,000		150.00	150
1991	Dauntless Against a Rising Sun	850	N/A	195.00	195
1991	Fifty Miles Out	1,000		175.00	175
1983	The Giant Begins to Stir	1,250	N/A	185.00	1800
1990	Going in Hot w/Book	1,500		250.00	250
1985	Heading For Trouble	1,000	N/A	125.00	250
1984	Hellfire Corner	1,225	N/A	185.00	650
1984	Hellfire Corner, remarque	25	N/A	225.80	675
1990	Hunter Becomes the Hunted	1,500		265.00	265
1992	I Could Never Be So Lucky Again	850	N/A	295.00	750
1993	If Only in My Dreams	1,000	N/A	175.00	365
1984	Into the Teeth of the Tiger	975	N/A	135.00	900
1984	Into the Teeth of the Tiger, remarque	25	N/A	167.50	2000
1994	Into the Throne Room of God w/book "The Glory of Flight"	750	N/A	195.00	400
1991	Intruder Outbound	1,000		225.00	225
1991	Last Chance	1,000	N/A	165.00	165
1985	Lest We Forget	1,250	N/A	195.00	195
1994	Lethal Encounter	1,000		225.00	225
1988	The Long Green Line	3,500		185.00	185
1992	The Long Ride Home (P-51D)	850	N/A	195.00	195
1991	Low Pass For the Home Folks, BP	1,000	N/A	175.00	175
1986	Next Time Get 'Em All	1,500	N/A	225.00	300
1989	No Empty Bunks Tonight	1,500	N/A	165.00	165
1989	No Flying Today	1,500		185.00	185
1989	Over the Top	1,000		165.00	165
1985	The Phantoms and the Wizard	850	N/A	145.00	625
1992	Ploesti: Into the Fire and Fury	850		195.00	195
1987	Range Wars	1,000		160.00	160
1987	Shore Birds at Point Lobos	1,250	N/A	175.00	175
1989	Sierra Hotel	1,250	N/A	175.00	175
1987	Sunward We Climb	1,000		175.00	175
1983	Those Clouds Won't Help You Now	625	N/A	135.00	300
1983	Those Clouds Won't Help You Now, remarque	25	N/A	275.00	325
1987	Those Last Critical Moments	1,250	N/A	185.00	300
1993	Threading the Eye of the Needle	1,000		195.00	195
1986	Thunder in the Canyon	1,000	N/A	165.00	650
1990	A Time of Eagles	1,250		245.00	245
1989	Time to Head Home	1,500		165.00	165
1986	Top Cover for the Straggler	1,000	N/A	145.00	210
1983	Two Down, One to Go	3,000	N/A	15.00	15
1982	Welcome Home Yank	1,000	N/A	135.00	850
1993	When Prayers are Answered	850		245.00	245
1991	When You See Zeros, Fight Em'	1,000		245.00	245

Reynolds - J. Reynolds

YEAR ISSUE		EDITION LIMIT	YEAR RETD.	ISSUE PRICE	QUOTE U.S.$
1994	Arizona Cowboys	850	N/A	195.00	225
1994	Cold Country, Hot Coffee	1,000		185.00	185
1994	The Henry	850	N/A	195.00	195
1994	Quiet Place	1,000	N/A	185.00	185
1994	Spring Showers	1,000		225.00	225

Simpkins - J. Simpkins

YEAR ISSUE		EDITION LIMIT	YEAR RETD.	ISSUE PRICE	QUOTE U.S.$
1994	All My Love	850		125.00	125
1993	Angels	850		225.00	225
1994	Gold Falls	1,750		195.00	195
1995	Pavane in Gold	2,500		175.00	175
1994	Reverence For Life w/border & card	750	N/A	175.00	335
1994	Reverence For Life w/frame	100	N/A	600.00	600

Terpning - H. Terpning

YEAR ISSUE		EDITION LIMIT	YEAR RETD.	ISSUE PRICE	QUOTE U.S.$
1992	Against the Coldmaker	1,000	N/A	195.00	195
1993	The Apache Fire Makers	1,000	N/A	235.00	235
1993	Army Regulations	1,000		235.00	235
1987	Blackfeet Among the Aspen	1,000	N/A	225.00	225
1985	Blackfeet Spectators	475	N/A	350.00	1600
1988	Blood Man	1,250	N/A	95.00	365
1982	CA Set Pony Soldiers/Warriors	1,000	N/A	200.00	200
1985	The Cache	1,000		175.00	175
1992	Capture of the Horse Bundle	1,250		235.00	235
1982	Chief Joseph Rides to Surrender	1,000	N/A	150.00	2550
1986	Comanche Spoilers	1,000		195.00	195
1990	Cree Finery	1,000		225.00	225
1983	Crossing Medicine Lodge Creek	1,000	N/A	150.00	700
1994	Crow Camp, 1864	1,000	N/A	235.00	235
1984	Crow Pipe Holder	1,000		150.00	150
1991	Digging in at Sappa Creek MW	650	N/A	375.00	375
1994	The Feast	1,850	N/A	245.00	245
1992	Four Sacred Drummers	1,000	N/A	225.00	225
1988	Hope Springs Eternal-Ghost Dance	2,250	N/A	225.00	225
1994	Isdzan-Apache Woman	1,000	N/A	175.00	175
1991	The Last Buffalo	1,000		225.00	225
1991	Leader of Men	1,250	N/A	235.00	235
1984	The Long Shot, signed	1,000	N/A	55.00	55
1984	Medicine Man of the Cheyene	450	N/A	350.00	3350
1993	Medicine Pipe	1,000	N/A	150.00	175
1985	One Man's Castle	1,000		150.00	150
1983	Paints	1,000	N/A	140.00	250
1992	Passing Into Womanhood	650	N/A	375.00	435
1987	The Ploy	1,000	N/A	195.00	1250
1992	Prairie Knights	1,000	N/A	225.00	225
1987	Preparing for the Sun Dance	1,000	N/A	175.00	270
1988	Pride of the Cheyene	1,250		195.00	195
1993	Profile of Wisdom	1,000		175.00	175
1989	Scout's Report	1,250		225.00	225
1985	The Scouts of General Crook	1,000	N/A	175.00	175
1988	Search For the Pass	1,000	N/A	225.00	270
1982	Search For the Renegades	1,000	N/A	150.00	150
1989	Shepherd of the Plains	1,250		125.00	125
1982	Shield of Her Husband	1,000	N/A	150.00	1200
1983	Shoshonis	1,250	N/A	85.00	225
1985	The Signal	1,250	N/A	90.00	650
1981	Sioux Flag Carrier	1,000	N/A	125.00	125
1981	Small Comfort	1,000	N/A	135.00	475
1993	Soldier Hat	1,000		235.00	235
1981	The Spectators	1,000	N/A	135.00	250
1994	Spirit of the Rainmaker	1,500	N/A	235.00	235
1983	Staff Carrier	1,250	N/A	90.00	700
1986	Status Symbols	1,000	N/A	185.00	1450
1981	Stones that Speak	1,000	N/A	150.00	1350
1989	The Storyteller w/Video & Book	1,500	N/A	950.00	950
1992	The Strength of Eagles	1,250		235.00	235
1988	Sunday Best	1,250		195.00	195
1990	Telling of the Legends	1,250	N/A	225.00	765
1986	Thunderpipe and the Holy Man	550	N/A	350.00	500
1995	Trading Post at Chadron Creek	1,000	N/A	225.00	225
1991	Transferring the Medicine Shield	850	N/A	375.00	1300
1981	The Victors	1,000	N/A	150.00	545
1985	The Warning	1,650	N/A	175.00	500
1986	Watching the Column	1,250	N/A	90.00	90
1990	When Careless Spelled Disaster	1,000	N/A	225.00	255
1987	Winter Coat	1,250	N/A	95.00	95
1984	Woman of the Sioux	1,000	N/A	165.00	825

Townsend - B. Townsend

YEAR ISSUE		EDITION LIMIT	YEAR RETD.	ISSUE PRICE	QUOTE U.S.$
1994	Autumn Hillside	1,000		175.00	175
1993	Dusk	1,250		195.00	195
1993	Hailstorm Creek	1,250		195.00	195
1994	Mountain Light	1,000		195.00	195
1992	Open Ridge	1,500	N/A	225.00	225
1993	Out of the Shadows	1,500		195.00	195
1992	Riverbend	1,000	N/A	185.00	335

Weiss - J. Weiss

YEAR ISSUE		EDITION LIMIT	YEAR RETD.	ISSUE PRICE	QUOTE U.S.$
1984	Basset Hound Puppies	1,000	N/A	65.00	65
1988	Black Labrador Head Study	1,000		90.00	90
1984	Cocker Spaniel Puppies	1,000	N/A	75.00	265
1992	Cuddle Time	850		95.00	95
1993	A Feeling of Warmth	1,000	N/A	165.00	300
1994	Forever Friends	1,000	1994	95.00	200
1983	Golden Retriever Puppies	1,000	N/A	65.00	600
1988	Goldens at the Shore	850	N/A	145.00	500
1995	I Didn't Do It	1,250		125.00	125
1982	Lab Puppies	1,000	N/A	65.00	65
1992	No Swimming Lessons Today	1,000		140.00	140
1984	Old English Sheepdog Puppies	1,000	N/A	65.00	240
1993	Old Friends	1,000	1993	95.00	95
1986	One Morning in October	850	N/A	125.00	340
1985	Persian Kitten	1,000	N/A	65.00	65
1982	Rebel & Soda	1,000	N/A	45.00	90
1991	Wake Up Call	850		165.00	165
1988	Yellow Labrador Head Study	1,000		90.00	90

Williams - B.D. Williams

YEAR ISSUE		EDITION LIMIT	YEAR RETD.	ISSUE PRICE	QUOTE U.S.$
1993	Avant Garde S&N	500	N/A	60.00	60
1993	Avant Garde unsigned	2,603	N/A	30.00	30

Wootton - F. Wootton

YEAR ISSUE		EDITION LIMIT	YEAR RETD.	ISSUE PRICE	QUOTE U.S.$
1990	Adlertag, 15 August 1940 & Video	1,500	N/A	245.00	245
1993	April Morning:France, 1918	850		245.00	245
1983	The Battle of Britain	850	N/A	150.00	225
1988	Encounter with the Red Baron	850	N/A	165.00	165
1985	Huntsmen and Hounds	650		115.00	115
1982	Knights of the Sky	850	N/A	165.00	300
1993	Last Combat of the Red Baron	850		185.00	185
1992	The Last of the First F. Wooten	850		235.00	235
1994	Peenemunde	850		245.00	245
1986	The Spitfire Legend	850	N/A	195.00	195

Wysocki - C. Wysocki

YEAR ISSUE		EDITION LIMIT	YEAR RETD.	ISSUE PRICE	QUOTE U.S.$
1987	'Twas the Twilight Before Christmas	7,500	N/A	95.00	150
1988	The Americana Bowl	3,500		295.00	295
1983	Amish Neighbors	1,000	N/A	150.00	500
1989	Another Year At Sea	2,500	N/A	175.00	250-410
1983	Applebutter Makers	1,000	N/A	135.00	500
1987	Bach's Magnificat in D Minor	2,250	N/A	150.00	500
1991	Beauty And The Beast	2,000	N/A	125.00	125
1990	Belly Warmers	2,500		150.00	195-200
1984	Bird House (C)	1,000	N/A	85.00	450
1985	Birds of a Feather	1,250	N/A	145.00	400
1989	Bostonians And Beans (PC)	6,711	N/A	225.00	565-600
1979	Butternut Farms	1,000	N/A	75.00	1000
1980	Caleb's Buggy Barn	1,000	N/A	80.00	300
1984	Cape Cod Cold Fish Party	1,000	N/A	150.00	150
1986	Carnival Capers	620		200.00	200
1981	Carver Coggins	1,000	N/A	145.00	900
1989	Christmas Greeting	11,000	N/A	125.00	100
1982	Christmas Print, 1982	2,000	N/A	80.00	700
1984	Chumbuddies, signed	1,000		55.00	55
1985	Clammers at Hodge's Horn	1,000	N/A	150.00	1500
1983	Commemorative Print, 1983	2,000	N/A	55.00	55
1983	Commemorative Print, 1984	2,000		55.00	55
1984	Commemorative Print, 1985	2,000		55.00	55
1985	Commemorative Print, 1986	2,000		55.00	55
1984	Cotton Country	1,000	N/A	150.00	200
1983	Country Race	1,000	N/A	150.00	400
1986	Daddy's Coming Home	1,250	N/A	150.00	1100
1987	Dahalia Dinalhaven Makes a Dory Deal	2,250	N/A	150.00	250
1986	Dancing Pheasant Farms	1,750	N/A	165.00	350
1980	Derby Square	1,000	N/A	90.00	1100
1986	Devilbelly Bay	1,000	N/A	145.00	300
1986	Devilstone Harbor/An American Celebration (Print & Book)	3,500	N/A	195.00	400
1989	Dreamers	3,000		175.00	350
1992	Ethel the Gourmet	10,179	N/A	150.00	350
1979	Fairhaven by the Sea	1,000	N/A	75.00	700
1988	Feathered Critics	2,500		150.00	150
1979	Fox Run	1,000	N/A	75.00	1700
1984	The Foxy Fox Outfoxes the Fox Hunters	1,500	N/A	150.00	600
1992	Frederick the Literate	6,500	N/A	150.00	2000
1989	Fun Lovin' Silly Folks	3,000	N/A	185.00	300-400
1984	The Gang's All Here	Open		65.00	65
1984	The Gang's All Here, remarque	250		90.00	90
1992	Gay Head Light	2,500		165.00	165
1986	Hickory Haven Canal	1,500	N/A	165.00	800
1988	Home Is My Sailor	2,500	N/A	150.00	150
1985	I Love America	2,000		20.00	20
1990	Jingle Bell Teddy and Friends	5,000		125.00	125
1980	Jolly Hill Farms	1,000	N/A	75.00	850
1986	Lady Liberty's Independence Day Enterprising Immigrants	1,500	N/A	140.00	200-300
1992	Love Letter From Laramie	1,500		150.00	150
1989	The Memory Maker	2,500		165.00	165
1985	Merrymakers Serenade	1,250	N/A	135.00	135
1986	Mr. Swallobark	2,000	N/A	145.00	1500
1982	The Nantucket	1,000	N/A	145.00	400
1981	Olde America	1,500	N/A	125.00	700
1981	Page's Bake Shoppe	1,000	N/A	115.00	500
1983	Plum Island Sound, signed	1,000	N/A	55.00	55
1983	Plum Island Sound, unsigned	Open	N/A	40.00	40
1981	Prairie Wind Flowers	1,000	N/A	125.00	1800
1992	Proud Little Angler	2,750	N/A	150.00	150

Collectors' Information Bureau 155

Greenwich Workshop
to Hadley House

GRAPHICS

YEAR ISSUE		EDITION LIMIT	YEAR RETD.	ISSUE PRICE	QUOTE U.S.$
1994	Remington w/Book-Heartland	15,000		195.00	195
1990	Robin Hood	2,000		165.00	165
1991	Rockland Breakwater Light	2,500		165.00	280
1985	Salty Witch Bay	475	N/A	350.00	2400
1991	Sea Captain's Wife Abiding	1,500	N/A	150.00	150
1979	Shall We?	1,000	N/A	75.00	500
1982	Sleepy Town West	1,500	N/A	150.00	500
1984	Storin' Up	450	N/A	325.00	1000
1982	Sunset Hills, Texas Wildcatters	1,000	N/A	125.00	150
1984	Sweetheart Chessmate	1,000	N/A	95.00	350
1983	Tea by the Sea	1,000	N/A	145.00	1500
1993	The Three Sisters of Nauset, 1880	2,500	N/A	165.00	200
1984	A Warm Christmas Love	3,951	N/A	80.00	350
1990	Wednesday Night Checkers	2,500		175.00	175
1991	West Quoddy Head Light, Maine	2,500		165.00	165
1990	Where The Bouys Are	2,750	N/A	175.00	200
1991	Whistle Stop Christmas	5,000		125.00	125
1984	Yankee Wink Hollow	1,000	N/A	95.00	1300
1987	Yearning For My Captain	2,000	N/A	150.00	285-300
1987	You've Been So Long at Sea, Horatio	2,500	N/A	150.00	200

Guildhall, Inc.

DeHaan - C. DeHaan

YEAR ISSUE		EDITION LIMIT	YEAR RETD.	ISSUE PRICE	QUOTE U.S.$
1992	73o In Amarillo...Yesterday	925		140.00	140
1993	Appeasing The Water People	925		150.00	150
1993	As The Buffalo Leave	925		150.00	150
1983	Crossin' Horse Creek	650		100.00	625
1992	Crossing At The Big Trees	925		140.00	200
1990	Crow Autumn	925		135.00	250
1987	Crow Ceremonial Dress	750		100.00	175
1989	Crows	800		135.00	525
1991	The Encounter	925		140.00	300
1990	Escape	925		135.00	200
1979	Foggy Mornin' Wait	650		75.00	2525
1981	Forgin' The Keechi	650		85.00	725
1993	Goosed	925		150.00	150
1990	High Plains Drifters	925		140.00	200
1985	Horsemen of the West (Suite/3)	650		145.00	975
1984	Jake	650		100.00	600
1985	Keechi Country	750		100.00	375
1983	Keep A Movin' Dan	750		85.00	125
1989	Kentucky Blue	750		125.00	575
1986	The Loner (with matching buckle)	750		145.00	425
1981	MacTavish	650		75.00	1000
1986	Moon Dancers	750		100.00	165
1988	Mornin' Gather	750		100.00	350
1987	Murphy's Law	750		100.00	225
1986	The Mustangers	750		100.00	400
1982	O' That Strawberry Roan	750		85.00	125
1985	Oklahoma Paints	750		100.00	425
1990	The Pipe Carrier	925		140.00	175
1991	The Prideful Ones (Set of 2)	925		150.00	200
1989	The Quarter Horse	800		125.00	325
1993	The Return	925		150.00	150
1983	Ridin' Ol' Paint	750		85.00	625
1986	The Searchers	650		100.00	375
1992	Silent Trail Talk	925		140.00	175
1987	Snow Birds	750		100.00	350
1984	Spooked	650		95.00	1825
1988	Stage To Deadwood	750		100.00	275
1991	Sundance	925		140.00	175
1987	Supremacy	750		100.00	175
1981	Surprise Encounter	750		85.00	475
1980	Texas Panhandle	650		75.00	1525
1985	Up the Chisholm	750		85.00	125
1989	Village Markers	750		125.00	525
1990	War Cry	925		135.00	275
1988	Water Breakin'	750		125.00	600

Hadley House

Casper - M. Casper

YEAR ISSUE		EDITION LIMIT	YEAR RETD.	ISSUE PRICE	QUOTE U.S.$
1992	Comes the Dawn	600		100.00	100
1994	Dashing Through the Snow	999		100.00	100
1994	Down the Lane	Open		30.00	30
1994	The Lifting Fog	Open		30.00	30
1994	Nappin'	999		100.00	100
1994	A Night's Quiet	999		100.00	100
1995	On Gentle Wings	999		100.00	100
1993	Pickets & Vines	999	1994	100.00	100
1992	Reflections	600	1993	100.00	100
1994	September Blush	999		100.00	100
1992	Silence Unbroken	600		100.00	100
1993	Skyline Serenade	600	1993	100.00	100
1994	A Time For Us	999		125.00	125
1994	To Search Again	Open		30.00	30
1992	The Watch	600	1993	100.00	150
1994	The Way Home	Open		30.00	30
1993	Whispering Wings	1,500	1994	100.00	100

Daniel - K. Daniel

YEAR ISSUE		EDITION LIMIT	YEAR RETD.	ISSUE PRICE	QUOTE U.S.$
1992	Forever Friends	850		185.00	185
1992	Lone Drifter	999		150.00	200
1993	Mystic Point	999		150.00	150
1992	Nightwatch	999		150.00	225
1992	Puppy Love	850	1993	75.00	75

Franca - O. Franca

YEAR ISSUE		EDITION LIMIT	YEAR RETD.	ISSUE PRICE	QUOTE U.S.$
1988	The Apache	950	1990	70.00	175
1990	Blue Navajo	1,500	1991	125.00	125
1990	Blue Tranquility	999	1990	100.00	100
1988	Cacique	950	1990	70.00	175
1990	Cecy	1,500	1992	125.00	225
1990	Destiny	999	1990	100.00	100
1991	Early Morning	3,600		125.00	225
1993	Evening In Taos	4,000		80.00	80
1988	Feathered Hair Ties	600	1988	80.00	300
1990	Feathered Hair Ties II	999	1990	100.00	300
1991	The Lovers	2,400	1991	125.00	800
1991	The Model	1,500	1991	125.00	400
1992	Navajo Daydream	3,600	1993	175.00	360
1989	Navajo Fantasy	999	1989	80.00	150
1992	Navajo Meditating	4,000		80.00	125
1992	Navajo Reflection	4,000	1992	80.00	225
1990	Navajo Summer	999	1988	100.00	240
1991	Olympia	1,500	1991	125.00	250
1989	Pink Navajo	999	1989	80.00	250
1988	The Red Shawl	600	1990	80.00	300
1991	Red Wolf	1,500	1991	125.00	225
1990	Santa Fe	1,500	1991	125.00	300
1988	Sitting Bull	950	1990	70.00	250
1988	Slow Bull	950	1990	70.00	250
1990	Turqoise Necklace	999	1990	100.00	450
1990	Wind Song	999	1990	100.00	425
1992	Wind Song II	4,000	1992	80.00	150
1989	Winter	999	1989	80.00	220
1989	Young Warrior	999	1989	80.00	425

Hanks - S. Hanks

YEAR ISSUE		EDITION LIMIT	YEAR RETD.	ISSUE PRICE	QUOTE U.S.$
1994	All Gone Awry	2,000		150.00	150
1994	All In a Row	2,000	1994	150.00	150
1993	Catching The Sun	999	1993	150.00	250
1992	Conferring With the Sea	999	1993	125.00	300
1990	Contemplation	999		100.00	150
1991	Duet	999	1993	150.00	250
1990	Emotional Appeal	999		150.00	200
1993	Gathering Thoughts	1,500		150.00	150
1992	An Innocent View	999	1992	150.00	400
1994	The Journey Is The Goal	1,500		150.00	150
1993	The New Arrival	1,500		150.00	300
1995	Pacific Sanctuary	1,500		150.00	150
1993	Places I Remember	1,500		150.00	150
1990	Quiet Rapport	999		150.00	300
1992	Sometimes It's the Little Things	999		125.00	225
1994	Southwestern Bedroom	999		150.00	150
1992	Stepping Stones	999	1993	150.00	170
1991	Sunday Afternoon	Open		40.00	40
1992	Things Worth Keeping	999	1991	125.00	1800
1993	The Thinkers	1,500		150.00	150
1994	Water Lilies In Bloom	750		295.00	295
1994	Where The Light Shines Brightest	1,500		150.00	150
1991	A World For Our Children	999	1992	125.00	800

Hulings - C. Hulings

YEAR ISSUE		EDITION LIMIT	YEAR RETD.	ISSUE PRICE	QUOTE U.S.$
1990	Ancient French Farmhouse	999		150.00	240
1989	Chechaquene-Morocco Market Square	999	1993	150.00	225
1992	Cuernavaca Flower Market	580		225.00	225
1988	Ile de la Cite-Paris	580	1990	150.00	225
1990	The Lonely Man	999	1993	150.00	150
1988	Onteniente	580	1989	150.00	425
1991	Place des Ternes	580	1991	195.00	700
1989	Portuguese Vegetable Woman	999	1993	85.00	85
1994	The Red Raincoat	580		225.00	225
1990	Spanish Shawl	999	1994	125.00	125
1993	Spring Flowers	580		225.00	225
1992	Sunday Afternoon	580		195.00	300
1988	Three Cats on a Grapevine	580	1989	65.00	225
1993	Washday In Provence	580		225.00	225

Redlin - T. Redlin

YEAR ISSUE		EDITION LIMIT	YEAR RETD.	ISSUE PRICE	QUOTE U.S.$
1981	1981 MN Duck Stamp Print	7,800	1981	125.00	150
1982	1982 MN Trout Stamp Print	960	1982	125.00	600
1983	1983 ND Duck Stamp Print	3,438	1983	135.00	150
1984	1984 Quail Conservation	1,500	1984	135.00	135
1985	1985 MN Duck Stamp	4,385	1985	135.00	135
1985	Afternoon Glow	960	1985	150.00	1600
1979	Ageing Shoreline	960	1979	40.00	375
1981	All Clear	960	1981	150.00	300
1994	America, America	29,500		250.00	250
1994	And Crown Thy Good w/Brotherhood	29,500		250.00	250
1977	Apple River Mallards	Retrd.	1977	10.00	100
1981	April Snow	960	1981	100.00	450
1989	Aroma of Fall	6,800	1989	200.00	1450
1987	Autumn Afternoon	4,800	1987	100.00	725
1993	Autumn Evening	29,500		250.00	250
1980	Autumn Run	960	1980	60.00	400
1983	Autumn Shoreline	Retrd.	1983	50.00	200
1978	Back from the Fields	720	1978	40.00	250-400
1985	Back to the Sanctuary	960	1986	150.00	400
1978	Backwater Mallards	720	1978	40.00	1000
1983	Backwoods Cabin	960	1983	150.00	900
1990	Best Friends (AP Only)	570	1993	1000.00	1500
1982	The Birch Line	960	1982	100.00	500
1984	Bluebill Point (AP)	240	1984	300.00	650
1988	Boulder Ridge	4,800		150.00	150
1980	Breaking Away	960	1980	60.00	430
1985	Breaking Cover	960	1985	150.00	500
1981	Broken Covey	960	1981	100.00	525
1985	Brousing	960	1985	150.00	800
1994	Campfire Tales	29,500		250.00	250
1988	Catching the Scent	2,400		200.00	200
1986	Changing Seasons-Autumn	960	1986	150.00	500
1987	Changing Seasons-Spring	960	1987	200.00	475
1984	Changing Seasons-Summer	960	1984	150.00	1400
1986	Changing Seasons-Winter	960	1986	200.00	600
1985	Clear View	1,500	1985	300.00	500
1980	Clearing the Rail	960	1980	60.00	650-850
1984	Closed for the Season	960	1984	150.00	300
1979	Colorful Trio	960	1979	40.00	550
1991	Comforts of Home	22,900		175.00	450
1986	Coming Home	2,400	1986	100.00	1400
1992	The Conservationists	29,500		175.00	175
1988	Country Neighbors	4,800	1988	150.00	425-550
1980	Country Road	960	1980	60.00	650-745
1987	Deer Crossing	2,400	1987	200.00	950
1985	Delayed Departure	1,500	1985	150.00	500-1000
1980	Drifting	960	1980	60.00	400
1987	Evening Chores (print & book)	2,400	1988	400.00	775-1000
1985	Evening Company	960	1985	150.00	500
1983	Evening Glow	960	1983	150.00	1600-1800
1987	Evening Harvest	960	1987	200.00	1300
1982	Evening Retreat (AP)	300	1982	400.00	2800
1990	Evening Solitude	9,500	1990	200.00	775
1983	Evening Surprise	960	1983	150.00	1100-2000
1990	Evening With Friends	19,500	1991	225.00	850-1200
1990	Family Traditions	Retrd.	1993	80.00	100
1979	Fighting a Headwind	960	1979	30.00	350
1991	Flying Free	14,500		200.00	200
1993	For Amber Waves of Grain	29,500		250.00	250
1993	For Purple Mountains Majesty	29,500		250.00	250
1995	From Sea to Shining Sea	29,500		250.00	250
1994	God Shed His Grace on Thee	29,500		250.00	250
1987	Golden Retreat (AP)	500	1986	800.00	2000
1986	Hazy Afternoon	2,560	1986	200.00	850
1990	Heading Home	Retrd.	1993	80.00	200
1983	Hidden Point	960	1983	150.00	525
1981	High Country	960	1981	100.00	600
1981	Hightailing	960	1981	75.00	300
1980	The Homestead	960	1980	60.00	640
1988	Homeward Bound	Retrd.	1993	70.00	150
1989	Homeward Bound	Retrd.	1994	80.00	250
1988	House Call	6,800	1990	175.00	500-900
1991	Hunter's Haven (A/P)	1,000	N/A	175.00	900-1200
1989	Indian Summer	4,800	1989	200.00	600-725
1980	Intruders	960	1980	60.00	310
1982	The Landing	Retrd.	1982	30.00	80
1981	The Landmark	960	1981	100.00	400
1984	Leaving the Sanctuary	960	1984	150.00	475
1994	Lifetime Companions	29,500		250.00	250
1988	Lights of Home	9,500	1988	125.00	700
1979	The Loner	960	1979	40.00	300
1990	Master of the Valley	6,800		200.00	200
1988	The Master's Domain	2,400	1988	225.00	800
1988	Moonlight Retreat (A/P)	530		1000.00	1400
1979	Morning Chores	960	1979	40.00	1350
1984	Morning Glow	960	1984	150.00	1200
1981	Morning Retreat (AP)	240		400.00	2800
1989	Morning Rounds	6,800	1992	175.00	475
1991	Morning Solitude	12,107	1991	250.00	460
1984	Night Harvest	960	1984	150.00	850
1985	Night Light	1,500	1985	300.00	600
1986	Night Mapling	960	1986	200.00	550
1980	Night Watch	2,400	1980	60.00	800
1984	Nightflight (AP)	360	1984	600.00	2200
1982	October Evening	960	1982	100.00	750
1989	Office Hours	6,800	1991	175.00	500-900
1992	Oh Beautiful for Spacious Skies	29,500		250.00	250
1978	Old Loggers Trail	720	1978	40.00	950-1200
1983	On the Alert	960	1983	125.00	400
1977	Over the Blowdown	Retrd.	1977	20.00	100
1978	Over the Rushes	720	1978	40.00	450
1981	Passing Through	960	1981	100.00	225
1983	Peaceful Evening	960	1983	100.00	350
1991	Pleasures of Winter	24,500	1992	150.00	275-400
1986	Prairie Monuments	960	1986	200.00	650
1988	Prairie Morning	4,800	1988	150.00	500
1984	Prairie Skyline	960	1984	150.00	550
1983	Prairie Springs	960	1983	150.00	325
1987	Prepared for the Season	Retrd.	1994	70.00	100
1990	Pure Contentment	9,500	1989	150.00	500
1978	Quiet Afternoon	720	1978	40.00	575
1988	Quiet of the Evening	4,800	1988	150.00	700
1982	Reflections	960	1982	100.00	500
1985	Riverside Pond	960	1985	150.00	525
1984	Rural Route	960	1984	150.00	350
1983	Rushing Rapids	960	1983	125.00	400
1980	Rusty Refuge I	960	1980	60.00	520
1981	Rusty Refuge II	960	1980	100.00	550-650
1984	Rusty Refuge III	960	1984	150.00	500
1985	Rusty Refuge IV	960	1985	150.00	500
1980	Secluded Pond	960	1980	60.00	290
1982	Seed Hunters	960	1982	100.00	575
1985	Sharing Season I	Retrd.	1993	60.00	150
1986	Sharing Season II	Retrd.	1993	60.00	150
1981	Sharing the Bounty	960	1981	100.00	1500
1994	Sharing the Evening	29,500		175.00	175
1987	Sharing the Solitude	2,400	1987	125.00	800
1986	Silent Flight	960	1986	150.00	335
1980	Silent Sunset	960	1980	60.00	780
1984	Silent Wings Suite (set of 4)	960	1984	200.00	750
1981	Soft Shadows	960	1984	100.00	325
1989	Special Memories (AP)	570		1000.00	1000
1982	Spring Mapling	960	1982	100.00	800

YEAR ISSUE		EDITION LIMIT	YEAR RETD.	ISSUE PRICE	QUOTE U.S.$
1981	Spring Run-Off	1,700	1981	125.00	450
1980	Spring Thaw	960	1980	60.00	460
1980	Squall Line	960	1980	60.00	300
1978	Startled	720	1978	30.00	750
1986	Stormy Weather	1,500	1986	200.00	550
1992	Summertime	24,900		225.00	225
1984	Sundown	960	1984	300.00	575
1986	Sunlit Trail	960	1986	150.00	350
1984	Sunny Afternoon	960	1984	150.00	700
1987	That Special Time	2,400	1987	125.00	650-1200
1987	Together for the Season	Open		70.00	100
1986	Twilight Glow	960	1986	200.00	700
1988	Wednesday Afternoon	6,800	1989	175.00	500-800
1990	Welcome to Paradise	14,500	1990	150.00	450-650
1985	Whistle Stop	960	1985	150.00	550
1979	Whitecaps	960	1979	40.00	520
1982	Whitewater	960	1982	100.00	400
1982	Winter Haven	500	1982	85.00	800
1977	Winter Snows	Retrd.	1977	20.00	100
1984	Winter Windbreak	960	1984	150.00	750
1992	Winter Wonderland	29,500	1993	150.00	275

Hallmark Galleries

Innocent Wonders - T. Blackshear

1992	Pinkie Poo 7500QHG4016	9,500	1995	75.00	75

Majestic Wilderness - M. Newman

1992	Timber Wolves 7500QHG2013	9,500	1995	75.00	75
1992	White-tailed Deer 7500QHG2014	9,500	1995	75.00	75

Tobin Fraley Carousel Collection - Fraley/ Taylor Bruce

1993	Magical Ride 8000QHG22	9,500	1995	80.00	80

John Hine N.A. Ltd.

Rambles - A. Wyatt

1989	Blue Tit	Closed	N/A	33.00	33
1989	Bluebell Cottage	Closed	N/A	50.00	50
1989	Castle Street	Closed	N/A	42.00	42
1989	Frog	Closed	N/A	33.00	33
1989	Garden Gate	Closed	N/A	59.90	60
1989	Hedgerow	Closed	N/A	59.90	60
1989	Kingfisher	Closed	N/A	33.00	33
1989	Lobster Pot	Closed	N/A	50.00	50
1989	Otter's Holt	Closed	N/A	50.00	50
1989	Puffin Rock	Closed	N/A	50.00	50
1989	Riverbank	Closed	N/A	59.90	60
1989	Shirelarm	Closed	N/A	42.00	42
1989	St. Mary's Church	Closed	N/A	42.00	42
1989	Summer Harvest	Closed	N/A	59.90	60
1989	The Swan	Closed	N/A	42.00	42
1989	Two for Joy	Closed	N/A	59.90	60
1989	Waters Edge	Closed	N/A	59.90	60
1989	Wren	Closed	N/A	33.00	33

Lightpost Publishing

Kinkade Member's Only Collectors' Society - T. Kinkade

1992	Skater's Pond	Closed	N/A	295.00	500
1992	Morning Lane	Closed	N/A	Gift	N/A
1994	Collector's Cottage I	Yr.Iss.		315.00	500
1994	Painter of Light Book	Yr.Iss.		Gift	50

Kinkade-Archival Paper/Canvas-Combined Edition-Framed - T. Kinkade

1990	Blue Cottage(Paper)	Retrd.	1993	125.00	305
1990	Blue Cottage(Canvas)	Retrd.	1993	495.00	1200
1990	Moonlit Village(Paper)	Closed	N/A	225.00	750-1000
1990	Moonlit Village(Canvas)	Closed	N/A	595.00	2400-3400
1990	New York, 1932(Paper)	Closed	N/A	225.00	700-1000
1990	New York, 1932(Canvas)	Closed	N/A	595.00	2200-2900
1990	Skating in the Park(Paper)	Closed	1994	225.00	500
1990	Skating in the Park(Canvas)	Closed	1994	645.00	1075-1495

Kinkade-Canvas Editions-Framed - T. Kinkade

1991	Afternoon Light, Dogwood A/P	Closed	N/A	595.00	2100
1991	Afternoon Light, Dogwood S/N	Closed	N/A	495.00	1200-1900
1992	Amber Afternoon A/P	Closed	N/A	695.00	1100
1992	Amber Afternoon S/N	Closed	N/A	595.00	900-1100
1994	Autumn at Ashley's CottagA/P	395		590.00	590
1994	Autumn at Ashley's Cottage S/N	3,950		440.00	440
1991	The Autumn Gate A/P	Closed	N/A	695.00	2700
1991	The Autumn Gate S/N	Closed	N/A	595.00	2500
1994	Beacon of Hope A/P	275	1994	765.00	865
1994	Beacon of Hope S/N	2,750	1994	615.00	615-800
1993	Beside Still Waters A/P	Closed	N/A	695.00	1100
1993	Beside Still Waters G/P	Closed	N/A	645.00	1000
1993	Beside Still Waters S/N	Closed	N/A	495.00	900-1200
1993	Beyond Autumn Gate A/P	Closed	N/A	915.00	2600
1993	Beyond Autumn Gate S/N	Closed	N/A	815.00	2000-2800
1993	The Blessings of Autumn A/P	300	1994	715.00	915
1993	The Blessings of Autumn S/N	1,250	1994	615.00	615-815
1994	The Blessings of Spring A/P	275	1994	665.00	850
1994	The Blessings of Spring S/N	2,750	1994	515.00	515-695
1992	Blossom Hill Church A/P	200	1994	695.00	715-815
1992	Blossom Hill Church S/N	980	1994	595.00	715
1991	Boston A/P	Closed	N/A	595.00	2000
1991	Boston S/N	Closed	N/A	495.00	1300-1900
1992	Broadwater Bridge G/P	Closed	N/A	645.00	1500
1992	Broadwater Bridge S/N	Closed	N/A	495.00	1300-1700
1992	Broadwater BridgeA/P	Closed	N/A	595.00	1500
1995	Brookside Hide Away S/N	3,950		545.00	545
1991	Carmel, Delores Street and the Tuck Box Tea Room A/P	Closed	N/A	745.00	2900
1991	Carmel, Delores Street and the Tuck Box Tea Room S/N	Closed	N/A	645.00	1900-2900
1989	Carmel, Ocean Avenue A/P	Closed	N/A	795.00	4200
1989	Carmel, Ocean Avenue S/N	Closed	N/A	645.00	3700-4200
1991	Cedar Nook Cottage S/N	Closed	N/A	195.00	415
1990	Chandler's Cottage S/N	Closed	N/A	495.00	2000-3000
1990	Christmas At the Ahwahnee A/P	200		615.00	615
1990	Christmas At the Ahwahnee S/N	980		515.00	515
1990	Christmas Cottage 1990 A/P	Closed	N/A	295.00	1800
1990	Christmas Cottage 1990 S/N	Closed	N/A	295.00	1550
1990	Christmas Eve A/P	Closed	N/A	495.00	1100
1990	Christmas Eve S/N	Closed	N/A	395.00	800-1400
1994	Christmas Tree Cottage A/P	395		590.00	590
1994	Christmas Tree Cottage S/N	3,950		440.00	440
1992	Cottage-By-The-Sea A/P	Closed	N/A	695.00	1300
1992	Cottage-By-The-Sea G/P	Closed	N/A	745.00	1300
1992	Cottage-By-The-Sea S/N	Closed	N/A	595.00	1100-1300
1992	Country Memories A/P	Closed	N/A	495.00	800-1000
1992	Country Memories S/N	Closed	N/A	395.00	700-1000
1994	Creekside Trail A/P	198		840.00	840
1994	Creekside Trail S/N	1,984		670.00	670
1994	Days of Peace A/P	198		840.00	840
1994	Days of Peace S/N	1,984		690.00	690
1994	Dusk in the Valley A/P	198		840.00	840
1994	Dusk in the Valley S/N	1,984		690.00	690
1994	Emerald Isle Cottage A/P	Closed	N/A	665.00	665
1994	Emerald Isle Cottage S/N	2,750		515.00	515
1993	End of a Perfect Day I A/P	Closed	N/A	615.00	2000
1993	End of a Perfect Day I G/P	Closed	N/A	665.00	2000
1993	End of a Perfect Day I S/N	Closed	N/A	515.00	1000-1700
1994	End of a Perfect Day II A/P	Closed	N/A	965.00	1200
1994	End of a Perfect Day II S/N	Closed	N/A	815.00	1400-1900
1995	End of a Perfect Day III S/N	4,950		995.00	995
1989	Entrance to the Manor House A/P	Closed	N/A	595.00	1700
1989	Entrance to the Manor House S/N	Closed	N/A	495.00	1500-2300
1989	Evening at Merritt's Cottage A/P	Closed	N/A	595.00	2700
1989	Evening at Merritt's Cottage S/N	Closed	N/A	495.00	2500
1992	Evening at Swanbrooke Cottage Thomashire A/P	Closed	N/A	595.00	1900
1992	Evening at Swanbrooke Cottage Thomashire G/P	Closed	N/A	645.00	2000
1992	Evening at Swanbrooke Cottage Thomashire S/N	Closed	N/A	495.00	1800-2800
1992	Evening Carolers A/P	200		415.00	415
1992	Evening Carolers S/N	1,960		315.00	315
1993	Fisherman's Wharf; San Francisco A/P	Closed	N/A	1065.00	1200
1993	Fisherman's Wharf; San Francisco S/N	Closed	N/A	965.00	1100
1991	Flags Over The Capitol A/P	200		695.00	715
1991	Flags Over The Capitol S/N	980		595.00	615
1993	The Garden of Promise A/P	Closed	N/A	715.00	900
1993	The Garden of Promise S/N	1,250	1994	615.00	715-1000
1992	The Garden Party A/P	200		595.00	615
1992	The Garden Party S/N	980		495.00	515
1994	Gardens Beyond Autumn Gate S/N	N/A		1025.00	1025
1993	Glory of Evening A/P	400	1994	365.00	415
1993	Glory of Evening S/N	Closed	N/A	315.00	315-475
1993	Glory of Morning A/P	400	1994	365.00	415
1993	Glory of Morning S/N	Closed	N/A	315.00	315-475
1993	Glory of Winter A/P	300		715.00	715
1993	Glory of Winter S/N	1,250		615.00	615
1994	Guardian Castle A/P	475		1015.00	1015
1994	Guardian Castle S/N	4,750		865.00	865
1993	Heather's Hutch A/P	400	1994	515.00	565
1993	Heather's Hutch S/N	Closed	N/A	415.00	415-515
1994	Hidden Arbor A/P	375		665.00	665
1994	Hidden Arbor S/N	3,750		515.00	515
1990	Hidden Cottage I A/P	Closed	N/A	595.00	2100
1990	Hidden Cottage I S/N	Closed	N/A	495.00	1500-1900
1993	Hidden Cottage II A/P	400	1994	615.00	750
1993	Hidden Cottage II S/N	1,480	1994	515.00	615
1994	Hidden Gazebo A/P	240	1994	665.00	765
1994	Hidden Gazebo S/N	2,400	1994	515.00	800-1300
1991	Home For The Evening A/P	200	1994	295.00	700
1991	Home For The Evening S/N	Closed	N/A	195.00	500
1991	Home For The Holidays A/P	Closed	N/A	695.00	1500-1900
1991	Home For The Holidays S/N	Closed	N/A	595.00	1300-1900
1992	Home is Where the Heart Is A/P	Closed	N/A	695.00	2100
1992	Home is Where the Heart Is G/P	Closed	N/A	745.00	1500
1992	Home is Where the Heart Is S/N	Closed	N/A	595.00	1500-2000
1993	Homestead House A/P	300		715.00	715
1993	Homestead House S/N	1,250		615.00	615
1995	Hometown Memories I S/N	4,950		865.00	865
1992	Julianne's Cottage A/P	Closed	N/A	495.00	1700
1992	Julianne's Cottage G/P	Closed	N/A	565.00	1400-1700
1992	Julianne's Cottage S/N	Closed	N/A	395.00	1300-1500
1993	Lamplight Brooke A/P	Closed	N/A	715.00	1700
1993	Lamplight Brooke G/P	Closed	N/A	715.00	1700
1993	Lamplight Brooke S/N	Closed	N/A	615.00	1000-1500
1994	Lamplight Inn A/P	275	1994	765.00	700
1994	Lamplight Inn S/N	2,750	1994	615.00	615-715
1993	Lamplight Lane A/P	Closed	N/A	695.00	3000
1993	Lamplight Lane S/N	Closed	N/A	595.00	2800-3300
1995	Lamplight Village S/N	4,950		650.00	650
1991	The Lit Path A/P	200		395.00	395
1991	The Lit Path S/N	1,960	1994	195.00	315
1991	McKenna's Cottage A/P	100		595.00	615
1991	McKenna's Cottage S/N	980		495.00	515
1992	Miller's Cottage, Thomashire A/P	Closed	N/A	595.00	1000
1992	Miller's Cottage, Thomashire S/N	980	1994	495.00	900-2000
1994	Moonlight Lane I A/P	240		665.00	665
1994	Moonlight Lane I S/N	2,400		515.00	515
1992	Moonlit Sleigh Ride A/P	200		395.00	415
1992	Moonlit Sleigh Ride S/N	1,960	1994	295.00	315
1995	Morning Dogwood S/N	4,950		495.00	495
1990	Morning Light A/P	Closed	N/A	695.00	2000
1992	Olde Porterfield Gift Shoppe A/P	200		595.00	615
1992	Olde Porterfield Gift Shoppe S/N	980	1994	495.00	515-615
1991	Olde Porterfield Tea Room A/P	Closed	N/A	595.00	900
1991	Olde Porterfield Tea Room S/N	Closed	N/A	495.00	800-1300
1991	Open Gate, Sussex A/P	100	1994	295.00	415
1991	Open Gate, Sussex S/N	980	1994	195.00	315
1993	Paris, City of Lights A/P	600	1994	765.00	1500-1900
1993	Paris, City of Lights G/P	Closed	N/A	815.00	1800
1993	Paris, City of Lights S/N	Closed	N/A	695.00	1500-1900
1994	Paris, Eiffel Tower A/P	275	1994	945.00	1400
1994	Paris, Eiffel Tower S/N	2,750	1994	795.00	800-1500
1994	The Power & The Majesty A/P	275		765.00	765
1994	The Power & The Majesty S/N	2,750		615.00	615
1991	Pye Corner Cottage A/P	200		295.00	315
1991	Pye Corner Cottage S/N	1,960		195.00	215
1990	Rose Arbor A/P	Closed	N/A	595.00	1700
1990	Rose Arbor S/N	Closed	N/A	495.00	1500
1994	San Francisco Market Street A/P	750		945.00	945
1994	San Francisco Market Street S/N	7,500		795.00	795
1992	San Francisco, Nob Hill (California St.) A/P	Closed	N/A	715.00	4000-5000
1992	San Francisco, Nob Hill (California St.) P/P	Closed	N/A	815.00	5000-5500
1992	San Francisco, Nob Hill (California St.) S/N	Closed	N/A	645.00	3200-5000
1989	San Francisco, Union Square A/P	Closed	N/A	795.00	4200
1989	San Francisco, Union Square S/N	Closed	N/A	595.00	4000
1992	Silent Night A/P	Closed	N/A	495.00	1000
1992	Silent Night G/P	Closed	N/A	545.00	950
1992	Silent Night S/N	Closed	N/A	335.00	800-1000
1990	Spring At Stonegate A/P	Closed	N/A	395.00	515
1990	Spring At Stonegate S/N	550		295.00	415-515
1994	Spring in the Alps A/P	198		725.00	725
1994	Spring in the Alps S/N	1,984		575.00	575
1993	St. Nicholas Circle A/P	420		715.00	715
1993	St. Nicholas Circle S/N	Closed	N/A	615.00	615-815
1993	Stonehearth Hutch A/P	Closed	N/A	515.00	515-700
1993	Stonehearth Hutch S/N	Closed	N/A	415.00	515-600
1993	Studio in the Garden S/N	1,480		415.00	415
1993	Studio in the GardenA/P	400		515.00	515
1992	Sunday at Apple Hill A/P	Closed	N/A	595.00	900-1200
1992	Sunday at Apple Hill S/N	Closed	N/A	495.00	1000-1100
1993	Sunday Outing A/P	Closed	N/A	595.00	1150
1993	Sunday Outing S/N	Closed	N/A	495.00	1050
1992	Sweetheart Cottage I A/P	Closed	N/A	595.00	1000-1300
1992	Sweetheart Cottage I S/N	Closed	N/A	495.00	1050
1993	Sweetheart Cottage II A/P	Closed	N/A	695.00	1300
1993	Sweetheart Cottage II G/P	Closed	N/A	745.00	1450
1993	Sweetheart Cottage II S/N	Closed	N/A	595.00	1000-1400
1994	Sweetheart Cottage III A/P	Closed	N/A	765.00	615-865
1994	Sweetheart Cottage III S/N	Closed	N/A	615.00	515-715
1992	Victorian Christmas I A/P	Closed	N/A	695.00	1700-2000
1992	Victorian Christmas I S/N	Closed	N/A	595.00	1800
1992	Victorian Christmas II A/P	Closed	N/A	715.00	1400
1992	Victorian Christmas II S/N	Closed	N/A	615.00	1100-1500
1991	Victorian Evening	Retrd.	1993	495.00	1300
1992	Victorian Garden A/P	Closed	N/A	895.00	1900-2600
1992	Victorian Garden S/N	Closed	N/A	795.00	1700-2600
1993	Village Inn A/P	400		615.00	615
1993	Village Inn S/N	1,200	1994	515.00	615
1994	The Warmth of Home A/P	345		590.00	590
1994	The Warmth of Home S/N	3,450		440.00	440
1992	Weathervane Hutch A/P	200		395.00	415
1992	Weathervane Hutch S/N	1,960		295.00	315
1993	Winter's End A/P	400		715.00	715
1993	Winter's End S/N	1,450		615.00	615
1991	Woodman's Thatch A/P	200		295.00	315
1991	Woodman's Thatch S/N	1,960	1994	195.00	315
1992	Yosemite A/P	200		695.00	715
1992	Yosemite S/N	980		595.00	615

Kinkade-Premium Paper-Unframed - T. Kinkade

1991	Afternoon Light, Dogwood S/N	Closed	N/A	185.00	200-350
1992	Amber Afternoon S/N	980		225.00	235
1994	Autumn at Ashley's CottagA/P	245		335.00	335
1994	Autumn at Ashley's Cottage S/N	2,450		185.00	185
1991	The Autumn Gate S/N	980	1994	225.00	550
1994	Beacon of Hope S/N	2,750		235.00	235
1993	Beside Still Waters S/N	1,280	1994	185.00	200-500
1993	Beyond Autumn Gate S/N	1,750		285.00	285
1985	Birth of a City	Closed	N/A	150.00	595
1993	The Blessings of Autumn S/N	1,250		235.00	235
1994	The Blessings of Spring S/N	2,750		195.00	195
1992	Blossom Hill Church S/N	980		225.00	235
1991	Boston S/N	550	1994	175.00	350
1992	Broadwater Bridge S/N	980	1994	225.00	375
1995	Brookside Hide Away	3,850		205.00	205
1991	Carmel, Delores Street and the Tuck Box Tea Room S/N	980	1994	275.00	500
1989	Carmel, Ocean Avenue S/N	Closed	N/A	225.00	1300
1990	Chandler's Cottage S/N	Closed	N/A	125.00	1000
1992	Christmas At the Ahwahnee S/N	980		175.00	175
1990	Christmas Cottage 1990 S/N	Closed	N/A	95.00	350
1991	Christmas Eve S/N	980		125.00	175

YEAR ISSUE		EDITION LIMIT	YEAR RETD.	ISSUE PRICE	QUOTE U.S.$
1994	Christmas Tree Cottage A/P	295		335.00	335
1994	Christmas Tree Cottage S/N	2,950		185.00	185
1992	Cottage-By-The-Sea S/N	Closed	N/A	250.00	300-500
1992	Country Memories S/N	980		185.00	185
1994	Creekside Trail A/P	198		425.00	425
1994	Creekside Trail S/N	1,984		275.00	275
1984	Dawson	Closed	N/A	150.00	300-595
1994	Days of Peace A/P	198		425.00	425
1994	Days of Peace S/N	1,984		275.00	275
1994	Dusk in the Valley A/P	198		425.00	425
1994	Dusk in the Valley S/N	1,984		275.00	275
1994	Emerald Isle Cottage S/N	2,750		195.00	195
1993	The End of a Perfect Day I S/N	1,250	1994	195.00	400
1994	The End of a Perfect Day II S/N	2,750		285.00	285
1995	The End of a Perfect Day III	4,850		325.00	325
1989	Entrance to the Manor House	Closed	N/A	125.00	600-800
1989	Evening at Merritt's Cottage	Closed	N/A	125.00	1000
1992	Evening at Swanbrooke Cottage, S/N	980	1994	250.00	400-800
1985	Evening Service	Closed	N/A	90.00	350
1991	Flags Over The Capitol S/N	1,991		195.00	235
1993	The Garden of Promise S/N	1,250	1994	235.00	235
1992	The Garden Party S/N	980		175.00	195
1994	Gardens Beyond Autumn Gate S/N	N/A		325.00	325
1993	Glory of Winter S/N	1,250		235.00	235
1994	Guardian Castle S/N	2,750		300.00	580
1993	Heather's Hutch S/N	1,250		175.00	195
1994	Hidden Arbor S/N	Closed	N/A	195.00	195
1990	Hidden Cottage	Closed	N/A	125.00	1000
1994	Hidden Gazebo, S/N	2,400		195.00	195
1991	Home For The Evening S/N	Closed	N/A	100.00	200
1991	Home For The Holidays S/N	980	1994	225.00	300-500
1992	Home is Where the Heart Is, S/N	980	1994	225.00	500
1993	Homestead House S/N	1,250		235.00	235
1995	Hometown Memories I	4,850		300.00	300
1992	Julianne's Cottage S/N	Closed	N/A	185.00	400
1993	Lamplight Brook S/N	1,650		235.00	235
1994	Lamplight Inn S/N	2,750		235.00	235
1993	Lamplight Lane S/N	Closed	N/A	225.00	500-900
1995	Lamplight Village	4,850		250.00	250
1991	McKenna's Cottage S/N	980		150.00	195
1992	Miller's Cottage S/N	980		175.00	195
1994	Moonlight Lane I S/N	2,400		195.00	195
1985	Moonlight on the Waterfront	Closed	N/A	150.00	1800
1995	Morning Dogwood	4,850		195.00	195
1986	New York, 6th Avenue	Closed	N/A	150.00	1500-1800
1992	Olde Porterfield Gift Shoppe S/N	980		175.00	195
1991	Olde Porterfield Tea Room S/N	980		150.00	195
1991	Open Gate, Sussex S/N	980		100.00	110
1993	Paris, City of Lights S/N	1,980		285.00	285
1994	Paris, Eiffel Tower S/N	2,750		295.00	295
1984	Placerville, 1916 S/N	Closed	N/A	90.00	1600
1994	The Power & The Majesty S/N	2,750		235.00	235
1988	Room with a View S/N	Closed	N/A	150.00	650-950
1990	Rose Arbor S/N	Closed	N/A	125.00	350
1994	San Francisco Market Street A/P	750		525.00	525
1994	San Francisco Market Street S/N	7,500		375.00	375
1986	San Francisco, 1909 S/N	Closed	N/A	150.00	1500
1993	San Francisco, Fisherman's Wharf S/N	2,750		305.00	305
1992	San Francisco, Nob Hill (California St.) S/N	Closed	N/A	275.00	895-1500
1989	San Francisco, Union Square S/N	Closed	N/A	225.00	1800
1992	Silent Night S/N	980	1994	185.00	350
1990	Spring At Stonegate S/N	550		95.00	95
1994	Spring in the Alps A/P	198		375.00	375
1994	Spring in the Alps S/N	1,984		225.00	225
1993	St. Nicholas Circle S/N	1,750		235.00	235
1993	Stonehearth Hutch S/N	1,650		175.00	175
1993	Studio in the Garden S/N	980		175.00	175
1992	Sunday At Apple Hill, S/N	980	1994	175.00	275-395
1993	Sunday Outing S/N	980		175.00	195
1992	Sweetheart Cottage I S/N	980		150.00	150
1993	Sweetheart Cottage II S/N	980	1994	150.00	350
1993	Sweetheart Cottage III S/N	1,650		235.00	235
1992	Victorian Christmas I S/N	Closed	N/A	250.00	400
1993	Victorian Christmas II S/N	1,650		235.00	235
1991	Victorian Evening, S/N	Retrd.	1993	150.00	150
1992	Victorian Garden, S/N	980	1994	275.00	500
1993	Village Inn S/N	1,200		195.00	195
1994	The Warmth of Home A/P	245		335.00	335
1994	The Warmth of Home S/N	2,450		185.00	185
1993	Winter's End S/N	875		235.00	235
1992	Yosemite S/N	980		225.00	235

Rios-Children-Canvas - S. Rios

YEAR ISSUE		EDITION LIMIT	YEAR RETD.	ISSUE PRICE	QUOTE U.S.$
1994	Holiday Shopping S/N	850		595.00	595
1994	Springtime Shopping S/N	850		595.00	595

Rios-Collectibles-Canvas - S. Rios

YEAR ISSUE		EDITION LIMIT	YEAR RETD.	ISSUE PRICE	QUOTE U.S.$
1994	The Best Times S/N	850		395.00	395
1994	Happy Days S/N	850		395.00	395
1994	Taking Care of Peddy S/N	850		495.00	495

Rios-Gardens-Canvas - S. Rios

YEAR ISSUE		EDITION LIMIT	YEAR RETD.	ISSUE PRICE	QUOTE U.S.$
1994	The Dream S/N	850		595.00	595
1994	My Daughter's Garden S/N	850		695.00	695
1994	Nantucket Garden S/N	850		595.00	595

Rios-Interiors-Canvas - S. Rios

YEAR ISSUE		EDITION LIMIT	YEAR RETD.	ISSUE PRICE	QUOTE U.S.$
1994	Cozy Christmas Memories S/N	850		495.00	495
1994	Expecting Company S/N	850		595.00	595
1994	Song of Life S/N	850		495.00	495
1994	Window in the Alcove S/N	850		495.00	495

Lightpost Publish./ Recollections by Lightpost

American Heroes Collection-Framed - Recollections

YEAR ISSUE		EDITION LIMIT	YEAR RETD.	ISSUE PRICE	QUOTE U.S.$
1992	Abraham Lincoln	7,500		190.00	195
1993	Babe Ruth	2,250		136.00	139
1993	Ben Franklin	1,000		136.00	139
1994	Dwight D. Eisenhower	Open		30.00	30
1994	Eternal Love (Civil War)	1,861		195.00	195
1994	Franklin D. Roosevelt	Open		30.00	30
1992	George Washington	7,500		190.00	195
1994	George Washington	Open		30.00	30
1994	John F. Kennedy	Open		30.00	30
1992	John F. Kennedy	7,500		190.00	195
1992	Mark Twain	7,500		190.00	195
1994	A Nation Divided	1,000		149.00	149
1993	A Nation United	1,000		149.00	149

Cinema Classics Collection-Framed - Recollections

YEAR ISSUE		EDITION LIMIT	YEAR RETD.	ISSUE PRICE	QUOTE U.S.$
1993	As God As My Witness	Open		40.00	40
1994	Attempted Deception	Open		40.00	40
1994	A Chance Meeting	Open		40.00	40
1993	A Dream Remembered	Open		40.00	40
1993	The Emerald City	Open		40.00	40
1993	Follow the Yellow Brick Road	Open		40.00	40
1993	Frankly My Dear	Open		40.00	40
1994	The Gift	Open		40.00	40
1993	Gone With the Wind-Movie Ticket	2,000		40.00	40
1994	If I Only Had a Brain	Open		40.00	40
1994	If I Only Had a Heart	Open		40.00	40
1994	If I Only Had the Nerve	Open		40.00	40
1993	The Kiss	Open		40.00	40
1993	Not A Marrying Man	12,500		240.00	249
1993	Over The Rainbow	7,500		240.00	249
1994	The Proposal	Open		40.00	40
1993	The Ruby Slippers	Open		40.00	40
1993	Scarlett & Her Beaux	12,500		240.00	249
1994	There's No Place Like Home	Open		40.00	40
1993	We're Off to See the Wizard	Open		40.00	40
1993	You Do Waltz Divinely	12,500		299.00	299
1993	You Need Kissing	12,500		299.00	299

The Elvis Collection - Recollections

YEAR ISSUE		EDITION LIMIT	YEAR RETD.	ISSUE PRICE	QUOTE U.S.$
1994	Celebrity Soldier/Regular G.I.	Open		40.00	40
1994	Dreams Remembered/Dreams Realized	Open		40.00	40
1994	Elvis the King	2,750		295.00	295
1994	Elvis the Pelvis	2,750		295.00	295
1994	The King/The Servant	Open		40.00	40
1994	Lavish Spender/Generous Giver	Open		40.00	40
1994	Professional Artist/Practical Joker	Open		40.00	40
1994	Public Image/Private Man	Open		40.00	40
1994	Sex Symbol/Boy Next Door	Open		40.00	40
1994	To Elvis with Love	2,750		295.00	295
1994	Vulgar Showman/Serious Musician	Open		40.00	40

Marty Bell

Members Only Collectors Club - M. Bell

YEAR ISSUE		EDITION LIMIT	YEAR RETD.	ISSUE PRICE	QUOTE U.S.$
1991	Little Thatch Twilight	Closed	1992	288.00	320-380
1991	Charter Rose, The	Closed	1992	Gift	N/A
1992	Candle At Eventide	Closed	1993	Gift	N/A
1992	Blossom Lane	Closed	1993	288.00	288
1993	Laverstoke Lodge	Closed	1994	328.00	328
1993	Chideock Gate	Closed	1994	Gift	N/A
1994	Hummingbird Hill	Closed	1995	320.00	450
1994	The Hummingbird	Closed	1995	Gift	N/A
1995	The Bluebird Victorian	Yr.Iss.		320.00	320
1995	The Bluebird	Yr.Iss.		Gift	N/A

America the Beautiful - M. Bell

YEAR ISSUE		EDITION LIMIT	YEAR RETD.	ISSUE PRICE	QUOTE U.S.$
1993	The Abbey	750		400.00	400
1994	Bayside Morning	750		400.00	400
1993	Idaho Hideaway	750		400.00	400
1993	Jones Victorian	S/O	1994	400.00	1050
1994	Love Tide	750		400.00	400
1995	Majesty	500		700.00	700
1994	Mendocino Twilight	750		400.00	400
1994	My Garden	750		430.00	430
1994	Summerland	750		400.00	400
1995	The Tuck Box Tea Room, Carmel	500		456.00	456
1993	Turlock Spring	500		700.00	700
1994	Woodland Garden	750		460.00	460

Christmas - M. Bell

YEAR ISSUE		EDITION LIMIT	YEAR RETD.	ISSUE PRICE	QUOTE U.S.$
1989	Fireside Christmas	S/O	1989	136.00	750
1990	Ready For Christmas	S/O	1990	148.00	495
1991	Christmas in Rochester	S/O	1991	148.00	275-350
1992	McCoy's Toy Shoppe	S/O	1992	148.00	350
1993	Christmas Treasures	900		200.00	200
1994	Rocky Mountain Christmas	750		400.00	400

England - M. Bell

YEAR ISSUE		EDITION LIMIT	YEAR RETD.	ISSUE PRICE	QUOTE U.S.$
1995	Sissinghurst Garden	750		488.00	488

HuggaBells - M. Bell

YEAR ISSUE		EDITION LIMIT	YEAR RETD.	ISSUE PRICE	QUOTE U.S.$
1995	The Luv Boat	350		110.00	110
1995	Motherlove	350		116.00	116
1995	Storytime	350		110.00	110
1995	Tea with Miss Teddy	S/O	1995	128.00	128
1995	Wedded Bliss	350		116.00	116

Limited Edition Lithographs - M. Bell

YEAR ISSUE		EDITION LIMIT	YEAR RETD.	ISSUE PRICE	QUOTE U.S.$
1993	The Castle Tearoom	S/O	1993	88.00	88
1987	Alderton Village	S/O	1988	235.00	750-899
1988	Allington Castle, Kent	1,800		540.00	540
1992	Antiques of Rye	1,100		220.00	220
1990	Arbor Cottage	S/O	1990	130.00	150-250
1993	Arundel Row	750		130.00	130
1991	Bay Tree Cottage, Rye	S/O	1992	230.00	230-520
1981	Bibury Cottage	S/O	1988	280.00	800-1000
1981	Big Daddy's Shoe	S/O	1989	64.00	150-300
1988	The Bishop's Roses	S/O	1989	220.00	650
1989	Blush of Spring	S/O	1990	96.00	120-160
1988	Bodiam Twilight	S/O	1991	520.00	900-1100
1988	Brendon Hills Lane	900		304.00	304
1992	Briarwood	S/O	1993	220.00	220
1993	Broadway Cottage	750		330.00	330
1987	Broughton Village	S/O	1988	128.00	400-500
1984	Brown Eyes	S/O	1993	296.00	296
1990	Bryants Puddle Thatch	S/O	1990	130.00	150-295
1986	Burford Village Store	S/O	1988	106.00	500-1500
1993	Byfleet	900		180.00	180
1994	Canterbury Roses	750		180.00	180
1981	Castle Combe Cottage	S/O	1988	230.00	795
1987	The Chaplains Garden	S/O	1987	235.00	1000-2000
1992	Chelsea Roses	750		298.00	298
1989	Cherry Tree Thatch	2,400		88.00	88
1991	Childswickham Morning	S/O	1993	396.00	396
1987	Chippenham Farm	S/O	1988	120.00	300-900
1988	Clove Cottage	S/O	1988	128.00	500
1988	Clover Lane Cottage	S/O	1988	272.00	750-1400
1991	Cobblestone	1,200		374.00	374
1993	Coln St. Aldwyn's	1,000	1995	730.00	730
1986	Cotswold Parish Church	S/O	1988	98.00	1500
1988	Cotswold Twilight	S/O	1988	128.00	200-495
1993	Cottontail Lodge	700		375.00	375
1991	Cozy Cottage	S/O	1991	130.00	130
1993	Craigton Cottage	500		130.00	130
1982	Crossroads Cottage	S/O	1987	38.00	200
1992	Devon Cottage	900		374.00	374
1991	Devon Roses	S/O	1991	78.00	195-500
1991	Dorset Roses	S/O	1991	96.00	195
1987	Dove Cottage Garden	S/O	1990	260.00	304-495
1987	Driftstone Manor	S/O	1988	440.00	2500
1987	Ducksbridge Cottage	S/O	1988	400.00	2000-2400
1987	Eashing Cottage	S/O	1988	120.00	200-400
1992	East Sussex Roses (Archival)	S/O	1993	184.00	184
1989	Elegance of Spring	1,800		396.00	396
1989	Fernbank Cottage	2,400		96.00	88
1985	Fiddleford Cottage	S/O	1986	78.00	1950
1993	Flower Box, The	900		300.00	300
1988	Friday Street Lane	S/O	1992	280.00	450
1989	The Game Keeper's Cottage	S/O	1989	560.00	1800-2000
1992	Garlands Flower Shop	S/O	1992	220.00	220
1988	Ginger Cottage	S/O	1988	320.00	550-800
1989	Glory Cottage	S/O	1993	96.00	96
1989	Goater's Cottage	S/O	1991	368.00	400-560
1990	Gomshall Flower Shop	S/O	1990	396.00	2500
1993	Graffam House	900		180.00	180
1987	Halfway Cottage	S/O	1988	260.00	300-500
1992	Happy Heart Cottage	1,200		368.00	368
1989	Hideaway Cottage	2,400		88.00	88
1992	Hollybush	1,200	1994	560.00	560
1991	Horsham Farmhouse	1,200		180.00	180
1986	Housewives Choice	S/O	1987	98.00	750-1000
1988	Icomb Village Garden	S/O	1988	620.00	1300-1500
1988	Jasmine Thatch	S/O	1991	272.00	495
1989	Larkspur Cottage	S/O	1989	220.00	495
1985	Little Boxford	S/O	1987	78.00	300-900
1991	Little Bromley Lodge	1,200		456.00	456
1991	Little Timbers	S/O	1992	130.00	130
1987	Little Tulip Thatch	S/O	1988	120.00	400-700
1990	Little Well Thatch	S/O	1990	130.00	150-250
1990	Longparish Cottage	S/O	1991	368.00	300-550
1990	Longstock Lane	S/O	1990	130.00	200
1986	Lorna Doone Cottage	S/O	1987	380.00	8000-9000
1990	Lower Brockhampton Manor	S/O	1990	640.00	1800
1988	Lullabye Cottage	S/O	1988	220.00	300-400
1990	Martin's Market, Rye	1,100		304.00	304
1987	May Cottage	S/O	1988	120.00	200-699
1988	Meadow School	S/O	1993	220.00	350
1985	Meadowlark Cottage	S/O	1987	78.00	450-699
1990	Mermaid Inn, Rye, The	1,100		560.00	560
1987	Millpond, Stockbridge, The	S/O	1987	120.00	999-1600
1992	Miss Hathaway's Garden	1,800		694.00	694
1987	Morning Glory Cottage	S/O	1988	120.00	450-599
1988	Morning's Glow	S/O	1989	280.00	320-650
1994	Mother Hubbard's Garden	2-Yr.		230.00	230
1988	Murrle Cottage	S/O	1988	320.00	450-650
1983	Nestlewood	S/O	1987	300.00	2500
1989	Northcote Lane	S/O	1993	88.00	88
1989	Old Beams Cottage	S/O	1990	368.00	650
1988	Old Bridge, Grasmere	S/O	1993	640.00	640
1990	Old Hertfordshire Thatch	S/O	1990	396.00	700-1500
1993	Old Mother Hubbard's Cottage	2-Yr.		230.00	230
1989	Overbrook	S/O	1993	220.00	220
1992	Pangbourne on Thames	900	1994	304.00	400
1984	Penshurst Tea Rooms (Archival)	S/O	1988	335.00	950
1984	Penshurst Tea Rooms (Canvas)	S/O	1987	335.00	15-3600
1989	Periwinkle Tea Rooms, The	2,400		694.00	694

GRAPHICS

Marty Bell
to Mill Pond Press

YEAR ISSUE		EDITION LIMIT	YEAR RETD.	ISSUE PRICE	QUOTE U.S.$
1989	Pride of Spring	S/O	1990	96.00	200-400
1989	Primrose Cottage	2,400		88.00	88
1988	Rodway Cottage	S/O	1989	694.00	700-1500
1989	Rose Bedroom, The	S/O	1993	388.00	388
1990	Sanctuary	S/O	1992	220.00	450
1982	Sandhills Cottage	S/O	1987	38.00	38
1988	Sandy Lane Thatch	S/O	1993	380.00	500
1982	School Lane Cottage	S/O	1987	38.00	38
1993	Selborne Cottage	750		300.00	300
1992	Sheffield Roses	750		298.00	298
1988	Shere Village Antiques	S/O	1988	272.00	304-699
1993	Simon the Pieman, Rye	1,100		240.00	240
1991	Somerset Inn	1,200		180.00	180
1993	Speldhurst Farm	1,200		248.00	248
1981	Spring in the Santa Ynez	S/O	1991	400.00	950-1450
1991	Springtime at Scotney	S/O	1992	730.00	950-1200
1989	St. Martin's Ashurst	S/O	1993	344.00	344
1992	Strand Quay, Rye, The	1,100		248.00	248
1990	Summer's Garden	S/O	1991	78.00	400-800
1994	Summer's Song, Scotney	1,200		730.00	730
1985	Summers Glow	S/O	1987	98.00	600-1000
1987	Sunrise Thatch	S/O	1988	120.00	200-300
1985	Surrey Garden House	S/O	1986	98.00	850-1499
1991	Swan Cottage Tea Room, Rye	1,100		176.00	176
1989	Sweet Blue	1,800		396.00	396
1985	Sweet Pine Cottage	S/O	1987	78.00	350-1499
1988	Sweet Twilight	S/O	1988	220.00	350-600
1990	Sweetheart Thatch	S/O	1993	220.00	220
1991	Tea Time	S/O	1991	130.00	130-350
1982	Thatchcolm Cottage	S/O	1987	38.00	38
1989	Thimble Pub, The	S/O	1993	344.00	344
1993	Tithe Barn Cottage	900		368.00	368
1993	Umbrella Cottage	900		176.00	176
1991	Upper Chute	S/O	1991	496.00	850-1500
1992	Valentine Cottage	900		304.00	304
1987	The Vicar's Gate	S/O	1988	110.00	600
1987	Wakehurst Place	S/O	1988	480.00	2100
1987	Well Cottage, Sandy Lane	S/O	1988	440.00	650-1500
1991	Wepham Cottage	S/O	1991	396.00	1200
1984	West Kington Dell	S/O	1988	215.00	650
1992	West Sussex Roses (Archival)	S/O	1993	184.00	184
1994	Westminster Roses	750		180.00	180
1990	Weston Manor	900		694.00	694
1987	White Lilac Thatch	S/O	1988	260.00	400-700
1992	Wild Rose Cottage	S/O	1993	248.00	248
1985	Windsong Cottage	S/O	1987	156.00	350-799
1991	Windward Cottage, Rye	S/O	1991	228.00	550-635
1991	Ye Olde Bell, Rye	1,100		196.00	196
1986	York Garden Shop	S/O	1988	98.00	250-999

Mill Pond Press

Bateman - R. Bateman

YEAR ISSUE		EDITION LIMIT	YEAR RETD.	ISSUE PRICE	QUOTE U.S.$
1982	Above the River-Trumpeter Swans	950	1984	200.00	1000
1984	Across the Sky-Snow Geese	950	1985	220.00	800
1980	African Amber-Lioness Pair	950	1980	175.00	575
1979	Afternoon Glow-Snowy Owl	950	1979	125.00	600
1990	Air, The Forest and The Watch	42,558	N/A	325.00	350
1984	Along the Ridge-Grizzly Bears	950	1984	200.00	1200
1984	American Goldfinch-Winter Dress	950	1984	75.00	200
1979	Among the Leaves-Cottontail Rabbit	950	1980	75.00	1200
1980	Antarctic Elements	950	1980	125.00	150
1991	Arctic Cliff-White Wolves	13,000	1991	325.00	525
1982	Arctic Evening-White Wolf	950	1982	185.00	1400
1980	Arctic Family-Polar Bears	950	1980	150.00	1700
1992	Arctic Landscape-Polar Bear	5,000	N/A	345.00	700
1992	Arctic Landscape-Polar Bear-Premier Ed.	450		800.00	800
1982	Arctic Portrait-White Gyrfalcon	950	1982	175.00	280
1985	Arctic Tern Pair	950	1985	175.00	200
1981	Artist and His Dog	950	1983	150.00	300
1980	Asleep on the Hemlock-Screech Owl	950	1980	125.00	375
1991	At the Cliff-Bobcat	12,500	1991	325.00	325
1992	At the Feeder-Cardinal	950	1992	125.00	125
1987	At the Nest-Secretary Birds	950	1987	290.00	290
1982	At the Roadside-Red-Tailed Hawk	950	1984	185.00	650
1980	Autumn Overture-Moose	950	1980	245.00	1800
1980	Awesome Land-American Elk	950	1980	245.00	1500
1989	Backlight-Mute Swan	950	1989	275.00	500
1983	Bald Eagle Portrait	950	1983	185.00	280
1982	Baobab Tree and Impala	950	1986	245.00	300
1980	Barn Owl in the Churchyard	950	1981	125.00	850
1989	Barn Swallow and Horse Collar	950	N/A	225.00	225
1982	Barn Swallows in August	950	N/A	245.00	425
1992	Beach Grass and Tree Frog	1,250		345.00	350
1985	Beaver Pond Reflections	950	1985	185.00	225
1984	Big Country, Pronghorn Antelope	950	1985	185.00	200
1986	Black Eagle	950	1986	200.00	250
1993	Black Jaguar-Premier Edition	450		850.00	1200
1986	Black-Tailed Deer in the Olympics	950	1986	245.00	245
1986	Blacksmith Plover	950	1986	185.00	185
1991	Bluebird and Blossoms	4,500		235.00	235
1991	Bluebird & Blossoms-Prestige Ed.	450		625.00	625
1980	Bluffing Bull-African Elephant	950	1981	135.00	1125
1981	Bright Day-Atlantic Puffins	950	1985	175.00	875
1989	Broad-Tailed Hummingbird Pair	950	1989	225.00	225
1980	Brown Pelican and Pilings	950	1980	165.00	950
1979	Bull Moose	950	1979	125.00	1275
1978	By the Tracks-Killdeer	950	1980	75.00	1200
1983	Call of the Wild-Bald Eagle	950	1983	200.00	250
1985	Canada Geese Family(stone lithograph)	260	1985	350.00	1000
1985	Canada Geese Over the Escarpment	950	1985	135.00	175
1986	Canada Geese With Young	950	1986	195.00	325
1981	Canada Geese-Nesting	950	1981	295.00	2950
1993	Cardinal and Sumac	2,510	N/A	235.00	235
1988	Cardinal and Wild Apples	12,183	1988	235.00	235
1989	Catching The Light-Barn Owl	2,000	1990	295.00	295
1988	Cattails, Fireweed and Yellowthroat	950	1988	235.00	275
1989	Centennial Farm	950	1989	295.00	450
1988	The Challenge-Bull Moose	10,671		325.00	325
1980	Chapel Doors	950	1985	135.00	375
1986	Charging Rhino	950	1986	325.00	500
1982	Cheetah Profile	950	1985	245.00	500
1978	Cheetah With Cubs	950	1980	95.00	450
1988	Cherrywood with Juncos	950	1988	245.00	245-345
1990	Chinstrap Penguin	810	1991	150.00	150
1992	Clan of the Raven	950	1992	235.00	600
1981	Clear Night-Wolves	950	1981	245.00	6500-8100
1988	Colonial Garden	950	1988	245.00	245
1987	Continuing Generations-Spotted Owls	950	1987	525.00	1150
1991	Cottage Lane-Red Fox	950	1991	285.00	285
1984	Cougar Portrait	950	1984	95.00	200
1979	Country Lane-Pheasants	950	1981	85.00	300
1981	Courting Pair-Whistling Swans	950	1981	245.00	550
1981	Courtship Display-Wild Turkey	950	1981	175.00	175
1980	Coyote in Winter Sage	950	1980	245.00	3600
1992	Cries of Courtship-Red Crowned Cranes	950	1992	350.00	350
1980	Curious Glance-Red Fox	950	1980	135.00	1200
1986	Dark Gyrfalcon	950	1986	225.00	325
1993	Day Lilies and Dragonflies	1,250		345.00	345
1982	Dipper By the Waterfall	950	1985	165.00	225
1989	Dispute Over Prey	950		325.00	325
1989	Distant Danger-Raccoon	1,600	1989	225.00	225
1984	Down for a Drink-Morning Dove	950	1985	135.00	200
1978	Downy Woodpecker on Goldenrod Gall	950	1979	50.00	1425
1988	Dozing Lynx	950	1988	335.00	1900
1986	Driftwood Perch-Striped Swallows	950	1986	195.00	250
1983	Early Snowfall-Ruffed Grouse	950	1985	195.00	225
1983	Early Spring-Bluebird	950	1984	185.00	450
1981	Edge of the Ice-Ermine	950	1981	175.00	475
1982	Edge of the Woods-Whitetail Deer, w/Book	950	1983	745.00	1400
1991	Elephant Cow and Calf	950	1991	300.00	300
1986	Elephant Herd and Sandgrouse	950	1986	235.00	235
1991	Encounter in the Bush-African Lions	950	1991	295.00	325
1987	End of Season-Grizzly	950	1987	325.00	500
1991	Endangered Spaces-Grizzly	4,008	1991	325.00	425
1985	Entering the Water-Common Gulls	950	1986	195.00	200
1986	European Robin and Hydrangeas	950	1986	130.00	225
1989	Evening Call-Common Loon	950	1989	235.00	525
1980	Evening Grosbeak	950	1980	125.00	1175
1983	Evening Idyll-Mute Swans	950	1984	245.00	450-525
1981	Evening Light-White Gyrfalcon	950	1981	245.00	1100
1979	Evening Snowfall-American Elk	950	1980	150.00	1900
1987	Everglades	950	1987	360.00	360
1980	Fallen Willow-Snowy Owl	950	1980	200.00	950
1987	Farm Lane and Blue Jays	950	1987	225.00	450
1986	Fence Post and Burdock	950	1987	130.00	130
1991	Fluid Power-Orca	290		2500.00	2500
1980	Flying High-Golden Eagle	950	1980	150.00	975
1982	Fox at the Granary	950	1985	165.00	225
1982	Frosty Morning-Blue Jay	950	1982	185.00	1000
1982	Gallinule Family	950		135.00	135
1981	Galloping Herd-Giraffes	950	1981	175.00	1200
1985	Gambel's Quail Pair	950	1985	95.00	350
1982	Gentoo Penguins and Whale Bones	950	1986	205.00	300
1983	Ghost of the North-Great Gray Owl	950	1983	200.00	2675
1982	Golden Crowned Kinglet and Rhododendron	950	1982	150.00	2575
1979	Golden Eagle	950	1981	150.00	250
1985	Golden Eagle Portrait	950	1987	115.00	175
1989	Goldfinch In the Meadow	1,600	1989	150.00	200
1983	Goshawk and Ruffed Grouse	950	1984	185.00	400-700
1988	Grassy Bank-Great Blue Heron	950	1988	285.00	285
1981	Gray Squirrel	950	1981	180.00	1250
1979	Great Blue Heron	950	1980	125.00	1300
1987	Great Blue Heron in Flight	950	1987	295.00	550
1988	Great Crested Grebe	950	1988	135.00	135
1987	Great Egret Preening	950	1987	315.00	500
1983	Great Horned Owl in the White Pine	950	1983	225.00	575
1987	Greater Kudu Bull	950	1987	145.00	145
1993	Grizzly and Cubs	2,250		335.00	400
1991	Gulls on Pilings	1,950		265.00	265
1988	Hardwood Forest-White-Tailed Buck	630	1988	300.00	2100
1988	Harlequin Duck-Bull Kelp-Executive Ed.	623	1988	550.00	550
1988	Harlequin Duck-Bull Kelp-Gold Plated	950	1988	300.00	300
1980	Heron on the Rocks	950	1980	75.00	300
1981	High Camp at Dusk	950	1985	245.00	300
1979	High Country-Stone Sheep	950	1982	125.00	325
1987	High Kingdom-Snow Leopard	950	1987	325.00	675-850
1990	Homage to Ahmed	290		3300.00	3300
1984	Hooded Mergansers in Winter	950	1984	210.00	650-700
1984	House Finch and Yucca	950	1984	95.00	175
1986	House Sparrow	950	1986	125.00	350
1987	House Sparrows and Bittersweet	950	1987	220.00	400
1986	Hummingbird Pair Diptych	950	1986	330.00	475
1987	Hurricane Lake-Wood Ducks	950		135.00	200
1981	In for the Evening	950	1981	150.00	1500
1994	In His Prime-Mallard	950	N/A	195.00	295-350
1984	In the Brier Patch-Cottontail	950	1985	165.00	350
1986	In the Grass-Lioness	950	1986	245.00	245
1985	In the Highlands-Golden Eagle	950	1985	235.00	425
1985	In the Mountains-Osprey	950	1987	95.00	125
1992	Intrusion-Mountain Gorilla	2,250		325.00	325
1990	Ireland House	950	1990	265.00	318
1985	Irish Cottage and Wagtail	950	1990	175.00	175
1992	Junco in Winter	1,250	1992	185.00	185
1990	Keeper of the Land	290		3300.00	3300
1993	Kestrel and Grasshopper	1,250		335.00	335
1979	King of the Realm	950	1979	125.00	675
1987	King Penguins	950	1987	130.00	135
1981	Kingfisher and Aspen	950	1981	225.00	600
1980	Kingfisher in Winter	950	1981	175.00	825
1980	Kittiwake Greeting	950	1980	75.00	550
1981	Last Look-Bighorn Sheep	950	1986	195.00	225
1987	Late Winter-Black Squirrel	950	1987	165.00	165
1981	Laughing Gull and Horseshoe Crab	950	1981	125.00	125
1982	Leopard Ambush	950	1986	245.00	600
1988	Leopard and Thomson Gazelle Kill	950	1988	275.00	275
1985	Leopard at Seronera	950	1985	175.00	280
1980	Leopard in a Sausage Tree	950	1980	150.00	1250
1984	Lily Pads and Loon	950	1984	200.00	1875
1987	Lion and Wildebeest	950	1987	265.00	265
1980	Lion at Tsavo	950	1983	150.00	275
1978	Lion Cubs	950	1981	125.00	800
1987	Lioness at Serengeti	950	1987	325.00	325
1985	Lions in the Grass	950	1985	265.00	1250
1981	Little Blue Heron	950	1981	95.00	275
1982	Lively Pair-Chickadees	950	1982	160.00	450
1983	Loon Family	950	1983	200.00	750
1990	Lunging Heron	1,250	1990	225.00	225
1978	Majesty on the Wing-Bald Eagle	950	1979	150.00	2650
1988	Mallard Family at Sunset	950	1988	235.00	235
1986	Mallard Family-Misty Marsh	950	1986	130.00	175
1986	Mallard Pair-Early Winter	41,740	1986	135.00	200
1985	Mallard Pair-Early Winter 24K Gold	950	1986	1650.00	2000
1986	Mallard Pair-Early Winter Gold Plated	7,691	1986	250.00	375
1989	Mangrove Morning-Roseate Spoonbills	2,000	1989	325.00	325
1991	Mangrove Shadow-Common Egret	1,250		285.00	285
1993	Marbled Murrelet	55	1993	1200.00	1200
1986	Marginal Meadow	950	1986	220.00	350
1979	Master of the Herd-African Buffalo	950	1980	150.00	2250
1984	May Maple-Scarlet Tanager	950	1984	175.00	825
1982	Meadow's Edge-Mallard	950	1982	175.00	900
1982	Merganser Family in Hiding	950	1982	200.00	525
1994	Meru Dusk-Lesser Kudu	950		135.00	135
1989	Midnight-Black Wolf	25,352	1989	325.00	2300
1980	Mischief on the Prowl-Raccoon	950	1980	85.00	350
1980	Misty Coast-Gulls	950	1980	135.00	600
1984	Misty Lake-Osprey	950	1985	95.00	300
1981	Misty Morning-Loons	950	1981	150.00	3000
1986	Moose at Water's Edge	950	1986	130.00	225
1990	Morning Cove-Common Loon	950	1990	165.00	165
1985	Morning Dew-Roe Deer	950	1985	175.00	175
1983	Morning on the Flats-Bison	950	1983	200.00	300
1984	Morning on the River-Trumpeter Swans	950	1984	185.00	300
1990	Mossy Branches-Spotted Owl	4,500	1990	300.00	525
1990	Mowed Meadow	950	1990	190.00	190
1986	Mule Deer in Aspen	950	1986	175.00	175
1983	Mule Deer in Winter	950	1983	200.00	275-350
1988	Muskoka Lake-Common Loons	2,500	1988	265.00	450
1989	Near Glenburnie	950		265.00	265
1983	New Season-American Robin	950	1983	200.00	450
1986	Northern Reflections-Loon Family	8,631	1986	255.00	2100
1985	Old Whaling Base and Fur Seals	950	1985	195.00	550
1987	Old Willow and Mallards	950	1987	325.00	390
1980	On the Alert-Chipmunk	950	1980	60.00	500
1993	On the Brink-River Otters	1,250		345.00	345
1985	On the Garden Wall	950	1985	115.00	300
1985	Orca Procession	950	1985	245.00	2525
1981	Osprey Family	950	1981	245.00	325
1983	Osprey in the Rain	950	1983	110.00	650
1987	Otter Study	950	1987	235.00	375
1981	Pair of Skimmers	950	1981	150.00	150
1988	Panda's At Play (stone lithograph)	160	1988	400.00	1650
1994	Path of the Panther	1,950		295.00	295
1984	Peregrine and Ruddy Turnstones	950	1985	200.00	350
1985	Peregrine Falcon and White-Throated Swifts	950	1985	245.00	550
1987	Peregrine Falcon on the Cliff-Stone Litho	525	1988	350.00	625
1983	Pheasant in Cornfield	950	1983	200.00	375
1988	Pheasants at Dusk	950	1988	325.00	525
1982	Pileated Woodpecker on Beech Tree	950	1982	175.00	525

Mill Pond Press
to Mill Pond Press

GRAPHICS

YEAR ISSUE		EDITION LIMIT	YEAR RETD.	ISSUE PRICE	QUOTE U.S.$
1990	Pintails in Spring	9,651	1989	135.00	135
1982	Pioneer Memories-Magpie Pair	950	1982	175.00	250
1987	Plowed Field-Snowy Owl	950	1987	145.00	400
1990	Polar Bear	290	1990	3300.00	3300
1982	Polar Bear Profile	950	1982	210.00	2350
1982	Polar Bears at Bafin Island	950	1982	245.00	875
1990	Power Play-Rhinoceros	950	1990	320.00	320
1980	Prairie Evening-Short-Eared Owl	950	1983	150.00	200
1994	Predator Portfolio/Black Bear	950		475.00	475
1992	Predator Portfolio/Cougar	950		465.00	465
1993	Predator Portfolio/Grizzly	950		475.00	475
1993	Predator Portfolio/Polar Bear	950		485.00	485
1993	Predator Portfolio/Wolf	950	N/A	475.00	475
1988	Preening Pair-Canada Geese	950	1988	235.00	300
1987	Pride of Autumn-Canada Goose	15,294	1987	135.00	245
1986	Proud Swimmer-Snow Goose	950	1986	185.00	185
1989	Pumpkin Time	950		195.00	195
1982	Queen Anne's Lace and American Goldfinch	950	1982	150.00	1000
1984	Ready for Flight-Peregrine Falcon	950	1984	185.00	500
1982	Ready for the Hunt-Snowy Owl	950	1982	245.00	550
1993	Reclining Snow Leopard	1,250		335.00	335
1988	Red Crossbills	950	1988	125.00	125
1984	Red Fox on the Prowl	950	1984	245.00	1500
1982	Red Squirrel	950	1982	175.00	700
1986	Red Wolf	950	1986	250.00	525
1981	Red-Tailed Hawk by the Cliff	950	1981	245.00	550
1981	Red-Winged Blackbird and Rail Fence	950	1981	195.00	225
1984	Reeds	950	1984	185.00	575
1986	A Resting Place-Cape Buffalo	950	1986	265.00	265
1986	Resting Place-Cape Buffalo	950		265.00	265
1987	Rhino at Ngoro Ngoro	950	1988	325.00	325
1993	River Otter-North American Wilderness	350		325.00	500
1993	River Otters	290		1500.00	1500
1986	Robins at the Nest	950	1986	185.00	225
1987	Rocky Point-October	950	1987	195.00	275
1980	Rocky Wilderness-Cougar	950	1980	175.00	1425
1990	Rolling Waves-Lesser Scaup	3,330		125.00	125
1993	Rose-breasted Grosbeak	290		450.00	450
1981	Rough-Legged Hawk in the Elm	950	1991	175.00	250
1981	Royal Family-Mute Swans	950	1981	245.00	1100
1983	Ruby Throat and Columbine	950	1983	150.00	2200
1987	Ruddy Turnstones	950	1987	175.00	175
1994	Salt Spring Sheep	1,250		235.00	235
1981	Sarah E. with Gulls	950	1981	245.00	2625
1993	Saw Whet Owl and Wild Grapes	950		185.00	185
1991	The Scolding-Chickadees & Screech Owl	12,500		235.00	235
1991	Sea Otter Study	950	1991	150.00	150
1993	Shadow of the Rain Forest	9,000	1993	345.00	500
1981	Sheer Drop-Mountain Goats	950	1981	245.00	2800
1988	Shelter	950	1988	325.00	1000
1992	Siberian Tiger	4,500		325.00	325
1984	Smallwood	950	1985	200.00	500
1990	Snow Leopard	290	1990	2500.00	3500
1985	Snowy Hemlock-Barred Owl	950	1985	245.00	400
1994	Snowy Nap-Tiger	950	1994	185.00	185
1994	Snowy Owl	150	N/A	265.00	1000
1987	Snowy Owl and Milkweed	950	1987	235.00	950
1983	Snowy Owl on Driftwood	950	1983	245.00	1450
1983	Spirits of the Forest	950	1984	170.00	1750
1986	Split Rails-Snow Buntings	950	1986	220.00	220
1980	Spring Cardinal	950	1980	125.00	600
1982	Spring Marsh-Pintail Pair	950	1982	200.00	275
1980	Spring Thaw-Killdeer	950	1980	85.00	150
1982	Still Morning-Herring Gulls	950	1982	200.00	250
1987	Stone Sheep Ram	950	1987	175.00	175
1985	Stream Bank June	950	1986	160.00	175
1984	Stretching-Canada Goose	950	1984	225.00	3600-3900
1985	Strutting-Ring-Necked Pheasant	950	1985	225.00	325
1985	Sudden Blizzard-Red-Tailed Hawk	950	1985	245.00	600
1990	Summer Morning Pasture	950	1990	175.00	175
1984	Summer Morning-Loon	950	1984	185.00	1250
1986	Summertime-Polar Bears	950	1986	225.00	475
1979	Surf and Sanderlings	950	1980	65.00	450
1981	Swift Fox	950	1981	175.00	350
1986	Swift Fox Study	950	1986	115.00	150
1987	Sylvan Stream-Mute Swans	950	1987	125.00	125
1984	Tadpole Time	950	1985	135.00	475
1988	Tawny Owl In Beech	950		325.00	600
1992	Tembo (African Elephant)	1,550		350.00	350
1984	Tiger at Dawn	950	1984	225.00	2500
1983	Tiger Portrait	950	1983	130.00	400
1988	Tree Swallow over Pond	950	1988	290.00	290
1991	Trumpeter Swan Family	290		2500.00	2500
1985	Trumpeter Swans and Aspen	950	1985	245.00	550
1979	Up in the Pine-Great Horned Owl	950	1981	150.00	550
1980	Vantage Point	950	1980	245.00	1300
1993	Vigilance	9,500		330.00	330
1989	Vulture And Wildebeest	550		295.00	295
1981	Watchful Repose-Black Bear	950	1981	245.00	700
1985	Weathered Branch-Bald Eagle	950	1985	115.00	300
1991	Whistling Swan-Lake Erie	1,950		325.00	325
1980	White Encounter-Polar Bear	950	1980	245.00	4200-4800
1990	White on White-Snowshoe Hare	950	1990	195.00	590
1982	White World-Dall Sheep	950	1982	200.00	450
1985	White-Breasted Nuthatch on a Beech Tree	950	1985	175.00	300
1980	White-Footed Mouse in Wintergreen	950	1980	60.00	650
1982	White-Footed Mouse on Aspen	950	1983	90.00	180
1992	White-Tailed Deer Through the Birches	10,000		335.00	335
1984	White-Throated Sparrow and Pussy Willow	950	1984	150.00	580
1991	Wide Horizon-Tundra Swans	2,862		325.00	350-450
1991	Wide Horizon-Tundra Swans Companion	2,862		325.00	325
1986	Wildbeest	950		185.00	185
1982	Willet on the Shore	950	N/A	125.00	225
1979	Wily and Wary-Red Fox	950	1979	125.00	1500
1984	Window into Ontario	950	1984	265.00	1500
1983	Winter Barn	950	1984	170.00	400
1979	Winter Cardinal	950	1979	75.00	3550
1992	Winter Coat	1,250		245.00	245
1985	Winter Companion	950	1985	175.00	500
1980	Winter Elm-American Kestrel	950	1980	135.00	600
1986	Winter in the Mountains-Raven	950	1987	200.00	200
1981	Winter Mist-Great Horned Owl	950	1981	245.00	900
1980	Winter Song-Chickadees	950	1980	95.00	900
1984	Winter Sunset-Moose	950	1984	245.00	2700
1992	Winter Trackers	4,500	1992	335.00	375
1981	Winter Wren	950	1981	135.00	250
1983	Winter-Lady Cardinal	950	1983	200.00	1500
1979	Winter-Snowshoe Hare	950	1980	95.00	1200
1987	The Wise One	950	1987	325.00	800
1979	Wolf Pack in Moonlight	950	1979	95.00	3000
1994	Wolf Pair in the Snow	290		795.00	795
1994	Wolverine Porfolio	950		275.00	275
1983	Wolves on the Trail	950	1983	225.00	700
1985	Wood Bison Portrait	950	1985	165.00	200
1983	Woodland Drummer-Ruffed Grouse	950	1984	185.00	250
1981	Wrangler's Campsite-Gray Jay	950	1981	195.00	550
1979	Yellow-Rumped Warbler	950	1980	50.00	575
1978	Young Barn Swallow	950	1979	75.00	700
1983	Young Elf Owl-Old Saguaro	950	1983	95.00	250
1991	Young Giraffe	290		850.00	850
1989	Young Kittiwake	950		195.00	195
1988	Young Sandhill-Cranes	950	1988	325.00	325
1989	Young Snowy Owl	950	1990	195.00	195

Brenders - C. Brenders

YEAR ISSUE		EDITION LIMIT	YEAR RETD.	ISSUE PRICE	QUOTE U.S.$
1986	The Acrobat's Meal-Red Squirrel	950	1989	65.00	275
1988	Apple Harvest	950	1989	115.00	350
1989	The Apple Lover	1,500	1990	125.00	275
1987	Autumn Lady	950	1989	150.00	375
1991	The Balance of Nature	1,950		225.00	225
1993	Black Sphinx	950		235.00	235
1986	Black-Capped Chickadees	950	1989	40.00	450
1990	Blond Beauty	1,950	1990	185.00	185
1986	Bluebirds	950	1989	40.00	200-300
1988	California Quail	950	1989	95.00	350-400
1991	Calm Before the Challenge-Moose	1,950	1991	225.00	225
1987	Close to Mom	950	1988	150.00	1500
1993	Collectors Group (Butterfly Collections)	290		375.00	375
1986	Colorful Playground-Cottontails	950	1989	75.00	475
1989	The Companions	18,036	1989	200.00	900-1250
1994	Dall Sheep Portrait	950		115.00	115
1992	Den Mother-Pencil Sketch	2,500	1992	135.00	135
1992	Den Mother-Wolf Family	25,000	1992	250.00	400
1986	Disturbed Daydreams	950	1989	95.00	425
1987	Double Trouble-Raccoons	950	1988	120.00	500-750
1993	European Group (Butterfly Collections)	290		375.00	375
1993	Exotic Group (Butterfly Collections)	290		375.00	375
1989	Forager's Reward-Red Squirrel	1,250	1989	135.00	135
1988	Forest Sentinel-Bobcat	950	1988	135.00	500
1990	Full House-Fox Family	20,106	1990	235.00	400
1990	Ghostly Quiet-Spanish Lynx	1,950	1990	200.00	200
1986	Golden Season-Gray Squirrel	950	1987	85.00	450-525
1986	Harvest Time-Chipmunk	950	1989	65.00	150-250
1988	Hidden In the Pines-Immature Great Horn	950	1988	175.00	1500
1988	High Adventure-Black Bear Cubs	950	1989	105.00	375
1988	A Hunter's Dream	950	1988	165.00	850
1993	In Northern Hunting Grounds	1,750		375.00	375
1992	Island Shores-Snowy Egret	2,500		250.00	250
1987	Ivory-Billed Woodpecker	950	1989	95.00	500
1988	Long Distance Hunters	950	1988	175.00	2250
1989	Lord of the Marshes	1,250	1989	135.00	175
1986	Meadowlark	950	1989	40.00	150
1989	Merlins at the Nest	1,250	1989	165.00	300-375
1985	Mighty Intruder	950	1989	95.00	275
1987	Migration Fever-Barn Swallows	950	1989	150.00	295
1990	The Monarch is Alive	4,071	1990	265.00	400
1993	Mother of Pearls	5,000		275.00	275
1990	Mountain Baby-Bighorn Sheep	1,950		165.00	165
1987	Mysterious Visitor-Barn Owl	950	1989	150.00	250
1993	Narrow Escape-Chipmunk	1,750		150.00	150
1991	The Nesting Season-House Sparrow	1,950	1991	195.00	200-250
1989	Northern Cousins-Black Squirrels	950	1989	150.00	250
1984	On the Alert-Red Fox	950	1986	95.00	475
1990	On the Old Farm Door	1,500	1990	225.00	450
1991	One to One-Gray Wolf	10,000	1991	245.00	450
1992	Pathfinder-Red Fox	5,000	1992	245.00	37500
1984	Playful Pair-Chipmunks	950	1987	60.00	400
1994	Power and Grace	2,500	1994	265.00	265
1989	The Predator's Walk	1,250	1989	150.00	375
1992	Red Fox Study	1,250	1992	125.00	125
1994	Riverbank Kestrel	2,500		225.00	225
1988	Roaming the Plains-Pronghorns	950	1989	150.00	150
1986	Robins	950	1989	40.00	125
1993	Rocky Camp-Cougar Family	5,000		275.00	275
1993	Rocky Camp-Cubs	950		225.00	225
1992	Rocky Kingdom-Bighorn Sheep	1,750		255.00	255
1991	Shadows in the Grass-Young Cougars	1,950	1991	235.00	235
1990	Shoreline Quartet-White Ibis	1,950		265.00	265
1984	Silent Hunter-Great Horned Owl	950	1987	95.00	450
1984	Silent Passage	950	1988	150.00	495
1990	Small Talk	1,500	1990	125.00	150-250
1992	Snow Leopard Portrait	1,750	1993	150.00	150
1990	Spring Fawn	1,500	1990	125.00	300
1990	Squirrel's Dish	1,950		110.00	110
1989	Steller's Jay	1,250	1989	135.00	175
1991	Study for One to One	1,950		120.00	200
1993	Summer Roses-Winter Wren	1,500	1993	250.00	350
1989	The Survivors-Canada Geese	1,500	1989	225.00	850-950
1994	Take Five-Canadian Lynx	1,500		245.00	245
1988	Talk on the Old Fence	950	1988	165.00	550
1990	A Threatened Symbol	1,950	1990	145.00	300
1994	Tundra Summit-Arctic Wolves	6,061	1994	265.00	325
1984	Waterside Encounter	950	1987	95.00	1000
1987	White Elegance-Trumpeter Swans	950	1989	115.00	390
1993	White Wolves-North American Wilderness Portfolio	350		325.00	475
1988	Witness of a Past-Bison	950	1990	110.00	110
1992	Wolf Scout #1	2,500	1992	105.00	105
1992	Wolf Scout #2	2,500	1992	105.00	105
1991	Wolf Study	950	1991	125.00	125
1987	Yellow-Bellied Marmot	950	1989	95.00	425
1989	A Young Generation	1,250	1989	165.00	375-425

Calle - P. Calle

YEAR ISSUE		EDITION LIMIT	YEAR RETD.	ISSUE PRICE	QUOTE U.S.$
1981	Almost Home	950	1981	150.00	150
1991	Almost There	950	1991	165.00	165
1989	And A Good Book For Company	950	1990	135.00	190
1993	And A Grizzly Claw Necklace	750		150.00	150
1981	And Still Miles to Go	950	1981	245.00	300
1981	Andrew At The Falls	950	1981	150.00	175
1989	The Beaver Men	950		125.00	125
1984	A Brace for the Spit	950	1985	110.00	275
1980	Caring for the Herd	950	1981	110.00	110
1985	The Carrying Place	950	1990	195.00	195
1984	Chance Encounter	950	1986	225.00	300
1981	Chief High Pipe (Color)	950	1981	265.00	275
1980	Chief High Pipe (Pencil)	950	1980	75.00	165
1980	Chief Joseph-Man of Peace	950	1980	135.00	150
1990	Children of Walpi	350		160.00	160
1990	The Doll Maker	950		95.00	95
1982	Emerging from the Woods	950	1987	110.00	110-160
1981	End of a Long Day	950	1981	150.00	150-190
1984	Fate of the Late Migrant	950	1985	110.00	300
1983	Free Spirits	950	1985	195.00	325
1983	Free Trapper Study	550	1985	75.00	125-300
1981	Fresh Tracks	950	1981	150.00	165
1981	Friend of Foe	950		125.00	125
1981	Friends	950	1987	150.00	150
1985	The Frontier Blacksmith	950		245.00	245
1989	The Fur Trapper	550		75.00	175
1982	Generations in the Valley	950	1987	245.00	245
1985	The Grandmother	950	1987	400.00	400
1989	The Great Moment	950		350.00	350
1992	Hunter of Geese	950		125.00	125
1993	I Call Him Friend	950		235.00	235
1983	In Search of Beaver	950	1983	225.00	600
1991	In the Beginning . . . Friends	1,250	1993	250.00	250
1987	In the Land of the Giants	950	1988	245.00	780
1990	Interrupted Journey	1,750	1991	265.00	265
1990	Interrupted Journey-Prestige Ed.	290	1991	465.00	465
1987	Into the Great Alone	950	1988	245.00	600
1981	Just Over the Ridge	950	1982	245.00	325
1980	Landmark Tree	950	1980	125.00	225
1991	Man of the Fur Trade	550		110.00	110
1984	Mountain Man	550	1988	95.00	250-550
1993	Mountain Man-North American Wilderness Portfolio	350		325.00	N/A
1989	The Mountain Men	300	1989	400.00	400
1989	Navajo Madonna	650		95.00	95
1988	A New Day	950		150.00	150
1981	One With The Land	950	1981	245.00	325
1992	Out of the Silence	2,500		265.00	265
1992	Out of the Silence-Prestige	290		465.00	465
1981	Pause at the Lower Falls	950	1981	110.00	125
1980	Prayer to the Great Mystery	950	1980	245.00	400
1982	Return to Camp	950	1982	245.00	400
1991	The Silenced Honkers	1,250		250.00	250
1980	Sioux Chief	950	1980	85.00	85-140
1986	Snow Hunter	950	1988	150.00	250-410
1980	Something for the Pot	950	1980	175.00	1000
1990	Son of Sitting Bull	950		95.00	95
1985	Storyteller of the Mountains	950	1985	225.00	575
1983	Strays From the Flyway	950	1983	195.00	250-340
1981	Teton Friends	950	1981	150.00	200
1991	They Call Me Matthew	950		125.00	125
1992	Through the Tall Grass	950		175.00	175
1988	Trapper at Rest	550		95.00	95
1982	Two from the Flock	950	1982	245.00	400
1980	View from the Heights	950	1980	245.00	350
1988	Voyageurs and Waterfowl...Constant	950	1988	265.00	265
1980	When Snow Came Early	950	1980	85.00	250-340
1984	When Trails Cross	950	1984	245.00	750

GRAPHICS

Mill Pond Press
to New Masters Publishing

YEAR ISSUE		EDITION LIMIT	YEAR RETD.	ISSUE PRICE	QUOTE U.S.$
1991	When Trails Grow Cold	2,500		265.00	265
1991	When Trails Grow Cold-Prestige Ed.	290	1991	465.00	465-600
1994	When Trappers Meet	750		165.00	165
1989	Where Eagles Fly	1,250	1990	265.00	265
1989	A Winter Feast	1,250	1989	265.00	265
1989	A Winter Feast-Prestige Ed.	290	1989	465.00	465
1981	Winter Hunter (Color)	950	1981	245.00	725
1900	Winter Hunter (Pencil)	950	1980	65.00	450
1983	A Winter Surprise	950	1984	195.00	800

Cross - T. Cross

YEAR ISSUE		EDITION LIMIT	YEAR RETD.	ISSUE PRICE	QUOTE U.S.$
1994	April	750		55.00	55
1994	August	750		55.00	55
1993	Ever Green	750		135.00	135
1993	Flame Catcher	750	1993	185.00	185
1993	Flicker, Flash and Twirl	525		165.00	165
1994	July	750		55.00	55
1994	June	750		55.00	55
1994	March	750		55.00	55
1994	May	750		55.00	55
1992	Shell Caster	750	1993	150.00	150
1993	Sheperds of Magic	750		135.00	135
1993	Spellbound	750		85.00	85
1994	Spring Forth	750		145.00	145
1992	Star Weaver	750	1993	150.00	150
1994	Summer Musings	750		145.00	145
1993	The Summons...And Then They Are One	750	1993	195.00	195
1994	When Water Takes to Air	750		135.00	135
1993	Wind Sifter	750	1993	150.00	150

Daly - J. Daly

YEAR ISSUE		EDITION LIMIT	YEAR RETD.	ISSUE PRICE	QUOTE U.S.$
1990	The Big Moment	1,500		125.00	125
1991	Cat's Cradle-Prestige Edition	950		450.00	450
1994	Catch of My Dreams	4,500		45.00	45
1994	Childhood Friends	950		110.00	110
1990	Confrontation	1,500	1992	85.00	85
1990	Contentment	1,500	1990	95.00	300
1992	Dominoes	1,500		155.00	155
1992	Favorite Gift	2,500	1992	175.00	175
1987	Favorite Reader	950	1990	85.00	85
1986	Flying High	950	1988	50.00	350
1992	The Flying Horse	950		325.00	325
1993	Good Company	1,500		155.00	155
1992	Her Secret Place	1,500	1992	135.00	250
1991	Home Team: Zero	1,500		150.00	150
1991	Homemade	1,500	1992	125.00	125
1990	Honor and Allegiance	1,500	1993	110.00	110
1990	The Ice Man	1,500	1992	125.00	125
1992	The Immigrant Spirit	5,000		125.00	125
1992	The Immigrant Spirit-Prestige Edition	950		125.00	125
1989	In the Doghouse	1,500	1990	75.00	300
1990	It's That Time Again	1,500		120.00	120
1992	Left Out	1,500		110.00	110
1989	Let's Play Ball	1,500	1991	75.00	150
1990	Make Believe	1,500	1990	75.00	125
1994	Mud Mates	950		150.00	150
1994	My Best Friends	950		85.00	85
1991	A New Beginning	5,000		125.00	125
1993	The New Citizen	5,000		125.00	125
1993	The New Citizen-Prestige Edition	950		125.00	125
1987	Odd Man Out	950	1988	85.00	85
1988	On Thin Ice	950	1993	95.00	95
1991	Pillars of a Nation-Charter Edition	20,000		175.00	200
1992	Playmates	1,500	1992	155.00	350
1990	Radio Daze	1,500		150.00	150
1983	Saturday Night	950	1985	85.00	1125
1990	The Scholar	1,500	N/A	110.00	110
1993	Secret Admirer	1,500		150.00	150
1994	Slugger	950		75.00	75
1982	Spring Fever	950	1988	85.00	750
1993	Sunday Afternoon	1,500		150.00	150
1988	Territorial Rights	950	1990	85.00	85
1989	The Thief	1,500	1990	95.00	175
1989	The Thorn	1,500	1990	125.00	125
1988	Tie Breaker	950	1990	95.00	95
1991	Time-Out	1,500	1993	125.00	125
1993	To All a Good Night	1,500		160.00	160
1992	Walking the Rails	1,500		175.00	175
1993	When I Grow Up	1,500		175.00	175
1994	Wind-Up, The	950		75.00	75
1988	Wiped Out	1,250	1990	125.00	125

Morrissey - D. Morrissey

YEAR ISSUE		EDITION LIMIT	YEAR RETD.	ISSUE PRICE	QUOTE U.S.$
1994	The Amazing Time Elevator	950		195.00	195
1993	Charting the Skies	1,250	1993	195.00	195
1993	Charting the Skies-Caprice Edition	550	1993	375.00	375
1993	Draft of a Dream	175	1993	250.00	250
1993	Draft of Dream	175		250.00	250
1994	The Dreamer's Trunk	1,500		195.00	195
1993	Drifting Closer	1,250		175.00	175
1993	The Mystic Mariner	750	1993	150.00	250
1993	The Redd Rocket	1,250		175.00	375
1994	The Redd Rocket-Pre-Flight	950	1993	110.00	110
1992	The Sandman's Ship of Dreams	750	1993	150.00	150
1994	Sighting off the Stern	950		135.00	135
1993	Sleeper Flight	1,250	1993	195.00	195
1993	The Telescope of Time	5,000		195.00	195

Olsen - G. Olsen

YEAR ISSUE		EDITION LIMIT	YEAR RETD.	ISSUE PRICE	QUOTE U.S.$
1993	Airship Adventures	750		150.00	150
1993	Angels of Christmas	750	1993	135.00	135
1993	Dress Rehearseal	750	1993	165.00	620
1993	The Fraternity Tree	750		195.00	195
1994	Little Girls Will Mothers Be	750	N/A	135.00	135
1994	Mother's Love	750	1994	165.00	165
1994	Summerhouse	750		165.00	165

Seerey-Lester - J. Seerey-Lester

YEAR ISSUE		EDITION LIMIT	YEAR RETD.	ISSUE PRICE	QUOTE U.S.$
1994	Abandoned	950		175.00	175
1986	Above the Treeline-Cougar	950	1986	130.00	175
1986	After the Fire-Grizzly	950	1990	95.00	95
1986	Along the Ice Floe-Polar Bears	950		200.00	200
1987	Alpenglow-Artic Wolf	950	1987	200.00	275
1987	Amboseli Child-African Elephant	950		160.00	160
1984	Among the Cattails-Canada Geese	950	1985	130.00	425
1984	Artic Procession-Willow Ptarmigan	950	1988	220.00	600
1990	Artic Wolf Pups	290		500.00	500
1987	Autumn Mist-Barred Owl	950	1987	160.00	225
1987	Autumn Thunder-Muskoxen	950		150.00	150
1985	Awakening Meadow-Cottontail	950		50.00	50
1992	Banyan Ambush- Black Panther	950	1992	235.00	400
1984	Basking-Brown Pelicans	950	1988	115.00	125
1988	Bathing-Blue Jay	950		95.00	95
1987	Bathing-Mute Swan	950	1992	175.00	175
1989	Before The Freeze-Beaver	950		165.00	165
1990	Bittersweet Winter-Cardinal	1,250	1990	150.00	275
1992	Black Jade	1,950	1992	275.00	275
1992	Black Magic-Panther	750	1992	195.00	195
1993	Black Wolf-North American Wilderness	350		325.00	N/A
1984	Breaking Cover-Black Bear	950	N/A	130.00	130
1987	Canyon Creek-Cougar	950	1987	195.00	450
1992	The Chase-Snow Leopard	950		200.00	200
1994	Child of the Outback	950		175.00	175
1985	Children of the Forest-Red Fox Kits	950	1985	110.00	150
1985	Children of the Tundra-Artic Wolf Pup	950	1985	110.00	225
1988	Cliff Hanger-Bobcat	950		200.00	200
1984	Close Encounter-Bobcat	950	1989	130.00	190
1988	Coastal Clique-Harbor Seals	950		160.00	160
1986	Conflict at Dawn-Heron and Osprey	950	1989	130.00	130
1983	Cool Retreat-Lynx	950	1988	85.00	100
1986	Cottonwood Gold-Baltimore Oriole	950		85.00	85
1985	Cougar Head Study	950		60.00	60
1989	Cougar Run	950	1989	185.00	350-450
1994	The Courtship	950		175.00	175
1993	Dark Encounter	3,500	N/A	200.00	200
1990	Dawn Majesty	1,250	1991	185.00	185
1987	Dawn on the Marsh-Coyote	950		200.00	200
1985	Daybreak-Moose	950		135.00	135
1991	Denali Family-Grizzly Bear	950	1991	195.00	195
1986	Early Arrivals-Snow Buntings	950		75.00	75
1983	Early Windfall-Gray Squirrels	950		85.00	85
1988	Edge of the Forest-Timber Wolves	950	1988	500.00	700
1989	Evening Duet-Snowy Egrets	1,250		185.00	185
1991	Evening Encounter-Grizzly & Wolf	1,250		185.00	185
1988	Evening Meadow-American Goldfinch	950		150.00	150
1991	Face to Face	1,250		200.00	200
1985	Fallen Birch-Chipmunk	950	1985	60.00	250
1985	First Light-Gray Jays	950	1985	130.00	200
1983	First Snow-Grizzly Bears	950	1984	95.00	250
1987	First Tracks-Cougar	950		150.00	150
1989	Fluke Sighting-Humback Whales	950	1989	185.00	185
1993	Freedom I	350		500.00	500
1993	Frozen Moonlight	2,500	1993	225.00	225
1985	Gathering-Gray Wolves, The	950	1987	165.00	350
1989	Gorilla	290	1989	400.00	600
1993	Grizzly Impact	950		225.00	225
1990	Grizzly Litho	290	1990	400.00	600
1989	Heavy Going-Grizzly	950	1989	175.00	300
1986	Hidden Admirer-Moose	950	1986	165.00	275
1988	Hiding Place-Saw-Whet Owl	950		95.00	95
1989	High and Mighty-Gorilla	950	1989	185.00	225
1986	High Country Champion-Grizzly	950	1986	175.00	275
1984	High Ground-Wolves	950	1984	130.00	325
1987	High Refuge-Red Squirrel	950		120.00	120
1984	Icy Outcrop-White Gyrfalcon	950	1986	115.00	200
1987	In Deep-Black Bear Cub	950		135.00	135
1990	In Their Presence	1,250		200.00	200
1985	Island Sanctuary-Mallards	950	1987	95.00	175
1986	Kenyan Family-Cheetahs	950		130.00	130
1986	Lakeside Family-Canada Geese	950		75.00	75
1988	Last Sanctuary-Florida Panther	950	1993	175.00	175
1983	Lone Fisherman-Great Blue Heron	950	1985	85.00	300
1993	Loonlight	1,500		225.00	225
1986	Low Tide-Bald Eagles	950		130.00	130
1987	Lying in Wait-Arctic Fox	950		175.00	175
1984	Lying Low-Cougar	950	1986	85.00	450
1991	Monsoon-White Tiger	950	1994	195.00	195
1991	Moonlight Chase-Cougar	1,250		195.00	195-220
1988	Moonlight Fishermen-Raccoons	950	1990	175.00	175
1988	Moose Hair	950		165.00	165
1988	Morning Display-Common Loons	3,395	1988	135.00	300
1986	Morning Forage-Ground Squirrel	950	1988	75.00	75
1993	Morning Glory-Bald Eagle	1,250	N/A	225.00	225
1984	Morning Mist-Snowy Owl	950	1988	95.00	95-180
1990	Mountain Cradle	1,250		200.00	300
1988	Night Moves-African Elephants	950		150.00	150
1990	Night Run-Artic Wolves	1,250	1990	200.00	250
1993	Night Specter	1,250		195.00	195
1986	Northwoods Family-Moose	950		75.00	75
1987	Out of the Blizzard-Timber Wolves	950	1987	215.00	350
1992	Out of the Darkness	290		200.00	200
1987	Out of the Mist-Grizzly	950	1990	200.00	200
1991	Out on a Limb-Young Barred Owl	950		185.00	185
1991	Panda Trilogy	950		375.00	375
1993	Phantoms of the Tundra	950		235.00	235
1984	Plains Hunter-Prairie Falcon	950		95.00	95
1990	The Plunge-Northern Sea Lions	1,250		200.00	200
1986	Racing the Storm-Artic Wolves	950	1986	200.00	350
1987	Rain Watch-Belted Kingfisher	950		125.00	125
1993	The Rains-Tiger	950		225.00	225
1992	Ranthambhore Rush	950		225.00	225
1983	The Refuge-Raccoon	950	1983	85.00	300
1992	Regal Majesty	290		200.00	200
1985	Return to Winter-Pintails	950	1990	135.00	135
1983	River Watch-Peregrine Falcon	950		85.00	85
1988	Savana Siesta-African Lions	950		165.00	165
1990	Seasonal Greeting-Cardinal	1,250		150.00	150
1993	Seeking Attention	950		200.00	200
1991	Sisters-Artic Wolves	1,250		185.00	185
1989	Sneak Peak	950		185.00	185
1986	Snowy Excursion-Red Squirrel	950		75.00	75
1988	Snowy Watch-Great Gray Owl	950		175.00	175
1989	Softly, Softly-White Tiger	950	1989	220.00	490
1991	Something Stirred (Bengal Tiger)	950		195.00	195
1988	Spanish Mist-Young Barred-Owl	950		175.00	175
1984	Spirit of the North-White Wolf	950	1986	130.00	185
1990	Spout	290		500.00	500
1989	Spring Flurry-Adelie Penguins	950		185.00	185
1986	Spring Mist-Chickadees	950	1986	105.00	150
1990	Suitors-Wood Ducks	3,313	1989	135.00	135
1990	Summer Rain-Common Loons	4,500	1990	200.00	200
1990	Summer Rain-Common Loons (Prestige)	450		425.00	425
1987	Sundown Alert-Bobcat	950		150.00	150
1985	Sundown Reflections-Wood Ducks	950		85.00	85
1990	Their First Season	1,250	1990	200.00	200
1990	Togetherness	1,250		125.00	185
1986	Treading Thin Ice-Chipmunk	950		75.00	75
1988	Tundra Family-Arctic Wolves	950		200.00	200
1985	Under the Pines-Bobcat	950	1986	95.00	275
1989	Water Sport-Bobcat	950	1989	185.00	185
1990	Whitetail Spring	1,250	1990	185.00	185
1988	Winter Grazing-Bison	950		185.00	185
1986	Winter Hiding-Cottontail	950		75.00	75
1983	Winter Lookout-Cougar	950	1985	85.00	500
1986	Winter Perch-Cardinal	950	1986	85.00	175
1985	Winter Rendezvous-Coyotes	950	1985	140.00	225
1988	Winter Spirit-Gray Wolf	950		200.00	200
1987	Winter Vigil-Great Horned Owl	950	1990	175.00	175
1993	Wolong Whiteout	950		225.00	225
1986	The Young Explorer-Red Fox Kit	950		75.00	75

Smith - D. Smith

YEAR ISSUE		EDITION LIMIT	YEAR RETD.	ISSUE PRICE	QUOTE U.S.$
1993	African Ebony-Black Leopard	1,250		195.00	195
1992	Armada	950		195.00	195
1993	Catching the Scent-Polar Bear	950		175.00	175
1994	Curious Presence-Whitetail Deer	950		195.00	195
1991	Dawn's Early Light-Bald Eagles	950		185.00	185
1993	Echo Bay-Loon Family	1,150		185.00	250
1992	Eyes of the North	2,500		225.00	225
1993	Guardians of the Den	1,500		195.00	350
1991	Icy Reflections-Pintails	500		250.00	250
1992	Night Moves-Cougar	950		185.00	185
1994	Parting Reflections	950		185.00	185
1993	Shrouded Forest-Bald Eagle	950		150.00	950
1991	Twilight's Calling-Common Loons	950	1991	175.00	300
1993	What's Bruin	1,750		185.00	275

New Masters Publishing

Bannister - P. Bannister

YEAR ISSUE		EDITION LIMIT	YEAR RETD.	ISSUE PRICE	QUOTE U.S.$
1982	Amaryllis	S/O	N/A	285.00	1900
1988	Apples and Oranges	S/O	N/A	265.00	600
1981	April	S/O	N/A	200.00	1100
1984	April Light	S/O	N/A	150.00	600
1978	Bandstand	S/O	N/A	75.00	450
1991	Celebration	S/O	N/A	350.00	700
1989	Chapter One	S/O	N/A	265.00	1300
1991	Crossroads	S/O	N/A	295.00	590
1993	Crowning Glory	S/O	N/A	265.00	265
1992	Crystal Bowl	S/O	N/A	265.00	265
1989	Daydreams	S/O	N/A	265.00	530
1993	Deja Vu	S/O	N/A	265.00	265
1983	The Duchess	S/O	N/A	250.00	1800
1980	Dust of Autumn	S/O	N/A	200.00	1225
1981	Easter	S/O	N/A	260.00	950
1982	Emily	S/O	N/A	285.00	800
1980	Faded Glory	S/O	N/A	200.00	1225
1984	The Fan Window	S/O	N/A	195.00	450
1987	First Prize	S/O	N/A	115.00	175
1988	Floribunda	S/O	N/A	265.00	550

Collectors' Information Bureau 161

YEAR ISSUE		EDITION LIMIT	YEAR RETD.	ISSUE PRICE	QUOTE U.S.$
1980	Gift of Happiness	S/O	N/A	200.00	2000
1980	Girl on the Beach	S/O	N/A	200.00	1200
1990	Good Friends	S/O	N/A	265.00	750
1988	Guinevere	S/O	N/A	265.00	1000
1982	Ivy	S/O	N/A	285.00	700
1982	Jasmine	S/O	N/A	285.00	650
1981	Juliet	S/O	N/A	260.00	5000
1990	Lavender Hill	S/O	N/A	265.00	625
1992	Love Letters	S/O	N/A	265.00	265
1988	Love Seat	S/O	N/A	230.00	500
1989	Low Tide	S/O	N/A	265.00	550
1982	Mail Order Brides	S/O	N/A	325.00	2300
1984	Make Believe	S/O	N/A	150.00	600
1989	March Winds	S/O	N/A	265.00	530
1983	Mementos	S/O	N/A	150.00	1400
1982	Memories	S/O	N/A	235.00	500
1992	Morning Mist	S/O	N/A	265.00	265
1981	My Special Place	S/O	N/A	260.00	1850
1982	Nuance	S/O	N/A	235.00	470
1983	Ophelia	S/O	N/A	150.00	675
1989	Peace	S/O	N/A	265.00	1100
1981	Porcelain Rose	S/O	N/A	260.00	2000
1982	The Present	S/O	N/A	260.00	800
1986	Pride & Joy	S/O	N/A	150.00	300
1991	Pudding & Pies	S/O	N/A	265.00	265
1987	Quiet Corner	S/O	N/A	115.00	300
1989	The Quilt	S/O	N/A	265.00	900
1981	Rehearsal	S/O	N/A	260.00	1850
1990	Rendezvous	S/O	N/A	265.00	650
1984	Scarlet Ribbons	S/O	N/A	150.00	325
1981	Sea Haven	S/O	N/A	260.00	1100
1990	Seascapes	S/O	N/A	265.00	550
1987	September Harvest	S/O	N/A	150.00	300
1980	The Silver Bell	S/O	N/A	200.00	2000
1990	Sisters	S/O	N/A	265.00	950
1990	Songbird	S/O	N/A	265.00	550
1991	String of Pearls	S/O	N/A	265.00	850
1988	Summer Choices	S/O	N/A	250.00	800
1991	Teatime	S/O	N/A	295.00	600
1981	Titania	S/O	N/A	260.00	900
1991	Wildflowers	S/O	N/A	295.00	590
1984	Window Seat	S/O	N/A	150.00	600

Past Impressions

Maley - A. Maley

YEAR ISSUE		EDITION LIMIT	YEAR RETD.	ISSUE PRICE	QUOTE U.S.$
1989	Alexandria	750	1994	125.00	125
1989	Beth	750	1994	125.00	125
1991	Between Friends	750		275.00	275
1988	The Boardwalk	Closed	N/A	250.00	340
1990	Cafe Royale	750		275.00	275
1989	Catherine	750	1994	125.00	125
1992	Circle of Love	500		250.00	250
1988	Day Dreams	Closed	N/A	200.00	350-450
1992	An Elegant Affair	500		260.00	260
1989	English Rose	Closed	N/A	250.00	285
1990	Evening Performance	750		150.00	150
1990	Festive Occasion	Closed	N/A	250.00	250
1984	Glorious Summer	Closed	N/A	150.00	725
1990	Gracious Era	750		275.00	275
1989	In Harmony	750		250.00	250
1992	Intimate Moment	750		250.00	250
1988	Joys of Childhood	Closed	N/A	250.00	250
1967	Love Letter	Closed	N/A	200.00	300-550
1994	New Years Eve	500		250.00	250
1988	Opening Night	Closed	N/A	250.00	2000
1994	Parisian Beauties	500		275.00	275
1985	Passing Elegance	Closed	N/A	150.00	750
1987	The Promise	Closed	N/A	200.00	315
1993	Rags and Riches	500		250.00	250
1994	The Recital	500		275.00	275
1990	Romantic Engagement	750		275.00	275
1984	Secluded Garden	Closed	N/A	150.00	970
1985	Secret Thoughts	Closed	N/A	150.00	850
1993	Sleigh Bells	500		260.00	260
1991	Summer Carousel	750		200.00	200
1994	Summer Elegance	500		275.00	275
1990	Summer Pastime	Closed	N/A	250.00	250
1995	Summer Romance	500		250.00	250
1991	Sunday Afternoon	750		275.00	275
1986	Tell Me	Closed	N/A	150.00	850
1988	Tranquil Moment	Closed	N/A	250.00	315
1989	Victoria	750	1994	125.00	125
1988	Victorian Trio	Closed	N/A	250.00	340
1994	Visiting The Nursery	500		250.00	250
1992	A Walk in the Park	500		260.00	260
1991	Winter Carousel	750		200.00	200
1989	Winter Impressions	750		250.00	315
1986	Winter Romance	Closed	N/A	150.00	650

Pemberton & Oakes

Canvas Replicas - D. Zolan

YEAR ISSUE		EDITION LIMIT	YEAR RETD.	ISSUE PRICE	QUOTE U.S.$
1992	Quiet Time	Retrd.	N/A	18.80	40-100
1992	September Girl	Retrd.	N/A	18.80	25-55
1992	Summer Garden	Retrd.	N/A	18.80	40-55

Canvas Transfer - D. Zolan

YEAR ISSUE		EDITION LIMIT	YEAR RETD.	ISSUE PRICE	QUOTE U.S.$
1992	Daisy Days	Retrd.	N/A	24.20	45
1993	It's Grandma & Grandpa	Retrd.	N/A	24.20	40
1993	Spring Duet	Retrd.	N/A	24.40	60

Grandparents Day-Miniature Lithographs - D. Zolan

YEAR ISSUE		EDITION LIMIT	YEAR RETD.	ISSUE PRICE	QUOTE U.S.$
1992	Letter to Grandma	Retrd.	N/A	35.00	37

Membership-Miniature Lithographs - D. Zolan

YEAR ISSUE		EDITION LIMIT	YEAR RETD.	ISSUE PRICE	QUOTE U.S.$
1992	Brotherly Love	Retrd.	N/A	18.00	55-65
1993	New Shoes	Retrd.	N/A	18.00	38
1993	Country Walk	Retrd.	N/A	22.00	35
1994	Enchanted Forest	Retrd.	N/A	22.00	37

Miniature Replicas of Oils - D. Zolan

YEAR ISSUE		EDITION LIMIT	YEAR RETD.	ISSUE PRICE	QUOTE U.S.$
1990	Brotherly Love	Retrd.	N/A	24.40	77
1991	Crystal's Creek	Retrd.	N/A	24.40	45
1990	Daddy's Home	Retrd.	N/A	24.40	75
1992	It's Grandma & Grandpa	Retrd.	N/A	24.40	45
1992	Mother's Angels	Retrd.	N/A	24.40	45
1992	Touching the Sky	Retrd.	N/A	24.40	45

Quiet Moments-Miniature Lithographs - D. Zolan

YEAR ISSUE		EDITION LIMIT	YEAR RETD.	ISSUE PRICE	QUOTE U.S.$
1993	Birthday Greetings	Retrd.	N/A	22.00	45
1993	Country Kitten	Retrd.	N/A	22.00	40-55
1993	Crystal's Creek	Retrd.	N/A	22.00	43
1992	One Summer Day	Retrd.	N/A	22.00	40

Single Issues-Miniature Lithographs - D. Zolan

YEAR ISSUE		EDITION LIMIT	YEAR RETD.	ISSUE PRICE	QUOTE U.S.$
1993	A Christmas Prayer 1993	Retrd.	N/A	35.00	42
1993	Daddy's Home	Retrd.	N/A	22.00	45
1993	First Kiss	Retrd.	N/A	22.00	35-50
1994	A Gift for Laurie	Retrd.	N/A	22.00	35
1993	Letter To Grandma	Retrd.	N/A	22.00	42
1994	Rodeo Girl	Retrd.	N/A	35.00	42
1991	Tender Moment	Retrd.	N/A	35.00	65-75

Zolan's Children-Lithographs - D. Zolan

YEAR ISSUE		EDITION LIMIT	YEAR RETD.	ISSUE PRICE	QUOTE U.S.$
1989	Almost Home	Retrd.	N/A	98.00	250-350
1991	Autumn Leaves	Retrd.	N/A	98.00	123
1993	The Big Catch	Retrd.	N/A	98.00	100-132
1989	Brotherly Love	Retrd.	N/A	98.00	305
1982	By Myself	Retrd.	N/A	98.00	250
1989	Christmas Prayer	Retrd.	N/A	98.00	225-275
1990	Colors of Spring	Retrd.	N/A	98.00	230-350
1990	Crystal's Creek	Retrd.	N/A	98.00	175
1989	Daddy's Home	Retrd.	N/A	98.00	300
1988	Day Dreamer	Retrd.	N/A	35.00	130
1992	Enchanted Forest	Retrd.	N/A	98.00	130
1982	Erik and the Dandelion	Retrd.	N/A	98.00	400
1990	First Kiss	Retrd.	N/A	98.00	200-255
1991	Flowers for Mother	Retrd.	N/A	98.00	165
1993	Grandma's Garden	Retrd.	N/A	98.00	100-130
1989	Grandma's Mirror	Retrd.	N/A	98.00	150
1990	Laurie and the Creche	Retrd.	N/A	98.00	114
1989	Mother's Angels	Retrd.	N/A	98.00	255-399
1992	New Shoes	Retrd.	N/A	98.00	133
1989	Rodeo Girl	Retrd.	N/A	98.00	160-250
1984	Sabina in the Grass	Retrd.	N/A	98.00	675
1988	Small Wonder	Retrd.	N/A	98.00	265
1989	Snowy Adventure	Retrd.	N/A	98.00	215
1991	Summer Suds	Retrd.	N/A	98.00	137
1989	Summer's Child	Retrd.	N/A	98.00	230
1986	Tender Moment	Retrd.	N/A	98.00	300
1988	Tiny Treasures	Retrd.	N/A	150.00	205
1987	Touching the Sky	Retrd.	N/A	98.00	260
1988	Waiting to Play	Retrd.	N/A	35.00	135
1988	Winter Angel	Retrd.	N/A	98.00	230-450

Zolan's Children-Miniature Lithographs - D. Zolan

YEAR ISSUE		EDITION LIMIT	YEAR RETD.	ISSUE PRICE	QUOTE U.S.$
1992	Colors of Spring	Retrd.	N/A	35.00	30-45
1992	Forest & Fairytales	Retrd.	N/A	22.00	40-50
1992	The Little Fisherman	Retrd.	N/A	35.00	40-55
1991	Morning Discovery	Retrd.	N/A	35.00	55

Reco International

Fine Art Canvas Reproduction - J. McClelland

YEAR ISSUE		EDITION LIMIT	YEAR RETD.	ISSUE PRICE	QUOTE U.S.$
1990	Beach Play	350		80.00	80
1991	Flower Swing	350		100.00	100
1991	Summer Conversation	350		80.00	80

Limited Edition Print - S. Kuck

YEAR ISSUE		EDITION LIMIT	YEAR RETD.	ISSUE PRICE	QUOTE U.S.$
1986	Ashley	500		85.00	150
1985	Heather	Retrd.	1987	75.00	150
1984	Jessica	Retrd.	1986	60.00	400

McClelland - J. McClelland

YEAR ISSUE		EDITION LIMIT	YEAR RETD.	ISSUE PRICE	QUOTE U.S.$
XX	I Love Tammy	500		75.00	100
XX	Just for You	300		155.00	155
XX	Olivia	300		175.00	175
XX	Reverie	300		110.00	110
XX	Sweet Dreams	300		145.00	145

Roman, Inc.

Abble Williams - A. Williams

YEAR ISSUE		EDITION LIMIT	YEAR RETD.	ISSUE PRICE	QUOTE U.S.$
1988	Mary, Mother of the Carpenter	Closed	N/A	100.00	100

The Discovery of America Miniature Art Print - I. Spencer

YEAR ISSUE		EDITION LIMIT	YEAR RETD.	ISSUE PRICE	QUOTE U.S.$
1991	The Discovery of America	Open		2.00	2

Divine Servant - M. Greiner Jr.

YEAR ISSUE		EDITION LIMIT	YEAR RETD.	ISSUE PRICE	QUOTE U.S.$
1993	Divine Servant, print of drawing	Open		35.00	35
1994	Divine Servant, print of painting	Yr.Iss.		75.00	75
1994	Divine Servant, print of painting	Yr.Iss.		150.00	150
1994	Divine Servant, print of painting w/remarque	Yr.Iss.		75.00	75
1994	Divine Servant, print of painting w/remarque	Yr.Iss.		150.00	150

Hook - F. Hook

YEAR ISSUE		EDITION LIMIT	YEAR RETD.	ISSUE PRICE	QUOTE U.S.$
1982	Bouquet	1,200		70.00	350
1981	The Carpenter	Yr.Iss		100.00	1000
1981	The Carpenter (remarque)	Yr.Iss		100.00	3000
1982	Frolicking	1,200		60.00	350
1982	Gathering	1,200		60.00	350-450
1982	Little Children, Come to Me	1,950		50.00	500
1982	Little Children, Come to Me, remarque	50		100.00	500
1982	Posing	1,200		70.00	350
1982	Poulets	1,200		60.00	350
1982	Surprise	1,200		50.00	350

Portraits of Love - F. Hook

YEAR ISSUE		EDITION LIMIT	YEAR RETD.	ISSUE PRICE	QUOTE U.S.$
1988	Expectation	2,500		25.00	25
1988	In Mother's Arms	2,500		25.00	25
1988	My Kitty	2,500		25.00	25
1988	Remember When...	2,500		25.00	25
1988	Sharing	2,500		25.00	25
1988	Sunkissed Afternoon	2,500		25.00	25

Schmid

Ferrandiz Lithographs - J. Ferrandiz

YEAR ISSUE		EDITION LIMIT	YEAR RETD.	ISSUE PRICE	QUOTE U.S.$
1983	Friendship	460	1983	165.00	450
1983	Friendship, remarque	15	1983	1200.00	2300
1982	He Seems to Sleep	450	1982	150.00	700
1982	He Seems to Sleep, remarque	25	1982	300.00	3200
1981	Heart of Seven Colors	600	1981	100.00	395
1981	Heart of Seven Colors, remarque	75	1981	175.00	1300
1982	Mirror of the Soul	225	1982	150.00	425
1982	Mirror of the Soul, remarque	35	1982	250.00	2400
1980	Most Precious Gift	425	1980	125.00	1200
1980	Most Precious Gift, remarque	50	1980	225.00	2800
1980	My Star	675	1980	100.00	650
1980	My Star, remarque	75	1980	175.00	1800
1982	Oh Small Child	450	1982	125.00	495
1982	Oh Small Child, remarque	50	1982	225.00	1450
1982	On the Threshold of Life	425	1982	150.00	450
1982	On the Threshold of Life, remarque	50	1982	275.00	1350
1982	Riding Through the Rain	900	1982	165.00	350
1982	Riding Through the Rain, remarque	100	1982	300.00	950
1982	Spreading the Word	675	1982	125.00	190-250
1982	Spreading the Word, remarque	75	1982	225.00	1075
1984	Star in the Teapot	410	1984	165.00	165
1984	Star in the Teapot; remarque	15	1984	1200.00	2100

V.F. Fine Arts

Angels of Joy-Series 1 - S. Kuck

YEAR ISSUE		EDITION LIMIT	YEAR RETD.	ISSUE PRICE	QUOTE U.S.$
1994	Charity	750		195.00	195
1994	Grace	750		195.00	195
1994	Gratitude	750		195.00	195
1994	Mischief	750		195.00	195

Kuck - S. Kuck

YEAR ISSUE		EDITION LIMIT	YEAR RETD.	ISSUE PRICE	QUOTE U.S.$
1993	Best Friend, proof	250	N/A	175.00	175
1993	Best Friends, Canvas Transfer	250	N/A	500.00	500
1993	Best Friends, S/N	2,500	N/A	145.00	145
1994	Best of Days, S/N	750	1994	160.00	160
1989	Bundle of Joy, S/N	1,000	1989	125.00	250
1993	Buttons & Bows, proof	95	N/A	125.00	125
1993	Buttons & Bows, S/N	950	N/A	95.00	95
1990	Chopsticks, proof	150	1991	120.00	120
1990	Chopsticks, remarque	25	1991	160.00	160
1990	Chopsticks, S/N	1,500	1990	80.00	80
1987	The Daisy, proof	90	1988	40.00	200
1987	The Daisy, S/N	900	1988	30.00	100-150
1989	Day Dreaming, proof	90	1989	225.00	225
1989	Day Dreaming, remarque	50	1989	300.00	300
1989	Day Dreaming, S/N	900	1989	150.00	200
1994	Dear Santa, S/N	950	1994	95.00	95
1992	Duet, Canvas Framed	500	1994	255.00	255
1992	Duet, proof	95	N/A	175.00	175
1992	Duet, S/N	950	N/A	125.00	125
1988	First Recital, proof	25	1988	250.00	1000
1988	First Recital, remarque	25	1988	400.00	1200
1988	First Recital, S/N	150	1988	200.00	900
1990	First Snow, proof	50	1990	150.00	275
1990	First Snow, remarque	25	1990	200.00	325
1990	First Snow, S/N	500	1990	95.00	225
1987	The Flower Girl, proof	90	1987	50.00	75
1987	The Flower Girl, S/N	900	1987	40.00	50-60
1994	Garden Memories, Canvas Transfer	250	N/A	500.00	500
1994	Garden Memories, S/N	2,500	N/A	145.00	145
1991	God's Gift, proof	150	N/A	150.00	175
1991	God's Gift, S/N	1,500	1993	95.00	95
1993	Good Morning, Canvas	250	1993	500.00	500
1993	Good Morning, proof	50	N/A	175.00	175
1993	Good Morning, S/N	2,500	N/A	145.00	145
1989	Innocence, proof	90	1989	225.00	250
1989	Innocence, remarque	50	1989	300.00	350
1989	Innocence, S/N	900	1989	150.00	200
1992	Joyous Day, Canvas Transfer	250	N/A	250.00	250
1992	Joyous Day, proof	120	N/A	175.00	175

GRAPHICS/PLATES

V.F. Fine Arts to ANRI

YEAR ISSUE		EDITION LIMIT	YEAR RETD.	ISSUE PRICE	QUOTE U.S.$
1992	Joyous Day, S/N	1,200	1993	125.00	125
1988	The Kitten, proof	50	1988	150.00	1300
1988	The Kitten, remarque	25	1988	250.00	950-1450
1988	The Kitten, S/N	350	1988	120.00	1200
1990	Le Beau, proof	150	1990	120.00	200
1990	Le Beau, remarque	25	1990	160.00	250
1990	Le Beau, S/N	1,500	1990	80.00	160
1987	Le Papillion, proof	35	1990	110.00	175
1987	Le Papillion, remarque	7	1990	150.00	250
1987	Le Papillion, S/N	350	1990	90.00	150
1990	Lilly Pond, color remarque	125	1990	500.00	500
1990	Lilly Pond, proof	75	1990	200.00	200
1990	Lilly Pond, S/N	750	1990	150.00	150
1988	Little Ballerina, proof	25	1988	150.00	350
1988	Little Ballerina, remarque	25	1988	225.00	450
1988	Little Ballerina, S/N	150	1988	110.00	300
1987	The Loveseat, proof	90	1987	40.00	150
1987	The Loveseat, S/N	900	1987	30.00	50
1991	Memories, S/N	5,000	1991	195.00	195
1987	Mother's Love, proof	12	1987	225.00	1800
1987	Mother's Love, S/N	150	1987	195.00	1200
1988	My Dearest, proof	50	1988	200.00	900
1988	My Dearest, remarque	25	1988	325.00	1100
1988	My Dearest, S/N	350	1988	160.00	775
1989	Puppy, proof	50	1989	180.00	650
1989	Puppy, remarque	50	1989	240.00	750-950
1989	Puppy, S/N	500	1989	120.00	600
1987	A Quiet Time, proof	90	1987	50.00	75
1987	A Quiet Time, S/N	900	1987	40.00	50
1987	The Reading Lesson, proof	90	1987	70.00	190-250
1987	The Reading Lesson, S/N	900	1987	60.00	200
1989	Rose Garden, proof	50	1989	150.00	450
1989	Rose Garden, remarque	50	1989	200.00	600
1989	Rose Garden, S/N	500	1989	95.00	400
1986	Silhouette, proof	25	1987	90.00	250
1986	Silhouette, S/N	250	1987	80.00	220
1989	Sisters, proof	90	1989	150.00	395
1989	Sisters, remarque	50	1989	200.00	375
1989	Sisters, S/N	900	1988	95.00	190
1989	Sonatina, proof	90	1989	225.00	450
1989	Sonatina, remarque	50	1989	300.00	600
1989	Sonatina, S/N	900	1989	150.00	350
1986	Summer Reflections, proof	90	1987	70.00	300
1986	Summer Reflections, S/N	900	1987	60.00	250
1986	Tender Moments, proof	50	1986	80.00	295
1986	Tender Moments, S/N	500	1986	70.00	250
1993	Thinking of You, Canvas Transfer	250	1993	500.00	500
1993	Thinking of You, S/N	2,500	N/A	145.00	145
1988	Wild Flowers, proof	50	1988	175.00	300
1988	Wild Flowers, remarque	25	1988	250.00	350
1988	Wild Flowers, S/N	350	1988	160.00	250
1992	Yesterday, Canvas Framed	550	N/A	195.00	195
1992	Yesterday, proof	95	N/A	150.00	150
1992	Yesterday, S/N	950	N/A	95.00	95

PLATES

American Artists

The Best of Fred Stone-Mares & Foals Series (6 1/2 ") - F. Stone

1991	Patience	19,500		25.00	30
1992	Water Trough	19,500		25.00	30
1992	Pasture Pest	19,500		25.00	30
1992	Kidnapped Mare	19,500		25.00	30
1993	Contentment	19,500		25.00	30
1993	Arabian Mare & Foal	19,500		25.00	30
1994	Diamond in the Rough	19,500		25.00	30
1994	The First Day	19,500		25.00	30

Famous Fillies Series - F. Stone

1987	Lady's Secret	9,500		65.00	85
1988	Ruffian	9,500		65.00	85
1988	Genuine Risk	9,500		65.00	85
1992	Go For The Wand	9,500		65.00	80

Fred Stone Classic Series - F. Stone

1986	The Shoe-8,000 Wins	9,500		75.00	95
1986	The Eternal Legacy	9,500		75.00	100
1988	Forever Friends	9,500		75.00	85
1989	Alysheba	9,500		75.00	85

Gold Signature Series - F. Stone

1990	Secretariat Final Tribute, signed	4,500		150.00	300-375
1990	Secretariat Final Tribute, unsigned	7,500		75.00	75
1991	Old Warriors, signed	4,500		150.00	425
1991	Old Warriors, unsigned	7,500		75.00	75

Gold Signature Series II - F. Stone

1991	Northern Dancer, double signature	1,500		175.00	250
1991	Northern Dancer, single signature	3,000		150.00	150
1991	Northern Dancer, unsigned	7,500		75.00	75
1991	Kelso, double signature	1,500		175.00	200
1991	Kelso, single signature	3,000		150.00	150
1991	Kelso, unsigned	7,500		75.00	75

Gold Signature Series III - F. Stone

1992	Dance Smartly-Pat Day, Up, double signature	1,500		175.00	175
1992	Dance Smartly-Pat Day, Up, single signature	3,000		150.00	150
1992	Dance Smartly-Pat Day, Up, unsigned	7,500		75.00	75
1993	American Triple Crown-1937-1946, signed	2,500		195.00	195
1993	American Triple Crown-1937-1946, unsigned	7,500		75.00	75
1993	American Triple Crown-1948-1978, signed	2,500		195.00	195
1993	American Triple Crown-1948-1978, unsigned	7,500		75.00	75
1994	American Triple Crown-1919-1935, signed	2,500		95.00	95
1994	American Triple Crown-1919-1935, unsigned	7,500		75.00	75

The Horses of Fred Stone - F. Stone

1982	Patience	9,500		55.00	200
1982	Arabian Mare and Foal	9,500		55.00	175
1982	Safe and Sound	9,500		55.00	125
1983	Contentment	9,500		55.00	125

Mare and Foal Series - F. Stone

1986	Water Trough	12,500		49.50	175
1986	Tranquility	12,500		49.50	100
1986	Pasture Pest	12,500		49.50	150
1987	The Arabians	12,500		49.50	85

Mare and Foal Series II - F. Stone

1989	The First Day	Open		35.00	35
1989	Diamond in the Rough	Retrd.		35.00	35

Racing Legends - F. Stone

1989	Phar Lap	9,500		75.00	75
1989	Sunday Silence	9,500		75.00	75
1990	John Henry-Shoemaker	9,500		75.00	75

Sport of Kings Series - F. Stone

1984	Man O'War	9,500		65.00	150-300
1984	Secretariat	9,500		65.00	295
1985	John Henry	9,500		65.00	100
1986	Seattle Slew	9,500		65.00	65

The Stallion Series - F. Stone

1983	Black Stallion	19,500		49.50	150
1983	Andalusian	19,500		49.50	150

Anheuser-Busch, Inc.

1992 Olympic Team Series - A-Busch, Inc.

1991	1992 Olympic Team Winter Plate N3180	25-day		35.00	35
1992	1992 Olympic Team Summer Plate N3122	25-day		35.00	35

Archives Plate Series - D. Langeneckert

1992	1893 Columbian Exposition N3477	25-day		27.50	28
1992	Ganymede N4004	25-day		45.00	45

Civil War Series - D. Langeneckert

1992	General Grant N3478	25-day		45.00	45
1993	General Robert E. Lee N3590	25-day		45.00	45
1993	President Abraham Lincoln N3591	25-day		45.00	45

Collector Edition Series - M. Urdahl

1995	"This Bud's For You" N4945	25-day		27.50	28

Holiday Plate Series - Various

1989	Winters Day N2295 - B. Kemper	Retrd.	N/A	30.00	50-100
1990	An American Tradition N2767 - S. Sampson	Retrd.	N/A	30.00	35-45
1991	The Season's Best N3034 - S. Sampson	25-day		30.00	30
1992	A Perfect Christmas N3440 - S. Sampson	25-day		27.50	28
1993	Special Delivery N4002 - N. Koerber	Retrd.		27.50	28
1994	Hometown Holiday N4572 - B. Kemper	25-day		27.50	28

Man's Best Friend Series - M. Urdahl

1990	Buddies N2615	Retrd.	N/A	30.00	50-100
1990	Six Pack N3005	Retrd.	N/A	30.00	40
1992	Something's Brewing N3147	25-day		30.00	30
1993	Outstanding in Their Field N4003	25-day		27.50	28

Anna-Perenna Porcelain

American Silhouettes Family Series - P. Buckley Moss

1982	Family Outing	5,000		75.00	95
1982	John and Mary	5,000		75.00	95
1984	Homemakers Quilting	5,000		75.00	85-195
1983	Leisure Time	5,000		75.00	85

American Silhouettes Valley Series - P. Buckley Moss

1982	Frosty Frolic	5,000		75.00	85-95
1984	Hay Ride	5,000		75.00	85
1983	Sunday Ride	5,000		75.00	85-100
1983	Market Day	5,000		75.00	120

American Silhouettes-Childrens Series - P. Buckley Moss

1981	Fiddlers Two	5,000		75.00	95
1982	Mary With The Lambs	5,000		75.00	85
1983	Ring-Around-the-Rosie	5,000		75.00	200
1983	Waiting For Tom	5,000		75.00	175

Annual Christmas Plate - P. Buckley Moss

1984	Noel, Noel	5,000		67.50	325
1985	Helping Hands	5,000		67.50	225
1986	Night Before Christmas	5,000		67.50	150
1987	Christmas Sleigh	5,000		75.00	95
1988	Christmas Joy	7,500		75.00	75
1989	Christmas Carol	7,500		80.00	95
1990	Christmas Eve	7,500		80.00	80
1991	The Snowman	7,500		80.00	80
1992	Christmas Warmth	7,500		85.00	85
1993	Joy to the World	7,500		85.00	85

The Celebration Series - P. Buckley Moss

1986	Wedding Joy	5,000		100.00	200-350
1987	The Christening	5,000		100.00	175
1988	The Anniversary	5,000		100.00	120-190
1990	Family Reunion	5,000		100.00	150

Uncle Tad's Cats - T. Krumeich

1979	Oliver's Birthday	5,000		75.00	200
1980	Peaches & Cream	5,000		75.00	100
1981	Princess Aurora	5,000		80.00	100
1981	Walter's Window	5,000		80.00	120

ANRI

ANRI Father's Day - Unknown

1972	Alpine Father & Children	Closed	1972	35.00	100
1973	Alpine Father & Children	Closed	1973	40.00	95
1974	Cliff Gazing	Closed	1974	50.00	100
1975	Sailing	Closed	1975	60.00	90

ANRI Mother's Day - Unknown

1972	Alpine Mother & Children	Closed	1972	35.00	50
1973	Alpine Mother & Children	Closed	1973	40.00	50
1974	Alpine Mother & Children	Closed	1974	50.00	55
1975	Alpine Stroll	Closed	1975	60.00	65
1976	Knitting	Closed	1976	60.00	65

Christmas - Various

1971	St. Jakob in Groden - J. Malfertheiner	Closed	1971	37.50	65
1972	Pipers at Alberobello - J. Malfertheiner	Closed	1972	45.00	75
1973	Alpine Horn - J. Malfertheiner	Closed	1973	45.00	390
1974	Young Man and Girl - J. Malfertheiner	Closed	1974	50.00	95
1975	Christmas in Ireland - J. Malfertheiner	Closed	1975	60.00	60
1976	Alpine Christmas - J. Malfertheiner	Closed	1976	65.00	190
1977	Legend of Heligenblut - J. Malfertheiner	Closed	1977	65.00	91
1978	Klockler Singers - J. Malfertheiner	Closed	1978	80.00	80
1979	Moss Gatherers - Unknown	Closed	1979	135.00	177
1980	Wintry Churchgoing - Unknown	Closed	1980	165.00	165
1981	Santa Claus in Tyrol - Unknown	Closed	1981	165.00	200
1982	The Star Singers - Unknown	Closed	1982	165.00	165
1983	Unto Us a Child is Born - Unknown	Closed	1983	165.00	310
1984	Yuletide in the Valley - Unknown	Closed	1984	165.00	170
1985	Good Morning, Good Cheer - J. Malfertheiner	Closed	1985	165.00	165
1986	A Groden Christmas - J. Malfertheiner	Closed	1986	165.00	200
1987	Down From the Alps - J. Malfertheiner	Closed	1987	195.00	250
1988	Christkindl Markt - J. Malfertheiner	Closed	1988	220.00	230
1989	Flight Into Egypt - J. Malfertheiner	Closed	1989	275.00	275
1990	Holy Night - J. Malfertheiner	Closed	1990	300.00	300

Disney Four Star Collection - Disney Studios

1989	Mickey Mini Plate	Closed	1989	40.00	55
1990	Minnie Mini Plate	Closed	1990	40.00	55
1991	Donald Mini Plate	Closed	1991	50.00	55

Ferrandiz Christmas - J. Ferrandiz

1972	Christ In The Manger	Closed	1972	35.00	230
1973	Christmas	Closed	1973	40.00	225
1974	Holy Night	Closed	1974	50.00	100
1975	Flight into Egypt	Closed	1975	60.00	95
1976	Tree of Life	Closed	1976	60.00	85
1977	Girl with Flowers	Closed	1977	65.00	185
1978	Leading the Way	Closed	1978	77.50	180
1979	The Drummer	Closed	1979	120.00	175
1980	Rejoice	Closed	1980	150.00	160
1981	Spreading the Word	Closed	1981	150.00	150
1982	The Shepherd Family	Closed	1982	150.00	150
1983	Peace Attend Thee	Closed	1983	150.00	150

Ferrandiz Mother's Day Series - J. Ferrandiz

1972	Mother Sewing	Closed	1972	35.00	200
1973	Alpine Mother & Child	Closed	1973	40.00	150
1974	Mother Holding Child	Closed	1974	50.00	150

PLATES

ANRI to Artaffects

YEAR ISSUE		EDITION LIMIT	YEAR RETD.	ISSUE PRICE	QUOTE U.S.$
1975	Dove Girl	Closed	1975	60.00	150
1976	Mother Knitting	Closed	1976	60.00	200
1977	Alpine Stroll	Closed	1977	65.00	125
1978	The Beginning	Closed	1978	75.00	150
1979	All Hearts	Closed	1979	120.00	170
1980	Spring Arrivals	Closed	1980	150.00	165
1981	Harmony	Closed	1981	150.00	150
1982	With Love	Closed	1982	150.00	150

Ferrandiz Wooden Birthday Plates - J. Ferrandiz

1972	Boy	Unkn.		15.00	150
1972	Girl	Unkn.		15.00	160
1973	Boy	Unkn.		20.00	200
1973	Girl	Unkn.		20.00	150
1974	Boy	Unkn.		22.00	160
1974	Girl	Unkn.		22.00	160

Ferrandiz Wooden Wedding Plates - J. Ferrandiz

1972	Boy and Girl Embracing	Closed	1972	40.00	150
1973	Wedding Scene	Closed	1973	40.00	150
1974	Wedding	Closed	1974	48.00	150
1975	Wedding	Closed	1975	60.00	150
1976	Wedding	Closed	1976	60.00	90-150

Armstrong's

Classic Memory Collection - R. Skelton

1995	The Donut Dunker (signed)	1,000		375.00	375

Commemorative Issues - R. Skelton

1983	70 Years Young (10 1/2")	15,000		85.00	85-125
1984	Freddie the Torchbearer (8 1/2")	15,000		62.50	63
1994	Red & His Friend	160		700.00	1000-1200

Freedom Collection of Red Skelton - R. Skelton

1990	The All American, (signed)	1,000		195.00	300
1990	The All American	9,000		62.50	63
1991	Independence Day? (signed)	1,000		195.00	195-250
1991	Independence Day?	9,000		62.50	63
1992	Let Freedom Ring, (signed)	1,000		195.00	195-250
1992	Let Freedom Ring	9,000		62.50	63
1993	Freddie's Gift of Life, (signed)	1,000		195.00	195-250
1993	Freddie's Gift of Life	9,000		62.50	63

Happy Art Series - W. Lantz

1981	Woody's Triple Self-Portrait, Signed	1,000		100.00	100
1981	Woody's Triple Self-Portrait	9,000		39.50	40
1983	Gothic Woody, Signed	1,000		100.00	100
1983	Gothic Woody	9,000		39.50	40
1984	Blue Boy Woody, Signed	1,000		100.00	100
1984	Blue Boy Woody	9,000		39.50	40

The Signature Collection - R. Skelton

1986	Anyone for Tennis?	9,000		62.50	63
1986	Anyone for Tennis? (signed)	1,000		125.00	400
1987	Ironing the Waves	9,000		62.50	63
1987	Ironing the Waves (signed)	1,000		125.00	250-400
1988	The Cliffhanger	9,000		62.50	63
1988	The Cliffhanger (signed)	1,000		150.00	200-250
1988	Hooked on Freddie	9,000		62.50	63
1988	Hooked on Freddie (signed)	1,000		175.00	200-250

Sports - Schenken

1985	Pete Rose h/s (10 1/4")	1,000		100.00	400
1985	Pete Rose u/s (10 1/4")	10,000		45.00	100

Armstrong's/Crown Parlan

Freddie The Freeloader - R. Skelton

1979	Freddie in the Bathtub	10,000		60.00	200-250
1980	Freddie's Shack	10,000		60.00	75-125
1981	Freddie on the Green	10,000		60.00	60-100
1982	Love that Freddie	10,000		60.00	60-100

Freddie's Adventures - R. Skelton

1982	Captain Freddie	15,000		60.00	65-100
1982	Bronco Freddie	15,000		60.00	40-75
1983	Sir Freddie	15,000		62.50	55-100
1984	Gertrude and Heathcliffe	15,000		62.50	65-85

Artaffects

America's Indian Heritage - G. Perillo

1987	Cheyenne Nation	10-day		24.50	45-85
1988	Arapaho Nation	10-day		24.50	45
1988	Kiowa Nation	10-day		24.50	45
1988	Sioux Nation	10-day		24.50	55-80
1988	Chippewa Nation	10-day		24.50	50
1988	Crow Nation	10-day		24.50	60
1988	Nez Perce Nation	10-day		24.50	55
1988	Blackfoot Nation	10-day		24.50	95

The Arabians - G. Perillo

1986	Silver Streak	3,500		95.00	150

Arctic Friends - G. Perillo

1982	Siberian Love	7,500		100.00	100
1982	Snow Pals	7,500		set	Set

Bessie's Best - B. P. Gutmann

1984	Oh! Oh! A Bunny	Open		29.95	65

1984	The New Love	Open		29.95	65
1984	My Baby	Open		29.95	65
1984	Looking for Trouble	Open		29.95	65
1984	Taps	Open		29.95	65

Chieftains I - G. Perillo

1979	Chief Sitting Bull	7,500		65.00	300
1979	Chief Joseph	7,500		65.00	110
1980	Chief Red Cloud	7,500		65.00	121
1980	Chief Geronimo	7,500		65.00	85
1981	Chief Crazy Horse	7,500		65.00	110-125

Chieftains II - G. Perillo

1983	Chief Pontiac	7,500		70.00	75-85
1983	Chief Victorio	7,500		70.00	85
1984	Chief Tecumseh	7,500		70.00	85
1984	Chief Cochise	7,500		70.00	85
1984	Chief Black Kettle	7,500		70.00	110

Child's Life - G. Perillo

1983	Siesta	10,000		45.00	50
1984	Sweet Dreams	10,000		45.00	50

Classic American Cars - J. Deneen

1989	Duesenberg	14-day		35.00	40
1989	Cadillac	14-day		35.00	35
1989	Cord	14-day		35.00	35
1989	Ruxton	14-day		35.00	35
1990	Lincoln	14-day		35.00	35
1990	Packard	14-day		35.00	35
1990	Hudson	14-day		35.00	35
1990	Pierce-Arrow	14-day		35.00	35

Classic American Trains - J. Deneen

1988	Homeward Bound	14-day		35.00	65
1988	A Race Against Time	14-day		35.00	63
1988	Midday Stop	14-day		35.00	55
1988	The Silver Bullet	14-day		35.00	65
1988	Traveling in Style	14-day		35.00	50-66
1988	Round the Bend	14-day		35.00	56
1988	Taking the High Road	14-day		35.00	45-56
1988	Competition	14-day		35.00	40-55

Club Member Limited Edition Redemption Offerings - G. Perillo

1992	The Pencil	Yr. Iss.		35.00	75
1992	Studies in Black and White (Set/4)	Yr. Iss.		75.00	75
1993	Watcher of the Wilderness	Yr. Iss.		60.00	60

The Colts - G. Perillo

1985	Appaloosa	5,000		40.00	100
1985	Pinto	5,000		40.00	110
1985	Arabian	5,000		40.00	100
1985	Thoroughbred	5,000		40.00	100

Council of Nations - G. Perillo

1992	Strength of the Sioux	14-day		29.50	45
1992	Pride of the Cheyenne	14-day		29.50	35
1992	Dignity of the Nez Perce	14-day		29.50	35
1992	Courage of the Arapaho	14-day		29.50	35
1992	Power of the Blackfoot	14-day		29.50	35
1992	Nobility of the Algonquin	14-day		29.50	35
1992	Wisdom of the Cherokee	14-day		29.50	35
1992	Boldness of the Seneca	14-day		29.50	35

Great American Trains - J. Deneen

1992	The Alton Limited	75-day		27.00	27
1992	The Capitol Limited	75-day		27.00	27
1992	The Merchants Limited	75-day		27.00	27
1992	The Broadway Limited	75-day		27.00	27
1992	The Southwestern Limited	75-day		27.00	27
1992	The Blackhawk Limited	75-day		27.00	27
1992	The Sunshine Special Limited	75-day		27.00	27
1992	The Panama Special Limited	75-day		27.00	27

The Great Trains - J. Deneen

1985	Santa Fe	7,500		35.00	100
1985	Twentieth Century Ltd.	7,500		35.00	100
1986	Empire Builder	7,500		35.00	100

Indian Bridal - G. Perillo

1990	Yellow Bird (6 1/2")	14-day		25.00	25
1990	Autumn Blossom (6 1/2")	14-day		25.00	25
1990	Misty Waters (6 1/2")	14-day		25.00	25
1990	Sunny Skies (6 1/2")	14-day		25.00	25

Indian Nations - G. Perillo

1983	Blackfoot	7,500		140.00	350
1983	Cheyenne	7,500		set	Set
1983	Apache	7,500		set	Set
1983	Sioux	7,500		set	Set

Legends of the West - G. Perillo

1982	Daniel Boone	10,000		65.00	80
1982	Davy Crockett	10,000		65.00	80
1983	Kit Carson	10,000		65.00	80
1983	Buffalo Bill	10,000		65.00	80

Magical Moment - B. P. Gutmann

1981	Happy Dreams	Closed		29.95	75
1981	Harmony	Closed		29.95	75

1982	His Majesty	Closed		29.95	75
1983	The Lullaby	Closed		29.95	75
1982	Waiting for Daddy	Closed		29.95	75
1982	Thank You God	Closed		29.95	75

The Maidens - G. Perillo

1985	Shimmering Waters	5,000		60.00	75
1985	Snow Blanket	5,000		60.00	75
1985	Song Bird	5,000		60.00	75

March of Dimes: Our Children - G. Perillo

1989	A Time to Be Born	150-day		29.00	30

Masterpieces of Rockwell - N. Rockwell

1980	After the Prom	17,500		42.50	150
1980	The Challenger	17,500		50.00	75
1982	Girl at the Mirror	17,500		50.00	100
1982	Missing Tooth	17,500		50.00	75

Masterpieces of the West - Various

1980	Texas Night Herder - Johnson	17,500		35.00	75
1980	Indian Trapper - Remington	17,500		35.00	100
1982	Cowboy Style - Leigh	17,500		35.00	75
1982	Indian Style - Perillo	17,500		35.00	150

Mother's Love - B. P. Gutmann

1984	Daddy's Here	Open		29.95	60

Mother's Love - G. Perillo

1988	Feelings	Yr.Iss.		35.00	90
1989	Moonlight	Yr.Iss.		35.00	65
1990	Pride & Joy	Yr.Iss.		39.50	50
1991	Little Shadow	Yr.Iss.		39.50	45

Motherhood Series - G. Perillo

1983	Madre	10,000		50.00	75
1984	Madonna of the Plains	3,500		50.00	75
1985	Abuela	3,500		50.00	75
1986	Nap Time	3,500		50.00	75

Native American Christmas - G. Perillo

1993	Little Shepherd - Single Issue '93	Annual		35.00	55
1994	Joy to the World - Single Issue '94	Annual		45.00	45

Nature's Harmony - G. Perillo

1982	The Peaceable Kingdom	12,500		100.00	125-200
1982	Zebra	12,500		50.00	60
1982	Bengal Tiger	12,500		50.00	60
1983	Black Panther	12,500		50.00	70
1983	Elephant	12,500		50.00	80

North American Wildlife - G. Perillo

1989	Mustang	14-day		29.50	35-45
1989	White-Tailed Deer	14-day		29.50	35
1989	Mountain Lion	14-day		29.50	35
1990	American Bald Eagle	14-day		29.50	35
1990	Timber Wolf	14-day		29.50	35
1990	Polar Bear	14-day		29.50	35
1990	Buffalo	14-day		29.50	35
1990	Bighorn Sheep	14-day		29.50	35

On the Road Series - N. Rockwell

1984	Pride of Stockbridge	Open		35.00	75
1984	City Pride	Open		35.00	75
1984	Country Pride	Open		35.00	75

Perillo Christmas - G. Perillo

1987	Shining Star	Yr.Iss.		29.50	150
1988	Silent Light	Yr.Iss.		35.00	150
1989	Snow Flake	Yr.Iss.		35.00	50
1990	Bundle Up	Yr.Iss.		39.50	75
1991	Christmas Journey	Yr.Iss.		39.50	50

Perillo Santas - G. Perillo

1980	Santa's Joy	Open		29.95	50
1981	Santa's Bundle	Open		29.95	48

Perillo's Four Seasons - G. Perillo

1991	Summer (6 1/2")	14-day		25.00	25
1991	Autumn (6 1/2")	14-day		25.00	25
1991	Winter (6 1/2")	14-day		25.00	25
1991	Spring (6 1/2")	14-day		25.00	25

The Plainsmen - G. Perillo

1978	Buffalo Hunt (Bronze)	2,500		350.00	500
1979	The Proud One (Bronze)	2,500		350.00	800

Portraits By Perillo-Mini Plates - G. Perillo

1989	Smiling Eyes-(4 1/4")	9,500		19.50	20
1989	Bright Sky-(4 1/4")	9,500		19.50	20
1989	Running Bear-(4 1/4")	9,500		19.50	20
1989	Little Feather-(4 1/4")	9,500		19.50	20
1990	Proud Eagle-(4 1/4")	9,500		19.50	20
1990	Blue Bird-(4 1/4")	9,500		19.50	20
1990	Wildflower-(4 1/4")	9,500		19.50	20
1990	Spring Breeze-(4 1/4")	9,500		19.50	20

Portraits of American Brides - R. Sauber

1986	Caroline	10-day		29.50	50-100
1986	Jacqueline	10-day		29.50	45-94
1987	Elizabeth	10-day		29.50	35-80

PLATES

Artaffects to Berlin Design

YEAR ISSUE	EDITION LIMIT	YEAR RETD.	ISSUE PRICE	QUOTE U.S.$
1987 Emily	10-day		29.50	45-90
1987 Meredith	10-day		29.50	45-90
1987 Laura	10-day		29.50	45
1987 Sarah	10-day		29.50	46
1987 Rebecca	10-day		29.50	64

Pride of America's Indians - G. Perillo
1986 Brave and Free	10-day		24.50	50
1986 Dark-Eyed Friends	10-day		24.50	45
1986 Noble Companions	10-day		24.50	35
1987 Kindred Spirits	10-day		24.50	35
1987 Loyal Alliance	10-day		24.50	75
1987 Small and Wise	10-day		24.50	35
1987 Winter Scouts	10-day		24.50	25-40
1987 Peaceful Comrades	10-day		24.50	37-50

The Princesses - G. Perillo
1982 Lily of the Mohawks	7,500		50.00	100
1982 Pocahontas	7,500		50.00	100
1982 Minnehaha	7,500		50.00	100
1982 Sacajawea	7,500		50.00	175

The Professionals - G. Perillo
1979 The Big Leaguer	15,000		29.95	35
1980 Ballerina's Dilemma	15,000		32.50	35
1981 Quarterback	15,000		32.50	35
1981 Rodeo Joe	15,000		35.00	35
1982 Major Leaguer	15,000		35.00	35
1983 The Hockey Player	15,000		35.00	35

Proud Young Spirits - G. Perillo
1990 Protector of the Plains	14-day		29.50	45
1990 Watchful Eyes	14-day		29.50	55
1990 Freedom's Watch	14-day		29.50	35-45
1990 Woodland Scouts	14-day		29.50	35-45
1990 Fast Friends	14-day		29.50	35-45
1990 Birds of a Feather	14-day		29.50	50
1990 Prairie Pals	14-day		29.50	35-45
1990 Loyal Guardian	14-day		29.50	35-45

Reflections of Youth - Mago
1988 Julia	14-day		29.50	45-55
1988 Jessica	14-day		29.50	35
1988 Sebastian	14-day		29.50	35
1988 Michelle	14-day		29.50	55
1988 Andrew	14-day		29.50	35
1988 Beth	14-day		29.50	39
1988 Amy	14-day		29.50	39
1988 Lauren	14-day		29.50	39

Rockwell Americana - N. Rockwell
1981 Shuffleton's Barbershop	17,500		75.00	150
1982 Breaking Home Ties	17,500		75.00	125
1983 Walking to Church	17,500		75.00	125

Rockwell Trilogy - N. Rockwell
1981 Stockbridge in Winter 1	Open		35.00	50-65
1982 Stockbridge in Winter 2	Open		35.00	50-65
1982 Stockbridge in Winter 3	Open		35.00	50-75

Romantic Cities of Europe - L. Marchetti
1989 Venice	14-day		35.00	65
1989 Paris	14-day		35.00	50
1990 London	14-day		35.00	50
1990 Moscow	14-day		35.00	35

Simpler Times Series - N. Rockwell
1984 Lazy Daze	7,500		35.00	75
1984 One for the Road	7,500		35.00	75

Special Issue - G. Perillo
1981 Apache Boy	5,000		95.00	175
1982 Papoose	3,000		100.00	125
1983 Indian Style	17,500		50.00	50
1984 The Lovers	Closed	N/A	50.00	100
1984 Navajo Girl	3,500		95.00	175
1986 Navajo Boy	3,500		95.00	175

Storybook Collection - G. Perillo
1980 Little Red Riding Hood	18-day		29.95	30-52
1981 Cinderella	18-day		29.95	30-60
1981 Hansel & Gretel	18-day		29.95	30-52
1982 Goldilocks & 3 Bears	18-day		29.95	30-60

Studies in Black and White-Collector's Club Only (Miniatures) - G. Perillo
1992 Dignity	Yr. Iss.		75.00	75
1992 Determination	Yr. Iss.		set	Set
1992 Diligence	Yr. Iss.		set	Set
1992 Devotion	Yr. Iss.		set	Set

Studies of Early Childhood - MaGo
1990 Christopher & Kate	150-day		34.90	35
1990 Peek-A-Boo	150-day		34.90	35
1990 Anybody Home?	150-day		34.90	35
1990 Three-Part Harmony	150-day		34.90	55

Tender Moments - G. Perillo
1985 Sunset	2,000		150.00	250
1985 Winter Romance	2,000		set	Set

The Thoroughbreds - G. Perillo
1984 Whirlaway	9,500		50.00	65-125
1984 Secretariat	9,500		50.00	65
1984 Man o' War	9,500		50.00	65
1984 Seabiscuit	9,500		50.00	65

The Tribal Ponies - G. Perillo
1984 Arapaho Tribal Pony	3,500		65.00	100
1984 Comanche Tribal Pony	3,500		65.00	100
1984 Crow Tribal Pony	3,500		65.00	100

The War Ponies - G. Perillo
1983 Sioux War Pony	7,500		60.00	95-125
1983 Nez Perce War Pony	7,500		60.00	95-125
1983 Apache War Pony	7,500		60.00	95-125

War Ponies of the Plains - G. Perillo
1992 Nightshadow	75-day		27.00	27
1992 Windcatcher	75-day		27.00	27
1992 Prairie Prancer	75-day		27.00	27
1992 Thunderfoot	75-day		27.00	27
1992 Proud Companion	75-day		27.00	27
1992 Sun Dancer	75-day		27.00	27
1992 Free Spirit	75-day		27.00	27
1992 Gentle Warrior	75-day		27.00	27

The Young Chieftains - G. Perillo
1985 Young Sitting Bull	5,000		50.00	75-100
1985 Young Joseph	5,000		50.00	75-100
1986 Young Red Cloud	5,000		50.00	75-100
1986 Young Geronimo	5,000		50.00	75-100
1986 Young Crazy Horse	5,000		50.00	75-100

Young Emotions - G. Perillo
1986 Tears	5,000		75.00	150
1986 Smiles	5,000		set	Set

Artists of the World

Celebration Series - T. DeGrazia
1993 The Lord's Candle	5,000		39.50	45
1993 Pinata Party	5,000		39.50	45
1993 Holiday lullaby	5,000		39.50	45
1993 Caroling	5,000		39.50	45

Children (Signed) - T. DeGrazia
1978 Los Ninos, signed	500		100.00	900
1978 White Dove, signed	500		100.00	450
1978 Flower Girl, signed	500		100.00	450
1979 Flower Boy, signed	500		100.00	450
1980 Little Cocopah Girl, signed	500		100.00	320
1981 Beautiful Burden, signed	500		100.00	320
1981 Merry Little Indian, signed	500		100.00	450

Children - T. DeGrazia
1976 Los Ninos	5,000		35.00	900
1977 White Dove	5,000		40.00	100
1978 Flower Girl	9,500		45.00	105
1979 Flower Boy	9,500		45.00	105
1980 Little Cocopah	9,500		50.00	65
1981 Beautiful Burden	9,500		50.00	120
1982 Merry Little Indian	9,500		55.00	120
1983 Wondering	10,000		60.00	130
1984 Pink Papoose	10,000		65.00	140
1985 Sunflower Boy	10,000		65.00	50-65

Children at Play - T. DeGrazia
1985 My First Horse	15,000		65.00	65-100
1986 Girl With Sewing Machine	15,000		65.00	65-100
1987 Love Me	15,000		65.00	65-100
1988 Merrily, Merrily, Merrily	15,000		65.00	65-100
1989 My First Arrow	15,000		65.00	65-100
1990 Away With My Kite	15,000		65.00	65-100

Children Mini-Plates - T. DeGrazia
1980 Los Ninos	5,000		15.00	300
1981 White Dove	5,000		15.00	100
1982 Flower Girl	5,000		15.00	100
1982 Flower Boy	5,000		15.00	100
1983 Little Cocopah Indian Girl	5,000		15.00	100
1983 Beautiful Burden	5,000		20.00	100
1984 Merry Little Indian	5,000		20.00	100
1984 Wondering	5,000		20.00	100
1985 Pink Papoose	5,000		20.00	100
1985 Sunflower Boy	5,000		20.00	100

Children of the Sun - T. DeGrazia
1987 Spring Blossoms	150-day		34.50	50
1987 My Little Pink Bird	150-day		34.50	50
1987 Bright Flowers of the Desert	150-day		37.90	50
1988 Gifts from the Sun	150-day		37.90	50
1988 Growing Glory	150-day		37.90	50
1988 The Gentle White Dove	150-day		37.90	50
1988 Sunflower Maiden	150-day		39.90	50
1989 Sun Showers	150-day		39.90	50

Fiesta of the Children - T. DeGrazia
1990 Welcome to the Fiesta	150-day		34.50	35-50
1990 Castanets in Bloom	150-day		34.50	47
1991 Fiesta Flowers	150-day		34.50	47
1991 Fiesta Angels	150-day		34.50	45

Holiday (Signed) - T. DeGrazia
1976 Festival of Lights, signed	500		100.00	350
1977 Bell of Hope, signed	500		100.00	200
1978 Little Madonna, signed	500		100.00	350
1979 The Nativity, signed	500		100.00	200
1980 Little Pima Drummer, signed	500		100.00	200
1981 A Little Prayer, signed	500		100.00	200
1982 Blue Boy, signed	96		100.00	200

Holiday - T. DeGrazia
1976 Festival of Lights	9,500		45.00	125
1977 Bell of Hope	9,500		45.00	50-100
1978 Little Madonna	9,500		45.00	50
1979 The Nativity	9,500		50.00	65-100
1980 Little Pima Drummer	9,500		50.00	55
1981 A Little Prayer	9,500		55.00	65
1982 Blue Boy	10,000		60.00	65
1983 Heavenly Blessings	10,000		65.00	65
1984 Navajo Madonna	10,000		65.00	65
1985 Saguaro Dance	10,000		65.00	65

Holiday Mini-Plates - T. DeGrazia
1980 Festival of Lights	5,000		15.00	250
1981 Bell of Hope	5,000		15.00	95
1982 Little Madonna	5,000		15.00	95
1982 The Nativity	5,000		15.00	95
1983 Little Pima Drummer	5,000		15.00	25
1983 Little Prayer	5,000		20.00	25
1984 Blue Boy	5,000		20.00	25
1984 Heavenly Blessings	5,000		20.00	25
1985 Navajo Madonna	5,000		20.00	25
1985 Saguaro Dance	5,000		20.00	25

Western - T. DeGrazia
1986 Morning Ride	5,000		65.00	90
1987 Bronco	5,000		65.00	90
1988 Apache Scout	5,000		65.00	90
1989 Alone	5,000		65.00	90

Bareuther

Christmas - Various
YEAR ISSUE	EDITION LIMIT	YEAR RETD.	ISSUE PRICE	QUOTE U.S.$
1967 Stiftskirche - H. Mueller	10,000		12.00	85
1968 Kapplkirche - H. Mueller	10,000		12.00	25
1969 Christkindlesmarkt - H. Mueller	10,000		12.00	18
1970 Chapel in Oberndorf - H. Mueller	10,000		12.50	22
1971 Toys for Sale - From Drawing By L. Richter	10,000		12.75	27
1972 Christmas in Munich - H. Mueller	10,000		14.50	25
1973 Sleigh Ride - H. Mueller	10,000		15.00	35
1974 Black Forest Church - H. Mueller	10,000		19.00	19
1975 Snowman - H. Mueller	10,000		21.50	30
1976 Chapel in the Hills - H. Mueller	10,000		23.50	26
1977 Story Time - H. Mueller	10,000		24.50	40
1978 Mittenwald - H. Mueller	10,000		27.50	31
1979 Winter Day - H. Mueller	10,000		35.00	35
1980 Mittenberg - H. Mueller	10,000		37.50	39
1981 Walk in the Forest - H. Mueller	10,000		39.50	40
1982 Bad Wimpfen - H. Mueller	10,000		39.50	43
1983 The Night before Christmas - H. Mueller	10,000		39.50	40
1984 Zeil on the River Main - H. Mueller	10,000		42.50	45
1985 Winter Wonderland - H. Mueller	10,000		42.50	57
1986 Christmas in Forchheim - H. Mueller	10,000		42.50	70
1987 Decorating the Tree - H. Mueller	10,000		42.50	85
1988 St. Coloman Church - H. Mueller	10,000		52.50	65
1989 Sleigh Ride - H. Mueller	10,000		52.50	80-90
1990 The Old Forge in Rothenburg - H. Mueller	10,000		52.50	53
1991 Christmas Joy - H. Mueller	10,000		56.50	57
1992 Market Place in Heppenheim - H. Mueller	10,000		59.50	60
1993 Winter Fun - H. Mueller	10,000		59.50	60
1994 Coming Home For Christmas - H. Mueller	10,000		59.50	60

Belleek

Christmas - Unknown
1970 Castle Caldwell	7,500	1970	25.00	70-85
1971 Celtic Cross	7,500	1971	25.00	60
1972 Flight of the Earls	7,500	1972	30.00	35
1973 Tribute To Yeats	7,500	1973	38.50	40
1974 Devenish Island	7,500	1974	45.00	190
1975 The Celtic Cross	7,500	1975	48.00	80
1976 Dove of Peace	7,500	1976	55.00	55
1977 Wren	7,500	1977	55.00	55

Holiday Scenes in Ireland - Unknown
1991 Traveling Home	7,500		75.00	75
1992 Bearing Gifts	7,500		75.00	75
1994 The Ice Skaters	7,500		75.00	75

Berlin Design

Christmas - Unknown
1970 Christmas in Bernkastel	4,000		14.50	125
1971 Christmas in Rothenburg	20,000		14.50	45
1972 Christmas in Michelstadt	20,000		15.00	55
1973 Christmas in Wendlestein	20,000		20.00	55
1974 Christmas in Bremen	20,000		25.00	53

Berlin Design to The Bradford Exchange/United States

PLATES

YEAR ISSUE		EDITION LIMIT	YEAR RETD.	ISSUE PRICE	QUOTE U.S.$
1975	Christmas in Dortland	20,000		30.00	35
1976	Christmas in Augsburg	20,000		32.00	75
1977	Christmas in Hamburg	20,000		32.00	32
1978	Christmas in Berlin	20,000		36.00	85
1979	Christmas in Greetsiel	20,000		47.50	60
1980	Christmas in Mittenberg	20,000		50.00	55
1981	Christmas Eve In Hahnenklee	20,000		55.00	55
1982	Christmas Eve In Wasserberg	20,000		55.00	50
1983	Christmas in Oberndorf	20,000		55.00	65
1984	Christmas in Ramsau	20,000		55.00	55
1985	Christmas in Bad Wimpfen	20,000		55.00	59
1986	Christmas Eve in Gelnhaus	20,000		65.00	65
1987	Christmas Eve in Goslar	20,000		65.00	65
1988	Christmas Eve in Ruhpolding	20,000		65.00	90
1989	Christmas Eve in Friedechsdadt	20,000		80.00	80
1990	Christmas Eve in Partenkirchen	20,000		80.00	80
1991	Christmas Eve in Allendorf	20,000		80.00	80

Bing & Grøndahl

Centennial Anniversary Commemoratives - Various

1995	Centennial Plaquettes: Series of 10 5" plates featuring B&G motifs: 1895, 1905, 1919, 1927, 1932, 1945, 1954, 1967, 1974, 1982	Yr.Iss.		250.00	250
1995	Centennial Plate: Behind the Frozen Window - F.A. Hallin	10,000		39.50	40
1995	Centennial Platter: Towers of Copenhagen - J. Nielsen	7,500		195.00	195

Centennial Collection - Various

1991	Crows Enjoying Christmas - D. Jensen	Annual	1991	59.50	48-60
1992	Copenhagen Christmas - H. Vlugenring	Annual	1992	59.50	48-60
1993	Christmas Elf - H. Thelander	Annual	1993	59.50	48-60
1994	Christmas in Church - H. Thelander	Annual	1994	59.50	48-60
1995	Behind The Frozen Window - A. Hallin	Annual	1995	59.50	48-60

Children's Day Plate Series - Various

1985	The Magical Tea Party - C. Roller	Annual	1985	24.50	25-35
1986	A Joyful Flight - C. Roller	Annual	1986	26.50	35-55
1986	The Little Gardeners - C. Roller	Annual	1987	29.50	70-85
1988	Wash Day - C. Roller	Annual	1988	34.50	47
1989	Bedtime - C. Roller	Annual	1989	37.00	57
1990	My Favorite Dress - S. Vestergaard	Annual	1990	37.00	45-75
1991	Fun on the Beach - S. Vestergaard	Annual	1991	45.00	35-60
1992	A Summer Day in the Meadow - S. Vestergaard	Annual	1992	45.00	40-80
1993	The Carousel - S. Vestergaard	Annual	1993	45.00	40-50
1994	The Little Fisherman - S. Vestergaard	Annual	1994	45.00	35-45
1995	My First Book - S. Vestergaard	Annual		45.00	45

Christmas - Various

1895	Behind The Frozen Window - F.A. Hallin	Annual	1895	.50	5000-7000
1896	New Moon - F.A. Hallin	Annual	1896	.50	1700-2500
1897	Sparrows - F.A. Hallin	Annual	1897	.75	1100-1700
1898	Roses and Star - F. Garde	Annual	1898	.75	700-975
1899	Crows - F. Garde	Annual	1899	.75	1300-2000
1900	Church Bells - F. Garde	Annual	1900	.75	1100-1600
1901	Three Wise Men - S. Sabra	Annual	1901	1.00	450-550
1902	Gothic Church Interior - D. Jensen	Annual	1902	1.00	250-450
1903	Expectant Children - M. Hyldahl	Annual	1903	1.00	250-400
1904	Fredericksberg Hill - C. Olsen	Annual	1904	1.00	120-225
1905	Christmas Night - D. Jensen	Annual	1905	1.00	180-210
1906	Sleighing to Church - D. Jensen	Annual	1906	1.00	105-125
1907	Little Match Girl - E. Plockross	Annual	1907	1.00	135-150
1908	St. Petri Church - P. Jorgensen	Annual	1908	1.00	80-105
1909	Yule Tree - Aarestrup	Annual	1909	1.50	100-135
1910	The Old Organist - C. Ersgaard	Annual	1910	1.50	90-113
1911	Angels and Shepherds - H. Moltke	Annual	1911	1.50	95
1912	Going to Church - E. Hansen	Annual	1912	1.50	95
1913	Bringing Home the Tree - T. Larsen	Annual	1913	1.50	95
1914	Amalienborg Castle - T. Larsen	Annual	1914	1.50	95
1915	Dog Outside Window - D. Jensen	Annual	1915	1.50	130-155
1916	Sparrows at Christmas - P. Jorgensen	Annual	1916	1.50	90
1917	Christmas Boat - A. Friis	Annual	1917	1.50	90
1918	Fishing Boat - A. Friis	Annual	1918	1.50	90
1919	Outside Lighted Window - A. Friis	Annual	1919	2.00	90
1920	Hare in the Snow - A. Friis	Annual	1920	2.00	75-100
1921	Pigeons - A. Friis	Annual	1921	2.00	75
1922	Star of Bethlehem - A. Friis	Annual	1922	2.00	90
1923	The Ermitage - A. Friis	Annual	1923	2.00	85-100
1924	Lighthouse - A. Friis	Annual	1924	2.50	85
1925	Child's Christmas - A. Friis	Annual	1925	2.50	90
1926	Churchgoers - A. Friis	Annual	1926	2.50	85
1927	Skating Couple - A. Friis	Annual	1927	2.50	100
1928	Eskimos - A. Friis	Annual	1928	2.50	75
1929	Fox Outside Farm - A. Friis	Annual	1929	2.50	95
1930	Town Hall Square - H. Flugenring	Annual	1930	2.50	100
1931	Christmas Train - A. Friis	Annual	1931	2.50	95
1932	Life Boat - H. Flugenring	Annual	1932	2.50	75-100
1933	Korsor-Nyborg Ferry - H. Flugenring	Annual	1933	3.00	75-100
1934	Church Bell in Tower - H. Flugenring	Annual	1934	3.00	85
1935	Lillebelt Bridge - O. Larson	Annual	1935	3.00	75-100
1936	Royal Guard - O. Larson	Annual	1936	3.00	80
1937	Arrival of Christmas Guests - O. Larson	Annual	1937	3.00	95
1938	Lighting the Candles - I. Tjerne	Annual	1938	3.00	115-150
1939	Old Lock-Eye, The Sandman - I. Tjerne	Annual	1939	3.00	180
1940	Christmas Letters - O. Larson	Annual	1940	4.00	180
1941	Horses Enjoying Meal - O. Larson	Annual	1941	4.00	250-300
1942	Danish Farm - O. Larson	Annual	1942	4.00	185
1943	Ribe Cathedral - O. Larson	Annual	1943	5.00	185
1944	Sorgenfri Castle - O. Larson	Annual	1944	5.00	100
1945	The Old Water Mill - O. Larson	Annual	1945	5.00	120-175
1946	Commemoration Cross - M. Hyldahl	Annual	1946	5.00	80-100
1947	Dybbol Mill - M. Hyldahl	Annual	1947	5.00	105-150
1948	Watchman - M. Hyldahl	Annual	1948	5.50	75-100
1949	Landsoldaten - M. Hyldahl	Annual	1949	5.50	75-105
1950	Kronborg Castle - M. Hyldahl	Annual	1950	5.50	95-155
1951	Jens Bang - M. Hyldahl	Annual	1951	6.00	95-120
1952	Thorsvaldsen Museum - B. Pramvig	Annual	1952	6.00	85-120
1953	Snowman - B. Pramvig	Annual	1953	7.50	85-140
1954	Royal Boat - K. Bonfils	Annual	1954	7.00	100
1955	Kaulundorg Church - K. Bonfils	Annual	1955	8.00	105
1956	Christmas in Copenhagen - K. Bonfils	Annual	1956	8.50	110-145
1957	Christmas Candles - K. Bonfils	Annual	1957	9.00	120-165
1958	Santa Claus - K. Bonfils	Annual	1958	9.50	110
1959	Christmas Eve - K. Bonfils	Annual	1959	10.00	145
1960	Village Church - K. Bonfils	Annual	1960	10.00	160-200
1961	Winter Harmony - K. Bonfils	Annual	1961	10.50	100
1962	Winter Night - K. Bonfils	Annual	1962	11.00	85
1963	The Christmas Elf - H. Thelander	Annual	1963	11.00	115-150
1964	The Fir Tree and Hare - H. Thelander	Annual	1964	11.50	50
1965	Bringing Home the Tree - H. Thelander	Annual	1965	12.00	50
1966	Home for Christmas - H. Thelander	Annual	1966	12.00	50
1967	Sharing the Joy - H. Thelander	Annual	1967	13.00	45
1968	Christmas in Church - H. Thelander	Annual	1968	14.00	40
1969	Arrival of Guests - H. Thelander	Annual	1969	14.00	30
1970	Pheasants in Snow - H. Thelander	Annual	1970	14.50	25
1971	Christmas at Home - H. Thelander	Annual	1971	15.00	20
1972	Christmas in Greenland - H. Thelander	Annual	1972	16.50	25
1973	Country Christmas - H. Thelander	Annual	1973	19.50	25
1974	Christmas in the Village - H. Thelander	Annual	1974	22.00	25
1975	Old Water Mill - H. Thelander	Annual	1975	27.50	25
1976	Christmas Welcome - H. Thelander	Annual	1976	27.50	25
1977	Copenhagen Christmas - H. Thelander	Annual	1977	29.50	28
1978	Christmas Tale - H. Thelander	Annual	1978	32.00	30-50
1979	White Christmas - H. Thelander	Annual	1979	36.50	30-50
1980	Christmas in Woods - H. Thelander	Annual	1980	42.50	32
1981	Christmas Peace - H. Thelander	Annual	1981	49.50	37
1982	Christmas Tree - H. Thelander	Annual	1982	54.50	40-53
1983	Christmas in Old Town - H. Thelander	Annual	1983	54.50	40-55
1984	The Christmas Letter - E. Jensen	Annual	1984	54.50	45-55
1985	Christmas Eve at the Farmhouse - E. Jensen	Annual	1985	54.50	55
1986	Silent Night, Holy Night - E. Jensen	Annual	1986	54.50	60
1987	The Snowman's Christmas Eve - E. Jensen	Annual	1987	59.50	75
1988	In the Kings Garden - E. Jensen	Annual	1988	64.50	55-65
1989	Christmas Anchorage - E. Jensen	Annual	1989	59.50	60
1990	Changing of the Guards - E. Jensen	Annual	1990	64.50	65
1991	Copenhagen Stock Exchange - E. Jensen	Annual	1991	69.50	55-75
1992	Christmas At The Rectory - J. Steensen	Annual	1992	69.50	85
1993	Father Christmas in Copenhagen - J. Nielson	Annual	1993	69.50	55-85
1994	A Day At The Deer Park - J. Nielson	Annual	1994	72.50	50-73
1995	The Towers of Copenhagen - J. Nielson	Annual	1995	72.50	73

Christmas In America - J. Woodson

1986	Christmas Eve in Williamsburg	Annual	1986	29.50	160
1987	Christmas Eve at the White House	Annual	1987	34.50	35
1988	Christmas Eve at Rockefeller Center	Annual	1988	34.50	55
1989	Christmas In New England	Annual	1989	37.00	50
1990	Christmas Eve at the Capitol	Annual	1990	39.50	45
1991	Christmas Eve at Independence Hall	Annual	1991	45.00	50
1992	Christmas in San Francisco	Annual	1992	47.50	50
1993	Coming Home For Christmas	Annual	1993	47.50	48
1994	Christmas Eve in Alaska	Annual	1994	47.50	48
1995	Christmas Eve in Mississippi	Annual		47.50	48

Christmas in America Anniversary Plate - J. Woodson

| 1991 | Christmas Eve in Williamsburg | Annual | 1991 | 69.50 | 70 |

Jubilee-5 Year Cycle - Various

1915	Frozen Window - F.A. Hallin	Annual	1915	Unkn.	190-225
1920	Church Bells - F. Garde	Annual	1920	Unkn.	60-75
1925	Dog Outside Window - D. Jensen	Annual	1925	Unkn.	160-300
1930	The Old Organist - C. Ersgaard	Annual	1930	Unkn.	210
1935	Little Match Girl - E. Plockross	Annual	1935	Unkn.	450-760
1940	Three Wise Men - S. Sabra	Annual	1940	Unkn.	1800
1945	Amalienborg Castle - T. Larsen	Annual	1945	Unkn.	100-200
1950	Eskimos - A. Friis	Annual	1950	Unkn.	100-220
1955	Dybbol Mill - M. Hyldahl	Annual	1955	Unkn.	215
1960	Kronborg Castle - M. Hyldahl	Annual	1960	25.00	100-160
1965	Churchgoers - A. Friis	Annual	1965	25.00	105
1970	Amalienborg Castle - T. Larsen	Annual	1970	30.00	30
1975	Horses Enjoying Meal - O. Larson	Annual	1975	40.00	60
1980	Yule Tree - Aarestrup	Annual	1980	60.00	60
1985	Lifeboat at Work - H. Flugenring	Annual	1985	65.00	60
1990	The Royal Yacht Dannebrog - J. Bonfils	Annual	1990	95.00	80-95
1995	The Capitol - J. Woodson	Annual		74.50	75

Mother's Day - Various

1969	Dogs and Puppies - H. Thelander	Annual	1969	9.75	400
1970	Bird and Chicks - H. Thelander	Annual	1970	10.00	30
1971	Cat and Kitten - H. Thelander	Annual	1971	11.00	25
1972	Mare and Foal - H. Thelander	Annual	1972	12.00	20
1973	Duck and Ducklings - H. Thelander	Annual	1973	13.00	20
1974	Bear and Cubs - H. Thelander	Annual	1974	16.50	20
1975	Doe and Fawns - H. Thelander	Annual	1975	19.50	20
1976	Swan Family - H. Thelander	Annual	1976	22.50	25
1977	Squirrel and Young - H. Thelander	Annual	1977	23.50	25
1978	Heron and Young - H. Thelander	Annual	1978	24.50	20
1979	Fox and Cubs - H. Thelander	Annual	1979	27.50	30
1980	Woodpecker and Young - H. Thelander	Annual	1980	29.50	30
1981	Hare and Young - H. Thelander	Annual	1981	36.50	30
1982	Lioness and Cubs - H. Thelander	Annual	1982	39.50	40
1983	Raccoon and Young - H. Thelander	Annual	1983	39.50	40
1984	Stork and Nestlings - H. Thelander	Annual	1984	39.50	40
1985	Bear and Cubs - H. Thelander	Annual	1985	39.50	40
1986	Elephant with Calf - H. Thelander	Annual	1986	39.50	40
1987	Sheep with Lambs - H. Thelander	Annual	1987	42.50	90
1988	Crested Plover and Young - H. Thelander	Annual	1988	47.50	60
1988	Lapwing Mother with Chicks - H. Thelander	Annual	1988	49.50	80
1989	Cow With Calf - H. Thelander	Annual	1989	49.50	60
1990	Hen with Chicks - L. Jensen	Annual	1990	52.50	75
1991	The Nanny Goat and her Two Frisky Kids - L. Jensen	Annual	1991	54.50	75
1992	Panda With Cubs - L. Jensen	Annual	1992	59.50	60-90
1993	St. Bernard Dog and Puppies - A. Therkelsen	Annual	1993	59.50	45-60
1994	Cat with Kittens - A. Therkelsen	Annual	1994	59.50	60
1995	Hedgehog with Young - A. Therkelsen	Annual		59.50	60

Mother's Day Jubilee-5 Year Cycle - Thelander

1979	Dog & Puppies	Annual		55.00	60
1984	Swan Family	Annual		65.00	60
1989	Mare & Colt	Annual		95.00	90
1994	Woodpecker & Young	Annual		95.00	90

Olympic - Unknown

1972	Munich, Germany	Closed	1972	20.00	15-25
1976	Montreal, Canada	Closed	1976	29.50	60
1980	Moscow, Russia	Closed	1980	43.00	85
1984	Los Angeles, USA	Closed	1984	45.00	259
1988	Seoul, Korea	Closed	1988	60.00	90
1992	Barcelona, Spain	Closed	1992	74.50	75

Statue of Liberty - Unknown

| 1985 | Statue of Liberty | 10,000 | 1985 | 60.00 | 85-100 |

Boehm Studios
Panda - Boehm

| 1982 | Panda, Harmony | 5,000 | | 65.00 | 65 |
| 1982 | Panda, Peace | 5,000 | | 65.00 | 65 |

The Bradford Exchange/Russia
The Nutcracker - N. Zaitseva

1993	Marie's Magical Gift	95-day		39.87	40
1993	Dance of Sugar Plum Fairy	95-day		39.87	40
1993	Waltz of the Flowers	95-day		39.87	40
1993	Battle With the Mice King	95-day		39.87	40

The Bradford Exchange/United States
101 Dalmatians - Disney-Studios

1993	Watch Dogs	95-day		29.90	30
1994	A Happy Reunion	95-day		29.90	30
1994	Hello Darlings	95-day		32.90	33
1994	Sergeant Tibs Saves the Day	95-day		32.90	33
1994	Halfway Home	95-day		32.90	33
1994	True Love	95-day		32.90	33

Aladdin - Disney-Studios

| 1993 | Magic Carpet Ride | 95-day | | 29.90 | 30 |

PLATES

The Bradford Exchange/United States
to The Bradford Exchange/United States

YEAR ISSUE		EDITION LIMIT	YEAR RETD.	ISSUE PRICE	QUOTE U.S.$
993	A Friend Like Me	95-day		29.90	30
994	Aladdin in Love	95-day		29.90	30
994	Traveling Companions	95-day		29.90	30
994	Make Way for Prince Ali	95-day		29.90	30
994	Aladdin's Wish	95-day		29.90	30

Alice in Wonderland - S. Gustafson

993	The Mad Tea Party	95-day		29.90	30
993	The Cheshire Cat	95-day		29.90	30
994	Croquet with the Queen	95-day		29.90	30
994	Advice from a Caterpillar	95-day		29.90	30

America's Favorite Classic Cars - D. Everhart

993	1957 Corvette	Closed	1995	54.00	54
993	1956 Thunderbird	5/95		54.00	54
994	1957 Bel Air	7/95		54.00	54
994	1965 Mustang	9/95		54.00	54

America's Triumph in Space - R. Schaar

1993	The Eagle Has Landed	95-day		29.90	30
1993	The March Toward Destiny	95-day		29.90	30
1994	Flight of Glory	95-day		32.90	33
1994	Beyond the Bounds of Earth	95-day		32.90	33
1994	Conquering the New Frontier	95-day		32.90	33
1994	Rendezvous With Victory	95-day		34.90	35
1994	The New Explorers	95-day		34.90	35
1994	Triumphant Finale	95-day		34.90	35

American Frontier - C. Wysocki

1993	Timberline Jack's Trading Post	95-day		29.90	30
1994	Dr. Livingwell's Medicine Show	95-day		29.90	30
1994	Bustling Boomtown	95-day		29.90	30
1994	Kirbyville	95-day		29.90	30
1994	Hearty Homesteaders	95-day		29.90	30
1994	Oklahoma or Bust	95-day		29.90	30

Baskets of Love - A. Isakov

1993	Andrew and Abbey	95-day		29.90	30
1993	Cody and Courtney	95-day		29.90	30
1993	Emily and Elliott	95-day		32.90	33
1993	Heather and Hannah	95-day		32.90	33
1993	Justin and Jessica	95-day		32.90	33
1993	Katie and Kelly	95-day		34.90	35
1994	Louie and Libby	95-day		34.90	35
1994	Sammy and Sarah	95-day		34.90	35

Charles Wysocki's Peppercricket Grove - C. Wysocki

1993	Peppercricket Farms	95-day		24.90	25
1993	Gingernut Valley Inn	95-day		24.90	25
1993	Budzen's Fruits and Vegetables	95-day		24.90	25
1993	Virginia's Market	95-day		24.90	25
1993	Pumpkin Hollow Emporium	95-day		24.90	25
1993	Liberty Star Farms	95-day		24.90	25
1993	Overflow Antique Market	95-day		24.90	25
1993	Black Crow Antique Shoppe	95-day		24.90	25

Chosen Messengers - G. Running Wolf

1994	The Pathfinders	95-day		29.90	30
1994	The Overseers	95-day		29.90	30
1994	The Providers	95-day		32.90	33
1994	The Surveyors	95-day		32.90	33

A Christmas Carol - L. Garrison

1993	God Bless Us Everyone	95-day		29.90	30
1993	Ghost of Christmas Present	95-day		29.90	30
1994	A Merry Christmas to All	95-day		29.90	30
1994	A Visit From Marley's Ghost	95-day		29.90	30
1994	Remembereing Christmas Past	95-day		29.90	30
1994	A Spirit's Warning	95-day		29.90	30
1994	The True Spirit of Christmas	95-day		29.90	30
1994	Merry Christmas, Bob	95-day		29.90	30

Christmas Memories - J. Tanton

1993	A Winter's Tale	95-day		29.90	30
1993	Finishing Touches	95-day		29.90	30
1993	Welcome to Our Home	95-day		29.90	30
1993	Christmas Celebration	95-day		29.90	30

Dog Days - J. Gadamus

1993	Sweet Dreams	95-day		29.90	30
1993	Pier Group	95-day		29.90	30
1993	Wagon Train	95-day		32.90	33
1993	First Flush	95-day		32.90	33
1993	Little Rascals	95-day		32.90	33
1993	Where'd He Go	95-day		32.90	33

Elvis: Young & Wild -B. Emmett

1993	The King of Creole	95-day		29.90	30
1993	King of the Road	95-day		29.90	30
1994	Tough But Tender	95-day		32.90	33
1994	With Love, Elvis	95-day		32.90	33
1994	The Picture of Cool	95-day		32.90	33
1994	Kissing Elvis	95-day		34.90	35
1994	The Perfect Take	95-day		34.90	35

Family Circles - R. Rust

1993	Great Gray Owl Family	95-day		29.90	30
1994	Great Horned Owl Family	95-day		29.90	30
1994	Barred Owl Family	95-day		29.90	30
1994	Spotted Owl Family	95-day		29.90	30

Field Pup Follies - L. Kaatz

YEAR ISSUE		EDITION LIMIT	YEAR RETD.	ISSUE PRICE	QUOTE U.S.$
1994	Sleeping on the Job	7/95		29.90	30
1994	Hat Check	9/95		29.90	30
1994	Fowl Play	11/95		29.90	30
1994	Tackling Lunch	1/96		29.90	30

Footsteps of the Brave - H. Schaare

1993	Noble Quest	95-day		24.90	25
1993	At Storm's Passage	95-day		24.90	25
1993	With Boundless Vision	95-day		27.90	28
1993	Horizons of Destiny	95-day		27.90	28
1993	Path of His Forefathers	95-day		27.90	28
1993	Soulful Reflection	95-day		29.90	30
1993	The Reverent Trail	95-day		29.90	30
1994	At Journey's End	95-day		34.90	35

Frace's Kingdom of the Great Cats: Signature Collection - C. Frace

1994	Mystic Realm	95-day		39.90	40
1994	Snow Leopard	95-day		39.90	40
1994	Emperor of Siberia	95-day		39.90	40
1994	His Domain	95-day		39.90	40
1994	American Monarch	95-day		39.90	40

Great Moments in Baseball - S. Gardner

1993	Joe DiMaggio: The Streak	95-day		29.90	30
1993	Stan Musial: 5 Homer Double Header	95-day		29.90	30
1994	Bobby Thomson: Shot Heard Round the World	95-day		32.90	33
1994	Bill Mazeroski: Winning Home Run	95-day		32.90	33
1994	Don Larsen: Perfect Series Game	95-day		32.90	33
1994	J. Robinson: Saved Pennant	95-day		34.90	35
1994	Satchel Paige: Greatest Games	95-day		34.90	35
1994	Billy Martin: The Rescue Catch	95-day		34.90	35
1994	Dizzy Dean: The World Series Shutout	95-day		34.90	35

Heaven Sent - L. Bogle

1994	Sweet Dreams	95-day		29.90	30
1994	Puppy Dog Tails	95-day		29.90	30
1994	Timeless Treasure	95-day		32.90	33

Heirloom Memories - A. Pech

1994	Porcelain Treasure	95-day		29.90	30
1994	Rhythms in Lace	95-day		29.90	30
1994	Pink Lemonade Roses	95-day		29.90	30
1994	Victorian Romance	95-day		29.90	30
1994	Teatime Tulips	95-day		29.90	30
1994	Touch of the Irish	95-day		29.90	30

A Hidden World - R. Rust

1993	Two by Night, Two by Light	95-day		29.90	30
1993	Two by Steam, Two in Dream	95-day		29.90	30
1993	Two on Sly, Two Watch Nearby	95-day		32.90	33
1993	Hunter Growls, Spirits Prowl	95-day		32.90	33
1993	In Moonglow One Drinks	95-day		32.90	33
1993	Sings at the Moon, Spirits Sing in Tune	95-day		34.90	35
1994	Two Cubs Play As Spirits Show the Way	95-day		34.90	35
1994	Young Ones Hold on Tight As Spirits Stay in Sight	95-day		34.90	35

Hideaway Lake - R. Rust

1993	Rusty's Retreat	95-day		34.90	35
1993	Fishing For Dreams	95-day		34.90	35
1993	Sunset Cabin	95-day		34.90	35
1993	Echoes of Morning	95-day		34.90	35

In A Hidden Garden - T. Clausnitzer

1993	Curious Kittens	95-day		29.90	30
1994	Through Eyes of Blue	95-day		29.90	30
1994	Amber Gaze	95-day		29.90	30
1994	Fascinating Find	95-day		29.90	30

Keepsakes of the Heart - C. Layton

1993	Forever Friends	95-day		29.90	30
1993	Afternoon Tea	95-day		29.90	30
1993	Riding Companions	95-day		29.90	30
1993	Sentimental Sweethearts	95-day		29.90	30

Kingdom of the Unicorn - M. Ferraro

1993	The Magic Begins	95-day		29.90	30
1993	In Crystal Waters	95-day		29.90	30
1993	Chasing a Dream	95-day		29.90	30
1993	The Fountain of Youth	95-day		29.90	30

Lena Liu's Beautiful Gardens - Inspired by L. Liu

1994	Iris Garden	12/95		34.00	34
1994	Peony Garden	2/96		34.00	34
1994	The Rose Garden	4/96		39.00	39

The Life of Christ - R. Barrett

1994	The Passion in the Garden	95-day		29.90	30
1994	Jesus Enters Jerusalem	95-day		29.90	30
1994	Jesus Calms the Waters	95-day		32.90	33
1994	Sermon on the Mount	95-day		32.90	33
1994	The Last Supper	95-day		32.90	33
1994	The Ascension	95-day		34.90	35

YEAR ISSUE		EDITION LIMIT	YEAR RETD.	ISSUE PRICE	QUOTE U.S.$
1994	The Resurrection	95-day		34.90	35

Lincoln's Portraits of Valor - B. Maguire

1993	The Gettysburg Address	95-day		29.90	30
1993	Emancipation Proclamation	95-day		29.90	30
1993	The Lincoln-Douglas Debates	95-day		29.90	30
1993	The Second Inaugural Address	95-day		29.90	30

Little Bandits - C. Jagodits

1993	Handle With Care	95-day		29.90	30
1993	All Tied Up	95-day		29.90	30
1993	Everything's Coming Up Daisies	95-day		32.90	33
1993	Out of Hand	95-day		32.90	33
1993	Pupsicles	95-day		32.90	33
1993	Unexpected Guests	95-day		32.90	33

Mysterious Case of Fowl Play - B.H. Bond

1994	Inspector Clawseau	95-day		29.90	30
1994	Glamourpuss	95-day		29.90	30
1994	Sophisicat	95-day		29.90	30

Mystic Guardians - S. Hill

1993	Soul Mates	95-day		29.90	30
1993	Majestic Messenger	95-day		29.90	30
1993	Companion Spirits	95-day		32.90	33
1994	Faithful Fellowship	95-day		32.90	33
1994	Spiritual Harmony	95-day		32.90	33
1994	Royal Unity	95-day		32.90	33

Nature's Little Treasures - L. Martin

1994	Garden Whispers	95-day		29.90	30
1994	Wings of Grace	95-day		29.90	30
1994	Delicate Splendor	95-day		32.90	33
1994	Perfect Jewels	95-day		32.90	33
1994	Miniature Glory	95-day		32.90	33
1994	Precious Beauties	95-day		34.90	35
1994	Minute Enchantment	95-day		34.90	35
1994	Rare Perfection	95-day		34.90	35

New Horizons - R. Copple

1993	Building For a New Generation	95-day		29.90	30
1993	The Power of Gold	95-day		29.90	30
1994	Wings of Snowy Grandeur	95-day		32.90	33
1994	Master of the Chase	95-day		32.90	33

Night Fairies - M. Jobe

1994	Trails of Starlight	95-day		29.90	30

Nightsong: The Loon - J. Hansel

1994	Moonlight Echoes	95-day		29.90	30
1994	Evening Mist	95-day		29.90	30
1994	Nocturnal Glow	95-day		32.90	33
1994	Tranquil Reflections	95-day		32.90	33
1994	Peaceful Waters	95-day		32.90	33
1994	Silently Nestled	95-day		34.90	35
1994	Night Light	95-day		34.90	35

Nightwatch: The Wolf - D. Ningewance

1994	Moonlight Serenade	95-day		29.90	30
1994	Midnight Guard	95-day		29.90	30
1994	Snowy Lookout	95-day		29.90	30
1994	Silent Sentries	95-day		29.90	30
1994	Song to the Night	95-day		29.90	30
1994	Winter Passage	95-day		29.90	30

Notorious Disney Villains - Disney Studios

1993	The Wicked Queen	95-day		29.90	30
1994	Maleficent	95-day		29.90	30
1994	Ursella	95-day		29.90	30
1994	Cruella De Vil	95-day		29.90	30

Old Fashioned Christmas with Thomas Kinkade - T. Kinkade

1993	All Friends Are Welcome	95-day		29.90	30
1993	Winters Memories	95-day		29.90	30
1993	A Holiday Gathering	95-day		32.90	33
1994	Christmas Tree Cottage	95-day		32.90	33

Panda Bear Hugs - W. Nelson

1994	Loving Advice	5/95		39.00	39
1994	A Playful Interlude	7/95		39.00	39
1994	A Taste of Life	9/95		39.00	39

Pathways of the Heart - J. Barnes

1993	October Radiance	95-day		29.90	30
1993	Daybreak	95-day		29.90	30
1994	Harmony with Nature	95-day		29.90	30
1994	Distant Lights	95-day		29.90	30
1994	A Night to Remember	95-day		29.90	30
1994	Peaceful Evening	95-day		29.90	30

Peace on Earth - D. Geisness

1993	Winter Lullaby	95-day		29.90	30
1994	Heavenly Slumber	95-day		29.90	30
1994	Sweet Embrace	95-day		32.90	33
1994	Woodland Dreams	95-day		32.90	33
1994	Snowy Silence	95-day		32.90	33
1994	Dreamy Whispers	95-day		32.90	33

Practice Makes Perfect - L. Kaatz

1994	What's a Mother to Do?	95-day		29.90	30

The Bradford Exchange/United States
to Delphi

PLATES

YEAR ISSUE		EDITION LIMIT	YEAR RETD.	ISSUE PRICE	QUOTE U.S.$
1994	The Ones That Got Away	95-day		29.90	30
1994	Pointed in the Wrong Direction	95-day		32.90	33
1994	Fishing for Compliments	95-day		32.90	33
1994	Dandy Distraction	95-day		32.90	33

Promise of a Savior - Various

1993	An Angel's Message - Various	95-day		29.90	30
1993	Gifts to Jesus - Various	95-day		29.90	30
1993	The Heavenly King - Various	95-day		29.90	30
1993	Angels Were Watching - Various	95-day		29.90	30
1993	Holy Mother and Child - Various	95-day		29.90	30
1994	A Child is Born - Various	95-day		29.90	30

Radiant Messengers - L. Martin

1994	Peace	95-day		29.90	30

Reflections of Marilyn - C. Notarile

1994	All That Glitters	95-day		29.90	30

Sacred Circle - K. Randle

1993	Before the Hunt	95-day		29.90	30
1993	Spiritual Guardian	95-day		29.90	30
1993	Ghost Dance	95-day		32.90	33
1994	Deer Dance	95-day		32.90	33
1994	The Wolf Dance	95-day		32.90	33
1994	The Painted Hourse	95-day		34.90	35
1994	Transformation Dance	95-day		34.90	35
1994	Elk Dance	95-day		34.90	35

Sovereigns of the Sky - G. Dieckoner

1994	Spirit of Freedom	8/95		39.00	39
1994	Spirit of Pride	10/95		39.00	39
1994	Spirit of Valor	12/95		44.00	44
1994	Spirit of Majesty	2/96		44.00	44

Sovereigns of the Wild - D. Grant

1993	The Snow Queen	95-day		29.90	30
1994	Let Us Survive	95-day		29.90	30
1994	Cool Cats	95-day		29.90	30
1994	Siberian Snow Tigers	95-day		29.90	30
1994	African Evening	95-day		29.90	30
1994	First Outing	95-day		29.90	30

Superstars of Country Music - N. Giorgio

1993	Dolly Parton: I Will Always Love You	95-day		29.90	30
1993	Kenny Rogers: Sweet Music Man	95-day		29.90	30
1994	Barbara Mandrell	95-day		32.90	33
1994	Glen Campbell: Rhinestone Cowboy	95-day		32.90	33

Tale of Peter Rabbit and Benjamin Bunny - Inspired by B. Potter

1994	A Pocket Full of Onions	3/96		39.00	39
1994	Beside His Cousin	95-day		39.00	39

Thundering Waters - L. Kaatz

1994	Niagara Falls	95-day		34.90	35
1994	Lower Falls, Yellowstone	95-day		34.90	35
1994	Bridal Veil Falls	95-day		34.90	35

Trains of the Great West - K. Randle

1993	Moonlit Journey	95-day		29.90	30
1993	Mountain Hideaway	95-day		29.90	30
1993	Early Morning Arrival	95-day		29.90	30
1994	The Snowy Pass	95-day		29.90	30

Untamed Spirits - P. Weirs

1993	Wild Hearts	95-day		29.90	30
1994	Breakaway	95-day		29.90	30
1994	Forever Free	95-day		29.90	30
1994	Distant Thunder	95-day		29.90	30

Vanishing Paradises - G. Dieckoner

1993	The Rainforest	95-day		29.90	30
1993	The Panda's World	95-day		29.90	30
1993	Splendors of India	95-day		29.90	30
1993	An African Safari	95-day		29.90	30

Visions of Our Lady - H. Garrido

1994	Our Lady of Lourdes	95-day		29.90	30
1994	Our Lady of Medjugorje	95-day		29.90	30
1994	Our Lady of Fatima	95-day		29.90	30
1994	Our Lady of Guadeloupe	95-day		29.90	30
1994	Our Lady of Grace	95-day		29.90	30
1994	Our Lady of Mt. Carmel	95-day		29.90	30

Visions of the Sacred - D. Stanley

1994	Snow Rider	95-day		29.90	30
1994	Spring's Messenger	95-day		29.90	30
1994	The Cheyenne Prophet	95-day		32.90	33

A Visit to Brambly Hedge - J. Barklem

1994	Summer Story	6/95		39.90	40
1994	Spring Story	8/95		39.90	40
1994	Autumn Story	10/95		39.90	40
1994	Winter Story	12/95		39.90	40

Warm Country Moments - M.A. Lasher

1994	Mabel's Sunny Retreat	95-day		29.90	30
1994	Annebelle's Simple Pleasures	95-day		29.90	30
1994	Harriet's Loving Touch	95-day		29.90	30

YEAR ISSUE		EDITION LIMIT	YEAR RETD.	ISSUE PRICE	QUOTE U.S.$
1994	Emily and Alice in a Jam	95-day		29.90	30

When All Hearts Come Home - J. Barnes

1993	Oh Christmas Tree	95-day		29.90	30
1993	Night Before Christmas	95-day		29.90	30
1993	Comfort and Joy	95-day		29.90	30
1993	Grandpa's Farm	95-day		29.90	30
1993	Peace on Earth	95-day		29.90	30
1993	Night Departure	95-day		29.90	30
1993	Supper and Small Talk	95-day		29.90	30
1993	Christmas Wish	95-day		29.90	30

When Dreams Blossom - R. McGinnis

1994	Dreams to Gather	95-day		29.90	30
1994	Where Friends Dream	95-day		29.90	30
1994	The Sweetest of Dreams	95-day		32.90	33
1994	Dreams of Poetry	95-day		32.90	33

Windows on a World of Song - K. Daniel

1993	The Library: Cardinals	95-day		34.90	35
1993	The Den: Black-Capped Chickadees	95-day		34.90	35
1993	The Bedroom: Bluebirds	95-day		34.90	35
1994	The Kitchen: Goldfinches	95-day		34.90	35

Woodland Wings - J. Hansel

1994	Twilight Flight	95-day		34.90	35
1994	Gliding on Gilded Skies	95-day		34.90	35
1994	Sunset Voyage	95-day		34.90	35

The World of the Eagle - J. Hansel

1994	Sentinel of the Night	95-day		29.90	30

WWII: A Remembrance - J. Griffin

1994	D-Day	95-day		29.90	30
1994	The Battle of Midway	95-day		29.90	30
1994	The Battle of The Bulge	95-day		32.90	33

Cavanagh Group Intl.

Coca-Cola Brand Heritage Collection - Various

1995	Boy Fishing - N. Rockwell	5,000		60.00	60
1995	Hilda Clark with Roses - CGI	5,000		60.00	60
1994	Santa at His Desk - Sundblom	5,000		60.00	60

Dave Grossman Creations

Emmett Kelly Plates - B. Leighton-Jones

1986	Christmas Carol	Yr.Iss.		20.00	20
1987	Christmas Wreath	Yr.Iss.		20.00	20
1988	Christmas Dinner	Yr.Iss.		20.00	49
1989	Christmas Feast	Yr.Iss.		20.00	39
1990	Just What I Needed	Yr.Iss.		24.00	39
1991	Emmett The Snowman	Yr.Iss.		25.00	45
1992	Christmas Tunes	Yr.Iss.		25.00	25
1993	Downhill-Christmas Plate	Yr.Iss.		30.00	30
1994	Holiday Skater EKP-94	Yr.Iss.		30.00	30

Saturday Evening Post Collection - Rockwell-Inspired

1991	Downhill Daring BRP-91	Yr.Iss.		25.00	25
1991	Missed BRP-101	Yr.Iss.		25.00	25
1992	Choosin Up BRP-102	Yr.Iss.		25.00	25

Dave Grossman Designs

Norman Rockwell Collection - Rockwell-Inspired

1979	Leapfrog NRP-79	Retrd.		50.00	50
1980	Lovers NRP-80	Retrd.		60.00	60
1981	Dreams of Long Ago NRP-81	Retrd.		60.00	60
1982	Doctor and Doll NRP-82	Retrd.		65.00	95
1983	Circus NRP-83	Retrd.		65.00	65
1984	Visit With Rockwell NRP-84	Retrd.		65.00	65
1980	Christmas Trio RXP-80	Retrd.		75.00	75
1981	Santa's Good Boys RXP-81	Retrd.		75.00	75
1982	Faces of Christmas RXP-82	Retrd.		75.00	75
1983	Christmas Chores RXP-83	Retrd.		75.00	75
1984	Tiny Tim RXP-84	Retrd.		75.00	75
1980	Back To School RMP-80	Retrd.		24.00	24
1981	No Swimming RMP-81	Retrd.		25.00	25
1982	Love Letter RMP-82	Retrd.		27.00	30
1983	Doctor and Doll RMP-83	Retrd.		27.00	27
1984	Big Moment RMP-84	Retrd.		27.00	27
1979	Butterboy RP-01	Retrd.		40.00	40
1982	American Mother RGP-42	Retrd.		45.00	45
1983	Dreamboat RGP-83	Retrd.		24.00	30
1978	Young Doctor RDP-26	Retrd.		50.00	65

Norman Rockwell Collection-Boy Scout Plates - Rockwell-Inspired

1981	Can't Wait BSP-01	Retrd.		30.00	45
1982	Guiding Hand BSP-02	Retrd.		30.00	35
1983	Tomorrow's Leader BSP-03	Retrd.		30.00	45

Norman Rockwell Collection-Huck Finn Plates - Rockwell-Inspired

1979	Secret HFP-01	Retrd.		40.00	40
1980	ListeningHFP-02	Retrd.		40.00	40
1980	No Kings HFP-03	Retrd.		40.00	40
1981	Snake Escapes HFP-04	Retrd.		40.00	40

Norman Rockwell Collection-Tom Sawyer Plates - Rockwell-Inspired

YEAR ISSUE		EDITION LIMIT	YEAR RETD.	ISSUE PRICE	QUOTE U.S.$
1975	Whitewashing the Fence TSP-01	Retrd.		26.00	35
1976	First Smoke TSP-02	Retrd.		26.00	35
1977	Take Your Medicine TSP-03	Retrd.		26.00	40
1978	Lost in Cave TSP-04	Retrd.		26.00	40

Delphi

The Beatles '67-'70 - D. Sivavec

1992	Sgt. Pepper the 25th Anniversary	150-day		27.75	28
1992	All You Need is Love	150-day		27.75	28
1993	Magical Mystery Tour	150-day		30.75	31
1993	Hey Jude	150-day		30.75	31
1993	Abbey Road	150-day		30.75	31
1993	Let It Be	150-day		30.75	31

The Beatles Collection - N. Giorgio

1991	The Beatles, Live In Concert	150-day		24.75	65
1991	Hello America	150-day		24.75	65
1991	A Hard Day's Night	150-day		27.75	65
1992	Beatles '65	150-day		27.75	28
1992	Help	150-day		27.75	28
1992	The Beatles at Shea Stadium	150-day		29.75	30
1992	Rubber Soul	150-day		29.75	30
1992	Yesterday and Today	150-day		29.75	30

Commemorating The King - M. Stutzman

1993	The Rock and Roll Legend	95-day		29.75	60
1993	Las Vegas, Live	95-day		29.75	65
1993	Blues and Black Leather	95-day		29.75	30
1993	Private Presley	95-day		29.75	30
1993	Golden Boy	95-day		29.75	30
1993	Screen Idol	95-day		29.75	30
1993	Outstanding Young Man	95-day		29.75	30
1993	The Tiger: Faith, Spirit & Discipline	95-day		29.75	30

Dream Machines - P. Palma

1988	'56 T-Bird	150-day		24.75	25
1988	'57 'Vette	150-day		24.75	25
1989	'58 Biarritz	150-day		27.75	28
1989	'56 Continental	150-day		27.75	28
1989	'57 Bel Air	150-day		27.75	29
1989	'57 Chrysler 300C	150-day		27.75	35

Elvis on the Big Screen - B. Emmett

1992	Elvis in Loving You	150-day		29.75	45
1992	Elvis in G.I. Blues	150-day		29.75	50
1992	Viva Las Vegas	150-day		32.75	70
1993	Elvis in Blue Hawaii	150-day		32.75	33
1993	Elvis in Jailhouse Rock	150-day		32.75	33
1993	Elvis in Spinout	150-day		34.75	35
1993	Elvis in Speedway	150-day		34.75	35
1993	Elvis in Harum Scarum	150-day		34.75	35

The Elvis Presley Hit Parade - N. Giorgio

1992	Heartbreak Hotel	150-day		29.75	30
1992	Blue Suede Shoes	150-day		29.75	30
1992	Hound Dog	150-day		32.75	33
1992	Blue Christmas	150-day		32.75	33
1992	Return to Sender	150-day		32.75	33
1993	Teddy Bear	150-day		34.75	35
1993	Always on My Mind	150-day		34.75	35
1993	Mystery Train	150-day		34.75	35
1993	Blue Moon of Kentucky	150-day		34.75	35
1993	Wear My Ring Around Your Neck	150-day		36.75	37
1993	Suspicious Minds	150-day		36.75	37
1993	Peace in the Valley	150-day		36.75	37

Elvis Presley: In Performance - B. Emmett

1990	'68 Comeback Special	150-day		24.75	65
1991	King of Las Vegas	150-day		24.75	65
1991	Aloha From Hawaii	150-day		27.75	55-65
1991	Back in Tupelo, 1956	150-day		27.75	65
1991	If I Can Dream	150-day		27.75	65
1991	Benefit for the USS Arizona	150-day		29.75	60
1991	Madison Square Garden, 1972	150-day		29.75	70
1991	Tampa, 1955	150-day		29.75	30-65
1991	Concert in Baton Rouge, 1974	150-day		29.75	40-65
1992	On Stage in Wichita, 1974	150-day		31.75	50-65
1992	In the Spotlight: Hawaii, '72	150-day		31.75	65
1992	Tour Finale: Indianapolis 1977	150-day		31.75	32

Elvis Presley: Looking At A Legend - B. Emmett

1988	Elvis at/Gates of Graceland	150-day		24.75	90-150
1989	Jailhouse Rock	150-day		24.75	75-95
1989	The Memphis Flash	150-day		27.75	70
1989	Homecoming	150-day		27.75	45-65
1990	Elvis and Gladys	150-day		27.75	45-60
1990	A Studio Session	150-day		27.75	50
1990	Elvis in Hollywood	150-day		29.75	45-65
1990	Elvis on His Harley	150-day		29.75	65-80
1990	Stage Door Autographs	150-day		29.75	45-65
1991	Christmas at Graceland	150-day		32.75	45-70
1991	Entering Sun Studio	150-day		32.75	45-70
1991	Going for the Black Belt	150-day		32.75	50
1991	His Hand in Mine	150-day		32.75	35-45
1991	Letters From Fans	150-day		32.75	40
1991	Closing the Deal	150-day		34.75	40
1992	Elvis Returns to the Stage	150-day		34.75	45

Fabulous Cars of the '50's - G. Angelini

YEAR	ISSUE	EDITION LIMIT	YEAR RETD.	ISSUE PRICE	QUOTE U.S.$
1993	'57 Red Corvette	95-day		24.75	60
1993	'57 White T-Bird	95-day		24.75	25
1993	'57 Blue Belair	95-day		27.75	28
1993	'59 Cadillac	95-day		27.75	28
1993	'56 Lincoln Premier	95-day		27.75	28

In the Footsteps of the King - D. Sivavec

YEAR	ISSUE	EDITION LIMIT	YEAR RETD.	ISSUE PRICE	QUOTE U.S.$
1993	Graceland: Memphis, Tenn.	95-day		27.75	28
1994	Elvis' Birthplace: Tupelo, Miss	95-day		29.75	30
1994	Day Job: Memphis, Tenn.	95-day		32.75	33
1994	Flying Circle G. Ranch: Walls, Miss.	95-day		32.75	33
1994	The Lauderdale Courts	95-day		32.75	33
1995	Patriotic Soldier	95-day		34.75	35

Indiana Jones - V. Gadino

YEAR	ISSUE	EDITION LIMIT	YEAR RETD.	ISSUE PRICE	QUOTE U.S.$
1989	Indiana Jones	150-day		24.75	25-40
1989	Indiana Jones and His Dad	150-day		24.75	45
1990	Indiana Jones/Dr. Schneider	150-day		27.75	30-40
1990	A Family Discussion	150-day		27.75	40
1990	Young Indiana Jones	150-day		27.75	50
1991	Indiana Jones/The Holy Grail	150-day		27.75	60

Legends of Baseball - Various

YEAR	ISSUE	EDITION LIMIT	YEAR RETD.	ISSUE PRICE	QUOTE U.S.$
1992	Babe Ruth: The Called Shot - B. Benger	150-day		24.95	25
1992	Lou Gehrig: The Luckiest Man - J. Barson	150-day		24.75	25
1993	Ty Cobb: The Georgia Peach - J. Barson	150-day		27.95	28
1993	Cy Young: The Perfect Game - J. Barson	150-day		27.75	28
1993	Roger Hornsby: .424 Season - J. Barson	150-day		27.75	28
1993	Honus Wagner: Flying Dutchman - J. Barson	150-day		29.75	30
1993	Jimmie Fox: The Beast - J. Barson	150-day		29.75	30
1993	Walter Johnson: The Shutout - J. Barson	150-day		29.75	30
1993	Tris Speaker: The Gray Eagle - J. Barson	150-day		29.75	30

The Magic of Marilyn - C. Notarile

YEAR	ISSUE	EDITION LIMIT	YEAR RETD.	ISSUE PRICE	QUOTE U.S.$
1992	For Our Boys in Korea, 1954	150-day		24.75	25
1992	Opening Night	150-day		24.75	25
1993	Rising Star	150-day		27.75	28
1992	Stopping Traffic	150-day		27.75	28
1992	Strasberg's Class	150-day		27.75	28
1993	Photo Opportunity	150-day		29.75	30
1993	Shining Star	150-day		29.75	30
1993	Curtain Call	150-day		29.75	30

The Marilyn Monroe Collection - C. Notarile

YEAR	ISSUE	EDITION LIMIT	YEAR RETD.	ISSUE PRICE	QUOTE U.S.$
1989	Marilyn Monroe/7 Year Itch	150-day		24.75	80
1990	Diamonds/Girls Best Friend	150-day		24.75	90
1991	Marilyn Monroe/River of No Return	150-day		27.75	50
1992	How to Marry a Millionaire	150-day		27.75	50-90
1992	There's No Business/Show Business	150-day		27.75	80
1992	Marilyn Monroe in Niagra	150-day		29.75	80
1992	My Heart Belongs to Daddy	150-day		29.75	70
1992	Marilyn Monroe as Cherie in Bus Stop	150-day		29.75	60-85
1992	Marilyn Monroe in All About Eve	150-day		29.75	70
1992	Marilyn Monroe in Monkey Business	150-day		31.75	70
1992	Marilyn Monroe in Don't Bother to Knock	150-day		31.75	40-75
1992	Marilyn Monroe in We're Not Married	150-day		31.75	45-70

Portraits of the King - D. Zwierz

YEAR	ISSUE	EDITION LIMIT	YEAR RETD.	ISSUE PRICE	QUOTE U.S.$
1991	Love Me Tender	150-day		27.75	45
1991	Are You Lonesome Tonight?	150-day		27.75	35
1991	I'm Yours	150-day		30.75	31
1991	Treat Me Nice	150-day		30.75	35
1992	The Wonder of You	150-day		30.75	31
1992	You're a Heartbreaker	150-day		32.75	33
1992	Just Because	150-day		32.75	33
1992	Follow That Dream	150-day		32.75	33

Take Me Out To The Ballgame - D. Henderson

YEAR	ISSUE	EDITION LIMIT	YEAR RETD.	ISSUE PRICE	QUOTE U.S.$
1993	Wrigley Field: The Friendly Confines	95-day		29.75	30
1993	Yankee Stadium: House that Ruth Built	95-day		29.75	30
1993	Fenway Park: Home of the Green Monster	95-day		32.75	33
1993	Briggs Stadium: Home of the Tigers	95-day		32.75	33
1993	Comiskey Park: Home of the White Sox	95-day		32.75	33
1994	Cleveland Stadium: Home of the Indians	95-day		34.75	35
1994	Memorial Stadium: Home of the Orioles	95-day		34.75	35
1994	County Stadium: Home of the 1957 Champions	95-day		34.75	35
1994	Ebbets Field: Home of the Dodgers	95-day		34.75	35

Department 56

A Christmas Carol - R. Innocenti

YEAR	ISSUE	EDITION LIMIT	YEAR RETD.	ISSUE PRICE	QUOTE U.S.$
1991	The Cratchit's Christmas Pudding, 5706-1	18,000	1991	60.00	60
1992	Marley's Ghost Appears To Scrooge, 5721-5	18,000	1992	60.00	65
1993	The Spirit of Christmas Present, 5722-3	18,000	1993	60.00	60
1994	Visions of Christmas Past 5723-1	18,000	1994	60.00	60

Dickens' Village - Department 56

YEAR	ISSUE	EDITION LIMIT	YEAR RETD.	ISSUE PRICE	QUOTE U.S.$
1987	Dickens' Village Porcelain Plates, 5917-0 Set of 4	Closed	1990	140.00	220

Duncan Royale

History of Santa Claus I - S. Morton

YEAR	ISSUE	EDITION LIMIT	YEAR RETD.	ISSUE PRICE	QUOTE U.S.$
1985	Medieval	Retrd.	N/A	40.00	50
1985	Kris Kringle	Retrd.	N/A	40.00	65
1985	Pioneer	10,000	N/A	40.00	40
1986	Russian	Retrd.	N/A	40.00	40
1986	Soda Pop	Retrd.	N/A	40.00	65
1986	Civil War	10,000	N/A	40.00	40
1986	Nast	Retrd.	N/A	40.00	75
1987	St. Nicholas	Retrd.	N/A	40.00	75
1987	Dedt Moroz	10,000	N/A	40.00	40
1987	Black Peter	10,000	N/A	40.00	40
1987	Victorian	Retrd.	N/A	40.00	40
1987	Wassail	Retrd.	N/A	40.00	40
XX	Collection of 12 Plates	Retrd.	N/A	480.00	480

Edna Hibel Studios

Allegro - E. Hibel

YEAR	ISSUE	EDITION LIMIT	YEAR RETD.	ISSUE PRICE	QUOTE U.S.$
1978	Plate & Book	7,500		120.00	135

Arte Ovale - E. Hibel

YEAR	ISSUE	EDITION LIMIT	YEAR RETD.	ISSUE PRICE	QUOTE U.S.$
1980	Takara, gold	300		1000.00	4200
1980	Takara, blanco	700		450.00	1200
1980	Takara, cobalt blue	1,000		595.00	2350
1984	Taro-kun, gold	300		1000.00	2700
1984	Taro-kun, blanco	700		450.00	825
1984	Taro-kun, cobalt blue	1,000		995.00	1050

Christmas Annual - E. Hibel

YEAR	ISSUE	EDITION LIMIT	YEAR RETD.	ISSUE PRICE	QUOTE U.S.$
1985	The Angels' Message	Yr.Iss.		45.00	225
1986	Gift of the Magi	Yr.Iss.		45.00	275
1987	Flight Into Egypt	Yr.Iss.		49.00	250
1988	Adoration of the Shepherds	Yr.Iss.		49.00	175
1989	Peaceful Kingdom	Yr.Iss.		49.00	165
1990	The Nativity	Yr.Iss.		49.00	125-150

David Series - E. Hibel

YEAR	ISSUE	EDITION LIMIT	YEAR RETD.	ISSUE PRICE	QUOTE U.S.$
1979	Wedding of David & Bathsheba	5,000		250.00	650
1980	David, Bathsheba & Solomon	5,000		275.00	425
1982	David the King	5,000		275.00	295
1982	David the King, cobalt A/P	25		275.00	1200
1984	Bathsheba	5,000		275.00	295
1984	Bathsheba, cobalt A/P	100		275.00	1200

Edna Hibel Holiday - E. Hibel

YEAR	ISSUE	EDITION LIMIT	YEAR RETD.	ISSUE PRICE	QUOTE U.S.$
1991	The First Holiday	Yr.Iss.		49.00	75
1991	The First Holiday, gold	1,000		99.00	150
1992	The Christmas Rose	Yr.Iss.		49.00	49
1992	The Christmas Rose, gold	1,000		99.00	99

Eroica - E. Hibel

YEAR	ISSUE	EDITION LIMIT	YEAR RETD.	ISSUE PRICE	QUOTE U.S.$
1990	Compassion	10,000		49.50	65
1992	Darya	10,000		49.50	50

Famous Women & Children - E. Hibel

YEAR	ISSUE	EDITION LIMIT	YEAR RETD.	ISSUE PRICE	QUOTE U.S.$
1980	Pharaoh's Daughter & Moses, gold	2,500		350.00	625
1980	Pharaoh's Daughter & Moses, cobalt blue	500		350.00	1350
1982	Cornelia & Her Jewels, gold	2,500		350.00	495
1982	Cornelia & Her Jewels, cobalt blue	500		350.00	1350
1982	Anna & The Children of the King of Siam, gold	2,500		350.00	495
1982	Anna & The Children of the King of Siam, colbalt blue	500		350.00	1350
1984	Mozart & The Empress Marie Theresa, gold	2,500		350.00	395
1984	Mozart & The Empress Marie Theresa, cobalt blue	500		350.00	975

Flower Girl Annual - E. Hibel

YEAR	ISSUE	EDITION LIMIT	YEAR RETD.	ISSUE PRICE	QUOTE U.S.$
1985	Lily	15,000		79.00	300
1986	Iris	15,000		79.00	225
1987	Rose	15,000		79.00	175
1988	Camellia	15,000		79.00	165
1989	Peony	15,000		79.00	95
1992	Wisteria	15,000		79.00	79

International Mother Love French - E. Hibel

YEAR	ISSUE	EDITION LIMIT	YEAR RETD.	ISSUE PRICE	QUOTE U.S.$
1985	Yvette Avec Ses Enfants	5,000		125.00	225
1991	Liberte, Egalite, Fraternite	5,000		95.00	95

International Mother Love German - E. Hibel

YEAR	ISSUE	EDITION LIMIT	YEAR RETD.	ISSUE PRICE	QUOTE U.S.$
1982	Gesa Und Kinder	5,000		195.00	195
1983	Alexandra Und Kinder	5,000		195.00	195

March of Dimes: Our Children Our Future - E. Hibel

YEAR	ISSUE	EDITION LIMIT	YEAR RETD.	ISSUE PRICE	QUOTE U.S.$
1990	A Time To Embrace	150-day		29.00	29

Mother and Child - E. Hibel

YEAR	ISSUE	EDITION LIMIT	YEAR RETD.	ISSUE PRICE	QUOTE U.S.$
1973	Colette & Child	15,000		40.00	725
1974	Sayuri & Child	15,000		40.00	425
1975	Kristina & Child	15,000		50.00	400
1976	Marilyn & Child	15,000		55.00	400
1977	Lucia & Child	15,000		60.00	350
1981	Kathleen & Child	15,000		85.00	275

Mother's Day - E. Hibel

YEAR	ISSUE	EDITION LIMIT	YEAR RETD.	ISSUE PRICE	QUOTE U.S.$
1992	Molly & Annie	Yr.Iss.		39.00	70-100
1992	Molly & Annie, gold	2,500		95.00	150
1992	Molly & Annie, platinum	500		275.00	275

Mother's Day Annual - E. Hibel

YEAR	ISSUE	EDITION LIMIT	YEAR RETD.	ISSUE PRICE	QUOTE U.S.$
1984	Abby & Lisa	Yr.Iss.		29.50	400
1985	Erica & Jamie	Yr.Iss.		29.50	250
1986	Emily & Jennifer	Yr.Iss.		29.50	150-300
1987	Catherine & Heather	Yr.Iss.		34.50	275
1988	Sarah & Tess	Yr.Iss.		34.90	175-225
1989	Jessica & Kate	Yr.Iss.		34.90	125
1990	Elizabeth, Jorday & Janie	Yr.Iss.		36.90	95
1991	Michele & Anna	Yr.Iss.		36.90	55
1992	Olivia & Hildy	Yr.Iss.		39.90	75

Museum Commemorative - E. Hibel

YEAR	ISSUE	EDITION LIMIT	YEAR RETD.	ISSUE PRICE	QUOTE U.S.$
1977	Flower Girl of Provence	12,750		175.00	425
1980	Diana	3,000		350.00	395

Nobility Of Children - E. Hibel

YEAR	ISSUE	EDITION LIMIT	YEAR RETD.	ISSUE PRICE	QUOTE U.S.$
1976	La Contessa Isabella	12,750		120.00	425
1977	Le Marquis Maurice Pierre	12,750		120.00	225
1978	Baronesse Johanna-Maryke Van Vollendam Tot Marken	12,750		130.00	175
1979	Chief Red Feather	12,750		140.00	200

Nordic Families - E. Hibel

YEAR	ISSUE	EDITION LIMIT	YEAR RETD.	ISSUE PRICE	QUOTE U.S.$
1987	A Tender Moment	7,500		79.00	95

Oriental Gold - E. Hibel

YEAR	ISSUE	EDITION LIMIT	YEAR RETD.	ISSUE PRICE	QUOTE U.S.$
1975	Yasuko	2,000		275.00	3000
1976	Mr. Obata	2,000		275.00	2100
1978	Sakura	2,000		295.00	1800
1979	Michio	2,000		325.00	1500

Scandinavian Mother & Child - E. Hibel

YEAR	ISSUE	EDITION LIMIT	YEAR RETD.	ISSUE PRICE	QUOTE U.S.$
1987	Pearl & Flowers	7,500		55.00	225
1989	Anemone & Violet	7,500		75.00	90
1990	Holly & Talia	7,500		75.00	85

To Life Annual - E. Hibel

YEAR	ISSUE	EDITION LIMIT	YEAR RETD.	ISSUE PRICE	QUOTE U.S.$
1986	Golden's Child	5,000		99.00	275
1987	Triumph! Everyone A Winner	19,500		55.00	55-75
1988	The Whole Earth Bloomed as a Sacred Place	15,000		85.00	90
1989	Lovers of the Summer Palace	5,000		65.00	75
1992	People of the Fields	5,000		49.00	49

Tribute To All Children - E. Hibel

YEAR	ISSUE	EDITION LIMIT	YEAR RETD.	ISSUE PRICE	QUOTE U.S.$
1984	Giselle	19,500		55.00	95
1984	Gerard	19,500		55.00	95
1985	Wendy	19,500		55.00	125
1986	Todd	19,500		55.00	125

The World I Love - E. Hibel

YEAR	ISSUE	EDITION LIMIT	YEAR RETD.	ISSUE PRICE	QUOTE U.S.$
1981	Leah's Family	17,500		85.00	225
1982	Kaylin	17,500		85.00	375
1983	Edna's Music	17,500		85.00	195
1983	O' Hana	17,500		85.00	195

Edwin M. Knowles

Aesop's Fables - M. Hampshire

YEAR	ISSUE	EDITION LIMIT	YEAR RETD.	ISSUE PRICE	QUOTE U.S.$
1988	The Goose That Laid the Golden Egg	150-day		27.90	28
1988	The Hare and the Tortoise	150-day		27.90	28
1988	The Fox and the Grapes	150-day		30.90	31
1989	The Lion And The Mouse	150-day		30.90	35
1989	The Milk Maid And Her Pail	150-day		30.90	32
1989	The Jay And The Peacock	150-day		30.90	31

American Innocents - Marsten/Mandrajji

YEAR	ISSUE	EDITION LIMIT	YEAR RETD.	ISSUE PRICE	QUOTE U.S.$
1986	Abigail in the Rose Garden	100-day		19.50	20
1986	Ann by the Terrace	100-day		19.50	20
1986	Ellen and John in the Parlor	100-day		19.50	20
1986	William on the Rocking Horse	100-day		19.50	46

The American Journey - M. Kunstler

YEAR	ISSUE	EDITION LIMIT	YEAR RETD.	ISSUE PRICE	QUOTE U.S.$
1987	Westward Ho	150-day		29.90	30
1988	Kitchen With a View	150-day		29.90	32
1988	Crossing the River	150-day		29.90	30
1988	Christmas at the New Cabin	150-day		29.90	30

Americana Holidays - D. Spaulding

YEAR	ISSUE	EDITION LIMIT	YEAR RETD.	ISSUE PRICE	QUOTE U.S.$
1978	Fourth of July	Yr.Iss.		26.00	26
1979	Thanksgiving	Yr.Iss.		26.00	26
1980	Easter	Yr.Iss.		26.00	26
1981	Valentine's Day	Yr.Iss.		26.00	26
1982	Father's Day	Yr.Iss.		26.00	26

Edwin M. Knowles
to Edwin M. Knowles

PLATES

YEAR ISSUE		EDITION LIMIT	YEAR RETD.	ISSUE PRICE	QUOTE U.S.$
1983	Christmas	Yr.Iss.		26.00	26
1984	Mother's Day	Yr.Iss.		26.00	27

Amy Brackenbury's Cat Tales - A. Brackenbury

YEAR ISSUE		EDITION LIMIT	YEAR RETD.	ISSUE PRICE	QUOTE U.S.$
1987	A Chance Meeting: White American Shorthairs	150-day		21.50	26
1987	Gone Fishing: Maine Coons	150-day		21.50	75
1988	Strawberries and Cream: Cream Persians	150-day		24.90	65
1988	Flower Bed: British Shorthairs	150-day		24.90	25
1988	Kittens and Mittens: Silver Tabbies	150-day		24.90	25
1988	All Wrapped Up: Himalayans	150-day		24.90	45

Annie - W. Chambers

YEAR ISSUE		EDITION LIMIT	YEAR RETD.	ISSUE PRICE	QUOTE U.S.$
1983	Annie and Sandy	100-day		19.00	19
1983	Daddy Warbucks	100-day		19.00	19
1983	Annie and Grace	100-day		19.00	19
1984	Annie and the Orphans	100-day		21.00	21
1985	Tomorrow	100-day		21.00	21
1986	Annie and Miss Hannigan	100-day		21.00	21
1986	Annie, Lily and Rooster	100-day		24.00	45
1986	Grand Finale	100-day		24.00	25

Baby Owls of North America - J. Thornbrugh

YEAR ISSUE		EDITION LIMIT	YEAR RETD.	ISSUE PRICE	QUOTE U.S.$
1991	Peek-A-Whoo:Screech Owls	150-day		27.90	40
1991	Forty Winks: Saw-Whet Owls	150-day		29.90	40
1991	The Tree House: Northern Pygmy Owls	150-day		30.90	48
1991	Three of a Kind: Great Horned Owls	150-day		30.90	35
1991	Out on a Limb: Great Gray Owls	150-day		30.90	45
1991	Beginning to Explore: Boreal Owls	150-day		32.90	50
1992	Three's Company: Long Eared Owls	150-day		32.90	45
1992	Whoo's There: Barred Owl	150-day		32.90	33

Backyard Harmony - J. Thornbrugh

YEAR ISSUE		EDITION LIMIT	YEAR RETD.	ISSUE PRICE	QUOTE U.S.$
1991	The Singing Lesson	150-day		27.90	40
1991	Welcoming a New Day	150-day		27.90	30
1991	Announcing Spring	150-day		30.90	60
1992	The Morning Harvest	150-day		30.90	50
1992	Spring Time Pride	150-day		30.90	50
1992	Treetop Serenade	150-day		32.90	60
1992	At The Peep Of Day	150-day		32.90	40
1992	Today's Discoveries	150-day		32.90	33

Bambi - Disney Studios

YEAR ISSUE		EDITION LIMIT	YEAR RETD.	ISSUE PRICE	QUOTE U.S.$
1992	Bashful Bambi	150-day		34.90	35
1992	Bambi's New Friends	150-day		34.90	35
1992	Hello Little Prince	150-day		37.90	38
1992	Bambi's Morning Greetings	150-day		37.90	38
1992	Bambi's Skating Lesson	150-day		37.90	38
1993	What's Up Possums?	150-day		37.90	38

Beauty and the Beast - Disney Studios

YEAR ISSUE		EDITION LIMIT	YEAR RETD.	ISSUE PRICE	QUOTE U.S.$
1993	Love's First Dance	150-day		29.90	30
1993	A Blossoming Romance	150-day		29.90	30
1993	Warming Up	150-day		32.90	33
1993	Learning to Love	150-day		32.90	33
1993	Papa's Workshop	150-day		32.90	33
1993	Be Our Guest	150-day		34.90	35
1993	Belle's Favorite Story	150-day		34.90	35
1993	A Mismatch	150-day		34.90	35
1994	A Spot of Tea	150-day		34.90	35
1994	Enchanté, Cherie	150-day		34.90	35
1994	A Gift for Belle	150-day		34.90	35
1994	The Spell is Broken	150-day		34.90	35

Biblical Mothers - E. Licea

YEAR ISSUE		EDITION LIMIT	YEAR RETD.	ISSUE PRICE	QUOTE U.S.$
1983	Bathsheba and Solomon	Yr.Iss.		39.50	40
1984	Judgment of Solomon	Yr.Iss.		39.50	40
1984	Pharaoh's Daughter and Moses	Yr.Iss.		39.50	40
1985	Mary and Jesus	Yr.Iss.		39.50	40
1985	Sarah and Isaac	Yr.Iss.		44.50	45
1986	Rebekah, Jacob and Esau	Yr.Iss.		44.50	45

Birds of the Seasons - S. Timm

YEAR ISSUE		EDITION LIMIT	YEAR RETD.	ISSUE PRICE	QUOTE U.S.$
1990	Cardinals In Winter	150-day		24.90	45
1990	Bluebirds In Spring	150-day		24.90	35
1991	Nuthatches In Fall	150-day		27.90	28
1991	Baltimore Orioles In Summer	150-day		27.90	30
1991	Blue Jays In Early Fall	150-day		27.90	45
1991	Robins In Early Spring	150-day		27.90	30
1991	Cedar Waxwings in Fall	150-day		29.90	65
1991	Chickadees in Winter	150-day		29.90	55

Call of the Wilderness - K. Daniel

YEAR ISSUE		EDITION LIMIT	YEAR RETD.	ISSUE PRICE	QUOTE U.S.$
1991	First Outing	150-day		29.90	55
1991	Howling Lesson	150-day		29.90	60
1991	Silent Watch	150-day		32.90	50
1991	Winter Travelers	150-day		32.90	33
1992	Ahead of the Pack	150-day		32.90	33
1992	Northern Spirits	150-day		34.90	35
1992	Twilight Friends	150-day		34.90	35
1992	A New Future	150-day		34.90	35
1992	Morning Mist	150-day		36.90	37
1992	The Silent One	150-day		36.90	37

Carousel - D. Brown

YEAR ISSUE		EDITION LIMIT	YEAR RETD.	ISSUE PRICE	QUOTE U.S.$
1987	If I Loved You	150-day		24.90	25
1988	Mr. Snow	150-day		24.90	25
1988	The Carousel Waltz	150-day		24.90	30
1988	You'll Never Walk Alone	150-day		24.90	25

Casablanca - J. Griffin

YEAR ISSUE		EDITION LIMIT	YEAR RETD.	ISSUE PRICE	QUOTE U.S.$
1990	Here's Looking At You, Kid	150-day		34.90	40
1990	We'll Always Have Paris	150-day		34.90	42
1991	We Loved Each Other Once	150-day		37.90	35
1991	Rick's Cafe Americain	150-day		37.90	40
1991	A Franc For Your Thoughts	150-day		37.90	58
1991	Play it Sam	150-day		37.90	60

China's Natural Treasures - T.C. Chiu

YEAR ISSUE		EDITION LIMIT	YEAR RETD.	ISSUE PRICE	QUOTE U.S.$
1992	The Siberian Tiger	150-day		29.90	45
1992	The Snow Leopard	150-day		29.90	30
1992	The Giant Panda	150-day		32.90	35
1992	The Tibetan Brown Bear	150-day		32.90	40
1992	The Asian Elephant	150-day		32.90	45
1992	The Golden Monkey	150-day		34.90	50

Christmas in the City - A. Leimanis

YEAR ISSUE		EDITION LIMIT	YEAR RETD.	ISSUE PRICE	QUOTE U.S.$
1992	A Christmas Snowfall	150-day		34.90	45
1992	Yuletide Celebration	150-day		34.90	55
1993	Holiday Cheer	150-day		34.90	35
1993	The Magic of Christmas	150-day		34.90	35

Cinderella - Disney Studios

YEAR ISSUE		EDITION LIMIT	YEAR RETD.	ISSUE PRICE	QUOTE U.S.$
1988	Bibbidi, Bobbidi, Boo	150-day		29.90	65-100
1988	A Dream Is A Wish Your Heart Makes	150-day		29.90	60-90
1989	Oh Sing Sweet Nightingale	150-day		32.90	50-90
1989	A Dress For Cinderelly	150-day		32.90	85
1989	So This Is Love	150-day		32.90	85
1990	At The Stroke Of Midnight	150-day		32.90	60-90
1990	If The Shoe Fits	150-day		34.90	60-90
1990	Happily Ever After	150-day		34.90	35

Classic Fairy Tales - S. Gustafson

YEAR ISSUE		EDITION LIMIT	YEAR RETD.	ISSUE PRICE	QUOTE U.S.$
1991	Goldilocks and the Three Bears	150-day		29.90	55
1991	Little Red Riding Hood	150-day		29.90	60
1991	The Three Little Pigs	150-day		32.90	50
1991	The Frog Prince	150-day		32.90	60
1992	Jack and the Beanstalk	150-day		32.90	63
1992	Hansel and Gretel	150-day		34.90	65
1992	Puss in Boots	150-day		34.90	35
1992	Tom Thumb	150-day		34.90	35

Classic Mother Goose - S. Gustafson

YEAR ISSUE		EDITION LIMIT	YEAR RETD.	ISSUE PRICE	QUOTE U.S.$
1992	Little Miss Muffet	150-day		29.90	45
1992	Mary had a Little Lamb	150-day		29.90	50
1992	Mary, Mary, Quite Contrary	150-day		29.90	60
1992	Little Bo Peep	150-day		29.90	55

The Comforts of Home - H. Hollister Ingmire

YEAR ISSUE		EDITION LIMIT	YEAR RETD.	ISSUE PRICE	QUOTE U.S.$
1992	Sleepyheads	150-day		24.90	25
1992	Curious Pair	150-day		24.90	25
1993	Mother's Retreat	150-day		27.90	28
1993	Welcome Friends	150-day		27.90	28
1993	Playtime	150-day		27.90	28
1993	Feline Frolic	150-day		29.90	30
1993	Washday Helpers	150-day		29.90	30
1993	A Cozy Fireside	150-day		29.90	30

Cozy Country Corners - H. H. Ingmire

YEAR ISSUE		EDITION LIMIT	YEAR RETD.	ISSUE PRICE	QUOTE U.S.$
1990	Lazy Morning	150-day		24.90	50
1990	Warm Retreat	150-day		24.90	55
1991	A Sunny Spot	150-day		27.90	40
1991	Attic Afternoon	150-day		27.90	50
1991	Mirror Mischief	150-day		27.90	60
1991	Hide and Seek	150-day		29.90	50
1991	Apple Antics	150-day		29.90	75
1991	Table Trouble	150-day		29.90	65

Csatari Grandparent - J. Csatari

YEAR ISSUE		EDITION LIMIT	YEAR RETD.	ISSUE PRICE	QUOTE U.S.$
1980	Bedtime Story	100-day		18.00	18
1981	The Skating Lesson	100-day		20.00	20
1982	The Cookie Tasting	100-day		20.00	20
1983	The Swinger	100-day		20.00	20
1984	The Skating Queen	100-day		22.00	22
1985	The Patriot's Parade	100-day		22.00	22
1986	The Home Run	100-day		22.00	22
1987	The Sneak Preview	100-day		22.00	22

The Disney Treasured Moments Collection - Disney Studios

YEAR ISSUE		EDITION LIMIT	YEAR RETD.	ISSUE PRICE	QUOTE U.S.$
1992	Cinderella	150-day		29.90	30
1992	Snow White and the Seven Dwarves	150-day		29.90	30
1993	Alice in Wonderland	150-day		32.90	33
1993	Sleeping Beauty	150-day		32.90	33
1993	Peter Pan	150-day		32.90	33
1993	Pinocchio	150-day		34.90	35
1993	The Jungle Book	150-day		34.90	35
1994	Beauty & The Beast	150-day		34.90	35

Enchanted Cottages - T. Kinkade

YEAR ISSUE		EDITION LIMIT	YEAR RETD.	ISSUE PRICE	QUOTE U.S.$
1993	Fallbrooke Cottage	95-day		29.90	30
1993	Julianne's Cottage	95-day		29.90	30
1993	Seaside Cottage	95-day		29.90	30
1993	Sweetheart Cottage	95-day		29.90	30
1993	Weathervane Cottage	95-day		29.90	30
1993	Rose Garden Cottage	95-day		29.90	30

Ency. Brit. Birds of Your Garden - K. Daniel

YEAR ISSUE		EDITION LIMIT	YEAR RETD.	ISSUE PRICE	QUOTE U.S.$
1985	Cardinal	100-day		19.50	35
1985	Blue Jay	100-day		19.50	28
1985	Oriole	100-day		22.50	33
1986	Chickadees	100-day		22.50	23
1986	Bluebird	100-day		22.50	30
1986	Robin	100-day		22.50	35
1986	Hummingbird	100-day		24.50	30
1987	Goldfinch	100-day		24.50	30
1987	Downy Woodpecker	100-day		24.50	40
1987	Cedar Waxwing	100-day		24.90	40

Fantasia: (The Sorcerer's Apprentice) Golden Anniversary - Disney Studios

YEAR ISSUE		EDITION LIMIT	YEAR RETD.	ISSUE PRICE	QUOTE U.S.$
1990	The Apprentice's Dream	150-day		29.90	65
1990	Mischievous Apprentice	150-day		29.90	65
1991	Dreams of Power	150-day		32.90	65
1991	Mickey's Magical Whirlpool	150-day		32.90	55
1991	Wizardry Gone Wild	150-day		32.90	56
1991	Mickey Makes Magic	150-day		34.90	63
1991	The Penitent Apprentice	150-day		34.90	35
1992	An Apprentice Again	150-day		34.90	35

Father's Love - B. Bradley

YEAR ISSUE		EDITION LIMIT	YEAR RETD.	ISSUE PRICE	QUOTE U.S.$
1984	Open Wide	100-day		19.50	20
1984	Batter Up	100-day		19.50	20
1985	Little Shaver	100-day		19.50	20
1985	Swing Time	100-day		22.50	23

Field Puppies - L. Kaatz

YEAR ISSUE		EDITION LIMIT	YEAR RETD.	ISSUE PRICE	QUOTE U.S.$
1987	Dog Tired-The Springer Spaniel	150-day		24.90	45
1987	Caught in the Act-The Golden Retriever	150-day		24.90	40
1988	Missing/Point/Irish Setter	150-day		27.90	28
1988	A Perfect Set-Labrador	150-day		27.90	42
1988	Fritz's Folly-German Shorthaired Pointer	150-day		27.90	42
1988	Shirt Tales: Cocker Spaniel	150-day		27.90	50
1989	Fine Feathered Friends-English Setter	150-day		29.90	30
1989	Command Performance/ Wiemaraner	150-day		29.90	35

Field Trips - L. Kaatz

YEAR ISSUE		EDITION LIMIT	YEAR RETD.	ISSUE PRICE	QUOTE U.S.$
1990	Gone Fishing	150-day		24.90	25
1991	Ducking Duty	150-day		24.90	25
1991	Boxed In	150-day		27.90	28
1991	Pups 'N Boots	150-day		27.90	30
1991	Puppy Tales	150-day		27.90	28
1991	Pail Pals	150-day		29.90	35
1991	Chesapeake Bay Retrievers	150-day		29.90	32
1991	Hat Trick	150-day		29.90	30

First Impressions - J. Giordano

YEAR ISSUE		EDITION LIMIT	YEAR RETD.	ISSUE PRICE	QUOTE U.S.$
1991	Taking a Gander	150-day		29.90	40
1991	Two's Company	150-day		29.90	35
1991	Fine Feathered Friends	150-day		32.90	45
1991	What's Up?	150-day		32.90	35
1991	All Ears	150-day		32.90	65
1992	Between Friends	150-day		32.90	40

The Four Ancient Elements - G. Lambert

YEAR ISSUE		EDITION LIMIT	YEAR RETD.	ISSUE PRICE	QUOTE U.S.$
1984	Earth	75-day		27.50	28
1984	Water	75-day		27.50	28
1985	Air	75-day		29.50	30
1985	Fire	75-day		29.50	50

Frances Hook Legacy - F. Hook

YEAR ISSUE		EDITION LIMIT	YEAR RETD.	ISSUE PRICE	QUOTE U.S.$
1985	Fascination	100-day		19.50	20
1985	Daydreaming	100-day		19.50	20
1986	Discovery	100-day		22.50	23
1986	Disappointment	100-day		22.50	23
1986	Wonderment	100-day		22.50	23
1987	Expectation	100-day		22.50	23

Free as the Wind - M. Budden

YEAR ISSUE		EDITION LIMIT	YEAR RETD.	ISSUE PRICE	QUOTE U.S.$
1992	Skyward	150-day		29.90	55
1992	Aloft	150-day		29.90	50
1992	Airborne	150-day		32.90	33
1993	Flight	150-day		32.90	33
1993	Ascent	150-day		32.90	33
1993	Heavenward	150-day		32.90	33

Friends I Remember - J. Down

YEAR ISSUE		EDITION LIMIT	YEAR RETD.	ISSUE PRICE	QUOTE U.S.$
1983	Fish Story	97-day		17.50	18
1984	Office Hours	97-day		17.50	18
1985	A Coat of Paint	97-day		17.50	18
1985	Here Comes the Bride	97-day		19.50	20
1985	Fringe Benefits	97-day		19.50	20
1986	High Society	97-day		19.50	20
1986	Flower Arrangement	97-day		21.50	22
1986	Taste Test	97-day		21.50	22

Friends of the Forest - K. Daniel

YEAR ISSUE		EDITION LIMIT	YEAR RETD.	ISSUE PRICE	QUOTE U.S.$
1987	The Rabbit	150-day		24.50	26
1987	The Raccoon	150-day		24.50	35
1987	The Squirrel	150-day		27.90	28
1988	The Chipmunk	150-day		27.90	28
1988	The Fox	150-day		27.90	28
1988	The Otter	150-day		27.90	28

PLATES

Edwin M. Knowles to Edwin M. Knowles

YEAR ISSUE	EDITION LIMIT	YEAR RETD.	ISSUE PRICE	QUOTE U.S.$
Garden Cottages of England - T. Kinkade				
1991 Chandler's Cottage	150-day		27.90	60
1991 Cedar Nook Cottage	150-day		27.90	50
1991 Candlelit Cottage	150-day		30.90	60
1991 Open Gate Cottage	150-day		30.90	31
1991 McKenna's Cottage	150-day		30.90	31
1991 Woodsman's Thatch Cottage	150-day		32.90	33
1992 Merritt's Cottage	150-day		32.90	33
1992 Stonegate Cottage	150-day		32.90	33
Garden Secrets - B. Higgins Bond				
1993 Nine Lives	150-day		24.90	25
1993 Floral Purr-fume	150-day		24.90	25
1993 Bloomin' Kitties	150-day		24.90	25
1993 Kitty Corner	150-day		24.90	25
1993 Flower Fanciers	150-day		24.90	25
1993 Meadow Mischief	150-day		24.90	25
1993 Pussycat Potpourri	150-day		24.90	25
1993 Frisky Business	150-day		24.90	25
Gone with the Wind - R. Kursar				
1978 Scarlett	100-day		21.50	225
1979 Ashley	100-day		21.50	160
1980 Melanie	100-day		21.50	75
1981 Rhett	100-day		23.50	50-65
1982 Mammy Lacing Scarlett	100-day		23.50	70
1983 Melanie Gives Birth	100-day		23.50	60-90
1984 Scarlet's Green Dress	100-day		25.50	75
1985 Rhett and Bonnie	100-day		25.50	55-75
1985 Scarlett and Rhett: The Finale	100-day		29.50	85
Great Cats Of The Americas - L. Cable				
1989 The Jaguar	150-day		29.90	50-70
1989 The Cougar	150-day		29.90	40-50
1989 The Lynx	150-day		32.90	33
1990 The Ocelot	150-day		32.90	33
1990 The Bobcat	150-day		32.90	33
1990 The Jaguarundi	150-day		32.90	35
1990 The Margay	150-day		34.90	35
1991 The Pampas Cat	150-day		34.90	35
Heirlooms And Lace - C. Layton				
1989 Anna	150-day		34.90	55
1989 Victoria	150-day		34.90	65
1990 Tess	150-day		37.90	84
1990 Olivia	150-day		37.90	100
1991 Bridget	150-day		37.90	110
1991 Rebecca	150-day		37.90	90
Hibel Christmas - E. Hibel				
1985 The Angel's Message	Yr.Iss.		45.00	45
1986 The Gifts of the Magi	Yr.Iss.		45.00	45
1987 The Flight Into Egypt	Yr.Iss.		49.00	49
1988 Adoration of the Shepherd	Yr.Iss.		49.00	77
1989 Peaceful Kingdom	Yr.Iss.		49.00	49
1990 Nativity	Yr.Iss.		49.00	59
Home for the Holidays - T. Kinkade				
1991 Sleigh Ride Home	150-day		29.90	50
1991 Home to Grandma's	150-day		29.90	45
1991 Home Before Christmas	150-day		32.90	55
1991 The Warmth of Home	150-day		32.90	60
1992 Homespun Holiday	150-day		32.90	45
1992 Hometime Yuletide	150-day		34.90	65
1992 Home Away From Home	150-day		34.90	55
1992 The Journey Home	150-day		34.90	35
Home is Where the Heart Is - T. Kinkade				
1992 Home Sweet Home	150-day		29.90	65
1992 A Warm Welcome Home	150-day		29.90	30
1992 A Carriage Ride Home	150-day		32.90	33
1993 Amber Afternoon	150-day		32.90	33
1993 Country Memories	150-day		32.90	33
1993 The Twilight Cafe	150-day		34.90	35
1993 Our Summer Home	150-day		34.90	35
1993 Hometown Hospitality	150-day		34.90	35
Home Sweet Home - R. McGinnis				
1989 The Victorian	150-day		39.90	40
1989 The Greek Revival	150-day		39.90	40
1989 The Georgian	150-day		39.90	40
1990 The Mission	150-day		39.90	40
It's a Dog's Life - L. Kaatz				
1992 We've Been Spotted	150-day		29.90	30
1992 Literary Labs	150-day		29.90	30
1993 Retrieving Our Dignity	150-day		32.90	33
1993 Lodging a Complaint	150-day		32.90	33
1993 Barreling Along	150-day		32.90	33
1993 Play Ball	150-day		34.90	35
1993 Dogs and Suds	150-day		34.90	35
1993 Paws for a Picnic	150-day		34.90	35
J. W. Smith Childhood Holidays - J. W. Smith				
1986 Easter	97-day		19.50	21
1986 Thanksgiving	97-day		19.50	25
1986 Christmas	97-day		19.50	24
1986 Valentine's Day	97-day		22.50	25
1987 Mother's Day	97-day		22.50	25
1987 Fourth of July	97-day		22.50	25-30
Jerner's Less Travelled Road - B. Jerner				
1988 The Weathered Barn	150-day		29.90	30
1988 The Murmuring Stream	150-day		29.90	30
1988 The Covered Bridge	150-day		32.90	33
1989 Winter's Peace	150-day		32.90	33
1989 The Flowering Meadow	150-day		32.90	33
1989 The Hidden Waterfall	150-day		32.90	60
Jewels of the Flowers - T.C. Chiu				
1991 Sapphire Wings	150-day		29.90	35
1991 Topaz Beauties	150-day		29.90	38
1991 Amethyst Flight	150-day		32.90	40
1991 Ruby Elegance	150-day		32.90	55
1991 Emerald Pair	150-day		32.90	45
1991 Opal Splendor	150-day		34.90	50
1992 Pearl Luster	150-day		34.90	60
1992 Aquamarine Glimmer	150-day		34.90	35
Keepsake Rhymes - S. Gustafson				
1992 Humpty Dumpty	150-day		29.90	45
1993 Peter Pumpkin Eater	150-day		29.90	60
1993 Pat-a-Cake	150-day		29.90	90
1993 Old King Cole	150-day		29.90	30
The King and I - W. Chambers				
1984 A Puzzlement	150-day		19.50	20
1985 Shall We Dance?	150-day		19.50	20
1985 Getting to Know You	150-day		19.50	20
1985 We Kiss in a Shadow	150-day		19.50	20
Lady and the Tramp - Disney Studios				
1992 First Date	150-day		34.90	35
1992 Puppy Love	150-day		34.90	35
1992 Dog Pound Blues	150-day		37.90	38
1992 Merry Christmas To All	150-day		37.90	38
1993 Double Siamese Trouble	150-day		37.90	38
1993 Ruff House	150-day		39.90	40
1993 Telling Tails	150-day		39.90	40
1993 Moonlight Romance	150-day		39.90	40
Lincoln Man of America - M. Kunstler				
1986 The Gettysburg Address	150-day		24.50	30
1987 The Inauguration	150-day		24.50	25
1987 The Lincoln-Douglas Debates	150-day		27.50	28
1987 Beginnings in New Salem	150-day		27.90	28
1988 The Family Man	150-day		27.90	28
1988 Emancipation Proclamation	150-day		27.90	28
The Little Mermaid - Disney Studios				
1993 A Song From the Sea	95-day		29.90	30
1993 A Visit to the Surface	95-day		29.90	30
1993 Daddy's Girl	95-day		32.90	33
1993 Underwater Buddies	95-day		32.90	33
1993 Ariel's Treasured Collection	95-day		32.90	33
1993 Kiss the Girl	95-day		32.90	33
Living with Nature-Jerner's Ducks - B. Jerner				
1986 The Pintail	150-day		19.50	30
1986 The Mallard	150-day		19.50	35
1987 The Wood Duck	150-day		22.50	36
1987 The Green-Winged Teal	150-day		22.50	40
1987 The Northern Shoveler	150-day		22.90	35
1987 The American Widgeon	150-day		22.90	40
1987 The Gadwall	150-day		24.90	40
1988 The Blue-Winged Teal	150-day		24.90	35
Majestic Birds of North America - D. Smith				
1988 The Bald Eagle	150-day		29.90	45
1988 Peregrine Falcon	150-day		29.90	37
1988 The Great Horned Owl	150-day		32.90	33
1989 The Red-Tailed Hawk	150-day		32.90	33
1989 The White Gyrfalcon	150-day		32.90	33
1989 The American Kestral	150-day		32.90	33
1990 The Osprey	150-day		34.90	35
1990 The Golden Eagle	150-day		34.90	35
Mary Poppins - M. Hampshire				
1989 Mary Poppins	150-day		29.90	30
1989 A Spoonful of Sugar	150-day		29.90	30
1990 A Jolly Holiday With Mary	150-day		32.90	37
1990 We Love To Laugh	150-day		32.90	50
1991 Chim Chim Cher-ee	150-day		32.90	39
1991 Tuppence a Bag	150-day		32.90	55
Mickey's Christmas Carol - Disney Studios				
1992 Bah Humbug	150-day		29.90	30
1992 What's So Merry About Christmas?	150-day		29.90	30
1993 God Bless Us Every One	150-day		32.90	33
1993 A Christmas Surprise	150-day		32.90	33
1993 Yuletide Greetings	150-day		32.90	33
1993 Marley's Warning	150-day		34.90	35
1993 A Cozy Christmas	150-day		34.90	35
1993 A Christmas Feast	150-day		34.90	35
Musical Moments From the Wizard of Oz - K. Milnazik				
1993 Over the Rainbow	95-day		29.90	30
1993 We're Off to See the Wizard	95-day		29.90	30
1993 Munchkin Land	95-day		29.90	30
1993 If I Only Had a Brain	95-day		29.90	30
1993 Ding Dong The Witch is Dead	95-day		29.90	30
1993 The Lullabye League	95-day		29.90	30
My Fair Lady - W. Chambers				
1989 Opening Day at Ascot	150-day		24.90	25
1989 I Could Have Danced All Night	150-day		24.90	25
1989 The Rain in Spain	150-day		27.90	28
1989 Show Me	150-day		27.90	28
1990 Get Me To/Church On Time	150-day		27.90	28
1990 I've Grown Accustomed/Face	150-day		27.90	50
Nature's Child - M. Jobe				
1990 Sharing	150-day		29.90	31
1990 The Lost Lamb	150-day		29.90	30
1990 Seems Like Yesterday	150-day		32.90	35
1990 Faithful Friends	150-day		32.90	33
1990 Trusted Companion	150-day		32.90	50
1991 Hand in Hand	150-day		32.90	45
Nature's Garden - C. Decker				
1993 Springtime Friends	95-day		29.90	30
1993 A Morning Splash	95-day		29.90	30
1993 Flury of Activity	95-day		32.90	33
1993 Hanging Around	95-day		32.90	33
1993 Tiny Twirling Treasures	95-day		32.90	33
Nature's Nursery - J. Thornbrugh				
1992 Testing the Waters	150-day		29.90	30
1993 Taking the Plunge	150-day		29.90	30
1993 Race Ya Mom	150-day		29.90	30
1993 Time to Wake Up	150-day		29.90	30
1993 Hide and Seek	150-day		29.90	30
1993 Piggyback Ride	150-day		29.90	30
Not So Long Ago - J. W. Smith				
1988 Story Time	150-day		24.90	25
1988 Wash Day for Dolly	150-day		24.90	25
1988 Suppertime for Kitty	150-day		24.90	30
1988 Mother's Little Helper	150-day		24.90	30
Oklahoma! - M. Kunstler				
1985 Oh, What a Beautiful Mornin'	150-day		19.50	20
1986 Surrey with the Fringe on Top'	150-day		19.50	20
1986 I Cain't Say No	150-day		19.50	20
1986 Oklahoma	150-day		19.50	20
The Old Mill Stream - C. Tennant				
1990 New London Grist Mill	150-day		39.90	40
1991 Wayside Inn Grist Mill	150-day		39.90	40
1991 Old Red Mill	150-day		39.90	45
1991 Glade Creek Grist Mill	150-day		39.90	45
Old-Fashioned Favorites - M. Weber				
1991 Apple Crisp	150-day		29.90	75
1991 Blueberry Muffins	150-day		29.90	60
1991 Peach Cobbler	150-day		29.90	75
1991 Chocolate Chip Oatmeal Cookies	150-day		29.90	110
Once Upon a Time - K. Pritchett				
1988 Little Red Riding Hood	150-day		24.90	25
1988 Rapunzel	150-day		24.90	25
1988 Three Little Pigs	150-day		27.90	31
1989 The Princess and the Pea	150-day		27.90	30
1989 Goldilocks and the Three Bears	150-day		27.90	35
1989 Beauty and the Beast	150-day		27.90	50
Pinocchio - Disney Studios				
1989 Gepetto Creates Pinocchio	150-day		29.90	65
1990 Pinocchio And The Blue Fairy	150-day		29.90	95
1990 It's an Actor's Life For Me	150-day		32.90	65
1990 I've Got No Strings On Me	150-day		32.90	65
1991 Pleasure Island	150-day		32.90	75
1991 A Real Boy	150-day		32.90	65
Portraits of Motherhood - W. Chambers				
1987 Mother's Here	150-day		29.50	30
1988 First Touch	150-day		29.50	30
Precious Little Ones - M. T. Fangel				
1988 Little Red Robins	150-day		29.90	30
1988 Little Fledglings	150-day		29.90	30
1988 Saturday Night Bath	150-day		29.90	33
1988 Peek-A-Boo	150-day		29.90	38
Proud Sentinels of the American West - N. Glazier				
1993 Youngblood	150-day		29.90	45
1993 Cat Nap	150-day		29.90	30
1993 Desert Bighorn-Mormon Ridge	150-day		32.90	33
1993 Crown Prince	150-day		32.90	33
Purrfect Point of View - J. Giordano				
1992 Unexpected Visitors	150-day		29.90	30
1992 Wistful Morning	150-day		29.90	40
1992 Afternoon Catnap	150-day		29.90	32
1992 Cozy Company	150-day		29.90	30
Pussyfooting Around - C. Wilson				
1991 Fish Tales	150-day		24.90	25
1991 Teatime Tabbies	150-day		24.90	25
1991 Yarn Spinners	150-day		24.90	30
1991 Two Maestros	150-day		24.90	30

Edwin M. Knowles
to Enesco Corporation

PLATES

Romantic Age of Steam - R.B. Pierce

Year Issue		Edition Limit	Year Retd.	Issue Price	Quote U.S.$
1992	The Empire Builder	150-day		29.90	30
1992	The Broadway Limited	150-day		29.90	30
1992	Twentieth Century Limited	150-day		32.90	33
1992	The Chief	150-day		32.90	33
1992	The Crescent Limited	150-day		32.90	33
1993	The Overland Limited	150-day		34.90	35
1993	The Jupiter	150-day		34.90	35
1993	The Daylight	150-day		34.90	35

Santa's Christmas - T. Browning

Year Issue		Edition Limit	Year Retd.	Issue Price	Quote U.S.$
1991	Santa's Love	150-day		29.90	55
1991	Santa's Cheer	150-day		29.90	65
1991	Santa's Promise	150-day		32.90	65
1991	Santa's Gift	150-day		32.90	55
1992	Santa's Surprise	150-day		32.90	65
1992	Santa's Magic	150-day		32.90	75

Season For Song - M. Jobe

Year Issue		Edition Limit	Year Retd.	Issue Price	Quote U.S.$
1991	Winter Concert	150-day		34.90	45
1991	Snowy Symphony	150-day		34.90	60
1991	Frosty Chorus	150-day		34.90	40
1991	Silver Serenade	150-day		34.90	40

Seasons of Splendor - K. Randle

Year Issue		Edition Limit	Year Retd.	Issue Price	Quote U.S.$
1992	Autumn's Grandeur	150-day		29.90	49
1992	School Days	150-day		29.90	40-50
1992	Woodland Mill Stream	150-day		32.90	65
1992	Harvest Memories	150-day		32.90	55
1992	A Country Weekend	150-day		32.90	45
1993	Indian Summer	150-day		32.90	60

Shadows and Light: Winter's Wildlife - N. Glazier

Year Issue		Edition Limit	Year Retd.	Issue Price	Quote U.S.$
1993	Winter's Children	150-day		29.90	55
1993	Cub Scouts	150-day		29.90	65
1993	Little Snowman	150-day		29.90	50
1993	The Snow Cave	150-day		29.90	40

Singin' In The Rain - M. Skolsky

Year Issue		Edition Limit	Year Retd.	Issue Price	Quote U.S.$
1990	Singin' In The Rain	150-day		32.90	35
1990	Good Morning	150-day		32.90	34
1991	Broadway Melody	150-day		32.90	45
1991	We're Happy Again	150-day		32.90	40

Sleeping Beauty - Disney Studios

Year Issue		Edition Limit	Year Retd.	Issue Price	Quote U.S.$
1991	Once Upon A Dream	150-day		39.90	50
1991	Awakened by a Kiss	150-day		39.90	85
1991	Happy Birthday Briar Rose	150-day		42.90	60
1992	Together At Last	150-day		42.90	60

Small Blessings - C. Layton

Year Issue		Edition Limit	Year Retd.	Issue Price	Quote U.S.$
1992	Now I Lay Me Down to Sleep	150-day		29.90	60
1992	Bless Us O Lord For These, Thy Gifts	150-day		29.90	65
1992	Jesus Loves Me, This I Know	150-day		32.90	33
1992	This Little Light of Mine	150-day		32.90	33
1992	Blessed Are The Pure In Heart	150-day		32.90	33
1993	Bless Our Home	150-day		32.90	33

Snow White and the Seven Dwarfs - Disney Studios

Year Issue		Edition Limit	Year Retd.	Issue Price	Quote U.S.$
1991	The Dance of Snow White/Seven Dwarfs	150-day		29.90	70
1991	With a Smile and a Song	150-day		29.90	75
1991	A Special Treat	150-day		32.90	65
1992	A Kiss for Dopey	150-day		32.90	65
1992	The Poison Apple	150-day		32.90	70
1992	Fireside Love Story	150-day		34.90	35
1992	Stubborn Grumpy	150-day		34.90	35
1992	A Wish Come True	150-day		34.90	35
1992	Time To Tidy Up	150-day		34.50	35
1993	May I Have This Dance?	150-day		36.90	37
1993	A Surprise in the Clearing	150-day		36.50	37
1993	Happy Ending	150-day		36.90	37

Songs of the American Spirit - H. Bond

Year Issue		Edition Limit	Year Retd.	Issue Price	Quote U.S.$
1991	The Star Spangled Banner	150-day		29.90	30
1991	Battle Hymn of the Republic	150-day		29.90	55
1991	America the Beautiful	150-day		29.90	45
1991	My Country 'Tis of Thee	150-day		29.90	45

Sound of Music - T. Crnkovich

Year Issue		Edition Limit	Year Retd.	Issue Price	Quote U.S.$
1986	Sound of Music	150-day		19.50	20
1986	Do-Re-Mi	150-day		19.50	20
1986	My Favorite Things	150-day		22.50	23
1986	Laendler Waltz	150-day		22.50	23
1987	Edelweiss	150-day		22.50	30
1987	I Have Confidence	150-day		22.50	23
1987	Maria	150-day		24.90	35
1987	Climb Ev'ry Mountain	150-day		24.90	42

South Pacific - E. Gignilliat

Year Issue		Edition Limit	Year Retd.	Issue Price	Quote U.S.$
1987	Some Enchanted Evening	150-day		24.50	25
1987	Happy Talk	150-day		24.50	25
1987	Dites Moi	150-day		24.90	25
1988	Honey Bun	150-day		24.90	25

Stately Owls - J. Beaudoin

Year Issue		Edition Limit	Year Retd.	Issue Price	Quote U.S.$
1989	The Snowy Owl	150-day		29.90	40
1989	The Great Horned Owl	150-day		29.90	35
1990	The Barn Owl	150-day		32.90	33
1990	The Screech Owl	150-day		32.90	33
1990	The Short-Eared Owl	150-day		32.90	33
1990	The Barred Owl	150-day		32.90	45
1990	The Great Grey Owl	150-day		34.90	35
1991	The Saw-Whet Owl	150-day		34.90	40

The Story of Christmas by Eve Licea - E. Licea

Year Issue		Edition Limit	Year Retd.	Issue Price	Quote U.S.$
1987	The Annunciation	Yr.Iss.		44.90	45
1988	The Nativity	Yr.Iss.		44.90	45
1989	Adoration Of The Shepherds	Yr.Iss.		49.90	50
1990	Journey Of The Magi	Yr.Iss.		49.90	56
1991	Gifts Of The Magi	Yr.Iss.		49.90	65
1992	Rest on the Flight into Egypt	Yr.Iss.		49.90	58

Sundblom Santas - H. Sundblom

Year Issue		Edition Limit	Year Retd.	Issue Price	Quote U.S.$
1989	Santa By The Fire	Closed		27.90	40
1990	Christmas Vigil	Closed		27.90	45
1991	To All A Good Night	Closed		32.90	50
1992	Santa's on His Way	Closed		32.90	70

A Swan is Born - L. Roberts

Year Issue		Edition Limit	Year Retd.	Issue Price	Quote U.S.$
1987	Hopes and Dreams	150-day		24.50	25
1987	At the Barre	150-day		24.50	25
1987	In Position	150-day		24.50	27
1988	Just For Size	150-day		24.50	45

Sweetness and Grace - J. Welty

Year Issue		Edition Limit	Year Retd.	Issue Price	Quote U.S.$
1992	God Bless Teddy	150-day		34.90	40
1992	Sunshine and Smiles	150-day		34.90	45
1992	Favorite Buddy	150-day		34.90	50
1992	Sweet Dreams	150-day		34.90	70

Thomas Kinkade's Thomashire - T. Kinkade

Year Issue		Edition Limit	Year Retd.	Issue Price	Quote U.S.$
1992	Olde Porterfield Tea Room	150-day		29.90	30
1992	Olde Thomashire Mill	150-day		29.90	30
1992	Swanbrook Cottage	150-day		32.90	33
1992	Pye Corner Cottage	150-day		32.90	33
1993	Blossom Hill Church	150-day		32.90	33
1993	Olde Garden Cottage	150-day		32.90	33

Thomas Kinkade's Yuletide Memories - T. Kinkade

Year Issue		Edition Limit	Year Retd.	Issue Price	Quote U.S.$
1992	The Magic of Christmas	150-day		29.90	85
1992	A Beacon of Faith	150-day		29.90	30
1993	Moonlit Sleighride	150-day		29.90	30
1993	Silent Night	150-day		29.90	30
1993	Olde Porterfield Gift Shoppe	150-day		29.90	30
1993	The Wonder of the Season	150-day		29.90	30
1993	A Winter's Walk	150-day		29.90	30
1993	Skater's Delight	150-day		32.90	33

Tom Sawyer - W. Chambers

Year Issue		Edition Limit	Year Retd.	Issue Price	Quote U.S.$
1987	Whitewashing the Fence	150-day		27.50	28
1987	Tom and Becky	150-day		27.90	28
1987	Tom Sawyer the Pirate	150-day		27.90	28
1988	First Pipes	150-day		27.90	30

Under Mother's Wing - J. Beaudoin

Year Issue		Edition Limit	Year Retd.	Issue Price	Quote U.S.$
1992	Arctic Spring: Snowy Owls	150-day		29.90	45
1992	Forest's Edge: Great Gray Owls	150-day		29.90	40
1992	Treetop Trio: Long-Eared Owls	150-day		32.90	45
1992	Woodland Watch: Spotted Owls	150-day		32.90	60
1992	Vast View: Saw Whet Owls	150-day		32.90	55
1992	Lofty-Limb: Great Horned Owl	150-day		34.90	40
1993	Perfect Perch: Barred Owls	150-day		34.90	35
1993	Happy Home: Short-Eared Owl	150-day		34.90	35

Upland Birds of North America - W. Anderson

Year Issue		Edition Limit	Year Retd.	Issue Price	Quote U.S.$
1986	The Pheasant	150-day		24.50	25
1986	The Grouse	150-day		24.50	25
1987	The Quail	150-day		27.50	28
1987	The Wild Turkey	150-day		27.50	28
1987	The Gray Partridge	150-day		27.50	28
1987	The Woodcock	150-day		27.90	28

Windows of Glory - J. Welty

Year Issue		Edition Limit	Year Retd.	Issue Price	Quote U.S.$
1993	King of Kings	95-day		29.90	30
1993	Prince of Peace	95-day		29.90	30
1993	The Messiah	95-day		32.90	33
1993	The Good Shepherd	95-day		32.90	33
1993	The Light of the World	95-day		32.90	33
1993	The Everlasting Father	95-day		32.90	33

Wizard of Oz - J. Auckland

Year Issue		Edition Limit	Year Retd.	Issue Price	Quote U.S.$
1977	Over the Rainbow	100-day		19.00	60
1978	If I Only Had a Brain	100-day		19.00	40
1978	If I Only Had a Heart	100-day		19.00	45
1978	If I Were King of the Forest	100-day		19.00	50
1979	Wicked Witch of the West	100-day		19.00	65
1979	Follow the Yellow Brick Road	100-day		19.00	45
1979	Wonderful Wizard of Oz	100-day		19.00	60
1980	The Grand Finale	100-day		24.00	55

Wizard of Oz: A National Treasure - R. Laslo

Year Issue		Edition Limit	Year Retd.	Issue Price	Quote U.S.$
1991	Yellow Brick Road	150-day		29.90	30
1992	I Haven't Got a Brain	150-day		29.90	30
1992	I'm a Little Rusty Yet	150-day		32.90	33
1992	I Even Scare Myself	150-day		32.90	33
1992	We're Off To See the Wizard	150-day		32.90	33
1992	I'll Never Get Home	150-day		34.90	35
1992	I'm Melting	150-day		34.90	35
1992	There's No Place Like Home	150-day		34.90	35

Yesterday's Innocents - J. Wilcox Smith

Year Issue		Edition Limit	Year Retd.	Issue Price	Quote U.S.$
1992	My First Book	150-day		29.90	30
1992	Time to Smell the Roses	150-day		29.90	40
1993	Hush, Baby's Sleeping	150-day		32.90	38
1993	Ready and Waiting	150-day		32.90	50

Enchantica

Retired Enchantica Collection - Various

Year Issue		Edition Limit	Year Retd.	Issue Price	Quote U.S.$
1992	Winter Dragon-Grawlfang-2200 - J. Woodward	Retrd.	1993	50.00	60
1992	Spring Dragon-Gorgoyle-2201 - J. Woodward	Retrd.	1993	50.00	60
1993	Summer Dragon-Arangast-2202 - J. Woodward	Retrd.	1993	50.00	60
1993	Autumn Dragon-Snarlgard-2203 - J. Woodward	Retrd.	1993	50.00	60
1992	Cave Dragon-2065 - A. Bill	Retrd.	1994	200.00	200
1991	Snappa Caught Napping-2039 - A. Hull	Retrd.	1994	39.50	40

Enesco Corporation

Cherished Teddies - P. Hillman

Year Issue		Edition Limit	Year Retd.	Issue Price	Quote U.S.$
1995	Jack/Jill Nursery Rhyme - 114901	Open		35.00	35
1995	Mary/Lamb Nursery Rhyme - 128902	Open		35.00	35
1995	Old King Cole Nursery Rhyme - 135437	Open		35.00	35
1995	Girl in Green Dress Dtd 95 - 141550	Open		35.00	35

Memories of Yesterday Dated Plate Series - Various

Year Issue		Edition Limit	Year Retd.	Issue Price	Quote U.S.$
1993	Look Out-Something Good Is Coming Your Way!-530298 - S. Butcher	Yr.Iss.		50.00	50
1994	Pleasant Dreams and Sweet Repose-528102 - M. Atwell	Yr.Iss.		50.00	50
1995	Join Me For a Little Song-134880 - M. Attwell	Yr.Iss.		50.00	50

Precious Moments Christmas Blessings - S. Butcher

Year Issue		Edition Limit	Year Retd.	Issue Price	Quote U.S.$
1990	Wishing You A Yummy Christmas-523801	Yr.Iss.		50.00	50
1991	Blessings From Me To Thee-523860	Yr.Iss.		50.00	55
1992	But The Greatest of These Is Love-527742	Yr.Iss.		50.00	50
1993	Wishing You the Sweetest Christmas-530204	Yr.Iss.		50.00	50

Precious Moments Christmas Collection - S. Butcher

Year Issue		Edition Limit	Year Retd.	Issue Price	Quote U.S.$
1981	Come Let Us Adore Him-E-5646	15,000		40.00	48-60
1982	Let Heaven and Nature Sing-E-2347	15,000		40.00	40
1983	Wee Three Kings-E-0538	15,000		40.00	40
1984	Unto Us a Child Is Born-E-5395	15,000		40.00	40

Precious Moments Christmas Love Series - S. Butcher

Year Issue		Edition Limit	Year Retd.	Issue Price	Quote U.S.$
1986	I'm Sending You a White Christmas-101834	Yr.Iss.		45.00	55
1987	My Peace I Give Unto Thee-102954	Yr.Iss.		45.00	90
1988	Merry Christmas Deer-520284	Yr.Iss.		50.00	55
1989	May Your Christmas Be A Happy Home-523003	Yr.Iss.		50.00	55

Precious Moments Inspired Thoughts Series - S. Butcher

Year Issue		Edition Limit	Year Retd.	Issue Price	Quote U.S.$
1985	Love One Another-E-5215	15,000		40.00	66
1982	Make a Joyful Noise-E-7174	15,000		40.00	40
1983	I Believe In Miracles-E-9257	15,000		40.00	40
1984	Love is Kind-E-2847	15,000		40.00	40

Precious Moments Joy of Christmas Series - S. Butcher

Year Issue		Edition Limit	Year Retd.	Issue Price	Quote U.S.$
1982	I'll Play My Drum For Him-E-2357	Yr.Iss.		40.00	90-93
1983	Christmastime is for Sharing-E-0505	Yr.Iss.		40.00	60-75
1984	The Wonder of Christmas-E-5396	Yr.Iss.		40.00	45
1985	Tell Me the Story of Jesus-15237	Yr.Iss.		40.00	90-115

Precious Moments Mother's Day Series - S. Butcher

Year Issue		Edition Limit	Year Retd.	Issue Price	Quote U.S.$
1993	Thinking of You is What I Really Like to Do-531766	Yr.Iss.		50.00	50
1995	He Hath Made Everything Beautiful In His Time-129151	Yr.Iss.		50.00	50

Precious Moments Mother's Love Series - S. Butcher

Year Issue		Edition Limit	Year Retd.	Issue Price	Quote U.S.$
1981	Mother Sew Dear-E-5217	15,000		40.00	50
1982	The Purr-fect Grandma-E-7173	15,000		40.00	40
1983	The Hand that Rocks the Future-E-9256	15,000		40.00	40
1984	Loving Thy Neighbor-E-2848	15,000		40.00	40

Precious Moments Open Editions - S. Butcher

Year Issue		Edition Limit	Year Retd.	Issue Price	Quote U.S.$
1982	Our First Christmas Together-E-2378	Suspd.		30.00	45-55
1981	The Lord Bless You and Keep You-E-5216	Suspd.		30.00	40-45
1982	Rejoicing with You-E-7172	Suspd.		30.00	40
1983	Jesus Loves Me-E-9275	Suspd.		30.00	45-48
1983	Jesus Loves Me-E-9276	Suspd.		30.00	45-48
1994	Bring The Little Ones To Jesus-531359	Yr.Iss.		50.00	50

Precious Moments The Four Seasons Series - S. Butcher

Year Issue		Edition Limit	Year Retd.	Issue Price	Quote U.S.$
1985	The Voice of Spring-12106	Yr.Iss.		40.00	110-120

YEAR ISSUE	EDITION LIMIT	YEAR RETD.	ISSUE PRICE	QUOTE U.S.$
1985 Summer's Joy-12114	Yr.Iss.		40.00	85-110
1986 Autumn's Praise-12122	Yr.Iss.		40.00	53
1986 Winter's Song-12130	Yr.Iss.		40.00	58

Ernst Enterprises/Porter & Price, Inc.

A Beautiful World - S. Morton

YEAR ISSUE	EDITION LIMIT	YEAR RETD.	ISSUE PRICE	QUOTE U.S.$
1981 Tahitian Dreamer	Retrd.		27.50	30
1982 Flirtation	Retrd.		27.50	30
1984 Elke of Oslo	Retrd.		27.50	30

Classy Cars - S. Kuhnly

YEAR ISSUE	EDITION LIMIT	YEAR RETD.	ISSUE PRICE	QUOTE U.S.$
1982 The 26T	Retrd.		24.50	25
1982 The 31A	Retrd.		24.50	25
1983 The Pickup	Retrd.		24.50	25
1984 Panel Van	Retrd.		24.50	25

Commemoratives - S. Morton

YEAR ISSUE	EDITION LIMIT	YEAR RETD.	ISSUE PRICE	QUOTE U.S.$
1981 John Lennon	Retrd.		39.50	155
1982 Elvis Presley	Retrd.		39.50	148-150
1982 Marilyn Monroe	Retrd.		39.50	125
1983 Judy Garland	Retrd.		39.50	75
1984 John Wayne	Retrd.		39.50	125

Elvira - S. Morton

YEAR ISSUE	EDITION LIMIT	YEAR RETD.	ISSUE PRICE	QUOTE U.S.$
1988 Night Rose	90-day		29.50	30
1988 Red Velvet	90-day		29.50	30
1988 Mistress of the Dark	90-day		29.50	30

Elvis Presley - S. Morton

YEAR ISSUE	EDITION LIMIT	YEAR RETD.	ISSUE PRICE	QUOTE U.S.$
1987 The King	Retrd.		39.50	75
1987 Loving You	Retrd.		39.50	75
1987 Early Years	Retrd.		39.50	75
1987 Tenderly	Retrd.		39.50	75
1988 Forever Yours	Retrd.		39.50	75
1988 Rockin in the Moonlight	Retrd.		39.50	75
1988 Moody Blues	Retrd.		39.50	75
1988 Elvis Presley	Retrd.		39.50	75
1989 Elvis Presley-Special Request	Retrd.		150.00	250-300

Hollywood Greats - S. Morton

YEAR ISSUE	EDITION LIMIT	YEAR RETD.	ISSUE PRICE	QUOTE U.S.$
1981 John Wayne	Retrd.		29.95	100
1981 Gary Cooper	Retrd.		29.95	30
1982 Clark Gable	Retrd.		29.95	65
1984 Alan Ladd	Retrd.		29.95	60

Hollywood Walk of Fame - S. Morton

YEAR ISSUE	EDITION LIMIT	YEAR RETD.	ISSUE PRICE	QUOTE U.S.$
1989 Jimmy Stewart	Retrd.		39.50	45
1989 Elizabeth Taylor	Retrd.		39.50	45
1989 Tom Selleck	Retrd.		39.50	45
1989 Joan Collins	Retrd.		39.50	45
1990 Burt Reynolds	Retrd.		39.50	50
1990 Sylvester Stallone	Retrd.		39.50	45

The Republic Pictures Library - S. Morton

YEAR ISSUE	EDITION LIMIT	YEAR RETD.	ISSUE PRICE	QUOTE U.S.$
1991 Showdown With Laredo	28-day		37.50	45
1991 The Ride Home	28-day		37.50	38
1991 Attack at Tarawa	28-day		37.50	38
1991 Thoughts of Angelique	28-day		37.50	38
1992 War of the Wildcats	28-day		37.50	38
1992 The Fighting Seabees	28-day		37.50	38
1992 The Quiet Man	28-day		37.50	38
1992 Angel and the Badman	28-day		37.50	38
1993 Sands of Iwo Jima	28-day		37.50	38
1993 Flying Tigers	28-day		37.50	38
1993 The Tribute (12")	28-day		97.50	98
1994 The Tribute (8 1/4")	9,500		29.50	30

Seems Like Yesterday - R. Money

YEAR ISSUE	EDITION LIMIT	YEAR RETD.	ISSUE PRICE	QUOTE U.S.$
1981 Stop & Smell the Roses	Retrd.		24.50	30
1982 Home by Lunch	Retrd.		24.50	35
1982 Lisa's Creek	Retrd.		24.50	25
1983 It's Got My Name on It	Retrd.		24.50	30
1983 My Magic Hat	Retrd.		24.50	25
1984 Little Prince	Retrd.		24.50	25

Star Trek - S. Morton

YEAR ISSUE	EDITION LIMIT	YEAR RETD.	ISSUE PRICE	QUOTE U.S.$
1984 Mr. Spock	Retrd.		29.50	175-199
1985 Dr. McCoy	Retrd.		29.50	75-125
1985 Sulu	Retrd.		29.50	75-100
1985 Scotty	Retrd.		29.50	75-100
1985 Uhura	Retrd.		29.50	65-100
1985 Chekov	Retrd.		29.50	65-100
1985 Captain Kirk	Retrd.		29.50	150-200
1985 Beam Us Down Scotty	Retrd.		29.50	75-100
1985 The Enterprise	Retrd.		39.50	150-200

Star Trek: Commemorative Collection - S. Morton

YEAR ISSUE	EDITION LIMIT	YEAR RETD.	ISSUE PRICE	QUOTE U.S.$
1987 The Trouble With Tribbles	Retrd.		29.50	150-175
1987 Mirror, Mirror	Retrd.		29.50	175-200
1987 A Piece of the Action	Retrd.		29.50	150-175
1987 The Devil in the Dark	Retrd.		29.50	135-165
1987 Amok Time	Retrd.		29.50	135-175
1987 The City on the Edge of Forever	Retrd.		29.50	300
1987 Journey to Babel	Retrd.		29.50	175-200
1987 The Menagerie	Retrd.		29.50	150-200

Turn of The Century - R. Money

YEAR ISSUE	EDITION LIMIT	YEAR RETD.	ISSUE PRICE	QUOTE U.S.$
1981 Riverboat Honeymoon	Retrd.		35.00	40
1982 Children's Carousel	Retrd.		35.00	40
1984 Flower Market	Retrd.		35.00	35
1985 Balloon Race	Retrd.		35.00	35

Women of the West - D. Putnam

YEAR ISSUE	EDITION LIMIT	YEAR RETD.	ISSUE PRICE	QUOTE U.S.$
1979 Expectations	Retrd.		39.50	40
1981 Silver Dollar Sal	Retrd.		39.50	40
1982 School Marm	Retrd.		39.50	40
1983 Dolly	Retrd.		39.50	40

Fairmont

Famous Clowns - R. Skelton

YEAR ISSUE	EDITION LIMIT	YEAR RETD.	ISSUE PRICE	QUOTE U.S.$
1976 Freddie the Freeloader	10,000		55.00	400-600
1977 W. C. Fields	10,000		55.00	100-150
1978 Happy	10,000		55.00	100-125
1979 The Pledge	10,000		55.00	100-125

Spencer Special - I. Spencer

YEAR ISSUE	EDITION LIMIT	YEAR RETD.	ISSUE PRICE	QUOTE U.S.$
1978 Hug Me	10,000		55.00	150
1978 Sleep Little Baby	10,000		65.00	125

Fenton Art Glass Company

American Craftsman Carnival - Unknown

YEAR ISSUE	EDITION LIMIT	YEAR RETD.	ISSUE PRICE	QUOTE U.S.$
1970 Glassmaker	600	1970	10.00	140
1970 Glassmaker	200	1970	10.00	220
1970 Glassmaker	Annual	1970	10.00	25-65
1971 Printer	Annual	1971	10.00	25-65
1972 Blacksmith	Annual	1972	10.00	25-65
1973 Shoemaker	Annual	1973	12.50	25-65
1974 Cooper	Annual	1974	12.50	25-65
1975 Silversmith Revere	Annual	1975	12.50	25-65
1976 Gunsmith	Annual	1976	15.00	25-65
1977 Potter	Annual	1977	15.00	25-65
1978 Wheelwright	Annual	1978	15.00	25-65
1979 Cabinetmaker	Annual	1979	15.00	25-65
1980 Tanner	Annual	1980	16.50	25-65
1981 Housewright	Annual	1981	17.50	25-65

Christmas Star - F. Burton

YEAR ISSUE	EDITION LIMIT	YEAR RETD.	ISSUE PRICE	QUOTE U.S.$
1994 Silent Night	1,500	1995	65.00	75

Handpainted Mother's Day Series - Fenton

YEAR ISSUE	EDITION LIMIT	YEAR RETD.	ISSUE PRICE	QUOTE U.S.$
1980 New Born	Closed	1980	28.50	29
1981 Gentle Fawn	Closed	1981	32.50	33
1982 Natures Awakening	Closed	1982	35.00	35
1983 Where's Mom	Closed	1983	35.00	35
1984 Precious Panda	Closed	1984	35.00	35
1985 Mother's Little Lamb	Closed	1985	35.00	35
1990 White Swan	Closed	1990	45.00	45
1991 Mother's Watchful Eye	Closed	1991	45.00	45
1992 Let's Play With Mom	Closed	1992	49.50	50
1993 Mother Deer	Closed	1993	49.50	50
1994 Loving Puppy	Closed	1994	49.50	50

Flambro Imports

Emmett Kelly Jr. Plates - Various

YEAR ISSUE	EDITION LIMIT	YEAR RETD.	ISSUE PRICE	QUOTE U.S.$
1983 Why Me? Plate I - C. Kelly	10,000		40.00	450
1984 Balloons For Sale Plate II - C. Kelly	10,000		40.00	350
1985 Big Business Plate III - C. Kelly	10,000		40.00	350
1986 And God Bless America IV - C. Kelly	10,000		40.00	325
1988 Tis the Season - D. Rust	10,000		50.00	80-100
1989 Looking Back- 65th Birthday - D. Rust	6,500		50.00	100
1991 Winter - D. Rust	10,000		60.00	65
1992 Spring - D. Rust	10,000		60.00	65
1992 Summer - D. Rust	10,000		60.00	65
1992 Autumn - D. Rust	10,000		60.00	65
1993 Santa's Stowaway - D. Rust	10,000		30.00	30
1994 70th Birthday Commemorative - D. Rust	5,000		30.00	30
1995 All Wrapped Up in Christmas - Undis.	5,000		30.00	30

Fountainhead

As Free As The Wind - M. Fernandez

YEAR ISSUE	EDITION LIMIT	YEAR RETD.	ISSUE PRICE	QUOTE U.S.$
1989 As Free As The Wind	Unkn.		295.00	300-600

The Wings of Freedom - M. Fernandez

YEAR ISSUE	EDITION LIMIT	YEAR RETD.	ISSUE PRICE	QUOTE U.S.$
1985 Courtship Flight	2,500		250.00	2500
1986 Wings of Freedom	2,500		250.00	2500

Gartlan USA

Carlton Fisk - M. Taylor

YEAR ISSUE	EDITION LIMIT	YEAR RETD.	ISSUE PRICE	QUOTE U.S.$
1992 Signed Plate (10 1/4")	950		70-150.	100
1992 Signed Plate (10 1/4") A/P	300		175.00	150
1992 Plate (8 1/2")	10,000		30.00	30
1992 Plate (3 1/4")	Open		15.00	15

George Brett Gold Crown Collection - J. Martin

YEAR ISSUE	EDITION LIMIT	YEAR RETD.	ISSUE PRICE	QUOTE U.S.$
1986 George Brett "Baseball's All Star" (3 1/4")	Open		12.95	15-20
1986 George Brett "Baseball's All Star" (10 1/4") signed	2,000		100.00	200

Joe Montana - M. Taylor

YEAR ISSUE	EDITION LIMIT	YEAR RETD.	ISSUE PRICE	QUOTE U.S.$
1991 Signed Plate (10 1/4")	2,250		125.00	125-300
1991 Signed Plate (10 1/4") A/P	250		195.00	195
1991 Plate (8 1/2")	10,000		30.00	30
1991 Plate (3 1/4")	Open		15.00	15

Johnny Bench - M. Taylor

YEAR ISSUE	EDITION LIMIT	YEAR RETD.	ISSUE PRICE	QUOTE U.S.$
1989 Collector Plate (10 1/4") signed	1,989		100.00	200
1989 Collector Plate (3 1/4")	Open		15.00	15

Kareem Abdul-Jabbar Sky-Hook Collection - M. Taylor

YEAR ISSUE	EDITION LIMIT	YEAR RETD.	ISSUE PRICE	QUOTE U.S.$
1989 Kareem Abdul-Jabbar "Path of Glory" (10 1/4"), signed	1,989		100.00	175-295
1989 Collector plate (3 1/4")	Closed		16.00	30

Magic Johnson Gold Rim Collection - R. Winslow

YEAR ISSUE	EDITION LIMIT	YEAR RETD.	ISSUE PRICE	QUOTE U.S.$
1987 Magic Johnson "The Magic Show" (10 1/4"), signed	1,987		100.00	400-500
1987 Magic Johnson "The Magic Show" (3 1/4")	Closed		14.50	25-35

Mike Schmidt "500th" Home Run Edition - C. Paluso

YEAR ISSUE	EDITION LIMIT	YEAR RETD.	ISSUE PRICE	QUOTE U.S.$
1987 Mike Schmidt "Power at the Plate" (10 1/4"), signed	1,987		100.00	395-495
1987 Mike Schmidt "Power at the Plate" (3 1/4")	Open		14.50	19
1987 Mike Schmidt A/P	56		150.00	150
1987 Mike Schmidt (signed & dated)	50		100.00	595

Pete Rose Diamond Collection - Forbes

YEAR ISSUE	EDITION LIMIT	YEAR RETD.	ISSUE PRICE	QUOTE U.S.$
1988 Pete Rose "The Reigning Legend" (10 1/4"), signed	950		195.00	275-295
1988 Pete Rose "The Reigning Legend" (10 1/4"), signed A/P	50		300.00	395
1988 Pete Rose "The Reigning Legend"(3 1/4")	Open		14.50	15

Pete Rose Platinum Edition - T. Sizemore

YEAR ISSUE	EDITION LIMIT	YEAR RETD.	ISSUE PRICE	QUOTE U.S.$
1985 Pete Rose "The Best of Baseball"(3 1/4")	Open		12.95	15-20
1985 Pete Rose "The Best of Baseball"(10 1/4")	4,192		100.00	385
1985 Pete Rose "The Best of Baseball"(10 1/4"), (signed & dated)	50		100.00	675

Roger Staubach Sterling Collection - C. Soileau

YEAR ISSUE	EDITION LIMIT	YEAR RETD.	ISSUE PRICE	QUOTE U.S.$
1987 Roger Staubach (3 1/4" diameter)	Open		12.95	15-20
1987 Roger Staubach (10 1/4" diameter) signed	1,979		100.00	125-195

Wayne Gretzky - M. Taylor

YEAR ISSUE	EDITION LIMIT	YEAR RETD.	ISSUE PRICE	QUOTE U.S.$
1989 Collector Plate (10 1/4"), signed by Gretzky and Howe	1,851		225.00	300-395
1989 Collector Plate (10 1/4") A/P, signed by Gretzky and Howe	300		300.00	450-575
1989 Collector Plate (8 1/2")	10,000		45.00	45-50
1989 Collector Plate (3 1/4")	Open		15.00	15

Georgetown Collection, Inc.

Children of the Great Spirit - C. Theroux

YEAR ISSUE	EDITION LIMIT	YEAR RETD.	ISSUE PRICE	QUOTE U.S.$
1993 Buffalo Child	35-day		29.95	30
1993 Winter Baby	35-day		29.95	30

Goebel/M.I. Hummel

M.I. Hummel Club Exclusive-Celebration - M.I. Hummel

YEAR ISSUE	EDITION LIMIT	YEAR RETD.	ISSUE PRICE	QUOTE U.S.$
1986 Valentine Gift (Hum 738)	Closed		90.00	130
1987 Valentine Joy (Hum 737)	Closed		98.00	130
1988 Daisies Don't Tell (Hum 736)	Closed		115.00	130
1989 It's Cold (Hum 735)	Closed		120.00	130

M.I. Hummel Collectibles Anniversary Plates - M.I. Hummel

YEAR ISSUE	EDITION LIMIT	YEAR RETD.	ISSUE PRICE	QUOTE U.S.$
1975 Stormy Weather 280	Closed		100.00	75
1980 Spring Dance 281	Closed		225.00	54
1985 Auf Wiedersehen 282	Closed		225.00	375

M.I. Hummel Collectibles-Annual Plates - M.I. Hummel

YEAR ISSUE	EDITION LIMIT	YEAR RETD.	ISSUE PRICE	QUOTE U.S.$
1971 Heavenly Angel 264	Closed	N/A	25.00	600-1000
1972 Hear Ye, Hear Ye 265	Closed		30.00	50-65
1973 Glober Trotter 266	Closed		32.50	100-135
1974 Goose Girl 267	Closed		40.00	45-65
1975 Ride into Christmas 268	Closed		50.00	65
1976 Apple Tree Girl 269	Closed		50.00	65
1977 Apple Tree Boy 270	Closed		52.50	60-85
1978 Happy Pastime 271	Closed		65.00	50-85
1979 Singing Lesson 272	Closed		90.00	65-110
1980 School Girl 273	Closed		100.00	60-120
1981 Umbrella Boy 274	Closed		100.00	65-120
1982 Umbrella Girl 275	Closed		100.00	115-145
1983 The Postman 276	Closed		108.00	135-200
1984 Little Helper 277	Closed		108.00	60-100
1985 Chick Girl 278	Closed		110.00	70-100
1986 Playmates 279	Closed		125.00	110-180
1987 Feeding Time 283	Closed		135.00	350
1988 Little Goat Herder 284	Closed		145.00	115
1989 Farm Boy 285	Closed		160.00	130-160
1990 Shepherd's Boy 286	Closed		170.00	150-250
1991 Just Resting 287	Closed		196.00	150
1992 Wayside Harmony 288	Closed		210.00	155-200
1993 Doll Bath 289	Yr.Iss.		210.00	150-220
1994 Doctor 290	Yr.Iss.		225.00	165-225
1995 Come Back Soon 291	Yr.Iss.		250.00	250

M.I. Hummel-Friends Forever - M.I. Hummel

YEAR ISSUE	EDITION LIMIT	YEAR RETD.	ISSUE PRICE	QUOTE U.S.$
1992 Meditation 292	Open		180.00	180

PLATES

YEAR	ISSUE	EDITION LIMIT	YEAR RETD.	ISSUE PRICE	QUOTE U.S.$
1993	For Father 293	Open		195.00	195
1994	Sweet Greetings 294	Open		205.00	205
1995	Surprise 295	Open		210.00	210

M.I. Hummel-Little Music Makers - M.I. Hummel

YEAR	ISSUE	EDITION LIMIT	YEAR RETD.	ISSUE PRICE	QUOTE U.S.$
1984	Little Fiddler 744	Closed		30.00	70-125
1985	Serenade 741	Closed		30.00	70-125
1986	Soloist 743	Closed		35.00	70-125
1987	Band Leader 742	Closed		40.00	70-125

M.I. Hummel-The Little Homemakers - M.I. Hummel

YEAR	ISSUE	EDITION LIMIT	YEAR RETD.	ISSUE PRICE	QUOTE U.S.$
1988	Little Sweeper (Hum 745)	Closed		45.00	70
1989	Wash Day (Hum 746)	Closed		50.00	70
1990	A Stitch in Time (Hum 747)	Closed		50.00	70
1991	Chicken Licken (Hum 748)	Closed		70.00	70

Gorham

(Four Seasons) A Boy and His Dog Plates - N. Rockwell

YEAR	ISSUE	EDITION LIMIT	YEAR RETD.	ISSUE PRICE	QUOTE U.S.$
1971	Boy Meets His Dog	Annual	1971	50.00	225
1971	Adventures Between Adventures	Annual	1971	Set	Set
1971	The Mysterious Malady	Annual	1971	Set	Set
1971	Pride of Parenthood	Annual	1971	Set	Set

(Four Seasons) A Helping Hand Plates - N. Rockwell

YEAR	ISSUE	EDITION LIMIT	YEAR RETD.	ISSUE PRICE	QUOTE U.S.$
1979	Year End Court	Annual	1979	100.00	100-125
1979	Closed for Business	Annual	1979	Set	Set
1979	Swatter's Rights	Annual	1979	Set	Set
1979	Coal Season's Coming	Annual	1979	Set	Set

(Four Seasons) Dad's Boys Plates - N. Rockwell

YEAR	ISSUE	EDITION LIMIT	YEAR RETD.	ISSUE PRICE	QUOTE U.S.$
1980	Ski Skills	Annual	1980	135.00	90-135
1980	In His Spirits	Annual	1980	Set	Set
1980	Trout Dinner	Annual	1980	Set	Set
1980	Careful Aim	Annual	1980	Set	Set

(Four Seasons) Four Ages of Love - N. Rockwell

YEAR	ISSUE	EDITION LIMIT	YEAR RETD.	ISSUE PRICE	QUOTE U.S.$
1973	Gaily Sharing Vintage Time	Annual	1973	60.00	165
1973	Flowers in Tender Bloom	Annual	1973	Set	Set
1973	Sweet Song So Young	Annual	1973	Set	Set
1973	Fondly We Do Remember	Annual	1973	Set	Set

(Four Seasons) Going on Sixteen Plates - N. Rockwell

YEAR	ISSUE	EDITION LIMIT	YEAR RETD.	ISSUE PRICE	QUOTE U.S.$
1977	Chilling Chore	Annual	1977	75.00	95
1977	Sweet Serenade	Annual	1977	Set	Set
1977	Shear Agony	Annual	1977	Set	Set
1977	Pilgrimage	Annual	1977	Set	Set

(Four Seasons) Grand Pals Four Plates - N. Rockwell

YEAR	ISSUE	EDITION LIMIT	YEAR RETD.	ISSUE PRICE	QUOTE U.S.$
1976	Snow Sculpturing	Annual	1976	70.00	118
1976	Soaring Spirits	Annual	1976	Set	Set
1976	Fish Finders	Annual	1976	Set	Set
1976	Ghostly Gourds	Annual	1976	Set	Set

(Four Seasons) Grandpa and Me Plates - N. Rockwell

YEAR	ISSUE	EDITION LIMIT	YEAR RETD.	ISSUE PRICE	QUOTE U.S.$
1974	Gay Blades	Annual	1974	60.00	90
1974	Day Dreamers	Annual	1974	Set	Set
1974	Goin' Fishing	Annual	1974	Set	Set
1974	Pensive Pals	Annual	1974	Set	Set

(Four Seasons) Landscapes - N. Rockwell

YEAR	ISSUE	EDITION LIMIT	YEAR RETD.	ISSUE PRICE	QUOTE U.S.$
1980	Summer Respite	Annual	1980	45.00	80
1981	Autumn Reflection	Annual	1981	45.00	65
1982	Winter Delight	Annual	1982	50.00	63
1983	Spring Recess	Annual	1983	60.00	60

(Four Seasons) Life with Father Plates - N. Rockwell

YEAR	ISSUE	EDITION LIMIT	YEAR RETD.	ISSUE PRICE	QUOTE U.S.$
1982	Big Decision	Annual	1982	100.00	100
1982	Blasting Out	Annual	1982	Set	Set
1982	Cheering the Champs	Annual	1982	Set	Set
1982	A Tough One	Annual	1982	Set	Set

(Four Seasons) Me and My Pals Plates - N. Rockwell

YEAR	ISSUE	EDITION LIMIT	YEAR RETD.	ISSUE PRICE	QUOTE U.S.$
1975	A Lickin' Good Bath	Annual	1975	70.00	115
1975	Young Man's Fancy	Annual	1975	Set	Set
1975	Fisherman's Paradise	Annual	1975	Set	Set
1975	Disastrous Daring	Annual	1975	Set	Set

(Four Seasons) Old Buddies Plates - N. Rockwell

YEAR	ISSUE	EDITION LIMIT	YEAR RETD.	ISSUE PRICE	QUOTE U.S.$
1983	Shared Success	Annual	1983	115.00	115
1983	Endless Debate	Annual	1983	Set	Set
1983	Hasty Retreat	Annual	1983	Set	Set
1983	Final Speech	Annual	1983	Set	Set

(Four Seasons) Old Timers Plates - N. Rockwell

YEAR	ISSUE	EDITION LIMIT	YEAR RETD.	ISSUE PRICE	QUOTE U.S.$
1981	Canine Solo	Annual	1981	100.00	100
1981	Sweet Surprise	Annual	1981	Set	Set
1981	Lazy Days	Annual	1981	Set	Set
1981	Fancy Footwork	Annual	1981	Set	Set

(Four Seasons) Tender Years Plates - N. Rockwell

YEAR	ISSUE	EDITION LIMIT	YEAR RETD.	ISSUE PRICE	QUOTE U.S.$
1978	New Year Look	Annual	1978	100.00	100-125
1978	Spring Tonic	Annual	1978	Set	Set
1978	Cool Aid	Annual	1978	Set	Set
1978	Chilly Reception	Annual	1978	Set	Set

(Four Seasons) Young Love Plates - N. Rockwell

YEAR	ISSUE	EDITION LIMIT	YEAR RETD.	ISSUE PRICE	QUOTE U.S.$
1972	Downhill Daring	Annual	1972	60.00	100-180
1972	Beguiling Buttercup	Annual	1972	Set	Set
1972	Flying High	Annual	1972	Set	Set
1972	A Scholarly Pace	Annual	1972	Set	Set

American Artist - R. Donnelly

YEAR	ISSUE	EDITION LIMIT	YEAR RETD.	ISSUE PRICE	QUOTE U.S.$
1976	Apache Mother & Child	9,800	1980	25.00	56

Barrymore - Barrymore

YEAR	ISSUE	EDITION LIMIT	YEAR RETD.	ISSUE PRICE	QUOTE U.S.$
1971	Quiet Waters	15,000	1980	25.00	25
1972	San Pedro Harbor	15,000	1980	25.00	25
1972	Nantucket, Sterling	1,000	1972	100.00	100
1972	Little Boatyard, Sterling	1,000	1972	100.00	145

Bas Relief - N. Rockwell

YEAR	ISSUE	EDITION LIMIT	YEAR RETD.	ISSUE PRICE	QUOTE U.S.$
1981	Sweet Song So Young	Undis.	1984	100.00	100
1981	Beguiling Buttercup	Undis.	1984	62.50	70
1982	Flowers in Tender Bloom	Undis.	1984	100.00	100
1982	Flying High	Undis.	1984	62.50	65

Boy Scout Plates - N. Rockwell

YEAR	ISSUE	EDITION LIMIT	YEAR RETD.	ISSUE PRICE	QUOTE U.S.$
1975	Our Heritage	18,500	1980	19.50	40
1976	A Scout is Loyal	18,500	1990	19.50	55
1977	The Scoutmaster	18,500	1990	19.50	60
1977	A Good Sign	18,500	1990	19.50	50
1978	Pointing the Way	18,500	1990	19.50	50
1978	Campfire Story	18,500	1990	19.50	25
1980	Beyond the Easel	18,500	1990	45.00	45

Charles Russell - C. Russell

YEAR	ISSUE	EDITION LIMIT	YEAR RETD.	ISSUE PRICE	QUOTE U.S.$
1980	In Without Knocking	9,800	1990	38.00	75
1981	Bronc to Breakfast	9,800	1990	38.00	50-75
1982	When Ignorance is Bliss	9,800	1990	45.00	75-115
1983	Cowboy Life	9,800	1990	45.00	100

China Bicentennial - Gorham

YEAR	ISSUE	EDITION LIMIT	YEAR RETD.	ISSUE PRICE	QUOTE U.S.$
1972	1776 Plate	18,500	1980	17.50	35
1976	1776 Bicentennial	8,000	1980	17.50	35

Christmas - N. Rockwell

YEAR	ISSUE	EDITION LIMIT	YEAR RETD.	ISSUE PRICE	QUOTE U.S.$
1974	Tiny Tim	Annual	1974	12.50	45
1975	Good Deeds	Annual	1975	17.50	50
1976	Christmas Trio	Annual	1976	19.50	30
1977	Yuletide Reckoning	Annual	1977	19.50	45
1978	Planning Christmas Visit	Annual	1978	24.50	30
1979	Santa's Helpers	Annual	1979	24.50	25
1980	Letter to Santa	Annual	1980	27.50	32
1981	Santa Plans His Visit	Annual	1981	29.50	30
1982	Jolly Coachman	Annual	1982	29.50	30
1983	Christmas Dancers	Annual	1983	29.50	35
1984	Christmas Medley	17,500	1984	29.95	30
1985	Home For The Holidays	17,500	1985	29.95	30
1986	Merry Christmas Grandma	17,500	1986	29.95	65
1987	The Homecoming	17,500	1987	35.00	45
1988	Discovery	17,500	1988	37.50	45

Christmas/Children's Television Workshop - Unknown

YEAR	ISSUE	EDITION LIMIT	YEAR RETD.	ISSUE PRICE	QUOTE U.S.$
1981	Sesame Street Christmas	Annual	1981	17.50	18
1982	Sesame Street Christmas	Annual	1982	17.50	18
1983	Sesame Street Christmas	Annual	1983	19.50	20

Encounters, Survival and Celebrations - J. Clymer

YEAR	ISSUE	EDITION LIMIT	YEAR RETD.	ISSUE PRICE	QUOTE U.S.$
1982	A Fine Welcome	7,500	1983	50.00	75
1983	Winter Trail	7,500	1984	50.00	125
1983	Alouette	7,500	1984	62.50	63
1983	The Trader	7,500	1984	62.50	63
1983	Winter Camp	7,500	1984	62.50	75
1983	The Trapper Takes a Wife	7,500	1984	62.50	63

Gallery of Masters - Various

YEAR	ISSUE	EDITION LIMIT	YEAR RETD.	ISSUE PRICE	QUOTE U.S.$
1971	Man with a Gilt Helmet - Rembrandt	10,000	1975	50.00	50
1972	Self Portrait with Saskia - Rembrandt	10,000	1975	50.00	50
1973	The Honorable Mrs. Graham - Gainsborough	7,500	1975	50.00	50

Gorham Museum Doll Plates - Gorham

YEAR	ISSUE	EDITION LIMIT	YEAR RETD.	ISSUE PRICE	QUOTE U.S.$
1984	Lydia	5,000	1984	29.00	125
1984	Belton Bebe	5,000	1984	29.00	55
1984	Christmas Lady	7,500	1984	32.50	33
1985	Lucille	5,000	1985	29.00	35
1985	Jumeau	5,000	1985	29.00	35

Julian Ritter - J. Ritter

YEAR	ISSUE	EDITION LIMIT	YEAR RETD.	ISSUE PRICE	QUOTE U.S.$
1977	Christmas Visit	9,800	1977	24.50	29
1978	Valentine, Fluttering Heart	7,500	1978	45.00	45

Julian Ritter, Fall In Love - J. Ritter

YEAR	ISSUE	EDITION LIMIT	YEAR RETD.	ISSUE PRICE	QUOTE U.S.$
1977	Enchantment	5,000	1977	100.00	100
1977	Frolic	5,000	1977	set	Set
1977	Gutsy Gal	5,000	1977	set	Set
1977	Lonely Chill	5,000	1977	set	Set

Julian Ritter, To Love a Clown - J. Ritter

YEAR	ISSUE	EDITION LIMIT	YEAR RETD.	ISSUE PRICE	QUOTE U.S.$
1978	Awaited Reunion	5,000	1978	120.00	120
1978	Twosome Time	5,000	1978	120.00	120
1978	Showtime Beckons	5,000	1978	120.00	120
1978	Together in Memories	5,000	1978	120.00	120

Leyendecker Christmas Plates - J. C. Leyendecker

YEAR	ISSUE	EDITION LIMIT	YEAR RETD.	ISSUE PRICE	QUOTE U.S.$
1988	Christmas Hug	10,000	1988	37.50	50

Moppet Plates-Anniversary - Unknown

YEAR	ISSUE	EDITION LIMIT	YEAR RETD.	ISSUE PRICE	QUOTE U.S.$
1976	Anniversary	20,000	1977	13.00	13

Moppet Plates-Christmas - Unknown

YEAR	ISSUE	EDITION LIMIT	YEAR RETD.	ISSUE PRICE	QUOTE U.S.$
1973	Christmas	Annual	1973	10.00	35
1974	Christmas	Annual	1974	12.00	12
1975	Christmas	Annual	1975	13.00	13
1976	Christmas	Annual	1976	13.00	15
1977	Christmas	Annual	1977	13.00	14
1978	Christmas	Annual	1978	10.00	10
1979	Christmas	Annual	1979	12.00	12
1980	Christmas	Annual	1980	12.00	12
1981	Christmas	Annual	1981	12.00	12
1982	Christmas	Annual	1982	12.00	12
1983	Christmas	Annual	1983	12.00	12

Moppet Plates-Mother's Day - Unknown

YEAR	ISSUE	EDITION LIMIT	YEAR RETD.	ISSUE PRICE	QUOTE U.S.$
1973	Mother's Day	Annual	1973	10.00	30
1974	Mother's Day	Annual	1974	12.00	20
1975	Mother's Day	Annual	1975	13.00	15
1976	Mother's Day	Annual	1976	13.00	15
1977	Mother's Day	Annual	1977	13.00	15
1978	Mother's Day	Annual	1978	10.00	10

Pastoral Symphony - B. Felder

YEAR	ISSUE	EDITION LIMIT	YEAR RETD.	ISSUE PRICE	QUOTE U.S.$
1982	When I Was a Child	7,500	1983	42.50	50
1982	Gather the Children	7,500	1983	42.50	50
1984	Sugar and Spice	7,500	1985	42.50	50
XX	He Loves Me	7,500	1985	42.50	50

Pewter Bicentennial - R. Pailthorpe

YEAR	ISSUE	EDITION LIMIT	YEAR RETD.	ISSUE PRICE	QUOTE U.S.$
1971	Burning of the Gaspee	5,000	1971	35.00	35
1972	Boston Tea Party	5,000	1972	35.00	35

Presidential - N. Rockwell

YEAR	ISSUE	EDITION LIMIT	YEAR RETD.	ISSUE PRICE	QUOTE U.S.$
1976	John F. Kennedy	9,800	1976	30.00	65
1976	Dwight D. Eisenhower	9,800	1976	30.00	35

Remington Western - F. Remington

YEAR	ISSUE	EDITION LIMIT	YEAR RETD.	ISSUE PRICE	QUOTE U.S.$
1973	A New Year on the Cimarron	Annual	1973	25.00	35-50
1973	Aiding a Comrade	Annual	1973	25.00	30-125
1973	The Flight	Annual	1973	25.00	30-95
1973	The Fight for the Water Hole	Annual	1973	25.00	30-125
1975	Old Ramond	Annual	1975	20.00	35-60
1975	A Breed	Annual	1975	20.00	35-65
1976	Cavalry Officer	5,000	1976	37.50	60-75
1976	A Trapper	5,000	1976	37.50	60-75

Silver Bicentennial - Various

YEAR	ISSUE	EDITION LIMIT	YEAR RETD.	ISSUE PRICE	QUOTE U.S.$
1972	1776 Plate - Gorham	500	1972	500.00	500
1972	Burning of the Gaspee - R. Pailthorpe	750	1972	500.00	500
1973	Boston Tea Party - R. Pailthorpe	750	1973	550.00	575

Single Release - N. Rockwell

YEAR	ISSUE	EDITION LIMIT	YEAR RETD.	ISSUE PRICE	QUOTE U.S.$
1974	The Golden Rule	Annual	1974	12.50	30
1975	Ben Franklin	Annual	1975	19.50	35

Single Release - F. Quagon

YEAR	ISSUE	EDITION LIMIT	YEAR RETD.	ISSUE PRICE	QUOTE U.S.$
1976	The Black Regiment 1778	7,500	1978	25.00	58

Single Release - N. Rockwell

YEAR	ISSUE	EDITION LIMIT	YEAR RETD.	ISSUE PRICE	QUOTE U.S.$
1974	Weighing In	Annual	1974	12.50	80-99
1976	The Marriage License	Numbrd	1985	37.50	52-75
1978	Triple Self Portrait Memorial	Annual	1978	37.50	75
1980	The Annual Visit	Annual	1980	32.50	70
1981	Day in Life of Boy	Annual	1981	50.00	80
1981	Day in Life of Girl	Annual	1981	50.00	80-108

Time Machine Teddies Plates - B. Port

YEAR	ISSUE	EDITION LIMIT	YEAR RETD.	ISSUE PRICE	QUOTE U.S.$
1986	Miss Emily, Bearing Up	5,000	1986	32.50	33
1987	Big Bear, The Toy Collector	5,000	1987	32.50	45
1988	Hunny Munny	5,000	1988	37.50	38

Vermeil Bicentennial - Gorham

YEAR	ISSUE	EDITION LIMIT	YEAR RETD.	ISSUE PRICE	QUOTE U.S.$
1972	1776 Plate	250	1972	750.00	800

Hackett American

Sports - Various

YEAR	ISSUE	EDITION LIMIT	YEAR RETD.	ISSUE PRICE	QUOTE U.S.$
1981	Reggie Jackson h/s - Paluso	Retrd.		100.00	1065
1982	Steve Garvey h/s - Paluso	Retrd.		100.00	150-250
1983	Nolan Ryan h/s - Paluso	Retrd.		100.00	825
XX	Tom Seaver h/s - Paluso	Retrd.		100.00	350
XX	Steve Carlton h/s - Paluso	Retrd.		100.00	275
XX	Willie Mays h/s - Paluso	Retrd.		125.00	350-445
XX	Whitey Ford h/s - Paluso	Retrd.		125.00	295
XX	Hank Aaron h/s - Paluso	Retrd.		125.00	350-445
XX	Sandy Koufax h/s - Paluso	Retrd.		125.00	300-500
XX	H. Killebrew d/s - Paluso	Retrd.		125.00	200-360
XX	E. Mathews d/s - Paluso	Retrd.		125.00	225-300
1986	T. Seaver 300 d/s - Paluso	Retrd.		125.00	250
XX	Roger Clemens d/s - Paluso	Retrd.		125.00	600-900
1986	Reggie Jackson d/s - Paluso	Retrd.		125.00	395
XX	Wally Joyner d/s - Paluso	Retrd.		125.00	295
XX	Don Sutton d/s - Paluso	Retrd.		125.00	250
XX	Gary Carter d/s - Simon	Retrd.		125.00	175
XX	Dwight Gooden u/s - Simon	Retrd.		55.00	85
XX	Arnold Palmer h/s - Alexander	Retrd.		125.00	225
XX	Gary Player h/s - Alexander	Retrd.		125.00	350
XX	Reggie Jackson h/s - Alexander	Retrd.		125.00	695
XX	Reggie Jackson, proof - Alexander	Retrd.		250.00	1695
1986	Joe Montana d/s - Alexander	Retrd.		125.00	595

Hadley House

American Memories Series - T. Redlin

YEAR ISSUE		EDITION LIMIT	YEAR RETD.	ISSUE PRICE	QUOTE U.S.$
1987	Coming Home	9,500	1986	85.00	150
1988	Lights of Home	9,500	1988	85.00	150
1989	Homeward Bound	9,500	1993	85.00	150
1991	Family Traditions	9,500	1993	85.00	150

Annual Christmas Series - T. Redlin

YEAR ISSUE		EDITION LIMIT	YEAR RETD.	ISSUE PRICE	QUOTE U.S.$
1991	Heading Home	9,500	1994	65.00	125
1992	Pleasures Of Winter	19,500		65.00	125
1993	Winter Wonderland	19,500		65.00	125
1994	Almost Home	19,500		65.00	125

Glow Series - T. Redlin

YEAR ISSUE		EDITION LIMIT	YEAR RETD.	ISSUE PRICE	QUOTE U.S.$
1985	Evening Glow	5,000	1986	55.00	400
1985	Morning Glow	5,000	1986	55.00	200
1985	Twilight Glow	5,000	1988	55.00	100
1988	Afternoon Glow	5,000	1989	55.00	55

Lovers Collection - O. Franca

YEAR ISSUE		EDITION LIMIT	YEAR RETD.	ISSUE PRICE	QUOTE U.S.$
1992	Lovers	9,500		50.00	50

Navajo Visions Suite - O. Franca

YEAR ISSUE		EDITION LIMIT	YEAR RETD.	ISSUE PRICE	QUOTE U.S.$
1993	Navajo Fantasy	9,500		50.00	50
1993	Young Warrior	9,500		50.00	50

Navajo Woman Series - O. Franca

YEAR ISSUE		EDITION LIMIT	YEAR RETD.	ISSUE PRICE	QUOTE U.S.$
1990	Feathered Hair Ties	5,000	1994	50.00	50
1991	Navajo Summer	5,000		50.00	50
1992	Turquoise Necklace	5,000		50.00	50
1993	Pink Navajo	5,000		50.00	50

Retreat Series - T. Redlin

YEAR ISSUE		EDITION LIMIT	YEAR RETD.	ISSUE PRICE	QUOTE U.S.$
1987	Morning Retreat	9,500	1988	65.00	100
1987	Evening Retreat	9,500	1989	65.00	100
1988	Golden Retreat	9,500	1989	65.00	100
1989	Moonlight Retreat	9,500	1993	65.00	65

Seasons - T. Redlin

YEAR ISSUE		EDITION LIMIT	YEAR RETD.	ISSUE PRICE	QUOTE U.S.$
1994	Autumn Evening	45-day		29.95	30

That Special Time - T. Redlin

YEAR ISSUE		EDITION LIMIT	YEAR RETD.	ISSUE PRICE	QUOTE U.S.$
1991	Evening Solitude	9,500	1994	65.00	65
1991	That Special Time	9,500	1993	65.00	65
1992	Aroma of Fall	9,500	1994	65.00	65
1993	Welcome To Paradise	9,500		65.00	65

Tranquility - O. Franca

YEAR ISSUE		EDITION LIMIT	YEAR RETD.	ISSUE PRICE	QUOTE U.S.$
1994	Blue Navajo	9,500		50.00	50
1994	Blue Tranquility	9,500		50.00	50
1994	Navajo Meditating	9,500		50.00	50
1995	Navajo Reflection	9,500		50.00	50

Wildlife Memories - T. Redlin

YEAR ISSUE		EDITION LIMIT	YEAR RETD.	ISSUE PRICE	QUOTE U.S.$
1994	Best Friends	19,500		65.00	65
1994	Comforts of Home	19,500		65.00	65
1994	Pure Contentment	19,500		65.00	65
1994	Sharing in the Solitude	19,500		65.00	65

Windows to the Wild - T. Redlin

YEAR ISSUE		EDITION LIMIT	YEAR RETD.	ISSUE PRICE	QUOTE U.S.$
1990	Master's Domain	9,500		65.00	65
1991	Winter Windbreak	9,500		65.00	65
1992	Evening Company	9,500		65.00	65
1994	Night Mapling	9,500		65.00	65

Hallmark Galleries

Days to Remember-The Art of Norman Rockwell - Rockwell-Inspired

YEAR ISSUE		EDITION LIMIT	YEAR RETD.	ISSUE PRICE	QUOTE U.S.$
1992	A Boy Meets His Dog (pewter medallion) 4500QHG9715	Retrd.	1994	45.00	45
1992	Sweet Song So Young (pewter medallion) 4500QHG9716	Retrd.	1994	45.00	45
1992	Fisherman's Paradise (pewter medallion) 4500QHG9717	Retrd.	1994	45.00	45
1992	Sleeping Children (pewter medallion) 4500QHG9718	Retrd.	1994	45.00	45
1993	Breaking Home Ties 3500QHG9723	9,500	1995	35.00	35
1994	Growing Years 3500QHG9724	9,500	1995	35.00	35

Easter Plate - L. Votruba

YEAR ISSUE		EDITION LIMIT	YEAR RETD.	ISSUE PRICE	QUOTE U.S.$
1994	Collector's Plate-First Ed. 775QEO8233	Yr.Iss.	1995	7.75	25

Enchanted Garden - E. Richardson

YEAR ISSUE		EDITION LIMIT	YEAR RETD.	ISSUE PRICE	QUOTE U.S.$
1992	Neighborhood Dreamer 4500QHG3001	Retrd.	1994	45.00	45
1992	Swan Lake (tile) 3500QHG3010	Retrd.	1994	35.00	35
1992	Fairy Bunny Tale: The Beginning (tile) 2500QHG3011	Retrd.	1994	25.00	25
1992	Fairy Bunny Tale: Beginning II (tile) 3500QHG3015	Retrd.	1994	35.00	35

Innocent Wonders - T. Blackshear

YEAR ISSUE		EDITION LIMIT	YEAR RETD.	ISSUE PRICE	QUOTE U.S.$
1992	Pinkie Poo 3500QHG4017	9,500	1995	35.00	35
1992	Dinky Toot 3500QHG4019	9,500	1995	35.00	35
1993	Pockets 3500QHG4022	9,500	1995	35.00	35
1994	Twinky Wink 3500QHG4023	9,500	1995	35.00	35

Majestic Wilderness - M. Englebreit

YEAR ISSUE		EDITION LIMIT	YEAR RETD.	ISSUE PRICE	QUOTE U.S.$
1994	Golden Rule (tile) 3000QHG5010	14,500	1995	30.00	30
1994	Recipe for Happiness (tile) 3000QHG5011	14,500	1995	30.00	30

Majestic Wilderness - M. Newman

YEAR ISSUE		EDITION LIMIT	YEAR RETD.	ISSUE PRICE	QUOTE U.S.$
1992	Timber Wolves (porcelain) 3500QHG2012	9,500	1995	35.00	35
1992	Vixen & Kits 3500QHG2018	9,500	1995	35.00	35
1994	White Tail Buck 3500QHG2030	9,500	1995	35.00	35

Tobin Fraley Carousels - T. Fraley

YEAR ISSUE		EDITION LIMIT	YEAR RETD.	ISSUE PRICE	QUOTE U.S.$
1992	Philadelphia Toboggan Co/1920 (pewter medallion) 4500QHG20	Retrd.	1994	45.00	45
1993	Magical Ride 3500QHG30	9,500	1995	35.00	35
1994	Riding to Adventure 3500QHG23	9,500	1995	35.00	35

Hamilton Collection

All in a Day's Work - J. Lamb

YEAR ISSUE		EDITION LIMIT	YEAR RETD.	ISSUE PRICE	QUOTE U.S.$
1994	Where's the Fire?	28-day		29.50	30
1994	Lunch Break	28-day		29.50	30
1994	Puppy Patrol	28-day		29.50	30
1994	Decoy Delivery	28-day		29.50	30
1994	Budding Artist	28-day		29.50	30
1994	Garden Guards	28-day		29.50	30
1994	Saddling Up	28-day		29.50	30

America's Greatest Sailing Ships - T. Freeman

YEAR ISSUE		EDITION LIMIT	YEAR RETD.	ISSUE PRICE	QUOTE U.S.$
1988	USS Constitution	14-day		29.50	50
1988	Great Republic	14-day		29.50	36
1988	America	14-day		29.50	45
1988	Charles W. Morgan	14-day		29.50	36
1988	Eagle	14-day		29.50	48
1988	Bonhomme Richard	14-day		29.50	50
1988	Gertrude L. Thebaud	14-day		29.50	45
1988	Enterprise	14-day		29.50	36

The American Civil War - D. Prechtel

YEAR ISSUE		EDITION LIMIT	YEAR RETD.	ISSUE PRICE	QUOTE U.S.$
1990	General Robert E. Lee	14-day		37.50	75
1990	Generals Grant and Lee At Appomattox	14-day		37.50	48
1990	General Thomas "Stonewall" Jackson	14-day		37.50	54
1990	Abraham Lincoln	14-day		37.50	60
1991	General J.E.B. Stuart	14-day		37.50	45
1991	General Philip Sheridan	14-day		37.50	60
1991	A Letter from Home	14-day		37.50	60
1991	Going Home	14-day		37.50	45
1992	Assembling The Troop	14-day		37.50	75
1992	Standing Watch	14-day		37.50	75

The American Rose Garden - P.J. Sweany

YEAR ISSUE		EDITION LIMIT	YEAR RETD.	ISSUE PRICE	QUOTE U.S.$
1988	American Spirit	14-day		29.50	35
1988	Peace Rose	14-day		29.50	35
1989	White Knight	14-day		29.50	35
1989	American Heritage	14-day		29.50	36
1989	Eclipse	14-day		29.50	33
1989	Blue Moon	14-day		29.50	36
1989	Coral Cluster	14-day		29.50	33
1989	President Herbert Hoover	14-day		29.50	30

Andy Griffith - R. Tanenbaum

YEAR ISSUE		EDITION LIMIT	YEAR RETD.	ISSUE PRICE	QUOTE U.S.$
1992	Sheriff Andy Taylor	28-day		29.50	35-50
1992	A Startling Conclusion	28-day		29.50	35-50
1993	Mayberry Sing-a-long	28-day		29.50	55
1993	Aunt Bee's Kitchen	28-day		29.50	30
1993	Surprise! Surprise!	28-day		29.50	30
1993	An Explosive Situation	28-day		29.50	30
1993	Meeting Aunt Bee	28-day		29.50	30
1993	Opie's Big Catch	28-day		29.50	30

The Angler's Prize - M. Susinno

YEAR ISSUE		EDITION LIMIT	YEAR RETD.	ISSUE PRICE	QUOTE U.S.$
1991	Trophy Bass	14-day		29.50	36
1991	Blue Ribbon Trout	14-day		29.50	33
1991	Sun Dancers	14-day		29.50	30
1991	Freshwater Barracuda	14-day		29.50	36
1991	Bronzeback Fighter	14-day		29.50	36
1991	Autumn Beauty	14-day		29.50	36
1992	Old Mooneyes	14-day		29.50	36
1992	Silver King	14-day		29.50	33

Beauty Of Winter - N/A

YEAR ISSUE		EDITION LIMIT	YEAR RETD.	ISSUE PRICE	QUOTE U.S.$
1992	Silent Night	28-day		29.50	30
1993	Moonlight Sleighride	28-day		29.50	30

The Best Of Baseball - R. Tanenbaum

YEAR ISSUE		EDITION LIMIT	YEAR RETD.	ISSUE PRICE	QUOTE U.S.$
1993	The Legendary Mickey Mantle	28-day		29.50	30
1993	The Immortal Babe Ruth	28-day		29.50	30
1993	The Great Willie Mays	28-day		29.50	30
1993	The Unbeatable Duke Snider	28-day		29.50	30
1993	The Extraordinary Lou Gehrig	28-day		29.50	30
1993	The Phenomenal Roberto Clemente	28-day		29.50	30
1993	The Remarkable Johnny Bench	28-day		29.50	30
1993	The Incredible Nolan Ryan	28-day		29.50	30
1993	The Exceptional Brooks Robinson	28-day		29.50	30
1993	The Unforgettable Phil Rizzuto	28-day		29.50	30

Bialosky®& Friends - P./A.Bialosky

YEAR ISSUE		EDITION LIMIT	YEAR RETD.	ISSUE PRICE	QUOTE U.S.$
1992	Family Addition	28-day		29.50	30
1993	Sweetheart	28-day		29.50	30
1993	Let's Go Fishing	28-day		29.50	30
1993	U.S. Mail	28-day		29.50	30
1993	Sleigh Ride	28-day		29.50	30
1993	Honey For Sale	28-day		29.50	30
1993	Breakfast In Bed	28-day		29.50	36
1993	My First Two-Wheeler	28-day		29.50	30

Big Cats of the World - D. Manning

YEAR ISSUE		EDITION LIMIT	YEAR RETD.	ISSUE PRICE	QUOTE U.S.$
1989	African Shade	14-day		29.50	30
1989	View from Above	14-day		29.50	30
1990	On The Prowl	14-day		29.50	30
1990	Deep In The Jungle	14-day		29.50	30
1990	Spirit Of The Mountain	14-day		29.50	30
1990	Spotted Sentinel	14-day		29.50	30
1990	Above the Treetops	14-day		29.50	30
1990	Mountain Dweller	14-day		29.50	30
1992	Jungle Habitat	14-day		29.50	30
1992	Solitary Sentry	14-day		29.50	30

Birds of the Temple Gardens - J. Cheng

YEAR ISSUE		EDITION LIMIT	YEAR RETD.	ISSUE PRICE	QUOTE U.S.$
1989	Doves of Fidelity	14-day		29.50	30
1989	Cranes of Eternal Life	14-day		29.50	30
1989	Honorable Swallows	14-day		29.50	30
1989	Oriental White Eyes of Beauty	14-day		29.50	30
1989	Pheasants of Good Fortune	14-day		29.50	30
1989	Imperial Goldcrest	14-day		29.50	30
1989	Goldfinches of Virtue	14-day		29.50	30
1989	Magpies: Birds of Good Omen	14-day		29.50	30

Bundles of Joy - B. P. Gutmann

YEAR ISSUE		EDITION LIMIT	YEAR RETD.	ISSUE PRICE	QUOTE U.S.$
1988	Awakening	14-day		24.50	75
1988	Happy Dreams	14-day		24.50	60-99
1988	Tasting	14-day		24.50	36-59
1988	Sweet Innocence	14-day		24.50	30
1988	Tommy	14-day		24.50	30
1988	A Little Bit of Heaven	14-day		24.50	75
1988	Billy	14-day		24.50	30-35
1988	Sun Kissed	14-day		24.50	30-35

Butterfly Garden - P. Sweany

YEAR ISSUE		EDITION LIMIT	YEAR RETD.	ISSUE PRICE	QUOTE U.S.$
1987	Spicebush Swallowtail	14-day		29.50	45
1987	Common Blue	14-day		29.50	38
1987	Orange Sulphur	14-day		29.50	35-50
1987	Monarch	14-day		29.50	38
1987	Tiger Swallowtail	14-day		29.50	35
1987	Crimson Patched Longwing	14-day		29.50	38
1988	Morning Cloak	14-day		29.50	35
1988	Red Admiral	14-day		29.50	38

The Call of the North - J. Tift

YEAR ISSUE		EDITION LIMIT	YEAR RETD.	ISSUE PRICE	QUOTE U.S.$
1993	Winter's Dawn	28-day		29.50	30
1994	Evening Silence	28-day		29.50	30
1994	Moonlit Wilderness	28-day		29.50	30
1994	Silent Snowfall	28-day		29.50	30
1994	Snowy Watch	28-day		29.50	30
1994	Sentinels of the Summit	28-day		29.50	30
1994	Arctic Seclusion	28-day		29.50	30
1994	Forest Twilight	28-day		29.50	30
1994	Mountain Explorer	28-day		29.50	30
1994	The Cry of Winter	28-day		29.50	30

Call to Adventure - R. Cross

YEAR ISSUE		EDITION LIMIT	YEAR RETD.	ISSUE PRICE	QUOTE U.S.$
1993	USS Constitution	28-day		29.50	30
1993	The Bounty	28-day		29.50	30
1994	Bonhomme Richard	28-day		29.50	30
1994	Old Nantucket	28-day		29.50	30
1994	Golden West	28-day		29.50	30
1994	Boston	28-day		29.50	30
1994	Hannah	28-day		29.50	30
1994	Improvement	28-day		29.50	30
1995	Anglo-American	28-day		29.50	30
1995	Challenge	28-day		29.50	30

Cameo Kittens - Q. Lemonds

YEAR ISSUE		EDITION LIMIT	YEAR RETD.	ISSUE PRICE	QUOTE U.S.$
1993	Ginger Snap	28-day		29.50	30
1993	Cat Tails	28-day		29.50	30
1993	Lady Blue	28-day		29.50	30
1993	Tiny Heart Stealer	28-day		29.50	30
1993	Blossom	28-day		29.50	30
1994	Whisker Antics	28-day		29.50	30
1994	Tiger's Temptation	28-day		29.50	30
1994	Scout	28-day		29.50	30
1995	Timid Tabby	28-day		29.50	30

Carefree Days - T. Utz

YEAR ISSUE		EDITION LIMIT	YEAR RETD.	ISSUE PRICE	QUOTE U.S.$
1982	Autumn Wanderer	10-day		24.50	25
1982	Best Friends	10-day		24.50	30
1982	Feeding Time	10-day		24.50	25
1982	Bathtime Visitor	10-day		24.50	30
1982	First Catch	10-day		24.50	30
1982	Monkey Business	10-day		24.50	30
1982	Touchdown	10-day		24.50	25
1982	Nature Hunt	10-day		24.50	25

A Child's Best Friend - B. P. Gutmann

YEAR ISSUE		EDITION LIMIT	YEAR RETD.	ISSUE PRICE	QUOTE U.S.$
1985	In Disgrace	14-day		24.50	90
1985	The Reward	14-day		24.50	60
1985	Who's Sleepy	14-day		24.50	90
1985	Good Morning	14-day		24.50	70
1985	Sympathy	14-day		24.50	65
1985	On the Up and Up	14-day		24.50	50-75
1985	Mine	14-day		24.50	90
1985	Going to Town	14-day		24.50	65

Hamilton Collection
to Hamilton Collection

PLATES

YEAR ISSUE		EDITION LIMIT	YEAR RETD.	ISSUE PRICE	QUOTE U.S.$

A Child's Christmas - J. Ferrandiz

1995	Asleep in the Hay	28-day		29.95	30
1995	Merry Little Friends	28-day		29.95	30

Childhood Reflections - B.P. Gutmann

1991	Harmony	14-day		29.50	60
1991	Kitty's Breakfast	14-day		29.50	36
1991	Friendly Enemies	14-day		29.50	60
1991	Smile, Smile, Smile	14-day		29.50	36
1991	Lullaby	14-day		29.50	36
1991	Oh! Oh! A Bunny	14-day		29.50	30
1991	Little Mother	14-day		29.50	33
1991	Thank You, God	14-day		29.50	36

Children of the American Frontier - D. Crook

1986	In Trouble Again	10-day		24.50	35
1986	Tubs and Suds	10-day		24.50	27
1986	A Lady Needs a Little Privacy	10-day		24.50	38
1986	The Desperadoes	10-day		24.50	27
1986	Riders Wanted	10-day		24.50	30
1987	A Cowboy's Downfall	10-day		24.50	25
1987	Runaway Blues	10-day		24.50	25
1987	A Special Patient	10-day		24.50	38

Civil War Generals - M. Gnatek

1994	Robert E. Lee	28-day		29.50	30
1994	J.E.B. Stewart	28-day		29.50	30
1994	Joshua L. Chamberlain	28-day		29.50	30
1994	George Armstrong Custer	28-day		29.50	30
1994	Nathan Bedford Forrest	28-day		29.50	30
1994	James Longstreet	28-day		29.50	30
1995	Thomas "Stonewall" Jackson	28-day		29.50	30

Classic American Santas - G. Hinke

1993	A Christmas Eve Visitor	28-day		29.50	30
1994	Up on the Rooftop	28 day		29.50	30
1994	Santa's Candy Kitchen	28-day		29.50	30
1994	A Christmas Chorus	28-day		29.50	30
1994	An Exciting Christmas Eve	28-day		29.50	30
1994	Rest Ye Merry Gentlemen	28-day		29.50	30
1994	Preparing the Sleigh	28-day		29.50	30
1994	The Reindeer's Stable	28-day		29.50	30
1994	He's Checking His List	28-day		29.50	30

Classic Corvettes - M. Lacourciere

1994	1957 Corvette	28-day		29.50	30
1994	1963 Corvette	28-day		29.50	30
1994	1968 Corvette	28-day		29.50	30
1994	1986 Corvette	28-day		29.50	30
1995	1967 Corvette	28-day		29.50	30
1995	1953 Corvette	28-day		29.50	30
1995	1962 Corvette	28-day		29.50	30
1995	1990 Corvette	28-day		29.50	30

Classic Sporting Dogs - B. Christie

1989	Golden Retrievers	14-day		24.50	70
1989	Labrador Retrievers	14-day		24.50	60
1989	Beagles	14-day		24.50	36
1989	Pointers	14-day		24.50	30
1989	Springer Spaniels	14-day		24.50	40
1990	German Short-Haired Pointers	14-day		24.50	55
1990	Irish Setters	14-day		24.50	50
1990	Brittany Spaniels	14-day		24.50	48

Classic TV Westerns - K. Milnazik

1990	The Lone Ranger and Tonto	14-day		29.50	50-95
1990	BonanzaÕ	14-day		29.50	60-90
1990	Roy Rogers and Dale Evans	14-day		29.50	45-60
1991	Rawhide	14-day		29.50	60-90
1991	Wild Wild West	14-day		29.50	60-90
1991	Have Gun, Will Travel	14-day		29.50	50-90
1991	The Virginian	14-day		29.50	50-80
1991	Hopalong Cassidy	14-day		29.50	60-90

Cloak of Visions - A. Farley

1994	Visions in a Full Moon	28-day		29.50	30
1994	Protector of the Child	28-day		29.50	30
1995	Spirits of the Canyon	28-day		29.50	30

Coral Paradise - H. Bond

1989	The Living Oasis	14-day		29.50	30
1990	Riches of the Coral Sea	14-day		29.50	30
1990	Tropical Pageantry	14-day		29.50	36
1990	Caribbean Spectacle	14-day		29.50	33
1990	Undersea Village	14-day		29.50	36
1990	Shimmering Reef Dwellers	14-day		29.50	36
1990	Mysteries of the Galapagos	14-day		29.50	33
1990	Forest Beneath the Sea	14-day		29.50	30

Cottage Puppies - K. George

1993	Little Gardeners	28-day		29.50	30
1993	Springtime Fancy	28-day		29.50	30
1993	Endearing Innocence	28-day		29.50	30
1994	Picnic Playtime	28-day		29.50	30
1994	Lazy Afternoon	28-day		29.50	30
1994	Summertime Pals	28-day		29.50	30
1994	A Gardening Trio	28-day		29.50	30
1994	Taking a Break	28-day		29.50	30

Council Of Nations - G. Perillo

1991	Strength of the Sioux	28-day		29.50	30
1992	Pride of the Cheyenne	28-day		29.50	30
1992	Dignity of the Nez Parce	28-day		29.50	30
1992	Courage of the Arapaho	28-day		29.50	30
1992	Power of the Blackfoot	28-day		29.50	30
1992	Nobility of the Algonqui	28-day		29.50	30
1992	Wisdom of the Cherokee	28-day		29.50	30
1992	Boldness of the Seneca	28-day		29.50	30

Country Garden Cottages - E. Dertner

1992	Riverbank Cottage	28-day		29.50	30
1992	Sunday Outing	28-day		29.50	30
1992	Shepherd's Cottage	28-day		29.50	30
1993	Daydream Cottage	28-day		29.50	30
1993	Garden Glorious	28-day		29.50	30
1993	This Side of Heaven	28-day		29.50	30
1993	Summer Symphony	28-day		29.50	30
1993	April Cottage	28-day		29.50	30

Country Kitties - G. Gerardi

1989	Mischief Makers	14-day		24.50	45
1989	Table Manners	14-day		24.50	36
1989	Attic Attack	14-day		24.50	45
1989	Rock and Rollers	14-day		24.50	55
1989	Just For the Fern of It	14-day		24.50	50
1989	All Washed Up	14-day		24.50	50
1989	Stroller Derby	14-day		24.50	39
1989	Captive Audience	14-day		24.50	50

A Country Season of Horses - J.M. Vass

1990	First Day of Spring	14-day		29.50	36
1990	Summer Splendor	14-day		29.50	33
1990	A Winter's Walk	14-day		29.50	33
1990	Autumn Grandeur	14-day		29.50	30
1990	Cliffside Beauty	14-day		29.50	30
1990	Frosty Morning	14-day		29.50	30
1990	Crisp Country Morning	14-day		29.50	30
1990	River Retreat	14-day		29.50	30

A Country Summer - N. Noel

1985	Butterfly Beauty	10-day		29.50	36
1985	The Golden Puppy	10-day		29.50	30
1986	The Rocking Chair	10-day		29.50	36
1986	My Bunny	10-day		29.50	33
1988	The Piglet	10-day		29.50	30
1988	Teammates	10-day		29.50	30

Curious Kittens - B. Harrison

1990	Rainy Day Friends	14-day		29.50	36
1990	Keeping in Step	14-day		29.50	36
1991	Delightful Discovery	14-day		29.50	36
1991	Chance Meeting	14-day		29.50	36
1991	All Wound Up	14-day		29.50	36
1991	Making Tracks	14-day		29.50	36
1991	Playing Cat and Mouse	14-day		29.50	36
1991	A Paw's in the Action	14-day		29.50	36
1992	Little Scholar	14-day		29.50	36
1992	Cat Burglar	14-day		29.50	36

Daughters Of The Sun - K. Thayer

1993	Sun Dancer	28-day		29.50	30
1993	Shining Feather	28-day		29.50	30
1993	Delighted Dancer	28-day		29.50	30
1993	Evening Dancer	28-day		29.50	30
1993	A Secret Glance	28-day		29.50	30
1993	Chippewa Charmer	28-day		29.50	30
1994	Pride of the Yakima	28-day		29.50	30
1994	Radiant Beauty	28-day		29.50	30

Dear to My Heart - J. Hagara

1990	Cathy	14-day		29.50	30-60
1990	Addie	14-day		29.50	30
1990	Jimmy	14-day		29.50	30
1990	Dacy	14-day		29.50	30
1990	Paul	14-day		29.50	30
1991	Shelly	14-day		29.50	30
1991	Jenny	14-day		29.50	30
1991	Joy	14-day		29.50	30

Delights of Childhood - J. Lamb

1989	Crayon Creations	14-day		29.50	30
1989	Little Mother	14-day		29.50	30
1990	Bathing Beauty	14-day		29.50	30
1990	Is That You, Granny?	14-day		29.50	36
1990	Nature's Little Helper	14-day		29.50	30
1990	So Sorry	14-day		29.50	33
1990	Shower Time	14-day		29.50	33
1990	Storytime Friends	14-day		29.50	30

Dolphin Discovery - D. Queen

1995	Sunrise Reverie	28-day		29.50	30

Dreamsicles - K. Haynes

1994	The Flying Lesson	28-day		19.50	20
1995	By the Light of the Moon	28-day		19.50	20

Drivers of Victory Lane - R. Tanenbaum

1994	Bill Elliott	28-day		29.50	30
1994	Jeff Gordon	28-day		29.50	30
1994	Rusty Wallace	28-day		29.50	30

Elvis Remembered - S. Morton

1989	Loving You	90-day		37.50	65-125
1989	Early Years	90-day		37.50	65-95
1989	Tenderly	90-day		37.50	60-125
1989	The King	90-day		37.50	65-125
1989	Forever Yours	90-day		37.50	75
1989	Rockin in the Moonlight	90-day		37.50	75-125
1989	Moody Blues	90-day		37.50	75-110
1989	Elvis Presley	90-day		37.50	75-150

Enchanted Seascapes - J. Enright

1993	Sanctuary of the Dolphin	28-day		29.50	30
1994	Rhapsody of Hope	28-day		29.50	30
1994	Oasis of the Gods	28-day		29.50	30
1994	Sphere of Life	28-day		29.50	30
1994	Edge of Time	28-day		29.50	30
1994	Sea of Light	28-day		29.50	30
1994	Lost Beneath the Blue	28-day		29.50	30
1994	Blue Paradise	28-day		29.50	30
1995	Morning Odyssey	28-day		29.50	30

English Country Cottages - M. Bell

1990	Periwinkle Tea Room	14-day		29.50	45
1991	Gamekeeper's Cottage	14-day		29.50	75
1991	Ginger Cottage	14-day		29.50	60
1991	Larkspur Cottage	14-day		29.50	45
1991	The Chaplain's Garden	14-day		29.50	33
1991	Lorna Doone Cottage	14-day		29.50	45
1991	Murrle Cottage	14-day		29.50	36
1991	Lullabye Cottage	14-day		29.50	30

Eternal Wishes of Good Fortune - Shuho

1983	Friendship	10-day		34.95	38
1983	Purity and Perfection	10-day		34.95	38
1983	Illustrious Offspring	10-day		34.95	38
1983	Longevity	10-day		34.95	38
1983	Youth	10-day		34.95	38
1983	Immortality	10-day		34.95	38
1983	Marital Bliss	10-day		34.95	38
1983	Love	10-day		34.95	38
1983	Peace	10-day		34.95	38
1983	Beauty	10-day		34.95	38
1983	Fertility	10-day		34.95	38
1983	Fortitude	10-day		34.95	38

Farmyard Friends - J. Lamb

1992	Mistaken Identity	28-day		29.50	30
1992	Little Cowhands	28-day		29.50	30
1993	Shreading the Evidence	28-day		29.50	30
1993	Partners in Crime	28-day		29.50	30
1993	Fowl Play	28-day		29.50	30
1993	Follow The Leader	28-day		29.50	30
1993	Pony Tales	28-day		29.50	30
1993	An Apple A Day	28-day		29.50	30

Favorite American Songbirds - D. O'Driscoll

1989	Blue Jays of Spring	14-day		29.50	36
1989	Red Cardinals of Winter	14-day		29.50	36
1989	Robins & Apple Blossoms	14-day		29.50	36
1989	Goldfinches of Summer	14-day		29.50	36
1990	Autumn Chickadees	14-day		29.50	36
1990	Bluebirds and Morning Glories	14-day		29.50	36
1990	Tufted Titmouse and Holly	14-day		29.50	30
1991	Carolina Wrens of Spring	14-day		29.50	30

Favorite Old Testament Stories - S. Butcher

1994	Jacob's Dream	28-day		35.00	35
1994	The Baby Moses	28-day		35.00	35

The Fierce And The Free - F. McCarthy

1992	Big Medicine	28-day		29.50	30
1993	Land of the Winter Hawk	28-day		29.50	30
1993	Warrior of Savage Splendor	28-day		29.50	30
1994	War Party	28-day		29.50	30
1994	The Challenge	28-day		29.50	30
1994	Out of the Rising Mist	28-day		29.50	30
1994	The Ambush	28-day		29.50	30
1994	Dangerous Crossing	28-day		29.50	30

Forging New Frontiers - J. Deneen

1994	The Race is On	28-day		29.50	30
1994	Big Boy	28-day		29.50	30
1994	Cresting the Summit	28-day		29.50	30
1994	Spring Roundup	28-day		29.50	30
1994	Winter in the Rockies	28-day		29.50	30
1994	High Country Logging	28-day		29.50	30
1994	Confrontation	28-day		29.50	30
1994	A Welcome Sight	28-day		29.50	30

A Garden Song - M. Hanson

1994	Winter's Splendor	28-day		29.50	30
1994	In Full Bloom	28-day		29.50	30
1994	Golden Glories	28-day		29.50	30
1995	Autumn's Elegance	28-day		29.50	30
1995	First Snowfall	28-day		29.50	30

Glory of Christ - C. Micarelli

1992	The Ascension	48-day		29.50	30
1992	Jesus Teaching	48-day		29.50	30
1993	Last Supper	48-day		29.50	30
1993	The Nativity	48-day		29.50	30
1993	The Baptism of Christ	48-day		29.50	30
1993	Jesus Heals the Sick	48-day		29.50	30
1994	Jesus Walks on Water	48-day		29.50	30

Hamilton Collection
to Hamilton Collection

PLATES

Year Issue		Edition Limit	Year Retd.	Issue Price	Quote U.S.$
1994	Descent From the Cross	48-day		29.50	30

Glory of the Game - T. Fogarty

Year Issue		Edition Limit	Year Retd.	Issue Price	Quote U.S.$
1994	"Hank Aaron's Record-Breaking Home Run"	28-day		29.50	30
1994	"Bobby Thomson's Shot Heard 'Round the World"	28-day		29.50	30
1994	1969 Miracle Mets	28-day		29.50	30
1995	Reggie Jackson: Mr. October	28-day		29.50	30

The Golden Age of American Railroads - T. Xaras

Year Issue		Edition Limit	Year Retd.	Issue Price	Quote U.S.$
1991	The Blue Comet	14-day		29.50	45
1991	The Morning Local	14-day		29.50	60
1991	The Pennsylvania K-4	14-day		29.50	90
1991	Above the Canyon	14-day		29.50	90
1991	Portrait in Steam	14-day		29.50	75
1991	The Santa Fe Super Chief	14-day		29.50	105
1991	The Big Boy	14-day		29.50	60
1991	The Empire Builder	14-day		29.50	60
1992	An American Classic	14-day		29.50	33
1992	Final Destination	14-day		29.50	36

The Golden Classics - C. Lawson

Year Issue		Edition Limit	Year Retd.	Issue Price	Quote U.S.$
1987	Sleeping Beauty	10-day		37.50	38
1987	Rumpelstiltskin	10-day		37.50	38
1987	Jack and the Beanstalk	10-day		37.50	38
1987	Snow White and Rose Red	10-day		37.50	38
1987	Hansel and Gretel	10-day		37.50	38
1988	Cinderella	10-day		37.50	38
1988	The Golden Goose	10-day		37.50	38
1988	The Snow Queen	10-day		37.50	38

Golden Discoveries - L. Budge

Year Issue		Edition Limit	Year Retd.	Issue Price	Quote U.S.$
1995	Boot Bandits	28-day		29.95	30

Golden Puppy Portraits - P. Braun

Year Issue		Edition Limit	Year Retd.	Issue Price	Quote U.S.$
1994	Do Not Disturb!	28-day		29.50	30
1995	Teething Time	28-day		29.50	30

Good Sports - J. Lamb

Year Issue		Edition Limit	Year Retd.	Issue Price	Quote U.S.$
1990	Wide Retriever	14-day		29.50	45
1990	Double Play	14-day		29.50	45
1990	Hole in One	14-day		29.50	45
1990	The Bass Masters	14-day		29.50	36
1990	Spotted on the Sideline	14-day		29.50	36
1990	Slap Shot	14-day		29.50	45
1991	Net Play	14-day		29.50	55
1991	Bassetball	14-day		29.50	36
1992	Boxer Rebellion	14-day		29.50	33
1992	Great Try	14-day		29.50	39

Great Fighter Planes Of World War II - R. Waddey

Year Issue		Edition Limit	Year Retd.	Issue Price	Quote U.S.$
1992	Old Crow	14-day		29.50	30
1992	Big Hog	14-day		29.50	30
1992	P-47 Thunderbolt	14-day		29.50	30
1992	P-40 Flying Tiger	14-day		29.50	30
1992	F4F Wildcat	14-day		29.50	30
1992	P-38F Lightning	14-day		29.50	30
1993	F6F Hellcat	14-day		29.50	30
1993	P-39M Airacobra	14-day		29.50	30
1995	Memphis Belle	14-day		29.50	30
1995	The Dragon and His Tail	14-day		29.50	30

Great Mammals of the Sea - Wyland

Year Issue		Edition Limit	Year Retd.	Issue Price	Quote U.S.$
1991	Orca Trio	14-day		35.00	45
1991	Hawaii Dolphins	14-day		35.00	38
1991	Orca Journey	14-day		35.00	43
1991	Dolphin Paradise	14-day		35.00	45
1991	Children of the Sea	14-day		35.00	60
1991	Kissing Dolphins	14-day		35.00	39
1991	Islands	14-day		35.00	60
1991	Orcas	14-day		35.00	45

The Greatest Show on Earth - F. Moody

Year Issue		Edition Limit	Year Retd.	Issue Price	Quote U.S.$
1981	Clowns	10-day		30.00	45
1981	Elephants	10-day		30.00	30
1981	Aerialists	10-day		30.00	30
1981	Great Parade	10-day		30.00	30
1981	Midway	10-day		30.00	30
1981	Equestrians	10-day		30.00	30
1982	Lion Tamer	10-day		30.00	30
1982	Grande Finale	10-day		30.00	30

Growing Up Together - P. Brooks

Year Issue		Edition Limit	Year Retd.	Issue Price	Quote U.S.$
1990	My Very Best Friends	14-day		29.50	36
1990	Tea for Two	14-day		29.50	30
1990	Tender Loving Care	14-day		29.50	30
1990	Picnic Pals	14-day		29.50	30
1991	Newfound Friends	14-day		29.50	30
1991	Kitten Caboodle	14-day		29.50	30
1991	Fishing Buddies	14-day		29.50	30
1991	Bedtime Blessings	14-day		29.50	30

The I Love Lucy Plate Collection - J. Kritz

Year Issue		Edition Limit	Year Retd.	Issue Price	Quote U.S.$
1989	California, Here We Come	14-day		29.50	100-175
1989	It's Just Like Candy	14-day		29.50	90-155
1990	The Big Squeeze	14-day		29.50	90-155
1990	Eating the Evidence	14-day		29.50	175-300
1990	Two of a Kind	14-day		29.50	100-155
1991	Queen of the Gypsies	14-day		29.50	90-150
1992	Night at the Copa	14-day		29.50	75-150
1992	A Rising Problem	14-day		29.50	75-150

The Japanese Blossoms of Autumn - Koseki/Ebihara

Year Issue		Edition Limit	Year Retd.	Issue Price	Quote U.S.$
1985	Bellflower	10-day		45.00	45
1985	Arrowroot	10-day		45.00	45
1985	Wild Carnation	10-day		45.00	45
1985	Maiden Flower	10-day		45.00	45
1985	Pampas Grass	10-day		45.00	45
1985	Bush Clover	10-day		45.00	45
1985	Purple Trousers	10-day		45.00	45

Japanese Floral Calendar - Shuho/Kage

Year Issue		Edition Limit	Year Retd.	Issue Price	Quote U.S.$
1981	New Year's Day	10-day		32.50	33
1982	Early Spring	10-day		32.50	33
1982	Spring	10-day		32.50	33
1982	Girl's Doll Day Festival	10-day		32.50	33
1982	Buddha's Birthday	10-day		32.50	33
1982	Early Summer	10-day		32.50	33
1982	Boy's Doll Day Festival	10-day		32.50	33
1982	Summer	10-day		32.50	33
1982	Autumn	10-day		32.50	33
1983	Festival of the Full Moon	10-day		32.50	33
1983	Late Autumn	10-day		32.50	33
1983	Winter	10-day		32.50	33

The Jeweled Hummingbirds - J. Landenberger

Year Issue		Edition Limit	Year Retd.	Issue Price	Quote U.S.$
1989	Ruby-throated Hummingbirds	14-day		37.50	38
1989	Great Sapphire Wing Hummingbirds	14-day		37.50	38
1989	Ruby-Topaz Hummingbirds	14-day		37.50	38
1989	Andean Emerald Hummingbirds	14-day		37.50	38
1989	Garnet-throated Hummingbirds	14-day		37.50	38
1989	Blue-Headed Sapphire Hummingbirds	14-day		37.50	38
1989	Pearl Coronet Hummingbirds	14-day		37.50	38
1989	Amethyst-throated Sunangels	14-day		37.50	38

Kitten Classics - P. Cooper

Year Issue		Edition Limit	Year Retd.	Issue Price	Quote U.S.$
1985	Cat Nap	14-day		29.50	36
1985	Purrfect Treasure	14-day		29.50	30
1985	Wild Flower	14-day		29.50	30
1985	Birdwatcher	14-day		29.50	30
1985	Tiger's Fancy	14-day		29.50	33
1985	Country Kitty	14-day		29.50	33
1985	Little Rascal	14-day		29.50	30
1985	First Prize	14-day		29.50	30

The Last Warriors - C. Ren

Year Issue		Edition Limit	Year Retd.	Issue Price	Quote U.S.$
1993	Winter of '41	28-day		29.50	30
1993	Morning of Reckoning	28-day		29.50	30
1993	Twilights Last Gleaming	28-day		29.50	30
1993	Lone Winter Journey	28-day		29.50	30
1994	Victory's Reward	28-day		29.50	30
1994	Solitary Hunter	28-day		29.50	30
1994	Solemn Reflection	28-day		29.50	30
1994	Confronting Danger	28-day		29.50	30
1995	Moment of Contemplation	28-day		29.50	30
1995	The Last Sunset	28-day		29.50	30

The Legend of Father Christmas - V. Dezerin

Year Issue		Edition Limit	Year Retd.	Issue Price	Quote U.S.$
1994	The Return of Father Christmas	28-day		29.50	30
1994	Gifts From Father Christmas	28-day		29.50	30
1994	The Feast of the Holiday	28-day		29.50	30
1995	Christmas Day Visitors	28-day		29.50	30
1995	Decorating the Tree	28-day		29.50	30

Legendary Warriors - M. Gentry

Year Issue		Edition Limit	Year Retd.	Issue Price	Quote U.S.$
1995	White Quiver and Scout	28-day		29.95	30

A Lisi Martin Christmas - L. Martin

Year Issue		Edition Limit	Year Retd.	Issue Price	Quote U.S.$
1992	Santa's Littlest Reindeer	28-day		29.50	30
1993	Not A Creature Was Stirring	28-day		29.50	30
1993	Christmas Dreams	28-day		29.50	30
1993	The Christmas Story	28-day		29.50	30
1993	Trimming The Tree	28-day		29.50	30
1993	A Taste Of The Holidays	28-day		29.50	30
1993	The Night Before Christmas	28-day		29.50	30
1993	Christmas Watch	28-day		29.50	30
1995	Christmas Presence	28-day		29.50	30
1995	Nose to Nose	28-day		29.50	30

Little Ladies - M.H. Bogart

Year Issue		Edition Limit	Year Retd.	Issue Price	Quote U.S.$
1989	Playing Bridesmaid	14-day		29.50	75
1990	The Seamstress	14-day		29.50	60
1990	Little Captive	14-day		29.50	45
1990	Playing Mama	14-day		29.50	60
1990	Susanna	14-day		29.50	45
1990	Kitty's Bath	14-day		29.50	55
1990	A Day in the Country	14-day		29.50	45
1991	Sarah	14-day		29.50	45
1991	First Party	14-day		29.50	30
1991	The Magic Kitten	14-day		29.50	30

The Little Rascals - Unknown

Year Issue		Edition Limit	Year Retd.	Issue Price	Quote U.S.$
1985	Three for the Show	10-day		24.50	30-50
1985	My Gal	10-day		24.50	45
1985	Skeleton Crew	10-day		24.50	25
1985	Roughin' It	10-day		24.50	45
1985	Spanky's Pranks	10-day		24.50	25
1985	Butch's Challenge	10-day		24.50	25
1985	Darla's Debut	10-day		24.50	25
1985	Pete's Pal	10-day		24.50	25

Little Shopkeepers - G. Gerardi

Year Issue		Edition Limit	Year Retd.	Issue Price	Quote U.S.$
1990	Sew Tired	14-day		29.50	30
1991	Break Time	14-day		29.50	30
1991	Purrfect Fit	14-day		29.50	30
1991	Toying Around	14-day		29.50	36
1991	Chain Reaction	14-day		29.50	45
1991	Inferior Decorators	14-day		29.50	36
1991	Tulip Tag	14-day		29.50	36
1991	Candy Capers	14-day		29.50	36

Lore Of The West - L. Danielle

Year Issue		Edition Limit	Year Retd.	Issue Price	Quote U.S.$
1993	A Mile In His Mocassins	28-day		29.50	30
1993	Path of Honor	28-day		29.50	30
1993	A Chief's Pride	28-day		29.50	30
1994	Pathways of the Pueblo	28-day		29.50	30
1994	In Her Seps	28-day		29.50	30
1994	Growing Up Brave	28-day		29.50	30
1994	Nomads of the Southwest	28-day		29.50	30
1994	Sacred Spirit of the Plains	28-day		29.50	30
1994	We'll Fight No More	28-day		29.50	30
1994	The End of the Trail	28-day		29.50	30

The Lucille Ball (Official) Commemorative Plate - Morgan

Year Issue		Edition Limit	Year Retd.	Issue Price	Quote U.S.$
1993	Lucy	28-day		37.50	100

Madonna And Child - Various

Year Issue		Edition Limit	Year Retd.	Issue Price	Quote U.S.$
1992	Madonna Della Sedia - R. Sanzio	28-day		37.50	38
1992	Virgin of the Rocks - L. DaVinci	28-day		37.50	38
1993	Madonna of Rosary - B. E. Murillo	28-day		37.50	38
1993	Sistine Madonna - R. Sanzio	28-day		37.50	38
1993	Virgin Adoring Christ Child - A. Correggio	28-day		37.50	38
1993	Virgin of the Grape - P. Mignard	28-day		37.50	38
1993	Madonna del Magnificat - S. Botticelli	28-day		37.50	38
1993	Madonna col Bambino - S. Botticelli	28-day		37.50	38

The Magical World of Legends & Myths - J. Shalatain

Year Issue		Edition Limit	Year Retd.	Issue Price	Quote U.S.$
1993	A Mother's Love	28-day		35.00	35
1993	Dreams of Pegasus	28-day		35.00	35
1994	Flight of the Pegasus	28-day		35.00	35
1994	The Awakening	28-day		35.00	35
1994	Once Upon a Dream	28-day		35.00	35
1994	The Dawn of Romance	28-day		35.00	35
1994	The Astral Unicorn	28-day		35.00	35
1994	Flight into Paradise	28-day		35.00	35
1995	Pegasus in the Stars	28-day		35.00	35
1995	Unicorn of the Sea	28-day		35.00	35

Majesty of Flight - T. Hirata

Year Issue		Edition Limit	Year Retd.	Issue Price	Quote U.S.$
1989	The Eagle Soars	14-day		37.50	48
1989	Realm of the Red-Tail	14-day		37.50	39
1989	Coastal Journey	14-day		37.50	45
1989	Sentry of the North	14-day		37.50	48
1989	Commanding the Marsh	14-day		37.50	38
1990	The Vantage Point	14-day		29.50	45
1990	Silent Watch	14-day		29.50	48
1990	Fierce and Free	14-day		29.50	45

Man's Best Friend - L. Picken

Year Issue		Edition Limit	Year Retd.	Issue Price	Quote U.S.$
1992	Special Delivery	28-day		29.50	30
1992	Making Waves	28-day		29.50	30
1992	Good Catch	28-day		29.50	30
1993	Time For a Walk	28-day		29.50	30
1993	Faithful Friend	28-day		29.50	30
1993	Let's Play Ball	28-day		29.50	30
1993	Sitting Pretty	28-day		29.50	30
1993	Bedtime Story	28-day		29.50	30
1993	Trusted Companion	28-day		29.50	30

Mike Schmidt - R. Tanenbaum

Year Issue		Edition Limit	Year Retd.	Issue Price	Quote U.S.$
1994	The Ultimate Competitor: Mike Schmidt	28-day		29.50	30

Milestones in Space - D. Dixon

Year Issue		Edition Limit	Year Retd.	Issue Price	Quote U.S.$
1994	Moon Landing	28-day		29.50	30
1995	Space Lab	28-day		29.50	30
1995	Maiden Flight of Columbia	28-day		29.50	30

Mixed Company - P. Cooper

Year Issue		Edition Limit	Year Retd.	Issue Price	Quote U.S.$
1990	Two Against One	14-day		29.50	36
1990	A Sticky Situation	14-day		29.50	36
1990	What's Up	14-day		29.50	30
1990	All Wrapped Up	14-day		29.50	36
1990	Picture Perfect	14-day		29.50	30
1991	A Moment to Unwind	14-day		29.50	33
1991	Ole	14-day		29.50	33
1991	Picnic Prowlers	14-day		29.50	30

Mystic Warriors - C. Ren

Year Issue		Edition Limit	Year Retd.	Issue Price	Quote U.S.$
1992	Deliverance	28-day		29.50	30
1992	Mystic Warrior	28-day		29.50	30
1992	Sun Seeker	28-day		29.50	30
1992	Top Gun	28-day		29.50	30
1992	Man Who Walks Alone	28-day		29.50	30
1992	Windrider	28-day		29.50	30
1992	Spirit of the Plains	28-day		29.50	30
1993	Blue Thunder	28-day		29.50	30

Collectors' Information Bureau 177

Hamilton Collection
to Hamilton Collection

PLATES

YEAR ISSUE		EDITION LIMIT	YEAR RETD.	ISSUE PRICE	QUOTE U.S.$
1993	Sun Glow	28-day		29.50	30
1993	Peace Maker	28-day		29.50	30

Nature's Majestic Cats - M. Richter

YEAR ISSUE		EDITION LIMIT	YEAR RETD.	ISSUE PRICE	QUOTE U.S.$
1993	Siberian Tiger	28-day		29.50	30
1993	Himalayan Snow Leopard	28-day		29.50	30
1993	African Lion	28-day		29.50	30
1994	Asian Clouded Leopard	28-day		29.50	30
1994	American Cougar	28-day		29.50	30
1994	East African Leopard	28-day		29.50	30
1994	African Cheetah	28-day		29.50	30
1994	Canadian Lynx	28-day		29.50	30

Nature's Nighttime Realm - G. Murray

YEAR ISSUE		EDITION LIMIT	YEAR RETD.	ISSUE PRICE	QUOTE U.S.$
1992	Bobcat	28-day		29.50	30
1992	Cougar	28-day		29.50	30
1993	Jaguar	28-day		29.50	30
1993	White Tiger	28-day		29.50	30
1993	Lynx	28-day		29.50	30
1993	Lion	28-day		29.50	30
1993	Snow Leopard	28-day		29.50	30
1993	Cheetah	28-day		29.50	30

Nature's Quiet Moments - R. Parker

YEAR ISSUE		EDITION LIMIT	YEAR RETD.	ISSUE PRICE	QUOTE U.S.$
1988	A Curious Pair	14-day		37.50	38
1988	Northern Morning	14-day		37.50	38
1988	Just Resting	14-day		37.50	38
1989	Waiting Out the Storm	14-day		37.50	38
1989	Creekside	14-day		37.50	38
1989	Autumn Foraging	14-day		37.50	38
1989	Old Man of the Mountain	14-day		37.50	38
1989	Mountain Blooms	14-day		37.50	38

Noble American Indian Women - D. Wright

YEAR ISSUE		EDITION LIMIT	YEAR RETD.	ISSUE PRICE	QUOTE U.S.$
1989	Sacajawea	14-day		29.50	50
1990	Pocahontas	14-day		29.50	50
1990	Minnehaha	14-day		29.50	30
1990	Pine Leaf	14-day		29.50	45
1990	Lily of the Mohawk	14-day		29.50	36
1990	White Rose	14-day		29.50	40
1991	Lozen	14-day		29.50	33
1991	Falling Star	14-day		29.50	40

Noble Owls of America - J. Seerey-Lester

YEAR ISSUE		EDITION LIMIT	YEAR RETD.	ISSUE PRICE	QUOTE U.S.$
1986	Morning Mist	15,000		55.00	55
1987	Prairie Sundown	15,000		55.00	55
1987	Winter Vigil	15,000		55.00	55
1987	Autumn Mist	15,000		75.00	75
1987	Dawn in the Willows	15,000		55.00	55
1987	Snowy Watch	15,000		60.00	60
1988	Hiding Place	15,000		55.00	55
1988	Waiting for Dusk	15,000		55.00	55

Nolan Ryan - R. Tanenbaum

YEAR ISSUE		EDITION LIMIT	YEAR RETD.	ISSUE PRICE	QUOTE U.S.$
1994	The Strikeout Express	28-day		29.50	30
1994	Birth of a Legend	28-day		29.50	30
1994	Mr. Fastball	28-day		29.50	30
1994	Million-Dollar Player	28-day		29.50	30
1994	27 Seasons	28-day		29.50	30
1994	Farewell	28-day		29.50	30
1994	The Ryan Express	28-day		29.50	30

Norman Rockwell's Saturday Evening Post Baseball - N. Rockwell

YEAR ISSUE		EDITION LIMIT	YEAR RETD.	ISSUE PRICE	QUOTE U.S.$
1992	100th Year of Baseball	Open		19.50	20
1993	The Rookie	Open		19.50	20
1993	The Dugout	Open		19.50	20
1993	Bottom of the Sixth	Open		19.50	20

North American Ducks - R. Lawrence

YEAR ISSUE		EDITION LIMIT	YEAR RETD.	ISSUE PRICE	QUOTE U.S.$
1991	Autumn Flight	14-day		29.50	36
1991	The Resting Place	14-day		29.50	30
1991	Twin Flight	14-day		29.50	30
1992	Misty Morning	14-day		29.50	30
1992	Springtime Thaw	14-day		29.50	30
1992	Summer Retreat	14-day		29.50	30
1992	Overcast	14-day		29.50	30
1992	Perfect Pintails	14-day		29.50	30

North American Gamebirds - J. Killen

YEAR ISSUE		EDITION LIMIT	YEAR RETD.	ISSUE PRICE	QUOTE U.S.$
1990	Ring-necked Pheasant	14-day		37.50	38
1990	Bobwhite Quail	14-day		37.50	45
1990	Ruffed Grouse	14-day		37.50	38
1990	Gambel Quail	14-day		37.50	42
1990	Mourning Dove	14-day		37.50	45
1990	Woodcock	14-day		37.50	45
1991	Chukar Partridge	14-day		37.50	45
1991	Wild Turkey	14-day		37.50	45

North American Waterbirds - R. Lawrence

YEAR ISSUE		EDITION LIMIT	YEAR RETD.	ISSUE PRICE	QUOTE U.S.$
1988	Wood Ducks	14-day		37.50	54
1988	Hooded Mergansers	14-day		37.50	54
1988	Pintails	14-day		37.50	45
1988	Canada Geese	14-day		37.50	45
1989	American Widgeons	14-day		37.50	54
1989	Canvasbacks	14-day		37.50	55
1989	Mallard Pair	14-day		37.50	60
1989	Snow Geese	14-day		37.50	45

The Nutcracker Ballet - S. Fisher

YEAR ISSUE		EDITION LIMIT	YEAR RETD.	ISSUE PRICE	QUOTE U.S.$
1978	Clara	28-day		19.50	36
1979	Godfather	28-day		19.50	15-20
1979	Sugar Plum Fairy	28-day		19.50	45
1979	Snow Queen and King	28-day		19.50	40
1980	Waltz of the Flowers	28-day		19.50	20
1980	Clara and the Prince	28-day		19.50	45

Honeymooner's Commemorative Plate - D. Bobnick

YEAR ISSUE		EDITION LIMIT	YEAR RETD.	ISSUE PRICE	QUOTE U.S.$
1993	The Official Honeymooner's Commemorative Plate	28-day		37.50	100

The Official Honeymooners Plate Collection - D. Kilmer

YEAR ISSUE		EDITION LIMIT	YEAR RETD.	ISSUE PRICE	QUOTE U.S.$
1987	The Honeymooners	14-day		24.50	100-200
1987	The Hucklebuck	14-day		24.50	100-175
1987	Baby, You're the Greatest	14-day		24.50	100-200
1988	The Golfer	14-day		24.50	100-200
1988	The TV Chefs	14-day		24.50	100
1988	Bang! Zoom!	14-day		24.50	100
1988	The Only Way to Travel	14-day		24.50	100
1988	The Honeymoon Express	14-day		24.50	125-180

On Wings of Eagles - J. Pitcher

YEAR ISSUE		EDITION LIMIT	YEAR RETD.	ISSUE PRICE	QUOTE U.S.$
1994	"By Dawn's Early Light"	28-day		29.50	30
1994	Winter's Majestic Flight	28-day		29.50	30
1994	Over the Land of the Free	28-day		29.50	30

Our Cherished Seas - S. Barlowe

YEAR ISSUE		EDITION LIMIT	YEAR RETD.	ISSUE PRICE	QUOTE U.S.$
1992	Whale Song	48-day		37.50	38
1992	Lions of the Sea	48-day		37.50	38
1992	Flight of the Dolphins	48-day		37.50	38
1992	Palace of the Seals	48-day		37.50	38
1993	Orca Ballet	48-day		37.50	38
1993	Emporers of the Ice	48-day		37.50	38
1993	Sea Turtles	48-day		37.50	38
1993	Splendor of the Sea	48-day		37.50	38

Passage to China - R. Massey

YEAR ISSUE		EDITION LIMIT	YEAR RETD.	ISSUE PRICE	QUOTE U.S.$
1983	Empress of China	15,000		55.00	55
1983	Alliance	15,000		55.00	55
1985	Grand Turk	15,000		55.00	55
1985	Sea Witch	15,000		55.00	55
1985	Flying Cloud	15,000		55.00	55
1985	Romance of the Seas	15,000		55.00	55
1985	Sea Serpent	15,000		55.00	55
1985	Challenge	15,000		55.00	55

Petals and Purrs - B. Harrison

YEAR ISSUE		EDITION LIMIT	YEAR RETD.	ISSUE PRICE	QUOTE U.S.$
1988	Blushing Beauties	14-day		24.50	55
1988	Spring Fever	14-day		24.50	38
1988	Morning Glories	14-day		24.50	36
1988	Forget-Me-Not	14-day		24.50	36
1989	Golden Fancy	14-day		24.50	30
1989	Pink Lillies	14-day		24.50	30
1989	Summer Sunshine	14-day		24.50	30
1989	Siamese Summer	14-day		24.50	30

Portraits of Childhood - T. Utz

YEAR ISSUE		EDITION LIMIT	YEAR RETD.	ISSUE PRICE	QUOTE U.S.$
1981	Butterfly Magic	28-day		24.95	25
1982	Sweet Dreams	28-day		24.95	25
1983	Turtle Talk	28-day		24.95	25
1984	Friends Forever	28-day		24.95	25

Portraits of the Bald Eagle - J. Pitcher

YEAR ISSUE		EDITION LIMIT	YEAR RETD.	ISSUE PRICE	QUOTE U.S.$
1993	Ruler of the Sky	28-day		37.50	38
1993	In Bold Defiance	28-day		37.50	38
1993	Master Of The Summer Skies	28-day		37.50	38
1993	Spring's Sentinel	28-day		37.50	38

Portraits of the Wild - J. Meger

YEAR ISSUE		EDITION LIMIT	YEAR RETD.	ISSUE PRICE	QUOTE U.S.$
1994	Interlude	28-day		29.50	30
1994	Winter Solitude	28-day		29.50	30
1994	Devoted Protector	28-day		29.50	30
1994	Call of Autumn	28-day		29.50	30
1994	Watchful Eyes	28-day		29.50	30
1994	Babies of Spring	28-day		29.50	30
1994	Rocky Mountain Grandeur	28-day		29.50	30

Precious Moments Bible Story - S. Butcher

YEAR ISSUE		EDITION LIMIT	YEAR RETD.	ISSUE PRICE	QUOTE U.S.$
1990	Come Let Us Adore Him	28-day		29.50	30
1992	They Followed The Star	28-day		29.50	30
1992	The Flight Into Egypt	28-day		29.50	30
1992	The Carpenter Shop	28-day		29.50	30
1992	Jesus In The Temple	28-day		29.50	30
1992	The Crucifixion	28-day		29.50	30
1993	He Is Not Here	28-day		29.50	30

Precious Moments Classics - S. Butcher

YEAR ISSUE		EDITION LIMIT	YEAR RETD.	ISSUE PRICE	QUOTE U.S.$
1993	God Loveth A Cheerful Giver	28-day		35.00	35
1993	Make A Joyful Noise	28-day		35.00	35
1994	Love One Another	28-day		35.00	35
1994	You Have Touched So Many Hearts	28-day		35.00	35
1994	Praise the Lord Anyhow	28-day		35.00	35
1994	I Believe in Miracles	28-day		35.00	35
1994	Good Friends Are Forever	28-day		35.00	35
1994	Jesus Loves Me	28-day		35.00	35
1995	Friendship Hits the Spot	28-day		35.00	35
1995	To My Deer Friend	28-day		35.00	35

Precious Moments Plates - T. Utz

YEAR ISSUE		EDITION LIMIT	YEAR RETD.	ISSUE PRICE	QUOTE U.S.$
1979	Friend in the Sky	28-day		21.50	50
1980	Sand in her Shoe	28-day		21.50	27
1980	Snow Bunny	28-day		21.50	18
1980	Seashells	28-day		21.50	38
1981	Dawn	28-day		21.50	27
1982	My Kitty	28-day		21.50	36

Precious Portraits - B. P. Gutmann

YEAR ISSUE		EDITION LIMIT	YEAR RETD.	ISSUE PRICE	QUOTE U.S.$
1987	Sunbeam	14-day		24.50	36
1987	Mischief	14-day		24.50	30
1987	Peach Blossom	14-day		24.50	36
1987	Goldilocks	14-day		24.50	30
1987	Fairy Gold	14-day		24.50	36
1987	Bunny	14-day		24.50	30

The Prideful Ones - C. DeHaan

YEAR ISSUE		EDITION LIMIT	YEAR RETD.	ISSUE PRICE	QUOTE U.S.$
1994	Village Markers	28-day		29.50	30
1994	His Pride	28-day		29.50	30
1994	Appeasing the Water People	28-day		29.50	30
1994	Tribal Guardian	28-day		29.50	30
1994	Autumn Passage	28-day		29.50	30
1994	Winter Hunter	28-day		29.50	30
1994	Silent Trail Break	28-day		29.50	30
1994	Water Breaking	28-day		29.50	30
1994	Crossing at the Big Trees	28-day		29.50	30
1995	Winter Songsinger	28-day		29.50	30

Princesses of the Plains - D. Wright

YEAR ISSUE		EDITION LIMIT	YEAR RETD.	ISSUE PRICE	QUOTE U.S.$
1993	Prairie Flower	28-day		29.50	30
1993	Snow Princess	28-day		29.50	30
1993	Wild Flower	28-day		29.50	30
1993	Noble Beauty	28-day		29.50	30
1993	Winter's Rose	28-day		29.50	30
1993	Gentle Beauty	28-day		29.50	30
1994	Nature's Guardian	28-day		29.50	30
1994	Mountain Princess	28-day		29.50	30
1995	Proud Dreamer	28-day		29.50	30
1995	Spring Maiden	28-day		29.50	30

Proud Indian Families - K. Freeman

YEAR ISSUE		EDITION LIMIT	YEAR RETD.	ISSUE PRICE	QUOTE U.S.$
1991	The Storyteller	14-day		29.50	30
1991	The Power of the Basket	14-day		29.50	30
1991	The Naming Ceremony	14-day		29.50	30
1992	Playing With Tradition	14-day		29.50	30
1992	Preparing the Berry Harvest	14-day		29.50	30
1992	Ceremonial Dress	14-day		29.50	30
1992	Sounds of the Forest	14-day		29.50	30
1992	The Marriage Ceremony	14-day		29.50	30
1993	The Jewelry Maker	14-day		29.50	30
1993	Beautiful Creations	14-day		29.50	30

Proud Innocence - J. Schmidt

YEAR ISSUE		EDITION LIMIT	YEAR RETD.	ISSUE PRICE	QUOTE U.S.$
1994	Desert Bloom	28-day		29.50	30
1995	Young Archer	28-day		29.50	30
1995	Morning Child	28-day		29.50	30
1995	Wise One	28-day		29.50	30

The Proud Nation - R. Swanson

YEAR ISSUE		EDITION LIMIT	YEAR RETD.	ISSUE PRICE	QUOTE U.S.$
1989	Navajo Little One	14-day		24.50	55
1989	In a Big Land	14-day		24.50	25
1989	Out with Mama's Flock	14-day		24.50	25
1989	Newest Little Sheepherder	14-day		24.50	30
1989	Dressed Up for the Powwow	14-day		24.50	30
1989	Just a Few Days Old	14-day		24.50	30
1989	Autumn Treat	14-day		24.50	30
1989	Up in the Red Rocks	14-day		24.50	25

Puppy Playtime - J. Lamb

YEAR ISSUE		EDITION LIMIT	YEAR RETD.	ISSUE PRICE	QUOTE U.S.$
1987	Double Take-Cocker Spaniels	14-day		24.50	75
1987	Catch of the Day-Golden Retrievers	14-day		24.50	45
1987	Cabin Fever-Black Labradors	14-day		24.50	45
1987	Weekend Gardener-Lhasa Apsos	14-day		24.50	36
1987	Getting Acquainted-Beagles	14-day		24.50	36
1987	Hanging Out-German Shepherd	14-day		24.50	45
1987	New Leash on Life-Mini Schnauzer	14-day		24.50	45
1987	Fun and Games-Poodle	14-day		24.50	36

Quiet Moments Of Childhood - D. Green

YEAR ISSUE		EDITION LIMIT	YEAR RETD.	ISSUE PRICE	QUOTE U.S.$
1991	Elizabeth's Afternoon Tea	14-day		29.50	45
1991	Christina's Secret Garden	14-day		29.50	36
1991	Eric & Erin's Storytime	14-day		29.50	30
1992	Jessica's Tea Party	14-day		29.50	33
1992	Megan & Monique's Bakery	14-day		29.50	36
1992	Children's Day By The Sea	14-day		29.50	30
1992	Jordan's Playful Pups	14-day		29.50	33
1992	Daniel's Morning Playtime	14-day		29.50	30

The Quilted Countryside: A Signature Collection by Mel Steele - M. Steele

YEAR ISSUE		EDITION LIMIT	YEAR RETD.	ISSUE PRICE	QUOTE U.S.$
1991	The Old Country Store	14-day		29.50	35
1991	Winter's End	14-day		29.50	35
1991	The Quilter's Cabin	14-day		29.50	35
1991	Spring Cleaning	14-day		29.50	35
1991	Summer Harvest	14-day		29.50	30
1991	The Country Merchant	14-day		29.50	36
1992	Wash Day	14-day		29.50	30
1992	The Antiques Store	14-day		29.50	33

Remembering Norma Jeane - F. Accornero

YEAR ISSUE		EDITION LIMIT	YEAR RETD.	ISSUE PRICE	QUOTE U.S.$
1994	The Girl Next Door	28-day		29.50	30
1994	Her Day in the Sun	28-day		29.50	30
1994	A Star is Born	28-day		29.50	30
1994	Beauty Secrets	28-day		29.50	30
1995	In the Spotlight	28-day		29.50	30

PLATES

Hamilton Collection to Hamilton Collection

The Renaissance Angels - L. Bywaters

Year	Issue	Edition Limit	Year Retd.	Issue Price	Quote U.S.$
1994	Doves of Peace	28-day		29.50	30
1994	Angelic Innocence	28-day		29.50	30
1994	Joy to the World	28-day		29.50	30
1995	Angel of Faith	28-day		29.50	30
1995	The Christmas Star	28-day		29.50	30
1995	Trumpeter's Call	28-day		29.50	30

Rockwell Home of the Brave - N. Rockwell

Year	Issue	Edition Limit	Year Retd.	Issue Price	Quote U.S.$
1981	Reminiscing	18,000		35.00	53
1981	Hero's Welcome	18,000		35.00	53
1981	Back to his Old Job	18,000		35.00	53
1981	War Hero	18,000		35.00	35
1982	Willie Gillis in Church	18,000		35.00	53
1982	War Bond	18,000		35.00	35
1982	Uncle Sam Takes Wings	18,000		35.00	75
1982	Taking Mother over the Top	18,000		35.00	35

Romance of the Rails - D. Tutwiler

Year	Issue	Edition Limit	Year Retd.	Issue Price	Quote U.S.$
1994	Starlight Limited	28-day		29.50	30
1994	Portland Rose	28-day		29.50	30
1994	Orange Blossom Special	28-day		29.50	30
1994	Morning Star	28-day		29.50	30
1994	Crescent Limited	28-day		29.50	30
1994	Sunset Limited	28-day		29.50	30
1994	Western Star	28-day		29.50	30
1994	Sunrise Limited	28-day		29.50	30
1995	The Blue Bonnett	28-day		29.50	30
1995	The Pine Tree Limited	28-day		29.50	30

Romantic Castles of Europe - D. Sweet

Year	Issue	Edition Limit	Year Retd.	Issue Price	Quote U.S.$
1990	Ludwig's Castle	19,500		55.00	55
1991	Palace of the Moors	19,500		55.00	55
1991	Swiss Isle Fortress	19,500		55.00	55
1991	The Legendary Castle of Leeds	19,500		55.00	55
1991	Davinci's Chambord	19,500		55.00	55
1991	Eilean Donan	19,500		55.00	55
1992	Eltz Castle	19,500		55.00	55
1992	Kylemore Abbey	19,500		55.00	55

Romantic Flights of Fancy - Q. Lemonds

Year	Issue	Edition Limit	Year Retd.	Issue Price	Quote U.S.$
1994	Sunlit Waltz	28-day		29.50	30
1994	Morning Minuet	28-day		29.50	30
1994	Evening Solo	28-day		29.50	30
1994	Summer Sonata	28-day		29.50	30
1995	Twilight Tango	28-day		29.50	30
1995	Sunset Ballet	28-day		29.50	30

Romantic Victorian Keepsake - J. Grossman

Year	Issue	Edition Limit	Year Retd.	Issue Price	Quote U.S.$
1992	Dearest Kiss	28-day		35.00	35
1992	First Love	28-day		35.00	35
1992	As Fair as a Rose	28-day		35.00	35
1992	Springtime Beauty	28-day		35.00	35
1992	Summertime Fancy	28-day		35.00	35
1992	Bonnie Blue Eyes	28-day		35.00	35
1992	Precious Friends	28-day		35.00	35
1994	Bonnets and Bouquets	28-day		35.00	35
1994	My Beloved Teddy	28-day		35.00	35
1994	A Sweet Romance	28-day		35.00	35

The Saturday Evening Post - N. Rockwell

Year	Issue	Edition Limit	Year Retd.	Issue Price	Quote U.S.$
1989	The Wonders of Radio	14-day		35.00	35
1989	Easter Morning	14-day		35.00	60
1989	The Facts of Life	14-day		35.00	35
1990	The Window Washer	14-day		35.00	45
1990	First Flight	14-day		35.00	54
1990	Traveling Companion	14-day		35.00	35
1990	Jury Room	14-day		35.00	35
1990	Furlough	14-day		35.00	35

Scenes of An American Christmas - B. Perry

Year	Issue	Edition Limit	Year Retd.	Issue Price	Quote U.S.$
1994	I'll Be Home for Christmas	28-day		29.50	30
1994	Christmas Eve Worship	28-day		29.50	30
1994	A Holiday Happening	28-day		29.50	30
1994	A Long Winter's Night	28-day		29.50	30
1994	The Sounds of Christmas	28-day		29.50	30
1994	Dear Santa	28-day		29.50	30

Seasons of the Bald Eagle - J. Pitcher

Year	Issue	Edition Limit	Year Retd.	Issue Price	Quote U.S.$
1991	Autumn in the Mountains	14-day		37.50	38
1991	Winter in the Valley	14-day		37.50	38
1991	Spring on the River	14-day		37.50	38
1991	Summer on the Seacoast	14-day		37.50	38

Single Issues - T. Utz

Year	Issue	Edition Limit	Year Retd.	Issue Price	Quote U.S.$
1983	Princess Grace	21-day		39.50	60

Small Wonders of the Wild - C. Frace

Year	Issue	Edition Limit	Year Retd.	Issue Price	Quote U.S.$
1989	Hideaway	14-day		29.50	45
1990	Young Explorers	14-day		29.50	36
1990	Three of a Kind	14-day		29.50	75
1990	Quiet Morning	14-day		29.50	36
1990	Eyes of Wonder	14-day		29.50	30
1990	Ready for Adventure	14-day		29.50	30
1990	Uno	14-day		29.50	45
1990	Exploring a New World	14-day		29.50	30

Sporting Generation - J. Lamb

Year	Issue	Edition Limit	Year Retd.	Issue Price	Quote U.S.$
1991	Like Father, Like Son	14-day		29.50	35
1991	Golden Moments	14-day		29.50	35
1991	The Lookout	14-day		29.50	35

Year	Issue	Edition Limit	Year Retd.	Issue Price	Quote U.S.$
1992	Picking Up The Scent	14-day		29.50	30
1992	First Time Out	14-day		29.50	30
1992	Who's Tracking Who	14-day		29.50	30
1992	Springing Into Action	14-day		29.50	30
1992	Point of Interest	14-day		29.50	30

Springtime of Life - T. Utz

Year	Issue	Edition Limit	Year Retd.	Issue Price	Quote U.S.$
1985	Teddy's Bathtime	14-day		29.50	30
1985	Just Like Mommy	14-day		29.50	30
1985	Among the Daffodils	14-day		29.50	30
1985	My Favorite Dolls	14-day		29.50	30
1985	Aunt Tillie's Hats	14-day		29.50	30
1985	Little Emily	14-day		29.50	30
1985	Granny's Boots	14-day		29.50	30
1985	My Masterpiece	14-day		29.50	30

Stained Glass Gardens - Unknown

Year	Issue	Edition Limit	Year Retd.	Issue Price	Quote U.S.$
1989	Peacock and Wisteria	15,000		55.00	55
1989	Garden Sunset	15,000		55.00	55
1989	The Cockatoo's Garden	15,000		55.00	55
1989	Waterfall and Iris	15,000		55.00	55
1990	Roses and Magnolias	15,000		55.00	55
1990	A Hollyhock Sunrise	15,000		55.00	55
1990	Peaceful Waters	15,000		55.00	55
1990	Springtime in the Valley	15,000		55.00	55

STAR TREK ®: 25th Anniversary Commemorative - T. Blackshear

Year	Issue	Edition Limit	Year Retd.	Issue Price	Quote U.S.$
1991	STAR TREK 25th Anniversary Commemorative Plate	14-day		37.50	120-149
1991	SPOCK	14-day		35.00	100-150
1991	Kirk	14-day		35.00	75-140
1992	McCoy	14-day		35.00	35
1992	Uhura	14-day		35.00	35
1992	Scotty	14-day		35.00	35
1993	Sulu	14-day		35.00	35
1993	Chekov	14-day		35.00	35
1994	U.S.S. Enterprise NCC-1701	14-day		35.00	35

STAR TREK ® : Captain Jean-Luc Picard Autographed Wall Plaque - N/A

Year	Issue	Edition Limit	Year Retd.	Issue Price	Quote U.S.$
1994	Captain Jean-Luc Picard	5,000		195.00	100-200

STAR TREK ® : First Officer Spock® Autographed Wall Plaque - N/A

Year	Issue	Edition Limit	Year Retd.	Issue Price	Quote U.S.$
1994	First Officer Spock®	2,500		195.00	195

STAR TREK ® : The Movies - M. Weistling

Year	Issue	Edition Limit	Year Retd.	Issue Price	Quote U.S.$
1994	STAR TREK IV: The Voyage Home	28-day		35.00	35
1994	STAR TREK II: The Wrath of Khan	28-day		35.00	35
1994	STAR TREK VI: The Undiscovered Country	28-day		35.00	35

STAR TREK ® : The Next Generation - T. Blackshear

Year	Issue	Edition Limit	Year Retd.	Issue Price	Quote U.S.$
1998	Captain Jean-Luc Picard	28-day		35.00	35
1998	Commander William T. Riker	28-day		35.00	35
1994	Lieutenant Commander Data	28-day		35.00	35
1994	Lieutenant Worf	28-day		35.00	35
1994	Counselor Deanna Troi	28-day		35.00	35

STAR TREK ® : The Next Generation The Episodes - K. Birdsong

Year	Issue	Edition Limit	Year Retd.	Issue Price	Quote U.S.$
1994	The Best of Both Worlds	28-day		35.00	35
1994	Encounter at Far Point	28-day		35.00	35
1994	Unification	28-day		35.00	35
1995	Yesterday's Enterprise	28-day		35.00	35
1995	All Good Things	28-day		35.00	35

STAR TREK ® : The Spock® Commemorative Wall Plaque - N/A

Year	Issue	Edition Limit	Year Retd.	Issue Price	Quote U.S.$
1993	Spock®/STAR TREK VI The Undiscovered Country	2,500		195.00	195

STAR TREK ® : The Voyagers - K. Birdsong

Year	Issue	Edition Limit	Year Retd.	Issue Price	Quote U.S.$
1994	U.S.S. Enterprise NCC-1701	28-day		35.00	35
1994	U.S.S. Enterprise NCC-1701-D	28-day		35.00	35
1994	Klingon Battlecruiser	28-day		35.00	35
1994	Romulan Warbird	28-day		35.00	35
1994	U.S.S. Enterprise NCC-1701-A	28-day		35.00	35
1995	Ferengi Marauder	28-day		35.00	35
1995	Klingon Bird of Prey	28-day		35.00	35

STAR TREK ® :Deep Space 9 - M. Weistling

Year	Issue	Edition Limit	Year Retd.	Issue Price	Quote U.S.$
1994	Commander Benjamin Sisko	28-day		35.00	35
1994	Security Chief Odo	28-day		35.00	35
1994	Major Kira Nerys	28-day		35.00	35
1994	Space Station	28-day		35.00	35
1994	Proprietor Quark	28-day		35.00	35
1995	Doctor Julian Bashir	28-day		35.00	35
1995	Lieutenant Jadzia Dax	28-day		35.00	35

Star Wars 10th Anniversary Commemorative - T. Blackshear

Year	Issue	Edition Limit	Year Retd.	Issue Price	Quote U.S.$
1990	Star Wars 10th Anniversary Commemorative Plates	14-day		39.50	145-195

Star Wars Plate Collection - T. Blackshear

Year	Issue	Edition Limit	Year Retd.	Issue Price	Quote U.S.$
1987	Hans Solo	14-day		29.50	75-125
1987	R2-D2 and Wicket	14-day		29.50	75-125
1987	Luke Skywalker and Darth Vader	14-day		29.50	75-125
1987	Princess Leia	14-day		29.50	100-125
1987	The Imperial Walkers	14-day		29.50	100-125
1987	Luke and Yoda	14-day		29.50	75-125
1988	Space Battle	14-day		29.50	275-345
1988	Crew in Cockpit	14-day		29.50	100-230

Star Wars Space Vehicles - S. Hillios

Year	Issue	Edition Limit	Year Retd.	Issue Price	Quote U.S.$
1995	Millenium Falcon	28-day		35.00	35

Star Wars Trilogy - M. Weistling

Year	Issue	Edition Limit	Year Retd.	Issue Price	Quote U.S.$
1993	Star Wars	28-day		37.50	38
1993	The Empire Strikes Back	28-day		37.50	38
1993	Return Of The Jedi	28-day		37.50	38

Summer Days of Childhood - T. Utz

Year	Issue	Edition Limit	Year Retd.	Issue Price	Quote U.S.$
1983	Mountain Friends	10-day		29.50	30
1983	Garden Magic	10-day		29.50	30
1983	Little Beachcomber	10-day		29.50	30
1983	Blowing Bubbles	10-day		29.50	30
1983	The Birthday Party	10-day		29.50	30
1983	Playing Doctor	10-day		29.50	30
1983	A Stolen Kiss	10-day		29.50	30
1983	Kitty's Bathtime	10-day		29.50	30
1983	Cooling Off	10-day		29.50	30
1983	First Customer	10-day		29.50	30
1983	A Jumping Contest	10-day		29.50	30
1983	Balloon Carnival	10-day		29.50	30

Symphony of the Sea - R. Koni

Year	Issue	Edition Limit	Year Retd.	Issue Price	Quote U.S.$
1995	Fluid Grace	28-day		29.95	30
1995	Dolphin's Dance	28-day		29.95	30
1995	Orca Ballet	28-day		29.95	30

Thornton Utz 10th Anniversary Commemorative - T. Utz

Year	Issue	Edition Limit	Year Retd.	Issue Price	Quote U.S.$
1989	Dawn	14-day		29.50	30
1989	Just Like Mommy	14-day		29.50	30
1989	Playing Doctor	14-day		29.50	30
1989	My Kitty	14-day		29.50	30
1989	Turtle Talk	14-day		29.50	30
1989	Best Friends	14-day		29.50	30
1989	Among the Daffodils	14-day		29.50	39
1989	Friends in the Sky	14-day		29.50	30
1989	Teddy's Bathtime	14-day		29.50	30
1989	Little Emily	14-day		29.50	30

Timeless Expressions of the Orient - M. Tsang

Year	Issue	Edition Limit	Year Retd.	Issue Price	Quote U.S.$
1990	Fidelity	15,000		75.00	95
1991	Femininity	15,000		75.00	75
1991	Longevity	15,000		75.00	75
1991	Beauty	15,000		55.00	55
1992	Courage	15,000		55.00	55

Treasured Days - H. Bond

Year	Issue	Edition Limit	Year Retd.	Issue Price	Quote U.S.$
1987	Ashley	14-day		29.50	60
1987	Christopher	14-day		24.50	45
1987	Sara	14-day		24.50	50
1987	Jeremy	14-day		24.50	45
1987	Amanda	14-day		24.50	45
1988	Nicholas	14-day		24.50	45
1988	Lindsay	14-day		24.50	45
1988	Justin	14-day		24.50	45

A Treasury of Cherished Teddies - P. Hillman

Year	Issue	Edition Limit	Year Retd.	Issue Price	Quote U.S.$
1994	Happy Holidays, Friend	28-day		29.50	30

Unbridled Spirit - C. DeHaan

Year	Issue	Edition Limit	Year Retd.	Issue Price	Quote U.S.$
1992	Surf Dancer	28-day		29.50	30
1992	Winter Renegade	28-day		29.50	30
1992	Desert Shadows	28-day		29.50	30
1993	Painted Sunrise	28-day		29.50	30
1993	Desert Duel	28-day		29.50	30
1993	Midnight Run	28-day		29.50	30
1993	Moonlight Majesty	28-day		29.50	30
1993	Autumn Reverie	28-day		29.50	30
1993	Blizzard's Peril	28-day		29.50	30
1993	Sunrise Surprise	28-day		29.50	30

Under the Sea - C. Bragg

Year	Issue	Edition Limit	Year Retd.	Issue Price	Quote U.S.$
1993	Tales of Tavarua	28-day		29.50	30
1993	Water's Edge	28-day		29.50	30
1994	Beauty of the Reef	28-day		29.50	30
1994	Rainbow Reef	28-day		29.50	30
1994	Orca Odyssey	28-day		29.50	30
1994	Rescue the Reef	28-day		29.50	30
1994	Underwater Dance	28-day		29.50	30
1994	Gentle Giants	28-day		29.50	30

Utz Mother's Day - T. Utz

Year	Issue	Edition Limit	Year Retd.	Issue Price	Quote U.S.$
1983	A Gift of Love	N/A		27.50	38
1983	Mother's Helping Hand	N/A		27.50	28
1983	Mother's Angel	N/A		27.50	28

Vanishing Rural America - J. Harrison

Year	Issue	Edition Limit	Year Retd.	Issue Price	Quote U.S.$
1991	Quiet Reflections	14-day		29.50	45
1991	Autumn's Passage	14-day		29.50	45
1991	Storefront Memories	14-day		29.50	45
1991	Country Path	14-day		29.50	36
1991	When the Circus Came To Town	14-day		29.50	36
1991	Covered in Fall	14-day		29.50	45
1991	America's Heartland	14-day		29.50	33

PLATES

YEAR ISSUE	EDITION LIMIT	YEAR RETD.	ISSUE PRICE	QUOTE U.S.$
1991 Rural Delivery	14-day		29.50	33

Victorian Christmas Memories - J. Grossman

YEAR ISSUE	EDITION LIMIT	YEAR RETD.	ISSUE PRICE	QUOTE U.S.$
1992 A Visit from St. Nicholas	28-day		29.50	30
1993 Christmas Delivery	28-day		29.50	30
1993 Christmas Angels	28-day		29.50	30
1992 With Visions of Sugar Plums	28-day		29.50	30
1993 Merry Olde Kris Kringle	28-day		29.50	30
1993 Grandfather Frost	28-day		29.50	30
1993 Joyous Noel	28-day		29.50	30
1993 Christmas Innocence	28-day		29.50	30
1993 Dreaming of Santa	28-day		29.50	30
1993 Mistletoe & Holly	28-day		29.50	30

Victorian Playtime - M. H. Bogart

YEAR ISSUE	EDITION LIMIT	YEAR RETD.	ISSUE PRICE	QUOTE U.S.$
1991 A Busy Day	14-day		29.50	30
1992 Little Masterpiece	14-day		29.50	30
1992 Playing Bride	14-day		29.50	30
1992 Waiting for a Nibble	14-day		29.50	30
1992 Tea and Gossip	14-day		29.50	30
1992 Cleaning House	14-day		29.50	30
1992 A Little Persuasion	14-day		29.50	30
1992 Peek-a-Boo	14-day		29.50	30

Warrior's Pride - C. DeHaan

YEAR ISSUE	EDITION LIMIT	YEAR RETD.	ISSUE PRICE	QUOTE U.S.$
1994 Crow War Pony	28-day		29.50	30
1994 Running Free	28-day		29.50	30
1994 Blackfoot War Pony	28-day		29.50	30
1994 Southern Cheyenne	28-day		29.50	30
1995 Shoshoni War Ponies	28-day		29.50	30
1995 A Champion's Revelry	28-day		29.50	30
1995 Battle Colors	28-day		29.50	30

The West of Frank McCarthy - F. McCarthy

YEAR ISSUE	EDITION LIMIT	YEAR RETD.	ISSUE PRICE	QUOTE U.S.$
1991 Attacking the Iron Horse	14-day		37.50	60
1991 Attempt on the Stage	14-day		37.50	45
1991 The Prayer	14-day		37.50	54
1991 On the Old North Trail	14-day		37.50	48
1991 The Hostile Threat	14-day		37.50	45
1991 Bringing Out the Furs	14-day		37.50	45
1991 Kiowa Raider	14-day		37.50	45
1991 Headed North	14-day		37.50	38

Wilderness Spirits - P. Kono

YEAR ISSUE	EDITION LIMIT	YEAR RETD.	ISSUE PRICE	QUOTE U.S.$
1994 Eyes of the Night	28-day		29.95	30
1995 Midnight Call	28-day		29.95	30

Winged Reflections - R. Parker

YEAR ISSUE	EDITION LIMIT	YEAR RETD.	ISSUE PRICE	QUOTE U.S.$
1989 Following Mama	14-day		37.50	38
1989 Above the Breakers	14-day		37.50	38
1989 Among the Reeds	14-day		37.50	38
1989 Freeze Up	14-day		37.50	38
1989 Wings Above the Water	14-day		37.50	38
1990 Summer Loon	14-day		29.50	30
1990 Early Spring	14-day		29.50	30
1990 At The Water's Edge	14-day		29.50	30

Winter Rails - T. Xaras

YEAR ISSUE	EDITION LIMIT	YEAR RETD.	ISSUE PRICE	QUOTE U.S.$
1992 Winter Crossing	28-day		29.50	30
1993 Coal Country	28-day		29.50	30
1993 Daylight Run	28-day		29.50	30
1993 By Sea or Rail	28-day		29.50	30
1993 Country Crossroads	28-day		29.50	30
1993 Timber Line	28-day		29.50	30
1993 The Long Haul	28-day		29.50	30
1993 Darby Crossing	28-day		29.50	30

Winter Wildlife - J. Seerey-Lester

YEAR ISSUE	EDITION LIMIT	YEAR RETD.	ISSUE PRICE	QUOTE U.S.$
1989 Close Encounters	15,000		55.00	55
1989 Among the Cattails	15,000		55.00	55
1989 The Refuge	15,000		55.00	55
1989 Out of the Blizzard	15,000		55.00	55
1989 First Snow	15,000		55.00	55
1989 Lying In Wait	15,000		55.00	55
1989 Winter Hiding	15,000		55.00	55
1989 Early Snow	15,000		55.00	55

Wizard of Oz Commemorative - T. Blackshear

YEAR ISSUE	EDITION LIMIT	YEAR RETD.	ISSUE PRICE	QUOTE U.S.$
1988 We're Off to See the Wizard	14-day		24.50	125-180
1988 Dorothy Meets the Scarecrow	14-day		24.50	95-125
1989 The Tin Man Speaks	14-day		24.50	105-125
1989 A Glimpse of the Munchkins	14-day		24.50	90-125
1989 The Witch Casts A Spell	14-day		24.50	100-125
1989 If I Were King Of The Forest	14-day		24.50	125
1989 The Great and Powerful Oz	14-day		24.50	125
1989 There's No Place Like Home	14-day		24.50	125

Wizard of Oz-Fifty Years of Oz - T. Blackshear

YEAR ISSUE	EDITION LIMIT	YEAR RETD.	ISSUE PRICE	QUOTE U.S.$
1989 Fifty Years of Oz	14-day		37.50	150-225

Wizard of Oz-Portraits From Oz - T. Blackshear

YEAR ISSUE	EDITION LIMIT	YEAR RETD.	ISSUE PRICE	QUOTE U.S.$
1989 Dorothy	14-day		29.50	120-199
1989 Scarecrow	14-day		29.50	100-139
1989 Tin Man	14-day		29.50	105-149
1990 Cowardly Lion	14-day		29.50	120-149
1990 Glinda	14-day		29.50	75-139
1990 Wizard	14-day		29.50	75-139
1990 Wicked Witch	14-day		29.50	100-299
1990 Toto	14-day		29.50	150-299

The Wonder Of Christmas - J. McClelland

YEAR ISSUE	EDITION LIMIT	YEAR RETD.	ISSUE PRICE	QUOTE U.S.$
1991 Santa's Secret	28-day		29.50	30
1991 My Favorite Ornament	28-day		29.50	30
1991 Waiting For Santa	28-day		29.50	30
1993 The Caroler	28-day		29.50	30

Woodland Babies - P. Manning

YEAR ISSUE	EDITION LIMIT	YEAR RETD.	ISSUE PRICE	QUOTE U.S.$
1995 Hollow Hideaway	28-day		29.95	30

Woodland Encounters - G. Giordano

YEAR ISSUE	EDITION LIMIT	YEAR RETD.	ISSUE PRICE	QUOTE U.S.$
1991 Want to Play?	14-day		29.50	30
1991 Peek-a-boo!	14-day		29.50	30
1991 Lunchtime Visitor	14-day		29.50	33
1991 Anyone for a Swim?	14-day		29.50	36
1991 Nature Scouts	14-day		29.50	36
1991 Meadow Meeting	14-day		29.50	33
1991 Hi Neighbor	14-day		29.50	30
1992 Field Day	14-day		29.50	36

The World Of Zolan - D. Zolan

YEAR ISSUE	EDITION LIMIT	YEAR RETD.	ISSUE PRICE	QUOTE U.S.$
1992 First Kiss	28-day		29.50	30
1992 Morning Discovery	28-day		29.50	30
1993 The Little Fisherman	28-day		29.50	30
1993 Letter to Grandma	28-day		29.50	30
1993 Twilight Prayer	28-day		29.50	30
1993 Flowers for Mother	28-day		29.50	30

Year Of The Wolf - A. Agnew

YEAR ISSUE	EDITION LIMIT	YEAR RETD.	ISSUE PRICE	QUOTE U.S.$
1993 Broken Silence	28-day		29.50	30
1993 Leader of the Pack	28-day		29.50	30
1993 Solitude	28-day		29.50	30
1994 Tundra Light	28-day		29.50	30
1994 Guardians of the High Country	28-day		29.50	30
1994 A Second Glance	28-day		29.50	30
1994 Free as the Wind	28-day		29.50	30
1994 Song of the Wolf	28-day		29.50	30
1995 Lords of the Tundra	28-day		29.50	30
1995 Wilderness Companions	28-day		29.50	30

Hamilton/Boehm

Award Winning Roses - Boehm

YEAR ISSUE	EDITION LIMIT	YEAR RETD.	ISSUE PRICE	QUOTE U.S.$
1979 Peace Rose	15,000		45.00	63
1979 White Masterpiece Rose	15,000		45.00	63
1979 Tropicana Rose	15,000		45.00	63
1979 Elegance Rose	15,000		45.00	63
1979 Queen Elizabeth Rose	15,000		45.00	63
1979 Royal Highness Rose	15,000		45.00	63
1979 Angel Face Rose	15,000		45.00	63
1979 Mr. Lincoln Rose	15,000		45.00	63

Gamebirds of North America - Boehm

YEAR ISSUE	EDITION LIMIT	YEAR RETD.	ISSUE PRICE	QUOTE U.S.$
1984 Ring-Necked Pheasant	15,000		62.50	63
1984 Bob White Quail	15,000		62.50	63
1984 American Woodcock	15,000		62.50	63
1984 California Quail	15,000		62.50	63
1984 Ruffed Grouse	15,000		62.50	63
1984 Wild Turkey	15,000		62.50	63
1984 Willow Partridge	15,000		62.50	63
1984 Prairie Grouse	15,000		62.50	63

Hummingbird Collection - Boehm

YEAR ISSUE	EDITION LIMIT	YEAR RETD.	ISSUE PRICE	QUOTE U.S.$
1980 Calliope	15,000		62.50	80
1980 Broadbilled	15,000		62.50	63
1980 Rufous Flame Bearer	15,000		62.50	80
1980 Broadtail	15,000		62.50	63
1980 Streamertail	15,000		62.50	80
1980 Blue Throated	15,000		62.50	80
1980 Crimson Topaz	15,000		62.50	63
1980 Brazilian Ruby	15,000		62.50	80

Owl Collection - Boehm

YEAR ISSUE	EDITION LIMIT	YEAR RETD.	ISSUE PRICE	QUOTE U.S.$
1980 Boreal Owl	15,000		45.00	75
1980 Snowy Owl	15,000		45.00	63
1980 Barn Owl	15,000		45.00	63
1980 Saw Whet Owl	15,000		45.00	63
1980 Great Horned Owl	15,000		45.00	63
1980 Screech Owl	15,000		45.00	63
1980 Short Eared Owl	15,000		45.00	63
1980 Barred Owl	15,000		45.00	63

Water Birds - Boehm

YEAR ISSUE	EDITION LIMIT	YEAR RETD.	ISSUE PRICE	QUOTE U.S.$
1981 Canada Geese	15,000		62.50	75
1981 Wood Ducks	15,000		62.50	63
1981 Hooded Merganser	15,000		62.50	87
1981 Ross's Geese	15,000		62.50	63
1981 Common Mallard	15,000		62.50	63
1981 Canvas Back	15,000		62.50	63
1981 Green Winged Teal	15,000		62.50	63
1981 American Pintail	15,000		62.50	63

Haviland

Twelve Days of Christmas - R. Hetreau

YEAR ISSUE	EDITION LIMIT	YEAR RETD.	ISSUE PRICE	QUOTE U.S.$
1970 Partridge	30,000		25.00	54
1971 Two Turtle Doves	30,000		25.00	25
1972 Three French Hens	30,000		27.50	28
1973 Four Calling Birds	30,000		28.50	30
1974 Five Golden Rings	30,000		30.00	30
1975 Six Geese a'laying	30,000		32.50	33
1976 Seven Swans	30,000		38.00	38
1977 Eight Maids	30,000		40.00	40
1978 Nine Ladies Dancing	30,000		45.00	67
1979 Ten Lord's a'leaping	30,000		50.00	50
1980 Eleven Pipers Piping	30,000		55.00	65
1981 Twelve Drummers	30,000		60.00	60

Haviland & Parlon

Christmas Madonnas - Various

YEAR ISSUE	EDITION LIMIT	YEAR RETD.	ISSUE PRICE	QUOTE U.S.$
1972 By Raphael - Raphael	5,000		35.00	42
1973 By Feruzzi - Feruzzi	5,000		40.00	78
1974 By Raphael - Raphael	5,000		42.50	43
1975 By Murillo - Murillo	7,500		42.50	43
1976 By Botticelli - Botticelli	7,500		45.00	45
1977 By Bellini - Bellini	7,500		48.00	48
1978 By Lippi - Lippi	7,500		48.00	53
1979 Madonna of The Eucharist - Botticelli	7,500		49.50	112

Hutschenreuther

The Glory of Christmas - W./C. Hallett

YEAR ISSUE	EDITION LIMIT	YEAR RETD.	ISSUE PRICE	QUOTE U.S.$
1982 The Nativity	25,000		80.00	125
1983 The Annunciation	25,000		80.00	115
1984 The Shepherds	25,000		80.00	100
1985 The Wiseman	25,000		80.00	100

Gunther Granget - G. Granget

YEAR ISSUE	EDITION LIMIT	YEAR RETD.	ISSUE PRICE	QUOTE U.S.$
1972 American Sparrows	5,000		50.00	150
1972 European Sparrows	5,000		30.00	65
1973 American Kildeer	2,250		75.00	90
1973 American Squirrel	2,500		75.00	75
1973 European Squirrel	2,500		35.00	50
1974 American Partridge	2,500		75.00	90
1975 American Rabbits	2,500		90.00	90
1976 Freedom in Flight	5,000		100.00	100
1976 Wrens	2,500		100.00	110
1976 Freedom in Flight, Gold	200		200.00	200
1977 Bears	2,500		100.00	100
1978 Foxes' Spring Journey	1,000		125.00	200

Imperial Ching-te Chen

Beauties of the Red Mansion - Z. HuiMin

YEAR ISSUE	EDITION LIMIT	YEAR RETD.	ISSUE PRICE	QUOTE U.S.$
1986 Pao-chai	115-day		27.92	40
1986 Yuan-chun	115-day		27.92	45-60
1987 Hsi-feng	115-day		30.92	31
1987 Hsi-chun	115-day		30.92	31-35
1988 Miao-yu	115-day		30.92	31
1988 Ying-chun	115-day		30.92	35
1988 Tai-yu	115-day		32.92	35
1988 Li-wan	115-day		32.92	50
1988 Ko-Ching	115-day		32.92	40
1988 Hsiang-yun	115-day		34.92	40
1989 Tan-Chun	115-day		34.92	46-55
1989 Chiao-chieh	115-day		34.92	35

Blessings From a Chinese Garden - Z. Song Mao

YEAR ISSUE	EDITION LIMIT	YEAR RETD.	ISSUE PRICE	QUOTE U.S.$
1988 The Gift of Purity	175-day		39.92	42
1989 The Gift of Grace	175-day		39.92	40
1989 The Gift of Beauty	175-day		42.92	43
1989 The Gift of Happiness	175-day		42.92	43
1990 The Gift of Truth	175-day		42.92	43
1990 The Gift of Joy	175-day		42.92	43

Flower Goddesses of China - Z. HuiMin

YEAR ISSUE	EDITION LIMIT	YEAR RETD.	ISSUE PRICE	QUOTE U.S.$
1991 The Lotus Goddess	175-day		34.92	35-40
1991 The Chrysanthemum Goddess	175-day		34.92	35
1991 The Plum Blossom Goddess	175-day		37.92	40
1991 The Peony Goddess	175-day		37.92	35-52
1991 The Narcissus Goddess	175-day		37.92	60
1991 The Camellia Goddess	175-day		37.92	50

The Forbidden City - S. Fu

YEAR ISSUE	EDITION LIMIT	YEAR RETD.	ISSUE PRICE	QUOTE U.S.$
1990 Pavilion of 10,000 Springs	150-day		39.92	40
1990 Flying Kites/Spring Day	150-day		39.92	30
1990 Pavilion/Floating Jade Green	150-day		42.92	44
1991 The Lantern Festival	150-day		42.92	30
1991 Nine Dragon Screen	150-day		42.92	55
1991 The Hall of the Cultivating Mind	150-day		42.92	40
1991 Dressing the Empress	150-day		45.92	42
1991 Pavilion of Floating Cups	150-day		45.92	50

Garden of Satin Wings - J. Xue-Bing

YEAR ISSUE	EDITION LIMIT	YEAR RETD.	ISSUE PRICE	QUOTE U.S.$
1992 A Morning Dream	115-day		29.92	30
1993 An Evening Mist	115-day		29.92	30
1993 A Garden Whisper	115-day		29.92	30
1993 An Enchanting Interlude	115-day		29.92	30

Legends of West Lake - J. Xue-Bing

YEAR ISSUE	EDITION LIMIT	YEAR RETD.	ISSUE PRICE	QUOTE U.S.$
1989 Lady White	175-day		29.92	35
1990 Lady Silkworm	175-day		29.92	32
1990 Laurel Peak	175-day		29.92	33
1990 Rising Sun Terrace	175-day		32.92	33
1990 The Apricot Fairy	175-day		32.92	33
1990 Bright Pearl	175-day		32.92	33
1990 Thread of Sky	175-day		34.92	35
1991 Phoenix Mountain	175-day		34.92	35-40
1991 Ancestors of Tea	175-day		34.92	55-62
1991 Three Pools Mirroring/Moon	175-day		36.92	70-75
1991 Fly-In Peak	175-day		36.92	45-50
1991 The Case of the Folding Fans	175-day		36.92	45-50

Maidens of the Folding Sky - J. Xue-Bing

YEAR ISSUE	EDITION LIMIT	YEAR RETD.	ISSUE PRICE	QUOTE U.S.$
1992 Lady Lu	175-day		29.92	32

PLATES

Imperial Ching-te Chen to Lenox Collections

YEAR ISSUE		EDITION LIMIT	YEAR RETD.	ISSUE PRICE	QUOTE U.S.$
1992	Mistress Yang	175-day		29.92	30
1992	Bride Yen Chun	175-day		32.92	33
1993	Parrot Maiden	175-day		32.92	33

Scenes from the Summer Palace - Z. Song Mao

1988	The Marble Boat	175-day		29.92	32
1988	Jade Belt Bridge	175-day		29.92	32
1989	Hall that Dispels the Clouds	175-day		32.92	35
1989	The Long Promenade	175-day		32.92	35
1989	Garden/Harmonious Pleasure	175-day		32.92	35
1989	The Great Stage	175-day		32.92	35
1989	Seventeen Arch Bridge	175-day		34.92	35
1989	Boaters on Kumming Lake	175-day		34.92	35

International Silver
Bicentennial - M. Deoliveira

1972	Signing Declaration	7,500		40.00	310
1973	Paul Revere	7,500		40.00	160
1974	Concord Bridge	7,500		40.00	115
1975	Crossing Delaware	7,500		50.00	80
1976	Valley Forge	7,500		50.00	65
1977	Surrender at Yorktown	7,500		50.00	60

John Hine N.A. Ltd.
David Winter Plate Collection - M. Fisher

1991	A Christmas Carol	10,000	1993	30.00	35-60
1991	Cotswold Village Plate	10,000	1993	30.00	35-60
1992	Chichester Cross Plate	10,000	1993	30.00	35-60
1992	Little Mill Plate	10,000	1993	30.00	35-60
1992	Old Curiosity Shop	10,000	1993	30.00	35-60
1992	Scrooge's Counting House	10,000	1993	30.00	35-60
1993	Dove Cottage	10,000		30.00	35
1993	Little Forge	10,000		30.00	35

Kaiser
Bicentennial Plate - J. Trumball

1976	Signing Declaration	Closed		75.00	150

Christmas Plates - Various

1970	Waiting for Santa Claus - T. Schoener	Closed		12.50	25
1971	Silent Night - K. Bauer	Closed		13.50	23
1972	Welcome Home - K. Bauer	Closed		16.50	43
1973	Holy Night - T. Schoener	Closed		18.00	44
1974	Christmas Carolers - K. Bauer	Closed		25.00	30
1975	Bringing Home the Tree - J. Northcott	Closed		25.00	30
1976	Christ/Saviour Born - C. Maratti	Closed		25.00	35
1977	The Three Kings - T. Schoener	Closed		25.00	25
1978	Shepherds in The Field - T. Schoener	Closed		30.00	30
1979	Christmas Eve - H. Blum	Closed		32.00	45
1980	Joys of Winter - H. Blum	Closed		40.00	43
1981	Adoration by Three Kings - K. Bauer	Closed		40.00	41
1982	Bringing Home the Tree - K. Bauer	Closed		40.00	45

Egyptian - Unknown

1980	Nefertiti	10,000		275.00	458
1980	Tutankhamen	10,000		275.00	458

King Tut - Unknown

1978	King Tut	Closed		65.00	100

Mother's Day - Various

1971	Mare and Foal - T. Schoener	Closed		13.00	25
1972	Flowers for Mother - T. Schoener	Closed		16.50	20
1973	Cats - T. Schoener	Closed		17.00	40
1974	Fox - T. Schoener	Closed		20.00	40
1975	German Shepherd - T. Schoener	Closed		25.00	100
1976	Swan and Cygnets - T. Schoener	Closed		25.00	28
1977	Mother Rabbit and Young - T. Schoener	Closed		25.00	30
1978	Hen and Chicks - T. Schoener	Closed		30.00	50
1979	A Mother's Devotion - N. Peterner	Closed		32.00	40
1980	Raccoon Family - J. Northcott	Closed		40.00	45
1981	Safe Near Mother - H. Blum	Closed		40.00	40
1982	Pheasant Family - K. Bauer	Closed		40.00	44
1983	Tender Care - K. Bauer	Closed		40.00	65

KPM-Royal Berlin
Christmas - Unknown

1969	Christmas Star	5,000		28.00	380
1970	Three Kings	5,000		28.00	300
1971	Christmas Tree	5,000		28.00	290
1972	Christmas Angel	5,000		31.00	300
1973	Christ Child on Sled	5,000		33.00	280
1974	Angel and Horn	5,000		35.00	180
1975	Shepherds	5,000		40.00	165
1976	Star of Bethlehem	5,000		43.00	140
1977	Mary at Crib	5,000		46.00	100
1978	Three Wise Men	5,000		49.00	54
1979	The Manger	5,000		55.00	55
1980	Shepherds in Fields	5,000		55.00	55

Lalique Society of America
Annual - M. Lalique

1965	Deux Oiseaux (Two Birds)	2,000		25.00	1300
1966	Rose de Songerie (Dream Rose)	5,000		25.00	120
1967	Ballet de Poisson (Fish Ballet)	5,000		25.00	100
1968	Gazelle Fantaisie (Gazelle Fantasy)	5,000		25.00	75
1969	Papillon (Butterfly)	5,000		30.00	35
1970	Paon (Peacock)	5,000		30.00	59
1971	Hibou (Owl)	5,000		35.00	69
1972	Coquillage (Shell)	5,000		40.00	75
1973	Petit Geai (Jayling)	5,000		42.50	100
1974	Sous d'Argent (Silver Pennies)	5,000		47.50	100
1975	Duo de Poisson (Fish Duet)	5,000		50.00	140
1976	Aigle (Eagle)	5,000		60.00	90

Lance Corporation
America's Favorite Birds (Hudson Pewter/Crystal) - C. Terris

1978	Crystal Wren 8"	Retrd.	N/A	79.50	80

American Commemoratives (Hudson Pewter) - R. Lamb

1975	Mt. Vernon 6"	Retrd.	N/A	N/A	55
1975	Monticello 6"	Retrd.	N/A	N/A	55
1975	Log Cabin 6"	Retrd.	N/A	N/A	55
1975	Hyde Park 6"	Retrd.	N/A	N/A	55
1975	Spirit of '76 6"	Retrd.	N/A	N/A	55

American Expansion (Hudson Pewter) - P.W. Baston

1975	Spirit of '76 (6" Plate)	Closed	1975	27.50	100-120
1975	American Independence	Closed	N/A	Unkn.	100-125
1975	American Expansion	Closed	N/A	Unkn.	50-75
1975	The American War Between the States	Closed	N/A	Unkn.	150-200

A Child's Christmas (Hudson Pewter) - A. Petito

1978	Bedtime Story	Suspd.		35.00	60
1979	Littlest Angels	Suspd.		35.00	60
1980	Heaven's Christmas Tree	Suspd.		42.50	60
1981	Filling The Sky	Suspd.		47.50	60

Christmas (Chilmark Pewter) - Unknown

1977	Currier & Ives Christmas 8"	Retrd.	N/A	60.00	75
1978	Trimming the Tree 8"	Retrd.	N/A	65.00	75
1979	Three Wisemen 8"	Retrd.	N/A	65.00	75

Christmas (Hudson Pewter) - Various

1986	Bringing Home The Tree - J. Wanat	Suspd.		47.50	60
1987	The Caroling Angels - A. Petitto	Suspd.		47.50	60
1993	Crack the Whip - A. McGrory	950		55.00	55
1994	Home For Christmas - A. McGrory	950		50.00	50

Mickey's Christmas (Hudson Pewter) - Staff

1986	God Bless Us, Every One	Suspd.		47.50	60
1987	Jolly Old Saint Mick	Suspd.		55.00	60
1988	He's Checking It Twice	Suspd.		50.00	60

Miscellaneous (Hudson Pewter) - Unknown

1976	Declaration of Independence 8 1/2"	Retrd.	N/A	25.00	50
1978	Zodiac 8"	Retrd.	N/A	60.00	75

Mother's Day (Chilmark Pewter) - Unknown

1974	Flowers of the Field 8"	Retrd.	N/A	65.00	75
1980	1980 Mother's Day	Retrd.	N/A	90.00	90

Mother's Day (Hudson Pewter) - A. Petito

1979	Cherished 6"	Retrd.	N/A	42.50	55
1980	1980 Mother's Day 6"	Retrd.	N/A	42.50	55

Sailing Ships (Hudson Pewter) - A. Petito

1978	Flying Cloud 6"	Retrd.	N/A	35.00	55
1978	America 6"	Retrd.	N/A	35.00	55
1978	Morgan 6"	Retrd.	N/A	35.00	55
1978	Constitution 6"	Retrd.	N/A	35.00	55

Sebastian Plates - P.W. Baston

1978	Motif No. 1	Closed	1985	75.00	50-75
1979	Grand Canyon	Closed	1985	75.00	50-75
1980	Lone Cypress	Closed	1985	75.00	150-175
1980	In The Candy Store	Closed	1985	39.50	40
1981	The Doctor	Closed	1985	39.50	40
1983	Little Mother	Closed	1985	39.50	40
1984	Switching The Freight	Closed	1985	42.50	80-100

Songbirds of the Four Seasons (Hudson Pewter) - Hollis/Yourdon

1978	Cardinal (Winter) 6"	Retrd.	N/A	35.00	55
1978	Hummingbird (Summer) 6"	Retrd.	N/A	35.00	55
1978	Sparrow (Autumn) 6"	Retrd.	N/A	35.00	55
1978	Wood Thrush (Spring) 6"	Retrd.	N/A	35.00	55

The Songs of Christmas (Hudson Pewter) - A. McGrory

1988	Silent Night	Suspd.		55.00	60
1989	Hark! The Herald Angels Sing	Suspd.		60.00	60
1990	The First Noel	Suspd.		60.00	60
1991	We Three Kings	Suspd.		60.00	60

Twas The Night Before Christmas (Hudson Pewter) - A. Hollis

1982	Not A Creature Was Stirring	Suspd.		47.50	60
1983	Visions Of Sugar Plums	Suspd.		47.50	60
1984	His Eyes How They Twinkled	Suspd.		47.50	60
1985	Happy Christmas To All	Suspd.		47.50	60

Twelve Days of Christmas (Chilmark Pewter/Stained Glass) - Unknown

1979	Partridge in a Pear Tree 8"	Retrd.	1980	99.50	100
1980	Two Turtle Doves 8"	Retrd.	1980	99.50	100

Lenox China
Annual Holiday - Unknown

1991	1991 Holiday Plate-Sleigh	Yr.Iss.		75.00	75
1992	1992 Holiday Plate-Rock Horse	Yr.Iss.		75.00	75
1993	1993 Holiday Plate-Fireplace	Yr.Iss.		75.00	75
1994	1994 Annual Holiday	Yr.Iss.		75.00	75

Christmas Trees Around the World - Unknown

1991	Germany	Yr.Iss.		75.00	75
1992	France	Yr.Iss.		75.00	75
1993	England	Yr.Iss.		75.00	75
1994	Poland	Yr.Iss.		75.00	75

Colonial Christmas Wreath - Unknown

1981	Colonial Virginia	Yr.Iss.		65.00	76
1982	Massachusetts	Yr.Iss.		70.00	93
1983	Maryland	Yr.Iss.		70.00	79
1984	Rhode Island	Yr.Iss.		70.00	82
1985	Connecticut	Yr.Iss.		70.00	75
1986	New Hampshire	Yr.Iss.		70.00	75
1987	Pennsylvania	Yr.Iss.		70.00	75
1988	Delaware	Yr.Iss.		70.00	70
1989	New York	Yr.Iss.		75.00	82
1990	New Jersey	Yr.Iss.		75.00	78
1991	South Carolina	Yr.Iss.		75.00	75
1992	North Carolina	Yr.Iss.		75.00	75
1993	Georgia	Yr.Iss.		75.00	75

Nativity Vignettes - Unknown

1993	The Holy Family	Yr.Iss.		57.00	57
1994	The Wisemen	Yr.Iss.		59.00	59

Lenox Collections
American Wildlife - N. Adams

1982	Red Foxes	9,500		65.00	65
1982	Ocelots	9,500		65.00	65
1982	Sea Lions	9,500		65.00	65
1982	Raccoons	9,500		65.00	65
1982	Dall Sheep	9,500		65.00	65
1982	Black Bears	9,500		65.00	65
1982	Mountain Lions	9,500		65.00	65
1982	Polar Bears	9,500		65.00	65
1982	Otters	9,500		65.00	65
1982	White Tailed Deer	9,500		65.00	65
1982	Buffalo	9,500		65.00	65
1982	Jack Rabbits	9,500		65.00	65

Annual Christmas Plates - Various

1992	Sleigh - Unknown	Yr.Iss.	1992	75.00	75
1993	Midnight Sleighride - L. Bywater	90-day	1993	119.00	119

Arctic Wolves - J. VanZyle

1993	Far Country Crossing	90-day	1994	29.90	30
1993	Cry of the Wild	90-day	1994	29.90	30
1993	Nightwatch	90-day	1994	29.90	30
1993	Midnight Renegade	90-day	1994	29.90	30
1993	On the Edge	90-day	1994	29.90	30
1993	Picking Up the Trail	90-day	1994	29.90	30

Big Cats of the World - Q. Lemonds

1993	Black Panther	Open		39.50	40
1993	Chinese Leopard	Open		39.50	40
1993	Cougar	Open		39.50	40
1993	Bobcat	Open		39.50	40
1993	White Tiger	Open		39.50	40
1993	Tiger	Open		39.50	40
1993	Lion	Open		39.50	40
1993	Snow Leopard	Open		39.50	40

Birds of the Garden - W. Mumm

1992	Spring Glory, Cardinals	Open		39.50	40
1993	Sunbright Songbirds, Goldfinch	Open		39.50	40
1993	Bluebirds Haven, Bluebirds	Open		39.50	40
1993	Blossoming Bough, Chickadees	Open		39.50	40
1993	Jewels of the Garden, Hummingbirds	Open		39.50	40
1993	Indigo Meadow, Indigo Buntings	Open		39.50	40
1993	Scarlet Tanagers	Open		39.50	40

Boehm Birds - E. Boehm

1970	Wood Thrush	Yr.Iss.	1970	35.00	100
1971	Goldfinch	Yr.Iss.	1971	35.00	53
1972	Mountain Bluebird	Yr.Iss.	1972	37.50	50
1973	Meadowlark	Yr.Iss.	1973	50.00	30
1974	Rufous Hummingbird	Yr.Iss.	1974	45.00	49
1975	American Redstart	Yr.Iss.	1975	50.00	60
1976	Cardinals	Yr.Iss.	1976	53.00	80

PLATES

Lenox Collections to Pemberton & Oakes

YEAR ISSUE		EDITION LIMIT	YEAR RETD.	ISSUE PRICE	QUOTE U.S.$
1977	Robins	Yr.Iss.	1977	55.00	45
1978	Mockingbirds	Yr.Iss.	1978	58.00	60
1979	Golden-Crowned Kinglets	Yr.Iss.	1979	65.00	95
1980	Black-Throated Blue Warblers	Yr.Iss.	1980	80.00	112
1981	Eastern Phoebes	Yr.Iss.	1981	92.50	100

Boehm Woodland Wildlife - E. Boehm

1973	Racoons	Yr.Iss.	1973	50.00	50
1974	Red Foxes	Yr.Iss.	1974	52.50	53
1975	Cottontail Rabbits	Yr.Iss.	1975	58.50	59
1976	Eastern Chipmunks	Yr.Iss.	1976	62.50	63
1977	Beaver	Yr.Iss.	1977	67.50	68
1978	Whitetail Deer	Yr.Iss.	1978	70.00	70
1979	Squirrels	Yr.Iss.	1979	76.00	76
1980	Bobcats	Yr.Iss.	1980	82.50	83
1981	Martens	Yr.Iss.	1981	100.00	150
1982	River Otters	Yr.Iss.	1982	100.00	180

Children of the Sun & Moon - D. Crowley

1993	Desert Blossom	Open		39.50	40
1993	Shy One	Open		39.50	40
1993	Feathers & Furs	Open		39.50	40
1994	Little Flower	Open		39.90	40
1994	Daughter of the Sun	Open		39.90	40
1994	Red Feathers	Open		39.90	40
1994	Stars in Her Eyes	Open		39.90	40
1994	Indigo Girl	Open		39.90	40

Cubs of the Big Cats - Q. Lemonds

1993	Jaquar Cub	90-day	1994	29.90	30

Darling Dalmations - L. Picken

1993	Three Alarm Fire	90-day	1994	29.90	30
1993	All Fired Up	90-day	1994	29.90	30
1993	Fire Brigade	90-day	1994	29.90	30
1993	Pup in Boots	90-day	1994	29.90	30
1993	Caught in the Act	90-day	1994	29.90	30
1993	Please Don't Pick the Flowers	90-day	1994	29.90	30

Dolphins of the Seven Seas - J. Holderby

1993	Bottlenose Dolphins	Open		39.50	40

Eagle Conservation - R. Kelley

1993	Soaring the Peaks	Open		39.50	40
1993	Solo Flight	Open		39.50	40
1993	Northern Heritage	Open		39.50	40
1993	Lone Sentinel	Open		39.50	40
1993	River Scout	Open		39.50	40
1993	Eagles on Mt. McKinley	Open		39.50	40
1993	Daybreak on River's Edge	Open		39.50	40
1993	Northwood's Legend	Open		39.50	40

Enchanted World of the Unicorn - R. Sanderson

1992	Hidden Glade of Unicorn	90-day	1993	29.90	30
1992	Secret Garden of Unicorn	90-day	1993	29.90	30
1993	Joyful Meadow of Unicorn	90-day	1994	29.90	30
1993	Misty Hills of Unicorn	90-day	1994	29.90	30
1993	Tropical Paradise of Unicorn	90-day	1994	29.90	30
1993	Springtime Pasture of Unicorn	90-day	1994	29.90	30

Garden Bird Plate Collection - Unknown

1988	Chickadee	Open		48.00	48
1988	Bluejay	Open		48.00	48
1989	Hummingbird	Open		48.00	48
1991	Dove	Open		48.00	48
1991	Cardinal	Open		48.00	48
1992	Goldfinch	Open		48.00	48

Great Cats of the World - G. Coheleach

1993	Siberian Tiger	Open		39.50	40
1993	Lion	Open		39.50	40
1993	Lioness	Open		39.50	40
1993	Snow Leopard	Open		39.50	40
1993	White Tiger	Open		39.50	40
1993	Jaquar	Open		39.50	40
1993	Cougar	Open		39.50	40
1993	Chinese Leopard	Open		39.50	40

International Victorian Santas - R. Hoover

1992	Kris Kringle	90-day	1993	39.50	40
1993	Father Christmas	90-day	1994	39.50	40
1994	Grandfather Frost	90-day	1995	39.50	40
1995	American Santa Claus	90-day	1995	39.50	40

King of the Plains - S. Combes

1994	Tsava Elephant	Open		39.90	40
1994	Guardian	Open		39.90	40
1994	Rainbow Trail	Open		39.90	40
1994	African Ancients	Open		39.90	40
1994	Protecting the Flanks	Open		39.90	40
1994	The Last Elephant	Open		39.90	40
1994	End of the Line	Open		39.90	40
1994	Sparring Bulls	Open		39.90	40

Magic of Christmas - L. Bywaters

1993	Santa of the Northen Forest	Open		39.50	40
1993	Santa's Gift of Peace	Open		39.50	40
1993	Gifts For All	Open		39.50	40
1994	Coming Home	Open		39.50	40
1994	Santa's Sentinels	Open		39.50	40
1994	Wonder of Wonders	Open		39.50	40
1994	A Berry Merry Christmas	Open		39.50	40

Nature's Collage - C. McClung

1992	Cedar Waxwing, Among The Berries	Open		34.50	35
1992	Gold Finches, Golden Splendor	Open		34.50	35
1993	Bluebirds, Summer Interlude	90-day	1994	39.50	40
1993	Chickadees, Rose Morning	90-day	1994	39.50	40
1993	Bluejays, Winter Song	90-day	1994	39.50	40
1993	Cardinals, Spring Courtship	90-day	1994	39.50	40
1993	Hummingbirds, Jeweled Glory	90-day	1994	39.50	40
1993	Indigo Buntings, Indigo Evening	90-day	1994	39.50	40

Owls of North America - L. Laffin

1993	Spirit of the Arctic, Snowy Owl	Open		39.50	40

Pierced Nativity - Unknown

1993	Holy Family	Open		45.00	45
1994	Three Kings	Open		45.00	45
1994	Heralding Angels	Open		45.00	45
1994	Shepherds	Open		45.00	45

Royal Cats of Guy Coheleach - G. Coheleach

1994	Afternoon Shade	Open		39.50	40
1994	Jungle Jaquar	Open		39.50	40
1994	Rocky Mountain Puma	Open		39.50	40
1994	Rocky Refuge	Open		39.50	40
1994	Siesta	Open		39.50	40
1994	Ambush in the Snow	Open		39.50	40
1994	Lion in Wait	Open		39.50	40
1994	Cat Nap	Open		39.50	40

Whale Conservation - J. Holderby

1993	Orca	Open		39.50	40

Lightpost Publishing
Kinkade-Thomas Kinkade Signature Collection - T. Kinkade

1991	Chandler's Cottage	2,500		49.95	50
1991	Cedar Nook	2,500		49.95	50
1991	Sleigh Ride Home	2,500		49.95	50
1991	Home To Grandma's	2,500		49.95	50

Lilliput Lane Ltd.
American Landmarks Collection - R. Day

1990	Country Church	5,000		35.00	35
1990	Riverside Chapel	5,000		35.00	35

Lladro
Lladro Plate Collection - Lladro

1993	The Great Voyage L5964G	Open		50.00	50
1993	Looking Out L5998G	Open		38.00	38
1993	Swinging L5999G	Open		38.00	38
1993	Duck Plate L6000G	Open		38.00	38
1994	Friends L6158	Open		32.00	32
1994	Apple Picking L6159M	Open		32.00	32
1994	Turtledove L6160	Open		32.00	32
1994	Flamingo L6161M	Open		32.00	32
1994	Resting L6162M	Open		32.00	32

March of Dimes
Our Children, Our Future - Various

1989	A Time for Peace - D. Zolan	150-day		29.00	32
1989	A Time to Love - S. Kuck	150-day		29.00	55
1989	A Time To Plant - J. McClelland	150-day		29.00	32
1989	A Time To Be Born - G. Perillo	150-day		29.00	35
1990	A Time To Embrace - E. Hibel	150-day		29.00	32
1990	A Time To Laugh - A. Williams	150-day		29.00	32

Marigold
Sport - Carreno

1989	Mickey Mantle h/s	Retrd.		100.00	695
1989	Mickey Mantle u/s	Retrd.		60.00	100
1989	Joe DiMaggio h/s	Retrd.		100.00	1475
1989	Joe DiMaggio f/s (blue sig.)	Retrd.		60.00	195
1990	Joe DiMaggio AP h/s	Retrd.		N/A	2275

Maruri USA
Eagle Plate Series - W. Gaither

1984	Free Flight	Closed	1993	150.00	150-198

Museum Collections, Inc.
American Family I - N. Rockwell

1979	Baby's First Step	9,900		28.50	48
1979	Happy Birthday Dear Mother	9,900		28.50	45
1979	Sweet Sixteen	9,900		28.50	35
1979	First Haircut	9,900		28.50	60
1979	First Prom	9,900		28.50	35
1979	Wrapping Christmas Presents	9,900		28.50	35
1979	The Student	9,900		28.50	35
1979	Birthday Party	9,900		28.50	35
1979	Little Mother	9,900		28.50	35
1979	Washing Our Dog	9,900		28.50	35
1979	Mother's Little Helpers	9,900		28.50	35
1979	Bride and Groom	9,900		28.50	35

American Family II - N. Rockwell

1980	New Arrival	22,500		35.00	5
1980	Sweet Dreams	22,500		35.00	3
1980	Little Shaver	22,500		35.00	3
1980	We Missed You Daddy	22,500		35.00	3
1980	Home Run Slugger	22,500		35.00	3
1980	Giving Thanks	22,500		35.00	3
1980	Space Pioneers	22,500		35.00	3
1980	Little Salesman	22,500		35.00	3
1980	Almost Grown up	22,500		35.00	3
1980	Courageous Hero	22,500		35.00	3
1981	At the Circus	22,500		35.00	3
1981	Good Food, Good Friends	22,500		35.00	3

Christmas - N. Rockwell

1979	Day After Christmas	Yr.Iss		75.00	7
1980	Checking His List	Yr.Iss		75.00	7
1981	Ringing in Good Cheer	Yr.Iss		75.00	7
1982	Waiting for Santa	Yr.Iss		75.00	7
1983	High Hopes	Yr.Iss		75.00	7
1984	Space Age Santa	Yr.Iss		55.00	5

Norman Rockwell Gallery
Norman Rockwell Centennial - Rockwell Inspired

1993	The Toymaker	Closed		39.90	4
1993	The Cobbler	Closed		39.90	4

Rockwell's Christmas Legacy - Rockwell Inspired

1992	Santa's Workshop	Closed		49.90	5
1993	Making a List	Closed		49.90	5
1993	While Santa Slumbers	Closed		54.90	5
1993	Visions of Santa	Closed		54.90	5

Pemberton & Oakes
Adventures of Childhood Collection - D. Zolan

1989	Almost Home	Retrd.		19.60	5
1989	Crystal's Creek	Retrd.		19.60	4
1989	Summer Suds	Retrd.		22.00	4
1990	Snowy Adventure	Retrd.		22.00	4
1991	Forests & Fairy Tales	Retrd.		24.40	3

The Best of Zolan in Miniature - D. Zolan

1985	Sabina	Retrd.		12.50	70-11
1986	Erik and Dandelion	Retrd.		12.50	70-10
1986	Tender Moment	Retrd.		12.50	50-8
1986	Touching the Sky	Retrd.		12.50	50-8
1987	A Gift for Laurie	Retrd.		12.50	7
1987	Small Wonder	Retrd.		12.50	50-7

Childhood Discoveries (Miniature) - D. Zolan

1990	Colors of Spring	Retrd.		14.40	4
1990	Autumn Leaves	Retrd.		14.40	4
1991	Enchanted Forest	Retrd.		16.60	40-5
1991	Just Ducky	Retrd.		16.60	3
1991	Rainy Day Pals	Retrd.		16.60	3
1992	Double Trouble	Retrd.		16.60	32-5
1990	First Kiss	Retrd.		14.40	50-6
1993	Peppermint Kiss	Retrd.		16.60	40-7
1995	Tender Hearts	19-day		16.60	

Childhood Friendship Collection - D. Zolan

1986	Beach Break	Retrd.		19.00	5
1987	Little Engineers	Retrd.		19.00	50-6
1988	Tiny Treasures	Retrd.		19.00	5
1988	Sharing Secrets	Retrd.		19.00	45-7
1988	Dozens of Daisies	Retrd.		19.00	4
1990	Country Walk	Retrd.		19.00	30-42

Children and Pets - D. Zolan

1984	Tender Moment	Retrd.		19.00	7
1984	Golden Moment	Retrd.		19.00	4
1985	Making Friends	Retrd.		19.00	38-5
1985	Tender Beginning	Retrd.		19.00	4
1986	Backyard Discovery	Retrd.		19.00	38-5
1986	Waiting to Play	Retrd.		19.00	4

Children at Christmas - D. Zolan

1981	A Gift for Laurie	Retrd.		48.00	75-9
1982	Christmas Prayer	Retrd.		48.00	9
1983	Erik's Delight	Retrd.		48.00	50-7
1984	Christmas Secret	Retrd.		48.00	6
1985	Christmas Kitten	Retrd.		48.00	60-7
1986	Laurie and the Creche	Retrd.		48.00	60-7

Christmas (Miniature) - D. Zolan

1993	Snowy Adventure	Retrd.		16.60	3
1994	Candlelight Magic	19-day		16.60	

Christmas - D. Zolan

1991	Candlelight Magic	Retrd.		24.80	35-7

Companion to Brotherly Love - D. Zolan

1989	Sisterly Love	Retrd.		22.00	40-5

Easter (Miniature) - D. Zolan

1991	Easter Morning	Retrd.		16.60	4

Father's Day (Miniature) - D. Zolan

1994	Two of a Kind	Retrd.		16.60	4

PLATES

Pemberton & Oakes to Reco International

YEAR ISSUE		EDITION LIMIT	YEAR RETD.	ISSUE PRICE	QUOTE U.S.$
Father's Day - D. Zolan					
1986	Daddy's Home	Retrd.		19.00	75-112
Grandparent's Day - D. Zolan					
1990	It's Grandma & Grandpa	Retrd.		24.40	40
1993	Grandpa's Fence	Retrd.		24.40	55
Heirloom Ovals - D. Zolan					
1992	My Kitty	Retrd.		18.80	47
March of Dimes: Our Children, Our Future - D. Zolan					
1989	A Time for Peace	Retrd.		29.00	40
Members Only Single Issue (Miniature) - D. Zolan					
1990	By Myself	Retrd.		14.40	50-63
1993	Summer's Child	Retrd.		16.60	30-43
1994	Little Slugger	10-day		16.60	32
Membership (Miniature) - D. Zolan					
1987	For You	Retrd.		12.50	70-100
1988	Making Friends	Retrd.		12.50	50-75
1989	Grandma's Garden	Retrd.		12.50	50-70
1990	A Christmas Prayer	Retrd.		14.40	55
1991	Golden Moment	Retrd.		15.00	45
1992	Brotherly Love	Retrd.		15.00	55
1993	New Shoes	Retrd.		17.00	37
1994	My Kitty	19-day		Gift	30
Moments To Remember (Miniature) - D. Zolan					
1992	Just We Two	Retrd.		16.60	30-50
1992	Almost Home	Retrd.		16.60	37
1993	Tiny Treasures	Retrd.		16.60	37
1993	Forest Friends	Retrd.		16.60	32
Mother's Day (Miniature) - D. Zolan					
1990	Flowers for Mother	Retrd.		14.40	45
1992	Twilight Prayer	Retrd.		16.60	40
1993	Jessica's Field	Retrd.		16.60	45
1994	One Summer Day	Retrd.		16.60	35
Mother's Day - D. Zolan					
1988	Mother's Angels	Retrd.		19.00	40-60
Nutcracker II - Various					
1981	Grand Finale - S. Fisher	Retrd.		24.40	36
1982	Arabian Dancers - S. Fisher	Retrd.		24.40	68
1983	Dew Drop Fairy - S. Fisher	Retrd.		24.40	40
1984	Clara's Delight - S. Fisher	Retrd.		24.40	45
1985	Bedtime for Nutcracker - S. Fisher	Retrd.		24.40	45
1986	The Crowning of Clara - S. Fisher	Retrd.		24.40	36
1987	Dance of the Snowflakes - D. Zolan	Retrd.		24.40	50
1988	The Royal Welcome - R. Anderson	Retrd.		24.40	35
1989	The Spanish Dancer - M. Vickers	Retrd.		24.40	45
Plaques - D. Zolan					
1991	New Shoes	Retrd.		18.80	35
1992	Grandma's Garden	Retrd.		18.80	35
1992	Small Wonder	Retrd.		18.80	35
1992	Easter Morning	Retrd.		18.80	35
Plaques-Single Issues - D. Zolan					
1991	Flowers for Mother	Retrd.		16.80	35
Single Issue - D. Zolan					
1993	Winter Friends	Retrd.		18.80	35
Single Issue Bone China (Miniature) - D. Zolan					
1992	Window of Dreams	Retrd.		18.80	40
Single Issue Day to Day Spode - D. Zolan					
1991	Daisy Days	Retrd.		48.00	52
Single Issues (Miniature) - D. Zolan					
1986	Backyard Discovery	Retrd.		12.50	70-100
1986	Daddy's Home	Retrd.		12.50	815
1989	Sunny Surprise	Retrd.		12.50	50-70
1989	My Pumpkin	Retrd.		14.40	55-80
1991	Backyard Buddies	Retrd.		16.60	42
1991	The Thinker	Retrd.		16.60	45-80
1993	Quiet Time	Retrd.		16.60	35-60
1994	Little Fisherman	19-day		16.60	25-40
Special Moments of Childhood Collection - D. Zolan					
1988	Brotherly Love	Retrd.		19.00	55-95
1988	Sunny Surprise	Retrd.		19.00	30-55
1989	Summer's Child	Retrd.		22.00	25-45
1990	Meadow Magic	Retrd.		22.00	30
1990	Cone For Two	Retrd.		24.60	33
1990	Rodeo Girl	Retrd.		24.60	33
Tenth Anniversary - D. Zolan					
1988	Ribbons and Roses	Retrd.		24.40	50
Thanksgiving (Miniature) - D. Zolan					
1993	I'm Thankful Too	Retrd.		16.60	35
Thanksgiving - D. Zolan					
1981	I'm Thankful Too	Retrd.		19.00	85-100
Times To Treasure Bone China (Miniature) - D. Zolan					
1993	Little Traveler	Retrd.		16.60	40
1993	Garden Swing	Retrd.		16.60	26
1994	Summer Garden	19-day		16.60	30
1994	September Girl	19-day		16.60	25
Wonder of Childhood - D. Zolan					
1982	Touching the Sky	Retrd.		19.00	35-55
1983	Spring Innocence	Retrd.		19.00	25-45
1984	Winter Angel	Retrd.		22.00	30-50
1985	Small Wonder	Retrd.		22.00	30-50
1986	Grandma's Garden	Retrd.		22.00	30-50
1987	Day Dreamer	Retrd.		22.00	25-55
Yesterday's Children (Miniature) - D. Zolan					
1994	Little Friends	19-day		16.60	45
1994	Seaside Treasures	19-day		16.60	25-35
Zolan's Children - D. Zolan					
1978	Erik and Dandelion	Retrd.		19.00	200-270
1979	Sabina in the Grass	Retrd.		22.00	150-210
1980	By Myself	Retrd.		24.00	45-60
1981	For You	Retrd.		24.00	40

PenDelfin

Plate Series - Various

		EDITION LIMIT	YEAR RETD.	ISSUE PRICE	QUOTE U.S.$
XX	Mother With Baby - J. Heap	10,000	1985	40.00	200
XX	Father - J. Heap	7,500	1986	40.00	40
XX	Whopper - D. Roberts	7,500	1987	50.00	50
XX	Gingerbread Day - J. Heap	7,500	1988	55.00	55
XX	Caravan - D. Roberts	7,500	1989	60.00	60
XX	Old Schoolhouse - J. Heap	7,500	1990	60.00	60

Pickard

Mother's Love - I. Spencer

1980	Miracle	7,500		95.00	95
1981	Story Time	7,500		110.00	110
1982	First Edition	7,500		115.00	115
1983	Precious Moment	7,500		120.00	145

Symphony of Roses - I. Spencer

1982	Wild Irish Rose	10,000		85.00	95
1983	Yellow Rose of Texas	10,000		90.00	100-110
1984	Honeysuckle Rose	10,000		95.00	135
1985	Rose of Washington Square	10,000		100.00	175

Princeton Gallery

Arctic Wolves - J. Van Zyle

1991	Song of the Wilderness	90-day		29.50	30
1992	In The Eye of the Moon	90-day		29.50	30

Circus Friends Collection - R. Sanderson

1989	Don't Be Shy	Unkn.		29.50	30
1990	Make Me A Clown	Unkn.		29.50	30
1990	Looks Like Rain	Unkn.		29.50	30
1990	Cheer Up Mr. Clown	Unkn.		29.50	30

Cubs Of The Big Cats - Q. Lemond

1990	Cougar Cub	Unkn.		29.50	30
1991	Lion Cub	90-day		29.50	30
1991	Snow Leopard	90-day		29.50	30
1991	Cheetah	90-day		29.50	30
1991	Tiger	90-day		29.50	30
1992	Lynx Cub	90-day		29.50	30
1992	White Tiger Cub	90-day		29.50	30

Darling Dalmations - L. Picken

1991	Dalmatian	90-day		29.50	30
1992	Firehouse Frolic	90-day		29.50	30

Enchanted World of the Unicorn - R. Sanderson

1991	Rainbow Valley	90-day		29.50	30
1992	Golden Shore	90-day		29.50	30

Reco International

Americana - S. Devlin

1972	Gaspee Incident	Retrd.	1975	200.00	325

Amish Traditions - B. Farnsworth

1994	Golden Harvest	95-day		29.50	30
1994	Family Outing	95-day		29.50	30
1994	The Quilting Bee	95-day		29.50	30
1995	Last Day of School	95-day		29.50	30

Barefoot Children - S. Kuck

1987	Night-Time Story	Retrd.	1994	29.50	40
1987	Golden Afternoon	14-day		29.50	40
1988	Little Sweethearts	14-day		29.50	40
1988	Carousel Magic	14-day		29.50	49
1988	Under the Apple Tree	14-day		29.50	40
1988	The Rehearsal	14-day		29.50	40
1988	Pretty as a Picture	Retrd.	1993	29.50	45
1988	Grandma's Trunk	Retrd.	1993	29.50	45

Becky's Day - J. McClelland

1985	Awakening	90-day		24.50	29
1985	Getting Dressed	Retrd.	1988	24.50	29
1986	Breakfast	Retrd.	1987	27.50	35
1986	Learning is Fun	Retrd.	1988	27.50	28
1986	Muffin Making	Retrd.	1989	27.50	28
1986	Tub Time	Retrd.	1989	27.50	35
1986	Evening Prayer	Retrd.	1990	27.50	28

Birds of the Hidden Forest - G. Ratnavira

1994	Macaw Waterfall	96-day		29.50	30
1994	Paradise Valley	96-day		29.50	30
1995	Toucan Treasure	96-day		29.50	30

Bohemian Annuals - Unknown

1974	1974	Retrd.	1975	130.00	155
1975	1975	Retrd.	1976	140.00	160
1976	1976	Retrd.	1978	150.00	160

Castles & Dreams - J. Bergsma

1992	The Birth of a Dream	48-day		29.50	30
1992	Dreams Come True	48-day		29.50	30
1993	Believe In Your Dreams	48-day		29.50	30
1994	Follow Your Dreams	48-day		29.50	30

Celebration of Love - J. Hall

1992	Happy Anniversary (9 1/4")	Open		35.00	35
1992	10th (9 1/4")	Open		35.00	35
1992	25th (9 1/4")	Open		35.00	35
1992	50th (9 1/4")	Open		35.00	35
1992	Happy Anniversary (6 1/2")	Open		25.00	35
1992	10th (6 1/2")	Open		25.00	35
1992	25th (6 1/2")	Open		25.00	35
1992	50th (6 1/2")	Open		25.00	35

A Childhood Almanac - S. Kuck

1985	Fireside Dreams-January	Retrd.	1991	29.50	45-49
1985	Be Mine-February	Retrd.	1992	29.50	45
1986	Winds of March-March	Retrd.	1994	29.50	45-49
1985	Easter Morning-April	Retrd.	1992	29.50	55
1985	For Mom-May	Retrd.	1992	29.50	45
1985	Just Dreaming-June	Retrd.	1992	29.50	55
1985	Star Spangled Sky-July	14-day		29.50	45
1985	Summer Secrets-August	Retrd.	1991	29.50	49-55
1985	School Days-September	Retrd.	1991	29.50	60
1986	Indian Summer-October	Retrd.	1991	29.50	45
1986	Giving Thanks-November	14-day	1994	29.50	45-49
1985	Christmas Magic-December			35.00	45-55

A Children's Christmas Pageant - S. Kuck

1986	Silent Night	Retrd.	1987	32.50	35-55
1987	Hark the Herald Angels Sing	Retrd.	1988	32.50	35
1988	While Shepherds Watched...	Retrd.	1990	32.50	33
1989	We Three Kings	Yr.Iss.		32.50	35

The Children's Garden - J. McClelland

1993	Garden Friends	120-day		29.50	30
1993	Tea for Three	120-day		29.50	30
1993	Puppy Love	120-day		29.50	30

Christening Gift - S. Kuck

1995	God's Gift	Open		29.90	30

The Christmas Series - J. Bergsma

1990	Down The Glistening Lane	14-day		35.00	39
1991	A Child Is Born	14-day		35.00	35
1992	Christmas Day	14-day		35.00	35
1993	I Wish You An Angel	14-day		35.00	35

Christmas Wishes - J. Bergsma

1994	I Wish You Love	75-day		29.50	30

Days Gone By - S. Kuck

1983	Sunday Best	Retrd.	1984	29.50	55
1983	Amy's Magic Horse	Retrd.	1985	29.50	36
1984	Little Anglers	Retrd.	1985	29.50	27
1984	Afternoon Recital	Retrd.	1985	29.50	50
1984	Little Tutor	Retrd.	1985	29.50	18-24
1985	Easter at Grandma's	Retrd.	1985	29.50	24
1985	Morning Song	Retrd.	1986	29.50	14
1985	The Surrey Ride	Retrd.	1987	29.50	30

Dresden Christmas - Unknown

1971	Shepherd Scene	Retrd.	1978	15.00	50
1972	Niklas Church	Retrd.	1978	15.00	25
1973	Schwanstein Church	Retrd.	1978	18.00	35
1974	Village Scene	Retrd.	1978	20.00	30
1975	Rothenburg Scene	Retrd.	1978	24.00	30
1976	Village Church	Retrd.	1978	26.00	35
1977	Old Mill	Retrd.	1978	28.00	30

Dresden Mother's Day - Unknown

1972	Doe and Fawn	Retrd.	1979	15.00	20
1973	Mare and Colt	Retrd.	1979	16.00	25
1974	Tiger and Cub	Retrd.	1979	20.00	23
1975	Dachshunds	Retrd.	1979	24.00	28
1976	Owl and Offspring	Retrd.	1979	26.00	30
1977	Chamois	Retrd.	1979	28.00	30

The Enchanted Norfin Trolls - C. Hopkins

1993	Troll Maiden	75-day		19.50	20

Year	Issue	Edition Limit	Year Retd.	Issue Price	Quote U.S.$
1993	The Wizard Troll	75-day		19.50	20
1993	The Troll and His Dragon	75-day		19.50	20
1994	Troll in Shinning Armor	75-day		19.50	20
1994	Minstrel Troll	75-day		19.50	20
1994	If Trolls Could Fly	75-day		19.50	20
1994	Chef le Troll	75-day		19.50	20
1994	Queen of Trolls	75-day		19.50	20

The Flower Fairies Year Collection - C.M. Barker

Year	Issue	Edition Limit	Year Retd.	Issue Price	Quote U.S.$
1990	The Red Clover Fairy	14-day		29.50	30
1990	The Wild Cherry Blossom Fairy	14-day		29.50	30
1990	The Pine Tree Fairy	14-day		29.50	30
1990	The Rose Hip Fairy	14-day		29.50	30

Four Seasons - J. Poluszynski

Year	Issue	Edition Limit	Year Retd.	Issue Price	Quote U.S.$
1973	Spring	Retrd.	1975	50.00	75
1973	Summer	Retrd.	1975	50.00	75
1973	Fall	Retrd.	1975	50.00	75
1973	Winter	Retrd.	1975	50.00	75

Furstenberg Christmas - Unknown

Year	Issue	Edition Limit	Year Retd.	Issue Price	Quote U.S.$
1971	Rabbits	Retrd.	1977	15.00	30
1972	Snowy Village	Retrd.	1977	15.00	20
1973	Christmas Eve	Retrd.	1977	18.00	35
1974	Sparrows	Retrd.	1977	20.00	30
1975	Deer Family	Retrd.	1977	22.00	30
1976	Winter Birds	Retrd.	1977	25.00	25

Furstenberg Deluxe Christmas - E. Grossberg

Year	Issue	Edition Limit	Year Retd.	Issue Price	Quote U.S.$
1971	Wise Men	Retrd.	1974	45.00	45
1972	Holy Family	Retrd.	1974	45.00	45
1973	Christmas Eve	Retrd.	1974	60.00	65

Furstenberg Easter - Unknown

Year	Issue	Edition Limit	Year Retd.	Issue Price	Quote U.S.$
1971	Sheep	Retrd.	1973	15.00	150
1972	Chicks	Retrd.	1975	15.00	60
1973	Bunnies	Retrd.	1976	16.00	80
1974	Pussywillow	Retrd.	1976	20.00	33
1975	Easter Window	Retrd.	1977	22.00	30
1976	Flower Collecting	Retrd.	1977	25.00	25

Furstenberg Mother's Day - Unknown

Year	Issue	Edition Limit	Year Retd.	Issue Price	Quote U.S.$
1972	Hummingbirds, Fe	Retrd.	1974	15.00	45
1973	Hedgehogs	Retrd.	1974	16.00	40
1974	Doe and Fawn	Retrd.	1974	20.00	30
1975	Swans	Retrd.	1976	22.00	23
1976	Koala Bears	Retrd.	1976	25.00	30

Furstenberg Olympic - J. Poluszynski

Year	Issue	Edition Limit	Year Retd.	Issue Price	Quote U.S.$
1972	Munich	Retrd.	1972	20.00	75
1976	Montreal	Retrd.	1976	37.50	38

Games Children Play - S. Kuck

Year	Issue	Edition Limit	Year Retd.	Issue Price	Quote U.S.$
1979	Me First	Retrd.	1983	45.00	50
1980	Forever Bubbles	Retrd.	1983	45.00	48
1981	Skating Pals	Retrd.	1983	45.00	48
1982	Join Me	10,000		45.00	45

Gardens of Beauty - D. Barlowe

Year	Issue	Edition Limit	Year Retd.	Issue Price	Quote U.S.$
1988	English Country Garden	14-day		29.50	30
1988	Dutch Country Garden	14-day		29.50	30
1988	New England Garden	14-day		29.50	30
1988	Japanese Garden	14-day		29.50	30
1989	Italian Garden	14-day		29.50	30
1989	Hawaiian Garden	14-day		29.50	30
1989	German Country Garden	14-day		29.50	30
1989	Mexican Garden	14-day		29.50	30
1992	Colonial Splendor	48-day	1994	29.50	30

Gift of Love Mother's Day Collection - S. Kuck

Year	Issue	Edition Limit	Year Retd.	Issue Price	Quote U.S.$
1993	Morning Glory	Retrd.	1994	65.00	65
1994	Memories From The Heart	Retrd.	1994	65.00	65

The Glory Of Christ - C. Micarelli

Year	Issue	Edition Limit	Year Retd.	Issue Price	Quote U.S.$
1992	The Ascension	48-day		29.50	30
1993	Jesus Teaching	48-day		29.50	30
1993	The Last Supper	48-day		29.50	30
1993	The Nativity	48-day		29.50	30
1993	The Baptism Of Christ	48-day		29.50	30
1993	Jesus Heals The Sick	48-day		29.50	30
1994	Jesus Walks On Water	48-day		29.50	30
1994	Descent From The Cross	48-day		29.50	30

God's Own Country - I. Drechsler

Year	Issue	Edition Limit	Year Retd.	Issue Price	Quote U.S.$
1990	Daybreak	14-day		30.00	30
1990	Coming Home	14-day		30.00	30
1990	Peaceful Gathering	14-day		30.00	30
1990	Quiet Waters	14-day		30.00	30

Golf Collection - J. McClelland

Year	Issue	Edition Limit	Year Retd.	Issue Price	Quote U.S.$
1992	Par Excellence	180-day		35.00	35

Grafburg Christmas - Unknown

Year	Issue	Edition Limit	Year Retd.	Issue Price	Quote U.S.$
1975	Black-Capped Chickadee	Retrd.	1976	20.00	60
1976	Squirrels	Retrd.	1977	22.00	22

The Grandparent Collector's Plates - S. Kuck

Year	Issue	Edition Limit	Year Retd.	Issue Price	Quote U.S.$
1981	Grandma's Cookie Jar	Yr.Iss.		37.50	38
1981	Grandpa and the Dollhouse	Yr.Iss.		37.50	38

Great Stories from the Bible - G. Katz

Year	Issue	Edition Limit	Year Retd.	Issue Price	Quote U.S.$
1987	Moses in the Bulrushes	14-day	1994	29.50	35
1987	King Saul & David	14-day	1994	29.50	35
1987	Moses and the Ten Commandments	14-day	1994	29.50	38
1987	Joseph's Coat of Many Colors	14-day	1994	29.50	35
1988	Rebekah at the Well	14-day	1994	29.50	35
1988	Daniel Reads the Writing on the Wall	14-day	1994	29.50	35
1988	The Story of Ruth	14-day	1994	29.50	35
1988	King Solomon	14-day	1994	29.50	35

Guardians Of The Kingdom - J. Bergsma

Year	Issue	Edition Limit	Year Retd.	Issue Price	Quote U.S.$
1990	Rainbow To Ride On	Retrd.	1993	35.00	37
1990	Special Friends Are Few	17,500		35.00	35
1990	Guardians Of The Innocent Children	17,500		35.00	38
1990	The Miracle Of Love	17,500		35.00	37
1991	The Magic Of Love	17,500		35.00	35
1991	Only With The Heart	17,500		35.00	35
1991	To Fly Without Wings	17,500		35.00	35
1991	In Faith I Am Free	17,500		35.00	35

Haven of the Hunters - H. Roe

Year	Issue	Edition Limit	Year Retd.	Issue Price	Quote U.S.$
1994	Eagle's Castle	96-day		29.50	30
1994	Sanctuary of the Hawk	96-day		29.50	30

The Heart of the Family - J. York

Year	Issue	Edition Limit	Year Retd.	Issue Price	Quote U.S.$
1992	Sharing Secrets	48-day		29.50	30
1993	Spinning Dreams	48-day		29.50	30

Hearts And Flowers - S. Kuck

Year	Issue	Edition Limit	Year Retd.	Issue Price	Quote U.S.$
1991	Patience	120-day		29.50	45-65
1991	Tea Party	120-day		29.50	50
1992	Cat's In The Cradle	120-day		32.50	40-55
1992	Carousel of Dreams	120-day		32.50	33
1992	Storybook Memories	120-day		32.50	33
1993	Delightful Bundle	120-day		34.50	35
1993	Easter Morning Visitor	120-day		34.50	35
1993	Me and My Pony	120-day		34.50	35

In The Eye of The Storm - W. Lowe

Year	Issue	Edition Limit	Year Retd.	Issue Price	Quote U.S.$
1991	First Strike	120-day		29.50	35
1992	Night Force	120-day		29.50	35
1992	Tracks Across The Sand	120-day		29.50	30
1992	The Storm Has Landed	120-day		29.50	30

J. Bergsma Mother's Day Series - J. Bergsma

Year	Issue	Edition Limit	Year Retd.	Issue Price	Quote U.S.$
1990	The Beauty Of Life	14-day		35.00	35
1992	Life's Blessing	14-day		35.00	35
1993	My Greatest Treasures	14-day		35.00	35
1994	Forever In My Heart	14-day		35.00	35

King's Christmas - Merli

Year	Issue	Edition Limit	Year Retd.	Issue Price	Quote U.S.$
1973	Adoration	Retrd.	1974	100.00	265
1974	Madonna	Retrd.	1975	150.00	250
1975	Heavenly Choir	Retrd.	1976	160.00	235
1976	Siblings	Retrd.	1978	200.00	225

King's Flowers - A. Falchi

Year	Issue	Edition Limit	Year Retd.	Issue Price	Quote U.S.$
1973	Carnation	Retrd.	1974	85.00	130
1974	Red Rose	Retrd.	1975	100.00	145
1975	Yellow Dahlia	Retrd.	1976	110.00	162
1976	Bluebells	Retrd.	1977	130.00	165
1977	Anemones	Retrd.	1979	130.00	175

King's Mother's Day - Merli

Year	Issue	Edition Limit	Year Retd.	Issue Price	Quote U.S.$
1973	Dancing Girl	Retrd.	1974	100.00	225
1974	Dancing Boy	Retrd.	1975	115.00	250
1975	Motherly Love	Retrd.	1976	140.00	225
1976	Maiden	Retrd.	1978	180.00	200

Kingdom of the Great Cats - P. Jepson

Year	Issue	Edition Limit	Year Retd.	Issue Price	Quote U.S.$
1995	Out of the Mist	36-day		29.50	30
1995	Summit Sanctuary	36-day		29.50	30

Kittens 'N Hats - S. Somerville

Year	Issue	Edition Limit	Year Retd.	Issue Price	Quote U.S.$
1994	Opening Night	48-day		29.50	30
1994	Sitting Pretty	48-day		29.50	30
1995	Little League	48-day		29.50	30

Little Angel Plate Collection - S. Kuck

Year	Issue	Edition Limit	Year Retd.	Issue Price	Quote U.S.$
1994	Angel of Charity	95-day		29.50	30
1994	Angel of Joy	95-day		29.50	30

Little Professionals - S. Kuck

Year	Issue	Edition Limit	Year Retd.	Issue Price	Quote U.S.$
1982	All is Well	Retrd.	1983	39.50	43-65
1983	Tender Loving Care	Retrd.	1985	39.50	50-75
1984	Lost and Found	10,000		39.50	45
1985	Reading, Writing and...	Retrd.	1989	39.50	45

Magic Companions - J. Bergsma

Year	Issue	Edition Limit	Year Retd.	Issue Price	Quote U.S.$
1994	Believe in Love	48-day		29.50	30
1994	Imagine Peace	48-day		29.50	30

March of Dimes: Our Children, Our Future - Various

Year	Issue	Edition Limit	Year Retd.	Issue Price	Quote U.S.$
1989	A Time to Love (2nd in Series) - S. Kuck	Retrd.	1993	29.00	45
1989	A Time to Plant (3rd in Series) - J. McClelland	150-day	1993	29.00	50

Marmot Christmas - Unknown

Year	Issue	Edition Limit	Year Retd.	Issue Price	Quote U.S.$
1970	Polar Bear, Fe	Retrd.	1971	13.00	60
1971	Buffalo Bill	Retrd.	1972	16.00	55
1972	Boy and Grandfather	Retrd.	1973	20.00	50
1971	American Buffalo	Retrd.	1973	14.50	35
1973	Snowman	Retrd.	1974	22.00	45
1974	Dancing	Retrd.	1975	24.00	30
1975	Quail	Retrd.	1976	30.00	40
1976	Windmill	Retrd.	1978	40.00	40

Marmot Father's Day - Unknown

Year	Issue	Edition Limit	Year Retd.	Issue Price	Quote U.S.$
1970	Stag	Retrd.	1970	12.00	100
1971	Horse	Retrd.	1972	12.50	40

Marmot Mother's Day - Unknown

Year	Issue	Edition Limit	Year Retd.	Issue Price	Quote U.S.$
1972	Seal	Retrd.	1973	16.00	60
1973	Bear with Cub	Retrd.	1974	20.00	140
1974	Penguins	Retrd.	1975	24.00	50
1975	Raccoons	Retrd.	1976	30.00	45
1976	Ducks	Retrd.	1977	40.00	40

The McClelland Children's Circus Collection - J. McClelland

Year	Issue	Edition Limit	Year Retd.	Issue Price	Quote U.S.$
1982	Tommy the Clown	Retrd.	1973	29.50	49
1982	Katie, the Tightrope Walker	Retrd.	1975	29.50	49
1983	Johnny the Strongman	Retrd.	1976	29.50	39
1984	Maggie the Animal Trainer	100-day	1978	29.50	30

Memories Of Yesterday - M. Attwell

Year	Issue	Edition Limit	Year Retd.	Issue Price	Quote U.S.$
1993	Hush	Open		29.50	30
1993	Time For Bed	Open		29.50	30
1993	I'se Been Painting	Open		29.50	30
1993	Just Looking Pretty	Open		29.50	30
1994	Give it Your Best Shot	Open		29.50	30
1994	I Pray The Lord My Soul to Keep	Open		29.50	30
1994	Just Thinking About You	Open		29.50	30
1994	What Will I Grow Up To Be	Open		29.50	30

Moser Christmas - Unknown

Year	Issue	Edition Limit	Year Retd.	Issue Price	Quote U.S.$
1970	Hradcany Castle	Retrd.	1971	75.00	170
1971	Karlstein Castle	Retrd.	1972	75.00	80
1972	Old Town Hall	Retrd.	1973	85.00	85
1973	Karlovy Vary Castle	Retrd.	1974	90.00	100

Moser Mother's Day - Unknown

Year	Issue	Edition Limit	Year Retd.	Issue Price	Quote U.S.$
1971	Peacocks	Retrd.	1971	75.00	100
1972	Butterflies	Retrd.	1972	85.00	90
1973	Squirrels	Retrd.	1973	90.00	95

Mother Goose - J. McClelland

Year	Issue	Edition Limit	Year Retd.	Issue Price	Quote U.S.$
1979	Mary, Mary	Retrd.	1979	22.50	75
1980	Little Boy Blue	Retrd.	1980	22.50	30
1981	Little Miss Muffet	Yr.Iss.		24.50	25
1982	Little Jack Horner	Retrd.	1982	24.50	25
1983	Little Bo Peep	Yr.Iss.		24.50	25
1984	Diddle, Diddle Dumpling	Yr.Iss.		24.50	25
1985	Mary Had a Little Lamb	Yr.Iss.		27.50	28
1986	Jack and Jill	Retrd.	1988	27.50	30

Mother's Day Collection - S. Kuck

Year	Issue	Edition Limit	Year Retd.	Issue Price	Quote U.S.$
1985	Once Upon a Time	Retrd.	1987	29.50	55-75
1986	Times Remembered	Yr.Iss.		29.50	50-75
1987	A Cherished Time	Yr.Iss.		29.50	55
1988	A Time Together	Yr.Iss.		29.50	59

Noble and Free - Kelly

Year	Issue	Edition Limit	Year Retd.	Issue Price	Quote U.S.$
1994	Gathering Storm	95-day		29.50	30
1994	Protected Journey	95-day		29.50	30
1994	Moonlight Run	95-day		29.50	30

The Nutcracker Ballet - C. Micarelli

Year	Issue	Edition Limit	Year Retd.	Issue Price	Quote U.S.$
1989	Christmas Eve Party	14-day	1994	35.00	35
1990	Clara And Her Prince	14-day		35.00	37
1990	The Dream Begins	14-day		35.00	35
1991	Dance of the Snow Fairies	14-day	1994	35.00	35
1992	The Land of Sweets	14-day		35.00	35
1992	The Sugar Plum Fairy	14-day		35.00	35

Oscar & Bertie's Edwardian Holiday - P.D. Jackson

Year	Issue	Edition Limit	Year Retd.	Issue Price	Quote U.S.$
1991	Snapshot	48-day		29.50	30
1992	Early Rise	48-day		29.50	30
1992	All Aboard	48-day		29.50	30
1992	Learning To Swim	48-day		29.50	30

Our Cherished Seas - S. Barlowe

Year	Issue	Edition Limit	Year Retd.	Issue Price	Quote U.S.$
1991	Whale Song	48-day		37.50	38
1991	Lions of the Sea	48-day		37.50	38
1991	Flight of the Dolphins	48-day		37.50	38
1992	Palace of the Seals	48-day		37.50	38
1992	Orca Ballet	48-day		37.50	38
1993	Emperors of the Ice	48-day		37.50	38
1993	Turtle Treasure	48-day		37.50	38
1993	Splendor of the Sea	48-day		37.50	38

Plate Of The Month Collection - S. Kuck

Year	Issue	Edition Limit	Year Retd.	Issue Price	Quote U.S.$
1990	January	28-day		25.00	25
1990	February	28-day		25.00	25
1990	March	28-day		25.00	25
1990	April	28-day		25.00	25
1990	May	28-day		25.00	25
1990	June	28-day		25.00	25

YEAR ISSUE		EDITION LIMIT	YEAR RETD.	ISSUE PRICE	QUOTE U.S.$
1990	July	28-day		25.00	25
1990	August	28-day		25.00	25
1990	September	28-day		25.00	25
1990	October	28-day		25.00	25
1990	November	28-day		25.00	25
1990	December	28-day		25.00	25

Precious Angels - S. Kuck

1995	Angel of Grace	95-day		29.90	30
1995	Angel of Hope	95-day		29.90	30
1995	Angel of Laughter	95-day		29.90	30
1995	Angel of Sharing	95-day		29.90	30
1995	Angel of Sunshine	95-day		29.90	30

The Premier Collection - J. McClelland

1991	Love	7,500		75.00	75

Premier Collection - S. Kuck

1991	Puppy	Retrd.	1993	95.00	125-150
1991	Kitten	Retrd.	1992	95.00	150-200
1992	La Belle	7,500		95.00	95
1992	Le Beau	7,500		95.00	95

Royal Mother's Day - Unknown

1970	Swan and Young	Retrd.	1971	12.00	80
1971	Doe and Fawn	Retrd.	1972	13.00	55
1972	Rabbits	Retrd.	1973	16.00	40
1973	Owl Family	Retrd.	1974	18.00	40
1974	Duck and Young	Retrd.	1975	22.00	40
1975	Lynx and Cubs	Retrd.	1976	26.00	40
1976	Woodcock and Young	Retrd.	1978	27.50	33
1977	Koala Bear	Retrd.	1978	30.00	30

Royale - Unknown

1969	Apollo Moon Landing	Retrd.	1969	30.00	80

Royale Christmas - Unknown

1969	Christmas Fair	Retrd.	1970	12.00	125
1970	Vigil Mass	Retrd.	1971	13.00	110
1971	Christmas Night	Retrd.	1972	16.00	50
1972	Elks	Retrd.	1973	16.00	45
1973	Christmas Down	Retrd.	1974	20.00	38
1974	Village Christmas	Retrd.	1975	22.00	60
1975	Feeding Time	Retrd.	1976	26.00	35
1976	Seaport Christmas	Retrd.	1977	27.50	30
1977	Sledding	Retrd.	1978	30.00	30

Royale Father's Day - Unknown

1970	Frigate Constitution	Retrd.	1971	13.00	80
1971	Man Fishing	Retrd.	1972	13.00	35
1972	Mountaineer	Retrd.	1973	16.00	55
1973	Camping	Retrd.	1974	18.00	45
1974	Eagle	Retrd.	1975	22.00	35
1975	Regatta	Retrd.	1976	26.00	35
1976	Hunting	Retrd.	1977	27.50	33
1977	Fishing	Retrd.	1978	30.00	30

Royale Game Plates - Various

1972	Setters - J. Poluszynski	Retrd.	1974	180.00	200
1973	Fox - J. Poluszynski	Retrd.	1975	200.00	250
1974	Osprey - W. Schiener	Retrd.	1976	250.00	250
1975	California Quail - W. Schiener	Retrd.	1976	265.00	265

Royale Germania Christmas Annual - Unknown

1970	Orchid	Retrd.	1971	200.00	650
1971	Cyclamen	Retrd.	1972	200.00	325
1972	Silver Thistle	Retrd.	1973	250.00	290
1973	Tulips	Retrd.	1974	275.00	310
1974	Sunflowers	Retrd.	1975	300.00	320
1975	Snowdrops	Retrd.	1976	450.00	500

Royale Germania Crystal Mother's Day - Unknown

1971	Roses	Retrd.	1971	135.00	650
1972	Elephant and Youngster	Retrd.	1972	180.00	250
1973	Koala Bear and Cub	Retrd.	1973	200.00	225
1974	Squirrels	Retrd.	1974	240.00	250
1975	Swan and Young	Retrd.	1975	350.00	360

Sandra Kuck Mothers' Day - S. Kuck

1995	Home is Where the Heart Is	48-day		35.00	35

The Sophisticated Ladies Collection - A. Fazio

1985	Felicia	21-day		29.50	33
1985	Samantha	21-day	1994	29.50	33
1985	Phoebe	21-day	1994	29.50	33
1985	Cleo	21-day		29.50	33
1986	Cerissa	21-day	1994	29.50	33
1986	Natasha	21-day	1994	29.50	33
1986	Bianka	21-day	1994	29.50	33
1986	Chelsea	21-day	1994	29.50	33

Special Occasions by Reco - S. Kuck

1988	The Wedding	Open		35.00	35
1989	Wedding Day (6 1/2")	Open		25.00	25
1990	The Special Day	Open		25.00	25

Special Occasions-Wedding - C. Micarelli

1991	From This Day Forward (9 1/2")	Open		35.00	35
1991	From This Day Forward (6 1/2")	Open		25.00	25
1991	To Have And To Hold (9 1/2")	Open		35.00	35
1991	To Have And To Hold (6 1/2")	Open		25.00	25

Sugar and Spice - S. Kuck

YEAR ISSUE		EDITION LIMIT	YEAR RETD.	ISSUE PRICE	QUOTE U.S.$
1993	Best Friends	95-day		29.90	30
1993	Sisters	95-day		29.90	30
1994	Little One	95-day		32.90	33
1994	Teddy Bear Tales	95-day		32.90	33
1994	Morning Prayers	95-day		32.90	33
1995	First Snow	95-day		34.90	35
1994	Garden of Sunshine	95-day		34.90	35
1995	A Special Day	95-day		34.90	35

Tidings Of Joy - S. Kuck

1992	Peace on Earth	N/A		35.00	50
1993	Rejoice	N/A		35.00	50
1994	Noel	75-day		35.00	35

Totems of the West - J. Bergsma

1994	The Watchmen	96-day		29.50	30
1995	Peace At Last	96-day		29.50	30

Town And Country Dogs - S. Barlowe

1990	Fox Hunt	36-day		35.00	35
1991	The Retrieval	36-day		35.00	35
1991	Golden Fields (Golden Retriever)	36-day		35.00	35
1993	Faithful Companions (Cocker Spaniel)	36-day		35.00	35

Trains of the Orient - R. Johnson

1993	The Golden Arrow-England	N/A		29.50	30
1994	Austria	N/A		29.50	30
1994	Bavaria	N/A		29.50	30
1994	Rumania	N/A		29.50	30
1994	Greece	N/A		29.50	30
1994	Frankonia	N/A		29.50	30
1994	Turkey	N/A		29.50	30
1994	France	N/A		29.50	30

Treasured Songs of Childhood - J. McClelland

1987	Twinkle, Twinkle, Little Star	Retrd.	1990	29.50	30
1988	A Tisket, A Tasket	150-day	1991	29.50	30
1988	Baa, Baa, Black Sheep	Retrd.	1991	32.90	33
1989	Round The Mulberry Bush	150-day		32.90	33
1989	Rain, Rain Go Away	Retrd.	1993	32.90	33
1989	I'm A Little Teapot	Retrd.	1993	32.90	33
1989	Pat-A-Cake	150-day		34.90	35
1990	Hush Little Baby	150-day		34.90	35

Vanishing Animal Kingdoms - S. Barlowe

1986	Rama the Tiger	21,500		35.00	35
1986	Olepi the Buffalo	21,500		35.00	35
1987	Coolibah the Koala	21,500		35.00	42
1987	Ortwin the Deer	21,500		35.00	39
1987	Yen-Poh the Panda	21,500		35.00	40
1988	Mamakuu the Elephant	21,500		35.00	59

Victorian Christmas - S. Kuck

1995	Dear Santa	72-day		35.00	35

Victorian Mother's Day - S. Kuck

1989	Mother's Sunshine	Retrd.	1990	35.00	45-85
1990	Reflection Of Love	Retrd.	1991	35.00	50-80
1991	A Precious Time	Retrd.	1992	35.00	45-75
1992	Loving Touch	Retrd.	1993	35.00	45-49

Western - E. Berke

1974	Mountain Man	Retrd.		165.00	165

Women of the Plains - C. Corcilius

1994	Pride of a Maiden	36-day		29.50	30
1995	No Boundaries	36-day		29.50	30

The Wonder of Christmas - J. McClelland

1991	Santa's Secret	48-day		29.50	50
1992	My Favorite Ornament	48-day		29.50	55
1992	Waiting For Santa	48-day		29.50	55
1993	Candlelight Christmas	48-day		29.50	55

The World of Children - J. McClelland

1977	Rainy Day Fun	10,000	1977	50.00	32
1978	When I Grow Up	15,000	1978	50.00	29
1979	You're Invited	15,000	1979	50.00	30
1980	Kittens for Sale	15,000	1980	50.00	17

River Shore

Baby Animals - R. Brown

1979	Akiku	20,000		50.00	80
1980	Roosevelt	20,000		50.00	90
1981	Clover	20,000		50.00	65
1982	Zuela	20,000		50.00	65

Famous Americans - Rockwell-Brown

1976	Brown's Lincoln	9,500		40.00	40
1977	Rockwell's Triple Self-Portrait	9,500		45.00	45
1978	Peace Corps	9,500		45.00	45
1979	Spirit of Lindbergh	9,500		50.00	50

Little House on the Prairie - E. Christopherson

1985	Founder's Day Picnic	10-day		29.50	50
1985	Women's Harvest	10-day		29.50	45
1985	Medicine Show	10-day		29.50	45
1985	Caroline's Eggs	10-day		29.50	45

YEAR ISSUE		EDITION LIMIT	YEAR RETD.	ISSUE PRICE	QUOTE U.S.$
1985	Mary's Gift	10-day		29.50	45
1985	A Bell for Walnut Grove	10-day		29.50	45
1985	Ingall's Family	10-day		29.50	45
1985	The Sweetheart Tree	10-day		29.50	45

Norman Rockwell Single Issue - N. Rockwell

1979	Spring Flowers	17,000		75.00	145
1980	Looking Out to Sea	17,000		75.00	195
1982	Grandpa's Guardian	17,000		80.00	80
1982	Grandpa's Treasures	17,000		80.00	80

Puppy Playtime - J. Lamb

1987	Double Take	14-day		24.50	32-35
1988	Catch of the Day	14-day		24.50	25
1988	Cabin Fever	14-day		24.50	25
1988	Weekend Gardener	14-day		24.50	25
1988	Getting Acquainted	14-day		24.50	25
1988	Hanging Out	14-day		24.50	25
1988	A New Leash On Life	14-day		24.50	30
1987	Fun and Games	14-day		24.50	30

Rockwell Four Freedoms - N. Rockwell

1981	Freedom of Speech	17,000		65.00	80-99
1982	Freedom of Worship	17,000		65.00	80
1982	Freedom from Fear	17,000		65.00	65
1982	Freedom from Want	17,000		65.00	65

Rockwell Society

Christmas - N. Rockwell

1974	Scotty Gets His Tree	Yr.Iss.		24.50	100
1975	Angel with Black Eye	Yr.Iss.		24.50	40
1976	Golden Christmas	Yr.Iss.		24.50	40
1977	Toy Shop Window	Yr.Iss.		24.50	25
1978	Christmas Dream	Yr.Iss.		24.50	25
1979	Somebody's Up There	Yr.Iss.		24.50	25
1980	Scotty Plays Santa	Yr.Iss.		24.50	25
1981	Wrapped Up in Christmas	Yr.Iss.		25.50	27
1982	Christmas Courtship	Yr.Iss.		25.50	26
1983	Santa in the Subway	Yr.Iss.		25.50	26-35
1984	Santa in the Workshop	Yr.Iss.		27.50	28
1985	Grandpa Plays Santa	Yr.Iss.		27.90	28
1986	Dear Santy Claus	Yr.Iss.		27.90	28
1987	Santa's Golden Gift	Yr.Iss.		27.90	30
1988	Santa Claus	Yr.Iss.		29.90	30
1989	Jolly Old St. Nick	Yr.Iss.		29.90	35
1990	A Christmas Prayer	Yr.Iss.		29.90	30
1991	Santa's Helpers	Yr.Iss.		32.90	33
1992	The Christmas Surprise	Yr.Iss.		32.90	45
1993	The Tree Brigade	Yr.Iss.		32.90	53

Colonials-The Rarest Rockwells - N. Rockwell

1985	Unexpected Proposal	150-day		27.90	28
1986	Words of Comfort	150-day		27.90	28
1986	Light for the Winter	150-day		30.90	31
1987	Portrait for a Bridegroom	150-day		30.90	31
1987	The Journey Home	150-day		30.90	31
1987	Clinching the Deal	150-day		30.90	31
1988	Sign of the Times	150-day		32.90	33
1988	Ye Glutton	150-day		32.90	33

Coming Of Age - N. Rockwell

1990	Back To School	150-day		29.90	33
1990	Home From Camp	150-day		29.90	30
1990	Her First Formal	150-day		32.90	44
1990	The Muscleman	150-day		32.90	33
1990	A New Look	150-day		32.90	40
1991	A Balcony Seat	150-day		32.90	33
1991	Men About Town	150-day		34.90	35
1991	Paths of Glory	150-day		34.90	35
1991	Doorway to the Past	150-day		34.90	50
1991	School's Out!	150-day		34.90	60

Heritage - N. Rockwell

1977	Toy Maker	Yr.Iss.		14.50	90-97
1978	Cobbler	Yr.Iss.		19.50	50
1979	Lighthouse Keeper's Daughter	Yr.Iss.		19.50	20-30
1980	Ship Builder	Yr.Iss.		19.50	20
1981	Music maker	Yr.Iss.		19.50	20
1982	Tycoon	Yr.Iss.		19.50	25
1983	Painter	Yr.Iss.		19.50	20
1984	Storyteller	Yr.Iss.		19.50	20
1985	Gourmet	Yr.Iss.		19.50	20
1986	Professor	Yr.Iss.		22.90	23
1987	Shadow Artist	Yr.Iss.		22.90	36
1988	The Veteran	Yr.Iss.		22.90	23
1988	The Banjo Player	Yr.Iss.		22.90	25
1990	The Old Scout	Yr.Iss.		24.90	35
1991	The Young Scholar	Yr.Iss.		24.90	33
1991	The Family Doctor	Yr.Iss.		27.90	45
1992	The Jeweler	Yr.Iss.		27.90	45
1993	Halloween Frolic	Yr.Iss.		27.90	28

Innocence and Experience - N. Rockwell

1991	The Sea Captain	150-day		29.90	35
1991	The Radio Operator	150-day		29.90	30
1991	The Magician	150-day		32.90	38
1992	The American Heroes	150-day		32.90	35

A Mind of Her Own - N. Rockwell

1986	Sitting Pretty	150-day		24.90	30
1987	Serious Business	150-day		24.90	28

Year	Issue	Edition Limit	Year Retd.	Issue Price	Quote U.S.$
1987	Breaking the Rules	150-day		24.90	32
1987	Good Intentions	150-day		27.90	28
1988	Second Thoughts	150-day		27.90	28
1988	World's Away	150-day		27.90	28
1988	Kiss and Tell	150-day		29.90	30
1988	On My Honor	150-day		29.90	30

Mother's Day - N. Rockwell

Year	Issue	Edition Limit	Year Retd.	Issue Price	Quote U.S.$
1976	A Mother's Love	Yr.Iss.		24.50	85
1977	Faith	Yr.Iss.		24.50	40
1978	Bedtime	Yr.Iss.		24.50	33
1979	Reflections	Yr.Iss.		24.50	25
1980	A Mother's Pride	Yr.Iss.		24.50	25
1981	After the Party	Yr.Iss.		24.50	25
1982	The Cooking Lesson	Yr.Iss.		24.50	30
1983	Add Two Cups and Love	Yr.Iss.		25.50	26
1984	Grandma's Courting Dress	Yr.Iss.		25.50	26
1985	Mending Time	Yr.Iss.		27.50	28
1986	Pantry Raid	Yr.Iss.		27.90	28
1987	Grandma's Surprise	Yr.Iss.		29.90	30
1988	My Mother	Yr.Iss.		29.90	30
1989	Sunday Dinner	Yr.Iss.		29.90	30
1990	Evening Prayers	Yr.Iss.		29.90	30
1991	Building Our Future	Yr.Iss.		32.90	33
1991	Gentle Reassurance	Yr.Iss.		32.90	33
1992	A Special Delivery	Yr.Iss.		32.90	35

Rockwell on Tour - N. Rockwell

Year	Issue	Edition Limit	Year Retd.	Issue Price	Quote U.S.$
1983	Walking Through Merrie Englande	150-day		16.00	16
1983	Promenade a Paris	150-day		16.00	16
1983	When in Rome	150-day		16.00	16
1984	Die Walk am Rhein	150-day		16.00	16

Rockwell's American Dream - N. Rockwell

Year	Issue	Edition Limit	Year Retd.	Issue Price	Quote U.S.$
1985	A Young Girl's Dream	150-day		19.90	20
1985	A Couple's Commitment	150-day		19.90	27
1985	A Family's Full Measure	150-day		22.90	35
1986	A Mother's Welcome	150-day		22.90	25
1986	A Young Man's Dream	150-day		22.90	23
1986	The Musician's Magic	150-day		22.90	24
1987	An Orphan's Hope	150-day		24.90	26
1987	Love's Reward	150-day		24.90	35

Rockwell's Golden Moments - N. Rockwell

Year	Issue	Edition Limit	Year Retd.	Issue Price	Quote U.S.$
1987	Grandpa's Gift	150-day		19.90	30
1987	Grandma's Love	150-day		19.90	35
1988	End of day	150-day		22.90	25
1988	Best Friends	150-day		22.90	23
1989	Love Letters	150-day		22.90	23
1989	Newfound Worlds	150-day		22.90	23
1989	Keeping Company	150-day		24.90	25
1989	Evening's Repose	150-day		24.90	25

Rockwell's Light Compaign - N. Rockwell

Year	Issue	Edition Limit	Year Retd.	Issue Price	Quote U.S.$
1983	This is the Room that Light Made	150-day		19.50	20
1984	Grandpa's Treasure Chest	150-day		19.50	20
1984	Father's Help	150-day		19.50	20
1984	Evening's Ease	150-day		19.50	20
1984	Close Harmony	150-day		21.50	22
1984	The Birthday Wish	150-day		21.50	22

Rockwell's Rediscovered Women - N. Rockwell

Year	Issue	Edition Limit	Year Retd.	Issue Price	Quote U.S.$
1984	Dreaming in the Attic	100-day		19.50	20
1984	Waiting on the Shore	100-day		22.50	23
1984	Pondering on the Porch	100-day		22.50	23
1984	Making Believe at the Mirror	100-day		22.50	23-30
1984	Waiting at the Dance	100-day		22.50	23
1984	Gossiping in the Alcove	100-day		22.50	23
1984	Standing in the Doorway	100-day		22.50	20-35
1984	Flirting in the Parlor	100-day		22.50	23-35
1984	Working in the Kitchen	100-day		22.50	23
1984	Meeting on the Path	100-day		22.50	23
1984	Confiding in the Den	100-day		22.50	23
1984	Reminiscing in the Quiet	100-day		22.50	23
XX	Complete Collection	100-day		267.00	267

Rockwell's The Ones We Love - N. Rockwell

Year	Issue	Edition Limit	Year Retd.	Issue Price	Quote U.S.$
1988	Tender Loving Care	150-day		19.90	38
1989	A Time to Keep	150-day		19.90	25
1989	The Inventor And The Judge	150-day		22.90	35
1989	Ready For The World	150-day		22.90	23
1989	Growing Strong	150-day		22.90	25
1990	The Story Hour	150-day		22.90	25
1990	The Country Doctor	150-day		24.90	25
1990	Our Love of Country	150-day		24.90	25
1990	The Homecoming	150-day		24.90	25
1991	A Helping Hand	150-day		24.90	25

Rockwell's Treasured Memories - N. Rockwell

Year	Issue	Edition Limit	Year Retd.	Issue Price	Quote U.S.$
1991	Quiet Reflections	150-day		29.90	30
1991	Romantic Reverie	150-day		29.90	30
1991	Tender Romance	150-day		32.90	33
1991	Evening Passage	150-day		32.90	33
1991	Heavenly Dreams	150-day		32.90	34
1991	Sentimental Shores	150-day		32.90	33

Roman, Inc.

Abbie Williams Collection - A. Williams

Year	Issue	Edition Limit	Year Retd.	Issue Price	Quote U.S.$
1991	Legacy of Love	Open		29.50	30
1991	Bless This Child	Open		29.50	30

Catnippers - I. Spencer

Year	Issue	Edition Limit	Year Retd.	Issue Price	Quote U.S.$
1986	Christmas Mourning	9,500		34.50	35
1992	Happy Holidaze	9,500		34.50	35

A Child's Play - F. Hook

Year	Issue	Edition Limit	Year Retd.	Issue Price	Quote U.S.$
1982	Breezy Day	30-day		29.95	39
1982	Kite Flying	30-day		29.95	39
1984	Bathtub Sailor	30-day		29.95	35
1984	The First Snow	30-day		29.95	35

A Child's World - F. Hook

Year	Issue	Edition Limit	Year Retd.	Issue Price	Quote U.S.$
1980	Little Children, Come to Me	15,000		45.00	49

Fontanini Annual Christmas Plate - E. Simonetti

Year	Issue	Edition Limit	Year Retd.	Issue Price	Quote U.S.$
1986	A King Is Born	Yr.Iss.		60.00	60
1987	O Come, Let Us Adore Him	Yr.Iss.		60.00	65
1988	Adoration of the Magi	Yr.Iss.		70.00	75
1989	Flight Into Egypt	Yr.Iss.		75.00	85

Frances Hook Collection-Set I - F. Hook

Year	Issue	Edition Limit	Year Retd.	Issue Price	Quote U.S.$
1982	I Wish, I Wish	15,000		24.95	35-39
1982	Baby Blossoms	15,000		24.95	35-39
1982	Daisy Dreamer	15,000		24.95	35-39
1982	Trees So Tall	15,000		24.95	35-39

Frances Hook Collection-Set II - F. Hook

Year	Issue	Edition Limit	Year Retd.	Issue Price	Quote U.S.$
1983	Caught It Myself	15,000		24.95	25
1983	Winter Wrappings	15,000		24.95	25
1983	So Cuddly	15,000		24.95	25
1983	Can I Keep Him?	15,000		24.95	25

Frances Hook Legacy - F. Hook

Year	Issue	Edition Limit	Year Retd.	Issue Price	Quote U.S.$
1985	Fascination	100-day		19.50	35-39
1985	Daydreaming	100-day		19.50	35-39
1985	Discovery	100-day		22.50	35-39
1985	Disappointment	100-day		22.50	35-39
1985	Wonderment	100-day		22.50	35-39
1985	Expectation	100-day		22.50	35-39

God Bless You Little One - A. Williams

Year	Issue	Edition Limit	Year Retd.	Issue Price	Quote U.S.$
1991	Baby's First Birthday (Girl)	Open		29.50	30
1991	Baby's First Birthday (Boy)	Open		29.50	30
1991	Baby's First Smile	Open		19.50	20
1991	Baby's First Word	Open		19.50	20
1991	Baby's First Step	Open		19.50	20
1991	Baby's First Tooth	Open		19.50	20

The Ice Capades Clown - G. Petty

Year	Issue	Edition Limit	Year Retd.	Issue Price	Quote U.S.$
1983	Presenting Freddie Trenkler	30-day		24.50	25

The Lord's Prayer - A. Williams

Year	Issue	Edition Limit	Year Retd.	Issue Price	Quote U.S.$
1986	Our Father	10-day		24.50	25
1986	Thy Kingdom Come	10-day		24.50	25
1986	Give Us This Day	10-day		24.50	25
1986	Forgive Our Trespasses	10-day		24.50	34
1986	As We Forgive	10-day		24.50	25
1986	Lead Us Not	10-day		24.50	25
1986	Deliver Us From Evil	10-day		24.50	25
1986	Thine Is The Kingdom	10-day		24.50	25

The Love's Prayer - A. Williams

Year	Issue	Edition Limit	Year Retd.	Issue Price	Quote U.S.$
1988	Love Is Patient and Kind	14-day		29.50	30
1988	Love Is Never Jealous or Boastful	14-day		29.50	30
1988	Love Is Never Arrogant or Rude	14-day		29.50	30
1988	Love Does Not Insist on Its Own Way	14-day		29.50	30
1988	Love Is Never Irritable or Resentful	14-day		29.50	30
1988	Love Rejoices In the Right	14-day		29.50	30
1988	Love Believes All Things	14-day		29.50	30
1988	Love Never Ends	14-day		29.50	30

The Magic of Childhood - A. Williams

Year	Issue	Edition Limit	Year Retd.	Issue Price	Quote U.S.$
1985	Special Friends	10-day		24.50	35
1985	Feeding Time	10-day		24.50	35
1985	Best Buddies	10-day		24.50	35
1985	Getting Acquainted	10-day		24.50	35
1986	Last One In	10-day		24.50	35
1986	A Handful Of Love	10-day		24.50	35
1986	Look Alikes	10-day		24.50	35
1986	No Fair Peeking	10-day		24.50	35

March of Dimes: Our Children, Our Future - A. Williams

Year	Issue	Edition Limit	Year Retd.	Issue Price	Quote U.S.$
1990	A Time To Laugh	150-day		29.00	39-49

The Masterpiece Collection - Various

Year	Issue	Edition Limit	Year Retd.	Issue Price	Quote U.S.$
1979	Adoration - F. Lippe	5,000		65.00	65
1980	Madonna with Grapes - P. Mignard	5,000		87.50	88
1981	The Holy Family - G. Delle Notti	5,000		95.00	95
1982	Madonna of the Streets - R. Ferruzzi	5,000		85.00	85

Millenium Series - Various

Year	Issue	Edition Limit	Year Retd.	Issue Price	Quote U.S.$
1992	Silent Night - Morcaldo/Lucchesi	Closed	1992	49.50	50
1993	The Annunciation - Morcaldo/Lucchesi	5,000	1993	49.50	50
1994	Peace On Earth - Morcaldo/Lucchesi	5,000	1994	49.50	50
1995	Cause of Our Joy - M. Lucchesi	7,500		49.50	50

Precious Children - A. Williams

Year	Issue	Edition Limit	Year Retd.	Issue Price	Quote U.S.$
1993	Bless Baby Brother	N/A		29.50	30
1993	Blowing Bubbles	N/A		29.50	30
1993	Don't Worry, Mother Duck	N/A		29.50	30
1993	Treetop Discovery	N/A		29.50	30
1993	The Tea Party	N/A		29.50	30
1993	Mother's Little Angel	N/A		29.50	30
1993	Picking Daisies	N/A		29.50	30
1993	Let's Say Grace	N/A		29.50	30

Pretty Girls of the Ice Capades - G. Petty

Year	Issue	Edition Limit	Year Retd.	Issue Price	Quote U.S.$
1983	Ice Princess	30-day		24.50	25

Promise of a Savior - Unknown

Year	Issue	Edition Limit	Year Retd.	Issue Price	Quote U.S.$
1993	An Angel's Message	95-day		29.90	30
1993	Gifts to Jesus	95-day		29.90	30
1993	The Heavenly King	95-day		29.90	30
1993	Angels Were Watching	95-day		29.90	30
1993	Holy Mother & Child	95-day		29.90	30
1993	A Child is Born	95-day		29.90	30

The Richard Judson Zolan Collection - R.J. Zolan

Year	Issue	Edition Limit	Year Retd.	Issue Price	Quote U.S.$
1992	The Butterfly Net	100-day		29.50	30
1994	The Ring	100-day		29.50	30
1994	Terrace Dancing	100-day		29.50	30

Roman Cats - Unknown

Year	Issue	Edition Limit	Year Retd.	Issue Price	Quote U.S.$
1984	Grizabella	30-day		29.50	30
1984	Mr. Mistoffelees	30-day		29.50	30
1984	Rum Rum Tugger	30-day		29.50	30

Roman Memorial - F. Hook

Year	Issue	Edition Limit	Year Retd.	Issue Price	Quote U.S.$
1984	The Carpenter	Yr.Iss.		100.00	135

Sepaphim Collection by Faro - Faro

Year	Issue	Edition Limit	Year Retd.	Issue Price	Quote U.S.$
1995	Heaven's Herald	7,200		65.00	65
1995	Rarest of Heaven	7,200		65.00	65

Single Releases - A. Williams

Year	Issue	Edition Limit	Year Retd.	Issue Price	Quote U.S.$
1987	The Christening	Open		29.50	30
1990	The Dedication	Open		29.50	30
1990	The Baptism	Open		29.50	30

The Sweetest Songs - I. Spencer

Year	Issue	Edition Limit	Year Retd.	Issue Price	Quote U.S.$
1986	A Baby's Prayer	30-day		39.50	45
1986	This Little Piggie	30-day		39.50	40
1988	Long, Long Ago	30-day		39.50	40
1989	Rockabye	30-day		39.50	40

Tender Expressions - B. Sargent

Year	Issue	Edition Limit	Year Retd.	Issue Price	Quote U.S.$
1992	Thoughts of You Are In My Heart	100-day		29.50	30

Rorstrand

Christmas - G. Nylund

Year	Issue	Edition Limit	Year Retd.	Issue Price	Quote U.S.$
1968	Bringing Home the Tree	Annual	N/A	12.00	450
1969	Fisherman Sailing Home	Annual	N/A	13.50	45
1970	Nils with His Geese	Annual	N/A	13.50	35
1971	Nils in Lapland	Annual	N/A	15.00	35
1972	Dalecarlian Fiddler	Annual	N/A	15.00	20-22
1973	Farm in Smaland	Annual	N/A	16.00	60
1974	Vadslena	Annual	N/A	19.00	43
1975	Nils in Vastmanland	Annual	N/A	20.00	35
1976	Nils in Uapland	Annual	N/A	20.00	43-49
1977	Nils in Varmland	Annual	N/A	29.50	30
1978	Nils in Fjallbacka	Annual	N/A	32.50	49
1979	Nils in Vaestergoetland	Annual	N/A	38.50	39
1980	Nils in Halland	Annual	N/A	55.00	60
1981	Nils in Gotland	Annual	N/A	55.00	45
1982	Nils at Skansen	Annual	N/A	47.50	40
1983	Nils in Oland	Annual	N/A	42.50	55
1984	Angerman land	Annual	N/A	42.50	35
1985	Nils in Jamtland	Annual	N/A	42.50	70
1986	Nils in Karlskr	Annual	N/A	42.50	50
1987	Dalsland, Forget-Me-Not	Annual	N/A	47.50	150
1988	Nils in Halsingland	Annual	N/A	55.00	60
1989	Nils Visits Gothenborg	Annual		60.00	61
1990	Nils in Kvikkjokk	Annual	N/A	75.00	75
1991	Nils in Medelpad	Annual	N/A	85.00	85
1992	Gastrikland, Lily of the Valley	Annual	N/A	92.50	93
1993	Orebro Castle in Narkes	Annual		92.50	93
1994	Gripsholm Castle Sodermanland	Annual		92.50	93

Rosenthal

Christmas - Unknown

Year	Issue	Edition Limit	Year Retd.	Issue Price	Quote U.S.$
1910	Winter Peace	Annual		Unkn.	550
1911	Three Wise Men	Annual		Unkn.	325
1912	Stardust	Annual		Unkn.	255
1913	Christmas Lights	Annual		Unkn.	235
1914	Christmas Song	Annual		Unkn.	350
1915	Walking to Church	Annual		Unkn.	180
1916	Christmas During War	Annual		Unkn.	240
1917	Angel of Peace	Annual		Unkn.	200
1918	Peace on Earth	Annual		Unkn.	200
1919	St. Christopher with Christ Child	Annual		Unkn.	225
1920	Manger in Bethlehem	Annual		Unkn.	325
1921	Christmas in Mountains	Annual		Unkn.	200
1922	Advent Branch	Annual		Unkn.	200
1923	Children in Winter Woods	Annual		Unkn.	200
1924	Deer in the Woods	Annual		Unkn.	200

YEAR ISSUE		EDITION LIMIT	YEAR RETD.	ISSUE PRICE	QUOTE U.S.$
1925	Three Wise Men	Annual		Unkn.	200
1926	Christmas in Mountains	Annual		Unkn.	195
1927	Station on the Way	Annual		Unkn.	200
1928	Chalet Christmas	Annual		Unkn.	185
1929	Christmas in Alps	Annual		Unkn.	225
1930	Group of Deer Under Pines	Annual		Unkn.	225
1931	Path of the Magi	Annual		Unkn.	225
1932	Christ Child	Annual		Unkn.	185
1933	Thru the Night to Light	Annual		Unkn.	190
1934	Christmas Peace	Annual		Unkn.	190
1935	Christmas by the Sea	Annual		Unkn.	190
1936	Nurnberg Angel	Annual		Unkn.	195
1937	Berchtesgaden	Annual		Unkn.	195
1938	Christmas in the Alps	Annual		Unkn.	195
1939	Schneekoppe Mountain	Annual		Unkn.	195
1940	Marien Chruch in Danzig	Annual		Unkn.	250
1941	Strassburg Cathedral	Annual		Unkn.	250
1942	Marianburg Castle	Annual		Unkn.	300
1943	Winter Idyll	Annual		Unkn.	300
1944	Wood Scape	Annual		Unkn.	300
1945	Christmas Peace	Annual		Unkn.	400
1946	Christmas in an Alpine Valley	Annual		Unkn.	240
1947	Dillingen Madonna	Annual		Unkn.	985
1948	Message to the Shepherds	Annual		Unkn.	875
1949	The Holy Family	Annual		Unkn.	185
1950	Christmas in the Forest	Annual		Unkn.	185
1951	Star of Bethlehem	Annual		Unkn.	450
1952	Christmas in the Alps	Annual		Unkn.	195
1953	The Holy Light	Annual		Unkn.	195
1954	Christmas Eve	Annual		Unkn.	195
1955	Christmas in a Village	Annual		Unkn.	195
1956	Christmas in the Alps	Annual		Unkn.	195
1957	Christmas by the Sea	Annual		Unkn.	195
1958	Christmas Eve	Annual		Unkn.	195
1959	Midnight Mass	Annual		Unkn.	195
1960	Christmas in a Small Village	Annual		Unkn.	195
1961	Solitary Christmas	Annual		Unkn.	225
1962	Christmas Eve	Annual		Unkn.	195
1963	Silent Night	Annual		Unkn.	195
1964	Christmas Market in Nurnberg	Annual		Unkn.	225
1965	Christmas Munich	Annual		Unkn.	185
1966	Christmas in Ulm	Annual		Unkn.	275
1967	Christmas in Reginburg	Annual		Unkn.	185
1968	Christmas in Bremen	Annual		Unkn.	195
1969	Christmas in Rothenburg	Annual		Unkn.	220
1970	Christmas in Cologne	Annual		Unkn.	175
1971	Christmas in Garmisch	Annual		42.00	100
1972	Christmas in Franconia	Annual		50.00	95
1973	Lubeck-Holstein	Annual		77.00	105
1974	Christmas in Wurzburg	Annual		85.00	100

Nobility of Children - E. Hibel

YEAR ISSUE		EDITION LIMIT	YEAR RETD.	ISSUE PRICE	QUOTE U.S.$
1976	La Contessa Isabella	12,750		120.00	120
1977	La Marquis Maurice-Pierre	12,750		120.00	120
1978	Baronesse Johanna	12,750		130.00	140
1979	Chief Red Feather	12,750		140.00	180

Oriental Gold - E. Hibel

YEAR ISSUE		EDITION LIMIT	YEAR RETD.	ISSUE PRICE	QUOTE U.S.$
1976	Yasuko	2,000		275.00	650
1977	Mr. Obata	2,000		275.00	500
1978	Sakura	2,000		295.00	400
1979	Michio	2,000		325.00	375

Wiinblad Christmas - B. Wiinblad

YEAR ISSUE		EDITION LIMIT	YEAR RETD.	ISSUE PRICE	QUOTE U.S.$
1971	Maria & Child	Undis.		100.00	700
1972	Caspar	Undis.		100.00	290
1973	Melchior	Undis.		125.00	335
1974	Balthazar	Undis.		125.00	300
1975	The Annunciation	Undis.		195.00	195
1976	Angel with Trumpet	Undis.		195.00	195
1977	Adoration of Shepherds	Undis.		225.00	225
1978	Angel with Harp	Undis.		275.00	295
1979	Exodus from Egypt	Undis.		310.00	310
1980	Angel with Glockenspiel	Undis.		360.00	360
1981	Christ Child Visits Temple	Undis.		375.00	375
1982	Christening of Christ	Undis.		375.00	375

Royal Copenhagen

Christmas - Various

YEAR ISSUE		EDITION LIMIT	YEAR RETD.	ISSUE PRICE	QUOTE U.S.$
1908	Madonna and Child - C. Thomsen	Annual	1908	1.00	3200-4200
1909	Danish Landscape - S. Ussing	Annual	1909	1.00	170-225
1910	The Magi - C. Thomsen	Annual	1910	1.00	150
1911	Danish Landscape - O. Jensen	Annual	1911	1.00	135-185
1912	Christmas Tree - C. Thomsen	Annual	1912	1.00	150-180
1913	Frederik Church Spire - A. Boesen	Annual	1913	1.50	125-165
1914	Holy Spirit Church - A. Boesen	Annual	1914	1.50	145-195
1915	Danish Landscape - A. Krog	Annual	1915	1.50	145-200
1916	Shepherd at Christmas - R. Bocher	Annual	1916	1.50	100-125
1917	Our Savior Church - O. Jensen	Annual	1917	2.00	115
1918	Sheep and Shepherds - O. Jensen	Annual	1918	2.00	110
1919	In the Park - O. Jensen	Annual	1919	2.00	110
1920	Mary and Child Jesus - G. Rode	Annual	1920	2.00	110
1921	Aabenraa Marketplace - O. Jensen	Annual	1921	2.00	80-115
1922	Three Singing Angels - E. Selschau	Annual	1922	2.00	95
1923	Danish Landscape - O. Jensen	Annual	1923	2.00	95
1924	Sailing Ship - B. Olsen	Annual	1924	2.00	125-165
1925	Christianshavn - O. Jensen	Annual	1925	2.00	115-160
1926	Christianshavn Canal - R. Bocher	Annual	1926	2.00	115-160
1927	Ship's Boy at Tiller - B. Olsen	Annual	1927	2.00	150-180
1928	Vicar's Family - G. Rode	Annual	1928	2.00	110
1929	Grundtvig Church - O. Jensen	Annual	1929	2.00	110
1930	Fishing Boats - B. Olsen	Annual	1930	2.50	120-145
1931	Mother and Child - G. Rode	Annual	1931	2.50	145
1932	Frederiksberg Gardens - O. Jensen	Annual	1932	2.50	125
1933	Ferry and the Great Belt - B. Olsen	Annual	1933	2.50	145-190
1934	The Hermitage Castle - O. Jensen	Annual	1934	2.50	135-175
1935	Kronborg Castle - B. Olsen	Annual	1935	2.50	175-245
1936	Roskilde Cathedral - R. Bocher	Annual	1936	2.50	160-200
1937	Main Street Copenhagen - N. Thorsson	Annual	1937	2.50	160-260
1938	Round Church in Osterlars - H. Nielsen	Annual	1938	3.00	300-340
1939	Greenland Pack-Ice - S. Nielsen	Annual	1939	3.00	285-430
1940	The Good Shepherd - K. Lange	Annual	1940	3.00	425-465
1941	Danish Village Church - T. Kjolner	Annual	1941	3.00	360-400
1942	Bell Tower - N. Thorsson	Annual	1942	4.00	450
1943	Flight into Egypt - N. Thorsson	Annual	1943	4.00	450-600
1944	Danish Village Scene - V. Olson	Annual	1944	4.00	250-300
1945	A Peaceful Motif - R. Bocher	Annual	1945	4.00	400-460
1946	Zealand Village Church - N. Thorsson	Annual	1946	4.00	150-220
1947	The Good Shepherd - K. Lange	Annual	1947	4.50	265
1948	Nodebo Church - T. Kjolner	Annual	1948	4.50	235
1949	Our Lady's Cathedral - H. Hansen	Annual	1949	5.00	225-280
1950	Boeslunde Church - V. Olson	Annual	1950	5.00	200-300
1951	Christmas Angel - R. Bocher	Annual	1951	5.00	350-390
1952	Christmas in the Forest - K. Lange	Annual	1952	5.00	145
1953	Frederiksborg Castle - T. Kjolner	Annual	1953	6.00	150
1954	Amalienborg Palace - K. Lange	Annual	1954	6.00	150
1955	Fano Girl - K. Lange	Annual	1955	7.00	225
1956	Rosenborg Castle - K. Lange	Annual	1956	7.00	210
1957	The Good Shepherd - H. Hansen	Annual	1957	8.00	130
1958	Sunshine over Greenland - H. Hansen	Annual	1958	9.00	150
1959	Christmas Night - H. Hansen	Annual	1959	9.00	155
1960	The Stag - H. Hansen	Annual	1960	10.00	180
1961	Training Ship - K. Lange	Annual	1961	10.00	175
1962	The Little Mermaid - Unknown	Annual	1962	11.00	250
1963	Hojsager Mill - K. Lange	Annual	1963	11.00	95
1964	Fetching the Tree - K. Lange	Annual	1964	11.00	80
1965	Little Skaters - K. Lange	Annual	1965	12.00	80
1966	Blackbird - K. Lange	Annual	1966	12.00	40-80
1967	The Royal Oak - K. Lange	Annual	1967	13.00	50
1968	The Last Umiak - K. Lange	Annual	1968	13.00	35
1969	The Old Farmyard - K. Lange	Annual	1969	14.00	45
1970	Christmas Rose and Cat - K. Lange	Annual	1970	14.00	45
1971	Hare In Winter - K. Lange	Annual	1971	15.00	30
1972	In the Desert - K. Lange	Annual	1972	16.00	30
1973	Train Homeward Bound - K. Lange	Annual	1973	22.00	40
1974	Winter Twilight - K. Lange	Annual	1974	22.00	35
1975	Queen's Palace - K. Lange	Annual	1975	27.50	35
1976	Danish Watermill - S. Vestergaard	Annual	1976	27.50	40
1977	Immervad Bridge - K. Lange	Annual	1977	32.00	40
1978	Greenland Scenery - K. Lange	Annual	1978	35.00	40
1979	Choosing Christmas Tree - K. Lange	Annual	1979	42.50	60-95
1980	Bringing Home the Tree - K. Lange	Annual	1980	49.50	40
1981	Admiring Christmas Tree - K. Lange	Annual	1981	52.50	50
1982	Waiting for Christmas - K. Lange	Annual	1982	54.50	50
1983	Merry Christmas - K. Lange	Annual	1983	54.50	50
1984	Jingle Bells - K. Lange	Annual	1984	54.50	50
1985	Snowman - K. Lange	Annual	1985	54.50	65
1986	Christmas Vacation - K. Lange	Annual	1986	54.50	60
1987	Winter Birds - S. Vestergaard	Annual	1987	59.50	70
1988	Christmas Eve in Copenhagen - S. Vestergaard	Annual	1988	59.50	65
1989	The Old Skating Pond - S. Vestergaard	Annual	1989	59.50	75
1990	Christmas at Tivoli - S. Vestergaard	Annual	1990	64.50	125
1991	The Festival of Santa Lucia - S. Vestergaard	Annual	1991	69.50	75
1992	The Queen's Carriage - S. Vestergaard	Annual	1992	69.50	80
1993	Christmas Guests - S. Vestergaard	Annual	1993	69.50	75
1994	Christmas Shopping - S. Vestergaard	Annual	1994	72.50	73
1995	Christmas at the Manor House - S. Vestergaard	Annual		72.50	73

Royal Devon

Rockwell Christmas - N. Rockwell

YEAR ISSUE		EDITION LIMIT	YEAR RETD.	ISSUE PRICE	QUOTE U.S.$
1975	Downhill Daring	Yr.Iss.		24.50	30
1976	The Christmas Gift	Yr.Iss.		24.50	35
1977	The Big Moment	Yr.Iss.		27.50	50
1978	Puppets for Christmas	Yr.Iss.		27.50	28
1979	One Present Too Many	Yr.Iss.		31.50	32
1980	Gramps Meets Gramps	Yr.Iss.		33.00	33

Rockwell Mother's Day - N. Rockwell

YEAR ISSUE		EDITION LIMIT	YEAR RETD.	ISSUE PRICE	QUOTE U.S.$
1975	Doctor and Doll	Yr.Iss.		23.50	50
1976	Puppy Love	Yr.Iss.		24.50	104
1977	The Family	Yr.Iss.		24.50	85
1978	Mother's Day Off	Yr.Iss.		27.00	35
1979	Mother's Evening Out	Yr.Iss.		30.00	32
1980	Mother's Treat	Yr.Iss.		32.50	35

Royal Doulton

Christmas Plates - N/A

YEAR ISSUE		EDITION LIMIT	YEAR RETD.	ISSUE PRICE	QUOTE U.S.$
1993	Together For Christmas	N/A		45.00	45
1993	Royal Albert-Sleighride	N/A		45.00	45

Family Christmas Plates - N/A

YEAR ISSUE		EDITION LIMIT	YEAR RETD.	ISSUE PRICE	QUOTE U.S.$
1991	Dad Plays Santa	Yr.Iss.		60.00	60

Royal Worcester

Birth Of A Nation - P.W. Baston

YEAR ISSUE		EDITION LIMIT	YEAR RETD.	ISSUE PRICE	QUOTE U.S.$
1972	Boston Tea Party	10,000		45.00	140-275
1973	Paul Revere	10,000		45.00	140-250
1974	Concord Bridge	10,000		50.00	140
1975	Signing Declaration	10,000		65.00	140
1976	Crossing Delaware	10,000		65.00	140
1977	Washington's Inauguration	1,250		65.00	140

Currier and Ives Plates - P.W. Baston

YEAR ISSUE		EDITION LIMIT	YEAR RETD.	ISSUE PRICE	QUOTE U.S.$
1974	Road in Winter	5,570		59.50	55-100
1975	Old Grist Mill	3,200		59.50	55-100
1976	Winter Pastime	1,500		59.50	55-125
1977	Home to Thanksgiving	546		59.50	200-250

Kitten Classics - P. Cooper

YEAR ISSUE		EDITION LIMIT	YEAR RETD.	ISSUE PRICE	QUOTE U.S.$
1985	Cat Nap	14-day		29.50	36
1985	Purrfect Treasure	14-day		29.50	30
1985	Wild Flower	14-day		29.50	30
1985	Birdwatcher	14-day		29.50	30
1985	Tiger's Fancy	14-day		29.50	33
1985	Country Kitty	14-day		29.50	33
1985	Little Rascal	14-day		29.50	30
1986	First Prize	14-day		29.50	30

Kitten Encounters - P. Cooper

YEAR ISSUE		EDITION LIMIT	YEAR RETD.	ISSUE PRICE	QUOTE U.S.$
1987	Fishful Thinking	14-day		29.50	30-54
1987	Puppy Pal	14-day		29.50	36
1987	Just Ducky	14-day		29.50	36
1987	Bunny Chase	14-day		29.50	30
1987	Flutter By	14-day		29.50	30
1987	Bedtime Buddies	14-day		29.50	30
1988	Cat and Mouse	14-day		29.50	33
1988	Stablemates	14-day		29.50	48

Sarah's Attic, Inc.

Classroom Memories - Sarah's Attic

YEAR ISSUE		EDITION LIMIT	YEAR RETD.	ISSUE PRICE	QUOTE U.S.$
1991	Classroom Memories	Closed		80.00	80

Schmid

Christmas - B. Hummel

YEAR ISSUE		EDITION LIMIT	YEAR RETD.	ISSUE PRICE	QUOTE U.S.$
1971	Angel	Annual		15.00	20
1972	Angel With Flute	Annual		15.00	15
1973	The Nativity	Annual		15.00	73
1974	The Guardian Angel	Annual		18.50	19
1975	Christmas Child	Annual		25.00	25
1976	Sacred Journey	Annual		27.50	28
1977	Herald Angel	Annual		27.50	28
1978	Heavenly Trio	Annual		32.50	33
1979	Starlight Angel	Annual		38.00	38
1980	Parade Into Toyland	Annual		45.00	45
1981	A Time To Remember	Annual		45.00	45
1982	Angelic Procession	Annual		45.00	49
1983	Angelic Messenger	Annual		45.00	45
1984	A Gift from Heaven	Annual		45.00	48
1985	Heavenly Light	Annual		45.00	45
1986	Tell The Heavens	Annual		45.00	45
1987	Angelic Gifts	Annual		47.50	48
1988	Cheerful Cherubs	Annual		53.00	65
1989	Angelic Musician	Annual		53.00	53
1990	Angel's Light	Annual		53.00	53
1991	Message From Above	Annual		60.00	60
1992	Sweet Blessings	Annual		65.00	65

Davis Cat Tales Plates. - L. Davis

YEAR ISSUE		EDITION LIMIT	YEAR RETD.	ISSUE PRICE	QUOTE U.S.$
1982	Right Church, Wrong Pew	12,500		37.50	200
1982	Company's Coming	12,500		37.50	180
1982	On the Move	12,500		37.50	145
1982	Flew the Coop	12,500		37.50	90

Davis Christmas Plates - L. Davis

YEAR ISSUE		EDITION LIMIT	YEAR RETD.	ISSUE PRICE	QUOTE U.S.$
1983	Hooker at Mailbox With Present	7,500		45.00	130
1984	Country Christmas	7,500		45.00	125
1985	Christmas at Foxfire Farm	7,500		45.00	150
1986	Christmas at Red Oak	7,500		45.00	150
1987	Blossom's Gift	7,500		47.50	100
1988	Cutting the Family Christmas Tree	7,500		47.50	100
1989	Peter and the Wren	7,500		47.50	75
1990	Wintering Deer	7,500		47.50	48
1991	Christmas at Red Oak II	7,500		55.00	75
1992	Born On A Starry Night	7,500		55.00	55
1993	Waiting For Mr. Lowell	5,000		55.00	55
1994	Visions of Sugarplums	5,000		55.00	55

YEAR ISSUE		EDITION LIMIT	YEAR RETD.	ISSUE PRICE	QUOTE U.S.$
1995	Bah Humbug	5,000		55.00	55

Davis Country Pride Plates - L. Davis

YEAR ISSUE		EDITION LIMIT	YEAR RETD.	ISSUE PRICE	QUOTE U.S.$
1981	Surprise in the Cellar	7,500		35.00	175-225
1981	Plum Tuckered Out	7,500		35.00	70-125
1981	Duke's Mixture	7,500		35.00	190
1982	Bustin' with Pride	7,500		35.00	100

Davis Red Oak Sampler - L. Davis

YEAR ISSUE		EDITION LIMIT	YEAR RETD.	ISSUE PRICE	QUOTE U.S.$
1986	General Store	5,000		45.00	175
1987	Country Wedding	5,000		45.00	125
1989	Country School	5,000		45.00	75
1990	Blacksmith Shop	5,000		52.50	60

Davis Special Edition Plates - L. Davis

YEAR ISSUE		EDITION LIMIT	YEAR RETD.	ISSUE PRICE	QUOTE U.S.$
1983	The Critics	12,500		45.00	60-145
1984	Good Ole Days Privy Set 2	5,000		60.00	185
1986	Home From Market	7,500		55.00	145

Disney Annual - Disney Studios

YEAR ISSUE		EDITION LIMIT	YEAR RETD.	ISSUE PRICE	QUOTE U.S.$
1983	Sneak Preview	20,000		22.50	23
1984	Command Performance	20,000		22.50	23
1985	Snow Biz	20,000		22.50	23
1986	Tree For Two	20,000		22.50	23
1987	Merry Mouse Medley	20,000		25.00	25
1988	Warm Winter Ride	20,000		25.00	25
1989	Merry Mickey Claus	20,000		32.50	60
1990	Holly Jolly Christmas	20,000		32.50	33
1991	Mickey and Minnie's Rockin' Christmas	20,000		37.00	37

Disney Christmas - Disney Studios

YEAR ISSUE		EDITION LIMIT	YEAR RETD.	ISSUE PRICE	QUOTE U.S.$
1973	Sleigh Ride	Annual		10.00	300
1974	Decorating The Tree	Annual		10.00	80
1975	Caroling	Annual		12.50	14
1976	Building A Snowman	Annual		13.00	15
1977	Down The Chimney	Annual		13.00	17
1978	Night Before Christmas	Annual		15.00	31
1979	Santa's Suprise	15,000		17.50	27
1980	Sleigh Ride	15,000		17.50	33
1981	Happy Holidays	15,000		17.50	25
1982	Winter Games	15,000		18.50	25

Disney Mother's Day - Disney Studios

YEAR ISSUE		EDITION LIMIT	YEAR RETD.	ISSUE PRICE	QUOTE U.S.$
1974	Flowers For Mother	Annual		10.00	45
1975	Snow White & Dwarfs	Annual		12.50	50
1976	Minnie Mouse	Annual		13.00	25
1977	Pluto's Pals	Annual		13.00	18
1978	Flowers For Bambi	Annual		15.00	40
1979	Happy Feet	10,000		17.50	20
1980	Minnie's Surprise	10,000		17.50	30
1981	Playmates	10,000		17.50	35
1982	A Dream Come True	10,000		18.50	40

Disney Special Edition Plates - Disney Studios

YEAR ISSUE		EDITION LIMIT	YEAR RETD.	ISSUE PRICE	QUOTE U.S.$
1978	Mickey Mouse At Fifty	15,000		25.00	65-100
1980	Happy Birthday Pinocchio	7,500		17.50	25-60
1981	Alice in Wonderland	7,500		17.50	18
1982	Happy Birthday Pluto	7,500		17.50	39
1982	Goofy's Golden Jubilee	7,500		18.50	29
1987	Snow White Golden Anniversary	5,000		47.50	90
1988	Mickey Mouse & Minnie Mouse 60th	10,000		50.00	95-125
1989	Sleeping Beauty 30th Anniversary	5,000		80.00	95
1990	Fantasia-Sorcerer's Apprentice	5,000		59.00	59-99
1990	Pinocchio's Friend	Annual		25.00	25
1990	Fantasia Relief Plate	20,000		25.00	39

Ferrandiz Beautiful Bounty Porcelain Plates - J. Ferrandiz

YEAR ISSUE		EDITION LIMIT	YEAR RETD.	ISSUE PRICE	QUOTE U.S.$
1982	Summer's Golden Harvest	10,000		40.00	40
1982	Autumn's Blessing	10,000		40.00	40
1982	A Mid-Winter's Dream	10,000		40.00	43
1982	Spring Blossoms	10,000		40.00	40

Ferrandiz Music Makers Porcelain Plates - J. Ferrandiz

YEAR ISSUE		EDITION LIMIT	YEAR RETD.	ISSUE PRICE	QUOTE U.S.$
1981	The Flutist	10,000		25.00	29
1981	The Entertainer	10,000		25.00	29
1982	Magical Medley	10,000		25.00	29
1982	Sweet Serenade	10,000		25.00	32

Ferrandiz Porcelain Christmas Plates - J. Ferrandiz

YEAR ISSUE		EDITION LIMIT	YEAR RETD.	ISSUE PRICE	QUOTE U.S.$
1972	Christ in the Manger	Unkn.		30.00	179
1973	Christmas	Unkn.		30.00	229

The Littlest Night - B. Hummel

YEAR ISSUE		EDITION LIMIT	YEAR RETD.	ISSUE PRICE	QUOTE U.S.$
1993	The Littlest Night	Annual		25.00	25

Mother's Day - B. Hummel

YEAR ISSUE		EDITION LIMIT	YEAR RETD.	ISSUE PRICE	QUOTE U.S.$
1972	Playing Hooky	Annual		15.00	15
1973	Little Fisherman	Annual		15.00	33
1974	Bumblebee	Annual		18.50	20
1975	Message of Love	Annual		25.00	29
1976	Devotion For Mother	Annual		27.50	30
1977	Moonlight Return	Annual		27.50	29
1978	Afternoon Stroll	Annual		32.50	33
1979	Cherub's Gift	Annual		38.00	38
1980	Mother's Little Helpers	Annual		45.00	52
1981	Playtime	Annual		45.00	52
1982	The Flower Basket	Annual		45.00	48
1983	Spring Bouquet	Annual		45.00	54
1984	A Joy to Share	Annual		45.00	45
1985	A Mother's Journey	Annual		45.00	45
1986	Home From School	Annual		45.00	55
1988	Young Reader	Annual		52.50	81
1989	Pretty as a Picture	Annual		53.00	75
1990	Mother's Little Athlete	Annual		53.00	53
1991	Soft & Gentle	Annual		55.00	55

Peanuts Christmas - C. Schulz

YEAR ISSUE		EDITION LIMIT	YEAR RETD.	ISSUE PRICE	QUOTE U.S.$
1972	Snoopy Guides the Sleigh	Annual		10.00	45
1973	Christmas Eve at Doghouse	Annual		10.00	100
1974	Christmas At Fireplace	Annual		10.00	48
1975	Woodstock and Santa Claus	Annual		12.50	19
1976	Woodstock's Christmas	Annual		13.00	20
1977	Deck The Doghouse	Annual		13.00	19
1978	Filling the Stocking	Annual		15.00	40
1979	Christmas at Hand	15,000		17.50	45
1980	Waiting for Santa	15,000		17.50	50
1981	A Christmas Wish	15,000		17.50	28
1982	Perfect Performance	15,000		18.50	50

Peanuts Special Edition Plate - C. Schulz

YEAR ISSUE		EDITION LIMIT	YEAR RETD.	ISSUE PRICE	QUOTE U.S.$
1976	Bi-Centennial	Unkn.		13.00	30

Peanuts Valentine's Day Plates - C. Schulz

YEAR ISSUE		EDITION LIMIT	YEAR RETD.	ISSUE PRICE	QUOTE U.S.$
1977	Home Is Where the Heart is	Unkn.		13.00	33
1978	Heavenly Bliss	Unkn.		13.00	30
1979	Love Match	Unkn.		17.50	28
1980	From Snoopy, With Love	Unkn.		17.50	25
1981	Hearts-A-Flutter	Unkn.		17.50	20
1982	Love Patch	Unkn.		17.50	18

Peanuts World's Greatest Athlete - C. Schulz

YEAR ISSUE		EDITION LIMIT	YEAR RETD.	ISSUE PRICE	QUOTE U.S.$
1982	Go Deep	10,000		17.50	25
1982	The Puck Stops Here	10,000		17.50	23
1982	The Way You Play The Game	10,000		17.50	20
1982	The Crowd Went Wild	10,000		17.50	18

Raggedy Ann Annual Plates - Unknown

YEAR ISSUE		EDITION LIMIT	YEAR RETD.	ISSUE PRICE	QUOTE U.S.$
1980	The Sunshine Wagon	10,000		17.50	80-100
1981	The Raggedy Shuffle	10,000		17.50	28-75
1982	Flying High	10,000		18.50	19
1983	Winning Streak	10,000		22.50	23
1984	Rocking Rodeo	10,000		22.50	23

Raggedy Ann Bicentennial Plate - Unknown

YEAR ISSUE		EDITION LIMIT	YEAR RETD.	ISSUE PRICE	QUOTE U.S.$
1976	Bicentennial Plate	Unkn.		13.00	30-60

Raggedy Ann Christmas Plates - Unknown

YEAR ISSUE		EDITION LIMIT	YEAR RETD.	ISSUE PRICE	QUOTE U.S.$
1975	Gifts of Love	Unkn.		12.50	45
1976	Merry Blades	Unkn.		13.00	38
1977	Christmas Morning	Unkn.		13.00	23
1978	Checking the List	Unkn.		15.00	20
1979	Little Helper	Unkn.		17.50	20

Raggedy Ann Valentine's Day Plates - Unknown

YEAR ISSUE		EDITION LIMIT	YEAR RETD.	ISSUE PRICE	QUOTE U.S.$
1978	As Time Goes By	Unkn.		13.00	25
1979	Daisies Do Tell	Unkn.		17.50	20

Sports Impressions/Enesco

Gold Edition Plates - Various

YEAR ISSUE		EDITION LIMIT	YEAR RETD.	ISSUE PRICE	QUOTE U.S.$
XX	A's Jose Canseco Gold (10 1/4") 1028-04 - J. Canseco	2,500	N/A	125.00	125
1990	Andre Dawson - R. Lewis	Closed		150.00	150
1988	Brooks Robinson - R. Simon	Closed		125.00	225
1987	Carl Yastrzemski - R. Simon	Closed		125.00	175
1992	Chicago Bulls '92 World Champions - C. Hayes	Closed		150.00	150
1993	Chicago Bulls 1993 World Championship Gold (10 1/4") 4062-04 - B. Vann	1,993	1994	150.00	150
1987	Darryl Strawberry #1 - R. Simon	Closed		125.00	125
1989	Darryl Strawberry #2 - T. Fogerty	Closed		125.00	125
1986	Don Mattingly - B. Johnson	Closed		125.00	175
1991	Dream Team (1st Ten Chosen) - L. Salk	Closed		150.00	300
1992	Dream Team - R.Tanenbaum	Closed		150.00	175
1992	Dream Team 1992 (8 1/2") 5507-03 - C. Hayes	7,500	1994	60.00	60
1992	Dream Team 1992 Gold (10 1/4") 5509-04 - R. Tanenbaum	1,992	1994	150.00	150
1991	Hawks Dominique Wilkins - J. Catalano	Closed		150.00	195
1990	Joe Montana 49ers - J. Catalano	Closed		150.00	195
1990	Joe Montana 49ers Gold (10 1/4") 3000-04 - J. Catalano	1,990	1991	150.00	150
1986	Keith Hernandez - R. Simon	Closed		125.00	175
1991	Lakers Magic Johnson - W.C. Mundy	Closed		150.00	225
1991	Larry Bird - J. Catalano	Closed		150.00	195
1988	Larry Bird - R. Simon	Closed		125.00	275
1986	Larry Bird - R. Simon	Closed		125.00	200
1990	Living Triple Crown - R. Lewis	Closed		150.00	150
1993	Magic Johnson (4042-04) - R.Tanenbaum	Closed		150.00	150
1988	Magic Johnson - R. Simon	Closed		125.00	225
1993	Magic Johnson - T. Fogerty	Closed		150.00	175
1991	Magic Johnson Lakers Gold (10 1/4") 4007-04 - C.W. Mundy	1,991	1991	150.00	150
1992	Magic Johnson Lakers Gold (10 1/4") 4042-04 - R. Tanenbaum	1,992	1994	150.00	150
1991	Magic Johnson Lakers Platinum (8 1/2") 4007-03 - M. Petronella	5,000	1992	60.00	60
1989	Mantle Switch Hitter - J. Catalano	Closed		150.00	150
1990	Michael Jordan - J. Catalano	Closed		150.00	200-275
1991	Michael Jordan - J. Catalano	Closed		150.00	195
1992	Michael Jordan - R.Tanenbaum	Closed		150.00	175
1993	Michael Jordan - T. Fogerty	Closed		150.00	200
1992	Michael Jordan Bulls (10 1/4") 4032-04 - R. Tanenbaum	1,991	1992	150.00	150
1993	Michael Jordan Bulls Gold (10 1/4") 4046-04 - T. Fogarty	2,500	1993	150.00	150
1991	Michael Jordan Gold (10 1/4") 4002-04 - J. Catalano	1,991	1992	150.00	150
1991	Michael Jordan Platinum (8 1/2") 4002-03 - M. Petronella	1,991	1993	60.00	60
1991	Mickey Mantle 7 - B. Simon	Closed		150.00	195
1986	Mickey Mantle At Night - R. Simon	Closed		125.00	250
1987	Mickey, Willie, & Duke - R. Simon	Closed		150.00	225
1992	NBA 1st Ten Chosen Gold (10 1/4") 5501-04 - L. Salk	1,192	1992	150.00	150
1992	NBA 1st Ten Chosen Platinum (8 1/2") (blue) 5502-03 - J. Catalano	7,500	1993	60.00	60
1992	NBA 1st Ten Chosen Platinum (8 1/2") (red) 5503-03 - C.W. Mundy	7,500	1993	60.00	60
1990	Nolan Ryan 300 - J. Catalano	Closed		150.00	175
1990	Nolan Ryan 300 Gold 1091-04 - T. Fogarty	1,990	1992	150.00	150
1990	Rickey Henderson - R. Lewis	Closed		150.00	150
XX	Roberto Clememte 1090-03 - R. Lewis	10,000	N/A	75.00	75
1993	Shaquille O'Neal Gold (10 1/4") 4047-04 - T. Fogarty	2,500	1994	150.00	150
1987	Ted Williams (signed) - R. Simon	Closed		125.00	495
1990	Tom Seaver - R. Lewis	Closed		150.00	150
1986	Wade Boggs - B. Johnson	Closed		125.00	150
1989	Will Clark - J. Catalano	Closed		125.00	150
1988	Yankee Tradition - J. Catalano	Closed		150.00	150

The Tudor Mint Inc.

Collector Plates - J. Mulholland

YEAR ISSUE		EDITION LIMIT	YEAR RETD.	ISSUE PRICE	QUOTE U.S.$
1992	4401 Meeting of Unicorns	Closed	1993	27.10	35
1992	4402 Cauldron of Light	Closed	1993	27.10	35
1992	4403 The Guardian Dragon	Closed	1993	27.10	35
1992	4404 The Dragon's Nest	Closed	1993	27.10	35

V-Palekh Art Studios

Russian Legends - Various

YEAR ISSUE		EDITION LIMIT	YEAR RETD.	ISSUE PRICE	QUOTE U.S.$
1988	Ruslan and Ludmilla - G. Lubimov	195-day		29.87	35-45
1988	The Princess/Seven Bogatyrs - A. Kovalev	195-day		29.87	35-45
1988	The Golden Cockerel - V. Vleshko	195-day		32.87	35
1988	Lukomorya - R. Belousov	195-day		32.87	35
1989	Fisherman and the Magic Fish - N. Lopatin	195-day		32.87	35
1989	Tsar Saltan - G. Zhiryakova	195-day		32.87	33-47
1989	The Priest and His Servant - O. An	195-day		34.87	36-42
1990	Stone Flower - V. Bolshakova	195-day		34.87	40
1990	Sadko - E. Populor	195-day		34.87	45
1990	The Twelve Months - N. Lopatin	195-day		36.87	37
1990	Silver Hoof - S. Adeyanor	195-day		36.87	38
1990	Morozko - N. Lopatin	195-day		36.87	37

Villeroy & Boch

Flower Fairy - C. Barker

YEAR ISSUE		EDITION LIMIT	YEAR RETD.	ISSUE PRICE	QUOTE U.S.$
1979	Lavender	21-day		35.00	125
1980	Sweet Pea	21-day		35.00	125
1980	Candytuft	21-day		35.00	89
1981	Heliotrope	21-day		35.00	75
1981	Blackthorn	21-day		35.00	75
1981	Appleblossom	21-day		35.00	95

Russian Fairytales Maria Morevna - B. Zvorykin

YEAR ISSUE		EDITION LIMIT	YEAR RETD.	ISSUE PRICE	QUOTE U.S.$
1982	Maria Morevna and Tsarevich Ivan	27,500		70.00	90
1982	Koshchey Carries Off Maria Morevna	27,500		70.00	70
1982	Tsarevich Ivan and the Beautiful Castle	27,500		70.00	95-115

Russian Fairytales The Firebird - B. Zvorykin

YEAR ISSUE		EDITION LIMIT	YEAR RETD.	ISSUE PRICE	QUOTE U.S.$
1981	In Search of the Firebird	27,500		70.00	95-120
1981	Ivan and Tsarevna on the Grey Wolf	27,500		70.00	70-78
1981	The Wedding of Tsarevna Elena the Fair	27,500		70.00	100-118

Russian Fairytales The Red Knight - B. Zvorykin

YEAR ISSUE		EDITION LIMIT	YEAR RETD.	ISSUE PRICE	QUOTE U.S.$
1981	The Red Knight	27,500		70.00	40-70
1981	Vassilissa and Her Stepsisters	27,500		70.00	45-77
1981	Vassilissa is Presented to the Tsar	27,500		70.00	56-75

Villeroy & Boch - B. Zvorykin

YEAR ISSUE		EDITION LIMIT	YEAR RETD.	ISSUE PRICE	QUOTE U.S.$
1980	The Snow Maiden	27,500		70.00	110-130
1981	Snegurochka at the Court of Tsar Berendei	27,500		70.00	65-70
1981	Snegurochka and Lei, the Shepherd Boy	27,500		70.00	67-73

W.S. George

Alaska: The Last Frontier - H. Lambson

YEAR ISSUE		EDITION LIMIT	YEAR RETD.	ISSUE PRICE	QUOTE U.S. $
1991	Icy Majesty	150-day		34.50	35
1991	Autumn Grandeur	150-day		34.50	40
1992	Mountain Monarch	150-day		37.50	45
1992	Down the Trail	150-day		37.50	40
1992	Moonlight Lookout	150-day		37.50	60
1992	Graceful Passage	150-day		39.50	40
1992	Arctic Journey	150-day		39.50	40
1992	Summit Domain	150-day		39.50	40

Along an English Lane - M. Harvey

YEAR ISSUE		EDITION LIMIT	YEAR RETD.	ISSUE PRICE	QUOTE U.S. $
1993	Summer's Bright Welcome	95-day		29.50	30
1993	Greeting the Day	95-day		29.50	30
1993	Friends and Flowers	95-day		29.50	30
1993	Cottage Around the Bend	95-day		29.50	30

America the Beautiful - H. Johnson

YEAR ISSUE		EDITION LIMIT	YEAR RETD.	ISSUE PRICE	QUOTE U.S. $
1988	Yosemite Falls	150-day		34.50	35
1989	The Grand Canyon	150-day		34.50	35
1989	Yellowstone River	150-day		37.50	38
1989	The Great Smokey Mountains	150-day		37.50	38
1990	The Everglades	150-day		37.50	38
1990	Acadia	150-day		37.50	40
1990	The Grand Tetons	150-day		39.50	45
1990	Crater Lake	150-day		39.50	40

America's Pride - R. Richert

YEAR ISSUE		EDITION LIMIT	YEAR RETD.	ISSUE PRICE	QUOTE U.S. $
1992	Misty Fjords	150-day		29.50	65
1992	Rugged Shores	150-day		29.50	50
1992	Mighty Summit	150-day		32.50	35
1993	Lofty Reflections	150-day		32.50	50
1993	Tranquil Waters	150-day		32.50	65
1993	Mountain Majesty	150-day		34.50	35
1993	Canyon Climb	150-day		34.50	35
1993	Golden Vista	150-day		34.50	35

Art Deco - M. McDonald

YEAR ISSUE		EDITION LIMIT	YEAR RETD.	ISSUE PRICE	QUOTE U.S. $
1989	A Flapper With Greyhounds	150-day		39.50	50
1990	Tango Dancers	150-day		39.50	85
1990	Arriving in Style	150-day		39.50	50
1990	On the Town	150-day		39.50	75

Bear Tracks - J. Seerey-Lester

YEAR ISSUE		EDITION LIMIT	YEAR RETD.	ISSUE PRICE	QUOTE U.S. $
1992	Denali Family	150-day		29.50	30
1993	Their First Season	150-day		29.50	30
1993	High Country Champion	150-day		29.50	30
1993	Heavy Going	150-day		29.50	30
1993	Breaking Cover	150-day		29.50	30
1993	Along the Ice Flow	150-day		29.50	30

Beloved Hymns of Childhood - C. Barker

YEAR ISSUE		EDITION LIMIT	YEAR RETD.	ISSUE PRICE	QUOTE U.S. $
1988	The Lord's My Shepherd	150-day		29.50	50
1988	Away In a Manger	150-day		29.50	40
1989	Now Thank We All Our God	150-day		32.50	33
1989	Love Divine	150-day		32.50	33
1989	I Love to Hear the Story	150-day		32.50	35
1989	All Glory, Laud and Honour	150-day		32.50	33
1990	All People on Earth Do Dwell	150-day		34.50	35
1990	Loving Shepherd of Thy Sheep	150-day		34.50	35

A Black Tie Affair: The Penguin - C. Jagodits

YEAR ISSUE		EDITION LIMIT	YEAR RETD.	ISSUE PRICE	QUOTE U.S. $
1992	Little Explorer	150-day		29.50	30
1992	Penguin Parade	150-day		29.50	30
1992	Baby-Sitters	150-day		29.50	30
1993	Belly Flopping	150-day		29.50	30

Blessed Are The Children - W. Rane

YEAR ISSUE		EDITION LIMIT	YEAR RETD.	ISSUE PRICE	QUOTE U.S. $
1990	Let the/Children Come To Me	150-day		29.50	40
1990	I Am the Good Shepherd	150-day		29.50	50
1991	Whoever Welcomes/Child	150-day		32.50	45-50
1991	Hosanna in the Highest	150-day		32.50	40
1991	Jesus Had Compassion on Them	150-day		32.50	45
1991	Blessed are the Peacemakers	150-day		34.50	55
1991	I am the Vine, You are the Branches	150-day		34.50	60
1991	Seek and You Will Find	150-day		34.50	45

Bonds of Love - B. Burke

YEAR ISSUE		EDITION LIMIT	YEAR RETD.	ISSUE PRICE	QUOTE U.S. $
1989	Precious Embrace	150-day		29.50	35
1990	Cherished Moment	150-day		29.50	35
1991	Tender Caress	150-day		32.50	35
1992	Loving Touch	150-day		32.50	40
1992	Treasured Kisses	150-day		32.50	45
1994	Endearing Whispers	150-day		32.50	40

The Christmas Story - H. Garrido

YEAR ISSUE		EDITION LIMIT	YEAR RETD.	ISSUE PRICE	QUOTE U.S. $
1992	Gifts of the Magi	150-day		29.50	30
1993	Rest on the Flight into Egypt	150-day		29.50	30
1993	Journey of the Magi	150-day		29.50	30
1993	The Nativity	150-day		29.50	30
1993	The Annunciation	150-day		29.50	30
1993	Adoration of the Shepherds	150-day		29.50	30

Classic Waterfowl: The Ducks Unlimited - L. Kaatz

YEAR ISSUE		EDITION LIMIT	YEAR RETD.	ISSUE PRICE	QUOTE U.S. $
1988	Mallards at Sunrise	150-day		36.50	40
1988	Geese in the Autumn Fields	150-day		36.50	37
1989	Green Wings/Morning Marsh	150-day		39.50	40
1989	Canvasbacks, Breaking Away	150-day		39.50	40
1989	Pintails in Indian Summer	150-day		39.50	40
1990	Wood Ducks Taking Flight	150-day		39.50	40
1990	Snow Geese Against November Skies	150-day		41.50	42
1990	Bluebills Coming In	150-day		41.50	42

Columbus Discovers America: The 500th Anniversary - J. Penalva

YEAR ISSUE		EDITION LIMIT	YEAR RETD.	ISSUE PRICE	QUOTE U.S.$
1992	Under Full Sail	150-day		29.50	30
1992	Ashore at Dawn	150-day		29.50	47
1992	Columbus Raises the Flag	150-day		32.50	33
1992	Bringing Together Two Cultures	150-day		32.50	33
1992	The Queen's Approval	150-day		32.50	53
1992	Treasures From The New World	150-day		32.50	95

Country Bouquets - G. Kurz

YEAR ISSUE		EDITION LIMIT	YEAR RETD.	ISSUE PRICE	QUOTE U.S.$
1991	Morning Sunshine	150-day		29.50	50
1991	Summer Perfume	150-day		29.50	50
1991	Warm Welcome	150-day		32.50	50
1991	Garden's Bounty	150-day		32.50	35

Country Nostalgia - M. Harvey

YEAR ISSUE		EDITION LIMIT	YEAR RETD.	ISSUE PRICE	QUOTE U.S.$
1989	The Spring Buggy	150-day		29.50	30
1989	The Apple Cider Press	150-day		29.50	40
1989	The Vintage Seed Planter	150-day		29.50	40
1989	The Old Hand Pump	150-day		32.50	55
1990	The Wooden Butter Churn	150-day		32.50	47
1990	The Dairy Cans	150-day		32.50	33
1990	The Forgotten Plow	150-day		34.50	40
1990	The Antique Spinning Wheel	150-day		34.50	40

Critic's Choice: Gone With The Wind - P. Jennis

YEAR ISSUE		EDITION LIMIT	YEAR RETD.	ISSUE PRICE	QUOTE U.S.$
1991	Marry Me, Scarlett	150-day		27.50	55-75
1991	Waiting for Rhett	150-day		27.50	60
1991	A Declaration of Love	150-day		30.50	50
1991	The Paris Hat	150-day		30.50	45-60
1991	Scarlett Asks a Favor	150-day		30.50	45-65
1992	Scarlett Gets Her Way	150-day		32.50	50
1992	The Smitten Suitor	150-day		32.50	45
1992	Scarlett's Shopping Spree	150-day		32.50	45-70
1992	The Buggy Ride	150-day		32.50	45-70
1992	Scarlett Gets Down to Business	150-day		34.50	35
1993	Scarlett's Heart is with Tara	150-day		34.50	35
1993	At Cross Purposes	150-day		34.50	35

A Delicate Balance: Vanishing Wildlife - G. Beecham

YEAR ISSUE		EDITION LIMIT	YEAR RETD.	ISSUE PRICE	QUOTE U.S.$
1992	Tomorrow's Hope	95-day		29.50	30
1993	Today's Future	95-day		29.50	30
1993	Present Dreams	95-day		32.50	33
1993	Eyes on the New Day	95-day		32.50	33

Dr. Zhivago - G. Bush

YEAR ISSUE		EDITION LIMIT	YEAR RETD.	ISSUE PRICE	QUOTE U.S.$
1990	Zhivago and Lara	150-day		39.50	40
1991	Love Poems For Lara	150-day		39.50	40
1991	Zhivago Says Farewell	150-day		39.50	40
1991	Lara's Love	150-day		39.50	60

The Elegant Birds - J. Faulkner

YEAR ISSUE		EDITION LIMIT	YEAR RETD.	ISSUE PRICE	QUOTE U.S.$
1988	The Swan	150-day		32.50	33
1988	Great Blue Heron	150-day		32.50	33
1989	Snowy Egret	150-day		32.50	36
1989	The Anhinga	150-day		35.50	36
1989	The Flamingo	150-day		35.50	36
1990	Sandhill and Whooping Crane	150-day		35.50	36

Enchanted Garden - E. Antonaccio

YEAR ISSUE		EDITION LIMIT	YEAR RETD.	ISSUE PRICE	QUOTE U.S.$
1993	A Peaceful Retreat	95-day		24.50	25
1993	Pleasant Pathways	95-day		24.50	25
1993	A Place to Dream	95-day		24.50	25
1993	Tranquil Hideaway	95-day		24.50	25

Eyes of the Wild - D. Pierce

YEAR ISSUE		EDITION LIMIT	YEAR RETD.	ISSUE PRICE	QUOTE U.S.$
1993	Eyes in the Mist	95-day		29.50	30
1993	Eyes in the Pines	95-day		29.50	30
1993	Eyes on the Sly	95-day		29.50	30
1993	Eyes of Gold	95-day		29.50	30
1993	Eyes of Silence	95-day		29.50	30
1993	Eyes in the Snow	95-day		29.50	30
1993	Eyes of Wonder	95-day		29.50	30
1994	Eyes of Strength	95-day		29.50	30

The Faces of Nature - J. Kramer Cole

YEAR ISSUE		EDITION LIMIT	YEAR RETD.	ISSUE PRICE	QUOTE U.S.$
1992	Canyon of the Cat	150-day		29.50	30
1992	Wolf Ridge	150-day		29.50	30
1993	Trail of the Talisman	150-day		29.50	30
1993	Wolfpack of the Ancients	150-day		29.50	30
1993	Two Bears Camp	150-day		29.50	30
1993	Wintering With the Wapiti	150-day		29.50	30
1993	Within Sunrise	150-day		29.50	30
1993	Wambli Okiye	150-day		29.50	30

The Federal Duck Stamp Plate Collection - N. Anderson

YEAR ISSUE		EDITION LIMIT	YEAR RETD.	ISSUE PRICE	QUOTE U.S.$
1990	The Lesser Scaup	150-day		27.50	45
1990	Mallard	150-day		27.50	55
1990	The Ruddy Ducks	150-day		30.50	31
1990	Canvasbacks	150-day		30.50	42
1991	Pintails	150-day		30.50	35
1991	Wigeons	150-day		30.50	35
1991	Cinnamon Teal	150-day		32.50	33
1991	Fulvous Wistling Duck	150-day		32.50	60
1991	The Redheads	150-day		32.50	55
1991	Snow Goose	150-day		32.50	35

Feline Fancy - H. Ronner

YEAR ISSUE		EDITION LIMIT	YEAR RETD.	ISSUE PRICE	QUOTE U.S.$
1993	Globetrotters	95-day		34.50	40
1993	Little Athletes	95-day		34.50	35
1993	Young Adventurers	95-day		34.50	35
1993	The Geographers	95-day		34.50	35

Field Birds of North America - D. Bush

YEAR ISSUE		EDITION LIMIT	YEAR RETD.	ISSUE PRICE	QUOTE U.S.$
1991	Winter Colors: Ring-Necked Pheasant	150-day		39.50	50
1991	In Display: Ruffed Goose	150-day		39.50	45
1991	Morning Light: Bobwhite Quail	150-day		42.50	55
1991	Misty Clearing: Wild Turkey	150-day		42.50	85
1992	Autumn Moment: American Woodcock	150-day		42.50	60
1992	Season's End: Willow Ptarmigan	150-day		42.50	60

Floral Fancies - C. Callog

YEAR ISSUE		EDITION LIMIT	YEAR RETD.	ISSUE PRICE	QUOTE U.S.$
1993	Sitting Softly	95-day		34.50	35
1993	Sitting Pretty	95-day		34.50	35
1993	Sitting Sunny	95-day		34.50	35
1993	Sitting Pink	95-day		34.50	35

Flowers From Grandma's Garden - G. Kurz

YEAR ISSUE		EDITION LIMIT	YEAR RETD.	ISSUE PRICE	QUOTE U.S.$
1990	Country Cuttings	150-day		24.50	45
1990	The Morning Bouquet	150-day		24.50	45
1991	Homespun Beauty	150-day		27.50	35
1991	Harvest in the Meadow	150-day		27.50	40
1991	Gardener's Delight	150-day		27.50	55
1991	Nature's Bounty	150-day		27.50	50
1991	A Country Welcome	150-day		29.50	55
1991	The Springtime Arrangement	150-day		29.50	55

Flowers of Your Garden - V. Morley

YEAR ISSUE		EDITION LIMIT	YEAR RETD.	ISSUE PRICE	QUOTE U.S.$
1988	Roses	150-day		24.50	35
1988	Lilacs	150-day		24.50	48
1988	Daisies	150-day		27.50	40
1988	Peonies	150-day		27.50	28
1988	Chrysanthemums	150-day		27.50	28
1989	Daffodils	150-day		27.50	28
1989	Tulips	150-day		29.50	30
1989	Irises	150-day		29.50	34

Garden of the Lord - C. Gillies

YEAR ISSUE		EDITION LIMIT	YEAR RETD.	ISSUE PRICE	QUOTE U.S.$
1992	Love One Another	150-day		29.50	30
1992	Perfect Peace	150-day		29.50	30
1992	Trust In the Lord	150-day		32.50	33
1992	The Lord's Love	150-day		32.50	33
1992	The Lord Bless You	150-day		32.50	33
1992	Ask In Prayer	150-day		34.50	35
1993	Peace Be With You	150-day		34.50	35
1993	Give Thanks To The Lord	150-day		34.50	35

Gardens of Paradise - L. Chang

YEAR ISSUE		EDITION LIMIT	YEAR RETD.	ISSUE PRICE	QUOTE U.S.$
1992	Tranquility	150-day		29.50	30
1992	Serenity	150-day		29.50	30
1993	Splendor	150-day		32.50	33
1993	Harmony	150-day		32.50	33
1993	Beauty	150-day		32.50	33
1993	Elegance	150-day		32.50	33
1993	Grandeur	150-day		32.50	33
1993	Majesty	150-day		32.50	33

Gentle Beginnings - W. Nelson

YEAR ISSUE		EDITION LIMIT	YEAR RETD.	ISSUE PRICE	QUOTE U.S.$
1991	Tender Loving Care	150-day		34.50	50
1991	A Touch of Love	150-day		34.50	45
1991	Under Watchful Eyes	150-day		37.50	45
1991	Lap of Love	150-day		37.50	45
1992	Happy Together	150-day		37.50	55
1992	First Steps	150-day		37.50	50

Glorious Songbirds - R. Cobane

YEAR ISSUE		EDITION LIMIT	YEAR RETD.	ISSUE PRICE	QUOTE U.S.$
1991	Cardinals on a Snowy Branch	150-day		29.50	35
1991	Indigo Buntings and/Blossoms	150-day		29.50	30
1991	Chickadees Among The Lilacs	150-day		32.50	33
1991	Goldfinches in/Thistle	150-day		32.50	33
1991	Cedar Waxwing/Winter Berries	150-day		32.50	34
1991	Bluebirds in a Blueberry Bush	150-day		34.50	35
1991	Baltimore Orioles/Autumn Leaves	150-day		34.50	50
1991	Robins with Dogwood in Bloom	150-day		34.50	45

The Golden Age of the Clipper Ships - C. Vickery

YEAR ISSUE		EDITION LIMIT	YEAR RETD.	ISSUE PRICE	QUOTE U.S.$
1989	The Twilight Under Full Sail	150-day		29.50	30
1989	The Blue Jacket at Sunset	150-day		29.50	30
1989	Young America, Homeward	150-day		32.50	33
1990	Flying Cloud	150-day		32.50	33
1990	Davy Crocket at Daybreak	150-day		32.50	35
1990	Golden Eagle Conquers Wind	150-day		32.50	35
1990	The Lightning in Lifting Fog	150-day		34.50	35
1990	Sea Witch, Mistress/Oceans	150-day		34.50	40

Gone With the Wind: Golden Anniversary - H. Rogers

YEAR ISSUE		EDITION LIMIT	YEAR RETD.	ISSUE PRICE	QUOTE U.S.$
1988	Scarlett and Her Suitors	150-day		24.50	50-85
1988	The Burning of Atlanta	150-day		24.50	50-95
1988	Scarlett and Ashley After War	150-day		27.50	65
1988	The Proposal	150-day		27.50	85
1989	Home to Tara	150-day		27.50	50
1989	Strolling in Atlanta	150-day		27.50	55
1989	A Question of Honor	150-day		29.50	40-65
1989	Scarlett's Resolve	150-day		29.50	55
1989	Frankly My Dear	150-day		29.50	63
1989	Melane and Ashley	150-day		32.50	45

W.S. George
to W.S. George

PLATES

YEAR ISSUE		EDITION LIMIT	YEAR RETD.	ISSUE PRICE	QUOTE U.S.$
1990	A Toast to Bonnie Blue	150-day		32.50	50
1990	Scarlett and Rhett's Honeymoon	150-day		32.50	45

Gone With the Wind: The Passions of Scarlett O'Hara - P. Jennis

YEAR ISSUE		EDITION LIMIT	YEAR RETD.	ISSUE PRICE	QUOTE U.S.$
1992	Fiery Embrace	150-day		29.50	60-75
1992	Pride and Passion	150-day		29.50	50-85
1992	Dreams of Ashley	150-day		32.50	70-80
1992	The Fond Farewell	150-day		32.50	50-60
1992	The Waltz	150-day		32.50	70-75
1992	As God Is My Witness	150-day		34.50	35
1993	Brave Scarlett	150-day		34.50	35
1993	Nightmare	150-day		34.50	35
1993	Evening Prayers	150-day		34.50	35
1993	Naptime	150-day		36.50	37
1993	Dangerous Attraction	150-day		36.50	37
1994	The End of An Era	150-day		36.50	37

Grand Safari: Images of Africa - C. Frace

YEAR ISSUE		EDITION LIMIT	YEAR RETD.	ISSUE PRICE	QUOTE U.S.$
1992	A Moment's Rest	150-day		34.50	35
1992	Elephant's of Kilimanjaro	150-day		34.50	35
1992	Undivided Attention	150-day		37.50	38
1993	Quiet Time in Samburu	150-day		37.50	38
1993	Lone Hunter	150-day		37.50	38
1993	The Greater Kudo	150-day		37.50	38

Heart of the Wild - G. Beecham

YEAR ISSUE		EDITION LIMIT	YEAR RETD.	ISSUE PRICE	QUOTE U.S.$
1991	A Gentle Touch	150-day		29.50	50
1992	Mother's Pride	150-day		29.50	95
1992	An Afternoon Together	150-day		32.50	50
1992	Quiet Time?	150-day		32.50	60

Hollywood's Glamour Girls - E. Dzenis

YEAR ISSUE		EDITION LIMIT	YEAR RETD.	ISSUE PRICE	QUOTE U.S.$
1989	Jean Harlow-Dinner at Eight	150-day		24.50	40
1990	Lana Turner Postman Ring Twice	150-day		29.50	30
1990	Carol Lombard-The Gay Bride	150-day		29.50	30
1990	Greta Garbo-In Grand Hotel	150-day		29.50	30

Hometown Memories - H.T. Becker

YEAR ISSUE		EDITION LIMIT	YEAR RETD.	ISSUE PRICE	QUOTE U.S.$
1993	Moonlight Skaters	150-day		29.50	30
1993	Mountain Sleigh Ride	150-day		29.50	30
1993	Heading Home	150-day		29.50	30
1993	A Winter Ride	150-day		29.50	30

Last of Their Kind: The Endangered Species - W. Nelson

YEAR ISSUE		EDITION LIMIT	YEAR RETD.	ISSUE PRICE	QUOTE U.S.$
1988	The Panda	150-day		27.50	50
1989	The Snow Leopard	150-day		27.50	45
1989	The Red Wolf	150-day		30.50	31
1989	The Asian Elephant	150-day		30.50	31
1990	The Slender-Horned Gazelle	150-day		30.50	31
1990	The Bridled Wallaby	150-day		30.50	31
1990	The Black-Footed Ferret	150-day		33.50	34
1990	The Siberian Tiger	150-day		33.50	35
1991	The Vicuna	150-day		33.50	34
1991	Przewalski's Horse	150-day		33.50	34

Lena Liu's Basket Bouquets - L. Liu

YEAR ISSUE		EDITION LIMIT	YEAR RETD.	ISSUE PRICE	QUOTE U.S.$
1992	Roses	150-day		29.50	30
1992	Pansies	150-day		29.50	30
1992	Tulips and Lilacs	150-day		32.50	33
1992	Irises	150-day		32.50	50
1992	Lilies	150-day		32.50	60
1992	Parrot Tulips	150-day		32.50	45
1992	Peonies	150-day		32.50	45
1993	Begonias	150-day		32.50	33
1993	Magnolias	150-day		32.50	33
1993	Calla Lilies	150-day		32.50	33
1993	Orchids	150-day		32.50	33
1993	Hydrangeas	150-day		32.50	33

Lena Liu's Flower Fairies - L. Liu

YEAR ISSUE		EDITION LIMIT	YEAR RETD.	ISSUE PRICE	QUOTE U.S.$
1993	Magic Makers	95-day		29.50	30
1993	Petal Playmates	95-day		29.50	30
1993	Delicate Dancers	95-day		32.50	33
1993	Mischief Masters	95-day		32.50	33
1993	Amorous Angels	95-day		32.50	33
1993	Winged Wonders	95-day		34.50	35

Lena Liu's Hummingbird Treasury - L. Liu

YEAR ISSUE		EDITION LIMIT	YEAR RETD.	ISSUE PRICE	QUOTE U.S.$
1992	The Ruby-Throated Hummingbird	150-day		29.50	30
1992	Anna's Hummingbird	150-day		29.50	30
1992	Violet-Crowned Hummingbird	150-day		32.50	33
1992	The Rufous Hummingbird	150-day		32.50	33
1993	White-Eared Hummingbird	150-day		32.50	33
1993	Broad-Billed Hummingbird	150-day		34.50	35
1993	Calliope Hummingbird	150-day		34.50	35
1993	The Allen's Hummingbird	150-day		34.50	35

Little Angels - B. Burke

YEAR ISSUE		EDITION LIMIT	YEAR RETD.	ISSUE PRICE	QUOTE U.S.$
1992	Angels We Have Heard on High	150-day		29.50	50
1992	O Tannenbaum	150-day		29.50	60
1993	Joy to the World	150-day		32.50	33
1993	Hark the Herald Angels Sing	150-day		32.50	33
1993	It Came Upon a Midnight Clear	150-day		32.50	33
1993	The First Noel	150-day		32.50	33

A Loving Look: Duck Families - B. Langton

YEAR ISSUE		EDITION LIMIT	YEAR RETD.	ISSUE PRICE	QUOTE U.S.$
1990	Family Outing	150-day		34.50	35
1991	Sleepy Start	150-day		34.50	35
1991	Quiet Moment	150-day		37.50	40
1991	Safe and Sound	150-day		37.50	38
1991	Spring Arrivals	150-day		37.50	73
1991	The Family Tree	150-day		37.50	50-60

The Majestic Horse - P. Wildermuth

YEAR ISSUE		EDITION LIMIT	YEAR RETD.	ISSUE PRICE	QUOTE U.S.$
1992	Classic Beauty: Thoroughbred	150-day		34.50	40
1992	American Gold: The Quarterhorse	150-day		34.50	40
1992	Regal Spirit: The Arabian	150-day		34.50	50
1992	Western Favorite: American Paint Horse	150-day		34.50	75

Melodies in the Mist - A. Sakhavarz

YEAR ISSUE		EDITION LIMIT	YEAR RETD.	ISSUE PRICE	QUOTE U.S.$
1993	Early Morning Rain	95-day		34.50	35
1993	Among the Dewdrops	95-day		34.50	35
1993	Feeding Time	95-day		37.50	38
1993	The Garden Party	95-day		37.50	38
1993	Unpleasant Surprise	95-day		37.50	38
1993	Spring Rain	95-day		37.50	38

Memories of a Victorian Childhood - Unknown

YEAR ISSUE		EDITION LIMIT	YEAR RETD.	ISSUE PRICE	QUOTE U.S.$
1992	You'd Better Not Pout	150-day		29.50	35
1992	Sweet Slumber	150-day		29.50	55
1992	Through Thick and Thin	150-day		32.50	52
1992	An Armful of Treasures	150-day		32.50	60
1993	A Trio of Bookworms	150-day		32.50	60
1993	Pugnacious Playmate	150-day		32.50	60

Nature's Legacy - J. Sias

YEAR ISSUE		EDITION LIMIT	YEAR RETD.	ISSUE PRICE	QUOTE U.S.$
1990	Blue Snow at Half Dome	150-day		24.50	30
1991	Misty Morning/Mt. McKinley	150-day		24.50	25-53
1991	Mount Ranier	150-day		27.50	28-55
1991	Havasu Canyon	150-day		27.50	28
1991	Autumn Splendor in the Smoky Mts.	150-day		27.50	28
1991	Winter Peace in Yellowstone Park	150-day		29.50	30
1991	Golden Majesty/Rocky Mountains	150-day		29.60	35
1991	Radiant Sunset Over the Everglades	150-day		29.50	30

Nature's Lovables - C. Frace

YEAR ISSUE		EDITION LIMIT	YEAR RETD.	ISSUE PRICE	QUOTE U.S.$
1990	The Koala	150-day		27.50	45
1991	New Arrival	150-day		27.50	45
1991	Chinese Treasure	150-day		27.50	28
1991	Baby Harp Seal	150-day		30.50	45
1991	Bobcat: Nature's Dawn	150-day		30.50	40
1991	Clouded Leopard	150-day		32.50	35
1991	Zebra Foal	150-day		32.50	45
1991	Bandit	150-day		32.50	45

Nature's Playmates - C. Frace

YEAR ISSUE		EDITION LIMIT	YEAR RETD.	ISSUE PRICE	QUOTE U.S.$
1991	Partners	150-day		29.50	45
1991	Secret Heights	150-day		29.50	45
1991	Recess	150-day		32.50	45
1991	Double Trouble	150-day		32.50	45
1991	Pals	150-day		32.50	45
1992	Curious Trio	150-day		34.50	50
1992	Playmates	150-day		34.50	65
1992	Surprise	150-day		34.50	120
1992	Peace On Ice	150-day		36.50	65
1992	Ambassadors	150-day		36.50	70

Nature's Poetry - L. Liu

YEAR ISSUE		EDITION LIMIT	YEAR RETD.	ISSUE PRICE	QUOTE U.S.$
1989	Morning Serenade	150-day		24.50	45
1989	Song of Promise	150-day		24.50	45
1990	Tender Lullaby	150-day		27.50	28
1990	Nature's Harmony	150-day		27.50	50
1990	Gentle Refrain	150-day		27.50	30
1990	Morning Chorus	150-day		27.50	35
1990	Melody at Daybreak	150-day		29.50	30
1991	Delicate Accord	150-day		29.50	38
1991	Lyrical Beginnings	150-day		29.50	37
1991	Song of Spring	150-day		32.50	40
1991	Mother's Melody	150-day		32.50	45
1991	Cherub Chorale	150-day		32.50	55

On Golden Wings - W. Goebel

YEAR ISSUE		EDITION LIMIT	YEAR RETD.	ISSUE PRICE	QUOTE U.S.$
1993	Morning Light	95-day		29.50	30
1993	Early Risers	95-day		29.50	30
1993	As Day Breaks	95-day		32.50	33
1993	Daylight Flight	95-day		32.50	33
1993	Winter Dawn	95-day		32.50	33
1994	First Light	95-day		34.50	35

On Gossamer Wings - L. Liu

YEAR ISSUE		EDITION LIMIT	YEAR RETD.	ISSUE PRICE	QUOTE U.S.$
1988	Monarch Butterflies	150-day		24.50	40
1988	Western Tiger Swallowtails	150-day		24.50	40
1988	Red-Spotted Purple	150-day		27.50	30
1988	Malachites	150-day		27.50	29
1988	White Peacocks	150-day		27.50	40
1989	Eastern Tailed Blues	150-day		27.50	28
1989	Zebra Swallowtails	150-day		29.50	30
1989	Red Admirals	150-day		29.50	35

On the Wing - T. Humphrey

YEAR ISSUE		EDITION LIMIT	YEAR RETD.	ISSUE PRICE	QUOTE U.S.$
1992	Winged Splendor	150-day		29.50	30
1992	Rising Mallard	150-day		29.50	45
1992	Glorious Ascent	150-day		32.50	60
1992	Taking Wing	150-day		32.50	45
1992	Upward Bound	150-day		32.50	33
1993	Wondrous Motion	150-day		34.50	35
1993	Springing Forth	150-day		34.50	35
1993	On the Wing	150-day		34.50	35

On Wings of Snow - L. Liu

YEAR ISSUE		EDITION LIMIT	YEAR RETD.	ISSUE PRICE	QUOTE U.S.$
1991	The Swans	150-day		34.50	40
1991	The Doves	150-day		34.50	80
1991	The Peacocks	150-day		37.50	55
1991	The Egrets	150-day		37.50	60
1991	The Cockatoos	150-day		37.50	38
1992	The Herons	150-day		37.50	38

Our Woodland Friends - C. Brenders

YEAR ISSUE		EDITION LIMIT	YEAR RETD.	ISSUE PRICE	QUOTE U.S.$
1990	Beneath the Pines	150-day		29.50	32
1990	High Adventure	150-day		32.50	33
1990	Shy Explorers	150-day		32.50	40
1991	Golden Season:Gray Squirrel	150-day		32.50	35
1991	Full House Fox Family	150-day		32.50	60
1991	A Jump Into Life: Spring Fawn	150-day		34.50	40
1991	Forest Sentinel:Bobcat	150-day		34.50	40

Paw Prints: Baby Cats of the Wild - C. Frace

YEAR ISSUE		EDITION LIMIT	YEAR RETD.	ISSUE PRICE	QUOTE U.S.$
1992	Morning Mischief	95-day		29.50	30
1993	Togetherness	95-day		29.50	30
1993	The Buddy System	95-day		32.50	33
1993	Nap Time	95-day		32.50	33

Petal Pals - L. Chang

YEAR ISSUE		EDITION LIMIT	YEAR RETD.	ISSUE PRICE	QUOTE U.S.$
1992	Garden Discovery	150-day		24.50	25
1992	Flowering Fascination	150-day		24.50	25
1993	Alluring Lilies	150-day		24.50	25
1993	Springtime Oasis	150-day		24.50	25
1993	Blossoming Adventure	150-day		24.50	25
1993	Dancing Daffodils	150-day		24.50	25
1993	Summer Surprise	150-day		24.50	25
1993	Morning Melody	150-day		24.50	25

Poetic Cottages - C. Valente

YEAR ISSUE		EDITION LIMIT	YEAR RETD.	ISSUE PRICE	QUOTE U.S.$
1992	Garden Paths of Oxfordshire	150-day		29.50	50
1992	Twilight at Woodgreen Pond	150-day		29.50	60
1992	Stonewall Brook Blossoms	150-day		32.50	33
1992	Bedfordshire Evening Sky	150-day		32.50	33
1993	Wisteria Summer	150-day		32.50	33
1993	Wiltshire Rose Arbor	150-day		32.50	33
1993	Alderbury Gardens	150-day		32.50	33
1993	Hampshire Spring Splendor	150-day		32.50	33

Portraits of Christ - J. Salamanca

YEAR ISSUE		EDITION LIMIT	YEAR RETD.	ISSUE PRICE	QUOTE U.S.$
1991	Father, Forgive Them	150-day		29.50	80
1991	Thy Will Be Done	150-day		29.50	50
1991	This is My Beloved Son	150-day		32.50	60
1991	Lo, I Am With You	150-day		32.50	60
1991	Become as Little Children	150-day		32.50	60
1991	Peace I Leave With You	150-day		34.50	45
1992	For God So Loved the World	150-day		34.50	75
1992	I Am the Way, the Truth and the Life	150-day		34.50	80
1992	Weep Not For Me	150-day		34.50	65
1992	Follow Me	150-day		34.50	60

Portraits of Exquisite Birds - C. Brenders

YEAR ISSUE		EDITION LIMIT	YEAR RETD.	ISSUE PRICE	QUOTE U.S.$
1990	Backyard Treasure/Chickadee	150-day		29.50	35
1990	The Beautiful Bluebird	150-day		29.50	35
1991	Summer Gold: The Robin	150-day		32.50	35
1991	The Meadowlark's Song	150-day		32.50	33
1991	Ivory-Billed Woodpecker	150-day		32.50	33
1991	Red-Winged Blackbird	150-day		32.50	33

Purebred Horses of the Americas - D. Schwartz

YEAR ISSUE		EDITION LIMIT	YEAR RETD.	ISSUE PRICE	QUOTE U.S.$
1989	The Appalosa	150-day		34.50	36
1989	The Tenessee Walker	150-day		34.50	35
1990	The Quarterhorse	150-day		37.50	38
1990	The Saddlebred	150-day		37.50	45
1990	The Mustang	150-day		37.50	39
1990	The Morgan	150-day		37.50	70

Rare Encounters - J. Seerey-Lester

YEAR ISSUE		EDITION LIMIT	YEAR RETD.	ISSUE PRICE	QUOTE U.S.$
1993	Softly, Softly	95-day		29.50	30
1993	Black Magic	95-day		29.50	30
1993	Future Song	95-day		32.50	33
1993	High and Mighty	95-day		32.50	33
1993	Last Sanctuary	95-day		32.50	33
1993	Something Stirred	95-day		34.50	35

Romantic Gardens - C. Smith

YEAR ISSUE		EDITION LIMIT	YEAR RETD.	ISSUE PRICE	QUOTE U.S.$
1989	The Woodland Garden	150-day		29.50	30
1989	The Plantation Garden	150-day		29.50	30
1990	The Cottage Garden	150-day		32.50	40
1990	The Colonial Garden	150-day		32.50	33

Romantic Harbors - C. Vickery

YEAR ISSUE		EDITION LIMIT	YEAR RETD.	ISSUE PRICE	QUOTE U.S.$
1993	Advent of the Golden Bough	95-day		34.50	35
1993	Christmas Tree Schooner	95-day		34.50	35
1993	Prelude to the Journey	95-day		37.50	38
1993	Shimmering Light of Dusk	95-day		37.50	38

Romantic Roses - V. Morley

YEAR ISSUE		EDITION LIMIT	YEAR RETD.	ISSUE PRICE	QUOTE U.S.$
1993	Victorian Beauty	95-day		29.50	30
1993	Old-Fashioned Grace	95-day		29.50	30
1993	Country Charm	95-day		32.50	33
1993	Summer Romance	95-day		32.50	33
1993	Pastoral Delight	95-day		32.50	33

PLATES/STEINS

W.S. George to Anheuser-Busch, Inc.

YEAR	ISSUE	EDITION LIMIT	YEAR RETD.	ISSUE PRICE	QUOTE U.S.$
1993	Springtime Elegance	95-day		34.50	35
1993	Vintage Splendor	95-day		34.50	35
1994	Heavenly Perfection	95-day		34.50	35

Scenes of Christmas Past - L. Garrison

YEAR	ISSUE	EDITION LIMIT	YEAR RETD.	ISSUE PRICE	QUOTE U.S.$
1987	Holiday Skaters	150-day		27.50	40
1988	Christmas Eve	150-day		27.50	35
1989	The Homecoming	150-day		30.50	31
1990	The Toy Store	150-day		30.50	31
1991	The Carollers	150-day		30.50	31
1992	Family Traditions	150-day		32.50	35
1993	Holiday Past	150-day		32.50	45
1994	A Gathering of Faith	150-day		32.50	33

The Secret World Of The Panda - J. Bridgett

YEAR	ISSUE	EDITION LIMIT	YEAR RETD.	ISSUE PRICE	QUOTE U.S.$
1990	A Mother's Care	150-day		27.50	32
1991	A Frolic in the Snow	150-day		27.50	28
1991	Lazy Afternoon	150-day		30.50	31
1991	A Day of Exploring	150-day		30.50	31
1991	A Gentle Hug	150-day		32.50	33
1991	A Bamboo Feast	150-day		32.50	75

Soaring Majesty - C. Frace

YEAR	ISSUE	EDITION LIMIT	YEAR RETD.	ISSUE PRICE	QUOTE U.S.$
1991	Freedom	150-day		29.50	45
1991	The Northern Goshhawk	150-day		29.50	45
1991	Peregrine Falcon	150-day		32.50	33
1991	Red-Tailed Hawk	150-day		32.50	33
1991	The Ospray	150-day		32.50	35
1991	The Gyrfalcon	150-day		34.50	50
1991	The Golden Eagle	150-day		34.50	50
1992	Red-Shouldered Hawk	150-day		34.50	35

Sonnets in Flowers - G. Kurz

YEAR	ISSUE	EDITION LIMIT	YEAR RETD.	ISSUE PRICE	QUOTE U.S.$
1992	Sonnet of Beauty	150-day		29.50	40
1992	Sonnet of Happiness	150-day		34.50	45
1992	Sonnet of Love	150-day		34.50	35
1992	Sonnet of Peace	150-day		34.50	55

The Sound of Music: Silver Anniversary - V. Gadino

YEAR	ISSUE	EDITION LIMIT	YEAR RETD.	ISSUE PRICE	QUOTE U.S.$
1991	The Hills are Alive	150-day		29.50	35
1992	Let's Start at the Very Beginning	150-day		29.50	40
1992	Something Good	150-day		32.50	45
1992	Maria's Wedding Day	150-day		32.50	50

Spirit of Christmas - J. Sias

YEAR	ISSUE	EDITION LIMIT	YEAR RETD.	ISSUE PRICE	QUOTE U.S.$
1990	Silent Night	150-day		29.50	37
1991	Jingle Bells	150-day		29.50	30
1991	Deck The Halls	150-day		32.50	45
1991	I'll Be Home For Christmas	150-day		32.50	50
1991	Winter Wonderland	150-day		32.50	40
1991	O Christmas Tree	150-day		32.50	35

Spirits of the Sky - C. Fisher

YEAR	ISSUE	EDITION LIMIT	YEAR RETD.	ISSUE PRICE	QUOTE U.S.$
1992	Twilight Glow	150-day		29.50	40
1992	First Light	150-day		29.50	30
1992	Evening Glimmer	150-day		32.50	33
1992	Golden Dusk	150-day		32.50	33
1993	Sunset Splendor	150-day		32.50	33
1993	Amber Flight	150-day		34.50	35
1993	Winged Radiance	150-day		34.50	35
1993	Day's End	150-day		34.50	35

Symphony of Shimmering Beauties - L. Liu

YEAR	ISSUE	EDITION LIMIT	YEAR RETD.	ISSUE PRICE	QUOTE U.S.$
1991	Iris Quartet	150-day		29.50	54
1991	Tulip Ensemble	150-day		29.50	35
1991	Poppy Pastorale	150-day		32.50	35
1991	Lily Concerto	150-day		32.50	55
1991	Peony Prelude	150-day		32.50	50
1991	Rose Fantasy	150-day		34.50	35
1991	Hibiscus Medley	150-day		34.50	35
1992	Dahlia Melody	150-day		34.50	35
1992	Hollyhock March	150-day		34.50	35
1992	Carnation Serenade	150-day		36.50	37
1992	Gladiolus Romance	150-day		36.50	37
1992	Zinnia Finale	150-day		36.50	37

'Tis the Season - J. Sias

YEAR	ISSUE	EDITION LIMIT	YEAR RETD.	ISSUE PRICE	QUOTE U.S.$
1993	A World Dressed in Snow	95-day		29.50	30
1993	A Time for Tradition	95-day		29.50	30
1993	We Shall Come Rejoining	95-day		29.50	30
1993	Our Family Tree	95-day		29.50	30

Tomorrow's Promise - W. Nelson

YEAR	ISSUE	EDITION LIMIT	YEAR RETD.	ISSUE PRICE	QUOTE U.S.$
1992	Curiosity: Asian Elephants	150-day		29.50	55
1992	Playtime Pandas	150-day		29.50	40
1992	Innocence: Rhinos	150-day		32.50	40
1992	Friskiness: Kit Foxes	150-day		32.50	45

Touching the Spirit - J. Kramer Cole

YEAR	ISSUE	EDITION LIMIT	YEAR RETD.	ISSUE PRICE	QUOTE U.S.$
1993	Running With the Wind	95-day		29.50	30
1993	Kindred Spirits	95-day		29.50	30
1993	The Marking Tree	95-day		29.50	30
1993	Wakan Tanka	95-day		29.50	30
1993	He Who Watches	95-day		29.50	30
1993	Twice Traveled Trail	95-day		29.50	30
1993	Keeper of the Secret	95-day		29.50	30
1993	Camp of the Sacred Dogs	95-day		29.50	30

A Treasury of Songbirds - R. Stine

YEAR	ISSUE	EDITION LIMIT	YEAR RETD.	ISSUE PRICE	QUOTE U.S.$
1992	Springtime Splendor	150-day		29.50	50
1992	Morning's Glory	150-day		29.50	30
1992	Golden Daybreak	150-day		32.50	33
1992	Afternoon Calm	150-day		32.50	33
1992	Dawn's Radiance	150-day		32.50	33
1993	Scarlet Sunrise	150-day		34.50	35
1993	Sapphire Dawn	150-day		34.50	35
1993	Alluring Daylight	150-day		34.50	35

The Vanishing Gentle Giants - A. Casay

YEAR	ISSUE	EDITION LIMIT	YEAR RETD.	ISSUE PRICE	QUOTE U.S.$
1991	Jumping For Joy	150-day		32.50	40
1991	Song of the Humpback	150-day		32.50	40
1991	Monarch of the Deep	150-day		35.50	45
1991	Travelers of the Sea	150-day		35.50	50
1991	White Whale of the North	150-day		35.50	40
1991	Unicorn of the Sea	150-day		35.50	40

Victorian Cat - H. Bonner

YEAR	ISSUE	EDITION LIMIT	YEAR RETD.	ISSUE PRICE	QUOTE U.S.$
1990	Mischief With The Hatbox	150-day		24.50	44-54
1991	String Quartet	150-day		24.50	55
1991	Daydreams	150-day		27.50	45
1991	Frisky Felines	150-day		27.50	53
1991	Kittens at Play	150-day		27.50	45-54
1991	Playing in the Parlor	150-day		29.50	50-68
1991	Perfectly Poised	150-day		29.50	40-75
1992	Midday Repose	150-day		29.50	30

Victorian Cat Capers - Various

YEAR	ISSUE	EDITION LIMIT	YEAR RETD.	ISSUE PRICE	QUOTE U.S.$
1992	Who's the Fairest of Them All? - F. Paton	150-day		24.50	50
1992	Puss in Boots - Unknown	150-day		24.50	50
1992	My Bowl is Empty - W. Hepple	150-day		27.50	35
1992	A Curious Kitty - W. Hepple	150-day		27.50	40
1992	Vanity Fair - W. Hepple	150-day		27.50	45
1992	Forbidden Fruit - W. Hepple	150-day		29.50	50
1993	The Purr-fect Pen Pal - W. Hepple	150-day		29.50	60
1993	The Kitten Express - W. Hepple	150-day		29.50	45

Wild Innocents - C. Frace

YEAR	ISSUE	EDITION LIMIT	YEAR RETD.	ISSUE PRICE	QUOTE U.S.$
1993	Reflections	95-day		29.50	30
1993	Spiritual Heir	95-day		29.50	30
1993	Lion Cub	95-day		29.50	30
1993	Sunny Spot	95-day		29.50	30

Wild Spirits - T. Hirata

YEAR	ISSUE	EDITION LIMIT	YEAR RETD.	ISSUE PRICE	QUOTE U.S.$
1992	Solitary Watch	150-day		29.50	30
1992	Timber Ghost	150-day		29.50	30
1992	Mountain Magic	150-day		32.50	33
1993	Silent Guard	150-day		32.50	33
1993	Sly Eyes	150-day		32.50	33
1993	Mighty Presence	150-day		34.50	35
1993	Quiet Vigil	150-day		34.50	35
1993	Lone Vanguard	150-day		34.50	35

Wings of Winter - D. Rust

YEAR	ISSUE	EDITION LIMIT	YEAR RETD.	ISSUE PRICE	QUOTE U.S.$
1992	Moonlight Retreat	150-day		29.50	30
1993	Twilight Serenade	150-day		29.50	30
1993	Silent Sunset	150-day		29.50	30
1993	Night Lights	150-day		29.50	30
1993	Winter Haven	150-day		29.50	30
1993	Full Moon Companions	150-day		29.50	30
1993	White Night	150-day		29.50	30
1993	Winter Reflections	150-day		29.50	30

Winter's Majesty - C. Frace

YEAR	ISSUE	EDITION LIMIT	YEAR RETD.	ISSUE PRICE	QUOTE U.S.$
1992	The Quest	150-day		34.50	35
1992	The Chase	150-day		34.50	35
1993	Alaskan Friend	150-day		34.50	35
1993	American Cougar	150-day		34.50	35
1993	On Watch	150-day		34.50	35
1993	Solitude	150-day		34.50	35

Wonders Of The Sea - R. Harm

YEAR	ISSUE	EDITION LIMIT	YEAR RETD.	ISSUE PRICE	QUOTE U.S.$
1991	Stand By Me	150-day		34.50	35
1991	Heart to Heart	150-day		34.50	35
1991	Warm Embrace	150-day		34.50	45
1991	A Family Affair	150-day		34.50	35

The World's Most Magnificent Cats - C. Frace

YEAR	ISSUE	EDITION LIMIT	YEAR RETD.	ISSUE PRICE	QUOTE U.S.$
1991	Fleeting Encounter	150-day		24.50	55
1991	Cougar	150-day		24.50	70
1991	Royal Bengal	150-day		27.50	45
1991	Powerful Presence	150-day		27.50	60
1991	Jaguar	150-day		27.50	50
1991	The Clouded Leopard	150-day		29.50	70
1991	The African Leopard	150-day		29.50	55
1991	Mighty Warrior	150-day		29.50	55
1992	The Cheetah	150-day		31.50	60
1992	Siberian Tiger	150-day		31.50	70

Waterford Wedgwood USA

Bicentennial - Unknown

YEAR	ISSUE	EDITION LIMIT	YEAR RETD.	ISSUE PRICE	QUOTE U.S.$
1972	Boston Tea Party	Annual		40.00	40
1973	Paul Revere's Ride	Annual		40.00	115
1974	Battle of Concord	Annual		40.00	55
1975	Across the Delaware	Annual		40.00	105
1975	Victory at Yorktown	Annual		45.00	53
1976	Declaration Signed	Annual		45.00	45

Wedgwood Christmas - Various

YEAR	ISSUE	EDITION LIMIT	YEAR RETD.	ISSUE PRICE	QUOTE U.S.$
1969	Windsor Castle - T. Harper	Annual		25.00	200
1970	Trafalgar Square - T. Harper	Annual		30.00	60
1971	Picadilly Circus - T. Harper	Annual		30.00	50
1972	St. Paul's Cathedral - T. Harper	Annual		35.00	50
1973	Tower of London - T. Harper	Annual		40.00	90
1974	Houses of Parliament - T. Harper	Annual		40.00	40
1975	Tower Bridge - T. Harper	Annual		45.00	45
1976	Hampton Court - T. Harper	Annual		50.00	50
1977	Westminister Abbey - T. Harper	Annual		55.00	60
1978	Horse Guards - T. Harper	Annual		60.00	60
1979	Buckingham Palace - Unknown	Annual		65.00	65
1980	St. James Palace - Unknown	Annual		70.00	70
1981	Marble Arch - Unknown	Annual		75.00	75
1982	Lambeth Palace - Unknown	Annual		80.00	90
1983	All Souls, Langham Palace - Unknown	Annual		80.00	80
1984	Constitution Hill - Unknown	Annual		80.00	80
1985	The Tate Gallery - Unknown	Annual		80.00	80
1986	The Albert Memorial - Unknown	Annual		80.00	150
1987	Guildhall - Unknown	Annual		80.00	85
1988	The Observatory/Greenwich - Unknown	Annual		80.00	90
1989	Winchester Cathedral - Unknown	Annual		88.00	88

STEINS

Anheuser-Busch, Inc.

A & Eagle Historical Trademark Series-Giftware Edition - Various

YEAR	ISSUE	EDITION LIMIT	YEAR RETD.	ISSUE PRICE	QUOTE U.S.$
1993	The 1872 Edition CS191, boxed - D. Langeneckert	Retrd.	N/A	22.00	30-40
1993	The 1872 Edition CS201, tin - D. Langeneckert	Retrd.	N/A	31.00	35-50
1993	The 1890 Edition CS218, tin - A-Busch, Inc.	Retrd.	N/A	24.00	30-45
1994	The 1890 Edition CS219, boxed - A-Busch, Inc.	Retrd.	N/A	24.00	25-40
1994	The 1900 Edition CS238, tin - A-Busch, Inc.	20,000		28.00	28
1994	A & Eagle Trademark III stein CS240, boxed - D. Langeneckert	20,000		25.00	25
1994	A & Eagle Trademark III stein CS238, tin - D. Langeneckert	30,000		28.00	28

1992 Olympic Team Series-Collector Edition - A-Busch, Inc.

YEAR	ISSUE	EDITION LIMIT	YEAR RETD.	ISSUE PRICE	QUOTE U.S.$
1991	1992 Winter Olympic Stein CS162	25,000		85.00	85
1992	1992 Summer Olympic Stein CS163	Retrd.	N/A	85.00	85
1992	1992 U.S.Olympic Stein CS168	50,000		16.00	19

Anheuser-Busch Founder Series-Premier Collection - A-Busch, Inc.

YEAR	ISSUE	EDITION LIMIT	YEAR RETD.	ISSUE PRICE	QUOTE U.S.$
1993	Adophus Busch CS216	10,000		180.00	180
1994	August A. Busch, Sr. CS229	10,000		220.00	220

Archives Series-Collector Edition - Various

YEAR	ISSUE	EDITION LIMIT	YEAR RETD.	ISSUE PRICE	QUOTE U.S.$
1992	1893 Columbian Exposition CS169 - A-Busch, Inc.	75,000		35.00	35
1992	Ganymede CS190 - D. Langeneckert	Retrd.	N/A	35.00	35-50
1994	Budweiser's Greatest Triumph CS222 - D. Langeneckert	75,000		35.00	35

Birds of Prey Series-Premier Edition - P. Ford

YEAR	ISSUE	EDITION LIMIT	YEAR RETD.	ISSUE PRICE	QUOTE U.S.$
1991	American Bald Eagle CS164	25,000		125.00	125
1992	Peregrine Falcon CS183	25,000		125.00	125
1994	Osprey CS212	Retrd.	N/A	135.00	135-225
1995	Great Horned Owl CS264	25,000		137.00	137

Bud Label Series-Giftware Edition - A-Busch, Inc.

YEAR	ISSUE	EDITION LIMIT	YEAR RETD.	ISSUE PRICE	QUOTE U.S.$
1989	Budweiser Label CS101	Open		14.00	14
1990	Antique Label II CS127	Retrd.	N/A	14.00	16-25
1990	Bottled Beer III CS136	Open		15.00	15

Budweiser Military Series-Giftware Edition - Various

YEAR	ISSUE	EDITION LIMIT	YEAR RETD.	ISSUE PRICE	QUOTE U.S.$
1994	Army CS224 - H. Droog	Open		19.00	19
1994	Air Force CS228 - M. Watts	Open		19.00	19
1995	Budweiser Salutes the Navy CS243 - M. Watts	Open		19.50	20

Budweiser Racing Series-Giftware Edition - Various

YEAR	ISSUE	EDITION LIMIT	YEAR RETD.	ISSUE PRICE	QUOTE U.S.$
1992	Budweiser Racing-Elliot/Johnson N3553 - M. Watts	Retrd.	N/A	19.00	25-45
1993	Budweiser RacingTeam CS194 - H. Droog	Open		19.00	19

Civil War Series-Premier Edition - D. Langeneckert

YEAR	ISSUE	EDITION LIMIT	YEAR RETD.	ISSUE PRICE	QUOTE U.S.$
1992	General Grant CS181	25,000		150.00	150
1993	General Robert E. Lee CS188	25,000		150.00	150
1993	President Abraham Lincoln CS189	25,000		150.00	150

Classic Series - A-Busch, Inc.

YEAR	ISSUE	EDITION LIMIT	YEAR RETD.	ISSUE PRICE	QUOTE U.S.$
1988	1st Edition CS93	Retrd.	N/A	34.95	145-175
1989	2nd Edition CS104	Retrd.	N/A	54.95	95-120
1990	3rd Edition CS113	Retrd.	N/A	65.00	40-85
1991	4th Edition CS130	Retrd.	N/A	75.00	40-75

Clydesdales Holiday Series - A-Busch, Inc.

YEAR	ISSUE	EDITION LIMIT	YEAR RETD.	ISSUE PRICE	QUOTE U.S.$
1980	1st Holiday CS19	Retrd.	N/A	9.95	95-125
1976	Budweiser Champion Clydesdales CS19A	Retrd.	N/A	N/A	145-250
1981	2nd Holiday CS50	Retrd.	N/A	9.95	195-275
1982	3rd Holiday CS57 50th Anniversary	Retrd.	N/A	9.95	80-110

YEAR ISSUE		EDITION LIMIT	YEAR RETD.	ISSUE PRICE	QUOTE U.S.$
1983	4th Holiday CS58	Retrd.	N/A	9.95	35
1984	5th Holiday CS62	Retrd.	N/A	9.95	17
1985	6th Holiday CS63	Retrd.	N/A	9.95	17
1986	7th Holiday CS66	Retrd.	N/A	9.95	25-40
1987	8th Holiday CS70	Retrd.	N/A	9.95	12-25
1988	9th Holiday CS88	Retrd.	N/A	9.95	15
1989	10th Holiday CS89	Retrd.	N/A	12.95	15

Clydesdales Series-Giftware Edition - A-Busch, Inc.

1987	Eight Horse Hitch CS74	Retrd.	N/A	9.95	20-30
1988	Mare & Foal CS90	Retrd.	N/A	11.50	23
1989	Parade Dress CS99	Retrd.	N/A	11.50	35-50
1991	Training Hitch CS131	Retrd.	N/A	13.00	15-25
1992	Clydesdales on Parade CS161	Retrd.	N/A	16.00	20
1994	Proud and Free CS223	Open		17.00	17

Collector Edition - J. Tull

1994	Budweiser World Cup Stein CS230	25,000		40.00	40

Discover America Series-Collector Edition - A-Busch, Inc.

1990	Nina CS107	100,000		40.00	40
1991	Pinta CS129	100,000		40.00	40
1992	Santa Maria CS138	100,000		40.00	40

Endangered Species Series-Collector Edition - Various

1989	Bald Eagle CS106(First) - A-Busch, Inc.	Retrd.	N/A	24.95	250-300
1990	Asian Tiger CS126 (Second) - A-Busch, Inc.	Retrd.	N/A	27.50	40-60
1991	African Elephant CS135 (Third) - A-Busch, Inc.	100,000		29.00	29
1992	Giant Panda CS173(Fourth) - B. Kemper	100,000		29.00	29
1992	Grizzly CS199(Fifth) - B. Kemper	100,000		29.50	30
1994	Gray Wolf Stein CS226 - B. Kemper	100,000		29.50	30

Giftware Edition - A-Busch, Inc.

1992	1992 Rodeo CS184	Retrd.	N/A	18.00	20
1993	Bud Man Character Stein CS213	Open		45.00	45
1994	Budweiser Golf Bag Stein CS225	Open		16.00	16
1994	"Walking Tall" Budweiser Cowboy Boot Stein CS251	Open		17.50	18
1995	"You're Out!" Baseball Mitt stein CS244	Open		18.00	18

Historical Landmark Series - A-Busch, Inc.

1986	Brew House CS67 (First)	Retrd.	N/A	19.95	35
1987	Stables CS73 (Second)	Retrd.	N/A	19.95	30
1988	Grant Cabin CS83 (Third)	Retrd.	N/A	19.95	35-45
1988	Old School House CS84 (Fourth)	Retrd.	N/A	19.95	27

Horseshoe Series - A-Busch, Inc.

1986	Horseshoe CS68	Retrd.	N/A	14.95	40-50
1987	Horsehead CS76	Retrd.	N/A	16.00	25-40
1986	Horseshoe CS77	Retrd.	N/A	16.00	30-75
1987	Horsehead CS78	Retrd.	N/A	14.95	45-75
1988	Harness CS94	Retrd.	N/A	16.00	45-75

Hunter's Companion Series-Collector Edition - Various

1993	Labrador Retriever CS195 - L. Freeman	50,000		32.50	33
1994	The Setter Stein CS205 - S. Ryan	50,000		32.50	33
1995	The Golden Retreiver Stein CS248 - S. Ryan	50,000		34.00	34

Limited Edition Series - A-Busch, Inc.

1985	Ltd. Ed. I Brewing & Fermenting CS64	Retrd.	N/A	29.95	175-200
1986	Ltd. Ed. II Aging & Cooperage CS65	Retrd.	N/A	29.95	45-75
1987	Ltd. Ed. III Transportation CS71	Retrd.	N/A	29.95	30-55
1988	Ltd. Ed. IV Taverns & Public Houses CS75	Retrd.	N/A	29.95	30-50
1989	Ltd. Ed.V Festival Scene CS98	Retrd.	N/A	34.95	30-50

Logo Series Steins-Giftware Edition - A-Busch, Inc.

1991	Budweiser CS143	Open		16.00	16
1991	Bud Light CS144	Open		16.00	16
1991	Michelob CS145	Retrd.	N/A	16.00	16
1991	Michelob Dry CS146	Open		16.00	16
1991	Busch CS147	Open		16.00	16
1991	A&Eagle CS148	Open		16.00	16
1991	Bud Dry Draft CS156	Open		16.00	16

Marine Conservation Series-Collector Edition - B. Kemper

1994	Manatee Stein CS203	25,000		33.50	34

Octoberfest Series-Giftware Edition - A-Busch, Inc.

1991	1991 Octoberfest N3286	25,000	N/A	19.00	20
1992	1992 Octoberfest CS185	35,000		16.00	16
1993	1993 Octoberfest CS202	35,000		18.00	18

Porcelain Heritage Series-Premier Edition - Various

1990	Berninghaus CS105 - Berninghaus	Retrd.	N/A	75.00	75
1991	After The Hunt CS155 - A-Busch, Inc.	Retrd.	N/A	100.00	85-100
1992	Cherub CS182 - D. Langeneckert	25,000		100.00	100

Premier Collection - H. Droog

1993	Bill Elliott CS196	25,000		150.00	150
1993	Bill Elliott, Signature Edition, CS196SE	1,500		295.00	295

Sea World Series-Collector Edition - A-Busch, Inc.

1992	Killer Whale CS186	25,000		100.00	100
1992	Dolphin CS187	22,500		90.00	90

Specialty Steins - A-Busch, Inc.

1975	Bud Man CS1	Retrd.	N/A	N/A	325-400
1975	A&Eagle CS2	Retrd.	N/A	N/A	175-275
1975	A&Eagle Lidded CSL2 (Reference CS28)	Retrd.	N/A	N/A	200-325
1975	Katakombe CS3	Retrd.	N/A	N/A	225-300
1975	Katakombe Lidded CSL3	Retrd.	N/A	N/A	250-400
1975	German Olympia CS4	Retrd.	N/A	N/A	50-150
1975	Senior Grande Lidded CSL4	Retrd.	N/A	N/A	625
1975	German Pilique CS5	Retrd.	N/A	N/A	400-500
1975	German Pilique Lidded CSL5	Retrd.	N/A	N/A	450-550
1975	Senior Grande CS6	Retrd.	N/A	N/A	600-750
1975	German Olympia Lidded CSL6	Retrd.	N/A	N/A	175-275
1975	Miniature Bavarian CS7	Retrd.	N/A	N/A	300
1976	Budweiser Centennial Lidded CSL7	Retrd.	N/A	N/A	400-550
1976	U.S. Bicentennial Lidded CSL8	Retrd.	N/A	N/A	400-550
1976	Natural Light CS9	Retrd.	N/A	N/A	175-225
1976	Clydesdales Hofbrau Lidded CSL9	Retrd.	N/A	N/A	225-250
1976	Blue Delft CS11	Retrd.	N/A	N/A	1800-2400
1976	Clydesdales CS12	Retrd.	N/A	N/A	175-275
1976	Budweiser Centennial CS13	Retrd.	N/A	N/A	300-450
1976	U.S. Bicentennial CS14	Retrd.	N/A	N/A	325-425
1976	Clydesdales Grants Farm CS15	Retrd.	N/A	N/A	150-250
1976	German Cities (6 assorted) CS16	Retrd.	N/A	N/A	1800
1976	Americana CS17	Retrd.	N/A	N/A	350-550
1976	Budweiser Label CS18	Retrd.	N/A	N/A	350
1980	Budweiser Ladies (4 assorted) CS20	Retrd.	N/A	N/A	2000-2500
1977	Budweiser Girl CS21	Retrd.	N/A	N/A	350
1976	Budweiser Centennial CS22	Retrd.	N/A	N/A	300-450
1977	A&Eagle CS24	Retrd.	N/A	N/A	350
1976	A&Eagle Barrel CS26	Retrd.	N/A	N/A	125-175
1976	Michelob CS27	Retrd.	N/A	N/A	175-225
1976	A&Eagle Lidded CS28 (Reference CSL2)	Retrd.	N/A	N/A	200-325
1976	Clydesdales Lidded CS29	Retrd.	N/A	N/A	200-300
1976	Coracao Decanter Set (7 piece) CS31	Retrd.	N/A	N/A	500-700
1976	German Wine Set (7 piece) CS32	Retrd.	N/A	N/A	485
1976	Clydesdales Decanter CS33	Retrd.	N/A	N/A	1100-1200
1976	Holanda Brown Decanter Set (7 piece) CS34	Retrd.	N/A	N/A	350
1976	Holanda Blue Decanter Set (7 piece) CS35	Retrd.	N/A	N/A	500
1976	Canteen Decanter Set (7 piece) CS36	Retrd.	N/A	N/A	N/A
1976	St. Louis Decanter CS37	Retrd.	N/A	N/A	400
1976	St. Louis Decanter Set (7 piece) CS38	Retrd.	N/A	N/A	1000-1200
1980	Wurzburger Hofbrau CS39	Retrd.	N/A	N/A	300-450
1980	Budweiser Chicago Skyline CS40	Retrd.	N/A	N/A	100-150
1978	Busch Gardens CS41	Retrd.	N/A	N/A	250-350
1980	Oktoberfest— "The Old Country" CS42	Retrd.	N/A	N/A	250-400
1980	Natural Light Label CS43	Retrd.	N/A	N/A	175
1980	Busch Label CS44	Retrd.	N/A	N/A	175
1980	Michelob Label CS45	Retrd.	N/A	N/A	50-100
1980	Budweiser Label CS46	Retrd.	N/A	N/A	50-125
1981	Budweiser Chicagoland CS51	Retrd.	N/A	N/A	47
1981	Budweiser Texas CS52	Retrd.	N/A	N/A	50-75
1981	Budweiser California CS56	Retrd.	N/A	N/A	50
1983	Budweiser San Francisco CS59	Retrd.	N/A	N/A	175-200
1984	Budweiser Olympic Games CS60	Retrd.	N/A	N/A	20-50
1983	Bud Light Baron CS61	Retrd.	N/A	N/A	30-50
1987	Santa Claus CS79	Retrd.	N/A	N/A	60-75
1987	King Cobra CS80	Retrd.	N/A	N/A	N/A
1987	Winter Olympic Games, Lidded CS81	Retrd.	N/A	49.95	65-75
1988	Budweiser Winter Olympic Games CS85	Retrd.	N/A	24.95	25
1988	Summer Olympic Games, Lidded CS91	Retrd.	N/A	54.95	50
1988	Budweiser Summer Olympic Games CS92	Retrd.	N/A	54.95	25
1988	Budweiser/ Field&Stream Set (4 piece) CS95	Retrd.	N/A	69.95	200-250
1989	Bud Man CS100	Retrd.	N/A	29.95	35-45
1990	Baseball Cardinal Stein CS125	Retrd.	N/A	30.00	27
1991	Bevo Fox Stein CS160	Retrd.	N/A	250.00	200-250

Sports History Series-Giftware Edition - A-Busch, Inc.

1990	Baseball, America's Favorite Pastime CS124	Retrd.	N/A	20.00	20-30
1990	Football, Gridiron Legacy CS128	Retrd.	N/A	20.00	20-30
1991	Auto Racing, Chasing The Checkered Flag CS132	100,000		22.00	22
1991	Basketball, Heroes of the Hardwood CS134	100,000		22.00	22
1992	Golf, Par For The Course CS165	100,000		22.00	22
1993	Hockey, Center Ice CS209	100,000		22.00	22

Sports Legend Series-Collector Edition - Various

1991	Babe Ruth CS142 - A-Busch	50,000		85.00	85
1992	Jim Thorpe CS171 - M. Caito	50,000		85.00	85
1993	Joe Louis CS206 - M. Caito	Retrd.	N/A	85.00	75-100

St. Patrick's Day Series-Giftware Edition - A-Busch, Inc.

1991	1991 St. Patrick's Day CS109	Retrd.	N/A	15.00	45
1992	1992 St. Patrick's Day CS166	100,000		15.00	15
1993	1993 St. Patrick's Day CS193	Retrd.	N/A	15.30	25
1994	Luck O' The Irish CS210	Open		18.00	18
1995	1995 St. Patrick's Day Stein CD242	Open		19.00	19

Wholesaler Holiday Series - Various

1990	An American Tradition, CS112, 1990 - S. Sampson	Retrd.	N/A	13.50	14
1990	An American Tradition, CS112-SE, 1990 - S. Sampson	Retrd.	N/A	50.00	50-80
1991	The Season's Best, CS133, 1991 - S. Sampson	Retrd.	N/A	14.50	15
1991	The Season's Best, CS133-SE Signature Edition, 1991 - S. Sampson	Retrd.	N/A	50.00	40-50
1992	The Perfect Christmas, CS167, 1992 - S. Sampson	Open		14.50	15
1992	The Perfect Christmas, CS167-SE Signature Edition, 1992 - S. Sampson	Open		50.00	25
1993	Special Delivery, CS192, 1993 - N. Koerber	Retrd.	N/A	15.00	20
1993	Special Delivery, CS192-SE Signature Edition, 1993 - N. Koerber	Retrd.	N/A	60.00	100-125
1994	Hometown Holiday, CS211, 1994 - B. Kemper	Open		14.00	14
1994	Hometown Holiday, CS211-SE Signature Edition, 1994 - B. Kemper	Retrd.	N/A	65.00	75-100

Anheuser-Busch, Inc./Gerz Meisterwerke

American Heritage Collection - Gerz

1993	John F. Kennedy Stein-GM-4	10,000		220.00	220

Favorite Past Times Collection - Various

1993	The Dugout-GL1 - Gerz	10,000		110.00	110
1994	Winchester Stein-GL2 - A-Busch, Inc.	10,000		120.00	120

First Hunt Series - P. Ford

1992	Golden Retriever GM-2	10,000		150.00	150
1994	Springer Spaniel GM-5	10,000		170.00	170

Gerz Meisterwerke Collection - A-Busch, Inc.

1994	Norman Rockwell-Triple Self Portrait GM6	5,000		250.00	250
1994	Mallard Stein GM7	5,000		220.00	220
1994	Winchester "Model 94" Centennial Stein GM10	5,000		150.00	150

Saturday Evening Post Collection - Various

1993	Santa's Mailbag GM-1 - Gerz	Retrd.		195.00	250
1993	Santa's Helper GM-3 - Gerz	7,500		200.00	200
1994	"All I Want For Christmas" GM-13 - J.C. Leyendecker	5,000		220.00	220

Artaffects

Perillo Steins - G. Perillo

1989	Buffalo Hunt	5,000		125.00	125
1991	Hoofbeats	5,000		125.00	125

CUI/Carolina Collection/Dram Tree

Classic Car Series - Various

1992	1957 Chevy - G. Geivette	Retrd.		100.00	100
1993	Classic T-Birds - K. Eberts	6,950		100.00	100

Ducks Unlimited - Various

1987	Wood Duck Edition I - K. Bloom	Retrd.		80.00	200
1988	Mallard Edition II - M. Bradford	Retrd.		80.00	125
1989	Canvasbacks Edition III - L. Barnicle	Retrd.		80.00	100
1990	Pintails Edition IV - R. Plasschaert	Retrd.		80.00	90
1991	Canada Geese Edition V - J. Meger	20,000		80.00	80

Ducks Unlimited Classic Decoy Series - D. Boncela

1992	1930's Bert Graves Mallard Decoys Edition I	Retrd.		100.00	100

Elvis Presley Deluxe Series - Unknown

1993	Comeback Special-25th Anniversary	1,968		130.00	130
1994	Life of Elvis Deluxe	1,977		130.00	130
1994	Elvis:Aloha from Hawaii Deluxe	1,973		130.00	130

Federal Duck Stamp - Various

1990	Lesser Scaup Edition I - N. Anderson	6,950		80.00	80
1991	Black Bellied Whistling Duck Edition II - J. Hautman	6,950		80.00	80
1992	King Eiders Edition III - N. Howe	Retrd.		80.00	80
1993	Spectacled Eiders - J. Hautman	6,950		80.00	80
1993	50th Anniversary Commemorative - W.C. Morris	6,950		85.00	85
1994	Canvasbacks - B. Miller	6,950		80.00	80

Great American Achievements - CUI

1986	First Successful Flight Edition I	Retrd.		10.95	75-95

STEINS

CUI/Carolina Collection/Dram Tree

YEAR ISSUE		EDITION LIMIT	YEAR RETD.	ISSUE PRICE	QUOTE U.S. $
1987	The Model T Edition II	Retrd.		12.95	30-55
1988	First Transcontinental Railway Edition III	Retrd.		15.95	28-55
1989	The First River Steamer Edition IV	Retrd.		25.00	25
1990	Man's First Walk on the Moon Edition V	Retrd.		25.00	25

The History of Billiards - Various

1993	1694 Louis XIV - Trouvian	Retrd.		39.50	40
1993	1745 Ich Mache Nur Colle - Unknown	Retrd.		39.50	40
1993	1823 Indifference - D. Egerton	Retrd.		39.50	40
1993	1859 First Major Stake Match - Unknown	Retrd.		39.50	40
1993	1875 Grand Union Hotel, Saratoga NY - Unknown	Retrd.		39.50	40
1993	1905 Untitled Print - M. Neuman	Retrd.		39.50	40

North American Fishing Club - V. Beck

| 1992 | Jumpin' Hog | 6,950 | | 90.00 | 90 |

Quarterback Legends - CUI

1992	Hall of Fame - John Unitas Edition I	4,950		175.00	175
1992	Hall of Fame - Y.A. Tittle Edition II	4,950		175.00	175
1992	Hall of Fame - Bart Starr	4,950		175.00	175
1992	Hall of Fame - Otto Graham	Retrd.		175.00	175

Still the King - Various

| 1992 | Elvis Presley Postage Stamp - Unknown | Retrd. | | 60.00 | 60 |

1993	'68 Comeback Special - CUI	45-day		60.00	60
1994	Gates of Graceland - Unknown	45-day		60.00	60
1994	Elvis in the Army - Unknown	45-day		65.00	65
1994	Elvis:Aloha from Hawaii - Unknown	45-day		65.00	65
1994	Elvis in Las Vegas - Unknown	45-day		65.00	65

Stroh Bavaria Collection - CUI

1990	Dancers Edition I - Bavaria I	Retrd.		45.00	45
1990	Dancers Pewter Figure Edition I - Bavaria I	Retrd.		70.00	70
1991	Barrel Pusher Edition II - Bavaria II	Retrd.		45.00	45
1991	Barrel Pusher Pewter Edition II - Bavaria II	Retrd.		70.00	70
1992	Aging Cellar-Edition III	Retrd.		45.00	45
1992	Aging Cellar-Pewter Edition III	Retrd.		70.00	70
1993	Bandwagon Street Party-Pewter Edition II	Retrd.		70.00	70
1993	Bandwagon Street Party- Edition IV	Retrd.		45.00	45

Stroh Heritage Collection - CUI

1984	Horsedrawn Wagon - Heritage I	Retrd.		11.95	15-25
1985	Kirn Inn Germany - Heritage II	Retrd.		12.95	15-22
1986	Lion Brewing Company - Heritage III	Retrd.		13.95	25-35
1987	Bohemian Beer - Heritage IV	Retrd.		14.95	19-22
1988	Delivery Vehicles - Heritage V	Retrd.		25.00	25
1989	Fire Brewed - Heritage V I	Retrd.		16.95	19

Hadley House

Annual Christmas Series - T. Redlin

| 1994 | Almost Home | 45-day | | 39.95 | 40 |

Hamilton Collection

The STAR TREK Tankard Collection - T. Blackshear

| 1994 | SPOCK | Open | | 49.50 | 50 |

Warriors of the Plains Tankards - G. Stewart

1992	Thundering Hooves	Open		125.00	125
1995	Warrior's Choice	Open		125.00	125
1995	Healing Spirits	Open		125.00	125
1995	Battle Grounds	Open		125.00	125

Sports Impressions/Enesco

Baseball Steins - Various

1990	Nolan Ryan Rangers - R. Lewis	Closed	N/A	30.00	30
1990	Life Of A Legend Mickey Mantle - T. Fogarty	Closed	N/A	30.00	30
1990	Kings of K - J. Catalano	Closed	N/A	30.00	30
1990	Rangers Nolan Ryan 300th Win - J. Catalano	Closed	N/A	30.00	30

Football Steins - J. Catalano

1990	Dan Marino	Closed	N/A	30.00	30
1991	Jim Kelly	Closed	N/A	30.00	30
1990	Joe Montana 49ers 3000-06	2,500	1992	30.00	30
1991	Troy Aikman Cowboys 3008-06	2,500	1993	30.00	30

NOTES

❖ NOTES ❖

NOTES